ENGLISH-HAITIAN CREOLE

BILINGUAL DICTIONARY

Project Director:	Albert Valdman
Editors:	Albert Valdman
	Marvin D. Moody
	Thomas E. Davies
Assistant Editor:	Michael A. Kunz
Editorial Assistant:	Karen S. Smith

**Indiana University
Creole Institute**

ENGLISH- HAITIAN CREOLE BILINGUAL DICTIONARY

iUniverse books may be ordered through booksellers or by contacting:

iUniverse
1663 Liberty Drive
Bloomington, IN 47403
www.iuniverse.com
1-800-Authors (1-800-288-4677)

ISBN: 978-1-5320-1601-1 (sc)
ISBN: 978-1-5320-1599-1 (hc)
ISBN: 978-1-5320-1600-4 (e)

Library of Congress Control Number: 2017903469

Print information available on the last page.

iUniverse rev. date: 03/31/2017

Table of Contents

ACKNOWLEDGMENTS

Given the amount of work and time it requires, the preparation of a dictionary is a collaborative achievement. We would especially like to thank the many speakers of Haitian Creole, most of them in Haiti, who have provided information on the form, meaning, and use of the Haitian Creole material contained in this dictionary. We are also grateful to the team that prepared the first existing bilingual Creole-French/French-Creole dictionary: *Diksyonè Kreyòl-Français/Français-Kreyòl* (DKFFK). A work that certainly meets the norms of professional lexicography. Destined for middle and high school students in Haiti and published by Editions haïtiennes, this very important project was led by André Vilaire Chéry and included, as contributors, Geneviève D. Auguste and Rogéda D. Dorcil a former Dean of the Faculté de Linguistique Appliquée. Several of the Haitian Creole examples of the present dictionary are derived from the DKFFK.

It would be a presumptuous venture indeed for lexicographers not to consult preceding dictionaries. Thus, it behooves us to give special acknowledgement to the utility of the subsequent works by the following authors to whom we are beholden: Bryant C. Freeman who has prepared the most extensive English-Haitian Creole bilingual dictionary to date, *English-Haitian Creole Dictionary* (Lawrence, Kansas: University of Kansas, 2010); Féquière Vilsaint & Jean E. Berret and their *English-Haitian Creole/Haitian Creole-English Word to Word Dictionary* (Coconut Creek, FL: Educa Vision, 2005); Jean Targète and Raphaël G. Urciolo with the *Haitian Creole-English Dictionary* (Kensington, MD: Dunwoody Press, 1993); Lodewijk F. Peleman, C.I.C.M. and the *Dictionnaire créole-français* (Port-au-Prince: Bon Nouvèl, 1976); and finally Alain Bentolila, Pierre Nougayrol, Pierre Vernet, Charles Alexandre, and Henry Tourneux's *Diksyonnè kreyòl-franse* (Port-au-Prince: Editions Caraïbes, 1976). However, the most important source for this dictionary is the *Haitian Creole-English Bilingual Dictionary* (Bloomington, IN, Indiana University Creole Institute, 2007), prepared under terms of the research contract No P017A0004, funded by the United States Department of Education, International Research and Studies Program. We are likewise grateful to the College of Arts and Sciences at Indiana University that have provided partial funding for the preparation of the present dictionary.

Editor Biographies

Albert Valdman, Emeritus Rudy Professor of French/Italian and Linguistic, Director of the Indiana University Creole Institute, a leading international specialist in French-based creoles, is the author of the recent comprehensive descriptive study: *Haitian Creole: Structure, Variation, Status, Origin* (2015) and the basic introductory instructional manual, *Ann Pale Kreyòl,* as well as lead editor of *Haitian Creole-English Bilingual Dictionary* (2007), *Dictionary of Louisiana Creole* (1998) and *Dictionary of Louisiana French: As Spoken in Cajun, Creole, and American Communities* (2010).

Marvin D. Moody was from 1970 to 1979 a member of the French Linguistics faculty in the Department of French and Italian at Indiana University where he also directed the First Year French Program. He authored *A Classification and Analysis of "noun + de + noun Constructions in French* (1972). From 1981 to 2005, he worked as a Software Engineer in Colorado and California where he also taught Computer Science course at various universities and junior colleges. Upon his retirement in 2005, he returned to Indiana University where he has served as Research Associate in the Department of French and Italian and the Creole Institute. In this capacity, he has provided programming support for the *Dictionary of Louisiana French: As Spoken in Cajun, Creole, and American Communities* (2010). With A. Valdman, he is currently working on an online version of the *Differential, Historical, and Etymological Dictionary of Louisiana French* at Indiana University funded by NEH and to be completed in 2018.

Thomas E. Davies has lived and worked in the Haitian diaspora in Florida and Montreal for more than 30 years. He was the lead translator of Haitian Creole for the Florida, Fort Myers School District from 2004 to 2011. The author of a spell checker for Haitian Creole, he collaborated in the preparation of the *Haitian Creole-English Bilingual Dictionary* (2007), and was part of the team conducting research on the Cape Haitian dialect (2007-2009) funded by the National Science Foundation. He is completing a PhD in Curriculum Studies at Indiana University and planning research on the role of Haitian Creole in the Haitian educational system.

PREFACE

Purpose of the *English-Haitian Creole Bilingual Dictionary*

The primary function of the *English-Haitian Creole Bilingual Dictionary* (EHCBD) is to help English speakers speak and write Haitian Creole, the target language, by providing Haitian Creole equivalents of English words and phrases. Speakers of Haitian Creole may also use this dictionary to improve their oral and written skills in English as well as to extend their knowledge of the vocabulary of their own language.

While an official orthography exists for Haitian Creole, it is important to understand that the written language is not yet fully standardized. That is, there are no extensive grammars meeting current standards of linguistic description written in the language, nor do monolingual dictionaries exist designed for native speakers of the language such as the *Merriam-Webster* for American English or the *Grand Robert* or *Larousse* for French. Thus, in some cases, we are not absolutely sure of the precise meaning of a Haitian Creole word or expression when we strive to provide exact equivalents of English words or phrases. However, as is the case for bilingual dictionaries that meet current standards of lexicography, such as the *Diksyonè Kreyòl-Français/Français-Kreyòl*, this bilingual dictionary provides an excellent starting point for the preparation of monolingual dictionaries, with specifically targeted readerships, to be used in Haiti.

It is outside the scope of this dictionary to have it assume a partially encyclopedic function as it provides little information about Haitian history, culture, etc. For example, there are few proper names referring to historical personages and geographical proper names are reduced to main cities. In the case of terms referring to Vodou, minimal information is provided to help the reader situate them within the framework of Haiti's primary religion.

Scope and nature of the *EHCBD*

As is the case with its predecessor and companion volume the *Haitian Creole-English Bilingual Dictionary*, the present dictionary stands as the most thorough bilingual dictionary dealing with Haitian Creole. First, it is broader and more extensive than any existing dictionary designed to provide Haitian Creole equivalents for English words and expressions. Its **nomenclature** (the list of English headwords) contains more than 30,000 **entries**, many of which, especially verbs, have multiple senses, and about 25,000 **subentries**, multiword units or idiomatic expressions whose meanings cannot readily be derived from the individual meaning of the constituent words. Second, it features the most developed **microstructure** (the content of individual articles) for its entries. In addition to the headword, identification of parts of speech, and the gloss(es) (Haitian Creole equivalents), it provides abundant sentence-length English examples with Haitian Creole translations. Moreover, careful semantic analysis distinguishes between **homonyms** (words that share the same pronunciation but differ in meaning) and **polysemes** (words with several closely related senses). For the latter, senses are ordered on the basis of primarily semantic criteria, generally from a concrete or basic meaning to a more abstract or figurative meaning.

INTRODUCTORY REMARKS ON HAITIAN CREOLE

Much ink has been spilled over how one is to name the language spoken by all Haitians and which stands as the only means of communication and self-expression for 90% of the country's population. In addition to Haiti, French-based Creole languages are spoken in four principal areas: 1, the Lesser Antilles: Dominica, Guadeloupe, Martinique, Saint-Barth, and Saint-Lucia; 2, French Guyana; 3, Louisiana; and 4, the Mascarene Archipelago: Reunion, Mauritius, and the Seychelles of the Indian Ocean. Since they show significant differences in vocabulary as well as some at the levels of grammar and pronunciation, these languages are not always mutually intelligible, especially between those of the Atlantic Ocean and those of the Indian Ocean. However, mutual comprehension is more easily achieved between neighboring Creoles, for example, between that of Haiti and those of the Lesser Antilles.

There is a tendency among creolists—linguists that specialize in the study of creole languages—and some speakers of these languages to refer to them simply by the place where they are spoken and the term creole, for example, Mauritian Creole or Haitian Creole. However, in the case of Haitian Creole, most native speakers call the language simply **kreyòl** 'creole'. In this dictionary, we will retain the anglicized version of this traditional label: Creole.

Creole is the principal language of communication in the Republic of Haiti. It is spoken by all Haitians and is the sole means of communication for the vast majority of the population of about ten million. In the 1987 Constitution, both French and Creole were promulgated as official languages of the Republic of Haiti, but a certain dominant/subordinate relationship still exists between them. A mastery of French is still highly valued by all segments of the population. Although the use of Creole has continued to expand into all domains (media, education, administration, literature), French is often still preferred for literary expression and in the educational and administrative sectors. Nonetheless, Creole is considered by all Haitians as the true national language of their country. A rural speaker poignantly expressed how many Haitians view their country's two languages:

> *Fransè se pa lang pa n, se lang achte ... Ti moun fèt pou konn kreyòl paske se lang ni, li pa achte l.*

> French is not our language, it's a 'bought' language ... A child is born to know Creole because it's her language, she didn't 'buy' it.

The speaker is making an analogy with loas, Vodou spirits. Like loas that are bought from Vodou priests—and are more capricious and demand more expensive offerings—French is viewed as alien and not inherited as part of one's lineage. For rural Haitians, Creole is the only authentic language.

French and Creole share a great deal of lexical items, many of which are false cognates, and phonological features but they differ substantially at the grammatical level rendering them mutually unintelligible under most circumstances. Creole arose through a process of what linguists term **creolization** within the context of a slave-holding plantation society in which French was the language of most of the original European settlers with European indentured servants, artisans, military personnel, and administrators arriving later. The variety of French that evolved into the varieties of the language currently used in North America, in the French overseas departments in the Caribbean, and in the Indian Ocean is usually referred to as Colonial French. In their attempt to acquire Colonial French second-hand, as it were, without ready access to a proper model, the slaves modified its structure considerably. In the social context of the plantation colonies, the French available to them was highly variable reflecting the everyday speech of ordinary people from different parts of France rather than the more standardized language of the elite. Imported slaves spoke a variety of African languages. These operated as filters through which the slaves decoded Colonial French. However, it is simplistic to characterize the Creole that evolved from this attempt by the slaves to acquire Colonial French language intertwining consisting of French vocabulary embedded in African grammar. Instead, Creole is a language in its own right whose pronunciation, grammar, and vocabulary, though grounded in French, clearly show the influence of African languages.

For the small minority of the population that is bilingual, the use of the two languages is largely determined by the interaction of two sociolinguistic variables: those of public versus private context and of formal versus informal situations. As is the case for all languages, Creole shows geographical and sociolinguistic variation manifesting itself primarily at the levels of pronunciation and vocabulary. The speech of the Cape Haitian region in northern Haiti differs most strikingly from that of the rest of the country, although there are also some salient differences in the speech of the western part of the southern peninsula. Differences also exist between the speech of urban and rural inhabitants of each region, but the sharpest differences are noted when comparing the speech of the bilingual minority and that of the monolingual masses in the rural areas and in the lower urban social strata.

ORTHOGRAPHY AND SOUND SYSTEM

The oldest extant texts in Creole date from the end of the 18th century. The orthography used is unmistakably adapted from French spelling conventions. This type of spelling system was the rule until the 1940's. In 1941, a Methodist minister from Northern Ireland, H. Ormonde McConnell, and an American literacy specialist, Frank Laubach, using the first description of the language by the Haitian linguist Suzanne Sylvain (1936) as a springboard, devised an alphabet based on a systematic phonological representation of the language. This system, somewhat modified by two Haitians, the journalist Charles-Fernand Pressoir and the then Minister of Education Lélio Faublas, had a semi-official status and was used in all educational and religious works. It was also adopted by the government's literacy and developmental agency, the Office National d'Alphabétisation et d'Action Communautaire (ONAAC). In 1975, a slightly modified version of the Pressoir-Faublas alphabet was introduced. Labeled IPN because it was devised by persons affiliated with the Institut Pédagogique National (IPN), this alphabet was given official recognition in 1979 by the government headed by Jean-Claude Duvalier. It is used today in all official publications, in a wide variety of written texts, and in material destined for school programs where some instruction is provided in Creole. This is the orthography that is used in this dictionary. A guide providing correspondences between spelling and pronunciation is provided below.

Most phonological descriptions of Haitian Creole use as a standard the speech of monolingual Creole speakers from the central part of the country that includes the Capital, Port-au-Prince. This was also the standard used in the preparation of this dictionary. We have not included those features that are particularly characteristic of middle class bilingual speakers, such as the front-rounded vowels /y/, /ø/, and /œ/. For example, for the word for 'rice' we have opted for the form /diri/ rather than /dyri/. Nonetheless, these phonemes could be represented using new symbols compatible with the IPN orthography: **u** for /y/, **eu** for /ø/, and **èu** for /œ/. In fact, we use the graphic symbol **u** to represent the vowels of the word **zuzu**, which refers to a Frenchified way of speaking.

Like all languages, Creole shows variation in the spoken form of words. For example, the word for *now* is pronounced **koulye, konnye, kounyeya**, or **kounye a**. There are frequent cases of phonological variation where speakers sometimes use variants interchangeably. These involve the vowels **e** and **è** and **o** and **ò** in non-final syllables: **grese, grèse** 'to oil', **sòti, soti, sòt, sot** 'to go out'; corresponding oral and nasal vowels: **ansasen, asasen** 'murderer', **makòn, makonn** 'bunch'. **malonnèt, malonèt** 'dishonest', **beni (benni)** 'blessed'. There is also variation in word-final position between the consonant **j** and the semivowel **y**. In some of these examples the preferred pronunciation is **j** (**zoranj, zorany** 'orange', **chatwouj, chatwouy** 'octopus'), in others, the preferred pronunciation is **y** (**lizay, lizaj** 'manners', **paryay, paryaj** 'betting'). For these variations, in the glosses (the Creole equivalents of the English headwords), we show the most common written variants or those that we have observed most frequently in speech; in the illustrative contextual examples, we show the equivalent occurring in the particular written or oral sources we consulted. For example, **bunch**, we only show 'makòn'. In the HCEBD, we show all variants, and readers are invited to consult that dictionary for alternative orthographies.

Because Haitian Creole is not fully standardized—no monolingual dictionary comparable to the French *Grand Robert* or the American *Merriam-Webster* exists—written texts show variation in the spelling of words composed of several **morphemes** (meaningful units). For example, for the interrogative pronouns, some authors and editors treat them as single units, others separate the general interrogative element **ki** from the one that bears identifiable meaning: ki **lè** ('hour') or **kilè** 'when', ki **moun** ('person') or **kimoun** 'who', pou ki **sa** ('that') or **pou kisa, poukisa** 'why'. We have chosen to represent these as two words (**ki lè, ki moun**) when the second part is semantically clear, but as a single unit when it is not, as is the case for 'why': **poukisa**. As a rule, we follow the general Haitian practice in writing words composed of several semantic elements as unitary forms: **alèkile** 'at the present time' (**a** 'at,' **lè** 'hour' **kile** 'that is', literally, 'at the time that is'.

The pronunciation of the personal pronouns varies greatly between the long and short form: **mwen/m, li/l, nou/n, yo/y**. In the case of the 2nd person singular, variation exists between the vowel **ou** and the semivowel **w**. When the official spelling was first used, that form was, in most cases, written **ou** even where it is usually pronounced with the semivowel. However, there is, at present, a tendency to have the written form reflect actual pronunciation, and in many texts one finds **matant ou** 'your aunt' versus **sè w** 'your sister'; **m ap jwenn ou** 'I'll find you' versus **mwen wè w** 'I see you.' We follow the general scriptural practice that alternates freely between the long and short forms, except after a word ending in a consonant where only **ou** is used, as in **matant ou**, In the presentation of the IPN alphabet below, we provide letters of the alphabet followed by an indication of their pronunciation with the use of the IPA (International Phonetic Alphabet) symbols. Illustrative words contain the particular distinctive sound, and, where applicable, an English word containing a sound that is close to the pronunciation of the specific Creole sound.

HC Spelling	IPA Symbol	HC Example	English Equivalent
Oral vowels			
a	/a/	afè, pat	pot
e	/e/	ede, pre	lake
è	/ɛ/	otèl, lanmè	let
ou	/u/	ouvè, chou	pool
o	/o/	ofri, dlo	broke
ò	/ɔ/	oktòb, lò	caught
i	/i/	imid, li	meet
Nasal vowels			
an	/ã/	lank, ban	no equivalent
en	/ ɛ̃/	senk, chen	no equivalent
on	/ ɔ̃/	bonm, pon	no equivalent
Semivowels			
y	/j/	youn, pye, nway	yet
w	/w/	wouj, nwa, kaw	with
u	/y/	uit	no equivalent
Consonants			
p	/p/	pou, apa	pit
b	/b/	bat, kabann	bite
f	/f/	fou, kafe	fake
v	/v/	vire, neve	vim
t	/t/	tou, watè	take
d	/d/	do, gonde	deck
s	/s/	sèv, panse	save
z	/z/	zouti, peze	zoo
k	/k/	kou, pakèt	cup
g	/g/	goumen, figi	gas
ch	/ʃ/	cho, achte	shape
j	/ʒ/	janm, aji	pleasure
m	/m/	moun, tomat	might
n	/n/	nèf, kadna	nap
ng	/ŋ/	lang	sing
l	/l/	lakay, salon	left
r	/ɣ/	rad, fatra	no equivalent

GRAMMATICAL SKETCH

The following description is intended only as a brief sketch of Creole grammar. It does not aim to provide an exhaustive treatment and it does not cover all grammatical features. Its purpose is to assist the reader in understanding the Creole translation of the illustrative examples provided in the dictionary.

1. Determiner Phrases
1.1. Determiners
In general, determiners in Creole are placed after the noun or noun phrase that they modify. A notable exception to this pattern is found with the indefinite article.

1.1.1. Definite Determiners
The definite determiner in Creole surfaces as the singular **la** (with variants **lan**, **nan**, **a**, and **an**) and the plural **yo** that is invariable. The basic singular variant **la** occurs after non-nasal consonants, **lan** or **nan** after nasal consonants, **a** after oral vowels, and **an** after nasal vowels. The variant **lan** also occurs after a nasal vowel followed by a non-nasal consonant, **mont lan** 'the watch'. The variant **an** also occurs after **i** and **ou** preceded by a nasal consonant, **pitimi an** 'the millet', **jenou an** 'the knee'. A semivowel, not reflected by the spelling, is inserted: 1) **y**, when **a** is preceded by words ending with the vowels **i** or **e**, **fi^{y}a** 'the woman', **pye^{y}a** 'the foot', or when **an** is preceded by words ending in **en**, **chen^{y}an**; 2) **w**, when **a** is preceded by **ou** or **o**, **jou^{w}a** 'the day', **dlo^{w}a** 'the water'. As mentioned above, the determiners follow the noun or nominal clause (underlined in the examples below) that they modify:

Kote <u>liv</u> **la** ak <u>kreyon</u> **an**?	Where are the book and the pencil?
Ou bay <u>chen</u> **yo** manje?	Did you feed the dogs?
M pa te konprann <u>sa ou te di</u> **a**.	I didn't follow what you said.
Li fè nou konnen li resevwa <u>envitasyon nou voye ba li</u> **a**.	He informed us that he received the invitation that we had sent him.

1.1.2. Indefinite Determiner
The singular indefinite determiner is **yon**, which is generally pronounced **on** in normal speech while it is conventionally represented in written materials as **yon**. We have maintained this convention throughout the dictionary. As in English, no article is used with the indefinite plural.

Yo fè **yon** bon valè travay.	They did a good amount of work.
Nou gen chat ak chen.	We have cats and dogs.

Older Creole texts show the use of **la** preceding the plural. In this case, **yo** functions as a purely plural marker rather than bearing both the semantic notions of plurality and definiteness:

Se mesye **la yo**.	These gentlemen.

1.1.3. Demonstrative Determiner
Creole has a single postposed demonstrative determiner: **sa**. It is always combined with the definite article forms **a** or **yo**, depending upon whether the noun to which it relates is singular or plural, respectively. There are no forms corresponding to the spacial distinction made in English between 'this/these' and 'that/those.'

Rad **sa yo** tou nèf.	These/those clothes are brand new.

Bwè te **sa a**.   Drink this/that tea.

Wòb **sa a** sal.   That/this dress is dirty.

Another form, occurring infrequently, **sila** followed by **a** in the singular and **yo** in the plural, seems to vary freely with **sa**:

Jaden **sila a**.   This garden.

Jaden **sila yo**.   These gardens.

To distinguish 'near' versus 'remote' effected in English with *this* versus *that*, one may use *sa a* for remote versus the use of **bò** or **kote** meaning 'place' and **sila a**:

Pye bwa **sa a**.   This/that tree.

Pye bwa **bò sila a**.   This tree.

1.2. Adjectives

Except for a few common exceptions, for example **bèl** 'beautiful', **bon** 'good', **gran** 'great', **gwo** 'big', and **ti** 'small', adjectives generally follow the noun they modify:

Li jwenn yon ti djòb **dous**.   S/he's found a cushy job.

Pase yon twal **mouye** sou li.   Wipe it with a damp cloth.

Se yon **bon** chofè.   S/he's a good driver.

2. Personal Pronouns

The same personal pronouns function as subject and object of verbs and as object of prepositions. As pointed out in the **Orthography and Pronunciation** section above, pronouns have short variants that are frequently used: **mwen/m** (*I, me, my*), **ou/w** (*singular you, your*); **li/l** (*he, she, it, him, her, his, its*); **nou/n** (*we, us, plural you and your, our*); **yo/y** (*they, them, their*). Note especially that **nou/n** refers to both the first and the second person plural, and in some cases to the first singular.

Y ap kouri fè laviwonn kay la.   They're running around the house.

Nou bay tou sa **n** te genyen.   We gave all we had.

Ki kote **nou** prale?   Where are you (all) going?

Mwen t ap pale ak **li**.   I was speaking with her.

W a rete isit avè **m**?   Will you stay here with me?

Ki sa **w** ap manje?   What are you eating?

Ki jan **ou** ye? —**Nou** la.   How are you? —I'm okay.

The long form of personal pronouns is used obligatorily after a consonant:

Ou te pou kont **ou** avèk **li**, enpi   You were alone with her/him, and

ou pa pale avè **l**?   you didn't talk to her/him?

Note that in the third person singular there is no distinction between masculine, feminine, or neuter. **Li/l** is equivalent to 'she/her/hers', 'he/him/his', and 'it/its'. In the illustrative examples of this dictionary, we translate the 3rd person pronoun, both singular and plural, with one of its English equivalents, sometimes depending on the context sometimes to alternate the English equivalents. Similarly, we translate **nou/n** sometimes by 'we' and sometimes by 'you', its usual English equivalents, or in much less frequent cases, by 'I'.

3. Expressing Possession

The equivalent of English possessive adjectives in Creole is the use of the personal pronouns following the noun. If the preceding noun ends in a consonant, the full form is used. If the preceding noun ends in a vowel, either form is used. The full form **yo** is used after consonants and after vowels.

chat **mwen**	my cat
papa **m/mwen**	my father
pitit **li**	her/his child
sè **li/l**	her/his sister
matant **yo**	their aunt
neve **yo**	their nephew

The pronouns used as possessives can combine with the definite article, providing for a greater specificity on the part of the modified noun. Compare the contrastive pair of sentences below:

Kote manje **mwen**?	Where's my food?
Kote manje **mwen an**?	Where's that food of mine?

In the second example, the use of the definite article **an** indicates that the food had already been given to the individual, but that, not finding it, (s)he wonders what happened to it. Although we are trying to provide translations that are as close as possible to the Creole meaning, such subtle nuances are lost in translation. The definite determiner is often used with kinship terms. Note that, as indicated in Section **1.1.1.** above, the determiner variant used depends on the last sound of the segment that precedes it.

Kote pitit **mwen an**?	Where is my child?
Men frè **m nan**.	Here's my brother.

4. Verbal System

Unlike English or French, verbal forms in Creole are generally invariable. Creole has a number of pre-verbal particles, termed **verbal markers**, which serve to indicate distinctions of tense, mood, and aspect. In addition, the meaning of a contextualized verb is strongly tied to the semantic properties inherent to the verb itself: whether it is a verb denoting an action (**active** verb), for example 'to clean' or whether it is one that expresses a state (**stative** verb), for example, 'to seem', 'to like', or 'to know.' The base form of a stative verb generally refers to the present with universal or habitual extension:

Ou **konn** kote l rete?	Do you know where she lives?
M pa **renmen** pwason.	I don't like fish.

The base form of an active verb usually refers to a relatively recent past:

Li **monte** sou yon nechèl.	He climbed a ladder.
Li **fè** li san m pa konnen.	Sh did it without my knowledge.

Adverbials expressing time, underlined in the examples below, help to determine the tense of active verbs, the past in the first example, the habitual present in the second:

Mèt la **rive** an reta <u>maten an</u>.   The teacher arrived late this morning.
Li **manje** de fwa <u>chak jou</u>.   She eats twice each day.

4.1. Verbal markers

In the case of the various pre-verbal markers discussed below, we offer a short, general characterization which we illustrate with a set of representative examples.

4.1.1. ap/ape/pe, event in process or immediate/definite future:

Dwèt li **ap** senyen.   Her finger is bleeding.
Li toujou **ap** pase moun lòd.   He's always bossing people around.
M **ap** mennen ou tounen.   I'll bring you back.

The marker **ap/ape/pe** combines with the verb base **ale** 'to go' to form the combina-tions **pral** that carries the meaning of an action or an event about to take place:

Sa ou **pral** fè avè l?   What are you going to do with it ?
M pa **pral** mande l lajan.   I'm not going to ask her for any money.

4.1.2. a/va/ava, prospective/indefinite future:

Pa manje l, w **a** malad.   Don't eat it. You'll get sick.
Nou **va** viv ak li ajamè.   We will live with her forever.
M **ava** vini wè ou yon jou.   I will come to see you one day.

4.1.3. te is used obligatorily with stative verbs to indicate past tense:

Vyann nan **te** gen anpil grès.   The meat had alot of fat.

It is used with active verbs to emphasize past tense:

Nou bezwen achte pen.   We need to buy bread.
— Jan **te** achte pen deja.   —John already bought bread.

It may also indicate that a past event preceded another, and it is then equivalent to the English pluperfect:

M **te** deja rive lakay mwen lè li   I had already arrived home when she
rele m nan.   called me.

4.2 Verbal Marker Combinations
4.2.1. t ap, past progressive:

Fa a **t ap** mouri limen.   The lighthouse beacon was blinking.
M **te** panse li **t ap** tonbe.   I thought he was going to fall.

4.2.2. ta, anterior marker **te** plus the indefinite future marker variant **a,** is equivalent to the conditional:

Ki laj ou **ta** ba li?   What age would you give her ?
Si chemiz la **te** sal, yo **ta** lave l.   If the shirt was dirty, they'd wash it.

4.2.3. t av ap

Three marker combinations are used in complex sentences to describe future events occurring or assumed to occur at some point following another future event:

Si m **te** pati yè, m **t av ap** dòmi nan kabann mwen kounye a.
If I had left yesterday, I would be sleeping in my own bed by now.

4.3 Aspectual and Modal Verbs

These verbs express various modal and aspectual distinctions. Aspectual verbs describe the characteristics of the process: whether it is starting, continuing, or ending. Modal verbs most often express the attitude of the speaker towards the statement: desire, demand, and suggestion.

4.3.1. Aspectual Verbs

a. fèk, fenk, fin, immediate past actions:

M **fèk** leve anba yon grip la a.	I just got over the flu.
M te **fenk** al kouche lè l rele a.	I'd just gone to be when she called.
M **fin** manje.	I just finished eating.

b. konn, habitual action:

M **konn** leve nan zòn sizè.	I usually get up around six a.m.
Li pa **konn** fè lapli lematen.	It doesn't usually rain in the morning.

c. pran, tonbe, to begin to:

Li **pran** kriye.	She began to cry.
Yo **tonbe** kodase.	They began to cackle.

d. vin, to come:

Tifi a **vin** renmen l.	The young girl came to love him.

4.3.2. Modal Verbs

a. mèt, permission:

Ou **mèt** chita.	You may sit down.

b. ka/kab/kapab, capability:

Li **ka** kondi machin sa a.	She can drive this car.
Li pa **kab** fè l.	He can't do it.

c. dwe, fò/fòk, obligation:

Fòk ou al rann tèt ou lapolis.	You should go to the police and give yourself up.
Fò m jwenn verite a.	I have to get at the truth.
Ou **dwe** travay.	You must work.

d. vle, volition:

Pou ki sa ou pa **vle** fè l?   Why don't you want to do it?

e. pito, suggestion:

Pito ou chwazi yon lòt otèl.   You'd better choose another hotel.

f. pinga, warning:

Pinga ou al pale sa!   Don't you go and say that!

4.4. Serial Verbs

Creole features the use of a sequence of verbs of which the total meaning is idiomatic; that is, it is not the sum of the meaning of the constituent verbs. These combinations are called **serial verbs**. The meaning of *Li voye rad sa yo jete* is not 'She sent and threw these clothes' but rather 'She threw these clothes away'. The second verb functions, as it were, as an adverb. Serial verbs fall into two main groups:

4.4.1. Combinations with verbs of motion where the verb of motion imparts a relatively fixed meaning. In these examples *ale* 'to go' has the meaning of the adverb 'over':

Li **janbe ale** Fisi.   He crossed over to Furcy.

Ti Djo **kouri ale** lakay li.   Ti Djo ran over to his house.

4.4.2. Idiomatic combinations, where the total meaning of the combination cannot be predicted at all from that of the constituents:

Pa **voye** liv mwen an **jete**.   Don't throw away my book.

Pa **vire tounen** tout lide sa yo nan   Don't keep turning all these thoughts
tèt ou.   over in your mind.

The verb **bay/ban/ba** 'to give' began as a serial verb but today it functions as the equivalent of the preposition 'to'. On the other hand, **pote vini** is a serial verb:

Pote liv la **vini ban** mwen.   Bring the book (back) to me.

4.5. Copula (linking verb)

The use of a copula equivalent to the English 'to be' is not obligatory in Creole. Predicated elements such as adjectives or expressions of place and time are connected directly to the subject:

Li **gwo.**   It's big.

Li **nan fatra a.**   It's in the trash.

Bis la **an reta.**   The bus is late.

Li **ta.**   It's late.

The fact that there is a sort of "ghost" linking element is shown by the fact that verb markers may occur with these constructions:

Ti gason an **te** pè.   The boy was afraid.

L **a** malad.   She will be sick.

When copula sentences differ from the normal declarative order, such as is the case with questions or emphatic constructions, the element **ye** normally appears in final position:

Nan ki pati politik ou **ye**?	To which political party do you belong ?
Pou byen di ou, m pa konn kote l **ye**.	To tell you the truth, I don't know where she is.

The element **se** is generally used when the predicate is a noun:

Li **se** yon bòs.	He's an artisan.
Nou **se** Ayisyen.	We're Haitians.

Finally, **se** also functions as a sentence introducer and it is often used in emphatic sentences. In this latter case, it is accompanied by **ye**:

Se yon bagay fasil.	It's an easy thing.
Se yon timoun li **ye**.	She's just a child.

4.6. Imperative
In imperative sentences no second person pronoun is used. For the first person plural commands the imperative marker **annou/ann** is used:

Chita isit.	Sit here.
Annou sòti aswè a.	Let's go out tonight.
Ann pale kreyòl.	Let's speak Creole.

5. Negative Sentences
In negative sentences the particle **pa** is placed before the predicate:

M **pa** nan foto sa a.	I'm not in this picture.
Pa met twòp sèl ladan.	Don't put too much salt in it.
Ou **pa** te ale lekòl jodi a.	You didn't go to school today.

A common exception to this ordering occurs in sentences with **se**, in which case **pa** follows **se**:

Sa m te di a se **pa** pou ou.	What I said doesn't involve you.

6. Interrogatives
Yes-no questions are formed by only changing the intonation from falling to rising:

Ou rele m?	Did you call me?
Ou ka ban m yon woulib?	Could you give me a lift?
M mèt antre?	May I come in?

Information questions are generally formed with the placement of interrogative adverbs or pronouns at the beginning of the sentence. Most of these consist of the particle **ki** followed by a noun bearing the particular meaning: time **ki lè** 'when', place **(ki) kote**, **ki bò** 'where', manner **ki jan** 'how', person **ki moun** 'who, whom'. Other interrogative pronouns are **(ki) sa** 'what', **kilès** 'which (one)', **ki** 'which'; interrogative adverbs are **kouman** 'how', **konben** 'how much', and **poukisa**, 'why':

Ki moun ki ouvè baryè a?	Who opened the gate?
Ki lè yo marye?	When did they get married?
Ki jan ou degaje ou nan egzamen an?	How did you do on the exam?
A **ki lè** match la?	What time is the soccer match?
Kilès ladan yo ou pito?	Which one among these do you prefer?
Ki ekip ki devan?	Which team is leading?
Kote plim nan ye?	Where is the pen?
Sa ou genyen?	What's the matter with you?
Ak **ki sa** ou limen dife a?	What did you light the fire with?
Konben tan batri sa a ka fè?	How long will the battery last?
Pou ki sa tout babye sa a?	What's all this grumbling about?

7. Comparison of Adjectives

The comparative of equality is expressed by placing **tankou** or **kou** between the two elements being compared:

Li lejè **tankou** pay.	It's as light as a feather.
Li blanch **kou** koton.	He's as white a a sheet.

To express a comparison of inequality, **pi** 'more' or **mwen** 'less' is placed before the adjective. When two elements for comparison are included in a sentence, **pase** introduces the second element:

Sa a **pi** enteresan lontan.	This is a lot more interesting.
Fim sa a **pi** enteresan **pase** lòt la.	This movie is more interesting than the Other one.
Li **mwen** difisil **pase** jan m te kwè a.	It was less difficult than I thought it would be.

8. Coordination and Subordination

In Creole the conjunction **ak** is used to coordinate two nouns:

Wobè **ak** Mari ale lavil.	Robert and Mary went to town.

Two sentences or phrases are coordinated without any conjunction or with the conjunctions **epi/enpi** or **e** 'and' and **men** 'but':

Vantilatè a rete, m pa konn sa l genyen.	The fan stopped, and I don't know what's wrong with it.
Medikaman an efikas **epi** l aji vit.	The medecine is effective and it acts quickly.
Li bèl **e** li gen bon jan.	She's beautiful and she's easygoing.
Wòch la lou **men** m kapab leve l.	The stone is heavy but I can lift it.

In complex sentences involving the modification of the main clause by a subordinate one, as is the case in English, the use of a conjunction is optional. The use of the conjunction **ke** is associated with the Frenchified variety of bilingual speakers:

Ou ta di m (**ke**) ou ap vini.	You could have told me (that) you were coming.
Se lèt (**ke**) li voye ban mwen yo.	These are the letters (that) she sent me.

There is a variety of conjunctions with semantic content, for example, **paske** 'because', **lè** 'when', **etan** 'while, at the same time':

Etan m ap sòti, li vin rive.	At the sam time I was leaving, he arrived.
Eskize li **paske** l pa ka vini.	Excuse her because she can't come.

In relative clauses **ki/k** is used when the relativized element is the subject. That element is underlined in the examples below:

<u>Moun</u> **ki** fè byen pral nan paradi.	People who do good deeds go to heaven.
Se <u>li</u> **k** bay kòb pou antèman an.	She's the one who provided the money for the funeral.

When the relativized element is an object, a relative pronoun (**ke**) is generally used only in Frenchified Creole:

Yo montre n <u>kay</u> (**ke**) yo achte a.	They showed us the house (that) they bought.
Kote <u>mayi</u> (**ke**) yo achte a?	Where is the corn (that) they bought?

9. Means for Expressing Emphasis

An element in Creole may be emphasized by moving it to the front of a sentence. In most cases, the fronted element will be introduced by **se**. The emphasized element in the examples below are underlined:

Ou fè m yon <u>move bagay</u>.	You did a bad thing to me.
Se yon <u>move bagay</u> ou fè m lan.	It was a bad thing you did to me.
Y ap rive <u>aswè a</u>.	They'll arrive tonight.
Se <u>aswè a</u> y ap rive.	It's tonight that they'll arrive.

In cases of predicates introduced by the copula **se**, the copula is replaced by the form **ye**. The **se** that occurs before the fronted emphasized element is the introducer, not the copula:

Mwen se <u>doktè</u>.	I'm a doctor.
Se <u>doktè</u> mwen **ye**.	I am a doctor.

In the case of predicates containing adverbs or adverbial expressions that, as was pointed out above, do not require a copula, **ye** is also added at the end:

Kay la <u>sou bò lekòl la</u>.	The house is locate next to the school.
Se <u>sou bò lekòl la</u> kay la **ye**.	It's next to the school that the house is located.

When a verb or an adjective is emphasized, the verb is duplicated and the copy fronted. Note that verbal markers and/or personal pronouns are not duplicated; they remain attached to the original verb or adjective. An introducer, generally **se**, precedes the copy. In the examples below, the element emphasized is underlined and the fronted copy appears in bold face:

Ala **bèl** li <u>bèl</u>!	How beautiful she is!
Se pa bezwen li <u>pa bezwen</u> l.	It's not really the case that he doesn't need it (i.e., he really needs it).

Compare this construction to the non-emphatic versions corresponding to the third example above:

L ap travay.	She's working.
Li travay chak dimanch.	She works every Sunday.

Another emphatic construction involves adding a quantifier and the negative marker **pa** to the nominal equivalent of the verb. Strictly speaking, this is not a case of duplication but rather one of addition, in fronted position, of the matching noun. This makes possible the use of a quantifier:

Se **pa de manje** yo <u>manje</u>.	They really ate a lot (literally : It's not (only) two eats that they ate).

The same construction may be used with adjectives:

Se **pa de bèl** li <u>bèl</u>.	She's really beautiful (literally: it's not only two beauties that she is).

NUMBERS IN CREOLE

Numbers in Creole present a certain degree of variability, depending upon the context in which they occur. In the chart below, the first column shows the numbers from 1 to 20 as they are pronounced (and written) when counting and in isolation. The second column provides the numbers acting as modifiers, and the third column presents their special forms before an 'year' and è 'hour, o'clock.' The special consonant that appears before these two words is indicated in bold face. The numbers 5, 7 and 8 show no variation regardless of context. This is also the case for the numbers from 11 to 18. Note that in the third column, the numbers whose form differs from that of the form used in counting are appended to the noun they modify, whereas those whose form is identical to the counting form are written separately. This convention is adopted in the representation of numbers in the dictionary.

Counting		Number as a modifier		Modifier before an and è
1	en	yon ane	'1 year'	ennan, inè
2	de	de timoun	'2 children'	dezan, dezè
3	twa	twa fi	'3 women'	twazan
4	kat	kat gason	'4 men'	katrè
5	senk	senk chat	'5 cats'	senk an
6	sis	sis chen	'6 dogs'	sizè
7	sèt	sèt asyèt	'7 plates'	sèt è
8	uit	uit vè	'8 glasses'	uit an
9	nèf	nèf kay	'9 houses'	nèvan
10	dis	dis poul	'10 hens'	dizè
11	onz	onz bèf	'11 oxen'	onz è
12	douz	douz wòb	'12 dresses'	douz an
13	trèz	trèz chemiz	'13 shirts'	trèz an
14	katòz	katòz jou	'14 days'	katòz an
15	kenz	kenz mwa	'15 months'	kenz an
16	sèz	sèz semenn	'16 weeks'	sèz an
17	disèt	disèt kouzen	'17 cousins'	disèt an
18	dizuit	dizuit matant	'18 aunts'	dizuit an
19	diznèf	diznèf liv	'19 books'	diznèvan
20	ven	ven kreyon	'20 pencils'	ventan

The numbers from 21 to 99 are listed below. The numbers from 21 to 69 and 80 to 89 are formed according to the same basic pattern as that found in English, namely by the addition of the numbers from 1 to 9 to that of the form for the two digits, 20, 30, etc. However, there is some internal variation within each multiple of ten. The final consonant t is used for 21/31, 28/38 and 29/39. The forms for the other numbers contain a final n instead. The numerical system of Creole is inherited in large part from that of French, which partly features 20 as a base. Thus, 80 is four times 20: French *quatre-vingts*, Creole **katreven**. Note that this system is residual in English: *We bought three score boxes* (60). *He has reached three score and ten years of age* (70 years). In Creole, the forms of the numbers for the seventies and nineties follow the French pattern of combining the forms for 10 through 19 with those for 60 and 80. Finally, note that the forms for the eighties do not show the internal variation that was seen in those for the twenties, thirties, forties, fifties, and sixties. For that reason they are represented as two words.

20	ven	30	trant	40	karant
21	venteyen	31	tranteyen	41	karanteyen
22	vennde	32	trannde	42	karannde
23	venntwa	33	tranntwa	43	karanntwa
24	vennkat	34	trannkat	44	karannkat
25	vennsenk	35	trannsenk	45	karannsenk
26	vennsis	36	trannsis	46	karannsis
27	vennsèt	37	trannsèt	47	karannsèt
28	ventuit	38	trant uit	48	karant uit
29	ventnèf	39	trant nèf	49	karant nèf

50	senkant	60	swasant	70	swasanndis
51	senkanteyen	61	swasanteyen	71	swasannonz
52	senkannde	62	swasannde	72	swasanndouz
53	senkanntwa	63	swasanntwa	73	swasanntrèz
54	senkannkat	64	swasannkat	74	swasannkatòz
55	senkannsenk	65	swasannsenk	75	swasannkenz
56	senkannsis	66	swasannsis	76	swasannsèz
57	senkannsèt	67	swasannsèt	77	swasanndisèt
58	senkant uit	68	swasant uit	78	swasanndizuit
59	senkant nèf	69	swasant nèf	79	swasanndiznèf

80	katreven	90	katreven dis
81	katreven en	91	katreven onz
82	katreven de	92	katreven douz
83	katreven twa	93	katreven trèz
84	katreven kat	94	katreven katòz
85	katreven senk	95	katreven kenz
86	katreven sis	96	katreven sèz
87	katreven sèt	97	katreven disèt
88	katreven uit	98	katreven dizuit
89	katreven nèf	99	katreven diznèf

A USER'S GUIDE TO THE DICTIONARY

This section will provide a general guide to the organization of the dictionary articles, i.e. individual headword and all the materials subsumed under it (the **microstructure**). Below, representative articles will be presented with the various parts of the microstructure labeled. These presentational diagrams will be followed by an explanation of certain elements that are not exemplified in the sample articles or that require additional information.

EXPLANATORY CHART

English headword in bold face

acquaintance *n.* **1**[*knowledge*] konnesans, okouran *I have an acquaintance with the matter.* M okouran sitirasyon an. **2**[*person*] konnesans *He's a very close acquaintance.* Se yon bon vye konnesans li ye. •**casual acquaintance** moun ou konnen konsa, moun ou gen bonjou avèk, moun ou gen pale avèk *Jeanne is not my girlfriend. She's just a casual acquaintance.* Jàn se pa menaj mwen. Se yon moun m konnen konsa.

Arabic numeral designates first, second, third, etc. senses of the headword

race³ *v.tr.* **1**[*compete in a race*] fè yon kous *Let's race to the wall.* An n fè yon kous rive nan mi an. **2**[*hurry*] prese *I'm racing to get done before it rains.* M ap prese pou m ka fini anvan lapli a. **3**[*pass quickly*] pase vit *The vacation has raced by.* Vakans lan pase vit. **4**[*heart*] bat fò, pile *Her heart races.* Kè li bat fò. •**race by** pase vit

Superscript numbers indicate homonyms

crop¹ *n.* [*of a bird*] fal, gòjèt

Part of speech in italics

crop² *n.* [*agr.*] kilti, rannman, rekòt *We had a good crop of corn.* Nou te fè yon bon rekòt mayi. •**cream of the crop** krèm

Creole glosses (equivalents) in regular type

English illustrative examples are indicated in italics

defense *n.* **1**[*gen.*] boukliye defans, pwoteksyon, ranpa *The team's defense is strong.* Defans ekip la solid. **2**[*law*] pledman, pledwari *The lawyer presented a defense that moved the judge.* Avoka a te fè yon pledman ki touche jij la. •**come to s.o.'s defense** pran pa yon moun •**main defense** manmanpenba •**self defense** defans tèt li

The Creole translation follows in regular type

Each subentry is preceded by a bullet (•)

pump[1] *n.* ponp •**air pump** ponp van •**bicycle pump** ponp bisiklèt •**bilge pump** ponp dalo •**fuel pomp** ponp gaz •**irrigation pump** ponp a woze •**spraying pump** ponp aspèsyon •**sump pump** ponp vidany

Some headwords do not occur independently but only as part of an expression. We call these "ghost" entries

walker *n.* •**child's walker** [*on rollers*] twòtinèt

Material in square brackets also supplements the meaning provided by the gloss or limits its application

clipping *n.* **1** [*newspaper*] koupi **2** [*sports*] kwòk **3** [*small piece*] tay, wonyay

Brackets are also used to note usage level, particularly to identify terms considered vulgar or offensive by Creole speakers

Words provided between curly brackets alternate with the preceding word in idiomatic expressions or subentries. A slash separates the different lexical choices.

brothel *n.* bidjonnèl, bòdèl, kafe, kay {makrèl/mal}, makrèl [*vulg.*] •**go to a brothel** ale nan fi, fè yon fòlòp deyò *These men like to go to brothels.* Nèg sa yo renmen al nan fi. *He left his wife at home. He went to a brothel.* Msye kite madanm ni lakay, l al fè yon fòlòp deyò.

Lower case letters in italics and bold face indicate different senses of subentries that are semantically related; these are analogous to different senses of polysemous words indicated by Arabic numbers

luggage *n.* bagaj, efè, malèt •**luggage carrier** pòtbagaj •**luggage rack** pòtbagaj, pòtchay •**luggage section** *a* [*airplane*] anba avyon, sout *b* [*ship*] anba lakal, kal, lakal

Roman numeral distinguishes among the different syntactic roles of verbs: transitive, intransitive, reflexive, in that order

sting[2] **I** *v.tr.* **1** [*pain*] boule, pike *When you spread the alcohol on my back, it stung me a bit.* Lè ou pase alkòl la nan do m lan, li boule m. **2** [*insects*] bo, bobo, pike, mòde *It's a wasp that stung me.* Se yon gèp ki pike m. *Yesterday evening the mosquitoes stung me all over my face.* Ayè oswa marengwen bobo tout bò figi m. *I have been stung by a bunch of mosquitoes.* Se pa de twa marengwen ki mòde m. **II** *v.intr.* **1** [*physical pain*] pike *My eyes are stinging.* Je m ap pike m. **2** [*emotional pain*] blese, fè mal, pike *What I'm going to tell you may sting a little.* Sa m pral di ou la gendwa blese yon tikras. •**sting intermittently** [*pain*] lanse

DETAILED DISCUSSION OF THE CONTENT OF ENTRIES

1. General Structure of Entries

Entries begin with the English headword in **bold** followed immediately with the part of speech identified in *italics*. Then, the Creole gloss (equivalent) is provided in unformatted text. Next, especially for adjectives, verbs, and nouns with several meanings (**senses**), illustrative examples are provided followed by their Creole translation. **Subentries**, multiple word phrases or idiomatic expressions are preceded by •, in which the headword occurs are provided where these exist. The simple entry for the verb *saw* illustrates the general structure of entries; the superscript number is provided to differentiate it from its **homonym**, the noun *saw* that is listed as **saw¹**:

> **saw²** *v.tr.* siye *They are sawing the wood.* Y ap siye bwa a. •**saw off** twonse *He's sawing off a piece from the board to make a stool.* L ap twonse yon pati nan bwa a pou l ka fè yon tabourè.

2. Glosses

For many English headwords several Creole glosses may be provided. As was mentioned in the **Orthography and Spelling** section, Creole has not been fully standardized. In the absence of a monolingual dictionary of the language, the exact meaning of words and multiword expressions cannot always be determined. Accordingly, there may be some minor semantic differences between the glosses when several are provided. For that reason, we have endeavored to provide each gloss with an example to illustrate nuances of meaning where these exist among the glosses of a headword. We illustrate this with the verb *to damage*:

> **damage²** *v.tr.* abime, andomaje, degrade, demonte, deteryore, fè dega, gate *The goats damaged the gate when they passed through.* Kabrit yo abimen griyaj la lè yo pase. *Look at how this trinket has become damaged because the child threw it on the ground.* Gade kijan biblo a vin andomaje afòs pitit la jete li atè. *The maid ended up damaging all the plates.* Bòn nan fin degrade tout asyèt yo. *She damaged the umbrella.* Li demonte parapli a. *The caterpillars are damaging my crop.* Cheni yo vin deteryore rekòt mwen. *The cattle damaged the field.* Bèf yo fè dega nan jaden an. *She damaged the radio.* Li gate radyo a.

Many words in Creole exhibit phonetic variation. For example, among the glosses for 'ointment' one finds the variants *ponmad* and *pomad*; for 'forearm', *anvan bra* and *avanbra*; for 'crumb', *miyèt* and *myèt*. In these cases, we have attempted to provide what we have judged to be the most common variants. Where there is regional variation, if the variation bears on the pronunciation, as is the case between the variants *frappe* 'to hit', the geographically unmarked form, and *fwape*, found in northern Haiti, we provide only the former in most cases. However, if the variation involves different forms rather than simple pronunciation differences, we sometimes list both the regionally marked variant and the unmarked one. For example, for the English pronoun 'mine', together with the general gloss *pa m*, we provide the northern variant, but indicate its regional status: *kinan m* [N].

For words denoting fauna and flora no attempt has been made to provide the Linnean taxonomic nomenclature. The information at our disposal was incomplete. Rather than providing this information partially, for the sake of consistency, we have given only the known Creole gloss available. In some cases, we provide some general indication in italics between square brackets:

> **stilt-plover** *n.* [*bird*] pèpet
> **shinglewood tree** *n.* lorye gran fèy
> **shining stenostomum** *n.* [*bot.*] avoka mawon
> **sage¹** *n.* [*plant*] lachòy, soj

3. Illustrative Examples

As was the case with the *Haitian Creole-English Bilingual Dictionary*, what distinguishes this work from most other bilingual dictionaries dealing with Creole is the ample exemplification of glosses. We have provided sentence- or phrase-length contextual examples to capture the precise meaning or the grammatical properties of glosses and to show typical sentence structure. The examples are straightforward (i.e. not generally a proverb or other sentence the meaning of which is obscure) and do not contain terms (other than proper names) that are not found as headwords elsewhere in the dictionary. Illustrative examples are not definitions. Rather, they present information about a term that may not be inferred from the gloss(es) alone. They are provided for all verbs, and, as much as possible, for polysemic adjectives and nouns.

4. Order of Senses in Polysemic Words

As is the case for most languages, many words in English are polysemic and the various senses may be translated in other languages by different words. In this dictionary, senses of polysemic words are ordered on a semantic basis. We generally proceed from the most concrete meaning to the extended and figurative ones. The entry for the noun 'abuse' shows this conscious ordering. The three senses are numbered, identified with a **semantic specifier** (in square brackets), provided with a gloss or glosses, and illustrated with a contextual example:

> **abuse¹** *n.* **1**[*misuse of power, injustice*] abi *Favoritism is the worst abuse.*
> Paspouki se pi gwo abi ki genyen. **2**[*cruel treatment*] abi, move trètman
> *Child abuse is a big problem.* Koze abi timoun yo se yon gwo poblèm.
> *'Restavèks' endure a lot of abuse.* Restavèk yo pase anba yon pakèt move
> trètman. **3**[*unkind/rude words*] betiz, bwa jouman *He greeted me with a*
> *stream of abuse.* Parèt m parèt, li pran m ak yon bwa jouman.

5. Verbs

Verbs are labeled transitive (*v. tr.*) when they take a direct object, even where the object is not obligatory, for example, *to peck* (*The hen pecked me.* Manman poul la te beke m.), and where the verb governs a direct object, but where none is present (*Hens peck.* Poul beke.). Verbs are labeled intransitive (*v. intr.*) only when they do not take a direct object, for example, *to step* (*Don't step on the grass.* Pa mache sou gazon an.). Most English verbs have transitive and intransitive senses. Verb classification is clearly indicated by the use of roman numerals, as shown below:

> **sting²** **I** *v.tr.* **1**[*pain*] boule, pike *When you spread the alcohol on my back, it*
> *stung me a bit.* Lè ou pase alkòl la nan do m lan, li boule m. **2**[*insects*] bo,
> bobo, pike, mòde *It's a wasp that stung me.* Se yon gèp ki pike m. *Yesterday*
> *evening the mosquitoes stung me all over my face.* Ayè oswa marengwen

bobo tout bò figi m. *I have been stung by a bunch of mosquitoes.* Se pa de twa marengwen ki mòde m. **II** *v.intr.* **1**[*physical pain*] pike *My eyes are stinging.* Je m ap pike m. **2**[*emotional pain*] blese, fè mal, pike *What I'm going to tell you may sting a little.* Sa m pral di ou la gendwa blese yon tikras.

In some cases, verbs do not occur individually but as part of an expression, as for example, *to steel,* whose transitive sense 'to cover with steel' is extremely rare but is used with reflexive pronouns to mean 'to make one's self emotionally strong,' as in the following entry that contains the subentry *to steel one's self:*

> **steel²** *v.tr.* •**steel o.s.** mare{ren/vant/zenba}li *We need to steel ourselves so we can bury the child.* Mare ren nou pou n ka tere pitit la.

6. Compound Words

The following guidelines apply to compound words that appear as main entries and as subentries:

1. adjective + noun: listed only under the noun, e.g. •**lifelong buddy** frè kòd lonbrik (listed under **buddy**); •**imported used car** machin pèpè (listed under **car**).

2. noun + noun: listed usually under the second noun, except for compound words described in 6 below, e.g. •**cassava bread** kasab (listed in the entry **bread**); **literacy campaign** kanpay alfabetizasyon (listed under **campaign**).

3. preposition + noun: listed only under the noun, e.g. . •**by/on foot** anmachan a pye (listed under **foot**); •**under s.o. else's name** [*do sth.*] sou non yon moun (listed under **name**).

4. adverb + adjective: listed only under the adjective, e.g. •**brand new** flanban nèf (listed under **new**); **very nice** [*good quality*] bon vye (listed under **nice**).

5. verb + complement: listed only under the verb, except for items in 7 below, e.g. **follow one's footprints** swiv tras (listed under **follow**); **fool s.o. good** pran yon moun (listed under **fool**).

6. Exceptions to Guideline 1—In expressions with frequently used nouns such as *woman, man, person,* and *child* that are preceded by an adjective, the subentry is listed only under the adjective, e.g. **young person** is listed in the entry for **young**. For name of animals (e.g. **Antillean grebe** plonjon fran) and plants (e.g. **black mahoe** *n.* [*tree*] kachiman{granbwa/kowosòl}, kowosòl granbwa) the compound is listed under the first word, as are medical expressions, including ailments (**abdominal pain** trip{kòde/tòde}; **gastric reflux** asid, dlo si), which are listed as headwords, not subentries, under the first word.

7. Exceptions to Guideline 5—There are a few verbs that occur in a large number of subentries. In order to limit the size of these verbal entries, they are listed in the entry for their complements. The following is a list of these verbs: *be, become, do, get, give, go, have,*

make, put, take, e.g. •**give carte blanche** ba(y/n) yon moun kat blanche (listed under **carte**), •**have one's heart broken** kè fè mal (listed under **heart**).

7. Subentries

Multiple word subentries, including idiomatic expressions, occur last in entries and are preceded by a bullet (•), and like headwords, appear in **bold face**. To avoid duplication, in general, subentries are listed only once in the dictionary, according to the set of guidelines presented above.

Subentries are listed in alphabetical order. First, those that begin with the headword are listed, and then those in which the headword is not the first word. For example, in the entry for **heart**, the subentries •**heart condition** {maladi/twoub}kè •**heart disease** maladi kè •**heart murmur** bri nan kè •**heart of stone** kè di occur first, then •**at the heart of** nan kè •**be all heart** devwe kò e{am/nanm}.

8. Abbreviation Conventions

Many Creole glosses consist of compound words or phrases that share some elements. To avoid repetition, curly brackets and slashes are used to abbreviate. For example, the synonymic equivalents of •**rifle butt** contain the shared keyword **fizi** 'rifle' and three different first parts of the compound words: *bounda fizi, bwa fizi, kwòs fizi*. This is abbreviated as follows: {**bounda/bwa/kwòs}fizi**. Similarly, the equivalents of •**that's right** are abbreviated as **se{rezon/vre}**. Optional elements of glosses are indicated with parentheses: •**be right** byen fè or byen fèt *gives* byen fè(t), **rise** leve kanpe or leve *is* leve (kanpe).

LIST OF ABBREVIATIONS

acron.	acronym
adj.	adjective
dem adj.	demonstrative adjective
indef adj.	indefinite adjective
interrog adj.	interrogative adjective
admin.	administration
adv.	adverb
agr.	agriculture
anat.	anatomy
auto.	automotive
biol.	biology
bot.	botany
chem.	chemistry
conj.	conjunction
culin.	culinary
det.	determiner
def det.	definite determiner
indef det.	indefinite determiner
eccl.	ecclesiastic
esp.	especially
euph.	euphemism
fem.	feminine
fam.	familiar
fig.	figurative
gram.	grammar or grammatical
geog.	geography
geol.	geology
geom.	geometry
gov.	government
HC	Haitian Creole
imper.	impersonal
interj.	interjection
iron.	ironic
jur.	juridical
lit.	litteral
loc.	location
mas.	masculine
mach.	machine
med.	medical or medicinal
mil.	military
mus.	music
N	Northern Creole

n.		noun
naut.		nautical
neg.		negation or negative
	neg mkr.	negation marker
n.f.		noun feminine
n.pl.		noun plural
num.		number
obs.		obsolete
onom.		onomatopoeia
o.s.		one's self
pej.		pejorative
phr.		phrase
	n phr.	noun phrase
prep.		preposition
pl.		plural
pro.		pronoun
	dem pro.	demonstrative pronoun
	excl pro.	exclamatory pronoun
	indef pro.	indefinite pronoun
	interrog pro.	interrogative pronoun
	pers pro.	personal pronoun
	poss pro.	possessive pronoun
	rel pro.	relative pronoun
prop n.		proper noun
prov.		proverb
rel.		religion or religious
S		Southern Creole
sing.		singular
s.o.		someone
sth.		something
v.		verb
v aux.		auxiliary verb
	v cop.	copula
	v intr.	intransitive verb
	v mkr.	verb marker
	v mod.	modal verb
	v refl.	reflexive verb
	v tr.	transitive verb
vulg.		vulgar
zool.		zoology

Bibliography

Allman, Suzanne. 1984. L'Inventaire des ressources lexicales en créole haïtien: Présentation d'extraits du lexique de la maternité et de l'accouchement. *Conjonction*, 161-162: 133-150.

Anglade, Georges. 1975. *L'Espace haïtien*. Montreal: Presses de l'Université.

Antoine, Paul. 1980. *Kò Moun*. Port-au-Prince: Bon Nouvèl.

Auguste, Michaëlle. 1987. *Lire le créole sans peine*. Port-au-Prince: Editions Henri Deschamps.

Ans, André-Marcel d.' 1968. *Le créole français d'Haïti. Etude des unités d'articulation, d'expansion et de communication*. The Hague and Paris: Mouton.

___1987. *Haïti: Paysage et société*. Paris: Karthala

Bentolila, Alain, et al. 1976. *Ti Diksyonnè Kreyòl-Franse. Dictionnaire élémentaire créole haïtien-français*. Port-au-Prince: Editions Caraïbes.

Bon Nouvèl

Boukan

Célestin-Mégie, Emile. 1981. *Lanmou pa gin baryè (3e épòk)*. Port-au-Prince: Editions Fardin.

Chanlatte, Juste (Comte des Rosiers). 1818. *L'entrée du Roi dans sa capitale en Janvier 1818*. Cap Haïtien.

Courlander, Harold. 1973. *The Drum and the Hoe: Life and Lore of the Haitian People*. Berkeley: University of California Press.

Damoiseau, Robert. 1987. Situation de communication et fonctionnement de la langue en créole haïtien. *Études créoles* 10.2: 90–106.

___1988. Eléments pour une classification des verbaux en creole haïtien. *Études créoles* 11.1: 41–64.

___1991. Exemples de procédures de réinterprétation d'un lexique français en créole haïtien. *Études créoles* 14: 1–43.

___1996. Les Adjectifs en créole haïtien. In Daniel Véronique (ed.), *Matériaux pour l'étude des classes grammaticales dans les langues créoles*.

___2005. *Eléments de grammaire comparée Français-Créole haïtien*. Matoury: Ibis Rouge Editions.

DeGraff, Michel. 2000. A propos de la syntaxe des pronoms objets en créole haïtien: points de vue croisés de la morphologie et de la diachronie. *Langages*, 138: 89-113.

Dejean, Paul. 1990. Kreyòl mawon. *Libète*, 1 (2), 6-12: 4.

Dejean, Yves. 1974. *Ti liv òtograf kréyòl*. Montréal: Agence de Presse Libre du Québec.

___1980. *Comment écrire le créole d'Haïti*. Outremont (Québec): Collectif Paroles.

Depatman Edikasyon Nasyonal – Enstiti Pedagojik Nasyonal. 1984. *Gramè kreyòl: Gid Mèt la-3èm ane*. Port-au-Prince: Editions Henri Deschamps.

___1982. *Matematik premye ane - Gid Mèt la*. Port-au-Prince: Enstiti Pedagojik Nasyonal.

___1982. *Pòl ak Anita*. Port-au-Prince: Henri Deschamps.

___1983. *Matematik dezyèm ane - Gid Mèt la*. Port-au-Prince: Enstiti Pedagojik Nasyonal.

___1984. *Matematik dezyèm ane - Gid Mèt la*. Port-au-Prince: Enstiti Pedagojik Nasyonal.

Desmarattes, Lyonel. 1983. *Mouche Defas*. (Ed.) Bryant C. Freeman. Port-au-Prince: Editions Créolade.

___2004. *Mouche Defas*. Coconut Grove, FL : Educa Vision.

___2005. *Atali*. Coconut Grove, FL : Educa Vision.

___2005. *Lekòl Medam yo*. Coconut Grove, FL : Educa Vision.

___2005. *Fanm Filozòf*. Coconut Grove, FL : Educa Vision.

___2006. *Woben Lakwa*. Coconut Grove, FL : Educa Vision.

Ducoeurjoly, S. J. 1802. *Manuel des habitants de Saint-Domingue*. Paris: Lenoir.

Durizot Jno-Baptiste, Paulette. 1996. *La Question du créole à l'école en Guadeloupe* Aix-en-Provence: Publications de l'Université de Provence, pp. 151–61.

Duvalier, François. 1967. *40 t-an Doktrin, 10 z-an Révolision: Brèviè yon Révolision.* Port-au-Prince: Imprimerie de l'ONAAC

Etienne, Frank. 1975. *Dézafi, roman.* Port-au-Prince: Editions Fardin.

___1978. *Pèlin-Tèt.* Port-au-Prince: Les Editions du Soleil.

___1984. *Bobomasouri.* Port-au-Prince: Koleksyon Espiral.

Etienne, Gérard. 1974. *Le créole du Nord d'Haïti: Etude des niveaux de structure.* Unpublished doctoral dissertation, Université de Strasbourg.

Faine, Jules. 1937. *Philologie créole: Etudes historiques et étymologiques sur la langue créole d'Haïti.* Port-au-Prince: Imprimerie de l'Etat.

___1939. *Le créole dans l'univers: études comparatives des parlers français.* Port-au-Prince: Imprimerie de l'Etat.

___1974. *Dictionnaire français-créole.* Montréal: Leméac.

Fattier, Dominique. 2000. *Contribution à l'étude de la genèse d'un créole: L'atlas linguistique d'Haïti, cartes et commentaires.* Doctoral dissertation (Thèse de doctorat d'Etat), Université de Provence (Aix-Marseilles I). Villeneuve d'Ascq: Presses Universitaires du Septentrion.

___2001. *Le Créole haïtien de poche.* Chennevières-sur-Marne: Assimil.

___1984. De la variété rèk à la variété swa. Pratiques vivantes de la langue en Haïti. *Conjonction,* 161-162: 39-51.

Fayo [Raphaël G. Urciolo]. 1980. *3333 Proverbs in Haitian Creole, the 11th Romance Language.* Port-au-Prince: Editions Fardin.

Férère, Gerard A. 1974. *Haitian Creole sound system, form-classes, texts.* Unpublished Ph.D. dissertation, University of Pennsylvania.

Freeman, Bryant C. 1984, 1990. (Ed.) *Chita Pa Bay: Elementary Readings in Haitian, with illustrated dictionary.* Port-au-Prince : Bon Nouvèl.

___1989. *Dictionnaire inverse de la langue créole haïtienne / Diksyonè lanvè lang kreyòl ayisyen an.* Port-au-Prince: Centre de Linguistique Appliquée de l'Université d'Etat d'Haïti.

___1997. (Ed.) *Haitian-English English-Haitian Medical Dictionary, with Glossary of Food and Drink.* Lawrence: University of Kansas Institute of Haitian Studies; Port-au-Prince: La Presse Evangélique.

___1992. *Haitian Creole-English English-Haitian Creole Medical Dictionary, with Glossary of Food and Drink.* Port-au-Prince: La Presse Evangélique.

___2010. *English-Haitian Dictionary.* Lawrence, KS :University of Kansas.

___2011. *Haitian-English Dictionary.* Lawrence, KS :University of Kansas.

Garçon, Jacques. 2009. *Anba bouch a Grann Mari; Labitid ak koutim.* Haiti en Marche: 22–39.

Gramer, Margot F. 1995. *The Basic Oxford picture Dictionary: English/Haitian Creole.* (Ed.) Carole Berotte Joseph. New York: Oxford University Press.

Hall, Robert A., Jr. 1953. *Haitian Creole: Grammar-texts-vocabulary.* Philadelphia: American Folklore Society (Memoirs 43).

Hazaël-Massieux, Marie-Christine. 2008. *Textes anciens en créole français de la Caraïbe: Histoire et analyse.* Paris: Editions Publibook.

Heurtelou, Maude, and Féquière Vilsaint. 2000. *English/Haitian Creole Medical Dictionary-Diksyonè Medikal Anglè/Kreyòl.* Coconut Creek, Florida: Educa Vision.

Howe, Kate. 1990. *Haitian Newspaper Reader.* Wheaton, MD: Dunwoody Press.

Hyppolite, Michelson P. 1951-1956. *Contes dramatiques haïtiens* (Vols. 1-2). Port-au-Prince: Imprimerie de l'Etat.

Jean-Baptiste, Pauris. 1980. *Boukèt Espwa.* Pétionville: Legliz Metodis an Ayiti.

___1979. *Peyi Zoulout (pawoli).* Port-au Prince: Editions Fardin.

___1979. *Sogo nan Kwazman Granchimin.* Port-au Prince: Bon Nouvèl.

Jeanty, Edner A. 1993. *Diksyonè Kreyòl/Creole Dictionary*. Port-au-Prince: La Presse Evangélique.

____and O. Carl Brown. 1976. *999 Paròl Granmoun: Haitian Popular Wisdom*. Port-au Prince: Editions Learning Center.

Joseph, Franck L. 1988. *La détermination nominale en créole haïtien*. Unpublished doctoral dissertation, Université de Paris VII.

Lafayette, Robert C, and Flore Zéphir. 1984. *An Introduction to Haitian Creole via Total Physical Response*. Bloomington, IN: Indiana University, Creole Institute.

Lapierre, Bob and Farah Juste. 2005. *Endepandans!* Coconut Grove, FL : Educa Vision.

Lefebvre, Claire, Hélène Magloire-Holly, and Nanie Piou (Eds.). 1982. *Syntaxe de l'haïtien*. Ann Arbor, MI: Karoma.

Lefebvre, Claire. 1998. *Creole Genesis and the Acquisition of Grammar: The Case of Haitian Creole*. New York: Cambridge University Press.

Libète.

McConnell, Ormonde H., and Eugene Swan. 1945a. *You Can Learn Creole: A Simple Introduction to Haitian Creole for English Speaking People*. Port-au-Prince: Imprimerie de l'Etat.

Mirville, Ernst. 1979. Eléments de lexicographie bilingue: Lexique créole-français. *Biltin Institi Lingistik Apliké Pòtoprins*, No 11: 198-273.

Moreau de Saint-Méry, Louis Elie Médéric. 1797/1958. *Description topographique, physique, politique et historique de la partie françoise de l'Ile de Saint-Domingue* (3 vols.). Paris: Larose (reprinted 1958).

Morisseau-Leroy, Félix. 1982. *Ravinodyab*. Paris: L'Harmattan.

____1990. *Dyakout 1, 2, 3, 4*. Jamaica, New York: Haitian Pub, Inc.

____1997. *Anatòl*. Delmas, Haïti: Editions Libète.

____1997. *Antigòn*. Delmas, Haïti: Editions Libète.

____1997. *Moun fou*. Delmas, Haïti: Editions Libète.

____1997. *Pèp la*. Delmas, Haïti: Editions Libète.

____1997. *Rara*. Delmas, Haïti: Editions Libète.

____1997. *Wa Kreyon*. Delmas, Haïti: Editions Libète.

Orjala, Paul. 1970. *A dialect survey of Haitian Creole*. Unpublished doctoral dissertation, Hartford Seminary Foundation.

Paultre, Carrié. 1982. *Tonton Liben: Annotated Edition for Speakers of English*. (Ed.) Bryant C. Freeman. Port-au-Prince: Editions Boukan.

____2002. *Wòch nan Solèy: Annotated Edition for Speakers of English*. (Ed.) Bryant C. Freeman. Lawrence: University of Kansas Institute of Haitian Studies; Port-au-Prince: La Presse Evangélique.

Peleman, Lodewijik F. 1976. *Diksyonnè Kréyòl-Franse*. Port-au-Prince: Bon Nouvèl.

Pierre-Noël, Arsène V. 1971. *Nomenclature polyglotte des plantes haïtiennes et tropicales*. Port-au-Prince: Presses Nationales d'Haïti.

Pompilus, Pradel. 1958. *Lexique créole-français*. Unpublished complementary doctoral dissertation, Université de Paris (Sorbonne).

____1973. *Contribution à l'étude comparée du créole et du français à partir du créole haïtien: Phonologie et lexique*. (vol. I). Port-au-Prince: Éditions Caraïbes.

____1976. *Contribution à l'étude comparée du créole et du français à partir du créole haïtien: Morphologie et syntaxe*. (vol. II) Port-au-Prince: Éditions Caraïbes.

Pressoir, Charles-Fernand. 1947. *Débats sur le créole et le folklore*. Port-au-Prince: Imprimerie de l'Etat.

Prou, Marc E. 1999-2000. Haitian Creole Ideophones : An Exploratory Analysis. *Journal of Haitian Studies*, 5-6: 96-112.

Racine, Marie Marcelle Buteau. 1970. *Creole and French lexico-semantic conflicts. A contribution to the study of languages in contact in the Haitian diglossic situation.* Unpublished Ph.D. dissertation, Georgetown University, Washington, D.C.

Raymond, Roc J. 1983. *Du créole au français: Petit guide pratique,* 2nd ed. Port-au-Prince: Editions Fardin.

Rincher, Deslande. 1991. *Dictionary Creole-English/English-Creole.* Forest Hills, NY: Rincher & Associates.

Ross, Jim D. and Bryant C. Freeman. 2000. *Konkòdans Bib la: Nouvo Kontra, baze sou Bib la, edisyon 1999, nan nouvo òtograf la.* Port-au-Prince: Société Biblique Haïtienne; Lawrence, Kansas: Institute of Haitian Studies, University of Kansas.

Spears, Arthur K., and Carole Berotte Joseph, eds. 2010. *The Haitian Creole Language.* Lanham, MD: Lexington Books.

Sylvain, Georges. 1901. *Cric? Crac! (Fables Créoles).* Port-au-Prince: Editions Fardin.

Sylvain, Suzanne. 1936. *Le créole haïtien: Morphologie et syntaxe.* Wetteren, Belgique: de Meester; Port-au-Prince: chez l'auteur.

Targète, Jean and Raphaël G. Urciolo. 1993: *Haitian Creole-English Dictionary.* Kensington, Maryland: Dunwoody Press.

Theodore, Charmant. 1995. *Hippocrene Concise Dictionary.* New York: Hippocrene Books.

Trouillot, Jocelyne (Joslin Twouyo). n.d. *Diksyonè Kreyòl Karayib.* Port-au-Prince: Editions CUC, Université Caraïbe.

Trouillot, Michel-Rolph. 1977. *Ti Difé boulé sou istoua Ayiti.* Brooklyn, New York : Koleksion Lakansiel.

Valdman, Albert. 1970. *Basic course in Haitian Creole.* The Hague: Mouton; Bloomington, IN: Indiana University Publications of the Research Center for Anthropology, Folklore, and Linguistics.

____1978. *Le créole: structure, statut et origine.* Paris: Klincksieck.

____1988. *Ann Pale Kreyòl : An Introductory Course in Haitian Creole.* Bloomington, IN : Indiana University Creole Institute.

____1991. Decreolization or dialect contact in Haiti? Byrne & T. Huebner (Eds.) *Development and structures of creole languages: Essays in honor of Derek Bickerton* (pp. 75-88). Amsterdam/Philadelphia: John Benjamins Publishing Company.

____2005. Vers la standardisation du créole haïtien. *Revue française de linguistique appliquée* 10.1: 39–52.

____2015. *Haitian Creole: Structure, Variation, Status, Origin.* Bristol/Sheffield, UK: Equinox. et al.

____and Joseph, Yves, (eds.). 1980. *Créole et enseignement primaire en Haïti.* Bloomington, IN: Creole Institute.

____et al. 1981. *Haitian Creole-English-French Dictionary.* Bloomington, IN: Indiana University Creole Institute

____Pooser, Charles and Jean-Baptiste, Rozevel. 1997. *A Learner's Dictionary of Haitian Creole.* Bloomington, IN: Indiana University Creole Institute.

____Iskra Iskrova, Nicolas André, and Jacques Pierre. 2007. *HaitianCreole–English Bilingual Dictionary.* Bloomington: Indiana University Creole Institute.

Védrine, Emmanuel, W. 1992. *Dictionary of Haitian Creole Verbs with Phrases and Idioms.* Boston: E. W. Védrine Publications.

____1994. *Ti Istwa Kreyòl/Short Stories in Haitian Creole.* Mattapan, MA: Vision Books.

____1995. *Petit lexique du créole haïtien.* Boston: E.W. Védrine Publications.

____1996. *Gramè Kreyòl Védrine.* Boston: E.W. Védrine Creole Project.

____1997. *Dictionary of Haitian-Creole Verbs.* Cambridge, Massachusetts: Soup to Nuts Pub.

____2000. *An Annoted Bibliography of Haitian Creole.* Coconut Creek, FL : Educa Vision.

_____2004. *Ti Istwa Kreyòl.* Coconut Grove, FL : Educa Vision.
Vernet, Pierre. 1980. Le créole haïtien face à son introduction en salle de classe: le champ sémantique du corps humain. *Etudes Créoles,* 3(2): 45-5.
_____1981. L'Ecriture du créole et ses réalités de fonctionnement. *Cahiers du Centre de Linguistique Appliquée,* No 1: 19.
_____and Bryant C. Freeman. 1988. *Disksyonè Òtograf Kreòl Ayisyen.* Port-au-Prince: Centre de Linguistique Appliquée de l'Université d'Etat d'Haïti.
_____and Bryant C. Freeman. 1989. *Dictionnaire préliminaire des fréquences de la langue créole haïtienne.* Port-au-Prince: Centre de Linguistique Appliquée de l'Université d'Etat d'Haïti.
Vilsaint, Féquière. 1991. *Diksyonè Anglè Kreyòl/English Kreyòl Dictionary.* Temple Terrace, FL: Educa Vision.
_____1992. *English-Haitian Creole Idiomatic Dictionary.* Temple Terrace, FL: Educa Vision.
_____and Maude Heurtelou. 1994. *Diksyonè Kreyòl Vilsen.* Temple Terrace, FL: Educa Vision.
_____and Maude Heurtelou. 1995. *English-Haitian Creole Science Dictionary.* Temple Terrace, FL: Educa Vision.
Zéphir, Flore. 1990. *Language choice, language use, language attitudes of the Haitian bilingual community.* Unpublished Ph.D. dissertation, Indiana University, Bloomington.

A

a, an *indef.art.* yon, yonn, youn

A *prop.n.* [*mus.*] la

A.D. *abbrev.* [*anno Domini*] ap. K., apre Jezikri, apre Kris

AIDS *prop.n.* **1**[*general*] djare masisi, katach, sida, timoura **2**[*euph.*] ti bèt •**AIDS victim** sideyen •**have AIDS** fè SIDA

A.M. *adv.* di maten, (nan) maten *It opens at eight a.m.* Li ouvè a uit è di maten. *It's four a.m.* Li katrè dimaten.

ATM *n.* [*Automatic Teller Machine*] {gichè/kesye} otomatik, a te enm

AWOL *n.* [*mil. (absent without leave)*] fòlòp

aback *adv.* •**be taken aback** souke *I'm taken aback by the news of her death.* Nouvèl lanmò li a sekwe m anpil. •**take aback** souke

abacus *n.* boulye

abandon *v.tr.* abandonnen, dezète, kite, lage yon moun aladriv, lese, nye, pati kite, radye, vire do bay *He abandoned his car.* Li pati kite machin li. *She abandoned her child.* Li kite pitit li. *They abandoned the children; nobody is taking care of them.* Yo lage timoun yo aladriv, pèsonn pa okipe yo. *She abandoned the fight.* Li lese batay la. •**abandon s.o.** mete yon moun atè

abandoned *adj.* abandonnen, lage *The house was abandoned for several years.* Kay la rete abandonnen pou plizye ane. *Those are a bunch of abandoned children running around in the streets.* Sa yo se yon pakèt timoun lage k ap flannen nan lari a. *It's an abandoned dog.* Se yon chen abandonnen. •**abandoned child** pitimi san gadò •**abandoned person** waya waya

abandonment *n.* abandon, abandònman, renonsyasyon

abasement *n.* avilisman

abattoir *n.* labatwa

abbess *n.f.* (mè) siperyè

abbey *n.* kouvan, monastè

abbot *n.* abe, (pè) siperyè

abbreviate *v.tr.* abreje, ekri ann abreje *Abbreviate these words.* Abreje mo sa yo. *Abbreviate your name.* Ekri non ou ann abreje.

abbreviation *n.* abreje, abreviyasyon

abc's *n.pl.* **1**[*alphabet*] abese **2**[*rudiments, basic knowledge*] abese *He doesn't know the abc's of cooking.* Li pa konn abese nan fè manje.

abdomen *n.* vant •**lower abdomen** (anba) ti vant, tivant

abdominal *adj.* •**abdominal cavity** sak vant •**abdominal pain** trip{kòde/tòde} •**abdominal pains** kolik, tranche

abduct *v.tr.* **1** anlve, mennen ale ak *They abducted the man.* Yo mennen ale ak misye. *The scoundrels abducted the girl.* Ladoba yo anlve tifi a. **2**[*abduct with a lasso, Vodou*] lanse *They say he abducts people at night.* Yo di li lanse moun nannuit.

abduction *n.* anlèvman, kinapin, kidnapin(g)

abductor *n.* ravisè

aberrance, aberrancy *n.* anòmali

aberrant *adj.* egare

aberration *n.* egaman

abide *v.tr.* sipòte, tolere. *I can't abide this behavior.* M pa ka sipòte kondwit sa a. •**abide by** *v.intr.* respekte *Those people don't abide by the rules.* Moun sa yo pa respekte regleman yo.

ability *n.* abilte, fakilte, kapasite, longè, talan *He has the ability to do it. He lacks the ability to do the job.* Li manke fakilte pou li fè djòb la. *Ask him questions to discover his ability.* Poze l kesyon pou wè longè l. •**ability to become invisible** pwen{chat/zangi} *That Vodou priest has the ability to become invisible.* Bòkò sa a gen pwen chat. •**ability to face different situations** repondong *You have to have the ability to face different situations in the struggles of life.* Fòk ou gen repondong pou lite ak lavi a.

abject *adj.* lamantab, pla *We're in an abject situation.* Nou nan yon sitirasyon lamantab. *He is in abject sorrow.* Li nan pla chagren. •**abject follower** sousou •**abject poverty** malsite

ablaze *adj.* an{fe/flanm}, ap boule •**set ablaze** mete {flanm/dife}

able *adj.* fouti [*often used in negative phrases*], gen dwa, ka(pab), kab, pe *I've got a toothache; I'm not able to eat anything.* M gen mal dan, m pa fouti manje anyen. *Open the door so that I am able to go out.* Ouvè pòt la pou m ka sòti. *He's able to come.* Li kab vini. •**not be able to** manke sou fòs *I am not able to lift these bags.* Mwen manke sou fòs pou soulve sak sa yo.

able-bodied *adj.* enganm

abnormal *adj.* anòmal, pa nòmal *His behavior is very abnormal.* Konpòtman l pa nòmal menm.

abnormality *n.* anòmali

aboard *adv.* abò *All aboard!* Tout moun abò! *All aboard! The boat is about to depart.* Tout moun abò, batiman an pral pati. •**go aboard** anbake *If you are a passenger, please, go aboard immediately.* Si ou se yon pasaje, tanpri, anbake san pèdi tan.

abode *n.* [*home*] lakay

abolish *v.tr.* aboli, bani, desitire, siprime, sispann, leve *This practice should be abolished.* Yo te dwe desitire bagay sa a. *The 1987 constitution abolished the death penalty.* Konstitisyon 1987 la aboli pèn de mò.

abolishment *n.* abolisyon

abolition *n.* abolisyon

abominable *adj.* abominab

abomination *n.* abominasyon

aboriginal *n.* endijèn

abort *v.tr.* jete pitit *She took a drug to abort the pregnancy.* Li bwè remèd pou l jete pitit la.

aborted *adj.* avòte *The mission is aborted.* Misyon avòte.

abortion *n.* avòtman, dilatasyon, kitay •**have an abortion** bwè, fè{avòtman/dilatasyon}, jete pitit *Whenever that woman gets pregnant, she has an abortion.* Depi fi sa ansent, li bwè timoun yo. *She had this abortion because she already has ten children.* Li fè dilatasyon sa paske li gen dis pitit dija.

abound *v.intr.* fè{mikalaw/mikmak/pèpèt} *Weapons abound in the country.* Zam fè pèpèt nan peyi a.

about¹ *adj.* •**up and about** leve, sou de pye li *I've been up and about since seven o'clock.* M sou de pye m depi sèt è.

about² *adv.* **1**[*almost*] manke, prèske, prèt pou *He just about made it home before his car died.* Li te prèt pou rive lakay li lè machin nan mouri an. *He just about lost all the rent money.* Li manke pèdi tout lajan kay la. **2**[*around*] anviwon, apeprè, apeprèman, e kèk, kèk, konsa, nan zòn *This car costs about fifteen thousand dollars.* Machin sa a koute anviwon kenz mil dola. *They're about the same age.* Yo apeprè menm laj. *There were about thirty students in the class.* Te gen trant e kèk elèv nan klas la. *She's about ten years old.* Li gen dis lane konsa. *He weighs about two hundred pounds.* Li peze nan zòn de san liv. **3**[*time, location*] bò, nan zòn, vè *Around ten o'clock…* Vè dizè… *They arrived about three o'clock.* Yo rive bò zòn twaz è. •**be about** [*almost*] kouri sou *It's been about three months that I haven't got paid.* M ap kouri sou twa mwa m pankò touché. •**be about to** kouri sou, nan{chemen/wout}, prè(t) pou, san{jou/lè}, sou{bò/lis} *I am about to leave because it's getting late.* Mwen sou bò pati paske li koumanse fè ta. *She's so weak, she's about to fall down.* Tank li fèb, li prèt pou tonbe. *He's about to return home.* Li san jou tounen lakay li. *I'm about to leave.* Mwen san lè pati. *We were about to go out when the phone rang.* Nou te nan wout pou nou soti lè telefòn nan sonnen. •**go about** [*doing*] ap fè *You're going about it the wrong way.* Jan ou ap fè a, se pa konsa •**not be about to** pa sòti pou *He wasn't about to tell me her name.* Li pa t sòti pou l di m non l. •**see about** [*take care of*] okipe *Who's going to see about the drinks?* Ki moun k ap okipe zafè bweson an? •**what about** e pou *What about the kids, if we go to the city?* E pou timoun yo, si n al lavil la?

about³ *prep.* **1**[*concerning*] a, de, konsènan, nan, okouran, sou, vizavi *What are you thinking about?* A ki sa w ap panse? *Who are you talking about?* De ki moun w ap pale? *I don't know anything about that matter.* M pa konn anyen nan koze konsa. *I'm waiting for your decision about the job.* M ap tann repons ou sou travay la. *They've talked about all topics.* Yo pale sou tout sijè. *Concerning the case you told me about, what's happening with it?* Vizavi dosye ou te pale m nan, ki jan sa ye

about-face *n.* **1**[*mil.*] demitou **2**[*turn around, back*] toudren, vòltefas, kase tèt tounen

above[1] *adv.* [*over the point of orientation*] anlè *Look at the birds flying up above.* Gade zwazo yo anlè a.

above[2] *prep.* **1**[*higher than, superior to*] anlè, piwo pase, sou tèt *We were flying above the clouds.* Nou t ap pase anlè nway. *A colonel is above a lieutenant.* Yon kolonèl sou tèt yon lyetnan. **2**[*over*] anlè, anwo, sou *I couldn't hear him talking above the noise.* M pa t ka tande li pale sou bri a. **3**[*beyond*] bay tèt chaje, depase *This book is above me.* Liv sila a depase m. **4**[*too good for, honest, etc.*] twò (bon/onèt) *She thinks she's above doing this kind of work.* Li kwè li twò bon pou travay konsa. •**above all** sitou *She's above all an excellent worker.* Se sitou yon moun ki konn travay.

abracadabra *interj.* abrakadabra

abrade *v.tr.* dekwennen

abrasion *n.* grafouyen, kòche

abrasive *adj.* rèd di, iritan

abreast *adj.* kòtakòt

abridge *v.tr.* abreje, rakousi *Abridge the introduction.* Rakousi entwodiksyon an.

abridgment *n.* abreje

abroad *adv.* aletranje, lòtbò ({dlo/lanmè}), nan peyi etranje *He spent a lot of time abroad.* Li pase anpil tan lòtbò. *These are goods from abroad.* Se machandiz ki sot aletranje. *Those clothes come from abroad.* Rad sa yo soti lòtbò dlo. •**be abroad** pa nan moun isit *Tomorrow at this time, I'll be abroad.* Demen lè konsa, m pa nan moun isit.

abrupt *adj.* **1**[*sudden and unexpected*] brip *The car came to an abrupt stop.* Machin lan frennen brip. **2**[*terse and often rude*] bris, brital, wap-wap *She's too abrupt in her way of talking to people.* Li twò brital nan fason l pale ak moun. *That guy is abrupt! Girls don't want him.* Nèg sa a wap wap, papa! Fi pa bezwen l. •**be abrupt with** sekwe, souke *Don't bother me so I don't get abrupt with you.* Pa anmède m pou m pa sekwe ou la.

abruptly *adv.* bris, sèk, yon grenn kou *The car took the turn abruptly.* Machin nan kase koub la sèk. *She stopped the car abruptly.* Li kanpe machin nan yon grenn kou.

abscess *n.* abse, apse, pòch pi *The abscess burst.* Apse a pete. •**gum abscess** frechi dan

abscond *v.intr.* chape poul li, kraze bwa *The thief absconded.* Vòlè a kraze bwa.

absence *n.* **1**[*being away*] absans *Nobody noticed his absence.* Pa gen moun ki remake absans li. **2**[*lack, often used in proverbs*] adefo, mank *In the absence of dogs, goats go hunting.* [*prov.*] Adefo chen, kabrit al lachas. *There is an absence of nutrition in this food.* Gen mank nitrisyon nan manje sa a. •**brief absence** chap, devire •**in the absence of** dèyè yon moun *We can settle that in her absence; she doesn't have to be here.* Nou ka regle sa dèyè li, li pa bezwen la.

absent *adj.* absan, iregilye *Andre is absent from class today.* Andre absan nan klas jodi a. *That instructor is often absent; one week he comes to teach, one week he doesn't.* Pwofesè sa a iregilye, yon semenn li vin fè kou, yon senmenn li pa vini. •**absent without leave** [*mil.*] fòlòp •**be absent** manke, mòde lage *You were the only one absent from the party.* Se ou menm sèl ki te manke nan fèt la. *That guy isn't serious; he's always absent from the job.* Nèg sa a pa serye, l ap toujou mòde lage nan travay la. •**person habitually absent** [*teacher, worker, etc.*] absanteyis

absenteeism *n.* absanteyis

absentminded *adj.* absan, distrè, lwen, toudi *How is it that you are so absentminded?* Kouman ou absan konsa? *He's absentminded; his mind is far away.* Li yon moun toudi, lespri li lwen. •**absentminded person** bliyadò •**be absentminded** {pa gen/san} tèt, tèt pa la *Don't ask him to save anything for you because he's absentminded.* Pa ba li kenbe anyen pou ou paske li pa gen tèt.

absinthe *n.* **1**[*liqueur*] lapsent **2**[*plant*] lapsent •**kind of absinthe used as medicine** [*plant*] lapsent tèt blanch

absolute *adj.* **1**[*complete*] nèt, nètale, toutbon, toutbonvre *He's an absolute genius!* Li fò toutbon! **2**[*conclusive*] bon jan *I have absolute proof.* M gen bon jan prèv. **3**[*fig.*] pi *That's the absolute truth.* Sa se laverite pi.

absolutely *adv.* absoliman, konplètman, toutafè *I'm absolutely in agreement with you!* Mwen dakò ak ou absoliman! •**absolutely positively** depi m di ou *Do you believe what she's saying? Absolutely, positively!* Ou kwè sa l ap di? Depi m di ou mouche!

absolution n. absolisyon

absolve v.tr. [give absolution] padonnen The priest absolved me from my sins. Pè a padonnen peche m.

absorb v.tr. 1[blows] ankese The boxer absorbed all the blows. Boksè a ankese tout kou yo. 2[liquid] absòbe, bwè The sponge absorbs the water. Eponj lan absòbe dlo a. 3[shocks] absòbe The spring absorbs shocks. Resò a absòbe chòk. 4[knowledge] bwè I won't be able to absorb it all at once. M pa p ka bwè tout sa a yon sèl kou.

absorbed adj. [very focused] pèdi He's really absorbed in what he's doing. Li pèdi toutbon nan sa l ap fè a.

absorbent adj. absòban Use absorbent cotton to clean the wound. Sèvi ak koton absòban pou netwaye maleng nan.

absorber n. •shock absorber chòk absòbè, antichòk

absorption n. absòpsyon, {souse/rale} likid

abstain v.intr. asteni li, egzante, pa mele Two senators abstained. De senatè te asteni yo. Since the last time he was sick, he has abstained from drinking. Depi dènye fwa li malad la, li pa mele nan kleren. You must abstain from working with these people because they're dishonest. Fò ou egzante travay ak moun sa yo paske yo malonèt.

abstention n. abstansyon

abstinence n. astinans

abstract adj. abstrè This painting is very abstract. Tablo sa a abstrè anpil.

absurd adj. absid, blèm, degrenngòch, ridikil, tenten When she's drunk, she says absurd things. Lè l sou, li di pawòl degrenngòch. What you said was absurd. Sa ou di a te blèm.

absurdity n. absidite No one will believe these absurdities. Pèsonn p ap kwè nan absidite sa yo.

absurdly adv. degrenngòch

abundance n. ann abondans, bondans, piyay Last year there was an abundance of mangoes. Ane dènye te gen bondans mango. We have an abundance of food. Nou gen manje ann abondans. There is an abundance of children everywhere. Gen timoun toupatou, yo la pa piyay. •excessive abundance of food gagòt •in abundance agranlijyèn, chaje, sou moun He has money in abundance. Misye chaje kòb. •in great abundance a gwo gode It rained so much that the ground was covered with water in great abundance. Lapli tèlman tonbe, tè a vale dlo a gwo gode.

abundant adj. djouz This year the mango harvest is abundant. Ane sa rekòt mango a djouz.

abundantly adv. rèdkò

abuse¹ n. 1[misuse of power, injustice] abi. Favoritism is the worst abuse. Paspouki se pi gwo abi ki genyen. 2[cruel treatment] abi, move trètman 'Restavèks' endure a lot of abuse. Restavèk yo pase anba yon pakèt move trètman. Child abuse is a big problem. Koze abi timoun yo se yon gwo poblèm. 3[unkind, rude words] betiz, bwa jouman He greeted me with a stream of abuse. Parèt m parèt, li pran m ak yon bwa jouman. •abuse of freedom lisans Democracy isn't abuse of freedom. Demokrasi pa lisans. •drug abuse nan dwòg

abuse² v.tr. 1[equipment] bay dwèt Stop abusing the radio so as not to ruin it completely. Ase bay radyo a dwèt pou pa fin gate l. 2[use sexually] drive The man used and abused the woman and then left her.. Nèg la drive madanm nan lòfini li kite li. 3[take advantage] abize. 4[treat cruelly] abize, maltrete Her husband abused her. Mari a te maltrete l. 5[physically] abize, aji mal ak, britalize, malmennen, maltrete, masakre, maspinen, vare They abuse her. Yo aji mal ak li. He abused him so much because the child isn't his. Li maspinen l konsa paske pitit la pa pou li. Don't abuse the dog. Pa maltrete chen an. If you weren't violent, you wouldn't abuse a child like that. Si ou pa t brit, ou pa ta ka vare yon timoun konsa. 6[exploit, oppress] fè abi They abuse you because you don't have connections. Yo fè ou abi poutèt ou pa gen relasyon. This storeowner abuses his employees. Mèt magazen sila a fè moun ki travay pou li abi. •abuse s.o. fè yon moun pase{nan je zegwi/pa li} The lady of the house abused the 'restavèk'. Madan an ap fè ti restavèk la pase nan je zegwi. •sexually abuse a girl gagote He abused the girl sexually, then he left her. Li fin gagote fi a, enpi li kite l.

abused adj. •abused or neglected person madoulè

abuser *n.* dechèpiyè, esplwatè, toupizè •**child abuser** pedofil

abusing *n.* malmennay

abusive *adj.* [*treating cruelly*] aji mal, maltrete *Her husband was abusive to her.* Mari a te maltrete. •**abusive person** gwo lolit *A group of abusive people have destroyed the country.* Yon ekip tilolit ak gwo lolit fin pran peyi a.

abyss *n.* gouf, labim

acacia *n.* akasya, bayawonn wouj

academic[1] *adj.* akademik *His academic level is very low.* Nivo akademik li ba anpil. **academic subject** matyè

academic[2] *n.* moun save

academy *n.* akademi

acalypha *n.* [*herb or shrub*] bonda pè, ti{mouton/ponp}

accelerate *v.intr.* akselere *The driver accelerated to pass the big truck.* Chofè a akselere pou l ka double gwo kamyon an. *The faster you walk, the faster your heartbeat accelerates.* Plis ou mache vit, se plis batman kè ou akselere. •**accelerate rhythm** [*in a jump rope*] bay{gwo siwo/vinèg}

acceleration *n.* akselerasyon *In the acceleration phase.* Nan faz akselerasyon.

accelerator *n.* akseleratè •**accelerator pedal** akseleratè

accent[1] *n.* 1[*graphic symbol*] aksan 2[*language*] aksan *She has a nice accent in English.* Li gen yon bon aksan ann angle. •**acute accent** aksantegi •**grave accent** aksan{fòs/grav} •**speak with a (pronounced) foreign accent** pale lou

accent[2] *v.tr.* [*call attention to*] aksantye, {apiye/ensiste/ peze}sou, mete aksan sou, souliyen *She accented the issue of insecurity.* Li souliyen zafè ensekirite.

accept *v.tr.* 1[*receive*] asepte *The director didn't accept the letter.* Direktè a pa asepte lèt la. 2[*agree to*] dakò *Do you accept the terms of the contract?* Nou dakò (ak) kondisyon kontra a? 3[*become reconciled with*] dakò *Papa has never accepted the fact that I married him.* Papa m pa janm dakò marye m marye avè l la. 4[*receive s.th. offered*] pran *The judge accepted a bribe from him.* Jij la pran kòb nan men l. 5[*signal agreement*] asepte, pran *There are conditions to accept.* Gen kondisyon pou asepte. *She accepted* *the job without negotiating.* Li pran djòb la san pale. •**accept against one's will** pote, sipòte (a kontrekè) *In politics you often have to accept things against your will.* Nan politik, souvan ou bezwen sipòte bagay a kontrekè. •**accept blindly** pran tèt bese •**accept one's fate** rete pran *Despite all that was done to her, she accepted her fate.* Malgre tout move ajisman yo fè l, li rete pran malè a konsa. •**accept responsibility** andose •**accept the situation** fè je (li) chèch

acceptable *adj.* admisib, aseptab, bon jan, konvnab, miyò, pasab, valab *These bad treatments are not acceptable.* Move tretman sa yo pa admisib. *The work is acceptable.* Travay la aseptab. *Your attitude isn't acceptable at all.* Ou pa gen yon atitid ki konvnab ditou. *This one is acceptable, but the other one isn't good at all.* Sila a pasab, men lòt la pa bon pyès. *The work is acceptable.* Travay la pasab. *Find an acceptable excuse for your absence yesterday.* Bay yon ekskiz valab pou absans ou yè.

acceptance *n.* akò *I gave my acceptance yesterday.* M bay akò m yè.

accepted *adj.* asepte •**be accepted in high society** vin(i) sou moun *Now that he's rich, he's accepted in high society.* Kòm konnye a li gen lajan, li vin sou moun.

access *n.* 1[*permission to see, use*] aksè, dwa aksè *He only has access to the internet after he completes his homework.* Li gen dwa aksè nan entènèt sèlman aprè li fin fè devwa li. *We have access to the store's cash register.* Nou gen aksè nan kès boutik la. 2[*at one's use*] aksè *I don't have access to a car.* M pa gen aksè yon machin. *They have access to a good education.* Yo gen aksè yon bonjan edikasyon. •**grant access** {fè/kite} antre •**have free or easy access to** gen ti rantre sòti li

accessible *adj.* 1[*person*] abòdab, apwochab *Don't worry if you don't understand; that teacher is very accessible.* Pa enkyete ou si ou pa konprann, metrès sa a vreman abòdab. 2[*place*] aksè (fasil) *The house is readily accessible.* Kay la gen aksè fasil. *It's not accessible by car.* Pa gen aksè nan machin.

accessory *n.* akseswa

accident *n.* aksidan, malè *There was an auto accident last night.* Te gen yon aksidan machin yè swa. *He spilled the water, but he didn't do it on purpose; it was an accident.* Li fè dlo a tonbe, men li pa fè esprè; se yon malè k rive. *Accidents don't warn you ahead of time.* Malè pa gen klaksonn. •accident prone gòch, maladwa(t), kòkòb, loudo •accident victim aksidante *They transported the accident victims by ambulance.* Yo transpòte aksidante yo nan anbilans. •by accident pa fè esprè *I opened the letter by accident. I didn't notice that it was addressed to you.* M pa fè esprè pou ouvè lèt la. M pa t wè si se sou non ou li te ye. •have an accident fè aksidan

accidental *adj.* pa aza, san yon moun pa tann *Their discovery of the cure was accidental.* Yo dekouvè remèd la san yo pa tann. *The discovery of the explosives by the police was accidental.* Lapolis la jwenn bonm lan pa aza.

accidentally *adv.* pa aza, san yon moun pa tann *I ran into him accidentally at the market.* M makonnen ak li pa aza nan ti mache a.

acclaim[1] *n.* elòj

acclaim[2] *v.tr.* aklame, fè elòj yon moun, rele viv *After the leader's speech, the people acclaimed him.* Apre diskou lidè a, moun yo rele viv.

acclimate *v.tr.* adapte li *You have to be in Haiti a few months before you acclimate yourself.* Ou bezwen Ayiti kèk mwa anvan ou adapte ou nan klima a.

accommodate I *v.tr.* [receive] akomode *The hotel can accommodate sixty people.* Otèl la ka akomode swasant moun. II *v.refl.* [adjust o.s.] akomode li *We must accommodate ourselves to the times we live in.* Se pou n akomode n nan tan n ap viv la.

accommodating *adj.* sèvyab, oblijan

accommodations [lodging] *n.pl.* lojman

accompaniment *n.* akonpayman *The song is nicer with musical accompaniment.* Chante a pi bèl ak akonpayman mizikal.

accompany *v.tr.* 1 [mus.] akonpaye *Louise sang and Claude accompanied her on the piano.* Lwiz chante e Klod akonpaye l sou pyano. 2 [escort] akonpaye, eskòte, fè wout la ak *I'll accompany you to the airport.* M ap akonpaye ou al nan ayewopò. *Jean is accompanying Marie to the party.* Jan ap eskòte Mari nan fèt la. *If you are going to the market, I'll accompany you.* Si ou pral nan ti mache a,

m ap fè wout la ak ou. •accompany s.o. bay woulib

accomplice *n.* konpayèl, konplis, sitirè, sitirèz [fem.] *He's an accomplice.* Misye se yon konplis. *He's always stealing with his accomplices.* Misye toujou al vole ak konpayèl li yo.

accomplish *v.tr.* akonpli, fè, rale yon bon bout, reyalize *Jesus accomplished many miracles.* Jezi akonpli anpil mirak. *She managed to accomplish this work in only two days.* Li rive reyalize travay sa a nan de jou sèlman. *In this life, what you accomplish is what you see.* Nan lavi sa a, sa ou fè se li ou wè. *She accomplished quite a lot on the job. She almost completed it.* Li rale yon bon bout nan travay la, li prèske fini l. •accomplish nothing betize, pa fè anyen (de bon) *Even though she works days as well as nights, she's accomplishing nothing.* Kwak li travay lajounen kou lannwit, se betize l ap betize. *No, I didn't accomplish anything.* Non, m pa fè anyen de bon.

accomplished *adj.* bout, reyalize *Her dream was accomplished.* Rèv li bout. •accomplished thief gwo vòlè, matou chat, manman chat [fem.], wa chat

accomplishment *n.* akonplisman, reyalizasyon *Going into space is one of the major accomplishments of science.* Ale nan lespas se youn nan gran akonplisman lasyans.

accord[1] *n.* topay •be in accord kòdjòm ak, mache dakò, tonbe daplon ak *What she said isn't in accord with what we think.* Sa l di a pa tonbe daplon ak sa n panse a. *Everyone was in accord when they signed the statement.* Tout moun te mache dakò lè yo te siyen deklarasyon an. *The boss isn't in accord with the secretaries.* Patwon an pa kòdjòm ak sekretè yo.

accord[2] *v.tr.* akòde

accordance *n.* •be in accordance with siye kole ak *The pay raise is in accordance with our demands.* Ogmantasyon an siye kole ak jan nou te fè revandikasyon an. •not in accordance depaman, pa kòdjòm *Her dress was not in accordance with school dress code.* Jan li abiye te an depaman ak regleman lekòl la. *We were not in accordance with her religious beliefs.* Nou pa t kòdjòm avèk kwayans relijye li yo.

according *prep.* •**according to** *a*[*agreement, opinion*] dapre, selon, swivan *According to me, it won't rain.* Dapre mwen, li p ap fè lapli. *Behave with him according to his temperament.* Abòde l selon tanperaman l. *According to the police report...* Dapre sa lapolis di... *Our message today is taken from the gospel according to Saint John.* Jodi a n ap jwenn mesaj nou nan levanjil selon Sen Jan. *b*[*organizing*] daprè, selon, swivan *Organize everything according to color.* Separe tout bagay sa yo daprè koulè yo. *Everyone is on the list according to alphabetical order.* Tout moun nan lis la swivan lòd alfabetik. •**according to one's wishes** selon voulwa yon moun *They did the wedding in the bride's church according to her family's wishes.* Yo fè maryaj nan legliz lamarye selon voulwa fanmi li. •**according to the rules** dapre latik *According to the rules, you deserve to go to jail.* Dapre latik, ou merite prizon.

accordingly *adv.* pa konsekan

accordion *n.* akòdeyon

accordionist *n.* akòdeyonis, jwè akòdeyon

accost *v.tr.* 1[*approach*] akoste, apwoche *He accosted the girl with a smile.* Li akoste demwazèl la avèk yon souri. 2[*confront, attack*] akoste, atake *The passenger accosted the taxi driver and took his money.* Pasaje a akoste chofè laliy e vole lajan li.

account[1] *n.* 1[*tab*] kont *Give him a Coke and charge it to my account.* Bay msye yon koka, mete l sou kont mwen. 2[*report*] rapò, repòtay *Their account of the accident is not accurate.* Rapò yo bay konsènan aksidan an, se pa kòdjòm. *They sent that reporter to provide an account of the election.* Se jounalis sa a yo te voye al fè repòtay sou eleksyon an. 3[*story, version*] istwa, katon, kont, kontrandi *Everyone gives his own account of the story.* Nan koze sa a, chak moun bay katon pa yo. **accounts** *n.pl.* kont (yo) *Let's settle the accounts so we can divide up the profits.* Annou regle kont yo pou nou separe rès kòb la. •**bank account** kanè bank, kont{chèk/epay} •**charge account** kont kouran •**doctor accounts** fè zewo tounen nèf *They fired her for doctoring the accounts.*

Yo revoke l poutèt li t ap fè zewo tounen nèf. •**on account of** akòz, poutèt *The game was called off on account of rain.* Match la pa fèt akòz lapli a. •**on someone's s.o.'s account** poutèt yon moun *Don't go to any trouble on our account.* Ou pa bezwen al fè yon bann bagay poutèt nou. •**take into account** kalkile, konsidere, teni kont de *You must take into account what they told you.* Fò ou teni kont de sa yo di ou a. *We took a lot into account before we decided.* Nou kalkile yon bann bagay anvan n pran desizyon an. *We must take into account that he hasn't worked in months.* Fò n konsidere l fè konbe mwa l pa p travay.

account for *v.intr.* {bay/ran}kont *We have to account for how the money was spent.* Nou dwe bay kont jan lajan an depanse. *Come here and account for what you did with my money.* Vinn rann mwen kont sa ou fè ak lajan pa m.

accountability *n.* reskonsablite, transparans *There must be accountability built into the plan.* Fòk pwojè a gen transparans ladann li.

accountable *adj.* reskonsab *He's accountable for the company's failure.* Se li k reskonsab konpayi a fè fayit la. •**hold s.o. accountable** {kenbe/rann}yon moun reskonsab *You can't hold me accountable for something I didn't do!* Ou pa ka rann mwen reskonsab on bagay m pa fè!

accountant *n.* kontab, tenè de liv

accounting *n.* 1[*reconciling a debt, obligation, account*] regleman *She made an accounting of her debt.* Li fè regleman dèt li a. 2[*bookkeeping*] kontablite *She's studying accounting.* L ap fè kontablite. 3[*explanation*] mande{kont/regleman} *He wanted an accounting of what I did all day.* Li mande m kont konsènan sa m fè tout lajounen an. *We have to ask the cashier for an accounting.* Nou dwe mande kesye a regleman.

accumulate *v.tr.* akimile, anpile, fè pil, titile *Her debts keep on accumulating.* Dèt li yo ap toujou akimile. *Rich people accumulate more and more wealth.* Moun rich yo ap anpile richès sou richès. *The big crook accumulated money from the project.* Gwo palto a fè pil ak kòb pwojè a. *That family has accumulated a lot of wealth.* Fanmi sila a gentan titile anpil richès.

accumulation *n.* montany, yon pil ak yon pakèt

accuracy *n.* 1[*clock, calculations*] egzaktitid 2[*aim, story, report*] presizyon, fidelite *The film portrayed the characters in the novel with a lot of accuracy.* Fim nan prezante karaktè nan woman an avèk anpil fidelite.

accurate *adj.* egzak *What you are saying is not accurate.* Sa ou di la a pa egzak. •**not accurate** pa kòdjòm *His account of what happened was not accurate.* Jan l di bagay la pase a se pa kòdjòm.

accursed *adj.* modi *She's accursed l.* Se modi li modi •**accursed person** madichon

accusation *n.* akizasyon, pwosekisyon *His accusation was groundless.* Li fè akizasyon san fon. *The accusation against her was very serious.* Pwosekisyon kont li menm te grav anpil.

accuse *v.tr.* akize, lonje dwèt sou, mete sou do *He was accused of killing someone.* Yo akize l pou touye yon moun. *She accused me without even having proof.* Li lonje dwèt sou mwen san li pa menm gen prèv. *When they caught him he accused his sister of the whole thing.* Lè yo kenbe l li mete tout zafè a sou do sè li. •**accuse no one in particular** voye dlo pa mouye pèsonn *The weasel gave my name, then he said he didn't accuse anyone in particular.* Mètdam nan fin nonmen non m, epi li di li voye dlo li pa mouye pèsonn. •**accuse s.o. of being responsible** bay yon moun pote chay *They accused him of being responsible for all the crimes.* Yo ba li pote chay tout krim yo. •**accuse (s.o.) of a crime** lonje dwèt (sou zo Kingkong) •**accuse wrongly** fè kont sou

accused[1] *adj.* akize, enkilpe *They put the accused rapist in jail to await trial.* Yo mete kadejakè akize nan prizon pou tann tribinal la. •**accused person** enkilpe

accused[2] *n.* akize, prevni

accuser *n.* akizatè

accustom *v.tr.* abitye *He's accustomed to reading in the dark.* Li abitye li nan fènwa. •**get s.o. accustomed to sth.** abitye, degwosi *His body has gotten accustomed to the drugs.* Kò li gentan abitye nan pran dwòg yo. *Her mother got her accustomed to getting up really early.* Manman ni degwosi li nan leve opipiritchantan.

ace[1] *n.* [*cards*] las

ace[2] *n.* [*one who excels, expert*] dorilas, kanno, las, maton, mèt *He's an ace at checkers.* Li yon mèt nan damye. *This doctor is an ace in his field.* Dòktè sila a se maton nan branch li.

acetone *n.* asetòn

acetylene *n.* asetilèn •**acetylene torch** tòch, chalimo

ache[1] *n.* doulè, mal, mo •**back ache** do fè mal •**stomach ache** gen kaz, kolik, vant fè mal, vant yon moun tranche l *The milk I drank gave me a stomach ache.* Lèt la m bwè a fè vant mwen tranche m. *The baby has a stomach ache.* Tibebe a gen gaz. •**tooth ache** dan fè mal, maldan, mo dan

ache[2] *v.intr.* fè mal, gen doulè *My body aches all over.* Tout kò m ap fè mal.

achievable *adj.* reyalizab, aksesib, posib

achieve *v.tr.* reyalize *Did you achieve your goal?* Ou te reyalize objèktif ou? •**achieve nothing** lave kay tè *All this trouble to achieve nothing!* Ala traka pou lave kay tè!

achievement *n.* aki, akonplisman, reyalizasyon **achievements** *n.pl.* zèv

Achilles *prop.n.* Achiy •**Achilles tendon** venn dèyè pye, vlen dèyè pye

achoo! *see* atchoo

acid *n.* asid •**acid rain** lapli asid •**acid reflux** asid *He has acid reflux.* Li gen yon asid sou lestonmak li. •**amino acid** asid amine •**boric acid** asid bòrik •**folic acid** asid folik •**salicylic acid** salisilat •**tannic acid** tanen

acidhead *n.* dwoge

acidic *adj.* asid, si *This orange is too acidic.* Zoranj sa a, li twò si. *The water has an acidic taste.* Dlo a gen gou asid.

acidity *n.* asidite

ackee tree [*whose fruit is toxic if eaten prematurely*] *n.* aki

acknowledge *v.tr.* 1[*express gratitude for*] di mèsi, remèsye *I'd like to acknowledge the help my friends gave me for...* M ta renmen di tout zanmi m mèsi pou koutmen yo ban mwen lè/nan... 2[*indicate receipt of*] fè yon moun konnen *He acknowledged receipt of the invitation that we had sent him.* Li fè n konnen li resevwa envitasyon nou voye ba li a. 3[*indicate the existence of*] admèt, okipe, rekonèt *It was beneath my dignity to even acknowledge his remarks.* Se ta desann figi m twòp pou m ta okipe sa l di. •**acknowledge paternity** [as one's child] rekonèt *He doesn't acknowledge paternity for the child he fathered.* Li pa rekonèt timoun li fè a.

acknowledgement *n.* remèsiman

acne *n.* akne, bouton, kwasans, fejennès, vèble

acolyte *n.* **1**[Catholic] anfannkè **2**[assistant, follower] akolit

acorn *n.* grenn bwadchenn

acoustic *adj.* akoustik •**acoustic guitar** gita akoustik •**acoustic nerve** nè tande

acoustics *n. n.pl.* akoustik, son

acquaintance *n.* **1**[knowledge] konnesans, okouran *I have an acquaintance with the matter.* M okouran sitirasyon an. **2**[person] konnesans *He's a very close acquaintance.* Se yon bon vye konnesans li ye. •**casual acquaintance** moun ou konnen konsa, moun ou gen bonjou avèk, moun ou gen pale avèk *Jeanne is not my girlfriend. She's just a casual acquaintance.* Jàn se pa menaj mwen. Se yon moun m konnen konsa. •**make the acquaintance of** fè konnesans (yon moun), rekonèt *I'm pleased to make your acquaintance.* Sa fè plezi fè konnesans ou. *Did you make acquaintance with Robert?* Eske ou rekonèt Wobè?

acquainted *adj.* •**be acquainted with** abitye ak, konn(en), pran konnesans *I'm not acquainted with that car.* M pa abitye avèk machin sa a. *I am not yet acquainted with all the facts.* M poko pran konnesans tout fè yo.

acquiesce *v.intr.* bay dizon, reziyen li *Roger acquiesced to the proposal.* Wojè bay dizon li pou pwopozisyon an. *Roselore didn't want to clean her room, but she acquiesced when her mother insisted.* Wozlò pa t vle netwaye chanm li, men li reziyen li lè manman li ensiste.

acquiescent *adj.* dosil, obeyisan

acquire *v.tr.* akeri *That family has acquired a lot of wealth.* Fanmi sila a gentan akeri anpil richès. •**acquire a taste for s.th.** [ironic] pran gou *He was given a place to live, he acquired a taste for it.* Yo ba l kay pou l rete, li pran gou pou sa. •**acquire and retain new tastes or new habits** goute sèl, pran gou *When you acquire a new taste, you don't want to stop.* Lè ou goute sèl, ou pa mande rete. •**acquire bad habits** pran move pli *My child*

has acquired bad habits; it will be difficult to make him behave. Pitit mwen fin pran move pli l ap di pou l korije.

acquired *adj.* akeri, aki •**acquired taste** gou yon moun achte *Okra is an acquired taste.* Gonbo se yon gou ou achte. •**acquired from the outside** achte *For many Haitians, French is artificially acquired at school.* Pou anpil Ayisyen, fransè se yon lang yo achte nan lekòl. *There are loas that are part of your lineage and those you 'acquire' from the houngan.* Gen lwa rasin epi say o ou achte nan men oungan. *The children acquired bad words at school.* Timoun yo achte move pawòl lekòl la.

acquit *v.tr.* akite *The judge acquitted him although he was guilty.* Jij la akite l malgre l te koupab.

acquittal *n.* akitman

acre *n.* ak, kawo tè *He has three hundred acres.* Li gen twa san kawo tè.

acrid *adj.* rak *The tea is acrid. I can't drink it.* Te a rak. M pa ka bwè li.

acrobat *n.* lakobat

acronym *n.* sig

across[1] *adv.* •**come across** *a*[encounter s.o. unexpectedly] kwaze, makonnen ak, siyonnen *I just came across Paul in the street.* Mwen sot kwaze Pòl nan lari a. *While walking, he came across the person he was looking for.* Nan mache konsa, li siyonnen moun li te bezwen an. *b*[find fortuitously] tonbe sou *I was in the attic when I came across these pictures.* M te nan grenye a lè m tonbe sou foto sila yo. *c*[appear as if] parèt, sanble *She comes across as an idiot.* Li sanble yon egare. •**get across** [make s.o. understand] fè yon moun konprann *Her dad warned her not to go at night, but he can't get across to her.* Papa li avèti li pou pa soti nan nwit, men li pa ka fè ti fi a konprann. *The teacher is sharp, but he doesn't know how to get his ideas across to the students.* Mèt la fò, men l pa konn esplike jan pou fè elèv yo konprann.

across[2] *prep.* **1**[on the opposite side of] anfas, atravè, lòtbò *I'm going to the store across the street.* M pral nan boutik anfas la. *He lives across the street.* Li ret atravè lari a. **2**[over from one side to the other] atravè, lòtbò *They built a bridge across the river.* Yo fè yon pon atravè larivyè a. *I moved the bed across the room.* M deplase kabann lan, m mete l nan lòt bò chanm lan. •**across from** anfas, fas a, fas ak, vizavi *My house is across the street from the post office.* Kay mwen an vizavi lapòs la.

across-the-board *adv.* tribòbabò, alawonnbadè

acrostic *n.* akwostich

acrylic *adj.* akrilik •**acrylic acid** asid akrilik

act¹ *n.* 1[*theatre*] ak 2[*deed*] ak, jès, kòz 3[*official document*] ak, zak •**blameworthy or reprehensible act** dezòd •**bold act** frekan •**capricious act** kapris •**catch s.o. in the act** {bare/kenbe}yon moun), bare nan men, siprann *They caught him in the act of stealing a car.* Yo kenbe l ap vòlè yon machin. *I caught her in the act of copying from her classmate.* M siprann li ap pran poul sou lòt la. •**dishonest act** lèdte, malvèsasyon •**foolish act** sotiz •**get into the act** bezwen nan ran *Why do you always have to get into the act?* Poukisa ou toujou bezwen nan ran. •**goody-goody act** mannigèt bouzen *Don't believe she's serious even if she tells you so; it's a goody-goody act.* Pa kwè fi a serye vre menm si l di ou sa, sa se mannigèt bouzen. •**inadmissible acts** zak inadmisib •**irresponsible act** zak iresponsab •**put on an act** fè{lakomedi/sinema}, jwe lakomedi *He didn't really cry; he was putting on an act.* Li pa t kriye vre, l t ap jwe lakomedi. •**unjust act** lenjistis *People shouldn't commit unjust acts.* Moun pa dwe fè lenjistis.

act² *v.tr.* 1[*in the theater*] fè teyat, jwe *This actor acts well.* Aktè sa a konn fè teyat byen. *He acted the part of Defas.* Li jwe wòl Defas. 2[*behave*] aji, fè tankou, konpòte li, pran pòz *You acted in the only way you could.* Jan ou aji a se sèl jan ou te ka fè. *Those kids acted like animals today!* Timoun sa yo konpòte yo tankou ti bèt jodi a! *She always acts so childish.* Li toujou ap pran pòz timoun li. *He acts like a kid.* L ap fè tankou timoun. 3[*pretend*] fè blag, pretann *He's not serious; he's only acting.* Se pa pou toutbon; se blag l ap fè. 4[*produce effects*] aji, fè efè *The medicine does not take long to act.* Remèd la pa pran anpil tan pou l fè efè. •**act annoyed toward** mare karaktè li sou *He acted annoyed toward his employees to show that he was displeased with them.* Misye mare karaktè li sou anplwaye yo pou l

montre yo move ak yo. •**act as** sèvi *This piece of cardboard can act as a shovel.* Mòso katon sa a ka sèvi kòm pèl. •**act as a fence** resele, sitire *He acts as a fence when people come to sell him all the things they stole.* Misye sitire moun lè yo vin vann li tout sa yo vole. •**act as if** gen yon pòz, pran pòz, pretann *He acted as if he didn't see me.* Li pran pòz li pa wè m. *You act as if it were you who rescued the baby.* Ou pretann konsi se te ou menm ki sove bebe a. •**act as if one were a boss** fè chèf *Don't act as if you were my boss!* Pa vin fè chèf ou sou mwen! •**act as witness at a wedding** kondi maryaj •**act big** fè gran kòk, grandi sou yon moun, pa nan grandè *You always act big as if you were a big shot.* Ou toujou ap fè gran kòk tankou se yon afè ou ye. *She's always acting big like she's superior to others.* Li toujou ap grandi sou moun kòmkwa se yon afè li ye. •**act capriciously** fè{chikriti/latitin} *She always acts capriciously.* Li toujou ap fè latitin. •**act carelessly** kraze brize •**act compulsively as if moved by an evil spirit** gen yon sen pouse dèyè li *If you can disrespect the leader, you must have been moved to act by an evil spirit.* Si ou ka al manke chèf la dega, ou gen yon sen pouse dèyè ou. •**act courageously** mete gason sou li *Act courageously, man, to deal with life.* Mete gason sou ou monchè pou konbat ak lavi a. •**act crazy** fè lefou *After he heard that they didn't give him the job, he started acting crazy.* Depi l fin aprann yo pa ba l djòb la, l ap fè lefou. •**act crazy or extravagant** debòde *They were acting crazy at the party.* Yo te debòde nan fèt la. •**act despicably** fè basès *Just because you're poor is no reason to act despicably.* Se pa paske ou malere pou w ap fè basès konsa. •**act dumb** fè enferyè *Don't act dumb, you can lend me the book.* Pa fè enferyè la, ou mèt prete m liv la. •**act foolish** fè maskarad •**act gallantly in order to seduce** fè zonzon *When he saw the girl, he began to act gallantly in order to seduce her.* Lè li wè fi a, li tonbe ap fè zonzon pou atire l. •**act goody-goody** pran pòz ti Jezi nan po krab *She's always acting goody-goody.* Li toujou ap pran pòz ti Jezi nan po krab li. •**act greedily** fè akrèk *He acts greedily in everything.* Li fè akrèk pou tout bagay. •**act hypocritically** soufle mòde

Those people are acting hypocritically; don't trust them. Moun sa yo, ap soufle mòde ou, pa fye yo. •**act impudently** fè{frekan/frekansite} *Everyone who acts impudently with me is going to receive a punishment.* Tout moun k ap fè frekansite avè m pral resevwa yon pinisyon. •**act impulsively** koute kòlè li •**act in an adult fashion** pran pòz granmoun •**act in an unbecoming manner** pèdi {(la) kat marenn/wòl}li} *If you disrespect your elders, you are really acting in an unbecoming manner.* Si ou fè frekan avèk granmoun yo, ou pèdi lakat marenn ou toutbon. •**act in an unsportsmanlike way** fè vòksal *The referee kicked him out of the game because he acted in an unsportsmanlike way.* Abit la mete l deyò match la poutèt li t ap fè vòksal twòp. •**act in unison** mete avèk •**act jealous** fè jalou *He acts jealous about everything.* Li fè jalou pou tout bagay. •**act like a big shot** fè gran panpan, wa pa kouzen li, prezidan pa bòpè li *Since they promoted him, he has been acting like a big shot.* Depi yo fin bay msye pwomosyon an, wa pa kouzen li. •**act like a child** fè anfantiyay *Stop acting like a child.* Sispann fè anfantiyay. •**act like a fool** fè{rizib/tenten} *Enough acting like a fool, there are serious things to take care of.* Ase fè rizib, gen bagay serye pou ou regle. *Stop acting like a fool; you aren't a child.* Ase fè tenten, se pa timoun ou ye. •**act like a man** mete gason sou li *Since his father died, he has had to act like a man.* Depi papa li mouri, fòk li mete gason sou li. •**act like a woman of determination and courage** mete fanm sou li *Act like a woman of determination and courage to defend your rights.* Mete fanm sou ou pou ou defann dwa ou. •**act like a {man/woman} of courage** mete{(gason kanson/moun antye/fanm} sou li *Act like a woman of courage to defend your rights.* Mete fanm sou ou pou ou defann dwa ou. *Dessalines was a man of great courage.* Desalin se te gason kanson tout bon. •**act like an idiot** fè bèkèkè *He always acts like an idiot.* Toutan l ap fè bèkèkè. •**act like an important lady** {fè/pran pòz}gran dam li *She's acting with me as if she were an important lady.* L ap fè gran dam li avè m. •**act like it is one's home** pran kay yon moun pou li •**act one's age** pran pòz granmoun li *Why*

don't you act your age! Sa k fè ou pa pran pòz granmoun ou! •**act pretentiously** fè frekan *He acts pretentiously to show that he's not at our level.* L ap fè frekan pou l montre l pa kanmarad nou. •**act ridiculously** fè sòt li ak •**act silly** fè{chikriti/tenten}, fè kont tenten li, nyeze, ranse, voye flè *That little girl is a showoff; she's always acting silly.* Tifi sila a fè antyoutyout, l ap voye flè twòp. *He won't sit still in church; he just wants to act silly with me.* Li pa p chita nan legliz; li annik vle ranse avè m. •**act sly or cunning** fè entelijan li ak •**act slyly** fè rizèz (li) *Do not act slyly with me; give me all of my money.* Pa vin fè rizèz ou ak mwen la, ban m lajan an san manke. •**act smart with s.o.** fè sèvo (li) ak yon moun *The teacher doesn't tolerate students acting smart with her.* Metrès la pa soutire elèv ki fè sèvo yo avèk li. •**act stupid** fè bèkèkè, voye flè *It's time for you to stop acting stupid..* Li lè pou ou sispann fè bèkèkè. *He was so good in school a long time ago. Now he's acting stupid.* Jan misye te fò lekòl lontan, kounye a l ap voye flè. •**act stupidly** fè {chikriti/makak/makakri/rans/sòt} *Stop acting stupidly.* Ase fè chikriti la. *Stop acting stupidly! Sispann fè makak. *Quit acting stupidly. Don't you have any brains?* Sispann fè rans la a, ou pa gen sèvèl menm? *By acting stupidly, he missed an opportunity to get a job.* Nan fè sòt li, li pèdi chans pou l te jwenn travay la. •**act the fool** fè grimas *Stop acting the fool; get to the point.* Ase fè grimas la, di sa w ap di a. •**act timidly** fè jèn •**act together** fè yon men kontre •**act up** *a*[*not to work properly*] fè dezòd, mache kokobe *The refrigerator has been acting up since yesterday.* Depi yè, frijidè a ap fè dezòd. *b*[*cause physical discomfort*] [*become ill*] fè dezòd *My stomach is acting up again.* Vant mwen ap fè dezòd ankò. *c*[*cause disturbance*] fè dezòd, trese pit pouri *Those kids are always acting up.* Timoun sa yo toujou ap fè dezòd. *I want to just shake him. He's always acting up.* M anvi souke li, toutan l ap trese pit pouri. •**act uppity with** pran pòz sou yon moun *The priest acts uppity with all his colleagues.* Pè a pran pòz sou tout moun k ap travay ak li.

acting[1] *adj.* enterimè, sipleyan *He is the acting president.* Se li ki prezidan enterimè a.

acting[2] *n.* teyat

action n. 1[*deed*] ak, aksyon, jès, kòz, mach, mezi *You left me without saying a word; that action didn't please me.* Ou pati kite m san yon mo, jès sa a pa fè m plezi. *We're responsible for our actions.* Nou reskonsab kòz nou an. *The government took action by punishing all armed thieves.* Gouvènman an pran mezi pou pini tout atoufè. 2[*dramatic events and movement*] aksyon *A movie with plenty of action.* Yon fim ki chaje avèk aksyon. •**action to take possession** [*of land*] aksyon poseswa •**actions speak louder than words** pale met(e) la pa bay anyen *He told me he would help me paint the house, but actions speak louder than words.* Li di m li t ap ba m koutmen nan pentire kay la, men pale mete la pa bay anyen. •**bad action** ak, zak •**collaborative or collective action** pote kole *Only a collective action can allow us to go forward.* Sèl yon koperasyon pote kole ki ka fè n avanse. •**good action** [*charity*] zèv •**in action** an aksyon *You should have seen him in action playing soccer.* Se wè pou ou ta wè l an aksyon ap jwe foutbòl. •**into action** alaksyon *The commander calls the troops into action.* Kòmandan an rele twoup yo alaksyon. •**not in action** [*mil.*] orepo *The troops aren't in action after the battle.* Sòlda yo orepo apre batay la. •**put out of action** [*eliminate from play*] koyibe *They put their best player out of action.* Yo koyibe pi bon jwè yo. •**rapid action** [*sound of*] zap zap *Zoom! She ran out.* Zap zap! Li leve kouri. •**sudden action** [*sound of a*] blou(p), brap, klap, koup, plow!, pouch, tyòt, tyoup, vop!, yan, yip, zoup *She had a sudden pain in the back.* Doulè a reponn li nan do, koup! *The fist striking her back hit her like lightning.* Kout pwen an fè zoup nan do li. •**take action** aji, fè{demach/mannèv}, mete men alapat, pase alaksyon, taye pa *It's time for us to take action.* Li lè pou n aji. *No action has been taken to find money for the project.* Okenn demach poko fèt pou jwenn fon pou pwojè a. *Stop talking. Let's take action.* Sispann pale, ann pase alaksyon. •**take action on s.th.** pa chita sou sa *Although she didn't show respect toward me, I took action. I helped her as much as I could.* Malgre l pa respekte m, m pa chita sou sa, m ede l jan m te kapab. •**unjust action** lenjistis

active adj. [*full of activity*] aktif, anpoulaw, djougan, enganm, frengan *We need workers who are active.* Nou bezwen travayè ki aktif. *He's an active guy; he never takes a rest.* Msye se yon nèg ki anpoulaw, li p ap dòmi non. *Paul is really an active guy. He never sits around doing nothing.* Pòl se nèg ki djougan wi, li pa janm chita de bra kwaze. *She's a very active person.* Se yon moun ki frengan anpil. •**be active** mabouya kò li, mete nanm sou li, opere, sou de pye militè *Be more active; you're too languid.* Mabouya kò ou, ou mòlòkòy twòp. *The past week, the criminals were really active.* Senmenn ki pase a, zenglendo yo opere nèt. *Since this morning I have been active; I never have time to rest.* Depi maten m sou de pye militè, m pa janm gen tan pou poze. •**be sexually active** a[*when one was young*] fè ti jwèt b[*male*] gason *Jacques-Jean is sexually active!!* Jak-Jan gason vre papa!! •**be very active** [*doing s.th.*] voye monte *She's very active in business affairs.* L ap voye monte nan zafè biznis. •**get active** souke kò li •**politically active** angaje **actively** adv. aktivman

activism n. •**political activism** militans, militantis

activist n. aktivis, militan •**activist group** sosyete soutyen •**union activist** sendikalis

activities n.pl. 1[*negative*] ajisman *The police put an end to the crooks' activities.* Lapolis mete fen nan ajisman bandi yo. 2[*actions of person, of town, port*] aktivite, animasyon, degenn, ofis, okipasyon *There are many activities in town.* Gen anpil aktivite lavil la. *The town council has created many activities during the vacation.* Lameri kreye anpil animasyon pou vakans lan. *These last weeks she didn't have any activities; she had to sit at home.* Senmenn sa yo li pa gen ofis menm, li blije fè yon chita.

activity n. 1[*movement*] mouvman, aktivite *There was activity in the street after the elections.* Te gen mouvman nan lari a apre eleksyon an •**center of activity** won *He went right into the center of activity.* Li antre drèt nan wonn nan.

actor n. aktè •**popular actor** vedèt

actress n. aktris •**popular actress** vedèt

actual *adj.* [*real, true*] reyèl, veritab, vre *No one knows the extent of the actual damage.* Pa gen moun ki konnen vre kantite dega k fèt toutbon.

actuality *n.* reyalite

actually *adv.* [*really, in reality*] an reyalite, dizondi, efektivman, ofèt, ofon, ojis, reyèlman vre, toutbonvre, vrè vrèman, vrèman vrè *I actually didn't mean to hurt him.* M pa t vreman gen entansyon fè l mal toutbon. *The general is the one who actually has the power.* Moun ki gen pouvwa a nan men l toutbon vre se jeneral la. *The boss isn't a bad person; actually he can be quite nice sometimes.* Mèt la pa move moun, dizondi kèk fwa li ka janti anpil. *Actually, he came yesterday.* Efektivman, li te vini yè. *Actually, the advice she gave us helped us a lot.* Ofèt konsèy li te ban nou an te ede n anpil. *Actually, if you look at what is done, you don't see anything that's serious.* Reyèlman vre si ou gade sa ki fèt, ou wè pa gen anyen k serye.

acumen *n.* finès, nen fen

acupuncture *n.* tretman ak zepeng, akiponkti

acute *adj.* 1[*intense, severe*] rèd, serye *There is an acute shortage of medicine.* Gen yon manke medikaman serye. *The pain is acute.* Doulè a rèd toutbon. 2[*math*] egi *An acute angle.* Yon ang egi. 3[*accent*] aksantegi 4[*sharp*] fen, serye *Dogs have an acute sense of smell.* Chen gen nen fen. •**acute angle** ang egi

ad *n.* piblisite, reklam •**want ad** ti anons

adage *n.* pwovèb, pawòl (granmoun), dikton

adamant *adj.* tennfas, venndegede *He's adamant about his being paid in full.* Li tennfas sou peye l kalanmplanm.

Adam's apple *n.* {ne/ti}gòjèt, ponmdadan

adapt I *v.tr.* 1[*modify from the intended use*] adapte, ajiste *You must adapt the curriculum to the needs of the students.* Fòk ou adapte pwogram etid la selon bezwen elèv yo. 2[*electric cord, plug*] adapte *Adapt the electric cord to the plug.* Adapte fil kouran an nan plòg la. **II** *v.intr.* [*o.s. to new conditions*] adapte li *We had a lot of problems adapting to the cold.* Nou te gen yon bann pwoblèm pou n adapte n nan fredi a. •**adapt o.s.**

akomode li *We must adapt ourselves to the times in which we are living.* Se pou n akomode n nan tan n ap viv la.

adaptability *n.* souplès

adaptable *adj.* adapte fasil, gen souplès *She's not a very adaptable person.* Se pa moun ki ka adapte l fasil. *You have to be very adaptable to work with people who never agree with one another.* Fòk ou gen anpil souplès pou ou travay ak moun ki pa janm.

adaptation *n.* adaptasyon *Antigone is the adaptation of a classical play.* Antigòn se adaptasyon yon pyès klasik.

adaptor *n.* [*mach.*] adaptè

add *v.tr.* 1[*arithmetic operation*] adisyone, mete sou *Add fifty-nine and thirty-three.* Adisyonnen senkant nèf e trant twa. 2[*increase*] ajoute, mete{ankò/sou}, rajoute *Could you add some ice to this drink?* Mete yon ti glas ankò (nan vè a) pou mwen.. *She said that she has nothing to add.* Li di l pa gen anyen pou l di ankò ajoute. *We're adding on a room to our house.* N ap rajoute yon chanm nan kay nou a. *He added one hundred gourdes to make the rent.* Li mete san goud sou lajan kay la. 3[*embellish*] ak diplis *She described the accident by adding on to the facts.* Li rakonte aksidan an ak diplis nan fè yo. •**add fuel to the flames/fire** chofe dife *Instead of adding fuel to the fire, you'd better calm them down.* Olye ou chofe dife, kalme yo pito.. •**add in order to dilute** delye *Add a little water to the sauce; it's too thick.* Delye yon ti dlo nan sòs la, li two pwès. •**add ingredients** [*in order to bring out flavor*] kòmande *Add whatever ingredients you need to bring out the flavor of the peas.* Kòmande pwa a byen pou l ka gen bon gou. •**add insult to** mete abse sou klou •**add money into a deal** [*when bartering*] bay lajan dèyè *I add twenty dollars to the one hundred dollars.* M bay ven dola dèyè san dola a •**add sauce** wouze *The corn is dry; add a little sauce to it for me.* Mayi a sèch, wouze l pou mwen. •**add spice** pimante *You added spice to the story to play the hero.* Ou pimante istwa a pou vante tèt ou. •**add to** ajoute, pyese, ranfòse *She can add a little length to your pants.* Li ka pyese pantalon an pou ou. *The proof added strength to his*

argument. Prèv la vin ranfòse agiman li a.
•**add up** *a*[*make sense*] gen sans *It just doesn't
add up!* Sa pa gen sans! *b*[*total*] adisyone,
totalize *When I add up what I bought, I have
spent ten thousand gourdes.* Lè m totalize
sa m achte, m depanse di mil goud. *Add
up all the expenses for me, please.* Tanpri,
adisyonnen tout depans yo pou mwen. •**add
up the results** {fè/bay}bilan, totalize *After
they added up the results of the election, they
saw that the government's candidate really
didn't win.* Aprè yo fin fè bilan vòt yo, yo te
wè kandida pou gouvèlman an pa genyen
vreman. •**add to** ajoute, mete sou *The boss
added a little money to our salaries.* Patwon
an ajoute yon ti kòb sou salè nou.

addendum *n.* adendòm

adder *n.* [*snake*] vipè

addict *n.* •**drug addict** dwogè •**sex addict**
pipi{nèt ale/rapid} *That guy is a sex addict.*
Nèg sila a se yon pipi nèt ale.

addicted *adj.* adikte, adonnen, lage nan,
pasyonnen, {tounen/vin} prizonye yon
bagay *He's addicted to drugs.* Li lage nan
dwòg. *He's addicted to drink.* Li adonnen a
bweson. *He's addicted to TV.* Li pasyonnen
anpil pou tele. *He became addicted to the
job because he liked doing it so much.* Li vin
prizonye djòb la tank li renmen l.

addiction *n.* adiksyon, depandans

addictive *adj.* pran tèt (yon moun) *Gambling
can be very addictive.* Kazino se bagay ki pran
tèt moun fasil.

adding *n.* adisyon •**adding machine**
kalkilatè, kalkilatris

addition *n.* adisyon *They're learning addition.*
Y ap aprann fè adisyon. •**in addition** an plis,
ankò, antwòt, epitou, {kòm/pou}degi, lè fini,
menm, mete sou{sa/li} *In addition to that, I
didn't have time.* An plis sa, m pa t gen tan. *In
addition, he likes to get up early.* Met sou sa, se
yon moun ki renmen leve bonè. *In addition,
I'm giving you that tool.* Kòm degi, m ap ba ou
zouti sa a. *He pawned all his assets, in addition
to his house.* Li plane dènyè zafè l, menm kay
li tou. *He teaches in three schools; in addition to
this, he tutors.* L ap fè kou nan twa lekòl, mete
sou sa li bay leson tou. *He stole their jewelry; in
addition he raped their daughter.* Li vòlè bijou
yo, an plis li t fè kadejak sou ti fi yo.

additional *adj.* an plis, siplemantè *He has
additional points.* Li gen pwen an plis. *I'm
teaching an additional course.* M ap bay
yon kou siplemantè. •**additional effort**
diplis, siplemantè *If the goalie had made an
additional effort, he wouldn't have been scored
on.* Si gadyen bi a fè yon diplis, li pa pran
gòl la. •**additional load** diplis, siplemantè
The truck cannot take an additional load.
Kamyon an pa ka pran diplis. •**additional
material** diplis, siplemantè

additionally *adv.* an plis

add-on *n.* degi, diplis

address[1] *n.* [*place of residence*] adrès •**address
book** kanè adrès

address[2] *n.* [*speech*] diskou •**deliver an
address** fè diskou •**keynote address** diskou
pwogram

address[3] *v.tr.* **1**[*a group*] adrese, pran lapawòl
He's addressing the public. L ap adrese piblik
la. **2**[*speak to*] adrese, pale avèk/ak *A child
should never address an adult like that.*
Timoun pa dwe pale konsa ak granmoun.
3[*write an address on a letter*] adrese, mete
adrès sou *You forgot to address the letter.* Ou
bliye mete adrès la sou lèt la.

addressee *n.* destinatè

adenoids *n.pl.* glann gòj

adequate *adj.* sifizan

adequately *adv.* sifizaman

adhere *v.intr.* •**adhere to 1**[*glue, paint, etc.*]
chita sou, kole *The paint doesn't adhere to the
wall very well. It just peels off.* Penti a pa chita
sou mi a byen. Li wete kale sèlman. *The glue
doesn't adhere to plastic very well.* Lakòl la pa
kole byen ak plastik. **2**[*rules, laws, beliefs*]
aplike, respekte *The students have to adhere
to the rules of the school.* Elèv yo dwe aplike
regleman lekòl la.

adherence *n.* adezyon, apatenans

adherent *n.* senpatizan

adhesion *n.* adezyon

adhesive[1] *adj.* adezif •**adhesive tape** adezif,
plastè

adhesive[2] *n.* adezif, tep

adieu *n.* adye

adjacent *adj.* [*very close*] de pa ak, kole ak, tou
pre *Our house is adjacent to the airport.* Kay
nou tou pre ayewopò a. •**adjacent to** (tout)
kole ak

adjective *n.* adjektif •**demonstrative adjective** adjektif demonstratif

adjoin *v.intr.* touche, pote sou *Her land adjoins mine.* Teren pa l la touche ak pa m nan.

adjoining *adj.* (tout) kole ak, nen ak bouch/bouch ak nen *They are meeting in the adjoining room.* Y ap reyini nan sal ki tout kole ake sila a.

adjourn *v.tr.* ajoune, sispann *The judge adjourned the meeting until tomorrow.* Jij la sispann seyans lan pou jis demen.

adjournment *n.* [*jur.*] sispansyon

adjudication *n.* desizyon (tribinal)

adjunct *adj.* oksilyè

adjust *v.tr.* 1[*to new conditions*] adapte, adapte li *I can't adjust to this cold weather.* M pa ka adapte m nan fredi sa a. 2[*mirror, radio tuning, television picture*] ajiste, fikse, ranje *Adjust the radio for me; it makes too much static noise.* Fikse radyo a pou mwen, li pa klè. *Adjust the rearview mirror so you can see.* Ranje retwovizè a byen pou ou ka wè san poblèm.

adjustable *adj.* ajistab, reglab *This belt is not adjustable.* Senti sa a pa ajistab. *This bike seat is adjustable.* Sèlèt bekàn sa a reglab.

adjustment *n.* adaptasyon, ajistay, ajisteman, ranjman, reglay *His adjustment to the new environment wasn't something easy.* Adaptasyon l ak nouvo milye a pa t yon bagay fasil. *He made an adjustment to the table to have it stand even.* Li fè yon ajisteman nan tab la pou l kanpe drèt. *My watch went wild; it needs an adjustment.* Mont mwen an vin fòl, li bezwen yon reglay. *Our plan isn't working; it needs an adjustment.* Plan nou pa p mache, li bezwen yon ranjman.

adjutant *n.* adjidan

ad-lib *v.tr.* enpwovize *I have to ad-lib an explanation.* M gen pou enpwovize yon eksplikasyon.

ad-libbed *adj.* enpwovize, sou lèvif

administer *v.tr.* 1[*a blow, beating*] pase *She administered a beating to him because he was rude.* Li pase l de twa kalòt pou frekansite. 2[*drug, medicine*] bay *Administer the drug every four hours.* Ba l medikaman an chak katrè. 3[*manage, oversee*] administre, anchaje, dirije, jere, manniganse *He administers the payroll.* Se li k anchaje pewòl

la. *You administer this village very well.* Ou jere bouk sa a byen, papa. Ou manniganse devwa ou byen, papa. 4[*sacrament*] konfimen *The Bishop administered the Sacrament of Confirmation to many people last Sunday.* Evèk la konfimen anpil moun dimanch ayè a. •**administer the last sacrament (rites)** administre *Two days ago they administered the last sacrament to grandpa.* Depi de jou, yo administre granpapa. •**administer the sacrament of confirmation** konfimen *The bishop administered the sacrament of confirmation to many people.* Evèk la konfimen anpil moun.

administration *n.* administrasyon, jesyon, rejim, reny •**during s.o.'s administration** ditan *The earthquake happened during Preval's administration.* Goudougoudou rive ditan gouvèlman Preval. •**university administration** rektora

administrative *adj.* administratif •**administrative center** [*of each of Haiti's nine geographic departments*] chèflye •**administrative memorandum** sikilè •**admini-strative office** direksyon, sèvis *Where is the school's administrative office?* Kote direksyon? •**administrative responsibility** direksyon •**administrative staff** direksyon

administrator *n.* administratè, dirèktè, jesyonnè, sirentandan •**financial administrator** ekònòm

admirable *adj.* admirab, pyout *The drawing is admirable.* Desen an pyout.

admiral *n.* amiral •**rear admiral** kont amiral

admiration *n.* admirasyon •**expression of admiration** ololoy!, ouououn!

admire *v.tr.* admire, adore, estime, pote yon moun nan tèt *I admire you a great deal.* M admire ou anpil. *She greatly admires her father.* Li adore papa li anpil. *He's someone that I admire a lot..* Msye se yon nèg m estime anpil. *She admires her boss.* Li pote patwon l nan tèt.

admirer *n.* admiratè, adoratè *That film star has a lot of admirers.* Vedèt sinema sila a gen anpil adoratè.

admissible *adj.* admisib, aseptab *This behavior is not admissible.* Konpòtman sa a pa aseptab.

admission¹ *n.* [*price of entry*] antre, dwadantre, tikè *How much is the admission fee? Konbe dwadantre a ye?* •**admission fee** dwadantre •**free admission** antre lib *They give free admission after eight o'clock.* Yo bay antre lib apre uit è.

admission² *n.* ave *He made an admission when the police came.* Li fè yon ave lè lapolis vini a.

admit¹ *v.tr.* 1[*to hospital*] entène *Her mother was admitted to the hospital after she had a seizure.* Manman ni te entène lopital la aprè li fè yon kriz malkadi. 2[*permit entry*] kite antre *They admitted fifty people.* Yo kite senkant moun antre.

admit² *v.tr.* 1[*acknowledge*] admèt, asepte, rekonnèt *I have to admit that you're right.* M oblije rekonnèt ou gen rezon. *He admits to his guilt.* Li asepte l an tò. *You have to admit the error you made.* Ou fèt pou ou rekonnèt erè ou fè. 2[*confess*] avwe, kaledou *He admitted it was he who stole the money.* Li avwe, se li ki vole lajan an. *When her mother confronted her, she admitted to being pregnant.* Lè manman li kenbe li, li kaledou li te ansent. •**admit defeat** bat ba, bay (yon moun) legen, mande yon moun padon papa *He admitted defeat when he saw that he was losing.* Li bay legen lè li wè li t ap pèdi. *I admit defeat; we won't argue about this any longer.* M mande ou padon papa, nou p ap diskite sou sa ankò.

admittance *n.* aksè, admisyon •**refuse admittance** konsiyen pòt li

admittedly *adv.* anverite, franchman

admonition *n.* savonnay, sinas

ado *n.* •**after much ado** alafendèfen *After much ado, they congratulated them.* Alafendèfen, yo felisite yo. •**much ado about nothing** bri (zèl) sapat *Even if he says he'll fire you, it's much ado about nothing.* Menm si l di l ap revoke ou, se bri zèl sapat. •**with much ado** {ak/an}gran panpan, angranjan •**without further ado** pa fè ni de ni twa, san bri san kont, san gade dèyè *Without further ado, they left and ran.* Yo pa fè ni de ni twa, yo sòti kouri.

adolescence *n.* adolesans, lajenès •**in one's adolescence** nan grandèt li

adolescent *adj.* grandèt *Now she's an adolescent girl.* Kounyeya li se grandèt tifi.

adolescent *n.* 1[*gen.*] adolesan, jenn, jennmoun, minè, tinedyè 2[*girl*] jennfi 3[*boy*] jennjan

adopt *v.tr.* adokte, adopte *Emile adopted two children.* Emil adokte de timoun.

adopted *adj.* adoptif, adoktif

adoption *n.* adopsyon

adoptive *adj.* adoptif

adorable *adj.* adorab

adoration *n.* 1[*deep affection*] adorasyon *The child has all her adoration.* Pitit la se gen tout adorasyon li. 2[*rel.*] sèvis (d)adorasyon, sèvis dadorasyon

adore *v.tr.* adore, renmen yon moun{amò/ anpil}, soupire *I adore Louis. That's why I'm going to marry him.* Mwen renmen Lwi amò, se sa k fè m ap marye avè l. pou *He adored that film.* Li adore fim la.

adoring *adj.* karesan, tann, afèktye

adorn *v.tr.* agremante, dekore, dore *She's adorning the dress with a lot of ruffles.* L ap agremante wòb la avèk yon pakèt volan. *She's adorning the house with ornaments for Christmas.* L ap dekore kay la avèk bèbèl yo pou Nwèl.

adornment *n.* bèbèl, ganiti

adrenal *adj.* sirenal •**adrenal glands** *n.* glann anbavant

adrenaline *n.* adrenalin

adrift *adj.* [*boat, etc.*] aladriv *After they got out they set the boat adrift.* Aprè yo debake, yo te mete bato a aladriv.

adroit *adj.* ajil, adwat

adroitly *adv.* ajilman, adwat

adroitness *n.* ladrès *If it weren't for her adroitness at the wheel, she would have died in this car accident.* Si se pa t ladrès li o volan, li t ap mouri nan aksidan machin sa a.

adulation *n.* glorifikasyon

adult *n.* granmoun, majè *I'm an adult, not a child.* Se granmoun m ye, m pa timoun. •**act in an adult fashion** pran pòz granmoun •**healthy young adult** bring •**immature adult** kannay

adulterer *n.* zokloyis, zoklomann, adiltè, enfidèl

adulteress *n.f.* fanm enfidèl, zokloyis

adulterous *adj.* adiltè, zokloyis

adultery *n.* adiltè

adulthood *n.* granmoun *Now that I've entered adulthood, I can go out alone.* Kounye a m kòmanse granmoun, m ka soti sèl.

advance[1] *n.* avans, koutjak, pwogresyon **advances** *n.pl.* [*sexual*] avans *He made many sexual advances to the woman.* Msye fè fi anpil avans. •**cash advance** avalwa *He asked for a three hundred dollar cash advance.* Li mande twa san dola avalwa. •**in advance** alavans, davans *Pay in advance.* Peye alavans. *Tell me in advance so I can send you the money.* Di m sa alavans pou m ka voye kòb la pou ou. *You have to buy a ticket in advance.* Fò ou achte tikè alavans. *Thanks in advance.* Mèsi davans. •**in advance of** [*time, order*] anvan •**notify in advance** prevni

advance[2] **I** *v.tr.* [*money*] vanse *Can you advance me some money?* Èske ou k ap vanse yon ti kòb ban mwen. **II** *v.intr.* **1**[*move forward*] avanse, vale teren *You must stop the enemy from advancing.* Fòk nou anpeche lennmi an avanse. **3**[*approach*] antre sou *Don't advance on the bull like that.* Pa antre sou towo bèf la konsa. •**advance irregularly** bay zouk •**advance one's cause or efforts** vanse bourik li pi devan •**advance step by step** pyete *Let's advance step by step to see who wins.* Ann pyete pou n wè sa k ap genyen. •**advance tentatively or haltingly** tatonnen *She advanced haltingly to see what I would do.* Li vini tatonnen bò kote m pou wè sa m ap fè. •**advance toward s.o. menacingly** vanse sou *The two wrestlers are about to engage in the match; they advance toward each other menacingly.* De lite yo pral goumen, yonn ap vanse sou lòt. •**advance upon** antre sou

advanced *adj.* [*studies*] wo *This level of study is too advanced for them.* Nivo etid sa a twò wo pou yo. •**advanced studies** ti lèt fen *Now my child is in advanced studies.* Kounye a pitit mwen an se nan ti lèt fen li ye.

advancement *n.* avansman, wosman *This company offers little chance for advancement.* Nan konpayi sa a, pa gen anpil chans pou avansman. •**job advancement** pwomosyon •**social advancement** pwomosyon sosyal

advantage[1] *n.* **1**[*favorable factor*] avantay, benn, enterè, garanti *Working here has a number of advantages.* Lè ou ap travay isi a,

ou gen yon pakèt avantay *It would be to your advantage to go and see her.* L ap nan enterè ou pou ou al kote l. *What sort of advantage do you get from this business?* Ki garanti ou jwenn nan biznis sa a? **2**[*upper hand*] avantay, lamenwòt *He has an advantage over you when it comes to women: he knows what to say to them.* Li gen yon avantay sou ou, li konn koze ak fi pase ou. *She speaks several languages; it gives her an advantage over others.* Se poliglòt li ye, sa ba li lamenwòt sou lòt moun. **advantages** *n.pl.* benefis, lèzèz •**great advantage** avantay bab e moustach •**let s.o. else get an advantage at your expense** bay manje sou tèt li •**let s.o. take advantage of o.s.** bay {Nanna pou Sizàn/ piyay} *If you don't force the guy to give you your money back, it's like you're letting him take advantage of you.* Si ou pa fè nèg la kale ou kòb ou, sa se ta bay Nanna pou Sizàn. *You shouldn't let others easily take advantage of you in life.* Ou pa fèt pou ap bay piyay konsa nan lavi a. •**special advantage** gabèl *Look what a special advantage; let's seize the opportunity!* Gade yon gabèl, ann pwofite, non! •**take advantage of** abize, dòmi sou, esplwate, kale tèt yon moun, pwofite *You want to take advantage of my kindness.* Ou vle abize bonte m. *I took advantage of an opportunity when it came along.* M pwofite yon okazyon ki parèt devan m. *He took advantage of our friendship.* Li abize amitye nou. *Big landowners always take advantage of the poor.* Grandon toujou ap esplwate ti malere. *She takes advantage of him; she makes him give her money for all sorts of things.* Li kale tèt misye, li fè l ba l kòb pou nenpòt ki bagay. *We'll take advantage of the adults' absence to go to the dance.* N ap tou pwofite al nan bal pandan granmoun yo pa la a. •**take advantage of a girl** [*sexually*] betize *He took advantage of the girl sexually, and he doesn't even intend to marry her.* Misye fin betize fi a, li pa menm marye avè l. •**take advantage of any opportunity that comes along** viv sou mank *Watch that fellow because he'll take advantage of any opportunity that comes along.* Veye kò ou ak misye paske se sou mank l ap viv. •**take advantage of a situation** mare pakèt li, pran woulib *Since the government is going to fall,* he's taking advantage of the situation to make some money. Kòm gouvènman an pral tonbe, l ap mare pakèt li pou fè yon ti lajan. •take **advantage of s.o.** fè yon moun abizman, manje sou yon moun, sèvi ak yon moun *You weren't serious about that woman; you should not have taken advantage of her.* Ou pa t bezwen fi a, ou pa ta fè l abizman sa. *He's very naive; I'm really going to take advantage of him.* Misye se yon kannannan, m ap manje sou li nèt. •**to one's advantage** annò *This opportunity is really to your advantage.* Se yon okazyon annò pou ou toutbon. •**to the advantage of** an favè, nan avantaj, opwofi *The referee called penalties on us to the advantage of the other team.* Abit la ba nou penalite an favè lòt ekip la. *Everything that Gilles does is to his advantage.* Tout sa Jil fè se nan avantay li. *That decision isn't to our advantage.* Desizyon sa a pa opwofi nou.

advantage² *v.tr.* avantaje li, bay yon moun avantay *The fact that he speaks English advantages him a lot in the job market.* Poutèt li pale anglè, sa avantaje li anpil nan mache travay la.

advantageous *adj.* avantaje, enteresan, rantab *Holidays are advantageous for me.* Jou konje avantaje m anpil. *He is in an advantageous position.* Li nan yon pozisyon avantaje. *I bought the car at an advantageous price.* M achte vwati a nan yon pri ki enteresan.

Adventist *adj.* advantis

Adventist *prop.n.* Advantis (di setyèm jou)

adventure *n.* [*exciting event*] avanti *The trip was an adventure.* Vwayaj la te yon avanti.

adventurer *n.* afedam, aksyonè, avantirye, rastakwèt

adventurous, adventuresome *adj.* odasye, temerè, je chèch

adverb *n.* advèb

adverbial *adj.* sikonstansyèl *An adverbial adjunct.* Yon konpleman sikonstansyèl.

adversary *n.* advèsè, lennmi

adverse *adj.* defavorab, nuizib. •**adverse effect** chòk anretou, efè kontrè

adversely *adv.* negativman

adversity *n.* advèsite, malvèsite, touman *He doesn't forget us in times of adversity.* Li pa bliye nou nan moman advèsite.

advertise *v.tr.* fè{piblikasyon/popagann/ pwomosyon/ reklam}pou *They advertise that shampoo on television.* Y ap fè reklam pou chanpou sa a nan televizyon. *They advertised the peanut butter they sell.* Yo fè popagann pou manba y ap vann nan. *We have to advertise this product.* Se pou n fè pwomosyon pou pwodui a.

advertisement *n.* afich, anons, piblisite, reklam

advertising *n.* piblisite •**advertising agency** ajans piblisite

advice *n.* ansèyman, konsèy, moral *Give me money, not advice.* Ban m lajan, pa ban m konsèy. •**give s.o. bad advice** mete kòd nan tèt yon moun *My girlfriend's sister gives her bad advice.* Se mennaj sè m nan ki mete kòd nan tèt li.

advisable *adj.* rekòmande *It's not advisable to go running right after eating.* Sa pa bon rekòmande pou ou al kouri apre ou fenk fin manje.

advise *v.tr.* 1[*give advice*] avize, bay{konsèy/ yon lide}, konseye, rekòmande *I would advise her to quit that job.* M ap ba l konsèy pou l kite djòb la. *He's the one who advised me to come.* Se li k konseye m vini. 2[*inform*] avize, enfòme *She advised me that the police were looking for me.* Li avize m lapolis t ap taye dèyè mwen. •**advise against** dekonseye, dekouraje *It's a decision I would advise you against.* Se yon desizyon m ta dekonseye ou pran. *A friend advised him against buying a car.* Yon zanmi dekouraje l achte machin nan.

adviser *n.* konseye *He's one of the advisers to the president.* Li se youn nan konseye prezidan an.

advocacy *n.* andosman

advocate¹ *n.* defansè, fè chanpyon *She's been an advocate for the use of Creole in schools for a long time.* Li gen lontan l ap fè chanpyon kreyòl nan lekòl. *She's an advocate for children's rights.* Li menm se defansè dwa timoun yo. •**devil's advocate** achtè pwosè *This guy owes me money, but he doesn't want to pay and this devil's advocate takes his side.* Msye dwe m lajan, men li pa vle peye m, lòfini achtè pwosè sa a ap pran pou li.

advocate² *v.tr.* defann, sipòte *He advocated a reform in the educational system.* Li defann yon refòm nan sistèm edikatif la..

aeolian *adj.* eyolyèn

aerial *adj.* ayeryen

aeronautical *adj.* ayewonotik •**aeronautical engineering** jeni ayewonotik

aeronautics *n.pl.* ayewonotik

aerosol *adj.* ayewozòl •**aerosol spray** espre, flitè

aerospace *n.* ayewospas

aesthetic *adj.* estetik

aesthetics *n. n.pl.* estetik

afar *adv.* de lwen •**from afar** bèl driv, de lwen *These people kept observing the political development from afar.* Moun sa yo rete bèl driv ap swiv dewoulman sitiyasyon politik la. *I saw someone coming from afar.* M te wè yon moun ap vin de lwen.

affable *adj.* afab

affair *n.* **1**[*business of any kind*] kestyon, koze *That affair is none of your business!* Koze sa a pa konsène ou! *Don't worry about paying the rent; it's your parents' affair.* Pa enkyete ou pou peye kay la, se yon kestyon pou manman ou ak papa ou. **2**[*personal matter*] (z)afè *I don't get involved in other people's personal affairs.* M pa antre nan afè moun. **3**[*sexual*] afè, lyezon, pachat *Both husband and wife are having affairs.* Ni mari ni madanm ap fè pachat. **4**[*event*] (z)afè *That wedding was quite an affair!* Nòs sa a, se te yon gwo zafè! •**have an affair** fè pachat, gen yon lyezon *I hear he's having an affair with the maid.* M tande l gen yon lyezon ak bòn lan. •**love affair** renmen •**religious affairs** kilt *The Minister of Religious Affairs.* Ministè kilt.

affairs *n.pl.* zafè •**bad state of affairs** malpas •**foreign affairs** afè eksteryè •**have affairs** [*sexual*] fè{mimi/ pachat} •**settle one's affairs** regle zafè li •**state of affairs** konjonkti

affect *v.tr.* afekte, aji sou, frape, konsène, reyaji sou, satiyèt, touche *Her mother's death affected her deeply.* Lanmò manman an aji sou li anpil. *Drinking affects your health.* Bwè tafya aji sou sante ou. *The local merchants will be affected by the factory closing.* Faktori yo a k fèmen an ap touche ti machann nan zòn nan anpil. *That can affect the result.* Sa

ka afekte rezilta a. *My child's sickness affected me; I really lost weight.* Maladi pitit mwen an reyaji sou mwen, m fin megri nèt. *Although the child was sick, that didn't affect him.* Kwak pitit la malad, sa pa satiyèt chatouyèt li. •**affect adversely** kontrarye *The rain adversely affected the game.* Lapli a kontrarye match la. •**seriously affect s.o.** manje wawa yon moun *His swollen foot seriously affected his play.* Pye anfle a manje wawa li.

affectation *n.* bouch{si/sirèt}, tchulutchutchu [*usually while speaking French*] *He speaks French with a lot of affectation because he thinks he's part of the elite.* L ap pale fransè tchulutchutchu paske li kwè li fè pati elit yo. •**affectations** *n.pl.* gran devire *This woman with her affectations thinks she's better than everyone else.* Fi gran devire sa kwè li pi plis pase tout moun. •**do with affectation** gen latiti *Even when she walks, she does it with affectation.* Menm lè l ap mache, li gen latiti.

affected *adj.* **1**[*dress*] banda, bwòdè, bwòdèz [*fem.*], kopen **2**[*accent, pretentious behavior*] afekte, bwòdè, fè grimas ak kò li *Her accent is affected when she speaks English.* Aksan li afekte lè li pale anglè. •**affected and pretentious person** komedyen, zizi •**become affected** [*behavior*] fè grimas ak kò li *Because she sees herself as a queen, she really becomes affected.* Foli rèn li genyen lakòz li fè grimas ak kò li.

affectedly *adv.* bwòdè *She speaks affectedly.* Li pale bwòdè.

affection *n.* afeksyon, atachman, lanmou, tandrès *She has a lot of affection for him.* Li gen anpil afeksyon pou msye. •**show affection** karese

affectionate *adj.* afèktye, atachan, karesan, kolan *Her husband is affectionate.* Mari l afèktye. *This affectionate woman cuddles her husband all day long.* Fi atachan sa a, tout jounen l ap bere mari l. *What an affectionate child!* Ala ti pitit karesan! *My girlfriend is affectionate. That's why I love her.* Mennaj mwen an kolan, se pou sa mwen renmen l.

affidavit *n.* afidavi, deklarasyon sèmante (alekri)

affiliate *v.intr.* afilye *This church is affiliated with a foreign mission.* Legliz sa a afilye ak yon misyon etranje.

affiliation *n.* [*membership*] afilyasyon, apatenans *With what church is your affiliation?* Nan ki legliz ou gen yon afilyasyon. *What is your affiliation? Lavalas or makout?* Ki apatenans ou? Lavalas oswa makout?

affirm *v.tr.* afime, deklare *He affirmed that statement himself.* Se li menm menm ki afime deklarasyon sa.

affirmation *n.* afimasyon

affirmative *adj.* pozitif *She gave me an affirmative answer.* Li ban m yon repons pozitif.

affirmatively *adv.* pozitivman *She replied affirmatively to us.* Li reponn nou pozitivman.

affix *v.tr.* 1[*attach (glue, etc.)*] kole, plake, tache *Affix that notice to the wall.* Plake nòt sa a nan mi an. 2[*seal, signature*] ajoute, poze *Affix your signature before you seal the envelope.* Poze siyati ou anvan ou sele anvlòp la. •**affix a seal** sele •**affix a stamp** tenbre

afflict *v.tr.* manje wawa *Hunger afflicted the people.* Grangou manje wawa pèp la.

afflicted *adj.* aflije, dezole, vant ba *She is afflicted by the news of her mother's death.* Li aflije poutèt nouvèl lanmò manman ni.

affliction *n.* 1[*suffering*] dezolasyon, lafliksyon, soufrans 2[*curse, scourge*] aso, flewo, lafliksyon, tray *Ah! AIDS is an affliction that has befallen us.* A! Sida se yon flewo ki tonbe sou nou. *All these children are an affliction to their mother.* Tout timoun sa yo se tray pou manman yo.

affluent *adj.* alèz, rich *They live in an affluent neighborhood.* Yo rete nan yon vwazinay rich.

afford *v.tr.* 1[*financially*] gen mwayen *I can't afford to buy you a bike right now.* M pa ka gen mwayen pou achte yon bekàn pou ou konnye a. 2[*allow o.s.*] pèmèt *You can't afford to make a mistake.* Ou pa ka pèmèt tèt ou fè yon fot.

affordable *adj.* abòdab *The products are not affordable because of the high cost of living.* Pwodui yo pa abòdab akòz lavi chè a.

affront *n.* afwon, ensilt, malonnèkte, souflèt

aflame *adj.* an{fe/flanm}

afloat *adj.* •**keep afloat** bat lokobe *He manages to keep afloat in this non-profitable business.* L ap bat lokobe ak vye komès la.

aforementioned *adj.* sa k te di pi{wo/anvan}

afraid *adj.* krentif, pè *I'm afraid of the dark.* M pè fènwa. *You're too afraid. The dog won't bite you!* Ou krentif twòp, chen an pa p mòde ou! •**afraid of the opposite sex** kazwèl *It's because he's afraid of the opposite sex that he doesn't have a girlfriend.* Se kazwèl li kazwèl ki fè li pa ka gen mennaj. •**be afraid a**[*scared*] gen krentif pou, kaponnen, pantan *The children are afraid of the dog.* Timoun yo gen anpil krentif pou chen an. *He's been afraid since we threatened him.* Misye kaponnen depi n fin menase li a. *There's nothing here to be afraid of like that.* Pa gen anyen la pou pantan konsa. **b**[*express polite regret*] dezole, kwè, regrèt *I'm afraid that you don't understand.* M regrèt men ou pa konprann non. *I'm afraid that he's right.* M kwè l gen rezon wi. •**make s.o. afraid** bay yon moun laperèz •**not afraid of fire** [*person*] kanzo *I am not afraid of fire any longer.* M kanzo kounye a. •**not be afraid** kenbe kè, pase lagè katòz, pran kè *She isn't afraid of anything.* Manmzèl pase lagè katòz. *Don't be afraid because the case isn't bad.* Pran kè paske ka a pa grav. •**not be afraid of anything** pa pè san

afresh *adv.* anouvo

Africa *prop.n.* 1[*general*] Afrik, Lafrik, Lafrik Ginen *Africa is a beautiful place.* Lafrik se yon bèl kote. 2[*name used in some Vodou chants*] peyi Jelefre •**Central Africa** Lafrik Santral •**North Africa** Lafrik (di) Nò •**South Africa** Lafrik (di) Sid •**Sub-Sahara Africa** Lafrik Nwa •**West Africa** (Lafrik) Lafrik Ginen

African *adj.* afriken, afrikèn [*fem.*] •**African ancestors** mò Ginen

African oil palm tree *n.* kwoko

African pompano *n.* [*fish*] karang aplim •

African porcine fever *n.* pès pòsin

afro *n.* 1[*dance*] afwo 2[*hair style*] afwo •**afro haircut** afwo, ponpon

aft *adj./adv.* aryè

after[1] *adv.* apre, aprè, apresa *What did you do after that?* Ki sa ou fè apre sa?

after[2] *conj.* apre, lè, depi *After he finished eating, he left.* Apre/Lè l fin manje, l ale. *I met Jacques yesterday after having left you.* Mwen rankontre Jak yè, apre m fin kite ou a.

after³ *prep.* **1**[*as a result of*] apre *After the way I treated her, she'll never speak to me again.* Apre sa m fin fè l la, li pa p a janm pale avè m ankò. **2**[*in search of*] dèyè *We went after her, but we lost her.* N al dèyè l, men nou pa wè l. *I'm going after the cheapest one I can find.* M pral dèyè sa k pi bonmache a. **3**[*in spite of*] malgre *After all I've done for you...* Malgre tou sa m fè pou ou... **4**[*sequential*] apre *After the movie, I'm going straight home.* Apre fim lan, m pral lakay dirèk. *After my father, he's the person I like the most.* Apre papa m, se li m pi renmen. **5**[*at the end of*] apre, janbe, obout *After fifteen months, I heard from her.* Obout kenz mwa, m tande nouvèl li. •**after all** apre tou, atò, desideman, pou lapenn *After the discussion, they agree after all.* Apre diskisyon an, yo dakò atò. *After all, he's not as disgusting as that.* Atò, li pa pi degoutan pase sa non. *That child always makes the same mistakes. He can't benefit from correction after all.* Timoun sa a ap toujou fè menm fòt yo, desideman li pa p janm korije. *We have no idea what to do with you after all; we talk to you, you don't listen.* Pou lapenn nou pa wè ki sa pou fè avè ou, nou pale ou, ou pa tande. •**be after** *a*[*try to apprehend*] dèyè *The police are after my brother.* Lapolis dèyè frè m lan. *b*[*try to gain the affections of*] dèyè *I've been after her for a long time.* M gen lontan m dèyè l. *c*[*want to get*] dèyè *She doesn't love you; she's only after your money.* Li pa renmen ou: dèyè kòb ou a l ye. *d*[*try to obtain*] dèyè *I've been after this job for two months.* M gen de mwa depi m ap liyen djòb sa a. •**be after s.o.** *a*[*pursue*] apre, nan{biliwin/latcha/sentre bas/twous} yon moun *He's really after the girl; he wants to marry her.* Misye nan biliwin fi a toutbon, li vle marye avè l. *I'll be after him until I catch him.* M nan latcha misye, jouktan mwen jwenn li. *b*[*nag, scold*] apre, nan{biliwin/latcha/ sentre bas/twous} yon moun *He's always after me.* Li nan twous mwen. *She's always after me. I'm tired of her.* Li sentre bas mwen twòp, m bouke avè l. •**go after** *a*[*a person, goal*] liyen *b*[*amorously*] file *c*[*pursue*] {ale/fann/kouri/lage chen koukouwouj/vini}dèyè yon moun, kouri dèyè, pouswiv *The government goes after the defrauders.* Gouvènman an lage chen

koukouwouj dèyè magouyè yo. *He's going after money; that's what makes him play the lottery like that.* L ap kouri dèyè lajan, se sa k fè li jwe bòlèt konsa. *He went after his wife when she left the house for her mother's.* Li vin dèyè madanm li lè l te sove kite kay la ale kay manman li. *The police are going after the thieves.* Lapolis ap pouswiv bandi yo. •**go hard after** debòde sou *The boss was going hard after him because he hadn't finished the work.* Patwon an t ap debòde sou li paske l pa fin travay la. •**look after** fè yon jan ak, okipe, pran swen, veye *She looks after the house well.* Li pran swen kay la byen. *Look after the baby for me.* Veye tibebe a pou m. •**lust after** je yon moun fè san, konvwate *He lusts after my dish.* Je msye fè san dèyè manje m nan. •**model after** kopye sou *He has no originality; he likes to model himself after others.* Misye pa gen idantite, li renmen kopye sou moun. •**take after** eritye, pran{bò/kote}yon moun *You take after your godfather in your liking to drink booze.* Ou menm, w ap eritye parenn ou nan bwè tafya. *The child takes after his father.* Timoun nan pran kote papa l.

afterbirth *n.* delivrans, {kras/lame/ manman/mè}vant, plasenta, sak pitit

aftercare *n.* swenyay

afterlife *n.* nan Ginen, peyi san chapo, bwachat

afternoon *n.* apre midi, apremidi, lapremidi *He takes a nap in the afternoon.* (nan) lapremidi, li fè yon kabicha. •**good afternoon** [*used from noon until midnight*] bonswa •**in the afternoon** dlapremidi *He'll come in the afternoon, around five o'clock.* L ap vin vè zòn senk è dlapremidi konsa. •**of the afternoon** dlapremidi *The end of the afternoon.* Lafen dlapremidi. •**this afternoon** apremidi a *What are you doing this afternoon?* Ki sa w ap fè apremidi a?

after-shave lotion *n.* losyon labab

aftershock *n.* soukous

aftertaste *n.* move gou *The rum left a bad aftertaste in my mouth.* Wonm lan kite yon move gou nan bouch mwen.

afterthought *n.* chita reflechi

afterward(s) *adv.* annapre, answit, apre, apre sa, {lè/lò} fini{lè fini/lòfini} *We'll go to her house first, and then afterwards we'll come* *over to yours.* Nou pral lakay li anvan, enpi apre sa n ap vin lakay ou annapre. *What are you going to do afterwards?* Ki sa ou pral fè apre sa? *Eat first; afterwards you'll talk.* Manje anvan, lè fini ou a pale.

again *adv.* ankò *Don't call me again!* Pa rele m ankò! *He came back again later.* Li te (re)tounen ankò apre. *I won't say it again!* M pa p repete l ankò! •**again and again** konbe fwa, sou *He sang again and again to attract the woman.* Li chante sou chante pou l ka chame fi a. *The bully hit the old man again and again.* Vakabon an a frape tonton an konbe fwa. •**then again** [*besides, moreover*] konsa tou *He might come, but then again he might not.* Li ka vini, men konsa tou l gen dwa pa vini.

against *prep.* **1**[*physical opposition*] kont *The Americans fought against the Germans.* Ameriken goumen kont Alman. *You don't have enough endurance to run against him.* Ou pa gen fyèl ase, ou pa ka kouri avè kont l. **2**[*physical position*] kont, nan *I sat on the floor with my back against the wall.* M chita atè a, do m (kole) nan mi an. *The branch was beating against my window all night long.* Branch bwa a fè nuit lan ap frape nan kont fenèt la mwen an. **3**[*psychological/emotional/philosophical stance*] kont, o kont *He's against all gambling.* Li kont tout jwèt kazino. *Everyone in the house is against me.* Tout moun nan kay la kont mwen. *If it's God's will, I can't go against it.* Si se volonte Bondye, m pa ka ale o kont. **4**[*warding off, prevention*] kont, nan *To guard against colds.* Poteje kont grip. •**be against** mete opozisyon, opoze *Whatever proposal they made to him, he opposed it.* Kèlkeswa pwopozisyon yo fè l, li mete opozisyon. *He's always against everything that is being done.* Msye toujou opoze ak tout sa k ap fèt.

agape *adj.* bouch{be/li ret bòyò}, ret{bouch louvri/djòl loulouz} *I was so stunned, I stood there agape.* M tèlman sezi, m rete bouch be. *She was agape because of the size of the cathedral.* Bouch li ret bòyò douvan gwosè katedral sa.

agave *n.* karata

age¹ *n.* **1**[*period of time*] epòk *It was an age of wastefulness.* Se te yon epòk gaspiyay. **2**[*time from birth*] laj *I don't know her age.* M pa konn laj li. *She became a lawyer at the age of fifty.* Li vin avoka lè l rive laj senkant an. •**ages ago** depi tandantan, {pou/se} dat *Ages ago you went to the market and you're coming back only now?* Pou dat ou al nan makèt la epi se kounye a ou tounen? •**for ages** depi (tann) dat, gen zan *I haven't seen him for ages; he must have left.* M gen zan depi m pa wè l, sanble l pati. •**it's been ages** gen{syèk/zan} *It's been ages since I last saw Mary.* M gen syèk depi m pa wè Mari. •**a boy/girl/man of your age** gwosè{gason/fi/nèg}tankou ou *A man of your age and you're afraid to go to the movies by yourself.* Gwosè nèg tankou ou, ou pè ale nan sinema pou kont ou. •**bygone age** dantan, tan lontan •**come of age** vin majè *You come of age when you're twenty-one.* Yon moun vin majè lè li gen venteyen an. •**in one's young age** nan titès li •**of age** chape, majè *He never dates minors; he only dates girls who are of age.* Msye pa janm soti ak minè, se sèlman ak fi majè li pran pa. *Given that he is of age, he can go to school by himself.* Gwosè timoun chape sa a, li ka al lekòl pou kont li. •**old age** vyeyès •**over a certain age** deja *Only people twenty-one and over are allowed in here.* Se moun ki gen venteyen nan deja ki gen dwa antre la a. •**under age** mine minè •**young for one's age** gen bon ten

age² *v.tr.* **I** grizonnen *Too much sun ages the skin.* Twòp solèy ap grizonnen po a. **II** *v.intr.* **1**[*person*] tchoule, vyeyi *They age slowly in that family.* Ras moun sa yo pa vyeyi vit. *She can't do everything she used to; her body is aging.* Li pa ka fè tout sa li konn fè, vye kò li koumanse ap tchoule. **2**[*cheese, wine*] kite vyeyi *The wine has to age.* Fòk ou kite diven an vyeyi.

aged¹ *adj.* **1**[*person: old, decrepit*] aje, dekati, vye [*often pejorative*] *My father has become aged these last few years.* Papa m vin aje anpil nan dènye ane sa yo. *There is an aged little man waiting for you outside.* Gen yon ti granmoun dekati k ap tann ou deyò. **2**[*cheese, wine, etc.*] vyeyi *The wine is not aged enough.* Diven an pa ase vyeyi.

aged² *n.* [*old people*] moun aje *There is only one nursing home for the aged in Port-au-Prince.* Gen yon sèl azil pou moun aje yo nan Pòtoprens.

agency n. ajans, òganis •**advertising agency** ajans piblisite

agenda n. alòd dijou, lòd dijou, pogram *We have a really tight agenda.* Pogram nou chaje toutbon. *What's on the agenda today?* Ki sa ki alòd dijou jodi a?

agent n. [*person*] ajan, dilè, lotè *The farm agent is sick.* Ajan agrikòl la malad. *The sales agent tried to sell me a beat-up old car.* Dilè a eseye vann mwen yon vye bogota. •**agent for farm workers** monitè •**agricultural agent** agwonòm •**agricultural extension agent** animatè, animatris [*fem.*] *The agricultural extension agent came to give the farmers technical advice on growing rice.* Animatè a vin bay peyizan yo konsèy teknik konsènan elvaj diri. •**authorized agent** mandatè •**collection agent** isye •**farm agent** ajan agrikòl •**real estate agent** koutye •**secret agent** ajan kache •**secret service agent** detektif

agglomerate n. [*geol.*] karyann

aggravate v.tr. 1[*anger, annoy*] anmède, fè fache *That aggravates me.* Bagay sa a fè m fache. *Quit aggravating me before I smack you.* Sispann anmède m konsa ou m ap fout ou yon kalòt! 2[*make worse*] agrave, {fè/vin}pi grav *His condition was aggravated by pneumonia.* Ka a te vin pi grav, paske l te gen yon lemonni tou k antre sou li. *The wrong medicine aggravated the sickness.* Move medikaman an agrave maladi a.

aggravated adj. [*angry*] anmède, fache *I get so aggravated at my kids.* Timoun yo fè m fache serye.

aggravating adj. 1[*worsening*] agravan *The situation is aggravating.* Sitiyasyon an agravan. 2[*annoying*] anmèdan *This heat rash is really aggravating because it itches so much!* Chofi sa a anmèdan tout bon, li sitèlman ap grate m!

aggravation n. pongongon, pwoblèm *All these children under my feet are an aggravation.* Tout timoun sa yo nan kòsaj mwen se yon pongongon nan kò m. *You're an aggravation!* Ou se yon pwoblèm ou menm!

aggress v.tr. agrese, vole nan kolèt yon moun *The criminals aggressed the vendors at the market.* Zenglendo yo agrese machann yo nan mache a.

aggression n. agresyon

aggressive adj. 1[*assertive*] agresif, akrèk, aplim *In business you have to be aggressive.* Nan komès, fò ou agresif. *You can't be successful in business if you're not aggressive.* Si ou pa akrèk lè ou ap fè konmès, ou pa p janm regle anyen. *No driver is as aggressive as he.* Nanpwen chofè akrèk konsa. *Aggressive people don't suffer; whenever there is something to be gotten, they'll get it.* Moun aplim pa soufri, depi genyen y ap jwenn. 2[*tending toward confrontation*] antchoutchout, apòy, chache kont *You're too aggressive! That's why he won't listen to you.* Ou antchoutchout twòp! Se pou sa li pa p koute ou. *That child is very aggressive.* Timoun sa a chache kont anpil. •**aggressive person** san cho, ti pike

aggressively adv. ak tout rad travay li, tou cho tou bouke *She was aggressively defending her point of view.* Li vin ak tout rad travay li a pou defann pwendvi pa l. *He spoke aggressively to him to make him understand that it was serious.* Li vin sou msye a tou cho tou bouke pou fè l konprann bagay la serye.

aggressor n. agresè, chachèdkont

aghast adj. espante, rete bouch be

agile adj. adwat, ajil, enganm, soup *The little girl is agile with her body.* Pitit la soup ak kò l. *He's really agile for his age.* L enganm anpil pou laj li. *She's an agile person.* Li se yon moun adwat. *Ti Pyè is as agile as a cat.* Ti Pyè ajil tankou yon chat.

agility n. ladrès, souplès *She climbs the coconut tree with great agility.* L ap monte sou pye kokoye a avèk anpil ladrès.

aging adj. kòn tòde *She's aging. She abused her body so much, she aged before her time.* Manmzèl se yon kòn tòde, li tèlman fè zafè ak kò li, li vyeyi pa fòs.

agitate v.tr. 1[*incite*] moute tèt *They accused me of agitating the people to revolt.* Yo akize m konsi m ap moute tèt pèp la. 2[*stir up, fig. or lit.*] ajite, dekontwole, mete anbranl, sakaje bil yon moun, vire bil *The hurricane wind agitates the sea.* Van siklòn nan ajite lanmè a. *The news agitated everybody.* Nouvèl la met tout moun anbranl.

agitated adj. mouvmante, sou lè nè *She's so agitated that she can't even speak.* Li

sitèlman sou lè nè, li pa ka pale. •**be agitated**
a[*physically*] mouvmante kò li *Stop being
so agitated! Sit still!* Sispann mouvmante
kò ou konsa! Chita dwat! *b*[*excited, upset*]
boulvèse *The child was agitated last night;
he cried the whole night.* Pitit la te boulvèse
yè swa, li fè nuit la ap kriye.

agitation *n.* ajitasyon, enkyetid, gen yon
mache prese, kraze brize, voye pousyè *With
the agitation downtown, people can't move.*
Ak ajitasyon ki gen lavil la, moun pa ka
deplase.

agitator *n.* ajitatè, fotèdetwoub, pwovokatè

aglow *adj.* briyantsolèy, radye

ago *adv.* gen…depi *I wrote you a long time ago.*
Gen lontan depi m ekri ou. *He left an hour
ago.* Gen inè depi l ale. *I saw her not long ago.*
Pa gen lontan depi m te wè l. •**from long
ago** lontan •**long ago** bèldriv, bèltan, dat,
nan tan{ansyen/antikite benbo/bimbo},
tandantan *I saw him long ago; now I don't
know how to find his house.* M wè l bèldriv,
kounye a m pa konnen kay li. *He came long
ago.* Li vini sa gen bèltan. *I finished the job a
long time ago! Dat* m fin fè travay la! *Long ago
Haiti was better off.* Nan tan ansyen Ayiti te
pi bon. •**long long ago** lontan nan{Ginen/
ansyen}lontan *Long long ago there were
many trees here.* Ansyen lontan te gen anpil
pyebwa isit. •**long time ago** lontan *That
happened a long time ago.* Sa gen lontan.
•**since long ago** depi {dyab te kaporal/nan
Ginen/tan lontan}

agonizing *adj.* **1**[*physically*] kòde anba doulè
His pain was truly agonizing. Se kòde l t ap
kòde anba doulè a. **2**[*mentally*] toumante
*The decision to leave the country was really
agonizing.* Desizyon pou kite peyi a te
toumante li toutbon.

agony *n.* lagonni, soufrans, touman

agrarian *adj.* agrè *The agrarian reform.* Refòm
agrè a.

agree *v.intr.* **1**[*accept*] dakò, danse kole,
konsanti *The company agreed to the workers'
demands.* Konpayi a dakò ak kondisyon
travayè yo. *The big landowners don't agree
with the land reform.* Grandon yo pa danse
kole ak refòm agrè a. *I don't agree at all
with your terms.* M pa konsanti ditou ak
kondisyon ou yo. **2**[*have the same opinion*]

mache{ansanm/dakò}, rejwenn yon moun,
reponn wi, vini dakò *We don't ever agree
about the notion of dual citizenship.* Nou
p ap janm mache ansanm sou lide doub
nasyonalite a. *She and I don't agree with the
proposal.* Mwen ak li nou pa mache dakò
sou pwopozisyon an. *I agree with what you
said.* M rejwenn ou nan sa ou di a. *With
everything you tell her, she agrees.* Tout sa ou
di l, li reponn ou wi. *After many discussions,
they agreed to form a committee.* Apre anpil
diskisyon, yo vin dakò pou yo fòme yon
komite. •**agree on** antann li, koupe douk,
mete dakò, pase kondisyon *We agree on
the price.* Nou antann nou sou pri a. *They
agreed on how to divide the money.* Yo rive
koupe douk sou fason lajan an fèt pou separe
a. *They agreed on the contract.* Yo mete yo
dakò sou kontra a. *We agreed on selling the
house to her.* Nou te pase kondisyon pou
te vann li kay la. •**agree on s.th.** dakò sou,
tope *We agree on this concept.* Nou dakò sou
prensip sa a. *Given that we agree, let's shake
on it.* Kòm nou dakò sou sa, ann tope. •**agree
to** asepte, bay pas pou *The landlord agreed to
the party.* Mèt la bay pas li pou fèt la. •**agree
to share** koupe asosye *Let's agree to share
the cake equally.* Ann koupe asosye pou
gato separe afaf. •**agree upon** [*a price, etc.*]
konvni, tonbe dakò *The heirs agreed upon
selling the land.* Eritye yo tonbe dakò pou
yo vann tè a. *In the end, they agreed upon the
price.* Alafen, yo konvni sou pri a. •**agree
with** *a*[*person, thought*] {admèt/dakò} ak
yon moun *I agree with you.* Mwen dakò ak
ou *Although I explained it to him, he doesn't
agree with me.* Malgre m esplike l, li pa admèt
avè m. *c*[*suit the health of*] ale avè, fè byen
The sun agrees with me. Solè a fè m byen.
Milk doesn't agree with me. Lèt pa ale avè
m. •**we agree then** kòmnoudizon *OK, I'm
leaving, right?—We agree then.* Oke, m ale,
tande?—Alò, kòmnoudizon.

agreeable *adj.* **1**[*pleasant, friendly*] agreyab,
dous, gou, janti *We used to have agreeable
moments.* Nou te konn pase moman agreyab.
She is very agreeable. Li janti anpil. *The meal
was truly agreeable.* Manje a te dous anpil.
2[*willing*] konsanti *If you are agreeable,
we can start right away.* Si ou konsanti ou

nou ka kòmanse la menm. 3[*acceptable*] konvnab *If the pay is agreeable, then you can start tomorrow.* Si salè a konvnab, ou mèt kòmanse demen.

agreed[1] *adj.* •**as agreed** kòmnoudizon *As agreed, I'll pick you up around ten o'clock.* Kòmnoudizon, m ap pase pran ou vè diz è.

agreed[2] *interj.* dakò, oke

agreement *n.* akò angajman, antant, aranjman, dizon, topay *The agreement was signed by both parties.* Yo tou de te siyen akò a. *Once you sign the agreement, you'll have to respect it.* Si ou siyen angajman an, fò ou respekte l. *You have to make an agreement with the owner of the land.* Fò ou fè yon antant ak mèt tè a. *They made an agreement instead of taking legal action.* Yo fè yon aranjman olye y al nan leta. *He has an agreement with John about the house.* Li gen dizon avè Jan pou kay la. •**be in agreement** dakò, danse kole, tonbe daplon ak *It's important for husband and wife to be in agreement about their beliefs.* Se enpòtan pou madanm ak mari tonbe daplon konsènan kwayans yo. *The employers and workers are in agreement concerning the work contract.* Anplwayè avèk travayè ap danse kole konsènan kontra travay a. •**contractual agreement** gaj *His boss made a contractual agreement to pay him a ten percent commission.* Patwon li fè gaj pou peye li dis pousan komisyon. •**have an agreement with** gen di ak yon moun *He had an agreement with the boss.* Li te gen di ak patwon an sou sa.

agribusiness *n.* agwobiznis

agricultural *adj.* agrikòl *Haiti is mostly an agricultural country.* Ayiti se pito yon peyi agrikòl. •**agricultural agent** agwonòm •**agricultural work session in common** konbit

agriculture *n.* jadinaj, kilti latè, lagrikilti, travay tè

agronomist *n.* agwonòm, ajan agrikòl

agronomy *n.* agwonomi

aground *adv.* •**run aground** falta *The ship ran aground.* Batiman an falta.

ah *interj.* a *Ah! You surprise me.* A! ou fè m sipriz.

aha *interj.* anhan *Aha! Today I've caught you!* Anhan! Jodi a m kenbe ou!

ahchoo *see* atchooom

ahead *adv.* 1[*spatial, temporal orientation*] annavan, antèt, devan, pi devan *There's a gas station ahead.* Gen yon estasyon gazolin pi devan an. *You can never really know what lies ahead.* Ou pa janm konn sa k ap tann ou pi devan. *Let's look ahead in everything that we are doing.* Ann chache annavan nan tout sa a ap fè.. *She walked ahead.* Li mache devan. 2[*contest status*] devan, sou *They're ahead right now.* Se yo k devan konnye a. *His team is ahead of us in the league competition.* Ekip li sou nou nan chanpyona a. •**ahead of a**[*in front of*] devan *You stepped ahead of me in line.* Ou vin pase devan m nan ling lan. *Walk ahead of us.* Mache devan nou. *This company is ahead of the competition.* Konpayi sa a devan tout lòt yo. **b**[*before*] davans, pi bonè *If you get there ahead of me, please wait for me.* Si ou rive pi bonè, ret tann mwen. •**ahead of schedule** anvan lè *We finished ahead of schedule.* Nou fini anvan lè a. •**ahead of time** alavans, annavan *We arrived ahead of time.* Nou rive alavans. •**be ahead** [*sports, score*] devan *The Haitian team is ahead two points to zero!* Ekip ayisyèn nan devan de gòl a zewo! •**get ahead a**[*precede*] devanse *He got ahead of all of us.* Msye devanse nou tout. **b**[*be successful*] pran devan *You have to work hard to get ahead in this company.* Fò ou travay di pou ou pran devan nan konpayi sa a. •**go ahead a**[*proceed*] ba{li/yo}, {pran/pike} devan *Go ahead! You can swear at him.* Ba li!, Ou mèt joure li. *Go ahead, make the presentation.* Pase devan pou al fè prezantasyon an. *When I showed him the work, he told me to go ahead with it.* Lè m montre li travay la, li di m pike devan. **b**[*go before*] {pike/pran}devan *Instead of waiting for me, she went ahead.* Olye l tann mwen, li pike devan. *If you're in a hurry, you may go ahead.* Si ou prese, ou met pran devan. •**go full speed ahead** [*boat*] chire dlo *The motorboat is going full speed ahead.* Chaloup la ap chire dlo a. •**go right ahead** [*encourage s.o.*] ba{li/yo} *You want to fight with your brother? Go right ahead!* Ou vle goumen ak frè ou? Ba li! •**straight ahead** {drèt/dwat}{devan/dirèk (nèt)}, toudwat, toulongsay *Don't turn; go straight ahead.*

Pa devire non, fè toudwat. *Follow that road straight ahead.* Swiv wout sa a toulongsay. *If you keep going straight ahead, you'll come to the house.* Si ou kontinye drèt devan ou, ou ap rive nan kay la.

ahem! *interj.* èps!, ey!, woy!

aid¹ *n.* **1**[*assistance*] èd, lamenfòt, sekou *She came to my aid after I fell down the stairs.* Li vin pòte m sekou aprè m tonbe nan leskalye. *Come to my aid tomorrow and I'll feed you.* Vin ban m lamenfòt demen epi m ap ba ou manje. **2** [*equipment, apparatus*] èd •**financial aid** ankadreman, pouch •**first aid** premye swen •**hearing aid** aparèy akoustik •**humanitarian aid** èd imanitè

aid² *v.tr.* delivre, ede, segonde, zepole *You have to aid people when they are having difficulties.* Nou dwe zepole moun lè yo nan ka. •**aid s.o.** {pote/bay/prete}yon moun sekou

aide *n.* asistan, èd •**nurse's aide** oksilyè •**trusted aide** bra dwat

ailing *adj.* kagou *Jean is really ailing from the food poisoning.* Jan kagou nètale poutèt manje a te gate.

ailment *n.* maladi

aim¹ *n.* **1**[*in life*] anbisyon **2**[*goal*] bi, objèktif **aims** *n.pl.* •**achieve one's aims** rive nan bout li •**take aim** vize

aim² **I** *v.tr.* [*a gun, etc.*] brake, vize *She aimed the gun at the target, and then squeezed the trigger.* Li brake fizi a sou sib la, epi li apiye gachèt la. *He aimed at the bird.* Li vize zwazo a. **II** *v.intr.* [*referring to a goal*] vize *You're aiming too high.* Ou vize twò wo. •**aim at** pwente, vize *He aimed at the rat's head.* Msye vize rat la nan tèt. •**aim for** vize *He's aiming for a good job in his life.* Li vize yon bon travay nan lavi l. •**aim poorly** malvize •**stop aiming at** [*with a gun*] debrake •**take aim** vize

aimless *adj.* san{bi/santiman}, vag *She's an aimless person.* Se yon moun vag, san bi.

aimlessly *adv.* san{bi/santiman} *He was walking aimlessly in the street.* Li t ap mache nan lari a san bi. *You can't live aimlessly like that.* Ou pa ka viv san santiman konsa. •**go about aimlessly** fè valeryann *If you spend your youth wandering aimlessly, you'll be poor in your old age.* Si ou pase tout jenès w ap fè valeryann, ou ap pòv nan granmoun ou.

air¹ *n.* **1**[*oxygen*] frechè, lè, lèzè, van *He opened the door and the hot air flowed in.* Li ouvè pòt la, enpi yon lè cho antre anndan an. *I'll go put air in the tires.* M pral bay kawotchou a van. *Open the door and let in some fresh air.* Ouvè pòt la e kite yon frechè pou lè antre nan kay la. *The plane is gliding in the air.* Avyon an ap plannen nan lèzè. **2**[*demeanor*] pòz *Wow, she has a nice air about her!* Ala madanm gen bèl pòz! •**air conditioner** èkondisyone, friz, klimatizè *My air conditioner is broken down.* Èkondisyone m an pàn. •**air conditioning** (l)è kondisyone, è kondisyone, èkondisyone, friz •**air escaping from tire, etc.** [*sound of*] pchii •**air force** avyasyon, èfòs •**air pump** ponp van •**air raid** atak ayeryen •**air rifle** fizi aplon •**air sac** pòch lè •**air sickness** mal avyon •**air sickness bag** sache pou vonmi •**air traffic control** sèvis siyalizasyon •**air traffic controller** kontwolè lèzè lèz •**damp night air** seren •**fresh air** frechè, lafrèch *I found some fresh air under the tree.* M jwenn yon lafrèch anba pyebwa a. •**go for a breath of fresh air** pran (bon jan) van *Let's go for a breath of fresh air; it's hot here.* Ann al pran van deyò, li fè cho la. •**have an air of** gen yon pòz *He has an air of authority at home.* Li gen yon pòz otorite lakay li. •**hot air** dife{pay/mayi/kann}, lapalans *He's a great comedian; he spews a lot of hot air as part of his act.* Misye se yon gwo komik, li gen anpil bèl lapalans nan djakout li. •**in the air** [*very near*] sou nou, tou pre *Christmas is in the air.* Nwèl la sou nou. •**let out the air (of tires)** retire van •**on the air** [*radio, television, etc.*] sou zonn *We're on the air!* Nou sou zonn, wi! •**put air in** {bay/ponpe}van •**take an air of superiority with** pran pòz sou yon moun •**that's a lot of hot air** tou sa se mo *Oh! That's a lot of hot air. There's nothing in what you're saying that can really work.* A! tou sa se mo, pa gen anyen k ap mache vre. •**unhealthy air** [*Vodou*] move{zè/lè} •**up in the air** *a*[*above*] [*location*] anlè *The kite is up in the air.* Kap anlè. *b*[*uncertain*] vag *It's still up in the air what they're going to do.* Se toujou vag sa yo pral fè a.

air² *v.tr.* **1**[*let air in*] ayere *Let's open the door to air out this room.* An n ouvè pòt la pou ayere kay la. **2**[*express one's views*] fè konnen, mete deyò *She was fired because she aired her views about the new boss.* Yo revoke li poutèt li mete deyò sa li panse konsènan nouvo patwon an. **3**[*radio, television broadcast*] difize *They aired the news about the President in a special bulletin.* Yo difize nouvèl la konsènan prezidan an nan yon bilten espesyal. •**air out** [*clothes, room, bed*] ayere

air force *n.* avyasyon, èfòs

airbag *n.* **1**[*car*] balon machine **2**[*person*] sak van

airborne *adj.* anlè

aircraft *n.* avyon •**aircraft carrier** pòtavyon

airfield *n.* avyasyon, chan avyasyon, teren (d) avyasyon •**military airfield** avyasyon

airhead *n.* vivi dan griyen

airing *n.* ayerasyon

airless *adj.* mal ayere, san lè

airline *n.* konpayi avyon

airmail[1] *n.* lèt avyon, pa avyon

airmail[2] *adv.* pa avyon

air-mask *n.* [*for diving*] mas pou plonje

airplane *n.* avyon, ayewoplàn •**airplane runway** pis •**jet airplane** avyon areyaksyon

air plant *n.* [*herb*] lougawou djèt

airport *n.* avyasyon, ayewopò, èpòt

airs *n. pl.* latitid •**give oneself airs** fè{bwòdè/gran chire/kraze bòzò}

airspace *n.* lèzè

airstrip *n.* pis

airwaves [*radio*] *n. pl.* lèzonn

aisle *n.* ale, koulwa, ranje

Ajax *prop.n.* ajaks

aka *adv.* kidonk *Karol Wojtyla, aka Pope John Paul II.* Kawòl Votchila, kidonk pap Jan Pòl II.

akee tree *n.* fwikase

akimbo *adj.* •**with arms akimbo** ak men sou ren

alarm[1] *n.* **1**[*device*] alam, sirèn, tòksen *We heard an alarm.* Nou tande yon sirèn. **2**[*worry*] kè{kase/sote} •**alarm clock** pandil, revèy *The alarm clock went off at seven a.m.* Revèy la sonnen a sèt è di maten. •**burglar alarm** alam/siren •**false alarm** fos{alam/alèt}

alarm[2] *v.tr.* alame, bay kè{kase, sotè} *We were all alarmed when we heard the president had fled the country.* Se alame nou tout alame lè

nou tande prezidan an gentan kraze rak kite peyi a. *You really alarmed people when you didn't come back last night.* Se pa de kè kase ou bay lè ou pa rantre yè swa.

alarming *adj.* espantan, efreyan

alas *interj.* adje, adjewidan, elas, woy *Don't you have a hundred gourdes to lend me?* — *Alas, no!* Ou pa gen san goud pou prete m? —*Adjewidan! Alas, he has lost his mother!* Elas, li pèdi manman l! *Alas, the child died.* Mezanmi woy, pitit la mouri.

alb *n.* [*eccl.*] òb

albeit *conj.* byenke, atout

albino *n.* albinòs, danrezo

album *n.* **1**[*for pictures, mementos*] albòm (foto) **2**[*musical record*] plak

alcohol *n.* **1**[*chemical substance*] alkòl **2**[*liquor*] alkòl, bweson, gwòg, lespri, tafya *There's no alcohol at the party.* Pa gen bweson nan fèt la. •**drink alcohol** bwè *He drinks too much alcohol; he can't walk straight.* Li bwè twòp, li pa ka mache dwat. •**pure alcohol** alkòl katrevenkenz degre alkòl{95°/katrevenkenz degre} •**rubbing alcohol** alkòl

alcoholic *adj.* **1**[*person*] bwasonnyè, gwògmann, moun tafya, tafyatè **2**[*drink*] pike *It's an alcoholic drink.* Se yon bweson pike. •**alcoholic beverage** gwòg

alcoholic *n.* [*person*] bwasonnyè, gwògmann, tafyatè

alcoholism *n.* alkolis

alcove *n.* rakwen

alderman *n.* konseye minisipal

ale *n.* byè •**ginger ale** jenjerèl

aleck *n.* •**smart aleck** [*pej.*] eklere ta

alert[1] *adj.* **1**[*watchful*] veyatif *She's always alert to danger.* Se yon moun ki veyatif anpil. **2**[*mentally awake*] doubout, egzak, fen, gen nanm, je{kale/ouvè}, veyatif, zèl louvri *If you were alert, you wouldn't have taken a tumble.* Si ou te egzak ou pa t ap gen tan pran so a. *He's an alert person; before the danger arrives, he's had the time to get ready.* Misye se moun ki fen, anvan danje a rive, li gen tan pare l. *This alert woman won't let a single opportunity pass her by.* Fi je kale sa a p ap kite yon chans pase. *If she isn't alert, the child will fall out of her arms.* Si l pa veyatif, pitit la sot tonbe nan men l. *Thanks to the nap, I'm alert.* Gras a kabicha a, m doubout. *In* *spite of his advanced age, this old man is still alert.* Malgre granmoun nan gen anpil laj, li toujou gen nanm. •**alert** to sou piga li *She was alert to the danger of walking home alone.* Li sou piga li lè se pou al lakay la (apye) li sèl li. •**stay alert** rete je klè *They're staying alert and they wait for what's going to happen.* Yo rete je klè, y ap tann sa k pral pase.

alert² *n.* kanpe sou pye, ogadavou *Because of the attacks in the neighborhood, the army needs to be on the alert.* Akòz atak yo nan katye a, sekirite a bezwen kanpe sou pye. *he soldiers went on the alert when they heard about the bomb threat.* Militè yo ogadavou lè yo tande menas bonm nan.

alert³ *v.tr.* alète, doubout *They alerted the troops.* Yo te alète twoup yo.

alfalfa *n.* alfalfa

algae *n.* limon lanmè

algarroba tree *n.* gounèl

algebra *n.* aljèb

algebraic *adj.* aljebrik

algorithm *n.* algorit

alias *n.* alyas, kidonk *He uses an alias.* Li itilize yon alyas.

alibi *n.* alibi, eskiz •**give alibis** grate tèt bay yon moun

alien *n.* etranje *He's an illegal alien.* Se yon etranje san papye li ye. •**legal alien** rezidan

alienate *v.tr.* repouse *Because she is bad-tempered, she alienates people.* Akoz move karaktè l, li repouse moun.

alight *v.intr.* ateri, poze *The plane alighted on the water.* Avyon ateri sou dlo. *The bird alighted on the windowsill.* Zwazo a vin poze sou bò fenèt la. •**alight from** [*a vehicle, horse*] desann

align I *v.tr.* [*vehicle, objects, etc.*] aliyen, fè aliyman *I'm going to get my wheels aligned.* M pral bay fè aliyman nan machin lan. **II** *v.intr.* **1**[*o.s. with beliefs, pol., rel.*] aliyen, fè aliyman *He is aligned with the protestant religion.* Li aliyen avèk legliz pwotestan yo. **2**[*planets*] aliyen *The planes will align tonight.* Planet yo ap aliyen aswè a.

aligned *adj.* aliyen *The houses are aligned along the two sides of the road.* Kay yo aliyen sou de bò wout la. •**not to be aligned with** pote sou *His actions are not aligned with his beliefs.* Zak li pote sou kwayans li.

alignment *n.*] aliyman

alike¹ *adj.* egal, sanblab, tokay *In money matters we aren't alike.* Nan lajan nou pa tokay. •**exactly alike** tou krache ak *These twin are exactly alike.* Marasa sa yo youn krache ak lòt. •**look (exactly) alike** sanble (tèt koupe), tokay yon moun *These two shirts look a lot alike.* De chemiz sa yo sanble anpil. *These two people look exactly alike.* De moun sa yo sanble tèt koupe. *This lady and you look exactly alike.* Fanm sa a se tokay ou.

alike² *adv.* [*in the same way*] menm jan *They were dressed alike.* Yo te abiye menm jan.

alimentary *adj.* alimantè

alimony *n.* pansyon alimantè

alive *adj.* **1**[*lively*] vif, vivan *That girl is so alive!* Ti fi sa a sitèlman vivan! *The colors in that painting are so alive.* Koulè nan tablo sila a sitèlman vif. **2**[*living*] an vi, la, doubout, vivan *She's still alive.* Li an vi toujou. *My great-grandmother is still alive.* Grangrann mwen la toujou. *Is Ti Djo still alive?* Èske Ti Djo vivan toujou? *As long as we are alive, we must struggle.* Depi n doubout, fò n goumen. •**look alive!** Mete nanm sou ou non! •**skin alive** [*fig.*] deplimen, kale *The woman is going to skin you alive because you tore her books.* Madanm nan ap kale ou poutèt ou chire liv li yo. *When your father finds out you skipped school today, he'll skin you alive!* Lè papa ou jwenn ou fè woul jodi a, l ap deplimen ou nèt! •**vibrantly alive** sou brenzeng li *The way the team is vibrantly alive there, it's going to become the champion.* Jan ekip la sou brenzeng li la, l ap chanpyon.

Alka-Seltzer® *prop.n.* alkasèzè

alkali *n.* alkali

alkaline *adj.* alkalen, alkalin

alkekengi *n.* [*winter cherry plant*] kòkmòl, manman lanman, tòftòf, zèb aklòk

all¹ *adj.* bogodo, dènye, kolonn, mezi, tout *Where are you going with all that food.* Kote ou prale ak bogodo manje sa. *Where are you going with all those children?* Kote ou prale ak kolonn timoun sa yo? *You broke all the plates that were here.* Mezi asyèt ki la, ou kraze tout. *All the times I've come by, you weren't there.* Mezi fwa m vin kote ou, ou pa la. *Wash all the dishes.* Lave tout asyèt yo tout. *It rained all night.* Lapli tonbe tout lannwit la. *We do* all sorts of work. Nou fè tout kalite travay. *Hide and seek! Now you need to all go after me, okay?* Lago! Kounye a ou bezwen tout bat chalbari dèyè m, oke. *Do you all have an umbrella?* Eske nou tout genyen yon parapli? *All the students are here.* Tout elèv yo la. **NOTE: all expressions with all are listed alphabetically under all⁴ pro.**

all² *adv.* tou *The cat is all black.* Chat la tou nwa •**all in all** an gwo *After three days of work, all in all, what have we really done?* Apre twa jou travay, an gwo, kisa nou fè reyèlman? •**all of** antye •**above all** sitou *She's above all an excellent worker.* Se sitou yon moun ki konn travay. •**at all** ditou *I don't know anything at all.* M pa konn anyen ditou. •**in all** ototal

all³ *n.* tou •**give one's all** [*to an activity*] bay{san li/tou}, rann san pou *She gave her all toward that work.* Li bay san l nan travay sa a. *We gave it our all.* Nou bay tou sa n te genyen.

all⁴ *pro.* •**all along** toutolong •**all around** toutkote, toupatou •**all at once** sanzatann, toudenkou **all but the kitchen sink** bann bagay, kanaval bagay *John brought all but the kitchen sink.* Jan pote yon kanaval bagay. •**all day long** toutlasentjounen •**all in** kò kraze *I'm all in today.* M kò kraze jodi a. •**all in all** an gwo *After three days of work, all in all, what have we really done?* Apre twa jou travay, an gwo, kisa nou fè reyèlman? •**all of** antye •**all of these/those** tralye *Where are all of those people going?* Kot tralye moun sa yo prale? •**all out** bridsoukou *They went all out to clean the house.* Yo pwòpte kay la bridsoukou. •**all over** toupatou, tout kote *I looked all over for you.* M chache ou tout kote. •**above all** sitou •**after all** apre tou, atò, desideman, pou lapenn *After the discussion, they agree after all.* Apre diskisyon an, yo dakò atò. *He's not as disgusting as that, after all.* Atò, li pa pi degoutan pase sa non. *We have no idea what to do with you after all; we talk to you, you don't listen.* Pou lapenn nou pa wè ki sa pou fè avè ou, nou pale ou, ou pa tande. *That child always makes the same mistakes; he can't benefit from correction after all.* Timoun sa a ap toujou fè menm fòt yo, desideman li pa p janm korije. *We have no idea what to do with you after all; we talk to you, you don't listen.* Pou lapenn nou pa

wè ki sa pou fè avè ou, nou pale ou, ou pa tande. •**at all** ditou *I don't know anything at all.* M pa konn anyen ditou. •**for all** *a*[*in spite of*] malgre *For all my efforts, I still couldn't raise the money.* Malgre tout efò m fè, m pa jwenn kòb la. *For all his faults, he's still a good man.* Malgre l gen defo, se yon bon moun li ye. *b*[*concerning the extent that*] si se pou mwen *You can shoot yourself for all I care.* Ou mèt bay tèt ou yon bal, si se pou mwen. •**in all** antou, ototal •**that's all** pwen ba •**that's all there is to it** fo pa plis •**when all is said and done** an definitif, an fen kont, apre tou *When all was said and done, they agreed with each other.* An fen kont yo tonbe dakò. *When all is said and done we won't have gotten anywhere.* Apre tou, nou pa p gentan rive okenn kote.

all right *adj. adv.* 1[*certainly*] se vrè *He came all right, but he didn't stay long.* Li vini, se vre, men l pa ret lontan. 2[*agreement*] dakò, oke *I'll call you tomorrow, all right? All right.* M ap rele ou demen, oke? Dakò. 3[*well*] anfòm *I feel all right.* M santi m anfòm. 4[*safe*] byen *Don't worry, the kids are all right!* Pa fatige ou, timoun yo byen. 5[*satisfactory*] pa mal *My job is all right.* Djòb la pa mal.

All Saints' Day *prop.n.* [*November 1*] fèt{lemò/dèmò/dè mò}, jou lemò, Latousen

All Souls' Day *prop.n.* [*November 2*] fèt{lemò/dèmò/dè mò}

all-clear *n.* fen alèt

allege *v.tr.* akize, pretann *He is alleged to have stolen a cow.* Yo akize l li vòlè yon bèf.

alleged *adj.* prezime *He's the alleged criminal.* Otè prezime krim nan se li.

allegedly *adv.* swadizan

allegiance *n.* alejans •**change sides or allegiance** chanje po *These people change sides. Yesterday they were against the authorities; today they are praising them.* Moun sa yo chanje po, ayè yo te kont pouvwa a, jodi a y ap fè lwanj pou li. •**pledge allegiance** salye

allegory *n.* alegori

allergic *adj.* alèji *She's allergic to this drug.* Li alèji ak remèd sa a. *They are allergic to hard work.* Yo alèji ak travay di. •**be allergic to s.th.** pa zanmi ak *I'm allergic to soursop.* M pa zanmi ak kowosòl. •**allergic reaction** alèji, pikotman

allergy *n.* alèji, rim{chalè/sezon}

alleviate *v.tr.* aleje, soulaje *I took an aspirin to alleviate the pain.* M pran yon kafenòl pou soulaje doulè a. *He took the water bucket from his little sister to alleviate the load.* Li pran nan men ti sè li pou aleje chay la.

alleviation *n.* alejman, soulajman

alley *n.* kòridò •**back alley** koridò •**be up one's alley** [*be one's personal strength*] branch *It's right up your alley.* Se branch pa ou, se sa ou renmen. •**blind alley** kildesak •**narrow alley** koridò

alliance *n.* alyans, blòk, linyon *The two parties form an alliance.* De pati yo fè yon alyans. *The political parties formed an alliance.* Pati politik yo fè yon blòk. •**form an alliance** soude *All the opposition parties formed an alliance so they would have a single candidate.* Tout pati nan opozisyon an soude pou gen yon sèl kandida.

allied *adj.* alye *The allied countries.* Peyi alye yo.

alligator *n.* kayiman

allocate *v.tr.* akòde, depataje, repati *The mayor has allocated this space for a new jail.* Majistra a akòde zòn sa a pou fè yon nouvo prizon. *The national budget allocated the funds to the different Ministries.* Bidjè nasyonal la te repati lajan an nan pami ministè yo.

allophylus *n.* twafèy, twapawòl. •**allophylus tree** kafe jòn, kafe jòn/ti kafe

allot *v.tr.* depataje *They allot the land between several families.* Yo depataje tè a ant plizyè fanmi.

allotment *n.* repatisyon

allow *v.tr.* 1[*permit*] admèt, bay, kite, lalwa, lese, mèt, otorize, pèmèt *Will you allow me to go out tonight?* Èske w ap kite m sòti aswè a? *I didn't allow you to speak.* M pa ba ou lalwa pale. *The police don't allow anyone to walk armed in the street.* Lapolis pa otorize pèsonn sikile ak zam nan lari. *I won't allow any child to disrespect me.* M pa pèmèt okenn timoun manke m dega. *Are you allowed to drink in your church?* Ou mèt bwè nan legliz ou? 2[*provide (for)*] bay, lese *They allow us three weeks vacation every year.* Yo ban n twa semenn vakans chak ane. •**allow me** respè m{dwe ou/gen pou ou} *Allow me to point out that you did not follow the directions correctly.*

Ake respè me gen pou ou, se swiv ou pa swiv direktiv yo byen. •**not allow s.o. to go out** prizonye *The man didn't allow his child to go out.* Nèg la prizonye pitit li. •**not to allow s.o. free rein** mentni *I'll not allow him free rein when he's in my house!* M ap mentni l kòrèkteman lè li lakay mwen!

allowance *n.* 1[*monetary sum*] pansyon, rant, sekou *He gives his mother an allowance every month.* Li bay manman ni yon pansyon chak mwa. 2[*concession*] fo pa bliye, sitirans *You have to make allowances for his youth.* Fo pa bliye se jennjan li ye. *I won't make an allowance for you to disrespect me!* M pa p fè ou sitirans pou ou manke m dega! 3[*pocket money*] tchotcho, ti grapday *My father gives me an allowance to spend as I like.* Papa m ban m yon ti tchotcho pou depanse jan m vle. •**government allowance** prestasyon *They manage to get by, thanks to the allowance the government gives them each month.* Yo rive kenbe gras a prestasyon leta ba yo chak mwa a.

alloy *n.* alyaj

all-powerful *adj.* {pè pap/pèpap} *He thinks he's all-powerful.* Misye konprann se yon pè pap li ye. •**be all-powerful** fè e defè, fè lapli{e lebotan/ak botan} *Those people do whatever they want in the city because they are all-powerful.* Moun sa yo fè e defè nan vil la paske yo sou pouvwa yo.

all-purpose *adj.* tout izaj *all-purpose flour* farin tout izaj

allspice *n.* bwa zamou, gwo pwav, malagèt

all-time *adj.* de tout tan *He's the all-time leading scorer.* Se pi gwo bitè de tout tan.

allure[1] *n.* atirans, cham

allure[2] *v.tr.* andyoze, atire, sedui *With her good looks, she can allure any guy she wants.* Jan li bèl konsa, li ka andyoze kenenpòt nèg li vle.

alluring *adj.* atiran, twoublan *The light is alluring; it makes you feel like looking at it all the time.* Limyè a atiran, li fè ou anvi gade l toutan. *The girl's walk is alluring.* Mach fi a twoublan.

allusion *n.* alizyon *He made an allusion to a renowned author in his speech.* Li fè alizyon a yon gran otè nan diskou li. •**make (negative) allusions** tire pwent *He was making some nasty allusions in an effort to discredit his opponent.* Li t ap tire pwent nan jèfò pou diskredite advèse li.

alluvial *adj.* alivyal

alluvium *n.* alivyon

ally[1] *n.* alye

ally[2] **I** *v.tr.* fè{alyans/kan} *Don't ally yourself with secular people.* Pa fè alyans ak lemonn. *They allied themselves with the neighbor against me.* Yo fè kan ak vwazen an kont mwen. **II** *v.refl.* alye li *If small countries ally themselves they would have more power.* Si ti peyi yo alye yo, y ap gen plis fòs.

Almighty God *prop.n.* Bondye Toupisan, Papa Bondye

almond *n.* zanmann •**almond extract** esans{nwa/noyo}

almost *adv.* **1**[*approximately*] pratikman, prèske, kouri sou, vanse *We played dominoes for almost an hour.* Nou fè prèske inèdtan ap jwe domino. *It's been almost three months that I haven't gotten paid.* M ap kouri sou twa mwa m pankò touche. *She goes out almost every weekend.* Se pratikman chak wikenn li sòti. *It's almost noon.* Li vanse midi. **2**[*nearly*] bata, prèt, san{jou/lè}, timoso, manke, pre, twaka *This cock almost killed the other one.* Kòk sa a te bata touye lòt la. *She almost broke up with her boyfriend.* Li san jou kite nèg li a. *She's almost done.* Li san lè fini. *I almost fell on the stairs.* Timoso m tonbe nan eskalye a. *He was so seriously ill he almost died.* Li twaka mouri tank li malad grav. *You have almost arrived; don't quit the race now.* Ou pre rive, pa abandone kous la. *The movie is almost over.* Fim lan prèt pou fini. *He was almost drunk.* Li manke sou.

alms *n.pl.* lacharit, charite

aloe *n.* [*plant*] lalwa

aloft *adj.* anlè

alone[1] *adj.* anpè, izole, kon yon grenn senk, pou{kò/ kont}li, (tou) sèl *They abandoned us alone in the street.* Yo lage n kon grenn senk nan lari a. *I'm alone at home.* M sèl lakay mwen. *Why are you standing alone in a corner?* Apa ou rete sèl ou nan yon kwen? *The child is walking alone in the street.* Ti pitit la ap mache tou sèl nan lari a. *I'm all alone in this world.* M pou kont mwen sou tè a. •**go it alone** fè kavalye pòlka *He went it alone; he settled the business by himself.* Misye fè kavalye pòlka, l ap regle zafè a pou kont li.

alone[2] *adv.* **1**[*by oneself*] pou{kò/kont}li, li sèl li sèl li *He was afraid to go in the house alone.* Li te pè antre nan kay la pou kont li. *I work best when I work alone.* M travay pi byen lè m travay mwen sèl mwen. *No one helped her; she found the solution alone.* Kenn moun pa ede l, li jwenn solisyon an pou kò l. *She's sitting outside alone.* Li chita deyò a pou kont li. **2**[*only*] menm{sèl/sèlman} *He alone was able to overthrow the dictator.* Se li menm sèl ki te ka met diktatè a atè.

along[1] *adv.* fè wout li *We were riding along on our bikes when we heard a noise.* Nou t ap fè wout nou sou bisiklèt lè n tande yon bri. *Bring your friend along.* Mennen zanmi ou, wi. •**along with** ansanm avèk *She's going along with me.* Li prale ansanm avèk mwen. •**get along a**[*be friendly with*] antann li, bouboul, boule, {debouye/demele}li, fè li ak, kenbe *We should get along well.* Nou dwe antann nou. *We're getting along with life.* N ap bouboul ak lavi a. *Even though life is hard, they're getting along.* Malgre lavi a di, y ap boule. *She and I get along pretty well.* Mwen ak li nou demele nou ase byen. *I'm not a native of Cape Haitian but I get along with those people.* Mwen pa moun Okap men m fè m ak moun yo. *How are you? —I'm getting along.* Ki jan ou ye? —M ap kenbe. **b**[*manage*] degaje li *We'll get along somehow.* N ap degaje n yon jan kanmenm. **c**[*response to "How are you getting along?"*] ap{debat/kene} *What's up? —We are getting along.* Ban m nouvèl ou? —N ap debat. •**get along all right** [*in some situation*] gazouye li *She's getting along all right with this small job.* L ap gazouye l nan ti travay la. •**get along very well** separe lajantri *Those people get along very well.* Misye dam sa yo ap separe lajantri. •**get along with** boule byen ak, fè li ak, pa siye ak yon moun *He gets along with people.* Li boule byen ak moun. *She and her brother don't get along.* Li menm ak frè l la, yo pa siye. •**go along** [*agree*] dakò *She's really beautiful! —I'll go along with that.* Li bèl anpil! —M dakò. •**ride along** fè wout li *We were riding along on our bikes when we heard a noise.* Nou t ap fè wout nou sou bisiklèt lè n tande yon bri.

along² *prep.* (sou) bò, •**all along** toutolon *All along the road, he came across sellers.* Toutolon wout la, li kwaze machann. *We walked along the shore.* Nou mache bò lanmè a.

alongside¹ *adv.* bò kot(e), toulongsay *He parked alongside.* Li pakin bò kote.

alongside² *prep.* akote, bò, bò kot, prè, touprè, toulongsay *I worked alongside that man for years.* M konn travay akote nèg sa la pou dèzane. *She parked her car alongside the blue one.* Li pakin toulongsay machin ble a.

aloof *adj.* 1[*standoffish*] aleka, apa *She always stays aloof in a corner.* Li toujou ret aleka nan yon kwen. 2[*indifferent*] delika, endiferan, meprizan *He's afraid to talk to the young girl because she's aloof.* Li pè abòde manmzèl poutèt li twò delika. *He's an aloof person; he always likes to stay in his own corner.* Li yon moun endiferan, li toujou renmen ret nan yon kwen pou kont li. •**remain/stay aloof** fè kako *You needn't stay aloof. Be relaxed with people.* Ou p ap vin fè kako la non, mete ou alèz.

aloud *adv.* a viv vwa, awotvwa, fò *They read this page aloud.* Yo li paj sa a viv vwa. •**think aloud** tou wo *He's always thinking aloud.* Li toujou ap reflechi tou wo konsa.

alphabet *n.* abese, alfabèt

alphabetical *adj.* abese, alfabetik *The names are classified in alphabetical order.* Non yo klase pa òd alfabetik.

already *adv.* deja, gen tan *When I arrived, she'd already left. I didn't see her.* Lè m te rive, li te gen tan ale, m pa te wè l. *I'm not very hungry; I've already eaten.* M pa grangou anpil, m manje deja. *The errand boy arrived already.* Komisyonnè a rive deja.

also *adv.* osi, tou *I also have a brother.* M gen yon frè tou. *I am also the head of this company.* M se direktè konpayi sa a osi. •**and also** antwòt, epi, epitou, ositou *It's Jack and also John who came.* Se Jak epi Jan ki vini. *The girl told me that she didn't like me, and also that she will marry another man.* Fi a deklare m li pa renmen m, epitou l pral marye ak yon lòt gason. •**but also** men tou *He's messy, but also he's uncouth.* Li dezòdonnen se vre, men tou li malelve. •**not only...but also** an plis *Not only hasn't he refunded me my money, but he*

also treated me in an unfriendly manner. An plis li pa renmèt mwen lajan m, li make m lènmi.

altar *n.* lotèl, otèl, tab Bondye •**altar railing** balis •**small private altar** ogatwa •**small Vodou altar** nich •**Vodou altar** pe, pewon •**wayside altar** [*Catholic*] repozwa

altar boy *n.* anfannkè

alter *v.tr.* 1[*clothing, dress*] akomode, sentre *The dressmaker has to alter the dress.* Koutiryèz la gen pou l akomode wòb la. *Alter the sleeve of the blouse.* Sentre manch kòsaj la. 2[*change, modify*] chanje, modifye, ranje, refè *We don't have to alter our plans just because your mother is coming over.* Nou pa bezwen chanje plan nou sèlman paske manman ou ap vini

alteration *n.* reparasyon

altercation *n.* altèkasyon, diskisyon

alternate¹ *adj.* altènatif

alternate² *n.* ranplasan, sibstiti

alternate³ **I** *v. tr.* altène, chanje *We alternate corn and millet.* Nou altène mayi ak pitimi. **II** *v.intr.* vini apre lòt *Today sun and rain alternated.* Jodi a solèy ak lapli vini youn apre lòt.

alternately *adv.* altènativman

alternating *adj.* altènatif •**alternating current** kouran altènatif

alternative *n.* altènativ, chwa *What are the alternatives? Ki lòt chwa ki genyen?* •**there's no alternative** nanpwen demi mezi *There's no alternative at all. Fire all the people who can't do the work.* Nanpwen demi mezi non, se revoke tout moun ki pa ka fè travay la.

alternator *n.* [*mach..*] altènatè

although *conj.* atout, byenke, kwak, malgre, swadizan, tou, toutpandan *Although he's sick, he came anyway.* Atout li malad, li vin kanmenm. *Although she is rich, she is still working.* Kwak li rich, l ap travay toujou. *Although her father is sick, she's going to a party at Carnival.* Malgre papa l malad, l al pran plezi nan kanaval. *Although he's rich, he drives an old jalopy.* Swadizan li rich, l ap woule yon bogota.

altitude *n.* altitid

alto *n.* [*music*] alto

altogether *adv.* (ansanm) ansanm, ototal, sèk, tou *Altogether we are very strong.* Ansanm

ansanm nou se lavalas. *We spend a thousand gourdes per month altogether.* Nou depanse mil goud pa mwa ototal. *About getting home late; stop doing that altogether.* Kesyon antre ta a; koupe m sa sèk.

altruistic *adj.* benevòl

alum *n.* alen

aluminum *n.* aliminyòm •**aluminum foil** papye aliminyòm

always *adv.* toujou, tout tan *I will always remember you.* M ap toujou chonje ou. *This won't always be here.* Sa pa la pou tout tan. *I always enjoy talking to her.* M toujou renmen pale avè l. *He's always asking for money.* Li toujou ap mande lajan. *He's always late to school.* Li an reta lekòl tout an

a.m. *adv.* dimaten, nan maten

amaretto *n.* lòja

amass *v.tr.* mase *He spent a lifetime amassing riches.* Li pase tout yon vi ap mase richès.

amateur[1] *adj.* anmatè *He is an amateur photographer.* Se yon anmatè nan fotografi li ye.

amateur[2] *n.* [*unpaid*] anmatè

amaze *v.tr.* etonnen, pete je yon moun *The president's speech didn't amaze me much.* Diskou prezidan an pa pete je mwen.

amazed *adj.* men nan bouch, sezi *All the people were amazed by this miracle.* Tout moun se men nan bouch devan gwo mèvèy sa.

amazement *n.* sezisman tèt kabann

amazing *adj.* etonan *The news is amazing. I wasn't expecting that.* Nouvèl la etonan, m pa t tann sa.

ambassador *n.* anbasadè •**roving ambassador** anbasadè itineran

ambassadorship *n.* anbasad

ambassadress *n.* anbasadris

amber[1] *adj.* [*color*] anbre, jòn abriko

amber[2] *n.* anb

ambiance *n.* anbyans *This ambiance is too dull.* Anbyans sa a twò raz.

ambiguity *n.* gògmagòg, manje melanj, rans *There were many ambiguities in his statement.* Sa li di a se yon pakèt manje melanj.

ambiguous *adj.* gògmagòg, manje melanj, pa klè *The question is ambiguous.* Kesyon an pa klè.

ambition *n.* anbisyon, pretansyon *He was driven to do it by ambition.* Se anbisyon k fè

l fè sa. *She has the ambition to become rich.* Li gen pretansyon vin rich. •**oversized ambition** gwo lide

ambitious *adj.* anbisye, odasye, gen gwo{je/lide} *Janet is very ambitious; she wants to become a doctor.* Janèt anbisye anpil; li vle vin dòktè. *If you aren't ambitious, you won't succeed in life.* Si ou pa odasye, ou p ap reyisi nan lavi. *He's very ambitious, but he has no follow through.* Li gen gwo lide, men li pa janm pouswiv yo. •**be overly ambitious** gen{lanbi/gwo venn} *He's overly ambitious so he wants everything for himself.* Li si tèlman gen gwo venn, li vle tout bagay pou li. *He's overly ambitious, which can lead him to theft.* Msye gen lanbi, sa ka fè l vòlè.

ambivalence *n.* fòskote

ambulance *n.* anbilans •**ambulance driver** anbilansye

ambush[1] *n.* anbiskad, djètapan, pèlen, sènay *They laid an ambush for him.* Yo tann pèlen pou li. *They're waiting in ambush for the rebel leader.* Yo kanpe anbiskad ap tann chèf fòs rebèl yo. *They caught him in an ambush.* Yo pran msye nan yon sènay. *They set an ambush for Dessalines.* Yo pran Desalin nan yon djètapan.

ambush[2] *v.tr.* biske *They ambushed Dessalines at Pont-Rouge in 1806.* Yo biske Desalin sou Pon Wouj an 1806.

amen *interj.* 1[*Vodou*] ayibobo, bilobilo! 2[*religious*] amèn, ensiswatil

amend *v.tr.* amande *They amended some articles in the constitution.* Yo amande kèk atik nan Manmanlwa peyi a.

amendment *n.* amannman

amends *n.pl.* •**make amends** rachte dèyè li, repare *Go excuse yourself to the boss to make amends.* Al mande patwon an padon pou ou ka rachte dèyè ou. *She bought me a gift to make amends for all the bad things she did to me.* Li achte yon kado ban mwen pou l ka repare mal li te fè m yo.

amenorrhea *n.* pèdisyon •**trigger amenorrhea** siprime règ *The shock from the death suppressed her period right then and there.* Sezisman lanmò an siprime règ li menm kote a.

America *prop.n.* Lamerik (Amerik) •**Central America** Lamerik Santral •**Latin America**

Lamerik Latin •**North America** Lamerik Dinò •**South America** Lamerik Disid •**United States of America** Etazini Damerik

American[1] *adj.* ameriken, meriken *During the time of the American Occupation.* Sou tan blan meriken yo. •**American black-bellied plover** plivye kot nwa •**American chicken** poul blanch •**American coot** poul dlo jidèl •**American golden plover** plivye{dore/savann} •**American muskwood** bwa wouj •**American pigeon** kanna zèl blan

American[2] *prop.n.* Ameriken, Amerikèn [*fem.*], Meriken, Merikèn [*fem.*]

Americanize *v.tr.* amerikanize, merikanize (a)merikanize *They want to Americanize our country.* Yo vle amerikanize peyi nou an.

Americanized *adj.* amerikanize, merikanize (a)merikanize *After a few years in the U.S., they become Americanized.* Apre kèk ane yo fè Etazini, yo vin amerikanize.

amethyst *n.* ametis

amiable *adj.* afab, emab *She's so nice to everyone. She's very amiable.* Li gen sitèlman bon kè. Li emab anpil.

amiably *adv.* amikalman *They behave amiably with us.* Yo konpòte yo amikalman ak nou.

amicable *adj.* amikal, emab, afab •**amicable settlement** antant kòdyal

amicably *adv.* an dous *They solved the problem amicably.* Yo rezoud pwoblèm yo an dous.

amid *prep.* nan pami, pami *Their boy got lost amid the crowd at Carnival.* Ti gason yo te egare nan pami foul la lè Kanaval.

amidst *prep.* nan pami, pami (nan) pami

amino *adj.* •**amino acid** asid amine

ammonia *n.* gaz amonyak •**liquid ammonia** kanpelwen

ammoniac *adj.* amonyak

ammonium chloride *n.* sèl amonyak

ammunition *n.* bal, minisyon

amnesia *n.* anmnezi

amnesty *n.* anmnisti

amniotic fluid *n.* lezo **amniotic** *adj.* •**amniotic fluid** lezo

amoeba *n.* amib, ameba

amoebic *adj.* amib •**amoebic dysentery** move dyare, dyare danje

amok *n.* •**run amok** taye{banda/bobis}

among *prep.* ant ladan, nan, nan mitan, pami, sou *Among these groups there are all kinds*

of leanings. Ladan gwoup sa yo, gen tout tandans. *Whom did you choose among those people?* Kilès ou chwazi pami moun sa yo?

amortization *n.* amòtisman

amount[1] *n.* (bon) valè, fòs, kantite, montan *They gave us a large amount of food.* Yo ban n yon bon valè manje. *Each person received the same amount of money.* Tout moun jwenn menm montan kòb. *The amount of money I've spent on this house has reached a hundred thousand.* Fòs lajan m depanse nan kay sa a rive san mil dola. *A good amount of money.* Bon kantite lajan. •**a certain amount** tan *I gave her a certain amount for the house.* M ba l tan pou kay la. •**an appreciable amount of time** bon tan •**correct amount** [*for weighed goods*] nan bon ti mezi *That vendor sells you the correct amount of rice.* Machann sa vann ou diri a nan bon ti mezi. •**large amount** bon{kou/valè}, kalite *That girl has a large amount of hair!* Gade kalite cheve sou ti fi a! •**quite an amount** se pa de (twa) se pa de (twa *He has quite an amount of junk.* Se pa de bèl fatra li genyen. •**small amount** [*pinch*] pense *He puts a small amount of sugar in his coffee.* Li mete yon ti pense sik nan kafe li. *She gives me a small amount of money each time she gets paid.* Li ban m yon ti po patat chak fwa l touche. •**small amount of money** kraze, ti (kraze) monnen *Give me a small amount of your money; I'm broke.* Ban m yon kraze sou ou la non, m razè. *I work hard, but for only a small amount of money.* M ap travay di pou yon ti monnen. •**tiny amount** yon zagòt, yota *He gave me a tiny amount of what he was eating.* Li ban m yon zagòt nan sa l ap manje a

amount[2] *v.tr.* egale, moute a, vini a *Your total bill amounts to well over two thousand dollars.* Bòdwo ou moute a plis pase de mil dola. *Your objections don't amount to much.* Sa ou di a pa egale anpil.

amphetamine *n.* anfetamin

amphibian *n./adj.* anfibi

amphibious *adj.* anfibi

amphitheater *n.* arèn

ampicillin *n.* anpisilin

ample *adj.* **1**[*(more than) enough*] ase, kont, piyay, sifizan *There's ample room here.* Gen ase plas la a. *We had ample opportunity.* Nou te gen kont okazyon. *There is ample food for everyone.* Manje a piyay. **2**[*dress, pants, etc.*] anvlòp *an ample skirt* yon jip anvlòp

amplifier *n.* anplifikatè

amplify *v.tr.* anplifye *This device amplifies the volume of the instrument.* Aparèy la vin anplifye son enstriman an.

ampoule *n.* [*med.*] anpoul

amputate *v.tr.* anpite, koupe *They amputated her foot because of diabetes.* Yo koupe pye l poutèt maladi sik la.

amputation *n.* anpitasyon

amulet *n.* djoudjou, pwotèj, pwoteksyon, wanga •**harmful magic Vodou amulet** pwazon •**protective amulet** gad *He's going to the houngan's house to buy a protective amulet.* Li pral kay ougan pou achte yon gad.

amuse *v.tr.* distrè (li), divèti *The children were amused by all of the toys.* Timoun yo te distrè yo avèk tout jwèt yo. •**amuse o.s.** {amize/desipe/dezannouye/distrè/ divèti}li *I have a little harmonica to amuse myself with.* M gen yon ti amonika pou m amize m. *He's going to amuse himself by playing dominoes.* Li pral dezannouye l nan jwèt domino a. *She's going to amuse herself at a small dance.* Li pral distrè l nan yon ti bal. •**amuse with** amize

amusement *n.* amizman, detant, distraksyon, plezi

amusing *adj.* amizan *His jokes are amusing.* Blag li yo amizan.

an *det.* yon, yonn, youn

anal *adj.* •**anal fin** [*of a fish*] zèl anbavant, peny anba vant •**anal groove** fant dèyè, grij, kannal dèyè

analgesic *n.* grenn doulè

analogy *n.* analoji, repondong

analysis *n.* analiz, rale mennen vini •**detailed analysis** analiz detaye •**in the final analysis** alafen, anfennkont, obout, pou fini *In the final analysis, what did you decide to do?* Obout, ki sa ou deside fè?

analyst *n.* analis

analyze *v.tr.* **1**[*assess a situation before acting*] pran yon pèz *You'd better analyze the situation before you take action.* Pran yon pèz pito anvan ou pase an aksyon. **2**[*gram.*] analize *To analyze a sentence.* Analize yon fraz. **3**[*evaluate scientifically*] analize,

obsève *They analyzed the water to see if it is drinkable.* Yo analize dlo a pou wè si l potab. *It's a problem we have to analyze.* Se yon pwoblèm pou n analize.

anarchist *n.* annachis

anarchy *n.* **1**[*disorganization*] pagay *The atmosphere of that office is one of complete anarchy.* Anndan biwo sa, se yon veritab pagay. **2**[*lack of order*] dezòd, lanachi, lese grennen *There's too much anarchy in the country.* Twòp lese grennen nan peyi a.

anathema *n.* madichon

anatomy *n.* anatomi, kò moun

ancestor *n.* ayèl, bizawèl, granmoun lontan, zansèt *My ancestors came from Africa.* Zansèt mwen soti nan Afrik. *There are a lot of famous people among my ancestors.* Chaje gran tèt nan ayèl m. *Our ancestors gave meaning to their lives.* Granmoun lontan yo te bay lavi tout sans li. •**African ancestors** mò Ginen •**distant ancestors** tatawèl •**spirit ancestor** [*Vodou*] lwa nan kannari

ancestral *adj.* •**ancestral homeland** [*West Africa*] (nan) Gine(n) •**ancestral land** bitasyon

ancestry *n.* ras *I'm a descendant of Pierre Nord Alexis.* Mwen se ras Pyè Nò Aleksi. •**of pure (black) ancestry** [*Haitian*] otantik *My grandfather was of pure Congolese ancestry.* Gran papa m se te yon nèg kongo otantik.

anchor[1] *n.* lank •**drop anchor** jete lank *The ship is going to drop anchor.* Batiman an pral jete lank. •**weigh anchor** derape *The boat is going to weigh anchor.* Batiman an pral derape.

anchor[2] *v.tr.* **1**[*naut.*] jete lank, mouye *The boat is anchored in the harbor.* Bato a mouye nan pò a. **2**[*broadcast host, etc.*] anime *It is always the same announcer who anchors this program.* Se toujou menm animatè a ki anime pwogram sa a. **3**[*tie down*] mare *Make sure you anchor the tent well before you climb inside.* Se pou ou byen mare tant lan anvan ou grenpe andan.

anchorage *n.* mouyaj, rad

anchored *adj.* •[*person*] marye ak *This woman is anchored in her faith.* Dam sa a marye ak lafwa.

anchoring *n.* mouyaj

anchovy *n.* janchwa

ancient *adj.* ansyen, gen zan, (ti) granmoun, darati (kòn siye), lontan, vye [*often pejorative*] *This dress is ancient.* Wòb sa granmoun. *That lady is ancient! She's well past a hundred!* Ti granmoun sila a darati kòn siye! Li pase santan lontan!

ancillary *adj.* oksilyè

and *conj.* a, ak, avèk, e, epi, ni…ni, plis *They chose me and him.* Yo chwazi mwen a misye. *He and I have been friends for a long time.* Mwen ak li nou zanmi lontan. *Today I saw Mary and Ti Pyè.* Jodi a m te wè Mari avèk Ti Pyè. *Hearing and seeing are two different things.* Tande ak wè se de. *She's beautiful and she's easygoing.* Li bèl e li gen bon jan. *He washed his hands and then he wiped them.* Li lave men li yo epi li siye yo. *It's Jack and John who came.* Se Jak epi Jan ki vini. *He lost both his father and his mother.* Li pèdi ni papa l ni manman l. *Two and two is four.* De plis de egal kat. •**and so** sekifè •**and so forth** elatriye, eksetera •**and so on and so forth** epatati epatata, kesedjo {kesekwann/kosekwèt}

andropogon *n.* [*grass; reed*] zèb panach

anecdote *n.* anekdòt, istwa

anemia *n.* anemi

anemic *adj.* fè{anemi/feblès}, san yon moun tounen dlo *She's anemic.* Li fè anemi. *The results of the tests show that she's anemic.* Rezilta egzamen yo montre li fè feblès. *The doctor said she's anemic.* Dòk la di tout san l tounen dlo. •**become anemic** anemye *She became anemic because she's not fed well.* Li anemye akòz li pa byen nouri.

anesthesia *n.* anestezi

anesthetist *n.* anestezis

anesthetize *v.tr.* 1[*fig.*] andòmi *The professor was so boring; he anesthetized the class.* Pwofesè a te sitèlman anniyan li andòmi tout klas la. 2[*surgery*] bay yon moun anestezi *They anesthetized her before surgery.* Yo bay li anestezi anvan operasyon an.

aneurysm *n.* anevris, venn ak twòp san

anew *adv.* anouvo *He wrote the story anew.* Li ekri istwa a anouvo.

angel *n.* 1[*religious spirit*] zanj, espri *She was praying and she saw an angel.* Li t ap lapriyè epi li wè yon espri. 2[*beautiful person*] chelèn, ti zanj *She's gorgeous! What an angel!*

Manmzèl bèl pase lakansyèl. Se yon chelèn li ye. 3[*kind person*] bon moun, ti zanj *Her grandson is always so helpful. He's a little angel!* Pitit pitit li gen bon kè. Se ti zanj li ye! •**guardian angel** ti bonnanj, {zanj/lanj}gadyen •**my guardian angel** Vodou an mwen

angelfish *n.* magrit

angelic(al) *adj.* anjelik •**angelic looking person** anfannkè

angelica *n.* [*herb*] kal nwa

angelus *n.* lanjelis

anger[1] *n.* kòlè, move san, ògèy *His anger showed.* Kòlè l moute l. *Anger made him talk that way.* Se move san k fè l pale konsa. •**be beside o.s. with anger** fache pou li{pa chape/mouri} *He's beside himself with anger because they called him a jerk.* Li fache pou li pa chape la poutèt yo di l makak. •**be speechless with anger** san pou moun manje li •**false anger** kòlè drapo •**fit of anger** mande wè mo •**give way to anger** koute kòlè li •**prone to anger** kolerik *You're too prone to anger; you need to control yourself.* Ou twò kolerik, se pou aprann metrize ou. •**restrained anger** kòlè anndan •**show anger at** mare karaktè li sou •**violent anger** kout san

anger[2] *v.tr.* chaje yon moun pou, fè yon moun fache *He angered his mother by not listening to her advice.* Li fè manman ni fache lè li pa koute konsèy li.

angle *n.* 1[*approach*] jan, pwendvi *Try to look at it from a different angle.* Eseye gade sa yon lòt jan. 2[*of street*] ang, kwen •**acute angle** ang egi •**obtuse angle** ang obti •**right angle** ang dwa

Anglican[1] *adj.* anglikan

Anglican[2] *prop.n.* anglikan

angry *adj.* an{chime/kòlè}, eksite, fache, karabinen, mòksis, move(kou kong), ostre, san yon moun wo, wobis *She's angry over what you said.* Li fache poutèt sa ou di a. *Since last year that girl has been angry with me.* Fi a an kòlè avèk mwen depi lane pase. *He's angry because they didn't show her respect.* Li move poutèt yo manke l dega. *She's angry because they didn't show her respect.* Li ostre poutèt yo manke l dega. *That's the first time I've seen her so angry.* Se prenmye fwa m wè l ap karabinen konsa. *Don't bother him;*

he's in an angry mood. Pa deranje li konsa msye a mòksis. *The people are angry with the new government.* Pèp la an chimè kont nouvo gouvènman an. *Whenever you see her angry like that, don't get near her.* Depi ou wè l wobis konsa, pa abòde l. *He's angry; don't annoy him so you don't get into an argument with him.* San li wo, pa anmède l pou n pa fè kont •**be very angry** moute *I'm so angry I could just beat you to death!* M moute m, m te ka bat ou a mò! •**become/get angry** chanje koulè, fè{gwo/kòlè/move} san, kè yon moun anfle, lonje figi li, move, ògèy, pran chenn, san yon moun tounen dlo *He became angry when they swore at him.* Msye chanje koulè lè yo joure l la. *Don't get angry at me!* Pa vin fè kòlè sou mwen! *She got very angry when she discovered that her son was a gangbanger.* Li fè gwo san lè li dekouvri ke pitit gason li an se te yon zenglendo. *When he gets angry, he says whatever comes out of his mouth.* Depi ògèy li monte l, l ap di ou nenpòt mo k soti nan bouch li. *My father got angry because I didn't listen to him.* Kè papa m vin anfle poutèt m pa koute l. *He got angry because of the money that his wife lost.* Misye fin pran chenn poutèt lajan an madanm li pèdi a. •**get angry easily** gen san{cho/wo} *You get angry too easily; they didn't say anything to get angry over.* Ou gen san cho twòp, yo pa di ou anyen la pou fache. •**get angry momentarily** {fè/pike} kòlè *She was momentarily angry because I stepped on her toe.* Li pike kòlè poutèt m te pile pye li. •**make s.o. angry** chavire bonèt yon moun, fè bouch yon moun long *Don't make them angry.* Pa chavire bonèt yo. *Don't make me angry because I have to keep telling you over and over to wash your face.* Pa fè bouch mwen long nan di ou lave figi ou.

anguish *n.* an detrès *The children are in anguish because of their father's death.* Timoun yo an detrès akòz lanmò papa yo. •**with extreme anguish or suffering** vant yon moun mare disèt ne *After the death of her child she cried with extreme anguish.* Apre lanmò pitit li, vant li mare disèt ne, l ap rele.

angular *adj.* **1**[*bent*] kwochi, tòde **2**[*rawboned*] bounda kòde, zoban

ani *n.* [*bird*] boustabak

aniline *n.* •**aniline powder** [*used to make ink*] alilin, anilin

animal *n.* **1**[*wild or domestic*] bèt, zannimo **2**[*crude person*] bèt, bourik, zannimo *The man is an animal.* Nèg la se bourik li ye. •**animal husbandry** gadinaj •**carnivorous animals** zannimo kanivò •**cold-blooded animal** bèt san frèt •**domestic animal** bèt kay •**game animal** jibye **nocturnal animal** bèt seren •**pair of animals of each sex** mennaj •**sacrificial animal** [*Vodou*] sousoupannan •**sickly animal** malzòrèy •**small skinny animal** bazoudi, mazoudi •**warm-blooded animal** bèt san cho •**wild animal** bèt{bwa/raje/sovaj} •**wild** •**young of animal** ti (ti chen = puppy)

animate *v.tr.* anime, mete dife *All the different activities animated the party.* Tout divès aktivite yo te anime fèt la.

animated *adj.* [*active*] an brenzeng, bese leve, chofe, vif, vivan *The classroom was very animated.* Klas la te chofe serye. *What's up with her? She's all animated today.* Sa l genyen li an brenzeng konsa jodi a?.

animation *n.* aktivite, animasyon

anise *n.* anetwale, lanni •**anise seed** lanni •**star anise** [*spice*] anetwale

ankle *n.* {boulèt/je/jwenti/kakòn}pye, chevi, zo kakòn

annatto *n.* woukou

annex *n.* anèks, estasyon

annihilate *v.tr.* aneyanti *They annihilated the city.* Yo aneyanti vil la.

anniversary *n.* anivèsè, fèt •**fiftieth wedding anniversary** nòs dò •**golden wedding anniversary** nòs dò

announce *v.tr.* anonse, fè{konnen/piblikasyon}, fenk di, pibliye *They announced that a hurricane is coming.* Yo anonse siklòn. *They just announced that our plane is late.* Yo fenk di avyon an gen reta. *They announced the new laws.* Yo fè piblikasyon nouvo lwa yo. •**announce loudly** klewonnen, twonpete *The father announced loudly the birth of his son.* Papa a klewonnen nesans ti gason li a.

announcement *n.* anons •**official announcement** avi, kominike

announcer *n.* animatè, animatris [*fem.*], anonsè, espikè •**radio/television announcer** espikè

annoy *v.tr.* agase, anbarase, anbete, anmè(g) de, annwiye, bay yon moun{boulvès/chalè/kristè}, chipote, fawouche, fè{bouch yon moun long/yon moun pase pay}, irite, kikinan, tiraye, tizonnen, toumante *His jokes annoy me.* Plezantri li yo agase m. *If you're coming to annoy me, it's not going to be good for you.* Si ou vin anbete m, li p ap bon pou ou. *The students are annoying the teacher; they're calling him a bonehead.* Elèv yo ap bay mèt la chalè, y ap rele l tèt zo. *Don't annoy me!* Pa chipote m! *Stop annoying me with your disobedience.* Ase fè bouch mwen long. *Mosquitoes don't stop annoying me.* Mayengwen pa sispann kikinan m. *That pest likes to annoy people.* Pès sa a renmen toumante moun. •**annoy s.o. by teasing him** bay yon moun chalè *They're annoying that kid to tears.* Y ap sitèlman bay ti msye a chalè y ap fè li kriye. •**really annoy s.o.** fè yon moun valse *Leave me alone! You're really annoying me!* Demaske ou sou mwen! Ou ap fè mwen valse!

annoyance *n.* anmèdman, deplezi, pas, pasay

annoyed *adj.* an brenzeng, annwiye, fache *I get so annoyed at my kids.* Timoun yo fè m fache serye. *The boss is annoyed because the job is badly done.* Patwon an an brenzeng poutèt travay la mal fèt. *I am annoyed because I did not find the money.* M annwiye la a poutèt lajan an m pa jwenn nan. •**act annoyed toward** mare karaktè li sou *He acted annoyed toward his employees to show that he was displeased with them.* Misye mare karaktè li sou anplwaye yo pou l montre yo li move ak yo. •**easily annoyed** bitò. *You're too easily annoyed!* Ou bitò twòp monchè!

annoying *adj.* akrekre, anbarasan, anbetan, anmè(g)dan, annwiyan, chanwan, kontraryan, nuizib, tèktèk *You've become annoying now; you were so polite before.* Ou vin akrekre kounye a, anvan ou te saj. *I am in an annoying situation.* Mwen nan yon sitiyasyon anbarasan. *Jako is such an annoying boy.* Jako se yon ti nonm ki anbetan. *This annoying person likes to make fun of people.* Nèg chanwan sa a renmen bat plezi sou moun. *What an annoying person you are!* Ala kot moun kontraryan se ou! •**annoying child** pyapya, ti{baka/pis/rapay} *This child is annoying. He doesn't stop bothering his little sister.* Pitit sa a se yon ti baka, li pa sispann anbete ti sè l la. •**annoying person** envensib, fawouchè, giyon, *Everyone's avoiding that annoying girl.* Tout moun ap kouri pou tifi pès sa a. •**be annoying** fè nuizib *Why are you so annoying?* Poukisa w ap fè nuizib la konsa?

annual *adj.* anyèl *What's your annual salary?* Ki salè anyèl ou?

annually *adj.* chak ane *It's held annually.* Yo fè l chak ane.

annuity *n.* rant

annul *v.tr.* 1[*judgment, order, etc.*] kase 2[*marriage*] annile •**annul an order** dekòmande

anointing *n.* onksyon

anomalous *adj.* anòmal *It's an anomalous situation.* Se yon sitiyasyon anòmal.

anomaly *n.* anòmali

anonymity *n.* anonima

anonymous *adj.* anonim *An anonymous letter.* Yon lèt anonim.

anopheles *n.* anofèl

anorexia *n.* [*nervosa*] maladi refize manje, anoreksi

anorexic *adj.* zo ak po, zoban, zòkò

another[1] *adj.* lòt *Give me another knife.* Ban m yon lòt kouto. *I'll come back another time.* M a tounen yon lòt lè. •**one after another** kou sou kou, swit an swit, youn{aprè/dèyè}lòt *These people fell upon us one right after another.* Moun yo tonbe sou nou kou sou kou.

another[2] *pro.* yon lòt •**one another** youn...lòt *They gave one another presents.* Youn ba lòt kado. *Life is about people helping one another.* Lavi a se youn ede lòt.

answer[1] *n.* 1[*to a question, etc.*] repons 2[*to a problem*] solisyon •**biting** answer pawòl piman bouk *I gave her a biting answer.* M pran l ak yon pawòl piman bouk. •**have an answer for everything** lang yon moun pa nan pòch li *Ask Jean; he has an answer for everything.* Mande Jan, lang li pa nan pòch li. •**slip s.o. the answer** [*during an exam*] {bay/lonje}poul *The proctor caught him slipping the answer to his classmate.* Siveyan an bare l ap lonje poul la ba lòt la. •**wrong answer** poul touse *I gave her the wrong* answer *because she cheats too much.* M ba l yon poul touse paske li renmen kopye twòp.

answer[2] *v.tr.* pran, reponn *He never answers the telephone when it rings.* Telefòn lan mèt ap sonnen, li pa janm pran l. *Why don't you answer?* Poukisa ou pa reponn? •**answer back** bay yon moun monnen pyès li, replike *He was being impertinent; I answered him back.* Li t ap fè frekan, m ba li monnen pyès li. •**answer for** reskonsab pou *I'll have to answer for it if anything happens to this bike.* Si bisiklèt sa a gen nenpòt bagay, se mwen ki reskonsab. •**answer rudely** rape *Why do you answer me rudely?* Poukisa ou rape m konsa? •**answer sharply** tiraye *We didn't say anything bad to you for you to answer us sharply like that.* Nou pa di ou anyen ki mal la pou tiraye n konsa. •**answer s.o.'s call** reponn (l)apèl *He answered God's call.* Li reponn lapèl Bondye. •**answer to** [*report to*] (bay) kont *He answers to no one.* Li pa gen pyès moun ki pou mande l kont. •**answer with anger** reponn yon moun ak (a)grap *I spoke to him; he answered me with anger.* Mwen pale avè l, li reponn mwen ak grap. •**be unable to answer** lang yon moun plen bouch li *When I asked him about the money, he was unable to answer.* Lè m mande li koze kòb la, lang li plen bouch li. •**not answer s.o.** chita sou{lorye/wozèt}li *Despite my constantly calling her, she didn't answer me.* Tout rele m rele l, li chita sou wozèt li.

answering *n.* •**answering machine** repondè

ant *n.* foumi, fwonmi •**flying ant** bèt lapli, foumi zèl •**stinging ant** foumi pikan

antacid *n.* alkasèzè

antagonism *n.* rayisab

antagonize *v.tr.* kontrarye, leve kont *He antagonizes everyone with his bad temper.* Li kontrarye tout moun avèk move tanperaman li.

ante *v.tr.* •**ante up** kare lajan li *Before the game began, every player had to ante up the money on the table.* Anvan pati a konmanse, se pou chak jwè kare lajan yo sou tab la.

anteater *n.* foumilye, manjèdfoumi

antecedent *n.* antesedan

antelope *n.* antilòp

antenna *n.* antèn •**parabolic antenna** parabolik

anthem *n.* im, ochan

anthill *n.* nich foumi

anthology *n.* antoloji, liv popouri

anthrax *n.* {mal chabon}, {mal chabon/malchabon}, maladi chabon

anthropology *n.* antwopoloji

antiaircraft *adj.* anti ayeryen

antibiotic *adj.* antibyotik

antibiotics *n.pl.* antibyotik

antibody *n.* antikò

anticipate *v.tr.* antisipe, prevwa, ranje kò li *We don't anticipate any problems.* Nou pa prevwa ap gen pwoblèm. *I anticipated the attack; I struck first.* M te antisipe atak la, m frape anvan. *We anticipated the food shortage.* Nou ranje kò nou pou dizèt manje a.

anticipated *adj.* antisipe *This is an anticipated gesture.* Se yon jès antisipe.

anticipation *n.* atant, espwa

anticonstitutional *adj.* antikonstitisyonèl

antics *n.pl.* makakri, simagri

anti-depressant *adj.* •**anti-depressant pill** grenn lajwa •

antidote *n.* antidòt, antipwazon

antifreeze *n.* [*machine*] antijèl

Antillean[1] *adj.* antiyè •**Antillean black swift** zwazo lapli fran •**Antillean cloud swift** zwazo lapli kou blan •**Antillean gallinule** poul dlo tèt wouj •**Antillean grackle** mèl djab •**Antillean grebe** plonjon fran •**Antillean palm swift** jòljòl

Antillean[2] *prop.n.* antiyè

Antilles *prop.n.* Antiy{Zantiy/Lèzantiy/Dèzantiy}

anti-mosquito *adj.* •**anti-mosquito coil** plagatòks •**anti-mosquito net** moustikè

antiquated *adj.* •**be antiquated** pase mòd

antique *adj.* antik *They like antique furniture.* Yo renmen mèb antik.

antiquity *n.* lantikite

anti-Semitic *adj.* antisemit

anti-Semitism *n.* antisemitis

antiseptic *adj./n.* antiseptic, dezenfektan

antitheft *adj.* antivòl

antivenin *n.* antipwazon

anti-Vodou *adj.* •**anti-Vodou campaign** rejete *It's under the Lescot government that the anti-Vodou campaign started.* Se sou gouvènman Lesko, kanpay rejete a te koumanse.

antler *n.* bwa

ant-lion *n.* [*insect*] zèl dantèl jòn

antonym *n.* antonim

ant's wood [*bush*] *n.* bwa foumi

anus *n.* tchou [*pej.*], twou{bounda/dèyè/fès/fif}

anvil *n.* anklim •**two-beaked anvil** bigonn

anxiety *n.* enkyetid, enkyetman, kè{sou biskèt/kase/ mare/sere}, laperèz, sousi, tray *Many people have anxiety about how the political situation is developing.* Anpil moun gen enkyetid sou jan sitiyasyon politik la ap devlope. *The child has anxiety.* Pitit la gen kè sere. •**show signs of anxiety** an zing de enkyetid *Because he saw me talking with his girlfriend, he showed signs of anxiety.* Paske li wè m ap pale ak mennaj li, li an zing de enkyetid.

anxious *adj.* 1[*eager*] prese, pa ka ret tann, se pa dat *Why are you so anxious to leave?* Sa ou prese pou ou ale konsa? *Tell him to send me his answer soon; I'm very anxious to know.* Di l voye repons ban mwen byen vit; m pa ka ret tann. *We've been so anxious to meet you.* Se pa dat non n ap tann pou n fè konnesans ou. 2[*nervous from worry*] ann echap, domine li, enkyè, kè yon moun{ann echap/monte bwa/sote}, anlè pa (santi li) atè *You seem to be anxious about something.* Ou genlè gen yon bagay k ap domine ou. *She's really anxious because she heard gunshots.* Kè l ann echap la poutèt bwi bal la li tande a. *She's anxious about the smallest thing.* Kè li sote pou ti krik ti krak. *I was anxious after I got the news.* Lè m fin pran nouvèl la, m pa santi m anlè m pa santi m atè. •**be anxious** enkyete li •**be anxious to do s.th.** cho pou

any[1] *adj.* 1[*no matter which*] kèlkonk, kenenpòt, nenpòt, nenpòtkèl, tout *You can choose any shirt in the store.* Ou mèt chwazi nenpòt chemiz nan magazen an. *Any child could tell you that.* Yon timoun kèlkonk gendwa di ou sa. *You can stop by my house any time.* Ou ka pase kote m nenpòtkèl lè. *Any deputy can raise a question before parliament.* Tout depite ka mete kesyon an devan palman an. *Any paper will do.* Kenenpòt papye sifi. 2[*no, none*] ditou, menm *I don't have any friends.* M pa gen zanmi ditou. *I don't have any time right now.* M pa gen tan

menm konnye a. 3[*some*] kèk, kèlke *Do you have any bananas?* Ou gen kèk fig? •**if any** [*perhaps no/none*] si…kèk *They have little if any money left.* Si yo ret kèk kòb, yo pa ret anpil. •**not any** okenn *Don't let any animals enter the field.* Pa kite okenn bèt antre nan jaden an.

any[2] *adv.* [*negative contexts*] ditou, pa plis *She isn't any smarter than you.* Li pa plis entelijan pase ou. *Cheating didn't help any.* Pran poul pa ede ditou.

any[3] *pro.* 1[*negative contexts*] okenn, pyès *She has two brothers, but I don't have any.* Li gen de frè, men m pa gen okenn mwen menm. 2[*questions, hypothesis*] kèk, nenpòt *Do you have any?* Ou gen kèk? *If any of you can sing, step forward.* Si nenpòt nan pami nou ka chante, se pou ou vanse. •**any of you** nou youn *She didn't bring gifts for any of you.* Li pa pote kado pou nou youn. •**not any** pa yon pa *I didn't get any of what they were distributing.* Pa yon pa m pa twouve nan sa ki t ap separe a.

anybody *pro.* 1[*negative context*] {okenn/pyès}moun, pèsonn *I don't know anybody at this party.* M pa konn okenn moun nan fèt la. 2[*question, hypothesis*] moun *If you know anybody that can play the piano, let me know.* Si ou konn moun ki ka jwe pyano, kite m konnen. 3[*no matter who*] kikeseswa, kikonk, nenpòt moun *You can ask anybody you meet.* Mande nenpòt moun ou jwenn. *Anybody will like this nice painting.* Kikeseswa ap renmen bèl tablo sa a. •**anybody home** onè *I said, "Is anybody home?" No one answered.* M di 'onè', pèsonn pa reponn.

anyhow *adv.* antouka, antouleka, kanmenm, tout jan *I couldn't afford it, but I bought it anyhow.* M pa t gen lajan, men m achte l kanmenm. *Well anyhow, I can still go with you.* Bon, tout jan, m ap toujou ka al avè ou.

anymore *adv.* •**not anymore** pa...ankò, pa...kras *She's not here anymore.* Li pa isit la ankò. *We will not pay taxes anymore.* Nou p ap peye kras taks.

anyone *pro.* kikonk, nenpòt, nenpòt{(ki) moun/kilès} *This sickness doesn't kill anyone.* Maladi sa a pa tiye kikonk. *Anyone can make a mistake.* Nenpòt ki moun ka fè yon erè. *Anyone can do this job.* Nenpòt moun gen dwa fè travay sa a. •**not anyone** pèkseswa *He doesn't talk to anyone in the office.* Li pa pale ak pèkseswa moun nan biwo a. •**not just anyone** nenpòteki *He's not just anyone.* Se pa nenpòteki.

anything *pro.* **1**[*negative context*] anyen *I didn't buy anything.* M pa t achte anyen. *I can't do anything to keep him from firing you.* M pa ka fè anyen pou anpeche l revoke ou. **2**[*whatever thing*] {gen yon/kenenpòt/nenpòt}bagay *Is anything ready?* Èske gen yon bagay ki pare? *I would give anything to know what he said.* M ta bay nenpòt bagay pou m konn sa l di a. •**anything at all** mwèk *If you say anything at all, I'll slap you.* Si ou di mwèk, m ap fout ou yon kalòt. •**anything but** pa...menm *He's anything but happy.* Li pa kontan menm. •**anything goes** *a*[*in a game*] tout{(ti) vis/kondisyon} *Let's play the game; anything goes.* Ann jwe jwèt la tout kondisyon. *b*[*no restraint*] tout voum se do *That guy is always underhanded. Anything goes as far as he's concerned.* Nèg sa a toujou vag, tout voum se do pou li. •**anything like** pa...ditou/menm *This car isn't anything like the old one we had.* Machin sa a pa menm ditou ak lòt machin nou te genyen an. *He couldn't run anything like as fast as I could.* Li pa t ka kouri menm vitès avè m menm. •**anything will do** tout voum se do *Just write any answer; anything will do.* Mete kenenpòt repons, tout voum se do. •**do anything** degouspa *I won't do anything as long as you haven't paid me.* M p ap degouspa la toutotan ou pa peye m. •**if anything** di sa ou vle *If anything, you look younger with your hair like that.* Di m sa ou vle, ou parèt pi jenn ak tèt ou jan l ye a. •**not for anything** pa gen anyen *If I were you, I wouldn't talk to her for anything.* Si m te ou menm, pa gen anyen k t ap fè m pale avè l. •**not have anything to do with s.o.** pa konn non (pou l bay) chen li, soti anba (men) yon moun *I've had nothing to do with this guy, and then he calls me!* Mwen pa konn non chen mesye a, epi l ap rele m! *He no longer has anything to do with the those exploiters.* Li sot anba men esplwatè yo esplwatè sa yo.

anytime *adv.* [*whenever*] nenpòt lè *Drop by anytime!* Pase nenpòt lè.

anyway *adv.* antouka, antouleka, jiskasetè, kanmenm *Anyway, that's not my business.* Jiskasetè, sa pa gade m. *He's coming anyway.* L ap vini kanmenm.

anywhere *adv.* nenpòt kote *You can sit anywhere you want.* Ou mèt chita nenpòt kote ou vle. •**anywhere from** [*within a specified range*] kenenpòt, nan zòn ...al... *He makes anywhere from forty to sixty telephone calls a week.* Li fè nan zòn karant al swasant kout telefòn chak semenn.

aorta *n.* gwo kannal san wouj

apart *adv.* aleka an patikilye, apa (de) (sa), detache, sèl *He's living apart while all the rest of his family are living together.* Li rete apa alòske tout rès fanmi an ap viv ansanm. *Don't put them together; place them apart.* Pa mete yo ansanm, mete yo chak detache. •**apart from** apa (de) sa *Apart from that, how are you?* Apa de sa, kijan ou ye? •**falling apart** alagraba •**far apart** bèl distans ant, pa prè *The two towns are far apart.* Gen yon bèl distans ant de vil yo. *They live far apart.* Yo pa rete prè menm. •**set one's self apart from** demake li •**take apart** dekonpoze, demonte •**two feet wide apart** de pye gaye *This woman walks with her feet wide apart.* Fi a mache ak de pye gaye.

apartheid *n.* apated

apartment *n.* apatman, kay apatman •**bachelor apartment** [*pad*] chanm gason, kòbòy •**one-room apartment** bout chanm kay

apathetic *adj.* desounen, dolan, kò{kraz/labouyi/lage/ lòja/mòl/mouri}, kremòl, malandouran, molas, san nanm *This organization is full of apathetic people.* Enstitisyon sa chaje ak moun desounen. *Apathetic people like you can't do this tough work.* Nèg kremòl kon ou pa ka fè djòb tòf sa.

apathy *n.* desounen, kè mouri

ape[1] *n.* makak, senj •**ugly old ape** [*person*] grimas

ape[2] *v.tr.* [*imitate (pej.)*] chare *You're always trying to ape the teacher.* Ou ap toujou eseye chare mèt la.

aperitif *n.* aperitif

aperture *n.* bouch

apex *n.* **1**[*math*] somè, tèt **2**[*summit*] somè, tèt •**apex of triangle** tèt triyang

aphid *n.* •**aphid plant louse** piswon •**soft-scale aphid** pichon

aphrodisiac *n.* aditif

aplenty *adv.* agogo, angogay *This year the harvest yielded avocados aplenty.* Lane sa a rekòt zaboka angogay.

apologize *v.intr.* eskize li, mande{eskiz/padon} *After he finished insulting me profoundly, he came to apologize.* Apre l fin joure m byen joure, li vin mande m eskiz. *He stepped on the woman and he didn't even apologize.* Li pile madanm nan epi l pa menm eskize l. *She apologized for what she had said.* Li mande padon pou sa l te di a.

apology *n.* eskiz, padon *She expects an apology from you.* L ap tann ou vin mande l eskiz.

apoplexy *n.* anboli, apopleksi

apostasy *n.* [rel.] apostazi

apostle *n.* apot

apostolate *n.* apostola

apostolic *adj.* apostolik *They have an apostolic faith.* Yo gen lafwa apostolik. •**Apostolic nuncio** nons apostolik

apostrophe *n.* apostwòf

apotheosis *n.* apoteyoz

appalled *adj.* konstène *I'm appalled when I hear children speak like that.* M konstène lè m tande timoun pale konsa.

appalling *adj.* lamantab, se{laraj/pa pale} *It's appalling! She's brandishing a knife!* Se laraj, li kenbe yon kouto. *The way people are dying, it's appalling.* Jan moun ap mouri, sa se pa pale.

apparatus *n.* aparèy

apparel *n.* abiman, rad

apparent *adj.* aparan, evidan *It's apparent that you don't care.* Se aparan, sa pa di ou anyen.

apparently *adv.* aparaman, gen lè, sanble *Apparently, she wasn't informed of the news because she's very surprised.* Aparaman, li pa t okouran nouvèl la, paske l byen sezi. *Apparently she's really sick.* Sanble l malad wi.

apparition *n.* aparisyon, vizyon

appeal[1] *n.* **1**[*desirable attribute*] atirans, cham. *This job doesn't have any appeal.* Djòb sa a pa gen tirans. *The new president has a lot of appeal.* Nouvo prezidan an gen anpil cham. **2**[*trial*] apèl, pledwari *He will make an appeal to the court.* L ap fè yon pledwari douvan lakou a. •**lose one's appeal** [*woman*]

grizonnen, vante *That woman has lost too much of her appeal; men don't pursue her anymore.* Fi sa vante twòp, nèg yo pa sou li ankò. •**make an appeal** [*for support*] lanse yon apèl *He stood before the crowd to make an appeal.* Li kanpe devan foul la pou l lanse yon apèl. •**court of appeals** kou dapèl, tribinal{kou dapèl/pou dezyèm jijman}

appeal[2] *v.intr.* **1**[*interest in*] atire, enterese, fè apèl *It doesn't appeal to me.* Li pa enterese m. *The idea appealed to few members of the opposition.* Lidè a fè apèl kèk manm opozisyon an. **2**[*address s.o.*] adrese li, fè apèl *I don't appeal to everyone when I'm in trouble.* Mwen pa adrese m a tout moun lè m nan pwoblèm.

appealing *adj.* atiran, enteresan *The food didn't look appealing.* Manje a pa sanble l enteresan.

appear *v.intr.* **1**[*in court, etc.*] konparèt *The judge asked the witnesses to appear before the court.* Jij la mande pou temwen yo konparèt devan tribinal la. **2**[*apparent state*] parèt, sanble *She appears to be in an ugly mood today.* Li parèt move jodi a. *He appears ill.* Li gen lè malad. *It doesn't appear to be true.* Gen lè se pa vre. *He didn't appear willing to compromise.* Li pa sanble l anvi kolabore. **3**[*pimple, tumor, etc.*] donnen *A bunch of pimples appeared all over his face.* Yon pakèt ti bouton donnen nan figi li. **4**[*sun, moon, etc.*] moutre, pèse *The sun appeared through the clouds.* Solèy a pèse nyay yo. **5**[*be present, arrive*] fè bleng, mete{pye/tèt}li deyò, parèt, pwente, rive *He appeared in school just before final exams.* Li parèt nan lekòl la lè yo sou bò konpoze. *The director appeared. All the students were afraid.* Direktè a fè bleng, tout elèv pè. *When she heard knocking at the door, she appeared.* Lè li tande frape nan pòt la, li mete tèt li deyò. *The car suddenly appeared in front of me.* Machin nan parèt sou mwen yon sèl kou. *A ship appeared in Cape Haitian Bay.* Yon batiman pwente nan larad Okap. *I hadn't seen him for years, when he appeared at my wedding.* Gen dèzan m pa wè li lè li rive nan maryaj mwen. •**appear listless** fennen figi li, figi yon moun fennen *When you see her appear listless like that, she has a problem.* Depi ou wè l fennen figi li konsa, li gen yon pwoblèm. •**appear suddenly/ unexpectedly** soti brid sou kou sou yon moun *The girl suddenly appeared in the room.* Fi a soti brid sou kou sou mwen nan chanm nan.

appearance *n.* 1[*act of coming*] parèt, rive *His appearance in court was greeted by shouts of "Murderer!"* Arive li nan tribinal la fè tout moun yo rele: Ansasen! *This is the first appearance of that artist on the stage.* Se premye parèt atis sa a an piblik. 2[*the way one looks*] aparans, eskanp, figi, min, parèt, plimaj, pòz, soti *Appearances can fool the eye.* Aparans konn twonpe je. *People judge others according to their appearance.* Moun sa yo gade moun sou parèt yo. *Don't concern yourself with my appearance.* Pa okipe ou ak plimaj mwen. •**give the appearance of** bay yon moun remak *She gives the appearance of a nice person.* Li bay remak yon moun de byen. •**make an appearance** fè yon (ti) parèt, parèt tèt li *He didn't even make an appearance at the party.* Li pa menm fè yon ti parèt nan fèt la. •**outward appearance** figi *That house has a beautiful outward appearance.* Kay sa a gen yon bèl figi. •**sudden appearance** aparisyon *He made a sudden appearance and then left.* Li fè yon aparisyon, epi li pati yon sèl kou.

appellate *adj.* •**appellate court** (kou/ tribinal}dapèl (pou dezyèm jijman)

append *v.tr.* ajoute, kole, tache *They appended a sentence to the text.* Yo ajoute yon fraz sou tèks la.

appendage *n.* atachman

appendicitis *n.* apenndisit

appendix *n.* apendis

appetite *n.* 1[*for food*] apeti, lapeti *She has an appetite for spaghetti.* Li gen lapeti pou espageti. 2[*desire*] gou *He has an appetite for power.* Li gen gou pouvwa. •**big appetite** grangou long •**good appetite** bouch yon moun bon *What makes me thin is that my appetite isn't good.* Sa k fè m mèg la se bouch mwen k pa bon. •**have a good appetite** {bouch/djòl}li gou, gen{bouch gou/ vant} *If you can eat that big dish of rice, you must have a good appetite.* Si ou ka manje plat diri sa, ou gen vant. *Although he's sick, he has a good appetite.* Malgre li malad, bouch li gou.

•**have a hearty appetite** frengal, pile *Fredo has a hearty appetite.* Fredo se nèg ki pile. •**have no appetite** bouch yon moun anmè *She has no appetite after the fever.* Bouch li anmè apre lafyèv la. *She has no appetite because of the fever.* Li gen bouch anmè akòz fyèv la. •**insatiable appetite** vant paswa

appetizer *n.* òdèv

appetizing *adj.* apetisan, gou, dou [N], dous [N] *This food is appetizing.* Manje sa a apetisan. *She likes appetizing food.* Li renmen manje ki dou.

applaud *v.tr.* aklame, aplodi, bat{bravo/men} *The crowd applauded the leader with joy.* Foul la aklame lidè a ak lajwa. *The crowd applauded her after her speech.* Foul la aplodi li lè l fin fè diskou a. *After the speech everyone applauded.* Apre diskou a, tout moun bat bravo.

applauders *n.pl.* •**paid applauders** klak

applause *n.* aplodisman, bravo

apple *n.* pòm, ponm (frans) •**Adam's apple** ne gòjèt •**apple of one's eye** bèl chelèn, chouboulout, de grenn je *His youngest child is the apple of his eye.* Dènye pitit li a se de grenn je l. •**apple polish** fè ti figi, lanbe, rele chat bòpè pou moso zaboka •**apple polisher** ranpè, souflantchou •**balsam apple** *a*[*vine used for making bitter medicinal tea against fever*] yesken *b*[*vine used for making medicinal tea for stomach aches and fever*] asowosi •**cashew apple** ponm kajou •**custard apple** kachiman •**custard apple tree** kachiman{kèbèf/tyèbèk} •**golden apple tree** monben panyòl •**otaheite apple tree** ponm sitè •**sugar apple** ponm{kannèl/ kèbèf/sik} •**sugar apple tree** kachiman kannèl •**thorn apple** konkonm zonbi

applesauce *n.* sòs pòm

appliance *n.* aparèy

applicable *adj.* aplikab, valab *This law is not applicable in this case.* Lwa sa a pa valab nan ka sa a.

applicant *n.* kandida

application *n.* aplikasyon, demann, fòm, fòmilè •**application form** fòm

apply I *v.tr.* 1[*paint, glue, lotion, etc.*] aplike, mete, pase *Apply two coats of paint.* Mete de kouch penti. *Apply this salve to your arm.* Pase ponmad sa a sou bra ou. 2[*effort,* *energy, etc.*] mete *Apply as much force as you can.* Mete tout fòs ou. **II** *v.intr.* **1**[*rule, law*] aplike *This law does not apply to your case.* Lalwa sa a pa aplike nan ka ou. **2**[*for a job, admission*] aplike, fè{aplikasyon/demann} *She applied for the job.* Li aplike pou djòb la. *I applied to law school.* M fè demann pou lekòl de dwa a. •**apply a cupping glass** [*to a patient*] vantize *If you don't apply a cupping glass to the foot, the bad blood will never come out.* Si ou pa vantize pye a, vye san an pa janm soti. •**apply glue** gonmen *Be careful not to apply glue to the pages of the book.* Fè atansyon pou pa gonmen paj nan liv la. •**apply make-up or cosmetics** makiye *She applied make-up to her face.* Li makiye figi li. *Apply make-up after washing your face.* Makiye apre ou fin lave figi ou. •**apply o.s.** mete zefò, travay *He really applied himself so he could pass the exam.* Li travay anpil pou l pase egzamen an. •**apply pressure to** fè fòs sou *Apply pressure to the wound.* Fè fòs sou blesi a.

appoint *v.tr.* deziye, komisyonnen, mete, nonmen *They appointed a new boss as head of the office.* Yo deziye yon nouvo chèf alatèt biwo a. *They appointed him judge to the Supreme Court of Appeals.* Yo komisyonnen misye jij nan lakou kasasyon. *Who appointed you to this position?* Se kilès ki te nonmen ou isi a?

appointed *adj.* deziye, komisyonnen, nonmen

appointing *n.* [*act of*] nominasyon

appointment *n.* **1**[*a meeting*] dizon, randevou **2**[*nomination*] deziyasyon *He hasn't done anything since his appointment as Prime Minister.* Li pa fè anyen depi deziyasyon li kòm prenmye minis la. •**make an appointment or date** {kase/pase}yon randevou, pran randevou *The director asked the secretary to make an appointment with the minister.* Direktè a mande sekretè a pou pase yon randevou ak minis la. *We made an appointment for tomorrow night.* Nou kase yon randevou pou demen swa.

apportion *v.tr.* depataje, repati, separe *Apportion the food equally among the families.* Separe manje egalego nan pami fanmi yo.

apportionment *n.* repatisyon

appraisal *n.* devi, evalyasyon, konsta

appraise *v.tr.* estime, evalye, konstate *She appraised the damages.* Li konstate dega yo. *They appraised his land at five thousand dollars.* Yo evalye tè a a senk mil dola.

appraiser *n.* evalyatè

appreciable *adj.* apresyab

appreciate **I** *v.tr.* **1**[*be grateful for*] apresye, mèsi pou, rekonnesan pou, remèsye *We appreciate your kind gift.* Nou di ou mèsi pou bèl kado a. **2**[*value, esteem*] apresye, renmen, tolere *She's someone that I appreciate greatly.* Se yon moun m apresye anpil. *I appreciate it when people support me.* Mwen renmen lè moun pran ka m. *I appreciate him a lot for his wisdom.* Se yon moun m tolere anpil pou sajès li a. **3**[*evaluate*] *The house was appreciated at three times its original value.* Kay la te apresye twa fwa valè orijinal li a. **4**[*understand*] konprann *I think you appreciate the dangers involved.* M kwè ou konprann danje k gen nan sa. **II** *v.intr.* [*increase in value (fin.)*] moute *The houses in this area have appreciated a lot.* Kay bò isit la moute anpil.

appreciated *adj.* [*gratitude*] apresyab *That's an appreciated gesture.* Se yon jès apresyab.

appreciation *n.* **1**[*gratitude*] rekonnesans, remèsiman, gratitid *He showed his appreciation by repeatedly thanking me.* Li moutre rekonnesans li; li di m mèsi konben fwa. **2**[*judgment, evaluation*] apresyasyon, estimasyon, evalyasyon *He has an appreciation for the finer things in life.* Li gen yon apresyasyon pou bèl bagay nan la vi a. **3**[*fin.*] apresyasyon *A healthy interest rate favors the appreciation of your money.* Yon bèl enterè favorize apresyasyon lajan ou.

appreciative *adj.* rekonesan *He is appreciative of your gesture.* Li rekonesan pou jès ou.

apprehend *v.tr.* arete, bare, kenbe *The police apprehended the thief.* Polis la gentan kenbe vòlò a.

apprehension *n.* krent

apprehensive gen kè sere *She is apprehensive about meeting her mother.* Li gen kè sere pou li rankontre manman ni.

apprentice *n.* apranti, estajè

apprenticeship *n.* aprantisay, estaj

approach[1] *n.* apwòch, esèy, jan •**take a wrong approach** malvini sou *He's taking the wrong approach to the thing.* Li malvini sou zafè a.

approach[2] *v.tr.* **1**[*a problem*] abòde, vini sou *You approached the problem from a bad angle.* Nou abòde pwoblèm nan sou yon move ang. **2**[*person*] akoste, abòde, pwoche *The director is in such a bad mood that no one can approach him.* Dirèktè a tèlman move, pèsonn pa ka bòde l. *I finally approached her even though she was trying to avoid me.* M resi akoste manmzèl kwak li t ap evite m. **3**[*get near to*] kouri (sou), vanse *I am approaching fifty.* M ap kouri sou senkant an. •**approach buyers** pwonmennen *That vendor makes more money by approaching buyers than by sitting and waiting for them.* Machann sa fè plis kòb nan pwomennen pase l chita yon sèl kote. •**approach s.o. the wrong way** malvini sou *If he hadn't approached me the wrong way, I wouldn't have replied so rudely.* Si msye pa t malvini sou mwen, m pa t ap reponn li lèd konsa. •**approach with hostility** mache sou *Jane approached Fifi with hostility. She gave her a slap.* Jàn mache sou Fifi, li ba l yon sabo. •**be hard to approach** pa gen ni{landrèt/landwat} *That lady is so hard to approach! Dam sa la pa gen ni lanvè ni landrèt!

approachable *adj.* abòdab, apwochab *She's an approachable person.* Li se yon moun ki abòdab.

appropriate *adj.* apwopriye, bon, pwòp *It's appropriate for any occasion.* Se bon pou tout okazyon. *This suit is not appropriate for the party.* Kostim sa a pa apwopriye pou fèt la *That shirt doesn't look appropriate for you.* Chimiz sa pa pwòp pou ou.

appropriately *adv.* kòmsadwa *Appropriately, the winner is Haitian.* Ganyan an se Ayisyen, kòmsadwa.

approval *n.* apwobasyon, aval, benediksyon, dizon, konsantman *She needs the approval of the director in order to submit her candidacy.* Li bezwen aval dirèktè a, pou l ka prezante kandidati li. *We finally received the elders' approval for the marriage.* Nou resi jwenn benediksyon granmoun yo pou maryaj la. •**give moral approval to** kosyonnen *I'm not about to give my approval of lying.* M pa sòti pou m kosyonnen manti. •**give one's approval** bay yon moun{aval/dizon} •**official approval** apwobasyon *He gave his* approval to the project. Li bay apwobasyon l sou pwojè a.

approve *v.tr.* agreye, aplodi, apwouve, bay yon moun {aval/dakò/konsantman}, kosyonnen *The mayor approved the engineer's design for the market.* Majistra a dakò jan enjennyè a ap fè mache a. *We don't approve of the idea.* Nou pa aplodi lide sa a. *They approved her loan.* Yo ba li aval pre a. *Her father approves her decision to get married.* Papa li bay konsantman l sou maryaj la. *I'm not about to approve the bad actions of the inspector.* M pa soti pou m kosyonnen move ajisman enspektè a. *Nobody approved of the project.* Pesonn pa apwouve pwoje a. •**approve of** bat bravo lakontantman pou, rele viv *Everyone approves of the health care project.* Tout moun bat bravo lakontantman pou pwojè sant sante a. *People really approved of the President's speech.* Moun yo rele viv aprè diskou prezidan an.

approximate *adj.* apiprè, nan zòn, prè, pwòch *What is his approximate time of arrival?* Nan zòn ki lè konsa l ka vini? *I can only give you an approximate number.* M ka ba ou yon chif apiprè konsa.

approximately *adv.* anviwon, apeprè, apeprèman, konsa, vè *The two cloths are approximately the same color.* De twal yo apeprè menm koulè. *I may have approximately two cups of rice.* M ka gen de twa mamit diri konsa. *She'll arrive at approximately noon.* L ap rive isit vè midi konsa.

apricot[1] *adj.* [*color*] jòn abriko

apricot[2] *n.* zabriko •**tropical apricot** zabriko

April *prop.n.* avril, mwa davril

April Fool's joke *n.* pwason davril

apron *n.* tabliye

apt *adj.* **1**[*suitable*] konvnab **2**[*inclined to*] dispose

aptitude *n.* don, kapasite *Robert has a lot of aptitude to work well in school.* Wobè gen anpil kapasite pou l travay byen lekòl.

aquarium *n.* akwaryòm

Aquarius *prop.n.* [*zodiac*] vèso

aquatic *adj.* akwatik *It's an aquatic animal.* Se yon bèt akwatik.

aquifer *n.* dlo anba tè

aquiline *adj.* kwochi •**aquiline nose** nen jako

Arab[1] *adj.* arab

Arab[2] *prop.n.* Arab, Aritcha, Awoutchapatcha
Arabian *adj.* arab
Arabian jasmine *n.* jasmen doub
Arabic[1] *adj.* arab •**Arabic numeral** chif arab
Arabic[2] *prop.n.* [*language*] arab
arable *adj.* arab, kiltivab •**arable land** tè kiltivab
Arawak *prop.n.* [*Indian*] Arawak
arbiter *n.* abit
arbitrary *adj.* gwo ponyèt, gwonèg
arbitration *n.* abitraj
arbor *n.* choukounèt, tonnèl, trèy
arc *n.* ak
arch[1] *n.* ak, vout •**triumphal arch** bèlantre
arch[2] *v.tr.* bonbe *He arched his back to carry the bag.* Li bonbe do l pou pòte sak la.
archaic *adj.* akayik, primitif
archangel *n.* akanj
archbishop *n.* achevèk, monseyè
archbishopric *n.* acheveche
archdiocese *n.* acheveche, achidyosèz
arched *adj.* bankal, voute
archeology *n.* akeyoloji
archipelago *n.* lachipèl
architect *n.* achitèk
architecture *n.* achitekti
archives *n.pl.* achiv
archivist *n.* achivis
archway *n.* vout
ardent *adj.* cho, chalerin, je wouj
ardor *n.* chalè, ladè, zèl *He did his work with ardor.* Li reyalize travay la ak tout chalè li.
area *n.* 1[*a certain space*] bò, espas, zòn *The area under the bed is full of stuff.* Espas anba kabann lan chaje batanklan. 2[*land, region, sector*] kote, lokalite, rejyon, sektè, zòn *It rains a lot in the area where I live.* Lapli tonbe anpil nan zòn kote m rete a. 3[*surface measure*] gwosè, lajè, sifas, sipèfisi *What is the area of this field?* Ki gwosè jaden sa a? 4[*of knowledge*] domèn *What area are you studying?* Ki domèn ou ap etidye? •**built-up area** aglomerasyon *They are living in the same built-up area.* Y ap viv nan menm aglomerasyon. •**cemented area** [*for sun drying*] glasi •**clear an area** [*for use of land*] debalize *They are going to this area in order to expand the road.* Pou yo agrandi wout la, yo pral debalize espas sa a nèt. •**in a remote area** nan Ziltik *Given that she lives in a remote*

area, it will not be easy to find her house. Kote l rete jis nan Ziltik la, li p ap fasil pou jwenn kay li. •**in that area** la yo •**storage area** kav •**work area** chantye
arena *n.* 1[*for a cockfight*] gagè 2[*stadium*] arèn •**sports arena** estad
areola *n.* [*nipple*] wonn tete
argue I *v.tr.* 1[*a case*] plede *The defense lawyer argued the case.* Avoka a te byen plede kòz la. 2[*present reasons, feelings (about s.th.)*] pale, prezante *You argued your position well.* Ou byen prezante ka ou. **II** *v.intr.* [*quarrel, dispute*] chire pit, debat, diskite, dispite, fè{je wouj/kont/tiwon rale}, pale (fò) *Stop arguing.* Ase diskite la non. *He argues with people about trifles.* Li dispite ak moun pou senèryen. *If you lost, you should admit it. Stop arguing.* Si ou pèdi se pou admèt, ase fè je wouj la. *These people are always arguing.* Moun sa yo pa janm p ap fè kont. *Those people are always arguing because they're so hot-tempered.* Moun sa yo toujou ap fè tiwon rale tank yo gen san cho. *There's no reason to argue like that.* Pa gen anyen la pou nou fè pale (fò) sa la. •**argue for or on behalf of** bay priyè pou *If I hadn't argued on your behalf, the boss would have fired you.* Si m pa t bay patwon an priyè pou ou la, li revoke ou. •**argue uselessly** rale mennen vini *These people are arguing uselessly instead of moving ahead with the project.* Moun yo rete la ap yon rale mennen vini olye pou yo vanse ak pwojè a.
argument *n.* 1[*quarrel, dispute*] bat bouch, chire pit, kont *They had an argument.* Yo gen kont. *These two people always have an argument.* De moun sa yo toujou nan yon bat bouch. 2[*line of reasoning*] agiman, rezon *His argument was not convincing.* Rezon l te bay la pa t bon. **get into arguments** nan bimbanm *Children are always getting into arguments.* Timoun toujou nan bimbanm. •**have an argument** nan chire pit, pale (fò), pete (yon) tenten *Dyekiswa always has arguments with Dyepanou over land issues.* Dyekiswa toujou nan chire pit ak Dyepanou pou zafè tè. *I had an argument with him because he refused to pay me.* M te pete tenten ak li poutèt li refize peye m.

argumentative *adj.* renmen fè diskisyon *He is very argumentative.* Li renmen fè diskisyon. •**argumentative person** chikanè

arid *adj.* arid, sèk *This region is arid.* Zòn sa a se yon zòn tè sèk.

Aries *prop.n.* [*zodiac*] belye

arise *v.intr.* 1[*stand up*] leve *She was seated but she arose from her chair.* Li te chita men li leve. 2[*appear*] leve *A strong wind arose all of a sudden.* Yon gwo van leve yon sèl kou. 3[*develop, come into being*] parèt *Problems can arise at any time.* Pwoblèm gendwa parèt nenpòt ki lè. •**arise from kneeling** leve atè a

aristocracy *n.* aristokrasi

aristocrat *n.* aristokrat

arithmetic *n.* aritmetik, kalkil •**arithmetic tables** tab operasyon

arithmetical *adj.* •**arithmetical operation** kalkil

arm[1] *n.* 1[*body part*] bra, ponyèt 2[*chair, etc.*] manch •**arm length** [*measure 5 ft. 4 in.*] bras •**circumference of lower arm** ponyèt •**folded arms** bra kwaze •**strong arm** gwo bibit *He has a strong arm.* Li gen gwo bibit. •**under one's arm** anba bra *She carried the book under her arm.* Li pote liv la anba bra l. •**upper arm** bibit, bwa ponyèt •**with open arms** adebra, de bra louvri *They welcomed us with open arms.* Yo resevwa nou adebra. •**with outstretched arms** de bra louvri *I'll receive you with outstretched arms.* M ap tann ou de bra louvri.

arm[2] *v.tr.* ame *The government never arms civilians.* Gouvèlman an pa janm ame sivil. •**arm o.s.** ame •**arm o.s. with** [*an instrument*] manche *He armed himself with a pencil and began to write.* Li manche li avèk yon kreyon epi li konmanse ekri. •**arm o.s. with a stick** dragonnen *He armed himself with a stick.* Li dragonnen li.

armadillo *n.* tatou

armband *n.* 1 brasa 2[*for mourning*] bandlèt

armchair *n.* fotèy

armed *adj.* ame *The men were armed with machetes.* Mesye yo te ame avèk manchèt. •**armed and ready** manche li *I'm armed and ready to meet him.* M deja manche m pou li. •**armed forces** fòs ame, lame •**armed robbery** vòl ak zam •**armed to the teeth** ame {jiskodan/jouk nan dan} *They*

are armed to the teeth for the war. Yo ame jiskodan pou lagè a. •**armed to the teeth** ame jis nan dan

armful *n.* brase

arm-in-arm *adv.* bradsou bradsi, bradsi bradsou, kwochte, men nan men *I saw them walking arm in arm.* M wè y ap mache men nan men. *They were walking arm-in-arm.* Yo mache bradsi bradsou. *They're really in love; they always walk arm in arm.* Yo tèlman damou, youn toujou ap kwochte lòt.

armistice *n.* trèv, poze zam

armor *n.* kiras

armored *adj.* blende •**armored vehicle** yon cha blende

armory *n.* lasenal, depo zam

armpit *n.* anbabra, anbazesèl, zesèl

armrest *n.* api bra

arms *n.pl.* zanm, lezam •**to arms** zam *Our enemy is advancing. To arms!* Men lenmi sou nou, zam! •**lay down arms** mete ba lezam •**take up arms** pran zam

army *n.* lagad, lame, militè •**army barracks** kazèn •**army headquarters** katye jeneral

arnica *n.* anika •**tincture of arnica** tenti danika

aroma *n.* sant

aromatic *adj.* pafime, santi bon •**aromatic oil** luil esansyèl

around[1] *adv.* 1[*surrounding*] fè wonn, ozalantou, ozanviwon, toupatou, toutotou *They ran around the house.* Y ap kouri fè wonn kay la. 2[*near*] aladriv, bò, kourant, nan{paraj/zòn} *He leaves his clothes lying around.* Li lage rad li aladriv. *There are a lot of beautiful beaches around here.* Chaje bèl plaj bò isi a. *Have you seen Suzanne around?* Ou wè Sizàn nan paraj la? •**around there** la yo *Look around there; you'll find it.* Chèche la yo, w ap jwenn li. •**all around** alantou, patou, toupatou, toutalantou, toutotou *There are thorns all around the garden.* Gen pikan tout alantou jaden an. *Grass grows all around her house.* Zèb pouse toutalantou kay li a. *All around the yard there are flowers.* Toutotou lakou a se flè. *We traveled around the USA.* Nou vwayaje toupatou Etazini. •**everywhere around** toutalantou •**go around** 1[*a place*] fè yon virewon *I just arrived in this area; I'll go around to see what* *it's like.* M fèk rive nan zòn nan, m ap fè yon virewon pou mwen wè jan l ye. 2[*doing s.th.*] mache *Health officers are going all around the country vaccinating people.* Ajan sante yo mache nan tout peyi a fè vaksinasyon. 3[*detour, in a circle*] chankre, fè laviwonn, fè{viwonn/wonn}, vire won *The road is blocked; let's make a detour and go around this way.* Wout la bare, ann chankre bò isit. *Go around the house to see how big it is.* Fè viwonn kay la pou wè gwosè l. *Let's go around the tree.* Ann fè wonn pye bwa a. •**have been around** la, nan zòn *That building has been around for a long time.* Kay sa a la lontan. *My grandfather has been around this area since 1945.* Granpapa m nan zòn lan depi an 1945.

around² *prep.* 1[*near, surrounding*] anba bab, (otou de), ozalantou, toutotou *He is a child who is always around elders.* Li se yon timoun ki toujou anba bab granmoun. *The people around her can't make her see reason.* Moun ki otou l pa ka fè l wè rezon. *The people around her can't make her see reason.* Moun ki ozalantou l pa ka fè l wè rezon. *The children sat around the teacher.* Timoun yo te chita toutotou mèt la. 2[*approximately*] anviwon, apeprè, bò, konsa, kourant, ozalantou, ozanviwon, vè *They are coming around January fifteenth.* Y ap vin bò kenz janvye konsa. *I will come at around four o'clock.* M ap vini kourant katr è. *Around six o'clock.* Vè siz è konsa

arouse *v.tr.* 1[*awaken*] eveye, leve, reveye *Her mother aroused her from her sleep.* Manman ni leve li nan dòmi. 2[*cause suspicion, curiosity, anger*] eksite, eveye, vin sispèk *They aroused his anger.* Yo eksite li a la kolè. *Her behavior aroused their suspicion.* Jan l aji fè yo vin sispèk li.

aroused *adj.* 1[*gen.*] ak yon dyab sou li, sou brenzeng 2[*sexually*] cho, sou sa *No girl gets as aroused as she does when she sees men!* Yo resi dezonbifye.

arraign *v.tr.* [*jur.*] {rele/site} douvan tribunal *The accused was arraigned.* Akize a site douvan tribunal la.

arrange *v.tr.* 1[*put in order*] dispoze, liyen, ranje *Who arranged the books?* Ki moun ki liyen liv yo? *She arranged the furniture in the house.* Li ranje mèb yo nan kay la. 2[*make*

the preparations for] fè {preparasyon/yon konbinezon}, òganize, ranje, regle *They're arranging a dance.* Y ap fè preparasyon pou yon bal. *If you want to meet with her, I can arrange it.* Si ou vle wè avè l, m ka ranje sa. *Everything has been arranged.* Tout bagay fin òganize. •**arrange goods** arimay *They started arranging the goods on the truck.* Yo kòmanse arimay machandiz yo.

arrangement *n.* 1[*physical orientation*] aranjman, dispozisyon *I don't like your arrangement of the furniture.* M pa renmen dispozisyon ou bay mèb yo a menm. 2[*preparation*] preparasyon, aranjman *Who saw to the arrangements for your trip?* Ki moun ki okipe preparasyon vwayaj ou a? *He took charge of all the funeral arrangements.* Se li k te okipe tout aranjman antèman an. •**arrangement of goods on truck** arimay •**make arrangements** pran dispozisyon *She made arrangements to go on a trip.* Li pran dispozisyon pou li pati.

arranger *n.* [*mus.*] aranjè

array *n.* etalay

arrest¹ *n.* arestasyon, kapti •**arrest warrant** manda darè •**cardiac arrest** arèdkè •**house arrest** rezidans siveye •**place under arrest** [*army*] mete yon moun ozarè *He was placed under arrest because he didn't obey the orders.* Yo mete l ozarè poutèt li pa t obeyi lòd yo. •**under arrest** anba{kòd/menòt} *They put him under arrest.* Yo mete li anba kòd.

arrest² *v.tr.* arete, bwote, fouke, mete yon moun anba kòd, mete men nan pat {gagann/kasav/kòlèt}yon moun, *The police arrested two suspects.* Lapolis arete de sispèk. *The police arrested the murderer.* Lapolis mete asasen an anba kòd. *The police arrested the men because of drugs.* Lapolis bwote nèg yo pou zafè dwòg. *The guard arrested him for disturbing the peace.* Gad la fouke mouche pou eskandal piblik. *The policeman arrested him.* Chèf la mete men nan pat gagann li. •**arrest s.o. brutally** fè pye yon moun pèdi tè *The police brutally arrested the leader of the gang.* Lapolis fè pye mèt gang nan pèdi tè.

arrival *n.* arivay, larive, rive, vini

arrive *v.intr.* 1[*person, vehicle, letter, goods*] ateri, debake, mete pye, parèt, pwente, rive *They arrived home yesterday.* Yo rive lakay yo yè. *The Spaniards arrived in Haiti in 1492.* Panyòl yo debake Ayiti nan lane 1492. *When did you arrive in the country?* Depi kilè ou mete pye nan peyi a? *Since this man arrived at the house, he has been making noise.* Depi nèg sa a parèt nan kay la, se lobo l ap fè. 2[*succeed financially, socially*] pran elan, rive *He has arrived socially. He can't talk to regular people anymore.* Li fin pran elan, li pa ka pale ak moun ankò. *You bought a car! You've finally arrived!* Ou achte machin, ou rive, vrè! •**arrive at** [*decision, conclusion*] abouti, bout *She finally arrived at the decision to sell the house.* Li abouti nan desizyon vann kay la. •**arrive at a compromise** antann li *After all the discussion, they arrived at a compromise.* Apre tout diskisyon, yo rive antann yo. •**arrive empty-handed** ak de men li pandye *He arrived at the party empty-handed.* Li vin nan fèt la ak de men l pandye. •**arrive from** debake soti nan *She just arrived from abroad.* Li fèk debake soti nan peyi etranje. •**arrive on time** monte bon chwal *You arrived on time. We're just getting started.* Ou monte bon chwal. Nou fèk ap koumanse. •**arrive socially** pran elan *He has arrived socially. He can't talk to regular people anymore.* Li fin pran elan, li pa ka pale ak moun ankò.

arrogance *n.* awogans, pretansyon, radiyès pèmèt *No one can stand his arrogance.* Moun pa fouti sipòte awogans li. *I hope that you will never behave with arrogance in my presence.* M swete ou pa janm fè radiyès pèmèt ak mwen.

arrogant *adj.* angran, anpil, awogan, dikdògòdò, {gran/ gwo}kòlèt, jekwa, kont kò li, odsi, ògèye, pretansye, radi *What an arrogant guy! He speaks to people as if they were his children.* Ala nèg angran! Li pale ak moun tankou se timoun li. *The girl is arrogant. She doesn't even respect her grandmother.* Ti fi awogan an, ata grann ni li pa respekte. Ti fi a kont kò li kounye a, ata grann ni li pa respekte. *These arrogant people always have an answer at the tip of their tongue.* Gran kòlèt sa yo, repons yo toujou anba pwent bouch yo. *She's turned into an arrogant young woman. She doesn't even greet people anymore.* Li tounen demwazèl jekwa, menm salye li pa salye moun ankò. *There's no one as arrogant as he. He doesn't*

show respect toward anyone. Nanpwen moun odsi pase l konsa, li pa respekte pèsonn. *This arrogant guy always speaks with conceit.* Nèg radi sa a toujou pale angran.

arrow *n.* flèch

arrowhead *n.* pwent flèch

arrowroot *n.* arawout •**arrowroot flour** sagou

arse *n. see* **ass**

arsenal *n.* depo zam, lasnal

arsenic *n.* lasini

arson *n.* krim ensandi

arsonist *n.* ensandyè

art *n.* 1[*skill*] da, la 2[*use of creative imagination*] da •**art history of art** istwa da •**art museum** mize da •**art of speaking** la de pale *He has the art of speaking.* Msye gen la de pale. •**arts and crafts** atizana •**fine arts** boza •**liberal arts** syans (z)imèn •**pop art** boza popilè •**work of art** zèv da

artery *n.* atè, venn, venn{kè/san wouj}, gwo venn

artesian *adj.* atezyen *Artesian well.* Pi atezyen.

artful *adj.* mèt jwèt

arthritis *n.* doulè (jwenti), fredi, rimatis •**rheumatoid arthritis** rimatis defòmen •**septic arthritis** enfeksyon nan jwenti

Artibonite *prop.n.* Atibonit, Latibonnit,

artichoke *n.* [*plant*] aticho •**Jerusalem artichoke** topinanbou

article *n.* 1[*gram.*] atik 2[*journalistic*] atik, repòtay 2[*section document*] atik 4[*item*] bagay •**article of clothing** rad •**law article** lalwa

articulate *v.tr.* atikile, pwononse *He articulates all the words.* Li atikile tout mo yo. *Articulate each word slowly.* Pwononse chak mo lantman. •**articulate well** miltipliye bouch li *They don't articulate clearly when they speak.* Yo pa miltipliye bouch yo lè y ap pale.

artifice *n.* atifis, detou

artificial *adj.* atifisyèl fo, sentetik

artillery *n.* kanno, latiyri

artisan *n.* atizan, bòs

artisanal *adj.* atizanal *They sell these artisanal products to tourists.* Yo vann pwodui atizanal sa yo ak touris.

artist *n.* atis •**con artist** bakoulou, bakoulouz [*fem.*], driblè, entelijan, koutayè, mètdam, metrèsdam, pèlen tèt *He's a con artist. He managed to leave with someone else's passport.* Li se yon driblè, li rive pati sou paspò yon lòt moun. *He's a con artist; watch that he doesn't take advantage of you.* Msye se yon entelijan, veye l pou l pa bwè ou. •**martial artist** karateka

artistic *adj.* atistik *They make many artistic works at the studio.* Yo fè anpil travay atistik nan estidyo a.

as¹ 1[*while*] amezi, anmezi, etan, ofiramezi, *As she is singing, she's smiling.* Amezi l ap chante, l ap souri. *He snores as he's sleeping.* Anmezi l ap dòmi, l ap wonfle. *The merchant is serving the customers as they come.* Machann nan ap sèvi kliyan yo ofiramezi y ap prezante. *As she grows older, she doesn't hear as well.* Ofiramezi l ap granmoun, li pa tande byen. *As we were talking, the phone rang.* Etan n n ap pale, telefòn lan vin sonnen **2**[*relationship*] antanke, etan, jan, kòm, tan, tankou, tankou *As a Haitian, I can't say that.* Antanke ayisyen m pa kap di sa. *As someone who is responsible, you can't do that stupid thing.* Etan yon moun ki gen konprann, ou pa ka fè lèd sa. *That's their responsibility as leaders.* Se reskonsablite yo antanke lidè. *As you are a generous person, you can give me a little bit of money.* Jan ou se yon moun ki laj, ou ka ban m yon ti kòb. *As my sister's child, you must behave.* Kòm pitit sè m, ou te dwe saj. •**as far as** jis *She swam as far as here.* Li naje jis la a. •**as if** ansòt, kòm ki dire, kòmkwa, kòmsi, kouwè, pòtre, tankou *They called him, but he acted as if he didn't hear.* Yo rele l, li fè ansòt li pa tande. *You say that as if to say that he isn't a proper person.* Ou di sa kòm ki dire li menm li pa moun. *The way you speak, it's as if you're right to do what you did.* Jan ou pale kòmkidire ou gen rezon fè sa ou fè a. *He didn't speak to me, as if he thought I was going to flatter him.* Li pa pale ak mwen, kòmkwa li panse m ta pral flate l. *He shook as if he had seen a dead person.* Msye ap tranble kouwè l te wè yon mò. *She talked to him as if she were speaking to her own child.* Li pale ak li pòtre timoun ni. *She acted as if she didn't see us.* Li fè tankou l pa wè n. •**as if it were no big deal** kòmsiryennetè •**as if nothing were wrong** kòmsiryennetè *Although it*

hurt her, she acted as if nothing were wrong. Kwak sa fè l mal, li fè kòmsiryennetè. •**as is** [*without any changes*] jan li ye *I'll sell you this car as is for four hundred dollars.* M ap vann ou machin sa a jan l ye a pou kat san dola. •**as it is** [*in reality*] pou byen di *As it is, I don't know where she is.* Pou byen di ou, m pa konn kote l ye. •**as it should be** kòmsadwa *Do this work as it should be.* Fè travay la kòmsadwa. •**as much as** ale pou, ata, lavalè *She has as much as I do.* Li gen lavalè pa m nan. *Give him as much food as he can eat.* Ata l ka manje, ba li. •**as though** kòmkwa, kòmsi •**as we say** kòmnoudizon •**as you were** [*mil.*] otan *As you were, soldiers!* Otan, sòlda! •**inasmuch as** kòm

as² ** *conj.* **1[*like*] jan, kòm, tankou *Do as I say, not as I do.* Fè jan m di, pa fè jan m fè. *As I said before, I can't come this Saturday.* Tankou m te di ou, m pa p ka vini samdi a. **2**[*since*] kòm, piske *As you didn't call, I thought you weren't coming.* Kòm nou pa rele, m konnen nou pa p vini. *As she's the oldest, she should get the most.* Piske se l k pi gran, se li k pou jwenn plis. •**as long as** dèske *As long as he thinks he's an important person, he'll get to be one indeed.* Dèske l kwè l ap yon pèsonaj enpòtan, l ap sa kanmenm. •**as if/though** [*like*] konmsi, tankou *It's just as if he'd never been here.* Se konmsi l pa t janm vin isi a.

as³ *prep.* **1**[*in a comparison*] avèk *Cassava doesn't have the same taste as thick cassava bread.* Kasab pa gen menm gou avèk bobori. **2**[*in the condition of*] jan, kòm, tankou *I think of you as a friend.* M konsidere ou tankou yon zanmi. *You'll have to accept me as I am.* Ou ap oblije pran m jan m ye a. •**as for** kanta, poutèt pou *As for Maria, she's married.* Kanta Mariya li menm, li marye. •**as for me** poutèt pa m *As for me, I'm going home.* Poutèt pa m, m prale lakay. •**as of** [*time*] apati, patid *As of the month of October, they'll give the whole region electricity.* Apati mwa òktòb y ap bay tout zòn nan kouran. *As of today, I'm no longer working here.* Patid jodi a, m pa travay isit la ankò.

asafetida *n.* kaka djab, safetida

asbestos *n.* amyant, asbès •**asbestos cement** fibwo siman

ascaris *n.* askaris, gwo vè won

ascend *v.tr.* monte, moute *He ascended the stairway.* Li moute eskalye a.

Ascension *prop.n.* [*Feast of the*] Asansyon

ascent *n.* monte •**ascent into heaven** anlèvman, moute nan syèl

ascertain *v.tr.* konstate *We ascertain that what she said is true.* Nou konstate sa l di a vre. •**ascertain the guilty party** pase{bale/bag alyans/chèz/fouchèt/kouto} *Let's ascertain who the guilty party is. The name on which the broom falls is the one who took the money.* Ann pase bale a, sou non moun li tonbe a se li k wet kòb la.

ascites *n.* dlo nan vant

ascorbic *adj.* askòbik •**ascorbic acid** asid askòbik

ash[1] *n.* sann (dife) •**ashcan** poubèl

ash[2] *n.* [*tree*] (bwa) frenn

Ash Wednesday *prop.n.* mèkredi{dèsann/ lesann/sann}

ashamed *adj.* wont *You should be ashamed of what you did!* Ou ta dwe wont sa ou fè a. *I'm really ashamed of you.* Ou fè m wont. *I was ashamed to ask you.* M te wont vin mande ou.

ashore *adv.* atè *The captain is still ashore.* Kaptenn nan atè toujou.

ashtray *n.* sandriye

Asia *prop. n.* (L)azi

Asian *adj./prop.n.* Azyatik, tije [*pej.*]

aside *adv.* aleka, alsa, apa, dekote, sou kote sou{kote/ ranka} *She stood aside at the party.* Li rete aleka nan fèt la. *They left him aside during the game.* Yo mete msye alsa nan jwèt la. *He drew me aside and gave me the money.* Li rale m sou kote, li ban m kòb la. •**aside from that** apa (de) sa *Aside from that, they have other work.* Apa sa, yo gen lòt travay. •**put aside** mete aleka *Put the red pencil aside.* Mete kreyon wouj la aleka.

asinine *adj.* koupyon *That guy is really asinine!* Ala nèg koupyon!

ask *v.tr.* 1[*a question*] poze *Let me ask you a question.* Kite m poze ou yon kesyon. 2[*expect, demand*] mande *They're asking too much money for their house.* Yo mande twòp kòb pou kay la. *This job asks a lot of your intelligence.* Travay sa a mande pou yon moun gen tèt anpil 3[*invite*] mande, envite *He asked them to come over.* Li envite yo vin lakay li. 4[*request*] mande *I asked the boss*

for a raise. M mande bòs la ogmantasyon. •**ask again** [*a question*] repoze *She asked the question again.* Li repoze kesyon an. •**ask around** mande moun *I'll ask around.* M a mande moun. •**ask for a date** ale sou do pye yon moun *Given that she talked nicely to me, I'm going to ask her for a date.* Pou jan fi a te byen pale ak mwen an, m pral sou do pye l. •**ask for a loan** mande prete *I'm going to ask for a loan from the bank.* M pral mande prete yon kòb labank. •**ask for a repeat performance (concert)** mande bis •**ask for a ride** mande woulib *I'm going to ask Jeanne for a ride to church.* M pral mande Jàn yon woulib legliz. •**ask for an accounting** [*explanation*] mande kont, mande yon moun regleman *We have to ask the cashier for an accounting because we can't keep losing money like that.* Nou dwe mande kesye a regleman paske nou pa ka ap pèdi lajan konsa. •**ask for an explanation** fè palab ak yon moun, mande {dekiprevyen/kont}, pale fò ak *The people asked for an explanation for all the crimes in their neighborhood.* Moun yo mande dekiprevyen tout krim sa yo nan katye yo. *When she lost the money, her boss asked for an explanation.* Lè li pèdi kòb la, bòs li mande kont. *Don't ask her for an explanation if you don't want her to be angry with you.* Pa al fè okenn palab ak fi a non pou pa fè l anraje sou ou. *Even if she implicated you in her story, you needn't ask her for an explanation.* Menm si l lonmen non ou, ou pa bezwen al pale ak li fò pou sa. •**ask for charity** mande (la)charite *I'm not going to ask for charity.* M pa pral mande charite non. •**ask for forgiveness** mande padon *He asked for forgiveness after having stolen the money.* Li mande padon aprè li fin vole lajan an. •**ask for help** adrese moun *I don't ask anyone for help when I am in a fix.* M pa adrese tout moun lè m bare. •**ask for money** ale dèyè yon woulman, fè yon tchèk, frape {bank/ pòt}yon moun *I went to ask for a little money to get by.* M t al dèyè yon woulman. *I'm broke. I'm going to ask my father for a little money.* M razè, m pral frape pòt papa m. *Given that we're broke, we're going to ask John for money.* Jan n razè la, nou pral fè yon tchèk kot Jan. •**ask for praise** mande bravo •**ask**

for s.o.'s hand in marriage fè lademann pou, mande pou *The young man asked for the girl's hand in marriage.* Jennonm lan fè lademann pou fi a. •**ask for trouble** pote chat bay makou *Letting that crook handle the money, that's asking for trouble.* Ba aksyonnè sa kenbe lajan an, se pote chat bay makou. •**ask how** mande dekiprevyen *We managed, but don't ask how!* Nou degaje n, men pa mande dekiprevyen! •**ask s.o. to clear out** mande yon moun (bay) talon li *The landlord asked him to clear out because the deadline to pay his rent had passed.* Mèt kay la mande l talon l paske delè lwaye a pase. •**ask s.o. to do s.th.** mande yon moun pou *I'd like to ask your mom to let you go there.* M ta byen renmen mande manman ou pou kite ou ale. •**ask s.o. to justify her/himself** fè woulo ak, mande kont *I'm going to ask her to justify herself because she's going to denigrate me for no reason.* M pral fè woulo ak li paske l al lonmen non m pou granmèsi. *Don't ask me to justify myself to you. I'm not a child who is living with you.* Pa mande m kont, m pa timoun ki ret avè ou. •**ask s.o. to leave** mande yon moun (bay) talon li *He really asked me to leave.* Li mande me bay talon ou wi.

askance *adv.* •**look askance** gade ak mefyans
askew *adj.* de travè *That photo is askew.* Foto a de travè.
asleep *adj.* andòmi, nan dòmi *He's really asleep; he doesn't hear anything.* Li andòmi nèt, li pa tande anyen. *She is asleep now.* Li nan dòmi kounye a. •**be asleep** [*numb*] angoudi, pike *My foot's asleep.* Pye m angoudi. *If she sits in only one position, her feet fall asleep.* Si l chita nan yon sèl pozisyon, pye l pike l. •**fall asleep** dòmi{pran/twonpe/vòlò}li •**fast asleep** nan fon sonmèy *He's fast asleep.* Li nan fon sonmèy. •**half asleep** ant somèy (e) revèy *I was half asleep when I heard the noise.* M te ant somèy revèy lè m tande bri a. •**sound asleep** dòmi di, nan fon somèy *I found him sound asleep.* M jwenn li nan fon somèy. *It'll only be a few minutes and he'll be sound asleep.* Se kèk minit ase epi l ap dòmi di.
asp *n.* [*snake*] aspik, koulèv
asparagus *n.* aspèj

aspect *n.* aspè, kote, pati, pwen *What aspect interests you the most?* Ki pati ou pi renmen? *What aspect of the house do you like better?* Ki kote ou pi renmen nan kay la? *The other aspect is very important; you should talk about it again.* Lòt pwen an enpòtan anpil, fòk ou tounen sou li. •**all aspects** tout jan tout mannyè *If she didn't understand all aspects of the problem, she couldn't solve it at all.* Si li pa te konnen tout jan tout mannyè pwoblèm nan, li pa ta ka fouti rezoud li.
aspersions *n.pl.* denigreman, rabèsman
asphalt[1] *n.* asfat, goudwon
asphalt[2] *v.tr.* asfalte, goudwonnen *asphalting the road.* Y ap alfate lari a.
asphalting *n.* [*process of*] asfaltay, betonnay, goudwonnay
asphyxia *n.* etoufman, sifokasyon
asphyxiate *v.tr.* toufe *I was almost asphyxiated by the smoke.* M te manke toufe nan lafimen an.
asphyxiated *adj.* toufe *She died asphyxiated.* Li mouri toufe.
aspiration *n.* aspirasyon
aspirin *n.* aspirin
ass/arse[1] *n.* [*vulg.*] **1**[*buttocks*] bounda, deng, fif, frendeng, gawa, katchoupin, latcha, mounda, siwèl, tchou, wèl *Get your ass off the pillow!* Leve latcha ou sou kousen an! **2**[*stupid or disagreeable person*] Nonk Bouki, sòt *He's such an ass!* Se yon Nonk Bouki! •**be a lazy ass** fè bounda lou *That guy refuses to work; he's being a lazy ass.* Nèg sa refize travay, l ap fè bounda lou. •**be after s.o.'s ass** [*vulg.*] nan{deng/fif/tchou/ wèl}yon moun *I'll be after your ass until you pay me.* M nan wèl ou jis ou peye m. •**conceited ass** bòzò, jemekwa *He's a conceited ass.* Se nèg bòzò li ye. •**pompous ass** estwòdè •**smart/wise ass** eklereta, gran fòma •**stupid ass** mayoyo
ass[2] *n.* [*donkey*] bourik •**jenny ass** femèl bourik
assail *v.tr.* **1**[*attack*] asayi, atake *The robber assailed the woman and took her purse.* Zenglendo a atake dam nan e vòlè valiz li. **2**[*with questions*] asayi *The reporters assailed the President with a lot of questions.* Jounalis asayi prezidan an avèk yon pakèt keksyon.
assailant *n.* agresè, asayan

assassin[1] *n.* [*murderer*] ansasen, awousa *The assassin cut his neck. He died on the spot.* Awousa a koupe kou l, li mouri frèt.

assassin[2] *n.* [*insect*] pinèz bwa

assassinate *v.tr.* ansasinen, touye *They sent her to assassinate the president.* Yo voye l al ansasinen prezidan an.

assassination *n.* asasina •**assassination attempt** tantativ ansasina

assault[1] *n.* aso, atak, atanta •**assault and battery** vwa dfè •**criminal assault** atanta *A hundred people died in the criminal assault.* San moun mouri nan atanta a. •**well-prepared plan of assault** kou monte

assault[2] *v.tr.* asayi, atake *Thieves assaulted us on the road.* Volè asayi n nan wout. *They assaulted him. They took his suitcase.* Yo atake fè kadejak sou misye, yo pran valiz li.

assemble *v.tr.* **1**[*object, machine*] fè asanblay, monte *They assembled the parts in the factory.* Yo fè asanblay pyès yo nan faktori a. *I assembled the car piece by piece.* M monte machin nan pyès pa pyès. **2**[*documents, objects, etc.*] fè {lo/pil}, mase, mete ansanm, rasanbleman *Assemble all these documents.* Fè yon rasanbleman tout pil papye sa yo. **3**[*gather (people)*] asanble, bat tanbou rasanbleman, fè{kolonn/pil}, gonfle, gwoupe li, mase, mete ansanm, rasanble *Let's assemble quickly so we can start the work.* Ann gwoupe nou vit pou nou ka kòmanse travay la. *Let's assemble all the children who are here in one room.* Gwoupe tout timoun yo ki la nan yon sèl sal. *They assembled all the farmers to discuss the project.* Yo mete tout kiltivatè yo ansanm pou diskite pwojè a. *The women assembled in front of the hospital.* Medam yo rasanble devan lopital la. *They told them that I could assemble a hundred persons.* Yo di yo m ka bat tanbou rasanbleman pou san moun

Assemblies of God *prop.n.* asanble de Dye

assembly *n.* antremelay, asanblaj, asanble, kongregasyon, lasanble, rasanble •**annual church assembly** konvansyon •**assembly hall** sal konferans •**assembly industry** asanblaj •**assembly line** chenn {asanblaj/montaj} •**assembly plant** faktori dasanblaj

assert *v.tr.* **1**[*claim*] revandike. *They asserted their right to strike.* Yo revandike dwa yo pou fè lagrèv. **2**[*state*] fè kwè, pretann di *People*

assert that he killed the woman. Yo pretann di se li ki touye madanm nan. **3**[*authority*] fè respekte *When the children protested, she asserted her authority.* Lè timoun yo konmanse babye, li fè respekte otorite li. •**assert under oath** sèmante

assertion *n.* afimasyon, deklarasyon

assess *v.tr.* estime, evalye, {fè/bay}bilan *He came to assess the value of the house.* Li vin evalye valè kay la. *She assessed the damage after the house fire.* Li estime valè domaj la aprè dife pran kay la. *The final exams assess the student's knowledge.* Elèv yo ap konpoze pou fè bilan konesans yo.

assessment *n.* estimasyon, evalyasyon, kontwòl

asset *n.* aktif, atou, avantay, byen, kapasite *The enterprise's assets are worth two million gourdes.* Aktif antrepriz la monte di milyon goud. *He put all his assets in his family's name.* Li fè tout avantay li sou non fanmi li. *To whom will you leave these assets?* Pou ki moun w ap kite kapasite sa yo? **assets** *n.pl.* [*financial standing*] chita *They have numerous financial assets.* Chita yo byen anpil. •**fixed assets** imobilizasyon kòporèl

asshole *n.* [*vulg.*] twou kaka

assiduous *adj.* travayan, veyatif *She is assiduous in her work.* Se yon moun ki veyatif nan sa l ap fè. •**assiduous person** pa ka pa la *This guy never misses a meeting; he's an assiduous person.* Nèg sa a pa janm rate yon reyinyon; li se yon pa ka pa la.

assign *v.tr.* **1**[*designate*] bay, chwazi *Which room were you assigned to?* Ki chanm yo te ba ou? **2**[*a date*] fikse *What day was assigned for the exam?* Ki jou yo fikse pou egzamen an? **3**[*a duty, task, etc.*] bay yon moun fè *What were you assigned to do?* Ki sa yo te ba ou fè? •**assign tasks** bay yon moun pinga li *They assigned each of us a task. I can't get involved in your work.* Yo bay chak moun pinga yo, m p ap mele nan travay ou.

assignment *n.* **1**[*appointment, duty*] misyon, pòs *He was given an assignment overseas.* Yo ba li yon pòs lòtbò. **2**[*school*] devwa *I have a homework assignment for tomorrow.* M gen yon devwa pou demen. •**on assignment** an misyon *She is on assignment for the paper.* Li an misyon pou jounal la.

assist *v.tr.* asiste, bay yon moun{yon koutmen/lebra}, ede, segonde, sekoure, zepole *The doctor doesn't have any nurses assisting him.* Doktè a pa gen mis ki segonde l. *They assisted him in repairing the roof.* Yo pòte lamenfòt ba li nan ranje do kay la. *Assist the handicapped person.* Sekoure enfim nan. •**assist in giving birth** akouche *Two midwives assisted Immacula in giving birth.* De fanmsaj akouche Imakila.

assistance *n.* asistans, èd, kout{men/zepòl}, lamenfòt, sekou, sipò

assistant¹ *adj.* [*in titles*] adjwen, oksilyè, sou

assistant² *n.* adjwen, asistan, èd, sekretè •**teaching assistant** monitè, monitris [*fem.*]

ass-kisser *n.* [*vulg.*] souflantchou

associate¹ *n.* asosye, patnè **associates** *n.pl.* frekantasyon

associate² *v.tr.* 1[*things, ideas*] asosye *Don't associate money with intelligence.* Pinga ou asosye lajan ak lespri. 2[*person*] asosye, mele *I'm not associated with those men.* M pa mele ak nèg sa yo. •**associate with** fè mas ak, frekante, mele, pran pa, {sèvi/seye} ak *If you associate with thieves, you'll end up a thief.* Si ou frekante vòlè, w ap sot vòlè. *Landholders associate with the bourgeoisie to oppress the poor.* Grandon yo fè mas ak boujwa yo pou yo toupizi malere. *I don't associate with gossipers.* M pa siye ak landjèz. *You must never associate with dishonest people.* Ou pa dwe janm pran pa ak moun ki pa onèt. *We don't associate with dishonest people.* Nou pa sèvi ak moun ki pa onèt. •**not associate with others** pa siye ak yon moun, rete nan wòl li *Ever since the girl insulted me, I haven't associated with her.* Depi manmzèl fin manke m dega, m rete nan wòl mwen. •**stop associating with** depati li *It's time that you stop associating with these people.* Li lè pou ou depati ou ak moun sa yo.

associated *adj.* nan asosye *Are you associated with that political party?* Eske ou nan asosye ak pati politik sa a?

association *n.* 1[*connection with*] asosyasyon *My association with this company goes back a long time.* Se lontan m gen asosyasyon ak konpayi sa a. 2[*organization*] amikal, asosyasyon, gwoupman, sosyete *There are many associations that are working for literacy.* Gen anpil gwoupman k ap travay pou alfabetizasyon an. •**cooperative association** [*bank, insurance, etc.*] mityèl •**legal association** bawo •**savings and loan association** kès popilè

assorted *adj.* diferan, tout kalite *This material comes in assorted colors.* Twal sa a vin nan tout kalite koulè.

assortment *n.* asòtiman, melimelo •**full assortment** tout asòtiman *He has a full assortment of merchandise.* Li chaje ak tout asòtiman machandiz.

assume *v.tr.* 1[*suppose*] mete nan tèt li, sipoze *I assumed you understood me.* M sipoze ou konprann mwen. *I assumed you were coming for supper.* M mete nan tèt mwen, ou t ap vin manje avèk nou. 2[*responsibility, role*] anchaje, chaje sou do, pran reskonsablite *He assumed responsibility for the whole thing.* Li chaje sou do li tout zafè a. •**assume authority** pran mayèt la *Once the elections were over, he assumed authority.* Etan yo vote, li pran mayèt la. •**assume one's responsibilities** debouye gèt li *He's managing to resolve the problem by assuming his responsibilities.* L ap debouye gèt li pou rezoud pwoblèm nan. •**let's assume** admeton, meton, sipozon *Let's assume you don't come, what should I do with your things?* Sipozon ou pa vini, sa pou m fè ak bagay ou yo?

assumed *adj.* •**assumed name** non prete

assumption *n.* sipozisyon

assurance *n.* asirans, guarantee

assure *v.tr.* asire, bay yon moun asirans, garanti, pòte *She assured me that she will pay me back.* Li ban m asirans l ap remèt mwen kòb la. *I assure you that the car runs well now.* M garanti ou machin nan bon kounye a. *What she says doesn't assure us that we can trust her.* Sa l di la a pa gen okenn pòte pou nou ta fè l konfyans.

assuredly *adv.* san dout, sèten, sètènman

asterisk *n.* asteris

asteroid *n.* astewoyid

asthma *n.* las, maladi etoufman, opresyon

astigmatism *n.* defòmasyon nan gla(s) je

astonish *v.tr.* etonnen, sezi *I was astonished to see results.* M sezi wè rezilta.

astonished *adj.* frape, sezi *He was astonished today when he saw his mother arriving from Miami.* Li te sezi jodi a lè li wè manman li antre sot Miyami. *The woman is astonished! Her sister gave birth to identical twins!* Dam nan frape, sè l akouche marasa Ginen!

astonishing *adj.* etonan *It's astonishing coming from them.* Se etonan sa y ap di.

astonishment *n.* etònman, sezisman

astound *v.tr.* fè{pantan/sote} *She is astounded by the large one hundred-story building.* Li fè sote pou gwo bilding san etaj la.

astounded *adj.* egare, men nan bouch

astounding *adj.* ki fè sote

astray *adv.* •go astray egare, gaye, lage, tonbe nan vakabòn, tounen dèyè *She has completely gone completely goes astray in life.* Li gaye nèt nan lavi a. *That child is really going astray.* Pitit la lage nèt. *The young lady has now gone astray.* Ti dam nan tonbe nan vakabòn atò. *They went astray.* Yo tounen dèyè nan lavi a.

astride *adv.* a chwal *He rode astride the bicycle.* Li monte dèyè bekàn nan a chwal.

astrology *n.* astwoloji

astronaut *n.* astwonòt

astronomer *n.* astwonòm

astronomy *n.* astwonomi

asylum *n.* fwaye, refij •diplomatic asylum pran anbasad (pou li) *The army general obtained diplomatic asylum for himself after the coup attempt.* Jeneral lame a pran anbasad apre tantativ koudeta a. •insane asylum azil, sant sikatri •political asylum azil politik

at *prep.* 1[*cause*] a, ak, de, pou(tèt) *I was angry at the way he acted.* M te fache poutèt sa l fè a. *I was annoyed at her.* Mwen vekse ak li. *I was surprised at the way he talked to the policeman.* M sezi de jan l pale ak jandam lan. 2[*rate, value*] a, nan *We bought the books at three dollars apiece.* N achte liv yo a twa dola chak. *I heard that gas is at five dollars a gallon.* M tande gaz la rive nan senk dola. *She sells them at the best price.* Li vann yo a pi bon pri. 3[*in the direction of*] sou *He aimed a handgun at me.* Li rale zam sou mwen. *I shot at it, but I missed.* M tire sou li, m pa pran l. *Don't point at people!* Pinga ou lonje dwèt ou sou moun. *Why are you yelling at me?* Sa k fè

ou ap rele sou mwen an? 4[*place, position*] (la)kay (yon moun), nan *She's at work if you want to call her.* Li nan travay si ou vle rele li. *He's at the doctor's.* Li lakay doktè a. 5[*in the process of*] ap *He was at work on the car.* Li t ap travay nan machin lan. *The kids were at play.* Timoun yo t ap jwe. 6[*temporal*] a, pou *The plane took off at six.* Avyon an pran vòl a siz è. *He comes home at Christmas and at Easter.* Li vin lakay pou Nwèl e pou Pak. 7[*state, condition*] nan *She is really good at this game.* Li fò anpil nan jwèt sa a. 8[*nagging*] aprè *She's been at me all bloody day.* Li aprè mwen toutlasentjounen. •at it dèyè *She's at it, looking for work.* L ap dèyè yon travay. •at the nan *I left my key at the house.* M kite kle a nan kay la. *Santa Claus lives at the North Pole.* Tonton Nwèl rete nan pòl nò.

atchooo! *onom.* [*sound of sneeze*] atchoum, estchèm!

atelier *n.* atelye

atheist *n.* ate

athlete *n.* atlèt, espòtif •athlete's foot chofi, egzema, pye mayas

athletic *adj.* atletik, espòtif *The athletic program of the school.* Aktivite atletik lekòl la. •athletic field teren espò •athletic supporter [*jockstrap*] sispanswa

athletics *n.* atletis

Atlantic *adj.* atlantik

Atlantic bumper *n.* [*fish*] pòtpòt

Atlantic manta ray *n.* lanj nwa

Atlantic Ocean *prop.n.* Loseyan Atlantik

atlas *n.* atlas

Atlas *prop.n.* [*Greek mythology*] Atlas

atmosphere *n.* anbyans, atmosfè

atoll *n.* lilèt, ti zile koray

atom *n.* atòm

atomic *adj.* atomik, nikleyè *atomic weapons* zam nikleyè.

atop *adv.* anlè *You'll find what you're looking for atop the refrigerator.* Ou va jwenn sa ap chache anlè frijidè a.

atrocious *adj.* atwòs *She's suffering an atrocious pain.* Li gen yon doulè atwòs.

atrocities *n.pl.* egzaksyon *The military committed a lot of atrocities when they were in power.* Militè yo te fè anpil egzaksyon lè yo te gen pouvwa a.

atrocity *n.* atwosite

attach *v.tr.* kole, mare, mawonnen, monte, plake *He attached the car to mine with a chain.* Li mare machin lan dèyè pa m lan ak yon chenn. *Attach these two wires together so that the current can pass through.* Kole de fil sa yo ansanm pou kouran an ka pase. *He attached the pieces of wood together.* Li mare moso bwa yo ansanm. *She attached the buttons to the shirt.* Li monte bouton yo sou chimiz la. *Attach the corner shelf to the wall tightly so it won't fall.* Plake kwen an byen nan miray la pou l pa tonbe. •**attach a legal seal** mete so *The notary attached a legal seal to the document.* Notè a mete so sou dokiman an. •**attach securely** akwe *Attach the cow securely so it won't escape.* Akwe bèf la byen pou li pa chape.

attaché *n.* attaché •**attaché case** valiz

attached *adj.* mare, tache •**attached to** makonnen *My heart and soul are attached to my homeland.* Lonbrik mwen makonnen ak tè peyi m. •**be attached to** kòd lonbrik li mare ak, makonnen *She's really attached to her homeland.* Kòd lonbrik li mare ak peyi li. *My heart and soul are attached to my homeland.* Lonbrik mwen makonnen ak tè peyi m. •**be attached to s.o.** atache *He's very attached to his children.* Li atache anpil ak pitit li yo. •**get attached** gen atachman *There are animals that get more fondly attached than people.* Gen bèt ki gen atachman pase moun.

attachment *n.* atachman •**flash attachment** flach

attack¹ *interj.* alaso, alatak *Attack! Show no mercy.* Alatak! Pa bay chans.

attack² *n.* **1**[*act of aggression*] agresyon, aso, atak, ofansiv, va **2**[*asthma, heart, nerves, etc.*] kriz *I had an asthma attack.* M fè yon kriz opresyon. •**attack of the flu** yon sèl antre sou *I had an attack of the flu.* Grip la fè yon sèl antre sou mwen. •**covert attack** atak endirèk •**heart attack** arèdkè, kriz{kadyak/kè} •**hunger attack** yon sèl grangou, *I'm having a hunger attack.* M gen yon sèl grangou •**surprise attack** kou siprann •**terrorist attack** atak tewòris •**under attack** sou frap

attack³ *v.tr.* **1**[*physically, verbally*] agrese, asayi, atake, fonse sou, kalonnen, vare sou *The cat attacked the mouse.* Chat la vare sou sourit la. *He was attacking the woman.* Li t ap agrese dam nan. *She attacked me in the press.* Li kalonnen m nan laprès la. *The band of thieves attacked the driver.* Bann vòlè yo fonse sou chofè a. **2**[*chemical reaction, rust*] atake *The humidity attacked the metal and made it rust.* Limidite a atake metal la pou fè li wouye. •**attack s.o.** vole nan kòlèt yon moun *The robber attacked the man in the park.* Zenglendo a vole sou kòlèt msye a nan pak la.

attacker *n.* agresè

attain *v.tr.* atenn *She attained her goal.* Li atenn bi li.

attempt¹ *n.* atak, esèy, jèfò, tantativ •**first attempt** kou desè •**make an attempt at something** pran chans *You can make an attempt at your own business.* Ou ka pran chans nan fè biznis pa ou.

attempt² *v.tr.* chache, eseye, tante *He attempted to kill her, but he couldn't.* Li chache touye l, men li pa kapab. •**attempt suicide** fè tèt li mal *Because her husband left her, she wanted to attempt suicide.* Akòz mari l kite l, li vle fè tèt li mal. •**attempt to defraud or cheat** sou plan *The man had attempted to cheat on this wife as well.* Nèg la te gentan sou plan pou l twonpe madanm sa tou. •**attempt on s.o.'s life** fè atanta (sou) *They attempted to kill the president.* Yo fè yon atanta sou prezidan an.

attend *v.tr.* **1**[*legal assembly*] syeje *Only twenty ministers of Parliament attended today's meeting.* Sèl ven palmantè te syeje nan seyans lan. **2**[*meeting, class*] asiste, prezan, swiv *We must attend mass on Sundays.* Se pou nou asiste lamès dimanch. *She attended all the meetings.* Li te prezan nan tout reyinyon yo. *He attended Mass today.* Li swiv lanmès jodi a. •**attend to** [*deal with*] okipe, pòte atansyon *I have a lot of things to attend to.* M gen yon bann bagay pou m okipe. *Attend to your wounds.* Pòte atansyon a blesi ou.

attendance *n.* asistans, prezans •**in attendance** prezan *How many people were in attendance today?* Konbe moun ki te prezan jodiya? •**regular church attendance** pèseverans *She had regular church attendance at church until she died.* Li te gen pèseverans jis li mouri.

attendant *n.* anplwaye, asistan •**flight attendant** otès •**gas station attendant** ponpis •**hospital attendant** gad malad

attention[1] *interj.* [*mil.*] atansyon, gadavou *Attention! Soldier at ease!* Atansyon! Sòlda repo! *Soldiers, Attention!* Sòlda, gadavou!

attention[2] *n.* [*consideration, notice, observation*] enterè, prevnans, swen *He showed her a lot of attention.* Li moutre li anpil prevnans. •**come to attention** mete yon moun{o/sou}gadavou *The colonel made all the soldiers come to attention.* Kolonèl la mete tout sòlda yo o gadavou. •**come to the attention of** aprann, tande *It came to my attention that you're looking for another job.* M tande ou ap chache yon travay. •**get a girl's attention** fè jako pye vèt dèyè yon fi *He fell in love with the girl, but he's unable to get her attention.* Li renmen fi a, l ap fè jako pye vèt dèyè l. •**give attention to** dòlote *She gives so much attention to her husband.* L ap dòlote mari. •**pay attention** fè(t) atansyon, kenbe kò li, mennen{kò/bak}li *Sit up and pay attention!* Chita dwat e kenbe kò ou! •**proper care and attention** swenyay *The child needs proper care and attention.* Timoun nan bezwen swenyay. •**show s.o. excessive attention in order to gain favors** fè chen nan pye moun •**stand at attention** kanpe rèd *All the soldiers stood at attention when the general passed by.* Tout sòlda kanpe rèd lè jeneral la pase.

attentive *adj.* {ann ekout/alekout}, atantif, egzak, veyatif *This pupil is not attentive enough; she's distracted.* Elèv sa a pa ase atantif, li distrè. *If you're not attentive, the children could drown.* Si ou pa veyatif, pitit yo ka neye.

attentively *adv.* alekout, ann ekout *He listened attentively to hear what the people were saying.* Li met zòrèy li alekout pou l ka tande sa moun ap di.

attest *v.intr.* •**attest to** sètifye *He attested to the validity of what she said.* Li sètifye sa l di a se vre.

attic *n.* galta, grenye

attire *n.* abiman •**all-purpose attire** wetanm metanm •**formal attire** abi, abiman

attitude *n.* atitid, dispozisyon, lè, mantalite, pòz *He has a negative attitude toward the* group. Li gen yon atitid negatif anvè gwoup la. *This child has a bad attitude.* Tigason sa a gen move dispozisyon. *I don't like her attitude.* M pa renmen lè li. *The attitude that permits torture hasn't disappeared yet.* Mantalite kraze zo a poko fin disparèt. *That attitude doesn't become you.* Ou pa sanble ak pòz sa a. •**bad attitude** movèzte *She always has a bad attitude with me.* Li toujou fè movèzte ak mwen. •

attorney *n.* avoka •**defense attorney** avoka ladefans •**district attorney** (DA) pwokirè jeneral •**paralegal attorney** [*licensed to serve only in lower courts*] fonde pouvwa •**state prosecuting attorney** konmisè gouvènman

attract *v.tr.* **1**[*people*] fè moun *That game doesn't attract many people.* Match sa pa fè anpil moun. **2**[*charm, interest*] atire, kapte, lemante, mayetize, rale, rele *Syrup attracts ants.* Siwo atire foumi. *The band attracted a large crowd.* Djaz la rale yon bann moun. **3**[*draw towards physically*] atire, lemante, mayetize *The sun is so large that it attracts all the planets.* Solèy la tèlman gwo, li mayetize tout planèt yo. •**attract attention to o.s.** fè remake li *He says something stupid in order to attract attention to himself.* Li di yon radòt pou fè remake l. •**attract flies** [*rotten fruit*] fè makayèt *Don't leave the banana peel there so that it doesn't attract fruit flies.* Pa kite po fig la la pou l pa fè makayèt. •**attract s.o.** andyoze, bay yon moun filing, pèdi nan *You know, this girl attracted me with her smile.* Ou konnen fi sa a andyoze m ak souri li a. *He attracts women; he's handsome.* Msye bay medam sa yo filing, li bèl gason. *The way she moves, she would attract any man.* Kenpòt gason ta pèdi nan jan li gouye la. •**attract strongly** ante *The coolness in this place strongly attracts him to live here.* Frechè ki gen bò isit ante l rete la. •**attract the opposite sex** rale mennen vini *She knows how to attract a man.* Li konn ki jan pou l rale mennen vini yon gason.

attracted *adj.* tante •**be attracted** tante *Hide the liquor; he's really attracted to it.* Kache kleren an wi, sa tante li anpil. •**feel attracted to s.o.** pran filing nan yon moun *I feel attracted to this lady; she's really elegant.* Mwen pran filing nan dam sa a, li vrèman elegan.

attraction *n.* atirans, atraksyon *They don't find the same attraction anymore.* Yo pa jwenn menm atirans ankò. *I can't understand his attraction to her.* M pa fouti konprann atraksyon fi sa genyen sou li.

attractive *adj.* [*person, thing*] apetisan, atiran, bay yon moun atirans, fè lapli ak lebotan, tantan *This girl is attractive.* Ti fi sa a apetisan. *That shirt is quite attractive.* Chemiz sa a atiran anpil. *When she was young, all the men found her attractive.* Lè li te jenn, li te fè lapli ak lebotan. •**find attractive** atire *What Marc finds most attractive about Mary is her elegance.* Sa k atire Mak plis kay Mari, se elegans li. •**make more attractive** leve *The dress she's wearing makes her more attractive.* Rad li mete a leve l.

attractiveness *n.* atirans
attribute[1] *n.* kalite, karaktè, pwòp
attribute[2] *v.tr.* kale etikèt sou do yon moun *He attributed to his opponent many things that weren't true to discredit him.* Li kale etikèt sou do advèsè li a pou ba li move vèni.
attribution *n.* atribisyon
attrition *n.* diminisyon
au gratin *adj.* ograten
auburn *adj.* wouj bren
auction[1] *n.* •**auction sale** vant ozanchè •**church auction or bazaar** mwason
auction[2] *v.tr.* vann ozanchè *When he died they auctioned off his furniture.* Lè li mouri yo vann mèb li ozanchè.
audacity *n.* odas •**have the audacity** [*to do sth.*] gen je chèch, pèmèt li *That girl has the audacity to speak back to me!* Ti fi sa la gen je chèch, l ap reponn mwen! *I caught him red-handed and he has the audacity to deny it!* M kenbe nèg nan men, e li pèmèt li ap plede kanmenm!
audible *adj.* klè *Her message is not audible.* Mesaj li pa klè.
audience *n.* asistans, lasanble, piblik, rasanbleman
audio *adj.* odyo
audio cassette *n.* kasèt
audiovisual *adj.* odyovizyèl
audit[1] *n.* odit
audit[2] *v.tr.* mande kont, verifye *Manage the office properly for when they come to audit it.*

Jere biwo a byen pou lè yo vin mande ou kont.
auditing *n.* revizyon
audition *n.* odisyon
auditor *n.* espè kontab, oditè
auditorium *n.* oditoryòm, sal teyat
auditory *adj.* •**auditory canal** {anndan/fon/nannan/ twou}zòrèy
auger *n.* taryè, vri
augment *v.tr.* moute, ogmante *She wanted them to augment her salary, but they said no.* Li mande yo ogmante salè li, men yo refize li.
August *prop.n.* dawou, out
aune *n.* •**one aune** inòn •**two aunes** dezòn
aunt *n.* matant, sese, tant, tantin, tantan
auntie *n.* matant, tantin, tata
auricle *n.* [*of the heart*] oreyèt
aurora *n.* bajou, granmtimaten •**aurora borealis** [*northern lights*] owòboreyal
auspices *n.pl.* parenaj, patwonaj •**under the auspices** anba labànyè, {anba/sou} lobedyans
austere *adj.* mabyal, serye, sinik
austerity *n.* gravte, rigè
Australia *prop.n.* Ostrali (Lostrali)
authentic *adj.* bon(jan), natifnatal, otantik, reyèl, toutbon, vre *That's the authentic document.* Se dokiman sa a ki bon. *It's an authentic painting.* Sa a se yon tablo otantik. *She speaks an authentic Creole.* Li pale yon kreyòl toutbon.
authenticate *v.tr.* notarye, sètifye, valide *A lawyer must authenticate the birth certificate.* Se yon avoka ki pou notarye batistè a.
authentication *n.* [*of signature, etc.*] validasyon
author *n.* ekritè, ekriven, lotè
authoritarian *adj.* kaporalis, otoritè *The new director is too authoritarian toward the employees.* Nouvo direktè a twò otoritè ak anplwaye yo.
authorities *n.pl.* 1[*police*] lapolis *He called in the authorities.* Li rele lapolis. 2[*government officials*] otorite, zotorite *The authorities must take steps to eliminate the insecurity.* Otorite yo dwe pran mezi pou frennen ensekirite a.
authority *n.* 1[*power*] dwa, otorite, pisans, pouvwa 2[*official*] mètke, moun ki alatèt, tèt 3[*expert*] espè, mèt kèsyon •**constituted**

authority enstans *The magistrate is the constituted authority in this commune.* Se majistra a ki enstans nan lakonmin sila a. •**have authority** gen ponyèt *He has enough authority to lead the team.* Misye gen ponyèt ase pou l mennen gwoup la.

authorization *n.* lalwa, otorizasyon, pèmi •**authorization of payment** òdonans •**give authorization for** bay pas pou •**written authorization** manda

authorize *v.tr.* 1[*legally*] mandate *I'm legally authorized to arrest you.* M mandate pou m arete ou. 2[*allow*] bay{dizon/dwa/pèmisyon/pèmi}, otorize *The doctor authorized the patient to leave the hospital.* Metsen an bay maladi a dwa pou l kite lopital la. *The teacher authorized all the pupils to go out and eat.* Mèt la bay tout elèv pèmisyon pou al manje. *I can't authorize you to do that.* Mwen pa ka bay ou pèmi pou fè sa.

authorized *adj.* •**authorized agent** mandatè

auto parts *n.pl.* pyès derechanj, otopat

autobiography *n.* otobyografi

autoclave *n.* esterilizatè vapè

autocracy *n.* otokrasi

autograph¹ *n.* siyati

autograph² *v.tr.* 1[*a book*] dedikase *She's autographing her book.* L ap dedikase liv li. 2[*sign*] siyen *Autograph the picture for me.* Siyen foto a pou mwen.

autograph tree *n.* figye modi mawon

automatic *adj.* 1[*capable of working on its own*] otomatik *This door is automatic.* Pòt sa a otomatik. 2[*certain, sure*] kach, klè *When Paul gets the ball, it's an automatic goal.* Depi Pòl pran boul la, se gòl kach. 3[*motorized, etc.*] amotè *It's an automatic grinder.* Se yon moulen amotè. 4[*habit*] natirèl *I've done this for so long that it's become automatic.* M fè sa tèlman lontan, li vini natirèl. •**automatic privilege** chwal papa *It's an automatic privilege with the job.* Se chwal papa ak travay la. •**automatic transmission** [*mech.*] dayinaflo

automatically *adv.* otomatikman, pou kò li *Automatically, when they see the director, they go and hide.* Otomatikman yo wè dirèk la, y al kache. *The door opens automatically.* Pòt sa louvri pou kò li.

automobile *n.* otomobil, machin, vwati

autonomous *adj.* mèt tèt, otonòm *Haiti is an autonomous country.* Ayiti se mèt tèt li.

autonomy *n.* otonomi

autopsy *n.* otopsi, topsi •**perform an autopsy** otopsi *They have to perform an autopsy on the body before they bury it.* Fòk yo otopsi kadav la anvan yo antere l.

autumn *n.* lotòn

auxiliary¹ *adj.* oksilyè •**auxiliary verb** vèb oksilyè

auxiliary² *n.* atache

availability *n.* disponibilite

available *adj.* 1[*obtainable*] disponib, sou{lamen/men} *He has enough money available.* Li gen ase lajan disponib. *The book that you need is not available.* Liv ou bezwen an pa gen l sou men la. *These shoes are not available in your size.* Nou pa gen nimewo pye ou sou men pou soulye sa yo. 2[*person*] lib *I'm available this afternoon.* M ap lib apremidi a. •**available to** alapòte *These clothes are not available to everyone.* Abiman sa yo pa alapòte tout moun. •**not available** [*person*] okipe *The doctor isn't available today.* Doktè a okipe jodi a.

avalanche *n.* deboulman, glisman tè •**avalanche of** [*large quantity*] babako, pli *There was an avalanche of used clothes for sale.* Te gen yon sèl pli rad pèpè pou vann.

avant-garde *adj.* davangad

avarice *n.* kraste, lavaris

avaricious *adj.* ava, peng *Avaricious people never want to spend money on anything.* Moun peng pa janm vle depanse lajan sou anyen. •**avaricious person** sousoupannan *That avaricious guy is so cheap he won't waste anything.* Nèg sousoupannan sa a ap kaka nan boutèy ti kras pa tonbe.

Ave Maria *prop.n.* Ave

avenge *v.tr.* {pran/tire}revanj li, revanje, vanje *Watch out! He's looking to avenge himself.* Veye zo ou! L ap chache vanje li. *We're going to avenge ourselves for what they did.* Nou pral tire revanj nou sou yo.

avenger *n.* revanjè, vanjè

avenue *n.* avni

average¹ *adj.* antre de, mwayen *He is not doing badly in school. He is average.* Li pa fin mal nèt lekòl, li antre de. *He's an average student.* Li se yon elèv mwayen.

average² *n.* (nan) mwayenn, nan zòn *What was the average that most of the students scored on the exam?* Ki mwayenn pi fò etidyan yo fè nan egzamen an? •**above average** plis pase mwayèn •**on (the) average** an mwayèn, mwayènman, nan zòn *On average, I spend about five hundred gourdes a day.* Chak jou m depanse nan zòn senk san goud.

aversion *n.* degou, degoutans •**have an aversion** gen degoutans pou *I have an aversion for this child; she's so disrespectful.* M gen degoutans pitit sa tèlman l radi.

avert *v.tr.* evite *As long as one can avert danger, that's good; misfortune isn't nice.* Yon moun toutotan ou ka evite danje se byen, malè pa dous. •**avert one's eyes** detounen, ekate *Don't look at that! Avert your eyes.* Pa gade sa a! Detounen je ou.

aviation *n.* avyasyon

aviator *n.* avyatè

avocado *n.* zaboka, zabèlbòk [N]

avoid *v.tr.* 1[*danger or misfortune*] ekate, dezenvite *Old people always give advice on how to avoid misfortune.* Granmoun toujou ap bay konsèy pou dezenvite malè. *Avoid that danger; remove the gas container from next to the fire so that it doesn't explode.* Ekate danje sa a, wete bonbòn gaz la bò dife a pou l pa esploze. 2 [*people who might pose problems*] bay{bwa long kenbe/demakay}, chinwa, demake, egzante, ekate, evite, mawon pou yon moun, pran men li ak moun *If you don't avoid these people, they'll cause you problems.* Si ou pa egzante moun sa yo, y ap mete ou nan bouyay. *I avoid this guy.* Mwen ekate nèg sa a. *You are someone I need to avoid; you're too much of a criminal.* Ou menm, ou se yon nèg pou m evite, ou brigan twòp. *I avoid Lisa.* M mawon pou Liza. *Avoid those people because they're into shady deals.* Pran men ou ak moun sa yo paske yo nan move dil. *When it's time to pay, I make sure to avoid her, so she can't ask me to pay for her.* Lè lè a rive pou peye, m ba li yon demakay pou l pa mande m peye pou li. *He sees me coming and he avoids me.* Li wè m ap vini, li demake m. •**avoid drawing attention to o.s.** {ret/kache}anba pay *He's trying to avoid drawing attention to himself.* L ap eseye ret anba pay. •**avoid involving**

s.o. dezenvite *Avoid involving me in your business.* Dezenvite m nan koze sa a. •**avoid meeting with s.o.** bay yon moun vag, mawon *He avoids meeting with us because he doesn't share our ideas.* Li ban n vag poutèt li pa renmen lide nou yo.

avoidance *n.* demakay *What you've been doing is considered an avoidance of conjugal duties.* Yo konsidere sa w ap fè a kòm demakay a devwa konjigal.

avowal *n.* afimasyon, deklarasyon •**avowal of love** deklarasyon

avowed *adj.* •**avowed enemies** lèt ak sitwon

await *v.tr.* tann *We didn't know what would be awaiting us.* Nou pa t konn sa k t ap tann nou. *I'm awaiting your reply.* M ap tann repons ou.

awake¹ *adj.* je klè *I don't get out of my bed before eight o'clock even if I'm awake.* M pa leve nan kabann mwen anvan uit è menm si je m klè. •**stay awake all night** pase nwit blanch •**wide awake** je gran louvri *I'm wide awake.* Je m gran louvri.

awake² I *v.tr.* [*suspicion, memory*] eveye, leve *The accident awaked a lot of bad memories.* Aksidan an leve yon pakèt move souvni. II *v.intr.* [*from sleep, illusion, etc.*] dezonbifye, leve, leve nan dòmi, reveye li *She awoke me from my sleep with some cold water.* Li leve m nan dòmi ak yon ti dlo frèt.

awaken *v.tr.* leve (nan dòmi) *Why did you awaken me?* Poukisa ou leve m nan dòmi?

awakener *n.* reveyè

awakening *n.* revèy

award¹ *n.* prim •**award of medals** dekorasyon

award² *v.tr.* bay prim, remèt *They awarded the gold medal to the athlete.* Yo remèt atlèt la meday lò a. •**award a medal to** dekore, medaye *The president awarded a medal to some military people.* Prezidan an dekore kèk militè. *They awarded a medal to Corporal Pòl.* Yo medaye kaporal Pòl.

awarded *adj.* •**be awarded** desène *The best student was awarded the prize.* Elèv ki pi fò a desène pri a.

aware *adj.* konsyan, okouran *He is aware that he's wrong.* Li gen konsyans li an tò. *She's aware that what she did wasn't right.* Li konsyan sa l fè a pa bon. *Are you aware of the neighbors' wedding?* Èske ou okouran de maryaj vwazen an? •**be aware!** veye{kò/zo} li *Be aware! There are many robbers on that road.* Veye zo ou! Gen anpil zenglendo sou wout sila a. •**be aware of** gen je louvri sou, sansibilize *They aren't aware of the issue.* Yo manke sansibilize sou pwoblèm nan. *They are aware of the problems of alcohol.* Yo gen je louvri sou koze tafya. •**become aware of** aprann, {gen/pran} konsyans *They became aware of his drinking problem yesterday.* Yo aprann tafya pran tèt msye a ayè. •**make aware of** konsyantize, sansibilize *Let's make people aware of AIDS.* Ann sansibilize moun yo sou koze sida a. *The man was not made aware of his rights.* Msye a pa konsyantize konsènan dwa li yo.

awareness *n.* priz konsyans

away *adv.* **1**[*to or at a distance*] lwen, o lwen *He works far away from his home.* Kote l travay la lwen ak lakay li. **2**[*absent*] absan, pati *She's away from work today.* Li absan nan travay jodi a. *He's away on business.* Li pati nan vwayaj zafè. **3**[*sports*] an deyò *They're playing away this week.* Y ap jwe an deyò semenn sa a. •**away from** an deyò, kite *They are away from home.* Yo an deyò. *She is away from her desk for the moment.* Li kite biwo li pou yon ti moman •**away with thee** [*to an evil spirit*] vamalore, va va *Away with thee, evil spirit!* Vamalore! •**be away** bay do *The teacher will be away from the school for a month.* Mèt la ap bay lekòl la do pannan yon mwa. •**far away** aziboutou, lwen, obout, wo *I can't hear you; you're too far away.* M pa tande, ou twò lwen. *Where I'm leading you is very far away.* Kote m ap mennen ou a wo anpil.

awe *n.* krentif •**awe inspiring** enpresyonan, estwòdinè, fòmidab •**fearful awe** krentif •**in awe** bouch be •**in awe** enpresyone *They were in awe of the other team.* Yo te enpresyone ak lòt ekip la.

awesome *adj.* fòmidab

awestruck *adj.* frape, sezi

awful *adj.* lamantab, michan, se laraj, tèrib *We're in an awful situation.* Nou nan yon sitiyasyon lamantab. *He died in an awful accident.* Li mouri nan yon michan aksidan. *The problems of life here are awful.* Pwoblèm lavi pa bò isit, se laraj. *His situation in life is awful.* Sitiyasyon lavi l tèrib.

awhile *adv.* yon (bon) ti moman *Stay awhile.* Rete fè yon ti moman non. *We talked awhile.* Nou fè yon bon ti moman ap pale.

awkward *adj.* **1**[*clumsy*] entatad, gòch, kòkòb, kòrèd, makwali, maladwat, malagòch, mare, mare kou (yon) krab *He's so awkward that he breaks everything he touches.* Li tèlman entatad, li kraze dènye sa l manyen. *This awkward guy can't dance worth a dime.* Nèg kòrèd sa pa konn danse pou senk kòb. *Haven't you noticed how awkward he is with his two feet touching each other when he walks?* Ou pa wè jan l makwali ak de pye l ki kontre lè l ap mache? **2**[*embarrassing*] jenan *There was an awkward silence for a moment.* Te gen yon ti moman jenan. **3**[*difficult*] difisil, jenan, jene *It's awkward even to ask.* Se jene mande ou sa. **4**[*cumbersome object*] difisil, mal pou *This box is awkward to lift.* Bwat sa la mal pou leve. •**to be caught in an awkward situation** pran nan pongongon

awkwardly *adv.* jan maladwat *He walked awkwardly across the room.* Li mache yon jan maladwat atravè pyès la.

awkwardness *n.* maladrès

awl *n.* alèn, pwenson

awning *n.* ovan, tant

awry *adj.* deplase, pa kòdjòm •**go awry** {tounen/vire} mal

ax *n.* rach

axilla *n.* anbazesèl, zesèl

axis *n.* [*math, etc.*] aks

axle *n.* aks, lesye, pon •**axle grease** grès di, kabòn •**axle nut** ekwou aks •**front axle** pon avan •**rear axle** pon aryè

axle-grease *n.* kabòn

azalea *n.* azale

azure *adj.* {ble syèl/bled}

B

b *n.* [*letter*] be

B *prop.n.* [*mus.*] si

B.C. *adv.* [*Before Christ*] anvan{Jezikri/Kris}, anv. K.

BCG *n.* Beseje

babble *v.intr.***1**[*engage in idle chatter*] dekoze, pale pale, pale san pran souf, radada, radote, ratata *He's always babbling about nothing.* Li toujou ap radote. *She babbles on and on and won't let anyone else say a word.* Madanm lan pale, li pale, li pa bay pyès moun tan pou yo pale. *Instead of babbling, shut your mouth.* Olye w ap ratata, pe bouch ou. **2**[*talk indistinctly*] babye, blabla *He doesn't talk clearly; he is just babbling.* Li pa pale klè, se babye l ap babye. **3**[*baby talk*] gazouye *The baby has begun to babble.* Ti bebe a kòmanse gazouye. **4**[*sea*] gazouye *Listen to how the wave is babbling.* Ou pa tande jan lanm lanmè ap gazouye.

babbler *n.* blabla, djèdjè, radòtè, radòtèz [*fem.*], ransè •**incessant babbler** lalwèt teta

babbling *n.* babiyman, rablabla, radotay

babe *n* **1**[*baby*] tibebe, titit **2**[*attractive woman*] bebe, bèl ti grenn lib *That babe is so attractive that all the men are after her.* Bebe sa a tèlman anfòm, tout gason dèyè l. *You'll find nice little babes in the discos.* Ou ap jwenn bèl ti grenn lib nan diskotèk yo. •**babe in the woods** [*sucker*] bonifas, jokris, kòkòb, san lespri •**really hot babe** [*N*] dyal

babel *n.* lobo, tapaj

baboon *n.* babwen

baby¹ *n.* (ti)bebe, ti pitit, titit *How's the baby doing?* Kouman tibebe a ye? •**baby boom** peple kou apoulaw •**baby carriage** pousèt •**baby or milk tooth** dan {lèt/ timoun}, •grenn diri •**have a baby** fenk fè yon{pitit/ timoun} *His wife just had a baby.* Madanm li fenk fè yon pitit. •**have one baby after another** grennen pitit (devan dèyè), simen pitit *That woman has babies one after another.* Fi sa a simen pitit. •**premature baby** timoun fèt anvan{lè/tèm} •**sickly baby** tibebe lèt •**tiny baby** ayovi, malounvi, tyovi •**unbaptized baby** ti chwal

baby² *v.tr.* gate *You've babied the child.* Ou fin gate ti nèg la.

Baby Doc *prop.n.* [*Jean-Claude Duvalier, 1971-1986*] Divalye

babysit *v.tr.* fè bebisit, ret(e) ak timoun *They asked me to babysit the kids for them.* Yo mande m pou m ret ak timoun yo pou yo. *She babysits to earn a living.* Li fè bebisit pou l viv.

babysitter *n.* bebisitè, bòn (a) timoun, gadò

baccarat *n.* bakara

bachelor *n.* selibatè •**bachelor apartment** [*pad*] chanm gason, kòbòy

bacillus *n.* basil

back¹ *adj.* aryè, dèyè *The back seat of the car.* Kousen dèyè machin lan. *The back part of the house.* Bout dèyè kay la. *The back tire.* Wou aryè a.

back² *adv.* annaryè, bak *Stand back!* Fè bak! •**back and forth** adwat agòch •**be back** tounen *Don't cry! Your mother will be back!* Pa kriye! Manman ou ap tounen. •**get back a**[*property*] antre, reprann *I don't see yet how I am going to get my money back.* M poko wè kijan m ap antre kòb mwen an. **b**[*return to a place*] (re)tounen *When did you get back?* Ki lè ou tounen? *I leave home every Monday morning, and I get back every Friday night.* M kite lakay chak lendi maten, m retounen chak vandredi swa. •**get back at people for what they said** fè yon moun peye bouch li •**get back at s.o./get s.o. back** pran yon moun, tire revany sou yon moun *I'll get you back for what you did to me!* M ap pran ou pou sa ou fè m lan! *He'll get back at you somehow.* L ap tire revany sou ou kanmenm. •**get back to** bay yon moun repons, tcheke yon moun *I can't give you an answer right now, but I'll get back to you tomorrow.* M pa ka ba ou yon repons konnye a, m a tcheke ou demen. •**get back to s.o. right away** tounen sou yon moun{anvan li bat je li/pop pop} •**give back** kare, krache, mennen yon bagay tounen bay yon moun, rebay, remèt, renmèt, retounen *He gave her back her pen.*

Li renmèt li plim li. *If you're not satisfied with the work, I'll give you back your money.* Si travay la pa nan gou ou, m ap renmèt ou kòb ou. *I have to give him back the car.* Fò m mennen machin lan tounen ba li. *Buddy, give me back my tools.* Monchè, kare zouti m ban mwen. *I gave the money back.* Mwen te rebay lajan an. *When you borrow something, you have to give it back.* Lè ou prete yon bagay, ou fèt pou remèt li. *I'm giving back the gift he gave me.* M ap retounen kado li ban mwen an. *We'll make him give back all the money he stole.* Nou pral fè msye krache tout lajan li volè yo. •**give s.o. back his money** kaka yon moun lajan li •**go back** (re)tounen *I need to go back to get my umbrella.* Fò m tounen al chache parapli m. *Let's go back home.* An n (re)tounen lakay. *Let's go back to what you were saying.* An n retounen sou sa ou t ap di a. *I went back after spending five years abroad.* Mwen retounen apre senk an m pase deyò. •**go back and forth** ale vini, monte desann, vire tounen, fè{alevini/lanavèt/laviwonn dede/yon viwonndede}, monte desann *They go back and forth between the two countries.* Yo fè alevini ant de peyi yo. *I had to go back and forth before I had the chance to meet the principal.* Se pa de laviwonn dede m pa fè anvan m rankontre dirèk la. •**go back down** tounen desann *She went back down the stairs.* Li tounen desann eskalye a. •**go back inside** tounen rantre anndan *I went back inside the house.* M tounen rantre anndan kay la. •**go back to** [*an issue*] revni *We don't go back to this issue.* Nou p ap revni sou pawòl sa a ankò. •**go back up** pase remonte, remonte, tounen monte *Here's the little boy going back up the street.* Men ti gason an ap pase remonte nan lari a. *She had just come down. The cold made her go back up running.* Li te fin desann, fredi a fè l kouri remonte. *She went back up the slope.* Li tounen monte pant lan. •**going back** retou •**going back and forth** vatevyen •**put back** mete{kote li ye a/nan plas li} *Put it back!* Mete l kote l te ye a!

back[3] *n.* **1**[*of the body*] do *I carried her on my back.* M pote l sou do m. **2**[*chair, sofa*] do, dosye *The back of the chair.* Do chèz la. **3**[*rear*] (bout) dèyè, fon *The back of the house*

needs painting. Dèyè kay la bezwen pentire. *The noise is coming from the back.* Bri a sot dèyè. *Put the suitcase in the back of the car.* Mete malèt yo nan dèyè machin na n. *She tied the goat in the back of the field.* Li mare kabrit la nan fon jaden an. *They stayed at the back of their room.* Yo rete nan fon chanm yo. *I put the boxes in the back of the garage.* M met bwat yo nan bout dèyè remiz la. **4**[*reverse side*] do *Write it on the back of the page.* Ekri l nan do fèy la. •**back and shoulders** kari •**back to back** *a*[*physically*] bò kote yon moun, dozado *Stand back to back with her so I can see who's taller.* Kanpe bò kote l la pou m wè kilès ki pi wo. *They sat back to back.* Yo chita dozado. *b*[*temporally*] youn{apre/dèyè}lòt, kole kole *I have two back to back appointments.* M gen de randevou youn dèyè lòt. •**deformed back** donmajman *He has a deformed back.* Li gen yon donmajman nan do li. **hunched back** do koko •**small of the back** kannal rèldo •**sprained back** {do/senti/tay} {ouvri/ouvè/louvri}, toudren *His back is sprained from the strain of carrying water.* Do li louvri nan redi pote dlo. *She lifted too heavy a load; she has a sprained back.* Li leve chay ki twò lou; li gen tay ouvè. *She's got a sprained back since she fell off the horse.* Li gen yon ren louvri depi l fin sot tonbe sou chwal la. •**ulcerated back** [*of a donkey, etc.*] do mangay

back[4] *v.intr.* [*move backwards*] fè bak *He backed up the car.* Li fè machin lan fè bak. *She backed into the street without even looking.* Li fè bak soti nan lari a san l pa menm gade. *I picked up a rock, and the dog backed away from me.* M pran yon wòch, enpi chen an fè bak. •**back down** bat ba, fè{bèk atè/lach}, fèmen zèl li, kraponnen, rekile *He's afraid; he backed down.* Misye pè, li fè bèk atè. *She didn't continue arguing; she backed down.* Li pa rete nan diskisyon an, li fè lach. *If he sees you're up to fighting him, he'll back down.* Si l wè ou soti pou ou goumen avè l toutbon, l ap kraponnen. *She never backs down (from an argument).* Li pa janm bat ba. •**back out** kite, retrete *If you don't back out of this affair, you'll become a victim.* Si ou pa retrete nan zafè sa a, ou t ap viktim. *Since the bank refused their loan, they had to back out of the* deal. Kòm labank pa vle prete yo kòb la, yo oblije kite afè a. •**back up** *a*[*motion*] fè bak (annaryè), rekile *Careful, the car is backing up!* Atansyon, machin nan ap fè bak! *b*[*fig.*] fè yon ti bak *You're reading too fast for me. Back up a little.* Ou li twò vit pou mwen, ann fè yon ti bak.

back⁵ *v.tr.* [*support*] {avè/deyè/kanpe avè}yon moun, apiye, avalize, {bay/pote}jarèt, kore, pistonnen, pote boure, soutni *We'll back you up.* N ap kanpe avè ou. *I'm backing my candidate strongly.* M ap kore kandida m nan nèt ale. *We have to back up our friends.* Fo n pote boure ak zanmi. •**back s.o. up** dèyè yon moun *If he gets by you with the ball, I'll back you up.* Si msye pase, m dèyè. •**back up financially** bay kòb, bouste

backache *n.* (gen) do fè mal, mal do/maldo, {tay/do}fè mal *I have a terrible backache.* M gen yon do fè mal anraje sou mwen. *He has a backache.* Li gen yon do fè mal. *I have a backache.* M gen mal do.

backbite *v.tr.* {bay/fè}kout lang sou moun, fè {landjèz/ pil}sou do yon moun, fè ti pil gwo pil, monte sou do yon moun, pale yon moun mal, vèni do yon moun *She backbites so much, everyone avoids her.* Li tèlman fè landjèz sou do yon moun, tout moun evite l.

backbiter *n.* sèpida

backbiting¹ *adj.* medizan *Backbiting people say mean things about others for no reason.* Moun ki medizan pale moun mal san rezon.

backbiting² *n.* gwo pil ti pil, kout lang, malpalan, medizans, ti pil gwo pil *There's always so much backbiting here.* Ala kot moun renmen fè gwo pil ti pil!

backboard *n.* [*basketball*] panno

backbone *n.* 1[*body part*] {chenn/règ/rèl/zo}do, chinendo, mwèl 2[*courage*] zo rèl do *He has no backbone; he always runs away from a fight.* Msye pa gen zo rèl do; depi gen goumen l kouri.

backbreaking *adj.* fyèl pete *This work is backbreaking.* Travay sa a se fyèl pete.

backdoor *n.* pòt dèyè

backdrop *n.* 1[*setting*] kontèks 2[*theater*] dekò

backer *n.* konmetan, marenn [*fem.*]

backfire *v.intr.* tounen mal *It backfired on him.* Sa vin tounen mal pou li.

backfiring *n.* [*noise*] petarad

backgammon *n.* bakgamon

background *n.* bakgrawonn *Your background will show me if you are competent for the job.* Se bakgrawonn ou k ap fè m wè si ou konpetan pou djòb la. •**person of humble social background** pitit sòyèt •**to stay/remain in the background** renka sou dèyè, plòtonnen kò li

backhoe *n.* pèl mekanik

backing *n.* dèyè, solidarite •**have backing** gen bwa dèyè bannann

backlash *n.* chòk an retou

backlog *n.* bagay an reta

backpack *n.* sakado, valiz lekòl •**school bag or backpack** valiz lekòl

backpedaling *n.* vòltefas

backroom *n.* chanmdèyè

backrub *n.* fwotman nan do

backside *n.* bastengal

backslide *v.intr.* chite, regrese *She did good work but now she's backslid.* Li fè bon travay men kounye a li chite.

backstabber *n.* ipokrit, kouto famasi, trèt

backstage *n.* dèyè rido

back-to-back *adj., adv.* do pou do, dozado, kole kole

backup¹ *n.* 1[*support*] bakòp, janmdefòs, ranfò, *The policemen called the base for a backup.* Polisye yo rele baz pou mande ranfò. 2[*substitute*] doub, rezèv *The backups must stay on the sideline bench.* Rezèv yo se sou ban pou yo rete.

backup² *adj.* dezyèm, rezèv *He's the backup goalie.* Se gadjen rezèv la.

backward¹ *adj.* abitan, aryere, pa evolye *This region is very backward.* Zòn sa a pa evolye menm. *She acts like a backward person.* Li aji yon jan abitan. *These backward people are not familiar with technology at all.* Moun aryere sa yo pa nan kontak ak teknoloji ditou.

backward² *adv.* an retrè *Instead of clearing the ball forward, he preferred to make a pass backward.* Olye l degaje boul la annavan, li pito fè yon pas an retrè. •**backward and forward** devan dèyè, pwòp *He knows his lesson backward and forward.* Li konn leson li pwòp. •**go backward** [*decline*] pèdi fil

backwards *adv.* 1[*end, rear first*] pa do *Why are you reading the book backwards?* Poukisa ou li liv la pa do? 2[*wrong way for clothing*] devan dèyè *She put her dress on backwards.* Li met rad la devan dèyè sou li. 3[*shoes*] dwat e gòch *You have your shoes on backwards.* Soulye a dwat e gòch nan pye. 4[*toward the back*] pa{bak/do/ dèyè} *Don't recline on the chair or you'll fall backwards.* Pa kage chèz la pou pa pati pa dèyè. *Children like to walk backwards.* Timoun renmen mache pa bak.

backwater *n.* peyi pèdi

backwoods *n.pl.* andeyò, bwa, raje, rakwen *That area is backwoods; people don't live there.* Zòn sa a se raje, moun pa abite la.

backyard *n.* lakou, lakou dèyè

bacon *n.* bekonn, la

bacteria *n.* bakteri

bacterium *n.* mikwòb

bad[1] *adj.* 1[*not good*] mal, move, movèz [*fem.*], pa bon *He's a bad person.* Li se yon move moun. *This is a bad sign.* Sa se yon move siyal. *There's a bad smell here.* Gen yon move sant la a. *The weather was very bad.* Tan an pa t bon menm. *This little girl is bad.* Tifi a movèz. *The work they did on my house was really bad.* Travay yo fè nan kay mwen an pa bon menm. *What you did was bad.* Sa ou fè a mal. 2[*serious*] malouk, michan, move *A bad case of pneumonia.* Yon michan lemonni. *Her wound looks bad.* Blese li a malouk. 3[*harmful (to health)*] pa bon *Rice is bad for you if you have a cough.* Si ou ap touse, diri pa bon pou ou. *Smoking is bad for your health.* Fimen pa bon pou sante ou. 4[*rotten, spoiled*] gate, pouri *This meat is bad.* Vyann sa a gate. 5[*not acceptable/nice*] mal *Beating your wife is a bad thing to do.* Bat madanm ou se yon bagay ki mal. *You must discipline a child when she does something bad.* Si yon timoun fè yon bagay ki mal, fò ou korije l. 6[*temperament*] vye *Her father has a bad temperament.* Papa l gen yon vye tanperaman. •**bad action** ak •**bad news** move nouvèl •**bad person** moun {move/ sijè/ zè/lè/movèz fwa} *I don't deal with bad people.* M pa mele ak moun movèz fwa. •**bad thing** [*in general*] tchanpan •**bad things** mal *Rich people do a lot of bad things to poor people.* Se pa de mal rich yo p ap fè pòv yo. •**do bad things** trese pit pouri *I see no future for him because he's doing bad things.* M pa wè

avni pou li paske l ap trese pit pouri. •**from bad to worse** de mal an{mal/pi}, pi mal an pi mal *Things are going from bad to worse.* Bagay yo, se pi mal an pi mal. *The situation of the country is going from bad to worse.* Sitiyasyon peyi a vin de mal an mal chak jou. •**go bad** [*become spoiled*] gate, an pouriti, tounen *The milk has gone bad.* Lèt la tounen. *This meat will go bad if you don't cook it today.* Vyann sa a ap gate si ou pa kuit li jodi a. *The fruit is going bad.* Fwi yo an pouriti. •**go from bad to worse** kouri (pou) {lapli tonbe (nan) larivyè/sèkèy tonbe sou kadav *She thought she'd be better off with this new guy, but it went from bad to worse.* Li panse l t ap pi byen ak nouvo nèg sa a, enben se kouri lapli tonbe larivyè. •**not bad** [*relatively good*] pa mal *This food isn't bad.* Manje sa a pa mal non. •**not half bad** pa mal *That food wasn't half bad!* Manje a pa t mal non! •**things are bad (for o.s.)** atè plat *How are things going? — Things are bad for me.* Kouman aktivite yo ye? —Atè plat! •**things are going from bad to worse** afè yon moun nan ti godèt *Because of the high cost of living, things are going from bad to worse.* Ak koze lavi chè sa a, afè yon moun nan ti godèt. •**things are/get really bad** van vire pilon *When things get really bad, I'll hear complaints.* Lè van vire pilon, m a tande plenyen. •**too bad** dizondi, domaj, kaka rat, tanpi *It's too bad you can't come.* Se byen domaj ou pa p ka vini. *Too bad for you if you don't want to eat.* Tanpi pou ou si ou pa vle manje. *It's too bad his skin is covered with pimples.* Domaj tout po l plen bouton.

bad[2] *n.* mal

badge *n.* badj, ensiy, kat (travay) •**name badge** kat

badger[1] *n.* blèwo

badger[2] *v.tr.* bay yon moun chenn, fatige lòlòj youn moun *He's badgering me. He always asks a lot of questions.* L ap fatige lòlòj mwen, li toujou poze anpil kesyon.

bad-looking *adj.* makwali •**bad-looking or unkempt person** malswen

badly *adv.* 1[*action, performance*] mal, malman *The car's been running badly since yesterday.* Depi yè machin lan ap mal mache. *This sentence is badly written.* Fraz sa a mal ekri. *She acted badly towards her mother.* Li aji malman ak manman l. **2**[*very much*] anpil, serye, toutbon *The hospital needs money badly.* Lopital la bezwen lajan anpil. •**badly cooked food** bouyi vide •**badly dressed person** mangousa •**badly made clothing** maltaye *This sports jacket is badly made.* Levit sa a maltaye. •**badly made object** koupe kloure •**badly off** sou dèyè •**do badly** [*on a test*] voye flè •**go badly** gen derapay *Police went along with the demonstrators in order to prevent things from going badly.* Lapolis akonpaye manifestan yo pou evite gen derapay •**rather badly** malman

badmouth *v.tr.* deblatere, chikannen, {koupe/taye} zèb anba pye yon moun, lave bouch li sou yon moun, vèni *He badmouthed me in front of the girl.* L al vèni m devan fi a. *The two women really badmouthed their friend.* De medam yo deblatere sou do zanmi yo a nèt. *Stop badmouthing the girl; you don't even know her.* Sispann lave bouch ou sou tifi a, ou pa menm konnen l menm. *They're saying bad things about me to my good friend. They're badmouthing me.* Y ap pale m mal ak bon zanmi m, y ap koupe zèb anba pye m. *If he hadn't badmouthed me, they would have given me the job.* Si l pa t taye zèb anba pye m, yo t ap ban m djòb la.

badness *n.* mechanste, movèzte

bad-tasting *adj.* makawon

bad-tempered *adj.* akaryat, move jan, tchak *That old person is bad-tempered.* Granmoun sa a akaryat. *People can't approach that bad-tempered guy.* Moun pa ka abòde nèg tchak sa a. *He is so bad-tempered.* Se moun ki gen move jan anpil.

baffled *adj.* bouch{be/fèmen}

bag *n.* **1**[*general portable container*] brisak, sak **2**[*piece of luggage*] valiz, malèt. •**bags under one's eyes** jenan tou *She has bags under her eyes.* Je l nan tou. •**burlap bag** sak kòlèt •**enema bag** bòk •**game bag** [*for carrying game*] zebisyè •**garment bag** pandri •**in the bag** [*sure to be won*] klè *This game is in the bag.* Match sa a klè. •**large straw bag** kapay, sewon •**matted straw bag with strap** djakout •**paper or plastic bag** chache •**school bag** valiz lekòl •**scum bag** bouden gri *He's a scum bag; he spends his whole life lying and deceiving.* Misye se

yon bouden gri, li pase tout lavi l nan manti ak magouy. •**sleeping bag** sak{kouchaj/kouchay} •**small bag** [*for sugar, etc.*] kòne •**small cloth money bag** sakit •**small lady's bag** yeye •**small straw bag** djola •**small straw bag with shoulder strap** makouti •**straw bag with a shoulder strap** [*usually used by women*] alfò •**straw or matted grass bag with shoulder strap** [*usually carried by men*] makout •**tiny bag** tabliye •**wind bag** sak van

baggage *n.* efè •**baggage claim area** reklamasyon malèt •**baggage conveyor/carousel** kawousèl •**baggage hold** [*airplane*] anba avyon

baggy *adj.* **1**[*clothing*] flòk, flòp flòp, laj *The clothes are baggy, ready to fall off him.* Rad la flòp flòp prèt pou tonbe sou li. *These pants are too baggy.* Pantalon sa a twò laj.

Bahamas *prop.n.* Bayamas, Naso •**Bahaman nighthawk** petonvwa •**Bahamas pintail** [*bird*] kanna tèt blan

Bahamian[1] *adj.* bayameyen, bayameyèn [*fem.*]

Bahamian[2] *prop.n.* Bayameyen, Bayameyèn [*fem.*]

bail[1] *n.* kosyon •**free on bail** lib sou kosyon

bail[2] *v.tr.* **1**[*post bail*] bay kosyon **2**[*get s.o. out of a difficult situation*] dechwe *My dad bailed me out; if not, bankruptcy would have crushed me.* Papa m dechwe m, sinon fayit la ta kraze m.

bail[3] *v.tr.* [*eliminate water from*] jete (dlo) *We'd better start bailing water.* Pito n koumanse jete dlo. •**bail out** jete dlo *He bailed out the water that was in the barrel.* Li jete dlo ki te nan dwoum nan.

bailiff *n.* isye

bailiwick *n.* jiridiksyon

bait[1] *n.* **1**[*for fish*] lak **2**[*for other animals*] amòs, manje *What do you use for bait to catch a rat?* Ki manje ou met nan pèlen pou rat?

bait[2] *v.tr.* **1**[*for fish*] lake *He baited the hook for me.* Li lake zen an pou mwen. **2**[*for other animals*] mete manje *Bait the mousetrap.* Mete manje nan pèlen sourit la. **3**[*person*] bay yon moun chenn

bake I *v.tr.* [*food*] anfounen, kite nan fou *Every day they bake three hundred loaves of bread.* Chak jou yo anfounen twa san pen. *You* have to bake this for one hour. Fò ou kite l fè inèdtan nan fou. **II** *v.intr.* **1**[*food*] kuit *Put the meat in the oven so that it bakes.* Mete vyann nan nan fou pou l kuit. *The bread took a long time to bake.* Pen an fè lontan ap kuit nan fou a. **2**[*suffer from the heat*] toufe *In the hot season, people who live in houses with tin roofs bake.* Nan sezon chalè, moun ki rete nan kay tòl toufe.

baked *adj.* griye, kwit nan fou

baker *n.* boulanje

bakery *n.* boulanje, boulanjri *I work at a bakery.* M ap travay nan yon boulanje.

baking *adj.* •**baking powder** leven, poud elvasyon, poud (e)levasyon •**baking soda** bikabonat

balance[1] *n.* (dènye) rès, rès (kòb) *Pay the balance in two weeks.* Peye rès kòb la nan de semenn. •**balance sheet** bilan *Did you see this month's balance sheet?* Ou wè bilan mwa sa a.

balance[2] *n.* [*equilibrium*] balans, ekilib *His balance isn't too good on a bike.* Li po ko fin gen ekilib li sou bisiklèt. *She lost her balance and fell.* Li pèdi ekilib li, enpi l tonbe. *It's hard to keep your balance here. It's so slippery.* La a glise, ou pa fouti kenbe ekilib ou. •**balance of power** rapò de fòs •**out of balance or out of line** fòskote •**in the balance** anbalan, ensèten •**loss of balance** dezekilib •**out of balance** dezekilibre

balance[3] *v.tr.* ekilibre *Assign good players in each team to balance them.* Plase bon jwè nan chak ekip pou ekilibre yo. •**balance o.s.** fè balans *He is trying to balance himself on the railroad track.* L ap eseye fè balans sou ray tren an. •**evenly balanced** ekilibre

balance sheet *n.* bilan

balancing *n.* dodinay

balao *n.* [*fish*] balawou

balcony *n.* balkon

bald *adj.* **1**[*person*] chòv, tèt kale *He's completely bald.* Li chòv nèt. *You are going bald!* Apa w ap chòv! **2**[*rooster*] pela **3**[*tire*] chòv •**bald person** tèt{chòv/ kale/nòb} •**bald spot** [*from bad haircut*] chemen rat

baldpate *n.* [*type of duck*] kanna zèl blan

bale *n.* bal, balo *Bales of cotton.* Bal koton.

balk *v.intr.* rechiyen *She always balks when she has to clean up her room.* Li toujou ap rechiyen lè pou l fè mennaj nan chanm ni.

ball[1] *n.* **1**[*for playing (sports)*] bal, balon, boul *The child was playing with a little rubber ball.* Timoun lan t ap jwe ak yon ti boul kawotchou. *The goalie dove for the ball.* Gadjen an plonje dèyè balon an. **2**[*meatball, fishball, etc.*] boulèt **3**[*object with a round shape*] boul *The sun looks like a ball.* Solèy la tankou yon boul. **4**[*of string, twine, etc.*] plòt •**ball bearing** bi, woulman, woulobi •**ball of foot** pwent pye •**get the ball rolling** (pou) kòmanse *Someone needs to get the ball rolling.* Fò gen yon moun ki (pou) koumanse. •**on the ball** je klere •**soccer ball** balon foutbòl •**the ball is in your court** balon an nan pye ou

ball[2] *n.* [*dance*] bal •**costume ball** bal degize •**have a ball** pran plezi *I had a ball last night.* M byen pran plezi m yè swa.

ballad *n.* chante fòklorik •**love ballad** womans

ballast *n.* lès •**provide with ballast** leste

ball-buster *n.* [*person*] grenn kraze *This policeman is a ball-buster; if he arrests you, you'll be in for a bad time.* Polisye sa a se yon grenn kraze, si li arete ou, w ap pase yon move moman.

ballet *n.* balè

ballgame *n.* match *We went to the ballgame last night.* Nou t al nan match la yè swa.

balloon *n.* blad, glòb *He blew up the balloon.* Li bay blad la van.

ballot *n.* bilten, bilten vòt, vòt *They still haven't finished counting the ballots.* Yo po ko fin konte bilten yo.

balloting *n.* eskriten

ballpark *n.* estad

ballpoint pen bik

ballroom *n.* sal bal

balls *n.pl.* [*testicles (vulgar)*] grenn •**to have balls/be ballsy** gen{grenn (nan dèyè li)/ kòhòn}

ballyhoo[1] *n.* [*fish*] balawou

ballyhoo[2] *n.* **1**[*clamorous advertising*] gwo{reklam/ pwopagann/piblisite} **2**[*uproar*] deblozay, eskandal, vouvari

balm *n.* melis

balmy[1] *adj.* [*weather*] dou, tanpere

balmy[2] *adj.* [*crazy*] fou, toke

baloney *n.* blabla, blag, bobin, {bounda/ dada}nini, koze {kredi/kremòl}, lapalans, pawòl{(nan)bouch/tafya}, presyon, se pwa *That's all baloney!* Tou sa se bobin! *Everything you say is baloney.* Tout sa ou di yo se bounda nini. *Didn't I hear they are going to fire you?* —*Baloney!* M pa tande yo pral revoke ou? —*Presyon! Everything he told me is baloney; I don't believe it.* Tout sa l ap di m yo se koze kremòl, m pa ka kwè yo.

balsa tree *n.* bwaflo, mawodèm

balsam *n.* balsamin •**seaside balsam** [*shrub*] fèy pè, kaskari

bam *onom.* [*sound of falling object at impact*] paf

bamboo *n.* banbou •**bamboo trumpet** bwa bourik •**freshwater bamboo** lench

bamboozle *v.tr.* vlope *A guy as stupid as you, I can bamboozle you as I please.* Nèg bèt kon ou, m ap vlope ou jan m vle.

ban[1] *n.* entèdiksyon *There is a ban on smoking in airplanes.* Gen entèdiksyon pou moun pa fimen nan avyon.

ban[2] *v.tr.* bani, entèdi, kraze *The Haitian constitution of 1987 bans the death penalty.* Konstitisyon 1987 ayisyen an entèdi penn lanmò. *The government will ban that meeting.* Gouvènman an ap kraze reyinyon sa a. •**ban s.o. from participating in activities** mete yon moun sou ban

banal *adj.* banal, tèratè

banana *n.* fig(bannann) *Give me a single banana.* Ban m yon grenn fig. *I like bananas.* M renmen fig. •**banana bread** gato bannann •**banana fish** bannann •**banana fritter** benyen •**banana tree** bark vandrès •**banana weevil** tyogàn •**cooking banana** bannann •**dried banana leaf** lèch bannann •**finger banana** timalis •**large pointed banana** fig bayonèt •**large round banana** fig barik •**ripe banana** fig mi •**small sweet banana** fig timalis

bananaquit *n.* [*bird*] ti seren

band[1] *n.* 1[*group of people*] bann moun *He has a large band of followers.* Li gen yon bann moun dèyè l. 2[*mus.*] bann, djaz, gwoup *I love that band.* M renmen djaz sa a. •**brass band** fanfa •**dance band** djaz •**marching band** fanfa •**small music band** mini djaz

band[2] *n.* [*strip of fabric, etc.*] bann brasyè, kòdwon, riban, senti •**rubber band** elastik

band[3] *v.intr.* •**band together** fè yon{sèl/tèt ansanm}, mèt tèt ansanm *They banded*

together *to oust the manager.* Yo fè yon tèt ansanm pou voye direktè a ale. *We need to band together to fight injustice.* Fò n met tèt nou ansanm pou n goumen kont abi. *All the workers banded together to demand their rights.* Tout ouvriye yo fè yon sèl pou yo revandike dwa yo.

bandage *n.* [*cloth*] banday, bann, pansman *This bandage is too tight.* Banday la twò sere. •**butterfly bandage** papiyon adezif •**take off a bandage** debande *The doctor took off the bandage from his hand.* Doktè a debande men li.'

bandage *v.tr.* bande, panse *The nurse is bandaging the injured person.* Mis la ap panse malad la. *Bandage the leg well.* Bande pye a byen.

Band-Aid *n.* pansman *Put a Band-Aid on it.* Mete yon pansman sou li.

bandit *n.* bandi, brigan, loray boule, malandren •**armed bandit** zenglendo

banditry *n.* banditis, brigandaj, zenglendinaj *There are many acts of banditry like pillage, theft and burning houses.* Gen anpil zak banditis tankou piyaj, vòl epi boule kay.

bandstand *n.* kyòs

bang[1] *interj.* [*noise of violent crash*] bow

bang[2] *onom.* 1[*grabbing s.th.*] dap 2[*hit, blow*] baw 3[*sound of a shot*] daw 4[*sound of blow, explosion*] bim, boun, bow, panm, paw, pim, piw, poum, pow, taw, vrip *The balloon popped with a loud bang.* Blad la pete bow/pow!

bang[3] *v.tr.* 1[*strike*] frape *I banged my elbow on the table.* M frape koud mwen nan tab la. *I found him banging the policeman's head against the wall.* M jwenn l ap frape tèt jandam lan nan mi an. 2[*make noise by striking*] frape *Stop banging your hands on the table!* Sispann frape men ou sou tab la! •**bang up** dekolboso *She banged up the car in the accident.* Li dekolboso machin nan nan aksidan an.

banged up *adj.* dekolboso

bangs *n.pl.* [*hair*] danfans

banish *v.tr.* bani *They banished the criminals.* Yo bani kriminèl yo.

banishment *n.* egzil, ekspilsyon

banister *n.* balistrad

banjo *n.* bandjo

bank[1] *n.* bèj, bò, rebò, rivaj *The bank of the river.* Rebò larivyè a.

bank[2] *n.* (la)bank *She works in a bank.* L ap travay nan yon bank. *I'm going to the bank.* M pral labank. •**bank account** kont an bank •**bank book** kanè (d) bank •**bank card** kat bankè •**bank deposit** depo an bank •**bank rate** to bank •**bank robber** kasè d bank •**bank statement** rapò labank •**bank vault** kavo •**savings and loan bank** kès popilè •**savings bank** kès{depany/ depanny}

bank[3] *v.tr.* •**bank a fire** ranje dife *They banked the fire so it would last until the morning.* Yo ranje dife a pou l dire tout lannuit jouk maten. •**bank up earth** bite *We must bank up earth for the banana trees.* Fò n bite pye bannann yo. •**bank up soil around a plant** bay yon plant tè *Bank up the soil around the banana tree to support it.* Bay pye bannann nan tè pou kore l. •**banking up** bitay

bankbook *n.* kanè

banker *n.* bankye

banknote *n.* biyè, papye lajan

bankrupt *adj.* •**go bankrupt** fè{bankwout/ fayit} *You'll make me go bankrupt.* Ou ap fè m fè fayit. *The shop went bankrupt.* Boutik la fè bankwout. *Since he went bankrupt he's been living a hard life.* Depi msye fè fayit la, l ap mennen yon lavi di.

bankruptcy *n.* bankwout, fayit

banner *n.* bandwòl, labànye *They hung a banner in the street.* Yo te mare yon bandwòl nan lari a.

banning *n.* entèdiksyon

banns *n.pl.* ban •**have marriage banns published** siyen kontra *The engaged couple had marriage banns published.* Fiyanse yo t al siyen kontra maryaj la. •**marriage banns** ban maryaj •**publishing of the banns** [*marriage*] piblikasyon

banquet *n.* banbi, bankè, festen, gwo resepsyon

banter[1] *n.* odyans

banter[2] *v.intr.* bay odyans *John is a joker; he likes to banter.* Jan se yon blagè, li renmen bay odyans.

banterer *n.* takinè, takinèz [*fem.*]

baobab *n.* •**baobab tree** mapou{afriken/ zonbi}

baptism *n.* batèm

Baptist[1] *adj.* batis

baptist[2] *n.* batis

Baptist[3] *prop.n.* Batis

baptize *v.tr.* batize, wete chwal nan tèt yon moun *We are going to baptize the child next Sunday.* N ap batize pitit la lòt dimanch. *As the child is six months old, it's time to baptize her.* Kòm pitit la gen si mwa, li tan pou wete chwal nan tèt li. •**baptize into Protestant church** [*a child*] prezante yon timoun otanp *They're baptizing the child next Sunday.* Se dimanch k ap vini an yo pral prezante pitit la otanp.

bar[1] *n.* 1[*rod, stick*] ba *He hit her with an iron bar.* Li ba li yon kout ba fè. 2[*prison, cage*] bawo *The bars on the cage.* Bawo kalòj la. 3[*music*] ba 4[*of a door, window*] takèt •**bar used for carrying loads** palan •**chocolate bar** {baton/plak/plakèt}chokola, chokola •**iron bar** feray, louchèt, pens •**security bar** ba sekirite •**soap bar** ba savon •**steel bar** ba fè •**upright bar** anson •**behind bars** dèyè bawo

bar[2] *n.* [*for drinks*]. ba •**bar at a dance** bivèt

bar[3] *v.tr.* bare *She barred my way out by standing in the doorway.* Li bare pòt la pou m pa soti. •**bar none** pa gen lòt *He's the best player on the team bar none.* Se li k pi gwo jwè nan ekip la, pa gen lòt.

Bar Association *prop.n.* lòd avoka

barb *n.* 1[*thorn*] pikan 2[*repartee, rebuff*] bèk, pawòl piman bouk *You were the one looking for that barb.* Se ou ki chèche bèk sa a.

Barbados *prop.n.* Babad •**Barbados cherry** seriz •**Barbados olive tree** doliv bata •**Barbados pride** [*shrub*] fransiyad, pwensiyad

barbarian *adj.* sovaj

barbarian *n.* baba *He is a barbarian; he hits anyone.* Msye se yon baba, li frape nenpòt moun.

barbarism *n.* babari

barbarity *n.* babari

barbarous *adj.* baba, sovaj *Burning houses is a barbarous act.* Boule kay se zak baba. *What a barbarous people. They destroy things for nothing.* Ala pèp sovaj, pou anyen yo kraze brize.

barbecue[1] *n.* babekyou •**barbecue with spicy sauce** sakatay

barbecue² *v.tr.* boukannen *We'll barbecue the meat.* N a boukannen vyann nan.

barbecued *adj.* boukannen

barbed *adj.* bable •**barbed wire** fil fè bable

barbell *n.* altè, babèl, fè

barber *n.* kwafè

barbershop *n.* (boutik) kwafè, kay kwafè *There's a barbershop on this street.* Gen yon (boutik) kwafè nan ri sa a.

bare *adj.* **1**[*uncovered*] chòv, ni, toutouni *You can't walk with your back bare like that.* Ou pa kab mache ak do ou ni konsa. *The bone is bare; you took off all the meat from it.* Zo a ni, ou retire tout chè a ladan l. *The thieves stripped him bare.* Volè yo lage l toutouni. **2**[*empty*] vid *The office is bare. There isn't a single piece of furniture.* Biwo a vid, pa gen yon grenn mèb. •**bare to the bones** tèt kale bobis

bareback *adv.* [*on horse, etc.*] aplim, apwal *He likes to ride horses bareback.* Li renmen monte chwal apwal.

bare-chested *adj.* tòs ni *He went out bare-chested.* Li soti deyò a tòs ni.

barefoot *adv.* dis zòtèy atè, pye (a)tè *I love to walk barefoot.* M renmen mache pye atè. *This young girl is walking around barefoot.* Ti dam sa a ap mache dis zòtèy li atè.

bareheaded *adj.* san chapo

barely *adv.* apèn, timoso •**barely enough** jis *He barely had enough money to pay the debts.* Li jis gen ase lajan pou l peye dèt yo.

barf *v.intr.* {bay/fè}djapòt *He stuffed himself and then he barfed.* Li manje vant deboutonnen epi li bay djapòt.

barfly *n.* sakatafya, tafyatè

bargain¹ *n.* **1**[*agreement*] antant, dizon *I thought we had a bargain?* M te kwè n te fè yon antant? **2**[*good deal*] {bèl/bon}afè, okazyon, piyay *The watch she bought is a great bargain.* Mont li achte a se yon bèl afè. *It's a great bargain.* Se yon bèl okazyon. *That's a real bargain.* Se yon bon afè toutbon. *That store has a lot of great bargains on shoes this week.* Gen yon piyay soulye nan magazen sa a semenn sa a. •**no bargain** pri fiks •**real bargain** obèn *If she gives you that for this low price, it's a real bargain.* Si l ba ou sa pou ti pri sa a, sa se yon veritab obèn.

bargain² *v.intr.* bay{diskite/fè}(jis) pri, machande *She really knows how to bargain!*

Li konn machande! *In this shop there's no bargaining.* Nan boutik sa a pa gen diskite pri. *If you don't bargain when you go to the market, you'll be ripped off.* Si ou pa fè jis pri lè ou al nan mache, y ap pete fyèl ou. •**bargain on** fè lide, panse *I didn't bargain on his wanting to leave.* M pa t fè lide l t ap anvi ale. *He didn't bargain on having to pay for everyone.* Li pa t panse l t ap gen pou l peye pou tout moun.

bargaining *n.* bay pri, machanday, traktasyon *If you are not good at bargaining, people will rip you off.* Si ou pa konn bay pri, y ap fè ou peye machandiz tèt nèg. •**collective bargaining** negosyasyon ant travayè ak patwon •**no bargaining** pri fiks •**no more bargaining** dènye pri

barge¹ *n.* akon, chalan

barge² *v.intr.* •**barge in** antre tankou bèt sovay *The soldiers barged into the room.* Jandam yo antre nan sal la tankou bèt sovay.

bargeman *n.* akonnye

baritone¹ *adj.* bariton

baritone² *n.* bariton

barium *n.* [*chem.*] baryòm

bark¹ *n.* [*of a dog*] jap

bark² *n.* [*of a tree*] {ekòs/kal/kòs}bwa, po pyebwa *The bark of that tree is bitter.* Kòs bwa sa a anmè. •**shredded bark** kal bwa

bark³ *n.* [*small boat*] bak

bark⁴ *v.intr.* fè yon jape, jape *The dogs kept barking all night.* Chen yo fè nuit lan ap jape. *The child ran because the dog barked at him.* Pitit la kouri paske chen an fè yon jape dèyè l.

bark up *v.tr.* •**bark up the wrong tree** *v.tr.* fouye zo nan kalalou *You're barking up the wrong tree. Your wife never came to my house, man.* Ou ap fouye zo nan kalalou, monchè, madanm ou pa t janm vin lakay mwen.

barkeep(er) *n.* bamann

barking *n.* jape, japman *The barking of the dog wakes me up.* Japman chen an reveye m.

barley *n.* lòj •**barley candy** sik dòy/dòj

barn *n.* anga, ranga •**barn swallow** iwondèl ke long

barnacle *n.* pekou

barnyard *n.* lakou ranga

barometer *n.* bawomèt

baron *n.* bawon

baroness *n.f.* bawòn
barracks *n.pl.* jandamri, kazèn
barracuda *n.* bekin
barred hamlet *n.* [*fish*] panzizi
barrel *n.* barik, boutou, doum, keson, tono *A barrel of rum.* Yon keson kleren. •**bottom of the barrel** sa k rete yo
barrel-chested *adj.* gwo pektowo •**barrel-chested man** gason pòtray
barren *adj.* 1[*animal*] boukle, branrany *This cow is barren.* Vach sa a branrany. 2[*land*] dezole *A barren region.* Yon zòn dezole.
barrette *n.* barèt
barricade[1] *n.* barikad
barricade[2] *v.tr.* [*road, passage*] barikade *They barricaded the road; no one can pass.* Yo barikade wout la, pèsonn pa ka pase.
barrier *n.* baryè, separasyon •**wooden barrier or fence** palisad
barrister *n.* avoka
bartender *n.* bamann
barter[1] *n.* twòk
barter[2] *v.tr.* twoke *We don't want to barter our reputation for money.* Nou pa vle twoke bon nou an pou kòb.
bartering *n.* twokay
basalt *n.* bazal(t), wòch ravèt
base[1] *n.* 1[*lowest part of*] baz, bounda, bout anba, fenfon, sòk *The base of a triangle.* Baz yon triyang. *He poured the water at the base of the tree.* Li vide dlo a nan bounda pyebwa a. 2[*basis*] baz 3[*fiscal, etc.*] asyèt •**at the base** nan rasin •**be off base** fè èrè •**common base** baz komen •**military base** baz militè •**wall base** [*of a house just above the foundation*] solay
base[2] *v.tr.* dapre *What she said was based on the Bible.* Sa l di a se dapre Labib. •**base a judgment upon s.th.** pote sou •**base o.s. on** baze, baze li sou, refere li *On what do you base yourself to say that?* Sou ki sa ou baze ou pou di sa? *He didn't base himself on anything to say what he said.* Li pa baze sou anyen pou li di sa l di a. •**based on** dapre •**be based** baze, chita sou *The judge's sentence is based on the law.* Santans jij la baze sou lalwa *Her argument isn't based on any good theory.* Agiman l yo pa chita sou okenn bon teyori.
baseball *n.* bezbòl

baseless *adj.* {pa gen/san}prèv *Her accusation was baseless.* Li fè akizasyon men l pa gen prèv.
basement *n.* anba kay, besment, kav, sousòl
bash[1] *n.* 1[*party*] bakannal, banbilay, banbòch, banbolo, ribanbèl
bash[2] *v.tr.* frape, kraze *I bashed my head on the window.* M frape tèt mwen byen fò nan fenèt la. •**bash in** dekolboso, kraze *I'll bash your head in.* M ap dekolboso tèt ou. •**bash s.o.'s face in** sakaje *The boxer bashed his opponent's face in.* Boksè a sakaje lòt la anba kout pwen.
bashful *adj.* fèmen, kazwèl, timid *She's very bashful.* Se yon moun ki fèmen.
basic *adj.* abese, elemantè, fondalnatal, fondamantal *The basic activity of the nation was the planting of sugar cane.* Aktivite fondamantal peyi a se te plante kann. •**basic part** manman
basil *n.* bazilik, bontèt
basilica *n.* bazilik
basin[1] *n.* basin, terin •**holy water basin** benisye •**small basin** basinèt •**wooden basin for laundry** ganmèl
basin[2] *n.* [*geol.*] kivèt
basis *n.* 1[*foundation*] asiz, baz, chita, fondas, fondasyon, fonnman *What you're saying doesn't have any basis; it rests on nothing.* Sa ou di a pa gen baz, li pa chita sou anyen. 2[*fiscal, etc.*] asyèt *The fiscal basis of the government is not large this year.* Asyèt gouvènman an ane sa a pa gwo. •**have no firm basis** kanpe sou anyen •**on the basis of** dapre, difòs *I bought it on the basis of your recommendation.* M achte l dapre konsèy ou ban mwen.
basket *n.* 1[*general*] pànye, panyen 2[*basketball*] basket, pànye •**laundry basket** pànye rad sal •**make a basket** [*basketball*] fè pànye *He made many baskets in the game.* Li fè anpil pànye nan match la. •**waste basket** poubèl •**winnowing basket** [*S*] bichèt laye
basketball *n.* baskèt, baskètbòl •**basketball backboard** panno baskèt •**basketball court** teren baskèt •**basketball hoop** pànye baskèt •**basketball net** filyè •**basketball player** basket •**ball for basketball** balon baskèt

basket-maker *n.* vànye
basketry *n.* vànri
basketwork *n.* vànri
bass[1] *n.* **1**[*musical instrument*] bas **2**[*voice, music*] bas •**bass clef** [*mus.*] kle (de) fa •**bass drum** gwo{kès/ tanbou} •**bass fiddle** kontrebas •**double bass** kontrebas
bass[2] *n.* [*fish*] bas •**sea bass** bous tabak •**spotted bass** bosou •**white bass** teta dlo dous
basset hound *n.* chen basèt
bassinet *n.* bèso
bassoon *n.* bason
bastard *n.* **1**[*illegitimate child*] pitit{deyò/ degouden/ natirèl} **2**[*pej.*] kochon mawon, movezè, salonmon, sanzave
bastard breadnut tree *n.* bwamerèz
bastard cedar *n.* [*med.*] monben bata
baste *v.tr.* **1**[*meat*] wouze *The meat is dry; you have to baste it.* Vyann nan sèch, se pou ou wouze l. **2**[*sewing*] fofile *You don't need to sew the clothes now; just baste them for me.* Ou pa bezwen koud rad la kounye a, nik fofile l pou mwen.
basting *n.* [*sewing*] fofilay
bastion *n.* bastyon
bat[1] *n.* [*mammal*] chòd chòd, chovsourit
bat[2] *n.* [*club*] bwa makak, kokomakak, makak, mayèt
bat[3] *v.tr* frape, tape *Bat the ball!* Frape bal la! •**bat one's eyelashes** fè yon je dou *All she had to do was bat her eyelashes at him.* Manmzèl annik fè yon je dou bay msye. •**without batting an eye** san{gad dèyè/ grate tèt} *She gave me all the money without batting an eye.* Li ban m tout kòb la san grate tèt.
batch *n.* **1**[*general*] lo **2**[*of bread*] founen **3**[*of mortar*] bras
batfish *n.* chovsourit lanmè
bath *n.* beny *I need a bath.* M bezwen pran yon beny. •**foul-smelling bath to ward off evil spirits** [*Vodou*] beny santi •**give a bath** benyen •**herbal bath** beny{fèy/pòt/ vapè} •**hot bath** [*especially after birth*] beny cho •**public bath** rezèvwa •**special bath to bring luck** beny chans •**take a bath** benyen, pran yon beny •**take an herbal bath** pran vapè *The doctor told her she could take an herbal bath after the delivery.* Dòk la di l ka pran vapè apre akouchman an.

bathe *v.tr.* benyen *I already bathed him.* M benyen l deja. *The children are bathing in the pool.* Timoun yo ap benyen nan pisin nan. •**bathe in money** benyen nan lajan *He's bathing in so much money that he spends without batting an eyelid.* Misye tèlman ap benyen nan lajan, li depanse san gad dèyè.
bathing *n.* benyen •**bathing suit** kostim{de ben/deben}, chòt (de ben), mayo deben •**bikini bathing suit** bikini
bathmat *n.* tapi chanm twalèt, tòchon pye
bathrobe *n.* dezabiye, soti de beny, wòb, wòb de chanm
bathroom *n.* **1**[*general*] chanm twalèt, komòd, saldeben, twalèt, watè *I have to go to the bathroom.* M bezwen al nan komòd. **2**[*euph.*] kay madan Viktò *I'm going to the bathroom.* M pral ka madan Viktò. •**go to the bathroom** *a*[*general*] al(e){olye/okabine}, degaje li, fè bezwen, pije, watè *Give me the roll of toilet paper; I'm going to the bathroom.* Pran papye ijyenik la pou mwen, m pral olye. *I need to go to the bathroom. Where's the toilet?* M bezwen degaje m la, kote watè a ye? *The child hasn't gone to the bathroom since the morning. It seems she's constipated.* Pitit la pa fè bezwen depi maten, gen lè l konstipe. *The medicine she took is the reason she had to go to the bathroom so much.* Medsin li pran an koz li pije anpil. *That's where people go to the bathroom.* Se la moun watè. *b*[*euph.*] soti deyò *c*[*have a bowel movement*] ale alasèl *She hasn't been to the bathroom since yesterday.* Li pa ale alasèl depi yè. •**make s.o. go to the bathroom** pase *The laxative made me go to the bathroom three times.* Medsin nan pase m twa fwa.
bathtub *n.* benwa
baton *n.* [*of a drum major, etc.*] jon •**baton of the leader of a 'rara' group** baton jon
batrachian *n.* [*zool.*] batrasyen
battalion *n.* batayon
batter[1] *n.* [*culin.*] pat
batter[2] *v.tr.* **1**[*a person*] demanbre, maspinen *They battered him with sticks.* Yo demanbre l ak kout baton. **2**[*structure*] defonse *The hurricane battered the house.* Siklòn nan defonse kay la.
battered *adj.* dekolboso, demanbre, kòlbòsò, kwòbòt *Don't buy this battered car.* Pa achte machin dekolboso sa a.

battery *n.* **1**[*car, etc.*] batri **2**[*devices*] pil •**battery charger** chajè •**9-volt battery** pil de tèt •**12-volt battery** batri douzvòl •**AA battery** pil kreyon •**C battery** pil mwayen •**D battery** gwo pil •**dry cell battery** pil •**gun battery** batri

battery-operated *adj.* {ak/a}pil *This radio is battery-operated.* Radyo sa a mache a pil.

battle[1] *n.* batay

battle[2] *v.tr.* goumen *The two armies are battling hard.* De lame yo ap goumen rèd. *He had to battle his way to get to where he is in the company.* Li goumen l goumen jis li rive nan plas li ye a nan konpayi a.

battle-ax *n.* [*aggressive woman*] fanm akaryat

battleship *n.* kirase

batty *adj.* loke, toke, tòktòk

bauxite *n.* boksit •**Haitian bauxite** [*named for President Élie Lescot*] leskotit

bawdy *adj.* san jèn, kochon, endesan

bawl *v.intr.* **1**[*shout loudly*] fè djòlè *His voice is hoarse because he was bawling so much.* Li anwe poutèt li tèlman t ap fè djòlè **2**[*cry*] kriye *She started to bawl.* Li tonbe kriye. •**bawl out** ouvè li sou yon moun *Don't come and bawl me out because I didn't get involved in your business.* Pa vin ouvè ou sou mwen paske m pa t antre nan koze ou.

bay *n.* bè, gòf, labè •**small bay** ans

bay cedar tree *n.* krismarin

bay leaf *n.* fèy lorye

bay rum lotion *n.* bewonm

bay rum tree *n.* fo jiwòf

bayberry tree *n.* bwadenn franse, fo jiwòf

bay-breasted cuckoo *n.* tako kabrit

bayonet *n.* bayonnèt

bazaar *n.* kèmès •**church bazaar or auction** mwason

bazooka *n.* bazooka

be *v.cop.* **1**[+ -*ing progressive*] ap [S], ape [N], pe *I'm eating now.* M ap manje kounye a. **2**[*definite future*] ap [S], ape [N], pe [W] *I'll be back in six years.* M ap retounen nan siz an. *I'll be there.* M ap la. **3**[*emphasis, questions*] se... ye *I'm Haitian.* Se Ayisyen mwen ye. *He's a doctor.* Se doktè li ye. **4**[*sentence introducer*] se *It's an easy thing.* Se yon bagay fasil. **5**[*nationality, profession, status*] se *He's Haitian.* Li se Ayisyen. *She's a school teacher.* Li se madmwazèl lekòl. *We're students.* Nou se elèv lekòl. *Are you a lawyer?* Ou se avoka? **6**[*counting*] fè *Two and two is four.* De ak de fè kat. *This is the fourth person who has died in our family.* Sa fè katriyèm moun ki mouri nan fanmi nou. **7**[*age*] gen *She's thirty years old.* Li gen trant an. **8**[*past: only the general past marker occurs*] te *The book was between two dictionaries.* Liv la te nan mitan de diksyonnè. *I was a lawyer.* M te avoka. **9**[*negative: only the general negative marker occurs*] pa *I'm not a doctor.* M pa doktè. **10**[*With places, time, adjectives in general, there is no manifest form for "to be"*] *He's in the garden.* Li nan jaden an. *It's late.* Ta. *Is he very old?* Li granmoun anpil? *They're not rich.* Yo pa rich. **11**[**NOTE: See the section in Observations on the Language concerning the copula. In general the copula is not expressed in Haitian Creole.**] **a**[*place*] *He's in the garden.* Li nan jaden an. **b**[*time*] *It's late.* Ta. **c**[*adjective*] *Is he very old?* Li granmoun anpil? *They're not rich.* Yo pa rich. **d**[*negative*] *I'm not a doctor.* M pa doktè. •**is/are not** pa vre [*tag forms*] *She's going with us, isn't she?* Li prale avèk nou, pa vre? •**isn't it** apa *Isn't it true that you came?* Apa ou vini? •**isn't it that** pa pito *Isn't it that they are paying you ten gourdes a day?* Pa pito se di goud pa jou yo peye ou? •**it's been** gen(yen) *It's been three days since I last saw him.* Gen twa jou depi m pa wè l. •**wasn't it** (se) pa *Wasn't it he who stole the money?* Se pa li ki vole lajan an?

beach *n.* bitch, plaj *There are a lot of beautiful beaches around here.* Chaje bèl plaj bò isi a. •**beach ball** balon plaj •**beach blanket** lenn plaj •**beach resort** lotèl sou lanmè •**beach towel** sèvyèt plaj

beached *adj.* falta

beacon *n.* baliz, fa

bead *n.* grenn •**bead against evil eye** [*worn by infants*] grenn maldjòk •**necklace bead** grenn kolye •**bead of sweat** grenn swè

beadle *n.* sakristen

beady *adj.* pich pich *He has beady eyes.* Li gen je pich pich.

beak *n.* bèk

beaker *n.* [*chem.*] vè ak bèk

beam[1] *n.* **1**[*construction log*] poto **2**[*of scales*] flewo **3**[*overhead plank*] travès *What's the* cat doing on that beam? Sa chat la ap fè sou travès la a? •**ceiling beam** travès •**wooden beam** madriye

beam[2] n. [ray of light] reyon Sun beams. Reyon solèy. •**high beam** gwo limyè •**low beam** ti limyè

beam[3] v.intr. dan li deyò She has been beaming ever since her dad got back. Depi papa l vini an, dan l deyò.

bean n. 1[vegetable] pwa 2[head (informal)] kabòch, {kabòs/kòkòwòs/kalbas}tèt •**bean leaf beetle** podi pwa •**black bean** pwa{nwa/ nèg} •**butter bean** pwa {bè/ chouch/ chouk/souch/tchous} •**castor bean** risen •**coffee bean** {grenn/seriz}kafe •**derby green bean** pwatann dèbi •**fava bean** pwa foule •**green bean** pwatann •**ground coffee bean** tèt kafe •**hard bean or pea** gonbo •**horse bean** pwa maldyòk •**kidney bean** pwa wouj •**large bean** boukousou •**lima bean** pwa{bè/ tchous} •**not have a bean** [have no money] lakay pa bon •**pinto bean** pwa{pinto/wouj} •**red bean** pwa wouj •**(round) navy bean** pwa blan •**small white haricot bean** ti koko •**snap bean** pwatann •**string bean** pwa{tann/long} •**red beans and pork** atoutou

beanpole n. 1[person] gòl, krabye, senmafò She's so tall, she looks like a beanpole. Li tèlman wo, li sanble yon gòl.

beanstalk n. [tall person] bwa{piwo/san fèy}

bear[1] n. lous •**bear cub** ti lous •**polar bear** lous blan •**teddy bear** nounous

bear[2] I v.tr. 1[carry weight] pote, pòte He bore a heavy weight. Li pote yon gwo chay. 2[crops] donnen II v.intr. [apply physical pressure] peze, pouse If you bear down too hard, the pencil point will break. Si ou peze twò fò, pwent kreyon an ap kase. •**bear a grudge against** kenbe yon moun nan kè li •**bear a scar** pote mak He bears a scar from the bullet that hit him. Li pote mak bal li te pran an. •**bear down** pouse If you bear down on the partition, you run the risk of making it fall down. Si ou pouse fò sou klwazon an, ou riske chavire l. •**bear financial responsibility for s.o.** pote yon moun sou do li I bear financial responsibility for my entire family. M pote tout fanmi an sou do m. •**bear fruit** {fè/pote/pòte}fwi There are

trees that bear a lot of fruit. Gen pyebwa ki fè fwi anpil. That mango tree hasn't born fruit yet. Pye mango sa a poko pote fwi. •**bear in mind** pa bliye •**bear one's cross** pote lakwa I'm bearing my cross. Se lakwa m m ap pote. •**bear out** {bay/montre}prèv •**bear responsibility** mete chay sou do yon moun •**bear with** [to be patient] pran pasyans Tell him to bear with me for another day. I'll pay him tomorrow. Di l pran yon ti pasyans ankò pou mwen pou jodi a, m ap peye l demen.

bearable adj. sipòtab, tolerab

beard n. bab He's got a long beard. Bab li men longè. •**beard grass** ti zèb [said jokingly to s.o. with a large beard] bab{karang/pis/pou} •**small scraggly beard** [used humorously or with annoyance] bab kabrit, ti bab

bearer n. pòtè •**bearer of a heavy burden** atlas

bearing[1] n. 1[demeanor] demach, pòz 2[relevance] rapò 3[influence] enfliyans •**have a bearing on** gen rapò ak •**imposing bearing** prestans •**take a bearing** relve

bearing[2] n. •**ball/wheel bearing** biy wou

bearings[1] n.pl. •**get one's bearings** oryante li •**keep one's bearings** pa pèdi{san fwa/tè}li •**lose one's bearings** pèdi (la)kat

bearings[2] n.pl. biy wou

beast n. 1[animal] annimal, bèt, bourik, zannimo 2[person] chwal{alman/angle}, zannimo This guy is a beast; he does not know how to talk to people. Msye se yon chwal angle, sa pa konn ki jan pou l pale ak moun. •**beast of burden** bèf chawa, bèt{bwotay/chay/ makoubi} •**real beast of a person** zannimo kat pat What a real beast of a person! He steps on my foot and then doesn't apologize. Gade lè zannimo kat pat la non, li pile m enpi li pa di m padon. •**very ugly beast** [person (personality)] foskouch makak

beastly adj. bosal, zannimo

beat[1] n. 1[mus.] batman, kadans, konpa 2[guard's] wonn •**drum beat** kout tanbou •**wing beat** kout zèl

beat[2] v.tr. 1[a person] awoutcha, bat, {bay/ grennen/lage/ mete/vide}baton sou, bay yon moun leson, blanchi, defripe, demanbre, demoli, foubi, kale, leve{grif/ men} sou yon moun, masakre, manje sou yon moun, mete do yon moun atè, {mete/pase} anba{baton/bwa}, pase men, pilonnen, simen baton, swife, tape, taye, tire yon moun yon baton, voye bwa, wouchinen *You beat this child so much that her body is all swollen.* Ou tèlman bat pitit la, tout kò l fè louk. *The men beat the other man with sticks.* Nèg yo awoutcha lòt la anba bwa. *The police beat the demonstrators.* Lapolis grennen baton sou manifestan yo. *They beat the thief with blows from sticks.* Yo demanbre vòlè a ak kout baton. *The police beat him.* Lapolis pase l anba baton. *Her father beat her because she's too stubborn.* Papa l pase men sou li paske li tèt di twòp. *Her mother really beat her because she was being rude to her.* Manman ni foubi l byen foubi poutèt li maledve. *Her father beat her because she came in late.* Papa l swife l poutèt li antre ta. *He beat the child with a switch.* Li masakre pitit la anba baton. *If you insult me any more, I'll beat you.* Si ou joure m ankò, m tape ou. *Her boyfriend beat her because she cheated on him.* Nonm li wouchinen l pou bouzen. *Don't ever beat the child again.* Pa janm leve grif ou sou pitit la ankò. *Even though he was crying, his mother kept beating him.* Kwak li rele, manman l kontinye mete bwa pou li. **2**[*an opponent (sport)*] bat, fè (la)viktwa sou, kale, manje sou pa, masakre, netwaye *Haiti beat Jamaica in soccer last year.* Ayiti bat Jamayik nan foutbòl ane pase. *Our team beat the other one very badly.* Se masakre ekip pa nou an masakre lòt la. *Our team beat the foreigners.* Ekip nou an kale etranje yo. *Today my team is going to beat yours.* Ekip mwen an ap manje sou pa ou a jodi a. *Today we beat the other team.* Jodi a nou netwaye lòt ekip la. **3**[*in a game*] bat, genyen, kòche, mare *He always beats me at dominoes.* Li toujou bat mwen nan domino. *If you beat me, I'll give you all the money this time.* Si ou genyen m, m ap ba ou tout kòb la fwa sa a. *Last night I beat them at dominoes.* Yè swa m kòche yo nan domino a. **4**[*rhythm*] make *They always beat the rhythm as they dance.* Yo make pa lè y ap danse wi. **5**[*a drum*] bat, woule *She's the one who was beating the drum.* Se li k t ap bat tanbou a. **6**[*move regularly*] bat *I was afraid; my heart beat fast.* Mwen te

pè, kè m t ap bat fò. **7**[*stir forcefully*] bat *Beat three eggs.* Bat twa ze. **8**[*weeds, etc.*] rabat •**beat around the bush** fè dilatwa, mawode, pale{andaki/an parabòl} *The members of Parliament keep beating around the bush on the issue of dual citizenship.* Palmantè yo ap fè dilatwa sou koze doub nasyonalite a. *You're beating around the bush. Just say what you have to say.* Sa ou gen w ap mawode la, di sa pou di a. *Instead of answering the questions we asked her, she sat there beating around the bush.* Tan pou l ban nou repons sa n mande li a, li chita ap pale andaki. •**beat by surprise** fè yon swèl *We always beat that team; today they beat us by surprise.* Toutan n ap kale ekip sa a, jodi a li fè yon swèl. •**beat hands down** [*sports*] fè sesin, ponpe sou, vannen, wonfle, wonpi *We beat that team hands down.* Nou fè sesin ekip sa a. *We're going to beat that team hands down.* Nou pral ponpe sou ekip sa. *We beat the team hands down four goals to two.* Nou vannen ekip la kat gòl a de. *We beat the team with a lot of goals.* Nou wonfle ekip la anba gòl. sou •**beat harshly** fann, vide makak sou, woule yon moun anba makak *They arrested him; in addition they beat him harshly.* Yo arete l, plis yo vide makak sou li. •**beat it** ale ou vouzan, alsa kò li, bat (ti) zèl li, demaske li, disparèt kò li, ekskize li la a, file, jete li *Beat it! Don't come back here.* Ale ou vouzan! Pa tounen isit la. *Beat it!* Alsa kò ou! *Beat it before I rain blows on you with this stick!* Eskize ou la a anvan m kraze ou ak kout baton! *Beat it! The policemen are after you.* Jete ou, men lapolis. •**beat out the rhythm with the body** boula •**beat rapidly** woule mazon *He's beating the drum rapidly.* L ap woule mazon sou tanbou a. •**beat savagely** wonpi •**beat senseless** [*a person*] demoli *For what that guy did to me, the day I find him, I'll beat him senseless.* Pou sa misye fè m, jou m jwenn li, m ap demoli l. •**beat severely** fann, fè yon moun kriye nan yon sèl grenn je ba •**beat s.o. a lot** akwe *Her father beat her a lot because she disobeyed him.* Papa l akwe l paske l dezobeyi l. •**beat s.o. hands down** wonfle, wonpi •**beat s.o. with a stick, punches, kicks, etc.** manche yon moun anba kout{baton/bwa/pwen/ pye} *We had an argument; he beat me with a stick.*

Nou te gen kont, li manche m anba kout baton. •**beat s.o. with rage** manche yon moun anba bwa *His mother beat him with rage because he talked back to her.* Manman l manche l anba bwa poutèt li pale ak li mal. •**beat s.o.'s brains out** voye al pran ti kalbas *If you keep bothering me, I'll beat your brains out.* Si ou kontinye anbete m, m ap voye ou al pran ti kalbas. •**beat the daylights out of s.o.** bat yon moun kou pitit madigra *If you do that again, I'm going to beat the daylights out of you!* Si ou fè sa ankò, m ap bat ou kou pitit madigra. •**beat to a pulp** dechalbore *The police officer beat the thief to a pulp.* Jandam nan dechalbore volè a. •**beat to death** ansasinen *They beat him to death with wood sticks.* Yo ansasinen msye a kout bwa. •**beat up** bay yon moun baf/flanbe/benn}, benyen yon moun anba baton, fann kannkès yon moun, {fout/mete}ponyèt sou yon moun, defalke, defresiye, demantibile, fè dlo kò li benyen kò li, fougonnen, kase dan yon moun, krabinen, kraze, kraze {eskanp/figi/ kannkès} yon moun, kwaze ponyèt sou yon moun, malmennen, mandrinen, mitonnen, pete {ren/djòl/kou}yon moun, pilonnen, pliche, ponpe sou, prije, prita, rachonnen, sapata, savonnen, toufounen, toupizi, vannen, vide yon moun anba{kalòt/kout} pwen asonnen, we, wonfle, wonpi, wouze *They beat up the thief with sticks.* Yo benyen vòlè a anba baton an. *He isn't able to walk because they beat him up so much.* Li pa k ap mache, tèlman yo fann kannkès li. *I beat up the bum.* M fout ponyèt sou sanzave a. *He was harassing me. I beat him up.* Li t ap anmède m, m met ponyèt sou li. *I beat him up.* Mwen ba l kèk baf. *Don't beat him up with your slaps.* Pa defalke l anba kalòt. *The policeman beat up the thief.* Jandam lan demantibile vòlè a anba kou. *He really beat up the child with his fist.* Se fougonnen li fougonnen pitit la anba kout pwen. *If he insults my mother another time, I'll beat him up.* Si l joure manman m ankò, m ap fè dlo kò li benyen kò li. *They beat him up.* Yo kase dan li. *The police arrested the man; they beat him up.* Lapolis arete msye, yo kraze eskanp li. *Because he's bigger than I am, he beat me up.* Paske li pi gwo nèg pase m, li kwaze ponyèt li sou mwen. *He beat up*

the thief. Li malmennen volè a. *Don't beat up the child.* Pa mandrinen timoun nan. *They beat up the child.* Li mitonnen pitit la anba kou. *The police really beat up the bandits.* Se ponpe lapolis ponpe sou zenglendo yo. *The criminals beat up the young man.* Bandi yo prije gason an. *We'll beat you up if you don't leave our brother alone.* N ap prita ou si ou pa sispann anmède frè nou an. *The police beat up the thief.* Lapolis sapata volè a. *If you continue to make fun of me, I'll beat you up.* Si ou kontinye ap moke m, m a savonnen ou. *He beat us up.* Li we n anba baton. *The man beat up the girl because she slapped him.* Nèg la pilonnen fi a poutèt li ba l yon kalòt. •**beat up badly** kofre *They beat him up badly with blows.* Yo kofre l ak kout pwen. •**beat with a club** chaplete *They beat the thief with a club.* Yo chaplete vòlè a. •**beat with a stick** bastonnen *They beat the thief with a stick.* Yo bastonnen vòlè a. •**be badly beaten** pèdi lèd *We were badly beaten.* Nou pèdi lèd. •**be beaten or roughed up** pran baf •**have s.o. beaten up** fè dlo kò li benyen kò yon moun •**not beat around the bush** pa fè ni de ni twa, pa fè ni youn ni de *He didn't beat around the bush; he told us what was on his mind.* Nèg la pa fè ni de ni twa, li di nou sa l panse a.

beaten *adj.* [*discouraged*] ba, dekouraje

beatify *v.tr.* [*rel.*] beyatifye *The pope beatified Mother Teresa.* Pap la beyatifye mè Teresa.

beating *n.* flanbe, je{baton/chaplèt/makak}, kal, maspinay, plich baton, prigad, rakle, ransyon, sabotay, swèl, vole *They gave the thief a beating.* Yo bay vòlè a yon je chaplèt. *His father gave him a real beating.* Papa l ba l yon sèl kal. *These beatings never end.* Maspinay sa pa janm sispann. *I'll give you a beating you'll never forget.* M ap ba ou yon ransyon ou pa gen dwa janm bliye nan lavi ou. •**beating up** madrinay •**beating with a stick** bastonad •**get a beating** sou baton *The children will get a beating because they stole the apples.* Timoun yo sou baton poutèt yo te vòlè pòm yo. •**give a beating** bay yon moun yon flanbe, fè yon pase men sou, kòche, mete bwa pou yon moun, {mete/pase} yon moun anba {baton/ bwa/chaplèt}, plat, touye yon moun anba makak *I haven't given you a beating for a long time.* Gen lontan, m pa fè yon pase men sou ou. *His father promised to give him a beating if he didn't go to school.* Papa pitit la pwomèt li pou l kòche l si l pa ale lekòl. *They gave the boy a beating.* Yo met ti nèg la anba bwa. *They gave him a real beating; his whole body was covered by marks of the whip.* Yo ba l yon flanbe kòrèk, tout kò l se mak fwèt. *They gave the boy a beating.* Yo met ti nèg la anba bwa. *If you insult me, I'll give you a beating.* Si ou fè frekan la, m plat ou. •**give a child a serious beating** bay yon ti moun yon swif *He's crying; they just gave him a serious beating.* L ap kriye, yo sot ba l yon swif. •**give a really good beating** bimen kon yon madigra *They gave him a really good beating so that he'll abandon thievery.* Yo bimen l kon yon madigra pou l ka kite vòlè. •**give a serious beating** manyen manm yon moun serye, touye yon moun anba makak *His father gave him a serious beating.* Papa l touye l anba makak. *They gave a serious beating to the thief.* Yo manyen manm vòlè a serye. •**give a sound beating** {fout/bay}yon moun yon pli makak *He gave the child a sound beating for being impertinent.* Li bay pitit la yon pli makak pou derespektan. •**give a terrible beating** dekonstonbre •**sound beating** chifonnay, pli makak •**take a beating** [*suffer a defeat*] pran kal *Our team really took a beating.* Ekip la pran yon bèl kal. •**take or receive a beating** pran (yon) bwa *He just took a beating because he disrespected his mother.* Li sot pran bwa la poutèt li derespekte manman l. •**terrible beating** dekonstonbray

beau *n.* anmoure, mennaj
beautician *n.f.* estetisyèn, kwafèz
beautification *n.* anbelisman
beautiful *adj.* bèl, granjan, wololoy *There are a lot of beautiful beaches around here.* Chaje bèl plaj bò isi a. *She was very beautiful.* Li te bèl anpil. •**beautiful thing** chelèn •**beautiful woman** chelèn •**become beautiful** anbeli *She became more beautiful after giving birth.* Li anbeli apre akouchman an. •**extraordinarily beautiful** bèl{pase/ko}miwa dèzanj *That lady is extraordinarily beautiful.* Ti dam sa bèl kou miwa dèzanj.
beautify *v.tr.* anbeli, fè bèbèl *She beautified the house.* Li anbeli kay la. *They're beautifying the house for Christmas.* Y ap fè bèbèl nan kay la pou Nwèl.

beauty *n.* **1**[*attractiveness*] bèlte, bote, labote, bèl lè *It's her beauty that makes people love her so.* Se bèlte li ki fè moun renmen li konsa. *If you paint the house, that will enhance its beauty.* Si ou pentire kay la, sa ap leve bè lè l. **2**[*address for a pretty girl*] labèl *Good morning, beauty.* Bonjou, labèl. •**beauty mark** (bèl) siy *The girl has a beauty mark next to her mouth.* Kòmè a gen yon bèl siy bò bouch li. •**beauty parlor** estidjo, estidyo, salon{(d)bote/kwafi} •**beauty queen** lasirèn •**to lose one's beauty** grizonnen
beaver *n.* kastò •**eager beaver** antchoutchout, antchipwèt, leve kanpe
beaverwood tree *n.* bwa fèy blanch
because *conj.* akòz, dapre, daprezavwa, davwa, depi, dèske, difòs, ka, kòm, pa rapò (a/ak), pandan, pas(k)e, poutèt, pouvike, tank *They didn't hire me for the job because I didn't have a driver's license.* Yo pa pran m nan djòb la paske m pa gen lisans. *They couldn't come because they're sick.* Yo pa ka vini pase yo malad. *She arrived late because she didn't get up early.* Li rive an reta poutèt li pa t leve bonè. *Because my cow trampled his field, he made me pay.* Daprezavwa bèf mwen an kraze jaden li, li fè m peye. *She's angry because I didn't come to the party.* Li fache davwa m pa vini nan fèt la. *Because he's the boss, he knows that he can do whatever he wants.* Denpi li chèf la, li konprann li ka fè sa li vle. *She's angry because I didn't come to her house.* Li fache dèske m pa vin lakay li. *I can't come down today because I'm very busy.* Mwen p ap desann jodi a ka m okipe anpil. *I'm here because of my child's illness.* M la a pa rapò ak maladi pitit mwen. *Because I didn't invite her to the party, she's angry with me.* Pouvike m pa envite l nan fèt la, li fache avè m. *The plants died because there wasn't enough rain.* Plant yo mouri, tank pa gen ase lapli ki tonbe. *We had a dispute and because of that she isn't speaking to me anymore.* Nou te fè kont, akòz de sa li pa pale avè m ankò. *Because of what I did, I can't go to my father's house.* Dapre sa m fè, m pa ka al.
beckon *v.tr.* fè yon moun siyon *The girl beckoned me with her eyes by winking.* Ti fanm nan ap fè m siyon ak je l.

become *v.tr.* devni, fini, patisipe, sòti, tounen, vin {fè/tounen}, vin(i) *She became a lawyer at the age of fifty.* Li vin avoka lè l te gen senkant an. *He became sick.* Li vin malad. *Look at how he has become such a big boy.* Gad ki jan l fin gwo gason. *Look at how he became a nice child.* Gad ki jan l tounen yon bon timoun. *He became all skin and bones.* Msye fè lontan san manje, li vin tounen yon lamègzo. *We became good friends.* Nou vin bon zanmi. •**become again** retounen, revin *After she came out of the hospital, she became ill again.* Apre li sot lopital, li retounen vin malad. *I would like you to become again the same way you were when we met.* Mwen ta renmen ou revin menm jan ou te ye lè nou te rankontre a. •**become of** sa yon{bagay/moun}ap bay *Whatever became of your sister?* E sè ou la, sa l ap bay? •**finally become** abouti

becoming *adj.* fè yon moun byen *That color is very becoming on you.* Koulè sa a fè ou byen.

bed *n.* kabann *Did you make the bed?* Ou ranje kabann lan? •**air bed** kabann van •**bed built into wall** tifi ban m pye •**bed built up off of floor** waf •**bed of nails** sèkèy madoulè *This job is like a bed of nails.* Djòb sa se tankou yon sèkèy madoulè. •**bed of roses** bòl grès •**birthing bed** [*medical*] ti bourik •**camp bed** lidekan •**double bed** kabann de plas •**edge of bed** bwat kabann •**folding bed** lidekan •**get up on the wrong side of the bed** leve sou{de pye militè/move pye}li, mal leve *He got up on the wrong side of the bed.* Li leve sou move pye l. *She got up on the wrong side of the bed this morning; don't bother her.* Li mal leve maten an, pa anmède l. •**go back to bed** rekouche *I had to go back to bed because I got up too early.* M blije rekouche paske m te leve twò bonè. •**go to bed** {ale/monte}nan kabann li, ale{dòmi/kouche}, bay je li kouvèti, kouche *Go straight to bed.* Al nan kabann ou konnye a. *I'm going to bed.* M al kouche/dòmi. *Given that I'm going to work early tomorrow, let me go to bed.* Kòm m pral travay bonè demen kite m al bay je m kouvèti. *Go to bed.* Al dòmi. *She goes to bed at ten o'clock every night.* Chak swa li kouche a diz è. *At eight p.m., he goes to bed.* Depi l uit è diswa, msye monte nan kabann li. •**go**

to bed hungry or on an empty stomach dòmi blanch *The children went to bed on an empty stomach.* Timoun yo dòmi blanch. •**go to bed late** dòmi ta *I was working until two o'clock; I was forced to go to bed late.* M t ap travay jiska dez è, m oblije dòmi ta. •**go to bed with the chickens** [*early*] se poul li ye *He goes to bed with the chickens and gets up with the roosters.* Se poul li ye, l a leve pipirit chantan. •**make a bed on the floor** tann kabann li *Go make your bed on the floor of the living room.* Al tann kabann ou nan salon an. •**make one's bed … lie in it** Jan chache, Jan twouve *He's made his bed, now let him lie in it.* Jan chache, Jan twouve. •**make the bed** {drese/ranje}kabann *Make the bed with clean sheets.* Drese kabann nan ak dra pwòp yo. *Go make your bed.* Al ranje kabann ou. •**nursery bed** [*hort.*] kabann nouris •**poorly made bed** kabann madoulè •**put s.o. to bed** met(e)…kouche *Put the child to bed so that she may sleep.* Al mete pitit la kouche pou l sa dòmi. •**rollaway bed** kabann pliyan •**side of bed** pan •**single bed** kabann senp •**s.o. who goes to bed very early** poul •**twin bed** kabann{marasa/jimo}

bedbug *n.* pinèz, pinèz kabann

bedchamber *n.* chanm(akouche)

bedclothes *n.pl.* dra ak lenn

bedlam *n.* branlba, boulvès, lekòl lage

bedpan *n.* potchanm, podenwi, vaz

bedridden *adj.* alite, kabannen, kouche, malad kouche, pran kabann, alite *The illness caused him to be bedridden.* Maladi a fè l alite. *He's bedridden with a fever.* Li kouche ak lafyèv. *The child is bedridden.* Pitit la malad kouche.

bedrock *n.* zo mòn

bedroll *n.* nat

bedroom *n.* chanm, chanmakouche •**bedroom eyes** je{dou/mouran}

bedsheet *n.* dra

bedside *n.* bò kabann

bedsore *n.* eska

bedspread *n.* kouvreli, lenn

bedspring *n.* somye

bedstead *n.* {bwa/kad}kabann

bedtime *n.* lè{dòmi/kabann}

bed-wetter *n.* pisannit

bed-wetting *n.* pipi nètale

bee *n.* mouch amyèl, mouchamyèl, myèl •**bumble bee** boudon •**queen bee** renn{myèl/abèy} •**stingless male bee (drone)** fo boudon •**worker bee** myèl {travayè/ ouvriye} •**swarm of bees** sosyete myèl

beef[1] *n.* vyann bèf *I don't care for pork; I'll take the beef instead.* M pa renmen vyann kochon, ban m vyann bèf la pito. •**beef jerky** taso •**corned beef** kònbif •**ground beef** vyann{moulen/rache} •**inexpensive cut of beef** bif •**roast beef** wozbif •**stewing beef** dòb

beef[2] *v.intr.* [complain] wouspete *They're always beefing.* Yo toujou ap wouspete. •**beef up** mete doumbrèy nan pwa li *This skinny rat needs to beef himself up before he tries to fight with that tough guy.* Mègzo a bezwen mete doumbrèy nan pwa li anvan l chache goumen ak barak sila a.

beefwood tree *n.* pen Ostrali

beefy *adj.* manbre, miskle, kosto, foule

beehive *n.* {bwat/nich}myèl, rich •**beehive blight** vawoyaz

beekeeper *n.* apikiltè, mèt myèl

beep *onom.* [short, high-pitched sound a surface] bleng

beeper *n.* bipè

beer *n.* byè •**beer belly** bouden •**beer mug** *n.* mòg •**draft beer** byè alapresyon •**homemade beer** byè peyi

beeswax *n.* {gato/si}myèl

beet *n.* bètrav, bètwouj

beetle *n.* 1[insect] vonvon, podi 2[tool] danm

befall *v.tr.* [misfortune] vini tonbe *If misfortune befalls you, you should be strong in order to not give up.* Si malè vin tonbe sou ou, se pou mete ou fèm pou ou pa bay legen.

befit *v.tr.* konvni *They gave her a reward that befits her good work.* Yo ba l yon rekonpans ki konvni bon travay li fè a.

befitting *adj.* konvnab, kòrèk

before[1] *adv.* anvan, deja, devan *I bought them a few days before.* M achte yo de twa jou anvan. *Did you know him before?* Ou te konnen l anvan? *They changed the color of the house; it wasn't this color before.* Yo chanje koulè kay la, se pa koulè sa a l te ye devan. *Have you seen this film before?* Èske ou wè fim sa a deja? •**well before** byennanvan *If you had*

told me that well before, I would not have come at all. Si ou di m sa byennanvan, m pa met pye, non.

before[2] *conj.* anvan *I have something to tell you before I go.* M gen yon bagay pou m di ou anvan m ale. *I didn't go to see her before she died.* M pa t al wè l anvan l mouri.

before[3] *prep.* 1[in position] anfas, avan, devan *My house is situated near the school, one or two houses before it.* Kay mwen tou pre lekòl la, youn ou de kay avan. *He saw his wife standing there before him.* Li wè madanm li kanpe devan l. *He stands before the judge.* Li kanpe anfas jij la. 2[in time] anvan *If we all pull together, we can finish before sundown at eight o'clock.* Si nou tout mete men, n ap fini anvan solèy kouche uit è. *The big truck arrived before the little one.* Gwo kamyon an rive anvan piti a. 3[be dealt with by] devan *The biggest problem before us now is to find the money to send the kids to school.* Pi gwo poblèm ki devan nou, se jwenn lajan pou m voye timoun yo lekòl.

beforehand *adv.* alavans, anvan, davans *We should have called beforehand.* Nou te dwe rele anvan. *You must pay beforehand.* Fò ou peye davans.

befuddled *adj.* demigri, gaga

beg *v.tr.* 1[for food, money] fè patè, lonje bòl ble bay moun, mande, mandyannen, {pote/trennen}bòl li, voye men bay moun *The penniless woman is begging you for some food.* Malèrèz la ap mande ou moso manje. *He's begging all the time.* Li toujou ap lonje bòl ble l bay moun. *She has to beg everywhere she goes so that hunger doesn't kill her.* Li blije trennen bòl li tout kote pou lafen pa touye l. *You'd better look for work rather than beg.* Pito ou chèche yon travay pase ou voye men bay moun. 2[in a request for action] mande, priye, sipliye, sipriye *She begged me not to tell.* Li priye m pou m pa di sa. *She begged my forgiveness.* Li mande m padon. *She begged the teacher not to dismiss her.* Li sipliye pwofesè a pou l pa voye l tounen. •**beg fervently** priye •**beg shamelessly** chyente *Look for a job rather than beg shamelessly.* Chèche yon travay pou fè tan pou ou nan chyente. •**go begging** pran kwi li *Things are so bad, I'm about to go begging.* Tank afè m pa bon, m prèske pran kwi m. •**I beg your pardon** padon, plètil

beget *v.tr.* [*literary*] •**beget children** peple *They beget a lot of children in this area.* Yo peple anpil nan zòn sa a.

beggar *n.* mandjan •**become a beggar** tonbe nan mande •**beggars can't be choosers** Sa yo ba ou, se sa pou ou pran! *I don't like this kind. —Well, beggars can't be choosers.* M pa renmen sa a. —Ou pa genyen; sa yo ba ou, se sa pou ou pran! •**beggar who approaches cars** lavè machin, kokorat [*pej.*]

begging *n.* fè patè, kèt zoban, mandisite, viv sou {tchèk/ tenkyou} *He lives off begging.* Misye se nan fè patè l ap viv. *That guy lives from begging.* Nèg sa ap viv sou tchèk. •**be reduced to begging** tonbe nan mande

begin *v.tr.* amòse, kòmanse, koumanse, tanmen, antame, antre nan, atake, deklanche, etabli, fenk kare, kase, kòmanse, louvri, mete{men/pye}, pete, pike, tanmen *When did it begin raining?* Ki lè lapli a koumanse tonbe? *They began this job yesterday.* Yo amòse travay la yè maten. *They began to beat the thief.* Yo tanmen kale volè a. *They began the work yesterday.* Yo atake travay la yè. *Make sure you get in before the celebration begins.* Degaje ou antre anvan fèt la kòmanse. *The seminar began Thursday morning at nine o'clock.* Seminè a te louvri jedi maten a nèf è. *The confrontation began in this area.* Konfwontasyon an ap mete pye nan zòn nan. *They began dancing.* Yo pete danse. *Suddenly it began to rain.* Yon sèl lapli deklanche. •**begin again** rekòmanse, reprann, retanmen *Are you beginning this thing again?* Ou rekòmanse nan bagay sa ankò? *I can begin the explanation again for you.* M ka reprann esplikasyon an pou ou. •**begin an undertaking** mete pye li nan dlo *For him to begin a new undertaking, he had to borrow at a usurious rate.* Pou l te mete pye l nan dlo, se kout ponya li te pran. •**begin mourning/wailing** fè rèl *She'd barely heard that the accident occurred when she began wailing.* Li annik tande aksidan an fèt, li kòmanse fè rèl. •**begin to make a difference** mete pye *The soccer match was close; the fans began to shout and the rain started and began to make a difference.* Match foutbòl la te sere,

fanatik ap rele epi lapli mete pye. •**begin to sing** antone •**beginning in** apati, pran *Beginning in May, it has rained non-stop.* Pran me, lapli tonbe san rete. •**beginning with … all the way to** pran nan … rive.

beginner *n.* apranti, debitan, krebete, novis, preliminè *You're a beginner.* Ou se yon debitan.

beginning[1] *n.* amòs, debi, derapman, kòmansman, koumansman, louvèti *The beginning of the movie was not very interesting.* Koumansman fim lan pa t tèlman enteresan. •**at the beginning** alantran, an derapan, anlagan *At the beginning of the game, our team scored a goal.* Alantran match la, ekip nou an make yon gòl. •**at the very beginning** okòmansman *We discussed that at the very beginning.* Nou te diskite sou sa okòmansman. •**be in the beginning of** fèk antre nan lemonn *How can you understand politics? You're just in the beginning of your political career.* Kote ou ka konprann politik? Ou fèk antre nan lemonn. •**from the beginning** an lagan, nan rasin *Your team will lose right from the beginning.* Ekip ou a ap pèdi an lagan. *We have to study the history of this country from the beginning.* Se pou nou kòmanse etidye istwa peyi sa a nan rasin li. •**in the very beginning** an patan •**right in the beginning** an lagan •**since the very beginning** depi nan leve tonnèl *Since the very beginning, I could see the meeting would turn sour.* Depi nan leve tonnèl, m te wè reyinyon an ta pral gate.

beginning[2] *prep.* [*time*] apati *Beginning January nineteenth, there will be Mardi Gras bands every Sunday.* Apati diznèf janvye, ap gen madigra chak dimanch.

begonia *n.* begonia

begrudge *v.tr.* anvye •**begrudge s.o. s.th.** anvye *Why do you begrudge me my success?* Poukisa ou anvye sikse m?

beguile *v.tr.* [*dupe*] {detounen/vire}lòlòj, twonpe Li kite mantè sa a twonpe l ankò. *He let himself beguiled by that liar again.* •**be beguiled** bay yon moun absolisyon san konfesyon *He's such a glib talker that the woman was beguiled by him.* Bouch li tèlman dous li bay dam nan absolisyon san konfesyon.

behalf *n.* •**in/on s.o.'s behalf** onon, pou, sou kont (yon moun) *I'm thanking you all on behalf of the administration.* M ap remèsye nou tout onon direksyon an. *I did that on your behalf, not for myself.* Mwen fè sa pou ou, pa pou kont mwen. *You can buy on my behalf.* Ou mèt achte sou kont mwen.

behave *v.intr.* aji, konpòte li *They always behave like animals.* Yo toujou aji tankou bèt bwa. *You have to behave like a well-bred person.* Ou fèt pou konpòte ou an moun debyen. •**behave badly** fè{dezòd/kont tenten li} *He behaved very badly at the party.* Li fè kont tenten li nan fèt la. *Did the kids behave themselves badly at their grandma's?* Timoun yo te fè dezòd kay grann yo a? •**behave impolitely or rudely** fè wobis *You shouldn't behave rudely before people.* Ou p ap vin fè wobis ou la non devan moun yo. •**behave improperly** fè radòt *Although shown how to behave, he behaved improperly.* Malgre yo montre li jan pou l konpòte l, se toutan l ap fè radòt. •**behave in a random fashion** fè{chouyerav/chou e rav} •**behave in an ugly manner** fè lèd *Don't behave in such an ugly manner. Be nice.* Pa fè lèd, aji byen. •**behave o.s.** fè wòl li, {kenbe/kondi} {kiyè li kout/tèt li byen}, kenbe konpa li, rete nan{kad/ wòl}li *He behaves himself; he doesn't get into arguments with people.* Msye fè wòl li, li pa chèche moun kont. *I am behaving myself; now it's time for you to behave yourself.* M fè wòl mwen, rete nou menm ki pou fè pa n. *After the scandal, I have to behave myself.* Aprè eskandal la, mwen blije kenbe kiyè m kout ak moun sa yo. *You have to behave yourself in life.* Ou dwe kondi tèt ou byen nan lavi. *He behaves himself; he never does anything wrong.* Misye rete nan kad li, li pa janm fè sa k pa sa. *Ever since I complained to her mother, she has behaved herself.* Depi m fin pale manman l pou li a, li rete nan wòl li. •**behave out of keeping with one's age** [*for a woman*] fè demwazèl *The woman is fifty years old, but she behaves out of keeping with her age.* Madanm nan gen senkant an, men li toujou ap fè demwazèl. •**behave politely** fè lareverans *She always behaves very politely before elders.* Manmzèl toujou fè lareverans devan pi gran. •**behave ridiculously** fè sòt li ak *He behaves ridiculously with the girl.* Li fè sòt li ak fi a.

behavior *n.* ajisman, fason, fasondaji, kondwit, konpòtman, lè, mach *His behavior prevents people from living close to him.* Ajisman li fè moun pa ka viv bò kote l. *He likes the child for her behavior; she's always ready to help.* Li renmen pitit la pou fason li, li toujou prèt pou ede. *Her behavior causes everyone to respect her.* Fasondaji li fè tout moun respekte li.. *Everybody in the neighborhood imitates her behavior.* Tout moun nan zòn nan ap suiv mach li. •**bad behavior** move san •**base behavior** salopri •**evil behavior** movezak •**good behavior** sajès •**perverse, frivolous behavior** briganday •**unpredictable behavior** fòskote *This man has an ambivalent behavior; sometimes he's kind and welcoming, sometimes he's violent and aggressive.* Nèg sa a gen yon tanperaman ki gen fòskote; gen delè li janti epi souriyan, gen de lòt lè, li vyolan epi agresif.

behead *v.tr.* dekapite, sote tèt *He beheaded the chicken with one knife stroke.* Li sote tèt poul la ak yon sèl kout manchèt. *They beheaded the killer.* Yo dekapite asasen an.

behest *n.* •**at the behest of** sou lademann

behind[1] *adv.* **1**[*time*] annaryè, an reta *He's always behind in his rent.* Li toujou an reta pou l peye kay la. *She's always behind in all that she's doing.* Li toujou annaryè nan tout sa l ap fè. **2**[*position*] dèyè *She stayed behind.* Li rete dèyè. •**be behind,** pran reta *We must keep working hard; we don't want to be behind.* Fò n travay serye; nou pa vle pran reta. •**from behind** pa dèyè •**get behind** an reta *I've gotten behind in this work.* M an reta ak travay sa a.

behind[2] *n.* dèyè *She fell on her behind.* Li tonbe sou dèyè l.

behind[3] *prep.* dèyè *She was sitting behind me.* Li te chita dèyè m. *He hid behind his mother.* Li kache dèyè manman l. *She stood behind the door.* Li kanpe dèyè pòt la. *What are you doing behind me?* Sa ou fè dèyè m lan?

being *n.* egzistans, èt •**for the time being** alèkile, aprezan, kounyeya •**human being** kretyen vivan •**Supreme Being** Granmèt

bejuco vine *n.* kòn kabrit, ti lyann ibo

belabor *v.tr.* mete pase genyen *Why belabor this point?* Poukisa mete pase genyen nan kesyon sa a.

belated *adj.* an reta, depase dat

belatedly *adv.* ak reta

belch[1] *n.* rapò, wote

belch[2] *v.intr.* degobe, fè (yon){gaz/ranvwa}, gobye, rann gaz, wote *This meat gives me heartburn; it makes me belch.* Vyann nan ban m zègrè, li fè m degobe. *He belched without excusing himself.* Msye fè yon ranvwa san l pa di eskize. *Don't belch in front of others.* Pa gobye sou moun. *He's always belching.* Li toujou ap rann gaz. •**belch out smoke** fè lafimen *The engine of the car is belching out smoke.* Motè machin nan ap fè lafimen.

belching *n.* degobyay

belfry *n.* kloche

belief *n.* kredo, kwayans •**beyond belief** enkwayab •**popular belief** sipètisyon •**strong belief** konviksyon

believable *adj.* kredib

believe *v.tr.* **1**[*consider true*] kwè *I believe you.* M kwè ou. Tout moun ki kwè ap sove. *She didn't believe what I said.* Li pa kwè sa m di a. *All those who believe will be saved.* **2**[*hold a view*] konprann, kwè, mete nan tèt li, mize sou, panse *I don't believe she really meant that.* M pa panse li di sa vre. *I believe he's wrong.* M kwè l an tò. *She believes that I'm the one who did that to her.* Li konprann se mwen ki fè l sa. *He believes he's indispensable.* Li mete nan tèt li li endispansab. •**believe in a**[*have faith in*] kwè nan *I don't believe in the Bible.* M pa kwè nan Labib. *I believe in you.* M kwè nan ou. **b**[*think s.o. or s.th. exists*] kwè nan *He doesn't believe in God.* Li pa kwè nan Bondje. •**believe in Santa Claus** kwè nan tonton Nwèl *You must really believe in Santa Claus if you think what she told you is true.* Ou kwè nan tonton Nwèl vre si ou panse sa li di ou a se vre. •**believe in the gods from Africa** kwè nan Lafrik *We belong to the Nago tribe; we strongly believe in the gods from Africa.* Nou se nèg Nago, se nan Lafrik nou kwè. •**have s.o. believe s.th. false or impossible** bay yon moun kenbe *What are you trying to have me believe?* Ki sa w ap ban m kenbe la a? •**not to believe s.o.'s tales** bay yon moun van pou l al Lagonav

believer *n.* fidèl, kwayan

believing *adj.* kredil

belittle *v.* denigre, desann, diminye *She tried to belittle me in front of the whole class.* Li eseye denigre mwen devan tout klas la. *You like to belittle people; this isn't good.* Ou renmen desann moun ou menm, sa pa bon. *Pretentious people like to belittle others.* Moun ki pretansye renmen diminye lòt.

belittling *adj.* rabesan

bell *n.* **1**[*general*] klòch *The church bells are ringing.* Klòch legliz la ap sonnen. **2**[*of a trumpet, horn, etc.*] kònèt **3**[*of a woodwind instrument*] paviyon •**alarm bell** tòksen •**bell tower** kloche •**death bell** legla •**dinner bell** sonèt •**small bell** klochèt, sonèt

bell pepper *n.* piman dou

belladonna *n.* beladonn

bell-bottom *adj.* •**bell-bottom pants/ trousers** pantalon {palaso/pat elefan}

bellboy *n.* pòtye

bellflower *n.* [*bot.*] klochèt

bellicose *adj.* •**bellicose person** ti bat kò

belligerent *adj.* belijeran *That belligerent guy never accepts submitting to discipline.* Nèg belijeran sa a pa janm asepte soumèt anba disiplin.

bellow *v.tr.* begle *The guy bellowed under the stick's blows.* Nèg la begle anba kout baton.

bellowing *n.* begle

belly *n.* **1**[*general*] bidas, pans, vant *He has a pot belly.* Li gen gwo vant. **2**[*fam.*] bouden **3**[*fat*] manman pans **4**[*of a pig, cow*] pann **5**[*pej.*] fòlman *Your giant belly doesn't indicate health, you ugly fatso.* Gwo fòlman ou pa di lasante, vye patapouf. •**big round belly** barik vant •**disproportionately big belly** vant dwogidwogan •**fat belly** gwo pans •**get a big belly** [*sign of living well*] fè vant *Since he's been working there, he has gotten a big belly.* Depi l ap travay la, li fè vant. •**go belly up** bwe dlo, tonbe alo •**pot belly** gwo vant •**with a paunchy belly** basonnen

bellyache *n.* mal vant, vant fè mal

bellyband *n.* sang

bellybutton *n.* bouton vant, lonbrik

bellyful *n.* kont(kò li), mezi li

belong *v.intr.* [*have proper place*] nan plas, se poul kay li *This chair doesn't belong here.* Chèz sa a pa nan plas li. *I feel like I don't* *belong here.* M santi m pa nan plas mwen. *I belong here.* Isit mwen se poul kay. •**belong to** *a*[*be the property of*] fè pati, {mèt/pa}li, pou li, rele yon moun chè mèt chè mètrès *That land belongs exclusively to me since I have the title.* Tè sa a rele m chè mèt chè mètrès paske mwen gen papye tit la. *Do you know whom this car belongs to?* Ou konn (ki moun ki) mèt machin sa a? *Don't touch what doesn't belong to you!* Pa manyen sa k pa pou ou! *b*[*be a member of*] fè pati, manm *Do you belong to this group?* Ou fè pati gwoup sa a? •**belong to a clique/gang/group** nan sosyete *I don't belong to that group.* M pa nan sosyete moun sa yo. •**belong to the upper class** oran *She belongs to the upper class now.* Li oran konnya.

belonging *n.* apatenans, enterè. •**belonging to no one in particular** pa…ni Jak ni ye ni Pòl

belongings *n.pl.* (z)afè, biten, efè

beloved *n.* cheri *She's my beloved.* Sa se cheri m. •**dearly beloved** [*in Christ; rel.*] byenneme *Dearly beloved, I greet you in the name of Jesus!* Byenneme, mwen salye nou nan non Jezi!

below[1] *adv.* anba *I stood on the mountain looking at the river below.* M kanpe sou tèt mòn lan m ap gade rivyè a anba.

below[2] *prep.* anba *There's something below the surface of the water.* Gen yon bagay anba dlo a. *It's on the shelf below the books.* Li sou etajè ki anba etajè ki gen liv la.

belt[1] *n.* 1[*article of clothing, man*] sentiwon 2[*woman's*] senti 3[*martial arts*] senti •**belt (strap)** kouwa •**cartridge belt** jibèn •**cloth belt worn as penitence** kòdwon penitans •**conveyor belt** tapi woulan •**seat belt** senti

belt[2] *v.tr.* pase yon moun yon blo *If he gives you any trouble, just belt him a good one.* Si l enmède ou, pase l yon bon blo.

belted kingfisher *n.* [*bird*] maten pechè, pipirit (la)rivyè

belt-tightening *n.* mare senti

bemoan *v.tr.* deplore, lamante *I bemoan the fact that there are no elections this year.* M deplore ke pa gen elèksyon ane sa a.

bench[1] *n.* 1[*gen.*] ban 2[*jur.*] lakou, tribunal ban •**discipline bench** ban •**school bench** ban •**small bench** bankèt

bench[2] *v.tr.* mete yon moun sou ban *The coach benched his best player.* Antrenè a mete pi bon jwè l sou ban.

bend[1] *n.* 1[*in pipes, etc.*] koud 2[*in the road*] koub

bend[2] **I** *v.tr.* benn, bosi, devye, kochi, koube, kwobi, kwobòt, kwochi, pliye, ploye *He can bend an iron rod with his bear hands!* Li ka ploye yon ba fè ak men l. *He has the strength to bend any long piece of iron.* Li gen kouray pou l benn nenpòt baton fè. *He's got strength; he bends iron with his hands.* Misye gen fòs, li bosi fè ak men l. *He's so strong that he bent the iron bar.* Li tèlman gen fòs li koube gwo ba fè a. *He heated the piece of iron so he could bend it.* Li chofe fè a pou l ka ploye l. *Bend the head of this nail for me.* Kwobòt tèt klou sa pou mwen. **II** *v.intr.* 1[*person*] flechi *She didn't bend to the king who was forcing her to marry him.* Li pa t flechi devan wa a ki t ap fòse l marye avè l. 2[*thing*] devye, ploye *Gold is very soft; it bends easily.* Lò mou, ou ka ploye l fasil. *If you don't prop up the post, it's going to bend.* Si ou pa bite poto a, l ap devye. •**bend down** kase sou do, kwochi kò li *I bent down to pick up the shoe.* M kase sou do pou m ka pran soulye a. *She bent down to see whether she could pass under the fence wire.* Li kwochi kò l pou l wè si l a pase anba fil fè a. •**bend out of shape** laji *His feet bent the shoes out of shape.* Pye l laji soulye a. •**bend over** bese, panche li *She bent over to go into the cage.* Li bese pou l antre nan kaj la. •**bending down** bese •**be bent** koube *The little old lady's back is bent.* Do ti granmoun nan koube. •**bent over** do bosi, kwochi *Does he always walk bent over like that?* Li toujou mache do bosi konsa?

bending *n.* flechisman *It's the wind that causes the bending of the trees.* Se van an ki lakoz flechisman pye bwa yo.

bendy tree *n.* mawo

beneath *prep.* anba *The sand beneath my feet was hot.* Sab la te cho anba pye m.

benediction *n.* benediksyon

benefactor *n.* byenfektè, papa bon kè

benefactress *n.* byenfektèz

beneficial *adj.* itil *The loan is beneficial to my project.* Prè a itil pou pwojè m nan.

beneficiary *n.* benefisyè

benefit[1] *n.* avantay, benefis, enterè *One of the benefits of working here is that you get to travel a lot.* Youn nan avantay ki genyen lè ou ap travay isi a, ou vwayaje anpil. •**be of benefit** rapòte •**for one's own benefit** pou kont li *I'm working for my own benefit.* M ap travay pou kont mwen. •**for the benefit of** pou •**fringe benefit** benefis akote, bonis, degi •**social benefit** aki

benefit[2] *v.intr.* bat lachay, benefisye, rapòte {tire/fè} pwofi *How would this benefit me?* Sa sa ap rapòte m? *I benefited from the party I organized.* M bat lachay nan bal m t òganize a. *We benefited a lot from that experience.* Nou benefisye anpil de esperyans sa a. •**benefit s.o.** kontan pa yon moun *If they'd appointed him director of the office, it would have benefited him.* Si yo ta vin chwazi li pou dirèktè biwo a vre, sa se kontan pa li.

benefits *n.pl.* lamenwòt *He has plenty of benefits; that's why he stays at that job.* Misye jwenn anpil lamenwòt, se sa k fè li rete nan travay la.

benevolence *n.* byenveyans

benevolent *n.* benevòl, byenveyan, charitab

Bengal light *n.* [*fireworks*] pidetwal alimèt bengal

Bengal root *n.* jenjanm mawon

benign *adj.* vyepti

Benin *prop.n.* Dawome, Dawomen, Dawonmen

bent[1] *adj.* bankal, kòlbòsò, kochi, koube, kwochi, tòde *His back is bent.* Do l bosi. *His car antenna is bent.* Antèn machin li an kochi. •**bent on** [*determined*] anvi, deside, soti *He's bent on marrying her.* Li deside pou marye avè l toutbon •**bent over** [*person*] doba, do {bosi/bosko/kwochi/tòde} •**bent over** [*with age*] koube

bent[2] *n.* dispozisyon, enklinasyon, pant, tandans

benzene *n.* [*chem.*] benzèn

bequeath *v.tr.* mouri kite, pase papye *Our father bequeathed to us a lot of wealth.* Lepè a mouri kite anpil byen pou nou. *She bequeathed her house to me.* Li pase papye kay la sou non m.

berate *v.tr.* redi zorèy yon moun *She berated us for our bad behavior.* Li redi zorèy nou pou move konpòtman nou a.

berating *n.* jouman

bereaved *adj.* andèy

bereavement *n.* period dèy

berengena *n.* [*inedible wild eggplant*] zanmòrèt

beret *n.* berè

Bermuda *prop.n.* Bèmid •**Bermuda chub** wodo •**Bermuda grass** chendan

berry *n.* grenn •**coffee berry** kafe an pay

berserk *adj.* anraje •**go berserk** taye{banda/bobis}

berth[1] *n.* kabin

berth[2] *v.tr.* [*boat*] akoste *They're berthing the boat.* Y ap akoste bato a. •**give a wide berth** bay yon bwa long kenbe

beryl *n.* beril

beseech *v.tr.* priye an gras, sipriye *I beseech you to help me.* M priye ou an gras pou ede m.

beset *v.tr.* •**be beset** anpare *He doesn't want to eat; he's beset by flatulence.* Li pa vle manje, gaz anpare l.

beside *prep.* apa, bò, bò kot(e), kote *Who's standing beside you in this picture?* Ki moun ki kanpe bò kote ou la nan foto sa a? *Put the chair beside the door.* Met chèz la bò kot pòt la. *Who's that sitting beside her?* Ki moun sa a k chita kote l la? *I found a ring beside the river.* M jwenn yon bag bò rivyè a. an plis, antwòt, dabò, dayè, nitou, poudayè *Besides being lazy, he's also dishonest.* An plis li parese, li malonnèt tou. *Besides you, who knows my secrets?* Antwòt ou ki konn sekrè m? •**beside o.s.** fache *He was beside himself with anger.* Li te fache pou l pa chape.

besides *prep.* an plis, antwòt, apa, apre dabò, dayè, nitou, poudayè *Besides being lazy, he's also dishonest.* An plis li parese, li malonnèt tou. *Besides you, who knows my secrets?* Antwòt ou ki konn sekrè m? *Besides his sister Margaret, he has two other sisters.* Apre Magarèt, li gen de lòt sè ankò. *Besides the Jeep, she has three other vehicles.* Apre djip la, li gen twa lòt machin ankò. *Besides your study, what else do you do?* Apa etid ou, ki lòt bagay ou fè?

besiege *v.tr.* sènen *The journalists besieged him.* Jounalis yo sènen l.

besmirch *v.tr.* kole lèt bannann sou *This liar knows how to besmirch people.* Mantè a konn ki jan kole lèt bannann sou moun.

best¹ *adj.* miyò, pi bon *This is the best restaurant around.* Se pi bon restoran k gen nan zòn lan.. •**best man** [*wedding*] parenn nòs *He's my best man.* Li se parenn nòs mwen. •**the best thing to do** lemye *The best thing to do is not ask him for an explanation.* Lemye se pa mande l koze.

best² *adv.* pi byen *I work best when I work alone.* M travay pi byen lè m travay pou kont mwen. *We all thought she sang best.* Nou tout kwè se li menm ki te chante pi byen. •**as best one can** kanhi-kanhan, kanyen kanyan *She's getting along as best she can.* L ap degaje li kanhi-kanhan. *She's managing as best she can.* L ap debwouye l kanyen kanyan.

best³ *n.* krèm, miyò, pi bon, tòp *That medicine is the best because it stopped the pain right away.* Medikaman sa a se tòp la paske l rete doulè a sèk. *They chose the best of the team to play the last game.* Yo chwazi krèm ekip la pou al jwe dènye match la. *John's the best!* Jan se pi bon nèg ki te ka genyen! *It's that jelly that's the best of all.* Se konfiti sa a ki miyò nan tout •**at best** lemye •**do one's best** fè tout sa li kapab •**the best** pi siperyè *Of all the presentations, his was the best.* Nan tout prezantasyon yo, pa l la pi siperyè. •**to the best of one's ability** jan li kapab •**to the best of one's knowledge** jan li konnen

best⁴ *v.tr.* •**best s.o.** [*in a game, etc.*] bay yon moun leson

bestial *adj.* bosal, sovaj

bestow *v.tr.* akòde *Her uncle bestowed the house on her.* Tonton li akòde l kay la.

bet¹ *n.* pari, paryaj •**place a bet** fè paryay *Did you place the bet for me?* Ou fè paryay la pou mwen?

bet² *v.tr.* **1**[*wager*] kare, mete atè, mize, parye *He bet a lot of money on his fighting cock.* Li mete anpil kòb atè anba kòk li a. *I always bet number thirty-four in roulette.* M toujou mize sou trant kat nan woulèt. *I bet you ten dollars.* M parye dis dola sou ou. *How much money did he bet on the team?* Konbe kòb li parye sou ekip la? *Don't bet all that money.* Pa mize tout lajan sa a. *I bet him a hundred gourdes.* M kare san goud ak misye. **2**[*believe strongly*] parye *I bet you that he'll get here soon.* M parye avè ou, talè l ap vini. •**bet on** jwe, jwe sou yon moun *I'll bet on your*

rooster. M ap jwe sou kòk ou a. •**bet on the same number** [*lottery*] siveye *He has been betting on the same number for a long time.* L ap siveye boul sa a lontan nan lotri a. •**bet on two numbers (to increase the gains)** [*lottery*] kwaze *Place a bet on two numbers for me.* Kwaze de boul bòlèt sa yo pou mwen. •**you bet** egzakteman, lejitim, pozitif

betray *v.tr.* bay, livre, mòdesoufle, trayi, vann, vyole *He betrayed his country.* Li trayi peyi l. *She betrayed me.* Li trayi m. *Her own friend betrayed her.* Pwòp zanmi l livre l. *You have to watch these people; they can betray you anytime.* Fò ou veye zo ou ak moun sa yo, yo ka mòdesoufle ou nenpòt kilè. *You betrayed us when you showed the place where we hid.* Ou vann nou lè ou al montre kote n kache. *You betrayed my confidence.* Ou vyole konfyans mwen.

betrayal *n.* trayizon

betrayer *n.* trèt

betrothal *n.* fiyansay

betrothed *n.* fyanse

better¹ *adj.* miyò, pi{bon/fò}, plis, siperyè *I think her idea is better.* M kwè lide l la pi bon. *He thinks he's better than anyone else.* Li konprann li siperyè tout lòt moun. *We'll have a better chance of finding him at home tomorrow.* N ap gen plis chans jwenn li lakay li demen. *He's better than you are, man.* Li miyò pase ou, monchè. *She's better at cooking than I am.* Li pi fò pase m nan fè manje. •**be better to** pito, vo mye *It's better for us to stay here.* Pito nou rete isit. •**better and better** myezanmye *Everything is getting better and better.* Tout bagay ap mache myezanmye. •**get better** fè mye •**it's better** vo mye *It's better that you go before it's too late.* Vo mye ou ale anvan li twò ta. •**much better than** pa kamarad *My car is much better than yours.* Machin mwen pa kamarad pa ou. •**that's better** pito sa *He refunded me half of the money that he owed to me.* —*That's better!* Nan lajan li te dwe m nan li ban m mwatye. —Pito sa! •**wouldn't it be better** pa pito *Wouldn't it be better if you kept quiet?* Pa pito ou rete nan wòl ou?

better² *adv.* mye, pi, pi byen, pito, plis *He writes better than he talks.* Li ekri pi byen pase jan l pale. *He plays better now.* Li jwe pi byen konnye a. *He did that better.* Li fè sa mye. *I'm better off than she.* M mye pase li. *That dish tastes better.* Manje sa a gen pi bon gou. *She understands better than the other one.* Li gen plis konprann pase lòt la. •**be better off** pi{bon/byen} *You'd be better off without her.* Ou t ap pi byen si ou pa t ak manmzèl. *He'll be better off in the hospital.* L ap pi bon si l lopital.

better[3] *n.* •**for better or worse** mal kou byen *For better or worse, we have to accept living together.* Mal kou byen, fòk n aksepte rete ansanm. •**get the better of** gen rezon devan, {jwenn/konnen}bout yon moun *The little vendor got the better of the big land owner.* Ti machann nan gen rezon devan grandon an. *She got the better of her rival.* Li jwenn bout matlòt li a.

better[4] *verbal aux.* [*had better*] pito *You better straighten up your room before your father gets home!* Pito ou met lòd nan chanm ou an anvan papa ou vini! *You'd better select another hotel.* Pito ou chwazi yon lòt otèl.

betterment *n.* alejman, alemye, amelyorasyon

betting *n.* paryay

bettor *n.* paryè

between *prep.* **1**[*position*] ant, nan, nan mitan, pami *Don't stand between us.* Pa vin kanpe nan mitan nou. *The book was between two dictionaries.* Liv la te nan mitan de diksyonnè. *There's a long distance between Port-au-Prince and Cape Haitian.* Gen anpil wout ant Pòtoprens ak Okap. **2**[*selection*] ak, nan *Between the theater and the movies, which do you prefer?* Nan teyat ak sinema, kilès ou pito? *He can't distinguish between red and green.* Li pa konn wouj ak vèt. **3**[*relationship*] ant *There is no problem between her and me.* Pa gen pwoblèm ant mwen ak li. **4**[*one point to another*] sot(i)...{ale/rive} *There isn't any direct airline service between Jacmel and Les Cayes.* Pa gen avyon k sot Jakmèl al Okay. **5**[*collective*] nou ... a *Between the two of us, we collected twenty dollars.* Nou de a, nou ranmase ven dola.

bevel *n.* [*tool*] bizo

beverage *n.* brevay, bwason •**alcoholic beverage** biliwin, bwason, gwòg

bevy *n.* bann, twoup

beware[1] *v.intr.* •**beware of** mefye li, pran tèt li *Beware of that boy; he's thievish.* Mefye ou ak tigason sa a, se visye li ye. *Beware of these people because they aren't honest at all.* Pran tèt ou ak moun sa yo paske yo pa onèt non.

beware[2] *interj.* atansyon, pran{piga/tèt}li *Beware! There is a large dog there.* Atansyon! Gen yon gwo chen la a.

bewilder *v.tr.* dezapwouve, dezoryante *She bewildered the teacher with a convoluted question.* Li dezapwouve pwofesè a ak yon kesyon tèt chaje. *The big skyscrapers bewildered her.* Gwo gratsyèl yo dezoryante l. •**be bewildered** pèdi{bann/eskanp/(la) kat/marenn/pye/wòl} li *She's bewildered; she doesn't know what to do.* Li pèdi lakat li, li pa konn sa l pou fè. *After my divorce, I was bewildered.* Apre divòs la, m te pèdi bann mwen.

bewildered *adj.* egare

bewitch *v.tr.* **1**[*lit.*] bay yon moun{cham/kout kòd, djòke, fè yon moun mal, gen tit albè, maldyòke, mare, pran {nanm/tèt}yon moun, pran yon moun nan yon cham, vire lòlòj yon moun nèt *The woman bewitched him so that he couldn't leave her at all.* Fi a ba l yon kout kòd ki fè li pa fouti kite l.. *The girl's beautiful eyes bewitched the man.* Bèl je fi a djòke gason an. *When he's around women, he can't remain calm; you'd say he's bewitched by them.* Depi l wè fanm, li pa ka ret trankil, ou a di yo fè l mal. *The girl accepted his advances too quickly; he must have bewitched her.* Fi a reponn msye two vit, se si msye gen tit albè sou li. *The woman bewitched the guy so that he wouldn't leave her.* Fi a mare nèg la pou l pa kite l. *That woman has bewitched you.* Fanm sa a vire lòlòj ou nèt. **2**[*fig.*] chame *It seems that Mary bewitched him.* Mari gen lè chame misye.

beyond[1] *adv.* apa (de) sa *Beyond that, I don't have other responsibilities.* Apa sa, mwen pa gen lòt responsablite.

beyond[2] *n.* •**the great beyond** bwachat, peyi san chape, nan Ginen

beyond[3] *prep.* **1**[*place*] deyò, pa lòtbò, pi devan, plis *Go beyond the gully.* Ale pa lòtbò ravin nan. *Her house is beyond the store.* Kay li pi devan magazen an. **2**[*time*] kite *He's way beyond fifty.* Li kite senkant an lontan. •**be**

beyond s.o. depase *What you are saying is beyond me.* Sa w ap pale a depase m. •**beyond doubt** san dout •**beyond repair** san zespwa •**go beyond** depase *Don't go beyond the well.* Pa depase pi a.

bezique n. [*card game*] bezig

B-flat n. [*mus.*] si bemòl

biannual adj. de fwa pa anne

bias¹ n. fòskote, paspouki, patipri *A judge must never show any bias.* Yon jij pa janm dwe nan paspouki. *There's bias at the job; those who work hard aren't better paid.* Gen anpil patipri nan travay la, sa k travay di pa touche pi plis.

bias² n. •**bias strip** bye •**bias tape** bye •**on the bias** an{bye/byè} *It's better to cut the shirt collar on the bias.* Taye kolye chemiz la an bye pito.

biased adj. fòskote, nan paspouki *The decision wasn't in favor of the peasants; it was biased.* Jijman an pa anfavè peyizan yo, li gen fòskote. *I'm not biased in favor of anyone.* M pa nan paspouki pou pyès moun.

bib n. 1[*for babies*] bavèt 2[*of overalls, etc.*] fal

Bible prop.n. Bib, Labib *It's a passage from the Bible.* Sa ekri nan Labib.

Bible School prop.n. lekòl biblik

biblical adj. biblik •**biblical passage** pasaj biblik

bibliographical adj. bibliyografik

bibliography n. bibliyografi

bicarbonate of soda n. bikabonat, bikabonnak, bikabonnat

bicentennial n. bisantnè

biceps n.pl. bibit, bisèp, bwa ponyèt •**big biceps** gwo bibit

bichy nut n. nwa kola

bickering n. zizani

bi-colored n. [*Haitian flag*] bikolò

bicycle n. bekàn, bisiklèt

bid n. òf

bidding n. 1[*will*] volonte *He thinks we're just here to do his bidding.* Li konprann nou la pou n fè volonte l. 2[*at auction*] ozanchè

bide v.tr. •**bide one's time** mouri poul li

bidet n. bidèt

biennial adj. chak dezan

bifocals n.pl. linèt bifokal

bifurcation n. branch *This road has two bifurcations.* Wout sa a gen twa branch.

big adj. 1[*large*] fò, gran, gwo, mezi, michan, tonton *The house is big.* Kay la gran. *Can you handle a big truck?* Ou ka mennen yon gwo kamyon? *You have big feet.* Ou gen gwo pye. *This shirt is too big for me.* Chemiz sa a twò gwo pou mwen. *This big house is worth a lot of money.* Tonton kay sa a vo anpil lajan. *Why did you buy this big TV?* Poukisa ou achte michan televizyon sa a? 2[*person*] gwo, laji, mal, masif *He isn't just big, he's massive.* Msye se pa gwo li gwo ankò monchè, msye masif menm. *A big man like you should be able to lift that.* Yon mal gason tankou ou, ou ka leve sa. 3[*major*] gwo *It's a big problem.* Se on gwo poblèm. *If you don't do the work, you'll be in big trouble with me.* Si ou pa fè travay la, ou ap nan gwo poblèm avè m. 4[*important*] gwo *He's a big man at work.* Se yon gwo tèt li ye nan travay li a. 5[*older*] gran *This is my big sister.* Se gran sè m lan. *When you get big, you will understand what life is about.* Lè ou gran, w ap konprann lavi a. 6[*very popular*] alamòd *That dance is really big right now.* Dans sa a se yon dans k alamòd anpil konnye a. •**big deal** [*s.th. of great importance*] gwo koze, pakèt afè *Big deal! So he has a beautiful car.* Gwo koze papa! Li gen bèl machin. *Having a new car is a big deal for him.* Gen yon machin nèf se yon pakèt afè pou li. •**big for one's age** gwo zo *This child is big for his age; he's really tall and heavy.* Tigason sa a gwo zo, gad wotè l ak gwosè l. •**big problem** pakè zafè *Not having a place to sleep is a big problem.* Pa gen kote pou dòmi, sa se yon pakèt zafè. •**big shot** gen gwo kolèt, gran{nèg/zepon}, gwo{bwa/chabrak/nèg/zouzoun} *She's a big shot in this company.* Se yon gran nèg li ye nan konpayi a. *That big shot does whatever she wants in the government.* Gran zepon sa a fè sa l vle nan gouvènman an. •**big, strong man** gwo moun •**as big as** menm{gwosè/wotè} *He's as big as I am.* Li menm gwosè. •**be big on** [*like very much*] renmen *He's very big on going to movies.* Li renmen al sinema anpil. •**be too big for one's boots/britches** bounda yon moun won enpi l ap pete kare •**be with big shots** antre nan gran kouran *You always have to be with big shots.* Ou toujou bezwen antre nan gran kouran.

•**have a big mouth** gen djòl •**how big is** ki mezi *How big is your bed?* Ki mezi kabann ou an? •**make s.th. big out of s.th.** fè twal *Such a simple story, and you're making something big out of it.* Yon koze ki senp konsa, epi w ap fè twal ak li. •**very big woman** [*euph.*] ladjablès

Big Dipper *prop.n.* [*constellation*] Grantous, Gwo Lous

bigamist *n.* bigam

bigamy *n.* bigami

big-assed *adj.* mate

bigeye *n.* [*fish*] jwif

big-eyed *adj.* je{bourik/lalin}

bigger *adj.* pi gwo •**become bigger** laji, pran chè *The gap in the wall became bigger.* Twou nan mi an laji. •**get bigger** [*plant, crops*] grandi *When the rice gets bigger, you need to weed it.* Lè diri a kòmanse grandi, fò ou sekle l.

biggest *adj.* pi{gwo/gran}nèt, pi{gwo/gran} pase tout

big-hearted *adj.* [*generous*] gen lajès, jenere

bigmouth *n.* grangòj, kalbas gran{bouch/ djòl}, lokopèt *You need not take him seriously; he's a bigmouth.* Ou pa bezwen pran li oserye, se yon grangòj li ye. •**be a bigmouth** gen bouch

big-time *adj.* gwo zafè

bigwig *n.* bichòp, {gran/gwo}kòlèt, toya, zotobre

bijection *n.* [*math*] bijeksyon

bike *n.* bekàn, velo

bikini *n.* [*bathing suit*] bikini

bile *n.* bil, fyèl, lobye

bilge[1] *n.* [*of ship*] lakal

bilge[2] *n.* [*nonsense*] radòt, rans

bilingual *adj.* bileng

bilingualism *n.* bilengwis

bilious *adj.* 1[*disgusting*] makawon, revòltan 2[*in a bad mood*] akaryat, rechiya

bilk *v.tr.* fè{foub/koken}*They bilked me for ten thousand gourdes.* Yo fè m koken pour di mil goud.

bill[1] *n.* 1[*notice of amount owed*] bòdo, bòdwo *Our electric bill was high this month.* Bòdo limyè a wo mwa sa a. 2[*in a restaurant*] bil, fich *The waiter brought us the bill.* Gason an pote bil la pou nou. 3[*invoice*] bòdo, resipise 4[*piece of paper money*] {biyè/fèy}

{dola/goud/ lajan} *He gave me a two-gourde bill and two one-gourde bills.* Li ban m yon biyè de goud ak de biyè goud. *A one dollar bill.* Yon fèy dola. •**bill of sale** papye lavant •**legislative bill or proposal** pwojè lwa •**newly-issued bills** [*bank*] plafon monetè •**utility bill** bil

bill[2] *n.* [*of a bird*] bèk

billboard *n.* afich, pankat, panno

billfold *n.* bous, pòtfèy *They stole my billfold.* Yo vòlè bous mwen.

billhook *n.* kouto digo

billiard *n.* biya **billiards** *n.pl.* (jwèt) biya •**billiard ball** boul biya •**billiard cue** baton biya •**billiard table** (tab) biya

billion *n.* milya

billionaire *n.* milyadè

billow *n.* [*of smoke*] nway

billy goat *n.* belye (kabrit), bouk, mal kabrit

bin *n.* kazye, kòf

binary *adj.* binè

bind[1] *n.* [*predicament*] ka •**be in a bind** nan boumba, jennen, mele *I am in a bind.* M nan boumba. *I'm in a bind right now. Could you lend me some money?* M jennen. Prete m yon kòb non? *I'm really in a bind. My car is in the shop, and I need to pick up someone at the airport.* M mele jodi a. Machin mwen nan garaj, enpi m gen pou m al chache yon moun ayewopò.

bind[2] *v.tr.* 1[*tie*] mare, tache relye *They bound his hands.* Yo mare men l yo. 2[*put together (pages of books)*]*I'm going to have the book bound.* M pral fè relye liv la. •**bind up** [*wound*] bande

binder *n.* •**notebook binder** klasè •**ring binder** klasè

binding[1] *adj.* [*in force*] obligatwa *The agreement between our two countries is binding.* Dizon k genyen ant de peyi nou yo obligatwa.

binding[2] *n.* •**umbilical binding** [*against chill, worn by newborn for about three months*] bann{lonbrik/vant}

binge *n.* •**be on a binge** boustifaye

bingo *n.* bengo, loto, zoup toup

binoculars *n.pl.* lonnvi

binomial *n.* binòm

biochemistry *n.* biyochimi

bioconversion *n.* transfòmasyon byolojik

biodiversity *n.* biyodivèsite

biographer *n.* biyograf
biographical *adj.* biyografik
biography *n.* biyografi
biological *adj.* biyolojik
biologist *n.* biyolojis
biology *n.* biyoloji
biophysics *n.* biyofizik
biopsy *n.* byopsi
biotechnology *n.* biyoteknoloji
bip *onom.* [*resonant sound of an object falling onto a surface*] bleng
biracial *adj.* •**biracial person** moun jòn
birch tree *n.* boulo
bird *n.* zwazo •**bird of prey** janmichèt, malfini •**a bird in the hand is worth two in the bush** (kabrit di ou) sa k nan vant ou, se li k pa ou •**mythical bird** kalanderik
bird trap *n.* kabann
birdbrain *n.* {memwa/sèvèl/tèt}poul, ti tèt, sèvo zòtolan *He forgets quickly; he's a birdbrain.* Li bliye fasil, li gen memwa poul.
birdbrained *adj.* tchòk kalbas *That man has nothing in his birdbrained head.* Nonm sa a pa gen anyen nan tchòk kalbas tèt li.
birdcage *n.* kalòj
birdie *n.* [*small boy's penis*] pipich, tigigit, tigit, ti{kòk/ pijon}, tiloulout, tipichout
birdseed *n.* grenn pou zwazo
birth *n.* nesans *What's your date of birth?* Ki dat nesans ou? •**birth canal** pasay •**birth certificate** ak de nesans, batistè, kadas [N], rejis *You have to carry your birth certificate.* Fò ou mache ak batistè ou. •**birth control** planin, planing *She practices birth control.* Li fè planin. •**birth control pill** grenn (planin) *She took birth control pills in order not to have any more children.* Li te pran grenn planin pou l pa fè plis pitit. •**be a normal birth** fèt{de pye devan/tèt anlè} *That's a normal birth; the baby was delivered normally.* Se yon kouch nòmal, bebe a fèt tèt anlè. •**by birth** dorijin •**give birth** *a*[*animals*] met(e) ba, medba, metba, miba *The cow gave birth last night; she had two calves.* Manman bèf la met ba yè, li fè de ti vach. *b*[*women*] akouche, anfante, delivre, fè pitit, mete atè *Your wife has just given birth.* Madanm ou fenk akouche. *She gave birth to a baby boy.* Li fè yon ti gason. *His wife gave birth today.* Madanm li akouche jodi a. *She gave*

birth to a little boy.* Li anfante yon ti gason. *Talya has labor pains but she hasn't yet given birth.* Talya gen tranche men l poko delivre toujou. *His wife is able to give birth.* Madanm ni ka fè pitit. *She is going to give birth soon.* Li prèt pou mete atè. •**give birth only to boys** gen chans gason •**give birth only to girls** gen chans fi *Her fourth child is again a girl; she gives birth only to girls.* Katriyèm pitit li a se yon fi ankò; li gen chans fi. •**give birth prematurely** akouche anvan lè *Solange gave birth prematurely.* Solanj akouche anvan lè.
birthday *n.* anivèsè, fèt *Happy birthday!* Bòn anivèsè!
birthing [*labor*] *n.* pye
birthmark *n.* anvi, siy *She has a birthmark on her arm.* Li gen yon anvi nan bra. •**hairy black birthmark** anvi{kochon/krab/ pye bèf}
birthplace *n.* peyi, tè kote lonbrik yon moun antere *Jacmel is my birthplace.* Jakmèl se peyi m nan.
birthrate *n.* to nesans
birthright *n.* chwal papa, dwa eritaj
biscuit *n.* biswit rale
bisect *v.tr.* koupe an de *The road bisects the town.* Wout la koupe bouk la an de.
bisector *n.* [*math*] bisèktè
bisexual *adj./n.* ala nòd ala katòd, enfibi, filbobin *That woman is bisexual.* Fi sa a filbobin.
bishop *n.* **1**[*Catholic*] evèk, monse(n)yè, monseyè **2**[*Protestant*] bichòp **3**[*chess*] fou •**bishop's residence** eveche •**ensemble of bishops** episkopa
bishopric *n.* episkopa, eveche
bismuth *n.* [*chem.*] bismit
bison *n.* bèf sovaj, bifalo, bizon
bisque *n.* bisk
bit[1] *n.* mèch *The drill bit is broken.* Mèch dril la kase.
bit[2] *n.* [*for horse*] mò
bit[3] *n.* bout, chikèt, kal, kras, kraze, lèch, pous, pwèlyèm *This tiny bit of food is not going to fill his belly.* Ti chikèt manje sa a p ap plen vant li. *What you said didn't make a bit of sense.* Sa ou di a pa gen menm yon pwèlyèm sans. *Give me a little bit of your cake.* Ban m yon ti kras nan gato ou la. *She didn't give me even a bit of what she divided.* Li pa ban

m yon pous nan sa l ap separe a. •**bit by bit** an{pispiding/rèleng}, antchenkon, de fil an(n) {egwi/egui}, moso pa moso, myèt an myèt, pezape *They're learning Creole bit by bit*. Y ap pwogrese nan kreyòl la an pispiding. *She's eating the food bit by bit*. L ap manje manje a an rèleng. *They built the house bit by bit*. Yo fè kay la pezape. •**a little bit** [*somewhat*] enptipe, yon (ti) jan *Do you speak English?* —*A little bit.* Èske ou pale angle? —Enptipe. *He's a little bit lazy*. Li yon jan parese. •**a little bit more** yon ti barad *Give me a little bit more of what you are eating*. Ban m yon ti barad nan sa w ap manje a ankò. •**every bit** [*all of*] tou(t) (nèt) *He sat down and ate every bit of the bread*. Li chita l manje tout pen an nèt. •**every last bit** dènye kras *These voracious people swallowed every last bit of food*. Aloufa yo vale dènye kras manje. •**give a tiny bit** bay yon moun yon lougal •**just a little bit more and** long kou ke pis *Just a little bit more and she would have fallen into the sewer*. Long kou ke pis, li t ap tonbe nan kanivo a. •**little bit** [*of something*] grapday, krache, rèleng, tiyen *It's that little bit you saved for me?* Se ti krache sa a ou kite pou mwen? *A little bit of alcohol*. Yon ti rèleng alkòl •**miniscule bit** ti fyofyo •**not a bit** pa yon{pa/tèk} *Not a bit will I give you of what I'm eating*. Pa yon tèk m p ap ba ou nan sa m ap manje a. •**not a/one bit** [*not at all*] pa gen pwoblèm *Would you mind if I borrowed your car?* —*Not one bit!* Sa ap deranje ou si m prete machin ou an? —Pa gen pwoblèm! •**not the least bit** pa leka •**quite a bit** yon bon ti tan •**small bit** fling, filang, kraze, rèleng, ti bab *Give me a small bit of the bread that you are eating*. Ban m yon ti bab nan gwosè pen w ap manje a. *What can that small bit of food do for me?* Sa filang manje sa a ka fè pou mwen? •**tiny bit** aksantegi, chevelyèm, chich, gout, gram, grapday, krache, kras, lòsyè, lougal, pwèlyèm, ranson, tchenk, ti fyofyo, ti {chikèt/fyofyo}, tikal, yik, zèlèt, zing, zong, zonkal, (ti) zwit *You're only giving me this tiny bit of food!* Ti chich manje sa a ou ban m! *Give me a tiny bit of that food*. Ban m pran yon ti lòsyè nan manje sa a. *I found only a tiny bit*. M sèlman jwenn yon lougal. *Put in a little bit of whisky, a tiny bit*. Mete yon ti

wiski pou mwen, yon ti ranson sèlman. *This tiny bit of food is not enough for two people*. Ti fyofyo manje sa pa ase pou de moun. *Don't put even a tiny bit of sugar in the tea*. Pa mete yon gout sik ankò nan te a. *He didn't even give me a tiny bit of his bread*. Li pa ban m yon zong nan pen l lan. *They gave me a tiny bit of food*. Yo ban m yon (ti) grapday manje. *This tiny bit of food is not going to fill his belly*. Ti chikèt manje sa a p ap plen vant li. *Give me a tiny bit of rice; I'm on a diet*. Ban m yon ti zwit diri, m nan rejim. *What's missing isn't a lot, only a tiny bit*. Li pa anpil sa l manke a, yon gram sèlman. *He gave me a tiny bit of meat*. Li ban m yon aksantegi vyann. *That tiny bit of food isn't enough for that big eater*. Tchenk manje sa a p ap sifi pou aloufa a. *I asked him for a piece of cake; he gave me a tiny bit*. M mande l moso gato, li ban m yon ti zing. •**in bits and pieces** an tchenkon *She's eating the cake in bits and pieces*. L ap manje gato a an tchenkon. •**in small bits** pak an pak, pakanpak

bitch[1] *n*. **1**[*female dog*] fe(n)mèl chen *The bitch next door is in heat*. Fenmèl chen a kote a an chalè. **2**[*pejorative for person*] chyèn, manjèdkòd, manman {chen/zwav}, manzè, movezè, penbèch, ponya *It isn't a bitch like her who is going to insult me for no reason*. Se pa manzè sa k ap joure m pou granmèsi. •**real bitch** manman penbèch •**son of a bitch** pitit loray, salamabit •**this one's a real bitch** se pa kaka kòk, papa!

bitch[2] *v.intr*. babye *What are you bitching about?* Sa ou genyen ou ap babye a?

bitchy *adj*. gondon gondon, rechiya, repetan

bite[1] *n*. **1**[*insect*] piki **2**[*animal*] mòde *This bite won't ever heal*. Mòde a pa janm geri. •**have mosquito bites** po li fè ti boul *After the mosquitoes bite her, she has mosquito bites*. Depi marengwen fin mòde li a, po li fè ti boul.

bite[2] *n*. kout dan, moso *Let me have a bite of your banana*. Ban m pran yon kout dan nan fig ou a. *The glutton ate the whole bread in one bite*. Aloufa fè yon sèl moso ak pen an. •**have a bite** [*a taste*] goute sèl •**take a bite** pran yon dan *She took a bite into the food*. L ap pran yon dan nan manje a.

bite³ *v.tr.* **1**[*animal, person*] bay kout dan, mòde *The dog won't bite you.* Chen an pa p mòde ou. **2**[*insect*] bobo, pike *A wasp bit me.* Yon gèp pike m. **3**[*first action of eating*] {bay/fè}yon kout dan. *He bit into the mango.* Li bay mango a yon kout dan. **4**[*fish*] pike *The fish is biting.* Pwason an ap pike. •**bite off more than one can chew** kwoke makout li twò wo •**bite one's finger** mòde dwèt (li) •**bite one's fingernails** manje zong *He has a habit of biting his fingernails.* Li gen yon abitid manje zong li. •**bite s.o. until it causes injury** kole dan li sou yon moun *The woman bit the man until she broke his skin.* Fi a kole dan l sou nèg la jous li leve po l. •**bite s.o.'s head off** beke *You didn't have to bite my head off! I was only joking.* Ou pa bezwen beke m konsa, se blag m t ap fè. •**bite the dust** [*fail*] bwè luil, fè bèk atè *She bit the dust because she didn't answer any questions.* Li pa t reponn yon keksyon li te bwè luil. •**bite without warning** mòde antrèt *This dog bites without warning.* Chen sa a mòde antrèt.

biting *adj.* pike *His answers are always biting.* Repons li toujou pike. •**biting words** *Letting out biting comments like that has consequences.* Lanse pawòl piman bouk sa yo genyen konsekans.

bits *n.pl.* miyèt moso •**in bits and pieces** an miyèt moso •**very tiny bits** migan

bitter *adj.* **1**[*taste*] anmè, fyèl (bèf), min, rak *I will not take this pill; it is too bitter.* M p ap bwè grenn sa a, li anmè twòp. *The tea is bitter; I can't drink it.* Te a rak, m pa ka bwè l. **2**[*filled with negative feelings*] fache *Are you still bitter towards me?* Ou fache kont mwen toujou? •**bitter although slightly sweetened** brak *He likes drinking his tea bitter with a little sugar.* Li renmen bwè te ki brak. •**bitter as gall/hell** anmè kou fyèl *The tea is bitter as hell.* Te a anmè kou fyèl.

bitter ash tree *n.* gorik

bitterbush *n.* bwa pwazon, fèy bounda, vanyan gason

bitterly *adv.* min *It's bitterly cold.* Fredi a min.

bitterness *n.* movèzte

bitterwood *n.* bwa kayiman •**bitterwood tree** bwa anmè

bizarre *adj.* biza

blab *v.tr.* pale sa *I told him a secret, and he went and blabbed it to everyone.* M di l yon bagay sekrè, enpi l al pale sa.

blabber¹ *n.* babiyman, radotay, rans

blabber² *v.intr.* pale{tou long say/nèt ale/san pran souf}, rabadja, ranse, ratata, vale van *She's blabbering; I'm getting tired of her stories.* Li pale tou long say, m koumanse bouke ak istwa l yo. *You're always blabbering; that's why what you say has no value.* Toutan w ap rabadja, se sa ki fè pawòl ou pa janm bon. *You're simply blabbering.* Se ranse w ap ranse. *If you talked reasonably, I'd listen to you, but you're just blabbering.* Si ou te di bon pawòl, m ta koute ou, men se van w ap vale.

blabberer *n.* blabla

blabbering *n.* koulibèt, radotay

blabbermouth *n.* {bouch/djòl}alèlè, djòl{bòkyè/bòkè}, palabrè, tòlòkòtò(k) *She's such a blabber-mouth.* Manmzèl se yon djòl alèlè. *Don't tell Joe your secrets; he's a blabbermouth.* Pa di Djo sekrè ou, le gen bouch alèlè. *This blabbermouth never stops talking nonsense.* Djòl bòkè sa pa janm p ap tyanse. •**be a blabbermouth** gen djòl

black¹ *adj.* nwa, nwè *Wear your black suit.* Mete kostim nwa ou la. •**black and blue mark** mak, venn foule •**black as pitch** nwa kou{bounda/boustabak/chodyè/ dèyè} *He's as black as pitch.* Li nwè kou bounda. •**black eye** [*injury*] je{bouche/wouj} •**black man with light complexion** grimo •**black man with light reddish complexion** grimo chode •**black market** mache nwa •**black mass** mès nwa •**black masses** nwa •**black sheep** [*person*] gateras, move plan *She's the black sheep of the family.* Se move plan fanmi an. •**black woman** nègès •**black woman with light complexion** grimèl •**in black and white** ekri, enprime •**in the black** [*without debt*] san dèt •**jet/pitch black** nwa{kou lank/nèt}

black² *v.tr.* •**black out** *a*[*cross out*] bare, bife *b*[*suppress news*] mete baboukèt

black³ *v. intr.* **black out** [*faint*] pèdi konesans

Black *prop.n.* [*person*] nèg, nwa, negès [*fem.*]

Black American *prop.n.* ameriken nwa/nwa ameriken

Black Erzulie *prop.n.* Èzili Dantò

blackball *v.tr.* kwape *They blackballed me when I applied to be a member of the association.* Yo kwape m lè m te fè demann pou vin manm asosyasyon an.

blackbark *n.* [*tree*] kachiman{granbwa/kowosòl}

black bead *n.* [*shrub*] kanpèch mawon

black bean *n.* pwa nwa

blackbird *n.* mèl

black blister beetle *n.* podi bouton nwa

blackboard *n.* tablo

blackcap basslet *n.* [*fish*] diven

blackcapped petrel *n.* [*bird*] chanwan lasèl, djabloten

black cabbage-bark tree *n.* bwa kayiman

black calabash *n.* [*tree*] kalbas{mawon/zonbi}

black cucumber beetle *n.* podi konkonm nwa

blackcurrant *n.* kasis

blacken *v.tr.* nwasi *Charcoal fires blacken pots.* Dife bwa nwasi chodyè. •**be blackened** nwasi *The pot is blackened.* Chodyè a nwasi.

black-eyed pea *n.* pwa{djangan/enkoni/je nwa/koni}

blackguard *n.* brigan, koken

black hamlet *n.* [*fish*] ti nèg

blackhead *n.* pwen nwa

black-headed weaver *n.* [*bird*] madansara

blackish *adj.* fonse, sonm

blackjack *n.* [*card game*] venteyen

black mahoe *n.* [*tree*] kachiman{granbwa/kowosòl}, kowosòl granbwa

blackmail¹ *n.* chantay

blackmail² *v.tr.* chantay *Don't let him blackmail you.* Pa kite li ba ou chantay.

blackmailer *n.* pezè sousè

black mangrove tree *n.* mang nwa

black navy bean *n.* pwa valet{blan/nwa}

blackness *n.* nwasè

black-necked stilt *n.* [*bird*] echas, pètpèt

black olive tree *n.* bwa mago

blackout *n.* blakawout *We have a blackout every night.* Yo bay blakawout chak swa. •**temporary blackout** marye ak blakawout *We were in total darkness this week because of a temporary blackout.* Nou marye ak blakawout nèt senmenn sa a.

black plum tree *n.* bwa panyòl

black-skinned woman *n.* brinèt

blacksmith *n.* (bòs) fòjon, machal, machòkèt

black soldier fly *n.* mouch latrin

black sweetwood tree *n.* lorye pyan(t)

black tamarind tree *n.* kolye, pwazon lazinèt

black-throated blue warbler *n.* ti chit ble nwa

blacktop *n.* asfat, goudwon

blackwater fever *n.* pipi nwa

black witch [*moth*] *n.* boustabak

black witch butterfly *n.* gwo papiyon lannuit

bladder *n.* 1[*body part*] {blad/sak}pise, vesi 2[*of a ball*] vesi

blade *n.* [*of a knife, etc.*] lanm •**blade of grass** ti fèy/bren zèb

blame¹ *n.* blam, repwòch •**have s.o. take the blame** bay yon moun pote chay, mete chay sou do yon moun *You did your stupid thing; don't have me take the blame.* Ou fè tenten ou, pa met chay la sou do m. •**put/lay the blame on s.o. else** ba(y/n) yon moun tò *Whatever goes wrong, my mother always lays the blame on me.* Nenpòt bagay ki pase mal, se mwen menm manman m toujou bay tò. •**take the blame** pa manje pwa li p ap kaka lapire *I wasn't even there; I don't want to take the blame.* Mwen pa t menm la, m pa manje pwa m p ap kaka lapire.

blame² *v.tr.* ba(y/n)...tò, blame, mete{bwa pou yon moun/sou do}, pote chay, repwoche *Why does everybody always blame me for everything?* Pou ki sa k fè tout moun, se mwen yo toujou bay tò pou tout bagay? *I don't blame her.* M pa ba l tò. *Everything bad that she did, she blamed it on me.* Tout sa li fè ki mal, li mete yo sou do mwen. *The bad action you're blaming me for, I'm not the one who did it.* Zak ou repwoche m nan, se pa mwen ki fè l. •**be to blame** reskonsab *We're all to blame.* Se nou tout ki reskonsab. •**put the blame on s.o. else** bay pote chaye sou yon moun

blameful *adj.* blamab

blameless *adj.* san tach, zewo fòt

blameworthy *adj.* blamab, kondanab *Your bad actions are blameworthy.* Move ajisman ou yo blamab. •**blameworthy or reprehensible act** dezòd

bland *adj.* fad, san gou *The soup is bland.* Soup la san gou.

blank *adj.* blanch, vyèj *He gave back a blank examination sheet.* Li remèt fèy egzamen an blanch *A blank sheet...* Yon fèy papye vyèj... •**double blank** [*domino*] doub blan

blanket¹ *n.* kouvèti, lenn •**wet blanket** [*party pooper*] gate{sa/pati}1

blanket² *v.tr.* kouvri, vlope *The snow blanketed the entire region.* Nèj la kouvri tout zòn nan.

blare *v.intr.* kònen, sonnen fò *His radio is blaring.* Radyo l sonnen fò.

blaspheme *v.tr.* blasfème *Don't blaspheme the name of God.* Pa blasfème non Bondye.

blasphemer *n.* blasfèmatè

blasphemy *n.* blasfèm

blast¹ *n.* bouras, esplozyon •**artillery blast** kout kanno •**have a blast** banboche *I really had a blast at the dance on Sunday.* M banboche nèt dimanch nan yon bal.

blast² *v.tr.* sote *They blasted the wall.* Yo sote mi a.

blatant *adj.* flagran

blather *n.* radòt

blather *v.intr.* plede *Stop blathering.* Ase plede pale la.

blaze¹ *n.* brazye, flanm, founèz

blaze² *v.intr.* flanbe *The fire was blazing.* Dife t ap flanbe.

blazing *adj.* tou limen, an{fe/flanm}

blazing star *n.* [*plant*] kòlkòl, tikole

bleach *n.* klowòks

bleach *v.tr.* blanchi *She bleached the clothes.* Li blanchi rad yo ak klowòs •**to bleach laundry in the sun** blayi

bleachers *n.pl.* estrad, graden

bleaching *n.* blanchiman

bleat¹ *n.* [*goat, sheep*] bè

bleat² *v.intr.* bele, fè bè *The sheep are bleating.* Mouton yo ap bele. *The goat is bleating constantly.* Kabrit la ap fè bè san rete.

bleed I *v.tr.* senyen *He bled the pig.* Li senyen kòchon an. **II** *v.intr.* bay san, senyen *His finger is bleeding.* Dwèt li ap senyen. *She's bleeding from the rectum.* L ap bay san pa ba. *The wound on her foot is bleeding.* Blese l gen nan pye a ap senyen. •**bleed dry** fè piyay, pran dènye ti senk kòb yon moun *His new girlfriend bled him dry.* Nouvo menaj li a fè piyay ak li. *Our son's school is bleeding us dry.* Lekòl tigason nou an ap fin pran dènye ti senk kòb nou. •**bleed profusely** pise san *The injured person is bleeding profusely.* Blese a ap pise san •**be bleeding** vèse san *She's badly injured because she's bleeding.* Li blese grav paske l ap vèse san.

bleeding *n.* emoraji, senyen, senyman

blemish *n.* bouton, bwa jouman, tach *What's a good medicine for blemishes?* Ki bon remèd ki gen pou bouton?

blend¹ *n.* brasay, melanj

blend² *v.tr.* melanje, mele *Blend the flour and the sugar with the eggs.* Melanje farin nan, sik la ak ze yo. •**blend in** ale ak

blender *n.* •**electric blender** blenndè

blepharitis *n.* anflamasyon po je

bless *v.tr.* beni *The priest blessed the little baby.* Pè a beni ti bebe a. •**bless you** Djebenis, Dye benis *Achooo! —Bless you!* Estchèm! —Dye benis! *When someone sneezes, you have to say to him "Bless you".* Lè yon moun estènen, se pou di l 'Dye benis'.

blessed *adj.* beni, byennere, sakre *These people are blessed; everything they do profits them.* Moun sa yo beni, tout sa yo fè rapòte yo. *Michael is a blessed man.* Michèl se yon nonm sakre. •**blessed be** beniswa ...

blessing *n.* benediksyon •**give one's blessing** lonje dwèt sou *As soon as he gave his blessing to a candidate, everyone was ready to vote for him.* Depi msye lonje dwèt li sou yon kandida, tout pèp la pare pou vote l.

blest *adj.* byenere

blight *n.* flewo

blimp *n.* 1[*dirigible*] balon dirijab 2[*person*] bousoufle

blind¹ *adj./n.* avèg *He's blind in both eyes.* Msye avèg de je. •**blind alley** kildesak •**blind in one eye** je bòy •**blind leading the blind** avèg k ap mennen bòy *It's a case of the blind leading the blind.* Rele sa se avèg k ap mennen bòy. •**blind person** avèg, je{pete/kreve} •**be blind to** pa wè *She's always blind to the faults of her own children.* Li pa janm wè defo pitit pa l. •**go blind** vin avèg *The disease made him go blind.* Maladi a fè l vin avèg. •**half blind** demi avèg

blind² *n.*[*for windows*] jalouzi •**Venetian blind** pèsyèn

blind³ *v.tr.* pete je yon moun, vegle *The madman blinded her.* Moun fou a pete je l. *The light is blinding me.* Limyè a vegle m. *Diabetes blinded her.* Maladi sik la vegle l.

blinded *adj.* avèg *He was blinded in the accident.* L avèg nan aksidan an.

blinders *n.pl.* [*on horse*] kat je, zeyè •**put on blinders** [*hide one's eyes*] pase men nan je

blindfold[1] *n.* bando, bann

blindfold[2] *v.tr.* {bande/mare}je yon moun *They blindfold his eyes so that he doesn't see where he's going.* Yo bande je l pou l pa wè kote l prale.

blindfolded *adj.* je bande

blindly *adv.* avègleman *They blindly believe in the idea.* Yo kwè nan lidè a avègleman.

blindness *n.* 1[*condition*] avègleman 2[*fig.*] avègleman *His blindness is the reason why they took him for a fool.* Avègleman l kòz yo pran l pou bòbòy.

blink[1] *n.* [*of an eye*] batman je •**in the blink of an eye** anvan ou bat je ou, bat je, nan yon koudèy, towtow *I'll do it in the blink of an eye.* M ap fè sa anvan ou bat je ou. *When you send her somewhere, she's back in the blink of an eye with what you sent her for.* Lè ou voye l, bat je li tounen pote konmisyon an.

blink[2] *v.intr.* 1[*eyes*] bat{je/popyè}, fè{mikmak/ mwikmwik}, louvri je li fèmen li, twenze je li *He blinks because the light is too bright.* Li bat je l paske limyè a twò fò. *Why does he blink so much?* Poukisa l ap fè mikmak ak je li konsa? *She's blinking because of the light.* L ap louvri je l fèmen l akòz limyè a. 2[*light*] limen tenyen, mouri limen *The lighthouse was blinking.* Fa a t ap mouri limen.

blinker *n.* kliyotan, siyal *The driver turned without putting on his blinker.* Chofè a vire san li pa mete kliyotan. *The blinkers on my car aren't working.* Siyal machin mwen an pa travay.

blinkers *n.pl.* [*for a horse*] bosal, zeyè

blinking *n.* batman je

bliss *n.* kè kontan

blissful *adj.* byennere, byennerèz [*fem.*]

blister *n.* anpoul, blad, bouton{glob}dlo, glòb, zanpoul (dife) *Using this machete gave me blisters.* Manchèt la ban m yon pakèt zanpoul *A large blister formed where I burned myself.* Kote m boule a fè yon gwo glòb. •**fever blister** bouton lafyèv

blister beetle *n.* podi bouton

blistering *adj.* sivokan

blithe *adj.* ensousyan

bloated *adj.* 1[*body*] anfle, balonnen, bousoufle, gonfle, pouf *We saw a drowned dog in the river. It was really bloated.* Nou wè yon chen mouri nan lanmè a, l anfle men gwosè.. *My stomach is bloated.* Vant mwen balonnen. *Those big dinners make my belly bloated.* Gwo festen sa yo fè vant mwen pouf. *You eat too much; that's why you're bloated.* Ou manje twòp, se sa k fè ou gonfle. 2[*face*] bonbonfle *Since he has been taking vitamins that stimulate his appetite, he looks bloated.* Depi l ap pran vitamin pou manje anpil la, li vin bonbonfle. 3[*because of kwashiorkor*] anfle *The child's belly is bloated; he suffers from malnutrition.* Vant timoun nan anfle, li soufri malnitrisyon.

bloating *n.* anfleman, balonnman

blob *n.* glòb

block[1] *n.* 1[*mass*] blòk, plak *A block of ice.* Yon plak glas. 2[*building component*] blòk *This house is made of good quality cement blocks.* Kay sa a fèt ak bon jan blòk. 3[*street*] blòk 4[*alliance*] blòk •**chopping block** biyòt •**cinder block** blòk •**concrete block** blòk •**engine block** blòk motè •**paving block** adoken •**sculpture or ornamental cinder block** klostra •**stumbling block** bitay, mòn lakilbit

block[2] *v.tr.* 1[*obstruct*] bare, barikade, bay baryè, bloke, bouche, dekatiye, fèmen, kore, okipe *The cow is blocking the road.* Bèf la bare chemen an. *The big truck blocked the small car.* Gwo kamyon an fèmen ti machin nan. *The demonstrators blocked the road.* Manifestan yo bouche wout la. *That car blocks the entire street.* Machin sa okipe tout lari a. 2[*prevent movement*] kore *Block the car so that it doesn't slide down.* Kore machin nan pou l pa glise desann. 3[*obstruct view*] bare *The trees were blocking the house.* Pyebwa yo bare kay la. 4[*prevent action*] bloke, peze *The woman blocked the marriage.* Fi a bloke nòs la. *Although you advised me to apply for the job, you blocked my way.* Kwak ou te di m aplike pou djòb la, enpi w ap peze m. *The boxer blocked all the punches.* Boksè a bloke tout kou yo. •**block a blow** espadonnen

blockade *n.* blokay *There is a blockade on the road.* Gen yon blokay sou wout la.

blockage *n.* blokay

blocked *adj.* mare
blockhead *n.* lostwogo
blond *adj.* blon, blonn [*fem.*], tèt jòn
blood *n.* san •**blood cell** globil •**blood clot** {boul/glòb} san, san kaye •**blood count** tès san •**blood group** tip san •**blood immunity** [*Vodou*] san yon moun gate •**blood money** move lajan •**blood poisoning** san gate •**blood pressure** tansyon *She has high blood pressure.* Li soufri tansyon. •**blood pressure cuff** aparèy tansyon, tansyomèt •**blood sausage** bouden, bouden san •**blood sugar** sik (nan san) •**blood test** {analiz/priz/tès} san •**blood type** {gwoup/tip}{san/sangen} •**blood vessel** kanal san, venn, veso •**blood work** analiz san •**blue blood** aristokrat •**have blood in one's stools** rann san *Every time I have a bowel movement, there is blood in my stools.* Chak fwa m al nan twalèt, m rann san. •**have contaminated blood** san yon moun sal •**have high blood pressure** {fè/gen}tansyon •**high blood pressure** tansyon (wo) •**low blood pressure** tansyon ba •**make one's blood boil** fè san monte li *When I see injustice like that, it makes my blood boil.* Lè m wè abi konsa devan je m, sa fè san m monte m. •**measure blood pressure** pran tansyon •**put new blood into** rajeni •**red blood cell** globil wouj •**sweat blood** swe san ak dlo •**vomit blood** rann san •**white blood cells** globil blan
bloodbath *n.* beny san
bloodhound *n.* chyen Sentibè, limye
bloodless *adj.* 1[*pale, part of the body*] blèm, make san 2[*non-violent event*] pasifik, san vèsman san
bloodletting *n.* san koule, vèsman san
bloodline *n.* desandans
bloodshed *n.* san koule, vèsman san *There's too much bloodshed in the country.* Twòp san koule nan peyi a.
bloodshot *adj.* wouj *Your eyes are terribly bloodshot.* Je ou wouj anpil.
bloodstain *n.* tach san
bloodsucker *n.* souse •**stingy bloodsucker** kolokent
bloodthirsty *adj.* sanginè *A bloodthirsty regime.* Yon rejim sanginè.
bloodwood *n.* [*tree*] bwapal

bloody *adj.* 1[*covered with blood*] benyen ak san *Her clothes were all bloody.* Rad li te benyen ak san. 2[*resulting in killing, etc.*] sanglan *A bloody battle.* Yon batay sanglan.
bloom¹ *n.* bouton flè •**be in bloom** [*sugarcane, etc.*] anflè, fè flèch *The sugarcane is in bloom.* Kann yo koumanse ap fè flèch.
bloom² *v.intr.* bay flè, fleri *The mango tree is blooming.* Pye mango a ap fleri. *The flowers began to bloom.* Flè koumanse fleri.
blooming *adj.* an flè *The mango tree is blooming.* Pye mango a an flè.
blooper *n.* fopa
blossom¹ *n.* flè
blossom² *v.intr.* 1[*plant*] fleri *The trees are blossoming.* Pye bwa yo ap fleri. 2[*person*] ponmen *She blossomed like a flower.* Li ponmen kon yon flè.
blossoming *n.* flerizon
blot¹ *n.* tach
blot² *v.tr.* [*grease, etc.*] absòbe *The rag will blot the oil.* chifonn an ap absòbe luil la. •**blot out** efase, pase efas
blotch *n.* takte *A blotch of paint.* Yon takte penti.
blotter *n.* biva •**desk blotter** soumen, tanpon
blotting *n.* •**blotting pad** biva •**blotting paper** papye biva
blouse *n.* blouz, kòsaj
blow¹ *n.* 1[*general*] baf, blo, bòt, chaplet, espant, fay, kou, kout, mayèt, palavire, pataswèl, ponch, sapata, soukous, swèl, zengoun *The boxer gave the other one single blow; he knocked him out.* Boksè a bay lòt la yon sèl fay, li K.O. li. *She gave the guy a blow to the face.* Li fout nèg la yon swèl nan figi l. *He had taken a lot of blows to the head.* Li pran yon bann kou nan tèt. 2[*on the face, head, or ears*] kalòt 3[*on the hand*] pakala 4[*to the upper body*] gagann 5[*on the shoulder blade*] bòt salye 6[*with the side of the hand aimed at the Adam's apple*] wozèt 7[*shock*] kou(t) *His death was quite a blow to us all.* Lanmò l se te yon gwo kou pou nou tout. •**final blow** bòtsalyè •**flood of blows** pli{kalòt/kout pwen} •**give a blow** panm, ba yon{domen/kalòt/ koutpye/kout pwen/souflèt/tap} •**hard blow** sapatonn •**low or killing blow** gawòt •**simultaneous blows to the ears often resulting in permanent deafness**

{kalòt/ souflèt}{jimo/marasa} •**sudden
blow** [*sound of*] voup •**take a blow** ankese
•**the final blow** dènye kou ki touye koukou
a •**unexpected blow** kout pa konprann
•**volley of blows** je{baton/chaplèt/makak},
volin, yon volim {baton/kout pwen}
blow[2] **I** *v.intr.* **1**[*wind*] soufle, vante *The wind
is blowing strong today.* Van an soufle fò
jodi a. *Blow on the food to cool it off.* Soufle
manje a pou l ka frèt. **2**[*a light bulb*] sote
3[*fuse*] boule *The fuse blew.* Fyouz la boule.
II *v.tr.* [*exhale breath (into)*] soufle *He can't
blow the bugle.* Li pa ka soufle klewon an.
•**blow away** *a*[*kill*] touye tèt nèt *b*[*amaze*]
bay sezisman, etonnen •**blow a fuse** boule
We've blown a fuse. Gen yon fyouz ki boule.
•**blow a horn** sonnen *He blew the bamboo
horn.* Misye sonnen banbou a ak bouch li.
•**blow down** jete, rache *The hurricane blew
down a lot of trees.* Siklòn lan rache yon bann
pyebwa. •**blow gently** [*wind*] vante poze
•**blow hot and cold** monte desann •**blow on**
[*with the mouth*] vantaye *Don't blow on me
so you won't spit on me.* Pa vin vantaye m la
pou pa voye krache sou mwen. •**blow/lose
one's cool** pèdi sanfwa ou *Don't blow your
cool.* Pa pèdi sanfwa ou. •**blow off steam**
pase kòlè li •**blow one's mind** [*drugs*] pete
tèt yon moun *The drug blew his mind.* Dwòg
la pete tèt li. •**blow one's nose** mouche nen
li *Blow your nose!* Mouche nen ou! •**blow
one's stack** pete yon sèl kòlè *Her mother
blew her stack when she heard that her child
wasn't promoted.* Manman li pete yon sèl
kòlè lè l wè pitit li pa pase klas la. •**blow out**
a[*extinguish*] tiye, touye *Blow out the candle.*
Touye balèn lan. *b*[*tire*] eklate *The car's tire
blew out.* Kawotchou machin nan eklate.
•**blow smoke** [*cigarette, etc.*] fè de nway,
pouse{yon lafimen/nway}, rale (yon) nway
•**blow s.o.'s brains out** {boule/gaye} sèvèl
yon moun *The assassin blew the man's brains
out with a single bullet.* Asasen an gaye sèvèl
nèg la ak yon grenn bal. •**blow s.th. out of
proportion** fè (tout) yon afè ak *Why are
you blowing out of proportion such a simple
matter?* Pou ki n fè tout afè sa ak yon bagay
byen senp? •**blow up** *a*[*explode*] sote *The
grenade blew up.* Grenad la sote. *b*[*cause to
explode*] eklate, sote *They blew up the palace*

with a bomb. Yo eklate palè a ak yon bonm.
c[*expand by blowing air into*] ba(n/y)...van
He blew up the balloons. Li bay blad yo van.
d[*show great anger*] fè kòlè sou yon moun,
gonfle, grandi sou yon moun, pete yon sèl
kòlè sou yon moun *Don't blow up when I
speak to you.* Pa grandi sou mwen lè m ap
pale avè ou. *Don't blow up at me!* Pa vin fè
kòlè sou mwen! •**unexpected blow** kou
siprann •**give a blow job** fè sousèt, souse
blowfly *n.* mouch vant ble
blowhard *n.* {gran/gwo}van ti lapli
blows *n.pl.* kou, sapatonn •**come to blows**
mete kou •**shower of blows** dejle{baton/
kou} •**volley of blows** je makak
blowtorch *n.* chalimo
blubber *n.* frèz, grès, matyè gra
bludgeon *n.* [*police*] chaplèt
blue *adj.* **1**[*color*] ble **2**[*mood*] kagou •**blue
jeans** abako •**blue mahoe** [*tree*] mawo ble
•**blue runner** [*fish*] karang ton •**blue shark**
tchòtchòwè •**bright blue** digo •**dark blue**
ble fonse •**deep violet blue** digo •**indigo
blue** digo •**light blue** ble pal •**little blue
heron** krabye ble •**navy blue** ble maren
•**once in a blue moon** chak Sen Silvès •**out
of the blue** san pye ni tèt, pa gen ni pye ni
tèt, sanzatann *She called me out of the blue.*
Li rele m sanzatann. *From out of the blue,
she slapped him.* San pye ni tèt, li vini l ba l
yon souflèt.

blueberry *n.* mi
blue-collar worker *n.* travayè mànyèl
bluehead *n.* [*fish*] ralral
blue mahoe [*tree*] *n.* mawo ble
blueprint *n.* plan
blue runner *n.* [*fish*] karang ton
blues *n.pl.* **1**[*mus.*] blouz **2**[*depression*]
ladeprim, kè mare/sere
blue shark *n.* tchòtchòwè
blue-winged teal *n.* kanna sasèl
bluff[1] *n.* blòf, blofay, boulòk, koulay •**to call
one's bluff** {jwenn/konnen}bout (yon
moun), bay defi
bluff[2] *n.* [*cliff*] falèz
bluff[3] *v.intr.* bafre, {bay (yon moun)/sou}blòf,
blòfe *You're just bluffing.* Sou blòf ou ye. *You
really like bluffing women.* Ala nèg ka bay
fanm blòf se ou. *That guy is always bluffing
people.* Nèg sa a toujou ap blòfe moun.

bluffer *n.* blofè, blofèz [*fem.*], bafrezè, woulè

bluing *n.* [*laundry*] (ble) digo

bluish *adj.* yon jan ble

blunder¹ *n.* bevi, gaf, soti •**make a blunder** fè (yon) bevi •**social blunder** fo pa

blunder² *v.intr.* betize, jebede *He constantly blunders in the work because he doesn't know what he's doing.* Se jebede l ap jebede nan travay la paske li pa konn sa l ap fè.

blunderbuss *n.* [*gun, historical*] trabou(k), twonblon

blundering¹ *adj.* kòkòb, loudo

blundering² *n.* rabachay

blunt¹ *adj.***1**[*dull (instrument)*] defile, pa file **2**[*frank*] kare *She's very blunt; she'll tell you what she thinks of you even if it hurts your feelings.* Li kare anpil; l ap di ou sa l panse menmsi ou pa kontan.

blunt² *v.tr.* defile *She blunted the knife.* Li defile kouto a.

bluntly *adv.* franchman, karebare, kareman *I'll tell you that bluntly; you're a dishonest person.* M ap di ou sa franchman, ou malonnèt. *You may speak bluntly.* Ou mèt pale karebare. *I'm telling you bluntly that I don't like what you're doing to me.* M ap di ou sa kareman, m pa renmen sa ou fè m nan.

blunt-spoken *adj.* kare, fran

blur *v.tr.* twouble *The sun blurred his vision.* Solèy twouble je l.

blurred/blurry *adj.* flou *The photographer told me not to move so that the photo won't be blurry.* Fotograf la di m pa bouje pou foto a pa flou.

blurt *v.tr.* •**blurt out** kouri reponn *Whenever the teacher asks a question, he blurts out the answer.* Depi mèt la poze yon kesyon, li kouri reponn. •**blurt out filthy words** di salte

blush¹ *n.* [*red tinge*] wouji

blush² *v.intr.* wouji *She was so surprised that she blushed.* Li tèlman sezi li wouji.

boa *n.* [*constrictor*] bowa

boar *n.* [*male pig*] koure (kochon) •**large boar** [*male pig*] barak •**wild boar** barak, kochon mawon

board¹ *n.* **1**[*wooden*] (zèl) planch **2**[*steel*] fèy, planch, zèl planch •**above board** transparan •**across the board** soutoutlaliy

board² *n.* [*meals*] •**room and board** an korespondans *He has room and board at* Mrs. Claude's house. Li an korespondans kay Madan Klòd.

board³ *n.* [*official group of persons*] komite

board⁴ *n.* •**get on board** monte abò *The passengers are getting on board the bus.* Pasaje yo ap monte abò bis la. •**on board** *a*[*imperative use*] anbake *On board! On board! We are leaving.* Anbake! Anbake! Nou prale. *b*[*on a boat*] abò *Is he on board this boat?* Li abò batiman sa a? •**put on board** anbake

board⁵ *v.tr.* bòde, monte *Don't forget your suitcase when you board the airplane.* Pa bliye valiz ou lò w ap monte avyon an. *The passengers start boarding the plane.* Pasaje yo kòmanse bòde avyon an.

boarder *n.* [*in school*] pansyonnè

boarding *n.* anbakman •**boarding dock** ga •**boarding pass** *a*[*for airplane*] kat anbakman *b*[*for ship*] lesepase, kat {anbakman/pasaj}

boarding house *n.* pansyon *I'm staying at a boarding house.* M nan yon pansyon. *She stayed in a boarding house.* Li desann nan yon pansyon.

boarding school *n.* entèna, pansyon

boardroom *n.* sal reyinyon

boardwalk *n.* twotwa an bwa

boast¹ *n.* kantamwa

boast² *v.intr.* bay payèt, chante gam, fè{gran chire/gwo gòj/gam}, {fè/taye}{banda/ bobis/payèt}, layite kò li, monte kòlèt li *This guy is always boasting to show that he knows everything.* Nèg sa a toujou ap chante gam pou l montre li konn tout bagay. *Ever since he won in the game, he's boasting.* Depi li genyen nan jwèt la, l ap fè gam. *She boasted; she made it known she was a well-off lady.* Manmzèl layite kò l, li fè konprann se yon gran dam li ye.

boaster *n.* grajè, granchire, vanta *This boaster is always talking about himself.* Grajè sa a pa janm p ap pale de li.

boastful *adj.* djòlè, lwanjè *He's so boastful.* Li tèlman djòlè. *You're bothering me with your boastful stories.* Ou anmègde m ak istwa djòlè ou yo. *What a boastful person you are. You are always bragging.* Ala nèg lwanjè se ou, ou p ap janm pa pale de ou. •**boastful person** farandolè, lwanjè

boat *n.* batiman, bato •**boat people** *n.* bòtpipòl •**dinky little boat** batiman po pistach, batiman kal kwi •**fishing boat** kannòt pwason, bato (la) pèch •**flat-bottomed boat** chat •**large boat** batiman •**patrol boat** patwouyè, vedèt •**small boat** *a*[*general*] bak, kannòt *b*[*for coral reefs*] koralen *c*[*for transferring passengers and merchandise to a ship anchored in deep waters*] chalan

boatbill *n.* [*heron*] krakra

boatman *n.* kannotye

bob *v.intr.* •**bob up and down** moute desann *The duck bobbed up and down.* Kanna a moute desann.

bobbin *n.* [*of a sewing machine*] navèt, kanèt, tounikèt

bobby pin *n.* zepeng cheve

bobwhite *n.* [*bird*] kay

bodily *adj.* kòporèl

body *n.* 1[*of living person, creature*] kò *My whole body hurts.* Tout kò m fè m mal. *They never found the body.* Yo pa janm jwenn kò a. 2[*car, etc.*] kò, kawosi *Most of the damage was to the body of the car; the engine is fine.* Se plis kawosi machin lan ki pran chòk, motè a pa gen anyen. •**body and soul** kò e{am/nanm} •**be all body and soul** devwe kò e{am/nanm} *She's all body and soul in the service of the Lord.* Manmzèl devwe kò e am nan travay Bondye. •**dead body** kadav •**human body** kò •**over my dead body** pase sou kòf lestonmak yon moun, sou kadav mwen pou l pase *You'll sell the horse over my dead body.* Se sou kadav mwen pou ou pase pou ou vann chwal la.

bodybuilding *n.* (fè) egzèsis

bodyguard *n.* gad (di) kò, òdonans, sekirite

bog[1] *n.* boubye, labim, marekay

bog[2] *v.intr.* •**bog down** kole *The truck bogged down.* Kamyon an kole.

bogeyman *n.* tonton makout

boggle *v.tr.* •**boggle the mind** bay sezisman

boggy *adj.* bimen, mou *Watch out. The ground is boggy around here.* Atansyon, tè a mou bò la. *The rain fell with such intensity that the road is boggy.* Tank lapli a tonbe ak raj, wout la bimen.

bogus *adj.* atifisyèl, degrenngòch, doupendoup, fantòm, fo *Cancel the bogus elections.* Anile eleksyon degrenngòch

la. *The director proposed a bogus project.* Direktè a mete devan moun yo yon pwojè doupendoup. *The bogus president can't decide anything on his own.* Prezidan fantòm nan pa ka deside anyen pou kont li.

boil[1] *n.* kalmason, klou *I have a boil on my neck.* M gen yon klou bò kou m. •**core of a boil** pòy

boil[2] *v.tr.* bouyi, chode, fè pòtòp, kase bouyon, kuit *Boil water.* Bouyi dlo. *The pot is boiling.* Chodyè a ap bouyi. *She put the peas on the fire to boil.* Li met pwa a fè pòtòp sou dife a. *The beans have just come to a boil.* Pwa fenk kase bouyon. •**boil over** bouyi monte, devèse, monte *The soup is boiling over.* Soup la ap bouyi monte. *The milk boiled over onto the ground.* Lèt la devèse tonbe atè. •**boil with anger** manje dan, san{nan venn yon moun tounen dlo/yon moun manje li} *When he sees someone wrong another, this makes him boil with anger.* Lè l wè moun ap fè lòt abi, sa fè l manje dan. *Because André didn't talk back to Anna, he was boiling with anger.* Paske Andre pa ba Ana repons li, san l manje l.

boiler *n.* chodwon •**boiler room** chanm chofay, chofri

boiling point *n.* 1[*temperature*] tanperati pou bouyi 2[*point at which s.o. gets angry*] prèt pou fache *She's almost reached the boiling point.* Li prèt pou fache.

boisterous *adj.* kabalè, kabalèz [*fem.*], woywoy *This woman is too boisterous; when she's somewhere she lets you know it.* Dam sa twò kabalè, depi l yon kote fò l fè remake l. *These boisterous people aren't associated with me.* Moun woywoy sa yo pa annafè ak mwen.

bold *adj.* 1[*courageous*] temerè 2[*presumptuous*] antchoutchout, aplim, apòy 3[*fresh*] frekan, je chèch, oran •**bold type face** {karaktè/lèt}gra

boldly *adv.* kareman, tèt kale san tchas

boldness *n.* 1[*impudence*] frekan, frekansite, odas *You'll pay dearly for your boldness. This is the last person you'll point your finger at.* Ou ap peye frekan ou an chè, se dènye moun ou pase dwèt nan bouch li. 2[*daring*] odas

bolero *n.* bolewo

boll weevil *n.* [*insect*] bòlwivèl

bologna *n.* moutadèl

bolt[1] *n.* kout •**bolt of lightning** kout zèklè

bolt[2] *n.* **1**[*for shutting a door*] takèt. **2**[*metal pin*] chevi **3**[*of a lock*] lang **4**[*screw-like part*] boulon *The bolt is too small for the nut.* Boulon an twò piti pou ekwou a. •**bolt cutter** koup boulon, sizay

bolt[3] **I** *v.tr.* **1**[*door, window*] take *Bolt the door.* Take pòt la. **2**[*affix a part*] boulonnen, cheviye *The mechanic is bolting the wheels to the car.* Mekanisyen ap boulonnen wou machin lan. *Bolt the board together.* Cheviye planch yo. **II** *v.intr.* vòlò gage *The horse bolted away.* Chwal vòlò gagè.

bomarea *n.* [*vine*] topinanbou blan

bomb[1] *n.* bonm •**homemade bomb** bonm atizanal •**shoe bomb** bonm soulye

bomb[2] *v.tr.* **1**[*launch projectiles*] bonbade *The planes bombed the city.* Avyon yo bonbade vil la. **2**[*do badly on*] voye flè *I really bombed that test.* M voye flè nèt nan egzamen sa a.

bombard *v.tr.* bonbade •**bombard with questions** kofre *The citizens bombarded the mayor with questions at the meeting.* Popilasyon an kofre majistra a ak kesyon nan reyinyon an.

bombardment *n.* bonbadman

bombast *n.* dife pay{mayi/kann}

bomber *n.* [*plane*] bonbadye •**terrorist bomber** pozè (de) bonm

bombing *n.* bonbadman

bona fide *adj.* debònfwa

bonanza *n.* obèn

bond[1] *n.* [*finance*] bon, kab •**financial bond** bon monetè, garanti, depo, kosyon

bond[2] *n.* [*relationship*] alejans

bond[3] *n.* [*agreement*] akò, antant

bond[4] *n.* [*tying together*] bann

bond[5] *v.intr.* fè kò *The opponents bonded with each other.* Opozan yo fè kò.

bondage *n.* esklavay, sèvitid

bone[1] *n.* bwa, zo *She broke a bone in her leg.* Li te gen yon zo nan janm li k kase. **bones** *n.pl.* [*skeleton*] zosman •**bone marrow** mwèl •**bone of contention** lakòl fòt, dan •**cannon bone** [*in hoofed mammals*] kanon •**fish bone** zo pwason •**frontal bone** zo fwon •**funny bone** koud bra •**have a bone to pick with s.o.** gen yon kont pou regle ak yon moun *I have a bone to pick with you!* M gen yon kont pou m regle avè ou!

•**hip bone** zo{ren/ranch} •**neck bone** zo bwakou •**put a bone back in its socket** ranje zo *He pulled my arms in order to put the bone back in its socket.* Li rale men m pou l ranje zo a ki deplase a. •**temporal bone** zo tanp

bone[2] *v.intr.* •**bone up** [*study hard*] kraze bèt *I need to really bone up for the exam.* Fò m kraze bèt mwen serye pou egzamen an.

bone-chilling *adj.* espantan, terifyan, efreyan, zago loray

boned *adj.* dezose

bone-dry *adj.* chèch kou kaw

bonefish *n.* makabi

bonehead *n.* tèt zo

boneless *adj.* san zo

boner *n.* **1**[*faux pas*] fopa **2**[*erect penis*] kok rèd, pinokyo, bann

boneset *n.* [*plant*] geritou, langlichat

bonesetter *n.* [*in folk medicine*] doktè zo, manyè, manyèz [*fem.*]

bonfire *n.* boukan, dife bwa

bong *onom.* [*sound of a bell*] banm, beng

bongo *n.* •**bongo drum** bongo •**set of two bongo drums** tanbou marasa

bonnet *n.* bonèt, bone •**baby bonnet** tetyè

bonus *n.* degi, gratifikasyon, ranjman *At the end of every year, the boss offers a bonus to all his employees.* Chak fendane, bòs la bay tout anplwaye yon gratifikasyon. •**end of year bonus** bonis

bony *adj.* zo *Her hand is bony.* Men l zo.

boo *v.tr.* {bat/lage/rele}chalbari dèyè *They booed him because he's incompetent.* Yo bat chalbari dèyè msye poutèt li enkonpetan.

boob *n.* [*stupid person*] nikodèm

boo-boo *n.* **1**[*mistake*] sotiz, gaf, bevi **2**[*small injury*] koche, grafouyen

booby trap *n.* pèlen, pyèj

booby-trapped *adj.* pyeje *The road is booby-trapped. Don't use it.* Wout la pyeje, pa pase ladan.

booger *n.* {kaka/kwout} nen

boogie *v.intr.* nan bidjonnèl *He goes out to boogie all the time; he's a guy who loves to dance.* Toutan li nan bidjonnèl, se nèg ki renmen danse. •**be boogying with the beat** boula

boohoo *onom.* [*sound of weeping*] woyi woyi woyi

book n. liv •**account book** rejis •**book cover** {po/ kouvèti}liv •**book review** kontrandi •**book value** pri dapre liv kòmès •**elementary reading book** silabè •**entry book** rejis •**exercise book** kaye •**hardcover book** kouvèti di, liv relye •**math book** aritmetik •**paperback book** liv ak kouvèti papye •**phonics book** silabè •**spelling book or display board** [for learning to read] abese

bookbag n. brisak, valiz

bookbinder n. relyè

bookcase n. etajè

bookend n. pòtliv

bookkeeper n. kontab, tenè de liv

booklet n. bwochi, livrè

bookmaker/bookie n. {bòs/mèt}paryaj

bookrack n. etajè

books n.pl. [records] rejis •**keep the books** fè kontab

bookseller n. librè •**outdoor bookseller** boukinis

bookstore n. libreri

bookworm n. gran lektè, moun ki renmen liv

boom¹ n. [nautical] gi

boom² n. [loud noise] bow I heard a loud boom. M tande yon sèl bow.

boom³ onom. bim, bou, giw, gow, katchaboumbe, pim Boom! He delivered a punch to the man. Giw! Li flank nèg la yon kout pwen.

boon n. obèn, piyay

boondocks n.pl. peyi pèdi, andeyò nèt

boondoggle n. estravagans, gaspiyaj

boonies n.pl. andeyò nèt, peyi pèdi

boor n. [pej. for a person] annimal

boorish adj. brit, iyoran, malocho You're such a boorish person! Ala kot nèg malocho se ou!

boorishness n. inyorans

boost¹ n. •**give s.o. a boost** bay yon moun bounda They give her a boost so that she can go over the wall. Yo ba l boundal pou l ka travèse mi an. •**give s.o.'s spirits a boost** bay yon moun fòs That really gave my spirits a boost. I was feeling so down before. Sa ban m yon fòs. M te tèlman dekouraje.

boost² v.tr. [increase] remonte This vitamin will boost your strength, Vitamin sa a ap remonte fòs ou. 2[push up] voye monte Boost me over the wall. Voye m monte sou mi an. •**boost one's morale** remonte moral

booster n. 1[person] pwomotè 2[injection, etc.] rafrechi •**booster rocket** fize lansman

boot¹ n. bòt •**ankle boot** bodken, botin, demi bòt •**high heel boots** bòt desandelye •**iron-studded boots** bòt fere •**knee-high boot** janbyè

boot² n. •**to boot** [in addition] an plis

boot³ v.tr. •**boot out** choute The judge was booted out. Yo choute jij la.

booth n. kabin, kazye •**voting booth** izolwa

bootleg v.tr. fè kontrebann pou tafya ilegal

bootlegger n. kontrebandye pou tafya ilegal

bootlick v.tr. chyente nan pye yon moun, lanbe pye He's bootlicking the minister for a job. L ap chyente nan pye minis la pou djòb.

bootlicker n. ranpè, souflantchou, sousou, sousou beke

bootmaker n. (bòs) kòdonye

bootstraps n.pl. •**pull oneself up by the bootstraps** wose kò li

booty n. biten

booties n.pl. [baby] choson

booze¹ n. gwòg, kannkifèl,, sowo, tafya

booze² v.intr. vale{vale gwòg/tafya} He spent all night boozing it up. Li fè nuit lan ap vale tafya.

boozer n. tafyatè

borage n. bourach

borax n. boraks

bordello n. bòdèl, kafe, kay gwo manman

border¹ n. [clothes] aranjman, franj, rebò •**put a border on** bòde

border² n. 1[dividing line] bòday, bòdi, lizyè, maj 2[frontier] fontyè

border³ I v.intr. •**border on** {kole/touche} ak Haiti borders on the Dominican Republic. Ayiti kole ak Sendonmeng. Her property borders on mine. Teren pa l la touche ak pa m nan. II v.tr. 1[trim] bòde She bordered the dress with red lace. Li bòde wòb la ak yon dantèl wouj. 2[be next to] ale sou, bòde, {fè/mete}bòdi Her house borders the street. Kay li a ale sou lari a.

bordering adj. •**bordering on** ale sou

borderland n. teritwa sou fwontyè

borderline adj. ensèten, majinal, vag •**borderline case** ka limit

bore¹ v.tr. annwiye His lecture bored me. Konferans li an te annwiye m.

bore² *v.tr.* pèse, fè yon tou *We need to bore a hole in this wall.* Fò n fè yon tou nan mi sa a.

bored *adj.* annwiye, raz *I'm bored.* M santi m raz. *The children were bored.* Timoun yo te annwiye. •**be bored** anmède *I'm bored staying home alone.* Mwen anmède nan kay la pou kont mwen an.

boredom *n.* annwi

boric acid *n.* asid bòric

boring *adj.* anmèdan, annwiyan, blenm, raz *The match was very boring.* Match la te raz. *What a boring town!* Ala vil raz! *This job is boring.* Travay sa a annwiyan. *He's boring.* Li blenm.

born *adj.* ne *He's a born musician.* Li se yon mizisyen ne. •**born in Haiti** natifnatal •**born into** sòti nan *She was born into a rich family.* Li sòti nan yon fanmi ki rich. •**born with a silver spoon in one's mouth** byennere, byennerèz [*fem.*] •**be born** fèt, soti nan vant fèt *She was born in 1997.* Li fèt nan lane 1997. *In what year were you born?* Ki ane ou fèt? *I was born a Catholic.* M fèt nan katolik. *She was born on September thirtieth, 1991.* Li sot nan vant manman l jouk te trant sektanm 1991 la. •**be born for** [*a position*] fèt pou •**be born late in a woman's life** fèt nan ta *Her children were born late in her life.* Pitit li yo fèt nan ta. •**be born normally** [*as opposed to breech delivery*] fèt tèt anlè •**be born under a lucky star** fèt sou bon dekou *I'm born under a lucky star. I just found a good job.* M fèt sou bon dekou. M fèk jwenn yon bon djòb. •**be born by breech delivery** fèt de pye devan *The baby was born by breech delivery.* Bebe a fèt de pye devan. •**not born yesterday** [*not gullible*] pa pran{lalin pou fwomaj/lòzèy pou chou} •**where were you born?** (ki) kote ou moun?

borough *n.* bouk, vilaj

borrow *v.tr.* prete *I borrowed his bike.* M prete bekàn li an. *I need to borrow ten gourdes so I can eat.* M bezwen prete di goud pou mwen manje. •**borrow at an exorbitant interest rate** pran (kout) ponya *We have to borrow at an exorbitant interest rate if we really want to finish paying for the house.* Fo n pran kout ponya si nou vle fin peye kay la. •**borrow from** prete nan men yon moun *She borrowed ten gourdes from me.* Li prete di goud nan men m. •**borrow in advance of one's pay** pran yon avans sou salè li *He borrowed against his salary.* Li pran yon avans sou salè l. •**borrow money with interest** eskonte lajan, lwe lajan *Ti Jan borrowed a lot of money from Pierre with interest.* Ti Jan te lwe anpil lajan nan men Pyè.

borrower *n.* pretè, moun ki mande prete

bosom *n.* pwatrin, sen, tete 1[*lit.*] *She has a big bosom.* Li gen gwo tete. 2[*fig.*] *We come from the bosom of the middle class.* Se nan zantray pèp la nou soti.

boss¹ *n.* bòs, chèf, kòmandè, mèt{yon moun/travay}, patwon *I asked my boss for a raise.* M mande patwon an ogmantasyon. *She's the boss in that house; everyone has to do what she says.* Se li k sèl chèf nan kay la, tout moun oblije fè sa l di. *The boss makes out the paychecks every Saturday.* Mèt travay la fè pewòl chak samdi. •**big boss** [*pej.*] kasik •**one's own boss** chèf tèt li *I am my own boss.* Se mwen k chèf tèt mwen.

boss² *v.tr.* pase...lòd *He's always bossing people around.* Li toujou ap pase moun lòd. •**boss over** dominen *He bosses over the woman completely.* Misye dominen fi a nèt.

bossa nova *n.* [*dance*] bosanova

bossy *adj.* otoritè, renmen pase lòd *She sure is bossy!* Li renmen pase lòd! •**be a bossy person** gen maladi koumande

botanical *adj.* botanik

botanist *n.* botanis

botany *n.* botanik

botch *v.tr.* bakle, fè yon bagay soulèzèl, mitije, rabache, salope *The tailor really botched the job on my coat.* Tayè a rabache nan vès mwen an. *She is in such a hurry to go out that she botched the homework.* Li si tèlman ap prese pou l soti, li fè devwa a soulèzèl. *She botched the work.* Li salope travay la. •**botch s.o.'s hair** masakre cheve yon moun •**botch up** pachiman, tchoka *The architect botched up the blueprints for the house.* Enjenyè a pachiman plan kay la.

botched *adj.* mitije *He painted the car badly. The work is botched.* Msye mal douko machin nan, travay la mitije, monchè. •**botched up** tchoka, tyoka *No one will accept that botched up piece of work from you.* Travay tyoka sa a, pèsonn p ap pran l nan men ou.

both *adj.* tou de, toulede, tout de *Both arguments are valid.* Toulede agiman yo gen fòs. *They are both wrong.* Toulede an tò. *He likes both cars.* Li renmen tou de machin yo. •both ... and ni...ni *He lost both his father and his mother.* Li pèdi ni papa l ni manman l. *Both my mother and my father are working.* Ni manman m ni papa m ap travay. •both of us nou lède •both of you nou lède •both together ayode

bother¹ *n.* rèvè, tizon

bother² *v.tr.* 1[*annoy*] anbete, anmède, annwiye, bay yon moun{boulvès/balans}, kristè, chache yon moun kont, chaje tèt yon moun, chalante, chawonyen, chikannen, chikote, chipote, enkòmòde, fann (nan) {dèyè/siyay}yon moun, fatige lòlòj yon moun, fawouche, fè yon moun pase pay, kikinan, kole nan bounda{deng/dengonn/dèyè/kò} yon moun, lage de gidon nan kò yon moun, moleste, nui, pouswiv, sakaje, serenge, tingting, tiraye, tizonnen, tòltòl, tòt, toumante, trakase, tripote, twouble, zigonnen *The children are bothering me.* Timoun yo ap annwiye m. *Don't bother me with your stories.* Pa chaje tèt mwen ak pawòl ou yo. *Let me study; don't come to bother me.* Kite m etidye wi, pa vin tòltòl mwen la. *They keep bothering the guy until he becomes mad.* Yo plede bay nèg la balans jis yo fè l fache. *Stop bothering the child.* Sispann chawonyen pitit la. *Stop bothering me; behave yourself.* Ase chikannen m, fè wòl ou tande. *Stop bothering me; leave me alone.* Ase chipote m, manyè ban m repo. *Does smoke bother you?* Èske lafimen enkòmòde ou? *You bothered the man so much that he got angry.* Ou tèlman fann nan dèyè lòt la, li fache. *They keep bothering him by calling him names.* Y ap fè l pase pay nan ba li non. *Don't bother me now.* Pa vin serenge m la non. *Don't come and bother me; I'm working.* Pa vin tòt mwen la non, m ap travay. *You aren't going to bother me early in the morning, ya hear?* Ou p ap vin zigonnen m granmaten an la non. 2[*cause worry, concern, etc.*] chifonnen *This problem is bothering him.* Pwoblèm sa a ap chifonnen l. 3[*irritate (because of tightness, etc.)*] jennen *Her long dress bothered her in walking.* Wòb long li a

te jennen l mache. •don't bother pa{fatige/ jennen}ou *I'll go put air in your tires before I bring your car back. —No, don't bother.* M pral bay kawotchou a van anvan m renmèt ou machin lan. —Pa fatige ou! •to not bother s.o. bay yon moun van pou l al Lagonav *Don't bother me with your stupid stories.* Ban m van pou mwen al Lagonav ak koze kredi ou yo. •why bother? akwabon *Why bother yourself so much?* Akwabon pou ap fatige kò ou konsa?

bothered *adj.* annwiye

bothersome *adj.* akrekre, anbetan, jenan, kontraryan, nuizib •bothersome brats ti rapyay •bothersome thing akòkò

bottle¹ *n.* boutèy •bottle cap/top bouchon •bottle feed bay bibon •bottle holding one quart [*measure*] boutèy ka •baby bottle bibon, bibwon •bottom of a bottle tchou boutèy •half bottle [*mainly for alcoholic drinks*] demi •hot-water bottle bouyòt •small bottle flakon, poban

bottle² *v.tr.* met(e)...nan boutèy *We have to bottle the milk before we deliver it.* Fò n met lèt la nan boutèy anvan n al bay li. •bottle up toufe

bottled *adj.* •bottled water bon dlo trete, dlo Kiligann

bottleneck *n.* blokis, blokaj

bottom *n.* 1[*at the base of*] anba, bounda, fenfon *There is a hole in the bottom of the bucket.* Gen yon twou nan bounda bokit la. *Look on the bottom of the shoe.* Gade anba soulye a. 2[*lower part*] anba, nan pye *The house is at the bottom of the hill.* Kay la nan pye mòn lan. *Your name is at the bottom of the sheet of paper.* Non ou jis anba sou fèy la. *The water is at the bottom.* Dlo a anba. 3[*lowest of a category*] dènye ke *He's at the bottom of his class.* Se li k dènye ke nan klas la. 4[*of a container*] fon *Clean the bottom of the bucket.* Netwaye fon bokit la.. 5[*buttocks*] bounda, dèyè •bottom part bouboun, bout anba *The bottom part of a sugar cane is always sweet.* Bouboun kann toujou dous. *The bottom part of the box.* Bout anba bwat la. •at the bottom anba *He found this nice pebble at the bottom of the river.* Li jwenn bèl wòch sa a anba larivyè a. •at the bottom of the sea nan fon lanmè •get to the bottom of fè limyè sou *The police got to the bottom of the murder.* Lapolis fè limyè sou sasinay la.. •**rock bottom** fenfon

bottomless *adj.* san fon *That hole is bottomless.* Twou a san fon.

bouffant *adj.* pouf *There are girls who like having bouffant hairdos.* Gen fi ki renmen genyen chive pouf.

bouffant *n.* [*hair style*] boufan

bougainvillea *n.* bougenvil

bough *n.* branch, ramo

bouillon *n.* bouyon, konsonmen •**bouillon cube** kib magi

boulder *n.* gwo wòch

boulevard *n.* boulva

bounce¹ *n.* rebondisman

bounce² *v.tr.* bondi sou, mate, pimpe, ponpe, rebonbe, rebondi *Stop bouncing the ball inside the house.* Sispann mate boul la anndan kay la. *Stop bouncing the ball against the wall.* Sispann pimpe balon an nan miray la. *The stone bounced and came to hit her on the head.* Wòch la rebondi, l vin pran l nan tèt. *The spring will bounce back on you.* Resò a ka rebonbe sou ou. *Stop bouncing on the bed.* Sispann ponpe sou kabann lan. •**bounce back** *a*[*improve*] reprann *She's bouncing back.* L ap reprann kò l. *Business has been bad, but we are hopeful that it will bounce back soon.* Konmès la pa mache byen, men nou gen espwa sa ap reprann. *b*[*ricochet*] karanbole, pimpe *The stone bounced back at her.* Wòch la pimpe sou li. •**bounce off** karanbole *The ball bounced off the wall back to him.* Boul la karanbole nan miray la vin sou li.

bouncing *n.* •**bouncing back and forth** woule isit woule lòtbò

bound¹ *adj.* 1[*tied or obligated*] attaché, lye 2[*obligated*] fòse, oblije •**bound by a vow** an ve *I'm bound by a vow; that's why I put on clothing of only one color.* M an ve, se poutèt yon sèl koulè rad mwen mete. •**bound up in** {afere/okipe}ak •**be bound and gagged** plòtonnen anba sèt kout kòd

bound² *adj.* [*oriented toward*] •**be bound for** an wout pou, prale *This bus is bound for Cape Haitian.* Bis la an wout pou Okap. *Where is this boat bound for?* Kote batiman sa a prale? •**outward bound** an patans

bound³ *n.* bon, elan, so

bound⁴ *v.intr.* bondi, fè yon so *The cat bounded on the bird.* Chat la bondi sou zwazo a.

boundary *n.* bòday, bout, limit, lizyè *The boundary of my field goes as far as that mango tree.* Limit jaden m lan rive bò pye mango sa a. *That tree is your boundary; you mustn't go beyond it.* Pyebwa sa a se bout ou, ou pa gen dwa depase l •**boundary marker** bòday, bòn •**setting of boundaries** bònay

bounded *adj.* bòne

bounds *n.pl.* •**out of bound(s)** [*sports*] an touch, awoutsay(d), deyò *The ball went out of bounds.* Balon an soti an touch. *The defender kicked the ball out of bounds.* Defansè a voye balon an deyò.

bounty *n.* [*reward*] prim, rekonpans •**bounty hunter** chasè kriminèl, sovadò

bouquet *n.* bouke, jèb •**bridal bouquet** bouke chans (maryaj) •**flower bouquet** boke

Bourbon palm *n.* latànye

bourgeoisie *n.* lelit •**member of the bourgeoisie** boujwa

bout *n.* 1[*contest*] konkou 2[*period of difficulty*] kriz

bow¹ *n.* [*for hair*] kokad, ne

bow² *n.* [*weapon*] ak, banza

bow³ *n.* [*bending of body*] lareverans •**low bow** lakoubèt

bow⁴ *n.* [*of ship*] pwou

bow⁵ *n.* [*music*] achè

bow⁶ I *v.tr.* [*lower head*] bese, koube, koube li *He bowed his head for prayer.* Li bese tèt li pou l lapriyè. *They bowed before the king to show respect.* Yo koube yo devan wa a pa respè. *When you pray, you have to bow your head.* Lè w ap lapriyè, fòk ou koube tèt ou. II *v.intr.* [*as a greeting*] fè lakoubèt, kase *He bowed to greet the president.* Li fè lakoubèt pou salye prezidan an. *He bowed and greeted the people with cordiality.* Misye kase pou l di moun yo yon bèl bonjou •**bow down** bese *She doesn't like to bow down before others.* Li pa renmen bese devan moun. •**bow in greeting** fè lareverans *All the cabinet members bow in greeting before the president.* Tout minis nan gouvènman an fè lareverans lè y ap salye prezidan an. •**bow low** koube fwon •**bow out** renka, retire kò li •**bow to** salye *The members of Parliament stood up* to *bow to the President.* Palmantè yo kanpe pou salye prezidan an. •**one must bow to authority** poul pa chante devan kòk

bowed *adj.* [*leg*] tòtòy *His legs are so bowed, he can't put his feet together.* Janm li tèlman tòtòy, li pa fouti fèmen pye l.

bowel *n.* fyèl •**bowel movement** ale{olye/ lasèl/nan watè}, debonde, fè watè, kabinè, okabine, twalèt, watè *The child hasn't had a bowel movement since yesterday.* Depi yè pitit la pa fè watè. *I'm going to have a bowel movement.* M al kabinè. *After you have a bowel movement, you have to wash your hands.* Apre ou fin okabine, fòk ou lave men ou. *The child is having a bowel movement.* Timoun nan twalèt l. *Finally I had a bowel movement after three days of constipation.* Finalman mwen debonde apre twa jou konstipasyon. *My doctor asked me if I had had a bowel movement.* Doktè a mande m si m t al nan watè. •**bowel obstruction** blokay trip

bowels *n.pl.* entesten, trip

bower *n.* [*outdoor shelter*] tonnèl

bowl¹ *n.* bòl •**bowl for begging** bòl{ble/ pòv}, kwi •**bowl of pipe** {bouch/tèt}pip •**calabash bowl** kwi •**calabash bowl with large mouth** kayanbouk •**fruit bowl** fritye •**gourd bowl** kwi •**shallow bowl** terin •**sugar bowl** sikriye •**wooden bowl** kwi bwa

bowl² *v.intr.* jwe{bolin/kiy} *We're going to bowl tonight.* N ap jwe bolin aswè a. **bowl over** balewouze

bowlegged *adj.* bankal, janm{kanbya/ kanbral/kanbre/ parantèz/tòtòy}, pye{bankal/kanbral/kole/kounnan/ vire} *She is bowlegged.* Janm li kanbral. *Don't let the child stand up too soon, otherwise he will be bowlegged.* Pa met pitit la kanpe twò bonè pou pye l pa bankal. *Because he's bowlegged, he has difficulties crossing his legs when he sits down.* Akòz janm kanbya li a, li mal pou kwaze pye li lè li chita. *Her legs are bowlegged like reeds that are bent.* Janm li kanbre tankou wozo k pliye.

bowling *n.* [*ten pins*] bolin •**bowling alley** (sal) bolin •**bowling ball** bolin •**bowling pin** kiy •**go bowling** jwe{bolin/kiy}

bowtie *n.* wozèt

box¹ *n.* bwat, bwèt *The refrigerator arrived in a big box.* Frijidè a vin nan yon gwo bwat.

•**box spring** somye •**cardboard box** bwat •**jewelry box** kòfrè •**nesting box** pànye •**safe deposit box** kòf •**strong box** kòfrefò •**post office box** kaz •**tin box** fèblan •**trash box** {bokit/bwat/ pànye}fatra

box² *n.* [*slap*] kalòt, sabò

box³ *v.intr.* [*sport*] bokse *He's been boxing for seven years.* L ap bokse depi set an. •**box s.o. on the ear** bay yon palavire

boxer *n.* boksè •**featherweight boxer** pwa plim •**heavyweight boxer** pwa lou •**middleweight boxer** pwa mwayen

boxing *n.* [*sport*] bòks •**boxing glove** gan bòks •**boxing ring** ring (bòks) •**boxing shorts** chèt bòks

boxwood *n.* bwi, labe{blan/fran}

boy¹ *n.* bway, (ti)gason *Girls on one side and boys on the other.* Tifi yon bò, tigason yon bò. *I have five grandchildren: three girls and two boys.* M gen senk pitit pitit: twa fi, de gason. •**boy scout** eskout *I was a boy scout.* M te nan eskout. •**old boy** tonton •**small boy** bway •**young boy** tinonm

boy² *interj.* kobaba!, mezanmi!, papa!

boycott¹ *n.* bòykòt

boycott² *v.tr.* bòykote *The students boycotted the class; not one of them came.* Elèv yo bòykote kou a, youn nan yo pa vini.

boycotting *n.* bòykotaj

boyfriend *n.* anmore, mennaj, moun *Her boyfriend is in Port-au-Prince.* Mennaj li Pòtoprens. *She told me she doesn't have a boyfriend now.* Fi a di m li pa gen moun konnya. •**have a boyfriend** gen yon renmen

boyhood *n.* anfans, jennès

boyish *adj.* [*when speaking of a girl or woman*] alagasòn *She has a boyish haircut.* Li fè cheve l alagasòn.

boys *n.pl.* mesye *Well boys, we need to go out there and play as hard as we can.* Mesye, nou pral sou teren an, n ap fè tou sa n kapab.

bra(ssiere) *n.* pòtgòj, soutyen (gòj), sak tete •**very large bra** blad tete

brace *n.* 1[*bar*] anson, sipò, tanson 2[*of a brace and bit*] vilbreken 3[*clamp*] atach 4[*support*] sipò, tanson 6[*support for body part*] aparèy •**ankle brace** cheviyè •**iron brace** [*of a door*] panti •**knee brace** jenouyè

bracelet *n.* braslè, goumèt

braces *n.pl.* [*teeth*] aparèy

bracket *n.* [*mech.*] kwochè

brackets *n.pl.* [*punctuation*] akolad •**square brackets** [*punctuation*] kwochè

brackish *adj.* brak, chomat

brag *v.intr.* bay parad, chante gam, diwote, etale li, fè{djòlè/etalay tèt li/grajè/gran chire/gwo gòj/lwanj (pou) tèt li}, lwanje li, monte kòlèt li, pale de (tèt) li, vante tèt li *He's always bragging that he's the best player on the team.* Li toujou ap fè djòlè, se li k pi fò nan ekip la. *He brags that he's the greatest he-man.* L ap vante tèt li kòm pi bon matcho. *She's always bragging about her child.* Li toujou ap fè lwanj pou pitit li a. *You can brag as much as you want. Everyone knows you're worthless.* Ou mèt bay parad jan ou vle, tout moun konnen se vagabon ou ye. *This guy always brags; he thinks he knows everything.* Nèg sa toujou ap diwote, li panse l konn tout bagay. *It's incredible how these people like to brag.* Ala kot moun renmen etale yo papa. *It's not good to brag all the time.* Li pa bon pou w ap fè etalay tèt ou tout tan. *Stop bragging.* Ase fè grajè la. *Don't come bragging in front of me. Who do you think you are?* Pa vin monte kòlèt ou sou mwen la, ki sa ou konprann ou ye? *He's always bragging.* Li toujou ap pale de li. •**brag in order to attract a girl** andyoze •**nothing to brag about** pasab, antrede, mwayen

braggart/bragger *n.* abladò, arivis gran dan, dikdògòdò, djòlè, farandolè, gamè, grajè, gran{djòl/kouran}, {gran/ gwo}van ti lapli, granchire, grandizè, kantamwa, lwanjè, pedan, vanta, vantè *They're just a bunch of braggarts.* Se granchire yo ye. *This braggart is talking just to hear himself talk.* Farandolè a ap bat dyòl li pou granmèsi. *This braggart always says that he accomplishes great feats.* Gamè sa a toujou di li fè bagay estwòdinè. *What a braggart you are! You are constantly talking about things that you can't do.* Ala kot nèg grajè se ou! Ou toujou ap di sa ou pa ka fè. *These women are braggarts.* Medam sa yo se gran kouran yo ye. *You are a braggart; I won't listen to you.* Se yon vanta ou ye, m p ap okipe ou. •**be a braggart** gen djòl

bragging *n.* flafla, lwanj, vòg *Enough bragging!* Twòp lwanj nan tèt mwen!

braid[1] *n.* kòdonnèt, ti kouri, très *The little girl had her hair in tiny braids.* Ti pitit la te penyen ti très. •**shoulder braid** zepolèt

braid[2] *v.tr.* trese *Please braid my hair for me.* Trese tèt mwen pou mwen. *You aren't braiding the hair, you're intertwining it.* Se pa trese ou trese chive yo la non, se kòde ou kòde yo. •**braid in the normal way** [*hair, rope, etc.*] trese alandwat *She always braids the ropes in the normal way.* Li toujou trese kòd yo alandwat. •**braid to the left** [*hair, rope, etc.*] trese alanvè

Braille *prop.n.* bray

brain *n.* **1**[*organ*] {kokolo/krann/mwèl/nannan}tèt, manman mwèl, sèvèl, sèvo, tèt *He's totally nuts; they say his brain has turned to mush.* Tèt li pati nèt, yo di se mwèl tèt li ki gaye. *The sheriff said he'd blow the thief's brains out if he tried to escape.* Chèf la di l ap boule sèvèl vòlè a si l kouri. **2**[*intelligence*] flanm, entelijans, lespri, sèvo, tèt *He's the brain of the party; no decision can be made without him.* Li se tèt pati a, okenn desizyon pa ka pran san li. *She's a brain; she always surpasses all other students.* Li se flanm, li toujou pase devan tout elèv. *If you had a brain in your head...* Si ou te moun ki te gen lespri... •**brain fever** lafyèv sèvo •**of the brain** serebral

brainless *adj.* san tèt *That brainless person is unable to think.* Nèg san tèt sa a pa fouti reflechi. •**brainless person** san nanm

brains *n. pl.* **1**[*organ*] sèvèl *The assassin blew the man's brains out with a single bullet.* Asasen an gaye sèvèl nèg la ak yon grenn bal. **2**[*intelligence*] entelijans *Make your brains work.* Fè entelijans ou travay non. **3**[*food*] sèvèl *We used to eat beef brains.* Nou konn manje sèvèl bèf. •**have brains** gen brenn *That little guy has brains if he succeeded in passing that difficult exam.* Ti nonm sa gen brenn si l rive pase egzamen rèd sa a.

brainstorming *n.* brase lide *The teacher encourages brainstorming.* Mèt la ankouraje brase lide.

brainwash *v.tr.* {lave/pran}tèt yon moun *The union brainwashed the workers.* Sendika a lave tèt ouvriye yo. *After John finished brainwashing her, she ended up hating the* boss. Apre Jan fin pran tèt li nèt, li rayi patwon an.

brainwashing *n.* lavaj sèvo, pran tèt

brainy *adj.* entèlijan, lespri

braise *v.tr.* toufe *You have to braise the meat well for it to taste good.* Fò ou byen toufe vyann lan pou li gen bon gou.

brake[1] *n.* fren •**brake drum** tanbou fren •**brake fluid** lwil fren •**brake lever** [*bike*] manèt fren •**brake lining** très fren •**brake pad** *a*[*bike*] sabo *b*[*car*] plakèt fren •**brake pedal** pedal fren •**antilock brakes** fren antiblokaj •**emergency/hand brake** fren{brek/levye}, levye fren •**master brake cylinder** mastè fren •**put on the brakes** frennen *If she hadn't put on the brakes in time, she would have hit the child.* Si li pa t frennen atan, li t ap frape pitit la.

brake[2] *v.tr.* bay yon kout fren, frennen *The driver braked, which made the car spin all the way around.* Chofè a bay yon kout fren ki fè machin nan vire tou won. *The driver didn't brake the car in time.* Chofè a pa t frennen machin nan atan.

braking *n.* frennay

bramble *n.* pikan, wons

bran *n.* ble jòn, pay, sondeble

branch[1] *n.* [*office*] ajans, branch, estasyon *This bank has branches in other neighborhoods.* Bank sa a gen estasyon nan de lòt zòn.

branch[2] *n.* branch (bwa) *The wind blew down a lot of branches.* Van an rache yon bann branch bwa. •**forked branch** kwòk •**small branch** ramo

branch[3] *v.intr.* •**branch off** branche, chankre, kase *Let's branch off to the left.* Ann branche a gòch.

branching *n.* [*of tree*] branchman

brand[1] *n.* [*product name, manufacturer*] mak, non fabrik *What brand of soap do you use?* Ki mak savon ou sèvi? •**brand name** mak depoze •**famous brand** [*clothes*] gwopo

brand[2] *v.tr.* tanpe *He made a branding iron with his name so he could brand his animals.* Li fè yon etanp sou non li pou li tanpe bèt yo.

branding iron *n.* etanp

brand-new *adj.* {flanban/tou}nèf, nyouwann *These clothes are brand-new.* Rad sa yo tou nèf. *She bought a brand-new car.* Li achte yon

machin tou nèf. *She has a brand-new car.* Li gen yon machin nyouwann.

brandy *n.* brandi, dlodevi

brass *n.* 1[*alloy*] kwiv 2[*color*] jon wouj •**brass knuckles** fo pwen

brassy *adj.* [*person*] eskandalè, frekan

brat *n.* (ti) santi pise, pyapya *That brat never tires of bothering people.* Pyapya sa pa jamè bouke nwi moun. **brats** [*n.pl.*] ti rapyay •**filthy brat** [*pej.*] kakatwè

bravado *n.* etalay, flafla, kantamwa

brave[1] *adj.* brav, kabral, kouraje *She's brave; she isn't afraid of anyone.* Li brav, li pa pè pèsonn. •**brave man** gason, gason{kalson/kanson} *Sèviyis is a brave man; nothing scares him.* Sèviyis se gason, anyen pa ka fè li pè. •**be brave** gen grenn nan bounda li *You should be brave to confront enemies.* Fòk ou gen grenn nan bounda ou pou afwonte lennmi.

brave[2] *v.tr.* bay defi, mache ak{chapo/sèkèy}li anba bra li *You are braving danger if you dare point your gun at policemen.* Ou ap mache ak sèkèy ou anba bra ou si ou ka brake zam sou polisye.

bravely *adv.* ak kouray, san{krent/pè}

bravery *n.* bravou, bravte, vayantiz

bravo *interj.* atchatba, bravo, chapo ba, ole, palemwadsa *Bravo! The work is really in good shape, man!* Chapo ba, travay la anfòm nèt papa!

brawl[1] *n.* briganday, chafoure, deblozay, goumen, kabouya, lòbèy *They're always having brawls in this neighborhood.* Toujou gen deblozay nan katye sa a.

brawl[2] *v.intr.* bòde, fè mas, goumen, rale{mennen kase/voye} *As soon as the two ruffians met, they began to brawl.* Depi de bandi sa yo rankontre, yo fè mas.

brawler *n.* sabrè

brawn *n.* fòs{kouray/ponyèt}, misk *This work, I do it with my brawn.* Travay sa a se mwen ki fè l ak fòs kouray mwen.

brawny *adj.* gwo zo, pwès *This brawny guy does weight lifting.* Nèg gwo zo sa a leve fè.

bray *v.intr.* ranni *Why is the donkey braying like that?* Poukisa bourik la ap ranni konsa a?

braying *n.* [*of donkey*] rannisman

brazen *adj.* dewonte *A brazen guy always meddles in other people's lives.* Nèg dewonte a toujou ap foure bouch nan sa k pa regade

l. •**brazen people** san pidè *Those brazen people aren't afraid to do anything to get money.* San pidè sa yo p ap pè fè anyen pou gen lajan.

brazier *n.* recho

Brazil *prop.n.* Brezil

Brazilian[1] *adj.* brezilyen, brezilyèn [*fem.*]

Brazilian[2] *prop.n.* Brezilyen, Brezilyèn [*fem.*]

Brazilian beauty-leaf tree *n.* dalmari

Brazil nut nwa Brezil

breach *n.* brèch •**breach of faith** trayizon •**breach of the law** enfraksyon •**breach of the peace** dezòd

bread *n.* pen •**bread roll** djak •**banana bread** gato bannann •**cassava bread** kasab, kasav •**cassava bread spread with peanut butter** kasav wayal •**coconut bread** konparèt •**large loaf of bread** kondipilwen •**large loaf of bread or cassava** kabich •**plate of bread** [N] mèl pen •**raisin bread** pen rezen •**soft part of bread** mich, mit pen •**thick cassava bread** bikwach, boukousou, pendou •**unleavened bread** pen{gwo mit/rale/san ledven} •**whole-grain bread** pen konplèt •**whole-wheat bread** pen{ble/nwa}

breadcrumb *n.* myèt pen

breadcrumbs *n.pl.* •**dried breadcrumbs** chapli, myèt pen •**grated breadcrumbs** kwout

breadfruit *n.* **1**[*with seeds*] labapen **2**[*without seeds*] lamveritab, selipi •**breadfruit cakes** boulèt lamveritab •**breadfruit tree** katen •**fried breadfruit** akòdeyon •**good quality breadfruit** chateng •**mashed breadfruit** [*or sweet potato, plantain, etc.*] tonmtonm

breadth *n.* lajè •**breadth of shoulders** kari, pòtray *The shirt wasn't made for the breadth of your shoulders; your stature is too wide.* Chemiz la pa fèt pou pòtray ou a, kare ou twò laj.

breadwinner *n.* moun k ap fè viv fanmi li, salarye

break[1] *n.* [*chance, opportunity*] chans *What a lucky break for you!* Ou jwenn yon bon chans! •**give s.o. a break** bay yon moun{chans/souf/van pou l al Lagonav} *The policeman gave him a break; he didn't arrest him.* Polis la bay msye yon chans, li pa arete l. *People don't give him a break at work.* Moun yo pa ba l souf nan travay la. •**lucky break** bon

chans •**not give a break to s.o.** pa kite yon moun yon may

break[2] *n.* **1**[*pause*] brek, entèmèd, entèmisyon, kalma, kanpe, pòz, poze, rekreyasyon, relach, rete, souf, vakans *Let's take a break.* An n fè yon poze. *Where are you going during the break?* Ki kote ou prale pou vakans lan? *I'm going to take a little break by the seaside.* M pral pran yon ti kalma bò lanmè a. *My back hurts; let me take a little break.* Do m fè mal, kite m fè yon ti poze. *Considering how tired I am, I need a break now.* Pou jan m bouke la, m bezwen yon souf atò. **2**[*from illness, pain*] kal •**break in drum rhythm** kase •**clean break** koupe{fache/sèk} •**give s.o. a break** bay yon moun kanpo, bay yon moun tèt li, bay yon moun yon lougal *Because she's been working since the morning, give her a break now.* Pou depi maten l ap travay, ba l yon kanpo atò now. *Give me a break now; you bother me too much.* Ban m yon lougal atò, ou anmède m twòp. •**short break** ti relakse •**take a break** {fè/pran} {yon kanpo/yon pòz}, poze, {rale/pran} (yon) souf *Take a break; you're working too hard.* Fè yon pòz, ou travay twòp. *Now I'm taking a break.* Kounye a m ap poze. *I'll take a break from that tough work.* M ap pran yon kanpo nan travay rèd sa a. *The holidays are coming; we're going to take a break from that work.* Vakans lan rive, nou pral rale yon souf ak travay sa a. •**take a lunch break** {pare/pran}midi (li) *I take my lunch break in this restaurant.* Se nan restoran sa m pare midi mwen. •**without a break** san relach *She works without a break.* Li travay san relach.

break[3] *v.tr.* **1**[*general*] brize, dekloke, delabre, demanbre, deranje, dezasosye, fraktire, kase, krabinen, kraze, pete, pilonnen *Break the sugar in the water so that it can dissolve.* Kase sik la nan dlo a pou l ka fonn. *They broke the chairs.* Yo kraze chèz yo. *Break up the ice for me.* Kase glas la pou mwen. *The maid broke every last plate in the house.* Bòn nan fin brize dènye asyèt nan kay la. *Watch out not to break your forearm.* Atansyon pou pa dekloke ponyèt ou. *The mirror broke into a thousand pieces.* Glas la kraze fè miyèt moso. *He completely broke the radio through repeated falls.* Li fin demanbre radyo a anba so. *You put too many clothes on the line; it will break.* Ou met twòp rad sou liy lan, l a kase. *The rope broke.* Kòd la pete. **2**[*make an opening in*] kase *A rock hit me in the head, but it didn't break the skin.* Yon wòch frape m nan tèt, men tèt la pa kase. **3**[*stop*] sispann *You must break that habit!* Fò ou sispann abitid sa a! **4**[*violate (a law, etc.)*] vyole **5**[*get/give change in smaller denominations*] degrennen, kase *Break this twenty dollar bill for me.* Kase biyè ven dola sa a pou mwen. *Break this twenty dollar bill into two tens.* Degrennen ven dola sa pou mwen, fè l fè de dis. •**break a promise** fè moun anchwan •**break apart** defifare, degrennen, demwele, devide *Don't break apart the box!* Pa defifare bwat la! *Sleeping with a prostitute can break apart your marriage.* Kouche ak yon jenès ka degrennen maryaj ou. *The house broke apart.* Batiman an demwele. •**break away a**[*get ahead of*] pran devan *He broke away from the other bike riders.* Li pran devan lòt bekàn yo. **b**[*separate*] kite *They broke away from the party to establish their own.* Yo kite pati a, y al fè pati pa yo. •**break down a**[*smash, hit s.th.*] anfonse, defonse, kraze, pete *The thief broke down the door in order to enter.* Volè a anfonse pòt la pou l antre. *The hurricane broke down the house.* Siklòn nan defonse kay la. **b**[*stop functioning*] mouri, pran pàn *My car broke down on the road.* Machin mwen pran pàn sou wout la. *The car broke down in the water.* Machin nan mouri nan dlo a. **c**[*lose emotional control*] dekontwole *She broke down when I told her the news.* Li dekontwole nèt, lè m ba l nouvèl la. •**break in a**[*a horse*] bosale, kabeste *He broke in the horse to get it tame.* Li kabeste chwal la pou l ka vin dous. **b**[*car, shoes, etc.*] devlope *Wear these shoes more often in order to break them in.* Mete soulye a pi souvan pou ka devlope l. •**break into** kase, penetre *The thieves broke into my house.* Volè kase kay mwen. *They broke into the bank's computer network.* Yo penetre rezo enfòmatik bank lan. •**break into a broad smile** souri ak tout trann de li *She broke into a broad smile when she heard she won at the lottery.* Li souri ak tout trann de li lè li pran nouvèl li genyen nan loto a. •**break into a quarrel** pete

bank *The thieves broke into a quarrel among themselves.* Volè yo pete bank ant yo. •**break into many pieces** kraze{an miyèt moso/fè mil myèt} *The plate broke into tiny pieces.* Asyèt la kraze an miyèt moso. *The mirror broke into a thousand pieces.* Glas la kraze fè mil myèt. •**break loose** detache •**break off** kase *Please break off a piece of your candy for me.* Kase yon ti moso nan sirèt ou a ban mwen. •**break off a relationship** kase, koupe fache ak *I broke off our relationship because he disrespected me.* M koupe fache ak li poutèt li manke m dega. *Paul and Maria were going to marry, but the relationship was broken off.* Pòl ak Marya ta pral marye, bagay la kase. •**break off friendship** koupe fache ak •**break off relations with** vini pa byen ak *I broke off relations with her when I learned she wasn't an honest person.* M vin pa byen ak li lè m aprann li pa moun ki onèt. •**break one's back/neck** [*try very hard*] kase{tèt/kòd}li, rann fyèl li, travay jis venn kou li pete *She broke her back doing the job.* Li rann tout fyèl li nan travay la. *I broke my neck to finish the shoes today.* M travay jis venn kou m pete pou m te ka fini soulye a jodi a. •**break one's word or promise** bay yon moun koutba *Every year you break your promise for her anniversary.* Chak anivèsè li ou ba l koutba. •**break open a**[*general*] fann, kase, kreve, pete *When the grease is hot, break open the eggs and put them in the pan.* Lè grès la cho, kase ze a met ladan. **b**[*a door*] fonse *She broke the door open with one hammer blow.* Li fonse pòt la ak yon kout mato. •**break out a**[*begin, appear suddenly*] deklare, eklate, frape, pete *A real fight broke out because of the discussion.* Yon sèl batay eklate akòz diskisyon an. *When music broke out, everyone began to dance.* Kon mizik la frape, tout moun mete danse. *Spots broke out all over my face.* Bouton pete nan tout figi m. *War will break out any day.* Lagè san lè pete. *Typhoid fever broke out in this area.* Yon sèl tifoyid deklare nan zòn lan. **b**[*escape*] sove *He broke out of jail a number of times.* Li sove nan prizon konbe fwa. •**break out in a cold sweat** swe frèt *I broke out in a cold sweat when I heard the shot.* M swe frèt lè m tande tire a. •**break s.o.'s heart** bay yon kout ponya *He* *broke my heart when he told me he didn't love me anymore.* Se yon kout ponya l ban m lè l di m li pa renmen m ankò. •**break the back of s.o.** pete {fyèl/fal/zizye}yon moun •**break through** [*sun*] pèse *The sun broke through the clouds.* Solèy la pèse nyaj yo. •**break up** *a*[*disperse*] fè ... ponn, gaye, kase, katiye, kraze *The crowd broke up when the police arrived.* Tout moun yo gaye lè lapolis parèt. *The police broke up the card game.* Lapolis kraze jwèt kat la. *The police raid broke up the gang.* Razya lapolis la fè gang nan ponn. *b*[*a fight*] separe *Break up the kids who are fighting.* Separe timoun yo k ap goumen an. *c*[*a love affair*] revoke *I'm breaking up with my guy; he's too fickle.* M ap revoke nèg mwen an, msye twò frivòl. *d*[*relationship*] bay yon bòt, depati li, kase, kite, vire do bay *If we didn't have kids, we would have broken up a long time ago.* Si n pa t gen pitit, nou t ap kite depi lontan. *Julia broke up with me.* Jilya kase ak mwen. *The girl broke up with the man because he was too arrogant.* Tifi a bay msye yon bòt paske li twò angran. *He broke up with the girl because of jealousy.* Nèg la vire do bay fi a poutèt jalouzi. •**have one's water break** [*in childbirth*] {bay/jete/rann/vide}dlo, kalbas li pete, kase lezo *She broke buckets of water before she gave birth to the child.* Li bay dlo pa bokit anvan l mete pitit la atè. *When a woman gives birth, she always breaks water.* Lè yon fi ap akouche, li toujou jete dlo. *It was in the morning that her water broke.* Se maten kalbas li pete. *Given that her water broke, she's about to give birth.* Depi li kase lezo, konnen li pral akouche. •**s.th. breaking** [*sound of*] kap •**without breaking a sweat** byen san swe

breakable *adj.* kasan *Porcelain dishes are breakable.* Asyèt pòslèn kasan.

breakage *n.* po kase

breakaxe tree *n.* kastò

breakdown *n.* pàn [*mech.*] •**have a nervous breakdown** krake •**nervous breakdown** depresyon nè

breakfast *n.* dejennen, kolasyon, manje maten, ti dejene •**before breakfast** ajen •**have or eat breakfast** kolasyonnen *Now is the time for us to have breakfast.* Kounye a se lè pou n al kolasyonnen.

break-in *n.* kanbriyolaj

breaking *n.* •**breaking and entering** kase tray •**breaking apart** dekonstonbray, defonsay •**breaking off** [*of a love affair*] revokasyon •**breaking up** *a*[*general*] demantèlman *b*[*of a love affair*] revokasyon *Honey, I'm not at fault in your breaking up with me because I didn't do anything wrong to you.* Cheri, mwen inosan nan revokasyon mwen paske m pa t mal viv avè ou.

breakneck *adj.* bridsoukou

breakthrough *n.* 1[*milit.*] penetrasyon 2[*scientific*] twouvay

breakup *n.* (la)fen, finisman, konklizyon, separasyon

breakwater *n.* dig

breast *n.* 1[*upper part of body*] pòtray, pwatrin *He has a scar on is breast.* Li gen yon mak nan pwatrin ni. 2[*women's milk producing organs*] lestonmak. sen, tete *She has nice breasts.* Li gen bèl tete. 3[*baby talk*] tòtòt 3[*of a bird*] gòjèt •**breast of chicken** blan poul •**breasts overly full of milk** tete rangòje •**firm erect breasts** tete doubout •**flabby breasts** sak tete •**grow breasts** pouse lestonmak •**have one's breasts exposed** lestonmak yon moun deyò •**take the breast** [*baby*] {pran/rale} •**very big breasts** [*pej.*] manmèl •**your breasts are exposed** lestonmak ou deyò

breastbone *n.* biskèt, zo biskèt *The man's breastbone was crushed.* Zo biskèt nèg la kraze.

breastfed *adj.* nouris *The baby is breastfed.* Ti bebe a nouris.

breastfeed *v.tr.* bay{sen/tete} *She doesn't breastfeed her baby.* Li pa bay pitit li tete. *Breastfeed the child.* Bay tibebe a sen.

breastfeeding *n.* alètman •**be breastfeeding** nan tete *My child is still breastfeeding.* Pitit mwen an nan tete toujou.

breaststroke *n.* [*swimming*] bras

breath *n.* alèn, souf. •**bad breath** bouch santi, movèz {alèn/odè} *She always has bad breath.* Bouch li toujou gen movèz odè. •**be out of breath** {pa gen/pèdi}souf, souf yon moun anlè *I'm out of breath after all that running.* M pa gen souf ankò, m kouri twòp. *She ran too fast; she's almost out of breath.* Li kouri twò vit, li prèt pou pèdi souf. *She's out of breath after having just run.* Souf li anlè apre l fin kouri a. •be short of breath gen gwo larat, {pa gen/pèdi}souf, rale anlè, souf yon moun{kout/wo} *He's short of breath; he can't run for long.* Misye gen gwo larat, li pa ka kouri anpil. *After running up the stairs, she's short of breath.* Apre l fin kouri monte eskalye a, l ap rale anlè. *She's short of breath; she can't walk for long.* Souf li kout, li pa sa mache anpil. •get a breath of fresh air pran{lè/ van} *She's going to get a breath of fresh air by the sea.* L al pran lè bò lanmè. •get out of breath esoufle *Don't walk too fast so as not to get out of breath.* Pa mache twò vit pou ou pa esoufle. •get short of breath opresyon *Even after just a short run, she gets short of breath.* Annik yon ti kouri li fè, opresyon pran l. •have bad breath gen movèz alèn *He has bad breath.* Li gen movèz alèn. •out of breath bouke, esoufle *Whenever I run a little, I am out of breath.* Depi m fè yon ti kouri, mwen bouke. •short of breath anlè anlè •shortness of breath souf{kout/wo} •take a deep breath {rale/pran} (yon) gwo souf *I'm tired; let me take a deep breath.* Mwen bouke, ban m rale yon gwo souf. •under one's breath anba anba

breathe *v.intr.* pran respirasyon, respire, soufle *Is she still breathing?* Li respire toujou? *He needs more air to breathe well.* Li bezwen plis lè pou l ka pran respirasyon byen. •breathe deeply rale lè *After climbing the mountain, if I didn't breathe deeply, I would have suffocated.* Apre m fin monte mòn nan, si m pa rale lè, m toufe. •breathe down s.o.'s neck rete dèyè do yon moun *If you keep breathing down his neck, he'll never finish the work.* Si ou rete la, dèyè do l konsa, li pa p janm ka fini travay. •breathe in {rale/pran}(yon) souf *Her nose is stuffed; she's breathing in through her mouth.* Nen l bouche, l ap pran souf nan bouch. •breathe life into chofe, anime •don't breathe a word rete bouch{koud/kouzi}

breather *n.* brek, pòz, ti kanpo •give s.o. a breather bay yon moun souf •not give s.o. a breather pa kite yon moun yon may •take a breather fè yon ti bòde, {rale/pran}(yon) souf

breathing *n.* respirasyon, (ti) souf *His breathing is very shallow; he probably won't last the night.* Ti souf li kout, li gen lè pa p

fè nuit lan. •breathing room fasilite *He's got breathing room in that job; he has a week off each month.* Fasilite li jwenn nan djòb la, li gen yon senmenn konje chak mwa. •difficult breathing souf yon moun anlè *The flu made her breathing difficult.* Grip la fè souf li anlè. •have rapid breathing souf yon moun{kout/wo}

breathless *adj.* esoufle, espantan *You are breathless like that because you smoke too much.* Ou esoufle konsa paske ou fimen twòp. *He remained breathless before the girl; he didn't know what to say.* Li rete espantan devan ti fi a, li pa konn sa pou l di.

breathlessness *n.* esoufleman, opresyon

breathtaking *adj.* etonan, ki fè sote, vant bèf

breech *n. [of a gun]* kilas

breed[1] *n.* ras •half breed metis

breed[2] *v.intr.* **1**[*persons*] kale pitit, peple **2**[*animals*] fè pitit *They breed very rapidly.* Yo fè pitit rapid. •breed like flies {blayi/ penpe}pitit, fè apoulaw, grennen pitit (devan dèyè)

breeder *n. [of animals]* elvè

breeding *n.* **1**[*gen.*] repwodiksyon **2**[*of livestock*] elvaj •of good breeding [*manners*] nan lakou plètil

breeze[1] *n.* (bon) ti van, briz, kourandè •gentle breeze ti vantèz •sea breeze briz lanmè •shoot the breeze kraze kèk lodyans

breeze *v.intr.* •breeze in fè yon ti parèt

breezily *adv.* alalejè

brethren *n.pl.* frè

breviary *n.* brevyè

brevity *n.* brèvte

brew[1] *n.* first brew anba grèg •homemade brew byè peyi

brew[2] *v.tr.* **1**[*coffee, etc.*] pare *Let's brew some coffee.* Ann pare kafe. **2**[*beer*] brase

brewer *n.* brasè, distilè

brewery *n.* brasri

Brewster goatsucker *n. [bird]* gouye kò

briar *n.* wons

bribe[1] *n.* anba pwès, {kòb/lajan}anba{nan men/pwès}, kout lajan, lajan anba, rant *The judge took a bribe from the thief.* Jij la pran yon kòb anba nan men vòlè a. *If you have money, give the judge a bribe; he'll give a verdict in your favor.* Si ou gen lajan, lage jij la anba pwès, l ap vann ou pwosè a.

bribe² *v.tr.* achte, {bay/peye}{kòb/lajan} anba, (tab), fè men li jwenn ak men yon lòt moun, fè{men yon moun/yon woulman}, grese{men/pat}yon moun, peye lajan anba *Some students tried to bribe the teacher to get the exam from him.* Kèk elèv eseye achte mèt la pou l ba yo egzamen an. *The lawyer bribed the judge to win the case.* Avoka a bay jij la kòb anba pou l ka genyen pwosè a. *He bribed people in order to come in first.* Misye bay lajan anba pou l ka premye. *If you bribe the judge, you'll be released.* Depi ou fè men ou jwenn ak men jij la, w ap lage wi. *They bribed the judge so that he can render the verdict in their favor.* Yo grese pat jij la pou l ka vann yo pwosè a. *He bribed the judges.* Li peye jij yo lajan anba. *She bribed the judge to win the lawsuit.* Li fè yon woulman ak jij la pou l ka gen pwosè.

bribery *n.* kòb (pa) anba, lajan anba

brick *n.* brik *He was laying bricks.* Li t ap poze brik.

bricklayer/brickmason *n.* (bòs) mason

bride *n.* fiyanse, lamarye

bridegroom *n.* fiyanse, lemarye

bridesmaid *n.* ketèz •**be a bridesmaid** fè ketèz *I choose you to be a bridesmaid.* M chwazi ou pou fè ketèz.

bridge¹ *n.* 1[*across a river*] pon *They built a bridge across the river.* Yo fè yon pon sou larivyè a. 2[*of a ship*] pasrèl 3[*of the nose*] bwa nen, zo{(bwa) nen/kloukloum} 4[*dental*] pon •**suspension bridge** pon sispandi

bridge² *n.* [*card game*] bridj

bridge³ *v.tr.* •**bridge a gap** konble yon{brèch/twou)

bridle¹ *n.* bosal, brid, mò, mòbrid •**bridle path** chemen chwal •**makeshift bridle** baboukèt •**tight makeshift bridle** baboukèt panyòl

bridle² *v.tr.* bride *They harnessed the animals, then they bridled them.* Yo sele bèt yo epi yo bride yo.

brief *adj.* kout *The visit was very brief.* Se te yon ti vizit tou kout. *The message is brief.* Mesaj la kout.

briefcase *n.* valiz

briefly *adv.* an rakousi, bris *He told what happened briefly.* Li rakonte sa ki rive a an rakousi.

briefness *n.* brèvte

briefs *n.pl.* pantalets •**bikini briefs** [*men's*] eslip

brier *n.* pikan •**box brier** [*shrub*] bwasadin

brigade *n.* brigad

bright *adj.* 1[*giving off intense light*] klè, klere{anpil/ twòp} *The moon is bright tonight.* Lalin lan klè aswè a. *The headlights are too bright.* Limyè machin lan klere twòp. *The sun is very bright today.* Solèy la klere anpil jodi a. 2[*not dark*] briyan, klè *It's a very bright room.* Se yon chanm ki klè anpil. *This color is very bright.* Koulè sa a briyan anpil. 3[*intelligent*] entelijan, eveye, evolye, lespri *Those children are really bright.* Timoun yo eveye anpil. *This child is very bright for his age.* Pitit la evolye anpil pou laj li. •**not very bright** [*person*] gen lespri etwat

brighten (up) *v.tr.* 1[*add light*] klere *Let's brighten the room.* Ann klere chanm nan. 2[*make cheerful*] anime *It's Flore who brightened the party.* Se Flò ki anime fèt la.

brightly *adv.* klèman

brightness *n.* klate, klète

brights *n.pl.* [*car*] grantlimyè, gwo limyè

brilliant *adj.* 1[*person*] entelijan, total, yon bon *Brilliant students don't repeat grades.* Elèv total pa double klas. *He's brilliant.* L entelijan anpil. 2[*idea*] bèl *That's a brilliant idea!* Se yon bèl lide! 3[*color*] briyan, eklatan *This color is very brilliant.* Koulè sa a briyan anpil. •**brilliant person** flanm, bon *He's a brilliant person; he's always first in school.* Misye se yon bon, li toujou premye lekòl.

brilliantly *adv.* anpenpan

brim *n.* 1[*of hat*] bò, rebò, zèl *The brim of the hat starts to rip.* Bò chapo a kòmanse dechire. 2[*top of a container*] ra{bò/bòday/bouch/djòl/gagann} *Fill it to the brim!* Plen l ra bò! *She filled the glass to the brim.* Li plen vè a ra bòday. *The drum is filled to the brim.* Doum nan plen ra gagann.

brine *n.* somi

bring *v.tr.* 1[*carry and come with*] {fè/mennen} ... vini, mennen, pote (bay), pote...{tounen/vini} *Bring me a pair of scissors.* Pote yon sizo pou mwen. *Bring us some coffee.* Pote yon ti kafe pou nou. *Bring me the glass.* Pote vè a vini ban mwen. *Bring this to him for me.* Mennen sa bay li pou mwen. *I must bring my child to school.* Fòk m mennen pitit mwen lekòl. *What brings you here?* Sa k mennen ou isi? *She brought me here in her car.* Li mennen m vini nan machin li an. *Bring in a foreign coach for the team.* Fè vini yon antrenè etranje pou ekip la. **2**[*cause to occur*] kite, lage, mennen... (vini) *The flooding brought typhoid fever to the region.* Dlo a lage yon tifoyid nan zòn lan. *Bring the water to a boil before you add the rice.* Kite dlo a bouyi anvan ou met diri a. •**bring a case to court** ale lajistis pou *The heirs brought the land case to court.* Eritye yo ale lajistis pou zafè tè a. •**bring a charge** {fè/pote}plent (kont) •**bring a civil action against** asiyen •**bring along** mennen yon moun vini, mete yon moun abò *Bring him along with you.* Mennen l vini avè ou. •**bring animation** mete dife *As soon as this joker appears, he brings animation to the house.* Depi blagè sa a parèt, se pou l met dife nan kay la. •**bring back** *a*[*return s.th. to a place*] mennen{...ale/tounen}, remete, retounen *He just brought back the book that he had borrowed from the library.* Li fèk sot mennen ale liv li te pran nan bibliyotèk la. *Bring back the money to where you took it from.* Al remete lajan an kote ou te pran l lan. *I'm bringing back the gift he gave me.* M ap retounen kado li ban mwen an. *He brought the bike back.* Li mennen bisiklèt la tounen. *b*[*return s.o. to a place*] mennen...tounen, tounen... mennen, remennen *She brought the child back to his mother.* Li tounen mennen pitit la bay manman l. *Bring back the children.* Remennen timoun yo. *I'll bring you back.* M ap mennen ou tounen. *c*[*return with s.th. from somewhere*] pote...soti *She brought us back some clothes from Port-au-Prince.* Li pote rad pou nou sot Pòtoprens. *d*[*bring to mind*] fè li chonje *Every time I look at this picture, it brings back a lot of memories.* Chak fwa m gade foto sa a, li fè m chonje yon pakèt bagay. •**bring back to life** bay yon moun lavi *She almost died; God brought her back to life.* Li te fin mouri, Bondye ba l lavi. •**bring bad luck** giyonnen *The child brought me bad luck this morning; he said "Good morning" to me without brushing his teeth first.* Pitit la vin giyonnen m maten an, li di m bonjou ak bouch li san lave. •**bring closer** pwoche,

vanse *Bring the table closer.* Pwoche tab la pi pre. •**bring down** *a*[*carry down*] desann ak *Bring down the book for me.* Desann ak liv la pou mwen. *b*[*with a pole*] gole *Bring down that bitter orange for me.* Gole zoranj si sa a pou mwen. •**bring forth** fè *They just brought forth a device for treating cancer.* Yo fèk fè yon aparèy pou trete kansè. •**bring forward** mennen ...vini devan *Bring your chair forward a little.* Fè yon ti mennen chèz ou a vini devan. •**bring in** *a*[*carry in*] antre *Could you help me bring in the table?* Ou ka ede m antre tab la? *The rain is sprinkling; bring in the clothes.* Lapli ap farinen, antre rad yo. *b*[*attract*] rale *The new store is bringing in a lot of customers.* Magazen nèf la rale anpil moun. •**bring in a good price** pote pri *Today mangoes bring in a good price.* Jodi a mango pote pri. •**bring into disrepute** bay diskredi, diskredite •**bring luck** bay chans *He believes that getting up early brings luck.* Li kwè leve bonè bay chans. •**bring misfortune to s.o.** {bay/mete}bouch (sou) yon moun •**bring nearer** pwoche, rapwoche •**bring on** [*cause to happen*] bay, mete *He brought on all his troubles himself.* Se li k met tèt li nan poblèm. *Working under the hot sun brought on this headache.* Se travay nan solèy cho a ki ban m tèt fè mal sa a. •**bring out** mete deyò •**bring out into the open** mete verite sou tanbou, tire oklè *We have to bring things out into the open.* Fò n met verite sou tanbou. *Let's bring everything out into the open so everyone understands what you did.* Ann tire tout bagay oklè pou tout moun konprann sa ou te fè. •**bring profit** rapòte *This little business brings a lot of profit to my mother.* Ti komès sa a rapòte manman m anpil. •**bring shame** dezonore *Don't bring shame on your mother.* Pa dezonore manman ou. •**bring s.o. around to one's way of thinking** pase yon moun nan moul *When I have brought her around to my way of thinking, I will marry her.* Lè m fin pase fi a nan moul, m a marye ak li. •**bring s.o. to heel** {fè/mete}yon moun mache opa, mete yon moun opa *The director of the project brought us to heel.* Bòs travay la ap fè n mache opa. *Bring the kids to heel in order to keep them from delinquency.* Met timoun yo opa pou yo pa tonbe nan sanzave. •**bring s.o. to his/her senses** mete yon moun sou konpa li •**bring s.th. out into the open** mete yon bagay aklè *He brought everything out into the open*. Li mete tout bagay aklè. •**bring the meeting to an end** leve seyans *The members of Parliament brought the meeting to an end without voting on the bill.* Palmantè yo leve seyans lan san yo pa vote lwa a. •**bring to a boil** kase bouyon •**bring to life** anime *The storyteller brought the room to life with his stories.* Odyansè a anime sal la ak lodyans li yo. •**bring to s.o.'s attention** moun {di/tande} *It has been brought to our attention that you stole a lot of money.* Nou tande ou vole anpil kòb. *It has been brought to my attention that the judge takes bribes.* Yo di me jij la pran lajan anba pews. •**bring together** rapwoche, rasanble, regwoupe, sanble, simante *Bring together the drapes so that there is no light in the room.* Rapwoche de rido yo ansanm pou pa gen jou nan chanm nan. *We're bringing together all the parties that have the same orientation.* N ap regwoupe tout pati ki gen menm tandans yo. *Let's bring together everybody.* Ann rasanble tout moun yo. *Solidarity can bring us together.* Solidarite ka simante nou ansanm. •**bring up a**[*carry up*] pote…monte *Bring those things up the stairs.* Pote monte sa yo anlè a. **b**[*a child, etc.*] elve, fòme, leve *His mother died; it's his aunt who is bringing him up.* Manman l mouri, se matant li ki elve l. *She brought up three children all by herself.* Li leve twa timoun pou kont li. *Your parents brought you up well; you have good manners.* Paran ou yo te byen fòme ou, ou gen bon jan. **c**[*mention*] leve pawòl (monte), vin sou *He didn't bring up the fact that I owed him money.* Li pa t vin sou afè kòb m dwe l la. *Who brought that up?* Ki moun ki leve pawòl sa a. **d**[*vomit*] fè rapò *His mother can't nurse him because he brings up the milk.* Manman l pa ka ba l tete, akòz li fè rapò lèt la. •**bring up to date** mete ajou *The secretary brought the files up to date.* Sekretè a mete dosye yo ajou.

bringing *n.* •**bringing about** reyalizasyon •**bringing to bear** kontrent •**bringing together** rapwochman •**bringing up** levasyon

brink *n.* bòday, bòdi, rebò •**on the brink of** alavèy *On the brink of the new century, many people were panicking.* Alavèy nouvo syèk la, anpil moun te panike.

briny *adj.* brak

brio *n.* antren, vigè

brisk *adj.* [*manner*] rapid, tchak

brisket *n.* [*of an animal*] pwatrin

briskly *adv.* bris, towtow

bristle[1] *n.* pwal kochon

bristle[2] *v.intr.* gonfle karaktè li *She bristled when they said she lied.* Li gonfle

brittle[1] *adj.* frajil *When one gets older, the bones become brittle.* Lè yon moun koumanse granmoun, zo ou vin frajil.

brittle[2] *n.* •**sticky peanut or coconut brittle** tablèt lakòl

broach *v.tr.* pale sou, vini sou *Finally they broached the matter of salary raise.* Alafen yo vini sou afè ogmantasyon.

broad *adj.* laj *This street is very broad.* Ri sa a laj anpil. *She has broad hips.* Ranch li laj.

broad-based *adj.* manch long

broadbill swordfish *n.* espadon

broadcast[1] *n.* difizyon, emisyon •**by delayed broadcast** andifere *If you can't watch the game live, you'll see it by delayed broadcast.* Si ou pa ka wè match la an dirèk, ou va wè l andifere. •**radio broadcast** radyo difizyon

broadcast[2] *v.tr.* **1**[*send out by radio, T.V.*] emèt, kònen, voye monte *The radio station isn't broadcasting today because its transmitter is broken.* Radyo a pa emèt jodi a paske emetè l anpàn. *Since yesterday the radio has been broadcasting this news.* Depi ayè radyo ap kònen nouvèl sa a. *That radio station broadcasts news a lot.* Radyo sa a voye nouvèl nèt ale. *The radio station is broadcasting music.* Radyo a ap voye mizik monte. **2**[*make widely known*] gaye *Rumors spread; the news is broadcast.* Bri kouri, nouvèl gaye.

broadcasting *n.* difizyon

broaden *v.tr.* laji *They broadened the hole.* Y ap laji twou a.

broadleaf spurge *n.* bon gason

broadly *adv.* lajman

broad-minded *adj.* liberal, toleran

broadside *n.* kanè, koutlang, kritik

broccoli *n.* bwokoli

brochette *n.* bwòch

brochure *n.* bwochi, depliyan

broil *v.tr.* **1**[*meat*] boukannen, fri, griye *Li boukannen vyann nan. She broiled the meat.* **2**[*fig.*] griye *The sun is broiling my head, it's so hot.* Solèy la ap griye tèt mwen tank li cho.

broiled *adj.* boukannen

broiling *adj.* [*very hot*] cho anpil *It's broiling hot in the sun.* Li cho anpil nan solèy la.

broke *adj.* a zewo, afè yon moun pa bon, an degraba, anbarase, anbrizi, angaje, bankal, bare, chèch, jennen, kraze, kwense, pa gen{senk/yon sou}, plat, razè, san senk, tòl, tòt *I'm broke today.* M razè jodi a. *All of us are broke.* Nou tout a zewo. *I'm broke this week; I'm without a dime.* M anbarase semèn sa a, m san senk. *I'm broke; I can't pay you.* M anbrizi, m pa ka peye ou. *I am broke; I have to sell my car.* M jennen, fò m van machin mwen an. *I'm so broke, I can't buy even a piece of bread.* M si tèlman plat, menm yon pen m pa ka achte. *You know I haven't been paid yet, so I'm broke.* Ou konnen m poko touche, kidonk m tòl la. *I'm broke; give me some change.* M tòt la, ban m yon ti lajan non. \ •**be flat broke** chèch, pa gen yon fè, pran nan twa wa *She's flat broke.* Li chèch. *I'm flat broke; I don't have money even to eat.* M resi pran nan twa wa, ata lajan pou mwen manje m pa genyen. •**be habitually broke** viv sou mank •**person who is broke and unemployed** pwa lou

broken *adj.* kase, kraze *The mirror is broken.* Glas la kraze. •**broken down** [*car*] anbrizi, an pàn, fòkòp, pye kase, varye *The car is broken down.* Machin nan anbrizi. *The way that this car is broken down, they're not able to repair it.* Jan machin nan fòkòp la, yo pa fouti repare l. *The car is broken down now; it won't run.* Machin nan pye kase konnye a, li pa ka woule. •**broken English** angle lou •**be broken in** degwosi *Since the sandals are not yet broken in, they gave me blisters.* Akòz jezikri yo poko degwosi, yo ban m zanpoud sa a. •**be completely broken** fè migan *The plate is completely broken.* Asyèt la fè migan. •**have one's heart broken** kè fè mal *My heart was broken to see her begging in the street.* Kè m fè m mal lè m wè l nan lari ap mande •**not broken in** [*animal*] bosal, endont

brokenhearted *adj.* gwo kè, kè{fann/fè mal/ grenn/ brize}

broker *n.* anchaje, brasèdafè, koutayè, koutye •**stock broker** koutye labous

bromide *n.* bwòm, kalman

bronchial *adj.* •**bronchial tube** bwonch

bronchitis *n.* bwonchit, souf anlè •**have bronchitis** fè bwonch

bronchi *n.pl.* bwonch

bronze *n.* bwonz

brooch *n.* bwòch

brood[1] *v.intr.* riminen, resanse *We're brooding over our mistakes.* N ap resanse pwoblèm nou.

brood[2] *v.tr.* kouve *The hen brooded ten eggs.* Poul la kouve douz ze.

brooding *n.* [*chickens, etc.*] kouvezon

brook *n.* kouran dlo, larivyè

broom *n.* bale •**broom handle** bwa bale •**long-handled broom** bale{debout/ dibout} •**short-handled broom** bale atè

broomstick *n.* bwa bale

broomweed *n.* bale lalou, ti lalou

broth *n.* bouyon, estòk, konsonmen, tizann •**bean broth** dlo pwa •**vegetable broth** bouyon fèy

brothel *n.* bidjonnèl, bòdèl, kafe, kay{makrèl/ mal}, makrèl [*vulg.*] •**go to a brothel** ale nan fi, fè yon fòlòp deyò *These men like to go to brothels.* Nèg sa yo renmen al nan fi. *He left his wife at home. He went to a brothel.* Msye kite madanm ni lakay, l al fè yon fòlòp deyò.

brother *n.* **1**[*sibling*] frè, grenn vant **2**[*considered a brother because of shared experience*] frè bra **3**[*member of a religious order*] chèfrè, frè, monfrè, relijye **4**[*in Christ; rel.*] byenneme •**brother on the father's side** frè menm papa •**brother on the mother's side** frè menm manman •**brothers and sisters** [*rel.*] frèzesè *Let me greet all my brothers and sisters.* Kite m salye tout frèzesè mwen yo. •**full blood brother** frè menm manman menm papa •**half brother** demi frè •**little brother** frewo, tifrè •**my brother** [*term of address*] monfrè

brotherhood *n.* fratènite

brother-in-law *n.* bòfrè

brotherly *adj.* fratènèl *A brotherly speech.* Yon mesaj fratènèl.

brouhaha *n.* bouyay

brow n. fon •**knit one's brow** {mare/fonse} sousi li

brown[1] adj. mawon •**chestnut brown** [horse] alezan •**light brown** bren

brown[2] v.tr. [cooking] boukanfe, dore, wousi I need to brown the meat. M bezwen wousi vyann nan.

brown booby n. [bird] gwo fou{blan/gri}

brown cucumber beetle n. podi konkonm mawon

brownnoser n. ranpè, souflantchou

browse v.intr. 1[examine rapidly] mache gade I like to browse in bookstores. M renmen mache gade nan libreri. 2[online] navige She spend the day browsing on the Internet. Li pase jounen an ap navige sou Entènèt.

brucellosis n. lafyèv malta

bruise[1] n. 1[general] kabòs, mak I have a big bruise where I was hit. Kote m te frape a, li fè yon gwo mak. 2[child language] bobo •**have a bruise** gen venn foule After he fell, he had a bruise on his leg. Apre l fin tonbe a, li gen venn foule.

bruise[2] v.tr. 1[physically] metri, pran mak I bruised my arm when I fell on the floor. M pran yon mak nan bra lè m tonbe a. Jan beat his young brother until he bruised him. Jan bat ti frè l jouk li metri zo l. The mango was bruised when it dropped on the floor. Mango a pran yon mak lè l tonbe a. 2[psychologically] chode You have to handle that woman with care; life bruised her a lot. Fò ou menaje madanm sa a, li te chode anpil nan lavi

bruiser n. batayè, chwal batay, kòk{batay/gagè} You are not a bruiser. How come you like fighting with people all the time? Ou pa chwal batay, tout lasentjounen ou pa ka nan goumen ak moun?

brunellia tree n. bwamabèl

brush[1] n. 1[tool] bwòs 2[thicket] rak •**brush trimmer** debousayèz •**scrub brush** bwòs •**wire brush** bwòs metalik 3[confrontation] afwontman

brush[2] v.tr. 1[clothing, hair, etc.] bwose Brush your hair. Bwose tèt ou. His mother brushed his hair. Manman l bwose tèt li. 2[come close from above] raze The plane brushed the trees. Avyon an raze pyebwa a. •**brush against** raze •**brush aside** mete sou kote •**brush off** kale yon bèl vag •**brush one's hair** bay tèt li

yon kout bwòs Brush your hair because it's all tousled. Bay tèt ou yon kout bwòs paske li degaye anpil. •**brush one's teeth** lave bouch li •**brush up on** remèt sou li I need to brush up on my English before I leave. Fò m remèt angle m sou mwen anvan m pati.

brushing n. bwosay •**light brushing against s.th.** siyad

brushwood n. 1[thicket] bousay 2[used as a torch] bwa pen

brusk adj. bris You are too brusk in your movements. Ou twò bris nan mouvman ou. •**be very brusk with s.o.** briske There is no reason to be so brusk with a child. Ou pa ka ap briske yon timoun konsa.

brutal adj. bosal, brital, fewòs, gwap, gwo ponyèt, masif, palangrenn, sovaj He's really brutal; he beats his wife. Misye vrèman bosal, li konn bat madanm ni. That brutal man beat the woman for nothing. Nèg sovaj sa a leve men sou fi a pou dan ri. Those brutal words aren't to be used around children. Pawòl gwo ponyèt sa yo ka nwi yon timoun.

brutality n. britalite, gwo ponyèt, sovajri

brutalize v.tr. matirize Sometimes the police brutalize protestors. Kèk fwa lapolis matirize manifestan.

brutally adv. britalman, sibit They brutally beat him. Yo bat li britalman.

brute n. animal, bourik, milèt A brute like you can't get along with others. Milèt kon ou pa dwe rete sou moun.

brutish adj. bosal. brital

bubble[1] n. bil, boul •**air bubble** boul

bubble[2] v.intr. bouyonnen, fè kim, kimen The soup is bubbling. Soup la ap bouyonnen. The champagne is bubbling. Chanpay la ap kimen. •**bubble up** ponpe

bubblehead n. sèvèl akasan, wòwòt

bubbly adj. 1[drink] gaze, kabonize 2[personality] an pipèt, frengan That woman is too bubbly for me. Fi sa twòp an pipèt pou m.

bubonic plague n. lapès bibonik

bucare tree n. bwa imòtèl

buccaneer n. boukànye

buccaneer palm tree n. katye

buck[1] n. [male] mal

buck[2] n. [dollar] biyè vèt, grinbak

buck[3] *v.intr.* [*horse, etc.*] ponpe *I won't mount that mule; it likes bucking too much.* M p ap moute milèt sa a, li renmen ponpe twòp.

bucket *n.* bokit, syo [N], tòl •**kick the bucket** [*die*] ale bwachat •**small bucket** so

bucketful *n.* tòl

buckle[1] *n.* bouk •**belt buckle** bouk sentiwon

buckle[2] **I** *v.tr.* boukle *Buckle your belt before your pants fall off.* Boukle sentiwon ou anvan pantalon an sot tonbe sou ou. •**buckle up** [*belt*] mare senti, tache **II** *v.intr.* flechi, koube, pliye, plwaye *The board begins to rot and it's buckling.* Planch la koumanse pouri epi l ap plwaye. •**buckle down** mete li *I'm going to have to buckle down.* Fò m mete m sou travay serye. •**buckle under** soumèt

buckshot *n.* chevwotin, plon gaye

buckteeth *n.pl.* dan griyen

bucolic *adj.* chanpèt

bud[1] *n.* [*disrespectful term to address s.o.*] bòs, frewo *Hey bud, don't go in there.* E bòs, pa antre.

bud[2] *n.* boujon, bouton, bouton flè, frewo, pous •**bud on palm tree** kè palmis •**flower bud** boujon

bud[3] *v.intr.* boujonnen *The orange trees are beginning to bud.* Pye zorany yo koumanse boujonnen.

buddleia *n.* [*shrub*] karaktè

buddy *n.* amigo, asosye, bon zanmi, boul grenn, boulpik, flannè, kanmarad, konpanyon, konpè, kouyann, lamitye, moun pa li, nèg, patnè, rifyan, tip, tipap, tokay, zanmi, zantray yon moun *This guy is my buddy.* Msye se bon zanmi m. *You're by yourself today. Where's your buddy?* Ou pou kont ou jodi a, kot konpanyon ou? *Hey buddy, what's going on?* Ey lamitye, sa k pase? *He's my buddy.* Misye se nèg pa m. *Listen, buddy, watch your mouth, you hear?* Gade tip, kontwole bouch ou tande? •**bosom buddy** pwason kraze nan bouyon *John and Nick are bosom buddies.* Jan ak Nik se pwason kraze nan bouyon. •**lifelong buddy** frè kòd lonbrik •**little buddy** tikòk

budge I *v.tr.* brennen, briding *Even two men couldn't budge the table.* De gason pa t ka briding tab la. *They goad him but he doesn't budge his body.* Yo dige l men li pa brennen kò l. **II** *v.intr.* bouje, briding kò li, chikin kò li, degouspa, demaske li, gouye kò li *Despite my calling and calling the man, he didn't budge.* Tout rele m rele nèg la li pa briding kò l. *She didn't budge one bit.* Li pa briding kò l. •**not budge** p ap fè yon pa kita yon pa nago, tennfas *For all the pushing we did to the car, it didn't budge.* Tout pouse yo pouse machin nan, li ret tennfas. *I won't budge as long as I don't get back my money.* Mwen p ap fè yon pa kita yon pa nago toutotan m pa jwenn lajan m.

budget[1] *n.* bidjè, mwayen •**balanced budget** bidjè ekilibre

budget[2] *v.intr.* •**budget for** bidjete *She didn't budget for buying a car.* Li pa bidjete pou l achte machin.

buff[1] *n.* [*color*] jòn mawon

buff[2] *n.* •**in the buff** [*naked*] toutouni

buff[3] *v.tr.* lise, poli *The cabinet maker is buffing the buffet.* Menwizye ap poli bifè a.

buffalo *n.* bèf sipa, towosipa

buffalo grass *n.* zèb para

buffet *n.* **1**[*at a party, etc.*] bifèt, kanbiz, pàntyè *She never takes me to buffets.* Li pa janm mennen m nan kanbiz. **2**[*furniture*] bifèt

buffoon *n.* boufon, ransè

bug[1] *n.* **1**[*insect*] bèt, pinèz, ti bèt •**tiny bug** bonbonfle •**be full of bugs** fè bèt *The meat has been there for such a long time, it's full of bugs.* Vyann nan tèlman la lontan, li fè bèt. **2**[*flaw*] defo

bug[2] *v.tr.* dige, djigonnen *Stop bugging me.* Ase djigonnen m. •**bug s.o.** fatige lòlòj yon moun

bugle *n.* klewon

build[1] *n.* •**have a good build or physique** gen fizik *He has a good build, man.* Misye gen fizik papa. •**of irregular build** [*describing a person*] mastòk

build[2] *v.tr.* bati, fè (kay), fèt, kanpe, konstwi, leve, monte *Previlus is building a big corrugated iron house.* Previlus ap bati yon gwo kay tòl. *Don't you have the means to build a house?* Nou pa gen mwayen pou n fè kay? *It's engineers who build roads.* Se enjenyè ki fè wout yo. *My brother is building a nice house.* Frè m nan ap konstwi yon bèl kay. *I have to build a nice house.* M gen pou m monte yon bèl kay. *I saw that two new houses* are being built in the neighborhood. M wè gen de kay k ap fèt nan katye a. •**build a nest egg for the future** {pare/ranje}chita li *He worked hard when he was young to build a nest egg for the future.* Li te travay di nan jenès li pou li te pare chita li. •**be built too close to s.th.** pote sou *His house was built too close to mine.* Kay li a pote sou pa m nan.

builder *n.* bòs, fèzè, konstriktè

building *n.* batiman •**building code** kòd konstriksyon •**building in process of construction** batisman *Several engineers are working on the construction of the church.* Plizyè enjenyè ap travay nan batisman legliz la. •**building stone** wòch konstriksyon •**big building** batiman •**community building** sant kominotè •**dilapidated building** mazi •**large building or structure** bilding •**ministry building** ministè •**one-story building** kay bas •**poorly-constructed building** bwat •**school building** lekòl •**two-story building** chanmòt

built *adj.* konstwi •**badly built** mastòk •**sturdily built** gran gabari *Her husband is a sturdily built man.* Mari li se yon nèg gran gabari.

built-up *adj.* •**built-up area** aglomerasyon

bulb *n.* [*bot.*] zonyon

bulge[1] *n.* bòs

bulge[2] *v.intr.* bonbe, gonfle *Don't hit the pot or it will bulge.* Pa frape mamit la pou li pa bonbe.

bulgur wheat *n.* boulga

bulky *adj.* gwo, mastòk *That bulky guy can lift this heavy load.* Gwo gason sa ka leve gwo chay sa a.

bull[1] *interj.* mannigèt, rapò

bull[2] *n.* [*nonsense*] radòt, rans, vye koze *What a load of bull!* Tou sa se rans!

bull[3] *n.* [*animal*] towo (bèf) •**bull in a china shop** brizfè •**bull market** mache alawos

bulldog *n.* bouldòg

bulldozer *n.* bouldozè

bullet *n.* bal, boulèt, plon •**stray bullet** bal mawon

bulletin *n.* kominike •**bulletin board** bilten, panno, tablo

bulletproof *adj.* blende

bullfight *n.* kous towo

bullfighter *n.* toreyadò

bullfrog *n.* towo lagon

bullhead *n.* [*fish*] magouya lanmè

bullheaded *adj.* [*very stubborn*] antete, tèt di *My father is so bullheaded.* Papa m se moun ki gen tèt di anpil.

bullhoof flower *n.* flanbwayan etranje

bullhorn *n.* [*esp. mounted on truck, etc.*] pòtvwa

bullock's heart tree *n.* kachiman{kèbèf/ tyèbèk}

bullshit[1] *interj.* boulchit *Bullshit! Don't give me that.* Boulchit! Pa ban m sa kenbe. *All that is bullshit.* Tou sa se kaka rat dèyè bèf.

bullshit[2] *n.* blag,, kaka rat dèyè bèf, komokyèl, vye koze *Where do you get off saying such bullshit?* Kote ou soti ak pawòl komokyèl sa yo?

bullshit[3] *v.intr.* kakade, ranse *The guy is bullshitting.* Misye ap kakade la a.

bullwhip *n.* fwèt{kach/pit/taye}, nè bèf

bully[1] *n.* bretè, kòk, lwijanboje, towo bankèt

bully[2] *v.tr.* fè gagann, malmennen *Don't bully the students.* Pa malmennen elèv yo.

bulwark *n.* ranpa

bum[1] *adj.* adjipopo, dipopo, initil

bum[2] *n.* bounda chire, bwasougrenn, debri, dezevre, envalib, epav, flannè, grenn senk, grizon, gwo sove, malandren, mawoule, mazenflen, moun sal, nèg sal, pwòparyen, pye sal, ranyon, san sal, sansal, sanzave, simagri, vanipye, wazipay, woywoy, zagribay *A bum like you, who is going to deal with you?* Debri kon ou, ki moun ki pral annafè ak ou? *This bum can't take care of girls.* Grizon sa pa ka pran swen fi. •**lazy bum** moribon, parese *From the way he walks, dragging his body, you can tell he's a lazy bum.* Jan l mache lage kò a, ou wè se yon parese.

bum[3] *v.intr.* •**bum around** pa leve ni lou ni lejè, pile dlo nan pilon *We're bumming around because there's no work in this country.* Nèg ap pile dlo nan pilon paske pa gen travay nan peyi a.

bumblebee *n.* boudon

bumbler *n.* kòdonnye san fil

bummer *n.* anbètman, anmèdman

bump[1] *n.* 1[*raised swelling*] bit patat, bòs, boul, douk, frape, kabòs, kòlbòsò, louk, zoukloum *I have a bump on my forehead.* M gen yon zoukloum nan fon m. *I've got a big *bump on my head where the rock hit me.* Kote wòch la te pran m nan tèt la fè yon gwo louk. **2**[*impact.*] chòk, kou **3**[*in road*] bit (patat), yas •**get/have a bump** fè yon bòs *In the same place he hit himself, his head has a bump.* Menm kote li frape a, tèt li fè yon bòs. •**head bump** [*swelling*] konkonm •**small bump or pimple** klòk

bump² *v.tr.* [*hit against*] frape *He bumped into me.* Li vin frape avè m. *They bumped into each other.* Youn frape ak lòt. *He bumped his head on a shelf.* Li frape tèt li nan yon etajè. •**bump along** ale kloutap kloutap, kawote *We've been bumping along for several days.* N ap mache kloutap kloutap depi kèk jou. *The car is bumping along because the road is full of potholes.* Machin nan ap kawote paske wout la chaje ak twou. •**bump into** [*meet*] {bode/brake/kwaze}ak, siyonnen, tonbe sou *As I was leaving the store, I bumped into John.* Antan m ap soti nan magazen an, m al brake ak Jan. *I just bumped into my old boyfriend.* M sot kwaze ak ansyen mennaj mwen an. *I bumped into Jack at the market.* M tonbe sou Jak nan mache a. •**bump off** [*kill*] {pete/rache}fyèl, voye bwachat

Bump *prop.n.* •**the Bump** [*kind of dance*] palaso

bumper¹ *adj.* •**bumper crop** rekòt agogo

bumper² *n.* [*of a car*] defans •**bumper sticker** viyèt •**front bumper** defans avan •**rear bumper** defans aryè

bumpety-bump *onom.* blòp blòp

bumping *n.* kawotay, kawotman

bumpkin *n.* abitan *That man is a bit of a bumpkin; he's scared of cars.* Msye sa a yon ti jan abitan, li pè machin.

bumpy *adj.* defonse, douk, doukla, kawote, mabyal *We can't play on this bumpy ground.* Nou p ap ka jwe sou teren douk sa a. *The road to Cap-Haïtien is really bumpy.* Wout ki ale Okay la vrèman mabyal. *The street is bumpy; it's full of potholes.* Lari a kawote, li chaje ak twou. •**bumpy road** chemen doukla

bun¹ *n.* [*hairstyle*] chou *She puts her hair up in a bun.* Li penyen chou.

bun² *n.* [*pastry*] bonbon

bunch¹ *n.* **1**[*large group of persons, things*] bank, bann ak yon pakèt, batayon, brigad, disèt, divizyon, feso, flonn, gouf, gwoup, katafal, kin, koloni, kolonn, latriye, makòn, makrèy, pakèt (dal), rafal, ras, tabènak *Look at the bunch of people in the courtyard.* Gad feso moun nan lakou a. *There are a bunch of people who are waiting for us.* Gen disèt moun ki t ap tann nou la. *A bunch of people gathered here.* Yon divizyon moun te rasanble la. *I hadn't even opened the door when a bunch of men hastened to enter.* M poko ouvè pòt la, yon brigad gason kouri antre. *I bought a bunch of mangoes for next to nothing.* M achte yon katafal mango pou piyay. *A bunch of flies are flying around above the table.* Yon koloni mouch ap fè laviwonndede sou tab la. *A bunch of goats overran the field.* Yon makòn kabrit anvayi jaden an. *He's reading a bunch of books.* L ap li yon pakèt dal liv. *A bunch of dogs.* Yon ras chen. **2**[*cluster*] grap, makòn **2**[*bananas*] rejim **3**[*straw*] tèt •**small bunch** touf

bunch² *v.intr.* •**bunch together** fè ti pil gwo pil, fè yon pakèt, makònen *People are bunching together at the carnival.* Moun yo fè yon pakèt nan bann nan. •**bunch up** *a*[*pile up*] bande *b*[*curl up*] kofre

bunching *n.* •**bunching up** ankonbreman

bunchosia *n.* [*shrub or small tree*] bwapoulèt

bundle¹ *n.* blòk,, feso, lyas, pakèt *Make a bundle with these clothes.* Fè yon pakèt ak rad sa yo.

bundle² *v.tr.* •**bundle up** fisle, mare (anba kòd), mawonnen *They bundled up the sticks.* Yo mawonnen baton yo.

bung *n.* [*stopper for cask, etc.*] bouchon

bungle *v.tr.* bouziye, rabache, tchoka *These clothes are not well washed; you really bungled it.* Rad sa a pa byen lave, se rabache ou rabache l. •**bungle up** bouziye

bungler *n.* bòs machòkèt, machòkèt

bunion *n.* kal, kò, zòbòy

bunk¹ *n.* [*nonsense*] bobin, boulòk, {bounda/dada} nini *It's all bunk.* Tout se boulòk.

bunk² *n.* •**bunk bed** kabann (de) etaj, kouchèt

bunk³ *v.intr.* •**bunk out** kouche nenpòt ki kote

bunker *n.* blòkos

bunny *n.* (ti) lapen

buoy *n.* bouwe, bwe

buoyant *adj.* anpenpan, djougan

bur *n.* pikan

burden¹ *n.* **1**[*load*] fado *Mules carry burdens.* Milèt pote fado. **2**[*work*] madoulè *This work is a burden.* Travay sa a se yon madoulè. **3**[*responsibility, duty, difficulty*] antrav, chay, fado, kwòk, pèz *The child is becoming a burden for me.* Pitit la tounen yon antrav pou mwen. *The illness became a burden that prevented me from going to work.* Maladi a tounen yon kwòk ki anpeche m al travay. *God never gives people a burden that's too heavy for them.* Bondje pa janm bay moun chay twò lou pou yo. *The parents of those children died; they've become the burden of the state.* Paran timoun sa yo mouri, yo vin fado leta. •**burden of proof** obligasyon pou bay prèv •**awful burden** sèkèy madoulè •**heavy burden** pwa senkant

burden² *v.tr.* chaje •**be burdened like Atlas** [*carry a heavy load*] chaje kou Atlas *The man is burdened like Atlas as he is carrying such a heavy load.* Msye chaje kou Atlas tank li pote chay.

burdensome *adj.* pwa senkant *That's a burdensome issue; it weighs a lot on me.* Sa se yon pwoblèm pwa senkant, li peze anpil sou mwen.

bureau *n.* **1**[*office*] ajans, biwo **2**[ ] bifèt

Bureau of Vital Statistics *prop.n.* leta sivil

bureaucracy *n.* biwokrasi

bureaucrat *n.* biwokrat

burger *n.* anbègè

burglar *n.* chevalye denwi, kasèdkay *He's a burglar.* Li se yon kasèdkay. *The police caught the burglars.* Lapolis met men sou kasèdkay yo. •**burglar alarm** alam, sirèn •**cat burglar** gwo chat mimi myaw

burglarize *v.tr.* fè ladennyè sou, kase *They burglarized my house.* Yo fè ladennyè sou kay mwen an.

burgundy *n.* [*color*] wouj vyolèt

burial *n.* antèman, fineray *Where did the burial take place?* Ki lè antèman an fèt? •**burial ground** simityè

burlap *n.* kòlèt

Burma toon *n.* [*tree*] sèd wouj

burn¹ *n.* boule, brili

burn² **I** *v.tr.* **1**[*cause to burn*] boule *The man who got fired burned the store.* Nèg yo revoke a boule magazen an. **2**[*overcook*] boule *She burned the eggs.* Li boule ze a. *The rice burned.* Diri a boule. **3**[*physically irritate, suffer irritation*] boule, pike *This alcohol burns.* Alkòl la boule. *The sun is burning my skin.* Solèy la pike m. **4**[*cause pain from touching s.th. hot*] boule, chode *She burned her hand with the hot coffee.* Li chode men l ak kafe cho a. **II** *v.intr.* **1**[*give off heat, light and gases*] boule *The house burned for a long time.* Kay la fè lontan ap boule. **2**[*give light*] limen *She left the light burning all night long.* Li kite limyè a limen tout nuit lan. **3**[*experience pain from heat*] pike *My eyes are burning.* Je m ap pike m. •**burn down** boule (nèt) *They burned down his house.* Yo boule kay li. *The house burned down.* Kay la boule nèt. •**burn down to the ground** boule{nèt/ra pye tè}, tounen lasini *The house burned down to the ground.* Kay la boule ra pye tè. •**burn incense** ansanse *The priest is burning incense on the altar.* Pè a ap ansanse lotèl la. •**burn off a field or land** boule tè *If you burn off the land, be careful not to burn the trees.* Si ou boule tè, pinga pye bwa yo pa boule. •**burn one's bridges** {defèt/gate/lage}tout bagay *You shouldn't ever burn your bridges until you have something secure.* Pa defèt tout bagay anvan ou gen yon bagay si nan men ou. •**burn o.s.** boule *The child burned his hand in the acid.* Pitit la boule men li nan asid. •**burn out** boule, sote *The bulb burned out.* Anpoul la sote. •**burn severely** kankannen •**burn to a crisp** tounen lasini *The food burned to a crisp on the fire.* Manje a tounen lasini sou dife a. •**burn up** boule (nèt) *All of our belongings were burned up in the fire.* Tout bagay nou boule nan dife a. •**be burning up** kankannen *I'm burning up out here in the sun.* Se kankannen m ap kankannen nan solèy la.

burner *n.* [*of a stove*] brilè, recho •**burner stand** sipò •**Bunsen burner** [*chem.*] bòbèch agaz, {brilè/lanp} Bennsenn •**charcoal burner** recho

burning¹ *adj.* **1**[*action*] an flanm **2**[*stinging*] brilan, pike •**burning sensation** pikotman

burning² *n.* boule, brile

burp¹ *n.* rapò, wote •**sound of burp** hop

burp² *v.intr.* degobe, degobye, fè (yon) gaz, fè yon ranvwa, gobye, rann gaz, wote *Who burped?* Ki moun ki degobye/wote a? *When* *you burp in front of people, you should say "excuse me".* Lè ou fè gaz sou moun, se pou di "eskize".

burrow[1] *n.* twou bèt

burrow[2] *v.intr.* fouye tè *The turtles burrow under the sand.* Tòti yo fouye tè anba sab.

bursar *n.* ekònòm

burst[1] *n.* [*blast, flash, gust, etc.*] bouras, bouvari, ekla, rafal •**burst of laughter** ekla ri

burst[2] **I** *v.tr.* [*cause to explode*] pete *She burst my balloon with a pin.* Li pete blad mwen an ak yon epeng. **II** *v.intr.* [*explode*] eklate, pete *The blister where I burned myself burst.* Glòb dlo kote m te boule a eklate. *The Péligre dam burst.* Barikad dlo Pelig la pete. *Watch out, the tire is going to burst.* Atansyon, men kawotchou a pral pete. *I ate too much, and I feel like my stomach's going to burst.* M manje twòp, m santi vant mwen prèt pou eklate. •**burst forth** jayi *The light burst forth suddenly.* Limyè a jayi toudenkou. •**burst in** anfonse •**burst into a sprint** pete yon kous kouri *The athletes burst into a sprint.* Atlèt yo pete yon kous kouri. •**burst into tears** {pete/pran/tonbe}kriye *She burst into tears when she saw him.* Li tonbe kriye lè l wè l la. •**burst out** eklate, pete, pike, tonbe *The Haitian team scored a point; I heard a huge noise burst out.* Ekip ayisyen an fè yon gòl, m tande yon sèl bri eklate. •**burst out laughing** {bay/pete}yon ekla ri, ri ozekla, tonbe ri *He burst out laughing.* Li bay yon ekla ri. *When they heard the joke, they burst out laughing.* Lè yo tande blag la, yo ri ozekla. •**bursting with joy** pantan *When she heard her mother was coming in, she was bursting with joy.* Lè l pran nouvèl manman l ap antre, li pantan.

bursting *n.* •**bursting forth** jayisman

bury *v.tr.* antere *The dog buried the bone.* Chen an antere zo a. *They buried the deceased.* Yo antere mò a. •**bury the hatchet** rebyen, rekonsilye

bus *n.* bis •**bus driver** chofè (oto)bis •**bus fare** pri kous •**bus station** ga woutyè •**bus stop** arè otobis •**bus stop shelter** gerit

bush *n.* 1[*shrub*] {boukèt/touf}raje 2[*thick growth of shrubs*] raje, rakbwa •**beat around the bush** louvwaye, mache monte desann •**beat around the bush** louvwaye, mache monte desann •**in the bush or backwoods**

andeyò/, nan{bwa/raje} •**stop beating around the bush** kite kantik pran lapriyè, pa fè ni youn ni de, kite pawòl pran kantik

bushed *adj.* bouke, fatige •**completely bushed** demanbre, kò kraze

bushel *n.* bay

bushes *n.pl.* •**clump of bushes** touf raje

bushing *n.* [*mach.*] bouchin

bushy *adj.* 1[*hair*] founi *Her hair is bushy.* Cheve l founi. 2[*plant*] toufi *Look at how bushy the mango tree is.* Gade ki jan pye mango a toufi.

business *n.* 1[*commercial enterprise*] etablisman, konmès, okipasyon, tre konmès *This business is not doing well.* Konmès la pa mache byen. 2[*affair*] afè, aktivite *Business was good today.* Afè yo te bon jodi a. *Business was great today!* Te gen afè jodi a! *Business has been improving some this week.* Aktivite a yon ti jan pi bon semenn sa a. 4[*personal concern(s)*] (z)afè *I never concern myself with other people's business.* M pa janm antre nan afè moun. *It's none of your business!* Se pa afè pa ou! •**be in the business of** fè konmès *I am in the cloth business.* Se konmès twal m fè. •**business day**] jou ouvrab *Wednesday is a business day.* Mèkredi se jou ouvrab. •**business hours** lè travay •**amount of business transacted** chif dafè •**do business** brase, fè konmès •**do business with** fè{afè/biznis}ak, sèvi ak *I don't do business with people like that.* M pa fè afè ak moun konsa. *We used to do business with them.* Nou te konn fè biznis ak yo. •**do business with regularly** fè pratik •**get down to business** jwèt la gate, kite{kantik pran (la)priyè/koze pran pawòl} *It's time to get down to business. The kidding is over!* Jwèt la gate, wi! *I don't want to hear about this again. Let's get down to business.* M pa vle tande bagay sa a ankò, kite koze pran pawòl. •**have no business** pa gen dwa *She has no business telling you what to do!* Li pa gen dwa pou l ap vin di ou sa pou ou fè. •**it's none of my business** sa pa saka m, zafè mouton pa zafè kabrit *I don't want to listen to what you're saying; it's none of my business.* M pa bezwen tande sa w ap di yo la, sa pa saka m. •**it's serious business** se pa jwèt *Examining important documents is serious business.* Se pa jwèt pou gade gwo dokiman. •**small business** demele *This isn't a big enterprise I have; it's a small business.* Se pa yon gwo biznis m gen la, se yon ti demele. •**small shady business** djenn •**that's their business** zafè (a) yo •**that's your own business** djòb pa ou *If you don't want to do it, that's your own business.* Si ou pa vle fè l, djòb pa ou. •**very small business** trimès, viretounen

businessman *n.* biznismann, òm dafè •**shady businessman** dòmè

businesswoman *n.* fanm dafè

bust *n.* [*statue*] bis

bustic *n.* [*tree*] koma wouj, sapoti mawon

bustle¹ *n.* branlba, rabouray

bustle² *v.intr.* •**bustle about** bese leve *Since this morning the girl has been bustling about fetching water.* Depi maten tifi a ap bese leve nan charye dlo.

bustling *adj.* cho, sou brenzeng

busty *adj.* gwo{pwatrin/sen/tete}

busy *adj.* 1[*person*] afere, anbarase, angaje, okipe, pri *I am busy right now; I don't have time to chat.* M afere la, m pa gen tan pou m bay blag. *This week I am busy; I have no time.* Semenn sa a m angaje, m pa gen tan. *He's busy.* Li okipe. *Child, I'm busy. Don't bother me.* Pitit, m anbarase, pa nwi mwen. 2[*phone*] okipe *I tried calling, but the line was busy.* M (eseye) rele, men telefòn lan okipe.

busybody *n.* achtafè, antchoutchout, fouyapòt, kontwolè, kontwolèz [*fem.*], many-many, melimelo, tantafè, tchekè, touchatou, tripòt, tripotye *She's such a busybody.* Li fouyapòt anpil. •**be a busybody** fè jouda

but¹ *conj.* ala, men, nèk, sèlman, sepandan, tansèlman *He has a lot of money, but that doesn't mean he's smart.* Li gen anpil kòb, men sa pa di l entelijan pou sa. *I'll let you go, but you mustn't stay out late.* M ap kite ou ale, men fò ou pa ret deyò ta. *You took the job, but you have to do it well.* Ou pran djòb la, sèlman fò ou fè l byen. •**but also** men tou *He's messy, but also he's uncouth.* Li dezòd se vre, men tou li malelve. •**but...first** a(n)van *Don't forget to go to the bank, but drop by to see me first.* Pa bliye ale labank lan, men pase wè m avan. •**but then** mèzalò *That animal, I should sell it, but then how much money will*

they give me? Zannimo sa a, m ta dwe vann li, mèzalò konben kòb yo pral ban m?

but² *prep.* anwetan, sèlman, sòf *He called everyone but me.* Li rele tout moun, sòf mwen menm. *He answered everything but the last question.* Li reponn tout kesyon yo, anwetan yon sèl. *She didn't buy anything but a shirt.* Li pa achte anyen, yon chemiz sèlman l achte.

butane *n.* bitàn

butch *adj.* [*haircut*] alabwòs *They have butch haircuts.* Yo fè tèt yo alabwòs.

butcher¹ *n.* bouche, machann vyann

butcher² *v.tr.* 1[*cut up an animal for food*] kòche, koupe *We used to butcher a cow every year.* Nou te konn kòche yon bèf chak ane. *They hoisted the cow up to butcher it.* Yo ise bèf la pou yo koupe l. 2[*mess up*] masakre *The barber butchered my hair.* Kwafè a masakre cheve m.

butchery *n.* bouchri

butt¹ *n.* 1[*buttocks*] bouden, bounda, chita, dada, deng, frendeng, gawa, siwèl 2[*the end of a rifle*] {bounda/ bwa}fizi, kòz •**cigar butt** pòy •**cigarette butt** bout sigarèt, pòy •**flat butt** bounda bòpè •**have a huge butt** gen yon chay dèyè

butt² *v.intr.* •**butt in** dekoupe pawòl yon moun, vin entewonp *Don't butt in while I'm talking.* Pa dekoupe pawòl mwen lè m ap pale. •**butt into** antre nan afè yon moun *Don't butt into my affairs!* Pa vin antre nan afè m!

butter¹ *n.* bè •**cooking butter** bè chalonè •**rolling in butter** nan bòl bè

butter² *v.tr.* bere *Butter the bread for me.* Bere pen an pou mwen. •**butter s.o. up** bere, bay bon bouch, liyen *If you butter her up, you'll get what you want from her.* Si ou bere li, ou a pran sa ou vle nan men l. *He's buttering you up so he can take all your money.* Se bon bouch l ap ba ou pou l ka pran tout lajan ou. *He buttered up the boss in order to be hired.* L ap liyen direktè a pou l djobe l.

butter hamlet *n.* [*fish*] panzizi

butterball *n.* patapouf, patat si

buttercup *n.* [*plant*] renonkil

buttered *adj.* bere *Buttered bread with jam.* Pen bere ak konfiti.

butterfingered *adj.* men{koule/pèse} *Don't let this butterfingered guy carry the bottles.* Pa ba men koule sa a pote boutèy.

butterfingered *n.* [*clumsy person*] mare kon (yon) krab *He's a butterfingers.* Li mare kon krab.

butterfish *n.* vivanno, wonn

butterflies *n.pl.* •**have butterflies** gen kè{mare/sere/ sote/sou biskèt}

butterfly *n.* papiyon •**butterfly bush** karaktè •**butterfly fish** demwazèl, magrit •**butterfly flower** flanbwayan etranje •**bandage butterfly** papiyon adezif

buttermilk *n.* lèt kaye

buttery *n.* [*creamery*] bèri

buttock(s) *n.* 1[*general*] baksayd, banbi, bastengal, bò{bounda/dèyè}, bouden, boudich, bounda, deng, katchoupin, latcha *The doctor always gives me the shot in the same buttock.* Doktè a toujou ban m piki a nan menm bò bounda a. 2[*of a woman*] dèyè kay 3[*pej.*] tchou 4[*vulg.*] fif, fès *They hit him in the buttocks.* Yo ba l yon kout pye nan fif li. •**area of the buttocks** bastengal •**attractive buttocks** bobori •**crease between buttocks** {fant/kannal}dèyè

button[1] *n.* 1[*fastener*] bouton *That button is about to come off.* Bouton sa a prèt pou rache. 2[*control mechanism*] bouton *Don't press that button.* Pa peze bouton sa a. •**button made of two pieces joined together** bouton frape •**call button** sonèt •**doorbell button** bouton sonèt

button[2] *v.tr.* boutonnen, bray *Button your shirt before you go out.* Boutonnen chemiz ou anvan ou soti. •**button up** boutonnen, braye, kòlte *Button up your shirt, boy! It's cold outside.* Kòlte chemiz ou, tigason! Deyò a fè frèt. •**buttoned up** boutonnen, braye *Your dress is not buttoned up.* Wòb ou pa boutonnen. *Leave your blouse buttoned up.* Kite kòsaj ou braye.

buttonhole *n.* boutonnyè

buttress[1] *n.* tanson

buttress[2] *v.tr.* kore *You have to buttress the wall.* Se pou ou kore mi a.

buxom *adj.* anfòm, gwo{pwatrin/sen/tete}, replèt

buy[1] *n.* •**a good buy** bon afè, lalo, piyay

buy[2] *v.tr.* achte, pwokire li *He doesn't have money to buy anything.* Li pa gen kòb pou achte anyen. *You can buy whatever you want in that store.* Ou k ap pwokire ou sa ou vle

nan magazen sa a. •**buy a pig in a poke** achte chat nan{makout/sak} *I have to see what I'm buying beforehand. I don't buy a pig in a poke.* Fò m wè sa m ap achte a anvan, m pa achte chat nan makout. •**buy and sell** fè{biznis/ trafik} *She travels in order to buy and sell.* Li vwayaje pou fè biznis. *He buys and sells used cars.* Misye ap fè trafik machin dezyèm men. •**buy back** reyachte *I had sold my lot. I bought it back.* Mwen te vann teren mwen an, m reyachte l. •**buy before harvested** [*a crop*] achte yon bagay sou pye *They bought this corn before it was harvested.* Y achte mayi sa yo sou pye. •**buy goods/stuff** [*shop*] fè mache *He bought stuff for two hundred dollars.* Li fè mache pou de san dola. •**buy groceries** fè makèt *She buys groceries every morning.* Li fè makèt chak maten. •**buy on credit** {achte/fè}kredi *I owe so much money because I bought too many things on credit.* M dwe anpil kòb tèlman m achte kredi. *She likes to buy on credit, but she never pays her debts.* Li renmen fè kredi, men li pa renmen peye dèt li. •**buy regularly from** abòne(n) *We buy meat regularly from this seller.* Nou abòne ak machann vyann sa. •**buy sight unseen** achte chat nan{makout/sak} •**buy s.th. for s.o.** fè yon frè *I don't have money in my pocket. Buy me something, why don't you?* M pa gen lajan nan pòch mwen, fè yon frè pou mwen non. •**buy supplies** fè pwovizyon

buyer *n.* achtè, prenè

buying *n.* [*purchase*] acha •**buying and selling** biznis

buzz[1] *n.* wonwon

buzz[2] *v.intr.* 1[*ears*] kònen *My ears are buzzing; someone must be saying bad things about me.* Zòrèy mwen ap kònen, gen yon moun k ap pale m mal. 2[*insects*] boudonnen, vonvonnen, wonfle *I heard an insect buzzing.* M tande yon bèt k ap vonvonnen. *There are a lot of bees buzzing around my ear.* Se pa de myèl ki p ap wonfle nan zòrèy mwen la. *The honey bees are buzzing over the flowers.* Myèl yo ap boudonnen nan flè yo.

buzzard *n.* •**turkey buzzard** jankwo

buzzer *n.* sonnèt

buzzing *n.* wonwon •**buzzing or ringing in the ears** boudonnman, gwonde *The buzzing*

123

of the mosquitoes in my ears keeps me from sleeping. Gwonde marengwen yo anpeche m dòmi.

buzzword deviz

by *prep.* **1**[*location*] bò, (bò) kote, devan *I'm going to take a little break by the seaside.* M pral pran yon ti kalma bò lanmè a. *You can sit by me if you'd like to.* Ou mèt chita bò kote m lan si ou vle. *She walked by me without even saying hello.* Li pase bò kote m san l pa menm di m bonjou. *We will be waiting for you by the library.* N ap kanpe tann ou bò bibliyotèk la. *I passed by her.* M pase kote l. *We went by the house this morning.* Nou pase devan kay la maten an. **2**[*means*] atravè, nan *She went home by this path.* Li pase nan wout sa a pou l al lakay li. *We went to Miami by plane.* N al Mayami nan avyon. *She picked up the candle by its wick.* Li pran bouji a nan mèch. **3**[*manner*] atravè, pa *The carpenter pays his assistants by the week.* Bòs chapant lan peye èd li yo pa semenn. *We sell by the dozen.* Se pa douzèn nou vann. *They ate them one by one.* Yo manje yo youn pa youn. *She contacted the company by phone.* Li kontakte konpayi an atravè telefòn. **4**[*agent; by + agent is usually expressed syntactically with a phrase introduced by "se"*] *The man was shot by his wife.* Nèg la, se madanm li k tire l. *The book I read was written by her mother.* Liv m li an, se manman l ki ekri l. •**by and by** pita •**by far** lontan •**by foot** a pye *She went by foot.* L al a pye. •**by golly!** vyèytimenn mwen! •**by hand** alamen •**by no means** ditou ditou ditou •**barely get by** fè ladebat

bye *interj.* n a wè

bye-bye *interj.* babay

bygone *adj.* pase

bylaw *n.* [*statute*] estati

bypass *n.* detou, deviray, devyasyon

by-product *n.* pwodwi segondè, rès

bystander *n.* asistan

byword *n.* diton

C

C *prop.n.* [*mus.*] do

C-section *n.* sezaryèn *They performed a C-section on her.* Yo fè l sezaryèn. •**perform a C-section** bay yon fi sizo *The doctor had to perform a C-section to deliver the baby.* Doktè a blije bay fi a sizo pou pitit la ka soti.

cab *n.* •**taxi cab** taksi *I'll take a taxi.* M ap pran yon taksi.

cab or taxi driver *n.* chofè{laliy/taksi}

cabal *n.* kamariya

cabalistic *adj.* kabalistik

cabaret *n.* kabare

cabbage *n.* chou, tèt chou •**red cabbage** chou alizèn

cabbage maggot *n.* vè rasin

cabin *n.* kabin, kaz

cabinet[1] *n.* [*group of ministers or advisors*] kabinè

cabinet[2] *n.* bifèt, kabinèt, kès, vèselye •**china cabinet** pàntyè •**filing cabinet** klasè •**kitchen cabinet** ofis •**stand or cabinet for earthenware water jug** pòtkrich

cabinetmaker *n.* bòs ebenis, ebenis •**cabinetmaker's shop** ebenis

cabinetmaking *n.* ebenis *The child wants to learn cabinetmaking.* Ti gason an vle aprann ebenis.

cable[1] *n.* 1[*steel or fiber*] kab 2[*heavy rope, wire*] kòd, waya 3[*telephone*] fil telefòn yo anba tè •**jumper cables** boustè, kab{boustè/djonpè}, djonpè

cable[2] *n.* depèch, telegram

cable[3] *v.tr.* voye telegram *We cabled him this morning.* Nou voye yon telegram ba li maten an.

cablegram *n.* kab

caboodle *n.* labaras •**lose the whole kit and caboodle** pèdi ni sak ni krab *I lost the whole kit and caboodle in the hurricane.* M pèdi ni sak ni krab apre siklòn nan.

cacao *n.* kakawo •**cacao bean** kalabous

cacique *n.* [*Indian chief, pre-Columbian period*] kasik

cackle *v.intr.* 1[*after or before laying egg*] kodase *The hen is cackling, she's about to lay eggs.* Poul la ap kodase, l pral ponn. 2[*bird or person*] kakaye *Stop cackling in the house, you aren't a chicken.* Sispann kakaye nan kay la, se pa yon poul ou ye.

cacophony *n.* amalgam, kakofoni

cactus *n.* kaktis •**candelabra cactus** kandelab •**candelabra-shaped cactus** bwa chandèl •**cardon cactus** chadwon kadas •**tall cactus** chandelye

cad *n.* aji mal

cadaster *n.* [*of landholdings*] kadas

cadaver *n.* kadav, mò

cadence *n.* kadans

cadet *n.* [*mil.*] kadè

cadmium *n.* kadmyòm

café *n.* ba

cafeteria *n.* kafeterya, kantin

caffeine *n.* kafeyin

cage *n.* kalòj, kaz •**fowl cage** nas •**large cage** [*for wild animals*] kaj

cagey *adj.* sou piga li

cahoots *n.pl.inv.* •**be in cahoots** nan{gògmagòg/koken/ kole moustach/konfyolo/konkòday/krètmakrèt/tete lang/twitwitwi}ak *Those people were in cahoots long before we found out about their crimes.* Moun sa yo ap tete lang lontan anvan nou dekouvri move zak yo. *I'm not in cahoots with crooks.* M pa nan kole moustach ak magouyè. *If you weren't in cahoots with them, they wouldn't have been able to disclose your secrets.* Si ou pa te nan gògmagòg ak yo, yo pa ta mete koze ou deyò. *The police were working in cahoots with the robbers.* Lapolis te nan konfyolo ak vòlè yo. *I'm not in cahoots with anybody.* M pa nan koken ak pèsonn. *Are you still in cahoots with those people?* Ou nan krètmakwèt ak moun sa yo toujou? *It's because you were in cahoots with them that made them embroil you in their shady deal.* Se paske ou te nan twitwitwi ak yo ki fè yo mele ou nan salopri yo.

caiman *n.* [*tropical American alligator*] kayiman

cajole *v.tr.* adousi, andyoze, bat do, bay{priyè/yon moun pawòl}, fè yon moun dodo, kajole, liyen, lolo yon moun, pase men nan tèt yon moun, siwolin *She cajoled the man until she made him speak.* Li adousi nèg la jis li fè l pale. *He cajoled the girl until she fell in love with him.* Li ba fi a pawòl jis li renmen ak li. *She's cajoling us in order to obtain what she wants.* L ap fè nou dodo pou l jwenn sa l bezwen an. *I'm cajoling her into giving me some money.* M ap liyen l pou l ban m kòb.

cajoling *n.* kajolay

cake *n.* 1[*dessert*] gato 2[*piece of the action*] lasibab *I need my part of the cake even if it's a little piece.* Menm yon ti lasibab, fò m jwenn nan gato sa a. •**cake made of flour and chocolate** gato ki fèt avèk farin ak chokola •**cake pan** moul •**birthday cake** gato fèt •**breadfruit cake** boulèt lamveritab •**large decorated cake** chèf gato •**layer cake** gato ak etaj •**marble cake** gato mabre •**molasses cake** bonbon siwo •**piece of cake** gabèl *That's a piece of cake, I'll be able to complete this test easily.* Gad yon gabèl, m pral fè egzamen sa a byen fasil. •**pound cake** gato (o) bè •**rice cake** pen diri •**small manioc cake** bonbon lanmidon •**sponge cake** gato (o) bè •**that takes the cake** se wete nechèl •**thick cassava cake** bobori

cakewalk *n.* jwèt timoun

calaba *n.* •**calaba tree** (pye)dalmari

calabash *n.* [*plant*] kalbas •**calabash bowl** kwi •**calabash bowl with large mouth** kayanbouk •**calabash tree** kalbas •**hollowed-out calabash used as a peasant lunch basket** kalanbouk •**pulp of a calabash or gourd** kaka kalbas •**small edible calabash** kalbasi •**top made from a calabash** [*spinning*] kalbasi •**wild calabash** kalbas{mawon/zonbi}

calamity *n.* flewo, kalamite, malè, tray •**wish illness or calamity on** maldyòke

calcaneous *n.* zo talon

calcareous *adj.* kalkè

calcium *n.* kalsyòm •**calcium compound for improving crops** cholay •**calcium oxide** lacho

calculate *v.tr.* kalkile, konte, kontwole *Calculate how much money that comes to.* Kalkile konbe kòb sa fè. •**calculate one's lucky number** [*gambling*] fè tchèk *Yesterday when I calculated my lucky number,*

I came up with the number twenty-two in the first drawing. Yè lè m fè tchèk la, m wè ven de t ap soti premye lo.

calculation *n.* operasyon, kalkilasyon

calculator *n.* kalkilatè, machin a kalkile

calculus[1] *n.* [*math*] kalkil entegral

calculus[2] *n.* [*kidney*] wòch

caldron *n.* gwo chodyè

calendar *n.* almanak, kalandriye •{**block/daily/tear-off**}**calendar** efemerid

calf[1] *n.* [*young animal*] bouva, ti bèf, ti towo, vo •**use a calf to begin a cow's flow of milk** moke, remòk *Before he milks a cow, he always has a calf begin the flow of milk.* Avan nèg la tire bèf la, li toujou moke l pou lèt la ka desann.

calf[2] *n.* [*leg*] bout jarèt, molèt •**large calf muscle** kokoye nan pye

caliber *n.* kalib *The caliber of a weapon.* Kalib yon zam.

calico *n.* [*fabric*] kaliko •**printed calico** endyèn

calico flower *n.* [*bush*] flè siy

calisthenics *n.pl.inv.* jimnastik

call *n.* apèl •**answer s.o.'s call** reponn apèl *He answered God's call.* Li reponn apèl Bondye. •**call button** sonèt •**call for help** S-O-S •**call to work** [*esp. for 'konbit'*] rapèl •**get the call** aple *There are a lot of people who get the call but not all are saved.* Gen anpil aple men se pa yo tout k ap sove. •**make a phone call** fè yon apèl •**person having received the call** [*rel.*] aple •**phone call** kout telefòn, koutfil •**port of call** eskal •**roll call** apèl

call *v.tr.* 1[*summon*] rele *The boss called me into his office.* Patwon an rele m nan biwo l. 2[*name*] rele *What do you call this?* Kouman yo rele bagay sa a? 3[*telephone*] rele *I called her at her house.* M rele l lakay li. 4[*call names*] bay non, kalifye, rele, trete de *He called me a coward.* Li rele m kapon. *They called all those people worthless.* Yo trete moun sa yo de voryen. *Bluntly, she called me a thief.* Kareman li trete de m vòlè. *He's always calling people names.* Li toujou ap bay moun non. •**call a halt to** sispann pale anpil *It's time to call a halt to all this arguing.* Li lè pou sispann pale anpil sa a. •**call a penalty** bay katon •**call at** wouke •**call back** rele *Tell him I'm busy right now* and that I'll call him back in a little while. Di l m okipe konnye a, m a rele l talè. •**call down curses upon** bay madichon, modi *If you are disrespectful of adults, they'll call down a curse upon you.* Si ou derespekte granmoun, y a ba ou madichon. •**call for** a[*demand*] mande pou *The Congress called for the general to be tried.* Lachanm mande pou yo jije jeneral la. b[*require*] {mande/merite}pou *This work calls for someone with patience.* Travay sa a mande pou yon moun gen pasyans. *This calls for a celebration.* Sa merite pou n fè yon fèt. c[*send for*] voye{chache/pran} *The child is very ill, we should call for his parents to take him to hospital.* Pitit la malad anpil, se pou n voye chache paran li pou yo mennen l lopital. *He called for the kids.* Li voye pran timoun yo. •**call off** annile *When it started to rain, they called off the match.* Yo annile match la paske lapli vin ap tonbe. •**call on** {rann/fè}yon moun vizit, vizite *He called on his friend while she was in the hospital.* Li rann zanmi l la yon vizit nan lopital la. •**call out** rele *The general called out the troops to keep order.* Jeneral la rele solda yo pou al mete lòd. •**call repeatedly and loudly** wouke *I called you repeatedly and loudly but you kept ignoring me.* Mwen chita ap wouke ou epi ou pa okipe m kon chen. •**call roll** fè apèl *The teacher called the roll to see if all the students were there.* Pwofesè a fè apèl pou wè si tout elèv yo la. •**call s.o.'s bluff** bay defi *I'm calling your bluff, you can't do it.* M ba ou defi, ou pa ka fè l. •**call s.o. to order** raple, raple yon moun alòd *He doesn't respect the principles, they call him to order.* Li pa respekte prensip, yo raple l alòd. *The bandits were causing trouble, their leader called them to order.* Brigan yo t ap bay pwoblèm, chèf yo raple yo alòd. •**call sth. into question** fè sispèk *What he did made me call into question his sincerity.* Sa l fè a fè m sispèk se pa yon moun ki serye. •**call the banns** poze papye *The engaged couple went to call the banns at the presbytery for the marriage.* Fiyanse yo al poze papye kay pè a pou maryaj la. •**call the shots** sèl chèf nan kay la *She calls the shots in that house; everyone has to do what she says.* Se li ki sèl chèf nan kay la, tout moun oblije fè sa l di. •**call together** bat tanbou rasanbleman *Let's call the people together.* Ann bat tanbou rasanbleman. •**call upon** envoke, konvoke, mobilize *The houngan calls upon the loas so he can begin the ceremony.* Oungan an ap envoke lwa yo pou l ka koumanse seremoni an. *The Parliament called upon the prime minister to appear before it.* Palman an konvoke premye minis la. *We have to call upon people to come to the meeting.* Fò n mobilize moun yo pou yo vin nan reyinyon an.

called *adj.* [*to the ministry*] aple *It's not everyone who is called to ministry.* Se pa tout moun ki aple. •**so called** swa dizan *These so called leaders don't even have a high school diploma.* Mesye lidè sa yo, swa dizan dirijan, yo pa menm gen yon ti bout papye diplòm bakaloreya.

calligrapher *n.* kaligraf

callous *adj.* kè di, san pitye, ensansib *He is a very callous person.* Li se yon moun ki gen kè di.. Nanpwen moun gen kè di pase moun sa yo, malè moun pa regade yo. *Those callous people are really mean.* Moun san pitye sa yo se lanfè.

callus *n.* kal, kò, kòn, zanpoud, zòbòy, zonyon

callused *adj.* di *Callused feet.* Pye di.

calm[1] *adj.* 1[*not rough*] kal, *The sea is calm, it isn't stormy today.* Lanmè a kal, li pa ajite jodi a. 2[*peaceful, without noise*] kal, kalm *The city is calm, there's no noise at all.* Lavil la kal, pa gen bri ditou. 3[*of people, even tempered, not excitable*] poze, san{dou/frèt/krapo}, tanperan, tanpere, tenmpla *I stay calm to prevent bad things from happening to me.* M rete poze pou malè pa rive m. *Calm people don't get angry easily.* Moun san frèt pa fache fasil. *She's a calm person, she doesn't readily get angry.* Li yon moun ki tanpere, kòlè l pa monte l fasil. *Someone as calm as she doesn't look to quarrel with people.* Moun tenmpla kon li pa chache moun kont. •**be calm** chita sou yon blòk, gen san sipòtan *It's only my father who is calm enough to keep his mouth closed.* Se sèlman papa m ki gen san sipòtan ki pou pa p ap di anyen anyen nan koze sa a. •**very calm person** lokobasiye *He never gets angry, he's a very calm person.* Li pa janm fache, se yon lokobasiye li ye.

calm² *n.* **1**[*tranquility*] kalma, trankilite *The period of calm which exists in the country will not last long.* Kalma ki gen nan peyi a pa la pou lontan. **2**[*not excited state*] sanfwa *She kept her calm even during bad times.* Li gade sanfwa li menm nan move moman. •**dead calm** [*at sea*] kalmi

calm³ I *v.tr.* [*cause s.o. to become calm*] adousi, apeze, dodomeya, kolè yon moun, kalme, tanpere *When he's angry, only his wife can calm him.* Lè l an kolè, sèl madanm li ki ka adousi l. *If he hadn't calmed the guys' anger, they would have come to blows.* Si li pa te dodomeya kòlè nèg yo, yo t ap batay. *The pill calmed him down.* Grenn lan kalme l. *Calm those guys down so they don't fight.* Tanpere nèg yo pou yo pa goumen. **II** *v.intr.* [*become calm*] apeze, dodomeya, kalma(li), kalme/kalma, koule tèt li, mete{li alatranp/dlo nan diven li}, {kalme/metrize/modere/poze/tenmpla/ trankilize}li, manyè kolè tèt li, mouri poul li, {pa koute/poze/pran/pran tèt/reprann}san li, pran tèt li, tanpere, tekitizi *Calm down!* Poze san ou non! *He isn't angry anymore, he has calmed down now.* Msye pa move ankò, li kalma kounye a. *Calm down, buddy.* Kalme ou non monchè. *She calmed down so as not to fight with the others.* Li kalmi pou l pa batay ak lòt yo. *Please calm down so that you can avoid the fight.* Manyè kolè tèt ou pou pa al nan batay. *Don't get angry, calm down.* Pa fache, mete dlo nan diven ou. *You're in a bad mood today. You have to calm down.* Kouman ou move konsa jodi a. Fò ou mete ou alatranp monchè. *Calm down so you don't get into a fight.* Modere ou pou pa al nan batay. *Stop being agitated, calm down!* Sispann bat kò ou, mouri poul ou! *Calm down if you don't want to get into trouble.* Poze ou pou malè pa rive ou. *Calm down, there's nothing to get angry about.* Pran san ou, pa gen anyen la pou fache. *Calm down in order to avoid a fight.* Pran tèt ou pou pa al nan batay. *After the fight, it took a lot of time before I calmed down.* Apre batay la, sa te mande anpil tan pou mwen te reprann san mwen. *You like to look for a fight, calm down please.* Ou renmen mande goumen konsa, tekilizi tande. *Calm down, you hear, because you*

can't fight. Tenmpla w ou tande paske ou pa ka goumen. *Calm down, everything will be resolved.* Trankilize ou, tout bagay ap regle. •**calm one's nerves** pase moso kalkil *He's going to the movies in order to calm his nerves.* Misye pral nan sinema a pou l pase moso kalkil. •**calm s.o. down** kase fè yon moun *They calmed down the fighter.* Yo kase fè brigan an.

calming¹ *adj.* •**calming effect** kalm *Rub the foot with salve, this will have a calming effect.* Friksyonnen pye a avèk longan, l a ba ou yon kalm.

calming² *n.* •**calming or quieting down** apezman *There is now a calming down, you can go out in the street.* Gen yon apezman atò, ou ka pran lari.

calmly *adv.* an dodomeya, dousman, kalmeman, trankilman, sat *The old lady sat calmly with her pipe in her mouth.* Ti granmoun fanm nan chita dousman ak pip li nan bouch li.

calomel *n.* [*mercurous chloride*] kalomèl
calorie *n.* kalori
calotte *n.* kalòt
calumny *n.* kalomi, melovivi, vèni
Calvary *prop.n.* kalvè
Calvinism *prop.n.* kalvinis
Calvinist *prop.n.* kalvinis
calypso *n.* [*kind of dance*] kalipso
cam *n.* [*mach.*] kanm
camaraderie *n.* lakominyon, zanmitay
cambric *n.* kanbrik
camel *n.* chamo
camellia *n.* kamelya
Camembert *prop.n.* •**Camembert cheese** fwomaj kamanbè
camera *n.* [*hand-held*] aparèy foto, kodak •**movie camera** kamera •**television camera** kamera •**video camera** kamera videyo
cameraman *n.* kameramann
camisole *n.* kamizòl
camomile *n.* kamomin
camouflage¹ *n.* kamouflay
camouflage² *v.tr.* kamoufle, makiye *The soldiers camouflaged the tank.* Sòlda yo kamoufle tank la.
camp¹ *n.* kan •**camp bed** lidekan •**summer camp** kan dete •**work camp** [*for Haitian sugar cane cutters in the Dominican Republic*] batèy

camp² *v.intr.* kantonnen *The youth choir will be camping in this area for two weeks.* Koral jenn moun yo ap kantonnen nan zòn sa a pandan de senmèn.

campaign¹ *n.* kanpay, kwazad •**anti-Vodou campaign** rejete *It's under the Lescot government that the anti-Vodou campaign started.* Se sou gouvènman Lesko, kanpay rejete a te koumanse. •**electoral campaign tour** virewon •**literacy campaign** kanpay alfabetizasyon

campaign² *v.intr.* fè kanpay, milite *During the elections, he campaigned for the opposition.* Pandan eleksyon yo, li milite an favè opozisyon an. *He'll campaign for me.* Li pral fè kanpay pou mwen.

campeche *n.* kanpèch

camper *n.* **1**[*person*] kanpis **2**[*in tents*] kanpè *All the campers from the January twelfth earthquake were gathered in front of the palace.* Tout kanpè ki te viktim tranblemandtè douz janvye a rasanble devan palè a.

campground *n.* kanping

camphor *n.* kanf •**camphor tree** bonm zangle, kanfriye

camphorated *adj.* kanfre

camping *n.* kanping

camshaft *n.* abrakam

can¹ *n.* bwat •**can opener** kle, kle mamit, ouvrebwat •**garbage can** {bokit/bwat/pànye/panyen}fatra, poubèl •**small gas can** ti bidon gaz •**sprinkling can** awozwa •**tin can** bwat{fèblan/konsèv}, fèblan, mamit •**tin or metal can** [N] kanistè, mamit

can² *v.intr.* **1**[*permission*] gen dwa, ka(b), kapab, mèt *You can't sit there.* Ou pa ka chita la a. *Can I go, too?* M mèt ale tou? *You can take my bike.* Ou mèt pran bisiklèt mwen an. *If you don't want to work, you can leave.* Si ou pa vle travay, ou mèt al fè wout ou. *Adults can spank you if you become stubborn.* Granmoun gen dwa pase ou yon tap depi ou pa vle koute. **2**[*be able, to have the skill to*] balote, ka(b), kapab, sa *He can't drive that car.* Li pa ka kondi machin sa a. *I'm going to do all I can for her.* M ap fè tou sa m kapab pou li. *She can't do it.* Li pa ka(b) fè l. *She can't walk anymore.* Li pa kapab mache ankò. *Open the door so I can leave.* Ouvè pòt la pou m sa sòti. *I'm going to do all I can for her.* M

ap fè tou sa m kapab pou li. *She can't do it.* Li pa ka(b) fè l. *He can't defeat me.* Li pa ka bat mwen. **3**[*requesting action*] ka *Can you ask him to call me in this number?* Eske ou ka di li pou l rele m nan nimewo sa a? **4**[*allow oneself to*] ka(b), kapab —*Ask for fifty gourdes.* —*No, I can't ask for that much money.* —Mande senkant goud. —Non, m pa ka mande tout kòb sa a. •**can do whatever one wants** sou pik li *You can do whatever you want because your father is powerful in the government.* Ou sou pik ou paske papa ou chaje ak pouvwa a. •**as best as one can** jan ou kapab, kanhi-kanhan, kanyen kanyan *She's getting along as best as she can.* L ap degaje li jan l kapab. *She's managing as best she can.* L ap debwouye l kanyen kanyan. •**do all one can** fè rès li *Please, do all you can to arrive on time at the wedding.* Tanpri fè rès ou pou rive alè nan maryaj la. •**do what one can** debouye *I am doing what I can to get the job done by tomorrow morning.* M ap debouye m pou m wè si m a fini travay la demen maten. •**do whatever you can** kon mèt Jan Jak *Do whatever you can to get out of that situation.* Degaje ou kon mèt Jan Jak pou soti nan sitiyasyon an. •**if anybody can** si gen moun *Frank can win that race if anybody can.* Si gen yon moun ki pou genyen kous la, se Frank. •**it can be** se ka *The baby is crying; it can be because he hasn't eaten yet.* Ti bebe a ap kriye; se ka paske li poko manje. •**s.o. can go to the devil** Lafrik pou yon moun, ale yon moun laba *He can go to the devil with his arguments!* Ale li laba ak agiman l yo! *Go to the devil!* Lafrik pou ou! •**s.o. or sth. that can cause major problems** zo Kingkong •**what can I say** [*often sarcastic*] ala hen *There are always problems in this country.* —*What can I say!* Tout jounen se yon pwoblèm nan peyi a. —Ala hen! •**you can do it** [*encourage s.o. to physical or verbal violence*] ba{li/yo} *Go ahead! You can swear at him.* Ba li!, Ou mèt joure li.

Canada *prop.n.* Okanada (Kanada)

Canadian¹ *adj.* kanadyen, kanadyèn [*fem.*] *The Canadian lady came again to see you.* Madanm kanadyèn nan te retounen vin kote ou ankò.

Canadian² *prop.n.* Kanadyen, Kanadyèn [*fem.*]

canal *n.* dig, kannal •**auditory canal** {anndan/fon/ nannan/twou}zòrèy •**ear canal** kanal tande •**in the birth canal** [*baby about to be born*] nan pasay *The baby suffered a lot in the birth canal because the mother didn't push enough.* Pitit la soufri anpil nan pasay paske manman l pa t pouse ase.

canary *n.* [*bird*] kannari

cancel *v.tr.* **1**[*a judgment*] kase, leve *The jury has canceled all the accusations made against me.* Manm jiri yo kase tout akizasyon yo te mete sou do m. **2**[*call off*] annile, leve *They canceled the embargo they had put on the country.* Yo leve anbago yo te mete sou peyi a. *The rain made them cancel the match.* Lapli a fè yo oblije annile match la. **3**[*terminate*] kanpe *I canceled my newspaper subscription.* M kanpe abònman jounal la. •**cancel a debt** annile yon dèt *The judge cancels a debt that I had to pay to the government.* Jij la anile yon dèt mwen te gen pou m peye Leta a. •**cancel an order** dekòmande *She cancelled her food order.* Li dekòmande manje li. •**cancel one's subscription** dezabòne *He canceled his subscription to this newspaper.* Msye dezabòne nan jounal sa a.

canceling *n.* [*math*] rediksyon

cancellation *n.* [*math*] rediksyon

cancelled *adj.* annile *The flight is cancelled.* Vòl la annile.

cancer[1] *n.* kansè

Cancer[2] *prop.n.* [*zodiac*] kansè

candelabra *n.* chandelye, kandelab •**metal candelabra carried at Carnival time** lanpyon

candelabra cactus *n.* kandelab •**candelabra shaped cactus** bwa chandèl

candidacy *n.* kandidati •**announce one's candidacy** aplike *She announced her candidacy for the nursing program.* Li aplike pou pwogram enfimyè a.

candidate *n.* kandida

candle *n.* **1**[*household, on cakes, etc.*] balèn, balenn, bouji, blanbalenn, bouji, chandèl **2**[*used esp. in church*] syèj •**white candle** balèn

candleholder *n.* pòtbouji, boujwa

Candlemas *prop.n.* [*February 2*] lachandlè

candlestick *n.* chandelye, pòtbouji

candlewood shrub *n.* bwa anjou

candlewood tree *n.* bwa chandèl (blan)

candy *n.* bagay dous, sirèt **1**[*imported*] sirèt **2**[*used in Catholic communion*] draje •**barley candy** sik {dòy/dòj} •**brown sugar candy** kastonnad, rapadou •**brittle-like candy** rapouswiv, reskape •**candy bar** dous •**candy made from grated coconut** kòk graje •**candy mint** sik mant •**candy stick** mayilò •**candy sweets** fridòdòy •**chewy candy made from ground guava** pat gwayav •**coconut candy** dous kokoye •**hard candy** sirèt •**hardened, long and chewy candy** tito •**mint candy** sirèt mantole, toli •**peanut-brittle-like candy** tablèt pistach •**peanut brittle-like candy** tablèt, tablèt pistach •**roasted corn or millet candy** bougonnen •**sweet candy straws** titato

cane[1] *n.* **1**[*usu. of mahogany or oak*] badin **2**[*walking stick*] badin, baton •**fishing{cane/pole}** gòl

cane[2] *n.* •**sections between two sugar cane joints** ne kann •**sugar cane** kann •**sugar cane beverage** vezou •**sugar cane borer** cheni mayi •**sugar cane butterfly** papiyon kann •**sugar cane used as medicine** kann kannwèl •**stripped sugar cane** kann kale •**type of sugar cane** majò •**unrefined sugar cane sugar** sik kann **cane-cutter** *n.* koupèdkann •**migrant cane-cutter** kongo •**sugar cane cutter returned from the Dominican Republic or Cuba** kayobanbi

cane-cutting *n.* [*in the Dominican Republic*] zafra

canella *n.* [*plant*] kannèl pwavre, pèch mawon

canine *adj.* chen

canker sore *n.* **1**[*on children's lips*] chankalèt *Some children often experience a canker sore when they begin to grow teeth.* Gen kèk timoun ki konn genyen chankalèt lè y ap fè dan. **2**[*syphilitic*] chank *People who suffer from canker sores should seek treatment immediately.* Moun ki soufri chank dwe chache chemen tretman san pèdi tan.

cankerous *adj.* ilsere

canned *adj.* nan konsèv •**canned goods** bwat konsèv

cannibal *n.* kanibal

cannibalistic *adj.* kanibal

cannon *n.* kanno, pyès kanno •**cannon powder** zenzen

cannonade *n.* kalonnad
cannonball *n.* boulèt, boulèt kanno
cannula *n.* kanil
canny *adj.* [*astute*] malen, pridan rize *This canny man, he always has an answer to all questions.* Nèg malen sa a, li toujou gen repons pou tout kesyon. •**canny person** timalis *He thinks he's a canny person, he keeps on manipulating everyone.* Li panse l se timalis, li chita ap woule tout moun.
canoe *n.* bwafouye, bwawon, kannòt •**canoe carved out of a tree-trunk** boumba •**dugout canoe** bwa fouye won, bwa won
canoeing *n.* kannòtaj
canon *n.* [*mus.*] kanon
canonical *adj.* kanonik
canonize *v.tr.* kanonize *She was canonized as a saint.* Yo kanonize l sen.
canopy *n.* de
cantaloupe *n.* kantaloup, melon frans
cantankerous *adj.* 1[*ill-tempered*] akaryat, tatalolo *This man is too cantankerous for her; she won't have an easy time with him.* Nèg sa twò akaryak pou manmzèl; sa p ap dous pou li. 2[*women generally*] eskandalèz, tchenpwèt *No one is as cantankerous as this woman; she looks for trouble with everyone.* Pa gen fanm eskandalèz tankou fanm sa a; li pete eskonbrit ak tout moun.
canteen *n.* 1[*eating place*] kantin 2[*water containers*] kantin
cantonment *n.* kantonnman
canvas *n.* prela
canyon *n.* kannyon
cap[1] *n.* 1[*headgear*] kas(kèt) 2[*of a bottle, container*] bouchon 3[*gun*] peta •**bottle cap** bouchon •**cradle cap** *a*[*children*] chaplet, bonèt *b*[*cardinal*] chaplèt, berè •**military cap** kepi •**military or scout cap** tchap •**put a cap or cork on** bouchonnen *Put a cork on that bottle of liquor so that it doesn't spoil.* Bouchonnen boutèy alkòl la pou l pa varye. •**surgeon's cap** berè, bonèt •**workman's cap** [*with a visor*] kepi
cap[2] *v. tr.* 1[*cover*] rekouvri *They capped the tank with a board.* Yo rekouvri resevwa a ak yon planch. 2[*limit*] *We have to cap the enrollment at about five hundred children.* Se pou n restrenn enskripsyon vè senk san timoun1.

capability *n.* 1 fòs, kapasite, pouvwa *She has the capability to do this.* Li gen kapasite pou l fè sa. 2[*n.pl.*] kalifikatif *The young man may not be a great speaker but, I think he has capabilities.* Malgre ti jenn nonm nan pa fin konn pale byen men pou mwen, li gen kalifikatif.
capable *adj.* 1[*able, likely to perform*] ka(b), kapab *She's capable of supporting her parents.* Li kapab reponn ak bezwen paran li yo. *They're capable of doing anything for money.* Yo ka fè nenpòt bagay pou lajan. *He's capable of making up anything to convince you.* Misye kapab fè nenpòt pawòl pou l lolo ou. 2[*competent, skillful*] bon, kapab, konpetan *This doctor is very capable.* Se yon bon dòktè. 3[*likely to be*] ka(b), kapab *This statement is capable of being misunderstood.* Gen moun ki kab mal pran pawòl sa a. •**capable of anything** atoufè, pa ti pyès *I am afraid of him, he is capable of anything.* Mwen pè misye, li se yon atoufè. *This woman is capable of anything, so you better watch out!* Se pa ti pyès fanm ki la non, veye zo ou ak li! •**show what one is capable of** vin pwenti li *Show what you are capable of while you are doing the work.* Vin pwenti ou la pou fè travay moun yo. •**s.o. capable of the best and the worst** tout bèt *That guy is capable of the worst and the best: he's in the government, he's in the opposition.* Nèg sa a tout bèt: li nan gouvènman, li nan opozisyon.
capacity *n.* 1[*amount, ability to hold*] fòs, {konbyen/ki kantite}... pran *What's the capacity of this bus?* Konbyen moun bis sa a ka pran? *What's the capacity of this water bucket?* Ki kantite dlo bokit sa pran? *We don't know the capacity of the rice sacks.* Nou pa konn konbyen mamit diri sak yo pran. *You have been in the sugar selling business too long for you not to know how to measure the capacity of a big pot?* Pou dat tan ou nan komès sik la pou ou pa konn kijan yo mezire fòs yon gwo mamit? 2[*mental ability*] kapasite, latitid, potansyèl *He has the capacity to solve your problems quickly.* Misye gen anpil latitid pou l regle zafè a pou ou trapde. •**in the capacity of** antanke *In the capacity of president, that's his responsibility.* Se responsablite l antanke prezidan. •**to be**

within s.o.'s capacity se sou kòf lestonmak li *It's within my capacity to take care of the house.* Se sou kòf lestomak mwen, mwen pote kay la.

cape *n.* 1[*clothing*] pèlerin 2[*geography*] kap

cape gooseberry *n.* [*plant*] manman lanman

Cap Haitian *prop.n.* Okap, Okap Ayisyen, Kap Ayisyen

caper[1] *n.* [*cooking*] kap

caper[2] *v.intr.* karakole •**caper about** ganbade *Instead of studying, he'd rather caper about.* Olye pou l al etidye, li prefere ap ganbade.

caper tree *n.* bwa fetid, bwa pwazon, vanyan gason

capillary *n.* kapilè

capital[1] *n.* [*seat of government*] kapital

capital[2] *n.* [*money*] manman lajan *I put my capital in the bank.* M mete manman lajan an labank.

capitalism *n.* kapitalis

capitalist *n.* kapitalis

capitalistic *adj.* kapitalis *He has a capitalistic mind, he wants to own everything that's in this area.* Misye gen lespri kapitalis, li vle pwosede tout byen ki genyen nan zòn nan.

capitol *n.* kapitòl

capon *n.* [*fowl*] chapon

capping *n.* [*of a spring*] kaptaj

caprice *n.* fantezi •**do sth. out of sheer caprice** fè yon bagay pou fantezi *She bought the ring out of sheer caprice, but she doesn't really need it.* L achte bag la pou fantezi, men li pa bezwen l vre.

capricious *adj.* kaprisye, kaprisyèz [*fem.*] *He's a capricious person, he always does what he pleases.* Li se yon kaprisye, li toujou fè sa l vle. *No one can be as capricious as this woman!* Pa gen moun kaprisyèz tankou fanm sa a!

Capricorn *prop.n.* [*zodiac*] kaprikòn

capsize *v.tr.* chavire, kapote *The boat capsized.* Batiman an chavire. *The storm capsized the canoe.* Tanpèt la chavire bato a. *The storm caught the boat unaware at sea, it almost capsized.* Tanpèt la siprann bato a sou dlo, li manke chavire.

capsizing *n.* chaviray, kapòtay

capstan *n.* kabestan

capsule *n.* kapsil 1[*container for medication*] grenn, konprime, kapsil *Give him two capsules every day.* Ba l de grenn chak jou.

captain *n.* 1[*head of a boat*] kapitèn, kaptenn 2[*head of a sports team*] kapitèn 3[*military rank*] kapitèn, kaptenn

caption *n.* lejann, ribrik

captivating *adj.* enteresan

captive *n.* kaptif

captivity *n.* kaptivite

captor *n.* kaptè

capture[1] *n.* 1[*of an animal*] kapti 2[*an object, a place*] dapiyanp, kapti 3[*a person*] arestasyon

capture[2] *v.tr.* 1[*take animal or person*] arete, kenbe, mete men sou, pran *He captured the wild animal.* Li kenbe bèt sovaj la. *When he goes hunting, he captures every last bird.* Lè li ale lachas, li mete men sou dènye zwazo. *The thief has been captured.* Yo arete vòlè a. 2[*take control of by force*] pran *The enemy captured the city.* Lènmi pran vil la pou yo. 3[*take control of mentally*] pran li *That toy has really captured your attention!* Jwèt sa a pran tèt ou nèt!

car *n.* machin, otomobil, vwati •**car being started** [*sound of*] voumvoum voumvoum •**car being started** [*sound of*] voumvoum voumvoum •**car running at full speed** bolid •**bullet-proof car** machin blende •**fancy car** dayinaflo •**imported used car** machin pèpè •**old car** bogi, bogota •**police car** machin polis *I saw a police car in front of the house.* M wè yon machin polis devan kay la. •**racecar** machin kous •**railroad car** wagon •**sports car** machin kous •**Toyota**® **car** [*because of the bull head emblem*] tèt bèf

carabineer *n.* karabiyen

caracolillo *n.* [*tree*] donbou

carafe *n.* karaf

carambola tree *n.* ziblin

caramel *n.* 1[*piece of candy*] karamèl 2[*color*] karamèl

carapace *n.* karapat

carat *n.* kara

caravan *n.* karavàn

caravel *n.* [*ship*] karavèl

carbine *n.* karabin

carbohydrate *n.* idratkabòn, kaboyidrat

carbon *n.* kabòn •**carbon dioxide** gaz kabonik •**carbon monoxide** kabòn monoksid, oksid (de) kabòn

carbonate *n.* kabonat

carbonic *adj.* kabonik

carbonization *n.* kankannay

carburetor *n.* kabiratè

carcass *n.* kakas •**decaying carcass** [*pej.*] chawony

card *n.* fich, joujou, kat •**cards of low value** pòy •**bad or losing card** pay, pòy *He has all the bad cards.* Tout pay kat la nan men. •**deck of cards** pil kat •**give a red card** [*eject after two serious fouls in soccer*] bay yon{kat/katon}wouj *The referee gave a red card.* Abit la ba l yon kat wouj. •**green card** alyennkat •**highest cards in bezique** [*ten and ace*] bris *How many high cards do you hold?* Konben bris ou fè? •**identification card** kat (d) idantite •**low card** bas, bason, kat pay, po kat •**market card** [*showing merchant's fee has been paid*] kat mache •**playing card** fèy kat, kat, zèl kat *How many cards do you have?* Konben kat ou genyen? *They're playing cards.* Y ap jwe kat. *b* •**face cards** [*kings, queens, jacks*] kat figi •**report card** [*for school grades*] bilten, kanè •**resident-alien card** alyennkat •**sticker for ID card** viyèt kat didantite •**trump card** las datou *We kept our trump card for the end of the game.* Nou sere dènye grenn las datou a pou fen jwèt la.

cardboard *n.* katon *A cardboard box.* Yon bwat katon. •**heavy cardboard** bristòl

cardiac *adj.* kadyak •**cardiac arrest** arèdkè •**cardiac problem** pwoblèm kadyak

cardigan *n.* kadigan

cardinal[1] *adj.* 1[*bird*] zwazo seren 2[*number*] kadinal •**cardinal flower** [*red*] kòk chango •**four cardinal points** kat pwen kadino

cardinal[2] *n.* 1[*bird*] zwazo seren 2[*eccl.*] kadinal 3[*deep scarlet color*] kadinal

cardiologist *n.* dòktè kè, kadyològ

cardiology *n.* kadyoloji

cardiopulmonary *adj.* •**perform cardiopulmonary resuscitation** peze lestomak *She wasn't breathing, so the nurses had to performed cardiopulmonary resuscitation on her.* Li te sispann respire, sa ki lakòz enfimyè yo te oblije peze lestomak li.

cardiovascular *adj.* kadyovaskilè •**cardiovascular accident** kout san •**cardiovascular problems** pwoblèm kadyovaskilè

cardon cactus *n.* chadwon kadas

care[1] *n.* 1[*attention, supervision to others*] swen *He's under a doctor's care.* Li nan swen dòktè. 2[*worry*] pwoblèm, sousi *He doesn't have a care in the world.* Li pa gen pwoblèm menm. 3[*make provision for*] okipe, swen *They took good care of their grandmother when she was alive.* Yo te okipe grann yo byen lè l te vivan. 4[*custody*] gade, okipe *The judge has put the children into the care of their grandmother.* Jij la bay grann nan gade timoun yo. •**be under medical care** pran swenyay, swiv {dòktè/lopital} *I'm under this doctor's care.* M ap pran swenyay nan men dòktè sa a. *She was under medical care during her entire pregnancy.* Li swiv dòktè pandan tout peryòd gwosès li a. •**day to take care of odds and ends** jou bese leve, jou vire tounen •**health care** lasante, swenyay •**lack care for** fè yon moun pase mizè •**lack of care** lese grennen •**not take care of** fè yon moun pase mizè, malswen *Because she didn't take good care of him, the man left her.* Poutèt li fè nèg la pase mizè, nèg la ale. *She neglected her child so much that she starved to death.* Li tèlman malswen pitit la, li mouri grangou. •**not take care of o.s.** malmennen *Because he doesn't take care of himself, he looks older than he really is.* Afòs li malmennen kò li, li sanble granmoun. •**not taken care of** neglije *Considering in what bad condition the house is, you can see it's not taken care of.* Jan kay sa a mal la, ou wè li neglije. •**proper care and attention** swenyay •**take care** *a*[*be careful*] fè atansyon *Take care when you cross the street.* Fè atansyon lè ou ap travèse lari a. *b*[*spiritual provision*] Bondye bon *He's not even looking for a job, he believes that God will take care of his life.* Li refize chèche travay, li kwè nan Bondye bon. •**take care of** *a*[*a person*] swen, {fè/pran}ka, pran swen *The woman takes good care of her mother.* Fi a swen manman li byen. *His mother takes good care of him.* Manman l pran ka l byen. *She takes good care of the kids.* Li pran swen timoun yo byen. *b*[*watch over*] okipe, voye je sou *Who is taking care of your children while you are away?* Ki moun k ap{okipe/voye je sou}timoun ou yo pandan ou pa la? *c*[*a farm*] pwokire *They take care of the field.* Y ap pwokire jaden an. *d*[*a matter or one's personal business*] okipe, regle *I don't* need your help anymore, I've taken care of that already. M pa bezwen èd ou ankò, m okipe sa deja. *Who will take care of getting the car repaired?* Ki moun k ap okipe fè ranje machin nan? *It would be better to get a lawyer to take care of it for you.* Pito ou bay yon avoka regle sa pou ou. •**take care of one's hair** kwafe li. •**take care of s.o.** [*nursing, older person*] pran lokipasyon yon moun *The nurse takes good care of the patient.* Mis la pran lokipasyon maladi a byen. •**take care of yourself** *a*[*attention, make provision for*] pran swen tèt ou *Child, you should always take care of yourself first!* Pitit mwen, se pou ou pran swen tèt ou anvan. *b*[*run for one's life*] sovkipe *When there is danger, don't forget to take care of yourself.* Nan mitan danje pa bliye se sovkipe. •**take good care of** koule kafe ti nèg san ma *The fullness of his face shows that his wife is taking good care of him.* Depi sou gwosè figi msye ou deja wè madanm li koule kafe l san ma. •**under s.o.'s responsibility or care** sou kont (yon moun) *You're going to the movies? I'll send my child under your care.* Ou prale nan sinema? M ap voye pitit mwen sou kont ou. *I'm in your care.* M sou kont ou. •**without care** [*because of lack of money*] malswen *The children are without care because their parents are poor.* Timoun yo malswen akòz paran yo pòv.

care² *v.intr.* **1**[*be concerned*] enterese, mele, sousye *All she cares about is money.* Se lajan sèlman ki enterese l. *Even if he sees you're in trouble, he won't care.* Li mèt wè ou nan poblèm, se pa pou li sa. *He could die for all I care!* Li te mèt mouri, si se pou mwen. *What do I care if she's mad?* Ki mele m li fache! **2**[*what s.o. does*] bay yon moun kenbe anyen pou li, ki{mele/mèl}li, ki (te) mele li ak, sousye li *So what if he speaks ill of people, I don't care!* Menm si l ap pale mal, ki mele m ak sa! •**care about** sousye li *She cares a lot about the social success of her children.* Li sousye li anpil de levasyon timoun li yo. •**care for** *a*[*a person*] okipe, pran swen *All he's been doing his entire life is caring for those kids.* Li fè tout vil p ap fè ni de ni twa se pran swen timoun sa yo. *The old man doesn't have anyone to care for him.* Tonton an pa gen

moun k ap okipe l. *b*[*medical*] swenyen, trete *It was a nurse from this clinic who cared for my polio.* Se yon enfimyè nan klinik sa a ki trete maladi polyo m nan. *The nurse cares for her well.* Mis la swenyen li byen. *c*[*like*] renmen *I don't care much for bananas.* M pa tèlman renmen fig. *fig.* •**couldn't care less** ki mele li *I couldn't care less what he says.* Li mèt di sa l vle; ki mele m? •**not to care** li pouryen, sa l fè l fè l *I don't care whether he gets mad, I'm going to the ball.* Sa l fè l fè l, menm si l fache mwen prale nan bal la. *I don't care, they can choose whatever they want.* Mwen pouryen, yo ka chwazi sa yo vle. •**nobody really cares** dyab pa pran li pou kaporal •**not to care about anyone else** pa wè moun *Since he came into some money, he doesn't care about anyone else.* Depi l fin gen lajan an, li pa wè moun ankò. •**what does one care** kite{mele/ mèl} li ak, *What do I care if not everybody likes me?* Kite mele m ak moun si se pa tout ki renmen mwen? •**who cares** {bounda/dada} nini, zafè *I heard they are going to overthrow the government —Who cares!* M tande yo pral ranvèse gouvènman an —Dada nini! •**who cares about** [*connotes displeasure or scorn*] (de)kilak(y)è *Who cares about the two directors you're coming to talk to me about!* Kilakyèl de direktè w ap vin pale m la a! •**who cares about it** ki{mele/mèl}m, ki (te) mele m ak •**who doesn't care** pouryen *We don't care, they can choose whatever they want.* Nou pouryen, yo ka chwazi sa yo vle. •**who cares what happens** sa l fè l fè, jan l pase l pase *Despite the hurricane, they went out, they say who cares what happens.* Malgre tanpèt la yo soti, yo di sa l fè l fè. •**why should one care** ki (te){mele/mèl}li ak *He didn't say hello to you, why should you care!.* Entèl pa salye ou, ki mele ou! •**would you care to join us** [*usu. for eating*] a vòt sèvis *Would you care to join us? —No thanks.* A vòt sèvis wi? —Non mèsi.

cared *adj.* •**be badly cared for** malswen *The child is so badly cared for, she's becoming stunted.* Pitit la tèlman malswen, li vin malvini. •**be cared for** okipe, optiswen *This child is well cared for, don't you see how she has been gaining weight?* Pitit la byen okipe, ou pa wè jan l gwosi? *This week we* *were well cared for.* Semèn sa a, n optiswen. •**not cared for** mal okipe *Because the children's mother isn't there, they aren't well cared for.* Poutèt manman timoun yo pa la, yo mal okipe. •**well cared for** byen swen *The children were so well cared for that they grew up fast.* Timoun yo tèlman byen swen yo devlope vit.

careen *v.tr.* karennen *The artisan careened the ship.* Bòs la karennen batiman an.

career *n.* karyè •**start a career** derape

careerist *n.* [*pej.*] karyeris

carefree *adj.* byennere, byennerèz, kè pòpòz, manfouben, san enkyetid, vag kou chamo *This woman is always carefree.* Fi sa a toujou kè pòpòz. •**carefree person** pouryen *This man doesn't have any political affiliation, he's a carefree person.* Nèg sa pa moun ki nan zafè politik, li pouryen.

careful[1] *adj.* 1[*cautious*] fè(t) atansyon, gade li ak, hounk, kenbe kò li, mache veye{kò/zo} li, mache sou {pinga/trèz pou pa pile katòz}, mennen{kò/bak} li, mete bab li alatranp, pran men ou(ak yon moun), pran{piga/ san/tèt}li *She is careful crossing the street!* Li fè atansyon lè l ap travèse lari a! *Be careful with that guy so that he doesn't corrupt you.* Fèt atansyon ak nèg sa a pou l pa kowonpi ou. *Don't walk at night, be careful.* Pa mache nannwit, pran piga ou. *Be careful with these people.* Veye zo ou ak moun sa yo. *If you don't want your father to give you a beating, be extremely careful.* Si ou pa vle papa ou filange ou, mache sou trèz pou pa pile katòz. *Be careful.* Mete bab ou alatranp. 2[*showing great care*] apwofondi *The mechanic did a careful job in the car engine.* Mekanisyen an fè yon travay apwonfondi nan motè machin. 3[*with money, things, etc.*] sansib pou *She's very careful with her money.* Li sansib pou lajan l.

careful[2] *interj.* ago, atansyon *Careful!* Atansyon! *Careful with him! He's a sick man!* Atansyon avè l, se yon moun malad li ye.

carefully *adv.* ak anpil swen •**carefully and gently** anmeyab *Speak to her carefully and gently so she doesn't jump down your throat.* Pale ak li anmeyab pou l pa sote nan kòlèt ou. •**carefully done** apwofondi *It's a carefully done job.* Se yon travay apwofondi.

careless *adj.* 1[*inattentive*] ensousyan, neglijan *If he hadn't been careless, he would have moved the knife away from the baby.* Si li pa t ensousyan li t ap wete kouto a bò kote ti bebe a. *If you weren't so careless, you wouldn't have lost the passport.* Si ou pa t neglijan konsa, paspò a pa t ap pèdi. 2[*taking little care*] dwategòch, enpridan, lese grennen, manfouben, neglijan, temerè, tèt cho, tonbe nan gògmagòg, vaykevay, wach wach *He has a careless behavior.* Li gen yon konpòtman dwategòch. *No one is as careless as Charles, he always runs in front of cars.* Nanpwen nèg enpridan kon Chal, li toujou ap kouri devan machin. *He's so careless, he lost the key for the house twice.* Li tèlman manfouben, li pèdi kle kay la de fwa. *Because you are careless, that's what made you break the glasses.* Kòm ou neglijan, se sa ki fè ou kase vè yo. *You're careless if you can talk like that in front of a spy.* Ou temerè anpil si ou ka di yon pawòl konsa devan yon espyon. *John is careless, he never takes his time to do a good job.* Jan se moun ki wach wach, li pa janm pran san l pou fè yon travay. *She's too careless, I won't entrust this work to her.* Li twò lese grennen, m p ap ba l travay sa a. *She used to work well, but now she's careless in what she does.* Li te konn fè travay li byen, men konnya li tonbe nan gògmagòg. •**careless person** malswen *Everyone was surprised to learn that a careless person like him has children.* Tout moun te sezi lè yo tande yon malswen tankou misye gen pitit.

carelessly *adv.* ago ago, an senèryen, brikabrak, san fason, vaykevay, wachi wacha brikabrak, vaykevay *He did the work carelessly.* Li fè travay la brikabrak. *He did his job carelessly.* Li fè djòb li ago ago. *That irresponsible person does everything carelessly.* Manfouben an fè tout zafè l an senèryen. *He conducts all his business carelessly.* Li fè tout afè l san fason. *Everything she does, she does it carelessly.* Tout sa dam nan ap fè, li fè l wachi wacha. •**carelessly done** mal fagote *These stairs are not safe for the kids, they're carelessly done!* Mach eskalye sa yo se danje pou timoun yo, yo mal fagote! •**do carelessly** mitije, rabache *He did the people's laundry carelessly and ruined most of* *the clothes.* Li mitije lesiv moun yo epi l gate pi fò nan rad yo. *She did the work carelessly to get paid right away.* Li rabache travay la pou l kouri touche.

carelessness *n.* lejète, lese grennen, neglijans *Because of the carelessness of his work, no one wants to hire him!* Akòz li nan lese grennen nan travay li, pèsonn pa vle ba l djòb!

caress[1] *n.* chouchoutay, karès •**sweet caress** ladoudous *Sweet caresses made her sleep.* Ladoudous fè l dòmi.

caress[2] *v.tr.* **1**[*touch gently and lovingly*] fè doudous (pou), karese, manyen, miyonnen, pase men nan tèt yon moun *The lovers are caressing each other now.* Anmoure yo ap fè doudous konnye a. *The woman caressed him sweetly.* Fi a manyen l dous. *The woman caressed her husband's head to make him sleep.* Fi a ap pase men nan tèt mari li pou fè l dòmi. **2**[*touch someone's body erotically*] panmen *He caressed his girlfriend days and night.* Li panmen menaj li lajounen kon lannwit.

caressing *adj.* karesan *Many women fall in love with him because he's a caressing man.* Anpil fanm tonbe damou pou li paske l se nèg ki karesan.

caretaker *n.* enterimè, gadò, gadyen, jeran
careworn *adj.* kò kraze
cargo *n.* chajman, chay, kagezon, kago *The boat left with a large cargo of coffee.* Batiman an pati ak yon bèl chajman kafe. *This cargo of mangoes is to be sent abroad.* Chay mango sa a se pou voye aletranje.

Caribbean *adj.* antiyè, karayibeyen *He was born in Martinique, a little Caribbean island.* Li fèt Matinik, yon ti zile antiyè. *She has a great interest in Caribbean folklore.* Li enterese anpil nan zafè fòlklò karayibeyen. •**Caribbean Sea** lanmè Dèzantiy •**the Caribbean region** karayib

Caribbean coot [*bird*] *n.* joudèl, poul dlo tèt blan **caribou** *n.* karibou
Caribbean princewood *n.* bwa chandèl angle
Caribbean wild olive *n.* doliv
caricature *n.* karikati
caries *n.* maladi kari
carillon *n.* kariyon
caring[1] *adj.* kè sansib *He will be a good father because he's caring.* L ap fè yon bon papa paske li gen kè sansib.

caring[2] *n.* amabilite
carnal *adj.* chanèl •**carnal human** lòm chanèl *Carnal humans live by the flesh, but spiritual humans live by the spirit.* Lòm chanèl viv selon lachè men, lòm espirityèl viv selon lespri.

carnation *n.* zeye
Carnival *prop.n.* [*celebration before Lent*] kanaval, madigra •**Carnival dance rhythm** rabòday •**Carnival float** cha •**Carnival group** bann •**Carnival marching band** bann a pye •**Carnival shoving match** bay gagann, gagann •**first official day of Carnival** [*Sunday before Ash Wednesday*] dimanch gra •**second official day of Carnival** [*Monday before Ash Wednesday*] lendi gra •**third official day of Carnival** [*Fat Tuesday*] madigra

carnivore *n.* kanivò
carnivorous *adj.* kanivò •**carnivorous animals** zannimo kanivò
carob tree *n.* gounèl
carol *n.* kantik
carolus *n.* [*gold coin*] kawolis
carom *n.* [*in marbles*] karanbòl *He shot a carom, and he hit two marbles at the same time.* Misye fè yon karanbòl, epi li fe tèt de kannik an menm tan.

carotene *n.* kawotèn
carotid *n.* kawotid
carouse *v.intr.* banbile, banboche, fè babako *We caroused a lot at the party, it was fun!* Nou banbile vre nan fèt la, se te bèl plezi!

carouser *n.* banbochè, banbochèz [*fem.*], jwisè, karabache *That carouser is always ready to party.* Banbochè sa a toujou sou fèt.

carousing *n.* debòch
carp *n.* [*fish*] kap
carpenter *n.* chapant, chapantye, ebenis, menwizye •**general carpenter** bòs chapant
carpenter bee *n.* voumvoum
carpenter's herb *n.* zèb chapantye
carpentry *n.* bwazri, chapant, ebenis
carpet *n.* kapèt, tapi •**wall-to-wall carpet** kapèt
carriage *n.* charèt, kabwèt, kawòs •**baby carriage** pousèt •**gun carriage** chawa
carrier *n.* pòtè •**luggage carrier** pòtbagaj •**mail carrier** faktè, lapòs
carrion *n.* chawony

carrot *n.* kawòt

carry *v.tr.* **1**[*hold and normally transport*] pot(e) *I carried her on my back.* M pote l sou do m. *They carried the bags into the house.* Yo pot sak yo met anndan kay la. *She carried the suitcase.* Li pote malèt la. **2**[*act as a means of transportation*] mennen, pran *These pipes carry water down to Port-au-Prince.* Se fè tiyo sa yo ki mennen dlo a desann Pòtoprens. *If you take this bus, it'll carry you to Cap-Haitien.* Si ou pran bis sa a, l ap mennen ou Okap. *This car can carry eight people.* Machin sa a ka pran uit moun. **3**[*broadcast*] ba(n/y) *Which radio station is carrying the match?* Ki estasyon k ap bay match la? **4**[*have for sale*] gen(yen), vann *Do you carry light bulbs?* Ou vann anpoul? **5**[*have in possession*] gen(yen), mache ak... sou li *I never carry much money.* M pa janm mache ak anpil kòb sou mwen. *He always carries around quite a bit of money.* Li toujou gen yon bann kòb sou li. *This police officer always carries a gun even when he's off.* Polis sa a toujou mache ak yon zam sou li menm lè li p ap travay. •**be carrying heavy loads** chaje{kou/kon}Lapolòy *This woman is carrying heavy loads, please give her a hand, guys!* Madanm sa a chaje kou Lapolòy, tanpri ba l yon ti kout men, ti mesye! •**carry away** anpote, charye, pote ale *I took a little nap and then sleep carried me away.* M t ap fè yon ti kabicha epi somèy anpote m. *They start moving their furniture.* Yo kòmanse charye mèb yo. *The music carries me away.* Mizik la pote m ale. •**carry off** {bwote/desann/pote}ale *The water carried the car off.* Dlo a bwote machin nan ale. *The torrential rain carried off all of the good soil.* Lavalas la bwote ale tout bon tè a desann. •**carry on** *a*[*complain*] plenyen *Stop carrying on so about nothing!* Sispann plenyen non pou yon ti bagay konsa. *b*[*continue*] kontinye *We'll carry on our conversation later.* N a kontinye pale a pita. •**carry on with** rapouswiv *The teacher told the students to carry on with their work while she's looking for her notebook.* Pwofesè a fè elèv yo rapouswiv travay yo t ap fè a pandan l ap chache kaye li a. •**carry out** *a*[*fulfill*] fè *She didn't carry out my instructions.* Li pa fè sa m te di l la. *b*[*achieve a goal*] akonpli, egzekite, fè

pratik *He carried out his promise to marry her.* Li akonpli pwomès pou l te marye avè l la. *He's the one who'll carry out the work, he's competent enough for that.* Se li ki pral egzekite travay yo, li gen konpetans pou sa. •**carry out one's duties** akonpli devwa li, ranpli fonksyon li *This young soldier is brave and caries our his duties with pride.* Jenn ti sòlda sa a brav pi li ranpli fonksyon li byen. •**carry out justice** {bay/fè}tèt li jistis *As there's no justice in this country, you have to carry out justice yourself.* Kòm nan peyi isit pa gen jistis, se ou ki pou bay tèt ou jistis. •**carry over** *a*[*from one point to the other*] pouse, repòte, voye *My boss won't allow me to carry over my vacation to next year.* Patwon an p ap kite m voye vakans mwen pou ane pwochèn. *b*[*continuation*] kontinye suiv li *That bad habit carried over everywhere she went.* Vye abitid sa kontinye suiv li tout kote l pase. *c*[*math*] fè{jeretyen/jeretyenzen}, retni *You have to carry over when doing this addition.* Fòk ou fè jeretyenzen nan adisyon sa a. *You just added five and five to get ten, put down zero and carry over the one.* Ou fin fè senk plis senk pou fè dis, ou a met zewo epi w ap retni en. •**carry too much** chaje {kou (kon) Lapolòy/Legba} *She always carries too much luggage when she travels.* Manmzèl chaje kou Lapolòy lè l ap vwayaje. •**carry up** pote monte *Please, help us carry up these chairs to the second floor.* Tanpri ede nou pote monte chèz sa yo nan dezyèm etaj la.

carry-over *n.* [*math*] jeretyen, retni *Don't forget to take into account the carry-overs in the addition.* Pa bliye konte jeretyen yo nan adisyon an.

carrying out *n.* akonplisman, egzekisyon *The carrying out of his duty.* Akonplisman devwa li.

carsickness *n.* mal{kamyon/machin}

cart[1] *n.* charèt, charyo, kabwèt, karyòl, tonbo •**serving cart** tab woulan •**shopping cart** charyo, pànye, pousèt, woulèt •**wagon or cart** [*for a child*] kabwèt

cart[2] *v.tr.* •**cart off** charye *They started carting off the furniture.* Yo kòmanse charye mèb yo.

carte blanche *n.* •**give carte blanche** ba(y/n) yon moun kat blanch *The president gave carte blanche to the police force to arrest all* *thieves and criminals.* Prezidan an bay lapolis kat blanch pou arete tout vòlè ak kriminèl.

cartilage *n.* gradoub, zo{krab/krikrit/krip/kwoumkwoum}

cartload *n.* tonbo

carton *n.* **1**[*of cigarettes, matches*] kilo •**a carton of cigarettes** yon kilo sigarèt **2**[*cardboard box*] bwat, katon

cartoon *n.* ti komik

cartoonist *n.* desinatè

cartridge *n.* bal, katouch, po •**empty cartridge** [*arm*] po bal •**spent cartridge** tèt bal *After the gunshots, the ground was littered with spent cartridges.* Apre kout zam yo, atè a te plen tèt bal.

cartridge-pouch *n.* jibèn, sakaplon, sentiwon bal

cartwheel *n.* •**do a cartwheel** fè lawou *He does nice cartwheels when he break dances.* Li fè lawou byen lè l ap danse brek.

carve *v.tr.* dekape, dekatiye *They're carving an ox into pieces.* Y ap dekape yon bèf. **carve up** [*country, estate, and organization*] demantle, dekatiye *The police force has just carved up a gang network in Port-au-Prince.* Lapolis fèk sot demantle yon rezo gang nan Pòtoprens.

cascade *n.* chit dlo, kaskad, katarak, sodo

cascarilla *n.* [*shrub*] fèy pè, kaskari

case[1] *n.* **1**[*protective container*] bwat, pòch *She bought the camera without the case.* Li achte kamera a san bwat la. **2**[*quantity*] kès *Buy me a case of beer.* Achte yon kès byè pou mwen. •**attaché case** valiz •**(eye)glasses case** pòch linèt

case[2] *n.* **1**[*particular situation*] ka *I can't agree with you in this case.* Nan ka sa a, m pa ka dakò avè ou. **2**[*jur.*] kòz, ka *The lawyer doesn't want to handle my case.* Avoka a pa vle okipe kòz mwen an. *This case will be tried in court.* Ka sa a pral jije nan tribinal. **3**[*an instance of sickness*] ka *So far the doctors have recorded only one case of the epidemic flu.* Pou kounye a doktè yo anrejistre yon sèl ka nan epidemi grip. •**case of death** mòtalite •**be on s.o.'s case** anraje nan kò li, nan kò li *She's always on my case nagging me.* Li la nan kò m ap anmède m. •**take a case to court** ale lajistis pou *The heirs brought the land case to court.* Eritye yo ale lajistis pou zafè tè a. •**get on s.o.'s case** fann (nan) {dèyè/nan siyay}

li, nan deng li *I'm going to get on your case until you do this job for me.* M nan deng ou jis ou fè travay la ban mwen. •**hopeless case** ka pèdi •**in any case** antouka, kanmenm, kèlkilanswa, tout jan, wè pa *Whether the road is good or not, in any case, I have to travel tonight.* Kit wout la bon ou pa, antouka, fò m vwayaje aswè a. *They'll shave you in any case when you give birth.* Y ap raze ou kanmèm lè w ap akouche. *In any case, I have to leave tonight.* Kèlkilanswa, fò m pati aswè a. *We may never make much money, but, in any case, we'll never starve to death.* Nou gendwa pa janm touche anpil kòb, men, tout jan, nou pa p janm mouri grangou. •**in case** anka, anka pa ka, oka, si(ke), sizoka *In case our life takes a turn for the worse, God will help us.* Anka pa ka lavi a ta vire mal pou nou, Bondye ap ede nou. *In case of fire, take the stairs.* Anka dife, pase nan eskalye a. *In case I can't come anymore, I'll let you know.* Oka m pa ka vini ankò, m ap fè ou konnen. *In case I'm not there, leave the money there for me.* Si ke m pa la, kite kòb la pou mwen. •**in case of** anka *In case of fire, take the stairs.* Anka dife, pase nan eskalye a. *In case I forget, please remind me.* Sizoka m ta bliye, fè m chonje. *What will we do in case of rain?* Sa n ap fè, si gen lapli? •**in one's case** bò kot(e) pa yon moun *In his case, he doesn't know what to do.* Bò kote pa li, li pa konn sa pou l fè. •**in that case** donk *If it's your own child who took your money, in that case, I have nothing to say.* Si se pwòp pitit ou ki pran lajan a, donk m pa gen anyen pou m di nan sa. •**irreducible or hopeless case** se tè ki pou geri li *He's so stubborn, he's a hopeless case.* Pou jan l tèti a, se tè ki pou geri l. •**just in case** ankake, leka, si anka, sizanka, sizoka *Just in case you're not here, leave the money for me.* Ankake ou pa ta la, kite kòb la pou mwen. *Save some money in case you get sick.* Sere yon ti kòb leka ou ta malad. *In case I'm not there, leave the money there for me.* Si anka m pa la, kite kòb la pou mwen.

case[3] *n.* •**upper case** lèt majiskil

case[4] *v.tr.* obsève, suiv *The burglars must have cased our house for a long time.* Vòlè yo dwe fè lontan ap suiv tout ale-vini nou nan kay la.

casearia tree *n.* papelit

casement *n.* [*window frame*] ankadreman fennèt

cash[1] *n.* an espès, kach, kòb, lajan{kontan/likid} *You have to pay cash.* Fò ou peye kach. *Do you want me to pay you by check or in cash?* Ou vle m peye ou pa chèk oswa an espès? *I don't take cash with me.* M pa mache ak lajan likid. •**for cash** lajan{kontan/likid} *Here we don't sell on credit, we sell for cash.* Isit la nou pa vann kredi, se lajan kontan nou vann.

cash[2] *v.tr.* [*a check*] chanje, touche *You must endorse the check before cashing it.* Fò ou siyen chèk la avan ou chanje l. *Cash that check for me.* Touche chèk sa a pou mwen.

cash register *n.* kès (avalwa), lakès, tiwa lajan

cashbox *n.* kès

cashew *n.* kajou, nwa •**cashew apple** ponm kajou •**cashew nut** nwa kajou

cashier *n.* kesye, kesyè [*fem.*]

cashmere *n.* kachmi, kazimi

casino *n.* 1[*gambling*] kazino 2[*game*] kazino

cask *n.* barik, boko, kannkès, tono

casket *n.* sèkèy

cassation *n.* kasasyon •**court of cassation** kou kasasyon

cassava *n.* manyòk •**cassava bread** kasab, kasav •**cassava bread spread with peanut butter** kasav wayal •**cassava cake** bobori •**cassava flatbread** kasav •**cassava flour** la(n)midon •**sweet cassava** kasav dous •**thick cassava biscuit made of manioc** dedoub •**thick cassava bread** bikwach, boukousou, pendou **casserole** *n.* ragou

cassette *n.* kasèt

cassia *n.* [*medicinal plant*] kas •**purging cassia** kase •**variety of cassia** [*plant*] kas woz

cassock *n.* soutane

cast[1] *n.* 1[*for broken bones*] aparèy 2[*for eyes*] aparèy •**plaster cast** [*surgical*] aparèy, anplak, kas, plat •**put on a cast** [*medical*] platre *The doctor put his broken arm in a cast.* Doktè a platre ponyèt kase l la.

cast[2] *v.tr.* [*throw out*] lanse, voye *You have to cast the rope.* Se pou ou lanse kòd la. *We'll get up early tomorrow morning to cast our nets farther over the sea.* N ap leve demen maten pou n al voye senn nou pi lwen sou lanmè a. •**cast a curse on** maldyòke *The child seems to have been cursed on, he's always sick.* Pitit la sanble maldyòke, li toujou malad. •**cast a death spell on s.o.** [*Vodou*] voye mò sou yon moun *They cast a death spell on her, she won't survive.* Yo voye mò sou li, li p ap chape. •**cast aspersion on s.o.** drive *What she was doing is casting aspersions on you.* Se drive l ap drive non ou a. •**cast away** voye yon moun jete *As soon as the new players came in they cast the older ones away from the team.* Kou nouvo jwè yo vini, yo voye ansyen yo jete nan ekip la. •**cast blows** voye bwa *He's going to cast blows because you make too much noise.* Li pral voye bwa la paske nou fè twòp bwi. •**cast furtive glances at s.o.** gade yon moun anba chal *The woman cast furtive glances at me.* Fi a ap gade m anba chal. •**cast glances at** founi je gade *The way that girl is casting glances at you, it looks like she loves you.* Jan fi sa a founi je gade ou, gen lè l renmen ou •**cast nets** [*fishing*] sennen *The fishermen are getting up early tomorrow to go cast nets.* Pechè yo ap leve bonnè demen pou y al sennen. •**cast or draw lots which falls on s.o.** tire {osò/yon rezon}sou yon moun *When the boat was about to sink, they cast lots which fell on Jonas, then they threw him into the sea.* Lè bato a soti pou l koule, yo tire osò sou Jonas, epi yo lage l nan lanmè. •**cast pearls before swine** mete losyon nan nen chen *To take that girl to the opera is to cast pearls before swine.* Si ou envite fi sa a nan opera, se mete losyon nan nen chen monchè.

caste *n.* kas

caster *n.* [*furniture*] woulèt

Castilian[1] *adj.* kasteyann •**the Castilian language** Lang kasteyann nan

Castilian[2] *n.* kasteyann

casting *n.* •**casting of lots** tiray osò

castle *n.* chato

castoff *n.* ranyon

castor oil *n.* luil{maskriti/derisen/lou}

castor oil plant *n.* maskriti, mestiyen

castrate *v.tr.* chatre, chaponnen *We're going to castrate the bull.* N ap chaponnen towo a. *They castrated the dog.* Yo chatre chen an.

castrated *adj.* [*animal*] chatre *The black one seems to be the only castrated cat.* Sanble se sèl chat nwa a ki chatre.

castration *n.* chatray

castrator *n.* chatrè

casual *adj.* **1**[*informal*] senp *You don't need to dress up. Just wear casual clothes.* Ou pa bezwen abiye, mete yon ti rad byen senp sou ou. **2**[*of little significance*] konsa-konsa *He's not a friend. He's just a casual acquaintance.* Se pa yon zanmi, se yon moun m konnen konsa-konsa. **3**[*temporary work*] ti degaje, tanporè *The job is nothing big, it's a casual work.* Djòb la pa twò gwo, se yon ti degaje.

casually *adv.* Alalejè •**too casually** an senèryen *No one takes him seriously because he behaves too casually at work.* Pèsonn pa pran l pou anyen paske li mennen tèt li an senèryen nan travay la.

casualness *n.* lese ale

casualty *n.* victim

cat *n.* chat, mimi, pouch •**cat burglar** gwo chat mimi myaw •**cat get one's tongue** chat pran lang li *As soon as the mother asked the kids about the toys breaking, cat got their tongues immediately.* Kou manman an mande timoun yo kilès ki kraze jwèt yo, chat pran lang yo la menm. •**domestic cat** chat kay •**fat cat** bacha, gwo chabrak •**pet cat** chat kay

cat-o'-nine-tails *n.* matinèt

cataclysm *n.* ladoba

catafalque *n.* katafal

catalog[1] *n.* katalòg, klasè

catalog[2] *v.tr.* kataloge *The documents have been catalogued by alphabetical order.* Yo kataloge tout dokiman yo nan lòd alfabetik.

catamaran *n.* [*boat*] katamaran

catapult *n.* katapil

cataract *n.* **1**[*waterfall*] katarak **2**[*med.*] vwal nan je

catarrh *n.* pitwit

catastrophe *n.* kalamite, katastwòf, ladoba

catch[1] *n.* (la)pèch *The fisherman had a bad catch today.* Pechè a fè move lapèch jodi a.

catch[2] *v.tr.* **1**[*seize and stop an object*] atrap, ankese, pare *This goal-keeper is good at catching the ball.* Gadyen sa a fò nan ankese balon. *Catch the ball.* Atrap boul la. *You threw the pebble into the air, then you caught it in the palm of your hand.* Ou voye wòch la anlè, epi ou pare l nan pla men ou. **2**[*hold and retain physically*] grapiyen, kenbe, {mete/pare/poze}lapat, pran, sentre *The cat caught two mice this morning.* Chat la

kenbe de sourit maten an. *She caught a big fish.* Li pran yon gwo pwason. *The police never caught the thief.* Lapolis pa janm pran vòlè a. *The cat caught a lot of rats.* Chat la grapiyen anpil rat. *They caught him in the intersection, they didn't let him get away.* Yo sentre msye nan kalfou a, yo pa kite l sove. **3**[*disease*] atrap, pran (nan), trape *He caught pneumonia.* Li trape yon nemoni. *He caught AIDS.* Li pran nan SIDA. *I caught a cold.* M pran yon grip. **4**[*be on time for*] ka jwenn *I'm running in order to catch the bus.* M ap kouri pou m ka jwenn bis la. **5**[*discover, find, take by surprise*] bare, kenbe *I caught her leaving the house.* M bare l ap sot nan kay la. *They caught him stealing a car.* Yo kenbe l ap vòlè yon machin. *I overslept, dawn caught me in bed.* Dòmi twonpe m, douvanjou bare m nan kabann. **6**[*take transportation*] pran *I've got to catch a cab to go home.* Fò m pran yon taksi pou m al lakay. *I'll catch a ride with him when he returns again.* M a pran yon woulib ak men l lè li retounen ankò. **7**[*water*] kapte *The river hasn't reached the village, it's been caught half way.* Rivyè a pa rive nan bouk la ditou, yo kapte li depi nan mitan chemen. •**catch a chill** gen yon san frèt, pran yon fredi, pran lè *I caught a chill after I got soaked in the rain.* M gen yon san frèt depi m fin mouye nan lapli a. *She has bronchitis, she caught a chill.* Li malad nan bwonch, li pran yon fredi. •**catch a glimpse** apèsevwa *They catch a glimpse of the sea.* Yo apèsevwa lanmè a. •**catch cold** pran panm *Don't go out when dew is falling, you might catch a cold.* Pinga ou sòti lè seren ap tonbe, ou ka pran panm. •**catch fire** boule, pran dife *The house caught fire.* Kay la pran dife. *Wooden houses catch fire easily.* Kay an bwa boule fasil fasil. •**catch hold of** ankese *He caught hold of him by the collar and dragged him off to the police officer.* Li ankese l an nan kolèt epi l trennen li pote bay polis la. •**catch in the act** bare nan men, siprann *I caught her copying from her classmate.* M siprann li ap pran poul sou lòt la. •**catch on** [*become popular*] pran, popilè *He tried to start a soccer team, but it never caught on.* Li te vle fè yon ekip foutbòl, men sa pa janm pran. *These shoes have really caught on.* Soulye sa a vin popilè anpil. •**catch one's breath** pran elan li, pran souf li, {rale/pran} (yon)souf, rekonèt li *Let me stop a minute to catch my breath.* Kite m fè yon kanpe pou m pran souf mwen. *I've just come, let me catch my breath.* M fenk vini, kite m pran elan m. *Let me sit down a bit so that I can catch my breath.* Ban m fè yon ti chita la a pou mwen manyè rekonnèt mwen. •**catch s.o. red-handed** bare nan men, kenbe yon moun{nan pla men/men nan sak} *They caught the thief red-handed.* Yo kenbe volè a nan pla men. •**catch sight of** je li tonbe sou yon bagay *I caught sight of her, but I wasn't able to talk to her.* Je m tonbe sou li, men m pa t ka pale avè l. •**catch s.o.'s eye** *a*[*draw attention, center of attention*] fè lapli{e/ak} lebotan *When she was young, she used to catch men's eyes.* Lè manmzèl te jèn, li te fè lapli e lebotan. *b*[*be noticed by*] je li tonbe sou *She caught my eye in church.* Je m tonbe sou li legliz la. •**catch s.o.** [*entrap*] mete de pye yon moun nan yon grenn soulye *We caught him with the questions we asked him.* Nou mete de pye l nan yon grenn soulye ak kesyon sa nou poze l la. •**catch s.o. dead** bare *He'd never be caught dead carrying that book around.* Li p ap janm kite yo bare l ak liv la nan men l. •**catch s.o. in the act** {kenbe/bare}yon moun *They caught him in the act of stealing a car.* Yo bare l ap vòlè yon machin. •**catch s.o. off-guard** fè dappiyanp sou *The police caught the bandits off-guard and handcuffed them immediately.* Lapolis fè dappiyanp sou bandi yo epi mete minote yo nan pwdi tan. •**catch up on** [*learn about*] konn sa k pase *He just got back, and he's already caught up on all the news.* Li fenk vini, enpi l gentan konn tou sa k te pase. •**catch up to/with** *a*[*have an (bad) effect on*] jwenn{ak/avè(k)}, mande li regleman, peye *He drinks too much. It'll catch up with him some day.* Li bwè twòp, gwòg la gen pou l mande l regleman yon jou. *The bad things he did have finally caught up to him!* Mal li fè l ap peye! *b*[*reach s.o., sth.*] jwenn{ak/avè(k)} li *You can go ahead, and I'll catch up with you.* Ou mèt ale, m a jwenn avè ou. •**catch up with** jwenn, ratrape *She's running too fast, you won't catch up with her.* Li kouri twò vit, ou p ap ka ratrape l. •**try to catch** bare *They*

tried to catch the hen everywhere so it doesn't take off. Yo bare manman poul la anwo kou anba pou l pa sove.

catching *adj.* [*med.*] atrapan *Cholera is a highly catching y.* Kolera se maladi ki atrapan anpil.

catechetics *n.* [*eccl.*] katechèz

catechism *n.* katechis •**catechism class** katechis

categorical *adj.* •**very categorical** kare kou ba savon *She's very categorical, if you are wrong she won't be afraid to say that to you.* Li kare kou ba savon, depi ou an tò, li p ap pè di ou sa.

categorically *adv.* kategorikman *The landlord kicked them out categorically without even noticing them.* Mèt kay la mete yo deyò kategorikman san l pa menm avèti yo. •**declare categorically** di kareman *The employees declared categorically that they wouldn't work for this paltry sum of money.* Anplwaye yo di kareman yo p ap travay pou chikèt monnen sa a.

categorize *v.tr.* kataloge *They categorized this student among those who are the worst in the class.* Yo kataloge elèv sa a nan moun ki pi mal nan klas la.

category *n.* kategori

caterer *n.* chèf kanbiz

caterpillar *n.* **1**[*insect*] cheni **2**[*larva of a butterfly*] cheni mawoka

cathedral *n.* katedral

catheter *n.* katatè, kawotchou, tib

Catholic[1] *adj.* katolik *She's a member of the Catholic church.* Li se manm legliz katolik. •**be more Catholic than the Pope** pi katolik pase Lepap, pi wayalis pase Lewa *This woman was born, baptized, confirmed, and married in the Catholic church, she's more Catholic than the Pope.* Madanm sa a se moun ki fèt, batize, konfime, epi marye nan legliz katolik; li pi katolik pase Lepap. •**Catholic who doesn't practice Vodou** katolik fran *My grandmother used to be a good Catholic who didn't practice Vodou.* Grann mwen se moun ki te katolik fran lè l te vivan.

Catholic[2] *n.* [*member of the Roman Catholic Church*] katolik

cat's-claw *n.* [*shrub*] kanpèch mawon, lyann chat, zong chat

catsup n. kètchòp, sòs{tomat/tonmat}

cattail n. jon

cattle n. bèf, bèstyo, bèt, betay •**black and brown cattle** bèf rada •**breed of cattle** boufannan •**cattle keeper** majoral

Caucasian n. blan, blan je vèt

caudal adj. •**caudal fin** [of a fish] ke

caudle n. chodo, ponch

caught adj. kwoke, koke My shirt got caught on the barbed wire. Chemiz mwen kwoke nan fil fè a. A bone got caught in her throat. Yon zo koke nan gòj li. •**caught in the act** an flagran deli The thief got caught in the act. Yo kenbe vòlè a an flagran deli. •**caught up in** [absorbed in] pèdi I got so caught up in the game that I forgot that I was supposed to be somewhere. M tèlman pèdi nan jwèt la, m bliye si m gen yon kote m prale. •**be caught a**[with bait] pran nan lak I put the money there expressly to see if you'd take it, you were caught. M mete kòb sa a la espre pou mwen wè si se ou ki t ap pran l, ou pran nan lak. **b**[be in a bad fix or uncomfortable] de pye li{nan yon grenn soulye/nan yon ti bòt batèm/mare} This man is caught, he owes too much money. De pye misye nan yon grenn soulye, li dwe twòp lajan. The president was caught during his speech on the scandal and the corruption. De pye prezidan an te nan yon grenn soulye pandan diskou a li a sou zafè eskandal ak koripsyon an. •**be caught in an awkward or painful situation** pran nan pongongon He was caught in an awkward situation when someone else's computer broke down while he had it. Li pran nan pongongon ak òdinatè moun yo ki gate nan men li an. •**get caught in a traffic jam** pran nan yon blokis We got caught in a traffic jam, that's what made us late. Nou pran nan yon blokis, se sa k fè nou te an reta. •**get caught in a trap** pran nan{pèlen/zen} By constantly lying, today he got caught in a trap. Nan plede bay manti, jodi a li pran nan zen. •**one who is not easily caught** malen This kind of thief is the one who is not easily caught; the police force needs to set him a trap. Jan de vòlè sa yo malen; fòk lapolis pare yon pèlen pou li.

caul n. [fetal membrane covering head of newborn infant] kwaf

cauldron n. chodwon, chodyè, digdal

cauliflower n. chouflè

caulk v.tr. [a boat] galfate They caulked the boat. Yo galfate bato a.

caulking n. •**fiber used for caulking** letouf

cause¹ n. 1[justification] rezon I have no cause not to believe him. M pa gen rezon pou m pa kwè l. You have no cause to complain like that. Ou pa gen rezon pou ou ap plenyen konsa. 2[person or object at fault] lotè, kòz, lakòz I'm the cause of the accident. Mwen se lotè aksidan an. One person is the cause of all these problems. His stubbornness caused this to happen. Tèt di l ki lakòz sa rive. Yon sèl moun ki lakòz tout poblèm sa yo. The cause of his death was a disease he caught. Kòz lanmò l se maladi li te trape a. 3[jur.] kòz You're defending a bad cause. Ou avoka move kòz. •**be on the same side or cause** la pou menm kòz There's no need to fight each other, we're on the same cause. Pa gen rezon pou n ap batay konsa, nou la pou menm kòz. •**death from natural causes** mò Bondye I personally, think that it's a death from natural causes. Pou mwen, m panse li mouri mò Bondye. •**die from natural causes** mouri bon mò He died from natural causes, he died from heart disease. Men moun ki mouri bon mò! Li mouri ak yon maladi kè. •**for the slightest cause** pou dan{griyen/ri} This man has no pity for anybody, he destroys life for the slightest cause. Nonm sa a pa gen pitye pou pèsonn, li detwi lavi pou dan ri. •**lost cause** kòz pèdi It's a lost cause. Se kòz pèdi sa a •**make sth. a common cause** solidarize Let's make healthcare for all a common cause. Annou solidarize pou tout moun ka jwenn ti moso lasante. •**take up a cause** ranmase labànyè I'd like to know who's going to take up a cause for these people. Mwen ta renmen konnen kilès k ap vin ranmase labànyè pou moun sa yo.

cause² v.tr. bay, fè, koze, okazyonnen, pwodui, pwovoke What caused the accident? Kouman aksidan an fè rive? You caused me to be late this morning. Ou fè m an reta maten an. Smoking causes lung cancer. Fimen bay kansè poumon. You're the one who caused his death. Se ou ki koze lanmò misye. You're the cause of this great deal of talking. Se ou ki okazyonnen tout pale anpil sa yo. The hurricane caused a lot of damage on the area.

Siklòn nan pwodui anpil dega nan zòn nan. •**cause a scene** fè moun pou li *If you so much as raise a hand to me, I'll cause a scene.* Depi ou leve men sou mwen, m ap fè moun pou ou. •**cause abdominal pain** mare *Alcohol can cause abdominal pain for days.* Alkòl se bagay ki ka mare ou pou kèk jou. •**cause an upset stomach** fè lestonmak li vire lanvè *Taking medications without food can cause an upset stomach.* Si ou pran renmèd san manje li ka fè lestonmak ou vire lanvè. •**cause devastation** fè ravaj *The hurricane caused a lot of devastation.* Siklòn nan fè anpil ravaj. •**cause difficulties** manyen *They're causing difficulties for me by not letting me find the position.* Y ap manyen mwen serye pou m pa jwenn djòb la. •**cause disorder** deranje *She caused disorder by disarranging every last document from its place.* Li deranje dènye papye yo nan plas yo. •**cause grief** aflije, bay yon moun chagren *The problem caused him a lot of grief.* Pwoblèm nan aflije li anpil. •**cause illness** bay maladi *The puddle will cause illness.* Ma dlo a ap bay maladi. •**cause indigestion** gonfle, kwaze pye sou lestomak *Don't eat that in the evening, it causes indigestion.* Pa manje sa a aswè, li gonfle moun. •**cause intermittent pain** mòde lage *I have headaches that cause intermittent pain.* M gen yon tèt fè mal k ap mòde lage. •**cause pain** bay chagren, chagrinen *This bad news caused me pain.* Move nouvèl sa a ban m chagren. •**cause problems** ba(y/n) traka *Your lies caused me a lot of problems.* Manti ou yo ban m anpil traka. •**cause problems for s.o.** mete de pye yon moun nan yon grenn soulye *Her son owes too much money, the debt causes problems for his mother.* Pitit li a dwe twòp lajan, dèt la mete de pye manman an nan yon grenn soulye. •**cause s.o. to sleep** bay yon moun singo *These pills caused me to sleep on a chair all night.* Grenn sa yo ban m singo sou yon chèz tout lannwit. •**cause sorrow** bay yon moun chagren, chagrinen *Her father's death caused her a lot of sorrow.* Lanmò papa l la ba li anpil chagren. *The death of her only child caused her a lot of sorrow.* Lanmò sèl grenn pitit gason li a chagrinen li anpil. •**cause terrible suffering or pain** kase rale

yon moun mennen vini *The cancer caused him terrible pain.* Kansè kase rale li mennen vini. •**cause to get stuck** [*on an exam, etc.*] kole *The teacher caused the students to get stuck on a difficult exam.* Pwofesè a kole elèv yo ak yon egzamen ki byen di. •**cause to have little or no interest in** dezenterese *The bad treatment from work caused her to have little interest in pursuing a promotion.* Move tretman travay la dezenterese l pou l ta chache jwenn pwomosyon. •**cause to lose concentration** dekonsantre *The noise from the cars driving by causes her to lose concentration.* Bri machin k ap pase yo dekonsantre l. •**cause to lose one's balance** dezekilibre *Don't push the child so as not to cause her to lose her balance.* Pa pouse pitit la pou pa dezekilibre li. •**cause to lose patience** depasyante *If you keep blaming her for any mistakes that she makes, that will cause her to lose patience.* Si ou chita ap ba l tò pou tout ti erè li fè, l ap depasyante. •**cause to lose weight** deplimen, devide, megri, seche *Stress and discouragement cause her to lose weight.* Estrès ak dekourajman megri l. •**cause to malfunction** deregle *He caused the TV to malfunction by playing around with it.* Li deregle televizyon an afòs li jwe ladan. •**cause to rise** pimpe *The cost of living causes everything to rise at the market.* Lavi chè pimpe pri tout bagay nan mache. •**cause to vibrate** pran tranble *His heavy weight caused the chair legs to vibrate.* Li sitèlman lou sou chèz la, pye chèz la pran tranble. •**cause trouble** fè bas, fè dezawa, fè tapaj *The discussion is over, buddy, you've caused enough trouble.* Diskisyon an fini monchè, ase fè bas la. *A group of political instigators infiltrated the protest march in order to cause trouble.* Yon gwoup chimè enfiltre nan manifestasyon an pou yo fè dezawa. *Where those bullies go, they have to cause trouble.* Kote lwijanboje sa yo rive, yo fè tapaj. •**cause trouble for s.o. with s.o. else** mete yon moun nan zen ak *Please don't cause trouble for me with those people.* Tanpri pa vin mete m nan zen ak moun sa yo. •**cause worry** enkyete *His disappearance causes worries and sadness for everyone.* Disparisyon li a enkyete epi atriste tout moun.

caustically *adv.* •**speak caustically or in a harsh tone** pale gwo dan *Stop speaking caustically if you want people to listen to what you are saying.* Sispann pale gwo dan la si ou vle moun tande sa w ap di a.

cauterize *v.tr.* [*a wound*] boule *The nurse cauterized the wound with a product to make it dry quicker.* Mis la boule blese a ak yon pwodui pou sa seche l pi vit.

caution¹ *n.* atansyon, pridans, prekosyon

caution² *v.tr.* pale yon moun, ba(y) li{piga li/mizangad} *Her father cautioned her against taking money from foreigners.* Papa l pale li pou l pa pran lajan nan men etranje. *His mother cautioned him against hanging out with those kids.* Manman l ba li mizangad pou l pa nan mache flannen ak timoun sa yo.

cautious *adj.* pridan *In this life, one had better be cautious.* Nan lavi sa a, yon moun fèt pou pridan. •**be cautious** krab kò li, rete sou{pinga/prigad}li *I don't think he would do such stupidity, he's always a cautious man.* M pa panse misye ta ka fè yon betiz konsa, li se yon nèg ki toujou krab kò li. •**be cautious of what one is saying** bay bouch li manje *A wise person always tries to be cautious of what she is saying.* Yon moun ki gen bon sans toujou eseye bay bouch li manje.

cautiously *adv.* •**move sth. cautiously** lalad *This marbles game is tough, he moves his marbles cautiously.* Jwèt mab sa a sere anpil, li lalad bò wonn nan.

cautiousness *n.* siveyans

cavalcade *n.* kavalkad

cavalry *n.* kavalri

cave¹ *n.* fant wòch, gwòt, kav, twou{pit/wòch}

cave² *v.intr.* •**cave in** *a*[*holes, mountains*] anfale, defale, efondre, vide desann *The top of the mountains caved in after it had been washed away by the flood water.* Tèt mòn nan defale apre dlo inondasyon fin lave l kont li. *b*[*sitting object*] blayi, tonbe *The chair caved in with him, he fell flat down.* Chèz la fè fon ak li, li blayi de pye long. *c*[*buildings, houses*] tonbe, efondre, vide *When there's a strong wind, don't stay in the house in case the roof caves in.* Lè gwo van, pa ret nan kay la pou l pa tonbe sou nou. *Quite a few houses that were built by the river caved in during the*

hurricane. Se pa de kay ki te bati bò larivyè a ki vide lè siklòn nan.

cavern *n.* kav, kavèn

caviar *n.* kavya

cavity *n.* **1**[*in a tooth*] kannal dan, kari, kavite, twou (nan) dan **2**[*in rock, wood*] twou

caw *n.* [*sound of a crow*] kò òk

CD *n.* sede •**CD-ROM** sedewòm

cease *v.intr.* bouke, pase, sispann *You never cease to joke!* Ou pa janm bouke fè plezantri, ou menm! •**cease frowning** deplise f(w)on li *You finally ceased frowning.* Ou resi deplise fwon ou. •**cease temporarily** fè yon ti kanpe *The customer service office has ceased temporarily its service for two weeks.* Sèvis kliyantèl la fè yon ti kanpe pou de semèn.

cecum *n.* sekòm

cedar *n.* bwa sèd, bwadsèd, sèd •**bastard cedar** [*med.*] monben bata

cedilla *n.* sediy

ceiba *n.* mapou

ceiling *n.* konm, plafon, planche, platfòm kay

celebrate I *v.tr.* **1**[*occasion, event*] fete, selebre *He and his wife have just celebrated their first anniversary of marriage.* Li menm ak madanm li fèk sot fete premye anivèsè maryaj yo. **2**[*religious*] selebre *Father Jacques celebrated the mass.* Pè Jak selebre mès la. **II** *v.intr.* [*hold a party*] fè bal, fè fèt, fete, paweze *They celebrated when the general died.* Yo fè fèt lè jeneral la mouri. *The family celebrated when they learned she had passed the baccalaureate exam.* Fanmi a fè bal lè y aprann li pase nan bakaloreya. *All their children have gotten married, now they're celebrating.* Tout pitit yo fin marye, kounye a y ap fete. *Tomorrow, we are going to celebrate because it's our wedding anniversary.* Nou pral paweze demen paske se fèt nou. •**celebrate Mass** di{lanmès/lofis}, sèvi lanmès *Which priest celebrated Mass this morning?* Ki prèt ki di lofis maten an? *The parish priest is going to celebrate Mass today.* Se kire a k ap sèvi lanmès jodi a. •**get ready to celebrate** pare pou li fete *We're getting get ready to celebrate Founder's Day.* N ap pare pou n fete vil la.

celebrated *adj.* •**have a mass celebrated** [*for thanking or for deceased*] {bay/fè}chante yon mès *We're holding a mass in honor of our late* *mother.* Nou pral bay chante yon mès pou manman n.

celebration *n.* banbi, fèt, kandjanwoun, manifestasyon, selebrasyon •**have a celebration** {bay/fè}bal •**make loud anonymous public protest or celebration** [*usu. by hitting metal against metal or using horns*] bat tenèb

celebrity *n.* selebrite

celery *n.* seleri

celibacy *n.* nan seliba

cell *n.* 1[*biology*] nwayo 2[*of a plant, animal*] selil 3[*prison room*] kacho, selil, tobout 4[*dungeon*] kalabous •**blood cell** globil •**red blood cell** globil wouj •**white blood cells** globil blan

cell phone *n.* sèlfòn, telefòn{selilè/pòtab}

cellar *n.* kav

cello *n.* vyolonsèl

cellophane *n.* selofàn

cellular *adj.*1[*biology*] selilè 2[*communication*] selilè

Celotex® *n.* seloteks

Celsius *n.* sèlsiyis

celt *n.* pyè tonnè

cement[1] *n.* siman •**cement mixer** betonnyè, malaksè •**asbestos cement** fibwo siman •**cement roof** dal (beton) •**paving cement** pavay

cement[2] *v.tr.* 1[*a wall*] masonnen *I told Paul he needed to cement the wall first.* M di Pòl se pou l te masonnen mi a anvan. 2[*put concrete*] pave, simante, tope *Tomorrow the mason will come over in order to begin cementing the floor of the house for me.* Demen bòs mason an ap vin koumanse simante atè kay la pou mwen an. *When are you cementing the floor?* Kilè w ap pave atè a? *He cemented the floor of the water tank.* Li tope basen dlo a.

cemented *adj.* •**cemented area** [*for sun drying*] glasi

cementing *n.* [*process*] betonnay

cemetery *n.* 1 simityè 2[*euph.*] boukoulou Bondye, douzyèm depatman *He's joining the other dead in the cemetery* [*he kicked the bucket*]. Li pral jwenn lòt mò yo nan douzyèm depatman an. •**cemetery keeper** Bawon{Lakwa/Samdi/Simityè}

censer *n.* ansanswa

censor[1] *n.* sansè

censor[2] *v.tr.*{bay/mete}baboukèt nan bouch, bride, sansire *They censored the newspaper.* Yo sansire jounal la.

censorship *n.* baboukèt

censure *v.tr.* bay kanè, sansire *The pastor censured one of the members of the congregation because he had been absent from church services for several months.* Pastè a bay youn nan fidèl yo kanè poutèt li gen plizyè mwa li pa vin legliz.

census *n.* ankèt, resansman •**census taker** anketè, resansè •**take a census** fè resansman *A census has not been taken in Haiti.* Yo poko fè resansman nan peyi d Ayiti.

cent *n.* [*Haitian currency, 1/100 of a gourde*] santim, senkòb •**be without a cent** bankal, pa gen be pa gen se, pa gen yon sou *She's without a cent to buy food.* Li pa gen be li pa gen se pou achte manje. *I'm without a cent today, I can't lend you money.* Mwen bankal jodi a, m pa ka prete ou kòb. •**Haitian cent** kòb •**not be worth a cent** pa vo yon penich *This car isn't worth a cent.* Machin sa a pa vo yon penich. •**not have a cent** pa gen yon{klou/santim} *I don't have a cent!* M pa gen yon klou! •**not to have a red cent** pa gen senk (kòb), san senk *We don't have a red cent today even to buy some bread.* Nou pa gen senk kòb jodi a menm pou n achte yon pen. •**not to pay a red cent** pa peye senk kòb (kwiv) *He didn't pay me a red cent for the work I did for him.* Misye pa peye senk kòb pou travay m fè pou li a. •**one cent** [*in use in Haiti*] peni, santim, senk kòb (wouj) •**seventy-five cents** twagouden

centenary *n.* santnè

centennial[1] *adj.* santnè *The centennial celebration lasts three days.* Selebrasyon santenè a dire twa jou.

centennial[2] *n.* santnè

center[1] *n.* 1[*building, place*] mitan, milye 2[*institution*] sant 3[*sport*] sant •**center of gravity** [*physics*] sant gravite •**administrative center** [*of each of Haiti's nine geographic departments*] chèflye •**at the center of** nan kè •**day-care center** gadri •**home economics training center** sant menaje •**main distribution center** santral •**officer training center** akademi •**shopping center** sant{dacha/konmès}

•**strategic center** [*of an organization*] nwayo

center² *v.tr.* 1[*an object*] {mete/ranje}nan mitan, santre *He centered the picture on the house wall.* Li ranje foto a nan mitan mi kay la. 2[*soccer*] santre *Center the ball.* Santre balon an. •**center on** [*conversation, lesson, thoughts and feelings*] dewoule *The discussion centered on reforestation.* Diskisyon an te dewoule sou rebwazman.

center-forward *n.* [*soccer*] anvan sant
centerpost *n.* poto mitan
centigrade *n.* santigrad
centiliter *n.* santilit
centimeter *n.* santimèt
centipede *n.* annipye, gongolo, milpat, milpye
central *adj.* santral *The Central Bank.* Bank santral la. •**central part** pòy •**central pillar** poto mitan
Central America *n.* Lamerik santral
centralization *n.* santralizasyon
centralize *v.tr.* santralize *They centralized everything in the capital.* Yo santralize tout bagay yo nan kapital la.
centralized *adj.* konsantre, santre *A centralized government.* Yon leta santre.
centrifuge *n.* santrifij
centrist *adj.* [*politics*] santris *He likes negotiating, he will make a centrist leader.* Li renmen negosyasyon, l ap fè yon lidè santris.
century *n.* syèk •**for centuries** dèsyèk •**for centuries and centuries** depi dèsyèk e dèsyèk *For centuries and centuries, men lived dog-eat-dog.* Depi dèsyèk e dèsyèk, lèzòm ap viv chen manje chen.
ceramic *adj.* •**ceramic tile** seramik
ceramics *n.pl.* seramik
cereal *n.* sereyal •**dry cereal** kònfleks •**hot cereal** labouyi
cerebellum *n.* serebelòm, ti sèvo
cerebral *adj.* serebral *A cerebral problem.* Yon pwoblèm serebral. •**cerebral cortex** kòtèks serebral •**cerebral hemorrhage** chòk nan tèt, donmaj nan sèvo *He suffers from a cerebral hemorrhage.* Li gen yon donmaj nan sèvo •**cerebral palsy** maladi (la)tranblad, paralezi serebral *When the symptom of cerebral palsy comes, it shakes him like a leaf.* Lè ou wè maladi latranblad la pran l, li sekwe l tankou fèy bwa.

cerebro-vascular *adj.* •**cerebro-vascular accident** anboli, chòk nan tèt, donmaj nan sèvo •**cerebro-vascular incident** konjesyon serebral
ceremonial *adj.* •**Vodou ceremonial banner** drapo
ceremony *n.* ponp, rit, seremoni, solennite •**blessing ceremony** [*of house, church, etc.*] batèm •**Christian church ceremony** sèvis •**civil marriage ceremony** maryaj sivil •**graduation ceremony** remiz diplòm •**short marriage ceremony** beni bag *They just had a short marriage ceremony.* Yo fèk sot beni bag. •**small Vodou ceremony** priyè •**swearing-in ceremony** prestasyon sèman •**Vodou initiation ceremony** ounyò •**Vodou ceremony** rasanbleman, seremoni, sèvis, seremonni lwa •**with great ceremony** {ak/an}gran panpan •**without ceremony or pretensions** san fason
certain *adj.* 1[*extremely likely*] kanmenm, si *It's certain to rain tonight.* L ap fè lapli kanmenm aswè a. 2[*having no doubt*] si *I'm not certain about it.* M pa si sou sa. *Are you certain he's going to come?* Ou si l ap vini? 3[*not known personally*] sèten *A certain Mr. Robert.* Yon sèten Msye Wobè. •**absolutely certain** si e sèten •**be certain** asire *I am not certain that I am coming tomorrow.* Mwen pa asire m ap vin demen.
certainly *adv.* 1[*without doubt*] byen pwòp [*used after a negative statement*], tout bon vre *Although he said he doesn't eat breadfruit, he will certainly eat it once it is cooked.* Menm si ou tande l di li pa manje lam veritab, kou l kwit l ap manje l byen pwòp. *You were right! She's certainly a pretty woman.* Ou te gen rezon! Li se yon bèl fanm tout bon vre. 2[*of course*] asireman, degaje li, men wi, nòmalman, pa gen pwoblèm, reyèlman(vre), san di petèt, sètènman, siman —*Will you be able to come and get me?* —*Certainly!* —Ou ap ka vin chache m? — Men wi! — *He certainly knows how to cook!* Li konn fè manje vre! —*May I use your pen?* —*Certainly!* —M mèt prete plim ou an? — Pa gen poblèm! *What she tells you is certainly the truth.* Siman sa l di ou a se sa. *I certainly don't believe she did that.* Sètènman, m pa kwè l ap fè sa. •**most certainly** asireman,

san di petèt *Most certainly they are coming tomorrow.* Asireman, y ap vin demen. *She'll most certainly come.* L a vini san di petèt.

certainty *n.* asirans

certificate *n.* 1[*birth, death, marriage*] ak, estrè, papye, sètifika 2[*academic*] diplòm •**birth certificate** ak de nesans, batistè, rejis •**death certificate** ak (de) desè •**marriage certificate** ak{maryaj/sivil}, papye maryaj

certification *n.* [*of signature, etc.*] legalizasyon

certified *adj.* 1[*state school*] diplome *A certified teacher.* Yon pwofesè diplome. 2[*mail*] rekòmande *Please send the letter by certified mail.* Tanpri voye lèt la{pa/an}rekòmande.

certify *v.tr.* notarye, sètifye *I need to certify this document.* M bezwen notarye pyès sa a.

certitude *n.* asirans, sètitid

cerumen *n.* {ata/kaka/kras}zòrèy, lasi

cervical *adj.* •**cervical spine** nwakou •**cervical vertebra** zo kou

cervix *n.* {bouch/kòl/pòt}matris, grenn vant, kou {manman vant/matris}

cesspool *n.* twou egou •**cesspool cleaner** bayakou

cha-cha *n.* [*dance*] chacha

chafe *v.tr.* fwote, manje *His pants are so tight, they're chafing his legs.* Pantalon an tèlman sere l, li manje tout bò janm li.

chafer beetle *n.* pou ti sak

chaff *n.* 1[*of grain*] pay 2[*residue, waste*] ma •**wheat chaff** pay ble

chain¹ *n.* [*mountain range*] chenn

chain² *n.* 1[*connected series of links*] chenn 2[*jewelry*] chenn, sotwa 3[*for a horse's bit*] goumèt •**small chain** chenèt

chain³ *v.tr.* anchene, met(e) nan chenn, mare *They must chain this dog, it's very mean.* Fò yo anchene chen sa a, li mechan anpil. *Chain the dog.* Mare chen an.

chain-saw *n.* chennsa, pepeka, teteka

chair *n.* chèz •**deck chair** dòmèz •**easy chair** fotèy •**folding chair** chèz pliyan, pliyay •**lawn chair** kad •**little chair** chèz ba •**rocking chair** bèsèz, dodin •**seat of chair** platfòm chèz

chair-back *n.* api chèz

chairman *n.* prezidan

chairperson *n.* prezidan

chaise lounge *n.* chèz long, dòmèz

chalice *n.* kalis, koup

chalk *n.* (la)krè •**chalk stick** baton (la)krè •**piece of chalk** bwa lakrè

chalkboard *n.* tablo •**blackboard or chalkboard eraser** chiffon, efas tablo

chalky *adj.* kalkè •**chalky soil** tè kalkè

challenge¹ *n.* defi, dezafi •**challenge in a cockfight** dezafi •**meet a difficult challenge** mare baka *I met a difficult challenge; he finally gave me that job.* Mwen mare baka a vre; li resi ban m djòb la. •**take up a challenge** leve (yon) defi *It's a challenge we should take up.* Se yon defi pou n leve.

challenge² *v.tr.* 1[*invite s.o. to compete*] mande *He challenged me to a fight.* Li mande m goumen. 2[*contest someone's right*] mande, bay defi, bay yon moun pinga li, defann, defye, ka parèt, kwoke chòt yon moun, pouse yon moun devan *He challenged my right to give him orders.* Li mande m ki dwa m genyen pou m pase l lòd. *I challenge you to come back here.* M ba ou pinga pou vini la ankò. *He challenged the professor with a tough question.* Li kwoke chòt pwofesè a ak yon kesyon difisil. *You aren't strong enough to challenge that powerful man.* Ou pa fò ase pou ka parèt devan towo sa. 3[*put into question*] kontrekare, sakaje *The other scientists decided to challenge his new theory.* Lòt syantis yo deside kontrekare nouvèl teyori li a. •**challenge s.o. either with a question or good argument** bay yon moun yon kle kou *Don't talk about a field of study which is not yours so that you can avoid people challenging you with a question or a good argument.* Pa pale nan domèn ki pa pa ou pou yo pa ba ou kle kou. •**question and challenge** [*government minister before Parliament*] entèpele *The Chamber questioned challengingly the prime minister about the rice scandal.* Lachanm entèpele premye minis la sou eskandal diri a.

challenged *adj.* •**mentally challenged person** ebete

challenger *n.* kenge

challenging *adj.* li bay defi

chamber *n.* chanm •**burial chamber** kav •**chamber of commerce** chanm komès •**chamber pot** basen, po, podenwi, potchanm, vaz •**deep-freeze chamber** •**gun chamber** chajè •**Vodou initiation chamber** djevo

chambray *n.* [*cloth*] chanbre
chameleon *n.* aganman, kameleyon
chamois *n.* [*leather*] chamwa
chamomile *n.* [*bot.*] kamomi
champ *n.* kanno
champagne *n.* chanpay
champion *n.* [*winner*] chanpyon
championship *n.* [*a competition*] chanpyonna •**championship game** chanpyona
chance¹ *adj.* aksidantèl, okazyonèl *What happened is a chance thing.* Sa k rive la, se yon bagay okazyonèl.
chance² *n.* 1[*luck*] aza 2[*free, suitable moment*] chans, jwenn okazyon 3[*opportunity*] chans 4[*possibility*] chans 5[*risk*] chans •**by a rare chance** azaman *We met him by chance.* Nou rankontre yo azaman. •**by chance** pa aksidan, pa aza, paraza *I found her at home by chance.* Paraza m jwenn li lakay li. •**chance of a lifetime** chans li p ap jwenn konsa ankò *It's the chance of a lifetime for you.* Ou pa p janm jwenn yon chans konsa ankò. •**blow one's chance** betize *You were alone with her, and you didn't talk to her? You really blew your chance!* Ou te pou kont ou avèk li, enpi ou pa pale avè l? Ou betize! •**fat chance** gwo chans •**give a chance to** ba(y/n) chans *He was so kind to have given me another chance to take the exam.* Se paske li bon kè ki fè l ban m chans pou m reprann egzamen an ankò. •**give s.o. a chance** fè pa yon moun *We should give her a chance, let her come in even if she's late.* Nou mèt fè pa l, kite l antre menm si l an reta. •**if by chance** sizanka, si ke *If by chance you need a taxi, contact this driver.* Sizanka ou ta bezwen yon taksi, chache wè ak chofè sa a. •**not give s.o. the chance for advancement** kokobe yon moun *The woman accepted the fact that the guy wouldn't give her a chance for advancement.* Fi a asepte misye kokobe l. •**not have a chance** pa asiste tiray *He's been winning lottery for years, but this time, his number did not have a chance.* Li gen dèzane depi l ap genyen nan lotri men fwa sa a nimewo l la pa asiste tiray. Atlèt la pa asiste tiray. •**take a chance** ale a lavanti, pran chans (li) *I'll take a chance. Whatever happens happens.* M ap pran chans mwen; sa k pase l pase. *You're leaving a good job to take a chance.* Ou kite yon bon djòb pou ale

a lavanti. *You can take a chance to start this business.* Ou mèt pran chans louvri komès la.
chances *n. pl.* •**chances are (that)** gen dwa *Chances are that he'll never be back.* Li gen dwa pa janm tounen. •**one in a million chances** biyè lotri •**take chances** bay gabèl *This policeman who leaves his gun on the table takes a lot of chances.* Sekirite sa a ki kite fizi l sou tab la, se gabèl l ap bay. •**take one's chances** seye chans li *Don't ever be afraid to take your chance, when the opportunity comes.* Pa janm pè seye chans ou, lè yon bon okazyon parèt devan ou.
chancellor *n.* chanselye
chancre *n.* chank •**soft chancre** chank sifilis
chandelier *n.* chandelye
change¹ *n.* 1[*coins*] (ti) monnen (fen) 2[*money for exchange*] monnen 3[*sth. new and/or fresh*] chanjman, remaniman •**change of air/scenery** chanjman dè •**change of climate** chanjman {dè/klima} •**change of fortune** revè •**change of gears** chanjman vitès •**change of place** deplasman •**change of venue** [*jur.*] transfer •**change purse** bous, pòtmonè •**for a change** l a fè pi byen •**get change** chanje, degrennen *I'm going to get change at the bank.* M pral chanje yon ti kòb labank. •**give back change** remèt monnen *I paid you ten gourdes with a hundred gourdes note, give me back my change.* M peye ou dis goud nan san goud, renmèt mwen monnen m. •**make change** [*money*] fè monnen, kraze *The vendor only has hundred bills, she needs to make change before she start selling her goods.* Machann nan gen biyè san dola sèlman, li bezwen kraze yo anvan l al vann machandiz yo. •**make changes** modifye *The engineer wants to make changes on the construction plan.* Enjenyè a vle modifye plan konstriksyon an. •**reciprocal change** chasekwaze •**short change** [*when measuring*] bay kout fo mamit •**small change** *a*[*money*] ti (kraze) monnen *b*[*modification*] tchèl •**social changes** lavman jilèt *The day when the people revolt there will be big social changes.* Jou pèp la revòlte, se lavman jilèt n ap pran an.
change² *v.tr.* 1[*by substitution*] chanje *He changed cars.* Li chanje machin. *He spilled coffee on the white shirt he had on; he went*

home to change it. Li vide kafe sou chemiz blan ki te sou li a, li kouri al lakay li pou l al chanje l. *Change the pillowcases.* Chanje sak zorye yo. **2**[*language*] devire *He always changes words as he wants.* Li toujou ap devire pawòl li. **3**[(*cause to*) *become different*] chanje *Wait for the light to change before you cross the street.* Tann limyè a chanje anvan ou travèse lari a. *I noticed he'd really changed.* M wè l chanje anpil. *She'll never change her ways.* Li pa p janm chanje. **4**[*work and address*] pase *He's changed jobs a lot.* Li pase yon bann travay. **5** *exchange currency*] chanje *I haven't changed my dollars yet.* M po ko chanje dola m yo. **6**[*give change*] chanje, kase *Can you change this five gourde bill?* Ou ka kase senk goud sa a pou mwen? **7**[*put on sth. different*] chanje *Go change your shirt.* Chanje chemiz ki sou ou a. **8**[*modify*] modifye *He didn't change a thing on the project.* Li pa modifye anyen nan pwojè a. •**change camps** {vire/chanje}kazak li *When he saw the Communist block deteriorating, he changed camps.* Annik li wè blòk kominis la ap kraze, li vire kazak li. •**change clothes** chanje *He changed this morning, he put on a new suit.* Msye chanje maten an, li mete yon kostim nèf. •**change clothes often** wete mete *Since he bought the new shirts, he changes clothes all day.* Depi msye fin achte nouvo chemiz yo, tout lajounen se wete mete •**change direction or itinerary** devire, fè detou, vire *The driver was forced to change his itinerary.* Chofè a oblije devire. *She changed direction.* Li fè yon detou. *The car turned left.* Machin nan vire agòch. •**change gears** chanje vitès •**change hands** pase men *This car has changed hands a number of times.* Machin sa a pase anpil mèt. •**change into** *a*[*become*] tounen *It has changed into a big city.* Li vin tounen yon gwo vil. *b*[*transform completely*] transfòme *It's the caterpillars that change into butterflies.* Se cheni ki transfòme an papiyon. •**change location** fè bwotay *They're moving tonight.* Y ap fè bwotay la aswè a. •**change one's attitude toward s.o.** chanje ak yon moun *All her neighbors changed their attitude toward her.* Tout vwazinay yo chanje ak li. •**change one's attitude** fè vòltefas nan lavi li *It's time he changes his attitude*

because vagrancy isn't profitable. Li lè pou l fè vòltefas nan lavi l paske l vagabonday pa bay. •**change one's mind** chanje lide, dejije *I've changed my mind.* M fè yon lòt lide. *She isn't going anymore, she changed her mind.* Li pa ale ankò, li chanje lide. *Yes is yes, no is no, you can't change your mind again.* Wi se wi, non se non, ou pa ka dejije ankò. •**change one's status** janbe *He no longer hangs out with the poor; he has changed his status.* Misye pa mele ak pòv ankò, li janbe. •**change one's story** vire djòl li *You're always changing your story, what really took place?* Ou toujou ap vire djòl ou, sa ki pase vrèman? •**change one's story or testimony** {chanje/vire} lang li *He changed his story when he saw the boss coming.* Li vire lang li lè l wè patwon an ap vini. *She's afraid, she changed her testimony.* Li pè, li chanje lang li. •**change one's tune** {chanje/vire}lang li *He changed his tune when he saw the boss coming* Li vire lang li lè l wè patwon an ap vini. •**change or drop the subject** kraze yon kite sa *She saw they weren't interested in what she was talking about, she changed the subject.* Li wè yo pa enterese nan sa l ap di a, li kraze yon kite sa. •**change pastures** chanje bèt *The farmer is hurrying to go change pastures.* Abitan an ap fè dilijans pou l kouri al chanje bèt yo. •**change places** deplase *The bus driver asked all the kids without an adult to change places.* Chofè bis la mande pou tout timoun ki pa mache ak paran yo pou yo deplase. •**change places with** nan plas *I wouldn't like to change places with her.* M pa ta renmen nan plas li. •**change residence** deloje, demenaje *They no longer live in this neighborhood; they have changed residence since March.* Yo pa rete nan katye sa a ankò; yo deloje depi mwa Mas. •**change sides or allegiance** chanje po *These people change sides, yesterday they were against the authorities, today they are praising them.* Moun sa yo chanje po, ayè yo te kont pouvwa a, jodi a y ap fè lwanj pou li. •**change strategies** chanje fizi li zepòl *The pupils were misbehaving so much that the principal changed strategies, he became severe.* Tank elèv yo dezòd, direktè a chanje fizi l zepòl, li vin sevè. •**change the radio station** vire pòs radyo *Change the radio* *station so I can hear the news.* Vire pòs radyo a pou mwen fè nouvèl. •**change the subject** kite kantik pran {(la)priyè/pawòl} *Let's change the subject.* Kite kantik pran priyè. •**changing the meaning of one's words** devire koze li *I tried explaining why I didn't do it but you kept changing the meaning of my words.* Mwen eseye eksplike w pouki rezon mwen pa t fè l men ou chita ap devire koze m. •**not changing anything** wete ble mete ble *These politicians are only good at talking but they're not changing anything.* Politisyen sa yo se pale bèl koze sèlman yo pwòp men apre sa se wete ble mete ble. •**nothing changes** anwo pa monte anba pa desann, se menm kout si, ti Mari pa monte, ti Mari pa desann *Are things better now in the country? Nothing changes.* Ki pwogrè ki gen lakay? Anwo pa monte anba pa desann. *The President takes office, the President leaves office, nothing ever changes.* Prezidan monte, prezidan desann, se toujou menm kout si a. *Nothing has changed, the country remains as poor as ever.* Ti Mari pa monte, ti Mari pa desann, peyi a toujou pòv.

changeable *adj.* [*person*] mòde lag •**fickle or changeable person** aganman, flè (la)sezon *He's a changeable person, don't count on him.* Li se flè lasezon, pa konte sou li.

changeover *n.* woulman

channel[1] *n.* 1[*TV*] chanèl, chenn, kanal *Tune the TV to channel three.* Mete televizyon an sou kanal twa. 2[*through personal friends or connection*] filyè, kannal *By which channels did you pass that made you get this money?* Pa ki filyè ou pase ki fè ou jwenn lajan sa a? •**coral reef channel** pas valiz •**English Channel** Lamanch

channel[2] *v.tr.* kannalize *Many countries channel their aid through charities.* Anpil peyi kannalize èd y ap bay atravè òganizasyon byenfezans. •**channel or control discussion** kenbe kòn *The school principal channeled the meeting the discussion the whole time and never gave the teachers a chance to say anything.* Direktè a kenbe kòn nan epi li pa janm bay pwofesè yo yon ti chans pou yo di anyen.

chant *v.tr.* chante *Vodou songs were chanted many times during the awake.* Anpil fwa se chan vodou yo chante pandan veye a.

chaos *n.* an debanday, djanmankankan, gabji, latwoublay, twoub

chaotic *adj.* 1[N] an foukoufyaka, tèt anba *That household is very chaotic.* Kay la tèt anba.

chap I *v.intr.* fann *When it's cold outside, my lips chap completely.* Depi gen fredi, po bouch mwen fann nèt. II *v.tr.* fann *This lotion chapped my skin when I put it on.* Krèm sa a fann po m lè m mete l sou mwen.

chaparro tree *n.* bwanwa

chapel *n.* chapèl

chaplain *n.* omonye

Chapman's ground warbler *n.* [*bird*] ti (chit) kat je

chapter n. [book] chapit

char *v.intr.* kankannen *They put too much fire under the pan, the food got charred.* Yo mete twòp dife anba chodyè a, manje a kankannen.

character *n.* 1[*nature, temperament*] karaktè, bout 2[*distinguishing qualities of an individual*] karaktè, pèsonalite 3[*eccentric, unusual person*] evènman, nimewo *He's a real character!* Msye se yon nimewo! 4[*in a play, fiction*] pèsonaj 5[*place/thing: distinction and originality*] cham *This house has no character.* Kay sa a san cham. •**incredible person or character** [*iron.*] fenomèn •**one's character, willpower and individuality** [*Vodou*] ti bonnanj •**resolute character** {karaktè/nanm}byen tranpe •**shady character** biznismann, mafya •**strength of character** santiman

characteristic *n.* defo, karakteristik, mak fabrik, pwòp •**exterior characteristics** plimaj •**general characteristics** eskanp figi

charcoal[1] *n.* chabon •**charcoal maker or dealer** chabonnye •**burning pieces of charcoal or wood** brèz •**flat iron heated with charcoal** kawo bous •**good quality of charcoal** chabon gayak •**inferior quality of charcoal** chabon ti bwa

charcoal[2] *v.tr.* boukannen *Let's charcoal the corncobs first.* Ann boukannen mayi yo anvan.

chard *n.* •**Swiss chard** zepina gran fèy

charge[1] *interj.* a laso (a), alaso, zo bwa do, zo bwado

charge² *n.* **1**[*price*] kòb, pri **2**[*legal accusation*] akizasyon, chay **3**[*control, responsibility*] anchaje, responsab **4**[*quantity of electricity*] chaj **5**[*onrush*] aso, atak •**be in charge (of)** anchaje, anchèf, alatèt, responsab, sous kont li *The director is in charge of the project.* Direktè a anchaje pwojè a. *Who's the engineer in charge of the road construction?* Ki enjennyè k anchaje fè wout la. •**charge account** kont kouran •**false charge** kalomi •**get a charge out of** kontan anpil *They got a charge out of seeing him!* Yo te kontan wè l anpil. •**put in charge** anchaje *He was put in charge of the reconstruction project.* Se li ki anchaje pwogram rekonstriksyon an. •**take charge (of)** okipe *He took charge of all the funeral arrangements.* Se li k te okipe tout bagay antèman an.

charge³ *v.tr.* **1**[*request payment*] mande *How much did she charge to make the shoes?* Konbe kòb li mande pou l fè soulye a? **2**[*record to one's debt*] met(e), fè li peye *Give him a Coke and charge it to my account.* Bay msye yon koka, mete l sou non m. *They charged us one and a half gourde for a glass of water!* Yo fè n peye yon goud edmi pou on vè dlo! **3**[*car battery*] chaje *He is charging the car battery.* L ap chaje batri machine nan. **4**[*jur.*] met(e) akizasyon... sou do li *The police charges him with the death of his wife.* Lapolis mete akizasyon lanmò madanm nan sou do li. •**charge ahead** fonse, fonse tèt bese *He charged ahead without asking who was right or wrong.* Li fonse sou nou san mande ki moun ki gen rezon ak ki moun ki antò. •**charge at** kouri sou li *He was so angry, he charged at me.* Tank li fache, li kouri sou mwen. •**charge forward** fonse tèt bese *He's charging forward on the field so great is his desire to score a goal.* Msye ap fonse tèt bese sou teren an tèlman l anvi fè gòl.

chargé d'affaires *n.* chaje{dafè/pouvwa}

charges *n.pl.* **1**[*accusations*] akizasyon **2**[*expenses*] chaj •**bring charges** against pote akizasyon kont •**make false charges** debine *They have vainly made false charges on him.* Yo debine l pou granmesi. •**press charges** [*jur.*] pouswiv nan jistis

charisma *n.* cham, mayetis pèsonèl

charismatic *adj.* karismatik

charitable *adj.* charitab *She always gives money to charitable organizations every year.* Li toujou bay òganizasyon charitab yo lajan chak ane. •**charitable works** bònzèv •**be charitable** fè men li jwenn ak (men) yon lòt moun *Please be charitable towards others.* Manyè fè men ou jwenn ak lòt moun non.

charity *n.* **1**[*attitude*] lacharite **2**[*help given*] (la)charite, zèv **3**[*organization*] byenfezans, zèv •**act of charity** ak de charite •**give charity** fè byen, fè men li jwenn ak (men) yon lòt moun *That guy gives a lot to charity.* Nèg sa fè byen anpil. •**give out of charity** lacharite *Please give me a small dime for the sake of charity.* Tanpri, lacharite m yon ti monnen. •**live on charity** trennen bòl li

charlatan *n.* chalatan, dòktè savann, saltenbank

charm¹ *n.* **1**[*appeal, attraction*] bòn, cham, lagras, miskaden **2**[*in sorcery*] cham **3**[*piece of jewelry*] brelòk •**ensemble of charms or spells** [*Vodou*] batri •**lucky charm** boulpik, kolye pou chans, simagri *This shirt is my lucky charm.* Chemiz sa a se chemiz chans mwen. *That lady is my lucky charm.* Dam sa a se boulpik mwen. •**magic charm** **a**[*for good or bad magic*] djoudjou **b**[*Vodou*] fetich, lenba, wanga •**protective charm** gad, pwotèj •**protective charm against bad spirits** leman •**protective charm for one's home** gad abitasyon •**protective charm for one's person** gad kò •**use charm in order to obtain a favor from an official** bay yon moun mannigèt *I'm going to charm the judge so that he'll make a decision in my favor during the trial.* M pral bay jij la de twa mannigèt la pou l ka fè m kado pwosè a. •**Vodou charm** cham

charm² *v.tr.* chame, mare, mayetize, pran nanm yon moun *I'm such a beautiful girl that I charmed the man.* Mwen tèlman bèl fi, mwen mayetize nèg la. *The woman charmed him.* Fanm nan fin pran nanm msye.

charmer *n.* chamè

charming *adj.* adorab, chaman, karesan *The baby is charming.* Tibebe a adorab. *Joe is a smooth talker, he's charming, but you have to watch yourself with him.* Djo se nèg ki gen bon bouch, li karesan, men fò ou veye zo ou avè l. •**be very charming** lagras *This woman is very charming.* Fi sa a chaje ak lagras.

charred *adj.* kankannen *The rice was already charred.* Diri a gentan kankannen.

charring *n.* kankannay

chart *n.* graf, tablo •**road-to-health chart** kat chemen lasante

charter *n.* 1[*ship or plane*] chatè 2[*for institution, country*] batistè

chartering *n.* frèt

chase[1] *n* pouswit •**go on a wild goose chase** kouri pwason davril *Don't let people lead you on a wild goose chase.* Pa kite moun fè ou kouri pwason davril. •**send s.o. on a wild goose chase** fè yon moun fè tolalito *If you really want to give him the money then stop sending him on a wild goose chase.* Si ou vle ba l lajan an tout bon se pou w sispann fè l fè tolalito.

chase[2] *v.tr.* [*pursue*] chase, {grate/kouri/pati} dèyè, pouswiv, ranvwaye, rapouswiv *The cat chased after the mouse but didn't catch it.* Chat la pati dèyè sourit la, men l pa pran l. *Chase after him.* Kouri al dèyè l. *The dog is chasing the cat.* Chen an ap chase chat la. *The police are chasing the thieves.* Lapolis ap pouswiv bandi yo. *If you chase him, you'll catch him.* Si ou rapouswiv li, w ap jwenn li. •**chase after** [*amorously*] {kole/mache}nan dèyè *You're chasing after the nurse vainly; she doesn't even like you!* Ou ap mache nan dèyè mis la pou granmesi; li pa menm renmen ou! •**chase after s.o.** {bat/fè} koukouwouj dèyè yon moun, {kouri/lage/rele} {chen/ koukouwouj}dèyè yon moun *Let's chase after him so that we can catch him,.* Pou n met men sou li, ann fè koukouwouj dèyè l. •**chase away** bat koukouwouj dèyè, {bat/fè/lage/ rele}{chalbari/chen/ koukouwouj}dèyè li, chase(movèz espri), fè li disparèt, fè li vole kite, kouri dèyè, pati dèyè, pouse, pouse do *Chase that dog away for me.* Pati dèyè chen an pou mwen. *If we hadn't chased away the government officials, they would be around even now.* Si nou pa t lage koukouwouj dèyè gouvènman an, jis konnya l ta la. *We chased away the thief.* Nou bat chalbari dèyè vòlè a. *With prayers we'll chase away the evil spirits.* Se ak lapriyè nou pral chase movèz espri. *We chased away the pest from the house.* Nou fè anmèdan an vole kite kay la. *I chased her away because she was annoying me.* M kouri dèyè l paske l ap anmède m. *She just arrived, and you're already chasing her away.* Moun nan pankò menm vin la, enpi ou pouse do li. •**chase off** fè yon moun vole *We threw rocks to chase off the kidnappers.* Nou fè kidnapè yo vole anba wòch. •**chase out** fè li degèpi, mete deyò *The police officer chases out all the vendors that were selling on the streets.* Polis la fè tout machann ki t ap vann nan lari a degèpi. •**chase out of a house** mete yon moun nan lari *The landlord chased all the renters out of his houses.* Mèt kay la met tout locate yo nan lari. •**chase women** fanbre *Any place he goes, he chases women.* Depi msye ale yon kote, fò li fanbre. •**chase women of dubious morality** ale nan grigri *AIDS is spreading quickly, don't chase women of dubious morality.* Sida ap fè ravaj, pa ale nan grigri.

chasm *n.* gouf, twouhing

chassis *n.* 1[*of a car*] kawosi 2[*the structure or frame of an object*] chasi

chaste *adj.* 1[*pure*] ki mennen lavi[dwat/ pwòp} 2[*modest*] byenseyan, desan

chastise *v.tr.* chatye *A good mother chastises the child she likes.* Yon bon manman chatye pitit li renmen.

chasuble *n.* [*eccl.*] chasib

chat[1] *n.* koze, kozman, ti pale •**have a chat** koze *She had a chat with me for ten minutes.* Li fè yon koze ak mwen pou di minit. •**make chit chat** bay de manti

chat[2] *v.intr.* bay{blag/odyans}, chita koze, pale *We chatted a lot last night.* Nou bay kont odyans nou yè swa. •**hang out and chat with s.o. for a long time** makònen *Paul and she hung out and chatted with each other for a long time at the restaurant.* Pòl ak manmzèl makònen nan restoran an.

chat-tanager *n.* [*bird*] kònichon

chatter[1] *n.* palab, pale anpil, patipa

chatter[2] *v.intr.* bavade, chante yon moun bòt, jaze [*pej.*], palabre, radote *The teacher is very angry since the students are chattering in class.* Mèt la fache anpil afòs elèv yo ap bavade nan klas la. *Whenever he's drunk, he just chatters.* Depi li sou, se bòt l ap chante m. *That woman likes to chatter, she talks drivel all day long.* Fi sa a renmen jaze, tout lajounen l ap radote.

chatter³ *v.intr.* [*knock together*] frappe, klake, krake *I saw him standing in the cold with his teeth chattering.* M wè l kanpe nan fredi a, dan l ap frape. *The cold made his teeth chatter.* Fredi a fè l klake dan l. *Her teeth are chattering.* Dan l krake.

chatterbox *n.* {bouch/djòl}alèlè, diwote, djèdjè, lalwèt teta, palabrè, paladò, rara{bwa/fèblan}

chatty *adj.* kozè

chauffeur¹ *n.* chofè

chauffeur² *v.tr.* fè chofè *Learn to drive, and you can stop asking people to chauffeur you around.* Aprann kondi, ou a sispann mande moun pou yo fè chofè ou.

chayote squash *n.* militon

cheap *adj.* 1[*costing little*] bon mache *Bananas are cheap.* Fig bon mache. 2[*of places: inexpensive*] pa chè *I'll take you to a cheap place to eat.* M ap mennen ou al manje yon kote k pa chè. 3[*of little value or quality*] bon mache, kodjo, merilan, òdinè, raz, soulèzèl, ti koulout *We don't sell cheap cloth in this store.* Nou pa vann twal òdinè nan magazen sa a. *Cheap things are never good.* Bagay bon mache pa janm bon. *I won't wear those cheap trousers.* M p ap mete pantalon kodjo sa a. *Don't buy that cheap poorly made thing.* Pa achte bagay merilan sa a. *You can afford it, there's no reason for you to go to a cheap hotel.* Ou gen kòb de kwa, pa gen rezon pou desann nan yon otèl soulèzèl. 4[*stingy*] kras, ti koulout *Why are you being so cheap?* Sa k fè ou kras konsa? *What a cheap man! He'd rather walk in the rain than take a taxi.* Ala nèg ti koulout! Li pito mache nan lapli pase l pran yon taksi. •**cheap person** koulout, mesken *That cheap woman won't give you one red cent.* Mesken sa a p ap ba ou senk kòb. •**be cheap or inexpensive** fè de pou senk *Mangoes were cheap today.* Mango fè de pou senk nan mache jodi a. •**cheap guy** gason kolon •**dirt cheap** piyay *You paid only two gourdes for that? That's dirt cheap.* De goud ou peye l? Se yon piyay.

cheapen *v.tr.* abese, avili, deprestije *Don't cheapen yourself by praising these corrupt people.* Pa abese ou pou fè elòj pou granmanjè say o.

cheaper *adj.* meyè mache *That store sells goods cheaper.* Boutik sa a vann machandiz meyè mache.

cheaply *adv.* a{ba pri/bon mache} *He can do the job cheaply for you.* Li ka fè travay la a ba pri pou ou. •**made shoddily or cheaply** soulèzèl *These pieces of furniture are made shoddily.* Mèb sa yo fèt soulèzèl.

cheapskate *n.* asye, chichadò, krizè, men{kout/sere}

cheat¹ *n.* kalbendè, trikè, twonpè

cheat² I *v.tr.* 1[*swindle*] dòmi sou li, fente, pase sou li *He cheated me.* Li dòmi sou mwen. *That guy cheated me out of thirty dollars.* Msye pase sou mwen, l pran trant dola nan men m. 2[*when measuring or counting*] bay kout fo mamit, fè zewo tounen nèf *Watch that the salesperson doesn't cheat you on the weight of the merchandise.* Veye pou you machann nan pa ba ou you kout fo mamit. II *v.intr.* 1[*in a game*] fè{koken/twòp foub/visye}, trike, vòlè *Don't cheat in the game.* Pa vin fè visye nan jwèt la. *He won the card game by cheating.* Li genyen pati kat la nan vòlè. *Don't play checkers with that guy, he'll cheat too much.* Pa jwe chekè ak nèg sa a, l ap fè twòp foub. *I won't play with you, you cheat too much.* M p ap jwe avè ou, ou fè twòp koken. 2[*on an exam*] kopye, pran poul, triche *They cheat on exams.* Yo pran poul nan egzamen an. *She cheated on the test.* Li kopye nan egzamen an. •**attempt to defraud or cheat** sou plan *The man had attempted to cheat on this wife as well.* Nèg la te gentan sou plan pou l twonpe madanm sa tou. •**cheat by copying off s.o.** gade sou *The student has been cheating by copying off someone else.* Elèv la ap gade sou lòt la. •**cheat on s.o.** bay yon moun zoklo, kouche (deyò) sou yon moun, fè salte [*pej.*], gen lòt{fanm/mari}, twonpe *She cheated on her boyfriend.* L ap bay mennaj li zoklo. *He's always cheating on his girlfriend.* Misye toujou ap twonpe mennaj li. •**cheat on one's spouse** fè pachat (sou) *In that household, both husband and wife cheat on the other.* Nan kay sa, ni madanm ni mari ap fè pachat.

cheated *adj.* [*soccer*] pran gòl ak men *If we hadn't been cheated, we wouldn't have lost the game.* Si nou pa t pran gòl ak men an, nou pa ta ka pèdi jwèt la.

cheater *n.* 1[*in a game*] jwè koken 2[*on a test*] kopyadò 3[*bluffer or sexually unfaithful*] bafrezè

cheating[1] *adj.* •**cheating person** visye, visyèz [*fem.*] *I don't trust him with my money, he seems to be a cheating person.* M pa fè misye konfyans ak lajan m, sanble l se yon visye.

cheating[2] *n.* foub, magouy

check[1] *n.* 1[*bank draft*] chèk 2[*drawn on a bank*] chèk 3[*receipt, bill*] fich •**check stub** chouk, souch •**bad check** [*insufficient funds*] chèk san pwovizyon, fo chèk •**traveler's check** chèk (de) vwayaj

check[2] *n.* [*pattern of squares*] kawo

check[3] *n.* [*a close look on*] kontwòl, tchèk •**do a follow-up check** fè kontwòl *I'll do a follow-up check to see if everything is fine.* M pral fè yon kontwòl la pou m wè si tout bagay oke.

check[4] *v.tr.* 1[*verify or to examine sth., s.o.*] gade, tcheke *I check the car oil every morning.* M tcheke lwil machin nan chak maten. *I don't know when they're leaving, but I'll check with her to find out.* M pa konn ki lè y ap pati, men m pral tcheke sa avè l. 2[*examine for security or quality*] enspekte, eseye, gade, swiv, sonde, verifye *Check all the doors to see if they're firmly locked.* Al sonde tout pòt yo pou wè si yo byen fèmen. *The artisan is checking his trainees' progress.* Bòs la ap swiv pwogrè apranti li yo. *Check over the diploma.* Verifye diplòm nan. *They checked all luggage at the customs before they let passengers enter the country.* Yo enspekte tout malèt anvan yo kite pasaje antre nan peyi a. 3[*medical*] kontwole, tcheke *The doctor checked my diabetes before she gave me the shot.* Dòkte a kontwole sik mwen anvan li ban mwen piki a. •**check blood pressure** pran tansyon yon moun •**check off** fè pwentay, tcheke *Before we leave, check off items on the list to see if we have everything.* Anvan n pati, fè pwentay la pou wè si tout zafè n yo la. *Check off all the correct answers.* Tcheke tout repons ki kòrèk yo. •**check on** fè yon tchèk, gade pou wè, kontwole *Go check on the baby to see why he's crying.* Al gade pou ou wè sa timoun nan genyen ki fè l ap kriye a. *They checked on the merchandise so people wouldn't steal any of it.* L ap kontwole machandiz yo pou yo pa volè

nan yo. •**check out** a[*a book from library*] prete *I checked out two philosophy books from the library.* M prete de liv filozofi nan bibliyotèk la. b[*look at with sexual interest*] gad(e) *Check out that woman coming this way!* Gade yon fanm k ap vin la a! c[*officially leave*] kite *When are we supposed to check out of the room?* Ki lè pou n kite chanm nan? d[*examine or observe closely s.o.*] gade lè yon moun, kontwole, siveye, sonde, tcheke, teste *Check out that idiot!* Gade lè bèkèkè a! *Check out the car before you buy it.* Teste machin nan anvan ou achte l. •**check out chicks** tcheke grenn *As soon as he arrived at the party he began to check out the chicks.* Kou l rive nan fèt la li kòmanse tcheke grenn yo. •**check over** gade, (re)wè *Let me check over the shoes before I give them to the customer.* Ban m wè si soulye a byen ranje anvan n bay mèt li l. *Come check over the work to see if it suits you.* Vin gade travay la pou ou wè si l nan gou ou. *The teacher checked over the chapter.* Pwofesè a rewè chapit la. •**check plans or drawings for accuracy** kouri plan *After the architect checked the plans, he told us we could begin building right away.* Apre enjenyè a fin kouri plan an, li di nou ka koumanse bati atò. **check what's going on outside** [*riots, political demonstrations*] pran tansyon lari *I'm checking what's going on outside before I go out into it.* M ap pran tansyon lari a anvan m soti ladan l.

check-up *n.* 1[*med.*] konsiltasyon, sonday 2[*watch over*] siveye, voye (yon kout) je *Remember to check-up on the elderly neighbors once in a while.* Sonje voye yon kout je sou vwazen ki pèsonaj yo detanzantan. 3[*vehicle*] tchèkòp *The truck is not running well, they need to do a check-up on the engine.* Kamyon an p ap mache byen; se pou yo fè yon tchèkòp nan motè a. •**get a check-up** fè yon tchèkòp, konsilte *I don't feel good, I'm going to get a check-up done to see what I have.* M santi kò m pa bon, m pral konsilte pou m wè sa m genyen. •**have periodic medical check-ups** swiv{dòktè/lopital} *She's having medical check-ups to know how good her health is.* L ap swiv dòktè pou l konn kijan sante l ye.

checkbook *n.* kanè(d){bank/chèk}

checked *adj.* [*design*] akawo *She bought a checked cloth to make the dresses.* Li achte yon twal akawo pou l fè wòb yo.

checkerboard *n.* damye

checkered *adj.* akawo *A piece of checkered cloth.* Yon moso twal akawo.

checkers *n.pl.* [*game*] damye •**Chinese checkers** chekè •**take men in checkers** pyonnen *Take men to get yourself out of the bad position you're in on the check board.* Pyonnen non pou ka retire ou nan move pozisyon sa a.

checkmate *v.tr.* pyonnen *If you seize that land, we'll checkmate you even strongly.* Si ou pran tè a, n ap pyonnen ou pi rèd toujou.

checkpoint *n.* barikad

checkroom *n.* vestyè

cheek *n.* bò figi, kwen figi, machwè(tete), magoul •**cheek to cheek** *a*[*speak*] tèt kole *Didn't you see them speaking cheek to cheek at the party?* Ou pa t wè yo tèt kole ap pale? *b*[*dance*] danse kole, mas kò li, plòtonnen, wousi *The lovers are dancing cheek to cheek.* Moun yo mas kò yo nèt ale.

cheekbone *n.* ponmèt, zo figi

cheep *onom.* [*of a bird*] tchwit

cheer I *v.tr.* **1**[*person or a team*] aplodi, bat bravo *His supporters cheered him.* Fanatik li yo aplodi li. *The fans cheered their team.* Fanatik yo bat bravo pou ekip yo a. **2**[*welcome an idea or decision*] aplodi *The opposition party cheered the new laws voted by the parliament.* Pati opozisyon an aplodi nouvèl lwa palman an vote a. **II** *v.intr.* [*yell in support of*] rele anmwe *When we scored the goal, the fans cheered.* Lè n bay gòl la, fanatik yo rele anmwe. •**cheer up** remonte moral, soulaje *They had to cheer the players up after they lost the game.* Fòk yo remonte moral jwè yo apre yo fin pèdi match la. *Because you came to visit me that cheered me up a little bit.* Vini ou vin wè m nan soulaje m enpe.

cheerful *adj.* **1**[*in good spirits*] kè li kontan *I don't see how she can always be so cheerful.* M pa konprann kouman kè l fè toujou kontan konsa. **2**[*be laughing or to be merry*] ge *I've never seen such a cheerful child.* M poko janm wè yon timoun ge tankou l. •**be very cheerful** an pipèt

cheerfulness *n.* kè kontan

cheering *n.* aplodisman

cheers *n.pl.* **1**[*applause*] bravo, aplodisman *He needs some cheers so he can be more encouraged.* Li bezwen kèk aplodisman pou l ka gen plis ankourajman. **2**[*Your health!*] ansanm ansanm *Cheers! Let's drink this glass to celebrate independence.* Ansanm ansanm! N ap bwè vè sa a pou fete liberasyon.

cheese *n.* fonmay, fwomaj •**Camembert cheese** fwomaj kamanbè •**cottage cheese** fwomaj lèt, lèt kaye •**cream cheese** fwomaj{blan/kraf(t)/krèm}, kraf(t), krèm fwomaj •**Gouda cheese** fwomaj tèt mò •**Gruyère cheese** fwomaj chodyè, fwomaj chodyè(de)griyè •**mozzarella cheese** mozarèl •**Parmesan cheese** pamesan

cheesy *adj.* pèpè, soulèzèl

chef *n.* mèt{kanbiz/kizin}

chemical *adj.* chimik •**chemical products** pwodui chimik

chemist *n.* chimis

chemistry *n.* chimi

chenille plant *n.* [*herb*] kechat

cherimoya *n.* kachiman lachin

cherish *v.tr.* ancheri, cheri *They cherish the child so much that they spoil him.* Yo tèlman ancheri pitit la, yo gate l. *She cherishes her boyfriend.* Li cheri mennaj li.

cherry *n.* seriz •**Barbados cherry** asewola, seriz •**bastard cherry tree** bwawayal, filyè •**island cherry tree** zanmann gwo fèy •**Jamaican cherry tree** bwamawon •**Surinam cherry tree** seriz Kayenn •**West Indian cherry tree** zanmann ti fèy •**winter cherry** [*plant*] kòkmòl, manman lanman, tòftòf, zèb aklòk

cherub *n.* [*Bible*] cheriben

chess *n.* echèk

chest[1] *n.* [*body part*] fal, {kès/kòf}lestonmak, kòlèt, pòtray, pwatrin •**bare chest** tòs ni •**barrel chest** gwo lestonmak •**chest area** gagann •**chest cold** rim lestonmak •**chest pains** doulè anba kè, lestomak fè mal •**get sth. off one's chest** retire yon bagay sou lestonmak li *I'm glad I got that off my chest.* M kontan m retire bagay sa a sou lestonmak mwen. •**have a sore chest** pwatrin yon moun tonbe *He has a sore chest from lifting heavy loads.* Pwatrin li tonbe nan leve chay lou.

chest² n. [furniture] kòf •**chest of drawers** bifèt, chifonnye •**family treasure chest** relikè •**ice chest** glasyè

chestnut n. mawon

chestnut-colored adj. [horse] alezan

chestpiece n. [clothing] plastwon

Cheviot prop.n. •**Cheviot wool** chevyòt

chevron n. galon, ve

chew v.tr. 1[food] {bat/mache}bouch, kraze, mastike, moulen Chew the food thoroughly before you swallow it. Byen mastike manje a anvan ou vale l. He swallowed the sweet potatoes without chewing them. Li vale patat dous yo san kraze. Chew your food properly! Mache bouch ou byen! 2[gum] moulen, manje Please, do not chew gums when you're in class. Tanpri pa manje chiklèt nan klas la. She's chewing a piece of gum. L ap moulen yon chiklèt. 3[fingernails] manje, wonyen Boy, stop chewing your fingernails! Ti gason, sispann wonyen zong a! •**chew noisily** mache lèd He chewed the meat noisily. Li mache vyann nan lèd. •**chew out** a[scold] joure He chewed me out for breaking the glass. Li joure m poutèt vè a k kraze a. b[hurt s.o. physically over sth.] defripe The fishmonger chewed out the poor woman over ten cents. Machann pwason an defripe malerèz la pou dis kòb. •**chew over** reflechi, riminen •**chew the cud** riminen Cows chew the cud. Se bèf ki konn riminen. •**chew the fat** bay de blag, kraze kèk odyans Let's sit down and chew the fat. An n chita n bay de blag. •**chew tobacco** chike This old man is always chewing tobacco. Toutan granmoun sa a ap chike tabak. •**chew up** [damage sth. by putting it in one's mouth] manje, moulen He chewed up the pencil eraser. Li manje gonm kreyon an.

chewing n. •**chewing gum** chiklèt

chic¹ adj. bwòdè, bwòdèz [fem.], bòzò, chik, estile You look chic! Ou bwòdè wi!

chic² n. lafrechè

chicanery n. chikann

chick n. 1[of fowl] poulèt, pousen, ti poul 2[young woman] ti{grenn/nanna} •**good-looking chick or gal** [N] dyal I have to get that good-looking chick's number before I leave. Fòk mwen pran nimewo telefòn dyal sa a kanmenm anvan m ale.

chickadee n. mezanj

chickee chickee onom. [call chickens] kout kout

chicken n. 1[animal] poul 2[food] poulè 3[coward] bòbòy, kapon, poul mouye blanch •**foot chicken** [measurement] pye •**plump chicken** poul bòl •**small, heavy chicken** basèt •**sound to call chickens** tchen •**spring chicken** fin{di/granmoun} She's no spring chicken! Manmzèl fin di. •**young chicken** poulèt

chickenhearted adj. kapon, lach

chicken out v.intr. fè lach, kraponnen You're chickening out! Ou kraponnen!

chickenpox n. varisèl

chickpea n. pwa chich

chide v.tr. reprimande She's chiding the children because they did not brush their teeth L ap reprimande timoun yo poutèt yo pa brose dan yo.

chicle n. [fruit] sapoti •**chicle tree** sapoti

chicory n. chikore, pwa chikann •**goat's chicory** [a weed] kote solèy

chief n. alatèt, chèf, kòmandè, prensipal, towo bann •**police chief** konmisè (la) polis •**regional chief** laseksyon •**rural police chief** ajan polis •**rural section chief** chèf seksyon, kapi, kapo, kòmandan, lapo, laseksyon, manm seksyon, notab

chiffon n. mouslin

chigger n. chik •**person infested with chiggers** chikata

chignon n. chou

child n. 1[son, daughter] pitit, timoun 2[young person] timoun 3[immature person] maymay, timoun 4[insignificant person] babouzi, santi pise **children** n.plur. [little people] ti pèp •**child afflicted with kwashiorkor** ayovi, malounvi, tyovi •**child born from casual union** pitit aza •**child born preceding twins** chen •**child of rich parents** pitit lajan •**child of the mythical homeland** pitit Ginen •**child serving as live-in unpaid domestic servant** restavèk •**child not recognized by father** pitit{ki pa rekonèt/san papa} •**child who is on his own** lage •**abandoned child** pitimi san gadò •**act like a child** fè anfantiyay Stop acting like a child. Sispann fè anfantiyay. •**fearful child** timoun kapon •**frail child**

flengen •**for children** enfantil *Hospital for children.* Lopital enfantil. •**grown-up child** gwo timoun, timoun chape •**have an illegitimate child** pran yon savon •**hyperactive and destructive child** brizfè •**illegitimate child** [*born out of wedlock*] pitit {degouden/deyò/ki pa rekonèt, natirèl} •**innocent child** ti{inosan/lezanj} •**last-born child** dènye vant, kras vant •**my child** [*affectionate*] **a**[*to a male*] monfi **b**[*to a female*] mafi **c**[*male or female*] adye pitit mwen *My child! Grandma has nothing to give you.* Adye pitit mwen! Grann pa gen anyen pou l ba ou. •**my children** [*affectionate*] mèzanfan •**one's very own child** pitit tranche li •**only child a**[*usu. male*] ensèl badyo **b**[*male, female*] sèl pitit •**precocious child** ti granmoun •**premature child** pitit sèt mwa, timoun fèt anvan lè •**puny or sickly child** zege •**scrawny child** zonzon •**second child born in family** kadè •**sickly undersized child** pedevi •**small child** timoun piti •**small rickety child** ti krabè •**school children** timoun lekòl •**unborn child** timoun nan vant

childbirth *n.* akouchman

childhood *n.* piti, timoun, titès •**second childhood** retoudaj •**very early childhood** anbazay

childish *adj.* [*behavior*] anfanten, anfantiyay, timoun *She always acts so childish.* Li toujou ap pran pòz timoun li. *That's childish stuff that you're doing.* Se bagay anfanten w ap fè la a. •**childish person** panten

childishness *n.* anfantiyay

childlike *adj.* annanfan, tankou timoun *A grown adult with a childlike voice.* Yon gwo granmoun ak yon vwa tankou timoun.

chili *n.* chili •**chili pepper** piman •**chili powder** poud piman

chill[1] *n.* **1**[*coldness*] fredi **2**[*illness*] chofrèt, kout lè, lafyèv frison, refwadisman, san frèt **3**[*feeling of fear*] refwadisman

chill[2] *v.tr.* **1**[*make cold*] glase *Put it in the refrigerator to chill.* Mete l glase nan frijidè a. **2**[*cause feeling of cold*] refwadi *The wind chilled my feet, I don't think I'll be able to walk a lot.* Van an refwadi pye m nèt, m pa kwè m ap ka mache anpil. **3**[*become less enthusiastic*] refwadi *Their zeal has been*

chilled by spending too much time waiting. Zèl yo fin refwadi lakòz yo pase twòp tan ap tann.

chilly *adj.* [*temperature*] frèt *This chilly wind will make people sick.* Van frèt sa a va fè moun malad.

chime[1] *n.pl.* kariyon

chime[2] *v.intr.* karyonnen *All the church bells are chiming.* Tout klòch legliz la ap karyonnen.

chimney *n.* chemine •**chimney swift** [*bird*] zwazo lapli ke kout

chimpanzee *n.* chenpanze

chin *n.* manton •**double chin** babin, bajòl, magoul, majolèn, papèl •**lower part of chin** babin •**receding chin** ti manton

china[1] *n.* pòslèn

China[2] *prop.n.* Lachin •**China rose** choublak

chinaware *n.* pòslèn, vesèl

Chinese[1] *adj.* chinwa •**Chinese chard** [*kind of beet*] kad chinwa •**Chinese date tree** ponm malkadi •**Chinese gooseberry tree** ziblin

Chinese[2] *n.* chinwa, chinwaz [*fem.*]

chink *n.* jwenti

chintzy *adj.* peng *Don't be so chintzy, this hat only cost ten dollars.* Sispann fè peng, chapo sa a koute sèlman di dola.

chip[1] *n.* **1**[*of marble*] ekay **2**[*of paint*] kal **3**[*of wood*] kopo •**be a chip off the old block a**[*in actions*] {elèv/ mès}{papa/manman} li, pitit papa li *He's really a chip off the old block.* Li pran mès papa li. **b**[*physical traits*] pòtre{papa l/manman l}*He's a chip off the old block.* Se pòtre papa l li ye. •**gambling chip** jeton •**have a chip on one's shoulder** sou{goumen/kont} *He always has a chip on his shoulder.* Li toujou sou goumen. •**resinous wooden chip** digèt bwa chandèl

chip[2] *v.tr.* kase *She chipped a tooth from playing.* Li kase yon grenn dan l nan jwèt. •**chip in** [*for a purchase, etc.*] kotize, met(e) ansanm *We all chipped in to buy it.* Nou tout met ansanm pou n achte l. •**chip off** dekale *We have just painted the wall; the cheap paint had already started chipping off.* Se kounye a nou fèk pentire mi a; epi gade penti a gentan kòmanse dekale.

chirp[1] *onom.* [*cry of a bird*] kwi, tchi

chirp[2] *v.intr.* **1**[*little birds' noise*] gazouye *Listen to the birds chirping in the yard.* Tande gazouye zwazo yo nan lakou a. 2[*insects and birds*] chante *This cricket has been chirping all day on the tree.* Krikèt sa a fè tout jounen an ap chante sou pyebwa a.

chirping *n.* chant

chisel *n.* sizo (bwa) •**cold chisel** biren •**joint chisel** bedàn

chitchat[1] *n.* fraz •**make chitchat** djole, bay anpil koze

chitchat[2] *v.intr.* djole, pale anpil *They chitchatted about everything that happened during the week-end.* Yo djole sou tout sa k pase nan wikenn nan.

chitterlings *n.pl.* 1[*made into sausage*] sosison 2[*piece of pig intestines used for flavor*] andui, sopoudre, trip

chive *n.pl.* siv

chlamydia *n.* klamidya

chloramphenicol *n.* kloramfenikòl

chlorate *n.* klorat

chloride *n.* klori •**ammonium chloride** sèl amonyak

chlorine *n.* klorin

chloroform *n.* klowofòm

chlorophyll *n.* klowofil

chloroquine *n.* klowokin

chocolate[1] *adj.* 1[*made out of, containing chocolate*] chokola •**chocolate cookies** bonbon chokola 2[*color*] chokola *A chocolate brown skirt.* Yon jip mawon chokola.

chocolate[2] *n.* chokola •**chocolate milk** chokola ak lèt •**hot chocolate** chokola cho •**unsweetened chocolate** chokola gra

chocolate-based *adj.* •**chocolate-based drink** foskawo

choice *n.* chwa, opsyon, preferans •**by choice** volontèman

choir *n.* 1[*group of singers*] koral 2[*architecture of a church*] kè •**choir director** mayestwo •**state choir** mizisyen palè

choirboy *n.* anfannkè

choke[1] *n.* [*mach.*] tchòk

choke[2] **I** *v.intr.* 1[*from food*] sivoke, toufe, trangle *He choked on a piece of the bread.* Pen an trangle l. *A bone got caught in her throat and she almost choked.* Yon zo koke nan gòj li, li manke toufe. *He choked because he drank the water so quickly.* Li sivoke tank li bwè dlo a vit. 2[*be emotional and unable to speak*] toufe *They insulted me too much, I'm*

choking from anger. Yo joure m twòp, se toufe m ap toufe. **II** *v.tr.* 1[*by s.o.*] trangle *I'll choke you, you're too insolent.* M ap trangle ou, ou twò radi. 2[*by food*] ba etoufman, trangle *This big plantain, if you eat it without sauce, it will choke you.* Gwosè bannann sa a si ou manje li san sòs, l ap ba ou etoufman.

choking *n.* etoufman

cholera *n.* kolera

cholesterol *n.* kolestewòl

chomp *v.intr.* kraze anba dan *Stop chomping like this.* Sispann kraze anba dan konsa.

chomp chomp *onom.* [*noise made while eating*] tchaw tchaw

chomping *n.* [*noise made by eating*] yanm yanm

choose *v.tr.* 1[*select*] chwazi, pran *Choose whatever you want. I chose the red one.* Chwazi sa ou vle. M chwazi wouj la. 2[*elect*] chwazi, seleksyone *Only the people have the right to choose their leader.* Se sèlman pèp la ki gen dwa pou chwazi lidè pa yo. 3[*decide*] deside *He's the one who chose to stay.* Se li k deside rete pou kont li. •**choose again** rechwazi *He chose again the same shoes he had returned because they were not good.* Li rechwazi menm soulye li te remèt pou pa bon an. •**choose sides** fè kan *Some people refuse to choose sides in this election.* Gen kèk moun ki refize fè kan nan eleksyon sa a. •**choose to** teni *She chose to meet the technician before she travels.* Li teni rankontre teknisyen an anvan l vwayaje.

choosers *n.pl.* •**beggars can't be choosers** sa yo ba li se sa li pran *I don't like this kind. Well, beggars can't be choosers.* M pa renmen sa a. Ou pa genyen; sa yo ba ou, se sa pou ou pran!

choosy *adj.* •**choosy about food** bèk fen *Rico knows all the good restaurants in the city; He's choosy about food.* Riko konnen tout bon restoran lavil la, se yon bèk fen.

chop[1] *n.* kòt

chop[2] *v.tr.* 1[*cooking*] koupe, rache *Chop these onions very fine.* Rache zonyon an piti piti. 2[*in slices, very thinly*] filange *She chopped the meat in order to salt it well.* Li filange vyann nan pou li ka sale li byen. 3[*wood*] fann, koupe *He used an ax to chop the wood.* Li fann bwa a ak yon rach. •**chop down** koupe *They chopped down the mango tree.* Yo koupe pye mango a. •**chop into pieces**

tchake *She chopped the meat into pieces to put into the stew.* Li tchake vyann nan met nan konsonmen an. •**chop repeatedly** tchaktchak *She chopped the meat repeatedly.* Li tchaktchak vyann nan. •**chop up** rache *Chop up the onions.* Rache zonyon yo.

chopping *adj.* •**chopping sound** tchap

choppy *adj.* [*sea*] ajite

chops *n.pl.* babin •**lick one's chops** koupe dwèt

chopstick *n.pl.* ti bwa chinwa

choral *adj.* koral •**choral group** koral

chord *n.* [*mus.*] akò

chore *n.* pensòm, travay •**do household chores** fè{lizay/ travay}nan kay la *She isn't going out today so she can do chores in her house.* Li p ap sòti jodi a pou l sa fè travay nan kay li. •**household chore** bese leve •**real chore** kòve, kle kou

choreographer *n.* koregraf

choreography *n.* koregrafi

chorus *n.* 1[*choir*] koral 2[*piece of music*] kè, rangèn 3[*refrain*] refren

chosen *adj.* chwazi *The chosen people should wear a hat.* Moun yo chwazi yo dwe mete chapo nan tèt yo. •**chosen one** eli *Only the chosen one will be saved.* Se sèlman moun ki eli k ap sove.

chowder *n.* koubouyon

Christ[1] *interj.* yayay *Christ! Stop making noise here.* Yayay! Ase fout fè bwi la.

Christ[2] *prop.n.* Kris •**Jesus Christ** Jezi Kri(s)

Christendom *n.* kretyènte

Christian[1] *adj.* kretyen, kretyèn [*fem.*]

Christian[2] *n.* kretyen, kretyèn [*fem.*]

Christianity *n.* Krisyanis

Christmas *n.* Nwèl •**Christmas gifts** zetrenn •**Christmas tree** abdenwèl •**Christmas Eve Party** reveyon

chromium *n.* kwòm

chromolithograph *n.* •**chromolithograph of a saint** imaj

chromosome *n.* kwomozòm

chronic *adj.* kwonik, rasi *A chronic bronchitis.* Yon bwonchit kwonik. *This illness is chronic with me.* Maladi sa a rasi sou mwen. •**be chronic or long-lasting** donnen sou *She has a chronic ulcer, she needs to see her doctor regularly.* Li gen yon ilsè ap donnen sou li, se pou l al kay dòktè detanzantan.

chronology *n.* kwonoloji

chronometer *n.* kwonomèt

chrysanthemum *n.* krizantèm

chubby *adj.* potle, replè, won *She's a little chubby.* Li yon ti jan won. *He has chubby cheeks.* Li gen machwè replè. *The girl is quite chubby.* Ti dam nan byen potle. •**become chubby in the face** figi yon moun fè tete *She's so fat, she becomes chubby in the face.* Li tèlman gwo, figi li fè tete. •**round and chubby** [*face*] ponmen *Her face is round and chubby.* Figi l ponmen.

chuck *v.tr.* flanke, frenk *Chuck that into the storage bin.* Flanke sa nan depo a.

chuckle *v.intr.* ri poul *The mother was so embarrassed that she only chuckled and left.* Manman an tèlman wont li bay yon ri poul epi li ale fè wout li. •**chuckle to o.s.** ri nan kè li *After the other team had lost the first game, the coach chuckled to himself.* Aprè lòt ekip la fin pèdi premye match la, antrenè a fè yon ti ri nan kè li.

chug I *v.tr.* brase byè *We're going to chug a few beers later at the party.* Nou pral brase de twa byè pi ta nan fèt la. II *v.intr.* fè bwi *The train chugged into the station.* Tren an antre fè bwi pandan l ap antre nan estasyon an.

chug chug *onom.* [*sound of old car chugging along*] wenwen wenwen, pòf touf pòf touf

chum *n.* boul grenn, frewo

chunk *n.* 1[*(large) portion*] valè 2[*piece of solid object*] bich, blòk, moso

church *n.* 1[*building*] legliz 2[*Catholic*] legliz 3[*Protestant*] legliz pwotestan, tanp •**branch church** estasyon •**church blossom** [*plant*] sentespri •**go to church for the first time after marriage** leve nòs li *A week after our wedding, we went to church again.* Apre uit jou maryaj, n al leve nòs nou. •**go to church regularly** mache (nan) legliz, pèsevere *Ever since she was a child, she has gone to church regularly.* Depi l piti, l ap mache legliz. *The faithful go to church regularly.* Fidèl yo pèsevere nan legliz la tout bon.

churchgoer *n.* 1[*regular*] moun legliz 2[*of any rel.*] pratikan

churn *v.intr.* [*be upset*] bouyi *My stomach is churning.* Vant mwen ap bouyi.

ciao *interj.* tchaw

cicada *n.* [*insect*] lasigal

cider *n.* sid

cigar *n.* siga

cigar-maker *n.* sigalye

cigarette *n.* sigarèt •**marijuana cigarette** jwen •**mentholated cigarette** sigarèt mantole

cinch *n.* 1[*sth. very simple*] dlololo, bagay fasil 2[*sure to happen*] bagay kach

cinch-belt *n.* sang

cinder *n.* sann •**cinder block** blòk •**sculptured or ornamental cinder block** klostra

cinema *n.* 1[*as an art*] sinematografi 2[*building*] sinema

cinnamon *n.* kanèl, kannèl •**dark brown sugar and cinnamon** kokonad •**cinnamon-colored cock** kòk kannèl

cipher n. kòd

circa *prep.* anviwon, bò •**circa 1890** bò lane mil uisan katreven dis

circle¹ *n.* 1[*having the geometric shape*] wonn 2[*group of people*] sèk, wonn. Ou ap virewon pou grenmesi. •**in important circles** nan gran kouran •**traffic circle** wonpwen •**vicious circle** wonn tenten

circle² *v.tr.* 1[*move around*] viwonnen, vire tou won *She circled the house twice.* Li viwonnen kay la de fwa. 2[*mark in multiple choice exam or questionnaire*] ansèkle, kouwonnen, sèke *Circle the correct answer.* Sèke repons ki kòrèk la.

circles *n.pl.* •**circles under the eyes** sènman •**go around in circles** fè laviwonndede, virewon

circuit *n.* 1[*electronics*] sikwi 2[*path, trip*] sikwi •**circuit breaker** switch santral •**short circuit** fè mas *We've been out of electricity ever since the cable short circuited on the electric pole.* Nou pa gen kouran depi lè kab kouran an fè mas nan poto elektrik la. •**a short circuit** yon chòt

circular¹ *adj.* 1[*round*] won *It's a small circular table.* Se yon ti tab won. 2[*memo*] lèt sikilè *A circular letter was sent yesterday to inform all employees.* Yo te voye yon lèt sikilè pou enfòme tout anplwaye.

circular² *n.* sikilè

circulate I *v.tr.* 1[*blood*] sikile *Blood circulates in the veins.* San sikile nan venn yo. 2[*car,*

bus] sikile *There are a lot of cars circulating in the street.* Anpil machin ap sikile nan lari a. 3[*cause to spread*] gaye, mache bay *The news was circulated throughout the town by one person.* Yon sèl moun gaye nouvèl la nan vil la. *She's circulating all sorts of lies about me.* L ap mache bay manti sou mwen. II *v.intr.* vire won *Let's circulate at the party.* Ann fè yon vire won nan fèt la non.

circulation *n.* 1[*newspaper, etc.*] tiray 2[*of blood, etc.*] sikilasyon 3[*of funds*] woulman

circulatory *adj.* •**circulatory system** aparèy san

circumcise *v.tr.* achilòm, {koupe/wete} kach, sikonsi *They circumcised the child.* Yo achilòm ti gason an. *The doctor circumcised the boy the day he was born.* Dòktè a koupe kach ti gason an jou li fenk fèt la. *That is the doctor that circumcised me.* Se dòktè sa a ki te sikonsi m.

circumcision *n.* sikonsizyon

circumference *n.* lantouraj, sikonferans •**circumference of lower arm** ponyèt

circumflex *adj.* [*accent*] sikonflèks *The circumflex accent.* Aksan sikonflèks la.

circumstance *n.* ka, sikonstans **circumstances** *n.pl.* konjonkti, okazyon *Under the circumstances, he was forced to resign.* Jan okazyon an prezante la, li blije kite pouvwa a. •**under no circumstances** pou okenn rezon *Under no circumstances are you to leave this house tonight.* Ou pa p soti aswè a pou okenn rezon. •**without pomp and circumstance** san fason *We're celebrating this day without a lot of pomp and circumstance.* N ap selebre jou sa san fason.

circus *n.* sik

cirrhosis *n.* maladi fwa, siwoz

cirrus *n.* [*of a plant*] tòchon sal

cistern *n.* sitèn

citadel *n.* sitadèl

citation *n.* 1[*quote*] sitasyon 2[*jur.*] pwosèvèbal 3[*traffic*] kontravansyon •**citation to court** manda

cite *v.tr.* 1[*quote*] site 2[*mention*] nonmen, voye yon pawòl monte *Her name is always cited everywhere.* Non l pa sispann nonmen toupatou. *During the debate, she cited argument after argument.* Nan deba a, li voye pawòl sou pawòl monte. 3[*summon before a court*]fè yon moun konparèt

citizen *n.* 1[*of a state or a nation*] sitwayen, sitwayèn [*fem.*] 2[*when abroad*] resòtisan •**citizen of Hispanic country** panyòl •**citizen of the Dominican Republic** dominiken, dominikèn [*fem.*] •**fellow citizen** konsitwayen, konpatriyòt •**leading citizen** grandèt, notab, notwa

citizenship *n.* sitwayènte

citrate *n.* sitrat

citronella *n.* sitwonnèl

citrus blackfly *n.* piswon nwa

city *n.* 1[*place, inhabitants*] vil 2[*urban*] lavil 3[*municipality*] lakomin, lameri •**city- or town-dweller** sitaden •**city council** komisyon kominal, konsèy minisipal •**city dweller** moun lavil •**city hall** lakomin, meri, otèl{devil/kominal} •**city planning** ibanis

civic *adj.* sivik *Voting is a civic duty.* Vote se yon devwa sivik.

civics *n.pl.* enstriksyon sivik •**civics textbook** liv sivik

civil *adj.* [*law, etc.*] sivil •**civil court** pakè •**civil disorder** soukous *That country has civil disorder because its leaders are irresponsible.* Peyi a gen soukous afòs dirijan yo san lòd. •**civil law** dwa komen •**civil servant** {anplwaye/fonksyonè}leta •**have a civil wedding** pase ak sivil, plase papye

civilian *n.* sivil **civilians** *n.pl.* popilasyon sivil

civility *n.* (bon) mannyè

civilization *n.* sivilizasyon

civilize *v.tr.* sivilize *It's important to civilize the people.* Li enpòtan pou n sivilize moun yo.

civilized *adj.* sivilize *These people need to be civilized.* Moun sa yo bezwen sivilize. •**not civilized** abitan

clack *onom.* klaw, tèk *The ruler broke. Clack!* Règ la kase. Tèk!

clad *adj.* abiye

claim[1] *n.* reklamasyon, revandikasyon •**legal claim** [*usu. to land*] preskripsyon

claim[2] *v.tr.* 1[*ask for*] vin chache *The person who had lost his wallet came to claim it.* Moun ki te pèdi bous la te vin chache l. 2[*declare to be true*] di, fè{konprann/ kwè}pretann *They claim this leaf is good for diarrhea.* Yo di fèy sa a bon pou la djare. *He claims that*

the land belongs to him. Li di tè a se pou li. 3[*responsibility, right*] reklame, revandike *The terrorists claimed responsibility for the murder of the president.* Teyoris yo revandike asasina prezidan an. •**claim one's rights** klere je li sou yon moun *The worker has to claim her rights from the boss so that she isn't exploited.* Ouvriyèz la blije klere je li sou patwon an pou l pa anba. •**claim victory before a fight** {kriye/rele}onz patou *Today, he lost the fight, he can't claim victory.* Jodi a yo bat li, li pa fouti kriye onz patou.

clam *n.* [*seafood*] paloud

clamor *n.* klamè

clamp[1] *n.* leto, près •**large metal clamp** klanps

clamp[2] *v.tr.* klanpse *Clamp the box.* Klanpse bwat la. •**clamp down** sere boulon *The police are clamping down on pickpockets.* Lapolis sere boulon vòlè bous. •**clamp down on s.o.** sere boulon yon moun *His mother really clamped down on him.* Manman l sere boulon l anpil. •**clamp together** brade *Glue the pieces of wood together and afterwards clamp them together.* Kole bwa a epi lè fini brade yo.

clamped *adj.* •**mouth clamped shut** bouch yon moun mare tankou pit *The lawyer told the woman not to comment on the murder and to keep her mouth clamped shut.* Avoka a di madanm nan pou l sispann pale sou koze lanmò a epi pou l kite bouch li mare tankou pit.

clamping wrench *n.* pens towo

clan *n.* klan, klik

clandestine *adj.* klandesten *A clandestine group.* Yon gwoup klandesten.

clap[1] *n.* [*fam. gonorrhea*] chòdpis, ekoulman

clap[2] *n.* kout •**clap of thunder**{gwo kout/ zago}loray

clap[3] *v.intr.* bat bravo *When the team scored the goal, everyone clapped.* Lè ekip la fè gòl la, tout moun bat bravo.

clapping *n.* aplodisman •**clapping of hands to help call forth loas** rapèl

claptrap *n.* flafla

claque *n.* klak

claret *adj.* wouj gre(n)na

clarification *n.* eklèsisman, klarifikasyon, mizopwen

clarify *v.tr.* **1**[*explain*] bay yon eklèsisman, eklèsi, espesifye, klarifye, mete ajou, tire oklè *Clarify for me this exercise a little, I still don't understand it.* Ban m yon ti eklèsisman sou egzèsis sa a, mwen poko fin konprann li. *There are two or three questions that we need to clarify.* Gen de twa pwen pou n ta eklèsi. *You need to clarify what you said.* Ou merite espesifye sa ou di a. *The opposition clarified the position it took.* Opozisyon an klarifye pozisyon li te pran an. *He clarifies everything he said before.* Li mete ajou tout sa l te di avan. **2**[*jur.*] eklèsi *The judge decided to hear all the witnesses in order to clarify the situation.* Jij la deside tande tout temwen yo pou li sa eklèsi ka a. •**clarify the boundaries of a property** rafrechi lizyè *We should clarify the boundaries in order to avoid encroaching on the neighbor's land.* Fò n rafrechi lizyè a pou n pa pyete sou tè vwazen an.

clarinet *n.* klarinèt

clarity *n.* klète

clash¹ *n.* chòk

clash² *v.intr.* **1**[*disagree or fight*] dechire, fè kont, tire tèt{ak/avèk} *Stop clashing with each other over nonsense.* Sispann fè kont youn lòt pou bagay san sans. **2**[*not go together well*] pa ale{ak/avè(k)} *That tie clashes with that shirt.* Kòl sa a pa ale ak chemiz sa a. •**make s.o. clash with** mete yon moun nan won ak *Don't make me clash with these people.* Apa ou mete m nan won ak moun yo.

clasp¹ *n.* **1**[*fastener*] agraf **2**[*of belt*] bouk •**tie clasp** arèt kòl

clasp² *v.tr.* kenbe ... byen di, ponyen *She clasped the purse in her arms and left.* Li kenbe valiz la byen di anba bra l epi li vire do l.

class *n.* **1**[*school*] klas *She's never attentive in class.* Li pa janm suiv nan klas. **2**[*course*] kou *I don't like that class.* M pa renmen kou sa a. **3**[*level*] klas, nivo **4**[*animal classification*] anbranchman **5**[*type*] jan, kategori, klas *I don't have anything to do with that class of people.* M pa pran pa ak (jan de) moun konsa. •**belonging to the upper class** oran *She belongs to the upper class now.* Li oran konnya. •**catechism class** katechis •**elementary class** ti klas •**graduating**

class pwomosyon •**in a class by o.s.** pa gen tankou li *He's in a class by himself.* Pa gen tankou l. •**lower classes** pèp, ti pèp •**more advanced classes** gwo klas •**member of higher class** kas *It's higher-class people who live in this area.* Se kas ki abite nan zòn nan. •**person without class** zoulou •**same social class** mezi pye *He married a woman who belongs to the same social class as he.* Li marye ak yon fi ki mezi pye li. •**sewing class** kouti •**social class** klas •**upper class** anwo, laboujwazi, lelit

classic *adj.* klasik

classical *adj.* klasik •**classical music** mizik klasik

classification *n.* klasifikasyon, klasman

classify *v.tr.* klase *Ronaldo has been classified as the best player on the Brazil team.* Yo klase Ronaldo meyè jwè nan ekip Brezil la.

classmate *n.* kanmarad, kondisip, zanmi lekòl

classroom *n.* klas, sal klas

classy *adj.* **1**[*person*] bwòdè, bwòdèz [*fem.*], chik, djougan **2**[*sophisticated cars*] gwo mak *We always see him driving classy cars.* Se toujou nan gwo mak machin nou wè l. **3**[*fancy, expensive hotels*] gwo otèl *He only stays at classy hotels.* Se nan gwo otèl sèlman li desann.

clatter¹ *n.* bimbanm, kariyon

clatter² *v.intr.* karyonnen *I heard a noise of dishes clattering in kitchen.* M tande yon bwi asyèt k ap karyonnen nan kizin nan.

clause *n.* **1**[*gram.*] pwopozisyon **2**[*of a contract, etc.*] klòz **3**[*of an agreement*] pwopozisyon •**clause in a contract** atik

clavicle *n.* klavikil, (zo)salyè

claw¹ *n.* **1**[*of bird*] grif **2**[*of crab*] dan, pens **3**[*foot appendage*] dan, grif, zong **4**[*of a person*] zong, pat [*pej.*]

claw² *v.tr.* grife, grifonnen *Don't let the baby play with the dog so it doesn't claw him.* Pa kite ti bebe a jwe ak chen an pou l pa grifonnen l. •**claw at** [*food*] zongle *The child keeps clawing at the cake, take it away from him.* Timoun nan chita ap zongle gato a, retire l devan l pou mwen.

claws *n.pl.* grif •**show's one's claws** sòti grif li

clay *n.* ajil, tè(ajil) •**modeling clay** pat a mòdle

clean¹ *adj.* **1**[*not dirty*] pwòp *These clothes are clean.* Rad sa yo pwòp. **2**[*blank*] blan *I need* to write the letter on a clean sheet of paper. M bezwen yon fèy papye blan pou m ekri lèt la. **3**[*fair*] pwòp *He beat you in a clean fight.* Li kale ou pwòp.

clean² *adv.* ditou, menm *I'm clean out of money.* M pa gen menm yon goud.

clean³ *v.tr.* **1**[*cause to become clean*] lave, netwaye, pwòpte *Clean the table.* Netwaye tab la. *I'm cleaning the house.* M ap fè pwòpte nan kay la. **2**[*clothing and dishes*] lave *Clean the coffee cups before you serve the coffee.* Lave tas yo anvan ou sèvi kafe a. **3**[*shoes*] netwaye *Have the shoeshine boy clean the shoes for me.* Bay chany lan netwaye soulye a pou mwen. **4**[*houses, buildings*] debade, debadijonnen *When you're done eating, go clean the mess you made in the bedroom.* Lè ou fin manje, al debadijonnen salte you fè nan chanm ou a. **5**[*prepare for cooking*] netwaye *You clean the fish, and I'll cook it.* Netwaye pwason an, m a kuit li. •**clean house** bale *The president cleaned house in all government offices.* Prezidan an bale tout bwat leta yo. •**clean one's ears** pase plim poul nan zòrèy li *She's cleaning her ears to remove the wax that's inside.* L ap pase plim poul nan zòrèy li pou l retire kaka yo k ladan an. •**clean s.o. up** debabouye *Clean up the child's feet; her feet is covered with dust.* Debabouye pye pitit la; pye l sal ak pousyè. •**clean or smooth with a pumice stone** sable *The woman cleaned her foot with a pumice stone.* Dam nan ap sable pye l. •**clean out** *a*[*drain pipe, smoking pipe, etc.*] deboure *The city employees cleaned out the canals because they were filled with litters.* Anplwaye lakomin yo deboure kanal yo paske yo te chaje ak fatra. *b*[*house*] demeble *The guys cleaned out the house.* Nèg yo demeble kay la. *c*[*remove the contents*] retire tout bagay *He cleaned out the drawer.* Li retire tout bagay ki nan tiwa a. *d*[*take all the money from s.o, sth.*] debagaje, dechèpiye, koupe{gòjèt/gòj} yon moun, koupe tete *The thieves completely cleaned out the house.* Vòlè debagaje kay la nèt. *Thieves cleaned out the store.* Vòlè dechèpiye magazen an. *The killers robbed the shopkeeper.* Asasen yo koupe gòjèt machann nan. •**clean sth. very dirty** detike *He's cleaning the dirty garment.* L ap detike rad sal la. •**clean sth. thoroughly** fè bèl lapwòpte *Clean the house thoroughly, we're expecting guests.* Fè bèl lapwòptay nan kay la, nou pral gen envite. •**clean the house** lapwòpte *Clean the house thoroughly, we're expecting guests.* Fè bèl lapwòptay nan kay la, nou pral gen envite. •**clean up** netwaye *Clean the milk up off of the floor.* Netwaye lèt la atè a.. •**clean up one's act** mete li opwòp *She's trying to change her behavior in order to clean up her act.* L ap wè atò si l ka mete l opwòp. •**clean with a wet towel or mop** pase twal mouye *Go clean the living room with a wet towel.* Al pase twal mouye nan salon an.

cleaned *adj.* pwòpte *The serving dish has already been cleaned.* Plat la pwòpte deja.

cleaner *n.* [*person who cleans*] netwayè •**cesspool cleaner** bayakou •**street cleaner** kantonnye •**vacuum cleaner** aspiratè, vakyòm (klinè)

cleaning *n.* **1**[*household*] menaj, netwayaj, pwòptaj, pwòpte **2**[*office, etc.*] baleyaj •**cleaning up** lapwòpte, lavay •**cleaning woman** menajè •**dry cleaning** *a*[*establishment*] dray *b*[*process*] dray, près

cleaning-out *n.* kiraj, netwayaj

cleaning-up *n.* lapwòpte, lapwòptay

cleanliness *n.* ijyèn, lapwòpte, pwòpte •**feeling for cleanliness** amoupwòp *She doesn't have a feeling for cleanliness, that's why her house is so dirty.* Li pa gen amoupwòp, se sa k fè lakay li sal konsa.

cleanly *adv.* pwòp *Have the children learn to eat cleanly so that they don't soil their clothes.* Fè timoun yo aprann manje pwòp, pou yo pa sal rad yo.

cleanse *v.tr.* **1**[*med.*] netwaye *We need alcohol to cleanse the wound.* Nou bezwen alkòl pou netwaye maleng nan. **2**[*person, mind*] pirifye *We pray to cleanse our heart.* Nou lapriyè pou pirifye kè nou. **3**[*with water*] dekrase *Cleanse the sink.* Dekrase evye a.

cleanser *n.* ajaks

cleansing *n.* pwòptaj

clean-sweep *n.* balewouze

cleanup *n.* balewouze, netwayaj, remimenaj

clear¹ *adj.* **1**[*transparent*] klè *There are days when the water is clear and you can see the bottom.* Gen de jou dlo a klè, ou wè tou sa k anba l. **2**[*skin complexion*] eklèsi *Your skin* *is clear this week, what soap did you use?* Figi ou eklèsi semèn sa a, ak ki savon ou sèvi? **3**[*certain*] si *Are you clear about the way to do it?* Ou si ou konprann kouman pou ou fè l? **4**[*easily understood*] klè *The explanation she gave me was not clear.* Esplikasyon l te ban m lan pa t klè. **5**[*obvious*] evidan, klè, trè nèt, toutaklè *It was clear the government would fall.* Se te evidan gouvènman an ta pral tonbe. *There is clear difference between these two products.* Gen yon diferans trè nèt ant de pwodui sa yo. *The truth is clear.* Verite a toutaklè. **6**[*serene*] an pè *Their conscience will never be clear.* Konsyans yo pa p janm ka an pè. **7**[*empty of people*] pa gen pyès *The street was clear of people.* Pa t gen pyès moun nan lari a. **8**[*Jur.*] fran *The lawyer has three clear days to bring all her pieces of evidence.* Avoka a gen twa jou fran pou l pote tout prèv li yo. •**clear as a bell** klè kou dlo{kokoye/kòk/wòz} *The class presentation was as clear as a bell.* Kou a klè kou dlo kokoye a. •**clear cut** klè •**become clear** [*weather, cloudy sky*] demare *We can still go out, the weather has become clear.* Nou ka toujou soti, men tan an demare. •**make clear** presize *Make it clear what you want.* Presize sa ou vle a. •**make o.s. clear** tande sa li di l *I don't want you to bring those people in this house again. Do I make myself clear?* M pa vle ou mennen moun sa yo nan kay la ankò. Ou tande sa m di ou? •**not clear** pa kòdjòm *Their speech isn't clear.* Pawòl yo pa kòdjòm.

clear² *n.* •**in the clear** *He's in the clear. Pass him the ball.* Li pou kont li, fè pas ba li.

clear³ *v.tr.* **1**[*a place*] debagaje, dekonbre *Go clear that corner.* Al debagaje kwen an. **2**[*a table*] desèvi, debarase, dezokipe *Let's clear the table.* Ann desèvi tab la. **3**[*canal, piping, etc.*] degòje *We need to clear the pipe before we cut it.* Se pou n degòje tiyo anvan n koupe li. *I cleared the mud from the pipe to make the water flow.* M debonde labou a nan tiyo a pou dlo a koule byen. **4**[*prepare for planting*] dechouke, sekle *Before planting, she cleared the land.* Anvan l plante, li dechouke tè a. **5**[*land*] debalize, degrate [N] *Before they construct the school, they must clear the land.* Anvan yo konstwi lekòl la, fòk yo degrate tè a. **6**[*nose*] debouche *I*

need to clear my nose. M bezwen debouche nen m. **7**[*road, way*] debare, debouche, debloke *They cleared the road.* Yo debouche wout la. **8**[*remove*] dekonsantre, retire *Clear everything off the bed.* Retire tou sa k sou kabann nan. *Have the people clear the area in front of the door.* Fè moun yo dekonsantre devan pòt la. •**clear a place** debarase *Clear these things out of here, they block the way.* Debarase bagay sa yo la a, yo bloke wout la. •**clear a street** bay lari a{blanch/klin} *The police asked all the protesters to clear the street.* Lapolis mande pou tout manifestan yo bay lari a blanch. •**clear an area** [*for use of land*] debalize *They are going to clear these woods in order to expand the road.* Pou yo agrandi wout la, yo pral debalize rakbwa sa yo nèt. •**clear away** debleye *A work group cleared the road.* Yon kòve debleye chemen an. •**clear house** bale *The president cleared house in all government offices.* Prezidan an bale tout bwat leta yo. •**clear off** *a*[*land*] defriche *He cleared off the land.* Li defriche tè a. *b*[*make space available*] debade, dekatiye, fè, tchoule kò li *Clear off a spot for her to sit down.* Fè yon ti plas pou li pou l chita. *Clear off, let the old people sit.* Tchoule kò ou la, bay granmoun chita. •**clear one's throat** grate gòj li, netwaye gòj li, rakle gòj li *His voice isn't clear, he has to clear his throat.* Vwa l pa klè, li oblije grate gòj li. *You don't clear your throat in front of people.* Ou pa netwaye gòj ou sou moun. *He's clearing his throat.* L ap rakle gòj li. •**clear o.s. of** lave tèt li *He denounced the author of the crime to clear himself of this matter.* Li denonse mèt krim nan pou l sa lave tèt li nan koze sa. •**clear out** *a*[*ear, drain pipe, smoking pipe, etc.*] deboure *The baby's ear was so dirty the mother had to use cue tips to clear it out.* Zòrèy ti bebe a tèlman sal manman an oblije sèvi ak aplikatè pou deboure l. *b*[*make s.o. get out one's sight*] degèpi, debare, fè yon moun disparèt, òltègèt li, padon, rale kò li *Clear out from my sight.* Degèpi devan m nan la. *Clear it out of her way so she can see.* Debare li pou l ka gade. *Clear out of here, you make too much noise.* Òltègèt ou la, ou fè twòp bri. *c*[*leave*] bay yon{kote/ zòn}blanch, mache pòs li, sove *She cleared out without* paying anybody a cent. Li sove, l pa peye pyès moun. *Clear out, and don't bother me again.* Pati ou la a, pa vin enmède m! *He cleared out after he had murdered his wife.* Li bay zòn nan blanch apre li fin touye madanm li. **d**[*escape to avoid danger*] {chape/wete} {kò/poul} li, grate, rache manyòk li *The cat cleared out when it saw the dog coming.* Chat la grate, kou l wè chen an ap vini. *As soon as the thugs came into the neighborhood, everybody cleared out.* Depi zenglendo yo antre nan katye a, tout moun ratibwaze. **e**[*rearrange sth. or take something to another place in order to free up space*] dekonble, dekonsantre, dezankonbre, eklèsi, ratibwaze *You have to clear out the closets.* Fò n dekonble kabinèt yo. *Clear out your junk from the room.* Dezankonbre cham nan ak bataklan ou yo. •**clear out quickly** fonn kon bè *He cleared out quickly right in front of us, we didn't see where he went.* Misye fonn kon bè sou nou la, nou pa wè kote l fè. •**clear the ball** [*soccer*] degaje *The defender cleared the ball!* Defansè a degaje balon an. •**clear through customs** dedwane *You need to clear the merchandise through customs.* Ou bezwen dedwane machandiz yo. •**clear up a**[*weather*] anbeli, dekouvri, demare, demaske, eklèsi, fè yon anbeli *The weather has cleared up, it's not raining anymore.* Tan an anbeli, lapli a p ap tonbe ankò. *Let's go now, the weather is clearing up.* Ann ale kounye a, tan an ap dekouvri. *The sky is clearing up.* Syèl la koumanse eklèsi. **b**[*get rid of, as a medical condition*] eklèsi *The tea cleared up his upset stomach.* Te a pase vant fè mal la. **c**[*resolve a problem*] regle *We don't have to go to court to clear up our differences.* Nou pa bezwen al tribinal pou n regle kont nou. **d**[*arrange, organize*] demele *Clear up this mess in the room.* Demele bagay yo nan chanm nan.

clear-sighted *adj.* je yon moun klè *I am clear-sighted, now I understand everything.* Je m klè, kounye a m konprann tout bagay.

cleared *adj.* debloke *The street is cleared, let's go.* Lari a debloke, ann ale.

clearer *adj.* pi pwononse *When your ideas are clearer, you'll convince more readers.* Lè lide ou yo pi pwononse, ou a konvenk plis lektè.

clearheaded *adj.* tèt{drèt/dwat} *She's clearheaded, she's aware of all she does.* Li se yon tèt drèt, li gen konesans tout sa l ap fè.

clearing *n.* **1**[*of ground*] sekle **2**[*weather*] eklèsi **3**[*road*] debleyaj •**clearing of a field** [*preparation for planting*] balizay •**grassy clearing** savann, tè savann

clearing-out *n.* kiraj

clearly *adv.* **1**[*in a clear manner*] byen, toutaklè *I don't think I understood clearly what you said yesterday.* M pa kwè m te byen konprann sa ou te di yè a. *She told the story clearly so everyone would understand.* Li pale koze a toutaklè pou tout moun konprann. **2**[*forcibly*] aklè, dirèkteman, evidaman, klè, klèman, piresenp *He showed clearly who he is.* Msye montre kilès li ye aklè. *She told him clearly what she thought about him.* Li di l dirèkteman sa l panse de li a. *You have to tell her clearly that you don't agree with her.* Se pou ou di li klè ou pa dakò ak li. *You see clearly that I don't have any money.* Ou wè klèman m pa gen lajan. **3**[*without doubt*] Pa gen manti *She's clearly the prettiest of all the girls.* Pa gen manti, se li menm ki pi bèl nan ti medam yo. •**well and clearly** nan bon ti mezi *The child told him the story well and clearly.* Timoun nan rakonte li istwa a nan bon ti mezi.

clearness *n.* klète

clear-sighted *adj.* fen, je klè

cleat *n.* kranpon •**put metal cleats on** [*shoes*] fere *He has metal cleats put onto the shoes so that the heels don't corrode.* Li bay fere soulye a pou talon an pa manje.

cleave *v.tr.*[*split sth.*] fann, separe *The wind cleaved the waves of the ocean.* Van an fann vag lanmè yo.

cleaver *n.* kouto bouche, rachòt

clef *n.* [*mus.*] kle •**bass clef** [*mus.*] kle (de) fa •**treble clef** kle sòl

cleft lip *n.* anvi pye bèf, bouch fann

clemency *n.* gras, lagras

clench *v.tr.* mare, sere *He clenched his fist.* Li mare pwen l. *The shot hurt him, but he clenched his teeth so as not to cry.* Piki a fè l mal, men li sere dan l pou l pa kriye. •**clench a fist** twouse ponyèt li sou yon moun *He clenched his fist to me for no reason.* Nèg la twouse ponyèt li sou mwen san rezon.

•**clench one's teeth** sere dan li *She clenched her teeth so she could endure the pain.* Li sere dan l pou l sipòte doulè a.

clenched *adj.* •**with clenched fists** pwen li mare *She walked toward him with clenched fists.* Li mache sou li ak pwen l mare.

clergy *n.* klèje

clergyman *n.* [*Catholic, Episcopal*] (mon)pè

cleric *n.* abe

clerk *n.* anplwaye •**clerk of the court** [*jur.*] grefye •**election clerk** klèk

clever *adj.* 1[*intelligent*] entelijan, fò, je{kale/klere/ ouvè}, fentè, gen lespri, gen{nanm/twou}nan manch, madre *You are clever indeed, you went after the woman until you got the money from her.* Ou fò papa, ou liyen fi a jis ou pran lajan an nan men l. *He thinks he's more clever than everyone else.* Msye panse l gen lespri pase tout moun. *John is so clever; you can't fool him.* Jan tèlman gen nanm, moun pa ka woule l. 2[*resourceful*] debouya *There's nothing this boy cannot figure out; he's so clever.* Nanpwen yon bagay ti gason sa a pa fè, msye debouya. •**clever person** moun lespri

cleverly *adv.* abilman

cleverness *n.* abilte, gen tèt *He has cleverness, he can lead the team well.* Se moun ki gen abilite, li ka dirije ekip la byen.

cliché *n.* kliche

client *n.* kliyan, pratik •**client of Vodou priest** pitit fèy

clientele *n.* kliyantèl, pratik

cliff *n.* falèz, presipis •**seaside cliff** kòtfè

climate *n.* 1[*meteorology*] klima, tan 2[*atmosphere*] anbyans 3[*politics or economics*] konjonkti •**change of climate** chanjman dè

climatologist *n.* klimatolojis

climax *n.* •**reach climax** [*male or female*] voye *Because of the cunnilingus, she reached climax quickly.* Akòz ti bèf la, fi a voye rapid.

climb *v.tr.* 1[*go upwards*] eskalade, grenpe, monte, *I can't climb that mango tree.* M pa ka moute pye mango sa a. *She climbed the stairs on tiptoe.* Li moute eskalye a sou pwent pye l. *I can't climb such a high mountain.* M pa k ap eskalade gwosè mòn sa a. 2[*the social ladder*] pran fil, vin sou moun *The woman has climbed up the social ladder.* Fanm nan pran

fil nèt. •**climb again** remonte *Even if you keep falling, climb again.* Menm si ou tonbe, remonte. •**climb down** desann *Climb down from the table before you fall.* Desann sou tab la pou ou pa tonbe. •**climb in/on** monte *Climb in, and I'll take you there.* Monte non, m pral depoze ou. •**climb out** desann sot(i) *Go tell them to climb out of the car.* Al di yo desann sot nan machin lan. •**climb over** pase sou *I climbed over the fence.* M pase sou lantiray la. •**climb the social ladder** vin sou moun *Well, we're too poor to be his friends; he has climbed the social ladder.* Enben, nou twò pòv pou n zanmi l; li vin sou moun.

climber *n.* montè •**social climber** arivis, michèlmoren

cling *v.intr.* gripe (kò li), kole *She was so scared, she clung to her mother's clothes.* Li tèlman pè, li gripe kò l nan rad manman l. *That woman likes wearing pants that cling to her.* Fi sa a renmen met pantalon ki kole sou li. •**cling to** *a*[*paint, etc.*] chita sou *The paint needs to cling well to the wall in order to look nice.* Penti a dwe byen chita sou mi an pou li sa parèt bèl. *b*[*hold tightly to*] kenbe ... byen di, kole, kranponnen. *He clung to the rope to keep from falling.* Li kenbe kòd la byen di pou l pa tonbe. *Look at how the child is clinging to the other one's back.* Gad ki jan pitit la kranponnen lòt la nan do. *c*[*stick to*] kole *His shirt is clinging to his back.* Chemiz lan kole nan do l.

clingfish *n.* teta lanmè

clinging *adj.* [*clothes*] kolan *The shirt is too clinging.* Chemiz la two kolan.

clinic *n.* 1[*medical facility*] klinik, dispansè 2[*treatment session*] konsiltasyon •**go to a health clinic** pran chemen lasante. •**temporary clinic** pòs (de) rasanbleman

clink *v.tr.* •**clink glasses** trenke *Let's clink glasses.* Ann trenke vè.

clinker *n.* eskori

clip[1] *n.* arèt •**hair clip** barèt •**paper clip** klips •**special hair clip (to attach hair rollers)** pens woulo •**tie clip** arèt kòl •**video clip** videyo

clip[2] *v.tr.* 1[*cut with scissors*] taye *He clipped his fingernails with a pair of scissors.* Li taye zong li ak yon sizo. 2[*sheep, etc.*] tonn *The sheep were clipped before they were sold.* Yo tonn mouton yo anvan yo vann yo. •clip or cut one's hair too short tonn *The barber clipped your hair so short, your entire scalp is visible.* Tank kwafè a tonn tèt ou, tout vyann tèt ou parèt. •clip s.o. [*soccer*] bay yon moun yon kwòk *The other player clipped him and made him fall.* Lòt jwè a ba l yon kwòk ki fè l tonbe.

clip clop/clippety/cloppety-clop *onom.* [*sound of hooves*] blòp ti gòdòp, pligidip pligidip, plòkòtòp, tagadap tagadap, toukoutap ploukoutap

clipboard *n.* planchèt ak pens

clipper *n.* 1[*metal, ship*] klipè 2[*plane*] klipè •barber's clippers tondèz •hair clippers tondèz •nail clippers tay zong

clipping *n.* 1[*newspaper*] koupi 2[*sports*] kwòk 3[*small piece*] tay, wonyay

clique *n.* kamariya, kan, klan, klik •belong to a clique nan sosyete *These young men belong to a clique of kidnappers.* Ti mesye sa yo nan sosyete kidnapè.

clitoris *n.* 1[*anatomy*] klitoris 2[*vulg.*] krèk, langèt, tèt krèk •rub the clitoris [*performed by lesbians*] kreke *The two lesbians are rubbing each other's clitorises.* De madivin yo ap kreke.

cloaca *n.* klowak

cloak *n.* palto •cloak and dagger sekrè

clobber *v.tr.* 1[*beat up badly*] fann, plati *I'm going to clobber you.* M ap plati ou. *Your dad will clobber you.* Papa ou ap fann ou. 2[*defeat soundly*] bimen, kraze, vannen *The team was clobbered.* Yo vannen ekip la. *We clobbered the other team, ten to zero.* Nou bimen lòt ekip la, dis a zewo.

clock[1] *n.* òlòj, pandil, revèy *The clock is slow.* Revèy la an reta. •alarm clock pandil, revèy •around the clock lajounen kou lannuit, ni lajounen ni lannuit *We'll have to work around the clock to finish.* Fò n travay lajounen kou lannuit pou n ka fini. •master clock [*radio*] òlòjpalant •set a clock monte revèy •clock or watch repairman òloje •watch the clock veye lè *He's always watching the clock.* Li toujou ap veye lè.

clock[2] *v.intr.* •clock in ponntye (antre) *She clocked in at eight.* Li ponntye antre a wit è. •clock out ponntye (soti) *I clocked in, but I didn't clock out.* M ponntye antre, m pa ponntye soti.

clockmaker *n.* òloje

clocktower *n.* kloche

clockwise *adv.* nan sans zegwi mont

clockwork *n.* like clockwork kou pandil

clod *n.* awouya, boul tè, gwo zòtèy, masèl kòkòb, òdinè, pojerèd

cloddish *adj.* •cloddish shoes koralen

clodhoppers *n.pl.* bekanbòl, koralen

clog[1] *n.* [*footwear*] sabo

clog[2] I *v.tr.* bouche, fè ma *The sludge has clogged the pipe.* Labou a fè ma nan tiyo a. II *v.intr.* bouche *If you throw trash in the drain, the pipe will clog up.* Si n jete fatra nan kanal la, tiyo a ap bouche.

clogged *adj.* [*blocked*] bouche *The pipe is clogged.* Tiyo a bouche. *My nose is clogged.* Nen m bouche.

clone *n.* klòn

clop *onom.* [*sound of footsteps, of splitting of ripe beans, etc.*] kèp

Clorox *prop.n.* klowòks

close[1] *adj.* 1[*having a strong attachment*] bon, byen avè(k) li anpil, zantray li *They were close friends.* Yo te bon zanmi. *Since he was close to her, I expect he'll come to her funeral.* Kòm li te byen avè l anpil, m kwè l ka vin nan antèman an. *You can believe what that guy tells you, he's a close friend of mine.* Ou mèt kwè sa msye di ou, se zantray mwen li ye. 2[*family*] fanmi *We are close relatives.* Nou se fanmi pre. 3[*near: place, object*] nan bouch yon {bagay/kote}*The presidential palace is very close to the Champ de Mars.* Palè a nan bouch Channmas. •close to s.o. anba bouch, nan kòsaj li *You badmouth her, but you're close to her like that.* Ou ap pale l mal, enpi ou nan kòsaj li konsa. •close family friend pitit kay •close friend entim, frè bra, kouyan, zantray yon moun •close friend who knows your secrets lestomak li *You can talk, Pradel is a close friend who knows my secrets.* Ou mèt pale, Pradèl se lestomak mwen. •close to *a*[*one another*] kole *There's no need for you to sit close to one another.* Nou pa bezwen chita kole konsa. *b*[*distance from a point to another*] a de pa de, kole kole, nan bouch yon{bagay/ kote}, près pou *We're very close to the house.* N a de pa de kay la. *We live close to each other.* Nou rete kole kole. *c*[*relationship*] lye ak *He's close to big shots.* Li lye ak gwo zotobre. *d*[*almost*] près *I'm close to turning around and quitting the job.* M près pou mwen vire do m kite travay la. •**be close** [*in friendship*] lye *Those two people are very close.* De moun sa yo lye anpil. •**be close to death** bò mouri, près pou *Our grandfather is close to death.* Granpapa n bò mouri. •**be close to one another** se nen ak je *Matisan and Bizoton are close to each other.* Matisan ak Bizoton se nen ak je. •**be too close to** nan kolibèt ak *This woman is too close to that man, there must be something between them.* Fi sa a nan kolibèt ak nèg sa a, asireman gen yon bagay nan mitan yo de a. •**be very close** [*friends*] se bouch ak nen *Those two people are close to each other.* De moun sa yo se bouch ak nen. •**become very close to** kòd lonbrik li mare ak *Ever since these girls met, they become close friends.* Depi lè medam sa yo rankontre kòd lonbrit yo mare ansanm. •**quite close** tou pre *She lives quite close to me.* Li rete tou pre m.

close[2] *adv.* [*nearby*] a de pa de, pre, (tou) pre, ra, raz *He lives close to me. You're fortunate that you live close by.* Ou bon ou rete tou pre. *He didn't sit close to his father.* Li pa t chita pre papa l. *We're very close to the house.* N a de pa de kay la. Avyon an pase ra kay yo. *They ran the pipe too close.* Yo koule dal la twò raz. •**close at hand** prèt pou rive *My birthday is close at hand.* Dat fèt mwen prèt pou rive. •**close by** pi devan an *Her house is not far, it's close by.* Kay li pa lwen, se pi devan an. •**close to** [*almost*] preske, prèt *I gave him close to a hundred dollars.* M ba l prèske san dola. *She came close to crying.* Li te prèt pou kriye. •**close to the ground** ra tè •**come close to** [*an opportunity*] fè laviwonn *He came close to getting the job, he didn't get it.* Misye fè laviwonn dèyè djòb la, li pa jwenn li. •**get too close** pwoche *Don't get too close! The dog is not tied on.* Pa pwoche, chen an lage! •**not even close to doing sth.** prèt ni prentan *She isn't even close to getting the job.* Li pa prèt ni prentan pou pran djòb la. •**not even be close to the winning number** [*lottery*] pa asiste tiray *He gave me two numbers, they weren't even close to winning the drawing.* Msye ban m de boul, yo pa asiste tiray. •**press close** konble *The people pressed close to the priest.*

Pèp la te konble pè a. •**stay close** pye pou pye *Let's stay close to each other so we don't get lost.* Ann mache pye pou pye pou youn pa pèdi lòt.

close[3] *v.tr.* **1**[*a door, place*] fèmen *Close the windows.* Fèmen fenèt yo. **2**[*body part*] fèmen *She closed her eyes.* Li fèmen je l. **3**[*road*] bare, bouche *They closed off the street for repairs.* Yo bare lari a pou yo ka ranje l. **4**[*bags, sacks*] mare bouch *Close the bag.* Mare bouch sak la. **5**[*bottles*] bouche *Close the bottle so the water doesn't get spilled on the floor.* Bouche boutèy la pou dlo pa tonbe atè a. **6**[*an event*] klotire *It's the director who's closing the meeting.* Se direktè a k ap klotire reyinyon an. **7**[*a speech, a presentation*] konkli *The principal closed the speech with a nice praise for all the teachers.* Direktris la konkli diskou a ak yon bèl omaj pou tout pwofesè. **8**[*shut down permanently*] fèmen *He went bankrupt and had to close his store.* Li fè fayit, l oblije fèmen magazen an. *The police closed down the radio station.* Lapolis fèmen radyo a. •**close a deal** mare yon afè *He just closed a deal for two hundred thousand dollars.* Li fèk mare yon afè pou de san mil dola. •**close again** refèmen *The door is not well shut, close it again.* Pòt la pa byen fèmen al refèmen l. •**close down** kraze *The orphanage closed down due to lack of money.* Òfelina a kraze akòz problem lajan. •**close in** bare, rive sou li *Night is closing in on us at the market.* Lannuit lan prèt pou bare nou nan mache a. •**close one's door to everyone** konsiyen pòt li *He closed the door to everyone.* Li konsiyen pòt li. •**close one's eyes to sth.** fèmen je (li) sou *I tolerated that one time, but it's the last time I'm closing my eyes to it!* Mwen fèmen je m sou sa yon fwa, men se dènye fwa tou! *The leaders closed their eyes to the misery of the poor.* Reskonsab yo fèmen je yo sou mizè malere yo. •**close out** likide •**close quotes** fenmen gimè •**close ranks** sere{kole/ran} •**close up** fèmen

close-cropped *adv.* ra *The barber cut the man's hair close-cropped.* Kwafè a koupe cheve nèg la ra.

close-fitting *adj.* sere *She doesn't like wearing close-fitting skirts.* Li pa renmen mete jip sere sou li.

close-knitted *adj.* dri *The flowers grew too close-knitted; They need more space.* Flè yo pouse twò dri; yo bezwen plis espas.

close-minded *adj.* bòne

close-mouthed *adj.* •**close-mouthed or secretive person** bwat sekrè

closed *adj.* 1[*not open*] fèmen *The door is closed.* Pòt la fèmen. 2[*opening, pipe*] bouche *The pipe that is closed will be removed.* Y ap retire tiyo ki bouche a. 3[*file, case*] fèmen, klase *The case is closed.* Afè a klase. 4[*road*] bare, fèmen *The protestors are very angry; they closed the road so that no vehicles can get through.* Manifestan yo ankòlè; yo bare wout la pou okenn machin pa pase.

closely *adv.* 1[*near*] tou{pre/prè} *The child moved closely to his mother's ears to ask her for his allowance.* Pitit la vanse tou pre zòrèy manman l pou l mande kòb pòch li a. *I'm following you closely.* M ap suiv ou pye pou pye. 2[*with much attention*] pye pou pye *Watch closely!* Veye byen! *Let's examine the situation closely.* Ann egzamine bagay la de prè. *When I looked at her closely, I saw she looks like you.* Lè m gade l de prè, m wè li sanble ou. •**be closely concerned with** gen trip li mare ak *This mother is very concerned about her children.* Manman sa a gen trip li mare ak pitit li yo. •**closely or immediately following** pye pou pye *I'm following you closely.* M ap suiv ou pye pou pye.

closeness *n.* 1[*nearness*] (de) prè 2[*friendship*] azoumounou, tontèn mitonn, entimite *The closeness between these two people can't be just friendship.* Jan de moun sa yo nan tontèn mitonn sa a, se pa ka zanmitay sèlman.

closer *adv.* pi pre *Move the dog's food dish closer so he can eat.* Vanse plat manje chen an pi pre li pou li sa manje. •**bring closer** {pwoche/vanse}pi pre *Bring the table closer.* Pwoche tab la pi pre. •**come closer** pwoche, vanse *Come closer so I can talk to you.* Pwoche vini m pale ou. *Come closer, you're too far away.* Vanse non, ou twò lwen.

closest *adj.* 1[*location*] pi pre *Our uncle' house is the closest one.* Lakay monnonk nou pi pre. 2[*friends and family*] pi pwòch *He was our my closest relatives.* Se li ki te pi pwòch nou nan fanmi a.

closet *n.* 1[*cupboard*] plaka 2[*for hanging clothes*] amwa, gadwòb, kabinèt, pandri

closing *n.* 1[*of shop*] fèmti 2[*of a ceremony or event*] kloti

closure *n.* finalite

clot[1] *n.* boul, kayo •**blood clot** boul san, glòb san, san kaye *He has a blood clot where he was hit.* San l kaye kote l pran kou a.

clot[2] *v.intr.* [*blood*] fè boul, kaye *His blood is clotting.* San l fè boul. *The blood clotted.* San an kaye.

cloth *n.* 1[*material used for clothing*] twal 2[*dishcloth, rag*] tòchon 3[*piece of material used for cleaning*] twal •**cloth for making sheets** twal adra •**blue- and white-checkered cloth** twal Legba •**cotton cloth** [*from Brabant, Belgium*] braban •**dark brown oil cloth** marisalòp •**high-quality cloth** katfil, twal kat fil •**light-textured cloth** [*widely used by Haitian peasants*] zefi •**measure cloth by the ell** lonnen *He's measuring the fabric by the ell.* L ap lonnen twal la. •**saddle cloth** chabrak •**shammy cloth** chamwa •**small cloth money bag** sakit •**small piece of cloth for patchwork** pakoti •**sponge cloth** tanpon •**wash cloth** tanpon

clothe *v.tr.* abiye *The girl clothed the doll with a black dress.* Ti fi a abiye poupe a ak yon wòb nwa.

clothes *n.pl.inv.* rad *He's wearing his good clothes.* Li gen bon rad sou li. •**badly made clothes** rad pakoti •**dress clothes** abiman, rad soti •**flashy clothes** payèt •**get into more comfortable clothes** deboure (kò) li *With this heat, get into more comfortable clothes.* Ak chalè sa a, deboure kò ou non. •**in civilian clothes** an sivil •**indecent clothes** (rad) kalekò •**mourning clothes** dèy •**newborn's clothes** kazak •**old clothes** dekovil, odeyid, ranyon, tanga •**ragged old clothes** dibreyis •**ridiculous clothes** degizman *What are these ridiculous clothes that you are wearing y?* Ki degizman ou pran la? •**second-hand clothes** estekoun, rad dezyèm men, kenedi, papile •**shabby clothes** rèleng •**skimpy clothes** kalekò •**spread out clothes** blayi *Spread out the white clothes so that they can dry quickly.* Blayi rad blan yo pou yo sa seche vit. •**swaddling clothes** brasyè, kazak •**take off some clothes** [*because it is too hot*] detoufe li *Take off some clothes, it's hot.* Detoufe ou non, li fè cho. •**work clothes** rad travay

clothes-brush *n.* bwòs rad

clothing *n.* [*garments*] abiman, abiye •**baggy or old-fashioned clothing** dinaza •**casual clothing** {abiman/ rad}senp •**fine clothing** gwo rad •**lack of clothing** touni *The child has a lack of clothing.* Pitit la touni nèt. •**one's best clothing** gwo po •**person with poorly matched clothing** madigra •**piece of old clothing** dibreyis •**provide clothing** abiye *They should have provided* •**s.o. who usually wears his/her best clothing** ti joudlan •**unsightly clothing** rad drive •**warm piece of clothing that protects from the cold** [*sweater, cardigan, etc.*] paman

cloud¹ *n.* **1**[*atmospheric element*] nyaj, nway **2**[*mass of material in the air*] bann •**on cloud nine** ozanj, pa anlè pa atè

cloud² *v.tr.* **1**[*make hazy*] bouche avèk, chaje *The fog clouded the mountain top.* Tèt mòn lan bouche ak bouya. •**cloud up** vwale *Given that the sky has clouded up, rain isn't far off.* Jan syèl la vwale la, lapli a pa lwen pou tonbe. **2**[*confuse*] fè li pèdi bon sans li, twouble *His love for the woman clouded his judgment.* Lanmou msye gen pou fanm nan fè l pèdi bon sans li.

cloudburst *n.* twonm

cloudiness *n.* {syèl/tan}{maske/nyaje}, tan{bouche/ kouvri/mare}

cloudless *adj.* san nyaj

cloudy *adj.* mare, twoub *The sky is cloudy, it's going to rain.* Syèl la mare, lapli pral tonbe. •**be cloudy** fè nway *It's cloudy.* Syèl la fè nway. •**make cloudy** twouble *The dirt made the water cloudy.* Salte a vin twouble dlo a.

clout *n.* bòtsalyè, mayèt

clove *n.* **1**[*spice*] grenn jiwòf **2**[*of garlic*] dan, gous. •**clove tree** jiwòf •**single clove** grenn{klou/tèt}jiwòf •**oil of cloves** lwil pou dan

clover *n.* trèf •**be rolling in clover** benyen nan lwil, nan bòl grès li

clown *n.* **1**[*entertainer*] boufon, joujou (lakomedi), ti komik **2**[*foolish*] madigra, ransè •**clown around** fè{ekip sendenden/ grimas/lamayòt/makak/makakri/ maskarad}, grimasye *When she clowns around, she becomes ugly.* Lè l ap fè lamayòt, li vin lèd. *This guy is so funny he never goes a day without clowning around.* Nèg sa a tèlman komik, li pa janm pase yon jou pou l p ap fè makakri. *Instead of working, you're sitting and clowning around.* Tan pou travay, ou chita ap fè yon ekip sendenden la a.

clown triggerfish *n.* bous afe

clowning *adj.* grimasye *You better stop making that clowning face! Si m te ou m ta sispann grimasye!

club¹ *n.* klib •**night club** diskotèk, kabare, nayklèb •**social club** sèk

club² *n.* [*cards*] trèf

club³ *n.* chaplèt, kokomakak •**golf club** baton gòf •**hit s.o. with a club** pase yon moun yon chaplèt •**police club** baton gayak

club⁴ *v.tr.* [*beat*] {ansasinen yon moun anba/ bay yon moun}chaplet, chaplete, makakre, pike yon moun yon baton, pliche *They clubbed the thief.* Yo bay vòlè a anpil chaplèt. *They clubbed the guy so that he wouldn't escape.* Yo bay nèg la chaplèt pou li pa chape. *The police clubbed him.* Lapolis pliche misye anba baton. •**club s.o.** tire yon moun yon baton *They really clubbed the thief.* Se pa de baton yo pa tire vòlè a.

clubfoot *n.* pye{bòt/tòde}

cluck¹ *n.* [*fool*] joko jòma

cluck² *v.tr.* **1**[*of hens*] kloke, kakaye *The hens are clucking.* Poul yo ap kloke. **2**[*of person*] kakaye *This boy clucks like a chicken.* Ti gason sa a kakaye tankou yon poul.

clue *n.* ti poul, tras

clueless *adj.* •**be totally clueless** pa konn{non chen li/pye ak tèt li}

clump *n.* **1**[*cluster, bushes*] touf **2**[*lump*] boul

clumsily *adv.* yon jan malagòch

clumsiness *n.* maladrès

clumsy *adj.* anbarase, enkonsekan, gòch, kòkòb, lou, loudo, mal, maladwat, (mal) agòch, mare kou (yon) krab *She's so clumsy that she breaks a glass every day.* Li tèlman malagòch, chak jou li kraze yon vè. *You are really clumsy, you can't even draw a straight line.* Ou mare konsa, ata yon liy ou pa ka trase dwat. •**clumsy person** brizfè, tèt mato

clunk *n.* [*stupid person*] joko jòma

clunker *n.* [*jalopy*] bogota, dekovil, gwagwa

cluster¹ *n.* **1**[*of objects*] gwoup **2**[*of trees*] touf **3**[*of flowers*] bouke, touf **4**[*stars*] feso, gwoup

cluster² *v.intr.* fè pil *The flowers were clustered around the church.* Flè yo fè pil ozalantou legliz la.

clutch *n.* klòtch *He wore out the clutch.* Li boule klòtch la. •**let in the clutch** anbreye

clutter *v.tr.* •**clutter up** ankonbre *Please take all your papers with you so they don't clutter up the top of the desk.* Tanpri pran tout papye ou yo pou yo pa ankonbre biwo a.

cluttered *adj.* chaje *The house is cluttered with junk.* Kay la chaje yon pakèt djanni.

co-wife *n.* kotri, matlòt

coach¹ *n.* [*sport team*] antrenè

coach² *n.* [*carriage*] kawòs •**horse-drawn coach** charyo

coach³ *v.tr.* antrene *He's coached the team for a long time.* Li fè lontan ap antrene ekip la. •**coach s.o. what to say** bay bouch yon moun manje, ranje bouch yon moun *If you don't coach her in what to say, she will denounce you.* Si ou pa ranje bouch li, l ap denonse ou.

coachman *n.* bòsmann

coagulate *v.intr.* kaye *When blood comes in contact with air, it coagulates.* Depi san pran lè, li kaye.

coal *n.* chabon (tè) •**coal tar** kòlta •**burning coals** chabon dife

coalition *n.* **1**[*political*] fon, kowalisyon **2**[*community group*] katèl, platfòm, tèt{ansanm/kole}

coarse *adj.* **1**[*fabric*] epè, pwès *This cloth is really coarse.* Twal sa a pwès anpil. **2**[*wood*] pwès *Considering how coarse that wood is, it won't be easy to saw it.* Jan bwa sa a pwès la, se p ap fasil pou nou siye l. **3**[*not fine*] gwo *The grains of sand are coarse.* Grenn sab yo gwo. **4**[*not refined: things*] mastòk *What coarse shoes you have there!* Ala soulye mastòk papa! **5**[*person*] brit, bawòk, brit, deprave, malouk, sovaj, vilgè *This coarse guy doesn't know how to address people.* Nèg brit sa pa konn fason pou l pale ak moun. *What a coarse guy!* Ala kot nèg deprave! *You're too coarse, watch your mouth.* Ou vilgè twòp, manyè kontwole bouch ou. •**coarse, repulsive person** lwijanboje

coarse-grained *adj.* •**coarse-grained salt** gwo sèl

coarseness *n.* gwosyète

coast¹ *n.* kòt •**coast guard** gadkòt

coast² *v.intr.* fè woulib *Taxi drivers are always coasting down hills.* Chofè taksi toujou ap fè woulib.

coastal *adj.* •**coastal area** kòt, zòn kotyè *Big sea waves wash away our coastal areas.* Gwo vag lanmè fin lave tout kòt nou yo.

coaster *n.* sou vè **coasting** *n.* woulib

coat¹ *n.* **1**[*top coat*] palto **2**[*jacket*] vès **3**[*as of paint layer*] kouch •**dress coat** rad seremoni •**lab coat** blouz •**sports coat** vès •**suit coat** levit, vès •**vented coat or jacket** ke fann

coat² *v.tr.* **1**[*cover a surface*] kouvri, rakastiye *The entire floor was coated with paint.* Tout atè a kouvri ak penti. **2**[*with cement*] flote, randui *They're coating the entire wall of the house.* Y ap flote tout mi kay la. *The mason has not started to coat the wall.* Mason an poko kòmanse randui mi an.

coat-of-arms *n.* amwari

coatroom *n.* vestyè

coated *adj.* kouvri *It's coated with dust.* Li kouvri ak pousyè.

coating *n.* [*act of*] randuisay •**roof coating** mastik

coax *v.tr.* andyoze, anmadwe, fè yon moun dodo, kaponnen, kajole, liyen *We tried to coax him continuously but he didn't do what we wanted him to.* Nou eseye andyoze l men li pa fè sa nou vle a. *To obtain what he needs, he's coaxing me with sweet talk.* Pou l ka jwenn sa l bezwen an, l ap kaponnen m ak pawòl dous.

cob *n.* [*of corn*] zepi

cobalt *n.* kobal

cobble *v.tr.* •**cobble together** rapyese

cobbler *n.* kòdonnye

cobblestones *n. pl.* pavay

cobia *n.* [*fish*] mèlan

cobra *n.* kobra, sèpan a linèt

cobweb *n.* {fil/twal}{arenyen/anasi}

coca *n.* koka

Coca-Cola® *prop.n.* koka

cocaine *n.* kokayin, nèj, poud, wòch •**cocaine mixed with marijuana** djousi •**crack cocaine** krak

coccidiosis *n.* koksidyòz

coccyx *n.* mis (dèyè), zo{koupyon/koupyon}

cochineal *n.* 1[*substance*] kocheni 2[*insect*] kal

cock¹ *n.* 1[*penis*] gigit, kòk, pipcho 2[*vulg.*] bwa, zozo 3[*children's speech*] kikilik, pandjòs, ti{koulout/pijon} •**big cock** bwa bourik

cock² *n.* [*rooster*] kòk •**cock of the walk** sèl kòk chante/kòk lakou a •**big fighting cock** kòk panyòl •**cowardly fighting cock** kòk gagim •**fighting cock** bretè, gay, sabrè •**first-class fighting cock** kòk kalite •**game cock** kòk{batay/gagè/gim/jèm} •**young fighting cock** pòy

cock³ *n.* •**ball cock** flotè

cock⁴ *v.tr.* [*a gun*] baskile *The soldier cocked his gun when he heard the noise.* Jandam nan baskile fizi l lè l tande bri a.

cock-a-doodle-doo *onom.* [*crowing of rooster*] koukouyoukou, kokoriko

cock-and-bull story *n.* pawòl pou fè timoun dodo

cockatoo *n.* kakatwè, kolasòt

cockcrow *n.* chan kòk

cockerel *n.* jenn kòk

cockfight *n.* bat kòk, dezafi, gage •**cockfight supervisor** karyadò •**have cockfights** {bat/file} kòk

cockle *n.pl.* •**hot cockles** [*game*] lamenchod

cockpit¹ *n.* [*airplane, boat*] kabin

cockpit² *n.* [*cock fighting*] gagè •**fight in the cockpit** file kòk nan gagè *He's going to have his rooster fight in the cockpit.* Li pral file kòk li nan gagè a.

cockroach *n.* ravèt

cockscomb *n.* 1[*of rooster*] krèt, krèk 2[*flower, plant*] krètkòk senp 3[*plant*] krètkòk senp, tijanit, zèb atè

cockspur *n.* [*plant*] pikan arada

cocktail *n.* kòktèl •**Molotov cocktail** kòktèl molotòv

cocky *adj.* banda *What a cocky man! Everything he does is to show off.* Ala nèg banda! Tout sa li fè se pou fè wè.

coco grass *n.* afyo

coco-plum tree *n.* zikap

cocoa *n.* 1[*powder*] chokola an poud 2[*wild cocoa*] kakawo (bobo)

coconut *n.* [*fruit*] kokoye •**coconut cut into thin strips** kokoye rache •**coconut palm** pye kokoye •**beets and coconut** [*drink*]

atomik •**dish made of coconut** kokonad •**edible part of coconut** tonbe •**large coconut** kòk panyòl

cocoon *n.* kokon

cocuisa *n.* [*giant lily*] zòrèy bourik

cocuyo tree *n.* karakolè

cod *n.* bakalaou, lanmori

cod-liver oil *n.* luil fwadmori

coddle *v.tr.* chouchoute, dòlote, miyonnen, ponponnen *You'd better coddle the guy after the big gift he gave you.* Ou ta dwe ponponnen msye apre gwosè kado sa li ba ou a.

code *n.* kòd •**criminal procedure code** kòd denstriksyon kriminèl •**in code** andaki *I don't understand his words because they're in code.* M pa konprann pawòl andaki li yo. •**zip code** kòd postal

code *v.tr.* kòde *Code a message.* Kòde yon mesaj.

coded *adj.* •**coded language** kòde *Coded language.* Langaj kòde.

codeine *n.* kodeyin

codfish *n.* lanmori

coed *adj.* miks •**coed school** lekòl miks

coeducational *adj.* miks

coefficient *n.* [*math*] koyefisyan

coerce *v.tr.* fòse *We coerced him into telling the truth.* Nou fòse msye jouk li bay laverite.

coffee *n.* kafe •**coffee maker** kafetyè •**coffee removed from its pulp** kafe pach •**coffee tree** pye kafe •**coffee with milk or cream** kafe olè •**brew coffee** fè kafe, koule kafe •**drink containing coffee** chanpoura •**filtered coffee** koule kafe •**ground coffee** kafe (an) poud, poud kafe •**inferior coffee** [*from unripe coffee beans*] moka •**instant coffee** kafe (an) poud, poud kafe •**light coffee color** [*skin*] bren •**make coffee** fè •**weak coffee** dlo kafe, kafe klè

coffee beetle *n.* voumvoum

coffee tree *n.* pye kafe

coffer *n.* kòf

coffin *n.* azobòkò, sèkèy •**cheap or badly built coffin** sèkèy madoulè

cog *n.* [*machine*] dan

cognac *n.* koyak

cogwheel *n.* wou ak dan

cogwood *n.* [*tree*] kaserach

cohabitation *n.* plasay

coherent *adj.* bon jan

cohesion *n.* kowezyon

cohoba tree *n.* ze poul

cohort *n.* kòwòt

coil[1] *n.* **1**[*of rope, barbed wire*] woulo **2**[*electric wire*] bobbin, kòy, resò **3**[*contraceptive*] esterilè **4**[*chem.*] sèpanten **5**[*of a still*] koulèv •**anti-mosquito coil** plagatòks •**electric coil** [*on stove*] eleman •**induction coil** bobinay

coil[2] **I** *v.tr.* mawonnen *You coiled the rope, I can't undo it.* Ou mawonnen kòd la, ou fè m pa ka delage l. **II** *v.intr.* mawonnen kò li *The snake coiled around the tree.* Koulèv la mawonnen (kò l) nan pyebwa a. •**coil up** bobinen *They need to coil up the alternator.* Se pou yo bobinen altènatè a.

coin *n.* **1**[*monetary piece*] pyès **2**[*coin as change*] monnen, pyès (monnen) **coins** *n.pl.* lajan fè •**gold coin** [*rare*] doublon •**new coin** adoken

coincide *v.intr.* tonbe menm lè *His birthday this year coincides with Election Day.* Jou anivèsè l ane sa a tonbe menm lè ak jou eleksyon an.

coincidence *n.* chans, kowensidans

coincidentally *adv.* pa aza

coitus interruptus *n.* sod mouton •**practice coitus interruptus** voye deyò *In order not to get a woman pregnant, practice coitus interruptus.* Pou fi a pa ansent, toujou voye deyò.

cola nut *n.* kola, nwa kola

colander *n.* paswa

cold[1] *adj.* **1**[*temperature*] frèt, glase *The wind is cold.* Van an frèt. *Close the window, the wind outside is too cold.* Fèmen fenèt la, van deyò a twò glase. **2**[*not feeling warm*] frèt *I'm cold.* M frèt. **3**[*heartless*] frèt *I noticed she was somewhat cold with me.* M wè l yon jan frèt avèk mwen. •**cold cream** kolkrèm •**cold storage** chanm fwad •**cold unfeeling person** chen fè yon moun kochon ba li tete *You are a cold unfeeling person if you dare to come back in that house.* Chen fè ou kochon ba ou tete si ou ka tounen nan kay sa a ankò. •**be cold towards s.o.** frèt ak yon moun *After she had told him that she didn't like him, he became cold with her.* Depi apre manmzèl fin di l li pa renmen l la, msye vin frèt ak li. •**give a/the cold shoulder to** frèt ak yon

moun, montre yon moun mal viv, vire do li *Since I blamed the young lady, she has been giving me the cold shoulder.* Depi lè m fin blame matmwazèl la, li frèt avè m. *He gives me the cold shoulder.* Li montre m mal viv. •**very cold** jele *It can get very cold for months in New York.* Nouyòk se kote ki jele pandan plizyè mwa.

cold[2] *n.* **1**[*low temperature*] fredi, fredite **2**[*medical*] anrimen, fredite •**bad cold** lagoum •**be exposed to cold** {bat/manje} (yon) fredi *He got so sick from being exposed to cold at his work.* Li tonbe malad akòz li bat fredi nan travay la. •**common cold** *a*[*illness*] refwadisman, rim *b*[*runny nose*] (la)rim •**have a cold** anrimen, gripe *Paula has a cold.* Pola anrimen. •**head cold** kata, rim sèvo

cold-blooded *adj.* **1**[*animal*] san frèt **2**[*person*] san {manman/pitye}

cold-eyed *adj.* je chen

cold-hearted *adj.* •**cold-hearted person** kè{di/pantalets [*vulgar*]} *Those cold-hearted people, don't think they'll help you when you have problems.* Moun kè di sa yo, pa kwè yo pral ede ou lè ou nan pwoblèm.

colder *adj.* •**colder than**{hell/a witch's tit} frèt {pase/ nen}chen *It's colder than a witch's tit.* Li frèt pase nen chen.

coldness *n.* [*temperature*] fredite

Coleman® lamp *n.* kòlmann, lanp kòlmann

coleslaw *n.* kòlslo, salad chou •**kind of spicy coleslaw** pikliz

coleus *n.* [*mint herb*] manto Sen Jozèf

colic *n.* kolik vant, vant fè mal

collaborate *v.intr.* kolabore, mete men *The opposition parties refused to collaborate with the government.* Opozisyon an derefize kolabore ak pouvwa a. •**collaborate with** fè wout la ak, kwaze lewit *We can't collaborate with him because he's a traitor.* Nou p ap ka fè wout la ak misye paske se yon trèt li ye.

collaboration *n.* kolaborasyon

collaborative *adj.* •**collaborative or collective action** pote kole *Only a collective action can allow us to go forward.* Sèl yon koperasyon pote kole ki ka fè n avanse.

collaborator *n.* kolaboratè, kolaboratris [*fem.*]

collapse[1] *n.* **1**[*empire, civilization*] chit **2**[*building*] efondreman, tonbe

collapse² *v.intr.* **1**[*building, roof*] tonbe *The roof collapsed.* Tèt kay la sot tonbe. **2**[*mountains, hills and holes*] anfale, deboulonnen, defale, efondre, fè fon, kofre, tonbe, tonbe feblès, vide, vide desann *The cave collapsed after it was filled with water.* Kav la defale apre dlo fin anvayi l. *The top of the mountains collapsed.* Tèt mòn nan vide desann. **3**[*give way*] kraze *The truck was too full, and so the bridge collapsed under its weight.* Kamyon an te chaje twòp, pon an kraze avè l. **4**[*faint*] blayi de pye long *The girl collapsed once she heard the news about her mom's death.* Ti fi a blayi de pye long kou l tande nouvèl lanmò manman l. **5**[*physically*] kofre *I'm collapsing under that heavy load.* M ap kofre anba chay lou sa a.

collar¹ *n.* [*of a shirt*] kòl, kole, kòlèt •**detachable collar** fokòl •**dog collar** kolye •**priest's collar** fokòl •**shirt collar** kole chemiz •**triangular wooden collar** [*for goats, etc.*] kwòk

collar² *v.tr.* mete men nan{gagann/kasav/pat}li, pran nan pat kasav li *They collared the journalist to take him to jail.* Yo pran jounalis la nan pat kasav li pou mennen l nan prizon.

collarbone *n.* klavikil, (zo) salyè

collard *n.* chou peyi

collate *v.tr.* klase, ranje *Let's collate these files.* Ann klase dosye say o.

collateral *n.* garan, garanti

colleague *n.* **1**[*office, school*] kòlèg **2**[*professional*] kolaboratè, kolaboratris [*fem.*], konfrè, patnè

collect I *v.tr.* **1**[*gather in, up*] ranmase *Put the bucket outside to collect some rainwater.* Mete bokit la deyò a pou n ranmase dlo lapli. **2**[*money*] ankese *We collected twenty dollars.* Nou ankese ven dola. **3**[*obtain money as payment*] chache *They haven't come yet to collect the rent.* Yo po ko vin chache kòb kay la. **4**[*fundraising*] kolekte *The girl is collecting money.* Manmzèl ap kolekte lajan. **5**[*water*] kapte *Go collect water from the nearby spring.* Al kapte dlo a nan sous ki tou pre a. **6**[*as hobby*] fè koleksyon, koleksyonnen, kolekte, ranmase, reyini *His hobby is collecting postage stamps.* Misye fè tèt li plezi pou l fè koleksyon tenm lapòs. **II** *v.intr.* [*come together*] rasanble *A crowd collected in front of the church.* Yon bann moun rasanble devan legliz la. •**collect one's self** poze san li

collection *n.* **1**[*stamps, coins, etc.*] koleksyon **2**[*of money in church*] kèt, lakolèt **3**[*of money*] kotizasyon **4**[*of taxes*] rekouvreman *Tax collection service.* Sèvis rekouvreman. **5**[*information, facts, evidence*] konpilasyon, rasanbleman, rekèy •**collection to pay for funeral of a pauper** kèt zoban •**church collection plate** kòbèy •**garbage collection** vwari •**person who takes up a collection** [*in church*] ketè •**take up a collection** fè kèt, kete *They're taking up a collection at the mass every Sunday.* Yo kete nan lamès la chak dimanch.

collective *adj.* •**collaborative or collective action** pote kole *Only a collective action can allow us to go forward.* Sèl yon koperasyon pote kole ki ka fè n avanse.

collector *n.* koleksyonè •**bill collector** ankesè •**debt collector** ankesè •**garbage collector** kantonnye, ranmasè(d) fatra, travayè vwari •**tax collector** kolektè, pèseptè

college *n.* inivèsite

collide *v.intr.* **1**[*crash (with one another)*] fè kolizyon *The two cars collided.* Gen 2 machin ki fè kolizyon maten an. **2**[*fig.*] twoke kòn li *These ladies always collide wherever they meet.* Medam sa yo toujou nan twoke kòn kèlkanswa kote yo kwaze a.

collision *n.* kolizyon

colloquium *n.* kòlòk

cologne *n.* losyon

colon¹ *n.* [*med.*] kolon

colon² *n.* [*punctuation*] {de/doub}pwen

colonel *n.* kolonèl

colonial *adj.* kolonyal, lakoloni *It's a colonial house.* Se yon kay lakoloni.

colonialism *n.* kolonyalis

colonialist¹ *adj.* kolonyalis

colonialist² *n.* kolonyalis

colonist *n.* kolon

colonization *n.* kolonizasyon

colonize *v.tr.* kolonize *France colonized Saint Domingue.* Lafrans te kolonize Sen Domeng.

colony *n.* koloni, lakoloni

color¹ *n.* koulè •**chocolate color** chokola •**give color to** anime *His speech gave color to the event.* Diskou misye a anime pwogram nan. •in vivid colors djandjan, limen •light coffee color bren •of various colors [bird] pentle •to see s.o.'s true colors wè ki moun yon moun ye{toutbon/vre} *That was the day that we saw his true colors.* Se jou sa a nou wè ki moun msye ye toutbon.

color² *v.tr.* bay li koulè, kolore *She colored the drawings nicely.* Li byen kolore desen yo.

colored *adj.* koulè *A color TV.* Yon televizyon koulè. •brightly colored yanyan *A brightly colored shirt.* Yon chemiz yanyan. •vividly colored limen *She's wearing a vividly colored dress.* Li mete yon wòb ki limen.

colorful *adj.* pentle *She likes wearing colorful dresses.* Li renmen met wòb pentle.

coloring *n.* 1[*substance*] koloran 2[*of drawing*] koloraj 3[*complexion*] ten, tenti

colossal *adj.* kolosal

colostrum *n.* kolostwòm, lèt{jòn/rapò}

colt¹ *n.* poulen

Colt² *prop.n.* [*revolver*] kòl 45

coltsfoot *n.* 1[*herb*] fwa pa nan kont, fèy kè, padàn, towo tig 2[*plant*] kòlèt{dam/ Nòtredam}, piga nèg, zèb kòlèt

colubrina shrub *n.* bwa fèblan

column *n.* kolonn, pilye, zepòlman •fifth column senkyèm kolòn •steering column bwa volan, sipò volan

coma *n.* konma

comb¹ *n.* 1[*hair*] peny 2[*of a rooster*] krèt •fine-toothed comb peny ti dan •go through/ over with a fine-toothed comb pase nan peny fen *They went through the neighborhood with a fine-toothed comb.* Yo pase tout katye a nan peny fen. •large comb for horses tri •multi-tufted comb krèt doub •short thick round comb or tuft krèt{mazoumbi/ sitwon} •wide pronged comb fouch •wide-toothed Afro comb pik

comb² *v.tr.* penyen *He's combing his hair.* L ap penyen tèt li. •comb again repenyen *Her hair is disheveled, she has to comb it again.* Cheve l defèt, fòk li repenyen. •comb one's hair [*women*] kwafe li, penyen{cheve/tèt} li *She takes a lot of time to comb her hair.* Li pran yon pakèt tan pou kwafe li. •comb one's hair into an afro penyen afwo *She's combed her hair into an afro today.* Li penyen afwo jodi a.

combat¹ *n.* konba •hand-to-hand combat kò a kò *The policemen put down their arms for hand-to-hand combat.* Polisye yo mete zam yo atè pou yo fè yon kò a kò.

combat² *v.tr.* konbat *A medicine that fights against flu.* Yon medikaman ki konbat lagrip.

combatant *n.* konbatan

combative *adj.* batayè, konbatif *This combative guy, he gets in fights all day.* Nèg batayè sa a, tout lajounen li nan akwochay.

combed *adj.* penyen *Your hair is well combed.* Cheve ou penyen byen.

combination *n.* konbinezon

combine¹ *n.* [*agriculture*] mwasonnè, mwasonnèz [*fem.*], batèz

combine² *v.tr.* 1[*mix together*] melanje *Combine all the ingredients together.* Melanje tout engredyan yo ansanm. 2[*pieces of something*] amalgame, konbine, mache ansanm, maye *She combines the music to make a medley.* Li amalgame mizik yo pou fè yon popouri. *Let's combine these two things.* Ann konbine de bagay sa yo. 3[*companies, organizations*] makonnen ansanm *These two telephone companies combine their resources to better serve the public.* De konpayi telefòn sa yo makonnen jefò yo ansanm pou yo ka bay piblik la pi bon sèvis.

combing *n.* kout peny

combining *n.* [*act of*] antremelay, makonnay

combustible *adj.*{met/pran}dife *Gasoline is highly combustible.* Gazolin pran dife fasil. •any dry combustible plant pay

combustion *n.* boule

come *v.intr.* 1[*arrive*] vin(i) *I don't think she's ever going to come.* M pa kwè l ap janm vini. *The day has come for me to go.* 2[*move toward s.o. or s.th.*] vin(i) *Come to my house.* Vin lakay (mwen). *Who's that coming this way?* Ki moun sa a k ap vin la a? *He came walking up to me.* Li mache vin sou mwen. 3[*accompany*] ale *Please, come with me.* Tanpri ann ale avè m. 4 [(*move to) become*] vin(i) *The door came open.* Pòt la vin ouvè. 5[*approach in time*] rive *Your birthday is coming soon.* Fèt ou prèt pou rive. 6[*be offered*] vin(i) *The bike I bought came with a bicycle pump.* Bisiklèt m achte a vin ak tout ponp li. 7[*be ordered in a particular way*] vin(i) *Family should come before work.* Fanmi fèt pou vin anvan travay. *What comes next?* Sa k vin apre? *February comes before March.* Fevriye vin anvan mas. **8**[*reach by traveling*] rive *How far have you come?* Jis ki kote ou rive? **9**[*elapse*] echi, bout *The date of payment has come.* Dat pèyman an echi. **10**[*present o.s. in person*] rive *When she came before the judge, she claimed she was innocent.* Lè l rive devan jij la li fè konnen li inonsan. **11**[*reach orgasm*] voye, vini *The man came twice while having sex.* Nèg la voye de fwa pandan l ap fè bagay. •**come about** fè *How does it come about that this man is still here?* Kòman fè nèg sa a isit la toujou? •**come across** *a*[*find*] jwenn *I came across this photo in the street.* M jwenn foto sa a nan lari a. *b*[*meet by chance*] kwaze, siyonnen *I just came across Paul in the street.* Mwen sot kwaze Pòl nan lari a. *While walking, he came across the person he was looking for.* Nan mache konsa, li siyonnen moun li te bezwen an. •**come across as** sanble *She comes across as an idiot.* Li sanble yon egare. •**come again** Ki sa ou di *I couldn't hear you well; come again.* M pa ka tande ou byen; kisa ou di? •**come out ahead of s.o.** pran devan yon moun *She came out ahead of her opponent in the polls.* Li pran devan advèsè li a nan sondaj yo. •**come along** *a*[*be advancing*] mache *How's the work on the house coming along?* Kouman travay nan kay la ap mache? *b*[*happen*] parèt devan li *Take advantage of every opportunity that comes along.* Pwofite tout okazyon ki parèt devan ou. *c*[*improve*] fè pwogrè *I see that the patient is coming along nicely.* M wè maladi a ap fè pwogrè. *d*[*accompany*] swiv, vini *Could my cousin come along as well.* Eske kouzin mwen an mèt vini tou? •**come and get it** *a*[*liquidation*] piyay *Come and get it! Don't stay away!* Piyay! Pa ret lakay. *b*[*take*] vini pran *Come and get it for her.* Vini pran sa pou l. •**come and go** *a*[*back and forth*] antre soti, vire tounen *That girl constantly comes and goes in the neighborhood.* Ti dam sa a ap plede vire tounen sou katye a. *b*[*temporary*] de jou, dire (used in negative construction) *Styles come and go.* Mòd se pou de jou sa la. *Luck only comes and goes.* Chans se bagay ki pa dire. •**come apart** defile *This dress is coming apart.* Rad sa a ap defile. •**come around**

[*change one's mind*] (vin) dakò ak li *After that, she came around to my opinion.* Apre sa l te vin dakò avè m. •**come ashore** fè tè *The boat has arrived at the dock, let's come ashore.* Bato a rive nan waf la, annou fè tè. •**come at** mache vin *When I saw him coming at me with a knife, I ran.* Lè m wè l ap mache vin sou mwen ak yon kouto, m kouri. •**come back** *a*[*home*] antre *He came back home after six months in Miami.* Apre si mwa li pase Miyami, li antre. *b*[*become popular again*] tounen alamòd *Are miniskirts coming back?* Minijip tounen alamòd ankò? *c*[*return to one's memory*] sonje *It's coming back to me now.* M sonje konnye a. *d*[*return*] (re)tounen *I'll come back to get the book.* M a tounen vin chache liv la. *I'll come back right away.* M ap tounen talè. *e*[*re-surface*] redouble, (re) tounen *The thugs came back.* Zenglendo redouble ankò. *f*[*recover from illness*] revini *After the accident, she lost consciousness; she came back after three days.* Apre aksidan an, li pèd konesans; li revini sou twa jou. •**come back empty-handed** {tounen/rantre} chèch *He went hunting and he came back empty handed.* Msye al lachas li rantre chèch. •**come back for the same thing** kase double *He keeps coming back for the same thing.* Li chita kase double pou menm bagay la. •**come back out** resoti *He came right back out of his house once he heard the aftershock.* Li resoti deyò kou li tande sekous la. •**come back to get** tounen vin chache *He came back to get his money.* Li tounen vin chache kòb li a. •**come back to life** reviv *Do you think he can have dead people come back to life?* Ou kwè li ka fè moun mouri tounen reviv? •**come back to one's senses** reprann bon sans li *After I had reflected for a while, I came back to my senses.* Lè m fin pran yon ti tan pou m byen reflechi, m reprann bon sans mwen. •**come before** vini anvan, pran devan *The issue of drinkable water comes before the others.* Pwoblèm dlo potab la vini anvan lòt yo. •**come between** fè lennmi ak yon moun *Money can never come between us.* Kòb pa kab fè m lennmi avè ou. •**come by** *a*[*place*] pase *He comes by his office every day.* Li pase nan biwo li chak jou. *b*[*get*] jwenn, pran *Work is hard to come by nowadays.*

Travay pa fasil pou jwenn konnye a. *How did you come by that bruise on your forehead?* Kote ou pran mak sa a k nan fon ou lan? •**come by honestly** pa pran li lwen *He came by his stubbornness honestly; his father was just as stubborn.* Tèt di l la, li pa pran l lwen; papa l se konsa l te ye. •**come by s.o.'s house** tcheke *Come by my house tomorrow.* Tcheke m demen maten lakay la. •**come close to** [*an opportunity*] fè laviwonn *He came close to getting the job, he didn't get it.* Misye fè laviwonn dèyè djòb la, li pa jwenn li. •**come closer** pwoche, vanse *Come closer so I can talk to you.* Pwoche vini m pale ou. *Come closer, you're too far away.* Vanse non, ou twò lwen. •**come down** *a*[*descend*] desann *Come down from there!* Desann la! *She came down the stairs on tiptoe.* Li desann eskalye a sou pwent pye l. *b*[*fall to a lower level*] desann *The price of sugar never came down.* Pri sik pa janm desann. *c*[*clothing*] rive *The dress came down to her knees.* Rad la rive sou jenou l. *d*[*fall*] tonbe *A tree limb came down on my head.* Yon branch bwa tonbe sou tèt mwen. •**come down (hard) on** regle yon moun *Your mother is going to come down hard on you for what you did.* Manman ou ap regle ou pou sa ou fè a. •**come down again** redesann *She just went up, she came down again.* Li fèk monte la a, l redesann. •**come down off one's high horse** [*lower one's tone*] desann li sou li *Come down off your high horse when you're talking with me!* Desann ou sou mwen lè w ap pale ak mwen! •**come down to** yon bagay ki genyen *What it all comes down to is whether your mother will let you go or not.* Se yon sèl bagay ki genyen: se konnen si manman ou ap kite ou ale osnon si l pa p kite ou ale. •**come down in the world** detchonn *He has come down in the world.* Li detchonn. •**come down with** [*illness*] pran *He came down with the flu playing in the rain.* Li pran yon grip nan jwe nan lapli a. •**come due** bout, echi *The rent has come due since yesterday.* Lajan lweyay kay la bout depi yè. •**come face to face with** fè fas ak *Every day we come face to face with a different problem.* Chak jou nou fè fas ak yon lòt pwoblèm. •**come for** {vin(i)/pase} {chache/dèyè/pran} *He's coming for the car.* Li vin chache

machin nan. *He told me he'd come for me.* Li di m l ap vin chache m. *I'll come for you around six o'clock to go to the movies.* M ap pase pran ou nan zòn sizè pou n al sinema. •**come forward as a candidate** fè kanpay *Elections were scheduled, no one came forward as a candidate.* Eleksyon rive, pèsonn pa fè kanpay. •**come from** *a*[*source*] sot(i) sòti, soti nan, vini sòti *That model of car comes from the U.S.* Mak machin sa a soti Ozetazini. *Where is that noise coming from?* Kote bri sa a soti? *b*[*place*] sòti *I come from Jacmel.* M sòti Jakmèl. •**come from a poor family** pitit sòyèt *Jacques comes from a poor family, but he kept studying until he became a doctor.* Jak se pitit sòyèt, men li fè efò jouk li rive doktè. •**come here** pase ou isit *Come here, I need you.* Pase ou isit, m bezwen ou. •**come here to me** vin jwenn mwen *You needn't be afraid of coming here to me.* Ou pa bezwen pè vin jwenn mwen. •**come in** *a*[*enter*] antre, rantre *Don't be afraid to come in* Ou pa bezwen pè rantre. *Tell him to come in.* Di l antre. *She came in the house.* Li antre nan kay la. *b*[*arrive*] antre, vini, rive (nan) *Has the plane come in yet?* Avyon an antre deja? *There's a new shipment of rice that just came in.* Gen yon chajman diri ki fenk rive la. *c*[*finish a race*] fini, sot(i) *She came in second.* Li soti dezyèm. *d*[*tide*] lanmè a leve *The tide is coming in.* Lanmè a ap leve. •**come in a hurry** kouri vini *As soon as he heard the screaming, he came in a hurry to see what had happened.* Tande l tande rèl la, li kouri vini wè sa k genyen. •**come in handy** itil *It could really come in handy; don't throw it away.* Li gendwa byen itil ou, pa jete l. •**come in suddenly** djayi *The people came in on us suddenly.* Moun yo djayi sou nou la. •**come nearer** fè yon ti vanse *Please come nearer so I can tell you something.* Fè yon ti vanse souple pou m ka di ou yon bagay. •**come of age** majè *You come of age when you're twenty-one.* Yon moun majè lè ou gen venteyennan. •**come off** *a*[*be detached*] rache, sot(i) *The heel of my shoe came off.* Talon soulye m soti. *This button is about to come off.* Bouton sa a prèt pou soti. *b*[*be torn off*] degonmen *The sign came off after the rain.* Afich la degonmen apre lapli a. •**come on** *a*[*be on*] limen *The light can't come on by itself.* Limyè a pa ka limen pou kont li. *b*[*hurry up*] fè vit *Come on! It's time to go!* Fè vit! Li lè pou n ale! *c*[*start*] bay *What time does the news come on this radio station?* A ki lè radyo sa a bay nouvèl? •**come on foot** vini sou de vityelo li *He came all the way on foot to bring you food?* Li mache sou de vityelo li pou l pote manje ba ou? •**come on intermittently** [*car lights*] twenzi *The lights came on intermittently.* Limyè yo twenzi. •**come out** *a*[*be published*] parèt, sòti *It's a new book; it just came out.* Se yon nouvo liv, li fèk sòti. *b*[*emerge*] sòti *The corn buds started coming out.* Grenn mayi yo koumanse soti. *c*[*appear*] sot(i) *The moon hasn't come out yet.* Lalin nan po ko parèt. *These animals come out at night.* Bèt sa yo soti lannuit. *d*[*be removed*] sot(i) *That stain will never come out.* Tach sa a pa p janm soti. *e*[*become public*] pran lari *The news of the president's death hasn't come out yet.* Nouvèl lanmò prezidan an po ko pran lari. *f*[*end up*] fini, pase *How did the game come out?* Kouman match la fini? *Everything came out fine.* Tout bagay byen pase. *g*[*go out, leave*] sot(i) *He stayed in the house and didn't come out to talk to me.* Li ret anndan kay la, li pa soti vin pale avè m. *The money came out of my pocket.* Se nan pòch mwen kòb la soti. •**come out as** sòti *She came out as the first female elected president.* Manmzèl sòti premyè fanm ki rive vin prezidan. •**come out empty-handed** kaka tabak, pa fè yon plim, ret(e) konsa, soti bèkèkè *In the work he went to do, he came out empty-handed, he didn't find anything.* Nan travay misye te al fè a, li soti kaka tabak, li pa jwenn anyen. *I came out empty-handed from the bet.* M pa t fè yon sèl plim nan pari a. *Everyone got something, I came out empty handed.* Tout moun jwenn kichòy, mwen menm, m ret konsa. *It was a bad deal for Pradel, he came out empty-handed.* Se te yon move dil pou Pradèl, li soti bèkèkè. •**come out into the open** pran lari *He came out into the open after spending two years hiding in the bush.* Li pran lari apre dezan nan mawon. •**come out of** soti nan, vini sòti *Smoke comes out of the chimney.* Lafimen ap soti nan chemine a. •**come out of nowhere** soti kote

li soti *He came out of nowhere to disturb us.* Li soti kote l soti a vin deranje moun. •**come out of o.s.** louvri zèl li •**come out well** byen tonbe *Her answer came out well.* Repons li an byen tonbe. •**come over** *a*[*of feelings: to take hold of*] pase, pran *What's come over her?* Sa k pran l? *b*[*make an informal visit*] pase wè *Come over and see us when you have the time.* Pase wè n lè ou gen tan. •**come over to** mache vini *Come over to me!* Mache vini bò kote m! •**come running** kouri vini *When I heard the news, I came running to them.* Lè m aprann nouvèl la, m kouri vini ba yo. •**come through** rive wete kò li pwòp *If he's smart enough, he might manage to get through this deadlock.* Si msye entèlijan, li ka rive wete kò l pwòp nan enpas sa a. •**come to** *a*[*amount to*] fè *That comes to three dollars.* Sa fè twa dola. *b*[*arrive at*] vin(i) *I came to realize that she was lying to me.* M vin wè se manti l ap ban m. *You'll come to like him.* Ou ap vin renmen l. *c*[*reach as far as*] rive *The water came up to my shoulders.* Dlo a rive nan zèpòl mwen. *d*[*end up*] fini pa, revni, rive *I've come to see that those people are interested only in money.* M fini pa wè moun sa yo se lajan sèlman ki enterese yo. •**come to a boil** kase bouyon *The beans have just come to a boil.* Pwa a fèk kase bouyon. •**come to a decision** {fè/pran}desizyon li *I've come to a decision on looking for my own place to stay.* Mwen pran desizyon m pou chache pwòp kay mwen pou m rete. •**come to an agreement with** kwaze lewit *The two enemies came to an agreement after an argument.* De lennmi yo rive kwaze lewit apre anpil pale anpil. •**come to an end** fini *The day has come to an end.* Jounen an fini. •**come to attention** mete yon moun {o/sou}gadavou *The colonel made all the soldiers come to attention.* Kolonèl la mete tout sòlda o gadavou. •**come to blows** goumen mete pye, kwaze ponyèt, mete men *If they come to blows, I'll be there to separate them.* Si goumen mete pye, m a separe yo. *The discussion ended badly, people came to blows.* Diskisyon an fini mal, moun yo mete men. •**come to life** reprann *With rain, the plant will come to life again.* Ak lapli a, plant yo pral reprann. •**come to light** devwale *The secret dealings* *came to light.* Kaka chat la devwale. •**come to no good** fini mal *These street gang leaders always come to no good in the end.* Chèf gang sa yo toujou fini mal. •**come to nothing/ naught** mouvman nil *All of my efforts came to nothing.* Tout efò m fè se mouvman nil. •**come to one's senses** pran tèt li, reprann bonnanj li, resezi li *When she comes to her senses, she won't let people fool her anymore.* Lè l fin pran tèt li, li p ap kite moun jwe ak li ankò. *Come to your senses, quit crying for the money you lost.* Resezi ou monchè, bouke kriye pou kòb la ou pèdi a. •**come to pass** akonpli *What the seer said came to pass.* Sa divinò a di a akonpli. •**come to rest on** vin(i) poze *The bird came to rest on the statue* Zwazo a vin poze sou estate a •**come to ruin** fini mal *Look at how he has come to ruin, he's sleeping in the streets.* Gad ki jan misye fini mal, se nan lari l ap dòmi. •**come to see** fini pa *I've come to see that those people are interested only in money.* M fini pa wè moun sa yo se lajan sèlman ki enterese yo. •**come to the attention of** tande *It came to my attention that you're looking for another job.* M tande ou ap chache yon travay. •**come together** asanble, fè{kolonn/yon sèl}, mete ansanm (ak) *Come together, we're going to begin.* Asanble, nou pral kòmanse. *All third-world countries must come together to protect their interests.* Tout peyi tyè monn yo dwe mete ansanm pou defann enterè yo. •**come true** bout *Her dream came true.* Rèv li bout. •**come undone** defile *The trousers will come completely undone at the seam because you pulled out the knot out of the stitch.* Pantalon an defile nèt akòz ou rale pwent fil ne a. •**come undone at the seams** dekoud *These pants can easily come undone at the seams.* Pantalon sa yo dekoud byen fasil. •**come up** a[*attention, consideration*] leve, parèt, tounen *The subject of money came up again.* Pawòl kòb la tounen ankò. *Problems can come up at any time.* Poblèm gendwa parèt nenpòt ki lè. b[*rise from the ground*] leve *The corn hasn't come up.* Mayi a po ko leve. •**come up again** remonte *She dove but she didn't come up again.* Li plonje, men li pa remonte ankò. •**come up against** tann *We don't know what we'll be coming up against*

later? Nou pa konn sa k ap tann nou pi devan. •**come up to** apwoche kote li, mache vin sou li *The man came up to the woman to whisper something to her.* Msye apwoche kote fi pou l di yon pawòl nan zòrèy. *He came up to me and shook my hand.* Li mache vin sou mwen, li ban m lanmen. •**come up with** a[*find*] jwenn *Will you be able to come up with the money?* Èske ou ap ka jwenn kòb la? b[*think of*] vin ak *Who came up with that idea?* Ki moun ki vin ak lide sa a? c[*earn*] defounen *In one day's work, I came up with a hundred gourdes.* Nan yon jounen travay, m defounen san goud. •**come upon** [*illness, ache*] pran *I get a headache that comes upon me every night.* M gen yon tèt fè mal ki pran m chak aswè. •**come what may** nan mal yon moun nan mal nèt, sa k pase l pase, wè pa wè *I'll be going, come what may.* M prale kanmenm, sa k pase l pase. *Come what may, I still have to go.* Wè pa wè, fòk m ale kanmèm. •**come with** akonpaye *A nice letter came with her gift.* Gen yon bèl lèt ki akonpaye kado li a. •**come within a hair's breadth of** fin rive *I had just come within a hair's breadth.* M fin rive. •**come in** rantre *Don't be afraid to come in, neighbor!* Ou pa bezwen pè rantre, vwazin! •**be coming down in buckets** tonbe{avès/anvès} *The rain is coming down in buckets.* Lapli a tonbe anvès. •**be coming to** [*be deserved*] sa k vin pou li *I gave you what you had coming to you.* M ba ou sa k vin pou ou. •**be coming to a head** [*an abscess, etc.*] ranmase *The abscess is coming to a head to burst soon.* Abse a ap ranmase pou l pete. •**coming apart** [*woven straw object*] depaye *The chairs are coming apart.* Chèz yo fin depaye. Chèz yo fin depaye. •**days come and go** jou ale jou vini *Days come and go but we are still dependent on people.* Jou ale jou vini, nou toujou sou kont moun. •**get what is coming to one** chache *She really got what was coming to her!* Li jwenn sa l t ap chache a! •**how come** dekilakyèl, de ki prevyen, ki fè, ki jan, kouman fè, sa k te gentan gen la *How come you didn't go to school today?* De ki prevyen ou pa al lekòl jodi a. *How come you didn't answer him?* Ki fè ou pa reponn li? *How come you weren't at the meeting?* Kouman fè ou pa t la nan reyinyon an? *We* *are rich now, we don't want to hang out with poor people anymore. How come?* Nou gen lajan atò, nou pa mele ak pòv Sa k te gentan gen la! •**oh come on now** rale kò ou *Oh come on! Stop saying nonsense.* Rale kò w la! Sispann pale tenten. •**when it comes to** nan (zafè) *When it comes to cooking, none of them can touch her.* Nan fè manje, pa gen youn ki ka parèt devan l. •**where does one come off** kote l soti *Where does he come off telling people what to do?* Kote l soti ap vin di moun sa pou yo fè a? •**come down in the world** mete li sou dèyè *The harsh economy has caused his family come down in the world now.* Ekonomi a mete tout fanmi msye sou dèyè yo kounye a.

comeback[1] *n.* retou *The team has made a great comeback.* Ekip la fè yon bèl retou.

comeback[2] *n.* bèk, retou •**take a comeback** pran yon bèk *He took a comeback which made him shut his mouth.* Li pran yon bèk ki fè l pe bouch li.

comedian *n.* amizè, blagè, komedyen

comedy *n.* [*play*] komedi

comeliness *n.* bèlte

comet *n.* komèt

comfort[1] *n.* 1[*wealth*] alèz 2[*consolation*] konsolasyon, rekonfò, soulajman •**give comfort** bay yon moun kouray *I'm here to give you comfort in this moment of trial.* M la pou m ba ou kouray nan moman eprèv yo.

comfort[2] *v.tr.* bay yon moun kouray, konfòte, konsole, rekonfòte, remonte, soulaje *He comforted me.* Li konsole m. *I'm here to give you comfort in this moment of trial.* M la pou m ba ou kouray nan moman eprèv yo. *The Lord will always comfort you in times of trial.* Letènèl ap toujou konfòte ou nan moman eprèv yo. *Because you came to visit me, that comforts me.* Vini ou vin wè m nan soulaje m.

comfortable *adj.* 1[*feeling comfort*] bon *Are you comfortable where you're sitting?* Ou bon kote ou chita a? 2[*providing comfort*] dous, konfòtab *I love wearing these shoes; they're so comfortable.* M renmen met soulye sa a, li dous. *This house isn't comfortable.* Kay sa pa konfòtab. 3[*lifestyle*] alèz *They have a comfortable life.* Yo viv alèz. •**comfortable in a job or position** pran asiz *She is not too comfortable yet in the position.* Li pòkò fin

pran asiz nan djòb la. •**be comfortable with** kole ak *He's comfortable with his mother; he can talk to her about anything.* Misye kole ak manman l anpil; li ka di l nenpòt bagay. •**get into more comfortable clothes** deboure (kò) li *With this heat, get into more comfortable clothes.* Ak chalè sa a, deboure kò ou non. •**make o.s. comfortable** mete li alèz, pran lèz li, rilaks li *She made herself comfortable before speaking.* Li pran lèz li anvan l pale. *Make yourself comfortable.* Mete ou alèz.

comfortably *adv.* alèz, alèzman

comforter *n.* 1[*person who comforts*] konsolatè 2[*bedcover*] kouvreli matlase

comforting *adj.* rekonfòtan

comic[1] *adj.* komik •**comic book** kòbòy •**comic strip** bann desine, ti komik

comic[2] *n.* joujou (lakomedi)

comical *adj.* komik

coming *adj.* •**coming day** (day name +) demen *This Sunday is Easter Sunday.* Dimanch demen an se dimanch Pak.

coming *n.* vini •**comings and goings** ale vini, antre soti, vatevyen, viretounen *Why all these comings and goings?* Poukisa tout vatevyen sa yo?

comma *n.* vigil

command[1] *n.* kòmannman, lòd

command[2] *v.tr.* bay(yon moun)lòd, fè lalwa, kòmande, mande, òdone *In the neighborhood, he's the one who commands.* Nan katye a, se li ki fè lalwa. *The police commanded that the crowd leave immediately.* Lapolis mande foul la pou yo deplase san pèdi tan. •**command respect** ranmase karaktè li *Command respect so people don't make fun of you.* Ranmase karaktè ou pou moun pa jwe ak ou.

commandant *n.* kòmandan

commandeer *v.tr.* 1[*officially*] fè rekizisyon *This government commandeered all of its properties.* Leta sa fè rekizisyon tout bagay ki re l pa l. 2[*usurp*] akapare, poze lapat sou *An airplane has been commandeered by terrorists.* Teyoris poze lapat sou yon avyon.

commander *n.* kòmandan •**local commander** kòmandan laplas •**supreme commander** chèf koumandè

commando *n.* kòmando •**commando force** kòmando

commemorate *v.tr.* komemore *We're commemorating the date of the massacre.* N ap komemore dat masak la.

commemoration *n.* komemorasyon

commence *v.tr.* kòmanse *She commenced speaking at three p.m.* Li kòmanse pale ak twazè nan aprè midi.

commend *v.tr.* fè konpliman, felisite *She's commending us for our good work.* L ap felisite nou sou gwosè travay nou an.

commensurate *adj.* egale, pwopòsyonèl *The type of house he has isn't commensurate with the salary he earns.* Kay li a pa pwopòsyonèl ak salè li genyen.

comment[1] *n.* kòmantè

comment[2] *v.intr.* kòmante *I'm not going to comment on what she said.* M pa pral kòmante sou sa l di a.

commentary *n.* kòmantè, nòt

commentator *n.* kòmantatè

commerce *n.* konmès •**chamber of commerce** chanm komès

commercial[1] *adj.* piblisite *That's a commercial message.* Sa se yon mesaj piblisitè.

commercial[2] *n.* [*broadcast ad*] anons piblisitè, reklam

commission[1] *n.* komisyon, koutay *They sell bread on commission.* Se a komisyon yo vann pen. •**out of commission** [*not operational*] kanpe *This car has been out of commission for a long time.* Machin sa a gen lontan l kanpe. •**sort of implicit commission** koutay

commission[2] *v.tr.* anchaje, komisyonnen *I commissioned the lawyer to arrange that.* M anchaje avoka a pou l regle sa.

commissioned *adj.* plase *They were commissioned to carry out the job.* Yo plase pou fè travay la.

commit *v.tr.* **1** [*crime, error, sin*] fè, komèt *What stupid acts you're committing there!* Ki betiz sa yo w ap konmèt la a! *What crime did she commit?* Ki zak li fè?. **2** [*promise*] angaje tèt li, pran angajman *He committed himself to this job.* L angaje tèt li nan travay la. •**commit a sin** fè peche •**commit adultery** fè adiltè •**commit bad acts** poze move zak •**commit o.s.** angaje li, bay mo li, {di/pwomèt}li *I can't commit myself until I talk to my wife.* M pa ka

di ou; fò m pale ak madanm mwen anvan. *She committed herself to reimburse the money in two years.* Li angaje l pou l ranbouse lajan an sou dezan. •**commit suicide** kwoke tèt li, pete {fyèl/tèt}li, touye tèt li •**commit thefts and crimes** opere *Those gang members commit thefts and crimes everywhere they go.* Manm gang sa yo opere tout kote yo pase.

commitment *n.* angajman, konviksyon •**last-minute commitment** anpechman •**make a commitment** pran angajman

committed *adj.* angaje *He's a politically committed artist.* Li se yon atis angaje.

committee *n.* komite •**oversight committee** komite swivi •**special committee** komisyon

commodity *n.pl.* [*vegetables, coffee, cereals, etc., but not meat*] danre

common[1] *adj.* fè pay, jeneral, konmen, kouran, òdinè *Injustice is a common problem in the world. Typhoid outbreaks are common in this area.* Zafè tifoyid la fè pay bò isit. Lenjistis se yon pwoblèm jeneral nan lemonn. •**common area/place** lye komen •**common law** dwa komen •**common people** {gwo/mas}pèp la •**common sense** bon{konprann/sans} *He doesn't have any common sense at all!* Li pa gen bon sans menm! •**lack common sense** gen kaka nan tèt li *If didn't lack common sense, he wouldn't have acted that way.* Si se pa t kaka li te gen nan tèt li, li pa ta aji konsa. •**sth. in common** korespondans *Do these two bolts have something in common?* Èske de boulon machin sa yo gen korespondans ant yo?

common[2] *n.* •**land held in common** [*undivided*] tè endivizyon

common green lacewing *n.* [*insect*] mouch vèt

common jack [*fish*] *n.* karang

common-law *adj.* •**common-law husband** papa pitit *She has been married to her common-law husband for fifteen years.* Sa fè li kenz lane depi li marye ak papa pitit li. •**common-law marriage** matlotay, plasay •**common-law union** plasay debou •**principal common-law wife** fanm plase

commonplace *adj.* tèratè *CD players have become commonplace.* Radyo CD se bagay tèratè.

common tern *n.* [*bird*] fou bèk wouj

commotion *n.* 1[*noise*] bingbang, boulvari, bowou, branlba, briganday, deblozay, eskandal, kabal, kabouya, rabouray *Why all the commotion?* Pou ki sa tout deblozay sa a? *What commotion do I hear over there!* Ki briganday m tande lòtbò a! 2[*disturbance*] ajitasyon, kabouyay, mache prese *There was a commotion in the town yesterday.* Te gen yon mache prese lavil ayè. *There's a commotion upstairs.* Gen yon kabouyay anwo a. 3[*civil unrest*] kawousèl, twoub, lanvè landwat *This country is always in commotion.* Peyi sa a pa janm pa gen yon kawousèl.

communal *adj.* kominal *A communal beach.* Yon plaj kominal.

commune *n.* komin

communicate I *v.tr.* kominike *As soon as you find the information, communicate it to me.* Depi ou jwenn enfòmasyon an, kominike m li. **II** *v.intr.* pale *He doesn't know how to communicate with others.* Li pa konn pale ak moun.

communication *n.* kominikasyon

communion[1] *n.* 1[*rel.*] kominyon, Lasentsèn 2[*sacrament*] Konminyon •**communion service** konsekrasyon lakominyon •**s.o. with whom one took first communion** frè bra •**take communion** pran Bondye, pran kominyon *The faithful take communion every Sunday.* Fidèl yo pran kominyon chak dimanch. •**take one's First Communion** fè premye kominyon *She's already taken her first Holy Communion.* Li fè premye konminyon l deja.

Communion[2] *prop.n.* Lekaristi (Ekaristi) •**take Holy Communion** fè Pak li *He's going to take Holy Communion, he hasn't done that in a long time.* Li pral fè Pak li, sa gen lontan depi li pa pran lakominyon.

communiqué *n.* avi, flach, kominike

communism *n.* kominis

communist[1] *adj.* kominis *The communist party.* Pati kominis la.

communist[2] *n.* kominis

community *n.* alantou, katye, kolektivite, kominote, lakou *The urban communities.* Kolektivite lavil yo. •**community organization for mutual aid** mera

commute *n.* deplasman

commute *v.intr.* ale vini, fè lanavèt, {kondi/sot}... al(e) ... *I commute every day from Léogane to Port-au-Prince.* Chak jou m sot Leyogàn al Pòtoprens. *He works in Gonaïves and commutes every day.* Li travay Gonayiv, chak jou l kondi ale vini. *I commute every day between the main office and the annex.* M fè lanavèt chak jou ant biwo prensipal la ak anèks la.

compact[1] *adj.* konpak •**compact disk** konpak dis, sede

compact[2] *n.* [*cosmetics*] poudriye

companion *n.* konpany [*fem.*], konpanyon, rifyan, zanmi **companions** *n.pl.* lantouraj, mesye

company[1] *n.* [*guests*] konpanni, lasosyete

company[2] *n.* 1[*firm*] antrepriz, konpayi 2[*milit.*] konpanni

comparable *adj.* {konparab/menm fòs}ak *This dress is not comparable to the one that you're wearing.* Wòb sa a pa konparab ak sa k sou ou a. •**not comparable to sth.** pa {konparab/kab parèt devan} li, pa ka{parèt/wè} nan pwent pye yon moun *This car is not comparable at all to your old car.* Machin pa konparab vye bogi ou la. *You're not comparable to such a big man.* Ou pa ka parèt nan pwent pye yon gwo nèg konsa!

comparative *n.* [*gram.*] konparatif

compare *v.tr.* konpare (ansanm), mete ... ak ... *Let's compare the two cats.* Ann konpare de chat yo ansanm. *You cannot compare me with her.* Ou pa ka mete m ak li. *You can't compare my bicycle with yours.* Ou pa ka mete bisiklèt pa ou la ak pa m lan. •**compare prices** pran pri *I compared prices in three different stores before I bought it.* M pran pri nan twa magazen anvan m achte l.

compared *adj.* •**compared to** devan, parapò a(k) *This car isn't at all big compared to mine.* Machin sa a pa gwo menm devan pa m lan. *Compared to how rich people live, we're far from enjoying that lifestyle.* Parapò ak jan moun rich ap viv, nou menm nou pa ladan. •**not to be compared with** pa rete ak *The work he did is not to be compared with his colleagues' work.* Travay li fè a pa rete ak lòt pa kòlèg li yo.

comparison *n.* konparezon •**in comparison{to/with}** pa rapò (a/ak), si se pou devan *This year's crop is better in comparison to last year's.* Rekòt ane sa a pi bon pa rapò ak sa ane pase a. *In comparison with John, Marc is a giant.* Si se pou devan Jan, Mak se yon potorik gason.

compartment *n.* kaz, kazye, konpatiman •**glove compartment** ti kòf devan •**storage compartment** [*airplane*] sout

compass *n.* 1[*directional instrument*] bousòl 2[*geometry*] konpa 3[*music*] pòte

compassion *n.* bon kè, kè sansib, konpasyon, lacharite, pitye, sansiblite •**be without compassion** kè di, wete trip mete pay *These people are without compassion.* Nèg sa yo gen kè di. •**have compassion for a**[*forgiveness*] fè pa yon moun *The judge had compassion for the poor boy.* Jij la fè pa ti gason an. **b**[*sympathy*] plenn pou *The mother had compassion as the child was suffering.* Manman an plenn pou pitit la lè l wè jan l ap soufri. •**lacking in compassion** kè frèt *Don't think he understands your problems because he lacks compassion.* Pa kwè li pral konprann pwoblèm ou paske kè l frèt.

compassionate *adj.* kè sansib, sansib *The priest is compassionate.* Pè a gen kè sansib. •**compassionate people** moun ki sansib

compatible *adj.* asòti, sanble *Those two people are not compatible.* De moun sa yo pa asòti. •**compatible with** konfòm *What she says is not compatible with our ideas.* Sa l di a pa konfòm ak lide nou yo.

compatriot *n.* {moun/nèg}peyi li

compel *v.tr.* blije, fòse *He compelled the police officer to arrest her.* Li fòse polisye a arete manmzèl.

compelled *adj.* •**be compelled** blije, sètoblije *I was compelled to sell my little piece of land.* M blije vann ti moso tè m nan.

compensate *v.tr.* dedonmaje *The insurance company will compensate you.* Konpayi asirans lan ap dedomaje ou. •**compensate for services** bay yon ti tchotcho *The company will compensate its former employees for their extra services during the holidays.* Konpayi a ap peye ansyen travayè yo ti tchotcho pou travay yo te fè anplis nan jou ferye yo.

compensation *n.* dedonmajman, reparasyon

compete *v.intr.* fè{konkirans/plèd(man)/pòy}, tope *He has to compete with everyone.* Fòk l fè konkirans ak tout moun. *The men are competing to see who will be first.* Nèg yo ap fè plèd pou wè sa k ap rive anvan. *Those two girls competed over the same guy.* De fi yo fè pòy dèyè nèg la. *I'm not into competing with anyone.* M pa dèyè fè plèd ak pèsonn. *I don't believe you can compete with them in making good furniture.* M pa kwè ou ka tope ak yo nan fè bèl mèb. •**compete against one another** chen manje chen *The students don't work together in the class, it's one competing against another.* Elèv yo pa travay ansanm nan klas la, se chen manje chen. •**compete for a prize** diskite *There are four teams that are competing for the cup.* Gen kat ekip k ap diskite koup la.

competence *n.* konpetans, repondong

competent *adj.* konpetan, kalifye *I'm a competent person.* Mwen se yon moun konpetan. •**be competent in one's field** {bòs/maton}nan domèn li, gen kanson li nan tay li *Everyone is competent in her own field.* Chak moun bòs nan domèn li. *For this work, you have to be competent.* Pou travay sa a, fòk ou gen kanson ou nan tay ou. •**become competent in** vin{bòs/maton} *After attending the training she has become very competent in computer.* Aprè manmzèl fin sot nan seminè a li vin pi maton nan enfòmatik. •**one who is competent at his job** pwofesyonèl

competition *n.* 1[*rivalry*] konkirans, polemi(k) 2[*sport*] konpetisyon 3[*contest*] konkou

competitive *adj.* konpetitif, polemik *The soccer game was very competitive because each player wanted to be selected.* Match la te polemik anpil paske tout jwè dèyè plas yo.

compilation *n.* rasanblaj

compile *v.tr.* 1[*material*] anpile *Please compile all the songs in one book.* Tanpri anpile tout chan yo nan yon sèl liv. 2[*information*] drese, fè, leve *Compile a list of the people who contributed money toward the party.* Leve lis tout moun ki te bay kòb pou fèt la.

complacency *n.* sitirans

complacent *adj.* sitiran

complain *v.intr.* **1**[*grumble*] babye, gwonde, konplenn, mimire, plenn, plenyen, pote plent (bay), pale pou, wouspete, yenyen *He's always complaining.* Li toujou ap plenyen, anyen pa janm bon avè l. **2**[*about s.th.*] plenyen kont *We're complaining about the cost of living in the country.* N ap plenyen kont lavi chen k ap bwase bil peyi a. **3**[*to s.o about s.o else*] pote ... plent pou ... *I'm going to complain to your mother about you.* M pral pote manman ou plent pou ou. •**complain to the authorities** ale nan leta *We're going to complain to the authorities.* Nou pral nan leta.

complainer *n.* yenyen •**chronic complainer** babyadò, plenyadò

complaining[1] *adj.* plenyen, yenyen *He's a complaining child.* Li se yon timoun ki yenyen.

complaining[2] *n.* babyay, wouspetay

complaint *n.* doleyans, konplent, plent, plenyen, reklamasyon **complaints** *n.pl.* [*jur.*] depozisyon •**list of complaints** kaye{doleyans/reklamasyon} •**make a complaint against** ale lajistis pou *I'll make a complaint against the man who hit me.* Mwen prale lajistis pou nèg ki frape m nan,

complement *n.* [*gram.*] konpleman

complete[1] *adj.* **1**[*finished*] apwen, konplè, okonplè, total(capital) *The job is not yet complete.* Travay la poko apwen. *What you gave me isn't complete at all.* Sa ou ban m nan pa konplè menm. *The team is complete, no one is missing.* Ekip la okonplè, pèsonn pa manke. *We should do a complete accounting.* Nou ta dwe fè yon regleman totalkapital. *The cabinetmaker returned a complete piece of work.* Ebenis la renmèt mwen yon travay total. **2**[*absolute*] bon jan *She's a complete idiot.* Se yon bon jan egare l ye.

complete[2] *v.tr.* fin(i) *Has she completed the work?* Li fini travay la? •**complete successfully** byen soti *She successfully completed the task they assigned her.* Li byen soti nan misyon yo te ba li a.

completed *adj.* fèt, konplete *Once the whole collection is completed it will be exhibited at the museum.* Lè koleksyon an fin konplete nèt, y ap ekspoze l nan mize a.

completely *adv.* **1**[*totally*] fin twò, nèt, tou *He's completely bald.* Tèt li chòv nèt. *She's* not quite completely healed. Li pa finman geri nèt. *I completely forgot you.* M bliye ou nèt. *The house was completely red as it burned.* Kay la tou wouj anba dife. **2**[*to completion*] antyèman, konplètman, nètalkole, okonplè, ragannak *She completely finished the clothes.* Li fini tout rad yo nètalkole. *Read the book completely.* Li liv la okonplè. *The plate is completely filled.* Asyèt la ranpli ragannak. **3**[*total destruction*] rapyetè *The house burned down completely.* Kay la boule rapyetè. **4**[*tear*] pak an pak *The pants are completely ripped.* Pantalon an chire pak an pak. **5**[*agreement*] konplètman, pafè, pafètman, toutantye *I'm not completely in agreement with what you're saying.* M pa fin pafè tonbe dakò ak sa ou di a. *I agree completely with you.* M toutafè dakò ak ou. *She agrees with us completely.* Li dakò ak nou toutantye. **6**[*giving satisfaction*] entegralman, rèdchèch *He did the work completely, the way the boss wanted him to.* Li fè travay la entegralman, jan patwon an te vle li a. *She did the work completely without neglecting the smallest thing.* Li fè travay la rèdchèch, san l pa neglije yon ti pwen.

completion *n.* finisman •**degree of completion** nivo

complex[1] *adj.* an mikmak, anboulatcha, konplèks, konplike, makawon, malouk *The situation is complex.* Sitiyasyon an konplèks. *The problem is complex.* Pwoblèm nan makawon. *The situation in the country is becoming more complex.* Sitiyasyon peyi a vin pi malouk. •**complex number** [*math*] nonm konplèks

complex[2] *n.* [*an emotional problem*] konplèks •**full of complexes** konplekse *This man will always remain unemployed, he's full of complexes.* Misye ap toujou rete nan chomeko, se nèg ki konplekse.

complexion *n.* po figi, ten •**black man with light complexion** grimo •**black woman with light complexion** grimèl •**light-skinned woman with reddish complexion** grimèl chode

compliance *n.* •**in compliance** {an/nan}règ

complicate *v.tr.* konplike *You're always complicating everything.* Ou toujou ap vin konplike tout bagay. •**complicate a matter** agrave *Your daughter's pregnancy is not a* matter you should complicate any further. Gwosès pitit fi ou la se pa yon bagay pou chita ap agrave pi plis toujou.

complicated adj. 1[difficult to understand/deal with] konplike It's a very complicated job. Se yon travay ki konplike anpil. The explanation he gave me was too complicated. Esplikasyon l ban m lan twò konplike. 2[situation] an mikmak, konplike, makawon, makònen, malouk, matchaka, migèl, mangonmen The situation is complicated. Sitiyasyon an mangonmen. Things are complicated. Bagay yo matchaka. •be it complicated or simple kit li panyòl kit li senp Be it complicated or simple, we'll do it anyway. Kit li panyòl kit li senp, n ap fè l kanmenm.

complication n. konplikasyon •useless complication brenboryon •complications in giving birth maldanfans

complicity n. konplisite

compliment[1] n. konpliman, kout chapo Everyone paid her compliments. Tout moun fè l konpliman.

compliment[2] v.tr. fè yon moun konpliman, fè...konpliman I must compliment you on your work. Fò m fè ou konpliman pou travay la.

complimentary adj. gratis I have two complimentary movie tickets. M gen de tikè sinema gratis.

comply v.intr. respekte You have to comply with the school's rules. Se pou ou respekte règleman lekòl la. •comply with a[duty] ranpli All employees are required to comply with their task. Tout travayè dwe ranpli fonksyon yo kòm sa dwa. b[rules] soumèt You have to comply with the laws. Ou fèt pou soumèt anba lalwa.

component n. [machine, etc.] pyès •component part grenn (pyès)

compose v.tr. konpoze, redije Jean composed the music and he sang it as well. Jan konpoze mizik la epi li chante l tou.

composed adj. san frèt Let's wait until she stops reacting and get composed. Ann ret tann msye fin bat kòt li epi san l frèt.

composer n. konpozitè •composer at 'konbit' simidò

composition n. 1[mus.] konpozisyon 2[text] redaksyon

compositor n. tipograf

compost heap n. konpòs

composure n. sanfwa Don't lose your composure. Pa pèdi sanfwa ou.

compound n. alyaj

comprehensible adj. konpreyansib

comprehension n. konprann, konpreyansyon

compress[1] n. 1[med.] konprès 2[cloth pad] pansman

compress[2] v.tr. foule, konprese They compressed the trash in the trash can. Yo konprese fatra a nan pànye fatra a.

compression n. konpresyon

compressive adj. konpresif

compressor n. konpresè

compromise[1] n. 1[agreement] antant, konpwomi, konsesyon 2[under duress] kont mal taye •arrive at a compromise antann li After all discussions, they arrived at a compromise. Apre tout diskisyon, yo rive antann yo. •shaky compromise kont mal taye

compromise[2] I v.tr. [put into a dishonorable position] fè lèd pou, sal nom I won't do anything that might compromise my reputation. M pa pral fè anyen k pou sal non m. I won't compromise myself for money. M p ap fè lèd pou lajan. II v.intr. [agree] asepte, antann li They compromised on the decision. Yo asepte desizyon an. You gave me your price, and I gave you my price. But that doesn't mean we can't compromise. Ou ban m pri pa ou, m ba ou pri pa m, men sa pa vle di nou pa ka antann nou.

compromising adj. antravan This man is too compromising for me, I don't have anything to do with him. Misye twò antravan pou mwen, m pa nan relasyon avè l. •compromising situation antrav

comptroller n. kontwolè

compulsively adv. gen yon sen k pouse li The wife compulsively decided to go see her husband. Madanm nan gen yon sen k pouse pou l ale wè mari l.

compulsory adj. fèt pou, obligatwa A driver's license is compulsory for all drivers. Tout moun k ap kondi machin fèt pou gen lisans. The meeting is compulsory. Reyinyon an obligatwa.

computation n. [math] kalkil, operasyon

compute v.intr. kalkile, kontwole We should compute all the expenses made this year. Nou dwe kalkile tout depans ki fèt pou ane sa a.

computer *n.* konpitè, òdinatè •**computer diskette** diskèt

computerize *v.tr.* enfòmatize *The banks computerized all the data they had.* Bank yo enfòmatize tout done yo genyen.

comrade *n.* kanmarad

comradeship *n.* kanmaradri

con[1] *n.* •**con artist** bakonyè, bakoulou, bakoulouz [*fem.*] driblè, entelijan, koutayè, mètdam, metrèsdam [*fem.*], pèlen tèt *He's a con artist, he managed to leave with someone else's passport.* Li se yon driblè, li rive pati sou paspò yon lòt moun. *He's a con artist, watch that he doesn't take advantage of you.* Msye se yon entelijan, veye l pou l pa bwè ou. •**con game** atrapnigo *As smart as he is, he is taken in this confidence game.* Jan l entelijan, li pran nan atrapnigo sa a. •**con job** atrapnigo *As smart as he is, he gotten taken in with this con job.* Palpa jan li gen lespri, li pran nan atrapnigo sa a.

con[2] *v.tr.* koupe kou, pran yon moun nan fil *Oh, they conned you!* A, yo koupe kou ou!

concave *adj.* konkav

conceal *v.tr.* kache, kase fèy kouvri sa, kave, sere, sitire, vwale *Why are you concealing the fact that you're sick?* Ou malad, pou ki sa ou ap sere sa? *The girl is pregnant, she's concealing that.* Ti fi a ansent, l ap kache sa. *She concealed the truth so we couldn't catch her.* Li vwale koze a pou n pa kenbe l.

concede *v.tr.* admèt, bay li{gany/legen/rezon}, kite pou li *I concede so that you would quit yelling at me.* Mwen ba ou rezon pou ou sispann rele sou mwen. •**concede victory** bay li legen

conceit *n.* ògèy

conceited *adj.* aristocrat, dikdògòdò, sekwa *The conceited person believes himself better than others.* Nèg aristokrat kwè yo plis pase lòt. *He's so conceited that he never gives anyone the time of day.* Se yon moun ki sekwa, li pa janm di moun bonjou. *This guy acts in a conceited manner.* Nèg sa pran pòz dikdògòdò l.

conceivable *adj.* imajinab *Such a thing is not conceivable.* Yon bagay konsa pa imajinab.

conceive *v.tr.* **1**[*become pregnant*] fè pitit *The doctor said that she would never conceive a child.* Doktè a di l pa p janm fè pitit. **2**[*an idea*] fè, konsevwa, panse *I can't conceive why they did it.* M pa ka konprann poukisa yo fè sa.

concentrate on *v.intr.* konsantre sou *Let's concentrate on what we're doing.* Ann konsantre sou sa n ap fè a.

concentrated *adj.* nan men li *All the power is concentrated in the hands of one person.* Tout pouvwa a nan men yon sèl moun.

concentration *n.* konsantrasyon •**lose one's concentration** dekonsantre *She lost concentration because of the noise.* Li dekonsantre akòz bwi a.

concentric *adj.* konsantrik *A concentric circle.* Yon sèk konsantrik.

concept *n.* konsèp

conception[1] *n.* konsepsyon

Conception[2] *prop.n.* •**feast of the Immaculate Conception** fèt imakile

concern[1] *n.* **1**[*matter of interest, importance*] afè, chajman tèt, okipasyon, preyokipasyon, saka, sousi *This is not my concern.* Se pa afè ki gade m. *His only concern is teaching school.* Sèl okipasyon l se fè lekòl. *It's no concern of yours.* Sa pa gade ou. **2**[*worry*] enkyetman, poblèm *There's no cause for concern. There's nothing wrong with the car.* Ou pa bezwen bay tèt ou poblèm, machin lan pa p gen anyen. **3**[*commercial company*] antrepriz •**show concern for** sousye li •**that isn't my concern** sa pa saka m

concern[2] *v.tr.* **1**[*be of importance, involve*] konsène *What you're saying doesn't concern me.* Sa w ap pale a pa konsènen m. **2**[*worry*] bay li problem, chaje tèt yon moun, konsène, obsede *The child is so sick, that concerns me very much.* Tank pitit la malad, sa obsede m anpil. *What concerns me most is that I can't send the kids to school.* Sa k ban m plis poblèm, se timoun yo m pa ka voye lekòl. •**concern o.s. with** antre nan afè moun *I never concern myself with other people's business.* M pa janm antre nan afè moun. •**not concern s.o.** sa pa gade ou *It doesn't concern them.* Sa pa gade yo.

concerned *adj.* **1**[*worried*] gen trip li mare ak, kè yon moun kase, pè *This mother is very concerned about her children.* Manman sa a gen trip li mare ak pitit li yo. *I'm concerned that the house might catch on fire.* M pè pou dife pa pran nan kay la. **2**[*preoccupied*] gen bagay ki domine li *You seem to be concerned about something.* Ou gen lè gen yon bagay k ap domine ou? •**be concerned** onivo, opwendevi *As far as I am concerned, there is no problem about going out tonight.* Onivo pa m, pa gen pwoblèm pou sòti aswè a. *As far as health is concerned, the country isn't in good shape at all.* Opwendevi sante, peyi a pa bon menm. •**politically or socially concerned** angaje

concerning *prep.* a landwa, alega, an palan de, anpalan de, apwopo, de, kanta, konsènan, opwendevi, osijè, parapò a(k), vizavi *Why don't you tell me anything concerning what you promised me?* Apa ou pa di m anyen anpalan de sa ou te pwomèt mwen an? *Concerning what we have talked about, I'll give you an answer.* Apwopo sa n te pale a, m ap reponn ou. *Do you have results concerning what I spoke to you about?* Èske ou gen rezilta konsènan sa m te pale ak ou a? *Concerning the case you told me about, what's happening with it?* Vizavi dosye ou te pale m nan, ki jan sa ye?

concert *n.* konsè •**concert hall** sal konsè •**concert master** premye vyolon solis •**in concert** ansanm

concession *n.* konsesyon

conch *n.* lanbi •**sound or blow a conch shell or horn** kònen *They sounded a conch shell in order to gather people.* Yo kònen lanbi an pou rasanble moun.

conciliation *n.* konsilyasyon

conclude *v.tr.* bout, konkli *I concluded that she wasn't a serious person.* M konkli li pa yon moun serye. •**conclude a treaty** dakò sou yon trete *After the war the two countries concluded a treaty.* Apre lagè a de peyi yo dakò sou yon trete. •**to conclude** anfen *To conclude, we must resign ourselves to our fate!* Anfen, ann reziyen nou!

conclusion *n.* konklizyon •**in conclusion** pou fini *In conclusion, I'm telling all of you to hang in there.* Pou fini, m ap di nou tout kenbe fèm.

conclusive *adj.* bon jan •**conclusive proof** bon jan prèv

conclusively *adv.* definitivman *They discovered conclusively that he had committed*

the crime. Definitivman, yo wè se li k te fè krim nan.

concoction *n.* •**concoction of several herbs** dlo konpoze

concord *n.* lakonkòd

concordance *n.* [*of the Bible, etc.*] konkòdans

concordat *n.* konkòda

concrete[1] *adj.* konkre *We need concrete proof.* Nou bezwen yon prèv ki konkrè.

concrete[2] *n.* beton siman *They're going to pour the concrete today.* Y ap koule beton siman an jodi a. •**reinforced concrete** beton ame

concubinage *n.* plasay

concubine *n.* fanm{deyò/sou kote/plase}

concur *v.intr.* **1**[*agree*] konsanti, tonbe dakò *The teachers' decisions concur.* Desizyon pwofesè yo tonbe dakò. **2**[*occur together*] {fèt/tonbe/rive}an menm tan *The wedding and the death of the father concurred.* Maryaj la ak lanmò papa a rive an menm tan.

condemn *v.tr.* **1**[ ] kondane *He should be condemned to death.* Se pou yo kondane l amò. **2**[*disapprove of*] kont, kondane *Everyone condemns the coup d'état.* Tout moun kont koudeta a. **3**[*doom*] kondane *She's not condemned to live all her life in poverty.* Li pa kondane pou l fè tout vi l pòv.

condensation *n.* kondansasyon, nèj

condense I *v.tr.* **1**[*compress*] fè yon bagay epè, kondanse, konsantre *Condense the milk by boiling it.* Bouyi lèt la pou fè l epè. **2**[*book, report*] (fè)rezime *He condensed a fifty page book.* Li fè rezime yon liv ki gen senkant paj. **II** *v.intr.* kondanse *The steam condensed on the windows.* Vapè a kondanse sou fenèt yo.

condensed *adj.* kondanse •**condensed milk** lèt {evapore/kondanse}

condenser *n.* kondansè

condescending *adj.* odsi, odsidmoun, sekwa *She's such a condescending person!* Se yon moun ki odsidmoun.

condiment I *n.* kondiman, materyo, sezonnman **II** *n.pl.* condiments sezonnman

condition *n.* **1**[*stipulation*] kondisyon *I'll go with you on one condition.* Yon sèl kondisyon pou m ale avè ou. **2**[*fulfill, meet*] kondisyon *The candidates didn't satisfy the conditions.* Kandida yo pa ranpli kondisyon yo. **3**[*state*] eta, kondisyon *The house isn't in good condition, I won't take it.* Kay la pa nan bon eta, m p ap pran li. 4[illness] kondisyon *She has a heart condition.* Li soufri kè. 5[fitness] eta *When I saw her condition, I took her to the hospital.* Lè m wè eta l ye, m pran l m mennen l lopital. 6[situation] kondisyon, sitiyasyon *Feminine condition in Haiti.* Sitiyasyon fanm an Ayiti. •heart condition maladi kè •in good condition an bon eta, anneta *The house is in good condition.* Kay la an bon eta. •on the condition that a kondisyon *I'll go with you on the condition that you drive.* M prale avè ou a kondisyon se ou ki kondi. •physical condition fizik *His physical condition isn't good, he can't carry big boxes.* Fizik li pa bon, li pa ka bwote gwo bwat.

conditions *n.pl.* 1[circumstances] kondisyon, sitiyasyon *The farmers work under difficult conditions.* Abitan yo ap travay nan move kondisyon. 2[life in general] bagay *What are conditions like in Haiti?* Ki jan bagay yo ye Ayiti?

conditional *adj.* [agreement, acceptance] a kondisyon *The money is conditional on his returning to school.* Y ap bay lajan an a kondisyon li retounen lekòl.

conditioner *n.* 1[for hair] rens 2[for leather] krèm

conditioning[1] *adj.* [for hair] tretman *A conditioning oil for hair.* Yon lwil tretman pou cheve.

conditioning[2] *n.* [psych] kondisyonman •air conditioning (l)è kondisyone, èkondisyone, friz

condolences *n.pl.* senpati •my condolences kondòleyans, mèkondoleyans •offer condolences {prezante/voye} {kondoleyans/senpati}li bay *These people had a death in their family, go offer your condolences to them.* Moun yo gen lanmò, al prezante yo senpati ou.

condom *n.* {chapo/chosèt}plezi, kapòt, prezèvatif, pwotèj

condone *v.tr.* 1[overlook] fèmen je sou, sitire, tolere does *She condoned whatever her son did.* Li fèmen je l sou tout sa pitit gason an fè. 2[forgive] aplodi, dakò ak/avè(k) *We can't condone such unscrupulous act.* Nou pa ka aplodi yon zak malonèt konsa.

condoning *adj.* •condoning attitude tolerans *This condoning attitude will cost him dearly.* Tolerans sa a ap koute msye chè.

condor *n.* kondò

conduct[1] *n.* 1[behavior] ajisman, konduit, konpòtman 2[handling of business] prensip •good conduct moralite *She has good conduct.* Manmzèl se moun ki gen moralite.

conduct[2] *v.tr.* 1[lead] mennen yon moun{vizite/wè}*The mayor conducted us around the city.* Majistra a mennen nou vizite vil la. 2[manage] dirije, fè, prezide *Let him conduct the negotiations with the victims.* Kite msye fè negosyasyon ak victim yo. 3[behave] konpòte *These children know how to conduct himself in public.* Timoun sa yo konn kijan pou yo konpòte yo lè yo devan moun. 4[music] dirije *I am conducting the band tonight.* Se mwen k ap dirije dyaz la aswè a. •conduct a search fè fouy *The police force is conducting a search.* Lapolis ap fè fouy. •conduct an inspection fè fouy •conduct business on the black market fè estokaj *Life is expensive, that's true, that said, one must not conduct business on the black market.* Lavi a chè se vre, se pa pou sa pou n ap fè estokay ak tout pwodi yo. •conduct o.s. aji *Please, conduct yourself like a gentleman.* Tanpri, aji tankou yon bon jennjan. •conduct o.s. well {kenbe/kondi} kiyè li kout, kenbe{konpa/tèt}li *A good woman should conduct herself well.* Yon bon fanm dwe kenbe konpa li.

conductor *n.* 1[electrical] kondiktè 2[of a musical conductor] mayestwo 3[orchestra] chèf{òkès/dòkès}

cone *n.* 1[ice cream holder] kòne 2[math] kòn
cone-shaped *adj.* konik
coney *n.* [fish] mayi moulen fen
confection *n.* •milk-based confection dous
confederate *n.* akolit
confederation *n.* konfederasyon
confer *v.intr.* •confer with fè yon chita (pale) {a(k)/ avè(k)}, wè ak *The prime minister conferred with the president.* Premye minis lan te fè yon chita ak prezidan an. •confer authority pase mayèt la *The ex-President handed over the authority to his friend.* Ansyen prezidan an pase mayèt la bay zanmi l.

conference *n.* 1[discussion] chita pale, kòlòk, konferans 2[sports league] poul •press conference pwen de près •summit conference somè

confess I v.tr. **1**[crime, mistake] admèt, avwe, fè{ave/ semafot} li He confessed to stealing the money. Li avwe li vòlò kòb la. He confessed when the police came. Li fè ave lè lapolis vini. We can forgive him, he confessed. Nou kab padone msye, li fè semafot li. He never confessed that he was the one who did it. Li pa janm admèt se li k te fè sa. **2**[rel.] konfese He confessed all his sins to the priest. Li konfese tout peche li bay pè a. **II** v.intr. [admit] konfese, pale bay She confessed to the police. Li pale bay polis yo. •**confess one's guilt** {bat/fè}meyakoulpa li, pale He confessed his guilt. Li fè meyakoulpa li. If we corner him, he'll confess. Depi n kwense l, l ap pale. •**confess one's mistakes** [Rel.] bat semafot li He confessed his mistakes and asked God for forgiveness. Li bat semafot li pou l mande Bondye padon. •**force s.o. to confess guilt** fè yon moun depale anba kesyon The judge forced him to confess his guilt. Jij la fè l depale anba kesyon.

confession n. **1**[admission of guilt] ave **2**[Rel.] konfesyon

confessor n. konfesè

confidante n. **1**[very close] kòkòt **2**[dearly, loyal friend] tèt{kabann/sèkèy}

confide v.intr. •**confide in** fè yon moun konfidans, konfye, pale (z)afè li He's the only person I can confide in. Se sèl moun m ka pale afè m.

confidence n. **1**[trust, hope] konfyans I don't have any confidence in this government. M pa fè gouvènman sa a konfyans pou senkòb. **2**[self-assurance] kwè nan tèt li If you don't have confidence in yourself, you'll never be able to do it. Si ou pa kwè nan tèt ou, ou pa p janm ka fè l. **3**[certainty] sètitid I can say with confidence the lady loves me. M ka di ak sètitid manmzèl renmen m. **4**[rel.] lafwa He has great confidence in God. Msye se nèg ki gen lafwa anpil nan Bondye. •**have confidence in** fè yon moun konfyans, fye •**to take so into one's confidence** {fè yon moun konfyans/fye yon moun}ak (z)afè li She took her cousin into her confidence but she betrayed her. Li fè kouzin li a konfyans ak zafè li men se li menm ki trayi li ankò. •**with complete confidence** (de) je fèmen You can leave the children in her care with complete

confidence. Ou mèt kite timoun yo nan men l je fèmen.

confident adj. asire, konfyan, si I'm confident that I'll pass the exam. M asire m ap pase egzamen an. He's very confident. Li konfyan anpil.

confidential adj. sekrè What I told you was confidential. Sa m di ou la se yon bagay sekrè. •**confidential information** pale bouch an bouch This story is not official, it's confidential information. Koze sa a pa ofisyèl, se bouch an bouch yo pale l.

confidentially adv. de zòrèy an zòrèy All information shared at the meeting should be discussed confidentially. Tout enfòmasyon nou pale nan reyinyon an dwe diskite de zòrèy an zòrèy.

confidently adv. ak{asirans/gran gagann} He speaks confidently. Msye pale ak gran gagann.

confine v.tr. fèmen, konsiyen He confined the little animal inside a cage. Li fèmen ti bèt la nan yon kalòj. They confined the soldiers in their quarters this week. Yo konsiyen jandam nan pou senmenn sa a.

confines n.pl. limit, lizyè

confinement n. •**confinement after giving birth** ti nouris, tinouris

confirm v.tr. **1**[corroborate] konfimen They confirmed the arrival of the president. Yo konfimen rive prezidan an. **2**[ratify] apwouve They confirmed the nomination of the new director. Yo apwouve nominasyon nouvo direktè a.

confirmed adj. patante It's a confirmed medicine. Se yon medikaman patante. •**be confirmed** [rel.] konfimen I'll be confirmed on Easter Sunday. M ap konfimen dimanch Pak.

confiscate v.tr. arete, fè are sezi, konfiske, sezi They confiscated the boat because of drugs. Y arete batiman an pou dwòg. They confiscated his possessions. Yo fè yon arè sezi sou byen l. They confiscated all the assets of the former dictator. Yo konfiske tout byen ansyen diktatè a.

confiscation n. arè sezi, rapin, sezi arè The court ordered the confiscation of the house. Tribinal la bay lòd arè sezi sou kay la.

conflict[1] n. akwochay, bizbiz, divizyon, konfli Don't create conflicts among us. Pa kreye divizyon pami nou. •**be in conflict** tire kouto *Those two co-wives have always been in conflict.* Se pa ayè de matlòt sa yo ap tire kouto. •**get s.o. into conflict with** mete yon moun nan won ak

conflict² *v.intr.* pa{danse kole/mache men nan men} *These theories conflict.* Teyori sa yo pa danse kole. •**conflict with each other** depaman youn ak lòt *These two accounts of the accident conflict with each other.* Tou de temwayaj sou aksidan yo depaman youn ak lòt. •**conflict with in time** tonbe menm lè ak *I have an appointment that conflicts with the time of the meeting.* M gen yon randevou k tonbe menm lè ak reyinyon an.

conflicting *adj.* opoze *The government and the teachers have conflicting interests.* Enterè gouvènman an opoze ak pa pwofesè yo.

conform *v.intr.* konfòme li *You have to conform when you work in this office.* Ou dwe konfòme ou lè w ap travay nan biwo sa a.

confront *v.tr.* brave, kontre avè(k), kwaze ak, twoke kòn li *Don't worry, I'll confront her.* Pa okipe ou, m pral kontre avè l. *I have to confront her in any case.* M gen pou m kwaze ak li kanmenm. *Her entire life, she had to confront problems.* Tout lavi l, li blije twoke kòn li ak pwoblèm. •**be ready to confront one another** se byen jwenn byen kontre *Those two enemies, they are both ready to confront each other.* De lennmi sa yo, se byen jwenn byen kontre. •**confront s.o. of the same strength** mezire fòs li ak yon moun *If you aren't a coward go confront someone of the same strength.* Si ou pa lach se pou al mezire fòs ak moun sa a moun sa a.

confrontation *n.* afwontman, chòk, konfwontasyon

confuse *v.tr.*1[*bewilder*] bouye, dezakse, pase sou *The girl confused her abductors.* Ti fi a bouye kidnapè l yo. *Every person described the talk in a different way, that confused me.* Chak moun rakonte koze a yon jan, sa dezakse mwen. 2[*fail to distinguish*] anbarase, bouye, dezapwouve, konfonn, melanje, mele *I always confuse these two brothers because they look so much alike.* M toujou ap konfonn de frè sa yo tank yo sanble. 3[*thoughts, memory*] konfonn, mele, bouye *She gave me two different responses to*

the same question, that confused me. Li ban m de repons diferan pou menm kesyon an, sa konfonn mwen. *She confuses me with her stories.* Li mele m ak koze li yo. 4[*fluster*] bouye, twouble *He told me one thing, you told me another. You're confusing me.* Li di m yon bagay, ou di m yon lòt bagay; ou ap twouble m.

confused *adj.* (n)an boulvès, an bouyay, anboulatcha, anbwouye, angaway, antrave, bare, bouye, bwouye, *The professor is confused, he cannot find the solution to the exercise.* Mèt la anbouye, li pa ka jwenn solisyon egzèsis la. *I am totally confused, I don't know what to say.* Mwen bwouye nèt, m pa konn sa pou m di. •**confused situation** de pye li pran nan yon sèl grenn soulye, katchaboumbe *Her daughter's implication in the robbery is a confused situation for the mother.* Pitit fi l la gen men l tranpe nan vòl la, de pye manman an pran nan yon sèl grenn soulye. •**get sth. confused** melanje *He got all the ideas confused.* Li melanje lide yo. •**in a confused way** lanvè {landwat/landrèt} *That fool does everything in a confused way.* Idyo sa a fè tout bagay lanvè landwat.

confusing *adj.* mangonmen, san pye (ni) san tèt, pa gen ni pye ni tèt *His explanation was confusing.* Esplikasyon l lan pa t klè. *The story is very confusing.* Istwa a mongonmen anpil.

confusion *n.* 1[*mental*] boubyay, latwoublay, konfizyon *Her words spread confusion.* Pawòl li yo simen latwoublay. 2[*chaos, disorder*] boulvès, chasekwaze, dezòd, djanmankankan, kafouyay, konfizyon, mikmak *To avoid confusion, they had the people enter one by one.* Pou pa gen kafouyay, yo fè moun yo antre youn pa youn. •**create confusion** mele kat *The party created confusion, there's a real predicament about the election.* Pati a mele kat la, se pa de bouyay ki gen nan zafè eleksyon an. •**in a state of confusion** an debanday *The office lacks order, everything is in a state of confusion.* Biwo a manke lòd, tout bagay an debanday.

conga drum *n.* tanbou konga

congeal I *v.intr.* 1[*freeze*] fè glas, jele *The window congealed after several days of frigid temperature.* Fenèt la fè glas apre plizyè senmèn fredi. **2**[*blood*] fè boul *The patient's blood congealed.* San malad fè boul. **3**[*milk*] kaye, *The milk started to congeal in the refrigerator.* Lèt la konmanse kaye nan frijidè a. **II** *v.tr.* [*freeze*] fè yon bagay fè glas *The farmer congealed the water after he bottled it.* Abitan an fè dlo a fè glas apre l fin mete l nan boutèy.

congenial *adj.* senpatik *She's very congenial.* Li senpatik anpil.

congeniality *n.* senpati

conger eel *n.* kong

congested *adj.* ankonbre, bloke *The center of town is congested.* Sant vil la ankonbre. *The traffic is congested every Saturday.* Sikilasyon bloke chak samdi.

congestion *n.* •**traffic congestion** ankonbreman sikilasyon *The traffic congestion caused many people to be late for work.* Ankonbreman sikilasyon an fè anpil moun an reta nan travay yo.

conglomerate *n.* [*geol.*] karyann

Congo *prop.n.* Kongo

congratulate *v.tr.* fè konpliman, felisite, konplimante, savaloure, voye yon kout chapo pou *Let me congratulate you on these shoes.* M fè ou konpliman pou soulye a. *I congratulate you for the good grades you've had this trimester.* M felisite ou pou bèl mwayèn ou fè trimès sa a. *I congratulate you on that huge amount of work.* M konplimante ou monchè pou gwosè travay sa a. *Everyone congratulated her for her work.* Tout moun savaloure l pou travay li.

congratulations[1] *n. pl.* ayabonbe, ayibobo, felisitasyon, konpliman *Congratulations, friend!* Konpliman, monchè! *Congratulations to all those who are doing good work.* Ayibobo pou tout moun k ap fè bon travay! •**extend congratulations** voye yon kout chapo pou *I extend congratulations for that great job.* M voye yon gwo kout chapo pou gwosè travay sa.

congratulations[2] *interj.* palemwadsa *Dad, I got a good grade.* —*Congratulations!* Papa, m fè mwayèn wi. —Palemwadsa!

congregate *v.intr.* gonfle(kò li) *They all congregated in the little bedroom.* Yo tout gonfle kò yo nan ti chanm nan.

congregation *n.* kongregasyon

Congregationalist *prop.n.* kongregasyonis

congress *n.* Lachanm (Haitian parliament)

congruence *n.* egalite

congruent *adj.* [*geometry*] egal

conic *adj.* konik

conical *adj.* konik *A conical form.* Yon fòm konik.

conjoined *adj.* •**conjoined twins** marasa kole

conjugal *adj.* konjigal •**conjugal duties** devwa konjigal

conjugate *v.tr.* konjige *You can't even conjugate the verb "avoir".* Ou pa menm ka konjige vèb "avwa".

conjugated *adj.* konjige *I can't conjugate this French verb.* M pa kapab konjige vèb fransè sa a.

conjugation *n.* konjigezon

conjunction *n.* konjonksyon

conjunctival *adj.* •**conjunctival discharge** lasi

conjunctivitis *n.* azoumounou, konjonktivit, malozye, maladi nan je, malozye

conjure *v.tr.* •**conjure up** [*rel.*] entèpele, envoke *Let's conjure up the name of the Lord.* Ann entèpele non Granmèt la.

conk *v.intr.* •**conk out** kale, kanpe sou wout *The car conked out before we arrive in Jérémie.* Machin nan kale anvan nou rive Jeremi.

connect *v.tr.* **1**[*join together*] branche, kole, konnekte, maye, ploge, rakòde *The artisan didn't connect the two ends of the pipe well.* Bòs la pa byen rakòde de bout tiyo yo. *Connect the outlet.* Branche priz la. *Today's the day that they're coming to connect the electricity.* Se jodi a y ap vin konnekte kouran an. *They're connecting several roads.* Y ap kole plizyè wout ansanm. **2**[*link*] relye *They're going to make a road to connect Kenscoff to Jacmel.* Yo pral fè yon wout ki pou relye Kenskòf ak Jakmèl. •**connect with** *a*[*end, hose*] ploge *He's trying to connect the cord of the television with an extension plug.* L ap wè si l a ploge fil televizyon an nan yon alonj. *b*[*flight*] mete li nan *I will connect you with another flight.* M ap mete ou nan lòt avyon a. *c*[*become associated with*] ba(y/n) yon moun kontak(avèk/ak) *This job will allow me to connect with many important people.* Travay sa a ap ban m kontak avèk anpil gwo potanta.

connected *adj.* •**connected with** makònen, mare ak *The two newlyweds are very connected with one another.* De moun marye sa yo makònen youn ak lòt. •**be connected to** [*radio station, internet, etc.*] branche sou *I am not connected to the internet right now.* M pa branche sou entènèt la pou kounye a. •**be well connected** souche *This man is popular and well connected in the city.* Nèg sa a popilè epi li souche nan vil la. •**tightly joined or connected** flòch *He and I are tightly connected, we're on the same page.* Mwen ak msye nou flòch anpil, nou wè bagay yo menm jan.

connecting *n.* •**connecting street or road** wout bretèl

connecting-rod *n.* [*of a car*] byèl

connection *n.* konneksyon, lyen •**give s.o. a connection** bay yon moun fil *Can you give me a connection to get a good job?* Èske ou kab bay mwen fil pou jwenn yon bon travay? •**have connection or dealing with** gen arevwa ak •**have no connection to** pa gen anyen pou l wè{ak/nan} •**in connection with** nan afè *His name was mentioned in connection with the fire.* Yo nonmen non l nan afè dife a. •**water supply connection** priz tiyo

connections *n.pl.* arendal, atou, fil, filyè, fwotman, gwo frapman, mannigèt, marenn, moun pa, mounpayis, piston, rapò, rapwochman, relasyon *He has a lot of connections.* Li chaje relyasyon. *You need connections to get a job like that.* Fòk ou gen atou pou jwenn yon djòb konsa. *This guy has a lot of connections in the country.* Se nèg ki chaje ak fwotman nan peyi a. *She has lots of connections to help you to obtain this job.* Li gen anpil mannigèt pou l fè ou jwenn djòb la. *It's because she has connections that she was able to get this important position.* Se paske l gen marenn ki fè l jwenn gwo djòb sa a. *If you don't have the right connections, you can't go into that school.* Si ou pa gen piston, ou pa ka al lekòl sa a. *They have good connections.* Yo gen bon rapò. •**family connections** fanmi yès •**have connections with people that are in the upper social class** naje nan gwo dlo *Claude has connections with rich people.* Klod se nèg ki naje nan gwo dlo. •**have connections with s.o.** siye kajou *These people are well protected because they have connections with big shots.* Nèg sa yo gen gwo bwa dèyè bannann yo paske yo siye kajou ak gwo zotobre. •**have good connections** souche *If you don't have good connections in this country, you won't find a job.* Si ou pa souche nan peyi sa a, ou p ap travay. •**over-reliance on one's family or connections** maladi bon papa •**person who lacks connections** ti makout *He lacks connections, he can't get you out of prison.* Se yon ti makout, li pa ka lage ou nan prizon. •**political connections** relasyon •**shady connections** kouyanbiz •**social connections** lajisman •**woman with high-placed connections** gran bebe, gran fanm *She's a woman with high-placed connections, she enters the palace whenever she wants.* Li se yon gran fanm, li antre nan palè lè li vle.

connivance *n.* marinay

connive *v.intr.* nan payas, tete lang *She's conniving with the overseer to embezzle funds from the project.* Li nan payas ak jeran an pou detounen lajan pwojè a.

conniving *adj.* entrigan, mètdam

connoisseur *n.* konesè

conquer *v.tr.* **1**[*gain territory*] *The Spanish conquered Hispaniola.* Panyòl yo konkeri Ispanyola. **2**[*defeat*] venk *He came and he conquered.* Li vini epi li venk.

conquest *n.* konkèt

conqueror *n.* venkè

conscience *n.* konsyans, nanm *My conscience is clear.* Konsyans mwen an pè. *You're a man without a conscience.* Ou se yon nèg ki san nanm. •**have a clear conscience** gen{kè nèt/konsyans an pè} •**have sth. that weighs heavily on one's conscience** gen yon pwa lou sou lestomak li *He has something that weighs heavily on his conscience.* Li gen yon pwa lou sou lestomak li. •**on one's conscience** sou konsyans li *The fact that I didn't loan him money is on my conscience.* Kòb la m pa t prete l la, sa rete sou konsyans mwen. •**pang of conscience** regrè, remò

conscience-raising *n.* •**do conscience-raising** konsyantize *We have to do some conscience-raising with the people so that the struggle will move forward.* Fò nou konsyantize pèp la pou lit la ka vanse.

conscientious *adj.* byen pansan, konsyan, konsyansye *Conscientious people never exploit other people.* Moun byen pansan p ap janm esplwate lòt moun. *John isn't a conscientious person at all.* Jan se pa moun ki konsyan ditou. *You aren't conscientious.* Ou pa konsyansye. •**be very conscientious** aplikatè *He's really very conscientious, he does all that you ask him.* Li yon vre aplikatè, li fè sa yo mande l la.

conscientiousness *n.* ladilijans

conscious¹ *adj.* 1[*aware*] gen konsyans, konsyan *She's conscious of her mistakes.* Manmzèl gen konsyans se li ki fè erè. 2[*Med.*] a(k) tout konesans(li sou li) *I was conscious when they took the bullet out of my stomach.* Lè y ap retire bal la nan vant mwen an, m ak tout konnesans mwen sou mwen.

conscious² *n.*[*Psych.*] konsyans

consciously *adv.* •**work hard and consciously** mete li sou sa *If you want to stay in this job, you have to work hard and consciously in this company.* Si ou vle rete nan travay sa a, fòk ou mete ou sou sa.

consciousness *n.* 1[*condition of being awake*] konnesans 2[*awareness*] konnesans, konsyans

consciousness-raising *n.* konsyantizasyon, sansibilizasyon

conscript *n.* konskri

consecrate *v.tr.* 1[*ordain*] sakre *They consecrated him a priest.* Yo sakre li pè. 2[*sanctify people, building and places*] beni *The Bishop consecrated the new church.* Monseyè a beni legliz tou nèf la. 3[*dedicate*] dedye, konsakre *The parents consecrated their first child to the service of God.* Paran yo dedye pitit la pou sèvis Bondye.

consecrated *adj.* sen, sent [*fem.*] *Israel is a consecrated ground.* Izrayèl se yon tè sent.

consecration *n.* konsekrasyon

consecutive *adj.* youn{apre/dèyè}lòt *The team won five consecutive matches.* Ekip la genyen senk match youn apre lòt.

consecutively *adv.* youn{apre/dèyè}lòt *The team won the world cup for five times consecutively.* Ekip la ranpòte koupdimond lan pandan senk fwa youn apre lòt.

consensus *n.* konsansis

consent¹ *n.* dizon, konsantman

consent² I *v.intr.* aksepte, konsanti *Finally, the father consented to the marriage.* Nan dènye moman, papa a konsanti pou maryaj la fèt. II *v.tr.* aksepte *She consented to lend him the car.* Li aksepte prete msye machine nan.

consequence *n.* [*result*] konsekans, santans **consequences** *n.pl.* repèkisyon, retonbe •**of no consequence** konsa konsa *He's a man of no consequence.* Li se yon moun konsa konsa. •**no matter what the consequences are** nan mal yon moun nan mal nèt *I won't ask forgiveness of her no matter what the consequences are for me.* M p ap mande l padon, m nan mal m nan mal nèt. •**suffer the consequences of one's action** sa li pran se pa li *If you don't stop smoking, you'll suffer the consequences.* Si ou pa sispann fimen, sa ou pran se pa ou.

consequently *adv.* alò, ki fè, kidonk, ositou, pakonsekan, sakifè *You spent all the money, consequently, you don't have a red cent.* Ou depanse tout kòb la ki fè kounye a ou san senk kòb. *He made the right decision, consequently, his political orientation is clear.* Li pran desizyon ki kòrèk la, ositou liy politik li klè. *I behaved myself, consequently no one could disrespect me.* M fè wòl mwen, sakifè pèsonn pa ka manke m dega.

conservation *n.* prezèvasyon

conservative *adj.* konsèvatè *He's very conservative.* Misye konsèvatè anpil.

conservatives *n.pl.* [*political*] ladwat

conservatory *n.* konsèvatwa

conserve¹ *v.tr.* 1[*resources, energy*] ekonomize, konsève *Energy can be conserved from turning lights off.* Nou ka ekonomize kouran si nou etenn limyè. 2[*keep in a safe state*] sere *He conserved his passport in a safe in order to protect it from fire.* Li sere paspò li nan yon kòf pou yo pa boule nan dife.

conserve² *n.* [*jam*] konfiti

consider *v.tr.* 1[*reflect on*] etidye *He said he was considering the question.* Li di l ap etidye keksyon an. 2[*think about*] reflechi *Don't tell him no, just tell him you're still considering it.* Pa di l non, di l ou ap reflechi sou sa. 3[*think of in a certain way*] gade, konsidere, pran, wè *I would consider it an honor if he came to see me.* M ta gade sa gwo si l ta vin wè m. *Your father considers me too poor to marry you.*

Papa ou wè m twò pòv pou ou. *I consider him a friend.* M konsidere l tankou yon zanmi m. *I always considered him a friend and look what he did to me.* M te pran l pou zanmi m, enpi gade sa l fè m. **4**[*looking at facts, show regard*] anvizaje, gade, konsidere, panche sou, panse, reflechi *When we consider all that has been done, we can say that there's been progress.* Lè n ap gade tout sa ki fèt, nou kab di gen pwogrè. *They are going to consider your case.* Yo pral panche sou ka ou a. *I seriously considered your proposition.* M te panse anpil sou pwopozisyon ou an. •**consider as** pran *If he really did that, we should consider him as a traitor.* Si msye fè sa vre, nou mèt pran l pou trèt.

considerable *adj.* bon valè, bèl *She sold the house for a considerable amount of money.* Li vann kay la pou yon bon valè kòb. *He's in a position of considerable importance in the bank.* Li nan yon bèl pozisyon labank lan.

considerably *adv.* tout bon *This situation is considerably complex.* Sitiyasyon sa a an mangonmen tout bon.

considerate *adj.* imen *She's a very considerate person, if she can, she'll help you.* Li se yon moun ki imen anpil, si li kapab, l ap ede ou. •**be considerate** gen{konprann pou/konpreyansyon} *This lady is always considerate toward everybody.* Madanm sa a toujou gen bon jan konpreyansyon pou tout moun.

consideration *n.* **1**[*thought*] refleksyon *After careful consideration, the president signed the decree.* Aprè prezidan an fin byen reflechi li siyen dekrè a. **2**[*thoughtful attention, care*] sousye *Her family is her only consideration.* Manmzèl sousye l pou fanmi pa l sèlman. **3**[*with regard for*] ega, konprann, konsiderasyon, prevnans *Thanks for your consideration.* Mèsi pou prevnans ou. •**give special consideration to s.o.** gen paspouki pou yon moun *The employees are complaining that the manager gave special consideration to his brother.* Tout anplwaye yo ap plenyen paske bòs la nan paspouki pou frè li. •**of no consideration** san enpòtans *Without signature these documents are of no consideration.* Papye sa yo san enpòtans si yo pa gen siyen. •**take into consideration**

anvizaje *You must take into consideration that he's a hard worker.* Se pou n anvizaje tou li se yon travayè ki travay di.

considered *adj.* •**be considered as** pase pou *This little girl resembles a boy; she's often considered as a boy.* Ti fi sa a sanble ak yon ti gason; pafwa yo fè l pase pou ti gason.

considering *conj.* Lè li gade *Considering the situation in which the journalist got killed, it is obvious that we need a stronger police force in the country.* Lè nou gade nan ki fason jounalis la mouri, li parèt aklè nou bezwen yon polis ki pi djanm nan peyi a.

consign *v.tr.* **1**[*entrust*] bay(yon moun) voye je sou li, okipe *She consigned the child to her godfather.* Li bay parenn nan voye je sou pitit la. **2**[*send*] voye *He consigned the painting to the museum.* Li voye tablo a bay mize a. **3**[*get rid of*] debarase, konsiyen, voye jete *The new director consigned all old files to the trash bin.* Nouvo direktè a voye tout ansyen dokiman jete.

consignment *n.* espedisyon, konsiyasyon •**place in consignment** konsiyen *Place the merchandise in consignment for me in the warehouse.* Konsiyen machandiz sa yo pou mwen nan depo a.

consist *v.intr.* •**consist of** genyen *The team consists of five players.* Ekip la gen senk jwè ladan. •**consist in** (l)akòz *The success of the reception consists largely in its simplicity.* Youn nan pi gwo bagay ki fè maryaj la reyisi se akòz tout bagay te senp.

consistency *n.* konsistans •**oil consistency** [*for car engine oil*] nimewo luil

consistent *adj.* konsekan, regilye *You need to be more consistent in working out.* Ou bezwen pi regilye nan fè espò a. •**be consistent** {gen/swiv} sekans •**be consistent with** kadre ak

consistently *adv.* regilye, regilyèman *This student works consistently at school.* Elèv sa a regilye nan klas.

consolation *n.* konsolasyon, rekonfò

console *v.tr.* bay yon moun kouray, konsole, rekonfòte *He's been crying all morning, go console him.* Depi maten l ap kriye, al konsole l non. *Only the children could console her after the death of her husband.* Depi aprè lanmò mari a, se timoun yo sèlman ki ka bay manzèl kouray.

consoler *n.* konsolatè

consolidate **I** *v.tr.* 1[*combine into fewer/one*] fè X fè youn *We consolidated the three rooms into one.* Nou fè twa pyès kay la fè yon sèl. 2[*make stronger*] konsolide *Let's consolidate the relationships we have.* Ann konsolide lyen nou genyen an. **II** *v.intr.* {fizyone/mete/reyini}ansanm *The two companies consolidated.* De konpayi yo fizyone ansanm. •**consolidate efforts** fè solidarite *Let's consolidate our efforts to develop the country.* Ann fè solidarite pou n sove peyi a.

consolidation *n.* konsolidasyon

consoling *adj.* rekonfòtan •**consoling words** pawòl rekonfòtan

consommé *n.* konsonmen

consonant *n.* konsòn

consort *n.* mari/madanm

consound *n.* [*plant*] gran konsoud

conspire *v.intr.* {fè/mare}konplo, konplote *They conspired to blow up the presidential palace.* Yo mare konplo pou fè sote palè prezidansyèl la. •**conspire in** fè konfyolo •**conspire with** tete lang

conspiracy *n.* 1[*political*] konplo 2[*shady dealing*] konfyolo, konspirasyon •**in conspiracy** nan {konplo/ krètmakrèt}*All of them were found in conspiracy against the government.* Yo kenbe yo tout nan konplo kont gouvènman an.

conspirator *n.* konplotè, konspiratè

conspire *v.intr.* 1[*against*] fè konplo kont *They conspired against the government.* Yo fè konplo kont gouvènman an. 2[*join together to do something*] {fè/mare}konplo, konplote *They conspired to kill her.* Yo fè konplo pou yo touye l.

constant *adj.* 1[*continuous*] san rete, toutan *This entrance is in constant use.* Pòt devan sa a se kote moun ap antre sòti toutan. 2[*unchanging*] estab, pa chanje *The temperature remains constant throughout the Caribbean basin.* Tanperati a pa chanje sou basen karayib la.

constantly *adv.* kontinye, sansès, toujou, toutan *He's constantly complaining.* Li toujou ap plenyen. *Although he knows that the woman is married, he constantly phones*

her. Malgre li konn fi a marye, li kontinye ap rele l nan telefòn. •**constantly practice sth.** pa janm sispann (fè yon bagay) *He's such a responsible player; he constantly practices soccer.* Se pa ti bon grenn jwè msye ye non; epi li pa janm sispann kale foutbòl li.

constellation *n.* konstelasyon •**Pleiades constellation** [*star*] Lapousiyè (Lapousinyè)

constipate *v.tr.* bay tennès, konstipe *Because he doesn't drink enough water, that constipates him.* Akòz li pa bwè ase dlo, sa ba li tennès. *The juice will constipate you.* Ji a ap konstipe ou.

constipated *adj.* bloke, konstipe, sere *He's constipated, for two days he hasn't been to the toilet.* Misye bloke, depi de jou li pa al nan watè. *The child seems he's constipated.* Pitit la gen lè l konstipe. *She's constipated.* Li sere. •**be constipated** ale di, gen vant sere *She's constipated.* Li ale di. *She's been constipated for four days.* Li gen yon vant sere la depi kat jou.

constipation *n.* konstipasyon

constituency *n.* piblik, sikonskripsyon

constitute *v.tr.* 1[*represent*] fòme, tounen *These violent students constitute a threat for the school.* Elèv wondonmon sa yo tounen yon menas pou lekòl la. *They constitute a clan of drug dealers.* Yo fòme yon klan machann dwòg. 2[*make up*] fè, se *Seven days constitute a week.* Sèt jou fè yon senmèn. *Women constitute seven percent of the student population at the university.* Swasann di(s) pousan etidyan ki nan inivèsite a se fanm.

constitution *n.* 1[*politics*] batistè, konstitisyon, manman lwa 2[*general physical condition*] fizik *She has a fragile constitution.* Li se yon moun ki gen fizik frajil.

constitutional *adj.* konstitisyonèl *This government isn't constitutional.* Gouvènman sa a pa konstitisyonèl.

constrain *v.tr.* bay kenbe, jennen bay kenbe *He has too much power over his employees, we have to constrain his power.* Misye gen twòp pouvwa sou anplwaye yo, fò n bay kenbe pouvwa l. *This law constrains people's rights in our country.* Lwa sa a jennen dwa moun nan peyi nou an.

constraint *n.* kontrent

construct *v.tr.* bati, fè, fè kay, konstwi, monte *The engineers constructed the road with concrete.* Enjenyè yo fè wout la ak siman beton.

constructed *adj.* •**poorly constructed** koupe kloure *This bed is poorly constructed.* Kabann sa se yon koupe kloure.

construction *n.* batisman, konstriksyon

constructor *n.* konstriktè

consul *n.* konsil

consular *adj.* konsilè *The consular corps.* Kò konsilè a.

consulate *n.* konsila •**embassy or consulate** anbasad

consult *v.tr.* **1**[*a person*] konsilte, wè *A lawyer must be consulted before you buy anything.* Nenpòt sa ou ap achte, fòk ou konsilte yon avoka anvan. *You have to consult your father before making that decision.* Fòk ou wè ak papa ou anvan ou pran desizyon sa. **2**[*book, document*] konsilte *Consult a dictionary to know how this word is written.* Konsilte yon diksyonnè pou konnen ki jan yo ekri mo sa a. •**consult a faith-and-herb healer** ale nan feyaj *He consulted a faith-and-herb healer to see if he could find a treatment for the evil spell.* Li al nan feyaj ak pitit la pou wè si l a jwenn tretman pou batri a.

consultant *n.* konsiltan

consultation *n.* konsiltasyon •**consultation room** [*of a lawyer, surveyor, etc.*] kabinè

consume I *v.tr.* [*fuel, energy*] bwè, boule *My car consumes a lot of gasoline. This car consumes a lot of gas.* Machin sa a boule anpil gaz. **II** *v.intr.* [*feeling*] manje li andedan *He was consumed by jealousy.* Jalouzi ap manje l andedan. •**consume a lot of** voye bweson monte *Those drunkards like to consume a lot of alcohol.* Tafyatè sa yo renmen voye bweson monte.

consumer *n.* konsomatè

consuming *adj.* absòban *It's a time consuming job.* Se yon travay ki absòban.

consummate *adj.* konsome *The new ambassador is a consummate diplomat.* Nouvo anbasadè a se yon diplomat konsome. •**consummate thief** wa chat *He's a consummate thief, he can't see something without stealing it.* Msye se wa chat, se wè pou li pa wè yon bagay pou li pa vòlè li.

consumption *n.* konsomasyon, konsonmsyon *This water isn't fit for human consumption.* Dlo sa a pa bon pou (moun) bwè.

contact[1] *n.* kontak *I haven't had contact with him for a long time.* M gen lontan m pa gen kontak avèk li. •**light contact** siyad •**not in contact** dekonnekte *John and I have no contact at all.* Mwen ak Jan nou dekonnekte nèt. •**with contacts** gen gwo frapman *These are people with good social contacts.* Se moun ki gen gwo frapman. •**with good contacts** [*important people*] chaje ak kontak *Charles can help you, he's someone with good contacts.* Chal ka ede ou, se yon nèg ki chaje ak kontak.

contact[2] *v.tr.*{chache/pase}wè, kontakte, rele [*tel.*] *Didn't you try to contact her at work?* Ou pa eseye rele l nan travay li? *Contact me tomorrow so that we can speak.* Kontakte m demen pou nou pale.

contact lenses *n.* vè kontak

contagion *n.* atrapman, kontajyon

contagious *adj.* atrapan, kontajye [*fem.*] kontajyèz, kontaminan *Tuberculosis is highly contagious.* Maladi pwatrin atrapan anpil. *This illness is contagious.* Maladi sa a kontajye. •**contagious disease** {maladi atrapan/ kontajye} •**contagious or fatal disease** move maladi *AIDS is a fatal disease.* Sida se yon move maladi.

contain *v.tr.* [*hold within*] gen(yen), kenbe, pran *This box contains fragile objects in it?* Bwat sa a gen bagay frajil ladan l? *The room wasn't big enough to contain all the people.* Sal la pa t gwo ase pou kenbe tout moun. •**contain o.s.** {kenbe/pran}kè *He contained himself even though it hurts.* Li kenbe kè malgre li fè l mal.

container *n.* kès, konntenè •**container used to measure kitchen oil** mezi luil •**cheese container** fwomaje •**medium-sized container for liquids** bidon •**small container** pòch •**small paper container of sugar** baton sik •**set of nesting tin containers** sèvis

contaminate *v.tr.* bay yon moun maladi, kontamine, pote maladi bay yon moun *Be careful not to contaminate the water.* Piga ou kontamine dlo a. *That whore contaminated her husband with gonorrhea.* Bouzen an pote grantchalè bay mari li.

contaminated *adj.* •**contaminated water** dlo vidany •**have contaminated blood** san yon moun sal

contamination *n.* kontaminasyon

contemplate *v.tr.* kontanple *She likes to contemplate nature.* Li renmen kontanple lanati.

contemporary *adj.* kontanporen

contempt *n.* mepriz *She looks upon lazy people with contempt.* Li gade parese ak anpil mepriz.

contemptible *adj.* basès, tèratè *A contemptible action.* Yon aksyon bases. •**contemptible person** tèratè *I have never seen such a selfish, contemptible person like him.* M poko janm wè yon moun ki egoyis, epi ki tèratè tankou msye.

contemptuous *adj.* meprizan *He has a contemptuous behavior.* Li gen yon tanperaman meprizan.

contend I *v.tr.* bay agiman, pretann di *She contended that the state levies too much tax.* Agiman li bay sèke leta enpoze twòp taks. *He contended that the company doesn't have enough money to give employees a raise.* Li pretann konpayi a pa gen ase lajan pou bay travayè yo ogmantasyon. **II** *v.intr.* [*compete*] kenbe tèt pou tèt{a(k)/avè(k)}li *Our team contended for the title.* Ekip nou an kenbe tèt pou tèt pou tit la. •**contend with** fè fas a(k), lite kont *He's got a lot of problems to contend with.* Li fè fas ak anpil pwoblèm.

content[1] *adj.* kontan *I'm content with my life.* Mwen kontan ak lavi m. •**be content** kontante, kontante li *You have to be content with what they give you.* Ou dwe kontante ak sa yo ba ou.

content[2] *n.* •**to one's heart's content** kont li *I can sleep to my heart's content tomorrow. I don't have to work.* Demen m pa pral travay, m ap dòmi kont mwen.

content[3] *n.* kontni

contented *adj.* rich pye atè *With those twenty dollars that you gave me, I'm contented.* Ak ven dola sa ou ban m nan, m rich pye atè.

contention *n.* kwens-kwens

contentious *adj.* tchenpwèt *That contentious woman can't spend a minute without having trouble with people.* Fanm tchenpwèt sa a pa ka fè yon minit san l pa fè zen ak moun.

contentment *n.* kontantman, satisfaksyon

contents *n.pl.* kontni •**table of contents** tab{dèmatyè/de matyè}

contest *n.* konkou, konpetisyon

context *n.* kontèks

continent *n.* kontinan

continually *adv.* kin, san rete *Stay continually at the cash register.* Kanpe kin sou kès la. •**come and go continually** antre soti *People come and go continually at the funeral.* Moun se antre soti nan antèman.

continuation *n.* 1[*of a movie*] swit 2[*case, projects*] swivi 3[*resumption*] repriz 4[*prolongation*] pwolongasyon

continue *v.tr.* 1[*go on*] kontinye, rete *If it continues to rain like this, we won't be able to go to the movies.* Si lapli kontinye ap tonbe konsa, nou pa p ka al sinema. *If this weather would just continue until Saturday.* Si tan an te ka rete konsa jis samdi. 2[*carry on*] ale non, kontinye, pouswiv, rapouswiv, sige *Let's continue!* Ann ale non! *He's sick, but he continues to go to school.* Li malad, men li kontinye ale lekòl. *We'll continue this work tomorrow.* N a rapousiv travay la demen. 3[*a project*] fè swivi *The new minister continued the projects of the minister he succeeded.* Nouvo minis la ap fè swivi travay minis li ranplase a. 4[*studies*] pouse *Alice is continuing her studies toward a diploma.* Alis ap pouse atò pou diplòm nan. 5[*resume*] kontinye *Let's take a break and continue later.* An n fè yon kanpe, n a kontinye pita. •**continue to operate sth.** reprann kòn *He resigned from the direction of the company and continued to operate the financial system.* Li bay demisyon l nan tèt konpayi a epi li reprann kòn pati finans lan.

continued *adj.* •**continued effort** ensistans *About the water, let's make some continued effort, we'll find it.* Zafè dlo a, ann fè yon ti ensistans tou piti, n a twouve li. •**to be continued** asuiv/aswiv

continuity *n.* kontinyite, swivi

continuous *adj.* san rete *He has a continuous cash flow.* Li gen yon kote k ap bal lajan san rete. •**continuous sneezing** pitwit

continuously *adv.* diranpandan, nètalkole, san rete, sansès *The child cried continuously all night long.* Timoun nan kriye diranpandan tout lannwit la. *He works continuously.* Li travay san rete. •**do sth.** **continuously** plede *He continuously called the girl although she told him she's doesn't like him.* Li plede ap rele ti dam nan malgre manzèl fè l konnen li pa renmen l.

contour *n.* kontou •**contour ditch** kannal nivo

contraband *n.* kontrebann

contrabassoon *n.* kontrebason

contraception *n.* planin

contraceptive *n.* kontraseptif •**contraceptive cream** krèm prezèvatif •**foam contraceptive** kim, krèm, mous •**contraceptive injection** piki planin •**contraceptive pill** grenn planin, pilil

contract¹ *n.*1[*document*] kontra 2[*agreement*] kondisyon, abònman *The milk contract is expensive.* Abònman lèt la chè.

contract² *v.tr.* atrap, pran *Be careful to not contract AIDS.* Veye pou pa pran maladi sida.

contract³ *v.tr.* konsantre *He contracted his muscles so as not to feel the blows.* Li konsantre pou l pa santi kou a.

contraction *n.* •**labor contractions or pain** tranchman vant, soukous, tranche e •**uterine contractions after birth** tranche kabann

contractor *n.* [*building*] antreprenè •**general contractor** bòs kay

contractual *adj.* •**contractual agreement** gaj

contradict *v.tr.* 1[*say that s.o./sth. is wrong, untruthful*] demanti *He likes to contradict people.* Li renmen demanti moun. 2[*say the opposite what s.o. says*] dedi, koupe pawòl nan bouch, kontredi, pote boure *You shouldn't contradict the teacher.* Ou pa dwe kontredi pwofesè a. *She always contradicts what we say.* Li toujou ap pote boure sou sa n di yo. *Children don't contradict their elders.* Timoun pa dedi granmoun. •**contradict o.s.** depale *They forced her to contradict herself with their questions.* Yo fè l depale anba kesyon.

contradiction *n.* demanti, kontradiksyon

contradictory *adj.* depaman *These testimonies are contradictory to what the police reported.* Temwayaj sa yo depaman ak vèsyon pa lapolis la.

contrary¹ *adj.* kontrarye moun *He's always so contrary.* Li toujou ap kontrarye moun.

contrary² *n.* kontrè •**on/to the contrary** atò, lekontrè, okontrè, toutokontrè *I don't hate you. On the contrary!* M pa rayi ou. Lekontrè! *She doesn't eat much, on the contrary, it's a struggle to get her to take two spoonfuls.* Li pa manje anpil, okontrè se nan redi pou l pran de kiyè. *On the contrary, I wanted to help you.* Toutokontrè, m te vle ede ou.

contrasting *adj.* opoze, diferan *These two brothers have contrasting behavior.* Konpòtman de frè sa yo opoze.

contredance *n.* kontredans

contribute I *v.tr.* 1[*give money*] bay, mete *How much money did she contribute to buy the space?* Konben kòb li te bay? *Everyone contributed money to buy him the ticket.* Yo tout mete kòb pou achte tikè a pou li. 2[*ideas*] bay *They all contributed their ideas to the project.* Yo tout bay lide yo sou pwojè a. **II** *v.intr.* [*donate*] bay{kotizasyon/ kontribisyon}, kontribye, kotize, mete men, pote jarèt, pran pa *They contributed to help the poor.* Yo bay kontribisyon pou ede pòv yo. *Let's contribute in order to buy the house.* Ann kontribye pou n achte kay la. *The people contributed to buy a water pump for irrigation.* Moun yo kotize pou yo achte yon ponp dlo pou yo fè awozaj. *All the students have to contribute to the work of rebuilding the school.* Fòk tout elèv yo pote jarèt nan travay rekonstriksyon lekòl la. *Everybody contributed to the organization of the party.* Tout moun te pran pa nan òganizasyon fèt la.

contribution *n.* 1[*money or resources*] patisipasyon 2[*money*] kontribisyon, kotizasyon •**intellectual contribution** patisipasyon

contributor *n.* kontribyan

control¹ *n.* 1[*authority*] direksyon, dominasyon, lobedyans 2[*mastery*] gouvènay *We need fear nothing, he already has control of the boat.* Nou pa bezwen pè, li deja gen gouvènay bato a. 3[*regulate*] kontwòl, reglemantasyon *You have to make a control every day to see that the workers are assuring a good production.* Se chak jou pou fè kontwòl pou wè si travayè yo bay bon rannman. •**air**

traffic control sèvis siyalizasyon •**be out of one's control** ... pa gen(yen) anyen li ka fè *The decision is out of my control; the manager is going to decide.* M pa gen anyen m ka fè; se direktè a k pou deside. •**birth control** planin(g) *She practices birth control.* Li fè plannin. •**ease control** lache boulon yon moun *The government decided to ease control over the farmers.* Gouvènman an lache boulon abitan you. •**get control** dominen *He's gotten control over the entire kingdom.* Li dominen tout wayòm nan. •**get under control** prevni *We tried to get the protesters under control, but things got out of hand.* Nou seye prevni manifestan yo, men bagay la dejenere. •**have full control** koupe rache *That's the man who has full control over this area.* Se misye ki koupe rache nan zòn nan. •**in control** sou kont li *I left her in control while I was away.* M pati, m kite tout bagay sou kont li. •**in full control of o.s.** nan{katèl/lokal}li *Today she seems in full control of herself.* Jodi a sanble l nan lokal li. •**lose control** dekontwole, nanm li soti sou li, pèdi kontwòl *He lost control over what he was doing.* Li dekontwole nan sa li ap fè a. *When he learned he had been fired, he lost control of himself.* Lè misye aprann yo revoke l, nanm li soti sou li. •**lose control of o.s.** pèdi jekwazandye li, tonbe nè *They lost control of themselves.* Yo pèdi jekwazandye yo. *She often loses control of herself, you mustn't make her too angry.* Manmzèl abitye tonbe nè, fòk ou pa fè l fache twò. •**operate by remote control** telekòmande *Try to see if you can operate the TV by remote control.* Gade pou wè si ou ta telekòmande tele a. •**practice birth control** fè planin, swiv planin *The woman practices birth.* Fi a fè plannin l. *She's practicing birth control so she doesn't get pregnant.* L ap swiv planin pou l pa ansent. •**take control** [*of a situation, person, and business*] pran {gouvènay la/men ou} *These children are too shrewd, you have to take control of them.* Timoun sa yo malen twòp, se ou ki pou pran gouvènay yo. *Take control of the business to avoid a deficit.* Pran men ou ak biznis la pou pa fè defisi. •**under control** anfòm, annòd *Is everything under control?* Tout bagay anfòm? •**under**

the control or in the clutches of s.o. anba djòl *When are we going to get out of the clutches of the exploiters?* Kilè n a soti anba djòl esplwatè sa yo?

control² *v.tr.* **1**[*have mastery*] gide, kòlta tèt li, metrize *The driver controls the steering wheel well.* Chofè a gide volan an byen. *The police controlled the protestors.* Lapolis metrize manifestan yo. *You're too prone to anger; you need to control yourself.* Ou twò kolerik, se pou aprann metrize ou. *I had to control myself from slapping him.* M blije kòlta tèt mwen pou m pa bay li yon kalòt. **2**[*exercise authority*] kòmande, kontwole *This is the man who controls the entire area.* Se nèg sa a ki kòmande tout zòn nan. *Stop controlling me!* Sispann kontwole m! •**control o.s.** {domine/ metrize/modere}li *If I didn't control myself, I would fight with him.* Si m pa t domine m, mwen t ap batay avè l. *You're too prone to anger; you need to control yourself.* Ou twò kolerik, se pou aprann metrize ou. •**control the ball** [*sports*] mouri *The player controlled the ball nicely.* Jwè a mouri balon an byen. •**control discussion** kenbe kòn *They had to take the microphone away from him; he controlled the discussion for too long.* Yo oblije rale mikwo a nan men l; li kenbe kòn nan twò long.

controlled *adj.* poze *He's a quiet and controlled man.* Msye se yon nèg ki dousman epi poze. •**short or controlled dance** dans ratresi

controversial *adj.* •**controversial issue** {kesyon/zafè}tèt chaje *That's a controversial issue, it won't be easy for us to resolve it.* Sa se yon kesyon tèt chaje, li p ap fasil pou n rezoud li.

controversy *n.* brase mele, polemic

convalescence *n.* konvalesans

convalescent *n.* moun k ap{geri/refè/retabli} anba yon maladi

convene *v.tr.* [*meeting*] fè apèl a(k), konvoke *The committee convened an urgent meeting.* Komite a konvoke yon reyinyon prese prese. *The director convened all the members.* Direktè a fè apèl ak tout manm yo.

convenience *n.* fasilite, komòd *I allow him more convenience.* Mwen ba li plis fasilite. *This car is missing conveniences.* Machin sa a manke komòd. •**at your convenience**

lè li{gen tan/kapab} *Call me at your convenience.* Rele m lè ou kapab.

convenient *adj.* bon *What time is most convenient for you?* Ki lè k ap pi bon pou ou?

convent *n.* kouvan

convention *n.* [*political, scientific, etc.*] kongrè

converge *v.tr.* 1[*ideas*] mache kontre ak *His ideas don't converge with mine.* Lide pa li a pa mache kontre ak pa m nan. 2[*shape*] kwaze, kontre *The two lines converge at the center.* De liy yo kwaze nan mitan. 3[*group*] rasanble *Over ten thousand people converge at the stadium.* Plis pase di(s) mil moun rasanble nan estad la.

converging *adj.* konvèjan

conversation *n.* konvèsasyon, koze, kozman, odyans, palab •**make conversation** fè koze mache *He's skillful in making conversation.* Misye maton nan fè koze mache. •**private conversation** koze nan zòrèy, tèt a tèt *Let me have a private conversation with you.* Ban m di ou yon ti koze nan zorèy. •**short conversation** pawòl {debou/ kanpe},ti{koze/pale} *They're having a short conversation.* Yo fè yon ti pawòl debou.

converse *v.intr.* dyalòge, koze *We conversed during the entire trip.* Nou koze pandan tout vwayaj la. •**converse with s.o.** chita ak *The president needs to converse with the opposition.* Prezidan an bezwen chita ak opozisyon.

convert[1] *n.* [*from Catholicism to Protestantism*] konvèti

convert[2] **I** *v.tr.* 1[*change into sth. else*] fè yon bagay tounen youn lòt bagay *He converted his room into an office.* Li fè chanm li an tounen yon biwo. 2[*from one measure to another*] konvèti *Convert thirty thousand centimeters into meters.* Konvèti trant mil santimèt an mèt. 3[*rel.*] konvèti *The American ministers converted a lot of people in the town.* Pastè ameriken yo konvèti anpil moun nan bouk la. **II** *v.intr.* antre nan yon relijyon, janbe, konvèti *Since I converted, I don't drink anymore.* Depi m konvèti, m pa bwè. *Marcel converted to Protestantism.* Masèl janbe nan pwotestan. *They converted to Seventh-day Adventist.* Yo antre nan Advantis.

convertible *adj.* [*car*] dekapotab •**a convertible (car)** yon machin dekapotab

convertible *n.* dekapotab

convex *adj.* konvèks *A convex lens.* Yon lanti(y) konvèks.

convey *v.tr.*, 1[*ideas, messages*] kominike, transmèt *He conveyed the message to me.* Li transmèt mwen mesaj la. 2[*things*] bwote, charye, transpòte *We conveyed the supplies from Port-au-Prince to Cayes.* Nou bwote pwovizyon yo sot Pòtoprens al Okay

conveyance *n.* transpò

conveyor *n.* •**conveyor belt** tapi woulan

convict[1] *n.* kondane, prizonye

convict[2] *v.tr.* kondane *They convicted her for the crimes she committed.* Yo kondanen l pou zak li fè.

conviction *n.* konviksyon, kwayans, lafwa

convince *v.tr.* konvenk, pèswade, pran tèt yon moun jous *We finally succeeded in convincing her.* Nou resi konvenk li atò. *We finally convinced him to sign the paper.* Nou rive pran tèt li jous li siyen papye a. *Convince him to come.* Pèswade l pou li vini.

convinced *adj.* pran, konvenki, kwè *Despite all we said to him, he wasn't convinced.* Tout sa nou di l, li pa pran.

convincing *adj.* konvenkan *This pastor's preaching is very convincingly.* Prèch pastè sa a konvenkan.

convocation *n.* konvokasyon

convoke *v.tr.* fè apèl, konvoke *The speaker of the Chamber of Deputies convoked all the members to a meeting.* Prezidan Chanm Depite a fè apèl a(k) tout manm yo pou vin nan yon reyinyon.

convoy *n.* konvwa

convulse *v.tr.* •**convulse with pain** djaye *As soon as the patient took the medication, she began convulsing.* Malad la annik fin pran renmèd la, la menm li tonbe djaye.

convulsion *n.pl.* kriz, latranblad, (la) tranblad, maladi *The disease gave her convulsions.* Maladi a ba l latranblad. *She had severe convulsions, we even thought that it was a seizure.* Yon sèl maladi latranblad pran pitit la, nou te menm panse se malkadi.

convulsively *adv.* •**shake convulsively** jigote *When she heard that her father had died, she started to shake convulsively.* Lè li aprann papa li mouri, li kòmanse jigote.

coo *v.intr.* woukoule *The pigeon is cooing.* Pijon an ap woukoule.

cooing *n.* woukoulman

cook¹ *n.* kizinyè, kizinyèz [*fem.*] •**pastry cook** patisye •**very skilled cook** dis dwèt li{rele pa l/ye} *This woman is a very skilled cook.* Dis dwèt fi sa rele l pa l.

cook² I *v.tr.* 1[*put on fire*] kuit *Who cooked this food?* Ki moun ki kuit manje a? *This meat is not cooked sufficiently.* Vyann nan manke kuit. 2[*prepare by cooking*] monte chodyè *They haven't cooked anything since yesterday.* Depi ayè yo pa monte chodyè. II *v.intr.* 1[*cooked*] kuit, kwit *The rice hasn't cooked enough.* Diri a manke kuit. 2[*being cooked*] mitonnen *The carrots are cooking, they're almost done.* Kawòt yo ap mitonnen, yo prèske kuit. •**cook again** rekwit •**cook a meal** monte chodyè •**cook bad food** bouyi *That maid only knows how to cook bad food.* Bòn sa a se bouyi li konn bouyi manje. •**cook slowly** mijote *My mother is cooking the onions on a small fire.* Manman m ap mijote zonyon yo. •**cook up** [*an idea*] fè *The guys are cooking up a plan to see how they'll succeed in fooling us.* Nèg yo ap fè plan pou yo wè ki jan y ap vin twonpe nou.

cookbook *n.* liv{kizin/resèt}

cooked *adj.* kuit/kwit *The rice isn't cooked.* Diri a poko kwit. •**almost cooked** kreve *The rice is almost cooked.* Diri a kreve. •**not cooked enough** [*meat*] sote *This meat is not cooked enough.* Vyann sa a sote.

cooker recho *n.* •**pressure cooker** chodou, kòkòtminit

cookie *n.* bonbon •**coconut cookie** kokonèt •**thin crisp cookie** lang bèf

cooking *n.* manje(yon moun fè) *Have you tasted his cooking?* Ou goute manje l fè deja? *She's better at cooking than I am.* Li pi fò pase m nan fè manje.

cool¹ *adj.* 1[*temperature*] frèt *Make the food completely cool.* Fè manje a byen frèt. 2[*drink*] fre *May I have some cool water, please?* Ou ka fè m kado yon ti gout dlo fre souple? 3[*weather*] fre *It's cool this evening.* Li fè fre aswè a. *There was a cool breeze blowing.* Te gen yon ti van fre. 4[*personality*] koul, tanperan, san pwoblèm *He's very cool.* Misye san pwoblèm. •**cool as a cucumber** chita sou yon blòk *I've cooled down, now I'm as cool as a cucumber.* Kòlè m desann,

kounye a mwen chita sou yon blòk. **cool guy** chapchoutè

cool² *n.* lafrèch, sanfwa

cool³ I *v.tr.* refwadi *Cool the tea for me.* Refwadi te a pou mwen. II *v.intr.* frappe, glase *Put the beer to cool in the refrigerator.* Mete byè a frape nan frijidè a. *The fridge doesn't cool.* Frijidè a pa glase. •**cool{down/off}** a[*fig.be prudent*] mete li alatranp, ale dousman *Cool down, buddy!* Mete li alatranp monchè b[*become less angry*] bese li, desann li, kalme li *I'll go and talk with her after she cools off a bit.* Lè kòlè l desann li, m a al pale avè l. c[*temperature*] frèt, rafredi, rafrechi, refwadi *I need to drink something iced to cool myself off.* M bezwen bwè yon bagay glase pou mwen rafrechi anndan m. *The water has cooled off.* Dlo a rafedi. *Let the water cool off.* Kite dlo rafedi. *Eat up the food before it cools off.* Manje manje a anvan li fin frèt. •**cool it** [*calm down*] koule tèt li, mouye poul ou, pa koute san ou, pa lalad *Cool it before the policemen so you don't get beaten.* Mouye poul ou douvan lapolis pou pa pran baton. *Cool it!* Pa koute san! •**cool it!** {/mouri/mouye} ou

cool-headed *adj.* kè kal *Those cool-headed people don't let themselves be bothered by problems.* Moun kè kal sa yo pa kite pwoblèm panike yo. •**be cool-headed** gen san sipòtan *He's not cool-headed.* Msye pa moun ki gen san sipòtan.

cooler *n.* bwat{frigo/glas}, glasyè •**walk-in cooler** chanm frèt

coolness *n.* 1[*of air*] frechè, lafrechè 2[*calmness*] sanfwa 3[*lack of enthusiasm*] fwadè

coop *n.* •**chicken coop** poulaye

cooperate *v.intr.* {fè yon/mete}tèt ansanm, kole zepòl, kowopere, mete men ansanm, pote boure, pote kole, sere kole *The opposition refused to cooperate with the government.* Opozisyon an derefize kowopere ak gouvènman an. *The team that is responsible for this office needs to cooperate.* Ekip ki responsab biwo sa a dwe mete men ansanm. *We need to cooperate to improve the country.* Fò n sere kole pou n ka fè peyi a vanse. •**cooperate with** kontre lanmen ak, mache ak *The president refuses* to *cooperate with the opposition.* Prezidan an refize kontre lanmen ak opozisyon an. *The opposition refused to cooperate with the government.* Opozisyon an derefize mache ak pouvwa a.

cooperation *n.* kole zepòl, koperasyon, tèt{ansanm/ kole} •**in close cooperation** nan tèt a tèt ak

cooperative *n.* koperativ

coordinate *v.tr.* kowòdone *Who is coordinating the work?* Kilès k ap kowòdone travay la?

coordination *n.* kòdinasyon, kowòdinasyon

coordinator *n.* kòdonatè, kowòdonatè

coot *n.* [*bird*] poul dlo

cop[1] *n.* popo

cop[2] *v.tr.* •**cop a feel** {pran/fè}yon pèz *He copped a feel with Anita.* Li pran yon pèz ak Anita. •**cop out** bat[ba/legen}, rann tèt

copal *n.* [*resin*] kopal

cope[1] *n.* [*eccl.*] chap

cope[2] *v.intr.* 1[*endure*] sipòte *I can't cope with the pain anymore.* M pa ka sipòte doulè a ankò. 2[*deal with*] bat dlo pou fè bè, beke, debat ak, debouye li, defann, demele gèt li, fè li ak, pedale, sige, soti, {retire/wete}li pwòp, transpe *That's not my concern! Cope with it by yourself!* Sa pa gade m! Demele gèt ou pou kont ou! *He's coping in the discussion.* Misye soti li pwòp nan koze a. *Life is difficult, we're coping with it.* Lavi a difisil, n ap bat dlo pou fè bè. •**cope with a difficult situation** pouse yon ponm *They can try to cope with this difficult situation.* Yo kenbe l pou yo wè si y a pouse ponm. •**be unable to cope with a situation** pa fè mouvman *They are unable to cope with the situation at all.* Yo pa fè mouvman ditou.

copier *n.* 1[*machine*] machin fotokopi 2[*imitator*] kopyadò 3[*on tests*] kopyadò

copious *adj.* •**copious meal** babako manje

copiously *adv.* agogo *They served drinks copiously.* Yo bay bwason agogo.

copper *n.* kuiv, kwiv

coppersmith *n.* chodwonnye

copra *n.* kopra, nannan kokoye

cops *n.pl.* •**cops and robbers** [*game*] dèdèt

copse *n.* raje, rakbwa

copulation *n.* kouplay

copy[1] *n.* 1[*of draft, book*] egzanplè 2[*of legal document*] espedisyon 3[*photocopy*] kopi,

zewòks •**copy machine** polikopi •**carbon copy** *a*[*sth./s.o. exactly alike physically*] pòtre *He's a carbon copy of his father.* Se pòtre papa l li ye. *b*[*duplicate*] diplikata •**double copy** an doub *Copy each of the pages twice so that we can have a lot of them.* Fè tout kopi yo an doub pou n sa gen plizyè. •**second copy** doub

copy[2] *v.tr.* 1[*reproduce, as sth. in print*] kopye *Copy this story for me.* Kopye kont la pou mwen. 2[*imitate*] fè tout sa yon moun fè, imite *They're always copying other people.* Yo toujou ap imite. *Try to copy what I do.* Tou sa ou wè m fè, fè l. 3[*without authorization*] kontrefè *He copied the book without the author's permission.* Li kontrefè liv la san pèmisyon otè a. 4[*photocopy*] fè kopi, zewòks *Have you finished copying the announcement?* Èske ou fin zewòks nòt la? •**copy from a model** dekalke *John copied the drawing well, you couldn't tell it apart from the original.* Jan dekalke desen an byen, ou pa ta di se orijinal la. •**copy off s.o.** kopye sou, pran bèt *Stop copying off me!* Sispann pran bèt sou mwen! *What she did was copy from me.* Se kopye l kopye sou mwen.

copycat *n.* jakorepèt *This copycat's always repeating someone.* Jakorepèt sa a toujou ap repete moun.

copying *n.* espedisyon, leve desen

coquetry *n.* chamantiz

coquettish *adj.* kòkèt *A coquettish woman.* Yon fanm kòkèt.

coral *n.* koray •**coral reef channel** pas valiz

coral bean tree *n.* imòtèl

coral herb n. panach

coral tree *n.* bwa nannon, flè mòtèl

coral vine *n.* koray

corchorus *n.* [*kind of herb or shrub*] lalo

cord[1] *n.* 1[*thick string, thin rope*] fisèl 2[*wire for electrical connections*] fil{elektrik/kouran} •**extension cord** (r)alonj •**spinal cord** mwal epinyè •**umbilical cord** kòd{lonbrik/ lonbrit}, mèt trip •**vocal cords** kòd vokal

cord[2] *n.* [*of wood*] kòd

cordia tree *n.* kokeliko, ti solèy •**manjack cordia tree** twapye

cordial[1] *adj.* kòdyal *A cordial greeting.* Yon salitasyon kòdyal.

cordial² *n.* [*liqueur*] kòdyal
cordiality *n.* chalè, kòdyalite
cordially *adv.* ak{de bra/bra ouvè}
cordon-bleu *n.* •be a cordon-bleu gen dis dwèt li *The food is delicious; this cook is a cordon bleu.* Manje a se koupe dwèt; kizinyè sa a gen dis dwèt li.
corduroy *n.* kòdiwòy, mòltonn
cordyline *n.* fèy makak
core *n.* 1[*hard central fruit part*] kè, nannan *He eats the core of the pineapple.* Li manje kè anana a. *She ate the mango all the way to the core.* Li manje mango a jouk nan nannan. 2[*of an argument*] fondèt, kè, nannan, nwayo, pòy *You have to get to the core of the problem in order to resolve it.* Fòk ou ale nan nannan pwoblèm nan pou ou ka rezoud li.
coriander *n.* koryann
cork¹ *n.* [*stopper*] bouchon (lyèj) •put a cap or cork on bouchonnen *Put a cork on that bottle.* Bouchonnen boutèy la.
cork² *v.tr.* bouche *Cork the bottle so that it won't evaporate.* Bouche boutèy la pou alkòl la pa vante.
cork-tree *n.* lyèj
corkscrew *n.* 1[*bottle opener*] kle boutèy, tounikèt 2[*hair style*] dizwityèm
corkwood tree *n.* kowosòl mawon, mamye
corn¹ *n.* 1[*grain*] mayi 2[*seed*] grenn{mayi/zanpoud}, zòbòy •corn grains mayi{an grenn/grennen} •corn flakes kònfleks •almost ripe corn mayi boule bab •dish of corn atoutou •finely ground corn kenken, tchentchen •grains of corn detached from cob mayi {an gren/grennen} •ground roasted corn chanmchanm •hardy corn that ripens in 6 to 10 weeks mayi alizèn •roasted corn bougonnen •roasted grains of corn mayi {griye/pètpèt} •tender fresh corn mayi ole •very finely-ground corn kè mayi
corn² *n.* [*foot sore*] kò
cornbread *n.* pen mayi
corncob *n.* bougon/bwa (mayi) •small corncob bougon, bwa mayi
corncrib *n.* kolonbye
cornea *n.* gla(s) je
corned beef *n.* kònbif
corn ear maggot *n.* vè zepi mayi

corner¹ *n.* 1[*as in a room*] kwen 2[*as on a street*] ang, kwen 3[*geometry*] ang •around the corner tou pre *Christmas is around the corner.* Nwèl la tou pre. •dunce corner ban krich •in a corner aleka *She always stays aloof in a corner.* Li toujou ret aleka nan yon kwen. •outside corner of a house renyen kay •top corner of the net [*soccer*] likàn, ve
corner² *v.tr.* [*trap*] anfèje, bare, fèmen, sènen, jennen, kofre, kwense, sentre *They cornered the dog.* Yo fèmen chen an nan kwen an. *We had him cornered.* Nou sènen l toutbon. *Help me corner the chicken.* Ede m bare poul la. *They cornered the man in the back alley.* Yo fèmen misye nan koridò a. *They cornered the rat behind the sideboard.* Yo jennen rat la dèyè bifèt la. *They cornered me, I couldn't escape.* Yo kofre m, m pa kap chape. *The police finally cornered the thief.* Lapolis resi kwense vòlè a. •corner or overwhelm [*with questions*] sènen, sere *They cornered him with questions.* Yo sènen l anba keksyon. •corner s.o. kwense yon moun nan djagonal *If they hadn't cornered her, she wouldn't have told the truth.* Si yo pa t kwense l nan djagonal, li pa t ap pale. •try to corner the market on sth. fè koukouwouj sou yon bagay *The product just came out, these people try to corner the market on it.* Pwodui a annik vini, moun yo fè koukou wouj sou li.
corn flower *n.* farin mayi
cornmeal *n.* fòkseli, mayi moulen •coarsely ground cornmeal mayi moulen (Senmak) •toasted cornmeal around hamburger mayi moulen fasi
cornstalk *n.* pye mayi •cornstalk borer cheni mayi
cornucopia *n.* abondans
corolla *n.* [*plant*] kowòl
coronation *n.* kouwonnman
corossol *n.* kowosòl •corossol fruit mixed with sugar and water bouboul
corporal¹ *adj.* kòporèl •corporal punishment chatiman kòporèl
corporal² *n.* kaporal
corporation *n.* sosyete anonim
corpse *n.* kadav, kò, mò •fresh corpse kadav vèt
corpulence *n.* gwosè**

corpulent *adj.* gwo bout *A corpulent boy.* Yon gwo bout ti gason.

Corpus Christi *prop.n.* [*Thursday after Trinity Sunday*] fèt Dye

corral *n.* pak, sèka

correct[1] *adj.* 1[*right*] bon, egzak, jis, kòrèk *Your answer is correct.* Repons ou an bon. *What she said wasn't correct.* Sa l te di a se pa sa. *The student gave the correct answers.* Elèv la bay repons ki jis yo. *His response is correct.* Repons li kòrèk. 2[*money*] jis, kont *You didn't give me the correct change.* Monnen ou renmèt mwen an pa kont. 3[*time*] bon *Does your watch have the correct time?* Ou gen bon lè nan mont ou a? 4[*decision*] bon jan *They need to take a correct decision to solve this problem.* Yo dwe pran bon jan desizyon pou rezoud pwoblèm sa a. •**that's correct** se rezon, se sa l ye *I think that's correct.* M kwè se sa l ye. •**not correct** pa sa •**you're correct** Ou gen rezon

correct[2] *v.tr.* 1[*exams, homework, and mistakes*] korije *I have homework to correct.* M gen devwa pou m korije. *She doesn't like people to correct her.* Li pa renmen moun korije l. 2[*situation*] redrese *We ask that the government correct the situation.* Nou mande pou gouvènman an redrese sitiyasyon an. 3[*children*] korije, rale zòrèy *A good father corrects his children with love.* Yon bon papa rale zòrèy pitit li ak lanmou.

correction *n.* koreksyon

correctly *adv.* dakò, kòmsadwa, kòrèk, kòrèkteman, nan bon (jan) ti mamit *I'm going to teach the children to speak French correctly.* M pral aprann timoun yo pale franse kòrèkteman.

corrector *n.* korektè

correspond *v.intr.* 1[*match*] koresponn, se pa konsa *The name on the ticket corresponds to the name on the passport?* Non k sou tikè a koresponn ak non ki nan paspò a. *He doesn't correspond to the way they described him to me.* Jan yo te di m li ye a, se pa konsa l ye. 2[*equivalent*] kadre, koresponn *Does the role of a president corresponds to that of a prime minister?* Èske wòl yon prezidan kadre ak wòl yon premye minis? *Each number corresponds to a location on the map.* Chak chif koresponn ak yon kote nan kat la.

correspondence *n.* korespondans, repondong

correspondent *n.* korespondan

corridor *n.* koulwa, pasay

corroborate *v.tr.* kore *I can't corroborate what you said.* M pa kapab kore sa ou di a.

corrode *v.tr.* manje, wouye *The sea water corroded the iron.* Dlo lanmè a manje fè a.

corrosion *n.* wouy

corrosive *adj.* ki ka wonje

corrugated *adj.* plise, ride

corrupt[1] *adj.* 1[*people*] kowonpi, magouy, pouri *The judges are totally corrupt.* Jij yo nan magouy règ chèch. 2[*computer software*] kontamine *The software is corrupt.* Lojisyèl la kontamine. •**corrupt person** pouriti *That office is full of corrupt people.* Biwo sa a chaje ak pouriti. •**be corrupt** kowonpi *These people are too corrupt.* Moun sa yo kowonpi twòp. •**rotten or corrupt individual** pouriti

corrupt[2] *v.tr.* 1[*with money*] achte, deboche, kowonpi *Racketeers corrupt state workers with money.* Raketè ap deboche anplwaye leta yo avèk lajan. *The policeman managed to corrupt the other one.* Jandam nan fin kowonpi lòt la. 2[*character*] dejwe, kangrennen, kowonpi, pèvèti, pouri *Don't let her play with those kids, they'll corrupt her.* Pa kite l jwe ak timoun sa yo, y a konwonpi l. *Bad company really corrupted the child.* Move frekantasyon ap kangrennen pitit la nèt. *Don't hang out with those drug dealers so they don't corrupt you.* Sispann pwomennen ak machann dwòg say o pou yo pa dejwe ou

corrupted *adj.* kowonpi, pouri •**become corrupted** kangrennen *The society in which we live has become corrupted.* Sosyete n ap viv la fin kangrennen.

corrupter *n.* debochè

corruption *n.* detounasyon, kangrenn, kòripsyon, kòriptè, magouy, makoutis •**corruption of a minor** detounman minè

corruptive *adj.* kòriptè *He's a corruptive person, he will corrupt the children.* Misye se nèg ki kòriptè, l ap kòwonpi timoun yo.

corsair *n.* kòsè

corset *n.* genn, kòse

cortisone *n.* kòtizòn

cosmetic *adj.* kosmetik *A cosmetic product.* Yon pwodui kosmetik.

cosmetics *n.pl.* kosmetik, makiyaj, pwodwi bote •**apply make-up or cosmetics** makiye *Apply make-up after washing your face.* Makiye apre ou fin lave figi ou.

cost[1] *n.* pri •**at any cost** atoupri *He wants to live with you at any cost.* Li vle viv ak ou atoupri. •**high cost of living** lavi chè •**labor cost** mendèv *Calculate the labor cost.* Fè pri mendèv travay la. •**total cost** montan •**whatever the cost** koutkekout *I'll get to the party whatever the cost.* M ap bat pou m vin koutkekout nan fèt la.

cost[2] *v.tr.* koute *How much does it cost?* Konbe l koute? *That must have cost a fortune!* Sa dwe koute yon bann lajan. *His mistake cost him his job.* Erè l fè a fè l pèdi travay li. •**cost a fortune** {koute/fè} tèt{moun/nèg} *This tiny necklace costs a fortune.* Ti chenn sa a koute tèt nèg. •**cost a lot of money** koute milyon ven *Her house costs a lot of money.* Kay li a koute milyon ven. •**cost an arm and a leg** chè pase tèt{moun/nèg}, {koute/fè} tèt{moun/nèg} *Houses cost an arm and a leg now.* Kay fè tèt nèg kounye a.

costly *adj.* chè *Diamonds are highly costly.* Dyaman chè anpil.

costs *n.pl.* fre, frè •**at all costs** kèlkeswa pri a •**closing costs** fre kloti •**go away at all costs** rache manyòk li bay tè a blanch *The makouts went away at all costs when they heard their leader had gone to exile.* Makout yo rache manyòk bay tè a blanch lè yo tande chèf yo pran wout legzil.

costume *n.* degizman, teni •**costume ball** bal degize •**costume jewelry** krizokal •**special costume for vow of penitence** rad braban

cot *n.* kad, lidekan

cottage *n.* mezon kanpay, ti kay

cotton *n.* koton, letouf •**cotton pad** [*for dressing wound*] koton wat

cotton leafworm *n.* papiyon koton

couch *n.* divan, kanape

couch grass *n.* chendan

cough[1] *n.* tous, touse •**chronic cough** koklich •**have a cough** kanyan •**persistent or hacking cough** kent •**whooping cough** koklich

cough[2] *v.intr.* kanyan, touse *She coughed all night.* Li fè nuit lan ap touse. *I had a fit of coughing during the night.* M gen yon sèl tous ki pran m lannuit lan. *She's coughing all the time because she has tuberculosis.* L ap kanyan toutan paske li tebe. *She's coughing a lot.* Li touse anpil. •**cough up** krache *He coughed up blood.* Li krache san.

coughing *n.* touse •**repeated coughing** kanhi-kanhan

could *v.mod.* ka, ta *I asked him if he could lend me his car.* M mande l si l ka prete m machin li an. *She said I could have it.* Li di m m mèt pran l. *He couldn't walk.* Li pa t ka mache. *You could have told me that you were coming.* Ou ta di m ou ap vini. *You could say "Thank you!"* Ou ta di mèsi. •**could care less** ki mele li *I could care less what he says.* Li mèt di sa l vle; ki mele m?

council *n.* komite, konsèy •**city council** komisyon kominal, konsèy minisipal •**community council** konsèy kominotè •**member of municipal council** majistra •**town council** komisyon kominal

counsel[1] *n.* konsèy

counsel[2] *v.tr.* konseye *They counseled their cousin to go back to school.* Yo konseye kouzen yo a retounen lekòl.

counselor *n.* konseye

count[1] *n.* kont •**blood count** tès san •**hemoglobin count** to emoglobin

count[2] *n.* [*noble title*] kont

count[3] **I** *v.tr.* **1**[*add up*] kalkile *Did you count how many pencils you have to buy?* Ou kalkile konbyen kreyon ou bezwen achte? **2**[*arrive at the number of*] konte, kontwole *Count how many people there are.* Konte konben moun ki genyen. *Count how many people who can attend the party.* Kontwole konben moun ki ka vin nan fèt la. **3**[*money*] konte, kontwole, regle *Count the money.* Konte kòb la. *She has to count the money first.* Fòk li regle lajan an anvan. **4**[*ballots, etc.*] fè depouyman *The election committee hasn't counted the votes.* Komite electoral la poko fè depouyman vòt yo. **5**[*include*] konte *Counting him, that makes ten.* Lè n konte l, sa fè dis. **II** *v.intr.* **1**[*matter*] gen enpòtans, konte, prime, pale *That doesn't count.* Sa pa gen enpòtans. *Money is the only thing that counts for these people.* Lajan sèlman ki konte pou moun sa yo. *Only money counts for them.* Se lajan sèlman ki prime pou yo. *Money is what counts for those people. Se lajan ki pale pou moun sa yo. 2[*say the numbers in order*] konte *He knows how to count.* Li konn konte. *Count to ten.* Konte rive sou dis •**count again** rekonte *Count the money again in front of me.* Rekonte lajan an devan m. •**count s.o. in** [*include*] mete li (tou) *If you guys go to the movies, you can count me in.* Si n pral sinema, mete m tou. *No need to count me in. I won't have time.* Ou pa bezwen mete m, m pa p gen tan. •**count in society** sou lis *Since you are poor, you don't count in society.* Depi ou pa gen nan men ou, ou pa sou lis. •**count off decades** [*of the rosary*] pase dizèn *The nuns really counted off decades.* Se pa de dizèn relijye yo pa pase. •**count on** *a*[*depend on*] fè konfyans, konte *I can't count on you.* M pa ka konte sou ou. *I can't count on this car.* M pa ka fè machin sa a konfyans. *If he tells you he can do it, you can count on it.* Depi l di ou li ka fè l, ou mèt fè l konfyans. *b*[*expect*] fè lide, panse *I didn't count on your coming this early.* M pa t fè lide ou t ap vin bonè konsa. *We didn't count on it raining.* Nou pa t panse l t ap fè lapli. *c*[*fully trust sth., s.o.*] jwe sou yon moun, konte, konte sou yon moun, mize sou, parye sou *May I count on what you told me?* Èske m mèt konte sou sa ou di m nan? *You can count on him, he's a man of his word.* Ou mèt parye sou li, se nèg serye li ye. •**count one's chickens before they hatch** konte ze nan vant poul, {kriye/rele}lamarye twò bèl *Don't count your chickens before they hatch so you aren't disappointed later.* Pa janm kriye lamarye twò bèl pou pa desi apre. •**count one's lucky stars** fèt{ak/an}kwaf *You can count your lucky stars that you didn't die in that terrible accident.* Ou fèt ak kwaf si ou pa mouri nan aksidan terib sa a. •**count out** pa la, pa konte sou li *If you all are going to see it tonight, you can count me out.* Si se aswè a n pral wè l, m pa la. •**count out one by one** grennen *She's counting out the matches one by one.* L ap grennen alimèt yo. •**don't count on me** mete m atè (tou dousman*) If you want to keep being friends with those corrupt guys then don't count on me.* Si ou vle kontinye zanmi ti mesye kowonpi sa yo enben mete m atè.

countenance[1] *n.* [*facial aspect*] min

countenance[2] *v.tr.* negosye, siyen *The government will never countenance a deal with terrorists.* Gouvènman an p ap janm siyen akò ak teroris. •**not to countenance** pa siye ak *She doesn't countenance jealousy.* Li pa siye ak jalouzi.

counter[1] *n.* [*shop*] kontwa

counter[2] *n.* [*stiffener of shoe or boot*] ranfò soulye

counter[3] *n.* [*counting device*] kontè

counter[4] *v.tr.* fè yon ripòs, pyonnen *He countered all the things that he was accused of.* Li pyonnen tout akizasyon yo mete sou do l yo.

counteract *v.tr.* kontrekare *Let's counteract the criminals.* Ann kontrekare kriminèl. •**counteract diarrhea** sere *If you take some starch, it will counteract diarrhea.* Depi ou pran lanmidon, l ap sere ou. •**magic potion to counteract hex** dlo trankil

counterattack *n.* 1[*military, sports*] kontatak 2[*fight back*] ripòs

counterfeit[1] *adj.* pa bon *He told me the twenty dollar bill was counterfeit.* Li di m ven dola a pa bon. •**counterfeit money** fo lajan

counterfeit[2] *v.tr.* kontrefè *He counterfeited the document.* Li kontrefè dokiman an.

counterfeiter *n.* fosè

counting *n.* kontay •**counting of votes** depouyman •**counting rhymes** kouban

country *n.* 1[*rural*] lakanpay 2[*land outside cities/towns*] andeyò *I come from the country.* M se moun andeyò. 3[*nation*] peyi *I don't remember which country she's in.* M pa chonje nan ki peyi l ye. •**at my home country** anba drapo mwen •**cold climate country** peyi frèt •**here in this country** isitkay *We're just barely getting by here in this country.* N ap boule tou piti isitkay. •**mother country** (la) patri •**western countries** peyi oksidantal

country bumpkin *n.* nèg fèy

country-dweller *n.* [*as opposed to city-dweller*] abitan *-dwellers don't dawdle in the city.* Abitan pa mize lavil.

countryman *n.* nèg peyi •**fellow countryman** {moun/ nèg}peyi li *You are my fellow countryman!* Ou se moun peyi m!

countryside *n.* andeyò, lakanpay, mòn

county sheriff *n.* chèf seksyon, laseksyon

coup *n.* koudeta •**coup leaders** defakto

coup d'état n. koudeta, panzou

couple¹ n. **1**[pair, two] de, koup, pè I found a couple of socks on the floor. M jwenn de pye chosèt atè a. **2**[a few] de twa, kèk There was just a couple of people there. Se de twa grenn moun ki te la.

couple² v.tr. akouple, kouple We need a male dog to couple with the female. Nou bezwen yon mal chen pou kouple ak femèl la.

coupling n. [electricity] rakò •**universal coupling** kwachaf

coupon n. [worth 1/10 of a lottery ticket] koupon

courage n. boyo, fòs, kè, kran, mwèl, nannan, vanyans, vayantiz Please, God, give me courage to endure the trials of life. Tanpri Bondye ban m fòs pou sipòte eprèv lavi a. She has courage, she endures the injection without crying. Li gen kè, li pran piki a san rele. •**take one's courage in both hands** manbre li You need to take your courage in both hands and go talk to the boss. Se pou ou manbre ou pou diskite ak direktè a. •**with courage** solidman

courageous adj. brav, gen jèfò, kabral, kouraje, souvren, vanyan He's a courageous guy, there's nothing that he fears. Misye se yon nèg kabral, li pa gen anyen ki fè l pè. You have to be courageous in life if you want to succeed. Fòk ou kouraje nan lavi si ou vle reyisi. She's courageous, although she's sick she went to work. Li gen jèfò, malgre l malad l al travay. •**courageous guy** vanyan gason •**be courageous in suffering** sou dan •**be strong or courageous** gen fyèl He's so courageous, he's the one who did all the work. Msye gen fyèl papa! se li ki fè tout travay yo.

courageously adv. mete gason sou li Act courageously, man, to deal with life. Mete gason sou ou monchè pou konbat ak lavi a. •**suffer courageously** sou dan He went to school suffering courageously while his shoes were hurting him. Se sou dan l al lekòl la, paske soulye li ap fè li mal.

courier n. mesajè

course n. **1**[academic] kou **2**[food] pla, plat **3**[of the day, year, etc.] kourant **4**[distance, way] chemen, pakou, wout •**golf course** teren gòf •**in the course of** nan kouran In the course of our conversation, they came for him.

Etan n ap pale a, yo vin chache l. In the course of the day, I'll come by your place. Nan kouran jounen an, m ap pase kote ou. •**literacy course** kou alfa •**of course** byennantandi, dirèkteman, men wi, natirèlman, nòmalman, pa gen pwoblèm, poukipa, se sa menm, sife Of course I remember you! Men wi, m chonje ou! —May I use your pen? —Of course! —M mèt prete plim ou an? —Pa gen poblèm Of course, I have to go to the wedding. Natirèlman fòk mwen ale nan maryay la. You're always dressed up! —Of course! Ou toujou chèlbè ou menm! —Poukipa! Is this doctor a knowledgeable person? —Of course! Èske doktè sa a se nèg save? —Sife! •**sewing course** leson koup

court¹ n. **1**[jur.] kou, lajistis, leta We must accept the court's decision. Nou dwe asepte desizyon lajistis. The court condemned him to pay a large fine. Leta kondane l pou peye yon gwo amann. **2**[law room, building] tribinal We don't have to go to court. Nou pa bezwen al tribinal. •**court of a justice of the peace** jistis depè •**court of appeals** kou dapèl, tribinal{kou dapèl/tribinal pou dezyèm jijman} •**court of cassation** kou kasasyon •**court of first instance** tribinal premye enstans •**court of justice of the peace** tribinal depè •**appellate court** kou dapèl, tribinal kou dapèl/tribinal pou dezyèm jijman •**civil court** pakè •**criminal court** asiz, kou dasiz, tribinal koreksyonèl •**go to court** kouri tribinal There isn't enough matter here to go to court. Pa gen ka la pou kouri tribinal. •**juvenile court** tribinal timoun •**labor relations court** tribinal travay •**land-claims court** tribinal tèryen •**martial court** kou masyal •**out of court** alamyab They would rather settle that out of court than hire lawyers. Yo pito regle sa alamyab tan pou yo pran avoka. •**take to court** fè pwosè ak, pouswiv, rele yon moun {lajistis/nan leta/nan tribinal}, site If you don't give me the money you owe me, I'll be forced to take you to court. Si ou pa ban m kòb ou dwe m nan, m ap blije fè pwosè ak ou. If you don't pay me, I'm going to take you to court. Si ou pa peye m, m ap pouswiv ou lajistis. If you don't want to pay me, I'll take you to court. Si ou pa vle peye m, m ap site ou.

court[2] *n.* [*tennis, etc.*] teren •**the ball is in your court** balon an nan pye ou

court[3] *v.tr.* fè{liy yon moun/fè yon moun lakou}, file, kase ti bwa nan zòrèy, koze ak yon fi, liyen, pale damou ak, pase plim poul nan zorèy yon fiy, pouse pyon fè liy yon moun *I've been courting this woman for a long time.* M ap fè liy dam sa a lontan. *He's courting me.* Misye ap fè m lakou. *He's been courting the girl for three years.* Li gen twa lane depi l ap koze ak fi sa. *As soon as they introduce a girl to him, he courts her.* Depi yo prezante l yon fi, li liyen l. *How long have you been courting that girl?* Depi konben tan w ap pale damou ak fi sa? *He spent three years courting that woman before she yielded to him.* Li fè twa lane ap pase plim poul nan zorèy manmzèl anvan li di li wi. *He's courting the girl.* L ap pouse pyon nan dèyè fi a. •**court a girl assiduously** tache nan kò yon fi *The way he's courting the girl with assiduity, he'll succeed.* Jan misye tache nan kò fi a, l ap bon kanmenm.

courteous *adj.* afab, galan, koutwa *Kalin is a very courteous person.* Kalin se yon fi ki trè afab. *That courteous guy is trying in vain to seduce Mary.* Nèg galan sa a ap fè jako pye vèt dèyè Mari. •**be courteous** gen (bon) levasyon

courteousness *n.* koutwazi

courtesan *n.* lafrechè

courtesy *n.* galantri, koutwazi, lareverans, lizay

courthouse *n.* palèdjistis

courting *n.* •**one who goes courting** liyè

courtroom *n.* tribinal

courtyard *n.* lakou •**courtyard of Vodou temple complex** paviyon

couscous *n.* kouchkouch

cousin *n.* kouzen, kouzin [*fem.*] •**distant or second cousin** *a* kouzen soujèm(en), kouzin soujèm(en) [*fem.*] •**first cousin** kouzen jèmèn *b*[*fem.*] kouzin jèmèn

cove *n.* ans, bè

covenant *n.* [*rel.*] alyans, konvansyon

cover[1] *n.* 1[*sth. that protects*] kouvèti, paman, wous 2[*for pots*] kouvèti *Does this pot have a cover?* Chodyè sa a gen kouvèti? 3[*book's outer covering*] do, po *It's a book with a red cover.* Se yon liv po wouj. 4[*mask, subterfuge*] kachepeche •**dust cover** wous •**from cover to cover** do pou do *He read the book from cover to cover.* Li li liv la do pou do. •**metal or plastic dish cover** kouvrepla. Lè tire a, tout moun kouri al kache. •**take cover** pare

cover[2] *v.tr.* 1[*extend over*] kouvri *Water is covering the whole plain.* Dlo kouvri/pran tout plenn lan nèt. *Dust covered the car.* Pousyè kouvri machin lan. 2[*place sth. on/over to protect*] kouvri, rekouvri, vwale, vlope *I covered him with a sheet.* M kouvri l ak yon dra. *Don't cover the rice.* Pa kouvri diri a. *So that the cushions don't get dirty, cover them with plastic.* Pou kousen yo pa sal, rekouvri yo ak plastik. *The child is cold, cover him up with a blanket.* Pitit la frèt, vlope l ak yon lèn. *So that they wouldn't recognize her, she covered her face.* Pou yo pa rekonèt li, li vwale figi l. 3[*hide*] sere *She's covering up the fact that she's pregnant.* Li ansent, l ap sere sa. 4[*journalism*] kouvri *A lot of journalists covered the demonstration.* Anpil jounalis t al kouvri manifestasyon an. 5[*be enough money for*] sifi *Will a hundred dollars cover it?* San dola ap sifi? •**cover for** [*assume s.o.'s duties*] kenbe pou *You can go; I'll cover for you.* Ou mèt ale, m a kenbe pou ou. •**cover up for** sere pou *You're always covering up for her.* Ou toujou ap sere pou li.

coverage *n.* garanti •**insurance coverage** pwoteksyon •**press coverage** kouvèti

covered *adj.* kouvri •**covered with** plen •**covered with sores** malenge *The child's whole body is covered with sores.* Tout kò pitit la malenge. •**be covered in** benyen *His entire body is covered with grease, he has to take a shower.* Tout kò l benyen ak grès, fòk li pran yon douch. •**be covered with blood** benyen (an) san *He's covered with blood.* Li benyen an san. •**be covered with wrinkles** chaje ak min *Her face is covered with wrinkles.* Figi l chaje ak min.

covering *n.* [*bark, skin, shell*] kal, po

covet *v.tr.* anvi, gen je sou, konvwate *He covets his sister-in-law.* Li gen je sou bèlsè l. *Don't covet your neighbor's possessions.* Pa konvwate byen pwochen ou.

covetous *adj.* anbisye *He's covetous, he needs to have everything.* Li anbisye konsa, li bezwen gen tout bagay pou li. •**grasping or covetous person** tòpiyè

covetousness *n.* anbisyon, gwo venn, vizyon *The others killed her because of her covetousness.* Gwo venn li ki lakòz lòt yo touye li.

cow[1] *n.* (vach) bèf, bèf, manman, manman bèf, vach, vach bèf •**dairy cow** vach rapò •**milk cow** vach lèt •**sacred cow** zidòl •**sea cow** lamanten •**young cow** gazèl

cow[2] *interj.* •**holy cow** mezanmi *Holy cow! Look at how many people there are at the carnival.* Mezanmi! gade moun ki genyen nan kanaval la.

coward *n.* fenyan, kapon, kaponyè, kazwèl, kòk panyòl, lach, malpwòp, manman poul, mòkòy, palfwenyen, pòtwon, poul mouye, salòp *He's such a coward. When the fight broke out, he ran.* Se kapon li ye; lè goumen an pete, li pran kouri. *That coward's afraid of the slightest noise.* Fenyan sa a pè nenpòt ti bri. *She does with you whatever she wants because you are such a coward.* Li ranse ak ou jan li vle poutèt ou twò kazwèl. *If you're afraid to face that weak kid, you're a coward.* Si ou ka kouri pou yon vye timoun konsa, ou se yon malpwòp. *What a coward! He scarcely hears a sound and his heart beats like crazy.* Ala kot nèg pòtwon! Yon ti bwi l tande kè l sou biskèt. *You ran, you coward!* Ou kouri, salòp! •**fat coward** gwo sowe

cowardice *n.* lachte

cowboy *n.* kòbòy *A cowboy movie.* Yon fim kòbòy.

cow-eyes *n.pl.* •**make cow-eyes** fè drandran

cower *v.intr.* mache do ba *Why do you cower before this brute.* Poukisa ou mache do ba douvan milèt sa a?

cowfish *n.* •**scrawled cowfish** bous akòn

cowhage *n.* [*vine that causes skin irritation*] pwa grate

cowherd *n.* gadò bèf

cowl *n.* kagoul, kapichon

coy *adj.* ti Jezi nan po krab *You're not as coy as you would have us believe.* Ou pa ti Jezi nan po krab jan ou vle fè n konprann nan.

coyness *n.* chamantiz

coyol tree *n.* kòwòs

coyote *n.* pasè

cozy *adj.* alèz kou Blèz, konfòtab

CPR *prop.n.* •**do CPR** manyen lestomak *They are doing CPR for a man who nearly drowned*

in the sea. Y ap fè yon manyen lestomak pou yon nèg ki manke neye nan lanmè a.

crab *n.* krab •**crab/pubic louse** mòpyon •**hermit crab** sòlda •**inedible crab that sticks to rocks near the seashore** krab{mazòrèy/malzòrèy} •**land crab** krab bwa •**large purplish crab with many appendages** krab zoumba •**saltwater crab** krab sirik, sirik •**small red sea crab** touloulou •**sweet water crab** krab dlo dous

crabby *adj.* pa sou san, rechiya *Watch out! The supervisor is crabby today.* Pran pokosyon ou, sipèvizè a pa sou san l jodi a.

crack[1] *n.* 1[*thin line*] fann, jwen, jwenti, kasi, krak *The shoe has a crack.* Soulye a gen yon ti fann. 2[*slit caused by splitting*] fele *The glass has a crack in it.* Vè a fele. 3[*small hole*] jwen 4[*between the buttocks*] kannal dèyè 5[*attempt*] esèy *Let me have a crack at it.* Kite m fè yon esèy. •**crack in skin of heel** talon fann •**crack of whip** wach *She whacked him with a crack of a whip.* Li pouse l yon kout fwèt, wach. •**crack or sore at corner of mouth** bòkyè, mal bouch •**at the crack of dawn** a ti fèklè, bonè bone, kon bajou kase, (o) pipirit chantan *I'll be at your place at the crack of dawn.* M sou ou bonè bonè. *I'm leaving at the crack of dawn.* M ap pati kon bajou kase. *At the crack of dawn, take the animals to the water for me please.* A ti fèklè, mennen bèt yo nan dlo pou mwen tanpri.

crack[2] **I** *v.tr.* 1[*cause to break apart/open*] fann, fele, kase, krake, pete *Look how the pan cracked.* Gade ki jan kivèt la fann. *She dropped the glass, she cracked it.* Li lage vè a atè, li fele l. *Crack open the eggs.* Kase ze. 2[*cause to have a crack*] fele *The rock cracked the windshield of the car.* Wòch la fele vit machin lan. 3[*one's knuckles*] krake, klake dwèt li *Whenever he's cold, he cracks his knuckles.* Depi li frèt, li toujou ap klake dwèt li. *Stop cracking your fingers like this.* Ase krake men ou konsa. **II** *v.intr.* [*chip, come off*] dekale *The paint on the door is cracking.* Penti nan pòt la ap dekale. •**crack a joke** bay blag *I've never heard her crack a joke.* M pa janm tande l ap bay blag. •**crack a whip** taye fwèt kach *Don't come cracking the whip so you don't make noise in my ear.* Pa vin taye fwèt kach la pou pa fè bwi nan zorèy moun. •**crack down** lage nan kò yon moun *The police are cracking down on pickpockets.* Lapolis lage nan kò vòlè bous yo. •**crack s.o. up** fè yon moun ri *He always cracks me up!* Li toujou ap fè m ri. •**crack up** [*begin to laugh*] tonbe ri *They cracked up when they saw me.* Yo tonbe ri lè yo wè m lan.

crack[3] *onom.* [*sound of breaking or tearing*] krak

cracked *adj.* 1[*with break*] fele 2[*loony, nutty person*] tèt{cho/fele/loke/pa an plas/souke/vire} •**be cracked** krake *This glass is cracked.* Vè a krake.

cracker *n.* biswit sale, bonbon sèl, krakèz •**soda cracker** biswit{sèk/soda}

crackling *n.* [*noise*] petarad

crackpot *n.* detrake, eleman

cradle *n.* bèso

craft *n.* 1[*trade*] metye 3[*skill*] atistay 2[*cunning*] malis, riz

craftiness *n.* malis

craftsman *n.* •**master craftsman** bòs

crafty *adj.* bakoulou, chaje ak may, do kale, fen, fentè, gen twou nan manch, madre, mèt jwèt, rize, rizèz [*fem.*] *What a crafty child, she pretends to be sick so that she doesn't have to go to school.* Ala timoun fentè, li pran pòz li malad pou l ka pa al lekòl. *Watch out for him, he's very crafty.* Veye ou ak msye, li se yon mèt jwèt. *That woman is crafty.* Fi sa a gen twou nan manch. •**crafty crook** [N] zouti *There's no crook as crafty as he.* Pa gen moun zouti pase misye. •**crafty or sly person** machannlèt

crag *n.* pik

cram *v.tr.* 1[*force into a small space*] boure, foure, gonfle li, pake, tase *He crammed all the clothes in one suitcase.* Li boure tout rad yo nan yon sèl valiz. *Everyone crammed themselves into one of the buses.* Tout moun yo gonfle kò yo nan yon sèl bis. *They crammed them into the car like animals.* Yo pake moun yo nan machin nan kou bèt. 2[*study hard*] kraze bèt li *I really have to cram for the next two days to pass the exam.* Fò m kraze bèt mwen serye nan de jou k rete yo pou m ka pase nan egzamen an.

crammed *adj.* chaje *Don't cram all your things in the bag.* Pa chaje tout zafè ou nan sak la.

cramming *n.* bouray{kràn/sèvo} *It's not cramming that makes a student learn.* Se pa bouray kràn ki fè yon etidyan aprann.

cramp *n.* lakranp •**menstrual cramps** kolik, tranchman vant

cramped *adj.* jennen

cranberry *n.* krannberi

crane[1] *n.* [*bird*] makwali

crane[2] *n.* [*machine*] gwo bwat

crane[2] *v.tr.* •**crane one's neck** lonje kou *She craned her neck to see the blackboard.* Li lonje kou l pou l ka gade tablo a.

cranium *n.* kòkòwòs, zo{bwa/kokolo}tèt

crank[1] *n.* mannivèl

crank[2] *v.intr.* estat, pran *The car won't crank.* Machin nan pa p pran. •**crank up** *Crank up the car.* Estat machin nan.

crankcase *n.* kwachaf

crankshaft *n.* chaf, kankès, vilbreken

cranky *adj.* chimerik *That child is cranky.* Pitit sa a chimerik.

cranny *n.* rakwen

crap *n.* 1[*junk*] salopri *Get this crap out of the middle of the room.* Retire salopri sa a nan mitan chanm nan. 2[*lies, nonsense*] radòt, tenten *What he said is a load of crap.* Sa l di a se yon bann tenten.

crape myrtle *n.* [*shrub*] estragònya

crash[1] *n.* 1[*noise*] fraka 2[*accident*] aksidan •**car crash** aksidan machin

crash[2] *v.tr.* 1[*cause to strike, be destroyed*] antre, fè aksidan *I crashed in my new car.* M fè aksidan ak nouvo oto m nan. *The driver crashed the car into a wall.* Chofè a antre machin lan nan yon mi. 2[*come uninvited, without paying*] pran daso *Those guys don't pay when they go to a dance; they just crash it.* Nèg sa a pa peye nan bal; yo pran daso. 3[*sleep*] lage kò li *If I just find a place to crash, I'll be ok.* Depi m jwenn yon kote pou m lage kò m, m pa gen poblèm. •**come crashing down** fese *Every last house came crashing down because of the hurricane.* Dènye kay yo fese ak siklòn nan.

crash[3] *onom.* bow

crass *adj.* gwosye, maledve •**crass person** mizisyen palè

crate *n.* kès

crater *n.* kratè

crave *v.tr.* gen yon sèl anvi *I'm craving a smoke.* M gen yon sèl anvi fimen.

craving *n.* anvi *Craving for rice.* Anvi diri.

crawl *v.intr.* **1**[*move*] mache *There's a spider crawling on your arm.* Gen yon arenyen k ap mache sou bra a ou. **2**[*move on hands and knees*] rale, ranpe *The baby is crawling.* Ti bebe a ap rale. **3**[*move slowly*] ti pa ti pa *There was a traffic jam and the cars were crawling along.* Te gen yon sèl blokis, machin yo se ti pa ti pa. •**make one's skin crawl** fè san yon moun mache *When I see a snake, it makes my skin crawl.* Depi m wè koulèv, li fè san m mache.

crawling *adj.* •**be crawling with** fè{bèt/ mikalaw/ mouch}

crayfish *n.* kribich

crayon *n.* kreyon koulè

craze *n.* tokad

crazed *adj.* anraje

crazily *adv.* •**dance crazily** tchatcha *Tonight we're going to dance crazily at Carnival.* Aswè a nou pral tchatcha nan kanaval la.

craziness *n.* biliwin, bilirin, lili *Craziness overcame him, he says he's the president.* Lili pran l, li di l se prezidan.

crazy[1] *adj.* dezekilibre, distrè, fou, fòl [fem.], lespri pati, loko, pa nan lokal li, pèdi{(la) kat/marenn/tèt} li, tèt {pati/cho/fele/oke/ pa an plas/souke/vire}, toke, varye *You're crazy to go out in this rain.* Ou fou, ou ap soti anba lapli sa a.. *That girl is crazy.* Manmzèl sa a fòl. *He's a crazy person.* Li se yon moun lespri pati. *The way you're acting, you seem to be crazy.* Jan w ap aji a, ou gen lè loko. *Bring him to a psychiatrist, he's crazy.* Mennen l ka sikyat, li pa nan lokal li. *That old person is crazy.* Granmoun sa a pèdi tèt li. *The woman is crazy.* Fi a varye. •**crazy about** fou pou *I'm crazy about her.* M fou pou fi a. •**crazy person** makak •**be a little crazy** manke/ pèdi {yon/kèk}fèy *This guy is a little crazy.* Nèg sa a manke yon fèy. •**be crazy for s.o.** mouri pou •**completely crazy** anraje kòk graje *He's a completely crazy guy, he has completely lost his mind.* Li se yon moun anraje kòk graje, sèvo l ale nèt. •**go crazy** debòde, pran lari, tèt yon moun pati *When he realized that all the money was lost, he went crazy.* Lè li konprann tout kòb la pèdi,

li debòde. *Since she got the news, she went crazy.* Depi l fin jwenn nouvèl la, li pran lari. *John has gone crazy for the girl.* Tèt Jan pati pou fi a. •**go crazy over s.o.** egare pou *He went crazy over the girl until he was at his wit's end.* L egare pou fi a jis l about. •**not be crazy about** pa tèlman chofe pou *I'm not too crazy about going to her place.* M pa tèlman chofe pou m al lakay li.

crazy[2] *adv.* pawòl tafya *This guy is drunk, he talks crazy.* Nèg la sou, l ap pale pawòl tafya.

creak *v.intr.* krake, kriye *The wind made the door creak.* Van an fè pòt la krake.

cream[1] *n.* **1**[*of milk*] krèm **2**[*substance for application*] krèm, pomad **3**[*color*] krèm •**cream cheese** fwomaj {blan/kraf(t)/ krèm} •**cream of the crop** krèm •**cold cream** kolkrèm •**shaving cream** krèm(pou) bab •**sour cream** krèm (lèt)si •**whipping cream** krèm{bat/fwete}

cream[2] *v.tr.* kraze ren *He's very strong, he'll cream you.* Li gen anpil fòs, l ap kraze ren ou.

creamer *n.* pòtkrèm

creamery *n.* bèri

crease[1] *n.* **1**[*trousers*] eskanp, pli *Those trousers don't hold a crease.* Pantalon sa pa kenbe pli. **2**[*between the buttocks*] grij, kannal dèyè •**put a crease in** eskanpe •**take out creases of a pleated skirt** degriji *Take out the creases of this skirt to loosen it a little.* Degriji rad la pou l pa sere ou twòp ankò.

crease[2] **I** *v.tr.* eskanpe, pliye *He needs the iron hot so he can crease the pants.* Li bezwen fè a cho pou li ka eskanpe pantalon an. **II** *v.intr.* fè douk *Arrange the dress on you carefully so that it doesn't crease.* Ranje wòb la byen sou ou pou l pa fè douk.

create *v.tr.* anjandre, envante, fè, fòme, fonde, kreye, taye *God created the heavens and the earth.* Se Bondje k fè syèl la ak tè a. *Our heavenly Father created the earth.* Papa nou nan syèl la te fòme latè a. *God created us in His image.* Bondye kreye nou pou nou sanble li. *She herself was able to create and establish this association.* Pou kont li, li rive taye òganizasyon sa a met kanpe. •**create a disturbance** bat estaba •**create a disturbance with noise** brigade •**create confusion** mele kat *The party created confusion, there's a real predicament about* *the election.* Pati a mele kat la, se pa de bouyay ki gen nan zafè eleksyon an. •**create dissention** bwouye •**create envy** gen rayisab *The position of foreman creates envy.* Pòs fòmann sa a gen rayisab ladan. •**create problems between people** mete yon moun nan zen ak •**create problems or difficulties** takle *The opposition created difficulties for the current government.* Opozisyon an ap takle pouvwa an plas la.

creation *n.* kreyasyon, lanati •**creation of disorder** gagotay

creative *adj.* •**creative person** fèzè *I will make a nice kite with this old piece of paper.* —*You are really creative!* Ak vye papye sa a m pral fè yon bèl sèvolan. —Ou se yon fezè vre!

creativity *n.* kreyativite

creator *n.* kreyatè

creature *n.* bèt, kreyati •**fellow creature** parèy *You should like your fellow creatures.* Ou dwe renmen parèy ou.

crèche *n.* krèch

credibility *n.* kredibilite

credible *adj.* kredib *This person is credible.* Moun sa a kredib.

credit[1] *n.* 1[*financial*] kreyans 2[*payment deferment system*] kredi *We bought furniture on credit.* N achte mèb kredi. *I have credit in that store.* M gen kredi nan boutik sa a. 3[*praise and admiration*] lwanj *The director took all the credit for himself k.* Dirèktè a pran tout lwanj yo pou li menm sèl. •**credit card** kat kredi •**credit union** kès{depany/depay} •**letter of credit** lèt (de) kreyans

credit[2] *v.tr.* kredite *Credit my account.* Kredite kont mwen.

creditor *n.* kreyansye

credo *n.* kredo

credulous *adj.* kredil •**credulous person** boubou, tibebe, timoun piti

creed *n.* kredo, kwayans

creek *n.* ti larivyè •**up a creek/tree** nan tchouboum

creep *v.intr.* ranpe *What is it that is creeping on the table.* Ki sa a ye sa ki ranpe sou tab la. •**creep up on** moute sou tèt li *Old age is creeping up on me.* Laj ap moute sou tèt mwen.

creeps *n.pl.* **give s.o. the creeps** fè san li tresayi *When I go by the cemetery, it gives me*

the creeps. Lè m pase bò simityè, li fè san m tresayi.

creeper *n.* lyann

creeping plant *n.* [*tropical*] lyann

cremate *v.tr.* boule *They are cremating the corpse.* Y ap boule kadav la.

Creole[1] *adj.* kreyòl *That's a Creole hog.* Sa se yon kochon kreyòl.

Creole[2] *prop.n.* kreyòl •**colloquial down-to-earth Creole** kreyòl rèk •**Frenchified Creole spoken by bilinguals** kreyòl swa

Creole-speaking *adj.* kreyolofòn •**Creole-speaking world** kreyolofoni

creolist *n.* kreyolis

creolize *v.tr.* kreyolize *Don't creolize the French language.* Pa kreyolize lang franse a.

creolophone *n.* kreyolofòn

crepe *n.* 1[*fabric*] krèp 2[*food*] krèp •**crepe jasmine** [*shrub*] kapris •**crepe rubber** krepsòl

crescent *n.* •**waning crescent moon** lin kaba

crest[1] *n.* [*rooster*] krè •**short thick round crest of rooster** krèt sitwon

crest[2] *n.* [*mountain or hill*] do, tèt *The crest of the hill.* Do mòn nan. •**wave crest** tèt lanm

cretonne *n.* [*heavy cotton material*] kretonn

crevalle jack *n.* karang

crew *n.* ekip *I'm on the night crew.* Se nan ekip aswè a m ye.

crewcut *n.* a la bwòs, alabwòs *The children got a crewcut.* Timoun fè tèt yo alabwòs. *They gave him a crew-cut.* Yo koupe cheve l a la bwòs. *They have crew cuts.* Yo fè tèt yo alabwòs.

crib *n.* bèso, krèch

crib sheet *n.* [*for 'bakaloreya' exam*] akòdeyon, patisyon *They gave him a zero on the test because he used a crib sheet.* Yo ba l zewo nan egzamen an poutèt li t ap rale patisyon.

crick *n.* [*in the neck*] kou{rèd/vire/kou rete nan kabann}

cricket *n.* [*insect*] krikèt •**small cricket** kriyit

crime *n.* (z)ak, deli, fòfè, kòz krim *What crime did he commit?* Ki zak li fè? *It's a crime to waste food.* Se yon krim pou moun ap jete manje. *He committed a major crime.* Li konmèt yon gwo kòz.

criminal[1] *adj.* kriminèl *Burning houses is a criminal act.* Zak boule kay se zak kriminèl.

criminal² *n.* ansasen, atoufè, brigan, foban, kriminèl, loray boule, malfektè, ti zòrèy, zakè •**violent criminal** zenglendo

crimson *n.* kanmwezi, kramwazi •**crimson cloth** twal kamwazi

cringe *v.intr.* tresayi *He cringed when he saw me raising my hand to hit him.* Li tresayi la lè l wè m leve men m pou mwen al frape l.

crinoline *n.* krinolin

cripple¹ *n.* enfim, enfimite, envalib, estwopye, kokobe, moun donmaje, moun enfim

cripple² *v.tr.* annile, donmaje, fè yon moun enfim, kokobe *He was crippled in the accident.* Li donmaje nan aksidan an. *The accident crippled her.* Aksidan an annile li. *Typhoid fever can cripple you if not caught in time.* Lafyèv tifoyid ka fè ou enfim si ou pa pran li atan. *The accident crippled him.* Aksidan an kokobe l. •**cripple s.o.** estwopye

crippled *adj.* enfim, estwopye, kokobe, mafweze, pòk *Her left hand is crippled.* Men gòch li pòk. *She's crippled.* Li kokobe. *Since the accident, he has been crippled.* Depi aksidan an fin rive li a, li estwopye. *Paul is very crippled.* Pòl twò mafweze. *He was crippled in the car accident.* Msye estwopye nan aksidan machin nan.

crisis *n.* kriz •**emotional crisis** kriz (de) nè

crisp *adj.* •**burn to a crisp** {boule/tounen} lasini *The food burned to a crisp on the fire.* Manje a tounen lasini sou dife a. •**thin crisp cookie** lang bèf

crisscrossed *adj.* [*design*] akawo

criterion *n.* kritè, nivo

critic *n.* kritik

critical *adj.* grav, kritik, makawon, mangonmen *The situation of the country is critical.* Sitiyasyon peyi a kritik. *The situation is critical.* Sitiyasyon an makawon. *Things are becoming critical in the country.* Bagay yo vin pi mangonmen nan peyi a. •**become more critical** agrave *His health condition had become more critical.* Eta sante l agrave. •**off the critical list** òdanje *The wounded person is off the critical list.* Blese a òdanje kounye a. •**overly critical** kalsitran

critically *adv.* dènye degre *The child is critically ill.* Pitit la malad dènye degre.

criticism *n.* kritik

criticize *v.tr.* chikannen, dedi, degize, kale dèyè do yon moun, kritike, mete bwa pou yon moun, pale kwochi, pale{yon moun mal/pa lò/sou}, pouse son nan wèl *You always criticize the others.* Ou toujou ap degize moun. *We criticized the boss a lot because he doesn't pay us enough.* Nou kritike bòs la anpil poutèt li pa peye n ase. *You're doing all that criticizing because you didn't get a job in the government.* Tout pale w ap pale kwochi la paske ou pa djobe nan gouvènman an. *What entitles you to criticize me?* Dekiprevyen w ap pale m mal? *The opposition is criticizing everything the government does.* Opozisyon an ap pouse son nan wèl gouvènman an.

crocheting *n.* kwochèt

crocodile *n.* kokodil, kwokodil

croissant *n.* kwasan

cronyism *n.* moun pa/mounpayis, payis •**work by cronyism** paspouki *That government works by cronyism.* Sa se yon gouvènman paspouki.

crook *n.* bakoulou, bandi, chat{de pye/dis dwèt}, foban, jwè koken, kalbendè, koken, lawon, mimi, move, move{grenn/je/zafè}, moveze, zwav *Daniel is a crook.* Danyèl se yon bakoulou. *He's a crook.* Msye se move zafè. *There are a lot of crooks in the government.* Chaje ak jwè koken nan gouvènman an. *Don't let your children play with him, he's a crook.* Pa kite pitit ou jwe ak msye, li se yon move je. •**crafty crook** [N] zouti *There's no crook as crafty as he.* Pa gen moun zouti pase misye. •**major crook** lawon gòch •**small-time crook** visye, visyèz [*fem.*]

crooked *adj.* 1[*not straight*] bankal, kwochi, pa dwat, tòde *This street is crooked.* Ri a pa dwat. *The coconut tree grew crooked.* Pye kokoye grandi kwochi. *The hanger is crooked.* Sèso a tòde. 2[*dishonest*] bakoulou, bankal, koken, kwochi, pa dwat, tòde, visye, visyèz [*fem.*], zwav move zafè, pa dwat *He's crooked.* Se move zafè li ye. *This crooked game, I'm not involved in it.* Jwèt koken sa a, m pa ladan. *They mentioned the man's name in a lot of crooked affairs.* Yo lonmen non misye nan anpil bagay kwochi. *I do not deal with crooked people.* M pa mele ak moun ki zwav.

crookedly adv. kwochi *Everything she does, she does it crookedly.* Tout sa l ap fè, li fè l kwochi.

crookedness n. kwochi

crop[1] n. [*of a bird*] fal, gòjèt

crop[2] n. [*agr.*] kilti, rannman, rekòt *We had a good crop of corn.* Nou te fè yon bon rekòt mayi. •**cream of the crop** krèm

croquette n. [*culin.*] kwokèt

crosier n. [*of a bishop*] kòs

cross[1] adj. move, movèz •**be cross** an chimerik *This morning she got up with an angry face, she's cross.* Maten an li leve ak dis min nan fon li, li an chimerik.

cross[2] n. [*of breeds*] kwaze

cross[3] n. (la)kwa lakwa *Christ died on the cross.* Jezikri mouri sou lakwa. •**it's the cross I have to bear** se kwa pa m

cross[4] v.tr. **1**[*place across each other*] kwaze *She crossed her arms.* Li kwaze bra l. **2**[*pass in opposite directions*] kwaze *The letters crossed in the mail.* Lèt yo kwaze sou wout. **3**[*traverse, reach across*] franchi, janbe, travès *Wait for the light to change before you cross the street.* Tann limyè a chanje anvan ou travèse lari a. *We can't cross here.* Nou pa ka janbe la a. *They crossed over the barrier.* Yo franchi baryè a. *Watch out when you cross the street.* Fè atansyon lè w ap janbe lari a. •**cross into** traverse •**cross one's mind** {pase nan lide/vin nan tèt}yon moun *The picture of this beautiful woman just crossed my mind.* Imaj bèl fanm nan fèk pase nan lide m. *It never crossed my mind.* Sa pa janm vin nan tèt mwen. •**cross out** bare, bife, siprime *You needn't take time to erase that, just cross it out.* Ou pa bezwen pran tan efase sa, siprime l sèlman. *Cross out what you wrote.* Bare sa ou ekri a. *Cross out that sentence.* Bife fraz sa a. •**cross swords** kwaze{lepe/fè} *The two crooks will cross swords.* De bandi yo pral kwaze lepe.

cross-belt n. bandoulyè

cross-examination n. [*jur.*] entèwogatwa

cross-eyed adj. je{atwet,drandran/lanvè/ louch/pichpich/ tije/tòtòy/tounen/ twenzi/twèt/vewon} *He's cross-eyed.* Li gen je vewon. *He's cross-eyed, his two eyes don't look in the same direction.* Je l twenzi, toulede pa gade menm bò.

cross-legged adj. kwaze pye li *She's sitting cross-legged in the chair.* Li chita sou chèy la, l kwaze pye l.

cross-multiply v.intr. fè pwodui kwaze *Cross-multiply to see if the multiplication is correct.* Fè pwodui kwaze pou wè si miltiplikasyon an bon.

cross-out v.tr. efase *Cross out our names from the list.* Efase non nou nan lis la.

crossbar n. travès

crossbeam n. travès

crossbow n. abalèt

crossbill n. [*bird*] bèk kwaze

crossbreed n. metis

crossfire n. fe kwaze

crossing n. travès

crosspiece n. travès

crossways/crosswise adv.. an kwa, antravè, detravè *The bone is lodged crosswise in his throat.* Zo a kwoke antravè nan gòj li. *He sleeps crosswise in the bed.* Li kouche antravè sou kabann nan.

crossword puzzle n. mo kwaze

crotalaria n. [*herb*] pètpèt, ti pwa mawon

crotch n. {antre/fant}janm, fouk •**crotch of pants** fouk •**rip/tear the crotch** defouke *The young boy is tearing the crotch of his pants.* Tigason an ap defouke pantalon an. •**grab under the crotch or thigh** fouke *As big as he might seem to you, if you grab him under the crotch, you will lift him very easily.* Ou mèt wè l gwo konsa, depi ou fouke l, w ap leve l fasil fasil.

crouch[1] n. krapodin

crouch[2] v.intr. anfale kò li, bese, chita (a) koupi, koupi, mete kò li akoukouman *Who is that crouching on the ground?* Ki moun ki koupi atè a? *Why is he crouching like that? He can take a chair and sit.* Poukisa li anfale kò l konsa? Li ka rale yon chèz chita. *He crouches by the fireplace.* Li chita koupi bò fwaye dife a. *Why are you crouching like that? Poukisa ou mete kò ou akoukouman konsa? •**crouch down** akoupi *I'm obliged to crouch down.* M oblije akoupi.

croup n. **1**[*illness*] kwoup **2**[*of a horse*] kwoup

crouton n. boul pen griye

crow[1] n. gragra, kaou, kaw, kòbo, kònèy •**palm crow** ti kaw •**white-necked crow** kaw fran

crow² *v.intr.* chante *That rooster crows every morning.* Kòk sa a chante chak maten.

crowd¹ *n* asanble, atwoupman, bank, foul, kwadi, rasanbleman, ribanbèl *A crowd of people.* Yon bank moun. *There was a crowd of people in front of the church.* Te gen yon foul moun devan legliz la. *I saw a crowd of people coming.* M wè yon kwadi moun ap vin la.

crowd² *v.tr.* 1[*come together (in large numbers)*] ankonbre, fè{gwo/ti}pil, rasanble *People crowd the street.* Moun ankonbre lari a. *Many people crowded in front of the embassy.* Yon bann moun rasanble devan anbasad la. 2[*press tightly into space*] anpile, gonfle, kwense *The people had crowded into the office.* Moun yo gonfle kò yo nan biwo a. *Six people had crowded themselves into the back of the car.* Sis moun kwense kò yo dèyè machin lan. •**crowd around** konble *Too many people crowded around me.* Twòp moun konble m. •**crowd s.o.** anfale sou *They crowded around the vendor in order to pick out all the good goods.* Yo anfale sou machann nan pou triye tout bon machandiz yo. •**crowd together** antase, fè pil *They crowded people together on the boat to take them to Miami.* Yo antase moun yo nan kanntè a pou ale Miyami. *People crowded together in the car.* Moun yo fè pil nan machin nan.

crowded *adj.* ankonbre, bonde, foul, wouj *The room is crowded with things.* Chanm nan ankonbre ak bagay. *The street is crowded with people.* Lari a bonde ak moun.

crowding *n.* ankonbreman.

crowing *n.* chante •**cock crowing** chante kòk

crown¹ *n.* 1[*of a tooth*] kouwòn 2[*of the head*] kouwòn, kràntèt •**crown of thorns** [*plant*] kouzen gwonèg, ti flanbwayan •**partial crown** eklis

crown² *v.tr.* kouwonnen, sakre *They crowned Pele the king of soccer.* Yo sakre Pele wa foutbòl.

crowning *n.* kouwonnman

crucifix *n.* [*rel.*] krisifi, lakwa **crucifixion** *n.* krisifiksyon

crucify *v.tr.* krisifye *They crucified Jesus on the cross.* Yo te krisifye Jezi sou lakwa.

crud *n.* vòksal

crude *adj.* bawòk, demeplè, gwo{jan/soulye}, gwosye, gwayil, malandouran, maledve,

mastòk *He's a crude person.* Se yon moun ki maledve. *A crude person like that, I won't hang out with him.* Nèg demeplè konsa, m pa mache avè l. *If you dared acting like this, you are really crude.* Si ou ka aji mal konsa, ou gwo jan vre. **crude sandal** sapat

crudely *adv.* gwosomodo *The work of this shoemaker is done crudely.* Travay bòs kòdonye sa a fèt gwosomodo.

crudeness *n.* gwosyète

cruel *adj.* 1[*punishment*] di *The punishment you gave her was too cruel.* Pinisyon ou ba li a twò di. 2[*person*] kriyèl, mechan, maltchò, pa nan grenn, rache bab, san zantray, sinik mechan di *Cruel people take other people's lives for no reason.* Moun mechan wete lavi moun pou gremesi. *Rochambeau was cruel to the slaves.* Wochanbo pa t nan grenn ak esklav yo. *This guy is cruel.* Nèg sa a se yon rache bab. *Armed bandits are cruel people, they kill people all the time.* Zenglendo se bèt ki san zantray, yo touye moun lè yo vle.

cruelly *adv.* •**kill cruelly** masakre

cruelty *n.* bosalite, mechanste

cruet *n.* poban luil

cruise¹ *n.* kwaz(y)è

cruise² *v.intr.* 1[*taxi*] mawode *I'll cruise around in my taxi to see if I can find some customers.* M ap mawode la pou m wè si m t ap jwenn de grenn pasaje. 2[*women*] tcheke grenn •**cruise around** fè yon woule, woule *I'm going to cruise around to see what's going on outside.* M pral fè yon woule pou mwen wè sa k gen deyò a.

cruiser *n.* kwazyè

crumb *n.* kras, kraze, kwout, lasibab, miyèt, myèt •**small crumb** tikal •**without a crumb on it** blanch *He left the plate without a crumb on it.* Li fè asyèt la blanch. •**grated bread crumbs** kwout

crumble *v.intr.* deboule, fè fon *The lime on the walls began to crumble after a few years.* Lacho sou mi yo koumanse deboule apre kèk ane.

crumbly *adj.* friyab •**become crumbly** degrennen *The bread has become totally crumbly.* Pen an degrennen nèt.

crummy *adj.* 1[*ill*] pa byen *I feel crummy.* M pa santi m byen menm. 2[*of poor quality*] salopri *I don't want that crummy thing!* M pa vle salopri sa a!

crumple *v.tr.* chifonnen *Please, don't crumple the newspaper.* Tanpri, pa chifonnen jounal la.

crunch-crunch *onom.* [*when eating crisp food*] kripkrip

crunchy *adj.* krib *The peanuts are crunchy.* Pistach la krip.

crupper *n.* koupye

crusade *n.* kwazad

crush¹ *n.* 1[*of a crowd*] leto, pousad 2[*on a woman*] kout{chapo/solèy} •**have a crush on** damou yon moun, gen yon kout{chapo/solèy}pou *Paul has a crush on the girl.* Pòl damou kòmè a.

crush² *v.tr.* 1[*smash*] kofre, kolboso, krabinen, kraze, pilonnen *Don't sit on that box. You'll crush the contents!* Pa chita sou bwat la, ou a kraze sa k ladan l lan. *He crushed the can with his hand.* Li kolboso bwat la ak men l. *The crowd crushed all the display baskets in the market.* Foul la pilonnen tout bak yo nan mache a. 2[*reduce to powder*] fè poud, pile, tchoka *She crushed the coffee until she made it into fine grounds.* Li tchoka kafe a jous li fè l vin poud. 3[*mash*] kraze, petri *Crush the plantains.* Petri bannann yo. 4[*press on*] mandrinen *If you won't buy the orange, don't crush it.* Si ou p ap achte zorany lan, pa madrinen li. 5[*beat*] maspinen *They beat the thief.* Yo maspinen volè a. 6[*defeat badly, destroy*] kraze, vide *Our team crushed every last competitor because it's so strong.* Ekip nou an vide dènye advèsè tank li fò. *My dad bailed me out, if not, bankruptcy would have crushed me.* Papa m dechwe m, sinon fayit la ta kraze m. 7[*oppress*] foule, kraze *It's not since yesterday that the wealthy have been crushing the poor.* Se pa depi ayè gran nèg yo ap foule pòv yo. •**crush the chest** kofre *Her chest was crushed after the fall she took.* Li kofre apre so li pran an.

crushed *adj.* kraze *I won't buy this crushed avocado.* M p ap achte zaboka kraze sa a.

crusher *n.* [*for breaking up stones, etc.*] konkasè

crushing *n.* krabinaj, ratibwazay

crust *n.* graton, kwout •**pie crust** pat brize

crustacean *n.* kristase

crusty *adj.* •**crusty layer** graton

crutch *n.* beki *He uses a crutch to walk.* Li mache sou beki.

cry¹ *n.* kri, rèl •**cry for help** we •**cry of baby** dyann

cry² *v.intr.* 1[*shed tears*] gen dlo nan je, kriye, mete dlo atè, rele *Stop crying.* Sispann kriye. *Pierre cried after he got the news of the death.* Pyè mete dlo atè apre li pran nouvèl lanmò a. *She really cried a lot at the death of her mother.* Se pa de rele li pa rele nan lanmò manman l. 2[*call loudly*] rele *I cried out to her, but she didn't hear me.* M rele l, li pa tande. 3[*make loud sounds*] rele *He cried out in pain when he was hit.* Li rele lè l pran kou a. •**cry one's eyes out** kriye{de ran dlo/de ran larim/dlo/matyè/san} *She cried her eyes out because she failed the exam.* Li kriye san paske l pa reyisi egzamen an. •**cry one's heart out** kriye pike *The way he's crying his heart out, he could never be consoled.* Jan l ap kriye pike la, li p ap janm konsole.. •**cry out in sexual pleasure** fè alsiyis •**cry uncle** mande yon moun padon papa •**cry very loudly**[*from grief*] panmen *During the burial, I heard the women crying loudly.* Pandan lantèman an, mwen tande medam yo ap panmen.

crybaby *n.* chiya, kata, pope frans, pòpòt, rechiya, timoun yenyen •**big crybaby** kannay

crying *n.* ankriyan, rechiya, woukay

cryptostegia *n.* [*plant*] pye kawotchou

crystal *n.* kristal

crystal-clear *adj.* kristal *This woman has a crystal-clear voice.* Fi sa a gen vwa kristal.

crystalline *adj.* •**crystalline lens** [*of the eye*] loup

crystallized *adj.* •**crystallized or candied fruit** konfi

cub *n.* pitit •**cub scout** louvto

Cuba *prop.n.* Kiba

Cuban *adj.* kiben *Cuban doctors in Haiti.* Dòktè kiben.

Cuba bark *n.* mawo ble

Cuban ground dove *n.* òtolan

cube *n.* kib •**cube root** [*math*] rasin kibik •**bouillon cube** kib •**ice cube** glason, kare glas •**soup cube** magi •**sugar cube** boul sik

cubic *adj.* kib, kibik *A cubic shape.* Yon fòm kibik.

cubit *n.* [*length from elbow to tip of middle finger*] koude

cuckold *v.tr.* bay zoklo *They cuckold each other.* Len bay lòt zoklo.

cuckolded *adj.* pran zoklo •**be cuckolded** pran zoklo *Paul is being cuckolded by his wife.* Pòl ap pran zoklo nan men madanm ni.

cuckoo *n.* tako •**bay-breasted cuckoo** tako kabrit •**Hispaniolan lizard cuckoo** tako fran •**mangrove cuckoo** ti tako •**yellow-billed cuckoo** ti tako vant blan

cucumber *n.* konkonm

cucumber beetle *n.* podi konkonm

cuddle *n.* chouchoutay

cudgel *n.* kokomakak, makak

cudweed *n.* kamomin peyi

cuff *n.* manchèt, pwaye *The button on the cuff is missing.* Pwaye a pa gen bouton. •**cuff of shirt** ponyèt chemiz •**blood pressure cuff** aparèy tansyon, tansyomèt •**trouser cuff** tousi

cuff-link *n.* bouton{manch/pwayè}

cul-de-sac *n.* kildesak

Culligan® water *n.* dlo Kiligann

culpability *n.* kilpabilite

cult *n.* kilt, relijyon

cultivable *adj.* kiltivab

cultivate *v.tr.* kiltive *It's corn that I cultivate.* Se mayi m ap kiltive.

cultivated *adj.* •**a cultivated person** yon moun granjan *Maryse is a cultivated person, she likes classical music and literature.* Mariz se yon mou granjan, li renmen mizik klasik ak literati.

cultivator *n.* plantè

cultural *adj.* kiltirèl *Cultural theatrical group.* Twoup kiltirèl.

culturally *adv.* kiltirèlman

culture *n.* eklerasyon, koutcha, levasyon

cultured *adj.* eklere, lespri, rafine *He's a cultured man.* Li se yon nèg lespri.

cunnilingus *n.* •**perform cunnilingus** fè ti bèf

cunning¹ *adj.* bakoulou, chaje ak{may/malis}, dòmè, entelijan, fen, fentè, madre, malen, mètdam, metrèsdam, rèd, rize, rizèz [*fem.*], sibtil *Watch out for her tricks, she's really cunning.* Veye pou l pa pran ou nan trik paske li rizèz serye. *It's not easy to uncover the lies of this cunning guy.* Se pa fasil pou dekouvri manti nèg bakoulou sa a. *He's cunning, watch out that he doesn't do you in.* Msye chaje ak may, veye pou l pa bwè ou. *He's a true cunning person, he's giving you the run-around to make you spend money.* Misye fen anpil, l

ap tiye ou ak pawòl pou l fè ou depanse. *This guy is very cunning, he's capable of playing the dirtiest trick on you.* Misye madre anpil, li ka pote ou nenpòt move kou. *Cunning people are exploitative.* Moun mètdam se sousèt. •**cunning person** [*person*] dekoupèt, timalis, ti tay *That child is cunning, make sure he doesn't pull a fast one on you.* Se pa ti tay timoun ki la non, veye pou l pa pote ou move kou. •**cunning woman** manman chat

cunning² *n.* riz

cunt *n.* [*fam.*] bòbòt [*vulg.*] koko

cup¹ *n.* **1**[*drinking utensil*] koup, tas *A cup of coffee.* Yon tas kafe. **2**[*male genital protection in sports*] sipò •**dice cup** kòn zo •**drinking cup** gode •**measuring cup** tas a mezire •**paper cup** kòne •**specimen cup** goble, gode, po •**sweet cup** kalbasi •**tall drinking cup** [*usu. plastic or aluminum*] tenbal •**tin cup** goble, gode

cup² *v.tr.* [*traditional remedy for bronchitis, etc. consisting in placing warm glass cup on chest*] poze vè

cupboard *n.* gadmanje, kabinèt, pantyè, pàntyè, veselye •**the cupboard is bare** lakay pa bon

cupcake *n.* ponmkèt

cupping glass *n.* kot koko, vantouz

curable *adj.* gerisab *This disease is not curable.* Pa gen tretman pou maladi sa a.

curate *n.* vikè

curb¹ *n.* [*of sidewalk*] rebò twotwa

curb² *v.tr.* kenbe *Try to curb your laughter.* Eseye kenbe ri ou la. *I have to curb my spending.* Fò m kontwole jan m ap depanse kòb mwen. •**curb one's temper** modere li

curd *n.* fwomaj ti lèt

curdle *v.intr.* **1**[*milk*] kaye, tounen kaye *The milk has curdled.* Lèt la kaye. *Don't put lemon in the milk so that it won't curdle.* Pa mete sitwon nan lèt la pou li pa kaye. **2**[*blood*] san yon moun tresayi *All his blood curdled when he saw how the man was bleeding.* Tout san l tresayi lè l gade fason misye ap bay san.

cure¹ *n.* **1**[*course of treatment*] gerizon, rechap **2**[*drug*] remèd *There's no cure for this disease.* Pa gen remèd pou maladi sa a. •**magic cure** senp

cure² *v.tr.* geri *The salve cured it.* Ponmad la geri l.

cure-all *n.* •**magic cure-all** poud penlenpenpen

curette *n.* kirèt

curettage *n.* kitaj

curfew *n.* kouvrefe •**impose a curfew** bay (yon) kouvrefe *They imposed a curfew every day during the coup.* Yo te bay kouvrefe chak jou pandan koudeta a.

curio *n.* biblo

curiosity *n.* kiryozite

curious *adj.* antchoutchout, foura, fouyapòt, kirye, kiryèz [*fem.*] *Why are you so curious?* Sa k fè ou fouyapòt konsa? *You're too curious, child!* Ou foura twòp, pitit! •**be curious** je yon moun{toupatou/wè lwen}

curl¹ *n.* bouk, boukman, pli •**small curl** bouklèt •**spit curl** chichi

curl² *v.tr.* [*hair*] boukle *She's curling her hair.* L ap boukle cheve l.

curl³ *v.intr.* •**curl o.s. up** plòtonnen kò li *The child curled himself up, then he didn't say a word.* Timoun nan ap plotonnen kò l, enpi li pa di krik. •**curl up** [*body*] akokiye, {akoukouman/anfale/ranmase/sere}kò li *The cold made the child curl up on the bed.* Fredi fè timoun nan akokiye sou kabann nan. *He curled up his body so that the cold wouldn't eat away at him.* Li akoukouman kò l pou fredi a pa manje l. *She couldn't find any place to sleep, she had to curl up by the table.* Li pa jwenn plas pou l dòmi, li blije kofre kò l bò tab la. *She curls up when she's sleeping.* Li ranmase kò l lè l ap dòmi. *He curled up his body under the blanket in order to protect himself from the cold.* Li anfale kò l anba kouvèti a nèt pou pare fredi a.

curler *n.* woulo •**hair curler** bigoudi

curliness *n.* [*hair*] bouklay

curly *adj.* boukle, fè bouklèt, frize *She has curly hair.* Li gen cheve boukle. *His hair is curly.* Cheve l fè bouklèt.

red currant *n.* gwozèy

currency *n.* lajan *The dollar is a strong currency.* Dola se yon lajan ki gen anpil valè. •**currency exchange market** mache echanj •**foreign currency** deviz

current¹ *adj.* aktyèl, alapaj, kouran *The current president.* Aktyèl prezidan an.

current² *n.* **1**[*flow of electricity*] kouran *We don't have any current.* Nou pa gen kouran. **2**[*flow of river*] kouran, remolin *The current is too strong.* Kouran an twò fò. •**direct current** kouran kontini •**swift current** gwo dlo *The swift current carried off the last animal.* Gwo dlo a pase, li bwote dènye bèt.

currently *adv.* aktyèlman, koulye/konnye/kounye a *She's currently working somewhere else.* L ap travay yon lòt kote konnye a. *What at are you doing currently?* Ki sa w ap fè aktyèlman?

curriculum *n.* kirikilòm, pwogram •**curriculum vitæ** *n.* kourikoulòm

curry¹ *n.* kari

curry² *v.tr.* •**curry favor** achte figi yon moun, flate, rele chat bòpè pou moso zaboka *He's currying favor with the director to get the job.* L ap flate dirèktè a pou jwen djòb la.

curse¹ *n.* madichon, malediksyon, malediksyon, toufa, va, vamalore *He put a curse on me.* Li ban m madichon. *It seems like a curse has fallen on those people.* Genlè se yon malediksyon k tonbe sou moun sa yo. •**a curse on you** [*expression used to chase away evil spirits*] abòlotcho •**be under a curse** [*which forces s.o. to do bad things*] gen yon va nan dèyè li *You must be under a curse if you can swear at your mother.* Ou gen yon va nan dèyè ou si ou ka joure manman ou. •**death curse** wanga a mò •**dispel a Vodou curse** {wete/retire}maji •**have a curse** gen yon va *She seems to have a curse on her.* Li gen lè li gen yon va dèyè li. •**put a curse on** bay yon moun yon adjipopo, {jete/lage/lanse/voye} yon vèni sou li, pran yon moun nan{(yon) matchatcha/mazanza} *She went to see the 'houngan' in order to put a curse on me.* L al kay oungan pou l lage vèni sou mwen. *They put a curse on him.* Yo pran l nan matchatcha. *Given that he's so sick, they put a curse on him.* Jan li malad la, se nan mazanza yo pran l. *He's so seriously ill, it looks like they put a curse on him.* Jan li malad grav la, sanble yo jete yon vèni sou li.

curse² *v.tr.* blasfème, joure, {jete/lage/lanse/voye} vèni sou, madichonnen, malediksyonnen, modi, sèmante *They're cursing us.* Y ap joure nou. *She went to see the 'houngan' in order to put a curse on me.* L al kay oungan pou l lage vèni sou mwen. *The old woman cursed the man who broke her crutches.* Granmoun nan madichonnen nèg la ki kraze bekiy li. *Don't insult adults so that they don't curse you.* Pa joure granmoun pou l pa malediksyonnen ou. *Don't curse within the house.* Pa vin sèmante anndan kay la. •**curse at** di yon moun (gwo) mo *She cursed at me because I refused to leave.* Li di m mo paske m refize soti la a. •**curse at s.o.** bay yon moun bwa jouman *Don't come and curse at us.* Pa vini bay nou bwa jouman. •**curse frequently** pale mal •**curse s.o.** bouch maldyòk *Stop cursing the child so misfortune doesn't befall her.* Wete bouch maldyòk ou sou pitit la pou malè pa rive l. •**person who curses people with bad luck** bouch maldyòk

cursed *adj.* madichonnen *He's cursed, that's why he can't grow bigger.* Li madichonnen, se sa k fè l pa ka grandi. •**be cursed** fèt nan move lin, gen yon giyon nan kò li, modi *He is cursed, he slapped his father.* Msye se yon nèg ki modi, li bay papa l yon kalòt.

curses *n.pl.* •**call down curses on s.o.** modi

curt *adj.* brak, brèf, tchak *No one's as curt as you.* Nanpwen moun brèf tankou ou. •**be curt with s.o.** briske

curtain *n.* rido •**curtain call** rapèl •**curtain rod** soutyen rido •**shower curtain** rido basen

curtsy *n.* •**deferential curtsy** kase

curve[1] *n.* detou, deviray, devire, koub *You have to turn at this curve.* Fò ou vire nan detou sa a. *He didn't slow down on the curve.* Li pa ralanti nan koub la. •**take a curve** kase koub

curve[2] *v.intr.* fè{èsès/yon koub} *There's a place in the road where it curves.* Gen yon kote wout la fè yon koub.

cushion *n.* kousen, ti zòrye

cushy *adj.* dous *He's got a cushy job.* Li jwenn yon ti djòb dous.

cuspidor *n.* krachwa

cuss *v.tr.* di yon moun (gwo) mo, fè vòksal *Don't come cussing here!* Pa vin vòksal la non! •**cuss out** {bay/pase}yon moun yon salezon, lave yon moun anba mo, salade *She insulted the child.* Li lave pitit la anba mo. *If you keep on teasing me, I'll cuss you out.* Si w ap plede anmède m, m ap salade ou. •**cuss s.o. out** *Bother me to see if I'll cuss you out.* Anmède m pou m wè si m p ap ba ou yon salezon.

cussing *n.* bwa jouman •**cussing out** savonad, savonnay

custard *n.* èfòlè, flan

custard apple *n.* kachiman •**custard apple tree** kachiman{kèbèf/tyèbèk}

custodian *n.* jeran

custom *n.* abitid, lakoutim, lizay, mès, metye, mòd, pratik, prensip *That's not the custom here.* Se pa lakoutim lakay nou. *Each people has its own customs.* Chak pèp gen lizay pa l.

customs *n.pl.* **1**[*institution, office*] ladwann **2**[*office*] dwann, ladwann *The merchandise is at the customs house.* Machandiz yo ladwann.

customer *n.* abòne, kliyan, pratik *You need to treat the customers well.* Fò ou byen sèvi kliyan yo. *The new store is bringing in a lot of customers.* Magazen nèf la rale anpil moun. *She's a regular customer of mine, she always buys milk from me.* Li se abòne m, li toujou achte lèt nan men mwen. •**become one's customer** fè pratik ak *I became a customer there because he offers good prices.* M fè pratik avè l paske li bay bon pri. •**regular customer** abòne, moun{kay/lakou}, pratik *She's a regular customer of mine, she always buys milk from me.* Li se abòne m, li toujou achte lèt nan men mwen. *You can sell to her on credit, she's a regular customer.* Ou ka vann li kredi, li se moun kay.

cut[1] *adj.* •**be cut out for** *I wasn't cut out for teaching.* Fè lekòl pa t fèt pou mwen.

cut[2] *n.* **1**[*result of cutting*] bèlen, fann, kout kouto *The knife fell onto his hand, it gave him a cut.* Kouto a tonbe sou men li, li ba li yon l fann. **2**[*playing cards*] koup •**cut of a suit** koup •**make a curved cut** [*sewing*] chankre •**owner's cut** [*in a gambling establishment*] prim •**short cut** [*shorter route*] chemen dekoupe •**slight cut** kòche

cut[3] *v.tr.* **1**[*divide, separate with an instrument*] koupe *This knife doesn't cut.* Kouto sa a pa ka koupe. **2**[*cause a wound*] blese, kòche *He cut himself shaving.* Li blese pannan l ap fè bab li. *Watch out where you put your hand or you may cut yourself.* Gade kote ou mete men ou osnon ou ap kòche dwèt ou. **3**[*shorten with sharp instruments*] koupe, taye *Why don't you cut your fingernails?* Sa k fè ou pa taye zong ou? *I'm going to get my hair cut.* M pral koupe cheve m. 4[*cards*] koupe *Cut the cards.* Koupe kat la. 5[*fabric*] dekoupe, taye *The tailor is cutting the fabric.* Tayè a ap taye twal la. *Cut the clothing, I'll sew it.* Dekoupe rad la, m a koud li. 6[*stone, wood, etc.*] taye, twonse *He cut the piece of wood well.* Li taye moso bwa a byen. *Here's the ax, cut that tree for me.* Men rach la, twonse bwa sa a pou mwen. 7[*harvest*] koupe *They're cutting sugar cane.* Y ap koupe kann. 8[*interrupt (services)*] koupe *They cut the electricity.* Yo koupe kouran an. 9[*make an opening in sth. with a sharp instrument*] koupe *I cut myself a path through the trees.* M koupe branch pou m fè wout pou m pase. 10[*grow (a tooth)*] fè *The baby is cutting teeth.* Ti bebe a ap fè dan. •**cut a curve** kase koub *The car cut the curve.* Machin nan kase koub sèk. •**cut at an angle** koupe anbizo *Cut a square shaped sheet of paper at an angle.* Koupe yon fèy papye an fòm kare anbizo. •**cut back** pile •**cut branches off** [*a tree*] debranche *We need to cut branches off the tree.* Nou bezwen debranche pyebwa a. •**cut carelessly** [*a weed*] pyapya *Cut the weeds properly, don't cut them carelessly.* Koupe zèb yo byen, pa pyapya yo. •**cut class** fè lawoul *I don't feel like going to class, I'll cut it.* M pa anvi ale nan klas la, m pral fè lawoul. •**cut close** rabat •**cut down** a[*reduce in amount*] ralanti *You need to cut down on your smoking.* Fè ou ralanti sou sigarèt la. b[*bring down by cutting*] koupe *They cut down the tree.* Yo koupe pyebwa a. c[*weeds, etc.*] rabat *I'm going to cut down those weeds.* M pral rabat zèb sa yo. •**cut hair badly or unevenly** tchaktchak *The barber cut his hair badly with an uneven trim-line.* Kwafè a tchaktchak tèt misye ak yon tyas woteba. •**cut in a curved line** [*sewing*] chankre •**cut into parts** tranche •**cut into pieces** dekape, depatcha, koupe bout bout, tranche *They are cutting an ox into pieces.* Y ap dekape yon bèf. *He cut the meat in small pieces.* Li depatya vyann nan an ti moso. *She cut the bread into pieces.* Li koupe pen an bout bout. *Cut the bread into four pieces.* Tranche pen an an kat moso. •**cut off** a[*separate by cutting*] koupe *He cut off a piece of sugar cane.* Li koupe yon bout nan kann lan. b[*services*] koupe *They cut off*

our electricity. Yo koupe kouran nou. c[*the crest or comb of a rooster*] dekreta *Cut off the rooster's comb.* Dekreta kòk la. d[*power*] bay blakawout *The electricity company cut off the power, we are in the dark.* Konpayi elektrik bay blakawout, nou nan nwa. •**cut off top** [*of a tree, plant, etc.*] rete *The almond tree is getting too high, I'm going to cut it off its top.* Pye zanmann nan ap monte twò wo, m pral rete l. •**cut one's own throat** antere tèt li *If we do that, we'll be cutting our own throats.* Si nou fè sa, se tèt nou n antere. •**cut o.s.** kòche *Watch where you put your hand, otherwise you'll cut yourself.* Gade kote w ap mete men ou osinon w ap kòche dwèt ou. •**cut out** [*stop*] sispann *Cut it out!* Sispann! *Cut out the talking.* Sispann pale a! •**cut s.o. off** koupe lalwèt yon moun *You like to cut people off when they talk.* Ou renmen koupe lalwèt moun lè y ap pale. •**cut the ground from under s.o.'s feet** koupe zèb anba pye yon moun •**cut the throat** degagannen, degòje *He cut the throat of the goat.* Li degòje kabrit la. •**cut up** a[*an animal, a person*] dekatiye, dekape, depatcha *The thugs cut up the man as if he were an ox.* Kriminèl yo dekape nèg la, ou pa ta di tankou yon bèf. b[*joke*] fè blag, jwe *I was just cutting up.* Se blag m t ap fè avè ou. •**cut up in small pieces** rachonnen *After he cut off the head of the fish, he cut it up in small pieces.* Msye fin koupe tèt pwason an, lè fini li rachonnen l. •**cut up sloppily** rachonnen *The tailor cut the cloth sloppily.* Tayè a rachonnen twal la. •**cut weeds with a machete** kapya *I cut the weeds that were in my field with a machete.* M kapya tout zèb ki te nan jaden m.

cut-out *n.* katawout

cut-throat *n.* koupèdgòj

cut-time *n.* [*mus.*] de tan *That music is in cut-time.* Mizik sa a an de tan.

cut-up *n.* [*person*] jokè

cute *adj.* bèl, miyon, pyout *He's a cute child.* Se yon bèl timoun. *You know that you are really cute when you smile.* Ou konnen ou miyon lè ou ri. *The girl is cute, you can take her out on a date.* Fi a pyout, ou mèt abòde li. •**play cute with s.o.** sou plan *That guy plays cute with people, don't trust him.* Misye toujou sou plan, pa pran l oserye non.

cuticle *n.* po zong
cutie *n.* [*term of endearment*] bebi
cutlery 1[*tableware*] kouvè 2[*knives*] kouto
cutlet *n.* eskalòp, kòt
cutoffs *n.pl.* bout kanson
cut-rate *adj.* bon mache, piyay
cutter *n.* [*person*] koupè •**migrant cane cutter** kongo •**paper cutter** giyotin
cutting[1] *adj.* •**cutting remarks** pawòl piman bouk
cutting[2] *n.* 1[*cut portion of a plant*] bouti 2[*transplanting*] antay 3[*n.pl.*] retay
cuttlefish *n.* chèch
cutworm *n.* cheni koupe
CV *n.* kourikoulòm
cycle *n.* sik •**menstrual cycle** peryòd
cyclist *n.* siklis
cyclone *n.* siklòn
Cyclops *prop.n.* siklòp

cylinder *n.* silenn, woulo •**cylinder head gasket** gaskèt tèt silenn •**graduated cylinder** [*chem.*] tib mezi
cylindrical *adj.* silendrik •**cylindrical section** twons
cymbal *n.* senbal
cynic *n.* sinik
cynical *adj.* sinik, sinis, tchak *You need to have guts to make it in this cynical society.* Fòk ou gen kran pou viv nan sosyete sinik sa. *Those people are very cynical, exploiting people gives them pleasure.* Moun sa yo sinis anpil, esplwate malere se plezi yo sa.
cynically *adv.* sinik
cynicism *n.* sinis
cypress *n.* •**cypress tree** siprè
cyst *n.* kis
cystic duct *n.* tiyo fy

D

D *prop.n.* [*mus.*] re

D and C *n.* kitay

dab *n.* ti kras

dabbler *n.* toutis

Dacron *prop.n.* dakwonn

dad *n.* [*address*] papa, papi *Dad wouldn't let me go.* Papa m pa p kite m ale. *Can I go to the party, dad?* M mèt al nan fèt la, papi?

daddy *n.* [*address*] papa, papi

daffodil *n.* dafodil

dagger *n.* (estilè)frenn, fwenn, katchapika, ponya, va •**shoot a dagger at** limen ak *He shot a dagger at the goalkeeper.* Li limen gadyen an ak yon boulèt.

dahlia *n.* dalya

Dahomey *prop.n.* Dawome, Dawomen, Dawonmen

daily[1] *adj.* kotidyen, toulejou *We struggle for our daily bread.* N ap lite pou lepen kotidyen. *His daily food is rice with beans.* Manje toulejou l se diri kole ak pwa.

daily[2] *adv.* chak jou *Take a pill daily.* Bwè yon grenn chak jou. *I see her daily.* M wè l chak jou.

dainty *adj.* jòlòt

dairy *n.* lètri •**dairy products.** pwodwi lèt

daisy *n.* [*flower*] magrit

dally *v.intr.* ranse *Enough dallying, go look for work.* Ase ranse non, al chache yon travay pou fè.

dalliance *n.* bouboutay

dallying *n.* bouboutay

dam *n.* bakad, baraj, barikad •**small dam** dig

damage[1] *n.* chòk, dega, donmaj, kaba ras *The flooding caused much damage.* Dlo a fè anpil dega. *Most of the damage was to the body of the car.* Se plis kò machin lan ki pran chòk. *The car had a lot of damage from the accident.* Machin nan resevwa anpil chòk nan aksidan an. *The wind caused a lot of damage in the area.* Van an fè anpil kaba ras nan zòn nan.

damages *n.pl.* [*payment*] donmaj enterè *She asked the government for a hundred thousand dollars in damages because her houses were destroyed.* Li mande leta san mil dola donmaj enterè pou kay li yo kraze a. •**do damage** dechalbore •**major damage** dekolboso *Look at the major damage my car got.* Gade yon gwosè dekolboso machin nan pran.

damage[2] *v.tr.* abime, andomaje, degrade, demonte, deteryore, gate *The cattle damaged the field.* Bèf yo fè dega nan jaden an. *The maid ended up damaging all the plates.* Bòn nan fin degrade tout asyèt yo. *She damaged the umbrella.* Li demonte parapli a. *The caterpillars are damaging my crop.* Cheni vin deteryore rekòt mwen. *She damaged the radio.* Li gate radyo a. *Look at how this trinket has become damaged because the child threw it on the ground.* Gade kijan biblo a vin grizon afòs pitit la jete li atè a andomaje blaze.

damaged *adj.* 1[*gen.*] andomaje, grizon *The car is damaged.* Machin nan andomaje. 2[*hair*] rabonnen *Your hair is damaged because you ironed it so much.* Tèt ou fin rabonnen tèlman ou pase yo. •**damaged by an accident** aksidante *There is a car damaged by an accident in the middle of the road.* Gen yon machin aksidante an travè wout la.

damask *n.* [*cloth, tissue*] damase

dame *n.* fanm

dammit *interj.* [*vulg.*] frenk *Get out of my way, dammit!* Demaske ou devan m, frenk!

damn[1] *adj.* •**damn well** [*fam.*] fout *I damn well told you not to put your hand into that!* M fout di ou pa met men ou nan sa a! •**not a single damn thing** pa yon mèd

damn[2] *adv.* byen pwòp, toutbon *She walks damn fast.* Li mache vit toutbon! *You knew damn well that he wouldn't agree.* Ou te konnen byen pwòp li pa t ap dakò.

damn[3] *n.* anyen *This car isn't worth a damn.* Machin sa a pa vo anyen. •**give a damn** bay yon moun kenbe anyen pou li, pa mele li *She doesn't give a damn about anyone.* Li pa ba moun kenbe anyen pou li. *I don't give a damn what he does.* Li mèt fè sa l vle, pa mele m sa. •**not to give a damn** pa bay yon moun{santi tabak/yon pwèt} *Whatever they* *say, I don't give a damn.* Tout pale yo pale, m pa bay yo santi tabak menm. •**not to give a damn about s.o.** pale ak{bounda/pòch dèyè}yon moun

damn⁴ *v.tr.* modi *He stole a cross from the church, the priest damned him.* Msye vòlè yon kwa legliz, prèt la modi msye.

damn⁵ *interj.* gòdenm, salmanaza, zwit •**damn it** [*fam.*] ayayay, gòdenm, fout, kalaw, krisboulit mwen, lazwit pou ou, satanjerenòs, tonnè, tonnis *Damn! Go sit down! Can't you see I'm busy?* Fout! Al chita! Ou pa wè m okipe? *Damn it! I am not lucky today.* Ayayay! M pa gen chans jodi a. *Damn it! Look at what they did to me!* Kalaw! Gad sa yo fè m non! *Damn it! You can't beat me up.* Krisboulit mwen, ou pa ka frape m. *Damn it! Don't raise your hand at me!* Tonnis! Pa fout leve men ou sou mwen! *Damn it! Leave me alone.* Tonnè! Fout kite m an repo. •**damn it to hell** fout tonnè *Don't bother me, damn it to hell!* Pa anmède m, fout tonnè! *Damn! Go sit down! Can't you see I'm busy?* Fout! Al chita! Ou pa wè m okipe?

damnation *n.* danasyon, pèdisyon

damned *adj.* bon jan *He's a damned fool.* Se yon bon jan egare l ye! •**be damned** dane *His soul is damned, he's going to Hell.* Nanm li dane, li pral nan Lanfè.

damning *n.* enkriminan

damp *adj.* imid, mouye *Wipe it with a damp cloth.* Pase yon twal mouye sou li. *The ground is damp.* Atè a imid.

dampen *v.tr.* 1[*moisten*] mikte, mouye, tanponnen *The yard is too dry, moisten it with some water.* Lakou a twò sèk, mikte l pou mwen ak enpe dlo. 2[*reduce in intensity*] amòti, kraze *The shocks on the car dampened the bumps.* Resò nan machin nan amòti chòk yo. *News of his death dampened my spirits.* Nouvèl lanmò nèg la kraze moral mwen.

damper *n.* antrav, blokay

dampness *n.* imidite

damsel *n.* donzèl, jennfi, madmwazèl

damselfish *n.* zenga

dance¹ *n.* 1[*set of movements*] dans, won *There's a new dance every day.* Chak jou gen yon dans ki parèt. *I had two dances with him at the dance yesterday evening.* M fè de won ak li nan bal la yè swa. 2[*social gathering*] bal *There's a dance at the house Saturday.* Gen yon bal la kay la samdi. 3[*Vodou event*] dans •**dance floor** pis, won *The dance floor is too small.* Pis la twò piti. •**dance hall** bidjonnèl, dansing •**dance party** fèt •**afternoon dance** kèmès •**children dancing in a circle** wonn dèzanfan •**fast dance** koudyay •**fast popular two-step dance** kare •**figure dance directed by a caller** kontredans •**old-fashioned dance** kalimanyòl, menwèt •**old-time dance** kalinda •**popular dance** [*gathering*] bal tendeng •**sexually suggestive dance** kokoye •**short or controlled dance** dans ratresi •**social dance** piyit •**square dance** [*esp. during the colonial period*] kontredans

dance² *v.intr.* 1[*gen.*] balanse lakadans, danse, {grennen/ make/mete}pa (atè), {kabodja/ yaya}kò li, michmich, {siye/tire pye}li. *She doesn't know how to dance.* Li pa konn danse. *I danced with abandon last night at the party.* M balanse lakadans kont mwen nan fèt la yè swa. *That girl dances well, I'd like to dance with her.* Fi sa a grennen pa byen, m ta renmen danse avè l. *Let's go to a party tonight in order to dance.* Ann al kabodja kò n nan yon fèt aswè a. *I'm going to dance at the party later tonight.* M pral make pa nan bal la pita. *He danced a lot at the party.* Misye siye pye l kont li nan bal la. *There's a dance tonight, let's go dancing.* Gen yon ti bal aswè a, ann al tire pye nou non. *We're going to dance at the carnival.* Nou pral yaya nan kanaval la. 2[*in a circle*] fè yon won •**dance and jump about** telele •**dance and jump while turning in a circle** danse kalalawop •**dance as much as one wants** règ *We danced as much as we wanted.* Nou danse règ danse nou. •**dance cheek-to-cheek** danse kole, mas kò li, plòtonnen, wousi *They're dancing cheek-to-cheek at the ball.* Y ap danse kole nan bal la. *The lovers are dancing cheek to cheek.* Moun yo mas kò yo nèt ale. •**dance close** ploge *Many couples danced close at the dance.* Anpil moun t ap ploge nan bal la. •**dance crazily** tchatcha *Tonight we're going to dance crazily at Carnival.* Aswè a nou pral tchatcha nan kanaval la. •**dance in a 'rara' group** kaladya kò li *I'll dance in the 'rara' group.* M pral kaladya kò m nan bann nan. •**dance like**

an idiot fè maskarad *Look at those people in the carnival group who are dancing like idiots.* Gade moun yo nan bann nan k ap fè yon ekip maskarad. •**dance stiffly or ungracefully** danse kòm yon topi krik *He dances stiffly, look how his body remains stiff.* Li danse kou yon topi krik, gade kò l ret rèd. •**dance tightly intertwined** ploge •**dance very closely** ponmen *Those two lovers are dancing very closely at the party.* De zanmore sa yo ap ponmen nan bal la. •**dance very closely and slowly** kalma *They began to dance close together and slowly.* Yo kòmanse kalma. •**dance with abandon** balanse lakadans *I danced with abandon last night at the party.* M balanse lakadans kont mwen nan fèt la yè swa.

dancer *n.* dansè •**ballet dancer** balerin •**Mardi Gras ribbon dancer** ribannye

dancing *n.* an dansan, kandjanwoun *She's happy, she's dancing over to me.* Kè l kontan, l ap vin sou mwen tout an dansan. •**go dancing** nan bidjonnèl

dandelion *n.* leti mawon, pisanlit

dandruff *n.* chaplèt, kal, kap

dandy *n.* chèlbè

danger *n.* danje *My life is in danger.* Lavi m an danje. *That tree poses a real danger* •**be in danger** kouri chans *You're in danger of losing your job.* Ou kouri chans pèdi djòb la. •**imminent or impending danger** machwè won, malè pandye *This knife you threw into the air is an impending danger.* Kouto sa a ou mete anlè a, se yon malè pandye. •**put o.s. in danger** ekspoze lavi li

dangerous *adj.* brital, danjere, riskan *This area is very dangerous.* Li danjere pou manyen fil kouran Zòn sa a danjere anpil. *To drive fast is dangerous.* Kondi vit riskan. *Careful, this curve is dangerous.* Fè dousman, koub sa a brital. *It's dangerous to touch an electric wire.* Li danjere pou manyen fil kouran. •**dangerous person** zago loray •**dangerous place** kaskou •**do sth. dangerous** fè{piblisite/reklam}pou mòg *That man who is crossing the street without looking, he's doing something dangerous.* Nèg sa a k ap travèse lari san l pa gade a, se reklam l ap fè pou mòg.

dangle *v.intr.* pandyannen, pandye *The clock is dangling, attach it securely to the wall so it doesn't fall down.* Òlòj la kòmanse pandyannen, tache li byen sou mi an pou l pa tonbe. *The avocado is still dangling from the tree.* Zabèlbòk la pandje nan pyebwa a toujou.

dangling *adj.* anbalan, balan

dank *adj.* imid, mikmik, mwat

dappled *adj.* make, tachte

dare[1] *n.* defi

dare[2] *v.tr.* **1**[*be brave/rude enough to*] azade li, defye, oze, pèmèt li, pini, pran chans *Don't dare do that again!* Pa janm azade ou fè sa ankò! *I don't dare say that to her so she doesn't get angry.* M p ap oze di l sa pou l pa fache. *The teacher is speaking and you dare make noise.* Mèt la ap pale epi ou pèmèt w ap fè bri. *He was so mad that I didn't dare talk to him.* Li te tèlman fache, m pa t pran chans pale avè l. *Don't you dare talk to me like that again!* Pa pèmèt ou pale avè m konsa ankò! **2**[*challenge*] ba(y/n)...defi, kase yon moun *I dare you to jump over the wall.* M ba ou defi, ou pa ka vole tèt mi an. *I dare you to say that again!* M ba ou defi repete sa ou di a. *I dare you to repeat what you said!* M kase ou repete sa ou sot di a! •**dare not to do** [*threatening*] se bon tande *Don't you dare not to do what I asked you to do!* Se bon tande! Pa fè sa m di ou fè a! •**don't you dare** piga *Don't you dare insult old people!* Piga ou joure granmoun! •**How dare you!** Ala frekanste!

daredevil *n.* aksyonè, bravedanje, kaskadè, kaskou *You're a daredevil!* Ou brav, ou menm! *He's a real daredevil.* Msye se yon bravedanje. *This daredevil is not afraid of danger.* Aksyonè sa a pa pè danje.

daring[1] *adj.* antreprenè azade, brav, debòde, gen aksyon, oze, temerè *What a daring woman is Jàn.* Ala kot fi debòde se Jàn. *Everyone is afraid of the guy, he's too daring.* Tout moun pè msye, li gen twòp aksyon sou li. *You're really daring if I see you able to talk back to your father.* Ou oze vre si m wè ou ka ba papa ou repons. *You have to be daring to do something like that.* Pou yon moun fè yon bagay konsa, fò l brav anpil. •**be daring** pèmèt *You're very daring.* Ou pèmèt anpil. •**s.o. daring** atoufè

daring² *n.* odas

dark¹ *adj.* **1**[*absence of light*] babous, nwa, sonm *It's dark outside.* Deyò a fè nwa. *It's too dark in this house.* Kay la fè nwa anpil. *It starts getting dark around six o'clock.* Li koumanse fè nwa nan zòn sizè. *Turn the light on, the room is too dark.* Pase limyè a, chanm nan babous twòp. *The house is very dark.* Kay la sonm anpil. **2**[*color*] fonse **3**[*tending (more) toward black*] nwa *The sky is dark.* Syèl la tou nwa. *The clouds are dark.* Nway yo tou nwa. *She has dark hair.* Cheve l nwa. •**be very dark** nwa kou{bounda/dèyè}chodyè, nwè kou boustabak

dark² *n.* blakawout, fè{nwa/nwè} *He's afraid of the dark.* Li pè fè nwa. *Come home before dark.* Tounen anvan l fè nwa. *Lend me a light so I can see what could happen in the dark.* Prete m yon limyè pou m wè ki sa k ap vin nan fènwè a. *We are in the dark since the hurricane went through.* Nou nan blakawout depi siklòn nan fin pase a. •**after dark** solèy kouche *I don't like to go out after dark.* M pa renmen soti solèy kouche.

darken *v.tr.* brini, nwasi *You darkened your hair?* Ou nwasi tèt ou? *Darken the shoelace for me.* Brini lasèt la pou mwen.

darker *adj.* fonse *I prefer that color because it's darker.* M pito koulè sa a paske l pi fonse.

darkness *n.* fènwa, nwa, nwasè, oskirite, tenèb •**in darkness** nan blakawout, nan nwa *The entire house is in darkness.* Tout kay la nan nwa.

darling *n.* **1**[*for a woman or a girl*] boubout cheri, chou, chouboulout, doudous, jòlòt, siwo lòja, cheri kòkòt *Come and buy it from me, darling!* Vin achte l nan men m non, cheri kòkòt! **2**[*male*] toutou •**my darling** chè tout yon moun, mawòz *My darling, I love you.* Chè tout mwen, mwen renmen ou.

darn¹ *adj.* •**darn thing** [*object*] vye bagay *Throw away that darn thing!* Jete vye bagay sa a! **b**[*action*] anyen menm *He hasn't done a darn thing today.* Li pa fè anyen menm jodi a.

darn² *interj.* kalaw •**darn it** hey, kòmanman, kòmèltèk *Darn it, what a problem! My friend took my job.* Hey, ala traka, papa! Zanmi m pran djòb mwen. *Darn it! I forgot to buy a joint to connect the pipes.* Kòmanman! M bliye achte yon jwen pou m konnekte tiyo

yo. *Darn it! How could I have left my suitcase at home?* Kòmèltèk! Ki jan mwen fè bliye valiz mwen lakay mwen? •**darn you** lazwit pou ou *Darn you!* Lazwit pou ou!

darn³ *v.tr.* rakomode *This tailor mends old clothes.* Tayè sa a rakomode vye rad.

darning *n.* rakomoday

dart *n.* ti flèch

dash¹ *n.* [*punctuation*] ti trè, tirè

dash² *n.* **1**[*small amount*] ti *Add a dash of salt to it.* Mete yon ti sèl tou piti ladan l. **2**[*sudden quick movement*] derape, kouskouri *The cat made a dash for the mouse.* Chat la fè yon sèl derape dèyè sourit la.

dash³ *v.intr.* fann, fè yon sèl derape, kouri antre *The man dashed into the back alley.* Nèg la fann nan koridò a. *The dog dashed after the cat.* Chen an fè yon sèl derape dèyè chat la. *They dashed into the house.* Yo kouri antre nan kay la. •**dash away** file, pete yon kous kouri *He saw the officer coming, he dashed away.* Li wè jandam lan ap vini, li file ale. *The men dashed away not to get hurt.* Nèg yo pete yon kous kouri pou yo pa viktim. •**dash in** kouri antre *I dashed in before they closed the door.* M kouri antre anvan yo fèmen pòt la. •**dash off** jete li, lage yon (sèl) boulin, lanse *I must dash off, it's getting late.* M jete m, li kòmanse ta. *He dashed off when he realized that he was late.* Li lage yon sèl boulin lè l wè lè a rive sou li. •**dash off a job** [*rush through*] bay mank *Look at this sloppy job you're dashing off!* Gade jan ou ap bay mank nan djòb la!

dashboard *n.* dach *It's on the dashboard.* Li sou dach machin lan.

dasheen *n.* malanga, tayo

dashing *adj.* fre *Where are you going, you're so dashing like that?* Kote ou prale ou mete ou fre konsa?

data *n.* done •**statistical data** done estatistik

database *n.* bank done

date¹ *n.* **1**[*calendar*] dat *What is today's date?* Ki dat jodi a ye? *What is your date of birth?* Ki dat ou fèt? **2**[*meeting*] randevou •**date of payment** echeyans *The date of payment hasn't arrived yet.* Echeyans lan poko rive. •**due date** [*delivery*] dat *You're now close to the due date.* Dat ou prèske rive. •**make a date** pase yon randevou *I made a date with* *the girl.* M pase yon randevou ak konmè a. •**not up to date** pa sou konpa *You aren't up to date.* Ou pa sou konpa. •**out of date** perime *Her style is out of date.* Estil li a perime. •**set a date** rete dat *They set the date of January twenty-fifth for the wedding.* Yo rete dat vensenk Janvye pou maryaj la. •**up to date** *a*[*person*] evolye *He's not an up to date person, he doesn't even know what a computer is.* Li pa yon moun ki evolye menm, gade li pa konn sa yo rele òdinatè. *b*[*thing*] ajou *Her homework is up to date.* Devwa li toujou ajou.

date² *n.* [*fruit*] dat

date³ *v.tr.* **1**[*calendar*] date *She dated the check for next month!* Li date chèk la pou mwa pwochen! **2**[*have relation with*] renmen avèk *This man dates Aurelia.* Nèg sa a renmen avèk Orilya..

daub *v.tr.* bouziye *They finished doing the wickerwork for the house a long time ago, they need only to daub it.* Yo fin klise kay la lontan, yo rete pou bouziye li sèlman.

daughter *n.* (pitit) fi, (ti)fi. *They have two daughters and a son.* Yo gen de (ti)fi, yon (ti)gason. •**my daughter** [*used only in direct address*] mafi

daughter-in-law *n.* bèlfi

dauntless *adj.* entrepid

dawdle *v.intr.* dodomeya, donnen, fè lè, fè tan (an) pase, mize, mòl kò li, trennaye, twote *Please don't dawdle; I don't want to be late!* Pa mize, m pa vle an reta. *I can't dawdle; I have to pick someone up at the airport right now.* M pa ka rete, fò m al chache yon moun nan ayewopò a konnye a. *Why did you dawdle so much doing errands?* Poukisa ou donnen ak konmisyon an konsa? *Seeing how you're dawdling there, you don't seem to want to bathe.* Jan w ap mòl kò ou la a, sanble ou pa vle benyen. *Why are you dawdling like that?* Poukisa w ap mize konsa? *They ask you to hurry, and you dawdle like that.* Yo di ou mache prese, enpi ou trennaye konsa. *Since you were dawdling, you missed the bus.* Kòm ou t ap twote, machin al kite ou. *He dawdles on the work.* L ap dodomeya ak travay la. •**dawdle over work** chita *Since this morning you've been dawdling over washing a few plates!* Depi maten ou chita nan lave de grenn asyèt!

dawdler *n.* epav

dawn *n.* avanjou, bajou, chan kòk, douvanjou, jou klè *They left at dawn.* Yo pati douvanjou a. *Dawn was breaking when she arrived in town.* Bajou pran l lavil. *I rose at dawn.* Mwen leve douvan jou. •**dawn is breaking** bajou *Dawn was breaking when she arrived in town.* Bajou pran l lavil. •**at dawn** anvan pipirit mete kanson li, depi pipirit chante, (o) pipirit chantan, anvan jou{kase/louvri}, granmaten *She left the house at dawn.* Li kite kay li maten an o pipirit chantan. *Peasants usually get up at dawn.* An jeneral, abitan leve depi pipirit chante. *When it's the planting season, everyone must wake up at dawn to go work.* Lè se sezon plante, fòk tout moun leve granmaten pou yo ale travay. •**at the crack of** bajou kase. *I'm leaving at the crack of dawn.* M ap pati kon bajou kase. •**before dawn** avanjou *We're waking up before dawn.* N ap leve avanjou.

dawn on *v.intr.* {pase/vin}nan tèt yon moun *That hadn't dawned on me.* Sa pa pase nan tèt mwen. *I'd gone a long way when it dawned on me that I was lost.* Se lè m rive byen lwen, m wè m pèdi.

day *n.* **1**[*24-hour period*] jou *I was sick that day.* M te malad jou sa a. *She calls me every day.* Li rele m chak jou. *Today is a day off.* Jodi a se jou. *She died three days after the accident.* Li mouri twa jou apre aksidan an. *I saw him two days before he died.* M wè l de jou anvan l mouri a. *He wore the same clothes four days in a row.* Li fè kat jou ak menm rad la sou li. *I let a day go by before I told her.* M kite yon jou pase anvan m di l sa. *Do you remember the first day he came here?* Ou chonje premye jou l te vin isi a? *I work eight hours a day.* M travay wit è pa jou. *She's paid by the day.* Yo peye l pa jou. **2**[*as opposed to night*] (la)jounen *Call me at night. I'm not at home during the day.* Rele m aswè, m pa la lajounen. *I looked for her all day long.* M fè tout jounen an ap chache l. *She isn't at home during the day.* Li pa lakay li lajounen. **3**[*particular point in time*] jou, tan *One day you'll say I told you so.* Yon jou, ou a di m te di ou sa. *In my day, things weren't like that.* Nan tan pa m, bagay yo pa t konsa. **4**[*period of light*] lajounen *During the day, the sun shines.* Lajounen, solèy klere. •**day after** nan demen •**day after day** (de) jou an jou, jouranjou *It rained day after day.* Lapli tonbe jouranjou. •**day after tomorrow** apredemen *He'll be here the day after tomorrow.* L ap la apredemen. •**day and night** lajounen kou lannuit, ni lajounen ni lannuit, lejou kou lannuit *Their radio was playing day and night.* Radyo yo te ouvè lajounen kou lannuit. *I'm working hard day and night.* M ap travay di lajounen kou lannuit. *She works day and night.* Li travay lejou kou lannuit. •**day before** alavèy, (nan)lavèy *What did you do on the day before your birthday?* Ki sa ou te fè alavèy fèt ou? *He told me that the day before.* Li te di m sa lavèy. •**day before** alavèy *What did you do on the day before your birthday?* Ki sa ou te fè alavèy fèt ou? •**day before yesterday** avantyè, avanyè, avanzyè *I spoke with her the day before yesterday.* M pale avè l avantyè.. •**day of rest** dimanch, jou repo *She works all the time, she doesn't take a day of rest.* Li travay tout tan, li pa pran dimanch. •**day off** jou repo, konje •**day to take care of odds and ends** jou{bese leve/vire tounen} •**all day and all night** nan nuit kou lajounen, nuit kou jou *She's always at home, all day and all night.* Li toujou nan kay li nan nuit kou lajounen. •**all day long** tout lasent jounen *All day long you beat people hard for a trifle.* Tout lasent jounen w ap vide baton sou moun pou ti krik ti krak. •**all the livelong day** tout lasent jounen •**coming day** (day name +) demen *This Sunday is Easter Sunday.* Dimanch demen an se dimanch Pak. •**days are numbered** pa fè lontan *The doctor says his days are numbered.* Doktè di l pa p fè lontan. *If you act like that, your days are numbered here.* Si se konsa ou ap fè, ou pa p fè lontan isi a. •**days come and go** jou{ale/pase/vini} *Days come and go but we are still dependent on people.* Jou ale jou vini, nou toujou sou kont moun. •**dog days** jou gwo chalè •**every day** toulejou *We're working on the project every day.* Toulejou n ap travay sou pwojè a. •**feast day** fèt •**flag day** fèt jou drapo •**following day** [*next*] nan demen, (le)landmen *She called me the following day.* Li te rele m nan demen. •**former days** tan lontan *Former days were different from*

present times. Tan lontan pa te menm ak tan kounye a. •**from day to day** (de) jou an jou, jouranjou, ojoulejou *Life is becoming more expensive from day to day.* Lavi a ap vin pi chè de jou an jou. *We live from day to day.* N ap viv ojoulejou. •**in bygone days** lontan •**in the middle of the day** nan gwo solèy •**in those days** lè sa a *In those days I was a child.* Lè sa a m te piti. •**just the other day** lòtjou, lòtrejou *I saw her just the other day.* Se lòtrejou m wè l. •**make s.o.'s day** fè kè yon moun kontan anpil *It made my day!* Sa fè kè m kontan anpil. •**on the last day** odènye jou •**next day** nan landmen, nan demen *She came back the next day.* Li te tounen nan landmen. *He paid me the next day.* Nan demen, li te peye m. •**next day** nan demen *The next day he paid me.* Nan demen, li te peye m. •**olden days** ansyènte, nan tan benbo *In olden days, a whole family fed itself on ten gourdes.* Nan tan benbo, yon kòt fanmi manje ak di goud. jouk jou/joukoujou •**on this very day** jodi a menm *It's on this very day that they're going to pay.* Se jodi a menm y ap peye. •**one fine day** yon bon jou, yon bon maten *One fine day they woke up, they left the house.* Yon bon jou yo leve, yo kite kay la. *Despite our affection for her, one fine day she left us.* Malgre tout afeksyon nou pou li, yon bon maten li kite nou. •**opening day of school** ouvèti *The opening of the school is on December fourth.* Ouvèti lekòl la se pou kat desanm. •**present day/times** tan jodi •**some day** san jou san lè •**take a day off** san dimanch *She hasn't taken a day off for two months.* Li gen de mwa l ap travay san dimanch. •**the day when** lejou *The day he returns, we'll have a wild time.* Lejou l tounen, n ap fè fèt. •**the days go by** jou{ale/pase}jou vini *Days go by, there isn't any change.* Jou ale jou vini, pa gen okenn chanjman. •**the following day** jou swivan •**the good old days** ansyènte, labèl epòk *He's thinking of the good old days.* Msye sonje nan ansyènte li sa li te konn fè. *I'm thinking of the good old days.* M sonje labèl epòk. •**the other day** [*a recent day*] lòtrejou *He told me that the other day.* Li di m sa lòtrejou. •**the three official days of Carnival** twa jou gra yo *The three official days of Carnival are days for people to unwind, they don't have to work.*

Twa jou gra yo, se jou pou moun al defoule yo, pa dwe gen travay. •**there will come a day** jou va jou vyen *There will come a day when there won't be abuse on women anymore.* Jou va jou vyen kesyon abi sou fanm nan va sispann. •**these days** alèkile, sèjousi *These days children no longer have respect for adults.* Alèkile, pi fò timoun pa respekte granmoun. •**this very day** jodi a menm *I am going to his house this very day.* M pral lakay li jodi a menm. •**to the day** jou pou jou *Two years ago to the day, they left Cape Haitian.* De zan jou pou jou, yo te lese Okap. •**two days before** avanvèy *What are you going to do two days before Christmas?* Kisa w ap fè avanvèy Nwèl? •**two days later** nan apredemen *We didn't see her the next day, it wasn't until two days later that she came.* Nou pa t wè l nan demen, se jis nan apredemen l te vini. •**until the very day** jouk jou, joukoujou *We will wait for her until that very day.* N ap tann li jouk jou a rive. •**without a day off** san dimanch •**working days** jou ouvrab

day-care center *n.* gadri

day-worker *n.* jounalye •**be a day-worker** vann jounen *I have to be a day-worker because things are tough.* M ap oblije al vann yon jounen paske bagay yo rèd.

daybreak *n.* bajou, chan kòk, douvan jou, jou klè •**at daybreak** (anvan) bajou kase, anvan jou{kase/louvri}, bajou kase, granmaten, gwo midi *The sellers have to get on their way at daybreak.* Machann yo gentan nan wout anvan jou kase. *He got up at daybreak.* Li leve gwo midi.

daydream *v.intr.* bliye kò li, dòmi reve, {rèv/reve}je klè *You seem to be daydreaming, why don't you answer me?* Ou gen lè bliye kò ou, apa ou pa reponn mwen. *She's daydreaming about what she would do if she won in the lottery.* L ap dòmi reve si l te gen nan lotri a kisa l ta fè. *If you think you can be rich without working, that's a daydream.* Si ou kwè ou ka rich san travay, sa a se rèv je klè.

daydreamer *n.* revèsè

daydreaming *n.* nan lalin, pa nan moun isit *She isn't paying attention, she's daydreaming.* Li p ap suiv, li nan lalin.

daylight *n.* jou *It's daylight, the sun has risen.* Li jou, solèy leve. •**in broad daylight** {gran/

gwo} {lajounen/midi}, gwo solèy *He did it in broad daylight.* Li fè sa gwo lajounen. *Thieves rob in broad daylight now.* Vòlè vole kounye a gwo midi.

daytime *n.* (la)jounen *I can't sleep in the daytime.* M pa ka dòmi lajounen.

daze[1] *n.* egareman

daze[2] *v.tr.* boulvèse, desounen, gaga, soule, toudi *The blow he took dazed him.* Kou li pran an desounen l.

dazed *adj.* abriti, boulvèse, gaga, pantan *The loud noise dazed me.* Gwo bri a abriti m. *She was dazed after her fall.* Li gaga apre so a. •**be dazed** egareman *He's so dazed that he put his shoes on the wrong feet.* Li gen yon sèl egareman ki pran li, li mete soulye l dwategòch.

dazzle *v.tr.* pete je yon moun, pran nan kout fo kòl, vegle *The car's headlights dazzled me.* Limyè machin nan vegle je m.

DDT *prop.n.* dedete

de facto *adj.* defakto *De facto government.* Gouvènman defakto.

deacon *n.* dyak

deaconess *n.* djakonnès

dead[1] *adj.* **1**[*no longer living*] de pye devan mouri, nan lye verite li *He's dead.* Li mouri. *Now, my grandfather is dead.* Kounye a granpapa m nan lye verite li. **2**[*complete*] kraze, mouri *There was dead silence in the room.* Pa t gen yon ti bri menm nan sal la. **3**[*in marbles, etc.*] mò **4**[*not able to work properly*] fini, kraze, mouri *The battery is dead.* Batri a fini. *he car went dead in the water.* Machin nan mouri nan dlo a. **5**[*very tired*] kraze, mouri —*How was your day?* —*I'm dead!* —Kouman jounen an te ye? —M kraze! **6**[*without activity, life*] raz *This party is really dead!* Fèt la raz! **7**[*battery*] dichay *The battery is dead.* Batri a dichay. •**dead man** tankou yon moun mouri *He walks as if he were a dead man walking.* L ap mache tankou yon moun mouri. •**dead for a long time** zo yon moun pa bon pou fè bouton ankò *There's no sense in mentioning her, she's been dead for a long time.* Pa lonmen non l ankò, kounye a zo l pa menm bon pou fè bouton. •**dead people** moun mouri •**dead person** mò •**dead to the world** mouri li mouri *When he's sleeping, he's dead to the world.* Lè l ap dòmi, se mouri l mouri, nan fon somèy. *He's dead to the world.* Li nan fon somèy. •**dead wood** ranblè *This useless guy is dead wood.* Ranblè sa a pa itil anyen. •**go dead** kanpe sou wout •**stone-cold dead** mò rèd *She fell stone-cold dead after a heart attack.* Li tonbe mò rèd akòz yon kriz kadyak.

dead² *n.* lemò *Today is the holiday honoring the dead.* Jodi a se fèt lemò. •**living dead** revnan, zonbi

dead-end *n.* bout, kildesak

dead-on *adj.* egzat, jis

dead-tired *adj.* bouke nèt

deadbeat *n.* zagribay

deadbolt *n.* seri plat

deadline *n.* dat estrèm, delè, dènye jou *Friday is the deadline for me to pay the electric bill.* Vandredi se dènye jou pou m peye limyè a. *What's the deadline to hand in the homework?* Ki dat ekstrèm pou remèt devwa a? •**put off a deadline** bay delè

deadlock *n.* enpas

deadly *adj.* fatal, motèl

deadpan *adj.* brak, raz

deadwood *n.* manm initil

deaf *adj.* soud *He's deaf.* Li soud. *She's deaf, she won't hear.* Li soud, li p ap tande. •**deaf and dumb** soud bèbè •**deaf person** soudè •**stone deaf** soud nèt

deaf-mute *n.* soud bèbè

deafening *adj.* {fè/ran}moun soud, pete zòrèy *That noise is deafening.* Bri sa a ap fè m soud.

deafness *n.* soud, soudè *He was struck by deafness in his fifties.* Soud la atake l nan senkantèn li.

deal¹ *n.* (z)afè, antant, dil *I made a deal with her.* M fè yon antant avè l. *Since the bank refused their loan, they had to back out of the deal.* Kòm labank pa vle prete yo kòb la, yo oblije kite afè a. •**a great deal of** yon dal, yon lata •**bad deal** vye zafè *I just made a bad deal.* Mwen sot fè yon vye zafè. •**big deal** [*sth. of great importance*] gwo koze, pakèt afè *Don't make such a big deal out of it!* Ou pa bezwen fè yon pakèt afè ak sa! *Don't you know that's the mayor you're talking to?* —*Big deal!* —Se ak majista a ou ap pale konsa wi! –gwo koze! —*I just bought a brand-new bicycle!* —*Big deal! I'm going to buy a car!* —M fenk achte yon bisiklèt tou nèf! —Sa pou m fè

pou sa! Mwen menm se yon machin m pral achte! •**good deal** *a*[*something cheap*] piyay *b*[*a lot*] yon bann *He always carries around a good deal of money.* Li toujou gen yon bann kòb sou li. •**great deal** *a*[*bargain*] avantay bab e moustach *Free education is a great deal.* Lekòl gratis se yon avantay bab e moustach. *b*[*a lot*] anpil *We don't have a great deal of money left.* Nou pa ret anpil kòb. *I like him a great deal.* M renmen l anpil. •**get a good deal** pa peye chè *I got a good deal on it.* M pa peye l chè. •**great deal or opportunity** annò •**make a bad deal** twoke{kiyè pou ti bwa/kòn pou zago} *Because of his stinginess, he made a bad deal.* Nan kripya l, li twoke kiyè pou ti bwa. •**make a big deal out of** fè (tout) yon afè ak *They make a big deal out of it.* Yo fè tout yon afè ak sa. •**make a good deal** mare yon lalo *He made a good deal.* Li mare yon lalo ak zafè sa a. •**shady deal** kont mal taye •**so what's the big deal** sa k te gen tan gen la (a) *You have five thousand gourdes, you act all important, so what's the big deal?* Ou gen senk mil goud, w ap fè enteresant, sa k te gen tan gen la a? •**square deal** zafè{dwat/jous}

deal² *v.tr.* 1[*have relations with*] {annafè/bode/boule/ jwenn/pedale/siye/tcheke/ trete}ak, fè{biznis/pratik}, nan{asosye/ tetelang}{ak/avè} *You are dealing with this crook.* Ou nan asosye ak koken sa a. *We don't deal with those people because they aren't honest.* Nou pa nan tete lang ak moun sa yo paske yo pa onèt. *I don't deal with those people because they aren't sincere.* M pa trete ak moun sa yo paske yo pa sensè. *I don't deal with her at all.* M pa fè pratik ak li, non. *I am not dealing with scoundrels.* M pa annafè ak vakabon. *If you hit her, you'll have to deal with me.* Si ou ba l kou, ou ap jwenn avè m. 2[*take action about*] degaje li, fè yon bagay, okipe li *We can't let the house fall down on top of us. We need to deal with it.* Nou pa ka kite kay la ap kraze sou nou konsa, fò n fè yon bagay. *I have a lot of things to deal with right now.* M gen yon bann bagay pou m okipe konnye a. *You deal with him!* Degaje ou avè l! 3[*cope with*] beke *The work is too hard, I can't deal with it.* Travay la twò di, m pa ka beke avè l. 4[*distribute cards*] {file/pase} kat *Deal out the cards, so that the game may start.* File kat la non pou pati a koumanse. *Deal the cards quickly.* Pase kat la vit.. •**deal in** trafike •**deal openly and honestly** jwe kat sou tab *Let's deal honestly without lying to each other.* Ann jwe kat sou tab san youn pa bay lòt manti. •**deal regularly with** {fè/pran}abònman *He's dealing regularly with this vegetables seller.* Li fè abònman ak machann legim sa a. •**deal with pressure** pran presyon *I don't deal well with pressure.* M pa fouti pran presyon. •**stop dealing with s.o.** kanpe sou *I stopped dealing with you because you don't respect people.* M kanpe sou ou akòz ou pa respekte moun.

dealer *n.* aranjè, boukantè, dilè, negosyan, twokè •**dealer in pots and pans** chodwonnye •**charcoal maker or dealer** chabonye •**drug dealer/pusher** dilè, dwògmann •**illegal dealer** [*drugs, etc.*] trafikan •**record dealer** diskè •**regular dealer** pratik •**wholesale dealer** gwosis

dealing *n.* afè, zafè •**crooked dealing** koken •**shady dealing** konfyolo •**underhanded dealing** dil, mannigans

dealings *n.pl.* afè, nan machanday ak, rapò, traktasyon *I don't have dealings with these people.* M pa nan machanday ak moun sa yo. •**dirty dealings** move zafè, salopetay •**have dealings with s.o.** siye kajou ak yon moun •**involved in dirty dealings** nan salopetay *I'm not getting involved in your dirty dealings.* M pa nan salopetay ou. •**make dirty dealings** fè{salopri/ salopetay} *Those men make so many dirty dealings, no one trusts them.* Nèg sa yo fè tèlman fè salopetay, pèsonn pa fè yo konfyans. •**regularly have business dealings with** fè pratik *I usually have business dealings with them.* M fè pratik fè komès ak yo. •**shady dealings** biznis, kouyanbiz, mawoday, move zafè *The job doesn't pay well but he has shady dealings there.* Djòb la pa peye byen men misye fè biznis ladan l. *They're always into shady dealings.* Yo toujou nan kouyanbiz. •**underhand dealings** move trafik •**underhanded dealings** mannigèt *He's a dishonest person, his underhanded dealings know no end.* Misye se yon nèg move zafè, li toujou nan mannigèt.

dean *n.* dwayen
deanship *n.* dekana
dear¹ *adj.* **1**[*expensive*] chè *These shoes are expensive.* Soulye sa yo chè. **2**[*term of endearment*] chè *My beautiful dear mom!* Bèl chè manman m.
dear² *n.* chè cheri chou, chouboulout, kòkòt, sè *No, dear, you don't have to do all that work.* Non sò, ou pa bezwen fè tout travay sa a. •**my dear** [*used only in direct address to a woman*] machè *What are you telling me, dear?* Sa w ap vin di m la machè?
dearly *adv.* chè *You'll pay for that dearly.* Ou ap peye sa chè.
dearth *n.* dizèt, famin
death *n.* desè, disparisyon, lanmò, mò, peyi san chapo, trepas *Death will come to everyone.* Lanmò pou tout moun. •**death due to TB** mò touse •**death from natural causes** mò Bondye *Despite all the allegations about his death, I, personally, think that it's a death from natural causes.* Malgre tout pawòl anpil y ap fè sou lanmò li, pou mwen, m panse li mouri mò Bondye. •**death penalty** {lapenn/penn} {lanmò/de mò} *They abolished the death penalty.* Yo aboli penn de mò. •**death rattle** rakleman •**death sentence** kondanasyon *The doctor gave him a death sentence, he said he had two months to live.* Doktè a ba l kondanasyon l, li di li rete de mwa pou l viv ankò. •**death throes** lagonni *The throes of death are taking too long, death will be a relief.* Lagonni a dire twòp, lanmò se ap yon delivrans. •**at death's door** fè Pak anvan Karèm, prèt pou mouri *She's at death's door.* Li prèt pou mouri. *He's at death's door, but he hasn't died yet.* Li a lagoni men li poko mouri. *Given how serious his illness is, it looks as if he's at death's door.* Jan maladi a grav la, sanble l ap fè Pak anvan Karèm. •**be close to death** bò mouri, près pou *Our grandfather is close to death, let's start with the preparation for the funeral.* Granpapa n bò mouri, ann al kòmanse fè preparasyon antèman an. •**be in the throes of death** alagonni, jigote *He was in the throes of death for a long time.* Li t ap jigote lontan sa. •**be the death of** touye *Alcohol will be the death of you.* Tafya k ap touye ou! *Those kids will be the death of me!* Timoun sa yo k ap touye m! •**case of death**

mòtalite •have a death in the family gen moun mouri •instance of death mòtalite •natural death mò Bondye •sudden death mò sibit *He died a sudden death.* Li mouri mò sibit.

death's-head *n.* tèt mò

deathbed *n.* •be on one's deathbed olidmò *She's on her deathbed.* Li olidmò.

deathblow *n.* koudegras

deathtrap *n.* kaskou

debase *v.tr.* avili *The girl debased me for no reason.* Tifi a avili m san rezon.

debasement *n.* avilisman, charad

debatable *adj.* diskitab

debate[1] *n.* brase mele, chita pale, deba *They fell into a debate.* Yo tonbe nan yon brase mele. *There is a debate between the two opponents.* Gen yon chita pale ki fèt ant de advèsè yo.

debate[2] *v.tr.* debat fè tiwon rale, fè yon ti pale, reflechi *I'm debating whether to go or not.* M ap reflechi si pou m ale osnon pa ale. *We are debating the role of the Creole language in school.* N ap debat wòl lang kreyòl la nan lekòl.

debauched *adj.* •debauched person pouriti •debauched woman gran chire

debauchery *n.* briganday, debòch, lekòl lage, pèdisyon *The girl fell into debauchery.* Tifi a tonbe nan briganday. *If you live in debauchery, how do you expect to reach Heaven?* Si ou nan pèdisyon, ki jan pou fè jwenn syèl la? *During the three days of Carnival, it's debauchery.* Pou twa jou kanaval yo, lekòl lage.

debit *v.tr.* debite *You may debit my account.* Ou mèt debite kont mwen an.

debone *v.tr.* dezose *The butcher completely deboned the beef.* Bouche a dezose bèf la nèt.

debris *n.* debri, dekonm, krabinay

debt *n.* dèt, redevans *She can't pay her debts.* Li pa ka peye dèt li. •be over one's head in debt dwe pase cheve nan tèt li *I am over my head in debt.* M dwe pase cheve nan tèt mwen.

debut *n.* •make one's debut fèk antre nan lemonn

decade *n.* deseni

decadence *n.* dekadans

decaffeinate *v.tr.* dekafeyine *They decaffeinate coffee beans with heat.* Yo rann grenn kafe yo dekafeyine avèk chalè.

decaffeinated *adj.* dekafeyine

decal *n.* viyèt

decameter *n.* dekamèt

decanter *n.* karaf

decapitate *v.tr.* dekapite, {koupe/sote}tèt *These criminals decapitate people.* Zenglendo sa yo koupe tèt moun.

decay[1] *n.* 1[*gen.*] dekadans, dekonpozisyon, pouriti 2[*tooth, gum*] kari

decay[2] *v.intr.* dekonpoze, gate, karye, pouri *The meat is decaying.* Vyann nan pral pouri.

decayed *adj.* [*tooth*] karye, pike *All his teeth are now decayed.* Tout dan l fin pike.

decaying *adj.* an pèdisyon

decease *n.* desè

deceased[1] *adj.* defen, mouri *My father is deceased.* Papa m mouri. *My deceased grandfather.* Defen granpapa m. •be deceased tire latche *The sick man is now deceased.* Maladi a tire latche.

deceased[2] *n.* desounen

deceit *n.* bafray, doub, foub, kout fouk, magouy, twonpri *There was some deceit in this business.* Te gen kèk doub nan tout bagay sa a. *She lives in deceit.* L ap viv nan foub.

deceitful *adj.* dwat e gòch, mètdam, rize, rizèz [*fem.*], sounwa, twonpè *That guy is a deceitful person.* Msye se yon mètdam. *This deceitful journalist is always talking nonsense.* Jounalis dwat e gòch sa a toujou ap voye monte. *That deceitful guy, he embezzled a lot of money from many projects.* Nèg twonpè sa a, se pa de lajan pwojè li pa disparèt. •deceitful or underhanded person bakoulou, dekoupè, ponya •deceitful person dekoupèt

deceitfulness *n.* foub •use deceitfulness met twou nan manch li deyò

deceitfully *adv.* magouyayman

deceive *v.tr.* bafre, bay{blòf/bèl franse/bidon/kaka poul pou bè/payèt}, {bay/fè} manti, betize, ble, blo, blofe, desatisfè, dòmi sou, fè{dodo pitit/koken/ponn/yon kou}, kaponnen, mazonnen, mistifye, pete, pete figi yon moun, pran yon moun nan pon, reze, sou plan, trayi, trike, twonpe, vire, vlope, voye poud nan je yon moun, woule *They deceived me.* Yo ban m manti. *He deceived us all.* Li bafre nou tout ak manti sa a. *He deceived us when he didn't treat the file as he should have treated it.* Misye bay kaka poul pou bè lè li pa trete dosye a jan pou l te trete l. *Sometimes life deceives us.* Pafwa lavi a ban n payèt. *He deceived the woman, he didn't marry her.* Misye bay fi a bidon, li pa marye avè l. *Don't think you can deceive me, I'm smarter than you.* Pa konprann ou ka betize m, mwen gen plis lespri pase ou. *He deceived us with lies.* Li ble nou anba manti. *The guy deceived us, he set an appointment twice but he never showed up.* Misye blo nou, de fwa li ba n randevou, li pa met pye. *Robert really deceived me.* Wobè dòmi sou mwen nèt. *These words are to deceive.* Pawòl sa yo se pou fè dodo pitit. *She ended up believing I was going to marry her, I deceived her.* Manmzèl te fin kwè m t ap marye ak li, m fè l ponn. *You're not the one who is going to deceive me.* Se pa ou ki t ap fè m kou sa. *They're always deceiving people.* Yo toujou ap kaponnen moun. *His wife has been deceiving him for a long time.* Madanm li ap mazonnen l depi lontan. *Don't think you can deceive people with those lies.* Pa konprann ou ka pete figi moun la ak manti ou yo. *Are you trying to deceive me?* Ou vle pran m nan pon? *John deceived the unfortunate girl when he married someone else.* Jan reze malerèz la lè l al marye sou li. *He's deceiving you.* Misye sou plan ak ou. *Read the lease carefully before you sign it so they don't deceive you.* Li kontra kay la byen anvan ou siyen l pou yo pa trike ou. *You deceived me, I didn't expect that from you.* Ou twonpe m, m pa t panse sa de ou. *Stop deceiving her, give her her money.* Ase vire l non, bay kòb li. •**deceive one's spouse** bay zoklo •**deceive o.s.** kakis *I thought he would hire me —You deceived yourself.* M panse li ta pral ban m djòb —Ou kakis. •**be deceived** pran koutba, pran yon moun nan pon **deceiver** *n.* **1**[*gen.*] koutbatè, trikè, twonpè **2**[*esp. toward women*] bakoulou **3**[*politics*] tèt kòk bounda pentad

December *prop.n.* desanm

decency *n.* konvnans, onèkte

decent *adj.* debyen, kòmilfo *Decent people don't do those kinds of things.* Moun debyen pa fè bagay konsa. *He's a decent guy, we can count on him.* Msye se yon nèg kòmilfo, nou ka konte sou li.

decentralization *n.* desantralizasyon

decentralize *v.tr.* desantralize *Let's decentralize the country.* Ann desantralize peyi a.

deception *n.* albè, blòf, koulay, kout fouk •**visual deception** twonp

deceptive *adj.* bidon, malatchong *He ended up rich by doing deceptive schemes.* Misye fin rich nan fè pwojè bidon. *I won't be taken in by these deceptive words.* M p ap pran nan pawòl malatchong sa yo.

decibel *n.* desibèl

decide *v.tr.* deside, fè volonte, pran yon desizyon, tranche *I have decided to spend Christmas here.* M deside pase Nwèl la isit. •**decide between** [*sports*] depataje *They decided between the two teams by drawing lots.* Yo rive depataje de ekip yo ak tiraj osò. •**decide on** chwazi *I've decided on the red one.* M chwazi wouj la. *I've decided on going to Haiti.* M chwazi al Ayiti. •**decide on a whim** lide yon moun di l *She decided to buy a car on a whim.* Lide l di l achte yon machin. •**decide on the price of one's work** fè koupri kouray li *Let me decide on the price of my work because I'm the one who's doing the work.* Kite m fè koupri kouray mwen paske se mwen k ap travay. •**decide to do sth.** jete li nan fè yon bagay *He decided to become a taxi driver.* Li jete l nan fè taksi. •**be decided** deside •**not be decided** se pa tou di

decidedly *adv.* desideman

deciliter *n.* desilit, glòs *A deciliter of oil.* Yon glòs lwil.

decimal *n.* desimal •**decimal point** siy desimal

decimeter *n.* desimèt

decipher *v.tr.* dechifre, dekode *I can't decipher what he wrote.* M pa ka dechifre sa l ekri a. *I can't decipher the message he wrote.* Mwen pa ka dekode mesaj li ekri a.

decision *n.* desizyon, dispozisyon, opsyon *I don't agree with their decision.* M pa dakò ak desizyon yo a. •**decision maker** desidè •**arbitrary decision** desizyon gwo ponyèt *The decision the government made is arbitrary.* Desizyon gouvènman an pran an gwo ponyèt. •**firm decision** desizyon nèt *He lacks determination at home, he can't make a firm decision.* Misye manke solidite lakay li, li pa ka pran yon desizyon nèt. •**go**

back on one's decision dejije *Yes is yes, no is no, you can't go back to your decision again.* Wi se wi, non se non, ou pa ka dejije ankò. •**make a decision** {fè/pran} desizyon (li) *The child made a decision.* Pitit la fè desizyon li. *She made the decision to leave school.* Li pran dispozisyon li pou l kite lekòl. *Before the meeting ends, we should make a decision.* Anvan reyinyon an fini, nou dwe pran yon desizyon. •**make a decision for s.o.** fè gou yon moun *Let her choose, you can't make that decision for her.* Kite l chwazi, ou pa ka fè gou li.

decisive *adj.* dènye, desizif *The decisive letter you need for the visa, I sent it.* Dènye lèt ou te bezwen pou viza, m voye l.

deck[1] *n.* [cards] je, pil *Buy four decks of cards for me.* Achte kat je kat pou mwen. •**deck of cards** pil kat

deck[2] *n.* 1[boat] pon *They slept on the deck of the boat.* Yo dòmi sou pon batiman. 2[platform] platfòm 3[porch] galri •**deck chair** chèz pliyan, dòmèz •**having a deck** [boat] ponte

declaration *n.* deklarasyon, dizon •**formal declaration of marriage** deklare entansyon li

declare *v.tr.* deklare, dekrete, di, fè konnen *They declared this day a national holiday.* Yo deklare jou sa a fèt nasyonal. •**declare categorically** di kareman *The employees declared categorically that they wouldn't work for this paltry sum of money.* Anplwaye yo di kareman yo p ap travay pou chikèt monnen sa a. •**declare one's love** [to a woman] fè deklarasyon *He declared his love to the girl.* Li fè tifi a deklarasyon. •**declare o.s. for or against** pwononse li •**declare s.o. an outlaw** mete yon moun òlalwa *The criminal is declared an outlaw by the court.* Lajistis mete kriminèl la òlalwa. •**declare s.o. guilty** bay yon moun tò *The judge declared the accused guilty.* Jij la bay akize a tò. •**declare unfit for use** kondane *The bucket was declared unfit for use.* Bokit sa a kondane.

declension *n.* deklinezon

decline[1] *n.* 1[decrease] bès, bese, diminisyon *There was a decline in the price of gasoline.* Pri gazolin fè yon bese. 2[deterioration] dekadans, deklen, desann

decline[2] *v.intr.* bese, dekline, deperi desann *His health is declining day after day, he's going to die soon.* L ap desann de jou an jou, li pa lwen mouri. *The man's business affairs are declining these days!* Zafè misye ap dekline sèjousi! •**be declining** sou fil pou pèdi

decode *v.tr.* dechifre, decode *We can't decode this message.* Nou pa kap dekode mesaj sa a.

decompose *v.intr.* dekonpoze, tonbe andekonfiti *The corpse has begun to decompose.* Kadav la koumanse tonbe andekonfiti.

decongest *v.tr.* 1[nose] debouche, dekonsantre *I need to decongest my nose.* M bezwen debouche nen m.

decor *n.* bèbèl

decorate *v.tr.* 1[embellish] anbeli, dekore, dore, fè bèbèl, gani, medaye *We need to decorate our house for Christmas.* Fò n dekore kay la pou Nwèl la. *On holidays they decorate the stores.* Lè fèt, yo dekore magazen yo. *They decorated the palace for the national holiday.* Yo dore palè a pou fèt peyi a. *For the party, Mary decorated the table with some beautiful flowers.* Pou fèt la, Mari gani tab la ak kèk bèl fl. 2[mil.] dekore, galonnen *They decorated him because he was brave.* Yo galonnen li paske li te brav. *The president decorated some military people.* Prezidan an dekore kèk militè. •**decorate with flags** paweze *Every official holiday, they decorate public places with many small flags.* Chak fèt, yo paweze plas piblik yo ak pakèt ti drapo.

decorated *adj.* gani *This dress is decorated with pretty ribbon.* Wòb sa a gani ak yon bèl riban.

decoration *n.* bèbèl, dekò, dekorasyon, ganiti *This light doesn't work, I just leave it there for decoration.* Limyè sa a pa travay, m jis kite l pou bèbèl. *We're watching the decoration of the champion team on TV.* Nou t ap gade nan televizyon dekorasyon ekip ki chanpyon an. •**decorations on 'ason'** oungeve

decorator *n.* dekoratè

decoy *n.* payas, rèz

decrease[1] *n.* 1[gen.] diminisyon, redui 2[moon] dekou

decrease[2] *v.tr.* bese, desann, diminye, redui, vini {mwens/pi piti} *The price of rice has decreased a great deal.* Pri diri desann serye. *Sales this week have decreased.* Lavant lan bese semenn sa a. *The number* *of people has decreased.* Vin gen pi piti moun konnye a. *She never decreases the price of her merchandise.* Li pa janm diminye pri machandiz li yo. *Now the rain has decreased.* Lapli a diminye atò. *The rain is decreasing.* Lapli a vini mwens kounye a. •**be decreased** [*water level, stream*] rale

decree[1] *n.* arete, dekrè *The government has just published a decree.* Gouvènman an fèk pibliye yon arete.

decree[2] *v.tr.* dekrete *The president decreed this day as a day of national mourning.* Prezidan an dekrete jou sa a jou dèy nasyonal.

decrepit *adj.* dekati, molas, vye *All the walls of the house are decrepit.* Tout mi kay la fin dekati.

dedicate *v.tr.* dedikase dedye, fè yon dedikas *He dedicates all of the music program to his girlfriend.* Li dedikase tout emisyon an pou menaj li. *They dedicated the music especially for Caroline.* Yo dedye mizik la espesyalman pou Kawolin. *On the music program she dedicated all the songs to her friends.* Li fè anpil dedikas pou zanmi l nan emisyon an. •**dedicate o.s. to** antre (kò li) fò nan •**be dedicated** devwe *John is a dedicated person.* Jan se moun ki devwe.

dedication *n.* 1[*book*] dedikas 2[*for work, activity*] devouman

deduce *v.tr.* dedui *Given his words, you can deduce the kind of person that he is.* Apre sa l di la, ou ka dedui ki moun li ye.

deduct *v.tr.* {bese/dedi}nan *They deducted some money from his salary.* Yo bese nan lajan li. *The boss deducted some money from my pay.* Patwon an dedi nan lajan m.

deduction *n.* dediksyon, jeretyen •**take a deduction** pran yon jeretyen *The government takes out a deduction on his salary.* Leta pran yon jeretyen sou lajan li.

deed[1] *n.* 1[*official record*] papye *He said it was his land, but he didn't have a deed to it.* Li di tè a se pou li l ye, men l pa gen tè a papye. 2[*for a house*] papye kay 3[*land*] kadach, papye tè •**master deed** [*usu. for land subsequently subdivided*] {gran/manman}pyès tè *The notary needs to see the master deed before doing the transaction.* Notè a bezwen wè manman pyès tè a avan li fè tranzaksyon an. •**property deed** pyès tè

deed[2] *n.* [*action*] ak, aksyon, jès *His bad deeds make people afraid of him.* Move zak li komèt fè moun pè li. •**daring, unusual deed** [*arousing anger or surprise*] aksyon *Wow, what a daring deed, the thief cut the guy's pocket.* Gade yon aksyon mezanmi, volè a koupe pòch nèg la. •**evil deed** fòfè •**good deed** bèl jès, bon zèv, byenfè, zèv *It was a good deed when he gave back the money.* Se yon bèl jès misye te fè lè li remèt kòb la. *You must do good deeds on earth.* Fò ou fè zèv nan lavi. •**bad deeds** ak *His bad deeds make people afraid of him.* Move zak li komèt fè moun pè li. •**charitable/good deeds** dibyen *She did a lot of good deeds when she was in charge.* Li te fè anpil dibyen lè li te direktè. *He's done charitable deeds to everyone.* Li fè dibyen ak tout moun.

deejay *n.* anonsè

deep[1] *adj.* 1[*color*] fonse 2[*distance*] fon, pwofon *The well is very deep.* Pi a fon anpil. *The ocean is deep here.* Lanmè a fon la a. 3[*intense*] fon, gwo, pwofon *I was in a deep sleep.* M te nan yon pwofon sonmèy la. 4[*low in sound*] gwo *He has a deep voice.* Li gen yon gwo vwa. 5[*very bad*] gwo •**be deep into sth.** vèse nan *This woman is deep into magic.* Fi sa a vèse fon nan maji.

deep[2] *adv.* 1[*to a great degree*] lwen *She was deep in thought.* Li te byen lwen ap kalkile. 2[*to a great depth*] fon *The knife went deep.* Kouto a antre fon.

deep-freeze *n.* •**deep-freeze chamber** friz •**deep-freeze unit** frizè

deep-fry *v.tr.* fri

deep-rooted/seated *adj.* anrasinen *These principles are deep-rooted within us.* Prensip sa yo anrasine nan nou.

deep-seated *adj.* anrasinen

deepen *v.tr.* •**deepen one's knowledge** pran bèt, pwofonde *He's deepening his knowledge through reading books.* L ap pran bèt nan liv yo. *Before I take the exam, I need to deepen my knowledge of the topic.* Anvan m fè egzamen an, fòk mwen pwofonde nan sijè a pi plis.

deeply *adv.* afon, fon, rèdmare *She knows her job deeply.* Li konn travay li afon. *Making a well requires digging a hole deeply.* Fè yon pi mande pou fouye tou a fon. *They are deeply in love, nothing can separate them.* Moun yo damou rèdmare, anyen pa ka separe yo.

deer *n.* sèf •**roe deer** den •**young deer** fan

defame *v.tr.* afiche, detripe, difame *The seller defamed her with insults.* Machann nan detripe l ak betiz.

default *n.* •**by default** pa fòfè *The team lost by default.* Ekip la pèdi pa fòfè.

defeat[1] *n.* defèt, kal, kapòtay *The election was a defeat for the party in power.* Eleksyon an te yon kapòtay pou pati ki o pouvwa a.

defeat *v.tr.* bat, donminen, fè de pwen sou, jete, kale, masakre, wè bout yon moun *Our team defeated the other one.* Ekip nou an bat lòt la. *She defeated her opponent.* Li donminen advèsè li a. *You are so small that I will defeat you without a problem.* Piti kon ou, m ap fè de pwen sa ou ou alèz. *It's after a big struggle that he was able to defeat the guy.* Se anba anpil redi li resi jete misye. *I defeated him in the fight.* Mwen venk li nan batay la. *We finally defeated the enemy.* Nou resi wè bout lenmi an. •**defeat a team at home and away** [sports] bay yon ekip tikè ale retou *Milan AC defeated Real Madrid at home and also at Real Madrid's home.* Milan AC bay Reyal Madrid tikè ale retou. •**defeat overwhelmingly** taye *Our team defeated the other one overwhelmingly.* Ekip pa n nan taye lòt la.

defecate *v.intr.* fè poupou kaka, poupou, tata *The dog defecated in the middle of the street.* Chen an kaka nan mitan lari a. *The child defecated.* Pitit la poupou. •**defecate a lot** {bay/fè}djapòt •**defecate on o.s.** swente *The child defecated in his pants.* Pitit la swente nan pantalon l. •**have an urge to defecate** gen pouse *I have an urge to defecate.* M gen pouse. •**make s.o. defecate** fè yon moun ale •**person who defecates on himself** kakatwè

defect *n.* defo, fay *The house is full of defects.* Kay la chaje ak fay ladan. •**birth defect** donmaj, donmaj nan nesans *She has a birth defect.* Li fèt ak yon domaj. •**mechanical defect** deranjman •**speech defect** defo langay

defective *adj.* ando(n)maje, bankal *The computer is defective.* Òdinatè sa andonmaje. *Many of these pieces of furniture are defective.* Anpil nan mèb sa yo bankal. •**slightly mentally defective** kata

defend *v.tr.* 1[physically] defann tèt li *They attacked me; all I did was to defend myself.* Yo atake m, mwen sèlman defann tèt mwen. 2[argue in favor of] defann, soutni *If you do something bad, I won't defend you in front of the director.* Si ou fè yon bagay ki mal, m pa pral defann ou devan dirèktè a. *The lawyer defended him well.* Avoka a byen defann li. *He defended the theory of evolution.* Li soutni teyori ki pale de evolisyon an. •**defend a thesis** soutni tèz *She has to defend her thesis to obtain her Ph.D.* Li bezwen soutni tèz li pou li ka gen doktora a. •**defend against** [sports] make *The defenseman defended well against the striker.* Defansè a make atakan an byen. •**defend one's turf** defann patat li •**defend o.s.** defann tèt li *They attacked me; all I did was to defend myself.* Yo atake m, mwen sèlman defann tèt mwen. •**defend s.o.** pran defans yon moun *You have to look for a lawyer to defend you.* Fò ou chèche yon avoka pou pran defans ou.

defendant *n.* akize, prevni

defender *n.* defansè •**solid defender** [soccer] koupe kloure *This defenseman is a solid defender).* Defansè sa se yon koupe kloure. •**wing defender** [soccer] lateral

defense *n.* 1[gen.] boukliye defans, pwoteksyon, ranpa *The team's defense is strong.* Defans ekip la solid. 2[law] pledman, pledwari *The lawyer presented a defense that moved the judge.* Avoka a te fè yon pledman ki touche jij la. •**come to s.o.'s defense** pran pa yon moun •**main defense** manmanpenba •**self defense** defans tèt li

defenseless *adj.* bèf san ke *Since you are defenseless, you must avoid getting in trouble with people.* Lè ou se bèf san ke, ou menaje kò ou.

defenses *n.pl.* bese (lè)bra

defensive *adj.* defansif *A strong defensive system.* Yon bon sistèm defansif.

defer *v.tr.* [postpone] ranvwaye, repouse *They deferred the decision.* Yo repouse desizyon an. •**defer to** bay legen, sede, soumèt *I'll defer to your advice.* M a sede sou konsèy ou a.

deferment *n.* delè

defiance *n.* defi •**in defiance of** sou tèt *You can't act in defiance of the law.* Ou pa ka pase sou tèt lalwa jan ou vle. •indicating defiance adjewidan

deficiency *n.* mank

deficit *n.* defisi, pèd, pèdans •make up for a deficit konble defisi *We have to make up for the deficit.* Fò n konble defisi a. •trade deficit deficit komèsyal

define *v.tr.* defini *Define this word.* Defini mo sa a.

definite *adj.* defini, fiks, klè *We need a definite answer from you.* Fò ou ban n yon repons klè.. Vwayaj la defini. *Put the radio in a definite place so I won't have to look for it all the time.* Mete radyo a nan yon plas fiks pou m pa nan chèche l toutan.

definitely *adv.* definitivman, san mank, vre *She definitely committed the crime.* Li fè zak la vre. *She'll definitely be here tomorrow.* L ap isit la demen san mank. *—Will you come tomorrow? —Definitely!* —Ou ap vini demen? —San mank! •very definitely karanndiseyas

definition *n.* definisyon

definitive *adj.* definitif *She gave me a definitive answer.* Li ban m yon repons definitif.

deflate *v.tr.* 1[*cause to lose air*] degonfle, plat, retire van nan *Deflate the bike's tire.* Degonfle kawotchou bekàn nan. *He deflated the ball.* Li retire van nan boul la. *The nail caused the tire to deflate.* Klou a plat kawotchou m. 2[*lose air*] pèdi van *The balloon has deflated.* Balon an pèdi van. •deflate s.o. kraze banda yon moun

deflect *v.tr.* devye, pare *The wind deflected the ball.* Van an devye balon an.

deflection *n.* [*projectile*] devyasyon

deflower *v.tr.* anfrajele, batize, chire pèkal yon fi, dechalbore, deboundare, dekreta, kreve, pèdi yon fi *It's he who deflowered the girl.* Se msye ki anfrajele tifi a. *The woman screamed a lot when Joe deflowered her.* Fi a kriye serye lè Djo ap batize l la. *The girl had just reached puberty, he deflowered her.* Apenn fi a t ap fòme, li chire pèkal li. *He deflowered me before he married me.* Li deboundare m anvan li marye m.

deforest *v.tr.* debwaze *It was the French settlers who deforested this area.* Se kolon franse yo ki debwaze zòn sa a.

deforestation *n.* debwazman

deforested *adj.* chòv •be deforested debwaze, grizonnen *All the mountains in Haiti have become deforested.* Tout mòn na peyi d Ayiti yo fin grizonnen.

deform *v.tr.* defòme, laji *The accident has deformed his face.* Aksidan an defòme vizaj li. *His feet deformed the shoes.* Pye l laji soulye a.

deformed *adj.* 1[*born that way*] donmaje difòm, kanbya, kodjo, kokobe, koupe kloure, malfèt difòm *He was born deformed.* Li fèt tou kokobe. 2[*feet*] kanbya, tòtòy *Her left foot is deformed.* Pye gòch li a tòtòy. *His feet are deformed, he can't walk straight.* Li gen pye kanbya, l pa ka mache dwat. 3[*hand*] pòk 4[*person*] malfouti, san fòm •be deformed defòme *The hat is deformed.* Chapo a defòme.

deformity *n.* defòmasyon, donmaj, donmajman

defraud *v.tr.* fè foub, magouye *He defrauded his boss.* Le magouye patron li.

defrost *v.tr.* deglaze, dejle *I have to defrost the refrigerator.* M bezwen deglase frijidè a

defroster *n.* deglasè

deft *adj.* adwat, ajil

deftly *adv.* ajilman

defunct *adj.* defen *That organization has been defunct for two years.* Òganizasyon sa a defen depi dezan.

defuse *v.tr.* dezamòse *The policemen defused the grenade.* Polisye yo te dezamòse grenad la.

defy *v.tr.* bay yon moun pinga li, brave, defye *We defy the opponent team.* Nou defye advèsè a.

degenerate[1] *adj.* dejennere *Don't come showing your degenerate ways in public!* Pa vin montre fason dejennere ou yo la!

degenerate[2] *n.* dejennere *This guy is a degenerate.* Nèg sa a se yon dejennere li ye.

degenerate[3] *v.intr.* dejennere *The situation of the prisons is degenerating.* Sitiyasyon prizon yo ap dejenere. •degenerate into a brawl vire an kòbòy *The party degenerated into a brawl.* Fèt la vire an kòbòy.

degradation *n.* charad

degrade *v.tr.* avili, degrade *If you respond to these groundless accusations, you're degrading yourself.* Si ou reponn akizasyon sa fon sa yo, ou ap avili ou.

degrading[1] *adj.* degradan, twò ba *This work is too degrading for me.* Travay sa a twò ba pou mwen. *The work of the outhouse cleaner is degrading.* Travay bayakou se yon travay ki degradan.

degrading[2] *n.* avilisman

degree *n.* 1[*1/360th part of the circle*] grad 2[*of a thermometer*] degre 3[*conferred after study*] diplòm *She has a degree in law.* Li gen diplòm avoka l. •**degree of completion** nivo •**degree of inclination** grad •**degree of quality** nivo •**give s.o. the third degree** fouye, kwense *We gave the thief the third degree.* Nou kwense vòlè a anba kesyon. *Don't give me the third degree, I don't have anything to say.* Pa fouye m, m pa gen anyen m ap di. •**Master's degree** mastè, metriz •**such a degree** mezi •**to a degree** [*partly*] yon (ti) jan *I agree with you to a degree.* M yon ti jan dakò avè ou. •**to the last degree** dènye degre *I did a fine job up to the last degree.* M fè yon bèl travay jis nan dènye degre.

degum *v.tr.* degonmen *Degum the stamp.* Degonmen tenm nan.

dehydrate *v.intr.* dezidrate *You'll dehydrate if you stand in the sun.* Ou ap dezidrate si ou rete kanpe nan solèy. •**be dehydrated** pèt (d)lo, seche *The child is dehydrated.* Pitit la seche. *She's very dehydrated because of diarrhea.* Pèt dlo li a anpil ak dyare li gen an.

dehydration *n.* pèd dlo

deity *n.* deyite, dye •**Vodou deity** lwa

dejected *adj.* delage, kagou *He was dejected after the bad news.* Li delage apre move nouvèl la.

dejection *n.* maras

delay *n.* delè, reta, twòta *There will be a slight delay.* Ap gen yon ti reta tou piti.

delay *v.tr.* bay yon moun reta fè dilatwa, fè reta, mete yon moun an reta, retade, tade *You're delaying us.* Ou ap ban n reta. *He delayed me at work.* Li mete m an reta nan travay la. *There's a storm that delayed the flight.* Gen yon tanpèt ki fè yo retade vòl la. *The traffic jam delayed us.* Blokis la tade n.

delayed *adj.* pran reta *The driver was delayed.* Chofè a pran reta.

delegate[1] *n.* anvwaye, delege

delegate[2] *v.tr.* delege *The president delegated two officials to represent him at the conference.* Prezidan an delege de ofisyèl pou reprezante l nan konferans lan.

delegation *n.* delegasyon

delete *v.tr.* retire, siprime *They deleted my name from the list.* Yo retire non m sou lis la. *You should delete the h from my name, it's written without an h.* Ou mèt siprime lèt h la nan non m, li ekri san h.

deliberate[1] *adj.* [*intentional*] entansyonèl, esprè, volontè *It's a deliberate insult.* Se yon afwon entansyonèl.

deliberate[2] *v.intr.* kalkil *They deliberate a lot before making a decision.* Yo fè gwo kalkil avan yo pran yon desizyon.

deliberately *adv.* espre, toutespre *I'm sorry! I didn't do it deliberately.* Eskize m! Se pa espre m fè. *He hit me deliberately.* Li fè espre l ban m kou a. *She made a deliberate attempt to embarrass me.* Li fè espre pou l ka fè m wont. *He deliberately gave her back less money.* Li bay lajan an manke toutespre.

deliberation *n.* kalkil

delicacy *n.* delikatès, finès, siwo lòja *This man does everything with delicacy.* Nèg sa a fè tout bagay ak finès.

delicate *adj.* 1[*gen.*] delika, fen, frajil, pyout, ze fele *The problem is too delicate.* Pwoblèm lan twò delika. *Don't manhandle that girl, she's delicate.* Pa manyen tifi sa a fò non, se yon ze fele li ye. 2[*easily ill*] frajil *She's a delicate child.* Se yon timoun ki frajil. 3[*person*] douyèt

delicious *adj.* (bon) gou, {koupe/mòde}lang *This food is delicious!* Manje a gou! *The cake was delicious.* Gato a te bon. *This oatmeal tastes delicious.* Labouyi a se koupe lang.

delight *n.* plezi •**take delight in** pran plezi *He takes delight in poking fun at people.* Li renmen pran plezi sou (do) moun.

delighted *adj.* anchante, kontan *I'm delighted to see you.* M kontan wè ou anpil. *I'll be delighted to help you.* M a byen kontan rann ou sèvis la.

delimit *v.tr.* limite, trase limit *The surveyor delimited the land.* Apantè a limite teren an. *The surveyor delimited the lots to avoid conflicts.* Apantè a trase limit teren yo pou evite konfli. •**delimited by boundaries** bòne

delinquency *n.* delenkans •**in delinquency** nan vakabon *The children fell in delinquency.*

Timoun yo tonbe nan vakabon. •**juvenile delinquency** mawonyè

delinquent *n.* delenkan •**juvenile delinquent** sanzave

delirious *adj.* delala, definfala, endispoze •**be delirious** delire, depale

delirium *n.* depale, endispozisyon •**in delirium** fè yon moun depale *The fever makes him rave in delirium.* Lafyèv la fè l depale.

deliver *v.tr.* **1**[*bring*] bay, delivre, livre, pote(bay), remèt, simen *That truck delivers merchandise.* Kamyon sa a livre machandiz. *They're delivering it to me this afternoon.* Y ap pote l ban mwen nan machin apremidi a. *The mailman delivers the mail every morning.* Faktè a vin pote lèt chak maten. *She delivered the goods to the customers.* L al delivre machandiz yo kay kliyan yo. *The mailman delivered the mail everywhere.* Faktè a simen lèt tout kote. **2**[*a blow, wallop*] flanke [*fam.*], tire *He delivered a punch to my face.* Li tire m yon kout pwen nan figi. *He delivered him a wallop.* Nèg la flank misye yon palavire. **3**[*baby*] akouche, anfante **4**[*judgment*] pwononse *The judge delivered the sentence.* Jij la pwononse jijman an. **5**[*mail, brochures*] simen •**deliver convincing evidence** {lage/met}bon bèt atè *If you don't do research, you can't deliver convincing evidence.* Si ou pa fè rechèch ou pa ka met bon bèt atè.

deliverance *n.* delivrans

delivery *n.* **1**[*act of delivering sth.*] livrezon *There wasn't any delivery today.* Pa t gen livrezon jodi a. **2**[*birth of a baby*] akouchman *The delivery went well.* Akouchman an byen pase. •**breech delivery** fèt tèt anlè •**painful delivery or labor** movèz akouchman *She had a painful delivery, her suffering was great.* Li soti anba yon movèz akouchman, soufrans li te anpil. •**trouble free delivery** kouch erèz *What I need is a trouble free delivery.* Erèz kouch m bezwen.

delta *n.* delta

delude *v.tr.* twonpe, {jete/voye}poud nan je •**delude o.s.** bay{kò/tèt}li kouray, pete tèt li, ranse *You're deluding yourself, you know you can't beat me.* Sa se kò ou w ap bay kouray, ou konnen ou pa ka bat mwen vre. *Don't delude yourself, she doesn't love you.* Pa pete tèt ou,

li pa renmen ou. *He's sitting deluding himself about his future because he believes he knows so much.* Li chita ap ranse ak avni l poutèt li kwè li twò konnen.

deluge *n.* delij, lavalas

delusion *n.* ilizyon, rèv je klè **delusions** *n.pl.* foli grandè *He has delusions of grandeur.* Li gen foli grandè.

deluxe *adj.* deliks *A deluxe hotel.* Yon otèl deliks.

demagogic *adj.* demagojik, gògmagòg *Those demagogic politicians.* Politisyen gògmagòg.

demagogical *adj.* demagojik

demagogue *n.* demagòg •**become a demagogue** tonbe nan gògmagòg *He was a good politician, now he becomes a demagogue.* Li te yon bon politisyen, konnya li tonbe nan gògmagòg.

demagoguery *n.* demagoji

demand¹ *n.* mande *There's not much demand for these dresses right now.* Yo pa tèlman mande wòb sa yo konnye a. **demands** *n.pl.* [*desire for*] demann, egzijans, mande, preskripsyon, revandikasyon, *I don't want people to make demands of me.* M pa vle moun fè m egzijans. *We'll fight until the office accepts our demands.* N ap goumen jis biwo a asepte preskripsyon pa n yo.

demand² *v.tr.* egzije, mande, revandike *He can't refuse you, you have to demand that he come.* Li pa gen dwa di ou non, fò ou mande l pou l vini. *I'm demanding my rights.* M ap revandike dwa m. *He demands an apology from the woman.* Li di fò fi a vin mande l eskiz. •**demand an explanation** fè yon moun esplikasyon *I'm going to demand an explanation.* M pral fè l esplikasyon.

demanding *adj.* egzijan, fyèl pete, oblijan *The boss is demanding.* Mèt travay la egzijan. *Those demanding people want the money when they ask for it.* Moun oblijan sa yo vle kòb la lè yo mande l la. •**demanding person** matadò sipèb

demeaning *adj.* degradan, rabesan *It would be demeaning for me to ask him for a loan.* Si m al mande l prete, se desann m desann tèt mwen devan l. *That's a demeaning job.* Sa se yon travay rabesan.

demeanor *n.* konpòtman

demented *adj.* dezekilibre, fou

dementia *n.* foli

demijohn *n.* bonbòn, danmijann

demise *n.* desè, mò, trepas

demitasse *n.* demi tas

demobilization *n.* demobilizasyon

demobilize *v.tr.* demobilize *Don't let them demobilize us.* Pa kite yo demobilize nou.

democracy *n.* demokrasi

democrat *n.* demokrat

democratic *adj.* demokrat, demokratik

democratically *adv.* demokratikman *He was elected democratically.* Li eli demokratikman.

democratize *v.tr.* demokratize *Democratize the institutions.* Demokratize enstitisyon yo.

demographer *n.* demograf

demographic *adj.* demografik

demography *n.* demografi

demolish *v.tr.* bale, dechalbore, defalke, dekonstonbre, demantibile, demantle, demoli, demonte, kraze, ofraje *They're demolishing the old building.* Y ap kraze vye kay la. *They should demolish these houses to make a new road.* Yo ta dwe bale kay sa yo pou yo fè yon nouvo wout. *Tractors demolished the straw houses.* Traktè demantibile kay pay yo. *The hurricane completely demolished the old house.* Siklòn nan ofraje vye kay la nèt.

demolishing *n.* dekonstonbray

demolition *n.* demantèlman, demantibilay, demolisman

demon *n.* denmon, louten bab, satan, zobop

demonic *adj.* zògòdò

demonically *adv.* •**act demonically** anjandre *As soon as the loa possesses him, he behaves demonically.* Depi lwa a nan tèt li, l anjandre.

demonstrate *v.intr.* **1**[*for a political cause*] pran {beton an/lari}, pwoteste *Many people demonstrated, demanding the return of the president.* Anpil moun te pran beton an pou mande retou prezidan an. *The people demonstrated against the high cost of living.* Pèp la pran lari akòz lavi chè a. *People are demonstrating against the high cost of living.* Pèp la ap pwoteste kont lavi chè a. **2**[*show clearly*] {bay/fè}prèv, demontre, manifeste, montre, moutre *He demonstrated that he has lots of power.* Li demontre l gen pouvwa. *I'm going to demonstrate to you all how to tie the rope.* M ap moutre nou kouman pou n mare kòd la. *This demonstrates that he isn't*

serious about finding work. Sa moutre se pa yon moun ki bezwen travay.

demonstration *n.* amòs, demonstrasyon, manifestasyon •**make an affected demonstration** fè simagri *When he couldn't get his way he put on a very affected demonstration.* Lè li pa t ka fè jan li vle, li fè simagri anpil. •**passive demonstration** sitin •**politically inspired street demonstrations** diplomasi beton *The people are organizing a street demonstration.* Pèp la ap mete sou pye yon diplomasi beton. •**stand-in demonstration** zefè

demonstrative *adj.* [*gram.*] demonstratif

demonstrator *n.* betonis, manifestan •**political demonstrator** betonmat

demoralize *v.tr.* demoralize *Her failure in the exam totally demoralized her.* Echèk li nan egzamen an demoralize l nèt.

demote *v.tr.* degrade, desann (grad yon moun) *They demoted the officer.* Yo degrade ofisye a. *They demoted him, he's no longer the head of the office.* Yo desann msye, li pa chèf biwo a ankò.

den *n.* rakwen •**gambling den** bank zo •**lion's den** twou lyon

dengue *n.* deng

denial *n.* demanti, refiz

denigrate *v.tr.* bese, blanchi, deprestije, rabese *You always denigrate what people do so that you can give what you do worth.* Ou toujou bese sa moun fè pou ou ka bay pa ou valè. *He denigrated me in front of the boss.* Li blanchi m devan patwon an. *It's not nice to denigrate the work of your colleagues.* Li pa bon pou w ap deprestije travay kòlèg ou. *Intellectuals always think they can denigrate people.* Entelektyèl toujou konprann yo ka rabese moun.

denim *n.* [*type of fabric*] gwo ble, karabela

denominator *n.* denominatè

denounce *v.tr.* bay, denonse, fè rapò, rapòte, vann *They arrested the woman, they made her denounce the man.* Yo arete fi a, yo fè l bay nèg la. *They denounced the thief at the police station.* Yo denonse vòlè a nan pòs polis la. *She went to the police in order to denounce us.* Li t al lapolis pou fè rapò sou nou. *I'm going to denounce the thief to the police.* M pral rapòte vòlè a bay lapolis.

dense *adj.* **1**[*tightly packed*] konpak *The crowd was so dense that it was almost impossible to take a step forward.* Foul la te tèlman konpak, li te prèske enposib pou fè yon pa annavan. **2**[*difficult to make understand*] bouche, epè *You are so dense!* Ou bouche konsa!

density *n.* dansite, epesè, konsantrasyon

dent[1] *n.* fonsi, fonsman, kolboso, kòlbòsò *The can has a dent in it.* Bwat lan kolboso. •**make a dent in** *We haven't made a dent in the work.* Nou po ko manyen travay la menm.

dent[2] *v.tr.* deboundare, fè kolboso, fonse *How was the car door dented like that?* Kouman pòt machin lan fè kolboso konsa? *They dented all the pots in the house by dropping them on the floor.* Yo deboundare dènye chodyè nan kay la afòs yo fese yo atè. *The stone fell over the basin and dented it.* Wòch la tonbe sou kivèt la, li fonse l.

dental *adj.* dantè

dented *adj.* dantle, kòlbòsò, kwòbòt *The car was badly dented in the accident.* Machin nan kòlbòsò nan aksidan an nèt.

dentist *n.* dantis, dòktè dan

dentition *n.* danti

dentures *n.pl.* atelye, plak, fo dan, ratelye *He wears dentures.* Li gen atelye. •**get/have dentures put in** meble bouch li *He went to the dentist to have dentures put in.* L al kay dòktè dan an pou meble bouch li.

denuded *adj.* chòv, ni *The top of the hills are denuded.* Tèt mòn yo fin chòv. *With their cutting down trees, the tops of the mountains are denuded.* Afòs yo koupe pyebwa, do mòn yo ni.

denunciation *n.* denonsman

deny *v.tr.* **1**[*contest*] demanti, dezavwe, diskite, nye, renye *They denied what they have said before.* Yo demanti sa yo te di anvan an. *She denied her mistake.* Li dezavwe fot li. *Although he was guilty he kept denying.* Kwak li an tò, l ap diskite. *She denied that she really said that.* Li nye li te di pawòl la vre. **2**[*refuse*] refize *The bank denied my request for a loan.* Labank refize prete m kòb la. •**deny charges** plede *Although they caught the student cheating, he denied the charges.* Malgre yo bare elèv la ap kopye, men l ap plede.

deodorant *n.* dezodoran

depart *v.intr.* dekole, leve{kan/lank}, pati, soti kite, {vire/wete}{do li/kò li} *They departed yesterday.* Yo leve kan yè. •**depart again** repati •**depart this life/world** vwayaje *We all have a day when we must depart this world because no one is immortal.* Nou tout gen yon jou pou n vwayaje paske pèsonn pa etènèl. •**about to depart** an patans

departed *n.* defen

department *n.* **1**[*gen.*] depatman **2**[*in a store*] reyon *Go to the men's clothing department.* Al nan reyon rad pou gason yo. •**fire department** (sèvis) ponpye •**North department** Nò •**sanitation department** sèvis dijyèn

departmental *adj.* depatmantal

departure *n.* depa, patans, pati •**departure lounge** {sal/salon}depa •**point of departure** derape •**radical departure** koupe fache sèk

depend *v.intr.* depann •**depend on a**[*something*] chita sou metye li, depann, fè konfyans *I depend on my profession because that's my life.* Mwen chita sou metye mwen paske se li ki lavi mwen. *I can't depend on this car.* M pa ka fè machin sa a konfyans. **b**[*s.o., others*] anba dan yon moun, {chita/plannen}sou{do/kont}yon moun, depann de, jwe sou yon moun, lage kò li sou yon moun, sou kont yon moun *You depend on others in order to have some food.* Se anba dan moun ou ye pou jwenn ti moso manje. *I depend on my brother to go to town.* M depann de frè m nan pou m desann lavil. *I can't depend on you.* Mwen pa kapab jwe sou ou. *She has a whole household that depends upon her.* Li gen tout yon kay ki chita sou do li. *My whole family depends upon me.* Tout fanmi an plannen sou do m. *He depends upon me for all his needs.* Li lage kò l sou mwen pou tout sa l bezwen. **c**[*be decided by*] sa depann, se selon *It depends on you.* Sa depan de ou menm. —*Are you going to the party?* —*I don't know. It depends on what my mother says.* —Ou pral nan fèt la? —M pa konnen; se selon sa manman m di. *It depends on your behavior whether people appreciate you.* Se selon jan ou aji pou moun apresye ou. •**it/that (all) depends** sa depann, se selon

dependability *n.* seryezite

dependable *adj.* debyen, kach, konsekan, serye, seryez [*fem.*] *You can count on her, she's very dependable.* Ou mèt konte sou li, se yon moun ki seryez. *He's a dependable man, I count on him.* Msye se nèg debyen, m konte sou li. *The secretary is dependable at her job.* Sekretè a kach nan djòb la. *You can't leave this job in the hands of people who aren't dependable.* Ou pa ka lage travay sa a nan men moun ki pa konsekan. •**not entirely dependable** pa katolik *That lady isn't entirely dependable, she's given to lying.* Dam sa a se yon moun ki pa katolik, manti toujou nan pwent bouch li.

dependence *n.* depandans

dependency *n.* depandans

dependent *adj.* depandan, restavèk *He's so dependent that if they don't give him money, he won't be able to eat.* Li tèlman depandan, si yo pa ba l kòb, li pa manje. *This government is so dependent on others that it can't act on its own.* Gouvènman restavèk sa a pa fouti aji pou kont li. *You don't want to work? Well, you'll always be dependent on other people.* Ou pa vle travay? Enben, w ap toujou rete restavèk moun. •**dependent on others** anpetre *You are too dependent on others, my dear, you need to manage on your own.* Ou anpetre twòp monchè, fòk ou manyè debwouye ou pou kont ou. •**dependent upon** sou bra li •**dependent upon s.o.** sou lòd yon moun *That woman is dependent upon the man for her survival.* Se sou zòd nèg la fi sa a ap viv. •**be dependent on s.o.** viv sou woulib *They have to be dependent on others for their livelihood because they aren't working.* Yo oblije viv sou woulib paske yo p ap travay. •**be economically dependent** viv sou bofi jefra *Because of the unemployment, many people are economically dependent.* Akòz de chomaj la, yon pakèt granmoun ap viv sou bofi jefra. •**become dependent on s.o.** vini soti sou do pye yon moun *She became dependent on her parents from the moment she lost her job.* Li vini soti sou do pye paran l yo depi lè li pèdi travay li a.

depending on *prep.* selon, swivan *Depending on what you tell me, I'll know what to do.* Swivan sa ou di m nan, m ap konn sa pou m fè.

depict *v.tr.* depenn, reprezante *This painting depicts a beautiful country scene.* Tablo sa a reprezante yon bèl peyizaj andeyò. •**depict s.o.** fè pòtre *In the article, she depicted an American doctor who works in Haiti.* Nan atik la, li fè pòtre yon metsen ameriken k ap travay ann Ayiti.

depilate *v.tr.* deplimen *The girl has completely depilated her underarms.* Ti fi a deplimen anba zesèl li nèt.

deplete *v.tr.* kraze, minen, wonje *They are depleting the country's resources.* Y ap minen kapasite peyi a. *The group has been depleted considerably.* Gwoup la fin kraze nèt.

depleted *adj.* [*soil*] mèg *This soil is depleted, it can't produce any food.* Tè sa mèg, li pa ka bay manje.

deplorable *adj.* malouk, regretan *The house is in deplorable shape.* Kay la nan yon sitiyasyon malouk.

deploy *v.tr.* deploye *The general of the army deployed some soldiers in the area.* Jeneral la deploye kèk sòlda nan zòn nan.

deployment *n.* deplwaman

deport *v.tr.* depòte, {pimpe/voye}yon moun tounen *They deported the illegal immigrants.* Yo depòte etranje ilegal yo. *The immigration services deported her.* Imigrasyon pimpe l tounen. *Immigration deported ten boat people.* Imigrasyon voye tounen dis bòtpipòl.

deportation *n.* depòtasyon

depose *v.tr.* dechouke *They deposed the president.* Yo depose prezidan an.

deposit[1] *n.* 1[*money*] avalwa, vèsman, depo 2[*earth, etc.*] depo •**deposit slip** fich depo •**make a deposit** *a*[*for a layaway plan*] depoze *b*[*in the bank*] fè yon depo *He's going to make a deposit of a thousand gourdes.* Li pral fè yon depo mil goud. •**security deposit** sekirite

deposit[2] *v.tr.* 1[*money*] depoze *I'm going to deposit a little bit of money in the bank.* M pral depoze yon ti kòb labank. 2[*place (in a bank)*] met kòb (labank), plase *I'll deposit the money in the bank tomorrow.* M pral met kòb la labank demen. *She deposited that month's check in the bank.* Li plase chèk mwa sa a labank. •**deposit on the ground** mete atè

deposition *n.* depozisyon

depot *n.* depo, ral

depraved *adj.* deprave, pèvès, pèvèti, pouri *The man is depraved, he has respect for no one.* Misye deprave nèt, li pa respekte pèsonn. *This man is completely depraved.* Nèg sa fin pouri nèt. •**depraved person** deprave

depreciate *v.intr.* dechte *The value of our house depreciated.* Valè kay nou an dechte.

depress *v.tr.* dekonstonbre *The news of the death completely depressed her.* Nouvèl lanmò a dekonstonbre l nèt.

depressed *adj.* afese, akable, ba, chagren, deprime, kagou *Dyelimèn has been depressed since the death of her husband.* Dyelimèn afese depi lanmò mari l la. *I notice that you are depressed today.* M apèsi ou akable jodi a. *Her mother is depressed, she can't eat.* Manman l chagren, li pa ka manje. *She feels depressed.* Li santi l deprime. •**become depressed** dekonstonbre *The news of the death completely depressed her.* Nouvèl lanmò a dekonstonbre l nèt.

depressing *adj.* dekourajan *This life is depressing.* Lavi sa a dekourajan. •**be depressing** pase blanch

depression[1] *n.* akableman, bafon, depresyon, maras

depression[2] *n.* •**depression in the ground** [*for planting*] kivèt •**exterior depression along backbone** ravin do

deprivation *n.* nesesite *Deprivation makes him forget to take care of himself.* Nesesite fè l bliye kò l.

deprive *v.tr.* prive *He deprived us of everything.* Nèg la prive nou tout bagay. •**deprive o.s. of sth.** prive tèt li yon bagay *She deprives herself of any leisure in order to succeed in the program.* Li prive tèt li de tout lwazi ki gen pou l sa reyisi pwogram nan. •**deprive s.o. of sth.** prive yon moun yon bagay

depth *n.* fondè, pwofondè *They dug this hole to the same depth as the other one.* Y ap fouye ou sa a menm fondè ak lòt la. *They're digging that hole the same depth as the other.* Y ap fouye tou sa a menm fondè ak lòt la. •**the very depths of** nan fen fon *In the very depths of life, it's the fear of dying that is struggling with the courage to live.* Nan fen fon lavi a, se lapè mouri k ap goumen ak kouraj pou viv.

deputy[1] *adj.* sou, vis

deputy[2] *n.* adjwen, depite •**Haitian House of Deputies** Lachanm •**rural deputy** èd polis

derail *v.intr.* deraye *The HASCO train always derails.* Tren ASKO a ap deraye tout tan.

derailment *n.* derayman

deranged *adj.* loke *Since her child died, she has become deranged.* Depi pitit li mouri a, li yon jan loke.

derisive *adj.* iwonik, meprizan

derivation *n.* orijin, rasin, sous

derive[1] *v.intr.* pran nesans, sòti *This word derives from English.* Mo sa sòti nan anglè.

derive[2] *v.tr.* •**derive benefit** tire *We didn't derive any benefit from that work.* Nou pa tire anyen nan travay sa a. •**derive profit** {fè/tire}pwofi *He didn't derive any profit from the transaction.* Li pa tire pwofi nan konmès la.

dermatologist *n.* dèmatològ, doktè maladi po

dermatology *n.* dèmatoloji, maladi po

derogatory *adj.* abesan, denigran *It's a derogatory word.* Se yon mo denigran.

derrick *n.* derik

derring-do *n.* bravou, vanyans

desalinize *v.tr.* desale *We have to desalinize this water.* Se pou n desale dlo sa a.

desalt *v.tr.* desale *Soak the salt herring well to desalt it.* Byen tranpe aransèl la pou ka desale li.

descend *v.intr.* desann *She descended the stairs.* Li desann eskalye a. •**descend on** anvayi, vide, vide sou *People descended on the salesperson, she didn't have enough hands to serve everybody.* Moun anvayi machann nan, li pa gen men pou l vann. *She just won the lottery, her whole family is descending on her.* Li sot genyen nan bòlèt, tout fanmi l vide sou li. •**descend upon** fè dappiyanp sou *The child descended upon the merchant's mangoes.* Tigason an fè dappiyanp sou mango machann nan.

descendant *n.* desandan **descendants** *n.pl.* desandans

descent *n.* ladesant

describe *v.tr.* depenn, esplike, fè pòtre, kalifye, kodake *I've never seen her so I can't describe her to you.* M pa janm wè l, m pa ka di ou ki jan l ye. *He described how it happened.* Li esplike kouman sa pase. *Everybody describes the situation differently.* Tout moun depenn sitiyasyon an diferaman. *He described all that happened as if he were there.* Li esplike tout sa k pase tankou l te la. *In the article, she described an American doctor who works in Haiti.* Nan atik la, li fè pòtre yon metsen ameriken k ap travay ann Ayiti. *They described him as a serious person.* Yo kalifye l kòm moun serye. *He's describing the language.* L ap kodake lang lan. •**describe s.o.** dekri *Describe her to me.* Dekri m li.

description *n.* **1**[*thing.*] deskripsyon **2**[*person*] pwofil, siyalman *They'll arrest the criminal because the police have his description.* Y ap kenbe kriminèl la paske lapolis gen siyalman l. •**give a description** fè deskripsyon *They gave a description of the guy.* Yo fè deskripsyon nèg la.

desecrate *v.tr.* avili, pwofane, sal *You're desecrating the church when you swear like that inside it.* Ou ap pwofane legliz la lè ou joure anndan l konsa. *Don't desecrate God's name.* Pa sal non Bondye.

desecration *n.* pwofanasyon

desert[1] *n.* [*region*] dezè, savann dezole

desert[2] *v.tr.* **1**[*an area*] bay yon kote blanch, dezète, kite *People deserted the area.* Moun yo pati kite zòn nan. **2**[*abandon*] (pati) kite, lage *She deserted her husband for another man.* Li kite mari a pou yon lòt nèg. *He deserted his wife and kids.* Li pati kite madanm li ak pitit li. *When something goes wrong, everybody deserts you.* Kon yon bagay pase mal, tout moun ap lage ou.

deserted *adj.* blanch *Since the war broke out, the area is deserted, everyone left it.* Depi lagè a pete a, zòn nan blanch, tout moun kite li.

deserter *n.* desounen, renega, sovadò

desertion *n.* abandon

deserts *n.pl.* •**get one's just deserts** {jwenn/kontre} ak zo grann li, jwenn ak monnen pyès li, sa li pran se pa li, tonbe sou zo grann li *If he continues to annoy the child, he'll get his just deserts.* Si li kontinye anbete pitit la, l ap tonbe sou zo grann li. *If someone comes to the carnival with a weapon, he'll receive his just deserts.* Si yon moun vin nan kanaval ak zam, l ap kontre ak zo grann li.

deserve *v.tr.* merite *That child deserves a spanking.* Timoun sa a merite yon bon swèl. *She doesn't deserve for you to make her*

suffer like that. Li pa merite pou ou ap fè l soufri konsa. •**deserve one's death** mouri nan pye travay li *The criminal deserved his death.* Zenglendo a mouri nan pye travay li. •**because s.o. deserves it** [*for good or bad reasons*] ak dekwa *He will never have enough insults from me. He deserves that.* Se pa joure m ta joure l ase. Ak dekwa. •**get what one deserves** jwenn ak zo grann li, jwenn ak monnen pyès li, sa li pran se pa li *That little boy is mean, if you bother him, you'll get what you deserve.* Ti nèg sa a move, si ou al anmède li, w ap jwenn ak zo grann ou. *She'll get what she deserves if she gets involved in other people's business.* Sa l pran se pa l si l ap foure bouch li nan koze moun yo.

desiccated *adj.* •**be completely desiccated** zo yon moun pa bon pou fè bouton ankò

design[1] *n.* [*art., illustration*] desen, plan

design[2] *n.* [*aim*] entansyon

design[3] *v.tr.* [*architecture*] trase plan *The architect designed our house without charge.* Achitèk la trase plan kay nou an gratis. •**designed for women** a fam •**carelessly designed** mal fagote *The house was carelessly designed.* Kay sa a mal fagote.

designate *v.tr.* deziye, nonmen *He was designated for the position of police chief.* Yo nonmen l pou pòs chèf polis la.

designation *n.* deziyasyon

designer *n.* designate

desirability *n.* atirans, cham, valè

desirable *adj.* dezirab

desire[1] *n.* anvi, aspirasyon, bon voulwa, dezi, swèt, volonte *I don't have any desire to go to the party.* Mwen pa gen anvi al nan fèt la. *Her desire is to become a doctor.* Aspirasyon l se vin yon doktè. *That student has desire, but he's incompetent.* Etidyan sa a gen bon voulwa, se kapab li pa kapab. •**have sexual desire** (d)anvi •**with desire** je yon moun fè tè pwa tè mayi

desire[2] *v.tr.* anvi, desire, swete *We would very much desire to see you at the meeting.* Nou ta anvi wè ou nan reyinyon an.

desk *n.* biwo •**front desk** [*of a hotel*] resepsyon •**mixing desk** konsòl •**pay desk** kès •**school desk** ban

desmodium *n.* [*herb*] tikole

desolate *adj.* dezole *Misery and drought make the city desolate.* Sechrès ak mizè fè vil la dezole. *A desolate region.* Yon zòn dezole.

despair[1] *n.* dezespwa •**in despair** sanzespwa *He turned into a man in despair.* Li tounen yon moun sanzespwa.

despair[2] *v.intr.* dekouraje, dezespere, dezespere, mache (ak) de men nan tèt, mete men nan{machwè/tèt} *Don't despair!* Pa dezespere.

despairing *adj.* dezespere

desperate *adj.* chita ak men nan machwè, dezespere, ozabwa *We're desperate, we don't have a nickel.* N ozabwa la, n pa gen senk.

despicable *adj.* pla, vye *Don't have anything to do with those despicable people.* Pa frekante vye moun sa yo. •**despicable person** move sijè

despise *v.tr.* 1[*scorn*] meprize *We despise this worthless person.* Nou meprize vakabon sa a. 2[*hate*] pa ka wè, rayi *I hate these despicable people.* M ka wè moun meprizab sa yo.

despite *prep.* an depi, apre, endepandaman de, malgre, palpa *He's coming despite his illness.* Malgre li malad la, l ap vini. *Despite the efforts we put into it, the matter is not yet solved.* An depi jèfò nou envesti a, zafè a poko regle. *Despite all his experiences, he keeps learning more every day.* Apre tout esperyans sa yo, li kontinye aprann toujou. *Despite all the harm he did to us, we forgive him.* Palpa tout sa l fè n ki mal, nou padonnen l.

despoil *v.tr.* piye, sakaje *The thugs despoiled the village.* Zenglendo piye bouk la.

despondency *n.* akableman *His despondency made him stay in bed all day.* Akableman an fè l pran kabann tout jounen.

despot *n.* gwo potanta

despotic *adj.* despòt, gwo ponyèt *The despotic ruler closed down the newspaper.* Lidè despòt la fèmen jounal la. *The despotic policy completely destroys the country.* Politik gwo ponyèt la fin kraze peyi a.

dessert *n.* desè

destabilize *v.tr.* destabilize, sonbre *They destabilized the company when they didn't renew the contract.* Yo destabilize konpayi a lè yo pa bay li kontra a ankò. *Social pressures can't destabilize the government.* Presyon pèp la pa ka sonbre gouvènman an.

destabilized *adj.* dezekilibre *The building is destabilized.* Bilding nan dezekilibre.

destabilizer *n.* destabilizatè

destination *n.* destinasyon *What's your destination?* Ki destinasyon ou?

destined *adj.* destine *This money is destined for the community.* Lajan sa a destine pou kominote a. *He's destined to become a good drummer.* Li destine pou l vin yon gwo tanbourinè.

destiny *n.* avni, desten, santans, sò *Nobody knows what destiny holds.* Pèsonn pa konn sa lavni rezève n.

destitute *adj.* malere, malerèz [*fem.*], mizerab, pòv, pye chik, tòt *He's destitute.* Li menm se yon mizerab. •**destitute and loose woman** [*not necessarily a prostitute*] zèlvèt •**destitute person** bounda chire, pòv, tòl *He's a destitute person.* Misye se yon bounda chire. •**be destitute** mache yon men devan yon men dèyè, tonbe{nan rara/sou lagraba} *This man is totally destitute, he doesn't even have shoes to put on his feet.* Nèg sa ap mache yon men devan yon men dèyè, ata soulye li pa gen pou li mete.

destitution *n.* lagraba

destroy *v.tr.* 1[*gen.*] anfrajele defalke, demanbre, depatcha, detwi, devaste, devore, kraze (kannkès), mete yon moun bèk atè, sakaje *The car really destroyed the wall of the house.* Machin nan defalke mi kay la nèt. *He completely destroyed the radio.* Li fin demanbre radyo. *We're destroying the planet.* N ap devaste planèt la. *The fire destroyed the neighborhood.* Dife a devore vwazinay la. *The river destroyed the bridge when it flooded.* Larivyè a kraze pon an lè dlo a te monte a. 2[*damage beyond repair*] kraze *The wind destroyed the house.* Van an kraze kay la nèt. •**destroy completely** demantibile *Tractors completely destroyed the straw houses.* Traktè demantibile kay pay yo. •**destroy confidence in** vapore *Once they destroyed his confidence in himself, he believed he didn't know anything.* Depi yo fin vapore li a, li kwè li pa konnen anyen.

destroyer *n.* sazinè

destroying *n.* ratibwazay

destruction *n.* demantibilay, demolisman, destriksyon, kaba

destructive *adj.* ravajè, ravajèz [*fem.*] *These people are very destructive.* Moun sa yo ravajè twòp. •**destructive person** ravajè, tòpiyè *The destructive men looted the store.* Ravajè yo piye magazen an.
detach *v.tr.* detache *Detach that from the wall.* Detache sa a nan mi an. •**detach itself from** dekole
detached *adj.* aleka •**become detached** [*teeth, hair, fruit, etc.*] grennen
detachment[1] *n.*[*separation, undoing*] dekolay
detachment[2] *n.* [*indifference*] endiferans, ensousyans, manfouben
detachment[3] *n.* [*military unit*] kolonn, ploton
detail *n.* detay, kritkrit enfòmasyon, koze, presizyon **details** *n.pl.* koze *I'll give you all the details when I return.* M ap ba ou tout koze a lè m tounen. •**give details about o.s.** idantifye tèt li *You have to give me some details about yourself.* Fò ou idantifye tèt ou. •**give in detail** detaye •**in all details** de fil an egwi •**in detail** an detay, defilannegwi, nan bon (jan) ti mamit *Tell me the story in detail.* Di m koze a an detay. *She told us the story in minute detail.* Li rakonte n istwa a defilannegwi. *Sit down so we can listen to the news together in every last detail.* Chita pou nou tande nouvèl radyo a nan bon jan ti mamit. •**in minute detail** defilannegwi *She told us the story in minute detail.* Li rakonte n istwa a defilannegwi. •**superfluous details** detay •**without adding or removing details** san wete san (ni) mete *She told me the story without adding or removing any details from it.* Li ban m koze a san wete san mete.
detailed *adj.* an detay, detaye
detain *v.tr.* 1[*police control*] retni *They detained her at the police station for two days.* Yo retni l nan pòs la pou de jou. 2[*delay*] retade *They delayed us, that's why we're late.* Yo retade nou, se pou sa nou an reta.
detained *adj.* pran reta *She's detained ; she'll arrive soon.* Li an reta; l ap rive talè.
detainee *n.* detni, prizonye
detect *v.tr.* dekouvri, detekte, santi *There are dogs that detect drugs at the airport.* Gen chen pou detekte dwòg nan èpòt la. *They detected poison in his stomach.* Yo jwenn pwazon an nan vant li. *I detect sarcasm in your voice.* M santi se nan betiz ou ap pase m.

detective *n.* detektif
detector *n.* detektè •**smoke detector** alam lafimen
detention *n.* 1[*at school*] retni *They had her stay in detention.* Yo mete l nan retni. 2[*school punishment*] konsiy •**in detention** an penitans *We're in detention because we were misbehaving.* Nou an penitans paske n t ap fè dezòd.
detergent *n.* detèjan, fab
deteriorate *v.intr.* bese degrade, dekline, dekrenmen, deteryore, desann, dezole, vin pi mal *Conditions in the country have deteriorated.* Bagay yo vin pi mal nan peyi a. *His health deteriorated through smoking crack.* Lasante msye bese nan fimen boul krak. *The situation is deteriorating with the hurricane season.* Sitiyasyon an ap dekrenmen ak sezon siklòn nan. *All the teeth in my mouth are deteriorating.* Tout dan nan bouch mwen ap deteryore.
deteriorated *adj.* dezole *The country is completely deteriorated.* Peyi a fin dezole.
deterioration *n.* deteryorasyon
determination *n.* detèminasyon kouray, solidite, volonte *She has no determination.* Se yon moun ki pa gen volonte. *He lacks determination at home, he can't make a firm decision.* Misye manke solidite lakay li, li pa ka pran yon desizyon nèt. •**with determination** lafwa, an granmoun, solidman *I admire this player, he plays with determination.* M renmen jwè sa, li jwe an granmoun. *That student always studied with determination.* Elèv sa a te toujou kenbe etid li solidman. *We defeated the opponent with determination.* Nou bat ekip la ak lafwa.
determine *v.tr.* 1[*find*] detèmine *They just determined the causes.* Yo fin detèmine kòz yo. 2[*weight, price*] jòje *The seller put the fish on the scale to determine its weight.* Machann nan mete pwason an nan balans pou l jòje pèz li. 3[*have a controlling influence on*] di *The weather determines if we go or not.* Se tan an k a di si n prale si n pa prale.
determined *adj.* deside, detèminen, konsekan, pare, sòti pou *I'm determined to do it, and nobody can stop me.* M deside fè l, pa gen moun k ap fè m pa fè l. *As determined as she is, she won't change her decision.* Jan li

detèminen la, li p ap tounen sou desizyon l. *Peter is a very determined person.* Pyè se yon nonm ki konsekan. *We're determined to denounce him to the police.* Nou pare pou n denonse l bay lapolis. *Those people are really determined to beat up your child.* Men moun yo soti pou yo bat pitit ou a. •**be determined to do sth.** gen bon dispozisyon pou fè yon bagay *He's determined to finish the job quickly so he can get paid.* Li gen bon dispozisyon pou l fin travay la byen vit, pou yo kab peye l.

deterrence *n.* anpèchman, detounman

detest *v.tr.* deteste, pa zanmi ak, rayi *I detest him.* M deteste l. *I detest lies.* M pa zanmi ak manti ditou. •**detest s.o.** gwòs

dethrone *v.tr.* detwone *They dethroned the king.* Yo detwone wa a.

detonate *v.tr.* esploze *The police detonated the dynamite before it caused any damage.* Lapolis eksploze dinamit yo anvan yo fè dega.

detour *n.* detou, devyasyon *Take the detour which is on your right side.* Vire nan detou ki adwat ou a. •**make/take a detour** chankre, fè{chemen/wout} {detounen/kwochi} *The road is blocked, let's make a detour and go around this way.* Wout la bare, ann chankre bò isit. *If you want to arrive quickly, don't take a detour.* Si ou vle rive vit, pa fè wout detounen.

detour *v.tr.* devye *They detoured the road.* Yo devye wout la.

detract (from) *v.tr.* bese, redwi, diminye, diskredite *The rain didn't detract from our pleasure.* Lapli pa diminye plezi nou.

detrimental *adj.* malouk, nwizib *These toilets detrimental to one's health.* Twalèt yo malouk.

detritus *n.* debri, fatra, dekonm

devaluate/devalue *v.intr.* deprestije, devalye *The money is devaluating.* Lajan an ap devalye

devaluation *n.* devalorizasyon, devalyasyon

devastate I *v.tr.* balize debaba, demanbre, devaste, fè dega, lave, ravaje, rinen *The pig devastated the corn field.* Kochon an balize jaden mayi a. *The hurricane devastated the region.* Siklòn nan fin demanbre zòn nan nèt. *The rain totally devastated the field.* Lapli a lave jaden an nèt. *The donkey devastated the neighbor's field.* Bourik la ravaje jaden vwazen an. *The storm devastated the entire South region.* Tanpèt la rinen tout zòn Sid la. **II** *v.intr.* [*demoralize*] kraze moral yon moun *I was devastated by the news of my uncle's death.* Nouvèl lanmò tonton m lan kraze moral mwen. •**devastate completely** ratibwaze *The hurricane completely devastated the region.* Siklòn nan ratibwaze zòn nan nèt.

devastation *n.* devas, dezas, ravaj

develop I *v.tr.* **1**[*a thought, idea*] devlope *She developed this idea well.* Li byen devlope lide a. *This game will develop your thinking.* Jwèt sa ap devlope entelijans ou. *Industry is not developing in Haiti.* Endistri p ap devlope ann Ayiti. **2**[*film*] devlope *I had the pictures developed.* M te bay devlope foto yo. **II** *v.intr.* **1**[*grow*] soti, pwofite, tounen, vini *This tiny mango seed will develop into a big mango tree.* Ti grenn mango sa a ap tounen yon gwo pye mango. *She'll develop into a beautiful young woman.* L ap fè/soti yon bèl demwazèl. *The child is well developed for his age!* Pitit la pwofite anpil pou laj li! **2**[*tumor, sore, etc.*] donnen *He has a cancerous tumor that developed on him.* Li gen yon kansè k ap donnen sou li. •**develop the mind** grandi lespri •**develop well** byen vini *That girl developed well, look at her size in relation to her young age.* Ti demwazèl sa a byen vini, gade wotè l pou ti laj li. •**stop developing or growing** kase *The child stopped growing, he isn't tall for his age.* Timoun sa a kase, li pa grandi menm pou laj li.

developed *adj.* evolye *This country is really well developed.* Peyi sa a evolye anpi. •**not fully developed** moka

developing *n.* [*act of*] amenajman

development *n.* amenajman, avansman, devlòpman, dewoulman, estansyon, grandisman, kwasans *This country shows development with a rising economy.* Peyi sa a gen yon amenajman ak ekonomi l ki monte a. •**agricultural or community development** animasyon *The agricultural extension agent spoke to the local government workers about agricultural development.* Animatè vin pale fonksyonè awondisman an konsènan animasyon agrikilti.

•**community development** devlopman •**physical development** fizik *She's very small for her age, she lacks physical development.* Li piti anpil pou laj li, li manke fizik. •**sudden new development** rebondisman

deviant *adj.* anòmal

deviation *n.* 1[*from virtue, etc.*] egareman 2[*road*] detou

device *n.* 1[*gen.*] anjen aparèy, dispozitif 2[*for theft of electricity, etc.*] konbèlann *With the 'konbèlann device', I use electricity but I don't pay for it.* Ak konbèlann nan, m boule kouran men m pa peye li. •**any electrical or mechanical device** machin plòg •**magical protective device** [*voodoo*] degre

devil *n.* bèlzebil, denmon, djab, enfènal, jerenòs, revenan, satan, tèt san kò *The child is possessed by the devil, he's been ranting all day.* Pitit la gen yon denmon sou li, tout lajounen l ap depale. **devils** *n.pl.* move lespri •**devil of a woman** ladjablès •**behaving like a devil spirit or demonically** anjandre •**devil's advocate** achtè pwosè *This guy owes me money but he doesn't want to pay and this devil's advocate takes his side.* Msye dwe m, li pa vle peye m, epi achtè pwosè sa a ap pran pou li. •**go to the devil!** ale odyab! •**poor devil** podjab, pòv mizerab *The poor devil, he doesn't have even a better sleeping mat to sleep on.* Li se yon pòv mizerab, ata menm yon atè miyò li pa gen pou dòmi. •**possessed by the devil** denmon *The child is possessed by the devil, he's been ranting all day.* Pitit la gen yon denmon sou li, tout lajounen l ap depale.

devilfish *n.* lanj malfini

devilish *adj.* dyabolik, lenfènal, satanik *A devilish ceremony.* Yon seremoni enfènal.

devils *n.pl.* move lespri

devious *adj.* an wizbin, pa kòdjòm •**devious person** entrigan

deviously *adv.* an wizbin *All her business, she does it deviously.* Tout afè l, se an wizbin pou l fè l.

deviousness *n.* mètdam, twonpri

devise *v.tr.* elabore *She devised a good plan.* Li byen elabore plan an.

devoid of *adj.* san *Devoid of trees.* San pye bwa.

devote *v.tr.* devwe *They devoted a lot of time to this work.* Yo devwe anpil tan pou travay

sa. •**devote o.s. to a**[*job, play, etc.*] adonnen li, lage kò li nan, livre li *She devotes herself to the job.* Li livre li nan travay la. *The little guy only devotes himself to play.* Ti nonm nan adonnen l a jwèt sèlman. b[*rel.*] lage kòl li, vwe tèt li *They devote themselves to Protestantism.* Yo lage kò yo nan levanjil. *This nun devoted herself to God.* Mè sa a vwe tèt li bay Bondye.

devoted *adj.* devwe, pwofonde, zele *He's very devoted to research.* Misye se yon moun ki pwofonde nan zafè rechèch. *He's a very devoted member of the congregation.* Li se frè yon legliz ki zele anpil. •**devoted to** adonnen, atache *She's devoted to her work.* Li atache ak travay la. •**devoted to magic** mazanza *There is no woman as devoted to magic as she.* Nanpwen fi mazanza kon li.

devotee *n.* fanatic, patizan

devotion *n.* [*for work, activity*] devouman, devosyon **devotions** *n.pl.* [*rel.*] devosyon

devour *v.tr.* [*food*] boufe, depatcha, devore *He was devouring the corn meal porridge.* L t ap boufe yon mayi moulen la. *The dog devoured the meat.* Chen an depatcha vyann nan. *The hawk devoured the chick.* Malfini an devore ti poul la.

devouring *adj.* avoran, devoran *The pig is a devouring animal.* Kochon se yon bèt ki avoran.

devout *adj.* devwe, fèvan, relijye *She became devout, she lights candles every day.* Li vin devwe, l ap limen balenn chak jou.

devoutness *n.* devosyon

dew *n.* dlo seren, lawouze •**evening dew** labrin di swa, seren

dewdrop *n.* gout lawouze

dewlap *n.* [*animal*] babin

dewy-eyed *adj.* inosan, nayif

diabetes *n.* dyabèt, maladi sik, sik *My father has diabetes.* Papa m fè sik.

diabetic[1] *adj.* fè sik, gen{foumi nan potchanm/pipi dous} *Jack is diabetic.* Jak fè sik.

diabetic[2] *n.* dyabetik •**be a diabetic** gen pipi dous *Since he's a diabetic, he can't eat sugar.* Depi li gen pipi dous, li pa ka manje sik menm.

diabolic *adj.* malentespri, satanik

diabolical *adj.* anjandre, djabolik, lenfènal, zògòdò

diagnose *v.tr.* djagnostike, sonde *What illness did the doctor diagnose?* Ki maladi dòktè a sonde?

diagnosis *n.* rezilta sonday, sonde

diagnostic *adj.* dyagnostik

diagonal¹ *adj.* dyagonal *This is a diagonal line.* Sa se yon liy dyagonal.

diagonal² *n.* dyagonal

diagonally *adv.* (n)an djagonal *She crossed the street diagonally.* Li travèse lari a an dyagonal.

diagram *n.* chema, dyagram, grafik

dial *n.* kadran *The dial of the watch.* Kadran mont lan. •**dial tone** tonalite •**radio dial** zegwi

dial *v.tr.* konpoze *Can you dial the number for me?* Èske ou k ap konpoze nimewo a pou mwen? •**dial the wrong number** [*on the telephone*] twonpe (de) nimewo *You dialed the wrong number, the people you asked for don't live there anymore.* Ou twonpe de nimewo, moun ou mande a pa ret la ankò.

dialect *n.* dyalèk

dialogue *n.* dialog

dialysis *n.* dyaliz

diameter *n.* dyamèt

diamond *n.* dyaman

diamonds *n.pl.* [*card suit*] kawo *He played the king of diamonds.* Li jwe wa kawo.

diaper *n.* kilòt, kouchèt *This diaper is damp.* Kouchèt la mouye. *The child's mother is changing her diaper.* Manman pitit la ap chanje l kilòt. •**diaper rash** chofi kouchèt •**put a diaper on a baby** fouke

diaphragm *n.* 1[*birth control*] dyafram, kapòt pou {fanm/fi}, pwotèj fanm •**diaphragm and stomach area beneath the ribs** [*humans*] biskèt

diarrhea *n.* brikouri, djare(pa ba), fwarad kakarèl, lafwerad, latchouloulout, vant {bouyi/lib/kouri/mòde/ pouri/rale/tchouloulout/vavit} *What medicine is good for diarrhea?* Ki remèd ki bon pou djare? *I get diarrhea when I drink milk.* Lè m bwè lèt, li ban m kakarèl •**diarrhea in poultry** latchak •**bloody diarrhea** kolorin •**have diarrhea** ale likid, gen yon vant, vant pran yon moun *Because I drank the hot milk, I had diarrhea.* Lèt cho a m bwè a fè m ale likid. *He's had diarrhea since yesterday, he's already had to*

go to the bathroom ten times. Depi ayè li gen yon vant, li deja ale nan twalèt dis fwa. *He has diarrhea.* Vant lan pran l.

diary *n.* jounal

diaspora *n.* dyaspora •**Haitian diaspora in the U.S.** dizyèm depatman

diatribe *n.* toya

dibs *n.pl.* dwa

dice/die *n.* zo **dice** *n.pl.* zo *Roll the dice already!* Woule zo a non! •**loaded die/dice** zo{plonbe/ranje} •**dice shooting** jwèt zo •**no dice!** pa gen afè! •**shoot dice** fè kout zo, jwe zo, koupe (yon moun yon) kout zo, voye kout zo monte *There's a player who shoots the dice well.* Gen yon jwè ki toujou fè bèl kout zo. *All day long, those gamblers are shooting dice.* Tout lajounen, dazamann sa yo ap jwe zo. *These guys often shoot dice.* Nèg sa yo toujou ap voye kout zo monte. •**throw of dice** koutzo

dicebox *n.* kònè zo

dicey *adj.* riskan, azade, ensèten, sou chans

dick *n.* [*penis (fam.)*] pipcho, tchotcho, kòk pandjòs, pipcho, sosis, tchotcho, yoyo

dickhead *n.* [*vulg.*] tèt kòk

Dictaphone® *prop.n.* mikwokasèt

dictate *v.tr.* 1[*have write down*] dikte *I'm dictating a letter.* M ap dikte on lèt. 2[*give orders*] dikte, fè lalwa *The artisan dictated to us what we have to do.* Bòs la dikte nou tou sa pou n fè. •**dictate to** *I won't be dictated to by you!* M pa gen lòd pou m pran nan men ou!

dictation *n.* dikte *The teacher is giving us a dictation today.* Mèt la ap ban n dikte jodi a.

dictator *n.* diktatè

dictatorial *adj.* diktatoryal

dictatorship *n.* diktati

diction *n.* diksyon •**affected or pretentious diction** djòl pwenti

dictionary *n.* diksyonnè

didactic *adj.* didaktik

diddlysquat *n.* •**for diddlysquat** pou bèl flè *Everything she does there is for diddlysquat, it won't be useful for her for anything.* Tout sa l ap fè la a se pou bèl flè, yo p ap itil li anyen. •**not to know diddlysquat (about sth.)** pa konn bekounaba nan fèy malanga nan yon bagay

die *See dice*

die¹ *v.intr.* 1[*stop living*] al(e){nan bwachat/ nan peyi san chapo}, bay tè a, fè vwal pou peyi san chapo, kase kòd, kite sa, mò rèd, mouri, pase, trepase, voye chapo li anlè galta *His father died.* Papa l mouri. *The poor man died.* Pòv dyab la al nan bwachat. *She died last night.* Li kite sa yè swa. **2**[*stop operating*] mouri *The car died in the middle of the street.* Machin lan mouri nan mitan lari a. **3**[*of hunger*] grangou touye li *I'm dying of hunger.* Grangou ap touye m. •**die a natural death** mouri bon mò •**die a violent death** mouri{je vèt/tèt nwè} *He was shot in the head, he died a violent death.* Li pran yon bal nan tèt, li mouri tèt nwè. •**die down** apeze *The storm died down.* Tanpèt la apeze. •**die during childbirth** mouri anmaldanfan *If Cécile had given birth at the hospital, she wouldn't have died during childbirth.* Si Sesil te akouche lopital, li pa ta mouri anmaldanfan. •**die for s.o.** mouri pou *Stop torturing the guy, you know he'd die for you.* Pinga ou fè nèg la soufri konsa, ou konnen l ap mouri pou ou. •**die from natural causes** mouri bon mò *He died from natural causes.* Li mouri bon mò! •**die in vain** mouri pou je li *She died in vain.* Li mouri pou je li. *They told him not to pass over there because there is a hole underneath, he fell in, he died in vain.* Yo te di l pa pase sou sa paske li gen yon tou anba l, li tonbe ladann, li mouri pou je li. •**die like flies** mouri kon{mouch/vè} •**die of** mouri ak *He died of TB.* Li mouri ak maladi touse. •**die of laughter** touye tèt li anba ri *They're dying of laughter while I'm suffering.* Y ap touye tèt yo anba ri tandiske mwen nan lapèn. •**die of starvation** mouri {chwal/san batize} *She couldn't find any food to eat, that implies she's dying of starvation in a land of plenty.* Li pa jwenn manje, kidonk li kay pè li mouri san batize. •**die of starvation in a land of plenty** yon moun kay pè pou li mouri san batize •**die of thirst** mouri laswaf •**die of tuberculosis** mouri touse •**die on the vine** gaspiye •**die or disappear one by one** degrennen •**die out** disparèt •**die slowly** mouri an ti fe *He will die slowly from the disease.* L ap mouri ak maladi a an ti fe. •**die suddenly** mouri{fret/vif} •**die suddenly and tragically** mouri{tèt nwè/je vèt} •**die then and there** mouri mò rèd *At the spot the car hit him, he died right then and there.*

Kote machin nan frape l la, li mouri mò rèd. •**be dying** alagonni, bat lakanpay, trepase *She's dying, there's no hope.* Li alagonni, pa gen okenn espwa. *He's dying, it looks like he's almost dead.* L ap bat lakanpay, li gen lè prèske mouri. *She's dying of a fever.* L ap trepase anba yon lafyèv. •**be dying for** [*have a great desire*] se pa ti anvi *I'm dying for a cigarette.* Se pa ti anvi m anvi fimen yon sigarèt. *I'm dying to talk to her.* Se pa ti anvi m anvi pale avè l. •**do it or die** fòkseli *What a pity, she didn't want to go into prostitution, but hunger told her: do it or die.* Podyab, li pa t vle antre nan bouzen, men grangou a di l: fòkseli.

diehard *n.* jiskaboutis

diem *n.* •**per diem** pèdiyèm

dieresis *n.* trema

Dies Irae *prop.n.* [*funeral chant*] Dyesire

diesel *adj.* dizèl *It's a diesel engine.* Se yon motè dizèl.

diet *n.* dyèt, rejim (alimantè) •**bland diet** manje ki pa pike •**diabetic diet** manje pou moun ki fè sik •**liquid diet** manje likid •**low calorie diet** manje ki pa gen anpil kalori •**low fat diet** manje ki pa gen anpil grès •**low salt diet** manje ki pa gen anpil sèl •**salt-free diet** manje ki pa ge sèl •**go on a diet** fè rejim, kase *I'm gaining too much weight; I have to go on a diet.* M gwosi twòp, fò m fè rejim. *She went on a diet in order not to get fat.* Dam nan fè yon kase pou l pa vin gwo. •**on a diet** nan rejim *A little bit of food for me; I'm on a diet.* Yon ti kras manje pou mwen; m nan rejim.

dietetic *adj.* dyetetik

dietetics *n.pl.* dyetetik

dietician *n.* dyetetisyen

differ *v.intr.* [*disagree*] pa dakò *We differ on many issues.* Nou pa dakò sou yon bann bagay. *I beg to differ!* M pa dakò!

difference *n.* diferans, distenksyon **differences** *n.pl.* kont *We don't have to go to court to clear up our differences.* Nou pa bezwen al tribinal pou n regle kont nou. •**make a difference** gen enpòtans mete pye *The soccer match was close, the rain started make a difference.* Match foutbòl la te sere, epi lapli mete pye. •**not to make a difference to s.o.** pa fè li anyen, pa gen pwoblèm *Whether she comes or not doesn't* *make any difference to me.* Kit li te vini, kit li pa t vini, sa pa fè m anyen! *It doesn't make any difference if you're a little late.* Si ou gen yon ti reta, pa p gen pwoblèm.

different *adj.* **1**[*separate, distinct*] depaman ak, diferan, lòt, varye *What you tell me is different from what Paul said.* Sa ou di m la a depaman ak sa Pòl te rakonte m. *These two pieces of cloth are different.* De twal sa yo diferan. *Our salaries are different.* Salè n varye. *She was in a different car yesterday morning.* Se nan yon lòt machin li te ye yè maten. *I bought a different kind of soap.* M achte yon lòt kalite savon. **2**[*various, several*] plizyè *We have different colors. Choose the one you like.* Nou gen plizyè kalite koulè. Chwazi sa ou vle a. •**be different** distenge li, pa gen menm pye *Those twins are different.* Marasa sa yo pa gen menm pye. •**become different** chanje *The house became different after they painted it.* Kay la chanje apre yo fin pentire l. •**completely different** apa *They are two completely different subjects.* Se de sijè apa. •**it's no different** se menm penpenp (la)

differentiate *v.tr.* diferansye, fè diferans *Speech is one of the things that differentiate people from animals.* Pawòl se youn nan bagay ki diferansye moun ak bèt. *They differentiate between city people and country folk.* Yo fè diferans ant moun lavil ak moun mòn.

differently *adv.* depaman diferantman, yon lòt jan *When you start to get old, you see things differently.* Lè ou koumanse granmoun, ou wè bagay yo yon lòt jan. *She does everything differently from the others.* Li fè tout afè l depaman. *If you do the work differently, they'll fire you.* Si ou fè travay la diferaman, y ap revoke ou.

difficult *adj.* **1**[*exams, work, etc.*] di, difisil, fò, mal, maleze, rèd, rentan, wòklò *This job is difficult.* Travay sa a rentan. *This exam is difficult.* Egzamen sa a rèd. *The exams are difficult.* Egzamen yo di. *That book is too difficult for you, you can't understand everything that's in it.* Liv sa a twò fò pou ou, ou pa ka konprann tou sa ki ladan l. *This food is difficult to cook.* Manje sa a mal pou kwit. *What you asked me to do is difficult to achieve.* Sa ou mande m lan mal pou mwen reyalize l. **2**[*full of problems*] boulatcha, difisil, maleze

Why is life so difficult? Kouman lavi a (fè) difisil konsa? *These people live in difficult circumstances.* Moun sa yo ap viv nan yon sityasyon maleze. *Things are really difficult.* Bagay yo boulatcha nèt. **3**[*not easy to please/persuade*] difisil, malouk *She can be really difficult.* Se yon moun ki difisil anpil. *This child is difficult.* Pitit sa a difisil. **4**[*person*] malouk •**difficult person to handle** boutfè *The girl is difficult to handle.* Manmzèl se yon bout fè. •**make difficult** konplike •**make s.o.'s life difficult** fè yon moun monte{yon maswife (pa nan gwo solèy)/kalvè pa do} •**quite difficult** malouk *She's living in a difficult situation.* L ap viv yon sitiyasyon ki malouk.

difficulty *n.* brimad difikilte, enkonvenyan, kontretan, kwòk, pwoblèm, resif, tchòbòl *An unforeseen difficulty has come up, he can't come.* Li gen yon gwo enkonvenyan, li p ap sa vini. *The car made the trip without any difficulty.* Machin lan fè wout la san pwoblèm. *We had a lot of difficulty finding the house.* Nou te gen yon bann pwoblèm pou n jwenn kay la. **difficulties** *n.pl.* kontravansyon, ladetrès, ladoba, molès, piga *Life is full of difficulties.* Lavi sa chaje ak pinga ladan. •**difficulties in life** mechan •**financial difficulties** anbara, anbarasman, anpèchman *I have financial difficulties this week, I can't pay you.* M gen yon anbarasman semèn sa a, m p ap ka peye ou. •**get s.o. out of difficulty** dekole, wete yon moun nan lanbara •**have difficulty with** bite sou •**have no difficulty doing sth.** pa mal pou *Children have no difficulty growing.* Timoun pa mal pou grandi. •**in difficulties** nan lanbara •**in difficulty** an detrès •**in financial difficulties** jennen •**last-minute difficulty** anpechman •**unforeseen difficulty** enkonvenyan, pasay *An unforeseen difficulty has come up, he can't come.* Li gen yon gwo enkonvenyan, li p ap sa vini. •**with difficulty** difisilman, koutoup koutap, soulèzèl *We ended up doing the work with difficulty.* Nou rive fè travay la difisilman. *The old man walks with difficulty.* Vye granmoun mache koutoup koutap. *We live with difficulty.* Sou lèzèl n ap viv.

diffuse[1] *adj.* **1**[*widely spread*] an debandad, grenn grenn **2**[*wordy*] paladò

diffuse² *v.tr.* difize, pwopaje, simen *They diffused the information.* Yo pwopaje nouvèl la.

dig *v.tr.* fouye, minen, pike, rale *They started digging in the ground to find gold.* Yo kòmanse minen tè a pou yo jwenn lò. *They dug up the street to lay down the pipes.* Y ap pike lari a pou yo ka pase fè tiyo yo. *I'm digging a ditch so that the water can flow.* M ap rale yon kanal pou dlo a ka koule. *They're digging the grave.* Y ap fouye fòs la. •**dig at s.o.** voye toya sou yon moun •**dig ditches** kannale *We're digging ditches in the area so that the water doesn't go into the houses.* N ap kanale zòn nan pou dlo pa vini nan kay yo. •**dig in deeply** galonnen, kole dan *Peter dug the picket deeply into the earth.* Pyè galonnen pikèt la fon nan tè a. *The way John dug into the food shows he's hungry.* Jan l kole dan l nan manje a montre l te grangou. •**dig up** a*[find]* jwenn *Where did you dig up that photo?* Kote ou jwenn ak foto sa a? b*[take out of the ground by digging]* detere *The dog dug up a bone.* Chen an detere yon zo. •**dig with a hoe, pickax, iron bar, etc.** fouchte tè *Dig up the soil really well so that the garden is done nicely.* Fouchte tè a byen wi pou jaden an ka byen fèt. •**dig with a pickaxe or iron bar** pike tè *Dig the earth with a pickaxe so the water can flow.* Pike tè a pou dlo a koule.

digger *n.* fouyè

digest¹ *n.* [*text*] estrè

digest² *v.tr.* dijere *Wait for the food to be digested.* Tann manje a dijere.

digestible *adj.* •**digestible food** manje dijès •**easily digestible** dijès

digestion *n.* dijesyon

digestive *adj.* dijestif •**digestive problem** dijesyon •**digestive system** aparèy{dijestif/dijesyon} •**digestive tract** kannal dijesyon

digit *n.* chif

digital *adj.* dijital, nimerik

digitalis *n.* koramin

dignified *adj.* diy

dignitary *n.* gwo chabrak, pwotokòl *There were many dignitaries at the funeral.* Te gen yon bann gwo chabrak nan antèman an. *All the dignitaries were in the big meeting.* Tout pwotokòl yo te nan gwo rasanbleman an.

•**local dignitary** grandèt, notab *Anakreyon is the local dignitary in the village.* Se Anakreyon ki grandèt bouk la.

dignity *n.* diyite •**be beneath one's dignity** twò ba, desann figi li *It was beneath my dignity to even acknowledge his remarks.* Se ta desann figi m pou m ta okipe sa l di. *He said that it was beneath his dignity to wash dishes in a restaurant.* Li di lave asyèt nan restoran twò ba pou li.

digress *v.intr.* divage *They were well started on the topic, but now they digress from it.* Yo byen kòmanse ak sijè a, men y ap divage kounye a.

digression *n.* devire

digs *n.pl.* [*lodgings*] fwaye, lakay

dike *n.* bakad, barikad, dig

diking up *n.* andigman

dilapidated *adj.* kraze, vye *The house is dilapidated.* Kay la kraze. *That dilapidated house is about to fall.* Vye kay sa a près pou tonbe.

dilate *v.tr.* dilate *The heat dilated the metal.* Chalè a dilate metal la.

dilation *n.* dilatasyon •**dilation and curettage (D and C)** kitay

dilatory *adj.* kachkach sere liben *The representatives engaged in dilatory tactics in order not to vote on the law.* Palmantè yo ap fè yon politik kachkach liben sere liben pou pa yo vote lwa yo.

dildo *n.* fo{kòk/penis}

dilemma *n.* dilèm

diligence *n.* dilijans

diligent *adj.* ferayè, konsyansye, travayè, zele

dill weed *n.* lanni

dillydally *v.intr.* donnen, mize *Stop dillydallying.* Rete mize.

dilute *v.tr.* dekoupe, delye, detenn, fonn, koupe *Dilute the goat's milk with water.* Dekoupe lèt kabrit la ak dlo. *Dilute the starch in a bit of water, it's too thick.* Delye lanmidon an nan yon ti dlo, li twò epè. *He diluted the paint.* Li detenn penti a. *The sugar has to dilute into the water entirely.* Fòk sik la fonn nan dlo a nèt. *The juice is too sweet, dilute it with a little water.* Ji a twò dous, koupe l ak yon ti dlo. •**dilute with water** [*rum, etc.*] kase ren *I can't drink this strong liquor, dilute it with water first.* M pa ka bwè sowo fò sa a, kase ren l anvan.

dim[1] *adj.* fèb, pal, twenzi *I can't see well because that light is too dim.* M pa wè byen, limyè a twò fèb. *The lights are dim.* Limyè yo pal. *My car lights are dim because the battery is low.* Limyè machin mwen an ap twenzi afòs batri l dichaj.

dim[2] *v.intr.* vin fèb *All the lights dimmed.* Tout limyè yo vin fèb.

dime *n.* dis santim{kòb wouj/ò} •**a dime a dozen** *a*[*very cheap*] pou piyay *They're a dime a dozen.* Bagay sa yo pou piyay. *b*[*very common*] nan tout lari *They're a dime a dozen.* Bagay sa yo nan tout lari. •**without a dime** anbarase *I'm broke this week, I'm without a dime.* M anbarase semèn sa a, m san senk.

dimension *n.* dimansyon, grandè, gwosè, mezi

diminish I *v.tr.* [*reduce*] aba, apeze, dedi, diminye, febli, minimize, redui (sou) *They diminished his strength by killing his right-hand man.* Yo abat fòs li depi yo fin touye bwa dwat li a. *Those kind words diminished the woman's anger.* Bon pawòl sa yo apeze kolè manmzèl. *The death of his wife diminished his strength.* Lanmò madanm ni dedi fòs li. *Her strength has diminished.* Fòs li febli. *You like to diminish people.* Ou renmen minimize moun. **II** *v.intr.* bese, dechte, vin gen pi piti *The force of the wind has diminished.* Fòs van an bese. *The production of peanuts diminished considerably.* Pwodiksyon pistach la dechte nèt. *The value of the land plots diminished.* Valè tè yo dechte. *The number of people has diminished.* Vin gen pi piti moun konnye a. •**diminish progressively** mouri *The light of the lamp diminishes progressively as the kerosene runs out.* Lanp lan ap mouri pandan gaz la ap fini an.

diminishing *n.* dekou

dimunitive *adj.* piti piti, tou piti,

dimly *adv.* tou fèb, twoub

dimmers *n.* limyè dim

dimple *n.* t(w)ou bote *When she laughs, she has a cute dimple.* Lè l ri, l gen yon bèl tou bote.

dimwit *n.* bègwè, egare, kank *You dimwit!* Egare!

din *n.* eskandal, kannay, tenten, woywoy

dine *v.intr.* dine *At what time to they dine here?* A ki lè yo dine isit?

diner *n.* restoran

ding dong *onom.* 1[*sound of a bell*] dingdong, pingpang

dingy *adj.* jòn, rabi *That skirt was beautiful for a long time, see how it's become dingy.* Jip sa a te bèl lontan, gad ki jan l vin rabi.

dining-hall *n.* kantin

dining-room *n.* salamanje

dinky *adj.* pedchòz, senèryen, tou piti *He's living in a dinky little room.* Li ret nan yon ti chanm pyès kay tou piti.

dinner *n.* 1[*main meal of day*] dine, manje midi *His dinner is still there.* Manje midi l la toujou. 2[*evening meal*] manje aswè, soupe •**have dinner** dine, soupe

dinner time *n.* lè pou manje

dinosaur *n.* dinozò

dint *n.* •**by dint of** grasa, pa mwayen

diocesan *adj.* dyosezen

diocese *n.* dyosèz, eveche •**member of diocese** dyosezyen

dioxide *n.* diyoksid

dip[1] *n.* [*serving of ice cream*] boul *A dip of chocolate.* Yon boul chokola.

dip[2] *n.* [*hollow in ground*] fonsi

dip[3] *n.* [*brief swim*] ti{benyen/tranpe}

dip[4] *v.tr.* plonje, tranpe *Dip your finger in the water to see if it's hot.* Tranpe dwèt ou nan dlo a pou ou wè si l cho. *She likes dipping cookies in her coffee.* Li renmen plonje bonbon nan kafe.

diphtheria *n.* difteri

diploma *n.* diplòm, sètifika •**diploma awarded by a vocationally-oriented middle school** brevè •**diploma awarded for the end of 7**[th] **grade** brevè senp •**diploma awarded for the end of 9**[th] **grade** brevè siperyè •**get one's diploma** pran diplòm *She just got her nursing diploma.* Li fèk pran diplòm enfimyè li. •**university diploma equivalent of the B.A.** lisans

diplomacy *n.* diplomasi

diplomat *n.* diplomat

diplomatic *adj.* diplomatik

dipper *n.* [*utensil*] louch •**Big Dipper** Gwo Lous •**Little Dipper** Ti Lous, Titous

dipstick *n.* {gedj/mezi}luil *Pull out the oil dipstick.* Rale gedj luil la.

dire *adj.* estrèm, orib •**put in dire straits** lage sou dèyè

direct[1] *adj.* 1[*precise*] klè *He didn't want to give me a direct answer.* Li pa t vle ban m yon repons klè. 2[*with no intermediate places, stops*] dirèk, dwat *It's a direct flight.* Se vòl dirèk li ye. *Lets take the more direct road.* Ann fè wout ki pi dirèk. *Which of these two roads is the more direct for going downtown?* Kilès nan de wout sa yo k ap mennen m lavil tou dwat?

direct[2] *v.tr.* 1[*be in charge of*] anchaje, ankadre dirije, jere, kòmande *Who's the engineer directing the construction of the road?* Ki enjennyè k anchaje fè wout la? 2[*order*] pase ... lòd *They directed me to not allow anyone in.* Yo pase m lòd pa kite moun antre la a. 3[*a meeting*] prezide 4[*give directions to*] di *Ask anybody, and they'll direct you to the hospital.* Mande nenpòt moun, y a di ou ki wout pou ou fè pou ou al lopital la. 5[*lead to*] oryante *Direct the guests to their place.* Oryante envite yo nan plas yo. •**direct a school** kenbe yon lekòl *They direct a primary school in the area.* Yo kenbe yon lekòl primè nan zòn nan. •**direct discussion** kenbe kòn *The mayor directed the discussion at the meeting.* Majistra a kenbe kòn reyinyon an pou li. •**direct o.s.** oryante li

direction *n.* 1[*spatial*] bò, direksyon, gouvènay, kap, sans *We're going in the same direction.* N ap fè menm bò. *You never know what direction that thing will take.* Ou pa janm konnen ki direksyon bagay la ka pran. *The boat is going in a northerly direction.* Bato a pran kap pou l al nan nò. *In what direction must we go to get to Jacmel?* Nan ki sans nou dwe ale pou n rive Jakmèl. *We're going in the same direction.* N ap fè menm bò. *You never know what direction that thing will take.* Ou pa janm konnen ki direksyon bagay la ka pran. 2[*supervision*] ankadreman, gouvènay **directions** *n.pl.* ansèyman, endikasyon, enstriksyon, esplikasyon *They should give you directions so that you can find the house.* Fò yo ba ou endikasyon pou ou ka jwenn kay la. *He gave good directions, I found the house very quickly.* Li ban m bon esplikasyon, m jwenn kay la byen vit. •**be headed in the wrong direction** twonpe wout li •**change of direction** vire •**go in the direction of** {fè/mete} kap sou •**go in the opposite**

direction fè demi tou •**in all directions** a dwat a gòch, kat{kwen/ pwen}kadino *He blocked the yard in all directions.* Li bare lakou a kat kwen kadino. *People were running in all directions.* Moun t ap kouri a dwat a gòch. •**in any direction** adwat agoch, agoch adwat •**in the direction I am looking** kote je mwen fè zen an •**in the direction of** nan sans sou *The house is in the same direction as you're walking.* Se nan sans kote w ap mache a kay la ye. •**in the opposite direction** nan sans opoze •**in the right direction** sou (yon) bon wout •**in which direction** ki {bò/kote} *In which direction is this road leading me?* Ki kote chemen an ap mennen m? •**under the direction of** sou lobedyans •**vertical direction** direksyon vètikal

directionless *adj.* vag

directly *adv.* 1[*in a direct orientation*] dwat, dirèk, dirèkteman, drèt dirèk sou, tou dwat *The house is directly opposite the church.* Kay la tou dwat anfas legliz la. *When I left work, I went directly home.* Lè m sot nan travay, m al lakay tou dwat. *This road will take you directly to the dock.* Wout sa a ap mennen ou sou waf la dirèk. *She came here directly.* Li vini dirèk isit la. 2[*without intermediaries*] dirèk *We deal directly with the boss.* N ale drèt dirèk sou patwon an. 3[*very soon*] tale *She said she would call me directly.* Li di m l ap rele m talè. •**directly at** dwat dirèk sou

director *n.* 1[*s.o. who directs an organization*] administrate, ankadrè, direktè, dirijan *Who's the director of this school?* Ki moun ki direktè lekòl sa a. 2[*theater, cinema*] metè ansèn •**assistant director** sou dirèktè •**choir director** mayestwo •**film director** reyalizatè

directress *n.* direktris

direful *adj.* estrèm, orib, terib

dirge *n.* chan finèb

dirigible n. gwo balon dirijab

dirt *n.* 1[*unclean mass*] kras, kraste, salte *Wipe your feet so you don't bring any dirt in the house.* Siye pye ou pou ou pa antre ak salte nan kay la. 2[*soil, loose earth*] kras, tè *The kids are playing in the dirt.* Timoun yo ap jwe nan tè. *The water is full of dirt.* Dlo a plen kras. •**take dirt off** dekrase

dirtiness *n.* kochonnri, kochonste, salte

dirty¹ *adj.* **1**[*covered with dirt*] sal, sire, malpwòp, sal, sire, vòksal *Your clothes are dirty.* Rad ou sal. *Those pants are dirty, go wash them.* Pantalon sa a sire, al lave l. *Those dirty people always smell bad.* Moun vòksal sa yo toujou santi di. *Get your dirty hands off of me!* Retire men sal ou a sou mwen! **2**[*likely to make dirty*] sal, salisan *Wear some old clothes. It's a dirty job.* Mete vye rad sou ou. Se yon travay sal li ye. *A mechanic's work is too dirty.* Metye mekanik la twò salisan. **3**[*hair*] kwòt **4**[*of thoughts*] enpwòp, kochon, malpwòp, sal *A dirty joke.* Yon blag sal. *If your boyfriend weren't indecent, he wouldn't say those dirty words.* Si mennaj ou a pa t yon kochon, li pa t ap di tout mo sal sa yo. •**dirty and wrinkled** tòchonnen *You can't go out with that dirty and wrinkled skirt.* Ou pa ka soti ak jip tòchonnen sa a nan lari a. •**dirty old man** granmoun kannay •**dirty woman** salòpèt •**turn dirty** jwèt la make san

dirty² *v.tr.* sal, sali, salope *Your child is dirtying my shoes.* Pitit ou a ap sali soulye m. •**dirty one's pants** ale sou li •**dirty up** bavòte, kochonnen *The children dirtied up the water to the point that we can't bathe with it.* Timoun yo bavòte nan dlo a jis nou pa ka benyen avè l. *The children really dirtied up the house.* Timoun yo kochonnen kay la nèt.

disability *n.* enfimite, enkapasite *She has a physical disability.* Se yon moun enfim li ye. *He's disabled, his disability prevents him from progressing with the work that he starts.* Li enfim, enkapasite sa a anpeche l vanse nan tout sa li antreprann.

disable *v.tr.* andomaje, donmaje *They disabled the generator.* Yo donmaje dèlko a.

disabled *adj.* andikape, enfim, estwopye *He's disabled after the accident.* Li andikape apre aksidan an. *One must have compassion for the disabled.* Ou dwe gen lacharite pou moun enfim. •**disabled person** donmaje, enfim

disabuse *v.tr.* detwonpe *She was thinking otherwise, I disabused her.* Li te panse otreman, mwen detwonpe l.

disadvantage *n.* dezavantay, enkonvenyan •**put at a disadvantage** dezavantaje *The expulsion of one of our players put us at a disadvantage.* Jwè nou an yo mete deyò a dezavantaje ekip nou an.

disadvantaged *adj.* dezavantaje *It's a disadvantaged neighborhood.* Se yon katye dezavantaje.

disagree *v.intr.* pa dakò *She disagreed with me.* Li pa dakò avè m. *I disagree!* M pa dakò! •**disagree with** [*have a bad effect upon*] pa ale{ak/avè(k)} *Milk disagrees with me.* Lèt pa ale avè m.

disagreeable *adj.* dezagreyab, dezoblijan

disagreeably *adv.* sèk

disagreement *n.* bizbiz, bwouy, dezakò *They had a small disagreement.* Moun yo te gen yon ti bwouy. •**have a disagreement with** pa gen anyen ak *If you hadn't had a disagreement with Jack, he wouldn't have punched you.* Si ou pa t gen anyen ak Jak, li pa ta ba ou kout pwen sa a. •**in disagreement** do pou do, nan dezakò *This husband and wife are always in disagreement.* Mari ak madanm sa yo toujou nan dezakò.

disappear *v.intr.* ale bay peyi a, disparèt, fonn(kon bè), pran lyann *The assassin disappeared.* Ansasen an bay peyi a. *The money has disappeared.* Kòb la disparèt. *He disappeared right in front of us, we didn't see where he went.* Misye fonn kon bè sou nou la, nou pa wè kote l fè. *When she sees police officers, she disappears.* Lè l wè jandam, li fonn. *The police are conducting a search, all the gangsters disappeared.* Lapolis ap fè fouy, tout ganstè pran lyann. •**disappear into thin air** pran(bon jan)van *They were there and all of a sudden they disappeared into thin air.* Nèg yo te fenk la epi yon sèl kou yo gentan pran van. •**disappear without a trace** yo pa wè si l monte si l desann *They're looking for him high and low, he disappeared without a trace.* Y ap chèche msye kou zepeng, yo pa wè si l monte si l desann. •**make disappear** antre, disparèt *The cream made all the pimples disappear.* Ponmad lan antre tout bouton. *She made the ring disappear.* Li disparèt bag la.

disappoint *v.tr.* bay yon moun{lafyèv/frison/rèz}, desatisfè, desi, fè yon moun{kaka/ponn/pwepwe/wont/ yon kou}, reze *The director disappointed me when she made me come for nothing.* Direktè a ban m yon rèz lè l fè m vini pou granmèsi a. *The government disappoints me because they misuse the taxes.*

Gouvènman an desatisfè m poutèt y ap fè gagòt ak lajan taks pèp la. *Your behavior disappoints me.* Konpòtman ou desi m. *He disappointed you, he left you.* Li fè ou kaka, li kite ou. *This news really disappointed me.* Men wi nouvèl la fè m ponn. *You disappoint me, look how I sent you to school and then you fail the course.* Ou fè m pwepwe, gade m voye ou lekòl enpi ou echwe nan kou a. *The way I was counting on you, man, you disappointed me.* Jan m te konte sou ou, ou fè m wont monchè.

disappointed *adj.* desi, vekse *I'm disappointed by the way she acted because I thought she was reliable.* M vekse pou jan l aji a paske m panse l te serye. *I'm disappointed with that work.* M desi de travay la. •**bitterly disappointed** vapore *He's bitterly disappointed because he didn't find the treasure he hid in the woods.* Msye vapore paske li pa jwenn mas kòb li te sere nan raje a. •**very disappointed** malad pou mouri *When she heard that Fifi was pregnant, she was very disappointed.* Lè l tande Fifi gwòs, li malad pou l mouri.

disappointing *adj.* desevan *It's disappointing to see all that corruption.* Se desevan wè tout magouy sa yo.

disappointment *n.* desepsyon, kontraryete, rèz *Because she didn't pass the high school graduating exam, it's a disappointment for her.* Pa pase li nan bakaloreya, se yon desepsyon pou li. *What a disappointment! You run after a car and it doesn't stop for you.* Gade yon rèz! Ou kouri dèyè yon machin epi l pa rete pou ou. •**bitter disappointment** gwo kou *When she found out he was married, it was a bitter disappointment for her.* Lè manmzèl vin konnen msye marye, se te yon gwo kou pou li.

disapproval *n.* •**sound to express disapproval or contempt** pch, pich

disapprove *v.tr.* dezapwouve, pa dakò *I disapprove of your actions.* M pa dakò menm ak sa ou fè a. *I disapprove of the choice you made.* Mwen dezapwouve chwa ou fè a.

disarm *v.tr.* dezame *The police disarmed them.* Lapolis dezame yo. *They disarmed the bandits.* Yo te dezame brigan yo.

disarmament *n.* dezameman

disarrange *v.tr.* deranje, mele *She disarranged every last document from its place.* Li deranje dènye papye yo nan plas yo.

disarray *n.* anboulatcha, bouyon mimi, briganday, debandad, dezòd *The government left the country in disarray.* Gouvènman an lage peyi a nan dezòd. •**put in disarray** mete an dewout *Bad politicians put the country in disarray.* Move politisyen met peyi a an dewout.

disassemble *v.tr.* demonte *She disassembled the TV piece by piece.* Li demonte televizyon an pyès pa pyès.

disaster *n.* **1** dezas, fyasko, malè *The flooding was a disaster.* Dlo a se yon dezas. •**disaster area** zòn (d)ijans •**disaster prevention service** sèvis predezas

disastrous *adj.* katastwofik

disavow *v.tr.* dezavwe *They disavowed me.* Yo dezavwe m.

disavowal *n.* demanti

disband *v.tr.* aboli *They disbanded the militia.* Yo aboli milis la.

disbelief *n.* dout, enkredilite

disbeliever *n.* enkredil, enkwayan *The missionaries came to preach so that the disbelievers would accept God's word.* Misyonè yo vin preche pou enkwayan yo ka asepte pawòl Bondye.

disburse *v.tr.* debouse, mete lajan deyò *To build that huge house, he disbursed a lot of money.* Pou li rive bati manman kay sa a, li mete lajan deyò.

disbursement *n.* debousman, dekèsman

discard[1] *n.* rejè

discard[2] *v.tr.* flòch, jete, remize, voye nan raje *He discarded all of his books.* Li jete tout liv li yo. *Discard that old food, it's beginning to rot.* Flòch vye manje sa a, li konmanse gate.

discernment *n.* brenn, gen brenn

discharge[1] *n.* revokasyon *His discharge was the result of his having been slandered.* Revokasyon l soti nan yon koutlang. •**medical discharge** egzeyat *He will leave the hospital today, he received a medical discharge.* L ap kite lopital la jodi a, li gen egzeyat.

discharge[2] *n.* **1**[*secretion*] dlo{blan/blanch}, ekoulman, matyè, pèd, pi, postim **2**[*battery*] dechaj **3**[*violent outburst*] detonasyon, eksplozyon •**conjunctival discharge** lasi •**eye discharge** bè nan je •**have a discharge** bay sòs, koule, swente •**have a vaginal discharge** bay yon likid, vèse anba *She went to see her doctor because she has a vaginal discharge.* Manmzèl al kay doktè li paske li wè l ap bay yon likid. •**vaginal discharge** pèd

discharge³ **I** *v.tr.* 1[*an employee*] remèsi, renmèsye *They fired all the workers.* Yo renmèsye tout travayè yo.. 2*officially release*] revoke *They discharged him from the army.* Yo te revoke l nan lame. **II** *v.intr.* [*battery*] dechaje *The battery is discharging.* Batri a ap dechaje •**discharge from the hospital** egzeyate •**discharge pus** sipire •**be discharged** [*battery*] dichay

disciple *n.* disip, moun li, patizan, sèvitè

discipline¹ *n.* disiplin, lòd *The children don't have any discipline.* Timoun yo pa gen disiplin menm. *This school functions with discipline.* Lekòl sa a gen lòd. •**lack of discipline** endisiplin

discipline² *n.* •**basic discipline** [*school*] matyè de baz *Math and French are basic disciplines in primary school.* Matematik ak franse se matyè de baz nan lekòl primè.

discipline³ *v.tr.* disipline, drese, kabeste, korije, pase men sou, sanksyonnen *Discipline yourself.* Disipline tèt ou. *If you don't train the child now, she'll never have discipline.* Si ou pa drese pitit la depi kounye a, li p ap janm gen lòd. *The teacher disciplined the pupil because he hadn't learned his lessons.* Pwofesè a kabeste elèv la pou leson l li pa konnen an. *You must discipline a child when he does something bad.* Si yon timoun fè yon bagay ki mal, fò ou korije l.

disclaimer *n.* demanti

disclose *v.tr.* devwale, di, flite, pale, rapòte *I didn't disclose it to anyone.* M pa di okenn moun sa. *Nobody should disclose what we discuss in the meeting.* Pèsonn pa dwe flite sa ki di nan reyinyon an. *Please, don't disclose the secret.* Pa pale koze a non. •**disclose other people's secrets** pale pa lòt *It isn't nice to disclose other people's secrets.* Se pa janti pou pale pa lòt konsa.

disclosure *n.* divilgasyon revelasyon

disco *n.* diskotèk

discolor *v.intr.* detenn *The wall discolored because they put gasoline on it.* Mi an detenn paske yo te mete gaz sou li. •**be discolored** pèdi koulè

discomfort *n.* deranjman, jennman •**epigastric discomfort** {biskèt/pwatrin} yon moun tonbe

disconcert *v.tr.* defèt *The news disconcerted the child's mother.* Nouvèl la defèt manman pitit la. •**be disconcerted** *adj.* twouble *He's very disconcerted because of the nice smile the girl gave him.* Li twouble a mò poutèt yon ti souri fi a fè li.

disconnect *v.tr.* [*telephone, cable, TV*] debranche *They came to disconnect the telephone today.* Yo vin debranche telefòn nan jodi a.

disconnected *adj.* [*person*] dekonnekte, dekoupe, dewoute *After three years abroad, she's disconnected completely from reality.* Apre twa zan deyò, li dewoute ak reyalite a nèt.

discontent *n.* ensatisfaksyon, mekontantman *The way you show discontent, you appear to have problems.* Jan ou fè figi ou frijèt la, gen lè ou gen pwoblèm. •**show discontent** fè figi li frijèt, lonje figi li *The way you show discontent, you appear to have problems.* Jan ou fè figi ou frijèt la, gen lè ou gen pwoblèm.

discontented *adj.* ensatisfèt, mekontan •**be discontented** boude, twouse bouch li{sou/anwo}

discontinue *v.tr.* sispann *She discontinued taking the medicine.* Li sispann pran medikaman an. *I'll discontinue my subscription to the newspaper.* M pral sispann abònman jounal la.

discord *n.* chire pit, dezakò, dezinyon, diskòd, tòchon k ap boule, zizani •**there's discord** gen yon tòchon k ap boule *There's discord brewing between those two co-wives.* Gen yon tòchon k ap boule ant de matlòt sa yo.

discotheque *n.* diskotèk

discount¹ *n.* diminisyon, diskont, eskont, komisyon, rabè, rediksyon *I bought ten rolls, they gave me two more as a discount.* M achte dis biswit, yo ban m de pou komisyon. •**give a discount** fè (jis) pri, retire X sou yon bagay *I'll give you a discount of five gourdes on it.* M ap retire senk goud sou li pou ou.

discount² *v.tr.* bay piyay, diminye *We discounted all our merchandise.* Nou bay tout pwodui nou yo piyay.

discourage *v.tr.* 1[*take away spirit/ enthusiasm/hope*] dekonpoze, dekouraje, demoralize *The news discouraged me.* Nouvèl la dekouraje m. *It's discouraging when you do the work and then they don't pay you.* Se yon bagay ki dekouraje ou, ou travay, yo pa peye ou. *You shouldn't let a small thing like that discourage you.* Ou pa dwe kite yon ti bagay konsa dekonpoze ou. 2[*try to convince not to*] dekouraje, dekonseye *He's the one that discouraged me from going.* Se li k dekouraje m fè m pa ale.

discouraged *adj.* dekouraje, dezespere, fè bèk atè, moral ba *I feel discouraged.* M santi m dekouraje. *Don't be discouraged!* Pa dezespere! *He is discouraged.* Moral msye ba. •**not get discouraged** kenbe pa lage *Don't get discouraged, things will change one day.* Kenbe pa lage, bagay yo gen pou change yon jou.

discouragement *n.* dekourajman *Misery can give anyone discouragement.* Lamizè ka bay yon moun dekourajman.

discouraging *adj.* dekourajan

discourse *n.* diskou

discourteous *adj.* malapri, maledve *How can you be so discourteous?* Ki jan ou fè malapri kon sa?

discourtesy *n.* malonnekte

discover *v.tr.* konnèt dechouke, dekouvri, deniche, fè yon ladekouvèt, jwenn, rann (li) kont, twouve *There remain many things to discover in science.* Rete l anpil bagay a konnèt nan lasyans. *I discovered the ring in the garden.* M dekouvri bag la nan jaden an. *The scientists discovered a new vaccine against malaria.* Syantifik yo dekouvri yon nouvo vaksen kont malarya. *I succeeded in discovering the secret.* Mwen resi jwenn sekrè a.

discovery *n.* dekouvèt, twouvay •**make a discovery** fè yon ladekouvèt *Yesterday we made a big discovery.* Ayè, nou fè yon gwo dekouvèt.

discredit¹ *n.* diskredi, vèni

discredit² *v.tr.* {bay/jete/lage/lanse} {diskredi/vèni}sou yon moun, vèni *She went to discredit her co-worker.* L al bay diskredi sou kòlèg li. *The minister discredited the president.* Minis la jete diskredi sou prezidan an. *Just because she's your enemy doesn't mean you can discredit her.* Se pa paske li lenmi ou pou voye vèni sou li san rezon. *He went and told lies about me to discredit me.* L al bay manti sou mwen pou l ka vèni m.

discreditable *adj.* kondanab, malpouwont

discreet *adj.* diskrè, dodomeya, pridan *No one is discreet like that, he's the only one who knew my speech.* Nanpwen nèg dodomeya konsa, li sèl ki konn koze m. *He's a discreet person, you can tell him your story.* Misye se nèg ki pridan, ou ka rakonte l koze ou. •**discreet person** dodomeya

discreetly *adv.* an{dodomeya/pachat/ pismiding} *The child does everything in her life discreetly.* Pitit la fè tout afè l an pachat. *He got up to leave the meeting discreetly.* Li leve kite reyinyon an an pismiding.

discrepancy *n.* dekalay

discretion *n.* diskresyon, tak

discriminate *v.intr.* diskriminen, fè{paspouki/prejije} {ak/kont}, nan paspouki *The teacher discriminates between students.* Mèt la diskriminen elèv yo. *Why do you discriminate against us?* Poukisa ou fè prejije kont nou? *Death doesn't discriminate: it takes both rich and poor.* Lanmò pa nan paspouki: li pase pran ni rich ni pòv. •**discriminate against** fè prejije{ak/kont} *Why do you discriminate against us?* Poukisa ou fè prejije ak nou?

discrimination *n.* diskriminasyon, paspouki, prejije

discus *n.* disk

discuss *v.tr.* chita{koze/pale}, debat, diskite, fè yon ti pale, filozofe, pale(sou), palmante, trete *The price you're asking is too high. Let's discuss it.* Pri ou mande m lan pa bon. An n pale. *We already discussed this!* Nou pale sou bagay sa a deja!. *We must discuss that.* Fò n chita koze sou sa. *The group will have to discuss this matter with us.* Gwoup la gen pou chita pale ak nou sou kesyon an. *The presidential candidates are discussing their political plans with the journalists.* Kandida a la prezidans yo ap debat plan politik yo ak jounalis yo. *Let's discuss it.* Ann diskite sa.

They'd rather keep discussing before making an important decision. Tank yo pran yon desizyon serye, yo plede ap filozofe. *We need to discuss that issue.* Nou bezwen fè yon ti pale sou pwoblèm nan. *First, we should discuss what happened.* Premye etap la se pou n pale sou sa k te pase a. •**discuss again later** repale *We'll discuss that again later.* N a repale sou pwoblèm nan apre. •**discuss in passing** vini ak li sou

discussion *n.* chita pale, diskisyon, kozman, kozri, rale(mennen vini) *I had a discussion with some journalists on the issue.* Mwen te gen yon chita pale ak kèk jounalis sou sijè a. •**end of discussion** pwen{ba/ final} *End of discussion, I have nothing else to say.* Pwen final, m pa gen anyen ankò pou mwen di ou. •**formal discussions** chita tande •**frank discussion** kat sou tab •**group discussion** chita ansanm •**have point-less discussions** tèlole *Instead of dealing with serious matters, they sit around having pointless discussions.* Olye yo regle bagay serye, yo chita ap tèlole. •**heated discussion** koze piman bouk •**roundtable discussion** chita reflechi •**up for discussion** anbalan, diskitab •**without discussion** san rechiya

disdain[1] *n.* deden, mepri •**show disdain** twouse (zèl) nen li sou

disdain[2] *v.tr.* bay yon moun vag, fè pedka de, pa pran ka yon moun *They disdain us.* Y ap fè pedka de nou.

disease *n.* maladi •**disease that stunts growth** maladi rachitik *It seems she has a disease which has stunted her growth because she never grew.* Sanble l gen yon maladi rachitik sou li paske li pa janm grandi. •**childhood disease** maladi{enfantil/timoun} •**contagious disease** malady{atrapan/kontajye} •**fatal disease** move maladi *AIDS is a fatal disease.* Sida se yon move maladi. •**have a disease** san yon moun sal, soufri maladi *She has some disease, look at the pimples on her body.* San l sal, gad bouton sou kò l. *Mary has AIDS.* Mari soufri maladi sida. •**heart disease** maladi kè •**Parkinson's disease** malady tranble •**pulmonary diseases** maladi poumon •**sexually-transmitted disease** karanndiseyas •**skin disease** maladi po •**venereal disease** grannchalè

diseased *adj.* malad

disembark *v.intr.* debake *The boat has arrived, the passenger are disembarking.* Batiman an rive, pasaje yo ap debake.

disembarking *n.* debakasyon, debakman

disembowel *v.tr.* defresiye, detripe, devantre, vantre *The Vodou priest disemboweled the bird in order to prepare a talisman.* Ougan an defresiye zwazo a pou ranje yon wanga. *They disemboweled the hen.* Yo detripe poul la. *She disemboweled the rabbit with a jab of the knife.* Li vantre lapen ak yon sèl kout kouto.

disencumber *v.tr.* [table, room] debarase *I'm disencumbering my desk.* M ap debarase biwo mwen an.

disenchanted *adj.* dechante, desi

disengage *v.tr.* 1[gears] debreye *Don't disengage the clutch too quickly!* Pa debreye klòtch la twò vit! •**disengage after an embrace** deplòtonnen *The two lovers finally disengaged from their embrace.* De zanmoure yo resi deplòtonnen atò.

disengagement *n.* depetray

disentangle *v.tr.* demakònen, demawonnen, demaye, depetre, detòtye, dezankonbre *Disentangle the rope, it's tangled up.* Demawonnen kòd la, li vlope. *Go disentangle the goats.* Al demakònen kabrit yo. *Disentangle the rope of the bucket.* Demaye kòd la nan so a. *Disentangle the animal's rope.* Detòtye kòd bèt la.

disfavor *n.* defavè •**be in disfavor** pou anba *You will be in disfavor.* Se ou ki pou anba.

disfigure *v.tr.* defigire *He was disfigured in the accident.* Li defigire nèt nan aksidan an. *The sickness totally disfigured him.* Maladi a defigire l nèt. •**be disfigured** a[gen.] mafweze b[after an accident] tounen labouyi

disfigurement *n.* donmajman, masakray

disgrace[1] *n.* dezonnè, wont *You're a disgrace to the family!* Ou fè tout fanmi an wont!

disgrace[2] *v.tr.* avili, degize, fè...wont *She disgraced the family.* Li fè fanmi an wont. *They disgraced him.* Yo avili msye.

disguise[1] *n.* degizman, maskarad *You're dressed as if you had a disguise for the carnival.* Ou abiye tankou yon maskarad ka pral nan kanaval.

disguise² *v.tr.* degize, makiye *He disguised himself as a nun to get out of the country.* Li degize an mabònmè pou l ka sove kite peyi a. *He disguised his voice so we won't recognize him.* Li makiye vwa li pou nou pa rekonèt li. •**disguise o.s.** maske

disguised *adj.* maske *Are you coming disguised to the ball tonight?* Èske w ap maske pou bal aswè a?

disgust¹ *n.* degoutans, kè plen •**expression of disgust** chiya

disgust² *v.tr.* bay yon moun{degoutans/depi}, gen depi yon moun, rebite, repiyen, revòlte *You disgust me!* Ou ban m degoutans! *This food disgusts me, I ate too much of it.* Manje sa a rebite m, m manje l twòp. *I am disgusted by this food.* M rebite manje sa a. *This food disgusts me.* Manje sa a repiyen m. *His brutal behavior disgusted everyone.* Konpòtman brital li a revòlte tout moun. •**disgust s.o.** bay yon moun kè{fèb/plen} *This dirt disgusts me.* Salte sa a ban m kè plen.

disgusted *adj.* about, gen depi, san yon moun manje li, san nan venn yon moun tounen dlo *That woman made me suffer so much, I'm disgusted.* Fi sa tèlman fè m pase mizè, m gen depi. •**disgusted with** degoute, rayi *He makes me feel disgusted with his actions.* Li fè m degoute l pou jan l aji a. *I am disgusted with my husband's bad behavior.* Mwen rayi vye konpòtman mari m nan.

disgusting *adj.* 1[*food*] rebitan *The gruel is disgusting.* Labouyi a rebitan. 2[*odor*] chwan, twadegout *Go get a disinfectant to get rid of that disgusting odor.* Al pran yon dezenfektan pou chase odè twadegout sa a. 3[*situation*] chokan, deglasyaw, revòltan *It's disgusting how people soil streets.* Se deglasyaw jan moun ap sal lari a. *This situation is disgusting.* Bagay sa a degoutan. *It is disgusting to see people kill each other.* Se revòltan sa pou youn ap touye lòt. 4[*person*] degoutan, repousan, twadegout, zannimo *There's no one as disgusting as he.* Pa gen nèg zannimo tankou mouche.

dish¹ *n.* 1[*kitchenware*] vesèl *Who washed the dishes?* Ki moun ki lave vesèl yo? 2[*food serving container*] asyèt **dishes** *n.pl.* vesèl •**butter dish** bèrye •**do dishes** {fè/lave}vesèl *Go do the dishes.* Al fè vesèl yo.

•**serving dish** asyèt, pla, plat •**soap dish** bwat savon

dish² *n.* [*cooked food*] manje *This is her favorite dish.* Se manje sa a l pi renmen.

dish³ *v.intr.* •**dish out** a[*food*] drese, separe *Dish out the food.* Separe manje a. b[*give in large quantities*] benyen *She really dishes out the homework.* Li benyen n ak devwa. c[*punishment*] {rale/redi}zorèy yon moun •**dish up** ofri, separe, sèvi

dishcloth *n.* {tòchon/twal}asyèt

disheveled *adj.* tèt pay

dishearten *v.tr.* dekonpoze, demoralize *The news about the death completely disheartened him.* Nouvèl lanmò a dekonpoze l nèt.

disheartened *adj.* depasyante

disheveled *adj.* defèt *Her hair is disheveled, she has to comb it again.* Cheve l defèt, fòk li repenyen.

dishonest *adj.* bakoulou bidon, {bout/fo} mamit, dezonèt, enkonsyan, koken, kwochi, lèd, machann boutèy, magouy, malonnèt, pa dwat, tèt chat, visye, visyèz [*fem.*], zwav *I didn't know he was so dishonest.* M pa te konnen li malonnèt konsa. *This is a dishonest guy.* Se yon moun ki dezonèt. *He committed a bunch of dishonest acts.* Li gen yon ekip bagay lèd l ap fè. *He's not straightforward, he's dishonest.* Li pa serye, li se yon machann boutèy. *This lawyer is dishonest.* Avoka sa pa dwat. •**dishonest person** krapil

dishonestly *adv.* malonètman •**use dishonestly** fè chemen kwochi ak

dishonesty *n.* kwochi, movèz fwa

dishonor¹ *n.* dezonnè

dishonor² *v.tr.* dezonore *Don't dishonor your family.* Pa dezonore fanmi ou.

dishpan *n.* basin

dishrack *n.* egoutwa

dishtowel *n.* {tòchon/twal}asyèt *Could you throw me that dishtowel?* Voye tòchon asyèt la pou mwen.

dishwasher *n.* 1[*machine*] machin pou lave vesèl 2[*person*] lavè vesèl

dishwater *n.* dlo{asyèt/pou fè vesèl}

disillusioned *adj.* •**become disillusioned** dechante

disinfect *v.tr.* dezenfekte *The nurse disinfected the room.* Mis la dezenfekte chanm nan.

disinfectant *n.* dezenfektan, paysòl

disinfected *adj.* esteril
disinformation *n.* dezenfòmasyon
disingenuous *adj.* fentè, mètjwèt
disinherit *v.tr.* dezerite *She disinherited her child when she left her inheritance to an outsider.* Li dezerite pitit li a lè li pase byen l ba yon etranje.
disintegrate *v.intr.* dekonstonbre *This badly made box disintegrated.* Vye bwat sa a dekonstonbre.
disinter *v.tr.* dezantere *The 'bòkò' disinterred the zombie.* Bòkò a dezantere zonbi a.
disinterested *adj.* dezenterese *She's disinterested in the work.* Travay la dezenterese li.
disinterestedly *n.* pou granmèsi *She helped disinterestedly without asking for thanks.* Li ede m pou granmèsi.
disjoint *v.tr.* **1**[*any bone*] debwate, degrennen, dekloke, delonje, demonte *Poor thing, she's disjointed her finger.* Podjab, li debwate dwèt li. *Her finger disjointed when she fell.* Dwèt li degrennen lè l tonbe a. **2**[*shoulder*] depole *My shoulder disjointed.* Zepòl mwen depole.
disk[1] *n.* [*gen.*] disk, plak •**disk jockey** espikè •**compact disk** konpak dis, sede •**cutting disk** lam a koupe •**floppy disk** diskèt, plak flèksib •**hard disk** {disk/plak}di •**sanding disk** sable grayndè
disk[2] *n.* [*anat.*] plak{do/zo}, rèl do •**herniated disk** èni plak{do/zo} •**slipped disk** deplasman nan rèl do
diskette *n.* •**computer diskette** diskèt
dislike[1] *n.* degou, degoutans, repiyans •**have a strong dislike for s.o.** pa vle wè yon moun (a de pa)
dislike[2] *v.tr.* degoute, pa ka wè, rayi *If you dislike the group, leave it.* Si ou degoute gwoup la, kite l. *I dislike the way she speaks.* M pa la wè fason l pale. •**dislike intensely** pa{ka/fouti}santi
dislocate *v.tr.* **1**[*back*] debwate, dekloke, delonje, demonte, deranje *He dislocated his lower back.* Li demonte ren li. *You must have dislocated something after the fall that you took.* Fòk ou deranje kanmenm apre so sa ou fin pran an. **2**[*limb*] dejwente *The driver dislocated his arm in the collision.* Chofè a dejwente bra l nan kolizyon an. **3**[*wrist, knee, etc.*] dejwente, delonje, disloke

His wrist is dislocated. Ponyèt li dejwente. *She dislocated her wrist.* Li disloke ponyèt li. *He suffers with a dislocated knee.* L ap soufri ak yon jounou disloke. **4**[*shoulder*] depole *Don't pick up the child, otherwise you'll dislocate her shoulder.* Pa leve pitit la konsa pou pa depole l. **5**[*hip*] deranche *The club stroke dislocated his hip.* Kout baton an deranche l. **6**[*jaw*] demachwere *His jaw is dislocated after the accident.* Li demachwere apre aksidan an.
dislocation *n.* [*of a bone*] dejwentay, dejwente, dejwentman
disloyal *adj.* enfidèl, malonnèt *You're disloyal if you can leave this woman for another.* Ou malonnèt si ou ka kite fi a pou yon lòt.
dismal *adj.* mòksis
dismantle *v.tr.* aboli, demantibile, demonte, fè yon moun ponn *They dismantled the army.* Yo aboli lame a.
dismantlement *n.* deboulonay, demantèlman
dismantling *n.* deboulonay
dismembered *adj.* demanbre
dismiss *v.tr.* **1**[*from job*] bay yon moun kanè, kase, kite yon moun ale, lage, mete yon moun atè, ranvwaye, remèsi, revoke, voye yon moun{ale/tounen} *She dismissed the maid.* Li voye bòn nan ale. *The director dismissed the accountant.* Direktè a kite kontab la ale. **2**[*in mass*] bale *They dismissed all the teachers.* Yo bale tout mèt ak mètrès yo. **3**[*allow to leave*] lage *They dismissed us early today.* Yo lage n bonè jodi a. **4**[*opportunity*] chans, okazyon *Don't dismiss such opportunity, seize it.* Pa rate yon chans konsa, pran l. •**dismiss s.o. summarily** pran bòt yon moun
dismissal *n.* **1**[*gen.*] espilsyon, revokasyon **2**[*from school, etc.*] ranvwa •**mass dismissal** lavay
dismissed *interj.* [*mil.*] wonpe
dismissible *adj.* revokab *After you cursed at the boss, you know very well that you are dismissible.* Apre ou fin joure patwon an, ou tou konnen ou revokab.
dismount *v.intr.* fè pyetatè, pyese *Dismount.* Fè pyetatè. *After dismounting, he tied the horse with a rope.* Apre nèg la pyese, li mare chwal la ak yon kòd.
disobedience *n.* dezobeyisans

disobedient *adj.* devègonde, dezobeyisan, rebèl, reditil *Disobedient children get into trouble easily.* Timoun ki devègonde ap tonbe nan malè fasil. *They punish the disobedient pupils.* Yo pini elèv ki dezobeyisan yo. *There's no child as disobedient as that.* Nanpwen timoun rebèl konsa. *Disobedient as this child is, some mishap is likely to befall her.* Jan pitit sa a reditil la, malè ap rive l fasil. •**disobedient person** bowòm •**be disobedient** dezobeyi, fè redong

disobey *v.tr.* dezobeyi, fè{gwo do/rebèl}, rebele *Children don't disobey adults.* Timoun pa dezobeyi granmoun. *Her father punished her because she disobeyed him.* Papa l pini poutèt li fè gwo do ak li.

disorder *n.* **1**[*lack of order*] banbilay, bouyay, an debanday, dezòd, djak/dyak, grabji *The house is always in disorder.* Kay la toujou an dezòd. **2**[*organization*] dezòd, pagay, viretounen **3**[*violent public protest*] deblozay, dezòd *If they do that, there will be disorder throughout the country.* Si yo fè sa, ap gen dezòd nan peyi a. **4**[*ailment*] donmaj, maladi •**civil disorder** soukous *That country has civil disorder because its leaders are irresponsible.* Peyi a gen soukous afòs dirijan yo san lòd. •**complete disorder** gògmagòg •**creation of disorder** gagotay •**nervous disorder** malady nè •**in disorder** an gagòt •**intestinal disorder** deranjman •**it's a disorder** lekòl lage •**put in disorder** [*hair, place*] degaye

disorderly *adj.* **1**[*person*] deregle, dezòd, dezòdone *This disorderly child is becoming a thorn in our side.* Pitit dezòdone sa a ap tounen yon zepin nan kò nou. *This disorderly woman needs to change her behavior.* Fi dezòd sa a bezwen chanje konpòtman li. **2**[*situation, things*] an debanday, pèlmèl *The garbage is spread about in a disorderly manner in the street.* Fatra yo gaye pèlmèl nan lari a.

disorganization *n.* dezòganizasyon

disorganized *adj.* **1**[*things*] (n)an{boulvès/ dezòd/ foukoufyaka/gagòt/si bemòl} *Why is your bedroom so disorganized?* Sa k fè chanm ou an dezòd konsa? *The room is disorganized.* Chanm nan an dezòd. *The house is completely disorganized today.* Kay la an si bemòl nèt jodi a. **2**[*person*]

dezòdone, dezòganize, pa gen lòd, san prensip *The priest is disorganized, he's never on time.* Pè sa a dezòdone, li pa janm alè. *You're too disorganized, I won't give you any responsibility.* Ou san prensip twòp, m p ap ba ou reskonsab anyen. *She's a very disorganized person.* Se yon moun ki pa gen lòd menm.

disorient *v.tr.* dechanbrannen, egare *The explosion disoriented her completely.* Eksplozyon an egare l nèt.

disoriented *adj.* aladriv, dezoryante, egare, twouble *The medicine makes me disoriented.* Medikaman an fè m dezoryante. *He's so drunk, he's disoriented.* Li tèlman sou, li egare. •**be disoriented** dechanbrannen, pèdi{(la)kat/marenn}li *The country is completely disoriented.* Peyi a fin dechanbrannen. •**look disoriented** [*lost*] fè bègwè *Instead of asking for directions, he would rather look disoriented.* Olye li mande yon moun direksyon, l ap pito fè bègwè.

disown *v.tr.* dekonnèt, nye, renye *The father disowned his son because he's in jail.* Papa a dekonnèt pitit gason li an paske li nan prizon an. *He disowned his sister because she's behaving badly.* Li nye sè li a poutèt move zak l ap fè. *I will disown you as a child if you don't listen to me.* M ap renye ou kòm pitit si ou pa koute m.

disparage *v.tr.* degrade, denigre, deprestije, devore, diskredite, {jete/lage/lanse/voye} vèni sou, vèni *He completely disparaged me in front of the boss.* Li degrade m devan patwon an nèt. *You're always disparaging people.* Ou toujou ap deprestije valè moun. *She disparaged the lady underhandedly.* Li devore makòmè a dèyè do l. *You disparage the child too much.* Ou diskredite pitit la twòp. *The gossips disparaged me.* Medizan yo lanse vèni sou mwen. *He disparaged me in front of the boss.* Misye al vèni m devan patwon an.

disparagement *n.* rabèsman

disparaging *adj.* malpalan, medizan

disparate *adj.* mikmak *These dishes are too disparate.* Plat say o mikmak twòp.

dispatch[1] *n.* depèch

dispatch[2] *v.tr.* [*a package*] espedye *Dispatch this package.* Espedye pakèt sa a.

dispatching *n.* espedisyon

dispel *v.tr.* chase, fè ale *The sun dispelled the fog.* Solèy la chase labrim nan. •**dispel a Vodou curse** {wete/retire}maji

dispensable *adj.* dispansab

dispensary *n.* dispansè

dispensation *n.* [*exemption*] egzansyon

dispensary *n.* dispansè

dispense with *v.intr.* pase sou *You have to dispense with these expensive tools.* Fòk ou pase sou ak zouti chè sa yo.

dispenser *n.* •**tape dispenser** pòttep

disperse I *v.tr.* **1**[*crowds*] dispèse, fè moun bay talon, katiye *The army dispersed the protesters.* Lame a dispèse manifestan yo. *The police dispersed the crowd.* Lapolis katiye foul la. **2**[*things*] simen *She dispersed her clothes all over the house.* Li simen rad li nan tout kay la. **II** *v.intr.* degonfle, dispèse, gaye *When school is let out, the students disperse into the street.* Lè lekòl lage, tout timoun gaye nan lari a. *The crowd dispersed when the police arrived.* Tout moun yo gaye lè lapolis parèt. *You're too many close to the fence, disperse.* Nou twòp devan baryè a, dispèse nou. *Let's disperse, we are blocking the way.* Degonfle la, nou bare wout la.

displace *v.tr.* deplase *They displaced the shops when they built the new road.* Yo deplase boutik yo lè yo konstwi nouvèl wout la.

displacement *n.* deplasman

display[1] *n.* **1**[*array*] etalay **2**[*exhibit, show*] egzibisyon, espozisyon

display[2] *v.tr.* debale, deploye, etale, espoze, layite, ouvè *Display the clothes where people can see.* Espoze rad yo kote pou moun è. *I've just begun to display the merchandise.* Apenn m ouvè machandiz yo la. *She displayed all her products.* Li layite tout pwodui l yo.

displease *v.tr.* choke, deplè *The way she's arrogant displeases me a lot.* Jan l awogan an deplè m anpil.

displeased *adj.* boude *He's displeased because I don't greet her.* Li boude poutèt mwen pa salye l.

displeasing *adj.* deplezan

displeasure *n.* deplezi, mekontantman

disposal *n.* •**at one's disposal** ala dispozisyon/ aladispozisyon *My car is at your disposal.* Machin mwen an ala dispozisyon ou. *Whatever you need, let me know, I'm at your disposal.* Nenpòt sa ou bezwen, fè m konnen, mwen aladispozisyon ou. •**have at one's disposal** dispoze *He has at his disposal the documents to get the land.* Li dispoze papye pou l ka jwenn tè a.

dispose of *v.tr.* jete *She disposed of the old shoes.* Li jete vye soulye a.

disposed *adj.* dispoze *He's disposed to help you.* Misye dispoze ede ou.

disposition *n.* dispozisyon, imè, karaktè *She has a good disposition, she doesn't get angry at people.* Madanm gen bon karaktè, li pa fè kòlè sou moun. •**at the disposition of** osèvis •**good disposition** bonvoulwa •**servile disposition** san domestik *Her servile disposition makes her unable to refuse favors that people ask her for.* San domestik la fè l pa kab refize sèvis moun mande l.

dispossess *v.tr.* dezerite, tòt *They dispossessed the child of all his inheritance.* Yo dezerite pitit la ak tout byen li. *The big landowners dispossessed the farmers to enlarge their holdings.* Grandon yo tòt ti peyizan yo pou yo ka gen plis domèn.

disproportionate *adj.* demezire

disproportionately *adv.* demezireman

disprove *v.tr.* diskredite, kontredi *The scientist disproved what many people believe.* Moun savan an diskredite sa anpil moun kwè.

dispute[1] *n.* **1**[*gen.*] akwochay, altèkasyon, bank, bout, chire pit, diskisyon, dispit, eskonbrit, joure, kabouya, kont, kwenda, kwens-kwens *Last night there was a big dispute in the house.* Ayè oswa te gen yon sèl joure lakay la. **2**[*jur.*] litij •**land dispute** pwosè tè

dispute[2] *v.tr.* pa dakò ak\avè(k) *I dispute what you say.* M pa dakò ak sa ou di a.

disqualify *v.tr.* diskalifye, elimine, eliminen *They disqualified the team.* Yo diskalifye ekip la.

disquiet *n.* enkyetid, kè {mare/sere/sote}

disquieting *adj.* enkyetan, twoublan

disregard *v.tr.* mèt bliye, mete yon bagay sou kote, pase sou *Disregard what I last told you.* Ou mèt bliye dènyè bagay m te di ou la. *The government disregards that neighborhood.* Zòn sa a gouvènman an mete l sou kote. *An important issue like that, he disregarded it.* Yon pwoblèm enpòtan konsa, li pase sou li.

disrepair *n.* delabreman

disreputable *adj.* 1[*person*] anraje, krapil, santi *The woman married this disreputable man..* Fi a marye ak anraje sa a. 2[*place*] malfame *It's a disreputable area.* Se yon zòn malfame.

disrepute *n.* diskredi

disrespect *n.* mank dega *He shows disrespect to everyone.* Li pa respekte pyès moun.

disrespect *v.tr.* derespekte, mache sou, manke yon moun{dega/dèzega}, tòchonnen *The boss disrespects the employees the way he sees fit.* Patwon an tòchonnen anplwaye yo jan l vle.

disrespectful *adj.* derespektan *She's very disrespectful to her mother.* Li derespektan menm ak manman l. •**disrespectful or unrestrained person** vèbal *That disrespectful person always says something bad about people.* Vèbal sa a pa janm p ap di mo sou moun. •**be disrespectful** 1[*gen.*] betize avèk, manke yon moun {dega/dèzega}, pèdi{(la)kat/marenn}li, tòchonnen *I'm not at your social level, don't be disrespectful with me.* Mwen pa kanmarad ou, pa betize avè m. *If you are disrespectful toward elders, you are really acting in an unbecoming manner.* Si ou k ap manke pi gran dega, ou pèdi kat marenn ou vre. 2[*for a child*] jwe nan bab granmoun *He's disrespectful whenever he feels like it.* Li jwe nan bab granmoun lè lide l di l.

disrobe *v.intr.* dezabiye *You have to disrobe when the doctor examines you.* Fòk ou dezabiye lè doktè ap konsilte ou.

disrupt *v.tr.* dekòde, kraze, mete tèt anba *I just organized the papers, and there you arrive and disrupt them all.* M fin kòde papye yo, enpi ou menm ap dekòde yo. *The fight disrupted the party.* Goumen an kraze fèt la. *The political instigators disrupted the country.* Chimè yo mete peyi a tèt anba.

disruption *n.* deranjman

disruptive *adj.* an (dezòd), deregle, tapajè

dissatisfaction *n.* ensatisfaksyon, mekontantman

dissatisfied *adj.* pa satisfè *She's always dissatisfied with what she has.* Li pa janm satisfè sa l genyen.

disseminate *v.tr.* distile, fè difizyon, simaye *It's time for them to disseminate the text of the* law. Li tan pou yo simaye tèks lwa a. *They disseminated the story in the village.* Yo distile koze a nan bouk la.

dissemination *n.* difizyon

disseminator *n.* simayè

dissension *n.* dezakò, dezinyon

dissent *n.* dezakò

dissident *n.* [*rebel against the Duvalier regime*] kamoken *The dissidents decided to topple the government.* Kamoken yo deside pou yo desann gouvènman an.

dissipate *v.tr.* gaye *The smoke is dissipating.* Lafimen an gaye.

dissipation *n.* debanday

dissociate *v.tr.* depareye, dezasosye *You can't dissociate these two chemical elements.* Ou pa ka depareye de eleman chimik sa yo.

dissolute *adj.* banal, libèten, gen vis, nan vis, pèvèti *She is leading a dissolute life.* L ap mennen yon vi banal. *That dissolute guy comes back home very late.* Nèg libèten sa a se byen ta leswa li antre lakay li. *Because he's dissolute, even his friends don't want to see him.* Afòs li gen vis, menm zanmi li pa vle wè l. •**dissolute person** libèten

dissoluteness *n.* debanday, devègonday, lekòl lage, libètinay

dissolve I *v.tr.* [*party, parliament*] disoud *They dissolved the parliament.* Yo disoud Lachanm. II *v.intr.* [*change into liquid*] fonn Li pa fonn nan dlo fret. *He let the butter dissolve into the grease.* Li met bè a fonn nan grès la.

dissuade *v.tr.* dekonseye, depèswade, detounen *Since she made the decision to not go to school anymore, nobody can dissuade her.* Depi l fin pran desizyon kite lekòl la, pèsonn pa ka depèswade l. *Please don't dissuade her from undertaking her projects.* Tanpri souple, pa detounen l de pwojè li.

distance[1] *n.* distans, eka, espas, rale *What is the distance from Cape Haitian to Port au Prince?* Ki distans Okap ak Pòtoprens? *The distance that separates us isn't great.* Eka ki separe nou an pa gran. *There is a distance of three meters between the two houses.* Gen yon espas twa mèt ki separe de kay yo. *From here to downtown it's a long distance.* Sot isi a ale lavil se yon bèl rale. •**distance traveled** trajè, twòt •**a good distance** yon bon (ti) bout *We* *ran a good distance, we are tired.* Nou kouri yon bon ti bout, nou bouke. •**at a distance** de lwen •**from a distance** a distans *He threw the stone from a distance.* Li voye wòch la a distans. •**go a short distance** (fè yon) janbe •**in the distance** lwen lwen *I heard a voice in the distance.* Mwen tande yon vwa lwen lwen. •**keep one's distance from s.o.** kenbe kiyè li long ak yon moun •**keep s.o. at a distance** bay yon bwa long kenbe ak yon moun •**long distance** yon bon (ti) bout, rale •**short distance** janbe, travèse *It's only a short distance to go to her house.* Se sèlman yon ti janbe pou al lakay li. •**walking distance** de pa *Everything I need is within walking distance.* Tout bagay m bezwen se de pa.

distance² *v.tr.* •**distance o.s.** pran piga li *Marc told you he isn't your friend, distance yourself from him.* Mak di ou li pa zanmi ou, pran pinga ou.

distant *adj.* 1[*separate in space/time*] lwen *It's a distant place.* Se yon kote k lwen. *I heard a very distant sound.* M tande yon bri byen lwen. 2[*relative*] lwen *She's a distant relative of mine.* Se yon fanmi lwen m.

distasteful *adj.* repiyan *The gruel is distasteful, I can't eat it.* Labouyi a repiyan, m pa ka bwè l.

distemper *n.* maladi{jenn chen/kare}

distended *adj.* balonnen

distillation *n.* distilasyon

distiller *n.* distilè, gildivye

distillery *n.* 1[*gen.*] alanbik, distilri 2[*for making rum*] gildiv

distinct *adj.* apa *They are distinct people.* Yo se moun apa.

distinction *n.* distenksyon •**elderly person of distinction** pèsonaj •**s.o. receiving distinction** alonè

distinctive *adj.* espesyal, sengilye

distinctly *adv.* aklè, byen *I distinctly remember what I said to you.* M chonje byen sa m te di ou la.

distinguish *v.tr.* distenge *I can't distinguish which is the taller of the two.* M pa ka distenge kilès ki pi gran nan yo de a. •**distinguish o.s.** distenge li

distinguishable *adj.* disten(k), notab

distinguished *adj.* distenge, rezève *Among all the persons, she's the most distinguished.*

Pami tout moun yo, ou wè manmzèl rezève toutbon vre.

distort *v.tr.* defigire, defòme, kabre, laji *Don't distort my ideas.* Pa defòme lide m yo. *You distorted what I told you.* Ou defigire sa m te di ou a. *In distorting the truth, we don't tell the truth.* Nan kabre verite, nou pas di.

distortion *n.* 1[*visual*] distòsyon 2[*of truth*] manti, kalomi

distract *v.tr.* dekonsantre, detounen, (fè yon moun) distrè *You're talking so much that you're distracting me.* Ou pale twòp, ou fè m distrè. *The noise distracted me.* Bri a fè m distrè. *The children distracted me in my work.* Timoun yo dekonsantre m nan travay mwen. *I'm doing my homework; don't distract me.* M ap fè devwa m, pa detounen m.

distracted *adj.* distrè *He's distracted, he doesn't even hear you.* Li distrè, li pa menm tande ou. •**be distracted** bliye kò li, tèt yon moun anlè anlè *The child was completely distracted in the class.* Pitit la bliye kò l nèt nan klas la. *Since she received news of the death, she has been distracted.* Depi l fin pran nouvèl lanmò a, tèt li anlè anlè. •**easily distracted** vapore *Because he's easily distracted, he isn't playing the game well.* Afòs li vapore, li pa sou jwèt la.

distraction *n.* distraksyon

distraught *adj.* dezanpare *The director is distraught, his mind is sometimes elsewhere.* Direktè a se yon moun dezanpare, kèk fwa lespri l pa la. •**be distraught** mache (ak) de men nan tèt, mete men nan{machwè/tèt} *She was distraught after the death of all of her family.* Li mete de men nan tèt lè lanmò tout fanmi l lan. •**make distraught** mache (ak) de men nan tèt *His mother's death made him distraught.* Lanmò manman li fè li toujou ap mache ak de men nan tèt.

distress¹ *n.* an detrès, ladetrès, soufrans, touman *She's in distress because she lost her job.* Li nan touman poutèt li pèdi travay li. •**be in distress** soufri •**epigastric distress** mal anba kè •**in distress** [*boat*] an detrès, nan nwasè *The boat is in distress, it's not far from sinking.* Bato a an detrès, li pa lwen pou koule.

distress *v.tr.* [*upset*] afèkte, boulvèse, fè yon moun lapèn, tingting *The news of his death distressed us greatly.* Nouvèl lanmò l la boulvèse n anpil. *His death distresses me.* Lanmò li fè m lapenn. *The news of his death distressed everyone.* Nouvèl lanmò li an tingting tout moun.

distressed *adj.* aflije, dezole, vant ba *I'm distressed for what happened.* Mwen dezole pou sa k rive a. *The news of Bob's death distressed me.* Nouvèl lanmò Bòb la kite m vant ba.

distressing *adj.* penib *His situation is truly distressing.* Ka li a penib anpil.

distribute *v.tr.* drese, distribiye, fè katyemèt, grennen, mete deyò, pase, pataje, separe, simaye, simen *They distributed the voting ballots in all the departments of the country.* Yo distribye bilten vòt yo nan tout depatman peyi a. *The millionaire distributed money to all the people who were present.* Milyonè a grennen lajan sou tout moun ki te la. *They distributed these fliers to everyone.* Yo pase ti fich piblisite sa ba tout moun. *To prevent the spread of AIDS, they distributed condoms throughout the country.* Pou kontre SIDA, yo simaye kapòt nan tout peyi a. *The water company distributed water bags all over the country.* Izin dlo a mete deyò sachè dlo nan tout rakwen anndan peyi a. •**distribute arms** ame *The commander distributed arms to the troops.* Kòmandan an ame sòlda yo.

distribution *n.* difizyon, distribisyon, repatisyon, separasyon

distributor *n.* [*car, etc.*] distribite

district *n.* distri, kanton, peyi, rejyon, seksyon •**electoral district** sikonskripsyon

distrust[1] *n.* defyans, soupson •**with distrust** sou piga li

distrust[2] *v.tr.* mefye, pa fè konfyans *She's so cautious that she distrusts anyone she doesn't know.* Li tèlman pridan, li mefye tout moun li pa konnen. *He distrusts everyone.* Li pa fè pyès moun konfyans.

distrustful *n.* mefyan, sou pinga

disturb *v.tr.* 1[*people*] anmède, boulvèse, deranje, enkòmòde, p1[ote nan tèt, toumante, twouble *Don't disturb her. Let her sleep.* Pa anmède l, kite l dòmi. *That disturbs me a lot.* Sa boulvèse m anpil. *Don't disturb the grown-ups, they're busy.* Pa deranje granmoun yo, yo okipe. *I'm counting money, don't come and disturb me.* M ap konte lajan,

pa vin twouble m la. 2[*things that were organized*] degani, deregle

disturbance *n.* deranjman, dezafi, dezawa *It's quite a disturbance the man is causing in the neighborhood.* Se pa de dezafi misye p ap simen sou katye a. •**public disturbance** desanndelye

disturbed *adj.* dezakse, dezanpare, toumante, twouble *The news made her completely disturbed.* Nouvèl la fè li dezakse nèt.

disturbing *adj.* enkyetan, twoublan

disunite *v.tr.* dezini *You can't disunite these two friends.* Ou pa ka dezini de zanmi sa yo.

disunity *n.* dezinyon

ditch[1] *n.* barank, dig, fòs, fose, kannal, rigòl •**contour ditch** kannal nivo •**irrigation ditch** rigòl

ditch[2] *v.tr.* plake *Buddy, you'd better ditch that woman.* Monchè, pito ou plake fi sa a atè.

ditchdigger *n.* fòselye, fouyè

dither *n.* ajitasyon, enkyetid, twoublay •**be in a dither** pran chenn

ditto *n.* parèy

ditty *n.* ti chante

diuretic *n.* diretik, medikaman pou fè pipi

diurnal *adj.* chak jou

divan *n.* divan

dive[1] *n.* plonje, plonjon •**go into a dive** [*airplane*] pike *The plane went into a dive and then crashed.* Avyon an pran pike epi l tonbe.

dive[2] *v.tr.* koule, plonje *He dove into the sea.* Misye koule anba lanmè a. *She dived into the water.* Li plonje nan dlo a. *The bird dove for the chicken.* Zwazo a plonje dèyè poul la. *The goalie dove for the ball.* Gadjen an plonje dèyè boul la. •**dive again** replonje *She went to dive in the water again.* L al replonje nan dlo a ankò. •**dive into** fonse *You can dive into the work, I'll come help you.* Ou mèt fonse nan travay la, m ap vin ede ou. a. •**dive into a dish of food** bite sou (yon) plat manje *The way he dove into the plate of food shows, he was hungry.* Jan li bite sou plat manje a, sa montre li te grangou.

diver *n.* dayiva, koulè, plonjè

divergence *n.* dezakò

divergent *adj.* divèjan

diverse *adj.* divès

diversion *n.* 1[*amusement*] amizman 2[*deviation*[divèsyon

diversity *n.* divèsite **divert**[1] *v.tr.* [*reroute*] detounen, dewoute *Because of the roadblock, they diverted the cars.* Akòz blokis la, yo detounen machin yo.

divi-divi *n.* libidibi, nakaskòl, watapana

divide I *v.tr.* **1**[*separate*] divize, fè{katyemèt/pa}, kase, pataje, separe *He divided the money equally.* Li divize kòb la egalego. *Divide the money among all the children.* Fè pa chak timoun yo nan lajan an. mete zizani. *The three men divided the money among themselves.* Twa mesye yo separe kòb la ant yo. *Divide the sugar cane in two.* Kase kann lan, fè l fè de. **2**[*put in opposition*] mete opozisyon *He divided the two groups.* Li mete opozisyon ant de gwoup yo. **II** *v.intr.* dezini, divize *People are divided politically.* Pèp la divize politikman. •**divide into lots** lote •**divide into quadrants for irrigation** [*land*] kawote *Before they planted the rice, they divided the land into quadrants.* Anvan yo pike diri a, yo kawote tè a. •**divide into sections** twenze *I divided the field into sections to plant a variety of fruits.* M twenze kawo tè a pou l plante divès kalite fwi. •**divide the hands of bananas** depate *The woman divided the hands of bananas.* Konmè a depate pat bannann nan. •**divide up** lote, repati, separe *Divide up the sweet potatoes.* Lote patat yo. *Divide up the food, make three portions of it.* Repati manje a, fè l fè twa plat. *She divided the estate among the family members.* Li separe byen yo ba tout fanmi l. *When the soldiers arrived at the edge of the river, they divided up into two groups.* Lè sòlda yo rive bò rivyè a, yo separe an de gwoup. •**person who divides or distributes** [*food, clothes, etc.*] katyemèt

dividend *n.* dividann, enterè, pitit lajan an

divider *n.* separasyon

dividing *n.* pataj

divination *n.* devinasyon

divine *adj.* [*rel.*] diven

diviner *n.* [*fem.*] divinèz

divinity *n.* divinite

divisible *adj.* divizib

division *n.* **1**[*gen.*] divizyon, kaz, pataj **2**[*part*] seksyon **3**[*group of teams*] poul *Will our team be able to beat the other teams in the division?* Ekip nou an ap ka bat lòt ekip nan poul la? **4**[*math*] divizyon

divisor *n.* [*math*] divizè

divorce[1] *n.* divòs, separasyon *He asked for a divorce.* Li mande divòs.

divorce[2] *v.tr.* depareye, divòse, kite, separe *She divorced him.* Li divòse avè l. *Jan divorced his wife.* Jan divòse ak madanm li. *If we divorce, what will be the children's future?* Si nou depareye, ki lavni timoun yo? *She divorced him because he's too much of a womanizer.* Madanm li kite l poutèt li twò vakabon. *I was divorced from my wife two years ago.* M separe ak madanm mwen depi de lane.

divulge *v.tr.* devwale, divilge, pibliye *The maid divulged all the private affairs of her employer.* Bòn nan divilge tout zafè mètrès li. *I didn't ask you to divulge anything on my behalf.* M pa ba ou pibliye anyen pou mwen.

divvy up *v.tr.* depataje, repati, separe *Let's divvy up the money.* Ann repati kòb la.

dizziness *n.* latounay, lawouli, lawouli tèt, mayilò, soulay, tèt vire, toudisman, toudlin, vètij, viray

dizzy *adj.* defalkaw, gen{je/tèt}vire, gen vètij, tèt yon moun{fè laviwonn/vire}, toudi, wè tou nwa *He's dizzy.* Li toudi. *I'm dizzy.* M gen yon tèt vire. *They're dizzy.* Yo wè tou nwa. •**get dizzy** gen tèt vire, gen vètij *When she crosses a bridge, she gets dizzy.* Depi l ap pase sou yon pon, li gen tèt vire. *When I climb a ladder, I get dizzy.* Lè m monte sou yon nechèl, m gen vètij. •**make dizzy** soule

do[1] *interj.* piga *Don't you dare insult old people!* Piga ou joure granmoun!

do[2] *v.aux.* [*no direct equivalent in HC*] **1**[*auxiliary used in questions, negatives*] *Did you dance?* Ou te danse? *Do you drink?* Ou bwè? *She didn't call me.* Li pa t rele m. **2**[*auxiliary used instead of another verb*] *I didn't go, but he did.* M pa t ale, men li menm li te ale. —*Did you go?* —*Yes, I did.* —Ou te ale? —Men wi (m t ale)! *He sings well, doesn't he?* Li konn chante, en! *Pa vre? She sings better than I do.* Li konn chante pase m. **3**[*auxiliary used to strengthen/support another verb*] —*No, he wasn't there.* —*He did come!* —Non, li pa t la. —M di ou li te vini! *He has a car, or at least he did have a car.* Li gen yon machin; antouka m konnen l te gen yon machin.

do³ *v.tr.* **1**[*general verb of action*] fè *I did my homework.* M fè devwa m. *I have something that I'd like you to do for me.* M gen yon bagay m bezwen pou ou fè pou mwen. *I did everything I could for her.* M fè tou sa m te kapab pou li. *What do you do for a living?* Ki travay ou fè? *What are you doing there?* Sa ou ap fè la a? *Don't just stand there! Look for something to do.* Pa ret kanpe la a konsa! Chache yon bagay ou fè. *What is that doing on the floor?* Sa bagay sa a ap fè atè a? *I'm the one who does the cooking in my house.* Se mwen ki fè manje lakay la. *Who did your hair?* Ki moun ki fè tèt ou? *I have laundry to do tomorrow.* M gen yon lesiv pou m fè demen. *I have work to do!* M gen travay pou m fè! **2**[*advance, perform successfully/unsuccessfully*] anfòm, boule, degaje, mache *I see your business is doing well.* M wè konmès ou anfòm. *The team did well.* Ekip la byen degaje l. *How is she doing in the job?* Kouman l ap boule l nan travay la? **3**[*be enough*] ap ase *Will twenty gourdes do?* Ven goud ap ase? **4**[*behave in a stated way*] fè, fèt *Do as you're told!* Fè jan yo di ou la! *You did well to come to me.* Ou byen fèt vin kote m. •**do again/repeat** kase double, repete *She repeats the same errors each time.* Li repete menm erè a chak fwa. •**do and undo as one likes** koupe rache •**do anything** degouspa *I won't do anything as long as you haven't paid me.* M p ap degouspa la toutotan ou pa peye m. •**do away with** aboli, desitire, eliminen, siprime, sispann *This practice should be done away with.* Yo te dwe desitire bagay sa a. *They did away with Latin in the mass.* Yo siprime lamès an laten ankò. *Do away with this whole folder since it isn't good.* Eliminen tout dosye sa a paske l pa bon. *The constitution did away with the death penalty.* Konstitisyon an aboli lapenn de mò. •**do away with s.o.** voye yon moun{nan peyi san chapo/ale de pye devan} •**do in** {chire/fè dekabès sou/koupe latcha/pete labya}yon moun, fè sous ladennyè, fini ak, kale, savonnen, tchakade, tòpiye, toufounen, toupizi, vannen *He was acting fresh, they did him in.* Li t ap fè frekan, yo chire nat li. *He's the one who did in the criminal.* Se misye ki fè sous ladennye zenglendo a. *The policeman did him in with a single bullet.* Jandam nan pete labya li ak

yon sèl grenn bal. *They did my project in.* Yo tòpiye pwojè m nan. •**do o.s. in** pike tèt li *He did himself in.* Li pike tèt li li menm. •**do over** fè ankò, refè *Do it over.* Refè l! •**do s.o. in** fè yon moun kakit, pase razwa anba pye, pete{fyèl/fal/zizye}yon moun, voye al pran ti kalbas *They've done you in, man!* Yo fè ou kakit, papa! *Be wary of him, he's a guy who won't hesitate at all to do someone in.* Veye ou ak li, se nèg ki pa pè pase razwa anba pye moun wi. *The child went and drank bleach, that's what did her in.* Timoun nan al bwè dlo klowòks, se sa ki pete fyèl li. •**do up** [*make beautiful*] mete li byen bòdè *She did herself up for the party.* Li mete l byen bòdè pou fèt la. •**do what one can** debouye *I am doing what I can to get the job done by tomorrow morning.* M ap debouye m pou m wè si m a fini travay la demen maten. •**do what one wants with one's own money** lajan li rele li (se) pa li *I can do what I want with my own money.* Lajan mwen rele m se pa m. •**do what others do** danse sou yon pye *He has to do what others do, because he cannot act differently.* Li blije danse sou yon pye kon tout moun paske li pa ka fè diferantman. •**do whatever one can** degaje gidon li, demele gidon li •**do whatever one likes** pran yon bagay pou piyay *You do whatever you like in my house. Look at how you walked in without even knocking.* Ou pran kay mwen an pou piyay. Gade ou antre san ou pa frape. •**do whatever you can** kon mèt Jan Jak *Do whatever you can to get out of that situation.* Degaje ou kon mèt Jan Jak pou soti nan sitiyasyon an. •**do with** merite *This house could do with some sweeping.* Kay la merite pase yon bale. •**do/go without** {degaje/pran}li konsa *There aren't any spoons so you'll have to do without.* Pa gen kiyè, ou ap oblije pran l konsa. *This house doesn't have any water. You'll have to go without.* Kay la pa gen dlo, ou ap oblije degaje ou konsa. •**actually do** pratike •**almost do sth.** manke •**be doing** devni *What has Jan been doing?* Ki devni Jan? •**have to do with** gen arevwa ak, gen pou wè ak *I have nothing to do with that.* Mwen pa gen anyen arevwa ak sa. •**make do** {debouye/degaje/demele}li, fè konbèlann, kenbe men *He'll have to make do with what he has.* L ap oblije degaje l ak sa l genyen an. *She made do the best she could.* Li demele l jan l kapab. *I'll make do without it.* M a degaje m konsa. *This job is killing me, but I'm making do.* Djòb sa a ap tiye m, men m ap kenbe men avè l. *I can't find the car part I need, but the mechanic is making do so I can use it.* M pa jwenn pyès machin m bezwen, men mekanik la ap fè konbèlann pou m ka sèvi avè l. •**nearly do sth.** manke *A car nearly ran me over today.* Yon machin manke kraze m jodi a. •**not be able to do the impossible** pa ka fè san soti nan wòch *You asked for a car, I have no money, I can't do the impossible.* Ou mande m machin, m pa gen kòb, m pa ka fè san soti nan wòch. •**not do anything** fè {chouyerav/chou e rav} *If the school performs poorly, it's because neither the director nor the teachers do anything for it.* Si lekòl la p ap mache byen se paske direktè a ak pwofesè yo ap fè chouyerav. •**not have anything to do with s.o.** pa konn non (pou l bay) chen li, soti anba (men) yon moun *I've had nothing to do with this guy, and then he calls me!* Mwen pa konn non chen mesye a, epi l ap rele m! *He no longer has anything to do with those exploiters.* Li sot anba men esplwatè sa yo. •**not to do or say anything** pa fè mwèk •**really do sth.** fè yon bagay ak lafwa •**that does it** sera seta, seta sera *That does it! I'll never go to those people's house again.* Sera seta! M p ap janm al lakay moun sa yo ankò. •**what does s.o. in** kondanasyon *It's too much bragging that did you in.* Se fè djòlè ou twòp ki lakòz kondanasyon ou. •**you can't do it** ou pa ka la *Lead a country? You can't do it!* Dirije peyi? Ou pa ka la! •**stop doing sth.** rete sou fè yon bagay *If I hadn't stopped doing this business, I would be rich now.* Si m pa te rete sou koze fè konmès la, alèkile m ta fin rich.

do-it-yourself job *n.* brikolaj

doable *adj.* fezab

doc *n.* dòktè

docile *adj.* dosil, obeyisan •**docile and submissive** minab

dock[1] *n.* bodmè, dòk, waf *The boat is being loaded at the dock.* Batiman an ap chaje sou waf la. •**boarding dock** ga •**dry dock** karenay •**loading dock** anbakadè

dock[2] *v.tr.* akoste, bode, kochte *The captain docked the boat.* Kapitèn nan akoste bato a.

There's a boat that docked at the wharf. Gen yon bato ki akoste sou waf la. *The boat is going to dock in the port.* Batiman an pral bòde nan pò a. *We're about to dock.* Talè n ap kochte.

dock[3] *v.tr.* kochte *If you're late too much, they'll dock your pay.* Si ou an reta twòp, y ap pran sou kòb ou.

docker *n.* anbakadè, dòkè, estimidò

doctor[1] *n.* doktè, dòktè, medsen *She doesn't want to go to the doctor.* Li pa vle al kay doktè. *He's under a doctor's care.* Li nan swen dòktè. •**doctor assigned to a public hospital** dòktè leta •**herb doctor** dòktè fèy •**woman doctor** fi dòktè •**witch doctor** [*Vodou priest who deals in both good and bad magic*] bòkò

doctor[2] *v.tr.* •**doctor accounts** fè zewo tounen nèf *They fired her for doctoring the accounts.* Yo revoke l poutèt li t ap fè zewo tounen nèf.

doctorate *n.* doktora

doctrine *n.* doktrin

document[1] *n.* ak, pyès •**legal document** papye •**official document** dokiman, matrikil, papye leta

document[2] *v.tr.* {bay/fè}prèv *The lawyer documented that his client was the real owner.* Avoka a bay prèv kliyan li an te mèt tè a tout bon.

documentary[1] *adj.* dokimantè •**a documentary film** yon fim dokimantè

documentary[2] *n.* dokimantè

documentation *n.* dokimantasyon

dodder[1] *n.* [*kind of med. parasitic plant*] lamitye

dodder[2] *v.intr.* balanse debò, trebiche *She's tired, she's doddering.* Li bouke, l ap balanse debò.

doddering *adj.* 1[*unsteady*] branlan, enstab 2[*senile*] annanfans, darati

dodge[1] *n.* atifis, detou, eskiv *He made a quick dodge to avoid taking a punch.* Li fè yon sèl detou pou evite li pran kout pwen an.

dodge[2] *v.tr.* eskive, fè yon chiray, kabre, koule *He dodged the punch.* L eskive kout pwen an. *When she thought she was going to catch me, I dodged.* Lè l konprann li pral kenbe m, m fè yon chiray. *He dodged the blow the guy struck toward him.* Misye kabre kout pwen nèg la voye sou li a. *If I hadn't dodged, I would have been hit.* Si m pa te koule, m pran kout pwen an. •**dodge a blow** pare kou

dodger *n.* driblè

dodging *n.* koule *It's by dodging that I didn't get hit in the mouth.* Se koule a ki fè m pa pran kout pwen an nan bouch.

doer *n.* aktivis, antreprenè, debouyè

dog *n.* chen, toutou •**dog crate** kaj pou chen •**female dog** chen femèl, manman chen •**dog kennel** chenil, kay chen •**dog leash** lès •**dog show** espozisyon chen •**dog tired** zo bouke •**guard dog** chen dgad •**go to the dogs** tonbe nèt *That business has gone to the dogs.* Konmès la tonbe nèt. •**guard dog** chen gad •**hound dog** chen kouran, levriye •**hunting dog** chen chas •**local mongrel dog** chen peyi •**mad dog** chen fou *A mad dog has bitten the child.* Yon chen fou te mòde pitit la. •**male dog** mal chen •**puppy dog** ti chen, toutou •**purebred dog** chen frans •**rabid dog** chen fou •**seeing-eye dog** chen davèg •**sheep dog** chyen bèje •**stray dog** gadò

dog-eat-dog *adj.* chen manje chen *They can't get along, it's dog-eat-dog.* Yo pa ka antann yo, se chen manje chen.

dogberry *n.* [*shrub or small tree*] katchemen

doghouse *n.* nich (chen) •**be in the doghouse with s.o.** an kontravansyon ak *You're already in the doghouse with your father, you'd better behave.* Ou deja an kontravansyon ak papa ou, pito ou fè wòl ou.

dogma *n.* dòg

doily *n.* napwon, sou vè

doing *n.* •**doing the same thing** wete ble mete ble *Removing Duvalier's regime to set up a military regime is like doing the same thing.* Retire rejim Divalye a pou mete yon rejim militè, se wete ble mete ble. •**secret doings** kaka chat *Tonight the secret doings will be revealed.* Aswè a tout kaka chat gen pou deyò.

doldrums *n.pl.* 1[*lack of activity*] kalmi 2[*low spirits*] kè{mare/sere}, ladeprim •**in the doldrums** akable, kagou, kè grenn

dole *n.* charite, lacharit

dole out *v.intr.* dole *I dole out my money every month.* M dole lajan mwen chak mwa.

doll *n.* 1[*toy*] pope 2[*attractive woman*] bebe, pope zen *That woman is a doll.* Dam sa a se yon zen. •**a stuffed doll** yon poupe anpaye •**baby doll** bebidòl •**china doll** pope{pòslèn/Rebeka} •**cloth doll** pope twèl •**elegant doll that is overdressed** pope zaza •**large rag doll** pope magotonn •**plastic doll** pope frans

doll o.s. up *v.tr.* biske kò li

dollar *n.* dola •**dollar bill** fèy dola •**Haitian dollar** [*equals five gourdes*] dola{ayisyen/wouj} •**U.S. dollar** {biyè/dola}vèt, grinbak

dolled *adj.* •**dolled up** biske kò li *To what party are you going that you're so dolled up.* Nan ki fèt ou prale pou ap biske ou konsa. •**all dolled up** anplimdepan •**get dolled up** ponponnen li *I'm getting dolled up to go to the theater.* M ap ponponnen m pou al nan teyat la.

dollhouse *n.* kay jwèt

dolly[1] *n.* [*carriage*] charyo

dolly[2] *n.* [*doll*] pope

dolphin *n.* dofen, malswen

dolt *n.* egare, kreten, sòt

doltish *adj.* loudo, malagòch

domain *n.* [*of knowledge*] domèn

dome *n.* donm

domestic[1] *adj.* 1[*gen.*] isitkay, menaje, natif natal, peyi *Domestic rice is better than foreign rice.* Diri isitkay pi bon pase diri etranje. *Domestic rice is delicious.* Diri peyi se koupe dwèt. 2[*flight*] entèn, local *A domestic flight.* Yon vòl lokal. 3[*pertaining to household*] lakay, menaje

domestic[2] *n.* 1[*gen.*] domestik, sèvitè 2[*pej.*] merilan

domesticate *v.tr.* domestike *Ever since the horse was domesticated, it doesn't kick.* Depi chwal la domestike, li p ap voye pye.

dominant *adj.* dominan *That team is dominant in the race.* Nan konkou a, ekip sa a dominan.

dominate *v.tr.* dominen, pran pye sou, sele *He dominates the woman completely.* Misye dominen fi a nèt. •**dominate s.o.** pran pye sou yon moun *Amélie dominates him completely, whatever she says goes.* Ameli pran pye sou li nèt ale, sa l di l se sa.

dominated *adj.* sele *A brainless person such as you, it's easy for you to be dominated.* Yon moun san tèt kon ou, se fasil pou n sele ou.

domination *n.* dominasyon, lobedyans •**under the domination of** anba ponyèt

Dominican¹ *adj.* **1** dominiken, dominikèn [*fem.*], panyòl *The Dominican people.* Pèp dominiken an. **2**[*from the Dominican Republic*] dominikè

Dominican² *prop.n.* **1**[*person*] dominiken, dominikèn [*fem.*], panyòl **2**[*eccl.*] dominiken

Dominican Republic *prop.n.* {Dominikani/ Ladominikani}, Repiblik Dominikèn, Panyòl, {Sendonmeng/Sendomeng}, *I am going to the Dominican Republic.* M prale nan Panyòl. *I went to the Dominican Republic.* M t al Sendonmeng.

domino *n.* zo **dominoes** *n.pl.* domino, zo *Let's go play dominoes.* Ann al jwe yon zo non. *Can you play dominoes?* Ou konn jwe domino? *I already have seven dominoes in my hand.* M gen sèt zo m nan men m deja. •**dominoes played in teams or pairs** domino asosye •**mismatching domino** mi *He has used a mismatching domino, now the game is blocked at one end.* Li mete mi nan domino a, kounye a jwèt la bloke nan yon pwent. •**the act of stirring dominoes** brase

donate *v.tr.* fè kado *He donated land to the city.* Li fè Lakomin kado yon tè. •**donate or sell blood** bay san *She agreed to donate blood.* Li dakò pou l bay san.

donation *n.* **1**[*gen.*] donasyon, koutwazi, lacharite **2**[*in church*] kèt

done¹ *adj.* **1**[*finished*] fini *Tell me when you're done.* Fè m konnen lè ou fini. **2**[*fully cooked*] bon, fèt, kuit *Check the beans on the stove to see if they're done.* Al gade si pwa a kuit sou dife a. *The food isn't done yet.* Manje a poko fèt. *The food is done.* Manje a bon. •**done again** refèt *This job needs to be done all over again.* Sa se yon travay ki pou refèt nèt. •**done for** anba kòd, bannann, boule, chen manje li, chire, fri, kata, pri *The coffee project is done for because all the money is gone.* Pwojè kafe a anba kòd paske tout lajan kaba. *Oh my God, we're done for.* Ayayay nou boule. *The guy is really done for, he has nothing.* Msye fri toutbon, li pa gen anyen. *The day they uncover what you did, you'll be done for.* Jou yo dekouvri ou, ou pri. *If I don't find the money to borrow, I'm done for.* Si m pa jwenn lajan an prete, chen manje m. *I'm done for in this card game, I have only bad cards.* M chire nan

men kat sa a, tout pòy yo tonbe nan men m. •**done in** about, delage, krible, ran fyèl *I feel really done in, so tired am I.* M santi se krible m krible la pou jan m fatige. •**done with** fini ak *I'm done with those people, they can leave now.* M fini ak moun yo, yo mèt ale. •**badly done** pachiman *Who is the seamstress who gave you those badly done clothes?* Ki koutiryè ki ba ou rad pachiman sa? •**carefully done** apwofondi *It's a carefully done job.* Se yon travay apwofondi. •**carelessly done** mal fagote •**crudely done** gwosomodo *This carpentry work is crudely done.* Travay chapant sa a gwosomodo. •**not well done** degwosi *This chair is not well done.* Chèz sa mal degwosi. •**well done** anfòm, ki sot nan moul, oke *You did a good job. Well done!* Ou fè yon bèl travay. Anfòm! *When you look at that, you see it's beautifully done.* Depi ou wè sa, ou wè se yon bagay ki sot nan moul. *The work is well done.* Travay la oke.

done² *interj.* [*fam.*] finach *Where are you at with the work? —All done!* Nan ki pwen ou ye ak travay la konnya? —Finach!

donkey *n.* bourik, moko, vannivan •**dangerous donkey** bourik sourit •**male donkey** mal bourik •**one-eyed donkey** bourik je bòy •**young donkey** ti bourik

donor *n.* donatè, donè

do-nothing *n.* djòl bòkyè

donut *n.* donòt

doodad *n.* bagay

doo-doo *n.* tata, tchatcha

doodle *n.* majigridi

doom *n.* sò •**prophet of doom** bouch kabrit

doomed *adj.* sanzavni

doomsday *n.* jijman dènye

door *n.* **1**[*entrance*] pòt **2**[*house, building*] kay *They live three doors down from the red house.* Yo rete twa kay apre kay wouj la. •**door handle** manch •**door-to-door** depòtanpòt •**behind closed doors** anbachal, awiklo *The meeting was held behind closed doors.* Seyans la fèt awiklo. •**double door** pòt de batan •**from door to door** pòt an pòt *She went from door to door selling goods to people.* Li mache pòt an pòt ofri moun yo machandiz. •**front door** pòt devan •**lattice-work door** jalouzi •**next door** kay a kote *Who's living in the house next door?* Ki moun ki ret nan kay a kote a? •**side of a double door** batan pòt •**side door** pòt sou kote •**sliding door** pòt{akoulis/glisyè} •**s.o. who goes from door to door** fritè •**you make a better door than a window** ou pa glas, ou pa vitriye

doorbell *n.* sonnèt

doorframe *n.* {ankadreman/chanbrann}pòt, montan

doorkeeper *n.* okton, pòtye

doorknob *n.* bouton pòt, manch pòt, pwaye pòt

doorlatch *n.* kwochèt, takèt

doorman *n.* pòtye

doormat *n.* **1**[*gen.*] machpye **2**[*fig.*] po patat, sak pay/sakpay, ti piyay *He's their doormat, they make him do whatever they want.* Misye se po patat yo, yo vire l tounen l jan yo vle.

doorstep *n.* devanpòt, machpye, papòt, pòt devan *He's sitting on the doorstep.* Li chita sou machpye a.

doorway *n.* papòt, pòt *He's standing in the doorway.* Li kanpe nan papòt la.

dope¹ *n.* [*idiot*] enbesil, kreten, sòt

dope² *n.* [*drugs*] dwòg, estipefyan

dope³ *n.* [*inside information*] enfo, koze, zen •**give me the straight dope** ban m sa byen

dopey *adj.* bobo, makak, nyè

dorado *n.* dorad

dormant *adj.* batriba, nan dòmi

dormitory *n.* dòtwa

dorsum of the foot *n.* do pye, wòs

dosage *n.* dòz

dose *n.* dòz

dossier *n.* dosye

dot *n.* **1**[*gen.*] pwen **2**[*on clothes*] boul *It's a dress with red dots on it.* Se yon wòb a boul wouj. **3**[*math*] pwen •**on the dot** [*time*] jis, kalanmplanm, pil, tapan, won *It's noon on the dot.* Li fè midi tapan. *They arrived at three o'clock on the dot.* Yo rive a twazè jis.

dotted *adj.* takte •**dotted line** pwentiye

double¹ *adj.* doub *They made her pay for the food at double price.* Yo fè li peye manje a doub. •**double whammy** douk sou douk, doub{malè/rèvè}

double² *n.* **1**[*person*] tokay **2**[*sth. twice in value*] de fwa lavalè *I paid three dollars for it, and then he offered me double for it.* M peye l twa dola, enpi l ofri m de fwa lavalè pou li. •**on the double** konnye konnye a, (a)tout

boulin, tout kous *Tell her to get here on the double!* Di l vin.

double³ *v.tr.* double *The church doubled the number of members.* Legliz la double manm yo. •**double back** repase menm kote *I doubled back, but I didn't find the ring.* M repase menm kote a, m pa jwenn bag la. •**double up** [*in pain*] kòde •**double up in pain** kòde ({yaya/yoyo})*She doubled up with abdominal pain.* Se kòde l ap kòde ak yon vant fè mal. *She's doubling up in pain.* L ap kòde yaya. •**double up laughing** mete li vant atè pou ri

double-boiler *n.* kastwòl vapè

double-chin *n.* babin, papèl

double-cross *v.tr.* pran nan{gonm/lak/plan}, taye bonnèt, trayi *She double-crossed me.* Li trayi m.

double-crosser *n.* konze, trèt

double-crossing *n.* trayizon

double-dealer *n.* [*esp. toward women*] bakoulou, koutayè

double-dealing *n.* koutba, kout fouk, woulay

double-edged *adj.* de bò

double-faced *adj.* de fas

double-jointed *adj.* dezatikile

double-space *n.* doub entèliy

double-whammy *n.* douk sou douk

doubleton *n.* [*in dice*] lèp

doubloon *n.* doublon

doubt¹ *n.* dout, rezèv, soupson **doubts** *n.pl.* •**beyond doubt** san dout •**have doubts** doute, gen soupson *Does he have doubts about her skills?* Li doute de kapasite l? •**have one's doubts about sth.** pa fè konfyans •**no doubt** kanmenm, pa gen manti *He'll no doubt be stopping by.* L ap pase la a kanmenm. *There's no doubt that she's the prettiest of all the girls.* Pa gen manti, se li menm ki pi bèl nan ti medam yo. •**without a/any doubt** san{di petèt/dout}, tout bon *Without a doubt, she's coming.* San dout, l ap vini.

doubt² *v.tr.* doute *Do you doubt what I say?* Ou doute sa m di a?

doubter *n.* Sen Toma

doubtful *adj.* **1**[*not certain*] diskitab, ensèten **2**[*wary*] demefyan

doubting Thomas *prop.n.* dirakwa, Sen Toma

doubtless *adv.* san dout

douche *v.intr.* fè bidèt *She's going to douche.* Li pral fè bidèt li. •**vaginal douch** {douch/lavaj} vajen

dough[1] *n.* [*bakery*] pat, petren

dough[2] *n.*[*money*] apredje, kòb, lamama *I'm broke, give me a little of your dough.* M chèch la, ban m yon ti apredje sou ou.

doughty *adj.* kouraje, vanyan

dour *adj.* si *The guy's look is dour.* Min nèg la si anpil.

douse *v.tr.* mouye ... tranp *She doused the clothing in the bucket.* Li mouye rad yo tranp nan bokit.

dove *n.* kolonm, pijon, toutrèl •**white-winged dove** tò

dovetail[1] *n.* [*carpentry*] mòtèz

dovetail *v.intr.* mòtwaze

dovewood *n.* bwakrapo, bwavach, grennlò

dowager *n.* gran dam

dowdy *adj.* definfala, sangou, raz

dowel *n.* boulon

down[1] *adj.* afese, kagou, moral li kraze *I feel down.* M kagou. *The death of his wife has really gotten him down.* Lanmò madanm li a kraze moral li serye.

down[2] *adv.* 1[*at, towards a lower level*] anba, atè, desann *The kite is down.* Kap la atè. *The price of coffee is down this year.* Pri kafe desann ane sa a. 2[*in writing*] ekri *I have his address down somewhere.* M gen adrès li ekri yon kote. •**down and out** demèfle •**down to** jis •**down with** aba *Down with injustice!* Aba lenjistis! •**deep down into** nan fon *God can read deep down into our hearts.* Bondye ka li nan fon kè nou. •**get down** desann •**go down** desann •**go down lower** bese, fè yon desann

down[3] *n.* [*soft bird feathers*] dive, plim, pwal, zètòk

down[4] *v.tr.* [*drink*] voye yon vè monte *They're downing a glass of rum.* Y ap voye yon vè tafya monte la.

down-and-out *adj.* afè yon moun pa bon, chen ap tranpe kasav pou yon moun *I don't have any means for a livelihood, I'm down and out.* Mwen pa gen mwayen pou m viv, se chen k ap tranpe kasav pou mwen.

downcast *adj.* chagren

downer *n.* anbètman, anmèdman

downfall *n.* chit, degrengolad *Everyone knew that the minister's downfall was inevitable.* Tout moun te konnen minis lan t ap tonbe. *Drinking was his downfall.* Tafya fini avè l nèt.

downgrade *v.tr.* degrade *They downgraded the general.* Yo degrade jeneral la.

downhearted *adj.* an chen, kè yon moun grenn *The exam he failed left him completely downhearted.* Egzamen an li rate a mete li an chen nèt.

downhill[1] *adj.* fasil *It's all downhill from here.* Li fasil konnye a.

downhill[2] *adv.* 1[*direction*] an desandan 2[*fig.*] annaryè •**go downhill** deperi, desann, pèdi fil *His business is going downhill.* Biznis msye a ap deperi. *He's getting old, and his health is going downhill.* Li koumanse granmoun, kò a ap desann. •**going downhill** an bès, sou fil pou pèdi *The business is going downhill everyday.* Biznis la an bès chak jou.

download *v.tr.* rale dosye vini, transfere *Download this message.* Rale mesaj sa a vini.

down payment *n.* avalwa, avans

downplay *v.tr.* minimize *Why do you downplay the difficulties?* Poukisa ou minimize difikilte yo?

downpour *n.* avès, gwo lapli, lavalas, twonm *The downpour carried many animals away.* Avès la pote anpil zannimo ale. *That was quite a downpour last night.* Lapli yè swa, se te yon gwo lapli.

downright[1] *adj.* konplè, total *It's a downright shame!* Se yon wont total!

downright[2] *adv.* nètale, toutbon *I'm downright mad at him!* M fache kont li toutbon!

Down's Syndrome *prop.n.* gwo tèt •**person with Down's Syndrome** mongòl

downside *n.* dezavantay, enkonvenyan

downstairs *adv.* anba, anba (a) *He's downstairs.* Li anba (a). *There's a nice breeze downstairs.* Gen yon bon van anba a. *I am waiting for you downstairs.* M ap tann ou anba a.

downstream *adv.* anba

down-to-earth *adj.* rèk, senp, sanfason

downtown *adv.* anba lavil, lavil (la) *I'm going to buy something downtown.* M pral achte yon bagay lavil la. *The office downtown.* Biwo lavil la.

273

down-trodden adj. •**down-trodden person** poul mouye, tablati *Look at the down-trodden person, everything they do to him, he laughs it off.* Gad lè poul mouye a non, tout sa yo fè l, li ri.

downturn n. bès, deklen, diminisyon

downwards adv. an desandan, pa anba

downy adj. flou, mou, mòl, swa

dowry n. dòt

doyen n. dwayen

doze¹ n. •**short doze** dòmi chat

doze² v.intr. {bay/fè}kout tèt, dodomeya, kabicha, singo *I saw he was dozing so I turned off the TV.* M wè l ap kabicha, m fèmen televizyon an. *The master is dozing, don't wake him up.* Mèt la ap dodomeya, pa reveye l non. *All day long the old woman was dozing on the rocking chair.* Tout jounen granmoun nan ap ba kout tèt sou dodin nan. *Are you dozing off in the chair?* Apa w ap singo sou chèz la? •**doze off** asoupi, bay zikap, dòmi pran yon moun, singo *While she was dozing off, the thief took the radio.* Antan li asoupi, volè a pran radyo a. *Instead of dozing off in the chair, go to bed.* Tan pou ap bay zikap sou chèz la, al dòmi non. *Are you dozing off in the chair?* Apa w ap singo sou chèz la? *He dozed off.* Dòmi pran l.

dozen n. douzèn *She bought a dozen eggs.* L achte yon douzèn ze.

drab adj. depoli, mat, raz

drabness n. mat

dracaena n. [*plant of the lily family*] fèy makak

draft¹ n. **1**[*air current*] kourandè, kouran dè, van **2**[*recruitment*] rekritman

draft² n. [*initial written version*] bouyon, kopi osal *Write a rough draft before you write the letter.* Fè bouyon anvan ou ekri lèt la. •**make/write a final draft** {ekri/ mete} yon bagay opwòp *I'm writing the final draft of the letter.* M ap mete lèt la opwòp. •**rough draft** bouyon

draft³ v.tr. drese, fè rekritman, redije, rekrite *The secretary drafted the report of the meeting.* Sekretè a drese rapò reyinyon an.

draft⁴ v.tr. anwole, fè rekritman *The army is recruiting people.* Lame ap fè rekritman.

draftee n. rekri

drafting n. [*of a deed, etc.*] redaksyon

draftsman n. desinatè teknik

drafty adj. chaje kourandè *This house is very drafty.* Kay la chaje kourandè.

drag¹ n. raz *The party was a drag!* Fèt la te raz!

drag² v.tr. **1**[*pull along*] charye rale, trennen *Why are you dragging the kid like that?* Poukisa w ap charye pitit la konsa? *The box is too heavy to lift, you'd better drag it.* Bwat la twò lou pou leve, rale l vini pito. *The ribbon on your dress is dragging on the ground.* Riban rad ou ap trennen atè. *They dragged her outside.* Yo trennen l mete l deyò. **2**[*take out (s.o. very reluctant)*] trennen *He never goes out; I had to drag him to the movie.* Li pa janm soti, m oblije trennen l mennen l sinema. •**drag around** trenbale *He's always dragging around a lot of stuff on his back.* Li toujou ap trenbale yon ekip bagay sou do l. •**drag on** mal pou fini, trennen zèl li *Since this guy started talking, he has been dragging on and on.* Depi se li ki pran lapawòl, li mal pou fini. *He's really taking a long time to prepare the food, he s dragging on too much.* Tann dat l ap fè manje a, li trennen zèl li twòp. •**drag one's feet** dangoye, kalbende *Walk fast, stop dragging your feet in the street.* Mache vit, ase chita ap dangoye nan lari a. *He dragged his feet on the job until they fired him.* Misye kalbende nan travay la jous yo revoke l. •**drag out** kalewès *The secretary spent a lot of time with the work, she's dragging it out.* Sekretè a fè yon pakèt tan ak travay la, l ap kalewès. •**drag s.o. by the arm** redi *Quit dragging the child by the arm like that in the street.* Ase redi pitit la konsa nan lari a.

dragnet n. **1**[*fishing*] trenn **2**[*police*] kout filè

dragon n. dragon

dragonfly n. demwazèl, zenzen, zenzenn

dragon's blood tree n. bwapal

drain¹ n. [*in the street*] rego, rigo, rigòl, tiyo vidany, twou rego •**be a drain on s.o.'s resources** rale yon moun pa dèyè

drain² v.tr. **1**[*remove liquid*] degoute, minen *Put the meat out to drain before you marinate it.* Mete vyann nan degoute anvan ou marinen l. **2**[*sorcery*] souse san •**drain away** dezose •**drain off** drene *They're draining the lots.* Yo drene teren yo.

drainage n. drenaj

drainboard n. egoutwa

drained adj. [*tired*] about

draining *n.* asenisman, drenaj *The draining of the city helped to eliminate standing water.* Asenisman vil la fasilite dlo yo pa chita.

drainpipe *n.* **1**[*gen.*] dal **2**[*in a bathtub*] tiyo vidany •**underground drainpipe** dren

drainplug *n.* bouchon

drake *n.* mal kana

drama *n.* dram, pyès, teyat

dramatic *adj.* [*situation, event*] dramatik

dramatist *n.* dramatij

drape *n.* rido

drapery *n.* drapri

drastic *adj.* sevè, toutbon *Drastic changes are needed.* Fò gen chanjman toutbon.

drastically *adv.* radikalman, sevèman

draw¹ *n.* [*tie*] match nil *Their match ended in a draw.* Yo fè match nil.

draw² *n.* atirans, cham

draw³ *v.tr.* **1**[*liquid*] ponpe, tire *Draw some water from the well for me.* Tire enpe dlo nan pi a pou mwen. Yo pran san m maten an. **2**[*a card*] pike, pran *If you're going to pass, draw a card!* Si ou pas, pike monchè! **3**[*weapon.*] degennen, pliche, rale *He drew out the knife.* Li pliche kouto a. *He drew a handgun on me.* Li rale yon revòlvè sou mwen. **4**[*attract*] bay atirans, rale *This store draws lots of customers.* Magazen sa a bay atirans. *The movie drew a big crowd.* Fim lan rale yon bann moun. **5**[*take out money*] retire *I can't draw any money from my account anymore.* M pa ka retire kòb sou kanè a ankò. •**be drawn twice** fè dekabès *The number twenty was drawn twice in today's drawing.* Ven fè dekabès nan tiray jodi a. •**draw attention toward** atire atansyon sou *The woman is so well dressed that she draws attention to herself.* Fi a tèlman byen abiye, li atire atansyon sou li. •**draw away/back** rale bounda li dèyè, rale{bounda/dèyè/kò}li, renka kò li *He drew back when he saw the policemen arriving.* Li rale bounda li dèyè lè li wè polisye yo ap vini. *When she heard the gunshot, she drew back.* Lè li tande tire a, li rale dèyè li. *She's drawing back so that they can't see her.* L ap renka kò li pou yo pa wè l. •**draw blood** pran san *The nurse drew some blood for analysis.* Mis la pran san m pou analiz la. •**draw in(to)** fòse antre *You're the one who drew me into the fight.* Se ou k fòse antre m goumen

an. •**draw inferences** tire yon rezon •**draw lots** tire{mayanba/osò} *The referee drew lots to decide which team would take centerfield first.* Abit la tire osò pou deside ki ekip k ap santre anvan. *They drew lots to see who would go tell him.* Yo tire mayanba pou wè kimoun ta al di li. •**draw near** pwoche •**draw nearer** rapwoche *Draw nearer so that I can say a word to you.* Rapwoche pi pre pou mwen di ou yon pawòl. •**draw out** fè yon bann tan *The meeting was really drawn out.* Reyinyon an fè yon bann tan. •**draw to a close/an end** prèt pou fini *This year is drawing to an end.* Ane a prèt pou fini. •**draw up** bati yon ak, drese pase ak, redije *The lawyer hasn't drawn up the document yet.* Avoka a pòkò redije dokiman an. *The two nations drew up a peace agreement so that they never will make war.* De peyi yo bati yon ak lapè ansanm pou yo pa janm fè lagè. *When you're done drawing up the formal document, send it to the minister for him to sign.* Lè ou fin pase ak la, voye l ba minis la pou siyen l.

draw⁴ *v.tr.* [*art*] desine, fè{desen/pòtre}, trase *She drew a horse.* Li fè desen yon cheval. *The children drew a picture.* Timoun yo desine imaj. *That painter draws well.* Atis sa konn fè bèl pòtre. *Draw a line.* Trase yon liy. •**draw a circle around** sèke •**draw a dotted line** pwentye *Draw a dotted line between those two points.* Pwentye ant de lèt sa yo. •**draw a grid** kadriye *The student drew a grid on the page.* Elèv la kadriye paj la. •**draw a picture** fè pòtre, tire pòtre *He draws pictures well.* Misye tire pòtre byen.

drawback *n.* dezavantay, enkonvenyan, poblèm *There are a number of drawbacks.* Gen yon bann poblèm.

drawbridge *n.* pon baskil

drawer *n.* **1**[*of a table, chest, etc.*] tiwa *Look in the top drawer.* Gade nan tiwa anlè a.

drawing¹ *n.* [*art*] desen, pòtre *He's good at drawing.* Li bon nan desen. *This drawing of a horse is nice.* Desen cheval sa a bèl. •**drawing up** [*of a deed, etc.*] redaksyon •**scale drawing** desen alechèl

drawing² *n.* [*lottery*] tiray •**drawing/casting of lots** tiray osò

drawl *n.* pale trennen

---

drawling *adj.* trennen *She has a drawling voice.* Manmzèl gen yon vwa trennen.

drawn *adj.* rale, redi *Her face is drawn because she's sick.* Figi l rale akòz li malad.

drawstring *n.* koulis *We're making clothing with drawstrings, then we'll pass laces through them.* N ap fè rad la ak koulis, epi n ap pase lasèt nan koulis la.

dread[1] *n.* freyè, krent

dread[2] *v.tr.* mete bab li alatranp, pè *He was dreading what might have happened.* Li mete bab pa l alatranp pou sa k ka pase. *I dreaded running into him again.* M te pè pou m pa kwaze avè l ankò.

dreadful *adj.* tèrib

dreadlocks *n.pl.* cheve trese, drèd *He can make nice dreadlocks with his kinky hair.* Li ka fè bèl drèd ak cheve grenn ni an.

dream[1] *n.* rèv, revelasyon, sonj, vizyon *I had a bad dream.* M wè yon vye rèv. *It was his dream to become a doctor.* Rèv li se te fè doktè. •**dream come true** rèv flòch ak men •**wet dream** voye nan dòmi •**person of one's dreams** moun pa li

dream[2] *v.tr.* panse, reve *I dreamed that I was wealthy.* M reve m rich. *I never dreamed that she would give it to me.* M pa t janm panse l t ap ban mwen l. •**dream about** dòmi reve •**dream about/of s.o.** reve, wè yon moun nan sonj *Each night I dream of you.* Chak swa m reve ou. •**dream up** vin ak *Who dreamed this idea up?* Ki moun ki vin ak lide sa a?

dreamboat *n.* dyal

dreamer *n.* vizyonè

dreariness *n.* lè{sonm/tris}

dreary *n.* sonm, tris

dregs *n.pl.* dlo vidany, kras boutèy •**dregs of society** dezevre *Where are these dregs of society going?* Kote dezevre sa yo prale?

dredge *v.tr.* fouye, pwofonde *We need to dredge the ditch.* Se pou n fouye kannal la.

drench *v.tr.* an tranp, mouye, mouye tranp *The water nearly drenched me.* Dlo a manke mouye m. *I'm drenched.* M mouye tranp.

drenched *adj.* tranpe *We got drenched in the rain.* Nou tranpe anba lapli a. •**get totally drenched** bwè dlo nan nen *She got totally drenched, it rained so hard.* Li bwè dlo menm nan nen tank lapli a te fò.

dress[1] *adj.* [suitable for more formal wear] bon *Put on a dress shirt.* Mete yon bon chemiz sou ou.

dress[2] *n.* rad, wòb *What a beautiful dress!* Ala yon bèl rad! •**baby dress** kazak •**fancy dress** rad seremoni •**casual dress** moumou •**official dress** abi •**peasant dress** kazak •**penitential dress** wòb sak •**special dress worn as penance** wòb penitans •**two-piece dress** [blouse and skirt] rad jip a kòsaj

dress[3] *v.tr.* 1[put on clothing] abiye, {mete/pase}rad sou, pase *Marie-Rose is going to dress the bride.* Mariwoz pral abiye lamarye a. *Get dressed quickly.* Pase rad yo sou ou vit. *Dress the baby.* Mete rad sou tibebe a. 2[a wound] panse *The nurse dressed the wound on my foot.* Mis la panse pye a. •**dress down** atrap •**dress elegantly** frape *Later I'm going to dress elegantly.* Pita m pral frape yon rad la. •**dress in an inappropriate manner** kale kò li •**dress indecently** vann *You are dressing indecently if you put on that short skirt.* Ou ap vann si se ti kale kò sa ou mete sou ou. •**dress too warmly** •**dress up** banda, banda, bodè, bòzò, bwòdè ({kou/pase}{rat/pis}), chèlbè, fen (kou ze zwa), gante, kopen, ponmen li bòzò. •**dress with elegance** frape

dressed *adj.* abiye *She's dressed with a blue dress.* Li abiye ak yon wòb ble. •**dressed in poor taste** degize •**dress ridiculously** fagote *The yokel dressed ridiculously to go to the wedding.* Kongo a fagote pou l al nan maryaj. •**dressed to kill** abiye{kou pan/min}, anplimdepan, bwòdè{kou/pase}{rat/pis}, djougan, zaza *John is dressed to kill this morning, it looks like he's going to a wedding.* Jan anplimdezwa maten an, gen lè l pral nan yon nòs. *You must be going out if you're dressed to kill like that?* Ou ap ale yon kote si ou bwòdè kou rat konsa? *You'll be the center of attention dressed to kill like that.* Ou pa p ka ret kache bwòdè pase pis konsa. *This elegant guy is always dressed to kill.* Nèg djougan sa a toujou abiye min. *Where are you going dressed to kill like that?* Kote ou prale ou zaza kon sa? •**dressed to the hilt** bwòdè{kou/pase} {rat/pis} *He's a guy who's dressed to the hilt.* Msye se yon nèg ki bwòdè pase pis. •**dressed to the nines**

276

[*to perfection*] abiye kou pan *She's dressed to the nines for the party.* Li abiye kou pan pou fèt la. •**dressed up** banda, bodè, bòzò, bòzò, bwòdè, bwòdèz [*fem.*], bwòdè{kou/pase} {rat/pis}, chèlbè, fen, fen kou ze zwa, gante, kopen *When you see him dressed up like that, you know he's going to a party.* Depi ou wè li bòzò konsa, konnen li pral nan fèt. *Where are you going that you are dressed up like that?* Kote ou prale pou abiye bwòdè konsa? *This dress makes you look dressed up.* Rad sa a fè ou chèlbè. *He's dressed up.* Li fen kou ze zwa. *You have to be dressed up in order to go to the reception at the Palace.* Fò ou byen gante pou ou al nan resepsyon nan Palè. *He's hip, he's always dressed up.* Li se kopen, li toujou byen fen. •**dressed well** fre kou ze zwa *He's dressed well.* Li fre kou ze zwa. •**appropriately dressed** an teni *I'm not going out because I'm not appropriately dressed.* M p ap soti deyò a paske m pa an teni. •**badly dressed** malfouti •**be dressed in a grotesque fashion** abiye tankou kongo belizè *The girl is dressed in a grotesque way, as if she's going to a disco.* Fi a abiye tankou kongo belizè tankou se nan disko li prale. •**be dressed in poor taste** degize *You're dressed like a clown and you want to woo girls!* Jan ou degize kou madigra la, epi ou bezwen file fi! •**be dressed too warmly** boure *With this heat you shouldn't be dressed too warmly.* Ak chalè sa a ou pa dwe boure konsa. •**elegantly dressed** bwòdè kou pan *You are very elegantly dressed, where are you going?* Ou bwòdè kou pan, kote ou prale? •**get dressed** abiye li, mete rad sou, pase *Get dressed.* A1 abiye ou. *I'm getting dressed to go to the party.* M ap abiye pou m al nan fèt la. *I'm getting dressed.* M ap mete rad sou mwen. *Get dressed quickly.* Pase rad yo sou ou vit. •**not well dressed** an chen *I can't go out, I'm not well dressed.* M pa ka sòti, mwen an chen. •**shabbily dressed** dechire *You shouldn't go out on the streets dressed shabbily like that.* Ou pa dwe pran lari dechire konsa. •**shoddily dressed** blaze *She wouldn't dare go out so shoddily dressed.* Li pa ta p nòz sòti konsa ak rad blaze sa yo. •**well dressed** byen prezante *You should always manage to be well dressed*

when you go to someone's house. Ou fèt pou toujou byen prezante lè ou pral kay moun.

dresser[1] *n.* •**sloppy or poor dresser** makak *That sloppy person doesn't know how to dress.* Makak sa a pa konn abiye.

dresser[2] *n.* [*furniture*] bifèt, chifonnye, kwafèz

dressing[1] *n.* [*on wound*] aparèy •**surgical dressing** pansman

dressing[2] *n.* abiyay •**dressing room** vestyè •**dressing table** kwafèz

dressing[3] *n.* •**dressing down** esplikasyon, savonnay

dressmaker *n.* koutiryè

dressmaking *n.* kouti

dribs *n.pl.* •**in dribs and drabs** timidman *People are beginning to arrive in dribs and drabs.* Moun yo koumanse ap vini timidman.

dribble[1] *n.* [*basketball, soccer*] drib

dribble[2] *v.tr.* [*basketball, soccer*] drible *He dribbled past the goalie.* Li trible gadyen an.

dribble[3] *v.intr.* [*urinary*] degoute pipi •**have dribble at the corner of one's mouth** [*often dry*] gen djòl bòkyè

dribbler *n.* [*basketball, soccer*] driblè

dried *adj.* cheche •**dried up** chèch •**dried up by the sun before ripening** [*fruit*] chode

drift[1] *n.* deriv

drift[2] *v.intr.* drive, flannen, vakabonnen, wouskaye •**drift about** [*in hopes of receiving food, money, etc.*] frite •**drift around** drivaye, grapiyen *Since this morning you drift around, go do your homework.* Depi maten w ap grapiye la, al etidye leson ou atò. •**drift away** degrennen

drifter *n.* bèt seren, drivayè, drivayèz [*fem.*], gratè, sanzazil, vadwouyè, vakabon *This drifter is wasting his life.* Gratè a pa regle anyen ak lavi li.

drifting *adj.* aladriv *The boat is drifting.* Bato a aladriv. *He's not doing anything good, he's drifting.* Li p ap fè anyen de bon, li aladriv.

drill[1] *n.* [*tool*] mèch, taryè, vilbreken, vri •**hand drill** chiyòl •**mechanical drill** dril •**pneumatic drill** mato konpresè

drill[2] *n.* egzèsis

drill[3] *v.tr.* fouye pèse *He drilled a large hole in the wall.* Li fouye yon gwo tou nan mi an.

The thief drilled a hole in the wall of the house. Vòlè a pèse yon tou nan do kay la.

drill[4] *v.intr.* fè egzèsis *The soldiers were drilling.* Solda yo ap fè egzèsis.

drilling *n.* foraj

drink[1] *n.* **1** [*gen.*] bwason, bweson *There will be both food and drink at the party.* Ap gen manje, ap gen bweson nan fèt la. **2** [*alcoholic*] gwòg, kou, loksyòl *Every day he has a drink upon leaving his work place.* Chak jou, li bwè ti gwòg li lè li sot nan travay. *Let's have a drink.* Ann bwè yon kou. **3** [*sweet drink*] likè *This drink is really sweet and smooth.* Kola sa a se yon likè. •**alcoholic drink** [*infused with herbs, fruit, bark, roots, etc.*] tranpe •**any mixed alcoholic drink** [*other than rum*] kòktèl •**chocolate-based drink** foskawo •**cool drink** rafrechisman •**cool refreshing drink** rafrechi •**have another drink** rebwè *I'll have another glass of juice.* M ta rebwè yon lòt vè ji. •**just a little of a drink** filèt •**spiked drink** pike *Her drink was spiked.* Bweson li a te pike. •**take a drink** [*of alcohol*] voye yon vè monte •**very sweet soft drink** kola

drink[2] *v.tr.* bwè *What do you drink?* Sa ou bwè? *He doesn't smoke or drink.* Li pa ni fimen ni bwè. *When he gets paid, he stays out drinking all night.* Depi l touche, li fè nuit deyò ap bwè. •**drink alcohol** bwè *He drinks too much, he can't walk straight.* Li bwè twòp, li pa ka mache dwat. •**drink heavily** kave, koule bweson *Those two guys are drinking a lot.* De nèg sa yo ap koule bweson. •**drink in honor of** frape vè *After they congratulated the professor, they all drank in his honor.* Apre yo felisite pwofesè a, yo tout frape vè pou li. •**drink like a fish** bwè kou tafyatè •**drink one more time** rebwè

drinkable *adj.* bivab, bon, potab *Is this water drinkable?* Dlo sa a se bon dlo? *The water isn't drinkable.* Dlo a pa potab.

drinker *n.* •**be a big drinker of** [*coffee, tobacco, alcohol, etc.*] fè lizay •**heavy drinker** alanbik, gwògè, sakatafya *He's a real heavy drinker.* Li se yon gwògè total kapital. •**tableful of drinkers** bank tafya

drinking *n.* tafya *Drinking was his downfall.* Tafya fini avè l nèt. •**drinking party** banbòch, fèt bwesonnyè

drinking-trough *n.* abrevwa

drip[1] *n.* degout, gout

drip[2] *v.intr.* degoulinen, degoute, pipi *I hear water dripping.* M tande yon dlo k ap degoute. *Water dripped on my head.* Dlo degoulinen sou tèt mwen. •**drip dry** degoute *Hang the slip so it can drip dry.* Kwoke jipon an pou l ka degoute.

drive[1] *n.* flann, pwomnad, soti *Let's go for a drive.* An n pran machin lan n al fè yon flann.

drive[2] *n.* •(**computer**) **hard drive** {dis/plak}di

drive[3] **I** *v.tr.* **1** [*a vehicle*] kondi, mennen, woule *She drives too fast.* Li kondi twò vit. *She's driving a brand new car.* L ap woule yon machin tou nèf. *He can't drive a car.* Li pa ka mennen machin nan. **2** [*lead*] mennen *He drove the cattle to water.* Li mennen bèf yo al bwè dlo. *Drive them to school.* Mennen yo lekòl nan machin an. **3** [*compel*] boule mal *He drives his employees hard.* Li boule mal ak anplwaye l yo. **4** [*force into by hitting*] klouwe *He drove a nail in the wall.* Li klouwe yon klou nan mi an. **II** *v.intr.* yon bagay fè li a *He was driven to do it by ambition.* Se anbisyon k fè l fè sa. *That noise is driving me crazy!* Bri sa a ap fè m fou. •**drive a cab** {laliy/taksi} *He's been driving a cab for ten years.* Depi di zan l ap fè laliy. •**drive a hard bargain** machande *You drive a hard bargain!* Ou konn machande! •**drive a public transport vehicle** fè trafik *Her husband drives public transport vehicles.* Mari l fè trafik. •**drive about in a fancy government car** woule nan (machin) ofisyèl *All the senators in Haiti drive about in fancy government cars.* Tout senatè nan peyi Ayiti ap woule nan ofisyèl. •**drive around** brenbale, woule machin *They drive around all day.* Tout lajounen y ap woule machin. •**drive at** vle di *What are you driving at?* Sa ou vle di? •**drive s.o./sth. away** fè {ale/kite} *He came to pick a fight with us, we drove him away.* Li te vin dèyè batay ak nou, nou fè l ale. *We made a fire to drive away the mosquitoes.* Nou fè lafimen pou n fè mayengwen yo ale. *It's his drinking that drove his wife away.* Se nan bwè tafya l ki fè madanm li kite l. •**drive crazy/mad/up the wall** anfoudwaye, bay yon moun kristè, {fè/ran} yon moun fou, vire lòlòj yon moun *Drugs drove him crazy.* Dwòg anfoudwaye l.

That noise drives me crazy. Bri sa a fè m fou.
*The woman really drives me crazy, she speaks
so loudly.* Fi a toke m tout bon tèlman li
pale fò. *You want to drive me mad with that
story?* Ou vle fè m fou ak koze sa a? *Children
drive him crazy.* Timoun yo vire lòlòj nèg la.
•**drive in** [*a nail, etc.*] anfonse, fonse *She
drove the nail into the wall.* Li fonse klou a
nan mi an. *The craftsman drove the nail into
the wood.* Bòs la anfonse klou a nan bwa a.
•**drive into the ground** plante *Drive pegs
into the ground around the whole yard.* Plante
pikèt nan tout lakou a. •**drive off** chase,
demare *He drove off at full speed, he almost
caused an accident.* Li demare a tout boulin,
li manke lakòz yon aksidan. •**drive out** fè
yon moun degèpi, pouse yon moun mete
deyò *You shouldn't have driven her out like
that.* Ou pa ta pouse li mete l deyò konsa.
•**drive s.o. (around)** mete yon moun anwo,
vwatire *Driver, drive me up there.* Chofè,
mete m anwo. *If I had a car, I'd drive you
around.* Si m te gen vwati, m ta vwatire ou.
•**drive s.o. out of his/her mind** fè yon
moun tòl *All this noise is driving me out of
my mind.* Pil bwi sa yo fè m tòl la. •**drive
s.o. up the wall** fè yon moun valse *The boss
drove the employees up the wall, that's why
they turned in such poor work.* Patwon an
tèlman fè anplwaye yo valse, yo remèt li yon
vye travay. •**drive up** [*higher up*] mete yon
moun anwo *Driver, drive me up there.* Chofè,
mete m anwo. **b**[*cause to rise*] pimpe •**drive
with a flat tire** woule sou jant *We drove with
a flat tire until we found a repairman.* Nou t
ap woule sou jant jiskaske nou jwenn yon
depanè. •**be driven crazy** vle fou *When his
girlfriend left him, he was driven crazy.* Depi
mennaj msye kite l la, li vle fou.

drive-in movie *n.* otosine

drivel *n.* 1[*nonsense*] blabla, chantay, koulibèt
2[*drool*] bav

driver *n.* chofè •**driver or pusher of wagon
or cart** kabwetye •**ambulance driver**
anbilansye •**bad or reckless driver** tèt mato
•**bus driver** chofè (oto)bis •**cab driver**
chofè{laliy/taksi} •**fast driver** kaskadè
•**terrible driver** chofè lanfè *He's a terrible
driver.* Se yon chofè lanfè. •**tourist driver and
guide** chofè gid •**truck driver** chofè kamyon

driveshaft *n.* chaf •**driveshaft support**
kwachaf

driveway *n.* ale (pou oto)

driving[1] *n.* kondi •**driving school** lekòl kondi

driving[2] *v.intr.* fwete *It's a driving rain, it's
falling with a lot of force.* Lapli a ap fwete, li
tonbe ak anpil fòs.

drizzle[1] *n.* [*rain*] brinay, farinay (lapli)

drizzle[2] *v.intr.* farinen, yenyen *It's drizzling.*
Lapli a ap farinen. *It has been drizzling since
this morning.* Depi maten lapli ap yenyen.

droll *adj.* dwòl, komik, rizib

drone *n.* 1[*bee*] fo boudon 2[*buzz*] wonwon

drool[1] *n.* bav, bave

drool[2] *v.intr.* 1[*let liquid flow from the mouth*]
bave, bouch yon moun ap fè dlo *He's always
drooling.* Li toujou ap bave. 2[*show foolish
admiration*] pèdi nan yon moun *He's really
drooling over that woman.* Li pèdi nan fi a.

droop *v.intr.* fane *The flowers are drooping,* Flè
yo ap fane.

drop[1] *n.* 1[*small amount of liquid*] degout,
gout, ti gout, tonbe *A drop of water.* Yon gout
dlo. *Give me a drop of water to drink.* Ban m
ti gout dlo pou m bwè. *Give her three drops
of this medicine each morning.* Ba l twa gout
nan remèd sa a chak maten. 2[*small amount*]
kras *There's only a drop of rum left.* Se yon ti
kras wonm ki rete. •**drop by drop** ti gout pa
ti gout •**drop in the bucket** pa anyen menm
*Considering the amount of money I owe, what
he gave me was just a drop in the bucket.*
Pou valè kòb m dwe, ti sa l ban mwen an
pa anyen menm. •**cough drop** grenn tous
•**eye drops** ti dlo pou je •**small drop** krache
•**tear drop** dlo •**tiny drop of** yon pwèlyèm
Give me a tiny drop of cream, please. Ban m
yon pwèlyèm krèm, souple. •**a few drops** [*of
rain*] pipi chat, filèt *We just had a few drops of
rain.* Se jis yon pipi chat nou te genyen. •**put
drops** [*in the nose*] lage *Hold still so I can
put the drops into your nose.* Ranje kò ou pou
mwen lage remèd la nan tou nen ou.

drop[2] *n.* [*fall in amount*] bese, desann *There
was a drop in the price of gasoline.* Pri gazolin
fè yon bese. •**at the drop of a hat** menm
moman *When she calls you, she expects you
to come over at the drop of a hat.* Depi l rele
ou, li ta renmen se menm moman pou ou
vin kote l.

drop³ I *v.tr.* **1**[*s.th.*] kite yon bagay tonbe, lage, tonbe *The children dropped the bucket into the well.* Timoun yo lage bokit la nan pi a. *The aircraft dropped three bombs.* Avyon an lage twa bonm. **2**[*deposit*] depoze, lage *Drop me at the corner.* Depoze m nan kwen an. **3**[*idea, plan, etc.*] kite, {kite/lese}yon bagay tonbe *I dropped the lawsuit.* Mwen kite pwosè a tonbe. *Please drop the subject.* Kite pawòl sa a non. *Let's drop it! I said I'm not going and that's final.* An n kite sa! M di ou m pa prale, m fini. *She always drops whatever she's doing to go and help them.* Li toujou kite nenpòt sa l ap fè pou l al ede yo. **II** *v.intr.* **1**[*fall*] tonbe *Two mangoes dropped off the tree this morning.* Gen de mango k tonbe maten an. *The chalk dropped onto the ground.* Lakrè a tonbe atè a. **2**[*fall to a lower level*] bese, desann, tonbe, rale *The price of rice has dropped a great deal.* Pri diri desann serye. *Sales this week have dropped.* Lavant lan bese semenn sa a. *Rain doesn't fall, the water level in the river has dropped.* Lapli pa tonbe, rivyè a rale. **3**[*dismiss*] mete a tè *He's been dropped from the team.* Yo mete l atè nan ekip la. •**drop anchor** jete lank *The ship is going to drop anchor.* Batiman an pral jete lank. •**drop by** fè yon kout pye, janbe, pase *Drop by anytime!* Pase nenpòt lè! *They dropped by yesterday.* Yo te pase la a yè. *She dropped by the neighbor's house.* Li janbe kay vwazin nan. *I'm going to drop by Mary's house.* M ap fè yon kout pye kay Mari. •**drop dead** mouri{frèt/ vif}, tonbe mouri rèd *Right where the car hit him, he dropped dead.* Menm kote machin nan frape l la, li mouri frèt. *The child dropped dead without having been sick.* Timoun nan tonbe mouri rèd san li pa te malad. •**drop in value** deprestije *The Haitian currency has really dropped in value.* Lajan ayisyen an deprestije nèt. •**drop litter** jete fatra *Here people drop litter everywhere.* Isit moun jete fatra nenpòt kote. •**drop nasty hints** {tire/ voye}pwen(t) *She was hurt when she heard the man dropping nasty hints.* Li te blese lè l tande nèg la tire pwent lan. •**drop off a**[*leave sth.*] kite *I dropped off a package for you at your house.* M kite yon pake pou ou lakay ou. **b**[*fall asleep*] dòmi pran li *I was talking to her and then she dropped off to sleep.* M ap

pale avè l, enpi dòmi pran l. •**drop o.s. to the ground** fese kò l atè *Upon the death of his mother, he dropped to the ground.* Nan lanmò manman l, li fese kò l atè. •**drop or fall onto the ground** vide atè •**drop out** kite, sòti *She dropped out of school.* Li kite lekòl. *He dropped out of school after the tenth grade.* Li soti lekòl depi nan katriyèm. •**drop s.o.** [*as a friend, etc.*] bay yon moun vag, mete yon moun atè *I thought you dropped me as a friend because you didn't call me anymore.* Ou ban m vag papa, apa m pa wè ou rele m ankò. *That guy is too impertinent for me, I'll drop him.* Nèg sa a twòp pou mwen, m mete l atè. •**drop s.o. a line** fè yon moun de{ling/mo} *You could have dropped me a line.* Ou ta fè m de ling. •**drop s.o. off** depoze, lage, mete yon moun anba *Do you want to drop me off in front of the post office?* Èske ou vle depoze m douvan lapòs la? *Drop me off at the school.* Lage m nan lekòl la. *Drop me off downtown.* Mete m anba lavil.

droplet *n.* ti gout

dropper *n.* [*for medicine*] konngout •**medicine dropper** konngout

droppings *n.pl.* **1**[*bird, etc.*] kaka **2**[*cattle, birds*] lafyant •**chicken droppings** poulin

dropsy *n.* idwopizi

drought *n.* sechrès

droves *n.pl.* •**in droves** pa bokit

drown *v.intr.* koule(tèt li), neye *He drowned.* Li neye. *She went to the river to drown herself.* L ale nan dlo a pou l koule tèt li. *Don't go into the deep water so as not to drown.* Pa ale nan dlo fon an pou pa koule. •**drown one's sorrows** bliye pwoblèm li *I'm drinking to drown my sorrows.* M ap bwè pou m ka bliye poblèm mwen. •**drown out** kouvri *We talked loud to drown them out.* Nou pale fò pou n ka kouvri yo.

drowning *n.* nwayad

drowsiness *n.* anvi dòmi, letèji

drowsy *adj.* dòmi nan je yon moun, soule *You're so drowsy, go sleep.* Jan ou soule la, al dòmi non. *I'm drowsy.* Dòmi nan je m. *This medicine makes me drowsy.* Remèd la fè dòmi nan je m.

drub *v.tr.* taye, vannen *We beat that team hands down.* Nou vannen ekip sa a.

drubbing *n.* bastonad, maspinay

drudge *n.* bèt chay

drudgery *n.* kòve

drug¹ *n.* **1**[*medicine*] remèd *This is a powerful drug.* Remèd sa a bon anpil. **2**[*illicit*] dwòg *She's a drug addict.* Li lage nan (pran) dwòg. •**antidepressive drug** siwo kè kontan

drug² *v.tr.* chaje ak krak, dwoge *They drugged him to prevent him from feeling the pain.* Yo dwoge li pou l pa santi doulè a. *They're drugged with crack.* Tèt yo chaje ak krak. •**drug addict** lage nan (pran) dwòg •**drug addiction** pa ka viv san dwòg •**drug dealer** dilè, dwògmann •**addicted to drugs** abitye pran dwòg •**under the influence of drugs** dwòge •**use drugs** nan dwòg

druggist *n.* famasyen, lapatitye

drugstore *n.* famasi, fanmasi

drum¹ *n.* [*container*] bidon, doum *What's in that drum?* Sa k nan doum sa a? •**oil drum** bidon, doum

drum² *n.* [*music*] banboula, tanbou **drums** *n.pl.* batri *He plays drums well.* Li bat batri byen. •**drum used especially at Carnival time** rabòday •**barrel of drum** kò tanbou •**bass drum** gwo{kès/tanbou} *Who is beating the bass drum?* Kilès k ap bat gwokès la? •**bongo drum** bongo •**brake drum** tanbou fren •**conga drum** tanbou konga •**finger drum like a tambourine** bas •**kettle drum** tenbal •**set of two bongo drums** tanbou marasa •**small flat drum** tanbourè •**snare drum** esnè, kès

drum³ *v.intr.* bat tanbou *Stop drumming your fingers on the table.* Sispann bat tanbou sou tab la. •**drum up** atire

drumbeat *n.* kout tanbou

drumhead *n.* po tanbou

drummer *n.* batrimann, bate, tanbouyè •**second drummer** segondye

drumroll *n.* woule, woulman

drumstick *n.* bagèt pye •**chicken drumstick** pye poul

drumstick tree *n.* bennzoliv

drunk¹ *adj.* an brenzeng, anba{biliwin/gwòg}, chaje ak kleren, gen gwòg nan tèt li, gri, kaka kleren, sou, soule, toloke *If you're drunk, don't drive.* Si ou sou, pa kondi. *We got drunk.* Nou te sou. *He's drunk.* Li an brenzeng. *When he's drunk, he's deaf, he's blind.* Lè li anba gwòg li, li soud, li avèg. *He's*

drunk, he fell asleep on the floor. Tèt li chaje ak kleren, li lage kò l atè a l dòmi. *John is drunk.* Jan sou. *He's drunk with rum.* Misye soule anba tafya. *He's drunk, he can't drive.* Li anba biliwin, li pa ka kondi. *He drank two bottles of rum, he's drunk.* Li bwè de boutèy wonm, li gen gwòg nan tèt. •**drunk as a kite** gri kou{yon po silabè/pipirit} •**drunk as a skunk** sou kou pipirit •**dead drunk** chaje {kou/kon} Lapolòy, lave tèt li *He's dead drunk with rum.* Li chaje kou Lapolòy la anba tafya. *All day long, he's dead drunk from rum.* Tout jounen, nèg sa ap lave tèt li anba kleren. •**get drunk** soule tèt li *He got drunk with rum.* Li soule tèt li anba tafya. •**get slightly drunk** soule •**rip-roaring drunk** gri kou {yon po silabè/ pipirit} *He's rip-roaring drunk, he drank so much booze.* Li gri kou yon po silabè, tèlman li bwè tafya. •**very drunk** sou kon pipirit *He's so drunk, he can't stand upright.* Tank li sou kon pipirit, li pa fouti kanpe dwat.

drunk² *n.* kaka kleren, tafyatè *He's nothing but a drunk.* Se tafyatè li ye.

drunkard *n.* bwasonyè, gwògmann, karavachè, moun tafya, soula, tafyatè

drunkenness *n.* soulay

druthers *n.pl.* gou, preferans

dry¹ *adj.* **1**[*gen.*] arid, chèch, sèk *The clothes are dry.* Rad yo chèch. *The ground is too dry.* Tè a twò sèk. *The clothes are dry.* Rad yo chèch. **2**[*skin, lips*] lateng *You need some cream for your dry skin.* Fòk ou sèvi ak krèm pou po lateng ou an. •**dry as a bone/bone dry** chèch {kou kaw/nèt} *The wood is as dry as a bone.* Bwa a chèch kou kaw. *This well is bone-dry.* Pi a chèch nèt. •**dry cleaner** près *Send the clothes to the dry cleaner's because they're very wrinkled.* Voye rad sa nan près paske li chifonnen twòp. •**dry cleaning** *a*[*process*] dray *b*[*establishment*] dray, près •**become dry** seche

dry² **I** *v.tr.* cheche, seche, siye *Dry your hands.* Siye men ou. *Dry the dishes.* Siye asyèt yo. *Dry the clothes.* Seche rad yo. *The sun dried the mud.* Solèy la cheche labou a. **II** *v.intr.* chèch, deseche. *Put the clothes in the sun to dry.* Mete rad yo nan solèy pou yo deseche. •**dry in the sun** bay yon bagay solèy *Dry the clothes in the sun.* Bay rad yo solèy. •**dry**

off siye kò ou *Dry off with this towel.* Siye kò ou ak sèvyèt sa a. •**dry one's eyes** siye je ou •**dry out** chèch *It will dry out soon.* Talè la a ap chèch. •**dry up** [*spring, well*] tari *The springs dried up because of deforestation.* Sous yo fin tari akòz debwazman an. •**dried up** chèch *This lemon has dried up.* Sitwon sa a chèch nèt. *Many rivers in Haiti are dried up now.* Anpil rivyè Ayiti chèch kounye a.

dryer/drier *n.* [*clothes*] machin a seche, sechwa

drying *n.* sechaj

dryness *n.* chechrès, sechrès

drywall *n.* albòd

dubious *adj.* pa katolik

duck[1] *n.* kanna •**lesser scoop duck** kanna tèt nwa •**ring-necked duck** kanna nwa •**sitting duck** pwen edmi, sib fasil, viktim *You're a sitting duck from where you are now.* Kote ou ye kounyeya se pwen edmi ou ye. •**West Indian ruddy duck** kanna plonjon •**West Indian tree duck** kanna siflè

duck[2] *v.tr.* 1[*lower one's head*] bese tèt li, eskive *He's so tall that he had to duck his head to go in the house.* Li tèlman wo, l oblije bese tèt li pou l ka antre nan kay la. 2[*go under water*] koule, plonje tèt li *She ducked under water so they wouldn't see her.* Li plonje tèt li anba dlo a pou yo pa wè l.

ducking *n.* koule

duckling *n.* ti kanna

duct *n.* kannal, kondit •**cystic duct** tiyo fyèl

dud *n.* vye tenten *This car is a dud.* Machin sa a se yon vye tenten.

dude *n.* chèlbè, flannè, penp, ti pouchon *Here's the dude, man, I haven't seen you yet today.* Gade flannè a non papa, se jodi m pa wè ou.

due[1] *adj.* 1[*debt*] bout, revyen *My month's rent is due today.* Lwaye kay mwen bout jodi a. 2[*date*] gen pou {kite/pati/vini} *He's due to arrive any minute.* Li gen pou l vini talè. *I'm due to leave at five o'clock.* M gen pou m pati a senk è. 3[*because of*] akòz, gras a, poutèt, soti nan *They postponed the match due to the weather.* Yo ranvwaye match la akòz move tan an. *Due to the sickness, he doesn't work anymore.* Akòz maladi a, li pa travay ankò. *The paint has peeled; it's due to its poor quality.* Penti a gen tan ap dekale, sa soti nan move kalite li. •**come due** echi •**fall due** echi •**past due** espire

due[2] *n.* dwa **dues** *n.pl.* [*fine, obligation*] gaj, redevans •**get one's due** jwenn ak zo grann li, jwenn ak monnen pyès li *If he steals my goats, he'll get his due.* Si li vòlò kabrit mwen yo, l ap jwenn ak so grann ni. •**not to give s.o. his due** pran you moun fè jwèt •**one's due** vale

duel *n.* dwèl

duffer *n.* [*person*] masèl kòkòb, mazèt

dug *n.* [*animal's nipple*] tete, triyon

dull[1] *adj.* 1[*blunt*] defile depwente *This pencil is dull.* Kreyon sa a pa gen pwent. 2[*without polish*] depoli, mat 3[*sight, hearing*] fèb 4[*uninteresting*] annwiyan, demèfle, depoli, kazwèl, kòrèd, lou, mat, raz, san gou *They're dull, there isn't anything going on in their house.* Yo se kòrèd, pa gen kras aktivite lakay yo. 5[*slow-witted*] bouche, lou 6[*pain*] fèb

dull[2] *v.tr.* defile *Dull the machete.* Defile manchèt la.

dull-witted *adj.* bouche, lou *Man, what a dull-witted guy!* Ala nèg bouche papa!

dullard *n.* loudo

dullness *n.* annwi

duly *adv.* kòmsadwa, kòrèkteman

dumb *adj.* 1[*mute*] bèbè, pèdi pawòl 2[*stupid*] bègwè, bèt, degoche, estipid, gaga, kannannan, monkonmon, san tèt, sòt *What a dumb guy.* Gad ki jan yon nonm bègwè. *He's so dumb! He never understands anything.* Li tèlman bèt! Li pa janm konprann anyen. *There's a dumb person behind the ticket counter.* Gen yon moun degoche dèyè gichè a. *What a dumb guy you are!* Ala kot nèg gaga se ou! *You're very dumb.* Ou sòt anpil. 3[*ridiculous*] sòt *That's a dumb thing to say.* Se yon vye bagay ou di a. •**dumb as an ox** sòt{kou/pase}panyen pèsi •**dumb person** bobas

dumbbell[1] *n.* [*athletic equipment*] altè, fè

dumbbell[2] *n.* [*person*] jòma, kreten *He's a dumbbell.* Misye se yon jòma. •**stupid dumbbell** lostwogo

dumb cane *n.* [*herb*] madègrate

dumbfounded *adj.* bèkèkè, bouch li ret bòyò, bòyò, egare, ret(e){bouch be/djò louvri/djòl loulouz} *He stood dumbfounded just looking at me.* Li kanpe bèkèkè ap gade m.

He's dumbfounded in her presence, he doesn't know what to do or say. Li egare devan l, li pa konn sa pou l fè ni sa pou l di. *The goal the goalkeeper let by left him dumbfounded.* Gòl gadyen an pran an fè l rete bouch be.

dumbness *n.* kannannantri

dumbstruck *adj.* mare kou (yon) krab, rete bèk chèch *He's dumbstruck because there are many strangers here.* Li mare kon krab la poutèt gen anpil etranje la. *I'm dumbstruck before that gigantic twelve-floor building.* Mwen rete bèk chèch devan kokennchenn bilding douz etaj sa a.

dumbwaiter *n.* montpla

dummy *n.* 1. bègwè, bèkèkè, bòbòy, djoko, egare, gaga, kank, kannannan, kouyon, lalout, mannken, moribon *What a dummy, he had money in his hand, and he let the thief take it.* Gade yon bègwè, yon kòb nan men l epi l kite vòlè pran l. *Why did you entrust such an important task to this dummy.* Poukisa ou konfye yon travay enpòtan konsa a nèg kannannan sa a? *Look at that dummy! Gad lè mannken an!

dump[1] *n.* 1[*place for dumping waste material*] boko fatra *The dump is not far from here.* Boko fatra a pa lwen. 2[*dirty, untidy and/or disorderly place*] depotwa, twou prizon *He turned that house into a dump.* Li fè kay la tounen yon depotwa. •**dump mechanism of truck** baskil •**garbage dump** boko fatra, depo, depotwa, pil fatra •**take a dump** mete deyò *You just took a dump, the toilet is full.* Ou sot met deyò papa, twalèt la plen.

dump[2] *v.tr.* lage *Dump those clothes anywhere.* Lage rad yo nenpòt kote. *You can't dump that here.* Ou pa ka (vin) lage sa a la a **dump out** voye jete

dumpling *n.* [*flour lump*] bòy, boul, doumbrèy •**dumpling and beans** [*typical dish*] doumbrèy nan pwa

dumps *n.pl.* **down in the dumps** akable, kagou

dumpy *adj.* lou, pwès

dunce *n.* kreten, nèg krab

dune *n.* mòn sab •**sand dune** {bit/mòn/pil}sab

dung *n.* bè jòn, kaka, poupou •**cow dung** kaka bèf

dungarees *n.pl.* salòpèt

dungeon *n.* kacho, kalabous

dunghill/dungheap *n.* pil fimye

dunk *v.tr.* tranpe *Dunk the bread in the coffee.* Tranpe pen an nan kafe a.

duodenum *n.* ti trip

dupe[1] *n.* kòkòb, san lespri, tèt chòv *That man is such a dupe, he doesn't see that his wife is cheating on him.* Tèt chòv la pa fouti wè si fanm nan ap bay kou sou li.

dupe[2] *v.tr.* blo, fente, pran nan kout fo kòl, pran yon moun nan gonm *The thief duped everyone in the bank.* Volè a li fente tout moun nan bank lan. *He let the crooks dupe him.* Li kite aksyonè yo pran l nan kout fo kòl.

duped *adj.* bay fanm bwè sou tèt li, pran{lòzèy pou chou/nan gonm/nan kout fo kòl/yon moun nan pon} *We're not saps, we're not going to let ourselves get duped.* Nou pa jòma, nou pa ka ap bay fann bwè sou tèt nou.

duplicate[1] *adj.* doub *I don't have a duplicate key.* M pa gen doub kle a.

duplicate[2] *n.* diplikata, doub, kopi

duplicate[3] *v.tr.* polikopye *The teacher duplicated the homework assignment for his class.* Pwofesè a polikopye devwa a pou klas li.

duplicitous *adj.* sounwa, twonpè

duplicity *n.* magouy, twonpri

durable *adj.* di, dirab, fò, fò, solid, mouri kite, solid *This is a durable cloth.* Twal sa a se yon twal ki fò. *A metal bucket is more durable than a plastic one.* Yon bokit metal pi solid pase yon bokit plastik. *This durable machine, I've had it for more than five years.* Machin di sa, m genyen l pase senk lane. *She wants to buy a machine that's durable.* Li vle achte yon machin ki dirab. *Those shoes are truly durable.* Soulye sa a fò vre. *He bought durable shoes.* Li achte yon soulye mouri kite.

duration *n.* dire

duress *n.* presyon, tansyon •**under duress** pa fòs *He married the girl under duress because she's pregnant.* Misye marye pa fòs ak fi a poutèt li ansent.

during *prep.* alepòk, alokazyon, diran, etan, pandan, sou *He was a young boy during the American Occupation.* Li te jenn ti gason alepòk okipasyon amerikèn nan. *The rain fell during an entire night.* Lapli tonbe diran tout yon nwit. *They talked during the entire* trip. Yo pale sou tout wout la. *During his administration, there was no racketeering.* Sou gouvènman li an, pa t gen rakèt. •**all during** toutolon *All during the service, she was singing.* Toutolon sèvis la, l ap chante.

dusk *n.* fèbren, labrin, (di swa), lanjelis, solèy kouche *He comes home at dusk.* L antre lè solèy kouche. *Dusk has descended.* Labrin di swa tonbe. •**dusk is falling** bre {fenmen/fèt/mare} •**be dusk** fè bren *It's dusk.* Nou nan fè bre.

dust¹ *n.* pousyè *This house is full of dust.* Kay la chaje pousyè. *The car raised a cloud of dust.* Machin lan leve yon bann pousyè. •**dust bowl** zòn dezole •**dust rag** twal pou siye pousyè •**dust jacket** kouvèti po liv •**dust mask** kach nen •**dust storm** tanpèt pousyè

dust² *v.tr.* siye *Go dust the chair.* Al siye chèz la.

duster *n.* plimo

dustpan *n.* ti pèl fatra

dusty *adj.* chaje pousyè *This table is dusty.* Tab la chaje pousyè.

Dutch *adj.* olandè

Dutchman *prop.n.* olandè, olandèz [*fem.*]

duty *n.* 1[*obligation*] devwa, sèvis *He's not allowed to smoke while on duty.* Yo pa admèt li pou l fimen pandan sèvis li. *You're his father; you must fulfill your duty.* Se papa l ou ye, fò ou fè devwa ou. 2[*tax*] dwann, enpo **duties** *n.pl.* ofis •**be on duty** fè pòs •**be on duty at night** fè sèvis de nui •**be on guard duty** fè (pòs) lasantinèl, poste *He's on duty at the prime minister's house.* Se misye ki fè lasantinèl lakay premye minis la. *Those three soldiers are on guard duty for four hours.* Twa sòlda sa yo poste pou katrè. •**conjugal duties** devwa konjigal •**do one's duty** fè{devwa/sèvis} li *I did my duty!* M fè devwa m! *The doctor does his duties well.* Dòk la fè sèvis li byen. •**on duty** {de/sou}sèvis, opòs *Who's on duty tonight?* Kilès ki de sèvis aswè a? *The captain asked the soldiers to go on duty.* Kaptenn nan mande sòlda yo pou yo ale opòs.

Duvalierist *adj.* divalyeris •**period of Duvalier dictatorship** tan Babilòn

dwarf *n.* choumounou, louten, nen, rasi, tiyaya

dwarf coconut tree *n.* kokomakak

dwarfish *adj.* rachitik, rasi *This dwarfish girl, I doubt that she's two feet tall.* Ti fanm rachitik

sa a, m pa kwè l mezire de pye. *Look at that dwarfish man.* Gad ki jan yon nèg rasi.

dwell *v.intr.* abite •**dwell{on/upon}** kalkile sou *You're dwelling too much on it.* Ou kalkile twòp sou sa.

dweller *n.* okipan, rezidan •**behaving as a city dweller** degwosi *She does not behave like a city dweller yet, she still has her uncouth manner.* Li poko degwosi toujou, san andeyò a sou li toujou. •**city dweller** moun lavil

dwelling *n.* kay, lojman

dwindle *v.intr.* bese, desann *The water level is dwindling.* Nivo dlo a bese. •**dwindle away** deperi

dye¹ *n.* tenti, merès •**cloth dye** amòrès •**remove dye** detente

dye² *v.tr.* 1[*gen.*] kolore, tenn *They're dying the cloth.* Y ap tenn twal la. 2[*hair*] bay cheve li koulè, kolore, tenn *They are dyeing her hair.* Y ap bay cheve l koulè. *She dyed here hair.* Li kolore cheve l. *She dyed her hair.* Li tenn cheve l yo. •**dye sth. red** wouji *Dye this red please.* Wouji sa a pou m.

dyed-in-the-wool *adj.* anrasine, san{rechap/remèd}

dyeing *n.* tenti

dying¹ *adj.* alagoni, flègèdèk, mouran, malad pou mouri *I'm so sick I feel like I'm dying.* M santi m malad pou mwen mouri.

dying² *n.* trepas

dyke *n.* [*offensive, vulgar*] madivinèz *She's a dyke.* Li se madivinèz.

Dynaflo° *prop.n.* [*mach.*] dayinaflo

dynamic *adj.* [*person*] aktif, dinamik *She's a dynamic individual.* Se yon moun k aktif.

dynamism *n.* dinamis

dynamite *n.* dinamit

dynamo *n.* dèlko

dysentery *n.* disantri, djare san, kolerin •**amoebic dysentery** move dyare, dyare danje

dysfunctional *adj.* donmaje, kokobe

dyslexia *n.* dislèksi

dyslexic *adj.* dislèksik

dysmenorrhea *n.* règ difisil

dyspepsia *n.* endijesyon, gonfleman

dyspnea *n.* etoufman, souf{kout/wo}

dysuria *n.* doulè lè yon moun pipi

E

E *prop.n.* [*mus.*] mi

each¹ *adj.* chak, dènye, tout, yo chak *I told that to each person I saw.* Tout moun m wè m di l sa. *I talked to each one.* M pale ak yo chak. *He gives everyone ten dollars each month.* Chak mwa li bay chak moun di dola. *These mangoes cost me five gourdes each.* Mango yo koute m senk goud yo chak. •**each and every** chak grenn *I introduced her to each and every person at the party.* M fè l fè konnesans ak chak grenn moun ki te nan fèt la.

each² *pro.* chak, tout, dènye moun *He gave one to each of them.* Li bay yo chak youn. *They each want one.* Yo tout vle youn. *These are four dollars each.* Sa yo se kat dola chak. •**each of them** yo chak *I bought a suitcase for each of them.* M achte yon valiz bay yo chak.

eager *adj.* anlele, antchoutchout, anvi, apòy, zèl louvri *She's eager to begin.* L anvi koumanse toutbon. *I'm eager to see her. Why are you so eager to go out with her?* Poukisa ou apòy konsa pou ale avè l? *He's eager to take everything he finds.* Msye rete zèl louvri pou l pran tout sa l jwenn. •**eager to** prese pou *She's eager to speak.* Li prese pou l pran lapawòl. •**be eager** anvi *I like working with people who are eager to learn.* Mwen renmen travay ak moun ki anvi aprann. •**be too eager** cho pou *He's always eager to do everything, but he's unable to.* Li cho pou fè tout bagay, men li pa menm kapab. •**eager beaver** antchoutchout, antchipwèt, cho{pase bout pip/leve danse}, leve kanpe •**overly eager** anlè anlè *You are overly eager, wait your turn.* Ou twò anlè anlè, tann jou pa ou rive.

eagerly *adv.* ak chalè

eagerness *n.* anpresman *Because of his eagerness he cannot wait until tomorrow for anything.* Anpresman li fè l pa fouti tann anyen pou demen.

eagle *n.* èg

ear¹ *n.* zòrèy •**ear canal** kannal zorèy •**by ear** [*mus.*] pa woutin *She never had music lessons, she learned to play the piano by ear.* Li pa janm aprann mizik, se pa woutin li jwe pyano a. •**go in one ear and out the other** (r)antre nan zòrèy gòch e soti nan zòrèy dwat *Whatever you tell him goes in one ear and out the other.* Sa ou di l la, antre nan zòrèy gòch e soti nan zòrèy dwat. •**inner part of the ear** tande zòrèy •**large ears** zòrèy lapen •**middle or inner ear** twou{anndan/fon/nannan}zòrèy •**outer ear** fèy zòrèy •**small ears** zòrèy sourit

ear² *n.* [*of corn*] zepi •**roasted ear of corn** mayi boukannen

earache *n.* mal zòrèy, zòrèy fè mal *I've had an earache since the other day.* Depi lòt jou, zòrèy mwen ap fè m mal.

eardrum *n.* tande zòrèy, tenpan

earlier *adv.* pi bonè *The earliest I can be home is four o'clock.* Pi bonè m ka rive lakay, se katrè. •**much earlier** byennanvan

earlobe *n.* fèy zòrèy, tete zòrèy

early¹ *adj.* anvan lè, bonè *I'll come to see you in the early morning.* M ap vin kote ou demen maten bonè. •**early bird** bèt lawouze •**very early** granmaten sa a *Why do you come and wake me so early?* Poukisa ou vin reveye m granmmaten sa a?

early² *adv.* anvè lè, bonè *He arrived early.* Li rive anvan lè. *Tomorrow morning we're going to get up early to go pick coffee.* Demen maten, n ap leve bonè pou n al keyi kafe. •**very early** anvan pipirit mete kanson li, depi pipirit chante

early-morning *adj.* anvan jou{kase/ouvri}

early-rising *adj.* matinal

earmuff *n.* kouvèti zòrèy

earn *v.tr.* **1**[*wage*] genyen fè, genyen, reyalize, touche *He earns fifty dollars a week.* Li fè senkant dola pa semenn. *At that time we earned thirty cents a day.* Lè sa a nou te genyen trant santim pa jou. *How much do you earn each month?* Konbyen kòb ou reyalize pa mwa? **2**[*get by one's qualities, actions*] merite *The team earned the trophy.* Ekip la merite koup la. •**earn a living** defann yon patat, fè vi li *Jan is now earning a living.* Jan ap defann yon patat atò. •**earn one's keep** genyen pa li •**earn one's livelihood** fè chemen *He succeeds in earning his livelihood only by driving a taxi.* Li rive fè chemen l nan fè taksi sèlman.

earnest *adj.* serye [*fem.*] seryez *He isn't earnest at all.* Nèg la pa serye ditou. •**in earnest** seryèzman *We attacked the enemy in earnest.* N atake lenmi an seryèzman.

earnestness *n.* ladè

earnings *n.pl.* gen, resèt •**meager earnings** degaje *She manages to live as well as can be expected with her meager earnings.* Li rive viv tan byen ke mal ak degaje a.

earphone *n.* kònè **earphones** *n.pl.* ekoutè, kònè

earplugs *n.pl.* bouche zorèy

earring *n.* bouk dòrèy, pandan, zanno *She bought a pair of earrings.* L achte yon zanno. *I lost an earring.* M pèdi yon grenn zanno.

earsplitting *adj.* pete zòrèy

earth[1] *n.* **1**[*soil*] tè *Pack some earth around it.* Mete tè toutotou l. **2**[*world on which we live*] latè *He's the nicest person on earth.* Se pi bon moun ki gen sou late.

Earth[2] *prop.n.* latè •**on Earth** isiba, latè, sou latè beni *On Earth, hunger, misery and death lay waste.* Isiba, grangou, mizè ak lanmò fè ravaj. *On Earth you find all that God has created for us.* Sou latè, ou jwenn tout bagay Bondye te kreye pou nou. *We have a lot of misery waiting for us on this Earth.* Nou gen anpil mizè pou nou pase sou latè beni.

earth[3] *v.intr.* •**earth up** [*potatoes, etc.*] chose *If you don't earth up the banana tree, it will fall.* Si ou pa byen chose pye bannann nan, l ap tonbe.

earth eater *n.* [*fish*] manjèdtè

earthen *adj.* an tè

earthenware *n.* an tè, fayans, potri

earthling *n.* tèryen

earthly *adj.* lachè, materyèl *Earthly goods aren't forever.* Byen materyèl pa etènèl.

earthquake *n.* tranblemandtè

earthworm *n.* vè tè

earwax *n.* {ata/kaka/kras}zòrèy, lasi

earwig *n.* [*parasite*] pès zòrèy

ease[1] *n.* **1**[*do sth. without difficulty*] fasil, fasilite *I did it with ease.* M fè l byen fasil. **2**[*being comfortable*] alèz *When you have a lot of money, you'll live a life of ease.* Lè ou chaje kòb, ou viv alèz. •**at ease** [*mil.*] alèz, orepo *The leader of the patrol ordered the soldiers to stand at ease.* Chèf patwouy la mete gad yo orepo. •**be at ease with** kole ak •**do with the greatest ease** bay yon bagay kon vyolon nan men blan *The chair can be repaired, the artisan can do that with the greatest ease.* Chèz la ka repare, bòs la pral ba ou sa kon vyolon nan men blan. •**ill at ease** malalèz •**not at ease** anpetre •**with ease** alèz, alèzman, sou de ti chèz *He's able to jump over the wall with ease.* Li kapab vole mi an alèz. *That's something that I can do with ease.* Se yon bagay mwen ka fè alèzman. *The child recited the lesson with ease because she knew it very well.* Pitit la resite leson an sou de ti chèz tank li konnen l byen.

ease[2] *v.intr.* •**ease control** lache boulon yon moun *The government decided to ease control over the farmers.* Gouvènman an lache boulon abitan yo. •**ease off** ralanti

easel *n.* •**artist's easel** chevalèt, twapye

easement *n.* dwa (d)aksè

easily *adv.* **1** alèz, fasil, fasilman, litlit, swa *He did it very easily.* Li fè l byen fasil. *It bends easily.* Ou ka ploye l fasil. *I wasn't able to wake her up easily, she sleeps so deeply.* M pa te ka reveye l fasil tèlman li dòmi di. *I found the house easily.* Mwen te jwenn kay la fasilman. *I can do that easily.* M ka fè sa litlit. *The rebel army entered the city easily.* Lame rebèl la anvayi vil la swa. **2**[*without doubt*] pa gen manti *She's easily the prettiest of all the girls.* Pa gen manti, se li menm ki pi bèl nan ti medam yo.

easiness *n.* fasilite

east *n.* alès, kote solèy leve a, lès, loryan, solèy levan *We went east.* Nou pati alès. *He lives in the east.* L ap viv nan zòn kote solèy leve a. *He comes from the east.* Li se moun solèy levan.

eastbound *adj.* nan lès

Easter *prop.n.* Pak *I didn't go to church on Easter Sunday.* M pa t al legliz dimanch Pak.

eastern *adj.* oryantal

eastward *adj./adv.* bò kote lès

easy[1] *adj.* **1**[*not difficult*] fasil, senp, swèl, wòwòt *The job is very easy.* Travay la fasil anpil. *The exam was so easy, all the students* *aced it.* Tank egzamen an te swèl, tout moun fè dis. *Such an easy test, you can't pass it?* Yon ti tès wòwòt kon sa, ou pa ka pase l? **2**[*comfortable*] dous, grandyoz *Life is easy for him.* Lavi a dous pou li. *The rich lead an easy life.* Rich yo ap mennen yon lavi grandyoz. **3**[*not difficult to please*] pa difisil *She's easy to please.* Se pa yon moun ki difisil. •**easy as pie** tape nan sòs *That work is easy as pie.* Ti travay sa a se tape nan sòs. •**easy girl** gran jipon *The easy girl told us how many men she slept with.* Gran jipon an di n valè nèg ki kouche l. •**easy lay** fwomaj, grigri *This woman is an easy lay.* Fi sa se fwomaj. *Those easy lays sleep with whomever.* Grigri sa yo kouche ak nenpòt nèg. •**have it easy** alèz kò li *They have money, they have it easy.* Yo gen lajan, y ap alèz kò yo. •**it isn't as one thinks** ou konn Gloriya se panyòl *The work is not easy. —It's never as easy as you think.* Travay la pa fasil non —Ou konn Gloriya se panyòl. •**it isn't easy** se pa{kaka kòk/peta} *Compile a dictionary, it isn't easy at all!* Fè diksyonnè, se pa kaka kòk non!

easy[2] *adv.* •**go easy** mouri poul li *Go easy, guys! It's just a game!* Mouri poul nou non, mesye! Se yon jwèt bagay la ye! •**go easy on** [*not to use too much of sth.*] kontwole men li, pa fè twò fò *Go easy on the salt, yesterday's food was too salty.* Kontwole men ou ak sèl la, manje yè a te sale. *I'll go easy on the alcohol tonight.* M pa p fè twò fò nan gwòg la aswè a. •**take it easy** ale dousman, bat ba, fè fò, gen san sipòtan, krab kò li, mouri poul li, pa lalad, pran{dèz/lèz/san}li, teke fren li, tekitizi *Don't bother, take it easy!* Pa bat kò ou, ale dousman! *Take it easy if you don't want the regime to kill you.* Mouri poul ou si ou pa vle pouvwa a touye ou. *Take it easy, the little girl didn't die.* Ou pa bezwen lalad konsa, ti fi a pa mouri. *I'm taking it easy during the vacation.* M ap pran dèz nan konje a. *Take it easy so misfortune doesn't befall you.* Teke fren ou pou malè pa rive ou.

easy-girl *n.* rachepwèl

easygoing *adj.* fasil, rilaks, san pwoblèm *He's an easygoing guy, he doesn't create any problems.* Se yon nèg ki fasil, li pa bay pwoblèm. *He's an easygoing person, I never saw him angry.* Se yon moun rilaks, m pa

janm wè l fache. *She's very easygoing, you can ask her for any favor.* Li san pwoblèm, ou ka mande l nenpòt sèvis.

easygoingness *n.* lese grennen

eat *v.tr.* **1**[*gen.*] goute sèl, manje, mete dan, pouse (manje), pran *You have to eat meat.* Fò ou manje vyann. *I haven't eaten anything since this morning.* Depi maten, m poko goute sèl. *That child eats everything he finds, he has a hearty appetite.* Pitit sa a mete dan sou tout sa li jwenn, li gen lapeti. *What makes her so fat is that she eats a lot.* Sa k fè l gra konsa se paske li pouse manje anpil. *I just ate some rice, I'm no longer hungry.* M fè sot pouse yon diri la, m pa grangou. **2**[*baby talk*] nannan *The baby hasn't eaten since this morning.* Depi maten ti bebe a pòkò nannan. **3**[*cream, porridge, etc.*] bwè *Eat the porridge.* Bwè labouyi a. **4**[*greedily*] bafre **5**[*in a restaurant*] konsonmen *Have you finished eating?* Ou fini konsonmen? **6**[*consume food*] manje *Eat everything on your plate!* Manje tou sa k nan asyèt la! *We're eating.* N ap manje. **7**[*have a meal*] manje *What time do you eat?* A ki lè ou manje. •**eat a lot** dekoupe *I'm hungry, I came here to eat a lot.* Mwen grangou, mwen vin isit pou m dekoupe. •**eat as much as one needs to** règ *As hungry as she was, she ate as much as she needed to.* Pou jan l te grangou, li manje règ manje li. •**eat at** [*cause to be annoyed, anxious*] manje li *What she said to me is still eating at me.* Sa l di m lan ap manje m. *Something is eating away at her.* Li gen yon bagay k ap manje l. •**eat at irregular intervals** manje sote *These people are obliged to eat at irregular intervals.* Moun sa yo blije manje sote. •**eat away** manje, minen *There is something that is eating away at him.* Li gen yon bagay k ap minen l. •**eat away at** kale, wonje *Sorrow is eating away at her.* Chagren ap wonje l. •**eat copiously** dekoupe, manje vant deboutonnen *He ate copiously at the reception.* Li manje vant deboutonnen nan resepsyon an. •**eat dinner** dinen *Let's eat dinner.* Ann al dinen. •**eat gluttonously** antre nan yon manje{achwal/acheval} *He was so hungry, he ate the food gluttonously.* Tank li te grangou, li antre nan manje a achwal. •**eat greedily** *a*[*gen.*] manje tankou yon moun ki sot{nan chenn/nan prizon}

Louis is eating the rice greedily. Lwi ap manje diri a tankou sa k sot nan chenn. *He eats the food voraciously.* Li manje manje a tankou li te nan prizon. **b**[*pej.*] gobe, manje{kou/tankou}moun ki {sot/te}{nan chenn/ki sot nan prizon} *Louis is eating the rice greedily.* Lwi ap manje diri a tankou moun ki sot nan chenn. *He eats the food greedily.* Li manje manje a tankou li te nan chenn. •**eat heartily** manje wonntonn, pile *She sat down at the table and ate heartily.* Li chita sou tab la, li manje wonntonn. •**eat in front of s.o.** manje sou yon moun *You eat in front of her and you don't offer her any?* Ou ap manje sou li, ou pa ofri li? •**eat leftovers** repase *Is it because your belly is not full that you are eating the people's leftovers?* Se vant ou ki pa plen ki fè w ap repase rès moun yo? •**eat like a bird** fè laptitbouch, pa konn manje menm *She eats like a bird.* Li pa konn manje menm. *She was the last to finish her food because she was eating like a bird.* Li fin manje l la an dènye paske li t ap fè laptitbouch. •**eat like a horse** manje tankou chwal gri *She eats like a horse.* Li manje tankou chwal gri. •**eat like a pig** boure, {gobe/manje} tankou kochon *He eats like a pig.* Li gobe tankou kochon. •**eat one day and skip the next because of poverty** manje sote jou •**eat one's fill** dekoupe kòpyèz, manje{vant deboutonnen/vant plen/kòlèt debraye/kont li/kò li}, mete li kòrèk *He just finished eating his fill.* Li sot dekoupe kòpyèz. *He's just eaten his fill, now he's going to lie down so that his stomach can start digesting.* Misye fin mete li kòrèk, kounye a li pral fè yon ti kouche pou vant li ka desann. •**eat only when one can afford to** manje sote jou *We eat only when we can afford to because were badly off.* Nou manje sote jou poutèt zafè n pa bon. •**eat out** manje nan restoran *Let's eat out tonight.* Ann al manje nan restoran aswè a. •**eat sparingly** manje sote jou •**eat supper** soupe *I'm eating supper with you tonight.* Aswè a m ap soupe avè ou. •**eat the bait without getting hooked** [*fish*] delake *We can't catch that fish, he always eats the bait without getting caught.* Nou p ap k ap pran pwason sa a, li toujou delake. •**eat the main meal of the day** dinen •**eat this or go hungry** fòkseli

•**eat to one's heart's content** manje{vant deboutonnen/vant plen/kòlèt debraye} *The food was so good that I ate to my heart's content.* Manje a tèlman bon m manje vant deboutonnen. •**eat too much** boure, tifle *He's as fat as a pig, he eats so much.* Li gra kon kochon tank li tifle. •**eat with gusto** pile *She ate the food with gusto.* Li pile manje a. •**eat without chewing** glòtglòt *He took the candy and ate it without chewing.* Li pran sirèt la epi li glòtglòt. •**be eaten away by misery** petri •**be eaten up with jealousy** jalouzi ap{manje/touye}yon moun *She's eaten up with jealousy.* Jalouzi ap manje l. •**while eating** anmanjan *While eating, we spoke about many things.* Anmanjan, nou pale sou anpil bagay.

eatable *adj.* manjab

eater *n.* gran manjè *I'm not a big eater.* M pa gran manjè. •**be a big eater** gen bon djòl •**insatiable eater** aloufa

eats *n.pl.* toufay

eau de Cologne *n.* odkolòy

eaves *n.pl.* debòdman

eavesdrop *v.intr.* koute anbachal *He's eavesdropping on what we're saying.* L ap koute anbachal sa n ap di.

ebano tree *n.* bwanago, bwarèd, bwasavann

ebony *n.* bwa debèn, ebèn

eccentric[1] *adj.* ridikil *He dresses in an eccentric manner.* Msye ridikil anpil ak rad li yo.

eccentric[2] *n.* detrake, eleman

eccentricity *n.* bizari

ecclesiastic *adj.* eklezyastik

echo *n.* eko

echo *v.intr.* fè eko, repete, reponn nan *His voice echoed very far.* Vwa l repete byen lwen.

eclampsia *n.* eklanmsi, pwazon gwosès

eclipse *n.* eklips

ecological *adj.* ekolojik

ecologist *n.* ekolojis

ecology *n.* ekoloji

economic *adj.* ekonomik *A country's economic development.* Devlòpman ekonomik yon peyi.

economical *adj.* **1**[*low price*] ekonomik *The low-priced product is more economical for me.* Pwodui ki ba pri a pi ekonomik pou mwen. **2**[*careful with money*] pagaspiyè [*fem.*] pagaspiyè *He's very economical.* Li pa gaspiyè menm.

economically *adv.* ekonomikman
Economically, the country is not in great shape.
Ekonomikman, peyi a malad.

economics *n.* ekonomi

economist *n.* ekonomis

economize *v.intr.* ekonomize, fè epay, menaje
We've got to economize on charcoal. Fò n
menaje chabon an.

economy *n.* ekonomi, epay •**false economy**
ekonomi bout siga

ecstasy *n.* estaz

ecstatic *adj.* pa ti kontan yon moun kontan,
santi li anlè *She was ecstatic when she heard
the news.* Se pa ti kontan l te kontan, lè l
tande nouvèl la. *When I heard the news, I
was ecstatic.* Lè m tande nouvèl la, m santi
m anlè.

ectopic *adj.* •**ecstopic pregnancy** gwosès ki
pa nan matris

ecumenical *adj.* ekimenik *The ecumenical
churches.* Legliz ekimenik yo.

ecumenism *n.* ekimenis

eczema *n.* dat, egzema

eddy[1] *n.* ponp, remolin

eddy[2] *v.intr.* fè ponp *On the edge of the lake, the
water is eddying.* Bò rivay lak la, dlo a fè ponp.

edema *n.* 1[*gen.*] edèm 2[*of lower extremities*]
efranjit

edge *n.* arebò, bò, bòday, bòdi, bout, lèz,
lizyè, pwent, maj, rabò, ranvès, razad, rebò
The edge of the hat is starting to tear. Arebò
chapo a kòmanse chire. *He stood at the edge
of the cliff looking down.* Li kanpe bò falèz
la ap gade anba. *The book is at the edge of
the table.* Liv la nan bout tab la. *I'm going to
put an edge on these clothes tomorrow.* M ap
mete bòdi rad la pou demen. *The edge of the
field.* Lizyè jaden an. *She sat at the edge of the
well.* Li chita sou rabò pi a. *I was sitting on
the edge of the dock.* M t ap chita sou pwent
waf la. •**cutting edge** kan •**have the edge
on** gen avantay sou *He has the edge on other
people because he knows how to read.* Li gen
avantay sou lòt moun yo, li konn li. •**on edge**
brak, tchak *He's been on edge this week.* Li
brak semenn sa a. •**on the edge of** arebò, ra
•**put an edge on** {fè/mete}bòdi *I'm going to
put an edge on these clothes tomorrow.* M ap
mete bòdi rad la pou demen.

edged *adj.* bòne

edgewise *adv.* sou kan

edging *n.* [*lawn, field, road*] bòd, franj

edgy *adj.* pa (santi li){anlè/atè}

edible *adj.* manjab *The rice isn't completely
cooked, but it's edible.* Diri a pa fin kwit nèt,
men li manjab.

edifice *n.* edifis

edify *v.tr.* [*rel.*] edifye

edit *v.tr.* edite, pase men sou *He finished
editing the manuscript.* Li fin pase men sou
maniskri a.

editing *n.* redaksyon

edition *n.* edisyon, parèt *This book is in its
fourth edition.* Liv sa a nan katriyèm parèt la.

editor *n.* redaktè [*fem.*] redaktris

editorial *n.* editoryal

educate *v.tr.* bay enstriksyon, edike, eklere,
enstwi, fòme, klere, leve, sivilize *We sent
him to school to educate him.* Nou mete li
lekòl pou nou eklere l. *An instructor is there
to educate.* Yon pwofesè la pou li fòme.
*This instructor instructed many students in
mathematics.* Pwofesè sa a fòme anpil elèv
nan matematik. *We must educate people
about the rights they have.* Fòk nou klere
moun yo sou dwa yo genyen. *It's important
to educate the masses.* Li enpòtan pou n ta
sivilize pèp la.

educated *adj.* edike, eklere, enstwi, lespri,
save *She's an educated person.* Li yon moun
ki edike. *He's a well-educated person.* Se nèg
eklere. *Raphael is an educated person.* Rafayèl
se nèg ki enstwi. •**be very educated** fè gwo
klas •**be well educated** gen (bon) levasyon,
gen bèt sou *He's a well educated person.* Se
moun ki gen levasyon. •**educated person**
moun save •**highly educated person** filozòf

education *n.* edikasyon, eklerasyon,
enstriksyon, etid, fòmasyon, lenstriksyon,
levasyon *She got all her education in a
Catholic school.* Li resevwa tout edikasyon
li nan lekòl kay mè. *People without
education.* Moun san eklerasyon. *Catholic
schools give a good education.* Lekòl frè ak
sè bay bon enstriksyon. *People with high
education.* Moun ki gen bon jan fòmasyon.
•**elementary education** ansèyman primè
•**physical education** kilti fizik •**school of
education** lekòl nòmal •**sexual education**
edikasyon seksyèl

educational adj. edikatif, eskolè, pedagojik *An educational system.* Yon sistèm edikatif.

educator n. anseyan, edikatè [*fem.*] edikatris

eel n. koulèv dlo, zangi •**conger eel** kong

effect n. efè, rannman *The medicine has no effect on the illness.* Medikaman an pa fè efè sou maladi a. *The news of the death had a great effect on him.* Nouvèl lanmò a fè efè sou li anpil. **effects** n.pl. [*consequences*] retonbe •**adverse effect** chòk anretou, efè kontrè •**calming effect** kalm *Rub the foot with salve, this will have a calming effect.* Friksyonnen pye a avèk longan, l a ba ou yon kalm. •**have a bad effect** pa ale avèk •**have a long-lasting effect on s.o.** make *This girl had a long-lasting effect on me.* Fi sa a make m anpil. •**have an adverse effect on one's growth** siprime •**have an effect** aji, reyaji sou •**have an effect on** afekte, aji sou *The drug has an effect on her.* Remèd la aji sou li. •**in effect** efektivman •**literary effect** kout plim •**put into effect** aplike •**side effects** konplikasyon, reyaksyon •**special effect** trikay •**take effect** [*medicine*] pase *The medicine has not yet taken effect on me.* Medsin nan poko pase m. •**thermal effects** efè tèmik •**trick effect** trikay •**undesirable side effects** konplikasyon

effective adj. 1[*giving the desired result*] bon, efikas, souvren *This medicine is very effective for headaches.* Remèd sa a bon anpil pou tèt fè mal. *That medicine is very effective.* Remèd sa a souvren. •**be effective** [*at work*] aji, gen ponyèt, kle *The medicine is effective and it acts quickly.* Medikaman an efikas epi l aji vit.

effectively adv. efektivman

effectiveness n. efikasite

effeminate adj. fanmòt *Stop making these effeminate gestures.* Sispann fè jès fanmòt sa yo. •**effeminate male** (gason) makòmè

efficiency n. efikasite

efficient adj. efikas •**make more efficient** fè mache san pwoblèm *The new director makes the office run in a more efficient way.* Nouvo direktè a fè biwo a mache san pwoblèm.

effigy n. jwif, lalout, maskòt *They burned an effigy that represented Judah.* Yo boule yon jwif ki reprezante Jida.

effort n. jèfò, madebat, sakrifis. **efforts** n.pl. piwèt *Despite all the efforts I make, the disease*

is getting worse day by day. Malgre tout piwèt mwen fè, maladi ap anpire de jou an jou. •**additional effort** diplis *If the goalie had made an additional effort, he wouldn't have been scored on.* Si gadyen bi a fè yon diplis, li pa pran gòl la. •**continued effort** ensistans *About the water, let's make some continued effort, we'll find it.* Zafè dlo a, ann fè yon ti ensistans tou piti, n a twouve li. •**daily effort to feed o.s.** degwèl *The poor woman doesn't lose courage in her efforts to feed herself daily.* Malerèz la pa pèdi kouray li nan degwèl la. •**for the effort** pou lapenn •**make a big effort** kase{tèt/kòd}li *I made a big effort to see if I could pass the exam.* M kase tèt pou m wè si m a pase nan egzamen an. •**make a tremendous effort** fè batri ba *Before I found that money, I had to make a tremendous effort.* Anvan m jwenn kòb sa a, m fè anpil batri ba. •**make an effort** bat kò li, eseye, fè yon efò, rele sou kò li, {souke/woule}kò li *Make an effort to find a job.* Souke kò ou pou jwenn yon travay. *Make an effort to see her today.* Fè yon efò pou ou wè l jodi a. *Make an effort to see if you can finish the job.* Rele sou kò ou pou wè si ou a fini travay la. •**make small or insufficient effort** fè yon swèl

effortless adj. [*life*] dous

effortlessly adv. (de) je fèmen *She passed the test effortlessly.* Li pase ti tès la je fèmen.

effrontery n. radiyès, radiyès mele ak yon grenn pèmèt

effusion n. jayisman

egalitarian adj. egalego *They don't treat all the refugees in an egalitarian manner.* Yo pa trete tout refijye yo egalego.

egg n. ze *I eat eggs every morning.* M manje ze chak maten. •**fried egg** ze sou pla •**good egg** [*man*] bon ze •**hard-boiled egg** ze{bouyi/di} •**partially developed egg** ze mòl •**poached egg** ze poche •**scrambled eggs** ze {brase/bwouye/eskranbòl} •**soft-boiled egg** ze{alakòk/ mole}

egg-beater n. batè, batèz

egghead n. nèg save

egg on v.tr. bay yon moun chenn, pouse dife, pwovoke *He egged them on until the two co-wives came to blows.* Li pouse dife jouk de matlòt yo met men. *This teacher is very good, he really eggs you on to do the homework.*

Pwofesè sa a bon anpil, li ba ou chenn pou fè devwa ou.

eggnog *n.* kremas

eggplant *n.* berejèn, berejenn •**wild eggplant** *n.* zanmòrèt

eggs *n.pl.* •**sit on eggs** kouve •**sitting on eggs** kouvezon

eggshell *n.* po ze

ego *n.* •**ego trip** chèlbè, pretansyon •**have a big ego** fè gwo kòlèt

egoistic *adj.* egoyis

egret *n.* gwo krabye blan •**reddish egret** zegrèt ble •**snowy egret** kòk blan

eight *num.* uit •**a piece of eight** [*rare*] doublon •**eight o'clock** uitè •**eight years old** witan •**eight p.m.** uitè diswa, ventè [*lit. twenty o'clock*]

eighteen *num.* dizuit, dizwit •**over eighteen** majè

eighteen-carat *adj.* dizwit kara *An eighteen carat jewel.* Yon bijou dizwit kara.

eighteenth *adj.* dizwityèm

eighth *adj.* uityèm *He's the eighth president of the country.* Li se uityèm prezidan peyi a.

eightieth *adj.* katreventyèm

eighty *num.* katreven

either[1] *adj.* [*each*] chak *There's a car on either side of the street.* Gen yon machin nan chak bò lari a.

either[2] *adv.* tou —*I haven't seen that movie yet.* —*I haven't either.* —M po ko wè fim sa a. —Mwen menm tou. •**not either** nonplis *He didn't come to the meeting either.* Li pa vini nonplis nan reyinyon an.

either[3] *conj.* seswa *Either you go or you stay.* Seswa ou ale osnon ou rete. •**either ... or** kit ... kit, swa... {os(i)non/ou/swa}, te mèt ... te mèt *Either you go or you stay.* Swa ou ale osnon ou rete. *Either she goes or she stays.* Se swa l ale ou l rete. *Either John or Marc took the money.* Se wa Jan ou Mak ki pran kòb la. *Either do as they tell you or get out of the job!* Seswa ou fè sa yo di ou la, osnon ou kite travay la! •**it's either ... or** se ka ... osinon *If it wasn't she who said that, then it was either you or all of you.* Si se pa li ki di sa, se ka ou osinon nou tout. •**not either** nitou

either[4] *pro.* youn *I don't like either one or the other.* M pa renmen ni youn ni lòt. *Choose either one of the two.* Chwazi youn nan de a.

ejaculate *v.intr.* dechaje, ejakile, mete deyò, voye (anlè) *If you can't ejaculate, have the doctor see you.* Si ou pa sa dechaje monchè, fè dòktè wè ou. *I was able to ejaculate.* M resi ejakile. *No sooner does he dance cheek to cheek with the girl than he ejaculates.* Annik misye kole ak fi a, li met deyò. *Don't ejaculate inside the woman so she doesn't get pregnant.* Pa voye anndan fi a pou l pa ansent.

ejaculation *n.* ke, voye •**extravaginal ejaculation** voye deyò •**premature ejaculation** voye anvan lè

ejaculator *n.* •**premature ejaculator** bonjou pwal

eject *v.tr.* pouse sòti *Tijo was ejected from the dance.* Yo pouse sòti Tijo nan bal la.

ejection *n.* ekspilsyon

ejector *n.* [*of firearm, etc.*] dechajè

eke *v.tr.* •**eke out a living** pyange, sove yon lasibab, tchatcha, titile *I stay at that job so I can eke out a living.* M ret nan djòb sa a pou m ka sove yon lasibab. *We're eking out a living because what we get paid isn't much.* N ap tchatcha ak lavi a paske sa n touche a pa gwo. *We're eking out a living because we don't have a lot of means.* N titile paske nou pa gen gwo mwayen.

elaborate[1] *adj.* elabore *You should give me a more elaborate report, this one is too short and it's full of mistakes.* Ou ta ban m yon rapò pi elabore, sa a twò piti e li chaje fòt.

elaborate[2] *v.intr.* •**elaborate upon** bay detay sou

elaboration *n.* elaborasyon

elastic[1] *adj.* elastik *The fabric is elastic.* Twal la elastic.

elastic[2] *n.* elastik *The elastic is gone in this pair of boxer shorts.* Elastik kalson an fini. •**elastic band** bann elastic

elated *adj.* djougan *As elated as you seem to me, you must have gotten some good news.* Jan m wè ou djougan la, sanble ou resevwa yon bon nouvèl.

elbow[1] *n.* {(je/zo)koud, koudbra *She jabbed me with her elbow.* Li ban m yon kout koud.

elbow[2] *v.tr.* bay pousad, bouskile, bourade *She elbowed me when I wanted to pass.* Li bouskile lè m te vle pase.

elbow-grease *n.* bwa ponyèt *Screw the handle on using some elbow-grease.* Vise manch lan ak bwa ponyèt ou.

elbowroom *n.* espas •**have elbowroom** vake kò li

elder¹ *adj.* •**be the elder by ... years** gen ... an pou yon moun *He's my elder by ten years.* Li gen diz an pou mwen.

elder² *n.* diwote, grandèt •**community elder** grandèt, notab

elder³ *n.* •**elder tree** siwo •**yellow elder** [*shrub*] chevalye

elderly *adj.* aje, granmoun *My father is very elderly now.* Papa m fin granmoun konnye a. *My aunt is elderly.* Matant mwen aje. •**be elderly** gen laj (sou tèt li) •**elderly man** tonton, vyewo •**elderly person** ti granmoun •**elderly woman** granmè, lamè, selina •**very elderly** fin granmoun

elders *n.pl.* ansyen

eldest *adj.* pi gran *Who's the eldest?* Kilès ki pi gran? *My eldest child is working now.* Pi gran pitit mwen an ap travay.

elect *v.tr.* 1[*vote*] eli, vote *It's we who elected the president.* Se nou k te eli prezidan an. *The people elected him in the election.* Pèp la fin vote l nan eleksyon. 2[*decide*] deside *His mother was sick so he elected not to go.* Manman l malad, li deside pa al ankò. •**elect again** rechwazi

election *n.* eleksyon, vòt *When will they hold the next election?* Ki lè y ap fè eleksyon ankò? •**fraudulent elections** eleksyon fo mamit •**have/hold an election** fè eleksyon •**rigged election** eleksyon tèt chat •**run-off election** dezyèm tou eleksyon •**seek election** {fè/ mennen}kanpay •**stand for election** ale nan eleksyon

elector *n.* elektè

electoral *adj.* elektoral

electorate *n.* elektora

electric *adj.* elektrik, {ak/sou}kouran *She ironed the clothes with an electric iron.* Se ak fè elektrik li pase rad yo. *This is an electric radio.* Radyo sa a mache sou kouran. •**electric charges** chay •**electric current** kouran elektrik

electrical *adj.* elektrik

electrician *n.* elektrisyen

electricity *n.* elektrik, elektrisite, kouran, limyè *Does this house have electricity yet?* Kay la gen limyè deja? *They cut the electricity.* Yo koupe kouran an. *This corn grinder runs on electricity.* Moulen mayi sa a mache ak kouran. *There's no electricity in the house, it's dark.* Pa gen elektrik nan kay la, li fè nwa. *Let's go pay the electricity bill.* Ann al peye bòdwo elektrisite a. •**get electricity illegally** pran priz *Most people in this poor area get electricity illegally.* Pi fò moun nan zòn defavorize yo pran priz. •**static electricity** elektrisite estatik

electrocardiogram *n.* [*EKG, ECG*] kadyogram

electrocuted *adj.* griye, pran (nan) kouran *He was fixing the plug when they opened the switch, he was electrocuted on the spot.* Li t ap repare plòg la lè yo bay kouran an, li griye nèt. *She was electrocuted, she died immediately.* Li pran nan kouran, li mouri frèt.

electrode *n.* elektwòd

electron *n.* elektwon

electronic *adj.* elektwonik *The radio is an electronic device.* Radyo se yon aparèy elektwonik. •**electronic component** pyès elektwonik •**electronic engineer** elektwonisyen

electronics *n.* elektwonik

elegance *n.* elegans, finès, gangans, lafrechè *The way she walks is elegance itself.* Nan mache dam nan, ou wè l gen sa yo rele finès la. *Wow! What beautiful elegance! You're dashing today.* Wi pip! Ala bèl gangans! Ou fre wi jodi a.

elegant *adj.* anpenpan, banda, bòzò, bwòdè [*fem.*] bwòdèz, chik, dikdògòdò, djougan, elegan, {fen/fre} kou ze zwa, kòkèt *When he finished dressing, the man looked elegant.* Lè msye fin abiye, li banda. *When this elegant girl dresses up, everyone stops to look at her.* Lè tifi banda sa a abiye, tout moun kanpe gade. *You are elegant today.* Ou chik jodi a. *There's no woman as elegant as her.* Nanpwen fi dikdògòdò konsa. *The man is really elegant.* Misye elegan anpil. *I need an elegant woman to take to my mother.* M bezwen yon nègès fen pou m pot bay manman m. •**be elegant** lafrechè *Jocelyne is elegant.* Joslin gen yon frechè sou li. •**elegant person** pèksè •**overly elegant** zaza

elegantly *adv.* anpenpan, anplimdepan, banda, bandaman, fen *Where are you going* *dressed so elegantly?* Kote ou prale ou abiye anpenpan konsa? *She's always dressed elegantly.* Li toujou abiye anplimdepan. *Anaïs always dresses elegantly.* Anayiz toujou abiye banda. *She is walking elegantly.* L ap mache bandaman. *Every Sunday she does herself up elegantly.* Chak dimanch li mete l byen fen.

element *n.* eleman *What you said is an element of the answer, but it's not all.* Sa ou di la a, se yon eleman nan repons lan, men se pa tout. *With his fellow students, he feels in his element.* Avèk kanmarad lekòl li, li santi l nan eleman l. **elements** *n.pl.* [*essentials*] fondèt •**be in one's element** nan{bòl grès/plat}li *The discussion was over a subject I know well, I was in my element!* Diskisyon an fèt sou yon sijè mwen konnen byen, mwen nan bòl grès mwen! *She's in her element in the new job.* Li nan plat li nan nouvo djòb la. •**be out of one's element** pèdi bann{eskanp/pye/wòl}

elementary *adj.* abese, elemantè, preliminè *That's an elementary thing, anyone can understand that.* Sa se yon bagay elemantè, nenpòt moun ka konprann sa a. •**elementary education** ansèyman primè •**elementary school** (lekòl) primè *She's in elementary school.* Li nan primè.

elements *n.pl.* 1[*basics*]fondèt, lenesesè 2[*weather*] tan

elephant *n.* elefan •**elephant ears** [*pastry*] palmye, pamye •**elephant leg trousers** kanson pat elefan •**elephant trunk** twonp •**white elephant** [*fig.*] bagay chè epi initil

elephantiasis *n.* gwo pye, lenfanjit

elephant's ear tree *n.* bwatannis wouj

elevate *v.tr.* leve *The elevated the platform.* Yo leve platfòm nan.

elevation *n.* wotè •**level of elevation** nivo

elevator *n.* asansè

eleven *num.* onz •**eleven o'clock** onzè

eleventh *adj.* onzyèm

eligible *adj.* elijib *The president is not eligible.* Prezidan an pa elijib. •**be eligible to retake an exam** ajoune *He was eligible to retake the 'bac' exam.* Li ajoune nan bakaloreya.

eligibility *n.* elijibilite

eliminate *v.tr.* desitire, eliminen, fè yon jan ak, fini ak, koyibe, voye yon moun sou ban touch *If they lose this match, the team will be*

eliminated. Si ekip la pèdi match sa a, l ap elimine. *This practice should be eliminated.* Yo te dwe desitire bagay sa a. *The dictator eliminated the opposition leader.* Diktatè a fè yon jan ak lidè opozisyon an. *They eliminated him from play.* Yo koyibe l nan jwèt la. •**eliminate s.o. from a list** radye

elimination *n.* eliminasyon

elite *n.* anwo, lelit •**member of the elite** mandaren •**of the elite** privilejye

elk *n.* elan

ell *n.* [*45 inches, for measuring cloth*] lonn, òn •**one ell** inòn •**two ells** de zòn •**five ells** senk òn

ellipse *n.* [*math*] elip

ellipsis *n.* twa pwen

elocution *n.* elokisyon

eloquence *n.* {pale/bwòdè}bèl

eloquent *adj.* konn pale byen, lang yon moun rele l pa l

else *adj./adv.* lòt •**everybody else** tout lòt moun *Everybody else has left.* Tout lòt moun yo ale. •**how else** ki lò jan *How else can I do it?* Ki lòt jan m ka fè l? •**or else** [*or if not*] osnon *Either you pay me the money you owe me, or else I'll tell your mother on you.* Seswa ou ban m kòb mwen, osnon m al pale manman ou pou ou. •**s.o. else** yon lòt moun •**somewhere else** yon lòt kote *They live somewhere else.* Yo rete yon lòt kote. •**what else** ki{lòt bagay/sa... ankò} *What else did you do?* Ki lòt bagay ou te fè? *What else did you do?* Ki sa ou te fè ankò *In addition to the money, what else do you want?* Apre lajan, ki sa ou vle ankò? •**when else** ki lòt lè *When else can you come?* Ki lòt lè ou ka vini? •**where else** ki lòt kote *Where else could I find her?* Ki lòt kote m ka jwenn li?

elsewhere *adv.* yon lòt kote *Let's go elsewhere.* An n al yon lòt kote. *They work elsewhere.* Yo travay yon lòt kote.

elucidate *v.tr.* klarifye, mete aklè *He elucidated the problem.* Li mete pwoblèm aklè.

elucidation *n.* klerasyon

elude *v.tr.* egzante, eskive *Don't elude the question.* Pa eskive kesyon an.

emaciate *v.tr.* dechte, devide, dezose *The illness totally emaciated the child.* Maladi a dechte pitit la nèt. *The illness completely emaciated him.* Maladi a dezose l nèt.

•**become emaciated** bese, dezose, seche *The child has become emaciated with the fever, all her little jawbones show.* Pitit la bese ak lafyèv la, tout ti zo machwè l parèt.

emaciated *adj.* chèch, dekrenmen, dezose, griyen, kobannza, plat, po ak zo, rale, zo pope *Her face is very emaciated.* Figi l rale anpil. *Diarrhea left him emaciated.* Dyare a fè li chèch. *The guy is emaciated, he's all skin and bones.* Nèg la fin dekrenmen, li tounen zo ak po. *After the illness, he became totally emaciated.* Apre maladi a, li vin dezose nèt. *Look how emaciated he is, all his bones are showing.* Ala li griyen mezanmi, tout zo l parèt.. •**emaciated person** tako savann, zongonvi

e-mail[1] *n.* i-mel, kouryèl, kourye elektwonik •**e-mail message** mel

e-mail[2] *v.tr.* imel voye{i-mel/kouryèl} *Send me an e-mail.* Voye m on kouryèl. *Can you e-mail me the document?* Ou ka imel mwen dokiman an?

emancipate *v.tr.* bay libète, delivre, libere *They emancipated the slaves.* Yo bay esklav yo libète.

emancipation *n.* emansipasyon

emasculate *v.tr.* 1[*castrate*] chatre, koupe grenn gason *They emasculated him; he's impotent now.* Yo chatre l; li pa gason kounye a. 2[*weaken*] delala, febli *This law will emasculate the senators.* Lwa sa a va febli senatè yo.

embalm *v.tr.* anbonmen *They finished embalming the corpse.* Yo fin anbonmen kadav la.

embankment *n.* bit, biyon, tali

embargo *n.* anbago

embark *v.tr.* anbake *The worker is embarking the bags of coffee.* Travayè a ap anbake sak kafe yo.

embarkation *n.* anbakman

embarked *adj.* anbake *All the goods are already embarked.* Tout machandiz yo fin anbake.

embarrass *v.tr.* anbarase, fè yon moun wont *That guy embarrassed me by staring at me.* Nèg la tèlman gade m, li fè m wont. *They asked him a question that embarrassed him.* Yo poze l yon kesyon ki anbarase l.

embarrassed *adj.* bègwè, jennen, mal pou, mare kou (yon) krab, mele, wont *At every* question they asked, he felt embarrassed to answer. Chak kesyon yo poze l, li santi l jennen pou l reponn. *I feel embarrassed to tell him what I think.* M mal pou di l sa m panse. *I don't know what I should say to her, I'm embarrassed.* M pa konn sa pou m di l, m mele.

embarrassing *adj.* jenan *Those words are embarrassing for her.* Pawòl sa yo jenan pou li. •**embarrassing person** obstak

embarrassment *n.* anbarasman, jèn, jennman, wont, wonte *The woman's statement causes an embarrassment for him.* Deklarasyon fi a koze yon anbarasman pou msye. *His behavior is an embarrassment.* Konpòtman li se yon jèn. *He's an embarrassment to his family.* Se yon wont li ye pou fanmi an. •**without embarrassment** san jèn

ambassador *n.* anbasadè

embassy *n.* anbasad

embattled *adj.* asayi, sou frap

embedded *adj.* anrasinen, jouke •**deeply embedded** dane

embellish *v.tr.* 1[*thing*] agremante, anbeli *She's embellishing the house for the party.* L ap agremante kay la pou fèt la. 2[*a story*] mete sèl, woule lang li *This guy is embellishing to fool the girl.* Nèg sa a ka woule lang li pou l blofe fi.

ember *n.* bwa dife, tizon **embers** *n.pl.* brèz, chabon dife •**burning embers** bwa dife

embezzle *v.tr.* detounen, plimen *He's embezzling funds.* Li plimen poul la.

embezzlement *n.* detounman, fon, malvèsasyon

embezzler *n.* sousoupannan

embittered *adj.* egri *He's embittered when he sees rich people enjoying their lives.* Li egri lè l wè moun rich ap jwi lavi yo.

emblem *n.* [*of state*] anblèm

emblematic *adj.* senbolik

embodiment *n.* enkanasyon

embody *v.tr.* enkane *She embodies kindness.* Li enkane jantiyès.

embolden *v.tr.* bay kouray, remonte *His success in the race emboldened him.* Reyisit nan kous la remonte l.

embolism *n.* anboli

embrace[1] *n.* akolad, anbrasad

embrace² *v.tr.* anbrase, kwoke *She embraced him because she was so happy to see him.* Li kwoke l afòs li kontan wè l.

embroider *v.tr.* **1**[*decorate cloth*] bwode *This girl is embroidering a cloth for you.* Tifi sa a ap bwode yon dra pou ou. **2**[*embellish a story*] mete sèl *Don't embroider the story.* Pa met sèl nan koze a.

embroidery *n.* bwodri, ouvray

embroil *v.tr.* makònen, mele *Don't embroil us in this law suit.* Pa mele n nan pwosè sa a.

embryo *n.* anbriyon

emcee *n.* prezantatè [*fem.*] prezantatris

emendation *n.* revizyon

emerald *n.* emwòd

emerge *v.tr.* **1**[*surface*] monte sou dlo *The shark emerged next to the boat.* Reken an monte sou dlo bò bato a. **2**[*become evident*] resòti, sòti, swente *Finally the truth emerged.* Verite a resòti alafen.

emergence *n.* aparisyon

emergency *n.* dijans, ijans, ka{ijan/presan/prese} *I wouldn't come to you unless it was an emergency.* M pa t ap vin kote ou si se pa yon ka ijan m te genyen. *An emergency job.* Yon travay dijans. •**emergency exit** sòti ijans •**emergency kit** bwat ijans •**emergency relief food** manje sinistre •**emergency room** sal (d)ijans •**have an emergency** angaje, gen(yen) yon mache prese *I have an emergency, where is the restroom?* Mwen angaje, kote twalèt la ye? *We have an emergency now because we need to pay our rent.* Nou genyen yon mache prese la paske mwa kay la rive sou nou.

emery *n.* ••**emery board** lim

emetic *n.* vonmitif

emigrant *n.* emigre

emigrate *v.intr.* emigre *A lot of people emigrate to Nassau.* Anpil moun emigre Naso.

emigration *n.* emigrasyon

eminence *n.* grandèt

eminent *adj.* distenge

emissary *n.* emisè, espre, reprezantan

emission *n.* jayisman •**nocturnal emission** voye nan dòmi

emit *v.tr.* **1**[*a cry, scream*] pati **2**[*smell*] degaje, emèt *The ditch is emitting a bad odor.* Ravin nan ap emèt yon move odè. *The meat emits a terrible smell.* Vyann nan degaje yon odè

terib. •**emit smoke, vapor or steam** fè lafimen

emotion *n.* emosyon, sezisman •**not to show emotion** {chita/rete}sou blòk glas li *Although they spoke badly about her father, she showed no emotion.* Malgre yo di li papa li byen mal, li chita sou blòk glas li. •**strong emotion** transpò •**violent emotion** sezisman

emotional *adj.* emosyonèl *She's too emotional.* Li twò emosyonèl.

empathy *n.* konpreyansyon

emperor *n.* lanperè

emphasis *n.* anfaz, aksan •**put emphasis on** met anfaz sou *She put a lot of emphasis on the word.* Li met anpil anfaz sou mo a.

emphasize *v.tr.* chita sou, met anfaz sou, mete aksan sou, souliyen *He emphasized these words a lot so that the people won't forget them.* Li chita sou pawòl sa anpil, yon fason pou moun yo pa bliye. *He strongly emphasized what he said.* Li met anpil aksan sou sa l di a. *In his speech, he really emphasized the safety issue.* Nan mesaj li a, li souliyen zafè ensekirite a anpil.

emphatic *adj.* ensistan, kategorik

emphysema *n.* anfizèm, etoufman •**suffer from emphy sema** rakle

empire *n.* lanpi

emplacement *n.* anplasman

employ *v.tr.* anplwaye, bay travay, itilize *This factory employs a lot of people.* Faktori sa a anplwaye anpil moun.

employed *adj.* anplwaye *She's employed in the factory.* Li anplwaye nan izin nan.

employee *n.* anplwaye, travayè [*fem.*] travayèz •**government employee** anplwaye leta •**government employee who receives pay without working** cheka •**temporary employee** djòbè

employer *n.* patwon

employment *n.* anplwa, travay •**employment opportunity** debouche *There are many employment opportunities for people who learn informatics.* Gen anpil debouche pou moun ki aprann enfòmatik.

empower *v.tr.* mandate, otorize *We empower you to sign for us.* Nou mandate ou pou siyen pou nou. •**empower magically** monte *He magically empowered his arm so he could* *always beat his opponents.* Msye monte ponyèt li pou l ka goumen byen.

empowered *adj.* plase

empress *n.* enperatris, lanperèz

emptiness *n.* neyan, vid

empty[1] *adj.* blanch, po, vid *The box is empty.* Bwat la vid. *My stomach is empty.* Vant mwen po la.

empty[2] *v.tr.* bay yon kote blanch, deboure, defouni, degani, devide, vide *Empty all the bottles.* Devide tout boutèy yo *The police came, everyone emptied the street.* Lapolis debake, tout moun bay lari a blanch. *Empty the bag, it's too full.* Deboure sak la, li chaje twòp. *People emptied the room completely.* Moun yo defouni sal la nèt ale.. *Empty the drawer completely.* Vide tiwa a nèt. •**empty out** debaba, debarase, detripe, vide *The thieves went through the store, they emptied it out.* Volè yo pase nan magazen an, yo debaba l nèt. *The thief emptied out my suitcase.* Vòlè detripe valiz mwen.

empty-handed *adj.* bèk chèch *That empty-handed person never has anything to give people.* Bèk chèch sa a pa janm gen anyen pou l bay moun. •**totally empty-ended** bèkèkè mannwèl, wont bèbè

empty-headed *adj.* gen kaka nan tèt, tèt mare

emptying *n.* vidany

emulate *v.tr.* fè (yon moun) konkirans *You can't emulate me.* Ou pa ka fè m konkirans.

enable *v.tr.* abilite, pèmèt *This card enables you to enter the office.* Kat sa a abilite ou antre nan biwo a. *The capital we invested will enable us to realize a profit.* Kapital la nou envesti ap pèmèt nou antre lajan.

enabler *n.* facilitate

enact *v.tr* •**enact a law** fè lwa

enamel *n.* emay, emaye

enamel *v.tr.* emaye, mete emay *She's enameling the plates.* L ap emaye asyèt yo.

enameled *adj.* emaye *If the enameled mug falls, it will scale off.* Si gode emaye a tonbe, l ap degrade.

enamored *adj.* damou, renmen

encephalitis *n.* ansefalit, anflamasyon sèvo

enchanter *n.* chamè

enchanting *adj.* chaman, sedwizan

enchantment *n.* anchantman, cham

encircle *v.tr.* ansèkle, antoure, kouwonnen, viwonnen *They encircled the garden with barbed wire.* Yo antoure jaden an ak fil fè. *The men encircled the thief so he couldn't escape.* Nèg yo kouwonnen vòlò a pou li pa sa chape.

encircling *n.* viwonan

enclave *n.* anklav

enclose *v.tr.* anmiraye, ansèkle, bare, fèmen, klotire *Once we enclose the lot, they cannot build on it.* Depi nou anmiraye teren an, yo pa fouti monte sou li. *Enclose the yard.* Bare lakou a. *John is putting up a fence so that he can enclose the courtyard.* Jan ap monte yon kloti pou li fèmen lakou a. *I enclosed the house to have more security.* Mwen klotire kay la pou m ka gen plis sekirite. •**enclose with a wall** miraye *They enclosed the factory with a wall.* Yo miraye izin nan.

enclosure *n.* baryè, kloti, lantouraj

encode *v.tr.* ankòde, kòde *The computer specialist encoded the message.* Enfòmatisyen an kòde mesaj la.

encoding *n.* ankòdaj

encompass *v.tr.* ranmase *The article encompasses the full situation in the country.* Atik la ranmase tout reyalite peyi a.

encore *n.* bis •**give an encore** bise *The public asks the performer to give an encore.* Piblik la mande chantè a bise mizik la. •**ask for an encore** mande bis

encounter[1] *n.* rankont •**have an unfortunate or unpleasant encounter** {kwaze ak/ kontre}lamadèl *Yesterday I had an unfortunate encounter.* Yè swa m kontre ak lamadèl. *If you see me troubled like that, it's because I had an unpleasant encounter.* Si ou wè m twouble konsa, se depi m fin kwaze lamadèl.

encounter[2] *v.tr.* fè rankont ak, kontre, twouve *I encountered a lot of hardship in my life.* Mwen fè rankont ak anpil difikilte nan lavi m.

encourage *v.tr.* ankouraje, bay (yon moun) {gou/chenn/ fòs}, ensite, mete yon moun sou sa, pouse *The director's visit encouraged us.* Vizit dirèk la ankouraje nou. *The baby is beginning to walk, let's encourage him to continue.* Tibebe a kòmanse mache, ann ba l gou pou li kontinye. *This teacher is very good,* *he really encourages you to do the homework.* Pwofesè sa a bon anpil, li ba ou chenn pou fè devwa ou. *What she said encouraged the people to ask her questions.* Sa l di a ensite moun yo poze l kesyon. •**encourage strongly** chofe *He always encourages me to study medicine.* Li toujou ap chofe m pou m fè medsin.

encouragement *n.* ankadreman, ankourajman, antrennman, soutyen *If he does that, he gets encouragement.* Si li fè sa, se antrennman li jwenn.

encouraging *adj.* ba ankourajman *That's very encouraging for us.* Sa ba n ankourajman.

encroach *v.tr.* pyete *The neighbor's roof is encroaching on our wall.* Twati kay vwazen an pyete sou mi nou an. •**encroach on s.o.'s land** antre sou pwopriyete yon moun

encroachment *n.* pyetinman

encumbrance *n.* ankonbreman

encyclopedia *n.* ansiklopedi

end[1] *n.* **1**[*extremity*] bout, dènye bout, pwen final, pwent *The end of the cloth.* Bout nan twal la. *Let's each hold onto one end.* An nou chak kenbe yon bout. *The end of the table.* Pwent tab la. *I was sitting on the end of the dock.* M te chita sou pwent waf la. *We are at the end of our walk.* Nou rive nan pwen final ponmnad la. **2**[*temporal*] fen, finisman, lafen *I'm leaving at the end of the month.* M ap pati fen mwa a. *This is the end.* Se lafen *I'm going to begin working this land at the end of the year.* M ap koumanse travay tè sa a nan finisman ane a. •**at an end** kraze tonnèl **3**[*purpose*] bi, objè •**at loose ends** san santiman •**at the back end** fon *They stayed at the back end of their room.* Yo rete nan fon chanm yo. •**at the end** alafen *At the end, everyone walked away.* Alafen, tout moun ale. •**at the end of negotiations** bonswa da(n)m *We'll settle that at the end of negotiations.* N ap regle sa menm lan bonswa dam. •**at the end of the world** odènye jou *At the end of the world, the Lord will judge everyone.* Odènye jou, Granmèt la pral jije tout moun. •**at the end of the year** fendane *At the end of every year the boss gives all the employees a present.* Chak fendane bòs la bay tout anplwaye kado. •**at the end of time** ogranjou *At the end of time, we'll know who*

was a good Christian and who wasn't. Ogran jou, n ap konnen kilès ki te bon kretyen ou pa. •**at the very tail end** nan dènye pwent dèyè nan kamyonnèt la •**at wit's end** about •**deep/far end** bafon *Don't go in the deep end of the ravine.* Pa antre nan bafon ravin nan. *It's dark in the far end of the woods.* Bafon rakbwa a fè nwa. •**for hours on end** (z) èdtan san fen •**from one end to another** lenboutalòt •**have a hard time making ends meet** bat dlo pou fè bè *She refused that job because it's too hard yet she's having a hard time making ends meet.* Li refize travay la poutèt li twò di, poutan l ap bat dlo pou fè bè. •**just make ends meet** goudiye *We're really struggling to make ends meet in daily life.* Goudiye n ap goudiye ak lavi a. •**make ends meet** avwa lavi, bat dlo pou fè bè, goudiye, redi *We're working hard to make ends meet.* N ap trimèse pou avwa lavi. *She's having a hard time making ends meet.* L ap bat dlo pou fè bè. *We're really struggling to make ends meet in daily life.* Goudiye n ap goudiye ak lavi a. •**put an end to** desitire, fè yon jan ak, {fè/mete}{yon fen/sispann}, kaba, kwape, mete ola *We must put an end to this situation.* Nou dwe fè yon jan ak sitiyasyon sa a. *Let's put an end to insecurity.* Ann kwape ensekirite. *The potion put an end to the illness of the child.* Posyon an desitire maladi a sou pitit la. *We have to put an end to this disorder.* Se pou n fè yon fen ak dezòd sa a. *I'm going to put an end to all the noise upstairs.* M pral fè bri sa a sispann anlè a. •**put end to end** kole ansanm *We can put two tables end to end.* Nou ka kole de tab ansanm. •**right to the end** jiskobou •**tail end** [*fig.*] ke kamyonnèt *In matters of security, Haiti is at the tail end of the countries in the region.* Nan zafè sekirite, Ayiti nan ke kamyonnèt la pami peyi nan rejyon an. •**that's the end of it** adyova(t), se finach *I've finished speaking, that's the end of it!* M fin pale, se finach. •**the end of the world** lafendimonn •**to the bitter end** jiskobou •**try to make ends meet** dangoye, fè lakobat *We're trying to make ends meet in order to live.* Se lakobat n ap fè pou n viv. •**until the end** jiskobou *We'll fight until the end to defend our rights.* N ap batay jiskobou pou n defann dwa nou.

end² I *v.tr.* {fè/mete}yon fen, lage, klotire, kwape *I ended the discussion so that the meeting could start.* Mwen lage diskisyon an pou reyinyon an ka kòmanse. *Let's put an end to insecurity.* Ann kwape ensekirite a. II *v.intr.* [*come to a stop*] fini, konkli, tèmine *The party ended at three am.* Fèt la fini a twazè. *The game ended in a fight.* Match la fini nan goumen. *The discussion ended badly, people came to blows.* Diskisyon an fini mal, moun yo mete men. *God is good, one day this has to end.* Bondye bon, yon jou fòk sa fini. •**end abruptly** koupe sèk *The discussion ended abruptly.* Diskisyon an koupe sèk. •**end in failure** pa mache *It ended in failure.* Sa pa mache. •**end proceedings** leve seyans •**end up a**[*result*] abouti, bout, fini, fini pa, sòti *We ended up with a good result.* Nou abouti ak yon bon rezilta. *How did the meeting end up?* Kòman reyinyon an te bout? *She ended up finding a good friend.* Li fini pa twouve yon bon zanmi. *If you hang out with thieves, you'll end up a thief.* Si ou frekante volè, w ap sòti volè. **b**[*at a place*] abouti, ateri, bout, echwe *ended up all the way in Léogâne.* Mwen abouti jis Leyogàn. *We ended up here by accident.* Nou bout la pa aksidan. *We were heading for Port-au-Prince but we ended up in Les Cayes.* Se Pòtoprens nou te prale, enpi n al bout jis Okay. *They were lost, that's why they ended up here.* Se pèdi yo pèdi ki fè yo ateri la a. *The child left his father's house in Léogâne, he ended up in Jacmel.* Ti gason an kite kay papa l Leyogàn, l al echwe jouk Jakmèl. •**end up in a bad situation/spot** mal tonbe, pran nan panzou *If that lady is your wife, you've had bad luck because she isn't truthful.* Si se fi sa a ki madanm ou, ou mal tonbe paske li pa sensè. *Today I ended up in a bad spot with the workers.* Jodi a m resi pran nan panzou ak travayè yo.

endanger *v.tr.* konpwomèt, jwe ak lavi li *I won't endanger my life for money.* M p ap konpwomèt lavi m pou lajan. *Anyone who drives that car is endangering his life.* Yon moun ki kondi machin sa a, se jwe l ap jwe ak lavi li.

endearing *adj.* chaman

endeavor¹ *n.* esè(y), tantatif •**joint endeavor** kole zepòl, pote kole

endeavor² *v.intr.* fè tantativ, rele sou kò *She endeavors to please.* Li fè tantativ pou fè plezi.

ending *n.* fen, tèminezon

endive *n.* chikore

endless *adj.* janm fini *This hand of cards seems endless.* Pati kat sa a sanble l pa p janm fini.

endlessly *adv.* adlibitòm *He kept speaking endlessly as if he were the unique speaker.* Li kontinye pale adibitòm, kòm si se li sèl ki te oratè.

endmost *adj.* dènye, estrèm

endocarditis *n.* anflamasyon kè

endocrine *adj.* •**endocrine glands** glann ki pa genyen kannal

endodontics *n.pl.* wete nè nan dan

endorse *v.tr.* andose *Endorse the check before you cash it at the bank.* Andose chèk la anvan ou depoze l labank.

endow *v.tr.* dote *They endowed the hospital.* Yo dote lopital la.

endowment *n.* fon, manman lajan

endtable *n.* ti tab ki sou kote

end-to-end *adv.* bout an bout

endurance *n.* andirans, fyèl, kè, kòwòn, rezistans *You don't have enough endurance to run against him.* Ou pa gen andirans ase, ou pa ka kouri avè l. *If you don't have endurance, you can't do this job.* Si ou pa gen fyèl, ou p ap ka fè travay sa a. *It's the endurance I have that makes me stay and work.* Se kè m ap pran ki fè m rete ap travay. *They really have endurance.* Yo gen rezistans papa. •**having endurance** rezistan *She has a lot of endurance; she can run five kilometers without getting tired.* Li trè rezistan, li ka kouri sen kilomèt san bouke. •**s.o. who has great endurance** rezèv fyèl *You have great endurance because you're never tired.* Ou menm se yon rezèv fyèl ou ye paske ou pa janm bouke.

endure *v.tr.* atrap, andire, pase (yon) tray, pran{bal li ofon/kè}, sibi, sipòte, soufri, tolere *We have endured many problems in life.* Se pa de pwoblèm nèg pa pran nan lavi a. *That unfortunate woman endures a lot of terrible ordeals.* Malerèz la a atrap tout vye kou. *I endured a lot of misfortunes.* M pran anpil bal ofon. •**endure a lot** pase pa li *He's enduring a lot because of a disease.* Misye ap pase pa li anba yon maladi. •**endure all kinds of suffering** wè tout koulè lakansyèl

This past year, we endured all kinds of suffering as we had difficulties. Ane ki sot pase a, nou wè tout koulè lakansyèl tank nou te gen pwoblèm. •**endure hardship** pase traka •**be able to endure hardships** gen kè pantalèt *If you can't endure hardships, you'd better not come to this country.* Si ou pa gen kè pantalèt, ou pa vin nan peyi sa.

enema *n.* kristè, lavman *They gave him an enema.* Yo ba l yon lavman.

enemy *n.* advèsè, lennmi *He's my enemy.* Li se lennmi m. *Those two men are bitter enemies.* De mesye sa yo advèsè toutbon. •**avowed enemies** lèt ak sitwon •**become enemies** dozado, koupe asosye *These two friends became enemies.* De zanmi sa yo koupe asosye. *Those two girls were friends, now they became enemies.* De fi sa yo te zanmi, konnya yo vin dozado. •**sworn enemy** lennmi jire *André is a sworn enemy of the man who killed his father.* Andre se lènmi jire nèg ki asasinen papa l la.

energetic *adj.* djanm, djougan, frengan *They're really energetic.* Yo djougan anpil.

energetically *adv.* an fourad, enèjikman *They were in such a hurry to leave that they did the work energetically.* Yo te tèlman vle ale vit se fourad an fourad yo fè travay la. *The political parties protested most energetically against the election results.* Pati politik yo pwoteste enèjikman kont rezilta eleksyon yo.

energize *v.tr.* bay{fòs/jèvrin} *Because the government refused the compromise, that energized the opposition.* Paske gouvèlman an derefize kont mal taye a, sa bay fòs opozisyon an.

energizer *adj.* eksitan

energizing *adj.* fòtifyan, remontan

energy *n.* enèji, kouray, lèlèm *How does she find the energy to talk so long?* Kouman l fè gen kouray pale konsa? *I don't have the energy to do the laundry today.* M pa gen kouray pou m lave jodi a. *The sun is an extraordinary source of energy.* Solèy se yon sous enèji estwòdinè. *He has a lot of energy.* Msye gen anpil enèji. •**completely lacking in energy** pedevi •**have vital energy** gen nanm •**nervous energy** jenga •**without energy** san nanm

energy-producing *adj.* [*substance*] enèjetik

enforce *v.tr.* aplike, pratike, fè respekte lalwa, mete ann aplikasyon *They don't enforce all the articles in the constitution.* Yo pa aplike tout atik konstitisyon an. *It's time to enforce the law.* Li lè li tan pou n pratike lalwa. *The police's mission is to enforce the law.* Lapolis la pou fè respekte lalwa. *That law exists, we have to enforce it.* Lwa sa a egziste, se pou n mete l ann aplikasyon. •**to not be enforced** [*a law*] pase anba pye *The constitution is no longer enforced.* Konstitisyon an pase anba pye nèt.

enforceable *adj.* aplikab

enfranchise *v.tr.* bay dwa vote *The government enfranchised all the people born in the country.* Gouvènman bay dwa vote pou tout moun ki fèt nan peyi.

engage *v.intr.* •**engage in** adonnen li, okipe lan *The little guy only engages himself in play.* Ti nèg la adonnen li annik nan jwèt. •**engage in a dialogue with** dyalòge *The governing party is engaging in a dialogue with the opposition.* Pouvwa an plas la dyalòge ak lopozisyon an. •**engage in a fight** kontre kòn, livre batay •**engage in coastal trade** fè lakòt, kabote *They used the boat to engage in coastal trade.* Yo sèvi ak batiman an pou kabote. •**engage in cockfighting** {bat/file}kòk •**engage in dangerous undertaking** fè{reklam/piblisite}pou mòg •**engage in disputes** kole kòn *This couple is always engaging in disputes.* Mesyedam sa yo toujou ap kole kòn. •**engage in physical play** [*sports*] akòde *Ever since this team is losing, it's engaging in physical play.* Depi ekip sa ap pèdi, li tonbe akòde. •**engage in small talk** bay manti *He's always engaging in small talk during class.* Misye pa sispann bay manti nan klas la. •**engage in trade** fè konmès •**engage in vile activities** fè vòksal *He could lead an honest life, but he'd rather engage in vile activities.* Li te ka mennen yon vi pwòp, men li prefere fè vòksal. •**engage o.s.** angaje tèt li

engaged *adj.* fiyanse *He's engaged to another woman.* Li fiyanse ak yon lòt fi. *They're engaged.* Yo fiyanse.

engagement *n.* **1**[*marriage*] fiyansay **2**[*commitment*] dizon, pawòl *I can't come. I have a previous engagement.* M pa p ka vini, m deja gen dizon ak yon lòt moun.

engaging *adj.* atachan *She's an engaging person.* Se yon moun atachan.

engine *n.* motè •**engine block** blòk mote •**gun an engine** bay gaz •**overhaul an engine** fè motè

engineer *n.* enjennyè, enjenyè •**studio engineer** operate •**train engineer** chofè tren

engineering *n.* jeni •**aeronautical engineering** jeni ayewonotik

England *prop.n.* Angletè (Langletè)

English *adj.* angle [*fem.*] anglèz

English *prop.n.* [*language*] angle *I can't read this because it's in English.* M pa ka li l, se an angle l ye. •**broken English** angle{lou/mawon/waf} *How can they understand your broken English?* Kouman yo pral fè konprann angle waf ou a?

Englishman *prop.n.* angle, zangle

Englishwoman *prop.n.* anglèz

engorged *adj.* [*with blood*] angòje *The place where he took the blow has become engorged with blood.* Kote l pran kou a angòje ak san.

engrave *v.tr.* grave *He had his girlfriend's initials engraved on the bracelet.* Li fè grave inisyal mennaj li sou braslè a.

engraver *n.* gravè

engraving *n.* gravi, imaj

engrossed *adj.* •**be engrossed in thought** medite

engulf *v.tr.* anglouti, goufre *The huge waves engulfed the small island.* Kokennchenn vag yo anglouti zile a.

enhance *v.tr.* bay{gou/valè}, leve lè *If you paint the house, it will enhance its beauty.* Si ou pentire kay la, sa ap leve lè l. *Add some spice to the food to enhance its taste.* Mete yon ti epis nan manje a pou ba l gou. *It's that nice house that enhances the quality of this neighborhood.* Se bèl kay sa a ki ba ti zòn sa valè. •**enhance one's standing** leve eskanp li

enhancement *n.* valorizasyon

enigma *n.* mistè

enigmatic *adj.* tim tim bwa chèch

enjoy *v.tr.* jwi, mache nan san li, pran plezi, pwofite, renmen *I enjoy talking with him.* M renmen pale avè l. *I am enjoying my vacation.* M ap jwi vakans mwen. *He enjoys harming others.* Li pran plezi nan fè moun mal. *These*

people enjoy quarreling. Moun sa yo pwofite fè lobo. *She really enjoys that music.* Mizik la mache nan san li. •**enjoy life** feraye *I haven't heard from you for a while, where have you been?* —*I am enjoying my life.* M pa gen nouvèl ou menm, kote ou ye konsa —Nèg ap feraye. •**enjoy o.s.** bouloze, jwi, pran plezi li, yaya kò li *I really enjoyed myself at the dance.* M te byen pran plezi m nan bal la. *I'm done working, now I have to enjoy myself.* M fin travay papa, konnya se pou mwen yaya kò m. •**enjoy sexually** manje *He enjoyed the girl sexually, then he left her.* Li manje fi a, enpi li kite l.

enjoyable *adj.* agreyab

enjoyment *n.* jwisans *The three days of Carnival, that's three days of enjoyment.* Twa jou Kanaval, se twa jou jwisans.

enlarge *v.tr.* 1[*gen.*] agrandi, dilate, grandi, gwosi *I'm going to have this photo enlarged.* M pral bay agrandi foto sa a. *The doctor said that my liver had enlarged.* Doktè a di fwa m gwosi. *He enlarged the hole of his belt.* Li dilate twou sentiwon an. 2[*width*] laji *I'm having the width of the room enlarged.* M ap fè laji chanm kay la.

enlarged *adj.* gwosi

enlargement *n.* 1[*gen.*] dilatasyon, gwosisman 2[*photo*] agrandisman

enlarger *n.* agrandisè

enlighten *v.tr.* 1[*gen.*] bay yon moun limyè sou yon bagay, eklere, eklèsi, klere, {klere/lave}je *Enlighten us a little on that.* Ban n yon ti limyè sou sa. *The judge decided to hear all the witnesses in order to enlighten the situation.* Jij la deside tande tout temwen yo pou li sa eklèsi ka a. *The priest enlightened the faithful about what is written in the chapter of the Gospel.* Pè a ap klere je fidèl yo sou sa ki ekri nan chapit Evanjil la. *Ever since he enlightened me, no one can fool me anymore.* Depi li fin lave je m nan, moun pa ka twonpe m ankò. 2[*rel.*] edifye *I feel my soul enlightened after that sermon.* Mwen santi nanm mwen edifye apre mesaj.

enlightened *adj.* edifye, eklere *I feel my soul enlightened after that sermon.* Mwen santi nanm mwen edifye apre mesaj la. •**become enlightened** pase plim poul nan zòrèy li *You need to become enlightened; they're just using* *you.* Ou bezwen pase plim poul nan zòrèy ou; se pran y ap pran ou pou piyay.

enlightening *adj.* enstriktif

enlightenment *n.* eklerasyon, leklerezon

enlist *v.intr.* antre nan *He enlisted in the army.* Li antre nan lame.

enlisting *n.* rasanblaj

enlistment *n.* anwolman

enliven *v.tr.* anime, chofe, egeye *The music enlivened the party.* Mizik la anime fèt la.

enmesh o.s. *v. refl.* [*entangled in*] anpetre kò li *How did you enmesh yourself in this problem?* Sa k fè ou anpetre kò ou nan zafè sa a?

enmeshed *adj.* anpetre kou krab, pran nan, pat pou pat Yo pat pou pat nan *They are enmeshed in the wire.* Yo pat pou pat nan fil la.

enmity *n.* malviv, rayisman

enormity *n.* 1[*size*] gwosè, mas, mayitid, volim 2[*wickedness*] fewosite, malveyansite

enormous *adj.* alounmandja, kokennchenn, manman (penba), manpenba, papa, pyès, vas, vòksal *An enormous snake.* Yon kokennchenn koulèv. *He has such an enormous house like a palace.* Msye gen yon sèl alounmandja kay pòtre yon palè. *The truck fell into an enormous hole.* Kamyon an tonbe nan yon sèl manman penba twou.

enormously *adv.* anpil anpil *She studies enormously to prepare herself for her exam.* Li etidye anpil anpil pou l prepare egzamen l.

enough[1] *adv.* ase, dekwa, kont, kont kò li, mezi *Do you have enough money?* Ou gen ase kòb? *There's enough food for everybody.* Gen dekwa manje pou tout moun. *I have enough clothes.* M gen kont rad. *You gave the child enough food for her to eat her fill.* Ou ba pitit la manje kont li. *The house isn't big enough.* Kay la pa gran ase. *Isn't the yard big enough for you to play in?* Lakou a pa gran ase pou n jwe? *Will twenty gourdes be enough?* Ven goud ap ase? *Enough talk!* Ase pale. *He didn't run fast enough.* Li pa t kouri vit ase. *Enough to eat, enough to drink, enough to throw away?* Dekwa bwè, dekwa manje, dekwa jete? *I ate enough.* Mwen manje mezi mwen. •**barely enough** {annik/jis}ase *He barely had enough money to pay the debts.* Li jis gen ase lajan pou l peye dèt yo. •**be enough** kont, sifi *That food is enough to satisfy our hunger.* Manje sa a sifi pou pase grangou nou. *Give*

me more money, what I have isn't enough for me. Ban m plis lajan, sa m genyen an pa sifi m. *Two are enough.* De se kont. •**be not ... enough** manke *He isn't rich enough to pay for such a big house.* Li manke rich pou l peye gwosè kay sa a. •**enough is enough** sètase *Abraham said: "enough is enough".* Abraram di: "sètase". •**have had enough of sth.** depasyante *I have had enough of this life.* M depasyante ak lavi a. •**not ... enough** manke *I didn't sleep enough last night.* M manke dòmi ayè. •**sure enough** siman, vrèman vre *He told me he would do it, and, sure enough, he did.* Li te di m l ap fè l, enpi l fè l vrèman vre. •**that's enough** koupe m sa *Things came out the way you wanted them to, that's enough!* Zafè soti lè ou vle a, koupe m sa!

enough[2] *interj.* sètase *There's too much cruelty on Earth, enough already!* Mezanmi twòp mechanste sou latè, sètase! •**that's enough** ase *Enough! You put on too much.* Ase! Ou met twòp.

enrage *v.intr.* •**be enraged** dechennen, fin{awoyo/wè mò}, lesan (kannale) monte nan tèt yon moun, move kon kong *The protestors were enraged after they were hit with the tear-gas.* Lesan kannale moute nan tèt manifestan yo apre yo te fin pran nan gaz lakrimojèn. •**become enraged** anraje, debòde, dechennen, fè{gwo/move}san, kòn pouse nan tèt yon moun, san yon moun monte li nan tèt li *The boss became enraged when he noticed that the employees didn't finish the work.* Patwon an fin dechennen lè l wè anplwaye yo pa fin travay la. •**get enraged** anraje *He got enraged because his girlfriend left him.* Misye fin anraje poutèt menaj li kite l.

enraged *adj.* debòde, karabinen, move kou kong *This enraged woman, I don't want to talk to her.* Fi debòde sa, m pa vle nan pale ak li. *That's the first time I've seen her enraged, what could have happened to her?* Se premye fwa m wè manmzèl karabinen konsa, sa k dwe pase l?

enraptured *adj.* anchante, anlè, chame

enrich I *v.tr.* anrichi, bay jèvrin, fòtifye *Your courage enriches you.* Kouray ou anrichi ou. *He takes vitamins that enrich him.* Li pran vitamin ki ba l jèvrin. *We have to enrich the* *juice with sugar.* Nou gen dwa fòtifye ji a ak sik. **II** *v.intr.* anrichi, fè chita li *These people got rich off the coffee business.* Moun sa yo fin fè chita yo nan komès kafe a.

enroll *v.tr.* enskri, rekrite *I'm going to enroll her in that school.* M pral enskri l lekòl sa a. *I'm enrolled in law school.* M enskri nan dwa a. *They enrolled a lot of people in the police.* Yo rekrite anpil moun nan lapolis.

enrollment *n.* efèktif, enskripsyon

ensign *n.* anblèm, bànyè

enslave *v.tr.* mete nan esklavay, zonbifye *They had enslaved them, they had no freedoms.* Yo te mete yo nan esklavay, yo pa t gen okenn libète. *He knows how to enslave women.* Msye konn zonbifye fi.

entangle *v.tr.* anpetre kò li, makònen, mangonmen, marande *The goat entangled itself with the rope.* Kabrit la anpetre kò l ak kòd la. •**be entangled** pran nan anbarase, mangonmen, pat pou pat *He is entangled in the rope.* Li pat pou pat nan kòd la. *The situation is entangled.* Sitirasyon an mangonmen. •**become entangled** mawonnen *I don't want to become entangled with these scoundrels.* Pa vle mawonnen ak sanzave sa yo.

entanglement *n.* makònay

enter *v.tr.* **1**[*come in*] antre (nan), penetre *She entered the room furtively.* Li antre nan chanm nan an kachèt. *The thieves entered the shop.* Volè yo penetre magazen an. **2**[*become a member of*] antre (nan) *He entered the priesthood.* Li antre nan pè. •**enter a convent** antre nan mè *After high school, she entered a convent to become a nun.* Apre klas li, li antre nan mè pou l vin chèsè. •**enter a plea** negosye yon antant, plede •**enter a seminary** antre nan pè *He wants to enter the seminary to become a priest.* Li vle antre nan pè pou l sot yon relijye. •**enter illegally** pase anba fil *A lot of Haitians entered the Dominican Republic illegally.* Anpil Ayisyen se anba fil yo te pase antre Sendomeng. •**enter into a partnership with s.o.** asosye (li) *Those two principals entered into a partnership to have a single large school.* De direktè yo asosye yo pou yo gen yon sèl gran lekòl. *I entered into a partnership with him a long time ago.* Mwen asosye ak li lontan.

•**enter shamefacedly** antre tèt bese •**enter someone's mind** {pase/vin}nan tèt yon moun *It never entered my mind.* Sa pa janm vin nan tèt mwen. •**enter the priesthood** fè pè •**enter whole-heartedly into** antre tèt bese •**upon entering** annantran *Upon entering the store she came across Joe.* Annantran nan magazen an li kwaze ak Djo.

enteritis (gastro-) *n.* anterit, enfeksyon nan trip

enterobiasis *n.* oksiyi

enterprise *n.* **1**[*initiative*] antrepriz **2**[*establishment*] antrepriz, biznis, etablisman *Starting an enterprise.* Monte yon etablisman. •**commercial enterprise** mezon •**free enterprise** lib antrepriz •**shady enterprise** koutay

enterprising *adj.* agresif, antreprenan, antreprenè, debouya, gen piwèt, michan *If he's not an enterprising guy, he loses the lawsuit.* Si l pa nèg ki antreprenan, li pèdi pwosè a. *That's an enterprising young man, he never steps away from a task.* Sa se yon michan gason, li pa fè bak devan okenn travay. *He's very enterprising, he'll succeed in life.* Se nèg ki gen piwèt wi, l ap wè bout lavi a.

entertain *v.tr.* **1**[*amuse*] amize, anmize, dezannouye, distrè, distrè li, divèti *He was entertaining the audience.* Li t ap amize piblik la. *To entertain the children, we told them stories.* Pou dezannouye timoun yo, nou bay lodyans. *The children like her because she knows how to entertain them.* Timoun yo renmen l paske li konnen kouman pou l distrè yo. *Entertain the children with a story.* Divèti timoun yo ak yon kont. **2**[*provide hospitality*] resevwa *I like to go to Mary's house, she entertains guests well.* M renmen al lakay Mari, li resevwa moun byen.

entertainer *n.* amizè

entertaining *adj.* amizan •**entertaining person** joujou, odyansè

entertainment *n.* amizman, distraksyon, jwèt

enthrall *v.tr.* fasinen, mache nan san yon moun *The idea of writing a book enthralled her.* Lide ekri yon liv mache nan san li.

enthrallment *n.* angouman

enthrone *v.tr.* mete sou twòn *They enthroned her.* Yo mete l sou twòn.

enthusiasm *n.* antouzyas, antren

enthusiast *n.* fanatik

enthusiastic *adj.* anlele, chalerin, chofe, pozitif, zèl louvri *I don't know a teacher as enthusiastic as that.* M pa janm wè yon pwofesè chalerin konsa. *He is very enthusiastic about his work.* Li chofe anpil nan travay li. *He's enthusiastic about everything he does.* Li pozitif nan tout sa l ap fè. •**overly enthusiastic** anlè anlè, cho pase bout pip/cho pase leve danse

enthusiastically *adv.* tètkale, kò e am

entice *v.tr.* atire, bay yon moun atirans, detounen, fè lasisin, kalbende, lake yon moun, pran yon moun {nan/sou}plan, tante *The woman enticed the guy.* Fi a kalbende nèg la. *He enticed the girl.* Li pran fi a nan plan.

enticing *adj.* atiran

entire *adj.* ann antye, annantye, ankè, antye, nèt, tout, toutansanm, toutantye *I want an entire cake.* M vle yon gato annantye. *I can eat an entire chicken.* M ka manje yon poul antye. *She recited the entire poem.* Li resite powèm nan ankè. *He ate an entire chicken by himself.* Li manje yon poul toutantye pou kò l. *My entire family was at the wedding.* Tout fanmi m nèt te nan nòs la. *She ate the entire orange.* Li manje tout zorany lan.

entirely *adv.* antyèman, delatètopye, nèt(ale), tou, toutafè, toutantye *I'm entirely in agreement with you.* Mwen antyèman dakò ak ou. *I entirely agree with you.* M dakò avè ou nèt.

entitle *v.tr.* bay youn moun dwa *I entitle you to collect rents.* M ba ou dwa kolekte taks.

entitled *adj.* fèt pou *I'm entitled to know why I was arrested.* M fèt pou m konnen sa k fè y arete m.

entitlement *n.* dizon, dwa

entrails *n.pl.* 1[*human, animal*] fyèl 2[*intestines*] andedan, trip, zantray 3[*of an animal*] tonbe, zagribay

entrance *n.* 1[*gen.*] antre *Where's the entrance?* Kote antre a ye la a? 2[*to a town, tomb, etc.*] bouch •**at the entrance** alantran *She's waiting for me at the entrance of the store.* L ap tann mwen alantran magazen an.

entranced *adj.* anlè, chame

entrap *v.tr.* pran nan pèlen, pran (yon moun) {nan/sou} plan, pyeje *The French entrapped*

Toussaint Louverture. Blan Fransè yo te pran Tousen Louvèti sou plan. *It's not nice to entrap your friends.* Li pa bon pou pyeje zanmi ou.

entrapment *n.* sènay

entreaty *n.* siplikasyon

entrenched *adj.* •**become entrenched** anrasinen, kole nan

entrust *v.tr.* anchaje, chaje, konfye *It's only I whom the boss entrusts with access to the cash register.* Se mwen menm sèl patwon an chaje pou al nan kès la.

entry *n.* 1[*entrance*] antre 2[*right to enter*] admisyon 3[*accounting*] ekriti 4[*dictionary*] antre •**port of entry** pò •**entry book** rejis •**entry form** fòmilè

entryway *n.* antre

entwine *v.intr.* antòtye, vlope *The goat is entwined in the wire.* Kabrit la antòtye nan fil la. •**be entwined** vlope *The wires are entwined.* Fil la vlope.

enunciate *v.tr.* atikile, pwononse *Enunciate each syllable clearly.* Atikile chak silab klèman.

envelope¹ *n.* anvlòp

envelop² *v.tr.* vlope *Envelope the leaves so they don't dry out.* Vlope fèy yo pou yo pa deseche.

envenomed *adj.* [*taste*] fyèl (bèf) *This medicine has an envenomed taste.* Metsin sa a se fyèl bèf.

enviable *adj.* dezirab

envious *adj.* anvye, kè yon moun grenn, jalou *These people are too envious, they want to have everything.* Moun sa yo anvye twòp, yo vle gen tout bagay. *She's an envious woman, don't show her that you have nice clothes.* Se fi ki jalou pa montre l ou gen bèl rad. *She's envious of my success.* Kè l grenn paske mwen reyisi.

environment *n.* 1[*nature*] anviwònman 2[*surroundings*] alantou, anbyans, viwonnay •**social environment** milye

environs *n.pl.* alantou

envisage *v.tr.* anvizaje *I envisage leaving the house.* M anvizaje kite kay la.

envision *v.tr.* vizyonnen *She envisions being rich.* Li vizyonnen l rich.

envoy *n.* anvwaye, delege, mesajè, reprezantan

envy¹ *n.* jalouzi, lanvi, rayisab, rayisman

envy² *v.tr.* anvye, anvi sò yon moun *He envies his manager's position.* Li anvye plas dirèktè li a. *He envies his friend because he sees he's well off.* Li anvi sò zanmi l an paske li wè l alèz.

enzyme *n.* anzim

eons *n.pl.* •**for eons** depi lontan

epaulet(te) *n.* zepolèt

epic *adj.* fòmidab, epic *An epic poem.* Yon powèm epic.

epidemic¹ *n.* epidemi, ravaj *There is a diarrhea epidemic in the area.* Gen yon epidemi nan zòn nan ak maladi dyare a.

epidemic² *adj.* epidemik

epidermis *n.* epidèm, po, premye po

epigastric *adj.* anba kè •**epigastric area** fwa *I have pain in my epigastric area.* M gen doulè nan fwa. •**epigastric discomfort** {biskèt/pwatrin}yon moun tonbe •**epigastric distress** mal anba kè

epigastrium *n.* [*middle to lower part of the stomach*] anba kè

epiglottis *n.* epiglòt, ti chè dèyè lang

epilepsy *n.* maladi{tonbe/kimen}, malkadi *He has epilepsy.* Li gen malkadi.

epileptic *adj.* ki soufri malkadi •**epileptic fit** malkadi *She had an epileptic fit this morning.* Malkadi a pran l maten an./Li tonbe malkadi. •**epileptic spell** kriz malkadi •**have an epileptic fit** tonbe malkadi *He's having an epileptic fit.* Li tonbe malkadi.

Epiphany *prop.n.* [*January 6*] fèt{Lèwa/Premye parèt Jezi}, Lèwa

Episcopal *adj.* episcopal

episode *n.* epizòd

episodic *adj.* ale vini, wete mete

epistle *n.* epit, lèt

epoch *n.* epòk

eponym *n.* tokay

eponymous *adj.* ki gen menm non

epoxy *n.* [*glue*] kòlfòt

Epsom salts *n.pl.* sèl{depsonn/gason}

equal¹ *adj.* egal, egalego, menm, parèy *All people are equal before God.* Tout moun egal devan Bondye. *They're of equal price.* Yo menm pri. *We do the same work; they should give us equal pay.* Nou fè menm travay, se pou yo peye n menm kòb. •**be equal to** ka fè *I don't think she's equal to the job.* M pa kwè l ka fè travay la. •**we are all created equal** tout moun se moun

equal² *n.* pòy *He's not your equal; you can't fight with him.* Li pa pòy ou, ou pa ka goumen avè l. •**have no equal** prezidan pa bopè li, wa pa kouzen li, •**social equal** krabè

equal³ *v.tr.* 1[*value*] egale, vo *Nothing can equal a mother's love.* Anyen pa ka egale lanmou yon manman. *Your strength equals mine.* Kouray pa ou vo kouray pa m. 2[*math, etc.*] fè *Four times two equals eight.* Kat fwa de fè uit.

equality *n.* egalite

equally *adv.* afaf, egalego, egalman, kifkif, menmman (parèyman), mwatye pou mwatye, rèdchèch, ren pou ren *I agree to share the cake equally.* Mwen dakò pou gato a separe afaf. *Let's divide the money equally.* An n separe kòb la egalego.

equation *n.* [*math*] ekwasyon

equator *n.* ekwatè

equatorial *adj.* ekwatoryal

equilateral *adj.* ekilateral

equilibrium *n.* balans, ekilib

equinox *n.* ekinòks

equip *v.tr.* ekipe *We have to equip the team with new shoes.* Nou dwe ekipe seleksyon an ak nouvo soulye. *We're equipped for this type of work.* Nou ekipe pou ti mòd travay sa yo.

equipment *n.* 1[*gen.*] ekipman, materyèl *What equipment do we need to do the work?* Ki ekipman nou bezwen pou fè travay la? 2[*donkey, ship, etc.*] aparèy, ekipay •**have the required equipment** ekipe

equitable *adj.* ekitab, jis

equity *n.* 1[*legal*] egalite, jistis 2[*financial*] valè san dèt

equivalence *n.* ekivalans

equivalent¹ *adj.* ekivalan, menm *These two measures are equivalent, the one equals the other.* De mezi sa yo ekivalan, youn egal ak lòt. *I gave them an equivalent amount of work to do.* Ma ba yo menm valè travay pou yo fè.

equivalent² *n.* ekivalan, ekivalans, gen menm valè

equivocate *v.intr.* bay zannannan pou sizàn, louvwaye *Say yes or no; don't equivocate!* Se pou ou di wi osnon non; pa louvwaye!

equivocating *adj.* malatchong, twonpè

era *n.* epòk, syèk

eradicate *v.tr.* dechouke, derasine, detyoule, estèminen *We have to eradicate poverty.* Nou bezwen derasinen lamizè. *This medicine helped him eradicate the sickness in two days, now he's himself again.* Medikaman sa a ede li estèmin maladi a nan de jou, kounye a li anfòm nèt.

eradicated *adj.* plata *Chiggers have been eradicated for a long time.* Maladi chik la plata lontan a.

eradication *n.* 1[*gen.*] estèminasyon 2[*politics*] dechoukaj •**eradication of criminal elements** demakoutizasyon

erase *v.tr.* bife, efase *Erase the blackboard.* Efase tablo a. •**erase s.o. from a list** radye *We're erasing your name from the list.* N ap radye ou nan lis la.

eraser *n.* 1[*pencil*] efas, gonm 2[*for a blackboard*] chiffon, efas tablo *He chewed up the pencil eraser.* Li manje gonm kreyon an.

erasure *n.* efas, retrè

erect[1] *adj.* atò, dwat, {rèd/drèt}kou jibis •**be erect** [*penis*] bande, kanpe

erect[2] *adv.* drèt, dwat *Stand erect.* Kanpe dwat. *She stood erect.* Li kanpe drèt.

erect[3] *v.tr.* kanpe, leve *He erected a big wall to close off the yard.* Li leve yon gwo mi pou bare lakou a.

erection[1] *n.* [*building*] batis, batisman, konstriksyon

erection[2] *n.* •**have an erection** bande, gen tan di *He has an erection.* Li gen tan di. •**lose one's erection** debande, pèdi bann li •**not to be able to have an erection** kòk li pa chante •**penile erection** bann, bibit, pinokyo

erode *v.tr.* manje, wonje *The ocean has eroded the road away.* Lanmè a manje wout la. *Water has totally eroded the road.* Dlo fin manje wout la nèt.

eroded *adj.* [*road*] kawote

erosion *n.* balizay, ewozyon •**soil erosion** dlo lapli ki bwote tè ale, ewozyon tè

erotic *n.* ewotik

err *v.intr.* fè{erè/fòt} *I erred when I gave the answer.* M fè erè lè m bay repons lan.

errand *n.* konmisyon, kous *I'm on an errand.* M pral fè yon konmisyon. *I sent him to do an errand for me.* M voye l al fè konmisyon pou mwen. **errands** *n.pl.* viretounen

errant *adj.* dlo mennen van pouse

erratic *adj.* anbouye

erroneous *adj.* fo, fotif

error *n.* bevi, erè, fay, fo pa, fopa, fòt, mank mank, twonpri *I was in error.* Se yon erè m fè. *It's a big error that he made.* Se on gwo mank mank l te fè. •**clerical error (typo)** fòtdefrap •**in error** fòsman •**make an error in judgment** mete cha veye bè •**make an error** fè (yon) bevi •**spelling error** fòt òtograf

erstwhile *adj.* ansyen

erudite *adj.* save

erupt *v.intr.* eklate, ma(r)ye, pete, vòlkannen *Violence erupted in the stadium.* Deblozay pete nan estad la. *The fighting erupted.* Batay la maye. *Hurry to leave the foot of the volcano before it erupts.* Fè vit soti anba vòlkan an nan avan li kòmanse vòlkannen.

eruption *n.* 1[*gen.*] eklatman 2[*volcano*] eripsyon

erysipelas *n.* [*skin disease*] resipèl

escalate *v.intr.* entansifye *Violence escalated.* Vyolans entansifye.

escalation *n.* entansifikasyon

escalator *n.* eskalye woulan

escapade *n.* [*furtive*] pa chat, fòlòp

escape[1] *n.* chape, evazyon, mawonnay, rechap

escape[2] *v.intr.* 1[*get away*] bwaze, chape{poul/kò}li, jete li, krab kò li, pati, pran{anbasad pou li/bwa/lafuit}, sefwe, soti nan, sove, vole{gage/gadyè}, wete poul li *The guinea fowl escaped from the birdcage.* Pentad la chape nan kaj la. *The prisoner has escaped from prison.* Prizonnye a sove nan prizon. *He escaped when he saw them coming with weapons.* Misye jete l lè l wè y ap vini ak zam. *He had time to escape once he heard the police siren.* Li gen tan krab kò l lè l tande sirèn lapolis la. *Take this opportunity to escape.* Sezi opòtinite sa a pou ou sove. *Thanks to his promptness, he escaped.* Gras a aktivite misye, li gen tan chape poul li 2[*avoid*] chape, sove *I escaped from the accident without a scratch.* M chape nan aksidan an, m pa gen anyen. •**escape by slipping out** glise *He escaped from our grasp.* Misye glise nan men n. •**escape from a grasp** koule anba men yon moun *Just as she was about to catch me, I escaped from her grasp.* Lè l ale pou l al kenbe m, m koule anba men li. •**escape misery** leve atè a *If I hit the jackpot,*

I'll escape my misery. Si m gen gwo lo a, m ap leve atè a.

escapee *n.* sovadò

escarpment *n.* falèz, presipis

escobita *n.* [*plant*] pete

escort[1] *n.* 1[*convoy, etc.*] eskòt, kòtèj 2[*person*] konpayon

escort[2] *v.tr.* akonpaye, eskòte, kondi *Escort her to the door.* Eskòte l rive nan pòt la. *I'm escorting you to the barracks.* M ap kondi ou nan kazèn.

escrow *n.* avalwa, lajan depo

Eskimo *prop.n.* eskimo

esophagus *n.* ezofaj, gagann, gwo gòj, (gwo) gòjèt mou, kannal{manje/pou vale}, lezofaj, tib gagann

special *adj.* espesyal

especially *adv.* 1[*in particular*] dotan (plis), espesyalman, sitou *Don't forget to buy the spices, especially the chili powder.* Pa bliye achte zepis yo, sitou piman an. *I hate people making noise, especially when I'm trying to sleep.* M pa renmen moun fè bri, sitou lè m ap dòmi. *He doesn't have to complain, especially since I have talked to him.* Li pa bezwen plenyen la dotan plis m te pale l. *They dedicated this music especially to Carolyn.* Yo dedye mizik sa a espesyalman pou Kawolin. *He doesn't have to complain, especially since I have talked to him.* Li pa bezwen plenyen la dotan plis m te pale l. 2[*to a great degree*] tèlman, twò *I don't especially like bananas.* M pa twò renmen fig. *I don't especially want to go, but I can't let you go by yourself.* M pa tèlman anvi ale, men m pa ka kite ou al pou kò ou.

espionage *n.* espyonnay

essay *n.* disètasyon, esè

essayist *n.* eseyis

essence *n.* 1[*essential part*] fon, fondèt, nannan *The essence of the book is the importance of justice.* Fon liv la se enpòtans jistis. 2[*vanilla, etc.*] esans •**in essence** esansyèlman, ofon •**spiritual essence** [*of a plant, tree, Earth, Sun, person, etc.*] nanm

essential[1] *adj.* esansyèl, nesesè, vital *It's food which is essential now.* Se manje ki pi esansyèl pou kounye a. *It's essential that they work hard.* Li esansyèl pou yo travay di. *A car is an essential thing.* Machin se yon bagay ki nesesè. •**essential part** manman

essential[2] *n.* esansyèl **essentials** *n.pl.* lenesesè, mwèl *Do the essentials for me, when I come, I'll return the favor.* Fè lenesesè pou mwen, lè m vini, m a remèt ou sa. *Percussion, trumpets and drums are the essentials for a music band.* Batri, twonpèt, tanbou se mwèl yon dyaz.

essentially *adv.* esansyèlman

establish I *v.tr.* [*set up organization, project etc.*] chouke, detèmine, enplante, enstore, etabli, fòme, mete {sou pye/yon bagay kanpe}, monte *They are going to establish a company in this area.* Yo pral etabli yon konpayi nan zòn nan. *This industry has been established here forever.* Endistri sa a chouke pa bò isit depi dikdantan. *We should establish a health system.* Se pou n enplante yon system sante. *The people must fight so that no one establishes a dictatorship.* Pèp la dwe lite pou okenn moun pa enstore diktati a. II *v.intr.* [*be settled*] anrasinen, chita kò li, chouke, estannbay, souche, pran pye, yaya kò li *This family has been established in this city for fifty years.* Fanmi sa a anrasinen nan vil sa a depi senkant an. *He has been established in this town for more than fifty years.* Li chita kò li nan vil sa a depi plis pase senkant lane. *We've been established in this area for several years.* N estannbay nan zòn nan la depi kèk lane. *She's been established in this town for twenty years.* Li gen ven lane depi l ap yaya kò l nan vil sa a. *He has been established in this job for twenty years.* Li chouke nan djòb sa a depi ven lane. •**establish a trading relationship on a regular basis** fè pratik *In matters of commerce, those two countries established a trading relationship.* Nan zafè konmès, de peyi sa yo fè pratik. •**establish o.s.** kazènen li, yaya kò li •**establish o.s. indefinitely** rasinen *She came to our house for two days but she established herself here indefinitely.* Li te vin lakay la pou de jou, men li rasinen la. •**become established** anrasinen, chouke, pran pye

established *adj.* •**be established** chita •**become established** chouke, pran{dan/pye}, kole dan •**get established** make pakèt

establishment *n.* 1[*entity*] antrepriz 2[*act of establishing*] etablisman, enplantasyon

estate *n.* 1[*residence*] bitasyon, eritay 2[*inheritance*] eritay 3[*jur.*] siksesyon

esteem *n.* estim

esteemed *adj.* distenge *She's an esteemed person, everybody respects her.* Li yon moun ki distenge, tout moun respekte l anpil.

esthetics *n.pl.* estetik

estimate¹ *n.* devi, estimasyon •**as a rough estimate** gwosomodo *As a rough estimate, the work will cost a thousand goud.* Gwosomodo, travay la ap koute mil goud. •**make an estimate** fè ekspètiz *The insurance company sent a technician to make an estimate.* Asirans voye yon teknisyen vin fè espètiz.

estimate² *v.tr.* **1** [*provide value*] estime, evalye, fè estimasyon, kalkile *I estimate that this lot would cost a large sack of money.* Mwen evalye teren sa a ka koute yon ti makout lajan. *Let's make an estimate to see how much money we have spent until now.* Annou fè yon estimasyon pou nou wè konben lajan nou depanse atò. *The architect estimated how much construction material he'll need to build the house.* Enjenyè a kalkile konbyen materyo l ap bezwen pou l fè kay la. **2** [*judge*] bay *What would you estimate her age to be?* Ki laj ou ta ba li?

estranged *adj.* detache *Since you left, we've become estranged.* Depi ou pati a, nou fin detache nèt.

estrangement *n.* bwouy

estrogen *n.* estwojèn

estrus *n.* an chalè

estuary *n.* bouch larivyè, estiyè, lanbouchi

et cetera *n.* eksetera, elatriye *They brought notebooks, pencils, pens, etc.* Yo pote kaye, kreyon, plim, elatriye.

etch *v.tr.* grave *She etched her name on the stone.* Li grave non l sou pyè a.

etching *n.* gravi

eternal *adj.* etènèl *There's no one who is eternal.* Pa gen pesonn ki etènèl.

eternally *adv.* etènèlman, lavidiran, pou toutan gen tan/pou toutan toutan, vitametènam *Do a little, leave a little, you're not here eternally.* Fè enpe kite enpe, ou pa la etènèlman.

eternity *n.* letènite

ethanol *n.* etanòl

ether *n.* etè

ethical *adj.* etik, dwat, moral

ethically *adv.* moralman

ethics *n.pl.* etik, moralite *He has no ethics.* Li pa gen etik ditou.

ethnic *adj.* etnik •**ethnic groups** gwoup etnik

ethnographer *n.* etnograf

ethnologist *n.* etnològ

ethnology *n.* etnoloji

ethos *n.* nanm, nati, lespri, mantalite

ethyl *n.* etil

ethylene *n.* etilèn

etiquette *n.* lizay

etymological *adj.* etimolojik *The etymological origin of this word.* Orijin etimolojik mo sa a.

etymology *n.* etimoloji

eucalyptus *n.* ekaliptis

Eucharist *prop.n.* {Lekaristi/Ekaristi}

Eucharistic *adj.* ekaristik

eugenol *n.* lwil jewòf

eulogize *v.tr.* {bay/chante}lwanj, ran omaj *The senator eulogized the late president.* Senate a ran omaj defen prezidan.

eulogy *n.* elòj, lwanj

eunuch *n.* enik, san grenn *He's a eunuch.* Li san grenn.

euphemism *n.* espresyon adousi

euphorbia *n.* [*cactus-like plant*] malonmen, women

euphoria *n.* estaz, kè kontan total

euphoric *adj.* djougan, ozanj

euro *n.* ewo

Europe *prop.n.* Ewòp (Lewòp)

European¹ *adj.* ewòpeyen, ewòpeyèn [*fem.*]

European² *prop.n.* Ewòpeyen, Ewòpeyèn [*fem.*]

Eustachian tube *n.* kannal anndan zorèy

euthanasia *n.* swisid asiste

evacuate *v.tr.* bay, degaje, degonfle, dekonble, evakye *They evacuated the room after the bomb went off.* Yo evakye sal la apre bonm nan eksploze. *The police made everyone evacuate the main street after the explosions.* Lapolis fè tout moun bay gran ri a apre esplozyon. *The firemen had enough time to evacuate the people from the house.* Ponpye yo gen tan degaje moun yo nan kay la. *They evacuated the village before the volcano blew up.* Yo degonfle bouk la anvan vòlkan an pete.

evacuation *n.* evakyasyon

evade *v.tr.* eskive, laviwonn *Stop evading the question, answer clearly.* Sispann laviwonn nan, reponn dirèk. •**evade a question** evite yon kesyon •**evade an issue** voye flè

evaluate *v.tr.* evalye *They're evaluating the price of our house.* Y ap evalye pri kay nou an.

evaluation *n.* evalyasyon

evaluator *n.* evalyatè

evangelical *adj.* evanjelik *There's an evangelical church in the area.* Gen yon legliz evanjelik nan zòn nan.

evangelist *n.* evanjelis

evangelization *n.* evanjelizasyon

evangelize *v.tr.* evanjelize, preche levanjil *The missionaries are evangelizing the people.* Misyonè yo ap evanjelize pèp la.

evaporate *v.intr.* chèch, kondanse, seche, vante, vapore *The acetone evaporated.* Asetòn nan vante. *The water evaporated.* Dlo a chèch. *The hot water evaporated.* Dlo cho a kondanse. *The water completely evaporated from the pot.* Dlo a seche nèt nan chodyè a. *Don't let the alcohol evaporate.* Pa kite alkòl la vante. *The water in the pot ended up evaporating.* Dlo nan chodyè a fin vapore.

evaporated *adj.* vapore

evaporation *n.* vaporasyon

evasion *n.* evazyon, laviwonn

evasive *adj.* kòdjòm •**be evasive** chankre •**evasive person** demakè

evasively *adv.* {konsa/konsi}konsa *He gave me a response evasively.* Li ban m yon repons konsa konsa.

eve *n.* lavèy •**on the eve of** alavèy

even¹ *adj.* 1[*surface*] daplon, egal, ini, plat, swa *The ground is even.* Teren anplat. 2[*neither owing the other*] flòch, kit, pat, patch, tonbe egal *Here's the last five dollars I owe you. Now we're even!* Men dènye senk dola m te dwe ou la. Konnye a nou kit! *You have five, I have five, we're even.* Ou gen senk, m gen senk, nou pat. *We're even.* Nou patch. *After the trouncing I gave you, we're even.* Apre vyèj sa m ba ou a, nou flòch. 3[*number*] pè, won *An even number.* Yon chif pè. *Four is an even number.* Kat se chif won. 4[*same level*] daplon, tonbe egal *The feet of the table aren't even.* Pye tab yo pa tonbe egal. •**get even with** pran tire revany sou yon moun, regle, remèt, vanje *I'll get even with you!* M ap pran ou! *He humiliated me before everybody, I will get even with him for what he did to me.* Msye

vekse m devan tout moun, m ap remèt li sa l fè m nan. *Given how he made me suffer, I have to get even with him one day.* Pou jan misye fè m soufri, m gen pou mwen pran l yon jou. *You insulted me, I'll get even with you.* Ou joure m, m a regle ou. •**make even** ekilibre, rann yon bagay ini *Place four good players in each team to make the game even.* Mete kat bon jwè nan chak ekip yo pou n ekilibre jwèt la. *They drove a road grader on the ground to make it even.* Yo pase gredè sou teren an pou rann li ini. •**not even** miwo miba *His pant legs aren't even.* Pye pantalon li miwo miba.

even² *adv.* 1[*intensifying*] ata, jouk, kanfeti, menm *He gives away even the clothes he wears.* Ata rad sou li l fè kado. *Even you, my child?* Ata ou, pitit mwen? *I can't drink even the smallest drop of coffee.* Ata yon ti gout kafe mwen poko bwè. *Even you betrayed me?* Jouk ou menm tou trayi m? *He doesn't give anything even to the children.* Menm timoun yo li pa bay anyen. *Even if I were sick, I'd come.* Menm lè m ta malad, m ap vini. *Even her own husband doesn't know how old she is!* Menm mari l pa konn laj li! *Even if you have all that money, that doesn't make you rich.* Kanfeti ou gen tout kòb sa a, ou pa rich pou sa. 2[*make comparisons*] ankò *Today is even hotter than yesterday.* Jodi a l fè pi cho ankò pase yè menm.

even³ *v.intr.* •**even off** aplani, egalize, plati *They evened off the earth with the tractor.* Se ak traktè a yo plati tè a. *The field is perfectly evened off.* Teren an plati nèt. •**even up** egalize, kore *Of these two doors, one is higher than the other, we have to even them up.* Nan de pòt yo, gen youn ki pi wo pase lòt, se pou nou egalize yo. *We need another goal to even up the score.* Nou bezwen yon gòl ankò pou n kore eskò a.

evenhanded *adj.* enpasyal, pa nan paspouki

evenhandedness *n.* san patipri

evening *n.* aswè, leswa, swa, sware *I'll drop by this evening.* M ap pase aswè a. *I'm coming in the evening.* M ap vini (nan) aswè. *He's here in the evening.* Li la leswa. *She doesn't work mornings anymore, she now comes evenings.* Li pa travay maten ankò, se aswè l vini kounye a. •**entire evening** sware *We spent the evening telling jokes and stories.* Nou pase sware a nan bay blag. •**good evening** [*used from noon until midnight*] bonswa •**in the evening** aswè, diswa, leswa *They work in the evening.* Yo travay aswè. *I pray in the evening.* M priye leswa. •**one evening** yon jou swa *One evening, there was no electricity.* Yon jou swa, pa te gen kouran. •**this evening** aswè

evenings *n.pl.* •**in the evenings** leswa

evenly *adv.* egalego, kifkif, ren pou ren *She divided the candy evenly between the two kids.* Li separe sirèt la egalego bay de timoun yo.

event *n.* afè, evènman, istwa *This event, we'll never forget it.* Evennman sa nou pa janm bliye l. •**big event** dezablaza •**current events** aktyalite •**in any event** [*whatever happens*] tout jan *We may never make much money, but, in any event, we'll never starve to death.* Nou gendwa pa janm touche anpil kòb, men, tout jan, nou pa p janm mouri grangou. •**in the event of** anka, oka •**in the event that** si anka/sizanka/ sizoka •**messy, disorganized event** gagòt •**qualifying event** [*sports*] eliminatwa •**ridiculous event** komedi •**surprising event** fenomèn *That accident I just saw was a surprising event!* Aksidan sa m sot wè a se yon fenomèn! •**unexpected event** aksyon, kou{siprann/ souprann/ *Everyone was stunned at that unexpected event.* Tout moun sezi pou aksyon sa a. •**unfortunate event or happening** salmanaza, saltenbank *Look at all the unfortunate events in this country!* Ala de saltenbank papa nan peyi sa a!

even-tempered *adj.* san fwa, tèt anplas

eventful *adj.* mouvmante •**be eventful** bese leve

eventual *adj.* evantyèl

eventuality *n.* •**in the eventuality that** a{sipozisyon/ sipoze}

eventually *adv.* alalong, an definitif, bout{an/ pou} bout, definitivman, finalman *What did you decide to do, eventually?* An definitif, ki sa ou deside fè? *Eventually, they discovered that he had committed the crime.* Definitivman, yo wè se li k te fè krim nan. *Eventually they let me go.* Finalman, yo kite m ale.

ever *adv.* janm, janmen *Be careful not to ever do that again.* Piga ou janm fè sa ankò. *Have you ever eaten tomato preserves?* Èske ou janm manje konfiti tonmat?. •**for ever and ever**

pou tout tan •**hardly ever** prèske {jamè/ janmen/pa janm}, raman *He hardly ever comes downtown.* Li prèske pa janm desann lavil. •**if ever** anka pa ka

everlasting *adj.* ajanmè, pou toutan •**everlasting life** lavi ki p ap janm fini an

evermore *adv.* pou{toujou/totan}, toutan

every *adj.* **1**[*gen.*] chak, dènye, tou le, tout, yo chak *Every morning she drinks a cup of coffee.* Tou le maten li bwè yon tas kafe. *They come every Thursday.* Y ap vin chak jedi. *We work every day.* Tou le jou n ap travay. *Every student has to come.* Tout etidyan dwe vini. **2**[*day of the week*] lè *Every Sunday, we go to mass.* Lè dimanch, nou ale lamès. *I'm off every Thursday.* Mwen òf lè jedi. •**every last thing** bibit sou yòyòt •**every man for himself** chak koukouy klere pou je li •**every now and then** (de)tanzantan •**every once in a while** yon lè konsa •**every time** chak fwa •**every which way** tribò babò

everybody *pro.* tout, tout (la)sosyete, tout moun *Everybody is here.* Tout moun la. *Every Jack, Jacqueline, Barthold, everybody came today.* Tout Jak, Jaklin, Batòl, tout vin jodi a.

everyday *adj.* abityèl, konmen, kouran *This girl speaks an everyday English.* Fi sa a pale yon angle kouran. *These are my everyday clothes.* Sa se rad abityèl mwen.

everyone *pro.* {chak/dènye}moun, nenpòt kilès, tout {(la)sosyete/moun} *Everyone has problems in life.* Dènye moun gen pwoblèm nan lavi. *Everyone understands what I'm saying.* Nenpòt kilès moun konprann sa m ap di a. *Everyone is looking at you.* Tout moun ap gade ou.

everything *pro.* bagay, {chak/dènye/tout} bagay, tout jan *I'll take care of everything in a day.* M ap regle tout bagay pou jounen an. *The child is sick, we have to do everything to take him to the doctor's.* Pitit la malad, fò n fè tout jan pou n mennen l kay dòktè. •**be into everything** san limit *He's into everything, don't let him near your stuff.* Li san limit, pa kite l bò zafè ou. •**everything goes** fè gagòt

everywhere *adv.* patou, sou tout laliy, tout{kote/krik} *You can find those things everywhere.* Ou jwenn bagay sa yo patou. *The country is unsafe everywhere.* Ensekirite a sou tout laliy nan peyi a. *Everywhere I* *went was full of mud.* Tout kote mwen pase chaje ak labou. •**everywhere around** toutalantou *You can find those things everywhere around.* Ou jwenn bagay sa yo toutalantou. •**everywhere else** tou lòt kote •**be everywhere** fè{moukmouk/poulpoul} *Millet can be found everywhere in the country.* Pitimi fè moukmouk nan tout peyi a.

evict *v.tr.* chase, desitire, fè yon moun degèpi, òltègèt, pimpe yon moun tounen *They evicted her from the house because she couldn't pay the rent.* Yo òltègèt li nan kay la paske l pa ka peye lwaye a. *He didn't want to pay the rent, the landlord evicted him.* Li pa t vle peye lwaye a, mèt kay la chase l. *They evicted him from the house.* Yo desitire msye nan kay la. *The landlord evicted the tenants.* Pwopriyetè a fè lokatè yo degèpi. *They evicted him from the house.* Yo desitire msye nan kay la.

eviction *n.* degèpisman

evidence *n.* evidans, prèv •**circumstantial evidence** prèv endirèk •**corroborating evidence** prèv pou konfime •**damaging evidence** pyès a konviksyon •**incriminating evidence** grij •**in evidence** kòm prèv

evident *adj.* aklè, avidèy, evidan, klè

evidently *adv.* dirèkteman, sanble *Evidently, what she said was that.* Dirèkteman, sa l di a se sa.

evil[1] *adj.* makalous, malefik, malentespri, malisyòs, mechan, ranje, selera, zògòdò *Man, the old witch dressed in rags looks evil.* Vye chòche ki toujou an ranyon an sanble l makalous papa. *I'm not into anything evil.* M pa nan anyen ki malefik. *He's full of evil intentions.* Li chaje ak lide malentespri. •**be evil** awousa *That woman is evil, she'll make your money disappear magically if you change money for her.* Fanm sa a se yon awousa, l ap rale lajan ou si ou chanje kòb pou li. •**evil eye** djòk, maldyòk, move{je/lèy} *She gave me the evil eye.* Li gade m ak yon move je. **evil spell** batri, djòk, espedisyon, maldyòk, malefis, ranje *She's sick because they cast a spell on her.* Li malad paske yo ba li yon batri. *The way the child is continually ill, he's under an evil spell.* Jan pitit la ap plede malad la, se djòk li genyen. *That thing you see in the intersection is an evil spell.* Bagay sa a ou wè nan kafou a se yon espedisyon.

evil[2] *n.* bakoulou baka, je wouj, mal, mechanste, movèzte •**do/perform both good and evil** sèvi ak de men *That houngan does both good and evil, he heals and he kills.* Ougan sa a sèvi ak de men, li geri, li touye.

evildoer *n.* malfèktè, malfezan

evil-minded *adj.* malentansyone

evilness *n.* malveyans, malveyansite

eviscerate *v.tr.* detripe, vantre *They disemboweled the hen.* Yo detripe poul la.

evoke *v.tr.* evoke, voye monte *Let's not evoke the past.* Se pa pou voye monte sa k te pase a.

evolution *n.* dewoulman, evolisyon *The evolution of the trial.* Dewoulman pwosè a. *The journalists are following the evolution of the situation point by point.* Jounalis yo ap swiv evolisyon sitiyasyon an pwen pa pwen.

evolve *v.intr.* evolye *The situation is evolving minute by minute.* Sitiyasyon an ap evolye minit pa minit.

ewe *n.* femèl mouton

exacerbate *v.tr.* agrave, anpire, anvlimen *Instead of healing it, the cream exacerbated the wound, exacerbated it.* Angiz pomad la geri blese a, li anvlimen l.

exact[1] *adj.* presi

exact[2] *v.tr.* egzije *We have to exact a deposit for this job.* Nou gen dwa egzije yon lavalwa pour travay sa a.

exacting *adj.* egzijan, mabyal

exactly[1] *adv.* **1**[*just, quite*] alalèt, egzakteman, jis, menm, ojis, presizeman, san mete san wete, se sa {menm/nèt} *He asked me what exactly I wanted.* Li mande m sa m te vle a egzakteman. *The ball fell exactly in the hole.* Boul la tonbe nan tou a jis. *I don't know exactly what to tell him.* M pa konn sa pou mwen di l presizeman. *A measure of rice is exactly fifty gourdes.* Yon gode diri a fè senkant goud san wete san mete. *That is exactly what has to be done.* Se sa menm pou fè. *Don't worry, what you did is exactly what you had to.* Ou pa bezwen trakase tèt ou, sa ou fè a se sa nèt. *What do you want to say exactly?* Ki sa ou vle di ojis? *Where exactly does he live?* Ki kote l rete menm? *What exactly did you tell him?* Ki sa menm ou te di l? **2**[*time*] jis, tapan, won *At exactly four o'clock.* A katrè jis. *The plane landed at* *exactly three o'clock.* Avyon an ateri a twazè won. •**that's it exactly** se sa menm

exactly[2] *interj.* vwala

exactness *n.* egzaktitid, presizyon

exaggerate *v.intr.* bwè gaz, {chante/fè}gam, debòde, dechennen, depase lèbòn, egzajere, eksè, met(e) plis bè pase mantèg *They said that they paid a thousand dollars for this horse, they're exaggerating.* Yo di yo peye mil dola pou chwal la, yo egzajere. *You're exaggerating, man.* Ou bwè gaz monchè. *I don't believe what you said has really happened, you're exaggerating.* M pa kwè sa ou di yo la a rive vre, se gam w ap chante. *You exaggerate! You ask too much for it.* Ou debòde! Ou mande twò chè pou li. *The vendor exaggerates; she charged you all that money.* Machann nan dechennen; li fè ou peye tout kòb sa a. *Don't exaggerate, do what you can.* Pa fè eksè, fè sa ou kapab. *Tell the story the way it happened, don't exaggerate.* Rakonte koze a jan l te pase a, pa met plis bè pase mantèg. •**you're exaggerating** ou wè mò

exaggeratedly *adv.* egzajereman

exaggeration *n.* egzajerasyon, eksè

exalt *v.tr.* egzalte, vante *Just because he's a doctor doesn't mean you should exalt him.* Se pa paske li dòktè pou w ap vante l konsa.

exaltation *n.* ekzaltasyon

exam *n.* egzamen, konpozisyon •**comprehensive final exam of elementary school** sètifika •**comprehensive final exam after high school** bakaloreya •**make-up exam** repechay *This student didn't pass in the competitive exam, it's by means of the make-up exam that she succeeded.* Elèv sa a pa t pase nan konkou a, se nan repechay la li vin bon. •**oral exam** oral •**pelvic exam** bay gan •**practice exam to prepare students for the 'bakaloreya'** bak blan •**take an exam** konpoze, pase yon egzamen *She's taking the exam to be able to be admitted to the university.* Li pral konpoze pou antre nan inivèsite a. •**wrong exam** malatchong

examination *n.* egzamen, konpozisyon *We took the examination yesterday.* Nou fè egzamen an yè. •**examination room** [*med.*] sal konsiltasyon •**medical examination** konsiltasyon *The doctor gave me an examination.* Doktè a fè m konsiltasyon.

examine *v.tr.* 1[*gen.*] analize, apwofondi, egzaminen, gad(e), gade, konsidere *She examined our passports.* Li gade paspò n. *We need to examine other possibilities as to what can be done.* Fò n gade tou sa k ka fèt. *He examined the book to see if there were any mistakes.* Li egzaminen liv la pou li wè si li pa gen erè. *Examine the child's foot well to see if the bone isn't broken.* Gade pye pitit la byen pou wè si zo a pa kase. 2[*medical*] konsilte *The doctor examined me, she said that I had nothing.* Doktè a konsilte m, li di konsa m pa gen anyen. •**examine by touching** [*by a healer*] manyen *Have the masseuse healer examine your back.* Fè dam ki konn rale a manyen do a pou ou. •**examine carefully** detaye *Examine that thing carefully so that you don't make a mistake.* Detaye bagay la pou sa pa fè erè. •**examine closely** [*a text*] pliche *He's closely examining the book.* Misye ap pliche liv la. •**examine up and down** detaye yon moun dewotanba *The woman carefully examined the man up and down.* Fi a detaye nèg la dewotanba. •**examine using a glove** [*the anus, vagina*] bay yon moun gan •**examine with stethoscope** sonde *The doctor examined me with a stethoscope.* Doktè a sonde m.

examiner *n.* egzaminatè •**medical examiner** medsen lejis

example *n.* egzanp *Let's follow his example.* An n pran egzanp sou li. •**for example** pa egzanp, paregzanp, tèleka *He talks about all subjects, for example, politics, sports, etc.* Li pale de tout bagay, paregzanp politik, espò, elatriye. •**make/set an example of** {bay/trase} egzanp (sou) *By punishing Tidjo, the teacher wanted to make an example.* Lè li pini Tidjo, mèt la te vle trase egzanp. *I'm going to make an example of you.* M ap trase on egzanp sou ou. •**shining example** sèvi{modèl/egzanp} *She's the shining example of a good student.* Se li pou sèvi modèl yon bon elèv.

exasperate *v.tr.* fè yon moun pèdi tèt, irite *He keeps exasperating us.* L ap toujou fè nou pèdi tèt.

exasperated *adj.* bouke, ennève

excavate *v.tr.* fouye *They're excavating the old tombs.* Y ap fouye vye kavo yo.

exceed *v.intr.* depase, kite dèyè *The price exceeds a hundred dollars.* Pri a depase san dola.

exceedingly *adv.* alekstrèm

excel *v.tr.* baleye, briye, kente, pote{labànyè/lamayòl}, vannen *She excelled in the competition.* Li pote labànyè nan konpetisyon an. *She excels at math.* Li vannen yo nan matematik.

excellence *n.* ekselans

Excellency *prop.n.* ekselans *His Excellency is going to take the floor.* Ekselans lan pral pran lapawòl.

excellent *adj.* admirab, ekselan, fopaplis, kat bon sa bon, pafè, siperyè, tèktègèdèk *She has done an excellent job.* Li fè yon travay admirab. *This work is excellent.* Travay sa a ekselan. *It's excellent today, this food is finger-lickin' good.* Se kat bon sa bon jodi a, manje sa a se koupe dwèt. *I just bought two excellent pairs of shoes.* M fèk sot achte de pè soulye ki siperyè anpil. *Her work is excellent.* Travay li se tèktègèdèk.

except¹ *adv.* mizapa, nèk *Except for a few employees, they are all stealing the tax payers' money.* Mizapa kèk grenn anplwaye, tout ap vòlè lajan leta. *She obeys no one except for her father.* Li pa obeyi okenn moun, nèk papa l.

except² *conj.* anwetan *She can do everything except cook.* Li konn fè tout bagay, anwetan manje. *He's nice except when he's drunk.* Se on bon moun, anwetan lè l sou. •**except if** amwenske, sòf si *I'll quit the job except if they give me a raise.* M ap kite djòb la sòf si yo mete sou kòb la.

except³ *prep.* anwetan, sòf *He called everyone except me.* Li rele tout moun, sòf mwen menm. *I can go anytime except tomorrow.* M ka al nenpòt lè, anwetan demen. •**except for** anwetan, apa (de) sa, esepte *Everyone perished in the accident, except for a baby.* Tout moun peri nan aksidan an eksepte yon tibebe.

except⁴ *v.tr.* ekate, mete a pa *They excepted children from the study.* Yo mete timoun a pa nan etid la.

excepting *prep.* anwetan

exception *n.* esepsyon •**with the exception of** alesepsyon, anwetan, esepte *The whole class was punished with the exception of one student.* Tout klas la te pran pinisyon, alesepsyon yon sèl elèv. *You may destroy everything with the exception of rum distilleries.* Nou mèt kraze tout bagay anwetan gildiv yo. •**without exception** alawonnbadè, egzijibleman, endistenteman, nèt, sanzesepsyon, soutoutlaliy *We invited everyone without exception.* Nou envite tout moun alawonnbadè. *Without exception, you must have all the required documents.* Egzijibleman, fò ou gen tout pyès yo. *All people without exception need to contribute to the work.* Tout moun dwe mete men nan travay la endistenteman. *Without exception, everyone sat around him to hear jokes.* Tout moun nèt chita bò kot misye pou yo tande blag. *I warned everyone without exception.* Mwen avèti tout moun sanzesepsyon. *Everyone without exception is being vaccinated.* Tout popilasyon an soutoutlaliy ap vaksinen.

exceptional *adj.* esepsyonèl, estwòdinè, kokenn, san parèy, sèl, total *His case is an exceptional case.* Ka pa l la se yon ka esepsyonèl. *He did an exceptional job, he's really competent.* Li fè travay li san parèy, li konpetan vre.

exceptionally *adv.* esepsyonèlman, sèl *It was exceptionally cold this year.* Li fè yon sèl fredi ane sa a.

excerpt *n.* [of a book, movie] pasay **excerpts** *n.pl.* [text] estrè

excess¹ *n.* eksè •**in excess** an plis *That money is in excess of what we need.* Kòb sa a an plis sa nou bezwen an. •**to excess** depase limit *He drinks to excess.* Li bwè depase limit.

excess² *adj.* adisyonèl •**excess weight** pwa adisyonèl

excessive *adj.* demezire, wòdpòte •**be excessive** debòde kad la

excessively *adv.* egzajereman, jis yon moun pa konnen, twòp *He's excessively fat.* Li gra jis li pa konnen.

exchange¹ *n.* boukantay, echanj, twòk *I gave her a notebook; she gave me a pen in exchange.* Mwen ba l yon kaye, li ban m yon plim ann echanj. •**exchange rate** to chanj •**telephone exchange** sant dapèl, santral

exchange *v.tr.* bay, boukante, chanje, fè boukantay yon bagay pou yon lòt bagay, tente, twoke *He exchanged places with me.* Li chanje plas avè m. *I'm going back to the store to exchange this shirt.* M ap tounen nan magazen an pou m al twoke chemiz lan. *I'm not exchanging my stereo for a tape recorder.* M p ap tente estereyo m nan pou yon tep. •**exchange gifts** fè echanj kado *We'll exchange gifts at graduation.* N ap fè yon echany kado nan gradyasyon an. •**exchange ideas** brase lide *They exchanged ideas.* Yo brase lide. •**exchange sth. of great value for sth. of small value** bay Nanna pou Sizàn *To exchange a ring which is made of gold for one which is made of silver is to exchange something of great value for something of small value.* Chanje yon bag lò pou yon bag annajan sa a se bay Nanna pou Sizàn.

exchangeable *adj.* echanjab

excite *v.tr.* **1**[*senses*] ajite, andyoze, eksite *The way she wiggles her hips, she would excite any guy.* Jan manmzèl ap woule dèyè l la, l ap andyoze nenpòt gason. *The music is really exciting him.* Mizik la eksite l nèt. **2**[*spur on*] awoutcha, pouse *They are exciting the dogs by throwing stones.* Y ap awoutcha chen yo ak jete pyè. **3**[*intellectually*] pase plim poul nan zòrèy yon moun •**excite s.o.'s desire** fè je yon moun senyen

excitable chalerin, doubout

excited *adj.* **1**[*aroused*] ajite, anbranl, anlele, antchoutchout, awoyo, doubout *The music made the crowd excited.* Mizik la fè foul la ajite. *Since it's Carnival time, the people are excited.* Depi se epòk kanaval, moun yo anbranl. *Calm down, you are too excited.* Mouri zo ou, ou twò doubout. **2**[*with joy*] san pozisyon *He was excited when he heard his name called out in the contest.* Li san pozisyon lè l tande non l soti nan konkou a. •**be excited** cho pou •**be overly excited** an pipèt *What's with you that you're so excited?* Sa ou gen ou an pipèt konsa? •**become excited** chofe *Gisèle became excited after she heard the result of the exam.* Jizèl chofe apre l tande rezilta egzamen an. •**get excited** eksite, pran chenn *I didn't say anything bad to you to get you excited like this.* M pa di ou anyen ki mal la pou eksite konsa. •**not get excited** mete dlo nan diven, pa koute san li

excitedly *adv.* tchatcha(tcha)

excitement *n.* biliwin, eksitasyon *There's no reason for all this excitement.* Pa gen rezon pou tout eksitasyon sa yo.

exciting *adj.* anlele *After ten years, they finally could meet with their mother, which is really exciting for them.* Apre dis lane yo resi wè manman yo, sa fè yo anlele.

exclamation *n.* esklamasyon •**exclamation mark** pwen (d)eksklamasyon

exclude *v.tr.* ekate, mete yon moun atè *Exclude me from your gossiping.* Mete m atè nan tripotaj ou a.

exclusive *adj.* esklizif, privilejye *She lives in an exclusive neighborhood.* Li ret nan yon katye privilejye.

excommunicate *v.tr.* eskominyen *The pope excommunicated the priest, he can't participate in church activities anymore.* Lepap eskominyen pè a, li pa ka patisipe nan aktivite legliz ankò.

excommunication *n.* eskominyon

excoriate *v.tr.* fistije, kondannen *Why did they excoriate your book?* Poukisa yo fistije liv ou a?

excrement *n.* **1**[*human*] kabinè, kaka, malpwòpte, matyè fekal, okabine, poupou, watè **2**[*cattle, birds*] lafyant •**glob of excrement** plòt kaka **excrements** *n.pl.* twalèt

excrete *v.tr.* **1**[*eliminate body fluids*] elimine, eskrete *The kidneys eliminate urine.* Ren yo eskrete pipi. **2**[*excrement*] mete deyò *He just excreted, the toilet is full.* Li sot met deyò, twalèt la plen.

excruciating *adj.* dechiran, ensipòtab *The pain is excruciating.* Doulè a ensipòtab.

excursion *n.* pwomnad

excusable *adj.* eskizab, padonab

excuse[1] *n.* eskiz, plèd, pretè(k)s, rezon *I extend my excuses.* M prezante eskiz mwen. *He uses the traffic as an excuse for being late every day.* Chak jou l pran pretès se blokis ki fè l an reta. •**make excuses** grate tèt bay yon moun, jistifye tèt li *Don't come making excuses to me, you knew that you weren't coming.* Pa vin grate tèt ban mwen, ou te konnen ou pa t ap vini. *She tried to make excuses.* L ap chèche jistifye tèt li. •**make up an excuse** fè twal *The way you're mumbling to explain the situation, I already see you're* *making up an excuse.* Jan w ap mamòte pou esplike ka a, m deja wè w ap fè twal.

excuse² I *v.tr.* **1**[*forgive s.o. for sth.*] eskize, kite yon moun yon bagay pase, lave tèt *Excuse her for she can't come.* Eskize li, paske l pa ka vini. **2**[*ask for excuse*] eskize *Excuse me, I didn't know you were sleeping!* Eskize m, m pa t konn si ou t ap dòm! **3**[*justify*] eskize, jistifye *That does not excuse her behavior.* Sa pa jistifye konpòtman l. **4**[*polite opening for conversation*] padon, silvouplè *Excuse me, sir. Could you tell me where the post office is?* Msye, silvouplè? Ou ka di m ki kote lapòs la ye? II *v.refl.* eskize li *Why didn't you excuse yourself?* Poukisa ou pa eskize ou? •**excuse me but** respè m{dwe ou/gen pou ou}, sòf vòt respè

execute *v.tr.* **1**[*perform*] akonpli, egzekite, fè *She executed the assignment very well.* Li byen akonpli devwa a. **2**[*kill*] bay yon moun yon bal, egzekite *Yesterday they executed twenty prisoners.* Yo egzekite ven prizonye ayè.

execution *n.* egzekisyon

executioner *n.* bouwo, debounda, mèt keksyon

executive *adj.* egzekitif

exemplary *adj.* egzanplè, pou trase ekzanp *Her behavior is exemplary.* Konpòtman li kap trase egzanp.

exempt¹ *adj.* egzan, ekzan *With the violence that is spreading out over the country, no one is exempt of its effects.* Pou vyolans ki blayi nan peyi a, pèsonn pa egzan.

exempt² *v.tr.* egzante *They exempted her from enrolling in the next higher class because her average was very high.* Yo egzante l klas apre a paske mwayèn li fè a wo anpil.

exempted *adj.* egzan

exemption *n.* **1**[*gen.*] egzansyon **2**[*from customs, duties, tax*] franchiz

exercise *n.* egzèsis *The professor did several exercises so we would understand better.* Pwofesè a fè plizyè egzèsis pou nou konprann pi byen. •**copying exercise** kopi •**do acrobatic exercises** fè lakobat *You have to do acrobatic exercises so that your stomach can be flat.* Fò ou fè lakobat pou vant ou ka vin plat. •**physical exercises** espò

exercise *v.tr.* **1**[*physical*] fè egzèsis *I exercise every morning.* M ap fè egzèsis chak maten.

2[*exert*] egzèse *Don't think you're going to exercise your power over me.* Pa konprann ou pral egzèse pouvwa ou a sou mwen. **3**[*profession*] pratike *She exercises law.* Li pratike dwa.

exert *v.tr.* •**exert continuous effort in performing an action** peze *After the turn we are going to exert continuous efforts to climb upwards until the summit.* Depi nou pran koub la nou pral peze monte nan mòn nan. •**exert influence** fè demach, gonfle ponyèt li, tire{fisèl/kòd} *We're exerting influence to get him out of jail.* N ap fè demach pou wè si misye ka sot nan prizon. •**exert strong pressure on s.o.'s chest** kofre

exertion *n.* efò, jefò

exhale *v.intr.* lage souf li *The doctor asked me to exhale.* Doktè a mande m lage souf mwen.

exhaust¹ *n.* echapman

exhaust² *v.tr.* epize, fatige, rente, tòt *Hard work exhausted me completely.* Travay di fin rente m. *The boss exhausted her, he made her work so hard.* Patwon an tòt li, tank li fè l travay di. •**exhaust o.s.** fatige kò li *You exhaust yourself too much, you'd better rest.* Ou fatige kò ou twòp, se pou ou manyè repoze.

exhausted *adj.* about, ayik, bouke, demèfle, demrele, depafini, epize, krake, kraze, las, lase, mouri *I walked too much, I feel exhausted.* M mache twòp, m santi m about. *The child cried until she was exhausted.* Pitit la rele jis li ayik. *After the trip, I'm exhausted.* Apre vwayaj la mwen bouke. *We are so exhausted, we need to take a rest.* Jan n santi demèfle la, nou merite yon bon repo. *I ran so much, I'm exhausted.* M tèlman kouri anpil, m depafini nèt. *He's spent too many nights without sleep, he's exhausted.* Li pase twòp nuit san dòmi, li epize. *He's exhausted after lifting those heavy loads.* Li krake apre li fin leve gwo chay sa yo. *I'm exhausted because I worked all day long.* M las poutèt m tèlman travay pou jounen an. *After working all day, she's exhausted.* Apre l fin travay tout jounen, li lase. *After that tough trip I was exhausted.* Apre gwosè vwayaj sa a, m mouri. •**be completely exhausted** figi yon moun pati *Fatigue has completely exhausted her, she needs a rest.* Fatig fè figi l pati nèt, li bezwen yon repo. •**be exhausted** pa ret ren ankò, tonbe feblès *She works so much, she's exhausted.* Afòs li travay, li tonbe feblès. •**totally exhausted** kraze tonnèl *After making such a large amount of food, I'm totally exhausted.* Apre m fin fè gwosè manje sa, m kraze tonèl.

exhausting *adj.* fatigan, fyèl pete *Working from morning until night, that's too exhausting.* Travay depi maten rive aswè, sa twò fatigan.

exhaustion *n.* epizman, gwo fatig, kò kraz(e) •**physical exhaustion** depresyon

exhibit[1] *n.* **1**[*public display*] egzibisyon **2**[*legal evidence*] prèv (a konviksyon)

exhibit[2] *v.tr.* espoze *The artist exhibited all his paintings.* Atis la espoze tout tablo li yo.

exhibition *n.* egzibisyon, espektak, espozisyon •**exhibition game** match amikal •**exhibition hall** {galri/ sal} espozisyon •**make an exhibition of o.s.** bay egzibisyon •**put on an exhibition** bay egzibisyon *He puts on an exhibition when he drives with only one hand, he wants to show he's a good driver.* Se egzibisyon l ap bay lè l ap kondui ak yon sèl men, li vle montre l se gwo chofè.

exhibitor *n.* espozan

exhilarated *adj.* anjwa, anlè

exhort *v.tr.* egzòte *The teacher exhorted the students to make more efforts.* Mèt la egzòte elèv yo pou yo fè pli efò.

exhortation *n.* egzòtasyon

exhume *v.tr.* detere *They exhumed the corpse.* Yo detere kadav la.

exile *n.* egzil, egzile *He's an exile, he can't return to the country easily.* Se yon moun egzile li ye, li pa ka tounen nan peyi a fasil. •**go into exile** ale nan kanpe lwen, egzile, pran egzil *The president went into exile after his resignation.* Prezidan an pran egzil apre demisyon l. *Instead of letting them kill him for no good reason, he went into exile.* Olye l kite yo touye l pou granmèsi, li egzile. •**send into exile** {kondi/mete}yon moun lòtbò pòtay la *He was lucky they sent him into exile, they didn't kill him.* Chans pou li yo mete l lòtbò pòtay la, yo pa touye l.

exile *v.tr.* depòte, egzile, {kondi/mete}yon moun lòtbò pòtay la *The government exiled the opponents.* Gouvènman an egzile opozan.

•**exile o.s.** depeyize *Many intellectuals exiled themselves during Duvalier's regime.* Anpil moun save depeyize nan epòk Divalye a.

exiled *adj.* egzile

exist *v.intr.* egziste, viv *Bouqui and Malice don't really exist, they're two fictional characters.* Bouki ak Malis pa egziste toutbon, se de pèsonaj imajinè. •**exist in great quantity** fè moukmouk

existence *n.* egzistans, lavi •**lead an impossible existence** manje lasye

exit *n.* chapman, soti

exodus *n.* egzòd •**rural exodus** egzòd riral

Exodus *prop.n.* egzòd

exonerate *v.tr.* inosante, lave tèt *The trial exonerated him.* Jijman an inosante l. *His wife's testimony exonerated him in this matter.* Temwayaj madanm msye lave tèt li nan zafè a.

exorbitant *adj.* tèt nèg

exorcist *n.* chasè movèzespri, gatè wanga

exorcise *v.tr.* chase movèz espri, debati, espedye, fè yon espedisyon *The houngan is going to exorcise the dead spirit that has possessed her.* Oungan an pral debati mò ki sou li a. *After the houngan finishes exorcizing the sick person, he will be in good health again.* Lè oungan fin fè espedisyon an, malad la ap tèm. •**exorcise a magic spell** gate wanga *The houngan asked her for a hundred dollars in magic ingredients to exorcise the magic spell cast on her.* Oungan an mande li san dola materyo pou l gate wanga k dèyè li a.

exorcism *n.* •**ritual exorcism** ranvwa

exotic *adj.* egzotik

expand *v.tr.* agrandi, grandi, gwosi, laji *We must expand our business.* Se pou n laji biznis pa n.

expanse *n.* etandi

expansion *n.* agrandisman, estansyon, grandisman, pwolonjman *The expansion of the rooms creates more space.* Agrandisman chanm yo bay plis espas. *When I will be done with the expansion of the house, the yard will be smaller.* Lè m fini ak pwolonjman kay la, lakou a ap vin pi piti.

expect *v.tr.* **1**[*await*] alatant, atann, espere, nan karèti, tann *She's expecting a child.* Li alatant yon timoun. *We did not expect their visit.* Nou pa t atann vizit yo. *I'm expecting* *a new job.* M nan kareti la pou yon nouvo djòb. *I expected him to ask me why I did that, he didn't say anything to me.* M te espere l mande pou ki m fè sa, li pa di m anyen. **2**[*require*] egzije, eskonte *I expect you to come to the party.* M eskonte w ap vin nan fèt la. *Don't expect him to do what he can't.* Pa egzije li fè sa l pa kapab. •**expect sth. of s.o.** prevwa *We didn't expect her to come see us.* Nou pa prevwa si l t ap vin wè nou.

expectancy *n.* atant

expectant *adj.* ansent

expectation *n.* esperans, espwa *His only expectation is to pass the high school graduating exam.* Sèl esperans li se pase nan bakaloreya.

expectorant *n.* espektoran

expectorate *v.intr.* krache *She expectorated to cough up phlegm.* Li krache pou rann glè.

expedient *n.* mezi *The government took measures to punish all armed thieves.* Gouvènman an pran mezi pou pini tout atoufè.

expedite *v.tr.* espedye *Everyone was wasting time, he expedited the work in no time at all.* Tout moun ap pèdi tan, misye espedye travay la nan de tan twa mouvman.

expedition *n.* espedisyon

expeditionary *adj.* espedisyonè

expel *v.tr.* choute, debarase, debote, depòte, ekspilse, òltègèt, ranvwaye, voye yon moun{ale/tounen} *They expelled him from school for bad behavior.* Yo òltègèt li nan lekòl la pou move kondit. *They expelled him from school because he did not have the necessary grades.* Yo choute li nan lekòl la poutèt li pa fè mwayèn li. *After women expel the placenta, they are known to bury it outside the house.* Apre fanm yo debarase mè vant lan, yo konn antere l deyò kay la. *The referee expelled him because he played in an unsportsmanlike manner.* Abit la ekspilse l poutèt li t ap jwe mal. *They expelled the student because he cheated on the exam.* Yo ranvwaye elèv la poutèt li kopye nan egzamen an. •**expel the placenta** rann delivrans *The child is born, but the mother hasn't expelled the placenta yet.* Pitit la fèt, men manman an poko rann delivrans lan.

expenditure *n.* depans

expend *v.tr.* depanse *They expended a lot of effort when they rebuilt the house.* Yo depanse anpil jefò lè yo rebate kay la.

expendable *adj.* dispansab

expense *n.* depans, frè **expenses** *n.pl.* chay, frè •**at the expense of** anwo, sou tèt *I am getting the money at his expense.* M ap tire kòb la anwo misye. *Bosses are always rich at their employees' expense.* Patwon toujou rich sou tèt anplwaye. •**travel expenses** frè vwayaj

expensive *adj.* chè, cheran, dizwit kara, koutan, wòdpòte *This vendor is very expensive.* Machann sa a cheran anpil. *These shoes are expensive.* Soulye sa yo chè. *I have an expensive chain.* M gen yon chenn dizwit kara. *That house is expensive.* Kay sa koutan. •**less expensive** meyè mache •**very expensive** chè pase tèt{moun/nèg}, milyon ven *This merchandise is extremely expensive.* Machandiz sa a chè pase tèt nèg. *That car is highly expensive.* Machin sa a koute milyon ven.

experience¹ *n.* esperyans *He's been doing this work for a long time, he has a lot of experience.* Misye ap fè travay la lontan, li gen anpil esperyans. •**harrowing experience** esperyans remakab •**have many sexual experiences** {fè/pase}lagè katòz *This woman has already had many sexual experiences.* Dam sa a pase lagè katòz deja. •**have wide experience of life** woule bak li •**learning experience** aprantisay •**s.o. who has experience** non li, vyewo *She has a lot of experience with this type of work.* Li vyewo nan travay la. *If she told you not to do that, you'd better listen, she's a person of experience.* Si li di ou pa fè sa, se pou koute, se granmoun ki non li.

experience² *v.tr.* goute, pase, santi li, sibi, viv *One can't understand what poverty is without having experienced it.* Nou pa ka konprann lamizè san ou pa goute l. *These last days, we experienced some difficult moments.* Nan dènye jou sa yo, n ap viv anpil moman difisil. •**experience difficulties** pran baf *We experienced a lot of difficulties since my father died.* Nou pran anpil baf depi papa m mouri a. •**experience many difficulties** pase traka *He experienced many difficulties before he was able to build that little house.*

Li pase anpil traka anvan l rive bati moso kay sa a. •**experience scarcity** nan dizèt *She experiences scarcity finding a piece of food.* Se nan dizèt pou l jwenn moso manje.

experienced *adj.* de karyè, esperimante, petri, rasi, rèk, vyewo, wouye *He's an experienced lawyer.* Li se yon avoka de karyè. *She has done this work for seventeen years, she's very experienced.* Li gen disèt an nan metye a, li esperimante anpil. *She's experienced in this job.* Manmzèl rasi nan djòb la. *I'm experienced in this trade.* M rèk nan metye a. *Now you're really experienced in that job.* Pou konnye a ou fin wouye nan djòb sa a nèt. •**be more experienced than one thinks** gran tifi nan lakou madan plètil *Don't think she's a virgin, she's more experienced than you think.* Pa panse li vyèj non, se gran tifi nan lakou madan plètil li ye.

experiment¹ *n.* eprèv, esperyans, esèy

experiment² *v.tr.* eseye, esperimante *They're experimenting with this medicine.* Y ap esperimante ak medikaman sa a.

expert *n.* espè, konesè, maton, mèt *This doctor is an expert in his field.* Doktè sa a maton nan branch li an. *Such a huge task, if you aren't an expert, you can't finish it.* Kokenn chenn travay sa a, si ou pa mèt, ou pa ka reyalize li. •**become expert in** vin bòs •**expert in one's field** lawouli, vèse nan •**judo expert** jidoka •**karate expert** karateka •**top expert** tòp

expertise *n.* espètiz, repondong *The insurance company sent someone with expertise to see what damage there was in the accident.* Asirans voye yon moun ak espètiz pou wè ki dega k te genyen lè aksidan an. •**with expertise** danble

expertly *adv.* alawotè, ajilman

expiration *n.* espirasyon

expire *v.intr.* espire, fini, pase dat *The medicine expired last month.* Medikaman an espire depi mwa pase. *The president's term is expiring tomorrow.* Manda prezidan an ap fini demen.

expired *adj.* perime *That medicine has expired.* Medsin sa a perime.

explain *v.tr.* **1** [*make clear*] esplike *Explain the route to us well so we don't get lost.* Esplike nou wout la byen pou nou pa pèdi. **2** [*account for*] rann kont *Explain to me what you did*

with the money. Vin rann mwen kont sa ou fè ak lajan an. •**explain how** bay dekiprevyen •**explain point by point** detaye *The professor explained the book point by point.* Pwofesè a detaye liv la pwen pa pwen. •**explain thoroughly** detaye

explanation *n.* demonstrasyon, enstriksyon, esplikasyon, klerasyon, limyè *When we don't understand, we have to ask for an explanation.* Lè nou pa konprann, se pou nou mande esplikasyon. *Give me an explanation about that matter.* Ban m yon ti limyè sou kesyon sa a. •**further explanation** presizyon *I need you to give me further explanation about that matter.* M bezwen ou ban m plis presizyon sou kesyon sa a. •**give an explanation** rann kont

expletive *n.* betiz, gwo mo

explicit *adj.* klè, toutaklè

explicitly *adv.* toutaklè

explode *v.intr.* eklate, eksploze, fè eksplozyon, pete, sote *A bomb exploded in the middle of the street.* Yon bonm eklate nan mitan ri a. *The gas carboy exploded, the house burned to the ground.* Bonbòn gaz la eksploze, kay la boule rapyetè. *The car fell into the ravine, it exploded.* Machin nan sot tonbe nan ravin nan, li fè eksplozyon. •**explode in rage** {leve/pete}kabouyay *He exploded in rage at the girl.* Misye leve kabouyay ak fi a.

exploit¹ *n.* esplwa

exploit² *v.tr.* abize, bay moun manje sou tèt li, drive, esplwate, fè yon moun{abi/rann ji li}, kase bra yon moun, manje{kouray/ wawa}yon moun, pase anba pye, pile, pran yon moun pou piyay, souse san, tòtòt *The man completely exploited the girl and he left her.* Msye fin drive fi a enpi li kite. *This store owner exploits his personnel.* Mèt magazen sa a fè moun k ap travay avè l abi. *In this factory, they exploit people totally.* Nan izin sa a yo fè moun rann ji yo serye. *Giving someone low pay for a tough job, that's exploiting him.* Ba yon moun yon kaka monnen pou yon travay ki di, sa se kase bra li. *The powerful will never quit exploiting the poor.* Gwo nèg yo pa bouke pase malere anba pye. *When are we going to stop exploiting the poor?* Kilè n ap bouke pile malere? *She exploited him because he never complained about whatever she did*

to him. Li pran l pou piyay paske tout sa l
fè li pa janm di mwèk. *The boss is exploiting
us.* Bòs la ap souse san nou. *These guys are
never tired of exploiting the people.* Nèg yo
pa janm bouke manje wawa pèp la. •**exploit
mercilessly** bwè san *The boss is exploiting
the workers mercilessly.* Patwon an ap bwè
san ouvriye yo.

exploitation *n.* abizman, esplwatasyon,
sousèt *It's exploitation to have someone work
for two dollars a day.* Se abizman sa fè yon
moun travay de dola jounen.

exploitative *adj.* abizan, sousèt *He's
exploitive: he makes people work for nothing.*
Li abizan: li fè moun travay pou anyen.
*The exploitative system has been around
forever.* Depi dikdantan sistèm sousèt la la.
•**exploitative or abusive person** boujwa
tilolit *The exploitative people have worn out
the ordinary people.* Boujwa tilolit yo fin
souse san pèp la.

exploited *adj.* bay moun manje sou tèt li

exploiter *n.* awoutchapatcha, esplwatè,,
pwofitè, sousè

exploration *n.* esplorasyon

explore *v.tr.* esplore, konnèt, sonde *Divers
always have something to explore under the
sea.* Plonjè yo gen bagay a konnèt anba
lanmè toujou. *The tourists are exploring the
town.* Touris yo ap esplore vil la. *Specialists
explored underwater.* Espesyalis yo sonde
anba lanmè.

explorer *n.* esploratè

explosion *n.* eklatman, esplozyon *There was
a tire explosion outside.* Gen yon eklatman
kawotchou ki fèt deyò a.

explosive[1]*adj.* esplozif *That's an explosive
device.* Sa a se yon anjen esplozif.

explosive[2] *n.* esplozif, min

exponent *n.* espozan

exponential *adj.* esponansyèl

export[1] *n.* ekspò

export[2] *v.tr.* espòte, espedye, voye vann yon
bagay lòt kote *Haiti exports many mangoes.*
Ayiti espòte anpil mango. *They export the
plantains to foreign countries.* Yo espedye
bannann yo nan peyi etranje. *We export
coffee.* Nou voye vann kafe lòt kote.

exportation *n.* espòtasyon

exporter *n.* espòtatè

expose *v.tr.* **1**[*show*] e(k)spoze, prezante
Several artists exposed their paintings. Plizyè
atis prezante tablo yo nan mize a. **2**[*present
ideas*] devlope *She exposed hers ideas in the
country's reconstruction.* L ap devlope lide
l sou zafè rekonstriksyon peyi a. •**expose
o.s.** espoze (kò) li *Don't expose yourself like
that in the street.* Pa espoze kò ou konsa nan
lari a. •**expose o.s. to** pote lestomak li *Don't
expose yourself to this delicate situation.* Pa
pote lestomak ou nan koze sa a. •**expose to
the cold** {bat/manje} (yon)fredi •**expose to
the sun** bay yon bagay solèy

exposé *n.* espoze

exposed *adj.* espoze, kale •**be exposed to
danger** espoze *You're exposed to danger
where you're seated; you'd better move.* Kote
ou chita a, ou espoze; pito ou deplase.

exposition *n.* espozisyon

exposure *n.* pòz *This roll of film has thirty-
six exposures.* Woulo fim sa gen trant sis
pòz. •**indecent exposure** etalay{endesan/
kochon]

express[1] *adj.* esprès

express[2] *n.* esprès

express[3] *v.tr.* •**express a renewal of one's
faith** renouvle *He sinned, now he expressed
renewal of his faith.* Li te chite, kounye a, li
renouvle. •**express displeasure** mare{figi/
min/twa pli}nan fon li •**express great joy**
sote ponpe *He expressed great joy when he
learned they had appointed him a government
minister.* Li sote ponpe lè l aprann yo nonmen
l minis. •**express objections** fè redong *You
always express objections and say the opposite.*
Ou toujou ap fè redong nan di sa ki lekontrè.
•**express o.s.** esprime li *He's a child who
speaks well, he knows how to express himself.*
Li se yon ti pitit ki pale byen, li konn esprime
l. •**express o.s. with elegance** pale banda
*Even when she's not lecturing, my literature
teacher expresses herself with elegance.* Menm
lè li p ap fè kou, pwofesè literati m nan pale
banda. •**express pain** mete (de) men nan tèt

expression *n.* **1**[*language*] espresyon, langaj
2[*look*] espresyon *His facial expression made
me realize he was sad.* Espresyon figi l te fè
m wè l tris.

expressionless *adj.* sanzemosyon

expressly *adv.* espre

expressway n. otowout

expropriation n. espwopriyasyon

expulsion n. espilsyon

expunge v.tr. sansire *You have to expunge this vulgar word.* Se pou sansire mo sal la.

exquisite adj. fen fen

extant adj. ki egziste

extend I v.tr. **1**[*stretch out*] lonje, tann *She extended her arm to take the suitcase.* Li lonje bra l pou pran valiz la. *I extended him my hand, but he didn't shake it.* M lonje men m pou m ba l lanmen, l pa pran lanmen an. **2**[*prolong*] lonje, pwolonje *The Lord has extended my life.* Letènèl lonje lavi m. *The architects want to extend the wharf.* Enjenyè yo vle pwolonje waf la. **3**[*enlarge*] (a)grandi *They extended the road.* Yo agrandi wout la. **II** v.intr. [*reach*] etann, kontinye, rive *This path extends to the river.* Ti wout sa a kontinye jis nan larivyè a. *How far does your land extend?* Jis ki kote tè ou la rive? •**extend beyond** debòde •**extend congratulations** voye yon kout chapo pou *I extend congratulations for that great job.* M voye yon gwo kout chapo pou gwosè travay sa.

extended adj. •**extended care** swenyay pou lontan

extension n. estansyon, pwolongasyon, pwolonjman *The extension of the road was not well done.* Pwolonjman wout la pa byen fèt. •**extension cord** alonj •**extension board** ralonj •**extension of time** delè •**give an extension** bay delè *Give me an extension to pay you back.* Ban m yon ti delè pou m peye ou. •**hair extensions** alonj, fo cheve

extensive adj. manch long

extent n. degre, pwen *If you engage in running around to that extent, I'll have to call your relatives.* Si ou pral pouse vakabonday la nan yon pwen konsa, m ap blije rele paran ou yo. •**to some extent** an pati •**to such an extent** tèlman •**to the extent** opwen pou *He isn't ill to the extent of being hospitalized.* Li pa malad opwen pou l entène. •**to the extent of** nan pwen *You can't hate someone to the extent of wishing him dead.* Ou pa dwe rayi yon moun nan pwen pou

extenuating adj. dezenkilpan

exterior n. **1**[*outer part*] eksteryè **2**[*appearance*] aparans

exterminate v. tr. estèminen, masakre *The Spaniards exterminate the Indians in Hispaniola.* Espayòl yo te masakre Endyen yo nan Ispayola.

extermination n. estèminasyon

exterminator n. estèminatè

external adj. deyò

extinct adj. deperi, ki fin disparèt

extinction n. estèminasyon

extinguish v.tr. etenn, tenyen, touye *Extinguish the fire.* Tenyen dife a. •**extinguish a fire by spreading the embers** gaye *Before going to sleep, we have to spread the embers in order to extinguish the fire.* Anvan n al dòmi, fò nou gaye dife a.

extinguisher n. •**fire extinguisher** ekstenktè, estengichè, ponp dife

extirpate v.tr. dechouke, derasine, estèminen *We have to extirpate corruption.* Fo n dechouke kòripsyon.

extirpation n. derasinay, estèminasyon

extol v.tr. {bay/chante/fè}lwanj, ran omaj *They extoled the boss.* Yo bay lwanj pou chèf la.

extort v.tr. fè chante, peze souse *He tried to extort money from me.* Li chache peze souse kòb nan men mwen.

extortion n. chantay, peze souse

extra[1] adj. ankò, estra *We need an extra man.* Nou bezwen yon moun ankò.

extra[2] adv. ankò

extra[3] n. ranblè, ranje •**little extra** degi *That seller never gives a little extra.* Machann sa pa janm bay degi.

extract[1] n. esans, ester •**almond extract** esans{nwa/ noyo}

extract[2] v.tr. ekstrè, estrè, rale *Here they extract oil.* Isi a yo estrè petwòl. •**extract honey from honeycomb** woule siwo myèl •**extract juice/pus** pire nan •**extract teeth** rache

extraction n. estraksyon •**do an extraction** [*dent.*] rach dan

extradite v.tr. depòte, voye tounen *The judge wants to extradite the killer.* Jij la vle voye toune asasen an.

extradition n. estradisyon

extramarital adj. zoklo

extraordinarily adv. a lestwòdinè *That school is extraordinarily good.* Lekòl sa a bon a lestwòdinè.

extraordinary *adj.* efrayik, estwòdinè *That's an extraordinary thing, people stood in two rows to look at it.* Se yon bagay estwòdinè, moun kanpe sou de ran pou yo gade.

extravagance *n.* estravagans, foli, lenbe *This is extravagance, buying a pair of glasses for two hundred dollars!* Sa se foli, achte yon linèt pou de san dola!

extravagant *adj.* estravagan, pwodig *Extravagant people always want to show off.* Moun ki estravagan toujou ap fè wè. *What you're doing there is extravagant, I don't see its importance.* Sa ou fè la a estravagan, m pa wè enpòtans li. •**be extravagant** fè foli, gen men koule *As soon as she gets paid, she rushes to the store to make an extravagant purchase.* Lè li touche, l a prale nan magazen pou l fè yon kout foli.

extravaganza *n.* tatalolo

extreme[1] *adj.* estrèm *The car reached its extreme speed.* Machin nan atenn vitès estrèm ni.

extreme[2] *n.* estrèm •**go to any extreme** fè nepòt ki bagay •**go to the extreme** alestrèm *You go to the extreme.* Ou ale alestrèm.

extremely *adv.* a mò, amò, dènye degre, estrèmeman, gen tan, gentan, wòd

extremes *n.pl.* •**to extremes** alekstrèm

extremis *n.* •**be in extremis** trepase

extremist *n.* estremis *He's an extremist, he is unable to negotiate.* Se yon estremis, li pa ka negosye.

extremity *n.* dènye bout, estremite

extricate *v.tr.* depetre, detòtye, dezanpetre pye li, mete yon moun atè *They are extricating him from the situation he is in.* Yo ap depetre l nan sitiyasyon li ye a. •**extricate o.s. from a difficult situation** debouye

extrication *n.* depetray

extrovert *n.* flanm, moun anlè, odyansè

exuberant *adj.* antchoutchout, antyoutyout, debòde *You're exuberant today.* Ou antyoutyout jodi a. *I was exuberant when I saw them at the airport.* Mwen te gen yon jwa debòde lè m wè yo èpòt la. *Some people when they are drunk become totally exuberant.* Gen moun lè yo sou, yo debòde nèt.

exultant *adj.* jwaye, triyonfal

eye[1] *n.* èy, je •**eye matter** kaka je, lasi, si •**eye opener** prize limyè •**eye problem** maladi je •**almond-shaped eyes** je chire •**an eye for an eye** èy pou èy, dan pou dan •**beady eyes** je pichpich •**bedroom eyes** je{dou/mouran} •**big eyes** je bourik •**blindfolded eyes** je bande •**bloodshot eyes** je wouj •**bright shinning eyes** je chandèl •**bulging eyes** gwo je, je sòti •**corner of eye** bounda je •**compound eyes** je fasèt •**deep-set eyes** je{fon/nan twou} •**evil eye** djòk, maldyòk, move{je/ lèy} *She gave me the evil eye.* Li gade m ak yon move je. •**glass/false eye** je kristal •**have a roving eye** gen je toupatou, manje kòd kou satan *She has a roving eye, she does nothing but look at all men.* Manmzèl gen je toupatou, li pa janm p ap gade nèg. *He isn't a guy you can trust because he has a roving eye.* Li pa yon moun pou ou kwè nan li paske li manje kòd kou satan. •**have bag eyes under one's eyes** je nan twou •**have bedroom eyes** gen lèzye chanèl •**have eyes in the back of one's head** gen je nan do •**have languorous eyes** gen lèzye chanèl •**have one's eyes on** gen je sou *He has his eyes on his sister-in-law.* Li gen je sou bèlsè l. •**hazel-colored eyes** je chat •**I've got my eye on you!** m a wè •**in front of one's eyes** avidèy *The child is growing right in front of our eyes.* Pitit la ap grandi avidèy. •**in the public eye** alaparèy •**large stupid eyes** je bourik •**lazy eye** je lanvè •**light-colored eyes** je vèt •**Look directly in s.o's eye** kale nawè nan nawè *Children should not look adults directly in the eye.* Timoun pa kale nawè l nan nawè granmoun. •**make cow eyes at** fè {drandran/yon moun je dou} *She always makes cow eyes at me.* Li toujou fè drandran avè m. •**making eyes at** fè je dou *The young man loves the young woman, he's making eyes at her.* Ti jennonm nan renmen ti demwazèl la, l ap fè l je dou. •**not take one's eyes off** pa fouti dekole je sou yon moun *She couldn't take her eyes off the guy.* Li pa fouti dekole je l sou nèg la. •**protruding eyes** je soti •**pupil of eye** {nannan/nwa}je •**rheumy eyes** je{drandran/kaka/lasi} •**slanted eyes** je{bouche/chire/mare} •**slanting eyes** je{bouche/mare} •**small eyes** tije •**swollen or squinting eyes** je pichpich •**white of the eye** {blan/glè}je

eye² *v.tr.* lonyen *Why are you eying me like this?* Poukisa ou lonyen me konsa? •**eye furtively** vòlè je gade

eyeball *n.* {blad/boul}je

eyebrow *n.* sousi

eyedropper *n.* konngout

eyeful *n.* •**get an eyeful** lave je li *Look at all those pretty girls, let me get an eyeful.* Gad yon ekip bèl ti medam, ban m lave je m.

eyeglasses *n.pl.* linèt, vè •**frame** {for/of} **eyeglasses** {bwa/manch/monti}linèt

eye-hole *n.* jouda pòt

eyelash *n.* {plim/pwal}je

eyelet *n.* zeye

eyelid *n.* pòpyè, po je •**eyelids without eyelashes** je {boukannen/griye} •**flipped eyelid** je lòlòj •**inner side of eyelid** anndan po je **inner side of eyelid** anndan po je

eye opener *n.* prize limyè

eye-popping *adj.* ki fè sote, vant bèf

eye shadow *n.* {fa/makiyaj pou je}

eyesight *n.* je, vizyon •**have failing eyesight** je yon moun ap febli *The old person's eyesight is failing.* Je granmoun nan ap febli. •**have good eyesight** gen bon je *She has good eyesight.* Li gen bon je. •**have very keen eyesight** gen je chat *If you are able to see this in the dark you have very keen eyesight.* Si ou ka wè sa nan nwa a, ou gen je chat.

eyesocket *n.* {pòch/twou}je

eyesore *n.* bagay lèd

eyestrain *n.* fatig je

eyetooth *n.* dan chen

eyewash *n.* 1[*med.*] dlo lave je 2[*nonsense*] flafla

eyewitness *n.* temwen ki te wè ak de je li

F

f *n.* [*letter*] èf

fable *n.* fab *My grandpa used to tell many fables such as "Bouki and Malis".* Granpè m te konn rakonte anpil fab tankou Bouki ak Malis.

fabric *n.* twal, tisi •**cotton fabric** kotonad •**good-quality fabric** twal gwo po •**glossy cotton fabric** listrin •**light cotton fabric** madras

fabricate *v.tr.* envante, fabrike *He fabricated a story to tell the professor.* Li envante yon istwa pou l al rakonte pwofesè a.

façade *n.* fasad *He looks like a respectable person, but that's all a facade.* Li sanble ak yon moun de byen, men tou sa se fasad.

face¹ *n.* 1[*part of head*] figi, binèt, fas, po figi, vizay *Wash your face.* Lave figi ou. 2[*part of object*] fas •**face down** fas anba, vant anba *He's lying face down.* Li kouche sou vant. *Put the card face down.* Mete kat la fas anba. *I found the watch lying face down.* Mwen jwenn mont lan fas anba. •**face to face** bab pou bab, bouch pou bouch, devan li, fas {a/pou}fas, je pou je, tèt a tèt *We were sitting face to face.* Nou te chita fas pou fas. *When the brakes gave out on the car, I found myself face to face with death.* Lè machin lan pèdi fren an, m wè lanmò devan m. mwen wè mwen fas a fas ak lanmò. *He talks behind my back, when I am face to face with him, he says nothing.* Li pale dèyè do m, lè m fas a fas avè l, li pe. *The opposition leader asked the minister for a face-to-face discussion.* Chèf opozisyon an mande minis la yon tèt a tèt •**face with high cheek bones** figi tete •**ape face** foskouch makak •**funny/scary face** majigridi *You masked person, quit making scary faces!* Madigra, sispann fè majigridi! •**get red in the face** chanje koulè *Look at how red his face got after he was slapped.* Gad ki jan l chanje koulè apre kalòt la. •**have a sullen face** plise{figi/fwon/fon}li sou •**in the face of** nan bab •**make{a face/faces}** fè grimas, simagri *Stop making faces at me.* Sispann fè grimas ban mwen. *Stop making faces in front of people.* Ase fè simagri sou moun la non.

•**puffed up face** figi bonbonfle •**put face to face** kare *Two young men put themselves face to face to fight.* De jenn gason kare yo pou yo goumen.

face² *v.tr.* 1[*have the front towards*] bay{sou/tèt li sou}, mete bay tèt pou, bouch pou bouch *My room faces the yard.* Chanm mwen an bay sou lakou a. *After the accident, the car faced south.* Apre aksidan an machin nan bay tèt li sou kote sid. *The two doors are facing each other.* De pòt sa yo bouch pou bouch. 2[*confront*] afwonte, brave, degaje ak, fès fas ak *She faced the enemy courageously.* Li afwonte lènmi an ak kouraj. *We are able to face danger.* Nou ka brave danje. *Let him face his problems alone.* Kite l degaje l pou kont li ak poblèm li. *He always avoids facing his aunt.* Li toujou evite fè fas ak matant li. *The Racing football team is going to face Violette in the final.* Ekip Resin nan pral fè fas ak Vyolèt nan final. •**face difficulties** antre nan mechan •**face off** fè{fas kare/mas}, kare li, mache sou yon lòt, tope, twoke kòn li *The two enemies faced off.* De lennmi yo te fè fas kare. *Those strong guys face off whenever they meet.* Nèg gwo kouraj sa yo fè mas lè yo rankontre. *The boxers faced off to start fighting.* Boksè yo kare yo pou y al batay. *There are two guys who are about to fight. They are facing off.* Gen de nèg ki pral kòmanse goumen. Youn ap mache sou lòt. *The two boxers are going to face off.* De boksè yo pral tope. *The two wrestlers are going to face off.* De lite yo pral twoke kòn yo. •**face the facts** fè fas ak •**face up to** drese *After all the setbacks life gave him, he still faced up to challenge them.* Apre tou baf lavi a ba li, li drese l atò pou lite ak yo •**face with** devan yon pwoblèm ki parèt devan li, fas ak, nan kout ka *What do you decide to do when faced with the problem?* Ki sa nou deside fas ak pwoblèm nan? *Every day we're faced with a different problem.* Chak jou nou gen yon lòt poblèm ki parèt devan nou. *Faced with this situation, what would you do?* Nan kout ka sa a, ki sa w ap fè

facial *adj.* •**facial appearance** min

facilitate *v.tr.* fasilite, rann posib *If you cooperate, it will facilitate the work of the police.* Si nou kopere, sa ap fasilite travay lapolis. *The mayor facilitated the reforestation project.* Majistra a rann pwojè rebwazman posib.

facilitator *n.* animatris, animatè, antremetè, moderate

facility *n.* fasilite

facing¹ *adj.* fas ak/an fas •**facing s.o.** vizavi *At the table, Yves and Joseph sit facing each other.* Bò tab la, Iv ak Jozèf chita vizavi •**facing each other** byeze *Fix the row of cards, it has two cards facing each other.* Ranje kat la, gen de kat ki byeze.

facing² *prep.* anfas, vizavi

facings *n.pl.* paman

fact *n.* afè, bagay, fè, reyalite *It's an important fact.* Se yon bagay enpòtan. *He didn't bring up the fact that I owed him money.* Li pa t vin sou afè kòb m dwe l la. *It's a fact that things are not working well in Haiti.* Se yon reyalite bagay yo p ap byen mache an Ayiti. •**basic fact** manman *So far, we don't really know the basic facts about the affair.* Jiskela, nou pa vrèman Nou pa janm konnen manman koze a. •**in fact** an efè, an patikilye, an reyalite, anfèt, avrèdi, efektivman, ofèt, ojis *In fact, no one came to the meeting because of the rain.* An efè, okenn moun pa t vini nan reyinyon an paske te gen lapli. *In fact, we didn't support her.* An reyalite nou pa t soutni li. *In fact, money is the only thing that blocks us in the project.* Anfèt se jis lajan k rete nou pou pwojè a. *In fact, these are things of long ago.* Avrèdi sa se bagay lontan. *In fact, both people are right.* Ojis, tou de moun gen rezon. •**unexpected event or fact** aksyon

faction *n.* kan *these people formed two factions in the conflict.* Moun sa yo fòme de kan nan konfli a.

factor *n.* faktè

factory *n.* fabrik, faktori/izin •**assembly factory** asanblaj, faktori dasanblaj •**candy factory** konfisri

factitious *adj.* fo

faculties *n.pl.* lespri •**in full command of one's faculties** ak tout bon sans li

faculty *n.* fakilte

fad *n.* tokad

fade **I** *v.tr.* [*cause to lose color*] blanchi, defrechi, dekolore *She faded the color clothes with bleach.* Li blanchi rad koulè yo ak klowòks. *The sun faded the newspaper.* Solèy la defrechi jounal la. *Bleach fades clothes.* Klowòks dekolore rad. **II** *v.intr.* [*lose brightness*] blaze *The skirt has faded.* Jip la detenn. **III** *v.intr.* [*begin to die, as vegetation*] fane, fennen, fletri *The flowers faded.* Flè yo fennen. *The plants will fade in the sun.* Plant yo pral fennen anba solèy la. •**fade away** fletri *The flowers faded away because they are not watered.* Flè yo fletri paske yo pa wouze yo.

faded *adj.* blanchi, blaze, delave

fag(got) *n.* [*vulg.*] masisi koryas *He's a fag.* Li se masisi koryas.

faggot *n.* fachin bwa

fail¹ *n.* •**without fail** san mank *Tomorrow is the group's party, I'll be there without fail.* Demen se fèt gwoup la, m ap la san mank.

fail² *v.tr.* **1**[*cause to be unsuccessful*] voye tounen *The teacher failed some students.* Pwofesè a voye kèk elèv tounen. **2**[*be unsuccessful*] bwè{chat/dlo/luil/pwa}, chire, falta, fayi, fè bèk atè, fè fayit, fini mal, flanbe, kaka, koule, koyibe, manke, monte sou resif, p ap sis, pran baf, rate, remèt monnen, tonbe(nan dlo) *Although the quiz was easy, I failed it.* Malgre ti egzamen an te fasil, m bwè chat. *Did you pass the exam? —Unfortunately I failed it, man.* Èske ou pase nan konkou a? —M bwè pwa wi papa. *He failed the exam because he wasn't prepared.* Li chire nan egzamen an poutèt li pa t prepare. *I failed the exam because it was too hard.* M fè bèk atè nan ekzamen an paske l te twò di. *He failed in the management of the project.* Li fè fayit nan jesyon pwojè a. *He drank too much alcohol when he was young, he failed in life.* Li te bwè twòp kleren lè l te jenn, li fini mal nan lavi. *This is an unexpected situation, anyone could fail.* Sa se yon sitiyasyon britsoukou, nenpòt moun te ka flanbe. *You didn't study, you knew you'd fail the exam.* Ou pa t etidye, ou te konnen ou ta kaka nan egzamen an. *My attempts didn't work, I really failed.* Demach yo pa mache, se koyibe m koyibe. *I figured out that I failed to study, this is why I've got a D* *in the exam.* M rann mwen kont m te manke etidye, se sa k fè se D m fè nan ekzamen an. *If you're courting that girl, you'll fail.* Si se dèyè kòmè sa a ou prale, ou p ap sis. *Our team failed to win the cup.* Ekip nou an a rate koup la. **3**[*not to do the expected, desired*] pa janm *I told you to be there at six, but you failed to show up.* M te di ou pou ou la a siz è, ou pa t la. *He never fails to call.* Li pa janm pa rele. *The letter failed to reach her.* Lèt la pa janm rive jwenn li. **4**[*give out*] febli *When I got to the top of the mountain, my legs failed me, and I had to sit down.* Lè m fin moute mòn lan, m santi janm mwen febli, m oblije chita. •**fail class twice** triple *She failed the eighth grade for the second time.* Li triple uityèm ane a. •**fail to menstruate** pa gen san li •**fail to keep one's word** manke pawòl *You're someone who doesn't keep his word.* Ou se yon nèg ki manke pawòl. •**fail to recognize** derekonnèt *I failed to recognize the child because he has become so fat.* M derekonnèt pitit la pou jan l vin gra. •**fail to respect** pase anba pye •**fail to show up** pa vini *She didn't show up for the meeting.* Li pa te vini nan reyinyon an. •**s.o. who has failed** rekale *There are a lot of students who have failed the high school graduating exam this year.* Chaje rekale nan bakaloreya ane sa a.

failed *adj.* boule *They don't put the failed student in together with the new ones to take the exam.* Yo pa mete elèv boule yo konpoze ansanm ak nouvo yo.

failing[1] *adj.* ansibreka *Jeral is failing because of his sickness, he needs to go to see a doctor.* Jeral ansibreka akòz de maladi a, li dwe ale kay dòktè.

failing[2] *n.* defo, pwen fèb *This table has a failing, it cannot stand alone.* Tab sa a gen yon defo, li pa ka kanpe pou kont li.

failure *n.* baf, echèk, pa bon menm *That was a huge failure for bac student this year.* Se te yon gwo baf pou elèv bakaloreya ane sa a. *It was a failure for him.* Se te yon echèk pou li. *The party was a failure.* Fèt la pa t bon menm. •**complete failure** zewo bare *Everything they try to do in life is a complete failure.* Tout sa yo eseye fè nan lavi a se zewo bare. •**electrical failure** blakawout •**kidney failure** ensifizans renal, ren bloke

faint[1] *adj.* **1**[*lacking clearness, strength*] fèb *I heard a very faint sound.* M tande yon ti bri fèb fèb. **2**[*nearing unconsciousness*] fèb, fay, prèt pou{endispoze/tonbe}, pal *His breath is very faint, he isn't able to breathe well.* Souf li fèb anpil, li pa fouti respire byen *Take water and empty it on the child's head, she feels faint, ready to fall.* Pran dlo vide sou tèt pitit la, li santi l fay. *I feel faint.* M santi m prèt pou endispoze.

faint[2] *v.intr.* endispoze, {fè/tonbe} endispozisyon, dekonpoze, endispozisyon pran yon moun, faya, panmen, pèdi{konnesans/lapawòl} *Fan my face, I feel like I'm going to faint.* Fè van pou mwen, m santi m pral endispoze. *He stopped just like that, he fainted.* Li ret konsa, li tonbe endispozisyon. *He fainted, he can't speak.* Li dekonpoze, li pa ka pale. *The girl fainted right off in the garden.* Yon sèl endispozisyon pran fi a nan jaden an. *She fainted after hearing the sad news of her brother's death.* Li pèdi konesans lè l fin tande nouvèl lanmò frè li a.

faint-hearted *adj.* san nanm *She's so faint-hearted that she's afraid to give the lecture.* Li tèlman ʃ san nanm, li pè fè konferans lan.

fainting *adj.* endispozisyon •**fainting spell** endispozisyon •**have a fainting spell** *a*[*gen.*] fè yon dekonpozisyon *She walked too much in the sun, she had a fainting spell.* Li mache twòp nan solèy la, li fè yon sèl dekonpozisyon. *b*[*caused by illness*] tonbe kriz *He had two fainting spells.* Li tonbe kriz de fwa.

faintness *n.* malèz •**feeling of faintness** malèz *After drinking the orange juice, I had a feeling of faintness.* Apre m fin bwè ji zoranj la, m te santi yon malèz.

fair[1] *adj.* **1**[*free from dishonesty/injustice*] jis, pa nan paspouki *It's not fair to abandon the orphans.* Li pa jis pou bliye òfelen yo. *The judge wasn't fair.* Jij la nan paspouki. *That's not fair!* Sa pa jis! **2**[*quite large*] bèl valè *He owns a fair amount of land.* Li gen yon bèl valè tè. **3**[*light in color*] klè *She has a fair complexion. She's very fair.* Li klè. Li klè anpil.

fair[2] *n.* kèmès •**local fair** fèt chanpèt

fair(ly) *adv.* **1**[*in an honest manner*] byen boule *They treat me fairly at work.* Yo byen boule avè m nan travay la. **2**[*rather*] pa mal

She speaks Creole fairly well. Li pale kreyòl pa mal. •**fairly and squarely** kareman, onètman *I beat you fair and square.* M genyen ou onètman.

fair-minded *adj.* jis

fairness *n.* lajistis, san patizan *You should deal with the problem with fairness.* Ou dwe trete koze a san patizan.

fair-weather *adj.* moun{afè ou bon/ou genyen} *I wouldn't call her a true friend; she's just a fair-weather friend.* Sa pa rele zanmi: se zanmi lè afè lè ou genyen. Mwen pa ta rele l yon bon zanmi, li se yon zanmi lè afè w bon.

fairy *n.* fe •**fairy tale** fab

fait accompli *n.* fè

faith *n.* 1[*firm religious belief*] lafwa, konfyans, kwayans, *I have faith in God.* M gen lafwa nan Bondje. *In some cultures, people put their faith in idols.* Nan kèk kilti, moun mete konfyans yo nan zidòl. 2[*confidence*] konfyans *I have faith in his succeeding.* M gen konfyans ke l ap reyisi. •**bad faith** movèz fwa •**good faith** bònfwa •**profession of faith** jekwazandye *This old lady is practicing profession of faith.* Pèsonaj fiy sa ap resite jekwazandye.

faith-and-herb healer *n.* dòktè fèy, gerisè

faithful *adj.* fidèl *He says the woman isn't faithful, she's cheating on him.* Misye di fi a pa fidèl, l ap ba li zoklo.

faithfully *adv.* fidèl *He does all his dealings faithfully.* Misye fè tout afè l fidèl.

faithfulness *n.* fidelite

faithless *adj.* pèfid •**faithless person** pèfid *I've never seen faithless person like you before.* M poko janm wè moun pèfid tankou ou.

fake[1] *adj.* fo bidon, fantòm, malatchong, nan vè *He left with a fake passport.* Li pati ak yon fo paspò. *The electoral board organized a fake election last year.* Konsèy elektoral la te òganize yon eleksyon malatchong ane pase.

fake[2] *n.* fasè, fèzè *Manno is a fake, he's always saying he does things he can't do.* Manno se fèzè, li toujou ap di li fè bagay li pa ka fè.

fake[3] *n.* kab *As he was running behind me, I gave him a fake.* Etan l ap kouri dèyè m, m ba li yon kab. •**fake out** fent *The attacker dodged the entire defense with only one fake out.* Atakan an trible tout defans la ak yon sèl fent.

fake[4] *v.intr.* bay Nanna pou Sizàn, fè{lasanblan/similak/ teyat}, kabre *The*

referee gave him a red card because he was faking. Abit la ba l katon wouj poutèt l ap fè similak. *Stop faking, the child didn't hit you so hard as to make you cry.* Ase bay Nanna pou Sizàn la, pitit la pa frape ou pou ap kriye la. •**fake out** drible, fente *The striker faked out the defender.* Atakan an drible defansè a. *She faked out the goalie to the right and then she fired a shot.* Li fente gadyen an adwat enpi l choute. •**fake signs of tiredness** ladoudous kò li *He faked signs of tiredness in order not to finish the work.* Li ladoudous kò l pou l pa fini travay la.

faker *n.* blofè

faking *n.* teyat, valeryann

fall[1] *n.* 1[*act of falling*] chit, so *He had a fall.* Li fè yon chit. *That was quite a fall you had.* Se yon gwo so ou pran. 2[*decrease*] bese, desann *There was a fall in the price of gasoline.* Pri gazolin fè yon bese. •**have a fall out** bwouye *These two persons are no longer friends, they had a fall out.* De moun sa yo pa zanmi ankò, yo bwouye. •**sound of a light fall** bap

fall[2] *v.intr.* 1[*gen.*] degrengole, devide, grennen, (sot) tonbe *The mango fell from that tree.* Mango a, se nan pye sa a l sot tonbe. *The avocadoes are ripe, they're beginning to fall.* Zaboka yo mi, yo kòmanse grennen. *The plate fell down and broke, it shattered into small pieces.* Asyèt la soti l devide, li fè miyèt moso. *He lost his balance and fell.* Li pèdi ekilib li epi l degrengole. 2[*lower in amount*] desann *Food prices are falling.* Pri manje yo ap desann. 3[*lose power*] tonbe *The government has fallen.* Gouvènman an tonbe. 4[*take place*] tonbe *His birthday falls on a Thursday this year.* Fèt li ap tonbe yon jedi ane sa a. 5[*hang loosely*] rive, tonbe *Her hair fell to her shoulders.* Cheve l rive sou zepòl li. *The dress fell to her knees.* Wòb la rive sou jenou l. •**fall apart** fè miyèt mòso, degrennen, dekonstonbre, fin delala *The house is falling apart, it's time to repair it.* Kay la fin dekonstonbre, li lè pou repare li. *After the federation fired the coach, all the selection fall apart.* Aprè federasyon an fin revoke antrenè, seleksyon an degrennen. *After the earthquake of January twelfth, most buildings fell apart in Port-au-Prince.* Apre tranbleman de tè douz janvye a, anpil kay fin delala nan Pòtoprens. •**fall asleep** *a*[*person*] dòmi, dòmi{pran/vole}li *The baby fell asleep while her mother was singing him a song.* Pitit la dòmi pandan manman l t ap chante yon chante pou li. *She fell asleep reading.* Dòmi pran li pandan l ap li. *b*[*part of body*] mouri *If she sits in only one position, her feet fall asleep.* Si l chita nan yon sèl pozisyon, pye l mouri. •**fall asleep again** redòmi *Mariz fell asleep again while preparing reading the article.* Mariz redòmi pandan li t ap li atik la. •**fall back** fè bak/kouri tounen, repliye *The crowd fell back.* Moun yo kouri tounen. •**fall back into evil ways** chite *It seems that he has fallen back into evil ways.* Li gen lè chite. •**fall back on** tounen *When he lost his job, he fell back on teaching.* Lè l pèdi djòb la, li tounen al fè lekòl. •**fall backward** tonbe alaranvès *Don't lean on the chair to avoid falling back.* Pa kage sou chèz la pou pa tonbe alaranvès •**fall behind** gen reta, rete dèyè *I've fallen behind in this work; it should have been done yesterday.* M gen reta ak travay sa a; depi yè pou m te fini l. •**fall dead** mouri *He had a heart attack, he fell dead.* Li fè yon kriz kadyak, li mouri. •**fall down** degrennen, fese, vide atè *His foot slipped and he fell down.* Pye l glise, epi l vide atè. •**fall down again** retonbe *She falls down again each time she tries to stand up.* Li retonbe chak fwa l eseye leve. •**fall down on the job** betize nan travay *You're falling down on the job!* Ou ap betize nan travay la!. •**fall down suddenly** deboulonnen *One of the front wheels of the dump truck fell down suddenly.* Yonn nan wou devan baskil la deboulonnen. •**fall due** echi *The date of the payment fell due.* Dat pèyman an echi. •**fall far short of sth.** pa gen sis nan douzèn •**fall flat down** blayi de pye long *The chair caved in with him, he fell flat down.* Chèz la fè fon ak li, li blayi de pye long. •**fall flat on one's face** tonbe tout longè *She tripped and fell flat on her face.* Pye l bite, li tonbe tout longè. •**fall for** *a*[*be deceived by*] pran *I'm not going to fall for that one.* M pa p pran sa a. *b*[*fall in love with*] gen yon kout chapo pou, tonbe pou *I'm falling for that girl.* M gen yon kout chapo pou fi a. *John fell for Annabelle.* Jan tonbe

pou Anabèl. •**fall from** soti tonbe *The plate fell from her hands.* Asyèt la sot tonbe nan men l. •**fall from weakness** tonbe feblès *By refusing to eat, he fell from weakness.* Nan refize manje, li tonbe feblès. •**fall in love** damou, nan renmen, plake *The girl is only ten years old, she has time to fall in love.* Tifi a gen diz an sèlman, l gentan l nan renmen. •**fall into** plonje, tonbe nan *A diver fell into the sea to save the tourist.* Yon dayiva plonje nan lanmè a pou l sove touris la. *He fell into drinking.* Msye tonbe nan bwè bwason •**fall into destitution** tonbe{nan rara/ sou lagraba} *After the operation, he fell into destitution.* Apre operasyon an, li tonbe sou lagraba •**fall into prostitution** tonbe nan {dezòd/vakabòn} *She fell into prostitution completely.* Li tonbe nan vakabòn nèt •**fall into ruin** delabre *Historical monuments such as the Citadelle Laferriere fortress are falling into ruin.* Moniman istorik tankou Sitadèl Laferyè ap fin delabre. •**fall off** *a*[*become removed*] sot tonbe *Buckle your belt before your pants fall off.* Boukle sentiwon ou anvan pantalon an sot tonbe sou ou. *b*[*drop down from sth.*] pran yon so *I fell off my bike yesterday.* M pran yon so bekàn ayè. *She fell off the horse.* Li sot tonbe sou cheval la. •**fall on evil days** tonbe{sou lagraba/nan rara} •**fall on hard times** tonbe *They've fallen on hard times.* Yo tonbe. Afè yo pa bon konnye a. *The business has fallen on hard times.* Konmès la tonbe. •**fall out** defouni, degrennen *Some hair products make children's hair fall out.* Kèk pwodui pou cheve defouni cheve timoun. *Sucking on sugarcane makes teeth fall out.* Souse kann degrennen dan moun. •**fall sick** pran kabann *She fell sick with a high fever that struck her suddenly.* Li nan pran kabann ak yon fyèv cho ki tonbe sou li. •**fall short** [*cash receipts*] fè chòt *This teller always falls short, he hands out more change than he should.* Kesye sa a toujou ap fè chòt, li toujou ap bay lajan an plis. •**fall to the ground although still unripe** koule *The mango fell from the tree before it was ripe.* Mango a koule anvan lè. •**fall to the ground on one's knees** kase jenou li *When she heard the news of her mother's death, she fell on her knees.* Kote l pran nouvèl lanmò manman

li a, se la l kase jenou l. •**fall unconscious**
tonbe endispozisyon *He fell unconscious.*
Li tonbe endispozisyon. •**fall upon** bare,
desann sou, pote sou *They fell upon a gang of
thieves.* Yo bare yon bann volè. *We are going
to fall upon the opponents.* Nou pral desann
sou advèsè a. *He fell upon me unexpectedly.*
Li pote sou mwen sanzatann. •**making s.o.
fall** bay kwochèt *He tripped her, he made her
fall down.* Li ba l yon sèl kwochèt, li lage l atè.
•**make s.o. fall asleep** bay yon moun singo
This movie makes me fall asleep. Fim sa a ban
m singo. •**make s.o. fall for sth.** bay yon
moun fil *The detective made him fall for it,
until he betrayed himself.* Detektif la ba l fil
jis li fè l trayi tèt li.

fallen *adj.* 1[*dead*] mò, mouri 2[*immoral*]
deregle

falling apart *n.* demantibile

falling off *n.* bès, diminisyon

falling out *n.* bizbiz, bwouy

fallow *adj.* jachè

Fallopian tube *n.* kanal ze, twonp falòp

fallout *n.* bizbiz, bwouy

falls *n.pl.* chit(dlo), so(do)

false *adj.* fo, malatchong *It's a false passport.*
Se yon fo paspò. *The witness's statement was
false.* Deklarasyon temwen an malatchong.

falsehood *n.* blo, blòf manti, twonpri

falsify *v.tr.* fè fo *She falsified her date of birth.*
Li fè fo dat de nesans. •**falsify accounts**
bay kout fo ekriti *The accountant embezzled
funds by falsifying accounts.* Kontab la ap vole
lajan nan bay kout fo ekriti. •**falsify a report**
bay yon move rapò *They didn't give true
information, they falsified the report.* Yo pa
bay vrè enfòmasyon, yo bay yon move rapò.

falter *v.intr.* an bès, fè moukmouk *The
neighbor's grocery store is faltering.* Boutik
vwazin nan an bès.

faltering *adj.* an bès

fame *n.* renome, repitasyon, selebrite

famed *adj.* renome, selèb

familial *adj.* familyal

familiar *adj.* 1[*having been seen before*]
konnen, pa enkoni *Her face looks familiar.*
Figi l pa enkoni pou mwen. 2[*having a
thorough knowledge of*] abitye, konnen *I'm
not familiar with this motor.* M pa konnen
motè sa a. •**become too familiar or**

intimate antre sou moun, kole sou, rantre
nan kòsaj yon moun *How can you let this
young man become familiar with you like
that?* Kijan ou fè kite ti jennonm sa a rantre
nan kòsaj ou konsa. *You're too familiar with
her, it isn't the way to have her become your
friend.* Ou kole twòp sou li, se pa sa k ap
fè l vin zanmi ou. •**be too familiar with**
nan kolibèt ak *Don't be too familiar with me.*
Mwen pa nan kolibèt ak ou.

familiarize *v.refl.* familyarize li *In only two
days I had the time to familiarize myself with
the people.* Nan de jou sèlman m gen tan
familyarize m ak moun yo.

family[1] *adj.* fanmi *family ties* lyen fanmi

family[2] *n.* fanmi, moun(yo), moun kay lakou
My family is huge. Fanmi m anpil. *We think
of him like one of the family.* Nou gade l
tankou yon fanmi. *The doctor asked me if I
were in his immediate family.* Doktè a mande
m si m se fanmi pre l. *I still have family and
friends in Haiti.* M gen moun toujou ann
Ayiti. •**family where incest is practiced**
ras kabrit •**as a family** fanmiman *These
Protestants live as a family.* Pwotestan sa yo
viv fanmiman. •**entire family** kòt fanmi
She arrived at the party with her entire family.
Manmzèl debake ak tout kòt fanmi l nan
fèt la. •**extended family** fanmi, ras •**have
family** mango sou lateras *They put Peter in
jail and no one said anything; it seems that
he doesn't have any family.* Yo mete Pyè nan
prizon epi pèsonn pa di anyen, li genlè se
yon mango sou lateras. •**immediate family**
fanmi pre •**in a family group** fanmiman
These Protestants live in a family group.
Pwotestan sa yo viv fanmiman. •**intimate
family** grenn vant •**one big family** grann
lakou •**part of the family** pitit kay *She's part
of the family, she's allowed everywhere in the
house.* Li se pitit kay, li met antre nan tout
chanm yo. •**s.o. considered a member of
the family** moun kay lakou •**those who
aren't from the family** lèzengra •**wealthy
and respected family** gran fanmi

famine *n.* dizèt, famin, lafen, grangou,
grangou kanpe, gwo rate manje

famished *adj.* devoran, djòl pa gou *I feel
famished, give me some of your food.* Mwen
santi m devoran, ban m manje ou la.

famous *adj.* fame, fè pale de li, koni, repite, selèb, bòs nan domèn li *It's a famous musical group.* Se yon gwoup mizikal fame. *That restaurant became famous because it serves good food.* Restoran sa fè pale de li paske li bay bon manje. *He was the most famous ruler the country ever had.* Misye se te pi selèb gouvènè peyi a te genyen. *He's a famous man.* Msye se yon nèg ki koni. *She's a famous lawyer.* Se yon avoka repite. *He's a famous singer.* Li se yon chantè repite. *That professor is famous in her field.* Pwofesè sa a se yon bòs nan domèn li an. •**famous person** zen

fan[1] *n.* **1** fanatik sipòtè, tizè *That team has a lot of fans.* Ekip sa a gen anpil fanatik. **2**[*plur.*] piblik *That artist has many fans behind him.* Atis la chaje ak piblik dèyè l.

fan[2] *n.* evantay, vantilatè

fan[3] *v.tr.* vante, vantaye, fè van, soufle *Fan the flame so that the fire really catches.* Vante dife a pou l sa pran. *His wife is fanning him because he's hot.* Madanm li ap vantaye l paske li cho. *Take the fan to fan the old man.* Pran vantay la pou fè van pou granmoun nan. *Fan the fire so it doesn't go out.* Soufle dife a pou l pa mouri.

fanatic *n.* fanatik *He's such a fanatic, this makes him blind.* Tèlman msye se yon fanatik, sa rann li avèg.

fanciful *adj.* chimerik *This fanciful project will not be achieved.* Pwojè chimerik sa p ap reyalize.

fancy[1] *adj.* banda, bòzò, bwòdè, bwòdèz, chòk, elegan, fen, granjan, kopen, ponmzenk *I put on a fancy dress today.* Mwen te mete yon rad chòk sou mwen jodi a. *A fancy drawing.* Desen granjan. *She needs a fancy party for her wedding.* Li bezwen yon fèt ponmzenk pou maryaj li.

fancy[2] *n.* kout{chapo/solèy} *She took fancy to that singer.* Li te pran yon kout chapo pou chantè sa a. •**idle fancy** chimè

fancy[3] *v.tr.* imajine *She fancies herself a great singer.* Li imajine li yon chantèz sipèb.

fanfare *n.* tralala •**without fanfare** san{tanbou ni twonpèt/zekla} *The party took place without fanfare.* Fèt la pase san zekla.

fang *n.* kwòk, kwochè

fanny *n.* bounda, dèyè

fantastic[1] *adj.* [*wonderful*] efrayik, fòmidab, mons, tou limen *The wedding was fantastic.* Nòs la te efrayik. *This house is fantastic.* Kay sa a fòmidab.

fantastic[2] *interj.* palemwadsa

fantasy *n.* vizyon

far[1] *adj.* lwen *Li lwen ak isit.* It's far from here.

far[2] *adv.* **1**[*at/to/from a great distance*] distans, lwen *We didn't go too far.* Nou pa t al twò lwen. *They live far away.* Yo rete lwen anpil. *You must have traveled far.* Sanble ou sot lwen. *How far is it?* Ki distans li ye? *He works far from home.* Kote l travay la lwen ak lakay li. **2**[*much*] twòp *I'm far too busy this week.* M okipe twòp semenn sa a. **3**[*greater*] gran, pi *She's far richer than me.* Li pi rich lontan pase m. *He's far better today.* Li fè gran mye anpil jodi a. *This is better by far.* Sa a pi bon lontan. *How far did you get in the book?* Jis ki kote ou rive nan liv la? •**far and away** pi bon *My watch is far and away better than yours.* Mont pa m lan pi bon (anpil) lontan pase pa ou la •**far and wide** toupatou *We searched far and wide for him.* Nou chache l toupatou. *People come from far and wide to shop here.* Moun soti toupatou vin achte isi a. ou twò lwen. •**far from** *a*[*far in time and distance*] lwen ak, nan pwen *The river is far from our house.* Rivyè a lwen ak lakay nou. *The party is far from ending.* Fèt la poko nan pwen fini menm. *b*[*not at all*] ditou ditou, enm menm *I'm far from pleased with what you did.* M pa kontan ditou ditou ak sa ou fè a. •**far off** lwen lwen •**as far as** [*distance*] jis, kanta, otank(e) *She swam as far as here.* Li naje jis la a. *Walk all the way as far as the crossroads.* Mache jous ou rive bò kafou a. •**as far as s.o is concerned** annegad, poutèt pa m *As far as I'm concerned, she can leave.* Annega de mwen, li met pati. *As far as I'm concerned, we can invite him to the party.* Poutèt pa m, m kwè nou ka envite l nan fèt la. •**as far as sth. is concerned** kanta, otank *As far as crabs are concerned, I don't like them.* Kanta pou krab, m pa renmen sa. *As far as I can remember, she did not show up at the party.* Otank m raple m, li pa vini nan fèt la •**by far** lontan *My house is by far the nicest.* Kay mwen an pi bèl lontan. •**go far** *a*[*advance*] ale lwen, ka moute *He won't go far in this job.* Li pa pral lwen nan travay la. *You have to work hard to go far in this company.* Fò ou travay di nan konpayi sa a pou ou ka moute. **b**[*buy a lot*] bann bagay *This money will go far.* Kòb sa a ka achte yon bann bagay. •**go too far** depase lèbòn, egzajere, pouse plim, pouse yon moun obout, pèdi{lakat li/(la)kat marenn/ wòl} *If you fail to show respect toward your mother, you're going too far.* Si ou ka manke manman ou dega, ou depase lèbòn. *He went too far, he was rude to his boss.* Li pèdi lakat li, li al pale mal ak chèf li. *You've gone too far! You have no right to insult me.* Ou pèdi wòl ou! Ou pa t gen dwa joure m. •**how far** [*what extent/degree*] jis ki{bò/kote/nivo} *How far did you get in the book?* Jis ki bò ou rive nan liv la? *How far have you progressed in the work you're doing?* Nan ki nivo ou rive nan travay ou t ap fè a? •**so far** jis{alèkile/ kounye a}, jouskensi *So far we don't understand.* Jouskensi nou poko konprann. •**so far as** etan •**so far, so good** {jis/pou}kounye a *How's the car doing? So far, so good!* Kouman machin lan ye? Li po ko ban m okenn poblèm jis kounye a. •**so/ thus far** [*up to the present*] deja, jis kounye a *How many have you sold so far?* Konbe ou vann deja? *We haven't heard from him thus far.* Nou po ko pran nouvèl li jis konnye a. •**too far gone** twò rèk *The infected eye was too far gone, it had to be removed.* Je a vin twò rèk konsa yo te blije rache li.

faraway[1] *adj.* lwen, nan Ziltik,

faraway[2] *adv.* (nan) Ginen, (nan) Lafrik Ginen *Thunder is crashing faraway.* Lakataw fè taw nan Ginen tande.

farce *n.* fas *This election was a farce.* Eleksyon sa a se te yon fas.

fare *n.* •**bus fare** pri kous

fare collector *n.* kontwolè

fare-dodger *n.* mò *I won't receive any money for the trip because there's a group of fare-dodgers on the bus.* M p ap wè kòb vwayaj la paske se yon ekip mò ki nan machin nan.

farewell *interj.* adjo, adye

far-fetched *adj.* egzajere

far-flung *adj.* manch long

farm *n.* fèm

farmer *n.* agrikiltè, fèmye, kiltivatè, labourè, peyizan, peyizàn •**peasant farmer** abitan •**tenant farmer** asosye, demwatye

farming *n.* jadinaj, kilti latè, lakiltiv, plantasyon, travay latè *Farming is the main resource for peasants.* Se plantasyon ki espwa peyizan yo. •**diversified farming** grapiyay •**do farming** pratike jadinaj •**tenant farming** demwatye

farmland *n.* tè jaden •**productive farmland** tè danre

far-seeing/far-sighted *adj.* prevwayan, wè lwen *He's really far-sighted if he can help us avoid the problem.* Li prevwayan vre si l ka ede n evite malè a. *John is far-seeing, we should listen to his advice.* Jan se nèg ki wè lwen, nou dwe koute konsèy li.

far-sighted *adj.* 1[*type of vision*] presbit, wè de lwen *Since I'm far-sighted, I can't sit near the board.* Kòm m wè de lwen, m pa ka chita pre tablo a. 2[*looking into future*] prevwayan

fart[1] *n.* pete, poum, pèpèt, van •**sound of fart** pwèt

fart[2] *v.intr.* bay{gaz/van}, fè{gaz/pou/yon pete/van}, pete, pèpèt, pouse van *Who farted?* Ki moun ki bay van sa la? *Children must not fart in front of adults.* Timoun pa fè gaz sou granmoun.? *If you fart, you have to excuse yourself.* Si ou pete, fòk ou di eskize ou. •**fart around** kakade *Quit farting around, you jerk!* Ase kakade la, salopri!

farter *n.* petadò, petawòt

farther *adv.* [*at/to a greater distance*] pi laba, pi lwen *Go farther.* Ale pi laba. *We walked a bit farther.* Nou t al yon ti jan pi lwen. *Nothing could have been farther from my mind.* Sa pa sa menm ki te nan tèt mwen.

fascinate *v.intr.* ante *The idea of building a medical clinic in the country fascinates me.* Lide pou konstri yon klinik medikal nan peyi a ante m.

fascinating *adj.* ante, enteresan anpil *I'm going on a field trip, it's a fascinating thing.* M pral nan yon joune, se bagay ante.

fascist[1] *adj.* fachis

fascist[2] *n.* fachis

fashion[1] *n.* (la)mòd, mannyè *It's the new fashion.* Se lamòd ki fenk parèt. •**in fashion** an vòg *This is the music most in fashion.* Sa se dènye mizik ki an vòg la. •**latest fashion** dènye kri *They bought the latest-fashion car.* Yo achte yon machin dènye kri. •**in disorderly fashion** an debanday •**out of**

fashion makwali, tan lontan *I find you out of fashion with that hairdo.* Mwen twouve ou makwali anpil avèk kout peny sa a. *Young people don't wear those out-of-fashion clothes.* Rad tan lontan sa yo, jenn moun p ap mete yo. •**be out of fashion** pase mòd *Hobnailed shoes are out of fashion.* Soulye klouwe pase mòd. •**in a male fashion** awòm

fashion² *v.tr.* fè, fòme *The boy fashioned a toy car from pieces of wood.* Tigason an te fè yon ti machin jwèt ak moso bwa.

fashionable *adj.* an vòg, estile, sou moun *Long dresses are fashionable now.* Se wòb long ki alamòd konnye a. *The pants are fashionable, everyone is wearing them.* Pantalon estile, tout moun se yo yo mete. *These clothes aren't fashionable anymore.* Rad sa a pa sou moun ankò. •**highly fashionable** {fen/fre} kou ze zwa

fast¹ *adj.* **1**[*quick*] bris, rapid, taptap *The clock is fast.* Revèy la annavan. *That's the fastest bus.* Se bis sa a k pi rapid. *We like working with him because he's fast.* Nou renmen travay ak misye paske li taptap.. **2**[*showing a later than actual time*] an annavan/avans *My watch is always fast.* Mont mwen an toujou an avans.

fast² *adv.* [*quickly*] an vitès, bris, (byen) vit,,wach wach *Go get washed fast, you're already late.* Al fè twalèt ou an vitès, ou an reta deja. *You drive too fast.* Ou kondi twò vit. *He talks fast.* Li pale vit. *She came in fast, she ran out again.* Li rantre anndan an wach wach, li kouri soti ankò •**be fast** gen zèl nan pye •**go fast** an boulin, kouri twòp *That car is going too fast.* Machin sa a kouri twòp. •**go as fast as one can** pye li pa touche tè *He went as fast as he could when he heard the cannon shot.* Pye li pa te touche tè menm lè l tande kout kannon an. •**very fast** mil alè *He drives really fast.* Li kouri machin nan mil alè.

fast³ *n.* jèn

fast⁴ *v.intr.* fè{jèn/mèg}, jene *They've been fasting for three days.* Y ap fè jèn depi de jou. *I haven't eaten since this morning, I'm fasting.* M pa manje depi maten, m ap fè mèg. *You should not eat when fasting.* Ou pa dwe manje lè w ap jene.

fast-moving *adj.* •**fast-moving person** djèt

fasten *v.tr.* **1**[*attach*] atache, boutonnen, kore, mare, plake, tache *Fasten this small plant so it doesn't fall.* Kore ti plant sa a pou l pa tonbe. *Fasten your shirt with this safety pin.* Tache chemiz ou ak zepeng sa a. **2**[*tighten*] boulonnen, sere *Tighten the nut.* Sere boulou an. •**fasten on** fikse *Fasten well the bulb light in the wall so that it won't fall down.* Byen fikse anpoul la nan mi an pou l pa tonbe. •**fasten off the thread** bay arè *The dressmaker fastened off the thread.* Koutiryè a bay rad la arè.

fastener *n.* arèt •**snap fastener** bouton presyon •**snap fasteners** presyon

fasting¹ *adj.* ajen

fasting² *n.* jèn

fat¹ *adj.* alòche, basonnen, gra, gwo, laji, lou *She's so fat that one may think that she's still pregnant.* Li tèlman alòche, ou ka panse li toujou gwòs. *Paul is so fat, he has difficulty walking.* Tank Pòl gra, se woule l ap woule de bò. *She's too fat to run.* Li twò gwo, l pa ka kouri. *You eat so much junk food, look at how you've become fat.* Ou si tèlman vale tchaw, gad ki jan ou basonnen. *Look how fat he has become since he got the job.* Depi l ap travay la, gad ki jan l vin laji. *He's fat, he can't even run.* Msye lou, li pa menm ka kouri. •**fat and healthy** gwo gra *She likes fat and healthy people.* Li renmen moun ki gwo gra. •**fat and out of shape** masif *You don't see how fat and out of shape you are, you should exercise.* Ou pa wè kijan ou masif, manyè fè egzèsis ak kò ou. •**fat and shapeless** mastòk *John is fat and out of shape.* Jan mastòk anpil •**fat person** chat boure, gwo patat, pwa lou •**become/get fat** angrese, basonnen *The child became fat until he was a butterball.* Pitit la vin angrese jis li patapouf. *You eat so much junk food, look at how you've become fat.* Ou si tèlman vale tchaw, gad ki jan ou basonnen.

fat² *n.* grès, mawoule *He has a lot of fat on his body.* Li gen anpil grès nan kò li. •**animal fat** swif •**pig fat** mantèg

fatal *adj.* fatal *If you keep bothering the government, this will be fatal for you.* Si w ap nwi pouvwa a, sa ka fatal pou ou, wi.

fatality *n.* [*death, fate*] desten, sò **fatalities** *n.pl.* moun ki mouri *There were no fatalities in the accident.* Pa gen moun ki mouri nan aksidan an.

fatally *adv.* mòtèlman

fate *n.* desten, devinasyon, devni, lakwa, sò, santans *No one can know his fate.* Pèsonn moun pa konn devinasyon l. *This is my fate.* Se kwa pa m.

fathead *n.* sèvèl{akasan/wòwòt}

father[1] *n.* 1[*male parent*] papa, pè, pè de fanmi(y), pèdfami, pèdefanmi *His father is rich.* Papa l rich. 2[*title of respect for a priest*] monpè, pè *Do you know Father Charles?* Ou konn Pè Chal? *Hello, Father.* Bonjou, monpè. •**Father's Day** fèt dèpè •**be the second father/mother of** andoye *Do you want to be the second father of my child?* Ou vle andoye pitit mwen an? •**be like one's father** elèv papa li, pitit papa li •**like father, like son** konsa papa a konsa pitit la, pitit papa li *Like father, like son!* Se pitit papa l li ye!

father[2] *v.tr.* •**father one baby after another** grennen pitit (devan dèyè)

father-in-law *n.* bòpè

fatherland *n.* patri, peyi

fathom[1] *n.* bras

fathom[2] *v.tr.* dechifre *I can't fathom these complicated details.* M pa kab dechifre detay konplike sa yo,

fatigue *n.* epizman, fatig •**chronic fatigue** depresyon •**extreme fatigue** kò{kraz(e) akable/dezole/dous}, zo yon moun kraze

fatiguing *adj.* fatigan

fatso *n.* bousoufle, gwo{boure/nanm}, mapotcho, patapouf, patat si, gwo patat

fatten *v.tr.* [*animals*] grese, fè...vin gra *He fattens the piglets.* L ap grese ti kòchon yo. •**fatten up** angrese, fè ... vin gra *That will fatten you up quickly.* Sa ap fè ou vin gra de jou.

fatty *adj.* grese, gra, swife

faucet *n.* (tèt) tiyo, wobinèt

fault[1] *n.* 1[*weakness in character*] defo, fay, fòt, peche *He has all kinds of faults.* Li gen tout defo. *For all his faults, he's still a good man.* Malgre l gen defo, se yon bon moun li ye. 2[*responsibility for an unfortunate occurrence*] fòt *It's entirely your fault.* Se fòt ou menm yon grenn lan. •**at fault** fotif, gen tò *He's at fault, he shouldn't have acted like that.* Misye fotif, li pa te dwe aji konsa. •**be one's fault** fòt yon moun *If it's not your fault, whose fault is it?* Se pa fòt ou! Fòt ki moun?

fault[2] *v.tr.* **fault s.o.** bay yon moun tò

faultlessly *adv.* Fen *He completed his assignment faultlessly.* Li fini devwa l fen.

faultline *n.* liy fay

faulty *adj.* pa bon

favor[1] *n.* benn, byenfè, favè, lagras, satisfaksyon, sèvis *I came to ask you a favor.* M vin mande ou yon sèvis. •**(some) favors** dibyen *Don't accept favors from the director.* Pa asepte dibyen ak direktè a. •**do a favor** bay yon moun satisfaksyon •**do favors/a favor** fè/rann {favè/sèvis} *To do favors can bring grief.* Rann sèvis ka mennen chagren. •**in favor of** an favè, dakò pou/sou *I'm not in favor of his idea.* M pa an favè lide l la. •**in s.o.'s favor** ba rezon yon moun *The judge decided in his favor.* Jij la ba l rezon.

favor[2] *v.tr.* an favè, avantaje, bay yon moun avantay, pran pou, privilejye *The referee favored the other team.* Abit la te an favè lòt ekip la. *She's my relative, I'm going to favor her.* Se ti fanmi m, m avantaje l.

favorable *adj.* 1[*expressing a positive assessment/ approval*] bon, favorab, nan byennèt li *He gave me a favorable answer.* Li ban m yon bon repons. *The moment is not favorable.* Moman an pa favorab. *Joe is in a favorable position.* Djo nan byennèt li. *She gave a favorable report of you.* Li pale byen pou ou. 2[*gaining approval*] favorab 3[*advantageous*] bon *This isn't a favorable season for planting corn.* Sezon sa a pa bon pou moun plante mayi.

favorably *adv.* byen *She spoke favorably of you.* Li pale byen pou ou.

favorite[1] *adj.* preferab, sa yon moun pi renmen *His favorite person is his mother.* Moun preferab li se manman. *It's my favorite movie of all the ones I've seen.* Nan tout fim m wè, se sa a m pi renmen. *This is his favorite food.* Se manje sa a l pi renmen.

favorite[2] *n.* boul dous yon moun *That child is my favorite.* Pitit sa a se boul dous mwen.

favoritism *n.* moun pa/mounpayis, paspouki, patipri, tete lang *If you give him the job, people will say it was favoritism.* Si ou ba l travay la, y ap di se moun pa. *There's no favoritism around here, you get what you work for.* Bò isit la nanpwen paspouki, sa ou fè se li ou wè. *A judge must never show any favoritism.* Yon jij pa janm dwe nan paspouki. *Everything* here is based on favoritism. Tout bagay pa bò isit se tete lang. •**commercial favoritism** kliyantelis •**without favoritism** san patizan

fawn *v.intr.* achte figi yon moun, flate, fè{chen nan pye moun/ti figi}, lanbe, ranpe, rele chat bòpè pou moso zaboka *He's fawning on the lady in order to get the job.* L ap flate fi a pou l kab jwenn djòb la. *He fawns over people so that he can find work.* Li lanbe moun pou l ka jwenn travay.

fawner *n.* filè, flatè

fawning *n.* flatri

fax[1] *n.* faks, telekopi

fax[2] *v.tr.* fakse *I will fax the letter for you.* M ap fakse lèt la pou ou.

fear[1] *n.* espant, kè kase, krent, krentitid, laperèz, pè *When I heard the footsteps, I was frozen with fear.* Lè m tande bri pye a, m gen yon sèl laperèz ki pran m. *I have a fear of dogs.* M pè chen. *I have a fear of her leaving me.* M pè pou l pa kite m. •**fear of or sensitivity to people's opinions** wont je •**without fear** karebare, kè pòpòz *You may go without fear, nothing can happen to you.* Ou mèt ale kè pòpòz, anyen pa ka rive ou.

fear[2] *v.tr.* gen{krent/krentif}pou, krenn, pè *With this hurricane, I fear for the people who are outside.* Ak siklòn sa a, m gen krent pou moun ki deyò. *This brave woman doesn't fear anyone.* Fanm brav sa a pa krenn pèsonn. *I fear losing my job.* M pè pou m pa pèdi travay mwen •**fear{neither God nor man/ no one/nothing at all}**pa pè ni pè ni pap *People around here fear neither God nor man, they do what they want.* Moun bò isit pa pè ni pè ni pap, yo fè sa yo vle.

feared *adj.* •**a person to be feared** awoyo *He's a person to be feared, as soon as they see him, they must let him through.* Misye se yon awoyo, depi yo wè l, se ba l pase.

fearful *adj.* kapon, krentif, pentad, pèrèz, pòtwon, renka *He's a fearful child, an insect comes near, and he runs away.* Se yon timoun kapon, ti bèt ap pwoche, l ap kouri sòti. *With insecurity, people necessarily become fearful.* Ak ensekirite a, nèg blije pentad. *You're too fearful.* Ou krentif twòp. •**fearful child** timoun kapon

fearing *adj.* •**fearing neither God nor man** san fwa ni lwa

fearless *adj.* brav, pa pè anyen *He's a fearless person.* Li se yon moun ki brav.

fearsome *adj.* •**fearsome person** zo Kingkong

feasible *adj.* fezab, ka fèt *The favor she's asking of us is feasible.* Sèvis li mande nou an fezab.

feast[1] *n.* babako, banbilay, banbolo, banboula, festen, fèt, kanbiz, kandjanwoun, ribanbèl *They prepared a feast for the wedding.* Yo fè babako manje lè nòs. *After the speech, there is a feast with good food.* Apre diskou a, gen yon banbilay ak bon pla. •**Feast of the Assumption** fèt Mari ki monte nan Syèl •**Feast of the Immaculate Conception** fèt imakile

feast[2] *v.tr.* selebre *We're celebrating our aunt's birthday.* Nou selebre fèt matant nou. •**feast one's eyes on** rense je li sou *This woman is beautiful, I'll never tire from feasting my eyes on her.* Dam sa a bèl, m p ap janm bouke rense je m sou li.

feat *n.* esplwa •**do a dangerous feat** fè reklam/piblisite pou mòg •**no mean feat** se rèd *Running ten kilometers is no mean feat.* Kouri dis kilomèt se rèd.

feather *n.* plim **feathers** *n.pl.* plimaj •**fine soft feathers** dive

feather-brain *n.* {memwa/sèvo}poul

feather-duster *n.* bale plim, plimo

feather-stitch *n.* arèt

featherbrained *adj.* sèvo plim *What kind of good ideas could a featherbrained person like you give to people?* Sèvo plim kon ou, ki bon lide ou ka ba moun?

feathers *n.pl.* plimay •**fine soft feathers** divè

featherweight *n.* pwa plim

feature *n.* karakteristik, trè

February *n.* fevriye

fecal *adj.* •**fecal matter** matyè fekal

fecundation *n.* fekondasyon

fed *adj.* nouri *The child is well fed.* Pitit la byen nouri.

fed up *adj.* about, bouke *He made me go through so much, I am fed up now.* Li fè m pase twòp mizè, kounye a m bouke. *I'm fed up with this car!* M bouke ak machin sa a.

federal *adj.* federal

federation *n.* federasyon, konfederasyon

fee *n.* dwa, frè, peyaj •**{admission/entrance} fee** admisyon, antre, dwa dantre •**custom fee** ladwàn •**rental fee** dwa lokatif •**school fee** ekolaj

feeble *adj.* azobato, fèb, kobannza *She's very feeble.* Li fèb anpil.

feeble-minded *adj.* kannannan, tèt[gaye/vid}

feebleness *n.* feblès

feed[1] *n.* manje, manje bèt •**chicken feed** [*fig.*] ti lajan pousyè

feed[2] *v.tr.* **1**[*give food*] alimante, bay manje, nouri *She feeds the baby with these foods.* Li alimante tibebe a ak manje sa yo. *Did you feed the dogs?* Ou te bay chen yo manje? *We feed the pig all sorts of things.* Nou nouri kochon an ak tout kalite bagay. **2**[*provide fuel for*] met(e){bwa/chabon} *You need to feed the fire before it goes out.* Fò ou met chabon nan dife a pou l pa mouri. **3**[*put in*] met(e) *You have to feed the money in here before you get on the scale.* Fò ou mete kòb la anvan ou moute sou balans la. •**feed on** manje *These birds feed only on earthworms.* Zwazo sa yo se vè tè sèlman yo manje. •**feed well** swen *Your mother feeds you well.* Manman ou swen ou byen.

feedback *n.* reyaksyon

feeding-bottle *n.* bibon, bibwon

feel[1] *n.* •**get the feel for** abitye ak *I'll soon get the feel for this car.* Talè m ap abitye ak machin nan.

feel[2] **I** *v.tr.* **1**[*touch*] manyen, touche *She felt my forehead to see if I had a fever.* Li manyen fon m pou l wè si m gen lafyèv. **2**[*search for with the hands*] foure men *I felt in my briefcase for the pen, but I couldn't find it.* M foure men m nan valiz la, m chache, m pa jwenn plim lan. **3**[*sense to be true*] santi *I feel that she's lying to me.* M santi se manti l ap ban m. **4**[*experience sensation*] santi *I feel the wind on my face.* M santi van an nan figi m. *I felt the baby move.* M santi timoun lan ap deplase. *My feet feel cold.* M santi pye m frèt. **II** *v.intr.* **1**[*experience a condition of the mind/body*] santi (li) *How do you feel?* Kouman ou santi ou? *I'm feeling cold.* M santi m fret. *How does it feel to be drunk?* Kouman yon moun santi ou lè ou sou? *I feel tired of life.* M santi m bouke ak lavi. **2**[*produce the stated sensation*] sanble ak, santi li, wè *My hand fell on something that felt like a pen.* Men m tonbe sou yon bagay ki sanble ak yon plim. *I touched it, and it felt wet.* M manyen l, m wè l mouye. **3**[*experience regret*] kwè, regret, santi *I feel bad about what*

I did. M regrèt sa m fè a. *me. I feel I didn't do the right thing.* M kwè/santi m pa byen fè. •**feel a liking for** senpatize ak *I immediately felt a liking for that woman.* M senpatize ak fi sa a yon sèl kou. •**feel a lot of warmth for** gen senpati pou *I feel a lot of warmth for her.* M gen anpil senpati pou li. •**feel as if one doesn't belong** pa nan katon *He feels he doesn't belong because his name isn't on the list.* Li pa nan katon an paske non li pa sou lis la. •**feel at home** nan asyèt li •**feel attracted to s.o.** bay yon moun atirans, pran filing nan yon moun *I feel attracted to this lady; she's really elegant.* Mwen pran filing nan dam sa a, li vrèman elegan. *He's attracted by the girl's walk.* Fi a ba li anpil atirans jan l mache a. •**feel betrayed** santi li trayi *I feel betrayed.* M santi yo trayi m. •**feel better** fè mye, reprann li *My mother is feeling much better today.* Manman m fè yon gran mye jodi a. •**feel comfortable** santi nan{asyèt/katèl/lokal}li *I feel comfortable.* Mwen santi m nan asyèt mwen. •**feel desperate** chita ak men nan machwè *His bad situation in life made her feel desperate.* Move sitiyasyon lavi a fè li chita ak men nan machwè. •**feel dizzy** gen latounay, santi tèt yon moun vire *She feels dizzy. I feel dizzy.* M santi tèt mwen ap vire. •**feel drowsy** santi tèt li lou *Let me go to bed because I feel drowsy.* Ban m al nan kabann mwen paske m santi tèt mwen lou. •**feel embarrassed with regard to s.o.** santi li wont yon moun *I feel embarrassed with regard to John because I've owed him money for two months.* M santi m wont Jan poutèt m dwe l depi de mwa. •**feel extremely tired** kò{kraz(e)/akable/dezole/dous} *I feel extremely tired today, I don't feel like doing anything.* M gen yon kò kraz jodi a, m pa santi m ta fè anyen •**feel faint** lafyèv frison *He felt faint when he learned of his father's death.* Misye gen yon lafyèv frison lè l aprann nouvèl lanmò papa l. •**feel feeble** demwele, santi demwele •**feel for** kè li fè mal *I really feel for her.* Kè m fè m mal pou li toutbon. •**feel fortified** santi li kore *After he finished eating all that food, he felt well fortified.* Apre l fin manje pakèt manje sa a, li santi l byen kore. •**feel free** gen dwa, mèt + verb *Feel free to take whatever you want in* the *refrigerator.* Ou mèt pran sa ou vle nan frijidè a. *Feel free to call me at any time, even at night.* Ou mèt rele m nenpòt lè, li te mèt lannuit. *If s.o. doesn't agree, he should feel free to say so.* Si yon moun pa dakò, li gen dwa di sa. •**feel funny** *a*[*slightly ill*] dwòl *My stomach feels funny this morning.* M santi vant mwen yon jan dwòl maten an. *b*[*uneasy*] jennen, pa alèz *I feel funny being here.* M pa santi m alèz la a. *I feel funny about asking people to lend me money.* M santi m jennen pou m mande moun prete. •**feel guilty** bwè lafyant sou kont yon moun *If you don't leave me alone, I'll make you feel guilty for my suffering.* Si ou pa kite m an repo, m ap bwè enpe lafyant sou kont ou. •**feel heavy and drowsy** [*because of too much food*] soule •**feel hungry** santi kè yon moun fèb *I feel hungry.* M santi kè m fèb. •**feel jealous** fè jalouzi *She feels jealous because it's not her I smiled at.* L ap fè jalouzi akòz se pa avè l mwen souri. •**feel like** [*be in the mood for*] anvi, dispoze, gen anvi, mobilize, pa pou, santi li *What do you feel like eating?* Kisa ou anvi manje? *I don't feel like going to the movies.* M pa anvi al sinema *I never feel like eating this food.* Se pa yon manje m janm gen anvi pou li. *I feel like eating.* Mwen santi m ta manje. *I don't feel like going out tonight.* M pa sou soti aswè a. •**feel like a fish out of water** santi depeyize *He felt like a fish out of water when he first arrived in the U.S.* Li te santi l depeyize lè l te fenk rive Ozetazini. •**feel like/as if/as though** santi tankou se *The way he talked to me made me feel like a child.* Jan l pale avè m lan, m santi tankou se yon timoun piti m te ye. *I feel as though my head is splitting open.* M santi se tankou tèt mwen ap fann. •**feel like at one's home** nan jaden papa li *These people make me feel at home.* Moun sa yo fè m santi m lakay mwen. •**feel like (doing sth.)** lide yon moun di l, sou sa *He doesn't feel like leaving.* Lide msye pa di l pati. *For two months he's been doing this job, he didn't feel like doing it anymore.* Apre de mwa li gen nan djòb la, li pa sou sa ankò. •**feel like o.s.** konprann li, santi li (tankou) li menm *I'm not feeling like myself today.* M pa konprann mwen menm jodi a. *I'm not feeling like myself today.* M pa santi m mwen menm

jodiya. •**feel like one is losing one's mind** santi tèt li vid *He's so overwhelmed by problems, he feels like he's losing his mind.* Tank pwoblèm vle fè l fou, li santi tèt li vid. •**feel listless** santi kò yon moun{kraz/ labouyi/lòja/mòl/ mouri} *I feel listless.* M santi kò m mòl. •**feel one's ears tingle** zòrèy yon moun ap kònen *When I feel my ears tingle, that means there is someone slandering me.* Depi m wè zòrèy mwen ap kònen konsa, m konnen gen yon moun k ap pale m mal. •**feel one's way** tate, tatonnen *You needn't feel your way like that.* Ou pa bezwen tatonnen konsa. •**feel out** tate *Feel out the boss before you ask him for a raise.* Tate patwon an anvan ou mande l ogmantasyon. •**feel out of place** santi depeyize •**feel out of sorts** santi kontrarye *I feel out of sorts this morning.* M santi m kontrarye maten an. •**feel pain (in the stomach) from lifting a heavy load** lestomak yon moun louvri *After lifting this heavy bag, he feels pain in the stomach.* Apre li fin leve gwosè sak sa, lestomak li louvri. •**feel perfectly at home** se poul kay *Since the servant slept with the homeowner, she feels perfectly at home.* Depi sèvant lan kouche ak mèt kay la, se poul kay li ye. •**feel pity** kè pran lapenn pou yon moun, yon moun fè li mal *When I see people in such suffering, I feel pity for them.* Lè m wè moun yo nan soufrans konsa, kè m fè m mal. •**feel relieved** kè yon moun desere *I felt relieved when I found out the child hadn't died.* Kè m desere, lè m aprann pitit la pa mouri. •**feel sleepy** dòmi nan je yon moun *I feel sleepy.* M gen dòmi nan je mwen. •**feel socially isolated** pèdi bann{eskanp/ pye/ wòl}li *She feels very isolated here because everyone avoids her.* Li pèdi bann ni bò isit paske tout moun ap evite l. •**feel sorry for** plenn pou *I feel sorry for you.* M plenn pou ou. •**feel strange** santi depeyize •**feel superior** wa pa kouzen li, prezidan pa bòpè li *Ever since they promoted him, he feels superior.* Depi yo fin bay msye pwomosyon, prezidan pa bopè li. •**feel the lack of s.o. or sth.** sonje *I feel the lack of human contact in this job.* Mwen sonje kontak moun ak moun nan travay sa a. •**feel uncomfortable** de pye yon moun nan yon {grenn soulye/ti bòt batèm}, de pye li mare *The minister was feeling uncomfortable during his speech.* De pye minis la te nan yon grenn soulye pandan diskou li a. •**feel up** peze, tate, wousi *He told me that he felt up the woman.* Li di m li peze kòmè a. •**feel up to** santi ou ka(b)/kapab *I don't feel up to walking that far.* M pa santi m ka mache al lwen konsa. •**feel very sleepy** dòmi ap pete je li *She's going to bed early, she feels so sleepy.* L al bay je l kouvèti bonè tank dòmi ap pete je li. •**feel weak** santi demwele *He's feeling completely weak.* Li santi l demwele nèt. •**feel weak overall** santi tèt li vid *She needs some tonic because she feels weak overall.* Li bezwen kèk bon fòtifyan paske l santi tèt li vid. •**feel younger** vin rajeni *Ever since she's married, she feels younger.* Depi manmzèl fin marye a, li vin rajeni. •**make feel heavy and drowsy** soule *Cornmeal with bean sauce is the kind of food that can make you feel heavy and drowsy.* Mayi ak sòs pwa se manje ki ka soule ou. •**make feel uncomfortable** mete yon moun nan ti soulye li *That situation makes me feel uncomfortable, I don't know what to do.* Bagay sa a mete m nan ti soulye m, m pa konn sa pou m fè. •**make s.o. feel guilty** bwè lafyant sou kont yon moun *If you don't leave me alone, I'll make you feel guilty for my suffering.* Si ou pa kite m an repo, m ap bwè enpe lafyant sou kont ou. •**make s.o. feel ill-at-ease or uncomfortable** enkòmòde *She always makes me uncomfortable by asking me questions about my private life.* Li toujou ap enkòmòde mwen nan mande m kesyon sou vi prive. •**not feel well** malèz *Should you see him in bed, you'd know that he isn't feeling very well.* Depi ou wè l kouche, konnen l gen yon malèz vre. •**touch and feel** tate *Feel the hen to see if she has eggs in her.* Tate poul la pou wè si l gen ze.

feeling *n.* 1[*consciousness of sth. felt in mind/body*] santi (verb), pwen sansib, sansasyon, santiman *I know how to hurt his feelings.* M konn pwen sansib li. *I had a feeling of discomfort.* M santi m pa byen. *I've got a feeling that this won't work.* M gen sansasyon sa a p ap mache. *His sitting next to me gave me a strange feeling.* Chita l chita bò kote m lan fè m santi m yon jan dwòl. 2[*idea/suspicion*] lide *I have a feeling that she won't come today.* Lide m di m li pa p vini jodi a. 3[*the power to feel*] santi *I have lost the feeling in my foot.* M santi pye a mouri nèt. **feelings** *n.pl.* filing, zantray yon moun •**give a feeling of disgust** ba yon moun degou •**maternal feeling** santiman matènèl •**no hard feelings** pa kenbe nan kè yon moun *I have no hard feelings towards her because of what she said.* M pa kenbe l nan kè pou sa l di a.

feet *n.pl. see* **foot**

feign *v.tr.* pran pòz *They feigned illness.* Yo pran pòz maladi.

feint[1] *n.* kab

feint[2] *v.intr.* kabre, woule tete *The player knows how to feint.* Jwè sa a konn kabre.

felicitations *n.pl.* konpliman

fellatio *n.* ti bèf •**perform fellatio** fè ti bèf

fellow[1] *adj.* •**fellow man** frè •**little fellow** ti tonton

fellow[2] *n.* bonòm, boug, endividi, gason, ti makrèl, tonton •**big fellow** gwobrenn *A big fellow like you, you can't play with those children.* Gwobrenn tankou ou, ou pa sa jwe ak timoun piti sa yo. •**lanky fellow** eskogrif •**sluggish fellow** mizadò •**sly fellow** mafia

fellow-countryman *n.* konpatriyòt

fellow-worker *n.* kòlèg, konpay travay

fellowship *n.* asosyasyon, kanmaradri, lakominyon, zanmitay

felon *n.* kriminèl, lawon gòch, pannari

felt *n.* fet

female[1] *adj.* fi *A female adult.* Yon granmoun fi. •**female person** nègès

female[2] *n.* 1[*person*] fanm, fi *This factory employs only females.* Se fi sèlman yo pran pou travay nan faktori sa a. 2[*animal*] fe(n)mèl, manman *This goat is a female.* Kabrit sa a se yon fenmèl. •**real female** manman femèl *Look at this real female, although she already has ten children, here she's pregnant again.* Gad manman femèl la, kwak li sou dis pitit deja, men l gwòs ankò.

feminine *n.* feminen

feminist *n.* feminis

femme fatale *n.* vanp

femur *n.* zo kwis

fence[1] *n.* baryè, kloti, lantiray •**chain-link fence** griyay •**on the fence** [*undecided*]

anbalan •**picket fence** lantouray (ak) pikèt
•**wooden barrier or fence** palisad

fence² *n.[receiver of stolen goods]* sitirè, sitirèz [fem.]

fence³ *v.intr.* •**fence in** bare, klotire *He fenced in the yard.* Li bare lakou a. •**fence off** ansèkle, klwazonnen *He fenced off the house with wire.* Li sèke kay la ak filfè. *We're fencing off the yard so that animals can't get in.* N ap klwazonnen lakou a pou bèt pa antre.

fence⁴ *v. intr.* [*sport*] fè eskrim

fencing¹ *n.* antouray, kloti

fencing² [*sport*] leskrim

fend *v.intr.* •**fend for o.s.** defann, degaje ou pou kont ou *You're cornered, you have to fend for yourself.* Ou jennen, fò ou defann tèt ou a. *When you don't have any family, you have to fend for yourself.* Lè ou pa gen fanmi, fò ou degaje ou pou kont ou nan lavi. •**fend off** pare *I fended off the evil spirit he sent upon me.* Mwen pare maldjòk li voye sou mwen.

fender *n.* zèl, zèl machin

fender-bender *n.* fwotman *The vehicles didn't have a collision, it was a mere fender-bender.* Machin yo pa fè kolizyon, se yon senp fwotman.

fennel *n.* bwa nize, lanni vèt

ferment *v.intr.* fèmante, travay *The cream liquor has fermented, don't drink it.* Kremas la fèmante, pa bwè l. *Let's leave the sugar cane to ferment so we can make rum.* Ann kite kann yo travay pou n fè wonm nan.

fermentation *n.* fèmantasyon

fern *n.* foujè •**maidenhair fern** mouslin

ferocious *adj.* fewòs *We need a ferocious dog to watch the courtyard.* Nou bezwen yon chen fewòs pou gade lakou a.

ferret *n.* [*animal*] firè

ferret out *v.intr.* peche *The police ferreted out all the criminals in the neighborhood.* Lapolis peche dènyè bandi sou katye a.

ferry *v.tr.* bwote, charye *This boat ferries coal.* Bato sa charye chabon.

ferry-boat *n.* bak

ferryman *n.* pasè

fertile *adj.* bon donab, gra, pititral *This soil is very fertile.* Tè sa a se yon bon tè. *This land is very fertile.* Teren sa a donab anpil. *The soil is fertile.* Tè a gra. •**make fertile** fekonde *The waters of the Artibonite river make the dry lands fertile.* Dlo flèv Latibonit yo fekonde tè sèk yo.

fertility *n.* fètilite

fertilization *n.* konsepsyon

fertilize *v.tr.* 1[*conception*] fekonde *Men's sperm can fertilize a woman's ovule.* Espèm gason kab fekonde ovil yon fanm. 2[*enrich soil*] grese, met(e) angrè *Fertilize your field in order to have a good harvest.* Grese jaden ou pou gen bon rekòlt.

fertilizer *n.* angrè, fimye •**liquid fertilizer** piren

fervor *n.* ladè *She works with fervor.* Li gen yon ladè pou l travay.

fester *v.intr.* ankave, anvlimen, laji, sipire *The sore festers with pus.* Maleng nan ankave anba pij. *The burned spot is festering with pus.* Kote l boule a anvlimen ak pij. *The wound really festered.* Maleng nan laji nèt.

festival *n.* festival, fèt •**festival in honor of the patron saint of a town** fèt patwonal •**the Lenten festival** rara

festivities *n.pl.* festivite, rejwisans •**large noisy festivities** koudyay

fetch *v.tr.* ale chache, chèche, ale dèyè *She went to fetch her child at school.* Li ale chèche pitit li lekòl.

fetid *adj.* fandanman *The meat is putrid.* Vyann nan fandanman.

fetish *n.* [*magic object*] djoudjou, fetich, grigri, makakri, mazanza, simagri wanga •**evil fetish** batri

fetishist *n.* wangatè, wangatèz

fetter *v.tr.* anchene, jouke *The goat is fettered.* Kabrit la jouke.

fetters *n.pl.* sèp

fetus *n.* fetis, ti bebe nan vant •**sound of fetus moving in womb** ploup ploup *I heard the sound of the fetus moving in Mary's belly.* Mwen te tande ploup ploup la nan vant Mari.

feud¹ *n.* hinghang, ying-yang

feud² *v.intr.* Nan ying yang *They've been feuding for a long time.* Yo nan ying-yang sa a depi lontan.

feudal *adj.* feyodal •**feudal system** sistèm feyodal

fever *n.* lafyèv •**fever accompanied by chills/shivering** lafyèv frison •**fever and chills** chofrèt, lafyèv tranble •**bad fever**

gwo lafyèv. •**brain fever** lafyèv sèvo •**give s.o. 'fever'** bay lafyèv *This lady gives us fever, men are crazy about her.* Kòmè sa a bay lafyèv, gason fin fou dèyè l •**have a raging fever** bouyi{anba/ak}yon lafyèv •**hay fever** arimen sezon, {grip/lafyèv}(la)sezon, pitwit, rim{chalè/sezon} •**milk fever** lafyèv lèt •**postpartum/ puerperal fever** lafyèv kabann •**scarlet fever** lafyèv eskalatin •**spring fever** fyèv prentan •**typhoid fever** lafyèv tifoyid, tifoyid *She has typhoid fever.* Li gen tifoyid. •**very high fever** lafyèv{cho/chwal} *The child has a high fever.* Timoun nan gen yon lafyèv cho sou li. •**yellow fever** lafyèv jòn, lajònis *She has yellow fever.* Li gen lajònis.

feverfew *n.* [*bot.*] bale anmè

feverish *adj.* cho *The fever made his body feverish.* Lafyèb la fè kò li cho. •**feverish state** rechofman

fever-root *n.* [*bot.*] bwaletèl

few¹ *adj.* youn youn *Few people came to the party.* (Se) Youn youn moun te vini nan fèt la. •**a few** de twa, detwa, dezoutwa *A few students came.* Dezoutwa elèv te vini. •**quite a few** (yon) bon valè, kèk bon kou, se pa de(twa) *There were quite a few people.* Te gen yon bon valè moun. *Quite a few people came to the party.* Kèk bon kou moun te vini nan fèt la. *There are quite a few avocadoes here.* Se pa detwa pye zaboka ki pa gen isit la.

few² *det./pro.* **1**[*not many*] pa... anpil, de twa grenn, mwens *Few people came.* Pa t gen anpil moun ki te vini. *I have few left.* Se de twa grenn sèlman m rete. **2**[*a small number, but at least some*] de twa, kèk *I have a few left for later.* M gen de twa k rete pou pita. *She arrived a few days before the party.* Li vini de twa jou anvan fèt la. *There were a few people there.* Te gen kèk grenn moun. *There are still a few left to be sold.* Gen kèk ladan yo k po ko vann. *A few of the children are sick.* Gen kèk nan timoun yo k malad. •**few and far between** pa jwenn... fasil *Good people like that are few and far between.* Ou pa jwenn bon moun konsa fasil.

fewer *adj.* mwens *There are fewer cars on the road than before.* Gen mwens machin sou wout la konnye a.

fiancé(e) *n.* fiyanse

fiasco *n.* fyasko

fib *n.* albè *It was a fib.* Se te albè.

fibber *n.* krakè

fiber *n.* fib, fil, pwal •**fiber used for caulking** letouf •**fiber used for making hats, rope, etc.** gwann •**sisal-like fiber** zoren

fiberglass *n.* fibdevè *This window pane won't break easily because it's made of good fiberglass.* Fenèt vit sa a p ap kraze fasil paske li fèt ak bon fibdevè.

fibroid *n.* fibwòm

fickle *adj.* anlè, cho, frivòl *This girl is too fickle.* Tifi sa a twò anlè. •**be fickle** gen je toupatou •**fickle or changeable person** aganman, flè (la)sezon *He's fickle, don't count on him.* Li se flè lasezon, pa konte sou li.

fiction *n.* fiksyon *He likes to read fiction novels.* Li renmen li woman fiksyon.

fictitious *adj.* imajinè

fiddle *n.* vyolon •**fit as a fiddle** anfòm kon{yon)bas

fiddlewood tree *n.* bwa dòti, bwa savann, grigri

fidelity *n.* fidelite

fidget *v.intr.* chipote kò li, graje, nui{kò/nich}li, pyafe, vire *Don't fidget!* Pa chipote kò ou! *Sit down quietly, stop fidgeting on the chair.* Chita dwat, ase graje sou chèz la. *Stop fidgeting, please sit down quietly.* Ase nui kò ou konsa, chita byen non. *Stop fidgeting, there are people sleeping.* Ase pyafe la a, gen moun k ap dòmi. *Enough fidgeting, sit still.* Ase vire konsa, chita an plas non. •**stop fidgeting** fè yon rete anplas *Please stop fidgeting.* Manyè fè yon rete anplas.

fidgety *adj.* anbalan, doubout, san pozisyon *This child's legs are always fidgety, she cannot keep still.* Pye pitit sa toujou anbalan, li pa fouti rete anplas. *Stay in place, you're too fidgety.* Mouri zo ou, ou twò doubout. *The movie made her fidgety.* Fim nan fè l san pozisyon.

field *n.* **1**[*area of land for plants*] branch, chan, domèn, jaden, plas, teren *A sugarcane field.* Jaden kann. *This field yields good harvests.* Plas sa a donnen byen. **2**[*area for some activity*] teren *The soccer field is over there.* Teren foutbòl la lòtbò la a. **3**[*area of interest/study*] branch, matyè •**field of specialization** opsyon *What's your field of* specialization at the university? Ki opsyon ou nan inivèsite a? •**field of study** matyè •**athletic field** teren espò •**center of field** [sport] ren teren •**landing field** teren (d) aterisay •**magnetic field** chan mayetik •**planted fields** plantasyon •**playing field** teren espò •**soccer field** teren foutbòl

fierce adj. an myèl, bosal, makawon, mechan, sovaj That's a fierce dog, keep your distance. Chen sa makawon anpil, pa pwoche. That dog looks fierce. Chen sa a sanble l mechan. It's a fierce discussion. Diskisyon an myèl la a.

fiery adj. •**fiery girl or woman** tapajèz

fife n. fif

fifteen num. kenz •**approximately fifteen** kenzèn

fifteenth adj. kenzyèm

fifth adj. senkyèm.

fifties n.pl. •**in one's fifties** nan senkantèn li My father is now in his fifties. Papa m nan senkantèn li konnya.

fiftieth adj. senkantyèm

fifty num. senkant •**about fifty** senkantèn

fifty-fifty adv. egal-ego, kifkif, ren pou ren The harvest was split fifty-fifty. Rekòt la separe egal-ego. We divided the money fifty-fifty. Nou separe kòb la ren pou ren.

fig n. fig frans •**fig tree** figye

fight[1] n. akwochay, batay, chafoure, dyèl, eskonbrit, goumen, lit, pale •**get into a fight** fè yon kole •**have a fight** fè yon kole •**put up a fight!** anbake

fight[2] v.tr. bòde, batay, goumen (pou), konbat, kwaze {lepe/fè}, lite These two guys started to fight. De nèg sa yo sot bòde la. Why are you fighting? Poukisa n ap batay? I should have fought with him. Se goumen pou m ta goumen avè l. I'm fighting with him. M ap konbat ak li. A medicine that fights against flu. Yon medikaman ki konbat lagrip. I'm fighting against evil people. M ap lite anba mechan yo. The guys are fighting over the girl. Mesye yo ap goumen pou fi a. We need to band together to fight injustice. Fò n met tèt nou ansanm pou n goumen kont abi. •**fight a battle** livre batay The slaves fought battles against the French soldiers. Esklav yo livre batay kont sòlda franse. •**fight against** dangoye The unfortunate woman is fighting against the pain. Malerèz la ap dangoye ak

yon doulè. •**fight against sth.** milite kont (yon) bagay They fought against the project. Yo milite kont pwojè a. •**fight continuously with s.o.** goumen avèk (yon) moun I fought continuously with him until he paid me what I was supposed to collect. M goumen avè l jis li peye m sa m te dwe touche a. •**fight for sth.** milite pou (yon) bagay They are fighting for change in the country. Y ap milite pou peyi a chanje. •**fight in the cockpit** file kòk nan gagè He's going to have his rooster fight in the cockpit. Li pral file kòk li nan gagè a. •**fight it out** fè yon (sèl) monte ak I just fought it out with the guy because he was disrespectful to me. Mwen sot fè yon monte ak nèg la paske li derespekte m. •**fight like cats and dogs** goumen tankou chen ak chat They fight like cats and dogs. Yo goumen tankou chen ak chat. •**fight off** bat, repouse They fought off the thugs. Yo reyisi repouse atak bandi yo. •**stop fighting** mete ba lezam

fighter n. batayè, kòk{batay/gagè}, konbatan, litè, woutchadò •**guerrilla fighter** geriya, •**s.o. who is a good fighter** men yon moun bon Don't provoke a fight with that guy because he's a really good fighter. Pa mande misye batay non paske men l bon wi.

figment n. •**figment of s.o.'s imagination** nan tèt yon moun It's just a figment of your imagination. Se nan tèt ou sa ye.

figure[1] n. **1**[shape of human body] fòm She has a good figure. Li gen yon bèl fòm. **2**[person] pèsonaj Jacques Roumain is an important figure in Haitian literature. Jak Woumen se yon gwo pèsonaj nan literati ayisyèn nan. **3**[number] chif •**figure of speech** pawoli •**authority figure** mètke •**bearded Carnival figure** jwif eran •**grotesque Carnival figure** maskawon •**have a nice figure** bèl anfòm, byen kanpe The woman has a nice figure. Dam nan byen kanpe. •**key figure/person** pakapala, pèsonalite, pòy, tèt kabann He's the key figure in the organization. Misye se pòy. •**large-winged Carnival figure** zèl matiren •**leading figure** majò jon •**main or dominant figure** pap •**Mardi Gras figure** papa madigra •**small carved wooden figure** ti tonton

figure[2] v.tr. fè lide, figire, konnen, konprann, kwè, panse When I saw the rain, I figured you *wouldn't come.* Lè m wè lapli a, m fè lide ou pa p vin ankò. *I figured you'd call tonight since you didn't come this morning.* Depi m wè ou pa vini maten, m konnen ou ap rele m aswè a. *We figured he'd come.* Nou te konprann li t ap vini. *We didn't figure it would take us so long.* Nou pa panse sa t ap pran n tout tan sa a. *I figured that I have to pay the debt in installments.* Mwen figire m ke m dwe peye dèt la moso pa moso. •**figure in** konte *Did you figure in the price of a ticket?* Ou konte lajan tikè a ladan l? •**figure it out** jwenn priz *I finally figured it out.* M resi jwenn priz la. •**figure on** panse, prevwa *I didn't figure on it raining.* M pa t panse l t ap fè lapli. *I didn't figure on it costing that much money.* M pa t prevwa l t ap koute tout kòb sa a. •**figure out** debiske, detèmine, jwenn, kalkile, konte, (rive) konprann *I'm unable to figure out what you are thinking.* M pa rive debiske sa ki nan tèt ou. *I never figured out why the radio wouldn't play.* M pa janm jwenn sa k fè radyo a pa vle jwe a. *Figure out how many meters that is.* Kalkile pou wè konbyen mèt sa fè. *Did you figure out what she wanted to say?* Ou konprann sa l te vle di a? •**figure out how to** chache mwayen *He's trying to figure out how to get to Okap tonight.* L ap chache mwayen pou l al Okap aswè a. •**do as much as one can to figure out sth.** pyete konnen *I'm doing as much as I can to find out why she disappeared.* M ap pyete konnen pou ki li disparèt. •**that figures** Yon moun konn sa *He isn't coming. —That figures!* —Li pa p vini! —M te konn sa!

figurehead *n.* fantòch, zo pope

figures *n.pl.* estatistik

filament *n.* filaman

filariasis *n.* filaryòz

file¹ *n.* dosye, pòtfèy •**data file** fichye

file² *n.* lim •**nail file** lim •**rough file** rap

file³ *n.* liy •**in single file** alafilendyèn, youn{apre/dèyè} lòt *Let's go in single file.* Ann antre youn apre lòt.

file⁴ *v.tr.* klase, ranje, repòte *The secretary is filing the files.* Sekretè a ap klase dosye yo. •**file a formal complaint** fè deklarasyon *She filed a formal complaint on my behalf at the army headquarters.* Li fè deklarasyon pou mwen nan kazèn nan. •**file again**

reklase *They file again the files that were in the office of the former director.* Yo reklase tout dosye ki te nan biwo ansyen direktè a. •**file charges** fè depozisyon *It's at the police station that one file charges.* Se lapolis moun al fè depozisyon. •**file paperwork** pase papye *Go file the paperwork at the tax office to legalize the business.* Al pase papye ou nan kontribisyon pou biznis la ka legal.

file⁵ *v.tr.* limen *She's filing her nails.* L ap lime zong li.

filefish *n.* kabrit

filing *n.* klasman

fill¹ *n.* •**one's fill** dekoupe kòpyèz, kont (kò) li *She ate her fill.* Li manje kont kò l. *He just finished eating his fill.* Li sot dekoupe kòpyèz. •**have one's fill** bouke *She had her fill of her husband's bad humor.* Li bouke ak move tanperaman mari l.

fill² *n.* ranblè

fill³ *v.tr.* 1[*make/become full*] anfle, anplifye, blende, bonbe, chaje, plen, plonbe, ranpli, rasazye *Fill it to the brim!* Plen l ra bouch. *He filled the pot with water.* Li ranpli chodyè a ak dlo. *She filled them with lies.* L anfle yo ak manti. *The noise from the cars filled the neighborhood.* Bwi machin yo anplifye katye a. *She filled the house with food.* Li blende kay li ak manje. *The wind filled the sails of the boat.* Van an bonbe vwal bato a. *They filled the bucket with sand.* Yo chaje bokit la ak sab. *Fill the glass for me.* Plen vè a pou mwen. *I'm full after this good meal.* Mwen rasazye apre bon manje sa a. 2[*put into a position*] mete moun *They haven't filled your position yet.* Yo po ko mete moun nan plas ou a. 3[*put a filling in*] plonbe *The dentist filled the tooth.* Dantis la plonbe dan an. •**fill a leaky bucket** bwote{dlo nan paswa/wòch konble lanmè} *To do housework for people is like filling a leaky bucket.* Travay kay moun se bwote dlo nan paswa. •**fill a prescription** egzekite yon preskripsyon *He hadn't had the prescription filled right away.* Li pa ezekite preskripsyon an la pou la. •**fill in** bouche konble, ranbleye, ranpli *He filled in the hole with paper.* Li bouche tou a ak papye. *Let's fill up the hole with sand.* Ann fin konble twou a ak sab. •**fill in a hole** bouchonnen *Fill in the hole.* Bouchonnen twou a. •**fill in for** [*take* s.o.'s place] kenbe pou *You can leave. I'll fill in for you.* Ou mèt ale, m a kenbe pou ou. •**fill one's stomach** foul tank li, mete li kòrèk *He just filled his stomach at the restaurant.* Li sot foul tank li nan restoran la. •**fill out** [*complete, as with paperwork*] plen, ponmen, ranpli *He couldn't fill out the form.* Li pa t ka ranpli fòm lan. •**fill to overflowing** bonde *He filled the bag with mangoes.* Li bonde sak la ak mango. •**fill to the top** angòje *He filled the keg to the top with rum.* L angòje barik la ak kleren. •**fill (up)** foul, foul tank li, fè foul, plen, ranpli *Fill the tank with gas.* Foul tank lan ak gaz. *The church filled up with people.* Legliz la te plen moun. •**fill up on** plen vant ou *I filled up on mangoes.* M plen vant mwen ak mango. •**fill with loathing** gen degoutans pou *That guy fills me with loathing.* Mwen genyen degoutans pou nèg sa a.

filled *adj.* plen •**filled to overflowing** plen debòde •**filled to the brim** plen ra{bouch/kou ze/ra gagann}

fillet *n.* filè

filling[1] *adj.* rebitan *Oatmeal is food that is filling.* Avwàn se manje ki rebitan.

filling[2] *n.* [*in a tooth*] fas, plon, plonbaj •**cement filling** siman •**dental filling** amalgam •**filling in** ranbleyaj •**have a filling** plonbe *He has two teeth in his mouth that have fillings.* Li gen de dan plonbe nan bouch li.

filling station *n.* ponp gazolin •**filling station attendant** ponpis

filly *n.* poulich

film[1] *n.* **1**[*movie*] fim **2**[*coating*] fim •**camera film** fim •**slide film** fim fiks

film[2] *v.tr.* filme *They did a good job filming the marriage.* Yo te byen filme maryaj la.

film-maker *n.* reyalizatè, sineyas

film-making *n.* sinematografi

filmy *adj.* swèl

filter[1] *n.* filt, krepin •**air filter** filt van, è filtè •**coffee filter** grèp •**gas filter** gazfiltè •**oil filter** òlfiltè

filter[2] *v.tr.* filtre, koule *Filter the water so that it's clean.* Filtre dlo a pou l ka pwòp. *Filter the water before you give it to her to drink.* Koule dlo a anvan ou ba l bwè l. •**filter coffee** koule kafe *Where is the filter to filter*

the coffee? Kot grèk la pou m ka koule kafe a. •**filter through** enfiltre *The blood filtered through the end of the dropper.* San an enfiltre nan egwi sewòm nan.

filtering *n.* filtraj

filth *n.* kochonnri, kochonste, kras, kraste, malpwòpte, matchak, salte •**filth on one's foot** mayas *Wash your feet, they really smell of filth.* Lave pye ou monchè, yo santi mayas twòp.

filthy *adj.* **1**[*extremely dirty*] malpwòp, sal *This place is filthy!* La a sal serye! **2**[*sth. rude/immoral*] betiz *Stop saying such filthy things!* Pa vin di betiz la a! •**filthy person** nèg sangwen

fin *n.* najwa, peny, zèl pwason, zèlwon •**anal fin** peny anba vant, zèl anbavant •**caudal fin** ke •**dorsal fin** najwa sou do, {peny/zèl}{anwo/nan}do •**medial fin** zèl sou kote •**pectoral fin** zèl sou kote •**pelvic fin** {peny/zèl}anba vant •**tail fin** ke

finagle *v.intr.* debouye li *The police stopped me but I finagled my way out of it anyhow.* Lapolis rete m, men m debouye m kanmèm.

final *adj.* **1**[*last*] dènye *Today is my final day here.* Jodi a se dènye jou m isi a. **2**[*that cannot be changed*] final, fini *We're waiting for the final decision.* N ap tann desizyon final la. *I told you I'm not going, and that's final!* M di ou m pa pral, se fini!

finals *n.pl.* final

finalist *n.* finalis

finality *n.* finalite

finalize *v.tr.* detèmine, finalize, fini *When you finalize your schedule, call me.* Lè ou fin detèmine orè ou, rele m. *We were ready to finalize the project when the inspectors came to halt it.* Nou te pare pou n finalize pwojè a lè enspektè yo vin kanpe li a. •**finalize an agreement** {kouche/pase/siyen}kontra *The team finalized an agreement with the players yesterday.* Ekip la kouche kontra a avèk jwè yo ayè.

finally[1] *adv.* alafen, anfen, atò, bout{an/pou} bout, desideman, resi, toutbon, vin *Finally they agreed.* Alafen yo tonbe dakò. *Finally the rain came.* Anfen lapli a vin tonbe. *I finally got an answer.* Mwen jwenn yon repons atò. *His father grew tired of talking to him, finally he gave him a hiding.* Papa msye bouke pale l, bout an bout li kale l. *We're finally leaving.* Nou resi prale toutbon. *They finally called.* Yo te vin rele. •**finally do sth.** fini pa *He struggled with the radio, but he finally fixed it.* Li goumen ak radyo a, men li fini pa ranje l.

finally² *interj.* finach *Finally! They finished the job.* Finach! Yo fini travay la.

finance¹ *n.* finans **finances** *n.pl.* finans

finance² *v.tr.* bay kòb, finanse *It's the government that finances his studies.* Se gouvènman an ki finanse etid li.

financial *adj.* finansye *A financial plan.* Yon plan finansye.

financially *adv.* finansyèman

financing *n.* finansman

find¹ *n.* twouvay

find² **I** *v.tr.* **1**[*locate/discover*] atrap, chache, dechouke, deniche, jwenn, kontre, ranmase, repere, soti sou, twouve, wè *I can't find the book.* M pa ka jwenn liv la. *I found a job.* M jwenn yon travay. *Find me a pen.* Chache yon plim pou mwen. *Where did you find these old pictures?* Kote ou deniche vye foto sa yo. *Here is the coin she found on the ground.* Men kòb la li ranmase atè a. *While searching through the pile of clothes, she found a nice pair of pants.* Nan fouye bal rad la, l al soti sou yon bèl pantalon. *When I got to the hospital, I found him dead.* Lè m rive lopital la, m wè l mouri. **2**[*discover (s.o./sth.) to be X*] wè *I found him to be a good person.* M wè l se yon bon moun. **3**[*obtain (by effort)*] jwenn *I won't be able to find the money to buy the car.* M p ap jwenn kòb pou m achte machin lan. **II** *v.intr.* [*know/see that sth. exists*] gen *That fish is not found in this area.* Pa gen pwason sa a bò isi a. •**find again** retwouve *I found the key for you.* M retwouve kle a pou ou. •**find a job for s.o.** kaze *I found a job for you at the hospital.* M kaze ou nan lopital la. •**find a solution** debouye gèt li *I'm trying to find a solution to the problem.* M ap debouye gèt mwen pou rezoud pwoblèm nan. •**find an alibi** pran kòlè sèvi wont *Even if the lawyer tried to find an alibi, he will nevertheless give me the deed for the land.* Notè a mèt pran kòlè sèvi wont, l ap banm papye tè a kanmenm. •**find an excuse or alibi** pran pretèks •**find an explanation for sth.** jwenn bout (yon bagay) •**find attractive** atire *What*

Marc finds most attractive about Mary is her elegance. Sa k atire Mak plis kay Mari, se elegans li. •**find a way out** debouye •**find by chance** soti sou •**find cover from the rain** pare lapli *I went in the church to find cover from the rain.* M antre nan legliz la m al pare lapli a. •**find fault with** anyen pa janm bon avè l *She finds fault with everything.* Anyen pa janm bon avè l. •**find it difficult to do sth.** mal pou *What you asked me to do is difficult to achieve.* Sa ou mande m lan mal pou mwen reyalize l. •**find it very easy to do sth.** pa mal pou •**find one's bearings** oryante li l *Take a compass to find your bearings.* Pran yon bousòl pou oryante ou. •**find one's role in life** pran kap li *She has found her way in life, she found the job she wanted.* Manmzèl pran kap li nan lavi a, li jwenn djòb li t ap chache a. •**find or say that s.o. is right** bay yon moun rezon •**find o.s.** retwouve li *I've lost my purse, I find myself without money.* Mwen pèdi bous mwen, m retwouve m san lajan. •**find o.s. enmeshed in** pran nan *She suddenly found herself enmeshed in the dispute.* Li twouve li pran nan batay la san l pa konnen. •**find o.s. in trouble** monte sou resif *It's by being impertinent that we find ourselves in trouble.* Se nan fè frekan konsa ki fè nou konn monte sou resif la wi. •**find out** aprann, dekouvri, jwenn, vini konnen *We found that out yesterday.* Nou aprann sa yè. *When I found out he had badmouthed me, I broke off my friendship with him.* Lè m vin konnen li te pale m mal, m kase zanmi ak li. *I never found out her address.* M pa janm jwenn adrès li. •**find out about** fè yon ladekouvèt •**find out sooner or later** foumi va ban li nouvèl *If someone died, we'll find out sooner or later.* Si yon moun mouri, foumi va ban nou nouvèl. •**find out sth.** debiske •**find relief from indigestion** degonfle *At last I've found relief from my indigestion, I feel better.* Anfen mwen degonfle, m santi m mye. •**find respite** {rale/pran}(yon)souf •**find results** jwenn aboutisman •**find solace** geri bosko li, pran kouray *She finds solace in going to church.* Al legliz ap geri bosko li. •**find some peace** gen souf ak yon moun *I can't find a moment's peace with those people around, they're so noisy.* M pa gen souf ak moun sa yo, tank yo fè bri. •**find what one is not looking for** jwenn{ak zo grann/li jwenn ak monnen pyès li} *If you continue bothering me, you'll find what you're not looking for.* Si ou kontinye ap anbete m, w ap jwenn ak monnen pyès ou. •**be hard to find** monte bwa *Nowadays it's hard to find money, life is becoming more expensive.* Nan tan sa a lajan monte bwa, lavi a vin pi chè. •**try to find a way to do sth.** fè mannèv *He's trying to find a way to leave the country.* Misye ap fè mannèv pou l wè si l a pati kite peyi a.

finding *n.* dekouvèt

fine[1] *adj.* fen *This thread is too fine.* Fil sa a twò fen. •**very fine** fen fen *This sand is very fine.* Sab sa a fen fen.

fine[2] *adj.* 1[*pleasing*] bon *He's got a fine job.* Li nan yon bon djòb. 2[*suitable*] bon *This place is fine for just one person.* Si se pou yon sèl moun, ti pyès kay sa a bon. 3[*in good {condition/health/spirits}*] anfòm, byen, pwòp *How are you?* —*Fine!* Kijan ou ye? -Anfòm! *I'm fine where I am.* M byen kote mwen ye a. 4[*seeking/expressing affirmative acknowledgment*] dakò, oke, wè *I'll be back at seven.* —*Fine!* -M ap tounen a sèt è. – Dakò! *I'm going to see her now if it's fine with you.* M pral kote l konnye a. Ou dakò? •**be fine** yon moun ap debat

fine[3] *adv.* byen *The car is running fine.* Machin lan mache byen. *Everything came out fine.* Tout bagay byen pase.

fine[4] *n.* amann *If you throw trash in the street, they make you pay a fine.* Si ou jete fatra nan lari a, y ap fè ou peye amann.

fine[5] *v.tr.* bay li kontravansyon, fè li peye amann *They fined him twenty dollars for the traffic violation.* Yo ba l yon kontravansyon ven dola. *They fined me thirty dollars.* Yo fè m peye amann trant dola.

fine-looking *adj.* bèl

fineness *n.* delikatès *This girl lacks fineness.* Fi sa a pa gen ankenn delikatès.

finesse *n.* klas

finger *n.* 1[*part of hand*] dwa, dwèt *Stop pointing your finger at me.* Sispann lonje dwèt ou sou mwen. 2[*small quantity*] filèt •**a finger of rum** yon filèt wonm •**extra finger or toe** dwèt jimo/marasa •**have sticky fingers** gen men long *He has sticky fingers,*

don't let him in your house. Li gen men long, pa kite l antre lakay ou. •**index finger** dwèt bouwo/jouda/jida, lendèks •**little finger** dwèt orikilè, orikilè, ti dwèt •**middle finger** dwèt majè, lemajè •**put one's finger on** tonbe jis *You put your finger on what you've been searching for for a long time.* Ou tonbe jis sou sa ou t ap chache depi digdantan an. •**ring finger** annilè, dwèt anlè/anilè/bag •**sticky fingers** dwèt long *Watch out for this guy, he has sticky fingers.* Atansyon ak msye sa a, li gen dwèt long.

fingernail *n.* zong (men) *I cut his fingernails.* M fè zong li.

fingerprint *n.* anprent (dijital) •**take fingerprints** fè anprent, pran{longè/mezi}dwèt yon moun *I'm going to have my fingerprints taken today for a passport.* M pral fè anprent jodi a pou paspò a. *They arrested him and took his fingerprints.* Yo arete l, yo pran mezi dwèt li.

fingertip *n.* {pwent/tèt}dwèt •**at s.o.'s fingertips** [*within reach*] *From where I'm seated, everything I need is at my fingertips.* Kote m chita a, tou sa m bezwen bò kote m.

finish[1] *n.* vèni •**wall finish** randuisay

finish[2] *v.tr.* 1[*come/bring to an end*] bout, fin(i), kaba, tèmine *The children finished eating and then went to play.* Timoun yo fin manje enpi y al jwe. *The workers haven't finished the work yet.* Travayè yo poko fini travay la. *Have you finished writing the letter?* Ou fin fè lèt la? *I finished off all the food.* M kaba tout manje a. *When will we finish with that work?* Kilè n ap tèmine ak travay sa a?. 2[*end (in a stated position)*] fini, soti *Our team finished second.* Ekip nou an fini/sòti dezyèm. •**finish off** *a*[*complete*] epize *Let me read still, I'm not yet done finishing off the text.* Kite m li toujou, m poko fin epize tèks la. *b*[*kill*] kaba, koupe latcha yon moun, souse san *The murderers finished him off.* Kriminèl yo koupe latcha li. *The spell finished him off.* Batri a fin souse san nèg la. •**finish off with** fini ak •**finish quickly** espedye •**finish up rapidly** tòtòt *He finished the exam rapidly, it was so easy.* Li tòtòt egzamen an tank li te fasil. •**finish up very quickly** tete *He finished up the work very quickly so he could take off.* Li tete travay la pou l sa kouri ale.

finish line *n.* liy (a)rive
finished *adj.* **1** anba kòd, bannann, boule, fin(i), fri, kata **2**[*at the end of an activity*] fini *Are you finished already?* Ou gen tan fini? **3**[*with no hope of surviving/continuing*] fini *Without his help, we would have been finished.* Si se pa t li menm, nou te fini. •**be finished** bout, chire *The food is finished without me having had my own.* Manje a bout san m pa jwenn pa m. •**it's finished** adyova(t)
fir *n.* sapen
fire[1] *n.* dife, ensandi *This could cause a fire.* Sa a se yon bagay ki ka met dife. *The firemen couldn't put out the fire.* Ponpye pa t ka touye ensandi a. •**be on fire** boule •**blazing fire** founèz •**field fire** ti wouj •**initiatory fire** kanzo •**machine-gun fire** mitrayaj •**on fire** pran dife *The car is on fire.* Machin lan pran dife. •**under fire** anba baton
fire[2] *v.tr.* tire *They fired at us.* Yo tire sou nou. *s.o. fired a gun.* Gen yon moun ki tire (yon bal). •**fire back** riposte *The thugs fired but the police didn't fire back.* Bandi yo tire, men lapolis pa riposte.
fire[3] *v.tr.* [*discharge*] bay yon moun{kanè/talon}li, debote, dechouke, kase, kase ren, kite yon moun ale, mete an disponibilite, mete atè, pete{ren/djòl/kou}yon moun, pimpe, pran bò(t) yon moun, pati ak{bò(t)/abò}yon moun, remèsi, revoke *They fired all the workers.* Yo bay tout travayè yo kanè. *They fired him after they caught him involved in corruption.* Yo debote l dèske yo trape l nan magouy. *They fired him.* Yo mete l atè. *They finally managed to fire him.* Yo resi pete ren l nan djòb la atò. *She fired the cook.* Li renmèsye kizinyè a. *You're fired!* Ou revoke! •**fire from an important position** detwone •**get s.o. fired** dechouke *With a slanderous tongue, you'll get anyone fired from his job.* Ak koutlang, ou a dechouke nenpòt moun nan travay li.
fire[4] *interj.* fire! fe
firearm *n.* zam a fe
fireball *n.* boul dife
firebrand *n.* dife, eleman, ti nandeng
firecracker *n.* klorat, peta
fire-extinguisher *n* ponp dife
firefighter *n.* ponpye, sapè ponpye
firefly *n.* koukouwouj, koukouy

fireman *n.* ponpye
fireplace *n.* chemine
fireproof *adj.* enboulab, pa ka boule
fire-resistant *adj.* kanzo
firetruck *n.* (kamyon) ponpye
firewood *n.* bwa dife, bwa gra
fireworks *n.pl.* fedatifis
firing[1] *n.* baleyaj, chof, fè yon balewouze, revokasyon *The new director just did a massive firing in the office.* Nouvo minis la sot fè yon baleyaj nan biwo a. •**mass firing** lavay
firing[2] *n.* •**firing squad** ploton egzekisyon
firm[1] *adj.* **1**[*solidly fixed*] di, fiks, enganm, solid *I have a firm grip on her hand.* M kenbe men l byen di. *She gave a firm date to begin the work.* Li bay yon dat fiks pou kòmanse travay la. **2**[*resolute*] deside, fèm, konsistan, rezoli, tennfas *I remained firm in position.* M kenbe la fèm. *We're standing firm with our demands.* N ap kenbe tennfas ak revandikasyon nou yo. •**be firm** mete gason sou li •**be firm with s.o.** kenbe li di, pa lage *You need to be firm with her.* Fò ou kenbe l di.
firm[2] *adv.* •**stand firm** ret de pye{fèm/militè}, reziste *He stood firm about his decision.* Li ret de pye fèm sou desizyon l. *As much as they tortured him, he stood firm.* Tout maltrete yo maltrete l, li reziste.
firm[3] *n.* fim
firm up *v.intr.* konsolide *We have to firm up the struggle.* Fò n konsolide lit la.
firmament *n.* vout
firmly *adv.* byen di, djanm, fèm, krann, tòt *The cat held onto the thing firmly.* Chat la kenbe bagay la byen di. *She stands firmly by her decision.* Li kanpe fèm sou desizyon li. *Let's hold on firmly.* Ann kenbe la krann. *Stick to your convictions firmly.* Kenbe konviksyon ou tòt.
firmness *n.* fèmte, solidite, tòt •**lacking firmness** falta
first[1] *adj.* pre(n)mye, an pre(n)mye. *This is my first trip to Haiti.* Se prenmye vwayay mwen ann Ayiti. *The first few days were hard.* Premye jou yo, sa te di. *She's always the first to know everything.* Se li k toujou konn tout bagay an pre(n)mye.
first[2] *adv.* **1**[*before anything/anyone else*] an patan, an pre(n)mye, a(n)van, dabò *I*

first asked him for my money. An patan, m mande l kòb mwen. *I arrived first.* M rive an pre(n)mye. *I have something to tell you first.* M gen sa pou mwen di ou an premye. *First, let's check to see how much money we have left.* Pre(n)mye bagay, an n gade konbe kòb nou rete. *Drop by to see me first.* Pase wè m avan. *Do this work first.* Fè travay sa a dabò. **2**[*for the first time*] pre(n)mye *When I first saw him, I didn't like him.* Lè m te pre(n)mye wè l, m pa t renmen l. •**first come some place** fenk vini *When I first came here, there wasn't a movie theater.* Lè m te fenk vin isit, pa t gen sinema. •**first of all** premyèman, toudabò *First of all, what you said is not right.* Premyèman, sa ou di a pa kòrèk. *First of all, let's give dignity to our language.* Toudabò, ann bay lang nou valè. •**first...then** tanto... tanto *The patient is first fine, then not well.* Malad la tanto byen tanto mal. •**at first** dabò •**go first** premye *Who goes first. Sa k premye.

first-class *adj.* gran kalib
first aid *n.* premye swen
firstborn *n.* premis
firstly *adv.* premyèman
first-rate *adj.* bon nèt, total *The pupil gave me a first-rate piece of work.* Elèv la ban m yon travay total.
fiscal *adj.* fiskal
fish[1] *n.* pwason •**fish and vegetables** manje{djak/ lezanj} •**fish raised in ponds** pwason makèt •**butterfly fish** demwazèl, magrit •**dried fish** pwason sale •**flying fish** pwason volan, pwason {volan/zèl} •**fresh fish** pwason fre •**freshwater fish** achigan, pwason dlo dous •**harvest fish** [*large freshwater fish*] kanna, mapotcho, wodo •**marinated meat or fish** tranpèt •**neither fish nor fowl** pa pip pa tabak •**porcupine fish** pwason ame •**said about a fish that removes the bait without getting hooked** delakè •**saltwater fish** pwason lanmè •**snipe fish** djòlfi
fish[2] *v.intr.* ale lapèch, peche *He didn't go fishing today.* Li pa al lapèch jodi a. *The fishermen fished all day.* Pechè yo peche tout jounen.
fishbait *n.* fre, lak
fishbone *n.* arèt, zo pwason

fisherman *n.* pechè •**master fisherman** mèt zen
fishery *n.* pisikilti
fishhook *n.* zen
fishing *n.* la(pèch), pèch *This is a day for fishing.* Jodi a se jou pèch. •**go fishing** {al/fè}lapèch
fishmonger *n.* machan, machann [*fem.*] pwason
fish-net *n.* file, privye
fishy *adj.* **1**[*concerning fish*] pwason *This has a fishy smell.* La a gen yon sant pwason. **2**[*suspicious*] dwòl, pa katolik *something seems fishy to me, but I'm not sure what.* M santi gen yon bagay ki dwòl, men m pa konn sa l ye.
fissure *n.* fann, fant
fist *n.* pwen *He hit me with his fist.* Li ban m yon kout pwen. •**clenched fists** pwen li mare *She walked toward him with clenched fists.* Li mache sou li ak pwen l mare. •**iron fist** men{de fè/defè} •**make a fist** mare pwen li, sere{pwen/men}li *He made a fist at me.* Li sere pwen li sou mwen.
fistfight *n.* bimbanm
fisticuffs *n.pl.* goumen
fit[1] *adj.* **1**[*right and suitable for*] bon, pa ka + verb *This water isn't fit for human consumption.* Dlo sa a pa bon pou (moun) bwè *I don't think she's fit for the job.* M pa kwè l ka fè travay la. *People like that are not fit to raise children.* Moun konsa pa ka leve timoun. **2**[*physically healthy and strong*] anfòm, enganm, gaya *He looked really fit.* M wè l byen anfòm. •**fit as a fiddle** anfòm kou yon bas, fre kou kola kenz *I feel fit as a fiddle.* M santi anfòm kou yon bas. *They say that he was ill but I see he's as fit as a fiddle.* Yo di msye te malad men m wè li fre kou kola kenz. •**fit for** alawotè *He's not fit for this job.* Li pa alawotè travay sa a. •**fit to be shown, etc.** prezantab *That food is fit to be served.* Manje sa a prezantab. •**fit to drink** bivab •**fit to eat** manjab •**be fit to be seen** bon pou{monte sou tab/prezante} *They're so dirty; they're not fit to be seen.* Yo tèlman sal ke yo pa bon pou prezante. •**fit to be tied** machwè gonfle, san li monte nan tèt
fit[2] *adv.* •**see/think fit** wè ki pi bon *Do as you see fit!* Fè jan ou wè k pi bon an!

fit³ *n.* **1**[*way in which sth. fits*] sere *This dress is a tight fit.* Rad sa a sere m. **2**[*space available*] kwense *It was a tight fit in the bus.* Nou te kwense nan bis la.

fit⁴ *n.* •**fit of anger** kòlè *The teacher had a fit of anger because the students were misbehaving.* Pwofesè a fè kòlè poutèt elèv yo ap fè dezòd. •**fit of coughing** sèl tous *I had a fit of coughing during the night.* M gen yon sèl tous ki pran m lannuit lan. •**fit of hysteria** kriz *She had several fits of hysteria when her father died.* Li fè plizyè kriz lè papa li mouri a. •**epileptic fit** malkadi *She had an epileptic fit this morning.* Malkadi a pran l maten an./ Li tonbe malkadi. •**give s.o. a fit** ba(y/n) ... poblèm *This dress gave me a fit to make.* Rad sa a ban m anpil poblèm pou m fè l. •**have a fit** [*become very angry*] fache, fè kòlè, gonfle lestonmak li sou, leve kò li{frappe/fese}atè, pike yon kriz *He'll have a fit if you tell him that!* L ap fache si ou di l sa. *She threw a fit.* Li fè yon sèl kòlè. *Children shouldn't throw a fit in front of adults.* Timoun pa dwe gonfle lestonmak yo sou granmoun. *He threw a fit because they didn't give him the job.* Li leve kò l frape atè poutèt yo pa ba l djòb la. *Don't bother her if you don't want to be the cause of her throwing a fit.* Pa anmède l pou pa lakòz li pike yon kriz.

fit⁵ *v.tr.* **1**[*be the right size/shape (for)*] ajiste, ale sou, bon pou, byen tonbe, kaze, konvni, pou (yon bagay) *The suit fits you.* Kostim nan ale sou ou. *This shirt doesn't fit me.* Chemiz sa a pa bon pou mwen. *This dress doesn't fit you.* Wòb sa a byen tonbe sou ou. *This color doesn't fit.* Koulè sa a pa konvni. **2**[*seem right*] ki sa *There's something in what he said that just doesn't quite fit.* Gen yon bagay ki pa sa nan sa l di a. •**fit closely** moule, sentre •**fit like a glove** se sou ou yo te fè li *That shirt fits you like a glove!* Chemiz sa a, se sou ou yo te fè l. •**fit tightly** sentre *The dress fits tightly on her.* Rad la byen sentre l. •**fit together** matche •**fit well** tonbe daplon *The suit fits the man well.* Kostim nan tonbe daplon sou misye. •**fit with** kadre

fit⁶ *v.tr.* foure, kaze, mete *I can't fit all the clothes in my suitcase.* M pa ka foure tout rad yo nan malèt mwen an. *The key she gave me doesn't fit the lock.* Kle l ban m lan, se pa pou pòt la.

You won't be able to fit all these goods on the shelf. Ou p ap kaze tout machandiz sa yo sou etajè a. •**fit in a**[*harmonize with*] gen plas *I just don't fit in here.* M pa gen plas mwen la a. **b**[*find time for s.o./sth.*] gen tan *I couldn't fit it in today; I was too busy.* M pa t gen tan, m te twò okipe. •**fit in with one's outlook on life** rantre nan karaktè yon moun *We will never be her friends because she doesn't fit with our outlook on life.* Nou p ap janm zanmi l paske li pa rantre nan karaktè n.

fits *n.pl.* **by fits and starts** tchake tchake

fitted *adj.* •**fitted at the waist** jis nan kò

fitter *n.* montè *The fitter tried out the car after he installed the new part.* Montè a eseye machin nan lè l fin mete pyès nèf la.

fitting¹ *adj.* nòmal *It's only fitting that you have the tire repaired before you give me back my bike. It's only fitting that they invite you.* Se nòmal pou yo envite ou. •**be fitting** tonbe daplon *These words are very fitting.* Pawòl sa yo tonbe daplon.

fitting² *n.* eseyaj

fitweed *n.* fèy koulant, koulant

five *num.* senk •**five o'clock** senkè

fix¹ *n.* gonm, ka, petren, tchouboum •**be in a fix** antrave, mele, nan boumba, pran nan twa wa *He said he'd kick me out of the house if I didn't pay him by today. I'm in a real fix!* Li di l ap mete m deyò nan kay la si m pa ba l kòb la jodi a. M antrave toutbon. •**be in a bad fix** bra li pran nan moulen, de pye yon moun{nan yon grenn soulye/nan yon ti bòt batèm}, pran nan sèk, mare *He's now in a bad fix because he made so many stupid things.* Kounye bra msye pran nan moulen tèlman li pa fè respè li. *She's in a bad fix because she owes so much money.* De pye l nan yon grenn soulye tank li dwe. *Marc is in a bad fix.* Mak pran nan sèk. •**in a fix** antrave, mare, nan dlo, nan lanbara, nan petren, ozabwa *I'm in a fix, help me with some money.* M nan lanbara la, ban m yon monnen. •**in a bad fix** nan{twou/yon move kout kat} *We're in a bad fix, our rent is almost due, we don't have a red cent.* Nou nan twou, lwaye a rive sou nou, nou pa wè senk. *He's in a bad fix, he doesn't know how to get out of it.* Nèg nan yon move kout kat la, li pa konn ki jan li pral soti.

fix² *v.tr.* **1**[*put in physical order*] mare, ranje, regle *I'll have to fix my hair before I go out.* Fò m ranje tèt mwen anvan m soti. **2**[*repair*] depane, leve pàn, ranje, repare *I'm going to fix it right now!* M pral ranje l konnye a! *The mechanic rapidly fixed the car.* Mekanisyen an leve pàn nan rapid. *I fix the house every year.* Chak ane m repare kay la. **3**[*facilitate*] ranje *If you want to meet with her, I can fix it.* Si ou vle wè avè l, m ka ranje sa. *There's a big problem between these two persons, you're the one who can fix the situation.* Gen yon gwo pwoblèm ant de moun sa yo, se ou menm sèl ki ka ranje sitiyasyon an. **4**[*get even with*] pran *I'll fix you!* M ap pran ou! **5**[*cook*] fè *What are you fixing for dinner today?* Ki manje ou ap fè jodi a? •**fix s.o.** blende wawa yon moun, koresponn ak, regle *She said that she'll fix you good.* Li di l gen pou l koresponn ak ou. *Because you're misbehaving, your father will fix you later.* Poutèt w ap fè dezòd, papa ou a regle ou pita •**fix the date** [*for an event*] mete dat •**fix the problem** leve pàn *My rent was due as of last month, I finally fixed the problem.* Lwaye a te bout sou mwen depi mwa pase, se yè m leve pàn nan. •**fix up** amenaje, fè amenajman, ranje *They fixed up the house.* Yo amenaje kay la. *They are fixing up the road, it doesn't go bumpety-bump anymore.* Yo fè amenajman wout la, li pa blòp blòp ankò. •**fix with cement** masonnen *I told Paul he had to fix the wall with cement.* M di Pòl pou l masonnen mi an. •**rapidly fix some broken item** brakande *Please rapidly fix the leg of this table for me.* Brakande pye tab la pou mwen.

fixed *adj.* **1**[*repaired*] *The radio is fixed.* Radyo a ranje. **2**[*settled by doubtful means*] trike *The fight is fixed.* Lit la trike. *The elections are fixed.* Eleksyon yo trike. •**have fixed** {bay/fè}ranje *I got the TV fixed.* M te fè ranje televizyon an.

fixedly *adv.* fiks *Why are your eyes glued fixedly to the child like that?* Poukisa je ou rete sou pitit la fiks konsa?

flab *n.* pann *She has a lot of flab on her neck.* Li gen yon sèl pann nan kou l.

flabbergast *v.tr.* estonmake *The news of the coup d'état flabbergasted me, I wasn't expecting it.* Nouvèl koudeta a estonmake mwen, mwen pa t atann sa.

flabbergasted *adj.* fè bòyò. rete{bèkèkè/bouch be/bouch louvri *He was flabbergasted.* Li rete bèkèkè. *There is nothing there to be flabbergasted about.* Pa gen anyen la ki pou fè bòyò la.

flabby *adj.* blad, kòlmòzò, mòl, molyann, mou kou {krache/lyann/trip}, pòpòt, pouf *Because he's getting older, his body is really flabby.* Poutèt l ap vyeyi, kò li blad. *He has a flabby body because he's always sickly.* Misye gen yon kò kòlmòzò akòz li toujou ap malad. *His whole body is flabby.* Tout kò l mòl. *This old woman's skin has become flabby with age.* Laj fè po granmoun fanm sa a vin molyann. *The old person's body is flabby.* Kò vye granmoun nan mou kon lyann. *Sitting all day makes you flabby.* Chita tout jounen ap fè ou pouf.

flaccid *adj.* mou

flag *n.* drapo, paviyon

flagrant *adj.* flagran *The police caught her with narcotics, it's a flagrant case.* Lapolis bare l ak dwòg, se yon ka flagran.

flagpole *n.* {bwa/ma}drapo

flagstone *n.* dal

flair *n.* men *She has a flair for cooking.* Li gen men pou l fè manje.

flake¹ *n.* ekay, kal

flake² *v.intr.* fè kal *The paint is flaking.* Penti a fè kal.

flamboyant *n.* flanbwayan, pwensyana wayal

flame¹ *n.* dife, flanm, flanm dife •**go up in flames** anflame, flanbe *The house went up in flames.* Kay la anflame nèt.

flame² *v.intr.* flanbe *Cinders flame when you blow on them.* Brèz flanbe lè w soufle sou yo.

flameproof *adj.* pa ka boule

flame tree *n.* flanbwayan

flamingo *n.* flaman

flan *n.* flan

flank *n.* flan, palèt, ren

flannel *n.* flannèl

flap¹ *n.* **1**[*fold*] pli **2**[*wings*] kout zèl

flap² *v.intr.* **1**[*move up and down, as wings*] bat, flote, michmich *The flag is flapping in the wind.* Drapo a ap bat nan van an. *The line is flapping in the wind.* Liy nan ap fè michmich ak van. **2**[*move with a waving motion*] {balanse/souke}nan van *The clothes were flapping in the wind.* Rad yo t ap balanse nan van an. •**flap wings to fly off** bat (ti) zèl li *The pigeon flapped its wings and flew away.* Pijon an bat zèl, l ale.

flap³ *onom.* klaw

flapping *n.* floup floup

flare¹ *n.* [*torch*] flanbo 2[*of light*] kout limyè

flare² *v.intr.* **flare up** *v.intr.* [*(re)appear*] repran, reparèt *My headache has flared up again.* Mal tèt la repran m ankò.

flash¹ *n.* 1[*sudden quick bright light*] ekla, zeklè *The storm sent out a flash of light, boom!* Loray la voye yon ekla, gow! 2[*light source of a camera*] flach *The flash didn't work.* Flach la pa pati. •**flash attachment** flach •**flash of genius** kout sèvo *The person who came up with that plan had a flash of genius.* Moun ki vini ak plan sa fè yon gwo kout sèvo. •**flash of lightning** kout zeklè *There was a flash of lightning.* Yon kout zèklè fè yan. •**have hot flashes** santi cho •**in a flash** anvan yon oun bat je li, ankou yon van *He was gone in a flash.* Li pati tankou yon van. •**quick as a flash** floup

flash² I *v.tr.* [*shine a light for a moment*] klere, mouri limen *Stop flashing your flashlight in my eyes.* Sispann klere je m ak flach ou a. *The lighthouse beacon was flashing.* Fa a t ap mouri limen. II *v.intr.* 1[*appear as a sudden bright light*] flache, fè yan *With every blow she made onto the fire, it flashed.* Chak soufle li soufle dife a, li fè yan. 2[*shine intermittently*] kliyote, limen tenyen, mouri limen *The lighthouse was flashing.* Fa a t ap limen tenyen. •**flash a camera's flash** {benyen/ touye} yon moun ak kout flach *The photographer bathed them in the light of his camera flash.* Fotograf la benyen yo ak kout flach.

flashlight *n.* flach

flask *n.* flakon, fyòl •**small flask** poban

flat¹ *adj.* 1[*smooth and level*] egal, plat, plàn *The land is completely flat.* Teren an plat anpil. *He lay flat on the floor.* Li kouche plat atè a. *This surface is flat.* Sifas sa a plàn. 2[*not very high*] plat *That pillow is flat.* Zorye a plat. 3[*without enough air in it*] plat *You have a flat tire.* Ou gen yon kawotchou k plat. •**flat at one end** louchèt •**flat on one's stomach** plavant •**flat on the ground** toulong atè •**flat part** pla •**completely flat** san bit patat

flat² *adj.* fad, vante *Since the eggnog went flat, it lost its flavor.* Depi kremas la vante, li pa enteresan ankò.

flat³ *adv.* apla *Lie down flat.* Kouche apla. •**flat out** kareman *Just tell him flat out that you won't go.* Annik di l kareman ou pa prale.

flat⁴ *n.* bemòl

flat-assed *adj.* dèyè founan

flat-broke *adj.* chèch, pa gen yon sou

flat-crested *adj.* dekreta *All roosters are flat-crested.* Tout kòk yo dekreta.

flat-flooded *adj.* gen pye pla

flatland *n.* laplenn **flatlands** *n.pl.* tè {pla/ bas/ plenn/ savann/ senp}

flatten *v.tr.* dame/danmen, egalize, kraze, plat, plati *Flatten the earth in order to level it.* Danmen tè a byen pou l a nivo. *If they flatten the mound, they'll be able to level off the road.* Si yo kraze ti bit mòn nan, y ap kab egalize wout la. *They flattened the earth with the tractor.* Se ak traktè a yo plati tè a. •**flatten out** deplise, plati •**flatten s.o.** etale

flattened *adj.* plati

flatter *v.tr.* 1[*praise with ulterior motives*] achte figi yon moun, anmadwe, bay {bon bouch/ lwanj}, chyente nan pye yon moun, lanbe, liyen, woule tete yon moun *I'm not flattering anyone.* M p ap achte figi pèsonn. *He's flattering the girl to see if he can date her.* L ap anmadwe tifi a pou wè si l ka bon. *She's flattering them to get their money from them.* L ap woule tete yo pou l ka pran lajan nan men yo. 2[*make s.o. look better*] fè yon moun byen anpil *That dress really flatters you.* Rad sa a fè ou byen anpil.

flatterer *n.* achtèdfigi, flabò, flatè, grajè, sousou

flattering *adj.* flatè

flattery *n.* flatri

flatulence *n.* gaz

flatulent *adj.* plen gaz

flat worm *n.* vè solitè

flaunt *v.tr.* fè gengenn *He flaunts his wealth.* Li fè gengenn richès li. •**flaunt o.s.** enstale li *From the way the girl flaunts herself with the man, one would say it's her husband.* Jan fi a enstale li ak msye, ou pa ta di se mari li.

flavor *n.* [*taste*] gou, kalite *This has a chocolate flavor.* Li gen gou chokola. *This food doesn't have much flavor.* Manje sa a pa gen gou menm.

flaw *n.* fay, defo

flawlessly *adv.* do pou do *This shoemaker will do that for you flawlessly.* Bòs kòdonnye sa a ap ba ou sa do pou do.

flay *v.tr.* bat *The millet is not ready to be flayed.* Pitimi an poko bon pou bat.

flea *n.* pis

flee *v.intr.* bwaze, chata kò li, chire, deboulinen kite, depeyize, fann, file, fè yon chape, grate, kouri, kraze {bwa/raje/rak}, mete van nan vwal li, pran anbasad (pou li), pran{bwa, lyann/rak/}, sove{ale/ kite}, vole gagè *The man fled because the police organized a pursuit after him.* Misye bwaze poutèt lapolis lage koukouwouj dèyè l. *Many boat people fled the Duvalier dictatorship.* Anpil botpipòl deboulinen kite diktati Divalye a. *They fled to another country.* Yo fann nan yon lòt peyi. *He fled to protect himself.* Li fè yon chape pou sove kò li. *They fear getting arrested, they fled.* Yo pè pou yo pa arete yo, yo pran anbasad. *Here's the police, flee!* Men lapolis, pran rak! *The dictator fled.* Diktatè a sove ale. *When the gunfire broke out, he fled.* Annik zam pete, li vole gagè. •**flee by boat** pran dlo *The burglars fled by boat.* Vòlè yo pran dlo. •**flee from battle** vole{gage/ gadyè} *The cock fled the battle under the onslaught of its opponents' spurs.* Kòk la vole gadyè anba kout zepon. •**flee Haïti by boat** [*illegally*] pran kanntè, ale nan kontrebann

fleece[1] *n.* plim

fleece[2] *v.tr.* koupe kou, razibis *These crooks fleeced me.* Vòlè sa yo koupe kou mwen.

fleeing *n.* mawonnay

fleet *n.* flòt

fleet footed *adj.* rapid

flesh[1] *n.* chè, nannan, vyann *This fish has a lot of flesh.* Pwason sa a gen anpil vyann. *The coconut doesn't have much flesh.* Kòk la pa gen nannan menm. •**flesh to flesh** po po po •**be one's flesh and blood** se nan zantray yon moun yon moun soti, se san yon moun *That child is mine, she's my flesh and blood.* Pitit la se pitit mwen, se nan zantray mwen li soti •**excess flesh** grès •**in the flesh** an chè e annòs *He was with the disciples in the flesh.* Li te ak disip yo an chè e annòs.

flesh[2] *v.intr.* •**flesh out** [*expand*] elaji, etann

fleshy *adj.* pwès *That chicken is fleshy.* Poul sa pwès.

fleur-de-lis *n.* flèdelis

flex *v.tr.* gonfle *Let me see you flex your biceps.* Gonfle bibit ou pou m wè. •**flex one's muscles** {bande/gonfle} ponyèt li, {mare/ gonfle}bibi li *Flex your muscles so we can see who the stronger man is.* Bande ponyèt ou yo pou n wè ki nèg pi gwo nèg. *He flexes his muscles before the fight.* Li mare bibi li avan batay la.

flexibility *n.* souplès

flexible *adj.* likid, lyann *The stick is flexible, it won't break.* Bwa a lyann, li p ap kase.

flick[1] *n.* •**flick on ear** tèk

flick[2] *v.intr.* teke *The horse flicked its tail.* Cheval la teke lake li.

flicker *v.intr.* fè{moukmouk/mwikmwik}, limen tenyen, mouri limen *When you see the lamp flickering like that, it's going to go out.* Depi ou wè lanp lan ap fè mwikmwik konsa, li pral tenyen. *The light bulb is flickering.* Anpoul la ap limen tenyen.

flier[1] *n.* [*pilot*] avyatè

flier[2] *n.* [*pamphlet*] depliyan, fèyè, trak

flighty *adj.* anlè, tèktèk *That guy is too flighty.* Nèg sa a twò anlè.

flight[1] *n.* chape, egzòd, kouri *In their flight, they left everything behind.* Nan kouri a, yo kite tout bagay dèyè. •**put to flight** mete yon moun an dewout

flight[2] *n.* vòl *It's a direct flight.* Se yon vòl dirèk. •**flight attendant** otès •**take flight** [*plane*] pran vòl

flight[3] *n.* etaj *I had already climbed three flights of stairs.* M te gen tan moute twa etaj.

flimsy *adj.* 1[*light and thin*] fen, lay *This material is too flimsy for making pants.* Twal sa a twò fen, l pa ka fè pantalon. *That box is too flimsy.* Bwat sa a twò flay. 2[*easily broken/ruined*] pa solid *That ladder looks too flimsy. Don't get on it.* Nechèl sa a pa sanble l solid; pa moute sou li.

flinch *v.intr.* brennen kò li, flechi *He didn't flinch when I gave him the shot.* Li pa brennen kò l lè m ba l piki a. *They flinched when they saw he had a big knife.* Yo flechi lè yo wè li gen yon gwo kouto. •**without flinching** san kè sote

fling[1] *n.* pachat *Since he got married, he's done with flings.* Depi l fin marye a, pachat fini pou li.

fling² *v.tr.* flanke, frenk, lanse, pimpe, voye *Fling the rope behind the animals.* Lanse kòd la dèyè bèt la. *She flung a chair at me.* Li voye yon chèy dèyè m. •**fling back** pimpe yon moun tounen •**fling o.s. at** antre *He flung himself at the pot of food.* Li antre nan chodyè manje a. •**fling the truth at s.o.** plake yon verite nan figi yon moun *I flung the truth at him.* M plake verite a nan figi l.

flint *n.* pyè{brikè/tonnè}

flintstone *n.* pyè tonnè

flip¹ *v.tr.* **1**[*turn and make fall down*] bay yon moun yon so kabrit *I grabbed him and flip him over.* M met men sou li, m ba l yon so kabrit. **2**[*toss a coin*] fè yon pil ou fas *We'll flip a coin to see who goes first.* Nou pral fè yon pil ou fas pou nou wè ki moun k aprale anvan. •**flip over** kapote •**flip through** fè yon (ti) gade *I won't have time to read it; I'll just flip through it.* M pa p gen tan pou m li l, m ap fè yon gade l.

flip² *v.intr.* ponpe *I knew you'd flip when you heard the news.* M te konnen ke w t ap ponpe lè w pran nouvèl la. •**flip one's lid** *a*[*become very angry*] fache anpil, nanm yon moun sòti sou li, pèdi tèt li *My mom flipped her lid when I lost the money.* Nanm manman m sòti sou li lè m pèdi kòb la. *b*[*go insane*] pèdi tèt li *She must have flipped her lid.* Li gen lè pèdi tèt li. •**flip out** pèdi tèt li

flip-flop *onom.* floup floup

flip-flops *n.pl.* fant zòtèy, zèl sapat, zèltrennen

flippant *adj.* afwonte, frekan

flipper *n.* najwa •**rubber flippers** pam

flirt *v.intr.* fè{flè/Lafrans}*You're not his girlfriend, he can't flirt with you.* Ou pa mennaj li, li pa ka fè flè avè ou. *He always flirts with their daughter.* Misye pa sispann fè Lafrans avèk pitit moun yo.

flirtation *n.* fwonte

flirtatious *adj.* pouse pyon •**flirtatious woman** pye lejè

flirting *n.* bouboutay, chamantiz, kalbenday

flit *v.intr.* •**flit about** vòltije *The bees flit about going from one flower to another.* Myèl yo vòltije sot nan yon flè al nan yon lòt. •**flit around** frite *That slut needs a guy given how she's flitting about the neighborhood.* Lepandjè sa a bezwen yon moun jan l ap frite sou katye a la.

float¹ *n.* flotè •**carnival float** cha

float² *v.intr.* flote, fè planch, ret sou dlo *The ball floated in river.* Boul la flote nan rivyè a. •**float in the air** plannen •**float on one's back** fè laplanch, fè planch, plannen •**float to the surface** monte sou dlo

floater *n.* sandal

floaters *n.pl.* [*in eyes*] ti bagay ki fè mimi mimi devan je

flock¹ *n.* bann, makòn, touf, twoup, twoupo *A flock of doves passed above the house.* Yon bann toutrèl pase anlè kay la.

flock² *v.intr.* kouri ale *A huge crowd is flocking to the stadium.* Yon gwo foul moun ap kouri ale nan estad la. •**flock together** gonfle, fè pil *The birds are flocking together on the roof.* Zwazo yo ap gonfle (fè pil) sou do kay la.

flog *v.tr.* kale, we *They flogged the thief.* Yo we volè a.

flogging *n.* bastonad

flood¹ *n.* avès, delij, dlo, inondasyon, pli •**flood of** pli •**flash flood** lavalas

flood² *v.tr.* **1**[*covered with water*] neye, plen *The water flooded the field.* Dlo neye jaden an. *Whenever it rains, the streets flood.* Depi l fè lapli, lari a plen dlo. **2**[*overflow*] bouyi desann, desann inonde *The stream flooded.* Dlo a bouyi desann. *The Artibonite has flooded its banks.* Latibonit desann. *They flood the market with cheap foreign rice.* Yo inonde mache a ak diri pèpè. **3**[*go/arrive in large numbers*] anvayi, plen *The rural people flooded in the city.* Moun andeyò yo anvayi vil la. *Mangos flooded the market.* Mache a plen mango.

flooded *adj.* anvayi, inonde *The engine's flooded.* Motè a anvayi. *The area is flooded.* Zòn nan inonde.

floodgate *n.* vàn

flooding *n.* debòdman, inondasyon

floodlight *n.* pwojektè

floor¹ *n.* **1**[*surface on which one stands indoors*] atè *The floor is dirty.* Atè a sal. **2**[*level of a building*] etaj *I don't know what floor his office is on.* M pa konn nan ki etaj biwo l la ye. •**floor with tile or bricks** kale •**concrete floor** siman •**dance floor** pis, won •**first floor** anba •**give the floor to** bay (yon moun) lapawòl, pase kòn *Don't talk unless you're given the floor.* Pa pale san yo pa ba ou lapawòl. •**ground floor** anba •**have the floor** gen lapawòl *The senator has the floor.* Senatè a gen lapawòl. •**on the floor** atè •**raised floor** solay •**on the second floor** a letaj *We live on the second floor.* Nou abite a letaj •**take the floor** pran kòn •**third floor** twazyèm etaj •**tile floor** kawo, mozayik •**top floor** dènye etaj •**upper floor of two-story house** balkon •**wooden floor** planche

floor² *n.* [*right to speak*] •**ask for the floor** mande {kòn/ lapawòl} •**give the floor** pase kòn •**take the floor** pran kòn

floor³ *v.tr.* mete yon moun bèk atè *The boxer floored his opponent with a punch.* Boksè a mete advèsè li a bèk atè ak yon kout pwen. *This question really floored me.* Kesyon sa mete m bèk atè.

flooring *n.* planche •**tile flooring** kalaj

floorshow *n.* cho

flop¹ *n.* fyasko *The party was a flop.* Fèt la te yon fyasko.

flop² *v.intr.* lage kò *She's tired, she flopped down into the arm chair.* Li bouke, li lage kò l sou fotèy la.

flop³ *onom.* houk *Don't you hear the flop-flop sound her feet make?* Ou pa tande bri houk houk pye li fè?

flora *n.* plant

florid *adj.* djandjan, òne, wololoy

Florida boxwood *n.* kapab, ple

Florida poison tree *n.* manseniye

florist *n.* vandè, vandèz [*fem.*] flè

floss *n.* •**dental floss** fil{dan/dantè}

flotilla *n.* flòt

flotsam (and jetsam) *n.* larès sou dlo

flounce *n.* volan

flounder *v.intr.* 1[*not to do well*] pa avanse, pa byen mache *Her business is floundering.* Biznis li a p ap avanse ditou. 2[*splash, thrash about*] patoje *He floundered around in the deep pond.* Li patoje nan letan an.

flour *n.* farin •**all-purpose flour** farin tout izaj •**arrowroot flour** sagou •**cassava flour** la(n)midon •**corn flour** farin mayi •**foreign-donated flour** farin sinistre •**manioc flour** lanmidon •**plantain flour** banana •**wheat flour** farin frans

flourish *v.intr.* anfòm, an sante, mache, fleri, pran fil, pwospere *The plants in this field are flourishing.* Jaden an an sante. *Your business is flourishing.* Konmès ou anfòm. *Everything is working well, commerce is flourishing.* Tout bagay ap mache byen, komès la ap fleri. *His business is flourishing.* Biznis li an pwospere l.

flour-mill *n.* minotri

flow¹ *n.* flo, kouran •**mud flow** lavalas labou •**rate of flow** debi

flow² *v.intr.* koule, kouri, ponpe sòti *The water was flowing in the street.* Dlo a koule nan lari a. •**flow freely** file desann *Look at how the water is flowing freely down into the gutter.* Gad ki jan dlo a ap file desann nan kanivo a. •**flow or move slowly** mache lwil *The line of cars is moving slowly in the traffic jam.* Fil machin nan ap mache lwil nan blokis la.

flower¹ *n.* flè •**artificial flowers** flè atifisyèl •**bullhoof flower** flanbwayan etranje •**bunch of flowers** bouke •**butterfly flower** flanbwayan etranje •**calico flower** flè siy •**corn flower** flè mayi •**man-made flowers** flè sentetik •**(red) cardinal flower** kòk chango •**spider flower** kaya

flower² *v.intr.* fleri *The roses are flowering.* Woz yo ap fleri.

flower-pot *n.* poflè

flower-print *adj.* aflè *She's wearing a pink flower-print dress.* Li mete yon wòb aflè woz.

flowering *n.* flerizon

flowery *adj.* aflè *The style of this letter is flowery.* Stil lèt sa a aflè.

flowing *adj.* kouran *In rivers you find flowing waters but in lakes it is stagnant.* Nan larivyè ou jwenn dlo kouran men nan lak l ap dòmi.

flu *n.* grip •**get the flu** gripe *You'll get the flu if you go out in the rain.* Ou ap gripe si ou soti nan lapli a.

fluctuate *v.intr.* chanje fasil *The weather fluctuates a lot here.* Tan an chanje fasil.

flue *n.* kondit

fluent *adj.* fen *Their English is very fluent.* Anglè yo trè fen.

fluently *adv.* kouraman

fluff *n.* plim •**fluff up** fè flou

fluffy *adj.* flou

fluid¹ *adj.* likid *This dancer's movements are fluid.* Mouvman dansè sa a likid. *The traffic is very fluid.* Blokis la trè likid.

fluid² *n.* lèt, likid •**amniotic fluid** lezo •**brake fluid** luil fren •**continual flow of menstrual fluids** pèdans, pèdisyon

•**intravenous fluid** sewòm nan venn •**optic fluid** kalalou je

fluke *n.* chans *It was only a fluke that she passed the exam.* Se chans ki fè l pase nan egzamen an.

flunk *v.tr.* 1[*assess as not passing*] koule *He said that's the teacher who flunked him.* Li di se mèt la ki koule li. 2[*not succeed at/in*] boule, echwe, flanbe, rame nan *She flunked the exam.* Li boule egzamen an. *He studied a lot not to flunk the exam.* Li etidye anpil pou l pa echwe nan egzamen an. *They gave the results for the exam, most of the pupils flunked.* Yo bay rezilta egzamen an, pi fò elèv flanbe. *I flunked the math exam.* M rame nan egzamen mat la.

flunky *n.* bèf chawa, sousou beke

fluorescent *adj.* fliyorisan *A fluorescent light.* Yon limyè fliyorisan.

fluoride *n.* fliyorid

flurry *n.* bouras

flush¹ *adj.* chaje *We are flush with cash.* Nou chaje lajan.

flush² *v.tr.* flòch *Flush the toilet when you're finished going to the bathroom.* Flòch twalèt la lè ou fin watè.

flush toilet *n.* twalèt konfò, watè klozèt

flustered *adj.* twouble *When he was interrupted in his speech, he got flustered.* Lè yo entewonp li a, li te twouble.

flute *n.* flit •**small tin flute** amonika

flutist *n.* jwè flit

flutter *v.intr.* flote *The flag was fluttering in the breeze.* Drapo a t ap flote nan van an.

fly¹ *n.* [*insect*] mouch •**black soldier fly** mouch latrin •**dung fly** mouchavè •**fruit fly** {mouch vè mango/ti mouch} •**large female fly** lamadèl mouch •**large green fly** mouchavè •**mango fly** {mouch vè mango/ti mouch} •**tiny fly on rotten fruit** makayèt

fly² *n.* bragèt, magazen, pon pantalon, zip *Your fly is undone.* Bragèt ou ouvè. **your fly is open** kabrit antre nan jaden ou, nen w ap senyen

fly³ *v.tr.* 1[*move through the air*] kouri lougawou, pilote, vole *Look at the birds flying in the sky.* Gade zwazo k ap vole nan syèl la. *The pilot flies the airplane well.* Avyatè a pilote avyon an byen. *Those witches fly in broad daylight.* Bizango sa yo kouri

lougawou gran jounen. 2[*travel by aircraft*] ale nan avyon, flay, monte/pran avyon *Did you fly?* Se nan avyon ou te ale? *I don't like to fly.* M pa renmen pran avyon. *Her husband is going to fly tomorrow.* Mari l ap flay denmen. 3[*show a flag*] gen drapo *The boat isn't flying a flag.* Batiman an pa gen drapo. 4[*pass rapidly*] file, pase vit, vole *This day has flown by!* Jounen an file vit! *The truck was really flying.* Se vole kamyon t ap vole. 5[*move suddenly with force*] vole soti *The hammer flew out of my hand.* Mato a vole soti nan men m. •**fly a kite** bay{kap/sèvolan}kòd, {monte/file}{kap/sèvolan} *Since Easter, the children have been flying kites non-stop.* Depi Pak mete pye, timoun yo bay kap kòd san rete. *The little guy is flying the kite, making it rise in the sky.* Ti nèg la ap file kap la monte nan syèl. •**fly flag at half-mast** [*as sign of mourning*] mete drapo an bèn *They flew the flag at half-mast because of the death of the president.* Yo mete drapo a an bèn akòz lanmò prezidan an. •**fly high** kontan anpil *I was flying high when I got the news.* M te kontan anpil lè m pran nouvèl la. •**fly off** vole •**fly off the handle** pete yon sèl kòlè •**fly the coop** {chape/sove/wete}{poul/kò}li *She flew the coop with all the money.* Li sove ak tout kòb la. •**go fly a kite!** disparèt kò ou, lakwann, pouse bourik ou pi devan, wonpe *You're bothering me! Go fly a kite!* Ou ap deranje m la. Pouse bourik ou pi devan!

flycatcher *n.* pipirit •**Hispaniolan flycatcher** pipirit gwo tèt •**tyrant flycatcher** tèt polis

flyer *n.* afich •**political flyer** trak

flying¹ *adj.* •**flying saucer** soukoup volan

flying² *n.* pilotaj •**trick flying** lakobat

flypaper *n.* atrapmouch

flyswatter *n.* chasmouch

foal *n.* poulen, poulich

foam¹ *n.* kim, mous •**contraceptive foam** krèm

foam² *v.intr.* fè kim, kimen *The sea is rough, it's foaming up.* Lanmè a ajite, li fè kim. *The dog was foaming at the mouth.* Chen an t ap kimen.

focus¹ *n.* fwaye

focus² *v.tr.* fikse, santre, mete tèt li sou *Focus the projector on the screen, not on the wall.* Fikse pwojektè a sou ekran an, pa sou mi an.

Don't focus your thoughts on only one thing.
Pa santre lespri ou sou yon sèl bagay. *Focus
your attention on what you're doing.* Mete tèt
ou sou sa ou ap fè a.

fodder *n.* fourajè, fouray, manje bèt, pay ble

foe *n.* advèsè, lennmi

fog[1] *n.* bouya, bwouya, farinay *There was a
lot of fog this morning.* Te gen yon sèl bouya
maten an.

fog[2] *v.intr.* chaje vapè *The car windows have
fogged up.* Vit machin nan chaje vapè.

fogey *n.* •**old fogey** nèg kongo

foggy *adj.* chaje bouya, kaliko *It's a foggy
morning.* Chaje bouya maten an. *The
weather is foggy this morning.* Tan an kaliko
maten an, gen lè lapli pral tonbe.

foghorn *n.* (gwo)klaksonn

foil[1] *n.* •**aluminum foil** papye aliminyòm •**tin
foil** papye aliminyòm

foil[2] *v.tr.* dejwe *The schemers tried to foil the
electoral process.* Magouyè yo seye dejwe
pwosesis elektoral la. •**person who can foil
s.o.** mètke

foist *v.tr.* enpoze, *He always wants to foist his
ideas on people.* Li toutan vle pou l enpoze
moun sa l panse.

fold[1] *n.* gri, pli

fold[2] *v.tr.* 1[*turn/press back one part of*] kase,
plise, pliye, ploye rekase *Fold the clothes.*
Pliye rad la. *She folded the sheet.* Dam nan
kase dra yo. *Fold the clothes well in the
suitcase.* Plise rad yo kòrèk nan valiz la. *Fold
it in half.* Ploye l an de. *The sheet of paper is
large, fold it into four parts.* Fèy la laj, rekase
l an kat. 2[*press together*] kwaze *She folded
hers arms.* Li kwaze bra l. •**fold (up)** ploye,
vlope *Fold the towel and put it in the suitcase.*
Ploye sèvyèt la, mete l nan valiz la. *Fold the
clothes.* Vlope rad yo. •**fold back** kase sou,
rekase *Fold back the bedclothes.* Kase dra yo
sou yo. •**fold up** pòtatif, pliye *His chair folds
up.* Chèz li a pòtatif.

folded *adj.* kwaze

folder *n.* katab •**folder of documents** chemiz
•**file folder** klasè

folding *adj.* pliyan

foliage *n.* feyaj

folic *adj.* folik •**folic acid** asid folik

folk *n.* moun **folks** *n.pl.* fanmi, pa m(wen)
Do you know her folks? Ou konn fanmi l?

•**country folk** moun {andeyò/mòn} •**home
folks** moun anwo lakay •**old folks** zansyen
•**one's folk** pa li *Those are my folks, you can
let them in.* Se moun pa m, ou mèt kite yo
antre.

folklore *n.* fòlklò

folktale *n.* kont

follow *v.intr.* 1[*move behind in the same
direction.*] file, {kannale/mache}dèyè yon
moun, pa *Why are you following me?* Sa k fè
ou ap mache dèyè m konsa? *The dog followed
me everywhere.* Chen an suiv mwen tout kote
m prale. *Follow this road until you come to
the first house on the right. That's where they
live.* Suiv wout sa a, premye kay ou jwenn a
dwat la, se la yo rete. 2[*do the same*] adopte
*Every fashion that comes along, they follow
it.* Chak mòd ki vini, yo adopte l. 3[*happen
subsequent to*] vini apre *Easter Sunday
follows Good Friday.* Dimanch pak vin apre
vandredi sen. 4[*do the same as*] fè menm
jan, pran egzanp sou *He's just following the
crowd.* Li fè menm jan ak tout moun. *Let's
follow his example.* An n pran egzanp l ap
bay timoun yo. 5[*understand*] konprann *I
didn't follow what you said.* M pa t konprann
sa ou te di a. 6[*take a (strong) interest in*]
branche sou, suiv *I never followed soccer.*
M pa janm suiv foutbòl. *This week I'm not
following sports.* Semenn sa a, m pa branche
sou espò. 7[*act according to*] respekte, suiv
I followed his advice. M suiv konsèy li. *Just
follow my instructions.* Fè jan m di ou la. *If
you don't follow the school's rules, they'll kick
you out.* Si ou pa respekte regleman lekòl la,
y ap mete ou deyò. 8[*be reasonable*] sa vle
di *If he didn't call you, then it follows that he
found a ride with s.o. else.* Si l pa rele ou, sa
vle di l jwenn yon lòt moun ki ba l woulib.
•**follow closely** talonnen *I followed him
closely.* M talonnen msye vre. •**follow in
the footsteps of** swiv tras *He followed in the
footsteps of his dad.* Pitit sa a swiv tras papa l.
•**follow in the traces of** fann {(nan) dèyè/
nan siyay}yon moun •**follow in the wake of**
siyonnen *She follows in the wake of her father,
she became an engineer, too.* Li siyonnen papa
l vre, gad li enjenyè tou. •**follow on one's
heels** talonnen •**follow s.o.'s footprints**
swiv tras *Let's follow those footprints to find*

the way. Ann swiv tras pye sa yo pou n ka jwenn wout la. •**follow suit** suiv *When he does something, all the other children follow suit.* Depi l fè yon bagay, tout lòt timoun yo suiv li. •**follow the wrong path** swiv (yon) move kouran •**follow through with** fin(i) *When you start something, you never follow through.* Lè ou koumanse yon bagay, ou pa janm fini l. •**follow (up)** pouswiv *We're going to follow the same procedure for this work.* N ap pouswiv menm metòd travay la. •**as follows** *Those present were as follows...* Moun ki te la, se te...

follower *n.* {bann/voum}moun dèyè li, disip, moun {li/pa li/payis}, patizan, sektè, tchoul *He has a large band of followers.* Li gen yon bann moun dèyè l. *This minister has many followers.* Minis sa a gen anpil moun pa l. *We aren't followers of that doctrine.* Nou pa patizan doktrin sa a. •**abject follower** sousou •**have supporters or followers** gen moun dèyè li

following[1] *adj.* pwochen, swivan/suivan *The following day, she didn't come.* Jou swivan an, li pa vini. •**closely or immediately following** pye pou pye *I'm following you closely.* M ap suiv ou pye pou pye.

following[2] *n.* patizan, sipòtè •**have no following** bat tanbou li danse pou kò li

follow-through/up *n.* swivi *the follow-through of agriculture reform* swivi refòm agrè a

folly *n.* foli, sotiz

fond *adj.* •**be fond of** renmen M renmen gato. •**be very fond of s.o.** sansib pou *She's very fond of her brother.* Li sansib pou frè l la anpil. •**fond of sth.** friyan *That little child is very fond of meat.* Ti pitit sa a friyan vyann.

fondle *v.tr.* dòlote, foubi, karese, miyonnen, patinen *He gently fondled his girlfriend.* Li miyonnen mennaj li a dous.

fondly *adv.* ak{afeksyon/tandrès}

fondness *n.* atachman

font *n.* •**baptismal font** benisye

fontanel *n.* fontanèl, fontenn, fontenn tèt, venn tèt •**unclosed fontanel** tèt louvri

food[1] *n.* aliman, manje, nouriti, {pwodui/pwovizyon} alimantè *There's a shortage of food.* Gen rate manje. *They sell food.* Yo vann pwodui alimantè. •**food poisoning** manje ranje, salmoneloz •**food preserved** **in salt** salezon •**food provided by relief agencies** sinistre •**food to carry out** manje pou pote ale a **bit of food** (ti) bat bouch •**baby food** akamil •**badly-cooked food** bouyi vide •**cooked and substantial food** manje chodyè, gwo manje •**cooked food** manje kuit •**cooked food sold on streets at a cheap price** aleken •**disgusting mix of food** matchaka •**divine or spiritual food** lamàn •**fast food** fasfoud •**fried foods** fritay •**get food** ravitaye li •**high-protein foods** vyann •**junk food** djanni, lòbèy, tchanpan, tchaw, tripay, zagribay •**leftover food** [*small portion*] lasibab •**lots of food** babako •**mess of food** gagòt •**poisoned food** manje {mera/ranje} •**snack food usually sold on the street** fridòdòy •**unclean or unappetizing food** dlo men, tchanpan, tchaw •**unwanted food** gratpetren •**watered-down food** dlo men

food-shopping *n.* pwovizyon •**go food-shopping** fè pwovizyon

foodstuff *n.* **1** danre **2** [*plur.*] pwovizyon

fool[1] *n.* bòbòy, egare, enbesil, gaga, jebede, jokris, makak, moun sòt, tenten, tèt zo *She's a fool!* Se yon moun sòt li ye! *He's a fool, his wife does whatever she wants to him.* Li se yon gaga, madanm li fè sa li vle avè l. *Don't pay attention to the fool who's speaking.* Pa okipe makak la k ap pale. *What a fool, he let the guy really deceive him.* Gade yon tèt zo, li kite misye pase sou li vre. •**gullible fool** payas *This gullible fool believes everything you tell him.* Payas sa, tout sa yo di l, li kwè. •**make a fool of o.s.** afiche tèt li fè yon moun wont, pase yon moun nan betiz, ri yon moun *She made a fool of me at the party.* Li fè m wont nan fèt la. •**take s.o. for a fool** fè sòt li ak *Don't take me for a fool!* Pa vin fè sòt ou ak mwen!

fool[2] *v.tr.* **1** [*deceive/trick*] bay (yon moun) {blòf/ sosis/bidon}, dòmi sou moun, fè yon moun kwè, pete, pete{je yon moun/tèt li}, pran yon moun, twonpe, vire, vlope yon moun, voye poud nan je yon moun *Don't try to fool us.* Pa vin bay sosis la a. *He fooled everyone in the neighborhood, and ran away with their money.* Li dòmi sou tout moun nan katye a, li pran kòb nan men yo, enpi l sove. *She fooled everyone into thinking she was a* *doctor.* Li fè moun yo kwè se doktè l ye. *She fooled the poor guy, she overcharged him.* Li pete je malere a, li fè l peye machandiz la plis. *Stop fooling yourself; you know full well that he won't lend you his car.* Pa pete tèt ou, ou konnen byen l pa p prete ou machin lan. *I fooled you good!* M pran ou! *A person as brainless as you, I can fool you as I please.* Piti kon ou, m ap vlope ou jan m vle. **2**[*speak without seriousness*] plezante •**fool around** betize, fè chwichwi, nan chatchawony, pase nan joujou, pran plezi li, ranse *He's been fooling around all day.* Li fè tout jounen an ap betize. *They are fooling around in the room.* Moun yo ap fè chwichwi anndan chanm nan. *This guy is fooling around.* Jenn gason sa a nan chapchawony. *Don't fool around with us.* Pa pase n nan joujou. •**fool (around) with** jwe *I wouldn't fool with that dog, he'll bite.* M pa p jwe ak chen sa a, l a mòde ou. •**fool around with a woman without the intent of marriage** betize •**fool o.s.** bay tèt li manti *He's fooling himself if he believes he's rich.* L ap bay tèt li manti si l kwè li rich. •**fool s.o.** lalad, pran yon moun fè fas, pran yon moun nan lalad *She can't fool us.* Li pa kab pran nou pou fè fas. *Don't fool the child.* Pa vin pran pitit la nan lalad. •**fool s.o. good** pran yon moun *I fooled you good!* M pran ou!

fooled *adj.* bay{fanm bwè sou tèt li/moun manje sou tèt li}, pran{bouden/kaka je pou linèt/kaka poul pou ze/pran zenglen pou dyaman} *Quit being fooled by them because they're lying to you.* Sispann pran kaka je pou linèt nan men yo paske se manti y ap ba ou.

foolhardy *adj.* temerè

fooling around *n.* nan briganday (ak), nan chatchawony *Behave yourself! I don't tolerate fooling around.* Fè respè ou tande! M pa nan briganday.

foolish *adj.* bègwè, egare, enbesil, nyè, nyèz [*fem.*], sòt *That foolish man never says anything good.* Nèg enbesil sa a pa janm di anyen ki bon. *What a foolish man, he laughs loudly for no reason.* Ala gason nyè, ti krik ti krak li griyen dan li. •**be foolish** pèdi {(la)kat/marenn}li •**foolish person** makak •**do sth. foolish** fè enpridans *He did something foolish, so he became ill.* Li fè yon enpridans, konsa li tounen malad.

foolishness *n.* betiz, chikriti, enbesilite, grimas, kouyonnad, makakri, nyezri, sotiz, tenten *All he's doing there is foolishness.* Tout sa l ap fè la se makakri. *I won't stand for this foolishness.* M pa tolere nyezri sa yo.

foolproof *adj.* pa ka pa mache *It's foolproof.* Sa pa ka pa mache.

foot *n.* **1**[*body part*] pye, zago **2**[*bottom part/lower end*] anba, nan pye *Foot of the mountain.* Anba mòn lan. *She sat at the foot of the bed.* Li te chita nan pye kabann lan. **3**[*measurement*] pye **feet** *n.pl.* pye •**foot chicken** [*measurement*] pye •**foot rot** fouchèt •**ball of foot** pwent pye •**be on one's feet** kanpe sou pye li *Since this morning I've been on my feet.* Depi maten m kanpe sou pye m. •**by/on foot** anmachan, a pye *We covered the road on foot.* Nou fè wout la an machan. *They're coming on foot.* Y ap vin apye. •**callused feet** pye di •**dorsum of foot** do pye, wòs •**feet, don't fail me now** pye, sa m manje m pa ba ou *Upon seeing the bull in the road, I said: feet, don't fail me now!* Lè m wè towo bèf la nan wout la, m di: pye, sa m manje m pa ba ou! •**feet first** de {kout pye/pye devan} *They brought him feet first into the morgue.* Yo woule l de pye devan nan mòg la. •**flat foot** pye plat •**get cold feet** kraponnen *They got cold feet and said they wouldn't go in.* Yo kraponnen, yo di yo pa p antre. •**get off on the wrong foot** mal kòmanse *They got off on the wrong foot.* Sa te mal koumanse pou yo. •**get under one's feet** anba pye moun *Those kids are always getting under people's feet.* Timoun sa yo toujou anba pye moun. •**go on foot** vini sou de vityelo li *He's someone who doesn't fear walking, he's going on foot from Les Cayes to Jacmel.* Se nèg ki pa pè mache, l ap vini sou de vityelo li soti Okay rive Jakmèl. •**have winged feet** gen zèl nan pye *You've already arrived? You must have winged feet.* Epa ou gen tan rive? Ou sanble ou gen zèl nan pye. •**iron foot** pye fere •**large foot** {pat/pye} zago •**long feet** batwèl pye •**on foot** apye •**put one's foot down** fè yon je wouj *You'll have to put your foot down with those kids.* Fò ou fè yon je wouj sou timoun yo. •**sore feet** pye chik •**sprained foot** pye{foule/tòde} •**square foot** pye kare •**strong foot**

pye fere •**swollen feet** lenfanjit •**swollen feet and legs** efranjit •**tender or sensitive foot** pye dous

football *n.* 1[*object*] balon foutbòl 2[*game*] foutbòl ameriken

footbath *n.* beny pye

footboard *n.* [*of bed*] pye kabann

footing *n.* fondas •**on (an) equal footing** rèdchèch, tèt{rèd/chèch/kale} *She thought I was afraid of her, but I discussed with her on an equal footing.* Li panse m te pè l men m pale avè l rèdchèch. *We're fighting with them on an equal footing.* N ap goumen ak yo tèt rèd.

footlocker *n.* mal, malèt

footnote *n.* anvwa, ranvwa

footprint *n.* {anprent/mak/tras}pye *We followed his footprints.* Nou suiv mak pye l. *That's the footprint of a dog.* Sa a se mak pye yon chen.

footsteps *n.pl.* bri pye, siyay *I heard footsteps.* M tande yon bri pye

footstool *n.* tabourè

for¹ *prep.*1[*intended to belong to/be given to*] bay, pandan, pou *Do the work for me!* Fè travay la ban mwen! *He was sick for the entire month of January.* Li te malad pandan tout mwa janvye a. *I have something for you.* M gen yon bagay pou ou. *These chairs are for the church.* Chèy sa yo se pou legliz la. *Save it for me.* Sere l pou mwen. 2[*showing purpose*] pou *This bowl is for the rice.* Bòl sa a se pou diri a. *I came for you.* Se pou ou m vini. *What's this used for?* Sa yo fè ak sa a? *I work for my own pleasure.* M travay pou plezi m. *I don't have any clothes for work.* M pa gen rad travay. *That movie isn't for children.* Fim sa a pa pou timoun. 3[*on behalf of*] pou *I did it for him.* M fè l pou li. *I'll call her for you.* M a rele l pou ou. *I did all his laundry for him.* M lave tout rad li pou li. 4[*by way of treatment*] pou *He gave her sth. for the flu.* Li ba l yon bagay pou grip la. 5[*as a result*] pou *He was fired for stealing.* Yo revoke l nan travay la pou vòlè. *I thanked her for all she had done for me.* M di l mèsi pou tout sa l fè pou mwen. 6[*at the time of, on the occasion of*] a, alokazyon, pou *I received gifts for my birthday.* M jwenn kado alokazyon anivèsè m. *She gave me a book for my birthday.* Li fè m kado yon liv pou fèt mwen. *I have an appointment for seven p.m.* M

gen yon randevou a sèt è. *I bought a ticket for May thirtieth.* M achte yon tikè pou le trant me. *I'm going to see him for Easter.* M pral wè l pou pak. *We're finished for today.* Nou fini pou jodi a. *I'll be home for Christmas.* M ap lakay pou nwèl. 7[*showing length of time*] fè, pase *He hasn't written for several months.* Li fè konbe mwa l pa ekri. *I waited for two days.* M fè de jou ap tann. *She was gone for a month.* Li fè yon mwa deyò. 8[*as regards/ in regard to*] pou *He's the only person for the job.* Se li menm sèlman ki ka fè travay la. *She's ready for marriage.* Li bon pou l marye. *She doesn't show any consideration for others.* Li pa gen pitye pou moun. *The heat is too much for me.* Chalè sa a twòp pou mwen. *Fortunately for you, he's leaving.* Chans pou ou, l prale. 9[*in order to have/obtain*] pou *Let's go for a walk.* An n al fè yon flann. *He went to the bank for change.* L al labank, pou l al fè monnen. *How much did you pay for that?* Konbe ou peye pou sa a? *He called to ask for the departure time of his flight.* Li rele pou l mande ki lè avyon an ap pati. 10[*showing amount*] pou *I bought it for one dollar.* M achte l (pou) 1 dola. *She did it for me for nothing.* Li fè l pou mwen pou gran-mesi. *I paid a lot for this small avocado.* M peye yon pakèt lajan pou ti zaboka sa a. 11[*as being/ as part of*] pou *I took him for a fool.* M te pran l pou yon egare. *What do you take me for?* Pou ki sa ou pran m la a? *What's on for tonight?* Sa k gen pou aswè a? *For one thing, I won't be here.* Deja pou youn, m pa p la. *I mistook him for s.o. else.* M pran l pou yon lòt moun. 12[*representing*] an, pou *What's the word in Creole for...?* Ki jan yo di...an Kreyòl? 13[*in support of*] pou *Which candidate are you for?* Pou ki kandida ou ye? 14[*so as to reach*] ale (yon kote) *We're heading for the movies.* Nou pral sinema. *I have to leave early for the market.* Fò m leve bonè pou m al nan mache. *I saw her leave for school.* M wè l pral lekòl. 15[*considering that s.o./sth. is*] pou *It's hot for December.* Fè cho pou yon mwa desanm. *That's really expensive for a used car.* Li chè anpil, pou yon machin dezyèm men. *She's big for three months.* Vant li gwo pou twa mwa a. 16[*compared with*] pou *For every glass you break, I'll deduct two gourdes from your wages.* Pou chak vè ou kraze, m ap retire de goud sou kòb ou. **17**[*provided to explain*] pou *She didn't have a reason for doing that.* Li pa gen rezon pou l fè sa. **18**[*as affecting*] pou *Too much salt is not good for you.* Twòp sèl pa bon pou ou. **19**[*introducing the subject of an infinitive*] pou *That's not easy for everyone to understand.* Sa pa fasil pou tout moun konprann. *There's no reason for me not to talk to him.* Pa gen rezon pou m pa pale avè l. *It's not easy for me to go and visit him.* Sa pa fasil pou mwen pou m al wè l. *It's too far away for us to be able to go by foot.* Li twò lwen pou n ta ale a pye. *He must have been up late for him to be so tired.* Li dwe te leve bonè, pou jan l fatige a. *I took my car to the garage for it to be checked.* M mennen machin mwen nan garay pou yo ka fè yon tchèk ladan l. *She said for you to come over.* Li di pou ou vin kote l. *For the flowers to grow well, you have to water them once every two days.* Pou flè yo ka vini byen, fò ou wouze yo chak de jou. *It's not for you to decide for him.* Se pa ou k pou deside pou li.

for² *conj.* dapre, depi, ka *I haven't smoked for a month.* Gen yon mwa depi m pa fimen.

forage *n.* fouray

foray *n.* morad, razya

forbid *v.tr.* bay entèdiksyon, defann, defans, enpoze, entèdi, pini *They forbid the girl from going out at night.* Yo defann tifi a soti leswa. *They forbade him to go out.* Yo ba l defans soti deyò. *Forbid people from going through because there's danger there.* Enpoze tout moun antre la paske gen danje la. *His parents forbade him to watch television.* Paran li entèdi li pou li gade televizyon. •**forbid access** bay {kat/katon}wouj, bay yon entèdiksyon *The director forbade him access so that he couldn't come into the office again.* Direktè a bay misye kat wouj pou l pa mete pye nan biwo a ankò. *They forbade him to leave.* Yo ba li yon entèdiksyon pou li pa soti. •**God forbid** mande Bondye padon *God forbid that that ever happens to me again.* M pa mande Bondye pou bagay konsa rive m ankò menm.

forbiddance *n.* defans, entèdiksyon

forbidden *adj.* •**be forbidden** pini *It's forbidden to smoke in restaurants.* Yo

pini moun fimen nan restoran yo. •**it's forbidden to** se pa pou *It's forbidden to speak ill of others.* Se pa pou moun pale mal lòt.

forbidding *adj.* repousan

force¹ *n.* fòs, frap, gwo ponyèt, kouray, lèlèm *You need to use all your force to open the door.* Fò ou mete tout fòs pou ou ouvè pòt la. *They used force to get their decisions accepted.* Yo itilize gwo ponyèt pou fè desizyon yo pase. •**force of one's arm** bwa ponyèt •**in force a**[*in large numbers*] yon bann *The priests turned out at the meeting in force.* Yon bann pè te vin nan reyinyon an. **b**[*in effect*] an vigè, toujou *According to the law in force, all cars must have two license plates.* Dapre lwa ki an vigè a, fò tout machin gen de plak. *The curfew is still in force.* Gen kouvrefe toujou. •**in full force** an flèch *That soccer team has come back in full force.* Ekip foutbòl sa a tounen an flèch. •**occupying force(s)** okipan •**police force** jandamri •**reactionary force** fòs{fènwa/lanmò} *It's the reactionary forces that prevent the country from going forward.* Se fòs fènwa yo ki anpeche peyi a pwogrese. •**repressive forces used by regime** fòs tenèb •**strike force** fòs de frap •**take by force** vare sou *The people took the building by force.* Nèg yo vare sou lokal la. •**vital force** nanm •**with full force** atouvole

force² *v.tr.* **1**[*compel*] fòse, blije/oblije, flanke *I can't force her to do it.* M pa ka fòse l fè l. *Don't force the child to eat.* Pa fòse pitit la manje. *His father forced him to go to school.* Papa l te blije l al lekòl. *From what he said, I was forced to admit he was right.* Sa l di a fè m oblije rekonnèt li gen rezon. *They forced him onto his knees.* Yo flanke l ajnou. **2**[*effect through physical force*] fòse *I forced the ring on my finger.* M fòse bag la antre nan dwèt mwen. •**force (upon)** enpoze •**force a door** pete yon pòt *He forced the door open in order to walk in.* Li pete pòt la pou l antre. •**force back** refoule *The police forced back the mob that swarmed onto the field.* Lapolis refoule manifestan yo ki te vle anvayi teren an. •**force o.s.** fòse *She doesn't like corn, but she forces herself to eat it.* Li pa renmen mayi, men li fòse manje l. •**force s.o. to be quiet** kadnase bouch yon moun •**force s.o.**

to confess guilt fè yon moun depale anba kesyon *The judge forced him to confess his guilt.* Jij la fè l depale anba kesyon. •force s.o. to give in under pressure fè presyon sou, pran yon moun nan presyon •force s.o. to stand back pase yon moun dèyè *The security agent forced people to stand back.* Ajan sekirite a pase yon pakèt moun dèyè. •force s.o. to talk rache yon mo *You can't force him to talk.* Ou pa kab rache yon mo nan bouch msye. •try to force s.o. to do sth. fè yon moun rès *I tried to force the child to eat, but she wouldn't.* Mwen fè timoun nan rès pou li manje, li pa vle.

forced *adj.* •be forced to sètoblije •be forced to do sth. against one's will mare kè li pou fè yon bagay *I'm forced to work with you against my will.* Mwen mare kè m pou m travay avè ou.

forcefully *adv.* ak tout{fòs/atoutfòs}, fò *They did the work forcefully.* Yo fè travay la ak tout fòs. *Don't touch me forcefully like that, you're making my arm hurt.* Pa manyen mwen fò konsa, ou fè bra m fè m mal.

forceps *n.pl.* fòsèp, pens

forcibly *adv.* pa fòs

ford *n.* pas(dlo), pasay a pye

forearm *n.* anvan bra, avanbra, bwa ponyèt

for(e)bears *n.pl.* ras, zansyen

foreboding *n.* presantiman

forecast[1] *n.* previzyon, pwonostik •weather forecast meteyo, prediksyon *The weather forecast predicts rain for tomorrow.* Meteyo prevwa lapli pou demen.

forecast[2] *v.tr.* devine, prevwa, pwojte *We can't predict what he'll do.* Nou pa kap prevwa sa l ava fè a.

forefather *n.* zansèt

forefathers *n.pl.* devan, zansyen

forefinger *n.* dwèt{bouwo/jouda/jida}

forefront *n.* •at the forefront of alavangad *He's always at the forefront.* Li toujou alavangad.

forehead *n.* fon, fontenn, fontenn tèt *I hit my forehead.* M frape fon m. *The rock hit him in the forehead.* Wòch la pran l nan fontenn tèt li. •receding forehead tèt chankre

foreign *adj.* 1[*concerning a country not one's own*] etranje, lòtbò *She's in a foreign country.* Li nan peyi etranje. *A foreign country.* Peyi

etranje. *She lives in a foreign country.* Li rete nan yon peyi lòtbò. 2[*having no relation to*] pa (nan) abitid *This is foreign to his nature.* Se pa abitid li. 3[*French as perceived by monolingual speakers*] achte *French is a foreign language to many Haitians.* Fransè se yon lang achte pou anpil Ayisyen.

foreigner *n.* blan, etranje, pa moun yon peyi •black foreigner blan nwa •destitute foreigner blan pèpè *The country is full of destitute foreigners.* Peyi a chaje ak blan pèpè.

foreleg *n.* pat devan

foreman *n.* chèf{ekip/dekip}, fòmann, gore, gwo bòs, kontremèt •construction foreman bòs mason

foremast *n.* ma mizèn

foremilk *n.* kolostwòm, lèt{jòn/rapò}

foresail *n.* vwal mizèn

foresee *v.tr.* 1[*guess the future*] antisipe, devine, predi, prevwa, pwojte *The Vodou priest foresaw that he was going to be a great doctor.* Oungan an devine msye ap soti yon gwo medsen. *I didn't foresee that it would go like that.* M pa t prevwa sa t ap pase konsa. 2[*draw a conclusion*] wè *I don't foresee any problems with it.* M pa wè poblèm sa ka genyen.

foreplay *n.* atouchman, miyonnay

foresight *n.* prekosyon, prevwayans •having foresight wè lwen *He had the foresight to plant a lot of corn this year.* Li wè lwen: l te plante anpil mayi ane sa a. •{lack/lacking} foresight pa prevwayan

foreskin *n.* bèk kafetyè, kach, po (tèt) kòk

forest *n.* bwa, fore •forest ranger ajan forestye, gad forestye •rain forest forè twopikal

forestall *v.tr.* prevni *We have to forestall the strike.* Se pou nou prevni grèv la.

forestry *n.* silvikilti

foretaste *n.* avangou *We have a foretaste of the job.* Nou gen yon avangou sou travay la. •have a foretaste of fortune pran sant grannèg

foretell *v.tr.* devine, pawòl yon moun pa tonbe atè, predi *Listen carefully to what he said because he usually foretells what will be happening.* Pran sa l di a oserye wi paske pawòl li pa konn tonbe atè non. •foretell the future {pase/pike}kat *She's able to foretell* the future, she's able to see what will happen tomorrow. Li konn pase kat, li ka wè sa k pral rive demen.

foretelling of the future n. devinasyon

forethought n. prevwayans

forever adv. ajamè/a janmen, lavi, lavidiran, pou tout tan (gen tan), vitametènam *I lost sight of John forever.* Mwen pèdi Jan devi a janmè. *We will live with him forever.* Nou va viv ak li ajamè. *This shirt will last him forever.* Li gen chemiz sa a pou lavi. *Those shoes will last forever.* Soulye sa a la pou lavidiran. *This won't be here forever.* Sa pa la pou tout tan. *He swore to the girl he'd be with her forever.* Li asire fi a l ap avè l pou tout tan gen tan. *These shoes will last you forever.* Soulye sa a ap dire ou vitametènam. •**forever and ever** vitametènam

foreword n. avanpwopo

forfeit n. fòfè *The other team didn't come to play the match, they forfeited it.* Lòt ekip la pa vin jwe match la, yo fè fòfè sou li.

forge[1] n. fòj

forge[2] v.intr. •**forge ahead** kontinye sou menm lanse a, pike devan

forged adj. •**be forged** fòje *This check is forged.* Chèk sa a fòje.

forget v.tr. **1**[*fail to remember*] bliye *I forgot her name.* M bliye non l. *Don't forget to call me.* Pa bliye rele m. **2**[*put out of one's mind*] bliye *I'll never forget you.* M pa p janm bliye ou. **3**[*fail to give attention to*] bliye si li te gen, pa dòmi reve yon {moun/bagay} *Now that he's rich, he's forgotten about his friends.* Konnye l gen lajan, li bliye si l te gen zanmi. *He forgot you.* Li pa dòmi reve ou. **4**[*give up the idea*] bliye, kase fèy kouvri sa *Let's forget going to the movies.* Ann bliye afè al sinema a. *It's true that she did something that was wrong, but let's forget about it.* Se vre li fè ou yon bagay ki mal, men ann kase fèy kouvri sa. •**forget about sth. or s.o.** bay yon{bagay/moun}vag, kase fèy kouvri sa *It's true that she did something that was wrong, but let's forget about it.* Se vre li fè ou yon bagay ki mal, men ann kase fèy kouvri sa. *They gave everyone money, and they forgot about me.* Yo ba tout moun kòb, enpi mwen yo vag mwen. •**forget about it** {fwote/pas/siye}{bèk/bouch/djòl}li atè (swasanndisèt

fwa sèt fwa) *She should forget about it, I'll never lend her books again.* Li mèt siye bèk li atè, m p ap janm prete 1 liv ankò. *Forget about it, I'm not lending you my book anymore.* Fwote bouch ou atè swasanndisèt fwa sèt fwa, m p ap prete ou liv mwen ankò. •**forget it!** ou mèt{lese/sote ponpe}, ou pa bezwen fè lòt depèch!, vag, wete sa nan san li *I don't need you anymore, forget it!* M pa bezwen ou ankò, ou mèt lese. *Forget it, we aren't going back on our decision.* Ou mèt sote ponpe, nou p ap tounen sou desizyon nou. *I call you, you're grumbling, forget it!* Mwen rele ou, w ap bougonnen? Vag! *I thought you'd be waiting for me —Forget it!* M te kwè ou t ap tann mwen wi —Wete sa nan san ou! •**forget one's manners** bliye kò li *Louis forgot his manners at the party, he was drunk.* Lwi bliye kò l nan fèt la, li sou. •**forget one's (inferior) social standing** pa rete nan wòl li •**forget to take care of o.s.** bliye kò li •**forget things easily** manje manje bliye *You forget things easily, that's why you don't remember what happened.* Ou manje manje bliye, se sa k fè ou pa sonje sa k te pase. •**forget what has been learned** dezaprann *He doesn't forget anything of what he has learned.* Li pa dezaprann anyen nan sa l te aprann yo.

forgetful adj. •**be forgetful** pa gen{memwa/tèt menm}, san tèt, tèt yon moun pa la *I'm very forgetful these days.* M pa gen memwa konnye a. •**forgetful person** tèt poul •**be forgetful** pa gen {memwa pou senk kòb/tèt}

forgetfulness n. oubli. pèt memwa

forgivable adj. padonab *The mistake that she made is forgivable.* Fòt li konmèt la padonab.

forgive v.tr. eskize, fè pa yon moun, padone, padonnen *She forgives you today although what you did deserves punishment.* Li fè pa ou jodi a, kwak sa ou fè a merite pinisyon. *Forgive her because she didn't do it on purpose.* Padone l paske li pa fè espre.

forgiveness n. lagras, mizèrikòd, padon *Pray to ask for forgiveness.* Lapriyè pou mande lagras. *I asked for God's forgiveness.* M mande Bondje padon

fork[1] n. fouchèt •**take with a fork** pike *He took a piece of meat with his fork.* Li pike yon bout. •**tuning fork** djapazon

fork² *n.* [*of a road*] branch *This road has three forks.* Rout sa gen twa branch.

fork over *v.intr.* {flanke/fout/kaka/kale/pliche}yon moun yon bagay, kaminizye, plich *Fork over the money!* Kale m lajan m! *Fork over the money.* Pliche m kòb la.

forklift *n.* levye

form¹ *n.* [*official paper*] fòm, fòmilè ●**official government form** papye ●**written form** grafi

form² *n.* 1[*construction*] gabari 2[*mold*] fòm, moul

form³ *v.tr.* 1[*make*] fòme, fè *A scar from the blow of the whip formed on his body.* Mak kout fwèt la donnen nan kò li. *In that part of the lot, the land forms a hump.* Nan pati teren sa a, teren an fè yon bòs. 2[*establish*] fòme *Several youths got together in order to form a musical group.* Plizyè jennjan met ansanm pou yo fòme yon djaz. ●**form a bond** fè kò *I want to form a lifelong bond with you.* Mwen vle fè kò ak ou pou lavi diran. ●**form an alliance** soude *All the opposition parties formed an alliance.* Tout pati nan opozisyon an soude. ●**form a pair** fòme yon pè zo byen moute *If one of them lies to you, the other backs him up; they form a pair.* Si youn ap ba ou manti, lòt la apiye l; yo fòme yon pè zo byen monte boul. ●**form a ring** fè yon wonn *To play the round dance, the kids have to form a ring.* Pou yo ka jwe laviwonn danse, fòk timoun yo fè yon wonn. ●**form a single line** alafilendyèn *They form a single line in the school's courtyard.* Yo alafilendyèn nan lakou lekòl la. ●**form a welt** fè louk *He was bitten by so many mosquitoes that his body is full of welts.* Tèlman marengwen mòde l, tout kò li fè louk.

formal *adj.* fòmèl *I am not a formal person.* M pa moun ki fòmèl.

formaldehyde *n.* fòmòl

formality *n.* fòmalite

formally *adv.* fòmèlman *She acted formally.* Li aji fòmèlman.

format *n.* fòma

formation *n.* fòmasyon ●**intellectual formation** levasyon

former *adj.* ansyen *That woman is his former girlfriend.* Fi sa a se ansyen mennaj li.

formerly *adv.* lontan, oparavan, otrefwa *Formerly, people lived in harmony with their kin.* Otrefwa, moun te konn viv byen ak parèy yo.

Formica *prop.n.* fòmika

formidable *adj.* ●**formidable person** towo

formula *n.* fòmi, fòmil

fornication *n.* fònikasyon, lenkondit

forsake *v.tr.* abandonnen, dezète, radye *We forsook him as a family member because he's too much of a scoundrel.* Nou radye msye nan fanmi an, li twò vakabon.

forsaken *adj.* ●**forsaken place** aziboutou

fort *n.* fò

forte *n.* don, talan

forth *adv.* ●**and so forth** elatriye, ensideswit *He needed plantains, cooking oil, salt, and so forth.* Li te bezwen bannann, lwil, sèl, elatriye. ●**so forth** eksetera, elatriye, ensideswit ●**and so on and so forth** epatati epatata, patiti patata *The president talked about the economy, education and so on and so forth.* Prezidan an pale konsènan ekonomi a, edikasyon, patati patata.

forties *n.pl.* karantèn *My mother is in her forties.* Manman m nan karantèn li.

fortieth *adj.* karantyèm

fortification *n.* fò

fortified *adj.* ●{be/feel}**fortified** santi li kore *After he finished eating all that food, he felt well fortified.* Apre l fin manje pakèt manje sa a, li santi l byen kore.

fortify *v.tr.* bay vigè, fòtifye, remonte *These vitamins will fortify you.* Vitamin sa yo pral fòtifye ou.

fortifying *adj.* fòtifyan *She has to eat food that is fortifying.* Fòk li pran manje ki fòtifyan.

fortitude *n.* andirans, gen latya, san sipòtan ●**show fortitude** mare{ren/vant}li

fortnight *n.* kenzèn

fortress *n.* fò, fòtrès

fortunate *adj.* byen tonbe, ere, erèz [*fem*], gen chans, nan luil *You are really fortunate, you are never sick.* Ou se moun ki ere, gade ou pa janm malad. *He's a very fortunate individual.* Se yon moun ki gen chans anpil. *Those people are fortunate.* Moun sa yo nan luil. *That was a fortunate occurrence.* Se yon bagay ki byen tonbe.

fortunately *adv.* Bondye fè, chans (pou yon moun), erezman *I was late getting to the airport, but fortunately for me, the plane had had a problem.* M rive ayewopò a an reta, men chans pou mwen, avyon an te gen yon poblèm.

fortune *n.* 1[*amount of money*] avwa, {bann/chay} lajan, bann kòb, fòtin, richès *He spent his entire fortune.* Li depanse tout avwa li. *That must have cost a fortune!* Sa dwe koute yon bann lajan. *He made a fortune selling charcoal.* Li fè yon bann kòb nan vann chabon. 2[*fate, chance*] chans *I've had the good fortune never to be sick.* M gen chans m pa janm malad. •**fortune teller** chapitè, divinò, vwayan •**good fortune** bon pye, chans •**make a fortune** fè chita li *My child made a fortune.* Pitit mwen an fè chita.

forty *num.* karant •**about forty** karantèn

forum *n.* fowòm

forward[1] *adj.* frekan *He's too forward; you'd better not go out with him.* Msye frekan twòp; pito ou pa sòti avèk li.

forward[2] *adv.* 1[*towards the front end*] avan, fè yon pa annavan *Move forward a little.* Fè yon ti avan tou piti. *When is this country going to move forward?* Kilè peyi sa a ap rive fè yon pa annavan? 2[*towards the future*] avans *I set my watch forward.* M ap bay mont lan avans. •**go forward** fè avan *The car can't go forward.* Machin nan pa ka fè avan. •**go forward in starts and stops** bay zouk *The car kept going forward in starts and stopped.* Machin nan chita ap bay zouk san rete.

forward[3] *n.* [*soccer*] avan, avanpwent •**center forward** avansant •**right inside forward** entèdwat

forward[4] *v.tr.* fè swiv *Please forward this letter.* Tanpri fè swiv lèt sa.

forward[5] *interj.* annavan, devan annavan *The commanding officer says, "Forward! March!"* Sòlda k ap konmande twoup la di, "Annavan...an...an...an! mach!" *Forward, friend!* Devan, mezanmi!

fossil *n.* fosil

foster[1] *adj.* adoptif •**foster child** timoun adoptif •**foster father** papa adoptif •**foster mother** manman adoptif

foster[2] *v.tr.* 1[*bring up a child*] elve *My friends fostered an orphan.* Zanmi mwen yo elve yon òfelen. 2[*help develop*] devlope *This law fosters a rising economy.* Lwa sa a devlope yon ekonomi ki monte.

foster home *n.* fwaye adopsyon, pansyon timoun

foul[1] *adj.* move, sal nèt, *This cab has a foul odor.* Taksi sa a gen move sant ladan l.

foul[2] *n.* [*sport*] chay, fòt, kwochèt •**foul line** liy demakasyon

foul[3] *v.tr.* •**foul up** bakle, gate *I'm the one who fouled everything up.* Se mwen k gate sa.

foul-mouth *n.* [*person*] machann betiz •**have a foul mouth** gen lang sal, pale mal

foul-smelling *adj.* santi fò

foul-up *n.* matyak

found *v.tr.* fonde, mete yon bagay kanpe *She founded the school in 1990.* Li fonde lekòl la nan lane 1990. *It's Jane who founded that school.* Se Jàn ki mete lekòl sa kanpe.

foundation *n.* 1[*construction*] asiz, baz, chita, fenfon, fondas, fondasyon, fonnman *The foundation of the house is made of stones.* Baz kay la fèt ak gwo wòch. 2[*power*] asiz *The power has foundation, it can't be overthrown.* Pouvwa a gen asiz, li pa ka kapote.

founder *n.* fondatè, fondatris [*fem.*]

foundry *n.* fondri

fountain *n.* fontenn, sous •**drinking fountain** abrevwa •**piped water fountain** tiyo

fountainhead *n.* tèt dlo, sous

fountain pen *n.* plim (a) resevwa

four *num.* kat, katr •**four o'clock** katrè •**on all fours** a kat pat *She walked on all fours.* Li mete l a kat pat.

four-legged *adj.* ak kat pat

four o'clock *n.* [*flower*] bèldenui

four-wheel drive *adj.* doub diferansyèl, kat wou motris, tèt bèf

fourteen *num.* katòz

fourteenth *adj.* katòzyèm

fourth *adj.* ka, katriyèm

fourthly *adv.* katriyèmman

fowl *n.* bèt{ti tèt/volay}, poul

fox *n.* rena •**put the fox in the chicken coop** mete chat veye{(bòl)bè/mantèg} *Trusting a thief is like putting the fox in the chicken coop.* Fè vòlè konfyans se mete chat veye bè.

foxy *adj.* kont kò li *You see him acting as a nice guy, but don't pay attention to that, he's foxy.*

Ou wè l la byen dousman, men pa okipe ou, li kont kò li.

fraction *n.f* **1**[*math*] fraksyon **2**[*small part*] moso, pati, ti kras *He only gave me a fraction of the money.* Se yon ti kras li ban m nan kòb la.

fracture[1] *n.* frakti •**hairline fracture** zo yon moun manke kase *After her fall, she had a hairline fracture of her wrist.* Apre l fin tonbe a, zo ponyèt li manke kase.

fracture[2] *v.tr.* fraktire, kase *She fractured her right shoulder in the accident.* Li fraktire zepòl dwat li nan aksidan an.

fragile *adj.* **1**[*easily broken/damaged*] frajil, kraze fasil *Earthenware plates are fragile.* Asyèt an fayans frajil. *It's fragile.* Se yon bagay frajil. *These glasses are very fragile.* Vè sa yo kraze fasil. **2**[*subject to illness/accident*] frajil *She has a fragile constitution.* Li se yon moun ki frajil.

fragility *n.* frajilite

fragment *n.* chikèt, ekla, kraze

fragrance *n.* bon odè, odè, sant •**give off fragrance** anbonmen

fragrant *adj.* santi bon *These flowers are very fragrant.* Flè sa a santi bon anpil. •**be fragrant** anbonmen *The house is fragrant with her perfume.* Kay la anbonmen ak pafen ki sou li a.

fraidy-cat *n.* kapon

frail *adj.* azobato, enfim, fay, fèb, flengen, frajil, frèl, pa gen gran vi, payaya, pedevi *The man is really frail, a little wind can throw him.* Msye azobato vre, yon ti van kont pou jete l. *The baby was born frail.* Tibebe a fèt tou enfim. *The way he's frail, he must be getting a serious illness.* Jan li fay la, ou kwè li ka kenbe yon maladi serye. *She's so frail, she can't get up.* Li tèlman fèb, li pa ka kanpe. *As frail as he is, do you believe he can withstand a serious illness?* Jan misye flengen la a, ou kwè l ka kenbe yon gwo maladi? *She's a frail child, since she was born she has been ill.* Se yon timoun frajil, depi l fèt l ap malad. *You can see that she's frail just by looking at the color of her skin and her thinness.* Depi sou koulè po l ak jan li mèg la, ou tou wè pa gen gran vi. *The illness made her really frail.* Maladi a fè pitit la pedevi nèt. •**frail child** flengen •**frail or sickly person** enfim •**frail woman** fanmòt

frailty *n.* feblès

frame[1] *n.* **1**[*decorative enclosure*] ankadreman, kad **2**[*window/door casing*] chanbrann, glisyè *The window is stuck in the frame and won't go up or down.* Vit la kole nan glisyè a, li pa ka moute ni desann. **3**[*vehicle*] chasi **4**[*person*] (e)kari •**{photo/picture} frame** ankadreman

frame[2] *v.tr.* ankadre *I need to frame my picture.* M bezwen ankadre foto m nan.

framer *n.* •**picture framer** ankadrè

frames *n.pl.*[*glasses*] {bwa/manch/monti} linèt

framework *n.* amati, chapant, kad

framing *n.***1**[*gen.*] ankadreman **2**[*concrete work*] kofray

franc *n.* [*French currency*] fran

France *prop.n.* Lafrans, Frans

franciscan[1] *adj.* fransisken

franciscan[2] *prop.n.* fransisken

Francophile *prop.n.* fransyomàn

frangipani *n.* franjipànye

frank *adj.* fran, kare, louvri, ouvè *I like people who are frank.* M renmen moun ki fran. *He's a very frank person.* Se moun ki ouvè l ye. *He's a very frank person; he won't mince words.* Se yon moun ki kare; sa l gen pou l di ou la, l di ou li. *Do you want me to be perfectly frank? I think she's lying to you.* Ou vle m di ou sa m panse? Se manti l ap ba ou. •**utterly frank** veridik *He's perfectly frank.* Misye veridik tout bon.

frankfurter *n.* sosis

frankly *adv.* an verite, franchman, kareman, ouvètman, toutbon *Frankly, I'm not changing my decision.* An verite, m p ap tounen sou desizyon m. *I spoke frankly with you.* M pale kareman avè ou.

frantic *adj.* prèt pou fou *When I couldn't find the money, I became frantic.* Lè m wè m pa ka jwenn kòb la, m santi m prèt pou fou.

fraternal *adj.* fratènèl

fraternity *n.* fratènite

fraternize *v.intr.* fratènize *They don't want to fraternize with MINUSTAH soldiers.* Yo pa vle fratènize ak solda MINISTA yo.

fraud *n.* fwòd, iregilarite, magouy

fraudulent *adj.* {bout/fo}mamit, magouy

fraught with *adj.* {chaje/ranpli}ak

fray *n.* won *You, too, are entering the fray.* Ou antre nan wonn nan tou.

frayed *adj.* defripe •**be frayed** defile *This poor quality cloth is already frayed.* Vye twal sa a gen tan defile. •**get frayed** fè franj *This cloth is really getting frayed.* Twal la fè franj.

frazzled *adj.* delala

freak¹ *n.* 1[*peculiar person*] biza, nimewo 2[*monster*] mons 3[*event, etc.*] anomaly

freak² *v.intr.* •**freak out** pèdi tèt, tèt youn moun pati

freckle *n.* takte, takte kòdenn, ti tach *Her face is full of freckles.* Figi l chaje takte.

freckle-faced *adj.* figi pentle •**that freckle-faced girl** grimèl figi pentle sa a

freckled *adj.* pentle, takte *Look at how the girl's face is freckled.* Gad jan figi tifi a takte.

free¹ *adj.* 1[*allowed to*] gen dwa, lib *Everyone is free to say what they wish.* Tout moun gen dwa di sa yo vle. *She's free to go where she wants to.* Li gen dwa al kote l vle. *You're an adult, you're free to do what you want.* Ou granmoun, ou lib pou fè sa ou vle. 2[*not limited*] gen dwa *I have free access to the house.* M gen dwa antre nan kay la lè m vle. 3[*costing nothing*] gratis *I have two free movie tickets.* M gen de tikè sinema gratis. 4[*not busy*] lib *When you have some free time, come to see me.* Lè ou gen yon ti tan lib, vin kote m. 5[*not being used*] vid, lib *Is this seat free?* Plas sa a vid? 6[*without*] kit, san *The table is free of food remains.* Tab la kit ak kras manje. *Give him food that is salt-free.* Ba l manje san sèl. 7[*generous, even if unsolicited*] pa janm, vini bay *He's always free with his advice.* Li toujou ap vin bay moun konsèy. *She's very free with her money.* Li pa janm sere kòb pou moun. 8[*be rid of*] debarase *I want to be free of that woman.* M bezwen debarase ak fi sa a. •**free and easy** pa janm bay tèt li pwoblèm *She leads a free and easy life.* Li pa janm bay tèt li poblèm pou anyen. •**free from worries** byennere, byennerèz •**free of charge** gratis *He didn't charge me for it, he did it for me free of charge.* Li pa fè m peye, li fè l gratis pou mwen. •**absolutely free** gratis ti cheri •**be free** delivre *When will we be free of this misery?* Ki lè pou n delivre nan mizè sa a? •**for free** gratis, pou granmesi *I can't do it for free.* M pa ka fè l pou granmesi. •**get free**

dezanpetre pye li *She got free from that man.* Li dezanpetre pye l ak nèg la. •**get free of one's marker** [*sport*] demake li •**give a free show** se sinema gratis •**give for free** fè piyay *Let's give those people relief food for free.* Ann fè piyay sinistre a bay moun yo. •**give free rein** bay yon moun kat blanch

free² *adv.* 1[*without payment*] gratwitman, {pa/san} peye *The child can travel free if she sits on your lap.* Timoun lan pa p peye, si ou mete l chita sou ou. 2[*in an uncontrolled way*] lage lib *You let those kids run free, and they'll get you into trouble.* Ou lage timoun yo twò lib, y ap mete ou nan poblèm.

free³ *v.tr.* debloke, degòje, degaje, dekonble, {jwenn/ gen}tan, kite ale, lage, libere, retire, sove *Help! We need to free the child caught inside the car.* Anmwe! Nou bezwen degaje timoun nan k bare anndan machin nan. *Let's free the passage.* Dekonble nou la. *Don't kill the bird, let it go free.* Pa touye ti zwazo a, kite l ale. *Free the bird.* Lage zwazo a pou l ale. *The judge had the prisoner set free.* Jij la fè libere prizonye a. *If I quit my job, it will free me to look after my mother.* Si m kite travay la, m ap jwenn tan pou m okipe manman m. *After the accident, it was the police who freed him from the car.* Apre aksidan an, se lapolis k al retire l nan machin lan. *Her skirt got caught in the door, and she couldn't free it.* Jip li pran nan pòt la, l pa ka retire l. *I caught the thief, but he freed himself from my grasp.* M kenbe vòlè a, enpi l sove nan men m. •**free a place** dekonble *Free a place for us.* Dekonble nou la. •**free a space** dekatiye •**free from obstruction** debonde •**free o.s. of** debarase li, dezanpetre pye li *You should make a confession in order to free yourself from your sins.* Fò ou manyè konfese pou debarase ou ak peche ou yo. •**free s.o. from sth.** dezangaje *He freed this unfortunate man from his problem.* Li dezangaje malere sa a nan poblèm li.

free-for-all *n.* rale{mennen kase/voye}

freebooter *n.* flibistye

freed *adj.* pye yon moun demare *I feel freed now.* M santi pye m demare kounye a.

freedman *n.* afranchi

freedom *n.* dwa, libète *You have the freedom to do what you want.* Ou gen dwa fè sa ou vle.

•**freedom of speech** libète pawòl •**have the freedom of expression** gen {lalwa/lavwa} ochapit *In a democratic country journalist must have the freedom of expression.* Nan peyi demokratik, jounalis dwe gen lavwa ochapit. •**unbridled freedom** banbòch demokratik *Because of unbridled freedom, everybody does what she pleases.* Akòz banbòch demokratik ki gen nan peyi a, tout moun fè sa yo vle.

freeloader *n.* gratè, reskiyè, woulibè

freely *adv.* lib, lib e libè, libekalib *You can talk freely.* Nou kab pale lib e libè. *You can speak freely here. We're alone.* Ou mèt pale lib, pa gen lòt moun la.

Freemason *prop.n.* Franmason, mason

Freemasonry *prop.n.* mason

free trade *n.* lib echanj

freeway *n.* otowout

freeze I *v.tr.* glase, jele *The freezer froze the meat well.* Frizè a glase vyann nan byen. *Freezes this liquid quickly.* Jele likid sa a byen vit. **II** *v.intr.* {fè/tounen}glas, glase *The food remained so long in the fridge that it froze.* Manje a tèlman rete nan frijidè a, li fè glas. *The water froze.* Dlo a tounen glas. •**freeze solid** jele nèt, tounen glas •**freeze up** fri *She's freezing up over the exam.* L ap fri sou fèy egzamen an.

freezer *n.* frizè, konjelatè •**ice cream freezer** moulen krèm, soptyè

freezing *adj.* frèt{anpil/glase}, frèt{kou/pase} nen chen, frèt kou mab, glase *The house is freezing.* Kay la frèt kou nen chen. *My feet are freezing.* Pye m frèt glase.

freight *n.* chajman, chay, machandiz

freighter *n.* kago

French[1] *adj.* franse •**French fries** ponm fri •**French Guyana** Giyàn Franse (Lagiyàn) •**French toast** pen pèdi

French[2] *prop.n.* franse

French-kiss *v.tr.* pran lang, tete lang

frenchified *adj.* fransize

frenchify *v.tr.* fransize *When you frenchify the Creole language, it makes you speak funnily.* Lè ou fransize lang kreyòl la, sa fè ou pale dwòl.

Frenchman *n.* franse

French-speaking *adj.* frankofòn •**French-speaking world** frankofoni

Frenchwoman *n.f.* fransèz

frenum *n.* filet

frenzy *n.* eksitasyon •**work into a frenzy** chofe serye

frequency *n.* frekans •**radio frequency** pòs

frequent[1] *adj.* kouran, fèt souvan *Floods are frequent phenomena in this area.* Inondasyon se yon fenomèn ki kouran nan zòn sa a. *It's a frequent occurrence.* Se yon bagay ki fèt souvan. •**be frequent** fè pay

frequent[2] *v.tr.* frekante *Why do you frequent these bars?* Poukisa ou frekante ba sa yo?

frequently *adv.* dri, kitikantan, souvan *He calls me frequently.* Li rele m souvan. *They come here frequently.* Kitikantan yo vin la.

fresh *adj.* 1[*newly produced*] fre, vif *These mangos are not fresh.* Mango sa yo pa fre. *The wound is fresh.* Blese a vif. 2[*recently prepared/done*] fenk *The bread is fresh from the oven.* Pen an fenk sot nan fou. *The coffee is fresh.* Kafe a fenk fèt. 3[*(re)invigorated*] fre *I'll feel fresh after my shower.* Lè m fin pran beny lan, m santi m fre. 4[*pure and generally cool*] fre *A little fresh wind.* Yon ti van fre. 5[*rudely insistent with women*] frekan, kole sou yon moun, twò alèz ak yon moun *He was getting fresh with me.* Nèg sa a koumanse twò alèz avè m. •**fresh as a daisy** fre kou{kola kenz/ze kalanderik} •**be fresh** fè frè *The air is fresh under the mango tree.* Fè fre anba pye mango a.

freshen up *v.intr.* mete frechè sou li *I'll go freshen up.* M pral mete yon frechè sou mwen.

freshly *adv.* tou cho tou bouke *I said nothing bad to you to justify you answering me freshly.* M pa di ou anyen ki mal la pou reponn mwen tou cho tou bouke konsa. •**freshly made** fenk fèt *It's freshly brewed coffee.* Se yon kafe k fenk fèt.

freshman *n.* [*college*] filozòf

freshness *n.* frechè, lafrèch *The product she's using gives her skin such a freshness!* Pwodui l ap sèvi ak li a ba po l yon sèl frechè!

fret *v.intr.* bat kò li, enkyete li, fè kout san *You needn't fret.* Ou pa bezwen fè kout san.

fretful *adj.* yenyen

friar *n.* frè, monfrè

fricking *interj.* [*vulgar*] frenk *Don't fricking annoy me, go back to your daddy.* Pa frenk anmède m, al jwenn papa ou.

friction *n.* friksyon, fwotman

Friday *n.* vandredi •**Good Friday** vandredi sen
fridge *n.* frijidè
fried *adj.* fri *There's no fried fish left.* Pa gen pwason fri ankò.
friend *n.* frè, kanmarad, konpanyon, konpè, lami, lamitye, moun li, sè, sò, zanmi *They're good friends.* Yo bon zanmi. *He didn't want to be friends with me.* Li pa vle fè zanmi avè m. *My old friend, how are you?* Vye frè m, kouman ou ye? *We're friends.* Nou se konpay. *My friend, help me.* Lami, ban m yon kout men. *I'm not his friend.* M pa moun li. *How is my friend Sophie doing?* Kouman sò Sofi ye? **friends** *n.pl.* frekantasyon, lekipay, moun *This woman has a lot of friends.* Fi sa a fè gran frekantasyon. •**circle of friends** sèk •**close family friend** pitit kay •**close friend** entim, frè bra, kouyan, zantray yon moun *He's a close friend of mine.* Se zantray mwen li ye. •**close friend who knows your secrets** lestomak yon moun *You can talk, Pradel is a close friend in whom I can confide.* Ou mèt pale, Pradèl se lestomak mwen. •**girl friend** bebi, menaj •**good and close friend** [*female*] makòmè •**good friend** gagann •**good friend of the family** mèt kay *Selòm is a good friend of the family.* Selòm se mèt kay. •**good friends** mimi ak makou *He and I are good friends.* Mwen menm avè li se mimi ak makou. •**have friends in the right places** gen bwa dèyè bannann li *If you see the man get that big job, he has friends in the right places.* Si ou wè msye jwenn gwo djòb sa, li gen bwa dèyè bannann li. •**I'm no friend of yours!** mwen pa krabè ou •**influential friends** gran relasyon •**inseparable friend** pwason kraze nan bouyon •**inseparable friends** chemiz ak po, Kòkòt ak Figawo •**intimate friend** grenn vant, zantray yon moun •**let's be friends** ann byen •**make friends** fè zanmi •**my friend** monblan, monchè, monnami, piti *My friend, I have a story to tell you.* Pitit, m gen yon zen pou ou. •**my friends** mezanmi •**old friend** konpè •**true friend** moun pa li •**trusted friend** pa youn moun
friendliness *n.* zanmitay
friendly *adj.* amikal, emab, moun tout moun *We had a friendly meeting.* Nou te gen yon reyinyon amikal. *The small child is friendly.*

Ti pitit la emab. *He's very friendly.* Msye se moun tout moun. •**be extremely friendly (with)** danse kole *We are not extremely friendly with racketeers.* Nou pa danse kole ak raketè. •**be friendly** fratènize •**be friendly with** akwe *She's not too friendly with me.* Li pa two akwe ak mwen.
friendship *n.* kòkòday, konkòday, konmeray, lakominyon, lamitye, senpati, tontèn mitonn, zanmitay *There's real friendship in this group.* Gen lakominyon nan gwoup sa a.
frigate mackerel *n.* bonnit
fright *n.* freyè, laperèz, pè *It gave me the fright of my life.* M pa janm pè konsa. •**stage fright** trak
frighten *v.tr.* entimide, fè yon moun{pantan/pè} *I was frightened by the clap of thunder.* Kout loray la fè m pè. *You think you can frighten me!* Ou gen lè konprann ou ka fè m pè! *The gun you carry frightens him.* Zam nan ou rale a fè l pantan. •**frighten (off)** fawouche *Don't frighten the animal.* Pa fawouche bèt la.
•**frightened** *adj.* espantan, pè *I'm frightened of dogs.* M pè chen. •**become frightened** pran pè •**be frightened** espante, gen laperèz *He's frightened, this always makes him discouraged.* Misye gen laperèz, sa fè l toujou dekouraje.
frightening *adj.* efreyan
frightful *adj.* efreyan
frill *n.* falbala, volan **frills** *n.pl.* jabotyè
fringe *n.* franj *The kite doesn't have a fringe around it.* Sèvolan an pa gen franj. •**fringe benefit**
fringed *adj.* bòne
Frisbee *n.* frisbi
frisk *v.tr.* fouye *Frisk that guy well.* Fouye msye a byen.
frisky *adj.* anpoulaw
fritter[1] *n.* benyen/benyè, marinad •**coconut fritter** kaka kòk •**malanga or taro fritter** akra
fritter[2] *v.tr.* •**fritter away** gaspiye *They fritter away all of their money.* Yo gaspiye tout kòb yo.
frivolous *adj.* anpipèt, frivòl, tèktèk *You're too frivolous with your money, you can't save.* Ou twò frivòl ak kòb, ou pa konn lekonomi. *That girl is too frivolous, I don't think I'll marry her.* Ti fanm sa a twò tèktèk, m pa kwè m

ap marye ak li. •**frivolous or irresponsible person** ransè •**frivolous and meddling** renmen briganday •**frivolous woman** gen pye lejè *No woman is more frivolous than she.* Nanpwen fi gen pye lejè tankou l.

frizzy *adj.* koton

fro *adv.* •**go to and fro** fè kont laviwonn li *She went to and fro.* Li fè kont laviwonn li.

frolic *v.intr.* {fè/bat}kalinda, galonnen, karakole *The children are happy, they're frolicking.* Kè timoun yo kontan, y ap fè kalinda.

frog *n.* gounouy, krapo

from *prep.* 1[*starting at (a place, position, condition)*] an, apati, ak/avèk, depi, nan, sot(e)/sòti), sou *They are from France.* Yo sot an Frans. *It's far from here.* Li lwen ak isit. *We are working from morning to evening.* Depi maten jis aswè, n ap travay. *She took the card from my hand.* Li pran kat la nan men m. *We took away this advantage from him.* Nou retire avantaj sa a nan men l. *The plane from France is landing.* Avyon ki rive sot la Frans lan ap ateri. *Things are going from bad to worse.* Bagay yo se pi mal an pi mal. *That's the bus from Jeremie.* Sa a se bis ki sot Jeremi an. *The wind is coming from that direction.* Van an sot bò isit. *I drove from Port-au-Prince to Cap-Haitien.* M kondi sot Pòtoprens al Okap. *She woke me up from a nap to tell me that.* Li reveye m nan dòmi pou l di m sa. *Where did this come from?* Kote sa a soti? 2[*starting at (the stated time)*] depi, soti, pati *From the moment I met him, I saw he wasn't trustworthy.* Depi menm moman m wè l la, m wè se pa yon moun serye. 3[*from a physical/mental position*] kote, nan, dapre *From where I was standing, I couldn't see anything.* Kote m te kanpe a, m pa t ka wè anyen. *Let's watch from the window.* An n al gade nan fenèt la. *From my point of view, what you did was wrong.* Dapre mwen menm, sa ou fè a pa bon. 4[*in a state of separation with regard to*] ak, kite, nan, sou *They separated the wives from the husbands.* Yo separe madanm ak mouche. *I'll run away from home.* M ap pati kite kay la. *When you subtract five from ten, what do you get?* Lè ou retire senk nan dis, konbe l ba ou? *Get that book from the shelf for me.*

Pran liv sa a sou etajè a pou mwen. *He took the doll from the child.* Li pran pope a nan men timoun lan. 5[*out of*] nan *I took it from his pocket.* M pran l nan pòch li. *Let me get twenty gourdes from my purse to give you.* Ban m chache yon ven goud ba ou nan bous la. 6[*compared with*] de *That car is different from mine.* Machin sa a diferan de machin pa m nan. 7[*originating in*] kote, soti *Where are you from?* Kote ou moun? *The noise is coming from there.* Bri a sot bò isit. *She's from a wealthy family.* Li sot nan yon fanmi k rich. *The guy from the electric company is coming today.* Nèg konpayi eletrik la ap vin jodi a. 8[*using*] ak, avè(k) *They make peanut butter from peanuts.* Yo fè manba ak pistach. 9[*as a result of*] akòz, de *They said that he died from hunger.* Yo di ke yo mouri akòz grangou. *She's suffering from a heart condition.* L ap soufri de yon malady kadyak. 10[*judging by*] dapre *From what she said, she wasn't the one who took the money.* Dapre jan l pale a, se pa li k pran kòb la. •**from...on** apati *From Léogâne on the road isn't good.* Apati de Leyogàn wout la pa bon. •**from...to** depi... rive, pran nan...rive nan, sòti...al, soti...(pou) rive *I'm on vacation from May second to June fourth.* Depi de me pou rive kat jen, m ap an vakans. *Let's start reading from the first page all the way to the last.* Ann kòmanse li pran nan premye paj la rive nan dènye a. *It takes thirty minutes to go from Port-au-Prince to Léogâne.* Soti Pòtoprens pou al Leyogàn se trant minit. *I'll wait for you from ten am to two pm.* M ap tann ou soti diz è rive dez è. *He led the cattle from Camp Perrin to Cayes.* Li mennen bèf la sot Kanperen rive Okay. •**from...until** se... pou *The colloquium is from Thursday until Sunday.* Kòlòk la se jedi pou dimanch.

front[1] *adj.* avan, devan/douvan *The car's front tire is flat.* Wou avan oto a plat. *She's in the front room.* Li nan chanm devan an. *I was sitting on the front row.* M te chita nan ranje devan an. *The front door is closed.* Pòt devan an fèmen.

front[2] *n.* 1[*most forward position*] devan/douvan, devanti, fasad, fon, papòt *I couldn't find a seat in the front of the bus.* M pa jwenn plas devan nan bis la. *The front of your shirt* *is dirty.* Devan chemiz ou a sal. **2**[*in the position directly before*] devan *He's standing in front of the house.* Li kanpe devan kay la. *She sits in front of me.* Li chita devan m. **3**[*in the presence of*] devan, nan bab *Don't say that in front of the children.* Pa di sa devan timoun yo. *He kissed the girl in front of her father.* Li bo tifi a nan bab papa l. •**go in front of** pran devan *The child went in front of the crowd as soon as the music began.* Pitit la pran devan foul la kou mizik la koumanse frape. •{**in/up**}**front** devan *I always like to sit up front.* M toujou renmen chita devan. •**in front of** anfas, annavan, devan, nan bab •**in front of one's eyes** avidèy *The child is growing right in front of our eyes.* Pitit la ap grandi avidèy. •**out front** devan an *My car is parked out front.* Machin mwen pake devan an. •**up front** [*in advance*] avalwa *He asked for three hundred dollars up front.* Li mande twa san dola avalwa.

frontier *n.* fontyè

frost[1] *n.* glas •**frost bitten** jele

frost[2] *v.tr.* dore *She frosted the cakes.* Li dore gato yo.

frosting *n.* [*on cakes, etc.*] glas, glasaj, glasi, nèj

froth[1] *n.* kim, mous

froth[2] *v.intr.* fè kim, kimen *The goat is frothing at the mouth.* Bouch kabrit la kimen.

frown *v.intr.* mare{figi/min/sousi/twa pli nan fon}sou yon moun *Don't frown at me, there's nothing to be sore about.* Pa mare min ou sou mwen, pa gen anyen pou ou move la a. *She frowned at me.* Li mare sousi l sou mwen. •**frown at** mare karaktè li sou •**frown in discontent** mare twa pli nan fon li, mare{figi/min}li •**frown on** pa dakò *My father frowns on my staying out late.* Papa m pa dakò pou m ret deyò ta. •**stop frowning** deboude

frozen *adj.* **1**[*very cold*] frèt{kou/pase}nen chen, glase, jele *The ice cream is frozen.* Krèm nan frèt kou nen chen. **2**[*stationary*] gen laperèz *When I heard the footsteps, I was frozen with fear.* Lè m tande bri pye a, m gen yon sèl laperèz ki pran m. •**completely frozen** kuit *She put the meat in the freezer, it became frozen stiff.* Li mete vyann nan nan frizè, li vin kuit nèt.

fructose *n.* leviloz

frugal *adj.* [*careful with money*] pa gaspiyè(z) *She's very frugal.* Li pa gaspiyèz menm.

fruit *n.* fwi, grenn bwa •**fruit tree** ab fwitye •**crystallized or candied fruit** konfi *We bought candied fruits, mangoes and oranges at the market.* Nou achte konfi, mango ak zoranj nan mache a. •**first fruits** premis •**forbidden fruit** fwi defandi •**give fruit** rapòte *This mango tree yielded a lot this year.* Pye mango sa a rapòte anpil ane a. •**residue of fruit after squeezing** zanma •**tree that does not bear fruit** mal *A papaya tree that bears no fruit.* Yon pye papay mal.

fruitful *adj.* peyab

fruitlessly *adv.* anven

frustrate *v.tr.* restrenn *It isn't good to keep frustrating the child like that.* Sa pa bon pou ap restrenn pitit la konsa.

frustrated *adj.* fristre *She's very frustrated because they didn't give her the job.* Li fristre anpil poutèt yo pa ba l djòb la.

frustration *n.* fristrasyon

fry[1] *n.* •**small fry** bouboutè

fry[2] *v.tr.* fri, sote *Fry the fish.* Fri pwason an.

frying *n.* friti

frying-pan *n.* pwelon

fuchsia *n./adj.* wouj mòv klè

fuck[1] *interj.* [*vulg.*] tonnè *Fuck! I forgot the book again!* Tonnè! M bliye liv la ankò!

fuck[2] *v.tr.* [*vulg.*] konyen, koupe *He didn't fuck her.* Li pa konyen l. •**fuck off** (ale)vouzan!, pati ou la! •**fuck you!** kòmanman ou, {gèt/kolangèt/koulangèt/langèt}manman ou •**go fuck yourself!** {gèt/kolangèt/koulangèt/langèt} manman ou

fudge *n.* dous •**banana fudge** dous bannann •**coconut fudge** dous kokoye •**milk fudge** dous lèt •**peanut fudge** dous pistach •**pistachio fudge** dous pistach

fuddy-duddy *n.* gate pati, nèg kongo

fuel *n.* kabiran •**diesel fuel** dizèl, gazòy

fugitive *n.* mawonyè

fulcrum *n.* pwen dapui

fulfill *v.tr.* akonpli, egzose, ranpli, reyalize *I fulfilled all the conditions for the position.* Mwen ranpli tout kondisyon yo pou pòs la. *I'd like to fulfill all my dreams.* Mwen ta renmen reyalize tout rèv mwen. •**fulfill one's duty** ranpli *To vote is to fulfill one's duty as a citizen.* Vote se ranpli yon devwa sitwayen. •**fulfill one's needs** geri bosko li •**fulfill requirements** ranpli kondisyon

fulfilled *adj.* bout, konble *She felt fulfilled because her boyfriend was next to her.* Li santi l konble paske mennaj li a kote l.

fulfillment *n.* egzekisyon, reyalizasyon

full[1] *adj.* 1[*filled*] an plen, anvlòp, benn, bon, chaje, foul, founi, konplè, plen, ranpli, soule, toufi, wouj *We did a full six hours of work.* Nou fè siz è tan an plen ap travay. *That full skirt, it's too full for you.* Jip anvlòp sa vale ou twòp. *The small cloth bag is full of money.* Sakit la benn ak kòb. *This area in the sea is full of fish.* Bò lanmè sa a chaje ak pwason. *The garden is too full.* Jaden an twò founi. *Let's wait for the next bus, this one is full.* Ann tann pwochen bis la, sa a konplè. *The road is full of mud.* Wout la ranpli ak labou. *I'm full, I can't eat anymore.* M ranpli, m pa ka manje ankò. *His belly is full.* Vant li plen. *I ate so much, I'm full.* M si tèlman manje anpil, m soule. *The glass is full of water.* Vè a plen dlo. *The bus is full.* Bis la foul. *Don't talk with your mouth full.* Pa pale ak manje nan bouch ou. 2[*filled to near capacity*] chaje, plen *The truck was too full.* Kamyon an te chaje twòp. *Don't fill my glass too full.* Pa plen vè a twòp. 3[*having plenty (of)*] chaje, plen *This house is full of mice.* Kay la chaje sourit. *The house is full of people.* Kay la plen moun. *I was full of joy.* Kè m te kontan anpil. 4[*complete, whole*] tout *Give your full name.* Bay tout non ou. *You must tell me the full story.* Se pou ou di m tout bagay. *I can't wait for a full year.* M pa p ka fè gwo 1 an ap tann. 5[*highest/greatest possible*] tout *I was driving at full speed.* M te sou tout vitès. 6[*well rounded*] plen, won *She has a full face.* Figi l won. •**full of one's self** pretansye •**full well** konplètman •**be full** fè mikalaw, soule *This neighborhood is chock full of beautiful houses.* Nan katye sa bèl kay fè mikalaw. •**crammed full** bonde

full[2] *adv.* an plen, dènye degre, entegralman

full[3] *n.* •**in full** *He said he wouldn't accept partial payment so I had to pay him in full.* Li di l pa p pran moso, m oblije peye l tout kòb la.

fullback *n.* [*soccer*] aryè

full-grown *adj.* fin grandi, majè

full-time *adj.* plen tan

fully *adv.* [*completely*] nèt *I didn't fully understand what he said.* M pa t fin konprann sa l te di a nèt. *She hasn't fully recovered yet.* Li po ko fin refè nèt.

fumble *v.tr.* tate, tatonnen *She can't see in the dark; she has to fumble around.* Li pa wè nan fènwa a, li blije ap tatonnen.

fume *v.intr.* fè kout san, san yon moun monte li nan tèt li *They're fuming.* San yo ap monte nan tèt yo.

fumes *n.* sant, vapè *The paint fumes are strong.* Sant penti a fò.

fumigate *v.tr.* flite *I'm going to fumigate the bed.* M pral flite kabann nan.

fun[1] *adj.* amizan *The story is fun.* Istwa a amizan.

fun[2] *n.* amizman, anbyans, plezi, titiyay *I had a lot of fun at the party.* M byen pran plezi m nan fèt la. •**have fun** amize li l, bat yon pwogram, bouloze, desipe li, divèti li, pandyannen *Have fun!* Amize ou byen! *We're having fun today, we're going to the beach.* N ap bat yon pwogram jodi a wi, nou pral nan plaj. *They're having fun next to the river.* Y ap desipe yo bò rivyè a. *He has fun playing in a soccer game.* Li pral divèti l la nan yon match foutbòl. *We're going to have fun at the carnival.* Nou pral pandyannen nan kanaval la. •**it's not all fun and games** se pa jwèt •**make fun of s.o.** bat plezi sou, bay yon moun chenn, betize li ak, chire je, fè fas yon moun, mete yon moun nan fas, griyen dan sou, moke, nage, pase yon moun nan{betiz/charad/jwèt/kaka/ tenten}, ri yon moun *The students like to make fun of teachers.* Elèv yo renmen bat plezi sou pwofesè. *Don't make fun of him.* Pa betize ou ak li. *Nènè made fun of Nadine.* Nènè chire je l bay Nadin. *This joker thinks that he can make fun of everyone.* Fawouchè sa panse li ka mete tout moun nan fas. *His coworkers made fun of her.* Kanmarad li yo griyen dan sou li. *They make fun of him a lot.* Yo moke li anpil. *They always make fun of country hicks.* Yo toujou pase gwo soulye nan betiz. *Don't think you can make fun of me.* Pa konprann ou ka pran m fè fas. *Are you making fun of me?* Se mwen ou ap ri a? •**make fun of sth.** fè blag ak yon bagay *Don't make fun of serious matters.* Pa fè blag ak pawòl serye. •**make fun of s.o.'s nasal voice** pale wannen

function[1] *n.* fonksyon, ofis, wòl

function[2] *v.intr.* fonksyone, mache, opere, refonksyonen, travay *The device functions well.* Aparèy la fonksyone byen. •**stop functioning** [*machine*] mouri, pran pàn *The car stopped in the middle of the street.* Machin nan mouri nan mitan lari a.

functional *adj.* fonksyonnèl, travay *Is this refrigerator functional?* Frijidè sa a travay?

functioning *n.* an mach, fonksyònman

fund *n.* kès **funds** *n.pl.* fon •**retirement fund** kès pansyon •**shortage of funds** defisi(t)

fundamental *adj.* fondamantal, fondalnatal *The area's fundamental activity is to grow rice.* Aktivite fondalnatal zòn nan se lakiltiv dir.

fundamentals *n.* fondèt

fundraiser *n.* fè (yon) maraton *Let's organize a fundraiser.* Ann fè yon maraton.

funeral *n.* antèman, fineray •**funeral{home/ parlor}** mòg, {palwa/ponp}finèb

funnel *n.* antènwa/antònwa/antonwa

funny *adj.* 1[*amusing*] frazè, komik, rizib *What a funny person, as soon as you see him, he is going to make you laugh.* Ala moun frazè, depi ou wè l, fò l fè ou ri. *There's no one funnier than John.* Nanpwen nèg komik pase Jan. *There's nothing funny in what I'm telling you.* Sa m ap di ou la pa gen anyen ki rizib ladan. 2[*strange, unexpected*] dwòl *My car is making a funny noise.* Machin mwen an ap fè yon bri dwòl. 3[*not quite correct, deceiving*] dwòl, mal, move *Something funny is going on around here.* Gen yon bagay dwòl k ap pase isi a. *When I saw her run away, I knew she was up to something funny.* Depi m wè l kouri a, m konnen se yon bagay mal li t ap fè. •**funny guy** odyansè *That funny guy makes people laugh.* Odyansè sa a ap fè moun ri. •**funny person** komik, makak, odyansè

fur *n.* fouri, plim, pwal •**animal fur** pwal bèt

furious *adj.* an kòlè, anraje, awoyo, debòde, dechennen, fache, monstre, move, move kou kong, movèz, tòl *He's furious with me.* L an kòlè sou mwen. *She's furious because you didn't come.* Li dechennen poutèt ou pa t vini an. *The boss is furious this morning.* Patwon an fin awoyo maten an. *The child is furious because her father told herm not to go

out.* Pitit la monstre paske papa l di l pa sòti. *He's furious because the man didn't show him respect.* Li tòl la poutèt nèg la sot manke l dega. •**get furious** kòn pouse nan tèt yon moun, pran emosyon *She really got furious when she saw the car almost hit the child.* Li pran yon sèl emosyon, lè l wè machin nan manke frape pitit la. •**make s.o. furious** kòn pouse nan tèt yon moun *Don't you make me furious.* Pa fè kòn pouse nan tèt mwen sèlman.

furnace *n.* founèz •**furnace to cook bread** founo pen

furnish *v.tr.* ekipe, founi, meble *I have to furnish the new house.* Fòk mwen meble nouvo kay la. •**furnish an answer** dekole •**furnish confidential information** pale bouch an bouch

furnishings *n.* mobilye

furniture *n.* mèb, mobilye •**piece of furniture** mèb

furrow *n.* min, rid, rigòl, siyon

further[1] *adj.* toujou *Do you have any further use for this knife?* Ou bezwen kouto sa a toujou? *If you need anything further, let me know.* Si gen lòt bagay ou bezwen toujou, fè m konnen. *Do it now and avoid any further delay.* Fè l konnye a, pa kite tan pase ankò.

further[2] *adv.* 1[*at/to a greater distance*] pi{devan/lwen}, menm, piplis *I can't go any further.* M pa ka al pi lwen. *Kay la pi devan an.* *Nothing could be further from his mind.* Se pa sa menm ki te nan tèt li. 2[*to a greater degree/extent*] ankò *I won't talk about it any further.* M pa p pale sou sa ankò. *She said that she has nothing further to say.* Li di l pa gen anyen pou l di ankò.

furthermore *adv.* anplis, antwòt, enpi, epitou, nitou, palpa, poudayè *He didn't arrive at work on time, furthermore he left early.* Li pa vin travay alè, anplis li ale bonè. *Don't shout at me, furthermore, I'm not your 'restavèk'.* Pa rele sou mwen, antwòt m pa restavèk ou. *The house is too small, and furthermore it doesn't face on the street.* Kay la twò piti, enpi tou l pa sou lari a. *She has bad manners, furthermore she's arrogant.* Li malevle epitou li awogan. *It's late, furthermore there's no light, we can't go out.* Li fin ta, palpa sa pa gen limyè, nou p ap ka soti.

furtively *adv.* alawonyay, an rèleng, anba chal, anchalkalis, anchatpent, andamnis, anmaskay, antipislin *He's passing by here furtively.* Msye ap pase isit la alawonyay. *He went by the people furtively.* Li pase sou moun yo an rèleng. *Because he came in furtively, I know that he's done a wrong deed.* Depi jan m wè misye vini anchatpent lan, m konn se yon move bagay li fè.

furtiveness *n.* kachotri

furuncle *n.* abse, bouton, klou

fury *n.* kòlè, ladjablès, raj, wè mò/wèmò •**be in a fury** mande wè mò *He's in a fury.* Misye mande wè mò.

fuse *n.* fizib, fyouz, mèch *There's a fuse that's blown.* Gen yon fyouz ki boule. •**fuse box** bwat fizib •**blow out a fuse** boule yon fyouz

fuselage *n.* kò avyon

fusing *n.* plòtonay

fusion *n.* fizyon

fuss[1] *n.* bagay, deblozay, teyat, vakam, woulo *Why all the fuss?* Pou ki sa tout bagay sa a •**make a fuss** fè{tapaj/ teyat}, {pete/ fè}lòbèy •**what a fuss** ala de koze *What a fuss in this country, every day there are demonstrations.* Ala de koze ou tande nan peyi sa, chak jou se yon manifestasyon. •**without fuss** san tanbou ni twonpèt •**without a big fuss** san bri san kont *He left the girl without a big fuss.* Li kite fi a san bri san kont.

fuss[2] *v.intr.* [*scold*] joure, {leve/pete}kabouyay *You shouldn't fuss at me. I wasn't the one who broke it.* Ou pa ka ap vin joure m, se pa mwen k kraze l. •**fuss at** raboure •**fuss with** anniye, anmède *Why are you fussing with your dress?* Sa ou gen ak rad la? Sa ou gen w ap anniye rad la konsa?

fussing *n.* jazman

fussy *adj.* [*irritable*] delika, demeplè, dezagreyab, kalsitran, pwentiye, rechiya *She's so fussy, it always takes her long time to choose a dish.* Li tèlman delika, se toujou nan goumen pou l chwazi yon manje. *She's a fussy old lady.* Granmoun sa a demeplè. *Fussy people are never satisfied.* Moun kalsitran pa janm satisfè. *He's very fussy in his work.* Se nèg ki pwentiye nan travay li. *Such a grown person like you shouldn't be fussy.* Gwo granmoun kon ou, ou pa dwe rechiya. •**be fussy** mawonnen *If you're going out with that man, tell him yes right away instead of being fussy.* Si w ap soti ak nèg la, di l kareman wi tank pou w ap mawonnen.

fustic tree *n.* gratgal

futile *adj.* mouvman nil *All my efforts were futile.* Tout efò m fè se mouvman nil.

future *n.* 1[*time after the present*] demen, fiti, lavi *We have to work hard to insure our future.* Nou dwe travay di pou n asire demen nou. *The past is not the future.* Tan pase pa tan fiti. *You never know what the future holds.* Ou pa janm konn sa lavi a sere pou ou. 2[*that which will happen to s.o./sth. in the future*] avni, devni *We must prepare for the children's future.* Se pou n prepare avni timoun yo. *He has a great future ahead of him.* Li gen avni devan l. •**have no future** sanzavni *He thinks he has no future.* Li di li sanzavni •**in the future** alavni, pati d jodi a *I don't want anyone to be late again in the future.* Pati d jodi a, m pa vle pyès moun vin an reta ankò. *What do you intend to do in the future?* Ki sa ou konte fè alavni? •**in the immediate future** nan limedya •**rosy future** avni favorab

fuzz *n.* fib, fil, pwal

fuzzy *adj.* 1[*blurred*] flou, twoub 2[*hair*]krepi

G

g *n.* [*letter*] je
G *prop.n.* [*mus.*] sòl
G-string *prop.n.* kale bòbòt
gab *n.* blab la (bla) gògmagòg •**gift of gab** konn pale *She has the gift of gab.* Se yon moun ki konn pale.
gabardine *n.* [*fabric*] gabadin
gabby *adj.* paladò •**a gabby student** yon elèv paladò
gabion *n.* [*building construction*] gabyon
gable *n.* piyon
gag¹ *n.* baboukèt, mizo •**make a gag** fè fab *He isn't speaking seriously, he's making a gag.* Se pa tout bon l ap pale, se fab l ap fè.
gag² *v.intr.* toufe, trangle *She gagged on the piece of meat.* Li toufe sou moso vyann nan.
gag-order *n.* mizo
gaiety *n.* bendezeng, (la)gete
gain¹ *n.* aki, avantay, benefis, gen, pwofi •**ill-gotten gains** byen san swe *A house constructed out of deception is an ill-gotten gain.* Kay ou fè nan gògmagòg, se yon byen san swe. •**seeking personal gain** chache (pwòp) avantaj pa l *Many candidates are seeking power for their personal gain.* Anpil politisyen ap chache pouvwa pou pwòp avantaj pa yo.
gain² **I** *v.tr.* **1**[*have an increase in*] {fè/tire}pwofi *The business has gained two million dollars this year.* Biznis la fè pwofi de milyon dola ane sa a. **2**[*make, obtain*] fè *She gained a lot of friends by offering free tutoring.* Li fè anpil zanmi nan bay leson gratis. *They gained a lot money off business.* Yo fè yon anpil lajan nan fè komès. **II** *v.intr.* [*earn*] benefisye, jwenn *What would I have to gain by joining politics.* Kisa m ap jwenn lè m foure kòm nan politik la? *What do you have to gain from doing that?* Sa ou ap jwenn nan sa? •**gain a customer** fè pratik ak •**gain advantage** *a*[*get ahead*] pran devan *The employee who works conscientiously will gain the advantage over others.* Anplwaye a ki travay pwòp la ap pran devan lòt yo. *b*[*benefit from*] souse yon zo *Give her a place in the government so she can gain some advantage as well.* Ba l yon plas nan pouvwa a pou l ka souse yon zo tou. •**gain from** benefisye *What do you hope to gain from this?* Kisa ou ap benefisye nan sa menm? •**gain ground** pran (pye), pyete *That idea is gaining ground.* Lide a koumanse pran. *The clothing industry is really gaining ground in the country.* Biznis twal la pran pye nan peyi a nèt. *The drought gained ground in the area.* Sechrès la pyete zòn nan. •**gain height and lose weight** [*growing child*] kase pou grandi *Children always gain height and lose weight as they get older.* Timoun toujou kase pou grandi lè ou wè y ap vin pi gran. •**gain one's balance** {fè/pran} ekilib li *She can't gain her balance in the water.* Li pa ka fè ekilib li sou dlo a. •**gain respect** moun vin respekte l *She gained the respect of everyone for what she had done.* Tout moun vin respekte l apre sa l te fè a. •**gain strength** pran{jarèt/jèvrin} *Her little business is gaining strength now.* Ti komès li a ap pran jarèt kounye a. *The vitamin makes her gain strength.* Vitamin nan fè l pran jèvrin. •**gain time** bay avans *My watch keeps gaining time.* Mont mwen an ap plede bay avans. •**gain weight** *a*[*in a favorable sense*] pwofite *You gained weight during the vacation.* Ou pwofite anpil nan vakans lan. *b*[*in an unfavorable sense*] fè yon gwosi, gwosi, pran yon grès, vin gwo *I see you've gained weight.* M wè ou pran yon grès. *If you don't stop eating like this, you'll gain weight.* Si ou pa sispann manje konsa, w ap gwosi. *All your clothes are too small now, you've gained weight.* Tout rad ou yo twò piti koulye a, ou vin gwo.
gait *n.* ali, degenn, demach, devire, mach *His gait has changed entirely.* Degenn li chanje nèt. *This woman has a nice gait.* Dam sa gen yon bèl devire.
gaita *n.* [*tree*] donbou
gaiter *n.* gèt **gaiters** *n.pl.* moletyè
gal *n.* [*informal*] manmzèl •**big gal** granbrenn •**good-looking chick or gal** [N] dyal *I have to get that good-looking gal's number.*

Fòk mwen pran nimewo telefòn dyal sa a kanmenm. •**great gal** krèm fanm *She's a great gal; I have never met such a good woman.* Manmzèl se yon krèm fanm; sa a, m poko janm rankontre yon bon grenn fanm tankou l.

gala *n.* gala

galaxy *n.* galaksi

gale *n.* gwo van, van gren

gale-of-wind *n.* [*med. plant*] {kinin/silfat} peyi

gall *n.* kouray, lobye *You have the gall to show your face here after what you did?* Ou gen kouray ou parèt figi ou isi a, apre sa ou fin fè a! •**have gall** gen{odas/ je{chèch/wouj} *If you say you didn't do that, you really have a lot of gall.* Si ou di ou pa t fè sa, ou gen odas vre. *The thief has gall, they catch him red-handed, he denied it.* Vòlè a gen je chèch, yo kenbe l nan men, l ap plede. *You have a lot of gall to say that you didn't do that.* Ou gen je wouj vre si ou kab di ou pa fè sa vre.

gallbladder *n.* {blad/pòch}bil, fyèl, sak fyèl, vezikil bilyè

gallery *n.* 1[*porch*] galri 2[*walkway*] pasay 3[*of a church*] tribin •**art gallery** galri

galley *n.* •**galley proof** eprèv

Gallicize *v.tr.* fransize *He kept Gallicizing all the Creole words.* Li chita ap fransize tout mo kreyòl yo.

galling *adj.* agasan, ennèvan

gallinule *n.* [*bird*] poul dlo •**Antillean gallinule** poul dlo tèt wouj •**purple gallinule** poul dlo tèt ble

gallon *n.* galon •**two and a half gallons** de galon edmi

gallop *v.intr.* galonnen, galope *The horse galloped all day.* Chwal la galonnen tout jounen an. *The horse is galloping on the road.* Chwal la ap galope sou wout la. *I saw her on a horse galloping down the road.* M wè l sou yon cheval ap galope desann.

gallstone *n.* kalkil, pyè nan{(kanal)bil/fyèl}

galore *adv.* adlibitòm *This year we have corn galore.* Ane sa nou gen mayi adibitòm.

galvanometer *n.* galvanomèt

gambit *n.* mannigèt

gamble[1] *n.* chans *I'll perform the operation, but it's a gamble.* M ap fè operasyon an, men se sou chans.

gamble[2] *v.tr.* jwe (aza) *He put money on the table to gamble.* Li mete kòb sou tab la pou l jwe. *I don't gamble.* M pa jwe aza. •**gamble away** pèdi lajan nan jwèt *He gambled away all of his money.* Li pèdi tout lajan l nan jwèt. •**gamble with** jwe ak *You're gambling with your life.* Ou ap jwe ak lavi ou.

gambler *n.* azadè, azalye, amatè bòlèt, azamann, azaris, azaryen, jwè *I'm not a gambler.* M pa azaryen.

gambling *n.* jedaza, (jwèt) aza *Gambling can be very addictive.* Aza se bagay ki pran tèt moun fasil.

game[1] *adj.* la *Anybody's for going to the movies? I'm game!* Ki moun ki vle al nan sinema? M la!

game[2] *n.* 1[*form of play/sport*] jwèt *Dominoes is an interesting game.* Domino se yon jwèt ki enteresan. *Marbles is a child's game.* Mab se jwèt timoun. 2[*part of a game*] pati *The game is over when one player beats the other.* Pati a fèmen lè youn bat lòt. *We're going to play a couple of games of cards.* Nou pral fè de twa pati kat. 3[*contest*] jwèt, match *The game begins at three sharp.* Match la ap koumanse a(k) twazè pil. 4[*trick, deception*] jwèt *What game are you playing with me?* Ki jwèt sa a ou ap jwe avè m la a! 5[*hunting*] jibye, jibis *They hunt game such as wild turkey.* Yo chase jibye tankou kodenn sovaj. •**game of chance** daza, lewouj •**games of chance** jedaza •**card game** jwèt kat •**cat-and-mouse game** jwèt poul ak mangous •**championship game** chanpyona •**confidence game** atrapnigo *As smart as he is, he is taken in this confidence game.* Jan l entèlijan, li pran nan atrapnigo sa a. •**dice game** {jwèt/pati}zo •**hazardous game** jwèt kwochèt *Politics is a hazardous game.* Politik se jwèt kwòchèt. •**in the game** nan won *The majority of the children have been eliminated, but three are still in the game.* Pifò nan timoun yo fin elimine, men gen twa nan yo ki toujou rete nan won an. •**make up a game** rejwe *We need to make up a game that everyone can play.* Se pou n rejwe yon jwèt tout moun ka jwe. •**mind games** pèlen tèt •**marble game** louma •**Olympic games** je olenpik •**out of the game** [*marbles*] mò rèd, rèd mò *You're out of the game, all the marbles are mine.* Ou mò rèd, tout mab yo pou mwen.

His *marble is out of the game.* Kannik li a rèd mò. •**round of game** pati *The round of game is over when one player beats the other.* Pati a fèmen lè yon jwè yo bat yon lòt. •**soccer game** jwèt boul •**tied game** match nil

gamut n. etandi, evantay

gang n. bann, gang •**a gang** yon rejiman •**belong to a gang** nan sosyete •**the whole gang** (label) ekip *The whole gang arrived, no one is missing.* Labèl ekip la rive, pèsonn pa manke.

gang v.intr. •**gang up on** kont li, tonbe sou li *They ganged up on him and beat him up.* Yo tout tonbe sou li, yo bat li. *My whole family is ganging up on me.* Tout fanmi m kont mwen.

ganglion n. gangliyon [*tumor*] glann

gangplank n. pasrèl

gang-rape n. {kadejak/vyòl ak plizyè}

gangrene n. kangrenn

gangrenous adj. •**become gangrenous** fin kangrennen *The sore became gangrenous.* Maleng lan fin kangrennen.

gangster n. ganstè, koupèdgòj

gangway n. [*boat*] pasrèl, pon

gap n. brèch, dekalay, espas, fant, louvèti, twou *We could get through the gap between the gates.* Nou ka pase nan fant baryè a. *The wall has a gap where animals can pass.* Mi an gen yon fant kote bèt ka pase. *The homework is full of gaps.* Devwa a chaje ak twou. •**big gap between teeth** baryè •**gap between two front teeth** chenèt •**wide gap between front teeth** bèlantre

gap-toothed adj. ak dan chenèt •**gap-toothed woman** kaprina

garage¹ n. 1[*place for car service*] garaj *I took the car to a garage to get it fixed.* M mennen machin lan nan garaj pou yo ranje l. 2[*place for car storage*] remiz *The car is in the garage.* Machin lan nan remiz la.

garage² v.tr. remize *The truck should be garaged before sunset.* Kamyon an dwe remize anvan solèy kouche.

garb n. abiman

garbage n. fatra, rejè •**garbage collection** vwari •**garbage collector** kantonnye, ranmasè(d) fatra, travayè vwari •**garbage disposal** moulen dechè •**garbage dump** boko fatra, depo, depotwa, pil fatra

•**garbage heap** {boko/pil}fatra, depo, depotwa •**garbage pit** pas

garden n. jaden •**decorative garden** jaden flè •**small vegetable garden** potajè

garden bunting n. [*bird*] zòtolan

garden nasturtium n. [*plant*] kapisin

gardener n. jadinye

gardenia n. gadennya

garfish n. jòlfi

gargle v.intr. gagari *I can hear him gargling.* M tande l ap gagari. *You have to gargle three times a day with this medicine.* Fò ou gagari remèd la twa fwa pa jou.

gargling n. gagari

garish adj. djandjan *The color of the cloth is too garish.* Koulè twal la twò djandjan.

garland n. gilann

garlic n. lay •**garlic clove** dan lay •**head of garlic** tèt lay

garment n. rad •**coarse garment** chabrak •**garment bag** pandri

garner v.tr. akimile, rasanble *The other candidates garnered a lot of votes.* Lòt candida yo rasanble anpil vòt.

garnet n. grenna

garnet-colored adj. grenna *Her skirt is garnet-colored.* Jip li koulè grena.

garret n. galata, galta

garrison n. ganizon

garrote n. gawòt

garrulous adj. kozè, paladò, palandjè

garrulousness n. lokans

garter n. djèt, jaretèl, jatyè

gas n. 1[*air-like substance*] gaz *Oxygen is a gaz which is crucial for the survival of human beings.* Oksijèn se yon gaz ki enpòtan anpil pou lavi kretyen vivan. 2[*domestic*] gaz *Don't forget to turn off the gas!* Pinga ou bliye fèmen gaz la, non! 3[*intestinal, stomach*] gaz, van nan lestomak *The baby has gas; you need to take him to the doctor's.* Ti bebe a gen gaz; se pou ou mennen l kay doktè. 4[*fuel*] gaz *The car ran out of gas.* Machin lan pran pàn gaz. •**gas station** {estasyon/ponp}{gaz/gazolin} •**be out of gas** pàn gaz, pran pàn gaz *My car is out of gas.* Machin mwen pran pàn gaz. •**put gas** [*in a car*] fè gaz *I'm in a hurry to go put in gas.* M ap prese pou m al fè gaz. •**tear gas** gaz lakrimojèn

gasbag n. djòlè, granchire

gas-driven *adj.* a gaz •**gas-driven heater** yon chofaj a gaz

gash *n.* 1[*wound from a cut*] antay, balaf *I've got a gash on my foot.* Gen yon moso balaf ki fann pye m. 2[*deep hole in sth.*] gwo twou *The wood has a gash in it.* Bwa a gen yon gwo twou ladan l.

gasket *n.* gaskit •**cylinder head gasket** gaskèt tèt silenn

gaslight *n.* limyè gaz

gasline *n.* tiyo gaz

gas mask *n.* mas gaz

gasoline *n.* gaz, gazolin

gasp¹ *n.*[*surprise*] sezisman

gasp *v.tr.* soufli anlè (anlè) *I heard her gasping for breath.* M tande souf li anlè anlè. *I'm gasping for breath whenever I climb a hill.* Depi m moute mòn, souf mwen anlè.

gasping for air *adj.* esoufle, souf koupe

gastric reflux *n.* asid, dlo si

gastritis *n.* asid, asidite

gastronomy *n.* gastwonomi

gate *n.* 1[*gen.*] baryè 2[*airport*] pòt 3[*movable frame*] baryè, pòtay •**flood gate** vàn •**main gate** {baryè/ pòt}antre •**sluice gate** barikad, vàn •**water gate** vàn

gatecrash *v.tr.* pran daso *These guys gatecrash every event that takes place in the city.* Mesye sa yo pran daso nan tout pwogram k ap fèt nan vil la.

gatecrasher *n.* dasomann, gratè, reskiyè *The gatecrashers entered the stadium without paying a dime.* Dasomann yo antre nan match la san peye.

gatekeeper *n.* pòtye

gather¹ *n.* [*small fold*] grij

gather² **I** *v.tr.* [*collect information or objects*] anpile, ranmase, (ra)sanble *He's gathering the information that he needs.* L ap anpile enfòmasyon l bezwen yo. *They're gathering the mangoes that have fallen.* Y ap ranmase mango k tonbe. *It's going to rain, go gather the clothes.* Lapli pral tonbe, ale rasanble rad yo. **II** *v.intr.* [*come together*] aliyen, gwoupe li, mase, plòtonnen, (ra)sanble, ranmase *The people gathered to support their team.* Moun yo aliyen pou chofe ekip yo. *They gather to pray at the church.* Yo rasanble pou priye nan legliz la. *People gathered in front of the palace.* Moun yo mase devan palè a. *The clouds are gathering.* Nyaj yo ap ranmase. •**gather around** antoure, (ra)sanble *The children gathered around their grandmother to listen to stories.* Timoun yo antoure grann yo pou yo tande istwa l ap rakonte yo. *All the kids gathered around her.* Tout timoun yo sanble bò kote l. •**gather information about** [*a situation before acting*] pran yon pèz *I'm gathering information about the situation before deciding what to do.* M ap pran pèz sitiyasyon an anvan m aji. •**gather pleats** griji *This seamstress knows how to gather pleats in a skirt.* Koutiryè sa konnen griji jip. •**gather pollen** ravitaye *The bees are gathering pollen.* Myèl yo ap ravitaye. •**gather speed** [*runner, airplane, etc.*] pran elan (li) *The airplane gathered speed, then it took off.* Avyon an fin pran elan l epi li demare. •**gather together** regwoupe, sanble *They all gathered together in one place.* Yo tout yo regwoupe yon sèl kote. *Don't forget to collect the garbage.* Pa bliye ranmase fatra a. •**gather up** [*a skirt*] plise *She gathered up her skirt in order to avoid getting dirty in the mud puddle.* L ap plise rad la pou l pa sal nan ma labou a. •**gather wood** fè bwa *Go gather woods to make fire.* Al fè bwa pou limen dife. •**gather o.s.** reprann li *She gathered herself after fainting.* Li reprann li apre li te fin pèdi konesans.

gathering *n.* asanblaj, atwoupman, rasanble, rasanbleman •**gathering together** regwoupman •**gathering of troops or people** rasanbleman •**mass gathering** mitin •**social gathering** resepsyon

gaudy *adj.* djandjan *I'm not going to put this gaudy shirt on.* M pa p met chemiz djandjan sa a sou mwen. *This red and green cloth, it's too gaudy.* Twal vèt ak wouj la, li twò djandjan.

gauge¹ *n.* gedj •**gas gauge** gedj gaz

gauge² *v.tr.* 1[*measure*] gedje *The driver gauged the oil before he starts the car.* Chofè a tcheke lwil la anvan li estat machin nan. 2[*assess ability*] tcheke *They gave him a test to gauge his level of proficiency.* Yo pase l yon egzamen pou yo tcheke nivo l. •**gauge s.o.'s abilities or capacity** mezire fòs li *We need to give her a test in order to gauge her abilities.* Fò n pase l yon tès pou n mezire fòs li.

gaunt *adj.* mèg •**gaunt, emaciated person** fil

gauze *n.* twal gaz •**wire gauze** twal metalik

gauzy *adj.* [*fabric*] swèl

gawk *v.intr.* •**gawk at** [*astonishment*] rete{bèk chèch/bèkèkè} *Don't just stay here gawking.* Se pa rete bèk chèch non.

gay¹ *adj.* [*cheerful*] ge *You're so gay today, it seems you finally heard from your mother.* Jan ou ge la, sanble ou resi gen nouvèl manman ou.

gay² *adj.* [*homosexual*] masisi *He told everyone that he's gay.* Li di tout moun li se masisi. •**be** {fè/nan}masisi, nan{kwaze moustach/kole} moustach (ak), nan{masisi/ metye} *These men are gay.* Nèg sa yo nan kwaze moustach. *I am not gay.* M pa nan masisi. •**gay man** fanmòt, gason makòmè, masisi

gaze *v.tr.* •**gaze at** brake je sou, founi je gade

gazebo *n.* tonnèl

gazelle *n.* gazèl

gazette *n.* gazèt

gear *n.* 1[*in a vehicle*] vitès *Of course the car won't go. You don't have it in gear.* Machin lan pa ka ale, ou pa pase vitès. 2[*machinery*] aparèy 3[*equipment*] lekipay *Carry the gear for me to saddle the donkey.* Pote lekipay yo pou mwen sele bourik la. •**gear system** angrenay •**differential gear** [*of a car*] diferansyèl •**high gear** vitès siperyè •**landing gear of an airplane** aparèy aterisaj yon avyon •**low gear** premye vitès •**power steering gear box** bwat volan •**put into gear** anbreye *He puts the car into second.* Li anbreye machin nan sou dezyèm. •**slip a gear** vitès la pa rantre

gearbox *n.* bwat transmisyon

gearshift *n.* anbreyay, chanjman vitès, levye machin

gecko *n.* zandolit

geiger tree *n.* kokeliko, ti solèy

gelatin *n.* jelatin

gem *n.* bijou, jèm

Gemini *prop.n.* [*zodiac*] jemo

gender *n.* sèks

gene *n.* jèn, jenn •**be in one's genes** gen X nan san li *Stealing is in his genes.* Zafè vòlè a li gen sa nan san li. *This girl is smart, it's in her genes.* Ti fi sa a entelijan, li gen sa nan san li. •**have compatible genes** [*a couple*] jèn de moun (mache) dakò *Those people have compatible genes.* Jèn mesyedam yo dakò.

general¹ *adj.* 1[*widespread*] tribòbabò *There's a general famine in the country.* Gen yon grangou tribòbabò nan peyi a. 2[*common*] alawonnbadè, an jeneral *This decision is in general interests.* Desizyon sa a an favè tout moun an jeneral. 3[*not detailed*] an gwo *I can't tell you exactly what they'll ask, but I can give you a general idea.* M pa ka di ou ki kesyon y ap poze, men, an gwo, m ka ba ou yon lide. •**in general** {abitye/konn} *It doesn't rain in the morning in general.* Li pa abitye fè lapli lè maten.

general² *n.* [*army*] jal, jeneral •**brigadier general** jeneral de brigad •**major general** jeneral ladivizyon

generalization *n.* •**make a generalization** jeneralize *You cannot make a generalization that the whole family is like that because of his attitude.* Ou pa kab jeneralize pou di tout fanmi an konsa, akòz jan l aji a.

generalize *v.tr.* jeneralize *It's difficult to generalize a law.* Li difisil pou jeneralize yon lwa.

generally *adv.* 1[*most of the time*] an jeneral, jeneralman, lakoutim *Generally I'm the one who serves food to my father every morning.* Lakoutim se mwen menm ki toujou pote manje bay papa m chak maten. 2[*usually*] abitye/konn} *I generally get up around six a.m.* M abitye leve nan zòn sizè dimaten.

generate *v.tr.* anjandre, pwodui *Misery generates prostitution everywhere.* Lamizè anjandre pwostitisyon tout kote.

generation *n.* jenerasyon •**from generation to generation** de pitit an pitit *That disease spreads in the family from generation to generation.* Maladi a travèse fanmi sa a de pitit an pitit.

generator *n.* dèlko, jeneratè, mayeto •**electric generator** dèlko

generic *adj.* jenerik *I forgot the generic name of this product.* M bliye non jenerik pwodui sa a.

generosity *n.* jenewozite, kè nan men, lajès

generous *adj.* charitab, donan, gen bon kè, jenere, laj *She's very generous, she always helps people.* Li charitab anpil, li toujou ap ede moun. *He's poor but generous.* Li pòv men li donan. *People who are generous always help the poor.* Moun ki gen bon kè toujou ede pòv. Li laj, l ap ba ou lajan an. *She's a generous person.* Li se moun ki donan. •**generous serving of food** yon sèl plat •**a generous person** bon vye moun *Yves is a generous man, he will help you if you ask for.* Iv se yon bon vye nèg, l ap ede ou depi ou mande. •**be generous with grades** bay (elèv yo) pwen *This teacher is generous with grades.* Mèt sa bay pwen. •**be more generous than anyone else** pi katolik pase Lepap *It seems that you want to show others that you are more generous than anyone else.* Sanble ou ta vle fè kwè ou pi katolik pase Lepap. •**kind and generous** byenfezan, laj *That lady is a kind and generous person, she loves to help.* Dam sa se yon moun byenfezan, li renmen ede.

genetic *adj.* jenetik *A genetic defect.* Yon malfòmasyon jenetik.

genetically *adv.* jenetikman *Genetically, these two people don't share any traits.* Jenetikman, pa gen okenn tras ki sanble ant de moun sa yo.

geneticist *n.* jenetisyen

genetics *n.* jenetik

genipap tree *n.* jennpa

genital *adj.* jenital •**genital organ** [*male or female; euph.*] (ti) bagay •**genital region** [*female*] kwis

genitalia *n.pl.* •**euphemism for male or female genitalia** aparèy

genitals *n.pl.* 1[*female/male*] (z)afè *He has a rash on his genitals.* Li chaje bouton nan afè l. 2[*female*] anba, anba ti vant, bouboun, chouchoun, choun, devan, kòkòt, komisyon, pati, pati{jenital/sansib} [*vulgar*] bòbòt, koko, latya, nannan [*offensive*] mounda [*euph.*] koukoun 3[*of a small boy*] ti bezwen •**genitals of small girl** boyo •**child's genitals** [*either sex*] tidevan •**female genitals** anba, bòbòt, bouboun, mounda [*only as an insult*], nannan, twou bouboun •**male genitals** sa Bondye bay la

genius *n.* fò, gen don, jeni *That guy is a real genius!* Msye se yon nèg ki fò tout bon!

genocide *n.* jenosid

Gentile *prop.n.* [*Bible*] payen, payèn [*fem.*]

gentle *adj.* 1[*personality*] dou, dosil, modere, swa *She's a gentle person; she never gets angry at anyone.* Se yon moun ki dou, li pa janm nan kont ak moun. *They're as gentle as sheep.*

Yo dosil kou mouton. *Carole is a gentle soul.* Kawòl se yon dam ki modere. 2[*rain, breeze, etc.*] bon, fèb *There's a gentle breeze blowing under the mango tree.* Gen yon bon van anba pye mango a. 3[*not forceful*] dousman *Be gentle with him! He's a sick man!* Fè dousman avè l, se yon moun malad li ye. *Be gentle with the glasses so you don't break them.* Fè dousman ak vè yo pou ou pa kraze yo.

gentleman *n.* 1[*gen.*] gason djougan 2[*man of good behavior*] nèg de byen *He's a perfect gentleman. He'd never do something like that.* Se nèg de byen l ye, l pa p fè bagay konsa. 3[*polite term for man*] msye *There were two gentlemen who came to see you this morning.* Gen de mesye k te vin kote ou maten an. **gentlemen** *n.pl.* mesye •**ladies and gentlemen** *a*[*formal address in a speech*] {mesye dam/mesyedam}lasosyete *Ladies and gentlemen, I declare this meeting open.* Mesyedam lasosyete, mwen deklare reyinyon an koumanse. *b*[*formal greeting to a group*] mesye dam lakonpanyi *Ladies and gentlemen, good morning!* Mesyedam lakonpanyi, bonjou!

gentleness *n.* ladousè

gently *adv.* an dous, {an/avèk}dousè, bèlman, dousman, jantiman *Talk to him gently so that you don't irritate him.* Pale ak li an dousè pou pa fè l fache. *He spoke to me gently.* Li pale avè m bèlman. *Talk gently to her.* Pale dousman ak li. •**carefully and gently** anmeyab *Speak to her gently so she doesn't jump down your throat.* Pale ak li anmeyab pou l pa sote nan kòlèt ou.

gentry *n.* boujwazi

genuflection *n.* jenoufleksyon

genuine *adj.* 1[*authentic*] bon jan, otantik, vre *The car is repaired with a genuine original part in it.* Machin nan repare ak bon jan pyès orijinal. 2[*real*] bon jan, toutbon *This chain is genuine gold.* Chenn sa a, se bon jan lò l ye. *I think her love for you is genuine.* M ap kwè l renmen ou toutbon. 2[*native of country, region*] natifnatal *She's a genuine resident of Cap Haitian.* Li se yon Kapwaz natifnatal.

geographical *adj.* jewografik

geography *n.* jewografi

geologist *n.* jewològ

geology *n.* jewoloji

geometric *adj.* jewometrik
geometry *n.* jewometri
geophagist *n.* manjèdtè
geranium *n.* jerànyòm
germ *n.* mikwòb **1**[*bacterium*] jèm maladi, jèm *Doctors don't know where the germ that is making people sick comes from.* Doktè pa konn kote jèm maladi k ap tonbe sou moun sa a soti. **2**[*microorganism*] mikwòb *Don't put that in your mouth, it's got germs.* Pa mete l nan bouch ou, li gen mikwòb.
German¹ *adj.* alman *She's a German citizen.* Se yon sitwayen alman. •**German measles** lawoujòl alman, ti lawoujòl, ribeyòl, woubewòl •**German shepherd** bèje alman
German² *n.* [*language*] alman *She speaks German.* Li pale alman.
German³ *prop. n.* Alman, Almann [*fem.*]
Germany *prop.n.* Almay (Lalmay)
germinate *v.intr.* jèmen, leve, parèt, pran, soti *The corn hasn't germinated yet.* Mayi yo po ko jèmen. *If the land is well irrigated, the plants will germinate quickly.* Si tè a byen wouze, plant yo ap pran vit.
germination *n.* jèminasyon
gesticulate *v.intr.* fè{grimas/jès/jiwèt} *She's gesticulating while speaking.* L ap fè grimas toutotan l ap pale. *She always gesticulates when she speaks.* Li p ap pa fè jiwèt lè l ap pale.
gesture¹ *n.* jès, jiwèt, mouvman, rimay, siy •**gesture of kindness** onèkte *Giving me extra rice was a nice gesture of kindness.* Ban m degi nan diri a se onèkte li fè m. •**do a nice gesture** [*show support*] fè yon bèl jès *You would do a nice gesture if you had attended the wedding.* Se t ap yon bèl jès si ou te ale nan maryaj la. •**make an obscene gesture** fè move jès *As they swear, they make obscene gestures.* Pandan y ap joure, y ap fè move jès. •**make gestures** fè jès *She makes gestures with her hands when she's speaking.* Li fè jès ak men l lè l ap pale. •**nice gesture or kindness** [*gift, favor, service*] bèl jès *I consider his sending some money to the kids as a nice gesture.* Pou mwen, m panse ti lajan l voye bay timoun se yon bèl jès. •**ritual gesture and words** [*having a supernatural effect*] senp *His father knows many ritual acts and gestures.* Papa l konnen anpil senp.

gesture² *v.intr.* fè yon moun siy *She gestured to me to come over to her.* Li fè m siy vin kote l.
get *v.tr.* **1**[*receive*] genyen, jwenn, li ba(y/n) li, resevwa *I got a letter from her today.* M resevwa yon lèt li jodi a. *What did you get for Christmas?* Ki sa yo te ba ou pou Nwèl? *This area didn't get any rain.* Zòn isi a pa jwenn lapli menm. *How many days do you get for vacation?* Konbyen jou vakans ou genyen? **2**[*obtain*] jwenn *Where did you get that watch?* Kote ou jwenn mont sa a? **3**[*buy*] achte, jwenn *What store did you get those shoes in?* Nan ki magazen ou jwenn soulye sa a? **4**[*an illness*] gen, li ba(y/n) li, pran, (a) trape *He got the fever from the cousin.* Li trape lafyèv kouzin an. *I get diarrhea when I drink milk.* Lè m bwè lèt, li ban m dyare. *He got the flu from playing in the rain.* Li pran yon grip nan jwe nan lapli a. **5**[*job*] jwenn *She got a good job!* Li jwenn yon bon djòb! **6**[*earn*] li ba(l/n), touche *She got twelve dollars at the other job.* Yo ba li douz dola nan lòt travay la. *How much money should I get?* Konbyen kòb m dwe touche? **7**[*arrive at/reach a place/point*] rive *I got home at midnight.* M rive lakay a minui. *When did you get here?* Ki lè ou te rive? *When does this bus get to Okay.* Ki lè bis sa a ap rive Okay. *How far did you get in the book?* Jis ki kote ou rive nan liv la? **8**[*experience*] gen *I get the impression that he doesn't like it when I come here.* M gen enpresyon l pa renmen lè m vin la a. **9**[*pick up sth./s.o.*] chache, pran *I must go get the kids from school.* Fò m al cheche timoun yo lekòl. •**get across** [*make s.o. understand*] fè yon moun konprann *Her dad warned her not to go at night, but he can't get across to her.* Papa li avèti li pou pa soti nan nwit, men li pa ka fè ti fi a konprann. *The teacher is sharp, but he doesn't know how to get his ideas across to the students.* Mèt la fò, men l pa konn esplike jan pou fè elèv yo konprann. •**get ahead** [*financially or intellectually*] devanse, pran devan *He got ahead of all of us.* Msye devanse nou tout. *You have to work hard to get ahead in this company.* Fò ou travay di pou ou pran devan nan konpayi sa a. •**get along a**[*with people*] antann li, demele li, fè li ak *We should get along well.* Nou dwe antann nou. *I'm not native from Cap Haitian*

but I get along with those people. Mwen pa moun Okap men m fè m ak moun yo. *She and I get along pretty well.* Mwen ak li nou demele nou ase byen. *b*[*managing*] bouboul, boule, debat, debouye li, demele li, fè vi li, kenbe, tchatcha *We're getting along with life.* N ap bouboul ak lavi a. *Even though life is hard, they're getting along.* Malgre lavi a di, y ap boule. *c*[*response to "how are you?"*] ap debat, ap kenbe *What's up?* —*We are getting along.* Ban m nouvèl ou! —N ap debat. *How are you?* — *I'm getting along.* Ki jan ou ye? —M ap kenbe. •**get along all right** [*in some situation*] gazouye li *She's getting along all right with this small job.* L ap gazouye l nan ti travay la. •**get along just fine** boule san fè sann *We're getting along just fine, life isn't so bad for us.* N ap boule san fè sann, lavi a pa si mal pou nou. •**get along very well** boule byen ak, feraye, marande, matche, pase pran m, m a pase chache ou, separe lajantri *These two guys get along very well because they have similar characters.* De moun sa yo matche paske yo gen menm karaktè. *The way those two people get along very well, no one can divide them.* Jan de moun sa yo marande la, pèsonn pa ka divize yo. *These two crooks get along very well.* De volè sa yo se pase pran m, m a pase rele ou. *Those people get along really well.* Misye dam sa yo ap separe lajantri. *He gets along well with people.* Li boule byen ak moun. *If I didn't get along well with her, we would have never lived in the same house.* Si m pa t gen bon san ak li, nou pa t ap janm viv nan menm kay. •**get along well together** peze kafe yo{ansanm/nan yon menm balans} *They get along well together.* Yo peze kafe yo ansanm. •**get along with** boule byen ak, fè li ak *He gets along well with people.* Li boule byen ak moun. •**get along without s.o.** anpase li *She can't get along without her husband.* Li pa ka anpase l de mari l. •**get at s.o.** sentre bas yon moun *I'm tired of the police getting at me for nothing.* M fatige ak zafè polis chita ap sentre bas mwen pou anyen an. •**get away** *a*[*escape*] {chape/wete} {kò/poul}li *As soon as I heard one shot, I got away for my life.* Kou m tande tire a, la menm m chape poul mwen pou m sove lavi m. *b*[*from s.o.*] pati, retire twa de mwa, satan,

sefwe *You better get away from me before I slap you.* Retire twa de mwa, anvan m kalote ou la! *c*[*in order to make a better life*] ale{gade/wè}kote lavi fè kwen *Many Haitians risk their life on the sea to get away in order to make a better life.* Anpil ayisyen riske lavi yo sou lanmè yon fason pou y al wè kote lavi fè kwen. •**get back** *a*[*recapture*] ratrape, reprann *The police got the thief who fled back.* Yo ratrape vòlè ki te sove a. *b*[*property*] antre, reprann *I don't see yet how I am going to get my money back.* M poko wè kijan m ap antre kòb mwen an. *c*[*as a revenge*] pran *The father promised to get back at the murderer of his daughter.* Papa a di l ap pran moun ki touye pitit fi li a. *d*[*for what s.o. said*] fè yon moun peye bouch li *You offended her! Someday, she will get back at you for what you said.* Ou fè frekan ak manmzèl! Yon jou konsa, l ap fè ou peye bouch ou. *e*[*return to a place*] (re) tounen *When did you get back?* Ki lè ou tounen? *I leave home every Monday morning, and I get back every Friday night.* M kite lakay chak lendi maten, m retounen chak vandredi swa. •**get back at people for what they said** fè yon moun peye bouch li •**get back at s.o./get s.o. back** pran yon moun, tire revany sou yon moun *I'll get you back for what you did to me!* M ap pran ou pou sa ou fè m lan! *He'll get back at you somehow.* L ap tire revany sou ou kanmenm. •**get back to** bay yon moun repons, tcheke yon moun *I can't give you an answer right now, but I'll get back to you tomorrow.* M pa ka ba ou yon repons konnye a, m a tcheke ou demen. •**get back to normal life** reprann li *After all the ordeals he endured, he's getting back to normal life.* Apre tout mizè li pase, li kòmanse reprann li. •**get back to s.o. right away** tounen sou yon moun {anvan li bat je li/pop pop} •**get behind** an reta *I've gotten behind in this work.* M an reta ak travay sa a. •**get by** debat ak, demele gèt li, degaje li *I can get by this situation.* M ka degaje m nan sitiyasyon sa a. •**get by with difficulty** redi *I'm getting by in my life with difficulty.* M ap redi anpil ak lavi a. •**get down** *a*[*feeling*] dekouraje *Be strong, don't let yourself get down!* Kenbe fèm, pa dekouraje! *b*[*from a vehicle, horse*] desann *The car won't start;*

please get down. Machin nan pa vle estat; desann souple. c[swallow] vale That pill is too big for her to get down. Grenn lan twò gwo, l pa ka vale l. •get in mete pye Get in the car so that we can leave. Mete pye ou nan machin nan pou n ale. •get in on mete yon moun ladan That sounds like a good thing to get in on. Gen lè se yon bon bagay pou mete m ladan. •get in(to) a[habit, routine] fèk kare, pran{pou/tonbe} Once she got into talking, she doesn't stop. Si l pran tonbe pale, li p ap rete. b[profession] voye kò li He got into studying law. Li voye kò l nan dwa. c[a car, bus, plane, ship] antre nan, monte Once you get into the bus, please seat immediately. Kou nou monte bis la, tanpri chita tousuit. •get into a[enter] antre, moute Get into the car and I'll give you a ride. Moute nan machin nan, m ap ba ou woulib. b[take control of] pran yon moun What's gotten into you?. Sa k pran ou? c[interested in] nan, sou sa, zafè yon moun I never really got into cars. Machin se pa vreman zafè mwen. •get off a[a journey] sòti They're planning to get off by sunrise. Yo ap planifye pou yo sòti kou solèy leve. b[send] voye yon bagay ale I have to get this letter off by tomorrow. M vle voye lèt sa a ale pa pi ta demen maten. c[of someone] {retire/ wete}kò li sou yon moun Get off of me! Wete kò ou sou mwen! d[of something] {retire/ wete}leve, wete Get the clothes off the ground. Leve rad yo atè a. e[a conveyance] desann Get off the bus at the intersection of rue Des Miracles and rue Pavée. Desann bis la nan kafou ri Dèmirak ak ri Pave. •get on a[a car, bus, plane, ship] monte Everyone already got on the bus. Tout moun gentan fin monte nan bis la. b[a horse, bicycle, etc.] pase pye li Adjust the saddle right, then get on the horse. Mare sèl la byen, enpi pase pye ou a. •get o.s. into foure kò l nan zafè moun Get yourself into that group so that you can get a little money. Foure kò ou nan gwoup sa a pou ou ka jwenn yon ti kòb. •get out demaske li, fè pakèt ou, mare pakèt ou, mete deyò, pati ou la a, sòti Get out of my sight! Demaske ou devan mwen! If you don't want to follow my orders, get out of the house. Si pou mwen pa ka pase ou lòd nan kay la, fè pakèt ou. You're too stubborn, get out of here! Ou tèt di twòp,

mare pakèt ou. •get out of a[a vehicle] desann Get out of the car, we've arrived. Desann machin nan non, nou rive wi. b[building, a place] soti In case there is an earthquake, everyone should get out of their building. Sizoka ta gen yon tranblemandtè, se pou tout moun soti deyò kay kote ye a. c[a bad situation] soti nan We have to manage to get out of this dangerous situation. Fòk nou degaje n nou soti nan sitiyasyon danjere sa a. •get out of here ale fè wout ou, soti Get out of here, I don't need you there. Ale fè wout nou, m pa bezwen nou la a. Get out of here! Didn't they tell you you can't set foot in this house? Soti! Yo pa di ou pa fout met pye ou nan kay isit? •get over a[cured] leve anba I just got over the flu. M fenk leve anba yon grip la a. b[forget, not think anymore about] bliye I'll never get over losing all that money. M pa p janm bliye kòb sa a m pèdi a. •get s.o. [trick] fè yon moun{kaka/ponn}, kwense yon moun nan djagonal, nan gawa yon moun, pase chache She's going to get you! Li nan gawa ou! •get s.o. down domine li Don't let it get you down. Pa kite sa domine ou. •get s.o. up fè yon moun monte I am on the third floor working; please, get my wife up when she arrives. M ap fè yon travay nan twazyèm etaj la; tanpri fè madanm mwen monte lè l vini. •get sth. back antre I don't see yet how I am going to get my money back. M poko wè kijan m ap antre kòb mwen an. •get through a[finish] jwenn bout I got through the problem. M jwenn bout pwoblèm nan. b[reach (on the phone, etc.)] jwenn I can't get through to Miami. M pa ka jwenn Mayami. •get together a[collaborate] fè youn, kole ansanm Let's get together to solve the problem. Ann fè youn pou rezoud pwoblèm nan. b[meet, gather] fè kolonn, kontre, reyini, rasanble Those two good friends are always happy to get together. De bon zanmi sa yo toujou kontan rankontre. The committee has to get together. Fòk komite a reyini. Everybody is getting together to listen to the speech. Tout moun rasanble vin koute pawòl la. We're getting together at the neighbor's house. N ap fè kolonn jodi a kay vwazen an. c[put resources/money together] kotize, mete ansanm We got together to buy a *gift for him.* Nou kotize pou achte yon kado pou li. •**get up** *a[rise from bed, wake up]* dekouche, leve, reveye *Every morning I get up at seven o'clock.* Chak maten m reveye a setè. *Get up to go to bathe.* Leve pou ou al benyen. *b[stand]* leve (kanpe) *He got up and left.* Li leve epi l vire do l. *c[uprising]* kanpe, leve kanpe *The Haitian women got up to claim their rights.* Fanm peyi Dayiti leve kanpe pou reklame dwa yo. •**get up from bending over** leve ajenou •**get up off one's knees** leve atè a *Get up off your knees, the punishment is over.* Leve atè a, pinisyon an fini. •**get up on the wrong side of the bed** leve sou {de pye militè/move pye}li, mal leve *He got up on the wrong side of the bed.* Li leve sou move pye l. *She got up on the wrong side of the bed this morning, don't bother her.* Li mal leve maten an, pa anmède l. •**barely get by** penpennen, vejete *How are you doing? We're barely getting by.* Ki jan nou ye la? Nèg ap vejete. •**go get** *a[pick up]* ale{chache/dèyè/} *Go get the money for me.* Ale chache lajan an pou mwen. *b[look for sth.]* al chache *She went to get oil.* L al dèyè lwil. *c[look for a job]* al dèyè yon woulman *You can't sit around like that, you have to go get a job.* Ou pa ka chita konsa non, se pou ou al dèyè yon woulman. •**I'll get you** m ap pran ou *You were lucky today, but tomorrow I'll get you.* Ou te gen chans jodi a, men demen, m ap pran ou. •**just get by** dangoye *Things are not good at all, I'm really just getting by.* Bagay yo pa bon menm, se dangoye m ap dangoye. •**make s.o. get up** leve *Every day someone has to get him up.* Chak jou se moun ki pou leve l. •**not get along** pa siye ak yon moun *She and her brother don't get along very well.* Li menm ak frè l la, yo pa siye. •**not let s.o. get away with sth.** pa nan demi mezi ak *You can't let thieves get away with it, you have to punish them properly.* Vòlè, ou pa nan demi mezi ak sa, se pou pini yo kòrèkteman. •**out to get s.o.** nan biliwin yon moun *I can't believe this man is still out to get that woman.* M pa ta kwè msye ta nan biliwin fi a toujou. •**really get into** boule ak, foule chay, mete men *I'm really getting into the construction, soon the house is going to be finished.* M ap boule ak konstriksyon an, talè kay la ap fini. *The little*

girl really got into reading. Tifi a foule chay lekti. •**what do you get** a kwa bon *What do one gets from having a car if you don't know how to drive?* Akwa bon pou yon moun gen machin pandan l pa menm konn kondi menm? •**you still haven't got it** ou pa t ko la *After all this information I gave you, you still haven't got it.* Apre tout enfòmasyon sa a m fin ba ou a, ou pa t ko la toujou?

get-together *n.* woumble

get-up *n.* abiman, rad *She looks ridiculous in that get-up.* Li sanble yon madigra ak abiman ki sou li a.

getting up and sitting down again *n.* deplase

gherkin *n.* ti konkonm

ghetto *n.* geto

ghost *n.* lespri, revenan, vyenvyen

giant *n.* jeyan, mons

giardia *n. [intestinal protozoa]* gyadya

gibberish *n.* charabya, depale, galimatya, palab

giddiness *n.* toudisman, toudlin, viray 1*[often connected with hyperthermia]* latounay

giddy *adj.* *[very happy]* tèt li cho *Mary was giddy as she heard she had passed the baccalaureate exam.* Tèt Mari cho lè l tande li pase egzamen bakaloreya. •**get giddy** tèt li fè laviwonn, toudi *When you dance the compas, you get giddy because you turn a lot.* Lè w ap danse konpa tèt ou ka fè laviwonn paske ou vire anpil. *I feel giddy.* M santi tèt mwen ap vire.

giddy-up/giddyup *interj.* 1*[encourage a donkey]* hik, yi *Giddy-up, get going!* Hik, hik, hik, mache! 2*[encourage a horse, mule, donkey]* houy

gift *n.* 1*[present]* kado *She's never given me a gift for my birthday.* Li pa janm ban m kado pou fèt mwen. 2*[talent]* don *She has a gift for singing.* Li gen don pou l chante. •**gift of gab** konn pale *She has the gift of gab.* Se yon moun ki konn pale. •**Christmas gifts** zetrenn •**have a gift for singing** gen yon bèl vokal *The singer of the band has a gift for singing.* Chantè djaz sa a gen yon bèl vokal. •**make generous gifts** fè lajès •**New Year's gifts** zetrenn

gifted *adj.* dwe, gen{don/talan} *He's a gifted singer.* Li gen don pou l chante. *He's really gifted, he can speak ten languages.* Li vreman dwe, li konn pale dis lang.

gigantic *adj.* kokenn, kòlòs, kolosal, mons *a gigantic snake* yon kokenn koulè *It's a gigantic piece of work.* Sa se yon travay kolosal. *That guy is gigantic!* Nèg sa a se yon mons, papa! •**gigantic person** kòlòs

giggle[1] *n.* rikannman

giggle[2] *v.intr.* chwichwi, griyen (dan) li, ri pou kont ou, rikannen *I heard him giggling.* M tande l ap ri pou kont li. *For the least thing, this joker giggles.* Pou ti krik ti krak anriyan sa a griyen dan li. *This woman is crazy, she's giggling all the time.* Fanm sa a fòl, tout tan l ap rikannen.

giggler *n.* •**habitual giggler** vivi dan griyen

giggling *n.* rikannman

gigolo *n.* tchoul

gilded *adj.* annò (dore) *He bought her a gilded necklace.* Li achte yon chenn annò dore bay manmzèl.

gill *n.* [of fish] branchi, zòrèy **gills** *n.pl.* gòje

gilt-head *n.* dorad

gimmick *n.* jan, fason *It's just a gimmick for attracting customers.* Se yon fason pou ka atire moun vin achte.

ginger *n.* jenjanm •**ginger ale** jenjerèl •**wild ginger** kann wozo, lavann blanch, ganypen (plant)

gingerbread *n.* jenjanbrèt, pen depis

gingivitis *n.* jansiv anfle

giraffe *n.* jiraf

gird *v.tr.* sangle *Gird the donkey well so that the load doesn't fall down.* Sangle bourik la byen pou chay la pa tonbe. •**gird up your loins!** mare ren ou!

girdle *n.* 1[women's underwear] gèn, genn 2[eccl.] kòdwon

girl *n.* 1[gender] tifi *Is it a boy or a girl?* Se yon ti gason oswa yon ti fi? 2[daughter] {pitit/ti}fi *I have three girls.* M gen twa pitit fi. 3[woman] bougrès, fi, madmwazèl, nègès *His wife is a beautiful girl.* Madanm li (an) se yon bèl fi. 4[young female person] (ti)fi *Girls on one side, and boys on the other.* Tifi yon bò, tigason yon bò. **girls** *n.pl.* (ti) medam *Are you ready yet, girls?* Nou pare medam? *I invited the girls from work, as well.* M envite ti medam nan travay yo tou. •**girl born before twins** dosa{anvan/devan} •**girl born following twins** dosa •**girl Friday** komi •**girl friend** bebi, menaj •**girl with loose morals** bèletwal •**girl with very thin legs** marinèt pye chèch •**a girl of your age** gwosè fi tankou ou *A girl of your age shouldn't be dating secretly.* Gwosè fi tankou ou, ou pa dwe nan renmen ankachèt. •**easy girl** gran jipon •**fiery girl or woman** tapajèz •**flower girl** [in a wedding] anjdonè •**little girl** fiyèt •**mischievous little girl** awonna *Stop running all over the place, you mischievous little girl.* Sispann kouri tou patou, awonna. •**my nice little girl** choun •**precocious little girl** ti grann •**quarrelsome girl** rèn •**raggedy or shabby girl** Sandriyon •**shameless street girl** derapin •**single girl** demwazèl •**teenage girl** (ti) jenn fi, ti jenn fi •**young girl** poulèt, ti fanm

girl-shy *adj.* kazwèl, kòk pye kaka *He's girl-shy.* Misye se yon kòk pye kaka. •**girl-shy man** kòk pye kaka

girlfriend *n.* 1[love interest] anmòrèz, mennaj *I don't have a girlfriend.* M pa gen mennaj. 2[female friend] zanmi (fi) *She's out with one of her girlfriends.* Li sòti ak youn nan zanmi fi l yo. 3[mistress] manmzèl *He has a mistress who lives nearby.* Msye gen yon manmzèl ki rete tou pre a. •**girlfriend or boyfriend** boubout •**have a girlfriend** gen yon renmen *He has a girl friend in his the neighborhood.* Msye gen yon renmen nan katye a.

git *interj.* vouzan *You miserable person! Git!* Gade lè ou non! Vouzan!

give[1] *n.* •**give and take** donan donan *Life is based on give and take.* Lavi a se donan donan.

give[2] *v.tr.* 1[provide s.o. with sth.] bay, pase, simaye, simen *She had three oranges, she gave me one.* Li te gen twa zoranj, li ban m youn. *Can you give me a ride to Port-au-Prince?* Ou ka bann yon woulib lage m Pòtoprens? *They give me a lot of vacation days at work.* Yo ban m anpil jou konje. *He gave money to his whole family.* Li simen lajan bay tout fanmi an. *Give me two measures of rice.* Pase m de mezi dire. 2[to a beggar] bay/fè}yon moun lacharite *Give a little money to the beggar.* Fè pòv la lacharite yon ti lajan. 3[in payment] bay *How much do they give for this job?* Konben yo bay pou travay sa a? 4[cause s.o. to have/hold/receive/own] ba(y/n), jwenn *Give me the money for the tickets.* Ban m lajan kat yo.

She gave them a lot of homework. Li ba yo yon bann devwa. *Give me the baby so you can tie your shoes.* Ban m kenbe pitit la pou ou pou ou ka lase soulye ou. *He gave me a shove.* Li ban m yon bourad. *She gave me her cold.* Li ban m grip li a. *The sun gave me a headache.* Solèy la ban m tèt fè mal. *The milk I drank gave me diarrhea.* Lèt la m bwè a ban m dyare. *Who gave you permission to do that?* Ki moun ki te ba ou dwa fè sa? *I'll give you an answer tomorrow.* M a ba ou repons demen. *You'll have to give her a reason why you didn't do it.* Fò ou ba l rezon k fè ou pa fè l. *Did he give you any trouble?* Li te ba ou poblèm? *Whatever gave you that idea?* Kote ou jwenn ak pawòl sa a? •**give away** sede *Would you give away your nice bed to me for a hundred bucks?* Ou ap sede m bèl kabann ou an pou san dola? •**give back** *a*[*return*] kare, rebay, remèt, retounen *Buddy, give me back my tools.* Monchè, kare zouti m ban mwen. *I gave the money back.* Mwen te rebay lajan an. *When you borrow something, you have to give it back.* Lè ou prete yon bagay, ou fèt pou remèt li. *I'm returning the gift he gave me.* M ap retounen kado li ban mwen an. *b*[*money change*] rann, remèt monnen *I paid you ten gourdes with a hundred gourdes note, give me back my change.* M peye ou dis goud nan san goud, renmèt mwen monnen m. *I will force her to give me my money back.* M ap fè l rann mwen kòb mwen. *c*[*with force or pressure*] krache *We'll make him give back all the money he stole.* Nou pral fè msye krache tout lajan li volè yo. •**give s.o. back his money** [*vulg.*] kaka yon moun lajan li •**give off** bay, rann *The device gives off an intolerable heat.* Aparèy la bay yon chalè ensipòtab. *Eggplants give off water.* Berejenn rann dlo. •**give out** distribiye *The students gave out blankets to the homeless people.* Elèv yo distribiye lenn bay sanzabri k ap viv nan lari yo. •**give up** *a*[*doing something*] kite, fè yon kraze kite sa, sispann *You should give up smoking.* Se pou ou kite fimen. *I give up for a lot of reasons.* Mwen fè yon kraze kite sa pou anpil rezon. *b*[*doing something difficult*] bese lebra, bay vag, bwè chat, mete yon bagay atè, rale kò li *I did the problem three times, and I could never find the correct answer; I give up!* Mwen fè

pwoblèm nan twa fwa m pa janm ka jwenn bòn repons lan; m bay vag! *After several attempts she gave up.* Apre plizyè tantativ, li bese lebra. *Because the work is tough, we'll give up for sure.* Jan travay la di la, n ap blije bwè chat wi. *If the work is too hard for you, give it up.* Si travay la twòp pou ou, mete l atè. *When you realize the job is tough, you give up.* Depi ou wè travay la di, ou rale kò ou. *c*[*a plan, a project*] abandonnen, {kite/lese} yon bagay tonbe, renonse *Everything I tried to do to make the plan works, it wouldn't; I gave up.* Tout sa m fè pou plan an mache, anyen pa mache. M kite l tonbe. *They gave up the project because of a lack of money.* Yo abandonnen pwojè a akòz mank lajan. *He finished dressing to go out, the rain made him give it up.* Li fin abiye pou l soti, lapli fè l renonse. *d*[*debate, game, competition*] bay yon moun{gany/legen}, bat ba, fè lach *I'm tired of trying to convince you, I give up.* A! Mwen redi twòp nan fè fòs avè ou, m ba ou gany. *You're right, man, I give up.* Ou gen rezon monchè, m bat ba. *I give up, I see I'm losing the bet.* M bay legen, m wè m ap pèdi pari a. *e*[*on a riddle*] bwè pwa *I can't find the answer for the riddle, I give up.* M pa ka jwenn repons devinèt la, m bwè pwa. *f*[*allow oneself to be caught*] bat ba *The thief gave up when he saw they were about to catch him.* Vòlè a bat ba lè l wè yo prèt pou pran l. •**give what-for** konn ki sa yon moun peze. *If you keep bothering me, I'll give you what-for.* Si w ap anmède m, w ap resi konn ki sa m peze •**not give up** [*answering back*] las *As long as they keep bothering me, I won't give up answering back.* Toutotan yo pa bouke, m p ap las.

give-and-take *n.* ban m m ap ba ou

give-away *n.* piyay

given[1] *adj.* etandone, parapò a(k) *He didn't come to your place, given that he knew you weren't there.* Li pa te vini kote ou etandone li konnen ou pa t ap la. *Given how he speaks, you can tell it's he who committed the crime.* Parapò ak jan l pale a, ou wè se li ki fè zak la vre. •**be given to** {pran/gen yon}abitid *She's given to beating her kids for the slightest thing.* Li pran yon abitid bat timoun yo pou nenpòt bagay. *He's given to drinking every day.* Li gen yon abitid bwè chak jou.

given² *n.* ipotèz •**given name** non, prenon

given³ *prep.* kòm, pou, si *Given that there are two oranges that have spoiled, you may lose the whole bag.* given Kòm gen de zoranj ki gate, ou ka pèdi yon sak. *Given that she hasn't been here long, she does really well with the language.* Pou yon moun ki pa gen lontan isit, li byen degaje l nan lang lan.

giver *n.* donè *He's a giver, if you ask him, he'll give to you.* Se yon donè, depi ou mande l, l ap ba ou.

giving *n.* •**giving in** flechisman •**reciprocal giving** donan donan

gizzard *n.* fal, zizye **gizzards** *n.pl.* zizye

glacial *adj.* 1[*extremely cold*] glasyal 2[*unfriendly*] frèt *She has a glacial look when she talks to me.* Manmzèl gen yon gade frèt li ban m lè l ap pale avè m. •**a glacial wind** yon van glasyal

glacier *n.* glasye

glad *adj.* 1[*pleased*] kontan *I'm so glad to see you!* M kontan wè ou anpil! *I'm glad he didn't come today.* M byen kontan l pa vini jodi a. 2[*very willing*] (twò) kontan, tout plezi li *I'll be glad to help you!* Se va tout plezi m pou m ede ou! *Do you think she'll come if I ask her? She'll be glad to!* Si m envite l, ou kwè l ap vini? L ap twò kontan menm!

gladden *v.tr.* fè li kontan, rejwi *It gladdens my heart to see all my children.* Sa rejwi kè m lè m wè tout pitit mwen yo.

glade *n.* eklèsi

gladiolus *n.* glayèl

gladness *n.* kè kontan, kontantman

glamor *n.* cham

glamorous *adj.* atiran, kalekò

glance¹ *n.* gade, koudèy, kout{flach/je}rega •**at a glance** {depi/gade}yon moun gade li *I could tell at a glance that she was sick.* Gade m gade l, m wè se yon moun malad li ye. •**have a glance** {fè/voye} {yon koudèy/je gade} *The neighbor lost a dog, let me have a glance inside the storage.* Vwazin an pèdi yon chen, ban m fè yon koudèy nan depo a.

glance² *v.intr.* fè yon (ti) gade, gad(e), pran yon jòf, voye je *He glanced at his watch several times.* Li gade mont li konben fwa. *Glance in the room to see if she's there.* Fè yon gade nan sal la pou ou wè si ou wè l. *When she turned away, I glanced to see what she had.* Lè

l vire, m pran yon jòf pou m wè sa li genyen. *I glanced into the living room, I didn't see anyone.* M voye je m nan salon an, m pa wè pèsonn. •**glance at** louvri je li fèmen bay yon moun *The way that woman keeps glancing at you, I think she has a crush on you.* Jan dam sa a ap louvri je li fèmen ba ou la, gen lè li gen yon lèy pou ou. •**glance furtively at s.o.** gade yon moun anba chal *Do you know that person who is glancing furtively at us?* Èske ou konnen moun sa a k ap gade nou anba chal la? •**glance through** [*a book, etc.*] feyte *He spent the entire night glancing at the book looking for the answer.* Li pase tout nuit la ap feyte liv la dèyè repons lan.

gland *n.* glann •**swollen gland** venn foule

glare *v.intr.* koupe je bay yon moun *When she's mad at people, she glares at them.* Lè li fache ak moun, li koupe je ba li. •**glare at** kale je li (sou), koupe yon moun kout je *The old person had only to glare at the child, she stopped crying.* Granmoun nan annik kale je li sou timoun nan, li pa kontinye kriye.

glass¹ *n.* [*the material*] an vit *The door of the store is made of glass.* Pòt magazen an se an vit li ye. •**piece of broken glass** moso boutèy, zenglen •**you aren't made of glass** ou pa glas, ou pa vitriye *You shouldn't stand in front of the TV because you aren't made of glass.* Ou pa ka kanpe devan televizyon an non paske ou pa vitriye.

glass² *n.* 1[*for drinking*] gode, tenbal, vè *A plastic glass.* Yon gode plastik. *Who broke the glass?* Ki moun ki kraze vè a? 2[*content of the container*] vè *I drink five glasses of water a day.* M bwè senk vè dlo chak jou. •**cupping glass** vantouz •**sunglasses**. linèt{nwa/solèy} •**wine glass** vè koup

glasseye *n.* [*fish*] lalin

glassful *n.* razad

glasses *n.pl.* linèt, vè *He's the one wearing glasses.* Se sa k gen linèt la. *She wears glasses.* Li pote vè. •**bifocal glasses** linèt bifokal •**not to have one's glasses** pa gen je li *Can you read this for me, I don't have my glasses.* Ou ka li sa pou mwen, m pa gen je m avè m.

glassy *adj.* [*expressionless*] kannannan, kòkòtò

glassware *n.* kristal

Glauber's salts *n.pl.* sèl fanm

glaucoma *n.* glokòm, tansyon nan je

glaze *v.tr.* [*cooking*] glasiye *They glazed the cake well.* Yo byen glasiye gato a.

glazed *adj.* vèni *The tiles are glazed.* Karelaj la vèni.

glazier *n.* vitriye

gleam[1] *n.* klète *I see a gleam in the house, there's a light that's lit.* M wè yon klète anndan kay la, gen yon limyè ki limen.

gleam[2] *v.intr.* bay ekla, miwate, miwaze *There's a light that's gleaming on the lake.* Gen yon limyè k ap miwaze sou lak la.

glean *v.tr.* 1[*collect information, news*] grapiyen *I've hardly managed to glean a few details about the cause of the young man's death.* Se nan redi m rive grapiyen kèk ti moso nouvèl sou kòz lanmò jenn gason an. 2[*agriculture*] grapiye(n) *They spent days gleaning in the corn fields.* Yo pase kèk jou ap grapiye nan chan mayi yo.

glib *adj.* lang li rele pa li

glide *v.intr.* glise, plannen *I saw a huge snake gliding across the path.* M wè yon gwo papa koulèv k ap plannen bò chimen an.

glider *n.* planè

glimmer *n.* ti limyè fèb

glimpse[1] *n.* apèsi, jòf, jofray

glimpse[2] *v.tr.* apèsi, jòf, jofray, koudèy *I glimpsed his face in the crowd, but then she disappeared.* M apèsi vizaj li nan foul la, men apresa, m pa wè si l monte si l desann.

glisten *v.intr.* klere kou miwa dèzanj, miwate *This girl was so sad that her eyes glistened with tears.* Fi a te tèlman tris, dlo t ap miwate nan je l.

glitter[1] *n.* ekla

glitter[2] *v.intr.* briye, fè yan *The sequins on her dress glittered in the sun.* Ti klere ki nan wòb li a briye nan solèy la.

glittering *adj.* klere *Her hair is glittering.* Cheve l klere.

glob *n.* [*phlegm, etc.*] plòt

global *adj.* global *You have to have a global view of it.* Fòk ou gen yon vizyon global de li.

globalization *n.* globalizasyon, mondyalizasyon

globally *adv.* globalman, nan{lemond antye/ tout peyi}, sou{tout glòb/planèt}la *This program is used globally.* Moun sèvi ak pwogram sa a nan lemond antye.

globe *n.* boul, glòb •**globe of the world** glòb{terès/ lemonn} •**terrestrial globe** glòb terès

globule *n.* globil

gloom *n.* tenèb

gloomy *adj.* mosad, si, sonm *What a gloomy nature he has!* Ala nèg gen karaktè mosad papa!

glorification *n.* lomeyans

glorify *v.tr.* bay yon moun glwa, egzalte *Let's glorify God.* An nou bay Bondye glwa. *We should glorify the name of the Lord.* Nou fèt pou n egzalte non Granmèt la.

glory *n.* glwa, laglwa

glory bower *n.* [*vine*] òtansya

gloss *v.tr.* listre *The foreign words have not been glossed yet in the book.* Mo etranje yo poko listre nan liv la.

glossary *n.* glosè, vokabilè

glossy *adj.* poli

glove *n.* gan •**boxing glove** gan bòks •**a pair of gloves** yon pè gan •**put on gloves** gante

glow *v.intr.* klere, klere kou miwa dèzanj *The cat's eyes were glowing in the dark.* Je chat la klere nan fè nwa a.

glowing *adj.* 1[*fire*] wouj *The fire is glowing.* Dife a wouj. 2[*eyes, jewelry*] briyan, klere *Is this beautiful pair of glowing earrings expensive?* Èske bèl pè zanno klere sa a chè?

glub-glub *onom.* 1[*sound of drinking*] touglout 2[*sound of water gurgling*] glouglou

glucide *n.* [*chem.*] glisid

glucose *n.* glikoz

glue *n* gonm, (la)kòl, pat, siman [*dental*]

glue *v.tr.* kole *I had the shoemaker glue the sole back on my shoe.* M fè kòdonnye a kole semèl soulye a pou mwen. *Glue the pages of the book for me.* Kole paj liv yo pou mwen. •**glue back together** rekole *The notebook is torn, glue it together for me.* Kaye a chire, vin rekole l pou mwen. •**be glued to** a[*TV, games, books*] devan, nan *The kids spend all day glued to the TV.* Timoun yo fè jounen an devan televizyon. b[*one place*] ret(e) yon sèl X *She's been glued to that spot since this morning.* Li ret yon sèl kote a depi maten.

gluey *adj.* kole *The oatmeal is very gluey.* Labouyi avwàn nan kole anpil.

glum *adj.* figi yon moun fennen, mosad, sonm, tris *Why are you so glum today?* Kouman figi ou fennen konsa jodi a? *Why is Ti Mari so glum?* Sa Ti Mari genyen li sonm konsa?

glutton *n.* aloufa, glouton, gougoun, gouman, grangozye, granmanjè, gwenf, saf, visye, visyèz [*fem.*] voras *This glutton eats too much.* Aloufa sa a manje twòp. *The glutton gorges a lot.* Gouman an bafre anpil. *Charles is a glutton.* Chal se grangozye. *This little food can't do anything for him, he's a glutton.* Ti manje sa a pa ka fè anyen pou li, se yon granmanjè l ye. *This glutton stuffs himself like a pig.* Gwenf sa a bafre tankou kochon.

gluttonous *adj.* afre, apoura, gougoun, gouman, saf, visye [*fem*] visyèz *The little boy is gluttonous.* Tigason an afre. *John is very gluttonous.* Jan saf anpil. *What a gluttonous man, there is never enough food for him.* Ala nèg visye, manje pa janm ase pou li.

gluttony *n.* goumandiz, saf, safte *It's her gluttony that gave her indigestion.* Se safte l ki fè l gonfle. *Gluttony isn't good.* Goumandiz pa bon.

glycerin *n.* gliserin

gnash *v.tr.* •**gnash one's teeth** manje dan, ri nan dan bay yon moun *I don't like sleeping next to him, he grinds his teeth all night.* M pa renmen dòmi pre msye, tout nannwit l ap manje dan.

gnat *n.* akado, bigay, moustik

gnaw *v.intr.* wonyen *Rats gnawed all the pages of the book.* Rat wonyen tout paj liv la. •**gnaw at** mandrinen, manje, wonje *The sorrow over the death of her husband gnaws at the heart of this unfortunate woman.* Chagren lanmò mari a ap mandrinen kè malerèz la. *The caterpillars are going to gnaw at the corn.* Cheni yo pral manje mayi a. *The mice are gnawing at the bread.* Sourit yo ap wonje pen an. •**gnaw at one's bones** manje nigrit yon moun *Cold gnaws at my bones.* Fredi a ap manje tout nigrit mwen. •**gnaw away at** [*hunger*] talonnen *She can't work, hunger is gnawing away at her.* Li pa fouti travay, li gen yon grangou k ap talonnen l.

go¹ *n.* **1**[*attempt, try*] eseye, fè yon esèy *I can't get it open. Let me have a go at it.* M pa ka ouvè l. Kite m fè yon esèy. **2**[*turn in a game*] jwèt, kou *It's my go now.* Se jwèt pa m konnye a. *Who's go is it?* Jwèt ki moun? •**be on the go** titile *I'm always on the go, I can't just sit.* M ap

titile, m pa ka chita. •**give it a go** amòs *Give it a go first so that I can see what you can do.* Ban m yon amòs anvan pou m wè sa ou ka fè. •**have a go** {degaje/ demele}li, eseye, fè de kout *I can't do it! Do you want to have a go?* M pa ka fè li. Ou vle degaje ou ak sa? *If you think you can do it have a go at it.* Si ou kwè ou ka fè l demele ou ak sa alò. *It's a lot of fun. Have a go.* Se amizan anpil. Eseye li non. *He needs some practice, I'm going to let him have a go at the wheel.* Msye bezwen pratik, m pral fè de kout volan ak li. •**s.o. who is always on the go** pye poudre *This man can't live in one area, he's always on the go.* Nèg sa a pa ka rete yon sèl kote. **cf** give

go² (**goes, going, gone, went**) *v.intr.* **1**[*depart, move*] al(e), (a)pral(e), met(e) deyò, pran, sige pou *She wanted to go, but her sister wanted to stay.* Li vle ale, men sè l la menm vle rete. *I need to go.* Fò m ale. *It's getting late. I must be going.* Li koumanse ta, fò m met deyò. *Let's go home because it's getting late.* Ann sige pou lakay non paske li koumanse fè ta. *Where are you going?* Kote w ap pran? **2**[*do sth.*] al(e) *He wants to go walking.* Li vle al mache. *We're going to get water.* N apral nan dlo. *Let me go to the school to meet with the principal.* Ban m kouri lekòl la pou m al wè direktè a. **3**[*be sent*] voye X ale *Make sure the letter goes today.* Fè kou ou konnen pou ou voye lèt la ale jodi a. **4**[*machine, equipment, vehicle*] mache *The car doesn't go well when I change the gear.* Machin nan pa mache byen lè m chanje vitès. **5**[*travel/move in a particular direction*] al(e), al(e){fè/pase} *There are too many people here; let's go somewhere else.* La a gen twòp moun, an n al yon lòt kote. *I want to go to the movies tonight.* M anvi al sinema aswè a. *They're going to Haiti for vacation.* Yo pral Ayiti, al pase vakans. *You can go by car, plane or boat.* Ou ka al nan machin, nan avyon, osnon nan batiman. **6**[*cannot be found*] disparèt *I had just been writing with the pen, but now it's gone.* M te fèk ap ekri ak plim nan, men kounye a li disparèt. **7**[*is given to*] se pou *All her money goes to her mother.* Tout kòb li se pou manman l. **8**[*operate a vehicle*] al(e) *You need to go slowly, this road isn't in good shape.* Fò ou al dousman, wout la pa bon. **9**[*take* *place]* pase *How did everything go? Everything went well.* Kijan tout bagay pase? Tout bagay byen pase. •**go about doing sth.** pwosede *I don't know how I'm going to go about doing this.* M pa konn ki jan m ap pwosede pou m fè sa. •**go about sth. the wrong way** remèt monnen *Take the steering wheel away from him; he's not going about it the right way.* Pran volan an nan men msye; se monnen l ap remèt la a. •**go about things furtively or secretly** nan kachotri li *He always goes about things furtively.* Li toujou nan kachotri l. •**go after** *a[chase]* ale dèyè, {bat/fè/lage}{chen/koukouwouj} dèyè yon moun, fann (nan) {dèyè/nan siyay}yon moun, fougonnen, kouri dèyè, lage pè las nan dèyè yon moun, nan twous, pati dèyè, pouswiv, vini dèyè *The government goes after the defrauders.* Gouvènman an lage koukouwouj dèyè magouyè yo. *The police officer went after the thief.* Polis la fann dèyè vòlè a. *He's going after money, that's what makes him play the lottery like that.* L ap kouri dèyè lajan, se sa k fè li jwe bòlèt konsa. *The police are chasing the thieves.* Lapolis ap pouswiv bandi yo. *He went after his wife after she left the house for her mother's.* Li vin dèyè madanm li apre l te sove kite kay la ale kay manman li. *The police are going after him anywhere he goes.* Lapolis nan twous li tout kote l fè. *b[goal]* liyen *I have been going after this job for three months.* M gen twa mwa depi m ap liyen djòb sa a. *c[amorously]* file *He keeps going after that girl, he must like her.* Jan m wè msye ap file manmzèl la, li gen lè damou vre. •**go after with a vengeance** fann nan kò yon moun *He went with a vengeance after the people who killed his father.* Msye fann nan kò moun ki te touye papa li a. •**go against** *a[someone]* peze kont yon moun *You are my friends, and you are going against me?* Nou se moun mwen epi n ap peze kont mwen konsa? *b[something]* {kouche/kanpe}an kwa *The deputies went against all the projects the president presented to them.* Depite yo kanpe ankwa devan tout pwojè prezidan an prezante devan yo. •**go ahead** *a[proceed]* ba{li/yo}, boule gra, {pase/pike}devan *Go ahead! You can swear at him.* Ba li! Ou mèt joure li. *Go ahead, make the presentation.* Pase devan pou al fè

prezantasyon an. *When I showed him the work, he told me to go ahead with it.* Lè m montre li travay yo, li di m pike devan. *b[start earlier]* {pike/pran}devan *If you're in a hurry, you may go ahead.* Si ou prese, ou met pran devan. *Instead of waiting for me, she went ahead.* Olye l tann mwen, li pike devan. •**go all out** frape di *Go all out at school so you can be something tomorrow.* Frape di pou ou ka yon bagay demen. •**go along** *[agree]* dakò *—She's really beautiful! —I'll go along with that, but she's an idiot.* —Li bèl anpil. —M dakò, men l sòt. •**go along with** fè wout la ak *Mom is going to the market, let's go along with her.* Manman m pral nan mache, ann fè wout la ak li. •**go around** *a[detour]* chankre *The road is blocked, let's make a detour and go around his way.* Wout la bare, ann chankre bò isit. *b[move about]* fè{laviwonn/viwonn/wonn/yon virewon}, vire won *Go around the house to see how big it is.* Fè viwonn kay la pou wè gwosè l. *I just arrived in this area, I'll go around to see what it's like.* M fèk rive nan zòn nan, m ap fè yon virewon pou mwen wè jan l ye. *c[make circle]* fè wonn *Let's go around the tree.* Ann fè wonn pye bwa a. *d[move freely]* pwomennen (sou moun) *I thought that criminal was in jail. Why is he going around?* Te kwè kriminèl sa a te nan prizon, pouki l ap pwomennen sou moun la a menm pwomennen. *Some vendors don't like to stay in one place to sell their goods, they prefer to go around.* Kèk machann pa renmen rete yon sèl kote pou yo vann, yo pito pwomennen. •**go around in circles** tounen an won, virewon pou granmesi *You're going around in circles for no reason.* Ou ap virewon pou granmesi. •**go at it** paye *The way those are going at it, I won't be surprised if she gets pregnant.* Jan moun sa yo paye la, m p ap sezi tande gwòs. •**go away** *a[usu. a command]* Alelouya Satan, ale, ale nan kanpe lwen, bay yon moun talon li, dekatiye li, leve{kan/lank}, padon, pase, pase ou isit, pati, pran lyann, sige, wonpe *Go away, you block the way.* Dekatiye ou la, nou bare wout la. *Go away, give me a break from that story.* Padon, ban m lapè ak koze sa. *Go away, adults are talking.* Pase ou isit, granmoun ap pale. *Go* away, jerk! Ban m talon ou la, makak! **b**[*pain, fever, etc.*] lache yon moun, pase *My fever has gone away.* Lafyèb la pase. •**go away at all costs** rache manyòk li bay tè a blanch *They want the dictator to go away at all costs.* Yo vle diktatè a pou l rache manyòk li bay tè a blanch. *The makouts went away at all costs when they heard their leader had gone to exile.* Makout yo rache manyòk bay tè a blanch lè yo tande chèf yo pran wout legzil. •**go away from** lese •**go back** (re)tounen *I need to go back to get my umbrella.* Fò m tounen al chache parapli m. *Let's go back home.* An n (re)tounen lakay. *Let's go back to what you were saying.* An n retounen sou sa ou t ap di a. •**go back and forth** fè{alevini/lanavèt/laviwonn dede/vayevyen}, monte desann *They go back and forth between the two countries.* Yo fè alevini ant de peyi yo. *I had to go back and forth before I had the chance to meet the principal.* Se pa de laviwonn dede m pa fè anvan m rankontre dirèk la. *Why are the kids going back and forth in the room?* Poukisa timoun yo ap fè vayevyen nan sal la? •**go back down** tounen desann *She went back down the stairs.* Li tounen desann eskalye a. •**go back on one's decision** dejije *Yes is yes, no is no, you can't go back to your decision again.* Wi se wi, non se non, ou pa ka dejije ankò. •**go back on one's word** dedi, fè moun anchwan, leve koken, vire bouch li *If you go back on your word again, we're going to replace you.* Si ou dedi ankò, n ap ranplase ou. *He likes to go back on his word, he makes empty promises.* Li renmen fè moun anchwan konsa, pwomèt san bay. *The negotiations almost succeeded but one of the parties went back on its word.* Negosyasyon yo fin abouti men gen yon pati ki leve koken. *You already promised me a car as a present, don't go back on your word now.* Ou te deja di m w ap fè m kado yon machin, pa vire bouch ou kounye a. •**go back to an issue** revni *We don't go back to this issue.* Nou p ap revni sou pawòl sa a ankò. •**go back up** pase remonte, retounen monte *Here's the little boy going back up the street.* Men ti gason an ap pase remonte nan lari a. *The cold made her go back up running.* Fredi a fè l kouri remonte. *She went back up the slope.* Li tounen monte pant

lan. •**go beyond** depase *Don't go beyond the well.* Pa depase pi a. •**go beyond the bounds** lage bòday *This is what happens when children go beyond the bounds of their parents.* Men sa k rive wi lè ou wè timoun lage bòday paran yo (mete yo). •**go by** pase *Don't let that opportunity go by.* Pa lese okazyon sa pase. •**go down** **a**[*direction*] desann *Don't go down the stairs on your knees.* Pa desann mach eskalye a sou jenou ou. **b**[*in price*] bese, desann *I have just heard on the radio that the price of rice went down.* M fèk tande yo di nan radyo pri diri a bese. **c**[*water*] bese *The water went down.* Dlo a bese. **d**[*swelling*] dezanfle, desann *The swelling went down after I took the pills.* Anflamasyon an desann apre m fin bwè grenn yo. •**go down again** redesann *The father went down again when he heard the noise.* Papa a redesann lè l tande bri a. •**go down fast** file *The police cars went down fast as they chased the thief.* Machin polis yo file dèyè volè a. *Our supply of water is going down fast.* Rezèvwa dlo n nan ap file. •**go for it** boule gra, mete kran *Go for it! Take as much rice as you want.* Boule gra! Pran valè diri ou vle. •**go forward** fè avan *The car can't go forward.* Machin nan pa ka fè avan. •**go forward in starts and stops** bay zouk *The car kept going forward in starts and stopped.* Machin nan chita ap bay zouk san rete. •**go hard after** debòde sou *Because he hadn't finished the work, the boss was going hard after him.* Paske l pa fini travay la, patwon an debòde sou li. •**go hard at** **a**[*eating, learning, etc.*] boule ak, frape di *I'm going hard at the construction so I can finish the house on time.* M ap boule ak konstriksyon an pou m ka fini kay la alè. *Go hard at it in school so that you can be something tomorrow.* Frape di nan lekòl la pou ou kab yon bagay demen. **b**[*s.o.*] lage nan kò yon moun *His mother went hard at him for coming in so late.* Manman ni lage nan kò li poutèt li rantre ta konsa. •**go in** antre, rantre *He went in and never got out.* Li antre, li pa janm sòti. •**go in a hurry** pike *The child went in a hurry to meet his father.* Pitit la pike pou l al kontre papa a. •**go in and out** antre soti *Since this morning I see him going in and out of the house.* Depi maten an, m wè msye ap antre soti nan kay la. •**go in front of** pran devan *The child went in front of the crowd as soon as the music began.* Pitit la pran devan foul la kou mizik la koumanse frape. •**go in heavily for** foule chay *The guy went heavily into gambling and lost all of his money.* Nèg la foule chay nan kazino enpi li pèdi tout kòb li a. •**go in one ear and out the other** (r)antre nan zòrèy gòch e soti nan zòrèy dwat *Whatever you tell him goes in one ear and out the other.* Sa ou di l la, antre nan zòrèy gòch e soti nan zòrèy dwat. •**go into** *a*[*enter*] antre nan, rantre *Go into the house before it starts to rain.* Rantre nan kay la anvan lapli tonbe. *b*[*enter a profession, etc.*] antre nan *I heard he'd gone into the charcoal-selling business.* M tande l antre nan konmès vann chabon. *c*[*enter a particular state*] antre nan *I won't go into debt to buy a car.* M pa p antre nan dèt pou m achte yon machin. *d*[*get involved in*] avantire li *He went into politics.* Li avantire l nan politik. •**go it alone** fè kavalye pòlka *He went it alone, he settled the business by himself.* Misye fè kavalye pòlka, l ap regle zafè a pou kont li. •**go off** *a*[*gun*] pati *A gun went off.* Yon kout zam pati. *b*[*signal, alarm*] deklannche *While his hand brushed the car, the alarm went off.* Men l ki pase sou machin nan, enpi alam nan deklanntche. •**go on** *a*[*continue talking*] ale non, sige *He kept going on with what he was saying, although they asked him to stop.* Li sige nan sa l ap di a, kwak yo mande l kanpe. *b*[*continue an action*] bal li *Go on, chief! This criminal deserves the beating.* Ba li, chèf! Kriminèl sa a merite baton an. •**go on and off** [*light*] mouri limen *The light of the ambulance car is going on and off.* Siyal anbilans lan ap mouri limen. •**go out** *a*[*exit*] deyò, fè yon wout, mete tèt li deyò, pase, pran lari, sòti *Mom, we're going out.* Manman, nou deyò. *We won't go out tonight.* Nou p ap mete tèt nou deyò aswè a menm. *He went out the window.* Li pase nan fenèt la. *I'm not staying home any longer, I'm going out.* M p ap ret lakay pi lontan, m ap pran lari. *I'm not going out today; I'm staying home.* M p ap sòti jodi a, m ap ret lakay. *b*[*light, fire*] mouri *The candle went out.* Balèn nan mouri. •**go out again** resoti, tounen soti *Don't shut the door, I'm*

going to go out again. Pa fèmen pòt la non, m pral resoti. *He just went out again.* Li fèk tounen. •**go out of one's way** fè{efò/tout jan} *Even though he was busy, he went out of his way to help me.* Malgre l te okipe, li fè efò l ede m. *She went out of her way to make our life miserable.* Li fè tout jan pou l ban n poblèm. •**go over** [*the past*] repase *She was going over in her head what had happened when she arrived here.* Li t ap repase, nan tèt li, sa ki te pase lè li rive isit. •**go right ahead** [*encourage s.o. to physical or verbal violence*] ba{li/yo} *You want to fight with your brother? Go right ahead!* Ou vle goumen ak frè ou? Ba li! •**go right down** file •**go straight down** koule desann *Go straight down, you'll end up across the street from the house.* Koule desann drèt, w ap tonbe anfas kay la. •**go through** *a*[*pass*] pase *If you leave Les Cayes for Cap-Haitien, you have to go through Port-au-Prince.* Si ou sot Okay ou pral Okap, fò ou pase. Pòtoprens *b*[*finish up*] fin(i) *He went through all the money in one day.* Li fini tout kòb la yon sèl jou. *c*[*search, often without consent*] fouye *I caught her going through my pants' pockets.* M kenbe l ap fouye pòch pantalon m. *They went through my luggage.* Yo fouye malèt mwen *d*[*suffer/experience*] pase *He went through a lot when his wife was sick.* Li pase pa l lè madanm li malad la. *She went through a lot to get where she is today.* Li pase anpil anvan l rive kote l ye a. •**go through s.o.** pase pa yon moun *To talk to the boss, you need to go through me.* Pou wè patwon an, fò ou pase pa mwen. •**go through with a fine-toothed comb** pase nan peny fen *They went through the neighborhood with a fine-toothed comb.* Yo pase tout katye a nan peny fen. •**go under** bwè{dlo/luil}, koyibe *You're going to go under if you bet on this fighting cock.* Ou ap bwè luil si ou parye anba kòk sa a. •**go up** *a*[*climb*] an montan, monte, pimpe *The car can't go up this hill.* Machin nan p ap ka monte mòn sa a. *I met my ex-girlfriend while going up the hill of Canapé Vert.* M kwaze ak ansyen mennaj mwen an montan mòn Kanapevè. *Just hit the button, the elevator is going up.* Annik peze bouton an, asansè a ap monte. *The prices of everything are going up.*

Pri tout bagay pimpe. **b**[*toward*] mache *She went up to him and slapped him.* Li mache sou li, l ba l yon kalòt li. •**go up again** [*stairs, street, etc.*] remonte *He has just gone up again to answer a phone call.* Li fèk remonte pou l al pran yon apèl telefonik. •**go up and down** monte desann, siyonnen *We go up and down the stairs too much.* Nou monte desann eskalye a twòp. •**go with** *a*[*accompany*] konpaye, mache *Would you like me to go with you?* Ou ta renmen m akonpaye ou? **b**[*match*] ale ak, mache *This blouse goes well with your skirt.* Kòsaj sa a ale ak jip ou a. •**have s.o. go back and forth in vain** fè yon moun fè lago *He's your son, if you have some money to give him, don't have him going back and forth in vain.* Se pitit gason li ye, si ou gen ti lajan ou ap ba li, pa fè l fè lago. •**on the go** gen yon bagay li ap fè *She's always on the go.* Li toujou gen yon bagay l ap fè. •**not go out** pa fè wonn pòt *It was raining, I didn't go anywhere last night.* Lapli t ap tonbe, m pa fè won pòt yèswa. •**not to go beyond** chita sou *They never go beyond nice words, they never have any serious work done.* Toutan yo rete chita sou bèl pawòl, okenn travay serye p ap fèt. •**really go at sth.** kraze •**s.o. can go to the devil** ale yon moun laba, Lafrik pou yon moun *He can go to the devil with his arguments!* Ale li laba ak agiman l yo! *Go to the devil!* Lafrik pou ou! •**what's going on** sa k pase •**while going up** an montan li

go-between *n.* **1**[*negotiator*] antremetè, aranjè **2**[*pimp, fem.*] makrèl •**friendly go-between in a love relationship** karyadò, ranjèdzafè *He's a go-between, he interferes any way he pleases in these two people's relationship.* Misye se yon karyadò, li antre jan l vle nan renmen de moun sa yo.

go-getter *n.* aksyonè, antreprenè, siyè *You're a real go-getter, you're not afraid to take chances.* Ou se yon aksyonnè vre, ou pa pè pran chans.

goad[1] *n.* digèt, va

goad[2] *v.tr.* dige, digonnen, giyonnen, pike *Why are you goading the ox like that?* Poukisa w ap digonnen bèf la konsa? *They goaded the people until they rebelled.* Yo giyonnen moun yo jis yo revòlte. *Why do you goad your brother with those words?* Pou ki ou pike frè ou ak pawòl sa yo?

goading *n.* giyonnman

goal[1] *n.* [*aim*] aspirasyon, bi, objè, objèktif *He has no goal.* Li pa gen okenn aspirasyon. *The goal of the meeting is to discuss the next step.* Objè rankont lan se pou n diskite pwochèn etap la.

goal[2] *n.* **1**[*area for scoring in a game*] gòl *He was in front of the goal, but he lost the ball.* Li devan gòl la, enpi l pèdi boul la. **2**[*score*] bi, gòl *The team scored two goals.* Ekip la fè de gòl. •**area between goal posts**[*soccer*] gòl •**goal area** [*soccer*] kan •**golden goal** [*soccer*] mò sibit *We lost the soccer game by a golden goal.* Nou pèdi match la nan mò sibit.

goalkeeper/goalie *n.* gòlkipè, gadyen, gadyennbi •**backup goalkeeper** gadyen rezèv

goalpost *n.* poto gòl

goat *n.* kabrit •**Billy goat** {belye/bouk/bwa/kòn/mal} kabrit •**nanny goat** manman kabrit •**wild goat** boukten •**young goat** ti kabrit

goatee *n.* babich •**scraggly goatee** bab kabrit, ti bab *Don't kiss me with your scraggly goatee.* Pa bo mwen ak bab kabrit ou a.

goatfish *n.* babaren

goatweed *n.* **1**[*plant*] kaprè **2**[*tea*] te{endijèn/meksik/ swis}

gobble[1] *v.tr.* desann, vale bouche doub *He gobbled two pots of rice.* Misye desann de mamit diri. •**gobble down** desann, boure [*offensive*], tinglòt, vale *He gobbled down the big tin container of food in no time.* Li tinglòt gwo sèvis manje a tap-tap. •**gobble up** [*food*] bafre *He gobbled up the cornmeal.* Li bafre mayi moulen an.

gobble[2] *onom.* [*cry of a turkey*] glouglou •**gobble gobble** [*cry of a turkey*] goulou goulou

gobbler *n.* joubabye

goblet *n.* goblè, koup, gode

God[1] *prop.n.* Bondye/Bondje/Dje/Dye/Bongye, Granmèt/Gran Mèt, Letènèl, Pè Letènèl, Senyè/Seyè/ Leseyè/Lesenyè *Do you believe in God?* Ou kwè nan Bondye? •**God is taking care of one's life** Bondye bon *He's not even looking for a job, he believes that God will take care of his life.* Li refize chèche travay, li kwè nan Bondye bon. •**my God** adye Bondye, Bondye papa (apa) *My*

God! Look what happened to the poor lady!
Adye Bondye! Gad sa k rive malerèz la! *My
God, thieves broke into the house!* Bondye
papa, apa vòlè kase kay la!
God² *interj.* [*surprise*] adye *God! See how I
almost died.* Adye! Gad ki jan m manke
mouri. •**oh God** adjewidan
God-forsaken *adj.* •**God-forsaken place** nan
piskèt/twou prizon *The God-forsaken place
where she lives, you need a day to get there.*
Kote l rete nan piskèt sa a, w ap pran yon
jounen pou rive.
godchild *n.* fiyèl, fiyòl •**second godchild** fiyèl
andoye
goddaughter *n.* fiyèl, fiyòl
goddess *n.* deyès
godfather *n.* 1[*reference term*] parenn 2[*term
used by godmother to child's godfather*] (mon)
konpè •**second godfather** parenn andoye
godmother *n.* 1[*reference term*] marenn,
nennenn 2[*term used by godfather to
child's godmother*] (ma)kòmè *Godmother,
godmother, what did you bring for me?*
Nennenn, nennenn! Sa ou pot pou mwen?
•**second godmother** marenn
godson *n.* fiyèl, fiyòl
goggles *n.pl.* •**safety goggles** linèt sekirite
going¹ *n.* •**going back** retou *His going back to
the country caused a lot of problems.* Retou li
nan peyi a bay anpil problem. •**going back
and forth** vatevyen
going² *v.intr.* [*progressive/definite future*] (a)
pral, (a)pray/prey[N] *You're going to give me
all the details!* Ou pral ban m sa fen! *I'm going
to buy a small gift.* M pral achte yon ti kado. *I'm
going to be sick.* M pral malad. *We're going to get
water.* N apral nan dlo. •**be going a**[*age*] kouri
sou *My father is going on sixty.* Papa m kouri
sou swasantan. **b**[*event*] ap pase *What's going
on?* Sa k pase? •**get going** gouye kò li *We're
getting late, you should get going!* N ap anreta,
wi, gouye kò ou! •**How's it going?** Sa k pase?
goiter *n.* boul nan{gòj/kou}, gwat, maladi
gwo kou, papèl
gold¹ *adj.* lò, ann ò *It's a gold chain.* Se yon
chenn lò.
gold² *n.* lò •**made out of gold** annò, dò *She
bought a bracelet made of gold.* Li achte yon
braslè annò. •**gold mine a**[*lit.*] min dò
b[*fig.*] chans, obèn

gold-plated *adj.* garanti, soufle ak lò *Her chain
is gold-plated.* Chenn li an soufle ak lò. *This
necklace is not made with solid gold; it's only
gold-plated.* Kolye sa a pa fèt annò masif; se
garanti li ye.
golden *adj.* 1[*color*] dore *The girl has golden
hair.* Tifi a gen cheve dore. 2[*made of gold*]
annò, dò *She has a golden ring.* Li gen yon
bag annò. *A golden bracelet.* Yon braslè dò.
goldsmith *n.* òfèv
golf *n.* gòf
golly *interj.* •**by golly** vyèytimenn mwen *Oh
my gosh, by golly!* tonnè vyèytimenn mwen!
Gonaïves *prop.n.* Gonayiv
gone *adj.* 1[*spent/consumed*] ale, fini, kaba *The
money was gone after one day.* Kòb la ale yon
sèl jou.. *The money is already gone.* Kòb la al
gen tan fini. *The food is gone.* Manje a kaba.
2[*no longer functional*] fini, pa gen X ankò *I
sang too much, and my voice is gone.* M chante
twòp, m pa gen vwa ankò. *The brakes on this
bike are gone.* Fren bisiklèt la fini. •**be gone**
al(e), ale fè wout li, pati, vire do li *Both her
mom and dad are gone.* Ni manman l ni papa
l, yo tou de pati. *The guests came over, but the
all the doors were closed; they're gone.* Envite
yo te vini vre, men yo jwenn tout pòt fèmen;
y al fè wout yo.
gonococcus *n.* gonokòk
gonorrhea *n.* blenoraji, chòdpis, ekoulman,
grannchalè, grantchalè, kannal brile
•**severe case of gonorrhea** chòdpis kòde
good¹ *adj.* 1[*of high standard*] bon, bèl *He has
a good reputation in the village.* Msye gen
bon repitasyon nan bouk la. 2[*of the right/
desirable kind*] bon *She's a good doctor.* Se
yon bon doktè. *It's a good restaurant.* Se
yon bon restoran. *That's a good job.* Well
done! Sa se bèl travay. An fòm! *She's a good
mom.* Li se yon bon manman. 3[*at least/
more than*] bon *It'll take you a good day.* L
ap pran ou yon bon jounen. 4[*complete,
thorough*] bon, byen *Take a good look at him.*
Fè yon bon gade l. *Take a good look at your
face in the mirror.* Gade figi ou byen nan
glas la. *They were good friends.* Yo te bon
zanmi. 5[*enjoyable, pleasant*] bon, byen, bèl
This food is good. Manje sa a bon. *We had a
really good time at the party.* Nou byen pran
plezi n nan fèt la. *It was a good match.* Se te

yon bèl match. 6[*fit for consumption*] bon *Is this milk still good?* Lèt sa a bon toujou? 7[*healthful, beneficial*] bon *Drink this tea, it'll be good for you.* Bwè te sa a, l ap bon pou ou. *It isn't good for you to smoke that much.* Li pa bon pou ou pou ou fimen konsa. 8[*in satisfactory/effective condition*] bon *I found a good pair of secondhand shoes.* M jwenn yon bon soulye dezyèm men. 9[*intensifier*] bon *He gave me a good whack, my jaw is swollen.* Li ban m yon bon sabò, machwè m anfle. 10[*kind, helpful*] bon *It's awfully good of you to come; I needed someone to help me.* Vini ou vini an byen bon, m te bezwen yon moun ede m. 11[*large/fairly large in amount/degree*] bon *I waited for him a good while.* M fè yon bout tan ap tann li. *They did a good amount of work.* Yo fè yon bon valè travay. 12[*of pleasing appearance*] byen, fre *You've been looking good since your wife came back.* M wè figi ou fre, depi madanm ou vini an. *That dress looks good on you.* Rad ki sou ou a fè ou byen. 13[*person*] bon, katolik *She's a good person, she helps people out.* Li katolik, li sèvi byen ak moun. *She's a good person.* Se yon bon moun. 14[*skillful*] bon, fò, gwo *He's good at soccer.* Li bon nan foutbòl. *Gisèle is very good at making food.* Jizèl bon anpil nan fè manje. *This. Li se gwo kizinyèz. He's very good at telling lies.* Li fò anpil nan bay manti. 15[*sound and/or useful*] bon *She gave me a good piece of advice.* Li ban m yon bon konsèy. 16[*suitable*] bon *It's not a good place to play soccer.* La a pa bon pou n jwe foutbòl. *This Monday is a good day for us to go over to her house. She's not going to work.* Lendi se bon jou pou n al lakay li; li pa pral travay. *This is good soil for growing corn.* Tè sa a se yon bon tè pou moun plante mayi. 17[*valid*] bon *This ticket is good for a month.* Tikè sa a bon pou yon mwa. 18[*weather*] bèl, bon *They said we'll have good weather today.* Yo di l ap fè yon bèl tan jodi a. 19[*flowers, perfumes*] bon *This leaf smells good.* Fèy sa a santi bon. 20[*results*] pozitif, solid *I'm disappointed because the result of our work isn't good.* Mwen desi paske rezilta travay nou yo pa pozitif. *That defender isn't good enough.* Defansè sa a pa solid. 21[*safe from loss (of money)*] bon *He's good for the money*

that you lent him. Ou pa bezwen pè pou kòb la ou prete l la. 22[*clothing for going out*] soti *These are my good clothes.* Sa yo se rad soti m. 23[*of action*] byen *It's good I didn't go to the party; you would have missed me.* M byen fèt pa t al nan fèt la; ou pa t ap jwenn mwen. 24[*common reply*] oke *I'll be there soon! Good!* M ap vin konnye a! Oke! •**good and well** byen pwòp *You knew good and well he wasn't coming.* Ou te konnen byen pwòp li pa t ap vini. •**good and sturdy** bon vye *This car is a very good and sturdy car.* Machin sa se yon bon vye machin. *This is a very good and sturdy pair of shoes.* Sa se yon bon vye soulye. •**good as new** mete a nèf *This car is running as good as new now.* M mete machin lan a nèf. •**good enough for s.o.** bon (ase) pou yon moun *Whatever she does she will never be good enough for his family.* Kèlkeswa sa manmzèl fè, li p ap janm bon ase pou fanmi msye. •**good for** pwòp *If you can't help anybody with anything then what are you're good for?* Si ou pa ka ede pèsonn ak anyen, enben ak kisa ou pwòp (menm)? *Is eating the only thing you're good for?* Se manje sèlman ou pwòp? •**good for s.o.** [*expressing congratulations*] konpliman *I heard you passed the exam. Good for you!* M tande ou pase nan egzamen an. Konpliman! •**good for you** [*sarcastic*] avantay pa ou *Well, good for you! Your father's a minister.* Avantay pa ou! Papa ou minis! •**Good{Morning/ Afternoon/Night}** Bonjou, Bonswa, Bòn nui(t) •**be finger-licking good** se koupe dwèt *This food is finger-licking good, it's so tasty.* Manje sa se koupe dwèt tank li gou. •**be good** [*well-behaved*] fè bon moun, pa fè dezòd *Be good while you're over at their house.* Pa fè dezòd kay moun yo. •**be good enough for s.o.** bon (ase) pou yon moun *Whatever she does she will never be good enough for his family.* Kèlkeswa sa manmzèl fè, li p ap janm bon ase pou fanmi msye. •**be good at** a[*skillful*] fò (nan) *He's very good at mathematics.* Msye fò nan matematik anpil. *She's very good at cooking.* Li fò anpil nan fè manje. b[*occult magic*] fè wanga *This 'bòkò' is good at occult magic.* Bòkò sa a fò nan fè wanga. •**be good only at** pwòp *They're good only at talking nonsense.* Ranse sèlman yo pwòp. •**do s.o. good** ap bon pou yon moun *Drink this tea; it'll do you good.* Bwè te sa a, l ap bon pou ou. •**make good** *a*[*successful*] pran{fil/pye} *I heard he'd made good in Port-au-Prince.* M tande l pran fil nan Pòtoprens. *b*[*pay for sth. lost, damaged, etc.*] peye *I'll make good on anything I break.* M ap peye nenpòt bagay m brize. *c*[*promise, word, etc.*] kenbe *Don't worry, I'll make good on my word to send you money.* Pa enkyete ou, m ap kenbe pawòl mwen pou voye lajan ba ou. •**naturally good** gen bon santiman *Children who are naturally good always help their parents.* Timoun ki gen bon santiman toujou ede paran yo. •**no good** moun deryen •**not good** pa klè, twò bon *His health isn't good.* Sante misye pa klè. •**not quite good** pa fin yès *The food is not quite good.* Manje a pa fin yès. •**one can't have only the good things in life** apre plezi se deplezi •**pretty good** yès *Mary's food is pretty good.* Manje Mari a yès.

good² *interj.* bon, palemwadsa *Dad, I got a good grade. Good!* Papa, m fè mwayèn wi. Palemwadsa!

good³ *n.* **1**[*morally right action/behavior*] bon bagay *That mayor did a lot of good in this town.* Majistra sa a fè anpil bon bagay pou vil la. **2**[*sth. bringing gain/advantage/ improvement*] byen, byennèt, bon *I told you that for your own good.* Se pou byen ou m di ou sa. *I am talking to the girl for her own good.* M ap pale tifi a pou byennèt li. **goods** *n.pl.* [*merchandise*] byen, machandiz •**do both good and evil** sèvi ak de men *That houngan does both good and evil, he heals and he kills.* Ougan sa a sèvi ak de men, li geri, li touye. •**do good** fè{le/di}byen *Do good in all circumstances.* Fè lebyen nan tout sikonstans. •**for good** pou tout bon, vre *He left for good now.* L ale pou toutbon konnye a. *This time, the girl left for good.* Fwa sa a, fi a ale vre. •**for s.o.'s own good** pou byen(nèt) yon moun *I told you that for your own good.* Se pou byennèt ou m di ou sa. *I'm talking to you for your own good.* M pale avè ou pou byennèt ou. •**secondhand goods** rès konbin •**shoddy goods** madanm ploy •**some good** dibyen *This work will do her good.* Travay la ap fè l dibyen. •**up to no good** fè yon bagay

mal *When I saw him running away, I knew he had been up to no good.* Depi m wè l kouri a, m konnen se yon bagay mal li t ap fè. •**what good does it do to** akwabon *What good does it do to disrespect people who do us favors?* Akwabon pou n ap derespekte moun k ap rann nou sèvis?

good-bye *interj.* adjo, adye, babay, orevwa, tchaw *Goodbye! See you tomorrow!* Babay! N a wè demen! *Goodbye! If dead people can meet, we'll meet in heaven above.* Adjo! Si mò konn mò, n a wè anwo. *Goodbye! We will meet nevermore.* Adye! Nou p ap wè ankò.

good-for-nothing *n.*, awouya, batanklan, bonbonfle, epav, pa itil, pwòparyen, senèryen, simagri, vakabon, voryen *A good-for-nothing like you, what girl is going to marry you?* Batanklan tankou ou, ki fi k ap pran ou? *That good-for-nothing, there's nothing you give him to take care of that he does well.* Pa itil sa a, pa gen anyen ou ba li regle pou li fè sa byen. *This good-for-nothing doesn't know anything about the hardships in life.* Senèryen sa a pa konn difikilte lavi.

good-hearted *adj.* bon kè, kè sansib

good-humored *adj.* afab, djougan

good-looking *adj.* bèl *He's very good-looking.* Se yon bèl gason. •**good-looking chick or gal** [N] dyal *I have to get that good-looking gal's number before I leave.* Fòk mwen pran nimewo telefòn dyal sa a kanmenm anvan m ale

good-luck charm *n.* boulpik

good-natured *adj.* bòn pèsòn, sanfason *He's a good-natured person.* Se yon nèg sanfason.

good-quality *adj.* [*fabric, clothes*] gwopo *This store always sells good-quality fabric.* Magazen sa a vann twal gwopo.

goodie *n.* siwo lòja

goodness *n.* bon kè, bonte, bonvoulwa *I do this out of the goodness of my heart.* Se bon kè m ki fè m fè sa a. •**my goodness** [*exclamation of surprise*] Bondye papa, komapiston *My goodness! Look how the child dirtied the house!* Komapiston! Gade jan pitit la sal kay la! •**thank god/goodness/heaven(s)** *Thank goodness you're alive!* Di Bondye mèsi ou pa mouri.

goods *n.pl.* danre, machandiz

goodwill *n.* bon{volonte/voulwa}

goody-goody¹ *adj.* •**goody-goody act** mannigèt bouzen [*vulg.*] *Don't believe she's serious even if she tells you so, it's a goody-goody act.* Pa kwè fi a serye vre menm si l di ou sa, sa se mannigèt bouzen.

goody-goody² *n.* [*pej. fem.*] sent nitouch *That girl is acting like a goody-goody.* Tifi sa a ap pran pòz sent nitouch li ti Jezi nan po krab. *She's always acting goody-goody.* Li toujou ap pran pòz ti Jezi nan po krab li.

gooey *adj.* kolan

goof¹ *n.* gaf

goof² *v.intr.* fè yon vye erè *I goofed: I didn't sign the letter.* M fè yon vye erè, m pa siyen lèt la. •**goof off** bat ba, kalewès *He's been goofing off all morning instead of working.* Depi maten l ap bat ba, li pa fè travay li. *Everyone is working, as for you, you're sitting around goofing off.* Tout moun ap travay, ou menm ou chita w ap kalewès.

goofy *adj.* bobo, abòdjò, egare *He acts goofy, but he's not.* Li pran pòz egare l, men l pa egare. *He looks really goofy.* Li sanble yon abòdjò.

goose *n.* zwa •**silly goose** vivi dan griyen

goosebumps *n.pl.* chèdpoul *When he's afraid, he gets goosebumps everywhere.* Depi li pè, tout kò l fè chèdpoul. •**give goosebumps** fè dan yon moun {sirèt/sezi} *Don't drag the chair across the floor, it gives me goose bumps.* Pa trennen chèz la atè a, sa fè dan mwen sirèt.

gooseflesh *n.* chèdpoul

Gordian knot *n.* ne gòdyen

gore *n.* [*clothing*] lèz

gorge¹ *n.* fant mòn, ravin

gorge² *v.intr.* •**gorge o.s.** angwe, gobe [*pej.*] *He gorged himself with food as if he were starving to death.* Li angwe nan manje a pòtre moun lafen t ap touye. •**gorge o.s. on** tifle *She gorged herself with food very quickly.* Li gen tan tifle gwosè plat manje a pop pop.

gorgeous *adj.* 1[*beautiful*] bèl anpil 2[*wonderful*] mayifik

gorilla *n.* goril, gwo makak

goring *n.* kout kòn

gosh *interj.* kòmanman, wi(y) fout (pip) *Gosh, it's cold this year!* Wiy fout, li fè frèt ane sa a! •**oh gosh** kòmanman, mezanmi *Oh Gosh! Where did you get that wound from?*

Mezanmi! kote ou pran blese sa a? •**oh my gosh** kòmanman *Oh my gosh, He's such a lazy person!* Kòmannman, pa gen parese tankou msye!

gosling *n.* ti zwa

gospel *n.* [*mus.*] gospel

Gospel *prop. n.* Levanjil, levanjil *Our message today is taken from the gospel according to Saint John.* levanjil Sen Jan. •**spread the Gospel** evangelize

gossip¹ *n.* 1[*fem.*] landjèz *This woman is a gossip.* Fiy sa se yon landjèz. 2[*male*] gason pantalèt, jakorepèt *Don't insert that gossip in the story if you don't want him to spread it around.* Pa foure gason pantalèt la nan koze a pou l pa mete l deyò. 3[*piece of information*] doub, koze, kozman, lokopèt, nyouz, odyans, tripotay, zen *Come, honey, I'll tell you some gossip.* Vini chè, m ba ou yon doub, machè. *It's quite a lot of gossip they've told.* Se pa de kòkòday yo rakonte. *Come and listen to the gossip.* Vin tande koze a. *I've got a piece of gossip to tell you.* M gen yon nyouz pou ou. *Stop spreading gossip!* Sispann fè tripotay! *I've got a juicy piece of gossip for you.* M gen yon zen cho pou ou. •**spiteful or malicious gossip** [*person*] lang long •**stupid gossip** rans

gossip² *v.intr.* bay zen sou, {boule/bouyi/derimen} zen, chita sou kont (do) yon moun, djole fè{kan sou do yon moun/jouda/landjèz (nan) chwichwi/ti pil gwo pil/tripotay/zen}, jaze, kòlpote *They sit around all day and gossip.* Tout lajounen yo chita ap fè tripotay. *What were you gossiping about?* Ki zen n t ap derimen la a? *You gossip about people all day long.* Tout lajounen ou a bay zen sou do moun. *Enough gossiping, you slanderers.* Ase fè chwichwi la, bann landjèz. *He gossips so much that no one let him get inside their place.* Li tèlman fè jouda, pèsonn pa vle l antre lakay yo. *For as long as we've been gossiping about these people, what has that done for us?* Pou dat n ap fè kan sou do moun yo, sa l rapòte n? *He always spreads gossip.* Li toujou fè landjèz. *Last night we gossiped.* Ayè oswa nou fè ti pil gwo pil. *Those two gossips are always gossiping.* De landjèz sa yo toujou ap fè zen. *These people gossip so much, they even badmouth their own* relatives. Moun sa yo tèlman jaze, menm pwòp fanmi yo, yo pale mal. *They never stop gossiping.* Moun sa yo pa janm p ap kòlpote. •**gossip about** pale{yon moun mal/sou do yon moun} *They keep gossiping about her all day long.* Yo chita ap pale sou do li tout lasentjounen.

gossiper *n.* fèzè, gran bouch, kalbas, landjèz, paladò, paladyòl, rapòtè, zenyè, zenyèz [*fem.*] *These gossipers are always talking about people behind their back.* Tout lajounen landjèz sa yo chita sou do moun. *This gossiper is always talking about other people's business.* Fèzè sa a toujou ap pale afè moun. *He's a big gossiper, he can't keep a secret.* Li se yon kalbas gran bouch, li pa ka kenbe sekrè. •**be a gossiper** gen bouch *Watch what you say with him because he's a gossiper.* Kontwole pawòl ou ak misye paske se nèg ki gen bouch. •**unbridled gossiper** anraje

gossiping *n.* ti pil gwo pil, kòkòday *Stop your gossiping, OK.* Sispann ti pil gwo pil sa non.

gossipy *adj.* jouda, landjèz [*fem.*], tripòt *That gossipy woman is always telling lies about people.* Fi langèz sa a toujou ap fè manti sou moun. *You're too gossipy, correct that nasty habit.* Ou jouda twòp, korije vye defo sa a.

gouache *n.* gwach

Gouda cheese *n.* fwomaj tèt mò

gouge *n.* 1[*chisel*] goug, gouj 2[*groove*] egratiyi, fant

gourd *n.* kalbas •**dishcloth gourd** [*plant*] kalbas kouran, sèvyèt pòv, tòchon •**edible gourd** kolokent

gourde *n.* [*Haitian monetary unit*] goud, pays •**half a gourde** degouden •**three-fourths of gourde** twagouden

gourmet *n.* bèk fen •**be a gourmet** gen bon djòl *He's an excellent cook and a gourmet.* Kizinyè sa a konn fè manje epi li gen bon djòl.

gout *n.* gout

govern *v.tr.* gouvènen, reye *The people elect individuals to govern their country.* Pèp la chwazi moun ki pou gouvènen peyi a. *It's the prime minister who governs the country.* Se premye minis la k ap reye sou peyi a.

governable *adj.* gouvènab *Some people think the country is still governable.* Gen kèk moun ki panse peyi a gouvènab toujou.

governess *n.* [*in a student boarding-house or school*] gouvènant

government *n.* Leta, gouvènman •**government employee** anplwaye Leta •**government job** plas Leta •**government official** fonksyonè Leta

governmental *adj.* gouvènmantal, leta *We need the governmental institutions to become stronger.* Nou bezwen enstitisyon gouvènmantal yo vin pi djanm. •**governmental matters** (z)afè leta *Don't get involved in governmental matters because you're small fry.* Pa antre nan afè leta paske se ti pwason ou ye.

governor *n.* gouvènè

gown *n.* wòb •**baby's dress or gown** kazak •**dressing gown** dezabiye, wòb de chanm •**hospital gown** chemiz lopital •**patient's gown** kamizòl •**woman's night gown** chanbre

grab *v.tr.* 1[*take hold*] gripe, {mete/pase} men, madre, ponyen *He grabbed his Billy club to hit me.* Li madre koko makak li pou bat mwen. *I grabbed him by the ear.* M ponyen li nan zòrèy. *She grabbed me by the shirt sleeve.* Li gripe m nan manch chemiz mwen. 2[*take away*] fè dappiyanp sou, grape, gripe, kenbe, manche, {pran/mete/poze}lapat sou, pran, pran nan pat kasav li, rache, rale *They grabbed the goat.* Yo grape kabrit la. *The musician grabbed his banjo.* Atis la manche bandjo li. *Who grabbed the book that was on the table?* Kilès ki pase men pran liv la ki te sou tab la? *The hawk grabbed the hen.* Malfini an poze lapat sou poul la. *Ask gently, don't grab it from my hands.* Mande jantiman, pa pran l nan men m konsa. *Don't grab things from me.* Pa rale bagay nan men m. 3[*take away with force*] rache, rape, sezi *The thief grabbed the purse out of her hand and ran off.* Vòlè a rache valiz la nan men l, enpi l pran kouri. *She grabbed the book from me.* Li rape liv la nan men m. *He grabbed the toy from my hand.* Li sezi jwèt la nan men m. •**grab by the body** sentre *The police officers grabbed the thief by the body.* Polis yo sentre vòlè a. •**grab by the sleeve** manche *Why did you grab me by the sleeve?* Poukisa ou manche m? •**grab by the throat** degagannen *They grabbed* him by the throat and then they stripped him of his money. Yo degagannen l epi yo dechèpiye lajan l. •**grab by the throat or collar** mete men nan {(pat)gagann/kasav} li, vole nan kòlèt yon moun *The girl grabbed me by the collar because of jealousy.* Fi a met men nan pat gagann mwen pa jalouzi. *If you grab him by the collar, it's normal that he'll struggle.* Depi ou vole nan kòlèt li, se nòmal pou l batay avè ou. •**grab everything** fè dappiyanp sou tout bagay *He's so greedy; as soon as he arrived, he grabbed everything.* Tank msye gwo je; li poko rive, li gentan fè dappiyanp sou tout bagay. •**grab for o.s.** titile *At the free distribution of rice, she grabbed everything.* Nan piyay diri a, li titile nèt ale. •**grab hold of** [*ball, etc.*] atrap *The baby grabbed a hold of the ball as soon as he saw it coming.* Ti bebe a poko wè boul la ap vini, li gentan atrap li. •**grab or hold onto whatever one can on public transportation** {fè/pran}sèso •**grab s.o. by the collar** vole nan kòlèt yon moun *If you grab him by the collar, it's normal that he'll fight with you.* Depi ou vole nan kòlèt li, se nòmal pou l batay avè ou. •**grab s.o. by the throat or hit s.o. in the chest** bay yon moun yon pat gagann *He grabbed t the man in the chest.* Li ba yon nèg yon pat gagann. •**grab under the crotch or thigh** fouke *As big as he might seem to you, if you grab him under the crotch, you will lift him very easily.* Ou mèt wè l gwo konsa, depi ou fouke l, w ap leve l fasil fasil. •**always grabbing for things** akrèk *This man is always grabbing for things.* Nèg sa a toujou nan fè akrèk.

grabs *n. pl.* •**up for grabs** pase nan debanday
grace *n.* benediksyon, cham, favè, gangans, lagras
graceless *n.* mangousa *Go change that shirt! How can you look so graceless?* Al chanje chemiz sa a! Ki jan ou fè mangousa konsa?
graces *n.pl.* •**good graces** may •**social graces** lizay •**try to get into s.o.'s good graces** {antre/kole} sou yon moun
gracious *adj.* afab *Amanda is a gracious person.* Amanda se yon moun ki afab.
graciousness *n.* koutwazi
grackle *n.*[*bird*] •**Antillean grackle** mèl djab •**Hispaniolan grackle** mèl fran

grade[1] *n.* **1**[*evaluating mark*] nòt, pwen *She got an excellent grade on the test.* Li fè yon bèl nòt nan egzamen an. *What grade did you have at the exam?* —*Seventy-five.* Ki pwen ou fè nan egzamen an? —Swasantsenk. **2**[*school year*] ane, klas *What grade are you in?* Nan ki klas ou ye? *This year, that child will enter sixth grade.* Ane sa a, pitit la pral nan klas sizyèm. **3**[*school level*] nivo *What grade of high school is he in?* Nan ki nivo li rive nan segondè? •**elementary school grade** ane fondamantal *Her child is in the fourth year of elementary school.* Pitit li a nan katriyèm ane fondamantal. •**eleventh grade** segonn •**fifth grade** mwayen en •**first grade** premyè ane (fundamental), {preparatwa/elemantè} en •**fourth grade** elemantè de •**last grade of elementary school** sètifika •**last grade of middle school** [*7th or 8th grade in the U.S.*] brevè •**move up to the next grade** monte nan klas siperyè *All the students were moved to the next grade this year.* Tout elèv yo monte nan klas siperyè ane sa a. •**ninth grade** katriyèm •**second grade** preparatwa de •**seventh grade** sizyèm •**sixth grade** mwayen de, sètifika •**third grade** elemantè en •**give good grades** bay (elèv) nòt *This teacher always gives good grades.* Pwofesè sa a toujou bay nòt. •**upper grades** gwo klas
grade[2] *v.tr.* **1**[*school*] bay pwen, evalye, korije, nivle *One test isn't enough to grade a class.* Yon sèl tès la pa ase pou evalye klas la. *I am grading the homework.* M ap bay devwa yo pwen. *The teacher is grading the students' exams.* Pwofesè a ap korije fèy egzamen elèv yo. **2**[*by size or quality*] ranje *She graded the mangoes according to size.* Li ranje mago yo dapre gwosè yo.
grader[1] *n.* [*for tests*] evalyatè, korektè
grader[2] *n.* •**road grader** gredè
grading *n.* evalyasyon, koreksyon *The grading of the math tests wasn't easy.* Evalyasyon tès matematik la pa te fasil.
gradual *adj.* lasisin, pwogresif
gradually *adv.* atife, (de){jou an jou/ jouranjou}, de fil an(n) egwi}, grenn pa grenn, moso pa moso, ofiramezi, pazapa, pezape, piti piti, ti pa ti pa, tou piti *Things are gradually changing.* Bagay yo ap chanje piti piti. *The price of coffee is gradually increasing.*

Pri kafe a ap moute tou piti. *We're making progress gradually.* De jou an jou n ap fè pwogrè. *If we work together we'll gradually solve all problems.* Jouranjou si nou met tèt nou ansanm n a rive rezoud tout pwoblèm. *We're making progress gradually.* De jou an jou n ap fè pwogrè. *He is dying gradually.* L ap mouri atife *As people are gradually buying the product, our profits are increasing.* Ofiramezi moun ap achte pwodui a, benefis nou ap ogmante. *The work is progressing gradually.* Travay la ap boule piti piti. *The job is progressing gradually.* Travay la ap vanse tou piti.

graduate¹ *n.* diplome •**high school graduate** filozòf

graduate² *v.intr.* diplome, gradye, pran diplòm *He hasn't graduated from law school yet.* Li poko diplome nan dwa a. *When will the students graduate?* Ki lè elèv yo ap gradye?

graduated *adj.* gradye *Buy a graduated ruler for me.* Achte yon règ ki gradye pou mwen.

graduation *n.* 1[*school, university*] gradyasyon, remiz diplòm *Graduation will take place on Tuesday.* Gradyasyon an ap fèt madi. 2[*math*] gradyasyon

graffiti *n.* grafiti, majigridi

graft¹ *n.* 1[*agr.*] grèf *The graft onto the papaya tree was successful.* Grèf la byen pran sou pye papay la. *The gardener did a graft on the mango tree.* Mèt jaden an fè yon grèf sou pye mango a. 2[*med.*] grèf *The accident was serious, they have to make a graft for him.* Aksidan an te grav, se yon grèf y ap sètoblije fè pou li. 3[*corruption*] malvèsasyon, magouy *His administration was marked by a widespread graft and crime.* Gouvènman lan te charye avèk magouy ak krim pasipala. •**skin graft** grèf, grefay

graft² *v.tr.* 1[*med.*] grefe *They grafted some skin on her leg.* Yo grefe po nan bò janm li. 2[*agr.*] grefe *They grafted a lemon tree on an orange tree.* Yo grefe yon pye sitwon sou yon pye zoranj. •**graft onto a tree** mete grèf *He wanted to graft onto the orange tree.* Li te vle met grèf nan pye zorany lan.

grafter *n.* magouyè, magouyèz [*fem.*]

grafting *n.* [*plant*] makotay, grefaj

grain *n.* 1[*kernel, etc.*] angren(n) *We sell corn as grain.* Nou vann mayi angren. 2[*single piece of a hard substance*] grenn *The grains of sand are coarse.* Grenn sab yo gwo. 3[*fig.*] aksantegi *They don't have a grain of morality.* Yo pa gen yon aksantegi moral. •**a grain of** aksantegi *They don't have a grain of morality.* Yo pa gen yon aksantegi moral. •**corn grains** mayi{an grenn/ grennen} •**go against one's grain** pa antre nan karaktè li •**small grain** ti grenn •**roasted grains of corn** mayi {griye/ pètpèt} •**starchy vegetables or grains** [*rice, millet, cornmeal, sweet potato, manioc, yam, plantain, etc.*] viv

grainy *adj.* granile *A grainy piece of paper.* Yon moso papye granile.

gram *n.* gram

grammar *n.* 1[*book*] gramè 2[*science*] gramè

grammatical *adj.* gramatikal *That's a grammatical mistake.* Sa se yon fot gramatikal.

gramophone *n.* òtofonik

granadilla *n.* [*kind of passion fruit*] grenadine •**granadilla wood tree** bwa grigri, bwa mago, gege

granary *n.* grenye, kolonbye

grand *adj.* [*splendid*] gwo, mànyifik *That wedding was a grand affair!* Nòs sa a se te gwo zafè.

grandchild *n.* pitit pitit

granddaughter *n.* pitit pitit fi

grandeur *n.* grandè *She has delusions of grandeur.* Li gen foli grandè.

grandfather *n.* granpapa •**maternal grandfather** lepè bò manman, papa manman •**maternal great-grandfather** lepè manman, papa papa bò manman •**paternal grandfather** gran{papa/pè}bò papa, papa papa *I only remember my paternal grandfather.* Se sèl granpè bò papa m mwen sonje.

grandiose *adj.* grandyoz *The party was grandiose.* Fèt la te grandyoz.

grandiosely *adv.* grandyozman *We are celebrating grandiosely.* N ap fete grandyozman.

grandma *n.* [*term of address*] granmè

grandmother *n.* gran manman, granmanman, granmè, grann •**maternal grandmother** grann bò manman, manman manman •**paternal grandmother** grann bò papa

grandpa n. 1[fam.] pepè 2[may be offensive] lepè How are you doing, grandpa? Lepè, ban m nouvèl ou.

grandparent n. ayèl, granparan

grandson n. pitit pitit gason

granite n. granit

granny n. grann, granni

grant v.tr. 1[request] agreye, akòde The consulate granted his request. Konsil la agreye demann li an. The consulate granted him the visa. Konsil la akòde l viza a. 2[permission] akòde, ba(y/n) li dwa The judge granted me permission to build on the land. Jij la ban m dwa pou m bati sou tè a. 3[give] fè The president granted him his freedom. Prezidan an fè l gras. 4[Rel.] egzose priyè God granted my wish. Bondye egzose priyè m. •grant a favor {fè/rann}yon moun favè It's the teacher who granted her the favor that allowed her to pass the course. Se mèt la ki fè li favè ki fè li pase klas la. •grant access {fè/kite}antre •grant s.o.'s wish bay yon moun satisfaksyon I truly work hard, but it has granted my wish as well. Mwen travay di se vre, men li ban mwen satisfaksyon tou.

granted adj. •take for granted pran pou piyay

granular adj. granile Granular coffee is not good to drink. Kafe granile pa bon pou bwè.

grape n. rezen

grapefruit n. chadèk, chadèt, panplemous How many grapefruit trees do you have? Konbe pye chadèk?

grapeshot n. mitray

grapevine n. 1[plant] pye rezen 2[unofficial way of spreading news] nan koulis, radio dyòl I heard it through the grapevine. Se nan radyodjòl m tande sa. I heard it through the grapevine. Se nan koulis m aprann sa.

graph n. barèm, graf, grafik

graphic adj. [arts] grafik The documentary offers many graphic details on the cause of Papa Doc's death. Dokimantè a prezante anpil detay grafik sou kòz lanmò Papa Dòk.

graphite n. grafit, min

grapnel n. grapen

grapple with v.intr. makònen I was grappling with the guy, then I threw him to the ground. M makònen ak msye, epi m frape l atè.

grappling hook n. grapen

grasp¹ n. 1[hold] men I caught the thief, but he freed himself from my grasp. M kenbe vòlè a, enpi l sove nan men m. 2[ability to get] men The game is within your grasp now. Jwèt la nan men ou konnye a.

grasp² v.tr. 1[take firm hold] kenbe Grasp the rope with both hands so you don't fall. Kenbe kòd la ak de men ou pou ou pa tonbe. 2[opportunity] sezi If you don't grasp this opportunity, you may never find another one again. Si ou pa sezi okazyon sa a ou ka pa janm jwenn yon lòt ankò non. 3[understand] kenbe, sezi I didn't quite grasp what she meant. M pa fin sezi sa l di a byen.

grasping adj. avoran He was a hard, grasping man. Se te yon nèg ki di epi ki avoran. •grasping or covetous person tòpiyè •stingy, grasping person men{kout/ sere}

grass n. 1[land covered by grass] gazon, pelouz, zèb Don't walk on the grass. Pa mache sou gazon an. 2[plants eaten by grazing animals] zèb There's no grass over there. Pa gen zèb la a. •grass used for making wishes zèb •beard grass a[gen.] ti zèb b[said jokingly to s.o. with a large beard] bab {karang/pis/ pou} •buffalo grass zèb para •coco grass afyo •couch grass chendan •fodder grass zèb elefan •goose grass gratwon •natal grass zèb natal •panicum grass zèb{kikit/ pentad} •paspalum grass zèb si •reed grass zèb wozo •scurvy grass kokleyè •vetiver grass vetivè •water grass zèb para •wire grass zèb pyepoul

grasshopper n. chwal{Bondye/bwa/dyab}, gwo krikèt, sotrèl

grassland n. savann, tè savann The horses are grazing on the grassland. Cheval yo nan savann lan ap manje.

grassroots n.pl. de baz He's working with some grassroots organizations. L ap travay ak kèk òganizasyon de baz.

grate¹ n. gri(y)

grate² v.tr. graje, rape When you're done peeling the manioc, grate it with a grater. Lè ou fini kale manyòk la, ou graje l avèk yon graj. She's grating carrots. L ap rape kawòt. •grate on s.o.'s nerves siye dan yon moun Stop scraping that pot. It's grating on my nerves. Sispann grate chodyè a, l siye dan m.

grateful adj. gen bon santiman, rekonesan

gratefulness *n.* rekonesans

grater *n.* graj, grat, rap

gratification *n.* gratifikasyon

grating *n.* gri, griyay, trey

grating on the nerves *adj.* ennèvan

gratis *adj.* gratis, pou granmèsi *Medical care was provided gratis.* Yo bay swen medical gratis.

gratitude *n.* apresyasyon, granmèsi, gratitid, obligasyon, rekonesans

gratuitous *adj.* san rezon *This is a gratuitous violent act.* Se yon zak vyolans ki fèt san rezon.

gratuity *n.* 1[*bonus*] gratifikasyon 2[*for service rendered*] poubwa 3[*gift*] kado

grave¹ *adj.* grav, kritik, malouk, mangonmen, michan *This decision may have very grave consequences.* Desizyon sa a ka gen konsekans grav. •**extremely grave** gravman grav, grav pase aksan grav *This patient's case is extremely grave.* Ka malad sa a grav pase aksan grav.

grave² *n.* fòs, tonbo, tonm *They're digging the grave.* Y ap fouye fòs la.

grave-digger *n.* foseyè, kwòkmò

grave-robber *n.* levèdmò, vòlè mò

gravedigger *n.* foseyè, kwòkmò

gravel *n.* gravye •**coarse gravel** gravwa •**fine gravel** gravye

gravely *adv.* gravman *He's gravely sick.* Li malad gravman.

graveness *n.* gravte

graver *n.* biren

gravestone *n.* tonm

graveyard *n.* simityè

gravity *n.* 1[*seriousness*] gravite, severite 2[*physics*] pezantè •**center of gravity** [*physics*] sant gravite

gravy *n.* sòs

gray *adj.* 1[*color*] gri *He has a gray shirt on.* Li gen yon chemiz gri sou li. *The sky is gray.* Syèl la gri. 2[*hair shade*] blanch *She has gray hair.* Li gen cheve blanch.

gray kingbird *n.* pipirit gri

graybeard *n.* •**with graybeard** grizon

grayish *adj.* grizat *The dog had a color that is somehow grayish.* Chen an te gen yon koulè ki yon ti jan grizat.

graze¹ *v.intr.* dekwennen, manje zèb, rafle, raze *Tie up the horse somewhere where it can graze.* Mare cheval la yon kote pou l ka manje. *The donkey is grazing.* Bourik la ap manje zèb.

graze² *v.tr.* graze *She grazed her arm when she fell over.* Li graze bra li antan li tonbe a.

grease¹ *n.* grès, swif *He has grease all over his clothes.* Tout rad li se grès. *Lubricate the bike with some grease.* Pase yon ti grès nan bekàn nan. *The butcher wasted the entire grease that comes from the cow.* Bouche a gaspiye tout swif ki sot nan manman bèf la. •**grease sizzling** [*sound of*] tchwè •**droplet of grease** [*in soup*] je grès

grease² *v.tr.* fè gresay, grese *Grease the bicycle chain.* Grese chenn bisiklèt lan. •**grease s.o.'s palm** {grese men/pat}yon moun *The director greased the security's officer's palm in order to let him carry his arm inside of the airport.* Direktè a grese pat ajan sekirite a pou l ka kite l antre ak zam li andedan ayopò.

greasing *n.* gresay

greasy *adj.* gra, gen grès *These dishes are very greasy.* Veso yo gen grès anpil. *This food is too greasy.* Manje a gen twòp grès. *His mouth is greasy mouth.* Bouch li gra. •**greasy and slippery** swife ak grès *He isn't able to climb the pole, it's so greasy and slippery.* Li pa fouti gripe poto a, tank li swife ak grès.

greasy-spoon *adj.* [*low-quality restaurant*] •**greasy-spoon restaurant** restoran dèzavèg

great¹ *adj.* 1[*of excellent quality/ability*] bon anpil, gwo *He's a great player.* Se yon gwo jwè l ye. *That meal was great.* Manje a te bon anpil. 2[*splendid*] awo, bèl, bon, fòmidab, sipèb, wololoy *That's a great idea.* Se yon bèl lide. *It's great to see you again!* M kontan wè ou anpil. *That's great news!* Se yon bon nouvèl! *There was one heck of a party yesterday evening, it was absolutely great.* Te gen yon sèl fèt yè swa, se bagay awo nèt. 3[*in good health/shape*] anfòm, fre *You look great!* M wè (figi) ou fre! *I'm feeling great.* M santi m anfòm. 4[*very large in degree/amount*] bèl *We walked a great distance.* Nou mache yon bèl distans. 5[*very suitable*] bon *This knife is great for cutting meat.* Kouto sa a bon pou koupe vyann.

great² *adv.* bon, gwo *Give him a great big kiss.* Fè yon gwo bo pou li. *There were a great* *many people there.* Te gen yon bon valè moun. •**be doing great** nan asyèt li *The students are doing great in this school.* Elèv yo nan asyèt yo nan lekòl sa a. •**do great** boule gra

great[3] *interj.* anfòm, ole, palemwadsa *You passed the exam? —Great!* Ou pase egzamen an? —Palemwadsa!

great-aunt *n.* matant matant

great-grandchild *n.* pitit pitit pitit

great-grandfather *n.* gran granpapa •**paternal great-grandfather** papa papa papa

great-grandmother *n.* gran granmè, gran grann •**maternal great-grandmother** manman manman manman

great-grandparent *n.* bizawèl, gran gran paran

great-nephew *n.* ti neve

great-niece *n.* ti nyès

greater *adj.* majè *Bread fruit constitutes the greater product in this population's diet.* Lam veritab se majè pati nan manje popilasyon sa a manje.

Greater Antilles *prop.n.* {Gran/Grann/Gwo} Zantiy

greatness *n.* grandèt

grebe *n.* [*bird*] plonjon •**Antillean grebe** plonjon fran •**pied-billed grebe** gran plonjon •**West Indian grebe** ti plonjon

greed *n.* afresite, anbisyon, chikriti, gwo lide, lavaris, saf, safte *His greed incited him to commit that crime.* Gwo lide li ki lakòz li fè krim sa a. *His greed made him insensitive.* Lavaris li fè l ensansib.

greediness *n.* goumandiz

greedy *adj.* afre, akrèk, aloufa, anfanmen, apoura, ava, avoran, gougoun, gouman, gwo{je/lide}, rapas, saf, tikoulou(t), visye, visyèz [*fem.*], voras *That little guy is really greedy.* Ti nèg sa a visye toutbon. *That player is so greedy, he never passes the ball.* Jwè sa a tèlman akrèk, li pa janm pase balon an. *Those greedy people are never satisfied with what they have.* Moun aloufa sa yo pa janm kontante ak sa yo gen. *This greedy guy never has enough food.* Nèg anfanmen sa a, manje pa janm kont pou li. *You are too greedy, you always want everything for yourself.* Ou apoura twòp, ou toujou vle tout pou ou. *You*

are greedy! You ate all the food? Ou avoran monchè! Ou manje tout manje a? *This greedy guy seeks to make more money every day.* Nèg gouman sa a chache fè plis lajan chak jou. *A greedy businessman.* Yon bizismann rapas. *You can't want everything for yourself, you're too greedy. He's too greedy, he took all the money we found.* Li voras twòp, li pran tout kòb nou jwenn nan. •**greedy people** moun gwo venn *Those greedy people want everything for themselves.* Moun gwo venn sa yo vle tout pou yo. •**greedy person** aloufa, tilolit •**aggressively greedy** apach *That truck driver is aggressively greedy: he wants to take all the passengers.* Chofè sa a apach: li vle pran tout pasaje. •**overly greedy** anfrangan *This overly greedy guy doesn't leave one red cent out of his control.* Nèg anfrangan sa a, li p ap kite senk kòb li deyò.

Greek[1] *adj.* grèk

Greek[2] *prop.n.* Grèk

green *adj.* **1**[*color*] vèt **2**[*unripe*] vèt, wòwòt *The mangoes are still green.* Mango yo vèt toujou. **3**[*inexperienced*] baden *You're still green, you don't understand what's going on here.* Ou baden toujou, ou pa ka konprann sa k pase la a. •**yellowish green** kaka jako

green bean *n.* pwa tann

greenery *n.* vèdi

greenheart *n.* [*tree*] kaserach

greenhorn *n.* farandole •**be a greenhorn** lèt poko soti nan nen yon moun *He can't become the director, he's a greenhorn.* Msye pa ka vin direktè, lèt poko menm soti nan nen l.

greenhouse *n.* **1**[*indoor*] sè **2**[*outdoor*] pepinyè

greenish *adj.* yon jan vèt

green pea *n.* pwa frans

greens *n.pl.* **1**[*cooked vegetable leaves*] fèy(aj), fèyay **2**[*vegetables*] legim

greet *v.tr.* **1**[*with a kiss, a smile, or wave*] rele, salye, voye{men bay yon moun/yon kout chapo pou} *I'm passing by her but I don't greet her.* M ap pase sou li men m p ap rele l. *Greet the people.* Salye moun yo. **2**[*welcome*] akeyi *They came to greet me at the airport.* Yo vin akeyi m nan ayewopò.

greeting *n.* salitasyon **greetings** *n.pl.* bonjou, salitasyon *He sent everyone his greetings.* Li voye bonjou pou tout moun.

grenade *n.* grenad •**grenade launcher** lans grenad

grenadier *n.* [*mil.*] grenadye

grid *n.* 1[*metal*] griyay 2[*of a checkerboard, etc.*] griy, kawo, kadriyaj

griddle *n.* [*flat cooking surface*] platin •**you are barely hot off the griddle** ou tou cho tou bouke *You are barely hot off the griddle and you already meddle in people's business.* Ou tou cho tou bouke, enpi w ap vin antre nan koze moun.

grief *n.* chagren, chagrinman, lapenn, penn *I can't endure this grief.* M pa ka sipòte chagren sa a. •**be overwrought with grief** fè emosyon *She was very overwrought with grief when she heard the news.* Li fè yon gwo emosyon lè li tande nouvèl la. •**good grief!** mezanmi!

grief-stricken *adj.* aflije *Her husband's death makes her grief-stricken.* Lanmò mari l fè l aflije.

grieve I *v.tr.* fè yon moun lapenn *If something grieves you, it makes you feel unhappy.* Si yon bagay fèy ou lapenn, li pa fè ou kè ou kontan. **II** *v.intr.* an dèy, deyè *It's normal for people to grieve after the death of their parents.* Moun bezwen deyè apre lanmò yon paran.

grieving *adj.* an dèy

grill[1] *n.* gri •**charcoal grill** recho

grill[2] *v.tr.* 1[*cook*] fè X griye, fouye, griye *She grilled chicken for the guests.* Li fè poul griye pou envite yo. 2[*interrogate*] sentre *Once we have grilled her, she'll be telling us the truth.* Depi n sentre l, l ap ban nou verite a. •**grill meat so it's still red inside** boukanfe *Grill the meat so that it has a nice color.* Boukanfe vyann nan pou sa l pran bon jan koulè.

grille *n.* 1[*of car, etc.*] chèl 2[*window*] gri, griy, krepin

grilled *adj.* griye *He eats only grilled meat.* Li manje vyann griye sèlman.

grim *adj.* grav

grime *n.* kras

grimy *adj.* kwote, sal

grimace *n.* grimas •**make grimaces** fè tenten ak kò li

grin[1] *n.* souri

grin[2] *v.intr.* griyen *You've been grinning since I got here. What's going on?* Depi m vin la a, ou ap griyen, Sa k genyen? •**grin and bear it** manje dan, reziyen *I'll just have to grin and bear it.* M oblije reziyen m. *Even though the pain is strong, they're grinning and bearing it in order not to yell.* L ap manje dan pou li pa rele pou doulè a.

grind *v.tr.* 1[*grain, etc.*] moulen, woule *Go grind the corn.* Al woule mayi a. *Your job is to grind the coffee.* Ou fèt pou moulen kafe a. 2[*crush into small pieces/powder*] moulen, fè poud, machinen, pile, rache, tchaka *Did you grind the coffee yet?* Ou moulen kafe a deja? *She ground the chili peppers in the mortar.* Li fè piman an fè poud nan pilon an. *Grind the meat until it's finely ground.* Byen machinen vyann nan pou l sa fen. *Grind the spices, put them in the food.* Pile epis, met nan manje a. *She ground the millet well until it was finely ground.* Li tchaka ble a byen jous li fè l fen. 3[*sharpen*] file *We have to sharpen the machete.* Se pou n file manchèt la. •**grind down** moulinen, wode *Don't let this job grind you down!* Fòk ou pa kite travay sa ap moulinen ou non! •**grind one's hips** {bay/fè}yon gouyad *She ground her hips, everyone was surprised.* Li fè yon sèl gouyad, tout moun sezi. •**grind one's teeth** manje dan *I won't sleep with her because she grinds her teeth in her sleep.* M pa p dòmi avè l, li konn manje dan. •**grind with the teeth** kraze yon bagay ak dan *She grinds bones with her teeth.* Li kraze zo a ak dan l.

grinder *n.* moulen •**hand-driven grinder** moulen abra •**knife grinder** [*person*] filè kouto

grinding *n.* [*of hips*] gouyad

grindstone *n.* mèl, moulen •**put one's nose to the grindstone** mete li sou sa *You have to put your nose to the grindstone if you want to pass this course.* Fò ou mete ou sou sa si ou vle pase klas la.

grip[1] *n.* priz •**get a grip on o.s.** pran tèt li *Get a grip on yourself! Stop doing such crazy things!* Pran tèt ou! Sispann fè bagay moun fou! •**revolver grip** kòs

grip[2] *v.tr.* 1[*hold tightly*] kenbe X di, ponyen *The baby gripped his mother's finger.* Ti bebe a kenbe dwèt manman l di. 2[*have a strong effect on sth.*] kokobe anba *People are gripped by the high cost of living.* Moun fin kokobe anba lavi chè. 3[*hold someone's attention*] pèdi{ladan/nan}yon bagay *The story is so fascinating, it gripped me.* Pawòl la tèlman bon, m pèdi ladan l.

gripe *v.intr.* babye, wouspete *I can stand people who keep gripping all the time.* M pa ka sipòte moun ki chita ap babye tout lasent jounen.

griper *n.* babyadò, plenyadò

griping[1] *adj.* wounou wounou *He's such a gripping boy, he cries for nothing.* Ala ti gason wounou wounou, li kriye pou anyen.

griping[2] *n.* wouspetay

grips *n.pl.* •**come to grips with** fè fas kare ak

gristle *n.* gradoub, zo{krikrit/krip/kwoumkwoum}

gristly *adj.* krib *The meat is gristly.* Vyann nan krip.

grit *v.tr.* •**grit one's teeth** mare dan li, ri nan dan bay yon moun, sere dan li *The water was cold, but I grit my teeth and went in.* Dlo a te frèt, men m sere dan m, m antre ladan l. *He grit his teeth when the doctor gave him the shot.* Li mare dan l lè dòktè a ap ba l piki a. *Although she's hurt, she gritted her teeth and walked to her workplace.* Malgre li blese, li sere dan l al travay. *All those that grit their teeth in front of you are preparing a low blow.* Tout moun k ap ri nan dan ba ou, se yon kou trèt y ap pare ou.

grizzled *adj.* gri

groan[1] *n.* jemisman

groan[2] *v.intr.* jemi, plenn *She's moaning with a stomachache.* L ap jemi ak yon vant fè mal.

grocery *n.* [*store*] baza, episri, makèt **groceries** *n.pl.* pwovizyon

grog *n.* gwòg

groggy *adj.* ant somèy (e) revèy *I felt really groggy after fifteen hours on the plane.* M ant somèy e revèy apre m fin pase kenzèdtan nan yon avyon.

groin *n.* fant janm, lenn

groom[1] *n.* lemarye

groom[2] *v.tr.* •**groom o.s.** fèt twalèt li

grooming *n.* [*dressing, etc.*] twalèt

groomsman *n.* ketè •**be a groomsman** fè kete *I'd like you to be a groomsman at my wedding.* Mwen ta renmen pou ou fè kete nan maryaj mwen.

groove *n.* glisyè, kannal, koulis *Once the rain stopped falling, there was a groove that was made all along the ground.* Depi lapli a te fin

tonbe a, gen yon kanal ki fèt tou long nan tè a. •**anal groove** {fant/kannak}dèyè, grij

grope I *v.tr.* [*a woman*] panmen, {fè/pran}yon pèz *It's disrespectful to grope a girl in front of people.* Se derespektan sa pou ap panmen yon fi sou moun. *Last night, he groped Anita.* Li fè yon pèz ak Anita yè swa. **II** *v.intr.* tate, tatonnen *I groped around in the dark, but I couldn't find the door.* M tatonnen nan fè nwa a, m pa fouti jwenn pòt la. *We had to grope in the dark in order not to stumble.* Nou blije ap tate nan fènwa a pou pye n pa chape. •**grope a girl** ponmen *He doesn't feel uncomfortable groping the girl in front of people.* Misye pa krent ponmen fi a devan moun. •**grope your way along/through/around** tate, tatonnen *I groped my way along the wall to the door.* M tate nan mi an jiskaske m rive nan pòt la.

gropingly *adv.* ataton *He is walking gropingly.* L ap mache ataton.

gross[1] *adj.* endesan, gwosye

gross[2] *n.* [*group of 144 or 12 dozen items*] gwòs

grossly *adv.* gwosyèman

grotto *n.* fant wòch, gwòt, kav, twou{pit/wòch}

grouch *n.* babyadò, plenyadò

grouchy *adj.* akaryat, boudè, dezagreyab, tchak, pa sou san li *She's always grouchy when she gets up.* Lè l leve maten, l toujou tchak. *She's very grouchy today. I won't ask her for any money.* Jodi a, l pa sou san l; m pa pral mande l lajan. *She's a grouchy old woman.* Se yon granmoun ki dezagreyab. *You are so grouchy, people are afraid to approach you.* Jan ou boudè la a, moun ap pè apwoche ou.

ground *n.* **1**[*soil*] atè, latè, tè *The ground is wet.* Atè a mouye. *The handkerchief fell on the ground.* Mouchwa a tonbe atè a. *Dig the ground before you plant the flowers.* Fouye tè a anvan ou plante flè yo. **2**[*distance*] pakou *I have a lot of ground to cover tomorrow.* M gen anpil pakou pou mwen fè demen. •**ground water** dlo anba tè •**burial ground** simityè •**on hallowed ground** sou tè{sakre/sent} •**on high ground** nan wotè *She's going to build a house on a high ground.* Li pral bati kay li nan wotè. •**on the ground** atè *It fell on the ground.* Li tonbe atè. *She sleeps on the ground.* Li dòmi atè.

grounds¹ *n.pl.* [*area of land*] lakou *I found her walking on the hospital grounds.* M jwenn l ap mache nan lakou lopital la.

grounds² *n.pl.* [*reason*] •**on what grounds** dekidwa *On what grounds do you come to claim the land, where's your deed?* Dekidwa ou vin reklame tè a, kot papye ou?

grounds³ *n.pl.* [*processing remains*] •**coffee grounds** ma kafe

groundless *adj.* san{prèv/rezon} *You're always making groundless accusations.* Ou toujou ap fè akizasyon san prèv.

groundsel *n.* [*herb*] seneson

groundwork *n.* baz, fonnman

group¹ *n.* **1**[*of people*] bann, eskwad, gwoup, kolonn, lo, pati *I saw a group of people standing in front of the house.* M wè yon gwoup moun kanpe devan kay la. *There's a group of people there, what's going on?* Gen yon eskwad moun ki la, sa k genyen? *A group of five tourists disappeared.* Yon pati senk touris disparèt. **2**[*politics*] gwoupman *Who is the leader of that group?* Kilès ki chèf gwoupman sa a? **3**[*of objects*] gwoup *However, there is a group of trees that don't die that easily.* Men tou, gen yon gwoup pyebwa ki pa mouri fasil konsa. **4**[*of military*] batayon •**constituted group or authority** enstans

group² *v.tr.* gwoupe, plòtonnen *Group everything according to color.* Mete tou sa k menm koulè ansanm. •**group together** gwoupe ansanm *You can group the girls and the boys together.* Ou te mèt gwoupe tifi yo ak ti gason yo ansanm.

group-lending *n.* •**reciprocal group-lending** sòl *Six people are involved in the reciprocal group-lending.* Sòl la gen sis men.

grouper *n.* [*fish*] mewou, nèg •**large grouper** pwason nèg •**red grouper** nèg wouj •**small grouper** fenfen

grouping *n.* gwoupman

grouser *n.* babyadò

grout *v.tr.* jwente *The mason is grouting the stone wall.* Bòs mason an ap jwente mi an wòch la.

grove *n.* choupèt, touf

grovel *v.intr.* chyente nan pye yon moun, fè sousou, lanbe pye, ranpe *He's groveling to the boss to obtain a job.* L ap chyente nan pye patwon an pou djòb. *You grovel too much to*

the boss. Ou fè sousou twòp nan pye patwon an. •**grovel at s.o.'s feet in order to get sth.** chyente nan pye yon moun *He's groveling at the feet of the boss to obtain a job.* L ap chyente nan pye patwon an pou djòb.

grow I *v.tr.* **1**[*crops*] kiltive *It's tomatoes I'm going to grow.* Se tomat m pral kiltive **2**[*hair*] kite pouse *He's growing a beard.* Li kite bab li pouse. **3**[*economy/business*] devlope *We want to grow exportation in the country.* Nou bezwen devlope ekspòtasyon nan peyi a. **II** *v.intr.* **1**[*person/animal*] grandi *Children who don't eat don't grow.* Timoun ki pa manje pa grandi. *George grew up faster than the other children.* Jòj grandi vit pase lòt timoun yo. *You've really grown!* Ou grandi anpil! **2**[*plant, crops*] grandi, pouse, pran *There's corn growing in the field.* Gen mayi k ap grandi nan jaden an. *That tree grows everywhere around here.* Pyebwa sa a pouse toupatou bò isi a. **3**[*hair, nails*] pouse *My hair grows so fast!* Cheve m pouse vit anpil! **4**[*become*] koumanse, vin *He's grown fatter and lazier.* Li vin pi gra, pi parese. *She's grown taller.* Li vin pi wo. *It's growing dark.* Li koumanse fè nwa. **5**[*begin gradually*] vin *You'll grow to like him.* Ou ap vin renmen l. **6**[*increase in amount/size/degree*] vin{gen plis/pi rèd}*The pain is growing worse.* Doulè a vin pi rèd. *The number of unemployed people has grown since they closed the factory.* Vin gen plis moun ki p ap travay depi yo fèmen izin lan. •**grow again** repouse *The flower is not dead, it will grow again.* Flè a pa mouri, l ap repouse. •**grow angry** anime *The woman grew angry because the man cursed at her.* Fi a anime poutèt nèg la joure l. •**grow back** repouse *The orange tree you cut down grew back.* Pye zoranj ou te koupe a repouse. •**grow branches** fè branch *That tree grows branches quickly.* Pyebwa sa a fè branch vit. •**grow breasts** pouse lestonmak •**grow calm** fè yon kalmi *The baby has grown calm as soon as he saw his mother.* Ti bebe a fè yon kalmi kon l wè manman li. •**grow too close together** leve twò kole *These two trees are growing too close together.* De pyebwa sa yo ap leve twò kole. •**grow into** *a*[*become big enough for*] grandi *The shoes are too big, but his feet* *will grow into them.* Soulye a twò gwo, men pye l ap grandi. *b*[*become*] fè, soti, tounen *She'll grow into a beautiful young woman.* L ap soti yon bèl demwazèl. *This tiny mango seed will grow into a big mango tree.* Ti grenn mango sa a ap tounen yon gwo pye mango. •**grow into a head** [*lettuce, cabbage, etc.*] fè pòm *The cabbage grew into heads quickly this year.* Chou a fè pòm vit ane sa a. •**grow larger** gwosi *The roots of the cashew tree grew larger until they cracked the cement.* Rasin pye kajou a gwosi jis li pete beton an. •**grow more beautiful** anbeli *Your flowers have grown more beautiful this year.* Flè ou yo anbeli ane sa a. •**grow old** vyeyi *Our dog is growing old, we need a puppy.* Chen nou an fin vyeyi, nou bezwen yon ti chen. •**grow on trees** {grandi/ pouse}sou pyebwa *Money doesn't grow on trees!* Ou pa jwenn lajan atè! Lajan pa pouse sou pyebwa. •**grow out of** [*become too big for*] vin twò pitit pou li *He's grown out of all his clothes.* Tout rad li vin twò piti pou li. •**grow up** *a*[*become an adult*] gran *When I grow up, I'll study to be a doctor.* Lè m gran, m pral fè dòktè. *b*[*being raised*] grandi, leve *I grew up in the country.* M leve andeyò. *c*[*act like an adult*] sispann fè bagay timoun *Why don't you grow up?* Sispann fè bagay timoun! •**grow up fast** *a*[*person, animals*] devlope vit *The child is growing up fast.* Pitit la devlope vit. *b*[*plants, crops*] pa rete (atè) *My corn plants are growing up fast.* Pye mayi m yo pa rete. •**grow well** byen vini *For the flowers to grow well, you have to water them once every two days.* Pou flè yo ka byen vini, fò ou wouze yo chak de jou.

grower *n.* **1**[*crops*] kiltivatè, plantè **2**[*animals*] elvè

growl *v.intr.* gwonde *The dog growled at me.* Chen an gwonde m.

grown *adj.* gran *It's time for you to teach him how to drive, he's a grown man now.* Msye gran kounye a, li lè pou ou montre l kondi.

grown-up[1] *adj.* [*child*] •**grown-up child** gwo timoun chape

grown-up[2] *n.* grandèt, granmoun *We grown-ups are talking in here.* Grandèt ap pale. *If you need something, ask one of the grown-ups.* Si nou bezwen yon bagay, mande youn nan granmoun yo.

growth *n.* **1**[*increase in amount/size/degree*] monte, ogmantasyon *The government expresses its effort to control the issue of population growth in the capital.* Leta eksprime jefò yo vle fè pou kontwole pwoblèm ogmantasyon moun nan kapital la. **2**[*mass of tissue*] boul *I have a growth on the side of my neck.* M gen yon boul ki soti bò kou m. **3**[*process of growing/developing*] grandi *This tree hasn't reached its full growth yet.* Pyebwa sa a po ko fin grandi. **4**[*business*] devlòpman, kwasans *We need an economic growth in the entire country.* Nou bezwen yon kwasans ekonomik tout kote nan peyi a.

grub *n.* [*fam.*] baflay, bouray, deba, lamanjay, lav, mawoka, toufay

grubby *adj.* enpwòp, sal *Get your grubby hands off of me.* Retire men sal ou a sou mwen. *He's so grubby, he never bathes.* Li tèlman enpwòp, li pa janm benyen.

grudge *n.* rankin •**bear a grudge against s.o.** gen (yon) dan kont yon moun, kenbe youn moun {nan/sou}kè li

grudgingly *adv.* a kontrekè

gruel *n.* •**corn gruel** latòltòl •**gruel made of ground corn** [*esp. for babies*] mayizena

gruesome *adj.* makab *I saw a horror film that had a lot of gruesome scenes in it.* Mwen wè yon fim dyab ki genyen yon pakèt pati makab ladan l.

gruff *adj.* brak, maledve, malocho *This gruff girl insults even her own mother.* Fi maledve sa a, ata manman l li joure.

gruffness *n.* akaryasite, kòmès

grumble *v.intr.* babye, bougonnen, fè chantay, gwonde, mimire, wouspete *He's grumbling about the food being bad.* L ap babye, li di manje a pa bon. *They are always grumbling.* Yo toujou nan babye. *Julie is not happy; she keeps grumbling.* Jili pa kontan, l ap bougonnen. *Don't touch her stuff so she won't come grumbling.* Pa manyen afè l pou l pa vin fè chantay la. *The professor told you to leave the class, now you're grumbling.* Pwofesè a di ou kite klas la epi w ap gwonde. *Rather than grumbling like this, say what do you have to say?* Tank pou w ap mimire konsa, di sa pou ou di a. •**grumble at** joure *Her mother grumbled at her because she returned home late.* Manman l joure l poutèt li antre ta.

grumbler *n.* babyadò, plenyadò

grumbling[1] *adj.* wounou wounou *I can't stand grumbling children all day long.* M pa ka wè timoun k ap wounou wounou tout lajounen.

grumbling[2] *n.* babyay, wouspetay

grumpy *adj.* mabyal •**be grumpy** mare{machwè/ bouch}li *Don't be grumpy like that with me.* Pa vin mare machwè ou sou mwen.

grunt[1] *n.* gwonyen

grunt[2] *n.* [*fish*] kwòkwo

Gruyère cheese *n.* fwomaj{chodyè/degriyè}

guaba tree *n.* pwa{dous/sikren}

Guadeloupean[1] *adj.* gwadloupeyen *He's a Guadeloupian.* Li se gwadloupeyen.

Guadeloupean[2] *prop.n.* Gwadloupeyen, Gwadloupeyèn [*fem.*]

guama tree *n.* kòdwon

guano tree *n.* breziyè

guarantee[1] *n.* garan, garanti

guarantee[2] *v.tr.* 1[*a loan*] avalize *The bank guaranteed the loan with low interest.* Labank avalize lajan ak yon ti kras enterè. 2[*assure, promise*] ba(y/n){asirans/ garanti} *I can't guarantee that the car won't have any more problems.* M pa ka ba ou garanti machin la pa p ba ou poblèm ankò. *She guaranteed that she would have it for me this afternoon.* Li ban m asirans l ap ban mwen l apremidi a. *I guarantee you that it won't hurt you.* M garanti ou li pa p fè ou mal.

guaranteed *adj.* •**be guaranteed** asire *The project is not guaranteed.* Pwojè a pa asire.

guarantor *n.* [*loan*] avalizè, garan

guard[1] *n.* 1[*person*] gad, gadyen, siveyan baryè *The guard doesn't want to let me in.* Siveyan baryè a pa vle kite m antre. *The guard stopped us at the gate.* Gad la rete nou nan baryè a. *The guard is not there.* Gadyen an pa la. 2[*state of watchful readiness*] fè pòs *There's a soldier on guard in front of the gate.* Gen yon jandam k ap fè pòs devan baryè a. •**advance guard** avangad •**be on one's guard** mefye, veye kò li *Be on your guard against thieves.* Veye kò ou ak vòlè. •**border guard** chèf liy, fwontalyè •**mud guard** [*motorcycle*] zèl •**on guard** sou piga li *Everybody is on guard because of the lack of safety.* Tout moun sou pinga yo ak ensekirite a. •**put s.o. on his guard** mete yon moun angad *The director*

put all the employees on guard before job cuts begin. Direktè a mete tout anplwaye angad anvan yo koumanse ak revokasyon yo. •**rear guard** aryè gad •**security guard** santinèl, sekirite *One of the president's security guards died.* Youn nan sekirite prezidan yo mouri.

guard[2] *v.tr.* 1[*watch over*] siveye, veye *The dog is guarding the house.* Chen an ap veye kay la. 2[*protect (oneself)*] anpeche, pwoteje *To guard against colds.* Pwoteje kont grip. 3[*not disclose*] kenbe *Guard this secret with your life!* Kenbe sekrè sa a nan kè ou!

guardian *n.* 1[*for minor children*] gadyen 2[*of a minor*] granmoun *I'm your guardian, you cannot go out without me knowing about it.* Se mwen ki granmoun ou, ou pa dwe soti san mwen pa konnen.

guardroom *n.* saldegad

guava *n.* [*fruit*] gwayav (kòmye) •**guava tree** pye gwayav

guayabo tree *n.* kòmye

guerrilla *n.* •**guerrilla fighter** geriya, geryewo •**guerrilla fighters** [*during American occupation*] kako •**guerrilla force** geriya

guess[1] *n.* di yon bagay konsa konsa, sipozisyon *It's only a guess. I don't know if it's true or not.* M di sa konsa, m pa konn si se vre. •**it's anybody's guess** pèsonn pa konn(en), pa gen moun ki konn(en) *It's anybody's guess where he's gone.* Pa gen moun ki konn kote l fè.

guess[2] *v.tr.* devine, doute li, estime, panse, sipoze *You'll never guess how much I paid!* Ou pa ta janm panse konben m peye! *Guess where she was last night.* Devine kote l te ye yè swa. *At the time he built this house, I guess it didn't cost a lot.* Kay sa a nan epòk li te bati a, m estime li pa te koute chè. •**be able to guess people's intentions** li kè moun *He has the ability to guess people's intentions.* Li gen pouvwa pou li nan kè moun.

guest *n.* 1[*at one's house*] envite, vizitè, vizitèz [*fem.*] *They have guests in their house.* Yo gen envite lakay yo. 2[*at a hotel*] kliyan **guests** *n.pl.* konpanyen, lasosyete •**guest of honor** envite donè *He's an important person, he's the guest of honor.* Li se yon pèsonaj enpòtan, l ap envite donè. •**be a guest of honor** alonè *John was the guest of honor at the party.* Jan

te alonè nan fèt la. •**be my guest** pran li non
—*Could I borrow your bike? —Be my guest!*
—M mèt prete bisiklèt ou a? —Pran l non!
•**have guests** gen visit

guesthouse *n.* pansyon

guestroom *n.* chanm{vizitè/zanmi}

guidance *n.* konsèy •**give s.o. guidance/
directions** kenbe tèt yon moun

guide[1] *n.* **1**[*person*] gid *We hired a guide for
the day.* Nou pran yon gid pou jounen an.
2[*thing*] baliz, bousòl *The Bible is their guide.*
Bib la se bousòl yo. **3**[*manual*] endikatè, gid,
manyèl *A guide for better English.* Manyèl
pou aprann pale angle byen. •**tourist guide**
endikatè, tchoul

guide[2] *v.tr.* **1**[*show the way*] kondi, mennen
I'll send a kid to guide you there. M ap voye
yon timoun al mennen ou. *I'll guide you
to the intersection.* M ap kondi ou rive nan
kafou a. **2**[*influence*] dirije, gide *Your duty
is to guide the child in the right direction.* Ou
responsab pou ou dirije timoun nan nan
bon direksyon. *Let your conscience be your
guide.* Kite konsyans ou dirije ou.

guideline *n.* machaswiv, prensip

guile n. fines, ladrès

guillotine n. giyotin

guilt *n.* koupab

guilty *adj.* **1**[*having broken a law*] an tò,
koupab *They found him guilty.* Yo jwenn
msye an tò. *The court found him guilty.*
Tribinal la deklare l koupab. **2**[*ashamed*]
regrèt *I felt guilty about having left her there
by herself.* M regrèt m te kite l po kont li.
•**guilty person** koupab

guilty-looking *adj.* sispèk *This man must have
been committed the crime, he's kind of guilty
looking.* Nèg ta sanble se li ki komèt krim
nan, li yon ti jan sispèk. •**enter a plea of
guilty** plede koupab

Guinea *prop.n.* Ginen

guinea-fowl/hen *n.* pentad

Guinea hen weed *n.* [*med. herb*] zèb poul

guinea pig *n.* **1**[*animal, rodent*] kochondenn
2[*subject for experiments*] kobay *The doctor
used the patients as guinea pigs to conduct
pharmaceutical experiments.* Doktè a fè
malad yo tounen kobay pou l fè eksperyans
medikaman an.

guinea weed *n.* ave, zèb poul

guitar *n.* gita •**guitar and bass** bastreng
•**acoustic guitar** gita akoustik •**one-string
guitar** banza •**rough-hewn guitar made of
aluminum** gita peyi

guitarist *n.* gitaris

gulf[1] *n.* **1**[*bay*] gòf **2**[*gap*] fose

Gulf[2] *prop.n.* •**Gulf of Lagonav** Gòf Lagonav
•**Gulf Stream** Gòf Estrim

gull *n.* [*bird*] mòv •**herring gull** mòv bèk jòn
•**laughing gull** mòv tèt nwa, pijon lanmè
•**sea gull** mwèt, zwazo lanmè

gullet *n.* (gwo) gòjèt mou, banbou{gagann/
gòj/kou}, gagann, gòj, gozye, gwo gòj, tib
gagann

gullible *adj.* bòbòy, bouki, egare *This guy is
gullible, he believes all the lies they tell him.*
Misye se bouki, tout manti yo ba li, li pran.
*You're too gullible, he said something to you
and you believed it.* Ou egare twòp, li di ou sa,
ou kwè vre. •**gullible person** egare, dondon
[N] *Anyone can fool this gullible person.* Tout
moun twonpe egare dondon sa a.

gully *n.* barank, ravin, rigòl

gulp[1] *n.* **1**[*of liquid*] gòje **2**[*of liquor, etc.*] kout

gulp[2] **I** *v.intr.* [*swallow suddenly because of
surprise*] vale saliv li *She gulped when she saw
the snake.* Li vale saliv li lè l wè koulèv la. **II** *v.tr.*
•**gulp down** [*eat rapidly*] foule, glòtglòt, gobe,
vale san kraze *He gulps down the food like a
pig.* Li gobe tankou kochon. *I'm gulping down
a meal of corn.* M ap foule yon mayi la. *She
gulped down the juice before the others came.* Li
glòtglòt ji a anvan lòt yo vini. *The lizard gulped
down the fly.* Zandolit la gobe mouch lan. *He
was so hungry, he gulped down the food.* Tank li
grangou, li vale manje a san kraze.

gulp[3] *onom.* [*noise made when swallowing*] gòt,
glout

gum[1] *n.* [*mouth area*] jansiv, vyann dan •**gum
abscess** frechi dan •**gum disease** maladi
jansiv •**bleeding gum** jansiv senyen, san
nan dan

gum[2] *n.* gonm •**gum Arabic** gonm arabik
•**chewing gum** chiklèt

gum tree *n.* bwa lèt, gonmye

gummy *adj.* gonmen *Okra is a gummy
vegetable.* Kalalou se yon legim ki gonmen.

gumption *n.* nannan

gun[1] *n.* fizi •**antiaircraft gun** zam anti
ayeryen •**BB gun** fizi aplon •**machine gun**

machin gwann, mitrayèz •**spear gun** fizi
(ak) apon •**spray gun** [*for insecticide*] flit
•**submachine gun** mitrayèt •**Thompson
submachine gun** tonmsonn

gun[2] *v.tr.* •**gun s.o. down** vide yon moun atè
The armed men gunned down two people. Nèg
yo ak zam vide de moun atè. •**gun an engine**
bay gaz

gunfire *n.* bri{bal/tire}, kout{fizi/zam} *I hear
gunfire so I'm not going outside.* M tande bri
tire, m pa p soti.

gung-ho *adj.* cho *He's always gung-ho to fight.*
Li toujou cho pou l goumen.

gunpoint *n.* •**at gun point** sou{fizi/revòlvè}

gunpowder *n.* klorat, poud bal

gunshot *n.* [*sound of*] bal(pati/tire), kout{fizi/
zam} *The gunshot was fired, bang!* Bal la pati
blaw! *I heard two gunshots.* M tande de bal
tire.

gunsight *n.* kolimatè

gurgle *onom.* [*sound*] glòt

gurney *n.* kabann woulèt

gush *v.intr.* 1[*flow*] ponpe *Blood is still gushing
from the foot.* Pye a ap ponpe san toujou.
2[*talk effusively*] andjoze, chouchou, pote
anlè *Everyone was gushing over the baby.* Tout
moun gentan al pote ti bebe anlè. •**gush
forth** jayi, ponpe *Her hand scraped against a
nail, blood started gushing forth.* Men li pase
nan yon klou, san gen tan ponpe. *The water
gushed forth all over the yard.* Dlo a jayi nan
tout lakou a. •**gush out** deboulinen, ponpe
sòti *All of a sudden, a huge burst of water
gushed out of the spigot.* Yon sèl kou, yon
pakèt dlo ponpe sòti nan bouch tiyo a.

gust *n.* bouras, bouvari, rafal *A gust of wind.*
Yon bouras van. *Gust of wind.* Bouvari van.

gusto *n.* •**do sth. with gusto** an fourad, fin
wè mò nan yon bagay *He dug into his plate
of food with gusto.* Msye fin wè mò nan plat
manje a.

gut[1] *n.* 1[*gen.*] bouden, gwo sak trip 2[*pej.*]
fòlman *Your giant gut doesn't indicate health,
ugly fatso!* Gwo fòlman ou an pa di lasante,
vye patapouf! •**person with big gut** gwo
pans, mazenflen

gut[2] *v.tr.* detripe, devantre *She gutted the
chicken with a stroke of the knife.* Li devantre
poul la ak yon kout kouto.

guts *n.pl.* 1[*entrails*] trip *The car ran over the
dog, and its guts spilled out.* Machin lan pase
sou chen an, l met trip li deyò. 2[*courage and
determination*] grenn, kran, zantray, zenba
*If you have guts, repeat those words in front
of the boss.* Si ou gen kran vre, repete pawòl
la devan patwon an. *You have to have guts
to tell the truth.* Fòk ou gen grenn pou ou
di laverite.

gutsy *adj.* brav, gen kran *He's a gutsy person.* Se
yon moun ki gen kran.

gutter *n.* 1[*in the street*] kanivo, rigòl *Stop
playing in the gutter!* Sispann jwe nan rigòl
la! 2[*on a roof*] goutyè 3[*open pipe attached
to a roof*] dal *Put the bucket under the gutter
to collect water.* Mete bokit la anba dal la pou
l ranmase dlo.

guy *n.* msye, nèg *He's a nice guy.* Msye se yon
bon nèg. •**bad guy** brigan, movezè, sanginè
•**be a wise guy** [*pej.*] eklere ta •**big guy** gason
kòlòs •**big tall guy** gwo palmis mal •**cheap
guy** gason kolon •**cool guy** chapchoutè
•**courageous guy** vanyan gason •**funny
guy** odyansè *That funny guy makes people
laugh.* Odyansè sa a ap fè moun ri. •**great
guy** krèm gason *He's a great guy.* Misye se
yon krèm gason. •**helpful guy** moun san
pwoblèm *He's a helpful guy, you don't need
to be afraid to ask him for a favor.* Li se yon
nèg san pwoblèm, ou pa bezwen pè mande
l sèvis. •**inept guy** abòdjò, machòkèt *He's
an inept guy, he can't do this work.* Li se yon
abòdjò, li pa ka fè travay sa a. •**laidback guy**
{moun/nèg}san pwoblèm *Don't give the job
to the laidback person, it will never get done.*
Pa konfye djòb la nan men nèg san pwoblèm
nan, li p ap janm fèt. •**large muscular guy**
pilye gason •**little guy** ti{nèg/ tonton}
•**macho guy** bon kòk *He's a macho guy, he
has quite a few girlfriends in the neighborhood.*
Misye se yon bon kòk, se pa de mennaj li
genyen sou katye a. •**no-good guy** lonbrik
pouri •**old guy who looks and acts like
a young person** ti pouchon *Although he's
getting older, he still acts young.* Kwak laj ap
antre, misye ret ti pouchon. •**resourceful
guy** {moun/nèg} daksyon •**short but
strong little guy** [*a scrap of a man*] bout nèg
•**short little guy** ti bout tonton •**strapping
guy** gason kòlòs, potorik gason •**strong guy**

{towo/vanyan} gason *That strong guy has enough strength to lift the box.* Towo gason sa a gen ase fòs pou leve bwat la. •**tough guy** albarak, barak, bewòm, kòk *This work requires some tough guys to do it.* Travay sa a mande kèk albarak pou fè l. •**uncouth guy** nèg mal degwosi. *This uncouth guy has no manners.* Nèg mal degwosi sa a san mànyè.

Guyanese[1] *adj.* [*from French Guyana*] giyanè, giyanèz [*fem.*]

Guyanese[2] *prop.n.* Giyanè, Giyanèz [*fem.*]

guzzle *v.tr.* angwe, glòtglòt, kave, koule bweson, tinglòt *He spent all night guzzling liquor.* Li fè nuit lan ap vale tafya. *This car really guzzles gas.* Machin sa a, se bwè l bwè gaz. •**guzzle down** kave *He likes to guzzle down a lot of wine.* Misye renmen kave anpil diven.

gym *n.* jimnazyòm

gymnasium *n.* jimnazyòm

gymnast *n.* jimnas

gymnastics *n.pl.* jimnastik

gynecologist *n.* dòktè fi, jinekològ

gynecology *n.* jinekoloji

gypsum *n.* boksit

gypsy *n.* jitan

gyrate *v.tr.* •**gyrate one's hips** {fè/bay} gouyad *All the girls gyrate their hips on the Carnival floats.* Tout jenn fi ap bay gouyad sou cha kanaval la.

H

ha *interj.* [*surprise or irony*] ha, han *Ha! I guessed it! Han!* M devine l! •**ha ha ha** [*laughter*] ki ki ki ki, kwa kwa kwa, ka ka ka, kwe kwe kwe

habit¹ *n.* **1**[*customary*] abitid, lakoutim, metye, mòd, pli, prensip *Ti Pyè has the habit of walking late at night.* Ti Pyè gen abitid mache ta lannwit. *The donkey has a bad habit of laying down when it comes to going up inclines.* Bourik la gen yon mòd kouche atè lè se pou moute mòn. *He isn't in the habit of getting up early.* Li gen pli leve bonè. *She's in the habit of taking a walk in the town every morning.* Pwomennen nan bouk la chak maten se metye li. *He has the habit of reading the Bible every night.* Li gen prensip li nan Bib la chak swa. **2**[*addiction*] pran tèt yon moun, vis *Drugs are his habit.* Dwòg se vis li. *She developed the habit of smoking when she was very young.* Sigarèt pran tèt li lè li te jenn fi.

habits *n.pl.* mòd •**bad habit** defo, mani, mès, move mès, timès, vye abitid *Smoking is a bad habit.* Fimen sigarèt se yon move defo. *He has a bad habit of rubbing his body against other people.* Li gen yon mani grate kò l sou moun. *He has the bad habit of going to brothels.* Move mès li genyen se ale nan kafe. *Someone who drinks 'tafya' is someone who has a bad habit.* Nèg ki bwè tafya se nèg ki gen vye mès. •**be in the habit of** konn *She's not in the habit of being late.* Li pa konn an reta konsa. •**get into the habit of** pran (yon bagay pou) abitid *You'll have to get into the habit of getting up early.* Fò ou pran abitid leve bonè. *She's getting into the habit of coming home late.* Li pran rantre ta pou abitid. •**have bad habits** gen mannyè *You have too many bad habits, I don't want to take you out.* Ou gen mànyè twòp, m p ap soti ak ou. •**have the bad habit of** gen (yon) mòd *You have the bad habit of interrupting people when they talk.* Ou gen mòd dekoupe moun lè y ap pale. •**make a habit of** pran yon bagay pou abitid *You can stay out late tonight, but don't make a habit of it.* Ou mèt ret deyò ta aswè a, men pa pran sa pou abitid.

habit² *n.* [*dress for a monk or nun*] abi

habitable *adj.* abitab *The house is habitable.* Kay la abitab.

habitual *adj.* abitye, pratik, vye chodyè *Since you're an habitual liar, nobody can trust you.* Bay manti se pratik ou kidonk moun pa ka fè ou konfyans.

habitually *adv.* •**do habitually** pratike

hack *n.* [*worn out horse*] wòs

hack *v.tr.* rachonnen *The tailor hacked the cloth.* Tayè a rachonnen twal la. •**hack away** rache ak manchèt

hackberry tree *n.* bwa fèy blanch

hacksaw *n.* si(y){a meto/metal}

had *adj.* •**be had** anba kòd, boukante kòn pou zago *I've been had! He sold me two avocadoes, and they were both rotten.* Li vann mwen de zaboka epi nanpwen ki bon. Mwen boukante kòn pou zago! *The guys have been had, the woman stole all their belongings and then took off.* Nèg yo anba kòd wi, fi a vòlè tout byen yo epi li chape poul li.

haddock *n.* èglefen

Hades *prop.n.* Lezanfè

hag *n.* granmoun fanm lèd

haggle *v.intr.* diskite pri, machande, rale sou *Don't take the first offer. You have to haggle over the price a bit.* Pinga ou pran prenmye òf. Ou bezwen diskite pri a yon ti kras. *She always haggles whenever she buys things.* Li toujou ap rale sou lè l achte bagay.

hail¹ *n.* lagrèl

hail² *v.tr.* **1**[*praise s.o.*] bay yon moun ochan, {poze/ bay}ochan *They hailed him as a hero of Independence.* Yo ba li ochan kòm ewo endepandans. **2**[*call loudly*] rele, wouke *She hailed a taxi to go downtown.* Li wouke laliy pou l ale lavil la.

Hail Mary *prop.n.* ave (Mariya)

hailstone *n.* lagrèl

hair *n.* **1**[*on the head*] cheve, tèt *He's combing his hair.* L ap penyen tèt li. **2**[*on the body, or an animal*] plim, pwal •**hair set** bigoudi •**body hair** plim, pwal •**braided hair** cheve trese •**cat hair** plim chat •**dense short**

hair bwòchèt •**disheveled hair** cheve plim toutou •**do one's hair** fè{cheve/tèt}li, {koupe/taye}{cheve/tèt}li •**do s.o.'s hair** kwafe *Ask your grandmother to do your hair.* Mande grann ou pou li kwafe ou. •**frizzy hair** *a[gen.]* cheve{grenn/koton} *b[of a woman]* tèt{gridap/grenn/ graton/kwòt} •**give s.o. gray hair** fè yon moun granmoun pa fòs *This job is giving me gray hairs.* Travay sa a ap fè m granmoun pa fòs. •**have little hair** tèt{zo/kale} *He's married to a girl that has little hair.* Li marye ak yon fi tèt zo. •**having sparse tail hair** *[dog]* palanke *A dog that has sparse hair on its tail.* Yon chen palanke. •**kinky hair** *a[gen.]* cheve grenn *b[of a woman]* tèt{gridap/grenn/graton/ kwòt} •**kinky twisted hair** {cheve/tèt} pwav •**light hair** *[naturally or sun-bleached]* cheve kannèl •**long hair** *[female]* krinyè cheve •**long rust-colored hair** cheve zing •**not a hair moved** plim pa gouye *When the robber showed his gun, not a hair moved.* Lè zenglendo a moutre zam li, plim pa gouye. •**person with uncombed or disheveled hair** tèt yon moun pay •**person without body hair** *[pej.]* kochon grate •**pubic hair** plim, pwal, pwèl, ti gazon •**reddish hair** cheve{bab mayi/kannèl} **russet-colored hair** cheve kannèl •**short hair** *[of a woman]* tèt{gridap/grenn/graton/kwòt} •**short pubic hair** pwal raz •**silky hair** cheve{filas/siwo/siwolin/swa} •**single hair** *a[on one's head, body]* branch cheve *b[pubic; fam.]* branch pwèl •**sleek hair** cheve siwo •**smooth and silky hair** cheve siwo •**s.o. with sparse hair** tèt chèch •**sparse hair** *[of a woman]* tèt{gridap/grenn/graton/ kwòt} •**spiked hair** cheve ki{drese/bade ak pikan} •**stiff hair** *[woman]* cheve grenn •**take one's hair out of braids** penyen lage •**thick hair** cheve founi •**thin hair** *[of a woman]* tèt{gridap/grenn/graton/kwòt} •**thinning hair** cheve grennen •**tuft of hair at front of head** ponpon •**unruly hair** cheve plim toutou •**untidy kinky hair** tèt{gridap/ grenn/graton/kwòt} •**very fine thin hair** cheve filas •**with little hair** tèt{zo/kale} •**yellowish-tinged hair** cheve bab mayi
hairband *n.* bando
hairbrush *n.* bwòs tèt

hair clippers *n.pl.* tondèz
hair-curler *n.* bigoudi, woulo cheve
haircut *n.* koup (cheve), kwafi •**get a haircut** fè{cheve/tèt}li, {koupe/taye}{cheve/tèt}li *I will go get a haircut.* M pral koupe cheve m. *I need to get a haircut.* M bezwen taye tèt mwen. •**give a bad haircut** rabonnen •**give a haircut** {fè/koupe/taye} {cheve/tèt} yon moun *The barber gave you a good haircut.* Kwafè a taye tèt ou byen. •**give s.o. a bad haircut** chankre *He gave you a really bad haircut.* Msye a chankre tèt ou nèt. •**have a haircut** fè{cheve/tèt}li *I just had a haircut.* M sot fè cheve m. •**in need of a haircut** papou *She badly needs a haircut.* Li twò papou.
hairdo *n.* kout peny, kwaf, kwafi •**hairdo tufted in front** *[male]* kapòt
hairdresser *n.* kwafè, kwafèz *[fem.]*
hairdryer *n.* sechwa
hairline *n.* tchas, tyas •**indentation or bald spot in hairline** *[from faulty barbering]* {twou/chemen}rat •**receding hairline** tèt chankre
hairnet *n.* filè (cheve) *If you don't wear a hairnet, you can't work here.* Si ou pa met filè, ou pa p ka travay isit.
hairpiece *n.* fo cheve
hairpin *n.* epeng (a cheve), pens
hair-roller *n.* bigoudi, woulo
hairstyle *n.* kwaf, kwafi
hairy *adj.* **1**[body hair] oplima *What a hairy guy, look at the hair on him!* Ala moun oplima, gade plim sou kò li! **2**[woman, especially for legs] bate *The girl is hairy all over her body.* Tifi a bate nan tout kò l.
Haiti *prop.n.* Ayiti, peyi (D)ayiti •**Amerindian name for Haiti** Ayiti Kiskeya Boyo •**sweet Haiti** Ayiti cheri
Haiti-Thomas *prop.n.* [nickname of Haiti] Ayiti Toma
Haitian *adj.* ayisyen, ayisyèn *[fem.]*
Haitian *prop.n.* Ayisyen, Ayisyèn *[fem.]*
Haitian Creole *prop.n.* kreyòl, kreyòl ayisyen
half *adj.* demi *I waited a half hour for her.* M fè demi è d tan ap tann li. *Give me a half dozen.* Ban m demi douzèn.
half *adv.* **1**[50%] demi, mwatye *The glass is half full.* Vè a demi plen. *She earns half as much as him.* Li touche mwatye sa li touche.

She is half as big as him. Li se mwatye grandè li menm. **2**[*partly*] (a) mwatye *The plantain is only half cooked.* Bannann lan a mwatye kuit. *The work is only half finished.* Travay la a mwatye fèt sèlman. **3**[*almost*] manke, mwatye, preske *I half think he stole it.* Mwen a mwatye kwè se li ki vole li. *She's half crazy.* Li manke fou. *I half believed what she told me.* Mwen preske kwè sa li rakonte m. •**half and half** fifti fifti, ren pou ren, mwatye pou mwatye *We'll divide the money half and half.* N ap separe kòb la ren pou ren. *Divide the one hundred gourdes between us half and half.* Separe san goud la fifti fifti.

half *n.* **1**[*of one whole*] bò, mwatye *He gave me half the money.* Li ban m mwatye nan lajan an. *Break the sugar cane stalk into two equal halves.* Kase kann lan fè de bò egalego. **2**[*of a number of things or people*] mwatye *Half of the avocados aren't ripe.* Gen mwatye nan zaboka yo k pa mi. *Eat half of it now and save the rest for later.* Manje mwatye ladan l kounyeya, epi sere rès la pou pita. *Half of all marriages end in divorce.* Mwatye nan tout maryaj fini ak divòs. **3**[*sports*] mitan *It's the first half of the match.* Se premye mitan match la. •**and a half** edmi •**in half** fè de{bò/mwatye} *She cut the bread in half.* Li koupe pen an fè de bò. •**not the half of it** anyen menm *You haven't heard the half of it!* Ou po ko tande anyen menm la a!

half-asleep *adj.* ant somèy e revèy
half-assed *adj.* de grenn gòch
halfback *n.* [*soccer*] demi
half-baked *adj.* kodas, wòwòt
half-boot *n.* bodken, demibòt
halfbreed *n.* metis, san mele
half-{brother/sister} *n.* demi{frè/sè}, {frè/sè}kote {manman/papa} *He's my half-brother on my mother's side; we don't have the same father.* Msye se frè m bò kot manman; nou pa menm papa.
half-cask *n.* [*about 42 gallons*] tyèson
half-circle *n.* demi sèk
half-cooked *adj.* chode, krib *This beans are half-cooked, we can't eat them.* Pwa sa a chode, nou p ap sa manje l.
half-day *n.* bout jounen, demi{tan/jounen}
half-hearted *adj.* kòrèd
half-heartedness *n.* tyedè

half-hour *n.* demiyè(dtan)
half-mast *n.* •**at half-mast** demi ma *The boat is sailing at half-mast.* Bato a ap pran lanmè a demi
half-measure *n.* demi mezi
half-slip *n.* bout jipon, demi jipon
half-sole *n.* bout semèl
halftime *n.* demi tan, mitan
halfway[1] *adj.* mwatye *We've reached the halfway point in our work.* Nou fè mwatye nan travay l a deja.
halfway[2] *adv.* a demi, a mwatye, mwatye {chemen/wout} *I had already gone halfway when I remembered it.* Se lè m rive nan mwatye wout m chonje l. *Fill the bottle halfway.* Plen boutèy la a demi. *We arrived halfway.* Nou rive nan mwatye wout. *He's already gone halfway.* Li fè mwatye wout deja.
half-wit *adj.* je pete klere, sòt
halibut *n.* [*fish*] fletan
halitosis *n.* •**suffer from halitosis** gen movèz alèn
hall *n.* koulwa •**assembly hall** sal konferans •**dance hall** bidjonnèl, dansing •**mess hall** [*mil.*] refektwa •**reception hall** [*official*] lye dakèy •**residence hall** [*university*] pansyon •**town hall** lakomin, meri, otèl{de vil/devil/kominal}
hallelujah[1] *n.* alelouya
hallelujah[2] *interj.* alelouya
hallmark *n.* mak fabrik
hallow *v.tr.* sangtifye *We hallow God's name.* Nou sangtifye non Bondye.
hallowed *adj.* sakre, sen(t) •**on hallowed ground** sou tè{sakre/sent}
hallway *n.* koulwa
halt[1] *adj.* [*limping*] bwete, ti pa mache ti pa rale, zoukoutap *Since the accident he's halt.* Depi aksidan an li mache zoukoutap.
halt[2] *n.* [*stop*] arè
halt[3] *v.tr.* [*stop*] alte *The work has been halted because they don't have any cement.* Travay la blije alte poutèt mankman siman.
halt[4] *interj.* otan *Halt!* Otan!
halter *n.* [*for a horse, etc.*] lànyè
haltingly *adv.* ataton, koutoup koutap, ti pa mache ti pa rale *She's answering the teacher's questions haltingly.* L ap reponn kesyon pwofesè yo ataton. *The generator works*

haltingly. Dèlko a ap mache koutoup koutap. *She walks haltingly.* Li fè ti pa mache ti pa rale.

halve *v.tr.* koupe an de *He halved the watermelon.* Li koupe melon dlo an de

halves *n. pl.* •**two equal halves** de moso egal ego

ham *n.* janbon

hamburger *n.* anbègè, anmbègè, vyann{moulen/rache}

hamlet¹ *n.* [*small village*] bouk

hamlet² *n.* [*fish*] bleble •**barred hamlet** panzizi •**black hamlet** tinèg •**butter hamlet** panzizi

hammer *n.* mato •**ball peen hammer** mato mekanik •**claw hammer** mato chapant •**roofing hammer** mato dekouvray •**hammer away** kenbe bwa drapo, plede

hammerhead *n.* tèt mato

hammock *n.* ramak, ranmak

hamper¹ *n.* pànye (rad sal)

hamper² *v.tr.* bay baryè, kontrarye *We were hampered by the bad weather.* Move tan an kontrarye n. *He hampers me in everything I try to do.* Li ban m baryè nan tout sa m ap eseye fè.

hand¹ *n.* **1**[*body part*] grapin, men, zago, zig *I have only two hands!* Se de men ase m genyen! *I know you want to get your hands on this.* M konnen ou vle poze de grapin ou sou sa a. *Keep your ugly hands off my stuff!* Pa poze zago sal ou yo sou zafè mwen! **2**[*cluster of fruit*] pat, rejim **3**[*control, responsibility, etc.*] nan men yon moun *I'm placing the business in your hands.* M lage konmès la nan men ou. *The decision is out of my hands.* Desizyon an pa nan men mwen. **4**[*help*] koutmen *Lend me a hand with this table.* Ban m yon koutmen ak tab sa a. **5**[*on a clock or watch*] (z)egwi **6**[*card games, etc.*] men (kat) *I don't like this hand.* M pa renmen men kat sa a. *I had two clubs in my hand.* M te gen de zèl trèf nan men m. **7**[*round of applause*] bat bravo *He got a big hand.* Yo bat yon bèl bravo pou li. •**hand in hand** [*hands joined*] men nan (la)men *They were walking hand in hand.* Yo t ap mache men nan men. •**hands on one's hips** men{nan ren/sou ranch li}, mete de men nan katòz *The way your hands are on your hips, are you trying to threaten me?*

Jan ou mete men ou nan ren ou la, ou t ap vin kale m? •**hands up** olèmen *Hands up! Give us everything you have.* Olèmen! Ban n tout sa k sou ou. •**a free hand** [*freedom to act*] dwa fè e defè *He gave me a free hand with the store.* Li ban m dwa fè e defè nan magazen an. •**a helping hand** bourad, kout {men/zèpòl}, piston, pistonnaj *She doesn't work well in school, she needs a helping hand.* Li pa travay byen lekòl, li bezwen yon bourad. *I need a helping hand to finish painting the house.* M bezwen yon koutmen pou fin pentire kay la. *He got a helping hand from the government.* Li resevwa yon ti pistonnaj nan men gouvèlman. •**(close) at hand** *a*[*readily available*] anba pye, disponib, sou{lamen/men} *Wealth is at hand for you, and you don't even realize that.* Richès ou anba pye ou, ou pa menm wè sa. *I'm always at hand if you need some help.* Mwen toujou disponib si ou bezwen yon ti koutmen. *Put the book close at hand so you can easily get it.* Met liv la sou men pou lè ou bezwen l. *b*[*soon*] kouri sou, sou{bò/pwen} *My birthday is close at hand.* N ap kouri sou dat fèt mwen an. *The end of the world is close at hand.* Nou sou bò lafendimonn. •**back of hand** do men •**by hand** a la men, alamen *She sewed the curtain by hand.* Li koud rido a alamen. •**four consecutive winning hands** [*cards*] vyèj •**get one's hands on** mete{men/grapin} sou *When I get my hands on that thief, I'll kill him!* Jou m met men sou vòlè sa a, se touye m ap touye l. •**get the upper hand** dominen *He gets the upper hand on everything.* Se li ki domine isit la. •**give a hand** bay kout men *Sometimes he gave us a hand on the project.* Kèk fwa li bay kout men nan pwojè a. •**give a helping hand** pote lamenfòt, prete yon moun lamenfòt *Give us a helping hand.* Pote n lamenfòt. *In that case, everyone must give a helping hand.* Nan ka sa a, tout moun dwe prete lamenfòt. •**hired hand** soubreka •**have one's hands full** [*be very busy*] anpetre, kofre anba bagay *I have my hands full right now.* M anpetre kounyeya la. •**in good hands** ansite *You don't have to worry, you're in good hands here.* Pa enkyete ou, ou ansite isit la. •**large hand** pat men •**old hand** vyewo •**on hand** sou lamen *I'm using* *what is on hand.* M ap sèvi aks sa k sou lamen. •**on one's hands and knees** a kat pat *I came on my hands and knees to ask for help.* M vini a kat pat pou m mande sekou. •**outer edge of hand** kan •**second hand** [*of a watch or clock*] segonn •**take sth. in hand** antreprann •**with moist hands** men mikmik *She has moist hands.* Li gen men mikmik. •**with one's own hands** ak fòs ponyèt li *I made the bread with my own hands.* M fè pen an ak fòs ponyèt mwen.

hand² *v.tr.* 1[*give*] pase, pran *Hand me the can opener.* Pase m kle a. *Could you hand me that book?* Ou ka pran liv sa pou mwen? 2[*entrust*] *Jack handed me some money for you.* Jak konfye m yon kòb pou ou •**hand it to s.o.** bay (yon moun) legen *I have to hand it to John given that amount of work he did.* M bay Jan legen devan gwosè travay sa a. •**hand over** *a*[*a person, criminal*] livre, renmèt *They handed him over to the police.* Yo livre li bay lapolis. *She handed the baby over to her mother.* Li renmèt ti bebe a bay manman ni. *b*[*an object*] bay, lonje (vini), renmèt *Hand the notebook over to Guy.* Lonje kaye a bay Gi. *The teacher asks the pupils to hand over their books.* Mèt la mande pou timoun yo lonje liv yo vini. *Hand it over to her for me.* Renmèt li l nan men pou mwen. *c*[*money*] kale, pliche *Hand over the money.* Pliche m kòb la. •**hand over or confer authority** pase mayèt la, retransmèt *The ex-President handed over the authority to his friend.* Ansyen prezidan an pase mayèt la ba zanmi l. *The president handed over his power to the vice-president during his absence.* Prezidan an retransmèt pouvwa l bay vis prezidan an pannan absans li. •**hand over to the court** defere *They handed over the accused to the court in the presence of a judge.* Yo defere akize a devan yon jij.

hand-driven *adj.* abra, a men *That's a hand-driven copier.* Sa se yon kopyèz a men.

hand-me-down clothes *n.pl.* bonjou parenn

hand-picked *adj.* chwazi *Moses was a hand-picked man.* Moyiz se te yon moun chwazi.

hand-to-hand *adj.* •**hand-to-hand combat** kò a kò *The policemen put down their arms for hand-to-hand combat.* Polisye yo mete zam yo atè pou yo fè yon kò a kò.

hand-written *adv.* ekri a lamen

handbag *n.* bous, sakamen •**cloth handbag** sakòch •**woman's handbag** valiz

handball *n.* hannbòl

handbrake *n.* {fren/brek}levye

handcuff *v.tr.* mete yon moun anba kòd, minote *The police handcuffed the guy.* Lapolis mete anba kòd nèg la. *The policemen handcuffed her.* Jandam yo minote l.

handcuffed *adj.* [*behind one's back*] de bra dèyè do *They accompanied the handcuffed thief.* Y al ak vòlè a de bra dèyè do.

handcuffs *n.pl.* mennòt, minòt •**put handcuffs on s.o.** bay yon moun minòt

handful *n.* 1[*fistful*] men, ponyen *He took a handful of pistachios.* Li pran yon men pistach. *A handful of peanuts.* Yon ponyen pistach. 2[*small number*] kèk grenn, ponyen, ti touf *Only a handful of people came.* Se kèk grenn moun ki te vini sèlman. *There is only a handful of places left.* Gen yon ti ponyen plas ki rete ase. *He brought only a handful of bananas.* Li pote sèlman yon ti touf bannann fig. 3[*nuisance*] pongongon *Your children are a real handful.* Timoun ou yo se yon pakèt ti pongongon.

hand-grenade *n.* grenad

handgun *n.* pistolè, pye kochon, revolvè

handicap¹ *n.* 1[*physical*] andikap, azikòkò, dezavantay, donmajman, enfimite •**small handicap** akwo 2[*hindrance*] andikap, anpechman 3[*sports*] deretou, gabèl •**give a handicap** bay devan

handicap² *v.tr.* andikape, bay baryè, donmaje *You're handicapped when you don't have a car.* Sa bay baryè lè ou pa gen machin. *When you didn't show up for work, we were really handicapped.* Lè ou pa prezante pou travay, nou te andikape toutbon.

handicapped *adj.* andikape, donmaje, kokobe, moun enfim, pye kase *He's physically handicapped.* Se yon moun enfim li ye. *She's a handicapped person.* Li se yon moun ki kokobe. *The handicapped person gets around in a wheelchair.* Pye kase a sikile nan yon chèz woulan. *When there wasn't enough to go around, we were really handicapped.* Lè nou wè pa gen ase pou tout moun, nou te vreman andikape.

handicraft *n.* atizana

handily *adv.* fasilman, san pwoblèm

handkerchief *n.* mouchwa

handle¹ *n.* **1**[*gen.*] manch *Take the knife by the handle.* Kenbe kouto a nan manch. **2**[*of a basket, bucket*] lans **3**[*strap of a bag, etc.*] lans, zòrèy •**broom handle** bwa bale •**crank handle** manivèl •**get a handle on** [*control/understanding of a situation, etc.*] metrize *I'm new on job, so I don't quite have a handle on it yet.* Mwen nouvo nan travay la, se poutèt sa m poko metrize tout bagay. •**not have a handle** demanche *The knife has no handle.* Kouto a demanche. •**put a handle on** manche *I had the craftsman put a new handle on the knife for me.* M bay bòs la manche kouto a pou mwen.

handle² *v.tr.* **1**[*deal with*] boule ak, kare li ak, kenbe kò li, regle *He handled the situation discreetly.* Li kenbe kò li an dodomeya nan zafè a. *She can't handle the stress very well.* Li pa kare li ak estrès la byen. *How is the lawyer handling the case?* Kòman avoka a ap boule ak ka a? *It would be better to get a lawyer to handle it for you.* Pito ou bay yon avoka regle sa pou ou. **2**[*manage*] jere, kondi, mennen *She handles the hotel and I handle the home.* Se li ki jere otèl la, epi mwen menm m jere kay la. *I doubt the government can handle the economy.* Mwen doute si gouvènman ka byen kondi ekonomi a. *Can you handle a big truck?* Ou ka mennen yon gwo kamyon. **3**[*feel, touch, etc.*] malmennen, manyen, touche *You're handling the mangoes too much.* Ou manyen mango yo twòp! *He handles the ball well.* Li byen manyen boul la. *You handled the meat too much.* Ou touche vyann nan twòp. **4**[*move by hand*] manyen *Handle that box with care.* Se pou ou manyen bwèt sila an dodomeya. **5**[*control*] kondi *How does the car handle?* Kijan machin nan kondi? **6**[*deal in*] fè *We sell radios, but we don't handle repairs.* Nou vann radyo, men nou pa fè ranje yo. •**handle brutally** fougonnen *The police handled the thief brutally with punches.* Polis la fougonnen vòlò a anba kout pwen. •**handle roughly** triminen *She handled the boy roughly.* Li triminen pitit la. •**handle successfully** byen soti *The President handled the negotiations successfully.* Negosyasyon yo byen sòti gras a

prezidan an. •**handle violently** dechalbore *The army handled the rioters violently.* Lame a dechalbore manifestan yo. •**have too much to handle** patinen *She has too much to handle, she doesn't know where to begin.* L ap patinen, li pa konn sa pou l pran anvan. •**take on more than one can handle** pete pi wo pase bounda li *She's taking on more than she can handle.* Li pete piwo pase bounda li.

handlebars *n.pl.* gidon

handmade *adj.* a lamen

hand-me-down clothes *n.pl.* bonjou parenn

handout *n.* lacharite *I'm not asking for a handout; I'm asking for work.* M pa vin mande ou lacharite; m vin mande ou travay.

handprint *n.* mak men

handrail *n.* balistrad

handsaw *n.* egoyin, goyin

handshake *n.* lamen •**give a handshake** {bay/sere} yon moun lamen *You're not going to give him a handshake?* Ou pa p sere li lanmen? •**hearty handshake** ponyen (lan)men

handsome *adj.* bèl *He's a handsome man.* Li se yon bèl gason.

handstand *n.* •**do a handstand or headstand** plake *The girl is doing a handstand.* Tifi a plake.

handwriting *n.* ekriti •**bad handwriting** pye mouch •**beautiful handwriting** bèl men •**illegible cursive handwriting** lèt kouri •**illegible handwriting** pat mouch •**terrible handwriting** majigridi

handy *adj.* itil, pratik •**be handy** men li rele l pa li *He can fix your door. He's really handy.* Li ka ranje pòt ou. Men li rele l pa li.

handyman *n.* brikolè, michèlmoren

hang¹ *n.* •**get the hang of sth.** abitye, pran pli *You're new here but you'll get the hang of it quickly.* Ou nouvo la men ou ap pran pli a la menm.

hang² **I** *v.tr.* **1**[*suspend*] jouke, kwoke pandye, pann, tann *Hang the corn right up on the tree.* Jouke mayi a jouk anwo nan pyebwa a. *Hang that dress for me.* Pandye rad sa pou mwen. *My pants are hanging on a nail in the room.* Pantalon mwen ap koke nan yon klou nan chanm lan. *They hung the flag on the wall of the National Palace.* Yo pann drapo a sou mi Palè a. *Hang the clothes on the line.* Tann rad yo sou liy nan. **2**[*person, criminal, etc.*]

pandye, pann *They have hanged the criminal.* Yo pann kriminèl la. **II** *v.intr.* **1**[*dangling object*] pandye, pann *The portrait hung on the wall.* Pòtrè a te pann sou mi an. *The balloons hung on a wire.* Blad yo pandye nan yon bout fil. **2**[*hover*] peze, plannen *The threat of dismissal hung over the workers.* Menas ranvwaye a te peze sou travayè yo. *A thick fog hung over the valley.* Yon gwo bwouya te plannen sou vale a. **3**[*person, criminal*] pandye, pann *You deserve to hang for that.* Ou merite pann pou sa. *They sentenced the criminal to hang for killing the woman.* Yo kondanen kriminèl la pou pann pou tiye madanm nan. •**hang around** *a*[*an area, etc.*] drive, mele *They've been hanging around in the street all morning.* Depi maten y ap drive nan lari a. *You shouldn't hang around impolite people, it will rub off on you.* Moun malelve se pa moun pou mele ak li, l a detenn sou ou. *b*[*in hopes of receiving food, money, etc.*] frite *Those guys hang around the airport because they think you'll give them money.* Nèg sa yo ap frite bò ayopò a paske yo kwè ou ap ba yo yon ti kòb. *c*[*mooch*] anba djòl *You hang around people trying to mooch.* Se anba djòl moun w ap viv. •**hang around with** mache ak *Don't hang around this man because he's dishonest.* Pa nan mache ak nèg sa a paske l pa onèt. •**hang in there** kenbe{men/pa lage}, mete kran *Hang in there, we can do it!* Kenbe men, nou ka fè li. *Hang in there!* Kenbe pa lage! *The job is almost done, hang in there!* Travay la prèske fini, mete kran! •**hang loose** pandyannen *Relax! You need to hang loose for a while.* Rilaks! Ou bezwen pandyannen yon ti kras. •**hang on** *a*[*wait*] tann *Hang on! I'll be right there.* Ret tann mwen! M ap vin konnye a. *b*[*persist*] bat lokobe, kenbe, kenbe men, pran dan *Let's hang on in order to develop the country.* Ann kenbe men pou n devlope peyi a. *Hang on, man, don't lose hope.* Kenbe, monchè, pa pèdi espwa. *Do you think that we will be able to hang on to this job?* Ou kwè n ap ka pran dan nan travay la? *If you hang on just a little more and there'll be a big reward.* Si ou ap bat lokobe yon ti kras ankò pral gen yon gwo rekonpans. •**hang on a nail** brakande *Hang that on the nail for me.* Brakande sa

nan klou a pou mwen. •**hang on s.o.'s every word** pann anba bouch yon moun *The children hang on every word the teachers utters.* Timoun yo toujou pann anba bouch mètrès la. •**hang o.s.** kwoke tèt li, pann tèt li *He hanged himself with the rope.* Li menm ki kwoke tèt li nan kòd la. *She said if they hassled her, she'd hang herself.* Li di si yo anmède li, l ap pann tèt li. •**hang on to** *a*[*keep hold of*] kenbe *Hang onto something so you don't fall.* Kenbe yon kote pou ou pa tonbe. *Hang on to your hat in this wind.* Kenbe kepi ou nan van sa a. *b*[*keep*] gade, kenbe *Hang on to the money for now.* Kenbe kòb la toujou. *Hang on to that question for later.* Gade keksyon sa a pou pi devan. •**hang onto one's position** kenbe tèt (ak) •**hang out** flannen, pandye *Since this morning that girl has been hanging out.* Depi maten fi sa a pandye la a. *Those kids just want to hang out at home.* Jenn sa yo, tout sa yo vle fè se flannen lakay la. •**hang out and chat with s.o.** makònen *Paul and I hung out and chatted with each other for a long time at the dance.* Mwen ak Pòl makònen nan bal la. •**hang out to dry** *a*[*laundry*] tann *Hang the laundry out to dry.* Tann rad la pou l seche. *b*[*fig. to leave s.o. to take the blame*] bay yon moun pote chay *After the party they all took off and hung me out to dry.* Apre fèt la yo tout kraze rak, epi yo ba m pote tout chay la mwen menm. •**hang out with people from the lowest class** gen san sal *He likes to hang out with people from the lowest class.* Li gen san sal. •**hang out with s.o.** nan sèk yon moun *Are you still hanging out with those girls?* Ou nan sèk fi sa yo toujou? •**hang up** *a*[*the phone*] rakwoche *Hang up the phone.* Rakwoche telefòn nan. *b*[*on s.o.*] fèmen, rakwoche *She hung up on me!* Li fèmen telefòn lan sou mwen! *c*[*an object, etc.*] jouke, kwoke *Hang up your jacket when you get home.* Kwoke djakèt ou lè ou rive lakay la. *Hang up the meat in the shed for me.* Jouke vyann nan nan ranga pou mwen. •**barely hang on** vejete *After the earthquake we're barely hanging on.* Apre goudougoudou se vejete n ap vejete. •**not hang out with** pa siye ak yon moun *I don't hang out with them anymore since they disrespected me.* M pa siye ak moun sa yo depi yo manke m dega.

hanger *n.* •**clothes hanger** sèso •**coat hanger** sèso

hanger-on *n.* restavèk, tchoul

hangman *n.* bouwo

hangout *n.* •**filthy hangout** chatchawony *Every night he goes out to his filthy hangout.* Chak swa li sòti al nan chatchawony li.

hangover *n.* malmakak •**with a hangover** an malmakak, an mal makak *I drank a lot last night, I woke up this morning with a hangover.* M bwè twòp yè swa, m leve maten an an mal makak.

hanky-panky *n.* **1**[*sexual affair, etc.*] tenten *I think there's some hanky-panky going on between the supervisor and his secretary.* M sispèk gen yon tenten ant sipèvizè a ak sekretè a. **2**[*sth. suspicious*] {bagay/ zafè} {louch/kwochi} *There are rumors of some political hanky-panky going on.* Gen tripotay ki di genyen zafè kwochi nan politik peyi a.

haphazard *adj.* vag, wachwach

haphazardly *adv.* alagouj, konsa, kousi kousa, vaykevay, wachi wacha *The leader distributed money haphazardly.* Chèf la simen lajan alagouy.

happen *v.intr.* **1**[*occur*] akonpli, an pasan, fèt, pase, rive *There are things that happen in life that no one can understand.* Gen dè bagay ki fèt nan lavi a, pèsonn pa ka konprann. *What happened to your car?* Sa k pase machin ou an? *I don't know how this happened.* M pa konn kouman sa fè rive. *Where did the accident happen?* Ki kote aksidan an fèt? *This place is a mess! What happened here?* Kote sa la se gran pagay! Kisa ki akonpli la a? *She happened to notice the book that she had been looking for for a long time.* An pasan konsa je l tonbe sou liv l ap chache dikdantan an. **2**[*result from an event, action, etc.*] goute, pase, rive *When I hit the brake, nothing happened.* Lè m peze fren, anyen pa rive. *What happened that we're no longer on good terms?* Sa k pase nou ki fè nou pa byen ankò? *Hitting people is not nice, today, did it happen to you?* Bat moun pa dous, jodi a, ou resi goute l? *What happened to you?* Sa k rive ou la a? •**happen to a**[*become of*] vin rive *Whatever happened to your car?* Sa ki vin rive machin ou a? **b**[*take place*] vin twouve *It happened that at the exact moment I appeared*

they mentioned my name. Vin twouve se gal m ap parèt lè y ap lonmen non m nan. •**happen unexpectedly or suddenly** pa gen klaksonn *Misfortune happens suddenly without warning.* Malè pa gen klaksonn. •**happen upon** banke {sou/ak}, bite sou *I was just out walking when I happened upon ten dollars just sitting there on the sidewalk.* M t ap flannen epi m bite sou dis dola k ap chita la sou twotwa. *We happened upon Jak in the marketplace today.* Nou banke sou Jak nan ti mache a jodi. •**anything can happen** kan ou pran ou konnen *Anything can happen in this country.* Se kan ou pran ou konnen nan peyi sa. •**it happens** (vin) rive *Don't worry about it, it happens to everyone.* Pa okipe ou, sa vin rive tout moun. •**it so happened that** setwouve *It so happened that Bouki was lost in the woods.* Setwouve Bouki pèdi nan bwa a. •**it so happens that** twouve, vwalatilpake *It so happens that he's the one who leaked the story.* Twouve se li menm ki di koze a. *It so happened that the thieves fled when they saw the police!* Vwalatilpake vòlè yo pran kouri lè yo wè lapolis! •**it sometimes happens** konn *It sometimes happens that some pieces of wood don't burn.* Konn gen kèk bout bwa ki pa fin boule. •**may happen** gendwa, konn *A misfortune might happen.* Malè konn rive. *It may happen that she doesn't come home tonight.* Li gendwa pa vin lakay la aswè a. •**what happened** ki mò ki touye lanperè *Although I told him my car was totaled, he didn't ask me what happened.* Kwak m di l machin mwen an kraze, li pa mande m ki mò ki touye lanperè? •**what's happening** ki nyouz *What's happening with you?* Ki nyouz ou?

happening *n.* evènman •**unfortunate event or happening** salmanaza, saltenbank

happenstance *n.* •**by happenstance** anpasan, pa aza

happiness *n.* bonè, jwa, kè kontan, kontantman

happy *adj.* **1**[*joyful, glad, content*] anchante, djougan, ere, erèz [*fem.*], ge, kontan *I'm happy to meet you.* M anchante fè konnesans ou. *He feels happy, his wife gave birth without incident.* Li santi l ere, madanm li akouche san pwoblèm. *This child is extremely happy.*

Ti pitit la gentan ge. *You're so happy, it seems you finally heard from your mother.* Jan ou djougan konsa la, sanble ou resi gen nouvèl manman ou. *When they arrived, their relatives were happy.* Lè yo rive, tout fanmi fi a byen kontan. **2**[*satisfied*] byennere, byennerèz [*fem.*], kontan, satilfè *We are all happy here.* Nou tout byennere isit la. *I'm not happy with the way things are going.* M pa kontan menm jan bagay yo ye a. *Some people are never happy with what they have.* Gen moun ki pa janm satilfè sa ak yo genyen. **3**[*willing*] fè plezi, kontan *I would be happy to lend you the money if I had it.* Si m te genyen, sa ta fè m plezi pou m prete ou kòb la. *She would be happy to come over and babysit.* Li ta kontan vin gade timoun yo. **4**[*as used in expressions*] bòn *Happy birthday!* Bòn fèt! *Happy New Year!* Bòn ane! *Happy Holidays!* Bòn fèt! •**be happy** kè li kontan, kontante, kontante li *Be happy with that.* Kontante ou de sa. *They are happy because they passed the exam.* Kè yo kontan anpil paske yo pase egzamen an. •**very happy** pantan *He was very happy to learn that he passed the exam.* Lè li aprann li te resi konpoze, li te pantan.

happy-go-lucky *adj.* manfouben *Look at this happy-go-lucky guy!* Komabo! gad kijan yon nonm manfouben. •**happy-go-lucky or unconcerned person** pouryanis

Happy New Year *prop.n.* Bòn ane

harass *v.tr.* anraje nan kò yon moun, {bat/fè/ lage/ rele} yon{chen/koukouwouj}dèyè yon moun, bay yon moun chenn, chivoke, djigonnen, fè lanavèt dèyè, fin wè mò nan kò yon moun, kenbe yon moun{cho/kout}, lage de gidon nan kò yon moun, leve nan kò yon moun, pèsekite, redi ke yon moun, sakaje, tizonnen, trakase *He's harassing me.* Li lage de gidon nan kò m. *Toto harasses Anna to get her to fall in love with him.* Toto fin anraje nan kò Ana pou l renmen ak li. *He thinks he can harass me to force me to talk.* Li konprann li ka ban m chenn pou l fè m pale. *Quit harassing the child like that, rather let him live in peace.* Ase chivoke pitit la konsa, manyè kite l viv anpè. *She's harassing me to return her money.* Li fin wè mò nan kò m pou renmèt li lajan l. *He keeps harassing the neighbor's daughter.* Misye pa

sispann fè lanavèt dèyè pitit vwazen nan. *You harass me too much.* Ou pèsekite m twòp. *The woman is constantly harassing her rival.* Fi a pa janm sispann rapousiv matlòt li a. *He didn't stop harassing the girl until she married him.* Misye pa sispann redi ke ti fi a dekwa pou l sa marye avè l. *She harassed me by calling me names.* Li trakase m nan plede ban m non. •**harass or annoy continuously** {rann/fè/kite}yon moun san souf *They harass me continuously asking me for money.* Yo rann mwen san souf nan mande m lajan. •**harass or grill with endless questioning** sentre *The police harassed the suspect with endless questioning until he confessed.* Polis la sentre sispèk la jis li fin depale. •**harass s.o.** chofe nan dèyè, sentre bas}yon moun, tache nan kò yon moun *He harasses the girl to get her to go steady with him.* Li chofe nan dèyè tifi a pou renmen ak li. *The government is harassing the opposition.* Gouvènman an ap sentre bas opozisyon an. *When I start harassing him, he will be obligated to pay me my money.* Depi m tache nan kò l la, l ap blije peye m lajan m. •**harass with questions** fouye *When he came home his wife harassed him with questions.* Lè li rive lakay la madanm li fouye l. •**sexually harass** anmède *This man has been sexually harassing the girl for a long time.* Nèg sa a gen lontan depi l ap anmède fi a.

harassment *n.* arasman, tizonnay, zigonnay •**sexual harassment** tizonnay seksyèl

harbinger *n.* •**be a harbinger of doom** met bouch kabrit li sou yon moun *Don't be a harbinger of doom so that no misfortune will befall me.* Pa met bouch kabrit ou a sou mwen pou malè pa rive m.

harbor[1] *n.* pò, pòtyè, rad, relach

harbor[2] *v.tr.* **1**[*criminals, etc.*] kache *They were harboring criminals in their house.* Yo t ap kache kriminèl lakay yo. **2**[*doubts, secrets*] kache, nouri *She was harboring a secret.* Li t ap kache yon segrè. *He was harboring doubts about the man's innocence.* Li t ap nouri dout kanta inonsans moun nan.

hard[1] *adj.* **1**[*firm, stiff, etc.*] di, rèd, zo kong *This bed is really hard.* Kabann sa a rèd anpil. *The rock was as hard as a conger eel's bone.* Wòch la te di kou zo kong. **2**[*not easy*] di,

difisil, kòryas, mal pou, michan, rèd, rentan *It's hard to get up early.* Li di pou leve bonè konsa. *It's hard to understand.* Li mal pou konprann. *The exam was hard.* Egzamen an te kòryas. *The teacher gave a hard exam.* Pwofesè a bay yon michan egzamen. *This is a hard job.* Travay sa a rentan. *He's always complaining about the work being too hard.* Li toujou ap plenyen di travay la twò rèd. **3**[*difficult to cope with*] di, difisil, penib *He's had a very hard life.* Li bat lavi di anpil. *This was a hard year for me.* Ane sa a te penib pou mwen menm. **4**[*advanced*] fò *They put her in a class that's too hard for her.* Yo mete l nan yon klas ki twò fò pou li. **5**[[*severe*] gen kè di, rèd, redi *Don't come to me with that hard look!* Pa vin bò kote m ak figi ou redi konsa! *That teacher is hard on his students.* Mèt sa a rèd ak elèv yo. *You're too hard on the kids.* Ou twò di ak timoun yo. *She's a hard woman.* Li se yon moun ki gen kè di. **6**[*forceful*] di, michan, vyolan *He took a real hard blow.* Li pran yon michan kou. *She took a hard fall.* Li chite di konsa. *He hit him hard in chin.* Li ba li yon kou vyolan nan manton. •**be hard** gen kòn *This work is hard, it seems I can't do it by myself.* Travay sa a gen kòn, gen lè mwen p ap ka fè l pou kò m. •**be hard on** [*i.e. to wear sth. out*] devore, ize, manje, minen *My kids are really hard on their shoes.* Timoun mwen yo, se devore yo devore soulye yo. *He's hard on clothes.* Se ize l ap ize rad anpil. •**be hard on s.o.** anfèje, minen *Life has been hard on us.* Lavi anfèje nou. *Lack of sleep like that is really hard on your health.* Pa dòmi konsa ap minen sante ou. •**have it hard** manje {lam/aransò/ kasav chèch/(po) mang/mayi/pen chèch} *He lost all his money playing the lottery, now he has it hard.* Misye pèdi tout kòb li nan bòlèt, kounye a l ap manje mang. •**it's very hard** se pens ak pikwa *It's very hard cleaning up after everyone.* Netwaye aprè tout moun konsa se pens ak pikwa. •**real hard** grenn *He gave him a real hard hit, and laid him out flat.* Li ba li yon sèl grenn kou e li blayi li atè.
hard[2] *adv.* **1**[*strongly, a lot*] fò *It's raining hard.* Lapli a fò anpil. *The wind is blowing hard.* Van an fò anpil. **2**[*strong, steady effort*] boule mal ak, di, fèmalaganach, rèdchèch, serye, seryèzman *We will fight hard until*

they respect our rights. N ap goumen fèmalaganach jis yo respekte dwa nou. *She works hard.* Manmzèl ap travay rèdchèch. *The team is training hard.* Ekip la ap antrene serye. *The students are studying hard.* Elèv yo ap etidye seryèzman. *He drives his employees hard.* Li boule mal ak anplwaye l. •**take sth. hard** bay tèt yon moun pwoblèm, boulvèse *Don't take it so hard!* Pa kite sa ba tèt ou pwoblèm! *She took the news really hard.* Nouvèl la boulvèse l serye.

hard-boiled *adj.* di

hard drive *n.* [*computer*] dis di

hard-hearted *adj.* kè di *He's a hard-hearted man, he doesn't care about other people's problems.* Misye se yon nonm kè di, pwoblèm lòt moun pa di l anyen.

hard-hitting *adj.* tennfas, venndegede

hard-nosed *adj.* bout di *That vendor is hard-nosed.* Machann sa a se yon bout di. •**hard-nosed person** boutfè

hard-of-hearing *adj.* •gen zòrèy di

hard-on *n.* bann, kòk rèd, pinokyo

hard-pressed *adj.* gen mal pou *I'll be hard-pressed to finish it before Saturday.* M ap gen mal pou m fini l anvan samdi.

hard-to-please *adj.* •**hard-to-please person** matadò sipèb

harden *v.tr.* **I** v.tr. andisi *Don't harden your heart.* Pa andisi kè ou. **II** *v.intr.* redi, vin di *The mortar has hardened.* Mòtye a vin di. *The way her face hardens, you can't ask her for anything.* Jan figi l redi a ou pa ka mande l anyen.

hardened *adj.* •**become hardened** vin di *After the bad experiences she had lending people money, she has now become hardened.* Apre move kou l fin pran nan prete moun lajan, li vin di kounye a.

hardening *n.* redisman

hardhat *n.* kas

hardheaded *adj.* [*stubborn*] reditil, tèt di, teti, tèt kòlòwòch *You're too hardheaded!* Ou gen tèt di twòp! *The way that kid is hardheaded, he'll have to learn the hard way.* Jan pitit sa a reditil, l ap dwè aprann pa esperyans. *That mule is hardheaded.* Mil sa a teti anpil.

hardly *adv.* **1**[*almost never*] prèske, raman *He's hardly eaten anything.* Li prèske pa manje menm. *Hardly anyone ever talks to* me here. Prèske pa gen moun ki pale avè m isi a. *She hardly passes by here.* Se raman l fè yon pase bò isit la. **2**[*only just*] annik, apenn, fèk *You've hardly started, and you're tired out already?* Ou fenk koumanse, epi ou gen tan bouke. *I hardly know the people in my neighborhood.* M apenn konn moun nan katye mwen an. *I could hardly swallow it, it was so bad.* Bagay la te sitèlman move, annik m te vale li. *I can hardly hear.* Apenn m ka tande. **3**[*not reasonably*] pa gen rezon *You can hardly blame me.* Ou pa gen rezon pou ou fache sou mwen.

hardness *n.* dite *The hardness of the wood.* Dite bwa a.

hardship *n.* grapiyay, ladoba, mizè, peripesi, traka, tray *It was with hardship that I succeeded in getting this small amount of food.* Se nan grapiyay mwen resi jwenn ti manje sa a. *The poor will never be finished with hardship.* Malere p ap janm fini ak peripesi. **hardships** *n.pl.* difikilte lavi, lavi di, tray *The hardships are overwhelming him.* Difikilte lavi a ap malmennen msye. •**be through hardships** pase pa l *He has been through many hardships in life.* Li pase pa l kont li nan lavi a. •**go through hardship** monte lakwa, pase pa l *I'm going through hardship to make ends meet.* Se lakwa m ap monte pou m avwa lavi. •**through hardship** nan lobop *It's through hardship that you get stronger.* Se nan lobop ou vin pi fò.

hardware *n.* kenkay

hardworking *adj.* laborye, laboryèz [*fem.*], souvren, travayan, travayè, travayèz [*fem.*], vanyan *She's a hardworking woman, you can hire her.* Se fanm ki laboryèz, ou mèt anplwaye l. *He's a very hardworking farmer.* Li yon bon peyizan travayè. *That hardworking artisan doesn't loaf about on the job.* Bòs vanyan sa pa mize ak travay.

hardy *adj.* **1**[*plant*] djanm *It's a hardy plant that can grow in almost anything.* Se yon plant ki djanm ki ka pouse preske nenpòt kote. **2**[*person*] madre, vanyan *He's hardy guy that won't give up.* Se yon nèg madre ki pa p janm lage. *She's a hardy woman. She never gets ill.* Se yon fanm vanyan sa a. Li pa janm malad.

hare *n.* lyèv

harelip *n.* anvi pye bèf, bouch fann

harm[1] *n.* mal, tò *If you take two pills it won't do you any harm.* Si ou bwè de grenn, li pa p fè ou mal. *It won't do you any harm to say hello to people.* Sa pa p fè ou tò di moun bonjou. *All who do harm to others are going to pay for it.* Tout moun k ap fè lòt mal ap peye sa. •**do more harm than good** fè plis mal ke byen *If you keep him from going out, it might do more harm than good.* Si ou anpeche l soti, sa ka fè plis mal ke byen.

harm[2] *v.tr.* fè yon moun{ditò/mal/mechanste}, nui, pase razwa anba pye, peze, sonbre *They did great harm to him.* Yo fè l yon gwo ditò. *Did she harm you when she hit you?* Li fè ou mal lè li frape ou? *He really harmed my business with that stunt.* Li nui biznis mwen anpil ak makakri sa la. *They tried to harm me but I avoided it.* Yo eseye pase razwa anba pye m, men m eskive li. *She waited for her to do her harm, but she went another way.* Li te tann pou peze sou fi a, men li pran yon lòt chemen. *They managed to harm him with several blows.* Yo degaje sonbre msye anba kout pwen. •**harm by slander** manyen, tripote *He really harmed you by slander if he said you're a slut.* Li tripote ou vre si l ka di ou se bouzen. •**harm by supernatural forces** manyen *Supernatural forces have seriously harmed him, he's really sick.* Yo manyen misye serye, li malad grav. •**harm o.s.** fè tèt li mal *The girl harmed herself when she left her parents' house.* Tifi a fè tèt li mal lè li kite lakay paran l. •**harm s.o.** fè malveyan ak, fè yon moun{dimal/ditò} *I wish that you wouldn't harm the child.* M ta swete ou pa fè malveyan ak timoun piti a. *She harms me a lot.* Li fè m anpil dimal. *They did great harm to him.* Yo fè l yon gwo ditò. •**harm s.o. because of jealousy** bay yon moun gwo pye *She did him harm because of jealousy toward his girlfriend.* Li bay msye a gwo pye poutèt li te jalou menaj li a. •**harm s.o. by casting a spell on him** nuizanse *The oungan has harmed her by casting a spell on her.* Oungan an k ap nwizanse li konsa. •**harm s.o. on purpose** bay yon moun gwo pye *She harmed him on purpose because she needed his job.* Li ba l gwo pye poutèt li bezwen plas travay li a.

harmful *adj.* malfezan *Smoking is harmful to your health.* Fimen se malfezan pou sante ou.

harmless *adj.* nosan, pa{mechan/move} *That dog is harmless.* Chen an pa move. *The guy looks mean but he's really harmless.* Nèg la parèt mechan, men se yon nosan vre li ye.

harmonica *n.* akòdeyon bouch, amonika

harmonious *adj.* amoni *The singers are harmonious.* Chantè yo gen amoni.

harmonium *n.* amonyòm

harmonize *v.tr.* **1**[*match*] amonize, asòti, mache *The painter harmonized the colors nicely in this painting.* Atis pent lan byen amonize koulè yo nan tablo sa a. *These colors don't harmonize well together.* Koulè sa yo pa byen asòti. *Your tie doesn't harmonize with your shirt.* Kòl ou pa mache ak chimiz ou. **2**[*mus.*] mikse *The music isn't harmonized very well.* Mizik la pa byen mikse. •**harmonize with** amonize li, mache ak *Your lifestyle doesn't harmonize with your beliefs.* Jan ou ap viv la pa amonize li avèk sa ou kwè.

harmony *n.* amoni, lakonkòd, rapò *They live in harmony.* Yo viv ann amoni. *The music has harmony.* Mizik la gen amoni. *There's harmony between them.* Gen lakonkòd antre yo. *As long as there is harmony between them, they're not hiding anything from each other.* Tank yo gen rapò antre yo, youn pa kache lòt anyen. •**be in complete harmony** krache nan (bo)djòl yon moun *The deputy is in complete harmony with the chief financial officer.* Depite a krache nan djòl direktè finans lan. •**be in harmony with** amonize li *If we are in harmony with each other, anything is possible.* Si n amonize n, tout bagay posib. •**close harmony** [*mus.*] tyès *They sang in close harmony.* Yo chante nan tyès. •**in harmony with** kòdjòm ak *That isn't in harmony with the agreement we had.* Sa pa kòdjòm ak akò nou te genyen.

harness[1] *n.* annacheman, ekipay, ekipman *Bring me the harness so that I can get on the horse.* Pote ekipman yo pou m sele chwal la. •**general harness for donkey** estriman •**sisal head harness** tetyè •**sisal ring for head harness** viwòl

harness[2] *v.tr.* **1**[*horse, donkey, etc.*] annache, sele bride *Be sure to harness the horse for me before you go.* Se pou ou sele bride cheval la anvan ou ale. **2**[*to a wagon, etc.*] makònen *He harnessed the ox to the cart.* Li makònen towo

a a tonbwo a. **3**[*power, ideas, etc.*] amenaje *They harnessed the water to make power.* Yo amenaje dlo a pou fè kouran. *He harnessed the ideas of all the employees to come up with a solution.* Li amenaje tout lide anplwaye li yo pou li jwenn yon solisyon.

harnessed *adj.* annache, sele bride *The mule is well harnessed.* Milèt la byen anache. *Are you sure the horse is fully harnessed?* Ou si chwal la byen sele bride?

harp[1] *n.* hap

harp on *v.intr.* chante, pale yon sèl pawòl *He's always harping on the same thing.* Tout tan se yon sèl pawòl la l ap pale. *That's what she has been harping on since yesterday.* Se sa l ap chante depi yè.

harpoon[1] *n.* apon

harpoon[2] *v.tr.* aponen *The fisherman harpooned the fish in its side.* Pechè a aponen pwason an nan flan.

harpsichord *n.* klavsen

harrow *n.* ès

harrowing *adj.* angwasan

harsh *adj.* **1**[*cruel, severe*] di, estrik, mabyal, malouk, gwonèg.pa nan grenn, pwentiye, sinik *This is a harsh punishment.* Pinisyon sa a di. *The situation is harsh.* Sitiyasyon an mabyal. *She is very harsh with her students.* Li estrik anpil avèk elèv li yo. *This guy is very harsh; he doesn't know how to approach people.* Nèg sa la malouk anpil; li pa konn adrese moun. *The boss is very harsh with his employees.* Patwon an pa nan grenn ak anplwaye li yo. *She's very harsh; she won't ask twice.* Danm sa la pwentiye; li pa preche de fwa. *The teacher is very harsh.* Pwofesè a sinik anpil. *The government had to take harsh measures to stabilize the economy.* Gouvèlman an te bezwen pran yon seri mezi gwonèg pou estabilize ekonomi an. **2**[*unpleasant to the senses*] di, malouk, rèd, wòk *The light is too harsh for my eyes.* Limyè a twò rèd pou je m. *His voice is harsh.* Vwa li wòk. *The conditions outside are very harsh.* Tan an deyò malouk anpil.

harshly *adv.* men defè, rèd, sevè *This teacher punishes the pupils harshly.* Mèt sa a pini elèv rèd. *The principal talked harshly to the unruly students.* Direktè lekòl la pale sevè ak elèv dezòd yo.

harshness *n.* bosalite, severite

harvest[1] *n.* **1**[*gen.*] donezon, kouyezon, lamwason, rekòt *It's harvest time.* Se sezon rekòt. *This year, we're going to have two mango harvests.* Ane sa a, n ap gen de donezon mango. **2**[*corn*] kase **3**[*millet*] keyi **4**[*sugar cane*] koupe •**harvest time** sezon

harvest[2] *v.tr.* **1**[*a crop, etc.*] keyi, rekòlte *This year everyone harvested a lot of millet.* Ane sa a tout moun rekòlte anpil pitimi. **2**[*by breaking or cutting off*] kase *They harvested the sugarcane.* Yo kase kann nan. *The corn is ready to harvest.* Mayi a bon pou kase. **3**[*pick*] degrape, keyi *He harvested the bananas yesterday.* Li degrape bannann yo yè. *They're harvesting coconuts today.* Y a degrape kokoye jodiya. *They harvested a lot of tomatoes.* Yo keyi anpil tomat. **4**[*by digging*] fouye *Let's go harvest a few sweet potatoes in the garden.* Ann al fouye de twa patat nan jaden an.

harvesting *n.* kèy •**sugarcane harvesting 1**[*gen.*] woulezon **2**[*in Dominican Republic*] lasaf

HASCO *prop.n.* [*Haitian-American Sugar Company*] ASKO

hashish *n.* achich

hassle *n.* tèt chaje

hassle *v.tr.* chaje tèt yon moun *Stop hassling me so I can get this done.* Sispann chaje tèt mwen pou m ka fin fè sa.

haste *n.* dilijans, hat, presipitasyon, vitès •**in haste** alavòl *It's not well done, because he did it in haste.* Li pa byen fèt paske li fè sa alavòl. •**make all possible haste** fè dilijans *Make all possible haste to get here before your father dies.* Fè tout dilijans pou ou vini anvan papa ou mouri.

hasten *v.tr.* depeche li *You'd better hasten to eat or you'll be late.* Se pou ou depeche ou manje osnon ou ap an reta.

hastily *adv.* ak presipitasyon, alahat, alavavit, brid sou kou *He ate hastily.* Li manje alahat. *She got dressed hastily.* Li abiye alavavit. *He acted hastily.* Li aji ak presipitasyon.

hasty *adj.* bris *Think about it first so that you don't make a decision that's too hasty.* Reflechi anvan pou pa pran yon desizyon ki twò bris.

hat *n.* chapo •**beaver hat** kastò •**derby hat** konma •**large straw hat** panama •**opera hat** chapo klak, jibis •**panama hat** panama •**put on a hat** kwafe li *Put on a hat, you can't go out with an uncovered head like that.* Al kwafe ou, ou pa ka soti ak tèt ou lib konsa. •**take off a hat** dekwafe li *When you enter a place, you must take off your hat.* Lè ou antre yon kote, fò ou dekwafe ou. •**take one's hat off to s.o.** [*ironic*] bay{brevè/legen} *This man is such a smooth operator, I take my hat off to him.* Nèg sa a tèlman mètdam, m ba l brevè. •**top hat** jibis, konma, otfòm •**very thin straw hat** chapo kasav •**hats off** [*admiration*] atchatba, ba yon moun legen, orespe *Hats off to you for meeting this difficult challenge!* Ou resi mare baka sa a. –Atchatba!

hatch *v.tr.* kale *The chicken hatched all her eggs.* Poul la kale tout ze yo. •**hatch a plot** mare yon lalo *A plot was hatched in order to kill us.* Lalo mare pou yo razibis nou.

hatchet *n.* rach, rachèt •**small hatchet** rachòt

hate[1] *n.* lahèn, rayisans, rayisman

hate[2] *v.tr.* **1**[*dislike sth. strongly*] pa renmen, rayi *I hate working here!* M rayi travay isi a! *I hate to be late.* M pa renmen an reta. *She hates everything I do.* Li pa renmen anyen m fè. **2**[*dislike s.o.*] gwòs, pa{ka/vle}wè, rayi *Fifi really hates Jack because he left her with no reason.* Fifi gwòs Jak poutèt li kite l san rezon. *I hate that guy, he lies too much.* M pa vle wè nèg sa a, li bay manti twòp. *They hate each other.* Youn rayi lòt. •**hate s.o.** gwòs *Fifi really hates Jack because he left her with no reason.* Fifi gwòs Jak poutèt li kite l san rezon. •**hate sth.** pa zanmi ak *I really hate tomatoes.* M pa zanmi ak tomat menm.

hateful *adj.* detestab, rayisab

hatred *n.* lahèn, rayisans, rayisman

haughtily *adv.* angranman *The judge made a statement haughtily.* Jij la fè yon deklarasyon angranman.

haughtiness *n.* pedan, pretansyon

haughty *adj.* angran, anlè, anpil, dikdògòdò, {gran/ gwo}kòlèt, jekwa, monte kòlèt li, ògèye, ostre, pedan, pretansye, radi, sekwa *How haughty those people are, they think they're hot stuff.* Ala kot moun ògeye papa, yo kwè se yon afè yo. *He's haughty, he does not talk to people anymore.* Li anlè, li pa pale ak moun ankò. *There's no one as haughty as he, he talks to people as he sees fit.* Pa gen nèg ostre kon li, li pale ak moun jan l vle. *What a haughty individual! Ala kot nèg pedan! I don't know why she has to be so haughty with everyone like that.* M pa konn pouki rezon li bezwen monte kòlèt li konsa ak tout moun.

haul *v.tr.* bwote, rale *I'm the one who had to haul all of their stuff to the new house.* Se mwen menm ki te bezwen bwote tout afè yo nan nouvo kay la. *Haul that box over here, please.* Tanpri, rale bwèt sa la isit. •**haul in** [*sails*] kage *They hauled in the sail to set its direction.* Yo kage vwal la pou ba l direksyon. •**haul up** ise *They hauled the bull up into the truck.* Yo ise bèf la nan kamyon an.

hauler *n.* [*person*] chajè

haunt¹ *n.* [*hangout (pej.)*] chatchawony

haunt² *v.tr.* [*mind*] dominen *The problem really haunts me.* Pwoblèm nan domine m anpil.

haunted *adj.* ante *They say this house is haunted.* Yo di kay sa a ante.

have I *v. aux.* 1[*past tense*] gentan, fin, t/te *I've forgotten his name.* M bliye non l. *I have done what you asked.* M fin fè sa ou te mande m fè. *I have already eaten.* M gentan manje. 2[*pluperfect*] —, t, te *He hadn't done anything wrong.* Li pa t fè anyen mal. *She hadn't seen them since she was a child.* Li pa t wè yo depi li te timoun. 3[*future anterior*] gen tan *He will have finished before we get home.* L ap gen tan fini anvan n rive lakay. 4[*conditional*] te, ta *If I had known you didn't have a car, I would have sent someone to pick you up.* Si m te konnen ou pa t gen machin, m ta voye chache ou. *It would have been wrong for you to do that.* Ou pa t ap gen rezon, si ou te fè sa. **II** *v.mod.* [*have + inf.,* =*must*] dwe, fo, fòk, oblije *We have to leave now.* Fò n ale konnye a. *You don't have to go if you don't want to.* Ou pa oblije ale, si ou pa vle. *I'll have to redo it.* M ap oblije refè l. *You have to see this movie!* Ou dwè wè fim sa a! **III** *v.tr.* 1[*own, possess*] gen(yen) *I have a car at my disposal.* M gen yon machin nan dispozisyon mwen. *I have three houses in Haiti.* M gen twa kay Ayiti. *How much money do you have?* Konbe kòb ou genyen? 2[*be in control of, possess*] gen *You have a lot of patience.* Ou gen anpil pasyans. *I won't have time.* M pa p gen tan. *You have a good memory.* Ou gen bonjan souvni. *You have big

feet.* Ou gen gwo pye. *You have a lot of luck.* Ou gen anpil chans. 3[*cause s.o. to do sth.*] fè *I'll have her bring it to you.* M ap fè l pote l ba ou. *I'll have the maid do it.* M a fè bòn lan fè l. 4[*cause to be in a state, condition, etc.*] fè, vin *You had me scared when you ran the red light.* Ou fè m pè lè ou pase sou limyè wouj la. *He had a fit when he saw me with his girlfriend.* Li vin anraje lè li wè m ak menaj li. 5[*consume (eat, drink, take, smoke)*] bwè, fimen, gen, manje, pran *I had two bananas this morning.* M te gen de grenn fig maten an. *He has a cigarette after every meal.* Li fimen aprè chak repa. *We're having dinner right now.* N ap manje konnye a. *Won't you have some coffee?* Ou p ap pran yon ti kafe? *I only had two beers.* M bwè renk de byè. 6[*spend*] pase *What kind of day did you have?* Kijan jounen an pase? *Have a nice day.* Pase yon bon jounen. 7[*receive, obtain, get*] resevwa *Have you had any news of him?* Ou resevwa nouvèl li? *We had people coming and going all day.* Nou resevwa moun k ap vini ale toutlasentjounen. 8[*hold, catch*] kenbe, pran *The dog had me by the ankle.* Chen an kenbe m nan pye. *You had me by the hair.* Ou pran mwen pa cheve m. 9[*give birth to*] akouche, fè *She just had a baby.* Li fenk akouche. *She had three children with that man.* Li fè twa pitit pou msye a. •**have at it** degaje li, demele li, eseye *I can't eat another bite. You can have at it.* M pa ka manje yon lòt ti moso. Ou mèt degaje ou. •**have been had** anba kòd, boukante kòn pou zago *The guys have been had, the woman stole all their belongings and then left.* Nèg yo anba kòd, fi a sove avèk tout byen yo. *You sold your car for next to nothing! You've been had, man!* Ou vann machin ou pou ti kras lajan konsa! Ou boukante kòn pou zago mouche! •**have got s.o. there** [*be perplexed*] pa fouti {di/konnen} *You've got me there!* M pa fouti di ou. •**have had it** *a*[*be fed up with, tired of*] bouke ak, fin ak yon bagay, lave men li nan yon bagay *I've had it with this job!* M fin ak travay sa a! *I've had it with all your complaints!* M bouke ak bann plenyen ou yo! *I've had it with this car!* M lave men mwen nan machin sa a! *b*[*be ruined, useless*] fini *This umbrella has had it!* Parapli sa a fini! •**have in** wè *The doctor will have you in at two this afternoon.* Doktè a pral wè ou a dezè nan apremidi a. •**have it in for** gen yon dan kont yon moun *She has it in for me.* Li gen yon dan kont mwen. *I don't know why you have it in for her like that.* M pa konprann poukisa ou gen yon dan kont li konsa. •**have it out** {fè/leve} kont, fè yon monte a de *I'm not afraid of you, we can have it out if you want.* M pa pè ou non, nou ka fè yon monte a de wi si ou vle. *I don't know what it's all about but she just had it out with me.* M pa konn pou ki rezon men li sot leve kont avè m. •**have just** [*done sth.*] fèk, sòt *They have just bought his car.* Yo fèk achte machin li an. *She has just told her mother what happened.* Li sot di manman l sa k pase a. •**have more than** [*age, time*] gen...pase *He must have more than thirty years on the job.* Fòk li gen plis pase trant ane nan travay sa la. •**have on** [*clothing*] mete, pote *Did you see what he has on?* Ou wè sa l ap pòte a? •**have over** [*invite*] resevwa *We're having the Valcin's over on Monday evening.* N ap resevwa fanmi Valcin lendi swa. •**have s.o. do sth.** fè yon moun fè *I'm going to have Jack fix the door.* M ap fè Jak ranje pòt la. •**have sth. against** gen yon bagay kont *Do you have anything against my giving her the job?* Ou gen yon bagay kont mwen ba li travay la? •**have sth. do sth.** fè *I'm going to have the car bring them here.* M ap fè machin nan mennen yo isit. •**have sth. done** bay fè *She had the food made for you.* Li te bay fè manje a pou ou. •**have sth. on** *a*[*be carrying*] genyen yon bagay sou *Do you have any money on you?* Ou gen kòb sou ou? *b*[*be wearing*] genyen sou, mete, pote *He didn't have a stitch on.* Li pa t gen anyen sou li menm. *She had a wonderful dress on for the party.* Li te mete yon bèl wòb pou fèt la. *c*[*have sth. to do*] genyen{pou/ sou orè} *If you don't have anything on for this evening, let's go to a movie.* Si ou pa gen anyen pou aswè a, an n al sinema. *d*[*know sth. compromising about*] genyen...{kont/ sou} *They don't have anything on me.* Yo pa gen anyen sou mwen. *e*[*the stove, cooking, etc.*] gen sou{fe/recho} *I have soup on right now.* M gen soup sou recho a konnye la. •**have sth. out** fè{rache/retire/wete} *I'm going to have a tooth out.* M pral fè rache yon dan. •**have sth. temporarily** marye ak *I only have the car temporarily.* M pa marye ak machin nan non. •**have sth. to do with s.o.** nan{matlotay/ radòt}ak *I don't want to have anything to do with criminals.* Mwen pa vle nan matlotay ak okenn kriminèl. *If you have anything to do with this woman, you'll get in trouble.* Si ou nan radòt ak fi sa a, ou ap tonbe nan pwoblèm. •**have sth. to do with** koresponn, nan radòt ak *What you're telling me doesn't have anything to do with what I'm telling you.* Sa ou di m nan pa koresponn avèk sa m di ou a. •**have to** dwe, fòk, gen pou, genyen pou, (o)blije, pou, se pou, teni *She had to get up early.* Li oblije leve bonè. *I was forced to sell my little piece of land.* M blije vann ti moso tè m nan. *You have to work to eat.* Fòk ou travay pou manje. *I have to work later.* M gen pou mwen travay pita. *You have to give me some of your food.* Ou gen pou ban m nan manje ou a. *You have to help us.* Se pou ou ede nou. *You have to do your work well to be paid.* Se pou byen fè travay ou pou touche. •**won't have** pa sipòte, pa sitire *I won't have you disrespect me like that.* M pa p sipòte ou manke m dega konsa non. *I won't have that kind of behavior.* M pa sitire konpòtman konsa non. •**would have** ta vle *What would you have me do?* Kisa ou ta vle m fè? *I would have you know that I'm innocent.* M ta vle ou konnen m pa koupab.

haven *n.* rechap, refij, relach

havoc *n.* dega, ravaj

hawk *n.* malfini •**chicken hawk** malfini •**fish hawk** malfini lanmè •**Hispaniolan sharp-skinned hawk** malfini mouche •**Hispaniolan sparrow hawk** grigri fran, lanèt •**marsh hawk** gwo malfini savann •**pigeon hawk** grigri (moutany) •**Ridgeway's hawk** ti malfini savann, vèmouchèt •**sparrow hawk** grigri, grijyou •**West Indian red-tailed hawk** malfini ke

hawker *n.* kòlpòtè, machann lari

hay *n.* fwen, pay, zèb chèch

hayfork *n.* fouch

hayseed (hick) *n.* [*clod, oaf, etc.*] awouya, kongo, po je rèd, pojerèd

haywire *adj.* tèt anba *Everything has gone haywire!* Tout bagay tèt anba!

hazard *n.* aza, chans, risk

haze *n.* ti bwouya

hazardous *adj.* danje, danjere *Smoking is hazardous to your health.* Fimen se danje pou lasante ou.

hazel *adj.* mawon klè

hazelnut *n.* nwazèt

hazing *n.* [*new student, club, etc.*] brimad *The new employees have gone through a lot of hazing.* Nouvo anplwaye yo pran anpil brimad.

he *pro.* l, li, mesye, nèg, sila

he-man *n.* moun antye

head[1] *n.* 1[*anat.*] kabès [*fam.*], {kabòch/ kabòs/kalbas/ kòkòwòs}(tèt) [*fam.*], tèt 2[*mind, brain, = intelligence*] lespri, sèvèl, sèvo, tèt *She has a good head for business.* Li gen bon tèt pou biznis. *He has a good head on his shoulders.* Li gen anpil lespri, wi. *Her head is all mush.* Li gen sèvèl akasan. *That never entered my head.* Sa pa janm antre nan sèvo mwen. 3[*composure*] jekwazandye *That girl is making you lose your head.* Fi sa a ap fè ou pèdi jekwazandye ou.. 4[*s.o. in control*] ankadrè, chèf, direksyon, direktè, tèt *She's head of the division.* Se li ki ankadrè depatman sa a. *You're the head of the family now.* Se ou k tèt fanmi an konnye a. *He's the head of the army.* Se li menm ki chèf lame. *The head of the school.* Direksyon lekòl la. 5[*front*] devan, tèt *I saw her at the head of the procession.* M wè l nan tèt posesyon an. *I want you to sit at the head of the classroom so you can see.* M vle ou chita douvan pou ou ka wè byen. 6[*counting*] tèt *He has twenty head of oxen.* Li gen ven tèt bèf. 7[*of bed, etc.*] tèt *Put it at the head of the bed.* Mete l nan tèt kabann lan. 8[*nail, pin, hammer, etc.*] tèt *Hit the nail on the head with the hammer.* Frape mato a sou tèt klou a. 9[*vegetables, etc.*] tèt *Buy me a head of cabbage.* Achte yon tèt chou pou mwen. 10[*of stairs*] anlè *She's standing at the head of the stairs.* Li kanpe anlè eskalye a. **heads** *n.pl.* [*side of a coin*] tonton *Heads! You lose!* Tonton! Ou pèdi •**head with very little hair** tèt kale •**heads or tails** [*on a coin*] palmis osnon Tonton Nò! •**at the head of** alatèt, an tèt *My team is at the head of the league.* Ekip mwen an tèt lig la. •**at the head of one's game** nan tèt jwèt li *Look at him.*

He's at the head of his game. Gade jan li nan tèt jwèt li a. •**bald head** tèt kale bobis, tèt nòb •**big head on small body** tèt {bika/lòbiz/ san kò} •**clean-shaved head** tèt kale bobis •**from head to{foot/toe}** delatètpye *Ants attacked him from head to foot.* Fwomi mòde l delatètpye. •**get sth. into s.o.'s head** fè yon bagay antre nan kabès yon moun *He's here to work, get this in his head.* Li la a pou li travay, fè sa antre nan kabès li. •**go out of one's head** nanm li soti sou li *He pestered her until she went out of her head.* Li anmède fi a jis nanm li sòti sou li. •**one's head is miles away** pa nan moun isit *Even if you see him sitting there, his head is miles away.* Menm si ou wè l chita la a, li pa nan moun isit. •**over the head of** sou tèt *What you said went right over his head.* Sa ou di la a pase sou tèt li nèt. •**peanut-shaped head** tèt kolokent •**right in the head** pa{drèt/yès} *He's not right in the head.* Tèt li pa drèt. •**small head** tèt chèch •**ungainly or unusual head** [*large, with sparse hair, misshapen, etc.*] tèt kokolo •**unusually large head** tèt kalbas •**with a shaven head** [*rooster; N. bald person*] pela

head[2] **I** *v.tr.* 1[*in charge, lead*] anchaje, ankadre, dirije, nan tèt *The principal heads the school.* Se direktè a ki anchaje lekòl. *A priest heads the youth group.* Se monpè a ki ankadre gwoup jenn yo. *A former pop star is heading the government.* Yon ansyen vedèt konpa a ap dirije gouvèlman an. *She heads our research department.* Se li menm ki nan tèt depatman rechach. 2[*direct*] dirije *They headed the boat towards Florida.* Yo dirije vwalye a bòkote Laflorid la. 3[*direct a soccer ball with the head*] {tire/fè}tèt *The defender headed the ball.* Defansè a fè tèt la. *This defender is really good at heading the ball.* Defansè sa a konn tire tèt byen. **II** *v.intr.* [*move in the direction of*] fè wout, kannale, pase remonte, pral, prale, se pou *Where are you heading?* Kote ou pral la a? *I'm heading for town.* M ap kannale pou lavil la. *That kid is heading into the street.* Ti tonton an ap pase remonte nan lari a. *I saw her head in the direction of Port-au-Prince.* M wè l fè wout Pòtoprens. *This shipment is headed for Haiti.* Chajman sa a se pou Ayiti li ye. •**head back in the opposite direction** kase tèt tounen *When he saw it* *was going to rain, he headed back to get his umbrella.* Lè li wè tan an ap mare, li kase tèt tounen chache parapli li. •**head for** chavire *After church we will head for Anita's house.* Apre nou sot legliz, n ap chavire lakay Anita. •**head off in the wrong direction** file yon move{fil/koton/pant} *The police heard the uproar, but they headed off in the wrong direction.* Polis la tande kabouyay a men yo file yon move pant. *I told her she's heading the wrong direction with that guy.* M di li l ap file yon move koton ak nèg sa la. •**head toward** kannale, kase chavire, {mete/bay}tèt pou, {mete/fè}kap sou *We're heading toward Cap-Haitian.* N ap kannale pou Okap. *The driver headed toward a different neighborhood.* Chofè a kase chavire pou yon lòt zòn. *He headed downtown.* Li bay tèt pou lavil. *The driver headed toward Les Cayes.* Chofè a mete tèt li pou Okay. *The car is heading toward the road to the south.* Machin nan men mete kap sou wout sid. •**be heading for a fall** anfoudwaye tèt li *She had better watch out with that guy. She's heading for a fall.* Fòk li fè atansyon ak nèg sa a. L ap anfoudwaye tèt li.

head-butt *n.* [*soccer*] kout tèt

head-cushion *n.* twòkèt

headache *n.* 1[*pain in the head*], maltèt, modtèt, van nan {tèt/zòrèy} *I have a headache.* M gen yon modtèt. 2[*difficult, worrisome problem*] maltèt, modtèt, tèt {chaje/fèmal} *Watching those kids is a big headache.* Gade timoun sa yo se tèt fèmal. *Paying tuition every month is a real headache.* Peye lekòl chak mwa se tèt chaje. •**bad headache** migrèn •**give a headache** bay yon moun gwo tèt *This situation gives me a headache.* Sitiyasyon sa a ban m gwo tèt. •**splitting headache** migrenn

headband *n.* bando, bann, tiyon •**headband tied under the chin** bann machwè •**woman's headband** sèk

headboard *n.* tèt kabann

header *n.* [*soccer*] tèt

headfirst *adv.* tèt anba *She fell headfirst into the well.* Li tonbe tèt anba nan pi a. *Put the bottles down headfirst so that they drain.* Mete boutèy yo tèt anba pou yo degoute.

heading *n.* antèt, ribrik, tit •**main heading** [*newspaper, etc.*] gwo kozman

headlight *n.* [*of a car*] lanp oto, limyè devan, limyè

headline *n.* [*newspaper*] antèt •**in headlines** an grann manchèt *The Prime Minister's resignation was published in the newspaper's headlines.* Demisyon premye minis la parèt an grann manchèt nan jounal la.

headman *n.* chèf

headphones *n.pl.* ekoutè, kòne

headquarters *n.pl. inv.* katye jeneral •**military headquarters** kazèn

headrest *n.* [*in a dentist's chair, etc.*] kousen tèt, tèt chèz

headsail *n.* fòk

headscarf *n.* mouchwa tèt

headset *n.* kòne

headstall and bit *n.* [*of a bridle*] monti

headstand *n.* •**do a headstand** plake

headstart *n.* bay yon moun gabèl *I'll give you a headstart.* M ap ba ou gabèl.

headstrong *adj.* enkoutab, enkredil, teti, volontè *That kid is really headstrong. He won't listen to anyone.* Timoun sa la enkoutab. Li pa tande menm. *The girl is headstrong. She set in her ways.* Ti fi a enkredil anpil. Ala yon fi manyak. *That mule is headstrong. He won't budge.* Mil sa a teti. Li pa p bouje menm. *That girl is really headstrong. You tell her no, she says yes.* Ala tifi volontè papa. Ou di li non, li ki di ou wi.

headway *n.* •**make headway** vale teren *She pressed the accelerator in order to make headway before nightfall.* Li peze akseleratè a pou li vale teren anvan lannuit tonbe. •**making headway with** [*work*] lwen{ak/nan} *I'm making headway with the work.* Mwen lwen ak travay la.

headwind *n.* van kontrè

headword *n.* mo vedèt

heal *v.tr.* 1[*become healthy again*] geri, refè *It'll take a while for him to heal.* L ap pran yon ti tan pou l refè. *If you don't put medicine on it, it won't heal.* Si ou pa met remèd sou li, li pa p geri. 2[*make healthy again*] geri, refè *If you don't dress the wound, it won't heal.* Si ou pa panse maleng lan, li p ap geri. •**have the power to heal supernatural diseases** [*Vodou*] soti anba dlo *Since the ritual she has the power to heal all supernatural diseases.* Depi fi sa a soti anba dlo a, li gen pouvwa trete tout maladi sinatirèl.

healed *adj.* gaya *I was very sick, now I'm healed.* M te malad anpil, men kounye a m gaya.

healer *n.* •**folk healer** dòktè fèy •**Vodou healer** oungan

healing *n.* gerizon

health *n.* lasante, sante •**health care** swenyay •**in declining health** ansibreka *She's in declining health but she's pretty near ninety.* Li ansibreka men l ap pwoche katreven dizan. •**in good health** an sante *The child is in good health.* Pitit la an sante. •**in ill health** enkonvalesan *He's in ill health.* Li enkonvalesan.

healthy *adj.* anfòm, an sante, byen{kanpe/pwòp}, byenpòtan, gaya, sen, vanyan *I feel healthy.* M santi m anfòm. *She was ill but now she's healthy.* Li te malad men kounye a li byen. *He was a healthy person and all of a sudden he became sick.* Se yon moun ki te byenpòtan epi toudenkou li tonbe malad. *A healthy guy like me, I never get sick.* Nèg gaya tankou m, m pa janm malad. *I believe pork is a meat that is healthy.* M kwè vyann kochon se vyann ki sen. *The doctor told me that I'm healthy now.* Dòk la di m mwen vanyan atò.

heap[1] *n.* bakoko, pil, tim, tonbola, tonm, yon kantite *A heap of clothes for laundry.* Yon bakoko rad lesiv. *The guy has a heap of money.* Nèg la gen yon tonbola lajan. *It will take a lot to wash a heap of clothes like that.* Sa ap pran anpil kouray pou lave yon tonm rad konsa. •**heap of** yon kantite *That's a heap of rice you have there.* Sa se yon kantite diri ou genyen la.

heap[2] *v.tr.* konble, plen *He heaped food on his plate.* Li plen asyèt li ak manje. •**heap abuse/insults on s.o.** zam nan kò yon moun *I don't know what her problem is that she's heaping abuse on you like that.* M pa konn ki pwoblèm li pou li zam nan kò ou konsa. •**heap up** fè pil *The garbage is heaping up in the street.* Fatra a ap fè pil nan lari a.

heaping *adj.* byen plen *She gave him a heaping spoonful.* Li ba l yon kiyè byen plen.

hear I *v.tr.* **1**[*perceive*] tande *I heard a noise outside.* M tande yon bri deyò a. *He heard everything we said.* Li tande tou sa n di. **2**[*learn*] aprann, tande *When my mother hears the news, she'll be so happy.* Lè manman m tande nouvèl la, l ap kontan. *I heard that*

you're getting married. M aprann nou fyanse. **3**[*listen to*] koute, tande *God always hears your prayers.* Bondye toujou koute priyè ou. *The court is hearing the case now.* Lakou a ap tande kòz la kounyea. **4**[*obey*]gen koutan *Of all my girls, she's the only one who hears me.* Nan pami tout fi mwen yo, se li sèl ki gen koutan II *v.intr.* **1**[*perceive*] tande *She can't hear very well.* Li tande di. **2**[*receive news*] {aprann/pran/resevwa/tande} nouvèl *Have you heard from your daughter?* Ou tande nouvèl pitit ou? •**hear about** tande, tande pale *I heard the new film is supposed to be good.* M tande pale de nouvo fim nan ki jan l bon. •**hear again** retande *And then we heard again a woman's voice.* Epi nou retande yon vwa fanm. •**hear from s.o.** {tande/pran} nouvèl •**hear news** {tande/pran} nouvèl *Turn the radio on so we can hear the news.* Limen radyo a pou n ka tande nouvèl la. •**hear of** {aprann/tande/pran}nouvèl *I've never heard of anyone with that name.* M pa janm tande yon moun ki rele konsa. •**hear talk** tande pale *I heard talk that you're getting married.* M tande pale ou pral marye. •**hear that** pran son *I heard it that you're leaving town.* M pran son ou ap kite lavil la. •**you could hear a pin drop** mouch pa vole, plim pa gouye *Everybody was silent, you could hear a pin drop.* Tout moun rete an silans, mouch pa vole. *Here you can't hear a pin drop.* Bò isi a, plim pa gouye.

hearing *n.* **1**[*sense of*] tande, tannman **2**[*meeting, proceeding, etc.*] chita tande *The opposition asked the government for a hearing in order to bring the political crisis to an end.* Opozisyon an mande gouvènman an yon chita tande pou fini ak kriz politik la. •**hearing aid** aparèy akoustik •**hearing impairment** tannman di •**be hard of hearing** tande di *Speak louder, he's hard of hearing.* Pale pi fò, li tande di. •**court hearing** odyans

hearsay *n.* voye monte *Everything you're saying is hearsay because you have no proof.* Tout sa ou ap di yo la se voye monte paske ou pa gen prèv.

hearse *n.* kòbiya

heart *n.* **1**[*anat.*] kè *His heart is weak.* Li gen feblès nan kè. **2**[*seat of feelings, emotions*] kè, kouray, lestonmak, nannan *She has a kind heart.* Li gen bon kè. *I couldn't find it in my heart to tell her.* M pa t gen lestonmak pou di li sa. *Don't lose heart.* Pa pèdi kouraj. *I have a love for him that fills my heart.* Mwen gen yon lanmou k ap debòde nannan m pou misye. *I did it but my heart wasn't in it.* M fè li men kè m pa t sou sa. 3[*center*] fon, kè, mitan, nannan, nwayo *I live in the heart of the city.* M rete nan kè lavil la. *It's in the heart of the country.* Se nan mitan peyi a. *You have to get to the heart of the problem.* Fòk ou rive nan fon pwoblèm nan. *She's the heart of the organization.* Se li menm ki nwayo òganizasyon an. *To tackle the heart of a question.* Abòde nannan yon kesyon. 4[*middle part of cabbage, celery, etc.*] kè, nwayo *The heart of the cabbage.* Nwayo chou a. **hearts** *n.pl.* [*cards*] kè *The ace of hearts.* Las kè. •**heart attack** arèdkè, kriz kadyak, kriz kè •**heart breaking** kè yon moun ap rete *I felt my heart breaking when I saw her suffering.* M santi kè m ap rete lè m wè jan l ap soufri. •**heart burn** asid, kè{boule/pile/plen/si}, lestomak boule, zegrè •**heart condition** {maladi/twoub}kè •**heart disease** maladi kè •**heart murmur** bri nan kè •**heart of stone** kè di *She has a heart of stone.* Li gen kè di. •**heart rate** vitès batman kè •**heart trouble** {maladi/poblèm}kè •**at heart** [*true nature*] nan{kè/fon} *He gives you the impression of being mean, but he's a nice guy at heart.* Li ba ou lè move moun, men nan fon se bon moun li ye. •**at the heart of** nan kè *Faulty brakes were at the heart of the problem.* Se move fren ki te nan kè pwoblèm lan. •**be all heart** devwe kò e{am/nanm} *She's all heart and soul in the service of the Lord.* Manmzèl devwe kò e am nan travay Bondye. •**by heart** de tèt, pa kè *I know all the songs by heart.* Mwen konnen tout chante yo pa kè. •**deep in one's heart** nan fon kè li *We're divorced, that's true, but deep in my heart I'm always thinking about her.* Nou kite, se vre, men nan fon kè m mwen toujou panse ak li. •**have a heavy heart** gen kè sere *I have a heavy heart when I think of my father's death.* M gen kè sere lè m sonje lanmò papa m. •**have one's heart broken** kè fè mal *It broke my heart to see her begging in the street.*

Kè m fè m mal lè m wè l nan lari ap mande. •**in one's heart of hearts** nan fon kè li *In my heart of hearts, I don't believe him.* Nan fon kè m, m pa kwè l. •**in the very heart of** nan fen fon *They were in the very heart of the riot.* Yo te nan fen fon eskonbrit la. •**one's heart goes out to** kè ou fè ou mal pou *My heart goes out to them.* Kè m fè m mal pou yo. •**take heart** {kenbe/pran}kè, pran kouray *Don't lose hope, always take heart.* Pa pèdi espwa, kenbe kè toujou. *Take heart even when you see that life mistreats you.* Pran kouraj menm si ou wè lavi a maltrete ou. •**take to heart** akè *I take it to heart.* Mwen pran sa akè. •**weak heart** kè fèb

heartache *n.* chagren, lapenn

heartbeat *n.* **1** batman kè, bri kè **2**[*sound of*] bidip bidip bidip, tip tip *Her heart goes "buh-bump".* Kè l se tip, tip. •**abnormal heartbeat** palpitasyon •**have a regular heartbeat** kenbe konpa •**have an irregular heartbeat** pèdi konpa

heartbreak *n.* chagren

heartbreaking *adj.* krèv kè *This child's suffering is heartbreaking.* Soufrans pitit la se yon krèv kè.

heartbroken *adj.* gwo kè, kè{brize/fann/grenn}

hearth *n.* founo, fouye, fwaye

hearthstones *n.pl.* wòch dife

heartless *adj.* di, gen move santiman, san{kè/zantray} *He's a heartless individual.* Se yon moun ki san zantray. *If she weren't heartless, she'd get her mother out of misery.* Si l pa t gen move santiman, li ta leve manman l atè a. *He's heartless.* Li san kè. •**heartless people** grenn siman *Even if you are suffering, those heartless people will not help you.* Ou mèt ap soufri, grenn siman sa yo p ap ede ou. •**heartless person** chapchoutè, chimè

heartrending *adj.* kè yon moun ap rete *It's heartrending to see her suffer like that.* Kè m ap rete pou wè li soufri konsa.

heartstrings *n.pl.* kòd sansib

hearty *adj.* **1**[*enthusiastic*] kòdyal *It was a hearty welcome.* Akèy la te kòdyal. **2**[*substantial*] konsistan, solid *I ate a hearty meal.* M manje yon repa konsistan. *He gave me a hearty handshake.* Li ban m yon ponyen lanmen byen solid.

heat[1] [*elimination series (sport)*] chanpyonna
heat[2] *n.* [*weather, etc.*] chalè •**heat rash** {bann/
bouton} chalè, chofi, lota, tife •**heat wave**
tan gwo chalè •**be in heat** [*fig.*] tou limen
She's in heat. Li tou limen. •**in heat** an chalè
The cow is in heat, she needs a bull. Vach bèf la
an chalè, li bezwen towo. •**intense heat** ladè
heat[3] *v.tr.* chofe *Heat some water for me.* Chofe
yon ti dlo pou mwen. •**heat up** chofe *Heat up
the rice because it has gone cold.* Chofe diri a
li gentan frèt.
heated *adj.* chofe
heater *n.* chofay •**gas-driven heater** yon
chofaj a gaz •**water heater** chof ben
heathen *n.* payen, payèn [*fem.*]
heating *n.* chof, chofay •**heating up**
rechofman •**central heating** chofaj santral
heave *v.tr.* rann fyèl li *They were trying to heave
the heavy box onto the ship.* Yo t ap rann fyèl
yo pou mete bwèt la nan batiman an. •**heave
ho** hepla *The box is heavy, heave ho!* Bwat la
lou, hepla!
heaven *n.* lesyèl, paradi **heavens** *n.pl.* lesyèl
•**be in seventh heaven** anmèvèy, nan bòl bè,
nan byennèt li *She was in seventh heaven after
she met the challenge.* Li anmèvèy apre li fin
leve defi a. *He's in seventh heaven because all
of his dreams became real.* Misye nan bòl bè
li paske tout rèv li reyalize. •**good heavens!**
kalanba! kòmèltèk! •**in heaven** ozany
Heaven *prop.n.* lesyèl
heavily *adv.* bim, chaje, fò *I'm heavily in debt.*
M chaje dèt. *It's raining heavily.* Lapli a fò
anpil. *She fell down heavily.* Li tonbe atè
a bim.
heaviness *n.* loudè
heavy *adj.* **1**[*great weight*] lou *This table is
heavy.* Tab sa a lou. **2**[*violent*] lou, vyolan *He
took a heavy blow.* Li pran yon kou vyolan.
They suffered a heavy defeat. Yo sibi yon kal
lou. **3**[*feeling*] lou *My head is feeling heavy.*
M santi tèt mwen lou. *My feet feel so heavy
that I can't walk anymore.* M santi pye m lou;
m pa ka mache ankò. *His eyes are heavy. He
needs to sleep.* Je li lou. Li bezwen al dòmi.
4[*large amount, degree, number, etc.*] bèl valè,
di, fò, gwo, kantite *It was a heavy rain.* Se te
yon gwo lapli. *There was a heavy turnout for
the party.* Te gen yon bèl valè moun nan fèt
la. *Traffic is always heavy on this road at this*

time. Nan lè sa a, toujou gen kantite machin
sou wout sa a. *He's a heavy drinker.* Se yon
gwo sakatafya li ye. *I'm a heavy sleeper.* M
dòmi di. *The waves of the sea are heavy.* Lanm
lanmè a fò. •**heavy weight** pwa senkant •**be
heavy** peze lou *That load is heavy.* Chay sa
peze lou. •**wet and heavy** [*sand, etc.*] lou *The
sand is wet and heavy, my feet are stuck.* Sab la
lou, m pa fouti leve pye m.
heavy-set *adj.* gwo kò, replè, replèt [*fem.*]
She's not fat, she's heavy-set. Li pa gwo, li
replèt.
heavyweight *n.* **1**[*gen.*] pwa lou **2**[*fig.*] gen
gwo frapman *This woman is a heavyweight,
she can arrange for you to see the President.*
Se fi ki gen gwo frapman wi, li ka fè ou wè
prezidan an.
heck[1] *interj.* lazwit pou ou, tonnis, wayan *To
heck with you!* Lazwit pou ou!
heck[2] *n.* tonmat vèt *Heck! I told you to shut
up!* Tonmat vèt! M di ou pe dyòl ou! •**one
heck of** yon sèl *There was one heck of a party
yesterday evening, it was absolutely great.* Te
gen yon sèl fèt yè swa, se bagay awo nèt.
•**the heck with you** ale yon moun lavoum,
lakwann, myann [*vulg.*] *To heck with you!*
Lakwann pou ou monchè! *It's only when you
have a problem that you know me, the heck
with you, man!* Se sèlman lè ou gen pwoblèm
ou konnen m, ale ou lavoum, monchè! •**to
heck with that** kraze yon kite sa *You aren't
someone with whom things can be discussed,
the heck with it.* Ou pa moun ki ka diskite,
ann kraze yon kite sa.
heckle *v.tr.* {bat/lage/rele}chalbari dèyè *The
people heckled him.* Moun yo bat chalbari
dèyè l.
heckler *n.* mokè
hectare *n.* [*2.471 acres*] ekta
hectoliter *n.* [*100 liters, 105.7 quarts*] ektolit
hectometer *n.* [*100 meters, 328 feet*] ektomèt
hedge *n.* lantouraj •**hedge trimmer**
debousayèz
hedgehog *n.* kochon mawon
hedge plant *n.* gwozòm
hedonist *n.* pleziyis, vivè
heebie-jeebies *n.pl.* kè{sote/sou biskèt}
hee-haw *onom.* [*braying of a donkey*] hihan,
ihan
heed *n.* •**pay heed** {bay/fè}atansyon

heedless *adj.* ensousyan

heel *n.* **1**[*anat.*] talon (pye) **2**[*part of a shoe*] talon (soulye) •**Achilles' heel** pwen fèb •**spiked/stiletto heel** talon kikit •**under the heel of s.o.** anba bòt yon moun

heels *n.pl.* •**take to one's heels** chape{poul/kò}li, chire, netche kò li, wete poul li *After he insulted the woman, he took to his heels.* Misye fin joure madanm nan, li netche kò l li ale. •**turn head over heels** woule tèt vant •**turn on one's heels** vire talon li

hefty *adj.* **1**[*person*] manbre, potorik, pwès, replè, replèt [*fem.*] *Ever since he started lifting weights, he's become really hefty.* Depi msye a ap leve fè, li vin pwès. *That's a hefty little woman, there.* Sa se yon ti fanm replèt sa a. *The little guy eats too much, he's become hefty.* Ti tonton an manje twòp, li vin manbre anpil. *That man is really hefty.* Nèg sa a potorik anpil. **2**[*animal*] pistonnen, pwès *That horse is really strong and hefty, man!* Chwal sa a byen pistonnen papa! *Look at that hefty chicken.* Gade jan poul la près. **3**[*large amount*] bakoko, (bèl) valè, pwès *He made a hefty amount of money in the lottery.* Li fè yon lajan pwès nan bòlèt. *She ate a hefty amount of rice.* Li manje yon bèl valè diri. *He has hidden a hefty amount of money.* L ap chita sou yon bakoko lajan. •**hefty amount** bèl valè

heifer *n.* gazèl (bèf)

height *n.* tay, wotè *We're of the same height.* Nou menm tay. *The water rose to the height of the tabletop.* Dlo a rive otè tab la. •**be at the height of** [*glory, career*] rive nan somè li *He's at the height of his career.* Li rive nan somè l.

heighten *v.tr.* wose *They heightened the price of rice.* Yo wose pri diri a.

heights *n.pl.* lewo, wotè

heir *n.* dofen, eritye

heiress *n.* eritye

helicon *n.* bas

helicopter *n.* elikoptè

helium *n.* elyòm

hell[1] *interj.* dehèl, fout, frenk, gòdenm, kwendèk, salmanaza *Hell! You can't force me to do that.* Dehèl! Ou pa ka fòse m fè sa. *Go to hell!* Kwendèk pou ou!

hell[1] *n.* **1**[*opposite of heaven*] lanfè **2**[*condition or state*] lanfè, melimelo *That was hell.* Sa

te yon lanfè toutbon. *The country has gone to hell.* Peyi a tonbe nan yon melimelo. •**all hell breaks loose** {laparad/lekòl}lage *The adults leave, all hell breaks loose.* Granmoun yo soti, lekòl lage. •**get the hell out** bat (ti) zèl li *Man, get the hell out!* Monchè bat zèl ou! •**get the hell out of here** mis pou ou *Listen, don't sneer at me, get the hell out of here.* Gade, pa betize ou avè m tande, mis pou ou. •**go through hell** monte yon maswife, pase{pa li/nan twou zegwi} *I'm going through hell right now.* Se yon maswife m ap monte kounye a. *We went through hell with that car.* Nou pase pa n ak machin sa la. •**go to hell** ale yon moun{lanmèd/laprit/latòl}, {lanmèd/laprit/ latòl}pou yon moun, toufa vamalore *If you say a word, I'll slap you.* —Go to hell! Pale la pou wè si m pa souflete ou. —Ale ou latòl! *You can't talk to me like that! Go to hell!* Ou pa ka pale m konsa non! Toufa vamalore. •**he's a hell of a man** se pa ti pyès *He looks after his mother and all his siblings. He's a hell of a man!* Se li ki okipe manman li ni frè e sè li yo tou. Se pa ti pyès gason non! •**put through hell** fè yon moun monte yon maswife (pa nan gwo solèy), fè yon moun monte kalvè pa do, {rann/fè/kite}yon moun san souf *The child is very unruly! He's putting me through hell.* Ti pitit la dezòd anpil! se yon maswife l ap fè m monte. *He put me through hell because of the money I owed him.* Li rann mwen san souf pou kòb la m dwe l la. •**she's a hell of a woman** se pa ti pyès *She's one hell of a woman, be wary of her.* Se pa ti pyès fanm ki la non, veye zo ou ak li. •**till/when hell freezes over** {jis/jous/jouk}mayi a mi, lè ti poul{fè/gen/pouse} dan *I won't do it till hell freezes over!* M pa p fè jouk mayi a mi! *The rich will have pity on the poor when hell freezes over.* Gwo gen pou gen pitye pou pi piti lè ti poul gen dan. •**to hell with** vouzan pou yon moun *All the people who don't like me, they can go to hell!* Tout moun ki pa renmen m, vouzan pou yo! •**to hell with s.o.** ale yon moun{laba/lanmèd/laprit/vouzan}, {lanmèd/laprit/ lavoum} pou yon moun *To hell with you! I don't need you as a friend.* Ale ou vouzan! m pa bezwen ou kòm zanmi. *To hell with you!* Ale ou laba! *To hell with him.* Ale li lanmèd. *To hell with* her! Ale li laprit! *To hell with them!* Lavoum pou yo! •**why the hell** [*fam.*] dekilakyèl *Why the hell did they leave the garbage here?* Dekilakyèl yo lage fatra a la a?

hellion *n.* [*person*] move ganeman

hellish *adj.* enfènal *The situation is hellish, I can't stand it anymore.* Sitiyasyon sa a enfènal, m pa ka kenbe ankò.

hello[1] *interj.* **1**[*greeting*] boujou *She went right by me without saying hello.* Li pase sou mwen, l pa di m bonjou. **2**[*on the telephone*] alo *Hello, who's this?* Alo! Ki moun sa a?

hello[2] *n.* salye

helm *n.* ba, gouvènay •**take the helm** [*i.e. take control of a situation, person*] pran gouvènay la *You're the sailor, take the helm.* Se ou ki maren an, pran gouvènay la.

helmet *n.* kas

help[1] *interj.* anmwe, anmwe sekou, osekou, we *Help! Help! Give me assistance!* Anmwe! Anmwe! Pote m sekou! *Help! Thieves have me trapped.* Osekou, men volè bare m. *Help! The house is on fire.* Osekou! Men kay la ap pran dife.

help[2] *n.* **1**[*aid*] asistans, èd, konkou, lamenfòt, patisipasyon, pousad, sekou, sipò *I need help.* M bezwen konkou. *She gave me a lot of help in the work.* Li ban m yon bon pousad nan travay la. *You need to give me help on this work.* Fòk ou ban m èd nan travay sa a. **2**[*s.o. or sth. that lends aid*] konkou, koutmen, sekou, sipò *That was a big help!* Sa te yon bon koutmen. *You have been a real help.* Se yon bonjan sipò ou ye. *He has been a big help to me.* Li te yon bèl sekou pou mwen. •**give financial help** fè yon men leve *Let's give him some financial help in order to send him to school.* Ann fè yon men leve pou n voye l lekòl. •**go get help** leve pye li *Go get help, we can't let the child die because of lack of money.* Leve pye ou, nou pa ka kite pitit la mouri pou kòb.

help[3] *v.tr.* **1**[*aid*] asiste, bay{kout men/yon moun lebra}, ede, lonje (la)men{bay/ak}yon moun, mete men, pote lamenfòt, {pote/bay/prete}yon moun sekou, segonde, sekoure, zepole *Help me to carry the cargo.* Ede m pote chay la. *A friend is helping him.* Se yon zanmi k ap ba l lebra. *Help those who are in need.* Lonje men bay moun ki nan bezwen.

Everybody has to help to finish the job. Se pou tout moun mete men pou travay la sa fini. *Help me, I'm in trouble.* Pote m sekou, m nan ka. *The neighboring countries are ready to give us a helping hand.* Peyi vwazen yo pare pou pote n lamenfòt. *We need people to help us in this work.* Nou bezwen moun pou segonde n nan travay sa a. **2**[*give satisfaction, relief, etc.*] bay yon moun satisfaksyon, fè yon moun jwenn, soulaje *If you lend me twenty gourdes, you're really going to help me.* Si ou prete m ven pyas, se pa ti soulaje w ap soulaje m. *She helped me get the money.* Li fè m jwenn lajan an. *She was in trouble, I did what I could to help her.* Li te nan ka, m te fè sa m kapab pou m ba l satisfaksyon. **3**[*with can or cannot*] pa fòt yon moun, pa sa{anpeche li/enpoze li} *I can't help it if you overslept.* Se pa fòt mwen si dòmi twonpe ou. *He can't help it; he's just ignorant.* Se pa fòt li, se sòt li sòt. *I know it's not funny, but I can't help laughing.* Se pa dwòl, men m pa sa anpeche m ri. •**help financially** òganize, voye yon moun{fri/fonksyonnèl} *We didn't have enough money to pay the rent, he helped us financially.* Nou te manke kòb pou kay la, se li k te òganize nou. *We needed to buy food, and it's her that helped us financially.* Nou te bezwen achte manje epi se li ki voye nou fri. *His boss helped him financially after he explained his problems to him.* Patwon an voye l fonksyonnèl apre l fin esplike l pwoblèm li. •**help o.s.** [*get out of sth.*] bat (ti) zèl li *Help yourself get out of that situation!* Bat zèl ou pou soti nan sitiyasyon sa a! •**help out** a[*render aid, service*] degaje, dekole, rann sèvis *Thanks, you're helping me out with the money you're lending me.* Mèsi, w ap degaje m avèk kòb w ap prete m nan. *I helped him out at the exam.* Mwen dekole l nan egzamen an. *It's always good to help people out.* Li toujou bon pou rann moun sèvis. b[*of a fix*] depane *Help me out with a little something.* Depane m ak yon ti kraze la non. •**help s.o.** pote yon moun sou do li *If I hadn't helped Milo during the exam, he would have flunked.* Si m pa t pote Milo sou do m nan egzamen an, li t ap boule. •**help s.o. succeed in life** fè yon moun monte *John is the one who helped me succeed in life.* Se Jan ki fè m moute nan lavi a. •**help s.o.**

using connections or illegal ways bay yon mannigèt *I'll use my connections to help him so that the judge doesn't put him in jail.* Mwen pral bay yon mannigèt la pou jij la pa fèmen misye nan prizon. •**we must help each other** se lenzalòt *In life, we must help each other.* Nan lavi a, se lenzalòt.

helper *n.* asistan, èd, mannèv, sekretè

helpful *adj.* itil, oblijan, sekourab, sèvyab *Thanks a lot! The car was very helpful.* Mèsi anpil! Machin lan te byen itil mwen. *She's a helpful person.* Li se yon moun sekourab. •**helpful guy** moun san pwoblèm *He's a helpful guy.* Li se yon nèg san pwoblèm. •**be helpful** gen lonnèkte *He is helpful, you can explain your problem to him.* Se nèg ki gen lonnèkte lakay li, ou ka esplike l pwoblèm ou.

helpfulness *n.* onèkte

helping *n.* [*serving (of food)*] pa, pati, pòsyon •**take a second helping** [*food*] double, kase double *The food is good, I'll take a second helping.* Manje a bon, m ap double. *She took a second helping of the dish.* Li kase double nan manje a. •**take another helping** [*of food*] rebise, redouble *The food is so good she took another helping.* Manje a tèlman bon, li rebise. *I ate my fill, I won't take another helping.* Mwen manje kont mwen, m p ap redouble.

helpless *adj.* (lage) de bra{balan/pandye}, de men balanse, san bra san baton *He's helpless, he can't do anything.* Li de bra pandye, li pa ka fè anyen. *In front of his boss, he's helpless.* Devan chèf li, li de bra balan. *Ever since she lost her mother, she is helpless.* Depi li fin pèdi manman l, li yon moun de men ap balanse. *He was helpless to save her.* Li te san bra san baton pou sove li. *This guy is helpless.* Nèg sa lage de bra pandye.

helter-skelter *adj.* an debanday *They left the house in helter-skelter.* Yo kite kay la an debanday.

hem[1] *n.* [*of clothing*] koulis, rebò, woulèt *I haven't put a hem in the dress yet.* M po ko bay rad la woulèt.

hem[2] *v.tr.* [*clothing*] bòde, {bay/fè}woulèt, rabat, woule *Could you hem these pants for me?* Ou ka fè woulèt nan pantalon sa a pou mwen? *Hem the legs of the trousers for me.*

Rabat pye pantalon an pou mwen. *Hem this skirt for me.* Woule jip sa pou m.

hem in *v.tr.* [*corner, trap*] bare, kofre, sènen *They hemmed me in so I couldn't escape.* Yo kofre m pou m pa t kap chape.

hem and haw *v.intr.* [*stammer, hesitate*] monte desann *He doesn't know what to do, he's hemming and hawing.* Li pa konn sa pou l fè, l ap monte desann toupatou.

he-man *n.* gason kanson, potorik gason

hematocrit *n.* ematokrit

hematoma *n.* pòch san

hematuria *n.* san nan pipi

hemisphere *n.* emisfè, zòn

hemline *n.* rebò

hemlock *n.* lasini

hemoglobin *n.* emoglobin •**hemoglobin count** to emoglobin •**hemoglobin rate** to emoglobin

hemophilia *n.* san dlo

hemorrhage *n.* emoraji •**cerebral hemorrhage** chòk nan tèt, donmaj nan sèvo *He suffers from a cerebral hemorrhage.* Li gen yon donmaj nan sèvo.

hemorrhoid *n.* emowoyid **hemorrhoids** *n.pl.* emowoyid, fès soti, maladi Moyiz, tennès

hemp *n.* chanv, pit •**sisal hemp** pit

hemstitch *n.* jou

hen *n.* manman poul, poul, poulèt

hen-house *n.* poulaye

henceforth *adv.* alèkile, apatandejodi, dezòmè *Henceforth, we're not staying late outside again.* Alèkile, nou p ap ret ta deyò ankò.

henchman *n.* konfyòl

henna *n.* [*shrub*] flè jalouzi

henpecked *adj.* •**be henpecked** pote kanson li pou bèl twèl *You're henpecked, it's your wife who commands.* Ou pot kanson ou pou bèl twèl, se madanm ou ki kòmande.

hepatitis *n.* epatit, gwo fwa, lafyèv{epatik/epatit}

her *poss.adj.* dam, l, li, madanm, manmzèl *They stole her bike.* Yo vòlè bisiklèt li a. *Is this hers?* Se pou manmzèl?

her *pro.* l, li (menm) [*emph.*] *It's her with the red dress on.* Se li menm ak wòb wouj la. *I saw her this morning.* M wè l maten an. *Did you talk to her yet?* Ou pale avè l deja? *I'm going to go out with her.* M ap sòti avè l.

herald *v.tr.* [*news, etc.*] klewonnen *They kept on heralding the name of the minister.* Yo pa sispann klewonnen non minis la.

herb *n.* fèy, zèb @**herbs** *n.pl.* [*for herbal tea*] epis{dous/te} \ •**carpenter's herb** zèb chapantye •**coral herb** panach •**lemon balm herb** melis

herbivorous *adj.* èbivò *Cows are herbivorous.* Bèf se èbivò.

herd *n.* bann, makòn, twoupo

herdsman *n.* gadò, mawoule

here *adv.* **1**[*place*] atè a, bò isit (la), la a, vini *It's not in the Dominican Republic that they bought these goods, it's here.* Se pa nan Panyòl yo achte machandiz yo, se atè a la. *Come here instead.* Vin bò isit pito. *I put it here, where is it now?* Mwen mete l isit, kote l ye a atò? *Come here, by me.* Vin la a, bò kote m. **2**[*used for drawing attention to*] apa, men *Here it is!* Apa li! *Here they come!* Men y ap vini. *Here's the money I owe you.* Men kòb la m te dwe ou la. *Here he is now.* Men li kounyeya. •**here and there** adwat agòch, bò isit bò{laba/lòtbò}, pasipala *She went here and there looking for the medicine.* Li mache adwat agòch dèyè remèd la. *He's never home, he's always here and there.* Li pa janm lakay li, se toutan l bò isit bò laba. *She goes here and there, she doesn't do anything serious.* L ap mache pasipala, li p ap fè anyen serye. •**here below** [*on earth*] isiba, nan monn sa a, sou latè beni *All you have here below are your two hands and your common sense.* Tout sa ou genyen isiba, se de men ou epi bon konprann ou. •**around here** la yo, pa bò isit, zalantou *The cost of living is very high around here.* Lavi a chè anpil pa bò isit. *I just saw your wife around here.* Mwen fèk wè madanm ou nan zalantou a. •**get s.o. right here** mache nan san yon moun *Those nice words get me right here.* Bon pawòl sa yo mache nan san m. •**I am here** *a*[*present*] mwen la *b*[*Vodou*] ago •**neither here nor there** ni sa ni la *It's neither here nor there to me if your child is sick.* Pitit ou malad, se ni sa ni la pou mwen. •**over here** (bò) isit *Come over here instead.* Vin bò isit la pito. *Make yourself at home over here.* Fè kòm lakay ou isit la. •**right here** isi prezan, isit, la a *She's right here if you want to speak with her.* Li isi prezan si ou vle pale li.

hereafter *n.* •**the hereafter** nan Ginen, peyi san chapo

hereditary *adj.* **1**[*inherited trait*] eredtè *Diabetes is a hereditary disease.* Sik se yon maladi eredtè. **2**[*negative*] rasyal *A hereditary trait.* Pwoblèm rasyal.

heredity *n.* eredite, san

herein *adv.* ladann

heretic *n.* enkwayan, eretik

heretical *adj.* eretik

heretofore *adv.* jouk kounyeya

hereupon *adv.* alèkile, kounye a menm

heritage *n.* patrimwàn *Vodou is African heritage.* Vodou se patrimwàn afriken.

hernia *n.* èni, madougoun, maklouklou •**strangulated hernia** èni (e)trangle

hero *n.* ewo

heroic *adj.* ewoyik *The Haitian people had a heroic victory against the French in 1804.* Pèp ayisyen an fè yon viktwa ewoyik devan blan franse nan lane 1804.

heroin *n.* ewoyin, ti poud •**heroin addict** dwoge ewoyin

heroine *n.* ewoyin

heroism *n.* bravou, bravte

heron *n.* krabye, makwali zegrèt, poulajoli, zegrèt •**little blue heron** krabye ble •**Louisiana heron** krabye vant blan •**snowy heron** zegrèt blan •**West Indian green heron** ti krabye rivyè •**yellow-crowned night heron** kòk lannwit

herpes *n.* èpès

herring *n.* aran •**salt herring** aransèl •**smoked herring** aransò

hers *poss.pro.* kinan li [*N*], pa li *Is it hers?* Se pa li?

herself *pro.* li menm

hesitant *adj.* anbalan, retisan *I'm hesitant about that business.* M anbalan nan afè sa a. *The girl is hesitant to respond to the man's advances.* Fi a retisan pou l reponn nèg la.

hesitate *v.intr.* balanse, ezite, tade *He is not really sure yet, he's hesitating.* Li poko fin si, l ap balanse. *He always hesitates in front of others because he's not confident.* Li toujou ap ezite devan moun poutèt li pa fè tèt li konfyans. *He always hesitates to speak in front of his boss.* Li toujou ap tade devan patwon an pou l pale. •**hesitate to say** {kache/mete} dlo nan bouch li •**not hesitate** pa jennen *She* *doesn't hesitate to ask me all sorts of questions.* Li pa jennen pou poze m nenpòt kesyon. •**not hesitate for a moment** pa fè{ni youn ni de/ni de ni twa} *Don't hesitate for a moment to ask for my help.* Pa fè ni de ni twa anvan ou mande m ede ou. *When she heard the noise, she didn't hesitate for a moment to run and hide.* Lè li tande bri a, li pa fè ni youn ni de pou li kouri kache. •**not hesitate** (san yon moun) pa mete dlo nan bouch li, pa pran tan *He didn't hesitate to tell me what he thinks.* San li pa mete dlo nan bouch li, li di nou sa li panse. *She didn't hesitate to say what was on her mind.* Li pa pran tan pou li dechaje lestonmak li.

hesitatingly *adv.* tan ale tan vini *She entered the room hesitatingly.* Li rantre nan sal la tan ale tan vini.

hesitation *n.* ezitasyon, retisans •**with hesitation** ataton *He gave me the money with hesitation.* Li ban mwen lajan an ataton. •**without hesitation** kareman, san gade dèyè, san grate tèt *You may come in to get your things without hesitation.* Ou mèt rantre kareman al cheche zafè ou. *As soon as Jak heard the shot, he ran off without hesitation.* Jak annik tande tire a, li kouri san gade dèyè. *She dived into the river without hesitation.* Li plonje nan rivyè a san grate tèt.

hew *v.tr.* [stone] taye *He's hewing the stones to build the wall.* L ap taye pyè pou konstwi mi an.

hex¹ *n.* djòk, machacha, madichon, maldyòk, malediksyon, pouswiv *The little boy has a hex on him because everything he does is no good.* Tigason sa a gen madichon paske tout sa li fè pa bon. *If it hadn't been for a hex, he wouldn't have stolen people's stuff.* Si se pa t yon pouswiv, li pa ta pral manyen afè moun. •**hex inciting s.o. to commit a bad act** pouswiv •**put a hex on a**[curse] annile, bay yon moun yon chèz ba, detchonn, lage devenn sou, {lage/jete/lanse/voye} vèni sou, madichonnen, malediksyonnen, poudre *The evildoers put a hex on the small guy.* Malfektè annile ti bway la. *The evildoer put a hex on him because he was bothering him.* Malfektè a ba li yon chèz ba poutèt li t ap anmègde li. *The evildoer put a hex on the child.* Malfektè a detchonn ti nèg la.

They put a hex on him. Yo lage devenn sou li. *They put a hex on the child.* Yo madichonnen timoun nan. *They put a hex on him, it won't take long for him to die.* Yo poudre misye, li p ap tade pou mouri. **b**[Vodou] {limen/monte}(yon) {balenn/chandèl/luil} dèyè yon moun *She put a hex on him and he died soon after.* Li limen yon balenn dèyè msye a, epi li pa t tade mouri aprè sa. •**Vodou hex** souf poud *They put a Vodou hex on him.* Yo voye yon souf poud sou misye.

hex² *v.tr.* djòke, lage devenn sou, madichonnen, maldyòke, mare *The girl hexed the boy with her eyes.* Ti fi a djòke gason an ak bèl je li. *They hexed him.* Yo lage devenn sou li. *They hexed the child.* Yo madichonnen timoun nan. *He hexed the child and she almost died.* Li maldyòke pitit la, epi li prèske mouri. *They hexed her, because they didn't like her.* Yo mare li poutèt yo pa renmen li. •**hex s.o. indirectly through s.o. else** [Vodou] chaje yon moun pou *The Vodou priest hexed him in order to kill the other person indirectly.* Oungan an chaje l pou l ka touye lòt la. •**hex s.o. in order to corrupt him** dejwe *She hexed him in order to corrupt him.* Li dejwe msye a.

hexagon *n.* [geometry] egzagòn

hey *interj.* **1**[attract s.o.'s attention] ey, gade, hep, hey, lakay, o *Hey! Watch out, there's a hole in front of you!* Hep! Men yon twou devan ou la! *Hey! Come, I need to talk to you.* Ey! Vini m pale ou. *Hey! What are you doing there?* Gade! Sa w ap fè la a? *Hey, kid! Don't throw rocks at the mango tree.* Tigason, hey! Pa voye wòch sou pye mango a. *Hey, man! Come help me.* Lakay! Vin ede m. *Hey, son! What are you doing?* Pitit o! Sa w ap fè la? **2**[surprise, disapproval] ay, o, woy *Hey! Why are you tearing up the book?* O! Apa ou chire liv la. *Hey! I just got the result of the exam, I passed.* Ay! M sot pran rezilta egzamen an, m pase. *Wow! Hey! What's going on here?* Mezanmi woy! Sa k ap fèt la a? **3**[exclamation of impatience] heny *Hey! You aren't telling me anything there.* Heny! Ou p ap di m anyen la a. •**hey you** bwa, ou menm *Hey you, where are you going?* Bwa, kote ou prale? *Hey, you, where are you going?* Ou menm, kote ou prale la a?

hi *interj.* adjo, alo, ay, woy *Hi! How do you feel?* Adjo! Ki jan kò a ye la? *Hi buddy! how are you?* Woy, frè m! Kouman ou ye?

hiatus *n.* pòz, ti kanpo

hibiscus *n.* choublak, ibiskis

hiccup¹ *n.* òkèt

hiccup² *v.intr.* woke *She's hiccupping g.* L ap woke.

hick *n.* [*mostly pej.*] abitan, awouya, gwo soulye, gwo zòtèy, gwojan, kongo, moun{andeyò/mòn}, mònye, nèg fèy, po je rèd, pojerèd •**pretentious, uppity hick** [*pej.*] abitan dekore

hickey *n.* koka

hickory *n.* [*tree*] nwaye blan ameriken

hidden *adj.* anba po, kache, sekrè *Keep the money hidden away from thieves.* Met kòb la anba po wi pou vòlè. •**stay hidden** {ret/kache}anba pay

hide¹ *n.* 1[*animal skin*] karapat, kui, po, po bèt

hide² *v.tr.* 1[*gen.*] antere, chinwa (kò li), egzile, kache, kache kò li, kave, kazènen li, kouvri, mawon, mete kò li an kachèt, releng kò li, sere, sitire, {vin/(r)antre}mawon *Go hide the money so they can't see it.* Al kache lajan an pou yo pa wè l. *Hide behind the door.* Kache kò ou dèyè pòt la. *In that God-forsaken hole where the guy is hiding, the police will never be able to find him.* Kote misye antere nan twou sa a, lapolis p ap ka twouve l. *She hid in a corner.* Li chinwa kò l nan yon kwen *They hid the truth for years.* Yo kave verite a pou dèzane. *Where he hid, no one will find ever him.* Kote li kazènen l la, nanpwen moun pa fouti jwenn li. *Where he hid the money, nobody will be able to find it.* Kote l kouvri kòb la, pèsonn pa fouti wè l. *Many people went into hiding after the coup.* Anpil moun t al mawon apre koudeta a. *The policeman hid so that the criminals wouldn't see him.* Lapolis mete kò l an kachèt pou bandi yo pa wè l. *He hid so no one would see him.* Msye releng kò l pou pèsonn ka pa wè l. *Hide the money.* Sere kòb la. *She went to hide very far so that people don't see her.* L al sere byen lwen pou moun pa wè l. *Don't think I'll hide facts to protect you.* Pa panse m pral vin sitire koze pou ou. *Don't let anyone go into hiding here.* Pa kite pèsonn vin mawon la. *Why do you go into hiding like this?* Poukisa ou rantre mawon la a? **2**[*in order to spy*] biske kò li *He hid himself behind a tree to look at what they were doing.* Li biske kò l dèyè yon pyebwa pou gade sa y ap fè. •**hide from or avoid s.o.** demake *He sees me coming, and he hides to avoid me.* Li wè m ap vini, li demake m. •**hide from view** bare, bouche *The truck is hiding the house from view.* Kamyon an ap bare kay la. *She hides her notebook from view so that the other student can't see it.* Li bouche kaye a pou lòt elèv la pa wè l. •**hide in order to protect** sere yon bagay pou *She hid the truth in order to protect him.* Li sere verite a pou pwoteje msye a. •**hide one's eyes** pase men nan je li *Hide your eyes so you don't see the accident.* Pase men nan je ou pou ou pa wè aksidan an. •**hide o.s.** anbiske (kò) li *They are hiding and waiting to kill him.* Yo anbiske yo la ap tann pou asasinen l. •**hide out** kache, mawon *He was hiding out so that the police wouldn't put their hands on him.* Misye al kache pou lapolis pa mete lapat sou li. *Many people were hiding out after the coup.* Anpil moun t al mawon apre koudeta a. •**hide sth.** mete yon bagay anba vant li *Quick! Hide this for me.* Kèt! Mete sa anba vant ou. •**hide the truth to protect s.o.** sere kras *Honest people don't hide the truth from others to protect them.* Moun ki onèt pa nan sere kras pou pèsonn. •

hide-and-seek *n.* kachkach, lago ({kache/kachkach/ bouche}) •**be the one who closes his eyes in hide-and-seek game** [*i.e. "it"*] al bouche *You'll be it.* Al bouche kounye a. •**hide-and-seek in the water** kachkach liben, sere liben •**play hide-and-seek** fè lago lago ti sangle •**play hide-and-seek in the water** koule chache

hideaway *n.* kachèt, kachkach, kachkou,

hideous *adj.* efreyan, maskawon *The scars on her face make her look hideous.* Sikatris nan figi l yo rann li efreyan. *What a hideous child, he's really ugly!* Ala ti pitit efreyan, li lèd papa! *Your mask is really hideous.* Mas ou a maskawon anpil. •**hideous person** chanwan, foskouch makak

hiding¹ *n.* •**hiding place** kachèt, kachkach, seraj *They went into a hiding place.* Yo antre nan kachkach. •**go into hiding** kraze{bwa/raje/rak}, nan mawonnay, pran bwa pou li, pran{lyann/rak}, {vin/(r)antre}mawon *The political opponents were forced to go into hiding to save their lives.* Opozan yo blije kraze bwa pou sove lavi yo. *He went into hiding in order to escape persecution.* Msye lage kò l nan mawonnay pou l pa sibi pèsekisyon. *The rebel chief went into hiding so that they wouldn't arrest him.* Chèf rebèl la pran bwa pou li pou yo pa arete l. *Don't let anyone go into hiding here.* Pa kite pèsonn vin mawon la. *Why do you go into hiding like this?* Poukisa ou rantre mawon la a? •**go into hiding in order to escape the police** antre nan mawon *The dealers are going into hiding in order to escape to the police.* Dilè yo antre nan mawon. •**in hiding** ansoudin *She's in hiding because she fears for her life.* Li ansoudin paske li gen krentif pou lavi li.

hiding[2] *n.* [*whipping, spanking*] bandwòl, swif *His mother gave him a hiding for stealing the candy.* Manman ni pase l yon bandwòl poutèt li vole sirèt la. *Her father gave her a real hiding for not coming home last night.* Papa li bay yon swif vre paske li pa t rantre yè swa. •**give a hiding to** pile, pilonnen *Because she was insulting, her mother just gave her a hiding.* Poutèt li t ap fè frekan, manman l sot pile l.

hierarchy *n.* yerachi

hieroglyph *n.* yewoglif

high[1] *adv.* anlè, apik, awotè, wo *Hook the basket of meat up high so the dog won't take it.* Kwoke pànye vyann nan anlè pou chen an pa pran l. *The kite climbed high into the sky.* Kap la monte apik nan syèl la. *Build the wall high against thieves.* Mete mi an awotè pou vòlò yo. *She lifted her clothes up really high so she could cross the water.* Li leve rad li byen wo pou l ka janbe dlo a. •**high off the hog** mennen yon gran (la)vi *Since he won the lottery, he's been living high off the hog.* Depi l sot ganyen nan lotri a, l ap mennen yon gran lavi. •**high up** anlè *That is high up on the list of things I have to do.* Sa se anlè nan lis bagay m bezwen fè. •**up high** anlè *Hook the basket of meat up high so the dog won't take it.* Kwoke pànye vyann nan anlè pou chen an pa pran l.

high[2] *adj.* 1[*in height*] otè, wo, wotè *The bank is three stories high.* Labank lan wo twaz etaj. *How high is that coconut tree?* Ki wotè pye

kokoye sa a? *Make the floor of the house high enough so that water can't enter.* Fè sòl kay la yon otè pou dlo pa ka antre nan kay la. *This bike is too high for you.* Bisiklèt sa a twò wo pou ou. 2[*in degree, number, strength, etc.*] anpil, egi, fò, gran, gwo, wo *We had a high volume of customers today.* Nou te gen anpil kliyan jodiya. *The oil level isn't high.* Nivo luil la pa wo. *The radio volume is too high.* Volim radyo a twò fò. *My blood pressure is high today.* Tansyon m wo jodi a. *She has a high voice.* Li gen yon vwa egi. *There were high winds today.* Li te fè yon gwo van jodi a. *She has high expectations.* Li gen gran espwa. *He has a high position in the bank.* Li gen yon gwo pozisyon nan bank lan. 3[*drugged*] dwoge, voye yon moun monte wo *He is high.* Li dwoge. •**high as a kite** voye yon moun monte wo *When he smokes crack, he's high as a kite.* Fimen wòch ap voye li monte wo nèt.

high-and-mighty *adj.* pakapala, sekwa *How come she's acting so high-and-mighty?* Kouman l fè pran pòz sekwa l konsa?

High Court of Claims *prop.n.* Kou (siperyè) dè Kont, Koudèkont

high-handed *adj.* gwo ponyèt *Just because you have money doesn't mean you can act high-handed like that.* Ou gen lajan, sa pa vle di ou ka fè gwo ponyèt konsa.

high-heeled *adj.* kikit

high-level *adj.* wo nivo

high-liver *n.* pakapala, vive

high-living *n.* banbòch

highly *adv.* grannman

High Mass *prop.n.* gran mès

high-pitched *adj.* pimgèt •**high-pitched voice** vwa {chat/piman}

high-powered *adj.* gwo kole

high-priced *adj.* chè, cheran *I won't buy such a high-priced car.* M pa p achte machin cheran konsa.

high-protein foods *n.* [*meat, fish, eggs, milk*] vyann

high-quality *adj.* wot kalite

high school *n.* lekòl segondè

high-spirited *adj.* frengan, vif

high strung *adj.* sou tansyon

highbrow[1] *adj.* save

highbrow[2] *n.* moun{lespri/save}

highchair *n.* chèz tibebe

higher *adj.* •**make higher** wose *Shoplifters are making the prices higher.* Vòlò ki pike nan magazen an ap wose pri yo.

highest *adj.* pi wo pase tout

highfalutin *adj.* chèlbè, gran chire

highlands *n.* wotè

highlight[1] *n.* [*special part*] nannan yon bagay, pi bèl bagay, piwo pwen

highlight[2] *v.tr.* **1**[*emphasize*] met{aksan/ anfaz}sou, mete an vedèt, souliyen *She highlighted the importance of what she was saying with several examples.* Li mete aksan sou enpòtans sa l ap di a avèk plizyè egzanp. **2**[*mark with a highlighter*] make, souliyen *He highlight the passages in the book that he liked.* Li te souliyen pasaj nan liv la li te renmen.

highlighter *n.* makè, plim pou make

highway *n.* gran wout, teras

hijack *v.tr.* detounen, kidnape *The terrorists hijacked a plane.* Teworis yo detounen yon avyon. *Three armed men hijacked the boat.* Twa nèg ak zam kidnape bato a.

hijacker *n.* kidnapè •**air hijacker** pirat de lè

hilarious *adj.* dwòl, frazè, komik *It's a hilarious movie.* Se yon fim ki komik anpil. *He's hilarious.* Li frazè anpil.

hill *n.* mòn, ti mòn •**small hill** piton **hills** *n.pl.* •**take to the hills** pran{bwa/mòn)

hillbilly *n.* abitan mòn, gwo{pous/zago/ zòtèy}, moun {andeyò/mòn}, nèg{fèy/ mòn}, pye krab, soti {wo/ho}

hillock *n.* bit, piton, ti mòn

hillside *n.* tè pandje

hilly *adj.* chaje mòn *This is a very hilly area.* Zòn sa a chaje mòn.

him *pro.* l, li, mesye, nèg *Did you talk to him?* Ou pale avè l? *I saw him yesterday.* M wè msye a yè. *I just finished talking with him.* Mwen annik fin pale ak nèg la. •**to him** li *Explain it to him.* Esplike l li.

himself *pro.* li menm *The project manager himself came to see the final product.* Se mèt travay la menm ki vin wè rezilta a. *He can do that himself.* Li kapab fè sa li menm.

hind *n.* [*red does*] manman sèf wouj

hinder *v.tr.* [*progression, etc.*] andikape, anpeche, antrave, bare, enpoze, mare{pye/ men}, mete yon moun {an kwa/annaryè} *The hurricane hindered our work.* Siklòn

nan andikape travay nou. *He hinders the progression of the project.* Li antrave avansman pwojè a. *The strike has hindered the completion of the job.* Grèv la bare nou konplete travay la. *He hindered me from getting home.* Nèg la enpoze m rive lakay mwen. *This work hinders me, I don't have time for myself.* Travay sa mare pye m, m pa gen tan pou tèt mwen. *These interruptions are hindering the work.* Tout deranjman sila yo ap mete nou an aryè.

hindered *adj.* •**be hindered** antrave, de pye li mare *I was hindered by the demands of my family.* Se egzijans fanmi m ki antrave m. *She was hindered by the long hours.* Travay ta te mare de pye li.

hindrance *n.* adjipopo, antrav, azikòkò, baryè, jennen pye yon moun, obstak, pasay, zo pwason *He became a hindrance to us.* Mouche tounen yon zo pwason nan gòj nou. *When he travels, he doesn't like luggage to be a hindrance to him.* Lè l ap vwayaje, li pa renmen malèt jennen pye l.

hindsight *n.* rekil

Hindu *adj.* endou

Hindu *prop.n.* Endou

hinge *n.* chànyè, gon, kouplè •**door hinge** [*iron brace*] panti

hint[1] *n.* ti poul, tras •**too bad if you don't get the hint** zafè zenga si l pent *It's too bad if you don't get the hint.* Zafè zenga si l pent.

hint[2] *v.intr.* •**hint at** bay ti poul

hinterlands *n.pl.* andeyò

hip[1] *adj.* [*up to date*] kopen, koul *He's hip, he's always dressed up.* Li se kopen, li toujou byen fen. *Don't worry, she's hip.* Pa okipe ou, li koul.

hip[2] *n.* [*anat.*] ranch, ren, zo{ren/ranch} **hips** *n.pl.* ren •**have a broken hip bone** deranche

hippie *n.* ipi

hippodrome *n.* channkous

hippopotamus *n.* ipopotam

hire *v.tr.* anboche, angaje, anplwaye, bay travay, djobe, fè rekritman, lwe, rekrite *How many people is the boss hiring?* Konbyen moun patwon an ap anboche? *How many people are they hiring in the factory this year?* Konben moun ane sa a y ap angaje nan faktori a. *The boss hired two people yesterday.* Patwon an anplwaye de moun yè. *The cotton* *factory hired a lot of people.* Faktori koton an bay yon bon kou moun travay. *They're hiring more people.* Yo djobe pi plis moun. *He hired ten people work on his house.* Li lwe dis moun pou travay sou kay li a. *The factory didn't hire any workers this year.* Izin nan pa rekrite okenn travayè ane sa a. •**hire s.o. for s.o.** kaze *If you have an available position, hire him for me.* Si ou gen yon plas vid, kaze msye pou mwen.

hired *adj.* •**be hired** anplwaye *I was hired yesterday.* M te anplwaye yè.

hiring *n.* [*used for unqualified jobs, manual workers*] anbochay

his¹ *poss.adj.* l/li *His wife is sick.* Madanm li malad. *That is his father's house.* Sa a se kay pa papa l.

his² *poss. pro* pa{l/li}, kin a li [*N.*] *Is it his?* Se pa li? Se kin a y/kinay [*N*]

His Excellency *prop.n.* ekselans, sonnekselans

Hispanic *adj.* panyòl *She was born in a Hispanic country.* Li fèt nan yon peyi panyòl.

Hispaniola *prop.n.* Ispayola

Hispaniolan mockingbird *n.* wosiyòl

Hispaniolan vervain hummingbird *n.* sousaflè, zwazo {mouch/sousaflè/wanga}

hiss *v.intr.* **1**[*heckle, boo*] {bat/lage/rele} chalbari dèyè *The man had barely started speaking when the audience began hissing at him.* Annik nèg la tanmen pale, epi foul la kòmanse rele chalbari dèyè li. **2**[*snake, etc.*] sifle *The snake hissed at him.* Koulèv la kòmanse sifle sou li.

historian *n.* istoryen

historic *adj.* istorik *It was an historic moment.* Se te yon evennman istorik.

historical *adj.* istorik *The Historical Society published the book.* Sosyete istorik la te pibliye liv la.

history *n.* istwa •**history of art** istwa da

hit¹ *n.* **1**[*stroke, blow*] bòt, fay, frap, frape, frapman, kou, kout, tap, zengoun *He took a hard hit in the chest.* Li pran yon sèl bòt nan lestonmak la. *A single hit and he was out cold.* Yon sèl fay blayi li atè. *I took a nasty hit while I was passing through the door.* M pran yon move frape etan m ap pase nan pòt la. *The boxer absorbed each hit.* Boksè a ankese chak kou. *She gave him a sudden hit from behind.*

Li ba li yon kout nan do. *She gave him a good hit, and he started to cry.* Li ba li yon sèl zengoun, epi li kòmanse kriye. **2**[*slap about the face, head, ears*] baf, blo, kalòt, yon (sèl) grenn{domen/ kalòt/souflèt} *He insulted her and she gave him a good hit across the face.* Li joure li, epi danm nan fout li yon kalòt. *His mother gave him a hit across the head for stealing the bike.* Manman ni ba li yon baf paske li te vòlò bekàn nan. *The teacher gave him a good hit in head for disrespecting him.* Mèt la ba li yon sèl grenn domen paske li te manke li dega. **3**[*auto.*] frapman *The car didn't take a big hit this time.* Machin nan pa pran yon gwo frapman la. **4**[*in marbles*] tèk *With one shot, he hit three marbles.* Li fè yon sèl tèk, li pran twa mab. **5**[*dose of coffee, drug, etc.*] dòz *I need a hit of caffeine every morning to get up.* M bezwen yon dòz kafe chak maten pou m leve. **6**[*success, s.o. or sth. popular, etc.*] dife, fè yon kou, gran siksè *This band is always a hit wherever it goes.* Djaz sa a se yon dife tout kote li pase. *The new album is a big hit.* Nouvo albòm nan fè yon bon kou. *The song is a hit.* Chante a se yon gran siksè. **7**[*visits to a website*] vizit *The website has thirty thousand hits today.* Sitwèb la resevwa trant mil vizit jodi a. **8**[*murder for hire*] asasina, sasinay *The Senator was the victim of a hit.* Senatè a te viktim yon asasina. •**hit man** {tiyè/touyè}a gaj

hit² *v.tr.* **1**[*strike*] atenn, bay yon moun kou, frape, koupe, leve men sou, lonje yon moun yon kout pwen, panm, ponnche, tape *The blow hit him on the face.* Kou a atenn li nan figi. *Stop hitting the child.* Ase bay pitit la kou. *They sentenced the police officer for having hit the defendant.* Yo kondane polis la poutèt li te frape akize a. *They hit Joseph hard in the face with their fist.* Yo lonje Jozèf yon bèl kout pwen nan machwè l. *She hit the other guy in the face.* Li panm nan figi lòt la. *He hit me in the stomach.* Msye a ponnche m drèt nan vant mwen. *He barely hit him, a tooth flew out.* Misye annik tape l, yon dan vole. **2**[*in the head*] kabeste, kase tèt *His father hit him on the head.* Papa l kabeste l. *He hit the man in the head with a single stone.* Li kase tèt misye ak yon sèl kout wòch. **3**[*excessively*] sapata *The police hit the thief excessively.* Popo a sapata vòlò a. 4[*with a car, etc.*] antre nan, keyi, teke *The car hit a tree.* Machin lan antre nan yon pyebwa. *The car hit the boy on the road.* Machin nan keyi ti gason an. *The driver hit the other car.* Chofè a teke lòt machin nan. 5[*affect adversely*] afekte, frape yon moun di, mòde *The strikes hit many factories.* Grèv la afekte anpil faktori. *The rising prices for food are hitting us hard.* Wosman nan pri manje a ap frape nou di. 6[*arrive at*] frape *When you hit Canal Street, turn left.* Lè ou frape lari Kanal, vire a goch. 7[*the press, street, etc.*] gaye, parèt *When the news hit the press, we knew it was all over.* Lè nouvèl la parèt nan jounal la, nou konnen tout bagay kaba. *The news of the missing girl hit the street.* Nouvèl konsènan tifi a ki te pèdi gaye nan lari a. •**hit a marble** [*game of marbles*] teke *I'm going to hit the blue marble.* M ap teke mab ble a. •**hit a snag** gen zo ladann, kontre ak zo pwason, tonbe sou dan •**hit against sth.** ofraje *She hit her head against the wall.* L al ofraje tèt li nan mi an. •**hit and miss** chans *It's hit and miss whether they finish on time.* Se chans si y a fini atan. •**hit bottom** chen fè yon moun esplikasyon *His financial situation is so bad that he has hit bottom socially.* Sitiyasyon li tèlman an degraba, menm chen fè li esplikasyon. •**hit hard** bay bòt *His little brother hit him hard near the eye.* Ti frè l ba l yon bòt bò je. •**hit home** {frape/tonbe}jis *What she said really hit home.* Sa li di a tonbe jis. •**hit it big** {bay/fè} djapòt *How was the exam? —Man, I really hit it big, it was easy.* Ki jan egzamen an te ye? —Monchè, m fè djapòt, li te fasil. •**hit it off (well)** peze kafe yo {ansanm/nan yon menm balans} *We really hit it off well from the first moment we met.* Se konsi nou peze kafe nan menm balans lan depi premye fwa nou rankontre. •**hit one's stride** rive nan nivo ideyal •**hit s.o. on head with one's knuckles** bay zoklo *He hit me on the head with his knuckles.* Li ban m yon zoklo. •**hit s.o. up for money** frape {bank/pòt}yon moun *I'm going to hit my godmother up for some money.* M pral frape bank marenn mwen an. •**hit s.o. with a club** pase yon moun yon chaplèt *The guard hit him with a club, whack!* Gad la pase msye yon chaplèt, voup! •**hit s.o. with one's fist**

lonje yon moun yon kout pwen *The police hit him with their fists.* Popo a lonje ba l yon pakèt kout pwen. •**hit the bottle** mache boutèy *When she feels sad, she hits the bottle.* Lè li sant li tris li kòmanse mache boutèy. •**hit the ceiling/roof** leve kò li {frape/fese} atè *I know she'll hit the ceiling, but I'm going to tell her anyway.* M konnen l ap leve kò l frape atè, men m ap di l sa kanmenm. •**hit the deck** mete li plat atè *People are shooting everywhere! Hit the deck!* Moun yo ap tire toupatou! Mete nou plat atè! •**hit the hay/sack** jwen kabann li *I'm tired. I'm going to hit the hay.* Dòmi ap twonpe m. M prale jwen kabann mwen. •**hit the head** [*go to the toilet*] al kay madan Viktò, sòti deyò *I have to hit the head.* M bezwen fè yon ti sòti deyò. •**hit the jackpot** {bay/fè}{djapòt/dekabès} *She hit the jackpot.* Li fè djapòt la. *If I hit the jackpot I'm going to help my mother.* Si m fè dekabès nan lotri a, m pral ede manman m.. •**hit the mark** tonbe jis *When she told him what he was doing wrong, she hit the mark.* Lè li di li kisa li pa p fè byen, li tonbe jis. *The arrow hit the mark.* Flèch la tonbe jis. •**hit the nail on the head** frape jis *That's it exactly! You hit the nail right on the head.* Se sa menm! Ou frape jis. •**hit the road** fè wout li *It's late. I need to hit the road.* Li gentan ta. M bezwen fè wout mwen. •**hit the spot** pase{grangou/swèf} *A beer would really hit the spot right now.* Yon byè t ap pase swèf mwen! •**if I saw him, I'd hit him** mwen ta gade yon moun mwen ta yas *I'm so mad if I saw him, I'd hit him.* Mwen sitèlman awoyo, m ta gade li m ta yas.

hitch[1] *n.* [*difficulty*] adjipopo, azikòkò, pwoblèm

hitch[2] *n.* [*knot*] ne, ne ak de demi kle

hitch[3] *n.* [*dance*] kontretan

hitch[4] *v.tr.* [*fasten*] makonnen, mare, tache *I hitched his car to mine.* M mare machin li an dèyè pa m lan. *He hitched the cow to the fencepost.* Li makonnen bèf la sou poto a. *She hitched the two pieces together.* Li tache de pyès yo ansanm. •**hitch a ride** pran woulib *Can I hitch a ride with you to Jacmel?* Ou ka ban m yon woulib, lage m Jakmèl? •**hitch up** [*a wagon, etc.*] atle, makònen *Hitch up the oxen, I'm going to take them to market.*

Makònen bèf yo non, m ap mennen yo nan mache. *Hitch up the horse to the plow.* Atle chwal la a chari a. •**get hitched** marye *They got hitched last week.* Yo te marye semenn pase a.
hitchhike *v.intr.* mande woulib *We won't hitchhike, let's walk.* Nou pa pral mande woulib, ann ale a pye.
hitchhiker *n.* woulibè
hitchhiking *n.* otostòp
hitherto *adv.* jiskaprezan, jiskisit
hitting *n.* frapman
HIV-positive *adj.* gen{jèm/viris}sida, sewopozitif, viris sida *There are a lot of people here who are HIV-positive.* Chaje ak moun ki sewopozitif bò isit. •*His blood test showed he's HIV-positive.* Tès medikal li a pwouve li gen jèm sida.
hive *n.* [*bees*] {bwat/nich}myèl, lapye, rich
hives *n.pl.* [*med.*] itikè
hoard¹ *n.* depo, kachèt
hoard² *v.tr.* fè estokaj, sere *They hoarded rice.* Yo sere diri a. *The wealthy are hoarding like mad.* Gwo bacha yo fè estokay sou estokay.
hoarse *adj.* anwe, wòk *We yelled at the match till we were hoarse.* Nou rele nan match la jis vwa nou vin wòk. *They yelled so much that they're hoarse.* Yo anwe tèlman yo rele.
hoax *n.* fas, konplo
hobble¹ *n.* •**with a hobble** woteba *He walked with a hobble.* Li mache woteba.
hobble² **I** *v.tr.* [*an animal*] mete zanpèt *Hobble the cow's feet before you start milking.* Mete zanpèt nan pye bèf la anvan ou kòmanse tire. **II** *v.intr.* [*walk with a limp*] gouyan(g) gouyan(g), rale, rale sou pye *I saw him hobbling around.* M te wè l ap rale sou pye. *He came down the road hobbling with his crutches.* L ap desann lari a gouyang gouyang ak beki li. *She can't walk, she hobbles with a stick.* Li pa fouti mache, se ak yon baton li rale. •**hobble along** mache sou yon pwent, titibe *Since the explosion, she has hobbled.* Depi esplozyon an, li mache sou yon pwent. *The drunkard is drunk, he's hobbling along.* Tafyatè a sou, l ap titibe. •**hobble on one leg** rale sou yon janm *Since the accident, he has been hobbling on one leg.* Depi aksidan an, li rale sou yon janm. •**person who hobbles or limps** kouyan

hobbling *adv.* gouyan(g) gouyan(g), kouyank kouyank *He came down the road hobbling with his crutches.* L ap desann lari a gouyang gouyang ak beki li. *She's hobbling, it seems she hurt her foot.* L ap mache kouyank kouyank, sanble l blese nan pye.
hob bush *n.* mang tifèy
hobby *n.* pastan
hobbyhorse *n.* chwal bwa
hobo *n.* vakabon, vayevyen
hock¹ *n.* bout jarèt, jarèt, zo koukoum
hock² *v.tr.* mete{lekòl/nan plàn}, plane *I'm going to hock the radio.* M pral plane radyo a. *What time is it? My watch is in hock.* Ki lè li ye? M mete mont mwen lekòl.
hocus-pocus *n.* kokinay, magouyay
hod *n.* [*for carrying mortar*] boya
hodgepodge *n.* melimelo
hoe¹ *n.* wou •**hoe with a long blade** derapin
hoe² *v.tr.* sekle (ak wou) *Hoe the field.* Sekle tè a ak wou.
hoeing *n.* seklaj
hog¹ *n.* **1**[*animal*] kochon, pouso **2**[*greedy person*] kochon **in hog heaven** nan bòl grès
hog² *v.tr.* pran pou li (menm) *That driver is hogging the road.* Chofè sa a pran tout wout la pou li menm! •
hogbush *n.* bwa kochon, sikriye
hogfish *n.* kapitenn
hogplum tree *n.* gwo monben, makabi, monben fri jòn, seriz lanmè, siwèl
hogshead *n.* [*about 63 gallons*] boko
hogwash *n.* flafla
hoist¹ *n.* palan, pouli, wench
hoist² *v.tr.* **1**[*raise, lift, etc.*] ise, rale monte *They hoisted the cow up to butcher it.* Yo ise bèf la pou yo koupe l. *They hoisted the bull into the truck.* Yo ise bèf la nan kamyon an. *The sailors hoisted the sail.* Maren yo rale vwal la monte. **2**[*a flag*] jouke, monte *We're hoisting the flag.* N ap jouke drapo a. *Hoist the flag!* Monte drapo a!
hold¹ *n.* **1**[*grip, clutch, etc.*] kenbe di, priz *I have a firm hold on her hand.* M kenbe men l byen di. *He tightened his hold on her.* Li sere priz li te genyen sou li. **2**[*control, influence, etc.*] anpriz, priz *She has a good hold on the press.* Li gen yon bèl anpriz sou laprès. *They have a hold on you.* Yo gen priz sou nou. **3**[*wrestling*] priz *He put a leg hold on*

his opponent. Li mete yon bèl priz sou janm advèsè li. **4**[*boat, ship*] anbalakal, lakal **5**[*of a plane*] sout •**get (a) hold of** [*contact*] jwenn, pran kontak *If he's not at home, try to get a hold of him at work.* Si l pa lakay li, eseye pou ou jwenn li nan travay la. *I called him three times, but I didn't get a hold of him.* M rele l twa fwa, m pa resi pran kontak avèk li. •**get a hold on s.o.** [*wrestling*] bay yon moun yon priz *I got a hold on him, but he almost escaped.* M ba l yon priz, ti moso li chape m. •**get hold of** kapte, pran *She got hold of his shoulder.* Se nan zepòl li kapte misye. *He got hold of the guy by the neck.* Li pran li nan kou. •**get hold of o.s.** kòlta tèt li, pran kap li *I had to get a hold of myself or I would have hit him.* M te bezwen kòlta tèt mwen, osnon m t ap flanke li yon vole. *You let this problem affect you too much, get hold of yourself.* Ou kite pwoblèm sa a dominen ou twòp, pran kap ou. •**on hold** [*temporary stoppage*] kanpe, mete atant, sispann *I put the work on the house on hold because I don't have any money this month.* M fè yon kanpe nan travay sou kay la, adefo kòb pou mwa sa a. *I put the call on hold.* M mete apèl la an atant. •**put a neck hold on s.o.** [*wrestling*] bay yon moun kle kou *She put a neck hold on the guy, she knocked him flat on his back.* Li bay nèg la yon sèl kle kou, li met do l atè. •**take hold** kenbe, mete pye, pran (pye) *If you let it take hold, you'll never get rid of it.* Si ou kite l pran pye, ou pa p janm debarase ou. •**take hold of** a[*an instrument*] madre *He took hold of the Billy club and started beating him.* Msye a madre kokomakak la epi li toupizi lòt la. b[*illness, ache*] pran *The fever took hold of him.* Lafyèv pran li. c[*idea*] kenbe *The idea of going to the U.S. took hold of him.* Lide pran kanntè kenbe l. •**take hold of o.s.** pran kap

hold[2] *v.tr.* **1**[*grasp*] kenbe, pran *They held hands.* Yo kenbe men. *Hold it by the handle.* Kenbe l nan manch lan. *Hold the child for me.* Pran timoun nan pou mwen. **2**[*keep in place*] kenbe, kore, rete *She held the door open.* Li kenbe pòt la ouvè. *It's the post that holds the wall in place.* Se poto a ki kore mi an. *Could you hold the blackboard while I nail it to the wall?* Ou ka ret tablo a nan mi an la pou

mwen ka kloure l? **3**[*support*] kenbe, sipòte *Do you think this branch will hold both of us?* Ou kwè branch sa a ap ka kenbe nou tou le de? *It's the post that holds up the ceiling.* Se poto a ki sipòte platfòm kay la. **4**[*keep, maintain*] gade, kenbe *He tried to hold their attention with a lot of jokes.* Li eseye gade atansyon yo ak anpil fraz. *She held her breath waiting for the answer.* Li kenbe souf li pannan l ap tann repons lan. **5**[*possess, have*] gen, kenbe *He holds the winning ticket for the lottery.* Se li menm ki kenbe tikè gwolo a. *She holds a driver's license for Florida.* Li gen yon lisans kondui nan Florid. **6**[*occupy a position*] kenbe *She holds the job of Vice-President.* Se li menm ki kenbe pòs visprezidan an. **7**[*cause to take place*] fè *They held elections last year.* Yo fè eleksyon ane pase. *They held the meeting at his house.* Yo fè reyinyon an lakay li. **8**[*contain*] chaje, kenbe, pran, sere *Life holds many surprises.* Lavi a chaje sipriz. *The pot holds two gallons of water.* Mamit la kenbe de galon dlo. *This car can hold eight people.* Machin sa a ka pran uit moun. *You never know what the future holds.* Ou pa janm konn sa lavi a sere pou ou. **9**[*keep, have charge of*] gade, kenbe *We don't hold that information.* Nou pa gade enfòmasyon sa a. *I'll hold the money until she can sign for it.* M ap kenbe kòb la jis li siyen. **10**[*keep back, restrain*] gade, kenbe *The judge held her in jail for two days.* Se jij la ki gade li nan prizon pou de jou. *Hold the letter until I arrive.* Kenbe lèt la jis mwen rive. **11**[*high regard*] estime *We hold him in high esteem.* Se yon moun nou estime anpil. •**hold a grudge against s.o.** anvi, genyen yon moun rankin, gen yon dan kont yon moun, kenbe yon moun{nan/sou}kè li *Cécile holds a grudge against her rival.* Sesil anvi matlòt li a. *He holds a grudge against you ever since you denounced him.* Li genyen ou rankin depi ou fin denonse l la. *Ever since I testified against her, she holds a grudge against me.* Depi jou m temwaye kont li a, li kenbe m sou kè li. *I hold a grudge against him because he stole my girlfriend.* M gen yon dan kont li poutèt li pran mennaj mwen an. •**hold back** a[*keep in check*] kenbe, retni *If they hadn't held him back, he would have killed me.* Si yo pa t kenbe l, li t ap touye m. *Hold the guy back so that he doesn't lay a hand on the woman.* Retni nèg la non pou li pa al leve men sou fi a. *b[with respect to some progression]* mete yon moun annaryè *Playing games holds back the little boy in school.* Jwèt mete ti nèg la annaryè lekòl. *c[school, =fail]* double *She was held back in fourth grade.* Li te double katriyèm ane a. •**hold back one's cries or tears** kenbe rèl *Despite her pain, the woman had to hold back her cries.* Malgre soufrans lan di, fi a blije kenbe rèl. •**hold down** peze *She held him down and beat him.* Li peze li pou li kale li. •**hold down a job** kenbe yon{travay/djòb} *She's never held down a job for more than two months.* Li pa janm kenbe yon travay plis pase de mwa. •**hold for a ransom** ransone *The criminals kidnapped and held the child for a ransom.* Bandi yo te anlve epi ransone pitit la. •**hold high in esteem** apresye *We hold him in high esteem.* Nou apresye l anpil. •**hold in low regard** dezapresye *I hold her in low regard because she's a hypocrite.* M dezapresye l poutèt ipokrit li. •**hold in memory** kenbe nan tèt *I hold in memory the nice times we've spent together.* M kenbe nan tèt mwen bèl moman nou te pase ansanm nan. •**hold it!** ola, otan *Hold it! You can't go out dressed in that ugly fashion.* Ola! Ou pa ka sòti abiye kou kongo belizè konsa. •**hold off** *[delay]* mete yon kanpe *Let's hold off on buying a car for now.* An n mete yon kanpe nan achte machin lan konnye a. •**hold on** *a[wait]* ret tann yon moun *Hold on a minute. I'll go get a pen.* Ret tann mwen yon ti moman, m pral pran yon plim. *b[grip]* akoste, gripe kò li *He held on the girl to prevent her from falling.* Li akoste fi a pou l pa tonbe. *She was so scared, she held on tight to her mother's skirt.* Li te sitèlman pè li gripe kò li nan jip manman ni. •**hold one's head up** drese tèt li, kenbe bwa drapo *Life is hard, but you have to hold your head up and not let people humiliate you.* Lavi a di, men fò ou drese tèt ou pou pa kite moun imilye ou. *Hold your head up because discouragement will never get you anywhere.* Kenbe bwa drapo ou paske dekourajman p ap mennen ou okenn kote. •**hold one's horses** pran san ou *Hold your horses! Don't rush into buying a*

car. Pran san ou! Pa kouri al achte machin konnye a. •**hold one's own** boule, kenbe konpa *She's holding her own very well at school.* L ap kenbe konpa lekòl li trè byen. *Life is hard but they're holding their own.* La vi a di, men y ap boule. •**hold one's tongue** bwè sa yon moun di, rangennen *Because there are older people here, I prefer to hold my tongue.* Kòm gen granmoun la, m bwè sa m ta pral di ou. *She wanted to cry out, but she held her tongue.* Li te vle rele anmwe, men li resi rangennen. •**hold o.s. back** teke fren li *No! Buddy, hold yourself back, you like taking the lead too much.* Non! Monchè, teke fren ou, ou renmen pran devan twòp. •**hold on tight to the reins** kenbe renn *The way he's holding on to the reins, he won't let go.* Jan li kenbe renn nan la, li p ap lage sa. •**hold on to sth.** kenbe *Hold on to something so as not to fall.* Kenbe sou kote pou ou pa tonbe. •**hold onto** *a[keep, keep grasping]* kenbe *She held onto the bottle with two hands so that it won't fall.* Li kenbe boutèy la ak de men pou l pa tonbe. *I'm holding onto the key.* M ap kenbe kle a. *Hold onto my money for me.* Kenbe kòb mwen an pou mwen. *b[keep from losing]* kenbe (mayèt), pran dan *You have to work hard to hold onto your job.* Fò ou bat pou ou kenbe djòb ou. *He held onto office for a while.* Misye kenbe mayèt la pou kèk tan. *Do you think she can hold onto her position as principal?* Ou kwè li ka pran dan nan pòs direktris la? •**hold onto s.o.** klanpse *He held on to me in order not to fall.* Li klanpse m pou li pa tonbe. •**hold out** *a[extend towards]* lonje bay *Hold the spoon out to your father.* Lonje kiyè a bay papa ou. *b[last]* ba yon moun kèk jou, dire, pase lavi diran *I don't think our money will hold out long.* M kwè kòb la annik ap ba nou kèk jou. *His luck won't hold out.* Chans lan pa p dire. *I can hold out forever like this.* M ka pase lavi diran konsa wi. •**hold responsible** mete sou do *You can't hold me responsible for something she did.* Ou pa ka mete sa sou do mwen, si se li ki fè l. •**hold s.o. accountable** kenbe/rann... reskonsab *You can't hold me accountable for something I didn't do!* Ou pa ka rann mwen reskonsab on bagay m pa fè! •**hold s.o. spellbound** rete{bèbè/men lan bouch} *The* *movie held me spellbound.* Fim nan fè m ret bèbè. •**hold s.o. up** *a*[*rob someone*] {fè/mete}yon moun olèmen *The bank was held up yesterday.* Yo mete moun olèmen nan bank lan yè. *b*[*delay someone*] ba yon moun reta *The traffic held us up.* Se trafik la ki ba nou reta. •**hold straight** fè ekilib *Hold your head straight so that I can put the drops in your eyes.* Fè ekilib ak tèt ou dekwa pou m mete gout yo nan je ou. •**hold tight while dancing** ploge •**hold up** *a*[*delay*] bay reta, mete an reta *The strike held up all the flights.* Grèv la mete tout avyon an reta. *b*[*support*] sipòte, soutni *It's that post that supports the porch.* Se poto sa a ki sipòte galri a. •**able to hold one's breath for a while** [*diving, etc.*] gen souf *You must be able to hold your breath for a long time if you can stay underwater for so long.* Ou gen anpil souf papa si ou ka mize konsa anba dlo a. •**get a hold or grip on o.s.** pran kòd tèt li *If the driver had not gotten a grip on himself, the van would have crashed on him.* Si chofè a pa t pran kòd tèt li, machin nan kraze nan men l. •**not hold a candle to s.o.** pa ka wè nan pwent pye yon moun *For all the speaking you're doing there, you can't hold a candle to me.* Tout pale w ap pale la a, ou pa ka wè nan pwent pye m. •**without holding anything back** nèt ale *She told everything without holding anything back.* Li rakonte tout bagay nèt ale.

holder *n.* etwi, sipò •**cigar/cigarette holder** kalimèt

holdup *n.* òldòp

hole[1] *n.* 1[*empty space*] espas, fonsi, tou, twou, vid *The dog dug a hole in the yard.* Chen an fouye yon tou nan lakou a. *There's a hole in the pants.* Pantalon an gen yon tou. *The mouse ran into a hole in the wall.* Sourit la antre nan yon ti espas nan mi an. *The rock made a small hole in the door.* Wòch la fè yon ti fonsi nan pòt la. *There's a hole in my heart.* Gen yon vid nan kè m. 2[*for a door, window*] ouvèti 3[*in a roof*] goutyè *The roof needs to be repaired, it has too many holes in it.* Tòl kay la bezwen repare, gen twòp goutyè ladan li. 4[*in a sock or stockings*] lapòs *Look at the holes in his socks.* Gad lapòs nan chosèt li. 5[*in the back of pants*] linèt *That child always goes around with pants full of holes in the*

back. Tigason sa a pa janm p ap mache ak pantalon l plen linèt. 6[*out-of-the-way place*] rakbwa *That place is nothing but a hole in the ground.* Kote sa a se renk yon rakbwa. •**full of holes** koule •**in the hole** fè dèt sou kont *I won't go in the hole to buy a car.* M pa p fè dèt sou kont pou m achte machin. •**make a hole** pèse *Don't make holes in the wall with nails.* Pa pèse mi an ak okenn klou. •**watering hole** basen

hole[2] *v.intr.* •**hole up** kazènen li *The place where he's holed up, nobody can find him.* Kote l kazènen l la, pèsonn pa fouti twouve l.

hole-digger *n.* louchèt

holiday *n.* fèt, jou{ferye/konje/chomay} *It's the holiday season.* Se sezon fèt. *Today is a holiday, there's no school.* Jodi a se fèt, pa gen lekòl. *Today is a holiday, there's no work.* Jodi a se jou konje, pa gen travay. •**national holiday** fèt nasyonal

holier-than-thou *adj.* [*fem.*] sent nitouch *The holier-than-thou woman.* Sent nitouch la.

holiness *n.* sentete

holler *v.intr.* ranni *Look, I'm not your child, don't holler at me.* Gade, m pa timoun ou, pa ranni sou mwen. •**holler at** wouke *Hey, stop hollering at the kid!* Ase wouke timoun nan non!

hollow[1] *adj.* 1[*empty space inside*] kre, vid *This is hollow inside.* Anndan l vid. *The wall is hollow.* Miray la kre. 2[*lacking flesh*] zo *Her cheeks are hollow.* Machwè l zo.

hollow[2] *n.* bafon, ravin

holly *n.* [*plant*] wou

holster *n.* [*for a gun*] pòch (revòlvè)

holy *adj.* konsakre, sakre, sen, sent [*fem.*] *God is holy.* Granmèt la sen. •**holy cow!** [*denoting shock, surprise, disbelief*] mezanmi (wòy) *Holy cow! Look at how many people there are at the carnival.* Mezanmi! gade moun ki genyen nan kanaval la. •**holy person** sen

Holy Communion *prop.n.* Konminyen, Lasentsèn

Holy Ghost *prop.n.* Lespri Sen, Lesentespri, Sentespri

Holy Land *prop.n.* Tè Sent

Holy Saturday *prop.n.* [*day before Easter*] samdi dlo benit

Holy Spirit *prop.n.* Lespri Sen, Lesentespri, Sentespri

Holy Thursday *prop.n.* [*Thursday before Easter*] jedi sen

holy water *n.* dlo beni(t) •**holy-water basin** benisye •**holy water sprinkler** aspèswa

Holy Week *prop.n.* semenn sent

homage *n.* omaj •**pay homage to Vodou spirits** fè sèvis, fè ti sèvi li *We're going to pay homage to Legba.* Nou pral fè yon sèvis pou papa Legba. *Every year her mother returns from abroad to pay homage to the spirits.* Chak ane manman l sot lòtbò pou l fè ti sèvi li.

home *adj.* kò kay

home¹ *n.* **1**[*house where s.o. lives*] fwaye (kò) kay, lakay, pòt devan *I had a bed of my own when I was living at home.* Lè m te kay manman m ak papa m, m te gen kabann pa m. *He comes from a poor home.* Li sot nan yon fwaye malere. *Why did you take this person into your home?* Poukisa ou mete moun nan nan kò kay ou a? *He gave me a ride to my home.* Li lage m devan pòt kay mwen. **2**[*country of origin*] peyi *The US is my home.* Peyi m se Ozetazini. •**home for the aged** azil •**anybody home?** onè *I said "Is anybody home?", no one answered, it seemed no one was there.* M di 'onè', pèsonn pa reponn, sanble yo pa t la. •**at home** *a*[*at one's residence*] lakay *He's never at home!* Li pa janm lakay li! *I spent all day at home yesterday.* M fè jounen lakay mwen yè. *b*[*comfortable*] alèz, fè konsi se lakay li, pran kay yon moun pou li *I don't feel at home here.* M pa santi m alèz isi a. *Make yourself at home.* Fè konsi se lakay ou. *Make like you're at home.* Pran kay la pou ou, tande. •**at one's (own) home** nan jaden papa li *You're not at your own home.* Ou pa nan jaden papa ou. •**at the home of** kote, lakay *We were at the home of the President.* Nou te lakay prezidan an. *I was at Marie's home.* M te kote Mari. •**here at home** isitkay [*in one's country*] *Life is hard here at home.* Lavi a di isitkay. •**inside of home** kò kay *I don't just let anyone inside of my home.* M pa kite kenenpòt moun mete pye nan kò kay m. •**make yourself at home** pa jennen *This is your house, make yourself at home.* Isit la se kay ou, pa jennen. •**mobile home** trelè •**old-age home** azil pou granmoun •**real home** tè lonbrik *Haiti is his real home.* Ayiti se tè lonbrik li. •**retirement home** azil pou gran

moun, kay retrèt •**take s.o. home** rekondui *Their car wouldn't start; can you take them home?* Machin yo a pa vle derape, ou ka rekondui yo?

home² *adv.* •**go home** al lakay *It's time to go home.* Se lè pou al lakay la.

homebody *n.* kazànye

homebound *adv.* •**be homebound** fèmen kò li *You're homebound too much, why don't you go out for a while?* Ou fèmen kò ou twòp, manyè fè ti soti deyò.

homecoming *n.* retou lakay

homeland *n.* patri, peyi •**ancestral homeland** [*West Africa*] Gine, (Lafrik) Ginen, Langinen, nan Ginen

homeless *adj.* chen san mèt, sanzabri, sanzazil *The flooding left many people homeless.* Dlo a lage anpil moun sanzabri. *A bunch of homeless people.* Yon ekip chen san mèt.

homely *adj.* lèd *She's not a homely woman.* Se pa yon fanm lèd. •**homely person** chanwan, chwèt

homemade *adj.* fèt lakay, lakay, tankou lakay *This is homemade bread.* Sa se pen lakay.

homeowner *n.* pwopriyetè

homesick *adj.* chagren, nostaljik, sonje lakay li *I'm homesick, I want to return to my country.* M chagren, m anvi tounen nan peyi m. *Are you homesick? Ou nostaljik? I'm homesick.* M sonje lakay mwen.

homesickness *n.* nostalji

homespun *adj.* natif natal

homework *n.* [*school*] devwa •**completed homework assignments or exams** kopi

homiletics *n.* omelitik

homily *n.* omeli

homosexual¹ *adj.* •**be homosexual** fè masisi, nan {desiskole/kole moustach (ak) [*male*]/masisi/nan metye *Those two guys are homosexual.* De nèg sa yo nan desiskole.

homosexual² *n.* [*male*] bag ak dwèt, pederas, desiskole •**male homosexual** *a*[*male*] akimafe, doubsis, makoklen, masisi *b*[*passive role (male)*] gason fanm, madoda, ti madanm

hon *n.* [*signify close relationship*] cheri, mouche, sò m [*fem.*] *I can help you, hon.* M ka ede ou, sò m.

honcho *n.* •**head honcho** chèfdekip, chef{kanbiz/katye}

honest *adj.* debyen, drèt, entèg, klin, onèt, pwòp, san kras, serye, seryèz [*fem.*] *The Minister of Finance is an honest man.* Minis finans lan se yon nèg onèt. *She's not honest enough to be in charge of the project's money.* Li pa pwòp ase pou nou bay responsab lajan pwojè a. *He's not an honest person.* Misye pa yon nèg ki klin222. *I'm honest, there's no one who can implicate me.* M san kras, pa gen moun ki ka lonmen non m.

honestly *adv.* onètman, valabman *The leader represented the people honestly.* Lidè a reprezante pèp la onètman.

honesty *n.* jis, onèkte *He has honesty as his best quality.* Li gen onèkte kòm pi bon kalite. •**with honesty** jis, valabman *She does all her things with honesty.* Li fè tout afè l jis.

honey[1] *n.* **1**[*term of endearment*] bebi, boubout, chè, cheri, chou, choun, chouboulout, kòkòt *Honey, come fondle your husband!* Bebi, vin karese mari ou! *Come, honey.* Vini ti kòkòt mwen. *Honey, come over here and give me a kiss.* Cheri, vin fè m yon ti bo pou mwen. **2**[*used only in direct address to a woman*] machè, sò m, ti chat *What can I do for you, honey?* Sa m ka fè pou ou sò m. *Honey, could you iron my pants please.* Machè, ou ka pase pantalon an pou mwen, tanpri.

honey[2] *n.* [*foodstuff*] siwo myèl

honeycomb *n.* gato myèl •**empty honeycomb** pay myèl

honeydew melon *n.* melon lespay

honeymoon *n.* lin demyèl

honeysuckle *n.* chèvfèy

honk[1] *onom.* [*sound of a horn*] pwenp

honk[2] *v.intr.* klaksonnen *Never go through an intersection without honking.* Pa travèse yon kalfou san ou pa klaksonnen.

honker *n.* [*nose*] zèl nen *She has quite a honker!* Li gen yon zèl nen, papa!

honor[1] *n.* donè, onè *You're the guest of honor.* Ou se envite donè. •**in honor** alonè *They gave a party in honor of the president.* Yo fè yon fèt alonè prezidan an. •**pay divine honor to** adore

Honor[2] *prop.n.* •**your Honor** [*used only in direct address*] majistra

honor[3] *v.tr.* fè yon moun onè, onore *We don't honor anyone by flattering him.* Nou p ap fè pèsonn onè flate li. *We're put on this Earth to*

honor our ancestors. Nou fèt pou nou onore zansèt nou yo. •**honor one's debts to s.o.** wete yon moun nan {kòsaj/sen}li *I'll honor my debts towards her.* M a wete l nan kòsaj mwen. •**honor s.o.'s wishes** selon voulwa yon moun *To honor her wishes, do the job differently.* Selon voulwa li, fè travay la yon lòt jan.

honorable *adj.* onèt, onorab, respektab *I'm an honorable woman.* M se yon fi ki onèt.

honored *adj.* distenge

hood *n.* **1**[*automobile*] kapòt, kapo (motè), nen *Lift up the hood of the car.* Leve kapo machin nan. **2**[*cover for the head*] kagoul, kapichon *Put your hood on. It's cold out.* Mete kapichon ou. Li fè frèt.

hoodlum *n.* anjandre, apach •**local hoodlum** kòk katye

hoodwink *v.tr.* fè dodo pitit *They hoodwinked her with their words.* Se ak pawòl yo fè li dodo pitit.

hoof *n.* zago

hook[1] *n.* **1**[*latch for door or window*] kwochèt, kwòk **2**[*for hanging sth.*] kwòk **3**[*of a padlock*] piton •**grappling hook** grapen •**get off the hook** delivre

hook[2] *n.* [*boxing*] bannann, boulèt, kwochè

hook[3] *v.tr.* **1**[*a door, window*] kwochte *Hook the door.* Kochte pòt la. **2**[*hang on a hook, etc.*] pandye, pann *When you come in hook your jacket in its place.* Lè ou antre se pou ou pandye djakèt ou nan plas li. •**hook up** kwoke *Hook up your clothes for me.* Kwoke rad ou pou mwen.

hook-and-eye *n.* [*fastener*] agraf

hooked *adj.* [*on habit*] pran tèt yon moun *He's hooked on drugs.* Se dwòg ki pran tèt li.

hooker *n.* lepandjè •**be a hooker** fè lakòt

hookworm *n.* (ti) vè kwòk

hooky *n.* •**play hooky** fè{lawout/lekòl bisonyè}, mawon lekòl

hooligan *n.* sanmanman

hoop *n.* [*sports, toy*] sèk, siklis •**basketball hoop** pànye baskèt •**hula hoop** [*dance*] woulawoup

hoot owl *n.* frize

hop[1] *n.* [*jump*] voltij

hop[2] *v.intr.* ponpe, vòltije *When you play hopscotch, you have to hop.* Lè ou jwe marèl, fòk ou ponpe. •**hop around** (**from one thing to another**) papiyonnen

hopbush *n.* [*shrub or small tree*] mang tifèy

hope[1] *n.* esperans, espwa *I lost hope.* M pèdi espwa.

hope[2] **I** *v.tr.* eskonte, espere, swete *I hope you will come to the party.* M eskonte ou ap vini nan fèt la. *Many Christians hope they'll live in Heaven.* Anpil kretyen espere pou y al viv nan syèl. **II** *v.intr.* eskonte, espere, swete — *Is she coming? —I hope so.* —L ap vini? —M ta swete sa.

hopeful *adj.* plen lespwa

hopefully *adv.* byen{espere/swete} *Hopefully they'll get here before it rains.* M ta byen swete pou yo rive anvan lapli a.

hopeless *adj.* **1**[*doomed*] dezespere, sanzespwa *It's a hopeless situation.* Se yon sitiyasyon dezespere. *I feel hopeless.* M santi m sanzespwa. **2**[*incurable*] lage nan *She's a hopeless drunk.* Li lage nan tafia. **3**[*useless*] initil, zo bouke chen *It's hopeless trying to talk to her.* Pale avèk li se zo bouke chen. *He's hopeless as a carpenter.* Li initil kòm chapantye. •**it's hopeless** onnpepli *Every day it's something else. It's hopeless!* Chak jou se yon lòt bagay. Onnpepli!

hopelessness *n.* dezespwa

hops *n.pl.* [*plant*] woublon

hopscotch *n.* marèl

horizon *n.* orizon •**on the horizon** an wout, pandye sou tèt

horizontal *adj.* anivo, orizontal, plat *He was laying horizontal on the floor.* Li te kouche plat atè. *The table is horizontal.* Tab la anivo.

horizontally *adv.* orizontalman *Draw the line horizontally.* Trase liy nan orizontalman.

hormone *n.* òmòn

horn[1] *n.* **1**[*instrument, etc.*] kòn **2**[*car*] klaksonn •**conch-shell horn** kòn lanbi •**French horn** kò konsè

horn[2] *n.* [*cow, goat, etc.*] kòn

hornet *n.* gèp

hornworm *n.* cheni kòn

horny *adj.* anlè anlè, sou sa *He's so horny, they're afraid that he will get AIDS.* Tèlman li anlè anlè, yo pè pou l pa pran sida. *It seems she's horny.* Sanble l sou sa. •**horny in expectation of a woman's visit** byen manche li *I have a date with the girl, I'm all*

horny in anticipation. Jodi a m gen randevou ak boubout la, m byen manche m la a.

horoscope *n.* owoskòp

horrible *adj.* **1**[*terrible*] afre, move *It was a horrible accident.* Se te yon afre aksidan. *I had a horrible day today.* M pase yon move jounen jodi a. **2**[*ugly*] lèd, maskawon *That's a horrible dress.* Wòb sa a maskawon.

horrific *adj.* efreyan, terifyan

horrified *adj.* efreye, kè{kase/sote}

horror *n.* chanwan *That man is a horror.* Nèg sa a se yon chanwan. •**have a horror of** [*dislike greatly*] lepouvant *I have a horror of people like that.* Moun konsa ban m lepouvant.

hors-d'oeuvre *n.pl.* òdèv

horse *n.* cheval, chwal •**horse groomer** bay bwè •**horse sense** bon sans •**bucking horse** chwal ponpadò *It's difficult to tame a bucking horse.* Li difisil pou donte chwal ponpadò. •**honey-colored horse** melad •**race horse** chwal kous •**reddish-brown or bay horse** chwal be •**saddle horse** chwal asèl •**vaulting horse** [*gym*] chwal vòltij •**worn-out horse** wòs

horse-eye jack *n.* [*fish*] karang makwòk

horseback *n.* •**on horseback** a chwal *They came on horseback.* Yo vini a chwal.

horsefly *n.* {gran/gwo}palto, gwo mouch, mouch chwal, tan

horsehair *n.* kren

horseman *n.* kavalye, makiyon

horseplay *n.* makakri

horseradish *n.* radi{fò/pike}

horseradish tree *n.* bennzoliv

horseshoe *n.* fè

horsetail *n.* [*plant*] kerat

horsetail tree *n.* pen Ostrali

horsewhip[1] *n.* fwèt{kach/pit/taye}, rigwaz •**leather horsewhip** zozo bèf

horsewhip[2] *v.tr.* rigwaze *He's out of control. He deserves to be horsewhipped.* Li dezòd twòp. Li merite rigwaze.

horsewoman *n.* kavalyèz

hose[1] *n.* **1**[*garden*] awozwa, kawotchou, konbèlann *The garden hose a hole in it.* Kawotchou a pèse. **2**[*tube*] rakò, tib, tiyo *They replaced a hose in the car.* Yo chanje yon tib nan machin lan. •**hose used to siphon** konbèlann •**garden hose** kawotchou

hose[2] *n.* [*stockings*] ba

hosiery *n.* ba

hospitable *adj.* akeyan *There are no people as hospitable as that.* Nanpwen moun yo akeyan konsa.

hospital *n.* lopital •**hospital ward** sal •**mental hospital** lazil pou moun fou •**small hospital** sant

hospitality *n.* ospitalite

hospitalize *v.tr.* entène yon moun *The doctor hospitalized him.* Dòktè a entène li.

hospitalized *adj.* entène *The patient has been hospitalized for four days.* Malad la entène lopital depi kat jou.

Host[1] *prop.n.* [*Eucharist*] losti

host[2] *n.* mèt kay

host[3] *v.tr.* [*guests*] resevwa *They hosted several guests last night.* Yo resevwa plizyè envite yè swa.

hostage *n.* otaj •**as hostage** annotaj

hostess *n.* otès

hostile *adj.* ostil •**be hostile** {bay/fè}movè jan

hostilities *n.pl.* konfli

hostility *n.* malviv, rayisab

hot *adj.* **1**[*object, weather, etc.*] cho *The water isn't very hot.* Dlo a pa twò cho. *It's a really hot day.* Fè cho anpil jodi a. *I feel really hot.* M santi m cho anpil. **2**[*seasoning, spice*] pike, piman *Watch out! The food is really hot.* Atansyon! Manje a pike. *The chili sauce is really hot.* Sòs la piman anpil. **3**[*successful, sensational*] cho, nyouwann *That car is really hot.* Machin sa a se nyouwann li ye. *Their new album is really hot.* Nouvo albòm yo cho anpil. **4**[*angry*] chofe, fache, pyèj *Why are you always hot like that?* Pouki ou toujou pyèj konsa? *Don't argue with him, he'll get hot.* Pa diskite ak msye a, l ap chofe. *She is really hot because her purse was stolen.* Li fache anpil poutèt yo vole valiz li. **5**[*stolen*] vole *That car is hot!* Machin sa se vole yo vole li. •**hot dog** òtdòg, sosis •**hot on s.o.'s heels** lage de gidon dèyè yon moun *The cops are hot on the criminal's heels.* Popo a lage de gidon dèyè kriminèl la. •**be hot** [*weather*] fè cho *It's hot today.* Li fè cho jodi a. •**be very hot** cho kou dife *The pan is very hot, don't touch it.* Chodyè a cho kou dife, pa manyen l. •**get hot** [*angry*] chofe *We're only talking. There's no need to get hot like that.* Se pale n ap pale. Ou pa bezwen chofe konsa non. •**piping hot** cho pase pip tè

hot-blooded *adj.* chalerin, pasyone

hot-cakes *n.pl.* •**sell like hot cakes** vann tankou pate cho

hot-headed *adj.* pyèj *Don't say anything to her. She's hot-headed.* Pa di li anyen. Se pyèj li pyèj.

hot-pepper *n.* piman (bouk)

hot-tempered *adj.* chofe, gen san{cho/wo} *Don't argue with him; he's hot-tempered.* Pa fè diskisyon avè l. Se on moun ki gen san cho. *A hot-tempered guy is ready to fight about the tiniest thing that you tell him.* Moun ki chofe, nenpòt sa ou di li, li près pou batay.

hot-to-trot *adj.* antchoutchout *This hot-to-trot girl is always ready to go out with guys.* Ala fi antchoutchout, li toujou pare pou soti ak gason.

hot-water bottle *n.* bouyòt

hotbed *n.* **1**[*agr.*] platbann, semi **2**[*fig.*] sant aktivite

hotel *n.* otèl •"**hot pillow hotel**" [*where rooms are rented by the hour for amorous pursuits*] kay{makrèl/ mal}

hotel-keeper *n.* otelye

hothouse *n.* chanm cho

hotplate *n.* [*prepare cassava*] platin

hots *n.pl.* •**have the hots for** chofe nan dèyè *I noticed that you have the hots for my sister.* M wè ou chofe nan dèyè sè m lan.

hotshot *n.* maton

hound[1] *n.* •**basset hound** chen basèt

hound[2] *v.tr.* nan deng yon moun *She hounded me all day to let her hang out with her friends.* Li te nan deng mwen tout lajounen pou m kite al flannen ak zanmi li.

houngan *n.* •**experienced houngan** oungan temerè •**see a houngan to treat a hex** mete pye li nan dlo

hounsi *n.* •**lowest grade of hounsi** [*Vodou*] ousi bosal

hour *n.* è *They pay the workers by the hour.* Yo peye travayè yo pa è. **hours** *n.pl.* [*length of time*] èdtan, zè *In how many hours can you cover the distance?* Nan konbyen èdtan ou panse ou ka fè wout la? *She can remain waiting for several hours.* Li ka ret kanpe pou plizyè zèdtan. *I spend several hours waiting for you.* M pase plizyè zè ap tann ou. •**at an ungodly hour** lèrending *He came to get me at an ungodly hour.* Li vin chache m a lèrending. •at odd hours alè endiy, alèrendiy, alèrending *He's out in the street at odd hours, he's a devil.* Alè endiy sa a li nan lari a, li se djab. •at this hour lè sa a *At this hour, you're making noise?* Lè sa a pou w ap fè bri? •at this unduly hour asètsèzè *What are you doing in the streets at this unduly hour?* Sa w ap fè nan lari asètsèzè? •for four hours katrèdtan *I've been waiting for you for four hours.* M gen katrèdtan depi m ap tann ou. •for hours pou dezè *They've been waiting for hours!* Yo gen dezè y ap tann! •for one hour [*period, duration*] inèdtan •half an hour demi è •in one hour [*duration*] inè, inèdtan *She's coming back in one hour.* L ap tounen nan inèdtan. •per hour orè *This car can get up to two hundred kilometers per hour.* Vitès orè maksimòm machin sa a se de san kilomèt lè. •in three hours [*poultry disease*] twazè •quarter hour ka dè •two hours [*duration*] dezèdtan *He's been waiting here for you for two hours.* Li gen dezèdtan depi l ap tann ou la. •visiting hours lè vizit *You have to go during visiting hours.* Fò ou ale lè vizit. •within one hour [*duration*] inè •within eight hours [*duration*] uitè •within two hours [*duration*] dezè

hourly[1] *adj.* orè *The hourly rate is five dollars.* To orè a se senk dola.

hourly[2] *adv.* chak inèdtan, pa è *He's paid hourly.* Yo peye l pa è. *The nurse checked in on her hourly.* Chak inè d tan, mis la pase wè l.

house[1] *n.* 1[*building*] bati(s)man, kay, lakay, pòt devan *They have a large house that has as many as ten rooms.* Yo gen yon batisman ki gen menm dis pyès. *I'm building a house.* M ap bati yon kay. *She finally has her own house.* Li gen pòt devan l atò. 2[*home*] fwaye *Men usually think they are the boss in the house.* Gason toujou panse se li ki chef fwaye a. 3[*people in a house*] (la)kay *He woke up the whole house.* Li reveye tout kay la nèt. *Is there a doctor in the house?* Gen yon doktè nan kay la? •house of ill repute bòdèl, kafe, kay gwo manman •house that's not fully finished pyetatè •house with dirt floor kay tè •back part of house bout dèyè •big house chato •boarding house pansyon •dilapidated house barak •get out of the house bay yon moun kay (li) *I don't need you here, get*

out of my house. M pa bezwen ou la, ban m kay mwen. •good old house [*expression of endearment*] kwen kay •large house batiman •large impressive house ral kay •lodging house pansyon •mud-walled house kay tè •one-story house kay bas •pretentious house chato wayalach •rickety old house vilodwòm •small house kaz •stone or cement house kay (an) mi •thatched-roof house kay pay •tin-roofed house kay tòl •two-story house kay{chanmòt/balkon}

house[2] *v.tr.* abrite, ebèje, resevwa *A house that houses several families.* Yon kay ki abrite plizyè fanmi. *He also housed his friends.* Li ebèje zanmi l yo tou. *He's a good friend, he housed me for a few days.* Li se yon bon zanmi, li resevwa m lakay li pou kèk jou.

House of Deputies *prop.n.* [*Haitian*] Lachanm

House of Representatives *prop.n.* Lachanm

house-sitter *n.* gadò

houseboy *n.* gason lakou

housecleaning *n.* lapwòpte •do housecleaning fè ijyèn kay la *The maid does the housecleaning.* Bòn nan fè ijyèn kay la. •general housecleaning balewouze, baleyaj

household[1] *adj.* kò kay, menaje *The house needs many household essentials.* Kay la bezwen anpil atik menaje.

household[2] *n.* [*essentially those eating from the same family kitchen*] moun{kay/lakou} •head of the household kò kay *My mother is the head of the household.* Se manman m ki kò kay la. •huge household grann lakou •intimate member of household pitit kay

housekeeper *n.* 1[*gen.*] bòn menajè 2[*for a widower, bachelor, priest*] gouvènant

housemaid *n.* bòn

housewife *n.* fanm (la)kay

housework *n.* mennaj

housing *n.* lojman •housing development project site *The government built a new housing project for homeless people.* Gouvènman an bati yon nouvo site pou moun ki pa gen kay.

hovel *n.* kounabe, kounouk, mazi •noisy hovel {katye/ lakou}popoulo

hover *v.intr.* plannen *God's spirit hovers above me.* Lespri Granmèt la plannen sou do m.

how¹ *adv.* **1**[*in what way, by what means*] kijan, konsa, kouman (pou), mwayen *How are you called?* Kijan ou rele? *How do you turn it off?* Kouman pou ou fèmen li? *That's how you have to do it.* Se konsa ou pou ou fè l. *I'll see how I can help you.* M pral wè ki mwayen m ta fè pou m ede ou. **2**[*health, etc.*] kijan, kouman *How is your mother?* Kouman manman ou ye? *How do you feel after the accident?* Kouman ou santi ou apre aksidan an? *How are you?* Kijan ou ye? *How are you getting along in the job?* Kijan w ap boule nan travay la? **3**[*by what amount, degree, etc.*] jan, ki, kijan, konbe, men *Did you notice how tall she's grown?* Ou wè jan l grandi? *How old are you?* Ki laj ou? *Do you know how long he'll be there?* Ou konn konbe tan l ap fè? *How stupid you are, you can't do even simple multiplication.* Men ou sòt papa, ata menm yon ti miltiplikasyon ou pa ka fè. **4**[*that*] ke, jan *He told him how he saw her at the store.* Li di li ke li wè danm nan nan magazen an. *She told me how she had lied.* Li di m jan li bay manti. •**how are you** ban m nouvèl ou, ki bras ou, kijan ou ye •**how are you doing** e lekò •**how come** dekilakyèl [*fam.*], de ki prevyen,, ki fè, ki jan, kouman fè, sa k te gentan gen la *How come they didn't clean the house like I told them?* Dekilakyèl, yo pa t netwaye kay la jan m te di yo? *How come you didn't go to school today?* De ki prevyen ou pa al lekòl jodi a. *How come you didn't answer him although he said hi to you?* Ki fè ou pa reponn li kwak li di ou bonjou? *How come you weren't at the meeting?* Kouman fè ou pa t la nan reyinyon an? *We don't want to hang out with poor people anymore. —How come?* Nou pa mele ak pòv —Sa k te gentan gen la! •**how does one like sth.** {kijan/kouman}yon moun wè yon bagay *How do you like the car?* Kouman ou wè machin lan? •**how have you been lately** e kadè a *I haven't seen you in ages! How have you been lately?* M pa wè ou depi dikdantan! E kadè a? •**how is it going** e (vye) kò a, e lekò a *How is it going? Are you still bothered by rheumatism?* E vye kò a? Rimatis la ap fatige ou toujou? •**how is it that** ki fè, ki jan *How is it that you haven't done your homework.* Ki fè ou poko fin devwa ou a? •**how's it going** [*when s.o.*

is showing off] sa k gen nan lòj *You're such a show off! How's it going?* Ou antyoutyout twòp! Sa k gen nan lòj? •**how's that** ki sa, kouman *How's that? I didn't hear what you said.* Ki sa? M pa tande sa ou di a.

how² *conj.* jan, kouman *I remember how we used to talk for hours.* M chonje jan n te konn fè lontan ap pale. *I don't see how she can always be so cheerful.* M pa konprann kouman kè l fè toujou kontan konsa.

however¹ *adv.* kijan, magre, poutan, sepandan, toutjan *Do it however you please.* Fè l nenpòt kijan ou vle. *However hard she tried, she still couldn't remember.* Magre tout efò li mete, li toujou pa t ka sonje. *He did the best he could; however, the judges remained unimpressed.* Li mete pi miyò efò li a, epoutan jij yo pa t enpresyone. *That doesn't bother women, however most men can't stand it.* Sa pa deranje danm yo, sepandan msye yo pa ka sipòte li menm. *You can do that however you want.* Ou ka fè sa tout jan.

however² *conj.* ala, epoutan, jan, men, mèzalò, tansèlman *You think she'll lend you the money, however I know that she won't do this at all.* Ou kwè l ap prete ou kòb la, ala m konnen li p ap fè sa menm! *I like her, however, she can be moody sometimes.* M renmen li, epoutan gen dèfwa li ka move. *We're good friends, however, I can't condone what she did.* Nou se bon zanmi, men m pa ka dakò ak sa l fè a. *I need to sell my car, however, that won't help me pay the rent.* M bezwen vann machin mwen an, mèzalò sa pa p ede m peye kay la. *Enjoy your life as much as you can, however don't forget there's a tomorrow.* Jwi lavi ou jan ou kapab, tansèlman pa bliye gen demen.

howl¹ *n.* rèl

howl² *v.intr.* [*dog that supposedly senses an evil spirit*] wouke *The dog howled all night.* Chen an wouke tout lannuit.

howling *n.* woukay

hub *n.* [*of a wheel, etc.*] mwaye, pin

hubbub *n.* bourara, bouyay, espektak, kabal, kabouya, vakam, vòksal *I hear a lot of talking upstairs, what hubbub is going on?* M tande anpil pale anwo a, ki espektak ki gen la a?

hubcap *n.* kapo wou

huddle *v.intr.* kole kò li, mete tèt ak *If you're cold, huddle up close to me.* Si ou frèt, kole kò ou bò kote m. *She huddled with the other person, so biting was the cold.* Li mete tèt ak lòt la tank fredi a min. •**huddle up** akokiye kò li *She huddles up because she's cold.* L akokiye kò l poutèt li frèt.

hue¹ *n.* [*color*] tenti

hue² *n.* [*clamor*] •**have a hue and cry** leve boukliye *The people made a hue and cry against the rising food prices.* Pèp la leve boukliye kont pri manje a ki t ap moute.

huff *n.* •**huff and puff** soufle anlè •**in a huff** sou chimè li

hug¹ *n.* akolad, anbrasay •**give a hug** kwoke *Come and give me a hug, child.* Vini m kwoke ou, pitit mwen.

hug² *v.tr.* anbrase, bay akolad, kwoke *He hugged his sister before she took the plane.* Li anbrase sè l anvan l pran avyon. *They hugged each other.* Yo bay yon akolad. *Come and give me a hug, child.* Vini m kwoke ou, pitit mwen.

huge *adj.* alounmandja, gwo{bit/tonton}, kokenn (chenn), kòlòs, mal, manman (penba), manpenba, michan, mons, papa, pilbowo, pyès, sèl, tay, tonbolokoto, vas, vòksal *His head is huge!* Gade gwo bit tèt nèg la! *Her father left her a huge amount of money.* Papa l mouri kite yon alounmandja kòb pou li. *She owns a huge house.* Li gen yon gwo tonton kay. *The woman gave birth to a huge child who weighed nine pounds.* Fi a fè yon kokennchenn pitit ki peze nèf liv. *She built a huge house.* Li bati yon manman kay. *This song has had a huge success.* Chante sa a gen yon siksè mons. *He caught a huge fish.* Li pran yon papa pwason. *He has a huge house.* Li gen yon pilbowo kay. *That girl will become a huge woman.* Pitit sa a ap fè yon pyès fanm. *Look at the really huge woman who is coming toward us.* Gade gwosè yon tay fanm k ap vini la. *She built a huge house.* Li bati yon tay kay. *He's building a huge house.* L ap bati yon tonbolokoto kay. *She has a huge house on her farm.* Li gen yon vòksal kay nan bitasyon l. *This lot is huge.* Teren sa a vas. •**huge person** kòlòs, mons *John is a huge man.* Jan se yon kòlòs gason. •**really huge** tay *Look at the really huge head that kid has.* Gade yon tay tèt ti tonton an genyen.

hugely *adv.* grannman

hugging *n.* anbrasad, anbrasman

huh *interj.* en *Huh, what are you saying?* En, sa ou di la?

hula *n.* woula

hull¹ *n.* 1[*of a ship*] karèn 2[*shell of peas, etc.*] gous, po

hull² *v.tr.* [*corn, peas, etc.*] kale *We haven't hulled the beans yet.* Nou po ko kale pwa a.

hum¹ *n.* 1[*machine, voice*] wonf 2[*insect*] vonvon, wonwon

hum² **I** *v.tr.* [*tune, etc.*] fredonnen *She doesn't know the words of the song, but she hums it.* Li pa konnen mo yo ki nan chante a, men li fredonnen l. **II** *v.intr.* 1[*machine, etc.*] dòmi, wonfle *The lawnmower is humming softly now.* Tondèz la ap dòmi dousman kounyeya. *Look at how the top hums.* Gad ki jan topi a wonfle. 2[*insects, etc.*] vonvonnen, wonwonnen *The bees are humming.* Myèl yo ap vonvonnen.

human¹ *adj.* imèn, moun *They dug up a human skull in the yard.* Yo detere yon zo kràn imèn nan lakou a. •**human being** imen, kretyen vivan, moun, pechè latè, vèditè [*Vodou*], vivan •**human rights** dwa moun

human² *n.* imèn, moun, pechè latè *People who are human don't have the heart to commit a crime.* Moun ki imèn p ap gen kè pou l fè krim. *All humans will eventually die.* Tout pechè latè gen pou mouri. •**fellow human** pwochen, sanblab *We must respect our fellow humans.* Se pou n renmen pwochen nou.

humane *adj.* imanis, imen *Prisoners need humane treatment.* Prizonye yo bezwen trètman imanis.

humanitarian *adj.* imanis, imanitè

humanities *n.pl.* syans{imèn/zimèn}

humanity *n.* limanite

humble¹ *adj.* [*person*] enb, modès, san pretansyon, tou piti *You have to be humble before God.* Fòk ou tou piti devan Bondye. •**humble person** demwatye *I'm not the boss, I'm just a humble person.* Se pa bòs mwen ye, mwen se demwatye.

humble² *v.tr.* bese, vin tou piti, rabese *If you humble yourself, God will lift you up.* Si ou bese ou, Bondye va leve ou. *You need to humble yourself when you receive an honor.* Se pou ou vin tou piti lè y ap onore ou. •**humble**

o.s. imilye li *Humble yourself before God.* Imilye ou devan Bondye.

humbling *n.* rabèsman

humdinger *n.* pete fyèl, siyekole

humerus *n.* gwo zo ponyèt

humid *adj.* imid *It's humid outside. Don't go out barefoot.* Deyò a imid, pa soti pye atè.

humidity *n.* imidite

humiliate *v.tr.* abese, avili, degrade, fè yon moun {malonnèt/wont}, {fè/pran}yon moun sèvi bwa dan li, imilye, mete yon moun ba, pilonnen, pyetinen, rabese, vekse *Our team humiliated the other one four to zero.* Ekip pa n avili lòt la kat a zewo. *When you humiliate people like that, you make them feel ashamed.* Lè ou abese moun konsa, ou fè yo wont. *I won't let you humiliate me like this.* M p ap kite ou degrade m konsa. *She humiliated the child in public.* Li fè pitit la malonnèt an piblik. *She humiliated me in front of people.* Li fè m wont devan moun yo. *Why do you humiliate the child like that?* Pouki ou mete pitit la ba konsa? *Don't humiliate the child.* Pa pyetinen pitit la. *The girl isn't your rival, why do you want to humiliate her?* Fi a pa kotri ou, pouki ou vle rabese l? *You humiliated me in front of people.* Ou vekse m nan mitan moun. *The teacher humiliated me in front of the class.* Pwofesè a fè m sèvi bwa dan li devan klas la.

humiliated *adj.* mòtifye *The woman felt humiliated when she was caught stealing.* Madanm nan santi l mòtifye lè yo kenbe l ap vòlè a.

humiliating *adj.* abesan, degradan, imilyan, veksan *The humiliating remarks hurt her.* Pawòl abesan sa yo choke l. *His mother made a humiliating remark to the teacher.* Manman ni fè yon pawòl abesan bay mèt la.

humiliation *n.* endiyasyon, imilyasyon *It's a humiliation that he'll carry to the grave.* Se endiyasyon sa k ap pote li anba tè. *Kneeling before anyone is the worst humiliation possible.* Zafè mete ajnou douvan moun se pi gwo tèt bese sa ta ka ye. •**full of humiliation** imilyan *The life of poor people is full of humiliation.* Lavi malere imilyan.

humility *n.* imilite, modesti

hummingbird *n.* kolibri, wanganègès, zwazo {sousaflè/wanga}

humongous *adj.* gwo{manman/papa/tonton}, manmanpenba

humor *n.* 1[*mood*] imè *My dad got up with all his good humor today.* Papa m leve ak tout bon imè l jodi a. 2[*comic intent*] blag, plezantri •**in a bad humor** {an/sou} chimè,

humorist *n.* fawouchè

humorous *adj.* rizib *He's a humorous boy, he always makes people laugh.* Tigason rizib sa a, se toutan l ap fè moun ri.

hump[1] *n.* bòs, bosko, boul, douk, kòlbòsò

hump[2] *v.tr.* [*vulg.*] kraze *You humped the girl, you made her pregnant.* Se ou ki te kraze fi a, se pou ou l ansent.

hunch[1] *n.* lide •**have a hunch** lide yon moun di l *I had a hunch it wouldn't work.* Lide m di m sa p ap mache.

hunch[2] *v.tr.* bosi *Don't hunch your back like that!* Pa bosi do ou konsa! •**hunch down** sere kò li *He hunched down so he wouldn't feel the blows.* Li sere kò li pou l pa santi kou yo. •**hunch up** [*back*] akokiye *The cat hunched up its back when it got scared.* Chat la akokiye kò li lè li te gen krentif.

hunchback *n.* bosi, bosko, boul nan do, do chamo

hunchbacked *adj.* bosi *He's hunchbacked.* Li gen do bosi.

hunched over *adj.* anmandreng *He's all hunched over, don't you see how his back is stooped.* Li se yon moun anmandreng, ou pa wè jan do l koube.

hundred *num.* san •**about/approximately one hundred** santèn

hundreds *num.* santèn *There are several hundreds of books in the library.* Gen plizyè santèn liv nan bibliyotèk la.

hundredth *adj.* santyèm

hung *adj.* •**be well hung** byen manbre *That guy is well hung!* Nèg sa byen manbre papa!

hunger[1] *n.* dizèt, (la)fen, grangou *I'm dying of hunger.* Grangou ap touye m. *Hunger has overtaken him.* Lafen an pran li. *Hundreds of people are dying of hunger every day.* Gen dè santenn de moun k ap mouri chak jou poutèt dizèt manje a. •**hunger pain** gaz, trip{kòde/tòde} *I have to eat, I have a sharp hunger pain!* Fò m manje, m gen anpil gaz! •**pang of hunger** frengal •**sharp hunger**

pain gaz *I have to eat, I have a sharp hunger pain!* Fò m manje, m gen anpil gaz!

hunger² *v.intr.* grangou *He hungers to learn.* Li grangou aprann.

hungry *adj.* grangou *I'm really hungry!* M grangou toutbon! •**hungry or famished person** djòl pa gou •**be always hungry** gen tiloulout *Food is never enough for him because he's always hungry.* Manje pa janm ase pou li, poutèt li gen tiloulout. •**be hungry** batri ba, grangou *I'm hungry, give me something to eat.* Batri m ba, ban m yon ti manje. *I'm hungry.* M grangou wi. •**be ravenously hungry** lestonmak yon moun ap vire lanvè *He's so ravenously hungry, if we don't give him the food right away, he will faint.* Jan lestomak li ap vire lanvè a, si nou pa ba l manje a rapid, l ap tonbe wi. •**be really hungry** bat grangou, mouri{grangou/ak lafen/de fen}, vannivan *I'm really hungry right now.* M ap bat grangou kounyeya. *Since yesterday, we've been really hungry.* Depi ayè, n ap vannivan.

hunk¹ *n.* [*large piece*] gwo moso

hunk² *n.* [*good looking man*] {bèl/michan/potorik} gason

hunker down *v.intr.* {kare/table}kò li *They just announced a hurricane. We have to hunker down.* Yo fèk anonse siklòn, Fòk nou kare kò nou an.

hunt¹ *n.* lachas

hunt² *v.tr.* **1**[*animals, etc.*] chase, fè lachas *It's at night that bats hunt.* Se lannuit chòdchòd chase. *He hunts to survive.* Li fè lachas pou l viv. **2**[*search for*] bouske, chache *I've been hunting for a job for two months.* M gen de mwa depi m ap chache yon travay. *I've been hunting for my socks everywhere.* M ap bouske chosèt mwen yo toupatou, m pa jwenn li.

hunter *n.* chasè

hunting *adj.* chas, lachas *I need a hunting rifle.* M bezwen yon fizi chas.

hunting *n.* lachas •**go hunting** ale lachas *He went hunting, but he forgot his gun.* Li ale lachas, men l bliye fizi l.

hurdle *n.* obstak

hurl *v.tr.* **1**[*throw*] jete, lanse, voye anlè *She hurled the stone.* Li voye wòch la anlè. *He hurled the book across the room.* Li jete liv la atravè chanm lan. **2**[*insults, obscenities at s.o.*] bonbade *The fish vendor hurled obscenities at*

me. Machann pwason an bonbade m ak mo sal. •**hurl as a group against s.o.** fè kò sou yon moun *All the people in the neighborhood hurled themselves against the thug.* Tout moun nan katye a fè kò sou zenglendo a. •**hurl down** fese atè *He hurled her down on the ground.* Li fese li atè. •**hurl o.s.** jete kò li *She hurled herself at the thief when he came in the door.* Li jete kò li sou vòlò a lè l pase nan pòt la. •**hurl to the ground** frape atè *She lifts it the height of her head and she hurls it to the ground.* Li leve l wotè tèt li, li frape l atè.

hurly-burly *n.* deblozay

hurrah *interj.* [*applause*] bravo

hurricane *n.* siklòn, tan *They put out a hurricane warning.* Yo anonse siklòn. *There's a hurricane, don't go out to sea.* Gen yon tan deyò a, pa pran lanmè non.

hurriedly *adv.* prese prese *We had to do it hurriedly.* Nou te oblije fè l prese prese. •**do sth. hurriedly** kouri *They crossed the street hurriedly.* Yo kouri travèse lari a.

hurry¹ *n.* hat, prese •**be in a hurry** gen yon mache prese *He's in a hurry because he needs to pee.* Msye gen yon mache prese paske pipi kenbe l. •**go in a hurry to** pike *The dog saw the food and went in a hurry to eat.* Annik chen an wè manje a, li pike sou li. •**in a hurry** alahat, pa pye pa tèt, prese *Why are you in a hurry like that like that?* Poukisa ou alahat konsa? *The work is late, we need to finish it in a hurry.* Djòb la an reta, nou bezwen fini l pa pye pa tèt. *He's always in a hurry.* Li toujou prese.

hurry² I *v.tr.* kouri, mete mache prese nan kò yon moun, prese *Don't hurry me!* Pa vin met mache prese nan kò m! *They hurried him to the doctor.* Yo kouri li kay doktè a. *You don't need to hurry your meal.* Ou pa bezwen prese manje non. II *v.intr.* ale prese, depeche li, fè {cho/dilijans/esprès}, kouri, leve {pye/talon}li, pik, prese *I have to hurry up and finish.* M bezwen ale prese pou m fini. *We need to hurry.* Fò n fè cho. *Hurry up, we have to leave.* Depeche ou vit pou n ale. *If we don't hurry, we'll never arrive in time.* Si nou pa fè dilijans, nou p ap rive a tan. *Let's hurry and get going, it's getting late.* Fè eksprès pou n ale, men lè a rive sou nou. *Hurry and cross the bridge before the water rises.* Kouri sote pon an anvan dlo a desann. *Hurry up, we're late.* Leve talon ou, nou an reta. *Hurry up so we'll get the job done.* Leve pye n pou n fini travay la. *We're hurrying, we can't stay.* N a pik la, nou pa fouti kanpe. *If you don't hurry up we will be late.* Si ou pa prese, n ap an reta. •**hurry back** prese tounen *They hurried back home.* Y ap prese tounen lakay yo. •**hurry to do sth.** peze *Let's hurry to finish the job.* Peze desann pou n fini travay la. •**hurry toward** pike *As soon as he walked in, he hurried toward the table.* Annik li antre, li pike sou tab la. •**hurry up** annou wè, degaje li, depeche li, fè{cho/prese/vit}, souke kò li *Hurry up, hurry up, it's getting late.* Annouwè, annouwè, annouwè, l ap ta. *Hurry up, we're late.* Degaje ou, nou an reta. *Hurry up, we have to leave.* Depeche ou vit pou n ale. *If we don't hurry up, we'll miss the bus.* Si n pa fè prese, n ap rate bis la. *Hurry up! I want to go home.* Souke kò ou! M vle al lakay la. *Hurry up, it's time.* Fè cho fè cho, lè a rive.

hurt[1] *adj.* [*injured*] blese, pran chòk *Did you get hurt in the accident?* Ou pran chòk nan aksidan an? *My ankle is hurt.* Chevi mwen blese. •**get hurt** *a*[*injured*] pran yon bòt, pran zo *He got hurt on the step of the staircase while he was climbing it.* Li pran yon bòt nan mach eskalye a, etan l ap monte l. *He got hurt falling off the ladder.* Li pran yon zo lè li tonbe nan nechèl la. *b*[*sports*] pran yon zòk *He got hurt in the soccer game.* Li pran yon{zo/zòk} nan jwèt boul.

hurt[2] *n.* **1**[*gen.*] mal **2**[*child language*] bobo

hurt[3] *v.tr.* **1**[*physical damage, pain*] ando(n)maje, deranje, do(n)maje, estwopye, fè yon moun mal, manjezon, mòde, pike, vant yon moun tranche l, viktim *My tooth hurts.* Dan m ap fè m mal. *The police hurt the man.* Lapolis andomaje misye. *He hurt his hand as he fell down.* Li deranje men l nan tonbe a. *Watch out that the broken glass on the ground doesn't hurt you.* Veye zo ou pou zenglen atè a pa estwopye ou. *My foot hurts, it hurts me a lot.* Mwen gen yon manjezon nan pye, li fè m mal anpil. *When you pinch me, it hurts me.* Lè ou pencheng mwen, sa pike m. *My leg hurts.* Kwis mwen ap mòde m. *If someone lifts*

his hand against me, I'll hurt him. Depi yon moun leve men sou mwen, m ap viktim li. *My belly really hurts.* Vant mwen ap tranche m. **2**[*mentally, emotionally*] deranje, fè yon moun {lapenn/mal}, frape, fwase, nwi, pase razwa anba pye li *It hurts me when you talk like that.* Sa deranje m lè ou pale konsa. *It hurt me a lot when I heard that she lost her father.* Sa te frape m anpil lè m tande l pèdi papa l. *His words hurt me.* Pawòl li yo fwase m. *Those words hurt her mother.* Pawòl sa yo fè manman l lapenn. *Whenever you blame somebody, you hurt him.* Chak lè ou repwoche yon moun, ou nwi l. *You are so sad, it seems that Jules hurt you.* Jan ou tris la, sanble Jil pase razwa anba pye ou. **3**[*damage career, reputation*] nwi *All of the talk has hurt my reputation.* Tout pale anpil sa yo gentan nui repitasyon mwen an. •**hurt intermittently** [*pain*] lanse *The pain hurts me intermittently.* Doulè a ap lanse m. •**hurt one's back** pete ren li *Stop lifting the water drum so that you don't hurt your back.* Pa kontinye leve doum dlo pou sa pa pete ren ou. •**hurt o.s. in an effort to do sth.** pete ren li *I hurt myself trying to lift the box.* Mwen pete ren mwen nan leve bwat la. •**hurt s.o.'s back** deranche *By throwing the child up and down, she hurt the child's back.* Nan leve pitit la voye l anlè, li deranche l. •**hurt s.o.'s feelings** (r)antre nan santiman yon moun, blese, di yon moun de twa verite *She hurt the guy's feelings.* Li rantre nan santiman nèg la. *The words she said hurt his feelings.* Pawòl li di l yo blese l. *I'm going to hurt his feelings because he hurt mine.* M pral di l de twa verite paske li blese santiman m. •**hurt s.o.'s pride** (r)antre nan santiman yon moun *When he said that I wasn't capable, it hurt my pride.* Lè li di mwen m pa kapab, sa rantre nan santiman mwen. •**hurt s.o.** *a*[*fig.*] manje *What she did to me really hurt me.* Sa l fè m la manje m. *b*[*sports*] bay yon moun yon{zo/zòk} *The goalie hurt the forward.* Gadyen an ba atakan yon zòk.

hurtful *adj.* blesan, fwasan *These words are hurtful, they make me cry.* Pawòl sa yo blesan, yo fè m kriye. *What she said was very hurtful, she hurt my feelings.* Sa l di a fwasan anpil, se santiman m li atake.

hurtle I *v.tr.* **1**[*throw*] lanse, voye *He hurtled the book at her.* Li lanse liv la sou li. *She hurtled the lamp on the floor.* Li voye lanp lan atè. **2**[*jump*] sote *She hurtled the fence.* Li sote kloti a. **II** *v.intr.* file, fonse *The car is hurtling down the street.* Machin nan ap file desann lari a. *The car hurtled toward the telephone pole.* Machin lan fonse sou poto elektrik la

husband *n.* mari, mesye •**common-law husband** nonm, papa pitit *She has been married to her common-law husband for fifteen years.* Sa fè li kenz lane depi li marye ak papa pitit li. •**domineering husband** tèt kaderik •**henpecked husband** [*often refers to a cuckold*] koyo

hush¹ *n.* silans

hush² *interj.* dakoukou [*quiet a baby*], pe, silans

hush³ I *v.tr.* [*silence s.o.*] kadnase bouch yon moun, pe *Hush your mouths!* Pe bouch nou! *Go inside and hush those kids up for me.* Al anndan kadnase bouch timoun yo pou mwen. **II** *v.intr.* [*be quiet*] pe, pe la *Hush up!* Pe la! •**hush sth. up** [*keep sth. secret*] sere *She was trying to hush it up so I wouldn't know.* Li t ap sere sa pou m pa konnen.

husk¹ *n.* **1**[*plant covering, shell*] pay, po **2**[*of grain, usu. millet*] zètòk •**corn husk** {pay/tèt}mayi •**rice husk** tèt diri

husk² *v.tr.* [*corn*] degrennen, kale, pile *They're going to husk the corn.* Y ap degrennen mayi a. *Will you help husk the corn?* Ou ap ede kale mayi a? *Let's husk the rice.* Ann pile diri a.

husky *adj.* potorik *That child will become a husky man!* Pitit sa a ap fè yon potorik gason!

hussy *n.* fi{efwonte/frekan/radi}, renn

hustle I *v.tr.* **1**[*hurry*] bouskile, kouri *I won't be hustled into making a decision.* Yo pa ka bouskile m fè yon desizyon. *They hustled her to the doctor.* Yo kouri ak li kay doktè a. **2**[*con, cheat*] koupe kou yon moun, pran yon moun nan fil *The salesperson hustled her.* Konmi an koupe kou li. *They hustled him out of all his money.* Yo pran nèg la nan fil pou tout lajan li. **3**[*prostitution*] fè wete mete *She hustles men all day long.* Tout jounen l ap fè wete mete. **II** *v.intr.* [*hurry*] gouye *You have to really hustle at this job.* Fòk ou gouye nan travay sa a.

hustler *n.* bakoulou, mètdam

hut *n.* **1**[*gen.*] choukoun, kay, kaz, kounouk **2**[*one-room grass shelter*] ajoupa, joupa •**grain storage hut** kolonbye

hutch *n.* kaj lapen

hyacinth *n.* jasent

hybrid *adj.* ibrid *It's a corn hybrid.* Se yon mayi ibrid.

hybrid *n.* ibrid

hydrangea *n.* òtansya

hydrant *n.* •**fire hydrant** bouch (d) ensandi, vàn

hydraulic *adj.* idwolik

hydrocele *n.* [*med.*] gwo{grenn/lenn}, madougou [N], maklouklou, ti kalbas

hydrochloric acid *n.* asid kloridrik

hydroelectric *adj.* idwoelektrik •**hydroelectric power** kouran idwoelektrik

hydrogen *n.* idwojèn •**hydrogen peroxide** dlo oksijene

hydrometer *n.* idwomèt

hydroplane *n.* idravyon

hydroxide *n.* idwoksid

hyena *n.* yèn

hygiene *n.* ijyèn

hygienic *adj.* ijenik, sanitè *Boiling water is a hygienic practice.* Bouyi dlo se yon pratik ijenik.

hymen *n.* fil, filèt, imèn, pèkal, vwal (twou pati fi)

hymn *n.* kantik, ochan

hyperactive *adj.* about ak kò li, antyoutyout *That kid is hyperactive.* Ti tonton sa a antyoutyout anpil. •**hyperactive and destructive child** brizfè

hyperbola *n.* [*math*] ipèbòl

hypertension *n.* ipètansyon, tansyon

hyperthermia *n.* dekonpozisyon gwo chalè

hyperventilation *n.* opresyon

hyphen *n.* ti tirè, ti trè, tirè

hypnotist *n.* ipnotizè

hypnotize *v.tr.* andòmi, ipnotize *The Vodou priest hypnotized him in order to give him supernatural powers.* Oungan an andòmi l pou l pase l pwen an. *The psychologist hypnotized him.* Sikològ la ipnotize l.

hypocrisy *n.* ipokrizi, maskarad, woule m de bò *You can't live in hypocrisy, serving two masters at the same time.* Ou pa ka nan maskarad sa a, pou w ap sèvi de mèt an menm tan.

hypocrite *n.* **1**[*gen.*] farizyen, gad palè, ipokrit (karesan), jidayis, jouda karesan, kouto{famasi/de bò}, {liten/louten}ak bab, mazimaza, mòdantrèt, mòdesoufle, rat{mòde/mòdesoufle}, sent nitouch [*fem.*], soufle mòde, tanbou de bounda, woule m de bò *These people are hypocrites.* Moun sa yo se soufle mòde yo ye. *I hate him, he's such a hypocrite!* M rayi l, li ipokrit twòp. *I don't trust you, you're a hypocrite.* M pa fè ou konfyans, ou se kouto de bò. *When are you going to stop acting like a hypocrite?* Ki lè w ap kite mazimaza? *Don't have anything to do with this guy, he's a hypocrite.* Pa annafè ak nèg sa, se yon woule m de bò li ye. *That hypocrite jokes with you, then she calls you names when you aren't there.* Sent nitouch la ap ri avèk ou, enpi l ap trete ou tou non lè ou pa la. **2**[*politics*] fo tèt, tèt kòk bounda pentad •**be a hypocrite** voye wòch kache men *What I'm saying, I can say it in front of him as well because I'm not a hypocrite.* Sa m ap di la a, m ka di l devan l tou paske m pa nan voye wòch kache men. •**pious or saintly hypocrite** [*pej.*] ti Jezi nan po krab

hypocritical *adj.* (a) de fas, ipokrit, kont kò li, mòdesoufle *He's a hypocritical person.* Li se yon moun a de fas. *A hypocritical person is a two-edged knife.* Moun ipokrit se kouto de bò. *Watch out for those hypocritical people.* Veye ou ak moun mòdesoufle sa yo. •**be hypocritical** gen de lang, voye wòch kache men, woule de bò *If you're not hypocritical, you can't get along with these people at all.* Si ou pa nan woule de bò, ou p ap ka boule ak moun sa yo non. *When you say that you're being hypocritical.* Ou gen de lang lè ou di sa. *You're being hypocritical when you say one thing and do another.* Lè ou di yon bagay epi fè yon lòt ou ap voye wòch kache men.

hypocritically *adv.* ipokritman *We're dealing with them hypocritically.* N ap boule ak yo ipokritman.

hypotenuse *n.* [*math*] ipoteniz

hypothesis *n.* ipotèz, sipozisyon

hysteria *n.* atak nè, kriz de nè, sezisman

hysterical *adj.* about, tonbe kriz *She became hysterical when she heard about the death.* Lè l pran nouvèl lanmò a, l tonbe kriz. *He was hysterical about getting home on time.* Li te about pou l rive lakay la alè.

I

I *pro.* m, mwen *I don't want to go.* Mwen pa vle ale. *I can do it by myself.* M kab fè l pou kont mwen.

ibis *n.* ibis, krabye, gad bèf, valet •**glossy ibis** ibis pechè •**white ibis** ibis gan blan

ice¹ *n.* glas •**crushed ice** glas kraze •**grated ice covered with flavored syrup** fresko •**put on ice** *a*[*a drink*] frape *Put the beer on ice for me.* Mete byè a frape pou mwen. *b*[*table a conversation, argument, etc.*] kraze yon kite sa, ranvwaye *I can see we don't agree. Let's put it on ice.* M wè nou pa ka dakò. Ann kraze yon kite sa. *We need to reflect on your proposal. Let's put it on ice until next month.* N ap bezwen reflechi sou lide ou. Ann ranvwaye sa pou mwa pwochen nan.

ice² *v.tr.* [*cake, etc.*] glasiye *Are you going to ice the cake?* Ou va glasiye gato a?

ice cream *n.* •**ice cream** krèm •**chocolate-coated ice cream** Eskimo **dip of ice cream** glason

ice-cold *adj.* byen frape, deglase *Give me an ice-cold beer.* Ban m yon byè byen frape. *Take the water out of the fridge so it won't be ice-cold.* Wete dlo a nan frijidè a pou li ka deglase.

ice-maker *n.* glasyè

ice-skate *n.* paten (sou) glas

ice-skating *n.* patinaj sou glas

icebox *n.* glasyè

iced *adj.* [*drink, etc.*] frape, glase *You can buy this cola, it's nicely iced.* Ou mèt achte kola sa a, li byen frape. *I'd like to drink a nice iced cola.* M ta bwè yon bon kola glase.

icing *n.* [*on a cake, etc.*] glas, glasaj, glasi, nèj

icy *adj.* 1[*wind, weather, etc.*] glase *An icy wind.* Yon van glase. 2[*unfriendly stare, tone, etc.*] frèt *He looked at her with an icy stare.* Li gade li avèk yon rega frèt.

ID *prop.n.* •**show one's ID** identifye li *You have to show your ID before you enter.* Ou bezwen idantifye ou anvan ou antre a.

idea *n.* 1[*conception, understanding, thought*] lide, panse *He has good ideas.* Misye gen bèl panse. *I've got a good idea of what she might like.* M gen yon lide sa l ka renmen. 2[*feeling, suspicion, etc.*] lide *I have an idea that she might drop by.* Lide m di m li ka pase. 3[*opinion*] lide, opinyon *She has some strange ideas about raising children.* Li gen yon pakèt lide dwòl sou leve timoun. *His idea is to leave in the morning.* Opinyon li menm se pou nou kite nan maten. *They met in order to exchange ideas.* Yo reyini pou yo brase lide. 4[*intention*] lide *She doesn't have the idea of marrying.* Li pa gen lide marye. •**bright idea** bèl lide •**get the idea** konprann *That's not what I meant. You got the wrong idea.* Se pa sa m te vle di. Ou konprann sa mal. •**incoherent idea** voye monte *His speech is full of incoherent ideas.* Diskou li a chaje ak voye monte. •**what's the (big) idea** sa k genyen, ki dwa li, kisa ki pase nan tèt yon moun *What's the big idea calling me so late?* Sa k genyen ou rele m ta konsa? *What's the big idea telling my mom I didn't go to school today?* Kisa ki pase nan tèt ou pou ou al di manman m m pa t al lekòl jodi a? •**what an idea** [*irony*] ala bon ou bon *What an idea! Why are you stuck with that inappropriate idea, man!* Ala bon ou bon! Kot ou bare ak lide depaman sa a papa? •**stupid ideas** kochonste *What kind of a stupid idea is that!* Ki kochonste sa a!

ideal¹ *adj.* ideyal, touskilfo *He's looking for an ideal girl to marry.* Li bezwen yon fi touskilfo pou l marye.

ideal² *n.* ideyal

ideally *adv.* 1[*perfectly*] byen bon, fèt pou *This field would be ideally suited for soccer.* Teren sa a ta byen bon pou foutbòl. *She's ideally suited for the job.* Li fèt pou travay sa a. 2[*preferably*] depreferans *Ideally, you wouldn't take that route.* Ou pa ta pran wout sa a depreferans.

identical *adj.* 1[*exactly alike*] egal, menm, menm{jan/ parèy}, sanble tèt koupe ak *They're not related, but they look identical.* Yo pa fanmi, men yo sanble tèt koupe. *Your glasses are almost identical to mine.* Linèt ou a prèske menm jan ak pa m lan. *These two poles aren't identical.* De poto yo pa egal. *They're two identical persons.* Yo se de moun menm parèy. *I think that these two reds are identical.* M wè de koulè wouj sa yo menm. 2[*the very same*] menm *This is the identical taxi I took before.* Se taksi sa a menm m te pran anvan.

identically *adv.* egal, menm parèy *Cut the two pieces of fabric identically.* Koupe de mòso twal yo egal. *Those twins are dressed identically.* Marasa sila yo abiye menm parèy.

identification *n.* idantifikasyon

identify I *v.tr.* 1[*recognize*] idantifye, rekonnèt *Try to identify the sources of your anxiety.* Eseye idantifye sous enkyetid ou yo. *I won't be able to identify him if I see him.* M pa p rekonnèt li si m wè l. 2[*name*] fè kont, idantifye, konsidere, revele *We identified several solutions.* Nou fè kont plizyè solisyon. *She identified him as her attacker.* Li idantifye msye kòm agresè a. *Many people identify him as the best player on the team.* Anpil moun konsidere l kòm pi bon jwè nan ekip la. *The police haven't identified any of the suspects yet.* Polis la poko revele idantite sispèk yo. 3[*discover*] dekouvri *They still haven't identified the cause of death.* Yo poko dekouvri kòz lanmò a. 4[*stand out, mark out*] di, idantifye *His accent identified him as a Frenchman.* Se aksan li ki di nou se Fransè li ye. *She wore a red blouse to identify herself.* Li pòte yon kòsay wouj pou idantifye tèt li. 5[*on a graph, etc.*] repere *Can you identify Haiti on a map?* Ou ka repere Ayiti sou kat la? **II** *v.intr.* [*with s.o. or sth.*] senpatize avèk *He identified with the terrorists.* Li senpatize avèk teworis yo. •**identify o.s.** idantifye li, idantifye tèt li *Identify yourself before you get in.* Idantifye ou anvan ou antre.

identity *n.* idantite

ideological *adj.* ideyolojik *What are the ideological persuasions of your church?* Ki tandans ideyolojik legliz ou?

ideologue *n.* ideyològ

ideology *n.* ideyoloji

idiot *n.* baba, bègwè, egare, moun sòt, gaga, idyo, idyòt [*fem.*], je pete klere, kon, kreten, kretin [*fem.*], malbourik, mazèt, nigo, pèditèt, poul

idiotic *adj.* fou, idyo *That idiotic guy never understands anything.* Nèg idyo sa a pa janm konprann anyen. *That's an idiotic thing to say.* Sa ou di la se bagay fou ou ap di.

idle[1] *adj.* 1[*person*] aladriv, aryennafè, bra kwaze, dezevre, envalib, fenyan, kataplanm, kwaze bra, rete chita kwaze pye, rete (de) bra kwaze, wazif *He's been idle ever since he lost his job.* Li aladriv depi lè li pèd travay li. *Everybody must help to put out the fire, don't remain idle.* Tout moun dwe met men pou tenyen dife a, pa chita kwaze pye n. *The world is full of idle people.* Lemonn chaje ak moun ki dezevre ladan. *What an idle person, he walks around aimlessly all day.* Ala kot moun envalib, tout jounen l ap mache pou grenmesi. *You can't stay idle like that.* Ou pa ka ret wazif konsa. 2[*not operating, working*] kanpe *The plant is idle because they're out of fuel.* Izin lan kanpe, paske pa gen gaz. 3[*futile, vain*] frivòl *Don't make idle promises.* Pinga ou bay pawòl frivòl. •**idle person** moun aryennafè, zwav •**be idle** chita sou{lorye/wozèt}li, gen bontan, pa fè ni be ni se, pandyannen *He's idle, he does nothing around the house.* Li chita sou wozèt li, li pa fè anyen nan kay la. *He's idle, he refuses to do the work that people give him.* Misye ap pandyannen, li refize fè travay moun yo.

idle[2] *v.intr.* 1[*driving slowly*] oralanti *The driver is idling the car down the street.* Chofè a ap kondi machin nan oralanti sou wout la. 2[*let the motor turn*] mache, kouri *Start it and let the motor idle for a while.* Estat li, epi kite motè a fè yon bon ti moman ap mache.

idleness *n.* bontan, kalbenday

idler *n.* aladriv, dezevre, eskoubin, kataplanm, kòsmòtcho, lapousa, mizadò

idol *n.* zanmilèt, zidòl

idolatry *n.* idolatri

if *conj.* 1[*conditional*] si *If it weren't for you, I would still be lost.* Si se pa pou ou menm, m t ap pèdi toujou. 2[*supposing that*] si *If you had listened to me, you wouldn't have lost it.* Si ou te koute m, ou pa t ap pèdi l. 3[*on condition that*] si *If your mom says ok, I'll take you with me.* Si manman ou dakò, m ap mennen ou. 4[*whenever*] depi, si *He gets angry if I tell him to go study.* Depi m di l al etidye leson l, li fache. *If I asked her she did anything for me.* Si m mande l, l ap fè nenpòt bagay pou mwen. **5**[*although*] byenke, malgre, menmsi, si *Even if she's available she won't come.* Byenke li gendwa disponib, li pa p vini. *If it takes me all day, I'm going to finish.* Menmsi li pran tout lajounen, m ap gentan fini. *They're happy even if they're poor.* Yo kontan, magre yo pòv. **6**[*whether*] si *I don't know if he's still living in the same place or not.* M pa konn si l ret menm kote a toujou ou non. **7**[*unless*] amwenske, si *If I'm not mistaken, she lives in Port-au-Prince now.* Si m pa twonpe m, li ret Pòtoprens konnya. *If my eyes don't deceive me, you're all grown up.* Amwenske je m ap twonpe m, ou fin grandi nèt. **8**[*in case*] anka, depi, oka, si *If she's hungry, give her cornmeal porridge.* Depi li grangou, ba l akasan. *If you have any problems, you can call me any time.* Ou mèt rele kenenpòt lè oka ou gen pwoblèm. *If it's an emergency, call the police.* Anka ijans, rele lapolis. •**if I were you** mwen k ou, (si) m te ou (menm) *If I were you, I'd never talk to her again.* M te ou, m pa t ap janm pale avè l ankò. *If I were you, I'd talk back to him.* Mwen k ou, m ba l repons li. •**if it hadn't been for...** si se pa t pou... *If it hadn't been for you, I'd be long dead.* Si se pa t pou ou, m t ap mouri lontan. •**if it were left up to** lapeti *If it were left up to your father, he would have kicked you out.* Lapeti papa ou, li t ap mete ou nan pòt la. •**if it weren't for** netès *If it hadn't been for her skill, there would have been a serious accident.* Netès ladrès li, t ap gen yon gwo aksidan. •**if it weren't for s.o.** lapeti, si se pa t pou *If it weren't for you, I wouldn't be cooking.* Lapeti ou menm, m pa t ap monte chodyè a. *If it weren't for her help, I would never have finished.* Si se pa t li menm ki te ede m, m pa t ap janm fini. *If it weren't for him, I would have starved to death.* Si se pa t li menm, m t ap mouri grangou. •**if not** adefo, osnon, si se pa sa, sinon *Pay us our money, if not we'll quit working.* Peye nou kòb nou, si se pa sa n ap kite travay la. *Do what we say, if not we'll beat him.* Adefo ou fè sa nou mande ou, n ap bat msye. •**if s.o. won't** anmankan *If you won't, I'll find ten others who can do the work.* An mankan ou menm, m ap jwenn dis lòt ki ka fè travay la. •**even**

if kanbyenmèm, kit, menm si, menmsi, mèt *Even if you don't like mangoes, you'll like this.* Menmsi ou pa renmen mango, ou ap renmen sa a. *Even if she came, I wouldn't receive her.* Kanbyenmèm li ta vini, m p ap resevwa l. *Even if you left me, I'll always love you.* Kit ou pati, m ap toujou renmen ou. *You shouldn't be mean to people even if they're your enemies.* Ou pa dwe fè yon moun mechanste mèt li se lennmi ou.

igneous *adj.* vòlkanik *All this igneous rock means there was a volcano here at some point.* Tout wòch vòlkanik sa yo vle di konn genyen vòlkan isi a yon lè konsa.

ignite **I** *v.tr.* **1**[*fire, fuse, etc.*] limen, mete dife *It's the stove that ignited the fire that burned the house down.* Se recho a ki limen dife a ki boule kay la rapyetè. **2**[*passion, interest, etc.*] kòz, koze, kreye, leve *It was her teacher that ignited her interest in science.* Se mèt lekòl li a ki kòz enterè li nan lasyans. *Her beauty ignited a passion in him.* Se bèlte tifi a ki kreye yon pasyon nan li menm. *It was his grandmother's example that ignited a desire to become a doctor.* Se egzanp grann ni ki leve yon dezi pou li devni dòktè. **II** *v.intr.* pran (di)fe *The bed ignited when he fell asleep smoking.* Kabann nan pran dife lè li tonbe dòmi ap fimen.

ignition *n.* **1**[*car, etc.*] estatè **2**[*switch*] switch

ignoramus *n.* iyoran

ignorance *n.* fènwa, iyorans *Literacy is the only way to pull a people out of ignorance.* Alfabetizasyon se sèl mwayen pou retire yon pèp nan fènwa.

ignorant *adj.* **1**[*uneducated, etc.*] iyoran, sòt *How can you be as ignorant as that?* Ki jan ou fè iyoran konsa? *If you don't want to study, you'll remain ignorant.* Si ou pa vle etidye, w ap ret sòt. **2**[*unaware*] iyoran, pa konnen *He's ignorant of what goes on in the house because he's never there.* Li pa janm la; li pa konn sa k ap pase nan kay la. *She's ignorant of her daughter's wayward life.* Li iyoran tifi li a nan timès atò. •**be ignorant** pa konn je bourik *He is ignorant because he never went to school.* Li pa konn je bourik paske li pa janm al lekòl. •**be ignorant of** iyore *I was ignorant of that news.* M iyore nouvèl sa a.

ignore *v.tr.* [*take no notice of*] bliye, fè zòrèy long, fèmen je (li) sou, meprize, pa dòmi sonje yon moun, pa voum, pa pwèt, vag (sou) *You shouldn't ignore older people when they speak to you.* Ou pa dwe fè zòrèy ou long lè granmoun pale ou. *He ignores those guys, he ignores their existence.* Moun sa yo, li meprize yo, li bliye egzistans yo. *He completely ignores his family.* Misye pa dòmi sonje fanmi li. *I said good morning to the teacher, he ignored me.* M di mèt la bonjou, li vag sou mwen. •**ignore s.o. completely** kale yon moun bèl vag, pa bay chyen santi, pa pete bay (yon moun) santi *I'm talking to him, and he's ignoring me completely.* M ap pale ak li, li kale m bèl vag. *I ignored her completely, besides, she's someone I forgot existed.* M pa pete bay l santi, dayè se yon moun m bliye si li egziste. •**ignore s.o.'s call, speech** chita sou{lorye/ wozèt}li, pale ak{bounda/ pòch dèyè}yon moun *I'm calling and calling you, and you just ignore me.* Tout rele m rele ou, e ou chita sou wozèt ou. *The teacher's talking to you, and you're ignoring him.* Ou ap kite mèt la pale ak bounda ou. •**after having been ignored** apre refiz *I don't need a greeting after having been ignored.* Mwen pa bezwen bonjou apre refiz. •**not to ignore sth.** pa chita sou sa *Fix the leak right away, don't ignore it or it'll get bigger.* Ranje fwit la la menm, pa chita sou sa osnon l ap vin pi gwo. •**totally ignore** bay yon moun vag, djab pa pran li pou kaporal, pa okipe yon moun kou chen *Even though I keep speaking to her, she totally ignores me.* Tout pale m pale ak li, li ba m vag. *When I came across him in the street, he totally ignored me.* Lè m makonnen ak li nan lari, li pa okipe m kou chen.

iguana *n.* igwann

ilang-ilang *n.* [*med. plant*] ilan ilan

ilium *n.* zo{ren/ranch}

ill *adj.* **1**[*sick*] malad *She didn't come because she's ill.* Li pa vini poutèt li malad. **2**[*will, deed, etc.*] mechan, move *He has an ill will towards her, because she left him for someone else.* Li gen move santiman pou li poutèt danm nan kite l pou yon lòt moun. *It was an ill deed, but she forgave him.* Se te yon mechan zak, men li padonnen li. •**ill will**

malveyans, malviv •**chronically ill** maladif *This child is chronically ill.* Pitit sa a maladif anpil. •**quite ill** byen mal •**terminally ill** san rechap

ill-advised *adj.* malvini, pa byen kalkile *That route is ill-advised.* Wout sa a malvini. *You would be ill-advised to buy that old car.* Achte vye machin sa a pa byen kalkile.

ill-assorted *adj.* mikmak *You can't go out in those ill-assorted clothes!* Ou pa ka sòti nan rad mikmak sila yo!

ill-behaved *adj.* dezòd *Her children are all ill-behaved.* Tout timoun li yo dezòd anpil. •**ill-behaved kid** babouzi, maledve, (ti) santi pise

ill-bred *adj.* estipid, iyoran, malandouran, maledve *He yells at his wife all the time; what an ill-bred guy!* Toutan l ap rele sou madanm li; ala nèg maledve, papa! *This ill-bred child, he will shame you in front of anyone.* Timoun estipid sa a, li ka fè ou wont devan moun. *What an ill-bred fellow, he comes from the boondocks!* Ala nèg iyoran, se nan bwa li sòti! *John is really an ill-bred boy, don't play with him.* Jan se nèg ki malandouran wi, pa jwe ak li. •**ill-bred person** bourik

ill-breeding *n.* iyorans

ill-conceived *adj.* maltaye *The plans they devised to finish the work are ill-conceived.* Plan yo bati pou fini travay la maltaye.

ill-defined *adj.* vag, pa klè

ill-formed *adj.* masòkò

ill-gotten *adj.* •**ill-gotten gains** byen san swe *A house constructed out of deception is an ill-gotten gain.* Kay ou fè nan gògmagòg, se yon byen san swe.

ill-kempt *adj.* [*hair*] kwòt *Look at her ill-kempt hair, man!* Gade cheve kwòt li, papa!

ill-mannered *adj.* gwosomodo, maledve, wobis •**ill-mannered and uncouth man** gwomoso •**ill-mannered woman** madansara

ill-natured *adj.* akaryat, rechiya

ill-prepared *adj.* •**be ill-prepared** (r)antre nan won san baton *You're really ill-prepared.* Se rantre ou rantre nan won san baton.

ill-tempered *adj.* dezagreyab, move, movèz [*fem.*], move {karaktè/tanperaman} *This ill-tempered woman, she's always making a fuss.* Fi dezagreyab sa a, li toujou ap chache kont. *You're always ill-tempered, you never laugh with people.* Ou gen move karaktè, ou pa janm ri ak moun. *What an ill-tempered guy, man!* Ala nèg gen move tanperaman, papa! *That school principal is truly ill-tempered.* Direktè lekòl sa a se nèg ki move serye. •**be ill-tempered** fè djòl pwès *Because they say no to her, she's ill-tempered.* Poutèt yo di l non, li fè djòl pwès.

ill-timed *adj.* dwategòch *Being fired just after her mother died was really ill-timed.* Revoke li tou jis aprè manman ni mouri se dwategòch toutbon.

ill-will *n.* malveyans, malveyansite

illegal *adj.* ilegal, ki pa sa *I didn't do anything illegal; they have no right to arrest me.* M pa fè anyen k pa sa, yo pa gen dwa arete m. *Yo made an illegal turn.* Ou fè yon vire ilegal la.

illegality *n.* ilegalite

illegally *adv.* anba fil, ilegal, ilegalman, sou kote *She went illegally to another country.* Li pase anba fil al nan yon lòt peyi. *They work illegally.* Yo travay ilegal. *They possess the land illegally.* Yo posede tè a ilegalman. *The customs seized a lot of merchandise that generally comes in illegally.* Ladwann sezi anpil machandiz ki abitye pase sou kote.

illegitimate *adj.* ilejitim •**illegitimate child** [*born out of wedlock*] pitit{degouden/deyò/ki pa rekonèt, natirèl}

illicit *adj.* ilisit *This activity is illicit.* Aktivite sa a ilisit.

illiteracy *n.* analfabetis, iyorans •**illiteracy rate** to analfabetis

illiterate[1] *adj.* analfabèt, iletre, iyoran, sòt *He's illiterate.* Li pa konn li. *An illiterate people can't make progress.* Yon pèp analfabèt pa ka fè pwogrè. *Her father is illiterate, he doesn't know how to read or write.* Papa li iletre, li pa konn li ak ekri. *She doesn't want to remain illiterate.* Li pa vle rete iyoran. *Her mother is an illiterate woman.* Manman l se yon fanm sòt li ye. •**illiterate person** iyoran, je pete klere *That illiterate can't sign her name.* Iyoran an pa ka siyen non li. *He's an illiterate, he can't read.* Li se yon je pete klere, li pa ka li. •**be illiterate** pa{gen je/konn a nan fèy malanga/konn je bourik/wè}, je yon moun rèd *He's illiterate because he didn't go to school.* Li pa gen je poutèt li pa te ale

lekòl. *He's already twenty years old, but he's still illiterate.* Msye deja gen ventan epi l pa konn a nan fèy malanga. *Most of the people of the country are illiterate.* Pifò granmoun nan peyi a pa konn je bourik l. *Because she didn't go to school, she's illiterate.* Poutèt li pa t al lekòl, li pa ka wè.

illiterate[2] *n.* analfabèt •**functional illiterate** analfabèt fonksyonnèl

illness *n.* maladi •**complicated illness** kagezon maladi •**incurable illness** azikòkò •**mental illness** malady tèt •**minor illness** dekonpozisyon •**natural illness** [*as opposed to supernatural*] maladi {Bondye/natirèl/peyi} *There's no need to worry, the child only has a natural illness.* Nou pa bezwen pè, se maladi Bondye pitit la genyen. •**supernatural illness** maladi lwa

illogical *adj.* pa gen{ni pye ni tèt/ni tèt ni pye/tèt ak pye}, san sans *What he says is illogical.* Sa l di a san sans. *His arguments are completely illogical.* Agiman li an pa gen ni tèt ni pye.

illuminate *v.tr.* klere, mete limyè sou *The small lamp illuminated the whole house.* Ti lanp lan klere tout kay la. *She illuminated us as to the situation.* Li mete limyè sou sitirasyon an pou nou.

illusion *n.* ilizyon, imajinasyon, rèv debout, trikay •**have an illusion** imajinen *You have the illusion that I'm a big shot, truthfully my salary isn't that high.* Ou imajinen mwen se grannèg, an verite salè m nan pa tèlman wo. •**have illusions** pete tèt li *Don't have any illusions about thinking to become president.* Piga ou pete tèt ou pou konnen ou vin prezidan.

illusory *adj.* doupendoup *It was an illusory project to try to embezzle money.* Se te yon pwojè doupendoup pou plimen poul la pa kite l rele.

illustrate *v.tr.* ilistre *The artist illustrated the book with nice drawings.* Atis la ilistre liv la ak bèl desen. •**illustrate by drawing a diagram** trase chema *He drew many diagrams to illustrate what he was saying.* Li trase plizyè chema pou ilistre sa l ap di a.

illustration *n.* 1[*picture*] desen, imaj, pòtre, tablo 2[*example*] egzanp

illustrator *n.* desinatè

image *n.* **1**[*picture*] imaj, pòtre **2**[*likeness*] eskanp figi, imaj, lestanp, pòtre **3**[*public, etc.*] imaj, repitasyon •**graven image** estati •**spitting image** krache yon moun, moun an penti, sanble tèt koupe ak, tou krache ak *This child is the spitting image of his mother.* Pitit sa se krache manman l. *That child is the spitting image of his father.* Pitit sa se papa l an penti. *She's the spitting image of her mother.* Li sanble tèt koupe ak manman ni.

imaginable *adj.* imajinab *He did all that's possible and imaginable.* Li fè tout sa k posib e imajinab.

imaginary *adj.* imajinè *The griffin is an imaginary beast.* Kalanderik la se yon bèt imajinè.

imagination *n.* imajinasyon, kabès

imagine[1] *interj.* apa!

imagine[2] *v.tr.* **1**[*picture to o.s.*] imajinen, konsevwa *Imagine you were rich, what brand of car would you buy?* Imajinen ou ki rich, ki machin ou t ap woule? *I can't imagine why you slander people like that.* M pa konsevwa poukisa ou bay moun kout lang konsa. **2**[*suppose, believe*] ala, imajinen, mete nan tèt li, panse, sipoze *Imagine I don't even know where I'm going!* Ala m pa konnen kote m prale! *I never imagined my life would change like that.* M pa t janm imajinen lavi mwen ta vire konsa. *He imagines life is easy for everybody.* Li mete nan tèt li lavi a fasil pou tout moun. *I imagine you want to go home?* M sipoze ou vle al lakay la? **3**[*believe wrongly*] pa{kwè/imajinen/mete nan tèt li/panse/sipoze} *Don't imagine that I'll come help you.* Pa kwè m ap vin ede ou. •**imagine that** kote ou ta wè sa *He just arrived and he wants to go in front, imagine that!* Li fèk rive enpi l vle pase anvan, kote ou ta wè sa?

imbalance *n.* dezekilib

imbecile *n.* djèdjè, djoko, egare, enbesil, je pete klere, joko

imbecilic *adj.* sòt *He's acting imbecilic.* L ap fè sòt.

imbibing *adj.* absòban

imbued *adj.* benyen nan, kuit nan *She imbued them with a sense of honesty.* Li benyen yo nan onèkte. •**imbued with** kuit nan *He's imbued with Vodou.* Li kwit nan Vodou.

imitate *v.tr.* **1**[*mimic*] fè tankou, imite, kontrefè, kopye, kopye sou, pran poul, swiv *You should imitate what I say, not what I do.* Se pou ou fè tankou m di, pa tankou m fè. *Boys are always imitating what their fathers do.* Tigason toujou ap imite sa papa yo fè. *You do a poor job of imitating what I do.* Ou pa byen kontrefè sa m fè. *Stop imitating other artists.* Sispann kopye lòt atis. *You always imitate others, that's why you're never yourself.* Ou toujou ap pran poul sou moun, se sa k fè ou p ap janm ou menm. *You shouldn't imitate what others do.* Ou pa dwe swiv sa moun fè. **2**[*the way s.o. speaks*] chare *You imitate me every time that I speak.* Chak kou m ap pale, w ap chare m. •**imitate s.o.'s voice** {achte/pran}vwa yon moun *She rehearsed a lot before she could imitate the actress's voice.* Li antrene kont li anvan l rive pran vwa aktris la. •**imitate the behavior of a higher social class** achte pretansyon *You always imitate the behavior of the upper class, fool!* Ou pa janm p ap achte pretansyon, makak!

imitation *n.* imitasyon •**by imitation** pa woutin *She learned to play the piano by imitation.* L aprann jwe pyano pa woutin.

imitator *n.* imitatè

immaculate *adj.* imakile *The immaculate virgin.* Vyèj imakile a.

immature *adj.* **1**[*not fully developed*] ole, poko grandi, wòwòt *These coconuts are not ripe, they're still immature.* Nwa koko yo pa mi, yo ole toujou. *This tree is still immature.* Pyebwa sa a po ko fin grandi. *Those green bananas are still immature.* Fig vèt sila yo wòwòt toujou. **2**[*person*] annanfan, enfantil, ole, panten, wòwòt *He's very immature, he doesn't understand the realities of life yet.* Li annanfan anpil, li pòkò konprann reyalite lavi a. *She's very immature for her age.* Se yon moun ki enfantil pou laj li genyen. *You're still immature, you don't know what life's all about yet.* Ou ole toujou, ou poko konn kisa li ye lavi a. *He's immature, he still thinks like a child.* Misye se yon panten, refleksyon li timoun toujou. *He's still immature in his new job, but he'll learn as he goes.* Nan nouvo travay li a se nèg wòwòt toujou, men l ap aprann pa woutin. •**immature adult** kannay •**immature person** baden, panten

immediate *adj.* **1**[*instant*] imedya, limedya *At the very moment they hit him, he had an immediate reaction.* Menm kote yo frape l la, li gen yon reyaksyon imedya. *There is no immediate service here.* Yo pa bay sèvis limedya isit la. **2**[*most urgent*] imedya, plis ijan, prenmye *My immediate concern was to stop the bleeding.* Prenmye sousi mwen se te pou rete li ap senyen. *His most immediate need is a car.* Bezwen li ki plis imedya se machin. *Her most immediate task is finding food.* Travay ki pi ijan se jwenn manje. **3**[*direct, nearest*] pre, wonyay *The doctor asked me if I were in his immediate family.* Doktè a mande m si m se fanmi pre li. *I was in the immediate vicinity.* Se nan wonyay m te ye.

immediately *adv.* **1**[*at once*] anvan krache sèk, bridsoukou, imedyat, la, lamenm, lapoula, latou, menm lè a, (menm) sa ou tande a, pik, san lè, sanzatann, sèk, silè, soulechan, tenkantenk, tou, tousuit *They asked her a question, immediately she started talking.* Yo poze li keksyon, menm sa ou tande a, li kòmanse pale. *Bring that back to me immediately.* Tounen sa ban m anvan krache a sèk. *Upon hearing the noise, he left the house immediately.* Tande l tande bri a, bridsoukou li kite kay la. *Give me your ID card immediately.* Ban mwen kat didantite ou a imedyat. *Answer him immediately.* Reponn li la menm. *She gave the answer immediately.* Touswit, li bay repons lan. *Immediately, I gave her the money back.* La pou la, m remèt li kòb la. *As soon as they tell him to get up from the chair, he immediately does it.* Annik yo di l leve sou chèz la, li fè sa pik. *I'll do that for you immediately.* M ap fè sa pou ou sanzatann. *I want to see you in my office immediately.* M vle wè ou nan biwo m soulechan. *Break off your friendship with her immediately.* Kase m zanmitay ou avè l la sèk. *As soon as she insulted me, I answered her back immediately.* Kote l di m betiz la, m reponn li tenkantenk. **2**[*directly*] drèt, la *The book is immediately in front of you.* Liv la drèt devan ou. *The photo is immediately behind you on the bed.* Foto a la dèyè ou sou kabann nan. •**immediately after** apèn, gal *Immediately after arriving she went to bed.*

Apèn li rive, l al kouche. *Immediately after I arrived, they were calling my name.* Se gal m ap parèt, yo lonmen non mwen.

immense *adj.* mal, tay, tonbolokoto, vas *An immense man stood in the doorway.* Yon mal gason kanpe nan pòt la. *She built an immense house.* Li bati yon tay kay. *I got lost because the building was immense.* Kay la tonbolokoto se pèdi m pèdi. *The field was immense.* Chan an te vas.

immensely *adv.* gentan, gran, wòd *He's immensely wealthy, but very cheap.* Li gentan rich, men li chich anpil. *I enjoyed the theater immensely.* M te renmen teyat la wòd. *His condition has immensely improved.* Li fè gran mye.

immensity *n.* limansite

immerse *v.tr.* plonje *They immersed the child in the water to baptize her.* Yo plonje timoun nan nan dlo pou batèm nan. •**to be immersed in sth.** [*deeply involved, concentrated*] pèdi *He's totally immersed in what he's doing.* Li pèdi nèt nan sa l ap fè a.

immigrant *n.* imigran, imigre

immigrate *v.intr.* imigre *He immigrated to the U.S.* Li imigre Ozetazini.

immigration *n.* imigrasyon •**immigration service** [*gov.*] imigrasyon

imminent *adj.* pandye sou tèt

immobile *adj.* fiks, ki pa fè mouvman, imobil •**be immobile** {chita/rete}sou blòk glas li *She was immobile like that, because she was too scared to move.* Li rete sou blòk glas li konsa paske li gen krentif bouje.

immodest *adj.* endesan *Look at that immodest dress!* Gade yon wòb endesan.

immodesty *n.* endesans

immoral *adj.* deregle, imoral, lenkonduit, malpwòp *She's an immoral person sleeping around like that!* Men yon fanm deregle, kouche adwat agòch konsa! *What you're doing is immoral.* Sa ou ap fè la se imoral. *Immoral people can't be spiritual advisers.* Moun lenkonduit pa ka direktè konsyans. *If he can sleep with the servants, he's really immoral.* Si misye ka kouche bòn lakay li, se yon malpwòp. •**immoral or unscrupulous person** salòp

immorality *n.* imoralite, malpwòpte

immortal *adj.* imòtèl *He's immortal; nothing can hurt him.* Se imòtèl li ye; pa gen anyen ki fè l mal.

immune *adj.* pwoteje *I had a number of inoculations, I believe I'm immune to those diseases.* M pran anpil dòz vaksen, m kwè m pwoteje kont maladi sa yo. •**immune system** sistèm defans

immunity *n.* [*parliamentary*] iminite •**blood immunity** [*Vodou*] san yon moun gate

immunization *n.* vaksen, vaksinasyon

immunize *v.tr.* iminize, vaksinen *I was never immunized against tetanus.* M pa janm vaksinen kont tetanòs. *The shot immunizes children against polio.* Piki a iminize timoun kont polyo.

impact *n.* chòk, enpak •**sudden impact** [*onom.*] blow

impaired *adj.* •**visually impaired** demi avèg *Mèsidye is visually impaired, he doesn't see well.* Mèsidye demi avèg, li pa wè byen.

impartial *adj.* ekitab, pa nan moun pa *You must make an impartial judgment.* Fòk ou fè yon jijman ekitab. *A good supervisor is someone who is impartial.* Yon bon reskonsab se yon moun ki pa nan moun pa.

impartiality *n.* san pati pri

impassable *adj.* enpratikab, move pa *The road is impassible, cars can't go through.* Wout la enpratikab, machin yo pa ka pase ladan. *We have to stop, the road is impassable.* Fòk nou rete, wout la chaje move pa.

impasse *n.* bout, enpas

impassioned *adj.* chofe, fouge

impassive *adj.* kè pòpòz *The students made noise, but the teacher remained impassive.* Elèv yo ap fè bri, men mèt la rete kè pòpòz.

impatience *n.* anpresman, enpasyans

impatient *adj.* 1[*eager*] brèf, cho, chofe, enpasyan *You are too impatient, wait until he finishes talking.* Ou chofe twòp, tann li fin pale. *Chill out little boy, you're too impatient.* Pran san ou tigason, ou brèf twòp. *You are too impatient, just wait a little while.* Ou twò cho, fè yon ti tann toujou. *I'm getting impatient, I can't wait any longer.* M koumanse enpasyan, m pa ka tann ankò. 2[*intolerant*] enpasyan *You're too impatient with his faults.* Ou enpasyan twòp ak tout ti defo li yo. •**impatient person** {kè/san}cho

She doesn't want to wait, she's an impatient person. Li pa vle tann, se yon kè cho li ye. •**be impatient** cho pou, depasyante, gen {kè/san}cho, *You are too impatient, wait for your turn.* Ou gen kè cho twòp, tann tou pa ou. •**too impatient** cho pase{bout pip/leve danse} *You're way too impatient you need to calm down.* Ou cho pase bout pip, ou bezwen pran san ou.

impeach *v.tr.* revoke *The judge impeached the witness because he lied.* Jij la revoke temwen an poutèt li bay manti.

impeccable *adj.* total kristal *You did an impeccable job.* Travay ou fè a total kristal.

impeccably *adv.* anfòm, do pou do, fen *I'm doing the work impeccably for you.* M ap fè travay la anfòm pou ou. *She speaks English impeccably.* Li pale angle fen.

impede *v.tr.* anpeche, antrave, kontrarye *You're impeding the progress of the work.* Ou ap anpeche travay la fèt. *Her missing from her post all the time is impeding the project.* Li menm ap fè fòlòp tou tan ap antrave pwojè a. *The rain impeded the game from continuing.* Lapli vin kontrarye match la.

impediment *n.* akòkò •**speech impediment** anpèchman pale

imperative *adj.* [*urgent*] ijan, presan *It's imperative that I speak with you.* Se ijan m pale ou. *It's imperative that she acts now.* Fòk li aji la menm, se yon ka presan.

imperfect *adj.* kole pyese *Firing her is really an imperfect solution.* Revoke li se kole pyese.

imperial[1] *adj.* enperyal

imperial[2] *n.* [*pointed beard under lower lip and chin*] enperyal

imperialism *n.* enperyalis

imperialist[1] *adj.* enperyalis *The imperialist system is advantageous for the rich.* Sistèm enperyalis la nan avantay grannèg.

imperialist[2] *n.* enperyalis

imperil *v.tr.* mete nan danje *These rash people imperil our policy.* Moun temerè sa yo mete politik nou an an danje.

imperious *adj.* bòt fere, otorite

imperiously *adv.* angranman *The judge read the verdict imperiously.* Jij la li desizyon an angranman.

impertinence *n.* enpètinans, ensolans, fe, frekan, frekansite, radiyès *Your impertinence* *will get you into trouble.* Fe ou gen sou ou a ap mete ou nan tchouboum.

impertinent *adj.* derespektan, enpètinan, fwonte, louvri, maledve, pèmèt, radi, sou moun, sou pye li *Her tongue is of a particular color, that's what makes her so impertinent.* Fi sa gen bouch maldjòk, se sa k fè l frekan konsa. *Look at those impertinent children, they talk back to their parents.* Ala de kote timoun enpètinan papa, yo replike ak paran yo. *I don't hang out with impertinent kids.* M pa nan rans ak timoun pèmèt. *He's so impertinent, he meddles in other people's conversations.* Msye tèlman sou moun, li antre nan tout pawòl. •**become impertinent** vini sou moun *You became too impertinent.* Ou vin sou moun twòp.

impetigo *n.* enpetigo

impish *adj.* djokè *He's so impish.* Li sitèlman djokè.

implant *v.tr.* [*principles, etc.*] anrasinen *The ancestors implanted these sound principles in us.* Zansèt yo anrasine bon prensip sa yo nan nou.

implement[1] *n.* zouti

implement[2] *v.tr.* akonpli, aplike *They have not yet implemented the new law.* Nouvo lwa a poko aplike.

implicate *v.tr.* antrave, konpwomèt *The thief implicated his friend.* Vòlè a antrave zanmi l. *She implicated her accomplice.* Li konpwomèt konfyòl li a. •**implicate s.o.** mete yon moun atè *Joseph isn't here, don't implicate him in this gossip.* Jozèf pa la, pa mete l atè nan tripotaj sa a.

implicated *adj.* enplike *The police arrested everyone who was implicated in the crime.* Polis la arete tout moun ki te enplike nan krim nan.

implication *n.* enplikasyon, souzantandi

implore *v.tr.* plede ajnou devan yon moun, priye, sipriye *We are ready to implore you in order not to do them in.* N ap plede ajnou devan ou pou sa ba yo nou lavi. *Let's implore him not to denounce us.* Ann priye l pou l pa denonse nou.

imply *v.tr.* 1[*insinuate*] sipoze, vle di *What are you implying?* Sa ou vle di la a? *Are you implying that I'm a liar?* Ou ap sipoze m ap fè manti? 2[*let it be known*] kase bwa nan zorèy yon moun *She implied that she was coming to the party.* Li kase bwa nan zòrèy mwen ke l ap vini nan fèt la.

impolite *adj.* bastrak, maledve, malonnèt, san jèn *The guy is too impolite to invite him to the marriage.* Nèg la bastrak twòp pou envite l nan maryaj la. *It's impolite to burp around people.* Se maledve pou ou degobye sou moun. *You're doing something very impolite.* Sa se yon jès malonnèt ou fè la. *That girl is impolite, she utters all sorts of obscenities at people.* Ti fi sa a san jèn, li lache nenpòt vye pawòl sou moun. •**impolite person** bastrak, bourik, maledve, moun pwès, san jèn, sovaj

impolitely *adv.* malonnètman *She asked to leave very impolitely.* Li mande m sòti malonnètman anpil.

import[1] *n.* enpò

import[2] *v.tr.* enpòte, fè{enpòtasyon/vini} *Haiti imports a lot of merchandise.* Ayiti enpòte anpil machandiz. *His country imports a lot of chicken from overseas.* Peyi li fè anpil enpòtasyon poul lòtbò dlo. *The government imported a lot of rice this year.* Leta fè vini anpil diri ane sa a.

importation *n.* enpòtasyon

importance *n.* distenksyon, enpòtans, kalib, konsekans, lajisman, pòte, valè *I don't understand its importance.* M pa wè ki enpòtans sa genyen. *His argument has no importance.* Agiman li bay la pa gen okenn distenksyon. *The words I'm telling you have a lot of importance, you have to take them seriously.* Pawòl sa a m ap di ou la gen anpil kalib, se pou ou pran l oserye. *What you're saying has no importance.* Sa w ap di a pa gen konsekans. *What she said is of no importance.* Sa li di a pa gen okenn pòte. *His job in the government is of no importance.* Pòs li nan gouvènman pa gen okenn lajisman. *What I'm telling you is a matter of great importance.* Sa m ap di ou la, se yon bagay ki gen anpil valè. •**be of importance** pale, prime *Money is what is of importance for those people.* Se lajan ki pale pou moun sa yo. •**be of importance to** konsène *This conversation is of no importance to you.* Koze sa a pa konsène ou. •**be of prime importance** prime *The project we proposed is of prime importance because it has to do with water* *purification.* Pwojè nou pwopoze a prime paske li gen arevwa ak pirifikasyon dlo a. •**give greater importance to** privilejye *We need to give greater importance to education.* Nou bezwen privilejye edikasyon. •**of great importance** granfouch *They got dressed to go to a funeral of great importance in the neighborhood.* Y ap abiye yo pou ale nan yon lantèman granfouch nan kanton an. •**of lesser importance** segondè *That issue is of lesser importance.* Pwoblèm sa a segondè. •**of little or no importance** blag, zenglenglen *What he says is of no importance.* Sa li di a se yon blag. *Don't let problems of little importance trouble you like that.* Pa kite zenglenglen pwoblèm ba ou tèt fè mal konsa. •**of minor importance** segondè •**of no importance** kèlkonk, pa yon lepèt *The document I lost is of no importance.* Papye m pèdi a se yon kèlkonk papye. *She's not anyone of importance.* Li pa yon lepèt. •**person of importance** *a*[*general*] pèsonaj *b*[*in a rural area*] grandon •**person of no importance** vyenvyen •**without importance** san grandè *This matter is without importance.* Pawòl sa a san grandè.

important *adj.* enpòtan, gran, gwo, konsekan, lou, serye, tonton, valab *I have important things to do.* M gen bagay enpòtan pou m fè. *That's some important news you've told me.* Se yon gran nouvèl ou anonse m la a. *This book is an important document.* Liv sa a se yon gwo dokiman. *It's an important decision.* Se yon desizyon konsekan l ye. *If you get involved, there will be important consequences.* Si ou foure nen ou ladann pral genyen yon pakèt lou konsekans. *He has an important position in the bank.* Li nan yon pozisyon serye labank lan. *That important battle decided the war.* Tonton batay sa a fin deside lagè. *Maryse is an important person.* Mariz se yon moun valab. •**important man** gwomoso •**important person** gwo moun, pwotokòl •**be important** konte, make *Money is the only thing that is important to these people.* Lajan sèlman ki konte pou moun sa yo. *This player was important in his time.* Jwè sa a make epòk li a. •**he's really somebody important** se pa yon moun konsa konsa *Don't judge him based on his*

appearance, *he's really somebody important.* Pa gad msye sou aparans, se pa yon moun konsa konsa li ye.

importantly *adv.* enpòtan *More importantly, he has to hand the keys over at noon.* Pi enpòtan ankò, li dwe remèt kle yo a midi.

importation *n.* enpòtasyon

imported *adj.* enpòte, etranje *Imported rice is more expensive than home-grown rice.* Diri enpòte pi chè pase diri peyi a. *She gave her a present, a beautiful imported dress.* Li fè l kado yon bèl wòb etranje.

importer *n.* enpòtatè

importune *v.tr.* tòltòl *Don't come importune me while I'm working.* Pa vin tòltòl mwen lè m ap travay.

impose I *v.tr.* [*conditions, constraints, opinions, etc.*] enpoze *Haiti is a sovereign country, other countries don't have the right to impose their will upon it.* Ayiti se yon peyi granmoun, lòt peyi pa dwe ap enpoze li sa pou li fè. **II** *v.intr.* abize, mete yon moun nan difikilte *I don't want to impose on you.* M pa vle mete ou nan difikilte. *We don't want to impose on your hospitality.* Nou pa vle abize bon jan ou. •**impose a curfew** bay (yon) kouvrefe *They imposed a curfew every day during the coup.* Yo te bay kouvrefe chak jou pandan koudeta a. •**impose forcefully** soumèt *The army forcefully imposed a new president on the people.* Militè yo soumèt pèp la yon nouvo prezidan. •**impose on** flanke *The government imposed a tax on coffee.* Gouvènman an flanke yon taks sou kafe.

imposing *adj.* enpozan *This woman is very imposing; you can't do what you like with her.* Fi sa a enpozan anpil, ou pa ka fè sa ou vle avèk li.

impossibility *n.* enposiblite

impossible[1] *adj.* enposib *It's impossible for a two-month old baby to speak.* Li enposib pou yon tibebe de mwa pale. •**impossible woman** loray kale •**be impossible** enposiblite *It's impossible for his parents to pay for his studies.* Paran li nan enposibilite pou peye etid li. •**that's impossible** [*interj.*] sa pa posib

impossible[2] *n.* •**do the impossible** pa ka fè san soti nan wòch *You asked for a car, I have no money, I can't do the impossible.* Ou mande m machin, m pa gen kòb, m pa ka fè san soti nan wòch.

impostor n. 1[deceiver] twonpè 2[two-faced, esp. politics] fo tèt, tèt kòk bounda pentad

impotence n. enpwisans

impotency n. enpwisans

impotent adj. enpuisan, nad marinad pa gason A woman doesn't like impotent men, because they can't satisfy her. Fi pa renmen gason enpwisan, pase yo pa ka satilfè yo. I was so excited to make love with the guy, but he's impotent. Jan m te pare pou m fè lanmou ak nèg la, men li nad marinad. This woman discovered her husband was impotent. Dam sa a dekouvri mari l pa gason. •be impotent pèdi bann li •become impotent pèdi bann li As he gets older, he has become impotent. Kòm li koumanse granmoun, li pèdi bann ni.

impound v.tr. 1[property, etc.] sezi The police impounded my car. Lapolis la sezi machin mwen an. 2[water] bare They impounded the water to irrigate the field. Yo bare dlo pou wouze jaden an.

impoverish v.tr. fè yon moun pòv, mete yon moun sou dèyè, plimen yon moun The family was impoverished when he lost his job. Sa fè fanmi an pòv lè l pèdi travay li. The flood impoverished a lot of people. Lavalas mete anpil moun sou dèyè.

impoverished adj. pòv, raze She was so impoverished that she couldn't buy food for her family. Li te sitèlman raze, li pa t ka achte manje bay fanmi li.

impractical adj. madou, pa pratik

imprecation n. lengo, madichon

imprecision n. move kalkil, pase genyen

impregnable adj. entouchab

impregnate v.tr. 1[a woman] angwosi, ansent Dyekiswa impregnated Asefi. Dyekiswa ansent Asefi. 2[often pej.] gwòs That young man impregnated the girl and then left her. Ti nèg la gwòs tifi a enpi li kite l. 3[an animal] plenn My dog impregnated my neighbor's female dog. Chen mwen an plenn manman chen vwazin nan.

impress v.tr. aji sou, enpresyone, pete je yon moun, pran nan kout fo kòl Well, it's not something that impresses me. Bon, se pa yon bagay ki aji sou mwen. That girl impressed me with her intelligence. Fi sa a enpresyone m

ak lespri li. Don't think you can impress me. Pa konprann ou ka vin pete je m. He talked to me in French thinking that he was going to impress me. Li pale franse jis l about devan m konsi li ta pral pran m nan kout fo kòl.

impression n. 1[effect] efè, enpresyon The news of the death made a great impression on him. Nouvèl lanmò a fè efè sou li anpil. She didn't make a good impression. Li pa fè yon bèl enpresyon. 2[vague idea, belief] enpresyon She has the impression that the man recognizes her. Li gen enpresyon nèg la rekonnèt li. 3[engraving, stamp, footprint, etc.] enpresyon The dentist made an impression of her teeth in order to make dentures. Doktè dan fè enpresyon dan li yo pou meble bouch li. 4[book, printing, etc.] enpresyon This book is a first impression edition. Liv sa a se yon egzanplè prenmye enpresyon. •give the impression fè kwè The way she talks, she gives the impression that she's a busy person. Jan l pale a fè kwè li se yon moun ki okipe.

impressive adj. chòk, enpozan, enpresyonan He had some impressive clothes on today. Li mete rad chòk sou li jodi a. Her height is impressive. Wotè li enpozan anpil. Pierre is an impressive boy, he can answer any question. Pyè se yon gason enpresyonan, li ka reponn nenpòt kesyon.

imprint¹ n. anprent, mak The teacher has left his imprint in the school. Pwofesè a kite anprent li nan lekòl la.

imprint² v.tr. enprime, grave She imprinted her name on the book. Li enprime non li nan liv la. He imprinted the name of the team on the trophy. Li grave non ekip la sou twofe a.

imprison v.tr. anprizonnen, fèmen, mete yon moun nan prizon, retni They imprisoned the assassins. Yo anprizone asasen yo. They imprisoned the man. Yo fèmen misye a. They imprisoned her without any trial. Yo retni li san tribinal.

imprisonment n. anprizonnman

improper adj. 1[gen.] depaman, dwategòch 2[word] deplase The student used a lot of improper words with the teacher. Elèv la di yon pakèt mo deplase bay mèt la.

improperly adv. mal The boy arranged the merchandise on the shelves improperly.

Tigason a mal ranje machandiz yo sou etajè a.

improve I *v.tr.* [*make better*] amelyore, amenaje, batize, fè bèbèl, pèfèksyone, rafine *That can improve our life situation.* Sa ka amelyore kondisyon lavi nou an. *They improved the lot to build the house.* Yo amenaje teren an pou yo ka bati kay la. *She improved the cola with a little rum.* Li batize kola a ak yon zing wòm. *They improved the grounds at the President's mansion.* Yo fè bèbèl nan teren palè prezidan an. *I'm improving the recipe.* M ap pèfèksyone resèt la. *They improved the electoral process since last time.* Yo rafine pwosesis elektoral depi dènye fwa. **II** *v.intr.* [*get better*] reprann li *I see you have improved since last week.* M wè ou reprann ou depi semenn pase a. •**improve on** fè pi byen pase *I don't think I can improve on this.* M pa kwè m ka fè l pi byen pase sa. •**improve one's lifestyle/situation** pouse yon ponm *Let's see if we can improve our lifestyle with the casual job we found.* N ap gade pou n wè si n ta pouse yon ponm ak ti travay nou jwenn nan.

improved *adj.* [*health*] miyò *His health has improved.* Li miyò konnya.

improvement *n.* alemye, amelyorasyon, amenajman, anbeli, avansman, fè pwogrè, pèfeksyonnman *There has been a slight improvement in his condition.* Li fè yon ti alemye. *She's has shown improvement in her schoolwork this year.* Li fè pwogrè nan lekòl la ane sa a. *Thanks to the medicine, I was able to get a little improvement.* Gras a medikaman an, m jwenn yon ti amelyorasyon. *Look at the improvements in the grounds.* Gade amenajman teren an. *This is a big improvement in pay from my last job.* Sa pa ti anbeli nan sa m ap touche parapò ak dènye travay mwen an. *There is a lot of improvement in his work.* Gen anpil avansman nan travay li. *There is a big improvement in her work.* Gen yon gwo pèfeksyonnman nan travay li a.

improvisation *n.* enpwovizasyon

improvise *v.tr.* enpwovize, fè enpwovizasyon *When you improvise, you say things you shouldn't say.* Lè w ap fè enpwovizasyon, ou di sa pou pa te di. *Let's improvise a song.* Annou enpwovize yon chante.

imprudence *n.* enpridans

imprudent *adj.* enpridan *There's no one who is a imprudent as him; he let's his children run in front of cars.* Nanpwen nèg ki enpridan kou li menm; l ap toujou kite timoun li yo kouri devan machin.

impudence *n.* frekan, frekansite, frekante, odas, pèmèt, radiyès

impudent *adj.* angran, derespektan, frekan, fwonte, radi, sou moun *You're an impudent little boy always talking back to adults.* Se yon timoun angran ou ye. Ou ap toujou chita anba bouch granmoun. *She's an impudent little girl always talking back to her parents.* Se yon tifi radi li ye; li toujou ap reponn paran li yo. •**be impudent** pèmèt *I don't fool around with children who are impudent!* M pa nan rans ak timoun yo pèmèt!

impulse *n.* •**have an impulse** gen yon pouse nan kò l *I had a sudden impulse to get up and speak.* M te gen yon pou nan kò pou m leve pale.

impulsive *adj.* djètapan, gwap *I don't want to make an impulsive decision.* M pa vle fè yon desizyon djètapan. *You're too impulsive. Stop putting hands on the child.* Ou gwap twòp. Sispann leve men ou sou timoun nan.

impulsively *adv.* san reflechi *When you act impulsively you may regret it later.* Lè ou aji san reflechi ou ka regrèt apre.

impunity *n.* enpinite

impure *adj.* **1**[*air, water, motive, etc.*] pa pwòp *Her motives are impure.* Koze li yo pa pwòp. **2**[*water*] lou *Don't drink that impure water.* Pa bwè dlo lou sa a.

impurity *n.* salte

in¹ *adj.* [*fashionable*] alamòd, sou moun *Black shirts aren't in anymore.* Chemiz nwa pa alamòd ankò. *Those clothes aren't in anymore.* Rad sa a pa sou moun ankò.

in² *adv.* **1**[*at home, work, etc.*] anndan, la *The boss wasn't in today.* Patwon an pa t la jodi a. *I'm staying in tonight.* M ap ret anndan aswè a. **2**[*arrived*] antre, rive *There are two fishing boats that have just come in.* Gen de kannòt pwason k fenk antre. *Are the new books in?* Eske nouvo liv yo gentan rive? **3**[*inside*] antre, ladan *As soon as she opened the door they all rushed in.* Etan li ouvè pòt la yo tout kouri antre. *He opened the bag and* *put the keys in.* Li ouvri sak la epi li met kle yo ladan. •**in and out** antre sòti *He was in and out all day long.* Li fè jounen an, se antre soti. •**in on** [*complicit*] nan konfyolo *It turns out she was in on the robbery the whole time.* Gen lè li te nan konfyolo nan piyay la depi nan konmansman. •**in that** [*seeing that*] akòz, apa, kòm *In that he isn't here, we'll start eating without him.* Akòz li pa la, n ap tanmen manje san li menm. *In that the two aren't speaking, they must be quarrelling.* Apa de moun sa yo pa pale, gen lè yo gen kont. *In that she doesn't like him, we won't invite him.* Kòm li pa renmen msye, nou pa p envite l. •**be in for** [*threatened with*] nan{pwoblèm/ traka}, pare{vini/tann} *If you do that, you'll be in for some problems.* Si ou fè sa, ou ap nan traka menm. *It looks like we're in for a lot of rain tonight.* Sanble n ap pare tann yon gwo lapli aswè a.

in³ *prep.* **1**[*place*] an, nan *In Haiti life has become expensive.* Ann Ayiti lavi a vin chè. *Let's go wait for the car in the street.* Ann al tann machin lan nan lari a. **2**[*people, plants, animals, etc.*] nan *It's a condition we don't often see in children.* Se yon kondisyon nou pa wè nan timoun anpil. **3**[*time*] an, anndan, nan *I'll be finished in an hour.* M ap gentan fini an inè d tan. *I did it in two days.* M fè l anndan de jou. *I'll be ready in ten minutes.* M ap pare nan dis minit. **4**[*month, year, season*] an, nan *There are a lot of mangoes in July.* Gen anpil mango an jiyè. *He was born in the eighties.* Li fèt nan ane katreven yo. **5**[*wearing*] an, mete, nan, pòte *You look beautiful in that dress.* Ou bèl nèt nan wòb sa a. *They're all in shorts.* Yo tout ap mete bout pantalon. *He looks good in red.* Li bo gason an wouj. *He came to church in sneakers.* Li vin legliz la ap pòte tennis. **6**[*language, medium, material*] an *She spoke in French to me.* Li pale m an fransè. **7**[*ratio*] sou *There's only one in ten who can do it.* Gen yon moun sou dis ki ka fè l. **8**[*direction*] a *The sun sets in the west.* Solèy la kouche a lwès. **9**[*following a superlative*] nan *Jan is the best student in the class.* Jan se pi bon elèv nan klas la. •**in it** ladan *The dictionary is small, there aren't many words in it.* Diksyonè a piti, pa gen

anpil mo ladan. •**in that** nan sa *In that he's like his father.* Nan sa li sanble ak papa li. •**in with** [*close trusted friend*] pa m(wen) *I'm in with her really well.* Se moun pa m.

in⁴ *n.* fil, tiyo *I have an in to the President.* M gen yon tiyo bò kote prezidan. •**ins and outs** afon *She knows the ins and outs of the situation.* Li konnen sitirasyon afon.

in-law(s) *n.* boparan

inability *n.* enkapasite *His inability to do the work is obvious.* Enkapasite li pou fè travay la klè.

inaccessible *adj.* pa abòdab *The road is inaccessible because of the rain.* Wout la pa abòdab poutèt lapli.

inaccurate *adj.* **1**[*making mistakes*] pa{egzat/ fin kare ak/presi/sa} *What she's saying is inaccurate.* Sa l ap di a se pa sa. *Your answers are inaccurate when compared to the book.* Repons ou bay pa fin kare avèk liv la. **2**[*clock, watch*] pa{gen bon/sou}lè

inactive *adj.* **1**[*idle*] mòl, mòlòkòy *She really let herself go inactive.* Li kite kò li mòl konsa. *You're too inactive! Why don't you get up and do something?* Ou mòlòkòy twòp! Poukisa ou pa leve fè yon bagay! **2**[*non participating*] pa dilijan *Roger is an inactive member now.* Woje pa yon manm dilijan ankò. **3**[*volcano, etc.*] mouri, tenyen *Don't worry! That volcano is inactive for a long time.* Pa okipe ou! Vòlkan sa la mouri lontan. •**be inactive** boule an senèryen *No wonder you're fat! You've been inactive too long.* Pa mande Bondye poukisa ou gwo konsa! Ou chita la boule an senèryen twòp.

inactivity *n.* kalma, kalmi

inadequate *adj.* kòrèd, pa ase, raz *The guy is completely inadequate for the job.* Nèg la kòrèd nèt. Li pa ka fè djòb la. *The food is inadequate for the number of people here.* Manje a pa ase pou tout moun sa yo. *The money you gave me is inadequate.* Kòb ou ban mwen an raz.

inadmissible *adj.* inadmisib

inadvertently *adv.* san yon moun pa fè atansyon *I let the food burn inadvertently.* M kite manje a boule san m pa fè atansyon.

inadvisable *adj.* pas saj

inane *adj.* sòt, tèt mare

inanimate *adj.* san vi

inappropriate *adj.* 1[*action, decision, etc.*] depaman, dwategòch, pa bon *The shirt you have on is inappropriate for the funeral.* Chemiz ki sou ou a an depaman ak yon antèman. *Your inappropriate decision did not pass.* Desizyon dwategòch ou a pa t pase. 2[*remark*] deplase *You can't make inappropriate remarks to your mother like that!* Ou pa ka pale pawòl deplase sa a bay manman ou konsa!

inappropriately *adv.* 1[*out of place*] deplase 2[*out of step*] depaman 3[*ill-time, uncalled for*] dwategòch

inapt *adj.* enkapab, pa alawotè

inarticulate *adj.* pa ka pale, sitwon

inasmuch as *conj.* kòm *Inasmuch as she is honest, we'll hire her.* Kòm se moun debyen li ye, n ap anboche li.

inattentive *adj.* lwen *How can you be so inattentive?* Ki jan ou lwen konsa?

inaugurate *v.tr.* inogire *They inaugurated the factory.* Yo inogire izin nan.

inauguration *n.* [*building, exhibit, era*] inogirasyon

inborn *adj.* natirèl

inbred *adj.* ras kabrit *She's an inbred child because her mother and father are cousins.* Li se yon timoun ras kabrit poutèt papa l ak manman l se kouzen ak kouzin.

incandescent *adj.* enkandesan

incantation *n.* senp

incapable *adj.* [*incompetent*] enkapab *That master carpenter is completely incapable.* Bòs chapant enkapab toutbon. •**be incapable** pote kanson li pou bèl twèl *I'm not incapable. I'm very reliable.* M pa pote kanson mwen pou bèl twèl non; se nèg djanm mwen ye. •**be incapable of action** seche *After the earthquake, the government was totally incapable of action.* Aprè goudougoudou a, gouvèlman an t ap seche nèt.

incapacitated *adj.* andikape, donmaje *He's in a wheelchair because he's incapacitated.* Se nan chez woulan li ye poutèt li donmaje. •**incapacitated above the waist** pwatrin yon moun tonbe

incapacity *n.* enkapasite

incarcerate *v.tr.* mete yon moun nan prizon *The police incarcerated the gang member.* Polis la mete bandi nan prizon.

incarnation *n.* enkanasyon

incendiary *n.* ensandyè

incense *n.* lansan

incense-burner *n.* ansanswa

incentive *n.* kalbenday

incertitude *n.* ensètitid

incessantly *adv.* san{dezanpare/dimanch}, sansès, vire tounen *He works incessantly.* L ap travay san dezanpare. *She speaks incessantly.* Li pale sansès. *He complains incessantly.* Vire tounen l ap plenyen.

incest *n.* ensès •**family where incest occurs** ras kabrit

inch *n.* dwa, pous *I won't let them take an inch of my land.* M p ap kite yo pran yon pous nan tè pa m. •**there's not even an inch** [*space, room, etc. filled to capacity*] pa gen{kote/ plas}pou pike yon zepeng *There's not even an inch of space in the room because it's stuffed with people.* Pa gen kote pou kite yon zepeng nan sal la paske l chaje ak moun.

incident *n.* ensidan, istwa, ti aksidan *That incident made people talk a lot.* Istwa sa a fè moun yo pale anpil.

incidental *adj.* aksidantèl, akote

incinerate *v.tr.* boule, kankannen *I incinerated those old smelly clothes.* M mete vye rad santi sa yo kankannen.

incision *n.* ensizyon, fann

incisive *adj.* file, tranchan

incisor *n.* dan devan, ensiziv

incite *v.tr.* ankouraje, chaje yon moun pou, chofe, ensite, giyonnen, leve dife, pouse (dife), pwovoke *They have incited you against me.* Yo chaje ou pou mwen. *He was inciting them to fight each other.* Li t ap chofe yo pou yo batay. *It was you who incited him to fight with the other person.* Se ou k pouse l batay ak lòt la. •**incite arguments** fè palab *Don't incite arguments so that others don't fight with each other.* Pa vin fè okenn palab la ou menm pou moun yo pa met men. •**incite one person against another** monte yon moun kont yon lòt moun *They incited her against the boss.* Yo monte l kont patwon an. •**incite s.o.** monte tèt yon moun *He is the one who incited the slaves against the colonists.* Se li ki te monte tèt esklav yo kont kolon yo. •**incite s.o. against another** fè tèt yon moun *It's John who is inciting people against* *the neighbor.* Se Jan k ap fè tèt moun yo kont vwazen an. •**incite s.o. to do sth. against one's own interest** bay yon moun van pou l al Lagonav *The government always incites the people to something against its own interest.* Se gouvènman an k ap toujou bay moun yo van pou yo al Lagonav. •**incite s.o. to fight** bay yon moun chalè, pouse yon moun devan *She was inciting the other guy to fight with his brother.* L ap bay lòt la chalè pou l goumen ak frè li. *Ti Djo always incites people so that they'll fight.* Ti Djo toujou ap pouse moun devan pou yo batay. •**incite s.o. to speak or do sth.** bay yon moun chenn *This child likes inciting people to do bad things.* Pitit sa a renmen bay moun chenn l. •**incite to fight** fè dife, pouse yon moun devan *The man's occupation is to incite people to fight.* Metye misye se fè dife. *Ti Djo always incites people so that they'll fight.* Ti Djo toujou ap pouse moun devan pou yo batay.

incitement *n.* pwovokasyon

inclination *n.* dispozisyon, enklinasyon, liy, tandans *Each political party has its own inclination.* Chak pati politik gen liy pa l. •**degree of inclination** grad

incline[1] *n.* desant, pant, ranp

incline[2] **I** *v.tr.* **1**[*bend, lean*] panche, pandje *She inclined the ladder against the wall.* Li panche nechèl la kont mi an. *Jeanne inclined her head to hear well.* Jàn pandje tèt li pou l pi byen tande. **2**[*fig.*] pa mal pou, tandans *I'm inclined to believe them.* Mwen pa mal pou kwè yo. *He's inclined to be lazy.* Li gen tandans pou li parese. **II** *v.intr.* **1**[*slope*] panche, pandje *The house is inclined.* Kay la ap pandje. *The road is inclined.* Wout la panche. **2**[*tend towards*] dispoze, panche *Are you inclined towards helping her?* Ou dispoze ede li? *He's inclined towards laziness.* Li panche sou laparès.

inclined *adj.* [*feeling a wish to*] anvi *After what he did to me, I'm inclined to quit the job.* Apre sa l fin fè m lan, m anvi kite travay la.

include *v.tr.* konprann, konte, (mete) ladan *Does the price of the ticket include a meal?* Pri tikè a konprann manje a tou? *Include the money I owe you in this calculation.* Konte lajan m te dwe ou a nan kontwòl sa. *They haven't included us in this list.* Nan lis sa, yo pa mete n ladan. •**include s.o.** fè patisipe *You need to include everyone in the group.* Fòk ou fè chak moun nan gwoup la patisipe. •**don't include s.o.** mete yon moun atè *Don't include me in your harebrained idea.* Mete m atè nan lide depaman ou yo.

included *adj.* alawonnbadè, ladan *We ate for less than twenty dollars, everything included.* Nou manje pou mwens pase ven do dola alawonnbadè. *Five hundred dollars, all utilities included.* Senk san dola, tout frè ladan.

including *prep.* ladan *I'm inviting the whole family, including you.* M envite tout fanmi an, ou menm ladan.

inclusive *adj.* •**all inclusive** fètefouni *He leased the house all inclusive, he doesn't need to buy any furniture.* Li anfèmen kay la fètefouni, li pa bezwen achte mèb.

inclusively *adv.* alawonnbadè *We thought of everyone inclusively.* Nou panse a tout moun alawonnbadè.

incoherent *adj.* san pye{ni/san}tèt, pa gen ni pye ni tèt *Her speech is incoherent.* Diskou li a pa gen ni pye ni tèt. •**become incoherent** dekoud *The professor has become incoherent, no one can understand what he says.* Pwofesè a dekoud, pèsonn pa konprann sa l ap di a.

income *n.* arendal, rant, rantre, rapò, revini •**disposable income** revni disponib

income-producing *adj.* •**income producing activity/job** debouyay

incomparable *adj.* san parèy

incompatible *adj.* lèt ak sitwon, matche, (tankou) chen ak chat *These two people are incompatible.* De moun sa yo se chen ak chat.

incompetence *n.* enkapasite, enkonpetans

incompetent *adj.* enkapab, enkonpetan, machòkèt *He's an incompetent carpenter.* Se yon bòs chapant ki enkapab. *The office is teeming with incompetent people.* Chaje ak moun enkonpetan nan biwo a. *The architect is incompetent because the plans of the house he drew up are poorly drafted.* Enjenyè sa a se yon machòkèt paske plan kay li fè a mal trase. •**incompetent person** payaya, rate

incomplete *adj.* enkonplè, enkonplèt [*fem.*], pasyèl *This work is incomplete.* Travay la enkonplè.

incomprehensible *adj.* enkonpreyansib, pa gen ni pye ni tèt, san pye{ni/san}tèt *This* *sentence is incomprehen-sible.* Fraz sa a enkonpreyansib.

inconceivable *adj.* inimajinab *It's inconceivable to me why someone would do something like that.* Se inimajinab kouman yon moun ka fè yon bagay konsa.

incongruous *adj.* depaman *Where did you come up with such incongruous ideas?* Kote ou bare ak lide depaman sa yo?

inconsequential *adj.* san konsekans *What you did is inconsequential.* Sa ou fè a san konsekans.

inconsiderate *adj.* •**inconsiderate person** san konprann *Really, you are an inconsiderate person if you can let your mother suffer.* Vrèman, ou se yon san konprann si ou ka kite manman w ap pase mizè.

inconsistent *adj.* 1[*contradictory*] enkonsekan, pa kòdyòm ak *Everything he said is inconsistent, it makes no sense.* Tout sa li di la yo se bagay ki enkonsekan, yo pa gen sans. *His actions seem inconsistent with those of a Protestant.* Jan l aji a se pa kòdyòm ak jan pwotestan aji. 2[*variable work, quality, etc.*] mòde lage *He continues to be inconsistent on the job.* Mesye ap plede mòde lage nan djòb la.

inconsolable *adj.* enkonsolab *Since he lost his mother, he has been inconsolable.* Depi li pèdi manman li a, li enkonsolab.

inconspicuous *adj.* pa parèt *The spot on the dress is inconspicuous.* Tach ki nan rad la pa parèt. •**make o.s. inconspicuous** fè kò li piti, vin tou piti *When she passes by Antoine's house, she makes herself inconspicuous because she owes Antoine money.* Lè l ap pase devan kay Antwàn, li fè kò l piti pase li dwe Antwàn.

incontinent *adj.* 1[*urine*] pipi{nètale/toutan} 2[*stools*] lache *I'm so incontinent, every five minutes I go to the bathroom.* M tèlman lache, chak senk minit m al twalèt.

inconvenience[1] *n.* enkonvenyan

inconvenience[2] *v.tr.* deranje *If it doesn't inconvenience you, could you lend me ten gourdes?* Si sa p ap deranje ou, ou ka prete m di goud.

inconvenient *adj.* maleze, pa konvnab *It's inconvenient for me to leave right now.* Li pa konvnab pou m fè yon sòti konnye a. *The*

family lives in inconvenient circumstances. Fanmi an ap viv nan kondisyon maleze.

incorrect *adj.* fotif *Your answer is incorrect.* Repons ou fotif.

incorrigible *adj.* san remèd *This child is incorrigible.* Tinèg sa a san remèd. •**incorrigible person** zo bouke chen

increase[1] *n.* kwasans, ogmantasyon, wòs •**pay increase** ogmantasyon

increase[2] **I** *v.tr.* 1[*gen.*] akselere, {fè yon/ bay}pase men, grandi, miltipliye, moute, ogmante, ranje, redouble *They increased the employees' salaries.* Yo fè yon pase men nan salè anplwaye yo. *Unemployment increased the number of people who were suffering.* Chomaj la ogmante nonm moun k ap soufri yo. *They don't increase the quantity of rice.* Yo pa ranje diri a. *She increased her efforts.* Li redouble jèfò li. 2[*money*] peple *Let's increase the capital rather than leave it inactive in the bank.* Ann peple lajan an tan n kite l ap dòmi nan bank. 3[*stock, merchandise*] gwosi *Now you can increase the amount of merchandise.* Kounye a ou ka gwosi machandiz yo. **II** *v.intr.* agrandi, devlope, fè ti pil gwo pil, ogmante *The number of people in front of the gate is increasing.* Moun yo koumanse ap fè ti pil gwo pil devan baryè a. *Her sorrow increased as the day went on.* Tristès li ogmante kòm jou a pase. •**increase in size** agrandi *The city is increasing in size.* Vil la agrandi. •**increase in strength** [*weightlifting, etc.*] devlope *The guy increased in strength tremendously after he started lifting weights.* Nèg la devlope toutbon aprè li kòmanse leve altè.

increasingly *adv.* mwens an mwens, plis an plis *Life is becoming increasingly hard with each passing day.* Chak jou lavi a ap vin plis an plis di. *She is increasingly unreliable.* Li vin mwens an mwens fyab.

incredibility *n.* enkredilite

incredible *adj.* enkwayab, fòmidab *I don't believe that incredible story.* M pa kwè istwa enkwayab sila a. *That's incredible you got the job!* Se fòmidab ou jwenn travay la! •**it's incredible** se pa pale *It's incredible the number of people that died.* Kantite moun ki mouri, se pa pale. •**that's incredible** [*exaggeration*] ou wè mò, se fab *You caught that big fish all by yourself? That's incredible,* man! Se ou ki kenbe gwo pwason pou kont ou? Ou wè mò papa!

incredibly *adv.* **1**[*unbelievably*] se pa pale *Incredibly, she took the money and left.* Se pa pale! Li pran kòb la epi li kite. **2**[*extremely*] toutbon(vre) *She's incredibly rich.* Li chaje kòb toutbon.

incredulity *n.* enkredilite

incredulous *adj.* enkredil, se fab *What you're saying is incredulous.* Sa ou di la se fab. *He stood there incredulous.* Li kanpe la enkredil.

incriminate *v.tr.* antrave, enkriminen, kriminen *Don't incriminate someone before you hear what he has to say in his defense.* Pa enkriminen yon moun anvan ou tande sa li gen pou li di pou defans li. *The witness incriminated the man in the theft.* Temwen an antrave msye a nan vòl la.

incrimination *n.* enkriminasyon

incubator *n.* enkibatè, kouvèz

incumbent *adj.* [*political*] ki la (deja) *The incumbent government is doing nothing.* Gouvènman ki la a p ap regle anyen.

incurable *adj.* san{rechap/remèd} *This illness is incurable.* Maladi sa a se san rechap. *AIDS is an incurable disease.* Sida se yon maladi san remèd. azikòkò. •**be incurable** pa ka geri *That disease is incurable.* Maladi sa a pa ka geri.

indebted *adj.* •**be indebted a**[*financial*] fè dèt sou kont yon moun *I'm indebted to her for a lot of money.* M fè dèt sou kont li pou yon bakoko lajan. **b**[*grateful, etc.*] gen{redevans/yon dèt anvè yon moun} *He isn't indebted toward anyone.* Li pa gen redevans anvè pèsonn. *She helped us in a difficult moment, we are indebted to her.* Li te rann nou yon gwo sèvis; kidonk nou gen yon dèt anvè li.

indecency *n.* endesans

indecent *adj.* endesan, kochon, san{dekowòm/jèn} *These clothes are indecent, your whole body is visible.* Rad sa a ki sou ou a endesan, tout kò ou nan lari. *She's indecent; just listen to her talk!* Damn nan san dekowòm; tandi li ap pale!

indecision *n.* balan, endesizyon, ezitasyon

indecisive *adj.* anbalan, dlo nan bouch, frivòl, nan lendesi *The guy's indecisive. He doesn't know whether to go right or left.* Nèg la rete anbalan. Li pa konn si pou li ale adwat ou

agoch. *She's indecisive, she can't make any decisions.* Li gen dlo nan bouch, li pa moun ki pou pran desizyon. *He's indecisive, he doesn't know what to do.* Li nan lendesi, li pa konn sa pou l fè. •**make s.o. indecisive or uncertain** mete yon moun an doutans, vire yon moun de bò *They made me so indecisive, I didn't know what to do.* Yo tèlman vire m de bò, m pa konn sa pou mwen fè.

indecisiveness *n.* lendesi

indeed[1] *adv.* an verite, annefè, byen pwòp, jisteman, kòmdefèt, menm menm, nitou, reyèlman vre, vrèman vre *Indeed, human beings are fundamentally evil.* An verite, lèzòm mechan tout bon vre. *Indeed, we did all we could.* Annefè, nou fè tout sa n te kapab. *She said she'd come, indeed she really came.* Li te di m li t ap vini, kòmdefèt li vini vre. *He said that he won't eat it, but he indeed ate it all.* Li di l p ap manje, men li manje l byen pwòp. *It was indeed he who did it, not another person.* Se li menm menm ki fè sa, pa lòt moun. *Indeed, you're right.* Vremanvre, ou gen rezon.

indeed[2] *interj.* karanndiseyas, men wi, sife *Is George really a criminal? –Yes, indeed!* Èske Jòj se malfektè vre? –Karanndiseyas! *They tell me he's an honest person? –Indeed!* Yo di m se moun debyen li ye? Sife!

indefatigable *adj.* gen kè *She's indefatigable. She works non-stop.* Li gen kè. L ap travay san kanpo.

indefensible *adj.* endefandab, sans eskiz

indefinite *adj.* **1**[*unspecified period, number, etc.*] kantite, kont, pa detèminen, san limit *There is an indefinite number of people listening to the speech.* Yon kantite moun k ap koute diskou a. *She left for an indefinite period.* Li kite pou yon tan ki pa detèminen. **2**[*vague*] vag *I have an indefinite feeling that we're lost.* M gen yon vag santiman nou fin pèdi. **3**[*gram.*] endefini

indefinitely *adv.* jouk{mayi mi/nan lòt monn}, san{limit/rete}, vitametènanm *They're on strike indefinitely.* Y ap fè lagrèv san rete. *You can keep it indefinitely.* Ou mèt gade li jouk mayi a mi. *They won't be here indefinitely.* Yo pa p la vitametènam.

indemnify *v.tr.* **1**[*compensate*] dedonmaje *The insurance company indemnified all* *the accident victims.* Konpayi asirans lan dedonmaje tout viktim aksidan an. **2**[*safeguard against*] asire, garanti *The school indemnified all of the students against accidents.* Se lekòl la ki garanti tout elèv yo kont aksidan.

indemnity *n.* endanmnite

indent *v.tr.* fè pwen alaliy *When you start a new paragraph, you need to indent.* Lè ou kòmanse yon nouvo paragraf, fòk ou fè pwen alaliy.

indentation *n.* **1**[*punctuation*] pwen alaliy **2**[*recess*] fonsman **3**[*footprint, etc.*] anprent

indentured *adj.* •**indentured servant/ worker** [*colonial period*] angaje

independence *n.* endepandans, dwa granmoun {grandèt/ majè/grandèt} *Haiti won its independence in 1804.* Ayiti pran endepandans li an 1804.

independent *adj.* **1**[*person*] an granmoun, granmoun (tèt li) *Since his childhood, he's been independent.* Depi nan titès li, li yon moun granmoun. *She may choose the person she wants as a husband, she's independent.* Li gen dwa chwazi moun li vle pou mari li, li granmoun tèt li. **2**[*child, person, etc.*] chape *He's an independent child.* Li se yon timoun chape. **3**[*politically*] endepandan, granmoun (tèt li), souvren *The Haitian people are an independent people, they have been free since 1804.* Pèp Ayisyen se yon pèp endepandan, yo lib depi 1804. *Haiti is an independent country.* Ayiti se yon peyi ki granmoun tèt li. **4**[*unrelated*] endepandan *We heard it from an independent source.* Nou tande sa nan men yon sous endepandan. •**independent person** pa moun ki rete ak moun •**be financially independent** pran fil *The job allows him to be financially independent.* Djòb la pèmèt li pran fil.

independently *adv.* an granmoun *He lives independently, he left his parents' house three years ago.* Li viv an granmoun, li kite kay paran l yo depi twaz an. •**independently of** endepandaman de *He's doing this independently of his will.* Li fè sa endepandaman de volonte li.

index *n.* [*of a book, etc.*] endèks

India *prop.n.* End, Enn, Lenn

Indian[1] *adj.* **1**[*native American*] endyen, endyèn [*fem.*] **2**[*Hindu*] endou

Indian[2] *prop.n.* endyen, endyèn [*fem.*], powouj

Indian cress *n.* [*plant*] kapisin

Indian heliotrope *n.* [*plant*] krètkòk

Indian mulberry *n.* doulè, fèy doulè, fwomaje

Indian Ocean *prop. n.* Loseyan Endyen

Indian-style *adv.* an kwa *He sat Indian-style.* Li chita ak pye l an kwa.

indicate *v.tr.* **1**[*show, point to*] endike, moutre *She told him to sit down and indicated the chair.* Li mande li chita, epi li endike chèz la. *She indicated the road we should take.* Li moutre n ki wout pou n fè. **2**[*be a sign of*] siyale *The overcast weather indicates a lot of rain.* Tan mare a ap siyale yon gwo lapli. **3**[*make known*] fè{konnen/konprann} *He indicated that he would resign at the end of the year.* Li fè konnen l ap demisyonnen nan fen lane a. **4**[*call for*] endike *The fever and the swelling clearly indicate the use of penicillin.* Lafyèb la ansanm ak anfleman an endike pou nou sèvi ak pelisilin. •**indicate the date** date *She dated the check for next month!* Li date chèk la pou mwa pwochen!

indication *n.* endikasyon, siy

indicative *adj.* [*gram.*] endikatif

indicator *n.* repè •**turn signal indicator** kliyotan

indict *v.tr.* akize, pòte akizasyon kont *The indicted the man for rape.* Yo pòte akizasyon kont msye a pou kadejak.

indictment *n.* rekizitwa

Indies. *prop. n.* Lèzenn

indifference *n.* endiferans •**show indifference toward s.o.** fè silans ak yon moun

indifferent *adj.* ensansib, ensousyan, mou *This indifferent man, he doesn't let people arrange anything for him.* Nèg ensousyan sa a, li pa ba moun regle anyen pou li. *Don't be so indifferent. Get a move on!* Ou twò mou. Souke kò ou!. •**be indifferent toward s.o.** {fè silans/pal pal}k yon moun *What bad thing did I do to you that causes you to be so indifferent toward me?* Sa m fè ou ki mal ki fè ou fè silans ak mwen?

indigence *n.* endijans, lamizè

indigenous *adj.* endijèn, natifnatal •**indigenous person** powouj

indigent *adj.* endijan, malere, malerèz [*fem.*] *That's an indigent family. They have nowhere to live.* Se yon fanmi malere, sa. Yo pa gen kay pou yo rete. •**indigent person** endijan

indigestible *adj.* endijès *Food which is not well-done is indigestible.* Manje ki pa byen kwit endijès.

indigestion *n.* endijesyon, gen{kè/lestomak} boule, gonfleman, lafwerad, zegrè •**have indigestion** gen gonfleman, gonfle *They have indigestion.* Yo gen gonfleman. *Make some custard-apple tea because you have indigestion.* Fè te kachiman paske ou gonfle. •**give indigestion** santi yon pwa senkant sou lestonmak li *The meat I ate gave me indigestion.* Vyann mwen manje a fè m santi yon pwa senkant sou lestonmak mwen.

indignant *adj.* endiye, estonmake *He was indignant because they told him not to go in.* Li estonmake poutèt yo di li pa antre la.

indignation *n.* endiyasyon

indignity *n.* endiyite

indigo *n.* digo

indirectly *adv.* endirèkteman, soulèzèl *He spoke to me indirectly, in such a way that I couldn't answer.* Li pale m endirèkteman, yon fason pou mwen pa ka reponn. *We find supplies indirectly.* Soulèzèl nou ravitaye.

indiscreet *adj.* endiskrè, many-many, san rezèv *Don't tell all your business to an indiscreet person.* Pa rakonte koze ou bay moun ki endiskrè. *This guy is indiscreet, he doesn't keep people's secrets for himself.* Nèg sa a san rezèv, li pa kenbe koze pou moun. *Whisper because that indiscreet woman is listening.* Se pou ou chwichwi pase fanm many-many la ap koute. •**indiscreet person** {bouch/djòl}alèlè

indiscriminately *adv.* endistenteman *He spoke to everyone indiscriminately.* Li pale ak tout moun endistenteman.

indispensable *adj.* endispansab *There's no one who is indispensable.* Pa gen moun ki endispansab. •**indispensable person** pakapala •**be indispensable** pa ka{anpase li/pa la} *You're indispensable to that team.* Ou pa ka pa la nan ekip sa a. *A car is indispensable here.* Ou pa ka anpase ou de yon machin bò isit la.

indisposition *n.* dekonpozisyon

indistinctly *adv.* endistenteman, piti piti *She saw him indistinctly.* Li wè l piti piti.

indistinguishable *adj.* 1[*cannot tell the difference*] menm parèy *These two shirts are indistinguishable.* De chemiz sa yo menm parèy. 2[*imperceptible*] piti piti *Her voice was indistinguishable, you couldn't hear her at all.* Vwa li te piti piti, ou pa tande li menm.

individual[1] *adj.* degrennen, endividyèl *The house has three individual bathrooms.* Kay la gen twa twalèt degrennen. *It's an individual problem.* Sa se yon pwoblèm endividyèl.

individual[2] *n.* dividi, endividi, kretyen vivan, moun, pèsonn

individualism *n.* endividyalis

individualistic *adj.* endividyèl, pèsonèl *He's a very individualistic player, because he never passes the ball.* Li se yon jwè endividyèl, li pa janm fè pas bay lòt moun boul la. *She's very individualistic, because she never shares anything.* Se yon moun pèsonèl li ye, li pa janm pataje anyen.

individuality *n.* [*Vodou*] ti bonnanj

individually *adv.* 1[*separately*] apa *She spoke to each of them individually.* Li pale yo chak moun apa. 2[*uniquely*] separeman *The letters are all addressed individually.* Lèt yo tout adrese separeman.

indivisible *adj.* endivizib *The land is indivisible.* Tè a endivizib.

indocile *adj.* enkoutan, volontè

indocility *n.* kalsitrans, tèt di

indoctrinated *adj.* •**indoctrinated with** kuit nan *They're all indoctrinated with the belief that they're oppressed.* Yo tout kuit nan lide yo pèsekite.

indolence *n.* maladi kagou

indolent *adj.* douyèt, kò{kraz/labouyi/lage/lòja/mòl/ mouri}, malandouran, mòl, molyann, nan dòmi, pòpòt, tòltòl *Get some energy into yourself, you're too indolent, man.* Met gason sou ou non, ou douyèt twòp monchè. *She's indolent, everything she does, she does it slowly.* Li se yon kò labouyi, tout sa l ap fè, li fè yo dousman. *Be active, you're too indolent.* Souke kò ou non, ou malandouran twòp. *He is the prototype of an indolent person.* Li pòtre moun nan dòmi. *He's too indolent, whatever he does takes forever.* Nèg sa twò pòpòt, tou sa l ap fè li fè l long. *You're too indolent, be more alert.* Ou tòltòl twòp, menyè met vi nan ou, non. •**indolent man** pantalèt

indoors *adv.* andedan *They remain indoors all day long.* Yo ret andedan tout lasentjounen.

induce *v.tr.* **1**[*persuade*] bay (yon moun) gou, fòse *The aroma of the food induced her to eat.* Sant manje a ba li gou pou manje. *That induced him to put his money out.* Sa fòse l met lajan deyò. **2**[*lead to*] okazyonnen *It's you that induced me to spend all that money.* Se ou ki okazyonnen m depanse fòs lajan sa a.

indulgence *n.* sitirans

indulgent *adj.* konpreyansif, sitiran, toleran *You aren't indulgent at all.* Ou pa konpreyansif menm. *If her mother weren't indulgent, she wouldn't tolerate her coming home late every night.* Si manman l pa te toleran, li pa t ap asepte l rantre lakay ta konsa chak swa. *Their father is indulgent of whatever they do.* Kenenpòt sa yo fè, papa yo sitiran.

industrial *adj.* endistriyèl

industrialist *n.* endistriyèl

industrialization *n.* endistriyalizasyon

industrialize *v.tr.* endistriyalize *It's time for them to industrialize the country.* Li lè pou yo endistriyalize peyi a.

industrious *adj.* travayan, vanyan *Haitians are an industrious people.* Ayisyen se yon pèp travayan.

industry *n.* endistri •**assembly industry** endistri soutretans

inebriated *adj.* anba gwòg

inedible *adj.* pa manjab

ineffectual *adj.* koupyon *What an ineffectual guy!* Ala yon nèg koupyon!

inefficient *adj.* pa efikas

inelegant *adj.* mangousa *How can you look so inelegant?* Ki jan ou fè mangousa ak kò ou konsa?

ineligible *adj.* pa gen dwa *I'm ineligible to vote.* M pa gen dwa vote.

ineluctable *adj.* sanrechap *If it's written down, it's ineluctable.* Si se ekri, se san rechap.

inept *adj.* •**inept guy** abòdjò, machòkèt *He's an inept guy, he can't do this work.* Li se yon abòdjò, li pa ka fè travay sa a.

inequality *n.* inegalite

inert *adj.* batriba

inertia *n.* chitatann, kalewès

inescapable *adj.* sanrechap

inevitable *adj.* inevitab, sanrechap *His death was inevitable.* Lanmò l te inevitab. *Given all the talk about it, war seems inevitable.* Jan pawòl lagè a ap pale la, sanble lagè sanrechap.

inevitably *adv.* fòseman *Inevitably, she'll have to go to work.* Fòseman, fò l al travay.

inexcusable *adj.* san ekskiz *Your actions are inexcusable.* Aksyon ou yo san eskiz.

inexpensive *adj.* bonmache, fè de pou senk, pa chè *This dress is very inexpensive.* Wòb sa a pa chè menm. *Pork strips have remained inexpensive.* Afiba toujou rete bon mache. *Mangoes were cheap today.* Mango fè de pou senk nan mache jodi a.

inexpensively *adv.* abonmache *I bought this house inexpensively.* M achte kay sa abonmache.

inexperienced *adj.* jenn, wòwòt *She's inexperienced in the work.* Li jenn nan travay la. *That's a mistake made by inexperienced guys!* Sa se erè nèg wòwòt fè! •**inexperienced person** krebete

inextricable *adj.* makònen

infancy *n.* anbazay, anfantiyay

infant *n.* tibebe, timoun piti

infantile *adj.* enfantil *His behavior is very infantile.* Konpòtman li enfantil anpil. •**infantile paralysis** paralezi enfantil

infantry *n.* enfantri

infatuated *adj,* {afre/cho}dèyè *He was infatuated with that woman ever since he first saw her.* Li cho dèyè fi sa depi prenmye fwa li wè l.

infatuation *n.* tokad

infect *v.tr.* bay yon moun maladi, enfekte, kontamine *It's John who infected her.* Se Jan ki ba l maladi a. *The Spaniards infected the Indians with their diseases.* Panyòl yo te enfekte Endyen yo ak maladi yo. *Don't drink dirty water so that it doesn't infect you.* Pa bwè dlo sal sa pou l pa kontamine ou.

infected *adj.* enfekte *Because he scratched the wound too much, it's infected.* Poutèt li grate maleng lan twòp, li enfekte. •**be infected** fè enfeksyon *The cut on her hand is infected.*

Koupi nan men li ap fè enfeksyon. •**become infected** anvlimen, enfekte *The sore became infected because he didn't put on a clean dressing regularly.* Blese a vin anvlimen akòz li pa panse l souvan. *Mario's wound became infected.* Blese Maryo a enfekte.

infection *n.* enfeksyon •**ear infection** otit •**fungal infection** maladi djondjon •**have an infection** fè enfeksyon *The results of the analysis showed that I have an infection.* Rezilta analiz yo montre m fè yon enfeksyon. •**scalp infection** pyas •**yeast infection** enfeksyon chanpiyon

infectious *adj.* atrapan *Is the disease infectious?* Se yon maladi atrapan?

infer *v.tr.* dedui, konkli *Given his words, you can infer the kind of person that he is.* Apre sa l di la, ou ka dedui ki kalite moun li ye.

inference *n.* dediksyon

inferior[1] *adj.* enferyè, òdinè *This cloth is of very inferior quality.* Twal sa a òdinè menm. *This denim is of inferior quality compared to the other one.* Twal djin sa a pi enferyè pase lòt la.

inferior[2] *n.* souzòd *She's my inferior at work.* Li se souzòd mwen nan travay la.

inferiority *n.* enferyorite

infernal *adj.* enfènal *Today's weather is infernal.* Tan jodiya enfènal.

inferno *n.* lanfè

infertile *adj.* 1[*person*] esteril, matris paswa [*fem.*] *His wife is infertile, she can't have children.* Madanm li esteril, li pa sa fè pitit. 2[*animal*] boukle [*fem.*], branrany *That cow is infertile.* Bèf sa a branrany. *That she-goat is infertile.* Kabrit sa la boukle. 3[*does not bear fruit, tree, etc.*] mal *That avocado tree is infertile.* Pye zaboka sa mal. 4[*earth, land, etc.*] pa{donnab/ pwodui} *The land you bought is infertile.* Teren ou achte a pa pwodui.

infestation *n.* debòdman •**parasitic infestation** kriz vè

infested *adj.* kowonpi, pouri *This body of water is infested with mosquitoes.* Dlo sa a kowonpi ak moustik. *The wall is completely infested with termites.* Mi an fin pouri ak poud bwa. •**infested with worms** vere *The child is infested with worms.* Pitit la vere nèt. •**be infested with worms** fè vè *The mango*

rotted until it was infested with worms. Mango sa a pouri jouk li fè vè.

infidelity *n.* enfidelite

infighting *n.*{batay/lit}entèn

infiltrate *v.tr.* enfiltre, entegre, penetre *Members of the opposition infiltrated the demonstration, and ruined it.* Manm opozisyon an enfiltre nan manifestasyon an, yo gate l. *Many instigators infiltrated the demonstration.* Anpil chimè entegre manifestasyon an. *Don't let any spies infiltrate us.* Pa kite espyon penetre nan mitan nou.

infiltration *n.* [*enemy, opposition*] enfiltrasyon

infiltrator *n.* siveyè rapòtè

infinite *adj.* enfini, gi pa gen bout *The possibilities are infinite.* Posibilite yo enfini.

infinitive *n.* [*gram.*] enfinitif

infirmary *n.* dispansè, enfimri

infirmity *n.* enfimite

inflame *v.tr.* [*incite anger, desire, hatred, etc.*] fè yon moun wèmò, mete yon moun{sou sa/ doubout}, pouse dife *His speech inflamed people to anger.* Diskou li a fè moun wèmò. *She inflamed the people with all her talk.* Li mete moun yo doubout ak tout pale anpil sa yo.

inflamed *adj.* anflanmen, wouj *My throat is inflamed.* Gòj mwen an tou wouj. •**be inflamed with a rash** koupe *His entire leg is inflamed with a rash.* Tout janm li koupe ak chalè.

inflammable *adj.* 1[*easily set on fire*] pran dife fasil *Gasoline is highly inflammable.* Gazolin pran dife fasil. 2[*situation*] eksplozif *Don't say anything, it's an inflammable situation.* Pinga ou di anyen, se yon sitirasyon eksplozif.

inflammation *n.* anflamasyon, anfleti, imè, iritasyon

inflatable *adj.* gonflab *An inflatable mattress.* Yon matla gonflab.

inflate *v.tr.* bay van, gonfle, ponmen, ponpe *Don't inflate the tire too much.* Pa bay kawotchou a twòp van. *Inflate the tires with air.* Gonfle kawoutchou yo ak van. *Inflate the inflatable mattress.* Ponmen matla gonflab la. *Inflate the tire for me.* Ponpe kawotchou a pou mwen.

inflated *adj.* gonfle *The tires are inflated.* Kawoutchou yo gonfle.

inflation *n.* chète lavi, enflasyon, lavi chè *With inflation all products have become exorbitant.* Ak chète lavi a tout pwodi yo monte tèt nèg.

inflection *n.* aksan

inflexible *adj.* bout di, rèd *That vendor is very inflexible, he won't barter at all.* Machann sa a se yon bout di li ye, li pa p fè pri menm.

inflexibility *adv.* djanm, tennfas

inflict *v.tr.* fout (bay) *Because he talked back to me, I inflicted a lesson on him.* Paske li chita ap reponn mwen, m fout ba li yon leson. •**inflict upon** flanke *The teacher inflicted a ton of homework on the children.* Mèt klas la flanke timoun yo yon pakèt devwa.

influence¹ *n.* anpriz, atou, enfliyans, fil, lobedyans, longè, mannigèt, priz, zesèl *You have to have some kind of influence to make that happen.* Fòk ou gen atou toutbon pou fè sa rive. *She must have had some influence for immigration to let her pass through like that.* Li dwè gen yon fil pou imigrasyon kite li pase konsa. *They don't have an influence on him, he does whatever he wants.* Li pa sou lobedyans pyès moun, li fè sa li vle. *He doesn't have a lot of influence.* Longè li pa anpil. *She has lots of influence to get her the job.* Li gen anpil mannigèt pou fè li jwenn travay la.. •**bad influence** antrennman •**be/have a bad influence on** dejwe *They're a bad influence on the boy.* Yo dejwe tigason an.. •**have an influence on** gen priz sou *He gave you a compliment, so he had an influence on you?* Li ba ou yon flè donk l gen priz sou ou deja? •**have influence on** kenbe kòd tèt yon moun *It's the neighbor who has an influence on her.* Se vwazin nan ki kenbe kòd tèt manmzèl. •**have influence over** gen priz sou •**person of influence** pwa lou •**person of no influence** yon pwèt •**under the influence of illicit drugs** dwoge •**under the influence of** anba vant yon moun, sou lobedyans *You'll never make any progress under the influence of those old people.* Ou p ap janm pwogrese anba vant gran moun sa yo. •**use one's influence** tire {fisèl/kòd} *The minister used his influence to have his nephew named ambassador.* Minis la ap tire fisèl pou yo ta nonmen neve li a anbasadè.

influence² *v.tr.* afekte, detenn [*neg.*], enfliyanse, jwe nan tèt yon moun, pran tèt yon moun *That girl has a negative influence on my son.* Ti fi sa ap detenn sou ti gason mwen an. *Don't let people influence you, do what you like.* Pa kite moun enfliyanse ou, fè volonte ou pito. *If you didn't influence her, she wouldn't have made this bad decision.* Si ou pa t jwe nan tèt li, li pa t ap pran vye desizyon sa a. •**influence s.o. to make a bad decision** mete kòd nan tèt yon moun *He influenced her to steal the watch.* Li mete kòd nan tèt li pou vòlò mont lan. •**overly influence** vire lòlòj yon moun *She overly influenced his decision.* Li vire lòlòj li nan fè desizyon an.

influence-peddling *n.* mannigetay

influential *adj.* konsekan, lou, *He's an influential person.* Msye se nèg konsekan. *She's an influential minister.* Li se yon minis lou. •**influential person** gran zepon, gwo bwa, mèt peyi *He's the one you should see, he's an influential person.* Se nèg sa a pou ou wè, se yon mèt peyi. •**be influential** peze lou *That minister is very influential in the government.* Minis sa peze lou nan gouvènman an.

influenza *n.* grip

inform *v.tr.* alète, aprann, avize, bay nouvèl, fè konnen, enfòme, klere je, ranseye, voye pale *You need to inform him that you're not going.* Fò ou fè l konnen ou pa p ka ale. *They informed everyone that they're going to cut the power tomorrow.* Yo avize tout moun y ap koupe kouran an demen. *Will you inform people when you get there?* Èske w ap bay nouvèl la lè ou rive? *Radio Lumière informed people about the bad weather.* Radyo Limyè a te enfòme moun yo sou move tan an. *I didn't know what was going on until he informed me.* M pa t konnen sa ki t ap pase jis li klere je m. *It's necessary to inform everybody.* Se pou ranseye tout moun. *The child died, inform his mother.* Pitit la mouri, voye pale manman l. •**inform on** denonse, vann *Someone informed on him to the police.* Gen yon moun k al vann l bay lapolis. •**inform of one's intent to marry s.o.** deklare entansyon li *He informed Anayiz' parents of his intent to marry her.* Li deklare entansyon li pou Anayiz. •**inform s.o. of** mete yon moun okouran *He doesn't inform us about* *anything he does.* Li pa mete n okouran de anyen l ap fè.

informal *adj.* enfòmèl *The country's economy is based on the informal sector.* Lekonomi peyi a chita sou sektè enfòmèl la.

informally *adv.* san fason, soulèzèl *They completed the transaction informally.* Yo fin fè tranzaksyon an soulèzèl.

information *n.* enfòmasyon, ransèyman, siyalman *They got information about where the gang is hiding.* Yo jwenn siyalman kote gang nan kache a. •**confidential information** pale bouch an bouch *This story is not official, it's confidential information.* Koze sa a pa ofisyèl, se bouch an bouch yo pale l. •**correct information** bon zen •**false information** a[*gen.*] move zen b[*usu. exchanged when cheating*] poul touse •**give information** soufle

informed *adj.* okouran *Please keep me informed of how the work is going.* Mete mwen okouran konsènan pwogrè travay la. •**get informed** enfòme li *You must get informed about that before you make a decision.* Fò ou enfòme ou sou sa anvan ou pran yon desizyon.

informer *n.* enfòmatè, fèzè kont, gratè, rapòtè

infraction *n.* [*jur.*] enfraksyon

infrared *adj.* enfrawouj

infrastructure *n.* enfrastrikti

infrequently *adv.* pa souvan, raman *She comes here infrequently.* Li vin isit la raman.

infusion *n.* [*of herbs, leaves, fruit*] solisyon, te, tranpe *Lemon peel infusion.* Tranpe po sitwon.

inga tree *n.* pwadou [N], sikren

ingenious *adj.* save *She's ingenious, she can find the solution to any problem.* Madanm nan save toutbon, li ka jwenn solisyon pou nenpòt pwoblèm.

ingenuous *adj.* inosan, senp *He's ingenuous, he doesn't understand when you're upset.* Se yon inosan, li pa konprann lè ou ofiske. •**ingenuous person** inosan

ingest *v.tr.* vale *The child ingested poisoned food.* Timoun nan vale manje ranje.

ingrate *n.* engra **ingrates** *n.pl.* lèzengra •**be an ingrate** manje manje bliye *You're such an ingrate, you don't show gratitude for anything.* Ou pa rekonnesan menm, se manje manje bliye ase.

ingratiate *v.tr.* •**ingratiate o.s. to s.o.** fofile kò li *He ingratiated himself to these people until he became their friend.* Misye fofile kò l nan mitan moun yo jis li vin zanmi yo.

ingratitude *n.* engratitid

ingredient *n.* 1[*culin.*] engredyan, zengredyan 2[*cooking*] ekipman, founiti 3[*composition*] kontni

inguinal *adj.* enginal •**inguinal abscess** apse d lenn/apsedlenn •**inguinal region** bò lenn

inhabit *v.tr.* abite, rete, viv *Eight hundred families inhabit this camp.* Wit san fanmi rete nan kan sa a.

inhabitable *adj.* abitab *This valley is inhabitable.* Vale sa a abitab.

inhabitant *n.* kretyen vivan, moun •**inhabitant of Cape Haitian** Kapwa, Kapwaz [*fem.*] •**inhabitant of rural area** abitan, peyizan, peyizàn [*fem.*] •**inhabitant of the capital city** kapitalis •**old inhabitant** darati (kòn siye) *Pierre is the oldest inhabitant of this area.* Pyè se darati nan zòn sa a.

inhale I *v.tr.* aspire, rale, rale souf li, {rale/pran}(yon) souf, respire *He's inhaling the nasal spray.* L ap aspire viks la. *Inhale while I check your heartbeat.* Rale souf ou pandan m ap kontwole batman kè ou. *Don't inhale cigarette smoke.* Pa rale sant lafimen sigarèt. *Inhale this perfume, it smells real good.* Respire pafen sa a, li santi bon anpil. II *v.intr.* aspire *He's wasting the cigarette; he doesn't know how to inhale.* Li pa konn aspire, se gaspiye li gaspiye sigarèt la.

inhaler *n.* flite

inherit *v.tr.* 1[*character, traits, etc.*] pran{kote yon moun/yon bagay nan san} *She's very smart, she inherited it from her father.* Li entelijan anpil, li pran sa nan san papa l. *She inherited that flaw from her mother.* Li pran defo sa kote manman l. 2[*property, etc.*] eritye *He inherited all of his father's effects that he left when he died.* Li eritye tout byen papa l mouri kite.

inheritance *n.* 1[*property, etc.*] byen, eritay 2[*not large*] byen minè *His father died, he left him a small inheritance.* Papa l mouri, li kite kèk byen minè pou li. 3[*cultural, etc.*] eritay 4[*jur.*] siksesyon

inherited *adj.* 1[*property, wealth, etc.*] eritye *All her wealth is inherited.* Tout richès li eritye. 2[*hereditary*] eredità *Diabetes is an inherited disease.* Maladi sik la se eredità. •**not inherited** chwal papa *You inherit what your father has. What he has become is not inherited.* Ou eritye sa papa ou genyen. Sa li devni se pa chwal papa.

inhibit *v.tr.* anpeche, antrave, enpoze, jennen *These clothes inhibit my movement.* Rad ki sou mwen an jennen m. *What could inhibit me from going to the party?* Kisa ki ta ka enpoze m al nan fèt la? *My mother's presence inhibits me from drinking.* Manman m ki la anpeche m bwè. *My belt inhibits my eating.* Sentiwon mwen an antrave m manje.

inhibited *adj.* jennen, konplekse *I feel so inhibited when people are looking at me.* M santi m jennen lè moun ap gade m. *That girl is so inhibited she won't even kiss the guy on the cheek.* Tifi a sitèlman konplekse li pa p menm bo nèg la sou po figi li.

inhuman *adj.* inimen *The inhuman regime sells the emergency relief food.* Rejim inimen an vann manje sinistre yo.

inhumane *adj.* inimen

inhumation *n.* antèman

inimitable *adj.* san parèy *The way she talks is inimitable.* Jan li pale a san parèy.

iniquity *n.* inikite

initial[1] *adj.* inisyal, pre(n)mye *The initial meeting is being held tonight.* Premye reyinyon an ap fèt aswè a.

initial[2] *n.* [*letter*] inisyal **initials** *n.pl.* inisyal

initially *adv.* anpatan, odebi

initiate[1] *n.* inisye •**initiate by fire (Vodou)** kanzo •**Vodou initiate** ounsi

initiate[2] *v.tr.* 1[*a project, etc.*] anbale, antame, kanpe, pran devan *He's the first person to initiate the project.* Msye se premye moun ki te pran devan ak pwojè a. *She initiated our pension program.* Se li ki anbale pwogram retrèt nou an. 2[*a song, story, etc.*] voye *The pastor initiated the meeting with a hymn.* Pastè a voye yon chan d esperans pou tanmen reyinyon an. 3[*introduce into an organization*] inisye *He's being initiated into the Masons today.* L ap inisye nan Mason jodi a. •**initiate proceedings against s.o./sth.** mennen lajistis

initiation *n.* inisyasyon

initiative *n.* inisyativ

injection *n.* piki •**give an injection** {ba/fè} yon piki *It's an intravenous injection they gave me.* Se yon piki nan venn yo ban m.

injector *n.* •**fuel injector** [*of diesel engine*] enjektè

injunction *n.* sonmasyon

injure *v.tr.* 1[*physically*] blese, fè yon moun mal *The thief injured the man with a machete.* Vòlè a blese misye ak yon manchèt. *He injured his sister when he pushed her.* Li fè ti sè li mal lè li bouskile l. 2[*feelings, reputation, etc.*] blese, manke dezega *She injured his feelings when she yelled at him.* Li manke dezega pou msye a lè li rele sou li. *He injured the company's reputation when he stole from the client.* Li blese repitasyon konpayi an lè li vòlò nan men kliyan an. •**injure o.s.** kase *He was injured in the car accident.* Misye kase nan aksidan machin nan.

injured *adj.* blese *I hit a tree; my knee is injured.* Mwen frape nan yon pyebwa; jenou m blese. *The goat is limping because it's injured in the foot.* Kabrit la ap bwete paske l blese nan pye.

injury *n.* 1[*physically*] blesi, donmaj, malad, plè *He had a big injury during the accident.* Li pran yon gwo donmaj nan aksidan an. *My injury is healed.* Malad mwen an geri. 2[*emotionally, etc.*] blesi, ofans, outraj, tò *It was an injury she couldn't overlook.* Se yon ofans li pa t ka pase sou li a. *It was a huge injury to her reputation.* Se te yon outraj pou repitasyon li a. •**major injury** donmajman *She sustained a major injury in the accident.* Li pran yon gwo donmajman nan aksidan an. •**physical injury** donmajman

injustice *n.* abi, lenjistis, mal, tò

ink *n.* lank •**with ink** [*with a pen*] {ak/a}plim *Write the letter with ink.* Ekri lèt la a plim.

ink-pad *n.* tanpon

inkwell *n.* bokal lank, lankriye

inland *adj.* lwen lanmè

inlay *n.* •**gold inlay** [*tooth*] eklis lò

inmate *n.* [*of prison*] detni, kondannen, prizonye

inmost *adj.* anrasinen, entim

inn *n.* obèj

innards *n.pl.* [*human, animal*] fyèl, nannan, zizye *The pain descends to my innards.* Doulè a reponn mwen nan nannan.

inner adj. andedan Open the inner door of the cabinet, you'll see the money. Louvri pòt andedan plaka a, ou a wè kòb la. •**inner tube** chanm

innocence n. inosans

innocent adj. **1**[not guilty, not involved] inosan, inosant [fem.], pa nan be pa nan se He's claiming he's innocent. L ap plede li inosan. I'm an innocent bystander; I wasn't even there. M pa nan be pa nan se; mwen pa t menm la. **2**[naïve, etc.] inosan, inosant [fem.] She isn't innocent, she had many boyfriends before you got engaged to her. Li pa inosant, li te gen anpil menaj anvan ou fiyanse avè l. **3**[harmless] inosan My remarks were perfectly innocent. Remak mwen fè yo inosan toutbon. •**innocent child** ti lezanj •**innocent person** a[not guilty] inosan They arrested the innocent. Yo arete inosan yo. b[naive] nosan •**not to be as innocent as one looks** [woman] gran tifi nan lakou madan plètil Don't think the woman won't cheat on you, she isn't as innocent as she looks. Pa kwè manmzèl p ap twonpe ou non, li se gran tifi nan lakou madan plètil. •**totally innocent** zewo fot

innuendo n. pwen She was making all kinds of innuendos about me. Li t ap voye pwen ban mwen.

innumerable adj. yon{bann/chay/dal}

inoculate v.tr. pike They inoculated me against hepatitis. Yo pike m pou mwen pa atrap maladi gwo fwa.

inoculation n. piki

inopportune adj. kontretan He waited for the most inopportune time to go speak to the girl. Li tann pi moman kontretan an pou l al pale ak fi a.

inquire I v.tr. mande He inquired what she wanted. Li mande kisa li te vle. **II** v.intr. mennen ankèt, pran ransèyman The detectives inquired into her murder. Detektiv te mennen ankèt nan asasina madanm nan. I'm going to inquire about the date of the meeting. Mwen pral pran ransèyman sou dat rankont lan.

inquiry n. [administration, police] ankèt, egzamen

inquisitive adj. kirye, kiryèz [fem.], lafourad, tripòt The boy is inquisitive, he's always asking

questions. Ti msye lafourad sa a ap toujou mande keksyon. That inquisitive girl can't stop touching things. Tifi tripòt sa a pa ka pa manyen bagay yo. •**be inquisitive** je yon moun{toupatou/wè lwen} The man is very inquisitive, he looks at everything. Je msye a toupatou, l ap gade tout bagay.

inquisitiveness n. kiryozite

insane adj. ensanse, fou, fòl [fem.], loko, pa{egal/nan lokal li}, tèt{pati/cho/fele/loke/pa an plas/souke/vire} They told me that she was insane. Yo di m li fòl. He's insane, don't follow him. Li pa egal, pa suiv li. Insane people never want to see reason. Moun ki ensanse pa janm vle wè larezon. That woman is insane. Dam sa a se yon moun tèt pati. •**be insane** tèt yon moun pati

insanity n. foli

insatiable adj. pa janm gen ase She's insatiable!. Danm nan pa janm gen ase!

inscribe v.tr. **1**[monument, book, etc.] enskri, grave, pran non She inscribed the name on the monument. Li grave non an sou moniman an. They inscribed their names in the guestbook. Yo enskri non yo nan liv envite yo. The electoral council inscribed the names of the candidates. Konsèy elektoral la pran non kandida yo. **2**[a book] dedikase He inscribed the book for his readers. Li dedikase liv la pou lektè yo.

inscription n. [book] dedikas

insect n. bèt, ensèk, ti bèt •**flying insect** bèt a(k) zèl

insecticide n. dlo tabak, ensektisid •**Baygon®** insecticide Begonn •**Chlordane insecticide** klodàn •**homemade insecticide** dlo tabak, {dlo/luil/poud} nim

insectivore n. ensèktivò

insectivorous adj. ensèktivò

insecure adj. **1**[unsure of o.s.] anpetre Given how insecure he is, I was surprised to see him talking in front of all those people. Pou jan li anpetre, m sezi wè l pale devan tout moun sa yo. **2**[uncertain] {pa/asire/chita byen/fin sèten} Her job is insecure right now. Travay li a pa chita byen konnya. **3**[unsafe] danjere This is an insecure neighborhood. Katye sa a danjere.

insecurity n. ensekirite, move tan

insensible adj. san konesans •**insensible of** pa okouran •**insensible to** endiferan, ensansib

insensitive *adj.* [*lacking sympathy*] ensansib, move pa, san kè *He's completely insensitive.* Msye a san kè menm. *She remained insensitive to all supplications.* Li rete ensansib devan tout priyè. *He's insensitive, he's never shocked or sad about anything.* Msye se moun move pa, li pa ni sezi ni tris pou anyen. •**insensitive person** *a*[*cold-hearted*] kè pantalèt *Those insensitive people, don't think they'll help you when you have problems.* Moun kè pantalèt sa yo, pa kwè yo pral ede ou lè ou nan pwoblèm. *b*[*hardened*] wòch *That insensitive person doesn't care about anyone.* Wòch sa a, li pa pran ka moun non.

inseparable *adj.* enseparab, lèt ak manmèl, marye ak *These two friends are inseparable.* De zanmi sa yo enseparab. *These two people are inseparable.* De moun sa yo, youn marye ak lòt. •**become inseparable** tounen de degouden nan yon papye goud *After the experience we just went through together, we became inseparable.* Apre eksperyans nou sot fè ansanm, nou tounen de degouden nan yon papye goud.

insert[1] *n.* atachman •**vaginal insert** sipozitwa **insert**[2] *v.tr.* 1[*into, between, etc.*] antre, entèkale, mete *She inserted the letter in the envelope.* Li antre lèt la lan anvlòp la. *They inserted a note in the newspaper.* Yo mete yon nòt lan jounal la. *In drafting this sentence they inserted the second phrase.* Nan konstriksyon fraz sa a, yo entèkale dezyèm pwopozisyon an. 2[*IV tube, etc.*] konnekte *They inserted the tube into her arm.* Yo konnekte tib la nan bra l.

inside[1] *adj.* a lenteryè, andedan *Leave the clothes inside the room.* Met rad yo andedan chanm nan. *She stayed inside all day.* Li rete a lenteryè tout lajounen. •**inside out** *a*[*thoroughly*] sou de ti chèz *Mary knows the story inside out, she's coming to give us all the details.* Mari konnen istwa a sou de ti chèz, l ap vin ban n tout detay. *b*[*reversed*] lanvè, lanvè{landwat/landrèt} *The shirt is inside out.* Chemiz la lanvè landwat. *This white man has the skin inside out.* Blan sa a gen po lanvè.

inside[2] *adv.* alenteryè, andedan, anndan, ladan *Get inside, and I'll drop you off.* Moute anndan, m pral depoze ou. *I was talking to*

him inside. Mwen t ap pale ak li alenteryè. *Go get the broom for me from inside.* Al pran bale a pou mwen andedan an. •**go back inside** tounen rantre anndan *I went back into the house.* M tounen rantre anndan kay la.

inside[3] *n.* andedan, anndan, dedan, lenteryè **insides** *n.pl.* andedan, frending •**on the inside** a lenteryè *I live in apartment Two on the inside.* Mwen nan nimewo De a lenteryè. •**insides of** nannan

inside[4] *prep.* andedan, anndan, dedan *Leave the clothes inside the room.* Met rad yo andedan chanm nan. *Look inside the box, you will find the watch.* Gade dedan bwat la, ou a jwenn mont lan.

insight *n.* [*fig.*] priz limyè

insightful *adj.* je klè, klèvwayan

insignia *n.* anblèm, ensiy

insignificant *adj.* ensiyifyan, kokorat, minim, rans, senèryen, vye, zenglenglen *What he gave us is insignificant.* Sa l ban nou an ensiyifyan. *We're not used to eating at insignificant restaurants like this.* Nou pa abitye manje nan ti restoran kokorat konsa. *The amount of money that you gave me was insignificant.* Lajan ou ban m nan minim. *Such an insignificant thing.* Yon ti bagay rans konsa. *It's an insignificant thing.* Se yon vye ti bagay. *Don't let insignificant problems overwhelm you.* Pa kite zenglenglen pwoblèm konsa trakase ou. •**insignificant object** po pistach *An insignificant gift.* Yon kado po pistach. •**insignificant person** *a*[*gen.*] babouzi, dèyè manman, krabinay, moun deryen, payaya, pwa plim, sendengen, ti krabè, (ti) santi pise *He's an insignificant teacher.* Li se yon pwofesè dèyè manman. *Someone as insignificant as you, I don't need you.* Ti krabè kon ou, m pa bezwen ou. *b*[*figurehead*] panten

insincere *adj.* ensèten *These insincere people, you shouldn't take what they say as the truth.* Moun ensèten sa yo, ou pa bezwen pran pawòl yo pou verite. •**be insincere** peze gwo zòtèy li *She's being insincere, she isn't telling the truth.* L ap peze gwo zòtèy li, li p ap di verite.

insincerity *n.* movèz fwa

insinuate *v.tr.* [*hint, suggest, etc.*] bay souflèt san pete je, tire pwent, vle di, voye dlo pa mouye pèsonn *She is insinuating that you cheated on her.* L ap ba ou souflèt san pete je ou kousi ou fè l zoklo. *He was hurt by what they were insinuating.* Li te blese poutèt jan yo t ap tire pwent ba li. *Are you insinuating that I'm a liar?* Ou vle di se mantò mwen ye? •**insinuate o.s.** fofile kò li *She insinuated herself into the good graces of these people.* Li fofile kò li nan mitan moun yo jis li kole sou yo.

insinuations *n.pl.* •**make insinuations** voye pwen(t) *I made insinuations; the one to whom I was alluding knows who she is.* M voye pwen; sa k mouye a, l a ranmase l.

insipid *adj.* fad, (fè) frèt{kou/pase}nen chen, wachi wacha *This porridge is insipid.* Labouyi sila a fad. *Who is going to eat this insipid stuff?* Kilès ki pral manje bagay wachi wacha sa a?

insist I *v.tr.* **1**[*demand*] ensiste *She insists that I leave the house now.* Li ensiste pou m kite kay la konnye a. **2**[*maintain*] rale di *She insisted that she had seen him before.* Li rale di sou lide li wè msye anvan. **II** *v.intr.* [*persist*] egzije, ensiste *If you insist.* Si ou ensiste. *They insisted on silence during the meeting.* Yo egzije silans pandan reyinyon an. •**insist on** egzije, plede, rale di, reklame *Don't insist on annoying me.* Pa plede anmède m. *It's your right to insist on what is yours.* Se dwa ou pou reklame sa k pou ou.

insistence *n.* ensistans •**not to give in to s.o.'s insistence** pa pran priyè *Everything they said to make me leave, I didn't give in to their insistence.* Tout sa yo di pou fè m sòti m pa pran priyè.

insistent *adj.* kole nan kò yon moun, oblijan, pèsistan *Why are you so insistent? I said no, and I mean no.* Sa k fè ou kole la nan kò m konsa? Mwen di non! M pa preche de fwa.

insofar as *adv.* antanke, etan, nan mezi *Insofar as I am Haitian, I can't say that.* Antanke ayisyen m pa kap di sa.

insole [*of shoe*] *n.* semèl andedan

insolence *n.* derespektan, radiyès, ensolans, frekan, frekansite, odas, pèmèt, radiyès, radiyès pèmèt •**total insolence** radiyès mele ak yon grenn pèmèt *It's total insolence if you have the nerve to call me a thief.* Sa se yon radiyès mele ak yon grenn pèmèt si ou ka rive trete m volè.

insolent *adj.* angran, anpil, derespektan, ensolan, frekan, fwonte, maledve, odasye, odasyèz [*fem.*], radi *That's being insolent, you can't come to insult me in my home.* Se derespektan sa, ou pa ka vin joure m jis lakay mwen. *The child is insolent, he lets all sorts of swear words fly in front of people.* Tigason an ensolan, li lage nenpòt gwo mo sou moun. *Insolent children are always inconsiderate to elders.* Timoun fwonte toujou ap manke pi gran dega. *This girl is too insolent, she's always talking back to her parents.* Tifi sa a twò radi, li toujou ap replike ak paran l. •**be insolent** ensolan kou pòt prizon *Stop it! You're being insolent.* Sispann fè sa! Ou ensolan kou pòt prizon. •**become insolent** pouse plim, pran yon fre *You've become insolent.* Ou pouse plim konnye a. *You've become insolent now, you're smacking your lips disdainfully at your elders.* Ou pran yon fre kounye a, gade w ap tchwipe pi gran.

insolently *adv.* angran

insoluble *adj.* pa fonn *It's insoluble in water.* Li pa fonn nan dlo.

insolvency *n.* bankwout, fayit

insolvent *adj.* ala graba, razè

insomnia *n.* san somèy

inspect *v.tr.* enspekte, gade, kontwole, swiv, verifye *Come inspect the work to see if it suits you.* Vin verifye travay la pou ou wè si l nan gou ou. *The boss is in charge of several jobs, he goes around inspecting all of them.* Bòs la gen plizyè travay, li mache enspekte tout.

inspection *n.* enspeksyon, siveyans

inspector *n.* enspektè •**livestock inspector** ajan veterinè

inspiration *n.* bousòl, enspirasyon •**sudden inspiration** kout sèvo

inspire *v.tr.* bay lide, enspire *This music inspired me to compose my own music.* Mizik sa a se li ki enspire m pou m rive konpoze mizik pa mwen an.

instability *n.* destabilite

install *v.tr.* enstale, mete *I need some rods to install the curtains.* M bezwen dezoutwa treng pou m enstale rido yo. •**install o.s. comfortably** kage *She installed herself comfortably, a newspaper in her hand.* Li kage nan yon fotèy, yon jounal nan men l.

installation *n.* enstalasyon, etabli *This installation isn't good.* Etabli sa a pa bon.

installed *adj.* •**be installed** estannbay *He's been installed in the position for several months now.* Li estannbay nan pòs la pou plizyè mwa alèkile.

installment *n.* vèsman •**by/in installments** an chikèt, pa tranch *I won't take the money in installments, pay me all at once.* M p ap pran kòb la an chikèt nan men ou, peye m yon sèl kou. *He gave me back the money in installments.* Li remèt mwen lajan an pa tranch.

instance *n.* egzanp, ka •**for instance** pa egzanp *There are people who live far away who get here really early: me, for instance.* Gen moun ki rete lwen, ki rive bonè; gade mwen menm pa egzanp. •**if for instance** tèleka *If for instance you're broke, I'll lend you some money.* Tèleka ou razè, m ap prete ou lajan. •**prior instance** [*jur.*] presedan

instant *n.* lè, moman *It's just at this instant that he arrived.* Se nan lè sa a, li rive. •**in an instant** bat je fèmen je, nan yon{koudèy/ti kadè} *I'll do it in an instant.* M ap fè l nan yon ti kadè. •**the instant** menm {kote/moman} *The instant I saw him, I recognized him.* Menm kote m wè l la, m rekonnèt li.

instantaneous *adj.* anvan krache sèk, lamenm *Her answer was instantaneous.* Li bay repons li anvan krache sèk.

instantaneously *adv.* frèt, lamenm, menm lè a, soulkou *The car struck him, he died instantaneously.* Machin nan frape l, li mouri frèt. *When he saw she was hurt, he responded instantaneously.* Lè l wè tifi a te blese, li aji soulkou.

instantly *adv.* lamenm, rèd, san bat *The moment they delivered the blow, she died instantly.* Menm lè yo ba l kou a, li mouri rèd.

instead *adv.* alaplas, depreferans, pito *Give me a skirt instead of a dress.* Ban m yon jip alaplas wòb la. *Let's do that instead.* De preferans, ann aji konsa. *She said she'll come next week instead.* Li di l ap vin lòt senmenn pito. •**instead of** alaplas (de), angiz, antwòt, nan plas, olye, pase, pase pou, tan(k) pou *I'm going to take this toy instead of the other one.* M ap pran jwèt sila a nan plas lòt la. *He's sitting and laughing instead of working.* Li

chita l ap ri angiz li travay. *Instead of helping her, he discourages her.* Antwòt li ede l, l ap dekouraje l. *Instead of doing his work, he sat around telling jokes.* Olye l fè travay li, li chita ap bay odyans. *Instead of telling jokes, why doesn't she find something useful to do?* Pase pou l ap bay blag, pou ki l pa chache travay pou l fè? *Instead of drinking an orange juice, I'll have a beer.* Tan pou m bwè ji, m ap pran yon byè.

instep *n.* do pye, wòs

instigate *v.tr.* leve dife, pouse dife *Don't come to instigate, these people have made up.* Pa vin leve dife la, moun yo rekonsilye.

instigator *n.* chachèdkont, pousèd dife, pwovokatè •**political instigator** [*of violence*] chimè

instinct *n.* ensten, lide •**killer instinct** ap fè tout bagay pou *He has a killer instinct for success.* L ap fè tout bagay pou reyisi. •**motherly instincts** ensten matènèl

instinctively *adv.* san reflechi *I came here instinctively.* Se san reflechi m vin la a.

institute[1] *n.* enstiti

institute[2] *v.tr.* enstale, enstore, etabli *As soon as she came to power, she instituted her own rules.* Depi li moute sou pouvwa, li enstore pwòp règleman pa l. •**institute a gag-order** mete mizo *They instituted a gag-order against the press.* Yo mete mizo nan bouch laprès.

institution *n.* enstitisyon

institutional *adj.* enstitisyonèl

instruct *v.tr.* 1[*teach*] enstwi, fòme, montre *The professor instructs the children well.* Pwofesè a enstwi timoun yo byen. *This instructor instructed many students in mathematics.* Pwofesè sa a fòme anpil elèv nan matematik. *His mother instructed him on how to tie his shoes.* Se manman li ki montre li lase soulye li. 2[*order, direct, etc.*] {bay/pase}yon moun lòd *The colonel instructed us to search every car.* Kolonèl la pase n lòd fouye tout machin. 3[*rel.*] edifye *The priest instructed them all with his sermon.* Monpè a edifye tout moun ak mesay li a.

instruction *n.* 1[*teaching*] ansèyman, enstriksyon, lenstriksyon *The teacher gave them instruction in all the sciences.* Mèt ba yo ansèyman nan tout syans yo. 2[*directions*] enstriksyon, esplikasyon *They want us to*

do the work well, but they don't give us any instructions. Yo vle pou n fè travay la byen, men yo pa ban n ankenn esplikasyon. **3**[*schooling*] edikasyon, elevasyon
instructions *n.pl.* [*orders*] konsiy, lòd *I gave him instructions, but he didn't obey them.* M pase l lòd, li pa obeyi m. *I have instructions not to let anyone leave.* M resevwa konsiy pou m pa kite pyès moun soti.
instructor *n.* enstriktè, fòmatè •**sports instructor** monitè, monitris [*fem.*]
instrument *n.* **1**[*tool*] aparèy, enstriman, zouti **2**[*musical*] enstriman •**sounding instrument** sonn •**stringed instrument** enstriman a kòd
insubordinate *adj.* dezobeyisan, pa koutan
insufferable *adj.* ensipòtab, entolerab
insufficient *adj.* pa ase, pa kont, piti piti, raz *We have insufficient funds to buy it.* Nou pa gen ase kòb pou n achte l. *The food is insufficient.* Manje a piti piti. *The money you gave me is insufficient.* Monnen ou ban n nan raz, m p ap ka fè anyen ak li. *Three cups of rice is insufficient for the amount of people we have to feed.* Twa mamit diri pa kont pou tout moun nou bezwen bay manje yo.
insular *adj.* aleka, detache, izole
insulate *v.tr.* **1**[*house, room, etc.*] izole *They insulated the walls with a material that blocks the cold.* Yo izole mi yo ak yon materyo ki bloke fredi a. **2**[*person*] mete apa, pwoteje *They insulated her from her husband.* Yo mete l apa de mari l. *We tried to insulate him against the truth.* Nou eseye pwoteje li kont laverite a.
insulation *n.* izolan, izolasyon
insulator *n.* izolan
insulin *n.* ensilin, piki sik
insult¹ *n.* afwon, bwa jouman, enji, ensilt, jouman, malonnèt, outraj, veksasyon *He hurled a lot of insults to the other guy.* Li plen lòt la ak enji *He won't tolerate that insult anymore.* Malonnèt sa a, li p ap asepte li ankò. •**verbal insults** savonnay
insult² *v.tr.* bay yon moun mo, defripe, derespekte, ensilte, joure, lave{bouch li sou/yon moun anba mo}, laye kò li sou yon moun *That man, I insulted him a lot.* Nèg sa, m ba li mo pou l pa chape. *Don't talk to me like that, you're really insulting me.* Pa pale

ak mwen konsa, se defripe w ap defripe m. *Don't ever insult old people.* Pa janm derespekte granmoun. *He didn't do anything serious, they can't insult him like that.* Li pa fè anyen ki grav, yo pa dwe ensilte li. *The ill-mannered girl insults everybody.* Maledve a lave bouch li sou tout moun. *Make sure she doesn't come to insult us.* Pa kite li vin laye kò li sou nou la. •**insult or curse s.o.'s mother** antre nan manman yon moun *He insulted my mother.* Li antre nan manman m. •**insult profusely** netwaye *The small boy insulted the girl profusely.* Ti nèg la netwaye tifi a anba mo. •**insult s.o.** bay yon moun bwa jouman, {bay/pase}yon moun yon salezon, fè yon moun afwon, siye bèk li sou yon moun *They insulted me.* Yo fè m afwon. *He really likes insulting others.* Msye renmen siye bèk li sou lòt moun. •**insult vociferously** savonnen *The girl just insulted me vociferously.* Fi a sot savonnen m la.
insulting *adj.* derespektan, ensiltan, veksan *I can't stand these insulting words.* M p ap kapab asepte pawòl ensiltan sa yo. *It's insulting that he calls you a thief.* Se veksan sa pou l trete ou vòlè.
insurance *n.* asirans •**insurance agent** reprezantan konpayi asirans •**fire insurance** asirans kont dife •**life insurance** asirans vi
insure *v.tr.* **1**[*cover with insurance*] asire *You need to insure the car.* Fò ou asire machin nan. **2**[*make certain*] tcheke, verifye *Come to insure that the work is well done.* Vin verifye si travay la byen fèt.
insured *adj.* asire *I'm insured for two hundred thousand dollars.* Mwen asire pou de san mil dola.
insurgent *n.* rebèl, revolisyonè
insurmountable *adj.* entouchab
insurrection *n.* leve kanpe, soulèvman
intact *adj.* annantye, entak, idèm, san tèt fè mal *The hurricane left the house intact.* Siklòn lan pase li kite kay la san tèt fè mal. *The cake is intact; no one ate any of it.* Gato a annantye; pèsonn poko manje ladan. *The group is still intact.* Gwoup la idèm toujou.
integer *n.* nonb ankè
integrate I *v.tr.* entegre *The school integrated all of the religious groups.* Lekòl la entegre

tout gwoup relije. **II** *v.intr.* entegre nan *After the meeting she was integrated into the group.* Apre reyinyon an, li entegre nan gwoup la. •**integrate o.s. in a group** foure kò l nan zafè moun *You need to integrate yourself into the group.* Fòk ou foure kò ou nan zafè gwoup la.

integrated *adj.* •**be integrated** jwenn entegrasyon li *He's finally integrated into the team.* Li resi jwenn entegrasyon l nan ekip la.

integration *n.* entegrasyon

integrity *n.* ladwati, onèkte

intellect *n.* lespri •**keen intellect** anpil lespri *She has a keen intellect.* Li gen anpil lespri.

intellectual[1] *adj.* entelektyèl *The country is loaded with intellectual men.* Chaje ak nèg ki entelektyèl nan peyi a.

intellectual[2] *n.* entelektyèl, moun lespri, moun save, moun tèt, savan, save

intelligence *n.* bon konprann, bonsans, entelijans, konprann, lespri, tèt *She has a lot of intelligence.* Li gen atansyon anpil.

intelligent *adj.* eklere, entelijan, fò, je klere, kale, lespri *He's very intelligent in math.* Msye a kale anpil nan matematik. *The kid is intelligent.* Pitit la fò. *Intelligent students don't have to repeat classes.* Elèv entelijan pa bezwen double klas. •**intelligent or smart man** moun tèt •**intelligent person** bolid •**be intelligent** gen brenn *The girl's very intelligent.* Tifi a gen brenn.

intelligible *adj.* klè, konpreyansib

intemperance *n.* entanperans

intemperate *adj.* debride, demezire

intend *v.tr.* antann, eskonte, {fè/gen}lide, gen lentansyon, sòti pou *I don't intend to do it their way.* M pa antann fè l jan yo vle. *I intend to leave tomorrow.* M fè lide pati demen. *I intended to go see him.* M te gen lentansyon vin wè l. *I intend to tell him what I think.* Mwen soti pou di l sa m panse. •**intend for s.o.** [*words, etc.*] sible *I intended those words for you.* Pawòl sila yo sible ou menm.

intended *adj.* •**be intended for** destine *With her intelligence, she is intended for medicine.* Ak antannman li a, li destine pou medsin. •**be intended for s.o.** sible *His words were intended for his enemies.* Mesaj li a sible lènmi l yo. •**be intended to** destine

intense *adj.* **1**[*pain, color, heat, etc.*] fò, rèd *He has an intense headache.* Li gen yon tèt fè mal fò sou li. *The pain is intense.* Doulè a rèd toutbon. **2**[*relationship, expression, etc.*] cho, di, serye *The pastor's speech was intense.* Diskou pastè a te di anpil. *His voice was really intense.* Vwa li te cho toutbon. *Her expression was really intense.* Ekspresyon li te serye anpil.

intensely *adv.* ak{entansite/fòs}

intensify **I** *v.tr.* ranfòse, redouble *The wind is intensifying the noise.* Van an ranfòse bri a. *They intensified their efforts to find him.* Yo redouble zefò yo pou jwenn li. **II** *v.intr.* entansifye, ogmante, redouble *The hunger problem intensifies every day.* Pwoblèm grangou a ap entansifye chak jou. *The pain intensified as the day wore on.* Doulè a ogmante etan jou a pase. *The rain had let up, then it intensified.* Lapli a fin rete, li redouble.

intensity *n.* entansite, fòs *The water flows with intensity.* Dlo a vin ak fòs.

intensive *adj.* entansif

intent[1] *adj.* •**be intent on** deside, pare, soti pou *She's intent on going.* Li deside ale toutbon. *His father is against it, but she's intent on marrying him.* Papa l pa dakò, men l pare pou l marye avè l. *She is intent on running for office.* Li soti pou li poze kandidati li.

intent[2] *n.* entansyon, pwogram, lide

intention *n.* entansyon, lide •**have no intention of stopping doing sth.** {deklare/dekrete}lapèmanans *We have no intention of stopping our protests against the director until he resigns.* Nou deklare lapèmanans nan kò direktè a jous li ale. *The people have no intention of stopping demonstrating against the government until it steps down.* Pèp dekrete lapèmanans dèyè gouvènman an jouk l ale. •**have the intention to** deyò pou, gen pwogram pou *You know, he has the intention to marry this woman.* Ou konnen misye deyò pou l marye ak fi sa a. *She has the intention to make her suffer.* Li gen pwogram pou fè l soufri. •**good intentions** bònfwa

intentional *adj.* entansyonèl, nan{lide/pwogram} *What he did was an intentional act; he had that in mind.* Sa li fè a se yon zak entansyonèl; li te gen sa nan tèt li. *It was* *an intentional slight.* Mank dezega a te nan pwogram li.

intentionally *adv.* espre, toutespre *He did that intentionally.* Li fè sa toutespre.

interaction *n.* fwotman •**social interaction** familyarite *There's no social interaction in this area, I'm not going to live there.* Pa gen familyarite nan zòn sa a, m p ap viv la.

intercede *v.intr.* bay yon mannigèt [*usu. illegal*], fè piwèt *I'm going to intercede so the judge will let him out.* M pral bay yon mannigèt pou jij la ka mete l deyò. *I'll intercede on your behalf, but I'm not promising anything.* M ap fè kèk piwèt pou ou, men m pa pwomèt ou anyen. •**intercede in favor of** di yon bon mo pou yon moun *We interceded in favor of her getting the job.* Nou di yon bon mo pou li jwenn travay la. •**intercede on s.o.'s behalf** mande yon moun padon pou *We interceded on his behalf to the boss.* Nou t al mande patwon an padon pou li.

intercept *v.tr.* 1[*person, message, etc.*] kenbe, pran (an pasan/alavòl), sezi *We intercepted the message before it got through.* Nou kenbe mesay la anvan li pase. *The traitor was intercepted at the border.* Yo sezi trèt la nan fwontyè. 2[*ball, etc.*] atrap *He intercepted the ball just before it went into the net.* L atrap boul la annik li t ap pase nan filè a.

interceptor *n.* [*airplane*] entèseptè

intercession *n.* abitray, antremiz, entèvansyon, medyasyon

intercessor *n.* medyatè

interchangeable *adj.* entèchanjab

intercom *n.* entèkòm

intercommunication system *n.* entèkòm

intercourse *n.* •**have intercourse** fè{sèks/dezòd} •**have intercourse soon after delivery** lave je li *She hardly gave birth a month ago, yet she has already had intercourse with her husband.* Manmzèl poko menm gen yon mwa depi li akouche, li gentan lave je l ak mari li. •**sexual intercourse** fwonte, kontak *He's having sexual intercourse.* L ap fè yon fwonte. *Don't have sexual intercourse with him when you aren't yet married.* Pinga ou gen kontak ak li toutotan ou pankò marye.

interdiction *n.* defans

interest[1] *n.* 1[*in sth., s.o.*] enterè *You have no interest in buying a new car.* Ou pa gen enterè achte yon machin nèf. *The students attend the professor's course with great interest.* Elèv yo ap suiv kou pwofesè a ak anpil enterè. 2[*hobby*] enterè, pastan *What are your interests?* Ki pastan ou genyen ou? 3[*advantage*] avantay, enterè *It's not in my interest.* Sa pa nan avantay mwen. 4[*share, stake, etc.*] enterè, estòk, pa *I have an interest in that company.* M gen yon pa nan konpayi sila a. 5[*financial*] enterè, pitit, rapò *She doesn't touch the capital, she's living off the interest.* Li pa manyen manman lajan an, se annik pitit la l ap manje. •**interest earned** pitit lajan an *I earned a lot of interest from that investment.* M jwenn anpil pitit lajan an nan envèstisman sa a. •**interest rate** to •**at interest** [*loan*] alenterè *He borrowed money at interest.* Li prete lajan a lenterè. •**be of interest to** konsène *Today's paper might be of interest to you.* Jounal jodi a gendwa konsène ou. •**excited interest** sansasyon •**have an interest in s.o.** machande *Men have no interest in this woman because she's misshapen.* Nèg p ap machande fi sa paske l twòp difòm. •**in one's own interest** nan sans pa li *It's not in her interest to spend her money that way.* Depanse lajan li a konsa pa nan sans pa li. •**with interest** [*loan*] alenterè *That woman lends money with interest to people.* Fi sa a konn prete moun lajan alenterè.

interest[2] *v.tr.* enterese *This book interests me, there are many good ideas in it.* Liv sa a enterese m, li gen anpil bon bèt ladan.

interested *adj.* enterese, mobilize, sou(bò) *I'm not interested in that movie.* M pa enterese nan fim sa la. *The baby is not interested in the food.* Tibebe a pa sou bò manje a. *I'm no longer interested in that woman.* M pa sou fi sa a ankò. •**be interested in s.o.** sou lis yon moun *I'm not interested in you.* M pa sou lis ou. •**not too interested in** pa twò cho pou *I'm not too interested in meeting him again.* M pa twò cho pou m rankontre l ankò.

interesting *adj.* enteresan *What he's telling them is so interesting.* Sa l ap di yo tèlman enteresan. •**nothing interesting or relevant** anyen debon •**make more interesting** agremante, mete epis *Your* *presence made the meeting more interesting.* Prezans ou agremante rankont lan.

interfere *v.intr.* antre nan mitan, {foure/ mete} {bouch/ kò/nen/pye}li nan zafè moun, mele *She loves to interfere in other people's affairs.* Li renmen foure kò li nan afè moun. *Who asked you to interfere?* Sa k t envite ou antre nan mitan nou? *People shouldn't interfere in a couple's relationship.* Afè madanm ak mouche, moun pa mele. •**interfere in** {antre/foure/mete}bouch (li) nan *The newly married quarreled, the parents were obliged to interfere.* Nouvo marye yo gen kont, paran yo te oblije mete bouch yo. •**interfere with** anpeche, deranje *Shut off the radio. It's interfering with my studying.* Fèmen radyo a. L anpeche m etidye.

interference *n.* bouyay, enjerans

interim *adj.* enterimè, pwovizwa *The interim government is only there to organize elections.* Gouvènman enterimè a la sèlman pou òganize eleksyon.

interior[1] *adj.* andedan, enteryè *The interior lining is made of silk.* Doubli enteryè fèt nan swa.

interior[2] *n.* anndan, dedan, enteryè

interjection *n.* entèjeksyon, esklamasyon

interlace *v.tr.* kwaze, makonnen, trese *She interlaced her fingers.* Li kwaze dwèt li yo. *He interlaced her hair.* Li trese cheve li.

interlacing *n.* makonnay

interlock *v.tr.* makonnen *Interlock those two pieces.* Ou mèt makonnen de pyès sa yo ansanm. •**interlock one's middle fingers** [*prevent sth. from happening*] mare *As the dog is going to defecate on the road, the children are interlocking their middle fingers to prevent that from happening.* Pannan chen an pral kaka nan mitan lari a, timoun yo mare l.

interloper *n.* dasomann

interlude *n.* entèmèd, kanpo

intermediary *n.* entèmedyè, koutayè, ranjèdzafè, toutè *She's the intermediary who brokered the deal.* Se li ki koutayè ki negosye zafè a. *We need an intermediary to go between the two parties.* Nou bezwen yon toutè pou mete tèt li ant de pati yo. •**by the intermediary of** pa *In order to get the job you have to go by the intermediary of the foreman.*

Fòk ou pase pa bòs la pou jwenn travay la. •**commercial intermediary** konpradò

intermediate *adj.* entèmedyè *It's an intermediate lesson.* Se yon leson entèmedyè.

interminable *adj.* san{fen/limit}

intermission *n.* entèmèd, entèmisyon

intermittent *adj.* •**be intermittent** ale vini, mòde lage *The rain was intermittent, it never stopped completely.* Lapli a ale vini, li pa t janm rete nèt. *The pain was intermittent.* Doulè a te mòde lage.

intern[1] *n.* 1[*gen.*] estajyè 2[*med.*] entèn

intern[2] *v.tr.* {mete/fèmen}nan prizon *They interned the illegal immigrants.* Yo mete san papye yo nan prizon.

internal *adj.* entèn •**internal affairs of another country** zafè entèn lòt peyi •**internal revenue service** biwo {kontribisyon/pèseptè}

international *adj.* entènasyonal *Coke is an international beverage.* Koka kola se yon bweson entènasyonal.

Internet *prop. n.* entènèt

internist *n.* entènis

internship *n.* [*med.*] entèna

interpolate *v.tr.* entèkale *They had to interpolate a phrase into the text to make it comprehensible.* Yo te oblije entèkale yon fraz nan tèks la pou fè l konpreyansib.

interpose I *v.tr.* [*o.s. between*] mete nan mitan *He interposed himself between the two men so they wouldn't start fighting.* Li mete tèt li nan mitan de nèg yo pou yo pa pete goumen. II *v.intr.* [*intervene*] entèveni *She had to interpose between them to put a stop to their argument.* Li te oblije entèveni ant yo de pou mete ola nan diskisyon an.

interpret *v.tr.* 1[*understand*] konprann *Since you didn't ask me for any money, I interpreted that to mean that you didn't need any.* Ou pa mande m kòb la, m konprann ou pa bezwen l. 2[*translate*] entèprete, *She interpreted for the Spanish ambassador.* Li entèprete pou anbasadè espayòl la.

interpretation *n.* entèpretasyon

interpreter *n.* entèprèt, tradiktè

interregional *adj.* entèrejyonal *The interregional soccer championship.* Chanpyona foutbòl entèrejyonal la.

interrogate v.tr. entèwoje, kesyone *The judge is interrogating the witness.* Jij la te entèwoje temwen an.

interrogation n. entèwogasyon, entèwogatwa

interrogative adj. 1[*pronoun, statement*] entèwogatif 2[*interrogative marker for yes-no question*] èske *Do you understand this business?* Èske ou konprann zafè sa a?

interrupt v.tr. 1[*communication, traffic, etc.*] antrekoupe, entewonp *She interrupted everyone during their work with her jokes.* Li vin antrekoupe moun yo nan travay yo ak blag li a. *The ambulance interrupted traffic to get through the intersection.* Anbilans te entewonp trafik la pou pase kalfou a. 2[*a conversation*] dekoupe, koupe (pawòl nan bouch), lage, *Children don't interrupt adults when they speak.* Timoun pa dekoupe pawòl granmoun. *Don't interrupt me when I'm talking.* Pa koupe pawòl nan bouch mwen lè m ap pale. *She interrupted the conversation to do the dishes.* Li lage konvèsasyon an pou li fè veso. •**interrupt s.o.** retire (yon){mo/pawòl}nan bouch yon moun *I don't mean to interrupt you, but I have to leave.* M pa vle retire pawòl nan bouch ou men fòk mwen pati.

interscholastic adj. entèskolè

intersect v.intr. kwaze *The two roads intersect.* De wout yo kwaze.

intersection n. 1[*of roads*] kafou, kalfou 2[*of objects*] kwazman 3[*math*] entèseksyon

intersperse v.tr. antrekoupe, gaye, simen *Sunshine interspersed with rain.* Solèy antrekoupe ak lapli. *The talk was interspersed with expletives.* Pale a te simen ak yon pakèt gwo mo. *She interspersed the seeds in the garden.* Li gaye tout grenn yo nan jaden.

intertwine I v.tr. kòde, trese *The hemp isn't quite dry, it's difficult to intertwine it.* Pit la manke sèch, li mal pou l kòde. *Intertwine those two ropes together.* Trese de kòd sa yo ansanm. **II** v.intr. maye *Look how the squash plant is intertwined with the pole of the arbor.* Gad ki jan pye joumou an maye nan poto tonnèl la. •**intertwine long sticks while building a house** golinen *I'm intertwining some wooden sticks to build my house.* M ap golinen kèk fachin bwa la pou n bati kay mwen.

interval n. dekalay, entèval •**interval between series of labor contractions** tranche frèt •**at intervals (of)** nan entèval *He telephoned at half hour intervals.* Li rele nan entèval de demi è d tan.

intervene v.intr. {antre/mete}nan mitan, entèvni, rantre bouch li nan *He intervened to separate them.* Li antre nan mitan pou l separe yo. *He intervened in people's business without them asking him for his opinion.* Li entèvni nan zafè moun yo san yo pa te mande li dizon li.

intervention n. antremiz, entèvansyon •**due to/through the intervention of** pa lantremiz *Due to your intervention, I'll be meeting the boss.* Pa lantremiz ou menm pou mwen rankontre chèf la.

interventionism n. entèvansyonis

interventionist adj. entèvansyonis *If not for the interventionist surgery, he would have died.* Si se pa t pou chiriji entèvansyonis, nèg la t ap mouri.

interventionist n. entèvansyonis

interview[1] n. antretyen, antrevi, entèvyou

interview[2] v.tr. entèvyouwe, fè{antretyen/antrevi/ entèvyou} *The reporter is interviewing the minister.* Jounalis la ap entèvyouwe minis la.

interviewer n. anketè

intestinal adj. entestinal

intestine n. boyo, entesten, frending, trip, tripay, zantray, zenba **intestines** n.pl. [*of an animal*] tonbe •**large intestine** gradoub, gwo trip •**small intestine** ti trip •**have rotten intestines** andedan yon moun pouri

intimacy n. azoumounou, entimite, kanmaradri, tontèn mitonn

intimate adj. 1[*close relationship*] entim, Kòkòt ak Figawo, tankou po ak chemiz *Those two have an intimate friendship.* De sa yo gen amitye tankou pa ak chimiz. 2[*platonic*] byen *They're intimate friends with each other.* Yo byen yonn ak lòt. 3[*sexually active with*] avè yon moun, rapò (entim) *I was intimate with her only twice.* M te avè l de fwa sèlman. *They were intimate on the first date.* Yo te gen rapò entim depi prenmye fwa yo sòti. 4[*private*] entim, prive *No one likes to talk about her intimate business in front of people.* Pèsonn pa renmen pale zafè entim yo devan moun.

intimately *adv.* yon jan entim

intimidate *v.tr.* entimide, fòse, kabeste, kaponnen, panike, wete nanm yon moun *Your father intimidates me.* Papa ou entimide m. *She wouldn't pay her bet, so they intimidated her.* Li pa ta peye pari li a, poutètsa yo fòse li. *He thinks he can intimidate me.* Misye konprann li ka panike m. *What's wrong with you that you're afraid to speak? Did they intimidate you?* Sa ou gen ou pè pale la? Yo wete nanm ou? •**intimidate s.o.** bay yon moun presyon, pran yon moun nan presyon *I'll never let shameless people intimidate me.* M pa janm kite vakabon ban m presyon.

intimidated *adj.* egare, entimide, kaponnen *Because the audience was so large, the lecturer was intimidated.* Piblik la te si tèlman anpil, konferansye a egare. *When he heard them shooting, he was intimidated.* Depi li tande y ap tire, li entimide.

intimidation *n.* entimidasyon, kaponnay *Intimidation doesn't work with me.* M pa pran nan kraponnay.

into *prep.* 1[*gen.*] an, nan *His car ran into a tree.* Machin lan antre nan yon pyebwa. *I asked her to put this into Creole for me.* M mande l pou l mete l an kreyòl pou mwen. 2[*interested in*] nan, sou sa *I'm not into soccer.* M pa enterese nan foutbòl. *She spent twenty years on the job, she's really into it anymore.* Li pase ventan nan travay, epi li pa vreman sou sa ankò. 3[*math.*] divize *Four goes into twelve three times.* Douz divize pa kat bay twa.

intolerable *adj.* dezagreyab, ensipòtab, entolerab *This child is intolerable now, she refuses to listen to anyone.* Pitit sa ensipòtab atò, li refize tande moun. *Hitting children is an intolerable action.* Frape timoun yo se yon zak ki entolerab. *I can't stand that intolerable guy.* M pa ka sipòte nèg dezagreyab sa a.

intolerance *n.* entolerans

intolerant *adj.* bòne, fèmen, nan patipri

intonation *n.* aksan •**have a sing-song intonation** pale chante *He has a sing-song intonation like those from Cape Haitian.* Li pale chante tankou moun Okap.

intone *v.tr.* antone *The monk intoned the prayer.* Mwèn nan antone lapriyè a.

intoxicated *adj.* sou *You're intoxicated.* Ou sou.

intoxication *n.* •**slight intoxication** soulezon

intractable *adj.* tenas, tèt kòlòwòch, wòklò

intransitive *adj.* [*gram.*] entranzitif

intrauterine *adj.* •**intrauterine device/IUD** esterilè, plòg

intravenous *adj.* nan venn *They gave me an intravenous injection.* Se yon piki nan venn yo ban m. •**intravenous fluid** sewòm (nan venn) •**intravenous pole** pòtsewòm •**intravenous tube** sewòm

intricate *adj.* an mikmak *His coat has an intricate design.* Manto li gen yon desen an mikmak.

intrigue[1] *n.* entrig, gagòt, konbit, konkonbwèt, manèj, mannigans *It's with a lot of intrigue that this man got the job of supervisor.* Se anba pakèt gagòt nèg sa a jwenn djòb sipèvizè a. *These intrigues won't work.* Mannigans sa yo p ap mache. **intrigues** *n.pl.* magouy *I don't get involved in intrigues.* M pa mele nan magouy.

intrigue[2] *v.intr.* 1[*arouse curiosity*] kapte (atansyon) *He was intrigued by her beauty and charm.* Se bote ak cham li ki kapte msye a. 2[*plot against*] monte konbit sou *They were intriguing on the new government.* Yo t ap monte konbit sou nouvo gouvènman an.

intriguing *n.* makònay *Whenever you see these two persons together, the intriguing starts.* Depi ou wè de moun sa yo ansanm, makònay la kòmanse.

introduce *v.tr.* 1[*person, public speaker, etc.*] entwodui, prezante *Wait for me to introduce you to the boss before.* Tann mwen entwodui ou ba patwon an. *I'm going to introduce you to my father.* M pral prezante ou ba papa m. 2[*to ideas, knowledge, etc.*] inisye, entwodui *The teacher hasn't introduced me yet to the field of computer science.* Pwofese a poko inisye m nan domèn enfòmatik la. *They introduced the education reform in 1980.* Yo entwodui refòm nan edikasyon an 1980. 3[*insert*] antre, rantre *Introduce a key in the lock.* Rantre yon kle nan seri a. •**introduce s.o. to people from a higher social rank** mete yon moun sou moun *I'm the one who introduced you to the members of the upper class.* Se mwen ki mete ou sou moun.

introduction *n.* entwodiksyon, prezantasyon

introductory *adj.* pou debitan, preliminè *This is an introductory class.* Se yon klas pou debitan. *She is at an introductory level.* Se nan nivo preliminè li ye.

introvert *n.* fèmen, pèsonèl •**be an introvert** fèmen *Mary doesn't have a bad attitude, she's an introvert.* Se pa move jan Mari genyen, li se moun ki fèmen.

introverted *adj.* pentad, renka •**introverted person** pèsonèl

intrude *v.intr.* deranje *I don't mean to intrude.* M pa vle deranje.

intruder *n.* [*uninvited person*] dasomann, tchonnèl

intuition *n.* ensten, lide •**have intuition** gen nen (fen) *I sensed that something bad was going to happen to him, didn't I tell you that I have good intuition?* M te wè malè a pou li, m pa di ou m gen nen fen?

Inuk *prop.n.* eskimo

invade *v.tr.* 1[*military, etc.*] anvayi, desann sou, fè (yon) va sou *Toussaint's army invaded two cities.* Lame Tousen an te anvayi de vil. *Ants have invaded the house.* Fomi desann sou kay la. *The enemy invaded the town.* Lenmi yo fè va sou vil la. 2[*privacy, rights, etc.*] antre nan lavi prive yon moun, foure{kò/nen}li *We were talking and they invaded our privacy.* Nou t ap pale epi yo vin foure kò yo ladan.

invader *n.* anvayisè

invalid[1] *adj.* 1[*infirm*] enfim, envalid, kokobe *My uncle is an invalid.* Tonton m se yon kokobe. 2[*invalid*] pa valab *This ticket is invalid.* Tikè sa a pa valab ankò.

invalid[2] *n.* envalib, malad, moun enfim

invariable *adj.* idèm, sensè *The weather is invariable.* Tan an idèm. *Her love is invariable.* Lanmou li a sensè.

invasion *n.* anvayisman, envazyon

invective *n.* jouman, savonnay

inveigh *v.intr.* •**inveigh against** vilipande *After his speech, the voters inveighed against him.* Aprè diskou li a, votè yo vilipande l.

inveigler *n.* petè, petèz [*fem.*]

invent *v.tr.* 1[*an idea*] envante, fè *It's the Chinese who invented printing.* Se Chinwa ki envante enprimri. 2[*a story, excuse, etc.*] fòje *She had to invent an excuse for her absence.* Li te oblije fòje yon eskiz pou absans li.

invention *n.* envansyon •**technological inventions** envansyon teknolojik

inventive *adj.* envante, kreyatif

inventiveness *n.* debouyay

inventor *n.* envantè

inventory *n.* envantè, (estòk) machandiz •**make inventory of** resanse *They're making an inventory of the goods to see how much remains in stock.* Y ap resanse pwodui yo pou wè ki kantite ki ret nan estòk la. •**take inventory of** resanse

inverse[1] *adj.* (a)lanvè, kontrè *They are driving in the inverse direction.* Y ap kondui nan sans kontrè. *He counted in inverse order.* Li konte a lanvè. •**inverse number** [*lottery*] revè

inverse[2] *n.* kontrè, lanvè

inversely *adv.* alanvè *She jumped rope inversely.* Li sote ala kòd alanvè.

inversion *n.* ranvèsman

invert *v.tr.* ranvèse, mete{douvan dèyè/tèt anba} *She inverted the glass.* Li mete vè a tèt anba. *He inverted his tee-shirt so you couldn't see what was written on it.* Li mete mayo a douvan dèyè pou ou pa wè sa ki ekri sou li.

invertebrate[1] *adj.* envètebre

invertebrate[2] *n.* envètebre

inverted *adj.* douvan dèyè, alanvè, tèt anba

inverter *n.* •**electric power inverter** [*mach.*] ennvètè

invest I *v.tr.* brase, envesti, mete lajan deyò, plase *He doesn't let his money sit in the bank, he'd rather invest it.* Misye pa kite kòb li chita labank, li pito brase l. *He invested thirty thousand dollars in the project.* Msye envesti trant mil dola nan pwojè a. *He invested a lot of money to get that printing shop off the ground.* Li mete anpil lajan deyò pou li mete enprimri sa a kanpe. *Invest your money in a business.* Plase lajan ou nan biznis. **II** *v.intr.* envesti, voye kò li *She lost a lot of money because she invested in bad stocks.* Li pèdi yon bakoko lajan pase li voye kò li nan move estòk.

investigate *v.tr.* ankete, envestige, mennen ankèt *The police officer is investigating the murder.* Polisye a ap mennen ankèt sou asasina a. *A group began to investigate the case.* Yon gwoup kòmanse ankete sou ka a. *The police is investigating to discover who committed the crime.* Lapolis ap envestige pou konnen ki moun ki fè krim nan.

investigating *adj.* fouyay

investigation *n.* 1[*crime, etc.*] ankèt, envestigasyon 2[*research*] ankèt, envestigasyon, rechèch

investigator *n.* 1[*police, court, etc.*] anketè, detektè, envestigatè 2[*researcher*] anketè, envestigatè

investiture *n.* envèstiti

investment *n.* envèstisman, kapital, plasman •**make an investment** mete lajan li fè pitit *When you spend money on the child, it's like you were making an investment.* Lè ou depanse pou timoun nan, se tankou ou mete lajan ou fè pitit.

investor *n.* envestisè

invigorate *v.tr.* bay vigè, remonte *A good swim in the ocean will invigorate you.* Yon bon beny lanmè ap ba ou vigè. *If you take this medicine, it will invigorate you.* Depi ou bwè remèd la, l ap remonte ou.

invisible *adj.* envizib *That's an invisible thing, you can't see it.* Se yon bagay ki envizib, ou pa sa wè l.

invitation *n.* envitasyon •**formal invitation** kat denvitasyon

invite *v.tr.* 1[*ask a person, etc.*] envite, ofri *We invited only fifty people to the party.* Nou envite senkant moun nan fèt la sèlman. *She invited me to spend a day with her.* Li ofri m pou l vin pase yon jounen ak li. 2[*ask for*] envite, mande *After the lecture, he invited questions.* Aprè konferans lan, li envite moun poze li keksyon. 3[*lead to*] envite, mande *If you walk home alone, you're inviting problems.* Si ou pral lakay ou pou kò ou, ou ap mande traka. •**invite people for a great celebration** bat kandjanwoun

invited *adj.* envite *She's invited to a lot of parties.* Li envite nan yon pakèt fèt.

invocation *n.* lapriyè

invoice *n.* fakti

invoke *v.tr.* [*rel.*] entèple, envoke *Let's invoke the name of the Lord.* Ann entèple non Granmèt la. •**invoke Vodou spirits** rele lwa

involuntary *adj.* envolontè [*soccer*] *The contact with the hand was involuntary.* Men an envolontè.

involve *v.tr.* 1[*entail*] egzije, mande *Reparations to the house involves a lot of work.* Ranje kay la ap egzije anpil travay. *That project would involve a lot of money.* Pwojè sa la ta mande anpil lajan. 2[*implicate, associate*] lote, mete yon moun{ladan/nan won} *Don't involve me in that affair.* Pa lote m nan koze sa a. *Please don't involve my children.* Tanpri pa mete pitit mwen yo nan won. •**involve s.o.** fè patisipe, mele *The professor involved all the students in the class.* Pwofesè a fè tout elèv yo patisipe nan klas la. *I didn't want to involve my brother in this thing.* M pa t vle mele frè m nan zafè sa a. •**involve s.o. in a deal or quarrel** mete yon moun nan lo *Don't involve me in this because I wasn't there.* Pa mete m nan lo paske m pa te la. •**not involve s.o.** dezenvite *Don't involve me in your business.* Dezenvite m nan koze sa a.

involved *adj.* 1[*complicated*] antòtiye, konplike, mangonmen, mele *I didn't believe her because the explanation she gave me was too involved.* M pa t kwè l pase esplikasyon li ban m lan te twòp antòtiye. *The plans to rob the bank were very involved.* Plan pou vole bank lan te konplike anpil. *Their situation is very involved.* Sityasyon yo mangonmen anpil. 2[*concerned*] angaje, makònen, mele, pa nan be pa nan se *The justice system is pursuing everyone involved in the crime.* Lajistis ap pousib tout moun ki angaje nan krim nan. *He seems to be the man involved in the jewel theft case.* Li sanble msye mele nan afè vòl bijou a. 3[*sexually*] annafè, kole sandal ak *Janet and John weren't sexually involved.* Janèt ak Jan pa t nan kole sandal. *She's involved with a married man.* Li annafè avèk yon mouche marye. •**involved in dirty dealings** nan salopetay *I'm not getting involved in your dirty dealings.* M pa nan salopetay ou.. •**be involved in** [*participating in*] annafè ak, asosye, enplike, patisipe plonje, trafike *The police are arresting everyone involved in drug affairs.* Lapolis ap arete tout moun ki enplike nan zafè dwòg. *He's involved with armed criminals.* Li annafè ak zenglendo. *Now she's involved in gang activities.* Li plonje nan aktivite gang alèkile. *She's involved in the sale of building lots.* Li trafike nan vann teren pou bati. •**be involved in illegal/shady affairs/ deals** tranpe nan, twoke lalin pou fwonmaj *If they weren't involved in shady deals, how were they able to buy such a big house?* Si yo pa t nan twoke lalin pou fwonmaj, kot yo te ka achte gwo kay sa a? *They put him in jail*

because he was involved in illicit drugs. Yo ba l yon twou prizon poutèt li te tranpe nan zafè dwòg •**be involved with** kòkòday, nan asosye, nan makònay *Ever since I've known you, you've always been involved with people.* Depi m konnen ou, ou pa janm pa nan kòkòday. *I'm not involved with these people and their dealings.* M pa nan makonnay ak moun sa yo. •**be involved with s.o.** *a*[*in league with*] nan matlotay ak *I don't want to be involved with any criminals.* M pa vle nan matlotay avèk okenn kriminèl. *b*[*in sharing a man, lover*] nan matlotay ak *I'm not going to be involved with you in sharing a man.* M pa p nan matlotay ak ou. •**be very involved** adonnen *He's very involved with his work.* Li adonnen a travay li a. •**become involved in** fenk kare *She just became involved with that new political party.* Li fenk kare ak nouvo pati politik sa a. •**get involved** avantire li, mete men alapat, mete pye li nan dlo, patisipe *If you get involved in that, you'll regret it.* Si ou mete pye ou nan dlo sa a, ou a regrèt. *I won't get involved in their discussions.* M p ap avantire m nan koze yo. •**get involved in** [*business, project, etc.*] anbrase, antre (kò li) fò nan, nan makònay, plonje, (r)antre pye li nan *Everyone got involved working on the project.* Tout moun anbrase pwojè a. *Don't get involved in that issue so you won't have problems.* Pa rantre pye ou nan zen sa pou pa viktim. *She got really involved in politics.* Li antre fò nan politik. •**get s.o. involved** mete yon moun nan won *Why did you get me involved in this?* Poukisa ou mete m an won konsa? •**I'm not getting involved** mete m atè *I'm not getting involved in the gossip.* Mete m atè nan tripotay a. •**not involved in a relationship** lib *She is not involved in a relationship, you can court her.* Li lib, ou ka file l.
involvement *n.* enplikasyon, kòkòday
inward *adj.* anndan, enteryè
inward(s) *adv.* sou anndan
inwardly *adv.* nan fon kè li *Inwardly, I was still convinced that I was right.* Nan fon kè m, mwen te toujou kwè mwen te gen rezon.
iodine *n.* yòd •**tincture of iodine** tentidyòd
iodized *adj.* yòde
iota *n.* biznaw, chevelyèm, pwèlyèm, yota

ipecac *n.* [*plant (emetic)*] ipeka, ipekajwana, ipekwanna, peka
ipomœa *n.* flè nwèl
Iranian *adj.* irànyen
Iranian *prop.n.* Irànyen
Iraqi *adj.* irakyen
Iraqi *prop.n.* Irakyen
irascible *adj.* gwosye *She's not someone who is approachable, she's really irascible.* Se pa moun ki abòdab, li gwosye anpil.
irate *adj.* ankòlè
ire *n.* kòlè
Ireland *prop. n.* Ilann
iridium *n.* iridyòm
iris[1] *n.* [*eye*] bonòm, glè je, iris, {mitan/nannan}je
iris[2] [*bot.*] iris
Irish *adj.* ilandè
Irish *prop.n.* Ilandè, Ilandèz [*fem.*]
irk *v.tr.* agase, {brase/sakaje, vire}bil li, kontrarye *These annoying children irk me.* Ti baka sa yo agase m.
irksome *adj.* agasan, ennèvan
iron[1] *n.* **1**[*metal*] fè, feray **2**[*implement*] fè, kawo [*N*] **irons** *n.pl.* [*fetters*] antrav, fè, chenn •**iron heated with hot coals** [*for ironing*] fè gous •**iron oxide** oksid fè •**iron sulfide** silfid fè •**a red-hot iron** yon fè tou wouj •**branding iron** etanp •**cast iron** poten •**corrugated iron or tin** tòl •**curling iron** fè pou boukle cheve •**flat iron** [*for clothes*] fè a repase, kawo •**flat iron heated with charcoal** kawo bous •**scrap iron** brizi, feray **scrap iron** brizi, feray •**soldering iron** fè pou soude •**steam iron** fè a vapè •**tire iron/lever** espatil *Get the tire iron for me so I can change the wheel.* Pran espatil la pou mwen pou m ka chanje jant la. •**wrought iron** fè fòje
iron[2] *v.tr.* [*clothing, hair, etc.*] kouri{fè/kawo} sou, pase fè (sou), repase *Iron the skirt for me.* Kouri kawo sou jip la pou mwen. *Iron the piece of clothing, it's too crumpled.* Pase fè sou rad la, li twò chifonnen. *She ironed her hair.* Li repase cheve l. •**iron out folds** [*clothes*] dechifonnen *Would you iron out the folds in my dress?* Tanpri, dechifonnen wòb mwen an.
iron-fisted *adj.* kanson fè, kraze zo, mabyal
iron-tipped *adj.* fere *An iron-tipped shoe.* Yon soulye fere.

ironclad *adj.* enchanjab, tennfas
ironic *adj.* iwonik *It's an ironic statement.* Se yon deklarasyon iwonik.
ironical *adj.* iwonik
ironically *adv.* iwonikman *When you speak ironically, he's confused.* Lè ou pale iwonikman, li an boulvès.
ironing *n.* repasay •**ironing board** planch (a)repase, planchèt •**ironing pad** tanpon •**ironing woman** repasèz
ironwood *n.* bwa fè •**ironwood tree** kastò, kaypon •**red ironwood** galgal •**white ironwood tree** chandèl mawon, galipo
ironworker *n.* fewonnye
irony *n.* iwoni
irrational *adj.* san sans
irregular *adj.* 1[*inconsistent, uneven intervals, etc.*] iregilye *The teacher has irregular attendance, sometimes he's here, sometimes he's not.* Mèt la iregilye. Yon semenn li vini, yon lòt ou pa wè l menm. 2[*constipated*] iregilye, konstipe, sere *I'm irregular.* Mwen sere anba a. •**have irregular pulse** pèdi konpa
irregularity *n.* iregilarite, ratman, zouk •**irregularities on wood** grenn bwa
irregularly *adv.* sote
irreparable *adj.* san rechap
irreplaceable *adj.* san parèy
irrepressible *adj.* vif
irresolute *adj.* ezitan, mi fig mi rezen
irresponsibility *n.* enkonsekans, iresponsablite
irresponsible *adj.* endisipline, ireskonsab, lenkonduit, manfouben, penyen lage, san konprann, tèt cho *This little child's mother is irresponsible.* Manman pitit sa a endisipline. •**irresponsible person** dejwe, iresponsab, odasye, pouryanis *He's an irresponsible father, he'd rather drink than help his children out.* Li se yon papa dejwe, li pito bwè kleren pase l okipe timoun li yo. *Don't give any responsibility to that irresponsible person.* Pa lage anyen nan men pouryanis sa pou l responsab. *He is irresponsible. He can't do the job.* L ap penyen lage. Li pa ka fè travay la.
irresponsibly *adv.* san konprann *He behaved irresponsibly.* Li aji san konprann.
irrigable *adj.* awozab *The land in the mountains isn't irrigable.* Tè nan mòn yo pa awozab.

irrigate *v.tr.* 1[*land*] irige, wouze *Thanks to the pump, we can irrigate the field.* Gras a ponp lan, nou ka irige jaden an. *It's the river that irrigated all the plains.* Se flèv sa ki wouze tout plenn yo. 2[*wound*] lave *The doctor irrigated the wound before putting a dressing on it.* Doktè a lave blese a anvan l panse l.
irrigated *adj.* •**be irrigated** wouze *That field is well irrigated.* Jaden sa a byen wouze.
irrigation *n.* 1[*land*] irigasyon, lawozay, wouzay 2[*wound*] lavay
irritable *adj.* akaryat, an denmon, bitò, chimerik, gwosye, move, movèz, rechiya *Why is he so irritable like that?* Sa msye genyen l an denmon konsa?
irritant *n.* iritan
irritate *v.tr.* 1[*annoy, anger, etc.*] agase, anbete, anime, anmède, bay yon moun chalè, enève, irite, nuizanse, tizonnen *She uttered so many insults that she irritated him.* Li tèlman joure, li anime lòt la. *You're irritating people too much with your story!* Ou anmède moun twòp ak istwa ou a! *Stop looking for a fight, you're irritating me.* Sispann chèche m kont, w ap irite m. 2[*sun, medicine, etc.*] irite, manje, pike *The medicine just irritated the infection.* Medikaman fè renk irite enfeksyon an. *My pants irritated my skin where they rubbed.* Pantalon mwen manje po mwen kote li t ap fwote. *When I go swimming in the ocean, it irritates my eyes.* Lè m benyen nan lanmè, li fè je m pike m.
irritated *adj.* an brenzeng, andjable, eksite, myèl *What does she have to be irritated like that?* Sa li gen li andjable konsa? *The way Mary answered me, I saw that she was irritated.* Pou jan Mari reponn mwen an, mwen wè l eksite. *Why is he so irritated this morning.* Pouki msye a myèl konsa maten an. •**be irritated** irite *The children are irritated because they're hungry.* Timoun yo irite paske yo tout grangou.
irritating *adj.* agasan, anbetan, anmèdan, enèvan, iritan, jenan *That girl is irritating.* Tifi sa a agasan. *This noise in my ears is irritating.* Bwi sa a nan zorèy mwen toutan iritan. •**irritating person** anmèdan, chen frans
irritation *n.* 1[*annoyance*] iritasyon 2[*pain*] iritasyon, lanse, lansman

island *n.* il, zil(e) •**small island** lilèt, zilo
isle *n.* ti zile •**tiny isle** zilo
islet *n.* lilèt
isolate *v.tr.* izole, mete{apa/de kote} *They isolated him within the government.* Yo izole l nan gouvènman an. •**isolate o.s.** fèmen kò li nan yon kwen
isolated *adj.* apa, izole *It's an isolated house.* Se yon kay ki yon kote apa. *He works in an isolated place.* Li travay yon kote izole.
isolation *n.* izolman
isosceles *adj.* [math] izosèl
Israel *prop.n.* Izrayèl
Israeli *adj.* izrayelyen
Israeli *prop.n.* Izrayelyen
issue¹ *n.* **1**[matter, question, etc.] kesyon, pwoblèm, zafè **2**[magazine, etc.] nimewo •**at issue** yon kesyon (de) *Money is not at issue here, it's a question of time.* Se pa yon kesyon kòb, se yon kesyon tan. •**controversial issue** {kesyon/zafè}tèt chaje *That's a controversial issue, it won't be easy for us to resolve it.* Sa se yon kesyon tèt chaje, li p ap fasil pou n rezoud li. •**major issue** afè deta *The prime minister said this was a major issue.* Chèf gouvènman di sa se zafè deta. •**make an issue out of** fè (tout) yon afè ak *She made an issue out of the money we owed her.* Li fè tout yon afè ak lajan nou te dwè l.
issue² *v.tr.* delivre, emèt, mete deyò *They issued us the passports last week.* Yo delivre nou paspò yo senmenn pase a. •**issue a retraction** pote yon demantisman
it *pro.* **1**[specific, nominative] l, li, sa, se *Where is the book? –It's on the table.* Kote liv la? –Se sou tab la li ye. *If you find the pen, give it to him.* Si ou jwenn plim nan se pou ou ba li sa. *Let the dog in and give it something to drink.* Fè chen an antre epi ba li bwè. **2**[about, for, from, of, etc.] l, li, sa *She won't go near the dog, because she's scared of it.* Li pa p pwoche chen an paske li pè l. *I don't care about it.* Sa pa fè m anyen. *I'm looking for it.* M ap chache li. **3**[impersonal, non-specific] l, li, sa, se *What is it?* Kisa li ye? *What was that noise? –It was the cat.* Sa sa ye bwi sa a? –Se chat la. *I don't understand it.* M pa konprann sa. **4**[sth.

special] sa *She really thinks she's it.* Li kwè li tout sa a. •**be it** keseswa *Be it Tuesday or Wednesday, the office is closed.* Keseswa madi keseswa mèkredi biwo a ap fèmen. •**isn't it so** nèspa •**you're it!** [tag, hide-and-seek, etc.] al bouche, jwèt pou yon moun *You're it now!* Al bouche kounyeya! *You're it!* Jwèt pou ou konnye a!
Italian *adj.* italyen, italyèn [fèm.]
Italian *prop.n.* Italyen, Italyèn [fèm.]
italics *n.pl.* italik *Put the words in italics.* Mete mo yo ann italik.
itch¹ *n.* chofi, demanjezon, grate, gratèl, pikotman •**have an itch** san yon moun grate li *I have an itch, please scratch my back for me.* San m ap grate m, vin grate do m pou m. •**jock itch** egzema, gratèl
itch² *v.intr.* **1**[lit.] grate, pike, santi yon manjezon *Heat causes me to itch.* Chalè a fè kò m grate m. *My back itches, it's throbbing incessantly.* M santi yon manjezon nan do, l ap lanse m san rete. *My whole body is itching.* Tout kò m ap pike m. **2**[fig.] grate *I was itching to tell the news.* Nouvèl la t ap grate m.
itching *n.* [action] demanjezon, grate, gratezon
itchy *adj.* grate *I have an itchy ear, it seems I've contracted a virus.* M gen yon zòrèy grate, gen lè m pran yon mikwòb.
item *n.* atik •**unwanted items** zagribay *It's the unwanted items you left for me.* Se zagribay yo ou kite pou mwen.
itinerant *adj.* anbilan *He's an itinerant guy, he wanders here and there all day long.* Msye se yon nèg anbilan, tout lajounen l ap monte desann.
itinerary *n.* itinerè, orè
its *pro.* li *That's its handle.* Se manch li.
itself *refl. pro.* li menm
IUD *prop.n.* [intrauterine device] aparèy, plòg
IV *prop.n.* sewòm nan venn •**IV pole** pòtsewòm
ivory *n.* ivwa
Ivory Coast *prop. n.* Kòt Divwa
ivy *n.* lyann
ixora (shrub) *n.* izora

J

j *n.* [*letter*] ji

jab¹ *n.* **1**[*in the shoulder*] zikòp *He jabbed me in the shoulder.* Li ban m yon zikòp sou zepòl. **2**[*gen.*] espant, kout pwen •**elbow jab** kout koud

jab² **I** *v.tr.* [*with pen, stick, elbow, etc.*] bay yon kout koud, dige, foure, pike *Watch out you don't jab your pen in my eye.* Atansyon pou ou pa foure plim ou a nan je m! *He jabbed me in the ribs.* Li dige m nan kòt mwen. *The nurse jabbed me with the needle.* Mis la pike m ak piki a. *She jabbed me in the back with her elbow.* Li ban m yon kout koud nan do. **II** *v.intr.* [*at s.o. or sth.*] {fente/kabre}kou, voye kou *He jabbed at me with the fork.* Li voye kou ak fouchèt la. •**jab at** [*boxing*] ponnche *The boxer jabbed at his opponent.* Boksè a ponnche advèsè li a.

jabber *v.intr.* jakase, palabre *They were jabbering at each other incessantly.* Yo t ap jakase youn ak lòt jis yo about. *He jabbered away talking nonsense at the teacher.* Se palabre li palabre bay mèt la.

jabberer *n.* palabrè, palabrèz [*fem.*], radòtè, radòtèz [*fem.*]

jabbering *n.* charabya

jacaranda *n.* flanbwayan ble

jack¹ *n.* [*cards*] djak, onz, valè

jack² *n.* **1**[*tool for a car*] djak **2**[*tool for planing (jack plane)*] rif •**electric jack** djak •**large mechanical jack** gwo djak

jack³ *n.* [*fish*] karang •**common jack** karang •**crevalle jack** karang •**horse-eye jack** karang makwòk

jack⁴ *v.tr.* •**jack off** [*masturbate*] bat laponyèt, woule tèt kòk *He masturbates in order to ejaculate.* Misye ap woule tèt kòk li pou l ka voye. •**jack up** *a*[*a car, etc.*] djake *He jacked up the car to remove the flat tire.* Li djake machin nan pou li kapab retire kawotchou ki plat la. *b*[*price*] moute *They jack up the prices of everything during a holiday.* Lè fèt, yo moute pri tout bagay.

jack⁵ *v.tr.* [*steal*] vòlò *He jacked my car.* Li vòlò machin mwen.

jack-handle *n.* [*for changing tire*] espatil, manch

jack-of-all-trades *n.* bon{a/nan}tout, brikolè, mèt Jan Jak, michèlmoren

jack hammer *n.* mato konpresè

jackal *n.* jakal

jackass *n.* bourik, mal bourik

jacket *n.* jakèt, palto, redengòt •**bed jacket** lizèz •**elegant lounging jacket** levit •**life jacket** jilè sovtaj •**long jacket** touyelanp •**sports jacket** levit •**suit jacket** levit, palto, vès •**vented coat or jacket** ke fann •**very short jacket open in front** bolewo

jackfruit tree *n.* jakye

jackhammer *n.* mato konpresè

jackpot *n.* djapòt, gwo lo •**lottery jackpot** gwo lo

jacks *n.pl.* [*game*] oslè

jade *n.* **1**[*stone*] jad **2**[*color*]vèt pal

jaded *adj.* definfala, delala

jagged *adj.* chankre, gen dan *The rocks are really jagged.* Wòch yo chankre anpil.

jaguar *n.* jagwa,

jail¹ *n.* lajòl, prizon •**be in jail** {boule/bwè/fè/manje/ pran}prizon *He has never been in jail.* Li pa janm pran prizon nan vi l. •**put in jail** bwote, klete *The police put the men in jail because of drugs.* Lapolis bwote nèg yo pou zafè dwòg. •**send to jail** mete yon moun nan prizon *They sent Garry to jail because of illegal actions.* Yo mete Gari nan prizon poutèt magouy.

jail² *v.tr.* anprizonnen, mete yon moun nan prizon *She was jailed for stealing.* Yo mete l nan prizon pou vòlè. •**jail s.o. for a long time** {fout/bay}yon moun yon twou prizon *They needed to send the gang leaders to prison for a long time to punish them.* Yo merite ba chèf gang yo yon twou prizon pou regle yo.

jailbird *n.* kondannen

jailbreak *n.* {chape/sove}nan prizon

jailbreaker *n.* sovadò

jailed *adj.* •**bwè prizon**

jailer *n.* jolye

jailhouse *n.* prizon

jalap *n.* [*bot.*] jalap

jalopy *n.* bazou, bogi, bogota, dekovil, gwagwa, zosman

jam¹ *n.* [*fruit preserve*] konfiti

jam² *n.* [*difficult situation*] ka *He's in a jam and he needs some money.* Msye a pran nan ka, epi li bezwen yon ti kòb. •**be in a jam** jennen, pran nan twa wa, pye yon moun pran nan petren *The young man is in a jam, he lost his job.* Ti jennonm nan jennen, li pèdi travay li. •**get out of a jam** debouye, depetre *Getting out of a jam is no sin.* Debouye pa peche. •**get out of a traffic jam** sot(i) nan blokis *After two hours, we finally got out of the traffic jam.* Apre dezèdtan, nou resi soti nan blokis la. •**in a jam** nan{kouri/petren} *She's in a jam.* Li nan kouri. •**traffic jam** anbouteyaj, ankonbreman sikilasyon, blokis, trafik •**get s.o. in a jam** mete yon moun nan{won/zen} *She got us into a jam because she was late.* Li mete nou nan zen poutèt li te an reta.

jam³ I *v.tr.* 1[*stuff*] foure *She jammed her clothes in the suitcase.* Li foure rad li yo nan valiz la. *He jammed his hands in his pockets.* Li foure men li yo nan pòch. 2[*wedge*] kwense *She got her finger jammed in the door.* Dwèt li a te kwense nan pòt. *Jam the window open and let in some air.* Se pou ou kwense vit la ouvè pou kite van an antre. II *v.intr.* [*become stuck*] bloke, kole, kwense *The key got jammed in the lock.* Kle a vin kole nan seri a., *The gun jammed when he tried to shoot.* Zam lan kwense lè li eseye tire.

Jamaica *prop.n.* Lajamayik (Jamayik)

Jamaican *adj.* djomeka, jamayiken, jamayikèn [*fèm.*]

jamb *n.* •**door jamb** ankadreman pòt, montan •**window jamb** ankadreman fenèt

jammed *adj.* [*packed*] kwense, nan près *We were jammed into the bus.* Nou te kwense nan bis la.

jamming *n.* blokaj, bouyay

jangle *n.* kònay

janitor *n.* jeran

January *n.* janvye

Japan *prop.n.* Japon

Japanese¹ *adj.* Japonè, Japonèz [*fem.*]

Japanese² *prop.n.* Japonè, Japonèz [*fem.*]

jar¹ *n.* 1 bokal 2[*earthenware, stone*] ja •**small jar** poban

jar² I *v.tr.* [*shake, jerk*] brannen, chikin, souke *The explosion jarred the whole building.* Eksplozyon an chikin kay la ankè. II *v.intr.* [*wedge open*] bare *She jarred the door open.* Li bare pòt la ouvè.

jargon *n.* charabya, jagon

jasmine *n.* jasmen, jasmendawi •**Arabian jasmine** jasmen doub •**crepe jasmine** [*shrub*] kapris •**night-blooming jasmine** jasmendenwi

jasper *n.* jasp

jatropha *n.* [*bot.*] {mestiyen/medsiyen/ metsiyen} barachen

jatropha tree *n.* ti mapou

jaundice *n.* lafyèv jòn, lajonis, pipi{jòn/wouj}

jaunt *n.* flann, vire

javelin *n.* frenn, javlo

jaw¹ *n.* machwè •**have a dislocated jaw** demachwere *His jaw is dislocated after the accident.* Li demachwere apre aksidan an. •**long jaw** [*pej.*] batwèl machwè •**lower jaw** zo machwè anba •**make one's jaw drop** balewouze, bay sezisman •**protruding jaw** djòl bekin •**upper jaw** zo machwè anwo

jaw² *v.intr.* •**jaw on** jakase, palabre *Stop jawing on!* Sispann jakase.

jawbone *n.* zo machwè

jawbreaker *n.* boulsenlo

jaywalker *n.* pyeton endisiplin

jazz¹ *n.* djaz

jazz² *v.tr.* •**jazz up** anime, chofe, egeye *Let's jazz up the party!* Ann chofe fèt la!

jazzman *n.* djazmann

jazzy *adj.* djandjan, wololoy

jealous *adj.* fè{(gwo) tanta/jalou}, jaja, jalou, jalouz [*fem.*], kè yon moun grenn *Her husband is very jealous.* Mari l jalou anpil. *She's a really jealous woman!* Se yon fi jaja papa! *He's jealous because another man is talking to his wife.* Misye ap fè tanta paske yon lòt gason ap pale ak madanm ni. •**become/get jealous** fè{jaja/jalouzi}pou *The girl became jealous because she saw her boyfriend with another woman.* Ti demwazèl la t ap fè jaja pou menaj li a paske li wè l ak yon lòt fi. *She got jealous because I didn't kiss her too.* L ap fè jalouzi paske m pa bo l tou.

jealousy *n.* jalouzi •**groundless jealousy** jalouzi krapo

jeans *n.pl.* djin •**blue jeans** [*from HABACO manufacturers*] abako

jeep *n.* dip, djip •**large jeep** karyòl

jeer *v.intr.* bat chalbari dèyè, raye *The crowd jeered at the pastor and wouldn't let him speak.* Moun yo bat chalbari dèyè pastè a, yo pa kite l pale. •**jeer at s.o.** fè yon moun grimas *She jeered at him the whole time.* Li fè li grimas tout tan an.

Jehovah *prop.n.* Jewova, Jeyova •**Jehovah's Witness** Jewova. Jeyova, Temwen jeyova

Jell-O° *prop.n.* jelo

jello *n.* •**uncongealed jello** glè

jelly *n.* jele

jellyfish *n.* gratèl, lagratèl

jenny *n.* [*female donkey*] manman bourik

jeopardize *v.tr.* [*one's situation*] mete an danje, riske, sonbre *If you do that, it could jeopardize your chances of getting the job.* Si ou fè sa, sa ka sonbre chans yo ba ou travay la.

jeopardy *n.* danje *You're putting your life in jeopardy.* Ou ap mete lavi ou an danje.

jerk¹ *n.* [*worthless or uncouth person*] bwasougrenn, enfibi, grenn senk, kouyon, mafweze, malandren, mapya, pa itil, saltenbank, simagri, voryen, zòdis *This jerk is always talking nonsense.* Mafweze sa a pa janm pa rakonte radòt. •**dumb jerk** moribon •**worthless jerk** abriti *Out with you, you worthless jerk!* Wete kò ou la, abriti!

jerk² *n.* [*sudden movement*] sakad, soukous, zikap *I gave him a jerk when he started to fall asleep.* M ba li yon ti sakad lè kòmanse tonbe dòmi. •**give a kite a jerk** [*on its string*] bay zikap *Give the kite a good jerk.* Bay kap la bon zikap.

jerk³ I *v.tr.* 1[*shake*] fè sekous, sakade, sekwe *He jerked the vending machine because it took his money.* Li sekwe machin a vann lan paske li pran kòb li. *She jerked his arm to get the man's attention.* Li sakade ponyèt li pou atire atansyon msye a. 2[*grab suddenly and violently*] rape *He jerked the book out of my hand.* Li rape liv la nan men m. II *v.intr.* 1[*sudden movements*] fè sekous, sakade, sekwe *The car jerked along.* Machin nan t ap sakade. 2[*as convulsions*] detire *The way he was jerking around, I thought it was a seizure.*

Jan li t ap detire, m te kwè se malkadi l ap fè. •**jerk off** [*masturbate*] bat laponyèt •**jerk s.o. around** vire yon moun tounen li *If you are going to pay me, pay me, quit jerking me around.* Si w ap peye m, peye m, mwen bouke vire m tounen m. •**jerk s.o. off the ground (by the seat of his pants)** djake *They jerked him off the ground, his feet were lifted up off the ground.* Yo djake l, pye l pèdi tè.

jerked *adj.* •**be jerked about** kawote *The car was jerking them about on the bumpy road.* Machin nan t ap kawote yo sou wout doukla a.

jerking *n.* kawotay, kawotman •**jerking movement** [*kite, bike*] zikap

jerky *n.* •**beef jerky** taso

jersey *n.* 1[*fabric*] jèze 2[*shirt*] jèze, mayo

Jerusalem *prop.n.* Jewousalèm

Jerusalem thorn *n.* madan{yas/Nayiz}

jest¹ *n.* jwèt •**in jest** an jwèt, badinen *He did it in jest.* Se badinen li badinen.

jest² *v.intr.* badinen, fè plezantri

jester *n.* blagè

Jesuit *n.* Jezwit

Jesus Christ *prop.n.* Jezi (Jezikri)

jet¹ *n.* [*airplane*] djèt •**jet lag** dekalay orè

jet² *n.* [*of water, etc.*] jèdlo

jettison *v.tr.* •**jettison ballast** [*ship, plane*] deleste *If you don't jettison some ballast, the ship will sink.* Si nou pa deleste bato a, l ap koule.

jetty *n.* dig

Jew *prop. n.* Jwif

jewel *n.* bijou

jeweler *n.* bijoutye, òfèv

jewelry *n.* bijou •**costume jewelry** krizokal •**fake jewelry** krizokal •**gold plated jewelry** garanti *This necklace is not made with solid gold, it's only gold-plated.* Kolye sa a pa fèt annò masif, se garanti li ye. •**ivory jewelry** bijou ivwa

Jewish *adj.* jwif

jib *n.* [*sail*] djip, fòk

jiffy *n.* •**in a jiffy** an de kat sis, (n)an de tan twa mouvman, an sis kat de, anvan ou bat je ou, bat je fèmen je, fay minit, nan yon moman, plòp plòp (lop plop), rapido{presto/pwesto}, san lè, sou de ti chèz, tape nan sòs, taptap, towtow *Wait for us here, we'll be back in a jiffy.* Tann nou la, an de tan twa mouvman n ap tounen. *I'll take care of this business in a jiffy.* M ap regle afè sa a bat je fèmen je. *I'll get back to you in a jiffy.* M ap tounen sou ou nan yon moman. *She did the work in a jiffy.* Li fè travay la rapido presto. *I'll turn in the work in a jiffy.* M ap remèt ou travay la san lè. *He works fast, he will fix the tire in a jiffy.* Li travay vit, l ap monte kawotchou a sou de ti chèz. *The cabinetmaker will do this job for you in a jiffy.* Bòs ebenis la ap ba ou travay sa a tape nan sòs. *We'll hand in the work to you in a jiffy.* N ap renmèt ou travay la taptap. *The cabinetmaker gave me back the work in a jiffy.* Ebenis la ban m travay la towtow.

jiggle *v.tr.* jwe *You have to jiggle the key in the lock to get it to work.* Fò ou jwe kle a nan pòt la pou l ka ouvè.

jiggly *adj.* [butt] mate *Where are you going with this girl with the jiggly butt?* Kote ou pral ak fi dèyè mate sa a?

jigsaw¹ *n.* si a chantonnen

jigsaw² *v.tr.* chantonnen *The carpenter is going to jigsaw the mahogany piece of wood.* Chapantye a pral chantonnen kajou sa a.

jilt *v.tr.* lage, plake *He jilted her for another woman.* Li lage l pou yon lòt fi. *He jilted her and left her with the child.* Li plake danm nan atè enpi li kite li avèk ti piti a.

Jimson weed *n.* konkonm zonbi

jingle¹ *n.*(ti) melodi

jingle² *v.intr.* karyonnen, sonnen *Coins are jingling in his pocket.* Kòb ap karyonnen nan pòch li.

jingling *n.* [sound] kariyon

jinx¹ *n.* madichon, malediksyon, move devenn *There's a jinx on this team.* Ekip sa a gen yon move devenn sou li. •**put a jinx on** mare *She put a jinx on her so that she couldn't get pregnant.* Li mare fi a pou l pa ansent.

jinx² *v.tr.* 1[Vodou] {limen/monte} (yon) {balenn/ chandèl/luil}dèyè yon moun *They jinxed her.* Yo limen chandèl dèyè l. 2[give s.o. bad luck] {bay/ mete}bouch (sou) yon moun, giyonnen, lage devenn sou, {lage/ jete/ lanse/voye}vèni sou, madichonnen, malediksyonnen, mete giyon sou yon moun *Don't stand behind me! You're jinxing me!* Pa kanpe dèyè m! Ou ap lage devenn sou mwen! *If you hadn't jinxed that child, she wouldn't have had the misfortune.* Si ou

pa t bay pitit la bouch, malè a pa t ap rive l. *Child! You cry too much, you'll jinx me.* Pitit! Ou kriye twòp, ou a met giyon sou mwen. •**jinx s.o.** bay yon moun giyon, {bay/mete} bouch (sou)yon moun *Don't say hi back to her if she hasn't yet washed her mouth in order to prevent her from jinxing you.* Pa reponn li bonjou li si li bouch li pa lave pou l pa ba ou giyon.

jinxed *adj.* fèt nan move lalin, gen yon giyon nan kò li *You are jinxed, you'll never succeed in anything you undertake.* Ou fèt nan move lalin, tout sa w ap regle pa janm pase byen.

jitney *n.* taptap

jitters *n.pl.* kè{sote/sou biskèt}

jittery *adj.* kè sou biskèt, pa anlè pa atè

jive *v.intr.* kadre *Your words don't jive with reality.* Pawòl ou yo pa kadre ak reyalite a.

job *n.* 1[duty, responsibility] devwa, reskonsablite, travay *It's not my job to tell you what to do.* Se pa reskonsablite mwen ki pou di ou sa pou ou fè. 2[piece of work, task] djòb, tach, travay *He did a good job on his house.* Li fè yon bon jan travay nan kay li a. *How much do I owe you for the job?* Konbe m dwe ou pou djòb la? 3[employment] anplwa, degaje, demele, djòb, kenbe men, ofis, plas, travay, tre *I found a small job for the summer.* M jwenn yon ti degaje pou vakans lan. *I found a temporary job while waiting to find a good job.* M jwenn yon demele toujou annatandan m jwenn yon bon djòb. *She seldom finds a little job to make ends meet.* Se raman li jwenn yon ti ofis pou l degaje l. 4[illicit or dishonest business] monte yon kou *They're going to pull a job on a bank.* Yo pral moute yon kou sou bank lan. 5[difficult time] kle kou, (travay) {difisil/penib} *Putting that door on was a real job.* Moute pòt la te yon kle kou vre. •**job paid by piecework** travay sou{kontra/kouray} *This is a piecework job. You're paid for each piece you complete.* Ou ap travay sou kouray isit. Ou ap peye pou chak pyès konplete. •**between jobs** (travay) nan chomeko *He's between jobs at the moment.* L ap nan chomeko kounye a. •**comfortable in a job** [i.e. knows the job/duties well] pran asiz *She has comfortable job in her job; she's been working there for ten years now.* Li pran asiz nan djòb sa a; l ap travay la depi dizan kounyeya. •**dead-end job** djòb sèkèy •**do a bad/hack job** bay bouden *The dressmaker did a hack job with this dress.* Koutiryè a ban m bouden nan kòsaj la. •**do-it-yourself job** brikolaj *Fixing the sink is a perfect do-it-yourself job.* Ranje lavabo a se yon bon ti brikolaj. •**do odd jobs** *a*[*about the house*] fè bòs *He has a bunch of tools, he's always doing odd jobs about the house.* Li gen yon pakèt zouti, toutan l ap fè bòs lakay la. *b*[*for pay*] masoke *We don't have a trade, we're obliged to do odd jobs to survive.* Nèg pa gen metye, nou blije ap masoke pou n avwa lavi. •**full-time job** plentan *My father quit his former job for a full-time one.* Papa m kite ansyen travay li a pou yon plentan. •**go get a job** ale dèyè yon woulman, ale{gade/chache/wè}kote lari fè kwen *You can't sit around like that, you have to go get a job.* Ou pa ka chita konsa non, se pou ou al dèyè yon woulman. *Get up and go look for jobs!* Leve non! Al gade kote lari fè kwen! •**government job** plas leta *She found a government job.* Li jwenn yon plas leta. •**grueling job** djòb sèkèy *Carrying rice bags to containers is a grueling job.* Leve sak diri nan konntenè se djòb sèkèy. •**hard job** kle kou *Loading the truck was a real hard job.* Chaje kamyon an te yon kle kou vre. •**have a good job** kaze *She has a good job.* Manmzèl byen kaze. •**have a job** djobe *She has a job now.* Li djobe kounye a. •**have a live-in job** (fè) dòmi leve *She needs a maid for a live-in job.* Li bezwen yon sèvant pou fè dòmi leve. •**little job** woulman *If I found a little job, I would let out a sigh.* Si m te jwenn yon ti woulman, m ta rale yon souf. •**low-paying part-time job** bese leve *He takes care of his child thanks to a low-paying part-time job.* Li pran swen pitit li gras a yon bese leve. •{**low-paying/low-scale**} **job** boulay, debouyay, kenbe men •**poorly paid or menial job** kafe rat •**shoddy job** bouyi vide *I don't want that shoddy job.* M pa vle travay bouyi vide sa a. •**small job** degaje, ti kenbe nan men, tisipe *I found a small job for the summer.* M jwenn yon ti degaje pou vakans lan. *I just found a small job in this factory.* M fèk jwenn yon ti kenbe nan men nan faktori sa. •**temporary job** demele *I found a temporary job while waiting to find a good job.* M jwenn yon

demele toujou annatandan m jwenn yon bon djòb. •**very advantageous job** djòb fri **Job** *prop.n.* Jòb
jobless[1] *adj.* (travay) nan chomeko, san travay *He has been jobless for five years.* Li gen senk an depi l ap travay nan chomeko.
jobless[2] *n.* •**jobless person** anyennafè, chomè
jobs *n.pl.* do odd jobs brikole, masoke
Job's tears *n.* [*grass*] grenn{maldjòk/chaplè}
jock *n.* espòtif
jock itch *n.* egzema, gratèl, lagratèl
jockey[1] *n.* joke •**jockey shorts** eslip
jockey[2] *v.intr.* •**jockey for a position** manevre *I'm jockeying for the position.* M ap manevre pou djòb la
jockstrap *n.* sispanswa
jog *v.intr.* twotine *She jogs in the park.* Li twotine nan pak la.
jogger *n.* djògè, kourè
jogging *n.* djògin, jògin
joggle chikin, soukous
john *n.* [*euph.*] kay madan Viktò
John Doe and Jane Doe *prop.n.* frè ak sò Yis
join *v.tr.* 1[*attach*] kole, makònen, rakòde, mete ansanm ak, relye *The plumber didn't join the pipes very well.* Bòs plonbye a pa byen rakòde tiyo yo. *Join those sticks together with that rope.* Li makònen fachin bwa sa yo avèk kòd sa la. *He joined the corners with some glue.* Li kole de kwen yo ak lakòl. *She joined the two ends of the chain together.* Li relye de bout chenn nan ansanm. 2[*link*] relye *Joins the dots to make the drawing.* Se pou ou relye ti pwen yo pou fè desen an. *The island is joined to the mainland with a bridge.* Se yon pon ki relye zile a ak grantè a. 3[*become a member of*] antre nan, asosye, jwenn *He joined the union.* Li antre nan sendika a. *If we don't have him join the business, we won't get anywhere.* Si n pa asosye misye nan bagay la se pa anyen n ap fè. *He joined the army.* Li jwenn lame a. 4[*come together with*] jwenn (ak) *I'm going to the movies tonight. Do you want to join me?* M pral nan sinema aswè a, ou vle vin jwenn mwen? *You go ahead, and I'll join you later.* Ou mèt mache, m a jwenn avè ou. *This is where the river joins its source.* Se la ti rivyè a jwenn sous li. *Go join the kids outside.* Al jwenn timoun yo deyò a. •**join efforts** pote boure *Let's join our efforts so*

our decision has a chance of passing. Ann pote boure pou desizyon n ka pase. •**join forces** fè{kò/kan} *Let's join forces to see if we can complete the project.* Ann fè kò pou n wè si n a reyalize pwojè a. •**join forces against s.o.** fè kò nan dèyè yon moun *These two persons are joining forces to persecute us.* De moun sa yo fè kò nan dèyè n. •**join hands** bay yon moun{lanmen/lebra} •**join hands with** kontre lanmen ak •**join in** antre nan{won/nan makònay} *When she saw everyone working, she had to join in.* Lè l wè tout moun ap travay, li oblije antre nan won. •**join s.o. in scheming** nan konkonbwèt *I don't join them in their scheming so that they don't use my name.* M pa nan konkonbwèt yo pou yo pa lonmen non m. •**join together** fè yon sèl, ini, inifye, konbine, marande, maye, mete ansanm ak, solidarize, soude *They united the two parties.* Yo ini de pati yo. *The workers joined together to ask for a pay raise.* Travayè yo inifye pou mande ogmantasyon. *People joined with the police to rid the city of criminals.* Moun yo solidarize ak lapolis pou kwape zenglendo nan katye a. *Join those two wires together.* Maye de fil sa yo ansanm. •**join together with** fonn ak *The organization joined together with the political party.* Òganizasyon an fonn ak pati politik la. •**join with** mete{avèk/tèt ak} *The rich join with traitorous politicians to make the poor go through hard times.* Rich yo mete ak politisyen anganman yo pou fè pòv yo monte lesyèl pa do. *She joined the rich in exploiting the poor.* Li mete tèt ak chabrak yo pou toupizi malere. •**not to let join** [*people*] mete aleka *The other children wouldn't let him join them.* Lòt timoun yo mete li aleka.

joining together *n.* antremelay *The joining together of all these leftover pieces gives us a sheet.* Yon antremelay ak tout retay sa yo ap ban nou yon dra.

joint[1] *adj.* miks *The opposition parties formed a single joint party.* De pati lopozisyon fè yon sèl pati miks.

joint[2] *n.* **1**[*body*] jwenti **2**[*group*] miks **3**[*plumbing, etc.*] jwen, kouplè, rakò *It's leaking in the joint.* Li koule nan jwen an. **4**[*of sugar cane*] ne kann **1 5**[*bad dwelling*] chapchawon, twou •**mortise joint** [*wood*]

mòtèz •**{ankle/elbow/shoulder}joint** jwenti {koud/pye/zèpòl} •**universal joint** kwachaf

jointed *adj.* [*limb, etc.*] atikile

jointly *adv.* ansanm

jointwood tree *n.* bwa majò, siwo

joist *n.* travès

joke[1] *n.* **1**[*funny anecdote or antic*] blag, fas, fraz, jwèt, plak, plezantri, rans *Don't think what I'm telling you is a joke.* Pa panse sa m ap di ou yo se blag. *That guy tells good jokes.* Nèg sa bay bon plak. *That guy can't take a joke.* Li pa pran fraz byen. *It was only a joke!* Se yon plezantri m t ap fè ou! *I know you said it as a joke, but you hurt her feelings.* Ou di pawòl la an rans men li konprann ou ap atake li. *They played a joke on me.* Yo te fè fas ak mwen. *It's a serious matter, not a joke.* Se yon bagay serye, se pa yon jwèt. **2**[*sth. not to be taken seriously*] blag, fas, jwèt *The elections were a joke.* Eleksyon yo te yon fas. *That exam was a joke.* Egzamen sa a te yon blag. **jokes** *n.pl.* odyans •**April Fool's joke** pwason davril •**it's no joke** se pa jwèt *It's no joke. It's serious.* Se pa jwèt non. Se serye. •**make a joke** fè fab *She isn't speaking seriously, she's making a joke.* Se pa tout bon l ap pale, se fab l ap fè. •**make jokes** betize, fè fas, mete yon moun nan fas *This man likes making jokes, he's always making people laugh.* Ala nèg renmen betize, li toujou ap fè moun ri. *There's no one that makes jokes like this man.* Nanpwen nèg fè fas konsa. •**make jokes about s.o.** fè jwèt ak yon moun *Why are you making jokes about me?* Poukisa w ap fè jwèt avè m? •**practical joke** fas, jwèt, plezi *Don't take that seriously, it's a practical joke she's playing on you.* Pa pran sa li di a oserye, se fas l ap fè ak ou. •**repertory of jokes** bwat koze •**short joke** charad •**take sth. for a joke** pran yon bagay pou blag *You always take everything for a joke, one day you're going to regret it.* Ou toujou pran tout bagay pou blag, yon lè ou va regrèt. •**that's no joke** se pa peta *I'm going to tell it to his face, and that's no joke!* M pral di li sa nan figi l, se pa peta.

joke[2] *v.intr.* betize, blage, fè{blag ak yon moun/ fas yon moun/jwèt/Lafrans/plezantri}, mete yon moun nan fas, nan simagri, plezante, ranse *She never jokes with us.* Li pa janm fè blag ak nou. *She likes joking so much that no one believes her.* Li tèlman renmen fè jwèt, pèsonn pa kwè l. *Don't joke with those people.* Pa fè plezantri ak moun sa yo. *You're always joking, that's why no one takes you seriously.* Ou toujou nan simagri, se sa k fè moun pa pran ou oserye. *Don't joke about serious things.* Pa plezante ak bagay serye. •**joke around** pase yon moun nan joujou *He's always joking around with the kids.* Li toujou ap pase timoun nan joujou. •**joke with** nan tete lang ak *Watch out, I don't joke with anyone.* Gade, m pa janm nan tete lang ak moun. •**be joking** fè lamayòt, nan griyen dan *Listen, I'm not joking with you!* Gade, m pa nan griyen dan ak ou tande! *I'm serious about what I'm saying, don't think I'm joking.* M serye sou sa m ap di a, pa panse se lamayòt m ap fè. •**not joke** pa nan{briganday/rans/ tenten} *Be quiet! I'm not joking around.* Pè bouch ou! M pa nan tenten.

joker[1] *n.* [*cards*] djokè, jokè, valè

joker[2] *n.* [*comical or funny person*] betizè, blagè, jokè, ransè *He's a practical joker, he's always putting something over on somebody.* Msye se yon ransè, li toujou ap fè blag sou moun. •**be a joker** nan simagri *He's always such a joker.* Li toujou nan simagri. •**practical joker** ransè *He's a practical joker, he's always putting something over on somebody.* Msye se yon ransè, li toujou ap fè blag sou moun.

jokes *n. pl.* blag

joking *n.* jwèt, nan rans •**not to be joking** pa nan tenten

jokingly *adv.* an{ri/riyan}, nan rans *I told the girl jokingly that I love her.* An ri konsa, m tou di fi a m renmen l. *You said these words jokingly but they really took you seriously.* Ou di pawòl la nan rans men yo pran ou oserye, wi.

jolt[1] *n.* kawotay, sakad, soukous

jolt[2] *v.intr.* kawote, sakade *The car was going so fast it jolted on the road.* Machin nan kawote sou wout la tèlman l kouri vit.

jolting *n.* kawotay, kawotman

jostle *v.tr.* bouskile, rabote, raboure *Is it because the road is too narrow that you jostled me to pass?* Se wout la ki twò piti ki fè w ap rabote m pou ou pase a? *Get out of the way if*

you don't want me to jostle you. Dekanpe nan wout la si ou pa vle m raboure ou. •**jostle each other on purpose** fè lese frape *We like to jostle during Carnival.* Nou renmen fè lese frape nan kanaval.

jostling *n.* pousad *There was a lot of jostling in the crowd because of the rain.* Te gen anpil pousad nan foul la, akòz lapli a.

jot down *v.intr.* ekri *Jot down the names of those present.* Ekri non moun ki prezan yo.

journal *n.* jounal, revi

journalism *n.* jounalis

journalist *n.* jounalis, repòtè

journalistic *adj.* jounalistik •**journalistic text** tèks jounalistik

journey[1] *n.* kous, trajè, travès, vwayaj, wout *The journey I made was long.* Trajè m sòt fè a te long.

journey[2] *v.intr.* vwayaje *The road I journeyed on was long.* Wout mwen voyaje te long.

jovial *adj.* dan yon moun toujou deyò *Although he's always jovial, it doesn't mean that he's a nice person.* Menm si dan li toujou deyò, sa pa vle di li janti pou sa.

jowl *n.* bajòl

joy *n.* bendezeng, gete, jwa, kè kontan, kontantman, lagete *It's her joy that's making her unable to eat.* Se kontantman k fè l pa ka manje. *Joy came over her when she saw her mother.* Gen yon kè kontan ki pran li lè li wè manman li.

joyful, joyous *adj.* jwaye *I'm feeling joyous.* Mwen santi m jwaye.

joyfully *adv.* ak jwa

joyless *adj.* mòksis, raz, sonm

joyride *n.* ti flann nan machin

jubilee *n.* jibile

Judaism *prop.n.* jidayis

judge[1] *n.* abit, jij, majistra •**good judge** konesè *He's a good judge of wine.* Msye se yon konesè diven li ye. •**line judge** [*soccer, sports*] jij detouch

judge[2] *v.tr.* **1**[*assess*] apresye, jije *When you don't know all the circumstances, you can't judge.* Lè ou pa konn tout sikonstans yo, ou pa sa jije. *He judged them on their appearance.* Li pote sou aparans yo pou l apresye yo. **2**[*consider*] estime, jije *I judged it necessary to store commodities for time of need.* Mwen jije li nesesè pou sere kèk danre pou lè nou nan bezwen. *She judged the house unfit to live in.* Li estime kay la se danje pou moun rete ladan li. •**judge a book by its cover** gade sou aparans *Never judge a book by its cover!* Pa janm gade moun sou aparans! •**judge s.o. according to sth.** pote sou *He judges people according to their wealth.* Li pote sou sa moun genyen pou l apresye yo. •**judge s.o. in his/ her absence** jije yon moun dèyè do li *It's not fair to judge her when she's not here.* Se pa jis ou ap jije li dèyè do li. •**judge unfit for use** kondane *He judged the beans as unfit for human consumption.* Li kondane pwa yo pou moun manje yo.

judging by *prep.* dapre *Judging by the speed of the car, she died instantly.* Daprè vitès machin nan li mouri san bat. *Judging by the way he looks, he's not going to live long.* Dapre jan m wè l la, l pa p viv lontan.

judgment *n.* 1[*court*] jijman, santans *The jury's judgment was life in prison for him.* Jire a bay li santans prizon a vi. 2[*opinion*] avi, desizyon, dwate *Her judgment was unfavorable.* Avi pa l pa t favorab. •**judgment by default** jijman pa defo •**have good judgment** gen brenn *I trust her to go by herself because she has good judgment.* M fè li konfyans pou l ale pou kò li; li gen brenn.

Judgment Day *prop.n.* dènye jou •**on Judgment Day** odènye jou

judicial *adj.* jiridik *He had to rely on judicial aide for his case.* Li te bezwen èd jiridik pou ka li a. •**judicial officer** majistra •**judicial review** revizyon jidisyè •**judicial ruling** òdonans •**judicial system** lajistis *The judicial system must do its job.* Lajistis dwe fè travay li.

judo *n.* jido

judoka *n.* jidoka

jug *n.* galon, po •**earthenware jug** ja •**water jug** potawo

juggle *v.tr.* [*time, career, etc.*] pataje, separe *She's trying to juggle her time between her family and her job.* L ap eseye pataje tan li ant fanmi li avèk travay li.

juggler *n.* ekilibris

juice *n.* 1[*from flesh of fruit*] dlo, ji, sòs. 2[*drink*] ji •**juice made from carrots** atomik •**sugarcane juice** [*before boiling*] {diven/dlo/ven}kann

juicer *n.* •**orange juicer** près zoranj

juicy *adj.* 1[*fruit*] dlo *This orange is very juicy.* Zorany sa a dlo anpil. 2[*interesting gossip, news*] cho *I've got a juicy piece of gossip for you.* M gen yon zen cho pou ou.

jujube tree *n.* lyann kwòk chen, ponm malkadi

July *n.* jiye

jumble *n.* mikmak *I can't follow what he's saying because it's all a jumble.* Mwen pa fouti konprann sa li di a paske gen yon mikmak ladan. •**jumble of ideas** voye monte *There's nothing here. It's just a jumble of ideas.* Pa gen anyen nan sa. Se yon pakèt voye monte.

jumble up *v.intr.* deranje, deranje jennen, mete dezòd nan *Don't jumble up my things!* Pa deranje zafè m!

jumbled *adj.* [*situation*] mangonmen *This situation is all jumbled up.* Sitirasyon sa a se tout mangonmen.

jump¹ *n.* elan, so, sote, voltij •**jump ball** [*basketball*] lesetonbe •**give s.o. a jump** [*boost (car)*] bay yon boustè *My battery is dead, can you give me a jump?* Batri m ale, ou ka ban m yon boustè? •**high jump** so an (w) otè •**long jump** so an longè •**triple jump** so trip

jump² I *v.tr.* 1[*obstacle, etc.*] sote *The horse easily jumped the ditch.* Cheval la sote dal la fasilman. *She jumped the wall in a single bound.* Yon sèl vòltij e li sote mi an. 2[*skip*] sote *Diabetes always jumps a generation.* Maladi sik la toujou sote yon jenerasyon. *Jump a line before you begin the next paragraph.* Se pou ou sote yon liy anvan ou tanmen pwochen paragraf la. 3[*horse*] fè sote *He jumped the horse over the gate.* Li fè cheval la sote baryè a. 4[*attack*] asayi, atake, brandi sou *They got jumped by muggers on the way home.* Zenglendo brandi sou yo an wout lakay la. II *v.intr.* 1[*leap*] bondi, plonje sou, sote, vole, vòltije *If the gate is closed, jump over the wall.* Si bayè a fenmen, sote mi an. *Stop jumping on the chair.* Sispann vòltije sou chèz la non. *He jumped on me as soon as I opened the door.* Etan m ouvri pòt la, li bondi sou mwen. *She jumped over the chair.* Li vole sou chèz la. *She jumped in my direction when the cannon went off.* Li plonje sou mwen lè l tande kout kanno. 2[*from surprise*] pantan, sote, tresayi *He jumped when the woman appeared unexpectedly.* Misye tresayi lè l wè fi a parèt sou li sanzatann. *She jumped when she heard the shooting.* Li pantan lè l tande tire a. *He jumped when she saw the snake.* Li sote lè li wè koulèv la. **3** [*prices, profits, costs, etc.*] monte anflèch, monte{bwa/disèt wotè/tèt nèg} *The price of sugar has jumped sharply.* Pri sik la moute anflèch. *Profits have jumped sky high.* Pwofi yo moute tèt nèg. •**jump about** telele *Let me tickle you to see whether you'll jump about.* Kite m satiyèt ou pou wè si ou p ap telele. •**jump after a ball** [*sports*] pike, plannen *The goalkeeper jumped after the ball.* Gadyen an pike dèyè boul la. *He jumped after the ball.* Li plannen dèyè boul la. •**jump all over** [*reprimand sharply*] reponn yon moun ak grap *I didn't say anything to make you jump all over me like that!* M pa di ou anyen la a pou ou reponn mwen ak grap konsa! •**jump around** djobe, sote ponpe *The children are jumping around behind the house.* Timoun yo ap djobe dèyè kay la. *Look at the turtledoves jumping around in the cage.* Gad ki jan toutrèl yo ap sote ponpe nan kalòj yo. •**jump at** sote sou *If I were you, I'd jump at the chance.* Si m te ou, m t ap sote sou sa. •**jump into** lage kò li nan *The child jumped into the sea.* Pitit la lage kò l nan lanmè. •**jump on** bondi sou, fè (yon) va sou *The bus hasn't even stopped yet, people jumped on it.* Kamyonèt la poko menm kanpe, moun yo fè va sou li. •**jump onto** vole monte sou *Don't jump on the bed.* Pa vole monte sou kabann nan. •**jump onto a moving vehicle** fè esprès *Jumping onto a car from behind, he fell off.* Nan fè esprès dèyè yon machin, li sot tonbe. •**jump out of the frying pan into the fire** kouri pou sèkèy tonbe sou kadav *I left my job because of problems, but I jumped out of the frying pan into the fire.* Mwen kite travay la pou pwoblèm, men se kouri pou sèkèy tonbe sou kadav. •**jump over** vare sou, vole *He jumped over the wall.* Li vole sou mi an. •**jump rope** sote kòd *The kids are jumping rope in the yard.* Timoun yo ap sote kòd nan lakou a. •**jump rope quickly** pran vinèg *You don't have to turn the rope slowly, I can jump rope when it's turning fast.* Nou pa bezwen vire kòd la dousman,

m ka pran vinèg. •**jump rope the reverse way** sote kòd alanvè •**jump up and down** ponpe, pyafe, sote ponpe, vole ponpe danse *When she's happy, she jumps up and down.* Tank li kontan, li ponpe. *She jumped up and down with joy when she saw her mother.* Li vole ponpe danse lè l wè manman ni. *What's with you that you're jumping up and down like that, are you happy?* Sa ou genyen w ap pyafe konsa a, kè ou kontan? •**make s.o. jump** fè yon moun sote *The firing of the cannon made me jump.* Kout kanno a fè m sote.

jump-rope *n.* kòd pou sote

jump-seat *n.* estraponten

jump-start *v.tr.* [*car*] bay yon boustè *My car broke down. Can you give me a jump-start?* Machin mwen tonbe an pann. Ou ka ba mwen yon boustè?

jumper cables *n.pl.* boustè, kab{boustè/djonpè}

jumping *n.* sepètfil •**sudden jumping up** [*onom.*] hap

jumpy *adj.* **1** [*nervous person*] anbalan *Boy, is she jumpy today!* Ala yon fanm anbalan papa! **2** [*horse*] pyafe *This horse is too jumpy.* Cheval sa a pyafe twòp.

junction *n.* kalfou

June *n.* jen

jungle *n.* jeng

junior *n.* pi jenn

juniper *n.* [*shrub*] jenevriye

junk *n.* bastengal, batanklan, fatra, gagòt, grapiyay, kokodjaka, lòbèy, malatchong, rimay, tchanpan, zagribay *The house is full of junk.* Kay la chaje ak gagòt ladan. *Go get all of your junk you left spread out on the floor.* Al ranmase fatra ou yo ou gaye atè a. *He keeps wasting money in buying junk.* Li pa sispann gaspiye kòb nan achte rimay.

junky *adj.* kodjo *This is a junky old watch. Throw it out.* Sa se yon vye mont kodjo. Ou mèt jete li.

junkyard *n.* depo •**car junkyard** simityè{machin/ mòflè}

junta *n.* jent

Jupiter *prop.n.* Jipitè

jurisdiction *n.* jiridiksyon

jurist *n.* jiris

juror *n.* jire

jury *n.* jiri

just[1] *adj.* ekitab, jis *The judge is a just man.* Jij la se yon nonm jis.

just[2] *adv.* **1**[*exactly*] egzakteman, jisteman, menm, ojis *He's just the kind of person I needed.* Se jisteman yon moun konsa menm m te bezwen an. *Just what do you mean by that?* Sa ou vle di ojis? *This is just the part I've been looking for.* Se pyès sa a menm m t ap chache a. *This is just the medicine for you.* Se remèd sa a menm pou ou pran. **2**[*indicating position*] jis, tou, tou jis *The church is just behind the school.* Legliz la tou kole dèyè lekòl la. *My house is just on the left here.* Kay mwen jis agoch la. **3**[*at this or that moment*] apèn *We're just leaving.* Apèn n ap kite. *I'm just coming now.* Apèn m ap rive kounyeya. **4**[*recent time*] fèk, fenk, sòt *She just left.* Li fèk ale. *I'd just gone to bed when she called.* M sòt al kouche lè l rele a. *The movie just started.* Fim lan fenk koumanse. **5**[*barely*] annik, apèn, tou jis *I just scratched him, and he started crying for his mother.* Annik m teke li e l ap rele anmwe pou manman ni. *I just got finished before I had to leave.* Mwen tou jis fini anvan m te bezwen pati. *She just finished the exam in time.* Apèn li fini egzamen an alè. **6**[*only, merely*] annik, apèn, ase, renk, sèlman *It's my vacation. I'm just relaxing today.* Se vakans mwen. Annik m ap poze kò m jodi a. *It was just yesterday that I was with her.* Se apèn yè m te ave l. *It'll just be the two of us.* Sa ap nou de ase. *He's just a child.* Se renk yon timoun li ye. *It's just a suggestion.* Se sèlman yon sijesyon. **7**[*almost*] manke, preske, ti moso *I just about had to retake the test.* Mwen te preske bezwen rekonpoze. *The car just about hit me.* Machin nan manke frape m. *I just about missed the bus.* Timoso m manke bis la. **8**[*simply*] jis, (tou) senpleman *You'll just have to wait until tomorrow.* Ou ap tou jis oblije ret tann demen. *That's just beautiful.* Li tou senpleman bèl anpil. *I just*

told her to leave me alone. Mwen jis di li pou kite m trankil. •**just about** manke, prèske, timoso *I just about fell down the stairs.* Ti moso m tonbe nan leskalye. •**just about to** sou{bò/pwen} *I was just about to eat when he called.* M te sou bò manje lè li rele. *She was just about to give up.* Li te sou pwen bay legen. •**just as** lemoman, omoman *Just as I arrived, she went out.* Lemoman m rive, li soti. *Just as I was going out, the rain started to fall.* Omoman mwen soti, lapli fè voum li tonbe. •**only just** annik, apèn *They've only just arrived.* Yo apèn rive. *You've only just begun.* Annik ou kòmanse.

justice *n.* jistis, lajistis •**justice has been served** jwenn jistis (li) *Justice was served, the criminal was sentenced.* Nou jwenn jistis nou, yo kondane kriminèl la. •**justice of the peace** jij depè •**chief justice** dwayen •**do s.o. justice** fè yon moun byen *That dress doesn't do you justice.* Rad sa a pa fè ou byen menm. •**mob justice** dechoukaj *The people were angry, that's why they resorted to mob justice.* Pèp la te fache, se sa k fè l fè dechoukaj.

justice-giver *n.* jistisye

justification *n.* jistifikasyon, rezon

justified *adj.* byen fonde *The accusations weren't justified.* Akizasyon yo pa t byen fonde.

justify *v.tr.* rann yon moun kont, sipòte *Do you want to justify your remarks?* Eske ou vle rann ou kont de remak ou fè?

justly *adv.* kòmsadwa

jute *n.* [*kind of herb or shrub*] lalo

juvenile *adj.* •**juvenile court** tribinal timoun •**juvenile delinquency** mawonyè •**juvenile delinquent** sanzave

juxtapose *v.tr.* kole *When juxtapose the two ideas, you see it differently.* Lè ou kole de lide yo, ou wè sa diferan.

K

kangaroo *n*. kangouwou

kapok *n*. kapòk, mapou, flè mapou, mawodèm

karat *n*. kara

karate *n*. karate

kata *n*. [*rhythm, dance*] kata

kayak *n*. kayak

kayimit *n*. kayimit •**wild kayimit** ti kayimit

keel *n*. ki, kiy •**keel over** chavire

keen *adj*. **1**[*senses*] fen, fin, klè *How could you hear that? You must have keen hearing.* Kouman ou fè tande sa? Ou gen zòrèy fin! *You must have keen eyesight.* Ou dwè genyen je klè. *You have a keen sense of smell.* Ou gen nen fen. **2**[*interest, desire, etc.*] fou pou, vif *She has a keen interest in photography.* Li fou pou koze fotograf. *He has a keen desire to do the right thing.* Li gen yon dezi vif pou fè bon bagay la.

keep *v.tr*. **1**[*retain*] gade, kenbe, kite, sere *He kept part of the money.* Li kenbe yon pati nan kòb la. *I'll keep the cigarette for after dinner.* M ap kite sigarèt la pou lè m fin manje. *Keep this dress for the wedding.* Sere rad sa a pou nòs la. **2**[*preserve, put aside*] gade, kenbe, kite, mete *I'll show you where I keep them in case you need any.* M ap moutre ou kote m gade yo pou lè ou bezwen. *Leave the food on the stove to keep it warm.* Kite manje a sou recho a pou kenbe li cho. *I always keep some candles in the pantry just in case the lights go out.* M toujou kite kèk bouji nan kanbiz la sizoka gen yon pann kouran. **3**[*take care of: family, etc,*] antretni *He works hard to keep his family.* L ap travay di pou antretni fanmi li. **4**[*persist*] kontinye *I told her to stop, but she kept on hitting me.* M di l rete, men l kontinye ap ban m kou. *Keep going straight until you get to a church.* Kontinye tou dwat jistan ou rive bò kot yon legliz. **5**[*observe*] pinga, gade, kenbe, kite *Keep out of the street!* Pinga ou al nan lari a! *As a Christian, I keep the Sabbath Day.* Kòm kretyen, m gade jou saba a. *She never keeps her word.* Li pa janm kenbe pawòl li. **6**[*detain*] kenbe, gade *What kept you? Ki sa ki kenbe ou? He was kept prisoner for two years.* Yo gade li

prizonye pannan dezan. *I know you're busy so I won't keep you.* M konnen ou okipe; m pa p kenbe ou ankò. **7**[*prevent*] anpeche *I drank a lot of coffee to keep me from falling asleep.* M bwè anpil kafe pou anpeche dòmi pran m. *He stood in the doorway and kept me from going in.* Li kanpe nan pòt la pou l anpeche m antre. **8**[*can wait*] rete, ret tann *It can keep until tomorrow.* Li ka ret tann jis demen. **9**[*own, operate*] gade, kenbe, jere *She keeps a lot of chickens in her yard.* Li gade poul nan lakou lakay li. *He keeps a cloth store downtown.* Li jere yon magazen twal lavil la. **10**[*maintain*] antretni, kenbe, mentni *The maid keeps the house well.* Sèvant lan byen antretni kay la. *He kept the same position he had before.* Li mentni menm pozisyon li te genyen an. **11**[*conserve*] gade, konsève *Corn doesn't keep, it spoils.* Mayi a pa konsève, li gate. *Keep the milk in fridge.* Gade lèt la nan frijidè a. •**keep a certain dignity** kenbe pwotokòl *Even if things aren't going well for us, we have to keep our dignity.* Menm si afè nèg pa bon, men fò n kenbe pwotokòl. •**keep a record** pran nòt •**keep afloat** bat lokobe *He manages to keep afloat in this non-profitable business.* L ap bat lokobe ak vye komès la. •**keep after s.o.** kole nan kò yon moun, rete{nan dèyè yon moun/ sou yon moun}, sentre bas yon moun *If I don't keep after him, he won't do his homework.* Si m pa sentre bas li, li pa p fè devwa li. •**keep answering back** las *As long as they keep bothering me, I'll keep answering back.* Toutotan yo pa bouke, m p ap las. •**keep at** {kenbe/rete}{kinalaganach/ tennfas}, pouswiv, rete sou *I'm tired, but I'll keep at it until I'm finished.* M bouke, men m ap rete sou sa pou m fini. *The woman kept at it until she got justice.* Danm nan kenbe kinalaganach pou li sa jwenn jistis. •**keep at a distance** mete{aleka/kanpe lwen} *They kept at a distance all the people from the group who refused to come to the meeting.* Yo mete tout moun nan gwoup la ki derefize vin nan reyinyon aleka. *They kept him at a distance* *because he's too impudent.* Yo mete l kanpe lwen paske l twò angran. •**keep at it!** kenbe pa lage *Keep at it! Kenbe, pa lage!* •**keep away from** asteni li, boude, egzante •**keep calm** pran san (li), gade sanfwa (li), li eseye{pran san/gade sanfwa} li •**keep coming back** ale tounen *He keeps on coming back all the time.* Tanzantan li ale tounen. •**keep from** anpeche *The rain keeps me from going out.* Lapli a anpeche m sòti. •**keep from falling** soutni *Only the private sector keeps the economy from falling.* Sèl sektè prive a soutni ekonomi an ane pase. •**keep in** gade, konsiyen *I'm going to keep her in until she feels better.* M ap gade li lakay la jis li refè. *The teacher kept in the students who were talking.* Mèt la konsiyen tout elèv ki t ap pale. •**keep in mind** pa bliye *Keep in mind that the money I gave you is for a whole week.* Pa bliye kòb la m ba ou se pou tout yon semenn. •**keep in sight** gade anba je li *Keep the children in your sight at all times.* Gade timoun yo anba je ou toutan. •**keep in the dark** [*ignorant*] pa di{anyen/pyès} *He kept us in the dark about it.* Li pa di n anyen sou sa. •**keep minutes** kenbe nòt *The secretary kept the minutes of the meeting.* Sekretè a kenbe nòt reyinyon an. •**keep moving** [*person, vehicle*] sikile *Don't stop and look at the accident. Keep moving.* Pa rete gade aksidan an. Kontinye sikile. •**keep on** a[*continue*] kontinye, chita *He keeps on talking although they have asked him to go.* Li chita ap pale kwak yo di l ale. b[*about sth.*] pa rete pale *She kept on about quitting my job.* Li pa rete pale koze kite travay la. •**keep on doing sth.** pèsiste, voye monte *The children keep on making a mess in the courtyard.* Timoun yo ap pèsiste fè dezòd nan lakou a. *In spite of the rain, she kept on doing her work.* Malgre lapli, l ap voye monte nan travay li. •**keep on jamming** [*mus.*] bouyi *The band keeps on jamming.* Dyaz la ap bouyi mizik. •**keep on the side** sanble *Always keep some money on the side in case you have a problem.* Toujou sanble yon ti lajan yon kote pou lè ou gen ka. •**keep one's distance** pa pwoche pre *That dog looks mean. Keep your distance.* Chen an sanble l mechan, pa pwoche pre l! •**keep one's distance from s.o.** kenbe kiyè li long ak yon moun *The nurse is angry with the*

doctor, she keeps her distance from him. Mis la fache kont dòktè a, li kenbe kiyè li long ak li. •**keep one's feet on the ground** de pye li fèt pou rete atè •**keep one's head** gade san fwa *You have to keep your head in these situations.* Fo ou gade sanfwa ou nan sitirasyon sila yo •**keep out** a[*prevent from passing, etc.*] anpeche, bare *The fence will keep animals out of the yard.* Lantiray la ap anpeche bèt antre nan lakou a. *It's the man that kept me out of the house.* Se nèg la ki bare m nan kay la. b[*stay away from*] pa foure nan, pa mele li *Keep out of their argument.* Pa mele ou nan diskisyon yo. *Keep out of the fridge.* Pa foure nen ou nan frijidè a. •**keep out of** egzante, mete yon moun nan dans debou *I told you that because I wanted to keep you out of lots of trouble.* M di ou sa pou egzante ou yon pakèt traka. *I kept him out of the matter to protect his feelings.* M mete li nan dans debou pou pa blese li. •**keep score** [*keep points*] konte, make *Are you keeping score?* Se ou k ap make pwen yo? •**keep s.o. at a distance** bay yon moun distans li, distanse li, ekate, pran distans ak yon moun, wete yon moun nan{kòsaj/sen}li *We keep him at a distance because he's not an honest person.* Nou pran distans ak li paske li pa onèt. *I keep him at a distance so he doesn't get me in trouble.* M distanse m ak misye pou li pa mete m nan zen. •**keep s.o. company** rete avè(k) li *Why don't you keep me company for a while?* Sa k fè ou pa fè yon ti ret avè m? •**keep s.o. doing sth.** ba yon moun reta *They kept me waiting for three hours!* Yo ban m reta twazè wi! •**keep s.o. from** anpeche, enpoze li *The children kept me from my work.* Timoun yo enpoze m al fè travay mwen. *The rain kept me from going out.* Se lapli ki anpeche m sòti. •**keep s.o. out of a matter** mete yon moun nan dans debou •**keep sth. close to o.s.** mete yon bagay anba vant li *Ever since she received the gift, she keeps it close to herself, even when she sleeps.* Depi l resevwa kado a, menm lè l ap dòmi, li mete l anba vant li. •**keep sth. from** fè kachotri, kache, kamoufle *We managed to keep it from her.* Nou rive kamoufle koze a pou li pa sa konnen. *You're keeping something from me.* Ou ap fè kachotri ak yon bagay. •**keep sth. to o.s.** kave *I told him to keep it to himself.* M di l pou kave koze a. •**keep the**

books fè kontab •**keep the faith!** kenbe pa lage *Even though life is hard, keep the faith.* Menm si lavi a di, kenbe pa lage. •**keep to o.s.** rete apa, rete nan wòl li *He's someone that always keeps to himself.* Se yon moun ki toujou rete nan wòl li. *They keep to themselves.* Yo rete apa. •**keep up a**[*persist*] kontinye, pa tande rete, pouswiv *If you keep it up, they'll fire you.* Si ou pa tande rete konsa, y ap revoke ou. *If this weather would just keep up until Saturday.* Si tan an te ka kontinye konsa jis samdi. **b**[*pace, rhythm, achievement, etc.*] mete li sou konpa, swiv *If you don't want to lose the job, you have to keep up.* Si ou pa vle pèdi djòb la, fòk ou mete ou sou konpa a. *I couldn't keep up with what he was saying.* M pa t ka swiv sa li t ap di. *They were going fast, but I kept up with them.* Yo ale vit, men m swiv yo. **c**[*stay in touch*] gade kontak, rete an kontak *I haven't kept up with them since they left.* Mwen pa gade kontak ak yo depi yo kite. **d**[*prevent from sleeping*] fè leve *The dog was barking a lot, and it kept me up all night.* Chen an jape twòp; li fè m leve tout lannuit la. •**keep your chin up** pa dekouraje *Keep your chin up! God will show you the way.* Pa dekouraje, Bondje ap moutre ou ki jan pou ou fè. •**keep your distance from me** pran men ou ak mwen *Keep your distance from me so you don't get slapped.* Pran men ou ak mwen pou m pa kalote ou. •**not keep company with** pa branche sou *I don't keep company with that guy.* Mwen pa branche sou nèg sa a.

keeper *n.* gadyen •**cattle keeper** majoral •**cemetery keeper** [*Vodou*] Bawon{Lakwa/ Samdi/Simityè} *Bawon Samdi is the cemetery keeper.* Bawon Samdi se mèt simityè. •**floodgate keeper** vanye •**storeroom keeper** kanbizye

keeping *n.* •**in keeping with** konfòm

keeps *n.pl.* •**for keeps a**[*have forever*] bay nèt *He gave it to me for keeps.* Li ban mwen l nèt. **b**[*once and for all*] kont fini, yon bon fwa, yon fwa pou tout *This time we're playing for keeps.* Atòkonsa nou jwe kont fini.

keepsake *n.* souvni

keg *n.* barik, ti barik •**powder keg/magazine** poudriyè

kept man *n.* tchoul

keratitis *n.* keratit

kerchief *n.* foula, madras, mouchwa tèt, mouka

kernel *n.* grenn, noyo, nwayo •**kernel of corn** kè mayi

kerosene *n.* gaz, gaz lanp, kewozin •**good quality kerosene** gaz ble •**highest quality kerosene** gaz blan •**low-grade kerosene** gaz jòn

kerplunk *onom.* [*sound of object falling into water*] tchouboum

kestrel *n.* [*bird*] vèmichèt

ketchup *n.* katchòp, sòs tonmat

kettle *n.* [*cooking pot*] bonm, kastwòl, bouywa, mamit •**large kettle** chodwon •**small kettle** bouyòt

kettledrum *n.* tenbal

key *n.* **1**[*mus.*] kle **2**[*for lock, etc.*] kle **3**[*keyboard, piano, etc.*] kle, touch •**key for grading** [*papers, exams, etc.*] korektòm •**master key** kle paspatou •**set of keys** twouso kle •**skeleton key** kle paspatou

key-holder *n.* twouso kle

keyboard *n.* **1**[*mus.*] kibòd, klavye **2**[*computer, etc.*] klavye

keyboarding *n.* daktilografi

keyed up *adj.* sou{lè nè/lènè} *She's so keyed up, she can hardly speak.* Li tèlman sou lè nè, li pa menm kapab pale.

keyhole *n.* {tou/twou}{pòt/seri} *I looked through the keyhole.* M gade nan tou pòt la.

keyword *n.* mo kle

khaki¹ *adj.* kaki

Khaki² *n.* kaki

kick¹ *n.* **1**[*act of kicking*] kout pye *He deserves a swift kick in the butt.* Li merite yon bon kout pye nan bounda. **2**[*soccer*] chout **3**[*thrill*] pou fè plezi, pou fè ri *They did it for a kick.* Se pou fè plezi yo fè li a. **4**[*recoil*] rekil *Watch out! That gun has a lot of kick.* Veye zo ou! Zam sa a gen anpil rekil. •**bicycle kick** [*soccer*] de pye kole •**corner kick** [*soccer*] kònè •**flood of kicks** pli kout pye •**free kick** [*soccer*] fikips, kou fran •**penalty kick** penalite *It was a goal off of a penalty kick.* Se te yon gòl penalite.

kick² *v.tr.* **1**[*general*] bay koutpye *She kicked me in the stomach.* Li ban m yon kout pye nan vant. *He kicked open the door.* Li bay pòt la yon sèl kout pye, l ouvè l. **2**[*move the legs violently*] voye pye *Stop kicking and let me* *put these shoes on.* Sispann voye pye ou, kite m met soulye a nan pye ou. **3**[*when angry*] koutpyete *When he gets angry, he kicks all that he finds.* Lè l an kòlè, li koutpyete tout sa l jwenn. **4**[*horse, donkey, etc.*] ponpe, tire pye, voye{pye/zago} *That donkey kicks all the time.* Milèt la se tout tan l ap tire pye. *The mule often kicks, don't stand behind it.* Milèt la konn voye pye, pa kanpe dèyè l. *The horse neighs and then kicks.* Chwal la ranni epi l voye zago. •**kick back** {delase/kage/lache}kò li, rilaks li *Don't worry so much, just kick back right there and relax.* Ou nève twòp, kage kò ou la e poze tèt ou. *I'm going to kick back my whole vacation.* M pral rilaks mwen pannan tout vakans lan. *Kick back and have a drink with me.* Delase kò ou epi pran yon kou avèk mwen. •**kick in a**[*chip in*] bay koutmen, kontribye, kotize *Everyone has to kick in to pay the electric bill.* Nou tout ap kotize pou nou peye bòdo kouran. **b**[*help, give a hand*] bay koutmen, potekole, pote lamenfòt *Everyone has to kick in if we are going to finish the job before sundown.* Tout moun bezwen potekole pou n gen tan fini travay la anvan solèy a kouche. **c**[*begin, start, etc.*] kòmanse, pati, pran *You have to wait for the motor to kick in before you turn the crank.* Fòk ou tann motè a pati anvan ou manyen manivèl la. *When does my raise kick in?* Ki lè ogmantasyon mwen an ap pran? **d**[*a door, etc.*] fonse ak koutpye *He kicked the door in.* Li fonse pòt la ak koutpye. •**kick it** [*hang out*] flannen, valkande *I was kicking it with my friends all weekend.* M t ap flannen avèk zanmi mwen yo tout wikenn nan. •**kick off** demare, tanmen •**kick out** chase, choute, debote, {flanke/foute}yon moun deyò, mete deyò, pran bò(t) yon moun/pati ak {bò(t)/abò}yon moun, revoke *The woman disgraced me, she kicked me out.* Madanm nan fè m yon sèl malonnèt, li choute m. *They kicked him out after they caught him involved in corruption.* Yo debote l dèske yo trape l nan magouy. *He lacks respect toward me, I'm going to kick him out.* Li manke m dega, m ap flanke l deyò. *If someone speaks in the class, I'm going to kick him out.* Depi yon moun pale nan klas la, m ap foute l deyò. *His dad kicked him out.* Papa li mete l deyò. *He was

kicked out of the army. Yo revoke l nan lame a. •**kick out of a house** mete yon moun nan lari *She kicked the girl out of the house because she came home very late.* Li mete tifi a nan lari poutèt li te antre ta. •**kick s.o.** tire yon moun yon kout pye *He kicked me in the stomach.* Li tire m yon kout pye nan lestonmak. •**kick s.o.'s ass** deboundare *If you insist on coming back, I'll kick your ass!* Si ou ensiste tounen ankò, m ap deboundare ou! •**kick the bucket** ale bwachat, kase kòd, al nan peyi san chapo, voye chapo li anlè galta, wè dimanch Pak anvan samdi dlo benit, wè joudlan anvan Nwèl *He kicked the bucket.* L al bwachat. *He kicked the bucket, he went to the place from which you never come back.* Misye kase kòd, l al nan peyi san chapo. *He was ill for a few days before he kicked the bucket.* Li fè kèk jou malad anvan l voye chapo l anlè galta. *He was driving while drunk when he kicked the bucket.* Li t ap kondui pandan li sou epi li wè joudlan anvan Nwèl. •**kick the habit a**[*smoking, drinking, etc.*] kite *I've been trying to kick the habit of smoking for two days now.* Gen 2 jou m ap eseye kite fimen an. **b**[*drugs*] dekwoche *He was never really able to kick the habit of drugs.* Li poko janm te kapab dekwoche nan dwòg. •**kick with inside of foot** kanbri *He accurately kicked the ball with the inside of his foot.* Li mete yon bèl kanbri nan boul la. •**try to kick** voye pye *Don't try to kick me because I'm not in a fighting mood.* Pa voye pye sou mwen paske m pa sou goumen.

kickback *n.* koutay, lajan{chada/Chango}*He refers everyone to that lawyer for a kickback.* Li refere bay tout moun avoka sila a pou lajan chada.

kick-off *n.* derapman, lansman

kickstand *n.* [*bicycle, motorcycle, etc.*] beki

kicks *n.pl.* •**for kicks** pou plezi

kick-start *n.* [*motorcycle*] koutpye

kid[1] *n.* **1**[*younger sibling*] (ti){sè/frè} *This is my kid sister.* Se ti sè m. **2**[*son/daughter*] pitit, timoun *I have three kids.* M gen twa pitit. **3**[*young person*] banben, maymay, panten, ti kabrit, ti minè, timoun *He has five little kids.* Li gen senk ti manmay. **kids** *n.pl.* ti pèp •**annoying little kid** ti rapay, maledve •**bothersome kids** ti rapay •**have kids left

and right grennen pitit (devan dèyè) *It's not good to have kids left and right only to have them live in misery.* Li pa bon pou ap grennen pitit devan dèyè pou mete yo nan mizè. •**ill-behaved kid** babouzi, maledve, (ti) santi pise •**little kid** [*infant*] katkat •**rich kid** timoun dola

kid² *n.* [*goat*] ti kabrit

kid³ *v.tr.* bay yon moun chalè, betize, blage, fè fas yon moun, mete yon moun nan fas, fè{fraz/Lafrans}, plezante, takinen *He's just kidding you.* Se fraz l ap fè ou, tande. *I won't let you kid around.* M p ap dakò ou vin fè Lafrans lan. •**kid around** badinen, fè{fraz/ Lafrans}, ranse *Stop kidding around.* Sispann badinen. *Stop kidding around with him or he's going to cry.* Sispann ranse ak ti msye a osnon li va kriye. •**kid o.s.** pete tèt ou *Don't kid yourself. You know you can't win.* Pa pete tèt ou; ou konnen ou pa p ka genyen! •**kid s.o.** fè jwèt ak yon moun *I'm just kidding you.* M ap fè jwèt avè ou. •**not to kid around** pa nan{rans/tenten} *I don't kid around with good-for-nothings.* M pa nan tenten ak sanzave.

kidder *n.* takinè, takinèz [*fem.*]

kidding *n.* jwèt, nan briganday (ak), nan rans, taken •**be kidding** bay yon moun van pou l al Lagonav, divage, fè{blag/jwèt} ak yon moun, jwe, nan griyen dan *I don't believe you, you're just kidding!* Mwen pa kwè ou, se blag w ap fè! *Don't get angry, I'm just kidding.* Ou pa bezwen fache, se jwe m ap jwe. •**be kidding around** fè fraz *He doesn't need to get angry, we're kidding around with him.* Msye pa oblije fache, se fraz n ap fè avè l. •**be kidding around with** nan kalomèl ak *The woman is kidding around with the man.* Manmzèl nan kalomèl ak misye. •**no kidding** pa{ban/di}m, pa jwe, pale mwen de sa, *No kidding! She won the lottery jackpot?* Pa ban m! Li genyen gwo lo lotri a? •**not be kidding** pa nan radòt *I'm speaking seriously; I'm not kidding at all.* M ap pale bagay serye avè ou m pa nan radòt tande. •**not to be kidding around** pa nan kòmedi ak ou *Look here, man, I'm not kidding around.* Gade monchè, m pa nan komedi.

kiddo *n.* [*fam.*] titit

kiddy *n.* grapiyay

kidnap *v.tr.* fè kidnapin (sou), anleve, fè{wout/ chemen} {detounen/kwochi}, kidnape, sove ak *The police stopped the bandits who had been kidnapping.* Lapolis arete bandi ki te fè kidnapin nan. *The criminals kidnapped the child.* Bandi fè wout kwochi ak pitit la. *They kidnapped the son of the minister.* Yo kidnape pitit minis la.

kidnapper *n.* kidnapè, ravisè

kidnapping *n.* anlèvman, kidnapin

kidney *n.* 1[*of an animal*] wonyon 2[*person*] grenn vant, ren •**kidney failure** ensifizans renal, ren bloke •**kidney stone** pyè nan ren, wòch ren

kill *v.tr.* 1[*cause death*] fin pote ale, mennen youn moun ale trap de, touye, voye moun nan peyi san chapo *I killed two birds.* M touye de zwazo. *AIDS kills many people in the world.* Sida fin pote ale anpil moun nan lemonn. *A slight fever killed him unexpectedly.* Yon ti lafyèb mennen li ale trap de. 2[*cause death by violence*], blayi,, disparèt, etenn souf yon moun, fann fwa yon moun, koupe lalwèt yon moun, mennen ale, mete yon moun atè, pete{djòl/fyèl/fal/kou/ren/ zizye}yon moun, plata, rachonnen, touye, voye yon moun{ale de pye devan/nan peyi san chapo} *The assassins killed two people yesterday evening.* Asasen yo touye de moun yè swa. *The criminals killed the owner of the store.* Zenglendo yo disparèt mèt makèt la. *They killed him for no reason.* Yo etenn souf li pou gremesi. *He was about to kill you with the revolver.* Li t ap fann fwa ou ak revòlvè a. *Don't let criminals kill you.* Pa kite zenglendo fè ladennye sou ou. *They killed the criminal.* Yo fè yon fen ak kriminèl la. *He fired three times at her, and killed her.* Li ba l twa bal; li pete fyèl li. *The officer killed the man for no reason.* Militè a plata nèg la san rezon. *The crowd killed the thief.* Foul la pase vòlè a alenfinitif. *They killed the unfortunate man with machetes.* Yo rachonnen malere a anba kout manchèt. 3[*by magical means*] keyi, manje, pike, pran *The evildoer killed him through Vodou.* Malfektè keyi msye. *Her death isn't natural, she was killed through magic.* Lanmò l pa natirèl, se pike yo pike l. *The houngan killed the child by putting a hex on him.* Bòkò a manje pitit la. *The loa* *killed her because she didn't pay her respects to it.* Lwa a pran l poutèt li pa peye gaj li. **4**[*figuratively*] touye *Your mother will kill you!* Manman ou ap touye ou! *You're killing me with your jokes.* Ou ap touye anba blag ou. **5**[*suppress*] koule, toufe, touye *The Senators killed the bill before it got to the President.* Senatè koule pwojè lalwa anvan prezidan an gentan wè li. *There's nothing that will kill the pain?* Pa gen anyen ki ka touye doulè a? *Kill the lights!* Touye limyè yo! **6**[*causing pain or discomfort*] touye *My head is killing me!* Gen yon sèl tèt fè mal k ap touye m. *The hunger is killing me.* Gen yon sèl grangou k ap touye m. •**kill cruelly** masakre *They cruelly killed the people with machetes.* Yo masakre moun yo anba kout manchèt. •**kill for** pete{fyèl/fal/zizye/tèt}yon moun *I'd kill for a glass of water right now.* M ta pete tèt yon moun pou yon ti vè dlo kounyeya. •**kill in cold blood** touye yon moun frèt *The police killed the thief in cold blood.* Polisye a touye volè a frèt. •**kill on the spot/pointblank** blayi yon moun {frèt/de pye long} *They killed him on the spot with a bullet.* Yo blayi l frèt ak yon bal. •**kill o.s.** pete{fyèl/tèt}li, touye tèt li *She killed herself with poison.* Li pete fyèl li ak yon pwazon. *He killed himself with a bullet.* Li touye tèt li ak yon bal. •**kill o.s. at work** pete{fyèl/fal/zizye/tèt}li *Don't let the people kill you under a mound of work, OK!* Pa kite moun yo pete fyèl ou anba travay tande! •**kill s.o. dead in his/her tracks** touye yon moun tèt nwè *He killed the other person dead in his tracks.* Li touye lòt la tèt nwè. •**kill time** fè tan (an) pase *She's reading a book to kill time while waiting for her friends to arrive.* L ap li yon liv pou fè tan an pase annatandan zanmi yo rive. •**kill two birds with one stone** touye de rat nan yon sèl twou *I went to get gas and I had my car washed also; I killed two birds with one stone.* M t al fè gaz epi mwen tou lave machin mwen, m touye de rat nan yon sèl twou.

killed *adj.* kase kou, mouri *Several people were killed in that accident.* Nan aksidan sa a gen plizyè moun ki kase kou. *Two people were killed in the accident.* Gen d moun ki mouri nan aksidan an.

killer *n.* ansasen, matadò, sazinè, touyè •**hired killer** {tiyè/touyè}a gaj •**lady killer** jako pye vèt *This lady killer courts every woman.* Jako pye vèt la file tout fi. •**nocturnal killer of animals** galipòt

killer-diller *n.* pete fyèl

killing *n.* asasina, egzekisyon •**make a killing** fè yon voum kòb *He made a killing in the lottery.* Li fè yon voum kòb nan lotri.

killjoy *n.* gate pati

kiln *n.* fou •**charcoal kiln** fou chabon

kilogram *n.* kilogram

kilometer *n.* kilomèt

kilowatt *n.* kilowat

kilowatt-hour *n.* kilowatè

kilt *n.* jip ekosè

kimono *n.* kimono, pending

kin *n.* fanmi, paran •**kin to s.o.** fanmi, kouzen, paran, ras *Is he kin to you?* Se ras ou li ye?

kind[1] *adj.* emab, janti, onèt, poli, soup, swa *Your husband is very kind.* Mari ou emab anpil. *His wife is very kind.* Madanm misye swa anpil. •**kind and generous** byenfezan, laj *That lady is a kind and generous person, she loves to help.* Dam sa se yon moun byenfezan, li renmen ede. •**be kind** fè bèl, gen konprann pou *Each year when the children come on vacation, she's kind to them.* Chak ane lè timoun yo vin an vakans, li fè bèl ak yo. •**not be kind** bay yon moun gagann *Life is not kind to Ms. Chal.* Lavi a ap bay Madanm Chal gagann.

kind[2] *n.* espès, jan, kalite, ras, tip •**kind of** ti kras, manyè, (ti) jan *I feel kind of tired.* M santi m yon ti jan fatige. *I kind of wanted to go with him.* M te yon manyè anvi ale avè l. *She's feeling kind of sad.* Li santi l yon ti jan tris. *It will be kind of strange if you don't go together.* Sa ap parèt dwòl, si n pa al ansanm. •**a kind of** espès, jan, kalite, ras, tip *It's a kind of animal.* Se yon kalite bèt. •**all kinds of a**[*esp. social classes, ethnic groups*] tout moun tout plimay, tout plimay, tout plim tout plimay *All kinds of people were at the party.* Tout moun, tout plimay te nan fèt la. *There are all kinds of people in Haiti.* Peyi d Ayiti fèt ak tout plim tout plimay moun. **b**[*things, people, etc.*] tout{espès/kalite/ras/sòt} *There was all kinds of food at the church.* Te gen tout kalite manje nan legliz la. *There* were all kinds of animals at the zoo. Animal tout espès te nan zou la. •**be two of a kind** kabrit Tomazo, menm plim menm plimay *I am ready for her to insult me because she and I are two of a kind.* M ap pare pou li vin joure m, paske mwen menm ak li se kabrit Tomazo menm plim menm plimay. •**of a kind** [*same type*] menm{jan/ras} *Those three are three of a kind.* Twa sa yo se menm ras yo ye. •**of the kind** [*like this*] konsa *I never said anything of the kind!* M pa janm di bagay konsa!

kindergarten *n.* abese, anfantin, jaden danfan, kindègadenn, lekòl matènèl, matènèl, preskolè

kind-hearted *adj.* gen bon kè

kindling wood *n.* fachin bwa

kindly *adv.* byen sèvi, jantiman *She has always acted kindly toward me.* Li toujou byen sèvi avè m.

kindness *n.* amabilite, bonkè, bonte, byenveyans, jantiyès, ladousè, souplès *You take advantage of my kindness?* Ou abize bonte m? *A word of kindness.* Yon mo jantiyès. *Speak to people with kindness.* Pale ak moun yo ak politès. *That girl is really filled with kindness.* Fi sa a chaje ak souplès. •**do s.o. a special kindness** fè yon moun yon prevnans *She did me a special kindness by allowing me first pick.* Li fè m yon prevnans lè li ban m chwazi an prenmye.

kinfolk *n.* paran

king *n.* 1[*monarch*] wa 2[*card*] wa 3[*checkers*] dam 4[*chess*] wa •**king of liars** wa mantè •**king of the barnyard/castle** sèl kòk chante nan{lakou a/zòn nan} *He's the king of the barnyard in this neighborhood.* Nèg sa a se sèl kòk chante nan zòn nan. •**the king rules all** bèf pou wa savann pou wa *The child of the boss can take money from the office the way he wants, the king rules all.* Pitit patwon an mèt pran lajan nan biwo a jan l vle, bèf pou wa savann pou wa.

kingdom *n.* wayòm •**until kingdom come** {jis/jous/ jouk}mayi mi *He will continue to fight for freedom until kingdom comes.* L ap continue batay pou libète jouk mayi mi.

kingpin *n.* manitou

kingsize *adj.* laj

kinky *adj.* [*hair*] cheve grenn, kwòt *Her hair is kinky.* Tèt li kwòt. *He can make nice*

dreadlocks with his kinky hair. Li ka fè bèl drèd ak cheve grenn ni an.

kinship *n.* fanmi, parantaj

kiosk *n.* kyòs

kipper *n.* [*fish*] aranbarik, aransèl

kiss¹ *n.* ba, (ti) bo, beko, beze, bizou •**little kiss on the cheek** ba

kiss² *v.tr.* anbrase, bo, bobo [*N*], fè ba pou yon moun *He kissed her on the forehead.* Li bo l nan fon. *She kissed the child ten times.* Li anbrase pitit la dis fwa. *Give me a kiss.* Fè ba pou mwen. *The two lovers kissed before separating.* De amoure yo bobo anvan yo separe *Those two people are kissing in the street.* De moun sa yo ap bo nan lari a. •**kiss intimately** {pran/souse/tete}lang

kisser *n.* [*colloquial for mouth*] bèk, djòl

kissing *n.* anbrasaj

kit *n.* je, twous •**makeup kit** je makiyaj •**mess kit** ganmèl, kantin

kitchen *n.* kizin, lakizin •**kitchen utensil** veso •**kitchen utensils** [*ensemble of pots and pans*] batri kuizin •**soup kitchen** kantin

kitchenware *n.* batri kizin, veso

kite *n.* kap, sèvolan •**big kite** grandou •**frame of a kite** kakas •**large kite** barak •**tail of kite** ke

kitten *n.* ti chat, ti mimi, ti pouch

kitty¹ *n.* [*pool, fund esp. in a gambling game*] bank

kitty² *n.* ti chat

kiwi *n.* [*fruit*] kiwi

kleptomania *n.* maladi{dwèt long/vòlò}

klutz *n.* gòch, masèl kòkòb, mazèt, men{koule/ pèse}, tèt mato *What a klutz!.* Ala nèg gòch se li!! *He's a klutz.* Msye se yon masèl kòkòb.

knack *n.* abilte, ladrès

knapsack *n.* brisak, sakado

knead *v.tr.* modle, petri, rale *Knead the dough to make bread.* Petri pat la pou fè pen an. •**knead dough** rale pat *Knead the dough before they put it in the oven.* Rale pat la anvan yo mete l nan fou.

kneading-trough *n.* tiwa moulen, petren

knee *n.* jenou, jinou •**knee jerk reaction** reyaksyon san reflechi •**get up off one's knee's** leve atè a *Get up off your knees, the punishment is over.* Leve atè a, pinisyon an fini.

kneecap *n.* {boulèt/kakòn/zo}jenou

kneel *v.intr.* ajenou, jenouye, met(e) ajenou, mete jenou li atè *We knelt down to pray.* Nou mete nou a jenou pou n lapriyè. *Kneel!* Ajenou! *I kneeled to pray.* M jenouye pou m priye. *She's knelt to pray to God.* Li mete jenou li atè pou li priye Bondye. •**make s.o. kneel** met(e) yon moun ajenou *That kid misbehaves too much, his mom made him kneel.* Pitit sa a fè twòp dezòd, manman l mete l ajenou.

kneeling *n.* ajenou

knell *n.* legal

knickknack *n.* biblo **knickknacks** *n.pl.* brikabrak

knife[1] *n.* kouto •**knife blade** lanm kouto •**butter knife** kouto{kwizin/tab} •**(sugar) cane knife** kouto kann, manchèt •**dull knife** monyon •**go under the knife** fè operasyon *She went under the knife to remove a fibroid.* Li fè operasyon pou yo wete fibwòm nan. •**like a knife through butter** fasil, tape nan sòs *Fixing it will be like a knife through butter.* Ranje sa a se tape nan sòs. •**pocket knife** kanif, lagojannis •**pruning knife** kalabòs, kouto digo, manchèt digo, sèpèt, sòkò •**shoemaker's knife** tranche •**short knife** bout kouto •**two-edged knife** kouto de bò

knife[2] *v.tr.* bay kout kouto *The mugger knifed her.* Zenglendo a ba li kout kouto.

knifed *adj.* pran kout kouto

knife-grinder *n.* filè kouto

knight *n.* [*chess, etc.*] chevalye

knighthood *n.* chevalri

knit *v.tr.* fè triko, trikote *That lady knits things to sell.* Dam sa a konn fè triko pou vann. *She knit the sweater.* Li trikote swètè a. •**knit one's brow** {mare/fonse}sousi li

knitter *n.* trikotè

knitting *n.* triko

knob *n.* bouton *Turn the knob on the radio to the left.* Vire bouton radyo a a goch. •**knob in the rump of a chicken** koupyon

knobbed *adj.* plen bòs

knock[1] *n.* frape, tòk (tòk) *I heard a knock at the door.* M tande yon tòk nan pòt la. *I hear a knock in the motor.* M tande yon tòk tòk nan motè a.

knock[2] **I** *v.tr.* bay kou, frape *Something knocked her in the head and she fell unconscious.* Yon bagay frape l nan tèt, enpi li tonbe san konnesans. *Why did you knock him around like that?* Poukisa ou ba li kou konsa? **II** *v.intr.* **1** [*strike, hit on sth.*] frape *Enough knocking on the table like that!* Ase frape tab la konsa! *She knocked on the door.* Li frape nan pòt la. **2** [*bump, collide, etc.*] frape, ofraje *His hand knocked against the table.* Men li frape kont tab la. *They knocked into each other.* Yon frape kont lòt. *She knocked her head against the wall.* Li ofraje tèt li kont mi an. •**knock dead** blayi yon moun tou rèd *He knocked the man dead on the floor.* Li blayi msye a tou rèd atè. •**knock down** *a* [*demolish*] bale, demoli, kraze *They're going to knock down the church to build another one.* Y ap kraze legliz la pou fè plas pou yon lòt. *b* [*push over*] fè tonbe *He bumped into me and knocked me down.* Lè l frape avè m lan, epi l fè m tonbe. *She knocked down all of the signs.* Li fè tonbe tout pankat yo. *c* [*reduce (in price)*] desann *I'll knock down the price for you.* M ap desann pri a pou ou. *d* [*to the ground*] enstale, etale, fese atè, fout yon moun atè, kofre, nòkawout, voye yon moun anba *He knocked the earthenware jar down to the ground.* Li fese krich la atè. *He hit me and he knocked me down.* Li frape m epi li fout mwen atè. *The door of the house fell, and knocked him down.* Pòt kay la tonbe, epi li kofre l atè a. *If you continue to lie to me, soon I'm going to knock you down with a slap.* Si ou chita ap ban m manti, talè m enstale ou la ak yon palavire. *During the fight, I knocked him down with a punch.* Nan goumen an, m voye l anba ak yon koutpwen. •**knock flat** etale atè •**knock holes in** *a* [*an object*] fè twou *They knocked a whole bunch of holes in the wall.* Yo fè yon pakèt twou nan mi an. *b* [*argument, story, etc.*] demanti *She knocked a lot of holes into his story.* Li demanti istwa li nèt. •**knock off** *a* [*lower a price by the stated amount*] bay rabè, retire *I'll knock two dollars off the price of it for you.* M ap ba ou rabè de dola sou li pou ou. *b* [*finish work, etc.*] fini, konplete *What time do you knock off today?* Ki lè ou ap fini jodi a? *Let's knock off two more jobs before we quit.* Ann konplete de lòt djòb anvan nou kite. •**knock o.s. out** [*doing sth.*] touye tèt li *She's knocking herself out in her studies.* L ap touye tèt li nan etid. •**knock**

out *a*[*unconscious*] asonnen, blakawout, blayi yon moun tou rèd, dekonstonbre, desounen, KO, koyibe, nòkawout *Dare to come out and I'll knock you out.* Parèt la a, mwen asonnen ou. *She knocked him out with one punch.* Li dekonstonbre l ak yon kout pwen. *They knocked him out in the street.* Yo blayi li tou rèd nan lari a. *The boxer knocked the man out with one blow of the fist.* Boksè a blakawout misye ak yon sèl kout pwen. *b*[*eliminate*] eliminen, koyibe, voye yon moun sou ban touch *Our team was knocked out of the competition.* Ekip nou an eliminen. *They knocked him out of play.* Yo koyibe l nan jwèt la. *He knocked the other player out of the match.* Li voye lòt jwè a sou ban touch. •**knock over** bouskile, kilbite, ranvèse *Knock over the big rock.* Kilbite gwo wòch la. *I knocked over the bucket of water.* M ranvèse bokit dlo a. •**knock s.o.'s block off** degrennen, demachwele *Play your part or I'll knock your block off.* Fè wòl ou osinon m ap degrennen tout dan ou. •**knock s.o. flat** blayi atè, etale *The child's father gave him a slap with the back of his hand, he knocked him flat.* Papa pitit la ba li yon do men, li etale l atè a. •**knock s.o. out** [*medical*] andòmi •**knock s.o. over** [*in a fight*] bay yon moun yon so kabrit *He knocked him over, he finished him off.* Li ba li yon so kabrit, li fini ak li nèt. •**knock up** [*get pregnant*] ba yon fi gwòs, gwòs *Jean knocked her up.* Se Jan ki ba l gwòs. *She got knocked up by Jean.* Li gwòs pou Jan.

knock-kneed *adj.* janm{kanna/kounan/sizo}, kounan, pye {bankal/kanbral/kanbre/kole/kounnan/lanvè/pase dèyè tèt/tòtòy/vire} *He's knock-kneed, that's why he can't walk straight.* Li kounan, se sa k fè l pa mache dwat.

knock knock *onom.* taptap, tòk tòk *Knock, knock! I knocked on the door.* Tòk tòk! M frape nan pòt la.

knocking *n.* frapman

knockoff *n.* [*counterfeit*] kontrefè, malatchonn *Those shoes are a knockoff. They only look like Nike.* Soulye sa yo sanble ak Nike men se malatchonn yo ye.

knockout *n.* 1[*boxing*] nòkawout 2[*bombshell (woman)*] bon zenzenn *That girl is a knockout, man!* Fi sa a se bon zenzenn, papa!

knot¹ *n.* 1[*string, plant, wood, etc.*] ne 2[*for holding on to*] arèt *Make a knot on the rope so that you can hold on to it.* Bay kòd la yon arèt pou ou ka kenbe l. •**knot in one's stomach** gen trip kòde *I was so nervous I had knots in my stomach.* Mwen te sitèlman nève, mwen te gen trip kòde. •**Gordian knot** ne gòdyen •**make a knot** bay yon bagay yon ne *Make a tight knot in the string.* Bay kòd la yon bèl ne. •**running/slip knot** ne koulan •**scarf knot** mete kapòt *Where are you going to put the scarf knot, around your neck or your waist?* Ki kote w ap mete kapòt la, nan kou ou oubyen nan senti ou?

knot² *n.* [*nautical measure*] ne

knot³ *v.tr.* mare *Knot the cows together so they won't escape.* Mare bèf yo ansanm pou yo pa sove.

knotted *adj.* kòde *The two pieces of cloth were knotted together.* De moso twal yo te kòde ansanm.

know¹ *n.* •**in the know** okouran *She's in the know. Ask her.* Li okouran. Mande li menm.

know² *v.tr.* 1[*have knowledge of sth.*] konn(en) *Do you know where he lives?* Ou konn kote l rete? *She doesn't know how to dance.* Li pa konn danse. *She doesn't know what she's talking about.* Li pa konn sa l ap di a. *–Yes, I know. –Wi, m konnen. I don't know anything about it.* M pa konn anyen sou sa. *I might have known she'd be late!* M te dwe tou konnen l t ap an reta! *He thinks he knows everything!* Li konprann li konn tout bagay! *How was I to know she was your wife?* Kouman pou m te fè konnen se te madanm ou? 2[*understand*] konn(en), konprann, wè *You know what I mean.* Ou konprann sa m vle di. *I know how he did it.* M wè kijan li fè sa. *I don't know how this happened.* M pa konn kouman sa fè rive. 3[*recognize*] konn(en), rekonèt, wè *You'll know him when you see him.* Depi ou wè l, ou a rekonèt li. *I knew him by his voice.* Mwen rekonèt li ak vwa li a. *I knew right away who was responsible.* M te konnen bridsoukou kimoun te reskonsab. *When I saw her, I knew she was an honest person.* Depi m wè l la, m wè se yon moun serye l ye. 4[*be acquainted with*] konn(en), viv *I've known him since we were kids.* M konnen l depi n timoun. *I know this town well.* M konn vil sa a byen. *She knows hard times.* L ap viv tan di. *Knowing you, I don't think you'll like it.* Jan m konnen ou, m pa kwè ou ap renmen l. *I know him by reputation.* M konnen li de repitasyon. **5**[*be certain*] fo (ou) kwè, sèten, si *I don't know if this is what your looking for?* M pa sèten se sa ou ap chache? *I don't know if that's a good idea.* M pa si sa se yon bon lide. *I know he can do it.* Fo kwè li ka fè li. •**know about** konn (en), konprann *He knows about cars.* Li konn machin yo. *I don't know anything about music.* M pa konprann anyen nan mizik. •**know better** **a**[*wise/well-trained*] konnen byen, gen bon {konprann/sans} *A big girl like you should know better than to do that!* Gran timoun tankou ou, ou gen bon konprann pase sa! **b**[*know sth. to be false*] konnen se pa vre *He says he was there, but I know better.* Li di l te la, men m konnen se pa vre. •**know by heart** de tèt, pa kè *I know the song by heart.* M konnen chante a de tèt. •**know how** konn(en), sa *He knows how to cook.* Li konn fè manje. *I know how to fix it.* M konnen kijan pou ranje li. *I don't know how to sing.* M pa sa chante. *He knows how to speak four languages.* Li sa pale kat lang. •**know how to do** sèl sa li pwòp *Running after women, that's all he knows how to do.* Kouri dèyè fanm, se sèl sa li pwòp. •**know inside out** [*a lesson, etc.*] konnen yon bagay kou dlo *The students know their lesson inside out.* Elèv yo konnen leson yo kou dlo. •**know like the back of one's hand** konnen yon {moun/bagay}kon {pòch li/dlo} *I know her like the back of my hand because I have lived with her for a long time.* M konnen li kon pòch mwen paske m ap viv ak li lontan. •**know more than would give s.o. credit for** li ta vann ou li ta achte ou *She knows more than you think.* Li ta vann ou li ta achte ou. •**know of** aprann, konn(en), tande pale, rekonèt *I know of a nice little café.* M konn yon bonjan ti kafe. *We knew of his death yesterday.* N aprann li mouri ayè. *I know of her through my cousin.* M konn tande pale de li nan men kouzin mwen. *I don't know of anyone by that name.* M pa rekonèt okenn moun ki rele konsa. *I know of Miami, but I've never been there?* M konn tande pale de Miyami, men mwen

pa janm ale. *We knew of your concerns last week.* Nou aprann konsènan pwoblèm ou genyen semenn pase. •**know one's place** fè wòl li *Know your place, I'm not joking with you.* Fè wòl ou, m pa nan rans avè ou. •**know one's (lower) social standing** konprann kò li *I'm not going to the party; I know my social standing.* M pa prale nan fèt la; m konprann kò mwen. •**know one's stuff** gen bèt sou *They know their stuff for the exam.* Yo gen bèt sou yo pou egzamen an. •**know s.o.'s type** konnen nimewo yon moun *I know what kind of person you are; you're a thief.* M konnen nimewo ou; se vòlè ou ye. •**know sth. from sth.** konn(en) men gòch ak men dwat *She doesn't know her p's from her q's.* Li pa konn men goch li ak men dwat li. •**know the ropes** gen bèt, okouran •**know the time** gen lè •**know thoroughly** konnen yon{moun/ bagay}kou dlo *I know this lady thoroughly; I can read her like a book.* M konnen manmzèl kon dlo, m kap di ou sa l ap fè nan ka sa a. •**know what to do** konnen kote pou mete tèt li *I don't know what to do, I owe people so much.* M pa konn kote pou m mete tèt mwen tank m dwe moun. •**know where one stands** konn sou ki pye yon moun ye *On the issue of abortion, I know where he stands.* Sou keksyon avòtman an, m konn sou ki pye li ye. •**all one knows (how to do)** sèl sa li pwòp *Running after women, that's all he knows how to do.* Kouri dèyè fanm, se sèl sa li pwòp. •**get to know** fè konnesans ak *He wanted to get to know her.* Li te vle fè konnesans ak li. •{**God/ Heaven**} **(only) knows** Bondye sèl konnen *Heaven only knows where he's gone!* Bondye sèl konnen kote l ale! •**if only one knew** si sèlman yon moun konnen *If I only knew you had no money.* Si sèlman m te konnen ou pa t gen lajan. •**not know** iyore *Quiet! he doesn't know about his mother's death.* Pè! Li iyore koze desè manman ni. •**not know diddlysquat about sth.** pa konn bekounaba nan{fèy malanga/yon bagay/ koze} *He doesn't know diddlysquat about cars.* Li pa konn bekounaba nan koze machin. •**not know s.o.** derekonnèt *I didn't know her she's gotten so tall.* M derekonnèt ti demwazèl la jan li vin gran. •**not know**

s.o. from Adam pa konn ni d Adan ni d Èv *I don't know him from Adam.* M pa konn li ni d Adan ni d Èv. •**not know what fate has in store for one** pa janm konn sa lavi a sere pou li *You never know what fate has in store for you.* Ou pa janm konn sa lavi a sere pou lou. •**not know what to do** pa konn(en){ki sen pou rele/nan pye ki sen pou al lapriyè}, sou ki pye pou l danse *I'm really in a pickle, I don't know what to do.* M nan pwoblèm tout bon, m pa konn nan pye ki sen pou m lapriyè. *I don't know what to do in that situation.* M pa wè sou ki pye pou mwen danse nan koze sa a. •**not know X from Y** pa konprann diferans ant X ak Y *She doesn't know a verb from a noun.* Li pa konprann diferans ant yon vèb ak yon non. •**who knows** kote m konnen −*When will he be back? –Who knows?* −Ki lè l ap tounen? −Kote m konnen? •**...you know** ou konnen, ou konprann *You have to boil the water first, you know?* Ou bezwen bouyi dlo anvan, ou konprann? •**you never know** malè pa mal *Try getting a date with the girl, you never know.* Pran chans ou nan fi a non, malè pa mal.

know-how *n.* teknik •**social know-how** konn viv ak moun

know-it-all *n.* **1**[*woman*] granfòma *When this know-it-all talks, you might think that he's a great intellectual.* Kote granfòma sa a pale, ou panse li konnen yon bagay. **2**[*gen.*] doktè pakoti, granjipon, toutis *Child, be careful not to meet know-it-alls in your life.* Ti gason, fè antansyon pou pa frekante granjipon nan vi ou. *This know-it-all gives his opinion on all topics.* Toutis sa a bay opinyon sou tout sijè. •**be a know-it-all** [*pej.*] eklere ta

knowingly *adv.* espre *I would never knowingly do that.* M pa t ap janm fè sa espre.

knowledge *n.* bèt, konnesans, lasyans *He has lots of knowledge in his noggin.* Misye chaje ak lasyans nan djakout li. •**extraordinary amount of knowledge** bon bèt *That teacher has an extraordinary fund of knowledge.* Pwofesè sa a gen bon bèt sou li. •**without one's knowledge** sou do yon moun *He took it without my knowledge.* Li pran li sou do mwen.

knowledgeable *adj.* chaje ak bèt, fò, konnesans, savan, save *Ti Djo is very knowledgeable, he reads a lot.* Ti Djo chaje ak bèt, se nèg ki li anpil. *He's really a very knowledgeable guy.* Se nèg ki gen anpil konesans wi. *He's a knowledgeable man.* Li se yon nonm savan. *He's very knowledgeable.* Misye save anpil.

known *adj.* koni, notwa, rekoni *He's a known thief.* Se yon vòlè notwa li ye. •**known as** [*reputed to be*] sanse *He's known as the best soccer player in the country.* Li sanse pi bon jwè foutbòl nan peyi a. •**be known by all** mete nan lari *He made his knowledge known everywhere he went so people would know him.* Li etale konesans li tout kote li t pase pou moun ka konnen li. •**well known** kat make, koni, popilè *She's well known in the neighborhood.* Li koni anpil nan zòn nan. •**also known as (aka)** alyas *I'm introducing to you Bèto aka Ti Bab.* M ap prezante n Bèto alyas Ti Bab.

knuckle *n.* jwenti dwèt, oslè •**brass knuckles** fo pwen, fopwen

knuckle *v. intr.* •**knuckle down** travay di, vin serye *Tomorrow there's an exam, let's knuckle down.* Demen gen ekzamen, ann vin serye. •**knuckle under** rann tèt, sede *He didn't knuckle down under the dictatorship.* Li pa ran tèt sou diktati a.

knucklebones *n.pl.* [*a game similar to jacks*] oslè, zo •**concave (or hallow) side of a knucklebone in knucklebones game** kre •**flat side of a knucklebone in the game of knucklebones** do *He turned the knucklebone to the flat side while it was on the concave side.* Li vire oslè a pou do alòske li nan kre.

knucklehead *n.* tèt mato

knurled *adj.* chaje ak ne

kohlrabi *n.* chou{moutad/rav}

kooky *adj.* biza

Koran *prop.n.* Koran

kowtow *v.intr.* fè{lakoubèt/sousou}, nan tanpri souple *That brownnoser managed to keep the job by kowtowing.* Ti sousou a rive kenbe djòb la nan tanpri souple. •**kowtow to s.o.** chyente nan pye yon moun

krypton *n.* kripton

kwashiorkor *n.* kwachyòkò, maladi{(kò/ timoun) anfle/gwo vant}

L

lab *n.* laboratwa

label[1] *n.* etikèt

label[2] *v.tr.* make *Label each suitcase.* Make chak valiz. •label as atribye, kalifye, takse *They labeled him as a serious person.* Yo kalifye l kòm moun serye. *They labeled him as a criminal.* Yo atribye l kòm kriminèl. *They labeled him an agitator.* Yo takse l yon fotèdtwoub.

labia *n.* [*majora and minora*] fèy bouch, labya •labia majora gwo{labya/lèv/po bòbòt} •labia minora ti {labya/lèv/po bòbòt}

labor[1] *n.* 1[*work*] travay (di) 2[*manpower*] mendèv •labor force mendèv •labor movement sendikalis •community labor travo •farm labor travay latè

labor[2] *n.* [*birthing*] pye, tranche •labor pains mal danfans, tranche •false labor tranche fo •forced or induced labor tranche fòse •intense labor [*birth*] tranche cho •premature labor [tranche anvan}lè/tèm

labor[3] I *v.tr.* [*insist on a point, issue, etc.*] ensiste, rale di, rete sou *I won't labor the point.* M pa p ensiste sou lide a. *I don't need to labor the point.* Pa gen enterè pou rale di sou lide a. *You're laboring the issue too much.* Ou ap rete sou koze a twòp. II *v.intr.* 1[*work with effort*] travay di *He labors day and night to support his family.* L ap travay di jou kou nuit pou sipòte fanmi li. 2[*engine, motor, etc.*] plenyen *The motor is laboring.* Motè a ap plenyen.

laboratory *n.* laboratwa

laborer *n.* ouvriye, ouvriyèz [*fem.*], travayè, travayèz [*fem.*] •farm laborer travayè agrikòl •forced laborer fòsa •seasonal laborer sezonye •skilled laborer travayè kalifye •unskilled laborer manèv

laborious *adj.* penib *Tilling the field is laborious.* Laboure jaden an penib.

laboriously *adv.* ak difikilte, de pye{fèm/militè}

labyrinth *n.* labirent

lace[1] *n.* dantèl •made of lace dantle *She wears a beautiful dress made of lace.* Li gen yon bèl wòb dantle sou li.

lace[2] *n.* •shoe lace lasèt (soulye)

lace[3] *v.tr.* [*shoes*] lase *Lace up your shoes.* Lase soulye ou.

laced *adj.* tache *Your shoes aren't laced tightly.* Soulye ou pa byen tache.

lacewing *n.* [*insect*] zèl dantèl jòn •common green lacewing mouch vèt •green lacewing zèl dantèl vèt

lachrymal *adj.* •lachrymal gland sak dlo •lachrymal glands glann kriye

lack[1] *n.* mank, mankman, rate •lack of karans •lack of awareness avègleman •lack of confidence pèd konfyans *It's a lack of confidence that makes the players play so badly.* Se yon pèd konfyans ki fè jwè yo jwe mal konsa. •lack of principles or conscience enkonsyans *Their lack of principles causes the country to constantly be in disorder.* Se enkonsyans yo ki fè peyi a toujou an gagòt. •for lack of adefo, anmankan *We eat bean soup for lack of meat.* N ap manje dlo pwa adefo vyann. *We take public transportation for lack of a car.* N ap pran taptap la anmankan yon machin.

lack[2] *v.tr.* anpàn, manke *The dance is lacking girls.* Bal la anpàn fi. *The juice lacks sweetener.* Put a little more sugar in it. Ji a manke dous. Al mete yon ti sik ladan ankò. •lack care for fè yon moun pase mizè •lack common sense gen kaka nan tèt li *If he didn't lack common sense, he wouldn't have acted that way.* Si se pa t kaka li te gen nan tèt li, li pa ta aji konsa. •lack good manners liberal *This girl lacks good manners, I don't want you to befriend her.* Tifi sa a two liberal, m pa vle pou ou pran pa ak li. •lack the means to manke mwayen *I lack the means to finish the house.* Mwen manke mwayen pou m fini kay la.

lackadaisical *adj.* molyann *He remained lackadaisical into adulthood.* Li rete molyann jouk li granmoun.

lacking *adj.* manke *The only thing lacking is money.* Se kòb sèlman k manke. •lacking good manners liberal, malapri, san koutcha/sankoutcha

lackey *n.* [*pej.*] merilan, soubreka
lacking *adj.* an mankan •**lacking in** anpàn
lackluster *adj.* raz
lacquer *n.* vèni
lactation *n.* bay lèt
lactometer *n.* pèz lèt
lactose *n.* laktòz
lad *n.* jennjan, tigason
ladder *n.* nechèl
laden *adj.* chaje •**be heavily laden** chaje kou/
kon {Legba/Leba/Lapolòy} *I'm heavily
laden, let me put down the load.* M chaje kou
Legba, kite m depoze chay la.
ladle *n.* louch •**soup ladle** gran kiyè soup,
louch •**wooden ladle used for stirring**
palèt
lady *n.* 1[*woman*] danm, madanm, manmzèl,
mis *Look at the pretty lady.* Gade yon bèl
danm. 2[*of high social standing*] grandam *It
is in this nice neighborhood that well-off ladies
live.* Se nan bèl katye sa grandam yo rete.
ladies *n.pl.* medam •**ladies man** matcho
•**ladies and gentlemen** *a*[*formal address in
a speech*] {mesye dam/ mesyedam}lasosyete
*Ladies and gentlemen, I declare this meeting
open.* Mesyedam lasosyete, mwen deklare
reyinyon an koumanse. *b*[*formal greeting
to a group*] {mesye dam/mesyedam}
lakonpanyi *Ladies and gentlemen, good
morning!* Mesyedam lakonpanyi, bonjou!
•**lady of the house** metrès kay •**old lady**
lamè •**young lady** demwazèl, donzèl,
madmwazèl, ti medam
lady-in-waiting *n.* dam donè
lady-killer *n.* gwo poulen, jako pye vèt,
matcho *The would-be lady-killer courts every
woman.* Jako pye vèt la file tout fi.
ladybug *n.* bèt Bondye, koksinèl
lag behind *v.intr.* rete dèyè *Peter lagged behind.*
Pyè ret dèyè.
lagoon *n.* lagon
laidback *adj.* molyann *She's really laidback—
never in a hurry to do anything.* Li molyann
net—li pa janm prese fè anyen. •**laidback
guy** {moun/nèg}san pwoblèm *Don't give
the job to the laidback person, it will never get
done.* Pa konfye djòb la nan men nèg san
pwoblèm nan, li p ap janm fèt. •**laidback
person** kè kal *This laid back person is never
worried about anything.* Kè kal sa a pa janm

bay tèt li pwoblèm pou anyen. •**be laidback**
kalewès *Try to be more energetic, you're too
laidback.* Eseye pi aktif, ou kalewès twòp!
laid-off *adj.* de bra balanse, dezevre
laid-up *adj.* alite, kabannen
lair *n.* two bèt
lake *n.* lak, letan •**salt lake** letan sèl
lamb *n.* ayo, ti mouton **lambs** *n.pl.* •**lead lambs
to the slaughter** pote mimi bay makou
lame *adj.* 1[*legs, feet*] estwopye, pinankounan,
zoukoutap *After the accident, he walked like
a lame person.* Apre aksidan an li mache
pinankounan. 2[*hand*] pòk *His hand is lame.*
Li gen men pòk. 3[*horse*] bwete *The horse is
lame.* Chwal la ap bwete. 4[*ugly, misshapen*]
makwali, mangouyan *I don't need that lame
thing.* M pa bezwen bagay mangouyan sa
a. 5[*feeble idea, excuse, etc.*] fèb, malouk,
move, pòv *That was a lame excuse.* Eskiz
sila a fèb net. *That was a lame performance.*
Reprezantasyon sa a te malouk anpil. *He
had a lame idea.* Li te gen yon move lide. *Her
performance in school was lame.* Rannman
li nan lekòl la te pòv anpil. •**lame person**
moun donmaje
lamely *adv.* pinankounan
lament[1] *n.* plenyen
lament[2] *v.tr.* kriye san, plenyen *She lamented
the passing of her mother.* Li kriye san poutèt
manman ni trepase. *He lamented his failing
grade.* Li te plenyen poutèt li resevwa
echèk la.
lamentable *adj.* lamantab *We are in a
lamentable situation.* Nou nan sitirasyon
lamantab.
lamenting *n.* woukay
lamp *n.* lanp •**Coleman® gas lamp** kòlmann,
lanp kòlmann •**incandescent lamp** lanp
enkandesan •**kerosene lamp** lanp kewozin
•**magic lamp to obtain fortune, etc.** lanp
travay •**magic lamp used to do harm** lanp
dezas •**magic lamp used to obtain good
fortune or gain vengeance** lanp {cham/
travay} •**magic lamp used to obtain good
luck** lanp chans •**oil lamp with glass
chimney** lanp vè •**small oil lamp** [*made
from a tin can and without a glass chimney*]
tèt{gridap/ bòbèch/bòchèt} •**standing
kerosene lamp** chemine •**lamp used to
bring vengeance on s.o.** lanp nwa

lampas *n.* [*disease of the palate in horses, pigs, etc., which prevents them from eating normally*] lanpa

lampshade *n.* abajou

lance¹ *n.* frenn, lans

lance² *v.tr.* fann *The doctor lanced the abscess.* Doktè a fann apse a.

lancet *n.* bistouri

land¹ *n.* **1**[*as opposed to sea*] latè, tè *We spent three days on the water without ever catching sight of land.* Nou fè twa jou sou dlo, nou pa janm wè tè devan n. **2**[*countryside, farmland, etc.*] laplenn, latè, tè *This land is not fertile.* Tè sa a pa donnab. *This is good land for planting rice.* Laplenn sa a bon pou plante diri. **3**[*property*] domèn, plas, pwopriyete, tè, teren *The big landowners have dispossessed the small farmers to get more land.* Grandon yo gentan tòt ti peyizan yo pou yo ka gen plis domèn. *I have a little land in the countryside.* M gen yon ti plas andeyò. *This is private land.* Sa se pwopriyete prive. *He has land for farming behind the house.* Li gen tè pou fè jaden dèyè kay la. *I have a small plot of land to call my own.* M gen yon ti lo teren ki rele m chèmèt chèmètrès. **4**[*country*] peyi *He has traveled to many lands.* Li vwayaje al anpil peyi. •**land eroded almost to bedrock** tè{zo/lave} •**land held in common** [*undivided*] tè endivizyon •**land left fallow for a long time** tè{bota/poze} •**land managed for absentee owner** [*often form of sharecropping*] tè jeran •**a piece of land** yon{damye/planch}tè •**ancestral land** bitasyon •**arable land** tè arab •**by land** pa tè *We're going to Cape Haitian by land.* Nou prale Okap pa tè. •**dry land** tè fèm •**eroded land** tè glise •**fallow land** tè {jachè/poze} •**fertile soil or land** tè{cho/gra/pi/ rapò/rich/volaj} •**grazing land** savann, tè lage bèt, tè savann •**heavily forested land** tè bwa debou •**inherited land already divided among heirs** tè{eritaj/separe} •**inherited land not yet divided among heirs** tè minè •**irrigated land** tè wouze •**low flat land** platon •**low-lying land** leba •**piece of land** pwopriyete, teren, yon tè a plot **real** tè Leta •**renting land** tè fèm •**rich land** tè arab *The rich land yielded a good harvest.* Tè arab la bay bon rekòt. •**slant of land** pan tè •**steep and rocky land** tè{mòn/montay} •**terraced land** teras •**the promised land** latè pwomiz •**tiny piece of land** mouchwa tè, pwent tè •**unproductive land** tè {abandonnen/rèd/redont} *Don't waste your time planting here, it's an unproductive land.* Pa pèdi tan ou plante la, se yon tè redont. •**worthless uncultivated land** vye tè •**use s.o.'s land** [*without permission*] janbe sou tè yon moun *He uses the other people's land without having a permit.* Li janbe sou tè moun san li pa gen papye.

land² **I** *v.tr.* **1**[*airplane*] ateri, poze *The pilot landed the airplane on the landing strip.* Pilot la poze avyon an sou pis la. **2**[*boat*] akwoche *The captain landed the boat in the harbor because of bad weather.* Kaptenn nan akwoche bato a nan pò paske tan an t ap mare. **3**[*catch, obtain*] dekwoche, pran *She landed a big fish.* Li pran yon gwo pwason. *He landed a great job.* Li dekwoche yon bèl djòb. **II** *v.intr.* **1**[*airplane, etc.*] ateri, debake, fè tè *The plane landed on the water.* Avyon an ateri sou dlo. *All the passengers landed safely in Miami.* Tout pasaje yo debake senesòf a Miyami. *The boat landed in the Bahamas.* Bato a debake nan Bayamas yo. *The plane hasn't landed yet.* Avyon an pòkò fè tè. **2**[*person, object*] tonbe sou *She landed on her rear end.* Li tonbe sou dèyè li. *Something landed on my head.* Gen yon bagay ki tonbe sou tèt mwen. •**land in a fine mess** danse pòlka *Boy, we've landed in a fine mess!* N ap danse pòlka papa! •**land in sth.** [*get stuck in sth.*] dodomeya *The truck landed in the mud.* Kamyon an vin dodomeya nan labou. •**land s.o. in** lage yon moun nan *That could land you in trouble.* Sa ka lage ou nan bouyay. *It was what she said that landed me in jail.* Se sa l di a ki lage m nan prizon.

land-related *adj.* agrè

landfill *n.* ranblè

landholding *n.* •**large landholding** bitasyon

landing¹ *n.* [*above steps*] palye, pewon

landing² *n.* [*of airplane, boat, etc.*] aterisay, debakasyon, debakman •**emergency landing** aterisay fòse

landlady n. metrès kay

landlord *n.* mèt kay, pwopriyetè

landmark *n.* jalon, pwen repè

landowner *n.* mèt tè, pwopriyetè fonsye •**big landowner** bacha, grandon, gwo abitan

landscape *n.* peyizaj

landslide *n.* 1[*rocks, etc.*] deboulman, eboulman 2[*earth*] {balizay/glisman} tè 3[*victory*] radmare *The election was a landslide.* Eleksyon an te yon radmare toutbon.

lane *n.* 1[*traffic*] liy 2[*alleyway*] riyèl

langouste *n.* langous

language *n.* 1[*particular tongue*] lang *What language do they speak?* Ki lang yo pale? 2[*ability to talk*] langaj, pawòl *How do children acquire language?* Kijan timoun yo pran pawòl la. 3[*specified type of language*] langaj *He's always using vulgar language.* Li toujou ap sèvi ak kalite langay sa a. *The contract is in legal language.* Kontra a fèt nan yon kalite langaj legal. •**abusive language** jouman *I can't stand this abusive language.* M pa ka sipòte jouman konsa. •**coded language** langaj kòde •**foul language** mo, mo sal •**sign language** pale pa siy, siyon *I'm not mute, I don't know sign language.* M pa bèbè, m pa konn pale an siy.

languid *adj.* mòlòkòy, mou *Get the lead out, you're too languid.* Sekwe kò ou monchè, ou twò mou. *Hurry up! You're too languid today.* Annouwè! Annouwè! Ou mòlòkòy twòp jodi a.

languish *v.intr.* figi yon moun fennen *The girl is languishing, she's unhappy.* Figi fi a fennen, kè li pa kontan.

languor *n.* kò kraze, molas

lanky *adj.* •**lanky fellow** eskogrif •**lanky person** flandren *This child is growing so quickly that he has become lanky.* Timoun nan tèlman grandi vit ke l ap vin flandren.

lanolin *n.* lanolin

lantern *n.* fannal, lanp •**Chinese lantern** lanpyon

lap[1] *n.* [*knees*] (antre) janm, jenou, kwis *She put the child on her lap to comb her hair.* Li mete pitit la chita nan antre janm li pou l penyen l.

lap[2] *n.* [*sports*] tou

lap[3] *v.tr.* niche *Don't lap the floor! It's dirty!* Pa niche atè! Ala sal li sal! •**lap up** lape *The dog laps up the water.* Chen an ap lape dlo a.

lapel *n.* revè

lapidation *n.* kalonnad wòch

lapse[1] *n.* 1[*judgment, taste*] fòt, pèt *It was a lapse in judgment.* Se yon fòt de jijman. 2[*time*] delè, entèval *After a lapse of ten weeks the contract is null and void.* Aprè yon entèval dis semenn kontra a perime.

lapse[2] *v.intr.* 1[*fall behind*] aryere, tonbe dèyè *They lapsed behind in their payments.* Yo te aryere nan peman yo. *She lapsed behind the others.* Li tonbe dèyè lòt yo. 2[*into bad habits, etc.*] lage tèt li, tonbe *He lapsed into bad habits.* Li lage tèt li nan yon seri move abitid. •**lapse into unconsciousness** pèdi konnesans *She just lapsed into unconsciousness.* Konsa li pèdi konnesans.

lapsed *adj.* perime *The contract has lapsed.* Kontra a perime.

larch *n.* [*tree*] melèz

lard *n.* grès kochon, la, la kochon, mantèg

larder *n.* gadmanje

large[1] *adj.* 1[*size*] gwo, laj, manman, piyay *The table is big.* Tab la gwo *The land is quite large.* Teren an byen laj. *Very large pants.* Yon manman kanson. *It's a large room that you have.* Piyay chanm sa ou gen. 2[*amount, number*] anpil, (bèl) valè, kalite *A large number of people came.* Anpil moun vini. *His father left him a large sum of money.* Papa l mouri kite yon bèl valè kòb pou li. *Look at the amount of people in the street.* Gade kalite moun nan lari a. 3[*family*] peple *He comes from a large family.* Li sot nan ras ki peple. 4[*shoe size*] fò *That shoe size is too large for you.* Nimewo soulye sa a twò fò pou ou. •**be too large** [*clothing*] vale *That shirt is too large for you.* Chimiz sa la ap vale ou papa.

large[2] *n.* [*size*] gran

large-scale *adv.* agranlijyèn *They do large-scale business.* Yo fè komès agranlijyèn.

large-sized *adj.* gran fòma *A large-sized book.* Yon liv gran fòma.

larva *n.* lav, ze lav •**insect larva** mawoka

laryngitis *n.* larenjit

lascivious *adj.* devègonde, endesan

laser *n.* lazè

lash[1] *n.* 1[*blows of a whip*] fwèt, kout fwèt 2[*strap*] fwèt, lànyè, mèch 3[*eyelash*] plim je

lash[2] **I** *v.tr.* 1[*whip*] fwete, kale, pliche, rigwaze *Stop that or I'll lash you.* Sispann fè sa ou m ap kale ou. *The teacher lashed him for being* unruly. Metrès la fwete li poutèt li t ap fè dezòd. *She lashed him for talking back to her.* Li pliche ti msye a paske li t ap reponn li. *He lashed the ox to get it going.* Li rigwaze towo bèf la pou fè li bouje. **II** *v.intr.* **1**[*rain*] fwete, voye *The rain lashed against the window.* Lapli fwete vit la. *Come inside so the rain doesn't lash on you.* Rantre anndan pou lapli pa voye sou ou. **2**[*explode fig.*] eklate *She lashed out at him because he insulted her.* Li eklate sou li paske nèg la ensilte li. •**lash out** [*horse, etc. (kick, buck)*] ponpe, voye pye *I won't ride that horse, he lashes out too much.* M pa p moute chwal sa a, li ponpe twòp. *Don't stand behind the donkey, he'll lash out at you.* Pinga ou kanpe dèyè bourik la, l ap voye pye. •**lash out violently** pran yon moun{ak grap/agrap} *He lashed out at her violently because she's stubborn.* Li pran pitit la ak grap poutèt li pa gen tande.

lashing *n.* fwetay

lassitude *n.* fatig, kò kraze

lasso[1] *n.* laso

lasso[2] *v.tr.* lanse *He can't lasso the horse.* Li pa ka lanse chwal la.

last[1] *adj.* **1**[*final in a series*] dènye, ke, tchou *I was the last one in line.* M te dènye moun nan fil la.. *I only read the last ten pages.* M annik li dis dènye paj yo. *It's my last dollar.* Se dènye grenn dola m. *It's my last dollar.* Se dènye grenn dola m. *This is the last time I ever come in this restaurant!* Se dènye fwa m vin nan restoran sa *This is the last time I ever come in this restaurant!* Se dènye fwa m vin nan restoran sa *He's an oaf, he's always last in the class* Misye se yon kreten, se li ki toujou ke nan klas la. *In the bike race, it was George who was last.* Nan kous bekàn la, se Jòj ki tchou. **2**[*past, most recent*] dènye, {fèk/sòt}pase, pase yè *The last exam was easy.* Dènye egzamen an te fasil. *What's the last news you received?* Ki dènye nouvèl ou pran? *He died last February.* Li mouri fevriye k sot pase a. *I didn't see you at church last Sunday.* M pa t wè ou legliz dimanch yè a. **3**[*high school class*] tèminal *Last year of high school.* Klas tèminal. **4**[*least likely, desirable, etc.*] dènye, pi piti *She's the last person I'd lend money to.* Se dènye moun pou m ta prete kòb mwen. *That's the last* thing I worry about. Sa se pi piti tèt chaje m genyen. **5** [*at the end*] an dènye *He was the last to arrive.* Li rive an dènye. a •**every last** dènye *Every last person will die.* Dènye moun gen pou mouri. •**s.o. who is last** chen *He's last in the class.* Se li ki chen nan klas la. •**the last one** dènye *That's the last one.* Sa se dènye a.

last[2] *adv.* an dènye, anfen, atò *He's come at last!* Atò, li resi vini atò! *At last we got to know the truth.* Nou rive konn verite a an dènye. *At last, we finally got rain!* Anfen, nou resi gen lapli! •**at last** an dènye, anfen, atò *He's come at last!* Li resi vini. *At last we got to know the truth.* Nou rive konn verite a an dènye. *At last, we finally got rain!* Anfen, nou resi gen lapli! •**at long last** alafendèfen, anfennkont *At long last, they set us free.* Alafendèfen, yo delivre nou. *At long last, we got the answer we needed.* Anfennkont, nou resevwa repons nou an.

last[3] *pro.* **1**[*after the others*] dènye, rès *He's always the last to come.* Se li k toujou vin an dènye. *She drank the last of the coffee.* Li bwè rès kafe a. **2**[*most recent*] dènye, pase anwo *She called me the week before last.* Li rele m semenn pase anwo.

last[4] **I** *v.tr.* [*be enough for*] fè *The food won't last us a week.* Manje a pa p fè n yon semenn. *I don't think our money will last us long.* M pa kwè kòb la ap fè n lontan. **II** *v.intr.* **1**[*continue*] dire, fè, sòti...rive *The service lasted all night.* Sèvis la te dire tout nwit la. *The rain lasted for two days.* Lapli a fè de jou ap tonbe. *The rainy season usually lasts from April till May.* Sezon lapli a soti avril rive me. **2**[*hold out*] pa pou lontan, rete ak *No one lasts long in this job.* Nanpwen moun rete lontan ak travay sa a. *Her anger doesn't last long.* Kòlè l pa pou lontan. **3**[*remain in good condition*] dire, fè *This cloth lasts a long time.* Twal sa dire anpil. *Those shoes are good, they've lasted five years.* Soulye sa bon, li fè m senk an. •**last all night** manch long *Tonight we're having a party that will last all night.* Aswè a se yon fèt manch long.

lasting *adj.* dirab *It's a lasting effort.* Se yon jèfò dirab.

latania *n.* latànye

latch[1] *n.* [*door, window, etc.*] kwochèt, takèt

latch² v.tr. [door, window, etc.] take *Don't forget to latch the gate when you come in.* Pa bliye take baryè a lè ou antre.

late¹ adj. **1**[arriving, happening, etc.] an reta, inegal, ta *You're late.* Ou an reta. *She's habitually late.* Li toutan inegal. *Easter is late this year.* Pak tonbe ta ane sa a. **2**[with time expressions] an reta, reta *He's twenty minutes late.* Li ven minit an reta. *The train is ten minutes late.* Tren an pran yon reta dis minit. **3**[advanced in the day, season, etc.] an reta, ta *It's getting late.* Li koumanse ta. *Spring is late this year.* Prentan an reta ane sa a. **4**[near the end of a period or series] fen, vanse *There was a late goal in the game.* Te gen yon bi nan fen match la. *I'm leaving in late April.* M ap pati nan zòn fen avril la. *You can't change it at this late stage.* Ou pa ka chanje li nan lè vanse sa a. •**late at night** plen minwi •**be getting late** li (fè) yon lè *We have to go, it's getting late.* Fò n ale wi, li koumanse fè yon lè la. •**be late** an reta, gen reta *You're late.* Ou an reta. *You're late handing in the file.* Ou gen reta sou lè pou te remèt dosye a. •**be too late** monte move chwal *You're too late the food is all gone.* Ou monte move chwal, manje a fini. •**make late** mete yon moun an reta, mize *He made me late to work.* Li mete m an reta nan travay la. *There were many people in the store, that's what made me so late.* Te gen anpil moun nan boutik la, se sa k fè m mize konsa. •**stay late** mize *Don't stay so late at people's houses.* Pa mize lakay moun non. •**the late** defen *The late Mrs. John.* Defen madanm Jan.

late² adv. **1**[after scheduled time] an reta *The plane took off ten minutes late.* Avyon an dekole dis minit an reta. **2**[after the usual time] an reta, ta *Our teacher walked in late this morning.* Mèt la rive an reta maten an. *They harvested the corn late this year.* Yo rekòlte mayi a ta ane sa a. **3**[advanced in the day, season, etc.] fen, ta *We stayed late working today.* Nou rete ta ap travay jodi a. *Late in 2012.* Nan fen 2012. **4**[recently] jis, pa pi ta pase *As late as last year I was married to him.* M te marye avè l jis ane pase. *We were doing that as late as the eighties.* Nou t ap fè sa pa pi ta pase ane katreven yo.

latecomer n. aprelè

lately adv. dènyèman *He's been acting strange lately.* M wè l yon jan dwòl dènyèman.

latent adj. dòmi sou *He has a latent fever.* Li gen yon lafyèv dòmi sou li.

later¹ adj. fen, pi ta, swivan *I'll take a later bus.* M ap pran yon bis swivan. *In his later years he was in poor health.* Bò fen lavi li, li pa t gen bon sante. *We discuss that at a later stage.* N ap pale sou sa pi ta.

later² adv. pita, yon lòt lè *I'll talk to her later.* M pral pale ak li pita. *I'll do it later.* M a fè l yon lòt lè. •**not later than** pa pita pase *I'll see her not later than Tuesday.* M a wè li pa pi ta pase madi.

lateral adj. [math] lateral *A lateral line.* Yon liy lateral.

latest¹ adj. **1**[most recent] dènye *Cellular phones are the latest technological product.* Telefòn selilè se dènye pwodui teknolojik. **2**[last possible] dènye, oplita *The latest date we could do it is in July.* Dènye dat pou n fè li se nan mwa jiye. *The latest we'll arrive in town is at midnight.* Oplita n ap rive nan vil la, se minwi. •**at the latest** oplita *I'll be finished at ten o'clock at the latest.* M ap fini a dizè oplita.

latest² adv. an dènye, dènye *He arrived latest.* Li rive an dènye.

latex n. kawoutchou •**'metsiyen' tree latex** lèt metsiyen •**papaya tree latex** papayin

lath n. lat

lather¹ n. kim, kim savon

lather² v.intr. fè kim, kimen *This shaving brush doesn't make soap lather.* Blewo sa a pa ka fè savon an kimen. •**lather up** savonnen *Lather up the skirt well.* Savonnen jip la byen.

latin¹ adj. laten

Latin² prop.n. [language] laten

Latin America prop.n. Lamerik Latin

latitude n. latitid

latrine n. klowak, komòd, latrin, watè

latter adj. msye *He bumped into Marc where the latter says he never goes.* Li atrap Mak kote msye di li janm ale.

latter-day adj. aktyèl

lattice n. klisay

laudable adj. admirab

laudatory adj, meritwa

laugh¹ n. dan griyen, ri •**give a forced laugh** bay yon ri jòn *She gave a forced laugh when*

I called her a laugh. Li bay yon ri jòn lè m di l li mantè. •**it's a laugh** se{dan griyen/ sinema gratis}

laugh² *v.intr.* **1**[*gen.*] ri *The clowns can make people laugh.* Kloun yo ka fè moun ri. **2**[*in response to insults, scornfully, etc.*] griyen (dan) *They insult him and he's laughing at them.* Yo joure l, olye l tris l ap griyen. •**laugh all the time** dan yon moun toujou deyò •**laugh at** ri yon moun *If you goof around like that, people will laugh at you.* Si ou fè tenten konsa, ou a fè moun ri ou, wi! •**laugh derisively** griyen dan li *Everyone in the room started laughing derisively when the actor began to forget what he was supposed to say.* Tout moun tonbe griyen dan yo nan sal la lè aktè a kòmanse bliye sa pou l di. •**laugh excessively** rikannen *This woman is crazy, she laughs excessively.* Fanm sa a fòl, tout tan l ap rikannen. •**laugh heartily** bay yon ri gra, ri jouk nan dan zòrèy li *She laughed heartily when we gave her the check.* Li bay yon ri gra lè nou ba l chèk la. *The joke made her laugh heartily.* Blag la fè li ri jouk nan dan zòrèy li. •**laugh hysterically** mete li vant atè pou ri *He's so funny, we laughed hysterically.* Li tèlman komik, nou mete n vant atè pou ri. •**laugh in the face of death** dan ri malè *Don't keep leaning into the well, that's laughing in the face of death.* Pa pèsiste ap pann tèt ou nan pi a, dan ri malè. •**laugh loudly** griyen dan (li fò) *These women were laughing loudly during the party.* Ti medam yo t ap griyen dan nan fèt la. •**laugh sth. off** pran pòz ap ri yon bagay *He tried to laugh it off, but we knew that it had hurt him.* Li pran pòz ap ri sa, men nou konnen sa fè l mal. •**laugh to o.s.** ri nan kè li •**laugh too hard** bay bouch li lè *We can't stop ourselves from laughing too hard.* Nou pa fouti bay bouch nou lè. •**laugh up one's sleeve** ri nan kè li *When she heard that her rival had problems, she laughed up her sleeve.* Lè l tande matlòt li a gen pwoblèm, li ri nan kè l. •**make s.o. laugh** bay yon moun van pou l al Lagonav *Don't make me laugh! You could never leave your wife for me.* Ban m van pou mwen al Lagonav! Kote ou t ap janm kite madanm ou pou mwen.

laughable *adj.* rizib *What you're saying is laughable.* Sa ou di la se rizib.

laughing *adj.* •**be no laughing matter** se pa peta *Agricultural work is no laughing matter.* Travay latè, se pa peta non.

laughing gull *n.* mòv tèt nwa, pijon lanmè

laughingly *adv.* an{ri/riyan} *I thought it wasn't serious because she said it laughingly.* M te kwè se pa serye paske li di sa an riyan.

laughingstock *n.* kòkòb

laughter *n.* griyen dan, ri *Try to curb your laughter.* Eseye kenbe ri ou la. •**burst of laughter** eklari

launch¹ *n.* **1**[*boat*] chaloup **2**[*patrol boat*] vedèt

launch² *v.tr.* **1**[*boat, missile, etc.*] fè yon sòti, voye (anlè) *They launched the rocket.* Yo voye fize a anlè. *He launched the patrol boat.* Li fè yon sòti nan vedèt la. **2**[*throw, etc.*] lanse, voye (anlè), vòltije *She launched the food across the room.* Li voye manje a atravè sal la. *He launched the ball into the net.* Li lanse boul la nan filè a. *She launched the book at him.* Li vòltije liv la sou li. **3**[*career, campaign, product, etc.*] deklannche, kanpe, lanse *They just launched an operation to eradicate AIDS.* Yo fèk deklanntche yon operasyon bare sida. *He finished launching the movement.* Li fin kanpe mouvman an. *We're going to launch the new product.* Nou pral lanse nouvo pwodui a. **4**[*an enterprise*] derape *She launched her small business with ten thousand gourdes.* Li derape ti biznis li an ak di mil goud. **5**[*s.o. on an endeavor*] bay yon moun fil *He's an ungrateful person, he forgot all the people who launched him.* Msye engra, li bliye tout moun ki te ba l fil. •**launch an assault** bay aso *The enemies launched an assault first.* Elmi yo te bay aso an premye. •**launch an offensive** mache pran *The political instigators are going to launch an offensive against everyone who acts against the government.* Chimè ap mache pran tout moun ki kont pouvwa a. •**launch into a**[*career, etc.*] lage kò li nan *He launched his career in the taxi business.* Li lage kò l nan taksi. **b**[*brow beat s.o.*] lage nan kò yon moun *She launched into her for coming home late.* Li lage nan kò tifi a poutèt li rantre ta lakay la. •**launch o.s. into** [*devote o.s.*] lage kò li nan *She launched herself into the work of the church.* Li lage kò li nan travay legliz la.

launcher *n.* •**rocket launcher** lans{grenad/wòkèt}

launching *n.* 1[*of a stone, javelin, boat*] lansman *The launching of the boat was successful.* Lansman batiman an reyisi. 2[*career, product, etc.*] deklanchman, lansman *The launching of a vaccination campaign.* Lansman yon kanpay vaksinasyon. •**launching pad** ranp

launder *v.tr.* lave *They're laundering clothes.* Y ap lave rad. •**launder money** blanchi *The drug dealers are laundering money.* Dilè yo ap blanchi lajan.

laundering *n.* •**money laundering** blanchisman lajan

laundress *n.* lavandyè, lesivyè

laundry *n.* blanchisri, lesiv •**do laundry** lave (pase) *That maid knows how to do laundry.* Bòn sa a konn lave pase.

laureate *n.* [*esp. student who scores highest on the official national exam*] loreya

laurel *n.* lorye **Jamaica laurel** [*tree*] kaserach •**rose laurel** lorye woz •**spurge laurel** [*poisonous plant*] bongason

laurels *n.pl.* onè

lava *n.* [*volcanic*] lav

lavatory *n.* (chanm)twalèt

lavender *n.* 1[*plant*] lavann 2[*color*] mòv ble pal

lavish[1] *adj.* pwodig *A lavish wedding is typical of important people.* Yon maryaj pwodig se zafè grannèg.

lavish[2] *v.tr.* blende *The man lavished money on her.* Nèg la blende manmzèl ak kòb.

law *n.* 1[*gen.*] lalwa, lwa *Everyone must obey the law.* Tout moun dwe obeyi lalwa. 2[*subject of study*] dwa *I'm in law school this year.* M nan etid dwa ane sa a. 3[*operation of*] lajistis *Court of Law.* Kou lajistis. *Sooner or later the law will catch up with you.* San jou san lè lajistis la ap pran devan. 4[*principle, rule*] lalwa, regleman *The law of gravity.* Lalwa gravite a. *It's a violation of the laws of the game.* Se yon akwo kont regleman je a. 5[*police officer*] jandarm, lapolis *The law is after him.* Lapolis la ap pouswiv li. •**law suit** pwose •**civil/common law** dwa komen •**customary or statute law** dwa koutimye •**letter of the law** lalwa menm •**make laws** fè (pwojè) lalwa *Parliament is here to make laws.* Lachanm la pou fè lalwa. •**martial law** lwa masyal •**restore law and order** fè lòd rete lòd •**sth. against the law** ilegalite *It's against the law to drive a car without a license.* Se yon ilegalite kondi machin san lisans.

law-abiding *adj.* dwat, debyen

lawbreaker *n.* malfektè

Law Courts *prop.n.* palè lejislatif

lawful *adj.* lejitim *It is not lawful to speed on the highway.* Se pa lejitim pou fè vitès sou gran wout la.

lawfulness *n.* eta de dwa

lawless *adj.* deregle, endont, san lwa

lawlessness *n.* annachi, dezòd

lawmaker *n.* lejislatè

lawn *n.* gazon, pelouz •**an artificial lawn** yon gazon sentetik

lawn mower *n.* tondèz gazon

lawsuit *n.* ka, kòz, pwosè

lawyer *n.* avoka

lax *adj.* neglijan, vag *She's very lax when it comes to the rules.* Kanta regleman yo li vag anpil. •**lax in one's manner and attire** san pwotokòl

laxative *n.* medsin, metsin, sèl •**commercial laxative** pigatif

lay[1] *adj.* sekilye *He's a lay preacher.* Se yon pastè sekilye. •**lay person** layik

lay[2] *n.* •**easy lay** fwomaj, grigri *This woman is an easy lay.* Fi sa se fwomaj. *Those easy lays sleep with whomever.* Grigri sa yo kouche ak nenpòt nèg.

lay[3] *v.tr.* 1[*put, place, set*] mete *They laid him down on the ground.* Yo mete l kouche atè a. *Lay your coat on the bed.* Mete vès ou sou kabann lan. 2[*install, set*] mete, poze *We're going to lay mosaic here.* N ap mete mozayik isit. *You have to lay the foundation before you build.* Ou bezwen poze fondasyon an anvan ou bati. 3[*prepare a trap, plans, etc.*] drese, tann *We laid a trap for the rat.* Nou tann yon pyèj pou rat la. *She laid plans to steal the money.* Li dese yon plan pou vole kòb la. 4[*egg*] ponn *The hen laid three eggs this morning.* Poul la ponn twa ze maten an. 5[*charges, accusation, etc.*] akize, pòte plent *The police laid charges for murder.* Polis la akize li pou asasina. *She laid an accusation of rape against him.* Li pòte plent kont msye a pou kadejak. •**lay a finger on** {leve/pase/

poze}men li sou *Don't you dare lay a finger on my child again!* Pinga ou leve men ou sou pitit mwen an! •**lay a floor** plancheye *Lay the floor with a good-quality wood.* Plancheye planche a ak yon bon bwa. •**lay a guilt trip on s.o.** fè wont sèvi kòlè *He laid a guilt trip on me by refusing to take money from me.* Li fè wont sèvi kolè lè li refize pran kòb la nan men mwen. •**lay a trap for** pyeje •**lay aside** [*money*] mete yon ti lajan kouche *We laid aside some money for our retirement.* Nou mete yon ti lajan kouche pou retrèt nou an. •**lay blame on s.o.** bay yon moun tò *I laid blame on you because you really disrespected her.* M ba ou tò paske ou manke l dega vre. •**lay down** blayi, depoze *He lays down on the bed with two feet up in the air.* Li blayi sou kabann nan de pye anlè. •**lay down arms** depose zam, mete ba lezam *We asked the soldiers to lay down their arms.* Nou mande militè yo pou yo mete ba lezam. •**lay off** [*job*] kase ren, mete yon moun atè, pete{ren/djòl/kou}yon moun, ranvwaye *Every six months that factory lays off many people.* Chak si mwa faktori sa a mete yon bann moun atè. *The boss laid him off.* Patwon an kase ren misye. *They laid off all the workers.* Yo ranvwaye tout travayè yo. •**lay out** [*merchandise*] debale, layite *The seller laid out all sorts of odds and ends.* Machann kenkay debale tout kalite bagay. *She laid out all her products on ground.* Li layite tout pwodui li yo atè. •**lay siege to** asyeje *The soldiers lay siege to the palace.* Sòlda yo asyeje palè. •**lay the foundation** [*of a house*] fonse fondasyon *The mason laid the foundation.* Bòs mason an fonse fondasyon an. •**lay waste** balize, debaba, devaste, fè ravaj, sakaje *We're laying waste to the planet.* N ap devaste planèt la. *The colonists completely laid the country to waste.* Kolon yo sakaje peyi a nèt. *The looters laid waste to the store.* Dechèpiyè yo gentan debaba magazen an. •**lay waste by eating up** [*garden, etc.*] devaste *The animals laid waste to the fields.* Bèt fin devaste jaden yo.

lay-about *n.* bare van, zwav

layer *n.* kouch

layering *n.* **1**[*plant*] makotay **2**[*small bananas when blooming*] bobo •**result of layering** [*tissue*] makotay

layette *n.* leyèt

lay-off[1] *n.* revokasyon

lay-off[2] *v.tr.* mete atè, revoke *They're laying-off a lot of people.* Y ap mete anpil moun atè.

layover *n.* eskal

laze about *v.intr.* fè parese, pran lèz kò li, titile, wodaye *She just lazes about all day long.* L ap fè parese tout lajounen. *Instead of going to work, he'd rather be lazing about.* Olye l al travay, li pito plede ap titile. *She lazed about in bed until noon.* Li t ap pran lèz kò li nan kabann nan jis midi. *He would rather laze about the house than find a job.* Li pito ap wodaye lakay la pase al chache yon travay.

lazily *adv.* ak pares, kanyan kanyan

laziness *n.* kalbenday, maladi kagou, parès

lazy *adj.* envalib, fenyan, kalbenday, kalewès, kataplanm, loudo, mòkòy, nan dòmi, parese, paresèz [*fem.*] *People who are lazy like having everything prepared for them.* Moun ki parese renmen tou pare. *A lazy person can't do this work.* Moun envalib pa ka fè travay sa a. *This lazy man won't lift even a light sack.* Nèg fenyan sa a p ap leve menm yon sak lejè. *He's very lazy now, he doesn't take even his job seriously.* Misye nan kalbenday nèt atò, li pa pran travay li oserye menm. *He's a lazy guy, he's always loafing.* Misye se yon nèg kataplanm, li pa janm p ap kalewès. *That lazy guy doesn't do anything.* Nèg loudo sa a p ap fè anyen. *He's very lazy, that's why he doesn't do too well at school.* Msye mòkòy anpil, se sa ki fè li pa pase lekòl. •**lazy as hell** paresèz kou chat plenn *Since she got discharged, she has become lazy as hell.* Depi yo ba li egzeyat, li vin paresèz kou chat plenn. •**lazy person** [*pej.*] bounda lou, chen plenn, maloblijan •**become lazy** {zonbi/mò} pete sou yon moun *Jerome is becoming lazy, that's what makes him flabby like that.* Mò pete sou Jewòm, se sa k fè l douyèt kon sa.

lead[1] *n.* **1**[*metal*] plon **2**[*in a pencil*] min

lead[2] *n.* **1**[*front position (sports)*] avans, devan, tèt *He was in the lead in the race.* Li te nan tèt kous la. *Our team has a two-goal lead.* Ekip nou an gen de gòl davans. *Which team is in the lead?* Ki ekip ki devan? **2**[*initiative*] egzanp *Follow my lead.* Suiv egzanp mwen an. **3**[*clue*] pis *We have no lead to follow* *by which we'll be able to find the thief.* Nou pa gen okenn pis pou n twouve vòlè a. **4**[*theater*] wòl prensipal **5**[*leash*] kòd chen **6**[*right to play the first card*] soti *Whose lead is it?* Soti pou ki moun? •**in the lead** an tèt, antèt, mennen *In the bike race it's the racer number twenty who is in the lead.* Nan kous la, se siklis nimewo ven an ki antèt pou kounye a. •**take the lead** pran devan *You have to take the lead or nothing will get done.* Ou bezwen pran devan osnon anyen pa p fèt.

lead³ I *v.tr.* **1**[*conduct, show the way*] kondi, mennen *The first left will lead you to the church.* Prenmye vire agoch ap mennen ou nan legliz la. *She was leading the blind man.* Li t ap kondi avèg la. **2**[*be leader of*] an tèt, dirije *It's the Prime Minister that leads the government.* Se Prenmye minis ki dirije gouvèlman an. *It's Maryse who leads the department.* Se Mariz ki an tèt depatman an. **3**[*sports*] an tèt, avans *My team is leading the contest.* Ekip mwen an tèt konpetisyon an. *He led us by ten meters.* Li te gen yon avans dis mèt sou nou. **4**[*life, existence*] mennen *They lead a simple life.* Yo mennen yon lavi senp. **5**[*influence*] ankadre, mennen *Many youngsters don't have anyone to lead them.* Anpil jèn pa gen moun pou ankadre yo. *John's joke led to a hot discussion.* Plezantri a Jan mennen yon gwo kont. **6**[*broadcast, etc.*] anime *She leads the news broadcast.* Se li ki anime nouvèl la. **II** *v.intr.* **1**[*sports*] davans, mennen *Which horse is leading?* Ki cheval la k ap mennen. *Our team is leading by three goals.* Ekip nou an gen twa bi davans. **2**[*go ahead*] kondi, mennen *You lead and I'll follow.* Ou kondui epi m ap suiv. **3**[*dancing*] kondi, mennen *When you're dancing the man leads.* Lè ou ap danse se gason an ki mennen. **4**[*cards, dominoes*] sòti *It's your turn to lead this time.* Se ou k ap soti fwa sa a. •**lead a busy life** bese leve *You lead a busy life.* Ou ap toutan bese leve. •**lead a comfortable life** beke *Now he can lead a comfortable life.* Li ka beke atò ak lavi a. •**lead a dissolute life** *a*[*gen.*] lage, nan timès *She's too young to lead such a dissolute life.* Li twò jèn pou l lage konsa. *They lead a dissolute life now.* Yo nan timès atò. *b*[*woman*] woule *That woman is really leading a dissolute life in Port-au-Prince.*

Fanm sa a se woule l ap woule nan Pòtoprens. •**lead a life of luxury** viv nan luil *Rich people lead a life of luxury.* Moun rich viv nan luil. •**lead a loose life** deregle *Lise's daughter is leading a loose life.* Tifi Liz la ap mennen yon vi deregle. •**lead astray** detounen, dewoute, kowonpi, pèdi, pèvèti *His friends led her astray.* Zanmi li yo ap detounen li. *Gambling leads her astray.* Jwèt daza dewoute l. *Don't let him lead you astray.* Pa kite misye pèdi ou nan move bagay. *That dissolute guy is leading your children astray.* Ti pouri sa a ap pèvèti pitit ou yo. •**lead into bad deeds/error** antrene *You are the one leading the child into bad deeds.* Se ou k ap antrene timoun nan nan fè move bagay. •**lead o.s.** kondi{kò/tèt}li *No one tells her what to do, she leads herself.* Nanpwen moun k ap di li sa pou li fè, se li ki kondi tèt li. •**lead s.o. into a trap** rabat *I led the rabbit on until I caught it with the trap.* M rabat lapen an jis m pran l nan pèlen an. •**lead s.o. on a wild goose chase** kouri pwason davril *Don't let people lead you on a wild goose chase.* Pa kite moun fè ou kouri pwason davril. •**lead s.o. to ruin** pouse yon moun obout, tòtòt *The woman led him to ruin, then left him.* Fi a tòtòt li, enpi li kite l. *Her constant spending led him to ruin.* Depanse toutan pouse msye obout. •**lead s.o. to the road to ruin** anfoudwaye tèt li *Gambling led him to the road to ruin.* Li anfoudwaye tèt li nan jwe daza. •**lead s.o. to threaten** ajite *The president's speech led his supporters to threaten the opponents.* Diskou prezidan an ajite patizan l yo menase opozan yo. •**lead s.o. to understand** fè konprann *The way he treats me leads me to understand that I don't count for him.* Fason li trete m nan fè konprann mwen pa konte pou li. •**lead to** rive bout nan *This road leads to the North.* Wout sa a rive bout nan Nò. •**lead so to believe** {mennen/pòte} yon moun kwè *His testimony led me to the conclusion that she was at fault.* Temwayaj li a mennen m kwè li te gen tò. *I am led to believe you are lying.* Mwen pòte kwè ou ap manti. •**be led down a path of self-destruction** fè lapèch nan dlo sal *I'm being led down a path of self-destruction because all that I do backfires on me.* M fè lapèch nan dlo sal paske tout sa m fè vire kont mwen.

leaden *adj.* lou, pwasenkant

leader *n.* alatèt, anchajè, ankadrè, chèf, direktè, dirijan, lidè, menè, moun ki alatèt, pèsonalite, tèt *As sonn as the leader makes a decision, everyone should obey.* Depi alatèt la pran yon desizyon, se obeyi. *The leader of the opposition justifiably criticized the government.* Chèf opozisyon an kritike gouvènman an kòrèk. •**coup leaders** defakto •**discussion leader** animate, animatris [*fem.*] •**girl scout leader** chèftèn

leadership *n.* ankadreman, direksyon, lidèchip, mannigansman *We lack leadership.* Nou manke ankadreman. *Who has the leadership of this group in his hands?* Kilès ki gen direksyon gwoup sa a nan men l?

leading *adj.* prensipal

leadtree *n.* tchatcha mawon

leadwort *n.* [*plant*] òmdefas

leaf *n.* 1[*plant*] fèy, feyè 2[*sheet of paper*] fèy (papye) 3[*extension*] ralonj **leaves** *n.pl.* feyaj •**young leaf** pous

leafhopper *n.* [*insect*] pinèz mayi, sotèz

leaflet *n.* 1[*plant*] falyòl 2[*pamphlet*] depliyan, trak

leafminer *n.* [*worm*] vè fouye

leaf through *v.tr.* [*a book, etc.*] feyte *I just leafed through the book.* M feyte liv la sèlman.

leafy *adj.* plen fèy

league¹ *n.* [*sports association, etc.*] chanpyonna, lig •**in league** nan krètmakrèt *She's in league with unscrupulous businessmen.* Li nan krètmakrèt ak yon pakèt òm dafè bakoulou.

league² *n.* [*naut. (3 statute miles, 4.83 km)*] lye

leak¹ *n.* 1[*hole*] flit, twou *The tire has two leaks.* Kawoutchou a gen de flit. *The bucket has a leak in it.* So a gen yon twou ladann l. 2[*information*] fwit *There is an information leak in the government.* Gen yon fwit nan gouvènman an. 3[*urinate*] fè pipi, pise *He took a leak fifteen minutes ago.* Li fè pipi gen kenz minit. •**have to take a leak** gen yon pipi ki kenbe li *I have to take a leak.* M gen yon pipi ki kenbe m.

leak² **I** *v.tr.* 1[*liquid, etc.*] koule *The truck leaked gas into the street.* Kamyon an te koule gaz nan lari a. 2[*information, news, story*] (mete) deyò, vante *The former student leaked the content of the exam.* Ansyen elèv la te mete egzamen an deyò. *Don't go leaking the story.*

Pa al vante koze a. **II** *v.intr.* 1[*hole*] koule, pire, swente *This hose leaks.* Tiyo sa a koule. *The water in the barrel is leaking on the floor.* Men dlo nan doum nan ap pire atè a. *The carton of milk leaked.* Katon lèt la swente. 2[*information*] gen yon fwit *The Ministry is leaking.* Ministè a gen yon fwit.

leaky *adj.* koule, paswa *The faucet is leaky.* Tèt tiyo a koule. *The roof is very leaky.* Tòl kay la paswa nèt. •**be very leaky** koule kou panyen pèse *The bucket is leaky.* So a koule kou panyen pèse.

lean¹ *adj.* mèg, piti *The man is really lean.* Msye a mèg anpil. *She has become really lean since she's been ill.* Li vin piti toutbon depi li tonbe malad. •**lean person** krimizou *He is really lean because he doesn't eat regularly.* Li krimizou anpil paske li pa manje nòmal.

lean² **I** *v.tr.* [*support or rest sth.*] apiye *He leaned the ladder against the tree.* L apiye nechèl la nan pyebwa a. *He leaned his head on my back.* Li apiye tèt li sou do m. **II** *v.intr.* 1[*slope, bend, etc.*] bese, devye, panche, pandye *When I leaned down to pick up the ball, she kicked it.* Lè m bese pou m pran boul la, li choute l. *If you don't prop up the wall, it's going to lean over.* Si ou pa bite mi an l ap devye. *The whole building is leaning to the left.* Tout kay la ap panche agoch. *The house is leaning over the edge of the cliff.* Kay sa pandje arebò mòn nan. 2[*support or rest o.s.*] apiye *I'm tired. Let me lean on your shoulder.* Mwen fatige. Kite m apiye sou zepòl ou. 3[*belief, opinion, etc.*] panche sou, pòte *I'm leaning towards the belief that she's innocent.* Mwen pòte kwè li inosan. *She leans towards the opinion that we don't say anything.* Li panche sou opinyon nou pa di anyen. •**lean against** kore kò li *If I hadn't leaned against the wall, the car would have run me over.* Si m pa t kore kò m nan mi an, machin nan t ap kraze m. •**lean against s.o.** lage kò li sou *You can lean against me.* Ou mèt lage kò ou sou mwen. •**lean back on** kage (kò) li, kase sou *The woman leaned back in the rocking chair.* Madanm nan kage kò l sou dodin nan. *She leaned back on the ladder so as not to fall.* Li kase sou nechèl la pou l pa tonbe. •**lean forward** dekage li sou yon chèz •**lean on** apiye *Lean the board on the wall.* Apiye tablo a sou mi an. •**lean on**

s.o. pran api *She's leaning on me.* L ap pran api sou mwen. •**lean one's back on** kage (kò) li *She leaned her back against the wall.* Li kage kò li sou mi an. •**lean one's weight on one hip** deranche *She stands with her weight on one hip for the picture.* Li deranche pou pòz foto a. •**lean out** pike tèt li *Don't lean out over the balcony like that.* Pa pike tèt ou konsa nan balkon an konsa. •**lean over** panche li *He leaned over the balcony.* Li panche tèt li sou balkon an. •**lean sth. back** [*against a wall, etc.*] kage *Don't lean the chair back.* Pa kage chèz la. •**lean to one side** {fè/bay}yon balan *The truck leaned on one side, it almost overturned.* Kamyon an bay yon balan, li manke chavire. •**stop leaning against** dezapiye *Don't lean against the wall.* Dezapiye nan mi an.

lean-to *n.* joupa

leap¹ *n.* bon, loupin, so, va, voltij

leap² I *v.tr.* sote *The horse leapt the fence.* Cheval sote kloti a. II *v.intr.* 1[*person, animal, etc.*] bondi (sou), fè (yon) loupin, fè yon so, plannen, plonje sou, sote, vole, vòltije *The girl leapt at me because she was happy to see me again.* Fi a plonje sou mwen tank li kontan wè m. *She leapt when she heard the news.* Li bondi lè l pran nouvèl la. *Don't let the child leap like that.* Pa kite timoun nan fè loupin konsa. *Leap across the water pond.* Fè yon so non pou ka janbe dlo a. *The children got onto the trampoline, they leapt into the air.* Timoun yo monte nan tranplen an, yo plane anlè. 2[*prices, stocks, etc.*] monte{bwa/disèt wotè/tèt nèg} *The food prices have leapt since last week.* Pri manje a gentan moute tèt nèg depi semenn pase. •**leap over** vole *She leapt over the barrier.* Li vole sou baryè a.

leapfrog *n.* [*game*] sepètfil, zèp

learn I *v.tr.* 1[*by study*] aprann *Every person should learn a trade.* Chak moun dwe aprann yon metye. *She learned to read early.* Li aprann li bonè. 2[*find out*] aprann, pran nouvèl *I learned from my sister that she got married.* Mwen aprann nan men sè m li te marye. *The day she learned the news, she took to bed.* Jou l pran nouvèl sa a, se kabann li pran. 3[*acquire*] aki *It's a learned behavior.* Se yon konpòtman aki. 4[*lesson, etc.*] aprann *I'll learn you something!* M ap aprann ou

yon bagay! *She'll have to learn that she can't have everything her way.* Fò l aprann li pa ka gen tout bagay jan l vle. II *v.intr.* 1[*from experience, etc.*] aprann *He'll learn from experience.* L ap aprann pa eksperyans. 2[*hear about, of*] aprann, vin konnen *I was sorry to learn about the death of your father.* Mwen regrèt aprann konsènan lanmò papa ou. *She learned of his illness yesterday.* Li vin konnen li te malad ayè. •**learn a lesson from** pran leson *I learned a lesson from this event.* Mwen pran leson apre evènman sa a. •**learn by rote memorization** {aprann/bat}pa kè *He learned by rote memorization everything they gave him to study.* L aprann pa kè tout sa yo ba l pou l etidye. •**learn how to read and write** [*child*] degoche *Where did you learn how to read and write?* Ki kote ou te degoche? •**learn on the job** aprann yon bagay pa woutin *He learned his skills on the job.* Li aprann metye sa pa woutin. •**learn to read** degoudi tèt li *He thinks he can learn to read by himself.* Li panse li ka degoudi tèt li pou kont li. •**learn to write** degoudi men li *Even though he is old, he's going to school to learn to write.* Kwak li fin vye l al lekòl pou l sa degoudi men li.

learned *adj.* save •**learned person** moun lespri, moun save, save

learner *n.* apranti, estajè

learning *n.* aprantisay

lease¹ *n.* fèm, fèmaj, pretansyon •**multi-year land lease** ipotèk

lease² *v.tr.* 1[*land*] ipoteke *I leased my land.* M ipoteke tè m nan. 2[*house, etc.*] anfème, lwe *The landlord won't lease his house again.* Mèt kay la p ap anfèmen l ankò. *The home owner said he isn't leasing the house.* Mèt kay la di li p ap lwe l. •**lease farmland** achte pretansyon *He leased farmland for ten years.* Li achte pretansyon pou dizan. •**lease one's land for sharecropping** bay (yon moun){travay yon tè/fè twa pil/fè senk pil} *He leased his land to his brother for sharecropping.* Li ba frè l la travay tè li a.

lease holder *n.* lokatè

leash *n.* kòd chen •**keep on a tight leash** mare kout, restrenn

leasing *n.* 1[*by more than one month*] fèmaj 2[*money*] lajan frèt *The money for just leasing* a car is more than two thousand gourdes. Sèl lajan frèt machin nan depase de mil goud. •**leasing of land until repayment of specific debt** plàn

least[1] adj. [slightest] mwenn (ti), pi piti, ti kras *That's the least worry.* Sa se mwenn ti pwoblèm nou. *She didn't give me the least bit of trouble.* Li pa ban m ti kras poblèm menm. *The least thing upsets him.* Pi piti bagay ap kontrarye li. •**at the least** omwen *At the least bit of mischief, I'll thrash you.* Omwen ti dezòd, m ap ba ou yon vole baton. •**for at least** pou pi piti *I'll sell you the horse for at least two thousand gourdes.* M a vann ou chwal la pou de mil goud pou pi piti.

least[2] adv. mwens *That party was the least organized one I've ever attended.* Fèt sa a mwens òganize pase tout lòt fèt m asiste deja. *She is least able to come tonight.* Se li ki mwens ka vini aswè a. •**at least** a[used for lessening the force, certainty of sth. said] antouka *He's coming, at least he told me he was.* L ap vini—antouka se sa l te di m. b[used for mentioning some small advantage in sth.] omwen *The house may not be on the street, but at least it's cheap.* Kay la pa sou lari, men omwen li pa chè. c[when urging or reprimanding s.o.] manyè, mè *You should at least reprimand your child because he's too impolite.* Fòk ou manyè reprimande pitit ou a wi, paske li twò maledve. *It's always the same mistake, at least listen to people's advice.* Toutan se menm erè a, mè manyè koute konsèy moun non. d[minimum] gen...pase, minimòm, omwen *For this job, you'll need at least three weeks.* Pou travay sa a, minimòm ou bezwen se twa senmenn. *I haven't seen her for at least twelve years.* M gen omwen douzan depi m pa wè l. *I met him at least five days ago.* Gen senk jou pase depi mwen kontre ak li.

least[3] n. [smallest number, amount, etc.] pi piti *Which one costs the least?* Ki sa k koute pi piti? *The least I'll sell it for is fifty gourdes.* Pi piti pou m vann li, se senkant goud. •**in the least** menm *You don't bother me in the least.* Ou pa deranje m menm. *The shot didn't hurt me in the least.* Piki a pa fè m mal menm.

least bittern n. [bird] ti krabye mang lanmè

leather n. kui, po

leave[1] n. 1[time off] konje 2[mil.] pèmi, pèmisyon •**shore leave** desann atè *The sailors all went on shore leave.* Tout maren yo desann atè. •**sick leave** konje maladi •**take French leave** chinwa kò li *He managed to take French leave.* Msye aranje l li chinwa kò l sou moun la. •**take leave** mete deyò *Let's take leave, it's getting late.* Ann met deyò, li gentan ta.

leave[2] v.tr. 1[go away from] abandonnen, ale, anbake, bat bounda li, bay tè a, chòt kò li, derape, dezète, kite, lese, pati (sòti), pran wout, rache manyòk li, sot, soti (kite), vire do li, vole, wete kò li *A lot of people left the meeting.* Anpil moun te kite reyinyon an. *I'm leaving this country!* M ap lese peyi sa a! *He went away, leaving the children alone in the house.* Msye pati sòti kite timoun yo nan kay la pou kont yo. *At what time are the travelers leaving?* A ki lè vwayajè yo pati? *If you do not agree with the decision, leave.* Si ou pa kontan ak desizyon an, anbake! *It's getting late, we're leaving soon.* Li kòmanse ta, n aprale talè. *I must leave, it's starting to get late.* Fò m bat bounda m, li kòmanse fè ta. *They forced the dictator to leave the country.* Yo mande diktatè a pou bay tè a. *This year she's leaving for another country.* Ane sa a, l ap chòt kò li nan yon lòt peyi. *We'll leave around five p.m.* N ap derape vè senk è konsa. *All the people left the neighborhood.* Tout moun yo dezète katye a. *I have to leave this house because I can't afford it.* M blije rache manyòk mwen nan kay la paske m pa ka peye l. *He left Jacmel for Port-au-Prince on foot.* Li sot Jakmèl vin Pòtoprens apye. *He left the country.* Li soti kite peyi a. *Before the game was over, he left.* Anvan match la fini, li vire do l. *It's getting late, I'd better leave.* L ap fè ta, m vole. 2[boat] leve lank, pèdi tè *They left by boat yesterday.* Yo leve lank ayè. *He's leaving by boat tomorrow.* L ap pèdi tè demen. 3[forget sth.] kite *She left the keys on the counter.* Li kite kle yo sou kontwa a. 4[deposit, etc.] kite, lage *I'll leave the book for you on the chair.* M ap kite liv la sou chez la pou ou. *He left the car where it broke down.* Li lage machin nan kote l pran pàn lan. 5[cause to remain in a state or position] kite *Leave everything the way it is.* Kite tout bagay jan li ye. *This electric bill has left me broke.* Bòdo limyè a kite m san senk. **6**[*allow to remain*] epànye *Don't use all the sugar, leave some for me.* Pa sèvi ak tout sik la, epànye enpe pou mwen. **7**[*position, responsibility, etc.*] kite *I left the children with my mother.* M kite timoun yo nan men manman m. *She left her job.* Li kite travay li a. **8**[*bequeath*] (mouri) kite *My uncle left me a lot of land.* Tonton m mouri kite yon bann tè pou mwen. **9**[*after death*] kite (dèyè) *He died in the accident leaving a wife and two children.* Li kite madanm li ak de timoun dèyè lè li mouri nan aksidan an. •**leave a lot to be desired** manke anpil *The food in this restaurant leaves a lot to be desired.* Manje nan restoran sa a manke anpil. •**leave a mark** *a*[*physical*] fè sikatris, mak *The knife left a mark on her arm.* Kouto a fè yon sikatris sou bra l. *His shoes left a big mark on the floor.* Soulye li yo kite yon gwo mak sou planche a. *b*[*fig.*] make, remake *She left a mark on everyone she worked with.* Li remake tout moun li konn travay avè yo. •**leave a position** kite *She will never leave this position because she can't be fired so easily.* Li p ap janm kite djòb sa a paske li gen garanti ladan. •**leave again** repati, vire do li *I returned on May fifteenth, I stayed about ten days before I left again.* M te rantre nan peyi a kenz me, rete dis jou konsa pou mwen vire do m. *You have just returned home, and you're already leaving?* Apenn ou fèk antre nan kay la, enpi ou repati? •**leave alone/be** lese grennen *You can't just leave it alone, you have to care for it.* Ou pa ka lese li grennen, fòk ou swenyen li. •**leave at all costs** rache manyòk li bay tè a blanch *We asked that the minister leave at all costs.* Nou mande pou minis la rache manyòk li bay tè a blanch. •**leave behind** *a*[*in school*] pase sou *Her younger brother left her behind because she repeated a grade.* Ti frè l pase sou li paske li double. *b*[*pass by*] kite yon moun atè, monte pase kite dèyè *With the money he made, he left us behind in a lower social class.* Ak lajan pwès sa l fè a, li kite n atè a. *In the race, number three left the others behind.* Nan kous la, nimewo twa monte pase kite tout moun dèyè. •**leave for a while** fè yon deplase *He left for a while.* Li fè yon

deplase. •**leave for another time** [*discussion*] lage sa *That's a question best left for another time.* Ann lage keksyon sa a. •**leave for later** kite pou demen *Don't eat all the candies, why don't you leave some for tomorrow.* Pa manje tout sirèt yo, manyè kite pou demen. •**leave for some place** pati ale *They left for Jacmel.* Yo pati ale Jakmèl. •**leave hurriedly** deboulinen soti *The thief left the shop hurriedly.* Volè a deboulinen soti nan magazen an. •**leave in the wake of s.o.** nan siyay *They left in my wake a woman who follows me everywhere.* Yo lage yon fanm nan siyay mwen k ap swiv mwen tout kote. •**leave land** [*boat*] kase tè *We'll leave land tonight at midnight.* N ap kase tè aswè a minwi. •**leave me alone** retire twa de mwa, satan *I'm not going out with you, don't touch me, leave me alone!* Mwen p ap soti avè ou, pa manyen m, retire twa de mwa, satan! •**leave me out of it** mete m atè *If your intention is to harm, leave me out of it.* Si se entansyon fè mal ou gen, mete m atè. •**leave on a short trip** deplase *This coming week I'm leaving on a short trip.* Senmenn k ap vini an m ap deplase. •**leave one's country** depeyize *He was obliged to leave his country .* Li blije depeyize. •**leave one's home** ale{gade/wè/chache}kote lari fè kwen *She left home to find a life for herself.* L ale chache kote lari fè kwen. •**leave or give by will** mouri kite *Our father left us a lot of wealth.* Lepè a mouri kite anpil byen pou nou. •**leave s.o. alone** bay yon moun {kanpo/lè/tèt li/van pou l al Lagonav}, kite yon moun{an repo/anpè/trankil} *Leave me alone!* Ban m kanpo! *Leave the child alone, you tease her too much.* Bay pitit la lè, ou anbete l twòp. *Leave me alone!* Ban m tèt mwen! *What you're saying doesn't interest me, leave me alone.* Koze ou a pa enterese m, ban m van pou mwen al Lagonav. *Leave me alone.* Kite m anpè. •**leave s.o. dumbfounded** ret(e) bouch be *The goal the goalkeeper let by left him dumbfounded.* Gòl gadyen an pran an fè l rete bouch be. •**leave s.o. helpless** lage yon moun de bra balanse *The robbers left this family helpless.* Volè yo lage fanmi sa a de bra balanse. •**leave s.o. holding the bag** ba yon moun pote chay sou do li *They all ran away* *and left me holding the bag.* Yo tout chape poul yo enpi yo ban m pote tout chay sou do mwen. •**leave s.o. leftovers** krache yon bagay bay yon moun *It's when they finish eating that they leave leftovers for the 'restavèk'.* Se lè yo fin manje nèt pou yo krache yon bagay bay restavèk. •**leave s.o. out of a matter** mete yon moun atè, pa mete yon moun nan dans debou *Leave me out of it!* Pa mete m nan dans debou! *If your intention is to harm, leave me out of it.* Si se entansyon fè mal ou gen, mete m atè. •**leave s.o. speechless** kite yon moun bouch{be/ fèmen/makònen/ mare} •**leave s.o.'s ass alone** kite dengonn yon moun trankil *Leave his ass alone, he's not bothering you.* Kite dengonn li trankil, li pa p deranje ou. •**leave sth. lying about** lage yon bagay aladriv *He leaves his clothes lying around.* Li lage rad li aladriv. •**leave the ground** pèdi tè *The policeman grabbed him by his belt, his feet left the ground.* Chèf la fouke l, pyè l pèdi tè. •**leave the house** bay yon moun kay (li) *We left the house because they insulted us.* Nou bay moun yo kay la poutèt yo joure n. •**leave the priesthood** kite pè •**leave the roost** dejouke *At daybreak the hens leave the roost.* Kou l jou poul yo dejouke. •**leave to make better life** ale{gade/ wè}kote lavi fè kwen *I'm leaving the country to try to make a better life for myself.* M ap kite peyi a pou m al gade kote lavi fè kwen. •**about to leave** an patans *I'm about to leave, I can't stay.* M an patans la, m pa ka kanpe. •**be lined up to leave** kare *The way the buses are lined up, they're on their way to leave.* Jan bis yo kare la a, yo pa lwen pou demare. •**get up and leave** leve li{pati/ sòti} *When she saw that they weren't listening to her, she got up and left.* Lè li wè yo pa koute l, li leve li pati. •**not leave alone** pa kite yon moun yon may *He doesn't leave his girlfriend alone for a second.* Misye pa kite mennaj li yon may.

leaving *adj.* [*from an official position, etc.*] sòtan *The leaving President.* Prezidan sòtan.

Lebanese *prop.n.* Arab, Liban, Libanè, Libanèz [*fèm.*] •**Haitian of Lebanese or Syrian origin** awoutchapatcha [*pej.*]

Lebanon *prop.n.* Liban

lebbek tree *n.* tchatcha

lecher *n.* fanbre, konyapis

lecherous *adj.* anraje, devègonde, *He's a lecherous old man.* Se yon granmoun anraje.

lechery *n.* devègonday

lecture[1] *n.* (ti) bat bouch, konferans •**give a lecture** [*reprimand*] fè{jis leson/fè moral}, preche *Let's give the boy a lecture, he's too unruly.* Ann fè moral tigason an, msye twò vakabon. *Don't give me a lecture, I don't regret what I did.* Pa vin preche m la, sa m fè a m fè l nèt. •**stern lecture** esplikasyon

lecture[2] *v.tr.* fè moral, moralize *Let's lecture the boy, he's too unruly.* Ann fè moral tigason an, msye twò vakabon. •**lecture to s.o.** fè labab *Imagine that! He thinks he can lecture to me.* Gad msye k ap fè m labab!

lecturer *n.* konferansye

lees *n.pl.* kras boutèy

leech *n.* 1[*bloodsucker*] sansi 2[*fig.*] sousetrennen *That leech likes living off other people.* Sousetrennen sa a renmen ret sou kont moun.

leek *n.* powo

Leeward Islands *prop.n.* zile Anba Van

leeway *n.* kapasite *They give me the leeway to do what I want.* Yo ban m kapasite fè sa m vle. •**a little leeway** lougal

left[1] *adj.* 1[*opposite from right*] goch *He has two left feet.* Li gen de pye goch. 2[*politics, group, ideas*] gòch *In politics, she has a lot of left ideas.* Nan politik li gen yon pakèt lide goch.

left[2] *adj.* [*past participle of 'leave', = remaining*] ret, rete *There's not much food left.* Li pa ret anpil manje. *There's only two days left before your birthday.* Rete sèlman de jou anvan anivèsè ou. •**left to one's own devices** livre a li menm •**be left high and dry** rete bèk chèch *He was left high and dry at the dance.* Misye rete bèk chèch nan bal la. •**be left to o.s.** livre a li menm *Children left to themselves have a high probability of becoming delinquents.* Timoun ki livre a yo menm gen tout chans vin delenkan. •**have left** rete *I have only one goat left to sell.* M rete sèlman yon kabrit pou vann. •**left over** rete *There was o money left over.* Pa t gen kòb ki te rete.

left[3] *adv.* [*direction*] a gòch, agoch *Turn left.* Vire agoch. •**left and right (and every which way)** agòch adwat, tribòbabò *He's* *spending left and right without saving.* L ap depanse adwat agòch san ekonomize.

left⁴ *n.* **1**[*side, direction*] gòch **•on the left** (lamen) goch *The house will be on the left.* Kay la sou men goch ou. **2**[*political*] lagòch **•to the left** *a*[*side*] a gòch, agoch *It's on the shelf to the left.* Se sou etajè a agoch. **b**[*braiding, plaiting, knitting*] lanvè *She braided my hair to the left.* Li trese cheve m lanvè.

left-handed *adj.* goche *He's left-handed.* Li goche.

leftist¹ *adj.* [*politics, group, ideas*] gòch *There are almost no leftist governments in the world.* Prèske pa gen gouvènman goch nan lemonn ankò.

leftist² *n.* gòch, gochis *John is a leftist.* Jan se yon gochis.

leftover *adj.* rès *What can we do with the leftover flour?* Sa n ka fè ak rès farin lan?

leftovers *n.pl.* [*food*] gratpetren, manje dòmi, rès (manje), restan, retay, zagribay *We've finished eating; take the leftovers to the dogs.* Nou fin manje, pote tout rès yo bay chen yo. **•give/leave s.o. leftovers** krache yon bagay bay yon moun *It's when they finish eating that they leave leftovers for the 'restavèk'.* Se lè yo fin manje nèt pou yo krache yon bagay bay restavèk.

leg *n.* **1**[*limb*] bout jarèt, (bwa) janm, pye *She has long legs.* Janm li long. *How did he break his leg?* Kouman pye l fè kase? **2**[*animal*] pat, pye *I don't eat chicken legs.* M pa manje pye poul. *That dog has only three legs.* Chen sa a gen twa pat ase. **3**[*of lamb or goat*] jigo *A leg of goat is an expensive cut.* Jigo kabrit se yon pati ki chè. **4**[*clothing*] pye *The pants leg is torn.* Pye pantalon an chire. **5**[*furniture*] pye *He painted the legs of the table.* Li pentire pye tab la. **•have a leg up on s.o.** wè{avantay/pa}li sou yon moun *If I didn't have a leg up on him, I wouldn't enter into a partnership.* Si m pa te wè avantaj mwen sou msye, m pa t ap asosye ak li. **•hind leg** [*lamb, goat, etc.*] jigo **•long legs** banbou janm, bwa janm **•lower leg** bout jarèt, bwa pye, pye **•on its last leg** fini *This car is on its last leg.* Machin sa a fini. **•pants/trouser leg** janm{kanson/pantalon} **•peg leg** janm de bwa **•put one's legs together** sanble janm li *You aren't*

sitting properly, put your legs together. Ou mal chita, sanble janm ou. **•skinny legs** bagèt janm, gen maladi pye chèch **•swollen feet and legs** efranjit

legacy *n.* eritaj, legasyon

legal *adj.* legal, valab *Choose the legal way.* Chwazi wout legal. *Put a seal on the document to make it legal.* Met so sou dokiman an pou l ka valab.

legally *adv.* legal, legalman *She acted legally.* Li aji legal.

legend *n.* lejann

legendary *adj.* lejann *He is legendary in these parts.* Se yon lejann nan zòn sa a.

legging *n.* janbyè

leggy *adj.* janm long

legible *adj.* lizib *Make sure your writing is legible.* Se pou ou fè ekriti ou lizib.

legion *n.* lejyon

legionnaire *n.* lejyonè

legislation *n.* (pwojè) lalwa

legislative *adj.* lejislatif *The legislative assembly makes the laws in this country.* Se asanble lejislatif ki fè lalwa yo nan peyi sa a.

Legislative Palace *prop.n.* Lachanm

legislator *n.* depite, lejislatè, palmantè

legislature *n.* lejislati

legitimacy *n.* eta de dwa, lejitimite *A country has arrived at legitimacy when everyone respects everyone else.* Yon peyi rive gen yon eta de dwa se lè tout moun respekte tout moun.

legitimate *adj.* lejitim *Children that you have with a mistress are not legitimate children.* Pitit ou fè ak fanm deyò pa janm pitit lejitim.

leisure *n.* tan lib

leisurely *adv.* kè pòpòz *She's never hurried, everything she does, she does it leisurely.* Li pa janm prese, tout sa l ap fè, li fè l kè pòpòz.

lemon¹ *n.* [*fruit*] sitwon, sitwon{dous/jòn}

lemon² *n.* **1**[*sth. without value*] adjipopo, koupyon **2**[*broken-down car*] bogi

lemon-flavored *adj.* **•lemon-flavored 'kleren'** tolomonèl

lemonade *n.* limonad

lemon barb *n.* herb melis

lemongrass *n.* sitwonnèl

lend *v.tr.* **1**[*money, possession, etc.*] prete, sede *Lend me your bike.* Prete m bisiklèt ou. *Lend me ten gourdes, madam.* Sede m di goud makòmè. **2**[*credibility, importance, etc.*]

akòde, bay *Her position lends credibility to what she says.* Pòs li a akòde bay pwa a sa l ap di. *Lend me your ear.* Ban m zòrèy ou. •**lend a helping hand** {pote/bay/prete} yon moun sekou *Lend me a helping hand with those heavy packages.* Ban m yon ti sekou la non ak chay lou sa yo. •**lend land for temporary use** bay sekle *We lent the land for temporary use.* Nou bay sekle tè a. •**lend money at a usurious rate** bay kout ponya, ponyade *She becomes really rich by lending at a usurious rate.* Li fin nan bay kout ponya. *She lent me money at a usurious interest rate.* Li ponyade m. •**lend moral support to** sipòte *We lent moral support to the party candidates.* Nou te sipòte kandida pati a.

lender *n.* baya, pretè

length *n.* 1[*measurement*] longè *The boards are of different lengths.* Planch yo pa menm longè. 2[*section*] bout, mòso, pyès *A length of cloth.* Yon pyès twal. *A length of rope.* Yon mòso kòd. *A length of hose.* Yon bout tiyo. 3[*book, letter, etc.*] longè *What's the length of that book?* Ki longè liv sa a? 4[*time*] dire *What length of time is the film?* Ki dire fim nan? •**at arm's length** a longè bra •**at full length** toulongsay *He stretched out at full length on the path.* Li blayi kò l toulongsay nan chimen an. •**wooden length for measuring an ell** lonn •**go to any lengths** ale jis la *He'll go to any lengths for money.* L ap ale jis la pou lajan. •**go to great lengths** fè batri ba *She went to great lengths to get the job.* Li fè anpil batri ba pou jwenn travay la.

lengthen *v.tr.* 1[*skirt, pants, etc.*] fè pi long, lonje, pyese, ralonje *Lengthen this skirt for me.* Ralonje jip la pou mwen. *Lengthen your dress.* Fè wòb ou a pi long. *The tailor can lengthen the pants for you.* Tayè a ka pyese pantalon an pou ou. 2[*visit, life, etc.*] pwolonje *Eat well if you want to lengthen your life.* Manje byen si ou vle pwolonje lavi ou. 3[*stride*] lonje *Lengthen your stride.* Lonje pa ou. •**lengthen one's hair** [*women*] mete grèf *Why does Anita want to lengthen her hair?* Poukisa Anita vle mete grèf?

lengthy *adj.* long anpil

lenient *adj.* neglije, sitiran *The teacher is too lenient with the kids.* Mèt la neglije elèv yo

twòp. *You can't be lenient like that with the children.* Fò ou pa sitiran konsa ak timoun yo.

lens *n.* 1[*pupil*] twou je 2[*glasses, etc.*] lantiy, vè •**crystalline lens** [*of the eye*] loup •**eyeglass lens** vè linèt •**zoom lens** zoum •**contact lens** vè kontak

Lent *prop.n.* Karèm •**third Thursday of Lent** mikarèm

Lenten *adj.* •**Lenten period** karenay •**the Lenten festival** rara

lentil *n.* lantiy, pwa kase

Leo *prop.n.* [*Zodiac*] lyon

Léogâne *prop.n.* Leyogàn

leopard *n.* leyopa

leotard *n.* akote, kolan, leyota

leper *n.* lepre

leprosy *n.* lèp

Les Cayes *prop.n.* Kay, Okay, Okay Difon

lesbian *n.* madivinèz

lesbianism *n.* madivin

lesion *n.* [*ulcerated weeping*] maleng •**yaws lesion** [*on the foot*] krab, pye fann, sapat tach

less[1] *adj.* mwens *There are less cars on the road than before.* Gen mwens machin sou wout la konnye a. •**less and less** mwens an mwens *It seems I have less and less money.* Sanble m gen mwens an mwens lajan.

less[2] *adv.* mwens, pi piti pase *You gave me less than you gave her.* Ou ban m pi piti pase l. *The less you talk, the more people will want to listen to you.* Mwens ou pale anpil, plis moun anvi koute ou. •**less than** mwens ke *Since he's less important than they, they're mean to him.* Paske entèl mwens ke yo, yo pa pran ka l. •**less than no time** konnye konnye a, la menm *I'll be back in less than no time!* M ap tounen la menm! •**much less** alewè *She can't even buy a bicycle, much less a car.* Li pa ka achte yon bisiklèt, alewè yon machin. •**neither more or less** san mete san were •**the less** [*comparative*] mwens *The less he works, the less he earns.* Mwens li travay, mwens li touche. *The less you talk, the better.* Mwens ou pale mye sa vo.

lessee *n.* [*of farmland*] fèmye

lessen *v.tr.* abat, apeze, bese, diminye, minimize *They lessened his strength considerably.* Yo abat fòs li toutbon. *The medicine lessened the pain.* Medikaman an apeze doulè a. *The price of food has lessened* *recently.* Pri manje a bese tout dènyèman. *She raises the prices but lessens the quality.* Li moute pri yo men li diminye kalite a. *When you say that it lessens other people's contributions.* Lè ou di sa a, li minimize kontribisyon lòt moun yo.

Lesser Antilles *prop.n.* Ti{Antiy/Zantiy}

lesson *n.* 1[*school, college, etc.*] leson *She's taking guitar lessons.* L ap fè leson gita. 2[*warning, example, experience*] leson *Let that be a lesson to you!* Se pou sa a sèvi ou leson! •**give private lessons** bay (yon moun) leson (apa) *That teacher is giving my children private lessons.* Pwofesè sa a bay timoun mwen yo leson apa.j •**sewing lessons** kouti •**take lessons** {pran/fè}leson *I'm taking piano lessons.* M ap pran leson pyano.

let *v.tr.* 1[*allow*] bay, ki(te), lese, pèmèt, vle *They let him go.* Yo ba l pase. *Let me sing.* Te m chante. *Let me drive your car.* Lese m kondi machin ou an. *She doesn't let us go out at night.* Li pa vle n soti le swa. *My mother doesn't let animals in the house.* Manman m pa pèmèt bèt nan kay la. 2[*imperative 1st person plural*] ann *Let's try not to be late today.* Ann fè efò pou n pa an reta jodi a. 3[*3rd person imperative*] kite li *If she wants the book, let her come and get it.* Si li vle liv la, kite l vin chache li. •**let alone** alewè, kidire, vini wè pou *He doesn't drink beer, let alone raw rum.* Li pa bwè byè ale wè tafya. *I can't even walk, let alone run.* M pa menm ka mache, alewè pou m ta kouri. *They can't even correct the pronunciation, let alone the grammar.* Yo pa menm kap korije pwononsyasyon an, alevwa gramè a. *I can't lend you the money, let alone give it to you as a gift.* M p ap ka prete ou kòb la, kidire pou m ta fè ou kado li. *He can't afford food, let alone pay for a house.* Li pa ka manje, vini wè pou l ta peye kay. •**let down** *a*[*lower*] desann *Let the hammer down and come help me.* Desann mato a epi vin ede m. *b*[*lengthen*] fè pi long *You need to let down the dress, it's too short.* Ou bezwen fè wòb la pi long, li twò kout. *c*[*disappoint*] fè yon moun {ponn/pwepwe}, reze *When her mother found out she was pregnant, she was really let down.* Nouvèl tifi a ansent fè manman li ponn toutbon. *John let the poor*

girl down when he stood her up. Jan reze ti malerèz la lè li fè li chinwa. *d*[*lessen*] desann, fè pi long *The medicine let down the fever.* Remèd la desann lafyèv la. •**let go** *a*[*release*] lage *When I let go of her, she ran away.* Lè m lage l, li pran kouri. *b*[*unwind*] defoule li *You have to relax and let go every now and then.* Fòk ou defoule ou tanzantan. •**let in the clutch** anbreye •**let it go** [*drop a subject, etc.*] kraze yon kite sa, lage{kòd/may} *If you don't want to argue, let it go.* Kraze yon kite sa si ou pa vle diskite. *I let it go with my wife to avoid a divorce.* Mwen lage kòd la bay madanm mwen pou mwen evite yon divòs. •**let loose** dechennen, pati *She let loose when she caught him with another woman.* Danm nan fin dechennen lè li kenbe msye a ak yon lòt fi. *The scream was suddenly let loose.* Kout rèl la pati sanzatann. •**let off** *a*[*smell*] degaje *The meat let off a terrible smell.* Vyann nan degaje yon odè terib. *b*[*dismiss*] lage *The teacher let us off early today.* Mèt la lage n bonè jodi a. *c*[*drop s.o. off*] depoze, lage *Where do you want me to let you off?* Ki kote pou m depoze ou? •**let off steam** defoulman *Carnival is a time for letting off steam.* Kanaval se yon peryòd defoulman. •**let one's hair down** *a*[*loosen or free one's hair*] lage, penyen lage *She let her hair down.* Li lage cheve l. *b*[*loosen up, relax*] delase kò li *She finally had time to let her hair down.* Se kounyeya li gen tan delase kò li. •**let o.s. go** mòl *A person can't let himself go like that, men must be strong.* Yon moun pa ka kite kò l mòl konsa, gason dwe solid. •**let out** *a*[*clothes*] laji *The pants are too tight, have them let out.* Kanson an twò piti, bay laji l. *b*[*release s.o. from work, school, etc.*] lage *He's still in prison. They haven't let him out yet.* Li nan prizon toujou. *c*[*empty*] lage *Who let the air out of the tire?* Ki moun ki lage van nan kawotchou a? *d*[*utter*] lage *She let out a scream when they gave her the shot.* Li lage yon kout rèl lè yo ba l piki a. •**let s.o. down** fè yon moun wont *The way I was counting on you, man, you let me down.* Jan m te konte sou ou, ou fè m wont monchè. •**let s.o. go** [*dismiss, fire*] revoke *They let her go because she couldn't do the work.* Yo revoke l pase li pa ka fè travay la. •**let s.o. go first** bay yon moun devan *Even if I let you go first, I'll* *win the race.* Menm si m ba ou devan, m ap genyen kous la. •**let s.o. have a look** bay yon moun fè yon lèy *Let me have a look at it.* Ban m fè yon lèy. •**let s.o. have it** bay yon moun yon swif, blende wawa yon moun, chire nat yon moun *Annoy me and see if I don't let you have it.* Anmède m pou wè si m p ap fout blende wawa ou. •**let s.o. know** enfòme, fè yon moun konnen, mete yon moun okouran, siyale *Let me know when you decide to come.* Fè m konnen lè ou deside vini. *Let me know if he continues to bother you.* Siyale m si msye ap kontinye anmède ou. *You have to let everyone know the wedding is off.* Fòk ou mete tout moun okouran maryaj la pa p fèt. •**let s.o. know who one is and what one can do** fè yon moun konnen sekous li *If you keep bothering me, I'll let you know who I am and what I can do.* Si ou kontinye anbete m, m ap fè ou konnen sekous mwen an. •**let s.o. take advantage of o.s.** bay {Nanna pou Sizàn/piyay} *If you don't force the guy to give you your money back, it's like you letting him take advantage of you.* Si ou pa fè nèg la kale ou kòb ou, se sa se ta bay Nanna pou Sizàn. *You shouldn't let others easily take advantage of you in life.* Ou pa fèt pou ap bay piyay konsa nan lavi a. •**let the chips fall where they may** lese grennen *Instead of correcting the situation, she just let the chips fall where they may.* Olye li korije sitiyasyon an, li lese grennen. •**not let anything go by** pa nan demi mezi ak *She's very strict. She won't let anything go by.* Li rèd anpil. Li pa nan demi mezi ak anyen. •**not let s.o. get away with sth.** pa nan demi mezi ak *You can't let thieves get away with it, you have to punish them properly.* Vòlè, ou pa nan demi mezi ak sa, se pou pini yo kòrèkteman.

letdown *n.* bwa nen, desepsyon *He slammed the telephone down in my face, that's a big letdown.* Li fèmen telefòn nan nan figi m, sa se yon gwo bwa nen.

lethal *adj.* mòtèl *That snake can be lethal if it bites you.* Koulèv sa a gendwa mòtèl si li mòde ou.

lethargic *adj.* {chita/rete}sou blòk glas li, dolan, kò {kraz/labouyi/lage/lòja/mòl/mouri}, mòlòkòy *A lethargic guy like you, you cannot manage any business.* Moun dolan tankou ou, kote ou ka jere biznis. *He's lethargic.* Msye se yon kò kraz. *That boy is lethargic when it comes to doing his homework.* Ti gason sa a mòlòkòy lè se pou fè devwa li. *She is lethargic. She doesn't want to do anything.* Li pa vle fè anyen apa chita sou blòk glas li a.

lethargy *n.* kalbenday, letèji, parès

letter *n.* **1**[*correspondence*] lèt **2**[*Bible*] epit *The letters of Paul are in the New Testament.* Epit Pòl yo se nan Nouvo Kontra a. **3**[*of the alphabet*] lèt •**letter containing money** lèt chaje •**letter of credit** lèt (de) kreyans •**airmail letter** lèt avyon •**anonymous letter** lèt anonim •**capital letter** gwo lèt, lèt majiskil •**in capital letters** an grann manchèt *Write the text's title using capital letters.* Ekri tit tèks la an grann manchèt. •**lower-case letter** lèt miniskil, ti lèt •**open letter** [*to a newspaper editor, official*] lèt tou{dekachte/louvri} •**pastoral letter** [*eccl.*] pastoral •**short letter** biyè •**small letter(s)** miniskil •**to the letter** alalèt *He followed my advice to the letter.* Li suiv konsèy mwen an alalèt. •**upper-case letter** majiskil •**in capital letters** an grann manchèt

letterhead *n.* [*stationery*] (papye) antèt

lettuce *n.* leti, salad •**head of lettuce** leti

letup *n.* apezman, san rete

leukemia *n.* maladi globil blan

leukoma *n.* te nan je

Levantine *prop.n.* awoutchapatcha

levee *n.* dig

level[1] *adj.* **1**[*same height*] bay yon moun nan, menm {wotè/nivo} *His head is level with my shoulder.* Li ban m nan zepòl. *The flowers are level with the fence.* Flè yo menm wotè ak lantiray la. **2**[*flat, not sloping, etc.*] egal, ekè, nivo, swa *The whole road must be level before we put on the tar.* Se pou tout bò wout la egal anvan nou mete goudwon an. *This wall isn't level.* Mi sa a pa alekè. *Put a small stone under the table to make it level.* Mete yon ti wòch anba tab la pou fè l nivo. *The soccer field is level.* Teren foutbòl la swa. **3**[*equal, same standard, etc.*] egalego, menm nivo *Keep your shoulders level.* Kenbe zepòl ou egalego. *Those two players are level with each other.* De jwè sa yo nan menm nivo. •**level to the ground** rapyetè *He put down* *his motorcycle level with the ground.* Msye kouche motosiklèt la rapyetè. •**level with** ra *She lay down level with the ground so as not to be hit by bullets.* Li kouche ra tè pou bal pa pran l. •**make level** nivle *We have to make the field level.* Nou bezwen nivle teren an.

level² *n.* **1**[*height*] daplon, nivo, otè *Prop up the other leg of the table so that it will be on the same level.* Kore lòt pye tab la pou l ka daplon. *The level of the water isn't high enough.* Otè dlo a ye la pa wo ase. *The tree reached the level of the roof.* Pyebwa a rive nan nivo do kay la. **2**[*intellect, achievement, social class, etc.*] kouch, nivo, palye *At what level of English study are you?* Nan ki nivo ou ye nan kou angle a? *These two teams are not at the same level.* De ekip yo pa menm nivo. *We are far from reaching the social level of those people.* Nou pankò ka rive nan kouch sosyal moun sa yo. **3**[*rate, degree, etc.*] nivo, to *The level of unemployment is very high.* To chomaj la wo anpil. *The level of support for the President is very low.* Nivo sipò pou prezidan an ba anpil. **4**[*floor*] etaj, nivo, palye *The house is on three levels.* Kay la gen twa nivo. **5**[*carpenter's tool*] nivo •**level in school** klas *This year, that child will enter the next level at school.* Ane sa a, pitit la pral nan pwochen klas la. •**level of elevation** nivo •**above/below sea level** pi{ba/wo} pase nivo lanmè •**at a high level** awotè *The river is at a high level this year.* Rivyè a awotè ane sa a. •**at the level of** anivo, {nan/o}nivo *He is at the reading level of a child.* Li nan nivo lekti yon timoun piti. •**at the same level** tenmpla *The table legs must be at same level for it to stand straight.* Fò de pye tab yo tenmpla pou l ret dwat. •**at the same level as** daplon ak *The wall is not at the same level as the gate.* Mi an pa daplon ak baryè a. •**be on the lowest level** [*socially*] chen fè yon moun esplikasyon *Begging for a living she is on the lowest social level.* Se chyente l ap chyente. Menm chen fè li esplikasyon. •**from one's social level** oran *You aren't from my social level for me to have dealings with you.* Ou menm pou mwen ta frekante, ou pankò oran. •**of one's social level** sosyab *Don't socialize with people who are not of your social level.* Pa frekante moun ki pa sosyab. •**on a high level** awotpòte *It's*

a high level project. Se yon pwojè awotpòte. •**on a level with** anivo, {nan/o} nivo *She is on a level with the best athletes.* Li onivo pi bon atlèt yo. •**on the level** [*frank, honest*] karebare *Are you talking on the level?* Ou ap pale karebare kounye a? •**on the level of** anivo, {nan/o} nivo *He is on the level of a high school graduate.* Li nan nivo filozòf. •**on the same level** anivo, daplon *The table legs are not on the same level.* Pye tab yo pa anivo. •**on the same level with** [*wavelength, understanding*] daplon ak, sou menm bit ak yon moun *We are on the same level with each other.* Nou sou menm bit la nou menm.

level³ **I** *v.tr.* **1**[*make even, flat*] nivle aplani, nivle *They're leveling the road.* Y ap aplani wout la. *We have to level out the lot.* Nou bezwen nivle teren an. **2**[*demolish*] bale, ofraje *They leveled the house to make room for the road.* Yo te bale kay la pou fè plas pou wout la. *The hurricane leveled the building.* Siklòn nan ofraje kay la. **3**[*a gun, etc.*] brake *He leveled the gun at her and shot.* Li brake fizi sou li epi li tire. **II** *v.intr.* [*speak honestly, frankly with*] bay yon moun verite a, pale karebare *I'll level with you. I think he's guilty.* M ap ba ou verite a. M kwè msye a koupab. •**level cutting remarks at s.o.** pale an parabòl, voye toya *Criticize me frankly, but don't level cutting remarks at me.* Repwoche m kareman, men pa pale an parabòl. *About whom among us is she making those cutting remarks?* Kont kilès nan nou la l ap voye toya sa yo? •**level off** egalize, mete anivo *The foreman should level off the wall of the house.* Fòk kontremèt la mete mi kay la anivo. •**level out** nivle

level-headed *adj.* gen lòlòj, tèt an plas *Don't think that you can fool level-headed people.* Pa panse ou ka pase sou moun tèt an plas. *That girl is level-headed, people can't fool her.* Fi sa a gen lòlòj wi, moun pa ka fè li fè tenten.

level-headedness *n.* sanfwa, san poze, tèt an plas *Since he has level-headedness he always makes the right decision.* Konm li gen san poze li ka toujou pran bon desizyon.

leveling *n.* [*for roadwork or construction*] terasman

lever *n.* levye, manèt •**brake lever** [*bike*] manèt fren •**gearshift lever** ba vitès

leverage n. bwa dèyè bannann, mayèt

levuloze n. leviloz

levy¹ n. [tax] enpo, rekouvreman, taks

levy² v.tr. 1[tax] enpoze, fè rekouvreman, takse *The State levies too much in taxes.* Leta enpoze twòp taks. 2[collect] leve *They levied a fund for their sick uncle.* Yo leve lajan pou tonton malad yo. 3[army, troops, etc.] leve *He levied an army.* Li leve yon lame.

levying n. [of taxes] rekouvreman

lewd adj. dekòlte, endesan *He's always making lewd comments to the women.* L ap toujou fè yon seri kòmantè dekòlte bay medam yo.

lewdness n. endesans

lexicographer n. leksikograf

lexicography n. leksikografi

lexicon n. leksik

liability n. dèt

liable adj. 1[likely] gendwa, kapab, pa fouti [not likely] *This car is liable to break down on a long trip.* Machin sa a gen dwa pran pàn si ou fè wout lwen avè l. *We are liable to be in Port-au-Prince next week.* Nou kapab nan Pòwoprens semenn pwochèn nan. *He's not liable to steal again for fear of being caught.* Li pa fouti vòlò ankò pa krent y ap kenbe li. 2[responsible] gen obligasyon, reskonsab *The judge said she was liable for all of her debts.* Jij la di li reskonsab pou tout dèt li yo.

liaison n. lyezon •**serve as liaison** fè vatevyen *I have a position that allows me to serve as liaison between the main office and the annex.* M gen yon djòb kote se mwen k ap fè vayevyen ant biwo a ak anèks la.

liar n. bafrezè, blofè, blofèz [fem.], krakè, mantè, mantèz [fem.], trikè *No one is a liar like he.* Nanpwen nèg mantè konsa. •**be a born liar** manti kou chen *He's a born liar.* Li manti kon chen •**imaginative liar** fèzè *He's an imaginative liar, he talks about what he doesn't see.* Li se yon fèzè, li pale sa l pa wè. •**shameless liar** je chèch *This shameless liar denies everything although they saw her.* Je chèch la ap plede alòske yo te wè l.

libel v.tr. debinen, difame *They libeled the political candidate until he couldn't take it anymore.* Yo debinen kandida politik la jis li pa t kapab ankò. *She libeled the judge for putting her son in prison.* Li difame jij poutèt li mete pitit li nan prizon.

liberal¹ adj. gochis, liberal *He's a very liberal President.* Se yon prezidan ki gochis anpil.
•**be liberal** [money, sex, etc.] bay piyay *She's very liberal with sex; she sleeps around.* Li bay piyay; l ap kouche adwat agòch.

liberal² n. [political] lagòch

liberalism n. liberalis

liberalization n. liberalizasyon

liberate v.tr. delivre, libere *He is the one who liberated the slave.* Se li ki delivre esklav yo.

liberation n. liberasyon

liberator n. liberatè

libertinage n. libètinay

libertine adj. deregle *She leads a very libertine lifestyle.* L ap mennen yon vi deregle.

libertine n. libèten

liberty n. libète •**take liberties** pèmèt li *He takes liberties with all the women.* Li pèmèt li ak tout fanm yo. •**take too many liberties** pran yon bagay pou piyay *She takes too many liberties at her Grandmother's house.* Li pran kay Grann ni pou piyay.

libidinous adj. danvi, devègonde

Libra prop.n. [zodiac] balans

librarian n. bibliyotekè, dokimantalis

library n. bibliyotèk, libreri

lice n.pl. see **louse**

lice-powder n. salbada, salbadi

license n. 1[driver, fishing, weapon, etc.] lisans, pèmi *You need a license to carry a handgun.* Ou bezwen yon pèmi pou pòte yon pye kochon. *Her driver's license was expired.* Lisans li pase dat la. 2[freedom] deregleman, lekòl lage *You take your mother's silence for a license to do whatever you want!* Ou pran silans manman pou lekòl lage, papa! 3[commercial sales sanction] patant *You need a license to sell cigarettes.* Fò ou gen patant pou ou vann sigarèt. •**driver's license** lisans *She doesn't have a driver's license.* Li pa gen lisans. •**marriage license** ak maryaj •**vendor's license** patant

licensed adj. patante *I'm not licensed to sell cigarettes.* M pa patante pou m vann sigarèt.

licentious adj. nan vis *That girl is really licentious.* Fi sa a lage nan vis nèt.

licentiousness n. devègonday

lichen n. lemous

licit adj. lejitim

lick *v.tr.* **1**[*person, animal*] lanbe, niche *She licked the plate.* Li lanbe asyèt la. *My dog licked all the plates.* Chen m nan niche tout asyèt yo. **2**[*defeat, thrash, outdo*] bat, kale, kraze *The problem has got me licked.* Pwoblèm nan ap kale m. •**lick one's lips** [*at the thought of eating*] file lang *She saw the food, she licked her lips but she didn't get any.* Li wè manje a, li file lang li, men l pa jwenn. •**lick up** bwè, lanbe *The cat licked up the milk.* Chat la bwè lèt la.

licorice *n.* legliz, reglis

lid *n.* bouchon, kouvèk, kouvèti *Put the lid on the pot.* Mete kouvèk sou chodyè a. *This bottle doesn't have a lid.* Boutèy sa a pa gen bouchon.

lie¹ *n.* **1**[*gen.*] blo, boul [*fam.*], kont, kout fouk, krak, madou, mansonj, manti, penpenp, pye kochon *I never tell lies.* M pa janm bay manti. *It's all a bunch of lies.* Se tout yon pakèt boul. *He told me a lie.* Li ba m yon blo. *She's so gullible; she'll believe any lie you tell her.* Payas sa la; l ap kwè nenpòt kout fouk ou ba li. *No matter what she says, it's always the same lies.* Kenenpòt sa li di, se menm penpenp lan. *When the police asked who he was, he told them a lie so they would let him go.* Lè polis la mande kimoun li ye, li te ba yo yon pye kochon pou yo ta kite li ale. **2**[*only for a relationship*] bouden kè *He told me a lie, but I know he was with the woman next door.* Li ban m yon bouden kè, men mwen konnen li ak vwazin nan. **lies** *n.pl.* boulòk, koulay •**unbelievable lie** bouden gri *He knew that I wasn't going to believe him, but he told me his unbelievable lie anyway.* Li konnen m p ap kwè l, li ban m bouden gri a kanmenm. •**make up a pack of lies** taye yon{kanson/rad/wòb}mete sou *If he makes up a pack of lies about you, you are done for.* Si misye taye yon rad mete sou ou, dlo pran ou afòs li gen lang.

lie² *v.intr.* {bay/fè}manti, blofe, manti, sou plan, voye monte *The child lied to you.* Pitit la bay ou manti. *You lie too much!* Ou manti twòp, monchè! *The lawyer was lying to the judge.* Avoka a sou plan ak jij la. *The political candidate said he would do a lot for the people but we know that he's lying.* Kandida a di li pral fè anpil bagay pou pèp la, men nou

kwè sèlman l ap voye monte. •**lie to** bafre, bay bèl franse *This minister is flattering the people, but he's clearly lying to them.* Minis sa la ap anmadwe pèp la, men se yon pakèt bèl franse ase l ap ba yo. *She's lying to us all with those false promises.* L ap bafre nou tout ak fo pwomès sa yo. •**lie through one's teeth** pale nan fant dan (ak gwo zòtèy k ap peze tè a) •**make s.o. lie** fè bouch yon moun *They made the child lie.* Yo fè bouch pitit la. •**one who lies convincingly** petè, petèz [*fem.*]

lie³ *v.intr.* **1**[*person*] kouche, lonje kò li *She was lying on the floor fast asleep.* Li t ap dòmi rèd, kouche atè. *He lay on the bed for a while before getting up.* Li lonje kò li sou kabann nan yon ti kras anvan li leve. **2**[*object*] dòmi, kouche, lonje, peze, rete *The money laid idle in the bank for years.* Lajan an dòmi nan bank lan pou dezane. *The food lay on the stove all night.* Manje a kouche sou recho a tout nannuit. *The road lay along the river.* Wout la lonje rivyè a. *The crime lay heavy on her conscience.* Krim nan peze li anpil. *The book lay unopened on the table.* Liv la rete fèmen sou tab la. **3**[*with abstract subject*] chita, rete, tann *You never know what lies ahead for you.* Ou pa janm konn sa k ap tann ou pi devan. *You're the one who knows where your best interests lie.* Se ou ki konnen kote enterè ou chita. *The decision lies in your hands.* Desizyon an rete nan men ou, wi. •**lie around** trennen, wodaye *Her feet got caught in the rope that was lying around on the ground.* Pye l pran nan kòd ki t ap trennen atè a. *Since you're just lying around the house, you should clean up.* Tank ou ap wodaye nan kay la, se pou ou netwaye. •**lie dead** blayi tou rèd *She lay dead on the ground.* Li blayi tou rèd atè a. •**lie down** fè yon ti lonje, {jete/lage/laji/ lonje}kò li, kouche (apla) *Lie down flat.* Kouche apla. *Lie down in order to recover.* Fè yon ti lonje pou ou ka reprann ou. *I'm tired, I'm going to lie down anywhere.* M fatige, m pral jete kò m nenpòt kote. *She's tired, she went to lie down.* Li fatige, l al kouche. *She lay down the entire length of the bed.* Li lage kò l tout longè sou kabann nan. *She lay down on the bed.* Li laji kò l sou kabann nan. *She's lying down, but she isn't asleep.* Li lonje, men li p ap dòmi. •**lie in wait** file zepon li *She barely saw* *me preparing the food, she was lying in wait to get some of it.* Li annik wè m fin prepare manje a, li gentan ap file zepon li. •**lie low** antere, foure zèl li anba vant li, mouri poul li *He's lying low, the police will never find him.* Jan li antere nan twou sa a, lapolis pa p janm twouve li. *If you don't lie low, you'll be a victim in that business.* Si ou pa foure zèl ou anba vant ou, w ap viktim nan bagay sa a. *She's lying low until things cool down at home.* L ap mouri poul li jis lè bagay yo pa cho lakay li. •**lie low** antere, foure zèl li anba vant li *If you don't lie low, you'll be a victim in that business.* Si ou pa foure zèl ou anba vant ou, w ap viktim nan bagay sa a. •**lie on one's back** kouche sou lasèldedo *He's lying on his back.* Misye kouche sou lasèldedo. •**be lying around** grate santi *She's just lying around all day.* L ap grate santi tout lajounen. •**lying down** apla *He's lying down on the bed.* Li apla sou kabann nan. •**make one's bed...lie in it** jan chache, jan twouve *He's made his bed, now let him lie in it.* Jan chache, jan twouve.

lieutenant *n.* lyetnan •**second lieutenant** soulyetnan

life *n.* 1[*human existence*] lavi, vi *I won't spend my life working here.* M pa ka fè tout vi m ap travay isi a. *I don't believe in life after death.* M pa kwè nan lavi aprè lanmò. 2[*living things*] lavi, vi *There is no life on Mars.* Pa gen lavi sou Mas. *The animal life is spectacular here.* Lavi animal se efrayik isit la. 3[*way of living*] lavi, vi *He's living a life of leisure.* Se moun ki nan lavi dous. *She's leads a licentious life.* Li mennen yon vi devègonde. 4[*liveliness*] aktivite, chalè, cho, enganm *There wasn't any life in the street.* Pa t gen aktivite menm nan lari a. *She puts the life in the party.* Se li ki mete chalè nan fèt la. *There's a lot of life in that house, man!* Kay sa la cho, papa! *He still has a lot of life left in him.* Li enganm toujou. 5[*battery, car, etc.*] dire, esperans (de) vi, ladire, vi *That battery's life didn't last long at all.* Ladire pil sa a pa long menm. *That car doesn't have a lot of life left in it.* Machin sa a pa gen anpil esperans de vi ki rete li. 6[*cause or interest*] lavi, vi *Her work is her whole life.* Travay li se lavi li. 7[*imprisonment*] (la) vidiran(t) *He got life in prison.* Yo ba li prizon lavidiran. •**life of the party** odyansè •**basic**

life force (gwo) bonnanj •**decent life** beke *He got an increase in his salary, now he can lead a comfortable, decent life.* Yo ogmante kòb li nan travay la, li ka beke atò ak lavi a. •**during one's entire life** pèmanan nan vi li *I'm going to read the Bible during my entire life.* M ap li Bib la pèmanan nan vi m. •**everlasting life** lavi ki p ap janm fini *If you believe in God, you will have everlasting life.* Si ou kwè nan Granmèt la, w ap gen lavi ki p ap janm fini a. •**family life** lavi familyal •**for life** avi *Toussaint was Governor General for life.* Tousen te gouvènè jeneral avi. *He was sentenced to life in prison.* Yo kondane misye pou prizon avi. •**for one's whole life** lavidiran *He was sentenced to prison for his whole life.* Yo kondane misye pou prizon lavidirant. •**give life to sth.** anime *It's your spirit that gives you life.* Se lespri ou ki anime ou. •**have a dissolute life** nan devègonday *Jan has a dissolute life now.* Jan nan devègonday konnya. •**have a hard life** trimaye *Poor people have a hard life.* Pòv yo ap trimaye ak lavi a. •**holy life** lavi konsakre •**in one's life** nan sibsistans li *That lady has enough trouble in her life for two people.* Dam sa gen ase traka nan sibsistans li pou de moun. •**in this life** nan monn sa a *Hard times in this life means rewards in Heaven.* Tray nan monn sa a vle di granmèsi nan syèl la. •**into the good life** banbòch *Those people are into the good life, they're not afraid to spend.* Moun sa yo nan banbòch, yo pa pè depanse. •**make life difficult** fougonnen *The torrential rain made our life difficult.* Lavalas la fougonnen nou. •**make life difficult/hard for s.o.** make *Why is he making your life difficult like this?* Poukisa l ap make ou kon sa? •**not on your life** ditou{jamè/janmen}, janmen ogran janmen, se swa janmen *You want to come with me? —Not on your life!* Ou vle vini avè m? —Ditou jamè! *Not on your life will I ever go back!* Janmen ogran janmen m p ap retounen! *Not on your life! That girl will never set foot in my house.* Se swa janmè! Ti fi sa a pa gen dwa mete pye lakay mwen. •**one's entire life** lavidiran *They spent their entire lives working.* Yo pase lavi diran yo ap travay. •**private life** entimite *He doesn't like people delving into his private life.* Li pa renmen moun antre nan entimite li. •**put one's life at stake or at risk** riske li *We are not going to put our life at risk on this forested road.* Nou pa pral riske n nan wout bwa sa. •**put your life in s.o.'s hands** mete lavi ou nan men yon lòt moun *We're putting our lives in your hands.* N ap mete lavi nou nan men ou. •**show signs of life** resisite *You're showing signs of life, buddy. I haven't seen you for a long time.* O! ou resisite, frè. Tann dat m pa wè ou. •**single life** nan seliba *He's enjoying single life.* L ap jwi lavi seliba. •**take life as it comes** rete pran *Given that he has no choice, he takes life as it comes.* Kòm li pa gen lechwa, li rete pran tout sa lavi a pote pou li. •**take one's (own) life** touye tèt li *She took her own life.* Li touye tèt li. •**take one's life into one's own hands** jwe ak lavi li, riske li *If you do that, you're taking your life into your own hands.* Si ou fè sa, se jwe ou ap jwe ak lavi ou. •**that's life** selavi •**the good life** banbòch, labèl vi *Those people are into the good life, they're not afraid to spend.* Moun sa yo nan banbòch, yo pa pè depanse. *A vacation abroad, that's the good life!* Vakans a letranje, se labèl vi! •**who has everything in life** byennere, byennerèz [*fem.*] *He's had everything in life since he was a baby.* Li byennere depi li timoun piti.

lifeboat *n.* kannòt (bò), sovtay

lifeguard *n.* siveyan

lifeless *adj.* delèkè, kannannan, kò mouri, san nanm *That illness left her lifeless.* Maladi a kite l delèkè. *I would give her a job, but she's so lifeless.* M ta ba li travay, men li sitèlman kannannan. *Look at him! He's just sitting there lifeless.* Gade msye! L ap chita la kò mouri. *The answer he gave me was lifeless.* Repons li ba mwen te san nanm.

lifelong *adv.* lavidiran *They are lifelong friends.* Se zanmi lavidiran yo ye.

lifespan *n.* dire lavi

lifestyle *n.* jan lavi •**have the same lifestyle** pase pran m/m a pase{rele/chache}ou *These two guys have the same lifestyle.* De nèg sa yo se pase pran m, m pase rele ou.

lifetime *n.* (la)vi, (la)vidiran(t) •**in one's lifetime** {nan/ pandan}{vivan/sibsistans}li *That old person had enough experience in his lifetime to give you good advice.* Granmoun

sa nan sibsistans li fè ase esperyans pou l ka ba ou konsèy.

lift[1] *n.* **1**[*boost*] fè kè yon moun kontan *The news gave me a real lift.* Nouvèl la fè kè m kontan anpil. **2**[*ride*] woulib *Could you give me a lift home?* Ou ka ban m yon woulib, lage m lakay? •**lift or inside sole** [*of a shoe*] wòs

lift[2] *v.tr.* **1**[*raise*] chaje, leve, mate, monte, soulve *Help me lift the sack.* Ede m chaje sak la. *I can't lift this weight.* M pa ka leve chay sa a. *Come help me lift this bag of salt.* Vin ede m mate sak sèl sa a. *Lift the table leg a little.* Monte pye tab la yon ti kras. *You can lift that chair by yourself.* Ou ka soulve chèz sa a pou kont ou. **2**[*repeal*] aboli, fini ak, leve, sispann *The curfew has been lifted.* Yo leve kouvrefe a. *They lifted the school suspension.* Yo fini ak sispansyon lekòl. *The United States lifted the embargo.* Etazini a sispann anbago a. •**lift a finger** fè efò, leve yon ti dwèt *She didn't lift a finger to help me.* Li pa fè yon efò pou l ede m. *She didn't lift a finger to help me.* Li pa leve yon ti dwèt pou l ede m. •**lift one's spirits** fè kè yon moun kontan, remonte moral *The news lifted my spirits.* Nouvèl la fè kè m kontan. *His coming really lifted my spirits.* Vini l vini an remonte moral mwen. •**lift weights** bat fè, leve{altè/fè} *He lifts weights to get big muscles.* L ap bat fè pou l ka gen gwo bibit. *He lifts weights; that's why his wrists are big like that.* L ap leve altè, se sa ki fè ponyèt li gwo konsa.

ligament *n.* fil vyann

ligation *n.* •**tubal ligation** ligati twonp

light[1] *adj.* **1**[*brightness*] klè *It's getting light outside.* Deyò a koumanse fè klè. **2**[*color, complexion, etc.*] klè *Depending on how you prepare the mixture, the polish may be light or dark.* Selon jan ou prepare dòz la, poli a gendwa klè, li gendwa fonse. **3**[*shade*] pal *It's a light blue color.* Se yon ble pal. *The lead in this pencil is too light.* Kreyon sa a twò pal. **4**[*coffee, tea*] klè *I don't drink light coffee, I drink strong, black coffee.* M pa ka bwè kafe klè, m bwè kafe fò, nwa. •**be light** fè klè *It's light already.* Li deja fè klè. •**get light** fè jou, fè klè *Now it gets light early, the sun has been up for a while.* Kounye a li fè klè bonnè, solèy la gentan leve.

light² *adj.* **1**[*weight*] fay, lejè, plim, van *The box is light.* Bwat la fay. *It's a light bag.* Se yon sak lejè. *The bag is light.* Sak la plim. *That turkey is light; it doesn't weigh anything.* Kodenn nan van, li pa gen pèz. **2**[*small amount*] lejè, pa{anpil/pwès}, plim, ti kras *Traffic is light today.* Trafik pa pwès jodi a. *Voter turnout was light.* Moun ki t al vote pa anpil. *The coffee harvest was light this year.* Rekòt kafe a lejè ane sa a. *It's a light meal.* Manje a plim. *There was a light rain yesterday.* Te gen yon ti kras lapli yè. **3**[*habitually consuming in small amounts*] lejè, pa anpil, ti kras *She's a light eater.* Li manje lejè. *He's a light smoker.* Li pa fimen anpil. **4**[*flimsy*] flay *That box is light. It's going to fall apart.* Bwat sa flay. L ap tonbe an mòso la menm. **5**[*not strenuous*] fasil, lejè *The doctor told me that I could only do light work.* Doktè di m pou fè travay lejè ase. *She did light work around the house.* Li fè travay fasil nan kay la. **6**[*not serious*] lejè, ti kras *It's a light punishment.* Se yon ti kras pinisyon. *I listen to light music.* M koute mizik lejè. •**light as a feather** lejè kou yon pay *It's as light as a feather.* Li lejè kou yon pay. •**very light** pay *This letter is very light.* Lèt sa a pay.

light³ *adv.* **1**[*travel*] pa vwayaje ak anpil bagay *I always travel light.* M pa janm vwayaje ak anpil bagay. **2**[*sleep, eat*] lejè *Be quiet! Your father sleeps light.* Pè bouch ou! Papa ou dòmi lejè. •**make light of sth.** manfouben, mangousa *She always makes light of her situation.* Li tèlman manfouben kanta sitirasyon li. *He made light of the way she walked.* Li mangousa nèt sou jan fi a mache.

light⁴ *n.* **1**[*gen.*] limyè, ekleraj **2**[*lamp, etc.*] lanp, limyè *Turn on the lights.* Limen lanp yo. **3**[*car, bicycle, etc.*] limyè **4**[*for cigarette, etc.*] dife *Do you have a light on you?* Ou gen dife sou ou? **5**[*gleam*] klate, ti limyè *There was a light in her eyes.* Te gen yon klate nan je li. **6**[*favorable/unfavorable*] nan yon{jou/limyè}{favorab/ defavorab} *The people saw the new law in a favorable light.* Pèp la wè nouvo lalwa a nan yon jou favorab. **7**[*way sth. or s.o. is seen*] jan *They see us in a different light now.* Yo wè nou yon lòt jan kounyeya. **lights** *n.pl.* [*headlights*] limyè •**light produced with a flashlight** kout

limyè •**Bengal light** [*fireworks*] alimèt bengal, pidetwal •**emergency rotating light** [*police, ambulance, etc.*] siyal •**guiding light** [*fig.*] limyè *The people need a guiding light.* Pèp la bezwen yon limyè. •**in light of** kont afè, se kont *In light of the news I received this morning, I don't think we'll still be able to leave.* Kont afè nouvèl m pran maten an, m pa kwè n ap ka pati ankò. •**infrared light** limyè enfrawouj •**license plate light** limyè plak •**overhead light** limyè plafon •**parking light** [*of a car*] limyè pakin •**poor light** limyè koukouy *This poor light can't light up the entire house.* Limyè koukouy sa a pa ka klere tout kay la. •**red traffic light** limyè wouj •**signal light** kliyotan, (limyè) siyal •**tail light** [*of a car*] limyè dèyè •**the light is out** lanp lan mouri •**traffic light** limyè. •**back-up lights** [*of a car*] limyè bak

light⁵ I *v.tr.* **1**[*set fire to*] limen *I lit a cigar.* M limen yon siga. **2**[*illuminate*] klere, limen *The lamp lit up the whole house.* Lanp lan tou piti klere tout kay la. *Light the lamp.* Limen lanp lan. II *v.intr.* [*face, eyes, etc.*] limen *Her face lit up, when he spoke to her.* Figi li limen lè li pale li. •**light a candle and pray** liminen *Every day at noon there are people who come to light a candle and pray at the saints' feet.* Chak midi gen moun ki vin liminen nan pye sen an. •**light a fire** fè dife *She's lighting a fire in order to cook food.* L ap fè dife a pou l al fè manje. •**light a match** {grate/pase}alimèt *He lit a match.* Li pase yon grenn alimèt. •**light into** atake, fonse sou •**light up** klere *A really small light lit up the whole house.* Yon ti lanp tou piti klere tout kay la.

light⁶ *v.intr.* [*set upon*] tonbe sou *His eyes lit upon the jewels.* Je li tonbe sou bijou yo.

light-colored *adj.* klè *She has a really light-colored skin.* Danm nan klè anpil.

light-fingered *adj.* chat{dis/gran}dwèt

light-footed *adj.* san zo, soup

light-headed *adj.* fay *I'm feeling light-headed, I need to eat something.* M santi m fay, fòk m manje yon bagay kanmenm.

light-headedness *n.* soulay, soulezon, toudisman, vètij

light-heartedly *adv.* ak kè kontan

light-meter *n.* pozmèt

light-skinned *adj.* po lanvè *This light-skinned guy thinks that he's really a white person.* Po lanvè a konprann li blan vre. •**very light-skinned person usually with reddish complexion** grimo chode, grimèl chode [*fem.*]

lighted *adj.* limen *The house is very well lighted.* Kay la byen limen.

lighten¹ *v.tr.* 1[*brighten*] eklere *The extra lamp really lightened the whole room.* Lòt lanp lan eklere tout pyès la nèt. 2[*color*] eklèsi *This special cream will lighten your skin.* Krèm espesyal sa a ap eklèsi po ou. 3[*fig.*] eklere *Her presence lightened the room.* Prezans li eklere sal la. •**lighten one's skin** joni *Why do you lighten your face like that, are you trying to pass for white?* Poukisa ou joni figi ou konsa, se foli blan ou genyen? •**lighten one's skin with chemical products** douko figi li *The lady lightens her skin to make people believe she's a light-skinned person.* Fi a douko figi l pou l fè l pase pou blan.

lighten² *v.tr.* 1[*make less heavy*] aleje *Removing the books really lightened her bag.* Wete liv yo aleje valiz li a toutbon. 2[*ship, plane*] deleste *We have to lighten the ship because it's too heavy.* Fòk nou deleste batiman an poutèt li twò loud. 3[*make less difficult*] aleje, soulaje *There was too much work so they hired another person to lighten my load.* Gen twòp travay; yo anplwaye yon lòt moun pou soulaje m. •**lighten up** [*relax*] bay yon moun souf *Lighten up on her. You can see she's trying.* Ba l souf. Ou wè l ap fè efò.

lighter *n.* [*cigarette, etc.*] brikè

lighthearted *adj.* anpenpan *Jack is lighthearted today, things are going well for him.* Jak anpenpan jodi a, afè l ki bon.

lighthouse *n.* fa

lighting *n.* ekleraj

lightly *adv.* 1[*gently, barely*] apenn, jan leje, pyangpyang *The chicken was seasoned lightly.* Poul la te apenn asezonnen. *He hit him lightly on the shoulder.* Li ba li yon kou yon jan leje sou zèpòl la. *She walked lightly on the grass.* Li mache pyangpyang sou zèb yo. 2[*not take seriously*] alalejè, konsa konsa, konsi kousi{konsa/ kousi}, lejèman *Don't take that lightly.* Pa pran sa alalejè. *Don't take this illness lightly so that it doesn't worsen.* Pa

pran maladi a konsa konsa non pou l pa vin pi grav. *Don't take what I said lightly.* Pa pran sa m di a lejèman. 3[*broach a subject, etc.*] apenn *He only talked lightly on the subject.* Li apenn pale sou koze a.

lightness *n.* lejète

lightning *n.* lafoud, zeklè •**lightning rod** paratonè •**bolt of lightning** kout zeklè, pyè loray •**flash of lightning** {flo/pyè} loray •**like lightning** taw taw *He ran out of there like lightning!* Li chape poul li taw taw! •**quick as lightning** taw taw *She answered the question as quick as lightning.* Li reponn kesyon an taw taw. •**thunder and lightning** lakataw *When the thunder and lightning strike, people can hear it from far away.* Lakataw fè taw, nan Ginen tande.

lightning bug *n.* koukouwouj, koukouy

lights *n.pl.* [*food*] fwa{di/mou}

lightweight *n.* pwa leje

lignite *n.* liyit

lignum vitae tree *n.* bwa lavi, gayak •**bastard lignum vitae tree** kòkmòl

like¹ *adj.* [*similar, analogue, etc.*] menm jan *They had two really like ideas about how to do it.* Yo te gen de lide menm jan konsènan ki jan pou fè bagay la.

like² *conj.* 1[*as*] jan, kòm, kou, tankou *Like I said before, I can't come this Saturday.* Tankou m te di ou, m pa p ka vini samdi a. *He can't play soccer, like his brother.* Li pa jwe foutbòl kou frè li. *It's just like I said.* Se jan m di ou la. *You'll have to accept me like I am.* Ou ap oblije pran m jan m ye a. 2[*as if*] konsi, tankou *He acted like he didn't know me.* Li fè tankou l pa t konnen m. *She acts like she's never been here before.* Li fè konmsi l pa t janm vin isi a anvan. •**do like everybody else** [*i.e. when in Rome, do as the Romans do*] danse sou yon pye •**it's like** kòmsidire *It's like you are saying I'm the one who told the teacher.* Kòmsidire ou vle di se mwen menm ki di mèt la.

like³ *prep.* 1[*in the same way as*] kòm, kou, parèy, pòtre, tankou, tankou wè *I cried like a child.* M kriye kou yon timoun. *He speaks like an idiot.* Li pale kou yon idyo. *He swims like a fish.* Li naje parèy ak pwason. *L ap pale pòtre yon idyo.* *She was like a sister to me.* Se tankou yon sè m li te ye. *She walks like her mother.* Li mache tankou wè manman l. 2[*resembling*] kòm, kou, menm jan, sanblab, tankou *That hat is like mine.* Chapo sa a se menm jan ak pa m lan. *They are very much like one another.* Yo sanblab de nèg sa yo. *He's just like his father.* Li sanble tankou papa li. *She's just like anybody.* Se kou tout moun li ye. **3**[*typical of*] konsa, konwè, kouwè, pou sa, tankou *It's not like him to do that.* Li pa moun pou sa. *Her mother-in-law acts just like all mothers-in-law.* Bèlmè li kouwè lèzòt bèlmè yo. *It's not like her to miss going to a movie.* Se pa tankou li pou l rate sinema. *It's just like her to say she'll do something and then not do it.* Se konsa l ye. Li di ou l ap fè yon bagay pou ou, epi l pa janm fè l. **4**[*such as*] kòm, tèlke *He drinks alcoholic drinks like beer, wine, etcetera.* Li bwè bwason tèlke byè, diven, elatriye. *She doesn't like foods like spaghetti.* Li pa renmen manje kòm espageti. •**like father, like son** konsa papa a konsa pitit la, pitit papa li *Like father, like son!* Se pitit papa l li ye! •**like no one (else)** pase ki *She is vain like no one.* Fi sa a pedan pase ki. •**like this/ that** konsa *It's always like that.* Se toujou konsa. •**exactly like** tou krache ak *She looks exactly like her mother.* Li sanble tou krache ak manman ni. •**just like** menm jan, tankou *He's just like his father.* Li men jan ak papa li. *Just like you're at home.* Tankou si ou lakay la. *He wants to be a cabinetmaker just like his brother.* Li vle fè ebenis tankou frè li a. •**just like that** sibit *Just like that, you announce to us you're leaving.* Sibit konsa, ou anonse nou w ap pati.

like[4] *n.* [*similar thing*] jan bagay{konsa/sa (a/ yo)} *I love oranges, bananas, mangoes, and the like.* M renmen zorany, fig, mango epi jan bagay konsa. **likes** *n.pl.* jan{moun/bagay} konsa *I wouldn't trust the likes of him.* M pa t ap fè jan moun konsa konfyans.

like[5] *adv.* **1**[*near*] pi prè, pito *She's more like forty than thirty.* Li pi prè karant pase trant. *He didn't just ask. More like he ordered!* Li pa mande sèlman. Li òdonnen pito. **2**[*conversational filler*] konsi, konsa, kouwè *I had some time off, like, so I went to the beach.* M te gen yon ti konje konsa, alòs m te al laplaj la. *Like he felt tired so he went to bed early.* Kouwè li te santi li bouke, se pou sa li t al kouche bonè.

like[6] *v.tr.* **1**[*person*] renmen, san yon moun ale ak yon lòt moun, tolere *I like the new President.* M renmen nouvo prezidan an. *I like the young lady.* San m ale ak ti dam nan. *I like that girl a lot because of her wisdom.* M tolere fi sa a anpil pou sajès li. **2**[*object, food, activity*] plè, renmen *She doesn't like that music.* Mizik sa a pa plè l. *I like coffee.* M renmen kafe. **3**[*want, wish, etc.*] renmen, vle *I'd like to finish early today.* M vle fini bonè jodi a. *They'd like me to quit the job.* Yo ta renmen m kite travay la. *She likes to help people.* Li renmen ede moun. •**like it or not** vle ou pa, vle pa vle, vole ponpe *Like it or not, you must respect the law.* Vle pa vle, fò ou respekte lalwa. *Like it or not, democracy will triumph.* Vole ponpe, fòk demokrasi triyonfe. •**like s.o.** gen san pou yon moun, san yon moun ale ak yon lòt moun *I talk to her because I like her.* M pale ak fi a paske m gen san pou li. *I like the young lady.* San m ale ak ti dam nan. •**do whatever one likes** pran yon bagay pou piyay *You do whatever you like in my house, look at how you walked in without even knocking.* Ou pran kay mwen an pou piyay, gade ou antre san ou pa frape. •**how does one like sth.** {kijan/kouman} yon moun wè yon bagay *How do you like the car?* Kouman ou wè machin lan? •**if you like** si yon moun vle *I could call you before I come, if you like.* M a rele ou anvan m vini si ou vle. •**not like to do s.th** pa renmen *I wouldn't like to live in this area, but I have to put up with it.* Mwen pa renmen zòn sa a pou m ta rete, men mwen bouche nen mwen bwè dlo santi. •**not to like** [*people*] pa vle wè ni pè ni pap *She doesn't like people at all.* Li pa vle wè ni pè ni pap.

likeable *adj.* senpatik *She's really likeable for a teacher.* Li senpatik anpil pou yon pwofesè. •**likeable person** bon ze •**be likeable** gen bon jan *This young man is likeable, everyone is his friend.* Ti jennonm sa a gen bon jan, tout moun se zanmi li.

likelihood *n.* vrèsanblans

likely[1] *adj.* **1**[*probable, plausible*] gendwa, pwobab *By the way he was talking, it's likely he'll never come back.* Dapre jan l pale a, li gen dwa pa janm tounen. *His election victory is likely.* Viktwa elektoral mouche a pwobab. **2**[*promising*] pwomèt *She is a likely candidate for President.* Li pwomèt yon bèl kandida pou prezidan. •**be likely** gen lè, genlè *It's likely that she won't come.* Genlè li p ap vini.

likely[2] *adv.* [*probably*] gendwa *Some prisoners will likely be released soon.* Yo gendwa lage kèk prizonye talè. •**likely to** san lè *She's likely to get a scholarship.* Li san lè jwenn yon bous.

likeness *n.* resanblans

likewise *adv.* menmman, parèy, parèyman *Good night.* —*Likewise, my child.* Bòn nwi. —Parèy, pitit mwen. *May this New Year be good to you.* —*Likewise.* M swete ane sa bon pou ou. —Parèyman. *Cut the other pieces likewise.* Koupe lòt mòso menmman.

liking *n.* gou, senpati *The parents should develop a liking for music in their children.* Paran yo dwe devlope gou mizikal lakay timoun yo. •**take a liking to** pran gou *Look at how you've been using that cream, you've obviously taken a liking to it.* Apa ou kontinye ap sèvi ak krèm sa a, ou pran gou. •**to s.o.'s liking** nan gou yon moun *Do you find the car to your liking?* Machin lan nan gou ou?

lilac *n.* lila

lilt *n.* kadans

lily *n.* [*flower*] li, lili, lis •**prairie lily** tikole •**spider lily** zonyon li •**water lily** nenifa •**white lily** li blan

lima bean *n.* pwa souch

limb *n.* **1**[*arm, leg*] manm **2**[*tree*] branch (bwa), gwo branch •**artificial limb** [*med.*] aparèy, pwotèz •**lose one's limb** demanbre *It's in a big accident that she lost her limb.* Se gwo aksidan li te fè a ki koz li demanbre. •**numb limb** manm mò *After my fall, my limbs were numb.* Apre m fin pran so a, tout manm mwen mò. •**s.o. who has lost a limb** demanbre

limber *adj.* adwat, ajil, enganm

limbo *n.* •**in limbo** sou tann

lime[1] *n.* [*fruit*] sitwon (vèt) •**sour lime** limon •**Spanish lime** kenèp

lime[2] *n.* [*mineral*] lacho

limeade *n.* **1**[*lemonade*] sitwonad **2**[*weak*] limonad

limekiln *n.* fou a cho, founacho

limelight *n.* •**put in the limelight** mete an vedèt *They try to put the new guitar player in*

the limelight. Y ap eseye mete nouvo gitaris la an vedèt.

limestone *n.* kalkè, wòch lacho

limit[1] *n.* **1**[*furthest point, boundary, etc.*] bout, limit, lizyè *He went to the limits of the field.* Li rive nan bout jaden an. *She walked to the city limits.* Li mache jis limit lavil la. *The limits of the field are clearly marked.* Lizyè jaden an byen make, wi. **2**[*maximum amount, number, etc.*] bout, limit *I've reached the limit of my patience with you!* M rive nan bout avèk ou, wi! *All things have their limits.* Tout bagay gen limit. **3**[*restriction*] limitasyon *There's a limit on the amount of gas you buy.* Gen yon limitasyon sou konbyen gaz ou ka achte. **limits** *n.pl.* limitasyon •**to the limit** jis yon moun pa konnen *She's angry to the limit.* Li fache jis li pa konnen. •**without limit** bounda ouvè *He spends money without limit.* Li depanse kòb bounda ouvè.

limit[2] *v.tr.* **1**[*restrict*] bouchonnen, limite, restrenn *Her parents limited her activities because she failed a class.* Fanmi li bouchonnen aktivite li poutèt li pran echèk nan lekòl. *Our means are limited.* Mwayen nou limite. *The government limited the people's rights.* Gouvènman an restrenn dwa moun yo. **2**[*confine*] anpeche, limite *The government has failed to limit unemployment to under fifty percent.* Gouvèlman an manke anpeche chomaj la depase senkant pousan. *Our rebuilding plans are limited to Port-au-Prince.* Pwojè rekonstriksyon nou an limite a Pòtoprens. •**limit o.s. to** [*words*] chita sou *As long as she limits herself to just talking, she'll never finish the job.* Tanke li chita sou bèl pawòl li, li pa p janm fin fè travay la.

limitation *n.* bout, limitasyon

limited *adj.* pa anpil, pa gwo, restrenn, ti chich *This movie theater has very limited seating.* Sal sinema sa a pa gen anpil plas. *My money is very limited.* Mwayen m pa gwo. *The limited amount of food you gave me is not enough.* Ti chich manje ou ban mwen pa ase. *Access to the factory is limited.* Faktori a gen aksè restrenn.

limitless *adj.* san limit *Hi power is limitless.* Pouvwa li san limit.

limousine *n.* limouzin

limp¹ *adj.* frèt, mou *He gave me a limp handshake.* Li ban m yon lanmen frèt. *The spot where he took the blow became limp.* Kote l pran kou a vin mou. •**go limp** [*erection*] debande *He finally went limp.* Li debande atò.

limp² *n.* kiyankiyan, klopiklopan, mache bwate, woteba *She has a foot problem, she walks with a limp.* Li malad nan pye, l ap mache kiyankiyan. *After the accident he walks with a limp.* Apre aksidan an, li mache brete. *She had to walk with a limp.* Manmzèl blije mache klopiklopan. *He walks with a limp.* Li mache woteba.

limp³ *v.intr.* bwate, bwete, gouyan(g) gouyan(g), kiyankiyan, mache{bwate/ kwochi}, rale sou yon pye *His leg is hurt, he's limping.* Li blese nan pye, l ap bwete. *He limps.* Misye kiyankiyan. *The player was limping after the game.* Jwè a te mache bwete apre match la. *What's wrong that makes you limp?* Sa ou genyen w ap mache rale sou yon pye a konsa? •**limp severely** gondole *He limps severely when he walks.* Li gondole lè l ap mache. •**limp slightly** zoukoutap *During his entire trip, he was limping slightly.* Nan tout wout la, l ap zoukoutap. •**limp very noticeably** gondole

limpkin *n.* [*bird*] grankola, kola, poulajoli, rele

linchpin *n.* **1**[*person, etc.*] ès **2**[*fig.=person*] pilye, poto (mitan), poumon *That old man is the linchpin of the company.* Ti granmoun sa se pilye antrepriz la. *She's the linchpin of the group, nothing can be done without her.* Se li ki poto gwoup la, anyen pa ka fèt san li. *He's the linchpin of the team.* Misye se poumon ekip la.

lindane *n.* lendèn

line¹ *n.* **1**[*mark, etc.*] ba, liy, tras, trè *Draw a line.* Fè yon liy. *She put a line under it.* Li fè yon trè anba. *He drew a line with a pencil.* Li fè yon ba avèk yon kreyon. **2**[*in marbles and other games*] trè **3**[*rope, string, etc.*] fil, kòd, liy **4**[*fishing*] fil, liy *The fish broke the fishing line.* Pwason an kase ling lan. **5**[*electricity*] fil (elektrik) **6**[*telephone*] fil *The line was busy.* Fil telefòn lan okipe. **7**[*pipe(line)*] fè tiyo **8**[*hose*] tiyo **9**[*queue, people, cars, etc.*] fòling, ke, liy, ran, ranje *They had us stand in a line.* Yo fè n kanpe an ran. *I saw a long line*

of people in front of the bank. M wè yon sèl fòling devan labank lan. *The line is too long.* Ke a twò long. *There's a line of cars waiting to park.* Gen yon ranje machin ki bezwen estasyonnen. **10**[*skin*] pli **11**[*row of words, verse*] kouplè, liy, vè *Count the number of lines you wrote.* Konte konbe liy ou ekri. *Sing the second line.* Chante dezyèm kouplè a. *This poem has six lines.* Powèm sila a gen sis vè. **12**[*border, etc.*] fwontyè, liy *If the ball doesn't cross the line, it's not a score.* Si boul la pa depase ling lan, li pa gòl. *They crossed the line into the Dominican Republic.* Yo franchi fwontyè nan Dominikani. **13**[*field*] aktivite, metye *What line of work are you in?* Ki metye ou fè? **14**[*succession*] seri *It's the latest in a long line of tragedies.* Se dènye nan yon seri trajedi yo. **15**[*preference, bias*] liy, pozisyon *Every politician has his own line.* Chak politisyen gen pwòp pozisyon pa li. •**an oblique line** yon liy oblik •**be in the front line** avan *The singer is in the front line of the band.* Chantè a fè pati avan djaz la. •**be out of line** pèdi kap li *He's out of line when he thinks he's the one who knows everything.* Misye pèdi kap li lè l kwè se li menm ki konn tout bagay. •**being out of balance or out of line** fòskote •**defensive line** [*soccer*] ban dèyè *The team didn't lose because its defensive line is good.* Ekip la pa pèdi paske ban dèyè l bon. •**dividing line** liy demakasyon •**fishing line** fil, liy •**a few lines** de liy *Come and write a few lines for me.* Vin ekri de liy la pou mwen. •**get in line** [*conform*] konfòme li *When you work for the government, you have to get in line.* Lè ou travay pou gouvèman an fòk ou konfòme ou. •**go to the starting line** [*marbles*] ale{opa/otrè} •**in the line of duty** nan pye travay li *They died in the line of duty.* Yo mouri nan pye travay yo. •**middle line** [*soccer*] ren teren •**on the line** anje *I won't put my job on the line for anyone.* M pa p mete travay mwen anje pou pesonn moun. •**out of line** a[*unreasonable*] depaman, wòdpòte *Where do you come up with ideas that are so out of line.* Kote ou bare ak lide depaman sa yo. *What you're doing is out of line, there's no one who agrees with you.* Sa ou fè a la wòdpòte, pa gen moun k ap dakò ak ou. b[*in conflict*] an dekalay, an depaman *These results are out* *of line with what we expected.* Rezilta sila yo an dekalay avèk sa nou te tann nan. **c**[*teeth*] doukla *Her teeth are all out of line.* Li gen dan doukla wi. •**plumb line** fil aplon, liy a plon, liy aplon •**political line** liy *Each party has its own political line.* Chak pati gen liy politik pa li. •**power line** fil elektrik •**property lines** lizyè •**safety/security line** kòdwon sekirite •**starting line** [*marbles*] pa •**straight line** dwat *Draw a straight line.* Trase yon dwat.

line² *v.tr.* [*a garment, clothes, etc.*] double, mete doubli nan, redouble *The seamstress lined the skirt.* Koutiryèz la double jip la. *The seamstress lined the sleeves of the dress.* Koutiryè a redouble manch rad la. *Have you lined the dress yet?* Ou met doubli nan rad la deja?

line up *v.intr.* **1**[*form in a row*] aliyen, liyen *Line the chairs up against the wall.* Aliyen chèy yo nan mi an. *Line up the identical products on the same side.* Liyen pwodui ki menm yo yon sèl kote. **2**[*stand in a row*] aliyen, fè aliman, {fè/pran}ran, mete li an{ran/ranje} *They lined up the prisoners in the prison courtyard.* Yo aliyen prizonye yo nan lakou prizon an. *You have to line up to go into the classroom.* Se pou nou mete nou an ran pou n antre nan klas. *The soldiers are lining up before marching.* Sòlda yo ap fè aliman anvan egzèsis. **3**[*in combat*] kare *They lined up the two roosters so that they could fight.* Yo kare de kòk yo pou yo ka goumen.

lineage *n.* desandans

linear *adj.* lineyè

lined *adj.***1**[*garment*] double, redouble *The coat is lined with silk.* Palto a double avèk swa. **2**[*paper*] ak liy **3**[*face*] ride

linen *n.* len, twal fen •**fine linens** finès

liner¹ *n.* •**eye liner** makiyaj pou je

liner² *n.* [*ocean*]gwo batiman

lineup *n.* **1**[*of soldiers, etc.*] liy, ranje **2**[*of suspects*] idantifikasyon sispèk **3**[*of players, performers*] lis

linger *v.intr.* mize, trennen *Why do you always linger after church?* Sa k fè ou toujou mize aprè legliz la?

linguist *n.* lengwis

linguistic *adj.* lengwistik

linguistics *n.* lengwistik

liniment *n.* longan

lining *n.* doubli, paman, panno •**brake lining** très fren

link¹ *n.* **1**[*in a chain*] may **2**[*in knitting*] may **3**[*connection*] lyen, rapwochman *There's a link between those two texts.* Gen yon lyen ant de tèks sa yo.

link² *v.tr.* [*connect*] konnekte, relye *They're building a road to link Les Cayes with Jacmel.* Y ap fè yon wout pou relye Okay ak Jakmèl. *I heard his name linked to the break-in.* M tande non l gentan konnekte nan zafè kay la k kase a. •**link up** [*pipes, plumbing*] rakòde

linked *adj.* •**be linked** marye ak *This lady is linked with misery.* Dam sa a marye ak lamizè.

linking *n.* anchènman

linseed *n.* len

lintel *n.* lento

lion *n.* lyon

lion's den *n.* fòs lyon

lion's-ear *n.* [*mint*] gwo tèt, ponpon

lioness *n.* lyòn

lip *n.* **1**[*mouth*] lèv, po{bouch/djòl}, tèt bouch *My lips are really chapped.* Tout po bouch mwen fann. *He kissed her lips.* Li bo l sou tèt bouch. **2**[*cup, jar, crater, etc.*] bèk, bò, lèv, tèt bouch *The lip of the jar is broken.* Tèt bouch bokal la kase wi. *She stood on the lip of the crater.* Li kanpe sou bò kratè a. **lips** *n.pl.* po{bouch/ djòl}, tèt bouch •**lip reading** lekti sou bouch •**lip salve** glòs •**cleft lip** anvi{kochon/krab/pyebèf} •**lower lip** po bouch anba •**pay lip service** pale mete la •**upper lip** po bouch anwo

lipstick *n.* fa, woujalèv •**have lipstick on** woze *She always has lipstick on.* Bouch fi sa a toujou woze. •**put on lipstick** {woze/ wouji}bouch li *She's putting on lipstick to go to the wedding.* L ap woze bouch li pou l al nan maryaj la.

liquefy *v.tr.* dilate, fè (yon bagay) tounen dlo *Liquefy the fruit in a blender.* Fè fwi yo tounen dlo nan blenndè a.

liqueur *n.* likè •**anisette liqueur** anizèt •**native liqueur** selebride

liquid *n.* dlo, likid *The medicine, is it a liquid or a pill?* Remèd la, se yon dlo oubyen se grenn?

liquidate *v.tr.* likide *After the fire, the store liquidated all the remaining merchandise.* Aprè ensandi a, magazen an gentan likide tout machandiz ki rete a.

liquidation *n.* likidasyon, piyay

liquor *n.* biliwin, gwòg, kannkifèl, luil satan, sowo, tafya

lisp[1] *n.* pale sou lang *He talks with a lisp.* Li pale sou lang.

lisp[2] *v.intr.* pale sou lang, zeze *He lisps, he can't pronounce "s" right.* Li pale sou lang, li pa ka bay son 's' byen.

list[1] *n.* lis •**be on the waiting list** [*for a seat on a plane, etc.*] sou estannbay *As he didn't go to buy the ticket until yesterday, he's on the waiting list.* Kòm li pa t achte tikè depi yè, li sou estannbay. •**make a list** {drese/leve}lis *The director is making a list of the candidates.* Direktè a ap leve lis kandida yo. •**off the critical list** òdanje *The wounded person is off the critical list.* Blese a òdanje kounye a. •**payroll list** list emajman •**price list** tarif •**voter registration list** rejis •**waiting list** lis datant

list[2] *v.tr.* 1[*enumerate, etc.*] degrennen, enimere, {fè/drese}yon lis *List everything you have to do.* Drese yon lis tout bagay ou gen pou ou fè. *Do I have to list all of the little problems I have for you?* Eske m dwè degrennen tout ti pwoblèm m genyen pou ou? 2[*classify*] klase *This knife is listed as a weapon.* Kouto sila a klase kou yon zam.

list[3] *v.intr.* [*lean*] dekage *The ship is listing badly.* Batiman an ap dekage nètale.

listen *v.intr.* 1[*hear*] koute, tande *Did you listen to the president's speech?* Ou te tande diskou prezidan an? *Are you listening to me?* Ou ap koute m? 2[*heed*] koute, tande *Listen to what your father tells you.* Koute sa papa ou di ou. *Listen to what I tell you.* Tande sa m di ou. •**listen attentively** met zòrèy li alekout *When people are talking, he always listens attentively.* Lè moun ap pale, li toujou met zòrèy li alekout. •**listen carefully** mete zòrèy li an twonpèt *Everyone is listening carefully.* Tout moun mete zòrèy yo an twonpèt. •**listen in** ap koute, nan koute *She's always listening in on other people's conversations.* Li toujou ap koute sa moun ap di. •**listen raptly** rete alekout •**listen secretly** [*eavesdrop*] met zòrèy li alekout *He is listening secretly to what I am telling John.* Li mete zòrèy li alekout pou l tande sa m ap di Jan an. •**listen to s.o. with undivided attention** rete pandje{nan/anba} bouch yon moun *Whenever the teacher speaks, the students listen to her with undivided attention.* Depi pwofesè sa a ap pale, elèv yo ret pandje anba bouch li. •**not listen to s.o.** pale ak{bounda/pòch dèyè}yon moun *I'm not listening to you.* Ak pòch dèyè m w ap pale.

listener *n.* oditè, oditris [*fem.*]

listening *n.* koute *Listening is a necessary activity for people who want to learn.* Koute se yon aktivite ki nesesè pou moun ki vle aprann.

listless *adj.* delèkè, demèfle, kannannan, kazwèl, malandouran, mò, molas, molyann, mousa, san nanm *She's listless after having had this serious illness.* Li delèkè nèt apre l fin pase anba gwo maladi sa a. *If she weren't so listless, I'd have given her this job.* Si li pa t kannannan, m ta ba l travay sa a. *She's so listless.* Li tèlman kazwèl. *That listless man can't do quick jobs.* Nèg molyann sa a pa ka fè travay rapid sa yo. *You're very listless.* Ou mousa konsa. *That listless man can't walk fast.* Nèg san nanm sa a pa fouti mache vit. •**listless people** moun molas •**listless person** kò{kraz/labouyi/lage/lòja/mòl/mouri} •**be listless** kò yon moun{kraz/labouyi/lòja/mòl/mouri} *He is listless.* He sits around doing nothing all day. Kò li labouyi. Li chita ap flannen tout lajounen.

lit *adj.* limen •**lit up** [*made bright with light*] kle re *That house is really lit up tonight.* Kay la klere aswè a. •**be lit** klere *The street isn't lit.* Ri a pa klere.

litany *n.* [*rel.*] litani

liter *n.* lit

literacy *n.* alfabetizasyon •**literacy campaign** alfa •**literacy instructor** alfabetizè •**person who has undergone literacy training** alfabetize

literal *adj.* sans pwòp *The literal meaning is not clear.* Siyifikasyon sans pwòp la pa klè.

literally *adv.* alalèt *They believe in the Bible literally.* Yo kwè nan Bib la alalèt.

literary *adj.* literè *She has a unique literary style.* Li gen yon estil literè ki sèl pou kò li. •**literary group or society** senak

literate *adj.* alfabetize, letre, plimeyank *The people are not literate.* Pèp la pa alfabetize. *She has been literate ever since she took the* *literacy course.* Li plimeyank depi l al nan kou alfa a.

literature *n.* literati •**oral literature** oraliti •**work of literature** zèv (literè)

lithe *adj.* [*supple*] san zo, soup *The lithe little guy does what he wants with his body.* Tinonm san zo a fè sa l vle ak kò l.

lithium *n.* lityòm

litigant *n.* pledan

litigate *v.tr.* fè pwosè *The people are always litigating.* Moun say o toujou ap fè pwosè

litigious *adj.* chikanè, chikanèz [*fem.*], tchenpwèt

litmus paper *n.* papye tès

litter[1] *n.* [*of animals*] pòte, rapò •**have a litter** mete ba

litter[2] *n.* [*trash*] fatra

little[1] *adj.* **1**[*small amount*] pa twò long, piti, tchenkon, ti, ti kras, vyepti, yon pousyè *That food is too little for him.* Manje sa a ap twò piti pou li. *There's a little food left.* Yon ti kras manje k rete. *I drank just a little coffee this morning.* M bwè yon ti kafe tou piti maten an. *He speaks a little Creole.* Kreyòl li pa twò long. *What can I do with that little bit of food?* Sa pou mwen fè ak tchenkon manje sa a? *That little money you gave me won't last long.* Vyepti kòb ou ban mwen an pa p dire lontan. *That island is little piece of land.* Zile sila a se yon pousyè tè. **2**[*not much*] pa gen anpil *There is little hope of finding any survivors.* Pa gen anpil espwa jwenn rechape. *There is little time to think.* Pa gen anpil tan pou ou reflechi. **3**[*small*] piti *Take the little one.* Se pou pran piti a. **4**[*short time, distance, etc.*] ti *He'll be back in a little bit.* L ap tounen nan yon ti moman. *She went a little way to the market.* Li fè yon ti chimen pou l rive nan mache a. **5**[*not very important*] konsa konsa, ti *It's not a person of little importance.* Se pa yon moun konsa konsa. *The car has a little problem.* Machin lan gen yon ti pòblèm. **6**[*diminutive prefix, term of endearment*] ti *She's a nice little maid, isn't she?* Se yon bèl ti bòn, sa ou di? •**any little** ped *Any little bit of food that he eats fills his stomach.* Ped manje li manje plen vant li.

little[2] *adv.* **1**[*hardly, scarcely, etc.*] preske pa *They spoke very little on the way home.* Yo preske pa pale an wout lakay la. **2**[*never, not*

at all] pa janm *Little did he think it would come to blows.* Li pa janm panse koze a ta fini ak bay kou. **3**[*infrequently*] pa twò *I play soccer very little these days.* M pa twò jwe foutbòl konnye a. **4**[*slightly, somewhat*] ti{kras/kal} *She was a little tired.* Li te yon ti kras fatige. •**little by little** an rèleng, konsa konsa, kousi kousa, litlit, myèt an myèt, ofiramezi, pezape, piti piti, ti gout pa ti gout, ti kras pa ti kras, ti pa mache ti pa rale, ti pa ti pa *They completed the job little by little.* Yo konplete travay la an rèleng. *Things are changing little by little.* Bagay yo ap chanje piti piti. *The price of coffee is increasing little by little.* Pri kafe a ap moute konsa konsa. *The work is progressing little by little.* Travay la ap mache konsa konsa. *We're doing the work little by little.* N ap fè travay la myèt an myèt. *The work is progressing little by little.* Travay la ap mache ofiramezi. *Empty the syrup out little by little.* Vide siwo a ti gout pa ti gout. *She did the work little by little until she finished it.* Li fè travay la ti kras pa ti kras jis li fini l. *Little by little, my body has to recover from sickness.* Ti pa mache ti pa rale, kò a ap gen pou reprann li. *The work is moving forward little by little.* Travay la ap mache ti pa ti pa. •**very little** kras *She gave me very little money.* Li ban mwen kras kòb.

little[3] *n.* ti kras *Give me a little of what you're eating.* Ban m ti kras nan sa w ap manje a. •**a little** enpe, manyè, ti gout •**a little at a time** an ti pislin, moso pa moso *The crook took the money a little at a time.* Visye a pran kòb la an ti pislin. *We have to do this work a little at a time.* Se moso pa moso pou nou fè travay sa a. •**a very little** tikal •**for little in return** pou kras *You're gossiping about me for little in return.* Ou ap fè tripotay sou mwen pou kras.

Little Dipper *prop.n.* [*constellation*] Ti Lous

littlest *adj.* pi piti *He's the littlest boy I've ever seen.* Se pi piti ti gason m wè.

liturgy *n.* litiji

livable *adj.* abitab, vivab *That neighborhood is very livable because it's quiet.* Zòn sa a vivab paske l trankil.

live[1] *adj.* **1**[*broadcast, telecast*] an dirèk *The broadcast is live from stadium.* Emisyon an vini an dirèk depi estad la. **2**[*electricity*] sou tansyon *That wire is live.* Fil la sou tansyon.

3[*ammunition, cartridge*] viv *That's a live shell!* Katouch la viv toujou, wi!

live² *adv.* [*broadcast, telecast*] an dirèk *They are broadcasting the game live.* Y ap bay match la an dirèk.

live³ **I** *v.tr.* [*of ease, crime, etc.*] mennen, viv *He lives a life of crime.* L ap mennen yon vi kriminèl. **II** *v.intr.* **1**[*be alive*] viv *Let the little animal live!* Kite ti bèt la viv! *She won't live long.* Li pa p viv lontan. **2**[*lifestyle*] mennen, viv *She lives honestly.* L ap mennen yon vi onèt. **3**[*reside*] abite, ret(e), viv *I've been living in Sant-Marc since I was a kid.* Depi m piti m abite Senmak. *Where do you live?* Ki kote ou rete? *Sharks live in the ocean.* Reken viv nan lanmè. **4**[*feed on, subsist on*] viv *I can't live on the little bit of money they pay me.* M pa ka viv ak ti kòb m ap touche a. *She lives on hope alone.* L ap viv sou espwa sèlman. **5**[*make a living*] fè yon (la)vi, viv *He lives by selling his artwork.* Li fè lavi li sou atizana. *She does what she can to live.* Li fè sa li kapab pou li viv. •**live a life of ease** viv alèz •**live at others' expense** renmen byen san swe *You have to look for a job, you like to live at others' expense too much.* Ou fèt pou chache yon travay, ou renmen byen san swe twòp. •**live down** fè bliye *The way they humiliated her, she'll never live it down.* Jan yo desann li, li pa p janm fè bliye sa a. •**live far away** rete wo *She lives far away.* Li rete wo. •**live far from town** egzile li *There is no reason to go live far away from town.* Ou pa bezwen al egzile ou la. •**live for** viv pou *He lives for his work.* Se pou travay li sèl l ap viv. •**live from hand to mouth** dole, pyange, twoke kiyè pou ti bwa *He's really living from hand to mouth trying to survive.* Dole l ap dole pou li wè si l ap viv. *They're living from hand to mouth.* Se pyange y ap pyange. *We have to live from hand to mouth because we aren't rich.* Nou blije twoke kiyè pou ti bwa paske nou pa granpanpan. •**live in extreme poverty** manje miray *He lives in extreme poverty.* Li rete pou l manje yon miray. •**live in harmony** matche, viv byen *Those two lovers live in harmony.* De zanmoure sa yo viv byen. •**live in misery** manje{mizè/pen chèch} *We have always lived in misery.* Se pa ayè n ap manje mizè. •**live in sin** plase, viv nan peche *They live in sin.* Se plase yo plase. •**live in the fast lane** mennen gran lavi *My brother is living in the fast lane, he's spending a lot of money.* Frè m ap mennen gran lavi, li depanse anpil kòb. •**live it up** banbile, fè banbilay, plezire *We really lived it up last night.* Nou byen pran plezi n yè swa. *These people are living it up in the 'rara' band.* Mesyedam yo ap banbile nan rara. *We have to live it up sometimes because life is short.* Fòk nou plezire defwa paske lavi a kout. •**live off other people** viv anba{bouch/dan yon moun}, viv sou kont yon moun *He's thirty, and yet he's still living off his family.* Li gen trant an, epi l sou kont fanmi l toujou! *John lives off Pierre's money.* Jan ap viv anba dan Pyè. *You're living off of people, you are never going to have dignity.* Se anba bouch moun w ap viv, ou p ap janm gen diyite. •**live on handouts** lonje men pran *You're living on handouts.* Ou ap viv sou lonje men pran. •**live on nothing** {ranni/vale}van *He lives on nothing.* L ap ranni van konnye a. •**live out** [*until the end of*] fè, pase *She's really sick. I don't think she'll live out the month.* Li malad anpil; m pa kwè l ap fè mwa a. •**live temporarily** loje *She lived at a hotel temporarily.* Li loje nan yon otèl. •**live through again** reviv *I'm reliving how I met this girl the first time.* M ap reviv jan m te rankontre dam nan premye fwa a. •**live together** [*as a couple, in common*] akonpli, etabli, fè{wout la ak/ zafè}, plase, viv{a de/ansanm} *I heard that they live together as a couple.* M tande yo fè zafè. *He lived with the girl before he married her.* Li etabli ak fi a anvan l marye ak li. *We can't live together because we're very different.* Nou p ap ka fè wout la paske nou diferan anpil. *Those people have lived together for a long time.* Moun sa yo plase lontan. *He and I have been living together for ten years.* Mwen ak li gen diz an depi n ap viv a de. •**live up to** nan gou yon moun *The movie didn't live up to my expectations.* Fim lan pa t nan gou m. •**live up to one's name** pote non li *Peter lives up to his name.* Pyè pote non li. •**live uprightly** mache dwat *One must live uprightly.* Se pou mache dwat nan lavi. •**live with** *a*[*consequences, etc.*] asepte *I don't like the conditions, but I'll have to live with them.*

M pa dakò ak kondisyon yo, men m oblije asepte yo. **b**[*in a relationship*] fè wout la ak, {kole sandal/rete}ak *I've been living with the girl for five years.* M kole sandal ak fi a depi senk an. •**live without money** viv sou mank *He has no job, he lives without money.* Misye pa gen metye, se sou mank l ap viv. •**give s.o. a little sth.** **to live on** bay yon moun yon ti lavi *The children are starving, give them a little something to live on.* Afè timoun yo pa bon, ba yo yon ti lavi. •**long live...** viv *Long live democracy!* Viv lademokrasi! •**not to live long** pa vin fè{matyè sale/vye zo} *No one on earth lives long.* Pèsonn pa vin pou fè vye zo sou latè.

live-wire *n.* [*person*] pyè loray *That live-wire will do what you need very quickly.* Pye loray la pral fè komisyon an trapde.

livelihood *n.* arendal, debouye, degaje, ganpen, lavi

liveliness *n.* animasyon

lively *adj.* bese leve, cho, djanm, egzak, frengan, ge, mouvmante, vif, vivan *We look forward to a lively weekend.* Nou gen yon wikenn bese leve devan nou. *That party was lively, everyone was carousing.* Fèt la djanm, tout moun ap banboche. *What a lively guy you are.* Ala ou ge papa. *The streets are always lively during Carnival.* Lari a mouvmante depi se lè kanaval. *He's a lively young man.* Se yon jennonm ki vif. *What a lively woman, she's always doing something.* Ala fiy vivan, li toujou sou aktivite. •**lively (aggressive) person** gèp panyòl *It's best for you never to have a dispute with Mary; she can be very lively.* Pito ou pa janm nan kont ak Mari, se yon gèp panyòl ti fi sa ye. •**be lively** bese leve, rele sou kò li *Look how you slouch, be lively, you hear!* Gade ki jan ou met kò ou mou, rele sou kò ou, tande!

liver[1] *n.* **1**[*food*] fresi di, fwa **2**[*organ*] fwa •**liver problem** kriz fwa

liver[2] *n.* •**fast liver** zwav •**high liver** pakapala

livestock *n.* bèt, betay

livid *adj.* [*with anger*] vèt *She became livid after she was slapped.* Li vin vèt apre souflèt la.

living[1] *adj.* vivan *My godmother is still living.* Marenn mwen toujou vivan.

living[2] *n.* **1**[*livelihood*] ganpen, lavi *There's no way to make a living in that area.* Pa gen lavi nan zòn sa a. **2**[*lifestyle*] lavi •**living room** lasal, salon •**dissolute living** debòch •**fast living** briganday •**healthy living** lavi senn •**high living** banbòch •**licentious or loose living** devègonday •**make a decent living** {soti/retire/ wete}li pwòp *He made a decent living with that job.* Misye retire l pwòp ak bèl djòb sa a. •**make a living** debouye li, degaje li, fè vi li, tchatcha *Right now I'm making a living with that meager job.* Aktyèlman m ap debouye m nan ti degaje sa a. *She makes a good living with a meat business.* Li degaje l ase byen avèk komès vyann nan. *He can make a living in this profession.* Li ka fè vi l ak metye sa a. *With her new job, she's now making a living.* Ak nouvo djòb li a, l ap tchatcha atò. •**the living** lèvivan

lizard *n.* **1**[*gen.*] leza **2**[*large*] mabouya **3**[*small*] zandolit

lizardfish *n.* mabouya

llama *n.* lama

lo *interj.* •**lo and behold** choz di choz fèt *The weather forecast said there would be a hurricane and lo and behold, there was one.* Meteyo te di t ap gen yon siklòn, choz di choz fèt.

load[1] *n.* **1**[*cargo, goods, weight*] chajman, chay, kagezon *Such a heavy load.* Yon chay lou konsa. *I bought two loads of dirt.* M achte de chajman sab. *They put the load in the ship's hold.* Yo mete kagezon an anbalakal. **2**[*amount of work*] chajman, chay *They hired another person to decrease my load.* Yo angaje yon lòt moun pou soulaje chay mwen. **3**[*burden*] chay, fado, madoulè, pèz *Guilt is a heavy load to carry.* Koupab se chay lou pou pòte. *This work is a real load.* Travay sa a se madoulè li ye. *Her new responsibilities are a heavy load.* Reskonsablite li yo se yon fado lou. *Taking care of his sister's family is a load.* Okipe fanmi sè li se gwo pèz li ye. **4**[*equaling one trip*] vwayaj *I have five loads of coffee for you.* M gen senk vwayaj kafe pou ou. •**load transported in one trip** vwayaj •**a load of** [*a lot of*] yon bann *What he said is a load of crap.* Sa l di a se yon bann radòt. •**a load off s.o.'s mind** chay ki sot sou{do/ kò/tèt}yon moun *Having paid off the telephone bill is a load off my mind.* Telefòn lan m peye a, se yon chay ki sot sou do mwen. •**additional**

load diplis, siplemantè *The truck cannot take an additional load.* Kamyon an pa ka pran diplis. •**get a load of** gad(e)(lè) yon moun *Get a load of the chest on that guy!* Gad gwosè lestonmak yon nèg! *Get a load of the way that girl is dressed, man!* Gade lè yon tifi abiye mouche! •**heavy load** pwa senkant •**take a load off** *a*[*remove a burden*] dechaje *The donkey is exhausted, take the load off him.* Bourik la bouke anpil, dechaje l. *b*[*relax*] kage kò li *Sit down and take a load off.* Chita. Kage kò ou. •**having loads of** chaje *She has loads of secondhand clothing to sell.* Li chaje ak rad pèpè pou vann.

load² *v.tr.* **1**[*truck, ship, plane, etc.*] arimen, chaje, fè chajman *The workers are loading the coffee sacks onto the truck.* Travayè yo ap arimen sak kafe nan kamyon an. *The plane has just been loaded.* Avyon an fin chaje. *We need a truck to load this charcoal.* Nou bezwen yon kamyon pou fè chajman chabon sa a. **2**[*fill up*] chaje, plen *Don't load the tray too much.* Pa chaje bak la twòp. *I loaded his plate with food.* M plen asyèt la ak manje ba li. **3**[*refill a gun, computer, disk, etc.*] chaje *Be careful when loading the gun!* Fèt atansyon lè w ap chaje zam lan! **4**[*money, gifts, etc.*] blende *He loaded her with gifts in order to win her over.* Li blende manmzèl la avèk kado pou l aprivwaze li. •**load down** *a*[*weight, etc.*] chaje *She loaded him down with boxes to carry.* Li chaje l ak yon bann bwat pou l pote. *b*[*fig.*] akable *He was loaded with sorrow.* Li te akable avèk chagren.

loaded *adj.* **1**[*full*] chaje, plen *The truck is loaded.* Kamyon an chaje. *The public transportation pick-up is loaded with passengers.* Taptap la plen moun. **2**[*computer, gun, camera, etc.*] chaje *The computer is loaded with software.* Òdinatè a fin chaje avèk lojisyèl. *Is the pistol loaded?* Revolvè a chaje? **3**[*plentiful*] blende, chaje, foul, plen *She's loaded with clothes.* Li blende ak rad. *The branch is loaded with fruit.* Branch lan chaje anba fwi. *He's loaded with gifts for the children.* Li foul ak kado pou timoun yo. *The party is loaded with people.* Banbòch la plen ak moun. **4**[*rich*] chaje{kòb/lajan} *Her father is loaded!* Papa l chaje kòb! **5**[*drunk*] chaje *He's been drinking all night, and now*

he's loaded. Li fè nuit la ap bwè, kounyeya li chaje. •**loaded down** chaje *The car is loaded down with people.* Machin lan chaje moun. *I'm loaded down with work.* M chaje ak travay. •**loaded with money or things** bonde ak, fètefouni *When she was young, she was loaded with money.* Nan jenès li, li te fètefouni. *He's loaded with money at present.* Li bonde ak kòb alèkile. •**heavily loaded down** chaje {kou/kon} {Lapolòy/Legba} *She always carries too much luggage when she travels.* Manmzèl chaje kou Lapolòy lè l ap vwayaje.

loader *n.* [*person*] chajè

loading zone *n.* [*boat, truck, etc.*] (zòn) anbakman

loaf¹ *n.* [*bread*] pen

loaf² *v.intr.* bliye kò li, fè{parese/vakabon}, gen bontan, kalewès, trennaye, vakabonnen, valtourinen, wodaye *Everybody is working, and here you are just sitting around loafing.* Tout moun ap travay, ou menm ou chita, ou ap kalewès. *Instead of going to do what they gave him to do, he loafed around in the street.* Olye li al fè sa yo ba l fè a, li bliye kò l nan lari a. *If you loaf about during your life, you'll die in poverty.* Si w ap fè parese nan lavi a, w ap mouri pòv. *People who have time to waste are always loafing.* Moun ki gen bontan toujou ap ranse. *He prefers to loaf around the house.* Li pito ap trennaye nan kay la. *You can't just loaf around in the street all day long.* Ou pa ka valtourinen nan lari a toutlasentjounen. *Since you're loafing about in the street, find a trade to learn.* Tank w ap wodaye nan lari a, chache yon metye pou aprann. •**loaf about** flannen, trennen *She's doing nothing, only loafing about all day.* Li p ap fè anyen, se flannen l ap flannen tout lajounen. *If you weren't loafing around in your life, by now you'd have gone far.* Si ou pa t ap trennen nan lavi a, alèkile ou ta lwen.

loafer *n.* aryennafè, bèt seren, drivayè, drivayèz [*fem.*] envalib, epav, eskoubin, flannè, kalewès, kataplanm, kawousèl, kòsmòtcho, lapousa, lepandjè, vadwouyè, zagribay

loafing *n.* kalbenday, valkanday

loan¹ *n.* **1**[*money*] dèt, eskont, prè **2**[*object*] prè •**usurious loan** kout ponya •**give usurious loans** bay kout ponya

loan² *v.tr.* [*money, object, etc.*] prete *Could you loan me ten dollars until tomorrow?* Ou ka prete m dis dola pou demen? *I loaned him my car for the whole week.* M prete l machin mwen an pou tout semenn lan.

loan-shark *n.* ponya, ponyadè

loan-sharking *n.* kout ponya

loathing *n.* degou, degoutans

loathsome *adj.* detestab, rayisab

lob *v.tr.* [*soccer*] lobe *The striker lobbed the ball over the goalkeeper.* Atakan an lobe gadyen an.

lobby¹ *n.* antre, fwaye

lobby *v.tr.* fè{kanpay/presyon} *The teachers are lobbying in order to put pressure on the minister's office.* Pwofesè yo ap fè kanpay pou fè presyon sou ministè a.

loblolly *n.* [*tree*] bwakasav, bwasatànye

lobster *n.* wonma

local *adj.* lokal, peyi *A local call.* Yon apèl lokal. *She's a local person.* Se moun peyi a li ye. •**local people** moun isit *All of the workers are local people.* Tout travayè yo se moun isit yo ye.

locale *n.* lokal

locality *n.* andwa, lokalite

locate *v.tr.* 1[*find*] lokalize, repere *I couldn't locate his house.* M pa rive lokalize kay li a. *I couldn't locate where the water was coming from.* M pa t ka repere kote dlo a t ap soti. 2[*find on a graph, etc.*] repere *Locate the straight line AB in this geometric figure.* Repere dwat AB a nan figi jeyometrik sa a. 3[*situate*] sitye *They decided to locate the factory in the Dominican Republic.* Yo deside sitye faktori a nan Panyòl la. *His house is located across from the police station.* Kay li a sitiye anfas lapolis la. 4[*assume to be*] sitye, plase *Many scholars locate Columbus's first settlement near Môle Saint Nicholas.* Anpil save plase prenmye etablisman Kolonm nan touprè Mòl Sen Nikola. 5[*residence, etc.*] enstale *We're located in Pétionville now.* Kounyeya nou enstale nan Petyonvil.

location *n.* kote, plas •**on location** an dirèk *We're on location in the Champs-de-Mars.* Nou an dirèk sou Channmas la.

lock¹ *n.* [*of hair*] bouk (cheve), mèch, très

lock² *n.* 1[*door, box, etc.*] seri 2[*padlock, etc.*] kadna •**combination lock** kadna sekrè

•**door lock** seri •**under lock and key** anba kle *Put the documents under lock and key.* Mete dokiman yo anba kle, wi.

lock³ *v.tr.* 1[*with a key*] fèmen a kle, klete, lòk *Lock the shop's door.* Fèmen pòt boutik la a kle. *Lock the door.* Klete pòt la. *Lock the car before you come in.* Lòk pòt machin nan anvan ou antre. 2[*door, window latch*] take *Lock the window.* Se pou ou take fenèt la. 3[*close inside*] fèmen, lòk *She locked the keys in the car.* Li lòk kle yo nan machin lan. 4[*blocked*] bloke *The steering wheel has locked.* Volan an bloke. *The door is locked with a hinge.* Pòt la bloke ak yon gon. 5[*set, fix*] fikse *The government locked the interest rate.* Gouvèlman fikse to enterè a. •**lock horns** {kole/kontre}kòn, makònen *The two best teams in the tournament will lock horns tomorrow.* De pi gwo ekip nan tounwa a ap kontre kòn yo demen. *The animals have had their horns locked together, they are unable even to move.* Bèt yo makònen youn ak lòt, yo pa kab menm bouje. •**lock in** mete yon moun nan près *He locked in his wife, she can't even go out.* Nèg la mete madanm ni nan près, ata soti manmzèl pa ka soti. •**lock s.o. out** fèmen yon moun deyò *They locked me out so I slept at a friend's place.* Yo fèmen m deyò; m al dòmi kay yon zanmi. •**lock s.o. up** [*put in prison*] fèmen yon moun nan prizon, klete *They locked him up.* Yo fèmen l nan prizon. *They locked up the thief.* Yo klete vòlè a. •**lock up** fèmen *Please lock up whenever you leave.* Depi ou ap sòti, fèmen pòt la ak kle.

lock-hold *n.* •**get a lock-hold on s.o.** kwaze pye sou yon moun

lockbox *n.* kòf

locked *adj.* fèmen *Go check to see if the door's locked.* Al tcheke si pòt la fèmen. *I got locked in the church.* M fèmen nan legliz la. •**locked up** anba kle *He has been locked up for two days.* Yo mete misye anba kle depi de jou.

locker *n.* kazye, vestyè •**locker room** vestyè

locket *n.* medayon

lockjaw *n.* fòs piriji, gòj rèd, mal{machwè/machwa}, maladi{kò rèd/machwè sere}, tetanòs

locksmith *n.* bòs seri

lockup *n.* kalabous, lajòl, tobout

locomotive *n.* tren
locust *n.* krikèt vèt
locust tree *n.* gonm anime, pwa konfiti, tchatcha
locustberry *n.* [*shrub*] bwakòn
lodge I *v.tr.* [*person*] desann, loje *We all lodged at Marie's house.* Nou tout desann lakay Mari. *He lodged my family for two weeks.* Li loje fanmi mwen pannan de semenn. **II** *v.intr.* [*become fixed firmly*] kwoke *A fish bone has lodged in her throat.* Li gen yon zo pwason k kwoke nan gòj li. •**lodge a complaint** ale nan biwo pou, {fè/pote{plent/rapò} *I lodged a complaint against the crook to the police.* M fè plent kon bandi a lapolis. *I lodged a complaint, nothing has been done.* Mwen pote plent lan, anyen pa fèt. *If you continue to make noise, I'm going to lodge a complaint against you.* Si ou kontinye fè bri, m ap fè rapò pou ou. •**lodge an appeal** fè apèl *His lawyer lodged an appeal as soon as the verdict was read.* Annik yo pwononse li koupab, avoka msye a fè apèl.
lodger *n.* lokatè, pansyonnè
lodging *n.* lojman **lodgings** *n.pl.* pansyon •**lodging house** pansyon
loft *n.* galta, grenye
log¹ *n.* [*tree*] bwa, souch bwa, twons bwa, wonden •**light log for making rafts** bwa flo
log² [*registry*] jounal, rejis
loge *n.* [*box seats in theater*] lòj
loggerheads *n.pl.* •**at loggerheads** do pou do, hinghang
logic *n.* lojik
logical *adj.* bon jan, konsekan, lojik, sanse *It's logical arguments that make them agree.* Se bon jan pawòl ki mete moun yo dakò. *What you say isn't logical.* Sa ou di a pa konsekan. *It isn't logical to assume that she will always treat you fairly.* Se pa lojik pou ou kwè l ap toujou jis avè ou. *A logical person doesn't behave that way.* Moun sanse pa aji konsa.
logically *adv.* lojikman *Logically, I should have considered your opinion.* Lojikman, m te dwè teni kont opinyon pa ou.
logjam *n.* blokis, enpas
logo *n.* anblèm, logo
logwood *n.* [*tree*] kanpèch
loin *n.* **1**[*person*] ren **loins** *n.pl.* flan, ren **2**[*lamb, goat, etc.*] jigo

loincloth *n.* tanga
loiter *v.intr.* **1**[*gen.*] mize, trennaye, valkande *You've been loitering here a long time, please move.* Pou dat w ap trennaye la, manyè deplase ou non. *Stop loitering in the street.* Ase valkande nan lari a. **2**[*in hopes of receiving food, money, etc.*] frite *The way you're loitering, it seems that you're hungry.* Jan w ap frite a, gen lè tèt ou ba.
loiterer *n.* mizadò
loitering *n.* valkanday
lollapalooza *n.* siyekole
lollipop *n.* [*candy*] boul sikdòy, piwouli, sousèt, tòtòt
lone *adj.* sèl
lonely *adj.* kon yon grenn senk, sèl, solitè *He's lonely at work because he has no friends.* Li kou yon grenn senk nan travay paske li pa gen zanmi. *She feels lonely when no one is at home.* Li santi li sèl lè pa gen moun nan kay la. *It's a lonely spot.* Se yon kote ki solitè.
lonesome *adj.* sèl *She feels lonesome from time to time.* Detanzantan, li santi li sèl.
long¹ *adj.* **1**[*size*] long, longè *This pole is four feet long.* Poto sa a se kat pye de long. *This dress is too long.* Wòb la twò long. *How long is this rope?* Ki longè kòd sa a? **2**[*time*] dire, long, lontan *How long does the movie last?* Konbe tan fim lan dire? *I find the days are long.* Mwen twouve jou a long. *I've been waiting for a long time.* Gen lontan m ap tann. **3**[*distance*] gran, long *We're going to take a long trip.* Nou pral fè yon gran vwayaj. *You're a long way from Jacmel!* Wout Jakmèl long anpil! •**as long as** dèske *As long as he thinks he's an important person, he'll get to be one indeed.* Dèske l kwè l ap yon pèsonaj enpòtan, l ap sa kanmenm.
long² *adv.* **1**[*a long time*] lontan *Considering that she hasn't been here long, she does really well with the language.* Vi li pa gen lontan isit, li byen degaje l nan lang lan. *Women live longer than men.* Medanm viv pi lontan pase msye. **2**[*through*] tout *The baby cried all night long.* Ti bebe a kriye tout lannuit. •**as long as a**[*relating to time*] tan, tank, toutan, toutotan *She told me I could stay for as long as I like.* Li di m m mèt rete tan m vle. *Hold your breath as long as you can.* Rale souf ou tank ou kapab. *As long as you don't pay me, I'm not budging.* Tanke ou pa peye m, m pa deplase.

Tout tan ou pa peye m, m p ap deplase. *I'm going to work as long as I can today.* Jodi a m ap travay toutotan m kapab. *b[provided that]* depi, dèske, pouvi(ke), tank, toutotan *As long as you don't cause me any trouble, I won't curse you.* Depi ou pa chache m kont, m p ap joure ou. *As long as he thinks he's an important person, he'll get to be one indeed.* Dèske l kwè l ap yon pèsonaj enpòtan, l ap sa kanmenm. *As long as you tell me the truth, I won't denounce you.* Pouvike ou ban m laverite a, m p ap denonse ou ankò. *The answer isn't clear as long as people don't want to tell the truth.* Repons lan pa klè tank moun pa vle di laverite. *As long as people are starving, the world will never be at peace.* Toutotan moun ap mouri grangou, lemonn pa p ap janm an pè. *c[because, since]* depi, kòm, nan mezi *As long as we're friends, I'll tell you the secret.* Kòm nou zanmi, m ap di ou sekrè a. *As long as you don't need me anymore, I'm leaving.* Depi ou pa bezwen m ankò, m ale. *As long as you're paying me, I'll go.* Nan mezi ou ap peye mwen, m prale. •**before long** anvan lontan, talè *I'll be finished before long.* M ap fini anvan lontan. *We'll be leaving before long.* Talè n prale. •**for long** lontan *Will you be gone for long?* Ou ap fè lontan deyò? •**take too long to do sth.** tade *You take too long to finish the work.* Ou tade ak travay la twòp.

long³ *n.* •**the long and the short of it** nannan yon bagay *The long and the short of it is that you're not qualified for the job.* Nannan bagay la se ke ou pa kalifye pou travay la.

long⁴ *v.intr.* anvi *I'm longing to see her again.* M anvi wè l anpil. •**long for** anvi, dezire, soupire pou *He longs for that woman.* Misye soupire pou fi sa a.

long-faced *adj.* kagou, kè grenn

long-forgotten *adj.* bliye depi lontan

long-lasting *adj.* manch long, mouri kite *They always throw a long-lasting party.* Y ap toujou fè fèt manch long. *She bought some long-lasting shoes.* Li achte yon soulye mouri kite.

long-legged *adj.* janm long

long-lived *adj.* dirab, mouri kite

long-sleeved *adj.* manch long

long-standing *adj.* ansyen *My father and him are long-standing friends.* Papa m ak li se ansyen zanmi.

long-suffering *adj.* sipòtan *A parent must always be long-suffering.* Yon paran sanse toujou sipòtan. •**be long-suffering** gen bon do *He's long-suffering, he suffers without talking about it.* Msye gen bon do, l ap soufri san pale. •**long-suffering person** chwal ren long

long-term *adj.* dirab *Your leave is not long-term.* Konje ou a pa dirab.

long-wave *adj.* onn long

long-winded *adj.* pale anpil *He's too long-winded.* Li pale anpil twòp.

longer *adv.* ankò, toujou *We can't wait any longer.* Nou pa ka ret tann ankò. *I'll stay a little longer.* M ap fè yon ti rete toujou. •**no longer** pa...ankò *She is no longer working here.* Li pa p travay la ankò.

longhand *n.* ekriti nòmal

longing *n.* anvi, dezi

longingly *adv.* ak anvi

longitude *n.* lonjitid

longshoreman *n.* arimè, bèf chenn, dòkè, estimidò, mawoule

look¹ *n.* **1**[*at s.o., sth.*] apèsesi, gade, jòf, jofray, kout je, lèy, lougal, rega *I took a quick look at her homework.* Mwen fè yon ti apèsesi sou devwa li. *One look, and I understood everything.* Yon ti gade, m konprann tout bagay. *I won't take a look unless you pay me.* M pa p bay jòf amwenske ou peye mwen. *She took one quick look at my arm.* Li bay yon sèl jofray jeklè sou ponyèt mwen. *Have a look at the lease agreement for me.* Fè yon ti kout je sou fèm kay la pou mwen. *Take a good look at him so you don't forget.* Fè yon bon ti rega sou li pou ou pa bliye. *Let me have a look at what you're reading.* Ban m fè yon lèy sou sa ou ap li a. *I can't tell you what's wrong with it unless you let me have a look at it.* Fo ou ban mwen yon ti lougal pou m ka di ou sa li genyen. **2**[*appearance*] binèt, lè, min *Since he shaved his beard, he has a fresh look.* Depi li raze bab li, binèt li frè. *She doesn't have the look of someone who has money.* Li pa gen lè yon moun ki gen lajan. *You don't look so hot this morning.* Ou pa bon menm maten an. **3**[*expression*] lè, min, rega *I don't like her look.* M pa renmen lè li. *She gave the teacher a dirty look.* Li bay mèt la yon move rega. *By the look on her face, you can tell she's* *angry.* Depi li ba ou min sa a sou figi li, ou wè l fache. **4**[*search*] chache *Did you have a look under the bed for your clothes?* Ou te chache anba kabann ou pou rad ou? **looks** *n.pl.* ali, figi *Some people judge others by their looks.* Gen moun ki gade lòt sou ali yo. *He has great looks, but he's a bluffer.* Misye se bèl figi li genyen, men se blofè l ye. •**dirty look** kout je •**give a dirty look** gade yon moun detravè *She gave us a dirty look.* Li gade n. •**give a disdainful or contemptuous look** twaze *She gave the guy a contemptuous look because he was staring at her.* Li twaze nèg la poutèt li t ap fikse l. •**give a look** founi je gade *A crowd gathered to give a look at the accident.* Yon foul moun sanble pou founi je gade aksidan an. •**give s.o. a scornful look** koupe yon moun kout je *She gave him a scornful look because he stood her up the other night.* Li koupe li yon sèl kout je poutèt li ba l poto lòt swa. •**have a look** fè yon lèy *Let me have a look through the book.* Ban m fè yon lèy nan liv la. •**have superficial good looks** bèl deyò *He has superficial good looks, but he has no heart.* Li bèl deyò, men li pa gen kè. •**quick look** kout flach, sonday *Take a quick look at this please.* Tanpri, fè sonday bagay sa a. •**take a look** fè yon{louga/ti gade}, foure je li, gade (pou wè} *Take a quick look at this homework to see if I did it well.* Fè yon ti gade devwa sa a pou wè si m byen fè l. *She took a look at my copy.* Li fè yon lougal sou kopi m nan. *Take a look at how that girl is dressed.* Foure je ou sou jan tifi sa a abiye. *Take a look at this letter, and explain to me what it says.* Gade lèt sa a epi esplike m sa k ladan li. •**take on a serious look** ranmase karaktè li *He was laughing heartily with his fellow worker but when he saw his boss, he took on a serious look.* Li t ap griyen dan ak kòlèg li, men kan l wè patron l, li ranmase karaktè l. •**very quick look** jofray je klè *She took a quick look at the work they did* Li bay jofray je klè sou travay yo fè a.

look² **I** *v.tr.* **1**[*at s.o.*] gade yon moun nan je *Look me in the eyes when I'm talking to you.* Gade m nan je lè mwen pale ou. **2**[*pay attention to*] gade, fè atansyon *Look where you're going!* Fè atansyon kote ou ale! **II** *v.intr.* **1**[*see, glance*] devizaje, gade *She*

looked at me fixedly before finally recognizing me. Li devizaje m anpil anvan li rekonèt mwen anfen. *Look carefully at what I'm doing.* Gade byen sa m ap fè. **2**[*appearance*] parèt *She looks pretty in the picture.* Li parèt bèl nan foto a. **3**[*search*] chache *Look for my car keys.* Chache kle machin mwen an. **4**[*seem*] gen lè, sanble *She looks about fortyish.* Li gen lè nan karantèn. *Your dog looks sick.* Chen ou a sanble l malad. **5**[*plan, expect, etc.*] chache fè, dèyè *I'm looking to buy a car.* M dèyè achte yon machin. *He's looking to start a fight with me.* L ap chache fè yon kont avè m. •**look a bit off-color** gen min si *You look a bit off color after drinking all night.* Ou gen min si aprè ou fin bwè tout lannuit. •**look after** fè yon jan ak, okipe, pran swen, veye, voye je sou *We have to look after that fever before it gets worse.* Fòk nou fè yon jan ak fyèv sa la anvan li vin pi mal atò. *I'll get someone to look after the kids for me.* M ap pran yon moun pou okipe timoun yo pou mwen. *Who's looking after your kids?* Ki moun k ap voye je sou timoun ou yo? *Look after the baby for me.* Veye tibebe a pou m. *She looks after the house well.* Li pran swen kay la byen. •**look alike** sanble *These two shirts look a lot alike.* De chemiz sa yo sanble anpil anpil. •**look alive** mete nanm sou ou non •**look and see** gade pou wè *Look and see if you can do it.* Gade pou wè si ou ka fè li. •**look appropriate for s.o.** [*i.e. a good match*] sanble *That girl looks appropriate for him.* Fi sa a sanble msye a anpil. •**look around** mache gade, voye je *I looked around the house, and I didn't see anyone.* M voye je m nan kay la, m pa wè pèsonn. *She looked around but she couldn't find one she liked.* Li mache gade men li pa wè sa ki sanble li. •**look at** *a*[*examine sth. critically*] wè *You should have that foot looked at by a doctor.* Fò ou fè yon dòktè wè pye a. *b*[*consider*] wè *Now I look at life differently.* Konnye a, m wè lavi a yon lòt jan. *c*[*examine, learn from, etc.*] gad(e) *Look at Jack! If you don't watch out, your life could end up like his.* Gade Jak konnye a! Si ou pa pran tèt ou, vi ou ap pase menm jan avèk li. *d*[*at each other*] gade youn lòt *They stood and looked at each other.* Yo kanpe gade youn lòt. •**look at again** repase *Look at your homework again before you go to sleep.* Repase devwa ou anvan ou kouche. •**look at o.s.** [*in a mirror*] gade li *Go to look at your face in the mirror.* Al gade ou nan glas pou wè figi ou. •**look at s.o.** bay yon moun fas *Look at me when I'm talking to you.* Ban m fas lè m ap pale ak ou. •**look at s.o. up and down** gade yon moun delatètopye *Why do you look me up and down?* Poukisa w ap gade m delatètopye? •**look at s.o. with scorn** koupe yon moun kout je *These two women look at each other with scorn.* De medam sa yo youn ap koupe lòt kout je. •**look at that** [*interj.*] bon *Look at that! Those two people are kissing.* Bon! De moun yo ape bobo. •**look at things** fè yon vire won *Let's go look at things in the neighborhood.* Ann fè yon ti virewon nan zòn nan. •**look back** *a*[*at s.o., sth.*] vire (tèt) gade *The thief is running, but from time to time he looks back.* Vòlè a ap kouri, men tanzantan li vire tèt gade. *b*[*remember*] chonje *When I look back on my childhood, I want to cry.* Lè m ap chonje lè m te timoun, m anvi kriye. •**look carefully at** [*with suspicion*] gade yon moun{anba anba/anba linèt} *The guy is so suspicious, he looks carefully at everyone.* Nèg la tèlman sispèk, l ap gade tout moun yo anba anba. •**look disoriented** [*lost*] fè bègwè *Instead of asking for directions, he would rather look disoriented.* Olye li mande yon moun direksyon, l ap pito fè bègwè. •**look down on** devalorize, fè pedka *The boss looks down on us.* Chèf la fè pedka de nou. *Rich people always look down upon poor people.* Rich toujou ap devalorize pòv. •**look down upon** devalorize *Rich people always look down upon poor people.* Rich toujou ap devalorize pòv. •**look exactly alike** sanble tèt koupe, tokay yon moun *These two people look exactly alike.* De moun sa yo sanble tèt koupe. *This lady and you look exactly alike.* Fanm sa a se tokay ou. •**look fixedly at s.o.** devizaje *She looked fixedly at the man.* Li devizaje nèg la. •**look for** *a*[*search for*] bouske, chache *What are you looking for?* Ki sa w ap bouske la? *We're looking for a good restaurant.* N ap chache yon bon restoran. *b*[*trouble, etc.*] chache, vini sou *Are you* looking for trouble or what? Se poblèm ou ap chache? *The way he's speaking, you know he's looking for an argument.* Jan l ap pale a, ou wè l vin sou kont. •**look for a better life** chache lavi (nan) *She looking for a better life in Miami.* Li al chache lavi nan Miyami. •**look for a fight** sou batay *He's not looking for a fight.* Msye pa sou batay. •**look for a job** ale dèyè yon woulman *She's out looking for a job.* Li ale dèyè yon woulman. •**look for a quarrel** chache yon moun kont *The children are looking for a quarrel with the vendor.* Timoun yo ap chache machann nan kont. •**look for a way out** chache van pou al Lagonav *He's acting up at school, because he's looking for a way out.* L ap fè maledve nan lekòl la paske l ap chache van pou al Lagonav. •**look for an excuse** chache van pou al Lagonav *He isn't sick at all, he's looking for an excuse.* Misye pa pyès malad, se van l ap chache pou l al Lagonav. •**look for an alibi** chache van pou al Lagonav *She wasn't really at the party, she's just looking for an alibi.* Li pa t nan fèt la vre, l ap chache van pou al Lagonav. •**look for jobs** [*for a living, career, etc.*] chache lavi (nan) *I was looking for jobs in computers.* M t ap chache lavi nan enfòmatik. •**look for problems where there aren't any** fouye zo nan kalalou *She's always looking for problems where there aren't any.* L ap toujou fouye zo nan kalalou. •**look for s.o. or sth.** a la rechèch *We're looking for someone competent for that position.* Nou a la rechèch yon moun ki konpetan pou pòs sa a. •**look for s.o. who is in the same social class as o.s.** chache yon moun ki nimewo pye li *I should look for a woman who is of the same social class as me.* Fòk m chache yon fi ki nimewo pye m. •**look for trouble** lonje dwèt sou zo Kingkong li, mache chache, nui{kò/nich}li *If you bother me, you're looking for trouble.* Si se mwen w ap anmègde, ou lonje dwèt sou zo Kingkong ou. *He was looking for trouble, he got it.* Nan mache chache, li jwenn ak pa l. *He's always looking for trouble gratuitously.* Misye toujou ap nwi kò l pou granmèsi. •**look forward to** atann *I look forward to seeing what this year will bring.* M ap atann sa ane sa a ap pote. •**look good on the**

surface bèl deyò *That house looks good on the surface, but it's dirty inside.* Kay sa a bèl deyò, men anndan l sal. •**look guilty** sispèk *Why do you look so guilty?* Poukisa ou sispèk konsa? •**look hard at** kase kou gade *His father looked hard at him to see if he wasn't lying.* Papa l kase kou gade pou l wè si l pa manti. •**look healthy** gen bon min *She looks healthy, but she has a fever.* Li gen bon min, men li gen lafyèv. •**look in on** fè yon lèy bay, pase wè *I'm going to look in on the baby.* M pral fè yon lèy bay tibebe a. *Look in on your mother when you're out.* Se pou ou pase wè manman ou lè ou sòti. •**look into** tcheke *I'm going to look into college after high school.* M pral tcheke kolèj aprè lise mwen an. •**look just/really like s.o.** sanble (tèt koupe} ak *He looks just like my brother.* Li sanble tèt koupe ak frè m lan. *The girl really looks like her mother!* Ala tifi sanble manman l! •**look kindly upon** gen bèl lè ak *He looks kindly upon the poor.* Li gen bèl lè ak malere yo. •**look like** gen lè, vle, sanble *It looks like it's going to rain.* Gen lè lapli pral tonbe. •**look like s.o.** bay yon moun remak, gen lè yon moun *You look like a friend of mine.* Ou ban m remak yon zanmi m. *She looks like her father.* Li gen lè papa l. •**look like two peas in a pod** sanble tankou de gout dlo *She and her sister look like two peas in a pod.* Li menm avèk sè li sanble tankou de gout dlo. •**look lost** fè bègwè *Rather than asking for what he needs, he just looks lost in the store.* Olye l mande sa l bezwen nan magazen an, l ap fè bègwè. •**look lovingly at** fè{drandran/yon moun je dou} *She's always looking lovingly at him.* L ap toujou fè li je dou. *He always looks lovingly at me.* L ap toujou fè drandran ban mwen. •**look old for one's age** gen move ten *That young lady looks old for her age.* Demwazèl sa a gen move ten. •**look on** a[*watch*] gade (fè) *The cop looked on as the thieves escaped.* Popo a gade lè vòlò yo chape poul yo. *She wrote the letter while I looked on.* Li te ekri lèt la etan mwen gade li fè. *b*[*consider, esteem*] gade yon moun tankou, pran yon moun pou *I look on you as a friend.* M gade ou tankou yon zanmi. *I always looked on him as a friend and look what he did to me.* M

te pran l pou zanmi m, enpi gade sa l fè m. •**look on hungrily** je yon moun fè tè pwa tè mayi *She looked on hungrily at the dish of food.* Je li fè tè pwa tè mayi devan plat manje a. •**look on passively** rete gade •**look only at sth.** pote sou *Out of all the work I did, he looked only at my mistakes.* Nan tout travay m fè yo, li pote sèlman sou erè m yo. •**look onto** [*place*] bay sou deyò *His house looks onto the main road.* Kay li a bay sou deyò gran wout la. •**look out** a[*a doorway, etc.*] parèt tèt li *She looked out the doorway at her.* Li parèt tèt li nan pòt la pou gade li. *b*[*interj.*] atansyon *Look out! There's a car behind you!* Atansyon! Gen yon machin dèyè ou! •**look out for** defann *When you don't have family, you have to look out for yourself.* Lè ou pa gen fanmi, fòk ou defann tèt ou. •**look out on** bay sou *My window looks out on the street.* Fenèt mwen an bay sou lari a. •**look over** gad(e) *He looked me over from head to foot.* Li gade m delatètopye. •**look ridiculous** sanble yon madigra •**look sharp** a[*keep one's eyes open*] kale je li (sou) *You have to look sharp or they'll steal from you.* Fòk ou kale je ou oubyen y ap vòlè ou. *b*[*well-dressed, etc.*] bwòdè, tou limen *Wow! You look sharp.* Mezanmi! Ou bwòdè papa. *Where are you going looking so sharp?* Kote ou ale tou limen konsa? •**look sick** defigire *You look sick today.* Ou defigire jodiya. •**look smart** mete brenn sou li *Look smart, get to it.* Mete brenn sou ou. •**look s.o. in the eye** gade yon moun nan je *He couldn't look me in the eye.* Li pa t fouti gade m nan je. •**look s.o. straight in the eye** fikse yon moun nan{je/zye}, gade yon moun oblan dèzye *This man lies to you while looking at you straight in the eyes.* Nèg sa a l ap blofe ou pandan l ap gade ou oblan dèzye. •**look s.o. straight in the face** gade yon moun oblan dèzye •**look to** [*expect, wait on*] tann *You can't always look to others to tell you what to do.* Ou pa ka toujou ap tann lòt moun pou di ou sa pou ou fè. •**look toward the floor** pike tèt li atè *He always looks toward the floor when he talks to his boss.* Li toujou pike tèt li atè devan patwon l. •**look uncomfortable** mawonnen kò li *You look uncomfortable, you have to relax.*

Ou mawonnen kò ou twòp, se pou mete ou alèz. •**look under one's glasses** gade anba linèt li *She looks under her glasses while reading.* L ap gade anba linèt li antan l ap li. •**look up** [*search for, find, etc.*] chache *I looked her name up on the list, but I didn't find it.* M chache non l sou lis la, men m pa wè l. •**look up and down** detaye yon moun dewotanba *She looked him up and down before she said hello.* Li detaye msye dewotanba anvan li di bonjou. •**look up to** respekte *Everyone at work looks up to him.* Tout moun nan travay la respekte l. •**look with favor upon** fè bas *No one looked with favor upon what he had suggested.* Pa gen moun ki fè bas pou sa l di a. •**look young** [*woman*] fè demwazèl *That lady still looks young.* Danm sa a toujou fè demwazèl. •**look young for one's age** gen bon ten *That old lady looks young for her age.* Ti granmoun sa a gen bon ten. •**look younger** rajeni *Your father blackened his hair, and that made him look younger.* Papa ou nwasi cheve l, sa fè l vin rajeni. •**look younger or not as developed as children of his/her age** chode *This child is not as developed as children of her age.* Pitit sa a chode. •**go look for s.o.** rapouswiv *Go look for the child and make sure that you come back with her.* Al rapousiv pitit la pou ou ka tounen avè l. •**go out looking for sth.** fè wonn *Jack went out around Port-au-Prince looking for the medicine.* Jak fè wonn Pòtoprens dèyè medikaman an. •**have a look or peek at** fè yon lougal sou *Let me have a look your arm.* Ban m yon lougal sou ponyèt ou. •**make s.o. look bad** avili yon moun *When we play soccer, he always makes me look bad.* Li toujou avili m nan foutbòl. •**make s.o. look ridiculous** sòt *You think you can make me look ridiculous.* Ou panse ou ka sòt mwen. •**not look so hot** min yon moun pa bon *You're drunk! You don't look so hot.* Ou sou papa! Min ou pa bon menm. •**not much to look at** pa gen bèl deyò *The car is not much to look at, but it runs well.* Machin nan pa gen bèl deyò, men li woule byen. •**what s.o. looks like** pwofil *Describe to me what the guy you spoke to looks like.* Dekri m pwofil moun w ap di a.

looked adj. •**be well looked after** optiswen *All the patients were well looked after today.* Jodiya tout pasyan yo optiswen.

lookout[1] n. santinèl •**deck lookout on ship** bochwa

lookout[2] n. •**on the lookout** veyatif, vijilan •**be on the lookout for** file zepon li *You better stay inside. He's on the lookout for you.* Pito ou rete anndan. L ap file zepon li pou ou.

loom n. •**weaving loom** metye a tise

loony adj. dezekilibre, loke, manfouben, tèt{pati/cho/ fele/loke/pa an plas/souke/ vire}, toke *He's a loony guy.* Li yon moun dezekilibre. *I won't go to the movies with him, he's too loony for me.* M pa prale sinema ak msye, li twò tèt vire pou mwen.

loop n. **1**[*string, ribbon, writing, etc.*] bouk, ne **2**[*contraceptive coil (IUD)*] esterilè •**belt loop** [*in trousers*] pasan

loop-the-loop v.tr. [*airplane*] fè (yon) loupin *Mary is a good airplane pilot, she knows how to loop-the-loop.* Mari se bon avyatè, li konn fè loupin ak avyon.

loophole n. fay, pwen fèb

loose adj. **1**[*not firmly in place*] branlan, lach, lage, souke *The stairs are too loose, be careful not to fall on them.* Eskalye a twò branlan, veye pou pa pati ladan. *The rope is too loose, hold it tighter.* Kòd la twò lach, mare l pi sere. *Be careful! The door is loose.* Atansyon! Pòt la lage yon ti kras. *I have a loose tooth.* M gen yon dan ki souke. *The screw became loose.* Vis la vin fòl l. **2**[*not tied up, attached, etc.*] delage, detache, lage *Watch out! The dogs are loose.* Veye zo ou! Chen yo lage. *There's a bunch of loose papers in that box.* Gen yon pakèt papye detache nan bwat sa a. *She let her hair loose.* Li delage cheve li. **3**[*not tight (skin, clothing, etc.)*] flòk flòk, flòp flòp, laj, plòt *Her pants are loose on her.* Pantalon li flòk flòk sou li. *His father's shirt is too loose for him.* Chemiz papa l twò laj pou li. *The old lady's skin is loose.* Po grann nan plòt. **4**[*not strict, relaxed*] koul, sitire, sitirèz [*fem.*] *That lady is too loose with her children.* Danm sa a sitirèz twòp avèk timoun li yo. **5**[*relaxed*] koul *He's very loose.* Msye koul anpil. **6**[*morally*] deregle, fasil, lib *Lise's daughter is leading a loose life.* Tifi

Liz la ap mennen yon vi deregle. *That girl is too loose, she says yes to any man.* Fi sa a fasil twòp, li di nenpòt nèg wi. *She won't marry a morally loose man.* Li pa vle marye ak yon nèg ki lib. •**loose fitting** lach, pa ajiste •**loose or frivolous woman** penbèch, penda •**loose or immoral woman** [*morally*] akrekre, awonna, azireya, bèl flè san zodè, bòn a tout, bouzen, chanbrèy, donzèl, dorad, epav, {fanm/fi} lib, gran pwelon, gran zepon, granchire, lagrannpout, manman kòdenn, pabon, pèlen, piwèt, pye lejè, salòp, sanzavèz, tcherache, ti piyay, vakabòn *That loose woman will go with anyone.* Gran pwelon sa sòti ak tout nèg. *This loose woman has sex with all men.* Ti pabon sa kouche ak tout nèg. *This loose woman sleeps with everyone.* Salòp sa kouche ak tout moun. •**loose women** medam pye lejè •**be too loose** [*clothing*] vale *She lost so much weight that her clothes are too loose.* Li vin tèlman mèg tout rad li vale l. •**make loose** lache *You need to make the screw loose.* Ou dwè fè vis la lache. •**morally loose** [*male*] djougan •**morally loose person** pouri *Don't hang out with those morally loose people, they'll be a bad influence on you.* Pa pran pa ak pouri sa yo, y a dejwe ou. •**sexually loose and permissive person** kokadò

loosely *adv.* **1**[*not tightly*] san sere *She held the jar loosely.* Li kenbe bokal la san sere. **2**[*imprecisely*] apeprè, apeprèman *Loosely translated it means…* Sa vle di apeprèman…

loosen I *v.tr.* **1**[*slacken*] dekwense, delage, demare, desere, detache, lache, lage, louvri tè, rimen *Loosen those books on the bookshelf.* Dekwense liv sa yo nan etajè a. *Loosen the knot, it's too tight.* Delage ne a, li twò sere. *Loosen the braids on the child's head.* Desere très yo nan tèt pitit la. *Loosen the screw.* Lache vis la. *You tied your waist too tightly, loosen it a bit.* Ou mare tay ou twò sere, lage l ti kras. *Loosen the earth so we can sow the seeds.* Louvri tè a pou simen grenn yo. **2**[*lessen restrictions, etc.*] radousi *They loosened the restrictions on her after a week.* Aprè youn semenn yo radousi pinisyon li a. **II** *v.intr.* [*slacken*] defè, delache, delage *The knot loosened.* Ne a delage. *My shoelace loosened.* Lase mwen defè. *His tie loosened.*

Kòl li a delache. •**loosen up** *a*[*limber up*] rechofe (kò) li *You need to loosen up before you run the race.* Ou bezwen rechofe kò ou anvan ou fè kous la. *b*[*become less strict*] bay fil mòl *The teacher loosens up on discipline.* Pwofesè a bay fil mòl nan disiplin nan. *c*[*become less shy*] mete li alèz *You're too shy. You need to loosen up.* Ou twò timid. Ou bezwen mete ou alèz.

loosening or turning over of earth *n.* fouchtaj

loot[1] *n.* biten, piyay •**loot seized during an uprising** dechoukaj

loot[2] *v.tr.* bwote, debalize, fè{dechoukay/ rapin}, piye, razibis *They looted that shop last night.* Yo debalize magazen sa a yè swa. *They looted his house.* Yo fè dechoukay kay li. *A bunch of people looted the house.* Yon foul moun fè rapin kay la. *The looters looted the store.* Ravajè yo piye magazen an. *The protesters looted every store in the town.* Manifestan yo razibis dènye magazen anba lavil la.

looter *n.* mawodè, piyajè, ravajè

looting *n.* piyay

lopsided *adj.* [*out of balance*] dekage, panche yon bò *That boat is lopsided.* Batiman an panche yon bò.

loquacious *adj.* kozè, paladò

loquat *n.* [*tree with edible plum-like fruit*] siwèl •**loquat fruit** grenn siwèl

lord *n.* nèg kay, senyè *He's acting like a lord; everyone has to come to greet him.* Li konpòte l tankou yon senyè; fòk tout moun vin salye l. •**lord and master** mèt e senyè *That girl is lord and master at school, she does whatever she wants.* Fi sa a se mèt e senyè nan lekòl la, li fè sa li vle.

Lord *prop.n.* Granmèt, Lesenyè, Senyè •**Lord have mercy on us** gras lamizerikòd *Lord, have mercy on us!* Gras lamizerikòd! •**Lord's Prayer** Nòtre Pè •**Good Lord!** Komabo •**the Lord** Granmèt, Pè Letènèl *It's the Lord who created the Earth.* Se Granmèt la ki kreye latè a.

lore *n.* pawòl granmoun lontan

lorgnette *n.* lòryon, lòyèt

lose I *v.tr.* **1**[*misplace, fail to find*] anfouye, pèd, pèdi *Don't lose this key!* Pinga ou pèdi kle sa a! *I lost him in the crowd.* M pèd li nan foul

moun lan. *I lost the pen.* M anfouye plim nan.
2[*fail to win*] pèdi *Our team lost the match.*
Ekip nou an pèdi match la. **3**[*be deprived of*]
degrennen, pèdi *The family lost its members
one by one.* Fanmi an fin degrennen. *He lost
an arm in the accident.* Li pèdi yon bra l nan
aksidan an. **4**[*cause the loss of*] fè pèdi, koute
His drinking lost him his job. Tafya fè l pèdi
djòb la. *The strike lost the company a lot of
money.* Grèv la koute konpayi an yon bann
kòb. **5**[*miss, waste*] manke, pèdi *She lost the
chance to take the exam because she was late.*
Li manke okazyon pou fè egzamen an
poutèt li te an reta. *He didn't have a minute
to lose in completing the job on time.* Li pa t
gen bontan pou pèdi si li t ap fin fè travay la
alè. **6**[*get rid of*] debarase, pèdi *They lost the
cops in traffic.* Yo debarase popo yo nan
trafik. *He lost a lot of weight.* Li pèdi yon
pakèt pwa. **7**[*one's way*] egare, pèdi *We lost
our way in the woods.* Nou egare nan rak bwa
a. *We lost our way going to your house.* Nou fin
pèdi an wout lakay ou. **8**[*confused,
captivated, etc.*] egare, pèdi *That kid isn't
following at all. He's completely lost.* Ti nèg sa
a pa p swiv menm. Li egare twòp. *She's lost
in her book.* Li pèdi nan liv li a. **9**[*watch, etc.*]
an reta, retade *My watch loses ten minutes a
day.* Mont mwen an retade dis minit chak
jou. **II** *v.intr.* **1**[*game, match, etc.*] pèdi *In all
games there are people who win and people
who lose.* Nan tout jwèt, toujou gen yon
moun ki genyen yon moun ki pèdi. **2**[*fig.*]
pèdi *You can't lose!* Ou pa ka pèdi nan sa!
•**lose a few marbles** [*go a little crazy*] pèdi
{yon/kèk}fèy, pèdi tèt li *She's lost a few
marbles.* Li pèdi yon fèy. •**lose an erection**
debande, pèdi bann li •**lose blood** rann san
*She lost a lot of blood when she had the
miscarriage.* Li rann anpil san lè li fè fos
kouch la. •**lose by default** pèdi pa fòfè *The
other team took a loss by default.* Lòt ekip
pèdi pa fòfè. •**lose consciousness**
pèdi{konnesans/lapawòl} *She lost
consciousness when she fell.* Li pèdi konnesans
lè li tonbe a. •**lose control** dekontwole, pèdi
kontwòl *He lost control over what he was
doing.* Li dekontwole nan sa li ap fè a. •**lose
control of o.s.** nanm li soti sou li, pèdi
jekwazandye li, tonbe nè *They lost control of*

themselves, they're going to fight in the street.
Yo pèdi jekwazandye yo, y al batay nan lari.
*She often loses control of herself, you mustn't
make her too angry.* Manmzèl abitye tonbe
nè, pinga ou fè l fache twòp. *When he learned
he had been fired, he lost control of himself.* Lè
misye aprann yo revoke l, nanm li soti sou li.
•**lose count** pa fouti konte *I lose count of how
many times I've seen her.* M pa fouti konte
konbe fwa m wè l. •**lose everything** pèdi ni
sak ni krab, rete ak de po dada li *When the
store burned, they lost everything.* Lè boutik
la boule a, yo rete ak de po dada yo. *She lost
everything in the fire.* Li pèdi ni sak ni krab
nan ensandi a. •**lose face** pèdi{bann/
eskanp/pye/wòl}li, pèdi lafas *The minister
resigned because he lost face.* Minis la
demisyone paske l pèdi lafas. *She was really
embarrassed because she lost face.* Li te jennen
anpil poutèt li pèdi wòl li. •**lose feathers**
deplimen *In the cockfight arena, the roosters
lose feathers.* Nan gagè a, kòk yo deplimen.
•**lose four games in a row** [*dominoes, etc.*]
pran{vyèj/donè} •**lose ground** pèdi pye,
tchoule *She's not going to recover. Each day
she loses more ground.* Li pa p chape. Chak
jou, se tchoule l ap tchoule. *We will lose
ground in the city if we don't provide a good
service.* N ap pèdi pye nan vil la si n pa bay
bon travay. •**lose hands down** pèdi lèd *She
lost the argument hands down.* Li pèdi koze
diskisyon an lèd. •**lose heart** dekouraje,
pèdi kouraj *Don't lose heart! You'll finish it!*
Pa dekouraje! Ou ap fini l! •**lose luster** pali
•**lose money** fè defisi *I lost money in the
business.* M fè defisi nan komès la. •**lose
offspring** [*animal*] pèdi rapò li *The pig lost
its offspring.* Kochon an pèdi rapò li. •**lose
one's appeal** [*woman*] vante *That woman
has lost too much of her appeal, men don't
pursue her anymore.* Fi sa vante twòp, nèg yo
pa sou li ankò. •**lose one's bearings**
pèdi{(la)kat/marenn}li *I lost my bearings in
my life, I can't get back on track.* M pèdi lakat
mwen nan lavi a, m pa fouti reprann mwen.
•**lose one's composure** dekontwole,
pèdi{(la)kat/marenn}li *The situation made
her lose her composure.* Sitiyasyon an
dekontwole l. •**lose one's concentration**
dekonsantre *She lost her concentration*

because of the noise. Li dekonsantre akòz bwi a. •**lose one's connections** pèdi fil li *He lost his connections.* Li pèdi fil li. •**lose one's cool** pèdi{(la)kat/marenn/pèdi sanfwa}li *You needn't lose your cool, we'll solve the problem.* Ou pa bezwen pèdi lakat ou, n ap rezoud pwoblèm nan. *Don't lose your cool.* Pa pèdi sanfwa ou. •**lose one's life** pèdi lavi *Many people lost their lives in the fire.* Gen anpil moun ki pèdi lavi yo nan dife a. •**lose one's life in trying to better it** chache lavi detwi lavi *The boat that was bringing them to Miami sank. Losing one's life in trying to better it!* Kanntè ki t ap mennen yo Miyami an koule. Chache lavi detwi lavi! •**lose one's marbles** [*go crazy*] pèdi{yon/kèk}fèy *You must have lost your marbles!* Ou gen lè pèdi yon fèy! •**lose one's memory** {pa gen/san}tèt, tèt pa la *When someone gets old, he loses his memory.* Lè yon moun ap rantre nan laj, li pa gen tèt. •**lose one's mind** debòde, gaye, pèdi tèt ou *You must have lost your mind!* Ou gen lè pèdi tèt ou! *Ever since he heard the news, he's lost his mind.* Depi li fin tande nouvèl la, li gaye nèt. •**lose one's pious demeanor** pèdi jekwazandye li *He lost his pious demeanor by doing bad things.* Li pèdi jekwazandye li lè l tonbe nan fè move zak. •**lose one's self-control or cool** dechennen, deraye *She lost her cool when she found out the guy was cheating on her.* Li vin deraye lè li jwenn msye a fè li zoklo. *He was so angry that he lost his self control.* Li te sitèlman fache li dechennen. •**lose one's self-respect** pèdi kap li *You've lost your self-respect, there's no one in the house who respects you.* Ou pèdi kap ou, pa gen okenn moun nan kay la ki respekte ou. •**lose one's senses** pèdi lòlòj *She's losing her senses because she's in love so much.* Li pèdi lòlòj li afòs li damou. •**lose one's skills** dekoud, detyedi •**lose one's social status** pèdi ran •**lose one's stride** pèdi pedal •**lose one's temper** kòlè anpote li *She lost her temper when her daughter came in late.* Kòlè anpote li lè pitit li a rantre ta. •**lose one's virginity** goute sèl •**lose one's way** *a*[*disoriented*] pèdi *He got lost on the way over.* Li pèdi an wout. *b*[*fig.*] pèdi{(la)kat/ marenn}li *She lost her way in life, and she doesn't know what to do.* Li pèdi marenn ni

nan lavi a, epi li pa konn sa pou li fè. •**lose out** bwè{dlo/luil}, kakit, pèdi fil, rate *You'll lose out if you bet on that fighting cock.* Ou ap bwè luil si ou ap parye sou kòk sila a. *She lost out on her investment.* Li pèdi fil nan envestisman li a. *I lost out on the lawsuit.* M kakit nan jijman an. *Our team failed to win the cup.* Ekip nou an a rate koup la. •**lose patience** depasyante, enpasyante *Don't make me waste any more time, I'm beginning to lose patience.* Pa fè m pèdi tan ankò, m kòmanse enpasyante. *The teacher loses patience with these students.* Pwofesè a depasyante ak elèv yo. •**lose sight of** *a*[*no longer see*] pèdi, pèdi de vi *I lost sight of the kids in the crowd.* M pèdi timoun yo nan foul la. *They lost sight of the house in the distance.* Yo pèdi kay la de vi nan distans lan. *b*[*forget*] bliye, pèdi de vi *Never lose sight of why you came here.* Pa janm bliye pou ki sa ou te vin isit. *You've lost sight of your goals.* Ou pèdi objèktif ou yo de vi. •**lose the habit of** dezabitye *I have lost the habit of eating rice.* M dezabitye ak manje diri. •**lose the whole kit and caboodle** pèdi ni sak ni krab *I lost the whole kit and caboodle in the hurricane.* M pèdi ni sak ni krab apre siklòn nan. •**lose time** donnen *Hurry up. You're losing time.* Depeche ou. Ou ap donnen konsa. •**lose weight** dechte, degrese [*pej.*], degwosi, deperi, dezose, kase, kòde, megri, vin piti *Since you've been avoiding eating chocolates, you've lost a little weight.* Depi ou evite manje chokola a, ou dechte enpe. *Try to lose weight.* Gad pou wè si ou ta degrese. *Since he's ill, he's losing weight.* Depi li malad la, l ap deperi. *She lost weight after giving birth.* Li dechose apre akouchman an. *Look how he's lost weight because of the illness.* Gad ki jan li fin kòde anba maladi a. *The illness made him lose a lot of weight.* Maladi a megri li anpil. *She lost weight because she doesn't eat well.* Li vin piti paske l pa manje byen. •**lose with good cards** bourik ak kat las *He lost the game with four aces.* Li bourik ak kat las. •**make lose patience** depasyante *She made me lose my patience, because she made me wait for too long.* Li depasyante m paske li fè m tann twòp. •**make one lose one's good sense** fè yon moun gaga *This medicine makes me lose* *my good sense.* Remèd la fè m gaga. •**make s.o. lose his calm** vire bonèt li dèyè tèt li *Any time the children spill water on the floor, it really makes me lose my calm.* Lè w wè timoun yo jete dlo atè a konsa, yo vire bonèt mwen dèyè tèt mwen. •**make s.o. lose weight** deplimen, devide, megri, seche *The training sessions made him really lose weight.* Antrènman yo deplimen l nèt. *The illness really made him lose weight.* Maladi a devide msye nèt. *The illness made him lose weight.* Maladi a megri li anpil. •**not lose one's temper** gen san sipòtan *I don't know how she didn't lose her temper.* M pa konprann sa k fè li gen san sipòtan konsa.

loser *n.* 1[*sports, etc.*] pèdan *Our team was the loser today.* Ekip nou an te pèdan jodi a. 2[*pej.*] boulchit, rate, ratèz [*fem.*], yeye *Everything he does always ends in a mess. He's an incompetent loser!* Tout sa li fè pase an gagòt. Msye se yon boulchit li ye. *She can't do anything right. She's such a loser!* Li pa ka fè yon mèd. Se yon ratèz li ye! *What a loser! When are you going to win a card game?* Gade yeye a! Ki lè w ap gen yon pati kat? •**loser in a card game** ti bourik •**be a loser** [*pej.*] fè bèk atè, gen djòl bòkyè *Don't be a loser!* Pa gen djòl bòkyè. *Hold on! Don't be a loser.* Kenbe la! Pa fè bèk atè. •**incompetent loser** boulchit •**longtime loser** bourik senkan •**the loser** [*in a game*] chen *In domino games, she's always the loser.* Nan domino, se li ki toujou chen.

loss *n.* 1[*gen.*] defisi, donmaj, pèd, pèdans, pèt *I took a loss in the investment.* Mwen fè defisi nan envestisman an. *The hurricane caused a lot of loss.* Siklòn nan te lakoz yon pakèt donmaj. *The loss of the team captain was a big hardship.* Pèdans kapitenn ekip la te yon peripesi. *The woman's death was a great loss.* Lanmò danm nan te yon gwo pèt. 2[*of hair*] chit *With the hair loss he lost all of his hair.* Li pèdi dènye chive l apre chit la. •**at a loss** *a*[*for words, etc.*] lang nan pòch li *When he asked me the question, I was at a loss to answer him.* Lè l poze m kesyon an, lang mwen te nan pòch mwen. *b*[*less than cost*] pèt *I'll be selling the car at a loss at that price.* Si m vann machin lan pri sa a, m ap nan pèd. •**be a complete loss** yon moun se yon pèdisyon *That child is a complete loss, he's so violent.* Timoun sa a se yon pèdisyon tank li brit. •**hair loss** [*on a woman*] cheve kase •**not be at a loss for words** lang yon moun pa nan pòch li *He will reply because he's never at a loss for words.* Lap reponn ou paske lang li pa nan pòch li.

lost *adj.* 1[*mislaid, not found*] pèdi *My umbrella is lost.* Parapli m lan pèdi. 2[*destroyed, missing, etc.*] pèdi, peri *Two people were lost in the accident.* De moun peri nan aksidan an. *The boat was lost at sea with everybody aboard.* Batiman an pèdi ak tout moun yo. *The merchandise was lost in the shipwreck.* Machandiz yo peri nan nofraj bato a. 3[*one's way*] aladriv, egare, pèdi *If I get lost, I'll ask someone.* Si m pèdi, m a mande yon moun. *We were lost in the woods.* Nou egare nan rak bwa a. *He is lost because he doesn't know his way.* Li aladriv paske li pa konn wout li. 4[*troubled, distressed, etc.*] nan nwasè, pèdi{bann/eskanp/pye/wòl}li, twouble *I'm lost this week, because I have so many things to do.* M nan nwasè nèt semenn sa a poutèt *m* gen twòp bagay pou m fè. *I was lost after my divorce. I didn't know what to do without my husband.* M pèdi wòl mwen apre divòs mwen. M pa t konn kisa pou m fè san mari mwen. 5[*absorbed in doing sth.*] pèdi *She's lost in what she's doing.* Li pèdi nan sa l ap fè a. 6[*confused*] twouble *He's lost in the calculation because he forgot to add one number.* Li twouble nan kalkil la paske li bliye adisyonen yon chif. •**get lost!** *a*[*leave*] bay{lè li la/yon moun talon li}, demaske li, disparèt kò ou, efase ou, ekskize ou la a, fè m pa wè ou, òltègèt li *Get lost! We don't want you here.* Bay lè ou la! Nou pa vle ou la a. *Get lost! I don't want to see you here.* Ban m talon ou. M pa vle wè ou la a. *Get lost! You're bothering me here.* Demaske ou sou mwen! *Ou ap anmède m la a. Go away! Get lost!* Ale! Disparèt kò ou! *My dear, get lost, I don't want to see your footprints.* Monchè, efase ou la a, m pa vle wè prent pye ou. *Get lost! Fè m pa wè ou! Get lost! You're making too much noise.* Òltègèt ou! Ou ap fè twòp bwi. *b*[*said to s.o. who begs for money*] pouse bourik li pi{devan/lwen} *You're coming back so early in the morning to ask for charity.*

Get lost! Granmmaten sa w ap vin mande charite, pouse bourik ou pi devan!

lot¹ *n.* [*plot of land*] anplasman, pwopriyete, teren •**parking lot** pakin *I went around the entire parking lot, there isn't one available spot.* M fè tout pakin nan, pa gen yon pakin ki vid. •**vacant lot** teren lib

lot² *n.* **1**[*a great deal of*] bann, bidim, bon jan, dal, dekalyon, flo, a gogo, gouf, kantite, pakèt, tabènak, volim, voum *There was a lot of cars today.* Te gen yon bann machin jodi a. *A lot of rain fell yesterday evening.* Gen yon bidim lapli ki tonbe yè swa. *He has a lot of money.* Li gen bon jan lajan. *I just did a lot of work.* M sot fè yon dal travay la. *There are a lot of rats in the house.* Gen yon dekalyon rat nan kay la. *At the party there was a lot of food.* Nan fèt la te gen manje a gogo. *He had a lot of food left over.* Li te gen yon kantite manje ki rete li. *There was a lot of noise at the party yesterday.* Te gen yon pakèt bwi nan fèt la yè. *A lot of people stood in front of my door.* Yon goufmoun vin kanpe devan pòt la. *A lot of people came together.* Yon tabènak moun rasanble. *I have a lot of work to do.* M gen yon volim travay pou mwen fè. *A lot of money.* Yon voum lajan. **2**[*batch of goods, etc.*] lo, pil *She has a lot of medicine coming in from the United States.* Li gen yon lo medikaman k ap sòti Zetazini. *She has a lot of goods.* Li gen yon pil bagay. •**a lot** amò, anpil, legal, rèdkò, sèten *He likes to drink rum a lot.* Msye renmen bwè wonm amò. *She works a lot.* Li travay anpil. *She ate a lot.* Li manje legal. *He beat the dog a lot.* Li bat chen an sèten. •**a lot and a little extra** [*for good measure*] anpil ak bon kou(t) *She gave him a lot of food and a little extra.* Li ba l manje anpil ak bon kout. •**a lot and all kinds of** [*for good measure*] anpil ak bon kou(t) *They mistreated him with lots of and all kinds of insults.* Yo maltrete l anpil ak bon kout jouman. •**a lot and even more** [*for good measure*] anpil ak bon kou(t) *He gave her a lot of money and even more so she wouldn't leave him.* Li ba l kòb anpil ak bon kout pou li pa kite li. •**an awful lot** anpil anpil, yon bann ak yon pakèt *There was an awful lot of people at the carnival this year.* Te gen anpil anpil moun nan kanaval ane sa a. *I have an awful lot of problems.* M gen

yon bann ak yon pakèt pwoblèm. •**be a lot of** fè pay *There is a lot of people in front of the immigration bureau.* Moun yo fè pay devan imigrasyon. •**have a lot of** bonde ak, chaje ak *I have a lot of shirts to sell.* M bonde ak chimiz pou m vann. *She has a lot of cuts on her arms.* Li chaje ak blesi sou ponyèt li yo. •**have a lot over** avans *The number seven bike rider has a lot over all the others.* Siklis nimewo sèt la gen yon avans sou tout lòt yo. •**quite a lot of** se pa de (twa) *There was quite a lot of food at the party yesterday!* Se pa de manje k te gen nan fèt la yè! •**thanks a lot** mèsi anpil *Thanks a lot for the ride!* Mèsi anpil pou woulib la!

lot³ *n.* [*destiny*] desten, lakwa, lavni, santans *That's her lot in life.* Sa se desten li a. *Having to struggle is her lot in life.* Goumen ak lavi a se lakwa li a. *No one knows what their lot will be.* Pyès moun konnen lavni yo a. *Oh well, illness is his lot.* Enben, maladi se santans pa l. •**bad lot** [*person*] krapil, move ganeman, move plan

lotion *n.* krèm, losyon, ponmad •**after-shave lotion** losyon labab •**bay rum lotion** bewonm

lottery *n.* bòlèt, lotri •**lottery number** boul •**lottery operator** bòlètye, bòlètyèz [*fem.*] •**lottery prize** lo •**privately owned lottery** bòlèt

lotto *n.* loto

loud¹ *adj.* **1**[*noisy*] fò, wo *The music is too loud.* Mizik la twò fò. *The television is too loud.* Televizyon an twò wo. **2**[*rowdy*] eskandalè, eskandalèz [*fem.*], *No one is as loud as he, all the time he's making a scene.* Nanpwen nèg eskandalè konsa, se toutan l ap fè eskandal. **2**[*gaudy*] djandjan *This red and green cloth is too loud.* Twal wouj e vèt sa a djandjan twòp. •**loud, rowdy or noisy person** moun lari

loud² *adv.* fò *You talk too loud.* Ou pale twò fò. •**out loud** pou tout moun tande *Read it out loud.* Li pou tout moun tande.

loudly *adv.* fò *Don't speak loudly so that you don't wake the up baby.* Pa pale fò pou pa reveye bebe a.

loudmouth *n.* djòlè, kabalè, kabalèz [*fem.*] palabrè, pale anpil

loudmouthed person *n.* lokopèt

loudness *n.* volim

loudspeaker *n.* **1**[*gen.*] baf, opalè, radyo dyòl, wopalè **2**[*esp. mounted on truck, etc.*] pòtvwa

Louisiana *prop.n.* Lwizyàn

lounge[1] *n.* [*in a hotel, etc.*] salon

lounge[2] *v.intr.* chita sou estrad li, flannen, layite kò li, pran lèz kò li *She lounges all day in bed.* Li pran lèz kò li nan kabann tout lajounen. *He lounges all day, and refuses to get a job.* Li refize chache travay. Se flannen l ap flannen tout lajounen. *He lounged in the chair.* Li layite kò l sou chèz la. •**lounge around** kase sou do *He's lounging around never doing anything.* Li kase sou do, li refize fè anyen.

louse[1] *n.* **1**[*insect*] boustouklouz, karang, pou (karang), vèmin **2**[*person*] rat •**aphid plant louse** piswon •**crab louse** mòpyon •**plant louse** pichon •**pubic louse** mòpyon •**wood louse** kokorat, siwon

louse up *v.tr.* [*botch.*] fòkòp, kaka, mitije *The kids loused up the small radio by switching it on and off.* Timoun yo fòkòp ti radyo a nan ouvè li fèmen li. *You loused up your exam, because you didn't study.* Ou pa t etidye. Se pou sa ou kaka nan egzamen ou a.

lousy[1] *adj.* **1**[*terrible*] move, pa bon, vye *This was a lousy day for me.* Se yon move jounen pou mwen. *The weather was lousy on Sunday.* Li te fè yon vye tan dimanch lan. **2**[*expressing displeasure*] move, vye *That was a lousy thing you did to me.* Se yon move bagay ou fè m lan. *You can keep your lousy job!* Ou te mèt fout gade vye travay ou! **3**[*ill*] move, santi li malad *I feel lousy today.* M santi m malad jodiya.

lousy[2] *adj.* [*infested with lice*] plen pou *This blanket is all lousy.* Kouvèti sila a plen pou.

lout *n.* gwo zòtèy, joko jòma, loudo, mònye, òdinè, peyizan, peyizàn [*fem.*]

loutish *adj.* brit, djòl kwochi, malocho *What a loutish guy!* Ala nèg brit papa!

lovable *adj.* senpatik *He's such a lovable guy.* Men yon nèg senpatik.

love[1] *n.* **1**[*for person*] foli damou, lanmou, renmen *There's no love in that family.* Nan fanmi sa a, pa gen lanmou menm. *She has a love for him like no other.* Li gen yon foli damou pou msye a pase ki. *It's the love I have in my heart for you that makes me speak to you like that.* Se renmen m gen nan kè m pou ou, ki fè m pale avè ou konsa. **2**[*person*] boulpik, cheri *Would you answer the door, love?* Louvri pòt la, cheri. *Pick your clothes up off the floor, love.* Ramase rad ou atè, boulpik. **3**[*affection for thing, object*] fou pou, pasyon *He has a great love of soccer.* Li fou pou foutbòl. *Her first love was music.* Se la mizik la ki prenmye pasyon li a. **4**[*tennis*] anyen, zewo *It's love - thirty.* Se zewo - trant. •**love affair** renmen •**love at first sight** koudfoud •**love child** pitit deyò •**be in love** damou, nan renmen, plake, renmen *These two people are truly in love.* De moun sa yo damou anpil. *She's in love with Roger now.* Li plake ak Woje kounye a. *These two young people are in love.* De jèn moun sa yo nan renmen. •**be in love with** damou yon moun *He is in love with himself.* Li damou tèt li. •**be madly in love** grennen *Those lovers are madly in love.* Zanmoure sa yo ap grennen manman. •**for the love of** poutèt *I helped her for the love of her mother.* M rann li sèvis poutèt manman li. •**give/send s.o. one's love** di... bonjou pou yon moun *Give my love to your mother.* Di manman ou bonjou pou mwen. •**in love** damou *Two people in love don't break up.* Moun damou pa kite. •**make love** damou, fè{bagay/lanmou/ti jwèt}, kouche (ak), pran, pran plezi li *They're making love in the car.* Y ap fè bagay nan machin nan. *I came upon them making love.* M bare yo ap fè lanmou. *They are going to make love.* Moun yo pral damou. *You can't tell me you haven't ever made love when you were young.* Ou pa ka di ou pa t janm konn fè ti jwèt lè ou te piti. *He made love to her for the first time last night.* Li pran li pou prenmye fwa yè swa. *She let him make love to her even though she had a headache.* Li kite l pran plezi li magre li te gen tèt fè mal. •**paternal love** lanmou patènèl

love[2] *v.tr.* **1**[*feel affection for*] mouri pou, renmen, soupire pou *She loves her mother dearly.* Li renmen manman l anpil. *He loves her so much he can't do without her.* Li sitèlman ap soupire pou tifi a, li pa ka viv san li. *You know he loves you to death.* Ou konnen li ta mouri pou ou. **2**[*appreciate, enjoy*] mouri pou, renmen *I love to hear her sing.* M renmen tande lè l ap chante a. *I would* *love some chocolate right now.* M ta mouri pou yon ti chokola kounyeya. •**love each other** damou *These two people truly love each other.* De moun sa yo damou vreman vre.

lovebird *n.* toutrèl

lovebirds *n.pl.* •**like two lovebirds** tankou de ti pijon *They were just a couple of lovebirds.* Se tankou de ti pijon yo te ye.

love-making *n.* dous

loved-one *n.* •**the loved-one** lapèsonn *My loved-one is taking me to the movies.* Lapèsonn ap mennen m nan sinema.

lovely *adj.* [*attractive*] bèl *What a lovely dress!* Ala yon bèl wòb!

lover *n.* **1**[*romantic partner*] anmore, anmòrèz [*fem.*], boubout, nonm [*masc.*], tipap, tokay **2**[*of hobby, wine, etc.*] anmatè, anmoure *He's a lover of American football.* Se yon anmatè de foutbòl ameriken li ye. *She's a lover of nature.* Se yon anmoure de lanati. •**lover of married woman** {nèg/nonm}deyò •**be live-in lovers** plase, rete ansanm *They're live-in lovers.* Se plase yo plase, wi. •**have a lover** gen yon renmen *This woman has a lover in the neighborhood.* Dam sa a gen yon renmen sou katye a. •**illicit lover** amannkè, sou kote *Although he's married, he has many illicit lovers.* Kwak li marye, li chaje ak sou kote. •**shy lover** joko jòkma

lovesick *adj.* •**be lovesick** maladi damou *This girl is lovesick, she needs a boyfriend.* Fi sa a gen maladi damou, li bezwen mennaj.

loveseat *n.* kozèz, sofa de plas

lovesickness *n.* {mal/malady}damou

loving *adj.* tann *Her husband is very loving.* Mari l la tann anpil. •**be loving** dòlote *She is very loving mother to her children.* Se dòlote li dòlote timoun li yo anpil.

low¹ *adj.* **1**[*level, height, etc.*] ba *This shelf is too low.* Etajè sa a twò ba. *The branches are too low.* Branch yo twò ba. **2**[*voice, etc.=soft*] ba, tou piti *The radio is a bit low.* Radyo a yon ti jan ba. *Speak in a low voice, dear.* Pale tou piti, cheri. **3**[*wages, levels, numbers, etc.*] ba, fèb, {prèt pou/prèske}fini *She quit her job because the pay was too low.* Li kite travay la paske salè l twò ba. *Attendance at the eight o'clock mass is generally low.* Dabitid asistans nan mès uit è a fèb. *My bank balance is really low.* Kòb labank mwen an prèske fini. *The*

sugar is low. Sik la prèt pou fini. **4**[*rank, origin, etc.*] ba, pe *He's from a low class.* Li sòti nan ba klas la. *Don't think he's low just because he's poor.* Pinga ou panse li pe paske se moun pòv li ye. **5**[*weak, ill, etc.*] ba, fèb, febli *The patient is very low today.* Pasyan an ba anpil jodiya. *I'm really low today.* Mwen febli anpil jodiya. **6**[*discouraged, down, poor spirits, etc.*] ba *I'm feeling pretty low today.* M santi m ba nèt jodi a. •**low cut/necked** dekòlte

low² *adv.* **1**[*positionàfly, aim, etc.*] ba *That plane is flying really low.* Avyon sa a pase ba anpil. *She sat low in the chair.* Li chita byen ba nan chez la. **2**[*volume, intensity, cost, etc.*] ba *The fire was burning low.* Dife a boule byen ba. *Buy low, sell high.* Achte ba, vann wo.

low³ *n.* ba *The price of coffee has reached an all-time low.* Se premye fwa pri kafe ba konsa.

low⁴ *v.intr.* [*cattle*] begle *The cows are lowing.* Bèf yo ap begle.

low-bred *adj.* gwojan, gwo{soulye/zòtèy}

low-brow *adj.* bourik, loudo

low-class *adj.* •**low-class people** rabòday *We don't hang out with these low-class people because they are not educated.* Nou pa mele ak rabòday sa yo paske yo san edikasyon. •**low-class person** palfwenyen

low-down •**low-down person** makout, salte, san manman *When someone acts this way, you know he's a low-down person.* Depi ou wè yon nèg ap fè zak kon sa, ou konnen se makout li ye. *I don't mix with those lowdown people.* M pa mele ak moun sanmanman sa yo. •**low-down slimy individual** move zangi

low-grade *adj.* kalite enferyè

low-key *adj.* ansoudin, restrenn

low-keyed *adj.* kal, modere

low-speed *adj.* ti vitès

low-spirited *adj.* kagou, kè grenn

Low Sunday *prop.n.* dimanch kazimodo

lower *v.tr.* **1**[*in height, etc.*] bese, desann, rabat *They lowered the refrigerator out of the window.* Yo desann frijidè a nan fenèt la. *It's time for us to lower the flag.* Li lè pou n bese drapo a. *Lower the visor of your cap on your forehead.* Rabat bèk kepi a sou fwon ou. **2**[*in intensity, amount, etc.*] bese, desann, redui sou *The medicine lowered the fever.* Remèd la desann lafyèv la. *Lower the price of the bicycle for me.* Redui sou pri bisiklèt la pou mwen. *Please lower your voice.* Bese vwa ou. •**lower one's dignity** desann figi li •**lower one's head** [*in submission, etc.*] pike tèt li atè *The dog lowered its head in submission.* Chen an pike tèt li atè pou li soumèt. •**lower one's head to the knees** pike tèt li *When he lowers his head towards his knees like that, that means he's meditating.* Depi li pike tèt li konsa, l ap lapriyè. •**lower o.s.** avili tèt li, bese, desann tèt li, fè lakoubèt, vin tou piti *I won't lower myself to ask her for a favor.* M pa pral desann tèt mwen devan l pou m mande l sèvis. *If you behave badly like that, you will lower yourself.* Si ou aji mal konsa, w ap avili tèt ou. *It was by lowering himself that he was able to get a promotion.* Se nan fè lakoubèt li rive jwenn pwomosyon. *She lowered herself and asked for forgiveness.* Li vin tou piti epi li mande padon. •**lower the boom** lage nan kò •**lower the price** lage pri *The vendor lowered the price of all his articles.* Machann nan lage pri tout pwodui l yo.

lower-back *n.* senti (do)

lowercase *adj.* miniskil *lowercase letters* lèt miniskil

lowered *adj.* [*water level, stream*] rale *The water level in the river has lowered.* Dlo larivyè a gentan rale.

lowering *n.* bese *Her lowering allows me to see the screen better.* Bese li a pèmèt mwen wè ekran an pi byen.

lowest *adj.* •**at the lowest** [*cost*] minimòm *The price of rice is at its lowest.* Pri diri a nan minimòm kounyeya.

lowland *n.* laplenn **lowlands** *n.pl.* tè{pla/bas/plenn/ savann/senp}

lowlife *n.* kannay

lowness *n.* basès

loyal *adj.* fidèl, lwayal *My dog is very loyal.* Chen mwen an fidèl anpil. *The president has many loyal supporters.* Prezidan an gen anpil sipòtè ki lwayal.

loyalty *n.* alejans

lozenge *n.* lozanj

lubricant *n.* luil

lubricate *v.tr.* [*a car*] fè yon ti grese sere, grese *It's not prudent to cover this long distance without lubricating the car.* Li pa pridan pou

fè distans long sa san ou pa fè yon ti grese sere nan machin nan. *The bicycle needs to be lubricated.* Bekàn lan bezwen grese.

lubrication *n.* gresay *The lubrication on the bike was not well done.* Gresay la pa t byen fèt nan bekàn nan.

lucid *adj.* gen{bon sans/gen je ouvri} *If I weren't lucid, I would have been deceived.* Si m pa t moun ki gen bon sans, m pran nan kou a. *She's old but she's still very lucid.* Se granmoun li ye, men li gen je louvri toujou.

Lucifer *prop.n.* Lisifè

luck *n.* **1**[*fate, fortune, etc.*] chans, pa aza *There are people who don't have good luck in life.* Gen moun ki pa gen chans nan lavi. *It was just luck that she stopped by here.* Li pase isit la pa aza. **2**[*good fortune*] bonè, chans *You have a lot of luck if you won the lottery.* Ou gen anpil chans, se pou sa ou ganyen lotri a. •**bad/hard luck** chans lou, devenn, malchans, maldòn, malè, pichon *He's a person with bad luck.* Se moun chans lou. *He brings me bad luck.* Li lage devenn sou mwen. *It's a case of bad luck for me.* Se maldòn ki tonbe sou mwen. *A case of bad luck has befallen me.* M gen yon move pichon ki tonbe sou mwen. •**be in luck** gen chans *You're in luck; I have one left.* Ou gen chans; m gen on dènye grenn ki rete. •**be out of luck** an devenn *You're out of luck; the bus just left.* Ou an devenn; bis la fenk ale. •**good luck** bonè, chans, mirak •**have bad luck** gen yon giyon nan kò li, mal tonbe *You have bad luck, there is no way you can't find a job.* Ou gen yon giyon nan kò ou paske se pa posib pou pa ka jwenn yon travay. *If that lady is your wife, you've had bad luck because she isn't truthful.* Si se fi sa a ki madanm ou, ou mal tonbe paske li pa sensè. •**in luck** plen chans •**out of luck** an devenn *You're out of luck; the food is all gone.* Ou an devenn; manje a fini. •**stroke of luck** bonè *It's a stroke of luck that the doctor is still here.* Se bonè, doktè a toujou la. •**terrible luck** devenn kòde •**tough luck!** donmaj!, tanpi! •**with luck** malè pa mal

luckily *adv.* Bondye fè, chans pou yon moun, erezman *Luckily we arrived just as the car was about to leave.* Bondye fè nou rive etan machin lan t ap derape. *Luckily for him,* they gave him the visa. Chans pou li, yo ba l viza a. *Luckily he wasn't hurt in the accident.* Erezman li pa blese nan aksidan an.

lucky *adj.* byennere, chanse, fèt{ak/an} kwaf, gen nen fen, pa tout chen *You won the lottery: you are lucky!* Ou gen nan lotri: ou byennere! *There's no girl as lucky as she, people are always giving her gifts.* Nanpwen tifi chanse konsa, tout tan moun ap ba l kado. *You're a lucky guy, see how you found a good job without looking for it.* Ala nèg gen nen fen se ou, gad jan ou jwenn yon bon djòb san chache. *You're lucky you didn't die in the accident.* Ou fèt an kwaf si ou pa mouri nan aksidan an. *You are lucky if you could win at the lottery.* Ou pa tout chen si ou ka gen nan bòlèt.

lucrative *adj.* bay lajan, enteresan *Import export is a very lucrative business.* Enpò ekspò se yon zafè enteresan anpil. *The publishing industry is not lucrative.* Metye edisyon pa bay lajan.

lucre *n.* lajan, richès

ludicrous *adj.* ridikil *It's ludicrous if she thinks she can do it.* Se ridikil si li kwè li ka fè l.

lug¹ *n.* boulon, ekwou

lug² *v.tr.* charye *It would be a lot easier if I didn't have to lug these books around all day.* Li ta pi fasil anpil si m pa t bezwen charye liv sa yo tout lajounen.

luggage *n.* bagaj, efè, malèt •**luggage carrier** pòtbagaj •**luggage rack** pòtbagaj, pòtchay •**luggage section** *a*[*airplane*] anba avyon, sout *b*[*ship*] anba lakal, kal, lakal

lukewarm *adj.* kèd, tyèd *Soak this in lukewarm water.* Mete l tranpe nan yon ti dlo kèd. *The water is lukewarm.* Dlo a tyèd. •**become lukewarm** detyedi, tyedi *The hot water became lukewarm.* Dlo cho a resi detyedi. *Let the water become lukewarm.* Kite dlo a tyedi.

lukewarmness *n.* tyedè

lull¹ *n.* (a)kalmi, kalme

lull² *v.tr.* dodomeya *He lulled the baby to sleep.* Li dodomeya ti bebe a jis li dòmi.

lulling *adj.* molyann *This singer has such a lulling voice that she makes you sleepy.* Chantèz sa a gen yon vwa tèlman molyann, li bay dòmi nan je.

lumbago *n.* koubati

lumber *n.* bwa chapant, planch

lumbering *adj.* maladwa(t}, malagòch

lumberjack *n.* siyè, siyèdlon

lumbermill *n.* siri

luminosity *n.* briyans, klate

luminous *adj.* liminèz *My watch is luminous so I can see it in the dark.* Mont mwen an liminèz, konsa m ka wè l nan fènwa.

lummox *n.* loudo

lump¹ *n.* **1**[*batter*] boul **2**[*cancer, etc.*] boul **3**[*on head and shoulders*] bikòs •**full of lumps** boulboul, grennen *The porridge is full of lumps.* Labouyi a grennen. •**form lumps** fè boul •**have a lump in one's throat** gòj yon moun sere *I feel so much in imminent danger that I have a lump in my throat.* Gòj mwen sere, tèlman m santi gen malè ki pral rive.

lump² *v.tr.* mele *Don't lump me with people like that!* Pa mele m avèk moun sa yo! •**lump together** fè yon sèl, fonn, konbine

lumpy *adj.* [*food*] boulboul, fè grenn *The pudding is lumpy.* Labouyi a boulboul. •**get lumpy** [*flour, batter*] fè boul •**go lumpy** [*flour, batter, milk, etc.*] fè boul *The milk has gone lumpy because it has curdled.* Lèt la fè boul afòs li tounen.

lunacy *n.* foli

lunatic *n.* dezekilibre

lunch *n.* manje midi •**have lunch** dinen *I'm going to have lunch with Marie.* M pral dinen avèk Mari. •**out to lunch** [*absent-minded*] nan lalin •**take a lunch break** {pare/pran} midi

luncheon *n.* dinen

lung *n.* poumon **lungs** *n.pl.* fresi mou •**animal lungs** [*food*] fwa{di/mou} •**have good lungs** gen souf

lunge¹ *n.* kou

lunge² *v.intr.* plonje sou *The dog lunged at me.* Chen an plonje sou mwen.

lurch *n.* sakad •**leave in the lurch** {ba/vire}do

lure¹ *n.* rèz

lure² *v.tr.* kapte, sedui *The seller lured the client.* Machann nan kapte kliyan an. *He lured the girl in and then he married her.* Li sedui tifi a epi l marye avè l.

lurk *v.intr.* alawonyay, anbiske, biske kò li, wodaye *The muggers lurked in the bushes until someone came by.* Zenglendo anbiske yo nan rak bwa a jis yon moun pase. *She* lurked behind a tree and watched what was going on. Li biske kò li dèyè yon pyebwa pou li gade sa ki t ap pase. *The thief was lurking around the neighborhood looking for a place to rob.* Vòlò a t ap wodaye nan vwazinay la, pou li chache yon kay pou vòle. *I see a guy lurking around the house.* M wè yon nèg alawonyay bò kay.

lush *n.* 1[*drinker*] bwasonyè, kaka kleren, karavachè, sakatafya 2[*heavy drinker*] gwògmann

lust[1] *n.* anvi, deregleman, dezi

lust[2] *v.tr.* anvi *He lusts for this woman.* Li anvi fi sa a. •**lust after** je yon moun fè san, konvwate *He lusts after my dish.* Je msye fè san dèyè manje m nan. *She lusts after money.* Li konvwate lajan.

luster[1] *n.* briyans, ekla

luster[2] *adj.* briyan, swa

lusterless *adj.* depoli, mat *The furniture has become lusterless, you have to put varnish on it.* Mèb yo fin depoli, fòk ou pase vèni sou yo. *The door of the house is of a lusterless color.* Pòt kay la gen yon koulè mat.

lustful *adj.* danvi, devègonde *A lustful man doesn't loaf around when a beautiful girl gives him the eye.* Yon nèg danvi pa grate santi lè yon bèl fi ap voye je sou li. *The woman is lustful.* Madanm nan devègonde.

lustfulness *n.* devègonday

lusty *adj.* entchò

lute *n.* lit

Lutheran *adj.* literyen

Lutheran *prop.n.* literyen

luxation *n.* dejwentay

luxurious *adj.* abondan, founi

luxury *n.* liks, opilans

lye *n.* lesiv

lying[1] *adj.* mantè, mantèz [*fem.*] *She's a lying snake.* Se yon kolokent mantèz.

lying[2] *n.* [*untruth*] bafray, bay manti *Lying will get you nowhere.* Bafray pa p sèvi ou anyen.

lymph node *n.* glann

lymphatic *adj.* [*circulation, system*] lenfatik

lymphedema *n.* gwo pye, lenfanjit

lynch *v.tr.* lenche, pann *The crowd lynched the thief.* Foul la lenche vòlè a.

lynching *n.* dechoukaj

M

m *n.* [letter] enm

Mrs. *n.* madan, man [used only in direct address] Where's Mrs. Joseph? Kote man Jozèf?

Ms. *n.* [used only in direct address] man, manzè

ma *n.* manman, manmi

ma'am *n.* dam, madanm, matant, mis

macabre *adj.* makab The cemetery is especially macabre at night. Simtyè a makab anpil lannuit.

macadam *n.* makadanm

macaque *n.* makak

macaroni *n.* makawoni

macaw tree *n.* latànye

mace *n.* [chemical] mas

machete *n.* brikal, fèman, manchèt (jaden), sèp •**dull machete** rachòt •**flat part of machete** pla manchèt

machination *n.* machinasyon **machinations** *n.pl.* move trafik

machine *n.* aparèy, machin

machine-gun *v.tr.* blende, mitraye The army machine-gunned a crowd of people for no reason. Militè yo mitraye yon foul moun pou gremesi.

machinist *n.* machinis

macho *adj.* [male] djougan This macho guy is always chasing women. Nèg djougan sa a toujou ap file fanm. •**macho guy** bon kòk

mackerel *n.* makwo •**king mackerel** taza

macoutism *n.* makoutis

macoutist *adj.* makoutis It's a macoutist trick. Se yon malonnèt makoutis.

macramé *n.* makrame

mad *adj.* 1[angry] deraye, fache, move kou kong, ostre She is very mad. Li byen fache. They hit his wife, he's mad as hell. Yo bat madanm msye, li move kou kong. She's mad because he disrespected her. Li ostre poutèt msye a manke li dega. He's really mad, he's insulting everybody. Li deraye nèt, l ap joure tout moun 2[enthusiastic, excited about] fou He's mad about soccer. Li fou pou foutbòl. 3[smitten, taken by] fou, mouri pou, tèt yon moun pati She's mad about you. Li fou pou

ou. He's mad for the new girl. Tèt li pati pou nouvo fi a. You know he'll show up, he's mad for you. Ou mèt si l ap vini, l ap mouri pou ou. 4[foolish] fou, tèt yon moun pati You must be mad to give him all that money! Tèt ou pati si ou ba li tout lajan sa a! 5[crazy, insane] fou, pèdi yon fèy, tèt{vire/yon moun pati}, varye They put her mother in an asylum because she's mad. Yo mete manman li nan fwaye poutèt li varye. You see he's gone mad. Ou wè tèt li pati. •**mad as hell** move kou kong •**get mad** deraye, fache, pran{chenn/ emosyon} When she saw the house in disarray like that, she got mad. Lè li wè kay la tèt anba konsa, li pran emosyon. •**get mad at s.o.** twouse (zèl) nen li sou Don't get mad at me. Pa vin twouse zèl nen ou sou mwen. •**like mad** tankou moun fou After we broke the window, we ran like mad. Apre nou brize fenèt la, nou kouri tankou moun fou. •**raving mad** anraje, tèt yon moun varye You are raving mad, man! I never said such a thing. Ou anraje monchè! M pa t janm di bagay konsa. That guy is raving mad. Tèt nèg sa a varye.

madam *n.* 1[when addressing a married woman)] madanm, man [N] 2[when addressing an elderly woman] granmè, manmi, tantafèz Madam, you can take my place, I'll stand. Granmè, ou mèt pran plas mwen an m ap ret kanpe.

madcap *n.* bravedanje, kaskou

maddening *adj.* ennèvan, iritan

made *adj.* [fabricated, formed, etc.] fè, fèt •**made in** fabrike an, fèt nan Made in China. Fabrike an Chin. •**made of** (fèt) an The plates you bought, they are made of plastic? Asyèt ou achte yo fèt an plastik? •**made shoddily or cheaply** soulèzèl These pieces of furniture are made shoddily. Mèb sa yo fèt soulèzèl. •**made up of** fòme This soil is made up mostly of clay. Pifò tè sa a fòme ak ajil. •**badly made** [clothing] maltaye This sports jacket is badly made. Levit sa a maltaye. •**have it made** alèz kou blèz, dòmi swa, lanmori yon moun sou gri, pen ou sou kouch, se bon yon moun bon *Those rich people have it made.* Moun rich sa yo alèz kou blèz. *Peter has won at the lottery, now he's got it made.* Pyè genyen nan lotri, kounye a lanmori li sou gri. *I've got it made.* Se bon mwen bon. •**have sth. made** bay fè *She had the dress made for you.* Li te bay fè wòb la pou ou. •**show what one is made of** montre yon moun{de fwa de konben li fè/ki bwa li chofe}, koupe latya yon moun, pral konn Jòj *If you bother me, I'll show you what I'm made of.* Si ou anmède m, m ap koupe latya ou. *If you are disrespectful toward me, you'll see what I'm made of.* Si ou konprann ou ka manke m dega, ou pral konn Jòj. •**well made** {sot/soti}nan moul *These products are well made.* Pwodwi sa yo sòt nan moul.

made-up *adj.* **1**[*false*] envante, fabrike *"Bouki and Malis" is a made-up story.* Bouki ak Malis se yon istwa fabrike. **2** [*with make-up*] fade *Where are you going all made-up like that?* Kote ou soti tout fade konsa?

madly *adv.* **1**[*intensely*] tankou moun fou *She was madly running to catch the train.* Li t ap kouri tankou moun fou pou li trape tren an. **2**[*in love*] amò *I'm madly in love with her.* M renmen li amò.

madhouse *n.* **1**[*in disorder*] branlba, boulvès **2**[*insane asylum*] azil, sant sikatri

madman/woman *n.* anraje, devoran, dezekilibre, moun fou

madness *n.* derayman, foli, raj

madras *n.* madras

maestro *n.* mayestwo

mafia *n.* mafya

magazine[1] *n.* [*press*] jounal, magazin, revi

magazine[2] *n.* [*arms*] chajè •**powder keg/ magazine** poudriyè

magenta *adj.* wouj mòv

maggot *n.* vè •**cabbage maggot** vè rasin •**corn ear maggot** vè zepi mayi

Magi *prop.n.pl.* wa maj

magic *n.* fetich, maji, majik, mistik, ranje •**black magic** majigridi

magical *adj.* majik •**magical object** grigri

magician *n.* machinatè, majisyen

magistracy *n.* majistrati

magistrate *n.* majistra •**investigating magistrate** jij denstriksyon

magnanimous *adj.* donan, gen bon kè, jenere,

magnesium *n.* manyezyòm

magnet *n.* leman

magnetic *adj.* [*physics*] emante, mayetik •**magnetic field** chan mayetik

magnetism *n.* mayetis

magnetize *v.tr.* lemante *He let money magnetize him.* Li kite lajan lemante l.

magnetized *adj.* emante *This knife is magnetized.* Kouto sa a emante.

magneto *n.* [*esp. small generator on bicycle*] mayeto

Magnificat *prop.n.* Mànyifika (Mayifika)

magnificence *n.* bèlte

magnificent *adj.* bèl anpil, mànyifik, wololoy *This car is magnificent.* Machin sa a bèl anpil. *The way the child is dressed, it's magnificent!* Pou jan ti pitit la abiye byen, se wololoy!

magnify *v.tr.* [*exaggerate*] egzajere, gwosi *They exaggerated their role in the project.* Yo gwosi sa yo te fè nan pwojè a.

magnifying *adj.* •**magnifying glass** loup

magnolia *n.* [*tree*] manyolya

mahoe *n.* [*tree*] mawo •**black mahoe** kachiman {granbwa/kowosòl}, kowosòl granbwa •**blue mahoe** mawo ble •**mahoe tree** koton mawon, mawo fran •**mountain mahoe** mawo ble •**seaside mahoe** gwo mawo

mahogany *n.* kajou •**Honduran mahogany** kajou Venezyela

maid *n.* [*female servant*] bòn, fi, sèvant •**maid of honor** [*wedding*] fidonè, marenn nòs •**all-purpose maid** bòn atoufè •**house maid** menajè •**old maid** vyèy fi •**remain an old main** kwafe Sent Katrin

maiden *n.* demwazèl, donzèl

maidenhair *n.* [*fern*] kapiyè, mouslin

maidenhood *n.* vijinite

maidservant *n.* bòn, fi, sèvant

mail[1] *n.* **1**[*letter, etc.*] korespondans, kourye **2**[*postal system*] lapòs •**mail service** lapòs

mail[2] *v.tr.* poste, voye pa lapòs *I'm mailing the letter.* M ap poste lèt la. •**mail a letter** depoze yon lèt lapòs *Go mail this letter for me.* Al mete lèt sa a lapòs pou m.

mailbox *n.* bwat{lèt/postal}, kaz

mailing *n.* espedisyon

mailman *n.* faktè

maim *v.tr.* estwopye *Watch out lest the broken bottle shards maim you.* Veye pou zenglen ki atè yo pa estwopye ou.

maimed *adj.* demanbre *The wild dog maimed him.* Chen mawon an demanbre li.

main¹ *adj.* gran, prensipal, santral *Here are the main points that we'll discuss today.* Men gran pwen n ap diskite jodi a. *In the essay, focus on the main point.* Nan redaksyon an, chita sou pwen santral la. •**main street** gran ri

main² *n.* [*pipe, wire, etc.*] kannalizasyon

main-sail *n.* gwo vwal •**main-sail cord of boat** zoban

mainland *n.* 1[*gen.*] gran tè 2[*of Haiti, as termed by off-shore dwellers*] grantè, lagranntè

mainly *adv.* plis, prensipalman *We talked mainly about my mother's illness.* Se plis sou maladi manman m lan nou pale. *I came mainly for her.* M vin la pou li prensipalman.

mainstay *n.* poto (mitan)

maintain *v.tr.* 1[*continue, keep up*] gade, kenbe, kontinye, mentni *She maintained her silence.* Li gade silans li. *You have to maintain a constant temperature.* Fòk ou kenbe tanperati a menm parèy. *Maintain pressure on the wound.* Se pou ou kontinye mete presyon sou blesi a. *He needs a lot of money to maintain his lifestyle.* L ap bezwen anpil lajan pou mentni estil lavi li. 2[*support, finance*] antretni *She maintains a family of six with that little job.* Li antretni yon fanmi sis moun avèk ti travay konsa konsa sa a. 3[*assure upkeep of*] mentni *These products will help you maintain your beautiful hair.* Pwodui sila yo ap ede ou mentni bèl cheve ou. 4[*assert*] rale di *Even though we caught him red-handed, he still maintains his innocence.* Atout nou kenbe li rèd, l ap rale di sou inosans li a. •**maintain a dignified attitude** kenbe karaktè li ak yon moun *The worker maintained a dignified attitude to be respected by the boss.* Ouvriye a kenbe karaktè l ak patwon an. •**maintain one's dignity** kenbe pwotokòl li

maintained *adj.* mentni •**well maintained** byen teni

maintenance *n.* antretyen *The house needs some maintenance.* Kay la manke antretyen. •**maintenance service** sèvis dantretyen •**street and road maintenance** lavwari

maize *n.* mayi

majestic angel *n.* [*fish*] savanèt

majesty *n.* [*express respect towards s.o. in the neighborhood*] majeste

major¹ *adj.* [*important issue, etc.*] majè *This is a major problem.* Sa se yon pwoblèm majè.

major² *n.* 1[*military rank*] majò 2[*specialization*] majè, opsyon *Her major is math.* Opsyon li se matematik. 3[*mus. scale, etc.*] majè

major³ *v.intr.* espesyalize *I'm going to major in biological sciences.* M pral espesyalize nan syans byolojik.

majorette *n.* majorèt

majority *n.* majorite •**the majority of** pi fò, pifò *The majority of the people voted against the new law.* Pifò moun vote kont nouvo lalwa a.

make¹ *n.* [*commercial*] mak, modèl

make² *v.tr.* 1[*create, produce*] fabrike, fè, konstwi, taye *I am going to make a cake.* M pral fè yon gato. *They make clothes in this factory.* Y ap fabrike rad nan izin sa a. *They made a shelter out of wood.* Yo konstwi yon abri ak bwa. *She made this company by herself.* Se li ki taye konpayi sa a pou kont li. 2[*earn*] fè, touche *How much money do you make on every mango you sell?* Konbyen kòb ou fè sou chak grenn mango ou vann? *How much do you make in a month?* Konben ou touche chak mwa? 3[*score*] fè, make *He made two goals in the match.* Li make de bi nan match la. 4[*reach, attain*] fè, rive *She should make Port-au-Prince before noon.* Li sanse rive Pòtoprens anvan midi. *Do you think he'll make the team?* Ou kwè l ap reyisi fè ekip la? 5[*force*] fè, fòse, oblije *He made me finish the work before leaving.* Li fè m fini travay la anvan m ale. *They made her tell who her accomplice was.* Yo fòse l di kimoun te konfyòl li. *They made him to pay the money he owed.* Yo oblije l peye kòb li dwè a. 6[*reckon*] fè *Four and four makes eight.* Kat e kat fè wit. *How many miles do you make it?* Konbyen mil ou fè l? 7[*transform, become*] fè *This would make a good soccer field.* La a ta fè yon bon teren foutbòl. *This photo makes you appear young.* Foto sa a fè ou parèt jenn. 8[*tidy, put in order*] fè, ranje *I'll make the bed when I come back.* M a ranje kabann lan lè m vini. 9[*render + adjective (happy, useful, etc.)*] rann *Her brother's* *death made her sick.* Lanmò frè l vin rann li malad. •**make abundantly** kale *The meat is rotten, it's making a lot of worms.* Vyann nan pouri, l ap kale vè. •**make believe** fè{kòmsi/lasanblan/sanblan/tankou} *When she saw me, she made believe she didn't know me.* Lè m wè l, li fè kòmsi li pa konnen m. *He made believe his wife was pregnant.* Li fè lasanblan madanm ni ansent. •**make certain** asire •**make do** debouye/degaje/demele}li, fè konbèlann, kenbe men *He'll have to make do with what he has.* L ap oblije degaje l ak sa l genyen an. *She made do the best she could.* Li demele l jan l kapab. *I'll make do without it.* M a degaje m konsa. *This job is killing me, but I'm making do.* Djòb sa a ap tiye m, men m ap kenbe men avè l. *I can't find the car part I need, but the mechanic is making do so I can use it.* M pa jwenn pyès machin m bezwen, men mekanik la ap fè konbèlann pou m ka sèvi avè l. •**make ends meet** degaje li *I'll make ends meet.* M ap degaje m. •**make for o.s.** fè *To make a life for oneself in a difficult country requires having grit.* Fè vi ou nan peyi difisil, sa mande pou gen fyèl. •**make into** fè *She made the material into a skirt.* Li fè yon jip ak twal la. •**make it** *a*[*arrive*] rive *Did you make it before it started raining?* Ou gentan rive anvan lapli tanmen? *b*[*endure*] rive *I don't think I'll be able to make it till the end of the movie.* M pa kwè m ap ka rive nan fen fim lan. *c*[*survive*] chape, viv *I can't make it on that little bit of money.* M pa ka viv sou ti kras kòb sa a. *I don't think she'll make it through the sickness.* M pa kwè l ap chape anba maladi a. *d*[*succeed*] pèse, rive *This singer finally made it in show business.* Chantè sa a rive pèse nan mizik la. *I know I'll make it in my business someday.* M konnen yon jou m a rive nan komès mwen. •**make like** *a*[*imply*] fè{konmsi/tankou} *He made like I was the one who got him fired.* Jan l pale a, li fè tankou se mwen k te fè yo revoke l. *b*[*pretend (to be)*] fè{konmsi/lasanblan/sanblan/tankou} *She made like she didn't have any money.* Li fè sanblan li pa gen kòb menm. •**make love** fè{bagay/lanmou} •**make of** *a*[*think of*] panse *What do you make of the film?* Kisa ou panse de fim nan? *b*[*give credence to*] mete konfyans (li) nan

yon bagay *You shouldn't make too much of this!* Pa mete twòp konfyans ou nan sa! *c*[*understand*] konprann *No one could make anything of what she said.* Pa gen moun ki konprann anyen nan sa l di a. •**make off with** ale ak, sove ak *He made off with all the store's money.* Li sove ak tout kòb magazen an. •**make o.s. up** poudre *That woman has nice skin, she doesn't need to make herself up.* Fi sa a gen bèl po, li pa menm bezwen poudre. •**make out** *a*[*manage*] debouye li, degaje li, fè vi li *The made out alright after the storm.* Yo debouye yo byen apre tanpèt la. *Everyone makes out as best he can.* Tout moun fè vi yo jan yo kapab. *b*[*draw up, write*] drese, ekri *Make out a list of everyone you're going to invite.* Drese yon lis tout moun ou ap envite. *c*[*put forward*] prezante *She made out a good argument before the judge.* Li prezante yon bèl ka bay jij la. *c*[*decipher, understand, see*] dechifre, demele, konprann, wè byen *We made out the note her mother left for us.* Nou dechifre nòt manman li kite pou nou. *I could only make out the first three letters.* M te ka demele prenmye twa lèt ase. *Her voice was hoarse, and they couldn't make out what she was saying.* Vwa l te anwe, epi yo pa t ka konprann sa li t ap di a. *We could only make out his silhouette as he passed by.* Nou te wè sèlman limyè li byen lè li te pase. *d*[*portray*] dekri *He's not as bad a guy as they make him out to be.* Li pa move moun jan yo dekri li a. *e*[*sexual activities without intercourse*] foubi, miyonnen *He made out with his girlfriend after the dance.* Li foubi mennaj li aprè dans lan. *We were making out in the car when my mother came.* Nou t ap miyonnen nan machin nan lè manman vin bare nou. •**make pregnant** angwosi, gwòs *He made the maid pregnant.* Li angwosi bòn nan. •**make room** bay lè *Make room for us.* Bay lè pou nou, •**make s.o. do sth.** fè yon moun fè *I'll make him do the work tomorrow.* M ap fè l fè travay la demen. •**make s.o. do what one wants** gouvènen *The lady makes the guy do what she wants.* Se fi a ki gouvènen nèg la. •**make s.o. do whatever one wants** achte yon moun lajan kontan *He makes Paul do whatever he wants.* Li achte Pòl lajan kontan. •**make sth. do sth.** fè *I'll make the car work* *smoothly.* M ap fè machin nan mache swa. •**make sth. of o.s. or s.o.** fè lavi li *She went to make something of herself in Miami.* Li al fè lavi li Miyami. •**make up** *a*[*invent a story, excuse, etc.*] fabrike, fè, fòje, marande *She fabricated a story to calm people down.* Li fabrike yon istwa pou kalme tout moun. *Don't come making stuff up here.* Pa vin fòje anyen la a. *What story are you making up behind my back?* Kisa n ap marande sou do m la kon sa? *That lie you made up won't fly, it's too flimsy.* Manti sa ou fè a p ap pase, li twò raz. *b*[*put together, assemble*] fè, fòme *Have you made up the bed?* Ou gentan fè kabann nan? *The parts that make up the computer are somewhat expensive.* Pyès ki fòme òdinatè a yon ti jan chè. *c*[*reconcile*] rebyen, rekonsilye *Sooner or later you have to make up.* To ou ta fòk nou rebyen. *Every time they want to make up, you rekindle the feud.* Chak fwa yo ta vle rekonsilye, ou chofe yingyang lan. *d*[*apply cosmetics*] makiye *This beauty salon makes up people nicely.* Estidyo sa a makiye moun byen. *e*[*composed of*] fèt ak, konprann, reprezante *This medicine is made up of vitamins and nutrients.* Medikaman sa a fèt ak vitamin e nitriyan. *You're group is made up of six people.* Gwoup nou an konprann sis moun. *They make up ten percent of the population.* Yo reprezante dis pousan popilasyon an. •**make up for** antre nan, efase, vanje *Nothing can make up for what you did to me.* Pa gen anyen k ka efase sa ou te fè m lan. *Don't thank me for my assistance, that makes up for the debt of gratitude I owe for your father.* Pa di m mèsi pou èd mwen an, sa antre nan dèt mwen gen anvè papa ou. *The money doesn't make up for what you did to our family.* Lajan an pa vanje sa ou te fè fanmi nou. •**make up for lost time** rekipere *I don't think we're going to make up the time we lost.* M pa kwè n ap janm rekipere tan n pèdi yo. **make-believe** *n.* madigra •**it's make-believe** sa se sinema **make-up**[1] *n.*1[*constitution*], fòmasyon, konpozisyon, nati 2[*character*] karaktè, tanperaman **make-up**[2] *n.* [*cosmetics*] fa, makiyaj •**put on make-up** [*blush, lipstick*] fade, pase makiyaj, poudre, woze figi li *She put on lipstick.* Li

fade bouch li. *Don't put so much make-up on your face.* Pa pase twòp anpil makiyaj sou figi ou. *She powdered her face.* Li poudre figi li. *She put on make-up.* Li woze figi l. •**remove make-up** demakiye li •**take off one's make-up** demakiye li *She's taking off her make-up.* Li demakiye li.

maker *n.* fabrikan, fèzè, fezèz [*fem.*], konstriktè

makeshift *adj.* kole pyese, rapyese *They made a makeshift shelter to protect themselves from the rain.* Yo fè yon abri kole pyese pou pare lapli. *It's a makeshift job, but it'll work for now.* Se yon travay rapyese, men l ap kenbe pou kounyeya.

making *n.* [*forming, fabrication*] fè, fòmasyon, fòme *That experience was the making of him.* Eksperyans sa a gentan fòme li. *They use yeast in the making of bread.* Yo sèvi ak ledven nan fè pen.

makings *n.pl.* potansyèl

maladjusted *adj.* enadapte

malachite *n.* [*copper ore*] malachit

maladroit *adj.* entatad, maladwat *He's so maladroit that he falls down anytime he goes somewhere.* Li sitèlman entatad, l ap tonbe tout kote l ale.

malaise *n.* deranjman, lafyèv tranble •**general malaise** lafyèv frison

malanga *n.* malanga, tayo

malaria *n.* lafyèv{malarya/palidis/sizè/tranble}, malarya, palidis

male[1] *adj.* [*anat., bio., tech., etc.*] mal •**effeminate male** konmè, makòmè

male[2] *n.* 1[*person*] gason, mal, nèg, nonm 2[*animal*] mal, timal

malediction *n.* madichon, vamalore

malevolence *n.* malveyans

malevolent *adj.* malisyòs, malveyan *He looks like a malevolent evildoer, he has the face of a devil.* Li sanble yon chanpwèl malisyòs, dyab la make nan figi l.

malfeasance *n.* lenkondit

malformation *n.* defòmasyon

malfunction[1] *n.* deranjman •**mechanical malfunction** pàn

malfunction[2] *v.intr.* deregle *This instrument is malfunctioning.* Aparèy sa a deregle.

malfunctioning[1] *adj.* an pàn, deregle *She has a malfunctioning radio.* Aparèy radyo li genyen an pàn.

malfunctioning² *n.* ratman

malice *n.* malis, malveyans

malicious *adj.* •**malicious person** pès, sèpida

malign *v.tr.* kalomye *Why did you malign me like that?* Poukisa ou te kalomye m konsa?

malignancy *n.* gwo maladi

malignant *adj.* [*tumor*] grav *The tumor you have is malignant.* Kalite timè ou genyen grav.

mall *n.* •**shopping mall** sant{konmès/dacha}

mallet *n.* mayèt

mallow *n.* [*plant*] mov fèy won

malnourished *adj.* malmanje, malnouri *That child is malnourished.* Timoun sa a malmanje. •**be malnourished** mouri{grangou/ak lafen/de fen} *She is malnourished! Look how skinny she is.* L ap mouri grangou! Gade jan li chèch.

malnutrition *n.* maladi{feblès/gwo gòj/kagou/nan pye/pyan nan tèt/rachitik/tèt nwè}, maladi kaka {blanch/jòn (vèt)/san}, malmanje, malnitrisyon

mama *n.* manman, manmi

mammal *n.* mamifè

mammalian *adj.* mamifè

mammee *n.* [*tropical apricot*] zabriko

mammogram *n.* {konsiltasyon/tchèkòp}tete, manmo-gram

man¹ *interj.* [*denoting shock, surprise, disbelief, amazement, etc.*] lakay, mezanmi, monchè, papa *I'm Pentecostal, I won't get involved in Vodou, man!* Mwen se yon pannkotis, m pa mete pye m nan dlo, papa! *Hey, man! Come help me.* Lakay! Vin ede m. *Man, people can be mean!* Monchè, o! Moun yo mechan.

man² *n.* 1[*gen.*] bonòm, frewo, gason, jennonm, lòm, msye, nèg, nonm, papa, ti nèg, tip, tipap *Sèviyis is a brave man, nothing scares him.* Sèviyis se gason, anyen pa ka fè li pè. *There are two men.* Gen de zòm. 2[*when addressing s.o.*] frenn, frewo *Listen man, I don't need your help.* Koute fwenn, m pa bezwen èd ou. *Koute frewo, m pa rekonèt ou.* Listen bud, you don't exist as far as I am concerned. 3[*exclamation*] mezanmi! papa! *Mezanmi! gade moun ki genyen nan kanaval la.* Holy cow! Look at how many people there are at the carnival. 4[*in Army*] moun, nonm, sòlda *How many men are in their Army?* Konbyen sòlda ki genyen nan

lame yo? 5[*type, sort*] {jan/kalite}moun, tip *I'm not a drinking man.* Mwen pa yon tip pou bwè. 6[*humanity in general*] lòm, moun *Man cannot live on bread alone.* Lòm pa ka viv ak pen sèlman. 7[*chess, checkers*] pyon **men** *n.pl.* lòm, mesye *All these men are Mafiosi.* Mesye sa yo, tout se mafya. •**man Friday** komi •**man (woman) of importance** moun a konsidere *She is a woman of importance.* Li se yon moun a konsidere. •**man of means** grannèg •**man of one's dreams** moun pa li *I'm going to wait for the man of my dreams before I get married.* M ap tann m jwenn moun pa m nan pou m marye. •**man of one's word** moun ki gen pawòl *He's a man of his word.* Li se moun ki gen pawòl. •**man of wealth or of means** grannèg •**man who consorts only with prostitutes** papa bouzen •**man with great virility** gason pisans *He's a man with great virility.* Li menm se yon gason pisans. •**man with whom one shares the same godfather or godmother** frè batèm •**man without a lover** boukzan •**man without scruples** malandren •**man working as a maidservant** fanmòt •**big, strong man** gwo moun •**every man for himself** sovkipe •**group of powerful men** [*gov.*] pisans •**group of women and men** mesye dam *The group of men and women sat down to tell stories.* Mesye dam yo chita ap bay blag. •**"my man"** moun pa li •**huge man** jeyan •**ladies man** matcho •**hefty man** barak *He's a hefty man.* Se yon nèg barak. •**old man** *a*[*gen.*] dede, grizon, lepè, selino, tonton, vye gason *This doctor is seventy years old, he's started acting like an old man.* Doktè sa a gen swasanndizan, li kòmanse grizon. *b*[*affectionate address*] pè *How are you doing, old man?* Ki jan ou ye la pè? •**single man** selibatè •**strong and sturdy man** atlas •**strong muscular man** gwo poulen •**very rich man** papa lajan •**young man** breng, jennjan, jennonm •**young men** ti mesye

man³ *v.tr.* 1[*provide staff for*] fè pèmanans *Who is going to man the office?* Kimoun ap fè pèmanans nan biwo a? 2[*military post, etc.*] an ganizon, ekipe *How many soldiers man this base?* Konbyen sòlda ki an ganizon nan baz sa a? *Six sailors are manning the boat.* Sis matlo ap ekipe bato a.

manage I *v.tr.* 1[*direct a business, etc.*] administre, dirije, jere, konpetan, manniganse, ranje *He still isn't old enough to manage a factory of that size.* Li poko gen laj pou administre gwosè faktori sa a. *He's the one who manages the company.* Se msye k ap dirije konpayi a. *She has the ability to manage the office.* Li konpetan pou jere biwo a. *You manage that government office well.* Ou manniganse bwat leta a byen papa. *She's the one who manages the business.* Se li ki ranje biznis la. 2[*handle, deal with*] beke, debouye (gèt) li, okipe, ranje, rive *I have too many things to do, I can't manage it.* M gen twòp bagay pou m fè, m pa ka beke avè li. *He's the man who manages the orchestra's money.* Se misye ki okipe zafè lajan òkès la. *He's managing to resolve the problem.* L ap debouye gèt li pou rezoud pwoblèm nan. *You managed that situation well.* Ou fin ranje sitirasyon byen. *Can you manage to carry that suitcase?* Ou ka rive pòte valiz sa a? 3[*succeed*] debouye (gèt) li, fè mannèv, fè yon konbinezon *I managed to find a little bit of food.* M debouye m jwenn yon ti kras manje. *They arrested him but his father managed to have him released.* Yo arete msye, papa l ap fè mannèv pou fè yo lage l. *I managed to make the radio work.* M fè yon konbinezon pou radyo a ka jwe. II *v.intr.* [*get by*] bat lokobe, demele (gèt) li, kenbe, mabouya kò li, transpe *He manages to keep afloat in this non-profitable business.* L ap bat lokobe ak vye komès la. *I hate this job, but I'll manage.* M rayi djòb sa a, men m ap demele m. *Things are not so bad for us, we're managing.* Zafè nou an pa pi mal pase sa, n ap kenbe. *You have to manage on your own, you can't stay inactive like this.* Fòk ou mabouya kò ou, ou pa ka ret chita konsa. *The old man is managing to survive.* Granmoun nan ap transpe pou l viv. •**manage on one's own** bat (ti) zèl li •**manage to do sth.** degaje li •**manage to get out of a fix** demele li *I hope you manage to get out of this fix.* M espere ou ap demele ou pou soti nan koze sa. •**manage to make sth. work** fè yon konbinezon *I managed to make the radio work.* M fè yon konbinezon pou radyo a ka jwe. •**manage without**

{degaje/demele} li san yon bagay *You'll have to manage without water.* N ap oblije degaje nou san dlo.

manageable *adj.* 1[*person, animal*] dosil 2[*project, job, etc.*] fezab *It's a lot of hard work, but it's manageable.* Se yon pakèt travay di, men se fezab. 3[*vehicle*] fasil pou kondi 4[*hair*] fasil pou kwafe

management *n.* 1[*gen.*] administrasyon, direksyon, jesyon, reji 2[*staff*] kad •**middle management** kad mwayen •**upper management** gwo kad

manager *n.* administratè, direktè, entandan, manadjè •**general manager** manadjè an chef •**project manager** [*building*] antreprenè •**stage manager** rejisè

manatee *n.* lamanten, manati, vach lanmè

manbo *n.* manbo •**uninspired manbo** manbo achte

manchineel *n.* [*poisonous tree*] ponm zonbi

mandarin *n.* mandaren

mandate *n.* manda

mandible *n.* zo machwè anba

mandolin *n.* mandolin

mandrake *n.* [*bot.*] mandragò

mane *n.* krinyè

maneuver[1] *n.* mannèv **maneuvers** *n.pl.* jimnastik *He did a lot of maneuvers in order to mask the truth.* Misye fè anpil jimnastik pou l kache verite a.

maneuver[2] *v.tr.* fè mannèv, manevre *He knows how to maneuver this machine.* Li konn ki jan pou l manevre machin nan.

manful *adj.* vanyan, viril

manganese *n.* manganèz

mange *n.* gal

manger *n.* krèch, manjwa

mangle *v.tr.* rachonnen *The butcher mangled the cow.* Bouche a rachonnen bèf la.

mangled *adj.* [*after an accident*] tounen labouyi *His hand was mangled in the accident.* Men l tounen labouyi nan aksidan an.

mango *n.* mang, mango •**poor-quality mango** (mango) merilan •**rotten mango** mango merilan

mangrove *n.* paletivye •**black mangrove tree** mang nwa •**mangrove tree** mangliye •**red mangrove tree** mang chandèl wouj •**white mangrove tree** mang, mang blan

mangy *adj.* plen kwout

manhandle v.tr. maltrete *They manhandled the servant.* Yo maltrete domestik la.

manhole n. two rigòl

manhood n. 1[*male maturity*] fin fòme 2[*manliness*] gason{kanson/total}

manhunt n. chas a lòm

mania n. mani

maniac n. moun fou

manic adj. debòde, eksite

manicure n. maniki

manifest[1] adj. avidèy, klè *The fact that you have the best idea is manifest.* Ke ou gen pi bon lide se bagay ki avidèy. *It's manifest that you want to be in charge.* Se klè, ou ki vle chèf la.

manifest[2] n. •**custom's manifest** manifès •**ship's or plane's manifest** manifès

manifest[3] v.tr. manifeste *The virus takes two weeks before it manifests itself.* Viris la ap pran de semenn anvan li manifeste tèt li.

manifesto n. manifès

manifold n. •**intake manifold** [*mach.*] manifoul

manioc n. manyòk •**poisonous manioc** manyòk anmè •**sweet manioc** manyòk dous

manipulate v.tr. manipile *Don't let people manipulate you.* Pa kite moun manipile ou.

manipulation n. manipilasyon

manjack cordia tree n. twapye

manjack tree n. flè{blanch/dan} •**white manjack tree** parasòl

mankind n. lemonn, limanite, lòm, ras moun

manlike n. vanyan, viril

manliness n. gason{kanson/total}

manly adj. gason *I need something to make me feel manly.* M bezwen yon bagay pou fè m santi gason. •**not manly** pa gason *He's not manly, his wife always tells him what to do.* Misye pa gason, madanm li pase l lòd jan l vle.

man-made adj. atifisyèl, sentetik *This lake is man-made.* Lak sa a atifisyèl.

manna n. lamàn

mannequin n. mannken •**mannequin for Good Friday** jwif •**Mardi Gras mannequin** lalout

manner n. 1[*way, mode*] fason, fasondaji, jan, mannyè, mòd *You spoke to her in too harsh a manner.* Ou pale yon fason twò di avè l. *She has a very good manner with children.* Li gen yon bèl fasondaji avèk timoun. *There is a certain manner to do this thing.* Bagay sa a gen jan pa li pou ou fè li. *I don't like your manner of talking to me.* M pa renmen mannyè ou ap pale m. *What will be your manner of payment?* Ou ap sèvi ak ki mòd de peman? 2[*behavior, attitude*] koutcha, lè, tren *He's without good manners.* Li yon moun san koutcha. *She has a manner of superiority when she talks.* Li gen yon lè li pi moun pase ou lè l pale. *I don't like his manner.* M renmen tren li a. **manners** n.pl. dekowòm, edikasyon, konvnans, lizay, onèkte *Those kids have no manners.* Timoun sa yo pa gen lizay. *This girl has no manners.* Tifi sa a san edikasyon. *He has good manners.* Li gen bon lizay. •**disorderly manner** pèlmèl *The garbage is spread about in a disorderly manner in the street.* Fatra yo gaye pèlmèl nan lari a. •**in a positive manner** pozitivman *She acts in a positive manner.* Li aji pozitivman. •**in an unsophisticated manner** fè (tankou) abitan •**in like manner** menm jan *The twins speak in like manner.* Marasa yo pale yon menm jan. •**in this manner** an jwèt konsa *In this manner, we won't accomplish anything.* An jwèt konsa, nou pa p regle anyen. •**good manners** bon jan, edikasyon, finès, mannyè, savwaviv *Your good manners draw the customers.* Bon jan ou atire kliyan. *The girl has very good manners.* Fi sa chaje ak finès lakay li. *That child lacks good manners.* Timoun nan san mannyè. •**have good manners** gen (bon) levasyon •**have no manners** san pwotokòl •**having good manners** [*because of higher social status*] sosyab •**show one's good manners** fè lareverans •**who has bad manners** gwosomodo *This man has bad manners, he doesn't know how to behave around people.* Nèg la gwosomodo konsa, li pa konn ki jan pou l konpòte l nan lasosyete. •**with bad manners** liberal

mannish adj. [*when speaking of a girl or woman*] alagasòn *She is kind of mannish.* Li se yon jan alagasòn.

manpower n. men, mendèv *We need a lot of manpower for this work.* Nou bezwen anpil men pou travay sa a.

mansion n. chato, manwa, palè

manta ray n. lanj malfini •**Atlantic manta ray** lanj nwa

mantilla n. echap, manti

mantle n. 1[fireplace] tab chemine 2[for a gas lamp or Coleman lamp] manchon

man-to-man adv. nèg ak nèg I'm talking to you man-to-man. M ap pale ou nèg ake nèg.

manual n. manyèl

manually adv. a lamen You have to weed the garden manually. Fòk ou rache move zèb nan jaden an alamen.

manufacture[1] n. fabrikasyon

manufacture[2] v.tr. fabrike, fè The workers manufacture plates and cups. Ouvriye yo fabrike asyèt ak gode.

manufacturer n. fabrikan

manufacturing n. endistri, fabrikasyon

manure n. angrè, bè jòn, fimye, kaka •cow manure kaka bèf

manuscript n. maniskri

many adj. anpil, divès, feso, kanaval, pa (gen) ni en ni de, {yon{bann/brigad,/chay/dal/ ekip/lame/lata/latriye/ mas/pakèt/pil/ tralye/voum} I have many things to do. Mwen gen anpil bagay pou m fè. There are many varieties of beans. Gen divès kalite pwa. She scored many points in the exam. Li fè yon kanaval pwen nan egzamen yo. There were many people at the meeting last night. Se pa ni en ni de moun ki te nan reyinyon an yè swa. Many of the plates that are here are dirty. Seri asyèt ki gen la, tout sal. Many people came to the party. Yon ekip moun debake nan fèt la. There are many people in the street. Gen yon lame moun nan lari a. He has many mangoes hidden in his house. Misye gen yon lata mango sere lakay li. There are many people at the party. Gen yon latriye moun nan fèt la. There were many people at the concert. Te gen yon pil moun nan konsè a. Many people attended the meeting. Yon tralye moun te vin nan reyinyon an. •a good many yon{bon vale/bann (ak yon pakèt)} A good many people came. Yon bon valè moun vini. He bought a good many books. L achte yon bann liv. •as many as mezi, otan You can pick as many mangoes as you want in my garden. Ou mèt keyi mezi mango ou vle nan jaden m nan. •how many konben How many people did you invite? Konbe moun ou envite? •so many men, otande, sitan, sitèlman, tank, tèlman There are so many people at the party!

Men valè moun nan fèt la! There are so many people living without money, but they are still surviving. Otande moun ki viv san lajan, men yo pa mouri pou sa. There are so many people in the street, you can't get around easily. Tank gen moun nan lari a, ou pa fouti sikile alèz. •so many as otan •too many twòp Too many people are here. Twòp moun la a.

manyroot n. [med. herb] flè peta

many-sided adj. miltip, varye

map[1] n. kat

map[2] v.tr. drese yon kat We would be lost if someone hadn't mapped this area. Nou t ap pèdi si yon moun pa t drese yon kat. •map out trase The road is well mapped out. Wout la byen trase.

maple n. [tree] erab

mapmaker n. katograf

mapmaking n. katografi

mar v.tr. defigire He marred our wedding by showing up. Li defigire nòs nou lè li parèt.

maraca n. [musical instrument] malaka, tchatcha

marasmus n. [med.] maladi (kò) chèch, maras

marathon n. maraton

marble n. 1[game piece] bi, boul kanik, mab 2[limestone] mab **marbles** n.pl. [game] bi, mab •large marble [game] bika, kaporal •shoot marbles teke mab He knows how to shoot marbles well. Li konn teke mab byen.

march[1] n. 1[military] defile 2[protest, etc.] mach, manifestasyon A march for peace. Yon mach pou lapè **forward march!** annavan, mach! The commanding officer says, "Forward! March!" Ofisye k ap konmande twoup la di, "Annavan...an...an...an! mach!"

march[2] v.intr. defile, mache They marched in the public square. Yo mache nan kare piblik la. Usually students march on May eighteenth. Elèv te konn defile lè dizuit me. •march in step mache opa The soldiers are marching in step. Sòlda yo ap mache opa. •march in time kadanse lepa sou

March[3] prop.n. [month] mas

March's grassquit n. [bird] sisi zèb

marching band n. fanfa

Mardi Gras prop.n. kannaval, madigra

mare n. jiman, manman chwal

margarine n. bè magarin, magarin

margin n. bòdi, maj

marginal *adj.* majinal

marginal flying fish *n.* balbaren pat chwal

marginalize *v.tr.* mete yon moun de kote *It's wrong to marginalize people who don't have the same ideas as you.* Li pa jis pou mete de kote tout moun ki pa gen menm lide ak ou.

marguerite *n.* [*flower*] magrit

Marian *adj.* [*of the Virgin Mary*] maryal *It's a sign of the Virgin Mary.* Se yon siy maryal.

marigold *n.* sousi

marijuana *n.* boul, bòz, marijàn, zèb

marimba *n.* manniboula

marinade *n.* marinad, marinay

marinate *v.tr.* [*meat, etc.*] marinen, tranpe *Marinate the meat well.* Marinen vyann nan byen. *Marinate the fish.* Tranpe pwason an.

marine *n.* maren

marionette *n.* jiwèt, maryonnèt

marjoram *n.* [*mint herb*] lorigan, majolèn •**sweet marjoram** fonbazen

mark[1] *n.* 1[*spot, stain, etc.*] mak, plak, remak, tach *What are those marks on the door?* Ki mak sa yo k nan pòt la? *She has a mark near her nose.* Li gen yon remak bò nen ni. *He has some marks on his clothes.* Li gen kèk plak sou rad li. *She has a mark on her blouse.* Li gen yon tach sou kòsaj li. 2[*landmark, etc.*] mak, repè, siy *He left a mark on the tree in order to find his way back.* Li mete yon repè sou pyebwa pou li ka retwouve chimen pou tounen. 3[*symbol, stamp, etc.*] etanp, mak, siy, so *He put his mark on the envelope.* Li mete etanp li sou anvlòp la. *She put a mark on the paper so he would know it was from her.* Li mete yon siy sou lèt la pou msye konnen sa sòti nan men li. *If the notary doesn't leave her mark on the paper, it's not legal.* Si notè a pa mete so li a sou papye a, li pa legal. 4[*grading*] nòt, pwen *He had a good mark before the final exam.* Li te gen yon bon nòt anvan li konpoze. *I gave her full marks for her article.* M ba l tout pwen pou atik li a. 5[*signature*] mak, kwa *Put your mark on this line.* Mete kwa ou sou liy sa a. 6[*sports*] liy *This is the starting mark.* Sa se liy depa a. 7[*target, goal, etc.*] bi, sib *I aimed at its head, but I missed the mark.* M vize l nan tèt, men m manke sib la. *We wanted to finish first so we set the mark really high.* Nou te vle fini an prenmye, poutètsa nou mete bi a wo anpil.

8[*hallmark*] mak, siy *That's the mark of a terrorist.* Sa se mak yon teworis. *It's the mark of a genius.* Se siy yon jeni.

mark[2] *v.tr.* 1[*make a mark on*] fè mak, make *Who marked up the wall?* Sa k fè mak sa yo nan mi an? *She marked all over the cover of the notebook with a pencil.* Li make toupatou sou po kaye a avèk yon kreyon. 2[*indicate, label, etc.*] deziye, make *Mark every place where you planted a stake.* Deziye chak kote ou plante pikèt la. *All the boxes have already been marked.* Tout bwat sa yo make deja. 3[*animal, bird, etc.*] takte, tanpe *He marked each cow with his initials.* Li tanpe chak bèf ak inisyal li yo. *It's the bird marked with yellow.* Se zwazo a ki takte ak jòn. 4[*note in writing*] make *I was there, but they marked me down absent.* M te la, epi yo make m pa la. 5[*grade, etc.*] korije *I haven't finished marking all of the exams yet.* M poko fin korije tout egzamen yo. 6[*scar (fig.)*] make *Prison marked her for life.* Prizon make l pou lavidiran. 7[*for future retribution*] make *Since he really insulted her, she marked him for future retribution.* Depi l fin joure l la, li make l. •**mark a boundary** bòne *The surveyor marked the boundaries of the land.* Apantè a bòne tè a. •**mark my words** ou mèt kwè mwen *Mark my words! They'll get him eventually.* Ou mèt kwè m wi! Yo gen pou yo kenbe l. •**mark off a** [*designate an area*] trase *Who's going to mark off the soccer field?* Ki moun k ap trase teren an? **b**[*note as being done*] bare *Every time you do something, mark it off on the list.* Chak sa ou fè, bare l sou lis la. •**mark playing cards** [*for cheating*] andoye *He marked the playing cards so that he can recognize them.* Li andoye zèl kat yo pou l ka konnen yo. •**mark playing cards illegally** doye *He marks the highest-valued playing cards.* Li doye pi gwo zèl kat yo l. •**mark s.o. down** [*give a lower grade*] retire pwen sou *The teacher marked me down because my homework was messy.* Mèt la retire pwen sou mwen poutèt devwa a sal. •**mark sth. down** [*reduce the price*] desann pri *Everything in the store has been marked down.* Yo desann pri tout bagay nan magazen sa a. •**mark sth. up** moute *The price of these shirts has been marked up.* Pri chemiz sa yo moute. •**mark time a** [*in dance* *rhythm*] make konpa **b**[*without advancing*] make pa{sou/ an}plas, pyetinen *The soldiers didn't stand at attention, they marked time.* Sòlda yo pa rete fiks, yo make pa sou plas. *The investigation is not moving forward; it's marking time.* Ankèt la pa avanse ditou; l ap pyetinen.

marked *adj.* notab •**marked man** nèg make •**marked out** bòne *I bought my land with boundaries already marked out.* M achte tè m nan tou bòne.

marker *n.* **1**[*pen*] makè, plim pou make **2**[*flag, stake, etc.*] baliz, choukèt, repè **3**[*defender (sports)*] defansè •**boundary marker** bòn

market *n.* **1**[*place for selling, trading, etc.*] mache *I'm going to the market.* M pral nan mache. **2**[*demand for sth.*] mache *There isn't much of a market for this soap.* Yo pa tèlman gen mache pou savon sa a. •**market place** mache •**market woman** revandèz •**bear market** mache alabès •**be in the market for** dèyè *I'm in the market for a car.* M dèyè yon machin pou m achte. •**black market** mache nwa •**bull market** mache alawos •**currency exchange market** mache chanj •**flea market** mache bagay dezyèm men •**on the market** sou mache *I'm going to put the house on the market.* M pral met kay la sou mache a. •**open market** mache •**outdoor market** mache

marketable *adj.* vandab

marksman *n.* tirè

marlberry *n.* [*shrub or small tree*] katchemen

marmalade *n.* konfiti zoranj, mamlad

marmalade tree *n.* jònze

marmoset *n.* wististi

maroon[1] *adj.* [*color*] mawon *He bought a maroon shirt.* L achte yon chemiz mawon.

maroon[2] *v.tr.* [*castaway*] bandonnen *She was marooned on a deserted island.* Li te bandonnen sou yon zile dezè.

marquee *n.* [*theater*] fwonton, makiz

marquis *n.* maki

marriage *n.* **1**[*ceremony*] maryaj **2**[*institution*] maryaj, nòs •**marriage arranged to obtain a green card** maryaj{biznis/rezidans} •**marriage arranged to obtain a visa** maryaj{biznis/viza} •**marriage broker** tantin meyèt •**marriage in name only** maryaj biznis •**marriage license** ak maryaj •**marriage of convenience** maryaj{(bay) bous/denterè} •**marriage proposal** lademann •**by marriage** paralyans •**civil marriage ceremony** maryaj sivil •**common-law marriage** matlotay, plasaj by marriage •**forced/shotgun marriage** maryaj daso •**give in marriage** marye *The girl's father will give her hand in marriage to that man.* Papa tifi a pral marye l ak gason sa a. •**mixed marriage** maryaj miks •**paper marriage** maryaj {rezidans/biznis/ viza} •**profitable marriage** maryaj {(bay)bous/d enterè} *Don't let the guy get away because it will be a profitable marriage.* Pa kite nèg la ale paske maryaj bay bous.

married *adj.* akonpli, marye *Are you married?* Ou marye? *They are now married.* Mesyedam yo akonpli kounye a. •**get married** *a*[*formally*] salye lasosyete *They finally decided to get married.* Yo resi deside salye lasosyete. *b*[*in a civil ceremony*] pase papye *They're getting married in a civil ceremony tomorrow.* Y ap pase papye demen. *c*[*so that people can come and drink*] bay yon moun bwè *When are you going to get married so that you buy us some drinks?* Kilè w ap ban m bwè? •**get married to** marye ak *Jan got married to Jàn.* Jan gentan marye ak Jàn.

marry *I v.tr.* **1**[*take in marriage*] marye, marye ak, pase papye *He wanted to marry the girl.* Nèg la vle marye ak fi a. *I'm getting married tomorrow at noon.* M ap marye demen a midi. *Manno is going to formally marry Ti Mari.* Manno pral pase papye ak Ti Mari. **2**[*join in marriage*] fè maryaj, marye *That's the priest who married them.* Se pè sa a k te fè maryaj la. *II v.intr.* [*for love, money, etc.*] marye pou *They married for money.* Yo marye pou lajan. •**marry again** remarye *The priest married him again.* Pè a remarye msye. •**marry in a civil ceremony** marye sivil *Manno is going to marry Mary in a civil ceremony.* Manno pral marye sivil ak Mari. •**marry off** kaze, marye *She has three daughters to marry off.* Li gen twa pitit fi li bezwen kaze. *Which priest will be marrying you off?* Ki prèt k ap marye ou? •**marry officially** plase papye *He officially married his girlfriend in a court of law.* Li plase papye ak fi sa devan leta.

Mars *prop.n.* Mas

marsh *n.* lagon, marekay •**salt marsh** letan sèl, salin, twou sèl

marshmallow *n.* gimòv, machmalo

marshmallow plant *n.* gilmov

mart *n.* mache

martial *adj.* masyal •**martial artist** karateka

martingale *n.* bastengal

Martiniquan *prop.n.* Matinikè, Matinikèz [*fem.*]

Martinique *prop.n.* Matinik

martyr[1] *n.* mati

martyr[2] *v.tr.* matirize *The French martyred Toussaint.* Blan fransè matirize Tousen.

martyrdom *n.* mati

marvel *n.* mèvèy

marvelous *adj.* mèveye *It was a marvelous ceremony.* Se te yon seremoni mèveye.

marvelously *adv.* amèvèy *The work is going marvelously.* Travay la ap mache amèvèy.

Marxism *prop.n.* maksis

Marxist[1] *adj.* maksis •**Marxist doctrine** doktrin maksis

Marxist[2] *prop.n.* maksis

Mary *prop.n.* •**Hail Mary** ave (Mariya)

mascara *n.* maskara

mascot *n.* boulpik

masculine *adj.* 1[*gram.*] maskilen *It's a masculine word.* Se yon mo maskilen. 2[*voice, etc.*] gason *She has a masculine voice.* Li gen yon vwa gason.

mash[1] *n.* labouyi, pire

mash[2] *v.tr.* kraze, mitonnen, petri, prije *She mashed the plantain to make a pulp.* Li kraze bannann nan pou l ka fè labouyi. *Mash your food in your mouth well so you don't choke.* Mitonnen manje a byen nan bouch ou pou pa trangle. *Mash the banana well t.* Petri bannann nan byen. *Mash the potatoes with a fork.* Prije ponmdetè yo ak yon fouchèt.

mask[1] *n.* kachepeche, mas •**dust mask** kach nen •**Mardi Gras mask** papa madigra •**Mardi Gras mask representing the devil** [*Saint-Marc*] kawoule

mask[2] *v.tr.* 1[*person, face, etc.*] degize, maske *They were all masked for Carnival.* Yo tout te degize pou kannaval. *She masked her face so no one would recognize her.* Li maske figi li pou pèsonn pa rekonnèt li. 2[*hide an object, truth, etc.*] bare, kache, maske *He tried to mask the truth.* Li te eseye bare verite a. *She*

masked the lie in the truth. Li kache manti a nan verite. *The pills masked the pain.* Grenn yo maske doulè a.

masked chafer *n.* [*insect*] bèt lanp

masked *adj.* •**masked person** [*carnival*] madigra

mason *n.* 1[*bricklayer*] (bòs) mason 2[*who mixes mortar*] mèt pèl 3[*freemason*] mason

Masonic *adj.* mason *The Masonic group is meeting in the lodge.* Kò mason an reyini nan lòj la. •**Masonic lodge** lòj

masonry *n.* masonn, masonnri

masquerade *n.* maskarad •**person in Mardi Gras masquerade** bonmas

mass[1] *n.* 1[*of matter*] mas 2[*of people*] kwadi **masses** *n.pl.* [*people*] gwo pèp, kwadi, lamas, mas, mas pèp la, pèp (souvren) •**in masses** [*in great quantity*] an mas, pa pil{ak pakèt/e pa pakèt} *They came to vote in masses.* Yo vin vote pa pil e pa pakèt.

mass[2] *n.* [*rel.*] mès •**black mass** mès nwa •**Sunday mass** mès dominikal

mass-media *n.* masmedya

massacre[1] *n.* masak, masakrè

massacre[2] *v.tr.* 1[*kill in masses*] masakre *They massacred even the babies.* Ata timoun yo te masakre. 2[*defeat soundly*] bimen, kraze, vannen *They massacred our team.* Yo vannen ekip nou an.

massage[1] *n.* friksyon, masaj, touche •**get a massage** ale nan manyen *He went to get a massage after the accident.* Misye al nan manyen aprè aksidan an. •**give a massage** fè masaj *Come give me a massage.* Vin fè yon ti masaj pou m.

massage[2] *v.tr.* {fè/pran}masaj, friksyonnen, manyen, mase, rale, touche *I need someone to massage my arm.* M bezwen yon moun friksyonnen ponyèt mwen an. *I need to have my right foot massaged.* Mwen bezwen pran masaj nan pye dwat la. *You need to be massaged after your fall.* Ou merite yo manyen ou apre so a. *Massage my back, please.* Mase do m tanpri.

massaged *adj.* friksyonnen *My back is well massaged, thanks, I feel better now.* Do m byen friksyonnen, mèsi, m santi m pi anfòm atò.

masseuse *n.* manyèz, masè

massif *n.* masif

massive *adj.* **1**[*imposing*] masif *He isn't just big, he's massive.* Msye se pa gwo li gwo ankò monchè, msye masif menm. **2**[*huge*] kokennchenn, masif *She lives in a massive house.* L ap rete nan yon kokennchenn kay. **3**[*large-scale, majority*] masif *He had a massive heart attack.* Li te gen yon kriz kè masif.

mast *n.* **1**[*naut.*] ma (batiman) **2**[*flag*] bwa drapo, poto

mastectomy *n.* {koupe/wete}tete

master[1] *n.* **1**[*house, institution, etc.*] chèmèt chèmètrès, mèt, nèg kay *I am the master of my house.* M chèmèt chèmètrès lakay mwen. **2**[*person in control*] mèt, mèt(yon moun) *Who is the dog's master?* Sa k mèt chen an? *You're not my master!* Ou pa mèt tèt mwen non! •**master of ceremonies** prezantatè •**master of the house** mèt kay •**be a master of one's trade** se vyolon nan men blan *That artisan is a master of his trade, you can entrust him with the job.* Bòs sa se vyolon nan men blan, ou mèt ba l travay pou ou. •**be s.o.'s master** ou pa ka ou pa sou *You aren't my master because I'm not your wife.* Ou pa ka, ou pa sou paske m pa fanm ou.

master[2] *v.tr.* **1**[*person, animal*] donte, metrize, sele *He quickly mastered the bucking horse.* Li donte chwal ponpadò a bridsoukou. *She mastered her temper.* Li metrize tanperaman li. *Even a brainless person like you could master him.* Menm yon moun san tèt kon ou te ka sele msye a. **2**[*learn, understand*] metrize, sele, sezi, vin bòs *She mastered French in her first year.* Li metrize fransè nan prenmye ane li. *He hasn't yet mastered the game.* Li po ko fin sezi jwèt la. *They mastered reading.* Yo vin bòs anba lekti.

master key *n.* (kle) paspatou

master's degree *n.* diplòm mastè, metriz

masterful *adj.* mèt, papa *He's a very masterful speaker.* Msye papa anpil nan bay diskou. *She's a masterful mathematician.* Se mèt matematik li ye.

mastermind[1] *n.* chèf, dirijan

mastermind[2] *v.tr.* telegide *He's the one who is masterminding all the events.* Se li menm k ap telegide tout evènman yo.

masterpiece *n.* chedèv

masterstroke *n.* kout mèt

mastery *n.* metriz

mastic *n.* akoma, konma, mastik

mastic tree *n.* karakolè

masticate *v.tr.* [*food*] mastike *You need to masticate your food before you swallow.* Fo ou mastike manje anvan ou vale.

mastitis *n.* lafyèv nouris

masturbate *v.intr.* **1**[*male*] bat laponyèt, woule tèt kòk li *He's masturbating.* Msye ap bat laponyèt. *He masturbates in order to ejaculate.* Misye ap woule tèt kòk li pou l ka voye. **2**[*men and women*] fè dyesèlmevwa *She's masturbating.* L ap fè dyesèlmevwa. •**masturbate a woman with the finger** bay dwèt *He masturbated the girl with a finger.* Li bay tifi a dwèt.

masturbation *n.* [*euph.*] dyesèlmevwa

mat *n.* tapi •**cheap sleeping mat** soukekouche •**protective straw mat** lekipay •**saddle mat** panno •**shabby straw mat** graba •**sleeping mat** *a*[*gen.*] nat *b*[*cheap*] atèmiyò, soukekouche *c*[*made with palm leaves*] nat très •**small ornamental mat** napwon •**straw mat** kapay

match[1] *n.* **1**[*sports event, contest*] jwèt, match **2**[*an equal*] egal, mèt ke, pòy *The team has met their match.* Ekip la jwenn mèt ke l. *She's no match for your cooking.* Li pa pòy ou nan fè manje. **3**[*clothes, colors, etc.*] {ale/marye} byen ak *The shoes are a good match for that dress.* Soulye a marye byen ak rad la. **4**[*same*] menm, (menm) parèy *Those earrings are not a match.* De grenn zanno sa yo pa menm. •**match for s.o.** pa kanmarad *He isn't a match for you, buddy.* Misye pa kamarad ou monchè. •**match maker** antremetèz, tantafèz •**be a good match for** sanble *She's a good match for him.* Fi sa a sanble msye. •**Carnival shoving match** bay gagann, gagann *I broke my arm in a Carnival shoving match.* Mwen kase bra m nan bay gagann. •**make a match** [*between a man and woman*] kare *She made a match between Mari and Jan.* Li kare Mari ak Jan. •**soccer match** {jwèt/match}foutbòl

match[2] *n.* [*fire*] (z)alimèt

match[3] *I v.tr.* **1**[*in ability, skill, etc.*] ka parèt, koresponn ak *That team is no match for ours.* Ekip sa a pa ka parèt devan pa nou an. *I can also match them.* M ka koresponn avè yo tou. **2**[*clothes, color, etc.*] ale ak, asòti, fè sans, kadre, mache ak, marye, matche, reponn *The jacket's color doesn't match the pants.* Koulè vès la pa ale ak pantalon an. *The ribbon doesn't match the clothing.* Riban an pa asòti ak rad la. *The blue clothing matches the white one.* Rad ble fè sans ak blan an. *The color of her dress matches the color of her shoes.* Koulè wòb li mache ak koulè soulye l. *These colors match perfectly.* Koulè sa yo matche. *The suit is beautiful but my pockets don't match it.* Kostim nan bèl men pòch mwen pa reponn. **3**[*fit together*] matche, menm, (menm) parèy *These two parts match well.* De pyès sa yo byen matche. *The name on the ticket doesn't match the name on the passport.* Non ki sou tikè a, parèy ak non ki sou paspò a. **4**[*suitable together*] kadre, matche *His mother doesn't think she matches him very well.* Manman ni pa kwè fi a kadre l byen. *These two people are well matched, they're both big bosses.* De moun sa yo byen kadre, tou de se gwo zotobre. **II** *v.intr.* **1**[*equaled by*] egalego ak, gen tankou *This restaurant can't be matched.* Pa gen tankou restoran sa a. *His courage is matched only by his strength.* Kouray li egalego ak fòs li. **2**[*clothes, colors, etc.*] ale ak, mache ak *That tie doesn't match with your suit.* Kòl sa a pa mache ak kostim ou. •**badly matched** mikmak *Don't go out with those badly matched clothes.* Pinga ou sòti avèk rad mikmak sa yo. •**match up** kare, matche *Their friends matched them up.* Zanmi mesyedam yo kare yo.

matchbox *n.* bwat (z)alimèt

matchless *adj.* san parèy

matchstick *n.* bwa (z)alimèt

mate[1] *n.* **1**[*person*] konpay [*fem.*], konpayon, kondisip, patnè **2**[*animal*] mal, femèl **3**[*friend*] zanmi

mate[2] **I** *v.tr.* **1**[*animals*] akouple, kouple, kwaze, parye *I need to mate my dog with a purebred dog.* M bezwen akouple chen m nan ak yon chen frans. *If you mate a female ass with a horse, you get a mule.* Si yo kwaze yon manman bourik ak yon chwal, y ap bay yon milèt. *Let's mate our pigs, we'll share the litter.* Ann parye kochon nou yo, n a pataje pòte a. **2**[*poultry*] paye *Let's mate the hen and the rooster.* Ann paye kòk la ak poul la. **II** *v.intr.*

1[*animals*] akouple, kouple *We need a male dog to mate with the female.* Nou bezwen yon mal chen pou n kouple ak fèmèl la. **2**[*birds*] kouvri *This rooster has to mate with every hen it sees.* Kòk sa a, kou l wè yon poul, li bezwen kouvri l.

material[1] *adj.* materyèl •**material things** byen latè

material[2] *n.* **1**[*substance*] matyè *Be careful! That's dangerous material.* Atansyon! Se matyè danjere sa a. **2**[*cloth, fabric*] twal, tisi *This material isn't enough for two shirts.* Twal sa a pa ka bay de chemiz. **3**[*supplies, necessary tools*] ekipman, materyèl, materyo *Do you have the materials you need for the job?* Ou gen ekipman ou bezwen pou travay la? *Make sure you have your materials for class.* Fè sèten ou gen materyèl ou pou klas la. *The material for these sandals comes from overseas.* Se nan peyi etranje materyo ki nan sandal la soti. **4**[*construction*] materyo *The construction work can't start because the builders are missing some materials.* Chantye a pa ka demare poutèt bòs yo manke materyo. **5**[*facts, information*] enfòmasyon *They have all the material they need to make a complaint.* Yo gen tout enfòmasyon yo bezwen pou yo pòte plent. **6**[*written, composed, etc.*] pwòp {blag/chanson/mizik}pa li *She writes her own material.* Li konpoze pwòp mizik pa li. **materials** *n.pl.* materyèl •**additional material** diplis, siplemantè •**all-purpose material** [*used widely for women's clothes*] bònatout •**hard material** asye

materialism *n.* materyalis

materialistic *adj.* materyalis, materyèl *Pradel is too materialistic.* Pradèl twò materyalis. *You're very materialistic.* Ou materyèl anpil.

maternal *adj.* (bò) kote manman, matènèl *She's my maternal grandmother.* Se grann mwen bò kot manman.

maternity *n.* matènite •**maternity ward** matènite

math *n.* kalkil, matematik

mathematical *adj.* matematik •**mathematical problem** pwoblèm matematik

mathematics *n.* matematik

matinee *n.* [*show, movie*] matine

mating *n.* [*animals*] kouplay

matriculation *n.* matrikil

matrix *n.* matris

matrimony *n.* maryaj

matron *n.* 1[*woman in charge of institution*] responsab, siveyant 2[*woman of distinction*] marenn

matter[1] *n.* 1[*physical substance*] matyè 2[*affair, concern*] afè, bagay, kestyon, koze *I don't know anything about this matter.* M pa konnen anyen nan koze sa a. 3[*importance*] enpòtans *It's no great matter for you to worry about.* Li pa gen gwo enpòtans pou enkyete ou. •**a matter of** afè, bagay, kestyon, koze *It's not only a matter of luck.* Se pa yon kestyon de chans ase. •**as a matter of fact** anfèt, annefè, kòmdefèt, ositou •**back matter** [*book, etc.*] endèks, tab de matyè •**front matter** [*book, etc.*] tab de matyè •**make matters worse** mete{apse sou klou/lemetik sou lepika} •**it doesn't matter** sa pa fè anyen •**no matter** nenpòt sa *No matter what she does, her mother sides with her.* Nenpòt sa l fè, manman l pran pou li. •**no matter how** an beka ou an bemòl, karebare *No matter how, I'll get this job.* An beka ou an bemòl, m ap jwenn travay sa a. •**no matter what** ak tout fòs, atoutfòs, kèlkeswa, sote ponpe *He wants to go to the Dominican Republic no matter what.* Li vle ale nan Panyòl atoutfòs. *No matter what the score of the game, our team is the champion.* Kèlkeswa rezilta match la, ekip nou an ap chanpyon. •**no matter what s.o. does** touye li rache li *It doesn't matter what I say, she'll always believe that I cheated on her.* Touye l rache l, se mwen ki twonpe l. •**small matter** akwo •**trivial matter** peta •**governmental matters** (z)afè leta •**take matters into one's own hands** pran kle kay •**What's the matter with you?** Sa ou genyen?, Ki pwoblèm ou?

matter[2] *v.intr.* gen enpòtans *Some things matter more than others.* Gen bagay ki gen plis enpòtans pase lòt. •**it doesn't matter** sa pa{fè anyen/gen enpòtans} *It doesn't matter if you're a little late.* Sa pa fè anyen si ou gen yon ti reta.

matting *n.* nat

mattock *n.* pikwa

mattress *n.* matla •**mattress maker** fèzè matla, matlasye •**straw mattress** payas, sak pay/sakpay

maturation *n.* dewoulman

mature[1] *adj.* 1[*person*] granmoun, majè, mi, petri, total *When you are a mature woman, your father will explain it to you.* Lè ou a yon fi granmoun, papa ou a di ou sa. *Mary's son is no longer a child, now he's mature.* Pitit gason Mari a pa timoun ankò, kounye a li majè. *He's a mature adult.* Li yon moun ki mi. *Listen to mature people's advice.* Koute konsèy moun ki petri. *You can't influence that mature woman.* Ou pa ka jwe nan lòlòj fanm total sa a. 2[*fully developed mind, body, etc.*] devlope *He has a very mature mind.* Lespri l byen devlope. 3[*ripe*] rèk *The avocadoes are mature enough to be picked.* Zaboka rèk ase pou keyi yo.

mature[2] *v.intr.* 1[*person*] vin mi, vyeyi *He will mature once he gets out on his own.* Li vin mi youn fwa l al gade kote lari fè kwen. *Right now she's a child but she will mature.* Kounyeya se timoun li ye, men l ap vyeyi. 2[*animal, plant, etc.*] rive apwen, vin{mi/rèk} *The corn hasn't matured enough to be picked.* Mayi a poko rive apwen, li poko bon pou kase.

maturity *n.* esperyans, matirite

maul *v.tr.* 1[*attack, etc.*] maspinen *The dog mauled the woman.* Chen yo maspinen madam nan. 2[*manhandle*] malmennen, toupizi *The police mauled the prisoner.* Lapolis malmennen prizonnye a. *The guards mauled the thief.* Gad toupizi vòlò a.

mauling *n.* maspinay

Mauritius *prop.n.* zile Moris

mausoleum *n.* kav

mauve *n.* mòv

mawkish *adj.* twò santimantal

maxilla *n.* zo machwè anwo

maxim *n.* maksim

maximum *n.* maksimòm, plis ke posib

May[1] *prop.n.* [*month*] me

may[2] *v.aux.* 1[*past, present, future possibility*] fouti, gendwa, kapab, konn *Watch out, you may fall!* Ou fouti tonbe! *I may be making a mistake.* M gendwa ap fè yon fòt. *I may come, but don't stay waiting for me.* M kapab vini, men pa ret tann mwen. *She may come in the morning, she may come in the afternoon.* Li konn vin lematen, li konn vin apremidi. 2[*able to, can*] ka(pab), sa *Open the door so* *that I may leave.* Ouvri pòt la pou m sa sòti. **3**[*have permission to*] gendwa, mèt *May I come in?* M gendwa antre? *May I go, too?* M mèt ale tou? •**may as well** mèt *Since we're finished, we may as well leave now.* Nou fini. Nou mèt tou ale konnye a. •**may do sth.** konn *She might come in the morning, she might come in the afternoon.* Li konn vin lematen, li konn vin apremidi. •**may I come in** [*polite form*] onè *Is there anybody in the house? May I come in?* Pa gen moun nan kay la? Onè, wi! •**it may be** se{ka/vre} *It may be that she's shy, but she's still smart.* Se vre li timid, men li toujou gen lespri.

maybe *adv.* gendwa, petèt, siman *Maybe it's wrong, but that's what they told me.* Gendwa se pa vre, men se sa yo di m. *Maybe she got sick and couldn't make it.* Petèt se malad li malad ki fè l pa vini. *Maybe we should get together at another time.* Siman nou ka pran randevou pou yon lòt lè.

mayhem *n.* boulvès. branlba

mayonnaise *n.* mayonèz

mayor *n.* majistra •**assistant mayor** majistra •**deputy mayor** [*one of two in each commune*] majistra adjwen •**head mayor** majistra{prensipal/kominal}, premye majistra

maze *n.* labirent

mazurka *n.* [*mus.*] mazouka

me *pro.* m, mwen (menm) *Me, I already ate.* Mwen menm, m manje deja. •**as for me** poutèt pa m *As for me, I'm going home.* Poutèt pa m, m prale lakay. •**to me** mwen *Give it to me.* Ban mwen l, non. •**with me** avè m *Come with me.* Vin avè m.

meadow *n.* foray, preri, savann

meager *adj.* mèg *This meager food won't do anything for the child.* Manje mèg sa pa ka fè anyen pou pitit la.

meal *n.* (plat) manje, repa •**meal in the street** akoupi m chaje ou *He's so hungry that a quick meal in the street would be good for him.* Jan l grangou la, yon akoupi m chaje m t ap fè l byen. •**meal ticket** vach lèt •**meal without meat** {kouvè/manje}{chèch/sèk} •**big meal** gagòt manje •**copious meal** babako, bakoko •**evening meal** manje aswè, soupe •**full meal** konplè •**have a huge meal** boustifaye *He had a huge meal today.* Li boustifaye jodi

a. •**huge meal** boustifay •**light meal** farin, kolasyon •**main meal of the day** dejennen, dinen •**noonday meal** dinen •**self-service meal** bifè •**small meal** tisipe

mealworm *n.* vè farin

mealy *adj.* raya *The oatmeal is mealy.* Avwàn nan raya. •**soft-scaled mealy bug** fo pichon

mean[1] *adj.* **1**[*ill-tempered, unkind, etc.*] enfènal, gen move santiman, mechan, move, tizago *This mean guy won't give you anything.* Nèg enfènal sa a, li p ap ba ou anyen. *If she wasn't so mean, she would stop and help him.* Si li pa t gen move santiman, li ta plede ede nèg la. *That teacher is mean, he doesn't spare the rod.* Mèt sila a mechan, li pa pè bay kou. *She's a mean person, she's always yelling.* Madanm nan move, l ap plede rele toutan. *Those mean guys ruin people for nothing.* Nèg tizago sa yo detwi moun pou dan ri. **2**[*vicious animal*] mechan, move, sovaj *I have a mean dog.* M gen yon ti chen ki sovaj. **3**[*stingy*] enferyè *No one is as mean as he, he won't lend anything of his to anyone.* Nanpwen nèg enferyè konsa, li p ap prete moun anyen l. **4**[*excellent*] mèt yon bagay *He plays a mean game of marbles.* Se mèt kannik li ye. •**mean person** movèz fwa

mean[2] *adj.* [*average*] mwayen *The mean price of a bag of rice is twenty dollars.* Pri mwayen yon sak diri se ven dola.

mean[3] *n.* [*average (math.)*] mwayenn

mean[4] *v.tr.* **1**[*signify*] siyifi, vle di *What you said means nothing.* Sa ou di la a pa siyifi anyen. *When the sky is like that it means rain is on the way.* Depi ou wè syèl la konsa, sa vle di li pral fè lapli. **2**[*intend, purpose*] antann, gen lide, pa esprè, se sa, vle di *What do you mean by that?* Sa ou antann pa sa a? *I meant to give him a call yesterday.* M te gen lide rele l yè. *I didn't mean to do it.* Se pa espre m fè. *I meant what I said, and that's that.* Sa m di a se sa; m pa pale de fwa. *She said today, but I think she meant tomorrow.* Li di jodi a, men m kwè se demen l te vle di. •**mean all the world to s.o.** de grenn je pou li *That car means all the world to him.* Machin sa a se de grenn je l. •**that means nothing to me** sa pa saka m •**which means** egal, kivledi, savledi *I'm Haitian, which means I'm a person from Haiti.* Mwen se Ayisyen kivedi moun peyi Dayiti. •**you mean to say** sètadi *The way you're talking, you mean to say I'm wrong.* Jan w ap pale la a, sètadi se mwen ki an tò.

meander *v.intr.* **1**[*road, river, etc.*] fè èsès *The road meanders along the river.* Wout la fè èsès bò larivyè a. **2**[*person*] flannen *She was meandering along the path.* Li t ap flannen sou chemen an.

meaning *n.* kidonk, sans, siyifikasyon •**have a meaning** gen sans *That doesn't have any meaning.* Sa pa gen sans. •**true meaning** sans pwòp *The true meaning of Christmas.* Nwèl nan sans pwòp la.

meaningful *adj.* pale, siyifikatif *His message is meaningful.* Mesaj li a siyifikatif anpil. •**be meaningful** pale *Money is what's meaningful for those people.* Se lajan ki pale pou moun sa yo.

meaningless *adj.* nad marinad *All that is meaningless.* Tout sa se nadmarinad. •**be meaningless** pa gen sans *Life is meaningless for her.* Lavi a pa gen sans pou li.

meanness *n.* basès, mechanste •**out of meanness** pa mechanste *He did that out of meanness.* Li fè sa pa mechanste.

means *n.pl.* fakilte, fasilite, kapasite, mwayen, opòtinite, posiblite, pouvwa, repondong *He doesn't have the means to send the child to school.* Li pa gen fakilte pou li met pitit la lekòl. *I don't have the means he has.* M pa genyen fasilite misye genyen. *They don't have the means this year to send their children to school.* Yo pa gen kapasite ane sa a pou yo voye timoun yo lekòl. *If I had the means, I'd help you.* Si m te gen opòtinite, m t ap ede ou. *My means don't permit me to help you.* Pouvwa m pa penmèt mwen ede ou. *I don't have the means to buy a car.* M pa gen repondong pou achte yon machin. •**be of means** gen mwayen •**by all means** [*certainly*] sètèlman –*May I use your pen? –By all means!* –M mèt prete plim ou an? –Sètèlman! •**by all means possible** tout jan tout mannyè *He tried to solve the problem by all means possible.* Li fè tout jan tout mannyè pou rezoud pwoblèm nan. •**by no means** ditou •**have the means** pòch yon moun ka reponn *Do you have the means of paying for the car.* Èske pòch ou ka reponn pou achte machin nan? •**have the means**

to anmezi *She has the means to help, but she won't.* Li anmezi pou ede, men li pa p fè l. •**sufficient means** dekwa •**utterly without means** benyen nan labou •**within one's means** mezi ponyèt li *The house she wants to buy is within her means.* Kay li vle achte mezi ponyèt li.

mean-spirited *adj.* mechan

meantime *n.* •**in the meantime** annatandan, etan sa, pandansetan *The doctor is on the way, in the meantime, have a seat.* Doktè a nan wout, annatandan, fè yon ti chita. *Adelina is going to prepare the food, in the meantime, you'll go fetch some water.* Adelina pral fè manje a, etan sa, ou menm al chache dlo. *People are chatting, in the meantime she's working.* Moun yo ap pale, pandansetan l ap travay.

meanwhile *adv.* annatandan, antretan, etan sa, pandansetan *Make the food, meanwhile I'll wash the plates.* Fè manje a, antretan m ap lave asyèt yo.

measles *n.pl.* lawoujòl, saranpyon •**German measles** lawoujòl alman, ti lawoujòl, ribeyòl, woubewòl

measure[1] *n.* **1**[*system, unit*] mezi *Kilometers are a measure of distance.* Kilomèt se yon mezi distans yo ye. **2**[*music, poetry, etc.*] kouplè, mezi **measures** *n.pl.* mezi, piwèt *The government took measures to punish all armed thieves.* Gouvènman an pran mezi pou pini tout atoufè. •**beyond measure** depase yon aritmetik *Their needs are beyond measure.* Bezwen yo depase yon aritmetik. •**direct measures** defas *Take direct measures with the administration.* Fè demach la defas avèk administrasyon an. •**extra measure** degi, ranje •**full measure** kapasite *Give me a full measure of rice.* Ban m yon bon kapasite sak diri. •**give good measure** ranje *Give me good measure.* Ranje l ban mwen. •**in full measure** [*for weighed goods*] nan bon ti mezi *Give me coffee in full measure.* Ban m kafe a nan bon ti mezi. •**preventive measures** mezi prevantif •**set of measures** dispozitif *A large set of security measures.* Yon gwo dispozitif sekirite. •**take measures to do sth.** pran dispozisyon *The government is taking measures to prevent the lack of safety.* Gouvènman an pran anpil dispozisyon pou frennen ensekirite. •**take preventive measures** pran prekosyon *We need to take preventive measures so the disease doesn't spread.* Fòk nou pran prekosyon ak maladi a pou l pa gaye. •**unit of measure** [*for liquids*] barik

measure² I *v.tr.* 1[*size, distance, volume, etc.*] jòje, kouri chenn, mezire, pran mezi *Let's measure the liquid that is left.* Ann joje likid ki rete a. *The surveyors are measuring the land.* Apantè a ap kouri chenn sou teren an. *How much does the lot measure?* Konbyen teren sa a mezire? *The doctor measured his blood pressure.* Doktè a pran tansyon l. *Measure the window.* Pran mezi fenèt la. 2[*oil, gas, etc.*] gedje *We should measure the level of the oil in the engine.* Fòk nou ta gedje motè a. 3[*with the human foot as a unit*] pyete *Measure that space with your foot to see how big it is.* Pyete espas sa pou wè ki lajè l. II *v.intr.* atenn *The highest mountain in Haiti measures 1680 meters.* Mòn nan ki pi wo an Ayiti atenn 1680 mèt. •**measure cloth by the ell** lonnen *He's measuring the fabric by the ell.* L ap lonnen twal la. •**measure depth** sonde *She's measuring the depth of the river.* L ap sonde rivyè a. •**measure height** pran otè •**measure up** ka parèt, kadre *That team doesn't measure up to ours.* Ekip sa a pa ka parèt devan ekip pa nou an. *My child doesn't measure up to you.* Pitit mwen an pa kadre ou. •**measure up to** gen kanson li nan tay li *You have to measure up to this job.* Fòk ou gen kanson ou nan tay ou pou djòb sa a. •**does not measure up** pa nan batay *This year your team does not measure up because it's not well prepared.* Ane sa a, ekip ou a pa nan batay paske li pa prepare.

measurement *n.* mezi, tay •**dishonest measurement** [*in surveying*] kout chenn kwochi •**false or dishonest measurement** [*rice, coffee, etc.*] {bout/fo}mamit *She sold me the rice using a false measurement.* Li vann mwen diri a nan yon fo mamit. •**take measurements** pran mezi *These clothes don't fit, I didn't take the measurements correctly.* Rad la pa bon, m pa t pran mezi a byen.

meat *n.* chè, vyann •**meat or fish preserved in salt and spices** founde •**bit of meat** aksantegi *He gave me a tiny bit of meat.* Li ban m yon aksantegi vyann. •**coconut meat** nannan kokoye •**dried meat** [*seasoned and grilled*] taso •**dried salted meat** sesin •**fried meat** griyay •**fried meat and wheat** kibi •**grilled meat** griyad •**large piece of meat** gòb, petas •**marinated meat or fish** tranpèt •**piece of meat from lower part of hog** pann •**salted meat** sopoudre •**soft coconut meat** mole kokoye •**spicy fried meat** [*in general*] griyo •**spoiled meat** vyann foundang •**stew meat** dòb, vyann bouyon •**white fibrous part of meat** [*waste part*] vlen •**white meat** blan poul

meatball *n.* boulèt

meathead *n.* tèt kòk

meatloaf *n.* vyann fasi

meatus *n.* twou pipi

meaty *adj.* [*fleshy*] gen vyann, pwès *The chicken isn't meaty at all.* Poul la pa pwès menm.

mechanic *n.* [*auto repair, etc.*] mekanisyen

mechanical *adj.* mekanik *The car has a mechanical problem.* Machin nan gen yon pwoblèm mekanik.

mechanics *n.pl.* mekanik

meconium *n.* goudwon, gwodon

medal *n.* dekorasyon, meday •**give a medal** bay brevè

medalist *n.* medaye

medallion *n.* meday

meddle *v.intr.* 1[*in people's business, affairs, etc.*] antre nan (z)afè moun, {mete/foure} {bouch (li)/kò/nen/pye} *She doesn't like to meddle in people's business.* Li pa renmen antre nan zafè moun. *Don't meddle with other people's business.* Pa mete bouch ou nan afè moun. *Margaret meddled in this business, she ruined it.* Magarèt foure kò li nan bagay la, li gate l. 2[*tamper with*] jwe avèk *Don't meddle with the lock.* Pa jwe avèk kadna non. •**meddle in everyone else's business** nan tout sòs *That man meddles in everybody else's business.* Nèg sa a foure kò l nan tout sòs. •**meddle in others' affairs or business** pèdi wòl li *If you meddle in others' business, it's expected that I will treat you badly.* Si ou pèdi wòl ou, se nòmal pou mwen manke ou dega. •**meddle in s.o.'s private conversation** antre nan pawòl (yon) moun

Don't meddle in people's business if they don't invite you to join their conversation. Pa antre nan pawòl moun si yo pa envite ou.

meddler *n.* achtafè, antchoutchout, fouyapòt, kontwolè, kontwolèz [*fem.*], touchatou, tripòt

meddlesome *adj.* antremetè, antremetèz [*fem.*], fouyapòt *What meddlesome guys! They want to know everything that people are doing.* Ala kot moun antremetè! Yo vle konn tout sa moun ap fè.

meddling *adj.* an toupwèt, tchòtchòwè *You're so meddling, you get involved in people's affairs however you like.* Ou an toupwèt twòp, ou antre nan koze moun jan ou vle.

meddling *n.* enjerans

media *n.* laprès, masmedya, medya

median *n.* [*math*] medyàn

mediation *n.* abitraj, antremiz, entèvansyon, medyasyon

mediator *n.* abit, antremetè, avoka, medyatè

medical *adj.* medikal •**medical care** swenyay doktè •**medical discharge** egzeyat •**medical examination** konsiltasyon •**medical record** dosye •**medical treatment** tretman

medication *n.* medikaman, medsin, remèd

medicine *n.* 1[*discipline*] lamedsin *She wants to go into medicine.* Li vle etidye lamedsin. 2[*drug, treatment for disease*] medikaman, medsin, remèd •**cough medicine** espektoran •**curative medicine bundle** yamengan •**folk medicine** remèd fèy •**forensic medicine** medsin legal •**internal medicine** medsin entèn •**liquid medicine** siwo •**practice medicine** fè lamedsin •**potent medicine** medsin chwal •**take medicine** bwè/pran medikaman •**worm medicine** remèd vè

medieval *adj.* medyeval

mediocre *adj.* 1[*institution*] bòlèt, savann, pa fame *The parents don't want to put the children in this mediocre school.* Paran yo pa vle mete pitit yo nan lekòl bòlèt sa a. *This is a mediocre institution.* Enstitisyon sa a pa fame. 2[*poor*] medyòk *Your homework is mediocre.* Devwa ou a medyòk.

mediocrity *n.* medyokrite

meditate *v.intr.* medite, riminen *When Robert is meditating, he doesn't hear anything.* Lè Wobè ap medite, li p ap tande anyen.

•**meditate on** medite, riminen *We have to meditate a lot on this problem because it will take brains.* Fò nou riminen anpil sou pwoblèm sa paske li mande brenn. *She's meditating on her problems.* L ap medite sou pwoblèm li.

meditation *n.* meditasyon, refleksyon, tèt poze •**spiritual meditation** rekoleksyon

meditative *adj.* pansif

Mediterranean (sea) *prop.n.* Mediterane

medium *n.* 1[*size*] medyòm 2[*spiritual*] medyòm

medium-sized *adj.* {grandè/tay}mwayen, medyòm *He wears a medium-sized jersey.* Li mete yon mayo medyòm.

medley *n.* melimelo, popouri

meek *adj.* dou

meekness *n.* (la)dousè

meet[1] *n.* konkou, konpetisyon, match

meet[2] **I** *v.tr.* 1[*run into, etc.*] banke{ak/sou}, bite sou, bòde ak, brake ak, kontre, kwaze (ak) *I met Marie at the market.* M banke sou Mari bò kote mache a. *I met Jan in the square yesterday.* M kontre Jan ayè sou plas la. 2[*encounter*] jwenn, rankontre *Go ahead, I'll meet you on the road.* Pran devan, m a jwenn ou sou wout la. *I met her in front of City Hall.* M rankontre l devan lakomin nan. 3[*make acquaintance of*] fè konnesans ak, rankontre, rekonèt *I've already met her child.* M te fè konesans ak pitit li a deja. *Today I met Mary.* Jodi a m rankontre ak Mari. *It's today that I'll meet your mother.* Se jodi a m pral rekonèt manman ou. 4[*obligations, expenses, etc.*] peye, regle, satisfè *They met all of their bills this month.* Yo rive peye tout bòdo yo mwa sa a. *He met all of his debts to the man.* Li regle tout kont li yo. *She met all of her obligations.* Li satisfè tout obligasyon li yo. **II** *v.intr.* 1[*gather together*] rasanble, reyini *The church is meeting today at three.* Legliz ap reyini jodi a pou twazè. 2[*confront*] afwonte, fè fas ak, kare, kontre, rankontre *She met with her most difficult challenge to date.* Li afwonte defi ki pi difisil jiskasètè. *They met with rain on the mountain.* Yo fè fas ak lapli sou mòn nan. *The two best teams will meet in the championship.* De pi bon ekip yo ap kare nan chanpyona a. *The armies met in the valley.* Lame yo kontre nan vale a. *He* met with his death on the sea. Li rankontre ak lanmò li sou lanmè. 3[*rivers, roads, etc.*] kontre, rankontre *The roads meet at the crossroads.* Wout yo rankontre nan kalfou a. •**meet a difficult challenge** mare baka *I met a difficult challenge when I passed the final exam.* M reyisi mare baka lè m fin konpoze. •**meet again** rejwenn *We'll meet again next week.* N a rejwenn semenn pwochenn nan. •**meet by chance** tonbe sou *I met Suzie by chance at the cinema.* M tonbe sou Sizi nan sinema a. •**meet one's match** jwenn bout li *After two years of success, the boxer met his match.* Apre de zan viktwa, boksè a jwenn bout li. •**meet s.o.** fè tèt ak yon moun *I don't want to meet him because I owe him money.* M pa vle fè tèt ak li menm paske m dwe l kòb. •**meet with a rebuff** pran yon bèk *My introduction was met with a rebuff.* M pran yon bèk lè yo prezante m. •**go to meet** ale jwenn, vanse sou *Go to meet your uncle.* Al jwenn tonton ou.

meeting *n.* 1[*gathering of people*] rankont, rasanbleman, reyinyon 2[*between individuals*] chita, chita pale, randevou, rankont 3[*political, etc.*] kongrè, mitin, seyans 4[*conference, etc.*] konferans, kongrè •**meeting of secret society** kadafa •**meeting place** lye rankont •**chance meeting** rankont •**early-morning gathering or meeting** avanjou •**general meeting** woumble •**initial meeting** priz kontak •**mass meeting** demonstrasyon •**monthly meeting** reyinyon manswèl •**prayer meeting** priyè

megaphone *n.* megafòn, pòtvwa

megawatt *n.* megawat

melancholic *adj.* kè li grenn, sonm *Look at how melancholic she is today.* Gade jan li sonm jodiya. *I am melancholic.* Kè m grenn.

melastoma *n.* [*kind of med. shrub used against cough and flu*] chòche [N], fèy lougawou, gerivit, tonbe leve, zèb kòtlèt

melodious *adj.* dous *That singer has a melodious voice.* Chantè sa gen yon vwa dous.

melody *n.* lè, melodi

melon *n.* melon

melt *v.tr.* dilate, fonn *The sun melted the butter.* Solèy la fonn bè a. *The plastic bowl fell into*

the fire, it melted down. Bòl plastik la tonbe nan dife a, li dilate.

melted *adj.* fonn *Take the gold that's already melted to make the ring.* Pran lò ki deja fonn nan pou ou fè bag la.

meltdown *n.* 1[*accidental*] malè, dekonpozisyon 2[*nuclear*] fizyon nikleyè

melting *n.* •**melting point** temperate pou fonn •**melting pot** adyanoumele, plòtonay *In Brazil there's an important melting pot of ethnic groups.* Nan peyi Brezil gen yon gwo plòtonay nan popilasyon an.

member *n.* 1[*of a group*] eleman, manm, sosyetè 2[*penis*] manm •**be a member** fè pati *She's a member of this association.* Li fè pati asosyasyon an. •**fellow member** konfrè, konsè [*fem.*]

membership *n.* apatenans

memento *n.* souvni

memorable *adj.* kokenn, memorab *Today is a memorable day for me, it's my birthday.* Jodi a se yon kokenn jou pou mwen, se fèt mwen. *A people's independence day is a memorable day.* Dat endepandans yon pèp se yon dat memorab.

memorandum *n.* memorandòm •**administrative memorandum** sikilè

memorization *n.* •**rote memorization** bat pa kè *He can't think, he's better at rote memorization.* Li pa konn reflechi, li pito bat pa kè.

memorize *v.tr.* aprann pa kè, kenbe nan tèt *She memorized her whole speech.* Li kenbe tout diskou li an tèt.

memorizer *n.* [*rote*] pakèmann

memory *n.* 1[*ability to remember*] memwa *My memory is bad.* M pa gen memwa. 2[*recollection*] memwa, souvnans, souvni *That's a memory from my childhood.* Sa a se souvni lè m te piti. •**from memory** pa kè *He recited the entire lesson from memory.* Li resite leson antye pa kè. •**in one's memory** nan tèt •**memory like a sieve** memwa poul •**short-term memory** memwa poul

men *n.pl.* gason, lezòm, zòm •**men's room** twalèt pou gason •**young men** timesye

menace *n.* mennas

menacingly *adv.* vanse sou *The two wrestlers advanced toward each other menacingly.* De lità yo, yonn ap vanse sou lòt.

mend I *v.tr.* **1**[*repair*] rakomode, ranje, rapyese, rekoud, repare *This tailor mends old clothes.* Tayè sa a rakomode vye rad. *She's mending the clothing that got torn.* L ap rapyese rad ki fin chire a. *The dress tore on a nail, I'm going to mend it.* Rad la chire nan yon klou, m pral rekoud li. **2**[*a fish net, etc.*] remaye *We have to mend the seine.* Fò n remaye sèn nan. **3**[*marriage, etc.*] sove *They are trying to mend their marriage.* Y ap eseye sove maryaj yo. **II** *v.intr.* [*heal*] geri, pran, repran *Your hand has mended well.* Men ou byen geri. *The doctor says that the bone hasn't mended yet.* Doktè a di zo a po ko pran. •**mend one's ways** chanje, korije tèt li, refòme *She'll never mend her ways.* Li pa p janm chanje. *He mended his ways after the accident.* Li korije tèt li aprè aksidan an.

mending *n.* rakomoday

meningitis *n.* enfeksyon sèvo, maladi tèt anfle, mennenjit

Mennonite *prop.n.* mennonit

menopause *n.* menopòz •**be past menopause** rete

menorrhagia *n.* pèdans, pèdisyon

menstrual *adj.* •**menstrual cramps** kolik, tranchman vant •**menstrual cycle** peryòd •**menstrual period** flè, pye, règ, wòz •**menstrual period at earlier age than normal** san cho •**menstrual problems** mach fanm •**have irregular menstrual periods** pa regle byen •**unusual menstrual periods** pèdisyon

menstruate *v.intr.* fleri, fòme, gen mwa li, regle, wè {lalin/pye/règ/ti wòz}li *The girl has just menstruated.* Ti fi a fenk fòme. *Now she's a little lady, she just menstruated.* Kounye li se demwazèl, li fenk fleri. *The girl doesn't menstruate each month.* Fi a pa regle chak mwa. •**stop menstruating** [*temporarily or permanently*] pèdi kwasans li *Because she stopped menstruating, she doesn't worry about having sex because she knows she can't get pregnant.* Kòm li pèdi kwasans li, li pa pè pran bwa atò paske pa gen ansent.

menstruation *n.* flè, kwasans, lalin, mach, mach fanm, maladi fi, mwa, règ, regleman, wòz

menswear *n.* rad gason

mental *adj.* mantal •**mental problem** pwoblèm mantal •**mental retardation** andikap mantal, reta

mentally *adv.* mantalman *That affected him mentally.* Sa aji sou li mantalman.

mentally-challenged *adj.* •**mentally-challenged person** ebete

mentally-ill *adj.* •**mentally-ill person** malad mantal

mentally-retarded *adj.* •**mentally-retarded person** ebete, {andikape/retade}mantal

mentha *n.* [*mint*] tibonm mawon

mentholated *adj.* mantole

mention[1] *n.* sitasyon •**make mention of** fè mansyon, mansyonnen *She made mention of her husband in the speech.* Li fè mansyon mari l nan diskou a.

mention[2] *v.tr.* **1**[*name*] mansyonnen, nonmen, site, siyale *She doesn't mention his name in the article.* Li pa mansyonnen non l nan atik la. *The teacher mentioned all of the students' names.* Mèt la site non tout elèv yo. *He didn't mention our names at the meeting.* Li pa siyale non n nan reyinyon an. **2**[*touch on*] pwoche, vini ak li sou *He didn't mention the subject of marriage at all.* Li pa pwoche sijè maryaj menm. *I didn't mention the money she owed me.* M pa vini ak li sou koze lajan li dwè m. •**mention past favors** repwochan *I don't need to accept something from you, you always mention past favors.* Mwen pa bezwen pran anyen nan men ou, ou twò repwochan. •**don't mention it** deryen, ou merite sa, pa (gen) dekwa, padkwa –*Thank you so much! –Don't mention it.* –Mèsi anpil! –Pa gen dekwa. *Thank you for the dinner! –Don't mention it, my friend!* Mèsi konpè pou manje a! –Ou merite sa, monchè! •**not to mention** alewè *She doesn't respect her father, not to mention her uncle.* Li pa respekte papa l, alewè pou tonton l.

mentor *n.* marenn [*woman*], mètke, parenn [*man*]

menu *n.* lis manje, meni

meow *onom.* [*cat*] myaw

mercenary *n.* mèsenè

merchandise *n.* estòk, machandiz

merchant *n.* konmèsan, konmèsant [*fem.*], machann [*fem.*] •**merchant woman who buys and sells in the markets** madansara •**affluent woman merchant** gwo limena

merciful *adj.* charitab, gen{pitye/mizerikòd}

merciless *adj.* kè di, sanmanman *Those merciless people don't care about the problems of the poor.* Moun sanmanman sa yo pa konn pwoblèm malere. •**be merciless** wete trip mete pay *The torturers were merciless.* Bouwo yo t ap wete trip mete pay.

mercilessly *adv.* pwenn fè pa *If you want me to play marbles with you, know that we'll play mercilessly.* Si ou vle m jwe mab avè ou, se pwenn fè pa n ap jwe.

mercurochrome *n.* mèkiwokòm

mercury *n.* mèki. •**mercury-based product** *n.* mèkiryèl

mercy *n.* gras, lamizerikòd, lagras, (lagras) mizèrikòd, pitye •**at the mercy of** alamèsi *We are at the mercy of the Almighty.* Nou alamèsi Granmèt la. •**have mercy on** epaye, fè pa yon moun *He's innocent, have mercy on him.* Se yon inosan, epaye l. *She's has mercy on you today, although what you did deserves punishment.* Li fè pa ou jodi a, kwak sa ou fè a merite pinisyon. •**no longer be at s.o.'s mercy** soti anba (men) yon moun *She's no longer at the mercy of her parents, because she found a part-time job.* Li sòti anba men paran li pase li jwenn yon ti degaje. •**no mercy** pwenn fè pa *Here there's no mercy, you are rewarded according to your work.* Bò isit la se pwenn fè pa, se travay ou ki pou rekonpanse ou.

mere *adj.* senp *As a mere employee, I can't let you meet with the director.* Kòm senp anplwaye, m pa ka fè ou wè dirèk la.

merely *adv.* annik, sèlman *I merely said that she couldn't go to the party.* M annik di l li pa ka ale nan fèt la. *I merely told her I can't stay to talk to her.* M sèlman di l m p ap ka kanpe pale.

merge **I** *v.tr.* **1**[*melt into, mix with*] amalgame, fonn, mele *She merged the music together to make a medley.* Li amalgame mizik yo pou fè yon popouri. *The day merged into night.* Jou a fonn nan lannwit. *She merged the guitar and the piano to make a beautiful melody.* Li mele gita a avèk pyano a pou fè yon bèl melodi **2**[*unify*] inifye *The North and the South were merged in 1821.* Nò ak Sid la te inifye an 1821. **3**[*commerce, finance, etc.*] amalgame *The two companies were merged into one.* De

konpayi te amalgame pou fè yon sèl. **II** *v.intr.* [*river, road, etc.*] kontre (ak), rankontre (ak) *The river merged with the stream at the mouth of the lake.* Larivyè a kontre ak ti kouran dlo a bò anbouchi lak la.

meridian *n.* meridyen

meringue¹ *n.* [*rhythm, dance*] mereng •**fast-tempo meringue** mereng{kanaval/koudjay}

meringue² *n.* [*egg white*] krèm blan ze

merit¹ *n.* merit

merit² *v.tr.* merite *This merits more discussion.* Sa merite plis pale.

merits *n.pl.* [*jur.*] dwa legal •**merits of the case** nannan ka

mermaid *n.* lasirèn

merrily *adv.* ak kè kontan

merriment *n.* gete, jwa, kè kontan

merry *adj.* ge, jwaye •**make merry** {fè/bat} kalinda

merry-go-round *n.* kawousèl

merry-making *n.* rejwisans

mesh *n.* **1**[*screen, wire, etc.*] griyay, klè, trèy **2**[*netting*] filè

mesquite *n.* [*shrub or small tree*] bayawonn, watapana

mess¹ *n.* **1**[*untidy, unorganized, etc.*] an foukoufyaka, banbilay, boubye, dezòd, djak, galimatya, gògmagòg, kalomèl, majigridi, matyak, pagay, pil sou pil, popoulo, ribanbèl *This house is a mess.* Kay la an foukoufyaka. *As soon as the children's parents aren't there, they make a mess.* Depi paran timoun yo pa la, yo fè banbilaj. *The house has become a mess, everything is inside out.* Kay la tounen yon boubye, tout bagay tèt anba. *The books in the library are a mess.* Liv libreri a djak sou djak. *There is such a mess in this house that I can't find my things.* Tèlman gen yon gwo galimatya nan kay sa a, mwen pa ka jwenn zafè m. *His room has everything in disorder, it's a real mess.* Chanm li nan gaye, se yon veritab kalomèl. *Her writing was a big mess.* Ekriti li te yon pakèt majigridi. *The kids made a big mess in the house.* Timoun yo fè yon gwo matyak anndan kay la. *The room is a mess.* Chanm nan pil sou pil. *Who made that mess in the room?* Kilès ki fè popoulo sa a anndan chanm nan? *What a mess in that house.* Gad yon ribanbèl anndan kay la. **2**[*predicament,* *confusion, etc.*] an foukoufyaka, banbilay, boubyay, dezòd, gabji, gagòt, gògmagòg, kalomèl, katchaboumbe, kout kat,, pagay, plòtonay, rabacha, tchouboum, toubouyon *That party was a mess so badly did the guests behave.* Fèt sa a se te yon veritab gògmagòg tank moun yo konpòte yo mal. *The party was a total mess, the guests arrived late.* Fèt sa se te yon veritab gagòt, moun yo pa vini alè. *This situation is a real mess.* Sityasyon sa a se yon kalomèl vre. *Given the situation of the country, I won't return to that mess.* Jan sitiyasyon peyi a ye la, m p ap tounen nan kout kat sa. *The organization of that office is a complete mess.* Anndan biwo sa a se yon veritab pagay. *This job is not well done at all, it's a mess.* Travay sa a pa byen fèt ditou, se yon rabacha. *The country has fallen into a real mess.* Peyi a tonbe nan tchouboum nèt. *The office was a mess, nobody knew what to do.* Biwo a te nan yon toubouyon, pa gen moun ki konn kisa pou li fè. **3**[*a lot of*] banbilay, gagòt, ribanbèl *There was a mess of food at the party.* Te gen yon gagòt manje nan fèt la. •**be a mess** degaye *Your room is a mess, go clean it.* Chanm ou an degaye, al ranje l. •**be in a fine mess** danse pòlka *By not heeding the advice, she's now in a fine mess.* Nan pa koute konsèy, l ap danse pòlka atò. •**get into a mess** tonbe sou zo grann li *He got himself into a mess when he gambled the rent money.* Li tonbe sou zo grann li lè l parye lajan kay la. •**in a mess** nan tentennad *It's when you're in a mess that you need my help?* Se lè ou nan tentennad la, ou bezwen pou m ede ou? •**make a mess** anbwouye, fè chichi, tchaktchak *As soon as the children's parents aren't there, they make a mess of the house.* Depi paran timoun yo pa la, yo anbwouye kay la. *This child makes too much of a mess in the house, he touches everything he sees.* Piti sa a fè twòp chichi nan kay la, li manyen tout sa li jwenn. *Enough making a mess in the mud!* Ase tchaktchak nan dlo labou a! •**make a mess of** pachiman *The architect made a mess of the blueprints.* Enjenyè a pachiman plan kay la. •**make a mess of things** grennen tenten *Wherever she goes, she makes a mess of things.* Tout kote l ale, li grennen tenten. •**rotten mess** boubyay, gagòt •**what a hell**

of a mess! aladesalmannaza! •**what a mess** ala{kòmedi/salopri [*vulg.*]} *What a mess, that woman put me in a big bind.* Ala komedi, fi a mete m nan yon gwo pwoblèm.

mess² *n.* [*military*] kantin, mès

mess³ *v.intr.* •**mess around in the mud** patinen kò li nan labou •**mess around with** [*i.e. play with*] jwe ak *Stop messing around with that knife!* Sispann jwe ak kouto a! •**mess around with s.o.** *a*[*amuse o.s. with, tease, etc.*] fè laviwonndede, fè yon viwonndede, pran plezi ak *Don't mess around with me, give me my money back.* Pa fè laviwonndede avè m la, kale m kòb mwen. *Her brother messes around with her as much as he wants.* Frè l la pran plezi ak li jan li vle. *b*[*make love, fool around*] fè dezòd ak, pran plezi li ak *She has been messing around with him for a while.* Lontan fi sa a ap pran plezi li ak nèg la. *These two lovers have been messing around for some time.* De anmoure sa yo konn fè dezòd depi kèk tan. •**mess up** *a*[*a space, objects, etc.*] degani, dekatiye, deregle, fè ribanbèl, fè{salopri/ salopetay}, fripe, gagote, kaka, katiye, melanje, sakaje, toumante *Don't come around the table to mess up all my stuff.* Pa pwoche bò tab la pou pa vin degani l pou mwen. *Don't mess up these things.* Pa dekatiye anyen la. *Don't mess up things here.* Pa vin deregle anyen la. *Don't come and mess anything up, leave everything arranged in the right place.* Pa vin fripe anyen la, kite tout bagay ranje nan plas yo. *She messed up the bedroom.* Li fè ribanbèl nan chanm nan. *Stop it, don't mess up my bedroom.* Sispann, pa vin fè salopri nan chanm mwen an. *Don't mess up the food if you don't want it.* Pa gagote manje a si ou pa vle li. *Don't mess up the merchandise please.* Pa katiye machandiz yo pou mwen. *You messed up all the books.* Ou melanje tout liv yo. *Please don't mess up the room.* Tanpri pa sakaje chanm nan. *Don't mess up the room I just cleaned.* Pa vin toumante chanm nan m fin ranje la. *b*[*bungle, etc.*] bouziye, desann kanson li nan, fè lapès, grennen tenten, mitije, pachiman, rabache, tchoka *The child messed up the work.* Pitit la bouziye travay la. *The tailor messed up the shirt.* Tayè a desann kanson l nan chemiz la. *Stop messing up!* Pa vin fè lapès la! *I messed up on the exam.* M grennen tenten nan egzamen an. *He messed* up the job when he painted the car. Msye mal douko machin nan, li mitije travay la. *You messed up the party when you got drunk.* Ou pachiman fèt la lè ou vin sou. *These clothes are not well washed, you really messed it up.* Rad sa a pa byen lave, se rabache ou rabache l. *You can't mess up the work I sweated over to get done.* Ou p ap vin tchoka travay m fin redi fè a. *c[hair]* degani, degaye, depenyen, gaye tèt yon moun *The wind messed up my hair.* Van an depenyen m. •**mess up s.o.'s hair** gaye tèt yon moun *He messed up my hair.* Li gaye tèt mwen, wi. •**mess with** *a[fiddle with]* jwe ak *Don't mess with the TV, or you'll break it.* Pa jwe ak televizyon an, osnon ou ap gate l. *b[tease, etc.]* chare, fè laviwonndede, fè yon viwonndede, pran plezi ak *Don't mess with me!* Pa chare m non! *c[make love, fool around]* fè dezòd, pran plezi li ak *I messed with her for a while.* M pran plezi mwen ak li pou yon bout tan. *d[play with food]* bachote, gagote *Don't mess with your food! You need to eat.* Pinga ou vin bachote manje ou la! Fòk ou manje.

message *n.* **1**[*piece of information*] mesaj, nòt, nouvèl *I left her a message that I couldn't come tonight.* M kite nouvèl di l m pa p ka vini aswè a. **2**[*understand*] konprann, sezi *You don't seem to be getting the message.* Sanble ou pa sezi sa m ap di ou. **3**[*errand*] komisyon, mesaj, misyon *They gave me a message to transmit to her.* Yo ban m yon misyon pou li. •**get the message** pran son an •**written message** nòt

messed up *adj.* [*situation*] mangonmen *This whole situation is messed up.* Tout sityasyon sa la mangonmen.

messenger *n.* komisyonnè, mesajè

messenger-boy *n.* •**office messenger-boy** okton

messiah *n.* mesi

messing *n.* •**messing around** [*i.e. playing around*] lakobat *I'm not into messing around.* M pa nan lakobat sa a. •**messing up** gagotay *I'm not messing up this time.* M pa nan gagotay fwa sa a.

messy *adj.* **1**[*untidy, unorganized, etc.*] (an) dezòd, an gagòt, malpwòb, sal *Her desk is messy.* Biwo li a an dezòd. *The house is messy, clean it.* Kay la an gagòt, ranje l. *I won't stay in this messy house.* M p ap rete nan kay malpwòb sa a. **2**[*dirty, not clean, etc.*] malpwòb, sal, salisan *Repairing the car is really messy work.* Ranje machin nan se yon travay salisan. **3**[*sloppy, disorganized, etc.*] malpwòb, madjigridji, san prensip *Your homework is really messy.* Devwa ou malpwòb anpil. *His has really messy handwriting.* Ekriti li se yon pakèt madjigridji. *You're too messy! I can't give you any responsibilities.* Ou san prensip twòp! Ou pa ka reskonsab anyen. **4**[*difficult, heated*] difisil, penib, rèd *It was a messy divorce.* Divòs la te penib anpil. •**messy and sloppy** malokipe *Look at that messy and sloppy girl!* Gade yon tifi malokipe! •**messy person** manman salòp •**be messy** pa gen ni lanvè ni{landrèt/landwat} *She's really messy, all her work is careless.* Li pa gen ni lanvè ni landrèt, tout afè l se vaykevay.

metal *n.* metal •**cheap gold-colored metal** krizokal •**flat piece of metal** plak •**molten metal** metal fonn •**scrap metal** feray •**sheet metal** tòl

metal-plate *adj.* soufle ak *Her chain is gold metal-plated.* Chenn li a soufle ak lò.

metallic *adj.* [*object, color, sound, taste, etc.*] metalik *It's a metallic blue.* Se yon ble metalik.

metalworks *n.* fewònri

metamorphosis *n.* metamòfoz

metaphysical *adj.* metafizik •**metaphysical world** lemonn metafizik

metaphysics *n.* metafizik

meteor *n.* meteyò

meteorite *n.* meteyorit

meteorological *adj.* metewolojik •**meteorological conditions** kondisyon metewolojik

meteorologist *n.* meteyolojis

meteorology *n.* meteyoloji

meter *n.* **1**[*electric, etc.*] kontè **2**[*measurement*] mèt •**cubic meter** mèt kib •**gas meter** kontè gaz •**parking meter** kontè pakin •**square meter** mèt kare, santya •**ten meters** dekamèt

methane *n.* metàn

method *n.* metòd

Methodist *adj.* metodis, wesleyen

Methodist *prop.n.* Metodis, Wesleyen

methodology *n.* metodoloji, pedagoji

methylene *n.* metilèn

meticulously *adv.* an detay
meticulousness *n.* •**with meticulousness**
danble *She did the work with meticulousness.*
Li fè travay la danble.
metric *adj.* metrik •**metric system** sistèm
metrik
metropolitan *adj.* metwopoliten *The*
Port-au-Prince metropolitan areas. Zòn
metwopoliten Pòtoprens yo.
mettle *n.* kè, kouraj, nannan
Mexican *adj.* meksiken, meksikèn [*fem.*]
Mexican tea *n.* [*pigweed*] simenkontra
Mexico *prop.n.* Meksik
Miami *prop.n.* Miyami
miasma *n.* myas
mica *n.* mika
mice *n. pl.* sourit
miconia *n.* [*shrub or small tree*] twakot
microbe *n.* mikwòb
microbiologist *n.* mikwobyolojis
microbiology *n.* mikwobyoloji
microfilm *n.* mikwofim
microphone *n.* miko, mikwofòn
microscope *n.* mikwoskòp
microscopic *adj.* mikwoskòpik
microwave oven *n.* fou mikwowonn
mid-air *n.* •**in mid-air** ovòl *I'm in mid-air, I*
can't stay. Ovòl m ye la, m pa ka kanpe.
mid-field *n.* milyedteren
mid-flight *n.* •**in mid-flight** ovòl
mid-term *n.* mitan manda
midday *n.* midi
middle¹ *n.* 1[*central point*] milye, mitan,
mwatye, mwayènn *In the middle of each*
month, they pay the workers. Chak milye
mwa a, yo peye travayè yo. *He stood in*
the middle of the trail. Li kanpe nan mitan
chimen an. *The middle class.* Klas mwayèn
nan. 2[*waist*] senti *His middle is fat.* Senti li
vin gra. •**from the middle** omilye *Move the*
table from the middle of the room. Retire tab
la omilye chanm nan. •**get in the middle**
antre nan mitan *You like getting in the middle.*
Ou toujou renmen antre nan mitan. •**in the**
middle of a [*busy with*] okipe, nan mitan yon
bagay *I'm in the middle of something, and I*
can't leave it right now. M okipe fè yon bagay
la a, m pa ka kite l kounyeya. **b**[*halfway*] nan
kè, nan mwèl, omilye *We're in the middle of*
the debate. Nou nan mwèl deba a.

middle² *adj.* nan mitan *The middle button on*
the radio is missing. Bouton ki nan mitan
radyo a ap manke.
Middle Ages *n.* Mwayenn Aj
middle-aged *adj.* andezay *She's a middle-aged*
person. Li se yon moun andezay.
Mid(dle) East *n.* Mwayèn Oryan
middle-of-the-road *adj.* [*politics*] santralis *A*
middle-of-the-road party. Yon pati santralis.
middle-sized *adj.* mwayenn *A middle-sized*
horse. Yon ti mwayenn chwal.
middleman *n.* antremetè, konpradò, koutayè,
koutye
middleweight *n.* pwa mwayen
midfield *n.* 1[*group of midfielders, soccer*] ren
teren 2[*soccer terrain*] ren teren *Place the ball*
at midfield. Mete balon an nan ren teren an.
midfielder *n.* [*soccer*] milyedteren
midget *n.* choukèt [*pej.*], nen, rasi, rasimann,
ti mesye, ti nen, tiyaya
midnight *n.* minwi •**around midnight** plen
minwi *We arrived in the country around*
midnight. Nou rive nan boukla an plen minwi.
midriff *n.* po vant
midway *adv.* miwomiba, mwatye{chemen/
wout}
midwife *n.* fanm{saj/say}, sajfam
•**government-trained midwife** matwòn
might¹ *n.* fòs, pisans •**with all one's might**
atouvole *He kicked the ball with all his might.*
Li choute boul la atouvole.
might² *v.aux.* 1[*past, present, future possibility*]
ka(b), kapab, gendwa *We thought it might*
rain. Nou te panse l te ka fè lapli. *This is a*
list of people who might be interested in the
job. Men yon lis moun ki gendwa dèyè travay
la. *She might die if we don't get her to the*
hospital. Li kapab mouri si n pa mennen l al
lopital. 2[*should*] dwe, fouti *You might have*
warned me before you threw it. Ou te dwe fè m
konnen anvan ou jete l. *He might have come*
anyway. Li te fouti vini kanmenm.
mighty *adj.* fò, pisan, wòdpòte
migraine *n.* migrèn
migrant *n.* migran
migrate *v.intr.* emigre *There are many Haitians*
who migrate to Nassau. Gen anpil Ayisyen ki
emigre Naso.
migration *n.* migrasyon
mike *n.* mikwofòn

milady *n.* lamè *How are you today, milady?* Lamè, ki jan ou ye la?

mild *adj.* 1[*weak, light resistance*] fèb, lejè, swèl *He made a mild attempt to speak.* Li fè yon fèb tantativ pou pale. *I feel a mild breeze.* M santi yon ti van lejè. *There was a mild wind on the sea.* Te gen yon ti van swèl sou lanmè a. 2[*not severe*] lejè, swèl, vyepti *He got a mild punishment for the crime.* Li resevwa yon lapenn lejè pou krim nan. *The exam was really mild.* Egzamen an te swèl anpil. *She sustained mild injuries in the accident.* Yon vyepti blese li pran nan aksidan an. 3[*not spicy*] dous *She put a mild sauce on the rice.* Li mete yon ti sòs dous sou diri a.

mild-mannered *adj.* dou *She's a mild-mannered person.* Se yon moun ki dou.

mildew¹ *n.* 1[*fungus*] kanni, mwezisi *The clothes smell of mildew.* Rad yo santi kanni. 2[*plant disease*] mildyou

mildew² *v.intr.* kanni *The books will mildew if you leave them here.* Liv yo ap kanni si ou kite yo la a.

mildewed *adj.* kanni, mwezi *The clothes are mildewed.* Rad yo kanni.

mildly *adv.* dousman, lejèman •**to put it mildly** pou pa di anpil

mildness *n.* dousè

mile *n.* mil •**miles per hour** mil alè *A hundred miles an hour.* San mil alè. •**be miles away** lespri yon moun {lwen/pati} *He isn't listening because his mind is miles away.* Li p ap koute paske lespri l pati.

mileage *n.* mileaj

milepost *n.* choukèt

milieu *n.* milye, sèk

milestone *n.* 1[*marker*] bòn 2[*event*] dat chànyè, evènman{desizif/kristal}

militancy *n.* militans

militant *n.* militan

military *n.* militè

militia *n.* gad, milis, milisyen •**militia member under Duvalier regime** Volontè Sekirite Nasyonal (VSN) •**female member of the Duvalier militia or VSN (Volontè Sekirite Nasyonal)** Fiyèt Lalo •**Duvalier-period militia** talon kikit

militiaman *n.* milisyen

milk¹ *n.* lèt •**milk and rum** chanpoura •**milk diluted with water** dlo lolo •**milk of**

Magnesia (lèt) mayezi, manyezi •**canned milk** lèt bwat •**chocolate milk** chokola ak lèt •**coconut milk** dlo{kòk/kokoye} •**condensed milk** lèt (e)vapore •**curdled milk** (lèt) kaye •**evaporated milk** lèt{(e)vapore/kanasyon} •**irreversibly spoiled or poisonous mother's milk** lèt gate, move lèt •**low-fat milk** lèt degrese •**malted milk** lèt malte •**mother's milk** lèt manman •**mother's milk that has dried up** lèt {chèch/pase} •**Nestle® evaporated milk** Nesle •**powdered milk** lèt{an poud/famasi/sinistre}, poud a lèt •**powdered milk received through foreign aid** lèt sinistre •**skim milk** lèt dekrenmen, lèt san {krèm/grès}, ti lèt •**sour milk** lèt tounen •**warm spiced milk with egg and sugar** ponch •**with milk** olè

milk² *v.tr.* tire *Go milk the cow so you can give me some milk.* Al tire bèf la pou sa ban m lèt.

milksop *n.* kapon, lach, poul mouye

milk-tester *n.* pèzlèt

milkweed *n.* [*plant*] zèb madan Bouven

milkwood tree *n.* bwa lèt

milky *adj.* ki gen lèt

Milky Way *prop.n.* Lavwa Lakte

mill¹ *n.* moulen •**cassava mill** kasavri •**put s.o. through the mill** fè yon moun danse san tanbou •**rolling mill** [*for shaping metals*] laminwa •**sugar mill activated by ox, horse, etc.** kalmannan •**textile mill** filati

mill² *v.tr.* [*grains, etc.*] moulen *Did you finish milling the wheat?* Ou fin moulen ble a? •**mill about/around** fè valeryann, flannen, vadwouye

millet *n.* pitimi

milligram *n.* miligram

milliliter *n.* mililit

millimeter *n.* milimèt

milliner *n.* modis

million *num.* milyon

millionaire *n.* milyonè

millipede *n.* annipye, gongolo, milpat, milpye

millstone *n.* mèl, moulen •**millstone around s.o.'s neck** bitay, pwasenkant (ki peze sou yon moun), pyèdachopman *That issue turned into a millstone about my neck.* Pwoblèm sa a se yon pwasenkant ki peze sou mwen.

milquetoast *n.* sakpay
mime[1] *n.* mim
mime[2] *v.tr.* mime *He's good at miming.* Li konn mime byen.
mimeo *n.* polikopi
mimeograph[1] *n.* polikopi
mimeograph[2] *v.tr.* polikopye *Can you mimeograph ten copies?* Ou ka polikopye dis kopi pou mwen?
mimic[1] *n.* jakorepèt
mimic[2] *v.tr.* chare, imite *Stop mimicking the child, you'll make her cry.* Sispann chare pitit la, ou va fè l kriye.
mimicry *n.* imitasyon
miming *n.* fè mim
mince *v.tr.* filange *I minced the meat.* M filange vyann nan. •**mince words** sere kras •**not to mince words** pa{mete dlo nan bouch li/sere kras}, pale kare *She won't mince words with you.* L ap pale ou karebare.
mincemeat *n.* pate •**make mincemeat of s.o.** demantibile, depatcha
mind[1] *n.* **1**[*brain*] bwat{lespri/konnesans}, lespri, lide, tèt *He's out of his mind today.* Bwat lespri l pa fonksyonnen jodi a. *He has a good mind.* Li gen lespri. *That crossed my mind.* Sa vini nan lide m. *She has a mind for mathematics.* Li gen tèt pou matematik. **2**[*attention, concentration*] lespri, lide, tèt *Her mind is kept busy.* Lespri l ret okipe. *She has her mind on her money.* Li gen lide li sou lajan li. *He kept his mind on his writing.* Li mete tèt li sou ekriti li. **3**[*opinion*] avi, lide, opinyon *She changed her mind.* Li chanje avi. *They were of one mind.* Yo te gen menm lide. *He still is of the same mind.* Li toujou gen menm opinyon. **4**[*intention*] lide, pwogram, tèt *I have a mind to tell him what's what.* M gen lide di l kote lari fè kwen. *She has a mind to become a doctor.* Li gen pwogram pou li vin doktè. *Nothing was further from my mind.* Sa pa sa k nan tèt mwen menm. **5**[*memory*] lespri, lide, souvni, tèt *His name stuck in my mind all of these years.* Non li ret nan souvni mwen tout ane sa yo. •**mind games** pèlen tèt •**mind reader** divinò •**mind trap** pèlen tèt •**an outstanding mind** bwat{lespri/konnesans} *This guy has an outstanding mind.* Nèg sa ou wè la se yon bwat lespri. •**be in one's right mind** tèt yon moun drèt

Do you think she's in her right mind? Ou kwè tèt li drèt? •**be of a common mind** krache nan (bo)djòl yon moun *She and her boss are of a common mind.* Li menm ap krache nan djòl patwon li. •**frame of mind** (tèt) yon moun pa sou *I'm not in the right frame of mind to study right now.* Tèt mwen pa sou etidye konnye a. •**from time out of mind** dikdantan *From time out of mind, people have been dog-eat-dog.* Depi digdantan, lèzòm ap viv chen manje chen. •**give s.o. a piece of one's mind** {jwenn/koresponn} avèk yon moun •**have a mind to** [*intention*] gen lide *I have a mind to go to the movies tonight.* M gen lide al sinema aswè a. •**have a one-track mind** [*usu. about sex*] gen lespri koridò •**have a twisted mind** panse lanvè *She misrepresented my thoughts; she has a twisted mind.* Li detounen lide mwen; li panse lanvè. •**have sth. on one's mind** gen yon bagay ki peze sou yon moun •**make up one's mind** deside, fè{definisyon/volonte} li, {fè/pran}{desizyon/ dispozisyon}li *I've made up my mind! I'm not going to stay in that job any longer.* M pran dispozisyon m! M pa ret nan travay sa la ankò. *We've made up our minds, we're doing what's right.* Nou fè definisyon nou, n ap fè sa ki kòrèk. •**out of one's mind** pa byen nan tèt li, pèdi{lakat/ yon fèy} *You must be out of your mind to say that!* Ou pa byen nan tèt ou pou ou di sa a! •**peace of mind** kanpo, kè poze, trankilite *I now have peace of mind because I did well on the exam.* M gen kè poze atò paske m bon nan egzamen an. •**present in the mind** nan tèt *The memories of my country are always present in my mind.* Souvni peyi m toujou nan tèt mwen. •**prey on one's mind** travay lespri yon moun *The problem preys on my mind.* Pwoblèm nan ap travay lespri m. •**put one's mind to** met tèt ou sou *If you put your mind to it, you can do it.* Si ou met tèt ou sou sa, ou sa fè l. •**put one's mind to work** mete brenn{li deyò/sou li} *He puts his mind to work to find the answer to the riddles.* Li met brenn li deyò pou jwenn repons devinèt yo.
mind[2] **I** *v.tr.* **1**[*pay attention to*] okipe *Don't mind me; just keep working.* Ou pa bezwen okipe m; fè travay ou. **2**[*dislike, object to*] deranje *Do you mind watching the kids for*

me? Sa pa p deranje ou gade timoun yo pou mwen? **3**[*look after*] okipe, voye je sou *Who's minding the kids?* Ki moun k ap okipe timoun yo? *Could you mind this suitcase for me?* Ou ka voye je sou valiz sa a pou mwen? **4**[*care*] konn *The government doesn't mind the problems of the poor.* Gouvèlman an pa konn anyen sou pwoblèm malere. **II** *v.intr.* **1**[*object*] deranje, jennen, sa pa fè anyen *Do you mind if I borrow your bike?* Sa ap deranje ou, si m prete bekàn ou an? *Do you mind if I turn on the light?* Sa ap jennen ou si m limen limyè a? **2**[*care*] ki mele yon moun, pouryen, sa pa fè anyen *I don't mind if she doesn't say hello!* Ki mele m si li pa di bonjou! *She doesn't mind.* Li pouryen. *He doesn't mind if he misses school.* Sa pa fè l anyen pou li manke lekòl. **3**[*be sure*] pa bliye, se pou *Mind you tell him before he leaves.* Se pou ou di li anvan li kite. *Mind you go and see your mother.* Pa bliye al wè manman ou. •**mind one's business** bwè lèt pa konte vo, okipe{afè/ tre}pa yon moun, pa foure{bouch/nen}nan sa k pa gade li *We mind our own business.* N ap bwè lèt san nou pa konte vo. *Mind your own business.* Okipe afè pa ou. *Stop meddling in other people's affairs! Mind your own business!* Ase veye zafè moun! Okipe tre ou! •**mind out** (fè) atansyon, veye *Mind out or you'll fall!* Atansyon! Ou gendwa tonbe! *Mind out for the potholes in the road!* Veye twou poul nan wout la! •**I don't mind** sa pa fè m anyen *You may take it, I don't mind.* Ou mèt pran l, sa pa fè m anyen. •**never mind** kite sa, pa okipe ou, sa pa fè anyen *Never mind, we don't have to hurl insults again.* Kite sa, nou pa bezwen joure ankò. *I didn't hear what you said. –Never mind.* M pa t tande sa ou di. –Sa pa fè anyen. •**would you mind** sa pa fè anyen *Would you mind if I ask you a question?* Sa pa fè anyen si m poze ou yon kesyon?
mind-boggler *n.* kastèt chinwa, mistè
mind-boggling *adj.* ki fè sote, vant bèf
mindful *adj.* atantif, dilijan, veyatif *He needs to be mindful of his homework or he'll fail the class.* Li bezwen dilijan nan fè devwa l oubyen l ap double klas la. *If she isn't mindful, the child will fall out of her arms.* Si li pa veyatif, pitit la ap gentan tonbe nan men li.

mindless *adj.* [*requiring no mental effort*] pa mande tèt *It's a mindless job.* Se pa yon travay ki mande tèt.
minds *n.pl.* •**of two minds** anbalan, antrede,
mine[1] *n.* **1**[*ore, minerals, etc.*] min **2**[*bomb*] min •**salt mine** salin
mine[2] *pro.* kinan m [*N*], mwen, pa mwen, pou mwen *That bicycle is mine.* Bekàn sa a, se bekàn pa m lan. *He borrowed a shirt of mine.* Li prete yon chemiz mwen. *This clothing is mine.* Rad sa a, se kin an m li ye. *Is this food mine?* Manje sa a se pou mwen?
mine[3] **I** *v.tr.* minen *They're mining coal here.* Y ap minen chabon isit. **II** *v.intr.* chache, fouye *He's mining for gold.* L ap fouye lò.
minefield *n.* teren ak min
miner *n.* minè
mineral *n.* mineral, minewo
mingle *v.intr.* mele *He doesn't mingle with everyone.* Li pa mele ak tout moun. •**mingle with** nan makònay *I don't mingle with lowdown people.* M pa nan makònay ak makout. •**mingle within the crowd** pran yon beny foul *The market had so many people, I've just come from mingling within the crowd.* Mache a te tèlman gen moun, m sot pran yon beny foul.
minimal *adj.* minim, raz *The damage to the house was minimal.* Donmaj nan kay la te minim. *The money you saved was minimal.* Lajan ou sere a te raz.
minimize *v.tr.* minimize *The issue is too serious for you to minimize it.* Pwoblèm nan two serye pou w ap minimize l konsa.
minimum *n.* minimòm, pi piti *The minimum amount I'll sell it for is fifty gourdes.* Pi piti pou m vann li, se senkant goud. *The minimum salary.* Salè minimòm. •**have the bare minimum to live** gen woulman nan men li *He has the barest minimum to live on.* Misye se moun ki gen woulman nan men li.
mining *n.* fouye min, minye
miniscule *adj.* piti piti, toupiti
miniskirt *n.* minijip •**short miniskirt** wòb radada
minister[1] *n.* **1**[*church*] pastè **2**[*government official*] minis •**deputy minister** vis minis •**prime minister** premye minis •**Protestant minister** predikatè
minister[2] *v.intr.* [*serve, do good works*] desèvi, fè lèv *The pastor ministers to the congregation.*

Pastè a desèvi kongregasyon. *He ministers to the poor.* Li menm ap fè lèv pou malere yo.

ministerial *adj.* ministeryèl

ministry *n.* **1**[*eccl.*] lèv, ministè **2**[*government*] depatman, ministè, sekreteri **3**[*good works*] lèv •**ministry building** ministè •**Finance Ministry** Ministè Finans •**Ministry of Women's Affairs** Ministè Kondisyon Fanm

minivan *n.* minivann, yòl

minnow *n.* piskèt, ti pwason

minor[1] *adj.* **1**[*small*] ti, (tou) piti *It's a minor problem.* Se yon ti poblèm tou piti. **2**[*inferior, lesser*] dèyè manman, konsa konsa *She's seeking a better life with a minor factory job.* L ap chache lavi miyò ak yon ti djòb dèyè manman nan yon faktori. *You are a minor artist.* Ou se yon atis konsa konsa. **3**[*mus.*] minè *In the minor key.* An minè.

minor[2] *n.*[*person*] minè, timinè

minority *n.* minorite •**in the minority** an minorite, minoritè *Since we're in the minority, we can't make a decision for the whole group.* Kòm nou an minorite, nou pa ka pran desizyon pou tout gwoup la.

minstrel *n.* twoubadou

mint[1] *n.* **1**[*candy*] mant **2**[*herb*] mant •**mint flavor** mant, mantole •**candy mint** sik mant

mint[2] *v.tr.* [*money*] fòje pyè monnen

minuet *n.* menwèt

minus *prep.* **1**[*math*] mwen, mwens *Ten minus three.* Dis mwen twa. **2**[*without*] mwens, san *They found the suitcase minus the clothes.* Yo jwenn valiz la san rad yo.

minute[1] *n.* **1**[*time*] minit **2**[*moment*] minit, talè (konsa), ti moman *In just a minute the news is going to give us an update on the event.* Talè konsa jounal la pral ban n yon flach sou evènman an. *I'll be back in a minute.* M ap tounen nan yon ti moman. •**each minute** alaminit **fifteen minutes** ka dè •**forty-five minutes** twakadè •**in a minute** anfay •**just a minute** titalè, toutalè •**not for one minute** pa janm, menm *I didn't trust her for one minute.* M pa t janm fè l konfyans menm. •**the minute...** menm moman *The minute I saw her I knew she was your child.* Menm moman m wè l la, m wè se pitit ou.

minute[2] *adj.* [*tiny*] ti (krebete), tou piti *There was a minute amount of coffee that spilled on* the tablecloth. Te gen yon ti krebete kafe ki tonbe sou kouvèt tab la.

minutes *n.pl.* nòt, pwosè vèbal

miracle *n.* mirak

miraculously *adv.* mirakilèzman, pa mirak *He was miraculously saved from the accident.* Li sove nan aksidan an mirakilèzman.

mirage *n.* ilizyon, miraj

mire[1] *n.* boubye

mire[2] *v.intr.* •**mired down** *a*[*stuck*] anfonse *The car was mired down in the mud.* Machin nan te anfonse nan labou. *b*[*by work*] chaje *We're mired down with work.* Nou chaje ak travay.

mirror *n.* glas, miwa •**inside rearview mirror** retwovizè anndan •**rearview mirror** retwovizè •**side-view mirror** retwovizè

miry *adj.* makaw *Cars are going to get stuck on this miry road.* Machin ap kole nan wout makaw sa a.

misadventure *n.* mezavanti

misalignment *n.* **1**[*car, etc.*] fòskote, move aliyman *The car has a misalignment.* Machin nan gen yon fòskote ladan. **2**[*ideas, etc.*] move aliyman *There is a misalignment between her ideas and her actions.* Gen yon move aliyman ant lide l ak aksyon li.

misappropriate *v.tr.* [*funds*] fè{wout/chemen} {detounen/kwochi}, kraze (yon) lajan *The guys misappropriated the wad of money.* Nèg yo fè wout detounen ak mago a. *Instead of building the bridge, the officials misappropriated the money.* Olye reskonsab yo fè pon an, yo kraze lajan an.

misappropriation *n.* [*of funds*] detounman fon

misbehave *v.intr.* aji mal, dezòd, fè{briganday/dezòd/ lèd/nuizib}, kondi tèt li mal, malkondwi tèt *He misbehaves when there are people around.* Li aji mal devan moun yo. *The children misbehave a lot while their mother isn't there.* Timoun yo fè anpil dezòd pannan manman yo pa la. *They continue to misbehave in class.* Yo kontinye ap kondi tèt yo mal nan klas la. *He is always misbehaving in good company.* Li toujou ap malkondwi tèt li nan mitan moun debyen.

misbehavior *n.* dezòd, lenkonduit, mès, movèzte

misbelief *n.* ilizyon

misbeliever *n.* mekreyan

miscalculation *n.* move kalkil

miscarriage *n.* {fos/movèz}kouch, move zafè, movèz akouchman, pèdans

miscarry *v.intr.* fè{foskouch/pèdisyon} *Every time she gets pregnant, she miscarries.* Chak fwa li ansent, li fè pèdisyon.

miscellaneous *adj.* dives, varye

mischief *n.* dezòd

mischief-maker *n.* [person] fotèdetwoub, move ganeman

mischievous *adj.* antyoutyout, aslè, djokè, malfezan *Robert is a mischievous child.* Wobè se yon tigason malfezan. *That man is so mischievous, no one trusts him.* Nèg sa a tèlman aslè, pèsonn pa fè l konfyans. *The little mischievous guy is always throwing rocks.* Ti nèg djokè a ap toujou voye wòch. •**mischievous little girl** awonna

misconduct *n.* endisiplin, imoralite, lenkondwit, movèzte •**sexual misconduct** dezòd, lenkondwit seksyèl

miscount *v.tr.* fè yon movè kontwòl, malkontwole *They miscounted the population of the city.* Yo malkontwole popilasyon vil la.

miscreant *n.* malfèktè

misdeal *n.* kat la mal file, maldòn

misdeed *n.* ak, zak **misdeeds** *n.pl.* delenkans •**deliberate misdeed** fètespre

misdemeanor *n.* ak, delenkans, dezòd, zak

miser *n.* akrèk, apagon, asye, ava, rapya, sousoupannan, tikoulou(t) *That miser conceals all the money he has.* Bèk fè sa a sere tout lajan li genyen. •**be a miser** fè kras

miserable *adj.* mafweze [pej.], malere, malerèz [fem.], mizerab, mizèrere

miserly *adj.* apoura, ava, chich *That miserly man wouldn't give you more than one dollar.* Nèg apoura sa p ap ba ou plis pase yon dola. •**miserly person** ti grangou

misery *n.* malsite, malvèsite, mati, mizè, mizèrere,, tray, vèdegri *Look at the misery of the poor.* Gade pasay malere non. *Her whole life has been misery.* Tout lavi li se mati. •**be in misery** kòde{yaya/yoyo} *Before we succeeded in life, we were in misery.* Anvan nèg rive nan lavi a, nou kòde yaya tout bon. •**in misery** nan pa bon •**make s.o. go through misery** fè yon moun pase yon flo *The husband of that woman is making her go through misery.* Mari fi sa a ap fè l pase yon

flo. •**miseries** *n.pl.* molès *I can't suffer any more miseries.* M pa fouti pran molès ankò.

misfire *v.intr.* {tounen/vire}mal *All of my efforts misfired.* Tout jefò m vire mal.

misfit *n.* enadapte

misfortune *n.* chans [euph.], devenn, lakwa, maldòn, malè, malvèsite, mezavanti, rèvè *You should not make fun of other people's misfortune.* Ou pa dwe ri malvèsite moun. *My misfortune will never end.* Lakwa pa m p ap janm fini. •**misfortune is imminent** malè pa mal *Be careful when you're driving, misfortune is imminent.* Fè atansyon lè ou ap kondi, malè pa mal.

misgivings *n.pl.* enkyetid

misguided *adj.* pèdi *He is misguided in life.* Li pèdi nan lavi a.

mishap *n.* malè, mezavanti *You never know when you'll have a mishap, accidents don't warn you ahead of time.* Jou malè a ou p ap konnen, malè pa gen klakson. •**mishap can easily occur** malè pa mal *I'm telling you, when you're driving, stop turning your head around, a mishap can easily occur.* Mwen di ou, lè w ap kondi, sispann vire tèt ou adwat agòch, malè pa mal.

mishmash *n.* bouyi vide, melimelo, galimatya

misinform *v.tr.* dezenfòme *They misinformed us.* Yo dezenfòme m.

misinterpret *v.tr.* mal entèprete *He misinterpreted what I said.* Li entèprete mal sa mwen di an.

misjudge *v.tr.* maljije, wè kwochi *You misjudged her advice.* Ou maljije konsèy li.

mislay *v.tr.* pèdi, egare *I mislaid my keys.* M egare kle mwen yo.

mislead *v.tr.* bafre, twonpe *He is misleading the child with false promises.* L ap bafre pitit la ak fo pwomès.

misleading *adj.* malatchong *I won't be taken in by her misleading words.* M pa p pran nan pawòl malatchong sa yo.

misled *adj.* pran zannannan pou sizàn •**be misled about s.o.'s intentions** pran yon rèz (nan men)

mismatch *v.tr.* depareye *Please don't mismatch the shoes.* Pa depareye soulye yo pou mwen.

mismatched *adj.* depaman, mikmak *Hold it, you put on mismatched socks.* Rete, apa ou met chosèt depaman. *You can't go out* *wearing those mismatched clothes.* Ou pa ka soti ak de rad mikmak sa yo.

misogyny *n.* rayisman fi

misplace *v.tr.* anfouraye, egare *I misplaced the pen, I can't find it.* Mwen anfouraye plim nan, m pa ka jwenn li.

mispronounce *v.tr.* lang yon moun lou *He mispronounces his words when he speaks.* Lang li lou lè l ap pale. •**mispronounce a vowel** fè sirèt *He can't talk without mispronouncing some vowels.* Misye p ap pale san l pa fè de twa sirèt.

mispronunciation *n.* si, sirèt •**mispronunciation of certain vowel sounds** sirèt

misquote *v.tr.* devire yon koze *He misquoted her words.* Misye devire koze a.

misrepresentation *n.* kalomi

miss[1] *n.* 1[*shot, ball etc.*] flay, kou{manke/rate} *What a miss! That shows that you can't aim straight.* Gade flay ou! Sa montre ou pa konn tire vre. 2[*mistake*] erè, fot

miss[2] *n.* 1[*form of address*] manzè, mis *Do you know Miss Etienne?* Ou konnen Manzè Etyèn? 2[*pej.*] manmzèl *I won't let you insult me, miss.* Ou p ap vin joure m la non, manmzèl. 3[*respectful title for older unmarried woman*] manzè *Ms. Lamèsi, come over to talk to me.* Manzè Lamèsi, vin pale ou. 4[*used only in direct address*] madmwazèl

miss[3] *v.tr.* 1[*goal, target, etc.*] fè (yon) flay, manke, rate *The hunter missed.* Chasè a fè yon flay. *I shot at it, but I missed.* M tire sou li, men m manke l. *I missed the target.* M rate bi a. 2[*fail to catch, find, etc.*] rate, vag *I missed the bus.* M rate bis la. *They told me that my father had come to see me but I missed him.* Yo di m papa m te vin wè m, men mwen rate li. *I missed school so I could go to the movies.* Mwen vag sou lekòl la pou m te al nan sinema. 3[*avoid, escape*] manke *The car barely missed hitting me.* Machin lan manke frape m. 4[*meaning, not hear*] pa{konprann/sezi} *She seems to have missed your point.* Li gen lè pa konprann sa ou di a. *I missed what you said, because of the noise.* M pa t sezi sa ou di la poutèt gen twòp bwi a. 5[*an opportunity, etc.*] lese...pase, pèdi, rate *You can't miss the sale without buying something.* Ou pa ka lese vant sa pase san ou pa achte anyen. *I missed*

my opportunity. Mwen rate chans mwen. *You missed a great opportunity.* Ou pèdi yon gwo chans. 6[*long for*] sonje *We'll miss you a lot when you go.* N ap sonje ou anpil lè ou ale. •**miss a menstrual period** pèdi pye li •**miss days at work** bay mankman *If you'll be missing days at work, it would be better not to accept the job offer.* Tan pou ap vin bay mankman nan travay la, pa pran l. •**miss out** a[*leave out*] bliye, sote *You missed out a line in the reading.* Ou bliye yon liy nan lekti a. *He missed out her name in the list.* Li sote non danm lan nan lis la. b[*lose out*] prive yon moun yon bagay *I believe I missed out by not having my father around.* M kwè poutèt papa m pa t la pou mwen, sa prive m yon bagay. •**miss out on** rate *You missed out on the party!* Ou te rate fèt la! •**almost miss seeing s.o.** ti moso yon moun pa jwenn yon moun *They almost missed seeing us before we left.* Ti moso yo pa jwenn nou anvan nou kite. •**barely miss** [*bullet, etc.*] rafle *The bullet barely missed my ear!* Bal la rafle mwen bò zòrèy! •**barely miss doing sth.** manke *You barely missed hitting him with the rock.* Ou manke pran l ak wòch la. •**sorely missed** manke anpil anpil

missal *n.* misèl

misshaped *adj.* difòm

misshapen *adj.* 1[*person*] gwosomodo, kodjo, mafweze, malfèt, malfouti, mangouyan, masòkò, san fòm *This guy is misshapen, he's falling over himself.* Nonm nan gwosomodo, tout kò li fè yon sèl. *What a misshapen guy, he's as round as a butterball.* Ala kot nèg kodjo, tout kò l fè yon sèl. *Why did you choose that ugly misshapen woman?* Kot w ap bay ak fanm malfouti sa a? *Look at how misshapen that guy is.* Ala nèg malfèt papa. *Where are you going with that misshapen person?* Kote ou prale ak nèg mastòk sa a? *I won't marry this misshapen man.* M p ap marye ak nèg san fòm sa a. 2[*object*] difòm, gwosomodo, kodjo, malfèt, malfouti, mangouyan, masòkò *This ball is misshapen.* Boul sa a difòm. *The statue she sculpted looks misshapen like it's not finished.* Estati a li eskilte gwosomodo; gen lè li poko fini. *His shirt is misshapen; one sleeve is longer than the other.* Chimiz li kodjo; gen yon manch ki pi long pase lòt. *The tires on your car are so worn they're misshapen.* Kawoutchou machin ou sitèlman ize yo vin mangouyan. *His head is misshapen.* Tèt li masòkò. •**misshapen and ugly** makwali *This man is too misshapen and ugly.* Gason sa a, li twò makwali. •**misshapen person** boufannan, koupe kloure *Look at this guy, he's really misshapen.* Gad vini yon nonm mesye, sa se yon vre koupe kloure. •**misshapen with an unusual shape** masikwèt *Look at how that rock is misshapen with an unusual shape!* Gade yon wòch masikwèt.

missile *n.* misil

missing *adj.* **1**[*lost*] disparèt, manke, pèdi *I'm missing my shoe.* Soulye m disparèt. *There is one plate missing.* Li manke yon asyèt. *My umbrella is missing.* Parapli m lan pèdi. **2**[*lacking*] manke *I have two back teeth missing.* M manke de dan dèyè. **3**[*person*] disparèt *My husband has been missing since Sunday.* Mari m lan disparèt depi dimanch. •**missing part** [*gap*] twou *You're homework has lots of parts missing.* Devwa ou chaje twou. •**be missing** manke *You were the only one missing at the party.* Se ou menm sèl ki te manke nan fèt la.

mission *n.* misyon

missionary *n.* misyonè, misyonnè

misspell *v.tr.* mal ekri *You misspelled this word.* Ou mal ekri mo sa a.

misspelling *n.* fòt (dòtograf)

misstep *n.* [*social error*] fo pa

missy *n.* •**that missy** [*disrespectful term*] manzè *That missy Etienne dared to say to me that I'm an impertinent woman.* Manzè Etyèn pèmèt li di m mwen se yon fanm ki sou moun.

mist *n.* **1**[*rain*] farinay, seren lapli, lawouze **2**[*fog, etc.*] labrim, vapè •**heavy mist** farinay •**night mist** seren

mistake[1] *n.* bevi, erè, fay, fo pa, fòt, mank mank, pèt *I'll never make a mistake like that again.* M pa p janm fè yon erè konsa ankò. *I made a mistake inviting him to the party.* M fè yon fòt lè m envite msye nan fèt la. *The teacher made a big mistake by throwing him out of class.* Mèt la fè yon gwo bevi lè l mete msye deyò. *Your homework is full of mistakes.* Devwa ou a chaje ak fay ladan.

She made a mistake by not acknowledging her mother-in-law. Li fè yon fo pa lè l pa salye bèlmè li. *It's the biggest mistake that I made.* Se pi gwo mank mank m te fè. *That was a big mistake when we didn't negotiate with them.* Se yon gwo pèt nou fè lè n pa negosye ak yo. •**deliberate mistake** fètespre *That is a deliberate mistake, you always make the same error.* Sa se yon fètespre, toutan ou fè menm erè a. •**make a mistake** fè mank, peche *He made a big mistake when he didn't accept the job offer.* Msye fè yon gwo mank lè l pa asepte djòb la. *I made a mistake, I shouldn't have insulted his mother.* M peche vrèman, m pa t dwe te joure manman l. •**silly or stupid mistake** sotiz •**voluntary mistake** fètespre

mistake[2] *v.tr.* **1**[*confuse*] konfonn *He always mistakes the salt and pepper.* L ap toujou konfonn sèl ak pwav. **2**[*fail to recognize*] pa ka manke, pa ka pa rekonnèt *You can't mistake the car; it's the only two-door in the yard.* Ou pa ka pa rekonnèt machin lan; se sèl machin de pòt ki nan lakou a. *There'll be no mistaking him when you see him.* Depi ou wè l, ou pa fouti pa rekonnèt li. •**mistake one person for another** pran...pou, pran youn pou lòt *I always mistake that guy for his brother.* M toujou ap pran l pou frè a. *I can't tell the twins apart, I always mistake one for the other.* M pa ka distenge marasa sa yo, m toujou pran youn pou lòt. •**mistake one thing for another** boukante *I mistook my hat for his.* Mwen boukante chapo m nan ak pa l la.

mistaken *adj.* [*wrong*] fòt yon moun fè, se pa sa *You're mistaken. That's not what I told you.* Se yon fòt ou fè; se pa sa m te di ou. *What you're saying is mistaken.* Sa ou di a se pa sa. •**be mistaken** fin bout, nan erè, twonpe li *If he thinks he can do what he wants, he's mistaken.* Si li konprann li ka fè sa li vle, li nan erè. *If you think you'll beat this strong man, you are mistaken.* Si ou konprann ou ka genyen nèg plen fòs sa a, ou fin bout. *You're mistaken, the party isn't today, it's Sunday.* Ou twonpe ou, fèt la se pa jodi a, se dimanch. •**be mistaken in s.o.'s intentions** pran yon rèz (nan men yon moun) *I was mistaken in her intentions when she took out a photograph* *instead of money.* M pran yon rèz: m kwè se kòb l ap ban mwen li rale yon foto.

mistakenly *adv.* **1**[*accidentally*] pa aksidan *I mistakenly took her purse.* M pran valiz li pa aksidan. **2**[*wrongly*] antò, gen tò *I mistakenly thought he would let me go to the party.* Se mwen ki antò, m te kwè li t ap kite m ale nan fèt la. •**mistakenly take one for the other** pran youn pou lò

mister *n.* misye, msye **misters** *n.pl.* mesye

mistletoe *n.* gi

mistreat *v.tr.* britalize, chipote, dekreta, malkondui, malmennen, maltrete, masakre, matirize, toufounen, toupizi, vare *He mistreated the child.* Li boule mal ak pitit la. *People mustn't mistreat children.* Moun pa dwe britalize timoun. *That man mistreats the boy by making him work a lot.* Nèg sa a chipote tigason an afòs li ba l fè travay. *It's a crime to mistreat a child so.* Se yon krim pou ap dekreta yon timoun konsa. *That woman always mistreats her unpaid child servants.* Dam sa a toujou malkondui timoun ki ret ak li. *The district sheriff mistreated the peasants over land issues.* Chèf seksyon an masakre ti peyizan yo pou zafè tè. *Please don't mistreat the children.* Tanpri pa matirize timoun yo. *You mustn't mistreat your fellow humans.* Ou pa dwe toupizi pwochen parèy ou. •**mistreat s.o./sth.** [*person, animal*] fè yon moun pase{mati/mizè/pay}, fè yon moun pase{nan yon je zegwi/pa li}, {pran/fè}yon moun sèvi bwa dan li *It's wrong to mistreat hostages.* Li pa bon pou fè otaj pase mizè. *The kids really mistreated the kitten.* Timoun yo fè ti chat la pase anpil mati. *You mustn't mistreat your fellowman.* Ou pa dwe fè pwochen ou pase pay.

mistreatment *n.* abi, madrinay

mistress *n.* **1**[*proprietress*] manmzèl [N], metrès **2**[*woman with whom one is not married*] fanm {deyò/sou kote} •**have several mistresses** fanbre •**principal mistress** fanm kay

mistrial *n.* jijman nil

mistrust[1] *n.* defyans, mefyans

mistrust[2] *v.tr.* defye, doute, kenbe nan manch, mefye li *I support you and you still mistrust me?* Mwen kore ou, e ou defye m toujou? *I mistrust these people because they are not*

sincere. M kenbe moun sa yo nan manch paske yo pa sensè.

mistrustful *adj.* defyan, mefyan *Why are you so mistrustful? They won't harm you.* Poukisa ou defyan konsa? Yo p ap fè ou mal.

misty *adj.* [*weather*] twoub *It's misty outside, rain isn't far off.* Deyò li twoub, lapli a pa lwen.

misunderstand *v.tr.* **1**[*words, actions, reasons*] konprann mal, tande kwochi *She misunderstood my reasons for coming home late.* Li mal konprann rezon pouki m te rantre ta. *You misunderstood what I said about your mother.* Ou tande kwochi sa m te di sou manman ou. **2**[*take offense*] pran yon bagay mal *I tried to explain to him what I had meant because he misunderstood it.* Mwen eseye esplike l sa m te di a paske l te pran sa mal.

misunderstanding *n.* **1**[*disagreement*] malantandi, maldòn, malkonprann, mezant *It's because of a misunderstanding that I left home.* Se maldòn ki fè m kite kay manman m. **2**[*confusion*] malantandi, malkonprann *There was a misunderstanding about what time she would arrive.* Te gen yon malkonprann konsènan kilè l t ap rive.

misuse[1] *n.* **1**[*power, authority, etc.*] abi *He had to step down because of a misuse of his authority.* Fo li te demisyonnen poutèt yon abi otorite li a. **2**[*money, resources, time*] gagòt *That's a misuse of your money.* Se yon gagòt ou vin fè ak lajan ou.

misuse[2] *v.tr.* fè gagòt *The government misuses the taxpayers' money.* Gouvènman an ap fè gagòt ak lajan taks pèp la. •**misuse power** abi *That's a dictator who misuses power.* Se yon diktatè ki fè abi.

mite *n.* [*insect*] mit, siwon

miter *n.* [*bishop's*] mit

mitt *n.* grapin, zig

mitten *n.* mitèn

mix[1] *n.* melanj, mikmak

mix[2] **I** *v.tr.* **1**[*liquids, ingredients, colors, etc.*] brase, melanje, mele, moulen, rebrase *The bricklayer mixes sand, cement and water together.* Mason an brase sab, siman, ak dlo ansanm. *Mix the milk with the water.* Melanje lèt la ak dlo. *Don't mix the milk with anything else so that it doesn't turn.* Pa mele lèt la ak lòt pou l pa tounen. *Mix the flour, sugar, and eggs together.* Moulen farin, sik ak ze ansanm. **2**[*metals*] amalgame, fè alyaj *When you mix copper and tin you get bronze.* Lè ou ap amalgame kwiv ansanm ak fèblan sa fè bwonz. **3**[*a drink, medicine*] konpoze *She mixed the medicine from several herbs.* Li konpoze remèd la ak plizyè fèy. **4**[*music*] amalgame *He mixed the music to make a medley.* Li amalgame mizik yo pou fè yon popouri. **II** *v.intr.* **1**[*liquids, ingredients, colors, etc.*] melanje, mele *Oil and water don't mix.* Lwil ak dlo pa melanje. **2**[*mingle*] mele *She mixes with everybody at the party.* Li mele ak tout moun nan fèt la. •**mix s.o. up** bwouye, konfonn, mele *He mixed me up with his ass backwards words.* Li bwouye m ak pawòl devan dèyè li yo. *When she gave me two different responses to the same question, it mixed me up.* Lè li ban m de repons diferan pou menm kesyon an, sa konfonn mwen. •**mix up** *a*[*randomly*] anbwouye, mete (tèt anba) *He has mixed up the books.* Msye anbouye liv yo. *She mixed up everything in the room.* Li mete sal la tèt anba. *b*[*that which was in order*] deklase *I just arranged the files in alphabetical order, please don't mix them up.* M fin ranje dosye yo nan lòd alfabetik, pa deklase yo. *c*[*wind, etc.*] brase *The wind mixes up the leaves.* Van an brase fèy yo. •**mix up sth.** anbwouye, mele •**enthusiastically mix in with** [*in a carnival, protest*] plonje{tèt kale/nèt ale/san kontwòl} *They enthusiastically mixed in with the Mardi Gras troupe to go dancing with them.* Yo plonje tèt kale nan bann madigra a pou al danse. •**not to mix with the rabble** pa nan popoulo *I didn't go to the party because I don't mix with the rabble.* M pa ale nan fèt la paske m pa janm nan popoulo mwen menm. •**not mix together** lèt ak sitwon *Those two don't mix well together.* De moun sa yo se kou lèt ak sitwon.

mixed *adj.* **1**[*group, objects, etc.*] konpoze, miks *A mixed salad.* Yon salad konpoze. *The opposition created a mixed party.* Lopozisyon an kreye yon pati miks. **2**[*varying feelings, messages, etc.*] varye, vire d bò *I have mixed feelings about the whole marriage thing.* Santiman mwen yo ap varye konsènan koze

maryaj la. *You're giving him a mixed message. First it's yes then it's no.* Ou ap vire d bò. Talè se wi, talè se non.

mixed-up *adj.* **1**[*thing*] bare, bwouye **2**[*person*] konplekse, mare kou (yon) krab, twouble *What a mixed up person!* Ala kot moun konplekse! *The way he's mixed up, he can't arrange anything for himself.* Jan mare kon krab, li pa ka regle anyen pou tèt li. *Because he can't read the address of the house he's looking for, he's mixed up.* Poutèt li pa ka li adrès kay l ap chache a, li twouble.

mixer *n.* blenndè, malaksè •**cement mixer** betonnyè, malaksè

mixing *n.* brasay, makònay •**mixing together** brasman •**mixing together of people or things** plòtonay

mixture *n.* adyanoumele, melanj, mikmak, popouri, posyon [*liq.*], solisyon [*liq.*] •**bad mixture** amalgam, matchak *This cake is a bad mixture, it contains too many sweet things.* Gato sa se yon amalgam, li chaje ak twòp bagay dous. •**disgusting mixture** matchaka •**eclectic mixture** melimelo

mix-up *n.* bouyay, chasekwaze

moan[1] *n.* jemisman, plent

moan[2] *v.intr.* jemi, mete (de) men nan tèt, plenn, plenyen, pouse plent *She's moaning with a stomachache.* L ap jemi ak yon vant fè mal. *He moaned and called for help.* Li mete de men nan tèt pou li rele anmwe. *The child is moaning with pain.* Pitit la ap plenn ak doulè a. *Life is hitting him so hard, he moans incessantly.* Lavi a tèlman ap bat li, li pouse plent jis l about.

moaning *n.* jemisman, plent

moat *n.* fòs, ravin dlo, rigòl

mob *n.* gang, lapopilas, mas, popoulo

mobile *adj.* mobil

mobility *n.* mouvman

mobilization *n.* mobilizasyon

mobilize I *v.tr.* mobilize *The President mobilized the army when the riot broke out.* Prezidan an mobilize lame a lè eskonbrit pete. **II** *v.intr.* leve, kanpe *The protestors mobilized against the government.* Manifestan yo leve kont gouvènman an.

moccasin *n.* mokasen

mock *v.tr.* bafwe, chare, fè{fas/rizib}yon moun, fè yon moun{filalang/grimas}, mete yon moun nan fas, moke, raye *I'm speaking and you are mocking me!* M ap pale epi w ap chare m! *It's not because she pronounced the word wrong that you should mock her.* Se pa paske li pwononse mo a mal pou ap fè fas li pou sa. *They mock the man, they make fun of the way he talks.* Y ap fè rizib nèg la, y ap chare jan l pale. *This guy thinks he can mock everyone!* Fawouchè sa a kwè li ka mete tout moun nan fas. *Stop mocking the child when she speaks.* Ase raye pitit la lè l ap pale. •**mock s.o.** {met(e)/pase} yon moun nan betiz

mocker *n.* mokè

mockery[1] *interj.* adjewidan

mockery[2] *n.* mokri

mode *n.* jan

model[1] *n.* 1[*small-scale representation*] modèl 2[*example, standard*] egzanp, modèl 3[*fashion*] mannken

model[2] **I** *v.tr.* 1[*shape, form*] bay fòm *The artist has cut the stone, now he is going to model it.* Atis fin koupe wòch la, kounyeya li pral ba l fòm. 2[*clothes, etc.*] fè mannken *She models clothes for a living.* L ap fè mannken rad pou li fè lavi. **II** *v.intr.* [*fashion*] poze *He's modeling for the photographer.* L ap poze pou fotograf la. •**model after** kopye sou *He has no originality, he likes to model himself after others.* Misye pa gen idantite, li renmen kopye sou moun. •**model one's actions** gade sou *Don't model your actions on those of rich people.* Pa gade sou moun rich.

modem *n.* modèm

moderate *adj.* modere, santris, sòb, tanpere *On the political scale, she's moderate.* Nan koze politik, se santris li ye. *He's moderate in his choice of words, he isn't someone who would hurt your feelings.* Misye sòb nan pawòl li, se pa moun k ap blese santiman ou. *He's a moderate person, he doesn't drink much.* Se yon moun tanpere, li pa bwè anpil.

moderately *adv.* bèlman *She doesn't get angry easily. She talks moderately to her children.* Li pa vin fache fasil non. L ap pale bèlman avè timoun yo.

moderation *n.* moderasyon, tanperans •**with moderation** mete dlo nan diven yon moun, poze san yon li *You have to act with moderation.* Fòk ou mete dlo nan diven ou.

Don't act rashly, use moderation. Pinga ou fè zak san manman, poze san ou.

moderator *n.* animatè, animatris [*fem.*], moderatè

modern *adj.* modèn, nouvèl, nouvo

modernity *n.* modènite

modernization *n.* modènizasyon

modernize *v.tr.* modènize, renove *They're modernizing their house this year.* Y ap renove kay yo ane sa a. *State enterprises need to be modernized.* Antrepriz leta yo mande modènize.

modest *adj.* 1[*not boastful*] modès, senp *He's a modest person.* Li yon moun ki modès. *He's a completely modest person, he never inflates his own ego.* Msye se yon moun tou senp, li pa janm nan gonfle kò l. 2[*small house, income, etc.*] modès, pa pase sa, senp *She makes a modest living.* L ap fè lavi ki pa pase sa. *It's a modest house.* Se yon kay senp.

modesty *n.* modesti, senplisite •**lack of modesty** san jèn *People don't respect her because of her lack of modesty.* San jèn li koz moun pa respekte l. •**sense of modesty** pidè

modification *n.* chanjman •**small modification** tchèl

modified *adj.* modifye

modify *v.tr.* chanje, modifye, remanyen *The engineer modified the house plans.* Enjennyè a chanje plan kay la. *They modified several of the articles of the constitution.* Yo remanyen plizyè atik nan konstitisyon an.

modish *adj.* alamòd, anvòg

module *n.* modil

modus operandi *n.* fasondaji

modulate *v.tr.* [*voice*] pale chante *He's modulating his voice.* L ap pale chante.

mogul *n.* •**grand mogul** pap seyè *He thinks that he's a grand mogul.* Msye kwè li se yon pap seyè.

Mohammedan[1] *adj.* mawometan

Mohammedan[2] *prop.n.* Mawometan

moist *adj.* imid, mouye

moisten *v.tr.* 1[*wet sth.*] detranpe, mikte, mouye *Moisten the end of this handkerchief for me.* Detranpe pwent mouchwa sa pou mwen. *The yard is too dry, moisten it with some water.* Lakou a twò sèk, mikte l pou mwen ak enpe dlo. *Before you can plant, you need to moisten the earth.* Anvan ou plante, fòk ou mouye tè a. 2[with a sponge or washcloth] tanponnen Moisten the pants so you can iron them nicely. Tanponnen pantalon an pou ou ka byen pase l.

moisture n. imidite

mojarra n. [fish] wondo katlaj •**yellow mojarra** [fish] wondo jòn

molar n. dan{dèyè/moulen/pilon}, gwo dan, molè

molasses n.pl. melas, siwo kann

mold¹ n. 1[form for shaping] fòm, moul 2[construction, cement] dal planch, gabari

mold² n. [fungus] kanni, mwezi, pichon •**dry mold** kanni poud

mold³ v.tr. 1[form, shape] modle, moule She molded the modeling clay into a little man. Li modle pat a modle pou fè yon ti nonm. He molded the metal. Li te moule metal la. 2[character, etc.] fòme Her parents molded her character very well. Paran li byen fòme li. Li gen bon jan.

mold⁴ v.intr. kanni, mwezi The bread is molding. Pen an ap mwezi.

moldy adj. kanni, mwezi The bread is moldy. Pen an kanni.

mole¹ n.[on skin] siy

mole² n. [rodent] top •**mole hill** piton top

molecule n. molekil

molest v.tr. abize, fè abi sou yon moun, moleste He molested my girl. Li fè abi sou tifi m.

molester n. •**child molester** pedofil

mollify v.tr. apeze After they cheated me, they tried to mollify me. Aprè yo twonpe m, yo eseye apeze m.

mollusk n. kò mou, molisk

Molotov cocktail n. kòktèl molotòv

molt v.intr. 1[snake, etc.] chanje po The snake molted. Koulèv la chanje po. 2[feathers/fur] pèdi {plim/pwal} The bird is molting. Zwazo ap pèdi plim li.

molten adj. fonn

mom n. man, manman, manmi Mom, I'm hungry. Man, m grangou.

mombin n. •**red mombin** [tree] siwèl

moment n. lè, moman, (ti) kadè You need to choose the right moment to tell them. Fò ou chwazi yon bon lè pou ou di yo sa. Wait for me for a moment, I'm coming now. Tann mwen yon ti moman, m ap vini kounye a.

I'll spend a moment with you. Yon kadè m ap fè avè ou. •**at every moment** vire tounen He bothers me at every moment. Vire tounen l ap anbete m. •**at that very moment** (menm) sa ou tande a After he finished telling me the news, at that very moment, I went over to the man. Apre li fin ban m nouvèl la, menm sa ou tande a, m al kote moun nan. •**at the moment** aktyèlman, omoman At the moment, I'm free. Aktyèlman, mwen lib. He's eating at the moment. Omoman, l ap manje. •**for the moment** pou konnye a There's no problem for the moment, but I may need it tomorrow. Pou konnye a, pa gen poblèm, men m ka bezwen l demen. •**from the moment** [when, that] di moman From the moment she heard her father coming, she called me to let me know. Di moman li tande papa li ap vini, li rele m di m sa. From the moment he works, he doesn't let people distract him. Di moman l ap travay, li pa asepte moun distrè l. •**in a moment** talè I'll be back with you in a moment. M ap tounen kote ou talè. •**just a moment** a[will take only a short time] yon ti kadè{ase/sèlman} It'll take just a moment. Sa ap pran yon ti kadè ase. b[request to wait] yon ti moman Wait just a moment. Tann yon ti moman. •**just a moment ago** talè a •**the present moment** prezan •**this isn't the right moment** se pa lemoman

momentary adj. pasaje, tanporè

momentum n. dinamis, enèji

mommy n. manmi

monarch n. renn [fem.], wa [masc.]

monarchy n. monachi

monastery n. monastè

Monday prop.n. lendi

monetary adj. monetè The International Monetary Fund (IMF)... Fon Monetè Entènasyonal la...

money n. kòb, lajan, monnen •**money is causing s.o. trouble** lajan yon moun k ap{kale/bat}li I put you through school, now you dare to lecture me, my money is causing me trouble. M fin mete ou lekòl, kounye ou soti pou f m laleson, lajan m k ap kale m. •**money on the side** [within a corrupt network] chèk pèsonèl At his job, he gets money on the side in addition to his regular pay. Nan travay li a, li genyen yon chèk pèsonèl anwetan chèk nòmal li. •**money problems** problem kòb •**a little bit of money** yon ti bounda lajan •**a lot of money** {lajan/kòb}{pwès} *My wife won a lot of money in the lottery.* Madanm mwen fè yon lajan pwès nan loto. •**be without money** viv sou mank •**big sum of money** gwo lajan •**counterfeit money** fo lajan •**for a small amount of money** pou ti kòk •**get money from** frape{bank/pòt} yon moun *I'm going to get some money from my godmother.* M pral frape bank marenn mwen. •**give money** fè jès *Every December, she gives me some money.* Chak mwa desanm, li fè jès ak mwen. •**give money for** bay kòb *It's the mayor who gives money for that job.* Se majistra a ki bay kòb pou travay sa a. •**give some money to s.o.** fè yon woulman ak yon moun *Please give me some money because I'm in a fix.* Fè yon woulman ak mwen, non, paske afè m pa bon. •**give s.o. money** lonje (la)men{bay/ak}yon moun, voye yon moun fri *Every month I'm paid, I give Lisa some money.* Chak mwa m touche, m lonje lanmen ak Liza. *I've just told the boss that I can't pay my rent, she gave me money.* Annik m di patwon an m pa ka peye kay mwen, li voye m fri. •**give s.o. of one's own money** kale yon moun lajan *I gave her a lot of money.* M kale li anpil lajan. •**have money to burn** benyen nan lajan •**little bit of money** ti ke kòb •**made of money** siyen lajan *They must think I'm made of money.* Yo dwe kwè m siyen lajan. •**make money** a[at s.o. else's expense] fè kòb sou do yon moun *They made money at the expense of the people.* Y ap fè kòb sou do pèp la. b[through work] fè kòb *I make money to live comfortably.* Mwen fè kòb pou m viv alèz. •**mint of money** [quantity] {pakèt/vale}lajan •**paper money** fèy{dola/goud/lajan} •**pile of money** gwo lajan •**pocket money** kòb pòch •**rent money** kòb kay •**short of money** angaje *I am short of money, can you lend me twenty dollars?* Mwen angaje, ou ka prete m ven dola? •**show the money** mete lajan deyò •**small amount of money** kraze, ti (kraze) monnen *Give me a small amount of your money, I'm broke.* Ban m yon kraze sou ou la non, m razè. *I work hard, but for only a small amount of money.* M ap travay di pou yon ti monnen. •**small cloth money**

bag sakit •**small sum of money** po patat, ti (kraze) monnen •**sum of money** yon lajan *I need a certain sum of money to start building the house.* Mwen bezwen yon lajan pou mwen mete men nan kay la. •**take money out of s.o. else's wallet** debouse li *She took money out of his wallet to pay the vendor.* Li debouse l pou l peye machann nan.

money-changer *n.* kanbis

money-grubber *n.* chikriti, rapya

money-lender *n.* izirye •**rapacious money-lender** ponyadè

money-lending [at exorbitant rate] *n.* kout ponya

mongolism *n.* gwo tèt

mongoloid *n.* gwo tèt

mongoose *n.* mangous, mangouyan, woulong, zagouti

mongrel *n.* chen peyi

moniker *n.* non jwèt, ti non

monitor[1] *n.* [school, etc.] monitè, monitris [fem.], siveyan •**computer monitor** ekran, monnitè

monitor[2] *v.tr.* siveye *Could you monitor the kids while I'm gone?* Ou ka siveye timoun yo lè m pati? •**person who monitors games** [cards, dominoes, poker] mèt{jwèt/lakou}

monitoring *n.* siveyans

monk *n.* mwàn

monkey[1] *n.* makak, senj •**monkey business** makakri •**female monkey** genon •**make a monkey of o.s.** fè{makak/makakri}

monkey[2] *v.intr.* •**monkey around.** banbinen, mize •**monkey with** fè manèv, jwe ak

monkey apple tree *n.* kowosòl mawon, mamye

monkeyshines *n.pl.* makakri

monkey's hand [herb] *n.* fèy kè, kolèt dam, Nòtredam, zèb kolèt

monkey wrench *n.* kle ajistab

monocle *n.* lòryon, lòyèt

monogamous *adj.* ki gen yon sèl{madanm/mari}

monologue *n.* monològ

monopolist *n.* kas

monopolize *v.tr.* monopolize, pran tout bagay anba men li *He monopolized the debate, he didn't let the others talk.* Li monopolize deba a, li pa kite lòt moun pale. *The director monopolizes everything.* Direktè a pran tout bagay mete anba men l. •**monopolize the discussion** pran kòn nan pou li *You can't monopolize the discussion yourself, there are other people who need to speak.* Ou pa ka pran kòn nan pou ou sèl, gen lòt moun ki bezwen pale.

monopoly *n.* monopòl

Monopoly° *prop.n.* [*game*] monopoli

monotonous *adj.* annwiyan, monotòn

mons veneris *n.* do koko

monsignor *n.* monseyè

monsoon *n.* (la)mouson

monster *n.* bèt, mons

monstrance *n.* [*eccl.*] ostanswa

monstrous *adj.* atwòs, orib

montage *n.* montay

month *n.* mwa •**months since sth. happened** [*three, four, etc.*] mache sou{de/twa/kat} mwa •**summer months** mwa d jounen long •**winter months** mwa d jounen kout

monthly *adj.* manswèl

monument *n.* moniman

monumental *adj.* monimantal

moo¹ *onom.* [*of a cow*] mou

moo² *v.intr.* begle *The cow is mooing.* Vach la ap begle.

mooch I *v.tr.* [*sth. from*] reskiye *You are always mooching leftover food.* Ou toujou ap reskiye rès manje. **II** *v.intr.* [*off of, at, etc.*] fè reskiyè *Why don't you stop mooching at people's houses?* Pouki ou pa sispann fè reskiyè lakay moun yo?

moocher *n.* dechèpiyè, gratè, mandyannè, mandyannèz [*fem.*], reskiyè, woulibè

mood *n.* 1[*humor, disposition*] dispozisyon, imè, karaktè *He's in a good mood today, see how happy he is.* Misye gen bon karaktè jodi a, ou pa wè jan kè l kontan. 2[*gram.*] mòd •**be in a bad mood** an zingdekontraryete *I'm in a bad mood because I couldn't find any money to borrow.* M an zingdekontraryete la a paske m pa jwenn lajan an prete. •**be in a good mood** gen bon jan *This morning she's in a good mood.* Maten an, li gen bon jan. •**be in a good mood to do sth.** dispoze *She's in a good mood this morning.* Li santi l dispoze maten an. •**be in a teasing mood** gen yon pouse nan kò l *This week, he's in a teasing mood, he's bothering everybody.* Senmenn sa, li gen yon pouse nan kò l, li anmède tout

moun. •**in a bad mood** an {chen/chime}, mabyal, mòksis *He hasn't talked to anybody since this morning, he's in a bad mood.* Depi maten, li pa pale ak pèsonn, li an chen. *When it rains, she's in a bad mood.* Lè lapli ap tonbe, li an chimè. *He's in a bad mood this morning.* Msye mòksis maten an. *Why is he in such a bad mood this morning?* Sa l gen li mabyal konsa maten an? •**in a good mood** nan (bon) san li, sou san li *Don't bother me because I'm not in a good mood.* Pa anmède m paske m pa nan bon san m. *I'm in a good mood today.* M sou san m jodi a. •**in a playful mood** djokè *The man isn't in a playful mood, he has a lot of problems.* Gason an pa djokè, se tèt chaje l ye. •**in the mood** sou sa *Today she's in the mood, she's going to cook.* Jodi a li sou sa, li pral fè manje a. •**not in a good mood** pa sou brenzeng li *She's not in a good mood today.* Manmzèl pa sou brenzeng li jodi a. •**put in a bad mood** kontrarye *The news put him in a bad mood.* Nouvèl la kontrarye li.

moody *adj.* an zingdekontraryete, malouk *This moody guy! People can't approach him.* Nèg malouk sa! pèsonn pa ka bòde l. *She's being moody today.* Li anzingdekontraryete jodi a.

mooing *n.* begle, bègleman

moon *n.* lin, lalin •**dark of the moon** patans lalin •**first quarter moon** premye{katye/ti}lin •**full moon** {gwo/ laplenn/plenn} lin, lin{ansent/antye/kenz/lan plenn/mapou/plenn} •**last quarter moon** lin twa dekou •**new moon** lin lan nouvèl, nouvèl lin •**once in a blue moon** chak Sen Silvès *Once in a blue moon, he sends us some money us.* Chak sen Silvès, li voye yon ti kòb pou nou. •**partially shining moon** lin balize •**phases of the moon** katye lalin •**waning crescent moon** lin kaba •**waning gibbous moon** lin premye dekou •**waning moon** {dekou(d)/kasan(t)/patans/patent/trèz} lin, lin {desann/nan dekou(d)/kasan/kase}, lin{kwasan/ montan} •**waxing moon** lalin{kwasan/montan} •**waxing crescent moon** {premye katye/renouvèl} lalin, ti lalin

moonbeam *n.* reyon lalin

moonflower *n.* bèldenwi

moonlight *n.* limyè lalin

moonlighting *n.* {dezyèm/ti}djòb, travay lannwit

moonlit *adj.* klere ak limyè lalin

moonrise *n.* leve lalin

moons *n.pl.* •**many moons ago** ansyen lontan, lontan nan Ginen

moonshine *n.* kannkifèl, luil satan, tafya

moonstruck *adj.* loke, toke

moor[1] *n.* savann

moor[2] *v.tr.* [*a boat*] mouye *They moored the boat at the wharf.* Yo mouye batiman nan waf la.

moorings *n.pl.* mouyaj

moose *n.* elan

moot *adj.* diskitab

mop[1] *n.* mòp

mop[2] *v.tr.* pase mòp, siye *Go mop the living room.* Al pase mòp nan salon an. •**mop up** tanponnen *Go mop up the river of water you left in the bathroom.* Al tanponnen larivyè dlo ou fè nan twalèt la.

mope *v.intr.* boude *She's always moping.* L ap toujou boude.

moped *n.* ekono, ti moto

moral[1] *adj.* moral •**moral fiber** fèmte, nannan

moral[2] *n.* [*of a story*] jis leson *I need to know only the moral of the story.* Se jis leson istwa a mwen bezwen konnen.

morale *n.* moral

moralize *v.tr.* moralize *The pastor always moralizes the young faithful of the church.* Pastè a toujou ap moralize jèn fidèl legliz yo.

morally-lax *adj.* •**morally-lax woman** salòpèt

morally-weak *adj.* •**morally-weak person** tèt fèb *This morally weak person let herself be influenced by anyone.* Tèt fèb sa a kite nenpòt moun enfliyanse li.

morals *n.pl.* moralite, prensip •**loose morals** dezòd •**person with loose morals** pouri •**woman of easy morals** grigri •**woman of loose morals** azikrekre

morass *n.* boubye

morassweed *n.* [*aquatic herb*] kren

moratorium *n.* sispansyon

morbid *adj.* malsen

more[1] *adj.* [*greater quantity/number, etc.*] (pi) plis, anplis *I spent more time at the hospital today.* M fè plis tan lopital la jodi a. *There are more people here tonight than last night.* Gen plis moun aswè a pase yè swa. *Give me more rice, please.* Ban m piplis diri, siouplè. •**more...than** pi...pase *She's more fat than me.* Li pi gwo pase m. *She will need several more days to finish reading the book.* L ap bezwen plizyè jou anplis pou li fin fè lekti liv la •**some more** ti kras{ankò/plis} *This chair is not well done, it needs to be polished some more.* Chèz sa mal degwosi, li merite repoli yon ti kras plis.

more[2] *adv.* ankò, pi, plis, *You should come see me more often.* Fò ou vin wè m pi souvan. *There's no more bread left.* Pa rete pen ankò. *Things cost more at this store than at others.* Bagay koute pi chè nan magazen sa a pase lòt kote. *You need to study more.* Fò ou frape liv yo plis. *He eats more than me.* Li manje plis pase m. •**all the more** deplizanpli, dotan (pli), pi rèd *The doctor told him not to drink raw rum, he drinks it all the more.* Dòktè a di l pa bwè kleren, li bwè l pi rèd. •**more and more** deplizanpli *More and more the internet is spreading all over the world.* Deplizanpli entènèt ap vale teren nan monn nan. •**more or less** [*nearly*] apeprè, konsa, manyè, plizoumwen(s) *It weighs three pounds, more or less.* Li peze apeprè twa liv konsa. *He more or less ate the whole watermelon himself.* Li manyè manje tout melon dlo pou kò li. *She left more or less an hour ago.* Li fè wout li gen inèdtan konsa. *We finally obtained more or less what we wanted.* Nou resi resevwa plizoumwens sa nou te vle a. •**more than** [*comparison*] depase, pase, plide *We work more than they do.* Nou travay depase yo. *You talk more than the radio.* Ou pale pase radyo a. *There are more than a thousand people attending the meeting.* Gen plide mil moun k ap asiste reyinyon an. •**and more** epik, etandòt *Money, houses, car and more!* Lajan, kay, machin epik! •**be more than** gen...pase *He's more than eighteen years old.* Li gen dizuit an pase. •**no more** [*no longer*] pwen ba, tou pa *We will discuss it no more!* Nou pa p pale sa ankò, pwen ba! *Show me respect, you hear, I will tolerate it no more!* Fè respè ou tande, m tou pa sou san m jodi a. •**no more...than** pa pi...pase *He's no better at dominoes than I am.* Li pa pi fò pase m nan domino. •**not any more** pa...ankò *Don't*

do it any more. Pa fè sa ankò. •**the more...
the more** (an) mezi...(an) mezi, dotan...
dotan, otan...otan, plis...plis, tank...tank,
toutotan...toutotan *The more you work, the
more money you have.* Mezi ou travay mezi
ou gen lajan. *The more he eats, the more he
drinks.* Dotan l manje, dotan li bwè. *The
more money he has, the stingier he is.* Otan
l gen lajan, otan li peng. *The older you are,
the faster time goes by.* Plis yon moun ap
granmoun, plis li wè tan an pase vit. *The
more you speak Creole, the more you'll master
it.* Tank w ap pale kreyòl, tank w ap metrize
l. *The more you work, the more money you'll
have.* Toutotan ou travay, toutotan ou gen
lajan. •**what's more** palpa Don't go out!
It's late; what's more it's dark. Pinga ou sòti
deyò! Li fin ta; palpa li fè nwa.
more³ *pro.* 1[*additional number/amount*] ankò
I have a few more inside. M gen de twa ankò
anndan an. *Do you want more?* Ou vle ankò?
2[*larger number/amount*] plis *There were
a lot of people at the party, but many more
stayed.* Te gen yon pakèt moun nan fèt la,
men te gen plis ki rete lakay la.
moreover *adv.* an plis, anplisdesa, antwòt,
dabò, dayè, epitou, lè fini, mete sou{sa/li},
nitou, poudayè, san konte, wetan *The house
is not expensive, moreover, it faces on the street.*
Kay la pa chè, epitou l sou lari. *Moreover,
we'll get other support from them.* Anplisdesa,
n ap jwenn lòt sipò nan men yo. *Moreover,
it's not to you that I was speaking.* Dabò se
pa avè ou m t ap pale. *He didn't pay me back,
moreover he insulted me.* Li pa peye m, lè fini
li joure m. *She doesn't go to school, moreover
her parents don't force her to go.* Li pa ale
lekòl, nitou paran l pa fòse l. *He has a lottery
sales place, moreover he just bought a bakery.*
Li kontwole yon bank bòlèt, poudayè li fèk
achte yon boulanjri. *She doesn't have time to
go out, moreover she doesn't like you.* Li pa gen
tan pou sòti, san konte li pa renmen ou. *You
don't have children, moreover you don't even
have a wife.* Ou pa gen timoun, wetan ou pa
menm gen madanm.
morgue *n.* mòg
moribund *adj.* moribon, tou mouri *She's a
moribund person.* Li se yon moun tou mouri.
Mormon¹ *adj.* mòmon

Mormon² *prop.n.* Mòmon
morning¹ *n.* lamatine, maten, matine *I'll
wait for you tomorrow morning.* M ap tann
ou demen nan lamatine. **mornings** *n.pl.*
lematen *She doesn't work mornings.* Li
pa travay le maten. •**all morning long**
tout{lamatine/ matine}a *He spent all
morning long lazing around in bed.* Msye
pase tout matine a nan kabann li ap kalewès.
•**during the morning** nan maten *She called
during the morning.* Li rele nan maten. •**early
in the morning** bon maten, douvan jou
*You're already in the street this early in the
morning.* Bon maten sa a, ou nan lari. *You
can't go to chat with people at their houses so
early in the morning.* Ou pa ka al lakay moun
pou bay blag gwo douvan jou sa. •**early
morning** bonè, tijou •**every morning**
toulematen *Every morning they hoist the flag
at the Palace.* Toulematen yo monte drapo
nan Palè a. •**from morning till night**
dimaten oswa *I work from morning to night.*
M travay dimaten oswa. •**in the morning**
a[*before noon*] dimaten, nan maten *Call me
tomorrow in the morning.* Rele m demen nan
maten. b[*habitual*] lematen *She gets up early
in the morning.* Li leve bonè lematen. •**of the
morning** dimaten •**the entire morning**
tout{lamatine/matine}a *I spent the entire
morning without eating.* Mwen pase tout
lamatine a san manje.
morning² *adj.* dimaten, matinal *He's a
morning person.* Misye matinal.
morning-glory *n.* 1[*vine*] koudè, lyann
2[*flower*] flè nwèl •**silver morning-glory**
[*vine*] fèy koudè, lyann lajan
Moroccan¹ *adj.* mawoken
Moroccan² *prop.n.* Mawoken
moron *n.* enbesil, joko, kreten, kretin [*fem.*],
mafweze, mazèt
morose *adj.* mosad *She's a morose woman.* Se
yon fanm mosad.
morpheme *n.* mòfèm
morphine *n.* mòfin
morphology *n.* mòfoloji
morsel *n.* moso
mortadella *n.* moutadèl
mortal *adj.* mòtèl, mourab *There's no one who
isn't mortal.* Pa gen moun ki pa mourab.
mortality rate *n.* mòtalite

mortally *adv.* mòtèlman *He was mortally wounded.* Li te blese mòtèlman.

mortar[1] *n.* 1[*building material, mix*] beton, masonn, mòtye 2[*for grinding*] mòtye 3[*and pestle*] pilon

mortar[2] *n.* [*weapon*] mòtye

mortgage[1] *n.* (i)potèk

mortgage[2] *v.tr.* (i)poteke *She wants to mortgage the house.* Li vle ipoteke kay la.

mortician *n.* benyè mò, kwòkmò, mèt pon finèb

mortified *adj.* mòtifye *I was mortified to learn that he passed away.* M te mòtifye aprann li gentan desede.

mortise *v.tr.* mòtwaze, montwaze *When you mortise a piece of wood, you have to make it flush with the tenon.* Lè w ap montwaze yon bwa, fò ou fè l mezi tennon an.

mortuary[1] *adj.* mòtyè *A mortuary service.* Yon sèvis mòtyè.

mortuary[2] *n.* mezon finèb, mòg

mosaic[1] *n.* [*pattern*] mozayik

mosaic[2] *n.* [*virus disease of plants*] mozayik

mosque *n.* moske

mosquito *n.* marengwen, mayengwen •**small mosquito** bonbonfle, moustik •**tiny mosquito** bigay

moss *n.* lemous, limon, mous

most[1] *adj.* 1[*greatest in number/quantity*] laplipa, pifò nan *Most of my friends came to the party.* Laplipa nan pami zanmi mwen yo te vini nan fèt la. *Most of the people voted for him for president.* Pi fò moun vote li pou prezidan. 2[*largest part*] laplipa, pifò *Most people in the country don't have a car.* Laplipa moun nan peyi a pa gen machin. *Most houses have tin roofs nowadays.* Pifò kay yo se kay tòl alèkile.

most[2] *adv.* 1[*for forming superlatives of adj./adv.*] pi *She gave me the most difficult one to do.* Li ban m fè sa k pi difisil la. *She was the most beautiful girl at the dance.* Se pi bèl fi k te gen nan bal la. 2[*of all*] pi, plis *Of all the people at work, I like her most of all.* Nan tout moun nan travay la, se li m pi renmen. *I talked with her father the most.* M pale plis ak papa a. •**most likely** atè, gen lè *It's most likely going to rain today.* Lapli a atè jodiya. *She is most likely working.* Gen lè l ap travay.

most[3] *n.* pifò, majorite •**get the most (out) of** bat lachay *I got the most out of the work we did.* M bat lachay nan travay nou fè a. •**make the most (out) of** pwofite *We'll make the most of your father's absence and go to the dance.* N ap pwofite pou al nan bal la lè papa ou pa la. •**the most** pi plis *That classroom has the most students.* Se sal sa ki gen pi plis elèv.

most[4] *pro.* 1[*greatest in number/quantity*] piplis *I spent the most.* Se mwen menm ki depanse piplis. 2[*nearly all*] piplis *Who has the most?* Kilès ki genyen piplis? •**at (the) most** piplis *At most, I would say she's thirty years old.* Pi plis laj pou l genyen se trant an.

mostly *adv.* 1[*chiefly, principally*] sitou *I see him mostly on Sundays.* Se sitou le dimanch m wè l. 2[*almost all*] ase, pifò nan *This fish is mostly bones.* Pwason sa a, se zo ase. *The house is mostly finished.* Pifò nan kay la fin fèt.

motel *n.* motèl

moth *n.* mit, papiyon denwi

mothballs *n.pl.* kanpelwen, naftalin

mother *n.* lamè, manman, manman pitit, mè •**mother of one's child** manman pitit •**mother of one's children** manman pitit yon gason •**Mother Superior** mè •**be the second mother of** andoye *Do you want to be the second mother of my child?* Ou vle andoye pitit mwen an? •**neglectful mother** marat •**new mother** ti nouris •**nursing mother** nouris •**single mother** manman pitit •**unwed mother** manman pitit

motherfucker *interj.* [*vulg.*] {gèt/koulangèt} manman ou

mother-in-law *n.* bèlmè

mother-of-pearl *n.* nak

motherhood *n.* matènite

motherland *n.* patri

motherly *adj.* matènèl

Mothers' Day *prop.n.* fèt dèmè

motion[1] *n.* 1[*movement*] anboulatcha, mouvman *She didn't make a motion when her mother came down on her.* Li pa fè boulatcha menm lè manman ni lage nan kò l. *Don't make a motion or the dog will bite you!* Pinga ou fè yon mouvman osnon chen an ap mòde ou. 2[*gesture*] jès, siy *She made a motion to say that she was leaving.* Li fè jès pou di l aprale. *He made a motion for me to* *come over.* Li fè siy pou m vin bòkote l. **3**[*in a meeting*] pwopozisyon *He made a motion to adjourn the meeting until tomorrow.* Li fè pwopozisyon pou sispann seyans lan jis demen. •**motion picture** fim, sinema •**be in motion** fè mouvman •**in motion** anbranl, an mouvman *The car is in motion, it goes very fast.* Machin nan anbranl, l ap file ale. *Put on your seatbelt when the plane is in motion.* Mete senti ou lè avyon an an mouvman. •**in slow motion** an ralanti, oralanti *The cameraman is showing the goal in slow motion.* Kameramann nan pase gòl la an ralanti. *His work is progressing in slow motion.* Travay li a ap mache oralanti. •**put/set in motion** mete an mach •**swaying motion** balansman

motion² *v.tr.* [*signal with a movement*] fè siy *I motioned him to come over to me.* M fè l siy vin kote m.

motionless *adj.* dou kou klou, tennfas *I stayed motionless, pretending I was asleep.* M rete dou kou klou epi m pran pòz m ap dòmi. *We tried to push the car out of the road, but it stayed motionless.* Nou eseye pouse machin nan sou wout la, men li ret tennfas.

motivate *v.tr.* [*inspire*] ankouraje, bay (yon moun) gou, motive *She's the one who motivated me to stay in school.* Se li k ankouraje m ret lekòl. *She always knows her lessons, she motivates others to help her.* Li toujou konn leson l, li bay gou pou moun ede l. *We need to motivate the players for the game.* Fòk nou motive jwè yo pou match la.

motivated *adj.* •**be motivated** motive *The workers aren't motivated at all.* Ouvriye yo pa motive ditou.

motivation *n.* motivasyon

motive *n.* kòz, motif, rezon

motor *n.* mote

motor-driven *adj.* [*grinder, etc.*] amotè *This is a motor-driven grinder.* Sa se yon moulen amotè.

motorboat *n.* chaloup

motorcycle *n.* moto, motosiklèt

motorcyclist *n.* motosiklis

motorist *n.* chofè

motorized *adj.* [*grinder, etc.*] amotè *It's a motorized device.* Se yon aparèy amotè.

mottled *adj.* **1**[*chicken*] pent, pentle *A mottled chicken.* Yon poul pentle. **2**[*pig, horse*] bigarèt *A mottled pig.* Yon kochon bigarèt.

motto *n.* deviz

mound¹ *n.* **1**[*pile*] pil *There's a mound of sand in the yard.* Gen yon pil sab nan lakou a. **2**[*hillock*] bit, piton, ti do mòn *That's a mound, not a mountain.* Se yon piton, se pa yon mòn. •**small mound** biyon

mound² *v.tr.* [*dirt*] debite *We need to mound the manioc roots with dirt.* Nou bezwen debite rasin manyòk yo.

mounding *n.* [*of earth*] bitay

mount¹ *n.* **1**[*mountain*] mòn **2**[*horse*] monti **3**[*jewelry, lens, etc.*] monti **4**[*cannon support*] chasi

mount² **I** *v.tr.* **1**[*a horse, bicycle, etc.*] chwale, monte *Mount the bicycle and let's go!* Chwale bekàn nan epi ann ale! **2**[*climb*] monte *She mounted the steps to the cathedral.* Li monte eskalye katedral la. **3**[*assemble*] monte *He's going to mount the diamond on the ring.* Li pral monte djaman sou bag la. **II** *v.intr.* **1**[*rise, increase*] monte, ogmante *The price of rice is mounting.* Pri diri a ap ogmante. *The death toll is mounting.* Mòtalite yo ap monte. **2**[*get on a horse*] pase pye li *Put the saddle on and mount.* Mete sèl la epi pase pye ou. •**mount a tire** jante *They also mounted the tire for us.* Yo tou jante kawotchou a pou nou.

mountain *n.* mòn, montany •**mountain climber** alpinis •**mountain range** chenn mòn •**mountain ridge** tèt mòn •**make a mountain out of a molehill** tout bagay se yon pakèt bagay *She's always making a mountain out of a molehill.* Tout bagay se yon pakèt bagay pou li. •**small mountain** (ti) mòn •**in the mountains** nan wotè *They live in the mountains now.* Yo rete nan wotè alèkile. •**top of mountain** tèt mòn

mountain almond tree *n.* lamandye

mountainous *adj.* chaje ak mòn

mountainside *n.* arebò mòn

mounting *n.* [*of a ring, etc.*] monti

mourn **I** *v.tr.* pa ka kenbe rèl, regrèt *There was an accident and everyone mourned the loss.* Te gen yon gwo aksidan epi pyès moun pa ka kenbe rèl. *He was mourning the loss of his father.* Li regrèt anpil pèt papa li. **II** *v.intr.* pran dèy pou yon moun [*women only*] *She was mourning for her sister.* Fi a pran dèy pou sè l.

mourner *n.f.* plerèz

mournful *adj.* kagou, mòksis

mourning *n.* dèy •**go into mourning** pote dèy, pran dèy [*women only*] *He went into mourning for his mother, he wears only black.* Li pote dèy pou manman l, sèl rad nwa li mete. •**in mourning** an dèy *You're in mourning?* Ou an dèy? •**deep mourning** gwo dèy

mouse *n.* 1[*animal*] sourit 2[*for a computer*] makè, souri

mousetrap *n.* pèlen sourit, ratyè

moustache *n.* bigòt, moustache

mousy *adj.* efase, kazwèl

mouth *n.* 1[*human*] bouch, djòl [*pej.*], gòj 2[*animal*] djòl, gòj 3[*river*] (an)bouchi •**mouth clamped shut** bouch yon moun mare tankou pit *The lawyer told to keep her mouth clamped shut.* Avoka a di madanm nan pou l kite bouch li mare tankou pit. •**mouth off** begle, djole •**mouth ulcer** chank, chankalèt [*on children's lips*], chankrèl •**big mouth** langè, langèz [*fem.*] •**corner of the mouth** {bò/kwen}bouch •**dry mouth** bouch blan •**from mouth to mouth** bouch an bouch *The news spread from ear to mouth.* Nouvèl la gaye bouch an bouch. •**from mouth to mouth** bouch an bouch •**from the horse's mouth** nan bon (jan) ti mamit *I got this information straight from the horse's mouth.* M jwenn enfòmasyon sa yo nan bon ti mamit. •**from the mouth of** nan bouch yon moun *I heard it from my boss's mouth.* M tande l nan bouch patwon mwen an. •**have a foul mouth** pale mal *Don't invite that guy to the party, he has a foul mouth.* Pa envite gason sa a nan fèt la, li pale mal. •**have a loud mouth** pale anpil •**person who lives from hand to mouth** mawoule •**take the words from s.o.'s mouth** retire (yon){mo/pawòl} nan bouch yon moun *You took the words from my mouth.* Ou retire mo a nan bouch mwen.

mouth off *v.intr.* joure yon moun *He mouthed off to the teacher, and then took off.* Li joure byen joure mèt la enpi li chape poul li.

mouthpiece *n.* 1[*telephone*] bouch telefòn 2[*spokes person*] pòtpawòl

mouth-to-mouth resuscitation *n.* bouch{a/nan} bouch

mouth-watering *adj.* djòl{lolo/loulou/loulout/loulouz} *The food is mouth-watering.* Manje sa a se djòl loulou.

mouthful *n.* 1[*of solid*] bouche *I haven't even had a mouthful.* M pa fè yon bouche. 2[*of liquid*] gòje *He drank a mouthful of rum.* Li bwè yon gòje kleren.

mouthwash *n.* beny bouch, rensbouch

movable *adj.* mobil *The desk is movable.* Biwo a mobil.

move[1] *n.* 1[*movement*] mouvman *He didn't make a move.* Li pa fè yon mouvman. 2[*change houses, etc.*] demenajman *They made the move to their new house last month.* Yo fè demenajman nan nouvo kay yo mwa pase a. 3[*change jobs, etc.*] chanjman *She made a move to management.* Li fè yon chanjman nan travay pou al fè direksyon. 4[*chess, etc.*] kou *She made a good move in the chess game.* Li fè yon bon kou nan jwèt damye. 5[*turn*] kou, tou *You had your turn, it's my move.* Ou deja jwe, se kou pa m. *It's your move.* Se tou pa ou. •**be always on the move** gen grenn pèlenpenpen, pa gen chita, san chita, sou aktivite *Why do you refuse to sit, why are you always on the move?* Poukisa ou derefize chita, kouman ou gen grenn pèlenpenpen? *Since she got the new job, she's always on the move.* Depi l jwenn nouvo djòb la, li san chita. *They are always on the move.* Yo toujou sou aktivite. •**be on the move** pran wout *The family is on the move again.* Fanmi an pran wout ankò. •**every move you make** chak vire tounen *I'm watching every move you make.* M ap veye chak vire tounen. •**false move** fo mouvman *If you make a false move, I'll shoot you.* Si ou fè yon fo mouvman m ap tire ou. •**get a move on** *a*[*hurry up*] leve pye *We're late. Get a move on!* Nou an reta. Leve pye ou! *b*[*work*] degaje miskad li, mete yon boulin *Get a move on! You can't just sit all day.* Degaje miskad ou! Ou pa ka chita konsa. *Because I'm in such a hurry, I'm going to get a move on.* Jan m prese la, m pral met yon boulin. •**let's get a move on** bwa kase —*Come with me to pick up your sister.* —*Let's get a move on! Let's go!* —Vin avè m chache sè ou. —Bwa kase! Ann ale! •**make a move** *a*[*not wait*] pa chita sou sa *You have to make a move. You need to register before all the* *places are gone.* Pa chita sou sa, non! Fòk ou enskri anvan tout plas yo ranpli. **b**[*on a girl*] atak *I made a move on the girl, she looks like she wants to respond to me.* M fè yon atak sou fi a, li gen lè anvi reponn mwen. **c**[*dominoes*] fè kout zo *If you make this move, you'll win the game.* Si ou fè kout zo sa, w ap genyen pati a. •**make the first move** pran devan *The government must make the first move if they don't want the opposition team to overthrow it.* Fòk gouvènman an pran devan si l pa vle opozisyon an chavire l. •**s.o. always on the move** pye poudre

move² I *v.tr.* **1**[*change position of object*] bouje, brennen, charye, deplase, soufle, souke, vanse *You moved the chair.* Ou bouje chez la. *The rock is too heavy, I can't move it.* Wòch la twò lou, m pa ka brennen l. *They start moving their furniture.* Yo kòmanse charye mèb yo. *Let's move the table.* Ann deplase tab la. *Leaves move when the wind blows.* Fèy yo souke lè van an soufle. *The lamp pole is moving, it isn't far from falling.* Poto lanp sa a ap souke, li pa lwen tonbe. *Move the dog's food dish closer so he can eat.* Vanse plat manje chen an pi pre li pou li sa manje. **2**[*game of chess*] pouse *Move your queen so that your opponent doesn't take it.* Pouse dam nan la pou yo pa kase l. **3**[*meeting time, etc.*] chanje lè *We moved the meeting time to six o'clock.* Nou chanje lè reyinyon an pou sizè. **4**[*emotionally*] touche *The priest moved many people with his sermon.* Prèt la touche anpil moun nan prèch li a. **5**[*persuade*] pouse *The speech moved him to go see his father.* Diskou a pouse l al wè papa li. **6**[*propose*] pwopoze *She moved that we adjourn the meeting.* Li pwopoze nou sispann reyinyon an. II *v.intr.* **1**[*person, animal*] (a) vanse, bouje, fè mouvman, fè yon deplase, gouye kò ou, vire *The traffic isn't moving at all.* Trafik la pa vanse menm. *Remain quiet, and don't move.* Rete trankil, pa bouje. *He moved as if he would stand but he remained seated.* Li fè mouvman kòm si l ap leve, men li rete chita. *Please move, you are blocking my view.* Fè yon deplase, ou bare m. *Move, you're blocking the way.* Gouye kò ou, ou bloke wout la. *He was there but he just moved.* Li te la a, men li apèn vire. **2**[*change houses, etc.*]

bwote, fè bwotay *The business has moved to Port-au-Prince.* Afè a bwote Pòwoprens. *They're moving tonight.* Y ap fè bwotay la aswè a. **3**[*progress*] vanse *We talked and things are moving along.* Nou gentan pale epi bagay ap vanse. **4**[*take action*] bouje *The government won't move until after the election.* Gouvèlman pa p bouje jis aprè eleksyon an. **5**[*in games*] deplase, jwe *The queen moves in any direction.* Damn nan deplase nan tout sans. *It's your turn to move.* Se tou pa ou pou jwe. **6**[*commerce*] vann *The merchandise is really moving.* Machandiz la ap vann toutbon. •**move a piece forward** [*games*] pouse •**move about** deplase, toubouyonnen kò li *You move about too much, please stay seated.* Ou deplase twòp, manyen chita. *Stay still, stop moving about like that.* Rete an repo non, ase toubouyonnen kò ou konsa. •**move around** sikile *As a taxi driver, he moves around a lot in the city.* Kòm chofè laliy, li sikile anpil nan vil la. •**move aside** ekskize kò li, onz kò ou *Move aside so I can have some room.* Onz kò ou la pou mwen jwenn yon ti plas. •**move away** alsa kò li, bwote ale, dekwense, depeyize, deplase *They moved away to Port-au-Prince.* Yo bwote ale Pòtoprens. *Move the cupboard away from the corner.* Dekwense bifèt la nan kwen an. *To avoid problems with your parents, let's move away.* Pou m evite pwoblèm ak paran ou, ann depeyize. *The store is not here any more, they have moved away.* Boutik la pa la ankò, yo deplase l. •**move back** rekile, repliye, tchoule *The protesters started to move back.* Manifestan yo kòmanse rekile. *We're moving back to come back at full force.* N ap repliye pou n tounen an fòs. *People climbed onto the playing field, make them move back.* Moun yo monte sou teren an, fè yo tchoule. •**move back and forth** kadanse *I'm waiting for the music to inspire me to move back and forth.* M ap tann lè mizik la kòmanse antre nan san m pou m kadanse. •**move down quickly** boulinen desann *Move down quickly before you hurt yourself.* Boulinen desann anvan ou blese kò ou. •**move forward** *a*[*progress*] fè yon pa annavan, vanse rive *When is this country going to move forward?* Ki lè peyi sa a ap rive fè yon pa ann avan? *You have* to move forward in life. Fòk ou vanse rive nan lavi a. **b**[auto] fè avans Get the float to move forward. Fè cha a fè avans. •**move forward irregularly** bay zouk The car moves forward irregularly because the motor doesn't work well. Machin nan ap bay zouk paske motè a mache mal. •**move in** bwote vini, pran lojman The neighbors moved in yesterday evening. Vwazen yo bwote vini yè swa. We are moving in this week. N ap pran lojman nan semenn sa a. •**move in rhythm** kadanse •**move it** annavan Move it! Move it! We're late. Annavan! Annavan! Nou an reta. •**move on** [person, vehicle] sikile You're blocking the street, move on. Nou bloke wout la, sikile. •**move out** a[change residences] bwote, debagaje, dekanpe, deloje, demenaje, fè demenajman Mrs. Sonson moved out. Madan Sonson bwote. It's not been long since they moved out. Sa pa gen lontan depi yo deloje. They moved out last night. Yo demenaje yè swa. He's moving out. L ap fè demenajman. **b**[of the way, exit] degèpi, dekanpe Everyone has to move out there, they're going to destroy the house. Tout moun dwe degèpi la, yo pral kraze kay la. Move out, you're blocking me. Dekanpe, ou bloke m. •**move out of the way** deplase, fè yon deplase, mete (kò) ou sou kote, rale kò li Let me move out of the way so that you can pass. Kite m deplase pou ou kapab pase. Move out of the way! Met kò ou sou kote! The cars moved out of the way to let the ambulance go by. Machin yo rale kò yo ba anbilans lan pase. •**move over** chikin kò li, chipe kò li, souke kò li Move over a little so that I can find a spot to sit. Chikin kò ou pou m jwenn kote pou m chita. Move over to make room for me. Chipe kò ou pou m jwenn plas. Let's move over to make room for her. Ann souke kò nou pou n fè plas pou li. •**move s.o.'s things out** debagaje The burial is at four o'clock tomorrow, they'll move his things out the next day. Antèman an ap fèt a katrè demen, y ap debagaje afè l nan landemen. •**move sth. cautiously** lalad This marbles game is tough, he moves his marbles cautiously. Jwèt mab sa a sere anpil, li lalad bò wonn nan. •**move to a new place** fè yon deplase He moved to the city. Li fè yon deplase, l al lavil. •**move to**

and fro [by repeated jerks] chikin He moved the kite to and fro by jerking the line. Li te chikin kap la. •**move to the side** sou ranka Go to the side so that the bride can pass. Mete kò nou sou ranka pou lamarye a ka pase. •**move too much** [person] mouvmante kò li Stop moving around so much, sit still. Ase mouvmante kò ou, chita an plas. •**move toward** fonse, {kare/kore}kò li She moved toward the house so the car wouldn't hit her. Li fonse sou kay la, pou machin nan pa kraze l. Move toward the wall to let the car get by. Kare kò ou nan mi an po u machin nan ka pase. •**move up** alapaj She has moved up the social ladder now that she won the lottery. Li alapaj kounye a depi li fin genyen nan lotri. •**move with the current** deriv •**move your ass!** rale bounda ou! •**don't move** plim pa gouye Don't move or I'll shoot! Plim pa gouye osnon m ap tire! •**not move** a[physically] {chita/rete}sou blòk glas li, pa fè mouvman Even after I told her to get to work, she didn't move. Menm apre mwen di li pou li kòmanse travay, li rete sou blòk glas li. Don't move, there is a big tarantula behind you. Pa fè mouvman, gen yon gwo krab zarenyen dèyè do ou. **b**[emotionally] pa briding When he heard the news, it didn't even move him. Lè li tande nouvèl la, sa pa briding li menm. •**not move an inch** pa brennen kò li As much as she told me to go forward. I didn't move an inch. Tout di l di m avanse, m pa brennen kò m.

moved adj. [emotionally] •**be moved** kè yon moun kase I was moved when I heard her speech. Kè mwen kase lè m tande diskou li a.

movement n. 1[troops, goods, capital, object, person, etc.] anboulatcha, mouvman, piwèt The avocado fell to the group in a single movement. Yon sèl boulatcha epi zaboka tonbe atè. The threat resulted in the movement of troops on the border. Menas la lakòz mouvman militè yo sou fwontyè a. He turned and made a movement towards the door. Li vire fè piwèt nan direksyon pòt la. 2[gesture, etc.] jès, jiwèt, rimay She makes a movement with her hands when she talks. Li fè jiwèt lè l ap pale. He made a movement with his hand, and the child stopped crying. Li fè rimay avèk men li, epi pitit la sispann kriye.

3[*of a limb, e.g. in swimming*] batman *When she swims she makes a regular movement with her arms.* Lè l ap naje, l ap fè batman ak bra li. **4**[*commotion*] kabouyay *There was all kinds of movement in the street.* Te gen yon kabouyay nan lari a. **5**[*watch, mechanism, etc.*] mouvman *When he opened it up you could see the movements of the watch.* Lè l ouvri mont lan, ou te wè tout mouvman li. **6**[*impetus, action*] mouvman *There has been no movement in the price of gas.* Pa gen mouvman nan pri gaz la. **7**[*political, etc.*] mouvman *A movement formed to put a stop to the violence.* Yon mouvman fòme pou konbat vyolans. •**always in movement** bwa mabi *She doesn't sit around, she's always in movement.* Li pa chita, se bwa mabi li ye. •**backward movement** bak, retrè •**forward movement** avans *There isn't any forward movement in this line.* Pa gen avans nan liy sa a menm. •**put into movement** fè mache, mete an mach *Put the car into movement.* Mete machin nan an mach. •**sudden movement** [*onom.*] bwap, plip(lip), ra, za

movie *n.* fim, sinema **movies** *n.pl.* sinema •**movie showing** seyans •**drive-in movie** otosine •**porn movie** pòno

moviemaker *n.* sineyas

moving[1] *adj.* [*emotionally*] touchan *The film was very moving.* Fim nan te touchan anpil. •**moving off** demaraj •**get moving** *a*[*vehicle, group of people*] balanse *Let's get moving!* Ann balanse! *b*[*person*] gouye kò li *Get moving so we can go.* Gouye kò ou pou n ale.

moving[2] *n.* bwotay, derapman •**moving out** demenajman

mow *v.tr.* koupe *Go mow the lawn.* Al koupe gazon an. •**mow down** debaba *The car mowed them down while they crossed the street.* Machin debaba moun yo pannan yo t ap travèse lari.

mower *n.* •**lawn mower** machine gazon

mozzarella cheese *n.* mozarèl

much[1] *adj.* **1**[*quantity*] anpil *There's not much time left before we leave.* Pa ret anpil tan pou n ale. **2**[*quality*] anpil *He's in a position of much importance in the bank.* Pòs li nan bank lan enpòtan anpil. •**as much** mezi, valè *He took as much corn meal as he could eat.* Li

pran mezi mayi moulen li kapab manje. •**as much as** *a*[*comp. adj.*] ata, otan, tout otan *Apply as much force as you can.* Peze ak otan fòs ou kapab. *Give him as much food as he can eat.* Ata l ka manje, ba li. *b*[*comp. adv.*] ale pou, ata, lavalè, otan, otank(e), tank *Feed the child as much as he can eat.* Ba pitit la manje otan l ka manje. *As much beer as he is drinking, he will have to pee every five seconds.* Otank l ap bwè byè otank l ap pipi. *As much as he eats he will get fat to the same degree.* Otank li manje otank li gra. *As much as we talked to her, she keeps doing the same thing.* Tank nou pale l, li fè menm bagay. *She has as much as I do.* Li gen lavalè pa m nan. •**not very much** pa anpil *She doesn't have very much money.* Li pa gen anpil lajan. •**too much** twòp *He eats too much rice.* Li manje twòp diri. *You're too much of a criminal.* Ou brigan twòp.

much[2] *adv.* **1**[*by a large degree*] anpil, (si) tèlman *It was much more difficult than I thought it would be.* Li te sitèlman pi difisil pase jan m te kwè a. *He's much taller than I am.* Li pi wo anpil pase m. **2**[*often*] anpil, tèlman *She doesn't go out very much.* Li pa soti anpil. *He's not much of a football player.* Li pa tèlman yon jwè foutbòl. **3**[*more or less*] anpil, tèlman *She's much the same person she was when she was little.* Li pa tèlman chanje anpil depi li te timoun. •**as much as** ale pou, ata, lavalè, otan, otank(e), tank *Feed the child as much as he can eat.* Ba pitit la manje otan l ka manje. *As much beer as he is drinking, he will have to pee every five seconds.* Otank l ap bwè byè otank l ap pipi. *As much as he eats he will get fat to the same degree.* Otank li manje otank li gra. *As much as we talked to her, she keeps doing the same thing.* Tank nou pale l, li fè menm bagay. *She has as much as I do.* Li gen lavalè pa m nan. •**do sth. as much as one can** règ •**do sth. as much as one feels like** règ *We danced as much as we could.* Nou danse règ danse nou. •**however much** otan, tank *However much she asks, don't give her money.* Tank l ap mande, pa ba l kòb. •**how much** konben *How much does this cost?* Konben sa a koute? •**so much** afòs, mezi, sitan, sitèlman, tank, tèlman *He pulled the rope so much that it broke.* Afòs li rale kòd la, li kase l. *They wrote so much that their pencils got blunt.* Kreyon yo depwente sitèlman yo ekri ak yo. *He talked so much.* Mezi pale li pale. *He loved the girl so much; he would do anything for her.* Sitan li renmen fi a; li t ap fè kenenpòt bagay pou li a. •**so much as** depi, pa menm *If you so much as touch me, I'll hit you.* Depi ou touche m, m ap renmèt ou kou. *She didn't so much as say thank you!* Li pa menm di m mèsi! •**too much** sèten, twòp, wòd *He sleeps too much.* Li dòmi sèten. *She eats too much.* Li manje twòp. *She ate too much food at the party.* Li manje wòd manje li nan fèt. •**too much for** twò di, twòp pou *This kind of work is too much for her in her condition.* Travay sa a twòp pou li. •**very much** anpil, jis yon moun pa konnen *I hope very much that she comes.* M espere anpil l ap vini. *I love her so very much.* M renmen li jis m pa konnen.

much³ *n.* [*great deal of, large part of*] anpil, bokou *Much has happened since you left.* Anpil bagay rive depi ou te pati. *I haven't got much left.* Li pa rete m anpil. *I am responsible for much.* M reskonsab pou bokou. •**much of** anpil nan pami *Much of the town is coming to the celebration.* Anpil nan pami bouk la ap vini nan selebrasyon.

muck *n.* fimye, kochonnri, labou

muck-a-muck/muck-ety-muck *n.* {gran/ gwo}{palto/ zotobre}

muck up *v.intr.* gache, rabache *You muck up everything.* Ou gache tout bagay.

muckraker *n.* fouyajè, fouyapòt

mucous membrane *n.* mikèz

mucus *n.* 1[*nose, etc.*] flèm, larim, las, vlimè 2[*usu. in stools*] glè *His stools have mucus.* Watè li gen glè. •**mucus method** [*of contraception*] kontwòl glè

mud *n.* labou, matchak, matyak *After the heavy rain there was mud in the street.* Apre gwo lapli a, te gen labou nan lari a. *Why is there so much mud in the yard?* Poukisa tout matchak sa yo nan lakou a? •**mud flap** [*truck*] galbo •**mud flow** lavalas labou •**clump of mud** boul labou •**pile of mud** ma labou •**swamp mud** lagon

mud-wall *n.* bouziyay

mud-walling *n.* bouziyay

muddle¹ *n.* gabji

muddle² *v.tr.* gaga *Rum completely muddled him, he can't remember the way home.* Kleren fin gaga l, li pa sonje wout lakay li.

muddled *adj.* an bouyay

muddy *adj.* 1[*water*] twoub *The water is muddy, don't drink it.* Dlo a twoub, pa bwè l. 2[*road, etc.*] bimen, chaje labou *On account of the big rain the road was muddy.* Kont gwo lapli a wout la te bimen. *Your shoes are really muddy.* Soulye ou chaje labou. •**muddy and impassable** [*road, field*] malouk •**muddy area** labim

mudslide *n.* lavalas labou

mudslinger *n.* kalomyatè

mudslinging *n.* kalomni

muffin *n.* ponmkèt

muffle *v.tr.* 1[*reduce sound*] amòti *Muffle this noise!* Amòti bri sa a. 2[*for secrecy*] {kouvri/ vwale}vwa li *She muffled her voice so that people won't hear what she was saying.* L ap vwale vwa l pou moun pa kap tande sa l t ap di a.

muffler *n.* [*of a car, etc.*] mòflè

mug *n.* gode, gwo tas, mòg •**beer mug** mòg

muggy *adj.* imid, mwat

mugwort *n.* amwaz

mulatto *n.* milat [*male*], milatrès [*fem.*], moun{jòn/ wouj}, ti (nèg) wouj [*male*] •**light mulatto** blan kolo •**man who is half black and half mulatto** grif, grifon •**very light-skinned mulatto** [*often with freckles and kinky reddish hair*] chaben, chabin [*fem.*]

mulatto ear tree *n.* bwatannis wouj

mulberry *n.* mi **Indian mulberry** [*shrub*] bwadoulè, ladoulè, fwonmaje

mulberry tree *n.* mirye •**dyers's mulberry tree** bwajòn

mulch pit *n.* konpòs

mule *n.* milèt •**male mule** tobi

mulish *adj.* antete, bourik je bòy, tèt di

mull over *v.tr.* riminen *I'm mulling over the sad words they said to me.* M ap riminen pawòl tris yo te di m yo.

mullein *n.* [*plant*] bouyon blan

mullen *n.* [*herb*] molèn

mullet *n.* [*fish*] milè •**mountain mullet** mile •**red mullet** babaren

multicolored *adj.* [*clothing*] depaman, djandjan, po chat *She was wearing a* *multicolored blouse.* Li mete yon kòsaj bigarèt. *Where are you going with this multicolored clothing?* Kote ou pral ak abiyman depaman sa? *She put on a multicolored skirt.* Li mete yon jip djandjan sou li. *He gave her a pretty, multicolored coat.* Li ba l yon bèl manto po chat.

multicultural *adj.* miltikiltirèl *Canada is a multicultural country.* Kanada se yon peyi miltikiltirèl.

multi-level *adj.* ak plizyè nivo

multilingual *adj.* •**multilingual person** poliglòt

multimillionaire *n.* miltimilyonè

multinational *adj.* miltinasyonal *It's a multinational business.* Se yon antrepriz miltinasyonal.

multiple *n.* [math] miltip

multiplication *n.* miltiplikasyon •**cross multiplication** miltiplikasyon kwaze

multiplier *n.* miltiplikatè

multiply I *v.tr.* **1**[math] fwa, miltipliye *What is six multiplied by eighteen?* Sa li ye sis fwa dizwit? *Multiply four by twenty.* Miltipliye kat pa ven. **2**[increase] miltipliye *Problems continue to multiply in the city.* Pwoblèm yo pa sispann miltipliye nan vil la. **3**[money] miltipliye, peple *He'd like to see his money multiply.* Li ta renmen miltipliye kòb li. *Let's multiply our money with an investment.* Ann peple lajan nou an ak yon envestisman. **II** *v.intr.* [breed] peple, pwopaje *Rats multiply quickly.* Rat peple vit. *People are multiplying on the Earth.* Kretyen vivan yo pwopaje sou latè. •**cross multiply** fè pwodui kwaze •**multiply like flies** peple kou apoulaw

multitude *n.* foul moun [people], miltitid, yon rado

mum¹ *adj.* bèbè •**keep mum** rete bouch koud

mum² *n.* [flower] krizantèm

mumble I *v.tr.* babye, boudouye, bougonnen, fè ti bouch, mamonnen, mamòte, pale{anba dan/nan (twou) dan}, wonyon *She didn't say the word clearly, she just mumbled it.* Li pa di pawòl la klè, li sèlman boudouye l. *I greeted her, she mumbled something at me.* Mwen di l bonjou, li bougonnen ban m. *The child mumbles, I can't understand what she's saying.* Pitit sa pale nan twou dan, m pa fouti tande byen sa l ap di a. **II** *v.intr.* fè

ti bouch, mamonnen, mamòte, wonyon *Talk clearly rather than mumbling.* Pale non, tan pou w ap fè ti bouch. *Stop mumbling and speak up!* Sispann mamonnen; pale non! *Stop mumbling, say what you have to say.* Sispann mamòte, di sa w ap di a. *I can't understand her because she's mumbling.* M pa ka konprann ni paske l ap wonyon.

mumbling *n.* wounou wounou

mumps *n.pl.* mal{machwè/mouton}

munch *v.tr.* mache bouch li, machonnen *Stop munching with your mouth like that.* Ase machonnen konsa. *Munching on your food like that is driving me crazy.* Mache bouch ou konsa ap fè m fou.

municipal *adj.* kominal, minisipal

municipality *n.* minisipalite

munitions *n.pl.* minisyon •**munitions dump** depo zam

murder¹ *n.* asasina **attempted murder** tentative asasina •**mass murder** masak

murder² *v.tr.* **1**[kill] asasinen, fann fwa yon moun, touye *They murdered Dessalines.* Yo te ansasinen Desalin. *They murdered someone here last night.* Yo fann fwa yon moun isit la yè swè. *He murdered his wife.* Li touye madanm li. **2**[fig.] touye *Your dad will murder you when he gets here!* Papa ou ap touye ou lè l vini! •

murderer *n.* ansasen, koupèdgòj

murderous *adj.* fann fwa *The street is filled with soldiers armed with murderous weapons.* Lari a plen sòlda ak zam fann fwa.

murky *adj.* [water] babous, twouble *Don't drink that murky water.* Pa bwè dlo babous sa a. *The water is so murky, you can't see through it.* Jan dlo a twouble la, nou p ap fouti wè anba l.

murmur¹ *n.* fwoufwou

murmur² **I** *v.tr.* [speak softly] chwichwi, pale nan zòrèy *She murmured something into her friend's ear.* Li te chwichwi yon bagay nan zòrèy zanmi li. **II** *v.intr.* **1**[complain] babye, chwichwi, mimire, pale nan zòrèy *She's always murmuring about something.* L ap toujou babye sou yon bagay. *They constantly murmured against their father.* Toutan yo t ap mimire kont papa yo. *He murmured to his mother about the money.* Li pale nan zòrèy manman ni koze kòb la. **2**[stream] gazouye

Listen to the stream murmur. Koute jan ti kouran dlo ap gazouye.

muscle *n.* mis, venn, vyann •**muscle man** chwal batay •**large calf muscle** kokoye nan pye •**have strong muscles** gen fizik •**pectoral muscles** pektowo **muscles** *n.pl.* •**flex one's muscles** bande ponyèt li •**have strong muscles** gen fizik •**weak muscles** zo fret

muscular *adj.* bolid, gwo zo, miskle *Since you are lifting weights, you have become muscular.* Depi w ap leve fè a, ou vin bolid. *He's a muscular guy.* Li se yon gason miskle.

museum *n.* mize •**art museum** mize da

mush *n.* latòltòl, mayi moulen

mushroom[1] *n.* djondjon •**imported mushroom** chanpiyon •**small black mushroom** djondjon

mushroom[2] *v.intr.* djondjonnen *The population of Port-au-Prince is mushrooming.* Popilasyon Pòtoprens lan ap djondjonnen.

mushy *adj.* pat *The rice is mushy.* Diri a pat.

music *n.* mizik •**music education** fòmasyon mizikal •**music lover** melomann •**music notation/theory** sòlfèj •**classical music** mizik{klasik/savant} •**commercial dance music** mizik dansant •**dance music from the 1960's** kadans ranpa •**disco music** disko •**informal outdoor music** mizik tipik •**piece of music** moso •**politically or socially concerned music** mizik angaje •**pop music** pòp •**rap music** rap •**roots music** mizik rasin •**soul music** sòl •**tin-kettle music** chalbari •**traditional music** mizik tipik

musical *adj.* mizikal •**musical chairs** chèz mizikal •**musical group** kò mizik •**musical group or band** bann •**musical group or ensemble** ansanm •**small ambulant Cuban-style musical group** twoubadou

musicale *n.* mizikal

musician *n.* mizisyen •**jazz or rock musician** djazmann

musing(s) *n./n.pl.* meditasyon

muskmelon *n.* melon frans

musket *n.* flenjèt, mouskèt

Muslim[1] *adj.* mawometan, mizilman *The Koran is the Muslim book of scripture.* Koràn lan se liv ekriti mizilman.

Muslim[2] *prop.n.* mawometan, mizilman

muslin *n.* mouslin, pèkal •**unbleached blue muslin** syanm

mussel *n.* [*seafood*] moul

must[1] *n.* nesesite

must[2] *v.aux.* dwe, fèt pou, fòk, {gen(yen)/se} pou *I lost my hat, I must have left it at school.* M pèdi chapo m, m dwe bliye l lekòl la. *You must arrive at work on time.* Ou fèt pou rive nan travay alè. *You must tell me what was said at the meeting.* Fòk ou di m sa yo di nan reyinyon an. *I must go into town.* M gen pou m ale lavil la. *You must see the movie.* Se pou ou wè fim nan. •**must not** pa dwatèt, pinga *You must not speak of this to anyone.* Ou pa dwatèt pale sa ak okenn moun. *She must not go out tonight.* Pinga li sòti aswè a.

mustache *n.* bigot(e), moustach

mustard *n.* moutad •**mustard plaster** kataplas, sinapis

musty *adj.* kanni, mwezi, rabi *The books smell musty.* Liv yo santi kanni. *The house is becoming musty.* Kay la ap vin mwezi. *The sheet is musty because it didn't have good sun to dry it.* Dra a rabi akòz li pa t jwenn bon solèy pou l seche.

mute[1] *adj.* ansoudin, baba, bèbè, pèd pawòl *The guy remained mute, he didn't utter a word.* Misye rete la ansoudin, li pa lache yon mo. *When she came up to him to talk, he was mute.* Lè l vin bòkote li pou pale, msye rete baba. *My sister's boy is mute, he can't speak.* Tigason sè m nan bèbè, li pa ka pale. *She was born mute.* Li yon pèd pawòl depi l fèt. •**be mute** pèdi pawòl

mute[2] *n.* 1[*person*] boubou 2[*for a string or brass instrument*] soudin

muteness *n.* [*suffered esp. by woman after childbirth*] pa pale

mutilate *v.tr.* demantibile, manje, masakre *The machine mutilated her leg.* Machin nan manje tout pye l. *He mutilated their bodies after he killed them.* Li masakre kò yo lè l fin touye yo.

mutiny[1] *n.* soulèvman

mutiny[2] *v.intr.* revòlte *The soldiers mutinied.* Sòlda yo revòlte.

mutt *n.* chen peyi

mutter I *v.tr.* [*dissatisfaction, prayer, excuse, etc.*] fè ti bouch, mamonnen, mamòte *Stop muttering your excuses.* Ase fè ti bouch la ak tout ekskiz ou yo. *She muttered a little prayer, before going inside.* Li mamonnen yon ti priyè anvan li antre. *He muttered a threat to the police officer.* Nèg la mamòte yon menas bay polisye a. **II** *v.intr.* [*grumble, complain, etc.*] bougonnen, mamonnen, mamòte *She was muttering about the money.* Se bougonnen li t ap bougonnen sou koze lajan. *He was muttering about the loss of his mother.* Li t ap mamonnen konsènan pèt manman li. *He put his head down and started muttering.* Li pike tèt li epi li kòmanse mamòte. •**mutter one's dissatisfaction** fè ti bouch *Stop muttering your dissatisfaction, rather quit bothering me with that discussion.* Ase fè ti bouch la, manyè ban m lapè ak koze sa a. •**mutter under one's breath** pale anba dan *He muttered to himself, because he was angry.* Msye a pale anba dan li, poutèt li te fache.

muttering *n.* babyay

mutton *n.* mouton

mutual *adj.* lenzalòt, resipwòk *I helped you and you helped me. It's mutual.* Ou te ede m, m te ede ou. Se lenzalòt.

muumuu *n.* karako [*with a high waistline and full skirt*], moumou, varèz

muzzle¹ *n.* 1[*for animal*] baboukèt, mizo 2[*of a gun*] bouch fizi

muzzle² *v.tr.* bay baboukèt, mete{baboukèt nan bouch/mizo}, bayonnen *They muzzled the dog so it wouldn't bite anyone.* Yo bay chen an baboukèt pou li pa mòde moun. *The government muzzled the press.* Gouvènman an bayonnen laprès.

my *adj.* m, mè(z), mon, mwen *Forgive me, my captain!* Fè pa m, mon kapitèn! •**my books** liv mwen yo •**my dog** chen m (nan)

myopia *n.* myopi

myopic *adj.* myòp •**be myopic** wè de pre

myriad *n.* yon pil ak yon pakèt

myrrh *n.* lami

myrtle *n.* [*herb*] kakapoul

myself *pro.* mwen *I did it myself.* M fè l pou kont mwen.

mysterious *adj.* mistè *That's really mysterious.* Sa se vrèman mistè.

mystic *n.* divinò, divinèz [*fem.*], makalous [*fem.*], vwayan

mystical *adj.* majik, mistik *She has covered herself with mystical objects.* Li chaje ak bagay majik sou li.

mystify *v.tr.* dewoute, mistifye *This discussion mystifies me.* Koze sa a dewoute m.

myth *n.* lejann, mit, istwa

mythical *adj.* imajinè

mythology *n.* mitoloji

N

n [*letter*] enn

NG *prop.n.* tib nan nen

NGO [*Non-Governmental Organization*] *prop.n.* ONG

nab *v.tr.* pran, sezi *We finally nabbed the thief.* Nou resi sezi volè a.

nag *n.* •**skinny old nag** [*horse*] zomangay

nag *v.tr.* anmède, (kole) nan{kò/deng}yon moun *She keeps nagging me about buying a car.* Li kole la nan kò m ak yon sèl pawòl achte machin. *Stop nagging me!* Sispann nan kò m non! *Stop nagging me about quitting smoking.* Sispann anmède m ak pawòl kite fimen ou lan!

nagging *adj.* **1**[*insistent*] repetan *Why are you nagging like that?* Poukisa ou repetan konsa? **2**[*persistent question, feeling, doubt*] refize ale *I have a nagging headache.* M gen yon tèt fè mal ki refize ale.

nah! *interj.* non, now, oun oun

nail¹ *n.* [*of a finger or toe*] zong •**ingrown nail** chè nan zong, zong enkane, zong nan{chè/vyann}

nail² *n.* [*spike*] klou •**bed of nails** sèkèy madoulè *This job is like a bed of nails.* Djòb sa a se tankou yon sèkèy madoulè. •**carpet nail** klou{bòkèt/blòkèt/bwòkèt} •**masonry nail** klou beton •**shoe nail** klou gagit

nail³ *v.tr.* kloure *Could you hold the blackboard while I nail it to the wall?* Ou ka ret tablo a nan mi an la pou mwen ka kloure l? •**nail s.o.** kenbe yon moun *The police nailed the thief as he was leaving.* Polis la kenbe vòlò a etan li t ap sòti.

nailing down *n.* klouraj *The nailing down of the corrugated roof is for tomorrow.* Klouraj tòl la se pou demen.

naïve *adj.* bòbòy, egare, nayif *He knows well that they are telling him lies, but he pretends to be naïve.* Li konnen byen se manti y ap ba l, men li pran pòz bòbòy li. *You're very naive.* Ou nayif anpil. •**naïve person** bonnas, tibebe, timoun piti •**be naïve** kwè nan tonton Nwèl, pran{lalin pou fwomaj/lòzèy pou chou} *Stop being so naive.* Sispann pran lalin pou fwomaj. *She will believe everything you say to her because she's so naive.* Nenpòt sa ou di l, l ap kwè, li se moun ki pran lòzèy pou chou.

naïveté *n.* nayivte

naked *adj.* aplim, ni, nikò, toutouni *He went outside naked.* Li sòti deyò aplim. *Go get some clothes on, you can't go around naked with people around.* Al mete rad sou ou, moun pa mache nikò sou moun. *He's bathing naked in the yard.* L ap benyen toutouni nan lakou a. •**half naked** toutouni *You're half-naked, go put on a longer skirt.* Apa ou chita toutouni, al met yon jip ki pi long. •**stark naked** grenn li ovan [*man*], ni tankou boutèy *She was stark naked.* Li te toutouni tankou boutèy. *You can't walk up to people stark naked like that.* Ou pa ka ap pwonmennen sou moun konsa ak grenn ou ovan.

nakedness *n.* toutounis

nakedwood tree *n.* mant kòk, zèb Sent-Mari, zo{devan/ douvan}

namby-pamby *n.* kòkòtò

name¹ *n.* non *My name is Paul.* Non mwen se Pòl. •**assumed name** prete non •**brand name** mak depoze •**by name** denon *The principal calls out the students by name.* Direktè a rele elèv yo denon. •**Christian name** non batèm, prenon •**family name** non fanmi, siyati, siyen, tit *You don't know your family name?* Ou pa konn kouman ou siyen? •**first name** non, prenon •**in the name of** onon •**last name** non fanmi, siyati, tit •**maiden name** non fi(y), non jennfi •**nothing to one's name** pa gen senk kòb *He hasn't got a penny to his name!* Li pa gen senk kòb pou mete ansanm! •**people having the same first name** tokay *Those two people share the same first name.* De nèg sa yo se tokay. •**pet name** non{gate/jwèt} •**real name** [*as opposed to a nickname*] bon non *What's your real name?* Ki bon non ou? •**under s.o. else's name** [*do sth.*] sou non yon moun *She borrowed the book under my name.* Li prete liv la sou non mwen. •**what's**

his/her last name ki jan li siyen *What's her last name? —Her name is André.* Ki jan fi sa siyen? —Li siyen Andre. •**what's your name?** {kijan/ kouman}ou rele, ki{siyati/ tit}ou *What's your name?* Ki jan ou rele?

name² *v.tr.* konsakre, mete, nonmen, rele *She named the child Jako.* Li rele pitit la Jako. *What's your name?* Ki jan ou rele? *The President has named the Prime Minister.* Prezidan an nonmen Premye Minis. *They named her the best player in the tournament.* Yo konsakre l meyè jwè nan tounwa a. •**name names** nonmen non moun *I'm not naming any names.* M pa nonmen non moun. •**name temporarily** {detwa/ detwa/ dezoutwa/dezoutwa}jou *They temporarily named her minister of culture.* Yo nonmen l minis lakilti pou dezoutwa jou.

named *adj.* •**be named** rele •**be named after s.o.** leve non yon moun *The children are named after their father.* Timoun yo leve non papa yo.

namely *adv.* a savwa, ki se *He keeps saying the same thing, namely, that he has to go.* Li kenbe menm pawòl la, a savwa fòk li ale.

namesake *n.* tokay

naming *n.* nominasyon

nanny *n.* bonn, nouris

nap *n.* asoupi, kabicha, syès, ti somèy midi *If you're tired, go take a nap.* Si ou fatige, al fè yon kabicha. •**cat nap** dòmi chat, singo *He's taking a cat nap.* L ap fè yon ti dòmi chat la. •**take a nap** lonje kò li *I'm tired, I'm going to take a nap.* M fatige, m pral lonje kò m.

nap *v.intr.* kabicha *Don't bother her, she's napping.* Pa anmède li non, l ap kabicha.

nape *n.* •**nape of neck** nwakou

napkin *n.* [*cloth*] sèvyèt tab •**paper napkin** nakin, napkin •**table napkins** napwon

napoleon *n.* [*pastry*] milfèy

narcolepsy *n.* kriz somèy

narcotic *n.* nakotik

narrate *v.tr.* esplike, rakonte *He narrated the whole thing to me, blow by blow.* Li rakonte m tout koze a nètale. •**narrate folktales** tire kont •**narrate with minute details** detaye *He narrated the story with minute details well.* Li detaye koze a byen.

narrative *adj.* naratif •**narrative text** tèks naratif

narrow¹ *adj.* dri, etwat, jennen, jis, sere *Cars can't pass each other on that narrow road.* De machin pa fouti pase nan ti wout sere sa a. *This road is so narrow that two cars can't pass each other.* Jan wout la dri la de machin pa fouti pase.

narrow² *v.intr.* retresi *The road narrows in this place; trucks won't be able to go through.* Wout la retresi nan zòn sa a, kamyon p ap kab pase.

narrow-minded *adj.* bòne, bouche *This man is narrow-minded, he cannot understand young people.* Nèg sa a gen lespri bòne, li pa ka konprann jenn timoun. •**narrow-minded person** titès

narrowing *n.* jennman *The collapse of the shoulders caused a narrowing of the road.* Bò wout yo ki kraze a koz yon jennman nan wout la.

narrowly *adv.* [*only just*] annik *The car narrowly missed hitting me.* Machin lan annik manke frape m toutbon.

nasal *adj.* nazal, wannenm •**nasal ridge** do nen •**have a nasal tone** pale{nan nen/ wannenm}

nasalization *n.* nazalizasyon

nasalize *v.tr.* nazalize, pale wannenm *He has the tendency to nasalize all the sounds in the language.* Li gen tandans nazalize tout son yo nan lang lan.

naso-gastric *adj.* •**naso-gastric tube** tib nan nen

nastily *adv.* 1[*with rudeness*] san politès 2[*with indecency*] ak malpwòpte

nastiness *n.* mechanste

nasty *adj.* 1[*mean*] dezoblijan, mechan, tchak, tizago *You are very nasty.* Ou dezoblijan anpil. *The boy pulled the other child's hair with all his might; he's so nasty.* Tigason an rale chive lòt la ak tout fòs li; li mechan anpil. *She can be nasty when she wants to be.* Li ka fanm tchak lè li vle. *Those nasty guys are always teasing her.* Nèg tizago sa yo ap toujou chare ti fi a. 2[*odor*] gore *There is a nasty odor coming from the sewer.* Gen yon sant gore k ap sòti nan egou a. 3[*taste*] fyèl (bèf) *This medicine tastes nasty.* Metsin sa a se fyèl bèf li ye. 4[*unpleasant to experience*] move, vye *The weather is nasty today.* Li fè yon vye tan jodi a. *She had a bunch of nasty* *words for me.* Li te gen yon pakèt move pawòl pou mwen. **5**[*serious*] grav, serye *He had a nasty fall.* Li tonbe serye.

nation *n.* eta, nasyon, peyi

national *adj.* nasyonal, peyi •**the national representatives** reprezantan peyi yo

National Archives of Haiti *prop.n.* achiv nasyonal

National Assembly *prop.n.* [*Haitian*] Lachanm

nationalism *n.* nasyonalis

nationalist *adj.* nasyonalis

nationalist *n.* nasyonalis

nationality *n.* nasyonalite, ras *I'm of Haitian nationality.* Mwen menm se ras Ayisyen.

nationalize *v.tr.* nasyonalize *The government is going to nationalize every last holding of the private sector.* Gouvènman an pral nasyonalize dènye byen sektè prive a.

native *adj.* endijenis, natifnatal *From the way I speak, you can tell I'm a native Haitian.* Depi sou pale m, ou wè m se yon ayisyen natifnatal.

native *n.* endijèn, natifnatal

Native American *prop.n.* powouj

nativity *n.* nativite

Nativity scene *n.* krèch

natty *adj.* kòkèt *That's a natty dress she's wearing.* Se yon wòb kòkèt l ap mete la.

natural[1] *adj.* natirèl, nòmal *It's natural for her to take care of her child.* Se nòmal pou l pran swen pitit li. *That's her father, it's natural that he gives her money.* Se papa l, se tou natirèl pou l ba l lajan.

natural[2] *n.* [*sign in music*] beka

naturalist *n.* natiralis

naturalization *n.* natiralizasyon

naturalized *adj.* natiralize *His father is a naturalized American.* Papa l natiralize ameriken.

naturally *adv.* **1**[*of course*] natirèlman, se sa menm *Naturally, I will go to the wedding.* Natirèlman m prale nan maryaj la. *Naturally I believe him. He's my child.* Se sa menm m kwè l. Se pitit mwen. **2**[*character*] nan karaktè, tanperaman, jan *She (yon bagay) li ye She's naturally curious.* Se nan karaktè li pou li kirye konsa. *He's naturally that way since he was little.* Se jan li ye depi se timoun piti.

nature *n.* **1**[*character, heredity*] nati, nesans *Since childhood she has been calm like that, that's her nature.* Depi l piti, se konsa l dousman, sa se nesans li. **2**[*outdoors, etc.*] lanati, nati, natirèl *She likes the outdoors, nature, things like that.* Li renmen deyò a, lanati, bagay konsa. •**against nature** kont lanati •**by nature** nesans •**things of that nature** jan bagay sa yo *I don't have anything to do with things of that nature.* Jan bagay sa yo, m pa ladann.

naught *n.* nad marinad *All the advances we made were for naught.* Tout demach nou fè, nad marinad. •**all for naught** bichi *My repeated knocking at the door was for naught!* Tout frape m frape pòt la, bichi!

naughty *adj.* malfezan, mechan, mesken *That's a naughty little child.* Se yon timoun mesken vre.

nausea *n.* anvi{rann/rechte/rejte/vèse/vonmi}, degoutans, kè{plen/tounen}, lawouli{kè/lestonmak}, lestomak chaje, noze *His nausea prevents him from eating.* Anvi rejte a enpoze l manje. *The odor of the cadaver gave me nausea.* Odè kadav la ban m degoutans. *The child has nausea, she's about to throw up.* Pitit la gen lestomak chaje, li prèt pou l vomi.

nauseous *adj.* •**make nauseous** dekonpoze, endispoze, kè yon moun fèb *This odor makes me feel nauseous.* Odè sa a ap dekonpoze m. *The smell makes me nauseous, I feel like throwing up.* Sant la ap endispoze m, m anvi rechte. *The smell makes me nauseated.* Odè a fè kè m fèb.

naval *adj.* naval

navel *n.* lonbrik, lonbrit, nonbrit, twou lonbrik

navigable *adj.* navigab *A navigable river...* Yon rivyè navigab...

navigate *v.tr.* navige *He navigated the mountains with ease.* Li navige mòn yo ak ladrès.

navigation *n.* navigasyon •**coastal navigation** bònay, kabotaj

navigator *n.* navigatè

navy *n.* lamarin •**navy yard** chantye bato

near[1] *adv.* **1**[*space*] a de pa de, bò kot(e), pre *We live near a river.* Nou rete bò kote yon larivyè. *I am going near the hospital.* M pral bò kot lopital la. *She lives near a river.* Li rete a de pa yon larivyè. **2**[*time*] pwòch *Christmas is near.* Nwèl la pwòch. •**as near as** etan, pou otan *As near as I can tell, she's correct.* Etan m ka di ou, li gen rezon. *As near as I can judge, it's seven o'clock.* Pou otan m ka jije, li sèt è. •**be near** kouri sou, preske *Easter is near.* Nou kouri sou Pak. *It's near six o'clock.* Se preske sizè. •**not anywhere near as** parèt devan *He's not anywhere near as good a soccer player as I am.* Li pa ka parèt devan m nan jwe foutbòl. *You don't play the guitar anywhere near as well as she does.* Ou pa ka parèt devan l nan jwe gita. •**quite near** tou pre, toupre *It's quite near to the real thing* •**very near** pi devan an, pre, toupre *You're very near to where you turn.* Kote ou vire a pi devan an. *This is very near to the place I was born.* Sa toupre kote m fèt, mwen.

near² *prep.* **1**[*close (to)*] bò, kote, pre, toupre, ra *He lives near here.* Li rete tou pre bò isi a. *We're getting near the house.* Nou tou pre kay la. *Don't go near that dog!* Pa al pre chen an! *She was sitting near me.* Li te chita tou pre m. *We never pass near that house anymore.* Nou pa janm pase kot kay sa a ankò. **2**[*on the point of*] sou bò, sou pwen *She's near tears.* Li sou bò kriye. *He's near death.* Li sou pwen mouri.

near³ *v.tr.* prèt pou, pwoche, sou bò *This year is nearing an end.* Fen ane a ap pwoche.

Near East *prop.n.* Pwòch Oryan

near-sighted *adj.* myòp, wè de prè *He wears glasses because he's near-sighted.* Msye pot linèt paske se myòp li ye. *Since I'm near-sighted, I can't go sit in the back of the room.* Kòm m wè de prè, m pa ka al chita dèyè.

nearby *adv.* anba pye, ozalantou, ozanviwon, pre *I'm coming soon, I'm nearby.* M ap vini talè, m ozalantou a. *They live nearby.* Yo rete ozanviwon an la.

nearer *adv.* •**get nearer to** [*a question, answer, problem*] pwoche *Despite all the talking she did, she didn't even get nearer to the question.* Tout pale li pale, li pa pwoche kesyon an menm.

nearest *adj.* pwochen *Where is the nearest gas station?* Kote pwochen estasyon gaz?

nearly *adv.* anviwon, bata, prèske, vanse *The bus was nearly empty.* Bis la te prèske vid. *She nearly killed me with that big knife.* Li bata touye m avèk gwo kouto sa a. *It's nearly*

eight o'clock. Li vanse wit è. •**be nearly** kouri *It's been nearly four months since the children stopped going to school.* Timoun yo ap kouri sou kat mwa depi yo pa al lekòl.

nearness *n.* rapwochman

neat *adj.* annòd, klin, nèt, pwòp *His house is always neat.* Kay li toujou byen annòd. *She's such a neat person.* Se yon moun ki pwòp.

neatly *adv.* nan bon (jan) ti mamit *Put the toys away neatly.* Ranje jwèt yo nan bonjan ti mamit.

nebula *n.* nebilèz

nebulous *adj.* bouyon, san fòm

necessarily *adv.* fòseman, nesesèman *Everyone must be there necessarily.* Nesesèman fòk tout moun la.

necessary *adj.* egzijib, nesesè *Your presence is necessary in the meeting.* Prezans ou egzijib nan reyinyon an. •**it's necessary** fòk, se pou *It's necessary that you do what I ask you.* Se pou ou fè sa m te mande ou a. *It's necessary to put things in their place right after you use them.* Fòk ou mete bagay yo nan plas yo aprè ou fin sèvi ak yo.

necessitate *v.tr.* nesesite *The situation in this area necessitates action from the government.* Sitiyasyon zòn nan nesesite yon aksyon bò kote gouvènman an.

necessity *n.*] bezwen, nesesite *He only stole out of necessity.* Se nesesite k fè l al vòlè. *I don't see the necessity of calling him.* M pa wè bezwen pou n rele l. **necessities** *n.pl.* obligasyon *The necessities of life are such that people can't sit around and not work.* Obligasyon lavi fè nèg pa ka chita san yo pa travay.

neck¹ *n.* **1**[*body part*] bwa kou, kou, zo bwa kou *His neck is very long.* Bwa kou l long. **2**[*narrow top part of a bottle*] bouch, kou *Hold the bottle by the neck.* Kenbe boutèy la nan kou. •**neck and shoulders** gagann •**neck of animal** wonn kou •**neck and neck** egalego, egalite *They are neck and neck in the contest.* Yo toulède egalego nan konkou a. •**sore neck** van nan kou •**stiff neck** kou{rèd/vire/rete nan kabann}, zekourèl •**up to one's neck** angaje, chaje *I'm up to my neck, I can't answer the phone.* M angaje, m pa ka reponn telefòn nan. *I'm up to my neck in debt.* M chaje ak dèt.

neck² *v.intr.* damou *There are two people who are necking on the bench.* Gen de moun k ap damou sou ban an.

neckerchief *n.* mouchwa kou

neckhold *n.* [*wrestling*] kle kou

necklace *n.* chenn, chenn kou, kolye

necklacing *n.* (kolyè) pè Lebren

neckline *n.* ankoli •**high neckline** kòlte *This dress has too high of a neckline.* Wòb sa a kòlte twòp. •**plunging neckline** dekòlte *Malèn likes to wear clothes with a plunging neckline.* Malèn renmen mete rad dekòlte.

neckmeat *n.* [*of animal*] wonn kou

necktie *n.* kòl, kravat

necrology *n.* anons lanmò

nectar *n.* nekta, siwo flè

nectarine *n.* nektarin

need¹ *n.* bezwen, jennman, mankman, nesesite *Her father never lets her suffer for anything as he knows her needs.* Papa l pa janm kite l soufri pou anyen paske li konn bezwen l. *People who live in need can't find food.* Moun k ap viv nan jennman pa ka jwenn manje. *I have need of your help here, can you give me a hand?* Mwen gen yon mankman la a, èske ou ka ban m yon kout men? *She's still living with the guy because of her needs.* Se nesesite ki fè l blije rete ak nèg la toujou. **needs** *n.pl.* obligasyon •**be in need** gen nesesite, nan{bezwen/nesesite} *She's in need, give her some money.* Li nan nesesite, ba l yon ti kòb. *Helping people who are in need is proof that you love your neighbor.* Ede moun ki nan bezwen se prèv ou renmen pwochen ou. •**dire need** {bezwen/nesesite}serye

need² *v.tr.* bezwen, gen nesesite, mande, merite, sonje *I need ten dollars.* M bezwen di dola. *She needs money.* Li gen nesesite lajan. *The grass needs watering.* Gazon an mande wouze. *The garden needs to be weeded.* Jaden an merite sekle. •**need to urinate or defecate** kenbe *I need to urinate.* Pipi kenbe m. •**that's all s.o. needs** [*usu. sarcastic*] apa li (papa), se sa ki te rete atò *He lost a thousand gourdes. That's all he needed!* Li pèdi mil goud. Apa li, papa! *That's all we need! An eighteen year old becoming mayor!* Se sa ki te rete atò! Men yon timoun dizuit an vin majistra!

needed *adj.* nesesè •**urgently needed** presan *The report is needed urgently.* Rapò a presan.

needing *adj.* •**needing much care or attention** egzijan *These plants need much attention, you have water them every day.* Plant sila yo egzijan, fo ou wouze yo chak jou. *These curtains need much attention, they can't go a week in the windows without being washed.* Rido sa yo egzijan, yo pa ka pase yon semèn nan fenèt la san lave.

needle¹ *n.* **1**[*for sewing, etc.*] gwann, zegui *Thread the needle.* File zegui. **2**[*of a syringe*] kanil •**eye of a needle** {je/twou}zegwi

needle² *v.tr.* dige *Leave the kid alone. Stop needling him.* Kite ti msye a trankil. Sispann dige l konsa.

needlefish *n.* jòfi

needlepoint *n.* travay zegui

needless *adv.* initil, san valè *He made me go to a lot of needless expense.* Li fè m fè yon bann depans initil.

needlework *n.* kouti, ouvray

needy *adj.* endijan *After the hurricane, there were a lot of needy people.* Aprè siklòn nan te gen yon pakèt moun endijan.

neem *n.* [*tree*] nim

ne'er do well *n.* djòl bòkyè, rate, voryen

nefarious *adj.* malveyan

negation *n.* negasyon

negative *adj.* negatif *The blood test was negative.* Analiz san an te negatif.

negative *n.* [*photography*] kliche, negatif

neglect¹ *n.* neglijans •**parental neglect** abandon *A lot of children are thrown in the street because of parental neglect.* Anpil timoun lage nan lari akòz abandon.

neglect² *v.tr.* malswen, neglije *She neglected her child so much that she starved to death.* Li tèlman malswen pitit la, li mouri grangou. *Don't neglect your homework.* Pa neglije devwa ou. *A mother shouldn't neglect her children.* Yon manman pa dwe neglije pitit li. •**neglect one's duties** penyen lage *That nurse is always neglecting her duties.* Mis sila a ap toujou pede penyen lage. •**neglect to take care of o.s.** bliye kò li *She neglects to take care of herself because of her troubles.* Pwoblèm fè li bliye kò li.

neglected *adj.* mal okipe *That child is neglected.* Timoun sa a mal okipe.

neglectful *adj.* ensousyan *He is so neglectful that he doesn't even brush his teeth every day.* Msye a sitèlman ensousyan, li pa p menm foubi dan li chak jou. •**be neglectful** lese grennen, penyen lage *You're too neglectful with this business.* Ou penyen lage ak biznis la twòp.

negligence *n.* lejète, neglijans

negligent *adj.* ensousyan, manfouben, neglijan, vag *Someone as negligent as you, I won't leave my child in your care.* Moun vag tankou ou, m p ap lage pitit mwen nan men ou.

negligible *adj.* neglijab

negotiable *adj.* 1[*rates, conditions, contracts*] negosyab *The salary is not negotiable.* Salè a pa negosyab. 2[*road*] abòdab, pasab

negotiate *v.tr.* chita pale, negosye *If they negotiate, they will quickly find a solution.* Si yo chita pale, trapde y ap jwenn solisyon. *I won't negotiate this.* M p ap negosye sou sa. •**negotiate an agreement** fè yon akò *We managed to negotiate an agreement with the school to pay in installments.* Nou rive fè yon akò ak lekòl la pou peye pa mòso.

negotiation *n.* aranjman, chita pale, negosyasyon *Some negotiations were made with the rebels.* Gen aranjman ki te fèt ak rebèl yo. *The two opposing parties had some negotiations.* De pati yo ki nan chire pit la te fè yon chita pale. **negotiations** *n.pl.* traktasyon

negotiator *n.* negosyatè

negritude *n.* negritid

Negro *prop.n.* moun{nwa/nwè}, nèg{nwa/nwè}

neigh[1] *n.* hi •**neigh or whinny** [*of a horse*] hi *Horses neigh.* Chwal fè hi.

neigh[2] *v.intr.* ranni *The horse neighed when he came close.* Cheval la ranni lè li pwoche.

neighbor *n.* pwochen, vwazen, vwazin [*fem.*] **neighbors** *n.pl.* vwazinay •**my honorable neighbor** majeste *My honorable neighbor, how are you today?* Majeste, kouman ou ye la?

neighborhood *n.* alantou, anviwon, blòk, lantouray, lokalite, viwonn, vwazinay, zòn *I'm just making a little visit in the neighborhood.* M ap fè yon ti pase nan alantou a. *We live in the neighborhood.* Se nan blòk la

nou rete. *She doesn't live in the neighborhood.* Li pa rete nan lantouray la. •**in a wealthy neighborhood** dèyè lanperè *She lives in a wealthy neighborhood.* Li rete dèyè lanperè. •**in the neighborhood of** [*approximately*] nan zòn *It'll cost you in the neighborhood of three hundred dollars.* L ap koute ou nan zòn twa san dola. •**miserable neighborhood** koridò •**residential neighborhood** katye rezidansyèl

neither[1] *adv.* ni tou, nonplis, tou —*I'm not going.* —*Neither am I.* —M pa prale. —Ni mwen tou. *She won't buy it, and neither will I.* Li pa p achte l; ni mwen menm tou. *If you aren't leaving, neither am I.* Si nou p ap soti, m p ap soti tou. *If you don't want any, then neither do I.* Si ou pa vle, alòs mwen nonplis.

neither[2] *conj.* ni, nitou *He neither drinks nor smokes.* Li pa ni bwè ni fimen. •**neither ... nor** ni...ni *Neither my mother nor my father has the money to send us to school.* Ni manman m ni papa m pa gen lajan pou voye nou lekòl. •**neither one nor the other** pa pip pa tabak *Which one do you want?* –*Neither one nor the other.* Ki sa w ap pran nan de sa yo? –Pa pip pa tabak.

neither[3] *pro.* pa (gen) youn nan de pyès nan de *Neither of these shirts suits me.* Pa youn nan de chemiz yo bon pou mwen. *Neither of us will be able to come.* Pyès nan nou de a ka vini.

nemesis *n.* lènmi

neocolonialism *n.* neyokolonyalis

neocolonialist *adj.* neyokolonyalis

neocolonialist *n.* neyokolonyalis

neoliberal *adj.* neyoliberal

neoliberalism *n.* neyoliberalis

neon *n.* neyon

nephew *n.* neve

nephritis *n.* maladi ren, nefrit

nepotism *n.* relasyon

Neptune *prop.n.* [*planet*] Neptin

nerd *n.* enfibi

nerve *n.* 1[*anat.*] nè 2[*disrespectful, rudeness*] pèmèt li *He had the nerve to tell me I can't do the job!* Li pèmèt li l di m kousi m pa ka fè travay la. 3[*courage, coolness, etc.*] kouray, sanfwa *He was afraid to jump across but he held his nerve.* Li te gen krentif pou l sote travèse men li gade sanfwa li. *It took a lot* *of nerve, but he made to the end.* Sa pran yon pakèt kouray, men li rive nan bout la. **nerves** *n.pl.* nè •**nerve racking** ennèvan •**acoustic nerve** nè tande •**get on s.o.'s nerves** enève *The constant noise in the street gets on my nerves.* Bwi sa tout jounen nan lari a enève m. •**have a lot of nerve** pa manke radi *You have a lot of nerve!* Ou pa manke radi! •**have nerve** dechennen *Although you're in the wrong, you're still insulting people, you've got nerve.* Kwak ou an tò, w ap joure moun ankò, ou dechennen vre. •**optical nerve** nè optik •**pinched nerve** nè kwense •**show a lot of nerve** gen je chèch •**spinal nerve** nè rèldo •**you're getting on my nerves!** pa eksite m, non *You're getting on my nerves! Pa eksite m, non!*

nervous *adj.* nè, pa (santi li){anlè/atè}, sou lè nè *Calm down, friend, you're too nervous.* Kalme ou non monchè, ou gen twòp nè. •**be nervous** pè *He's nervous about the exam.* Li pè egzamen an. •**make nervous** mete yon moun sou nè *With that kind of talk, you make me nervous.* Ak koze sa, ou mete m sou nè.

nervously *adv.* ak kè sote, kè sous biskèt

nervousness *n.* an chimè, nè

nest *n.* [*birds, insects, etc.*] nich •**make one's nest** niche *The bird made its nest in the palm tree leaves.* Zwazo a niche nan fèy pye palmis la. •**termite's nests** [*pieces of; used as shrimp bait*] chapeton

nestle *v.intr.* bloti *She nestled in my arms.* Li bloti nan bra mwen yo.

net[1] *adj.* [*after taxes*] nèt *After the deduction of all taxes, the net salary isn't very high.* Apre yo fin pran tout taks sou mwen, salè nèt la pa anpil.

net[2] *n.* 1[*sport*] filè 2[*fish, birds, etc.*] filè, nas, nèt, privye •**antimosquito net** moustikè •**basketball net** pànye baskèt •**bird net** privye •**casting net** privye •**fishing net** privye •**landing net** [*fishing*] epwizèt •**mosquito net** moustikè •**top corner of the net** [*soccer*] likàn, ve •**trawling net** sèn

net-grass *n.* afyo

nether *adj.* ba

Netherlands *prop.n.* Lawolann, Laolann, Olann, Peyiba, Wolann

Netherlands Antilles *prop. n.* Antiy Nelandèz

netting *n.* filè •**wire netting** griyay

network *n.* rezo •**a cellular network** yon rezo selilè

networking *n.* kòkòday

neuralgia *n.* nevralji

neuritis *n.* anflamasyon nè, nè anfle

neurologist *n.* doktè nè, newològ

neurology *n.* newoloji

neuron *n.* newonn

neurotic *adj.* flè (la)sezon *She can't ever decide what she wants. She's neurotic.* Li pa janm ka deside sa li vle. Se yon flè lasezon li ye.

neuter *v.tr.* chatre, esterilize *We had the dog neutered.* Nou fè chatre chen an. *Go see a veterinarian to have the dog neutered.* Wè yon veterinè pou esterilize chyen an.

neutral *adj.* net, pouryen *Referees must remain neutral.* Yon abit dwe rete net. *What is your political affiliation? —We're neutral.* Nan ki kan politik ou ye? —Nou pouryen. •**be neutral** pa mele *I not for one or the other. I'm neutral.* M pa pou yonn ni lòt. Mwen pa mele.

neutral *n.* [*gear (transmission)*] net *You start the car in neutral.* Se sou net pou ou estat machin lan.

neutralize *v.tr.* netralize *The police neutralized the criminal.* Lapolis netralize bandi a.

neutron *n.* netwon

never[1] *adv.* janm, janmen, lè ti poul{fè/gen/pouse} dan, nanpwen jou, pa janm, pa tande *She never forgets what anybody does for her.* Li pa janm bliye sa ou fè pou li. *Be careful to never do that again.* Piga ou janm fè sa ankò. *I've never met him.* M pa janm fè konesans ak li. *I'll never cry.* Nanpwen jou pou mwen kriye. *She would never have married him if it weren't for family pressure.* Li pa te marye ak misye si se pa t presyon paran. *You can say what you want, but she'll never ever believe it.* Ou met di sa ou vle, l ap kwè lè ti poul ap fè dan. •**never again** se ra se ta, se swa janmen *Never again, I will not lend you my stuff anymore.* Se ra se ta, m p ap janm prete ou anyen ankò. *Never again will I drink alcohol.* Se swa janmè m. •**never at all** ogranjamè •**never mind** kite sa

never[2] *interj.* janmen *Me go live in the woods... never!* Mwen menm al rete nan bwa... janmen!

never-die *n.* [*herb*] fèy frize, lougawou

never-ending *adj.* ajanmè, pou toutan

never-failing *adj.* enfayib, pou toutan

nevermore *adv.* sera seta, se swa jamè,

nevertheless *adv.* atousa, kanmenm, malgre sa, nanpèch, poutan, sepandan, tansèlman, tout jan *Whether you want to or not, nevertheless you have to go.* Vle pa vle, se pou ou ale kanmenm. *There's misery, nevertheless people are carrying on with their lives.* Gen mizè, malgre sa moun yo ap viv. *The sky isn't overcast, nevertheless you are going out with an umbrella?* Tan an pa mare, nanpèch ou soti ak yon parapli? *Our car is broken down; nevertheless we have to go to the wedding.* Machin nou an pàn, tout jan fò n al nan maryaj la.

new *adj.* **1**[*different*] lòt, nouvo *I quit my job, and I'm looking for a new one.* M kite travay la, m ap chache yon lòt. *It's the first year in a new country that's always the hardest.* Premye ane nan yon lòt peyi, se li k toujou pi di. — *Has anything changed? —No, there's nothing new.* —Gen anyen ki chanje? —Non, pa gen anyen nouvo. **2**[*having existed for a short time*] nèf, nouvo *It's a new store.* Se yon magazen nèf. **3**[*latest*] fèk parèt, nouvo *It's a new CD I'm listening to.* Se yon sede ki fenk parèt m ap koute la. **4**[*inexperienced*] jenn, fenk, nouvo, sòt *You're new to the job. You'll learn.* Ou jenn nan travay la. Ou ap aprann. *They're new to the neighborhood.* Yo fenk rive nan katye a. **5**[*newly occurred*] nouvo, nouvèl *There's nothing new, the country is just as you left it.* Pa gen anyen ki nouvo, peyi a jan ou te kite l la. *It's a new house.* Se yon nouvo kay. **6**[*not used before*] nèf *This car isn't secondhand; it's new.* Se pa yon machin dezyèm men, sa; se yon machin nèf li ye. **7**[*fresh*] nivo, nouvo *Is the milk new?* Eske lèt la nivo? •**brand new** flanban nèf *Louis just bought a brand new car.* Lwi fenk achte yon machin flanban nèf. •**what's new** ki{nouvèl/nyouz}, sa k pase •**what's new with you** ban m{boula/nouvèl}ou

New Testament *prop.n.* nouvo{kontra/ testaman}

New Year *prop.n.* {nouvo/nouvèl}ane, nouvo lane *Happy New Year!* Bòn ane!

New Year's Day *prop.n.* joudlan

New York *prop.n.* Nouyòk (Nyouyòk)

newborn *n.* nouvone, timoun fèk fèt, tyovi

newcomer *n.* fèk vini, jès kòm, moun deyò *There isn't any room for newcomers.* Pa gen plas pou moun deyò.

newly *adv.* nouvo *This is a newly invented machine.* Sa se yon nouvo aparèy.

newly-rich *n.* arivis, paveni

newlywed *n.* jenn marye, nouvo marye

news *n.* **1**[*broadcast*] aktyalite, enfòmasyon, nouvèl **2**[*facts reported about recent events*] aktyalite, degenn, nouvèl, zen *Give me news of yourself.* Ban m degenn ou? *Didn't you hear the news?* Ou pa tande zen an? *Have you had any news from your mother?* Ou pran nouvèl manman ou? •**bad news** move nouvèl •**be in the news** fè yon soti boum *The singer is in the news with his new album.* Chantè a fè yon soti boum ak nouvo plak li a. •**have no news of s.o.** pa tande van yon moun *She hasn't had news of her child for five years.* Li pa tande van pitit li a depi senk an. •**in the news** alaparèy *They are always in the news.* Yo toujou alaparèy. •**make the news** fè aktyalite •**person in the news** [*leading figure*] majò jon •**piece of news** nouvèl

news-sheet *n.* gazèt

newsletter *n.* bilten

newsmonger *n.* jouda

newspaper *n.* jounal

newsprint *n.* papye jounal

newsreel *n.* fim aktyalite

newsstand *n.* boutik jounal

newsvendor *n.* machann jounal

newsworthy *adj.* notab

next[1] *adj.* lòt, pwochen, swivan *Next year, I'll advance to the next higher grade.* Lòt ane, m ap chanje klas. *She's going to New York next year.* Li pral Nouyòk ane a pwochèn. *You'll see it on the next page.* Ou va wè l sou paj swivan an.

next[2] *adv.* answit, apre, kote, swivan *Then, what happened next?* Answit, sa ki rive? *I live next to the hospital.* Mwen rete kote lopital la. *Next, it's your turn.* Swivan, se tou pa ou konnya. •**next to** *a*[*almost nothing*] preske anyen *She said next to nothing.* Li prèske pa di anyen. *b*[*beside*] aprè, akote, bò (kote), kote, kole (ak) *My house is next to the street.* Kay mwen an tousuit apre lari a. *His mother is sitting next to him.* Manman l chita a kote

l. *The house is next to the school.* Kay la kole lekòl. *She's the one sitting next to the door.* Se sa k chita bò kote pòt la. *The girl has a beauty mark next to her mouth.* Kòmè a gen yon bèl siy bò bouch li. **c**[*closest to in degree, order*] apre, swivan *Next to my father, he's the person I like the most.* Apre papa m, se li m pi renmen. *Next, it's your turn.* Swivan, se tou pa ou konnya. *Doctors are next to God.* Apre Bondye se doktè. •**next to last** avan dènye *He sits on the next to last bench.* Li chita nan avan dènye ban an. •**right next to** anba bab, (tout) kole ak, kole kole, nan bouch yon kote,bouch ak nen, nen ak bouch *My house is right next to the church.* Kay mwen kole kole ak legliz la. *They live right next to each other.* Distans de moun sa yo rete a se nen ak bouch.

nibble *v.tr.* fè{laptitbouch/lasisin}(ak), wonyen *The rat nibbled the cheese and the trap snapped shut.* Rat la wonyen fwomay la epi pèlen an fèmen sou li. *She's nibbling at her food so she won't finish eating quickly.* L ap fè lasisin ak manje a pou l pa fini vit. •**nibble on** [*food*] pike *She nibbled on some pieces of banana that were in the food.* Li pike de moso bannann nan manje a.

nibbling *n.* lasisin

nice *adj.* **1**[*kind, friendly, pleasant*] bon, dou, emab, janti, pyout, soup, swa *This dog is nice.* Chen sa a dou. *Negotiations with the lawyer will be easy because he's a nice person.* Negosyasyon ak avoka a ap fasil paske li se yon nèg soup. *Only nice people should work in an office.* Se moun ki janti ki dwe travay nan biwo. *The girl is nice; you should ask her on a date.* Fi a pyout; se pou ou abòde li. **2**[*pleasing to the senses*] bèl, bon, bon zenzenn, nyouwann *There's a nice breeze blowing under the tree.* Gen yon bon ti van anba pyebwa a. *That was a nice car that just passed by.* Sa te yon machin nyouwann ki fèk pase la. *The new teacher is really nice; you'll like him.* Ou va renmen nouvo mèt la, se bon zenzenn li ye. •**nice woman** sò *I won't lose that nice woman, she gets along very well with me.* M p ap kite sò a, li byen boule ak mwen. •**a nice person** bon vye{nèg/moun} *He's a very nice person.* Li se yon bon vye moun. •**be nice to s.o.** fè bèbèl ak, gen bon jan *She was nice to me on my first day.* Li fè bèbèl ak mwen prenmye jou mwen an. •**do sth. nice** fè(bèl/yon moun yon prevnans} *I need to do something nice for his birthday.* M bezwen fè l yon prevnans pou fèt li. *She did a nice thing by cleaning the house.* Li fè bèl; li netwaye tout kay la. •**not be nice** gen lè li *He's not nice all the time, he has his moments.* Li pa janti toutan, li gen lè li. •**very nice** [*good quality*] bon vye *This is a very nice, sturdy pair of shoes.* Sa se yon bon vye soulye.

nicely *adv.* an dous, jantiman *She received us nicely.* Li te resevwa nou jantiman. •**nicely and wittily** pyout *She talks so nicely and wittily.* Li pale pyout.

niceness *n.* jantiyès

nick[1] *n.* fant, kòche •**in the nick of time** jis atan *He arrived in the nick of time.* Li rive jis atan.

nick[2] *v.tr.* breche, kòche, make *Nick the piece of wood so that it can be sawed.* Make bwa a la pou ka siye l. *He nicked all the furniture in the house with his toys.* Li breche tout mèb nan kay la ak jwèt li yo. •**nick o.s.** kòche li nan *He nicked himself while shaving.* Li kòche li nan figi lè li t ap raze.

nicked *adj.* breche *The plate is nicked.* Asyèt la breche.

nickel *n.* [*metal*] nikèl

nickel-plated *adj.* nikle

nickel-plating *n.* niklay

nickname *n.* non{gate/jwèt/kachkach}, {ti/vye}non, tit

nicotine *n.* nikotin

niece *n.* nyès

niggardly *adj.* mesken *He's very niggardly.* Li mesken anpil.

night *n.* **1**[*nighttime*] lannuit, nui(t), nannuit *My tooth started hurting during the night.* Dan an pran m lannuit lan. **2**[*evening*] a swè, swa, swè *I talked to her Tuesday night.* M pale avè l madi swa. *It rained every night last month.* Lapli tonbe chak swa mwa pase a. **3**[*specifying (bowling night)*] sware *You know that Tuesday is domino night.* Ou konn madi se sware domino. *I'm taking you for a night out on your birthday.* M pral mennen ou nan yon sware deyò pou fèt ou. **nights** *n.pl.* denui, leswa *He works nights.* Li travay denui. •**night and day** toutan •**all night**

long manch long *Tonight we're having a party that will last all night long.* Aswè a se yon fèt manch long. •**at night** aswè, lannuit *You know werewolves come out at night!* Ou konn se chanpwèl ki sòti aswè! •**deep into the night** byen ta *We talked deep into the night.* Nou rete byen ta ap pale. •**during the night** nannuit, nan lannuit *He came during the night from Thursday to Friday.* Li vini nan lannuit jedi pou louvri vandredi. •**during the night from...to...** nan lannuit...pou{louvri/rive}... *During the night from Thursday to Friday.* Nan lannuit jedi pou louvri vandredi. •**in the dead of night** gwo lannuit •**in the middle of the night** gwo lannuit •**last night** ayè oswa, yè (o)swa *I didn't sleep at all last night.* M pa dòmi menm yè swa. *I saw him last night.* M te wè li yè oswa. •**sleepless night** lannuit blanch, nuit blanch *I keep having sleepless nights.* Chak swa, m pase yon nuit blanch. •**the night before** lavèy *They left the night before the celebration.* Yo pati lavèy fèt la.

night-light *n.* veyèz

night-owl *n.* antre ta, bèt seren, jamè dodo *We have two night-owls in the house, they go to bed in the wee hours.* Nou gen de antre ta nan kay la, se nan ti chif y al dòmi.

nightclub *n.* diskotèk, kabare, nayklèb

nightfall *n.* a lannuit, fènwa

nightgown *n.* bebidòl, chemiz de nwi, chemizdenui, karako

nightingale *n.* resiyòl, wosiyòl

nightlight *n.* veyèz

nightly *adv.* chak swa *This program comes on nightly.* Yo bay pogram sa a chak swa.

nightmare *n.* kochma, move rèv

nightshade *n.* [*common med. plant*] lanman{fran/laye}, lanman

nightstand *n.* tab de nwi(t), tabdenwi(t)

nighttime *n.* lannuit

nil *n.* zewo

nimble *adj.* ajil

nimbleness *n.* souplès

nincompoop *n.* je pete klere, kreten

nine *num.* nèf •**nine o'clock** nevè

nineteen *num.* diznèf

nineteenth *adj.* diznevyèm

ninetieth *adj.* katrevendizyèm

ninety *num.* katrevendis

ninth *adj.* nevyèm

nip I *v.tr.* **1**[*cold*] pike *The cold air nipped us in the face.* Lè frèt pike nou nan figi. **2**[*plant, bud, etc.*] pense *You have to nip some of the buds of the tomato plant so it will produce properly.* Fòk ou pense kèk nan boujon tomat yo pou li byen donnen. **3**[*bite*] bay koutdan *That dog nipped me in the butt.* Chen sa a ban m koutdan nan dèyè. **II** *v.intr.* [*bite, nibble at*] bay ti kout dan, mòde alawonyay *The rat only nipped at the cheese.* Rat la annik mòde fwomaj la alawonyay. *The little dog nipped at his owner's feet.* Ti piti chen an fè ti koutdan bay pye mèt li. •**nip in the bud** dezamòse, touye nan ze *The medicine nipped the fever in the bud.* Grenn nan dezamòse lafyèv la. *Don't let the problem continue, nip it in the bud.* Pa kite pwoblèm nan kontinye, touye l nan ze.

nipple *n.* **1**[*body part*] {bouch/bouton/pwent}{tete/tòtòt} *Her nipples showed through the blouse.* Pwent tete l parèt nan kòsay la. **2**[*baby bottle*] tetin *The hole in the nipple is too small.* Tou tetin lan twò piti.

nipple-shaped part *n.* tete *This mango has a nipple-shaped end.* Mango sa a gen tete.

nippy *adj.* frèt

nitpick *v.intr.* gen twòp mistè nan fè yon bagay, titès *He nitpicks way too much.* Gen twòp mistè nan sa li fè. *The way she nitpicks, you can't get along with her.* Jan pitit sa a titès, ou pa p ka boule ake li.

nitpicker *n.* chikanè

nitrate *n.* nitrat •**silver nitrate** nitrat ajan

nitric *adj.* nitrik

nitrogen *n.* azòt, nitwojèn

nitroglycerin *n.* gliserin

nitty-gritty *n.* fondèt, nannan

nitwit *n.* sèvo zòtolan, tèt poul

no[1] *adj.* **1**[*not any*] kras, okenn, nanpwen, pa, pyès *There's no sugar left.* Nanpwen sik ki rete ankò. *I'm no fool!* M pa egare! *No road leads there.* Pa gen kras wout ki mennen la. *She invited her friends for her party, no one showed up.* Li envite zanmi l pou fèt li, pyès moun pa met pye. *There's no refrigerator in the house.* Pa gen okenn frijidè nan kay la. *It's no distance at all.* Li pa lwen menm. **2**[*forbidding*] piga *No smoking here.* Piga ou fimen isit. *No parking in the garage.* Piga ou estasyonnen nan garaj la.

no² *adv.* non *Are you sick? —No.* Ou malad? *—Non. Have you already eaten? —No, not yet.* Ou manje deja? *—*M pankò non. *No, I can't come with you.* Non, m p ap vini avè ou. •**no one** pyès moun *There's no one at home.* Pa gen pyès moun nan kay la.

no³ *interj.* non, now

Noah's Ark *prop.n.* lach (Noe)

noble *adj.* nòb *He's a noble person.* Misye se yon moun ki nòb.

nobody¹ *n.* grapiyay, nenpòteki, pèsonn pa yon{mèd/ lepèt}, pa yon mèd, pèkseswa *Don't get involved with these nobodies.* Pa okipe grapyay la. *I'm not a nobody, I have a lot of connections in this country.* Mwen pa nenpòteki, m konn moun nan peyi a. *He's a nobody.* Li pa yon lepèt. *He's nobody, he can't do anything for you.* Msye pa yon mèd, li pa ka regle anyen pou ou. *I spoke to nobody before I came to you.* M pa pale a pèkseswa anvan m vin jwenn ou. •**nobody else** {okenn/pa gen}lòt moun *Nobody else came.* Okenn lòt moun vini.

nobody² *pro.* menm chat, {okenn/pèsonn/pyès} moun, pèsòn *Nobody wants it.* Pèsonn moun pa vle l. *Nobody came to the meeting.* Okenn moun pa vini nan reyinyon an. *Absolutely nobody showed up at the party.* Ata menm chat pa mete pye nan fèt la. *Nobody went out.* Pèsonn pa soti.

nocturnal *adj.* lannuit *This is a nocturnal activity.* Sa a se yon aktivite lannuit.

nod¹ *n.* **1**[*when dozing*] kout tèt **2**[*to s.o. (sign)*] siy, siy de tèt

nod² *v.tr.* fè siy de tèt, souke *He nodded his head yes.* Li fè siy de tèt di wi. •**nod in agreement** fè{(yon) siy dakò/wi ak tèt •**nod off** {bay/fè}{kout tèt/zikap}, dodomeya, fè singo *I caught him nodding off on the job.* M bare l ap bay kout tèt nan travay. *He was nodding off in church.* Li t ap fè singo nan legliz. •**nod one's head** souke tèt li *Stop nodding your head at me.* Pa souke tèt ou ban mwen.

node *n.* ne •**lymph node** glann •**swollen lymph node** glann

noggin *n.* [*fam.*] kòkòwòs tèt, kabòch{kabòs/kòkòwòs} tèt, kabòch, kalbas tèt

noiriste¹ *adj.* nwaris

noiriste² *n.* nwaris

noise *n.* **1**[*sound*] bri, pale fò, son *What's that noise?* Ki bri sa a? *Why all that noise in the house?* Poukisa tout pale fò sa yo anndan kay la? **2**[*commotion*] bowou,, briganday, dezòd, esklann, espektak, wololoy *Stop making all that noise!* Sispann fè espektak la! **3**[*impact, etc.*] bri *The book made a lot of noise when it came out.* Liv la fè yon pakèt bri lè li parèt. **4**[*rumor, etc.*] bri ki{kouri/gaye} *There was some noise you were back in town.* Te gen yon ti bri ki kouri di ou gentan tounen an. **5**[*interference, radio/TV, etc.*] estatik •**big noise** katchaboumbe •**loud or deafening noise** kònay •**make noise** bat estaba, brigande, djobe, fè{briganday/tapaj/ tren/zen}, tanpete *I don't allow anyone to come and make noise here.* M p ap kite pèsonn vin brigande la. *The teacher didn't come today, the students started making noise.* Mèt la pa vini jodi a, elèv yo tonbe fè briganday. *Stop making noise, there are people who are sleeping.* Ase fè tapaj la, gen moun k ap dòmi. •**noise of dripping water** tak tak *Listen to the noise of the rain on the metal roof.* Tande tak tak lapli a sou tòl la.

noiseless *adj.* san bri

noisemaker *n.* rara, rara{bwa/fèblan}

noisily *adv.* ak anpil bri

noisome *adj.* **1**[*harmful*] nwizib **2**[*smelling bad*] santi fò

noisy *adj.* kabalè, kabalèz [*fem.*], woywoy *It's too noisy here.* Li kabalè twòp isit. •**noisy person** eskandalè, moun lari *Fifi is a noisy person, she's not afraid to create a disturbance.* Fifi se moun lari, li pa pè deranjman. •**be noisy** bat estaba, brigande, fè ribanbèl *Don't you realize that there are people sleeping, and yet you're being noisy like that.* Nou pa wè gen moun k ap dòmi la pou n ap bat estaba konsa. *How am I to sleep if you are noisy like that?* Ki jan pou mwen fè dòmi an pè lè w ap fè ribanbèl konsa?

noma *n.* noma

nomad *n.* nomad

nomadic *adj.* nomad *A nomadic tribe...* Yon tribi nomad...

nominate *v.tr.* nonmen *They just nominated him for the director's position.* Yo fenk nonmen li pou pòs direktè a.

nomination *n.* deziyasyon, nominasyon

non-ambitious *adj.* san santiman *He's very easygoing—what you call non-ambitious.* Se nèg fasil li ye—sa yo rele san santiman.

non-believer *n.* mekreyan, monden

non-Haitian *prop.n.* etranje •**any non-Haitian** blan

non-Jewish *adj.* janti, payen, payèn [*fem.*] *This is a non-Jewish store.* Sa se yon magazen payen.

non-profit *adj.* benevòl

non-Protestant *n.* lemonn

non-spiritual *adj.* lachè *I don't engage in any activity that's non-spiritual.* M pa mele nan okenn aktivite lachè.

non-stop *adv.* longsay, nètalkole, san rete *She talked non-stop.* Li pale san rete. *The truck is going to Miragoâne non-stop.* Kamyon an prale Miragwàn longsay. *The band has been playing non-stop since nine o'clock.* Depi nev è, dyaz la ap frape nètalkole.

none *pro.* kras, nanpwen, okenn, pa yon tèk, pyès *None of them came.* Nanpwen yo youn ki te vini. *None of the people came.* Okenn nan moun yo pa vini. *There's none left.* Pa gen kras ankò. •**none at all** pa genyen menm *There's none at all leftover.* Pa gen menm ankò ki rete. •**none of them** yo youn pa *None of them has a car.* Yo youn pa gen machin. •**none of us** nou youn pa *None of us went to the party.* Nou youn pa ale nan fèt la. •**none of you** nou youn pa •**have none of that** [*refuse to accept*] pa tolere, pa nan rans *I'll have none of that here!* M pa tolere bagay konsa isit la!

nonentity *n.* jebede, kakatri

nonetheless *adv.* kanmenm, kwak sa, magre sa *We left early, nonetheless we arrived late.* Nou pati bonnè, kwak sa nou rive an reta.

nonsense[1] *interj.* {bounda/dada}nini, kaka rat dèyè {bèf/ bwat/bwèt}, koze{kredi/ kremòl}, mannigèt, presyon, rapò, vye koze *Say something serious instead of talking nonsense.* Di yon bon pawòl olye w ap pale koze kredi sa yo. *Nonsense! I won't give in to the pressure.* Mannigèt! M p ap pran nan presyon. *They fired you? Nonsense! Yo revoke ou? Presyon!*

nonsense[2] *n,* betiz, bobin detay, detay, galimatya, grabji, grimas, kaka{garyon/ biznaw/rat}, kochonste, koze {kredi/

kremòl}, majigridi, pwa, radòt, radotay, rans, salmanaza, tenten *That student has written a bunch of nonsense instead of an essay.* Elèv sa a ekri yon galimatya nan plas disètasyon an. *Don't talk nonsense like this in front of people.* Pa repete grimas konsa devan moun non. *Don't worry about this kind of nonsense.* Pa ba kò ou traka pou yon kaka garyon konsa. *Where did you get this nonsense?* Kote ou soti ak detay sa yo? *His head is full of nonsense.* Li chaje ak kochonste nan tèt li. *Say something serious instead of talking nonsense.* Di yon bon pawòl olye w ap pale koze kredi sa yo. *All of that is nonsense.* Tout sa se radòt. *What nonsense!* Ala de salmanaza papa! *Everything he says is nonsense, don't listen to him.* Tout sa l di la se pwa, pa okipe l. •**a lot of nonsense** yon flo betiz

noodle *n.* **1**[*pasta*] makawoni, makawoni plat **2**[*brain, head*] {kabòch/kabòs/kalbas/ kòkòwòs}tèt, kabòch, kabòs, kalbas, kòkòwòs

noogie *n.* [*usu. on the head*] zòbòy, zoklo

nook *n.* rakwen

noon *n.* midi •**at noon sharp** midi{bleng/ sonan/tapan/ won} *I'll be waiting for you here at noon sharp.* M ap tann ou la a midi sonan. •**at the stroke of noon** midi tapan •**before noon** anvan midi (sonnen) •**high noon** gwo midi *It's now high noon, it's getting hot.* Nou nan gwo midi, chalè a ap vin fò.

noonday meal *n.* dejennen, dinen

noose *n.* [*hangman's*] ne koulan

nopal *n.* [*large cactus*] (pat) rakèt) rakèt plat

nope *interj.* en en, now, oun oun *Nope, I'm not going.* Now, m pa prale.

nor'easter *n.* [*wind*] nòde

nor'wester *n.* [*wind*] nòwa

nor *conj.* ni, nitou *I'm not her friend, nor am I her enemy.* M pa zanmi li, ni tou m pa lènmi l. *He didn't understand anything the school teacher said, nor did he want to.* Li pa konprann anyen nan sa a mètrès la di l, nitou li pa t vle konprann.

norm *n.* nòm

normal *adj.* egal, natirèl, nòmal, òdinè *December twenty-fifth is a normal day for non-Christians.* Vennsenk desanm se yon jou òdinè pou moun ki pa kretyen. *Yves is a normal guy, you need not fear speaking with* him about anything. Iv se yon moun egal, ou pa bezwen pè pale nenpòt bagay avè l. *After the upheavals, things got back to normal.* Apre twoub yo, bagay yo antre nan nòmal yo. •**become normal** nòmalize *The situation became normal rapidly.* Sitiyasyon an pa t pran tan pou l nòmalize.

normally *adv.* konn, nòmalman *Normally it's like that that you have to do the job.* Nòmalman fòk se konsa menm pou ou fè travay la. *What time do you normally get up?* Ki lè ou konn leve?

north *n.* nò *It's raining in the north.* Gen lapli nan nò. •**on the North** [*side*] o nò •**to the north** [*side*] o nò *His house is located to the north.* Kay li a sitiye o nò. •**toward the north** o nò

North Africa *prop.n.* Lafrik (di) Nò

North America *prop.n.* Lamerik di Nò

North Pole *prop.n.* pòl Nò

North Star *prop.n.* zetwal polè

northbound *adj.* vè nò

northeast *n.* nòdès

northern *adj.* {pati/zòn}nò *The northern part of the country...* Pati nò peyi a...

northern jacana *n.* [*tropical water bird*] poul dlo dore

northward(s) *adj.* bò kote nò

northwest *n.* nò(d)wès

Northwest *prop.n.* [*department of Haiti*] Nòdwès, Nòtwès

nose[1] *n.* 1[*body part*] bwa nen, nen, ponm nen, zo{(bwa) nen/kloukloum} 2[*dog, cat, etc.*] mizo 3[*instinct*] lensten, nen fen *She has a nose for bargains.* Li gen nen fen pou piyay. •**nose bleed(ing)** nen senyen •**nose bone** zo bwa nen •**aquiline nose** nen jako •**bridge of nose** bwa nen, zo{(bwa) nen/kloukloum} •**by a nose** dejistès, long kou ke pis •**flat nose** nen{kraze/plati} •**good nose** [*for tracking*] fre *There's no dog with a better nose than this one.* Nanpwen chen ki gen bon fre pase sa. •**large nose** zèl nen •**on the nose** presizeman •**point of nose** pòm nen •**runny nose** de ran larim, nen koule *She has a runny nose.* Li gen de ran larim. •**tip of nose** pwent nen •**sides of nose** zèl nen •**snub nose** nen retwouse •**stopped/ study nose** nen bouche •**turned up nose** nen kanpe

nose[2] *v.tr.* pase dousman *The van nosed past us.* Taptap la pase nou dousman. •**nose around** fouyapòt *In nosing around he got into trouble.* Nan fouyapòt, li jwenn ak zo grann ni.

nosegay *n.* (boukè/jè}flè

nosh *n.* •**take a nosh** pran yon ti lave je *Since this morning, only now can I finally take a nosh.* Depi maten an, kounye m resi ap pran yon ti lave je.

nostril *n.* narin, twou nen

nosy *adj.* antchoutchout, antremetè, antremetèz [*fem.*], foura, fouyapòt, kirye, kiryèz [*fem.*], lafourad, many-many, tchòtchòwè, tripòt *You are too nosy, you want to know everyone's business.* Ou twò antchoutchout, ou bezwen konn zafè tout moun. *She's so nosy, if you leave your bag she'll go through it.* Jan l fouyapòt, si ou kite valiz ou, l apral ladan l. *Nosy people always want to know other's business.* Moun kirye toujou bezwen konn koze lòt moun. *This nosy boy touches everything.* Tinèg lafourad sa a manyen tout bagay. *Close the door because the nosy woman is on her way.* Fèmen pòt la paske madanm many-many la ap rive. *You're too nosy, you always need to know people's business.* Ou tchòtchòwè twòp, ou toujou bezwen konn koze moun. *You're really nosy, why don't you mind your own business.* Ou tripòt twòp, menyè okipe zafè ou. •**nosy person** anbadjòl, fèzè *This nosy person always needs to know other people's affairs.* Fèzè sa a toujou bezwen konnen zafè moun. •**be nosy** gen je jouda, je yon moun{toupatou/wè lwen} *Don't let her go into your bedroom because she's nosy.* Pa kite manmzèl antre nan chanm ou paske je l wè lwen.

not *adv.* 1[*with a verb*] pa *He does not live here anymore.* Li pa rete la ankò. *They shouldn't eat everything!* Yo pa ta manje tout! *We don't have any milk.* Nou pa gen okenn lèt. *She hasn't called yet?* Li panko rele? 2[*as a substitute for a clause*] pa, pa...non *Is she coming? I think not.* Èske l ap vini? M pa kwè non. *It appears not.* Li pa sanble non. 3[*understatement*] se pa ti kras, se pa de *There was not a few people at the party.* Se pa de moun ki te nan fèt la. 4[*with a pron.*] apa, pa *Not me!* Pa mwen! *Not us!* Pa nou! *She's* *going with us, isn't she? Apa l aprale ake nou? That's not him? Apa li sa?* •**not + pronoun** pa + pwonon *not me* pa mwen, *not us* pa nou •**not ... at all** pa ... ditou *I don't drink at all.* M pa bwè ditou non. •**not at all** {pa/ni}de pre ni de lwen, pa ... kras, pa ditou, pa menm, pyès, tou *You don't look like him at all.* Ou pa sanble l de pre ni de lwen. *He said he'd be there, but he didn't come at all.* Li di l t ap la, men li pa t vini kras. *Was it you who came to ask for me? —Not at all!* Se ou ki te vin mande pou mwen an? —Pa ditou! *This week isn't good at all.* Senmenn sa pa bon menm. *I haven't been out at all.* M p ap sòti pyès. *Show me respect, you hear, I'm not at all in a good mood today.* Fè respè ou tande, m tou pa sou san m jodi a. •**not only** nonsèlman •**not so well** malman •**not very** [*in any/no way*] pa anpil *My mother was not very pleased.* Manman m pa t kontan anpil. •**not yet** poko •**like it or not** vle pa vle *I'm going like it or not.* M prale vle pa vle. •**why not** poukipa, sa k fè *Why don't we call her and ask her?* Sa k fè n pa rele l nou mande l? *Why not just tell him the truth?* Poukipa di l verite a?

notable *adj.* notab

notably *adv.* notaman

notarize *v.tr.* notarye *A notarized document...* Yon ak notarye...

notary public *n.* notè

notation *n.* nimerasyon •**musical notation** sòlfèj

notch *n.* antay, dan, kran, mak *The carpenter put a notch in each board.* Ebenis la fè yon antay nan chak planch.

notched *adj.* breche, dantle *The knife is notched.* Kouto a breche.

note[1] *n.* [*short message*] biyè, nòt *I have a lot of notes to review.* M gen anpil nòt pou mwen etidye. **notes** *n.pl.* nòt •**bank note** biyè, papye lajan •**brief informative note** kout flach blanch •**make a note of** note *The secretary made a note of everything people said.* Sekretè a note tout sa moun yo di. •**prefatory note** prigad •**promissory note** dwedou •**short note** de liy •**take note** swiv *I'm taking note of everything she's saying.* Tout pale l ap pale a, m ap swiv li.

note[2] *n.* [*mus.*] nòt •**eighth note** kwoch •**half note** •**quarter note** kwochè, nwa

•**sixteenth note** de kwoch •**sixty-fourth note** kat kwoch •**thirty-second note** twa kwoch •**whole note** wonn

note[3] *v.tr.* **1**[*record*] anrejistre, konsiyen, pran nòt, note *The secretary noted the time he came to work.* Segretè a anrejistre lè li antre nan travay la. *The students noted their homework in their agendas.* Elèv yo pran nòt devwa yo nan ajenda yo. *The clerk noted all the proceedings.* Grefye a konsiyen tout pwosèvèbal la. **2**[*notice*] konstate, note, remake *The doctor noted that the patient was feeling better.* Doktè a konstate pasyan an gentan refè. *Note that the matter is not closed.* Se pou ou remake nou poko fini ak koze sa a.

notebook *n.* kaye, kaye ekriti

notepad *n.* blòk papye

noteworthy *adj.* remakab *She is a noteworthy speaker.* Se yon oratè remakab.

nothing *n.* **1**[*gen.*] anyen, nanpwen anyen, okenn bagay, pa ... kras, pa yon tèk, pòpòt, zikap *I know nothing about it.* M pa konn anyen nan sa. *There is nothing there for you.* Nanpwen anyen la pou ou. *He saved nothing from the fire.* Li pa sove okenn bagay nan dife a. *With all the talking we did, she accomplished nothing at all.* Tout pale nou pale a, li pa fè zikap menm. **2**[*person*] yon pwèt *A nothing like you, you can't help me at all.* Yon pwèt kon ou, ou pa ka regle anyen pou mwen. •**nothing at all** anyen{ditou/menm}, nad marinad, pa pip pa tabak, pa{yon biznaw/ mèd/pèt}, pyès anyen, zikap *What's the result? —Nothing at all.* Ki rezilta? —Anyen ditou. *I will give you nothing at all.* M p ap ba ou yon pèt. *What have you achieved in your life? —Nothing at all.* Ki sa ou regle ak lavi ou? —Pa pip pa tabak. *He left nothing at all for me!* Li pa ban m pyès anyen! *She did nothing at all during our absence.* Li pa fè zikap menm pannan nou ale. •**nothing but** {anyen/ryen}apa *He did nothing but cry the whole time.* Li pa fè anyen apa kriye tout tan an. •**nothing can be done** bichi, ou mèt sote ponpe, ryennafè, se swa janmen *There is nothing that we can do! He will die.* Ryennafè! L ap mouri kanmenm. •**nothing doing** won bèbè *Do you want to go to the movies? —Nothin' doin'! I have to babysit.* Ou vle ale nan sinema? —Won bèbè! M bezwen gade timoun yo. •**nothing else** pa gen lòt bagay •**nothing much** pa gen anyen serye *There's nothing much going on here.* Pa gen anyen serye la a. •**absolutely nothing** menm yon epeng cheve *Don't insist, you'll get absolutely nothing from me.* Pa ensiste, menm yon epeng cheve ou p ap jwenn nan men m. •**do nothing** jwe, pa leve ni lou ni lejè, rete{(de) bra kwaze/chita kwaze pye}, vale van *That lazy person will do nothing.* Parese sa a p ap leve ni lou ni lejè. •**do nothing at all** pa voum pa do *He sits on his behind all day, he does nothing at all.* Li rete sou bounda l tout lasentjounen, li pa voum pa do. •**for nothing** *a*[*gen.*] donan donan, dous pou dous *For you, nothing is for nothing.* Tout bagay ou se dous pou dous. *b*[*for no reason*] anyen, kitikantan, pou granmesi, pou ryen *I couldn't move it for nothing.* M pa te ka bouje l pou granmesi. *There's nothing to it.* Pa gen anyen nan sa. *He hit the dog for nothing.* Kitikantan, msye frape chen an. *c*[*in vain*] kale{bannann/kòk/kokoye}pou po, pou {bèl flè/granmesi/ryen} *I went to the airport for nothing.* M al nan ayewopò a pou granmesi. *He did all that work for nothing.* Misye a kale bannann pou po. *She paid him for nothing, because he didn't finish the job.* Li ba li kòb la pou bèl flè; msye a pa fin fè travay la. *d*[*without payment*] gratis ti cheri, pou granmèsi *He didn't get anything for the job; he did it for nothing.* Li pa touche pou travay la; li fè li pou granmesi. *She gets all her food for nothing; she doesn't pay a cent.* Li pa peye senk kòb pou manje a; li jwenn tout sa gratis ti cheri. •**for nothing at all** gratis ti cheri •**for practically nothing** [*for little in return*] pou kras *He will fix your car for practically nothing.* L ap ranje machin ou pou kras. •**good-for-nothing** sanzave, vakabon, voryen •**have nothing {on/over}** *a*[*hold against s.o.*] anyen kont *The police have nothing on him.* Polis la pa gen anyen kont msye a. *b*[*not as good as*] pa{kamarad yon moun/pi fò pase yon moun} *She has nothing on me in drawing.* Li pa kamarad mwen nan fè desen. •**have nothing to do with** asosye, pa gen anyen pou wè{ak/nan}, pa mele ak, pouryen *I have nothing to do with the crime he committed.* M pa asosye nan krim ni an. *I*

have nothing to do with him. M pa gen anyen pou m wè ak msye. *We have nothing to do with those guys.* Nou pa mele ak moun sa yo. *We had nothing to do with what happened to him.* Nou pouryen nan malè ki rive a. •**have nothing to do with s.o.** detache li, soti anba (men) yon moun *I have nothing to do with them so that I'm not the subject of rumors.* M detache m sou yo pou m pa nan zen. *You are to have nothing to do with that good-for-nothing!* Se pou ou sòti anba men sanzave sa a, tande! •**it's nothing** pa gen dekwa *Don't worry! It's nothing!* Pa okipe ou! Pa gen dekwa! •**there's nothing to it** pa gen anyen nan sa *There's nothing to driving a car.* Pa gen anyen nan kondi machin.

nothingness *n.* neyan

notice[1] *n.* **1**[*written announcement*] afich, anons, avi, ekrito, sikilè *There was a no parking notice at the entry.* Te gen yon ekrito nan antre a ki bay pinga ou pou estasyonnen la. *She put a notice in the paper.* Li mete yon anons nan joual la. *They posted the notice in all the streets.* Yo poste avi a nan tout lari. *The company sent notices all around the neighborhood.* Konpayi a voye sikilè toupatou nan katye a. **2**[*notification*] avètisman, preyavi, prigad *The foreman gave him two weeks notice that he would not keep him on the job.* Bòs la ba l preyavi de semenn, li p ap kenbe l nan travay la. *I gave her notice to watch out for him.* M ba li prigad pou li sou pinga li avèk msye a. *They gave him notice to leave the apartment.* Yo ba l avètisman pou l kite apatman an. •**notice of termination** anons *The foreman gave him notice that he would not keep him on the job.* Bòs la ba l anons, li p ap kenbe l nan travay la. •**advance notice** preyavi *There was no advance notice of the tornado.* Pa t gen okenn preyavi konsènan siklòn nan. •**be given notice** [*of dismissal*] mete an disponibilite *There are a lot of state employees that were given notice.* Gen anpil anplwaye leta yo mete an disponibilite. •**give notice** [*quitting, leaving, etc.*] avèti *I gave notice that I'm not coming back after Christmas.* Mwen avèti yo m pa p tounen aprè Nwèl. •**take notice of** okipe, swiv *The guard took notice of the man as soon as he entered the bank.* Gad la okipe msye a sito li antre nan bank lan.

notice[2] *v.tr.* apèsi, konstate, make, note, obsève, remake, swiv, wè *I notice that you've lost some weight.* M konstate ou desann yon ti kras. *I didn't notice anything strange.* M pa t apèsi anyen ki dwòl. *I noticed you weren't at work.* M wè ou pa vin nan travay. *I notice he doesn't come here anymore.* M make m wè l pa vini la ankò. *Everyone noticed that the president hadn't come.* Tout moun te note prezidan an pa t vini. *What you said she did, I also noticed it.* Sa ou te di l fè a, m te obsève sa tou. *I notice that you don't come around here anymore.* M remake ou pa vin bò isit la ankò. *I noticed everything he did.* M swiv tout sa li fè.

noticeable *adj.* pete je yon moun *The problem is very noticeable.* Pwoblèm nan pete je ou. •**become noticeable** pèse *After the speech she became noticeable in political circles.* Swivan diskou a, li pèse nan koze politik yo.

noticeably *adv.* aklè, klèman, nèt *He is noticeably unashamed.* Klèman, li pa wont. *She drinks noticeably now.* L ap bwè aklè kounyeya.

noticed *adj.* •**make o.s. noticed** bat (ti) zèl li *When the President came, he made himself noticed.* Lè prezidan an vini, li bat zèl li.

notify *v.tr.* avèti, bay avi, prevni *The township notified them that they would destroy the houses.* Lakomin bay avi l ap kraze kay yo. *Notify the landlord you won't renew your lease.* Prevni mèt kay la ou p ap double nan men l. •**notify in advance** prevni *We weren't notified in advance.* Yo pa prevni nou.

notion *n.* lide, nosyon, prensip •**impossible notion** chimè *They filled her head with impossible notions.* Yo ranpli tèt li avèk yon pakèt chimè. •**false notion** pete tèt li *He had the false notion that she loved him.* Li pete tèt li avèk lide fi a te renmen li. •**slightest notion** pa gen lide menm *I haven't the slightest notion of where we are.* M pa gen lide menm kote nou ye.

notoriety *n.* •**public notoriety or rumor** klamè piblik *Public notoriety claimed he's the one who assassinated the journalist.* Klamè piblik akize l kòm nonm ki sasinen jounalis la.

notorious *adj.* kat make, notwa, repite *She's notorious, everyone in the town knows her.* Madanm sa se kat make, tout moun konnen li nan bouk la. *He's a notorious criminal.* Misye se yon kriminèl notwa. *She's notorious for gossiping.* Li repite nan fè tripotaj.

nougat *n.* nouga

noun *n.* non •**proper noun** non pwòp

nourish *v.tr.* alimante, nouri *You have to eat well in order to nourish your body.* Fòk ou byen manje pou nouri kò ou. *He nourished his hatred until he exploded.* Li alimante rayisans li jis li eksploze. •**nourish well** swen *I see your mother nourished you well.* M wè manman ou swen ou byen.

nourishing *adj.* fòtifyan, nourisan *She has to eat food that is nourishing.* Fòk li pran manje ki fòtifyan. *You have to eat nourishing things.* Fòk ou manje bagay ki nourisan.

nourishment *n.* alimantasyon, manje, nouriti *Mother's milk is a source of nourishment for the child.* Lèt manman se yon sous alimantasyon pou tibebe.

novel *n.* woman

novelist *n.* womansye

November *prop.n.* novanm •**November 1** [*All Saints' Day*] Latousen

novena *n.* nevèn

novice *n.* apranti, krebete, novis, preliminè

novitiate *n.* novisya

now[1] *adv.* [*at present*] aprezan, atò, jodi, koulye *I'm going to treat the others now.* M pral trete lezòt atò. *So it's now that you come?* Se atò ou vini? *What are you doing right now?* Ki sa ou ap fè aktyèlman? *What does your work have you doing now?* Ki sa ou fè nan travay ou aprezan? *I'm working hard now.* Koulye a se travay m ap travay. •**now ... now** tanto ... tanto *Now this way, now that way. Make up your mind!* Tanto konsi, tanto konsa. Deside atò! •**now and then** lè konsa, tanzantan *He stops by every now and then.* L ap vini tanzantan. •**as of now** apatandejodi *I quit smoking as of now!* M sispann fimen apatandejodi. •**between now and then** disi... *What will you do between now and tomorrow?* Sa ou ap fè disi demen? •**by now** alòkonsa, lè konsa *They should have arrived by now.* Alòkonsa yo rive. *I would have been there by now if you hadn't held me up.* Lè konsa, m te fin rive si ou pa t kenbe m. •**even now** alèkile, atò, atòkile, jis kounye a *Even* *now she doesn't speak to me.* Jis konnye a l pa janm pale avè m. *Even now he sleeps on ground.* Atòkile, li dòmi atè. •**every now and then** yon lè konsa, tanzantan *I see her every now and then.* M wè l yon lè konsa. •**from now on** alèkile, apatandejodi, apatandojodi, dezòmè *From now on I'm going to eat less.* Apatandejodi m ap manje mwens. *From now on, don't ever put your feet in my house again.* Dezòmè, pa janm met pye ou devan kay mwen ankò. •**just now** *a*[*a moment ago*] fenk, sòt *He just now left.* Li fenk ale. *b*[*at this moment*] alèkile, konnye a *She's sleeping just now.* L ap dòmi konnye a. •**right now** koulye la a, la, la menm *I'll take care of that right now.* M ap regle sa koulye la a. *How about if I give it to you right now!* E si m ba ou l la menm! •**until now** jouskasetè *Until now, I don't know where she is.* Jouskasetè m pa konn kote l ye. •**up to now** jiska {prezan/se jou}, jouskasetè *Up to now I can't believe it.* Jiska prezan m pa ka kwè sa. •**up until now** jiska {prezan/se jou}, jiskasetè *Up until now things were going well.* Jiska se jou bagay yo t ap mache byen. *Up until now we haven't seen her.* Jiskasetè nou poko janm wè l.

now² *n.* koulye, konnye a, kounye a *Now is the time to go see her.* Konnye a, se bon lè pou ou al kote l. *They should have gotten there by now.* Se konnye a yo gentan rive.

nowadays *adv.* alèkile, atòkile, jounen jodi a, sèjousi, sètansi *Nowadays everybody can listen to the radio.* Jodi a tout moun ka tande radyo. *Nowadays, everything has changed.* Jounen jodi a, tout bagay chanje. *Nowadays young people don't respect elders.* Sèjousi timoun pa respekte granmoun. *Nowadays, people don't trust each other.* Sètansi, moun pa fè moun konfyans.

nowhere *adv.* okenn kote, pa gen kote *I have nowhere to go.* M pa gen okenn kote pou m ale. *They have nowhere to stay.* Yo pa gen kote pou yo rete. •**get nowhere** vire won *Don't bother, you'll get nowhere with him.* Se pa lapenn, se vire won ap fè ak li. •**in the middle of nowhere** nan Ziltik.

nozzle *n.* bouch ponp gaz

nuance *n.* nyans

nub *n.* bout, bouton

nuclear *adj.* nikleyè

nucleus *n.* nannan, nwayo

nude *adj.* ni, nikò, toutouni

nudge¹ *n.* chikin *Give the freight a little nudge so that I can have some room.* Bay chay yo yon chikin pou m ka jwenn plas.

nudge² **I** *v.tr.* bay chikin *Nudge her a little to wake her up.* Bay li chikin pou fè li louvri je li. **II** *v.intr.* chikin kò li *Nudge over a little so I can sit down.* Chikin kò ou pou m ka chita.

nudity *n.* toutounis

nuisance *n.* **1**[*person*] anba bouch yon moun, antchoutchout, chòche, fawouchè, katchoupin, mangouyan, pès *She's a child who always a nuisance to grown-ups.* Se yon timoun ki toujou anba bouch granmoun. *This woman is a nuisance, she's always making trouble for people.* Dam sa a se yon katchoupin, li pa janm p ap nwi moun. **2**[*thing, event, person etc.*] anmèdman, azikrekre, bibikrankran, nuizans, pongongon,, tèt chaje, tilandeng, traka *The cold around here is a nuisance.* Fredi pa bò isit se yon anmèdman. *The clutter in the house is a nuisance to us.* Foukoufyaka nan kay la se bibikrankran pou nou. *That problem is a real nuisance to you.* Pwoblèm sa a se yon azikrekre pou ou vre. *All the traffic around here is a nuisance.* Tout machin ki pase pa bò isit la se tèt chaje toutbon.

nullify *v.tr.* annile *They nullified the contract.* Yo anile kontra a.

numb¹ *adj.* [*an arm, leg, etc.*] angoudi, mò, mouri *One of his fingers is numb.* Youn nan dwèt li yo angoudi. *My feet are totally numb.* Pye mwen yo mò nèt. *I don't feel my arm; it's completely numb.* Mwen pa santi bra m, li mouri nèt.

numb² **I** *v.tr.* [*limbs, etc.*] angoudi, mouri *The position he slept in numbed his whole body.* Pozisyon li kouche a angoudi tout kò l. *Watch that I don't numb your limbs with a blow.* Veye pou mwen pa mouri manm ou ak yon kou. **II** *v.intr.* [*fear*] arete, paralize *She was numb with fear.* Li arete avèk lapè.

number¹ *n.* **1**[*counting, figures, etc.*] chif, nimewo, nonm *What's your telephone number?* Ki nimewo telefòn ou? *What's the number of the house?* Ki nimewo kay la? **2**[*large quantity, amount*] flonn, fòs, konbe fwa, nonm, seri, valè, yon kantite *I* can't even count the number of people who were there yesterday. M pa menm ka konte fòs moun ki te la ayè. *You can't cross the street with that number of cars.* Ou pa ka travèse lari a ak flonn machin sa yo. *We can't count the number of people who died.* Nou pa ka konte seri moun ki mouri. *The team's supporters are few in number.* Ekip la manke yon seri fanatik. *A number of people came to the party.* Te gen yon bon valè moun nan fèt la. *He broke out of jail a number of times.* Li sove nan prizon konbe fwa. •**number in line** nimewo dòd •**a goodly number** yon bon nonm *There were a goodly number of tourists who came.* Te gen yon bon nonm touris ki vini. •**a large number of** kanaval, konben, yon{eskwad/kolonn} *A large number of soldiers entered the town.* Yon eskwad lame antre nan vil la. *Look at the large number of people who are coming there.* Men yon kolonn moun ap vin la a. *There were a great number of people in the room!* Se konben moun ki te nan sal la! •**an inordinately large number or amount** katsan •**a number of** pwopòsyon, valè, yon kantite •**be in large number** fè de pou senk •**big number of** [persons] bank •**case number** nimewo dòd *His case number is 87456.* Nimewo dòd li sou dosye a se 87456. •**complex number** nonm konplèks •**for every ... the same number** tank ... tank *The same number of people can get food as there are plates.* Tank yo gen plat, se tank moun k ap jwenn manje. •**lottery number** boul •**lucky number** [esp. lottery] boulpik, malatchong *Thirty-six is my lucky number in playing the lottery.* Trannsis se boulpik mwen nan bòlèt. *The way you're giving out lucky numbers, if they were good, you would be keeping them for yourself.* Jan ou ap bay malatchong sa yo, si yo te bon ou t ap kenbe yo pou kont ou. •**odd number** chif enpè •**ordinal number** chif òdinal •**prime number** [math] prim •**winning number** [lottery] premye mayòl •**wrong number** move nimewo

number[2] *v.tr.* nimewote *Number all the pages.* Nimewote tout paj yo.

numbered *adj.* gen nimewo, nimewote *The houses on this street aren't numbered.* Kay nan

ri sa a pa gen nimewo. *Each seat is numbered.* Chak chèz gen nimewo pa yo.

numbness *n.* angoudisman

numeral *n.* •**Arabic numeral** chif arab •**Roman numeral** chif women

numeration *n.* nimerasyon

numerator *n.* [math] nimeratè

numerous *adj.* 1[population] peple 2[large quantity] dekalyon, divès, valè *There were numerous people at the party.* Te gen bon valè moun nan fèt la. •**be numerous** fè{kenken/mikalaw/mikmak/pay/pèpèt} *At the party, there were numerous beautiful women.* Bèl fi te fè mikalaw nan fèt la.

numbskull *n.* sèvèl{akasan/wòwòt}, tèt{mato/zo}

nun *n.* chèsè, mabònmè, mè, masè, mè, relijyèz, sè

nunciature *n.* nonsyati

nuncio *n.* nons •**apostolic nuncio** nons apostolik

nunnery *n.* kay mè, kouvan

nuptial *adj.* konjigal, matrimonyal

nurse[1] *n.* enfimye [masc.], enfimyè, mis •**male nurse** [esp. for birthing] matwon •**private nurse** gad malad •**public health nurse** oksilyè •**registered nurse** enfimyè diplome •**scrub nurse** enfimyè sal doperasyon •**wet nurse** nouris

nurse[2] *v.tr.* 1[suckle] bay tete, tete *The child doesn't want to nurse.* Pitit la pa vle tete. 2[care for] swenyen *She nursed him back to health.* Li swenyen li jis li refè. 3[hope, idea, etc.] alimante, nouri *She nursed her hope until it became a reality.* Li nouri espwa li jis li vin reyalize.

nursemaid *n.* tibòn

nursery[1] *n.* [horticulture] pepinyè •**flowerbed nursery for young plants** kabann nouris

nursery[2] *n.* [daycare] gadri •**nursery rhyme** dodotitit •**nursery school** jaden danfan, kindègadenn •**day nursery** krèch

nursing[1] *adj.* •**nursing mother** nouris

nursing[2] *n.* 1[career] enfimyè *She's studying nursing.* L ap aprann enfimyè. 2[breast-feeding] alètman •**nursing home** azil pou granmoun kay retrèt

nurture *v.tr.* antoure *Her family nurtured her when her mother passed away.* Fanmi an antoure li lè manman ni trepase.

nut¹ *n.* [*food*] nwa •**bichy nut** nwa kola •**Brazil nut** nwa Brezil •**cashew nut** nwa kajou •**cola nut** kola, nwa kola •**ground nut** pistach

nut² *n.* [*for a bolt*] ekou, ekwou

nut³ *n.* [*crazy person*] detrake, dezekilibre, moun fou

nutcracker *n.* kas nwazèt

nutmeg *n.* miskad

nutrient *n.* fòtifyan, nitriyan

nutrition *n.* nitrisyon

nutritional *adj.* •**have nutritional value** gen nanm *This food has nutritional value.* Manje sa a gen nanm.

nutritionist *n.* nitrisyonis

nutritious *adj.* fòtifyan, nourisan *This broth is nutritious.* Bouyon sa a fòtifyan.

nutritive *adj,* nitritif

nuts *adj.* [*crazy*] fou, manfouben, tèt{pati/ cho/fele/loke/ pa an plas/souke/vire}, toke, varye *Look at him talking without making any sense, it seems he's nuts.* Apa l ap pale san sans, li gen lè toke.

nutshell *n.* po nwa •**in a nutshell** brèf

nutty *adj.* tèt{pati/cho/fele/loke/pa an plas/ souke/ vire}

nylon *n.* nayilonn

nymph *n.* **1**[*insect*] nenf **2**[*young woman*] donzèl, jennfi

nymphomaniac *n.* [*vulg.*] konyapi

O

oaf *n.* loudo, malbourik, masèl kòkòb, mazèt, •**dumb oaf** lostwogo

oaken *adj.* an bwadchèn

oak *n.* •**oak tree** bwadchenn, chèn, pye bwatchenn •**oak wood** chèn

oakum *n.* letouf

oar *n.* goudi, zaviwon, pagay, ram, zaviwon

oarfish *n.* òfich

oarsman *n.* ramè

oasis *n.* lwazis, wazi

oath *n.* sèman •**take an oath** {fè/prete}sèman, leve lanmen *The president of the House of Representatives took the oath of office today.* Prezidan Chanm nan te leve lanmen jodi a. *The president has to take an oath before assuming his functions.* Fòk prezidan an prete sèman avan l koumanse fè djòb la. •**taking of an oath** prestasyon sèman

oatmeal *n.* avwàn, labouyi

oats *n.pl.* avwàn

obdurate *adj.* antete, tèt di, wondonmon, wòklò

obedience *n.* obeyisans

obedient *adj.* koutan, obeyisan, saj *This child is very obedient.* Timoun sa yo koutan anpil. *What an obedient child.* Ala timoun obeyisan. *Jeanjean is an obedient child.* Janjan se timoun ki saj. *Of all of them, only Fifi is obedient.* Nan yo tout la, sèl Fifi ki gen koutan.

obelisk *n.* obelis

obese *adj.* lou, obèz, pwès •**obese person** *n.* mapotcho

obesity *n.* gwosè, loudè

obey *v.tr.* obeyi, obsève, soumèt, tande *It's good for children to obey their elders.* Li bon pou timoun obeyi granmoun yo. *Everyone has to obey the law.* Tout moun fèt pou obsève lalwa. •**obey the law** respekte lalwa *Everybody should obey the law.* Tout moun fèt pou respekte lalwa.

object[1] *n.* atik, bagay •**badly-made object** koupe kloure •**no object** pa yon poblèm *Money is no object.* Kòb pa yon poblèm.

object[2] *n.* [*gram.*] konpleman

object[3] *v.intr.* pa dakò, pwoteste *I object to the way you want to do it.* M pa dakò ak jan ou vle fè l la.

objection *n.* opozisyon *I have an objection to what you said.* M gen yon opozisyon ak sa ou di a.

objectionable *adj.* •**do objectionable things** trese pit pouri

objective[1] *adj.* objèktif, pa nan paspouki *That newspaper is not objective at all, it only spreads propaganda.* Jounal sa nan paspouki, se pwopagann tousèl l ap fè.

objective[2] *n.* bi, objèktif

obligated *adj.* blije, fòse, oblije *I'm obligated to go to the meeting.* M fòse al nan reyinyon an.

obligation *n.* angajman, devwa, obligasyon, reskonsablite *Everyone's obligation is to respect others.* Obligasyon chak moun se respekte yon lòt. **obligations** *n.pl.* redevans •**by obligation** pa fòs

obligatorily *adv.* egzijibleman, obligatwaman

obligatory *adj.* obligatwa

obliged *adj.* blije, sètoblije *I was obliged to sell my little piece of land.* M te blije vann ti moso tè m nan. *I was obliged to accept the job.* M te sètoblije asepte djòb la.

obliging *adj.* oblijan, sèvyab *She's an obliging person, she will help you.* Se yon moun ki oblijan li ye, l ap ede ou. *He's an obliging child.* Se yon timoun sèvyab li ye. •**not obliging** mal oblijan *She isn't obliging, she doesn't want to help me out.* Li mal oblijan, li pa vle rann mwen sèvis. •**not very obliging** maloblijan *Don't ask for help from someone who isn't very obliging.* Yon moun maloblijan konsa, pa mande l sèvis.

oblique *adj.* oblik *An oblique line...* Yon liy oblik...

obliterate *v.tr.* aneyanti, detwi, likide *The fire obliterated the village.* Dife a detwi boug la.

obliteration *n.* aneyantisman, kabaras

oblivion *n.* oubli •**into oblivion** nan loubli

oblivious *adj.* enkonsyan

oblong *adj.* oblong

obnoxious *adj.* nuizib, rayisab, vye *You're a really obnoxious guy.* Ou se yon nèg ki nwizib. *These children are very obnoxious, I won't have you play with them.* Timoun sa yo twò rayisab, m p ap kite ou jwe ak yo.

oboe *n.* obwa

obscene *adj.* endesan, kochon, vilgè *He's a guy without restraint, he says all sorts of obscene words in front of people.* Misye se nèg ki dekòlte, li di nenpòt vye mo kochon sou moun.

obscenity *n.* betiz, jouman, mo sal, vòksal

obscure *adj.* babous

obscurity *n.* oskirite, tenèb •**in obscurity** nan nwa

obsequious *adj.* flatè, sousou, tèratè, ti figi *That obsequious man has no spine at all, he's such a bootlicker.* Nèg ti figi sa a pa gen pyès karaktè tank li sousou. *Obsequious people like you can't defend the labor union's interests.* Moun tèratè kon ou pa ka defann enterè sendika a. •**obsequious person** lanbè •**be obsequious** {chyente/fè chen}nan pye yon moun, fè{kelele/merilan/ti figi}, flate, rele chat bopè pou moso zaboka *He's being obsequious to the lady in order to get the job.* L ap flate fi a pou l kab jwenn djòb la. *Be a man with dignity, stop being obsequious.* Ranmase karaktè ou, sispann fè kelele moun. *When will you be tired of being obsequious?* Kilè ou a bouke fè merilan? *Enough being obsequious in front of people already.* Ase fè ti figi devan moun, non. *Whatever the situation may be, I won't be obsequious.* Kèlkeswa sitiyasyon an, m p ap rele chat bopè pou moso zaboka.

obsequiousness *n.* flatri, sousou

observe *v.tr.* **1**[*note*] asiste, konstate li, note, remake *I observed everything they were doing.* M asiste tout sa yo t ap fè. *I observed that she didn't show up at the meeting.* M konstate li pa t mete pye nan reyinyon an. *George is happy, you can observe that on his face.* Jòj kontan, ou ka li sa sou figi l. **2**[*adhere to*] obsève *Seventh-Day Adventists observe the Sabbath.* Advantis yo obsève saba. •**observe at childbirth** temwaye •**observe attentively** klere je li gade •**observe common sense** de pye li fèt pou rete atè *Observe common sense, don't let money tempt you.* De pye ou fèt pou rete atè, pa kite lajan fè ou fè tenten.

observer *n.* obsèvatè

obsessed *adj.* malad *You're obsessed, you can't go a minute without eating.* Ou malad, ou pa ka pase yon minit san ou pa manje.

obsession *n.* obsesyon

obsolete *adj.* lontan, pirik kayik *That's an obsolete fashion.* Sa se mòd lontan. *The make of your dress is obsolete.* Modèl rad ou sa pirik kayik.

obstacle *n.* adjipopo, akòkò, anpechman, azikòkò, baryè, enkonvenyan, obstak, piga, resif *This problem has become an obstacle for him.* Pwoblèm sa a tounen yon akòkò pou li. *It's an obstacle that caused us not to be able to finish it.* Se yon anpechman ki fè nou pa ka fini l. *His biggest obstacle is his disease.* Pi gwo azikòkò l se maladi li. •**obstacles or holes in the road** kawotay •**insurmountable obstacle** zo pwason *The situation became an insurmountable obstacle for the authorities.* Sitiyasyon an tounen yon zo pwason pou otorite yo.

obstetrician *n.* doktè{akouchman/fi}, obstetrisyen

obstetrics *n.* obstetrik

obstinacy *n.* wondondon

obstinate *adj.* akoukouman, antete, bitò, redong, rekalsitran, tenas, volontè, wòklò *The man is obstinate in his ideas, he doesn't believe he can make a mistake.* Misye akoukouman nan lide l, li pa kwè l ka fè erè. *This obstinate guy, you won't succeed in making him change his mind.* Nèg redong sa a, ou p ap rive fè l chanje lide. *What obstinate children!* Ala timoun rekalsitran! *That woman is too obstinate to listen to my advice.* Fi sa a twò tenas pou l ta koute pawòl mwen. *What an obstinate child! When you say no, she says yes.* Ala tifi volontè papa! Ou di l non, li di wi. *That obstinate one always talks back.* Nèg wòklò sa a pa janm p ap ba moun repons.

obstinately *adv.* ak{tèt di/wondondon}

obstruct *v.tr.* ankonbre, bare, bloke, bouche, fè ma *The sludge obstructs the pipe.* Labou a ap fè ma nan tiyo a. •**you're obstructing my view** ou pa{glas/vitriye} *Move away from the TV because you're obstructing my view.* Dekanpe devan televizyon an, ou pa glas.

obstructed *adj.* angòje *The street is blocked with cars, you can't find a way through.* Lari a angòje ak machin, pa gen pasay menm.

obstruction *n.* blokay *He feels an obstruction in his throat, he isn't able to swallow food.* Li santi yon blokay nan gòj li, li pa fouti vale manje.

obstructive *adj.* kontraryan, jenan

obtain *v.tr.* jwenn *I obtained a visa for France.* M jwenn yon visa pou Lafrans. •**obtain diplomatic asylum** pran anbasad *The general obtained diplomatic asylum for himself after the coup attempt.* Jeneral la pran anbasad apre tantativ koudeta a. •**obtain sth. on s.o.'s behalf** prezante pou *I need those papers, can you please obtain them on my behalf?* M bezwen papye sa yo, èske ou kab prezante pou mwen?

obtrusive *adj.* [*person*] kolan

obtuse¹ *adj.* [*math*] obti

obtuse² *adj.* [*slow-witted*] bouche, lou, kòrèd

obvious *adj.* avidèy, klè *Everyone sees you like the woman, its something that's obvious.* Tout moun wè ou renmen konmè a, se yon bagay ki avidèy.

obviously *adv.* aklè. evidan *She was obviously pregnant.* Aklè li te ansent.

occasion *n.* kou, okazyon, opòtinite •**festive occasion** gala •**golden occasion** okazyon annò *It's a golden occasion that we can't miss.* Se yon okazyon annò nou pa ka rate. •**ideal occasion** okazyon ideyal •**on many occasions** dri *Our father explained his life to us on many occasions.* Papa nou esplike n lavi l dri. •**on such an occasion** lè konsa menm •**on the occasion of** alokazyon

occasional *adj.* okazyonèl

occasionally *adv.* pa aza, pafwa, yon lè konsa *He drinks occasionally.* Se yon lè konsa l bwè. *He stops here occasionally.* Li pase isit la pa aza. *I occasionally see Jan.* M wè Jan pafwa. *I see her occasionally.* Mwen wè li yon lè konsa.

occidental *adj.* oksidantal •**occipital bone** zo dèyè tèt

occlude *v.tr.* bare, bloke, bouche *The mud is occluding the pipe.* Labou a ap bouche tiyo a.

occlusion *n.* blokay

occult *adj..* kabalistic, sekrè

occupant *n.* okipan

occupation *n.* metye, ofis, okipasyon, pwofesyon •**person with dirty or lowly occupation** gadmantèg

occupied *adj.* okipe, pri *Is this house still occupied?* Kay sa a toujou okipe?

occupy *v.tr.* okipe *The house is already occupied.* Kay la okipe deja. *The American occupied our country.* Ameriken yo okipe peyi an nou. •**occupy in order to control** [*mil.*] kadriye

occupying *adj.* okipan

occur *v.intr.* fèt, pwodui, rive, tonbe *That occurred when I was a child.* Sa a rive lè m te timoun.

The witness explained how the accident occurred. Temwen an t ap esplike ki jan aksidan an te pwodui. •**occur to s.o.** {pase/vin}nan tèt yon moun *That never occurred to me.* Sa pa janm vin nan tèt mwen.

occurrence *n.* ka, sikonstans *It's a frequent occurrence.* Se yon ka ki fèt souvan. •**unusual occurrence** evènman *Joe's illness was an unusual occurrence.* Maladi Djo a se yon evenman.

occupation *n.* 1[*vocation*] djòb, metye 2[*mil.*] okipasyon

occupied *adj.* okipe

ocean *n.* lanmè, loseyan

oceangoing *adj.* maritim

ocher *n.* òk

o'clock *adv.* è *It's two o'clock.* Li dezè. *It's seven o'clock in the evening.* Li sètè diswa. *We'll arrive at four o'clock.* N ap rive a katrè. •**eight o'clock** uitè •**five o'clock** senkè •**four o'clock** katrè •**one o'clock** inè. •**nine o'clock** nèvè •**seven o'clock** sètè •**six o'clock** sizè •**ten o'clock** dizè •**three o'clock** twazè •**twelve o'clock** a[*midnight*] minwi b[*noon*] midi •**two o'clock** dezè

octagon *n.* octagon

octave *n.* oktav

October *prop.n.* oktòb

octopus *n.* chatwouj, chatwouy, pyèv

oculist *n.* dòktè je

odd *adj.* 1[*peculiar*] dwòl, etranj. *She's been acting odd since yesterday.* Depi yè m wè l yon jan dwòl. *There's something odd going on in this house* Gen yon bagay etranj k ap pase nan kay sa a. •**odd job** boulay •**odd number** chif enpè •**make odd** depareye 2[*number*] enpè

oddball *n.* nimewo *The guy is a real oddball.* Msye se yon nimewo vre.

oddly *adv.* bètman

odds *n.pl.* chans •**odds and ends** kenkay, melimelo, zagribay •**at odds** do pou do *The man is at odds with people who slander.* Msye mete moun yo do pou do ak kout lang. •**be at odds** se dezòm pèdi •**be at odds with** gen kont ak *Paul is at odds with Yves.* Pòl gen kont ak Iv.

odious *adj.* detestab *Rape is an odious act.* Kadejak se yon zak detestab.

odometer *n.* kab{mileyaj/kilometraj}

odor *n.* odè, lode, pafen, sant *What's that odor?* Ki lodè sa a? *It has a bad odor.* Li gen yon move sant. •**give off an offensive odor** anbonmen *The ammonia gives off an offensive odor in the room.* Kanpelwen an anbonmen sal la. •**have a sickening odor** santi{di/fò/kri} •**unpleasant foot odor** pye mayas

odorless *adj.* sanzodè *Water is an odorless drink.* Dlo se yon bweson ki sanzodè.

of *prep.* **1**[*(made) from*] ak, avè(k) *What kind of wood is this table made of?* Ak ki bwa tab sa a fèt? **2**[*from the group that includes*] nan, sou *Which is the older of the two?* Kilès nan de a ki pli vye. *Of all the candidates, John is the best.* Sou tout kandida yo, se Jan ki pi bon.

off *prep.* [*away from*] sou *Take your foot off the chair!* Retire pye ou sou chèz la! •**be off** (*from work*) òf •**off guard** dezanpare •**off hand** dezenvòlt •**off limits** restren

offal *n.* tonbe, zagribay

offbeat *adj.* biza, dwòl

off-color *adj.* sal

off-duty *adj.* •**go off-duty** leve pòs *They went off-duty because the people who were to replace them arrived.* Yo leve pòs paske moun ki pou ranplase yo rive.

off-putting *adj.* repousan

off-season *n.* aryè sezon, mòtsezon *After December, it's the off-season for tourist guides.* Apre mwa desanm nan, se mòtsezon pou chofè gid.

offend *v.tr.* choke, estonmake, fwase, mouye, ofanse, ofiske, pike *She offended the child because he hurt her feelings.* Li choke pitit la, paske li rantre nan pèsonalite li. *Your nasty words offended everyone.* Move pawòl ou yo estonmake tout moun. *He offended many people with his speech.* Li mouye anpil moun nan diskou li a. *Excuse me if what I said offended you.* Eskize m si sa m di a ofanse ou. *You offend the Lord when you refuse to share with others.* Ou ofanse Granmèt la lè ou refize pataje ak lòt. *If my statement offended you, it is because you are too susceptible.* Si pawòl mwen ofiske ou, se paske ou twò siseptib. *Those swear words have offended your grandmother.* Gwo mo sa yo te pike grann ou.

offended *adj.* choke, estonmake, ofiske, pran yon bagay mal, vekse *He's offended because the woman called him a liar.* Li ofiske poutèt dam nan di l mantè. *Would you be offended if I didn't come?* Ou pa p pran sa mal, si m pa vini? *He was offended because they told him not to go in.* Li estonmake poutèt yo di li pa antre la. •**easily offended** siseptib

offender *n.* delenkan •**habitual offender** pratik, vye chodyè *He's an habitual offender, in and out of jail.* Se yon vye chodyè li ye, se plede antre soti nan prizon. •**repeat offender** residivis

offending *adj.* deplase, fwasan, ofiskan *The child didn't use any word that was offending.* Pitit la pa di ou okenn mo ki deplase.

offense *n.* **1**[*jur.*] enfraksyon, deli **2**[*manners*] ofans **3**[*attack*] ofans **offenses** *n.pl.* [*misdeeds*] delenkans •**give offense** deplè *The way she's arrogant displeases me a lot.* Jan l awogan an deplè m anpil.

offensive[1] *adj.* chokan *These offensive people have to get you in trouble.* Moun chokan sa yo gen pou mete ou nan kont. •**offensive person** batayè

offensive[2] *n.* atak, ofansiv •**go on the offensive** pase alatak *The army went on the offensive against the rebels.* Lame a pase alatak dèyè rebèl yo.

offer[1] *n.* òf •**final offer** dènye pri

offer[2] *v.tr.* bay, ofri, prezante, pwopoze *I'm going to offer her a drink.* M pral ofri l yon bwason. *I refused all the shoes she offered me.* Tout soulye li prezante m, m refize l yo. *We offered them our help.* Nou pwopoze yo èd nou. *He offered to help me.* Li te ofri m pou l ede m. •**offer a good price** fè (jis) pri •**offer an opportunity** bay yon jou *You* should offer us an opportunity to earn some money. Fò ou ban n yon jou pou n fè yon ti kòb. •offer condolences {prezante/ voye}{kondoleyans/ senpati}li bay These people had a death in their family, go offer your condolences to them. Moun yo gen lanmò, al prezante yo senpati ou. I know the family is now in mourning, tell them I offer my condolences. M konnen fanmi an dèy konnya, di yo m voye senpati m ba yo. •offer proof {bay/fè}prèv They asked him to offer proof of what he said. Yo mande l bay prèv sou sa l di a. •offer s.o. an opportunity bay marengwen van pou li vole I'm offering him the opportunity so that he won't hate me. Mwen bay marengwen van pou li vole jis pou mwen pa gen gwo pye. •go around offering or selling pwonmennen

offering n. 1[gen.] lacharite, ofrann 2[in Catholic church] kèt 3[in Protestant church] lakolèt

offertory n. ofètwa

offhand adj. sou lèvif

office n. 1[place of work] biwo, kare She's in the accountant's office. Li nan biwo kontab la. You'll find the principal in his office. Ou ap jwenn direktè a nan biwo l. Where is your office? Ki kote kare ou a? 2[of a lawyer, surveyor, etc.] kabinè, ofis In what office should I go to ask for you? Nan ki kabinè pou m vin mande pou ou? 3[position, post, etc.] ofis Office of the President… Ofis prezidan an… •office of the clerk of the court gref •office of the commissioner komisarya •office of the dean dekana •office of the district attorney kabinè enstriksyon •administrative office direksyon, sèvis Where is the administrative office of this service? Kote direksyon sèvis la? •branch office sikisal •bursar's office ekonoma •cashier's office kès •government office sekreteri •government offices [pej.] bwat leta •in office o pouvwa •literacy office sekreteri alfabetizasyon •municipal office biwo kominal •official office [government] biwo •post office (biwo) lapòs •take office pran mayèt la The president is taking office next month. Prezidan an ap pran lamayèt mwa pwochen. •tax office kontribisyon I'm

going to the tax office to pay the property tax. M pral nan kontribisyon, m pou peye dwa lokatif. •telegraph office telegraf •term of office manda

officer n. ofisye •high-ranking officer wo grade •non-commissioned officer souzofisye •police officer polisye •public health officer {ajan/ofisye/otorite} sanitè •second officer [on a ship] soubreka •staff officer adjidan •superior officers wo kòmannman

offices n.pl. [intervention, sponsorship] antremiz, entèvansyon, parenaj

official adj. ofisyèl An official ceremony. Yon seremoni ofisyèl. •make official ofisyalize They make his position official. Yo ofisyalize pòs li a.

official n. ofisye, otorite No officials participated in the ceremony. Okenn otorite pa t patisipe nan seremoni an. •official in charge of ministerial department sekretè deta •official responsible for registering births, marriages, etc. ofisye{(d)eta/leta} sivil •any public official [esp. if armed] otorite •corrupt government official gran manjè People are in trouble, corrupt officials abound in the government offices. Pèp la nan mera, gran manjè fè mikalaw nan biwo leta yo. •customs official dwannye •elected official eli •government official chef, fonksyonè •petty official satrap •school official in charge of discipline sansè •government officials leta

officialdom n. zotorite

officially adv. ofisyèlman The government informed her officially. Otorite yo te avize l ofisyèlman.

officiant n. [rel.] ofisyan

officiating adj. [rel.] selebran

offload v.tr. dechaje They're offloading the truck. Y a dechaje kamyon an.

offset[1] n. •at the offset alapapòt, depi anlagan At the offset it was good, now it is ruined. Alapapòt sa te byen, kounye a sa gate.

offset[2] v.tr. dedonmaje, fè kontrepwa, konpanse This will offset your loss. Sa va dedonmaje pèt ou.

offshoot n. 1[plant] rejeton 2[byproduct] pwodui segondè

offside adv. [soccer] òje

offspring *n.* desandans, pitit, zantray yon moun *These children are my offspring.* Timoun sa yo se zantray mwen. •**have offspring** fè pitit *We hope the Chinese pigs are going to have lots of offspring.* N ap espere kochon chinwa yo pral fè anpil pitit.

offstage *adj./adv.* nan koulis

often *adv.* souvan *He doesn't come here often.* Li pa vin isi a souvan. •**every so often** tanzantan, yon lè konsa *I see her every so often.* M al wè l tanzantan. •**how often** chak ki lè *How often will she come?* Chak ki lè l ap vini? •**most often** lepli souvan *People who eat a lot are those who are most often sick.* Moun ki manje anpil lepli souvan yo malad. •**so often** tannfwa

ogle *v.tr.* lòyen *He's been ogling me for quite a while.* L ap lòyen m depi yon bon moman.

ogre *n.* djab •**man-eating ogre** zobop

oh! *interj.***1**[*gen.*] an! *Oh! I remember.* An! M chonje. **2**[*surprise*] adje, adye •**oh my!** adye! adye!

oho! *interj.* oho!

oil[1] *n.* grès, luil, lwil, petwòl, swif *I need motor oil.* M bezwen luil motè. *The car needs an oil change.* Machin lan merite chanje luil. *Put oil in the food.* Mete grès nan manje a. *Lubricate the bike with some oil.* Pase yon ti grès nan bekàn nan. •**oil of cloves** [*used for tooth aches*] luil pou dan •**conditioning oil for hair** lwil tretman pou cheve •**aromatic oil** luil esansyèl •**cooking oil** luil kizin •**crude oil** lwil pa rafine •**fuel oil** mazout •**heating oil** luil chofay •**mineral oil** lwil mineral •**palm oil** luil{derisen/maskriti} •**soybean oil** luil soja

oil[2] *v.tr.* fè gresay, grese, pase luil *I'll be back, I'm going to oil my bike.* M ap vini, m pral fè gresay bekàn mwen. *I need some strong oil to oil my bike.* M bezwen yon ti grès di pou m grese bekàn mwen.

oilcloth *n.* prela

oilfield *n.* chan petwòl

oiling *n.* gresay

oink *onom.* [*sound of a pig*] hon, houm, wen

ointment *n.* krèm, longan, pomad, ponmad *The doctor gave me an ointment for the rash.* Doktè a ban m yon ponmad pou bouton yo.

OK[1] *adj.* anba pay, miyò *Everything is OK.* Tout bagay anba pay. *These mangoes are rotten but there are a few OK that can be eaten.* Mango yo pouri, men gen de twa ki miyò, ou ka manje. . •**be OK** degaje li *How are you? —I'm OK.* Ki jan ou ye? —M ap degaje m. •**I'm OK** m la *How are you? —I'm okay.* Kouman ou ye? —M la. •**it's OK now** ou mèt lese

OK[2] *adv.* •**do OK** pedale *I'm doing OK despite the bad harvest.* M ap pedale malgre move rekòt la.

OK[3] *n.* •**give the OK** apwouve, konsanti

OK[4] *interj.* antandi, dakò, oke, ya *OK! We're meeting tomorrow.* Antandi! N ap rankontre demen.

okey-dokey *interj.* oke do

okra *n.* gonbo [N], kalalou, kalalou gonbo

old *adj.* **1**[*people*] aje, gen laj, gran, granmoun, vye, vyèy [*fem.*] *My grandmother is very old.* Grann mwen vyèy anpil. *She became old.* Li fin vyèy. *Is she very old? Li granmoun anpil? I don't think she's that old.* M pa kwè l gen tout laj sa a. *He's older than I am.* Li pi gran pase m. **2**[*things*] ansyen, antik, dekati, granmoun, ize, vye *Throw out those old shoes.* Jete vye soulye sa yo. *This church is old.* Legliz sa a ansyen. *His car is old.* Machin li an granmoun. **3**[*former*] ansyen *She's my old girlfriend.* Se ansyen mennaj mwen. **4**[*going back a long time*] lontan *She's an old friend.* Li se yon zanmi lontan. **5**[*affectionate*] vye. vyèy [*fem.*] **6**[*particular age*] laj *How old is he? —He's twelve years old.* Ki laj li? — Li gen douz an. *This shirt is as old as you are.* Chemiz sa a gen menm laj avè ou. *Considering how old you are, you shouldn't still be peeing in the bed.* Pou laj ou, ou pa dwe ap pise nan kabann toujou. *Old age is creeping up on me.* Laj ap moute sou tèt mwen. **7**[*older than s.o. looks*] darati **8**[*very old*] dekati *There is an old little man coming here.* Gen yon ti tonton dekati k ap vini la. •**old age** vyeyès •**old and unused objects** debri •**old boy** tonton •**old fogey** nèg kongo •**old guy who looks and acts like a young person** ti pouchon *Although he's an old guy, he still acts young.* Kwak laj ap antre, misye ret ti pouchon. •**old hand** vyewo •**old lady** lamè •**old maid** vyèy fi •**old man** *a*[*gen.*] dede, grizon, lepè, selino, tonton, vye gason *This doctor is seventy years old, he's started acting like an old man.*

Doktè sa a gen swasanndizan, li kòmanse grizon. *b*[*affectionate address*] pè *How are you doing, old man?* Ki jan ou ye la pè? •**old person** bèk fè, granmoun, kòn tòde •**old woman** sese •**be old** darati kòn siye, gen laj(sou tèt li) *When you see him, you can tell that he is old!* Depi ou wè l, ou wè se yon darati kòn siye! *Although she looks young, she's old.* Menm si l parèt jèn, li gen laj. •**be very old** gran pase lapousiyè *That house is very old.* Kay sa a gran pase lapousyè. •**become an old maid** kwafe Sent Katrin *You're getting old. If you don't get married soon, you'll become an old maid.* Ou ap fin vye, si ou pa marye vit, w ap kwafe Sent Katrin. •**get old** antre nan laj, vyeyi *He's getting old, he's becoming senile.* Misye ap antre nan laj, li vin entatad. *He can't play like in the past, he's getting old.* Li pa ka jwe kon lontan, l ap vyeyi. •**make s.o. old** vyeyi *That hard work made him old.* Travay di sa vyeyi l. •**of old** dantan •**prematurely old** move ten •**very old** fin granmoun *Her mother is very old, she's now eighty years old.* Manman li fin granmoun, li genyen kounye a katreven lane.

old-fashioned *adj.* bogi, demode, pa alamòd, pase mòd *Typewriters are old-fashioned nowadays, their days are done for.* Machin a ekri se bogi atò, tan l pase. *That style is old-fashioned.* Mòd sa a demode. *Although the grandfather clock is old-fashioned, it still looks nice.* Kwak pandil la pase mòd, li bèl pi rèd. *Spike heels are old-fashioned.* Talon kikit pa alamòd ankò.

old-school *adj.* tradisyonèl

olden *adj.* ansyen, pase

oldtime *adj.* [*out of fashion*] tan lontan

old-timer *n.* vyewo

Old Testament *prop.n.* ansyen testaman

older *adj.* *Note: the comparative in Haitian Creole is formed with (pi)...pase..He's older than his sister.* Li pi aje pase sè li a. *My older son is working now.* Pi gran gason m nan ap travay koulye a. •**older than one looks** rèk *Although he is quite small, he's older than he looks.* Li tou piti men li rèk wi. •**be older than dirt** gran pase lapousyè •**get older** grizonnen, tchoule *Because he's getting older, he starts being lined with wrinkles.* Kòm l ap

rantre nan laj, li kòmanse ap grizonnen. *She's getting older.* Vye kò li koumanse tchoule.

oldest *adj.* grandèt, granmoun *He's the oldest in the community.* Li se grandèt lakou a. *Anita is the oldest of the family.* Anita se grandèt fanmi an. *It's he who is the oldest among us.* Se li ki pi granmoun pami yo.

oldster *n.* figi di *That oldster, at the least he's sixty years old.* Figi di sa a, pou pi piti li gen swasant an.

oleander *n.* lorye, lorye{blan/woz}

oligarchy *n.* oligachi

olive *n.* oliv •**olive oil** luil doliv •**wild olive** konma, zoliv

Olympic *adj.* olenpik

Olympique *prop.n.* [*kind of soft drink*] olenpik

omasum *n.* [*part of stomach of ruminant*] feyèt

omelet *n.* onmlèt

omen *n.* sinas, siy

omission *n.* mankman, oubli

omit *v.tr.* bliye, neglije, pase sou, sote *The secretary omitted the student's name from the list.* Sekretè a neglije mete non elèv la sou lis la.

omnipotent *adj.* fè e defè, omnipotan, tou pisan *You believe you're omnipotent.* Ou kwè ou tou pisan. *He's omnipotent on the job, his father is the boss.* Misye fè e defè nan travay la, se papa l ki patwon.

omniscient *adj.* konnen tout bagay

omnivore *n.* omnivò

omnivorous *adj.* omnivò

on[1] *adj.* [*lighted, lit*] limen *Don't leave the radio on.* Pa kite radyo a limen non.

on[2] *adv.* sou [*covering*] *He didn't have a shirt on.* Li pa t gen chemiz sou li. *She didn't have any clothes on.* Li pa t gen rad sou li menm. *With that chill, throw on a sweater.* Ak fredi sa a, voye yon swètè sou do ou non. •**on and off** mouri limen, wete mete, tonbe leve *The light went on and off.* Limyè a tonbe leve.

on[3] *prep.* **1**[*location*] abò, anwo, arebò, nan, sou *The house is on this street.* Kay la nan ri sa a. *I saw she had a pretty watch on her wrist.* M wè l gen yon bèl mont nan bra l. *The ring on his finger isn't gold.* Bag ki nan dwèt li a se pa lò. *Hang the mirror on the wall.* Koke glas la nan mi an. *What's that spot on the shirt?* Ki tach sa a k nan chemiz lan? *Tie it on the leg of the chair.* Mare l nan pye chèz la. *The*

ball hit me on the head. Boul la pran m nan
tèt. *Put the rice on the fire.* Met diri a nan
dife. *What are you doing on the tree?* Sa w ap
fè anwo pyebwa a? *Put the flowerpot on the
table.* Mete po flè a sou tab la. *Come sit on my
lap.* Vin chita sou mwen. **2**[*belonging to*] nan
We're on the same team. Nou nan menm ekip.
3[*by means of*] ak, nan *I can't live on that little
bit of money.* M pa ka viv ak ti kòb sa a. *The
bus runs on gasoline.* Bis la mache ak gazolin.
I cut myself on a broken bottle. M blese nan
moso boutèy. *I heard that on the radio.* M
tande sa nan radjo. **4**[*date, day*] le *I'll be back
on June twentieth.* M ap tounen le ven jen. *I'm
off on every Thursday.* Mwen òf lè jedi. **5**[*in a
state/process of*] an, etan, nan *I'm on vacation
this week.* M an vakans semenn sa a. *He had
the accident on the way to work.* Li fè aksidan
an etan l pral nan travay. **6**[*in the direction
of*] sou *The house will be on your left.* Kay la
ap sou men goch ou. **7**[*on one's person*] sou
Do you have a pen on you? Ou gen plim sou
ou? *I don't have any cigarettes on me.* M pa
gen sigarèt sou mwen. **8**[*supported by*] sou
He's standing on one foot. Li kanpe sou yon
sèl pye. **9**[*means of traveling*] a, sou *He went
on foot.* L al a pye. *She went on horseback.* L
al sou cheval. **10**[*against*] nan *I scraped my
leg on the wall.* M graje pye m nan mi an.
11[*during*] sou *The supervisor caught him
sleeping on the job.* Sipèvizè a bare l ap dòmi
sou travay la. •**on or about** apepre *On or
about Tuesday.* Apeprè madi. •**on the edge/
side of** arebò *There were cars parked on the
side of the road.* Te gen yon ling machin
estasyonnen arebò wout la

on-coming adj. k ap vini *The rain was so strong
that we couldn't see the on-coming cars.* Lapli
a te tèlman fò, nou pa t fouti wè machin k ap
vin anfas nou

once¹ adv. **1**[*at some time in the past*] genyen
{lontan/yon lè} *He once lived in this house.*
Gen yon lè l te rete nan kay sa a. *He doesn't
have the money he once did.* Li pa gen kòb
jan l te genyen lontan an. **2**[*one time and no
more*] yon{fwa/sèl fwa} *I've spoken with her
only once.* M pale avè l yon sèl fwa sèlman.
I saw him once this week. M wè l yon sèl fwa
semenn sa a. *I'll repeat it for you once more.*
M ap repete l pou ou yon sèl fwa ankò. •**once**

and for all kont fini, yon bon fwa, yon fwa
pou tout *Put your things away once and for all.*
Ranje tout afè ou yon fwa pou tout. *I'll show
you again how to tie your shoes once and for
all.* M ap moutre ou ankò kijan pou ou lase
soulye ou kont fini. •**once more** yon{fwa
ankò/lòt fwa} •**once or twice** de twa fwa
konsa *I've been there once or twice.* M al la de
twa fwa konsa. •**once upon a time** [*formula
introducing a story*] se twouve se twouva, te
gen yon fwa, vwala yon jou *Once upon a time
there was a king who had a beautiful daughter.*
Se twouve se twouva te gen yon wa ki te gen
yon bèl pitit fi. *I'm going to tell you a little
story: Once upon a time, Bouki and Mali...* M
pral rakonte nou yon ti istwa: Vwala yon jou,
Bouki ak Malis... *Once upon a time there was
a centipede who was putting on his shoes...* Te
gen yon fwa yon annipye ki t ap met soulye...
•**all at once** *a*[*at one time*] toudinpyès,
yon kou *The woman wore her new clothes
all at once.* Fi a mete nouvo rad li yo sou li
toudinpyès. *He drank the water all at once.*
Li bwè tout dlo a yon kou. *b*[*suddenly and
unexpectedly*] sanzatann *All at once, it started
to rain.* Sanzatann, lapli te koumanse tonbe.
•**at once** *a*[*at the same time*] ansanm *You're
both talking at once. How do you expect me
to understand?* Nou tou de ap pale ansanm!
Kouman pou m fè konprann! *b*[*immediately*]
koulye a, konnye a, tousuit *Do it at once.* Fè
l konnye a. *Tell him to come at once.* Di l vini
konnye a. *Once is enough! I won't do it again!*
Yon sèl fwa sifi! M pa p fè l ankò!

once² conj. depi, on fwa *I'll go to sleep once I
lie down.* Depi m al kouche dòmi ap pran m.
Once he comes, you can leave. Depi l vini, ou
mèt ale. *Once I told her that, she listened to
me.* On fwa m fin di l sa, li koute m.

once-over n. kout je •**give s.o. the once-over**
devizaje

one¹ adj. **1**[*value of 1*] yon *I have one gourde,* M
gen yon goud. **2**[*a certain*] yon *One day the
phone rang, and it was he.* Yon jou telefòn lan
sonnen, epi se te li menm. **3**[*only*] sèl *He's the
one person I talk to at work.* Se sèl moun m
pale avè l nan travay la. **4**[*some*] yon *I'll run
into her one day.* M gen pou m kwaze avè l
yon jou. **5**[*emphasis*] *He's one great mechanic.*
Li se yon bon mekanisyen toutbon. •**one**

person can't do everything yon sèl dwèt pa manje {gonbo/kalalou} *Only my husband is working, I have to work too because one person can't do everything.* Se mari m sèl k ap travay, fò m travay tou paske yon sèl dwèt pa manje gonbo.

one[2] *num.* en, youn *I have one.* M gen youn. *I have one gourde.* M gen yon goud. *She didn't take just one, she took ten at one time.* Se pa youn li pran non, li pran dis yon sèl kou. •**be as one** fè youn •**be as one with** fè yon sèl ak •**s.o.'s one and only** [*endearment*] chè tout yo moun

one[3] *pro.* **1**[*single unit*] youn *Do you want one?* Ou vle youn? **2**[*part of particular group*] youn *One of the children was sleeping, and the other was playing.* Youn nan timoun yo t ap dòmi, lòt la t ap jwe. **3**[*any person*] li, ou, yon moun *It's enough to make one hang herself.* Se bagay ki pou fè yon moun al pann tèt li. **4**[*used instead of a noun phrase referring to a single person or thing*] sa *Which one do you prefer? —The one that's closer to you.* —Kilès (ladan yo) ou vle? —Sa k pi pre ou la. *That's the very one I want.* Se sa a menm m vle a. *It's the only one I like.* Se sa a sèlman m renmen. •**one after another** kou sou kou, swit an swit, youn {apre/ dèyè} lòt *Let them come in one after another.* Fè yo antre youn apre lòt. *These people fell upon us one right after another.* Moun yo tonbe sou nou kou sou kou. •**one after the other** pil sou pil, pimpanm pimpanm, swivi swivi, youn{apre/dèyè}lòt *That woman looks for guys one right after the other.* Fi sa pase nèg pil sou pil. *In the cockfight arena, the bets follow one after the other.* Nan gagè a, pari kòk se pimpanm pimpanm. *Two people came by one after the other asking for you.* Gen de moun ki te vin kote ou swivi swivi. •**one another** youn...lòt *They gave one another other presents.* Youn ba lòt kado. *Life is about people helping each other.* Lavi a se youn ede lòt. •**one by one** degrennen, grenn pa grenn, separeman, swit an swit, youn pa youn *She was climbing the stairs one by one.* Li t ap monte mach eskalye yo grenn pa grenn. *The people entered one by one.* Moun yo antre swit an swit. *She counted the mangoes one by one.* Li konte mango yo youn pa youn. •**one of us**

moun{kay/lakou} •**one or the other** youn ou lòt *Take one or the other.* Pran youn ou lòt. •**one or two** de twa *I don't need many, just one or two.* M pa bezwen anpil, de twa sèlman. •**any one of** nenpòt *You may give me any one of them.* Ou mèt ban m nenpòt ladan yo. •**be as one** fè youn •**be as one with** fè yon sèl ak •**be one and the same** fè kensèl *This man and woman have been one and the same since they fell in love.* Mesyedam sa yo fè kensèl depi yo renmen an. •**each one** yo chak *Each one of them has her own house.* Yo chak gen kay pa yo. •**little one** [*fam.*] titit •**s.o.'s one and only** [*endearment*] chè tout yon moun •**that one** sa a, sila •**the last one** dènye *That's the last one.* Sa se dènye a. •**the one** sa, sila *Tell the one who arrives first to wait for me.* Di sila ki vini anvan an tann mwen. •**this one** sa a, sila *Of those two mangoes, I want this one.* Nan de mango yo, m vle sila a. •**which one** kilès *It was someone who said that, I don't know which one.* Se kèk moun ki di sa, men m pa konn kilès.

one-armed person *n.* mancho
one-berry tree *n.* bwa fèy blanch
one-eared *adj.* mòkò
one-eyed *adj.* bòy *He's one-eyed but he can see.* Li bòy men li kap wè.
one-legged *adj.* inijanbis, pèdi yon janm
one-liner *n.* pwen
onerous *adj.* penib, pwasenkant
one-piece *adj.* toudinpyès
oneself *pro.* li menm, tèt li •**by oneself** pèsonèl, pou kont li, sèl *I don't see how one could do that all by oneself.* M pa wè kouman yon moun te ka fè sa pou kont li. *One can't spend the night by oneself in this big house.* Moun pa p ka dòmi pou kont li nan gwosè kay sa a. *She's sitting outside by herself.* Li chita deyò a pou kont li. *For forty years she has been living by herself.* Depi karant an l ap viv sèl.
one-sided *adj.* ak fòs kote
one-third *num.* entyè
one-way *adj.* **1**[*street*] sans inik *A one-way street...* Yon wout sans inik... **2**[*ticket*] ale{sèlman/senp} *I have a one-way ticket.* Mwen gen yon tikè ale sèlman.
onion *n.* tèt zonyon, zonyon •**pearl onion** ti zonyon blan

onlooker *n.* asistan

only¹ *adj.* inik, renk, sèl *He's the only person I know here.* Se sèl moun m konnen isi a. *The only things you need are water, flour and sugar.* Sèl bagay ou bezwen, se dlo, farin ak sik. *It's the only one I like.* Se sa a sèlman m renmen Nèk papa l pale, li tande. *Only the president can pardon him.* Renk prezidan an k ap fè l gras. *She's the only one who is working.* Li menm sèl k ap travay. *Her only child left the country.* Sèl grenn pitit li genyen an pati. *They have only two children.* Yo gen sèlman de timoun. •**only{boy/girl}** {gason/fi}inik •**only child** [*usually male*] ensèl badyo *This child is her only son.* Pitit sa a se ensèl badyo l.

only² *adv.* annik, apèn, ase, inikman, jis, piman, renk, sèlman *They only hire women in this factory.* Se fi sèlman yo pran nan faktori sa a. *She's the only one who has a key.* Se li sèlman k gen kle. *I only have enough money on me for the movie* Se kòb pou m peye sinema a sèlman m gen sou mwen. *We were the only people who were late.* Se nou menm sèlman k te an reta. *I'm only relaxing today.* M ap annik repoze m jodi a. *He opened his mouth only to give the answer.* Li ouvè bouch li apèn pou l bay repons lan. *He respects only his mother and father.* Se manman l ak papa l ase li respekte. *The house's framework is up, it remains only for them to put up the sheet metal.* Chapant kay la fin monte, rete pou yo mete tòl ase. *They only play 'konpa.'* Yo jwe konpa inikman. *There are only three glasses of water.* Gen jis twa vè dlo. *He acted only in his own interest.* Li aji piman nan enterè l. •**not only** non sèlman, nonplis *Not only is she beautiful, but she's well behaved, too.* Non sèlman li bèl, men li saj tou. *Not only didn't she put on socks, but she isn't wearing shoes either.* Non sèlman li pa mete chosèt, men li pa mete soulye tou. *Not only didn't she pay me back, she's had the nerve to insult me.* Nonplis li pa peye m, li joure m mete anwo l. •**not only ... but also** an plis *Not only hasn't he refunded me my money, but he also treated me in an unfriendly manner.* An plis li pa renmèt mwen lajan m, li make m lènmi. •**one only** yon sèl *We need only one person for this job.* Nou bezwen yon sèl moun pou djòb la.

only³ *conj.* men sèl bagay, nèk *I'll let you go, only you mustn't stay out late.* M ap kite ou ale, men sèl bagay fò ou pa ret deyò ta.

onrush *n.* aso

onset *n.* anlagan, debi, derapman

onslaught *n.* aso, atak

onto *prep.* sou *The cat jumped onto the roof.* Chat la vole moute sou tèt kay la.

onward *interj.* alaso *Soldiers onward!* Grenadye alaso!

onyx *n.* [*stone*] oniks

oops *interj.* hehey, oup, wop *Oops! I almost fell down. Hehey!* Mwen manke tonbe.*! Oops! Look at what fell down.* Oup! Gad ki jan bagay la tonbe atè a.

ooze¹ *n.* postim, swentay

ooze² *v.tr.* •**ooze out** swente *Her wound is oozing.* Maleng sou kò li a ap swente. •**ooze pus** {bay/fè} {pi(j)/postim} *Your wound is oozing pus.* Blese ou a ap bay pi. *The wound is oozing pus.* Blesi a ap bay pij.

opal *n.* opal

opaque *adj.* opak

open¹ *adj.* **1**[*not shut*] louvri, ouvè *The door is open.* Pòt la ouvè. *Why is this window wide open?* Pou ki sa fenèt sa a gran ouvè a konsa? *The door is open to all.* Pòt la louvri pou tout moun. *The store isn't open yet.* Magazen an poko ouvè. **2**[*not filled*] ouvè *When a position comes open, I'll let you know.* Depi gen yon plas ouvè, m ap fè ou konnen. **3**[*not fastened/folded*] debraye, ouvè *Your zipper's open.* Zip ou ouvè. *He's always walking around with his shirt open.* Li toujou ap mache ak kòlèt li debraye sou moun. **4**[*eyes*] klè **5**[*mind*] louvri, ouvè *Her mind is now open.* Lespri l vin ouvè kounye a. **6**[*mouth*] bòyò *He sleeps with his mouth open.* Li dòmi bouch bòyò. •**wide open** *a*[*door, window, etc.*] gran louvri, griyen *Although all the doors are wide open, there is nobody there.* Kwak tout pòt yo griyen, pèsonn pa la. *The window is wide open.* Fenèt la gran louvri. *b*[*clothing*] debraye *Your shirt is wide open.* Chemiz ou debraye.

open² *n.* •**(out) in the open** avidèy, avivwa *They put it out in the open so that everybody can see it.* Yo mete l avidèy pou tout moun wè. *He said this in the open for all to hear.* Li di sa avivwa pou tout moun tande.

open³ **I** *v.tr.* **1**[*gen.*] ekate, (l)ouvri, ouvè *Open the window!* Ouvè fenèt la! *When I opened my eyes, I didn't know where I was.* Lè m ouvè je m, m pa rekonnèt ki kote m ye. *Open your eyes.* Louvri je ou. *Open your hand.* Ouvè men ou. *Open the door so that I can see.* Ekate pòt la pou m wè. **2**[*begin a business*] (l)ouvri, ouvè *The owner opened his little bakery last month.* Mèt ti boulanje a te ouvri li mwa pase a. **3**[*a bottle*] debouche *She opened the bottle.* Li debouche boutèy la. **4**[*a lock*] deklete *You need to know the combination of the lock to open it.* Fò ou konn konbinezon kadna sa a pou deklete l. **5**[*one's arms*] laji *She opened her arms to welcome me.* Li laji bra l pou akeyi mwen. **II** *v.intr* **1**[*become open*] (l)ouvri, ouvè *The doors of the movie theater open at eight o'clock.* Pòt sinema a ap ouvè a uit è. *When does this store open?* A ki lè magazen sa a ouvè? **2**[*begin a business*] *A restaurant just opened near the post office.* Gen yon restoran k fenk ouvè bò lapòs la. •**open a container** debouche •**open a school** mete lekòl *They have opened a school in each department.* Yo mete yon lekòl nan chak depatman. •**open fire** louvri zam sou, tire *They opened fire on the people.* Yo tire sou moun yo. •**open one's eyes** pase plim poul nan zòrèy li *Open your eyes so they won't use you as they wish.* Pase plim poul nan zòrèy ou pou yo pa itilize ou jan yo vle. •**open one's mouth** [*start talking*] ouvè bouch li *Every time he opens his mouth, he says something stupid.* Chak fwa l ouvè bouch li, se yon tenten l di. •**open o.s. up** louvri zèl li *Just like that, she opened up.* Yon sèl kou, li louvri zèl li. •**open out** dedouble, depliye •**open out onto/upon** debouche, parèt sou *The hallway opens out onto the main street.* Koridò sa a debouche sou gran ri. *My house opens out onto the highway.* Kay mwen an parèt sou gran chimen. •**open s.o.'s eyes** detwonpe, fè on moun wè *She's the one who opened my eyes to his lying.* Se li menm ki fè m wè se manti msye ap ban m. •**open the gates** bay daso *They opened the gates, the penniless could enter the game.* Yo bay daso, moun san kòb yo ka antre nan match la. •**open the way** louvri lavwa •**open up** louvri *Open up the door.* Louvri pòt la. •**open up to** [*speak (more) freely to*] ouvè lestonmak li ba(y)

yon moun *I need to know what kind of person she is before I can open up to her.* Fò m wè ki moun li ye, anvan m ouvè lestonmak mwen ba li. •**open wide** baye *Don't open the door wide like that, it's too cold outside.* Pa baye pòt la konsa, deyò a fè twò frèt. •**open with a key** deklete •**not to open one's mouth** pa reponn kwik *When they caught the thief he would not open his mouth.* Lè yo kenbe vòlò a, li pa reponn kwik.

open-air *adj.* deyò

open-and-shut *adj.* evidan, klè *It's an open-and-shut case.* Se yon ka klè.

open-door policy [*free trade*] *n.* politik baryè lib

open-ended *adj.* san limit, tout louvri

open-eyed *adj.* veyatif

open-handed *adj.* donan, fen lajès, jenere

open-hearted *adj.* gen{bon kè/sansib}

open-heartedly *adv.* ak tout kè li

open-minded *adj.* eklere *He comes from a family that's open-minded, they don't have any taboos.* Li soti nan yon fanmi ki eklere, yo pa gen tabou.

open-mouthed *adj.* [*surprised, speechless*] bouch{be/fèmen}

opened *adj.* dekachte *I found the letter already opened.* M jwenn lèt la tou dekachte.

opener *n.* •**bottle opener** kle, kle kola •**can opener** kle, kle mamit, ouvrebwat •**letter opener** koup papye

opening *n.* **1**[*aperture*] bouch, brèch, jou, ouvèti *Stick your hand into the opening of the bag.* Foure men ou nan bouch sak la. *He was looking through the opening in the door.* Li t ap gade nan jou pòt la. **2**[*door, window*] jou, ouvèti **3**[*opportunity*] debouche, posibilite **4**[*job*] plas *There are no openings right now.* Pa gen plas konnye a. **5**[*beginning*] kòmansman, ouvèti *For the opening of the ceremony, the leader made a nice speech.* Pou ouvèti seremoni an, mèt la te fè yon bèl diskou. **6**[*checkers*] linèt •**opening of school year** rantre lekòl •**small opening** [*in clothing, shoe, etc.*] zeye

openly *adv.* aklè, karebare, ouvètman, piblikman, sou moun *She didn't accept your conditions, and she said it openly.* Li pa asepte kondisyon n yo e l di sa aklè. *You needn't be afraid, you may take it openly.* Ou pa bezwen afraid, you may take it openly. Ou pa bezwen pè, ou mèt pran l karebare. *She openly told us what she thinks.* Li di n sa l panse a ouvètman.

openness *n.* transparans

opera *n.* opera

operate *v.tr.* **I** *v.tr.* **1**[*perform surgery*] opere *That doctor operated on her.* Se doktè sa a ki te opere l. **II** *v.intr.* **1**[*gen.*] fonksyone, opere *The radio station doesn't operate now because of insecurity.* Radyo a p ap opere kounye a poutèt ensekirite. **2**[*doesn't work*] mache •**operate by radio-control** telegide *They operated the device by radio-control.* Yo telegide aparèy la. •**operate by remote control** telekòmande *Try to see if you can operate the TV by remote control.* Gade pou wè si ou ta telekòmande tele a. •**operate on** fè yon moun operasyon, mete kouto (sou) *The doctor operated on her to remove the fibroid.* Doktè a fè li operasyon pou wete fibwòm nan. *The doctor is operating on me tomorrow.* Dòk la ap mete kouto sou mwen demen.

operating room *n.* sal (d)operasyon

operation *n.* **1**[*med.*] operasyon *The doctors say he'll have to have an operation.* Doktè di fò yo fè l operasyon.. **2**[*process*] fonksyònman •**arithmetical operation** kalkil •**have an operation** fè operasyon, pran sizo *She had an eye operation.* Li fè operasyon nan je. •**in operation** an mach

operator *n.* teknisyen •**lathe operator** tounè •**telephone operator** operatè

ophthalmologist *n.* doktè je

opiate *n.* nakotik

opinion *n.* avi, lide, opinyon, pozisyon *They don't have the same opinion.* Yo pa gen menm avi. *In my opinion...* Dapre lide pa m... *My opinion on that matter seems to have changed.* Pozisyon m nan sou keksyon sa a gen tan chanje. **opinions** *n.pl.* lapawoli •**give an opinion** bay{avi/mo/lide}, pwononse li *Everybody has to give their opinion before we make the change.* Fòk tout moun bay mo, anvan n fè chanjman an. *At the meeting, everyone gave his opinion on the matter.* Nan reyinyon an, tout moun bay lide yo sou keksyon an. *We gave her our opinion, but she hasn't yet given hers.* Nou ba l avi nou, men li poko pwononse l sou sa. •**go down in one's opinion** pèdi vale devan yon moun *She's gone down in our opinion because of what she did.* Sa l fè a, l pèdi valè l devan nou nèt •**have a high opinion of s.o.** apresye *I have a high opinion of her.* M apresye l anpil. •**in one's opinion** bò kot(e) pa yon moun, daprè yon moun, nan sans pa li *In my opinion, I think they're wrong.* Bò kote pa m, m panse yo an tò. *In my opinion, he didn't behave well.* Nan sans pa m, li pa byen aji. *In my opinion you shouldn't go to see her.* Dapre mwen menm, ou pa dwe al kote l. •**in one's opinion** bò kot(e) pa yon moun, dapre yon moun, nan sans pa li *In my opinion, I think they're wrong.* Bò kote pa m, m panse yo an tò. *In my opinion, he didn't behave well.* Nan sans pa m, li pa byen aji. •**political opinion** tandans •**public opinion** lopinyon piblik

opinionated *adj.* volontè

opium *n.* opyòm

opossum *n.* oposòm

opponent *n.* advèsè, opozan

opportunist *n.* arivis, kouto digo, opòtinis, patatis, pwofitè, woulibè *He's an opportunist, he goes along with both the government and the opposition.* Li se yon kouto digo, l ap mache ak ni gouvènman an ni lopozisyon an. •**real opportunist** toutis patatis •**unscrupulous opportunist** mizisyen palè *You can always find that unscrupulous opportunist next to anything that is beneficial for him.* Mizisyen palè sa a kote sa k bon li la.

opportunistic *adj.* opòtinis •**be opportunistic** pran woulib *She's not really a supporter of the regime, she's only being opportunistic.* Li pa ak gouvènman an vre, se woulib l ap pran.

opportunity *n.* chans, okazyon •**favorable opportunity** avantaj •**job opportunity** debouche *There are a lot of job opportunities in accounting.* Gen yon pakèt debouche nan kontabilite.

oppose *v.tr.* fè fas kare, konbat, kontrekare, {leve/ kanpe}kont yon moun, mete opozisyon, pèsiste, pote boure sou *If we don't oppose the power, we'll fall under a dictatorship.* Si n pa kontrekare pouvwa a, se nan diktati nou pral tonbe. *My own child opposed me.* Pwòp pitit mwen leve kont mwen. *Whatever proposal they made to him, he opposed it.* Kèlkeswa pwopozisyon yo fè l, li mete opozisyon. *It's not right to oppose adults.* Li pa bon pou pèsiste ak granmoun. •**oppose a request** voye pye *The boss opposed the request because they asked him for a raise.* Patwon an voye pye poutèt yo mande l ogmantasyon. •**oppose passage** [*hinder, obstruct*] bare •**oppose strongly** {kanpe/ mete li}an kwa *The woman's parents strongly opposed our marriage.* Granmoun dam nan kanpe an kwa pou nou pa marye.

opposed *adj.* kont, pa dakò, opoze *I'm opposed to the way you want to do it.* M pa dakò jan ou vle fè l la. *I'm opposed to his position.* M pa dakò avè l. *He's opposed to all gambling.* Li kont tout jwèt aza. *We are opposed to his presence.* Nou opoze ak prezans li. •**diametrically opposed** polè *They're opponents whose positions are diametrically opposed.* Se opozan polè yo ye. •**staunchly opposed** {kanpe/mete li}an kwa *The lady's father is staunchly opposed to that marriage.* Papa dam nan mete l an kwa kont maryaj la.

opposing *adj.* advès, opoze *The opposing camps refuse to agree.* Gwoup advès yo refize mete yo dakò.

opposite[1] *adj.* advès, anfas, fas ak, kontrè, opoze, vizavi *You always act in the opposite direction.* Ou toujou ap aji nan sans kontrè. *North and south are the two opposite cardinal points.* Lenò ak lesid se de pwen kadino opoze.

opposite[2] *n.* (le)kontrè *What you said is the opposite of what I think.* Sa ou di a se lekontrè sa m panse a.

opposite[3] *prep.* anfas, fas, vizavi *He sat opposite me.* Li te chita anfas mwen. *The house is opposite the post office.* Kay la anfas lapòs la. *His house is opposite the factory.* Kay li a fas ak izin nan.

opposition *n.* opozan, (l)opozisyon *The opposition party...* Pati opozan an... •**in opposition** dozado •**member of opposition** opozan •**take without opposition** pran pou lajan kontan

oppress *v.tr.* fè yon moun{abi/pase nan yon je zegwi}, kraze zo, oprese, peze kou, prije, tiranize *This government is oppressing its opponents.* Rejim sa a ap kraze zo opozan yo. *The government in power oppresses the people.* Gouvènman an plas la ap oprese

pèp la. *The government and the middle class are oppressing the lower classes.* Otorite ak boujwa nan peyi isit ap peze kou mas pèp la. *Stop oppressing the poor, all people deserve dignity!* Sispann prije malere, tout moun se moun! *Papa Doc oppressed the people a lot.* Papa Dòk te tiranize pèp la anpil.

oppression *n.* rache bab *We're no longer in a period of oppression.* Nou pa nan peryòd rache bab ankò.

oppressive *adj.* **1**[*pol.*] kraze zo, rache bab *An oppressive government has no place in a democracy.* Gouvènman kraze zo pa gen plas li nan demokrasi. **2**[*weather*] lou, mwat, sivokan

oppressor *n.* oprese

opt *v.intr.* •**opt for** chwazi, fè chwa *We opt for cancelling the bogus election.* Nou fè chwa pou anile eleksyon degrenngòch la.

optic *adj.* optic •**optic fluid** kalalou je •**optic nerve** nè optik

optical *adj.* optik •**optical illusion** ilizyon optik

optician *n.* optisyen

optics *n.* optic

optimal *adj.* pi bon pase tout

optimist *n.* optimis

optimistic *adj.* optimis, pozitif *Her attitude is very optimistic.* Atitid li pozitif anpil.

option *n.* chwa, opsyon •**first option to buy land of deceased relative** vant pwoteje

optional *adj.* pa obligatwa

optometrist *n.* espesyalis je, optometris

optometry *n.* mezire je, optometri

opulence *n.* opilans

opulent *adj.* opilan

opus *n.* èv

or *conj.* osnon, ou, oubyen, sinon *Cough up my money or I'll sue you.* Kale m kòb mwen osnon m rele ou nan leta. *Would you like beer or rum?* Ou vle byè osnon wonm? *I snapped at the boss, it's either he fires me or respects me.* M beke patwon an, se swa l revoke m osnon l respekte m. *Cough up my money or I'll sue you.* Kale m kòb mwen osnon m rele ou nan leta. *What color do you want, the red or the yellow?* Ki koulè ou vle, wouj la oubyen jòn nan? •**either or** oswa...oswa, swa...osnon *Either do as they tell you or get out of the job!* Se swa ou fè sa yo di ou la, osnon ou kite travay la! *Either you go or you stay.* Oswa ou ale oswa ou rete.

oracle *n.* orak

oral *adj.* oral *At the beginning all languages were oral languages.* O kòmansman tout lang se te lang oral.

orally *adv.* pa bouch *The doctor told her to take the medicine orally.* Doktè di l pran medikaman an pa bouch.

orange[1] *adj.* [*color*] jòn abriko, oranj, zoranj *He had on an orange shirt.* Li te gen yon chemiz jòn abriko sou li.

orange[2] *n.* **1**[*color*] jòn abriko, oranj **2**[*fruit*] zoranj, zorany *Buy me some oranges.* Achte kèk zoranj pou mwen. *They chopped down the orange tree.* Yo koupe pye zorany lan. *I don't drink orange juice.* M pa bwè ji zorany. •**orange pulp** ma zorany •**sour orange** zoranj si •**sweet orange** zoranj dous •**very large kind of orange** zoranj lachin •**very sweet orange** zoranj konmen(n)

orangeade *n.* oranjad

orangutan *n.* oranwoutan

orator *n.* oratè

oratory *n.* [*chapel*] oratwa

orb *n.* **1**[*sphere*] boul, glòb **2**[*range, scope*] kad

orbit *n.* obit

orca *n.* òka

orchard *n.* jaden pye fwi

orchestra *n.* òkès

orchestrate *v.tr.* **1**[*mus.*] òkestre **2**[*organize*] òganize, òkestre *The opposition orchestrated the riot.* Opozisyon an òkestre deblozay la.

orchestration *n.* •**do the orchestration** òkestre *I'm the one who knows how to do the orchestration for our band.* Se mwen ki te konn òkestre djaz nou an.

orchid *n.* òkide

ordain *v.tr.* òdonnen *The bishop ordained ten new priests.* Evèk la òdonnen dis nouvo prèt. *He was ordained last week.* Li òdonnen semenn pase a.

ordeal *n.* aso, eprèv, peripesi

order[1] *n.* **1**[*command/direction*] dekrè, kòmannman, lòd *I have orders to not let anybody in here.* M gen lòd pou m pa kite moun antre la a. **2**[*absence of trouble*] lòd *The general called out the troops to keep order.* Jeneral la rele solda yo pou al mete lòd. **3**[*organization*] dispozisyon, lòd *The*

office lacks order, everything is in a state of confusion. Biwo a manke lòd, tout bagay an debanday. *In what order did you classify the books?* Nan ki lòd ou klase liv yo? **4**[*for goods, etc.*] kòmann **orders** *n.pl.* [*usu. mil.*] konsiy •**court order** esplwa •**executive order** dekrè lwa •**give orders** bay lòd, fè lalwa, kòmande, pase yon moun lòd *The general is giving orders.* Jeneral la ap bay lòd. *Don't give me orders. I'm not a child.* Pa kòmande m, m pa timoun. •**in good order** konfòm *All your documents must be in good order in order for us to go to the embassy.* Fò tout pyès ou konfòm pou n ale nan anbasad. •**in order** annòd, an règ, bon, klin *Everything's in order.* Tout bagay an règ. *Her papers weren't in order, and she was sent back.* Papye l pa bon, yo voye l tounen. *Put everything in order in the house.* Mete tout bagay annòd nan kay la.. *The house is in order, we can receive the foreigners.* Kay la klin, nou mèt resevwa etranje yo. •**in order to** dekwa, pou, poutèt pou *I said yes in order to stop her from bugging me.* M di l wi pou l ka pa enmède m ankò. *I called her in order to tell her the news.* M rele l pou m ka ba l nouvèl la. *He came in order to talk to me.* Li vini dekwa pou l pale avè m. *You need to be courageous in order to do that work.* Fòk ou gen kouray pou fè travay sa a. •**on order** fè kòmann *We have them on order, but they haven't arrived yet.* Nou fè kòmann nan, men yo po ko vini. •**only in order that** asèlfen *She lied only in order to save herself.* Li bay manti a asèlfen pou l chape poul li. •**out of order** an pàn, deranje, deregle *This computer is out of order.* Òdinatè sa a an pàn. *This phone is out of order.* Aparèy telefòn nan deranje. •**put in order** debarase, mete opwòp, ranje •**standing order** [*to a publication*] abònman •**under the orders of** sou lòd yon moun *I won't work under your orders.* M pa ap travay sou lòd ou.

order[2] *v.tr.* **1**[*goods*] fè{kòmann/rekizisyon}, kòmande *Order some goods.* Kòmande machandiz. *The state ordered a supply of bulldozers for the roadwork.* Leta fè kòmann yon bann bouldozè pou travay wout yo. *Make the order two weeks ahead so that we may have the notebooks in time.* Fè rekizisyon an de semenn davans pou n ka jwenn kaye yo atan. **2**[*command*] òdone, pase lòd *Our father ordered us to clean the yard.* Papa n òdonnen n pou n netwaye lakou a. *I ordered you not to touch my things.* M pase ou lòd pa manyen afè m •**order s.o. to put his hands up** {fè/mete}yon moun {olèmen/wolèmen} *The policeman ordered the thief to put his hands up.* Polis la mete vòlè a wolèmen. •**not to be ordered around by s.o.** pa gen lòd pou pran nan men yon moun *I won't be ordered around by you!* M pa gen lòd pou m pran nan men ou!

orderly *adj.* annòd

orderly *n.* **1**[*hospital*] planton **2**[*mil.*] òdeli, òdonans, odle

ordinal *adj.* [*number*] òdinal

ordinance *n.* dekrè, òdonans

ordinarily *adv.* òdinèman *They ordinarily comes at five o'clock.* Òdinèman yo vini a senk è.

ordinary *adj.* **1**[*common*] banal, konmen, {konsa/konsi} {konsa/kousi}, mwayen, mwayenn, òdinè *It's an ordinary thing.* Se yon bagay banal. *I don't like wearing ordinary clothes.* M pa renmen mete rad ki komen. *I'll put on some ordinary clothes to go out.* Ban m al mete yon rad konsa konsa sou mwen pou m soti. **2**[*normal*] kouran *Brushing one's teeth is an ordinary thing.* Bwose dan, se yon bagay ki kouran. •**out of the ordinary** biza, dwòl, etranj *If you notice anything out of the ordinary happening in the house, let me know.* Nenpòt bagay dwòl ou wè k ap pase nan kay la, fè m konnen. *If nothing out of the ordinary happens, we should get there at six.* Si pa gen yon bagay etranj, n ap rive a sizè.

ordination *n.* òdinasyon

ore *n.* [*copper, iron, etc.*] minrè

oregano *n.* lorigan

organ *n.* **1**[*biol.*] ògàn **2**[*mus.*] òg

organdy *n.* mouslin swis

organic *adj.* òganik

organism *n.* **1**[*body*] òganis **2**[*germ*] mikwòb

organist *n.* òganis

organization *n.* **1**[*agency*] enstitisyon, òganis, òganizasyon •**community organization** sosyete soutyen **2**[*process*] òganizasyon •**non-profit organization** òganizasyon benevòl

organize *v.tr.* **1**[*project, organization*] mete sou pye, monte, òganize, planifye *She organized her life well.* Li planifye lavi l byen. **2**[*objects*] dispoze *Organize carefully the glasses in the cabinet.* Dispoze vè yo byen nan plaka a. **3**[*make arrangements for*] fè preparasyon pou *They're organizing a dance.* Y ap fè preparasyon pou yon bal. •**organize a dance** bay bal *They're organizing a dance for their anniversary.* Y ap bay bal pou fèt yo. •**organize a plot** [*against*] fè konplo *Organize the plot well so that we won't suffer a counterblow.* Fè konplo a byen pou n pa sibi chòk an retou. •**organize a roundup to catch s.o.** {bat/fè/lage/ rele}yon{chen/ koukouwouj}dèyè yon moun *The police organized a roundup to catch him.* Lapolis lage koukouwouj dèyè l. •**organize against** pote boure sou

organizer *n.* anchajè, òganizatè •**big organizer** [*wheeler-dealer*] chef òkès, chèfdòkès} •**community development organizer** animatè, animatris [*fem.*] •**local political party organizer** mandatè

orgasm *n.* alsiyis •**have an orgasm** chwi, vini *She had an orgasm with this guy.* Fi a ap chwi ak mesye a. *He can't have an orgasm.* Msye pa ka vini.

orgy *n.* òji

Orient *prop.n.* Oryan, levan, loryan

orient *v.tr.* akse, oryante li, voye kò li *She orients her life toward her success.* Li akse vi l sou reyisit li. *It would be better for you to orient yourself toward agriculture.* Li ta bon si ou ta oryante ou nan lagrikilti pito. *John would rather orient himself toward business.* Jan voye kò li nan biznis pito.

oriental *adj.* oryantal

orientation *n.* direksyon, oryantasyon

orifice *n.* bouch, fant, ouvèti, twou

origin *n.* dorijin, orijin, rasin, sous *He's of African origin.* Li dorijin afriken. **origins** *n.pl.* fondalnatal

original[1] *adj.* **1**[*gen.*] original **2**[*sin*]orijinèl

original *n.* [*document*] orijinal

originality *n.* orijinalite

originally *adv.* alorijin

originate *v.intr.* pran nesans, sòti nan *This river originates in the Dominican Republic.* Rivyè sa pran nesans nan Panyòl.

oriole *n.* bannann fran **Baltimore oriole** Ti mèl ameriken •**Hispaniolan oriole** bannann mi fran •**mountain oriole** bannann fran (mòn)

Orion *prop.n.* [*constellation*] Oryon, Twa Wa

ornament *n.* bèbèl, òneman **ornaments** *n.pl.* aranjman

ornamental *adj.* bwòdè, dekoratif

ornamentation *n.* 1[*on an uniform, dress, etc.*] rikrak 2[*gen.*] dekorasyon

ornate *adj.* djandjan, wololoy

orphan *n.* òfelen [*fem.*] òfelin, pitimi san gadò

orphanage *n.* òfelina

orthodox *adj.* [*rel.*] òtodòks

orthography *n.* òtograf

orthopedics *n.* òtopedi

orthopedist *n.* doktè zo, òtopedis

ortiga brava *n.* [*kind of nettle*] manman gèp

oscillate *v.intr.* balanse *The needle oscillates from right to left.* Zegwi a ap balanse de dwat a gòch.

osmosis *n.* osmoz

osprey *n.* lòfre, malfini lanmè

ossification *n.* tounen zo

ostentatious *adj.* banda *What an ostentatious guy! Everything he does for people is to show off.* Nèg banda! Tout sa li fè se pou moun wè. •**ostentatious person** gran banda *This woman is an ostentatious person, she spent a ton of money on the communion of her daughter.* Madanm sa a se yon gran banda, li depanse yon pakèt lajan pou kominyon tifi l la.

osteomyelitis *n.* enfeksyon zo

ostracized *adj.* [*socially*] defwoke *You shouldn't hang out with people who are so ostracized.* Ou pa dwe byen ak moun defwoke konsa.

ostrich *n.* otrich

otaheite apple tree *n.* ponm sitè

other¹ *adj.* 1[*additional person(s)/thing(s)*] lòt *There aren't any other problems.* Pa gen lòt poblèm ankò. *She wasn't alone; she was with two other women.* Li pa t pou kont li, li te ak de lòt fi. *Hold it with the other hand.* Kenbe l ak lòt men an. *The other shoes are prettier.* Lòt soulye a pi bèl. *Where are the other people?* Kote lòt moun yo? 2[*far/opposite*] lòt *The house isn't on this side of the school, it's on the other side.* Se pa sou bò lekòl la kay

la ye, se sou lòt bò a. *Put it on the other side.* Mete l nan lòt bò a. 3[*not the same*] lòt *We'll go some other time.* N a ale yon lòt lè. •**other one** lòt •**each other** youn ... lòt *They gave each other presents.* Youn ba lòt kado. *Life is about people helping each other.* Lavi a se youn ede lòt. •**every other** chak de *I see him every other day.* M wè l chak de jou.

other² *pro.* lòt *The house isn't on this side of the school, it's on the other.* Se pa sou bò lekòl la kay la ye, se sou lòt bò a. *One is red, and the other is green.* Youn wouj, lòt la vèt. *He's a better player than the others.* Li konn jwe pase lòt yo. *The other three didn't come.* Twa lòt yo pa vini. •**each other** len ... lòt *They looked at each other.* Len ap gade lòt. •**there is no other** {nanpwen/pa gen}de *There is no other girl who is as pretty as she.* Nanpwen de fi ki bèl konsa sou latè kou li. *There is no other house like this one in the neighborhood.* Pa gen de kay kon sa nan zòn nan.

others *pro.* dòt, lezòt *Call the others.* Rele lèzòt yo. •**above others** odsi •**and others** etandòt *There are some people that are for the idea and others who are against.* Gen dè moun ki pou lide etandòt ki kont. •**and so many other things** etandòt *They needed weapons, tools, flour, preserved meat, and so many other things in the hands of these men.* Yo te bezwen zam, zouti, farin, salezon, etandòt nan men mesye sa yo. •**of others** dotri •**so many others** tandòt

otherwise *adv.* apa (de) sa, osnon, otreman, oubyen, si se pa sa, sinon *He lied to save his life, otherwise the assassins would have killed him.* Li fè manti a pou sove lavi l, sinon ansasen yo t ap touye l. *We couldn't do otherwise, we had to accept.* Nou pa ka fè otreman, n blije asepte..

otitis *n.* otit

othorrea *n.* zorèy koule dlo

otter *n.* lout

ottoman *n.* tabourè

ouch! *interj.* 1[*pain*] ay, ouy, oy, wouy *Ouch! Look how the animal bit me.* Oy! Gad ki jan bèt la mòde m. 2[*annoyance*] ayayay *Ouch! Don't disturb me!* Ayayay! Pa deranje m!

ouf! *interj.* op!

ought *v.mod.* 1[*necessity*] fò *You ought to get some sleep.* Fò ou dòmi konsa. *You ought to let*

a doctor see that foot. Fò ou fè doktè wè pye
a. 2[obligation, rightness] dwe, fò If you have
a child, you ought to provide for her needs. Lè
ou gen pitit, fò ou okipe l. You ought to be
ashamed to show your face here! Ou ta dwe
wont parèt tèt ou isi a ankò! 3[probability]
gen pou He ought to have arrived already. Li
te gen pou l vin deja.

ounce n. ons, zons

our poss. pro. nou That's our dog. Se chen nou
an. That's our food. Sa se manje nou. It's our
car. Se machin nou.

Our Lady prop.n. Nòtredam

ours pro. nou Those notebooks are ours. Kaye
sa yo se pa nou. It's ours, not theirs. Se pa nou
an, se pa pa yo a.

ourselves pro. nou menm We did it ourselves.
Nou fè li nou menm.

oust v.tr. revoke, voye ale They joined together
to oust the manager. Yo fè yon tèt ansanm
pou voye dirèktè a ale.

ouster n. dechoukaj

out[1] adv. 1[away from a surface/edge] deyò The
table's too far out from the wall. Tab la twò
lwen mi an. 2[away from a building] deyò It's
raining out. Gen lapli deyò a. I'm not staying
out late tonight. M pa p ret deyò ta aswè a.
3[completed, finished] fini I'll be back before
the week is out. M ap tounen anvan semenn
lan fini. 4[no longer fashionable] pa alamòd
ankò Long skirts are out. Jip long pa alamòd
ankò. 5[no longer working] an pàn, pa mache
The refrigerator is out again. Frijidè a an pàn
ankò. 6[from among] nan Out of the ten
people in the car, four died. Nan dis moun ki
te nan machin lan, gen kat ki mouri. 7[from
a state of] nan You woke me up out of a good
dream. Ou reveye m nan an bon rèv. 8[made
from] ak, avè(k) She made the bedspread out
of cloth scraps. Li fè kouvreli a ak retay twal.
•**be out for** dèyè •**be out of** [supplies] manke
•**be out of it** pa nan katon •**out with you**
Alelouya Satan

out[2] n. alibi, eskiz

outage n. •**power outage** blakawout

outback n. andeyò

outbid v.tr. ofri (pi) plis They outbid us for the
horse. Yo ofri pi plis pase nou pou chwal la.

outboard adj. [motor] òdbòd

outbound adj. sòtan

outburst n. ekla, elan An outburst of jealousy.
Yon elan jalouzi.

outcast n. gateras

outclass v.tr. devanse, kite dèyè We outclassed
their team. Nou kite deyè ekip pa yo.

outcome n. aboutisman, rezilta •**have no good
outcome** pa gen byen pou yon moun wè

outcry n. klamè, kout rèl. •**loud outcry**
petodyè

outdated adj. demode, pa sou moun ankò
This theory is outdated. Teyori sa a pa sou
moun ankò.

outdistance v.tr. monte pase kite dèyè, pran
devan yon moun With this old jalopy, you'll
never outdistance their new car. Ak vye
bogota sa a, ou va janm pran devan nouvo
machin yo a.

outdo v.tr. 1[gen.] devanse That country
outdoes all the other with regard to technology.
Peyi sa a devanse lòt yo nan kesyon
teknoloji. 2[on an exam] manje I outdid all
the other students on the exam. M manje tout
lòt elèv yo nan egzamen an. •**outdo s.o. else**
fè de pwen sou Robert is married, you hear,
he's outdone all the young men in the village.
Wobè marye tande, li fè de pwen sou tout
jennjan nan bouk la.

outdone adj. •**not to be outdone** pa vle pou
kòk bat kòk nou

outdoor adj. deyò

outdoors adv. deyò We slept outdoors. Nou
dòmi deyò.

outer adj. deyò I painted the outer surface of the
door. M pentire deyò pòt la. •**outer space**
espas He was the first person to go into space.
Li se premye moun ki te al nan lespas.

outfit n. konplè, teni She put on a lovely outfit
for the party. Li pran yon bèl teni pou l al
nan fèt la.

outfitting n. [donkey, ship, etc.] aparèy

outflow n. ekoulman, koule desann sòti,
ponpe sòti

outfox v.tr. fente, twonpe, woule You let that
liar outfox you? Ou kite mantè sa a fente ou?

outgoing adj. 1[on way out] sòtan The outgoing
president. Prezidan sòtan an. 2[gregarious]
afab

outgrow v.tr. yon bagay vini twò piti pou yon
moun He's outgrown these shoes. Soulye a vin
twò piti pou li.

outhouse *n.* komòd, latrin, olye, twou nan bwa, watè

outing *n.* pwomnad, soti

outlandish *adj.* biza, etranj

outlaw *n.* brigan, òlalwa, san manman, sanmanman •**make s.o. an outlaw** mete yon moun òlalwa

outlay *n.* depans

outlet *n.* chapman, debouche, priz *That little road is an outlet to the highway.* Ti chemen sa la gen yon debouche ki mennen nan wout nasyonal la. •**electric outlet** plòg, priz kouran •**sales outlet** pwen vant

outline *n.* 1[*brief summary*] apèsesi, rale mennen vini 2[*general plan*] kout penso, plan, rezime 3[*sketch*] kout penso

outlive *v.tr.* viv{pase/pi lontan} *He might outlive us all!* Li gen dwa viv pi lontan pase n.

outlook *n.* konsepsyon, pèsepsyon, pèspektiv

outlying *adj.* aleka, rekile

outmoded *adj.* demode, pa sou moun ankò

outnumber *v.tr.* depase, gen plis *Our team's fans outnumbered the other team's.* Ekip nou an te gen plis fanatik pase lòt la.

out-of-breath *adj.* esoufle

out-of-date *adj.* démodé, perime

out-of-practice *adj.* wouye •**be out-of-practice** pèdi pratik

out-of-style *adj.* demode

out-of-the way place *n.* rakwen

outpatient *n.* malad rantre sòti

outpost *n.* {avan/anvan}pòs

outpouring *n.* jayisman

output *n.* 1[*production*] rannman 2[*gas, electricity, etc.*] debi

outrage *n.* afwon, endiyite

outraged *adj.* endiye *The girl's father was outraged when he saw the kind of grades she got in school.* Papa tifi a endiye lè li wè kalite nòt li fè lekòl.

outrageous *adj.* chokan, eskandalè *This statement is outrageous.* Deklarasyon sa a chokan.

outrank *v.tr.* pi wo pase *With regard to art, Haiti outranked all other Caribbean countries.* Nan zafè la, Ayiti pi wo pase tout lòt peyi karayibeyen.

outreach *n.* estansyon

outright *adv.* kareman *I told her outright that I didn't agree.* M di l kareman m pa dakò.

outrun *v.tr.* kouri pase yon moun *He can outrun me.* Li kon kouri pase m.

outset *n.* koumansman, anlagan *We saw from the outset that it wouldn't work.* Depi nan koumansman, nou te wè sa pa t ap mache. •**at the outset** an derapan

outside[1] *adj.* deyò *Check if the outside door is locked.* Gade pou wè si pòt deyò a fèmen. *Arrange the chairs outside.* Ranje chèz yo sou deyò.

outside[2] *adv.* aleksteryè, deyò *Go play outside.* Al jwe deyò.. *People from outside don't know the country well.* Moun aleksteryè pa konn peyi a byen. *Let's go outside to talk.* Ann al pale aleksteryè. •**outside of** an deyò, andeyò *This thing happened outside of town.* Sa pase an deyò vil la. *They live outside of the city.* Yo ret andeyò vil la.

outside[3] *n.* 1[*clothing, fabric or other material*] landrèt *This is the outside of the dress.* Sa a se landrèt rad la. 2[*outer part of sth.*] deyò *They haven't painted the outside of the house yet.* Yo po ko pentire deyò kay la. 3[*the exterior*] deyò a

outsider *n.* etranje, moun{deyò/vini}, vanmennen *She's an outsider.* Se yon etranje li ye. *Do not let outsiders meddle in your business.* Pa kite moun deyò antre nan zafè ou. **outsiders** *n.pl.* lèzengra *The rich man doesn't have any children, his wealth will go to outsiders.* Nèg rich la pa gen yon grenn pitit, se pou lèzengra l ap travay.

outsides *n.pl.* deyò

outskirts *n.pl.* {bò/sou limit}lavil

outsmart *v.tr.* fente, woule *A shrewd guy like him is able to outsmart everybody.* Nèg fen kon li konn woule tout moun.

outspoken *adj.* kategorik

outstanding *adj.* fopaplis, konsonmen, total kapital *I've never yet seen a good kid like that child, she's outstanding, folks.* M poko janm wè bon timoun tankou pitit sa a, fopaplis mezanmi. *John is an outstanding guy.* Jan se yon nèg totalkapital.

outward *adj.* esteryè

outwardly *adv.* sou deyò *Outwardly she seems calm, but inwardly she's upset.* Sou deyò li sanble kè pòpòz, men anndan li twouble.

outwards *adv.* sou deyò *The door opens outwards.* Pòt la ouvè sou deyò.

outweigh *v.tr.* depase *The advantages of this proposal outweigh its inconveniences.* Avantaj pwopozisyon sa a depase dezagreman li yo.

outwit *v.tr.* fente, twonpe, woule *No one can outwit me.* Pa gen moun ki kap woule m. •**s.o. who can outwit another** bouchon, mètke *You've found someone who can outwit you.* Apa ou jwenn ak mètke ou. *It's Michael who can outwit John.* Se Michèl ki bouchon Jan.

outworn *adj.* demode, ize, pase

oval *n.* oval

ovary *n.* ovè, {pòch/zak}ze

ovation *n.* aplodisman

oven *n.* fou, founèz •**put into an oven** anfounen *You may put the dough into the oven now.* Ou mèt anfounen pat la kounye a. •**take out of an oven** defounen *Take the bread out of the oven before it burns.* Defounen pen an anvan l boule.

oven bird *n.* chit tè, ti chit dore

ovenful *n.* founen, founo *The baker baked three ovenfuls today.* Boulanje a fè twa founen jodi a.

over¹ *adj.* [*ended*] fini, pase *The party's over.* Fèt la fini. *Your days of stealing are over!* Vòlè fini pou ou! *It's all over.* Tout bagay fini. *The pain is over now.* Doulè a pase konnye a. •**it's over!** [*interj.*] adyova(t)! •**that's over with** se finach

over² *adv.* •**over and over** anpil fwa, sou *I talked to her over and over for her own good.* M pale l anpil fwa pou byen li. *He sang over and over to attract the woman.* Li chante sou chante pou l ka chame fi a. •**be over** [*completed*] pase •**all over** tout krik

over³ *prep.* 1[*above in authority, prestige*] sou tèt yon moun *He's over us all.* Li sou tèt nou tout. 2[*by means of*] nan *I heard the news over the radio.* M tande nouvèl la nan radjo. *Come to my place; I can't tell you over the phone.* Vin kote m; m pa ka di ou sa nan telefòn lan. 3[*directly above or on*] nan, sou *What's that rope hanging over my head?* Ki kòd sa a k ap pandje sou tèt mwen an? *She put the hat over her face.* Li mete chapo a sou figi l. *I put a sack over his head.* M foure yon sak nan tèt li. 4[*finished with*] fè *I'm over the hardest part.* M fè pati k te pi difisil la deja. 5[*more than*] plis...pase *It costs over fifty gourdes.* Li koute plis pase senkant goud. *I've been here for over*

two months. M gen plis pase de mwa depi m isi. 6[*about*] pou *I won't have an argument with a friend over money.* M pa p fè kont ak zanmi m pou kòb. 7[*more than*] plis pase

overabundance *n.* siplis

overactive *adj.* about ak kò li *That kid is overactive.* Pitit sa a about ak kò li.

overall *adv.* globalman *Overall, what do you mean?* Globalman, sa ou vle di?

overalls *n.pl.* salòpèt, varèz •**upper part of overalls or apron** fal

overarticulate *v.intr.* pale{tchulutchutchu/zuzu} *She's really overarticulating, as if she were reading a poem out loud.* Jan l ap pale tchulutchutchu la a, ou pa ta di se yon moun k ap di pwezi.

overbearing *adj.* gwo ponyèt, otorite

overblown *adj.* debòde

overboard *adv.* •**go overboard** 1[*gen.*] kite limit 2[*with excitement*] debòde

overbook *v.tr.* lwe plis pase genyen *They overbooked the flight.* Yo lwe plis pase genyen vòl la.

overcast¹ *adj.* chaje, mare, pare *The sky is overcast today.* Syèl la mare jodi a. *The sky is overcast.* Tan an mare.

overcast² *v.tr.* 1[*stitch over raw edges*] rabat *When I have sewn the clothes, I'll have to overcast the edges.* Lè mwen fin koud rad la, fò m rabat bòdi yo. 2[*sewing*] sijte *The tailor overcast the pants well.* Tayè a sijte pantalon an byen.

overcharge *v.tr.* degagannen, fè yon moun peye{an plis/twòp}, koupe{gòj/gòjèt/lalwèt}yon moun. *They overcharged me by two gourdes.* Yo fè m peye de goud an plis. *The merchant overcharged me.* Machann nan degagannen m. *She overcharged me for my purchase.* Li fè m peye twòp pou machandiz la. *Because she's a tourist, the seller overcharged her.* Poutèt li se touris, machann nan koupe gòjèt li.

overcoat *n.* manto, padesi

overcome *v.tr.* 1[*master, surmount*] donte, kore, kwape, mate, *I overcame this vice.* Mwen donte vis la. *This medicine will help you overcome the sickness.* Medikaman sa a ap ede ou kwape maladi a. 2[*get the better of, prevail over*] {fè dekabès/gen laviktwa}sou, venk *I overcame the neighbors.* M fè dekabès sou vwazen an. *She overcame her opponents.* Li gen laviktwa sou advèsè l yo.

overconfident *adj.* twò{asire/konfyan}

overcook *v.tr.* boule, brile *She overcooked the meat.* Li boule vyann nan.

overcritical *adj.* rechiya

overcrowded *adj.* an debòdman •**overcrowded place** lòbèy *How can you live in such an overcrowded place?* Ki jan ou fè viv nan lòbèy sa a?

overcrowding *n.* ankonbreman, lòbèy *Port-au-Prince is a city that has a lot of overcrowding.* Pòtoprens se yon vil ki gen anpil ankonbreman.

overdo *v.tr.* ale lwen *You're overdoing it with your accusation.* Ou ale lwen ak akizasyon ou a.

overdone *adj.* 1[*burnt*] boule, brile 2[*excessive*] demezire, wòdpòte

overdose *v.intr.* pran twòp{dwòg, medikaman, remèd} *He overdosed on that medicine; that's why he so dizzy.* Li pran twòp medikaman sa a; se poutèt li toudi konsa

overdraw *v.tr.* depase kont li *I overdrew my bank account.* M depase kont nan bank mwen.

overdressed *adj.* zaza

overdue *adj.* anreta, depase dat, ta •**it is/was long overdue** li te) lè li (te) tan *He finally came, it was long overdue.* Li vini, li te lè l te tan.

overeat *v.intr.* boure, bafre, manje depase (mizi) vant *If you overeat, you'll gain weight.* Si ou bafre, w ap gwosi.

overestimate *v.tr.* bay twò valè *I didn't think you were so dishonest, I now realize I overestimated you.* M pa t kwè ou te malonèt konsa, m rann kont m te ba ou twò valè.

overexert *v.intr.* •**overexert o.s.** fè simenaj *Be careful not to overexert yourself because you work too much.* Veye pou pa fè simenaj paske ou travay twòp.

overexertion *n.* simenaj •**be in a state of overexertion** fè simenaj *Be careful not to overexert yourself because you work too much.* Veye pou pa fè simenaj paske ou travay twòp.

overexposure *n.* [*to s.o. potentially harmful*] kontaminasyon pase limit

overflow¹ *n.* debòdman, twoplen

overflow². **I** *v.tr.* [*stream*] anvayi, devide, lage bòday *The river is overflowing its banks.* Larivyè a ap lage bòday li yo. **II** *v.intr.* 1[*stream.*] debòde *When it's the rainy season, most of the rivers overflow.* Lè sezon lapli, pifò rivyè debòde. 2[*container*] debòde, ranvèse *The seller's basket is overflowing with plantains.* Pànye machann nan debòde avèk bannann. *The barrel is so full, it's overflowing.* Doum nan tèlman plen, l ap ranvèse. •**overflow with** fè {mikalaw/mòlmèk}

overflowing *adj.* an debòdman

overgrown *adj.* •**overgrown with weeds** plen raje *The garden is overgrown with weeds.* Jaden plen raje.

overhang¹ *n.* [*of roof*] debòdman, lamye, tiyon

overhang² *v.tr.* debòde *The concrete roof that overhangs the house gives a little protection to the outside walls.* Dal beton ki debòde kay la bay mi deyò yo yon ti pwoteksyon.

overhaul *n.* ovèwòl •**overhaul an engine** fè motè

overhead¹ *adv.* anlè, anlè (a) *The electrical wires are overhead.* Fil kouran yo pase anlè. *Look at the birds flying overhead.* Gade zwazo yo anlè a.

overhead² *n.* chaj, chay

overhear *v.tr.* tande *By chance, he overheard that they're plotting against him.* An pasan konsa, li tande y ap monte sou do l.

overheat *v.tr.* chofe twòp, sichofe *Don't overheat the motor.* Pa sichofe motè a.

overheating *n.* sichofay

overindulge **I** *v.tr* [*s.o.*] gate, sitire *Don't overindulge your children.* Pa sitire pitit ou yo. **II** *v.intr.* [*o.s.*] {bwè/ manje}twòp *They're sick because they overindulged with food.* Yo ayik poutèt yo manje twòp.

overjoyed *adj.* an jwa, ozany *We are overjoyed today because our team won.* Nou an jwa jodi paske ekip nou genyen. *He's overjoyed because he hit the jackpot in the lottery.* Misye ozany paske li fè gwo lo a nan lotri a.

overland *adv.* a travè tè

overleaf *n.* do paj la

overload *v.tr.* chaje an twòp, sichaje *They overloaded the truck.* Yo chaje kamyon an twòp.

overloaded *adj.* an debòdman *This truck is overloaded.* Kamyon sa a an debòdman. •**be overloaded with work** fè simenaj

overlook *v.tr.* **1**[*give view from above*] bay sou *Her house overlooks the main street.* Kay li a bay sou gran ri a. **2**[*ignore*] {kite/lese}yon bagay pase, pa okipe *Don't overlook that mistake.* Pa lese fot sa a pase. *I'll overlook what he said.* M p ap okipe sa l di a.

overlord *n.* pap seyè

overnight *adv.* lanwit, nuit lan *Are you going to stay overnight?* N ap rete pase nuit lan?

overpass *n.* pon

overpopulation *n.* moun ap peple kou apoulaw, twòp moun

overpower *v.tr.* bazoudi, metrize *The boxer succeeded in overpowering his opponent.* Boksè a rive metrize advèsè li a. •**be overpowered by the Holy Spirit** manifeste

overprotective *adj.* sitire

overripe *adj.* blen, mikmik pase *The papaya is overripe.* Papay la pase. *That overripe mango.* Mango mikmik sa a.

overrule *v.tr.* annile, kase *The judge overruled the decision.* Jij la annile jijman an.

overrun *adj.* chaje *The house is overrun with mice.* Kay la chaje sourit.

overrun *v.tr.* anpare *The water completely overran the house, all our belongings got wet.* Dlo anpare kay la nèt, tout zafè n mouye.

overseas *adv.* aletranje, lòtbò{dlo/lanmè} *They have two children overseas.* Yo gen de pitit aletranje.

oversee *v.tr.* kontwole, siveye *The supervisor is overseeing the work of all the employees.* Chèf sèvis la ap siveye travay tout anplwaye yo.

overseer *n.* gore, jeran, mèt travay, siveyan •**slave overseer** *a*[*gen.*] kòmandan *b*[*slave himself*] kòmandè

oversensitive *adj.* •**oversensitive to pain** douyèt *A person as oversensitive to pain as he can't stand the slightest pain.* Nèg douyèt tankou l pa ka sipòte doulè menm.

overshadow *v.tr.* eklipse *She always overshadows the other students.* Li toujou eklipse lòt elèv yo.

oversight[1] *n.* [*omission*] oubli

oversight[2] *n.* [*control*] dwa de rega

oversleep *v.intr.* dòmi twonpe li *I'm late because I overslept.* Mwen an reta paske dòmi twonpe m.

overstate *v.tr.* egzajere, mete pase genyen *They overstate the number of people at the dance.* Yo egzajere kantite moun ki te nan ba la.

overstatement *n.* egzajerasyon

overstay *v.intr.* donnen *This guy, when he goes to people's homes, he overstays.* Nèg sa a lè l al kay moun yo, se donnen l a l donnen.

overtake *v.tr.* **1**[*go past*] double, depase *I overtook all the other runners.* M depase tout lòt kourè yo. **2**[*possess*] vini nan tèt *The spirit hasn't yet overtaken his body.* Jany lan poko vini nan tèt li. •**be overtaken** [*by an event*] anpetre

overthrow[1] *n.* kapòtay •**government overthrow** koudeta, panzou

overthrow[2] *v.tr.* chavire, dechouke, detwone, jete, kapote, kilbite, mete yon moun atè, ranvèse *The army overthrew the government.* Lame a chavire gouvènman an. *They overthrew the President.* Yo dechouke prezidan an. *The opposition party overthrew the government.* Pati opozisyon an kapote gouvènman an. *They want to overthrow the government.* Yo vle ranvèse gouvènman an.

overthrowing *n.* ranvèsman

overtime *n.* **1**[*sports*] pwolongasyon *If the match is tied, there'll be an overtime.* Si ekip yo fè match nil, ap gen pwolongasyon. **2**[*extra work time*] ovètaym *Have they paid you for the overtime you did?* Yo peye ou ovètaym ou fè a?

overtone *n.* souzantandi

overture *n.* ouvèti

overturn *v.tr.* **1**[*any object*] chavire, kapote, ranvèse *The girl overturned the pot.* Tifi a kapote mamit la. **2**[*a judgment, etc.*] annile, kase *The judge overturned the decision.* Jij la kase jijman an.

overturning *n.* [*vehicle*] chaviray, kapòtay

overwater *v.tr.* neye *He really overwatered the garden.* Se neye misye neye jaden an.

overweight *adj.* twò gra

overwhelm *v.tr.* **1**[*control*] ouvè, mete yon moun bèk atè, vide (sou) *The police overwhelmed the demonstrators.* Lapolis vide sou manifestan yo. *He overwhelmed the* *dog with blows.* Li ouvè chen an anba bwa. **2**[*affect strongly*] anpare, anvayi, bazoudi *Working under the hot sun overwhelms me.* Travay anba solèy cho a bazoudi m. •**overwhelm with** ble, blende, bonbade *The woman overwhelmed her husband with curses.* Fi a ble mari l ak jouman. *They overwhelmed him with lies.* Yo blende l ak manti. •**overwhelm with blows** blende ak kou •**overwhelm with insults/nasty words** boure ak mo sal *She overwhelms the kid with nasty words.* Li boure pitit la ak mo sal. •**overwhelm with money** grennen lajan sou •**overwhelm with work** kofre *She overwhelmed her secretary with work.* Li kofre sekretè li a anba travay.

overwhelmed *adj.* akable, angaje{jis nan kou/ra gagann}, anpetre, krible *I am overwhelmed with the work that I have to do.* M angaje jis nan kou ak travay m gen pou m fè. *I am overwhelmed, come give me a hand.* M anpetre la a, vin ban m yon kout men.

overwhelmingly *adv.* nètalkole

overwork[1] *n.* simenaj

overwork[2] *v.tr.* bay dwèt, pete{fal/fyèl/tèt/zizye}yon moun *The boss overworks the workers by constantly harassing them to work fast.* Patwon an ap bay travayè yo dwèt pou yo prese ak travay la.

overworked *adj.* erente, kò kraze

ovulate *v.intr.* ovile *When women ovulate they might get pregnant if they have intercourse.* Lè fi ovile, yo ka ansent si yo fè sèks.

ovulation *n.* ovilasyon

ovule *n.* ovil

ovum *n.* jèm

ow *interj.* ay

owe *v.tr.* ale la a, dwe *How much do I owe you?* Konbe m dwe ou? *I still owe her thirty dollars.* M dwe l trant dola toujou. *For all this merchandise, how much do I owe?* Pou tout machandiz sa yo, pou konben m ale la a? •**owe (a service, etc.) to** teni *She asked us for help, we owe that to her because her father helped us a lot.* Li mande nou èd, nou teni l sa paske papa l te ede n anpil. •**owe an explanation from** koresponn ak *He'll owe an explanation to his girlfriend about the note she found in his pocket.* Li pral koresponn ak mennaj li pou ti biyè a li jwenn nan pòch li a. •**owing to** poutèt

owed *adj.*[*due*] bout

owing to *prep.* grasa

owl *n.* chwèt •**Hispaniolan barn owl** fize •**Hispaniolan burrowing owl** koukou •**Hispaniolan short-eared owl** chwèt savann •**Hispaniolan stygian owl** chwèt mèt bwa •**hoot owl** frize •**night owl** [*person*] bèt seren, jamèdodo

own[1] *adj.* pa li, pwòp *Everyone is taking their own car.* Chak moun pral nan machin pa yo. *Why don't you mind your own business?* Sa k fè ou pa okipe afè pa ou! *Don't use mine, use your own.* Pa sèvi ak pa m lan, sèvi ak pa ou la. *His own family rejected him because he's a bum.* Pwòp fanmi l rejete l kòm vakabon.

own[2] *n.* •**be on one's own** kondi{kò/tèt}li *I don't need anyone to tell me what to do; I want to be on my own.* Mwen pa bezwen okenn moun pou di m sa pou m fè; mwen vle kondi tèt mwen. •**on one's own** pou kont li •**one's own** moun pa li

own[3] *v.tr.* gen(yen), genyen, posede *They own four large houses.* Yo gen kat gwo kay. *I've owned this land for a long time.* M posede tè sa a kèk jou. •**own up** admèt, rekonèt *He owned up that his that he was drunk.* Li admèt li te sou.

owner *n.* chèmèt chèmètrès, mèt, mèt kay, metrès, pwopriyetè *Who is the dog's owner?* Sa k mèt chen an? •**ship owner** anmatè •**true owner** chè mèt chè mètrès

ownership *n.* pwopriyete

ox *n.* bèf, towo bèf

ox-eye bean *n.* [*vine*] jebourik

oxcart *n.* kabwèt, tonbo •**oxcart driver** majoral

oxidation *n.* oksidasyon

oxide *n.* oksid

oxtail *n.* ke bèf

oxygen *n.* oksijèn

oyster *n.* zuit, zwit

oyster plant *n.* [*herb*] bouldemas

ozone *n.* ozòn

P

p *n.* [*letter*] pe

pa *n.* [*fam.*] papi

pace¹ *n.* ali, tren *He can't keep up with the same pace.* Li pa ka kenbe menm ali a. •**go at one's own pace** pran dèz *Now I am retired, I should go at my own pace.* Kounye a mwen nan retrèt, se pou m pran dèz mwen.

pace² *v.intr.* apante *She's pacing across the floor.* L ap apante planche a. •**pace back and forth** fè lamadèl *He paces back and forth while he studies his lesson.* Misye ap fè lamadèl pandan l ap etidye leson l. •**pace up and down** apante *He has nothing to do, he is pacing up and down the streets of Port-au-Prince.* Li pa gen anyen pou fè, l ap apante lari Pòtoprens.

pacemaker *n.* pèsmekè

pacific *adj.* pasifik •**Pacific Ocean** Oseyan pasifik

pacifier *n.* sousèt tetin

pacify *v.tr.* adousi, pasifye *She pacified the crying baby.* Li adousi bebe kit e kriye. *The peace keeping forces must pacify the country.* Fòs lapè yo dwe pasifye peyi a.

pack¹ *n.* **1**[*any collection*] pake, pakèt *A pack of lies...* Yon pakèt manti... **2**[*cigarette packaging*] pòch *He smokes two packs a day.* Li fimen de pòch chak jou. **3**[*small container*] bwat *How many pencils are in the pack?* Konbe kreyon k nan bwat la? •**ice pack** [*med.*] vesi glas •**hot pack** ti sak cho •**put in packs** lote *Put the plantains in packs of five.* Lote bannann yo pa senk.

pack² *v.tr.* **1**[*wrap*] anbale, fè pakèt, *Where is the rope to pack the toys?* Kote kòd la pou mwen fè pakèt ak jwèt yo? *They packed the merchandise.* Yo anbale machandiz yo. **2**[*package*] rasanble *Pack your clothes.* Rasanble rad ou. **3**[*place*] anpile *They packed the prisoners into a single small cell.* Yo anpile prizonye yo nan yon sèl ti kacho. •**pack down** *a*[*gen.*] boure, dame, foule *He packed down tobacco in his pipe.* L ap boure pip li ak tabak. *Pack the bag down so that it can take all of the things.* Foule sak la pou l ka

pran tout bagay yo. *b*[*soil*] tase *They packed down a lot of soil to fill the ditch.* Yo tase bon kou tè pou plen fòs la. •**pack off** voye ale •**pack one's bags** mare pakèt li *I'm packing my bags in preparation of my departure.* M ap mare pakèt mwen pou m ale. •**pack one's luggage** fè malèt li, ranje valiz li *Pack your luggage in order to leave.* Fè malèt ou pou ou ale. *She's packing her suitcase because she's traveling tomorrow.* L ap ranje valiz li paske l ap vwayaje demen. •**pack up** anbale, fè pakèt •**pack your bags and leave** pran brisak ou *Pack your bags and go on your way!* Pran brisak ou al fè wout ou! •**packed with people** mi *The street was packed with people.* Lari a mi ak moun.

package¹ *n.* koli, pake, pakèt

package² *v.tr.* anbale *The mangoes are packaged and ready to send abroad.* Mango yo anbale epi prèt pou voye lòtbò a.

packaging *n.* anbalaj

packed *adj.* bonde, {chaje/plen}moun, wouj *The church was packed with people.* Legliz la te chaje moun. *His straw bag is packed with mangoes.* Djakout li bonde ak mango. *The town is packed with people.* Lavil la wouj ak moun. •**packed to the gills** {chaje/plen} moun

packer *n.* anbalè

packet *n.* chache, pakèt

packhorse *n.* chwal chawa

packing *n.* anbalaj

pack-saddle *n.* ba

pact *n.* angajman, pakt •**pact with the devil** anjandreman, pran angajman *I won't make a pact with the devil to be rich.* M p ap pran angajman pou m rich.

pad¹ *n.* **1**[*cloth*] konprès, kousen, tanpon **2**[*of paper*] blòk **3**[*living place*] fwaye, lakay •**pad used to support loads carried on head** twòkèt •**cotton pad** koton wat •**brake pad** *a*[*bike*] sabo *b*[*car*] plakèt fren •**desk pad** soumen •**elbow pad** pwotèj koud •**heating pad** kousen elektrik •**hot pad** tòchon •**knee pad** jenouyè •**sanitary pad** [*for women*] kotèks, lenj, twal san, wozèt •**scouring pad** pay de fè •**scratch pad** blòk papye •**shoulder pad** [*clothing*] zepolèt •**table pad** [*put under tablecloth*] tabliye

pad² *v.tr.* **1**[*a cushion, chair, etc.*] kapitonnen, ranboure *We're padding our chairs.* N ap ranboure chèz nou yo. *She padded the chair to make it more comfortable to sit on.* Li kapitonnen chèz la pou fè li pi konftatab pou n chita. **2**[*clothes*] boure *The seamstress is padding the shoulder of the suit jacket.* Koutiryèz la ap boure zepòl vès la.

padded *adj.* boure *His whole body is padded, he doesn't feel the hits of the stick.* Tout kò misye boure, li pa santi kout baton yo.

padding *n.* **1**[*material*] kapitonnaj, ranbouraj **2**[*act of*] bouray, ranbouraj

paddle¹ *n.* **1**[*boating*] pagay, ram, zaviwon **2**[*for washing clothes*] batwèl

paddle² *v.intr.* [*move through water*] pagaye *I can't paddle anymore, my arms are hurting.* M pa ka pagaye ankò, ponyèt mwen ap fè m mal.

paddock *n.* anklo pou chwal

padlock¹ *n.* kadna

padlock² *v.tr.* kadnase *Padlock the door so that thieves won't come in.* Kadnase pòt la pou vòlè pa antre.

pagan *n.* babilòn, payen, [*fem*] payèn *These people are pagans; they don't worship God.* Moun sa yo se babilòn, yo pa sèvi Bondye.

page¹ *n.* feyè, fèy liv, paj *Let me finish reading this page.* Kite m fin li paj sa a. *Turn the page.* Vire paj la. *This book is three hundred pages long.* Liv sa a gen twa san paj. •**front page** premye paj

page² *v.intr.* •**page through a book** pase yon liv

pager *n.* pajè

paginate *v.tr.* •**paginate a book** nimewote paj

paid *see* **pay**

pail *n.* bokit, kin, so, syo *A pail of water...* Bokit dlo...

pain¹ *n.* **1**[*physical*] doulè, mal, manjezon, tranchman *The pain kept me from sleeping.* Doulè a anpeche m dòmi. *Take this pill for the pain.* Pran grenn sa a pou doulè a. *I have a nagging pain in my back.* M gen yon manjezon do k refize pase. **2**[*mental*] lapenn *The pain won't end with this illness.*

Lapenn mwen p ap fini ak maladi sa a. **3**[*person*] fawouchè *The man is a pain, don't pay attention to him.* Misye se yon fawouchè, pa okipe l. •**pain in lower back** koubati •**pain in the area of the stomach** leve biskèt, tranchman van •**pain in the ass** [*person*] chòche, katchoupin •**pain in the neck** *a*[*person*] mangouyan, anmèdè, chen frans, choutoufè, giyon, pichon, ranvwa,, tizon *Where did this pain in the neck come from to bother me?* Kot chen frans sa a soti pou vin toumante m la? *This child is a pain in the neck, he bothers me so much.* Pitit sa se yon giyon tank l anmède m. *He bothers me too much, they should tell this pain in the neck to get lost.* Li pèsekite m twòp, se pou yo voye ranvwa sa a ale. *That man is a pain in the neck, he's always in conflict with people.* Msye sa a se yon tèt chaje, li toujou nan kont ak moun. *b*[*situation*] tèt chaje *It's a pain in the neck.* Se yon tèt chaje! •**pains and stiffness in joints** zo yon moun kraze *I felt pains in all of my joints after doing the wash.* M santi tout zo m kraze apre lave a. •**pains felt by newborn** tranche kabann •**abdominal pain** trip{kòde/ tòde} •**abdominal pains** kolik, tranche •**chest pain** lestomak fè mal •**chest pains** doulè anba kè •**give a sudden sharp pain** kranponnen •**great pain** emoraji •**have a sharp gas pain** kranponnen *I have a sharp gas pain in my side.* M gen yon gaz ki kranponnen m bò kòt. •**have a stinging pain** lanse *I have a stinging pain in my legs that comes and goes.* Janm mwen ap lanse m. •**hunger pain** gaz, trip{kòde/kòde} *I have to eat, I have a sharp hunger pain!* Fò m manje, m gen anpil gaz! •**take pain** bay kò li traka *I took a lot of pain on your behalf.* M bay kò m anpil traka pou ou. •**take pains** [*do sth.*] pran san li •**throbbing pain** doulè ki ap bat

pain² *v.tr.* fè yon moun lapenn *His suffering pains me.* Soufrans li fè m lapenn.

pained *adj.* [*expression*] blaze *Look at how her face is pained since her husband left her.* Gad jan vizaj li blaze depi mari l kite l la.

painful *adj.* mizèrere, penib *A very painful toothache...* Yon maldan mizèrere... •**be painful** mòde, pike *When you pinch me, it's painful.* Lè ou pencheng mwen, sa pike m.

painfully *adv.* ak doulè

painkiller *n.* kalman
painless *adj.* san doulè
painlessly *adv.* san{doulè/fè mal}
painstaking *adj.* konsyansye
paint[1] *n.* penti *How many coats of paint did you put on?* Konbe kouch penti ou ba li? •**enamel paint** douko, sapolen •**fresh paint** penti frèch •**metallic paint** [*car*] douko metalik •**oil-based paint** penti a luil •**put on a coat of paint carelessly** pase penti •**red lead paint** minyòm •**water-based paint** penti {alo/dlo}
paint[2] *v.tr.* **1**[*building*] bay koulè, pentire *They painted the house red.* Yo pentire kay la an wouj. *She painted the wall with white color.* Li bay miray la koulè blan. **2**[*metal surface, usu. by spraying*] douko *He painted his car red.* Li douko machin li an an wouj. **3**[*art*] penn *The artist prefers to paint at night.* Atis la pito penn lannuit. •**paint carelessly** badijonnen, pase penti *They painted carelessly only half of the house.* Yo fin jwen pase penti nan yon bout nan kay la. •**paint the town red** banbile, banboche, fè ribanbèl
paintbrush *n.* penso
painter *n.* **1**[*house*] bòs pent, pent **2**[*studio*] atis pent •**car painter** doukomann
painting *n.* [*art*] penti, tablo, twal
pair[1] *n.* [*two of same kind*] pè, yon + NOUN *A brand-new pair of shoes...* Yon pè soulye tou nèf... *Get me a pair of scissors.* Pran yon sizo pou mwen. *He bought a pair of pants.* L achte yon pantalon. •**pair of animals of each sex** mennaj
pair[2] *v.intr.* •**pair off** {kanpe/mete/rete}de pa de *They're paired off.* Yo kanpe de pa de. *Pair off.* Mete nou de pa de. •**pair/mate off** [*animals*] parye
pajamas *n.pl.* pijama *I bought some pajamas.* M achte yon pijama.
pal[1] *n.* amigo, asosye, bon zanmi, kopen, kouyann, nèg *This guy is my pal.* Msye se bon zanmi m. *What's up, pal?* Sa k pase amigo?
pal[2] *v.intr.* •**pal up with** fè konpany
palace *n.* palè
palate *n.* [*in the mouth*] palèt •**hard palate** palèt di •**soft palate** palèt mou
pale[1] *adj.* **1**[*face*] blèm *Mary's face is pale today.* Figi Mari blèm jodi a. **2**[*light color*] pal *Her dress is a pale pink.* Wòb li a se yon woz pal. *That color is too pale.* Koulè sa a twò pal. •**pale as a ghost** blan kou dan zonbi *That toothpaste made her teeth pale as a ghost.* Pat sa a fè dan l blan kou dan zonbi. •**be pale** gen min si *This child is too pale.* Pitit sa gen min si twòp. •**be pale and anemic** {manke/ pa gen}san *The doctor told him he's pale and anemic.* Dòktè a di li manke san. •**become pale** pali
pale[2] *n.* •**beyond the pale** chokan *What she said to me was beyond the pale.* Si li di m te chokan.
paleness *n.* blanchè, mank san
palette *n.* [*artist's*] palèt
palindrome *n.* palendwòm
pallet *n.* **1**[*small movable platform*] palèt **2**[*shabby straw mat*] graba
palliative *n.* apezman, renmèd kalman, soulajman
palm[1] *n.* [*of hand*] plan men *My palm is itching.* Plan men m ap grate m. •**palm reader** kiwomansyen, kiwomansyèn [*fem.*] •**palm reading** kiwomansi
palm[2] *n.* [*plant*] •**palm heart** {chou/kè} palmis •**palm straw** latanyen •**palm tree** palmye, pye palmis •**palm tree seed** grenn maskriti •**African oil palm tree** kwoko •**bactris palm tree** ti kwòkwo •**Bourbon palm** latànye •**buccaneer palm tree** katye •**coconut palm** pye kokoye •**date palm** pye dat **mountain palm** palmis chaplèt •**thatch palm** latànye lanmè •**royal palm tree** kòwòs, palmis •**umbrella palm** parasòl chinwa
palm-chat *n.* [*bird*] esklav, zwazo palmis
palm oil *n.* palmakristi
palm-oil plant *n.* maskriti
Palm Sunday *prop.n.* dimanch ramo
palm swift *n.* ti iwondèl
Palma Christi *prop.n.* palmaskriti
palpitations *n.pl.* [*heart*] batman kè
paludism *n.* lafyèv palidis, malarya, frison
pamper *v.tr.* ancheri, bere, chouchoute, dòlote, gate, miyonnen, sitire *He pampers his wife a lot because he loves her so much.* Li ancheri madanm li tèlman l renmen l. *You pamper that child too much.* Ou bere pitit sa a twòp. *If you don't pamper your wife, she'll leave you.* Si ou pa miyonnen madanm ou, l ap kite ou.

pampering *n.* sitirans, tolerans

pamphlet *n.* bwochi, livrè, trete •**folded pamphlet** depliyan

pan[1] *n.* basinèt, kastwòl, kaswòl, kivèt •**earthen pan** terin •**flat bread pan** plato •**frying pan** pwelon

pan[2] *v.tr.* pase vèni sou, voye pye *They panned my new play.* Yo pase vèni sou nouvo pyès mwen. •**pan out** resi *That new idea didn't pan out.* Nouvo ide a pa resi.

pan-American *adj.* panameriken

Panama *prop.n.* Panama

Panama tree *n.* pistach dèzenn

pancake *n.* •**thin pancake** krèp

pancreas *n.* larat, pankreyas

pancreatisis *n.* anflamasyon{larat/pankreyas}

panda *n.* panda

pandemonium *n.* kafouyay

pander *v.tr.* sitire *The minister panders to the journalists.* Minis la sitire jounalis yo.

pane *n.* •**pane of glass** glas, vit

panel *n.* 1[*of a house*] panno 2[*of double door, shutters*] batan •**door panel held by door hinge** panti

panful *n.* chodyè manje, plato *She bought two panfuls of cookies.* Li achte de plato biskuit.

pang *n.* •**pang of conscience** *n.* regrè, remò •**pang of hunger** frengal

panhandle *v.intr.* mande charite, pote bòl ble *This panhandler always panhandles in front of the church.* Mandyan sa a toujou mande charite devan legliz la.

panhandler *n.* mandyan

panic[1] *n.* debandad, panik •**panic stricken** panike •**collective panic or hysteria** kouri •**throw into a panic** panike

panic[2] *v.intr.* panike, pèdi sanfwa *If I had panicked when the brakes went out on the car, I would have had an accident.* Si m te pèdi sanfwa lè machin lan pèdi fren an, m t ap fè aksidan. *They heard the shot and they panicked.* Yo tande tire a, yo panike. •**panic stricken** panik pran yon moun, panike

panicled milkwort *n.* [*plant*] pistach mawon

panorama *n.* panorama

pans *n.pl.* •**pots and pans** batri

pansy[1] *n.* [*flower*] panse

pansy[2] *n.* [*pej.; effeminate man*] gason fanm, gason makòmè

pant *v.tr.* {respire/soufle}anlè *He just exercised, that's what makes him pant like that.* Li sot fè espò, se sa k fè li respire anlè konsa.

pantheon *n.* panteyon

panther *n.* pantè

panties *n.pl.* eslip, kilòt, pantalèt •**four-colored panties worn to bring good luck** pantalèt chans •**pair of panties** kilòt •**take off one's panties** dekilote li *Don't take off your panties when there are people around.* Pa dekilote ou sou moun.

panting *n.* souf anlè

pantry *n.* 1[*in home*] gadmanje 2[*hotel, restaurant*] ofis

pants *n.pl.* kanson, pantalon *I don't like this pair of pants.* M pa renmen pantalon sa a. •**pants that are too short** pantalon twa ka •**pants torn at the rear** bounda chire •**pants with an incorporated elastic waistband** pantalon elastik •**bell-bottom pants** pantalon{palaso/pat elefan} •**high-water pants** pantalon twa ka •**tight-bottom pants** pantalon bouch boutèy •**tight-fitting and worn-out pants** pantalon swèl •**tight-fitting pants** kanson yon moun tankou grèp, pantalon swèl *You're wearing tight-fitting pants.* Ou pote kanson ou tankou grèp. •**torn pants** dèyè linèt *He wears torn pants.* Li mete yon pantalon dèyè linèt.

panty hose *n.* ba kilòt

pap *n.* 1[*nipple*] bouton tete, pwent bouch 2[*baby food*] akamil 3[*rubbish*] koulibèt, tenten(nad)

papaya *n.* papay

paper *n.* 1[*material*] papye *I need a sheet of paper.* M bezwen yon fèy papye. *Give me a little piece of paper.* Ban m yon ti moso papye. *Pick that paper up off the ground.* Retire papye sa a atè a. *I don't have any gift wrapping paper.* M pa gen papye kado. 2[*document*] pyès 3[*report*] memwa **papers** *n.pl.* [*document*] papye *Her papers weren't in order, and they sent her back.* Papye l pa bon, yo voye l tounen. •**paper clip** klips •**paper cutter** giyotin •**paper punch** pwenson •**adhesive paper** papye adezif •**blotting paper** papye biva •**carbon paper** papye {kabòn/dekalke} •**filter paper** [*chem.*] papye{filt/filtre} •**fine quality paper** [*used* *esp. in kite making*] papiyòt •**gift wrapping paper** papye kado •**graph paper** papye kadriye •**gridded paper** [*graph paper*] kawote *The teacher bought gridded papers.* Pwofesè a achte papye kawote. •**litmus paper** papye tès •**scrap paper** (papye) bouyon •**stamped and sealed paper used for official government documents** papye tenbre •**wrapping paper** papye{anbalaj/vlope}

paperback *adj.* •**paperback book** liv kouvèti papye

paper-thin *adj.* fen, mens

paperweight *n.* pèz papye

paprika *n.* poud piman

par *n.* •**not up to par** pachiman •**on par with** {nan/o}nivo

parable *n.* parabòl

parabola *n.* [*math*] parabòl

parabolic *adj.* parabolik

parachute¹ *n.* parachit

parachute² *v.intr.* parachite *The pilot parachuted down.* Avyatè a parachite kò l.

parachutist *n.* parachitis

parade¹ *n.* defile, laparad, mach, manifestasyon *For Flag Day, schools often organize parades.* Pou fèt drapo, gen dèfwa lekòl òganize mach.

parade² *v.intr.* defile, gonfle, paweze *The band paraded in the street.* Fanfa a paweze nan lari a.

paradise *n.* paradi

paraffin *n.* parafen

paragraph *n.* paragraf

parakeet *n.* jakòt, pèwokèt

parallel¹ *adj.* [*geog.*] parallel •**parallel bars** ba{fiks/ parallel}

parallel² *n.* parallel •**without parallel** san parèy

parallelepiped *n.* [*math*] paralelepipèd

parallelogram *n.* [*math*] paralelogram

paralysis *n.* maras, paralezi

paralytic *n.* paralitik

paralyze *v.tr.* annile, paralize *Fear paralyzed her, she can't talk.* Laperèz paralize l, li pa fouti pale.

paralyzed *adj.* kokobe, paralitik, paralize *One side of him is paralyzed.* Li gen yon bò ki paralize.

paramedic *n.* ajan (la)sante, oksilyè, sekouris

paramilitary *adj.* paramilitè

paramount *adj.* siprèm wayalach

paranoia *n.* laperèz

parapet *n.* gadfou

paraphernalia *n.* batanklan, benlengendeng, djanni, labaras

paraplegic *n.* janm kokobe

parasite *n.* 1[*organism*] parazit, vèmin 2[*person*] penntiklous, reskiyè, sousè, tchònèl *You parasite! You live off other people.* Reskiyè! Se sou kont moun ou ap viv.

parasitic *adj.* [*person*] abizan *He's such a parasitic person that every day he asks me for money.* Li tèlman abizan, chak jou l mande m kòb.

parasitical *adj.* [*person*] abizan

parasol *n.* onbrèl, parasol

paratrooper *n.* parachitis

parcel *n.* 1[*package*] koli, pakèt 2[*land*] pasèl

parcel *v.tr.* •**parcel out** lote *The manager parceled out the work.* Jeran an lote travay.

parch *v.tr.* deseche *The heat parches the land.* Chalè a deseche tè a.

parchment *n.* bazann, pachemen

pardon¹ *n.* absolisyon, lagras, padon

pardon² *v.tr.* 1[*forgive*] {bay/fè}yon mon gras, grasye, padone *The president pardoned all the prisoners.* Prezidan an fè tout prizonye yo gras. *He was pardoned by the president.* Prezidan an padone l. *The judge pardoned the robber.* Jij la grasye vòlè. 2[*excuse o.s.*] eskize, padon *Pardon me, I didn't mean to do that.* Padon, se pa espre m fè. *Pardon me, I need to get by.* Eskize m, pou m fè yon ti pase, souple. •**I beg your pardon?** Plètil?

pare *v.tr.* kale, retire po *Pare the carrots!* Kale kawòt yo.

parent *n.* fanmi, paran •**be an abusive parent** gen maladi kale •**foster parent** gadyen

parenthesis *n.* parantèz

parenthood *n.* matènite/patènite

parings [*for metal*] sizay

parish¹ *adj.* pawasyal *The parish center...* Sant pawasyal la...

parish² *n.* pawas

parishioner *n.* fidèl, pawasyen *This church has many parishioners.* Legliz sa a gen anpil fidèl.

parity *n.* egalite

park¹ *n.* pak •**industrial park** pak endistriyèl •**public park** jaden piblik

park² *v.tr.* estasyonnen, gare, mete kanpe, pake, pakin *Don't park the car there.* Pa pake machin nan la. *Where did you park the car?* Kote ou pakin machin lan? *He parked his car in the middle of the street.* Li estasyonnen machin li nan mitan lari a. *Park the car over there.* Gare machin nan lòtbò a. *Don't park the car there.* Pa pake machin nan la. *You didn't park the car very well.* Ou mal mete machin ou an kanpe. •**park in a garage** remize *Are you going to park the car in the garage?* Ou al remize machin nan?

parking *n.* estasyonnman, pakin •**parking lot** pakin •**parking meter** kontè pakin, pakomèt

Parkinson's disease *n.* maladi tranble

parkway *n.* avni

parlance *n.* langaj •**legal parlance** langaj jiridik

parley¹ *n.* poupale

parley² *v.intr.* palmante *Those two guys always parley, when will they get together?* De moun sa yo pa janm p ap palmante, ki lè y ap mèt tèt yo ansanm?

parliament *n.* palman

parliamentary *adj.* palmantè *They're going to open the parliamentary session.* Yo pral louvri sesyon palmantè a.

parlor *n.* palwa •**beauty parlor** salon{bote/kwafi}

Parmesan cheese *n.* pamesan

parochial *adj.* pawasyal

parole *n.* libète kondisyonèl

parrot *n.* 1[*bird*] jako 2[*person*] jakorepèt *Those parrots, they don't even try to understand their lessons.* Jakorepèt sa yo pa janm chèche konprann leson yo. •**Hispaniolan parrot** jako

parrotfish *n.* pèwokèt •**blue parrotfish** pèwokèt{ble/ bride/diven} •**rainbow parrotfish** pèwokèt joko •**stoplight parrotfish** pèwokèt vant wouj •**yellow-tail parrotfish** boutou

parrotweed *n.* bwakòdenn, bwakòk

parry *v.tr.* detounen, devye, pare *He parried the blow with his arm.* Li pare kou a ak bra l.

parse *v.tr.* [*ling.*] fè analiz (gramatikal) *Let's parse this sentence.* Ann fè analiz gramatikal pou fraz la.

parsley *n.* pèsi

parsnip *n.* bonèt kare, kawòt blan, pasnip, pèsi mawon

parson *n.* pastè

parsonage *n.* presbitè

part¹ *n.* 1[*component*] bout, moso, pati, pòsyon *I liked the first part of the movie.* M renmen premye pati fim lan. *The fire burned a large part of the house.* Dife a boule yon bon pati nan kay la. *The eastern part of the island.* Pati lès zile a. *My part of the inheritance wasn't very much.* Pati eritay pa m lan pa t anpil. *I gave her a part of the money I owed her.* M ba l moso nan kòb m te dwe l la. *Cut the bread into two parts.* Koupe pen an fè de bout. 2[*component, piece of a machine, etc.*] pyès *They don't have the part I need.* Yo pa gen pyès m bezwen an. 3[*of hair*] rè, tras 4[*portion of*] lo, pati *Everyone took his part.* Chak moun pran lo pa yo. 5[*role*] wòl 6[*body*] bò *Which part of your stomach is hurting you?* Ki bò vant ou k ap fè ou mal? 7[*music*] vwa •**a part of** yon faksyon *I only received a part of the money.* Se yon faksyon nan lajan an m jwenn. •**be part of** antre nan •**best part** krèm •**for my part** kantamwa *For my part, I'd rather go to the movies.* Kantamwa, m pito al sinema. •**for the most part** an gwo, nan lansanm •**I'm not part of it** m pa ladan *Don't associate my name with that story, I'm not part of it.* Pa lonmen non mwen nan koze sa a, m pa ladan. •**in equal parts** menmman *Cut the cake in equal parts.* Separe gato a menmman. •**in part** an pati **on s.o.'s part** sou bò pa li *On our part...* Sou bò pa nou... •**spare part** pyès derechanj •**take part** patisipe, pran pa *They all took part in the fight.* Yo tout te pran pa nan goumen an •**the greater part of** pifò

part² *v.tr.* [*the hair*] {separe/trase}cheve *Take the comb to part your hair.* Pran peny lan pou trase cheve ou. *Part my hair down the middle.* Separe cheve a pou mwen nan mitan.

part-time *adj.* [*job*] demi tan, konsa konsa, tan pasyèl *They seek a better life with a part-time job in a factory.* Y al dèyè yon lavi miyò nan yon ti travay konsa konsa nan yon faktori.

partial *adj.* [*limited*] pasyèl *Those results are partial.* Rezilta sa yo pasyèl. •**be partial toward s.o.** pote sou

partiality *n.* paspouki, patipri

partially *adv.* an pati

participant *n.* patisipan

participate *v.intr.* patisipe, pran pa *I participated in the strike.* M te pran pa nan grèv la.

participation *n.* patisipasyon

participle *n.* patisip

particle *n.* grenn, patikil

particular *adj.* espesyal *It's in a particular room that the houngan hides the 'govi'.* Se nan yon ti chanm espesyal ougan an sere govi a.

particularity *n.* patikilarite

particularly *adv.* **1**[*in particular*] patikilyèman, sitou *I hate people making noise, particularly when I'm trying to sleep.* M pa renmen moun fè bri, sitou lè m ap dòmi. *He loves mangoes, particularly 'batis' mangoes.* Li renmen mang anpil, patikilyèman mang batis. **2**[*to a great degree*] tèlman, twò *I don't particularly want to go.* M pa tèlman anvi ale. *I don't particularly like bananas.* M pa tèlman renmen fig.

particulars *n.pl.* [*of a person*] siyalman

parting[1] *n.* [*leaving*] depa, patan •**parting of the ways** dezakò

parting[2] *n.* [*of hair*] rè

partisan *n.* koniflèt, moun{pa/payis}, patizan, sektè

partisanship *n.* paspouki, patipri

partition[1] *n.* **1**[*separation*] baryè, klwazon, miray **2**[*division*] division, separasyon

partition[2] *v.tr.* klwazonnen *We partitioned off the room to have several independent spaces.* Nou klwazonnen sal la pou n ka gen plizyè espas endepandan.

partly *adv.* an pati

partner *n.* asosye, patnè, tokay *I lost the domino round because my partner was not very good.* M pèdi pati zo a paske asosye m lan pa fò. •**partner in crime** konfyòl, konplis •**become partners** koupe asosye *They became partners.* Yo koupe asosye. •**business partner** patnè •**dance partner** kavalye, kavalyèz [*fem.*]

partnership *n.* asosyasyon, patenarya *It's a partnership that is heading the business.* Se yon asosyasyon k ap dirije antrepriz la.

partridge *n.* pèdri

parts *n.pl.* •**in these parts** bò isit

part-time *adj.* mòso jounen, tan pasyèl

parturition *n.* delivrans

party[1] *n.* [*social gathering*] anbyans, banbilay, fèt, pati, plezi, sware *It was a great party!* Se te yon bèl fèt! *He's organizing a small party for his birthday later.* L ap òganize yon ti anbyans pita pou fèt li. *Saturday night they're having a party at home.* Samdi swa y ap fè yon sware lakay. •**party held outdoors** kèmès *We're organizing a party on the beach.* N ap òganize yon kèmès sou plaj la. •**Christmas Eve Party** reveyon •**dancing party** bal •**have a party** fè fèt •**informal dance party** siye pye •**masquerade party** madigra •**New Year's Eve party** reveyon •**surprise party** fèt sipriz •**wild party** bakannal

party[2] *n.* [*group*] pati *What party are you in?* Nan ki pati ou ye? •**party involved in negotiations, etc.** pati prenan •**neutral party** mizisyen palè *I'm a neutral party, I'm here neither to praise nor to criticize.* M se mizisyen palè, m pa la ni pou aplodi ni pou kritike. •**opposition party** opozisyon •**political party** pati

party[3] *v.intr.* boulize, fete, selebre *We partied all night.* Nou fè nuit lan ap fete. •**party hard** fè banbilay *There is a break this week, we're going to party hard.* Senmenn sa a gen konje, n ap fè banbilay nèt. •**party it up** fete danse *Their team won, they're partying it up.* Ekip yo a genyen, y ap fete danse.

party-animal *n.* banbochè, banbochèz [*fem.*]

partying *n.* banbòch

party-pooper *n.* gate pati

parvenu *n.* antreta, arivis, patekwè, paveni, vanmennen

pass[1] *n.* **1**[*permit*] lesepase, pas, pèmi **2**[*passage*] pas, pasay **3**[*cards*] pas **4**[*in sports*] pas **5**[*amorous overture*] avans *Although he's married, he is making a pass at other women.* Malgre nèg la marye, l ap fè lòt fi avans. •**boarding pass** kat anbakman •**mountain pass** fant mòn

pass[2] *v.tr.* **1**[*car*] double *She passed the other car.* Li double lòt machin nan. **2**[*cards*] pas *I pass, you can play.* M pas, ou mèt jwe. **3**[*in a race, on the road*] pran devan *That car has passed us.* Machin sa a pran devan nou. **4**[*in school*] pase sou *Her younger brother passed her because she repeated a grade.* Ti frè l pase sou li paske li double. 5[*judgment*] pwononse *When is the judge going to pass judgment?* Ki lè jij la va pwononse jijman an? 6[*of time, to go by*] pase *The time is passing quickly.* Tan an pase vit. 7[*come to an end/disappear*] pase *The pain will soon pass.* Doulè a ap pase talè. 8[*go through/across*] pase, travèse *I stepped back to let him pass.* M rale kò m pou m kite l pase. *We passed the border without any problems.* Nou travèse fontyè a san poblèm. 9[*kick a ball to a teammate*] {bay/fè}pas *Pass him the ball.* Fè pas ba li. *If you had passed me the ball, I would have scored.* Si ou te ban m pas la, m t ap fè gòl. 10[*move sth. from one person to another*] pase *When you finish with it, please pass it to me.* Lè ou fini, pase l ban mwen. 11[*reach and move beyond*] pase *I pass his house every day.* M pase devan lakay li chak jou. *She passed me without saying hello.* Li pase sou mwen, li pa di m bonjou. 12[*succeed in*] pase *She didn't pass the exam.* Li pa pase nan egzamen an. •**pass a student who is slightly below official passing grade** repeche *The professor allowed those two students to pass.* Pwofesè a repeche de elèv sa yo. •**pass an exam** byen soti *He passed his exam with flying colors.* Misye byen soti nan egzamen an ak gwo nòt. •**pass around** sikile *Pass the document around so everyone can read it.* Sikile papye a pou tout moun ka li l. •**pass around the bottle** mache boutèy *As soon as the party starts the drunkards start passing around the bottle.* Depi fèt la koumanse, bwesonyè yo tonbe mache boutèy. •**pass away** [*die*] ale, ale nan peyi san chapo, bay tè a, bwè chat, fè vwal pou peyi san chapo, gen moun mouri, kaba, mouri, pase, trepase, wè dimanch Pak anvan samdi dlo benit *The sick person passed away.* Maladi a al nan peyi san chapo. *Rita has indeed passed away.* Rita ale vre. *Everyone must pass away one day.* Tout moun gen pou bay tè a yon jou. *It has been two days since the sick person passed away.* Maladi a bwè chat depi de jou. *The patient passed away.* Maladi a fè vwal pou peyi san chapo. *One of my relatives passed away.* M gen moun mouri. *The poor little devil passed away last night, they'll have the funeral tomorrow.* Ti djab kaba yè swa, y ap fè antèman an demen. *Almost all the relatives have passed away.* Tout kot

fanmi an fin pase. *The patient passed away.* Maladi a trepase. *If we don't take care of the illness, he will pass away.* Si nou pa pran swen maladi a, l ap wè dimanch Pak anvan samdi dlo benit wi. *His mother passed away yesterday.* Manman l mouri yè.. •**pass blood** bay san *She's passing blood from the rectum.* L ap bay san pa anba. •**pass by** fè yon (ti) pase, pase •**pass by again** repase *I passed by the church again.* M repase bò legliz la. •**pass for s.o. else** pase pou yon lòt moun *You look so much like your brother that you can pass for him.* Ou tèlman sanble frè ou, ou kap pase pou li. •**pass gas** a[*gen.*] lache, relache *When you pass gas in front of others, excuse yourself.* Lè ou lache sou moun, di padon. *You can't pass gas this way in people's face.* Ou pa kab ap relache konsa nan figi moun. b[*vulg.*] pete •**pass in opposite directions** kwaze *The road is too narrow, there isn't enough room for two cars to pass in opposite directions.* Wout la twò piti, pa gen kote pou de machin kwaze. •**pass on** a[*gen.*] retransmèt b[*a disease*] pote maladi bay yon moun *That whore passed gonorrhea on to her husband.* Bouzen an pote grantchalè bay mari li. •**pass on filth** fè pichon *Don't get near me so that you pass on your filth to me.* Pa vin kole kò w ak mwen pou ou pa fè pichon ou yo leve sou mwen. •**pass out** a[*any cause*] tonbe endispozisyon b[*caused by extreme emotion*] tonbe nè *The deceased's daughter passed out several times during the funeral ceremony.* Pitit fi defen an te tonbe nè plizyè fwa pandan lantèman an t ap chante a. c[*faint*] endispoze, {fè/tonbe} endispozisyon *She passed out in church.* Li tonbe endispozisyon nan legliz la. d[*cards*] pase •**pass over** pase *She passed the chicken over the flame before cooking it.* Li pase poul la sou flanm dife anvan l kwit li. •**pass the expiration date** pase dat *The medicine has passed the expiration date.* Medikaman an pase dat. •**pass the hat** fè kèt *We had to pass the hat to raise the money to bury her.* Se kèt nou fè pou n ka antere l. •**pass the microphone to** pase kòn bay •**pass through** depasaj, pase, travèse *I'm passing through, I can't stay a long time speaking with you.* Depasaj m ye, m p ap ka kanpe lontan pale ak ou. *I'm not stopping, I'm passing through.* M p ap rete, se pase m ap pase. •**pass through a fine-toothed comb** pase nan peny fen •**pass unnoticed** pase anba pay *He's very tall but he always manages to pass unnoticed. Li wo anpil men li toujou ranje kò l pou l pase anba pay.* •**pass up** evite, kite ... pase *I can't pass up an opportunity like this. M pa ka kite yon chans konsa pase. I can't pass up music, it's my whole life. Mizik, m pa ka evite sa, se tout lavi m.* •**pass worms** {bay/jete/ pase/rann} vè *After he finished taking the medicine, he passed worms in abundance. Apre l fin bwè remèd la, li jete vè pa pakèt.* •**passed out** san konnesans *He drank so much that he was passed out for two days. Li tèlman bwè, l fè dè jou san konnesans.* •**passing away** disparisyon •**passing by** depasaj •**passing through** an tranzit, de pasay *I can't stay, I'm passing through. M p ap sa rete, m an tranzit. It's a foreigner who is passing through Port-au-Prince. Se yon etranje ki de pasay nan Pòtoprens. I'm passing through, I can't stay a long time speaking with you. Depasaj m ye, m p ap ka kanpe lontan pale ak ou.* •**be passed out** blayi tou rèd *The drunk is passed out in front of the door. Tafyatè a blayi tou rèd devan pòt la.* •**while passing by** anpasan *While passing by the school, I saw the teacher. An pasan lekòl, m wè mèt la.*

passable *adj.* 1[*acceptable*] pasab 2[*road*] abòdab *When it rains, the roads are not passable. Lè lapli tonbe, wout yo pa abòdab.* •**more easily passable** [*road*] an dwati *The repair work they did on the road made it passable. Travay reparasyon yo fè sou wout sa mete l an dwati.*

passage *n.* 1[*pass*] pas, pase 2[*of a book, movie*] pasay 3[*trip*] ale 4[*ticket*] pasay •**underground passage** souteren

passageway *n.* koridò, koulwa, pas, pasay

passenger *n.* pasajè, vwayajè, vwayajèz [*fem.*] •**non-paying passenger** mò

passer-by *n.* pasan

passers-by *n.pl.* lepasan

passiflora *n.* [*vine*] bonbon koulèv, marigouya, tòkmòl •**fruit of passiflora** grenadja

passing[1] *adj.* tanporè, tranzitwa •**passing by** depasaj •**passing through** an tranzit •**while passing** en pasan

passing[2] *n.* [*death*] lanmò

passion *n.* pasyon

passionate *adj.* chalerin, myèl •**passionate about** fou pou •**be passionate** pasyone

passionflower *n.* kalbasi

passionfruit *n.* grenadja

passionless *adj.* fret, san pasyon

Passion week *n.* senmenn sent

passive *adj.* dòmi, pasif *You can't be passive in life. Ou pa fèt pou pasiv nan lavi.*

passively *adv.* •**look on passively** rete gade

passkey *n.* kle paspatou

Passover *prop.n.* Pak

passport *n.* paspò

password *n.* mo{pas/sekrè}, modòd, modpas, pas

past[1] *adj.* 1[*ended*] fini *The rainy season is past. Sezon lapli a fini.* 2[*previous*] anvan *The past matches were better. Match anvan yo te pi bon.* 3[*week, year, etc.*] pase •**past year** lane pase •**in past time** tan lontan

past[2] *adv.* •**go past** pase devan

past[3] *n.* ansyènte, otrefwa, tan lontan *She owned the house in the past. Li te mèt kay la nan tan lontan. In the past people knew how to live in harmony with their fellow human beings. Lòm nan ansyènte te konn viv pi byen ak frè l.* •**from the distant past** depi ti poul t ap fè dan •**have one's past revealed** jwenn kanè yon moun *Before marrying the girl, he had people in the neighborhood reveal her past. Anvan misye marye ak fi a, li jwenn kanè manmzèl nan men vwazin nan.* •**in the distant past** tan {grann igrann/lakoloni} •**sth. of the past** dantan *Operating without anesthesia is something of the past. Zafè opere moun san anestezi, se te bagay dantan.*

past[4] *prep.* 1[*telling time*] janbe *It's ten past two. Li dezè dis. It's now past midnight. Li janbe minwi kounye a.* 2[*beyond in time/age*] kite lontan *He's way past fifty. Li kite senkant an lontan.* 3[*farther than*] pase *It's the first red house past the church. Se premye kay wouj lè ou fin pase legliz la.* 4[*up to and beyond*] devan *I went past them when I arrived in the intersection. M pase devan yo lè m rive nan kafou a. We went past the house this morning. Nou pase devan kay la maten an.* •**a little past** pi devan *Her house is a little past the store. Kay li pi devan magazen an.* •**half past** [*the hour*] edmi *Do you have half-past* yet? —It's already after half-past, it's almost one o'clock. Ou gen edmi deja? —Li edmi depase, li prèske inè. •**quarter past (the hour)** eka

pasta *n.* pat alimantè

paste[1] *n.* **1**[*glue*] gonm, kòl **2**[*bakery*] pat

paste[2] *v.tr.* gonmen, kole *Don't paste the page of the book.* Pa kole paj liv la.

pasteboard *n.* katon

pasteurize *v.tr.* pasterize *They pasteurized the milk.* Yo pasterize lèt la.

pastime *n.* amizman, distraksyon, pastan *What do you do as a pastime?* Ki sa ou fè kòm amizman?

pastor *n.* **1**[*gen.*] pastè **2**[*fam.*] pas

pastoral *adj.* [*eccl.*] pastoral

pastry *n.* patisri •**pastry making** patisri

pasture *n.* bare, foray, patiraj, patiray

pasty *adj.* blan kou dan zonbi, blèm, sandrès

pat[1] *n.* ti tap •**pat on the back** bat do, fè konpliman *Everyone gave him a pat on the back.* Tout moun bat do l.

pat[2] *v.tr.* fese *Don't come patting my daughter!* Pa vin fese tifi mwen an!

patch[1] *n.* **1**[*on clothes*] doub, pyès *Give me a patch to put where my trousers are torn.* Ban m yon doub pou m mete kote pantalon m nan chire a. *His pants are always full of patches.* Pantalon l toujou chaje pyès. **2**[*a tire, clothes*] patch **3**[*on a tire, inner tube*] para •**large patch** [*for a tire*] gèt

patch[2] *v.tr.* **1**[*clothing*] pyese, rapyese *I'll patch it for you.* M ap pyese l pou ou. *I'll patch all those pieces of cloth to make a nice Carnival costume.* M ap pyese moso rad sa yo pou fè yon bèl degizman kanaval. *Patch the hole in your pants.* Rapyese twou ki nan pantalon ou an. **2**[*an inner tube of a tire*] patche •**patch together** pyese, rapistole •**patch up** rakomode, ranje, rapyese *She's patching up the clothing that got torn.* L ap rapyese rad ki fin chire a. •**patch up with lead** plonbe *Go patch up your muffler.* Al bay plonbe mòflè ou.

patched *adj.* pyese *Her dress is patched.* Wòb li a pyese.

patching up *n.* rafistolaj, rapistolaj

patchwork *n.* pakoti

pâté *n.* pate

patella *n.* {boulèt/kakòn/zo}jenou

patent *n.* brevè

patented *adj.* patante *It's a patented medicine.* Se yon medikaman patante.

pater familias *n.* pè de fanmi(y)

paternal *adj.* bò(kote) papa, patènèl *She's my paternal grandmother.* Se grann mwen bò papa.

paternalistic *adj.* patènalis

path *n.* **1**[*road*] chemen, pas, santye ale, siyay, ti{chemen/ wout}, wout *Follow this path, and it'll take you straight to the well.* Suiv chemen sa a, l ap mennen ou nan pi a tou drèt. **2**[*direction*] trajèktwa •**away from the straight path** chankre •**be on the wrong path** swiv (yon) move kouran *He's been on the wrong path ever since he met those people.* L ap suiv yon move kouran depi li kontre moun sa yo. •**bramble-covered path** chemen pikan •**strait and narrow path** chimen dri e sere

pathetic *adj.* touchan •**pathetic creature** [*pej.*] mafweze *Get out of my sight before I get angry, you pathetic creature!* Rale kò ou la pou ou pa enève m, mafweze!

pathfinder *n.* eklerè

pathway *n.* (ti) chemen, santye, siyon

patience *n.* fyèl, pasyans, san sipòtan *Everything you're doing requires patience, because hurrying isn't going to make the day come any faster.* Tout sa w ap fè mande fyèl, paske twò prese pa fè jou louvri. *This work calls for someone with patience.* Travay sa a mande pou yon moun gen pasyans. *I'm at the end of my patience!* M pa gen pasyans ankò! •**have patience** pasyante

patient[1] *adj.* moun san sipòtan, pasyan, sipòtan *You need to be patient to be a teacher.* Fòk ou se moun san sipòtan pou fè pwofesè lekòl. *You aren't a patient person, you get discouraged too easily.* Ou pa moun ki sipòtan menm, anvan anyen ou dekouraje. •**be patient** gen san sipòtan, pasyante *You need to be patient to live with that uncouth individual.* Fò ou gen san sipòtan pou viv ak sovaj sa. •**be patient with** pasyante, pran pasyans ak *You have to be patient with him.* Ou bezwen pran pasyans ak li. *Be patient with him, he learns fast.* Pasyante ak li tande, li pa mal pou aprann.

patient[2] *n.* malad, pasyan

patiently *adv.* ak pasyans
patio *n.* galri, lakou
patois *n.* patwa
patriarch *n.* patriyach
patrimony *n.* patrimwàn
patriot *n.* fanm vanyan, patriyòt, vanyan gason
patriotic *adj.* patriyotik
patriotically *adv.* patriyotikman *We're celebrating the country's independence patriotically.* N ap fete lendepandans peyi a patriyotikman.
patriotism *n.* patriyotis
patrol[1] *n.* patwouy •**citizen's vigilance patrol** brigad vijilans •**on patrol** fè patwouy
patrol[2] *v.tr.* fè patwouy, patwouye, siyonnen *Every night the police patrol the neighborhood to ensure safety.* Chak swa lapolis fè patwouy nan zòn nan pou l bay sekirite. *The police patrol that area.* Lapolis ap siyonnen zòn nan.
patrolman *n.* jandam, (la)polis, sekirite
patron *n.* byenfektè, konmetan, parenn, marenn [*fem.*] •**patron saint** patwon, patwòn [*fem.*]
patronage *n.* patwonaj •**under the patronage of** anba {labànyè/tonnèl}, {anba/sou} lobedyans
patronize *v.tr.* [*look down*] fè pedka yon moun *One should not patronize poor people.* Fòk nou pa fè pedka moun ki pòv yo.
patronizing *adj.* angran, {gan/gwo}kolèt
patsy *n.* bouk emisè
patter *n.* koze, kozman
pattern *n.* 1[*gen.*] modèl, patwon, plan 2[*sewing*] patwon *She can only sew with a pattern.* Se sou patwon sèlman li ka koud.
patty *n.* boulèt vyann
paucity *n.* mankman
paunch *n.* bendeng, pann vant, pans
paunchy *adj.* [*belly*]. basonnen
pauper *n.* endijan, malere, malerèz [*fem.*], tèt gridap, zoban
pause[1] *n.* brek, entèmèd, fòlòp, pòz, rete, souf *I'll take a pause by that large tree.* M ap fè yon ti rete bò pyebwa sa a. •**without a pause** san pran pòz, tou cho tou bouke
pause[2] *v.intr.* fè yon kanpe, poze, pran yon{brek/kanpo} *Let's pause before the meeting resumes.* Ann fè yon kanpe anvan reyinyon an ap reprann.

pave *v.tr.* alfate, asfalte, betonnen, goudwonnen, pave *Pave the roads.* Pave wout yo. *When are they going to pave this road?* Ki lè y ap alfate wout sa a? *They paved the street yesterday.* Yo asfalte ri a yè. *They finished paving the street, vehicles can pass now.* Yo fin betonnen ri a, machin ka pase kounye a. *They are paving the road.* Y ap goudwonnen wout la. •**pave the way** poze jalon •**pave with blocks** adokine •**pave with bricks** kale
paved *adj.* asfalte
pavement *n.* alfat, asfat, beton, makadanm, pave *She fell down hard on the pavement.* Li pran yon sèl so sou beton an. •**brick pavement** kalaj
pavilion *n.* [*building*] paviyon
paving *n.* pavay
paw[1] *n.* 1[*foot*] pat, zago, zig 2[*hand*] grapin, jig, zago, zig
paw[2] *v.tr.* •**paw at s.o.** tripote •**paw over (fondle)** patinen
pawn[1] *n.* 1[*s.o. used by s.o. else*] panten, tonton jwèt 2[*chess*] pyon, sòlda •**blocked pawn** [*checkers*] ti kochon *She can't play because her pawn is blocked.* Li pa ka jwe akòz pyon nan ti kochon.
pawn[2] *v.tr.* {ale/mete/pote}nan brik a brak, met(e) ... nan plàn, mete yon bagay{lekòl/ nan plan}, plane *I'm going to pawn the radio.* M pral plane radjo a. *She's broke, she pawned her ring.* Li razè, li mete bag li a lekòl. *I'm going to pawn my watch.* M pral met mont mwen an nan plàn. *I'm going to pawn my wedding ring.* M pral plane alyans mwen. •**pawn sth. again** remete yon bagay lekòl, replane *She pawned her ring again.* Li remete bag li a lekòl.
pawnbroker *n.* {mèt/pwopriyetè}brikabrak
pawnshop *n.* brikabrak, melimelo, mezondafè, plàn
pay[1] *n.* apwentman, lajan, pèy •**pay for a fictitious job** chèk zonbi •**back pay** aryere *The state paid the teachers twelve months of back pay.* Leta peye mèt yo douz mwa aryere salè yo. •**for no pay** pou granmèsi *He works for no pay.* Li travay pou granmèsi. •**overtime pay** siplemantè
pay[2] *v.tr.* 1[*exchange money for sth.*] fè frè, peye *He can't pay his debts.* Li pa ka peye dèt li.

Everything you do during your lifetime, it's in your lifetime that you will pay for it. Tout sa ou fè sou tè a, se sou tè a w ap peye l. *Who is paying?* Ki moun ki fè frè a? **2**[*endure*] peye *She's paying the consequences for what he did.* Se sa l fè l ap peye. *The innocent will pay for the crimes of the guilty.* Inosan ap peye pou koupab. **3**[*give/offer/make*] fè *Everyone paid him compliments.* Tout moun fè l konpliman. •**pay a call on** vin wè *I'll pay a call on you tomorrow.* M a vin wè ou demen. •**pay a little visit to** fè kout pye •**pay a short visit** fè yon so rive *I'm paying a short visit to my neighbor's house.* M ap fè yon so rive kay vwazin nan. •**pay a visit to s.o.** {fè/rann} yon moun vizit •**pay again** repeye *I already paid you, then you want me to pay you again?* Mwen peye ou deja, ki fè ou vle pou mwen repeye ou? •**pay an exorbitant price** peye grenn je nan tèt li •**pay at the gate** peye nan pòt *When we get there, we'll pay at the gate.* Lè n rive, n a peye nan pòt. •**pay attention** fè(t) atansyon, kenbe kò li, mennen {bak/kò}li •**pay attention to** okipe, {fè/pran} ka, suiv, veye *Those students never pay attention to what the teacher is saying.* Elèv sa yo pa janm suiv sa mèt la ap di. *Pay no attention to him. He doesn't know what he's talking about.* Pa okipe l; li pa konn sa l ap di a. *He doesn't pay any attention to his wife.* Li pa pran ka madanm li menm. *Pay attention to what I'm telling you.* Veye byen sa m ap di ou. *As much as I speak to him, he doesn't pay attention to me.* Tout pale m pale l, li pa okipe m. *Pay attention to what I'm telling you.* Veye byen sa m ap di ou. •**pay attention to one's appearance** rele sou kò li *Look how dirty I am, I should pay attention to my appearance.* Gad ki jan m sal, ban m rele sou kò mwen. •**pay back** renmèt *He never paid me back the money I loaned him.* Li pa janm renmèt mwen kòb m te prete l la. •**pay back/off the mortgage** leve ipotèk *I've been paying back the mortgage for fifteen years already.* Sa gen kenz lane depi m ap leve ipotèk la. •**pay cash** peye{kach/ kalanmplanm/ kontan} •**pay every last cent** debouse, peye kalanmplanm •**pay divine honor to** adore •**pay for** [*be punished/suffer because of*] peye *He'll pay for what he did!* L ap peye sa l fè a!

•**pay for s.o. else's mistakes** peye po kase pou yon moun *She wasn't even involved, but she's paying for their mistakes.* Li pa t menm nan afè moun, men se li k ap peye po kase a. •**pay half now and half later** achte yon bagay a de mwatye *He bought the land, paying half now and half later.* L achte teren an a de mwatye. •**pay in full** peye yon bagay kalanmplanm *She paid three months tuition in full.* Li tou peye trimès la kalanmplanm. •**pay little attention to** pa pèt fèt ka yon moun *He pays little attention to me.* Li pa pèt fèt ka m. •**pay off a**[*be successful*] fin peye *All of our effort didn't paid off.* Tout efò n pase nil. **b**[*complete payment of*] fin peye *I'll pay off the car next month.* M ap fin peye machin lan lòt mwa a. **c**[*bribe*] {bay/peye} lajan anba tab, grese pat •**pay on the spot** peye yon moun kalanmplanm *She paid us on the spot.* Li peye n kalanmplanm. •**pay out** debouse, dekese *He paid out a lot of money to build this house.* Li debouse anpil lajan pou fè kay sa. *I'll pay out the money for the payroll.* M pral dekese kòb la pou pewòl la. •**pay one's respect** fè respè li *We should go to our grandmother's funeral if we want to pay our respects.* Fò n al nan lanmò grann nou an si n vle fè respè n. •**pay s.o. back in his own coin** rann yon moun laparèy •**pay the tithe** bay ladim *The faithful pay the tithe each Sunday.* Fidèl yo bay ladim chak dimanch. •**pay up** peye annantye •**be paid** touche •**be paid by the day** vann jounen •**by paying** an peyan •**get paid** touche *He gets paid five hundred dollars.* Li touche senk san dola. •**don't pay any attention to** pa okipe *Don't any attention to the matter.* Pa okipe bagay la menm. •**get what one pays for** lajan yon moun k ap{bat/kale}li, mezi lajan li mezi wanga li *The jalopy broke down, I got what I paid for.* Bogota a an pàn, lajan m k ap kale m. *He bought a car that constantly breaks down, he got what he paid for.* Li achte yon bogota k ap bay li pàn toutan, enben mezi lajan li mezi wanga li. •**make people pay a heavy price** fè yon moun peye bouch li *The corporal made Charles pay a heavy price for his sounding off.* Kaporal la fè Chal peye bouch li. •**make s.o. pay for his actions** fè yon moun peye *Since he insulted me, I'll make* *him pay for it.* Poutèt li te manke m dega, m ap fè l peye sa. •**not pay any attention to anyone else** pa wè moun *She didn't pay any attention to anyone else but him.* Li pa wè moun apa li menm menm. •**not pay attention to** fè zòrèy long •**not to pay a red cent** pa peye senk{kòb/kwiv} *He didn't pay me a red cent for the work I did for him.* Misye pa peye senk kòb pou travay m fè pou li a. •**not to pay any attention to s.o.** djab pa pran li pou kaporal, fè zòrèy long, pa okipe yon moun kou chen *When I come across her in the street, she doesn't pay any attention to me.* Lè m kwaze l nan lari, li pa okipe m kou chen. *He didn't pay any attention to what she was saying.* Li fè zòrèy long douvan li. *Nobody in the neighborhood pays attention to him, everyone dismisses him.* Menm djab pa pran li pou kaporal sou katye a, tout moun bay vag. •**s.o. who pays his debts regularly** bon pepe •**while paying** an peyan *While paying the rent, he also said that he won't renew the lease.* An peyan kòb kay la, li tou di l li p ap renouvle.

paycheck *n.* chèk •**fictitious paycheck** chèk zonbi •**thirteenth-month paycheck** bonis

payday *n.* jou peman

payer *n.* peyè •**bad payer** moun move pèy •**dependable payer** moun bon pèy

payload *n.* chajman, chay

paymaster *n.* peyè

payment *n.* bon, pèman, pou lapenn, vèsman *Here's a kiss as payment.* Men yon bizou pou lapenn. •**advance payment** avans •**down payment** avalwa, avans *I'll give you twenty gourdes as a down payment.* M ap ba ou ven goud sou li. •**make a down payment** bay yon avalwa *He made a down payment on the house.* Li bay yon avalwa sou kay la. •**make payment** vèse *I already made half the house payments.* M vèse mwatye kòb kay la deja. •**partial payment** moso nan kòb *He said he wouldn't accept partial payment.* Li di l pa p pran moso nan kòb la. •**reduced advance salary payment** eskont •**time payments** amòtisman *She's making time payments.* L ap fè yon amòtisman.

payoff *n.* 1[*bribe*] kòb (pa) anba, lajan anba 2[*payment in full*] {peman/vèsman}konplèt

payroll *n.* pewòl *Payroll is today.* Jodi a gen pewòl. •**be on the payroll** cheke *Verify if all the workers are on the payroll.* Gade pou wè si non tout ouvriye yo cheke.

pea *n.* pwa (frans) *Let's shell the peas.* An n kale pwa frans la. •**be like two peas in a pod** peze kafe yo{ansanm/nan yon menm balans}, sanble tankou de{pye nan yon janm pantalon/gout dlo} *She and her mother are like two peas in a pod.* Li menm ak manman l yo sanble tankou de gout dlo. •**black-eyed pea** pwa{djangan/enkoni/je nwa/koni} •**chick pea** pwa chich •**green pea** pwa frans •**pigeon pea** [*herb*] {gate/ranje} san •**pigeon peas** pwa kongo

peace *n.* 1[*absence of war*] lapè *I'm praying to God for peace.* M ap lapriyè Bondye pou n gen lapè. 2[*freedom from anxiety/troubling thoughts*] kalmi, kanpo, kè kontan, lapè, repo, trankilite *I hope this year brings you much peace.* Mwen swete ane sa a pote anpil kè kontan pou ou. *Leave me in peace.* Ban m lapè m! •**peace be with you** rete ak lapè •**peace of mind** kanpo, kè poze, trankilite *I now have peace of mind because I did well on the exam.* M gen kè poze atò paske m bon nan egzamen an. •**at peace with one's self** lafrèch a kò •**be at peace** {rale/ pran}(yon) souf *When that annoying person leaves the house, I'll be at peace.* Lè anmèdan sa a kite kay la, m ap rale souf. •**be at peace with o.s.** se lafrèch a kò *Staying calm is how to be at peace with yourself.* Rete trankil, se lafrèch a kò. •**have some peace** gen repo (li), gen souf ak yon moun *We will have some peace when he stops coming here.* N ap gen repo lè l sispann vini isit la. •**in peace** anpè *May his soul rest in peace.* Ke nanm li repoze anpè. •**make peace** rekonsilye

Peace Corps *prop.n.* Piskò

peaceful *adj.* dousman, kal, kalm, pasifik, pezib, trankil *A peaceful demonstration.* Yon mach pasifik. *John is a peaceful guy.* Jan se yon moun pezib. *Peaceful people don't go looking for arguments with others.* Moun trankil pa chèche lòt kont. *Let's try to find a peaceful spot to talk.* An n chache yon ti kote kal pou n pale.

peacefully *adv.* dousman, kè pòpòz, pasifikman, trankilman *The people* *protested peacefully.* Moun yo te manifeste pasifikman.

peace-loving *adj.* pasifik, pezib

peach *n.* pèch •**peach melba** pèch melba

peachy *adj.* anpenpan, awo

peacock *n.* pan

peak *n.* [*mountain*] pik, tèt mòn

peal[1] *n.* [*of bells*] kariyon •**peal of laughter** ekla ri •**peal of thunder** kout loray

peal[2] *v.intr.* karyonnen, sonnen *The church bells are pealing.* Klòch legliz yo ap kariyonnen.

peanut *n.* pichtach, pistach •**peanut butter** manba •**peanut butter on cassava bread** kasav wayal, twade •**roasted peanuts** [N] amizman byen griye

peanuts *n.pl.* [*inadequate remuneration*] po pistach *I get paid peanuts for all the work I do.* Se po pistach yo peye m pou tout travay m fè a.

pear *n.* pwa

pearl *n.* pèl, grenn (kolye) [*in a necklace*]

peasant *n.* abitan, peyizan, peyizàn [*fem.*] •**peasant with little means** ti peyizan •**peasant woman** [*pej.*] tèt mare •"**good little Haitian peasant boy**" wowo

peasantry *n.* peyizannri

peat *n.* latoub •**peat moss** pitmòs

pebble *n.* galèt, ti wòch, wòch galèt

peck[1] *n.* [*small kiss*] kout bèk, (ti){ba/bo}, bizou

peck[2] *v.tr.* beke *The hen pecked me.* Manman poul la beke m. •**peck at** fè lakikin-bekin *The chicken is pecking at the corn.* Poul la ap fè lakikin-bekin dèyè mayi a. •**peck at s.o.** bay yon moun yon bèk

pecking order *n.* yerachi

pectoral muscles *n.pl.* pektowo

peculiar *adj.* biza, dwòl, etranj *This water tastes peculiar.* Dlo sa a gen yon gou dwòl.

peculiarity *n.* patikilarite

pecuniary *adj.* monetè

pedagogical *adj.* didaktik, pedagojik *We need some pedagogical materials for the course.* Nou bezwen kèk materyèl didaktik pou kou a. *A pedagogical method...* Yon metòd pedagojik...

pedagogue *n.* pedagòg

pedagogy *n.* pedagoji

pedal[1] *n.* pedal. •**accelerator pedal** akseleratè •**clutch pedal** pedal anbreyay •**gas pedal** akseleratè •**put the pedal to the metal** bay gaz, peze *Put the pedal to the metal, we're late.* Peze desann, nou an reta.

pedal[2] *v.intr.* pedale *If you don't pedal, you won't make it up the hill.* Si ou pa pedale, ou pa p ka moute mòn lan.

pedantic *adj.* pedan *What's this pedantic behavior of yours?* Ki pòz pedan w ap pran la? •**pedantic or pretentious person** pedan

peddle *v.tr.* kòlpòte *She peddles clothing.* Li kòlpòte rad.

peddler *n.* [*woman who travels from market to market*] madansara •**drug peddler** dilè, trafikan

pedestal *n.* pyedestal, sòk •**put on a pedestal** venere

pedestrian *n.* pyeton

pediatric *adj.* pedyatri *The pediatric center is closed.* Sant pedyatri a pa fonksyonnen.

pediatrician *n.* dòktè (pou) timoun, pedyat

pediatrics *n.* pedyatri, tretman maladi timoun

pedicure *n.* pediki

pedophile *n.* pedofil

peduncle *n.* pedonkil

pee[1] *n.* pipi

pee[2] *v.intr.* fè pipi, lage yon dlo, pipi, pise *Go pee before you go to bed.* Al pipi anvan ou al kouche. *Wait for me for a little while, I am going to pee.* Tann mwen yon ti moman, mwen pral lage yon dlo la. •**have to pee** gen pipi

peek[1] *n.* apèsi, jòf, jofray *Give me a peek at that.* Ban m yon ti apèsi sou sa. •**have a peek** fè yon lèy •**have a peek at** fè yon ti lougal, pran jòf *He had a peek in my diary.* Li pran jòf nan jounal entim mwen. •**have a peek at woman's underwear** pran yon priz *Given that she sits with her legs spread apart, let's have a peek at her underwear.* Jan fi a gaye kò l la, ban n pran yon priz. •**take a peek** fè yon lèy *She took a peek then turned her head away.* Li fè yon lèy epi l kouri vire tèt li. •**take a peek at** foure je li *Take a peek into the hole, you'll see it.* Foure je ou nan tou a, ou a wè l.

peek[2] *v.intr.* fè yon ti{gade/lougal} •**peek at** jofre *Let me peek at what's inside the envelope.* Ban m jofre sa ki anndan anvlòp la.

peel[1] *n.* 1[*gen.*] po *Where can I throw the orange peel?* Kote pou m jete po zorany lan? *I slipped* on a banana peel. Pye m glise sou yon po fig. **2**[of a citrus fruit] zès •**banana peels** po bannann

peel² I v.tr. dekale, kale, pile, soti nan Peel the orange for me please. Dekale zorany lan pou mwen tanpri. Peel the plantain before you boil it. Kale bannann nan anvan ou mete l bouyi. II v.intr. dekale The paint peeled by the effect of the sun. Penti a dekale anba solèy la. •**peel awkwardly** [a potato, etc.] dole The way she awkwardly peels the sweet potatoes, half is wasted. Jan l ap dole patat la, mwatye a gaspiye. •**peel off** dekale The soap peeled off the skin on his hand. Savon an dekale tout men l. •**peel slightly** pliche The paper on the wall started peeling slightly. Papye panno a koumanse pliche. •**be peeled** dekale The paint is peeled because of the sun. Penti a dekale anba solèy la.

peeling n. retire po

peep¹ n. [slight utterance] krik •**make a peep** di kwik If you make a peep, I'll call the police. Si ou di kwik, m rele lapolis.

peep² onom. **1**[chicks] piyanp **2**[of a bird] tchwit

peep³ v.intr. kriye Listen to the birds peeping in the trees. Tande zwazo yo k ap kriye nan pyebwa a. •**peep out** lonje kou

peep⁴ v.intr. [look] fè jouda, gade nan twou I saw him peeping at my copy. M te wè l t ap fè jouda nan kopi pa m nan.

peephole n. jouda pòt

peeping Tom n. vwayè

peer n. krabè, parèy Thieves don't like to see their peers. Vòlè pa janm vle wè vòlè parèy li.

peer v.intr. •**peer at/through** gade anba, lonyen

peerless adj. san parèy

peeve v.tr. agase, anbete, irite I'm peeved by her criticisms. M agase poutèt kritik li.

peevish adj. yenyen

peg¹ n. **1**[gen.] kran, pikèt, pin, zegui **2**[for tuning] chevi •**drum peg** kò, pikèt •**take s.o. down a peg or two** rabese

peg² v.tr. cheviye Peg the boards together. Cheviye planch yo.

pelican n. grangòzye

pellagra n. maladi chèch, pelag

pellet n. grenn plon

pellitory n. [plant] payatè

pell-mell adv. konsa-konsa, pèlmèl, vaykevay

pelt¹ n. po bèt

pelt² v.tr. kalonnen They pelted him with rocks. Yo kalonnen l ak kout wòch.

pelvic adj. pelvyen •**pelvic area** anbativant, zòn basen

pelvis n. basen, ranch, zo basen

pen¹ n. plim •**pen pal** korespondan •**ballpoint pen** bik, bòl pwent •**felt-tipped pen** fèt, plim fèt •**fountain pen** plim a rezèvwa •**marking pen** makè •**steel-point pen** ti plim •**straight pen** plim senp

pen² n. [enclosure for animals] barak, pal, sèka •**hog pen** pòchri

pen³ v.tr. •**pen in/up** fèmen Pen up the pig to keep it out of other people's fields. Fèmen kochon an nan pak li pou l pa al nan jaden moun.

penalize v.tr. **1**[gen.] penalize The new tax penalizes the poor. Nouvo enpo a penalize pòv yo. **2**[sports] mete yon moun sou ban The coach penalized the best player because he's undisciplined. Antrenè a met pi bon jwè ekip la sou ban poutèt li endisipline.

penalty n. **1**[gen.] pinisyon, sanksyon **2**[soccer] fot, penalite The referee didn't whistle a penalty. Abit la pa soufle fot la. **3**[in a parlor game] gaj In this game, when you lose, the penalty is a glass of 'kleren.' Nan jwèt sa a lè ou pèdi, gaj la se yon vè kleren. •**penalty zone** [soccer] kare (gòl •**make a penalty kick** choute

penance n. penitans

pencil n. kreyon •**colored pencil** kreyon koulè •**overly soft lead pencil** kreyon kè mou •**styptic pencil** kreyon estiptik

pendant n. meday

pending adj. ankou

pendulum n. pandil

penetrate v.tr. antre, penetre, pèse, rantre The hole is too small, the screw cannot penetrate. Twou a twò piti, vis la pa ka rantre. The missile penetrated the tank. Misil la pèse tank lan.

penguin n. pengwen

penholder n. bwa plim, pòtplim

penicillin n. pelisilin

penile erection n. bann, bibit, pinokyo

peninsula n. penensil, preskil

penis n. **1**[gen.] bezwen, pati gason, penis, pijon **2**[fam.] gigit kalou, kikilik, kikit, kòk, kouloutout, manchèt, pachoulout, penso, pin, pipich, pipit, piston, piwouli, sosis, ti Jozèf, ti kòk, ti penitans, tigigit, tiloulout, tren, vèj, venn sansib, yoyo, zouti 3[*euph.*] chouchout, ti diyite 4[*little boy*] ti{gigit/pati/pijon}, tikoulou(t), tipichout 5[*man*] aparèy, pati gason 6[*vulg.*] bwa, zozo 7[*vulg., humor.*] ti tèt •**big penis** bwa bourik •**erect penis** pinokyo •**glans of penis** tèt kòk •**having a big penis** byen{manbre/ manche} •**large penis** gayak •**of animals** bayonnèt •**of ox** bega

penitence *n.* penitans

penitentiary *n.* penitansye

penknife *n.* kanif

penmanship *n.* kaligrafi •**person skilled in penmanship** kaligraf

pennant *n.* bandwòl, bànyè

penniless *adj.* an{degraba/releng}, anbarase, anbrizi, angaje, bare, jennen, kanpe sou pay, kraze, malere, malerèz [*fem.*], pa gen{senk (kòb/yon{fè/sou})}, plat, razè, sou mank *I'm penniless.* M anbrizi. *The thief left me penniless.* Vòlè a kite m san senk kòb. *I'm penniless this week.* M an degraba senmenn sa a. *Paying for the ticket rendered me penniless.* Tikè a m fin peye a kraze m nèt. *This week I'm penniless, lend me some money.* Senmenn sa a m sou mank, pase m yon ti monnen. •**always be penniless** pòch li gen kourandè *Don't ask me for money, you know I am always penniless.* Pa mande m lajan paske ou konnen pòch mwen gen yon kourandè ladan.

penny *n.* 1[*gen.*] kwiv, senk kòb, peni 2[*small amount of money*] senk *I let him pay for everything. I didn't spend a penny!* M kite l peye tout bagay; m pa depanse senk. •**penny wise pound foolish** byen konte mal kalkile •**not have a single penny** pa wè koulè senk kòb kwiv •**pretty penny** yon bon ti kòb •**U.S. penny** kòb wouj, peni, santim ò, senk kòb (wouj)

penny-pincher *n.* bèk fè, kripya, peng

pension *n.* pansyon, rant, retrèt *She's just living on a small pension.* Se ti kòb pansyon an sèlman l genyen.

pensioner *n.* pansyonnè

Pentecost *prop.n.* Pannkòt (Lapannkòt)

Pentecostal *prop.n.* pannkotis *She's a Pentecostal.* Li se pannkotis.

penthouse *n.* apatman{bwòde/anpenpan}

pent-up *adj.* reprime, toufe

penultimate *adj.* avan dènye

penury *n.* endijans, pòvrete

people[1] *n.* 1[*human beings*] moun *How many people came?* Konbe moun ki te vini? *There were a lot of people at the party.* Te gen yon bann moun nan fèt la. *Some people said they weren't coming.* Gen moun ki di yo pa p vini. *If you leave, people will badmouth you.* Si ou ale, moun ap pale sou ou. 2[*nation*] pèp 3[*general population*] pèp, popilasyon *It's the people that are suffering.* Se pèp la k ap soufri. 4[*mankind*] lemonn 5[*sharing some common trait*] nasyon *What an evil group of people, they are!* Ala nasyon moun yo mechan! 6[*several persons, even if there's only one man and one woman*] mesye dam/mesyedam *They caught the people who were gossiping.* Yo bare mesye dam sa yo ap fè tripotaj. •**people back home** moun anwo lakay •**a few people** kèk moun •**all sorts of people** [*good and bad*] madigra mele ak bon mas *There were all sorts of people at the party.* Nan fèt la, madigra mele ak bon mas. •**old people** moun lontan •**old people in a family** zansyen •**regular people** kretyen vivan •**several people** kèk moun •**street people** sanzabri, sanzazil

people[2] *v.tr.* peple *These people are peopling the neighborhood.* Moun sa yo ap peple katye a.

pep *n.* 1[*gen.*] antren, fe 2[*car*] konpresyon *This car lacks pep.* Machin nan manke konpresyon.

pepper *n.* 1[*black*] pwav 2[*crushed peppercorn*] pwav 3[*fruit, usually hot-tasting*] piman •**bell pepper** piman dou •**chili pepper** piman •**green pepper** piman dou •**Guinea pepper** malagèt, pwav Ginen •**hot pepper** piman, piman bouk

pepper bush *n.* bwa gèp

peppercorn *n.* grenn pwav

peppermint *n.* granbonm, mant, penetwo, tibonm *It tastes like peppermint.* Li gen gou mant.

peppery *adj.* pike, pimante

per *prep.* 1[*during each*] nan *How many can you make per day?* Konbe ou ka fè nan yon jounen? 2[*rate, quantity, for each*] pa *The*

driver said, "One person per seat." Chofè
machin nan di konsa: «Yon moun pa plas.»
•**per capita** pa tèt moun
percale *n.* pèkal
perceive *v.tr.* apèsi *He perceived that I was
angry.* Li apèsi mwen te fache.
percent *n.* pou san, pousan *My own tee-shirt is
fifty percent polyester and fifty percent nylon.*
Mayo pa m lan se senkant pousan polyestè
senkant pousan nayilonn. •**a hundred
percent** san pou san *That's a cloth made of
hundred percent cotton.* Sa a se yon twal san
pou san koton.
percentage *n.* pousan, pousantay
perceptible *adj.* aparan, sansib
perception *n.* pèsepsyon
perceptive *adj.* fen, klèvwayan, je{klè/wè
lwen} *He's a perceptive guy, people can't
deceive him easily.* Li se yon nèg ki klèvwayan,
moun pa ka twonpe l fasil. *Always accept
elders' advice, they are perceptive.* Toujou
pran konsèy granmoun, je yo wè lwen.
perceptiveness *n.* klèvwayans *He's lacking the
perceptiveness necessary so as not to fall into
this trap.* Misye manke klèvwayans pou l pa
ta tonbe nan pèlen sa a.
perch[1] *n.* jouk, joukbwa
perch[2] *v.intr.* jouke, {monte/pran}jouk *The
rooster is perched on the highest branch.* Kòk
la jouke sou branch ki pi wo a.
perchance *adv.* gendwa, petèt
percolator *n.* kafetyè, pèkolatè
percussion *n.* 1[*drums*] batri 2[*mus.*] pèkisyon
per diem *adv.* pèdiyèm
perfect[1] *adj.* fopaplis, nèt, pafè, san tach, sen,
tòt, zewo fòt, zewofòt *Nobody on Earth is
perfect.* Pa gen moun ki pafè sou latè. *I found
the work she did perfect.* M twouve travay li fè
a tòt. *Your beauty is perfect.* Bote ou se zewo
fot. *If you could come early, it would be perfect.*
Si ou te ka vin bonè, se t ap sa nèt.
perfect[2] *v.tr.* pèfèksyone *I'm perfecting the
work.* M ap pèfeksyone travay la.
perfecting *n.* pèfèksyonnman
perfection *n.* pèfèksyon
perfectly *adv.* pafètman *I agree with her
perfectly, she's right.* M pafètman dakò ak
li, l gen rezon. •**do perfectly** [*on an exam*]
manje *Mary has done perfectly on the exam.*
Mari manje nan egzamen an.

perfidious *adj.* pèfid *I've never seen a perfidious
person like you before.* M poko janm wè moun
pèfid tankou ou. •**perfidious person** pèfid
perforate *v.tr.* pèfore, pèse *In the operation they
perforated the person's colon.* Nan operasyon
an yo pèfore kolon moun nan.
perforation *n.* twou
perforator *n.* pèforatè
perform *v.tr.* 1[*carry out*] fè *Which doctor
performed the operation?* Ki doktè k fè
operasyon an? *They don't perform the mass
in Latin anymore.* Yo pa fè lamès an laten
ankò. 2[*in the theater*] fè teyat 3[*ritual*]
selebre •**perform a C-section** bay yon
fi sizo, fann vant *The doctor performed a
C-section in order to remove the child.* Doktè
a fann vant li pou l wet pitit la. •**perform
a lowly task** benyen chen *He's performing
a lowly task while waiting to find a good job.*
L ap benyen chen ann atandan li jwenn
bon djòb. •**perform a vasectomy** chatre
•**perform an autopsy** otopsi *They have to
perform an autopsy on the body before they
bury it.* Fòk yo otopsi kadav la anvan yo
antere l. •**perform an episiotomy** koupe
*They perform an episiotomy on women when
they're about to give birth.* Yo konn koupe fi
lè pou yo akouche. •**perform badly** remèt
monnen *The band performed badly in the
concert.* Djaz la remèt monnen nan konsè.
•**perform cardiopulmonary resuscitation**
manyen lestomak *She wasn't breathing, so
the nurses had to performed cardiopulmonary
resuscitation on her.* Li te sispann respire, sa
ki lakòz enfimyè yo te oblije peze lestomak
li. •**perform poorly** voye poupou *The
band performed poorly tonight.* Djaz la voye
poupou aswè a. •**perform stunts** fè lakobat
•**perform surgery** fè yon moun operasyon,
opere *That doctor performed surgery on her.*
Se doktè sa a ki te opere l. •**perform with
the greatest ease** bay yon bagay kon vyolon
nan men blan •**not to perform** bay (yon
moun) ratman *She's not performing well in
the job.* L ap bay ratman nan djòb la.
performance *n.* 1[*gen.*] entèpretasyon,
pèfòmans, prestasyon, rannman *The
orchestra gave a nice performance.* Òkès la bay
yon bèl prestasyon. *According to the results,
that school has a good performance.* Dapre

rezilta yo, lekòl sa a bay bon rannman. **2**[*in the theater*] seyans •**best performance** rekò •**theatrical performance** reprezantasyon

performer *n.* egzekitan

perfume *n.* anbonmen, losyon, odè, pafen •**perfume for men** awòm •**wear perfume** losyonnen *I did not wear perfume yesterday.* Mwen pa t losyonnen ayè.

pergola *n.* tonnèl

perhaps *adv.* gendwa, genlè, petèt *He'll come, perhaps on Sunday.* Li ka vini, petèt dimanch. *Perhaps she can come tomorrow.* Gendwa li ka vini demen.

pericarditis *n.* anflamasyon kè

peril *n.* danje, pèdisyon

perilous *adj.* danjere

perimeter *n.* **1**[*gen.*] perimèt, viwonn **2**[*of a house*] renyen

perineum *n.* kouti dèyè

period *n.* **1**[*gen.*] dat, epòk, peryòd **2**[*of time*] distans *The issue is settled in a period of thirty minutes.* Distans trant minit tout bagay regle. **3**[*punctuation*] pwen *Put a period at the end of the sentence.* Mete yon pwen nan fen fraz la. **4**[*menstruation*] maladi fi, manswèl, règ *She's having her period.* Li gen règ li. •**during that period** alepòk *He was a young boy during the period of American Occupation.* Li te jenn ti gason alepòk okipasyon amerikèn nan. •**final (period)** pwen ba •**good period for planting** dekou *If you plant at the good planting period, you'll harvest some big plantains.* Depi ou plante nan dekou, w ap rekòlte gwo grenn bannann. •**have one's period** gen{mwa li/règ/san}, wè{lalin/pye/règ/ti wòz}li *She hasn't had her period for two months.* Li pa gen règ li depi de mwa. *She thinks she's pregnant because she doesn't have her period this month.* Li kwè l ansent paske li pa gen san li mwa sa a. •**in the period of** ditan •**not have one's period** kontrarye, pa gen san li *I haven't had my period all month long.* M kontrarye tou mwa sa. *She thinks she's pregnant because she doesn't have her period this month.* Li kwè l ansent paske li pa gen san li mwa sa a. •**rest period** rete •**slack period** kalmi •**short period** bout tan

periodical[1] *adj.* •**periodical table** tablo peryodik

periodical[2] *n.* [*publication*] peryodik

periodically *adv.* tanzantan

periodontist *n.* dantis espesyalis jansiv

peripatetic *adj.* anbilan

periphery *n.* perimèt

periscope *n.* periskòp

perish *v.intr.* peri *No one perished in the accident.* Okenn moun pa peri nan aksidan an.

perishable *adj.* perisab *There are a lot of perishable goods here.* Gen yon pakèt danre perisab isit.

peristyle *n.* peristil

peritonitis *n.* peritonit

periwinkle *n.* **1**[*flower*] sansès **2**[*herb*] kakapoul

perjure *v.tr.* fè fo sèman *Stop perjuring yourself.* Ase fè fo sèman.

perjury *n.* fo sèman

perk[1] *n.* bonis, prim

perk[2] *v.tr.* •**perk one's ears** {kole/kouche/prete}zorèy •**perk up** anime, chofe, eveye, remonte

perky *adj.* anime, vif

permanent[1] *adj.* fiks, pèmanan *She doesn't have a permanent home.* Li pa gen yon kay fiks. *Her job is permanent.* Djòb li a pèmanan.

permanent[2] *n.* [*hair treatment*] pèmanant *I'm going to have a permanent today.* M pral met pèmanant nan tèt mwen jodi a.

permanently *adv.* anpèmanans *They live in the United States permanently.* Yo ret Ozetazini anpèmanans.

permanganate *n.* pèmanganat

permeable *adj.* pèmeyab

permission *n.* dizon, dwa, lalwa, otorizasyon, pèmi *Who gave you permission to take it?* Ki moun ki ba ou dwa pran l? *I didn't give you permission to cut down these trees.* M pa ba ou dizon pou koupe pyebwa sa yo. •**permission to leave the hospital** egzeyat •**without asking permission** san pran dizon *She signed the document without asking the chief's permission.* Li siyen papye a san pran dizon direktè li a.

permissive *adj.* sitirè, sitirèz [*fem.*] *He's too permissive, that's why the children do what they want in the house.* Li twò sitirè, se sa k fè timoun yo ap fè sa yo vle lakay la. •**sexually permissive person** kouchadò *This sexually permissive person likes to have* *sex with everyone.* Kouchadò sa a kouch ak tout nèg.

permissiveness *n.* sitirans

permit[1] *n.* **1**[*pass*] kat, lesepase, otorizasyon, pas, pèmi **2**[*license: driver's, fishing, weapon, etc.*] lisans •**permit to conduct business** patant •**burning permit** kat dife

permit[2] *v.tr.* admèt, bay, bay jwen, kite, lese, pèmèt, sitire *They don't permit me to give my opinion.* Yo pa pèmèt mwen bay opinyon mwen an.

pernicious *adj.* malfezan, nuizib

peroxide *n.* pewoksid

perpendicular *adj.* pèpandikilè

perpetrate *v.tr.* komèt *He perpetrated a terrible crime.* Li te komèt yon michan zak.

perpetual *adj.* pèpetyèl, san rete *Blackouts are a perpetual problem in the country.* Blakawout se yon pwoblèm san rete nan peyi a.

perpetuity *n.* •**in perpetuity** pou toutan

perplexed *adj.* anbarase, dewoute, goudiye *We're lost at sea, we're perplexed.* Nou sou lanmè, n ap godiye.

perplexing *adj.* anbarasan, dewoutan

perplexity *n.* anbarasman, kastèt chinwa

perquisite *n.* bonis, prim

persecute *v.tr.* fè yon moun manje mizè, lage de gidon nan kò yon moun, pèsekite, pouswiv, rapouswiv *He persecutes the children for nothing.* Misye ap fè timoun yo manje mizè pou granmèsi. *What did I do to you that you persecute me like that?* Sa m fè ou ki fè w ap pousuiv mwen konsa?

persecution *n.* kraze zo, pèsekisyon, rayisman *When you serve God, you will always encounter persecution.* Lè w ap sèvi Bondye, w ap toujou jwenn rayisman.

persecutor *n.* chipòtò, pèsekitè

perseverance *n.* pèmanans, pèseverans, tenasite •**with perseverance** fèmalaganach, kinalaganach

persevere *v.intr.* bat lokobe, kenbe kè, lite, pèsevere, pèsiste, redi *She persevered until she finished the job.* Li bat lokobe jous li fin travay la. *Persevere!* Kontinye lite! *Persevere in your studies.* Pèsevere nan etid ou. *Even if things are difficult, we're persevering so that our children don't lack anything.* Menm si bagay yo rèd, n ap redi pou pitit nou pa manke anyen. •**persevere in spite of adversity** kenbe bwa drapo

persevering *adj.* kinalaganach *He's a persevering human rights activist.* Misye se yon militan dwa moun kinalaganach.

persist *v.intr.* donnen sou, ensiste, fèk kare, kenbe kè, pèsevere, pèsiste, redi *The fever is persisting in the child too much.* Lafyèv la donnen sou pitit la twòp. *He persisted until he found what he wanted.* Li ensiste jous li twouve sa li te vle a. *I will persist in bugging you as long as you don't give me the job.* M fèk kare nan kò ou, toutotan ou pa ban m djòb la.

persistence *n.* pèsistans

persistent *adj.* **1**[*stubborn*] ensistan, kin, kinalaganach, pèsistan *That persistent child, when she asks you for something, you have to give it to her.* Pitit ensistan sa a, lè li mande ou yon bagay, se bay pou bay li. **2**[*continuing to exist/occur*] pongongon *He has a persistent cough.* Li gen yon vye tous pongongon sou li.

persistently *adv.* fèmalaganach, kin, kinalaganach *I'm going to keep after you persistently until you give me an answer.* M ap kenbe kin nan kò ou jiskaske ou ban m yon repons.

person *n.* **1**[*human being*] moun *That's the kind of person I need.* Se yon moun konsa m bezwen. *He's such a nice person!* Li se yon bon moun! **2**[*who(m)ever*] moun *Any person wishing to go may go.* Tout moun ki vle ale, yo mèt ale. •**person in question** lapèsonn *That person came by last night.* Lapèsonn te vini yè swa wi. •**person of little importance** kakadè, kakatwè •**person responsible for sth.** kòz, lotè *She's responsible for all our misfortune.* Li lotè tout malè ki rive nou. *Who is the person responsible for that?* Kilès moun ki lotè sa? *You're the one who is responsible for what happened.* Se ou menm ki kòz bagay la rive la. •**from one person to another** bouch an bouch •**in person** an chè e annòs, an pèsòn, anfas, men nan men, pèsonèl *She wants to meet the teacher in person.* Li vle rankontre mèt la an pèsòn. *She can't stand in front of me and tell it to me in person.* Li pa fouti kanpe anfas mwen pou l di m sa. *Give her mother this money in person.* Bay manman li lajan sa men nan men. •**influential person** gran zepon •**last person standing in line** lake •**likeable**

person bon ze •**old person** vye granmoun •**put one person at odds with another** mete yon moun nan zen ak yon lòt moun •**senile person** darati

personable *adj.* bonjan, emab

personage *n.* tonton

personal *adj.* apa, pèsonèl *Our business is personal.* Afè pa nou se bagay apa. *She used the city's money for her personal expenses.* Li itilize lajan lakomin nan pou zafè pèsonèl li.

personality *n.* karaktè, pèsonalite

personally *adv.* an pèsòn, pèsonèl, pèsonèlman *He takes care of all his matters personally.* Li fè tout afè l pèsonèl. *Personally, I don't even want to see her.* Pèsonèlman, mwen pa vle wè l menm.

personnel *n.* pèsonnèl •**middle rank management personnel** kad mwayen •**trained personnel** [*staff*] kad

perspective *n.* pèspektiv •**from a cultural perspective** kiltirèlman *From a cultural perspective, you're an authentic Haitian.* Kiltirèlman ou se yon Ayisyen otantik.

perspicacious *adj.* je klè, klèvwayan

perspiration *n.* lasye, transpirasyon •**bead of perspiration** grenn{swè/syè} *He sweated a lot of beads of perspiration to carry out this work.* Li bay anpil grenn swè pou reyalize travay sa a.

perspire *v.intr.* swe, transpire *She perspires a lot with the hot weather.* Li transpire anpil ak chalè a. •**perspire profusely** swe kou{kokobe/pitit Bouki} *The woman is perspiring profusely because she just ran.* Fanm nan swe kou pitit Bouki paske l sot kouri.

persuade *v.tr.* konvenk, pèswade, pran tèt yon moun *We finally succeeded in convincing her.* Nou resi konvenk li atò. •**do all one can to persuade or force s.o. to do sth.** fè yon moun rès *I did all I could to persuade the teacher to listen to me.* Mwen fè mèt la rès pou l koute m.

persuasion *n.* 1[*act of*] pèsyazyon 2[*tendency*] tandans

persuasive *adj.* konvenkan •**be persuasive** bouch li dous

pert *adj.* anime, frengan, vif

pertain *v.intr.* gen rapò *What I said doesn't pertain to you.* Sa m te di a pa gen rapò ak ou.

pertaining *adj.* {an rapò/lye}ak, konsènan

pertinence *n.* aplikabilite, rapò

pertinent *adj.* aplikab, valab *The advice she gave us is really pertinent.* Konsèy li ban nou an valab anpil.

perturb *v.tr.* dekontwole *The result of the exam perturbed me.* Rezilta egzamen an dekontwole m.

perturbed *adj.* dekontwole, twouble *Since he came out of jail, he's perturbed.* Depi l sot nan prizon an, li dekontwole.

perturbing *adj.* enkyetan, twoublan

pertussis *n.* koklich

peruse *v.tr.* li ak swen *You have to peruse his will.* Se pou ou li testaman li ak swen.

pervasive *adj.* manch long

perverse *adj.* deprave, pèvès *It's perverse how they kill people for no reason.* Se pèvès sa jan yo touye moun pou granmèsi. •**perverse person** deprave

perversion *n.* briganday, kòripsyon, pèvèsyon

pervert *n.* pèvès *That pervert, I don't want you to associate with him.* Nèg pèvès sa, m pa vle ou pran pa ak li.

perverted *adj.* pèvès, pèvèti

perverter *n.* kòriptè

pesky *adj.* anbetan, enèvan

peso *n.* [*monetary unit*] peso

pessary *n.* kapòt pou fanm, pwotèj fanm

pessimism *n.* pesimis

pessimist *n.* pesimis

pessimistic *adj.* pesimis •**pessimistic attitude** atitid pesimis

pest *n.* 1[*person*] antchoutchout, bibikrankran, chipòtò, choutoufè, karapat, pès, pongongon, ti nandeng, tilandeng, tizon, vèmin, zo bouke chen *You've become a real pest, so much do you annoy me.* Ou tounen yon karapat nan kò m tèlman ou nwi m. *Disappear you nasty pest, go bug another person!* Disparèt vye pès, al anmègde yon lòt moun! *They don't know what to do with that child, he's such a pest.* Yo pa konn sa pou yo fè avè timoun sa a, se yon zo bouke chen li ye. 2[*insect*] ti bèt

pester *v.tr.* agase, anmè(g)de, zigonnen *Stop pestering me about quitting smoking.* Sispann anmède m ak pawòl kite fimen ou an! *She's been pestering me all day for money.* Li fè tout jounen ap zigonnen m ap mande m kòb.

pestering *adj.* regadan

pesticide *n.* ensektisid, pestisid
pestilence *n.* pès
pestle *n.* manch pilon
pet¹ *adj.* pi renmen, prefere *Math is my pet school subject.* Matematik se matyè mwen prefere.
pet² *n.* **1**[*animal*] bèt kay **2**[*term of endearment*] chouchout
pet³ *v.tr.* ancheri, chouchoute, foubi, karese, ponponnen *She's always petting the dog.* Li toujou ap karese chen an. *Last night, I petted the girl at the dance.* Ayè oswa m foubi fi a nan bal la.
petal *n.* [*plant*] petal
peter *n.* [*penis*] ti mizèrikòd
petition *n.* **1**[*gen.*] demann, petisyon **2**[*jur./rel.*] rekèt
petrel *n.* [*bird*] chanwan •**blackcapped petrel** chanwan lasèl, djabloten
petrified *adj.* [*emotional reaction*] glase, terifye
petroleum *n.* petwòl •**petroleum jelly** jele petwòl, vazlin
petticoat *n.* jipon
pettiness *n.* meskinri
petting [*love-making*] *n.* dous
petty *adj.* mesken
petunia *n.* petinya
pew *n.* ban (legliz)
pewter *n.* eten
phalanx *n.* [*anat.*] falanj
phantom *n.* zonbi
pharaoh *n.* farawon
pharmaceuticals *n.pl.* medikaman
pharmacist *n.* apotikè, famasyen
pharmacy *n.* famasi, fanmasi
pharyngitis *n.* gwo malgòj
pharynx *n.* dèyè gòj
phase¹ *n.* degre, faz, pwen *The phase of the project...* Nan faz pwojè a... •**final phase** dènye bout *The situation is reaching its final phase.* Sitiyasyon sa a rive nan dènye bout li.
phase² *v.tr.* •**phase in** ajoute pazapa •**phase out** {retire/ wete}pazapa
Ph.D. *abbrev.* doktora
pheasant *n.* fezan
phenomenal *adj.* estwòdinè
phenomenon *n.* fenomèn *One can do nothing against natural phenomena.* Moun pa ka fè anyen kont fenomèn lanati.

philanderer *n.* bakoulou, konyapis
philandering *n.* bouboutay
philanthropy *n.* filantwopi
Phillips screwdriver *n.* tounvis (z)etwal
philologist *n.* filològ
philology *n.* filoloji
philosopher *n.* filozòf
philosophical *adj.* filozofik.
philosophize *v.intr.* filozofe *Rather than act you prefer to philosophize.* Tan pou ou aji ou pito filozofe.
philosophy *n.* filozofi
philter *n.* cham
philtrum *n.* tèt bouch
phlebitis *n.* anflamasyon venn, flebit
phlegm *n.* flèm, flenm, glè, lagoum, larim, las, vlimè *I have a lot of phlegm in my chest.* M gen yon sèl flenm sou lestonmak mwen. *The flu made me spit up a lot of phlegm.* Grip la fè m rann anpil glè. •**bring/cough up phlegm** rale flèm •**glob of phlegm** plòt larim
phlegmatic *adj.* pa fè li ni cho ni frèt
phone¹ *n.* telefòn •**cell phone** (telefòn){selilè/ pòtab}, sèlfòn •**mobile phone** mobil, pòtab, sèlfòn, selilè •**pay phone** telefòn piblik •**wireless phone** (telefòn) san fil
phone² *v.tr.* sonnen, telefòne *They just called us over the phone.* Yo fèk sonnen n nan telefòn la.
phonebook *n.* anyè
phoneme *n.* [*ling.*] fonèm
phonetic *adj.* fonetik *International phonetic alphabet.* Alfabè fonetik entènasyonal.
phonetician *n.* fonetisyen
phonetics *n.* [*ling.*] fonetik
phonograph *n.* fonograf, toundis
phonologist *n.* [*ling.*] fonològ
phonology *n.* [*ling.*] fonoloji
phony¹ *adj.* bidon, fo, malatchong *He gave us a phony address.* Li ban n yon fo adrès. *Many people complained about the phony elections.* Anpil moun ap plenyen pou eleksyon malatchong nan.
phony² *n.* fasè, fo tèt, tèt kòk bounda pentad **phonies** *n.pl.*[*person*] bidon kreve *There is no place for those phonies in a serious government.* Pa gen plas pou bidon kreve sa yo nan yon gouvènman serye.
phosphate *n.* fosfat
phosphoric *adj.* fosforik

phosphorus *n.* fosfò

photo *n.* foto, pòtre *Is the photo in color?* Se yon foto koulè? •**have one's photo taken** tire{fè/pran/tire} {foto/pòtre}li *I'm going to have my photo taken.* Mwen pral fè foto m. •**take a photo or picture** {fè/pran/tire}{foto/pòtre}yon moun *They took her picture for her passport.* Yo tire foto li pou paspò l.

photocopy[1] *n.* fotokopi, polikopi, repwodiksyon, zewòks •**photocopy machine** zewòks

photocopy[2] *v.tr.* fotokopye, repwodui, zewòks *Photocopy the book.* Fotokopye liv la. *Photocopy this document three times for me.* Repwodui dokiman sa a twa fwa pou mwen.

photogenic *adj.* fotojenik *She's not photogenic.* Li pa fotojenik.

photograph *n.* foto, pòtre

photographer *n.* fotograf

photography *n.* fotografi

photosynthesis *n.* fotosentèz

phrase *n.* fraz

phyllanthus *n.* [plant] nèj

physical *adj.* 1[gen.] fizik *Do a physical description of the area for me.* Fè deskripsyon fizik zòn nan pou mwen. 2[related to the body] fizik, kòporèl 3[non spiritual] lachè, •**physical condition** fizik •**physical education** kilti fizik •**physical examination** egzamen medical •**physical strength** fòskouray, gwo zo, misk •**get physical with** [hit] ba kou *Did he get physical with you?* Li te ba ou kou?

physically *adv.* fizikman *Physically he's smaller than his little brother.* Fizikman li piti pase ti frè l la.

physically-retarded *adj.* mafweze

physician *n.* medsen •**woman physician** dòkte{fanm/fi}, doktorès

physicist *n.* fizisyen

physics *n.* fizik

physiology *n.* fizyoloji

physiotherapy *n.* fizyoterapi

pi *n.* [math] pi

pianist *n.* pyanis

piano *n.* pyano •**piano tuner** akòdè •**baby grand piano** pyano demi •**grand piano** pyano a ke •**upright piano** pyano dwa

piccolo *n.* ti flit

pick[1] *n.* 1[choice] chwazi, pran *Take your pick!* Chwazi sa ou vle a! 2[tool] pikwa, pik 3[type of comb] fouch •**first pick of coffee** [harvest] grapiyay

pick[2] *v.tr.* 1[fruit, plants, etc.] degrape, keyi, rekòlte *I'm picking some flowers for you.* M ap keyi flè ba ou. *They're picking oranges.* Y ap keyi zoranj. *Stop picking the coconut tree like this.* Ase degrape pye kokoye a konsa. 2[crop, etc., by breaking or cutting off] kase *The corn is ready for picking.* Mayi a bon pou kase. 3[a fight, quarrel, etc.] goumen, pete *They're always picking fights.* Yo goumen toujou. 4[select] chwazi, pran *Which person did they pick for the job?* Ki moun yo pran pou travay la? *Which one are you going to pick?* Kilès ladan yo ou ap chwazi? *Pick three out of the six.* Chwazi twa nan sis la. •**pick a fight** chache yon moun kont •**pick and choose** mawonnen •**pick apart** [criticize] djage •**pick at one's food** fè ti bouch *We are in a hurry, don't waste time picking at your food.* Nou prese, pa ret nan fè ti bouch. •**pick clean** dekòtike, netwaye *Look how he's picking the bone clean.* Gad ki jan misye netwaye zo a. *The man picked the bone clean.* Misye dekòtike zo a nèt. •**pick fruit from bunches** degrape •**pick on** chache, fann nan dengon, tizonnen *You're always picking on people that are weaker than you.* Ou toujou ap chache pi piti pase ou kont. •**pick on s.o. one's own size** mezire fòs li *Go pick on someone your size.* Al mezire fòs ou ak moun ki pòy ou. •**pick one's nose** defounen nen li *Don't pick your nose in public!* Pa defounen nen ou an piblik! •**pick or harvest** [potatoes, etc.] fouye *Let's go pick a few sweet potatoes in the garden.* Ann al fouye de twa patat nan jaden an. •**pick out** chwazi, triye *Pick out all the nice mangoes for me.* Triye tout bèl mango yo pou mwen. •**pick out a bride for s.o.** rete fi pou •**pick up** a[an instrument] manche *He picked up a pencil and wrote a vehement criticism of his enemies.* Li manche kreyon l pou l ekri kont lennmi l yo. b[fetch] pase chache, pran *I will pick you up by car.* M ap pase chèche ou nan machin. *Where did the taxi pick you up?* Ki kote taksi a te pran ou? c[be able to hear/receive] pran *I can't pick up that station on my radio.* M pa ka pran pòs sa a nan radyo m lan. d[gather together] pike, pran, ranmase *Pick up your toys when you're finished playing.* Ranmase jwèt ou yo lè ou fin jwe. *Where are the people responsible for picking up the garbage?* Kote moun yo ki responsab pou pike fatra yo? *e[go and get]* pral chache, pran *I'm going to pick her up at school.* M pral chache l lekòl. *Don't forget to come by and pick me up.* Pa bliye pase pran m. *f[learn]* aprann, pije *That student picked up the ideas quickly.* Elèv sa a pije lide yo rapidman. *I picked up dominoes from standing around watching people play.* Se nan kanpe gade dèyè moun m aprann jwe domino. *g[make feel better]* refè *Take two pills! They'll pick you right up!* Bwè de grenn; ou ap refè talè. *h[recognize the trail of]* pran *The dog always picks up my scent when I'm coming.* Chen an toujou pran fre m lè m ap vini. *i[resume]* kontinye *Let's pick up the conversation where we left off.* An n kontinye sa n t ap di a. *j[take hold of and lift]* pran, ranmase *Pick your shirt up off the floor.* Ranmase chemiz ou an atè a. *He bent down to pick up the box.* Li bese pou l ka pran bwat la. *He picked up the candle by its wick.* Li pran bouji a lan nan mèch. *k[women]* tcheke grenn *I'm going downtown to pick up some girls.* M pral lavil la tcheke kèk grenn. *l[weapon]* ame *He picked up a stick before going out.* Msye ame ak yon baton anvan l soti. *m[phone]* dekwoche telefòn *Pick up the phone, you let it ring too much.* Dekwoche telefòn nan, ou kite l sonnen twòp. *n[the pieces for s.o. else]* peye po kase pou yon moun •**man who likes to pick up girls** gason bouzen •**s.o. who picks fights** kòk{batay/gagè}

pick-me-up *n.* 1*[gen.]* remontan 2*[food, etc.]* kolasyon 3*[snack made of egg yolk, fruit, etc.]* pètpòt

pickax *n.* bèchadan, pikwa

picket *n.* 1*[stake]* jouk, pikèt 2*[striker]* grevis

picketing *n.* grèv kanpe

picking *n.* kèy, kèyèt

pickings *n.pl.* •**small pickings** grapyay

pickle *n.* kònichon •**be in a pickle** mele

pickpocket *n.* awousa, frapè, pikpòkèt, vòlè bous *Watch out! There are a lot of pickpockets in front of the movie theater.* Fè atansyon! Chaje vòlè bous devan sinema a.

pickup *n.* kamyonnèt *Put the suitcases in the back of the pickup.* Met valiz yo dèyè kamyonnèt la. •**small pickup to transport people** taptap

picky *adj.* difisil, kalsitran, titès *He's a very picky eater.* Se yon moun ki difisil nan manje. *This child is picky.* Pitit sa a difisil. *The way she's so picky, you can't get along with her.* Jan pitit sa a titès la, ou p ap ka boule ak li.

picnic *n.* piknik •**no picnic** se pa jwèt *It's no picnic when you have six kids to provide for.* Se pa jwèt, lè ou gen sis timoun pou ou okipe.

picture[1] *n.* 1*[drawn image]* desen *Who drew this picture?* Sa k fè desen sa a? 2*[photograph]* foto, pòtre, pòz *Take my picture.* Fè yon foto pou mwen. *These are great pictures!* Foto sa yo bèl. *The roll has thirty six pictures.* Woulo fim sa gen trant sis pòz. 3*[that seen on a television/cinema screen]* imaj *The picture isn't very clear.* Imaj yo pa klè. 4*[painting]* penti, tablo •**take a picture** fè pòtre *Let's take the team's picture.* Ann fè pòtre ekip.

picture[2] *v.tr.* imajinen, wè *I can't picture him becoming a priest.* M pa wè l se yon moun ki ka fè pè.

piddle away *v.intr.* •**piddle away one's time** soufle (van) nan banbou

piddling *adj.* rans, san vale

pidgin *n.* pidjin

pie *n.* tat •**pie crust** pat brize •**large meat pie** pate bègè •**meat pie** pate

piebald *adj.* takte

piece[1] *n.* 1*[separated portion of sth. solid]* bich, bout, bwa, ekla, gòb, kal, lèch, moso, plak, twonson *She gave me a piece of chalk.* Li ban m yon moso lakrè. *Break me off a piece of string.* Kase yon ti bout fil pou mwen. *He lost a piece of his finger.* Li pèdi yon bout nan dwèt li. *A little piece of wood...* Yon lèch bwa... *The girl cut the pie into eight pieces.* Fi a fè gato a fè uit moso. *Take that big piece of wood for me.* Pran gwo twonson bwa sa a pou m. 2*[any of the objects used in a game]* pyon *Some of the pieces are missing.* Gen pyon k manke. 3*[of a machine, etc.]* pyès •**piece by piece** doukendouk *He took the car apart piece by piece.* Li mete machin nan atè doukendouk. •**piece of advice** konsèy •**piece of junk** salopri *I told him to buy a nice watch for me, he brought me a piece of junk.* Mwen di li achte yon bèl mont pou mwen, li pote yon salopri ban mwen. •**a piece of** ti bab •**all in one piece** toudinpyès •**flat piece** plak •**in pieces** an migan (migan) •**in small pieces** pak an pak, pakanpak *She broke the rock into small pieces with the chisel.* Li fann wòch la pak an pak ak biren an. •**into pieces** an migan (migan) *The glass fell, it broke into pieces.* Vè a tonbe, li kraze an migan migan. •**tiny pieces** an myèt moso *The plate broke into tiny pieces.* Asyèt la kraze an miyèt moso. •**large piece** [*of meat, cassava*] pelas *Are you sure can eat that large piece of cassava?* Ou kwè ou ka manje pelas kasav sa a? •**little piece** fling, lasibab, plòt, tiyen, zing *A small piece of cloth.* Yon plòt twal. *I need my part of the cake even if it's a little piece.* Menm yon ti lasibab, fò m jwenn nan gato sa a. •**tiny piece** miyèt, yik

piece[2] *v.intr.* •**piece together** kole pyese, kraze pyese, rapyese *The seamstress is piecing together the pants.* Koutiryèz la ap kole pyese pantalon an. *They managed to fix the car by piecing things together.* Yo fini pa ranje machin nan nan kraze pyese.

piecemeal *adv.* an tchenkon, antchenkon, kole pyese *Don't build the house piecemeal.* Pa bati kay antchenkon. *The money for the project is gone, the boss is paying us piecemeal.* Lajan pwojè a fini, se kole pyese patwon an ap fè pou l peye nou.

piecework n. travay{kontra/sou kouray}

pieceworker n. travayè{kontra/sou kouray}

pied *adj.* djandjan, miltikolò

pied-à-terre *n.* pyetatè

pier *n.* (an)bakadè, debakadè, dig, waf

pierce *v.tr.* pèse, vare *I'm going to have her ears pierced.* M ap fè pèse zòrèy li. *Pierce the jug instead of uncorking it.* Vare galon an tan w ap debouche l. •**pierce a pipe** tawode

piety *n.* devosyon

pig[1] *n.* **1**[*animal*] kochon **2**[*dirty, gluttonous person*] aloufa, gwenf, kochon, pouso, voras *This glutton stuffs himself like a pig.* Gwenf sa a bafre tankou kochon. •**female pig** manman kochon •**Haitian equivalent to pig Latin** jagon •**large imported pig** kochon{blan gran ras/grimèl} •**large male pig** kochon barak •**make a pig of o.s.** manje tankou yon kochon *She made a pig of herself at the party.* Li manje tankou yon kochon nan fèt la. •**male pig** koure •**traditional**

dark Haitian pig kochon {djòl long/kreyòl} •**when pigs fly** {jis/jouk/jous} mayi mi

pig[2] *v.intr.* •**pig out** {bafre/boure} tankou kochon *They pigged out at the party.* Yo bafre tankou kochon nan fèt la.

pigeon *n.* pijon •**plain pigeon** ranmye mile •**scaled pigeon** ranmye kou wouj •**white-crowned pigeon** ranmye tèt blan

pigeon-toed *adj.* pye kwochi

pigeonberry *n.* [*shrub*] bwajanbèt

pigeonhole *n.* [*for mail*] kaz

pigeonwood tree *n.* kafe mawon, mapou{gri/mawon}

piggish *adj.* gwenf *What a piggish guy! He can't eat in front of people.* Ala nèg gwenf! Li pa ka manje nan sosyete.

piggy bank *n.* bwat sekrè, kès

pighead *n.* wòklò, wondonmon *This pighead refuses to take other people's advice seriously.* Wòklò sa pa janm pran konsèy moun oserye.

pigheaded *adj.* dirakwa, retif, tèt di *Why are you so pigheaded?* Sa k fè ou gen tèt di konsa? *This pigheaded guy, you cannot convince him.* Nèg dirakwa sa, ou pa fouti fè l wè rezon.

pigheadedness *n.* tèt kòlòwòch

piglet *n.* ti kochon

pigment *n.* pigman

pigmentation *n.* koulè

pigpen, pigsty *n.* pak kochon

pigtail *n.* très

pigweed *n.* zepina pikan

pike *n.* [*fish*] bwochè •**sea pike** djòlfi

pile[1] *n.* [*pillar*] pilye, poto •**pile driver** danm depo

pile[2] *n.* **1**[*a lot*] bann, chay, depo, feso, kantite, lo, montany, pakèt, pil, tonbola, tonm *He bought a pile of books.* L achte yon bann liv. *She will not have enough time to wash that pile of clothes.* Li p ap gen tan pou l lave depo rad sa a. **2**[*collection of generally similar objects*] lo, pil *Get that pile of dirty clothes out of the middle of the room.* Retire pil rad sal sa a nan mitan kay la. *A pile of hangers.* Yon lo sèso. *To wash such a pile of clothes, you need to have strength.* Pou lave yon tonm rad konsa, fò ou gen kouraj ou. •**small pile** plot

pile[3] *v.tr.* **1**[*load*] chaje, plen *I piled food on his plate.* M plen asyèt la manje ba li. *They piled up the room with cardboard boxes.* Yo chaje chanm li an ak bwat katon. **2**[*make a* *pile of*] anpile, fè lo *Pile five sweet potatoes together.* Fè lo senk patat. *Pile the dirty clothes in the corner.* Anpile rad sal yo nan kwen an. •**pile in** tase *Many people piled into the car.* Anpil moun tase nan machin nan. •**pile it on** chante gam, mete pase genyen •**pile up** anpile, antase, arimen, bande, fè pil, gonfle, konble, konpile, lote *Pile up the boards one on top of the other.* Anpile planch yo youn sou lòt. *She piled up all of her things in a corner.* Li antase dènye afè l yo nan yon kwen. *The workers are piling up the coffee sacks onto the truck.* Travayè yo ap arimen sak kafe nan kamyon an. *Pile those bags up in the corner.* Fè pil nan kwen an ak sak sa yo. *Because of the rain, the garbage piled up in the ravine.* Akòz lapli a, fatra yo vin gonfle nan ravin nan. *Dirt piles up in front of the door.* Tè a konble devan pòt kay la. *Who piled up these things in the corner?* Kilès ki konpile bagay sa yo nan kwen an? *The passengers are piled up like plantains and potatoes.* Moun yo lote tankou bannann ak patat.

piled up *adj.* pil sou pil

piles *n.pl.* emowoyid, tennès

pileup *n.* gwo kolizyon

pilfer *v.tr.* mawode, mawonnen, zongle *As long as they don't put him in jail, he won't stop pilfering things.* Tank yo pa bouche l, li p ap kite mawode. *She pilfered the food.* L ap zongle manje a. •**pilfer what remains after a previous attack** fè sous ladennyè *The criminals pilfered what was left after the first robbery.* Bandi yo fè sous ladennyè magazen an apre vòlè yo fin pase.

pilferer *n.* kokorat, mawodè, zwav

pilfering *n.* dechèpiyay

pilgrim *n.* peleren

pilgrimage *n.* pelerinay

pill *n.* 1[*gen.*] grenn, konprime, tablèt *The doctor gave me pills for my headaches.* Doktè a ban m grenn pou mal tèt la. 2[*of aspirin*] kachè •**anti-depressant pill** grenn lajwa •**birth control pill** grenn plannin(g) •**contraceptive pill** pilil •**diet pill** grenn pou kontwole apeti •**pain pill** kalman •**take a pill** bwè (yon) grenn *I forgot to take the pill.* M bliye bwè grenn nan. •**sleeping pill** grenn (pou dòmi), kachè (pou dòmi) •**take pills** bwè (yon) grenn

pillage[1] *n.* piyay

pillage[2] *v.tr.* fè piyay, fè rapin, kale tèt yon moun, piye *The thieves pillage the area.* Zenglendo yo fè piyay nan zòn nan.

pillager *n.* dechoukè

pillaging *n.* piyay

pillar *n.* kolonn, pilye, poto, zepòlman •**pillar of community** grandèt, notab •**central pillar** poto mitan

pillow *n.* zorye, zòrye *Put this under your head as a pillow.* Mete sa a anba tèt ou fè zorye.

pillowcase *n.* sak zòrye, tèdoreye, tèt zòrye

pilot[1] *n.* avyatè, pilòt •**test pilot** pilòt desè

pilot[2] *v.tr.* 1[*a boat, plane*] kondi *Can you pilot that boat?* Ou k ap kondi bato sa a? 2[*a plane*] pilote *The pilot pilots the airplane well.* Avyatè a pilote avyon an byen.

piloting *n.* pilotaj

pimento *n.* piman

pimp *n.* antremetè, makwo, tantafè, tchoul

pimple *n.* bouton, klòk, klou, pwent, zouk *She has pimples all over her face.* Li chaje bouton nan figi l. •**have small allergenic pimples** fè ti boul •**without pimples or wrinkles** sen

pin[1] *n.* 1[*gen.*] pin, zegui, zepeng 2[*for a watch*] pin 3[*motor*] pin •**bobby pin** pens, (z)epeng cheve •**clothes pin** pens, pensèt •**diaper pin** zepeng {kouchèt/ kwòchèt/ nouris} •**hair pin** epeng (a cheve) •**have pins and needles** [*limb*] angoudi, mouri •**on pins and needles** san chita •**straight pin** zepeng ti tèt

pin[2] *v.tr.* cheviye, tache *The button came off and so I pinned it with a safety pin.* Bouton an rache, m tache l ak yon epeng. •**pin sth. on s.o.** {lage/met(e)}...sou l *You did it, so don't pin it on me.* Ou fin fè afè ou, pa vin mete sa sou mwen.

pince-nez *n.* [*glasses*] lòyon

pincer *n.* [*crab*] pens

pincers *n.pl.* pens, tenay •**mechanic's or carpenter's pincers** pens

pinch[1] *n.* [*small amount*] pench, pense *Put a pinch of salt in the food.* Mete yon pense sèl nan manje a. •**pinch of snuff** priz tabak •**in a pinch** nan yon ka ijan •**put a pinch of s.th. on s.th** andwaye

pinch[2] *v.tr.* 1[*press between two surfaces*] penchen, pense, pichkannen, zwinge *She pinched me on the arm.* Li pichkannen m nan bra. *Pinch the shirt there so that I can measure it.* Pense chemiz la la pou mwen ka pran mezi l. *Don't you pinch my child.* Pa vin zwinge pitit la pou mwen. **2**[*with fingernails*] zongle *She pinched my face with her nails.* Li zongle vizaj mwen ak zong li yo. **3**[*steal, swipe*] chipe, pike *Who pinched my watch?* Ki lès moun ki pike mont mwen an? **4**[*arrest*] poze lapat sou *The police pinched the thief.* Polis poze lapat sou volè a. •**pinch buttocks** fese *Look, don't come pinching the buttocks of my daughter!* Gade, pa vin fese tifi mwen an!

pinched *adj.* [*cramped*] kwense

pine *n.* bwa pen •**pine cone** pòm bwa pen •**pine tree** pen •**Norfolk Island pine tree** pen Nòfòk •**take pine trees for pineapples** pran lòzèy pou chou •**yellow pine tree** pine jòn

pineapple *n.* anana, zannanna

pinewood *n.* [*for making fire*] bwa chandèl •**piece of pinewood** bwapen

ping *onom.* [*sound of metal hitting pavement, etc.*] bling

penguin *n.* [*variety of cactus*] (bayonèt) pengwen

ping-pong *n.* pingpong

pink[1] *adj.* wòz *Her nails are pink.* Zong li woz.

pink[2] *n.* wòz •**bright pink** flamengo •**hot pink** wòz fonse •**in the pink** anfòm nèt

pinkeye *n.* azoumounou, konjonktivit, mal o zye, maloje, malozye

pinky *n.* orikilè, ti dwèt

pinna *n.* fèy zorèy

pinnacle *n.* tèt, somè, pik •**reach a pinnacle** kilminen

pinpoint *v.tr.* lokalize, lonje dwèt sou *Pinpoint the area we need to see.* Lonje dwèt sou zòn nou bezwen an.

pinprick *n.* piki

pins *n.pl.* •**have pins and needles** [*in arm, leg*] angoudi •**on pins and needles** ajite, ennève

pint *n.* [*measure, container*] pent •**pint-sized** piti, vyepti

pinuela *n.* [*plant*] kannyèt

pinworm *n.* oksiyi, vè zepeng

pioneer *n.* pyonnye

pious *adj.* relijye

piousness *n.* devosyon, lapyete

pip *n.* [*poultry disease*] lapipi, maladi kou{kase/vire}, maladi{plim kale/po wouj/poulpoul/pous/pyan}

pipe *n.* **1**[*for transporting liquids*] (fe) tiyo *The pipe burst.* Fè tiyo a pete. **2**[*for smoking*] pip •**pipe cutter** koup tiyo •**pipe stem** bwa pip, kalimèt, manch pip •**clay pipe** [*smoking*] kachimbo, kokopòv •**drainage pipe** drèn •**exhaust pipe** tiyo mòflè •**pitch pipe** dyapazon •**thin pipe** tib

pipe in *v.tr.* [*water*] kapte *They piped in the water with a large conduit.* Se avèk gwo tiyo yo kapte dlo a.

pipedream *n.* fantezi

pipeline *n.* gwo fè tiyo

piper *n.* [*plant*] kedleza

pipette *n.* [*chem.*] pipèt

pipewood tree *n.* mapou{gri/mawon}

pipsqueak *n.* darati, koutfoule

piracy *n.* piratri

pirate *n.* avantirye, kòsè, pirat

pirating *n.* pirataj

pirogue *n.* piwòg

pirouette[1] *n.* laviwonn, piwèt, vire

pirouette[2] *v.intr.* piwete *The dancers pirouetted.* Dansè yo piwete.

Pisces *prop.n.* [*zodiac*] pwason

piss[1] *n.* pise •**take a piss** gate dlo, lage yon dlo

piss[2] *v.intr.* fè pipi, jete yon dlo, pise *Don't piss in the street.* Pa pise nan lari a. •**piss off** [*fam.*] anmègde

pistachio *n.* pistachyo

pistol *n.* pistolè, revolve, {bwa/pye}kochon [*fam.*] •**water pistol** revolvè dlo

piston *n.* piston •**piston ring** sigma •**compression piston ring** sigma •**oil piston ring** sigma lwil

pistula *n.* [*plant*] pistil

pit[1] *n.* [*fruit seed*] bòk, grenn, noyo *This mango pit is big.* Noyo mango sa a gwo.

pit[2] *n.* fòs, tou *They dug a pit.* Yo fouye yon tou. •**bottomless pit** twou san fon, twouhing •**garbage pit** pas •**mulch pit** konpòs

pita bread *n.* pen pita

pit bull *n.* pitboul

pitch[1] *n.* [*music*] ton

pitch[2] *n.* [*tar*] goudwon •**pitch black** {nwa/nwè}kou {bounda/boustabak/chodyè/lank}

pitch[3] *n.* [*down slant*] grad, pant

pitch[4] **I** *v.tr.* [*throw*] lanse, jete *Pitch that in the pond.* Jete sa nan lagon an. **II** *v.intr.* [*boat*] louvwaye, tange *The boat was pitching so* *much, I thought it would sink.* Afòs bato a tange, m kwè l ta pral koule. •**pitch a tent** kanpe/monte tant •**pitch in** a[*work together*] mete men alapat *Everyone has to pitch in to get this job done.* Se pou tout moun mete men alapat pou travay la sa fini. b[*contribute*] met ansanm *Let's all pitch in to buy the ball.* An n met ansanm pou n achte boul la.

pitch-black *adj.* nwa kou lank *It's pitch-black outside.* Deyò a fè nwa kou lank.

pitcher[1] *n.* [*container*] krich, potich

pitcher[2] *n.*[*baseball*] lansè

pitchfork *n.* fouch

pitching *n.* [*boat, etc.*] lawouli, tangay

pitfall *n.* pyèj, zèpèlen

pith *n.* **1**[*essence*] fondèt, nannan **2**[*bot.*] mwèl bwa

pitiful *adj.* minab, mizerab, tris *Look at how pitiful he looks.* Gade jan li parèt minab. *The state of the country is really pitiful.* Sitiyasyon peyi a tris toutbon. •**pitiful person** [*physically*] moun ladetrès •**pitiful, destitute person** chanwan

pitiless *adj.* san{manman/pitye}

pittance *n.* kraze *In spite of the fact that I work hard, it's pittance that they pay me.* Malgre m travay di, se yon kraze yo peye m. •**for a mere pittance** pou po{patat/ pistach} *We work for a mere pittance.* N ap tray pou po patat.

pitter-patter *n.* [*of one's heart*] bip bip

pituitary gland *n.* glann pitwitè

pity[1] *n.* **1**[*sympathy toward others' suffering*] pitye *Don't you have any pity for the old man?* Ou pa gen pitye pou vye tonton an? **2**[*unfortunate state of affairs*] donmay *It's a pity you won't be able to come to the wedding.* Se donmay ou pa p ka vin nan maryay la. •**take pity on** fè pa yon moun *You should take pity on him, it's not his fault.* Ou mèt fè pa l, se pa fòt li. •**what a pity** adjewidan, adye, anye, dizondi, donmaj *What a pity, you're in such big trouble!* Adjewidan, nan gwo malè sa a ou ye! *What a pity! This nice child is handicapped.* Adye! Bèl pitit sa a donmaje.

pity[2] *v.tr.* gen pitye, kè fè mal pou yon moun *I really pity him.* Kè m fè m mal pou li anpil. •**pity s.o.'s fate** plenn sò yon moun *Pity the fate of those who have undergone suffering.* Plenn sò moun k ap pase mizè yo.

pivot[1] *n.* [*swivel pin*] pivo

pivot[2] *v.intr.* •**pivot on** vire tounen *This machine pivots on a post.* Machin sa a vire tounen sou youn pikèt.

pivotal *adj.* desizif

piyong tree *n.* piyong

pizza *n.* pitza

pizzazz *n.* antren, fe

placard *n.* pankat

placate *v.tr.* apeze, kalme *She's furious. Let's placate her.* Li dechennen. An n apeze l.

place[1] *n.* **1**[*location*] andwa, kote, landwa, lokal, lye, plas, pozisyon *There's no place for the cars to pass each other.* Pa gen kote pou machin kwaze. *I'm looking for a place to sit down.* M ap chache yon kote pou m chita. *I am looking for that place.* M ap chèche plas sa a. *Don't you have any place I can put this?* Ou pa gen plas pou mwen mete sa a? *Your place is behind the counter.* Plas ou se dèyè kontwa a. **2**[*particular area*] kote *I've got a sore place on my back.* M gen yon kote nan do m k ap fè m mal. **3**[*position, rank*] plas *She finished in second place in the race.* Li fini nan dezyèm plas nan kous la. **4**[*obligation, role*] dwa, wòl *It's not his place to tell me what to do!* Se pa wòl l pou l ap vin di m sa pou m fè! *Rude people like that have no place driving a taxi.* Moun maledve konsa pa gen dwa fè taksi. •**place setting** kouvè •**at one's place** sou *I'll be at your place early Sunday morning.* M ap sou ou byen bonè dimanch maten. •**at this very place** isit menm *At this very place the generals signed the declaration of independence.* Se isit la menm jal yo siyen deklarasyon endepandans lan. •**be in place** pran *The way the regime is solidly in place, it will be hard for us to uproot it.* Jan pouvwa sa a pran la, se pa fasil n ap ka dechouke l. •**be out of place** pèdi{bann/eskanp/pye/wòl}li •**change of place** deplasman •**dangerous place** kaskou •**dirty/filthy/ low-down place** chatchawony *Don't go in that filthy place, because only sluts hang out there.* Pa ale nan chapchawony sa a paske se moun pouri ki gen la. •**faraway place** nan{Ginen/ Lafrik/Ziltik}, Totolo-mannwèl *She said that her house was very near but she led me to a faraway place.* Li te di m kay li tou pre, men li mennen m jis nan Ginen. •**forsaken place**

az"boutou, azouboutou *I've never gone alone into that forsaken place.* M pa janm ale pou kò m nan aziboutou. •**from this place** bò isit (la) *Those people are not from this place.* Yo pa moun bò isit. •**get out of a place** soti nan •**give greater place, importance or priority** privilejye •**go from one place to another** fè sikwi •**imaginary place of good manners** nan lakou plètil •**in s.o.'s place** [*instead of s.o.*] nan plas yon moun *I'll send someone in my place.* M ap voye yon moun nan plas mwen. •**in the first place** dabò •**in the second place** dezyèmman •**in this place** bò isit (la) *Things don't work like this in this place.* Bagay yo pa mache konsa bò isit la. •**isolated or forsaken place** twou koukou •**last place** ke kamyonnèt •**out of place** *a*[*word*] deplase *b*[*action*] sou moun *He kissed the wife of the minister, his action was out of place.* Msye bo madanm minis la, sa li fè a sou moun. •**out-of-the-way or remote place** rakbwa, rakwen •**overcrowded place** lòbèy *How can you live in such an overcrowded place?* Ki jan ou fè viv nan lòbèy sa a? •**polling place** biwo vòt •**put in his/her place** bay yon moun yon chèz ba, mete yon moun nan{nan wòl/ti soulye} li *He meddled in the talk without being invited, they put him in his place.* Li antre nan pawòl la san yo pa t envite l, yo ba l yon chèz ba. *I put him in his place because he meddled in what didn't concern him.* M mete l nan wòl li paske l antre nan sa k pa regade l. •**secret place** kachkach *They went into a secret place.* Yo antre nan kachkach. •**s.o.'s place** lakay *I'm going to John's place.* M pral lakay Jan. *Don't start making noise at their place.* Pa vin fè bri lakay moun yo. •**take over s.o.'s place** pran kay yon moun pou li *She took over her neighbor's place.* Li pran kay vwazin nan pou li. •**take place** dewoule, fèt, pase, rive *Where will the meeting take place?* Ki kote reyinyon an ap fèt? *The game is taking place in the new stadium.* Match la ap dewoule nan nouvo estad la. •**take s.o.'s place** detwone, pran plas yon moun, ranplase *You can take my place; I'm not playing anymore.* Ou mèt pran plas mwen, m pa p jwe ankò. *When I'm not there, he'll take my place.* Lè m pa la, se li k ranplase m. *She just went to answer the*

phone, *John took her place.* Annik li leve al pran telefòn nan, Jan detwone l. •**unknown place** aziboutou, nan Ziltik

place² *v.tr.* **1**[*lay, put*] kaze, lage, met(e), plase, poze *He placed the letter on the table.* Li mete lèt la sou tab la. *I'm placing the business in your hands.* M lage konmès la nan men ou. *Place the merchandise in this corner.* Plase machandiz yo nan kwen isit. **2**[*in a job*] plase *He can place you in any job.* Misye ka plase ou nan nenpòt djòb. •**place a bet** fè paryaj, kare lajan li *Did you place the bet for me?* Ou fè paryay la pou mwen? •**place a child as a live-in unpaid domestic servant** vann timoun *He placed his daughter as a live-in unpaid domestic servant at his godmother's house.* Li vann tifi li a kay marenn ni. •**place a marble close to the circle** titile bò wonn nan *Place your marble close to the circle so that you can shoot out all the marbles from the circle.* Titile bò wonn nan pou ka fè tèt tout kannik ki nan wonn nan. •**place blame on** lage (yon) chay sou do yon moun *They placed all the blame on me.* Yo lage tout chay yo sou do m. •**place in a row** aliyen •**place in an oven** founen *Place these breads in the oven well.* Founen pen yo byen. •**place in consignment** konsiyen *Place the merchandise in consignment for me in the warehouse.* Konsiyen machandiz sa yo pou mwen nan depo a. •**place in hot water** chode *He placed the eggs in the hot water.* Li chode ze yo. •**place in isolation** [*in hospital*] mete apa *They place the patients with tuberculosis in isolation.* Yo met malad tibèkiloz yo yon kote apa. •**place on the sidelines** voye yon moun sou ban touch •**place one's bet on** mize sou •**place responsibility on** lage (yon) chay sou do yon moun •**place s.o. in a compromising or embarrassing situation** antrave *The woman placed him in an embarrassing situation.* Dam nan antrave misye. •**place sth. upright or on its end** kanpe •**place under arrest** [*army*] mete yon moun ozarè *He was placed under arrest because he didn't obey the orders.* Yo mete l ozarè poutèt li pa obeyi lòd yo. •**placing a bet on** sou chans *I'm placing bets on these numbers.* M ap jwe boul sa yo sou chans. •**take place** fèt, pase •**take the place of** ranplase

placebo *n.* plasebo
placemat *n.* napwon, soupla, tapi soupla
placement *n.* dispozisyon
placenta *n.* delivrans, {kras/lamè/manman/mè}vant, plasenta, sak pitit
placid *adj.* kal, pezib
plagiarism *n.* plajya
plagiarist *n.* plajyè
plague[1] *n.* pès •**bubonic plague** lapès bibonik
plague[2] *v.tr.* astikote, zigonnen *The children plague me with questions.* Timoun yo zigonnen m ak kesyon.
plaid *adj.* [*design*] akawo *He's wearing a plaid shirt.* Li mete yon chemiz akawo.
plain[1] *adj.* **1**[*simple*] klè, toudinpyès, raz **2**[*made of one piece or color*] ini *She likes to put on plain skirts.* Li renmen met jip ini. **3**[*obvious*] klè **4**[*homely*] zonzon
plain[2] *n.* **1**[*stretch of flat land*] bas plenn, plato, savann, tè{bas/pla/plenn} **2**[*countryside*] laplenn
plainly *adv.* kare(man)
plainspoken *adj.* fran, kare
plaintiff *n.* plenyan
plait[1] *n.* **1**[*clothing, etc.*] pli **2**[*hair*] très
plait[2] *v.tr.* plise, trese *Asefi is plaiting her hair.* Asefi ap trese cheve l.
plan[1] *n.* aranjman, kalkilasyon, plan, pwogram, pwojè, pwojeksyon *All plans are already made for the funeral.* Tout aranjman fèt deja pou lanmò a. *What are your plans for tonight?* Ki pwogram ou aswè a? *You have to makes plans for life.* Ou dwe fè pwojeksyon nan lavi a. **plans** *n.pl.* plan, pwogram •**plan of attack** plan datak, plandatak •**well-prepared plan or assault** kou monte
plan[2] *v.tr.* [*make a plan for*] fè{plan/preparasyon/pwojè}, gen lide, plane, planifye, pwograme, ranje kò li *We're planning to have a child next year.* Nou fè plan gen yon timoun lòt ane. *He's planning to go work abroad.* Li fè pwojè al travay lòt bò. *Plan the project well.* Plane pwojè a byen. *We planned four presentations every session.* Nou pwograme kat prezantasyon pou chak sesyon. *He plans to sleep in the house.* Msye ranje kò li pou li dòmi nan kay la. *I was planning to go too, but I don't have any money.* M te gen lide ale tou, men m pa gen lajan. •**plan ahead/for the future** ranje kabann

li *Plan ahead if you want to meet everyone at the meeting.* Ranje kabann ou byen si ou vle rankontre tout moun yo nan reyinyon an. *He planned for another year.* Misye ap ranje kabann li pou lòt ane. •**plan on** dispoze *She plans on taking her leave this month.* Li dispoze pran konje l mwa sa a. •**plan on the basis of idle wishes** pran metsin sou kont pentad •**plan to** {fè/gen}lide
plane[1] *n.* avyon •**jet plane** djèt •**transport plane** avyon transpò •**two-engine plane** bimotè
plane[2] *n.* **1**[*carpenter's tool*] galèt, rabo, valòp **2**[*geom.*] plàn **3**[*tool*] galèt •**carpenter's/jack plane** rif
plane[3] *v.tr.* deleze, plat, rabote, rifte, tawode, valope *The carpenter planed the boards.* Bòs chapant lan tawode planch yo. *He knows how to plane wood.* Li konn rabote bwa. *The cabinetmaker planed the wood well.* Ebenis lan byen rifte bwa a. *Plane the plank so that it's even everywhere.* Valope planch lan pou tout pati yo sa egal. •**plane down** amensi *The artisan planed down the board.* Bòs la ap amensi planch lan.
planer *n.* [*tool for woodworking*] riflan
planet *n.* glòb, planèt
plank *n.* planch, zèl planch •**baker's plank** kouch •**bed planks** bwa kabann
plankton *n.* plankton
planned *adj.* pwojte •**planned parenthood** planin
planner *n.* [*calendar*] ajenda
planning *n.* planifikasyon •**family planning** planin, planing
plant[1] *n.* faktori, izin
plant[2] *n.* plant, pye *This little plant needs water.* Ti plant sa a bezwen dlo. *That's a coffee plant.* Sa se yon pye kafe. •**medicinal plant** (remèd) fèy
plant[3] *v.tr.* **1**[*gen.*] fè plantasyon, mete{a/nan} tè, plante, simen *He planted flowers in front of the house.* Li plante flè devan kay la. *Plant all the mango seeds so we can have more mango trees.* Mete tout grenn mango nan tè pou nou ka gen plis pye mango. *We're planting corn.* N ap mete mayi a tè. *Let's plant the potato plants.* Ann simen plan patat yo. **2**[*rice, millet, etc.*] pike *The whole week I've been planting rice.* Tout senmenn nan m ap pike diri.

plantain *n.* bannann •**plantain chip** papita •**plantain of inferior quality** bannann poban •**bunch of plantains or bananas** pat bannann •**fried plantain chip** papita •**pressed plantain slices to be fried in oil** bannann peze •**ribwort plantain** planten

plantation *n.* plantasyon •**indigo plantation** endigotri

planter *n.* plantè

planting *n.* plantasyon, plantezon

plaque *n.* 1[*award*] plak 2[*on a tooth*] kal, kras dan, tat

plasma *n.* plasma

plaster[1] *n.* plat •**plaster of Paris** plat de pari

plaster[2] *v.tr.* [*a wall*] masonnen *We need to plaster the wall.* Nou bezwen masonnen mi an. •**plaster with posters** plakade

plasterboard *n.* albòd

plastered *adj.*[*dead drunk*] sou kon pipirit

plastering *n.* [*act of*] randuisay

plastic *n.* jelatin, plastik *It's made of plastic.* Se an plastik li fèt. *Don't put hot food on the plastic plate.* Pa met manje cho nan plat jelatin nan.

plate *n.* 1[*utensil*] asyèt, plat *Put the plates on the table.* Mete asyèt yo sou tab la. 2[*amount of food*] asyèt *He ate two whole plates of food.* Li manje de plat manje. 3[*metal*] plak •**church collection plate** kòbèy •**earthenware plates** asyèt fayans •**paper plate** asyèt katon •**tectonic plate** {kouch/plak} tektonik

plateau *n.* plato(n)

plateful *n.* asyèt, plat manje *He took two platefuls.* Li pran de asyèt.

platelet *n.* [*blood*] plak san

platform *n.* estrad, platfòm •**truck platform** [*for loading*] platfòm

platinum *n.* platin

platonic *adj.* espirityèl

platoon *n.* ploton

platter *n.* 1[*dish*] asyèt, plat 2[*usu. metal*] plato •**serving platter** kabare

plausible *adj.* kredib

plausibility *n.* vrèsanblans

play[1] *n.* 1[*game*] jwèt 2[*theater*] pyès (teyat) 3[*theatrical*] teyat •**make a big play** [*four aces*] fè kat las *I made a big play, I won the card game.* M fè kat las nan jwèt la, se mwen ki genyen pati a. •**out of play** deyò

He kicked the ball out of play. Li mete boul la deyò. •**put on a play** fè teyat, monte yon pyès *The person who put on the play did really well.* Moun nan ki fè teyat sa a anfòm. *Our company is putting on a play.* Gwoup nou an ap monte yon pyès.

play[2] *v.tr.* 1[*recreation*] bad(i)nen, djobe, {fè/bat} kalinda, jwe, ponpe *Children like to play.* Timoun renmen jwe. *What is he playing with?* Ak ki sa l ap jwe a? *Playing soccer in the rain is a lot of fun.* Jwe foutbòl nan lapli se yon gwo plezi. *The children are playing instead of studying.* Timoun yo ap badinen olye yo etidye. *The child is playing with the gruel instead of eating it.* Pitit la badnen ak labouyi a pase li bwè l. *Instead of cleaning the yard, you'd rather play around.* Olye ou bale lakou a, ou prefere ap ponpe. 2[*music*] jwe *She plays piano well.* Li jwe pyano byen. 3[*presented*] pase *What movie is playing this week?* Ki fim y ap pase semenn sa a? 4[*carry out jokes*] fè blag sou yon moun *She's always playing jokes on people.* Li toujou ap fè blag sou moun. 5[*cause to produce sound*] pase *Please play that record for me again.* Pase plak sa a pou mwen ankò. 6[*confront in competition*] jwe *We may never have to play that team.* Nou gen dwa pa janm jwe kont ekip sa a. 7[*function*] jwe *I never figured out why the radio wouldn't play.* M pa janm jwenn sa k fè radyo a pa vle jwe a. 8[*place a card in a card game*] jwe *I don't know which card to play.* M pa konn ki kat pou m jwe. 9[*take part in a sport/game*] jwe *I won't be able to play in the next match.* Match k ap vini an, m pa p ka jwe. *Who wants to play cards?* Ki moun ki vle jwe kat? *I don't know how to play this game.* M pa konn jwe jwèt sa a. •**play a dirty trick on s.o.** bay yon moun{koutba/kwochèt}, fè yon moun malfezan, sou mank *He played a dirty trick on her.* Li ba l kwochèt. *Watch out, she can play any dirty trick on you.* Veye zo ou, li ka fè ou nenpòt malfezan. *Don't take that man's word, he always plays dirty tricks.* Pa pran pawòl misye non, li toujou sou mank. •**play a drum more loudly** bay tanbou a manje *Play the drum more loudly to call the spirits.* Bay tanbou a manje pou rele lwa yo. •**play a part/role** [*theater, life, situation*] jwe wòl *He played the role well.*

Misye jwe wòl la byen. *Every person has a role she plays in this life.* Chak moun gen yon wòl li jwe nan lavi sa a. •**play a solo** varye *I like the part in the music where the saxophone plays a solo.* M renmen pati nan mizik la kote saksofòn nan ap varye a. •**play a wind instrument** pouse van *Who is playing the wind instruments in the jazz band?* Ki nèg k ap pouse van nan djaz la? •**play around** pase nan joujou •**play ball** [*cooperate*] kole{tèt/zepòl}, mete tèt ansanm •**play cute with s.o.** sou plan *That guy plays cute with people, don't trust him.* Misye toujou sou plan, pa pran l oserye non. •**play both sides** woule de bò •**play cards** rale yon zèl kat, tire kèk men kat *They're playing cards.* Y ap rale yon zèl kat la. *Let's play cards.* Ann tire kèk men kat. •**play coy to gain an advantage** krab kò li *He's playing coy so as not to pay taxes.* Msye krab kò li pou l pa peye taks. •**play dice** koupe kout zo *That guy really likes to play dice!* Ala nèg renmen koupe kout zo mesye! •**play dive-and-seek in the water** jwe koule chache *The children are playing dive-and-seek in the sea.* Timoun yo ap jwe koule chache nan lanmè a. •**play dominoes** koupe yon zo, voye kout zo monte *Let's play dominoes to amuse ourselves.* Ann al koupe yon zo la pou n distrè n. *Those gamblers are always playing dominoes.* Dazadè sa yo pa janm p ap voye kout zo monte. •**play dumb** fè enferyè •**play fast and loose** [*with promises*] fè lago •**play favorites** fè {paspouki/patipri/patizan}, gen moun pa *I don't play favorites.* M pa nan paspouki. *The boss plays favorites with his employees.* Mèt la nan fè patipri ak anplwaye yo. *Stop playing favorites, have respect for people's talents.* Sispann fè patizan non, respekte talan tout moun. •**play first** sòti *The one who won the previous domino game plays first.* Moun ki te gen pati anvan an soti domino a. •**play for time** fè dilatwa, tanporize •**play hooky** fè {lawoul/mawon/vakabon/woul/wout kwochi} *I sent them off to school, but they played hooky.* Mwen voye yo lekòl men yo fè woul. *Every time they send him to school, he plays hooky.* Chak fwa yo voye l lekòl, li fè mawon. *His parents send him to school, he prefers to play hooky.* Paran l voye l lekòl, li prefere al fè vakabon. •**play**

in an unsportsmanlike manner voye zo *Because he played in an unsportsmanlike manner, the referee gave him a red card.* Poutèt l ap voye zo, abit la bay katon wouj. •**play in water** klapote *The children have fun playing in the water.* Timoun yo pran plezi pou klapote nan dlo a. •**play it safe** mache sou pikèt •**play jacks** bat oslè •**play jokes on s.o.** fè blag sou yon moun *Why are you always playing jokes on me?* Poukisa nou toujou fè blag sou mwen? •**play knucklebones** bat oslè •**play particularly poorly** voye poupou •**play tag** fè lago *Kids like playing tag.* Timoun renmen fè lago. •**play the big shot** fè gran chire •**play the drum** bat tanbou *He knows how to play the drum well.* Li konn bat tanbou byen. •**play the first card** [*cards, dominoes*] sòti •**play the fool/clown** fè tenten li •**play the fool around s.o.** betize li ak *Since she doesn't want to answer my question, she plays the fool.* Kòm li pa vle reponn kesyon an, l ap betize avè m. •**play tricky with s.o.** fè sèvo (li) ak yon moun, sou plan *Stop playing tricky with me.* Pa vin fè sèvo ou ak mwen la. •**play up to** fè jako pye vèt •**play very defensively** [*soccer*] koule (yon) beton *The way that team plays, it will be difficult to score against it.* Jan ekip sa a koule beton sa a, l ap difisil pou l pran gòl. •**play with fire** jwe ak{dife/zo grann li} *You're playing with fire!* Ou ap jwe ak dife! *You're making fun of adults, so you're playing with fire.* Ak granmoun w ap betize, enben w ap jwe ak zo grann ou. •**play with food** bachote, patinen *She plays with her food and leaves it on the table.* Li bachote manje a epi li kite l sou tab la. •**play with one's feelings** betize li ak santiman yon moun *This guy is a womanizer; he always plays with women's feelings.* Nèg sa a se yon kourèdejip, li toujou ap betize l ak santiman medam yo. •**play with one's food** patinen manje *He plays with his food.* Li patinen manje li a. •**play with o.s.** bat laponyèt •**playing heads or tails** tiray osò *What do you play in heads or tails?* Pou ki ou ye nan tiray osò a? —*I play heads.* —M pou tonton nò. •**able to play a dirty trick** sou mank *Don't take that man's word, he always plays dirty tricks.* Pa pran pawòl misye non, li toujou sou mank. •**don't play**

dumb with me pa fè sòt li avè yon moun *Don't play dumb with me, pay me back every last cent.* Pa fè sòt ou avè m, ban m lajan an san manke senk. •**not to play fair** bay gòl ak men, fè{koken/visye} *He didn't play fair.* Li fè koken. *If it's that party that takes the election, it will be clear that they didn't play fair.* Depi se pati sa a ki ranpòte eleksyon an, konnen yo ban nou gòl ak men. •**s.o. who plays by ear** [*mus.*] woutinye

play-act *v.intr.* fè{similak/sinema} *You're not in the theater, don't play-act in front of me.* Ou p ap fè teyat, pa vin fè similak devan m la.

playbill *n.* pwogram

playboy *n.* karabachè, vakabon

player *n.* **1**[*in game, sport*] jwè, jwèz [*fem.*] *I dealt each player nine cards.* M bay chak jwè nèf kat. **2**[*performer*] egzekitan **3**[*theater*] aktè, aktris [*fem.*] •**player of organ** [*instrument*] ogantye •**player of the 'kata' drum** katalyè •**player of the 'segon' drum** segondye •**ace player** [*skilled at games*] maton •**basketball player** basketè •**fat player** gwo moso •**front player** [*mus.*] avan •**keyboard player** kibòdis •**marble player** jwè •**piano player** pyanis •**record player** fonograf, pikòp, toundis •**skillful marble player** maton, vizè •**soccer player** foutbolè •**starting player** titilè

playful *adj.* anriyan, espyèg

playfully *adv.* an jwèt *I said it playfully.* Se an jwèt mwen di sa.

playgirl *n.* karabachè

playground *n.* teren jwèt

playhouse *n.* kay jwèt

playing *n.* [*game; esp. children*] badinay

playing-marble *n.* [*toy*] mab •**beautiful playing-marble** chelèn •**lead playing-marble** plon •**main playing-marble** boulpik •**metal playing-marble** biska(yen) •**multi-colored playing-marble** chichin

playlet *n.* senèt

playmaker *n.* [*sports*] mèt{jwèt/teren}

playmate *n.* kanmarad

playpen *n.* pak timoun, sèka

plaything *n.* jwèt

playtime *n.* rekreyasyon

playwright *n.* dramatij

plaza *n.* plas

plea *n.* **1**[*gen.*] siplikasyon **2**[*jur.*] plèd, pledman **3**[*trial*] pledwari •**plea agreement** antant •**plea bargain** negosye yon antant

plead *v.tr.***1**[*a case*] fè pledman, plede *I like watching lawyers plead cases.* M renmen wè kote avoka ap plede. **2**[*beg earnestly*] priye, sipriye *No need to plead with me; I'm not letting you go.* Ou pa bezwen vin priye nan pye m, m pa p kite ou ale. •**plead guilty** plede koupab •**plead innocent** plede inosan

pleading *n.* pledman •**not to give in to s.o.'s pleading** pa pran priyè *Don't give in to those people's pleading, they're very sly.* Pa pran priyè nan men moun sa yo, yo malen twòp.

pleasant *adj.* agreyab, dous, gou, janti, senpatik *The girl's voice is pleasant!* Vwa fi a dous! *Dancing is a pleasant thing to do.* Danse se yon bagay ki gou. *That woman is pleasant.* Dam sa a senpatik.

pleasantly *adv.* agreyabman

pleasantness *n.* cham, jantiyès

pleasantry *n.* plezantri

please[1] *interj.* an gras, souple, tanpri, tanpri souple *I beg of you, please don't do anything to me.* Mwen soupriye ou an gras pa fè m anyen. *Please come help me lift the box.* Tanpri vin ede m leve bwat la.

please[2] *v.tr.* fè plezi, fè yon moun plezi, kontante, plè *I'm pleased to see how well the child eats.* Sa fè m plezi pou mwen wè kouman pitit la manje. *She always acts to please her father.* Li toujou aji pou plè papa l. *I can't please everyone.* M pa ka fè tout moun plezi. •**please s.o.** fè bèbèl ak, fè bèl •**please note** note byen •**do as one pleases** fè sa li vle, kale bounda li *You can do whatever you please.* Fè sa k ou vle. *The way he does as he pleases, you'd think that the company belongs to his father.* Li kale bounda li nan djòb la ou pa ta di se byen papa l.

pleased *adj.* kontan *You don't seem pleased to see me.* Ou gen lè pa kontan wè m? *I'm very pleased with how you did it.* M kontan jan ou fè l la. *I'm pleased to meet you.* M byen kontan fè konesans ou. •**pleased to meet you** anchante

pleasing *adj.* agreyab •**be pleasing to** mache nan san yon moun

pleasure *n.* jwisans, plezi *I'm not here for pleasure, but for work.* Se pa pou plezi m vin la a, se travay m vin travay. *It gives me a lot of pleasure.* Sa fè m plezi anpil. •**pleasure seeker** jwisè, pleziyis, vivè •**carnal/ sensual pleasure** plezi{chanèl/lachè} *They're interested only in sensual pleasures.* Yo enterese sèlman nan plezi chanèl. •**do sth. for pleasure** kraze •**with pleasure** ak kè kontan

pleasure-ridden *adj.* [*place*] pleziyis

pleat[1] *n.* **1**[*in cloth*] grij, pli *I don't like to iron that skirt; it has too many pleats.* M pa renmen pase jip sa a, li gen twòp pli. **2**[*sewing*] pens •**take pleats out** [*cloth*] deplise

pleat[2] *v.tr.* [*material, cloth*] griji, plise *This seamstress knows how to pleat a skirt.* Koutiryè sa konnen griji jip.

pleated *adj.* griji, plise *It's a pleated skirt.* Se yon jip plise. *Her dress is pleated at the collar.* Wòb manmzèl la griji nan kole.

plebeian *adj.* moun deryen

plebiscite *n.* plebisit

pledge[1] *n.* **1**[*promise*] angajman **2**[*contribution*] kotizasyon •**pledge of allegiance** sèman lwayote

pledge[2] *v.tr.* **1**[*promise*] fè pwomès, sèmante *Today I pledge in the presence of everybody that I will give that sum of money.* Jodi a, devan tout moun yo, mwen fè pwomès bay sòm lajan sa a. **2**[*assure*] garanti *I pledge my support to you with your problem.* Mwen garanti ou èd mwen nan pwoblèm ou an. **3**[*contribute*] kotize, souskri *I'm pledging a thousand gourdes for the school.* M ap souskri mil goud pou lekòl la.

Pleiades constellation *n.* [*star*] Lapousiyè (Lapousinyè)

plenitude *n.* abondans, gran kantite

plentiful *adj.* agogo, chaje, djouz, sou moun *Corn is plentiful this year.* Chaje mayi ane sa a. *This year avocadoes are quite plentiful.* Ane sa a zaboka sou moun nèt ale. •**be plentiful** donnen, fè{bèt/kenken/ mikalaw/ mòlmèk} *Avocadoes are plentiful this year.* Zaboka donnen byen ane sa a. *Food is plentiful in their home.* Manje fè bèt lakay yo. *Food and drink were plentiful.* Bweson ak manje fè kenken.

plenty *adv.* anpil, bann, kont, kont kò li, piyay *She has plenty of money.* Li gen yon bann kòb. *They gave us plenty to eat.* Yo ban n anpil manje. *There's plenty of water in this area.* Gen yon piyay dlo bò isi a. •**have plenty of** chaje kou Legba, gen{bogodo/kont}, woule nan *You have plenty of money.* Nou gen kont lajan.

pleura *n.* plèv

pleurisy *n.* chofrèt, plerezi

pliable *adj.* pliyan *A piece of pliable wire...* Yon kòd metal pliyan... •**be pliable** pa gen ni lanvè ni{landrèt/landwat}

pliers *n.pl.* pens, pensèt, tenay

plight *n.* ka

plop *onom.* **1**[*resonating sound*] plap, plòp, tchòp tchòp, towblip **2**[*muffled sound without resonation*] blip **3**[*sound of a sudden fall*] bip

plot[1] *n.* [*piece of land*] anplasman, pasèl, teren

plot[2] *n.* **1**[*political*] entrig, konbinezon, konplo, kont mal taye, machinasyon **2**[*story*] entrig

plot[3] *v.intr.* bouyi sosis, fè konbinezon, {fè/mare} konplo, konplote, konspire, manniganse, mijonnen, mijote, monte konbit sou *They plotted to kill her.* Yo fè konplo pou yo touye l. *They plotted against us.* Nèg yo bouyi yon sosis sou do n. *They're plotting to see if they can topple the government.* Y ap fè konbinezon pou yo wè si yo ta jete gouvènman an. *They are plotting against the government.* Y ap konplote kont pouvwa a. *The government is plotting a fake project for this area.* Gouvènman ap manniganse yon plan makawon pou zòn nan. *The politicians plotted against the people.* Politisyen yo mare konplo sou do pèp la. *What are you plotting behind my back?* Kisa n ap mijonnen sou do m la? *The army is plotting a coup.* Lame a ap mijote yon koudeta. *There's a group that is plotting against the government.* Gen yon gwoup k ap monte konbit sou do gouvènman an. •**plot against s.o.** mare yon lalo

plotting *n.* konperaj, konplotay, makònay

plover *n.* [*bird*] plivye •**American black- bellied plover** plivye kot nwa •**American golden plover** plivye {dore/savann} •**rufous-necked plover** kolye doub fran, zekolye

plow[1]*n.* chari

plow[2] *v.tr.* laboure, {pike/rabat/vire}tè, raboure, rimen *Go plow the field.* Al laboure jaden an. *They're plowing the ground to plant sugarcane.* Y ap raboure tè a pou y al plante kann. *Plow the soil before we plant the corn.* Rimen tè a anvan n plante mayi a. *Let's plow the land so we can plant.* Ann vire tè a pou n ka plante. •**plow ahead** fonse *You needn't fear that small group, you can plow ahead.* Ou pa bezwen pè ti gwoup sa a, ou mèt fonse. •**plow up** rimen, tchake *The farmers are plowing up the field to begin planting.* Peyizan yo ap tchake tè a pou yo kòmanse plante.

plowable *adj.* arab, kiltivab

plowing *n.* labouraj

plowshare *n.* lanm chari

pluchea *n.* [*herb or shrub*] tabak mawon

pluck *v.tr.* **1**[*pull the feathers off*] deplimen, plimen, tonn *Pluck the chicken before you gut it.* Plimen poul la anvan ou netwaye l. *Pluck the hen before singeing it.* Deplimen poul la anvan ou flanbe l. **2**[*tear out*] rache *He's always plucking the white hair from his head.* Li toujou ap rache cheve blan nan tèt li. •**pluck at** pichkannen, rale, tiraye •**pluck s.o. up** remonte moral yon moun

pluckiness *n.* kran, nannan

plucky *adj.* kouraje

plug[1] *n.* **1**[*electrical socket*] plòg, priz **2**[*stopper*] bonn, bouchon, plòg, priz kouran **3**[*phlegm, etc.*] plot, plòt

plug[2] *v.tr.* bouche *She plugged her nose.* Li bouche nen l. *Plug that hole so that all the water doesn't leak out.* Bouche tou a pou tout dlo a fin koule. •**plug in** branche, konnekte, ploge *Plug in the radio.* Ploge radyo a. *The radio isn't plugged in right.* Radyo a pa byen konnekte. •**plug in again** rebranche, rekonekte •**plug up** [*pipe, etc.*] angòje, bouche *You have to plug up the hole.* Se pou ou angòje twou a.

plum *n.* prin •**black plum tree** bwa panyòl •**darling plum** [*small tree*] galgal •**Florida plum** labou kochon •**Guinea plum** labou kochon •**pigeon plum tree** rezen mawon

plumage *n.* plimaj

plumb *v.tr.* sonde *They're plumbing the depth of the pond.* Yo sonde pwofondè letan an.

plumb line *n.* fil aplon, liy a plon, liy aplon

plumber *n.* (bòs) plonbye

plumbing *n.* plonbri

plummet *v.tr.* pike desann, plonje, tonbe apik *The price of rice plummeted.* Pri diri a plonje.

plump *adj.* grasèt, plen, pwès, replè, replèt [*fem.*] *Her cheeks are plump.* Machwè l plen. *This girl, she's more round and plump than anyone.* Fi sa a, li won, grasèt pase sa nanpwen. *The little body of the child is pretty plump.* Ti kò pitit la byen replè. •**plump woman** manman penba, manpenba

plunder[1] *n.* chatchawony, piyay

plunder[2] *v.* bwote, devalize, fè{piyay/rapin}, kale tèt yon moun, piye, razibis, sakaje *Thieves plundered everything that was in the house.* Vòlè bwote tout sa ki te nan kay la. *The bandits plundered the store.* Zenglendo yo devalize makèt la. *The thieves plundered the area.* Zenglendo yo fè piyay nan zòn nan. *A bunch of people plundered the house.* Yon foul moun fè rapin nan kay la. *The colonists completely plundered the country.* Kolon yo sakaje peyi a nèt.

plunderer *n.* dechoukè, piyajè

plundering[1] *adj.* dechèpiyè *What plundering persons they are!* Ala kot moun dechèpiyè papi!

plundering[2] *n.* dechèpiyay

plunge[1] *n.* plonje

plunge[2] *v.intr.* **1**[*dive*] anfoudwaye, plonje, tange *She plunged into the sea without hesitation.* Li plonje nan lanmè a san grate tèt. **2**[*dip forward*] tange *The boat was plunging forward.* Bato a tange annavan. •**plunge into** antre (kò li) fò nan *He plunged into politics in order to make money.* Li antre fò nan politik pou l ka fè yon kòb.

plunger *n.* **1**[*for a clogged toilet, drain, etc.*] ponp {twalèt/ watè}, vantouz **2**[*syringe*] piston

plunk *onom.* **1**[*sound of a stone falling into water*] katchaboumbe **2**[*sound of object striking water*] tchòp, tchoup

plural *n.* pliryèl

pluralism *n.* pliralis

plus[1] *n.* diplis, bonis, degi *It's a plus.* Se on diplis. •**plus or minus** plizoumwen •**plus sign** siy plis

plus[2] *conj.* ak, plis *You need a passport plus a visa.* Ou bezwen yon paspò plis yon visa.

plus³ *prep.* plis *The food plus the juice comes to ten gourdes.* Manje a plis ji a fè dis goud. *Three plus three make six.* Twa plis twa egal sis. *Eggs plus milk…* Ze ak lèt…

plush *adj.* opilan

plutonium *n.* plitonyòm

plywood *n.* playwoud

p.m. *abbrev.* apremidi, diswa •**eight p.m.** uit è diswa

pneumatic *adj.* nematik

pneumonia *n.* enfeksyon bwonch, lemonni, nemoni

poach¹ *v.tr.* [*culin.*] poche *I'm poaching some eggs.* M ap poche kèk ze la.

poach² *v.tr.* fè lachas koken *He's poaching on my land.* L ap fè lachas koken nan teren mwen.

poacher *n.* bakonye, chasè koken

poaching *n.* bakonyay

pocket¹ *n.* pòch. •**pocket money** kòb pòch •**pocket size** chita nan pòch •**small pocket in front of pants** bouse •**watch pocket** bouse

pocket² *v.tr.* anpoche, mete nan pòch *She pocketed the money quickly.* Li kouri anpoche kòb la.

pocketbook *n.* bous, sakamen

pocketful *n.* pòch plen

pocketknife *n.* janbèt, kanif, lagojannis

pockmarked *adj.* grave vèrèt

pod *n.* gous, kabòs, po •**seed pod** gous

podiatrist *n.* dòktè pye

podium *n.* podyòm

Podunkville *prop.n.* Totolomannwèl

poem *n.* powèm •**short poem meant to startle** wongòl •**short satirical poem** powèm pwent

poet *n.* powèt, sanba

poetic *adj.* powetik *A poetic text…* Yon tèks powetik…

poetry *n.* powezi •**surrealist poetry** pwezi sireyalis

poinsettia *n.* simwa

point¹ *n.* 1[*idea*] pwen *There are a lot of good points in her article.* Atik li a gen anpil bon pwen ladan. 2[*math*] pwen 3[*particular feature, section*] aspè, pati, pwen *At what point of your work are you?* Nan ki pwen ou rive nan travay ou a? *She discussed several points in her presentation.* Li abòde plizyè

aspè nan ekspoze l la. *Whenever they get to that point in the story, I always laugh.* Depi yo rive nan pati sa a, m toujou ri. 4[*dot*] pwen 5[*unit in scoring*] pwen 6[*sharp end*] pwent *This pencil doesn't have a point on it.* Kreyon sa a pa gen pwent. •**point A** pwen A •**point of departure** derape •**point of reference** pwen repè •**point of view** [*opinion*] pozisyon, pwendvi •**at one point** rive yon lè •**at the point of** prèt pou *I was at the point of crying.* M te prèt pou kriye. •**at the point s.o. is at** kote yon moun ye la *At the point I'm at, I have a lot of work to finish today.* Kote m ye la, mwen gen yon pakèt travay pou m remèt jodi a. •**be on the point of** pre pou •**decimal point** siy desimal •**end point** pwen final •**four cardinal points** kat pwen kadino •**from the point of view of** onivo, opwendevi •**get to the point** kite{kantik pran (la)priyè/koze pran pawòl}, pale cho *Get to the point because I'm in a hurry.* Pale cho paske m prese. •**high point** pik, somè •**main point** manman penba *The main point of the story is that Lisa is pregnant.* Manman penba koze a menm se Liza ki gwòs. •**in point of fact** anfèt •**lowest point** fenfon •**make a good point** lage bon bèt atè •**make a point of** fe ka de •**miss the point** pa konprann •**not yet at the point where** opwen *We're not so poor that we're at the point where we have to beg.* Nou pa pòv ase opwen pou n al mande moun lacharite. •**sensitive point** venn sansib •**there's no point** to inititil •**to the point** dirèk •**weak point** pwen fèb •**what's the point** a kwa bon *What's the point of lying about me?* A kwa bon pou fè manti sou mwen?

point² *v.tr.* 1[*a gun, etc.*] brake, pwente *The policeman points the gun at him.* Jandam nan brake fizi a sou misye. 2[*indicate, normally with a finger*] endike, lonje (dwèt) *She pointed her finger at the house.* Li lonje dwèt li l moutre kay la. *Stop pointing at people.* Sispann lonje dwèt ou sou moun! •**point finger at s.o.'s face** pase dwèt nan bouch yon moun •**point out** deziye, endike, fè yon moun wè, montre, moutre, siyale *He pointed out the person with his hand.* Li deziye m moun nan ak men li. *I don't recognize your child yet, point him out to me.* M poko rekonèt pitit ou, fè m wè l non. *When you get to Main Street, I'll point out to you where to turn.* Lè ou rive sou Gran Ri, m ap siyale ou ki kote pou tounen. *I'll point him out to you.* M a moutre ou li. •**point up** mete anfaz sou, souliyen •**stop pointing at** [*with a gun*] debrake *Stop pointing your gun at him.* Debrake zam nan sou li.

pointblank *adv.* aboupòtan *He was shot pointblank.* Li pran bal la aboupòtan.

pointed *adj.* pwenti *This stick is pointed.* Baton sa a pwenti.

pointed-toe *adj.* [*shoe*] pwentafile *I need a pointed-toe pair of shoes.* M bezwen yon soulye pwentafile.

pointless *adj.* [*futile*] initil *Do you believe his effort was pointless?* Ou kwè jèfò l te initil?

points *n.pl.* [*mach.*] kontak

pointy-assed woman *n.* ti pike *She's a pointy-assed woman, can't you see how her butt sticks up into the air.* Manzèl se yon ti pike wi, ou pa wè jan dèyè l gade anlè.

poise *n.* sanfwa

poison[1] *n.* pwazon •**poison ivy** gratèl •**counter poison** kontpwazon •**rat poison** mòwora •**slow-acting poison** chitatann •**strong/violent poison** twa degout twa degout *They gave him a violent poison with some 'kleren'.* Yo ba l yon twa degout nan yon kleren.

poison[2] *v.tr.* anpwazonnen, ba pwazon, entoksike, kòmande, ranje *He poisoned the guy with a poisoned food.* Li anpwazonnen msye ak yon manje ranje. *It's mushrooms that poisoned her.* Se djondjon ki entoksike l. *She poisoned the guy's food to kill him.* Li ranje manje nèg la pou l ka touye l.

poisoned *adj.* anpwazonnen, kòmande, monte *He died from a poisoned handshake given to him by his enemy.* Yo touye l ak yon lanmen monte. *Right after I ate the food, I've been having abdominal pains, it looks as if it had been poisoned.* Depi m fin manje manje a, m gen yon vant fè mal, gen lè l te kòmande.

poisoner *n.* anpwazonè

poisoning *n.* anpwazonnman •**act of poisoning** anpwazonnman

poisonous *adj.* anpwazonnen, pwazon *That fruit is poisonous, don't eat it.* Fwi sa a anpwazonnen, pa manje l. *Don't touch*

that poisonous substance with your hands. Pa manyen pwodwi pwazon sa ak men ou. •**poisonous manioc** manyòk anmè

poisonwood tree *n.* bwamab(re)

poke[1] *n.* bourad, ti kout pwen

poke[2] *v.tr.* **1**[*push a generally pointed thing into*] dige, foure *He poked the child in the ribs.* Li dige pitit la nan zo kòt li. *You nearly poked me in the eye with your pen!* Ou manke foure m nan je ak plim ou. **2**[*stretch out through/beyond*] parèt *Poke your head out of the window to see who's there.* Parèt tèt ou nan fenèt la pou ou wè ki moun sa a. **3**[*a fire*] fougonnen *Why are you poking the fire?* Poukisa w ap fougonnen dife a?

poker *n.* [*card game*] pokè

Poland *prop.n.* Lapolòy (Polòy)

polar *adj.* polè *The polar areas are very cold.* Zòn polè yo fè frèt anpil.

Polaris *prop.n.* zetwal polè

pole[1] *n.* [*post, stick*] gòl, jalon, ma, manch baton, pilye, poto *This pole is four feet long.* Poto sa a fè kat pye. *Lend me the pole so I can pick some mangoes.* Prete m gòl la pou m keyi de twa mango. •**pole vaulting** so ala pèch •**electric pole** poto elektrik •**fishing pole** kanapèch •**greased pole** maswife •**ski pole** baton eski •**tall pole** senmafò

pole[2] *n.* [*electric, magnetic*] pòl

Pole[3] *prop.n.* Polonè, Polonèz [*fem.*]

polemic *n.* polemic

polemist *n.* polemis

poles *n.pl.* •**be poles apart** lèt ak sitwon

police *n.* lapolis *The police are after him.* Lapolis dèyè l pou yo arete l. •**police car** machin polis •**police chief** konmisè (la) polis •**police club/stick** baton gayak •**police custody** gadavi •**police force** jandamri •**police officer** polisye •**police raid** balewouze, kout filè •**police record** kazye jidisyè •**police search** desanndelye •**police station** biwo polis, jandamri, kazèn, komisarya, lapolis, pòs(polis) *They took her to the police station.* Yo mennen l nan pòs polis la. •**police van** chalan •**auxiliary police station** soukomisarya

policeman *n.* ajan polis, gad, jandam, lapolis, polis, polisye, popo *The policeman gave me a ticket.* Jandam lan ban m kontravansyon. *I bribed the policeman not to give me a ticket.*

M bay polis la yon kòb pou l pa ban m kontravansyon. •**plainclothes policeman** polisye an sivil •**rural policeman** gad chanpèt •**traffic policeman** trafik
policewoman *n.* polisyè
policy *n.* 1[*basic principle*] politik 2[*regulations*] règ, regleman •**destructive policies** politik medsin chwal la *The demonstrators protested against the IMF's destructive policies.* Manifestan yo rele kont politik medsin chwal la. •**insurance policy** {kontra/papye/polis} asirans
polio(myelitis) *n.* maladi kokobe, polyo
polish[1] *n.* poli, siray *The carpenter said he was out of polish.* Ebenis lan di poli l fini. *I don't have any black shoe polish.* M pa gen siray nwa. •**polish for cars** simonnis •**having lost its polish** [*usu. marbles*] grizon *This marble has lost it's polish.* Kannik sa a grizon. •**nail polish** kitès, vèni pou zong •**shoe polish** blakin, ekla, plakbòl, siray *Don't use the black shoe polish.* Pa sèvi ak ekla nwa a. •**white shoe polish** grifin
polish[2] *v.tr.*1[*gen.*] fwote, klere, lise, listre, poli, sire *Polish the wood well so that we don't leave a bump in the furniture.* Byen fwote bwa a pou n pa kite douk nan mèb la. *Polish the window well.* Byen listre vit la. *Polish the table before you varnish it.* Poli tab la anvan ou pase vèni an. 2[*vehicle*] simonnis *The guys polished the car well.* Nèg yo simonis machin nan byen. •**polish again** repoli •**polish off** [*food*] desann *He polished off the plate of food in no time.* Li desann plat manje a trapde. •**polish some more** repoli *This chair is not well-done, it needs to be polished some more.* Chèz sa mal degwosi, li merite repoli. •**polish up on** amelyore, ran miyò
Polish *prop.n.* Polonè, Polonèz [*fem.*]
polished *adj.* 1[*shiny*] fen, listre, swa, vèni *That furniture is nicely polished.* Mèb sa yo swa anpil. *His shoes are well polished.* Soulye msye byen vèni. 2[*refined (person)*]fen
polishing *n.* foubisman, polisaj
polite *adj.* byennelve, fen, galan, onèt, poli, rezève *She's such a polite child.* Se yon timoun ki byennelve anpil. *He's a polite guy, he won't go by and not greet people.* Se nèg fen, li p ap pase pou li pa salye moun. *He's a polite young man.* Se yon jennonm ki poli. *If he weren't a*

polite person, the family of the girl would never accept him. Si l pa t moun ki te rezève, fanmi dam nan pa t ap janm asepte l. •**be polite** fè lareverans •**be very polite** politès *She's a very polite person.* Li chaje ak politès.
politely *adv.* poliman, ak politès
politeness *n.* edikasyon, galantri, koutwazi, lizay, politès
political *adj.* politik
politically *adv.* politikman *It's not politically wise to say bad things about the government.* Politikman li pa pridan pou pale leta mal konsa. **politically active** angaje
politician *n.* politisyen •**politician involved in shady deals** patatis •**crooked politician** magouyè •**extremely conservative politician** dinozò
politics *n.pl.* 1[*political affairs*] politik *I'm not interested in politics.* M pa nan politik. 2[*political opinions*] politik *He's in prison because of his politics.* Li nan prizon pou politik.
poll[1] *n.* resansman, vòt •**public opinion poll** ankèt, sondaj
poll[2] *v.tr.* ankete, resanse, sonde *Before the election, one polls a lot a people.* Anvan eleksyon an yo resanse anpil moun.
pollen *n.* polenn, poud jòn flè
pollinate *v.tr.* fekonde, polinize *The hummingbird pollinates flowers.* Wanganègès la polinize flè.
pollination *n.* polinizasyon
polling *n.* eskriten, sondaj •**polling booth** izolwa •**polling station** biwo vòt
pollutant *n.* polyan
pollute *v.tr.* kontamine, polye *This factory is polluting the river's waters.* Izin sa a polye dlo larivyè a.
pollution *n.* kontaminasyon, polisyon
polo *n.* [*sport*] polo
polychrome *n.* polikwòm
polyester *n.* dakwonn, polyestè *I don't wear polyester.* M pa met polyestè.
polygamous *adj.* poligam
polygamy *n.* poligami
polyglot *n.* poliglòt
polygon *n.* poligòn
polyneuritis *n.* anflamasyon anpil nè
polynomial *n.* [*math*] polinòm
polyp *n.* **nasal polyp** chè nan nen

polypod *n.* [*plant*] polipòd

polytechnic *adj.* politeknik *A polytechnic school.* Yon lekòl politeknik.

pomegranate *n.* grenad

pomp *n.* ponp, seremoni •**with great pomp** an granjan, an grann manchèt *We celebrated her birthday with great pomp.* Nou te fete anivèsè li an granjan. *You're going to join the team with great pomp because you have good skills.* Ou ap antre nan ekip la an grann manchèt poutèt ou fò. •**with much pomp** {ak/an}gran panpan, an granjan *We're celebrating her birthday with much pomp.* N ap fete fèt li an gran panpan. •**without pomp and circumstance** san fason *We're celebrating this day without a lot of pomp and circumstance.* N ap selebre jou sa san fason.

pompom *n.* ponponm

pompous *adj.* granchire •**be pompous** fè estera

pond *n.* basen, lagon, letan, ma •**fish pond** basen pwason

pond apple tree *n.* kowosòl mawon, mamye

ponder *v.intr.* egzaminen, kalkile, reflechi, riminen *He's sitting, his chin in his hand, he's pondering.* Li chita men nan machwè, l ap egzaminen.

pondering *n.* zanminasyon

ponderous *adj.* pwasenkant, masif

pontiff *n.* pontif

pontifical *adj.* pontifikal *A pontifical message...* Yon mesaj pontifikal...

pontificate *v.intr.* fè (la)moral, moralize *Because he thinks he is always right, he pontificates.* Poutèt li kwè li gen toujou rezon, li konn fè lamoral.

pontoon bridge *n.* pon flotan

pony *n.* ponnè, ti chwal

ponytail *n.* [*hair style*] ke chwal

poo *v.intr.* mete deyò, poupou *The child pooed.* Pitit la poupou.

pooch *n.* toutou

pooh-pooh *v.tr.* bafwe, denigre, lonmen, pase nan tenten *He pooh-poohs me for no reason.* Li pase m nan tenten san rezon.

pool¹ *n.* [*game*] biya

pool² *n.* **1**[*body of water*] basen, letan **2**[*group of people or things*] gwoupman •**swimming pool** pisin

pool³ *v.tr.* mete ansanm *Let's pool our savings.* Ann mete ansanm epay nou an.

poop *n.* tata, tchatcha

poop *v.intr.* [*euph.*] fè poupou, kaka, tata *I'm going to poop.* M pral tata. *Don't poop in the bushes.* Pa fè poupou nan raje yo. *She pooped a big turd.* Li kaka yon sèl bout kaka.

pooped *adj.* bouke, kraze, mouri *I worked all day. I'm all pooped!* M fè jounen an ap travay. M kraze! •**pooped out** delage *He's pooped out, he needs to take a rest.* Li santi kò l delage, fò l al repoze l.

poor¹ *adj.* **1**[*no money*] endijan, malere, malerèz [*fem.*], mizè, mizerab, po, pòv, pye{a tè/atè/chik} *Poor neighborhoods don't have drinkable water.* Zòn pòv yo pa gen dlo potab. *There are a lot of poor people because of misery.* Chaje ak moun endijan akòz lamizè. *I'm poor; I can't buy any books.* Se malere m ye, m pa kap achte liv. *She's poorer than I.* Li mizè pase m. *We come from a poor family.* Nou sot nan yon fanmi ki po nèt. *I've been poor since I was born.* Mwen pye a tè denpi m fèt. *They used to arrest the poor because they didn't wear shoes.* Yo te konn arete pye chik yo poutèt yo pa t gen soulye. *on such a poor field.* Nou p ap jwenn sou teren zo sa a. **2**[*low quality*] move, pòv, zo *He handed in poor work.* Sa se yon move travay li remèt. *We can't play on such a poor field.* Nou p ap jwenn sou teren zo sa a. **3**[*less than/expected*] pòv **4**[*deserving pity*] podjab *Poor kids! They don't have anything to eat.* Podjab timoun yo, yo pa gen anyen pou yo manje. **5**[*sight, hearing*] fèb *My eyes are very poor, I can't see without glasses.* Je m fèb anpil, m pa ka wè san linèt. •**poor guy** malere, podjab *The poor guy!* Podyab malere a! •**poor kid** timoun dis kòb •**poor or unfortunate man** malere •**poor or unfortunate woman** malerèz •**poor person** pòv, tèt{kanna/bòbèch} •**poor thing** podjab •**very poor** ograba

poor² *n.* pòv *He never gives to the poor.* Li pa janm bay pòv.

poor-quality *adj.* merilan

poorhouse *n.* azil

poorly *adv.* mal, malman, pinankounan *We live poorly because we have limited means.* N ap mennen yon vi pinankounan paske mwayen n pa gwo. •**poorly done** mal fèt *The work is poorly done.* Travay la mal fèt. •**poorly dressed** mal{oblijan/prezante} *Don't go out as poorly dressed as you are.* Pa soti nan lari a mal oblijan konsa. *Yesterday he showed up at the office poorly dressed.* Yè, msye te mal prezante nan biwo a. •**poorly made** mal fèt, malfouti, pakoti •**poorly off** san senkòb

pop[1] *adj.* •**pop art** boza popilè •**pop group** [*music*] mini djaz

pop[2] *n.* [*address*] papi

pop[3] *onom.* 1[*expresses sudden actions*] pop 2[*expressing speed or sudden action*] vloup

pop[4] *v.intr.* [*burst loudly*] eklate, pete *The balloon popped.* Blad la pete (pow). *She popped my balloon with a pin.* Li pete blad mwen an ak yon epeng. *I feel like my stomach's going to pop.* M santi vant mwen prèt pou eklate! •**pop off** rache sòti *When I sneezed, a button popped off my shirt.* Lè m estènen an, yon bouton rache sòti nan chemiz lan. •**pop out** vole soti *When I opened the drawer, a mouse popped out.* Lè m rale tiwa a, yon sourit vole soti. •**pop up** pwente boujonnen *Armed bandits are popping up in the neighborhood.* Bandi ak zam ap boujonnen nan vwazinay la.

pop-eyed *adj.* je lalin

popcorn *n.* mayi{griye/pètpèt}, pèpèt mayi, pòpkòn

Pope *prop.n.* pap

poplar *n.* peplye

poplin *n.* [*fabric*] pouplin

popping *n.* [*noise*] petarad

poppy *n.* kokliko, pavo

poppycock *n.* radòt, tenten

populace *n.* pèp, ti pèp

popular *adj.* 1[*liked by many people*] alamòd, an vòg, anvòg, popilè *This song was popular at a certain time.* Chante sa a te anvòg yon sèten epòk. *That's a popular band.* Se yon djaz ki popilè. *That dance is really popular right now.* Dans sa a se yon dans alamòd anpil konnye a. 2[*linked to the people*] popilè •**be extremely popular** fè chouyerav, fè chou e rav •**become popular** vini sou moun *Nowadays this music has become popular.* Alèkile mizik sa vini sou moun.

popularity *n.* popilarite

populate *v.intr.* peple *That shantytown is populated with a lot of peasants.* Bidonvil sa a peple ak anpil peyizan.

population *n.* popilasyon •**much of the population** pi fò moun *Much of the world's population live in poverty.* Pi fò moun sou latè ap viv nan mizè.

populated *adj.* •**heavily populated** bonde, dri

populist[1] *adj.* popilè *A populist policy...* Yon politik popilè...

populist[2] *n.* popilis

populous *adj.* peple

porcelain *n.* pòslèn

porch *n.* galeri, galri •**front porch** galeri, galri •**small porch** pewon

porcine *adj.* pòsin

porcupine *n.* pòkepik

pore[1] *n.* [*skin*] pò

pore *v.intr.* •**pore over** li ak anpil swen *We pored over the contract.* Nou li kontra a ak anpil swen.

pork *n.* (vyann) kochon *I don't eat pork.* M pa manje vyann kochon. •**pork chops** kòtlèt kochon •**pork loin** jigo •**pork rind** kwenn •**fried seasoned pork** griyo •**salt pork** petas ti sale, ti sale •**pork butcher** chakitye

pork butcher *n.* chakitye

pornographic *adj.* pòno

pornography *n.* pònografi

porosity *n.* powozite

porous *adj.* 1[*substance*] pore 2[*border, etc.*] penetrab

porpoise *n.* malswen

porridge *n.* labouyi •**cornmeal porridge** akasan

port *n.* 1[*harbor*] pò 2[*side of ship*] babò •**port of call** eskal •**port of entry** pò •**free port** pò lib

Port-au-Prince *prop.n.* Pòtoprens, Pòwoprens, Pòwprens

Port-au-Princian *adj.* pòtoprensyen, pòtoprensyèn [*fem.*]

Port-au-Princian *prop.n.* Pòtoprensyen, Pòtoprensyèn [*fem.*]

Port de Paix *prop.n.* Podpè

portable *adj.* pòtatif

portal *n.* pòtal [N] pòtay •**town portal** bèlantre

portent *n.* prezaj, sinas

portentous *adj.* menasan, sinis

porter *n.* bourik chawa, chawa, pòtè
portfolio *n.* pòtfèy
portia tree *n.* gwo mawo, mawo
portico *n.* galri
portion[1] *n.* **1**[*part of sth.*] gòb, lo, pa, pati, pòsyon, ransyon, vale *She took a large portion of the money.* Li pran yon bèl valè nan kòb la. **2**[*of land*] pasèl •**small portion or piece** krapday, ti plaka •**give generous portions** vann gwo *That merchant gives generous portions.* Machan sa a vann gwo. •**give or serve small portions** vann piti *Because she gives small portions, she doesn't have many customers.* Poutèt li vann piti, li pa gen kliyan.
portion[2] *v.tr.* •**portion off** dekoupe, divize, lote •**portion out** separe
portly *adj.* alòche, lou, vyannen
portrait *n.* pòtre
pose[1] *n.* pòz *That's a nice pose of you in that photo.* Ou gen yon bèl pòz nan foto sa a.
pose[2] **I** *v.tr.* [*problem, question*] poze *What you said poses a big problem.* Sa ou di la poze yon gwo pwoblèm. **II** *v.intr.* **1**[*for a photo*] tire pòtre *They ask us to pose for a photo.* Yo mande nou tire pòtre. **2**[*pretend*] pran pòz *They posed as journalists.* Yo pran pòz tankou jounalis. •**pose a major obstacle** kanpe an kwa •**pose a threat to** fè plèd *I'm not posing a threat to anyone.* M pa dèyè fè plèd ak pèsonn. •**pose riddles** tire kont *Let's pose riddles!* Ann tire kont!
posh *adj.* anpenpan, bwodè
position *n.* **1**[*location, place*] kote, plas, pozisyon *The moon changed position.* Lalin nan chanje pozisyon. *Your position is behind the counter.* Plas ou se dèyè kontwa a. **2**[*place, sports*] plas *What position do you usually play?* Ki plas ou abitye jwe? **3**[*job*] djòb, plas, pozisyon *He had a good position in the office.* Li te nan yon bon plas nan biwo a. *She has a high position in the bank.* Li nan yon bèl pozisyon labank lan. **4**[*opinion*] pozisyon *What's your position on this?* Ki pozisyon ou sou sa? •**be in a favorable position** gen priz sou •**be in a position** anmezi •**get into position** [*for a game of marbles*] mare pik •**have a secure position** gen garanti nan yon djòb •**high-risk position** djòb zepon. •**in a favorable position** nan byennèt li *Joe*

is in a favorable position, he doesn't remember the poor. Djo nan byennèt li, li pa sonje pòv yo. •**in position to win** fè chato •**in a preceding position** prepoze •**influential but risky governmental position** djòb zepon •**leading position** devan *Our team is in a leading position in the championship.* Ekip nou devan nan chanpyona a. •**out of position** [*sports*] awoutsay(d) *The striker is out of position.* Jwè a awoutsay. •**person of senior position** darati (kòn siye) •**put in a difficult position** bare •**put o.s. in starting position** kare •**social position** wòl, zandye •**take strong position** pran (yon) dispozisyon •**take s.o.'s position** pase devan bay koze *He took her position by compromising her in front of the director.* L al pase devan bay koze pou pran plas dirèktè a.
position *v.tr.* •**position one's feet** [*while dancing*] taye pa *Let me show you how to position your feet so you don't step on a girl's while dancing.* Vini m montre ou taye pa pou pa pile pye fi lè w ap danse.
positioning *n.* [*in dominoes, chess, etc.*] plasad
positive *adj.* **1**[*having no doubt*] pozitif, si *Are you positive he's the person you saw?* Ou si se li ou wè a? —*Are you sure that's what she said?* —I'm Positive! —Ou si se sa l di? —Pozitif! **2**[*showing signs of sth.*] pozitif *They performed tests for malaria on him that came back positive.* Yo fè tès malarya pou li, li pozitif. **3**[*agreement*] pozitif *She approves the project; she gave me a positive answer.* Li dakò ak pwojè a; li ban m yon repons pozitif.
positively *adv.* definitivman, pozitivman *We will positively travel next week.* Definitivman, n ap vwayaje lòt semèn.
possess **I** *v.tr.* [*own*] genyen, posede *They possess a beautiful house in Cape Haitian.* Yo posede yon bèl kay Okap. **II** *v.intr.* [*influence*] pran *What possessed him to do something like that?* Sa k pran l ki fè l fè yon bagay konsa?
possessed *adj.* [*Vodou*] an trans •**become possessed by a Vodou spirit** chwal lwa, lwa pran li
possession *n.* **1**[*personal property*] byen **2**[*Vodou*] trans **possessions** *n.pl.* afè, avwa, byen, driv, enterè, (z)afè *We lost all our possessions in the fire.* Nou pèdi tout afè n nan dife a. *His father died leaving him with*

a lot of possessions. Papa l mouri kite anpil enterè pou li. *One bag is big enough to hold all of my possessions.* Yon sèl valiz ap sifi pou m mete tout afè m. •**action to take possession** [*of land*] aksyon poseswa •**be in one's possession** sou li *They found a lot of money in his possession.* Yo jwenn yon bann kòb sou li. •**prized possession** boulpik, chelèn, grenn je nan tèt li *His only son is his most prized possession.* Sèl pitit gason an li genyen, se grenn je nan tèt li. •**take possession** pran, sezi *The bank took possession of their house.* Labank sezi kay yo a. •**useless possessions** benlengendeng

possessive *adj.* 1[*overprotective*] posesif *That girl is very possessive.* Fi sa posesif anpil. 2[*greedy*] afre, akrèk

possibility *n.* chans, fasilite, mwayen, posibilite *He has the possibility of making a living with that little job.* Misye gen fasilite pou l viv ak ti djòb sa a. *There's a possibility that I might find a job.* Gen posibilite pou jwenn travay la. *There's little possibility they'll hire her for the job.* Pa gen anpil chans pou yo pran l nan travay la.

possible *adj.* posib *It's just not possible.* Se pa yon bagay ki posib. *I'll do everything possible for you.* M ap fè tou ki posib pou ou. *He did all that's possible and imaginable.* Li fè tout sa k posib e imajinab. •**it's possible** gen dwa, se ka *Knock hard on the door, it's possible that there's someone there.* Frape pòt la fò, gen dwa gen moun la. *It's possible that he'll return from the Dominican Republic.* Se ka msye ap rantre sot Sendomeng. •**make possible** pèmèt *This little job makes it possible for her to make a living.* Se ti djòb sa a k pèmèt li viv.

possibly *adv.* gen dwa, posib *Possibly it was she who committed the crime.* Posib se li ki fè krim nan. *I may possibly be a little late.* M gen dwa gen yon ti reta.

possum *n.* oposòm

post[1] *n.* [*pole*] bòday, jouk, pikèt, pilye, poto *I need to replace a post in the fence.* M gen yon poto pou m chanje nan lantiray la. •**center post** bwa mitan •**corner post** poto kwen

post[2] *n.* [*assignment, place*] pòs *They caught him asleep at his post.* Yo bare l ap dòmi sou pòs li. •**missionary post** misyon •**rally post** pòs (de) rasanbleman

post[3] *v.tr.* 1[*poster, sign*] afiche, poste *They posted the results.* Yo afiche rezilta yo. *Post the sign on the back of the car.* Poste afich la dèyè machin nan. 2[*a sentry*] afekte, poste *They posted a lot of sentries.* Yo poste anpil sentinel. •**post slanderous notes** afiche *They posted slanderous notes about her everywhere.* Yo afiche manmzèl toupatou. •**post up** [*in basketball*] poste *Since he posted up, he'll make a basket.* Depi li poste, l ap fè pànye a.

postage *n.* frè postal •**postage stamp** tenm

postal *adj.* lapòs, postal *The postal service is not fast.* Sèvis lapòs la pa rapid. *The postal service...* Sèvis postal la...

postcard *n.* kat postal

posted *adj.* 1[*informed*] rete okouran *I'll keep you posted on everything that happens.* Tou sa k pase, m ap rete ou okouran. 2[*assigned*] afekte

poster *n.* afich, foto, pankat, postè •**poster board** bristòl •**put up a poster** plakade

posterior *n.* pòsteryè •**have a huge posterior** gen yon chay dèyè

posterity *n.* laposterite

posthole *n.* •**posthole digger** digè

postman *n.* faktè

postmark[1] *n.* so(lapòs)

postmark[2] *v.tr.* tenbre *The post office always postmarks envelopes.* Lapòs toujou tenbre lèt yo.

postmaster *n.* dirèktè lapòs

postmistress *n.* direktris lapòs

postnasal drip *n.* rim gòj

post office *n.* lapòs *I'm going to the post office.* M pral lapòs. •**post office box** bwat postal, kazye

postpartum *adj.* aprè akouchman, tinouris

postpone *v.tr.* kite pou demen, lage sa, ranvwaye, repòte, voye pou pi ta *The meeting was postponed.* Yo ranvwaye reyinyon an. *Let's postpone this until tomorrow.* Ann kite sa pou demen. *I postponed this discussion, we'll talk about it another time.* M lage sa, n a pale yon lòt lè. *They have to postpone the game because of the rain.* Fòk yo ranvwaye match la akòz lapli a. *They postponed the date of the start of the new school year.* Yo repòte dat rantre lekòl la. *They postponed the conference.* Yo voye konferans lan pou pi ta.

postponement *n.* delè
postscript *n.* poskriptòm
posture *n.* posti •**have a good posture** byen
  kanpe *She has very good posture.* Se yon
  moun ki byen kanpe. •**have bad posture**
  kenbe kò l mal *She has bad posture when she*
  walks. Li kenbe kò l mal lè l ap mache.
pot *n.* **1**[*for cooking*] bòz, chodyè, kaderik,
  kastwòl, mamit *The pot is boiling.* Chodyè a
  ap bouyi. **2**[*amount a pot will hold*] chodyè,
  kafetyè *A pot of soup...* Yon chodyè soup...
  She drank the pot of coffee by herself. Li bwè
  kafetyè kafe a pou kont li. **3**[*in a gambling*
  game] bank **4**[*fam. marijuana*] boul •**pots**
  and pans bonm ak chodyè •**pot of gold at**
  the end of a rainbow bonnèt lakansyèl *You*
  will get rich if you find the pot of gold at the end
  of the rainbow. Ou ap rich si ou rive jwenn
  bonnèt lakansyèl. •**chamber pot** podenwi,
  vaz •**coffee pot** grèg, kafetyè •**cooking pot**
  a[*cast iron*] chodyè **b**[*for frying and sauce*]
  kaderik, kastwòl •**cooking pot made with**
  aluminum or tin, usually with a lid bonm
  •**earthenware cooking pot** madoken
  •**flower pot** po flè/podflè •**go to pot** lage
potable *adj.* bivab, potab *This is not potable*
  water, you have to treat it. Dlo sa a pa bivab,
  fòk ou trete l.
potash *n.* •**caustic potash** potas
potassium *n.* potasyòm •**potassium**
  hydroxide potas •**potassium sulfate**
  dlo{repiyans/repouse}
potato *n.* ponmdetè, ponmtè •**potato chip**
  chip pòmdetè •**mashed potatoes** pire
  ponm •**French-fried potatoes** pòmdetè
  fri •**"small potatoes"** [*insignificant matter,*
  thing] po pistach
potbellied *adj.* basonnen •**potbellied person**
  mazenflen *If you eat too much you are going to*
  end up a potbellied person. Si ou manje anpil,
  w ap tounen yon mazenflen.
potbelly *n.* pann vant
potency *n.* fòs, pisans
potent *adj.* **1**[*sexually*] gen ren pitit *He is*
  potent because each time he has sex with his
  wife, he gets her pregnant. Msye gen ren pitit
  paske chak fwa l al nan rapò ak madanm ni, l
  ansent li. **2**[*substance, e.g. alcohol*] rèd, tchak
potentate *n.* Papa Bondye, gwo potanta, pap
  seyè

potential *n.* kapasite, potansyèl *He has the*
  potential to do the job. Li gen potansyèl ase
  pou fè djòb la. •**have potential** pwomèt *He*
  has the potential to become a good student. Li
  pwomèt vin yon bon elèv.
potful *n.* chodyè manje
potherb *n.*[*herb for seasoning*] onzè
pothole *n.* nich kanna, tou, twou poul *The*
  street is full of potholes. Lari a chaje tou.
  •**full of potholes** mabyal, kawote *The street*
  is bumpy, it's full of potholes. Lari a kawote, li
  chaje ak twou poul.
potion *n.* posyon •**love potion** cham,
  miskaden, rale mennen vini *It's with a love*
  potion that she managed to get this nice young
  man. Fi a, se nan yon rale mennen vini wi
  li rive pran bèl jènjan sa a. •**magic potion**
  [*Vodou*] dlo santi, dwòg, posyon •**magic**
  potion to counteract hex dlo trankil
potluck *n.* lasibab, manje dòmi
potpourri *n.* melimelo, mikmik
potter *n.* potye
pottery *n.* fayans, potri
potty *n.* basen
pouch *n.* **1**[*for carrying game*] zebisyè **2**[*shoe*
  organizer] pòch •**cartridge pouch** jibèn,
  sakaplon
poultice *n.* [*used by healers to treat headaches*]
  ti pikan
poultry *n.* bèt volay •**poultry flee** poulpoul
pounce *v.tr.* bondi (sou), fè (yon) va sou, fonse
  sou, pike, voup *He's so hungry, he pounced*
  on the food. Li tèlman grangou, li bondi sou
  manje a. *The band of thieves pounced on the*
  driver. Bann vòlè yo fonse sou chofè a. *The*
  dog pounced on her. Chen an pike sou li.
pound[1] *n.* liv *Two pounds of sugar...* De liv sik...
pound[2] *n.* •**animal pound** zepav
pound[3] **I** *v.tr.* [*esp. coffee*] pile, tchoka *We*
  pounded the coffee. Nou tchoka kafe a. **II**
  v.intr. pile *His heart was pounding.* Kè l ap
  pile la.
pounding *n.* batman, pilonnay
pour I *v.tr.* **1**[*make flow*] koule, vèse, vide
  We'll pour the juice into the bottles. N a
  koule ji a nan boutèy. *Pour some water for*
  me. Vèse enpe dlo pou mwen. *They poured*
  the concrete. Yo koule beton an. *Pour the*
  milk in the glass. Vide lèt la nan vè a. *Pour*
  some water for her. Vide yon ti dlo pou li. **II**

v.intr. [*fall hard and steadily*] tonbe{anvès/ avès/toutbon} *It's really pouring outside!* Lapli a tonbe toutbon deyò! •**pour back** revide *Pour back a little juice in the bottle.* Revide yon ti ji nan boutèy la. •**pour down** devèse •**pour hot water on** chode •**pour out** [*empty and normally dispose of*] jete *You can pour out that milk; it's sour.* Ou mèt jete lèt la; li tounen. •**pour out one's soul** louvri{konsyans/vant}li, vide kè •**pour out drop by drop** lage *Pour the liquid drop by drop into my eyes.* Lage likid la nan je m. *Hold still so I can put the drops into your nose.* Ranje kò ou pou mwen lage remèd la nan tou nen ou. •**pour over** bouyi desann •**pour water on one's head** [*in order to cool off*] koule tèt li *It's hot, she's pouring water on her head to cool off because she has a headache.* Li fè cho, l ap koule tèt li paske l gen tèt fè mal.

pout *v.intr.* boude, deboude, fè bouch li long, {lonje/ pense}{bouch/djòl}li, rechiyen *He's pouting because I wouldn't let him go outside.* Li boude paske m pa vle kite l sot deyò a. *Don't you see how beautiful you are when you are not pouting?* Ou pa wè jan ou bèl lè ou deboude? *Hey girl, you shouldn't pout for no reason.* A machè, ou pa bezwen fè bouch ou long pou anyen. *Don't pout like that in front of me.* Pa vin pense bouch ou sou mwen. •**not pout** deboude •**stop pouting** deboude, desere dan yon moun *The lollypop didn't stop him from pouting.* Sirèt la p ap desere dan l.

poverty *n.* jennman, lamizè, pòvrete *There are too many people in poverty.* Gen twòp moun ki nan lamizè. •**abject poverty** malsite •**absolute poverty** mizè ki pa rete ak mizè •**be in extreme poverty** manje yon miray, nan toutounis •**extreme poverty** endijans •**utter poverty** nesesite

poverty-stricken *adj.* malere, malerèz [*fem.*], pitit sòyèt

pow *onom.* [*sound of blow, explosion*] kaw, kiw, kow, panm, paw, pow, poum, top, touk, vip *He punched the other guy, pow!* Misye bay lòt la yon kout pwen, li fè kiw!

powder¹ *n.* poud •**powder box** poudriye •**powder keg** poudriyè •**powder magazine** poudriyè •**aniline powder** [*used to make ink*] alilin •**cannon powder** zenzen

•**curative powder against 'maladi lèzòm'** poud majik •**face powder** poud ri •**lice powder** salbadi •**scouring powder** ajaks

powdered *adj.* an poud

powder² *v.tr.* poudre *She powdered her face.* Li poudre figi li. •**powder up** biske kò li

powder-puff *n.* plimo

powdered *adj.* an poud *Do you drink powdered milk?* Ou bwè lèt an poud?

power *n.* **1**[*force*] fòs, kouray, pisans **2**[*authority, control*] kapasite, longè, mayèt, pouvwa *She has too much power.* Li gen twòp pouvwa. *The president holds power for five years.* Prezidan an egzèse pouvwa a pandan senk an. *Although he has a really good position in the government, he doesn't have the power to help you.* Kwak li byen plase nan gouvènman an, li pa gen kapasite pou ede ou. *The power is in her hands now.* Kounye a mayèt la se nan men l li ye. *The power of this man has no limit.* Longè nonm sa a pa gen limit. **3**[*capability*] pèz *His argument doesn't have enough convincing power.* Agiman li an pa gen ase pèz pou konvenk nou. **4**[*right to act*] dwa *She gave me the power to do what I want in the store.* Li ban m dwa fè sa m vle nan magazen an. **5**[*math.*] espozan *Ten raised to the sixth power.* Dis espozan. •**power line** fil elektrik •**power failure** blakawout •**power of attorney** pwokirasyon •**power station** santral elektrik •**balance of power** rapò de fòs •**electric power** kouran elektrik •**executive power** pouvwa egzekitif •**give up power** wete kò li *The people asked the general to give up power.* Pèp la mande jeneral la wete kò l sou pouvwa a. •**have power over** gen priz sou *His older sister has power over him, when she speaks, he listens to her.* Gran sè li a gen priz sou li, depi l pale l, l ap koute l. •**have the power of decision** boul la nan pye yon moun *They just named her director of the bank, now she has the power of decision.* Yo fenk nonmen li direktè labank, kounye a, li gen boul la nan pye l. •**have the power to** anmezi •**have the power to do sth.** gen lawòt men pou *I have the power to place whomever I want in that position.* M gen lawòt men pou mwen mete moun mwen vle nan pòs sa a. •**in power** o pouvwa *That regime had been in power for a good while.* Rejim sa te fè yon bon bout tan o pouvwa. •**magic power** [*voodoo*] pisans, reset •**magical power** *a*[*gen.*] degre *b*[*bought from 'houngan'*] pwen •**public power** otorite •**purchasing power** pouvwa dacha •**sense of unlimited power** alèzkò *The power-hungry man has a sense of unlimited power since his party won the election.* Tizè pouvwa a gen yon alèzkò depi pati l la fin ranpòte eleksyon yo. •**striking power** frap

powerhouse *n.* [*person*] flanm, kanno, maton

power-hungry person *n.* tizè pouvwa

powerful *adj.* 1[*having much effect, force, influence*] gen gwo kolèt, pisan, wòdpòte *He's very powerful, he can give you a position in the government.* Misye gen gwo kòlèt, li ka ba ou yon djòb politik. *It's a powerful medicine.* Se yon renmèd ki pisan. *He has a powerful gun that can pierce a wall.* Msye gen yon zam wòdpòte ki ka pèse yon mi. 2[*male donkey, horse, etc.*] entchò *This little mule, even though you can see he's small, he's more powerful than the others.* Ti milèt sa a, kwak ou wè l piti a, li entchò pase depi se lòt yo. •**powerful man** tobout •**powerful person** gwo (tonton) makout *He's a powerful person, he can arrange a meeting with the president for you.* Msye se yon gwo makout, li ka fè ou wè prezidan an. •**all powerful** toupisan •**be all powerful** fè lapli e lebotan, gen tout pouvwa

powerless *adj.* enpuisan *He feels powerless when faced with this situation.* Li santi l enpuisan devan sitiyasyon sa a. •**be powerless** pa {fouti/ka}kase ze *He's powerless in the government.* Li pa fouti kase ze nan gouvènman an.

powerlessness *n.* enpwisans

powerplant *n.* santral elektrik

powers *n.pl.* •**full powers** plen pouvwa •**the powers that be** zotorite

pow-wow *n.* woumble

pox *n.* •**chicken pox** saranpyon

practicable *adj.* fezab, posib

practical *adj.* pratik *That's a practical proposal.* Se yon pwopozisyon pratik.

practically *adv.* 1[*almost*] prèske *Once you sew on the buttons, the shirt is practically finished.* Depi ou fin moute bouton, chemiz lan prèske fini. 2[*conveniently*] pratikman

practice *n.* 1[*training*] antrennman, lakoutim, mantalite, pratik *I have soccer practice every afternoon.* M gen antrennman foutbòl chak apremidi. 2[*regular activity*] pratik *I'm really out of practice!* M pèdi pratik! 3[*custom*] pratik 4[*rehearsal*] repetisyon •**accepted practice** konvansyon •**common practice** monnen kourant •**in practice** byen antrene •**out of practice** pèdi pratik, wouye •**put into practice** aplike, egzèse, fè pratik, pratike *You should put in practice what she told you if you want to succeed in life.* Se pou egzèse sa l di ou yo si ou vle reyisi nan lavi a. *I put her advice into practice.* M fè pratik konsèy li yo.

practice I *v.tr.* 1[*a job*] pwofese *He's really a doctor, but he's not practicing his craft.* Se dòktè li ye wi, men li pa pwofese metye a. 2[*rehearse*] egzèse, pratike, repete *Coming in to rehearse isn't sufficient, you need to practice at home as well.* Se pa vin nan repetisyon sèlman, fò nou egzèse lakay nou tou. *I practice the guitar every day.* M pratike gita chak jou. II *v.intr.* [*train*] antrenne *The team practices every day.* Ekip la antrenne chak jou. •**practice birth control** fè planin, swiv planin *She's practicing birth control so she doesn't get pregnant.* L ap swiv planin pou l pa ansent. •**practice coitus interruptus** voye deyò *In order not to get a woman pregnant, practice coitus interruptus.* Pou fi a pa ansent, toujou voye deyò. •**practice hymns** ale nan chan *The children are practicing the hymns for the mass this coming Sunday.* Timoun yo ale nan chan pou lamès dimanch k ap vini an. •**practice on** fè men li •**practice singing in a choir** ale nan chan •**practice sports** fè espò *I practice sports to stay healthy.* Mwen fè espò pou m ka ret an sante. •**practice the rhythm method** [*contraception*] swiv lalin *I'll practice the rhythm method so that I don't become pregnant too early.* M ap swiv lalin pou m pa tonbe ansent bonè. •**constantly practice sth.** donnen •**person who practices 'wanga'** wangatè

practitioner *n.* [*of any religion*] pratikan •**general medical practitioner** jeneralis

pragmatic *adj.* pratik *That man is very pragmatic.* Misye se moun ki pratik.

prairie *n.* foray, savann

praise[1] *n.* **1**[*compliment*] elòj, konpliman, lomeyans, lwanj *He deserves to be praised by others.* Li merite pou yo fè elòj pou li. **2**[*exaltation*] lwanj •**give praise or credit to** bay (yon moun) legen

praise[2] *v.tr.* **1**[*compliment, congratulate*] bay yon moun lwanj, chante lwanj yon moun, fè{elòj/lwanj} yon moun, fè yon moun konpliman, lwanje, voye yon moun monte wo *She praised me for the work.* Li fè m konpliman pou travay la. *Stop praising people for nothing.* Ase fè elòj moun pou granmèsi. *She likes praising people.* Li renmen fè lwanj pou moun. *A while back she praised you.* Talè la li sot ap fè ou konpliman la. *He likes praising people.* Li renmen lwanje moun. *He praised the researcher during the presentation.* Msye voye chèchè a monte wo nan prezantasyon an. *She's praising the singer.* L ap chante lwanj chantè a. **2**[*God, spirit, the Lord*] bay ... lwanj, louwe, manifeste, savaloure *Praise God's name.* Savaloure non Granmèt la. *They praise God.* Yo louwe Bondye. *The faithful are praising God.* Fidèl yo ap bay Bondye lwanj. *The faithful spend more than fifteen minutes praising the Lord.* Fidèl legliz yo fè plis pase kenz minit ap manifeste. •**praise beyond measure** ansanse *You praise this guy beyond measure.* Ou ansanse misye twòp. •**praise s.o. highly** leve yon moun disèt wotè *She praised me highly in front of the people.* Li leve m disèt wotè devan moun yo.

Praise the Lord *prop.n.* Beniswa Letènèl
praiseworthy *adj.* meritwa
praline *n.* tablèt
prance *v.intr.* **1**[*horse*] karakole, pyafe *The mare pranced across the meadow.* Jiman an karakole nan tout savann lan. **2**[*person*] mache siwo siwo •**prance about** galonnen, karakole
prank *n.* albè, jwèt
prankster *n.* blagè
prattle[1] *n.* patipa
prattle[2] *v.intr.* chante ze, djole, jaze, gazouye, kodase *They're prattling from morning to night.* Y ap djole depi maten jis aswè. *They're sitting around prattling.* Yo chita ap kodase.
prattler *n.* paladò
prawn *n.* chevrèt (woz)

pray *v.intr.* lapriyè, priye *I always pray for you.* M toujou priye pou ou. *Don't forget to pray before you go to sleep.* Pa bliye lapriyè anvan ou al dòmi. *Let's pray for a better life.* Ann priye pou lavi n chanje.
prayer *n.* devosyon, orezon, priyè *God answered my prayer.* Bondye tande priyè m. •**prayer book** misèl •**prayer for the dead** libera •**prayer group** [*Protestant*] kòwòt •**prayer meeting** priyè •**prayer of thanks** benediksyon •**eventide prayer service** vèy denwi •**Lord's Prayer** Nòtre-Pè
praying mantis *n.* chwal zonbi
preach *v.* **1**[*deliver sermon*] fè yon prèch, preche *The priest preached a fine sermon today.* Pè a fè yon bèl prèch jodi a. *Which pastor preached today?* Ki pastè k te preche jodi a? **2**[*moralize*] fè la moral, preche *Jesus preached to his disciples.* Jezi t ap preche fidèl li yo.
preacher *n.* evanjelis, predikatè •**lay preacher** predikatè
preaching *n.* prèch, predikasyon
preamble *n.* prefas
precarious *adj.* prekè
precaution *n.* atansyon, prekosyon, prevwayans •**not take precautions** al pote fall li •**take precautions** mete bab li alatranp, pran piwèt *Take precautions, the road is slick.* Pran piwèt, wi, wout la glise.
precede *v.tr.* devanse, {mache/pran/vin} {avan/devan}, pran devan *I was about to do it, but you preceded me.* M apral fè l, men you devanse m. *In 'sofa' the 's' precedes 'o'.* Nan 'sofa' 's' vin anvan 'o'.
precedence *n.* •**take precedence** pran devan •**take precedence over** pran pye sou *The issue of water takes precedence over that of the roads.* Pwoblèm dlo a pran pye sou pwoblèm wout yo.
precedent *n.* egzanp
precinct *n.* sikonskripsyon elektoral
precious *adj.* (grenn) lò, presye *Gold is a precious metal.* Lò se yon metal ki presye.
precipice *n.* falèz, presipis
precipitation *n.* presipitasyon
precipitous *adj.* apik
precise *adj.* egzak, klè, presi *This teacher always gives precise explanations to his pupils.* Mèt sa a toujou bay elèv li esplikasyon klè. *Her answer is precise.* Repons li an presi.

precisely *adv.* menm, ojis, presizeman *What you just told me is precisely what he told me.* Sa ou sot di m la, se sa li te di m menm.

precision *n.* egzaktitid, presizyon

precocious *adj.* •**precocious child** ti granmoun •**precocious little girl** ti grann

precursor *n.* anvangadis

predate *v.tr.* vin anvan *This event predates when I was born.* Evènman sa a vin anvan lè m te fèt.

predator *n.* predatè

predecessor *n.* predesesè

predicament *n.* bouyay, gonm, katchaboumbe, twou *She got herself into a predicament.* Li lage kò l nan bouyay. *How will the masses get out of that predicament brought upon them by the profiteers?* Kouman pèp la ap fè sot nan twou sa a anba granmanjè sa yo? •**in a predicament** nan kouri *He made the girl pregnant and then left her by herself in a predicament.* Li fin ansent tifi a enpi l lage l pou kont li nan kouri.

predict *v.tr.* anonse, predi, prevwa, pwojte *The weather forecast predicted bad weather.* Meteyo anonse move tan. *This woman knows how to predict the future.* Fanm nan konn predi lavni. *The weather forecast predicts rain for tomorrow.* Meteyo prevwa lapli pou demen. *They predict that the gas reserves won't last.* Yo pwojte rezèv gazolin yo p ap dire.

predictable *adj.* previzib

prediction *n.* prediksyon, pwonostik

preemie *adj.* [*infant*] anvan tèm *That's a preemie, look at how tiny he is.* Sa se yon timoun anvan tèm, ou pa wè jan l zwit.

pre-eminent *adj.* wòdpòte

pre-empt *v.tr.* fè dappiyanp *The meeting will pre-empt a strike.* Tèt ansanm nan va fè dappiyanp sou yon grèv.

preface *n.* prefas •**write a preface** prefase

prefatory *adj.* preliminè

prefect *n.* prefè

prefecture *n.* prefekti

prefer *v.tr.* gen yon patipri pou, pito, prefere *I prefer living in my house.* M prefere viv lakay mwen. *I prefer mango to pineapple.* M pito mango pase anana. *Would you prefer to go to a movie or for a walk?* Ou ta pito al sinema osnon al flannen *She prefers rice to corn.* Li gen yon patipri pou diri pase mayi.

preferable *adj.* preferab *It's preferable that you come back tomorrow to see him.* Li ta preferab ou tounen kote l demen. •**it's preferable that** pito, vomye *It's preferable that you leave rather than talk nonsense.* Vomye ou ale tan w ap ranse la.

preferably *adv.* depreferans, pito

preference *n.* patipri, preferans •**give preference to** avantaje •**having no preference** pouryen

preferred *adj.* preferab

prefix *n.* prefiks

pregnancy *n.* ansent, gwòs, gwosès •**advance state of pregnancy** gwòs gwo vant, plènsenti •**be in an advanced state of pregnancy** an plenn senti, ansent gwo vant, kase sou do *My wife is in an advanced state of pregnancy.* Madan mwen an plenn senti. *The young woman is in an advanced state of pregnancy, she'll give birth in a few days.* Manmzèl kase sou do nèt, l ap akouche nan kèk jou. •**ectopic pregnancy** gwosès ektopik, gwosès ki pa nan matris •**end period of pregnancy** [*delivery*] dat •**false pregnancy (of long standing)** pèdisyon •**mask of pregnancy** tach ansent •**showing signs of pregnancy** fè de bon •**term pregnancy** gwosès nòmal

pregnant *adj.* 1[*gen.*] ansent, fè de bon, gwo vant *You shouldn't smoke when you're pregnant.* Ou pa fèt pou ou fimen lè ou ansent. *She's seven months pregnant.* L ansent sèt mwa. *I think she's pregnant.* M kwè li fè de bon. *His wife is pregnant.* Madan li gwo vant. 2[*animal*] plenn *The dog seems to be pregnant.* Chen an gen lè l plenn. 3[*often pej.*] gwòs *I'm not pregnant.* M pa gwòs. •**pregnant by s.o.** gwòs pou *She was made pregnant by John.* Li gwòs pou Jan. •**pregnant in an advanced state** an plenn senti •**become pregnant** pran yon gwòs •**become pregnant without being married to or living with the father** pran yon kaka san savon *The girl became pregnant from a man she isn't living with.* Fi a pran yon kaka san savon. •**get pregnant** *a*[*gen.*] pran yon gwòs *If you keep dating that scoundrel, you're risking getting pregnant.* Si ou kontinye ap soti ak vakabon sa a, u dèyè pran yon gwòs vre. *b*[*force marriage*] bay yon moun kout pitit *She was trying to* get pregnant so that he would marry her. Manmzèl t ap eseye bay msye yon kout pitit. •**get s.o. pregnant** {bay/ fè}gòl *David got his wife pregnant three months after their wedding.* David bay gòl sou twa mwa maryaj li. •**make pregnant** angwosi, ansent, gwòs *Kesnèl made Margaret pregnant.* Kesnèl angwosi Magarèt.

prehistory *n.* preyistwa

prejudice *n.* fòskote, paspouki, prejidis, prejije

prejudice *v.tr.* •**prejudice s.o.** jwe nan tèt yon moun •**be prejudiced** paspouki *They were prejudiced against him because he's poor.* Yo trete l ak paspouki poutèt mank mwayen l.

prejudicial *adj.* •**prejudicial to health** malouk

prelate *n.* [rel.] prela

preliminary *adj.* preliminè *It's a preliminary activity.* Se yon aktivite preliminè.

premature *adj.* [infant] anvan tèm •**premature birth** akouchman anvan{lè/ tèm •**premature child** pitit sèt mwa, timoun fèt anvan lè

premises *n.pl.* lokal, teritwa

premier *n.* premye minis

premiere *n.* premye reprezantasyon

premise *n.* sipozisyon

premium *n.* [insurance] prim •**at a premium** chè, ra •**put a premium on** bay anpil val

premolar *n.* dan{dèyè/pilon}

premonition *n.* presantiman, sinas •**have a premonition** vizyonnen *I had a premonition that something bad would happen.* M te vizyonnen malè sa t ap rive.

preoccupation *n.* enkyetid, okipasyon, preyokipasyon *Her only preoccupation is her studies.* Sèl enkyetid li, se etid li.

preoccupied *adj.* distrè, tèt pa la

preoccupy *v.tr.* pran tèt li *The work preoccupied him completely.* Travay la pran tèt li nèt.

preoperative *adj.* anvan operasyon

prepaid *adj.* peye davans

preparation *n.* posyon, preparasyon •**make preparations** pran dispozisyon

preparatory *adj.* preparatwa *The preparatory phase...* Faz preparatwa a...

prepaid *adj.* peye davans

prepare *v.tr.* **1**[make ready] pare, prepare *She prepared the bed.* Li pare kabann nan.

She's preparing the dress to wear tomorrow. L ap prepare wòb sa a pou l met denmen. **2**[make] fè *Who's preparing the food?* Ki moun k ap fè manje a? **3**[put together] konpoze *She's preparing the medicine with a lot of herbs.* Li konpoze remèd la ak anpil fèy. **4**[put into a suitable state] prepare *The coach prepared the team well.* Antrennè a byen prepare ekip la. •**prepare a bad surprise in order to get even with s.o.** pare yon po kann ak tout foumi pou yon moun *I'm going to prepare a bad surprise for the guy who insulted me.* M pare yon po kann ak tout foumi pou nèg ki te joure m nan. •**prepare a body for burial** andoye *The morticians are preparing the body for the burial.* Kòkmò yo ap andoye kadav la pou lantèman an. •**prepare food** fè manje, monte chodyè *Who is going to prepare the food today?* Kilès k ap fè manje a jodi a? •**prepare for the worst** manman pitit mare vant •**prepare o.s.** ranje li •**prepare o.s. for sth.** pare li •**prepare the ground (for s.o., sth.)** poze jalon •**prepare the ground for transplanting** repike *They're preparing the ground for transplanting corn.* Y ap repike teren an pou plante mayi. •**be prepared** dispoze •**get prepared** {manche/mete} kanson fè li, pare *This woman got well prepared for the fight.* Fanm nan manche kanson fè l pou l ale goumen. *The boat arrived in the harbor; it's preparing to accost.* Bato a rive nan pò a, l ap pare l pou l akoste.

prepared *adj.* pare

prepay *v.tr.* peye davans *Here, you have to prepay for the room.* Isit se pou peye davans pou chanm nan.

prepayment *n.* avans

preponderance *n.* dominans

preponderant *adj.* dominan

preposed *adj.* prepoze *French determiners are preposed.* Detèminan fransè yo prepoze.

preposition *n.* [gram.] prepozisyon

prepuce *n.* bèk, kach, po{tèt/ti}kòk

pre-recorded *adj.* an difere

prerequisite *adj.* esansyèl, nesesè

prerogative *n.* atribisyon, prewogativ *Arresting people is not within the prerogative of a judge.* Arete moun pa antre nan atribisyon yon jij.

presbyotic *adj.* presbit •**be presbyotic** pa wè pre, wè de lwen

Presbyterian *adj.* presbiteryen

Presbyterian *prop.n.* presbiteryen

presbytery *n.* presbitè

preschool *adj.* preskolè *That school offers preschool classes as well.* Lekòl sa a bay fòmasyon preskolè tou.

prescience *n.* divinasyon

prescient *adj.* klèvwayan

prescribe *v.tr.* preskri *What did the doctor prescribe for your cold?* Ki sa doktè a preskri ou pou grip la? *The doctor prescribed some pills for her.* Doktè a preskri l kèk grenn.

prescription *n.* òdonans, papye doktè, preskripsyon •**fill a prescription** egzekite yon òdonans

presence *n.* [*being present*] prezans •**presence of mind** tèt anplas •**imposing presence** prestans *She has an imposing presence.* Li gen yon bèl prestans. •**in the presence of** anfas, nan bab, sou *Kid, stop making a ruckus in the presence of adults.* Timoun, ase fè dezòd sou granmoun.

present[1] *adj.* **1**[*there*] la, prezan, sou lèlye *She was present at the party.* Li te la nan fèt la. *Is everyone present?* Tout moun prezan? **2**[*current*] aktyèl, kouran *The current hot weather.* Chalè aktyèl la. •**present in the mind** nan tèt *The memories of my country are always present in my mind.* Souvni peyi m toujou nan tèt mwen. •**at present** alèkile •**be present** reponn prezan •**be always present** pa ka pa la •**be present at** asiste •**those present** asistans •**up to the present** jiskisit

present[2] *n.* [*gift*] kado *I gave her a present for her birthday.* M ba l yon kado pou fèt li. •**Christmas present** zetrenn

present[3] *n.* [*current time*] prezan *It's the present that counts now.* Se prezan k ap pale atò. •**at present** aktyèlman, kounye a *There aren't any openings at present.* Pa gen plas kounye a. •**present day/times** tan jodi •**up to the present** jiskisi(t)

present[4] *v.tr.* lonje ... bay, prezante, soumèt, vini ak *We are going to present our project to the meeting.* Nou pral prezante asanble a pwojè nou. *The judge presented the case to the court.* Jij la soumèt ka a devan tribinal

la. *During the meeting, the boss presented many ideas.* Nan reyinyon an, direktè a vini ak anpil lide. •**present in a favorable light** fè bas *You don't have to present her in a favorable light.* Ou pa bezwen fè bas pou li. •**present one's candidacy** aplike *She presented her candidacy for the nursing program.* Li aplike pou pwogram enfimyè a. •**present o.s.** **a**[*gen.*] reprezante *No people presented themselves on behalf of the students.* Pa gen moun ki reprezante pou elèv la. **b**[*in court, etc.*] konparèt •**present o.s. all dressed up** mete tout dokiman li deyò *It's a good idea to present yourself all dressed up for an important interview.* Se yon bon lide mete tout dokiman ou deyò pou entèvyou enpòtan an.

present-day *adj.* aktyèl

presentable *adj.* prezantab •**be presentable** frekantab, monte sou tab *You aren't presentable.* Ou pa moun ki ka monte sou tab. *Uneducated people like you are not presentable.* Moun san ledikasyon kon ou pa frekantab.

presentation *n.* prezantasyon, rale •**make a presentation** fè yon rale •**oral presentation** espoze

present-day *adj.* aktyèl, alèkile

presented *adj.* prezante *The work is well presented.* Travay la byen prezante.

presentiment *n.* presantiman, sinas

presently *adv.* **1**[*now*] alèkile **2**[*soon*] tale, toutalè *I'll do it presently.* M pral fè tale.

preservation *n.* prezèvasyon

preserve *v.tr.***1**[*precious things, customs*] konsève, prezève *We preserve the photos in that album.* N ap konsève foto yo nan albòm sa a. *We preserve our ancestors' speech.* Nou prezève pale grandèt nou an. **2**[*fruits*] konfi *We usually preserve grapefruits and oranges.* Nou konn konfi chadèk ak zoranj.

preserves *n.pl.* konfiti, konsèv

preside *v.tr.* [*over a meeting*] prezide *Nadine will preside over the meeting today.* Nadin pral prezide mitin nan jodi a.

presidency *n.* **1**[*gen.*] laprezidans *Many people are after the presidency.* Anpil moun dèyè laprezidans. **2**[*fig.*] chèz boure, fotèy boure *Ten candidates are after the presidency.* Dis kandida dèyè fotèy boure a.

president *n.* prezidan, prezidant [*fem.*] •**president of bar association** batonye
presidential *adj.* prezidansyèl *A presidential speech...* Yon diskou prezidansyèl...
press[1] *n.* 1[*media*] laprès, près 2[*printing*] près •**press agency** ajans laprès •**press conference** konferans de près •**press coverage** repòtaj •**press release** nòt de près
press[2] *n.* 1[*for crushing fruit*] preswa 2[*for limes, etc.*] pèz 3[*of a crowd*] leto
press *v.tr.* 1[*down*] konprese, fè fòs sou, peze *Press this button in order to turn on the radio.* Peze bouton sa pou ouvè radyo a. *Press the gas pedal so that the car doesn't stall.* Konprese gaz la pou machin nan pa tenyen. 2[*clothing*] pase *I'm pressing your dress.* M ap pase wòb ou a. 3[*fruit*] peze, prije *Go press the pomelos to make juice.* Al prije chadèk la pou fè ji a. •**press charges** pousuiv nan jistis •**press close** konble *The people pressed close to the priest.* Pèp la te konble pè a. •**press down** kofre, prese desann *Watch out, you're pressing down on my chest.* Atansyon, w ap kofre m. •**press down to iron** fonse *Press down on the pleats so that they will lay nicely.* Fonse sou pli jip la pou l ka byen chita. •**press for** revandike •**press hard with questions** kwense •**press one's entire body against s.o.** ploge *He seized the opportunity of pressing his entire body against the girl while hugging her.* Li pwofite ploge fi a antan l ap anbrase li a. •**press together** brade
pressing *adj.* ijan, presan
pressure[1] *n.* mache prese, presyon *The pressure at work is really high!* Presyon an nan travay la rèd! •**pressure on the ears** van nan zòrèy •**atmospheric pressure** presyon atmosferik •**be under pressure** pran presyon •**demographic pressures** presyon demografik •**peer pressure** antrennman *Negative peer pressure caused him not to do well in school.* Move antrennman fè l pa travay lekòl. •**put pressure on** fè fòs sou *She put pressure on the wood to break it.* Li fè fòs sou bwa a pou l kase l. •**under pressure** sou tansyon *He's under pressure because he isn't ready for the exam.* Misye sou tansyon paske l pa pare pou egzamen an.
pressure[2] *v.tr.* fè presyon sou, fòse, kenbe yon moun{cho/kout}, kole nan kò yon moun,

pouse *If he doesn't want to, don't pressure him.* Si l pa vle, pa fòse l. *He's putting pressure on me to go with him.* Li kole la nan kò m pou m al avè l. *They pressured him to sign the letter.* Yo fè presyon sou li pou l siyen lèt la. *He pressured us to give him the job.* Misye kenbe nou cho pou n ap ba li djòb la. *Don't pressure me like that, let me do what I want.* Pa pouse m konsa, kite m aji jan m vle. •**pressure s.o.** jennen *They pressured the man with questions.* Yo jennen msye anba kesyon. •**pressure s.o. to pay** degòje *They pressured him to pay the rest of what he owed.* Yo degòje l peye rès lajan l te dwe a. •**put pressure on s.o. in order to confess guilt** fè yon moun depale
pressure cooker *n.* chodou, kòkòtminit
pressurized *adj.* sous presyon
prestige *n.* arendal, prestij •**without prestige** (tonbe) nan grenn senk
prestigious *adj.* granjan, prestijye *That university is very prestigious.* Inivèsite sa a prestijye anpil.
presto *interj.* vap vap *She had hardly finished eating and presto! She was gone.* Annik li fin manje, vap vap! Li ale.
presumed *adj.* prezime
presumptuous *adj.* antchoutchout, pretansye *You were too presumptuous, that's why you are in trouble.* Ou te twò antchoutchout, se pou sa malè rive ou.
pretend *v.tr.* fè{kòmsi/konmsi/lasanblan/similak/tankou}, pran pòz, pretann, swadizan di *When she saw me, she pretended she didn't know me.* Lè m wè l, li fè kòmsi li pa konnen m. *She pretends to be pregnant so she wouldn't have to go to work.* Manmzèl fè lasanblan li ansent pou l pa al travay. *As soon as she sees her boss, she pretends she's working.* Depi l wè patwon an, li fè similak l ap travay. *Pretend that you don't know me.* Fè tankou ou pa konnen m. *She pretends she's going to school, but she isn't studying anything.* Li swadizan di li lekòl, men se pa anyen l ap aprann. *Let's pretend we're on a boat.* An n fè kòmsi nou te nan yon batiman. •**pretend not to hear** fè lasoudòrèy *My mother is calling you, but you pretend not to hear her.* Manman m ap rele ou, enpi ou fè lasoudòrèy. •**pretend to be** fè tankou *He pretends to be*

like a big shot. Li fè tankou se yon chabrak li ye. •**pretend to be crazy** fè lefou *He pretends he's crazy to avoid refunding you your money.* L ap fè lefou pou l pa kale ou kòb ou. •**pretend to be dead** fè kòm si li mouri •**pretend to be young** fè jenn *The old man pretends to be young.* Granmoun nan ap fè jenn. •**s.o. who pretends to know everything** toutis •**s.o. who pretends** swadizan *The man who pretends he's a doctor didn't even finish high school.* Nèg ki swadizan doktè a pa menm fè segondè.

pretender *n.* [*politics*] fo tèt, tèt kòk bounda pentad

pretense *n.* 1[*falsehood*] bwòd, chobiz(nis), madigra, pretèks, similak, teyat *Life does not require that much pretense.* Lavi a pa mande tout bwòd sa yo. 2[*affectation*] banda, chèlbè •**be all a pretense** sa se sinema *Saying that he's the best doctor is all a pretense.* Zafè di se li ki pi gwo doktè a, sa se sinema.

pretension *n.* pòz, pretansyon •**not have pretension** pa nan grandè •**without pretensions** san fason

pretentious *adj.* chèlbè, grandyoz, pedan, pretansye, sekwa *He's so pretentious, when he walks his toes don't touch the ground.* Li tèlman chèlbè, lè l ap mache, pwent zòtèy li pa touche tè. *She's too pretentious.* Li pretansye twòp. *That pretentious young man thinks he's hot stuff.* Jennonm sekwa sa a panse li se yon afè. •**pretentious person** granpanpan, jeswi, kantamwa, zotobre afokòl *Those pretentious persons act like they will never need to be helped in life.* Gran panpan sa yo kwè yo p ap janm bezwen èd moun nan lavi. •**pretentious woman** gran fanm *Stop being a pretentious woman, you don't have even five cents.* Sispann fè gran fanm, menm senk kòb ou pa genyen. •**be pretentious** chaje ak pretansyon *That girl is very pretentious.* Tifi sa chaje ak pretansyon. •**be pretentious or ostentatious** {fè/mache}bwòdè *The woman is so pretentious that everyone has to stand and gape.* Kòmè a tèlman fè bwòdè, tout moun oblije kanpe gade l. •**not be pretentious** pa nan grandè *She's not pretentious, she doesn't try to impress you.* Li pa nan grandè, se moun senp li ye.

pretentiousness *n.* gran devire, kantamwa, pretansyon

pretest *n.* tès preliminè

pretext *n.* eskiz, pretèks *She's looking for a pretext not to come to the meeting.* L ap chache eskiz pou li pa vini nan reyinyon an. •**on the pretext that** sou pretèks *She didn't come to the party on the pretext that the weather is too cold.* Li pa vini nan fèt la sou pretèks li fè twòp frèt.

prettiest *adj.* pi bèl *She's the prettiest one in the family.* Se li ki pi bèl nan fanmi an.

pretty[1] *adj.* bèl *What a pretty shirt! A*la yon bèl chemiz! •**pretty woman** zen

pretty[2] *adv.* ase *She's pretty rich.* Li ase rich.

pretzel *n.* pretzèl

prevail *v.tr.* dominen, fè (la)viktwa sou, prime *We prevailed over the adversary.* Nou fè yon gwo viktwa sou advèsè a. •**prevail over** pote laviktwa, venk

prevailing *adj.* dominan

prevarication *n.* laviwonn

prevent *v.tr.* anpeche, bare, bloke, enpoze, koyibe, prevni *He stood in the doorway and prevented me from going in.* Li kanpe nan pòt la, l anpeche m antre. *I'm going to close in the yard to prevent animals from coming in.* M ap bare lakou a pou m anpeche bèt antre. *The water prevents me from passing.* Dlo bare m. *They prevent him from coming into the country.* Yo bloke l pou l pa antre nan peyi a. *The wind prevented the match from lighting.* Van an enpoze alimèt la pran. *I'm going to prevent his project from being accepted.* M pral koyibe pwojè misye a pou l pa pase. *To prevent an illness...* Prevni yon maladi... •**prevent from crossing, passing** bloke *The river overflows, it prevents the merchants from crossing.* Larivyè desann, li bloke machann yo. •**prevent from falling with a prop** bay bwa •**prevent from making a move** [*checkers*] kochon •**prevent from passing** bare *The water prevents me from passing.* Dlo bare m. •**prevent from talking** pa bay bouch pou pale •**prevent the normal development of fetus** rete pitit *Her rival prevented the development of the fetus in her womb.* Matlòt li a te rete pitit la nan vant li. •**prevented from doing sth.** antrave •**do sth. to prevent sth.** pare

preventable *adj.* evitab

prevention *n.* prevansyon

preventive *adj.* prevantif •**preventive measure(s)** prekosyon

preview *n.* 1[*preliminary view*] amòs, avangou *The magician gave a preview of the show.* Majisyen an bay yon amòs sou cho a. 2[*at an art gallery*] vènisaj 3[*movie*] aktyalite, avangou *They gave a preview of the movie.* Yo bay yon avangou fim nan.

previous *adj.* anvan *The previous matches were better.* Match anvan yo te pi bon.

previously *adv.* anvan, deja, oparavan *Previously she was well behaved, now she's rude.* Oparavan li te saj, alèkile li gate.

prewar *adj.* anvan lagè

prey[1] *n.* manje, viktim *This team is easy prey for us.* Ekip sa a se manje nou. •**s.o. who is prey to s.o. or sth.** pitimi san gadò

prey[2] *v.tr.* •**prey on/on** fè moun abi, eksplwate, peze souse, souse san *They always prey on the poor.* Yo toujou peze souse pòv yo. •**prey on one's mind** travay lespri yon moun *The problem preys on my mind.* Pwoblèm nan ap travay lespri m.

preying *adj.* piyajè, rapas

priapism *n.* bann san rete

price *n.* pri *I'll lower the price for you.* M ap desann pri a pou ou. *What's the price of this car?* Ki pri machin sa a? •**price list** tarif •**at a low price** a ba pri *This merchandise sells at a low price.* Machandiz sa yo vann a ba pri. •**at a reduced price** orabè *The stores downtown sell things at a reduced price.* Magazen anba lavil yo vann orabè. •**fixed price** pri fiks •**give a good price** fè (jis) pri *I'm buying two undershirts, three pairs of underwear, now give me a good price for everything.* M achte de chemizèt, twa kalson, fè pri a pou mwen. •**give sth. to s.o. for a low price** sede •**go down in price** desann •**go for a good/low price** pa fè pri *This week, corn is going for a low price.* Senmenn sa a, mayi a pa fè pri. •**high prices** chète •**honest price** mendèv •**opening price** [*when bargaining*] non batèm *What's your opening price for this chicken?* Ki premye non batèm ou pou poul sa a? •**selling price** pri (la)vant •**set a price** mete pri •**unrealistic price** milyon ven *They ask an unrealistic price for the house; I*

can't buy it. Yo mande milyon ven pou kay la; m p ap kab achte l.

price-gouger *n.* koupèdgòj

price-gouging *n.* koupe gòj

priced *adj.* •**high priced** chè

priceless *adj.* pa gen pri, wòdpòte *What you did for me is priceless.* Sèvis sa ou rann mwen la pa gen pri.

prices *n.pl.* •**high prices** chète •**run up prices** [*at auctions*] pouse pri

prick[1] *n.* [*small piercing*] piki

prick[2] *n.* [*penis; vulg.*] piston, ti koulout

prick[3] *v.tr.* pike, zigonnen *The needle pricked her finger.* Egwi a pike l nan dwèt. *Don't prick the orange so its juice doesn't get all over the floor.* Pa vin zigonnen zorany lan la pou l pa sal atè a.

pricking *adj.* •**pricking sensation** gratèl, pikotman

prickly *adj.*[*irritable*] akaryat, rechiya •**prickly heat** chofi

prickly pear *n.* [*large cactus*] pat rakèt, rakèt

pride *n.* 1[*justifiable pride*] fyète *The players of the champion team raised the cup with pride.* Jwè ekip champion an level koup la ak fyète. 2[*face, self-respect*] amoupwòp, lafas, ògèy *She has her pride, because of what you said, she'll never come here again.* Se moun ki gen ògèy, poutèt sa ou di l la, li p ap janm vin isit la ankò. *His pride was hurt.* Li blese nan amoupwòp li. 3[*haughtiness*] ògèy •**be full of pride** fè ògèy •**have one's pride or self-respect** gen nen *This child has her pride, she doesn't let people embarrass her twice.* Pitit sa gen nen, li pa kite moun fè l wont de fwa. *I have pride, I'm doing all I can to reimburse you.* M gen nen, m ap fè tout sa m konnen pou mwen remèt ou lajan an. •**having pride** tèt drèt •**lacking in pride or self-respect** pa moun •**swallow one's pride** pa koute san li •**take pride in** {benyen/rejwi}nan

prideful *adj.* •**be prideful** fè ògèy

priest *n.* 1[*Catholic, Episcopal*] monpè, pè, prèt *He became a priest. He entered the priesthood.* Li antre nan pè. •**bush priest** {pè/prèt} savann •**defrocked priest** {pè/ prèt} defwoke •**diocesan priest** prèt dyosezen •**lay priest** lektè •**of a priest** presbiteral •**parish priest** kire •**Vodou priest** bòkò, deven, makousyen, ougan, oungan, papa lwa •**Vodou priest's assistant** a[fem.] manbo kay b[male] ounsi

priestess n. [Vodou] manbo

priesthood n. sasèdòs •**in the priesthood** nan pè

priestly adj. presbiteral, sasèdotal Literacy training is becoming a priestly duty. Alfabetizasyon vin yon devwa presbiteral.

prig n. moun lespri fèmen, titès

primacy n. dominasyon, lobedyans

primarily adv. esansyèlman Haiti is a country that is primarily agricultural. Ayiti se yon peyi esansyèlman agrikòl.

primary adj. primè

primate n. [ape] makak, senj

primavera [bot.] kase sèk

prime[1] adj. •**prime minister** premye minis •**prime number** [math] prim

prime[2] n. •**in one's prime of life** (nan) aflèdelaj He died in his prime. Li mouri aflèdelaj. •**past one's prime** grizonnen, vyeyi

prime[3] v.tr. amòse Prime the pump to get the water up. Amòse ponp lan pou monte dlo a.

primer n. [book] ti metòd, silabè

primeval adj. ansyen, preyistorik,

primitive adj. mastòk, primitif We aren't in primitive times anymore. Nou pa nan tan primitif la ankò.

primordial adj. orijinèl

primrose n. [bot.] primvè

prince n. prens •**crown prince** prens eritye

princess n. prensès •**crown princess** prensès eritye

princewood tree n. bwa soumi, kenkina peyi •**Caribbean princewood** bwa chandèl

principal[1] adj. pi gwo, manman, prensipal My principal concern now is finding a job. Pi gwo poblèm mwen konnye a, se jwenn yon travay. •**principal part** manman

principal[2] n. 1[school head] direktè, direktris [fem.] •**assistant principal** prefè disiplin, sansè

principal[3] n. [money] manman lajan

principally adv. prensipalman

principle n. prensip •**lack of principles** enkonsyans •**s/he's a person of principle** se yon moun You can tell she's a person of principle based on how she talks. Ou wè sa se yon moun jan li pale a. •**without principles**

labouyi vide Everything he does is done without principles. Tout sa l ap fè se labouyi vide.

principled adj. dwat, moral

print[1] n. [mark] gravi •**print shop** enprimri •**fine print** ti lèt fen •**flowered print** twal à flè I bought a nice flowered print. M achte yon bèl twal a flè. •**in print** enprime •**out of print** [book] epize •**shoe print** mak soulye

print[2] v.tr. enprime In this printing house they print many school books. Se nan enprimri sa a yo enprime anpil liv lekòl.

printer n. [person] enprimè •**computer printer** enprimant

printing n. enpresyon •**printing machine** enprimè •**printing office** enprimri •**printing press** près •**printing run** tiray

prior adv. anvan •**prior instance** [jur.] presedan •**prior to** anvan

priority n. priyorite •**be a priority** pase an premye •**become the priority** pran pye sou •**give priority** privilejye Let's give priority to his case because it's urgent. Ann privilejye ka li a paske li ijan. •**take priority** prime, vin anvan My work takes priority in my life. Se travay mwen k vin anvan nan lavi mwen.

priory n. kouvan, monastè

prism n. pris

prison n. kacho, penitansye, prizon How long has she been in prison? Depi konbe tan l nan prizon? He did two years in prison. Li fè dez an prizon. •**prison cell** kacho, sèlil •**be in prison** bwè prizon The criminal has been in prison for ten years. Kriminèl la ap bwè prizon depi dizan. •**be in prison for a long time** {boule/manje}prizon The criminal is in prison for a long time because he murdered someone. Kriminèl la ap boule prizon poutèt li te touye moun. •**do time in prison** {boule/bwè/manje/pran}prizon •**serve time in prison** pije penn li

prisoner n. kaptif, prizonye, prizonyèz [fem.] •**prisoner of war** prizonye lagè •**prisoner on work detail** prevo •**escaped prisoner** sovadò •**take s.o. prisoner** fè yon moun prizonye

prissy adj. rechiya

privacy n. lavi prive •**lack of privacy** lòbèy

private[1] adj. 1[owned personally, for own use] apa, pèsonèl, prive This is her private room.

Sa se chanm prive l. *This is my private car.* Sa se machin pèsonèl mwen. **2**[*school*] patikilye, prive •**private parts** [*male/female genitals*] afè, anba, ti afè •**private sector** prive •**in private** pa devan moun *Tell her in private.* Pa di l sa devan moun.

private² *n.* [*army*] senp sòlda

privateer *n.* kòsè

privately *adv.* an patikilye, a de, apa *He spoke to each person privately.* Li pale ak chak moun yo an patikilye.

privatization *n.* privatizasyon

privation *n.* karans, malsite, mank

privatize *v.tr.* privatize *They're going to privatize the state agencies.* Yo pral privatize sèvis leta yo.

privilege *n.* privilèj •**automatic privilege** [*inherent right*] chwal papa

privileged *adj.* privilejye

privy *n.* komòd, latrin, madan Viktò •**person who cleans privies, outhouses** bayakou

prize¹ *adj.* pi bon kalite, favori, siperyè

prize² *n.* **1**[*award*] pri, prim *They won first prize in the Carnival.* Yo pote premye pri nan kanaval la. **2**[*game, gambling*] gany •**first prize** *a*[*award*] premye mayòl *b*[*lottery*] gwo lo •**lottery prize** lo

prize³ *v.tr.* genyen estim pou, konsidere *He's someone whom I prize for his courage.* Se yon moun mwen konsidere anpil pou kouraj li.

prized *adj.* apresye, estime

prizefighter *n.* boksè

pro- *prefx.* pwo- •**pro bono** gratis •**pro tem(pore)** enterimè, pwovizwa

pro-slavery *adj.* esklavajis *The pro-slavery system didn't recognize the rights of man.* Sistèm esklavajis la pa t rekonèt dwa moun.

probability *n.* pwobabilite

probable *adj.* atè, pwobab

probably *adv.* atè, gen gwo chans, pou di, pwobableman *They'll probably be late.* Gen gwo chans pou yo an reta. *It's probably going to rain early today.* Lapli a atè bonè jodi a. *It probably isn't his house.* Pou di sa se pa kay li. *She'll probably come to the party.* Pwobableman l ap vini nan fèt la.

probation *n.* libète sou kondisyon

probe¹ *n.* **1**[*geological*] sonday, sonn *The probe performed indicated there's oil underground.* Sonday yo fè montre gen petwòl anba tè a.

2[*jur.*] ankèt, envestigasyon •**dental probe** ekatè •**space probe** sonn espasyal

probe² *v.tr.* analize, apwofondi, sonde *They're probing the beach.* Y ap sonde plaj la. *Before we built, we have to probe the ground.* Anvan nou konstwi, nou fèt pou analize teren an.

probing *n.* fouyay

probity *n.* onèkte

problem *n.* **1**[*gen.*] adjipopo, anbetman, annwi, ka, pakèt afè, pàn, presipis, p(w)oblèm, tchòbòl *This matter presents a problem for me.* Afè sa a koze yon pwoblèm pou mwen. *Not having a place to sleep is a big problem.* Pa gen kote pou dòmi, sa se yon pakèt afè. *Life is all about solving a problem and finding another one.* Lavi sa se soti nan presipis tonbe nan yon lòt. **2**[*financial*] anbara **problems** *n.pl.* annwi, boulvès, brimad, kalkil, ladoba *She has problems, her child is sick.* Li gen boulvès, li gen pitit malad. *She had a lot of problems in life.* Li jwenn anpil brimad nan lavi a. *You seem to be having problems, what's upsetting you like that?* Ou gen lè ou gen kalkil, sa k ap boulvèse ou konsa? *She had a lot of problems in life.* Li jwenn anpil brimad nan lavi a. •**big problem** pakèt zafè *Not having a place to sleep is a big problem.* Pa gen kote pou dòmi, sa se yon pakèt afè. •**financial problems** pwoblèm finans *Financial problems prevented her from pursuing her study.* Pwoblèm finans fè l pa kontinye etid li. •**have a problem** nan yon move kout kat, pye yon moun nan dlo •**have financial problems** anba makak *How are you doing? —Oh, I'm having financial problems!* Kijan ou ye? —A, nèg anba makak! •**have no problems** nan bòl grès li •**have problems** anba{bwa/ gawòt/traka} *After that hurricane everyone is having problems.* Apre siklòn sa a tout moun anba bwa. •**have problems with** nan brigandaj (ak) *I never have problems with people.* M pa janm nan brigandaj ak moun. •**have problems with s.o.** an kontravansyon ak •**have serious problems** kakis *He has serious problems with his wife, they're about to divorce.* Misye ak madanm li kakis, se sou divòs yo ye la a. •**health problems due to a spell** annwi *His father has health problems due to a spell,* *he needs to see a 'mambo'.* Papa l gen annwi nan kò l, li merite wè yon manbo. •**it's not my problem** zafè mouton pa zafè kabrit •**little problem** akwo •**major problem** zo Kingkong •**no problem** pa gen{pàn/ problem} —*I forgot to bring it to you.* —*No problem!* —M bliye pote l pou ou. —Pa gen poblèm! •**not have money problems** dòmi swa *People who are well off don't have any money problems.* Moun afè bon dòmi swa, yo pa gen pwoblèm lajan ditou. •**once you have problems you're really in trouble** nan mal yon moun nan mal nèt •**that's their problem** zafè (a) yo *Charge! Those who die, that's their problem.* Alaso! Sa ki mouri zafè a yo. •**that's your problem** biznaw yon moun, zafè, zafè ou *We will not ask you anymore for your opinion.* —*That's your problem.* Nou p ap envite ou nan afè n ankò. —Biznaw. •**unsolvable problem** azikòkò, ne gòdyen, pongongon *This issue became an unsolvable problem for me.* Pwoblèm sa tounen yon pongongon nan kò m. •**what problems** ala de ka *What problems I have!* Ala de ka pou mwen! •**without a problem** litlit •**you'll have problems** [threat] se pou piga li *You'll have problems if you keep bothering him.* Se pou piga ou si ou kontinye anmède l.

procedure *n.* mach a suiv, metòd, pwosede *The teacher showed us a procedure to solve the problem.* Mèt la ban nou mach a suiv pou rezoud pwoblèm nan. *The result is good, but the procedure isn't clear.* Rezilta a bon wi, men se pwosede a ki pa klè. •**late in negotiation procedure** bonswa da(n) m •**magical procedure** fetich •**standard procedure** larèg dwatèt

proceed *v.intr.* 1[*continue*] kontinye *You may proceed.* Ou mèt kontinye. 2[*develop*] dewoule *The game is proceeding without problems.* Match la ap dewoule san traka •**proceed from** boujonnen, sòti •**proceed with** pwosede ak

proceeding *n.* fòmalite **proceedings** *n.pl.* [*jur.*] pwosedi •**end proceedings** leve seyans •**initiate proceedings against s.o./ sth.** mennen lajistis •**legal proceedings** enstans, pouswit •**official record of proceedings** pwosèvèbal •**write up the official proceedings** tire pwosèvèbal

proceeds *n.pl.* rantre •**proceeds from an agricultural work-team** atribisyon

process *n.* demach, metòd, pwosede, pwosesis •**due process of law** pwosedi legal •**in process** ankou •**in the process of** sou wout (pou)

procession *n.* 1[*gen.*] pwosesyon 2[*eccl.*] lapwosesyon •**torchlight procession** laretrèt oflanbo

proclaim *v.tr.* 1[*gen.*] dekrete, mete nan lari, pibliye, pwoklame *They proclaimed some dates as national holidays.* Yo dekrete kèk dat fèt nasyonal. *They proclaimed the results.* Yo mete rezilta yo nan lari. *Dessalines proclaimed Haiti's independence.* Desalin te pwoklame lendepandans peyi Dayiti. 2[*news, etc.*] klewonnen •**proclaim loudly** karyonnen •**proclaim one's guilt** bat semafot li *The man proclaimed his guilt before God.* Nèg la bat semafot li devan Bondye. •**be proclaimed** pran lari *The results were proclaimed.* Rezilta yo pran lari.

proclamation *n.* ban, pwoklamasyon

procrastination *n.* twòta

proctor *n.* [*school*] detektè, siveyan

procurer *n.* [*pimp*] antremetè, makwo, tantafè, tchoul

procuress *n.* makrèl, reselè, reselèz, tantafèz

prod[1] *n.* digèt, va

prod[2] *v.tr.* dige, giyonnen *They're prodding to find out what happened.* Y ap dige pou konn sa k pase. •**prod two people to fight** fè tidife boule *By prodding those two men, you have them ending up fighting.* Nan fè tidife boule ou, ou kòz nèg yo met men.

prodigal *adj.* pwodig •**prodigal with** gen lajès

prodigality *n.* lenbe, piyay

prodigious *adj.* fòmidab, kokennchenn

prodigy *n.* fenomèn, mèvèy

produce[1] *n.* 1[*vegetables, coffee, cereals, etc., but not meat*] danre 2[*yield*] donezon

produce[2] *v.tr.* 1[*gen.*] bay, fè, kale pitit, pwodui, rann *He produced several nice books in Creole.* Li pwodwi plizyè bèl liv an kreyòl. *What do they produce in that factory?* Ki sa yo fè nan faktori sa a? *This month didn't produce any rain.* Mwa sa a pa bay lapli menm. *Look at how the sore is producing pus.* Men maleng lan ap fè pi. *They just got married and they're beginning to produce a lot of kids.* Yo fèk marye, yo fèk kòmanse ap kale pitit. **2**[*a cry, scream*] pati **3**[*crops*] bay, donnen *This mango tree produces a lot of fruit.* Pye mango sa a donnen anpil. •**produce a vaginal secretion** bay yon likid •**produce hypercorrect speech** djòl si •**produce in great quantity** grennen *The mango tree produced a lot.* Pye mango a grennen anpil. *Look at how that woman produces children in great quantity! Every year she's pregnant.* Ala ti madanm grennen pitit! Chak ane li ansent. •**produce offspring** [*animals*] fè pitit •**produce smoke** [*cigarette, etc.*] rale (yon) nway

produced *adj.* fèt

producer *n.* **1**[*gen.*] pwodiktè **2**[*cinema, theater*] metè an sèn

product *n.* **1**[*gen.*] machandiz, pwodui **2**[*math*] pwodui •**product of good quality** bagay blan fè *These clothes are of good quality.* Rad sa yo se bagay blan fè.

production *n.* **1**[*gen.*] pwodiksyon **2**[*theater*] mizansèn •**mass production** pwodiksyon an seri

productive *adj.* donab, pwodiktif *The boss wants us to become more productive.* Bòs la vle n vin pi pwodiktif.

productivity *n.* rannman

profanation *n.* sakrilèj

profane[1] *adj.* **1**[*secular*] tanporèl **2**[*blasphemous*] blasfèmatwa **3**[*vulgar*] gwosye, vilgè

profane[2] *v.tr.* avili, pwofane, sal *These tourists profane our sacred monuments.* Touris yo sal moniman sakre nou yo.

profaner *n.* pwofanatè

profanity *n.* betiz *You can't open your mouth without using profanity!* Ou pa ka ouvè bouch ou san ou pa di betiz!

profess *v.tr.* pwofese *Profess your faith!* Pwofese lafwa ou! •**stop professing one's faith** chite *Magerit doesn't go to church anymore, she stops professing her faith.* Magerit pa al legliz ankò, li chite.

professed *adj.* **1**[*avowed*] deklare **2**[*alleged*] prezime, swadizan

profession *n.* metye, ofis, pwofesyon *What's your profession?* Ki metye ou? •**profession of faith** jekwazandye *This old lady is practicing profession of faith.* Pèsonaj fiy sa ap resite jekwazandye.

professional[1] *adj.* pwofesyonèl *We like to see young people who have a professional attitude.* Nou renmen wè jèn ak atitid pwofesyonnèl.

professional[2] *n.* de karyè, pwofesyonèl *The city is full of professionals, they know their job well.* Vil la chaje ak de karyè, yo konn sa y ap fè a byen.

professionalize *v.tr.* pwofesyonalize *We need to professionalize the police.* Ann pwofesyonalize lapolis la.

professor *n.* mèt, pofesè, pwofesè

proficiency *n.* abilite, konpetans

proficient *adj.* kalifye, konpetan

profile *n.* pwofil •**in profile** de pwofil •**keep a low profile** mouri kò li

profit[1] *n.* benefis, pwofi *If I sell for that price, I won't make a profit.* Si m vann li pou pri sa a, m pa p fè benefis. •**profit making** fè lajan •**guaranteed profit** garanti •**make a profit** fè pitit •**make no profit or gain** fè defisi •**small profit** santay •**there is no profit in that** po pou po

profit[2] *v.intr.* benefisye *They profit from inflation.* Yo benefisye de monte pri. •**profit from** pwofite •**profit handsomely** manje alèz sou

profitability *n.* rantabilite

profitable *adj.* avantaje, bay, benefik, peyab, pwofitab, rantab *It's a very profitable business.* Se yon konmès ki bay. *The business isn't profitable for us.* Komès la pa benefik pou nou. *The work is profitable.* Travay la peyab. *The investment I made is very profitable.* Envèstisman m fè la byen pwofitab. *The coffee trade isn't profitable anymore.* Komès kafe pa rantab ankò. •**make profitable** ran rantab

profiteer *n.* aferis, awoutchapatcha, granmanjè, koupèdgòj, pwofitè, sousè, sousoupannan *Those profiteers always exploit the poor.* Sousè sa yo pa bouke souse malere.

profits *n.pl.* •**take in profits** fè resèt

profligacy *n.* dechèpiyay, gaspiyay

profligate *adj* depansè, men{koule/pèse}

profound *adj.* fon, konsekan, pwofon *Today the pastor's sermon was profound.* Jodi a prèch pastè a te konsekan.

profoundly *adv.* fon

profuse *adj.* abondan, djouz

profusely *adv.* dri, pa bokit *The rain fell profusely during the entire month of March.* Lapli a ap tonbe dri tout mwa mas la. *The woman bled profusely before she delivered the baby.* Fi a bay san pa bokit anvan akouchman an.

profusion *n.* abondans •**be in profusion** fè moukmouk •**in profusion** angogay, agogo

progenitor *n.* papa

progeny *n.* desandans

prognosis *n.* previzyon, pwonostik

program[1] *n.* **1**[*education*] p(w)ogram *Many youths participated in the literacy program.* Anpil jèn te patisipe nan pwogram alfa a. **2**[*broadcast show*] pogram *What program is that? Ki pogram y ap bay la a?* •**literacy program** alfabetizasyon

program[2] *v.tr.* pwograme *To program a computer.* Pwograme yon òdinatè.

programmer *n.* •**computer programmer** pwogramè konpitè

programming *n.* [*TV, radio*] pwogramasyon

progress[1] *n.* **1**[*development*] dewoulman, evolisyon, mach *The progress of the work.* Dewoulman travay la. *The progress of science helps man a lot in solving some problems.* Evolisyon lasyans ede lòm anpil nan solisyone kèk pwoblèm **2**[*improvement*] avansman, p(w)ogrè *She's made progress in school.* Li fè pogrè nan lekòl la. *There isn't any sign of progress in this country.* Pa gen avansman nan peyi sa a menm... •**progress report** kanè •**in progress** sou pye *The meeting was already in progress when I arrived.* Lè m rive a, reyinyon an te gen tan sou pye. •**make progress** evolye, fè de bon, fè debon, pike devan, taye pa, vale teren, vanse bourik li pi devan *Since 1960 medicine has made a lot of progress.* Depi ane 1960, lamedsin evolye. *Anita is making progress, she's about to have her house built.* Anita ap fè debon, li prèt pou l fin bati kay la. *The Creole language is making progress, now they use it in schools.* Lang kreyòl la ap taye pa, kounye a yo itilize l nan lekòl. *While the others are kidding around, he is making progress in the work.* Pandan lòt yo ap ranse, li menm l ap vale teren nan travay la. *This student made considerable progress in his studies.* Elèv sa a

ap vanse bourik li pi devan nan zafè etid li. •**not to make progress** rete sou plas

progress[2] *v.intr.* an mach, fè bèl, fè chemen, fè yon pa annavan, mache, pike devan, pwogrese *The country is progressing.* Peyi a an mach. *This trimester she has improved her grade average, she's progressing.* Trimès sa a li fè pi gwo mwayèn, l ap fè bèl. *We keep progressing.* Nou menm n ap pike devan. •**not progress** kanpe tann

progression *n.* pwogresyon

progressing *adj.* anmach, pwogrese, sou pye

progressive *adj.* pwogresis *They're very progressive.* Yo pwogresis anpil. •**progressive person** pwogresis

progressively *adv.* ofiramezi *I watch her getting progressively worse each day.* Chak jou, m wè l ap vin pi mal ofiramezi.

prohibit *v.tr.* bani, bay entèdiksyon, defann, entèdi, pwoyibe *The law prohibits people from smoking on public transportation.* Lalwa bani moun fimen nan machin piblik. *The use of marijuana is prohibited in Haiti.* Izay dwòg mariwana pwoyibe ann Ayiti.

prohibition *n.* abolisyon, defans

project[1] *n.* pwogram, pwojè

project[2] *v.tr.* fè pwojè *We're projecting a trip to the Dominican Republic.* N ap fè pwojè ale nan Panyòl.

projectile *n.* misil, pwojektil

projectionist *n.* operatè

projector *n.* pwojektè

proletarian[1] *adj.* pwoletè

proletarian[2] *n.* pwoletè

proletariat *n.* pèp, pwoletarya

proliferate *v.intr.* djondjonnen *Rabbits are proliferating this year.* Lapen ap djondjonnen ane sa a.

proliferation *n.* monte, ogmantasyon

prolific *adj.* **1**[*having children*] pititral *She's a prolific woman.* Se yon fi pititral. **2**[*productive*] pwodiktif

prolix *adj.* paladò, pale tou long ale

prologue *n.* pwològ

prolong *v.tr.* kalewès, pwolonje *They didn't finish discussing all the points; they were forced to prolong the meeting.* Yo pa t fin debat tout pwen yo; yo oblije pwolonje reyinyon an.

prolongation *n.* pwolongasyon

promenade *v.intr.* •**promenading to and fro in the evening** [*usu. in a group*] vipochasann

prominence *n.* grandèt •**give prominence** mete an vedèt

prominent *adj.* 1[*of great reputation*] renome 2[*noticeable*] byen vizib, remakab 3[*projecting: butt, belly, chest*] bonbe •**prominent people** gwo zotobre *There were a lot of prominent people at the party.* Te gen yon pakèt gwo zotobre nan fèt la.

promiscuity *n.* dezòd, libètinaj, lòbèy, tontèn mitonn

promiscuous *adj.* devègonde, malpwòp *If you can have two boyfriends at the same time, you are really promiscuous.* Si ou ka gen de nèg a la fwa, ou se yon fi ki malpwòp. •**promiscuous woman** azizwèl, chanpèt, manjèdkòd, rat *This woman is promiscuous.* Fanm sa a se yon azizwèl. •**be promiscuous** manje kòd *No man is as promiscuous as he.* Nanpwen gason ki manje kòd tankou li.

promise¹ *n.* pwomès •**empty promise** pawòl{anlè/san sèl/tafya/van} *I already know that what you said is an empty promise because you aren't a trustworthy person.* Sa ou di la a m deja konnen se pawòl van paske ou pa moun ki serye. •**unreliable promise** sèman tafya •**vain promise(s)** pwomès tafya

promise² *v.tr.* bay mo li, fè pwomès, pwomèt *I haven't done that yet! —So, are you promising to do so?* M p ap fè sa ankò! —Èske w ap fè pwomès? *She promised me a watch for my birthday.* Li pwomèt mwen yon mont pou fèt mwen. *I promised to lend the car to someone else.* M gen tan pwomèt yon lòt moun m ap prete l machin lan. •**promise never to do sth. bad again** fè kwa (epi) bobo li *If you don't promise never to do that again, I'll never lend you anything again.* Si ou pa fè kwa bobo l m p ap prete ou anyen m ankò. •**promise s.o.** ba yon moun garanti •**promise to remain silent** fè kwa (sou bouch li)/fè kwa epi bobo li *She promised never to talk about this matter.* Li fè kwa sou bouch li pou l pa janm pale koze a. •**promise undying friendship** mare{jamè/janmè} fache *John and his wife promised each other undying friendship.* Jan mare jamè fache ak madanm li.

promised *adj.* •**the promised land** latè pwomiz

promises *n.* •**false promises** pawòl{anlè/mennen dlo/van}

promising *adj.* •**be promising** pwomèt

promissory *adj.* •**promissory note** dwedou

promontory *n.* [*geography*] kap

promote *v.tr.* 1[*advance*] bay yon moun{grad/pwomosyon}, monte grad yon moun, pouse yon moun monte *He saw that I can do good work, he promoted me.* Li wè m ka bay bon travay, li monte grad mwen. *They promoted him in rank.* Yo ba l pomosyon. 2[*mil.*] galonnen *They promoted him, now he's a corporal.* Yo galonnen l, kounye a li kaporal. 3[*support*] fè {pwomosyon/reklam/vanse}, lanse, pwomouvwa *They promote the Creole language.* Y ap fè vanse lang kreyòl la. *They're promoting the use of Creole in newspapers.* Y ap pwomouvwa lang kreyòl la nan jounal yo. •**promote students in exchange for a bribe** vann yon moun kanè *Students who are stupid always contact the assistant principal to have him promote them in exchange for a bribe.* Tout elèv ki kreten yo toujou tcheke sansè a pou vann yo kanè. •**be promoted** a[*gen.*] monte grad, pran {grad/pwomosyon} *He's been promoted; he's the principal of the school now.* Li pran pomosyon; se direktè lekòl la l ye konnye a. *Pòl isn't a soldier anymore, he was promoted, now he's a corporal.* Pòl pa jandam ankò, li monte grad, se kaporal li ye koulye a. *He was promoted, he doesn't earn the same salary anymore.* Li pran grad, li p ap touche menm kòb la ankò. b[*school*] change klas, monte *He's happy, he received his report card, he's being promoted to the next grade.* Msye kontan, li pran kanè, li monte. *My daughter was promoted, she's going to be in the next to last year of secondary school this year.* Tifi m nan chanje klas, li pral fè reto ane sa a. •**get promoted** pase *He didn't get promoted to the next class this year.* Li pa pase ane sa a.

promoter *n.* pwomotè

promotion *n.* pomosyon, pwomosyon, wosman •**give a promotion** bay yon moun grad *They gave him a promotion, now he's a sergeant.* Yo bay l grad, kounye a se sèjan li ye.

promotional *adj.* piblisitè

prompt¹ *adj.* **1**[*punctual*] alè **2**[*rapid*] dilijan, rapid

prompt² *v.tr.* soufle *Let one prompt the answer to her.* Pinga pèsonn soufle l repons lan.

prompter *n.* [*who whispers answers in school*] souflè

promptitude *n.* rapidite

promptly *adv.* **1**[*on time*] alè tapan *He arrived promptly at seven o'clock.* Li rive alè tapan a sèt è tapan. **2**[*quickly*] rapidman, vit prese

promptness *n.* aktivite, dilijans *Thanks to his promptness, he escaped out.* Gras a aktivite misye, li gen tan chape poul li.

promulgate *v.tr.* •**promulgate a law** mete yon lwa deyò *The government promulgated a law.* Gouvènman an mete yon lwa deyò.

prone *adj.* [*lying flat*] kouche sou vant •**prone to** dispose, gen tandans •**prone to anger** kolerik *You're too prone to anger; you need to control yourself.* Ou twò kolerik, se pou aprann metrize ou.

prong *n.* [*fork, etc.*] dan

pronoun *n.* pwonon •**indefinite pronoun** pwonon endefini •**interrogative pronoun** pwonon entèwogatif •**reflexive pronoun** pwonon reflechi •**relative pronoun** pwonon relatif

pronounce *v.tr.* **1**[*speech*] pwononse *I can't pronounce this sound.* M pa kap pwononse son sa a. **2**[*make public*] di *We are expecting him to pronounce his opinion about this.* Y ap tann li di mo pa l sou zafè a. •**be pronounced** pwononse *In some languages there are words that are not pronounced the way you write them.* Nan sèten lang, gen mo ki pa pwononse jan ou ekri yo a.

pronto *adv.* pwonto

pronunciation *n.* pwononsyasyon •**s.o. whose pronunciation is not intelligible** lang lou

proof *n.* **1**[*evidence*] prèv **2**[*math*] demonstrasyon **3**[*strength alcohol*] degre alkòl •**burden of proof** obligasyon pou bay prèv •**conclusive proof** bon jan prèv •**galley proof** eprèv •**positive proof** bon jan prèv

prop¹ *n.* **1**[*wall, etc.*] sipò, tanson **2**[*for banana plant, etc.*] fouch **3**[*theater*] akseswa •**prop man** akseswaris

prop² *v.tr.* apiye, kore *Prop it with a chair.* Kore le ak yon chèy. *Prop the bike up against the wall.* Apiye bisiklèt la nan mi an. •**prop up** apiye, bay{bwa/fouch}, bite, kore, soutni, tansonnen *I propped the sick person up in bed.* Mwen apiye malad la nan kabann nan. *Prop up the table so I can put the rock underneath.* Soutni tab la pou m sa mete wòch la anba li. *Prop up the banana tree so that it doesn't fall down.* Bay pye bannann nan fouch pou l pa sot tonbe. *Let's prop up the wall before it falls down.* Ann bite mi an, anvan l tonbe. *You have to prop up the table so that it's stable.* Fò ou kore tab la pou l ka daplon. *Prop up the cupboard with a brick so it stands straight.* Tansonnen bifèt la ak yon brik anba l pou l sa ret dwat. •**prop up with a stake** kore *You have to put in a stake to prop up the banana tree.* Fò ou met yon bwa kore pye bannann nan.

propaganda *n.* pwopagann

propagandist *n.* popagandis

propagate *v.tr.* gaye, pwopaje *Propagate some news.* Pwopaje nouvèl la. *The epidemic propagated itself throughout the region.* Epidemi a gaye nan tout rejyon an.

propagation *n.* simayaj, simayman

propane *n.* pwopàn •**propane gas** gaz pwopàn

propel *v.tr.* fè{avanse/mache}, pouse devan *His strength propelled the cart forward.* Fòs li fè avanse charyo a.

propeller *n.* elis

propensity *n.* panchan, tandans •**have a natural propensity for** koupe kòd lonbrit li ak *It looks as if he has a natural propensity for women.* Sanble yo te koupe kòd lonbrit li ak fi. •**have a propensity** gen ... nan san li

proper *adj.* **1**[*appropriate*] kòmilfo, konvnab **2**[*correct*] kòrèk, {an/nan}règ, legal *It isn't proper to do this.* Se pa legal pou fè sa. **3**[*deserved*] {an/nan} règ *They gave him a proper spanking.* Yo ba l yon kal nan règ.

properly *adv.* [*suitably, correctly*] kòmilfo, kòmsadwa, kòrèk, kòrèkteman, pwòp *Clean the table properly.* Netwaye tab la kòmilfo. *She's a reliable woman, she does her work properly.* Se fanm serye l ye, li fè travay li kòrèk. *Do your job properly.* Fè travay ou legal.

property n. 1[*possession*] byen, domèn, pwopriyete *It's the state that holds property rights to this land.* Se leta ki gen dwa pwopriyete sou teren sa a. *She owns a nice property in Jacmel.* Li posede yon bèl pwopriyete Jakmèl. 2[*characteristic*] pwopriyete *Today in the chemistry class we will study the properties of gases.* Nan kou chimi jodi a, n ap etidye pwopriyete gaz yo. 3[*jur.*] patrimwàn *This land is state property.* Teren sa se patrimwàn leta. •**property rights** pwopriyete *It's the state that holds property rights to this land.* Se leta ki gen dwa pwopriyete sou teren sa a. •**be s.o.'s exclusive property** rele yon moun chè mèt chè mètrès •**other people's property** byen dotri •**personal property** byen mèb

prophecy n. prediksyon, pwofesi

prophesy v.tr. pwofetize *She claims to be able to prophesy, well, let's see if she can predict the winning number in the lottery.* Li di li kab pwofetize, an n wè si li kab di ki boul ki pral soti nan loto a.

prophet n. pwofèt, vwayan

prophetic adj. pwofetik •**be prophetic** wè lwen

prophylactic[1] n. pwotèj kont maladi

prophylactic[2] adj. •**prophylactic condom** pwotèj gason

propitious adj. favorab

proponent n. patizan, sipòtè

proportion n. pwopòsyon •**in direct proportion** mezi...mezi *She gains weight in direct proportion to her eating.* Mezi l ap manje mezi l ap gwosi. •**in proportion to** pa rapò{a/ak} *She gives him more candy than us in proportion to the number of children he has.* Li bay msye plis sirèt pase nou, pa rapò ak valè pitit li genyen. •**in the same proportions** egal *Cut all the pieces of fabric in the same proportions.* Koupe tout moso twal yo egal. •**inverse proportion** pwopòsyon envès •**out of proportion** dwogidwogan

proposal n. pwopozisyon *The proposal is based on three surveys.* Pwopozisyon an fonde sou twa ankèt. •**engagement or marriage proposal** lademann •**formal written proposal of cohabitation or of marriage** lèt demann •**marriage proposal**

reprezantasyon *It's his parents who went to make a marriage proposal to the parents of the girl.* Se paran li ki te al fè reprezantasyon an kote paran fi a.

propose v.tr. pwopoze *I proposed my help to them.* M pwopoze yo èd mwen. •**propose marriage** fè lademann, pwopoze *He proposed marriage to the girl.* Li pwopoze fi a maryaj. *He's going to propose marriage to the girl at her house.* Li pral fè lademann kay fi a.

proposition n. òf, pwopozisyon

proprietor n. bacha, chè mèt chè mètrès, pwopriyetè

proprietress n. metrès

propriety n. dekowòm, onèkte, pidè •**proprieties** n.pl. byenseyans, lizay

proscribe v.intr. bani, defann, entèdi *The use of this gas is proscribed now.* Anplwa gaz sa a entèdi kounye a.

prosaic adj. òdinè, tèratè

prose n. pwoz

prosecute v.tr. pouswiv nan{lajistis/tribunal} *They are prosecuting him for his crimes.* Yo pouswiv li nan lajistis pou krim li yo.

prosecution n. pwosekisyon

prosecutor n. pwokirè •**deputy public prosecutor** sibstiti

prospect n. posibilite •**prospect for** cheche, fouye •**in prospect** pwojte

prospective adj. pwobab

prospector n. bouskè, fouyè

prospects n.pl. potansyèl

prosper v.intr. pran fil, pwospere, rive *This place of business has really prospered.* Biznis la pran fil nèt.

prosperity n. abondans, pwosperite

prosperous adj. mache byen, pwospè *The business has been very prosperous.* Konmès la mache byen. •**be prosperous** woule sou lò

prostate n. pwostat

prosthesis n. pwotèz

prostitute n. awonna, bouzen, jennès, lagrannpout, pwostitiye, •**prostitute in a brothel** bouzen kafe •**prostitute of Dominican origin** fi{enpòte/fontyè}, panyòl •**be a prostitute** fè lakòt •**high class prostitute** bouzen sibtil, lafrechè •**low class prostitute** chanbrèy

prostitute o.s. v.tr. fè bouzen *She prostitutes herself.* L ap fè bouzen.

prostitution *n.* bouzendri, dezòd, pwostitisyon, vakabonday •**engage in prostitution** fè{jamèdodo/kòmès lachè} •**fall into prostitution** tonbe nan vakabòn

prostrate *adj.* platatè •**prostrate o.s.** bese devan, mete ajenou devan, pwostènen li *She prostrated herself in front of me.* Li pwostènen l devan m.

prostrated *adj.* kò kraze

prostration *n.* 1[*exhaustion*] epizman, kò kraze 2[*humility*] imilite

protect *v.tr.* 1[*gen.*] menaje, prezève, pwoteje *We have to protect our interests.* Nou fèt pou prezève enterè nou. *You're his older brother, it's your duty to protect him.* Ou se gran frè l, se ou k pou pwoteje l. 2[*an interest*] soutni *There are police officers who protect drug dealers.* Gen polisye k ap soutni dilè dwòg. •**protect a child against evil** (Vodou) dwoge, dogwe, doge •**protect one's interests** defann patat li *Everyone protects his own interests.* Tout moun ap defann patat yo. •**protect one's right** fè pledman •**protect o.s.** defann tèt li, pwoteje kò li *Young people should protect themselves when they have sex.* Jèn moun ta dwe pwoteje kò yo lè y ap fè sèks. •**protect o.s. from a blow** pare kou *He protected himself from the blow with the suitcase he was carrying.* Li pare kou a ak valiz ki nan men l lan.

protection *n.* boukliye, defans, pwotèj, pwoteksyon *They fled, they found protection in another region.* Y al mawon, yo jwenn pwotèj nan yon lòt zòn. •**s.o. without protection or influence** pitimi san gadò *We aren't without protection, we do have guns.* Nou pa pitimi san gadò, nou gen zam nan men nou. •**under the protection of** anba vant yon moun *That small country is under the protection of great powers.* Ti peyi sa anba vant gran pisans.

protective *adj.* pwotèktè *Her father is very protective, he never lets her out.* Papa fi a pwotèktè anpil, li pa janm kite l soti.

protector *n.* 1[*person*] pwotèktè, soutyen 2[*device*] pwotèj •**my protector** Vodou an mwen •**s.o. without a protector** pitimi san gadò

protein *n.* pwoteyin, pwotid

protest¹ *n.* pwotestasyon, revandikasyon •**make loud anonymous public protest or celebration** [*usu. by hitting metal against metal or using horns*] bat tenèb •**organized protest** leve kanpe (doubout •**public protest** manifestasyon •**there's a lot of political protest** beton an cho

protest² *v.tr.* bat tenèb, diskite, leve kont, manifeste, {pete/ leve}koken, pwoteste, revandike, tire pye, wouspete *The opposition asked us to protest against the government.* Opozisyon an mande pou nou bat tenèb kont gouvènman an. *The students have been protesting against the government.* Etidyan yo leve kont gouvènman an a. *The union members protested in the morning.* Manm sendika yo te manifeste maten an. *The employees are protesting because they refused to give them a raise.* Anplwaye yo ap tire pye poutèt yo pa vle ba yo ogmantasyon. *You can protest until you're tired, the situation won't change.* Ou mèt wouspete jis ou about, sitiyasyon an p ap chanje. •**protest one's innocence** plede •**protest vigorously** ponpe kou chwal *The employees protested vigorously when she wouldn't give them another pay raise.* Anplwaye yo ponpe kou chwal lè li p ap ba yo ogmantasyon an ankò.

Protestant *prop.n.* levanjil, potestan, pwotestan *How long have you been a Protestant?* Depi ki lè ou potestan? *They say Protestants don't go to the voodoo priest.* Yo di levanjil pa ale kay ougan.

Protestant Seminary *prop.n.* lekòl biblik

Protestantism *prop.n.* pwotestantis

protestation *n.* pwotestasyon

protester *n.* manifestan

protocol *n.* pwotokòl

prototype *n.* echantiyon

protractor *n.* [*math*] rapòtè

protrude *v.intr.* debòde, sòti *His belly protrudes.* Vant li debòde.

protruding *adj.* sòti

protruberance *n.* pwent, pwojèksyon

proud *adj.* 1[*justifiably*] fyè, tèt drèt *He's proud, he's never ashamed to say that he's a peasant's son.* Msye se yon tèt drèt, li pa janm wont pou l di se pitit peyizan l ye. *I'm proud when they tell me my child looks like me!* M fyè dèske yo di m pitit mwen an sanble avè m!

2 [*arrogant*] angran, ògèye, pretansye *She's so proud she doesn't want to recognize her wrongs.* Li ògèye anpil, li pa vle rekonèt tò li. •**proud of one's regional origins** rejyonalis *People from the North are very proud of their origins.* Moun nan nò rejyonalis anpil. •**be overly proud** fè gwo{kolèt/san} *He lost his job because he was being overly proud.* Li pèdi travay la nan fè gwo san. •**make s.o. proud** ba li gagann

proudly *adv.* fyèman

provable *adj.* pwouvab

prove *v.tr.* {bay/fè}prèv, demontre, jistifye, pwouve *She's able to prove her statement.* Li ka pwouve sa l di a. *Can you prove what you said?* Ou ka jistifye sa ou di a? *You have to prove to me that she did it.* Se pou ou ban m prèv se li menm ki fè l. •**prove o.s.** fè prèv li *He has to prove himself before he can join us.* Li dwe fè prèv li avan nou mete l nan mitan no. •**you can't prove it** tou sa se mo

proverb *n.* pawòl, povèb, pwovèb

provide *v.tr.* bay, founi, ofri *He's the one who provided the money for the funeral.* Se li ki bay kòb pou (yo fè) antèman an. *The place he works provides him with a car.* Nan travay li ye a, yo founi l machin. •**provide accommodations for** ebèje *Can you provide accommodations for two people this Saturday?* Eske ou ka ebèje de moun samdi demen an? •**provide additional soil around plant** bay yon plant tè •**provide an answer** dekole *He was unable to reply to the question, I provided him with an answer.* Li pa t ka reponn kesyon an, se mwen k dekole l. •**provide an occasion/opportunity** bay yon jou •**provide clothing** abiye *They should have provided clothing for the child.* Yo ta dwe abiye pitit la. •**provide electric power** mete kouran *They're going to provide electric power to the town.* Yo pral mete kouran nan bouk la. •**provide financial backing** sipòte *Because he isn't working, it's the woman provides financial backing for the family.* Kòm li p ap travay, se fi a ki sipòte kay la. •**provide financing** finanse •**provide for** desèvi, sipòte, swen *He provides well for his wife.* Misye swen madanm li kòrèk. *The child's father provides for her.* Papa pitit la desèvi li. •**provide furniture for** meble

•**provide regular service** [*transportation, telephone, etc.*] desèvi *This telephone provides a service to the village.* Telefòn sa a desèvi tout bouk la. •**provide travel service** fè sikwi *That shuttle provides service from Cape Haitian to Port-au-Prince.* Machin sa a fè sikwi Kap-Pòtoprens. •**provide shoes** chose *She doesn't have money to provide shoes for the children.* Li pa gen lajan pou chose timoun yo. •**provide s.o. with some means of support** fè yon moun monte chodyè *Your twenty gourdes provided me with some means of support, the whole house ate.* Ven goud ou a fè m monte chodyè, tout kay la manje. •**provide transportation** monte desann *Vans provide transportation through this area all day long.* Kamyonèt ap monte desann tout lasentjounen nan zòn nan. •**provide with** fasilite *They provided me with a little money.* Yo fasilite m yon ti kòb.

provided/providing *conj.* •**provided/ providing that** dèske a kondisyon ke, pouvi ke *I'll wait for you provided you arrive on time.* M a tann ou pouvi ke ou rive alè.

provider *n.* founisè, reskonsab

providence *n.* (la)pwovidans

province *n.* pwovens

provincial *adj.* pwovensyal

provision[1] *n.* kondisyon **provisions** *n.pl.* pwovizyon

provision[2] *v.tr.* founi{viv/minisyon}, ravitaye *Who is going to provision the troops?* Ki lès moun k apral founi solda y viv epi minisyon?

provision tree *n.* kolorad, pachira

provisional *adj.* pwovizwa *It's a provisional measure.* Se yon mezi pwovizwa.

provisionally *adv.* pwovizwaman

provocation *n.* pwovokasyon, tidife boule, zo grann •**at the slightest provocation** (pou) ti krik ti krak *He got angry at the slightest provocation.* Li fache pou ti krik ti krak.

provocative *adj.* pwovokatè •**provocative person** kenge *He's a provocative person, he's always in dispute with people.* Misye se yon kenge, li pa janm p ap chache moun kont.

provoke *v.tr.* anmè(g)de, agase, bouske, chofe, eksite, enmè(g)de, fè san yon moun monte (nan tèt) li, pouse {dife/yon moun devan}, pwovoke *Stop provoking her, she'll finish by getting angry.* Sispann pwovoke, l ap fini pa fache. *He's swearing at me to provoke me.* L ap joure m pou l eksite m. *If you provoke me, I'll cuss you out.* Depi ou fè san m monte m, m ap di ou betiz. *The dog won't bite you if you don't provoke it.* Chen an pa p mòde si ou pa anmègde l. *She's provoking him to get him to make a blunder.* L ap agase l pou l fè l fè yon tenten. *You are provoking them, they'll give you a good beating.* Ou ap bouske yo, yo va pete fyèl ou. •**provoke a fight between two people** limen dife *Don't provoke them to fight with each other anymore.* Pa vin limen dife la pou moun yo pa tonbe nan kont ankò. •**provoke quarrels** fè kont *Gossip provokes quarrels.* Tripotay fè kont. •**provoke s.o. to do sth.** ajite

provoker *n.* fotèdetwoub, pousèdife

provoking *adj.* agasan

prow *n.* pwou

prowess *n.* 1[*skill*] kapasite, ladrès 2[*strength*] fòskouraj, pisans

prowl[1] *n.* •**be on the prowl** deyò *The man is on the prowl, he's crawling to get into the house.* Msye chita deyò, l ap graje pou l antre nan kay la.

prowl[2] *v.intr.* wodaye, wode *The thief is prowling in the neighborhood.* Vòlè a ap wodaye nan katye a. *I've seen that guy prowling around here for a long time.* M wè nèg sa a ap wode bò isit la lontan.

prowler *n.* sispèk

prowling *adj.* alawonyay

proximity *n.* rapwochman, wonyay

proxy *n.* 1[*person*] anchaje, mandatè 2[*document*] pwokirasyon

prudence *n.* prekosyon, prevwayans, pridans

prudent *adj.* prevwayan, pridan, wè lwen *If I'm not prudent, misfortune will overtake me.* Si m pa prevwayan, malè a rive m. *You have to be prudent on the road.* Fò ou pridan sou wout la.

prudently *adv.* ak pridans

prune[1] *n.* prin, prin seche

prune[2] *v.tr.* debranche, degoumande, dekatiye, taye *This tree is falling into the electric cable, you have to prune it.* Pyebwa sa a desann sou fil elektrik la, fò ou debranche l. *If you prune the plant it will grow better.* Si ou degoumande plant lan, l ap pouse pi byen. *Let's prune the tree branches that are too long.* Ann taye branch bwa ki twò long yo.

pruning *n.* degoumandaj, rebondaj, tay

pry *v.intr.* {antre/mele}nan zafè mou, chache konn zafè moun, sonde *He's always prying into other people's affairs.* Li toujou ap chache konn afè moun. *He's trying to pry into your affairs to know what's going on in your house.* Se sonde l ap sonde ou pou l ka konn sa k ap pase lakay ou. •**pry loose** rache, rale retire •**pry open** soulve, wose

prying *adj.* antchoutchout, fouyapòt

psalm *n.* sòm

psalmist *n.* salmis

pseudo *adv.* swadizan

pseudonym *n.* fo non, non prete

psoriasis *n.* malady po ak tach wouj

psst *interj.* pst

psychiatric *adj.* sikyatrik *A psychiatric center.* Yon sant sikyatrik. •**psychiatric ward** sant sikatri

psychiatrist *n.* dòktè moun fou, sikyat

psychiatry *n.* sikyatri

psychoanalysis *n.* sikanaliz, tretman sèvo

psychological *adj.* sikolojik *A psychological problem.* Yon pwoblèm sikolojik.

psychologically *adv.* sikolojikman *I feel psychologically weak.* Sikolojikman, m santi m fèb.

psychologist *n.* sikològ

psychology *n.* sikoloji

psychopath *n.* sikopat

pterygium *n.* chè nan nen

ptilosis *n.* je{boukannen/griye}

ptui *onom.* [*sound of spitting*] tchik, touf

pub *n.* ba, bistwo

puberty *n.* fòmasyon, kwasans •**go through puberty** fòme *She hasn't gone through puberty yet.* Li po ko fòme. *Since you can see his voice has changed, he's going through puberty.* Depi ou wè vwa l chanje, se fòme l ap fòme.

pubic *adj.* •**pubic area or region** do zafè •**pubic hair** pwal, plim •**pubic louse** mòpyon

pubis *n.* pibis

public[1] *adj.* Leta, piblik *This is public land.* Tè sa a se tè Leta. •**public defender** avoka piblik pou ladefans •**public health** (la)santé piblik •**public land** tè Leta •**public square** kare, laplas •**general public** lasosyete, piblik, tout moun *The doors are opened to the*

general public. Pòt yo louvri pou tout moun.
•**go public with** mete tout kaka chat deyò,
pran chemen laprès •**in public** ouvètman,
piblikman, {devan/sou} moun *She insulted
him in public.* Li joure misye ouvètman. *He
said it in public.* Li pale koze a piblikman. *He
humiliated me in public.* Li avili m sou moun
yo la. *Don't give it to him in public.* Pa ba li l
devan moun. •**in the public eye** alaparèy
•**make public** pibliye *They made the results
public.* Yo pibliye rezilta yo.
public² *n.* piblik •**general public** lasosyete,
piblik
public-address system *n.* wopalè
public works *n.pl.* [*roads, bridges, dams, etc.*]
travo piblik
publican *n.* [*Bible*] prepoze
publication *n.* 1[*process of printing*]
piblikasyon 2[*printed material*] edisyon
•**first publication** soti *The first publication
of his novel is a success.* Soti woman li a se
yon siksè.
publicity *n.* piblisite, reklam
publicize *v.tr.* fè{piblikasyon/popagann/
pwomosyon} pou, pibliye *Take that poster
to publicize that bakery.* Pran afich sa pou fè
piblikasyon pou boulanje a. *They publicized
the opening of the new mall.* Yo pibliye louvri
sant konmès la.
publicizing *n.* pwomosyon
publicly *adv.* avivwa, piblikman, sou moun
publish *v.tr.* edite, fè parèt, mete{deyò/
yon bagay nan lari}, pibliye *The book was
published long ago.* Liv la pibliye depi lontan.
*The publishing house doesn't want to publish
my books.* Mezon edisyon an pa vle edite liv
mwen. *More and more publishing houses have
been publishing Creole books.* Deplizanpli
mezon edisyon yo fè parèt liv kreyòl. *He
published his new play.* Li met nouvo pyès li
a deyò. •**be published** parèt, sòti *The book
was published three years ago.* Liv la te parèt
gen twa lane.
publisher *n.* editè
publishing house *n.* mezon (e)disyon
puck *n.* [*hockey*] palèt
pudding *n.* poudin •**coconut-milk pudding**
blanmanje •**pineapple pudding** ponnisik
•**sweet-potato pudding** pen patat
puddinghead *n.* sèvèl{akasan/wòwòt}

puddle *n.* [*of water*] ma (dlo) •**mud puddle**
ma labou, tchaktchak
pudgy *adj.* patapouf
Puerto Rico *prop.n.* Pòtoriko
Puerto Rican *adj.* pòtoriken, pòtorikèn
[*fem.*]
Puerto Rican hat-palm *n.* latànye chapo
puff¹ *n.* 1[*gen.*] souf 2[*of smoke*] nway •**have a
small puff** pran yon ti priz *Let me have a small
puff to get a better high.* Ban m pran yon ti priz
pou mwen met yon degre sou mwen. •**take
a puff** [*cigarette, etc.*] fè de nway, rale (yon)
nway *I'll take some puffs.* M ap fè de nway.
puff² *v.intr.* 1[*gen.*] pouse{yon lafimen/
nway} *I'm going to puff on a cigarette.* M pral
pouse yon lafimen la. 2[*breathe rapidly and
with effort*] souf yon moun anlè *I'm puffing
whenever I climb a hill.* Depi m moute mòn,
souf mwen anlè. •**puff on a cigarette, etc.**
pouse yon lafimen •**puff one's self up** fè gwo
gagann •**puff out** [*candle, etc.*] etenn, tenyen
•**puff out one's chest** bonbe lestomak li *He
puffs out his chest to frighten me.* Li bonbe
lestonmak li pou l fè m pè. •**puff up** anfle,
gonfle •**puffed up** [*face, shape of body*]
anfle, bonbonfle, boufi, gonfle *He's so fat,
he has become puffed up.* Gad ki jan l vin
boufi tank li gwo. *The wasp stung her; that
makes her face puffed up.* Gèp la mode l; sa fè
figi l bousoufle. •**puff o.s. up** fè gwo gagann
•**take a puff (on cigarette, etc.)** {fè/pouse/
rale}yon nway
pufferfish *n.* [*fish that yields a toxin that is
presumably used for zombification*] foufou,
soso gloso
puffy *adj.* anfle, gonfle, pouf *Why are your eyes
so puffy?* Kouman je ou fè anfle konsa?
pugnacious *adj.* batayè, de gidon
puke¹ *n.* djapòt
puke² *v.intr.* {bay/fè}djapòt *Whenever he gets
on a plane, he pukes.* Chak fwa l monte avyon
an, li bay djapòt.
pulchritude *n.* bote, bèlte
pull¹ *n.* [*special influence*] atou, fil, fwotman,
mannigèt, piston, relasyon *If you don't have
any pull, you can't get into that school.* Si ou
pa gen piston, ou pa ka antre nan lekòl sa a.
•**family pull** fanmi yès
pull² *v.tr.* 1[*drag forward/up*] gen (de) bra dèyè
bannann li, rale (monte), tire, trennen *She's*

pulling the water bucket from the well. L ap rale so a monte nan pi a. *I'll push and you pull.* M ap pouse, ou ap rale. *His car was pulling mine.* Machin li an t ap rale pa m lan. *We need a good rope so we can pull the car.* Nou bezwen yon bon kòd pou n tire machin nan. *Pull the box if you can't carry it.* Trennen bwat la si ou pa ka pote l. **2**[*tug*] rale *When you pull this cord, the curtain opens.* Lè ou rale fil sa a, rido a ouvè. *Stop pulling on my shirttail!* Sispann rale ke chemiz mwen! **3**[*muscle*] foule •**pull a fast one on s.o.** pran{yon moun nan plan/ yon kout pa konprann} *She thinks she can pull a fast one on me.* Li konprann li ka pran m nan plan. •**pull ahead of s.o.** pase devan *I pulled ahead of everybody else.* M pase devan yo tout. •**pull and drop s.o. flat on his face** [*in a fight*] bay yon moun yon so kabrit •**pull apart** demarye *Don't pull the links of the chain apart.* Pa demarye may chenn nan. •**pull at** redi •**pull back** *a*[*move back*] rale *Pull back on the rubber band of the slingshot, and then aim carefully at the bird.* Rale elastik fistibal la, enpi vize zwazo a byen. *b*[*give in, retreat*] bat ba *If he did not pull back, something bad would happen to him.* Si li pa bat ba, malè rive l. *c*[*on the reins to make an animal stop*] rabat *The boy pulled on the reins to make the horse stop.* Ti gason an rabat kòd chwal la pou li fè l kanpe. •**pull back and forth** viretounen •**pull down** *a*[*clothing*] desann *He didn't want to pull down his pants so they could give him the shot.* Li pa vle desann pantalon l pou yo ba l piki. *b*[*tear down*] kraze *They're pulling down the building in front of my house.* Y ap kraze kay ki anfas lakay la. •**pull down one's lower eyelid as a sign of derision** chire je •**pull forward** avanse *Pull your bicycle forward.* Avanse bekàn ou a. •**pull off** *a*[*take off*] rale *The lid is stuck. Pull it off for me.* Kouvèti a kole. Rale l pou mwen. *Pull off your boots.* Rale bòt yo nan pye ou. *b*[*succeed*] resi, reyisi *We have a good chance to pull off this deal.* Nou gen bon jan chans reyisi zafè sa a. •**pull on** redi, tire *Come help me pull on the cow's rope.* Vin ede m redi kòd bèf la. *Pull on those old clothes, we're in a hurry.* Tire vye rad sa yo sou ou, nou prese. •**pull on string** [*by a kite*] pran fil *When the kite has finished*

pulling up on the string, it lazes about in the air. Lè kap la fin pran fil, li dodo anlè a. Depi ou wè van an fò, ou mèt kòmanse rale kap la file l. •**pull one's weight** fè travay li *If everyone pulls their weight, everything will go well.* Si tout moun fè travay yo, tout bagay ap mache byen. •**pull o.s. together** manyè rele sou kò li, mete bonnanj sou li, pran{kap/ men}li, rele sou kò li, reprann bonnanj li *Pull yourself together, you're too lackadaisical.* Manyè rele sou kò ou, ou twò vag. •**pull o.s. up by the bootstraps** wose tèt li *She pulled herself up by her own bootstraps.* Manmzèl wose tèt li monte pou kont li. •**pull or tug on string of kite** bay zikap •**pull out** *a*[*teeth*] rache *The dentist said that he wouldn't have to pull out the tooth.* Dantis la di li pa ta bezwen rache. *b*[*move out of*] sot(i) *You can't just pull out without looking; you could cause an accident.* Ou pa ka soti san ou pa gade; ou a fè aksidan. *c*[*withdraw*] rale kò li *It could go badly. I'm going to pull out now.* Sa ka pase mal, m ap rale kò m. *d*[*knife, gun, etc.*] dedjennen, degennen, rale, sòti *He pulls out his machete.* Li dedjennen manchèt li. *The policeman pulled a gun on us.* Polis la rale zam sou nou. *e*[*from pocket*] rale, soti *He pulled everything out of his pockets.* Li soti tout sa l te gen nan pòch li. *He pulled a five-gourde bill out of his wallet for me.* Li rale yon senk goud nan bous li ban mwen. a. *f*[*plants*] rale *This plant is solid, you're strong, pull it out from the ground for me.* Plant sa a solid, ou gen fòs, rale l nan tè a pou mwen. *g*[*by the roots*] dechouke •**pull s.o.'s leg** fè jwèt ak yon moun, pase yon moun nan jwèt *Why are you pulling your friend's leg?* Poukisa w ap pase zanmi ou lan nan jwèt? •**pull strings** fè demach, pistonnen, tire{fisèl/ kòd} *We pulled some strings and got her out of prison.* Nou fè demach, nou lage l nan prizon. *He's pulling strings to get what he wants.* Misye ap tire fisèl pou l jwenn sa li vle a. •**pull the rug out from under s.o.'s feet** {koupe/taye}zèb anba pye yon moun *The assistant director is pulling the rug from under the boss's feet.* Asistan direktè a ap taye zèb anba pye direktè a. •**pull through** debat ak, chape *She's very sick. I don't think she'll pull through.* Li malad anpil, m pa kwè l ap chape. •**pull together** mete men, rale mennen ansanm *If we all pull together, we can finish before sundown.* Si nou tout mete men, n ap fini anvan solèy kouche. •**pull together all one's strength** mare senti li *Let's pull together all our strength in order to get out of the situation.* Mare senti nou pou n soti nan sitiyasyon an. •**pull up** *a*[*plant*] fouye, rache *He's pulling up sweet potatoes in the garden.* L ap fouye patat nan jaden an. *They pulled up the cotton plants.* Yo rache pye koton an. *b*[*dress, etc.*] rale monte, ratresi, remonte *Quit pulling up your skirt, you're exposing your legs.* Ase ratresi jip la sou ou, w ap fè janm ou parèt deyò. *Pull up the dress some more.* Remonte wòb la plis. •**pull up stakes** rache manyòk li •**pulling down** demolisman •**one who pulls the strings** mèt jwèt *In matters of money, Roger is the one who pulls the strings.* Nan afè kòb Woje se mèt jwèt la.

pullet *n.* poulèt

pulley *n.* palan, pouli

pulling down *n.* demolisman

pullover *n.* chanday, swètè

pulmonary *adj.* poumon •**pulmonary diseases** maladi poumon •**pulmonary tuberculosis** konsonmsyon

pulp *n.* **1**[*gen.*]ma **2**[*of fruit*] chè, nannan, vyann •**sugarcane pulp** bagas •**unripe coconut pulp** glè

pulpit *n.* chè

pulsation *n.* batman

pulse *n.* **1**[*regular beating*] batman **2**[*of the heart*] batman, batman venn, poul •**have a regular pulse** kenbe konpa •**have an irregular heartbeat** pèdi konpa

pulverize *v.tr.* kraze fen, wouchinen *They pulverized the rocks.* Yo kraze wòch fen.

pumice stone *n.* •**use a pumice stone** sable *The woman cleaned her foot with a pumice stone.* Dam nan ap sable pye l.

pump[1] *n.* ponp •**air pump** ponp van •**bicycle pump** ponp bisiklèt •**bilge pump** ponp dalo •**fuel pump** ponp gaz •**irrigation pump** ponp a woze •**spraying pump** ponp aspèsyon •**sump pump** ponp vidany

pump[2] *v.tr.* bay van, ponpe *Pump vigorously so the water can come out.* Ponpe fò pou dlo a ka koule. *I need to pump up these tires.* Fò

m bay kawotchou sa yo van. •**pump iron** leve{altè/fè} •**pump out** ponpe •**pump s.o. for information** bat vant yon moun •**pump up** ponpe

pumpernickel *n.* pen nwa

pumping *n.* ponpaj

pumpkin *n.* jomou, joumou

pun *n.* jedmo

punch[1] *n.* [*drink*] ponch •**lemon punch** asidwòp

punch[2] *n.* kout pwen, grenn kou, migatonn, ponch *They started fighting, punches were thrown.* Nèg yo maye batay la, migatonn tonbe. •**punch line** pwent •**punch to the upper body** gagann •**give a hard punch to s.o.** sèvi yon moun yon kout pwen *He gave me an unexpectedly hard punch.* Li sèvi m yon kout pwen sanzatann. •**hand/hole/paper punch** pèforatè •**hard punch** manman penba *He gave him a hard punch, it knocked him down.* Li ba l yon manman penba, li blayi l de pye. •**mechanic's punch** pwenson

punch[3] *v.tr.* **1**[*hit s.o. with a fist*] bay yon{grennkou/ kout pwen/mas} *She punched him in the nose.* Li ba l yon kout pwen nan nen. *I punched him, I gave him a black eye.* M ba l yon mas, m bouche je l. *He punched him, he fell down, plop!* Li ba li yon grennkou, li tonbe, blip! **2**[*make hole*] pèfore, pèse, ponnche *If you punch a hole in the wall, you have to repair it.* Si ou ponnche yon tou nan mi an, fòk ou repare l. *Punch those papers for me.* Pèfore fèy sa yo pou mwen. *He punched the papers to file them in his binder.* Li pèse fèy yo pou l met yo nan klasè. •**punch in** ponnche, make kat *I forgot to punch in when I arrived to work today.* M bliye ponnche lè m te vini jodi a. •**punch or strike in upper part of the body** bay yon moun gagann *He punched him in the chest.* Li ba l yon gagann. •**punch s.o.** bay (yon moun) baf •**get punched** pran baf

punch drunk *adj.* gaga

punctual *adj.* a lè, alè, egzak, ponktyèl *She was punctual for the appointment.* Li a lè nan randevou a. *We have to be punctual for the appointment.* Fò nou egzat nan randevou a. *She isn't punctual.* Li pa ponktyèl. •**not punctual** inegal

punctuation *n.* ponktyasyon

puncture[1] *n.* flit, two •**tire puncture** pàn kawotchou •**puncture proof** enkrevab

puncture[2] *v.tr.* kreve, pete *She punctured the pail so it can't carry water anymore.* Li kreve bokit la, li pa ka pran dlo. *The nail punctured the tire.* Klou a pete kawotchou a. •**be punctured** kreve, plati *The bucket is punctured, it won't hold water.* Bokit la kreve, li pa ka pran dlo. *The ball was punctured.* Balon an plati nèt.

pungent *adj.* brak, rak *A pungent smell.* Yon sant brak.

punish *v.tr.* chatye, koresponn ak, korije, pase men sou, pini, regle, sanksyonnen *Your mother is going to punish you severely for what you did.* Manman ou ap korije ou pou sa ou fè a. *A father punishes a child that he loves.* Yon papa chatye pitit li renmen. *His mother is going to punish him because he lost the money.* Manman l pral koresponn ak li poutèt li jete kòb la. *The little boy misbehaved, he deserves to be punished.* Ti gason sa a dezòd, li merite pou korije l. *The teacher punished her.* Mètrès la pini l. *They punished her because she was unruly.* Yo sanksyonnen l poutèt li dezòd. •**punish a child** mete yon timoun dèyè bawo chèz *Since the children misbehaved, he punished them.* Depi timoun yo fè dezòd, li mete yo dèyè chèz. •**punish s.o. to set an example** trase yon egzanp sou yon moun *I'm punishing you to set an example so I can have some peace.* M ap trase yon egzanp sou ou pou mwen sa gen lapè. •**punish too lightly** pouse mouch, swife *My father only punished me lightly.* Papa m se mouch l ap pouse sou mwen. •**be punished** penitans *You're sitting like someone who is being punished.* Ou chita tankou yon moun ki an penitans.

punishable *adj.* merite pinisyon

punishing *adj.* fyèl pete, penib, rèd, rentan *A punishing task.* Yon travay rentan.

punishment *n.* chatiman, penitans, penn, pinisyon *The punishment you gave her was too cruel.* Pinisyon ou ba li a twò di. *As a punishment, his mother made him kneel.* Kòm penitans, manman l met li ajnou. •**capital punishment** kondanasyon a mò, penn{de mò/lanmò} *Death penalty has not been abolished yet.* Yo poko fin aboli penn de mò nèt. •**corporal punishment** chatiman kòporèl

punk *n.* vakabon, zagribay

punt *n.* •**high punt** [*sports*] chandèl

puny *adj.* chetif, chikata, kata, mafweze, malvini, pedevi, rabougri, san kò *He's very puny.* Li chetif anpil. *That child is puny.* Pitit la kata. *Where are you going with that puny child?* Kote ou prale ak timoun mafweze sa? *He's a puny child.* Se yon timoun ki malvini. *He's puny, he's as skinny as a blackbird.* Misye san kò, li mèg tankou yon tako. •**puny or sickly child** zege

pup *n.* ti chen, toutou(s)

pupa *n.* [*insect*] nenf

pupil[1] *n.* [*of the eye*] {manman/nannan/nwa/twou}je

pupil[2] *n.* [*student*] elèv *How many pupils do you have?* Konbe elèv ou genyen?

puppet *n.* **1**[*entertainment*] panten, pope{lakomedi/twèl}, pòpèt **2**[*fig.*] fantòch, jiwèt, sousou, tonton jwèt *The director is a puppet, all the decisions he's making are from people who tell him what to do.* Dirèktè a se yon fantòch, tout desizyon l ap pran se moun ki pou di l sa pou l fè. *I'm not a puppet, don't make me look foolish.* M pa jiwèt, pa fè m fè tenten. *We have a puppet president who serves other nations' interests.* Nou gen yon prezidan sousou sou pouvwa a.

puppy *n.* ti chen, tichen, toutou

purchase[1] *n.* acha, komisyon *The purchase of the lot cost a lot.* Acha teren an koute anpil lajan.

purchase[2] *v.tr.* achte *Where did you purchase this beautiful dress?* Kote ou achte bèl wòb sa a?

purchaser *n.* achtè

pure *adj.* **1**[*clean and safe*] pi, pwòp *The water we drink must be pure.* Dlo n ap fèt pou pi. **2**[*morally good*] imakile, inosant [*fem.*], pi, pwòp, san tach

puree *n.* lapire, pire •**pumpkin puree** joumounad

purely *adv.* piman •**purely and simply** piresenp

purgative *n.* medsin, pij, pigatif, sèl •**strong purgative** bouvaz, lòk

purgatory *n.* pigatwa

purge[1] *n.* **1**[*med.*] medsin, metsin, pij **2**[*cleansing*] netwayaj

purge *v.tr.* **1**[*bowels*] deboundare, pije *She was constipated, they purged her.* Li te konstipe, yo pije l. **2**[*eliminate*] eliminen, estèminen *The president purged his opponents from the cabinet.* Prezidan an eliminen advèsè li yo.

purged *adj.* pije

purging cassia *n.* kase

purification *n.* pirifikasyon

purify *v.tr.* **1**[*water, etc.*] distile, pirifye, trete *Let's purify the water to avoid germs.* Ann trete dlo yo pou evite mikwòb. *Purify the water before you drink it.* Pirifye dlo a anvan ou bwè l. **2**[*soul, etc.*] pirifye *Do good deeds to purify your soul.* Fè bon zak pou pirifye nanm ou.

purist *n.* piris

purity *n.* pwòpte *The purity of this water isn't yet proven.* Pwòpte dlo a poko pwouve vre.

purple¹ *adj.* mòv, vyolèt

purple² *n.* mòv, vyolèt

purplish *adj.* yon jan{mòv/vyolèt}

purport *v.tr.* enplike, pretann *This photo purports to show him stealing the jewels.* Foto a pretann l ap vole bijou yo.

purpose *n.* lide, objè, rezon *What was your purpose in going to see him?* Pou ki rezon ou t al kote l? •**for all purposes** pratikman •**for what purpose** atakwa, pou ki sa •**on purpose** espre, pa espre, parespre, toutespre *He hit me on purpose.* Li fè espre l ban m kou a. *I'm sorry! I didn't do it on purpose.* Eskize m! Se pa espre m fè.

purposeless *adj.* san{direksyon/santiman}

purposely *adv.* espre

purr *n.* wonwon

purr *v.intr.* wonwonnen *The cat is purring.* Chat la ap wonwonnen.

purring *n.* wonwon

purse *n.* bous, sakamen valiz •**change purse** pòtmonè •**coin purse** pòtmonè, sakit •**small purse** sakit

purslane *n.* [*bot.*] koupye, poupye

pursuant *prep.* alaswit, dapre

pursue *v.tr.* **1**[*chase s.o.*] {ale/grate/kouri/pati/sefwe} dèyè yon moun, fann (nan) {dèyè/siyay}yon moun, lage pè las nan dèyè yon moun, leve nan kò yon moun, liyen, pousib, pouswiv, rapouswiv, talonnen *The police are pursuing the bandits.* Polis al dèyè bandi yo. *The justice system is pursuing everyone involved in the crime.* Lajistis ap pousib tout moun ki angaje nan krim nan.

The policemen will pursue the leader of the gang until they catch him. Lapolis pral lage pè las nan dèyè chef gang lan jis li rive jwenn li. *They pursued me for the money.* Yo leve nan kò m pou lajan. **2**[*seek*] fè{laviwonndede/yon viwonndede} *I'm pursuing a job, I don't know if I'll get it.* M ap fè laviwonndede deyè yon djòb, m pa konn si m ap jwenn li. **3**[*continue*] fè swivi *We're pursuing the project.* N ap fè swivi travay la. •**not pursue some matter** kite *Let's not pursue it any further.* An n kite sa.

pursuer *n.* talonnè

pursuit *n.* pouswit •**hot pursuit** koukou wouj •**in pursuit of** dèyè

purulent *adj.* pire *The wound is purulent.* Maleng nan pire.

purvey *v.tr.* apwovizyone, founi *They purveyed us with milk.* Yo founi n ak lèt.

purveyor *n.* founisè

pus *n.* imè, matyè, pi, pij, postim •**pus pocket** sakit

push¹ *n.* bourad, pousad, pouse *We have to give the car a push in order to get it to start it.* Fò n bay machin nan yon bourad pou l estat. •**give a push** [*sports*] bay yon jwè yon fizik

push *v.tr.* **1**[*make move*] bourade, pouse, bay{bourad/pousad} *You push and I'll pull.* Pouse, m ap rale. *They pushed the car to get it started.* Yo pouse machin lan pou yo fè l pati. *She pushed me, and I fell down.* Li pouse m, fè m tonbe. *Don't push the child.* Pa pouse pitit la. *Stop pushing!* Sispann bourade! **2**[*put pressure on s.o.*] boule, fòse, pouse *If she doesn't want to, don't push her.* Si l pa vle, pa fòse l. *He really pushes his workers hard.* Li boule mal ak anplwaye l yo. •**push ahead** aktive, pouse yon moun {monte/moute} *The agency is pushing ahead the traveling process.* Ajans lan ap aktive afè vwayaj la. *This publishing house decided to push this young writer ahead.* Mezon edisyon sa a deside pouse jèn ekriven monte. •**push around** fè gagann •**push aside** *a*[*exclude*] ekate *b*[*to the sidelines*] mete aleka •**push away** flòch, repouse •**push back** kalepliche •**push down** pouse desann *Could you help push the car down the hill?* Èske ou ka ede m pouse machin nan desann mòn nan? •**push food around on one's plate** tchake *He pushed the* *food around on his plate.* Msye tchake manje a. •**push for sth.** chofe dife •**push forward** [*move rapidly*] kannale ale •**push in** anfonse •**push into a corner** kwense *They pushed him into a corner.* Yo kwense l nan yon kwen. •**push off** [*leave*] leve kite, sòti kite •**push on further** pouse bourik li pi{devan/lwen} *Even if you have failures in life, you have to push on further.* Menm si w ap pran baf nan lavi a, se pou pouse bourik ou pi devan. •**push or shove** [*repeatedly or violently*] pousade *They pushed me until I ended up out of the line.* Yo pousade m jis m kite liy nan. •**push out of the way** repouse •**push s.o. to the edge/desperation/the limit** pouse yon moun obout *He pushed us to desperation, he stole all our land.* Misye pouse n obout, li vòlè tout tè nou. •**push through** *a*[*down*] anfonse *Push the nail through.* Anfonse klou a. *b*[*expedite*] espedye *Let's push through our claim.* Ann espedye demann nou an. •**push to the forefront** voye yon moun monte *The book he published pushed him to the forefront of the ranks of the great authors.* Liv li pibliye a voye l monte nan ran gran otè yo. •**push up** [*cause to increase*] fè{monte/moute} *The holiday season has pushed up the prices of everything.* Fèt la fè tout bagay moute. •**brutally push s.o.** anbake *The policemen brutally pushed him into the car.* Polisye yo anbake l nan machin nan. •**if push comes to shove** nan michan •**not get pushed around** pa manje anyen ki frèt *Whoa! Be careful not to attack that guy, he doesn't let people push him around.* A! Pinga ou atake nèg sa a non, li pa manje anyen ki frèt.

push-up *n.* dip •**do push-ups** fè dip, pouse monte dip *He does push-ups to make his chest puff out.* Li fè dip pou lestonmak li ka bonbe. *I'm doing some push-ups.* M ap pouse monte kèk dip la.

pushcart *n.* bourèt

pushed *adj.* •**not to be pushed around** pa manje anyen ki fret

pusher *n.* [*of drugs*] dilè

pushing *n.* bouskilad •**pushing and shoving** *I don't like all this pushing and shoving during Carnival.* M pa renmen lese frape sa yo nan kanaval. •**be pushing** kouri sou *He's pushing thirty years old.* L ap kouri sou trant an.

pushy *adj.* san limit

pusillanimous *adj.* krentif, sannanm

pussy *n.* [*female genitals*] chat, koko [*euph.*] chouchoun, choun

pussycat *n.* mimi, pouch •**pussycat and tomcat** mimi ak makou

pussyfoot *v.intr.* chankre, fè pa{chat/mimi}, louvwaye *Stop pussyfooting.* Sispann fè pa chat.

pustule *n.* bouton

put *v.tr.* **1**[*move/set/place/lay/fix in/on/to a stated place*] foure, kaze, kole, met(e), pase, poze *Put the pot on the stove.* Mete chodyè a sou dife a. *Put the chairs in the yard.* Mete chèz yo nan lakou a. *Don't put too much salt in it.* Pa met twòp sèl. *Put that picture back where you found it.* Met foto a kote ou te jwenn li an. *I put my hands over my head to protect me from the blows.* M mete men m sou tèt mwen pou m pare kou yo. *I'll put some money in the letter for you.* M ap mete yon ti kòb nan lèt la pou ou. *I'm going to put the kids to bed.* M pral met timoun yo kouche. *I don't know who put that idea in her head.* M pa konn ki moun ki met lide sa a nan tèt li. *Put some water on to boil.* Mete enpe dlo bouyi. *Put this salve on your arm.* Pase ponmad sa a sou bra a. *I don't know where to put all my books.* Mwen pa konn kote pou m kaze tout liv mwen yo. *Put your hand over it, you'll feel the dust.* Pase men ou sou li, w ap santi pousyè a. **2**[*write down*] make *Put your name here.* Make non ou la a. **3**[*cause to do*] foure *She put us to work the minute we got there.* Kon n parèt la, li foure n nan travay. •**put aside** *a*[*things*] dispoze, fè jeretyen, konsève, menaje…son kote, mete {aleka/apa/pou demen/sou kote/kouche yon kote}, wete *Put the red pencil aside.* Mete kreyon wouj la aleka. *He put aside half of his check in order to pay some debts.* Li dispoze mwatye nan chèk li pou likide kèk dèt. *He puts a little money aside for emergencies.* Li fè jeretyen pou sizanka. *From every monthly paycheck, he puts some money aside.* Chak mwa li touche, li menaje yon ti kòb sou kote. *Don't mix them up, put each aside.* Pa melanje yo, mete chak apa. *When you're paid, put some money aside for tomorrow.* Lè ou touche, mete yon ti kòb la pou demen. *When you*

receive your monthly pay, put a little of it aside.
Chak mwa ou touche, mete yon ti lajan
kouche yon kote. *Put aside seven out of the ten
dollars for her.* Wete sèt dola nan di dola a
pou li. *b*[*person*] mete yon moun de kote
•**put aside for when needed** mete anba pou
samdi *When you get paid, put something aside
in case you need it someday.* Lè ou touche,
mete anba pou samdi. •**put away** *a*[*things*]
rezève, sere *I'm putting away a nice shirt for
you.* Mwen rezève yon bèl chemiz pou ou.
He puts away some money every month. Li
sere yon ti kòb chak mwa. *b*[*jail*] kalabouse,
mete yon moun yon kote *c*[*in its place*]
ranmase *d*[*stuff down food*] desann,
foulonnen, frape *I just put away two plates of
corn, I'm full now.* M fèk sot frape de plat
mayi, m ayik la a. *e*[*in a place*] mete la,
remete *Put the soap back where it was.* Al
mete savon a la nan plas li. *Go put this away
in the refrigerator.* Al remete sa nan frijidè a.
•**put back** mete {kote li ye a/nan plas li} *Put
it back where it was!* Mete l kote l te ye a! •**put
back up** remonte •**put down** *a*[*lower*]
depoze, desann, frenk, mete atè *The
medicine lowered the fever.* Remèd la desann
lafyèv la. *Put down the wash basin.* Depoze
kivèt la. *Put down my pen, I don't want you to
touch it.* Frenk plim mwen an la, m pa vle ou
manyen l. *Can you help me put the load down?*
Ou ka ede m met chay la atè? *b*[*belittle*] fè
yon moun malonnèt, imilye, mete yon
moun nan ti soulye li, rabese *Don't put down
your fellow man.* Pa imilye pwochen ou. *Since
you're poor, people put you down.* Depi se
malere ou ye, y ap rabese ou. *c*[*stamp out*]
mete opye •**put down sth.** depose, frenk,
mete atè, repoze *Put down the wash basin.*
Repoze kivèt la. *Can you help me put the load
down?* Ou ka ede m met chay la atè? *Put
down my pen, I don't want you to touch it.*
Frenk plim mwen an la, m pa vle ou manyen
l. •**put forth** emèt, vini ak •**put forward**
[*person*] fè yon moun monte •**put in**
a[*install*] antre, mete *They haven't put the
phone in yet.* Yo po ko met telefòn lan. *Don't
put the pin in your ear.* Pa antre zepeng lan
nan zòrèy ou. *b*[*study, work*] met(e) fè *I put
in four hours of overtime this week.* M met fè
katrè ouvètay semenn sa a. •**put inside**

antre •**put into** rantre •**put off** *a*[*delay*]
ranvwaye, repòte, repouse, ret(e) tann *They
put off the meeting until the next week.* Yo
ranvoye reyinyon an pou lòt semenn. *Don't
put it off! Call him right now.* Pa ret tann, rele
l konnye a. *She put off her departure.* Li
ranvwaye dat li t ap pati a. *b*[*displease,
offend*] bay yon moun depi, gen depi yon
moun *You're so rude, you put people off.* Ou si
tèlman maledve, ou bay moun depi. •**put on**
a[*clothing, etc.*] mete, pase *She put on a pretty
dress.* Li mete yon bèl wòb. *Let me put on my
glasses so I can see.* Ban m mete linèt mwen
pou m ka wè. *b*[*cream*] grese *My hair is too
dry, I'll put cream on it tonight.* Cheve m twò
sèk, fò m grese yo aswè a. *c*[*shoes, socks*]
chose *d*[*weight*] gwosi *He's put on some
weight.* Li vin gwosi. *e*[*light*] liminen *Put on
the lamp.* Liminen lanp lan. •**put on again**
a[*clothes*] remete *b*[*light*] relimen *Put the
lamp on again.* Relimen lanp lan. •**put on
airs** fè{enteresant/ jès/lenteresan/sinema}
{fè/kraze}bòzò{fè/mache} bwòdè, kare kò
li, pran pòz, santi yon lòt van, {taye/fè}
{banda/ bobis/payèt} *The woman puts on
airs so much that everyone has to stand and
gape.* Kòm a tèlman fè bwòdè, tout moun
oblije kanpe gade l. *These girls are putting on
airs for the boys.* Medam yo ap fè enteresan
pou ti mesye yo. *Stop putting on airs.* Ase fè
lenteresan la. *Choose what you want quickly,
stop putting on airs.* Chwazi sa ou vle a vit,
ase fè sinema la. *She puts on airs because she
thinks she's so important.* Manmzèl kare kò l
tèlman li santi l enpòtan. •**put one over on
s.o.** dòmi sou •**put o.s. out** *a*[*devote o.s.*]
devwe li *b*[*cause o.s. inconvenience*] deranje
ou *Well don't put yourself out on my account!*
Ou pa bezwen deranje ou pou mwen! •**put
o.s. together** reprann li •**put or set right**
redrese •**put out** *a*[*cigarette, lamp, fire*]
etenn, tenyen, tiye, touye *Put out the fire.*
Touye dife a. *The firemen put out the fire.*
Ponpye yo etenn dife a. *Please put out your
cigarette.* Touye sigarèt ou a. *b*[*an eye*] kreve
They put out his eyes. Yo kreve je li. *c*[*irritate*]
anbete, irite •**put out of order** deregle •**put
s.o. down** kraze banda yon moun, mete pye
sou kou yon moun *She tried to make me
believe she's more than she is, but I put her*

down. Li konprann pou l monte tèt katon li, m kraze banda l. *Open your eyes, don't let people put you down.* Louvri je ou, pa kite moun mete pye sou kou ou. •**put s.o. on** bay yon moun kenbe •**put s.o. out of the way** anfouraye •**put s.o. up** loje *His wife's relatives put him up.* Se paran madanm ni ki loje l. •**put sth. away** [*for storage*] met(e)...nan plas li *When you're finished with the shovel, put it away.* Lè ou fin sèvi ak pèl la, al mete l nan plas li. •**put together** *a*[*a machine*] monte *I put together the car piece by piece.* M monte machin nan pyès pa pyès. *b*[*by combining*] fè lo, konbine, òganize, sanble *Put together all the papers so that they don't get mixed up.* Òganize tout papye yo pou yo pa mele. *Put five sweet potatoes together in a pile.* Fè lo senk patat. •**put up** *a*[*a poster*] plakade *b*[*build*] fè *I see they're putting up a building on the corner.* M wè y ap fè yon kay nan kafou a. *c*[*produce*] fè *He put up such a fuss that I had to kick him out.* Li tèlman fè bri, m oblije mete l deyò. *d*[*supply sth. needed*] bay *He's the one who put up the money for the funeral.* Se li k bay kòb pou fè antèman an. *e*[*provide lodging*] monte, resevwa *He's a good friend, he put me up at his house for a few days.* Li se yon bon zanmi, li resevwa m lakay li pou kèk jou. •**put up with** *a*[*humiliation*] rete pran *Just because you're poor doesn't mean you should put up with all the humiliation.* Se pa paske ou malere pou rete pran tout imilyasyon. *b*[*tolerate*] glòt, pote, pran kè, sipòte, sitire, tolere *How can you put up with a person like that?* Kouman ou fè sipòte yon moun konsa? *I can't put up with this lie.* M p ap glòt manti sa a. *I am putting up with this job because I need it.* N ap pote djòb sa paske n nan nesesite. *Although they give her hard time in the house, she puts up with that because she has nowhere else to go.* Kwak y ap mal viv ak li nan kay la, li pran kè paske li pa gen lòt kote pou li ale. *No matter what he does, his mother puts up with it.* Tout sa l fè, manman l sipòte yo pou li. *He's the one who puts up with them coming to play poker*

here. Se li ki sitire yo vin jwe pokè la. *She puts up with everything bad they do to her because there isn't anyone to help her.* Li tolere tout sa yo fè l ki mal paske li pa gen lòt moun pou sekoure l. •**putting together** montay •**be hard put to** gen{anpil poblèm/mal}pou *We were hard put to get that door installed.* Nou te gen anpil poblèm pou n moute pòt la. •**don't try to put me on** pa fè sòt li avè yon moun •**s.o. who puts up with anything** sak pay

put-down *n.* afwon

putrefaction *n.* pouriti

putrid *adj.* an pouriti

putsch *n.* poutch

putschist *adj.* panzouyè, poutchis *The putschist government...* Gouvènman panzouyis la...

putschist *n.* panzouyè, poutchis

putt *onom.* •**putt putt putt** [*sound of boat motor, etc.*] poup poup poup

putter *v.tr.* [*do odd jobs*] masoke *Since they fired him, he does odd jobs.* Depi yo revoke l, l ap masoke.

putterer *n.* brikolè

putty *n.* mastik

puzzle[1] *n.* devinèt, kastèt chinwa •**word puzzle** charad

puzzle[2] *v.tr.* anbarase, bay tèt grate, kase tèt *He gave me two different answers to the same question, that puzzles me.* Li ban m de repons pou menm kesyon an, sa bay mwen tèt grate.

puzzled *adj.* angaway, mele *The guy left us puzzled by his inappropriate ideas.* Msye lage nou angaway ak lide dwategòch li a.

puzzling *adj.* difisil pou konprann

PVC *prop.n.* [*polyvinylchloride tubing*] pevese

pyjamas *n.pl.* pajama

pylon *n.* {pilye, poto}(an asye)

pyorrhea *n.* [*bleeding gums*] jansiv senyen, piyore, pyore, san nan dan

pyramid *n.* piramid

pyre *n.* •**funeral pyre** biche

pyromaniac *n.* piwomàn

python *n.* piton

pyx *n.* sibwa

Q

Q-tip *prop.n.* aplikatè, kitip

quack¹ *adj.* bidon, mawon *He's a quack doctor.* Se yon doktè mawon.

quack² *n.* chalatan, dòktè pakoti, mawon *He's a quack.* Se yon chalatan.

quack³ *onom.* •**quack quack** [*cry of a duck*] kwenkwen

quadrant *n.* [*math*] kadran

quadrilateral *n.* [*math*] kwadrilatè

quadrille *n.* 1[*dance*] kadri, lansye 2[*during the colonial period*] kontredans

quadruplet(s) *n.pl.* marasa kat

quagmire *n.* 1[*swamp*] boubye 2[*predicament*] bouyay, melimelo

quail *n.* kay, pèdri •**Key-west quail-dove** pèdri vant blan •**ruddy quail-dove** pèdri fran

quaint *adj.* dwòl •**be quaint** pase mòd

quake¹ *n.* tranblemanntè

quake² *v.* [*from fear*] brannen, tranble *He's quaking because he's gotten scared.* L ap tranble poutèt lapèrèz anpare l.

quaking *n.* brannay

qualification *n.* kalifikasyon

qualified *adj.* kalifye, solid *The woman is qualified to teach the last year of high school.* Madanm nan kalifye pou l anseye nan klas reto. *Jan is a qualified doctor.* Jan se yon doktè solid. •**automatically qualified** kalifye dofis

qualify *v.intr.* kalifye, klase *Haiti qualified for the world cup only once.* Ayiti te kalifye pou koup dimonn foutbòl yon sèl fwa. *It's my group that qualified to be in the songfest.* Se gwoup mwen an ki klase nan konkou chante a. nan fini.

quality *n.* 1[*characteristic*] kalite *She has some good qualities.* Li gen kalite. 2[*degree to which sth. is good*] gwopo, kalite, pwòp *This store always sells good quality fabric.* Magazen sa a vann twal gwopo. *This rice isn't of good quality.* Diri sa a pa bon kalite. *These shoes are of poor quality.* Soulye sa a pa bon kalite. **qualities** *n.pl.* kalifikatif •**degree of quality** nivo •**good quality** kalite, tawòd *The bag she*

bought is of good quality, it will last for quite a while. Sak li achte a tawòd, l ap ba li kèk jou. *Good quality products always cost more.* Pwodui kalite toujou koute pi chè. •**high quality** swa *That store sells merchandise of high quality.* Boutik sa se machandiz swa li vann. •**of inferior quality** raz, malatchong, merilan, soulèzèl *These clothes are of poor quality.* Rad sa twò raz. •**of superior quality** siperyè

quandary *n.* •**in a quandary** nan yon enpas *I'm in a worrisome quandary.* Mwen nan yon enpas tèt chaje.

quantity *n.* agogo, bidim, fòs, kantite, se) pa gwo gode, valè, volim *There was a large quantity of food.* Te gen manje agogo. *It isn't the quantity that interests me, it's quality.* Se pa kantite ki enterese m, men se kalite. *Can you eat all this quantity of food?* Ou ka manje bidim manje sa? *Don't put all this quantity of salt in the food.* Pa met tout fòs sèl sa a nan manje a. *What a quantity of corn!* •**a quantity of** yon ras •**great quantity** delij, volim, voum *Look at the great quantity of ants.* Gade yon volim foumi. •**in great quantity** (adlibitòm, an mas, angogay, rèdchèch, rèdmare *During the wake, they drank tea in great quantity.* Nan veye misye, se pa gwo gode moun bwè te. *People gathered in great quantity in front of the palace.* Moun gonfle an mas devan palè a. *We have food in great quantity for everybody.* Nou gen manje rèdchèch pou tout moun. *Rain is falling in great quantity.* Lapli ap tonbe rèdmare. •**in large quantity** a gogo, agogo, agranlijyèn *Now we've got water in large quantity.* Kounye a nou gen dlo agranlijyèn. •**in limited quantity** chich •**large quantity** bidim, bouras, dejle, lame, latriye, rad, vidany •**small quantity of** plòt, yik

quantum *n.* •**quantum leap** chanjman radikal

quarantine *n.* karantèn

quarrel *n.* bank, bout, eskandal, eskonbrit, hinghang, kabouya, kont, lòbèy, sèn *A public* *quarrel.* Yon eskandal piblik. *The thieves broke into a quarrel among themselves.* Vòlè yo pete bank ant yo. *She's always quarreling with people.* Li toujou ap fè bout ak moun. *A quarrel broke out in the game of dominoes.* Gen yon eskonbrit ki pete nan jwèt zo a. *They're always in an endless quarrel.* Yo toujou nan yon hinghang ki pa ka fini. *A big quarrel broke out upstairs.* Gen yon sèl kòlòk ki pete anwo a. *My neighbor quarreled with me.* Vwazin nan fè yon sèl kabouya avè m. *It must be that they had a quarrel.* Yo gen lè gen kont. *Those people got into a real quarrel yesterday.* Moun sa yo pete yon sèl sèn la ayè. •**small quarrel** bouyay *Those folks are always having small quarrels.* Mesye dam sa yo toujou nan bouyay. •**violent quarrel** deblozay

quarrel *v.intr.* chamaye, chire pit, dispite, fè {chòk/ kont}, leve tenten,, pete (yon) tenten *These folks quarrel all the time.* Tout jounen moun sa yo ap chamaye. *You just want to quarrel with me rather than listen to me.* Ou sèlman vle chire pit ak mwen pase ou tande m. *John and Richard just had a big quarrel.* Jan ak Richa sot fè yon gwo chòk. *Why are you always quarreling with people?* Poukisa ou toujou ap leve tenten ak moun?

quarreler *n.* sabrè

quarreling *n.* sou chòk *You are always quarreling with people, you behave like a fighting cock.* Ou toujou sou chòk ak moun, gen lè ou se kòk batay.

quarrelsome *adj.* bagarè, batayè, tatalolo, tchenpwèt *That quarrelsome woman, wherever she goes, she usually has trouble with people.* Fanm tchenpwèt sa a, kote l pase, se pou l fè de ran. *That quarrelsome girl always makes a scene.* Fi tatalolo sa a pa janm p ap fè bwi. •**quarrelsome girl** rèn •**quarrelsome person** lwijanboje, machann dezagreman, mache chache, ti pike *This woman is a quarrelsome person, she always picks fights with people.* Fi sa a se yon machann dezagreman, li toujou ap chèche moun kont. *Avoid that quarrelsome man so you won't be insulted.* Pa al chache nan kont ak ti pike sa non pou l pa sale ou. •**quarrelsome woman** marijàn, mètpwent *Do not hang out with that quarrelsome woman.* Pa annafè ak marijàn

sa a. *That quarrelsome woman is always looking for trouble.* Fi mètpwent sa a toujou ap chache kont.

quarry[1] *n.* [*of ore, minerals*] min, karyè, kwaryann •**sand quarry** min sab, twou sab •**stone quarry** min wòch

quarry[2] *n.* [*in hunting*] jibis, jibye

quart *n.* [*measure, container*] ka

quarter *n.* **1**[*time*] ka *It's a quarter past three.* Li twazè e ka. *It's a quarter till four.* Li katrè mwen ka. **2**[*one fourth*] ka **3**[*of the moon*] katye *The moon has four phases, now it's the first quarter.* Lalin lan gen kat katye, kounye a li nan premye katye a. **4**[*playing time*] kadetan •**quarter past** [*the hour*] eka *It's a quarter past three.* Se twaz è eka li ye. *It's now quarter past nine.* Li fè kounye a nevè eka. •**quarter to** [*the hour*] mwen ka *She has a quarter to seven.* Li gen set è mwen ka. •**give no quarter** pa bay katye •**no quarter given** pwenn fè pa •**three quarters of an hour** twakadè

quarter-deck *n.* [*on a boat*] gaya aryè

quartermaster *n.* katyemèt

quarters *n.pl.* lojman •**at close quarters** kò a kò

quartet *n.* [*music*] kwatyò

quash *v.tr.* toufe *The court quashed the case so the victims wouldn't find justice.* Tribinal la toufe koze a pou viktim yo pa jwenn jistis.

Quasimodo Sunday *n.* (dimanch) kazimodo

quaternion *n.* [*combination of four numbers in lottery, bingo, etc.*] katèn

quay *n.* waf

queasy *adj.* **1**[*uneasy*] pa nan local l **2**[*nauseated*] gen anvi vonmi, kè plen

queen *n.* **1**[*royalty*] rèn **2**[*cards, chess*] dam *I didn't get a queen in that card game.* M pa leve yon dam nan jwèt la. *Who played the queen of diamonds?* Ki moun ki jwe dam kawo a?

queer[1] *adj.* biza, etranj

queer[2] *n.* bag ak dwèt *These two guys are queers, they don't even hang out with girls.* De nèg sa yo se bag ak dwèt, menm zanmi fi yo pa genyen.

quench *v.tr.* apeze, pase *A little water can quench my thirst.* Yon ti dlo ka apeze swaf mwen. *The water didn't quench my thirst.* Dlo a pa pase swaf mwen. •**quench one's thirst**

pase swaf li *A nice glass of water would quench her thirst.* Yon bon vè dlo ta pase swaf li.

question[1] *n.* **1**[*asking for information*] kesyon *I didn't understand the question.* M pa konprann kesyon an. *To ask questions.* Poze kesyon. **2**[*issue*] kesyon, koze *It's not a question of money, but of time.* Se pa yon koze kòb, se yon koze tan. •**question mark** pwen (d)entèwogasyon •**question of habit** kestyon dabitid •**be a question of** konsène •**beyond question** san kèsyon •**difficult question** kòl •**hard question** kastèt •**out of the question** enposib, se swa janmen •**without question** san dout

question[2] *v.tr.* entèwoje, kestyonnen *The investigators question people about their work.* Anketè yo keksyonnen moun yo sou travay yo. •**question and challenge** [*government minister before Parliament*] entèpele *The Chamber questioned challengingly the prime minister about the rice scandal.* Lachanm entèpele premye minis la sou eskandal diri a.

questionable *adj.* diskitab
questionnaire *n.* kesyonnè
queue *n.* ke •**queue up** fè{liy/ran}
quibble *v.intr.* chikannen *Stop quibbling!* Sispann chikannen!
quibbler *n.* chikanè
quibbling *n.* chikann
quiche *n.* kich
quick[1] *adj.* **1**[*short time*] rapid *I'll take a quick shower.* M a pran yon douch rapid. **2**[*fast to react*] cho *He's very quick to criticize others.* Li toujou cho pou l kritike moun. **quick as a flash** anvan yon oun bat je li, tankou yon van *I'll be done quick as a flash.* Anvan ou bat je ou, m ap gen tan fini. •**quick as a wink** anvan chat pran tiwèl, anvan krache sèk *I'll be back as quick as a wink, you can wait for me here.* M ap tounen anvan chat pran tiwèl, ou mèt tann mwen la. •**quick as lightning** taw taw *She answered the question as quick as lightning.* Li reponn kesyon an taw taw. •**quick to take an opportunity** prese pran *If an opportunity presents itself, I'll be quick to grab it.* Si yon avantay parèt devan m, m ap prese pran l.

quick[2] *n.* [*of nail*] anba zong

quick-tempered *adj.* bitò, pyèj *Listen, he isn't saying anything there for you to be mad about, you're too quick-tempered my friend.* Men li pa di ou anyen la pou ou fache, ou bitò twòp monchè. *The boy is quick-tempered, he's always mad.* Gason an pyèj, li an kolè toutan. •**be quick-tempered** anpote *The young lady is quick-tempered, she slapped her husband.* Manmzèl anpote, li bay mari l yon kalòt.

quicken *v.tr.* •**quicken one's step** *v.tr.* akselere pa li, pran vitès *They quicken their steps to be able to arrive faster.* Yo akselere pa yo pou yo ka rive pi vit.

quicklime *n.* lacho vif
quickly *adv.* (byen) vit, alaploum, alavòl, an vitès, brèf, brid sou kou/bridsoukou, flòp flòp, nan yon moman, pik, plòp plòp (lop plop), pop pop, tape nan sòs, trapde, vit, vitman *You got here quickly!* Ou vini vit! *Let's do it quickly, we're short of time.* Ann fè sa alaploum, nou pa gen tan ankò. *He came here quickly.* Li vin la a alavòl. *She made the food quickly.* Li fè manje a an vitès. *Let's do it quickly!* Ann fè sa brèf! *I'm going to buy some food for you very quickly.* M pral achte manje a pou ou plop plop. *He did the work quickly.* Li fè travay la pop pop. *Time goes by quickly.* Tan an pase vit. *She left the house quickly.* Li kouri soti nan kay la vitman. •**quickly and unhesitatingly** tou cho tou bouke *He answered them quickly and unhesitatingly without thinking about it first.* Li ba yo repons lan tou cho tou bouke san l pa reflechi. •**make sth. quickly** fè yon bagay soulèzèl •**so quickly** deja

quickness *n.* rapidite, vitès
quick-tempered *adj.* cho, bitò
quick-witted *adj.* je{kale/klè}
quiescent *adj.* batriba, nan dòmi
quiet[1] *adj.* an plas, an repo, anpè, ansoudin, dou, dousman, frèt *It's quiet here, there's no noise.* Isi a anpè, pa gen bri. *She's quiet, you won't know she's here.* Li ansoudin, ou p ap konn lè l la. *Why are you staying quiet like this?* Poukisa ou ret dousman konsa? *The street is quiet tonight.* Lari a frèt aswè a. •**quiet or calm person** dodomeya *He's a really quiet person, he never makes noise.* Msye se yon vre dodomeya, li pa janm nan fè bwi. •**all is quiet** plim pa gouye •**be quiet**

pa{fè bri/pale}, pe, pe{bouch/dan}li, ret(e) bouch be, silans, vale pawòl *Everyone has to say what he thinks, now is not the time to be quiet.* Tout moun dwe bay lide yo, se pa lemoman la pou nou nan vale pawòl. *Please be quiet! My father is sleeping.* Pa fè bri! Papa m ap dòmi. *You all have to be quiet when the movie starts.* Lè fim lan koumanse, fò n pa pale. *You've been so quiet. What's wrong?* Apa ou pa pale. Sa ou genyen? •**become quiet** foure zèl li anba vant li

quiet[2] *n.* repo, silans, trankilite

quiet[3] *v.tr.* dodomeya, trankilize li •**quiet down** foure zèl li anba vant li, kalme li, mouye poul ou *Look! Quiet down, you hear, you're too excitable.* Gade! Foure zèl ou anba vant ou, tande, ou twò cho. •**quiet, someone may be listening** gen panyòl nan kay la

quietly *adv.* an{dodomeya/douse/plas}, anpè, byen pwòp, dousman, kalmeman, pa fè bri, san zekla, trankilman *Go in quietly.* Antre san ou pa fè bri. *He sat in the room quietly.* Li chita nan sal la an dodomeya. *He always speaks quietly with his workers.* Li toujou pale ak anplwaye l yo an dousè. *He sits quietly.* Li chita anplas. *I was studying quietly when I heard the noise.* M t ap etidye anpè lè m tande bri a. *I was studying quietly and he came to annoy me.* M t ap etidye byen pwòp epi l vin kontrarye m. *Work quietly please.* Travay dousman tanpri. *Return to the classroom quietly without making any noise.* Rantre nan klas la kalmeman san ou pa fè bri. *She sits quietly.* Li chita trankilman.

quill *n.* pikan

quip *n.* pwen

quilt *n.* kouvreli maltase

quilting *n.* matlase

quince *n.* kwen

quinine *n.* kamoken, kinin

quintet *n.* kentèt

quirk *n.* bizari

Quisqueya *prop.n.* [*Amerindian name for Haiti*] Kiskeya

quit *v.tr.* 1[*stop doing sth.*] bay{talon/vag}li, kite, lage, lese, mete yon bagay atè, mize bat ba *She quit school.* Li kite lekòl. *I'm quitting! I can't go on anymore.* M ap kite sa! M pa kapab ankò. *They stopped drinking*

raw rum. Yo kite bwè tafya. *That work was too tough, I quit.* Djòb sa di twòp, m bay vag. *Since he suspected that the other player had the full set of aces, he preferred to quit the game.* Kòm li sispèk lòt jwè a fè yon pokè las, msye oblije mize bat ba. *He quit because the class is difficult.* Li lese paske kou a di. 2[*a job*] bay{demisyon/talon}, kite, mache, vire do li *He quit his job.* Li bay talon li nan djòb la. *The secretary quit the position.* Sekretè a kite plas la. *If they don't pay us well, we'll quit.* Si yo pa peye n byen, n ap mache. *I'm going to quit that job.* M pral sispann nan travay sa a. *If they continue to bug me at work, I'll quit.* Si y ap anmède m nan travay la, m ap vire do m. 3[*not do something again*] sispann *Quit hitting me!* Sispann ban m kou! •**quit smoking** {lage zafè/kite}fimen *I quit smoking.* Mwen lage zafè fimen an.

quite *adv.* 1[*completely*] finman, fin…nèt, toutafè *She's not quite completely healed.* Li pa finman geri nèt. *I'm not quite ready.* M poko fin pare nèt. 2[*to a rather large degree*] bon, korèk, nètalkole *It took us quite some time.* Li pran n yon bon ti tan. *We still have quite a bit of work to do.* Nou rete yon bon valè travay ankò pou n fè. *The food was quite good.* Manje a te bon anpil. *Jane is quite a woman, she can do everything.* Jàn se yon fanm kòrèk, li konn fè tout bagay. *We're going to have quite a party.* N ap banboche nètalkole. •**quite a** toutbon *She's quite a beautiful woman.* Se yon bèl fi toutbon. •**be not quite** manke

quits *adj.* pat, pat (pou) pat *You finally paid me back! Now we're quits.* Finalman ou ban m kòb la! Atò nou pat pou pat.

quitter *n.* moun ki bay legen

quiver[1] *n.* tresayman

quiver[2] *v.intr.* **quiver with fear** *v.intr.* tresayi *She quivered with fear when she saw people with firearms.* Li tresayi lè li wè moun ak zam.

quivering *n.* tresayman

quiz[1] *n.* ti egzamen

quiz[2] *v.tr.* entèwoje, kesyone *They quizzed me to learn what I did in Cuba.* Yo entèwoje m pou konnen sa k mwen te fè nan Kiba,

quorum *n.* kowòm

quotation *n.* sitasyon •**quotation mark** gimè

quote *v.tr.* site *He quoted Franketienne in his homework.* Li site Franketyèn nan devwa li a.

quotient *n.* [*math*] kosyan

R

rabbi *n.* raben

rabbit *n.* lapen •**rabbit hutch** klapye •**rabbit warren** klapye

rabble *n.* lapopilas, popoulo

rabid *adj.* anraje *That dog is rabid.* Chen sa a anraje.

rabies *n.* raj *The dog is stricken with rabies.* Chen an gen yon raj ki pran l.

raccoon *n.* rat dlo

race¹ *n.* ras •**human race** lòm, ras moun •**s.o. of mixed race** metis

race² *n.* kous •**foot race** kous apye •**neck-to-neck race** lit kole sere •**relay race** kous (a) relè •**road race** kous kouri

race³ *v.tr.* **1**[*compete in a race*] fè yon kous *Let's race to the wall.* An n fè yon kous rive nan mi an. **2**[*hurry*] prese *I'm racing to get done before it rains.* M ap prese pou m ka fini anvan lapli a. **3**[*pass quickly*] pase vit *The vacation has raced by.* Vakans lan pase vit. **4**[*heart*] bat fò, pile *Her heart races.* Kè li bat fò. •**race by** pase vit

racer *n.* boulinò

racetrack *n.* channkous

rachitic *adj.* malvini, rabi

racial *adj.* rasyal

racing *n.* kous •**car racing** kous machine •**foot racing** kous kouri •**horse racing** kous chwal •**motor racing** kous machine

racism *n.* rasis

racist¹ *adj.* rasis

racist² *n.* rasis

racer *n.* boulinò

rack¹ *n.* etajè, kazye •**rack for carrying food** kantin •**bicycle rack** pòtchay •**coat rack** pòtmanto •**luggage rack** [*of a car*] pòtbagaj •**small rack** pòtaj •**towel rack** pòtsèvyèt

rack² *v.tr.* sakaje •**rack one's brain** lite *Since this morning, I have been racking my brain on this issue.* Depi maten an, m ap lite ak pwoblèm sa a.

racket¹ *n.* **1**[*tennis, etc.*] rakèt

racket² *n.* [*noise*] bowoum, eskandal, kannay, tenten *This guy always makes a racket with his motorcycle.* Nèg sa a toujou ap fè eskandal

ak motosiklèt li a. *He made such a racket, the whole neighborhood came out to see what was going on.* Li tèlman fè kannay, tout katye a kanpe sou de ran.

racket³ *n.* [*illegal activity*] djòb, rakèt

racketeer *n.* raketè

raccoon *n.* rat dlo, raton lavè

radar *n.* rada

radiance *n.* briyans, klate

radiant *adj.* eklatan

radiate *v.intr.* klere, reyonnen *This lamp radiates.* Lanp lan reyonnen.

radiation *n.* radyasyon •**radiation therapy** tretman ak reyon

radiator *n.* radyatè

radical *adj.* radikal

radio *n.* **1**[*apparatus*] radyo *Turn the radio on.* Ouvè radyo a. **2**[*broadcasting unit*] radyo *What radio station does she work for?* Nan ki radyo l ap travay? •**two-way portable radio** wòkitòki

radioactive *adj.* radyoaktif

radiology *n.* radyografi, radyoloji

radish *n.* radi

radium *n.* radyòm

radius *n.* **1**[*bone*] radiyis **2**[*math*] reyon

radon *n.* radon

raffish *adj.* anpoulaw, tèktèk

raffle¹ *n.* lotri, raf, tanboula *Who won the raffle?* Ki moun ki genyen raf la?

raffle² *v.tr.* rafle (off) *They're raffling off a radio set.* Y ap rafle yon radyo.

raft *n.* pripri, rado

rafter *n.* chevon, sabliye **rafters** *n.pl.* chevwon, fetay, fetay •**put up or position rafters** chevonnen *Before you put a roof on a house, you have to put up rafters.* Anvan ou kouvri yon kay, fò ou chevonnen li.

rag *n.* chifon, chifony, dekovil, dibreyis, franj, kòt, lòk

rage¹ *n.* kòlè, nè, raj, wè mò *When she saw me getting dressed to leave, she went into a rage.* Lè l wè m ap mete rad sou mwen pou m ale, li gen yon sèl nè k pran l. •**all the rage** nyouwann •**be all the rage** fè{chouyerav/

chou e rav/fire} *The last novel by Gary Victor is all the rage right now.* Nouvo woman Gari Viktò a ap fè chouyerav nan moman an. *The group Rap is the rage among the young people.* Gwoup Rap la ap fè firè pami jèn yo. •**be in a rage** wè mò nan kò yon moun, mande wè mò *She's in a rage around the house because her mother told her not to go out.* Li fin wè mò nan kay la poutèt manman l di l pa soti. •**be in rage** lwa Mondong yon moun monte li *When this guy is in rage, he breaks everything around.* Lè lwa Mondong nèg sa a monte l, li kraze, li brize. •**in a rage** tòl

rage² *v.intr.* **1**[*express violent anger*] {leve/pete kabouyay} *He raged at the girl.* Misye leve kabouyay ak fi a. **2**[*spread rapidly/uncontrollably*] fè ravay *That disease is raging through the country.* Se ravay maladi sa a ap fè nan peyi a. •**rage against s.o.** rele{abò/(koukouwouj)dèyè}yon moun *Don't you dare rage against me.* Pa pèmèt ou rele abò m.

ragged *adj.* chire, dechikte, defripe, filang *Those clothes are too ragged.* Rad yo twò defripe. *She was wearing a ragged dress.* Li te gen yon vye rad chire sou li. •**become ragged** fè fran(j/y)

raggedy or shabby girl or woman *n.* Sandriyon

rags *n.pl.* chèpi, odeyid, ranyon, releng, tanga •**in rags** an releng, chire, kole pyese *Don't go out in rags like that, go put good clothes on.* Pa soti nan lari a an rèleng konsa, al mete bon rad sou ou.

ragtag *adj.* kole pyese

ragwort *n.* [*herb*] seneson

raid¹ *n.* balewouze, dappiyanp, morad, razya •**do a police raid** fè yon balewouze *The police need to do a raid in the neighborhood.* Lapolis bezwen fè yon balewouze nan katye a.

raid² *v.tr.* debake (nan/sou), fè piyay *The police raided the radio station and broke everything up.* Lapolis debake nan radjo a, yo kraze tout bagay.

raider *n.* dappiyanpè

rail¹ *adj.* •**rail thin** bagèt legede, bwa bale

rail² *n.* [*bird*] rato •**yellow-bellied rail** ti rato jòn

rail³ *n.* [*structure for protection*] balis, gadfou •**guard rail** balistrad

railing *n.* balistrad, gadfou, ranp •**altar railing** balis

railroad *n.* chemennfè •**railroad car** vagon ray •**railroad crossing** kafou chemennfè •**railroad tie** travès chemennfè

railway *n.* •**railway station** ga

rain¹ *n.* lapli *He went out in the rain.* Li sot nan lapli a. *It looks like rain.* Sanble l pral fè lapli. *There was a big rain last night.* Li fè yon michan lapli yè swa. •**rain is coming** lapli a mennase pou l tonbe •**rain is falling while the sun is shining** djab ap bat madanm li, lapli {moun mouri/zonbi} •**driving rain** gwo lapli •**freezing rain** lapli glase •**in the rain** sou lapli •**it's driving rain** lapli ap fwete •**light rain** farinay lapli, lapli ap degoute, wouze •**torrential rain** lavalas •**very light rain** krachin

rain² *v.intr.* {fè/gen}lapli *It's going to rain.* Li pral fè lapli. •**rain cats and dogs** chen bwè dlo nan nen, lapli tonbe a{gwo doum/gwo gode/woulo}, lapli tonbe{avès/ rèd/an kolè} *During the hurricane season, it rains cats and dogs.* Lè gen siklòn, lapli tonbe a woulo. *It rained cats and dogs yesterday.* Lapli a tonbe avès ayè. •**raining hard** lapli a fò *It's raining hard out there.* Lapli a fò deyò. •**rain in small drops** degoute •**rain lightly** degoute, farinen *It's raining lightly.* Lapli a ap degoute. •**it has started to rain** lapli declare •**stop raining** lapli (ap) pase *It hasn't stopped raining yet.* Lapli a poko pase.

rain tree *n.* gounèl

rainbow *n.* lakansyèl •**end of the rainbow** bòl bè

raincoat *n.* padesi, padsi

raindrop *n.* {gout/grenn}lapli *I felt a raindrop fall on my nose.* M santi yon gout lapli tonbe sou nen m.

rainfall *n.* lapli

rainforest *n.* forè twopikal

rainmaker *n.* [*Vodou*] machan lapli

rainspout *n.* dal

rainstorm *n.* avès, lavalas, twonm

rainwater *n.* dlo lapli

raise¹ *n.* •**(pay) raise** ajisteman sale, ogmantasyon *I asked for a raise.* M mande ogmantasyon. *The workers asked for a raise to offset the rise in the cost of living.* Ouvriye yo mande yon ajisteman salè akòz lavi chè a.

raise² *v.tr.* **1**[*lift/push/move upwards*] leve *Anyone who wants to leave, raise their hand.* Moun ki vle ale, leve men yo. *I raised her in the air.* M leve l anlè. *Raise it higher.* Leve l pi wo. *The car raised a cloud of dust.* Machin lan leve yon bann pousyè. **2**[*bring to a higher degree*] leve *He raised his voice at me.* Li rele sou mwen. **3**[*increase*] moute, ogmante, wose *She raised the rent.* Li moute lwaye kay la. *They keep raising the price of rice.* Yo kontinye wose pri diri a. *They raised the salary of all employees.* Yo ogmante salè tout anplwaye. **4**[*voice*] elve, pale fò, rele *Jojo was angry and he began to raise his voice.* Jojo an kòlè, li kòmanse ap elve vwa l. *He raised his voice at me.* Li rele sou mwen. **5**[*bring up for discussion*] vin sou *She didn't raise the issue.* Li pa t vin sou sa. **6**[*children*] edike, elve, leve *His mother died, it's his aunt who is raising him.* Manman l mouri, se matant li ki elve l. *She raised ten kids all by herself.* Li leve dis timoun pou kont li. *He raised his children well, they all turned out well.* Li edike timoun yo byen, yo tout byen soti. **7**[*animals*] gade, fè elvaj, leve *We raise pigs and goats.* Nou gade kochon ak kabrit. *He raises poultry.* Li fè elvaj poul. **8**[*resuscitate*] resisite *Jesus raised Lazarus from the dead in four days.* Jezi te resisite Laza sou kat jou. •**raise a general outcry** leve boukliye *We're raising a general outcry against the plunderers of the treasury coffers.* N ap leve boukliye pou kouri dèyè gran manjè. •**raise a hue and cry against sth.** bat{lage/ rele}chalbari dèyè *When the commission threatened to cancel the results of the elections, the supporters of the party in power raised a hue and cry against it.* Lè komisyon an menase anile rezilta eleksyon yo, patizan pati politik opouvwa a kòmanse bat chalbari dèyè l. •**raise badly** [*a child*] maledve •**raise crops** fè manje *This year the peasants didn't raise enough crops.* Ane sa a abitan yo pa t fè manje menm. •**raise one's hand at** leve men sou *You raise your hand at the child much too often.* Ou leve men sou pitit la twòp. •**raise one's hand to s.o.** leve grif li sou •**raise o.s.** [*in life*] wose tèt li •**raise s.o.** [*cards*] reze *He keeps raising me, but I'm holding good cards.* Li chita plede reze m, men fwa sa a m leve bon kat. •**raise the**

grades bay (elèv yo) pwen *This teacher raises the grades of all his students.* Pwofesè sa a bay tout elèv li pwen. •**raise up** soulve •**raise with much care and affection** pavni *Her father raised her with much care and affection.* Papa l te pavni l byen. •**badly raised** estipid •**be raised** grandi *She wasn't raised by her family; her parents died young.* Li pa t grandi nan fanmi l, paran l te mouri bonè. •**not raise well** maledve *The parents didn't raise the child well, that's why she's so impertinent.* Granmoun yo mal leve pitit la, se sa k fè l frekan konsa.

raiser *n.* •**animal raiser** gadyatè

raisin *n.* rezen({chèch/sèk/sèch}) *Buy me a small box of raisins.* Achte yon ti bwat rezen sèk pou mwen.

raising *n.* [*of livestock*] elvaj •**fish raising** pisikilti

raison d'être *n.* rezondèt

rake¹ *n.* [*libertine*] libèten

rake² *n.* [*implement*] rato

rake³ *v.tr.* grate *Rake the grass that's in the yard.* Grate zèb la ki nan lakou a. •**rake leaves** sanble fèy *Rake the leaves in the yard.* Sanble fèy yo nan lakou a. •**rake in** [*money*] ratibwaze •**rake over the coals** {rale/redi} zorèy

rake-off *n.* **1**[*often money raked off by servant who buys at the market, declares higher prices than she paid and then pockets the difference*] jeretyen, koutay •**take a rake-off** fè{jeretyen/jeretyenzen} *For everything she buys, she takes a rake-off.* Tout sa l achte fò l fè yon jeretyen.

rakish *adj.* **1**[*dashing*] anpoulaw **2**[*dissolute*] libèten, nan vis

rally¹ *n.* manifestasyon, raliman, woumble •**hold a political rally** manifeste •**political rally** mitin

rally² *v.tr.* mobilize *The opposition rallied against the people government.* Opozisyon an mobilize pèp la kont gouvènman an.

rallying *n.* raliman

ram¹ *n.* [*animal*] belye (kabrit)

ram² *v.tr.* antre dan, frape *The car rammed into mine from behind.* Machin li an antre nan dèyè pa m lan.

ramble *v.intr.* chante yon moun bòt, depale, deraye, divage, fè radada, radote, voye monte

The fever makes him ramble. Lafyèv la fè l radada. *I let him ramble.* M kite l radote. *The teacher is rambling because he isn't prepared enough for the class.* Pwofesè a ap voye monte paske li pa t fè rechèch avan kou a.

rambling *adj.* anbouye, debride, woywoy

rammer *n.* danm

ramoncillo *n.* [*tree*] bwa arada, donbou

ramp *n.* ranp •**boarding ramp** [*of an airplane*] pasrèl

ramp *v.tr.* •**ramp up** *v.tr.* ogmante *They're ramping up the support they give the farmers.* Y ap ogmante konkou yo bay abitan yo.

rampage *n.* kase brize

rampant *adj.* gaye *The disease is rampant throughout the country.* Maladi a gaye nan tout peyi a.

rampart *n.* ranpa

ramshackle *adj.* ansibreka, dezablaza

ranch *n.* ranch

rancid *adj.* fandanman, gou fò, rans, ransi *This butter is rancid.* Bè a rans. *The tomato paste is rancid.* Pat tomat la fandanman. *The butter has a rancid taste.* Bè a gen yon gou rans. *The butter is rancid.* Bè a ransi.

rancor *n.* rankè

random *adj.* vag, wachwach •**at random** pa aza **behave**

randomly *adv.* alagouj, wachwach •**at random** oaza

randy *adj.* anraje

range[1] *n.* **1**[*set*] gam, kad, pòte *That store has the full range of products you need.* Magazen sa a gen tout gam pwodui nou bezwen yo. *In the store you'll find cloth that's within your price range.* Nan magazen an, w ap jwenn twal ki nan kad ou. **2**[*limits*] zòn *I'd like one in the four to five dollar range.* M ta bezwen youn nan zòn kat-senk dola konsa. **3**[*distance*] pòte *This rifle has a good range.* Fizi sa a gen yon bon pòte. •**at close range** de pre •**mountain range** chenn mòn, masif •**rifle or shooting range** channti

range[2] *v.intr.* rive…sòti(nan zòn) *They have all prices, ranging from five to fifteen dollars.* Gen sa tout pri, soti (nan zòn) senk dola rive (nan zòn) kenz dola.

rangy *adj.* dechose, mèg

rank[1] *n.* **1**[*level*] degre, grad, senti, wòl *She has a higher rank than I.* Li gen pi gwo degre pase m. **2**[*military grade*] grad, ran *What is his rank (in the army)?* Ki grad li? *I'm above him in rank.* M gen pi gwo grad pase l. •**rank and file** popilas •**high rank in Freemasonry** wayalach •**not of the same social rank** pa kamarad yon moun •**person of high rank** gwo kad •**same social rank or status** mezi pye

rank[2] *v.tr.* klase *We're ranking the schools in this area.* N ap klase lekòl yo ki nan zòn nan.

rankle *v.tr.* agase, twouble *His awkward comments rankled me a lot.* Pawòl malagòch li yo agase m anpil.

rankling *adj.* twoublan

ransack *v.tr.* delabre, devalize, sakaje, trifafouye *During the uprising, they ransacked a lot of stores.* Nan dechoukaj la, yo delabre yon pakèt magazen. *She ransacked the house looking for the money.* Li trifafouye nan tout kay la dèyè lajan an. •**ransack the property of and lynch a person** dechouke

ransom[1] *n.* ranson •**hold for a ransom** ransone *The criminals kidnapped and held the child for a ransom.* Bandi yo te anlve epi ransone pitit la.

ransom[2] *v.tr.* ransone

rant *v.tr.* delire •**rant on** deblatere, depale *My child, if you rant on like that no one will listen to you.* Pitit mwen, si ou deblatere konsa, pèsonn p ap koute ou. *You are ranting on, I shouldn't be listening to you.* Ou ap depale, m pa bezwen tande ou.

ranting *n.* derezonnen

rap[1] *n.* [*small tap*] ti kou sèk, tòk •**rap with knuckles** [*usu. on the head*] zòbòy, zoklo •**not to give a rap** fouti li pa mal, manfouben

rap[2] *n.* •**take the rap** jwenn kanè li

rap[3] *v.tr.* •**rap with knuckles on head** bay yon siyad *He rapped me on the head with his knuckles because I made him angry.* Li ban m yon siyad nan tèt paske m fè l fache.

rapacious *adj.* piyajè, rapas

rape[1] *n.* kadejak, vyòl, vyolasyon

rape[2] *v.tr.* fè kadejak sou, vyole *The girl said that the man raped her.* Ti fi a di misye fè kadejak sou li. *They raped the girl.* Yo vyole tifi a.

rapid *adj.* rapid, taptap *She made a very rapid recovery.* Li refè byen vit. •**be rapid** gen zèl nan pye

rapid-fire *adj.* rapidfaya *She'll hand in the work rapid-fire.* L ap remèt ou travay la rapidfaya.

rapidity *n.* rapidite, vitès

rapidly *adv.* (byen) vit, bris, kou sou kou, pik, rapid, rapidman, vit, vit e prese *You'll recover rapidly.* Ou ap refè byen vit. *They breed very rapidly.* Yo fè pitit rapid. *We can't do that work rapidly.* Travay sa a, nou pa ka fè l bris. *Everything she does, she does it rapidly.* Tout sa l ap fè, li fè li rapid. *Come to me rapidly, it's urgent.* Vin kote m rapidman, se ijan. *We expect the government to act rapidly.* Nou mande gouvènman an aji vit e prese. •**go rapidly** kannale

rapist *n.* kadejakè

raptly *adv.* atantivman

rare *adj.* 1[*uncommon*] ra *Sweet potatoes are rare these days.* Patat ra konnye a. 2[*meat*] ak san, chode, sote *She likes eating rare meat.* Li renmen manje vyann ak san. *The meat is rare, go make it well-done.* Vyann sa a, chode, al fin kwit li. •**sth. very rare** (grenn) lò *In some places in Haiti, water is something very rare.* Nan kèk zòn ann Ayiti dlo se (grenn) lò.

rarely *adv.* pa aksidan, raman *She comes here very rarely.* Li vin isit la raman. *I'm rarely sick.* M pa konn malad fasil. •**very rarely** chak Sen Silvès

rarity *n.* rate

rascal *n.* 1[*gen.*] brigan, debri, delakè, lera, malfwendeng, mekreyan, move{grenn/je}, pye sal, salopri, saltenbank, san sal, sansal, selera, vakabon, vèmin 2[*child*] kannay

rash[1] *adj.* enpridan, temerè *What a rash child! He provokes children older than him!* Ala timoun temerè! L ap pwoke timoun ki pi gran pase l!

rash[2] *n.* dat, egzema, lota, fe, gratèl, tach, tach ki leve *He went to swim, then the water gave him a rash, his whole body itches.* Li t al benyen, enpi dlo a ba l gratèl, tout kò l ap grate l. •**have a rash** fè ti boul, san yon moun grate li *She has a rash on her under arm.* Tout anba bra l fè ti boul.

rasp[1] *n.* rap

rasp[2] *v.tr.* rape *The artisan is rasping the piece of furniture.* Bòs la ap rape mèb la.

raspberry *n.* franbwaz

rasping *adj.* [*voice*] graj

Rastafarian *adj.* rastafarya

Rastafarian *prop.n.* rastafarya, rastamann

rat *n.* 1[*rodent*] rat 2[*person*] rat •**rat, rat, rat...** [*child's saying when a tooth falls out*] rat, rat, rat ... *Rat, rat, rat, I sent you a good tooth. Send me a bad tooth.* Rat, rat, rat, m voye yon bon dan ba ou. Voye yon move dan pou mwen. •**dirty rat** rat do kale

rat beam *n.* [*plant*] sentespri

ratatouille *n.* [*stew*] ratatouy

ratchet[1] *n.* sòkèt

ratchet[2] *v.tr.* •**ratchet down** diminye, redwi *Ratchet down the noise.* Redwi bri a. •**ratchet up** grandi, ogmante *Unemployment is ratcheting up.* Chomaj la ap ogmante.

rate *n.* 1[*price*] barèm, enterè, pri, tarif, to, vale *They charge you according to a rate.* Yo fè ou peye selon yon barèm. 2[*speed*] vitès •**rate of flow** [*water*] debi •**at any rate** antouka, kèlkilanswa, sote ponpe *At any rate, something bad has already happened.* Sote ponpe, malè a rive. •**at a reduced rate** orabè •**at this rate** sis a kontinye kon sa •**exchange rate** to echanj •**going rate** to an vigè •**interest rate** to

rather *adv.* 1[*somewhat*] manyè, pa mal, yon ti jan *He is somewhat tired.* Li manyè bouke. *She speaks Creole rather well.* Li pa mal nan kreyòl la. 2[*preferably*] de preferans, pa pito, pito *Would you rather come late to see if the boss will fire you?* Pa pito ou vin an reta pou wè si bòs la p ap revoke ou? *What would you rather do? —I'd rather go see a cockfight.* Sa ou pito fè? —M pito al nan gagè a. 3[*on the contrary*] {ala/nan}plas(de), okontrè *Rather than to go to Gonaïves, I'm going to Cape Haitian.* Ala plas de ale Gonayiv, m prale Okap. •**rather than** angiz, olye, pase, pase pou, tan pou, tanke pou *Take this one rather than the other one; it's better.* Pito ou pran sa a pase lòt la: se li k pi bon. *Rather than sitting around, why don't you come and help me?* Olye ou chita a, sa k fè ou pa vin ede m? *Learn some professional skills rather than waste your time in school.* Aprann yon metye pase ou pèdi tan ou lekòl. *Rather than walking, I took the bus.* Tan pou m mache, m pran yon bis. *Rather than arriving late, he'd rather not come at all.* Tanke pou l rive an reta, pito li pa vini menm. •**or rather** osnon

ratification *n.* ratifikasyon

ratify *v.tr.* ratifye *The members of parliament refused to ratify the decree.* Palmantè yo derefize ratifye dekrè a.

rating *n.* evalyasyon, vale

ratio *n.* pwopòsyon

ration[1] *n.* rasyon

ration[2] *v.tr.* separe pòsyon •**ration out** bay nan ti mezi *We rationed out the water because we didn't have a lot.* Nou bay dlo nan ti mezi poutèt nou pa te gen anpil.

rational *adj.* konsekan, tèt byen *She's a rational person.* Li yon moun tèt byen.

rationale *n.* rezon

rationed *adj.* •**be rationed** bay nan ti mezi *Electricity is rationed.* Se nan ti mezi yo bay kouran.

rationing *n.* rasyonnman *There's a rationing of electric power in the country.* Gen yon rasyonnman kouran nan peyi a.

rattle[1] *n.* rara, rara({bwa/fèblan}) •**baby rattle** tchatcha •**rattle used in Mardi Gras dances** wawa •**tin rattle** [*Vodou*] chansi

rattle[2] *v.tr.* 1[*make noise*] fè bri 2[*confuse*] bwouye, dezakse, konfonn *She rattled the teacher with a question he didn't expect.* Li konfonn pwofesè a ak yon kesyon li pa t ap atann. •**easily rattled** vapore

rattlesnake *n.* koulèv sonèt, sèpan a sonèt

rattletrap *n.* bogota, dekovil, zosman

raucous *adj.* wòk

ravage[1] *n.* dezas **ravages** *n.pl.* outraj, ravaj

ravage[2] *v.tr.* demanbre, fè ravaj, ratibwaze, ravaje, rinen, sakaje *The hurricane ravaged the country.* Siklòn nan sakaje peyi a.

ravager *n.* devastè

ravaging *n.* ratibwazay

rave *v.intr.* delire, fè{radòt/yon moun depale}, gaye, radote, rara *He's raving, no one understands what he says.* L ap delire, pèsonn pa konn pawòl l ap di yo. *The fever makes him rave in delirium.* Lafyèv la fè l depale. *Don't pay attention to her, she's raving.* Pa okipe l, se radote l ap radote la a. •**rave on** blabla •**s.o. who raves on** betizè

raven *n.* kaw, kòbo

ravenous *adj.* afre, apoura, ba, devoran, voras *He became ravenous because he hadn't eaten for three days.* Li vin voras poutèt li pase twa jou li pa manje. •**be ravenous** ti trip ap vale gwo trip *We're so ravenous, we can easily*

down a whole pot of rice. Jan ti trip ap vale gwo trip la, n ap desann yon kaderik diri alèz.

ravine *n.* bafon, labim, radas, ravin

ravings *n.pl.* babiyman, rablabla, radotay

ravish *v.tr.* fè{dappiyanp/kadejak}sou, vyole *The bandits ravished the young girl.* Bandi yo fè kadejak sou jenn fi an.

ravishing *adj.* wololoy

raw *adj.* [*not cooked*] kri *He ate the sweet potato raw.* Li manje patat la kri.

rawboned *adj.* bounda kòde, zoban

ray *n.* reyon •**rays from obscured moon** balizay *The rays from the obscured moon make it a little difficult to see at night.* Balizay la fè l on ti jan difisil pou wè leswa. •**ray of hope** ti rayon lespwa

ray-finned *adj.* [*fish*] zèl evantay

ray-fish *n.* re

rayon *n.* [*fabric*] reyon

raze *v.tr.* demantle, kaba ras/kabaras *They're razing all the houses.* Yo pral demantle tout kay sa yo. *They razed the house down to the ground.* Yo kaba ras kay la ra pye tè.

razor *n.* razwa •**razor blade** jilèt, lanm jilèt, razwa •**electric razor** razwa elektrik

razz *v.tr.* pase nan{betiz/jwèt} *They razzed him because he lost in the game.* Yo pase l nan betiz paske li pèdi nan match la.

re-bandage *v.tr.* repanse *The nurse re-bandaged the wound.* Mis la repanse maleng lan.

re-conversion *n.* reyamenajman

re-creation *n.* rekreyasyon

re-cut *v.tr.* retaye *The measurements were not well made, he was obliged to re-cut the cloth.* Mezi an pa t byen pran, li blije retaye twal la.

re-elect *v.tr.* rechwazi, reyeli *The people re-elected the same president.* Pèp la rechwazi menm prezidan an. *It's the same president the people re-elected.* Se menm prezidan an pèp la reyeli.

re-election *n.* reyeleksyon

re-enlist *v.intr.* reyangaje *He re-enlisted in the army.* Li reyangaje nan lame.

re-enter into battle *v.intr.* rekare batay

re-examine *v.tr.* repanse *We have to re-examine the solution.* Nou dwe repanse solisyon an.

re-float *v.tr.* [*boat*] dechwe *Thank God we were there to re-float the overturned boat.* Grasadye nou te la pou dechwe bato chavire a.

re-occur *v.intr.* repwodwi *We'll act so that this incident will not re-occur.* N ap fè yon jan pou ensidan konsa pa repwodui ankò.

re-roof *v.tr.* rekouvri *The hurricane took off with the roof of the house, we have to re-roof it.* Siklòn ale ak tòl do kay la, fòk nou rekouvri l.

re-sharpen *v.* retaye *Re-sharpen the point of the pencil.* Retaye pwent kreyon an.

reach[1] *n.* pòte •**out of s.o.'s reach** kote youn moun pa la rive *Put it somewhere out of their reach.* Mete l yon kote yo pa ka rive ladan l. •**beyond one's reach** lwen men yon moun •**within reach** alapòte *There was no water within reach when the fire broke out.* Pa te gen dlo alapòte yo lè dife a pran an.

reach[2] **I** *v.tr.* **1**[*destination, goal*] atenn, pran, rive *They reached their goal.* Yo atenn bi yo. *We've almost reached Jacmel.* Nou prèske rive Jakmèl. *At what time did the car reach Jacmel?* A ki lè machin lan te rive Jakmèl? *The letter failed to reach her.* Lèt la pa janm rive jwenn li. *When you reach the bridge, you're very near my house.* Depi ou pran pon an, ou tou pre lakay mwen. **2**[*full speed, power, etc.*] pran *The way the car reached full speed, we'll be there in no time.* Jan machin nan pran la, trap de nou rive. **3**[*contact*] jwenn *Didn't you try to reach her at work?* Ou pa eseye jwenn l nan travay li. **4**[*stretch out to*] atenn, bat jis, rive *The highest mountain in Haiti reaches 1680 meters.* Mòn ki pi yo ann Ayiti a atenn 1680 mèt. *The girl's hair is so long it reaches right to her waist.* Cheve fi a tèlman long, li bat jis sou tay li. *That ladder won't reach the window.* Nechèl sa a pa p ka rive nan fenèt la. *Can you reach the light?* Ou ka rive nan limyè a? *I'm too short to reach it.* M twò kout, m pa ka rive kote l ye a. *Put it where she can't reach it.* Mete l yon kote l pa p ka rive. •**reach a certain level** rive nan (yon) nivo *We've reached a level that no one can surpass.* Nou rive nan yon nivo pèsonn pa ka depase. •**reach a destination** ateri •**reach an agreement** bay lemo li, fè yon akò *The two of us have reached an agreement.* Nou toulede bay lemo nou. *They managed to reach an agreement.* Yo rive fè yon akò. •**reach climax** [*male or female*] voye *Because of the cunnilingus, she reached climax quickly.* Akòz ti bèf la, fi a voye rapid. •**reach maturation** dewoulman

The fruit reached its maturation. Fwi a rive nan dewoulman li. •**reach menopause** rete *Given your age, haven't you reached menopause?* Pou laj ou genyen an, ou poko rete toujou? •**reach one's goal** fin bout *He hasn't even finished doing his 'bakaloreya' degree, he thinks he has reached his goal.* Li poko menm fin fè bakaloreya li, li panse l fin bout. •**reach orgasm** fè alsiyis, jwi, vini *They reached orgasm at the same time.* Yo jwi an menm tan. •**reach out** lonje *Reach out to take the money.* Lonje men ou pou pran lajan an. •**reach out to s.o.** lonje (la)men {bay/ak}yon moun •**reach over** lonje men *Reach over and pick up the knife for me.* Lonje men ou, pran kouto a pou mwen. •**reach puberty** fè kwasans, fòme, pouse plim *When young boys reach puberty, their voices change.* Depi ti gason fòme, vwa yo chanje. *At this age children reach puberty.* Nan laj sa a, timoun fè kwasans li. *His daughter has now reached puberty.* Pitit fi li a ap pouse plim kounye a. •**reach the pot of gold at the end of the rainbow** nan bòl bè •**reach up** lonje men *Reach up and get the bottle for me.* Lonje men ou, pran boutèy la anlè a pou mwen. •**difficult to reach** delika •**within reach** alapòte

reachable *adj.* aksesib

react *v.tr.* reyaji, souke kò li *If you hit her, it's normal for her to react.* Si ou ba l kou, se nòmal pou l reyaji. *React, you can't let the man mistreat you at will.* Manyè souke kò ou, ou pa ka kite nèg la ap bat ou jan l vle.

reaction *n.* reyaksyon •**allergic reaction** alèji, pikotman *The drug causes an allergic reaction.* Medikaman an koze yon alèji. •**get an unpleasant reaction** [*e.g. a nail scratching on a black board*] fè dan yon moun {sezi/sirèt}

reactionary *adj.* •**reactionary person** po je rèd/pojerèd

reactionary *n.* reyaksyonè

reactor *n.* reyaktè

read *v.tr.* li *I read that in a book.* M li sa nan yon liv. *They know how to read.* Yo konn li. *She never learned to read.* Li pa janm aprann li. •**read cards** {bat/pike/ tire}kat *Let me read the cards to see where my luck lies.* Kite m bat kat mwen pou m wè kote chans mwen ye. *The Vodou priest read the cards to tell her her future.* Oungan an pike kat la pou l di l lavni li. *Let me read the cards to see where my luck lies.* Kite m bat kat mwen pou m wè kote chans mwen ye. •**read haltingly** eple *The man can't read the letter, he pauses after every word, he reads haltingly.* Nèg la pa ka li lèt la, li poze apre chak mo, se eple l ap eple l. •**read lips** li sou bouch *He reads lips because he can't hear.* Li li sou bouch poutèt li pa kab tande. •**read s.o. the riot act** di yon moun sa Kasayòl te di bèf la, sa li bliye li pa di yon moun *When I found out what she had done, I read her the riot act.* Lè m wè sa li te fè a se sa m bliye m pa di l.

readable *adj.* lizib

reader *n.* lektè, lektris [*fem.*], lektèz [*fem.*] •**elementary reader** ti metòd

readily *adv.* ak kè kontan, san pwoblèm

reading *n.* [*act of*] lekti

readjust *v.tr.* refikse *If we don't readjust the post, it will fall down again.* Si n pa refikse poto a, l ap sot tonbe ankò.

readjustment *n.* reyajisteman

ready[1] *adj.* **1**[*prepared and fit for use/action*] ajou, bon, pare, pre *I'm not ready yet for the exam.* M poko ajou pou egzamen an. *I'm ready, when are we leaving?* Mwen pare, ki lè n ap derape? *The food is ready.* Manje a pare. *They're ready to leave the neighborhood.* Yo pre kite zòn nan. *Go get ready.* Al pare ou. **2**[*at the point of*] bon, prèt *I was ready to cry.* M te prèt pou kriye. pare. *Mayi a bon pou kase.* *She's ready for marriage.* Li bon pou l marye. •**ready and resolute** an chanbrann de balistrad *I await ready and resolute for them to challenge me.* M an chanbrann de balistrad ap tann yo vin mande m koze. •**ready for anything** bon pou tout pyès *She's ready for anything, she's prepared to do any job.* Li bon pou tout pyès, li pare pou l fè nenpòt djòb. •**ready one's self** touse bouch li •**ready to** prentan *You're always ready to insult people.* Ou prentan konsa pou joure moun. •**ready to be picked** [*fruit*] rèk *The avocadoes are ripe and ready to be picked.* Zaboka yo rèk pou l keyi yo. •**ready to take advantage of any opportunity** sou mank •**always be ready to go** [*for entertainment*] reponn plètil *Whenever he hears the word*

"party", he's ready to go. Depi l tande 'fèt', li toujou reponn plètil. •**be ready** [*for anything*] mete li kòrèk, byen dispoze, mete bab li alatranp, ranje(kò) li *He's well ready to do the work.* Li byen dispoze pou fè travay la. •**get ready** *a*[*gen.*] mete bab li alatranp, {òganize/pare/prepare/ranje}li *Get ready, I'm coming to get you soon.* Òganize nou, m ap pase vin chache nou talè. *He got ready in case something happened.* Li met bab li alatranp anka yon bagay ta rive. *Get ready, they're coming to pick you up soon.* Pare ou, y ap vin chache ou talè. *Get yourself ready, I'm coming to pick you up soon.* Prepare ou, m ap vin chèche ou talè. *Get ready.* Ranje nou. *b*[*a fight, struggle*] dragonnen ponyèt li, {manche/mete}kanson fè li *He's getting his fists ready for a fight.* Li dragonnen ponyèt li pou dyèl la. *c*[*for sth. bad*] mare pakèt li, mete bab li alatranp, òganize li, pare li, prepare li, ranje{li/zo li} *Get ready for what's coming.* Ranje zo ou pou sa k ap vini an. •**get ready for planting** taye baliz *The rain season is coming, André is getting ready for planting.* Sezon lapli a pral rive, Andre ap taye baliz. •**get ready to celebrate** pare *We're getting ready to celebrate Founder's Day.* N ap pare pou n fete vil la. •**not to be ready to stop** fenk kare *As long as you will not give the baby the bottle, it's not about to stop crying.* Toutotan ou pa bay tibebe a bibon an, li fenk kare kriye. •**make ready** pare, prepare

ready[2] *v.intr.* mete li kòrèk *They readied themselves just in case the thugs came back.* Yo mete yo kòrèk sizoka zenglendo yo ta tounen.

ready-made *adj.* taye pou fèt

real[1] *adj.* bon jan, kòrèk, otantik, reyèl, san pou san, toutbon, veritab, vre, vye, wouj *A real fact.* Yon fè reyèl. *He's a real Canadian.* Li se kanadyen a san pou san. *A real nice old guy.* Yon bon vye nèg. *Are those flowers real?* Flè sa yo se flè toutbon? *This chain is real gold.* Chenn sa a, se bon jan lò l ye. *He's a real capitalist.* Li kapitalis wouj. •**real man** gason kanson, pa{pote/mete}pantalon li pou bèl twal *He's a real man, he runs his home very well.* Li se yon gason kanson, li dirije kay li byen. *He's a real man, he doesn't recoil before danger.* Misye pa met pantalon l pou

bèl twal, li pa moun ki rekile devan danje.
•**for real** pou {toutbon/ debon} *It was for real that I said that to him.* Se pou toutbon m di l sa. •**it isn't real** sa se sinema •**that's for real** se pa pale

real² *adv.* anpil, toutbon *This is real good.* Li bon anpil! *She's real stupid.* L egare toutbon.

real estate *n.* byen{imèb/imobilye}, pwopriyete •**real estate agent** koutye •**real estate holding** byen(imèb/ imobilye •**real estate tax** enpo lokatif

realistic *adj.* reyalis

reality *n.* fè, reyalite •**a reality** yon fè reyèl •**in reality** ofon *In reality, what she said to us makes sense.* Ofon, sa l di nou an gen sans.

realization *n.* priz konsyans

realize *v.tr.* figire li, {gen/pran}konsyans, rann (li) kont, reyalize, rive konprann, wè *He realizes that he's wrong.* Li gen konsyans li an tò. *I didn't realize how the two hours went by.* Mwen pa rann mwen kont kilè dezèdtan an pase. *I realized that you never loved me.* Mwen reyalize ou pa t janm renmen m. *He came to realize that everyone has a right to live.* Li rive konprann tout moun gen dwa pou viv. *I never realized she was exploiting me.* M pa t janm wè si l t ap esplwate m. *I didn't realize it was so late.* M pa wè si l gen tan tout lè sa a.

really *adv.* 1[*actually, in truth*] byen, byen pwòp, desideman, kont kò li, kòrèk, nèt, non, ofon, pa vre, reyèlman, serye, seryèzman, toutbon, vre, vrèman *She really is the one who did it.* Se li k fè sa byen pwòp. *They really beat him.* Yo bat li byen bat. *I really can't do this job.* M pa ka fè travay sa a, non. *This time he really left.* Li pati nèt fwa sa a. *Gee, I'm really cold!* A, m frèt kòrèk! *She's really a nice person.* Se yon bon moun li ye toutbon. *No, I really can't walk anymore.* Non, toutbon, m pa ka mache ankò. *Did you really tell him that?* Ou di l sa vre? *I'm getting married next month. —Really?* M ap marye mwa pwochen. —Vrèman? *She isn't lying to you, she's really leaving tomorrow.* Li p ap ba ou manti, l ap pati demen vrèman. *It's really the way it happened.* Reyèlteman, se konsa sa te pase. 2[*very much*] anpil, gen yon bèl, menm, toutbon *This woman really has a nice shape.* Dam sa a gen yon bèl anfòm sou li. *Michael*

is really lazy. Michèl gen yon bèl parese sou li. *It's really hot today.* Fè cho toutbon jodi a. *I really hate going to her house.* M pa renmen al lakay li menm. *I really love that hat!* M renmen chapo sa a anpil! •**really and truly** vrèman vre •**really up on sth.** fere •**really do sth.** fè yon bagay ak lafwa •**really get into** boule ak, mete men •**really go at sth.** kraze

realm *n.* domèn

realtor *n.* koutye

ream *n.* [*of paper*] ram

reap *v.tr.* [*harvest*] rekòlte *The farmers reaped a lot of rice.* Kiltivatè yo rekòlte anpil diri. •**reap benefit** [*benefit from*] tire pwofi •**reap what one has sown** nan lye verite li *She didn't accept advice, now she's reaping what she has sown.* Li pa t vle pran konsèy, kounye a li nan lye verite l.

reappear *v.intr.* reparèt, repwente *This man is a devil: one brief moment he disappears, one brief moment he reappears.* Nèg sa a se yon dyab: yon ti moman l disparèt yon ti moman l reparèt.

reappoint *v.tr.* renome *He was reappointed first minister.* Yo renome l premye minis.

rear¹ *adj.* aryè, dèyè *All the rear part of the class is making lots of noise.* Tout pati dèyè a ap fè anpil bwi. *One of the rear tires is losing air.* Youn nan kawoutchou dèyè yo ap pèdi van.

rear² *n.* 1[*hind part*] annaryè, bounda, chita, degonn, dèyè *This car has the motor in the rear.* Motè machin sa a se dèyè l ye. *Go to the rear door.* Pase nan pòt annaryè a. 2[*buttocks*] bounda, dada, dèyè *She fell down on her rear.* Li tonbe sou dèyè l. •**in the rear of** dèyè •**to the rear** alaryè, annaryè *He stood to the rear at a small distance with regard to the other students.* Li te kanpe annaryè, a yon vye ti distans pa rapò a lòt elèv yo.

rear³ *v.tr.* [*care for until grown*] bay edikasyon, leve *When you have children, you have to rear them well.* Lè ou fè pitit, se pou ou ba yo edikasyon. *She reared ten children all by herself.* Li leve dis timoun pou kont li. •**rear end** frape (yon machin){nan/pa}dèyè •**rear up (horse)** kabre (sou dèyè)

rearguard *n.* layè gad

rearing *n.* 1[*children*] levasyon 2[*of livestock*] elvaj

rearrange *v.tr.* ranje...yon lòt jan *I'm going to rearrange the bedroom.* M ap ranje chanm lan yon lòt jan.

rearm *v.tr.* rebay zam *They rearmed the militia.* Yo rebay milis la zam.

reason[1] *n.* **1**[*cause*] baz, kòz, lakòz, larezon, rezon *I've found a good reason to start now.* M jwenn yon bon baz pou m derape kounye a. *It's the reason for a lot of trouble.* Sa lakòz anpil traka. *I have two reasons for quitting the job.* Mwen gen de kòz pou m kite travay la. *What's your reason for doing that?* Ki rezon k fè ou fè sa? *I have no reason not to believe you.* M pa gen rezon pou m pa kwè ou. *The reason I didn't come was that my car was broken down.* Rezon k fè m pa t vini, se machin mwen k te an pàn. **2**[*judgment*] larezon •**reason for living** rezondèt •**reason why** lepoukwa *Explain to me the reason why you did that.* Esplike m lepoukwa ou fè sa. •**for good reason** ak dekwa *You are late again. — For a good reason, all the roads were blocked.* Ou an reta ankò. —Ak dekwa, tout wout yo bloke. •**for no good reason** bètman *Her husband left her for no good reason.* Mari fi a kite l bètman. •**for no reason** kitikantan, pou dan{griyen/ri/ryen}, san rezon *He hits the dog for no reason at all.* Kitikantan misye frape chen an. *She gave the child a beating for no reason.* Li kale pitit la pou ryen. *You behaved maliciously towards me for no reason.* Se san rezon ou fè m mechanste sa a. •**for no reason at all** kitikantan *He hits the dog for no reason at all.* Kitikantan misye frape chen an. •**for that reason** fòtakwa, pou sa *She was impolite with me, for that reason I'm not inviting her to the party.* Li te manke m dega, fòtakwa ki fè m pa envite l nan fèt la. •**for the slightest reason** (pou) ti krik ti krak •**good reason** dekwa *She has a good reason to cry.* Li gen dekwa pou l kriye konsa. •**the reason that/why** poutèt *That's the reason that made me come.* Se poutèt sa ki fè m vini. •**within reason** ak moderasyon

reason[2] *v.intr.* rezonnen *That woman reasons well, she doesn't talk nonsense.* Madanm sa a rezonnen byen, li pa di radòt. •**reason out** figire, kalkile •**reason with** debat, diskite

reasonable *adj.* poze, rezonab, sanse *She's a reasonable person, she never raises her voice*

to anyone. Li yon moun poze, li pa janm nan pale fò ak pèsonn. *These are words of a reasonable person.* Sa se pawòl moun rezonab. *Reasonable people don't behave badly.* Moun ki sanse pa aji mal. •**reasonable{charge/ price}** pri modik •**reasonable person** moun bon sans

reasonably *adv.* ak rezon *They speak reasonably.* Yo pale ak rezon.

reasoning *n.* rezònman

reassemble *v.tr.* **1**[*put together*] remonte *The mechanic reassembled the motor in a jiffy.* Mekanisyen an remonte motè a trapde. **2**[*gather again*] regwoupe *They reassembled the drivers.* Yo regwoupe chofè yo.

reassert *v.tr.* reyafime *He reasserted that he was not guilty.* Li reyafime li pa koupab.

reassure *v.tr.* rasire, remonte moral *These people are worried, you have to reassure them.* Moun sa yo enkyete, fòk ou ale pou rasire yo.

reassuring *adj.* rasiran

rebaptize *v.tr.* rebatize *They rebaptized her.* Yo rebatize li.

rebate *n.* ristoun

rebel[1] *n.* belijeran, rebèl

rebel[2] *v.intr.* **1**[*contest authority*] fè{gwo do/ rebèl/rèd}, kenbe tèt ak, rebele, rejenbe, tire pye *The soldiers are rebelling against their superior.* Sòlda yo ap fè rèd ak koumandan yo. *The student rebelled strongly against the principal.* Elèv la kenbe tèt ak direktè a nèt ale. *The soldiers rebelled against the government.* Sòlda yo rebele kont pouvwa a. *He rebels against everything that you say.* Msye rebele pou tout sa ou di. *The police arrested him, he's rebelling.* Lapolis arete msye, l ap rejenbe. **2**[*revolt*] revòlte, souleve *He committed too many abuses, the people rebelled against him.* Li fè twòp abi, pèp la revòlte kont li.

rebellion *n.* leve kanpe, rebelyon •**in rebellion** anbandisyon *The soldiers are in rebellion.* Sòlda yo anbandisyon.

rebellious *adj.* belijeran, bitò, ostil, rebèl, rebelyon, retyòt, revòlte, tobout, wondonmon *He's very rebellious, he refuses to obey elders.* Li ostil anpil, li refize obeyi pi gran. *It's a bunch of rebellious children, they don't want to follow me.* Se yon bann timoun rebelyon, youn pa vle suiv mwen. *The* *rebellious forces surrounded the capital. Fòs rebèl ansèkle kapital la. What a rebellious guy, he's always protesting.* Ala kòt nèg retyòt, li pa janm p ap revandike. *What rebellious people! You have to struggle to get them to obey.* Ala kot moun tobout! Se nan goumen pou y obeyi. *That guy is so rebellious, he doesn't take advice from anyone.* Nanpwen nèg wondonman konsa, li pa pran konsèy nan men pyès moun. •**rebellious person** bowòm, matadò sipèb •**be rebellious** fè{rebel/redong/retyòt/wòklò} *Don't be rebellious, obey.* Pa fè rebèl, obeyi. *She's rebellious, she refuses to listen to her elders.* L ap fè redong, li refize koute pi gran pase l. *Because you were rebellious toward the boss, he fired you.* Se nan fè wòklò ak patwon an ki fè l revoke ou. •**be rebellious or stubborn** fè retif *Enough being stubborn, listen to what I'm telling you.* Ase fè retif la, koute sa m ap di ou.

rebirth *n.* renesans

reborn *adj.* •**be reborn** refèt *There is no one who can be reborn.* Pa gen moun ki ka tounen refèt ankò.

rebound¹ *n.* rikoche

rebound² *v.intr.* karanbole, pimpe, rebonbe, reyaji *He had accepted losing, but now he's rebounding.* Li te fin asepte pèdi, men kounye a li reyaji. •**rebound on** rejayi *All evil he did rebounded on him.* Tout mal li te fè vin rejayi sou li.

rebuff¹ *n.* bèk •**severe rebuff** brimad

rebuff² *v.tr.* bay bòt, bay yon moun{bòtchonn/yon bèk}, fè yon moun malonnèt, kwape, mete yon moun nan plas li, pouse, pati{ak bò(t)/abò}yon moun, pran bò(t) yon moun, tiraye *He was trying to meddle in Mary's business, she rebuffed him.* Li t ap eseye antre nan zafè Mari, manmzèl ba l yon bèk. *I rebuffed her.* M fè l malonnèt. *I started to tell her how that happened, but she rebuffed me.* M ale pou m rakonte l ki jan sa te pase, li kwape m. *She rebuffed him because he was impolite.* Li pati ak bòt li poutèt li maledve. *At least listen to him, you can't rebuff him like that.* Omwen tande moun nan, ou pa ka ap pouse l konsa. *She didn't say anything bad to you for you to rebuff her like that.* Li pa di ou anyen ki mal la pou pran bòt li la. •**rebuff s.o.** bay

yon moun zenbou, fè yon moun desepsyon, pran bòt yon moun *I didn't say anything unpleasant to you for you to rebuff me like that.* M pa di ou anyen ki mal la pou ban m zenbou sa a. *She rebuffs people for anything.* Li fè moun desepsyon pou granmèsi. •**be rebuffed** pran desepsyon (nan men yon moun) *He has been rebuffed a lot in his life.* Li pran anpil desepsyon nan lavi l.

rebuffed *adj.* pran desepsyon nan men yon moun

rebuffing *n.* kwapay

rebuild *v.tr.* leve, rebati, refè, rekonstri, remonte *They rebuilt the car's engine.* Yo refè motè machin lan. *They never rebuilt the bridge.* Yo pa janm refè pon an. *They rebuilt all the houses.* Yo rebati tout kay yo. *You're the one who destroyed my house, you have to rebuild it.* Se ou ki kraze kay mwen, se ou ki pou rekonstwi l. *The mason rebuilt the wall that was broken.* Mason an remonte mi k te kraze a.

rebuilding *n.* rebatisman

rebuke¹ *n.* bèk, bòt, brimad

rebuke² *v.tr.* agrap, atrap, bay yon moun bòtchonn, blame, mete yon moun nan plas li, pantan sou yon moun, trese yon bon chapo pou *Instead of giving me an answer, she rebuked me.* Olye li ban m yon repons, li agrap mwen. *I have not even finished speaking and he had rebuked me.* Mwen poko menm fin pale epi l gen tan atrap mwen. •**rebuke s.o.** bay yon moun yon jakèt *Jack didn't hurt your feelings at all for you to rebuke him like this.* Jak pa di ou anyen mal la pou bay li jakèt sa.

rebuttal *n.* replik, repondong

recalcitrant *adj.* wòklò, wondonmon

recall¹ *v.tr.* [remember] chonje, raple, souvni *Do you recall what his name was?* Ou chonje non l? *No, I can't recall.* Non, m pa chonje.

recall² *v.tr.* [dismiss] ranvwaye, revoke *They recalled the mayor.* Yo revoke majista a.

recapture *v.tr.* ratrape *They recaptured the thief who fled.* Yo ratrape vòlè ki te sove a.

recede *v.intr.* ratresi *The river receded.* Larivyè a tresi.

receipt *n.* fich, papye resi, resepise **receipts** *n.pl.* **receipts** *n.pl.* resèt •**tax receipt** resi kitans

receive *v.tr.* **1**[*get*] pran, jwenn, resevwa *I just received his letter.* M fenk resevwa lèt li. *She said she'd sent me some money, but I never received it.* Li di m li voye yon kòb pou mwen, m pa janm jwenn li. *He received a blow to the head.* Li pran yon kou nan tèt. **2**[*guests*] akeyi *They receive people well.* Yo akeyi moun byen. **3**[*money*] ankese, touche *I received a lot of money.* M touche anpil kòb. •**receive a beating** pran chaplèt *Many people who were misbehaving in the carnival have received a beating.* Anpil moun ki t ap fè dezòd nan kanaval la pran chaplèt. •**receive a blood transfusion** pran san *The patient is receiving a blood transfusion.* Maladi a ap pran san. •**receive a part of one's salary in advance** eskonte *Before he received the salary check, he had already received three quarters of the money in advance.* Depi anvan l touche chèk la, li te deja eskonte twa ka nan lajan an. •**receive a prize** desène •**receive a promotion** {monte/pran}grad •**receive blows** pran{baf/ chaplèt} *He received many blows at the carnival.* Nan kanaval la li pran anpil baf. •**receive communion** kominyen, pran kominyon *I received communion at Mass last Sunday.* M te kominyen nan mès dimanch pase a. •**receive one's just deserts** jwenn ak{zo grann li/monnen pyès li}, {kontre ak/tonbe sou}zo grann li *If someone comes to the carnival with a weapon, he'll receive his just deserts.* Si yon moun vin nan kanaval ak zam, l ap kontre ak zo grann li. •**receive s.o. with sympathy and attention** fè bèlte ak yon moun *When we go to their house, they always receive us with sympathy and attention.* Lè n al lakay yo, yo toujou fè bèlte ak nou. •**receive sth. as stolen goods** resele *Don't buy jewels from her, she's received them as stolen goods.* Pa achte bijou nan men l, se resele li resele yo. •**receive the sacrament of confirmation** [*rel.*] konfimen *I'll be confirmed on Easter Sunday.* M ap konfimen dimanch Pak. •**receive with open arms** resevwa youn moun ak de bra •**the one who receives the blame for other people's mistakes** dra
receiver *n.* **1**[*of a phone*] kòne telefòn **2**[*of an old-fashioned telephone*] kònèt •**receiver of**

stolen goods reselè, sitirè, reselèz [*fem.*], sitirèz [*fem.*]
recent *adj.* cho, frèch, nouvèl, nouvo, resan *I bought their most recent record.* M achte nouvèl plak yo a. *It was the day before yesterday that it occurred, it's something recent.* Se avanyè sa pase, se yon bagay tou frèch. *What you're talking about is recent.* Sa w ap pale la a resan.
recently *adv.* apèn, avanyè, dènyèman *I saw her recently.* Pa gen lontan depi m te wè l. *They recently married.* Yo apèn marye. *He was there recently, it wasn't so long ago.* Avanyè l te la a, sa pa gen lontan. *He spoke with us recently.* Msye te pale ak nou dènyèman. •**just recently** lòtjou
receptacle *n.* veso
reception *n.* **1**[*event*] resepsyon *Where's the wedding reception going to be?* Ki kote resepsyon nòs la ap fèt? **2**[*welcoming*] akèy •**give a cool reception to s.o.** fè yon moun malonnèt •**give a good reception** bay bon jan *She gives people who visit her a good reception.* Li bay moun ki vin lakay li bon jan.
receptionist *n.* resepsyonis
recess¹ *n.* **1**[*at school*] rekreyasyon **2**[*break between official events*] sispansyon, vakans •**take a recess** {fè/ pran}yon (ti)pòz
recess² *n.* [*indentation*] fonsman **recesses** *n.pl.* [*interior*] nannan
recession *n.* resesyon
recharge *v.tr.* bay chaje, rechaje *Don't forget to have the battery recharged today.* Pa bliye bay chaje batri a jodi a.
recidivism *n.* rechit nan krim
recipe *n.* resèt
recipient *n.* benefisyè
reciprocal *adj.* dous pou dous, lenzalòt, resipwòk *He and I, it's reciprocal, each one for the other.* Mwen ak li se dous pou dous, se youn nan lòt. *You helped me, I help you, it's reciprocal.* Ou te ede m, m ede ou, se lennalòt.
reciprocally *adv.* youn pou lòt *Today I can help you through this hardship, tomorrow you can do the same for me reciprocally.* Jodi a m soufri pou ou, demen se ou, eben se youn pou lòt.
recital *n.* resital
recitation *n.* resitasyon

recite *v.tr.* resite *My mother has me recite my lessons before I go to school.* Manman m fè m resite leson m anvan m al lekòl. •**recite the Hail Mary** grennen chaplè *They're fingering their beads as they recite the Hail Mary.* Y ap grennen chaplè nan resite manman Mari.

reciting *n.* resitasyon

reckless *adj.* an denmon, andjable, endisipline *The team is reckless on the field.* Ekip la an denmon sou teren an. *That boy is reckless, don't pick a fight with him.* Tigason sa a andjable, pa chache l kont.

recklessness *n.* bouyi vide

reckon *v.tr.* estime, evalye, konte *I reckon the price at a thousand dollars.* M ap estime pri a a mil dola. •**reckon with** jwenn ak *If you hit her, you'll have to reckon with me.* Si ou ba l kou, ou ap jwenn avè m.

reckoning *n.* kalkilasyon, kont

reclassification *n.* reklasman

reclassify *v.tr.* reklase *You have to reclassify all my files.* Ou gen pou reklase tout dosye m yo.

recline I *v.tr.* kage *Let's recline that chair.* Ann kage chèz sa a. **II** *v.intr.* {lage/lonje}kò li *She was reclining on the bed.* L t ap lonje kò li sou kabann nan.

reclusive *adj.* ensosyab, solitè

recognition *n.* kredi, rekonesans

recognize *v.tr.* **1**[*know (again)*] rekonnèt *If it weren't for the hat, I would never have recognized her.* Si se pa t chapo a, m pa t ap rekonnèt li. *I recognize that voice.* M rekonnèt vwa sa a. **2**[*accept*] admèt, bay yon moun kredi li, konnen, rekonèt *They don't recognize your authority.* Yo pa admèt otorite ou. *I don't recognize whether it's her.* M pa rekonèt si se li. **3**[*parliamentary procedure*] ba lapawòl •**recognize a child as one's own** bay{batistè/rejis} *He recognized the child as his.* Li bay pitit la batistè. *He said the child was not his, he didn't recognize her legally.* Li di pitit la pa pou li, li pa ba l rejis.

recognized *adj.* rekoni •**be recognized as the best** pote{labànyè/lamayòl}

recollect *v.tr.* raple, sonje *I recollect this. It happened when I was a child.* M raple sa a. Li rive lè m te piti.

recollection *n.* souvnans, souvni *I have no recollection of how it happened.* M pa chonje kouman sa te pase.

recommend *v.tr.* preskri, rekòmande *It's my uncle who recommended me.* Se tonton m ki rekòmande m. *She recommended that book to me.* Li preskri m liv sa a.

recommendation *n.* konsèy, referans, rekòmandasyon *I bought it on your recommendation.* M achte l dapre konsèy ou ban mwen. •**upon s.o.'s recommendation** sou non yon moun *You may ask John for the job upon my recommendation.* Ou mèt al mande Jan djòb la sou non m.

recompense[1] *n.* rekonpans

recompense[2] *v.tr.* rekonpanse *The teacher recompensed the students who worked well.* Metrès la rekonpanse elèv ki te byen travay yo.

reconcile *v.intr.* rebyen, ralye, rekonsilye *The two brothers can't remain angry all the time, they'll have to become reconciled sooner or later.* De frè yo pa ka rete fache toutan, to ou ta y ap gen pou yo rebyen. *We need a leader who can reconcile the entire people.* Nou bezwen yon lidè ki ka ralye tout pèp la. *I'm trying to reconcile the two persons.* M pral chèche rekonsilye de moun yo. •**become reconciled** rebyen, rekonsilye *They fought against each other; when it was over, they become reconciled.* Yo goumen antre yo, lè fini yo rebyen.

reconciler *n.* rekonsilyatè

reconciliation *n.* rekonsilyasyon

reconciliatory *adj.* rekonsilyatè

recondition *v.tr.* refè, remonte *We're reconditioning our car.* N ap remonte machin nou an.

reconditioned part *n.* rebil

reconquest *n.* rekonkèt

reconsider *v.tr.* rekonsidere, repanche sou *We are going to reconsider your case.* Nou pral repanche sou ka ou a.

reconstitute *v.tr.* {kanpe/remete}sou pye *We have to reconstitute the school system.* Nou dwe remete sistèm eskolè soup ye.

reconstruct *v.tr.* rebati, refè, rekonstri *They reconstructed the bridge.* Yo refè pon an.

reconstruction *n.* rebatisman, rekonstriksyon, relèvman

reconvert *v.tr.* reyamenaje *We're reconverting the garage into on office.* N a reyamenaje garaj la nan yon biwo.

recopy *v.tr.* rekopye *Recopy the notes.* Rekopye nòt yo.

record[1] *n.* **1**[*music*] plak **2**[*information*] achiv, dosye, dokiman, rejis **3**[*without precedent*] rekò **records** *n.pl.* achiv, dosye •**record dealer** diskè •**record holder** las, maton •**record player** fonograf, toundisk •**beat/break a record** bat yon rekò •**immunization record** kat vaksen •**keep a record** pran nòt •**long-playing record (at 33 RPM)** longplèy •**medical record** dosye •**off the record** anndan kay •**official record of proceedings** [*jur.*] pwosèvèbal •**phonograph record** plak

record[2] *v.tr.* **1**[*write down for retention*] anrejistre, ekri, enskri, konsiyen, make, note, rejistre, tepe *The state must record all the marriage certificates.* Leta dwe anrejistre tout ak maryaj yo. *He recorded his name in the history of soccer in his own way.* Li enskri non li nan listwa foutbòl fason pa li. *The justice of the peace recorded all the statements of the witnesses.* Jij de pè a konsiyen tout pawòl temwen yo. *The secretary recorded everything people said.* Sekretè a note tout sa moun yo di. *They recorded many cases of accidents.* Yo anrejistre anpil ka aksidan. *They couldn't find his name recorded anywhere.* Yo pa jwenn non l make okenn kote. **2**[*preserve sth. aural*] anrejistre, pran, tepe *I'm going to record that music.* M pral anrejistre mizik sa a. *Whenever they play the song on the radio, I'll record it for you on a cassette.* Depi y ap bay chante a nan radyo, m ap pran l sou kasèt pou ou. *Let me record your voice.* Kite m tepe vwa ou. •**record a debt** debite

record-keeper *n.* achivis

recorder *n.* **1**[*machine*] anrejistrè **2**[*musical instrument*] flit a bèk •**cassette recorder** tep •**microcassette recorder** mikwokasèt •**videocassette recorder** VCR

recording *n.* [*mus.*] anrejistreman

record-keeper *n.* achivis

recork *v.tr.* rebouche *Recork the bottle.* Rebouche boutèy la.

recount *v.tr.* **1**[*tell*] rakonte *Recount what happened.* Rakonte sa k te rive. **2**[*count again*] rekonte *You made an error, recount how much money they gave you.* Ou twonpe ou, rekonte konbyen kòb yo ba ou.

recourse *n.* rekou •**having no recourse** kwense *When he saw he had no recourse, he gave up.* Lè misye wè l kwense vre, li ban nou legen.

recover *v.tr.* **1**[*property*] antre, rejwenn, rekipere, rantre *Did you recover the car that was stolen?* Machin yo te vole a, ou te rekipere li? **2**[*health*] fè mye, leve sou de pye militè li, pran fòs, refè, rejwenn, reprann li, retabli, sove *She was ill, but now she's recovered.* Li te malad, men kounye a li retabli. *Give the sick person adequate vitamins so he can recover.* Bay maladi a bon vitamin pou l ka pran fòs. *She's fully recovered.* Li refè nèt. *Go get a change of air to recover.* Al pran yon chanjman dè pou ou ka reprann ou. *He recovered from typhoid fever.* Misye sove anba tifoyid la. *After the fever left him, he recovered.* Apre lafyèb la fin pase sou li, li leve sou de pye militè li. **3**[*consciousness*] revini *When I recovered consciousness, I didn't know where I was.* Lè m revini, m pa rekonnèt ki kote m ye. •**recover from illness** mete yon moun kanpe, soti anba maladi *I spent a lot of money to have the child fully recovered by now.* M depanse anpil kòb pou m mete pitit la kanpe jodi a. *He recovered from his fever two days ago.* Li gen de jou depi l soti anba maladi lafyèb la. •**recover fully** [*from sickness*] gaya *She has recovered now.* Li gaya kounye a. •**recover one's health** remedye *The patient recovered her health now.* Maladi a remedye atò.

recovery *n.* **1**[*from illness*] gerizon, redrèsman, rekouvreman, relèvman **2**[*property*] rekouvreman •**beyond recovery** ka pèdi •**economic recovery** redrèsman, repriz

recreation *n.* distraksyon, lwazi

recreational *adj.* rekreyatif

recruit[1] *n.* rekri

recruit[2] *v.tr.* anbrigade, anwole, enskripsyon, rekrite *Last year the police force recruited many new officers.* Lane pase fòs polis la te anbrigade anpil nouvo ofisye. *The army is recruiting young men.* Lame a ap anwole jenn gason. *After every polices class, they recruit.* Apre chak pwomosyon polis ki soti, yo fè enskripsyon.

recruiter *n.* demachè

recruiting *n.* anwolman, rekritman

recruitment *n.* enskripsyon, rekritman

rectangle *n.* rektang

rectification *n.* rektifikasyon

rectify *v.tr.* rektifye *Rectify an error.* Rektifye yon erè.

rectitude *n.* (la)dwati, onètete

rector *n.* rektè

rectory *n.* presbitè, rektora

rectum *n.* dènye bout gwo trip •from the rectum pa ba *They gave her the enema from the rectum.* Yo ba l lavman an pa ba.

recumbent *adj.* kouche

recuperate *v.intr.* geri, refè *The patient is going to recuperate.* Malad la ap refè.

recur *v.intr.* repete *I don't want that bad action to recur.* M pa ta vle vye zak sa a repete ankò.

recurrent *adj.* ki{ale vini/reparèt}

recycle *v.tr.* resikle *You can recycle these bottles; don't throw them away.* Ou ka resikle boutèy sa yo; pa jete yo.

recycling *n.* resiklay

red *adj.* wouj. •be in the red fè defisit, gen dèt •garnet red wouj grenna •get red in the face [*anger*] chanje koulè *Look at how red his face got after he was slapped.* Gad ki jan l chanje koulè apre kalòt la. •very red wouj kou woukou •out of the red san dèt

red and blue beetle *n.* ayisyen

red-blooded *adj.* gaya, manbre, vanyan

red-brown *adj.* kannèl

Red Cross *prop.n.* Lakwa Wouj

red currant *n.* gwozèy

redden *v.tr.* wouji, woze *Redden that for me.* Vin woze sa pou m.

reddish *adj.* woujat

reddish egret *n.* zegrèt ble

reddish-white *adj.* wouj blan

redeem *v.tr.* 1[*buy back*] tire *I'm going to redeem my watch from the pawnshop.* M pral tire mont mwen an nan plàn. 2[*free from sin*] delivre, rachte, sove •redeem o.s. [*rel.*] sove *To redeem yourself from God's punishment, you have to make your peace with Him.* Pou sove anba chatiman Letènèl, se pou fè lapè ak li.

redeemer *n.* redanmtè

redefine *v.tr.* redefini *We should redefine our strategy.* Nou dwe redefini estrateji nou.

redemption *n.* lesali, redanmsyon

redevelopment *n.* reyamenajman

red-eyed snake *n.* koulèv flanbo

red-faced *adj.* jennen

redfish *n.* pwason pèwokèt

red grouper *n.* [*fish*] nèg wouj

red-haired *adj.* cheve wouj, tèt lò

red-handed *adj.* bèkalo, an flagran deli

redhead *n.* cheve wouj, tèt lò

red hind *n.* [*fish*] grandyèl

red-hot *adj.* 1[*heat*] cho {anpil/kou vè lanp}, tou wouj 2[*anger*] mande {anraje/wè mò} •a red-hot iron yon fè tou wouj

red ironwood *n.* [*small tree*] galgal

rediscover *v.tr.* redekouvri, retwouve *The lawyer rediscovered the will that had been lost.* Notè a redekouvri testaman ki te pèdi an.

redistribute *v.tr.* redistribye *They want to redistribute the land.* Yo vle redistribye tè a.

redistribution *n.* redistribisyon

red-light district *n.* zòn{bouzen/jennès}

red monbin *n.* [*tree*] siwèl

red mullet *n.* [*fish*] babaren

redneck *n.* blan poban, gwo {gonm/pous/ soulye/zòtèy}, gwojan, peyizan, pye krab *This redneck doesn't know how to behave himself around others.* Gwo gonm sa pa konn ki jan pou l konpòte l nan lasosyete. *Behave yourself so people don't treat you as a redneck.* Konpòte ou byen pou yo pa trete ou kon gwojan.

redness *n.* wouj

redo *v.tr.* refè *The assignment is not good, redo it.* Devwa a pa bon, se pou ou refè l.

redouble *v.tr.* ranfòse *Let's redouble our efforts.* Ann ranfòse jefò nou yo.

redoubling *n.* ranfòsman

redoubt *n.* bastyon, fòtrès

redoubtable *adj.* 1[*formidable*] fòmidab 2[*scary*] efreyan, espant

redraft *v.tr.* revize, reyekri *Redraft the letter.* Revize lèt la.

redraw *v.tr.* retrase *They redrew the markings on the road.* Yo retrase wout la.

redress *n.* reparasyon

red snapper *n.* [*fish*] pwason woz, sad {solèy/woz}

red stopper *n.* [*tree*] bwa mit

red-tape *n.* biwokrasi, brenboryon

reduce *v.tr.* 1[*lower*] apeze, bese, dedi, desann, diminye, redui, redui sou *I'll reduce the price for you.* M ap desann pri a pou ou. *They reduced the soldiers' rations.* Yo dedi (sou) manje sòlda yo. *There weren't enough students so they reduced the number of classes.* Pa te gen ase elèv ane a, yo redui sou kantite klas yo. **2**[*cul.*] redui *Let the sauce reduce so that it becomes thicker.* Kite sòs la redui pou l ka vin pi pwès. **3**[*math*] redui, senplifye *Reduce that math expression.* Redui espresyon matematik sa a. *Reduce that fraction for me.* Senplifye fraksyon sa a pou mwen. •**reduce to liquid** fè (yon bagay) tounen dlo •**be reduced to** redui *He lost all his money; he's reduced to borrow.* Li pèdi tout kòb li, li redui ap prete. •**be reduced to begging** la charite pòv, tonbe nan mande *Now she's reduced to begging.* Kounye a li tonbe nan mande. *Since fire destroyed all my belongings, I've been reduced to begging.* Depi dife fin ravaje tout byen m yo, se lacharite pòv m ye.

reduction *n.* **1**[*gen.*] abrejman, diminisyon, rabè, rediksyon, redui *Give me a reduction on the price.* Fè yon abrejman sou pri a pou mwen. **2**[*culin.*] redui •**reduction in price** rabè •**reduction in size** degonfle •**reduction in swelling** dezanfle

redwood *n.* [*tree*] sekoya

reed *n.* **1**[*plant*] jon, wozo **2**[*music*] anch

reef *n.* **1**[*geol.*] resif, valiz *The ship got caught on a reef.* Batiman an moute sou resif. •**coral reef** resif koray

reek *v.intr.* santi move *This room reeks.* Chanm sa a senti move.

reel¹ *n.* **1**[*of film*] woulo **2**[*of string, twine, etc.*] bobbin, plòt •**reel of yarn or thread** kwennda •**fishing reel** moulinè.

reel² *v.tr.* •**reel in** *a*[*spool*] bobinen *b*[*cheat*] woule *I reeled him in, I made the money at his expense.* M woule msye, m fè lajan an sou tèt li •**reel off** [*words*] devide *Go reel off your propaganda somewhere else.* Al devide pwopagann ou an yon lòt kote.

reelect *v.tr.* reyeli *The president was reelected.* Yo reyeli prezidan an.

reeling *adj.* abriti, gaga

reestablish *v.tr.* retabli *We have to reestablish democracy.* Nou bezwen retabli demokrasi.

reenlist *v.intr.* reyangaje *I'll reenlist in the navy.* M ap reyangaje nan marin nan.

reestablish *v.tr.* remete sou pye, rechouke, retabli *This government isn't able to reestablish order.* Gouvènman sa pa kab retabli lòd.

reestablishment *n.* restorasyon, retablisman

reexamine *v.tr.* rekonsidere *They'll reexamine your case.* Y ap rekonsidere ka ou.

refer I *v.tr.* [*send to s.o. else*] refere, voye yon moun kote yon lòt moun *They referred me to a good lawyer for the case.* Yo refere m yon bon avoka pou ka a. **II** *v.intr.* **1**[*address*] pale *Are you referring to me?* Se mwen ou ap pale a? **2**[*base a judgment on sth*] refere li *In order to deal with this case, the judge referred to an old law.* Pou jij la trete ka sa a, li refere l a yon ansyen lwa.

referee¹ *n.* abit

referee² *v.tr.* [*sports*] abitre *They need someone to referee the game.* Yo bezwen yon moun pou abitre match la.

reference *n.* **1**[*bibliographical*] ranvwa, referans **2**[*for recommendation*] referans **references** *n.pl.* lis kalifikasyon

referendum *n.* referandòm

referral *n.* rekòmandasyon

referring to *prep.* annegad, an rapò, konsènan *Referring to your request.* Konsènan demann pa ou.

refill *v.tr.* plen...ankò, replen *You have to refill the calabash.* Fòk ou replen kalbas la. *Please refill my glass.* Plen vè a ankò pou mwen, tanpri.

refine *v.tr.* degwosi, rafine *A factory to refine raw sugar.* Yon izin pou rafine sik wouj.

refined *adj.* **1**[*manners*] degwosi, rafine *This uncouth guy doesn't deserve a refined girl like you.* Nèg gwo soulye sa a pa merite yon fi rafine kon ou. **2**[*free of impurities*] rafine

refinement *n.* delikatès

refinery *n.* rafinri •**rum refinery** gildiv •**sugar refinery** sikreri

refining *n.* rafinay •**sugar refining** blanchisay

reflect I *v.tr.* **1**[*throw back light*] frape *The sun ray reflected on the car's windshield, it blinded the driver.* Reyon solèy la frape nan vit machin nan, li vegle chofè a. **2**[*indicate*] *What you say reflects the type of person you are.* Sa ou di la a reflete ki kalite moun ou ye. **II** *v.intr.* [*think over*] doye, kalkile, panse, reflechi, reflete *You need to reflect upon* *this issue more.* Ou bezwen kalkile plis sou pwoblèm sa a.

reflection *n.* **1**[*image, light*] refleksyon **2**[*thought*] etid, kalkil, meditasyon, reflè, reflechi, refleksyon, tèt poze *Before I understood this thing, I had to do a lot of reflection.* Anvan m resi konprann bagay sa a, m fè anpil etid. **reflections** *n.pl.* kalkilasyon •**silent reflection** rekèyman •**the situation requires reflection** koze mande {chèz/ chita} •**upon reflection** an{regadan/ rekil}

reflective *adj.* pansif

reflector *n.* reflektè •**rear reflector** reflektè •**roadside reflector** limyè koukouy

reflex *n.* prevwayans, reflèks *My reflexes made me ward off the danger.* Prevwayans mwen fè m pare kou a.

reflexive *adj.* [*gram.*] reflechi

refold *v.tr.* repliye *Refold the napkin.* Repliye sèvyèt la.

reforest *v.tr.* rebwaze *We have to reforest the country.* Nou ta dwe rebwaze peyi a.

reforestation *n.* rebwazman

reform[1] *n.* refòm

reform[2] *v.tr.* **1**[*bring change*] fè refòm, refòme *One has to reform the educational system.* Fò yo ta refòme system edikatif. **2**[*rebuild, redo*] refòme *The team didn't exist anymore, we rebuilt it.* Ekip la te kraze nou refòme l.

reformation *n.* refòmasyon

Reformation *prop.n.* [*rel.*] refòm

reformative *adj.* refòmatè

reformer *n.* refòmatè

reformist *n.* refòmis

refraction *n.* refraksyon

refrain[1] *n.* kè, refren, rangèn *This song has several refrains.* Chante sa a gen plizyè kè. •**same old refrain** litani

refrain[2] *v.intr.* asteni li, pa mele •**refrain from eating** ajen *I refrained from eating for the medical test.* Mwen rete ajen pou m fè tès la. •**refrain from sex** fè astinans *The best way to avoid AIDS is to refrain from sex.* Pi bon fason pou n pa pran sida se fè abstinans.

refresh *v.tr.* rafrechi *I have to refresh your memory about the first lesson.* Fò m rafrechi lespri nou sou premye leson yo.

refreshed *adj.* fre, fre kou ze zwa *I'll feel refreshed after my shower.* Lè m fin pran beny lan, m santi m fre. *After he rested, he woke up*

refreshed. Apre l fin repoze, li leve fre kou ze zwa.

refreshing *adj.* rafrechisan *This herb is refreshing.* Fèy sa a rafrechisan.

refreshment *n.* rafrechisman •**light refreshment** kolasyon

refrigerate *v.tr.* refrijere *I need to refrigerate this meat.* M bezwen refrijere vyann sa a.

refrigerator *n.* frijidè

refuge *n.* azil, refij •**take refuge** refijye, tchoule kò li *Take refuge under the wings of Jesus.* Vin refijye anba zèl Jezi. *He has to take refuge in the countryside.* Li blije tchoule kò l andeyò.

refugee *n.* refijye **refugees** *n.pl.* bòtpipòl •**returned refugee** rapatriye

refund[1] *n.* ranbousman, ristoun

refund[2] *v.tr.* ranbouse, renmèt, remèt (yon moun) lajan *Refund the money to me.* Renmèt mwen kòb la.

refurbish *v.tr.* rajeni *They changed all the furniture to refurbish the house.* Yo chanje tout mèb yo pou rajeni kay la.

refurnish *v.tr.* remeble *We have to refurnish the house.* Fò n remeble kay la.

refusal *n.* refiz

refuse[1] *n.* dechè, fatra

refuse[2] *v.tr.* bay yon moun refi, derefize, refize *I asked him for the key, but he refused to give it to me.* M mande l kle a, li refize ban mwen l. *She refuses to eat.* Li derefize manje. *They refused me.* Yo ban m refi. •**refuse a request** voye pye •**refuse access** konsiyen pòt li •**refuse authority** fè gwo nèg *You refuse authority, get on your knees.* Ou ap fè gwo nèg, bon mete ou ajenou. •**refuse to cooperate** fè gwo do •**refuse to do s.o. a favor** fè yon moun malonnèt •**refuse to have anything to do with** boude •**refuse to listen to** refize tande *That child refuses to listen to her elders.* Timoun nan refize tande pi gran. •**refuse to recognize** nye *He's a scoundrel, he refuses to recognize any of his children born out of wedlock.* Msye se yon vakabon, li nye tout pitit deyò li yo. •**refuse to share** regadan *You shouldn't refuse to share with your brother, lend him the toy.* Ou pa dwe regadan ak frè ou, prete l jwèt la. •**s.o. who never refuses** san refiz *When food is involved, he never refuses.* Nan zafè manje, msye se san refiz.

refused *adj.* •**be refused** pran refi

refutation *n.* demanti, demantisman

refute *v.tr.* demanti, denye *I refuted her accusations.* M denye akizasyon li yo.

regain *v.tr.* rejwenn *She regained the money she lost in the lottery.* Li rejwenn lajan li te pèdi nan lotri a. *After three months of illness, he regained his health.* Apre twa mwa maladi, li rejwenn lasante. •**regain consciousness** doubout, reprann konnesans, revni *The prize fighter was down for five minutes before he regained consciousness.* Boksè a fè senk minit atè anvan l reprann konesans. •**regain one's composure** rekonèt li, reprann san li, reprann souf li *She's excited, wait until she has regained her composure before you speak with her.* Tèt li cho kounye a, tann li rekonèt li anvan ou pale avè l. *Regain your composure so we can talk because you're too excited.* Reprann souf ou pou n sa pale paske ou twò eksite. •**regain one's strength** pran manm *After the illness he has to regain his strength before going back to work.* Aprè maladi a, misye bezwen pran manm li anvan li rekòmanse travay. •**regain one's wits** resezi li

regal *adj.* grandyoz, wayal

regard[1] *n.* estim, konsiderasyon •**with regard to** a landwa, alega, annegad, anvè *You need to be faithful with regard to your responsibility.* Fòk ou fidèl a landwa responsabilite ou. *She doesn't have any feelings with regard to anyone.* Li pa gen santiman alega pèsonn. *With regard to my money, that's none of your business.* Annegad kòb mwen, sa pa gade ou.

regard[2] *v.tr.* gade, konsidere *I regard him as my friend.* M gade l tankou yon zanmi m.

regarding *prep.* an palan de, apwopo, konsènan, osijè, parapò a(k) *Regarding this, when are you going to reimburse me?* An palan de sa, ki lè w ap kale m kòb mwen? *What are they going to do regarding this issue?* Kisa y ap fè apwopo pwoblèm sa a?

regardless of *adv.* endepandan de *I'm going to go regardless of whether he wants me to or not.* Menm si l pa dakò, m prale kanmenm.

regards *n.pl.* •**give regards** di bonjou, salye *Please give her my regards.* Di l bonjou pou mwen. •**give one's regards to** salye *Give my regards to them.* Di yo m salye yo.

regeneration *n.* rejenerasyon

reggae *n.* rege

regime *n.* [*political*] rejim •**Duvalier regime** [*the guinea hen was its symbol*] pouvwa pentad

regiment *n.* rejiman

region *n.* blòk, kote, peyi, rejyon, zòn *Gonaïves is in the northern region.* Gonayiv se sou zòn nò li ye. *The Artibonite region produces a lot of rice.* Blòk Latibonit la pwodui anpil diri.

regional *adj.* rejyonal

regionalist *adj.* rejyonalis

register[1] *n.* [*of landholdings*] kadas

register[2] *v.tr.* enskri, pran non, rejistre *I'm going to register her for school.* M pral enskri l lekòl. *This morning I'm going to register the birth of my son.* Maten an mwen t ap anrejistre batistè tigason mwen an. *The secretary registered the candidates' names.* Sekretè a pran non kandida yo. *They registered his name in the book.* Yo anrejistre non l nan kaye a. *She went to register to vote.* Li al rejistre pou vote.

registered *adj.* 1[*mail*] rekòmande *A registered letter.* Yon lèt rekonmande.

registrar *n.* grefye •**registrar of vital statistics** ofisye (d) eta sivil/ofisye leta sivil

registration *n.* 1[*school*] anrejistreman, enskripsyon, matrikil, rejis *Registration is over for school.* Enskripsyon fèmen nan lekòl la. 2[*car*] imatrikilasyon *My car's registration number is XY 2054.* Imatrikilasyon machin mwen an se XY 2054. •**car registration papers** papye machin •**formal registration** deklarasyon •**voter registration** enskripsyon elèktè

registry *n.* [*records*] rejis

regress *v.intr.* fè bak (annaryè), tchoule, tounen dèyè *The country is regressing.* Peyi a ap fè bak annaryè. *Instead of making progress, the country's regressing.* Tank pou peyi a vanse, se tchoule l ap tchoule. *The country regressed because the rulers didn't care about it.* Peyi a tounen dèyè poutèt dirijan yo pa pran ka l.

regret[1] *n.* regrè, regretman •**with much regret** san nan je li *She left the country with much regret.* Li kite peyi a avèk san nan je l. •**deep regrets** endiyasyon *He has but one deep regret.* Yon sèl endiyasyon li genyen.

regret² *v.tr.* manje gwo pous li, mode{dwèt/pous}li, mòtifye, regrèt, regrete *I regret having sold the land.* M regrèt m te vann tè a. *If you had taken the job, you wouldn't be regretting it now.* Si ou te pran djòb la, kounye a ou pa ta ap mòde dwèt ou. *I regret that I didn't have time to see her.* M regrete m pa t gen tan wè l. *He regretted having helped her.* Msye mòtifye li te ede manmzèl.

regretful *adj.* dilere *It's regretful that he left his beautiful girlfriend.* Se dilere sa li kite bèl menaj li a.

regretfully *adv.* ak regret, chagren

regrettable *adj.* dilere, regretan *It's regrettable I don't have time to see her before she leaves.* Se dilere sa, m pa gen tan wè li anvan li ale. *What I did is regrettable but it's already done.* Sa mwen fè a regretan anpil men li deja fèt.

regroup *v.tr.* regwoupe *We need to regroup.* Se pou nou regwoupe.

regrouping *n.* rasanblaj

regular *adj.* fiks, regilye *This customer is regular in paying his debts.* Kliyan sa a fiks nan peye dèt li. •**make regular** [*after constipation*] desere *The banana that I ate made me totally regular.* Fig la m manje a desere m nèt.

regularity *n.* regilarite

regularize *v.tr.* regilarize *It's really time to regularize the situation.* Li lè atò pou regilarize sitiyasyon an.

regularly *adv.* fiks, regilye *This publication appears regularly.* Piblikasyon sa a parèt regilyè. *She regularly sits in the same place.* Li toujou chita nan menm plas sa a fiks. •**do regularly** pran pratik, pratike **go regularly to** kenbe pye *She goes to church regularly.* Madanm nan kenbe pye legliz.

regulating *adj.* regilatè

regulation *n.* disiplin, lalwa, règ, regleman, reglemantasyon *The regulations of the school are strict.* Disiplin lekòl la rèd.

regulator *n.* [*mach.*] regilatè

regurgitate *v.tr.* vonmi *What they do is to only regurgitate words.* Se vonmi yo vonmi mo sèlman.

rehabilitation *n.* reyabilitasyon

rehash¹ *n.* bouyon rechofe

rehash² *v.tr.* redi *They're always rehashing the same story.* Yo toujou redi menm istwa sa a.

rehearsal *n.* repetisyon *I have a rehearsal tonight.* M gen repetisyon aswè a.

rehearse *v.tr.* egzèse, fè repetisyon, repete *We're rehearsing tonight.* N ap fè repetisyon aswè a. *The dance troupe is rehearsing today.* Gwoup dans lan ap egzèse jodi a. *D. P. Express is rehearsing the last song they just composed.* D. P. Eksprès ap repete dènye chante yo fèk konpoze a.

reheat *v.tr.* chofe, rechofe *I'm going to reheat the leftover food right now.* M pral chofe yon manje dòmi la. *Reheat the food!* Rechofe manje a!

reign¹ *n.* reny •**have free reign** gen teren lib •**under the reign** sou reny

reign² *v.intr.* gouvènen, reye *King Christophe reigned on the northern part of Haiti.* Wa Kristòf reye sou pati nò peyi d Ayiti.

reimburse *v.tr.* ranbouse, remèt (yon moun) lajan *They reimbursed me the money.* Yo ranbouse m kòb la. *I'll reimburse you when I can.* M ap remèt ou lajan an kan m kapab.

reimbursement *n.* ranbousman

rein(s) *n.* brid, renn •**give free rein** bay yon moun kat blanch, lage brid •**give free rein** [*test trustworthiness*] bay gabèl, liyen •**rein in** [*a horse, ox, etc.*] rennen *Rein in the horse because it's going too fast.* Rennen chwal la paske li kouri twò vit. •**makeshift reins** renn bosal

reindeer *n.* renn

reinforce *v.tr.* **1**[*gen.*] bay{janmdefòs/yon moun plis fòs}, kore, ranfòse, soutni *He reinforced all the mature plantain trees so that the wind wouldn't knock them down.* Li bay tout bannann ki donnen yo janmdefòs pou van pa jete yo. *Your idea comes to reinforce my theory.* Lide ou a vin ranfòse teyori m nan. *The cabinetmaker reinforced the table with a couple of nails.* Bòs ebenis la soutni tab la ak de grenn klou. **2**[*wall*] bay pye *Reinforce the wall so that it doesn't fall.* Bay mi an pye pou li pa tonbe.

reinforcement *n.* ranfò, ranfòsman **reinforcements** *n.pl.* lamenfòt, ranfò •**iron reinforcement** [*for concrete*] feray

reinstate *v.tr.* remete •**reinstate in office** rechouke *They reinstated the mayor.* Yo rechouke majista a.

reinvest *v.tr.* reyenvesti *They don't want to reinvest in that country.* Yo pa vle reyenvesti nan peyi sa a.

reinvigorate *v.tr.* remanbre *This dish of corn meal will reinvigorate you completely.* Plat mayi moulen sa a remanbre ou nèt.

reiterate *v.tr.* redi, repete *I'll reiterate my warning.* M ap redi pinga mwen an.

reject[1] *n.* rejè

reject[2] *v.tr.* derefize, desitire, kwape, nye, rechte, refize, repouse, voye yon{bagay/ moun}jete *She rejected all the advice I gave her.* Li rechte tout konsèy m ba li. *She rejected the other people's ideas.* Li voye lide lòt moun yo jete. *He told the girl he loved her but she rejected him.* Li di fi a li renmen l men manmzèl repouse l. *The woman rejected me, it hurts.* Fi a derefize m, sa fè m lapenn. •**reject completely** kwape •**reject food by spilling it** [*child*] manje yanm yanm *When you see her spilling her food, she doesn't want to eat the rest.* Depi ou wè l ap manje yanm yanm konsa, li pa vle rès la. •**reject worms** devere *The child is rejecting worms.* Pitit la ap devere.

rejection[1] *interj.* adjewidan

rejection[2] *n.* abandònman •**social rejection** rejetman

rejoice *v.intr.* paweze, rejwi, selebre *I rejoice because I won in the lottery.* M rejwi paske m genyen nan bòlèt. •**rejoice too early/fast about sth.** {kriye/rele}lamarye twò bèl *Don't rejoice too fast because you never know what might happen.* Pa kouri rele lamarye twò bèl paske ou pa konn sa k ap vin apre.

rejoicing *n.* rejwisans •**special rejoicing** jibile

rejoin *v.tr.* rejwenn *I'll rejoin you in a month.* M ap rejwenn ou nan yon mwa.

rejoinder *n.* replik, repondong

rejuvenate *v.tr.* rafrechi, rajeni, rechaje *Since he is into sports, he has rejuvenated.* Depi l ap fè espò a, li rajeni.

rejuvenation *n.* rajenisman, retoudaj

rekindle *v.tr.* relimen *We have to rekindle the fire.* Fò n relimen dife a.

relapse *n.* chit, rechit •**have a relapse** chite, fè on chit, rechite *She was almost cured, and then she had a relapse.* Li te fin geri nèt enpi l rechite. *When you have a relapse, the illness becomes worse.* Lè ou fè yon chit, maladi a vin pi mal. *The child needs to see a doctor, she's having a relapse.* Pitit la bezwen wè yon doktè, li chite. *She was cured but now she is having a relapse.* Li te geri men kounye a l ap rechite.

relate *v.intr.* 1[*concern*] konsène *What I said doesn't relate to you.* Sa m te di a se pa konsène ou. 2[*go with*] boule byen ak *I don't understand how this problem relates with what you told me.* M pa konprann ki jan pwoblèm sa a boule ak sa ou te di m. •**relate stories** bay kont

related *adj.* fanmi *We're not related.* Nou pa fanmi. •**related by blood** relasyon parantay *I'm really related to her by blood.* M gen bon jan relasyon parantay ak li. •**related by marriage** paralyans *She's related to me by marriage, she married my brother.* Dam sa se sè paralyans mwen, li marye ak frè mwen. •**related to** an rapò ak *Everything that we discussed is related to the country's problems.* Tout sa n diskite yo an rapò ak pwoblèm peyi a. •**be related to** gen arevwa ak, gen pou wè ak *What she says is related to what you said.* Pawòl li di a gen pou wè ak sa nou te di a. •**distantly related** fanmi lwen •**it's all related** bèf pou wa savann pou wa

relating *prep.* **relating to** annegad, konsènan *It's relating to my health.* Se konsènan santé mwen.

relation *n.* 1[*link*] rapò, relasyon 2[*family*] fanmi, paran •**in relation** to annegad, anrapò ak •**have good relations with** gen bèl lè ak •**have sexual relations** [*female*] konn gason byen pwòp *The girl claims to be a virgin but she has had sexual relations.* Manmzèl ap mache di li vyèj, poutan li konn gason byen pwòp. •**have sexual relations with women** ale nan fi *He often has sexual relations with women.* Li al nan fi souvan. •**sexual relations** lavi gason fiy •**having strained relations with s.o.** tyèd ak yon moun *I see relations are strained between us, did I do something to hurt your feelings?* M wè ou tyèd avè m, ki sa m fè ou ki mal?

relationship *n.* rapò, relasyon **relationships** *n.pl.* [*social*] frekantasyon *I don't have any relationship with you.* Mwen pa gen okenn rapò avè ou. •**blood relationship** relasyon parantay •**close relationship** kòkòday *This close relationship is over.* Kòkòday saa gen pou fini. •**family relationship** fanmitay •**have a homosexual relationship** [*male*] kwaze moustach •**have a very close relationship with** dòmi kole ak *That employee has a very close relationship with the boss.* Anplwaye sa a dòmi kole ak patwon an. •**suspicious, equivocal relationship** akwentans *I notice that you have an equivocal relationship with this con artist.* M remake ou gen akwentans ak bakoulou sa a.

relative[1] *adj.* relatif

relative[2] *n.* fanmi, kòt fanmi, paran *They're my wife's relatives.* Se fanmi madanm mwen. *She's a relative of mine.* Se fanmi m. *He's one of my relatives.* Misye se vye kòt fanmi m. *She's a relative of mine.* Li se paran avè m.

relatives *n.pl.* fanmi, jenerasyon, parantay, ras *All of my wife's relatives come from the South.* Tout jenerasyon madanm mwen sòti nan Sid. *I don't have a person like that among my relatives.* M pa gen moun konsa nan ras mwen. •**relative by marriage** paralyans •**relatively young relative** ti fanmi *Let me introduce you to my young relative, it's my little cousin.* M ap prezante ou yon ti fanmi mwen, li se ti kouzen mwen. •**blood relative** grenn vant •**close relative** fanmi pre *He's a close relative.* Se yon fanmi pre m. •**closest relative of the deceased who takes care of the funeral** mèt{mò/kò} •**distant relative** ti fanmi *He's a distant relative, his father is the cousin of our deceased great-grandmother.* Msye se yon ti fanmi, papa li se kouzen defen grangrann nou.

relax *v.tr.* {delache/delase}{kò/men/pye} li, detann li, lache kò li, poze{san/tèt}li, pran san li, rilaks li *Go take a swim in the sea in order to relax.* Al pran yon beny lanmè pou delase kò ou. *I'm going to relax.* M pral detann mwen. *Exercise to relax your muscles.* Fè egzèsis pou ou ka detann mis yo. *I'll really relax during the vacation.* M pral lache kò m nèt nan vakans lan. *Relax, little boy.* Poze san ou non, tigason. *I like to listen to music to relax.* M renmen koute mizik pou m rilaks mwen.

relaxation *n.* detant, kalma

relaxed *adj.* 1[*gen.*] kèpòpòz, rilaks, san pwoblèm 2[*muscles*] asoupi *His muscles are relaxed after the short walk.* Mis li yo asoupi apre ti mache a. •**be relaxed** rilaks *You have to be relaxed to live here.* Fòk ou rilaks pou ou kab viv isi a.

relay *n.* relè

release[1] *n.*1[*gen.*] soti 2[*from prison*] liberasyon 3[*psychological*] defoulay, defoulman •**medical release** egzeyat

release[2] *v.tr.* 1[*free*] deliver, lage (sòti), libere, mete yon bagay nan lari *Release the little bird.* Lage ti zwazo a. *Release my arm!* Lage bra m! *The judge gave the order to release him.* Jij la bay lòd libere msye. *This man has just been released from jail.* Nèg sa a fèk lage sòti nan prizon. 2[*allow to be known*] bay nouvèl, mete yon bagay nan lari *Next month he's releasing his second album.* Nan lòt mwa misye ap mete dezyèm albòm li a nan lari. *They released the news after seven days.* Se apre sèt jou yo bay nouvèl la. 3[*allow to leave a hospital*] bay egzeyat *They released the patient, but he didn't want to leave.* Yo bay malad la egzeyat, men li pa vle ale. 4[*rope, string*] delache, desere *Release the knot.* Desere ne a. 5[*gears*] debreye *Don't release the clutch too quickly!* Pa debreye klòtch la twò vit! •**release from** lage sòti •**be released from the hospital** egzeyat *Thank God she recovered, she was released from the hospital.* Grasadye li refè, li egzeyate.

relent *v.intr.* flechi *Despite all the pressure, she didn't relent.* Malgre tout presyon, li pa flechi.

relentless *adj.* bout di, redong

relentlessly *adv.* san rete *We'll continue fighting relentlessly.* N ap kontinye batay san rete.

relevance *n.* •**have relevance to** gen arevwa ak

relevant *adj.* aplikab, {lye/mare}ak, valab *His advice is relevant in certain cases.* Konsèy lo aplikab nan kèk ka.

reliability *n.* pòte, seryezite *There's no reliability in what she's saying.* Pa gen okenn seryozite nan sa l ap di a.

reliable *adj.* fyab, debyen, kalifye, serye, seryèz [*fem.*], si *You can count on her, she's very reliable.* Ou mèt konte sou li, se yon moun ki seryèz. *You can count on him because he's a reliable person.* Ou mèt konte sou li paske li se yon moun kalifye. •**be reliable** gen konprann, pa gen de pawòl *This child is more reliable than these adults.* Timoun sa a gen plis konprann pase granmoun sa yo.

reliably *adv.* ak konfyans

relic *n.* •**holy relic** relik

relief *n.* 1[*from illness*] alejman, apezman, kal, soulajman *I have relief from pain, it doesn't hurt me as much.* Doulè a ban m yon kal, li pa fè m mal menm jan an. *This medicine gave me real relief.* Remèd sa a ban m yon bon soulajman. 2[*from duties, work*] alejman debarasman *I've got a little relief in the work this week.* M gen yon ti alejman nan travay la semèn sa a. 3[*from nuisance*] debarasman *It was a relief for us when these people left the house.* Se te yon debarasman pou nou lè moun sa yo kite kay la. 4[*help*] asistans, koutmen, sekou 5[*replacement*] (la)relèv •**have relief** delivre *She has relief from pain.* Li delivre anba doulè a.

relieve *v.tr.* 1[*from pain*] bay soulajman, dezangaje, kalme, soulaje *The pill relieved my pain.* Grenn nan soulaje m ak doulè a. *The herbs you gave me relieved my pain.* Fèy ou ban m yo dezangaje doulè m nan. 2[*s.o. on duty*] leve, pran larelèv *The security guard is relieving me at four o'clock.* Sekirite a ap leve m a kat è. 3[*alleviate*] aleje, kalme *This pill will relieve the pain.* Grenn sa a ap kalme doulè a. •**relieve s.o.'s boredom** dezannouye •**relieve one's self** [*bathroom*] fè bezwen •**relieve one's self of responsibility** dezangaje •**relieve tension** pase moso kalkil

relieved *adj.* debarase, soulaje *I was relieved to hear the news.* Lè m tande nouvèl la, m santi m soulaje. *We finished paying the loan, we feel relieved now.* Nou fin peye dèt la, nou santi n debarase. •**be relieved** {rale/ pran} (yon) souf, reprann souf li *He was relieved when he saw his name on the list of successful candidates.* Misye rale yon sèl gwo souf lè l wè non l nan lis moun ki reyisi yo. *I'll be relieved once I'm done building my own house.* M ap pran souf lè m fin bati kay pa m.

religion *n.* kilt, relijyon *What is your religion?* Ki relijyon ou? •**Vodou religion** kilt vodou

religious *adj.* relijye

relinquish *v.tr.* abandonnen, renonse *He relinquished his rights to the house.* Li renonse dwa l souk kay la.

reliquary *n.* relikè

relish[1] *n.* sezonnman •**hot and spicy relish** pikliz •**sweet relish** pikliz dous

relish[2] *v.tr.* savoure *I relish this dish.* M savoure plat sa a. •**relish one's food** kraze yon manje •**relish the thought** renmen panse sou

relive *v.tr.* reviv *I'm reliving how I met this girl the first time.* M ap reviv jan m te rankontre dam nan premye fwa a.

reliving *n.* •**reliving of the past** *n.* retoudaj *I'm reliving the past.* M ap viv yon retoudaj.

reload *v.tr.* rechaje *Go help them reload the truck.* Al ede yo rechaje kamyon an. *She reloaded the rifle.* Li rechaje fizi a.

relocate *v.intr.* deplase, pati ale *We're going to relocate soon.* N ap deplase byento.

relocation *n.* deplasman

reluctance *n.* retisans

reluctant *adj.* mal pou, retisan *She's reluctant to give me her answer.* Li retisan pou ban repons li. *He was reluctant to answer us.* Li te mal pou l reponn nou. •**be reluctant** lite *She's reluctant to make this decision.* L ap lite ak desizyon an anvan l pran l.

reluctantly *adv.* ak de kè, je wont je *I reluctantly spoke with her.* Se je wont je ki fè mwen pale ak li. *I reluctantly lent him my car.* Mwen prete l machin nan ak de kè.

rely on/upon *v.intr.* {depann/fè konfyans/ konte} sou, mèt kwè *Don't rely on others.* Pa konte sou moun. *You may rely on her because she's a serious person.* Ou mèt konte sou li paske se yon moun ki serye l ye.

remain *v.intr.* 1[*stay in the same place*] dòmi, kare, ret(e) *Remain where you are.* Rete kote ou ye a. *Everything that remains is yours.* Tout sa k rete yo se pou ou. *There are only three days remaining before we leave on vacation.* Rete twa jou sèlman anvan n pati al an vakans. *He said that he wouldn't remain in the job.* Li di l pa p ret nan travay la. *We can't all go out, some of us have to remain in the house with the children.* Nou tout pa ka sòti, fòk gen nan nou ki kare nan kay la ak timoun yo. *The body has remained on the ground a long time.* Kadav la ap dòmi atè a lontan. **2**[*left*] ret(e) *What remains to be done? Ki sa k rete pou fèt?* •**remain aloof** fè kako •**remain bedridden** kabannen *Because of the illness, she remained bedridden.* Akòz maladi a, li kabannen nèt. •**remain behind** rete dèyè •**remain cautious** rete sou{pinga/prigad} li *He remained cautious because he didn't want to fall into a trap.* Msye rete sou pinga li, paske li pa vle tonbe nan zen. •**remain firm** reziste •**remain fixed in s.o.'s memory** enkane *This event will remain fixed in our memory.* Evènman sa a ap rete enkane nan tèt nou. •**remain hungry** rete bèk chèch *Since yesterday the children have remained hungry.* Depi ayè timoun yo rete bèk chèch. •**remain idle, passive or inactive** kwaze bra, rete(de) bra kwaze, rete chita kwaze pye *If we remain passive, no one is going to give us a helping hand.* Si nou rete bra kwaze, pa gen moun ki va lonje men ban nou. •**remain illiterate** {mouri/rete}ak{plim/po}je li rèd *Because he refuses to go to school, he will remain illiterate forever.* Kòm li pa vle ale lekòl, l ap mouri ak plim je li rèd. •**remain immobile** estannbay *He remains immobile, he's talking to no one.* Li estannbay la a, li pa pale ak pèsonn. •**remain in office for a long time** fè pèmanans •**remain inactive** pa fè mouvman •**remain neutral** pa mele *He remained neutral in this affair.* Li pa mele nan zafè sa a. •**remain nonplussed** rete molyann *Despite the harsh words they addressed to him, he remained nonplussed.* Malgre tout move pawòl yo t ap voye sou li, msye rete molyann. •**remain resolute** kenbe kouray li *Don't come seeking my support, remain resolute.* Pa vin lage kò ou sou mwen, kenbe kouray ou. •**remain reticent** fè di *The woman still remains reticent.* Fi a ap fè di toujou. •**remain silent** ret(e){bouch be/bèbè} •**remain speechless** rete{bèkèkè/bèbè/bouch be} *She remained speechless, not a word came out of her mouth.* Li rete bèkèkè, yon mo pa sot nan bouch li. •**remain standing** kanpe *Despite the storm, my house remained standing.* Malgre tanpèt, kay mwen an ret kanpe. •**remain to be seen** na wè sa *We'll win the match! —That remains to be seen!* —N ap genyen match la! —N a wè sa! •**remain undamaged** rete tenmpla

Despite this terrible accident, the car remained undamaged. Kwak kokenn chenn aksidan sa a, machin nan rete tenmpla. •**remain unresponsive** {chita/rete}sou blòk glas li *After all their shouting at him, he remained unresponsive.* Tout rele yo rele li, li rete sou blòk glas li. •**remain untouched** rete tenmpla

remainder *n.* dènye rès, larestan, rès, restan, swit *The remainder of the movie is for tomorrow.* Swit fim nan se pou demen.

remains *n.pl.* larès, rès *After the assassination of Dessalines, they buried his remains.* Apre sasinay Desalin, yo antere rès li. •**skeletal remains** zosman •**stripped remains of a car or truck** kakas, po {kamyon/machin} •**visible remains or stub of broken tooth** chouk dan

remark *n.* pawòl, remak *I'll disregard his remark.* M pa p okipe remak li. •**cutting or pointed remark** pwen *The pointed remark hurt her.* Pwent lan pike l. •**cutting remarks** pawòl piman bouk •**sarcastic remark** chalè •**stupid remark** rans •**make cutting or sarcastic remarks concerning s.o.** voye toya sou yon moun *About whom among us is she making those sarcastic remarks?* Kont kilès nan nou la l ap voye toya sa yo? •**make pointed remarks** voye pwen(t) *I made pointed remarks, the one to whom I was alluding will reply to me.* M voye pwen, sa k mouye a, l a ranmase l.

remarkable *adj.* kokenn, notab, remakab *Anita is a remarkable artist.* Anita se yon kokenn atis. *It's a remarkable action.* Sa se yon aksyon ki notab.

remarry *v.tr.* remarye *She has never remarried.* Li pa janm remarye. *She remarried with a young man.* Manmzèl remarye ak yon jennjan.

rematch *n.* revanj

remedial *adj.* ratrapaj •**remedial course** kou ratrapaj

remedy[1] *n.* **1**[*medical*] remèd, tretman *There's no remedy for that disease.* Pa gen tretman pou maladi sa a. *It's a good remedy for diarrhea.* Se yon bon remèd pou djare. **2**[*solution*] solisyon *Reading is a good remedy for boredom.* Fè lekti se yon bon solisyon kont zafè annwiye. •**remedy for**

skin rash poud{dak dak/dakte} •**herbal remedy** remèd fèy •**home remedy** remèd fèy •**universal remedy** poud penlenpenpen

remedy² *v.tr.* remedye *We'll have to remedy this bad situation.* Se pou n remedye move sitiyasyon sa a.

remelt *v.tr.* refonn *Remelt the lead to fix the pot.* Refonn plon an pou ka bouche chodyè a.

remember *v.tr.* 1[*keep in the memory*] chonje, gen konnesans, raple li, retni, sonje, souvni li *Do you remember what he said?* Ou chonje sa l te di a? *You don't seem to remember me.* Gen lè ou pa chonje m. *I don't remember your name, can you remind me of it?* Mwen pa raple m non ou, ou ka fè m sonje l? *I always remember what people do for me.* M toujou sonje sa yon moun fè pou mwen. *I can't remember where I met her.* M pa fouti souvni m kote m te rankontre l. *As long as I can remember, it's my godmother who has taken care of me.* Depi m gen konnesans, se marenn mwen k ap debat ake m. 2[*take care not to forget*] chonje *Remember to call her.* Chonje pou ou rele l. *Remember to buy the sugar.* Chonje pou ou achte sik la. —*I'll remember!* M ap chonje!

remembrance *n.* souvnans, souvni

remind *v.tr.* fè chonje *Please remind me to call her.* Fè m chonje pou m rele l. •**remind of** raple *Remind me what I have to do.* Raple m sa m gen pou mwen fè. •**remind s.o. to** fè yon moun sonje *Remind me to go pick up the kids.* Fè m sonje pou m al chache timoun yo.

reminder *n.* rapèl

remnant *n.* 1[*gen.*] restan 2[*of cloth*] koupon **remnants** *n.pl.* retay •**scattered remnants** an migan (migan)

remodel *n.* renove *They remodeled the house.* Yo renove kay la.

remorse *n.* remò

remote *adj.* a distans, lwen, rekile *I come from a remote region.* Se nan yon zòn rekile m soti. •**remote area** bwa, nan Ziltik *Given that she lives in a remote area, it will not be easy to find her house.* Kote l rete jis nan Ziltik la, li p ap fasil pou jwenn kay li. •**remote control (for TV)** telekòmann •**operate by remote control telegide** telekòmande

remotely *adv.* delwen •**not remotely** pa (ni) de pre ni de lwen *You didn't even remotely*

answer the question. Ou pa t ni de pre ni de lwen jwenn repons lan.

removable *adj.* 1[*can be removed*] yon moun kap {retire/siprime}li 2[*dismissible*] revokab

removal *n.* demenajman, deplasman •**removal from job** revokasyon •**removal from office** dechoukaj

remove *v.tr.* [*take away/off*] anpote, pote ale, retire, siprime, wete *Remove the dirty dishes from the table.* Retire asyèt sal yo sou tab la. *I told her to remove her feet from the table.* M di l retire pye l sou tab la. *He removed his hat.* Li retire chapo l. *Remove your shoes.* Wete soulye ou. *This letter is too long, remove a few sentences.* Lèt sa a two long, siprime kèk mo. •**remove a door from its frame** dechanbrannen *The door has been removed from its frame.* Pòt la dechanbrannen. •**remove a handle** demanche •**remove a roof** dekouvri *The wind removed the roof from the house.* Van an dekouvri kay la. •**remove a tire from the rim** dejante *Remove the tire from the rim.* Dejante kawotchou a. •**remove a tooth's filling** deplonbe *The filling of this tooth has been removed.* Dan sa a deplonbe. •**remove an employee in order to transfer him/her from one job or position to another** leve *They transferred the colonel who was in the North.* Yo leve kolonèl ki te nan Nò a. •**remove an obstacle** debare, debouche •**remove cream** dekrenmen •**remove dishes from a table** desèvi *Remove the dishes from the table.* Desèvi tab la. •**remove embers from the lid of a pot in which food is cooking** detoufe *Remove the embers from the food.* Detoufe manje a. •**remove fat or grease** degrese *Remove the fat from the meat before you cook it.* Degrese vyann nan anvan ou kwit li. •**remove folds from** dechifonnen *Only remove the folds from this dress, because you don't have time to iron it well.* Dechifonnen wòb la sèlman, paske ou p ap gen tan pou byen pase l. •**remove framing** [*for concrete work*] dekofre *They removed the framing one week after they finished pouring the cement.* Yo dekofre planch yo yon semèn apre yo fin koule beton an. •**remove from a wall** detache *Remove the painting from the wall.*

Detache tablo a nan mi an. •**remove from office** dechouke •**remove furniture, etc., temporarily after s.o. in the house has died** debagaje •**remove mud** dekwote *He's removing the mud from the tires of the car.* L ap dekwote labou nan kawotchou machin nan. •**remove make-up** demakiye li •**remove nails** dekloure *Remove the nails from the box.* Dekloure bwat la. •**remove numbness** dezangoudi *This salve will remove the numbness from your foot.* Ponmad la dezangoudi pye ou. •**remove official seals from** [*a house, etc., after legal inheritance is settled*] leve sele sou *The government removed the seals from the store.* Leta leve sele sou magazen an. •**remove one's panties** dekilote li •**remove pieces of skin** dekwennen •**remove stains from sth.** detache *The maid removed the stains from his trousers.* Sèvant lan detache pantalon an pou li. •**remove stiffness or numbness** degoudi *I need to remove the stiffness from my legs.* M bezwen degoudi janm mwen. •**remove s.o. from a house** deloje •**remove sutures** dekoud *The doctor removed the sutures.* Doktè a dekoud kouti a. •**remove the bones of fish, chicken, etc.** dezose •**remove the bottom** [*of pot, pail, etc.*] deboundare, defonse *Remove the bottom from the bucket, I want to put the plant in it.* Defonse bokit la, m vle met plant lan ladan l. *He's removing the bottom of the pot to put in another.* L ap deboundare chodyè a pou le mete yon lòt. •**remove the bracts from any grain-bearing vegetables** depaye *She removed the bracts from the coffee beans.* Li depaye kafe a. •**remove the contents** [*of a bag, clothes*] deboure •**remove the cover** [*of a pot*] dekouvri *Remove the cover from the pan.* Dekouvri chodyè a. •**remove the folds from** [*clothes*] dechifonnen *Only remove the folds from this dress, because you don't have time to iron it well.* Dechifonnen wòb la sèlman, paske ou p ap gen tan pou byen pase l. •**remove the hooves of horses** desabote *Let's remove the horse's hooves.* Ann desabote chwal la. •**remove the lid of a pot** detoufe *The rice is not cooked yet; don't remove the lid from the pot.* Diri a poko kuit, pa detoufe chodyè a. •**remove the rust from** dewouye *We removed the rust from the hinges.* Nou dewouye chànyè yo. •**remove the shoes of** dechose *Remove her shoes before you put her in bed.* Dechose l anvan ou mete l nan kabann. •**remove the stuffing** deboure *Remove the stuffing from the pillow to change the cotton.* Deboure zòrye a pou chanje koton yo. •**remove tiles** dekale *Remove the tiles.* Dekale dal yo.

removed *adj.* [*separated*] apa •**far removed** [*relative*] lwen

remover *n.* •**nail polish remover** asetòn •**stain remover** detachan •**staple remover** deklipsè, dezagrafèz

remuneration *n.* peman

remunerative *adj.* avantaj, pwofitab

renal *adj.* renal

rename *v.tr.* 1[*give new name*] bay yon lòt non, rebatize *They renamed the street.* Yo bay ri a yon lòt non. 2[*reappoint*] renonmen *She was renamed judge.* Yo renonmen li jij.

render *v.tr.* rann •**render emaciated** redui *See how the illness rendered him emaciated, he's turning into skin and bones.* Gad ki jan maladi a redui l, li tounen zo ak po. •**render service** rann sèvis

rendering *n.* entèpretasyon

renegade *n.* renega, vandè po

renege *v.intr.* dedi, demòd *People can't take you seriously because you're always reneging.* Moun p ap janm ka pran ou oserye paske ou toujou ap demòd.

renew *v.tr.* 1[*begin again*] relanse *The parliament renewed the discussion on the double citizenship.* Palman an relanse deba sou doub sitwayènte a. 2[*update*] renouvle *I had my passport renewed.* M fè renouvle paspò mwen an. 3[*in political office*] rekondwi •**renew one's contract** redouble •**renew the economy** relanse

renewable *adj.* renouvlab *They're renewable batteries.* Se pil ki renouvlab.

renewal *n.* 1[*gen.*] relansman, renouvèlman 2[*of the economy, etc.*] relans

renounce *v.tr.* renonse *He renounced his religion.* Li renonse relijyon li. •**renounce Vodou formally** rejete •**I renounce you** satanjerenòs *Leave, I renounce you, Satan!* Pati satanjerenòs!

renouncement *n.* renonsman

renovate *v.tr.* renove *They renovate the building.* Yo renove bilding nan.

renovation *n.* renovasyon

renown *n.* renome

renowned *adj.* renome, repite, selèb *My uncle is a renowned painter.* Tonton m se yon atis pent selèb.

rent[1] *n.* **1**[*(monthly) for house*] lwayaj, (lwaye) kay *I pay the house rent on the first of every month.* M peye lwaye kay la chak le premye. *He doesn't pay rent.* Li pa peye kay. **2**[*car*] lokasyon *The rent of the car is too high.* Lokasyon machin nan twò chè. •**annual or semi-annual rent** anfèmay •**rent money** kòb kay •**take rent** anfème *Dyejis takes an annual rent on the land from Sedye.* Dyejis anfème tè a nan men Sedye.

rent[2] *v.tr.* nan fèmaj, lwe *I'm not going to rent the house monthly, I'll do it annually.* M p ap lwe kay la, se fèm pou ennan m ap fè. *She rents the house for two hundred dollars per month.* Li lwe kay la pou de san dola pa mwa. *I'll rent a car.* M ap lwe yon machin. *Now in these hard times, I'm not able to find a house to rent in Port-au-Prince.* Kounye a nan tan di sa a, mwen pa fouti jwenn kay nan fèmaj nan Pòtoprens. •**rent (out)** lwe *She rents out two rooms in her house.* Li lwe de pyès nan kay li a.

renting *n.* [*by more than one month*] fèmaj *He spent two years renting before he built his own house.* Li te fè dez an nan fèmaj anvan l bati kay li.

renunciation *n.* renonsyasyon

reoccurrence *n.* repetisyon

reopen *v.tr.* relouvri *When will school reopen?* Ki lè lekòl ap ouvè? *They reopened the store.* Yo relouvri magazen an.

reopening *n.* repriz

reorganization *n.* reyòganizasyon

reorganize *v.tr.* refòme, reyòganize *We have to reorganize the office.* Nou bezwen reyòganize biwo a. *We have to reorganize the orchestra.* Fò n refòme òkès la.

repaint *v.tr.* repentire *I have to repaint the walls of my house.* Fò m repentire mi kay mwen.

repair[1] *n.* reparasyon *The car needs repairs.* Machin lan bezwen reparasyon. *This TV is beyond repair.* Televizyon sa a pa gen reparasyon. •**beyond repair** pa gen reparasyon •**do/make a quick repair** {bay/fè}yon pase *He just did some quick repairs on his house.* Li fenk fè yon pase men nan kay li a. •**makeshift repairs** rapyesaj •**small repairs** pase men *The car needs some small repairs.* Machin nan merite yon pase men. •**under repair** an reparasyon

repair[2] *v.tr.* **1**[*gen.*] rakomode, ranje, rapyese, remonte, repare, restore *They're repairing the road.* Y ap ranje wout la. *He's very good at repairing radios.* Nèg sa a bon nan ranje radyo. *He always repairs his things, he never sends them to artisans.* Toutan msye ap rakomode, li pa janm voye afè l ka bòs. *Bring the shoes to the shoemaker so he can repair them for you.* Pote soulye a bay kòdonye a pou li remonte l pou ou. *The tailor repaired the trousers I tore.* Tayè a repare pantalon m te chire a. **2**[*a boat*] galfate **3**[*a machine, car*] depannen *None of the mechanics can repair the car.* Youn nan mekanisyen yo pa ka depannen machin nan.

repairable *adj.* reparab

repairer *n.* reparatè

repairing *n.* rakomoday, ranjman

repairman *n.* depanè

repatriate *v.tr.* rapatriye *They repatriated the illegal immigrants.* Yo rapatriye moun ki ilegal yo.

repatriation *n.* rapatriman

repave *v.tr.* reyasfalte *They repaved the road.* Yo reyasfalte wout la.

repay *v.tr.* renmèt *He never repaid me the money I lent him.* Li pa janm renmèt mwen kòb m te prete l la. •**s.o. who repays his debts** moun bon pèy

repayable *adj.* ranbousab

repayment *n.* ranbousman

repeal[1] *n.* abolisyon, revokasyon

repeal[2] *v.tr.* aboli *The Senate repealed the law on rents.* Sena a aboli lwa sou lwaye ka la.

repeat[1] *n.* [*performance, etc.*] repriz •**ask for a repeat performance** [*concert*] mande bis

repeat[2] *v.tr.* **1**[*gen.*] rebay, redi, repete *She repeats the same errors each time.* Li repete menm erè a chak fwa. *Everything that this child hears, he repeats it.* Tout sa pitit sa a tande se pou l repete l. *Listen closely because I won't repeat this again.* Koute byen, m pa p repete ankò. *Repeat the joke again.* Rebay blag la. *If you aren't a coward, repeat what you just said.* Si ou pa yon lach, redi sa ou sot di a. **2**[*a grade in school*] double *She has to repeat her grade at school.* Li double klas la. **3**[*a theatrical performance*] rejwe *The company repeated the play.* Gwoup la rejwe pyès teyat la. •**repeat again** rebise *These words are beautiful, repeat them again for me.* Pawòl sa yo bèl, rebise yo pou mwen tande ankò. •**repeat s.o. else's words in order to irritate** fè bas *He repeats after her to irritate me when my mother is berating me.* Li fè bas lè manman m ap joure m. •**repeat sth. innumerable times** di yon moun yon bagay {swasanndisèt fwa sèt fwa/sèt fwa swasanndisèt fwa} •**repeat what s.o. has said** [*in order to support him*] krache van (bo)djòl yon moun •**be repeated** repete •**s.o. who is repeating a school year** rekale

repeated *adj.* pèsistan, repete, san *rete It's a repeated noise.* Se yon bri pèsistan.

repeatedly *adv.* dri

repeater *n.* [*in school*] double, rekale

repeating *adj.* **1**[*gen.*] repete **2**[*student*] boule *They don't put the repeating students in together with the new ones to take the exam.* Yo pa met elèv boule yo konpoze ansanm ak nouvo yo. •**go around repeating** mache repete

repel *v.tr.* fè...ale, repiyen *We made a fire to repel the mosquitoes.* Nou fè lafimen pou n fè mayengwen yo ale. •**be repelled by** rebite *Her boyfriend was repelled by her, because she's too fickle.* Mennaj ti dam nan vin rebite l, tèlman li frivòl.

repellent *adj.* repousan •**insect repellent** ensektisid, flit

repelling *adj.* repousan

repent *v.intr.* repanti *He used to be a rascal, but now he has repented.* Se yon vakabon li te ye, konnye a li repanti. *After all the evil he did, he repented.* Apre tout mal li fè, li repanti.

repentance *n.* ak de kontrisyon, repantans

repercussions *n.pl.* retonbe

repertory *n.* repètwa •**repertory of jokes** bwat koze •**story repertory** bwat pawòl

repetition *n.* repetisyon

replace *v.tr.* **1**[*a person*] leve, pran plas yon moun, ranplase *The mechanic is ill, I'm the one who's replacing him today.* Mekanisyen

an malad, se mwen ki ranplase l jodi a. **2**[*a thing*] chanje, ranplase *This tire is ripped, replace it.* Kawotchou sa a dechire, ranplase l. *These tires need to be replaced.* Kawotchou sa yo merite chanje. **3**[*put back*] remete, remèt, renmèt *Replace the glass where you took it from.* Al remete vè a kote ou te pran l lan.

replaceable *adj.* ranplasab

replacement *n.* **1**[*person*] ranfò, ranplasan, ranplasant [*fem.*], ranplasman *They haven't found a replacement for her yet.* Yo po ko jwenn ranplasan pou li. **2**[*thing*] ranplasman **replacements** *n.pl.* rezèv

replant *v.tr.* rechouke, replante *The wind tore out the plant, I'll replant it.* Van an rache plant lan, m pral rechouke l. *Let's replant what the hurricane destroyed.* Ann replante sa siklòn nan detwi. •**replant with grass** regazonnen

replay *v.tr.* •**replay a game** *v.tr.* rejwe *Let's replay the game.* Ann rejwe pati sa a ankò.

replenish *v.tr.* plen ankò, replen *Let's replenish the refrigerator.* Ann replen frijidè a. •**replenish one's strength** remonte lestomak li *Take vitamins in order to replenish your strength.* Pran vitamin pou remonte lestomak ou.

replete *adj.* satire

replica *n.* kopi, pòtre

reply[1] *n.* repons *He told me to give him a reply before Friday.* Li di pou m ba l repons anvan vandredi. •**impudent or insolent reply** kòlòk *The little guy's mother gave him a slap because he answered her back insolently.* Manman ti nèg la pase li yon sabò poutèt misye ba li yon kòlòk. •**in reply** pou reponn

reply[2] *v.tr.* reponn *He didn't reply.* Li pa reponn. •**reply curtly or angrily** tiranize *Because I gave her advice for her own good, she replied angrily.* Poutèt m ap pale l pou byen li, li tiranize m. •**reply to a call** reponn alapèl/ reponn a lapèl

repopulate *v.tr.* repèple *They repopulate the city after the earthquake.* Yo repeple vil la aprè tranblemanntè a. •**be repopulated** repeple

repopulating *n.* repèplay, repèpleman

report[1] *n.* kontrandi, memwa, rapò, redaksyon •**report card** bilten, kanè •**make a report**

[*journalist*] repòte *The reporter didn't make an accurate report of the speech.* Jounalis la pa repòte koze a byen. •**make an official report** fè yon konsta *The judge came to make an official report.* Jij la te vin fè konsta a. •**police report** pwosèvèbal •**press report** repòtay •**weather report** bilten meteyolojik
report² *v.tr.* fè rapò, rapòte, repòte *The journalist reported everything that had happened.* Jounalis la rapòte tout sa k te fèt. *Never speak in front of gossips so that they don't report what you say.* Pa janm pale devan landjèz pou l pa al repòte sa ou di. *You need to go report it to the police.* Fò ou al fè deklarasyon lapolis. •**report on** [*journalism*] kouvri •**report sth.** {fè/pote} rapò *You have to report about everything you found in the office.* Ou dwe pote rapò tout sa ou te jwenn nan biwo a.
reporter *n.* rapòtè, repòtè
reporting *n.* repòtaj
repository *n.* depo
repossess *v.tr.* (fè) sezi *The bank repossessed his house.* Labank sezi kay li a.
repossession *n.* [*for non-payment of goods, etc.*] arè(t) sezi, sezi arè(t)
reprehensible *adj.* blamab, kondanab *To take what belongs to others is a reprehensible action.* Pran sa ki pou lòt moun se yon ak kondanab.
represent *v.tr.* reprezante •**represent s.o.** reprezante *She sent someone to represent her.* Li voye yon moun pou reprezante l.
representation *n.* reprezantasyon
representative¹ *adj.* reprezantatif
representative² *n.* [*government*] anvwaye, delege, depite, mesajè, reprezantan •**political representative** mandatè •**sales representative** demachè
repress *v.tr.* reprime *The police repressed the protest demonstration.* Lapolis reprime manifestasyon an.
repression *n.* represyon
repressive *adj.* kaporalis, represif *A repressive regime.* Yon rejim kaporalis.
reprieve *n.* •**give a reprieve** fè yon moun gras *The president gave a reprieve to all prisoners.* Prezidan an fè tout prizonye yo gras.
reprimand¹ *n.* obsèvasyon, prigad, remontrans, reprimann

reprimand² *v.tr.* fè yon moun obsèvasyon, gwonde, korije, mete bwa pou yon moun, obsève, {rale/redi} zòrèy yon moun, reprann, reprimande, trese yon bon chapo pou *Never reprimand someone in front of others.* Pa janm fè moun obsèvasyon devan lòt. *Don't leave without your parents' permission so they don't reprimand you.* Pa sòti san pèmisyon paran ou pou yo pa gwonde ou. *If people do something wrong, you have to reprimand them.* Depi moun ap fè bagay dwòl, se pou yo redi zòrèy yo. *His parents reprimanded him because he returned home too late.* Paran l reprann li poutèt li rantre twò ta. *You really have to somehow reprimand your child because he's too rude.* Fòk ou manyè reprimande pitit ou a, wi, paske li twò malelve. *I have to reprimand him because he's too ungrateful.* M gen pou mwen trese yon bon chapo pou li paske l engra twòp. •**reprimand brutally** [*child*] moleste
reprint *v.tr.* reyenprime *They reprinted this book.* Yo reyenprime liv sa.
reprisal *n.* chòk an retou, ripòs, vanjans
reproach¹ *n.* obsèvasyon, remontrans, repwòch •**above reproach** san repwòch
reproach² *v.tr.* repete, repwoche, trese yon bon chapo pou *If you have helped someone, you shouldn't reproach her for that.* Si ou te ede yon moun, ou pa bezwen repwoche l pou sa.
reproachable *adj.* blamab, repwochab
reproachful *adj.* piman bouk, repwochan
reprobate *n.* sanmanman, vakabon
reprobation *n.* blanm, danasyon
reproduce *v.intr.* 1[*make copy*] repwodwi *Can you reproduce this drawing?* O kap repwodwi desen sa a? 2[*generate offspring*] kale pitit, peple, repwodwi *Those people are really reproducing.* Moun sa yo peple papa. 3[*animal offspring*] fè pitit •**reproduce o.s.** repwodui *Rabbits are animals that reproduce themselves rapidly.* Lapen se bèt ki repwodui vit.
reproduction *n.* repwodiksyon •**animal reproduction** repwodiksyon bèt
reproof *n.* blanm, repwòch
reptile *n.* reptil
republic *n.* repiblik
republican¹ *adj.* repibliken

republican² *n.* repibliken

republish *v.tr.* repibliye *They republished the novel.* Yo repibliye woman an.

repudiate *v.tr.* denye, nye, ranvoye, rejete *We repudiate these reports.* N ap rejete rapò sa yo.

repudiation *n.* renonsyasyon

repugnance *n.* repiyans •have repugnance gen degoutans yon moun

repugnant *adj.* repiyan •be repugnant repiyen *This food is repugnant to me.* Manje sa a repiyen m.

repulse *v.tr.* bay{bòt/yon bwa long}, repouse *Our army repulsed the enemy attack.* Lame nou an repouse atak lènmi an.

repulsion *n.* repiyans, repousman

repulsive *adj.* malouk *These toilets are repulsive.* Twalèt yo malouk. •repulsive person lwijanboje

repulsiveness *n.* lèdè

reputation *n.* renome, repitasyon *I won't do anything that would ruin my reputation.* M pa p fè anyen k pou sal repitasyon mwen an. •good reputation bon non *He has a good reputation.* Misye gen bon non. •have a good reputation pran pye *That water company has a good reputation here because it offers good service.* Konpayi dlo a pran pye isit nèt paske l bay bon sèvis. •with a bad reputation nan grenn senk *One day, if you follow those bandits, you'll end up having a bad reputation.* Depi se bandi sa yo w ap swiv, ou tonbe nan grenn senk.

repute *n.* distenksyon, wololoy •house of ill repute bòdèl, kafe, kay gwo manman •woman of ill repute akrekre

reputedly *adv.* sanse, swadizan

request¹ *n.* demann, rekèt *There have not been many requests for these products.* Pa gen anpil demann pou pwodui sa yo. •formal request to woman's parents for marriage prezantasyon •make a request fè demann •make a formal request on s.o.'s behalf prezante pou •not to give in to s.o.'s request pa pran priyè

request² *v.tr.* fè demann, mande *She requested that you call her.* Li mande pou ou rele l.

requiem *n.* rekiyèm

require *v.tr.* 1[*demand*] egzije, mande, reklame *Don't require him to do what he can't.* Pa egzije li fè sa l pa kapab. *The job*

requires that you speak Creole. Travay la mande pou ou konn pale kreyòl. 2[*need*] mande, bezwen *This judgment requires proof.* Jijman sa a mande prèv •require discussion mande chita *This work can't be done "zip, bang!", it requires discussion so that we can really think about it.* Travay sa pa ka fèt voup vap non, li mande chita pou n byen reflechi sou li. •require reflection mande chita •be required blije *I was forced to sell my little piece of land.* M blije vann ti moso tè m nan. •be required to fèt pou *A caretaker is required to be there all the time.* Yon jeran fèt pou li la tout tan.

required *adj.* egzijib, obligatwa *His signature is required on the check, without it you can't cash it.* Siyati l egzijib sou chèk la, san sa ou p ap ka chanje l.

requirement *n.* egzijans, obligasyon

requisition¹ *n.* rekizisyon

requisition² *v.tr.* fè rekizisyon *The state requisitioned all the cars in the region for the elections.* Leta fè rekizisyon tout machin zòn nan pou eleksyon.

reread *v.tr.* reli *You have to reread this letter.* Fòk ou reli lèt sa a.

reroute *v.tr.* detounen *The road is blocked, we have to reroute the truck.* Wout la bloke, fòk nou detounen kamyon an.

reschedule *v.tr.* voye *They rescheduled the meeting for Tuesday.* Yo voye reyinyon an pou madi.

rescind *v.tr.* dekòmande *The parliament rescinded this complicated law.* Palman an dekòmande lwa konplike a.

rescue¹ *n.* sovtay

rescue² *v.tr.* chape, delivre, sove *We couldn't rescue anything from the fire.* Nou pa chape anyen nan dife a. m. *The hen rescued all her chicks.* Poul la chape tout pitit li yo. *He rescued us when we were in danger.* Li delivre nou lè nou te an danje.

rescuer *n.* sovtè

research *n.* bouskay, etid, rechèch •initial research rechèch inisyal

researcher *n.* bouskadò, bouskè, chèchè, rechèchè •press researcher dokimantalis

reseat *v.tr.* [*a chair with straw seats*] ranpaye *Reseat the chair because the straw seat came undone.* Ranpaye chèz la, paske li fin depaye.

reseate tern *n.* fou blan

resell *v.tr.* revann *All these are goods I bought to resell.* Tout se machandiz m achte pou mwen revann.

resemblance *n.* resanblans

resemble *v.tr.* sanble *She resembles her mother in the face.* Li sanble ak manman l nan figi. *That house resembles mine a lot.* Kay sa a sanble ak pa m lan anpil. •**resemble one's father/mother** pran {bò/kote} {manman/papa}

resent *v.tr.* kenbe{nan/sou}kè *I resent your criticism.* M kenbe kritik ou a sou kè.

resentful *adj.* an chimè, bouch gonfle, rankinye

resentment *n.* depi, rankè, rankin •**have a lot of resentment toward s.o.** kenbe sou kè yon moun *He has a lot of resentment towards me.* Li kenbe m sou kè.

reservation *n.* 1[*hesitation*] rezèv *She has reservations about the proposition.* Li gen rezèv ak pwopozisyon an. 2[*seat, etc.*] rezèvasyon *I'm leaving tomorrow, I need to make a reservation.* M ap pati demen, se pou mwen fè yon rezèvasyon. •**make a reservation** rezève *We have to make a reservation for a hotel room.* Nou dwe rezève yon chanm otèl. •**without reservation** san rezèv *I'm telling you this without reservations.* M ap di ou sa san rezèv.

reserve[1] *n.* 1[*money*] jeretyen, rezèv 2[*provisions*] rezèv 3[*restraint*] retisans, rezèv •**in/on reserve** disponib •**keep on reserve** mete la •**without reserve** tèt kale san tchas

reserve[2] *v.tr.* fè rezèvasyon, retni, rezève, sere *I bought my ticket, but I haven't reserved my seat yet.* M achte tikè a, men m po ko fè rezèvasyon. *Reserve me a seat in the next flight.* Retni yon plas pou mwen nan pwochen vòl la. *I'm reserving a nice shirt for you.* Mwen rezève yon bèl chemiz pou ou. *I reserved that seat for you.* M te sere plas sa pou ou. •**reserve o.s. the right to beat s.o.** achte (bò) bounda yon moun *I reserve the right to beat him as I please and as much as I want.* M achte bò bounda li lajan kontan.

reserved *adj.* 1[*held in reserve*] rezève 2[*private, restrained*] pentad, renka, rezève fèmen *She's a very reserved person.* She'd never tell you if she had a problem. Se yon moun ki fèmen; si l gen yon poblèm, li pa p di ou. *She's shy and reserved when she doesn't know someone yet.* Li pentad lè l pankò konnen yon moun. *He's so reserved, he doesn't even feel comfortable speaking with his girlfriend.* Msye tèlman rezève, li menm pè pale ak mennaj li. •**a reserved seat** yon plas rezève

reservist *n.* rezèvis

reservoir *n.* rezèvwa •**small reservoir** basen

reset *v.tr.* [*watch*] mete sou lè *My watch is running slow. I need to reset it.* Mont mwen reta, fò m mete l sou lè.

reshape *v.tr.* remanyen *They reshaped several articles of the new law.* Yo remanyen plizyè atik nan nouvo lwa a.

reshaping *n.* remaniman

reshuffle[1] *n.* [*political*] remaniman

reshuffle[2] *v.tr.* 1[*political*] fè remaniman *They reshuffled the government.* Yo fè yon remaniman nan kabinè a. 2[*card game*] rebat *Reshuffle the card deck.* Rebat kat la.

reside *v.intr.* rete *Where do they reside?* Kote yo rete?

residence *n.* 1[*home*] fwaye, lakay 2[*of an ambassador, etc.*] rezidans •**change residence** bwote, deloje, deplase •**compound of residences** lakou •**part-time residence** [*hosted by s.o.*] pyetatè

residency *n.* •**doctor's residency** rezidans •**legal residency** rezidans

resident *n.* 1[*dweller*] pansyonnè, rezidan 2[*med.*] entèn •**permanent resident** rezidan

residential *adj.* rezidansyèl •**residential neighborhood** katye rezidansyèl

residue *n.* 1[*gen.*] rès, zagribay 2[*pulp, grounds, etc.*] ma •**residue from castor oil plant** touto •**residue of fruit after squeezing** zanma •**manioc residue** [*which doesn't pass through strainer*] kokoti •**wax residue** [*from a candle*] kaka lasi

resign *v.intr.* bay demisyon li, kite, rale kò li, remèt chaj, sispann *The director resigned.* Direktè a bay demisyon l. *He resigned from the position.* Li demisyone nan pòs la. *She resigned from her job.* Li kite travay la. *The head of the opposition party resigned from the government.* Lidè opozisyon an rale kò li nan gouvènman an. *If you see the people rise up against you, you have to resign.* Si ou wè pèp la leve kont ou, se pou ou remèt chaj la. •**resign o.s.** fè je li chèch, konsole li, mare{ren/vant} li, reziyen li *That's the way he wants to do it, so I'm resigning myself to it.* Se konsa l vle fè l, m reziyen m. *That's life, resign yourself.* Se lavi, fè je ou chèch. *Resign yourself, you knew she'd leave you some day.* Konsole ou, ou te tou konnen yon lè l gen pou l kite ou. *Resign yourself to confronting life's difficulties.* Mare ren ou pou goumen ak lavi a. *You have to resign yourself to take life as it comes.* Se pou ou reziyen ou jan lavi a vini pou pran l.

resignation *n.* **1**[*from a position*] demisyon n *He doesn't want to turn in his resignation.* Li pa vle bay demisyon l. **2**[*submissiveness*] reziyasyon

resigned *adj.* kagou, renka, reziyen

resilient *adj.* lyann, moun san sipòtan *If she weren't resilient, the illness would have killed her already.* Si li pa t moun san sipòtan, maladi a ta touye l deja. •**be resilient or capable of handling anything** gen gwo do *You have to be resilient to struggle against these problems.* Fòk ou gen gwo do pou ka lite ak pwoblèm sa yo.

resin *n.* gonm, pichpen

resist *v.tr.* fè{fòs/jefò/rèd/tèt di}ak, kenbe tèt ak, redi, rezistan, reziste *The instructor tried to make the student leave but the student resisted her.* Pwofesè a eseye fè elèv la soti men elèv la fè fòs avè l. *I want her to go to church, she resists me.* Mwen vle li ale legliz, l ap fè jèfò ak mwen. *She wanted us to abandon the work, but we resisted her.* Li vle nou kite travay la, men n ap kenbe tèt ak li. *Stop resisting people who are older than you, simply obey them.* Sispann redi ak moun ki pi gran pase ou, annik obeyi yo. *You have to take vitamins to resist when illness strikes.* Fòk ou pran vitamin pou ou ka rezistan lè maladi vini. *We have to resist temptation.* Se pou n reziste kont tantasyon.

resistance *n.* fyèl, redi, rezistans *He didn't need to oppose this resistance since he knew that they would defeat him.* Li pa t bezwen fè tout redi sa yo, piske l konnen yo t ap genyen l. •**offer no resistance** lache may •**without resistance** san tèt di

resistant *adj.* **1**[*gen.*] mouri kite, vibre, wòdpòte **2**[*illness, infection*] rezistan •**resistant to being burned** [*person*] kanzo *He has become resistant to being burned, he's no longer afraid of fire.* Li kanzo atò, li pa pè dife.

resisting *adj.* [*illness, infection*] rezistan

resistor *n.* [*in electric circuit*] rezistans

resole *v.tr.* resemele *I'm going to have the shoemaker resole my shoes.* M pral bay kòdonye a resemele soulye mwen an.

resoling *n.* resemelaj

resolute *adj.* deside, detèmine, min, rezoli *As determined as she is, she won't change her decision.* Jan li detèminen la, li p ap tounen sou desizyon l. •**resolute character** {karaktè/nanm}byen tranpe

resolutely *adv.* tenkdegoutetak *We're waiting for the enemy resolutely.* N ap tann lennmi an tenkdegoutetak.

resoluteness *n.* detèminasyon, fèmte

resolution *n.* rezolisyon

resolve[1] *n.* detèminasyon, volonte

resolve[2] *v.tr.* **1**[*settle problems*] aplani, regle, rezoud, solisyone, tranche *Let's resolve the difficulties first.* Ann aplani difikilte yo dabò. *She finally succeeded in resolving the problem.* Li resi rezoud pwoblèm nan. *I need to go see him so I can resolve this.* Fò m al kote l pou m al rezoud sa. *We can resolve the problem.* Nou ka solisyone pwoblèm nan. *The judge resolved the problem.* Jij la tranche pwoblèm nan. **2**[*decide with determination*] deside, pran rezolisyon *They resolved to impose an embargo on us.* Yo pran rezolisyon pou yo mete anbago sou nou.

resolved *adj.* pare *The money issue was resolved.* Zafè lajan an pare. •**it isn't resolved** se pa tou di *It isn't resolved, we'll have to discuss it more.* Se pa tou di, n ap gen pou n diskite ankò.

resonance *n.* rebondong, rezonans

resonate *v.intr.* repete, rezone, vibre *Everyone heard the noise because it resonated very far.* Tout moun tande bri a paske l repete byen lwen. *The way the box resonates, it's empty.* Jan bwat la rezone a, li vid. *That equipment makes the sound resonate well.* Aparèy sa a fè son an vibre byen.

resort[1] *n.* rekou •**as a last resort** an final

resort² *n.* •**vacation resort** lotèl plezans, zòn touristik

resort³ •**resort to** *v.intr.* fè nenpòt bagay, lage kò nan yon bagay *When she ran out of money, she had to resort to prostitution.* Lè l pa gen kòb ankò, li lage kò l nan fè bouzen. *He'd resort to anything for money.* L a fè nenpòt bagay pou kòb.

resound *v.intr.* rebondong, repete, reponn nan, rezone *The noise of the hammers resounded far.* Bri mato yo rezone lwen.

resource *n.* mwayen, resous **resources** *n.pl.* ankadreman, fakilte, kapasite *The team lacks resources.* Ekip la manke ankadreman. *With your resources you can help people in need.* Ak kapasite ou, ou k ap ede moun ki pa genyen. •**take all one's resources** fè piyay •**without resources** san bra san baton *Since our father died, we're without resources.* Depi papa n mouri a, nou san bra san baton.

resourceful *adj.* debouya *This resourceful guy, he manages to have all kinds of little jobs in order to remain active.* Nèg debouya sa, li degaje l fè tout ti djòb pou l pa chita. •**resourceful person** degajan, mèt Jan Jak *Don't worry about him, he really is a resourceful person.* Pa pè pou li, msye se yon bon degajan.

resourcefulness *n.* debouyay, piwèt *Thanks to the team's resourcefulness, we're improving the network.* Grasa piwèt ekip la, nou mete sistèm nan ann òd.

respect¹ *n.* ega, konprann, lareverans, respè *He doesn't have any respect for us.* Li pa gen respè pou nou menm. *I have lots of respect for that child.* M gen anpil konprann pou pitit la. *Talk to others with respect.* Pale ak moun ak lareverans. •**due respect** krentif *It's with due respect that he speaks with the boss.* Se ak krentif li al pale ak patwon an. •**have no respect for s.o.** pran you moun fè jwèt *She has no respect for me, she says to me whatever she wants.* Li pran m fè jwèt, li di m sa l vle. •**lack of respect** mank dega *Insulting someone's mother shows a lack of respect.* Joure manman yon moun se yon mank dega. •**pay one's respects** fè respè •**with all due respect** respè m{dwe/gen pou}ou, sòf vòt respè *With all due respect, I'm letting you*

know you acted badly. Ak respè m dwe ou, m ap fè ou konnen ou mal aji.

respect² *v.tr.* 1[*show respect for*] gen respè, respekte *He doesn't respect anybody.* Li pa gen respè pou pyès moun. *Respect this man's rights.* Respekte dwa moun sa a. 2[*laws*] obsève *You have to respect traffic laws.* Fòk ou obsève règ sikilasyon yo. •**not to respect s.o.** pran you moun fè jwèt •**not to respect s.o.'s rights** mete yon moun anba *Because he's poor, the judge didn't respect his rights.* Paske l malere a, jij la met li anba.

respectable *adj.* diy, respektab *A respectable person.* Yon moun diy. *These people are very respectable, they don't brawl.* Moun sa yo trè respektab, se pa moun k ap fè lobo. •**be respectable or reputable** gen figi *He's reputable, no one is disrespectful toward him.* Misye gen figi, moun pa manke l dega.

respectably *adv.* ak respè

respected *adj.* distenge •**not be respected** [*a law*] pase anba pye

respectful *adj.* respektab *She's respectful, she always greets everybody politely.* Li se moun ki respektab, li toujou salye tout moun.

respiration *n.* respirasyon

respirator *n.* respiratè

respiratory *adj.* respiratwa •**respiratory system** aparèy {respirasyon/respiratwa/souf}, kannal lè •**acute respiratory distress** lalwèt tonbe

respite *n.* apezman, kalm, kalma, kanpo, repi, souf

resplendent *adj.* wololoy

respond *v.tr.*1[*answer*] reponn *I can't respond quickly.* M pa sa reponn vit. 2[*react*] reyaji *She reacted coolly to the dangerous situation.* Li reyaji ak sanfwa nan sitiyasyon danjere a. •**respond to a request** reponn alapèl *She always responds to a request for help when we need her.* Li toujou reponn alapèl lè nou bezwen l. •**not respond to s.o.'s call** chita sou{lorye/wozèt}li •**not to respond at all** pa{voum/pa pwèt} *Despite our calling him repeatedly, he didn't respond at all.* Tout rele nou rele l, li pa voum, li pa pwèt.

response *n.* repondong, repons, reyaksyon

responsibility *n.* chay, reskonsablite, zo bwa do *They gave her too many responsibilities.* Yo mete twòp chay sou do l. **responsibilities**

n.pl. dèt *She has responsibilities beyond comment.* Dèt li gen, li pa sa pale. •**administrative responsibility** direksyon •**have or take on responsibility** chaje *I take on the responsibility for paying for my two younger brothers' schooling.* M chaje pou m peye lekòl de ti frè m yo. •**take financial responsibility for s.o.** pote yon moun sou do li •**take responsibility** anchaje, mete kou li sou biyòt •**under one's responsibility or care** sou bra li *I've got two children under responsibility for me to feed.* M gen de timoun sou bra mwen pou m nouri. •**under s.o.'s responsibility or care** sou kont (yon moun) *I'll send my child to go with you under your responsibility.* M ap voye pitit mwen sou kont ou. *I'm your responsibility.* M sou kont ou.

responsible *adj.* 1[*bearing responsibility*] kondanab, konsekan, reskonsab *If it goes badly, I'm not responsible.* Si sa pase mal, m pa reskonsab. *We aren't responsible for what happened.* Nou pa kondanab pou sa k pase a. 2[*in charge of*] reskonsab *Who's responsible for fixing the food?* Ki moun ki reskonsab pou fè manje a? •**responsible for** anchèf, pote chay •**be largely responsible** pou bokou *The child just fell down below, you're largely responsible for that.* Ti nèg la sot tonbe anba, ou pou bokou nan sa. •**be responsible** gen konprann, reskonsab *If anything happens to her, you will be indeed responsible.* Sèlman si yon bagay rive l, se ou k ap reskonsab wi. •**be responsible for much** reskonsab pou bokou •**person responsible for an action** kòz, lotè *She's responsible for all our misfortune.* Li lotè tout malè ki rive nou. *Who is the person responsible for that?* Kilès moun ki lotè sa? *You're the one who is responsible for what happened.* Se ou menm ki kòz bagay la rive la.

responsibly *adv.* ak sans responsabilite, an gran moun

resprout *v.intr.* repouse *The weeds you cut resprouted.* Move zèb ou te koupe gentan repouse.

rest¹ *n.* [*what is left*] larestan, rès, restan *The rest of the money.* Restan kòb la. *The rest of the money is all yours.* Tout larestan kòb la pou ou. *We're staying, and the rest are leaving.* N ap rete, rès moun yo prale.

rest² *n.* 1[*no activity*] kanpe, kanpo, pòz, poze, repi, repo *The doctor said I need a rest.* Doktè a di fò m pran repo. *I'm going to take a week's rest.* M pral pran yon semèn repi. 2[*mus.*] pòz •**give s.o. a rest** bay yon moun kanpo

rest³ *v.tr.* 1[*cease activity*] fè yon poze, {rale/pran} {yon (ti) repo/souf}, soufle *Let's let the horses rest up for a while.* An n kite cheval yo fè yon poze. *Sit down and rest a while.* Chita, fè yon poze. *I was lying down resting for a while.* M te kouche ap pran yon ti repo. *I can't find a moment to rest at that job.* M pa pran souf menm ak travay sa a. *Let them rest after that long journey.* Kite moun yo soufle apre gwosè vwayaj sa a. 2[*lean/support on*] apiye *Rest your head on me.* Apiye tèt ou sou mwen. 3[*place so as to be supported*] apiye *You can rest the ladder against the wall.* Ou mèt apiye nechèl la nan mi an. •**rest assured** pa bezwen pè *Rest assured that everything will turn out fine.* Ou pa bezwen pè, tout bagay ap byen pase. •**rest on one's laurels** chita sou{lorye/wozèt}li *Don't rest on your laurels because you never know what will happen tomorrow.* Pa ret chita sou wozèt ou paske lavi a gen revè. •**rest sth. on** repose •**be at rest** poze •**come to rest** on poze

restart *v.tr* 1[*begin again*] rekanpe *We have to restart the business.* Fò n rekanpe biznis la. 2[*motor*] reyestat *Restart the motor.* Reyestat motè a.

restate *v.tr.* 1[*repeat*] redi, repete *I didn't understand the sentence; please restate it.* M pa konprann fraz la; repete l souplè. 2[*paraphrase*] {di/ekri}yon bagay lòt jan *This isn't clear; restate it.* Sa pa klè, di l yon lòt jan.

restaurant *n.* restoran •**greasy-spoon restaurant** restoran dèzavèg •**self-service restaurant** restoran sèvis lib •**small restaurant** ba

rested *adj.* fre kou ze zwa *After he rested, he woke up refreshed.* Apre l fin repoze, li leve fre kou ze zwa.

restful *adj.* repozan, rilaks *This is a restful place.* Zòn sa a se yon ti kote rilaks.

rest home *n.* azil pou gran moun, kay retrèt

restitution *n.* reparasyon

restless *adj.* ajite, bwa mabi, san{chita/pozisyon} *The night before Christmas,* *everyone got restless.* Lavèy fèt Nwèl, tout moun ajite. *This man's mind is restless.* Nèg sa a gen yon sèvo bwa mabi. •**be restless** grenn pèlenpenpen, gen san cho, {pa gen/san}chita, sakaje kò li *You're always restless.* Ou toujou ap sakaje kò ou.

restlessness *n.* enkyetid, touman

restock *v.tr.***1**[*things*] repwovizyone, restoke *We're restocking clothing.* N ap restoke rad. **2**[*animals*] repeple *They're restocking the creole hogs.* Y ap repeple kòchon kreyòl yo.

restocking *n.* reyapwovizyonman, restokay, repèplay, repèpleman

restoration *n.* reparasyon, restorasyon, retablisman

restore *v.tr.* remete yon bagay ann eta, restore, retabli, reyabilite *The minister decided to restore the bridge that was destroyed.* Ministè a deside remete pon ki te kraze a anneta. *We're restoring the building.* N ap restore bilding nan. *The teacher restored order in the classroom.* Pwofesè a retabli lòd nan klas la. •**restore electric power** [*after a power outage*] bay kouran *After three months, they managed to restore electric power.* Apre twa mwa, yo resi bay kouran an. •**restore order** remete lòd *I'm going to restore order in the country.* M ap remete lòd nan peyi a. •**restore spirits** remonte *He's discouraged, go talk to him to restore his spirits.* Li dekouraje, al fè yon pale ak li pou ou ka remonte moral li.

restrain *v.tr.* **1**[*gen.*] bride, kenbe, modere, restrenn, retni *He was trying to make a shady deal, his boss restrained him.* Msye soti pou l fè koutay, chèf li bride li. *If they hadn't restrained him, he would have killed me.* Si yo pa t kenbe, li t ap touye m. **2**[*an animal*] jouke, kenbe *Restrain the dog so it doesn't jump on them.* Jouke chen an pou l pa fonse sou moun yo. **3**[*horse*] jennen, rennen *He restrained the horse so that it couldn't run in the bushes.* Li rennen chwal la pou li pa kouri nan raje a. •**restrain one's emotions** rangennen •**restrain o.s.** fè abnegasyon, rangennen *Although she provoked me, I restrained myself from hitting her.* Malgre l pwovoke m, m fè abnegasyon, m pa frape l. *She was so surprised that if she hadn't restrained herself, she would have given a loud cry.* Jan l sezi a, si l pa rangennen, li t ap pouse gwo kri.

restraint *n.* kontrent, restriksyon, rezèv *She's without restraint, she hurls all sorts of insults at people.* Manmzèl pa gen okenn rezèv, li di nenpòt mo sal sou moun. •**lacking restraint** dekòlte, wòdpòte *These people are so lacking in restraint, I don't invite them in my home.* Moun wòdpòte konsa, m pa envite yo lakay mwen. •**there is no more restraint** lekòl lage •**without restraint** dekòlte *He's a guy without restraint, he says all sorts of obscene words in front of people.* Misye se nèg ki dekòlte, li di nenpòt vye mo sou moun.

restrict *v.tr.* bouchonnen, limite, restrenn *They restricted her activities; she can't do everything she wants.* Yo bouchonnen aktivite l, li pa kab fè tou sa li vle. *They restricted our means.* Yo limite mwayen nou. *They restrict people's rights.* Yo restrenn dwa moun yo.

restriction *n.* kondisyon, restriksyon **restrictions** *n.pl.* limit, limitasyon *You can import the merchandise that you want, there are no restrictions.* Ou ka pote machandiz ou vle, pa gen limitasyon.

restroom *n.* (sal) twalèt (fiy/gason), watè •**in need to use the restroom** angaje

restructuring *n.* restriktirasyon

result[1] *n.* aboutisman, konsekans, rannman, rezilta *Despite her efforts, she doesn't find any results.* Malgre efò l, li pa jwenn aboutisman. *According to the results, that school has a good performance.* Dapre rezilta yo, lekòl sa a bay bon rannman. *What result has this disorderly act had?* Ki rannman dezòd sa yo ba ou? •**as a result** ansòm, difòs, pa konsekan, pou lapenn *As a result, I realize that we are all wrong.* Ansòm, m vin reyalize nou tout an tò. *As a result of her working, she has more experience.* Difòs l ap travay, l ap gen plis esperyans.

result[2] *v.intr.* •**result from** dekoule de •**result in** abouti, mennen *The accident resulted in two deaths.* Aksidan an mennen de moun ki mouri..

résumé *n.* rezime

resume *v.intr.* kontinye, reprann, repriz *We'll resume tomorrow.* N a kontinye demen. *The match will resume after the rain.* Match la ap kontinye apre lapli a. *Classes resume in June.* Repriz kou yo ap fèt nan mwa jen.

resumption *n.* repriz

resupply *v.tr.* •**resupply with food** *v.tr.* ravitaye *They resupplied the refugees with food.* Yo ravitaye refijye yo.

resurgence *n.* reparèt, reyaparisyon

resurgent *adj.* ki reyaparèt, remontan

resurrect *v.tr.* resisite *I'm going to see if I can resurrect my old car.* M ap wè si m a resisite vye machin mwen an. *Jesus resurrected Lazarus in four days.* Jezi te resisite Laza sou kat jou. •**be resurrected** leve

resurrection *n.* rezirèksyon

resurrection plant *n.* [*used as protection against lougawou*] [*herb*] fey{frize/lougawou}

resuscitate *v.intr.* resisite *The Catholics say that Jesus resuscitated on Easter Sunday.* Katolik di Jezi resisite dimanch Pak.

resuscitation *n.* resisitasyon

retail[1] *n.* an detay *He buys cigarettes wholesale to sell them retail.* Li achte sigarèt an gwo pou l revann yo an detay.

retail[2] *v.tr.* detaye, vann{an detay/degrennen} *We don't retail these goods.* Nou pa detaye machandiz sa yo. *That store doesn't retail, it sells in large quantities.* Magazen sa a pa vann an detay, se pa estòk li vann.

retailer *n.* distribitè, konmèsan, konmèsant [*fem.*], revandè, revandèz [*fem.*]. •**small retailer** machann

retain *v.tr.* **1**[*keep*] kenbe, konsève *She keeps a lot of photos.* Li konsève anpil foto. **2**[*remember*] kenbe nan tèt, retni *The child has no brains at all, he can't retain anything.* Pitit la pa gen antannman ditou, li pa ka retni anyen. •**retain a position** rete sou moun *Governments follow governments, but he retains his position all the more.* Gouvènman pase sou gouvènman, men li rete sou moun pi rèd.

retainer *n.* **1**[*payment*] avans **2**[*servant*] domestik, sèvitè

retake *v.tr.* reprann *He gave me a toy, now he wants to retake it.* Li ba m yon jwèt, kounye a li vle reprann ni. •**retake an exam** rekonpoze *Why do you refuse to retake the exam?* Pouki ou derefize rekonpoze?

retaliate *v.intr.* riposte, vanje *The gangsters fired; the police retaliated.* Bandi yo te tire, lapolis riposte.

retaliation *n.* chòk an retou, vanjans *You'd better not do harm if you don't want retaliation.* Li pa bon pou fè mal pou pa gen chòk an retou.

retaliatory *adj.* vanjè *A retaliatory action.* Yon aksyon vanjè.

retard[1] *n.* abòdjò *That retard is fifteen, he can't read.* Abòdjò sa a gen kenz an, li pa konn li.

retard[2] *v.tr.* fè reta, mete an reta *The traffic jam retarded our arrival.* Anbouteyaj la mete nou an reta.

retarded *adj.* gaga, kata, moka *His child is retarded.* Pitit li a gaga. *He's a little retarded guy.* Misye se yon ti nèg kata. *This child is retarded.* Timoun sa a moka. •**be retarded** gen reta *The child is retarded, she can't learn fast.* Timoun nan gen reta, li pa ka aprann vit.

retch *v.intr.* rann fyè li *The sign of blood makes me retch.* Lè m wè san, m ap rann fyèl mwen.

retching *n.* rechte, vonmisman

retell *v.tr.* rakonte ankò *Why do you keep retelling this story?* Poukisa ou pa rete rakonte istwa sa ankò?

retention *n.* [*of food, etc.*] kenbe

rethink *v.tr.* repanse *We have to rethink this case.* Fòk nou ta repanse ka sa a.

reticence *n.* retisans, rezèv

reticent *adj.* renka, retisan •**be indecisive or reticent** fè di

retina *n.* retin •**detached retina** retin dekole

retinue *n.* kòtèj, sitirè, sitirèz [*fem.*]

retire I *v.tr.* [*force to retirement*] bay...pansyon *They retired him.* Yo ba l pansyon. **II** *v.intr.* **1**[*go into retirement*] pran pansyon, retrete *Since she has retired, she has a lot of free time.* Depi li pran pansyon an, li gen anpil tan lib. **2**[*go to bed*] kouche *It's time for me to retire.* Se lè pou m pral kouche.

retired *adj.* an pansyon, retrete *He's a former mayor, he's retired now.* Msye se yon ansyen majistra, li retrete koulye a. *I'm retired now.* M an pansyon kounye a. •**retired person** retrete

retiree *n.* retrete

retirement *n.* laretrèt, pansyon, retrèt •**retirement home** azil pou gran moun, kay retrèt •**early/forced retirement** retrèt{anvan lè/antisipe} •**in retirement** alaretrèt *They forced him into retirement.* Yo mete l alaretrèt.

retiring *adj.* kwenkwen, renka

retort[1] *n.* replik, repondong, ripòs

retort[2] *v.intr.* pran, retòke *She told him he was lazy; so are you he retorted.* Li di l se parese li ye; ou tou, li retòke.

retouch *v.tr.* retouche *Retouche the photo to make the color come out clearer.* Retouche foto a pou fè koulè pi klè.

retouching *n.* retouch

retrace *v.tr.* rafrechi, retrase •**retrace property lines** rafrechi lizyè •**retrace one's steps** retounen sou pa li *She had gone quite far, but she retraced her steps because she had forgotten her key.* Li gen tan byen lwen, men l retounen sou pa li paske l te bliye kle li a.

retract *v.tr.* 1[*a statement*] bat ba, demòd, dispanse, fè bak sou sa li di, kalbende *She insulted me, I want her to retract her statement.* Li joure m, m vle li bat ba. *If you don't retract the statement you will be victimized.* Si ou pa dispanse ou nan koze sa, ou a viktim. *You have already stated that, don't try to retract your words now.* Ou te deja di pawòl la, pa vin chache kalbende la. 2[*feathers. etc.*] fèmen *The cock retracted its feathers.* Kòk la fèmen plim ni yo.

retraction *n.* demanti, demantisman •**issue a retraction** pote yon demantisman

retrain *v.tr.* resikle *The Traffic Authority decided to retrain all the drivers who drive badly.* Sèvis Sikilasyon deside resikle tout chofè k ap kondui mal.

retraining *n.* resiklay

retransmit *v.tr.* retransmèt *The national TV will retransmit the big international game.* Televizyon nasyonal ap retransmèt gwo match entènasyonal la.

retreat[1] *n.* 1[*withdrawal*] (la)retrèt 2[*going backward*] rekil 3[*quiet place*] rakwen

retreat[2] *v.intr.* rale kò li dèyè, rekile, retrete *The enemy is retreating.* Lennmi an ap rekile. •**retreat into one's shell** pa ka kase ze

retribution *n.* chatiman •**spirit retribution** mistè *Never insult an elder if you don't want to have spirit retribution.* Pa janm joure granmoun pou mistè pa tonbe sou ou.

retrograde *adj.* retwograd *She's too retrograde, we can't organize the revolution with her.* Li twò retwograd, nou pa ka fè revolisyon ak li.

return[1] *n.* 1[*turning back*] retou, tounen *Her return home will not to be for a long time.* Tounen l nan peyi a pa pou demen. *We have enough gas for the return trip.* Nou gen ase gaz pou n tounen. 2[*benefit, production*] rannman •**return of illness** chit •**in return (for)** an retou *What will you give me in return?* Ki sa ou ap ban m retou?

return[2] **I** *v.tr.* [*give back*] mennen{ale/tounen}, mete la, pote tounen, remèt, renmèt, retounen *Did you return the money that she lent you?* Ou renmèt li kòb li te prete ou la? *I have to return the car to him.* Fò m mennen machin lan tounen ba li. *He just returned the book that he had borrowed from the library.* Li fèk sot mennen ale liv li te pran nan bibliyotèk la. *You still haven't returned that book.* Ou pòkò mennen liv sa a tounen toujou. *They returned the money to her.* Yo pote lajan an tounen ba l. *I'm returning the gift he gave me.* M ap retounen kado li ban mwen an. **II** *v.intr.* [*come/go back (to)*] 1[*gen.*] rantre, (re)tounen *He said he'd return next week.* Li di l ap tounen lòt semenn. *It's been quite some time since they returned here.* Se pa jodi a yo rantre la a. *I returned after spending five years abroad.* Mwen retounen apre senk an m pase deyò. *She returned to visit us.* Li tounen wè nou. 2[*from a trip*] antre soti *They returned from New York yesterday.* Yo antre soti Nouyòk yè. 3[*illness, etc.*] reprann *The headache has returned.* Modtèt la reprann ankò. •**return a favor** pase pran m, m a pase{chache/rele}ou •**return for the same thing** kase double *She returned to the doctor's because the pain never stopped.* Manmzèl kase double kay doktè a paske tèt fè mal la pa janm rete. •**return from** monte sòti *My father will return from Cayes tomorrow.* Papa m ap monte sòti Okay demen. •**return sth.** voye vini *If the product is not good, you may return it.* Si pwodui a pa bon, w ap kapab voye l vini. •**return sth. to its proper place** replase *Return the mirror to where you took it from.* Al replase glas la kote ou te pran li a. •**return surreptitiously to the breast after having been weaned** vòlè tete *Even though he's weaned, he keeps returning surreptitiously to the breast.* Kwak li fin sevre, li toujou ap vòlè tete. •**return to** [*an* *issue*] revni •**return to a normal position** [*sitting*] dekage li sou yon chèz •**return to normal life** reprann li •**return to order** retou alòd •**by returning** an retounan (li) •**while returning** an retounan (li)

reunion *n.* reyinyon,

reunite *v.tr.* rekonekte, reyini *All the members of the family were finally reunited.* Tout manb fanmiy yo a te reyini alafen.

reuse *v.tr.* resèvi, sèvi ankò *You can reuse them.* Ou ka sèvi avè yo ankò. •**be reused** repase *Don't throw that out, it may be reused.* Pa jete sa a, li ka repase.

revamp *v.tr.* remanyen •**revamp the image** redrese figi *We need to revamp the image of the country.* Nou bezwen redrese figi peyi a.

reveal *v.tr.* bouch yon moun chape, dekouvri, devwale, mete{deyò/nan lari}, revele *She revealed her full ruse.* Li mete tout riz li deyò. *He revealed the secret.* Li met sekrè a nan lari. *The test revealed that he has AIDS.* Egzamen an revele msye fè sida. •**reveal a secret** bay (yon) sekrè, mete{tout kaka chat/yon sekrè} deyò *She revealed the secret.* Li bay sekrè a. *He revealed the secret when he saw that the judge was going to find him guilty.* Misye mete tout kaka chat deyò lè l wè li jij la soti pou kondane l. •**reveal s.o.'s actions** mete yon moun nan lari *She revealed her husband's actions.* Li met mari l nan lari. •**reveal the facts about s.o.** bay kanè sou yon moun *He revealed the facts about the boss.* Li bay kanè sou chèf la. •**reveal the truth** mete verite sou tanbou •**be revealed** pran lari

revealing *adj.* makan •**overly revealing** [*clothing*] kole, plake, sere

reveille *n.* [*mil.*] revèy

revelation *n.* revelasyon

reveler *n.* banbochè, banbochèz [*fem.*], pakapala, zwav

reveling *n.* banbòch •**symbolizing the end of reveling** boule{madigra/mas}

revelry *n.* banboula, rejwisans

revenge *n.* revanj, ripòs, vanjans •**get revenge** {pran/ tire}{revanj/vanjans} *Our team got revenge.* Ekip pa n nan pran revanj li. *When people hurt me, I get revenge.* Depi moun fè m mal, m ap tire vanjans mwen. •**take one's revenge** bwè yon tas kafe anmè ak yon moun, fè{yon dan sou yon moun/yon moun

peye}, revanje, vanje *You beat him every day, today he succeeded in taking his revenge.* Chak jou w ap bat li, jodi a, li resi fè yon dan sou ou. *Someday he'll take revenge on us.* Li gen pou l vanje n yon jou. *I had humiliated her, she took her revenge on me.* M te imilye l, li vanje tèt li.

revenue *n.* rant, revini

reverberate *v.intr.* fè eko, rebondong, reponn nan *His voice reverberates because the room was empty.* Vwa l fè eko paske sal la vid. *The noise was so loud that it reverberated through the entire neighborhood.* Bwi a rebondong nan tout katye a tank li fò. *The noise you make reverberates in my head.* Bri w ap fè a reponn nan tèt mwen.

reverberation *n.* rebondong

reverend *n.* **1**[*title*] reveran **2**[*direct address*] **a**[*Catholic*] monpè [*protestant*] pastè **mother** mè

reversal *n.* bak, ranvèsman •**sudden reversal** revè *Life is full of sudden reversals: today you're rich but tomorrow you can become poor.* Lavi a gen revè, jodi a ou rich, demen ou ka pòv.

reverse[1] *n.* **1**[*opposite side*] kontrè, rèvè **2**[*car*] bak *The reverse of the car doesn't work.* Bak machin nan pa fonksyone. **3**[*of clothing, fabric*] lanvè •**in reverse** pa bak •**put into reverse** mete sou bak *Put the car into reverse.* Mete machin nan sou bak.

reverse[2] *v.tr.* **reverse one's decision** chanje davi, tounen sou desizyon li *After much negotiating, the president agreed to reverse his decision.* Apre anpil negosyasyon, prezidan an aksepte tounen sou desizyon li. •**to reverse one's steps** repase menm kote

reversed *adv.* dwategòch

revert *v.tr.* •**revert to** retounen *He reverted to his old self.* Li retounen menm jan l te ye anvan an. •**revert or return to a previous behavior or profession** remete kazak *He returned to his previous profession as a lawyer.* Misye remete kazak avoka l sou li.

review[1] *n.* **1**[*re-examination*] kout flach, repas, repase, revi, revizyon **2**[*mil.*] defile, defilman, mach, parad

review[2] *n.* [*magazine*] revi

review[3] *v.tr.* **1**[*look over*] fè yon repas, pase men, repase, revize, rewè *Let's review our* *lesson.* Ann repase leson nou. *Let's review a bit before the exam.* Ann fè yon ti repas anvan egzamen an. *The students are doing a last-minute review before the exam.* Elèv yo ap fè yon dènye pase men anvan egzamen an. *We have to review all we learned during the first trimester.* Fò n revize tout sa n te aprann pou trimès la. 2[*analyze*] analize, kontwole *You're going to review her book?* Ou pral analize liv li a? 3[*troops*] pase an revi *The president reviewed the troops.* Prezidan an pase twoup yo an revi. •**review briefly** fè yon repase po kann *We are going to briefly review the work.* N ap jis fè yon repase po kann sou travay la.

revile *v.tr.* ensilte, kalonnen, vilipande *He reviled the girl with really strong curse words.* Misye kalonnen fi a ak de gwo pawòl piman bouk.

revise *v.tr.* pase men, revize *The teacher asked the student to revise her composition.* Pwofesè a mande elèv la pase men nan disètasyon li an. *Revise the work before you hand it in.* Revize travay la anvan ou renmèt li.

revision *n.* pase men, revizyon

revitalization *n.* [*of the economy, etc.*] relans

revitalize *v.tr.* relanse *They're taking a lot of time to revitalize the economy of the country.* Y ap pran anpil tan pou yo relanse ekonomi peyi a.

revival *n.* 1[*evangelistic*] revèy 2[*of the economy, etc.*] relans

revive *v.tr.* 1[*living thing*] bay yon moun lavi, dezangoudi, fè reviv, resisite, revni *My plant died can you revive it?* Plant mwen an mouri, ou ka fè l reviv? *They had her smell alcohol to revive her.* Yo ba l santi alkòl pou fè l revini. 2[*the economy*] relanse *We can revive the country's economy.* Nou ka relanse ekonomi peyi a. •**revive after a fainting** revni

revivify *v.tr.* bay yon moun lavi, remonte *If you take this drink it will revivify you.* Si ou bwè bwason sa a l ap remonte ou.

revocable *adj.* revokab *That law is revocable.* Lwa sa a revokab.

revocation *n.* revokasyon

revoke *v.tr.* dekòmande, revoke *Because many people protested, the government revoked the new law.* Poutèt anpil moun pwoteste, gouvènman an revoke nouvèl lwa a.

revolt¹ *n.* rebelyon, revòl, soulèvman

revolt² *v.intr.* leve kanpe, pete koken, pran lezam, rebele, revòlte, soulve *The masses are finally revolting against those unscrupulous politicians.* Pèp la leve kanpe atò kont politisyen san sal sa yo. •**even cripples revolt** kokobe revòlte *Too much abuse leads even cripples to revolt.* Twò esplwatasyon kokobe revòlte.

revolting *adj.* repousan, revòltan *They never bathe, that's what makes them revolting.* Yo pa janm benyen, se sa k fè yo repousan konsa.

revolution *n.* revolisyon

revolutionary *n.* revolisyonè

revolve *v.intr.* tounen, vire *The earth revolves around the sun.* Tè a tounen alantou solèy la.

revolver *n.* 1[*gen.*] revòlvè 2[*fam.*] bwa{/pye} kochon

revulsion *n.* degoutans, repiyans, repousman •**revulsion at food** lestomak plen

reward¹ *n.* granmèsi, gratifikasyon, pri, rekonpans *I'll give you a reward.* M ap ba ou yon rekonpans. •**as a reward** pou lapenn •**just reward** lye verite

reward² *v.tr.* fè yon moun plezi, rekonpanse *If you do your work well, I'll reward you.* Si ou fè travay ou byen, m ap rekonpanse ou.

rewarding *adj.* favorab, pwofitab

rewind *v.tr.* 1[*a tape*] retounen *Let's rewind the video cassette.* Ann retounen kasèt videyo a. 2[*watch*] bay chenn, monte *I forgot to rewind my watch.* M bliye bay mont mwen chenn.

rewire *v.tr.* refè enstalasyon fil *We need to rewire the factory.* Nou bezwen refè enstalasyon fil nan izin nan.

rewrite *v.tr.* reyekri *I have to rewrite the article.* M oblije reyekri atik la.

rheostat *n.* reyosta

rhetoric *n.* retorik

rheum *n.* drandran, kaka je, lasi

rheumatic fever *n.* lafyèv nan zo, lafyèv rimatis

rheumatism *n.* doulè, frechè, fredi, gaz nan tout, maldèzo, rimatis *She constantly suffers from rheumatism.* Li toujou ap soufri ak fredi. •**have rheumatism or rheumatic pain** gen fredi *I have rheumatic pain in my back.* M gen fredi nan do.

rheumatoid arthritis *n.* rimatis defòmen

rhinoceros *n.* rinosewòs

rhinoceros beetle *n.* towo kokoye, voumvoum

rhombus *n.* lozanj

rhubarb *n.* [*plant*] ribab

rhyme[1] *n.* rim •**without rhyme or reason** san pye ni san tèt, pa gen devan pa gen dèyè, pa gen ni pye ni tèt

rhyme[2] *v.tr.* fè rim, rime *This poet knows how to rhyme.* Powèt sa a konn fè rim byen. *Modern poets don't write rhyming verse anymore.* Powèt modèn yo pa rime ak vè ankò.

rhythm *n.* kadans, konpa, rit *That music lacks rhythm.* Mizik sa a manke konpa. •**rhythm method** [*contraception*] kontwòl jou apre règ, metòd tanperati •**Carnival dance rhythm** rabòday •**have good rhythm** make konpa *He has good rhythm when he dances.* Nèg sa a make konpa byen lè l ap danse. •**move in rhythm** kadanse

rib[1] *n.* 1[*bone*] (zo) kòt *She broke a rib in the accident.* Li gen yon kòt li k kase nan aksidan an. 2[*of a boat*] manm •**rib cage** {kòf/kòt} lestonmak

rib[2] *v.tr.* anmède, bay fawouch, takinen *He's touchy, don't rib him.* Li siseptib, pa takinen l.

ribbon *n.* 1[*hair decoration*] ne, riban *She's the one with red ribbons in her hair.* Sa k gen ne wouj nan tèt li a. 2[*type of material*] riban *I bought some ribbon.* M achte riban. •**hair ribbon** kokad

ribet *onom.* [*sound of a frog or toad*] èf-òf

ribwort plantain *n.* planten

rice *n.* diri •**rice and beans cooked together** diri{kole ak pwa/ak pwa kole nasyonal} •**rice cooked in milk** diri olè •**rice dish with gravy only** awoze •**rice paddy** lagon diri •**rice powder** farin diri •**rice with bean puree** diri ak sòs pwa •**brown rice** diri solèy •**unhusked rice** diri kajou •**white rice** diri glase •**wild rice** diri jòn

rich *adj.* 1[*wealthy*] chaje kòb, kapitalis, rich *His wife is very rich.* Madanm li rich anpil. *She's a rich big shot.* Manmzèl se yon gwo zouzoun kapitalis. *They married her off to a rich old man.* Yo marye l ak yon tonton chaje kòb. 2[*food, etc.*] rich *This food is rich in vitamin E.* Manje sa a rich ak vitamin E. 3[*soil*] gra •**rich kid** timoun dola •**rich people** moun lajan •**rich person** bacha, gwo chabrak, rich, richa, gwomoun •**be filthy rich** blende ak lajan *Those people are filthy*

rich. Moun sa yo blende ak lajan. •**be very rich** siyen lajan *Robert has been very rich for a long time.* Wobè siyen lajan depi lontan. •**become rich** leve atè a •**become richer** anrichi •**very rich man** papa lajan •**get rich a**[*gen.*] anrichi *These people got rich off the coffee business.* Moun sa yo fin anrichi nan komès kafe a. **b**[*at s.o. else's expense*] fè kòb sou do yon moun •**newly rich** arivis •**very rich** chaje kòb, granpanpan *He comes from a very rich family.* Li soti nan yon fanmi gran panpan.

riches *n.pl.* abondans

richly *adv.* 1[*in rich manner*] richman 2[*in full measure*] ann abondans, an kantite

richness *n.* riches

ricin *n.* risinin

rickets *n.pl.* zo rachitik

rickety *adj.* dezablaza •**be rickety** balanse yaya

ricochet[1] *n.* rikoche

ricochet[2] *v.intr.* karanbole, mate, rebondi *The ball ricocheted and went on to strike the window.* Balon an mate epi l al frape vit la.

rid *v.tr* •**rid of rustic behavior** [*person; pej.*] degwosi •**get rid of 1**[*gen.*] balote, debarase li, demake, depetre tèt li, desitire, dezanpare li, disparèt, fè yon jan ak, fè yon moun{ale/disparèt}, fini ak, òltègèt, plake, voye yon moun ale, wete yon moun nan{kòsaj/sen} li. *I got rid of the old furniture.* M debarase vye mèb yo. *Get rid of that peddler for me.* Fè machann lan ale pou mwen. *He got rid of the guy because he annoyed him.* Li òltègèt nèg la paske li anbete l. *They got rid of the minister.* Yo balote minis la. *I'm very happy we got rid of this woman.* M byen kontan fi sa nou demake a. *We got rid of this problem.* Nou depetre tèt nou ak pwoblèm sa a. *We have to get rid of loose morals.* Se pou ou desitiye tout move mès. *This worker is lazy, I have to get rid of her.* Travayè sa a parese, m bezwen dezanpare m de li. *I've gotten rid of my debts, now my mind is in peace.* M fini ak dèt mwen yo, kounye a lespri m an pè. *The girl is pregnant, she got rid of it so her father won't know about it.* Ti fi a ansent, li fè yon jan ak sa pou papa l pa konnen. *I got rid of John because he's not at all trustworthy.* M wete Jan nan kòsay mwen paske li pa serye twòp.. **2**[*an unpleasant person*] ranvwaye mò *When will you get rid of this pain in the neck?* Kilè w ap ranvwaye mò sa a? **3**[*undesirable person*] retire yon moun nan kòsaj li *Adeus is too insolent, I've gotten rid of him.* Adiyis twò frekan, m retire l nan kòsay mwen. **4**[*antiprogressive elements*] demakoutize *It's time to get rid of anti-progressive people in the government offices.* Li lè pou yo demakoutize bwat leta yo. **5**[*s.o.'s bad habit*] desitire *They got rid of his bad habit of coming here for food every day.* Yo desitire afè l ap vin manje la chak jou a. **6**[*by mob action*] dechouke *People got rid of all the criminals in the area by mob action.* Moun yo dechouke dènye malfektè nan kanton an. **7**[*boredom*] dezannouye li

riddance *n.* •**good riddance** debarasman

riddle[1] *n.* charad, devinèt, kont

riddle[2] *v.tr.* •**riddle with bullets** blende, grennen, krible *They riddled him with bullets.* Yo grennen bal sou li. *The hoodlums riddled the car with bullets.* Vakabon yo krible machin nan ak bal. *The soldier took the submachine gun, he riddled the crowd with bullets.* Sòlda a pran mitrayèt la li blende foul la.

ride[1] *n.* flann, pwomnad •**be taken for a ride** pran bouden *He has been taken for a ride, he bought a car that's all broken down.* Misye pran yon bouden, li achte yon machin ki tou an pàn. •**free ride, lift** woulib *Give me a ride to the hospital.* Ban m yon woulib lage m lopital la. •**get a free ride** pran woulib •**give a ride to s.o. to downtown** mete yon moun anba •**give s.o. a ride** bay woulib *She was waiting for a cab, I gave her a ride.* Li t ap tann taksi, m ba l woulib. •**go for a ride** vire won *We'll go for a ride in the town.* Nou pral virewon nan vil la. •**take s.o. for a ride** bay yon moun van pou l al Lagonav *She's taking you for a ride, don't trust her.* Se van l ap ba ou pou ou al Lagonav, pa fye l.

ride[2] *v.tr.* **1**[*horse*] chwale, fouke, monte (chwal) *I've never ridden a horse.* M pa janm moute chwal. *He rides his horse.* Msye fouke chwal li. *I like to ride horses.* Mwen renmen monte chwal. **2**[*go somewhere on*] al *I ride to school on my bike.* M al lekòl sou bisiklèt mwen. •**ride a bike** monte, pedale *Can you ride a bike?* Ou konn moute bekàn? *Ride the bicycle fast.* Pedale bekàn nan vit. •**ride a**

bike without holding onto the handlebars lage de gidon{dèyè yon moun/nan kò yon moun} *He's riding his bike on an old gravel road without holding onto the handlebars.* Li lage de gidon nan vye wout tè a. •**ride about aimlessly** flannen •**ride around** [*on a bike*] fè kèk kout gidon *Since I'm free this afternoon, I'm going to ride around on my bike.* Kòm mwen p ap fè anyen apremidi a, m pral fè kèk kout gidon. •**ride astride or straddling** monte awòm *Fifi, don't ride the bike straddling it.* Fifi, pa monte sou bekàn nan awòm. •**ride bareback** monte apwal *This cowboy always rides his horse bareback.* Kòbòy sa a toujou monte cheval li apwal. •**ride behind the saddle** monte nan kwoup *There are two persons on the horse, one rides in front and the other behind the saddle.* Gen de moun sou cheval la. Youn monte devan, yon lòt nan kwoup la. •**ride roughshod over s.o.** fè moun abi, souse san •**ride sidesaddle** [*on horse, etc.*] chita a fa(n)m *Many women like to ride sidesaddle.* Anpil fi renmen chita a fam sou bèt.

rider *n.* kavalye, kavalyèz [*fem.*], woulibè •**bicycle rider** siklis •**expert rider** makiyon

ridge *n.* bit •**ridge of a roof** fe, fetyè •**mountain ridge** tèt mòn

Ridgeway's hawk *n.* ti malfini savann, vèmouchèt

ridicule[1] *n.* mokri, rizib •**object of ridicule** larize

ridicule[2] *v.tr.* fè rizib, giyonnen, {met(e)/pase}yon moun nan betiz, moke, pase yon moun nan jwèt, ri, sòt *Because the child is crippled, the others have taken it upon themselves to ridicule him.* Paske timoun nan domaje nan pye a, lòt yo tonbe giyonnen li. •**ridicule s.o.** pase yon moun nan tenten

ridiculous *adj.* blèm, ridikil, rizib, tenten *What you said is ridiculous.* Sa ou di a blèm. *What he did is really ridiculous.* Sa li fè a se yon bagay ridikil. *That idiot always says ridiculous things.* Enbesil sa a pa janm p ap pale pawòl tenten. •**be ridiculous** fè sòt li ak •**look ridiculous** sanble yon madigra

ridiculousness *n.* grabji, kafou tenten, kalfou tenten

riding *n.* •**horseback riding** ekitasyon •**riding whip** rigwaz

riff *n.* kont

riffraff *n.* rapya, ratatouy, raya

rifle *n.* fizi (abal), karabin •**rifle butt** {bounda/bwa/ kwòs}fizi •**rifle range** channti •**rifle stock** kòz •**air rifle** fizi aplon •**assault rifle** fizi daso •**hunting rifle** fizi chas

rifleman *n.* karabiyen

rift *n.* **1**[*fissure*] fay **2**[*discord*] chire pit, dezakò, kont

rig¹ *n.* •**drilling rig** aparèy pou fouye

rig² *v.tr.* **1**[*game*] mare *He rigged the deck so that he could get the best cards.* Li mare kat la pou l ka jwenn pi gwo zèl yo. **2**[*election*] trike *The government rigged the elections.* Pouvwa a trike eleksyon yo. •**rig out** fagote

rigged *adj.* malatchong, tèt chat

rigging *n.* [*ropes*] kòday

right¹ *adj.* **1**[*good, correct*] bon, sa *I don't think we're on the right road.* M pa kwè n sou bon wout la. *Is this tie right?* Ou wè kòl la bon? *What he said wasn't right.* Sa l te di a se pa sa. **2**[*adequate health*] byen *I don't feel right.* M pa santi m byen. **3**[*just/proper*] bon, dwat, lejitim, nòmal, sa *It's only right that they invite you.* Se nòmal pou yo envite ou. *It's not right to tell lies.* Li pa bon pou moun bay manti. *I thought it right that we should tell her.* M kwè se nòmal pou n di l sa. *There's something in what he said that just doesn't seem right.* Gen yon bagay ki pa sa nan sa l di a. *What she did isn't right.* Sa l fè a pa lejitim. **4**[*opposite to the left*] dwat *I was sitting on the right side.* M te chita nan bò dwat la. *I've got a pain in my right side.* M gen yon doulè nan bò dwat mwen. **5**[*eliciting confirmation*] apa, egzakteman, nèspa, pa{sa/vre}*Right! That's just what I was looking for.* Egzakteman! Se sa m t ap chache. *You're going to church with your father today, right?* Ou pral legliz ak papa ou jodi a, nèspa? *You've got time to sleep, right?* Apa ou gentan dòmi? *He was the one who lived by himself in that house, right?* Se li menm ki te viv nan kay la, pa sa? *You understand what I'm saying, right?* Ou konprann sa m di ou la, pa vre? •**right for** pwòp *This shirt isn't right for you, you're too big for it.* Chemiz la pa pwòp pou ou, ou twò fò pou li. •**be right** byen fè(t), gen rezon *You are right to answer him that way.* Ou byen

fè reponn li konsa. *You're right not to ever speak with her.* Ou gen rezon pa janm pale avè l. •**be right and yet lose** lajan yon moun k ap{kale/bat}li *He's right and yet he loses.* Lajan l ap kale l. •**be the right thing to do** pito (sa) *Stopping the game was the right thing to do.* Pito ou te kanpe jwèt la. •**have done the right thing** byen fè(t) •**just right** byen kanpe •**not be quite right in the head** tèt yon moun{gaye/vid} *Jane isn't quite right in the head, you can see her words are incoherent.* Tèt Jàn gaye, ou pa wè pawòl li pa klè. •**not quite right** pa kòdjòm •**that's right** apa li (papa), jisteman, se{rezon/vre} *That's right! I agree with you.* Jisteman! Mwen dakò ak ou. *When you say that everyone makes mistakes, you're right.* Lè ou di tout moun ka fè erè, sa a se rezon.

right² *adv.* **1**[*directly*] dirèk, tou dwat *I'm going right home after work.* M pral lakay dirèk lè m sot nan travay. *This road will take you right to the harbor.* Wout sa a ap mennen ou sou waf la tou dwat. **2**[*opposed to left*] adwat *Turn to the right.* Vire adwat. •**right after** pye pou pye *In the competition our runner finished right after the champion.* Nan kous la, atlèt pa nou an rive pye pou pye dèyè chanpyon an. •**right and left** [*everywhere*] tout kote *I see new houses going up right and left.* Tout kote m pase m wè kay ap bati. •**right as** omoman •**right on** bwa kase •**right out** [*plainly and frankly*] kareman *If he asks me, I'll tell him right out that I'm the one who did it.* Depi l mande m, m ap di l kareman se mwen k fè l.

right³ *interj.* dirèk, egzakteman, lejitim, vwala *I took care of everything —Right!* M regle tout bagay —Dirèk! *Right! That's just what I was looking for.* Egzakteman! Se sa m t ap chache. *Right, you got the answer!* Vwala, ou jwenn repons lan! •**right on** pozitif

right⁴ *n.* **1**[*political*] ladwat **2**[*morally just/legal claim*] dwa *Everyone has the right to vote.* Tout moun gen dwa pou yo vote. *She had no right to do that.* Li pa gen dwa (pou l) fè sa. *Since they have money, they think they have the right to do whatever they want.* Paske yo gen kòb, yo konprann yo gen dwa fè sa yo vle. *What right do you have to kick him out?* Ki dwa ou (genyen) pou ou mete l deyò? *You have the right to do that.* Nou gen dwa fè sa. 3[*direction*] dwat *Turn to the right at the intersection.* Vire a dwat lè ou rive nan kafou a. *She doesn't know her right from her left.* Li pa konn men dwat li ak men goch li. *The house will be on your right.* Kay la ap sou bò men dwat ou. 4[*what is morally right*] sa k bon *You're a big kid; you should know right from wrong.* Ou gran timoun; fò ou konn sa k bon ak sa k pa bon. •**be within one's rights** nan dwa li *He's within his rights, he can fight for his rights.* Li nan dwa li, se nòmal pou l revandike dwa li. •**equal rights** egalite devan lalwa •**with lesser rights** inegal *There are no people with lesser rights, all people are equal.* Pa gen moun inegal, tout moun menm. •**within one's rights** andwa •**by what right** dekidwa, dekiprevyen *By what right did you take my car without my permission?* Dekiprevyen ou pran machin mwen san pèmisyon m? •**common right** dwa komen •**have a right** fè pledman *The child has a right to defend himself if what you accuse him of isn't true.* Timoun nan gen dwa fè pledman si sa ou di l fè a li pa vre. •**have the right** an dwa, gen{dwa/lalwa}, sa revyen a li *I have the right to say what I think.* M an dwa pou m di sa m panse. *Everyone on Earth has the right to decide his future as he sees it.* Tout pèp sou latè gen dwa deside lavni li jan li vle. *Everybody has the right to speak.* Tout moun gen lalwa pale. *I have the right to know whether the work was well-done.* Sa revyen a mwen menm pou konnen si travay la byen fèt. •**inherent, natural right** chwal papa, dwa{chèmèt/chèmètrès} •**not have the right to** pa dwe *You have no right to do that.* Ou pa dwe fè sa. •**on the right** adwat •**on the right of** aladwat *He sits on the right of his father.* Li chita aladwat papa l.

rightful *adj.* legal, lejitim

right-hand man *n.* bra dwat, bradwat *They diminished his strength by killing his right-hand man.* Yo abat fòs li depi yo fin touye bradwat li a.

right-handed *adj.* [*person*] dwaten

right-hander *n.* dwate

righteous *adj.* jis •**righteous living** (la)pyete

righteousness *n.* ladwati, lajistis *You must bring up the children in righteousness.* Ou

dwe leve timoun yo nan ladwati. *Act with righteousness.* Aji ak lajistis.

rightly *adv.* nan bon (jan) ti mamit

rigid *adj.* rèd, rijid

rigidity *n.* severite

rigidly *adv.* djanm, tennfas

rigor *n.* fèmte, rigè

rigor mortis *n.* mò rèd

rigorous *adj.* estrik, pwentiye *He's very rigorous, he doesn't like to remind someone twice.* Msye se nèg ki pwentiye, li pa preche de fwa.

riled up *adj.* tèt yon moun cho *Why are you so riled up?* Pouki sa tèt ou cho konsa?

rim *n.* 1[*edge*] arebò, bòday, bòdi, gagann, rabò, rebò 2[*of a wheel*] jant *They have to take the tire off the rim.* Fò yo retire kawotchou a nan jant la. •**put a rim on a wheel** jante •**remove a rim from a wheel** dejante

rind *n.* po *Lemon rind.* Po sitwon.

ring[1] *n.* 1[*arena*] arèn 2[*boxing*] ring •**cockfighting ring** gagè

ring[2] *v.tr.* ansèkle, antoure *The soldiers ringed the neighborhood.* Solda yo ansèkle katye a.

ring[3] *n.* 1[*jewelry*] bag *I can't get this ring off.* M pa ka retire bag la. 2[*shower curtain, gymnastics, etc.*] zanno 3[*round object*] won(n), sèk •**compression piston ring** sigma konpresyon •**oil piston ring** sigma lwil •**piston ring** sigma •**ring in nose of ox** ayigwann •**Episcopal ring** bag monseyè •**key ring** pòtkle •**wedding ring** alyans, bag maryaj

ring[4] *n.* [*sound*] sonèt

ring[5] *v.tr.* 1[*bell, phone, etc.*] karyonnen, rezonnen, sonnen *The teacher rang the bell for recess.* Pwofesè a sonnen klòch la pou rekreyasyon. *The phone is ringing.* Telefòn lan ap sonnen. *All the church bells are ringing.* Tout klòch legliz la ap karyonnen. 2[*ears*] boudonnen, kònen *My head is heavy and my ears are ringing.* Tèt mwen lou epi zòrèy mwen ap boudonnen. *My ears are ringing, someone is bad-mouthing me.* Zòrèy mwen ap kònen, gen yon moun k ap pale m mal. 3[*announce one's presence*] sonnen *Someone is ringing at the gate.* Gen yon moun k ap sonnen nan baryè a. •**ring the alarm** sonnen{lalam/lanbi} *He sounded the alarm to warn us the hurricane was coming.* Misye sonnen lalam nan pou avèti nou siklòn nan rive. *The leader sounded the rallying cry to gather his supporters.* Lidè a sonnen lanbi pou rasanble patizan l yo.

ring-around-the-rosie *n.* fè laviwonn dede/ fè yon viwonndede *Every night, the kids play ring-around-the-rosie in the yard.* Chak swa, timoun yo fè laviwonndede nan lakou a.

ring-guard *n.* [*for wedding ring*] arèt

ring-necked duck *n.* kanna nwa

ringdove *n.* ranmye

ringing *n.* sonèt *The ringing of a telephone.* Sonèt telefòn nan. •**ringing in ears** zòrèy sonnen

ringlet *n.* bouk

ringleader *n.* antèt, chèf

ringworm *n.* lateng, pyas

rink *n.* [*hockey, ice-skating*] teren •**skating rink** patinwa

rinse¹ *n.* rensay, rense

rinse² *v.tr.* rense, souke *I haven't rinsed the clothes yet.* M po ko rense rad yo.. *I'm going to rinse my mouth out to get rid of the taste.* M pral souke dlo nan bouch mwen pou m retire gou a.

riot¹ *n.* briganday, eskonbrit

riot² *v.intr.* bagare, leve kanpe *Why are they rioting?* Poukisa y ap leve kanpe?

rioter *n.* bagarè, kòk batay

riotous *adj.* eskandalè, woywoy

rip¹ *n.* akwo, chire *The pants have a rip in them.* Pantalon an pran yon akwo.

rip² *v.tr.* chire *He ripped the letter to pieces.* Li chire lèt la fè miyèt moso. •**rip apart** detripe *The dogs ripped apart an old carcass.* Chen yo detripe yon vye kakas. •**rip off a**[*tear off*] rache *The wind ripped off the door.* Van an rache pòt la. **b**[*cheat*] fè kont mal taye, plimen *They ripped me off with the merchandise they sold me.* Yo fè yon kont mal taye ak machandiz mwen yo. *That woman ripped off the old man.* Fi sa ap plimen granmoun nan. •**rip the crotch** defouke *The young boy is ripping the crotch of his pants.* Tigason an ap defouke pantalon an. •**rip up** defresiye *The Vodou priest ripped up the bird in order to prepare a talisman.* Ougan an defresiye zwazo a pou ranje yon wanga.

rip-off *n.* vòl

ripe *adj.* 1[*gen.*] apwen, mi, rèk *The mangos are ripe.* Mango yo apwen. *The oranges*

aren't ripe yet. Zoranj yo poko mi. 2[*fruit with yellow flesh*] jòn *The melon is ripe, we can pick it.* Melon frans sa a jòn, nou kab keyi li. 3[*mature*] rèk, mi *The mangoes aren't ripe yet.* Mango yo po ko mi. •**almost ripe** [*fruit*] rèk •**not fully ripe** rabi *This mango is not fully ripe, it has a hard edge.* Mango sa a rabi, li gen yon bò ki di.

ripen *v.intr.* vin mi *The watermelons are ripening.* Melon dlo ap vin mi. •**to put in a place to ripen** toufe

ripped *adj.* 1[*gen.*] chire, vantre *The shirt has a ripped place in it.* Chemiz lan gen yon kote l chire. *She found the pillows ripped with knife stabs.* Li jwenn kousen yo vantre ak kout kouto. 2[*pants*] anfraje, chire, dekoud, vantre *The crotch of his pants was ripped when he stumbled.* Fouk pantalon l anfraje antan pye l chape a. *The crotch of his pants is ripped.* Fouk pantalon an dekoud. *Your pants are ripped in the knee.* Pantalon ou chire nan jenou.

ripping *n.* [*sound of*] wàn

ripple¹ *n.* ti{lan/vag}

ripple² *v.intr.* klapote *The water in the pool ripples when there is a breeze.* Dlo nan pisin nan ap klapote lè gen briz.

ripsaw *n.* goyin

riptide *n.* kouran, ral

rise¹ *n.* monte, wòs •**on the rise** anflèch, an montan

rise² *v.intr.* 1[*stand*] leve (kanpe), mete li debou *The congregation rises to sing.* Koral la mete l debou pou chante. 2[*go up*] leve *Jesus has died but he rose.* Jezi te mouri men li leve. 3[*prices, etc.*] leve, monte, moute, vin pi wo *The price of everything is rising.* Pri tout bagay ap moute. *The water level has risen today.* Dlo a vin pi wo jodi a. 4[*bread*] monte *The baker uses leaven to make the bread rise.* Boulanje a sèvi ak leven pou fè pen an monte. •**rise above** depase •**rise and fall** monte desann •**rise steeply** grenpe *Despite economic measures the prices continue to rise steeply.* Malgre yo pran mezi ekonomik, pri yo kontinye grenpe. •**rise up** [*smoke, steam*] woule monte sòti •**rise up against** {kanpe/ leve}kont yon moun, leve li sou de pye militè, rebele, revòlte, soulve *The citizens rose up against the dictator.* Sitwayen yo soulve kont diktatè a. *The students rose up to organize a protest march.* Etidyan yo leve sou de pye militè yo pou yo fè manifestasyon. •**rise up from bending over** leve ajenou •**rise up out of** leve sòti •**make s.o. rise to the bait** rabat •**not rise** [*cake*] lachte *The cake didn't rise because there wasn't any baking powder in it.* Gato a lachte paske li manke poud.

riser *n.* •**early riser** bèt lawouze, matinal

risk[1] *n.* **1**[*danger*] danje *I wouldn't let her go if there was any risk.* Si te gen danje, m pa t ap kite l ale. **2**[*possibility that sth. undesirable will happen*] aza, chans, risk *You're taking a big risk.* Ou pran yon gwo chans. *I'll perform the operation, but there's a risk involved.* M ap fè operasyon an, men se sou chans. •**risk taker** aksyonè •**at risk** anje, sou chans •**take a risk** seye chans li *Take a risk, you might succeed.* Seye chans ou, ou ka byen bon. •**take risks** dan ri malè

risk[2] *v.tr.* **1**[*put one's life in danger*] jwe ak lavi li, riske *She risked her life for me.* Li riske vi l pou mwen. *You're risking your life!* Ou ap jwe ak lavi ou! **2**[*take the chance of (sth. unpleasant happening)*] {pran/ seye}chans, riske *You risk losing your job if you do that.* Ou riske pèdi travay ou, si ou fè sa. *I'll risk it. Whatever happens happens.* M ap pran chans mwen; sa k pase l pase. *I won't risk my job for anyone.* M pa p pran chans pèdi travay mwen pou pesonn moun •**risk one's life** ekspoze lavi li *You're risking your life for nothing.* Ou ap espoze lavi ou pou granmèsi. •**risk o.s.** pote lestomak li

risk-taker *n.* aksyonnè

risk-taking *adj.* odasye

risky *adj.* riskan, riske, sou chans *What you are doing is very risky.* Sa w ap fè a riske anpil. *It's risky for me to take this car, it has no brakes.* Se sou chans m ye ak machin nan, li san fren. •**be risky** sou chans *It's risky for me to take this car, it has no brakes.* Se sou chans m ye ak machin nan, li san fren.

risqué *adj.* pike *Where did you get those risqué jokes?* Kot ou twouve blag pike sa yo?

rite *n.* rit, seremoni •**last rites** dènye sakreman, estrèm onksyon

ritual *n.* rityèl, seremoni •**superstitious ritual** [*pej.*] vye bagay

rival[1] *n.* lennmi •**rival for the love of a man** matlòt *I'm not a rival for your husband's love.*

M pa matlòt avè ou. •**without rival** san parèy

rival[2] *v.tr.* **1**[*compete*] fè (yon moun) konkirans *He rivals me for the position of director.* Le fè m konkirans pou pòs direktè a. **2**[*in ability*] koresponn ak *She rivals me in math.* Li koresponn ak mwen nan mat.

rivalry *n.* konkirans, polemik, rivalite

river *n.* (la)rivyè •**main river** flèv

riverbank *n.* bò larivyè, galèt

riverbed *n.* galèt

riverside *n.* bò larivyè

rivet *n.* rivet

roach (cockroach) *n.* ravèt

road *n.* chemen, karetèl, vwa, wout *Don't take the road to your left.* Pa pran wout ki a goch ou a. •**road grader** traktè wout •**road maintenance** lavwari •**road map** kat wout •**road marker** pankat •**road suitable for motor vehicles** wout machin •**bad stretch of road** move pa *That road is filled with bad stretches.* Wout la chaje ak move pa. •**be on the road to** nan chemen (pou) *Now the country is on the road to development.* Kounye a peyi a nan chemen pou li devlope. •**dirt road** wout tè •**main road** gran{chemen/ wout} •**stretch of straight road** platon •**take a side road** chankre •**take the road** pran wout *She took to the road by herself.* Li pran wout la pou kont li. •**take the road again** repedale *After they arrived in Cape Haitian, they took the road again for Port-au-Prince.* Aprè yo rive Okap la, yo repedale rapid pou Pòtoprens. •**unpaved road** wout wòch •**pertaining to roads** woutye *The road construction is under way.* Konstriksyon woutye a sou pye.

road-worker *n.* kantonnye

roadstead *n.* mouyaj, rad

roadway *n.* chemen, wout

roadworker *n.* kantonnye

roam *v.intr.* fè laviwonn, trennen, vadwouye, vwazinen, wodaye *He's roaming around the neighborhood.* L ap fè laviwonn sou katye a. *There's someone roaming around in the area.* Genyen yon moun k ap wodaye nan zòn nan. *Stop wandering around the street, you aren't a bum.* Sispann trennen nan lari konsa, ou pa epav. •**roam about** [*in hopes of receiving food, money, etc.*] frite *Since this* *morning that dog has been roaming around here.* Depi maten chen sa a ap frite bò isit la.

roamer *n.* grennponmennen, pye poudre *This roamer always wanders around the street.* Grennponmennen an toujou ap vadwouye nan lari.

roan *n.*[*horse*] melad

roar¹ *n.* gwonnman, wonf

roar² *v.intr.* 1[*make loud sound*] gwonde, rele fò *The lion is roaring, don't go near it.* Lyon an ap gwonde, pa pwoche pre li. 2[*rush with loud noise*] dòmi *The car roared up the hill.* Machin nan ap dòmi mòn nan. •**roar with laughter** bay dan lè, ri{fò/gra}

roaring *n.* gwonnman, wonf

roast¹ *n.* boukannay, woti

roast² *v.tr.* boukannen, griye, fè woti, woti *The coffee was roasted too long.* Kafe a griye twòp. *Let's roast the corncobs.* Ann boukannen mayi yo. *Roast the meat.* Woti vyann nan.

roastbeef *n.* wosbif

roasted *adj.* boukannen *Drinkers like roasted conch.* Tafyatè renmen lanbi boukannen.

roasting *n.* boukannay

rob *v.tr.* debalize, depouye, devalize, dewobe, eskanmòte, fè ladennyè sou, koupe{gòj/ gòjèt/lalwèt/ tete}yon moun, piye, vòlè, vòlò *They robbed me of all my money.* Yo vòlè tout kòb mwen. *The thieves robbed the poor woman.* Vòlè devalize malerèz la. *She robbed me of everything.* Li dewobe m nèt. *They robbed the merchant of her money.* Yo eskanmòte lajan machann nan. *The thieves robbed me.* Vòlè yo fè ladennye sou mwen. *The killers robbed the shopkeeper.* Asasen yo koupe gòjèt machann nan. *If you don't keep your eyes open, they're going to rob you.* Si ou pa ouvè je ou, y ap fin piye ou. *They robbed me.* Yo vòlè m. •**rob a house** demeble •**rob at gunpoint** {fè/mete}yon moun olèmen *Robbers robbed us at gunpoint, they took our purses.* Vòlè fè n olèmen, yo pran sakit nou. •**rob Peter to pay Paul** {dekouvri/ dezabiye} sen Pyè pou kouvri sen Pòl

robber *n.* bandi, chevalye denwi, dewobè, kasèdkay, koupèdpòch, vòlè, vòlèz [*fem.*] *The robber robbed him of all he had, he didn't leave him anything at all.* Vòlè a koupe kou l, li pa kite anyen. •**highway robber** eskanmòtè

robbery *n.* vòl, vòlè *He's been in prison many times for robbery.* L al nan prizon konbe fwa pou vòlè. •**armed robbery** briganday

robe *n.* [*for a judge, etc.*] tòj

robin *n.* woben, wouj gòj •**robin red-breast** wouj gòj

roble tree *n.* kafe mawon, mapou{gri/ mawon}

robot *n.* wobo

robust *adj.* byenpòtan, djanm, gaya, madre, manbre, vanyan *Although he's getting weak, he's more robust.* Kwak l ap febli, li la pi djanm. *Now I'm robust, I don't take any medicines.* Kounye a m gaya, m pa nan brè remèd. •**robust woman** djab fanm

rock¹ *n.* [*piece of stone*] galèt, pyè, wòch *She threw a rock at me.* Li voye yon wòch dèyè m. •**rock bottom** anba nèt •**between a rock and a hard place** yon{siga/ sigarèt} limen nan de pwent •**friable rock** wòch tif •**protruding rock** dan wòch •**sharp rock** dan wòch

rock² *n.* [*mus.*] wòk •**rock 'n' roll** [*mus.*] wòkennwòl

rock³ *v.tr.* I *v.tr.* 1[*car, etc.*] chikin *They rocked the car get it to start.* Yo chikin machin nan pou fè l demare. 2[*cradle*] souke *Rock the cradle so the baby can fall asleep.* Souke tibebe a pou ou ka fè l dodo. II *v.intr.* balanse, dodinen *He was sitting with a pipe in his mouth rocking back and forth.* Li chita, pip li nan bouch li, ap dodinen. *If you rock back and forth on the wall, you're going to fall off.* Si ou balanse kò ou sou mi an, ou ap tonbe. •**rock from side to side** woule kò li de bò *The sea was so rough that the boat was rocking from side to side.* Lanmè a tèlman move, batiman an se woule l ap woule de bò. *This music makes you rock from side to side.* Mizik sa mande pou woule kò ou de bò ladan. •**be** •**rock the boat** jennen, leve koken, twouble •**rocking with the beat** boula *He's rocking with the beat while he's working.* L ap boula pandan l ap travay.

rock beauty *n.* [*fish*] lapolis

rocket *n.* fize, wòkèt •**booster rocket** fize lansman

rock hind *n.* [*fish*] grandyèl wòch

rocking *n.* dodinay

rocky *adj.* **1**[*full of rocks*] (chaje) wòch *We can't play on this rocky ground.* Teren wòch sa a, nou p ap jwe sou li. *This road is really rocky.* Wout sa a chaje wòch. **2**[*unsteady*] branlan, souke *Don't push on that chair, it's rocky.* Pa fè fòs sou chèz la, li souke.

rod *n.* **1**[*gen.*] bagèt, gòl, wichin **2**[*staff*] baton, makak **3**[*for tuning*] chevi •**curtain rod** {fè/bwa} rido, treng •**fishing rod** gòl •**iron rod** pens

rodent *n.* wonjè

rodwood *n.* (bwa)mit

rogue *n.* fripouy, lera, ti koulout

role n. wòl •**role model** gid •**role playing** jwe wòl •**role reversal** ranvèse wòl

roll[1] *n.* [*bread*] biswit, katpoukenz, tiboul, tipen, tiwon •**artichoke-shaped roll** biswit aticho •**flat roll** pen bwat •**large roll** pen won •**small square roll** (biswit) gwomik •**twisted roll** kòs

roll[2] *n.* **1**[*flat material rolled up*] lyas, woulo *Buy me a roll of toilet paper.* Achte yon woulo papye ijenik pou mwen. **2**[*of bandage, etc.*] plòt **3**[*sth. with a rolled shape*] wonn *She has a roll of skin under her chin.* Li gen yon sèl wonn kou.

roll[3] *n.* lis, rejis •**roll call** apèl •**roll call log** kaye apèl *The roll call log is on the teacher's desk.* Kaye apèl la sou biwo mèt la. •**call the roll** fè (l)apèl

roll[4] **I** *v.tr.* **1**[*form into a rounded shape*] woule *He's rolling a cigar.* L ap woule yon siga. **2**[*move by wheeling*] woule *Don't let the children roll a hoop in the street.* Pa kite timoun yo ap woule sèk nan mitan lari a. *Roll the meatballs in flour before you fry them.* Woule boulèt yo nan farin anvan ou fri yo. *I can't roll the barrel by myself.* M pa ka woule barik la pou kont. **II** *v.intr.* **1**[*move self down by wheeling*] woule *He rolled all the way down the mountain.* Li woule sou tèt mòn nan sot anba. **2**[*turn over and over*] woule *Stop rolling on the floor.* Sispann woule atè a. •**roll about on the ground** jigote •**roll along** woule *We don't have any goal, we roll along.* Nou pa gen pwogram, n ap woule. •**roll back a**[*push back*] kalepliche **b**[*downhill*] deboule, kale *The truck rolled back downhill, it almost fell down the cliff.* Kamyon an kale, li manke tonbe nan falèz. •**roll dice** piye, voye

kout zo monte *Let's throw the dice to see who goes first.* Ann piye pou n konn sa k premye. •**roll down a**[*v.tr.*] bese, desann *Please roll down your window.* Desann vit ou a. **b**[*v.intr.*] deboule *Don't let the grapefruits roll down.* Pa kite chadèk yo deboule. •**roll on the ground** [*in pain*] graje *The girl rolled on the ground, writhing in pain.* Tifi a graje tout kò l atè. •**roll over** [*car*] chavire, fè{lakilbit/loupin/woulo/zonbi} *The car rolled over.* Machin nan chavire. *The truck rolled over and over.* Kamyon an fè lakilbit. •**roll the drum** woule tanbou *Roll the drum so that the dance can start.* Woule tanbou a pou dans lan tanmen. •**roll out** [*exhibit*] espoze, voye monte •**roll up a**[*gen.*] bobinen, plòtonnen, woule *He rolled up all the thread.* Li bobinen tout fil yo. *Roll up the sheet of paper.* Plòtonnen papye a. *Every morning they roll up the mat.* Chak maten yo woule nat la. **b**[*a dress, skirt*] mare kenge li *She rolled up her dress to cross the stream.* Fi a mare kenge l pou travèse dlo a. **c**[*sleeves, etc.*] {retwouse/twouse}manch li *Roll up your shirt sleeves so that they don't get dirty.* Retwouse manch chemiz ou pou l pa sal. **d**[*sleeves, fig.*] kase manch li, twouse ponyèt li *Let's roll up our sleeves so we can finish the work.* Ann twouse ponyèt nou pou n fini travay la. **e**[*car window*] bobine, moute, plòtonnen, woule *Roll up your window.* Moute vit ou a. •**roll with the punches** gade san pran *How is life going for you? —We're rolling with the punches.* Ki jan lavi a ye pou ou? —N ap gade san pran. •**be rolling in dough** benyen nan lwil

rollaway bed *n.* kabann pliyan

rollback *n.* [*price*] bese pri

roller *n.* [*for pastry, sewing, etc.*] woulèt, woulo •**roller skates** paten a woulèt •**paint roller** penso a woulo, woulo penti •**road roller** woulo

roller coaster *n.* yon kout dlo cho yon kout dlo frèt *Life is a roller coaster. You never know what may happen.* Lavi sa a se yon kout dlo cho yon kout dlo frèt. Ou pa janm konnen sa k ka rive.

rollers *n.pl.* [*hair-dressing*] bigoudi

roller-skate *v.intr.* patinen *This afternoon we're going roller-skating.* Apre midi a mwen nou pral patinen.

rolling n. 1[gen.] woulman 2[boat, etc.] lawouli •**rolling down** deboulaj •**rolling mill** [for shaping metals] laminwa

rolling pin n. [for dough] petren, woulo pat

roly-poly person n. koutfoule, patapouf

Romania prop.n. Woumani

Romanian adj. woumen, woumèn [fem.]

Romanian prop.n. Woumen, Woumèn [fem.]

Roman Catholicism prop.n. katolisis

romance n. [love story] istwa damou

romantic adj. santimantal, womantik

Romeo and Juliet prop.n. Kòkòt ak Figawo, mimi ak makou Those two lovers are like Romeo and Juliet, one can't live without the other. De zanmoure sa yo se mimi ak makou, youn pa ka viv san lòt.

romp v.intr. karakole, ponpe The children romped on the bed. Timoun yo ponpe sou kabann nan.

rompers n.pl.[clothing] babotèz

roof n. {do/tèt}kay, twa, twati The roof is leaking. Twa a la koule. •**roof timbers/ trussing** konm •**car roof** kapòt, tèt machin •**cement roof** dal (beton) •**leaky metal roof** tòl paswa •**ornamental ridge of roof** zèpèpè •**overhang of roof or balcony** tiyon •**overhanging roof** dòmant •**tin roof** tòl •**upper part of roof** fetay

roofer n. bòs chapant

roofing n. konm, twati •**metal roofing** tòl

rooftop n. fetay

rook n. [chess] tou

rookie n. novis, rekri

room n. 1[of a house] chanm, pyès, sal This house has ten rooms. Kay sa a gen dis pyès. The room was empty. Sal la te vid. 2[space] espas, kote, plas There's no more room in the car. Pa gen plas ankò nan machin lan. This table takes up too much room. Tab sa a pran twòp plas. Let's make some room for her. An n fè yon ti plas pou li. Make some room so I can put the dishes in. Fè espas pou m mete veso yo chita. There's no room to put the furniture. Nanpwen kote pou mete mèb yo. •**baggage room** depo •**consultation room** [of a lawyer, surveyor, etc.] kabinè •**cramped room or place** foundòk •**examination room**1[med.] sal konsiltasyon •**fire room** chofri •**give room to s.o.** bay lè li la Give room so people can get by. Bay lè ou la pou

moun pase. •**give s.o. room** [pass] dekanpe •**half or partial room and board** demi pansyon •**make room** kare kò li, kore kò li •**operating room** sal (d)operasyon •**small room** kabin, kabinèt •**small supply room** ofis

roomful n. {kantite/mezi}yon chanm, yon chanm plen

rooming house n. pansyon

roommate n. kamarad chanm, konpayèl

roomy adj. laj The house is very roomy. Kay la laj anpil.

roost[1] n. jouk The hen got on the roost. Poul la moute sou jouk li.

roost[2] v.intr. jouke, {monte/pran}jouk, monte bwa The cock roosts on the higher branches. Kòk la jouke sou branch bwa ki pi wo a. The chickens are roosting. Poul yo ap monte jouk. As soon as the sun sets, all the chicken roost. Depi solèy la ap kouche tout poul monte bwa.

rooster n. kakalanga, kòk •**rooster having almost no crest** krèt zeng •**gray rooster** sinis •**large rooster** kòk zenga •**sacrificial rooster** [Vodou] kòk lò

roosting place n. nich poul

root[1] n. 1[plant] chouk, rasin, venn latè 2[basis] rasin The root of that problem is deep. Rasin pwoblèm sa a fon chouk dan. **roots** n.pl. fondalnatal, ras Vodou arose from the roots of the people. Se nan fondalnatal pèp la vodou a soti. •**at the root of** alabaz What is at the root of the problem? Sa ki alabaz pwoblèm nan? •**cubic root** rasin kibik •**have a root canal done** wete{nè/vè} nan dan li He went to the dentist to have a root-canal. Li t al wè dantis la pou l wete nè a nan dan li. •**square root** rasin kare •**take root** a[a regime, idea] chouke, pran {pye/rasin} b[plant] rasinen That tree took root. Pyebwa sa a rasinen la. •**have deep roots** anrasinen

root[2] v.intr. fè rasin It's already rooted. Li gen tan fè rasin. •**root out** dechouke They are rooting out the criminals. Y ap dechouke kriminèl yo. •**root up** derasine, dechouke, detere

root[3] •**root for** chofe The fans were rooting for the team. Fanatik yo ap chofe ekip la.

rope[1] n. kòd **ropes** n.pl. kòday •**be at the end of one's rope** about •**halter rope** likou

•**jump rope** sote kòd •**length of rope** bout kòd •**measuring rope** liy •**piece of rope** bout kòd

rope[2] *v.tr.* •**rope in** pran tèt •**rope together** tache, mare

ropemaker *n.* kòdye

rosary *n.* chaplè, chaplèt, wozè •**say the rosary** {grennen/pase}chaplè, degrennen wozè

rose *n.* [color, flower] woz •**China rose** choublak

rose apple tree *n.* ponm{òwòz/owòz}

rosebush *n.* pye woz, wozye

rose laurel *n.* lorye woz

roseate spoonbill *n.* [bird] espatil

roseate tern *n.* [bird] fou blan

rosé *n.* [wine] woze

rosemary *n.* lonmaren, womaren

roseola infantum *n.* lafyèv timoun ak gratèl

rosella *n.* wozèl

rosette *n.* kokad

Rosicrucian *prop.n.* Woz Kwa

rosin *n.* gonm, kolofàn

roster *n.* lis non moun

rostrum *n.* estrad, tribin

rosy *adj.* woz •**rosy future** avni favorab

rot[1] *n.* pouriti

rot[2] *v.intr.* dekonpoze, devide, gate, pouri, tonbe andekonfiti *The meat is going to rot.* Vyann nan pral pouri. *The corpse is beginning to rot on the ground.* Kadav la koumanse devide atè a.

rotary *adj.* wotatif

rotate *v.tr.* 1[turn] tounen, vire, viretounen *The earth rotates around the sun.* Tè a tounen alantou solèy la. 2[alternate] altène *We'll rotate corn and millet.* N apral altène mayi ak pitimi.

rotation *n.* 1[turning] laviwonndede 2[exchange] woulman •**crop rotation** wotasyon

rote *n.* •**by rote** pawoutin

rotisserie *n.* wotiswa

rotenone *n.* [insecticide] wotenòn

rotor *n.* wotò

rototiller *n.* motokiltè

rotted *adj.* pouri

rotten *adj.* 1[decayed] gate, pouri, varye *This banana is rotten.* Fig sa a pouri. *The mangoes are rotten, throw them away.* Mang yo varye, jete yo. 2[decayed: meat, fish] fandanman

The meat is rotten, you can throw it away. Vyann nan fandanman, ou mèt jete li. 3[very unpleasant] pouri *The weather was rotten yesterday.* Li te fè yon tan pouri yè. 4[badly behaved, spoiled] pouri *That little girl is rotten to the core.* Tifi sa a pouri. •**rotten or corrupt individual** pouriti •**rotten mess** boubyay, gagòt •**rotten person** zòdis •**rotten weather** vye tan

rotting[1] *adj.* an pèdisyon, avarye *The fruit is rotting.* Fwi yo an pèdisyon.

rotting[2] *n.* dekonpozisyon, pouriti

rough[1] *adj.* 1[not smooth] gradoub, graj, pwès *Her skin is rough.* Po l gradoub. *When I rub it with my hand, it feels really rough.* Lè m pase men m sou li, m santi l graj. 2[uneven] brit, inegal *The wall still has rough masonry.* Mi an gen masonn ki brit toujou. 3[road] defonse *Many roads are rough in Haiti.* Anpil wout Ayiti defonse. 4[severe: person] achwal, grenn kraze, malouk, masif *You are too rough!* Ou twò achwal! 5[sea] ajite, mouvmante, move, tibilan *The sea is rough today.* Lanmè a move jodi a. *There's a lot of wind today, the sea is rough.* Gen gwo van jodi a, lanmè a mouvmante. 6[rowdy] brèf 7[harsh] wòk *His voice is rough.* Vwa li wòk. •**give s.o. a rough time** fè pase yon moun nan je zegwi

rough[2] *adv.* brital *Their team plays rough.* Ekip yo a jwe brital.

rough[3] *v.tr.* •**rough out** trase *The architect roughed out the design of house.* Achitèk la trase plan kay la. •**rough up** britalize, chifonnen, defresiye, fougonnen, kraze{eskanp/figi/kannkès}yon moun, malmennen, toufounen, triminen *They roughed up the guy.* Yo chifonnen msye a. *A band of delinquents roughed up the children.* Yon bann vakabon defresiye timoun yo. *The policeman roughed up the criminal with his stick.* Polis la triminen zenglendo a anba chaplèt.

rough-and–tumble *adj.* dezòdone, deregle

roughage *n.* fib alimantè

rough-hewn *adj.* degwosi

rough-leaf tree *n.* kouratela

roughcast *v.tr.* krepi *The mason is roughcasting the wall of the house.* Bòs mason an ap krepi mi kay la.

roughcasting *n.* flotay, krepisay *After we finish posing blocks, we'll be doing roughcasting.* Apre n fin poze blòk, nou pral fè flotay.

roughing up *n.* madrinay

roughly *adv.* britalman, gwosomodo, rèd

roughneck *n.* albarak, barak, bretè

roughness *n.* **1**[*wood, etc.*] grenn bwa *The cabinetmaker removed the roughness from the wood with sandpaper.* Ebenis la wete grenn bwa ak papye sab. **2**[*behavior*] britalite, sovajri

roughrider *n.* kaskou

roughshod *adj.* •**ride over roughshod** fè moun abi, peze souse

roulette *n.* lawoulèt

round[1] *adj.* won *The earth is round like a ball.* Tè a won kou boul. •**all year round** tout lanne •**round and chubby** ponmen *Her face is round and chubby.* Figi l ponmen. •**round about** ozalantou •**become round and fully grown** [*cabbage, etc.*] ponmen

round[2] *n.* **1**[*circle*] sèk, won **2**[*boxing*] rawonn **3**[*games*] boulay, men *Who won the last round of dominoes?* Kilès ki te gen dènye men domino a? **4**[*of playing cards*] kout kat **5**[*of drinks*] tounen **6**[*of shots*] rafal **7**[*of voting*] manch, tou •**electoral round** tou •**make round** awondi •**qualifying round** eliminatwa *After the qualifying round of the World Cup, we'll know which teams have qualified.* Se apre eliminatwa koup di monn nan, n a konnen ki ekip ki kalifye. •**make the rounds** fè wonn *The two detectives have been making the rounds of the neighborhood since this morning.* De detektif ap fè wonn katye a depi maten.

round[3] *v.tr.* awondi *The baker is rounding the dough.* Boulanje a ap awondi pat la. •**round off a**[*make round*] awondi *The cabinetmaker is rounding off the feet of the table.* Ebenis lan ap awondi pye tab la. **b**[*simplify*] awondi *To simplify the calculation let's round off seventeen point nine gourdes to eighteen gourdes.* Pou n rann kalkil la pi fasil, ann awondi disèt vigil nèf goud an dizuit goud. •**round up** chache *I'll go round up a few friends to help me.* M pral chache de twa zanmi pou ede m.

roundabout[1] *adj.* endirèk, magrekò •**take a roundabout way** chankre, fè{chemen/wout} kwochi

roundabout[2] *n.* wonpwen

roundheaded *adj.* tèt kolokent

roundness *n.* wondè

round scad *n.* [*fish*] koulouwou

round-shouldered *adj.* do ba

roundtable discussion *n.* chita reflechi

round-trip[1] *adj.* ale retou *He sent me a round-trip ticket.* Li voye yon tikè ale retou pou mwen.

round-trip[2] *n.* ale retou.

roundup *n.* rasanbleman

roundworm *n.* askaris, gwo vè won

rouse *v.tr.* leve, reveye, souke *They roused me from a deep sleep.* Yo leve m nan gwo dòmi. •**rouse the indignation of** endiye *The child's behavior rouses my indignation because she's so badly raised.* Kondit pitit la endiye m afòs li maledve.

rousing *adj.* eksitan

rout[1] *n.* kapòtay •**put to rout** mete yon moun an dewout *He put the opposite team to rout.* Li mete advèsè l yo an dewout.

rout[2] *v.tr.* mete an dewout *Our army routed the enemy.* Lame nou an mete ènmi an dewout.

route *n.* pakou, vwa, wout •**take a devious route** pran ti chemen chankre

router *n.* [*device for cleaning out plumbing*] topi

routine *n.* woutin

routinely *adv.* alòdinè

rove *v.intr.* •**rove around** fè chapchawony, drivaye, flannen, wouskaye *The girl is starting to rove around.* Fi a nan fè chapchawony konnya. *Aren't you tired of roving around in the street?* Ou pa bouke wouskaye nan lari a?

rover *n.* {bwa/grenn}pwomennen, pye poudre

row[1] *n.* ran, ranje *Let's sit on this row.* An n chita nan ran sa a. *That whole row of houses were burned.* Tout ranje kay sa a nèt te boule. •**back row** ban dèyè •**in a row** (swivi) swivi, youn{apre/dèyè}lòt *The team won five matches in a row.* Ekip la genyen senk match youn apre lòt. *I didn't have school for two days in a row.* M pa t gen lekòl de jou swivi. •**in the front row** an tèt •**in the last row** jis annaryè, {jis/jouk}{dèyè/nan fon} *They sat in the last row.* Yo chita jis annaryè.

row[2] *n.* [*dispute*] kabouya, kont, lòbèy •**have a row** fè kont

row *v.tr.* **1**[*a boat*] goudiye, naje{aviwon/ anviwon/ zaviwon}, pagaye, rame *I took the canoe and rowed.* Mwen pran kannòt la epi m naje zaviwon. *The fishermen rowed the small boat.* Pechè yo pagaye bwa fouye a. *She rowed until he reached the other side of the river.* Li rame jis li rive lot bò larivyè a. **2**[*paddle*] pagaye *Row faster.* Pagaye pi vit.

rowboat *n.* kannòt

rowdiness *n.* kabale *Quit your rowdiness, the people need to sleep.* Sispann kabale ou a la, moun yo bezwen dòmi.

rowdy *adj.* bagarè, eskandalè, eskandalèz [*fem.*] *Those rowdy people always want to fight.* Moun bagarè sa yo toujou sou batay. •**rowdy or noisy person** eskandalè, eskandalèz [*fem.*], kabalè •**be rowdy** [*group, crowd*] telele *Those people are always being rowdy.* Moun sa yo pa janm p ap telele.

rower *n.* ramè

rowing *n.* kannòtaj

royal *adj.* wayal

royal Poinciana *n.* flanbwayan, pwensyana wayal

royal tern *n.* [*bird*] fou bèk jòn zoranj

royalist *adj.* wayalis

royalist *n.* wayalis

rub[1] *n.* **1**[*massage*] masaj, masay **2**[*problem*] difikilte, pwoblèm

rub[2] *v.tr.* **1**[*slide up and down/around*] foubi, f(w)ote, touche *Rub my back for me.* Foubi do m pou mwen. *Rub the collar of the shirt while washing it.* Fwote kole chemiz la byen lè w ap lave l. *The tire is rubbing against the mud guard.* Kawotchou a ap fote nan zèl la. **2**[*put on by rubbing*] fote, pase *Let me rub the salve on your back for you.* Ban m pase ponmad la nan do ou pou ou. •**rub down** (*horse*) bouchonnen •**rub in** bastinen •**rub lightly** basinen •**rub off on** detenn *Lise's behavior rubs off on Anna.* Liz detenn sou Ana. •**rub out** *a*[*erase*] efase, pase efas *b*[*eliminate*] pete{fal/ fyèl/zizye}yon moun •**rub s.o. the wrong way** {brase/ sakaje/vire}bil yon moun •**rub the clitoris** [*performed by lesbians*] kreke *The two lesbians are rubbing each other's clitorises.* De madivin yo ap kreke. •**rub vigorously** *a*[*gen.*] detchoure *Don't rub the trousers so vigorously, you'll tear them.* Pa detchoure pantalon an, ou a

dechire l. *b*[*with lotion, alcohol, medicinal plants, etc.*] friksyonnen *I'm going to rub my body vigorously so the fever will go down.* M pral fiksyonnen kò m pou lafyèb la sa tonbe.

rubber *n.* **1**[*material*] kawotchou **2**[*condom*] kapòt, kawotchou •**rubber band** elastik •**rubber shoes** soulye kawotchou •**crepe rubber** krepsòl

rubbing *n.* friksyon, fwotman •**rubbing out** estèminasyon

rubbish[1] *interj.* koze{kredi/kremòl}, rapò *Rubbish! You can't play ball like that.* Rapò! Ou pa ka jwe boul konsa.?

rubbish[2] *n.* **1**[*junk*] bastengal, fatra, rimay **2**[*nonsense*] pawòl tafya, rimay, tentennad

rubble *n.* dekonm, krabinay

rubdown *n.* masay, rale

rubella *n.* lawoujòl alman, ti lawoujòl, ribeyòl, woubewòl

ruby *n.* ribi, woubi

rucksack *n.* brisak, sakado

ruckus *n.* deblozay

rudder *n.* ba, gouvènay

rudderless *adj.* aladriv

ruddy *adj.* woz, woujat

ruddy quail-dove *n.* pèdri fran

ruddy turnstone *n.* [*bird*] eriyis

rude *adj.* angran, azade, baba, bastrak, brak, ensolan, frekan, gwosye, maledve, sovaj, wobis *I find you rather rude.* M twouve ou byen azade. *He is rude, he is abusive in front of people.* Msye baba anpil, li lave men l nan figi tout moun. *This man is too rude to keep company with my daughter.* Msye twò bastrak pou pitit fi m nan. *You're too rude!* Ou brak twòp! *That guy is rude, he doesn't need to know people in order to meddle in their affairs.* Nèg sa a frekan, li pa bezwen konnen moun nan pou l antre sou li. *What a rude person! She doesn't know how to talk to people.* Ala moun sovaj papa! Li pa konn pale ak moun. *There is no boy as rude as that, before you say anything, he talks back.* Nanpwen ti nonm wobis konsa, anvan ou di l yon bagay, li reponn ou. •**rude person** bastrak, mònye, sovaj, tibourik •**be rude or mean** {fè/bay} move jan *My father was so rude that my friend didn't stay.* Papa m tèlman fè move jan, zanmi m nan pa rete. •**be rude toward s.o.** make yon moun malviv *It's rude for you* to tell people that I am not here when I am. M pa ka la pou di l m pa la, sa se make m malviv.

rudely *adv.* malonnètman, sibit *They chased him away from the house very rudely.* Yo mete l deyò malonètman. *Why are you answering me so rudely?* Pou ki ou reponn mwen sibit konsa?

rudeness *n.* malonnèkte, malonnèt

rudimentary *adj.* elemantè

rudiments *n.pl.* a b c

rue¹ *n.* [*herb*] sitwonnèl mawon

rue² *v.tr.* regret *You will rue abandoning your friends.* Ou ava regrèt lage zanmi ou yo.

ruffian *n.* bandi, sanmanman

ruffle¹ *n.* frany **ruffles** *n.pl.* jabotyè

ruffle² *v.tr.* deranje, mele *My questions really ruffled them.* Se mele kesyon mwen yo mele yo. •**ruffle the hair** dekwafe •**be ruffled** degani, dekwafe *Her hair is completely ruffled.* Tèt li dekwafe nèt.

rug *n.* tapi •**throw rug** ti tapi

rugged *adj.* di, potorik, vanyan *He's a rugged guy.* Misye se nèg ki di.

ruin¹ *n.* larin, rin **ruins** *n.pl.* dekonm, mazi, rin •**fallen into ruin** delabre •**go to ruin** dekline •**in ruins** an degraba *The city was in ruins because of an earthquake.* Lavil la te an degraba akòz tranblemanntè a.

ruin² *v.tr.* 1[*destroy, damage*] abime, anfrajele, bimen, delabre, depafini, detwi, gate, kraze kalòj, rabi, rinen *The goats ruined the field.* Kabrit yo abime jaden an. *The hurricane passed, it ruined the area.* Siklòn nan pase, li anfrajele zòn nan. *Don't dance on the bed so that we don't ruin it.* Pa danse sou kabann nan pou nou pa bimen l. *The pigs ruined the field.* Kochon detwi jaden an. *If you use this nail, you'll ruin the work.* Si ou sèvi ak klou sa a, w ap gate travay la. *Stop sitting around ruining things if you want the country to progress.* Sispann chita nan kraze kalòj si nou vle peyi a avans. *If you rub the clothes too long with detergent, you'll ruin them.* Si ou fwote rad yo twò lontan nan fab la, w ap rabi yo. *The civil war ruined this country completely.* Lagè sivil rinen peyi sa a nèt. 2[*a device, engine*] fòkòp *The kids ruined the small radio by switching it on and off.* Timoun yo fòkòp ti radyo a nan ouvè li fèmen li. 3[*financially*] anfale, mete yon moun atè, minen *The children*

completely ruined their father by taking on debt. Timoun yo anfale papa yo nèt nan zafè fè dèt. *They looted Bonhomme's shop, they ruined him.* Yo piye magazen Bonòm, yo mete misye bèk atè. *He completely ruined his father's finances.* Li minen lekonomi papa li nèt. 4[*plants, harvest, crop*] anboulatcha *The goat completely ruined the garden.* Kabrit la anboulatcha jaden an nèt. 5[*situation*] dejennere *Don't ruin things, let these people discuss their concerns.* Pa vin dejenere anyen la, kite moun yo diskite kòz yo. 6[*reputation*] sal non *I won't do anything that would ruin my reputation.* M pa p fè anyen k pou sal non m. •**ruin financially** plat *She ruined him financially, then she left him.* Fi a plat nèg la, enpi li kite l. •**ruin s.o.'s business** fè yon moun ponn *I ruined all the businesses in this area.* M fè tout magazen yo ponn pa bò isit. •**ruin s.o.** anfoudwaye, fè yon moun plat, manje wawa yon moun, rale yon moun pa dèyè *He can ruin you if you become too familiar with him.* Li ka anfoudraye ou si ou antre sou li. *Marriage ruined him.* Maryaj la fè l plat. *The business of taking care of my entire family ruined me completely.* Zafè okipe tout kòt fanmi an rale m pa dèyè nèt. •**be ruined** rin tonbe sou yon moun *Given that I am in charge of all the sick people, I am completely ruined.* Akòz tout maladi sa yo m gen nan kò m la, rin tonbe sou mwen. •**be ruined financially** pèdi pye *As he's ruined financially, he has to sell all his fields.* Kòm li pèdi pye, li blije vann tout jaden li yo. •**become ruined** devide *The man is becoming ruined by gambling.* Msye devide nèt atò akòz daza.

ruined *adj.* 1[*damaged*] an degraba, an releng, blaze, rabi *If one washes clothes too often, they'll get ruined.* Si ou lave rad yo twò souvan, y ap blaze. *Her clothes are ruined because she's not good at doing laundry.* Rad li fin rabi poutèt li pa fò nan lesiv. *If you do not have enough fire under the pea dish, it will be ruined.* Si ou pa mete ase dife anba pwa a, l ap rabi. 2[*financially*] pachiman *He's ruined now, he lost all his money gambling.* Msye pachiman kounye a, aza pran dènye kòb li.

ruinous *adj.* devastè, ravajè

rule¹ *n.* prensip, règ, regleman *You need to know the rules of the game.* Fò ou konn prensip jwèt la. *If you don't comply with the school's rules, they'll kick you out.* Si ou pa respekte regleman lekòl la, y ap mete ou deyò. •**rule by law** eta de dwa •**arbitrary political rule** makoutis •**as a rule** nòmalman, pratik *As a rule I'm assumed to return today.* Nòmalman m sipoze retounen jodi a. •**according to the rules** dapre latik *According to the rules, you deserve to go to jail.* Dapre latik, ou merite prizon.

rule² *v.tr.* dominen, gouvènen, reye *Rich people rule the world.* Se rich yo k ap dominen lemonn. *The president is ruling the country well.* Prezidan an ap byen gouvènen peyi a. *King Christophe ruled the north of Haiti.* Wa Kristòf te reye nan nò peyi d Ayiti. •**rule arbitrarily** koupe •**rule in s.o.'s favor** ba yon moun rezon *The judge ruled in his favor.* Jij la ba l rezon. •**rule out** ekate, eskli *They ruled out using creole in the courts.* Yo eskli sèvi ak kreyòl nan tribinal yo. •**rule the roost** fè lapli{ak botan/e lebotan} *When he was in charge, he ruled the roost.* Epòk li te chèf, li te fè lapli ak botan.

ruler¹ *n.* [*measuring stick*] règ •**folding ruler** mèt pliyan, pye dwa

ruler² *n.* chef •**ruler of the roost** sèl kòk{chante/lakou a} •**regional ruler** sou kasik •**Taino ruler** [*Indian chief, pre-Columbian period*] kasik

ruling *n.* [*court*] jijman, òdonans *You have to obey the judge's ruling.* Fòk ou respekte òdonans jij la.

rum *n.* wonm, kleren, tafya •**rum punch** wonm ponch •**blow raw rum on a gamecock** awoze, wouze •**rum infused with herbs** kleren tranpe •**rum liquor containing various herbs and spices** kleren konpoze •**cheap unrefined white rum** kleren •**half of a bottle of rum** mwatye •**locally produced raw rum** tafya •**raw rum** kleren, {pipi/pise}tig •**raw rum** kleren, pipi tig [*fam.* •**raw rum infused with herbs, etc.** kleren tranpe •**straight rum** kleren blan •**very strong cheap unrefined white rum** pise tig •**white rum mixed with other ingredients** kleren konpoze

rumba *n.* rimba, woumba

rumble¹ *n.* gwonnman

rumble² *v.intr.* 1[*gen.*] gwonde *The thunder is rumbling.* Tonnè a ap gwonde. 2[*stomach*] bouyi *My stomach is rumbling because I'm hungry.* Vant mwen ap bouyi paske m grangou. •**rumble along** ale{kloutap kloutap/kloutoup kloutap}

rumbling *n.* 1[*of a machine*] wonf 2[*of stomach*] bouyi

rumen *n.* gwo pans, manman pans

ruminant *n.* riminan

ruminate *v.intr.* riminen *The cows are ruminating.* Bèf yo ap riminen. •**ruminate on** reflechi sou *Let's ruminate on this problem.* Ann reflechi sou pwoblèm sa a.

rumination *n.* zanminasyon

rummage *v.intr.* fafouye, fouraye *Why are you rummaging around the box like that?* Poukisa w ap fafouye bwat la konsa? •**rummage about** trifafouye *She rummage about the house looking for the money.* Li trifafouye nan tout kay la dèyè lajan an.

rumor *n.* bouch pèp, chwichwi(chwi), nouvèl, lodyans, radio{dyòl/trann de}, rimè, tripotay, zen *It's just a rumor.* Se jis bouch pèp k ap pale. *Didn't you hear the latest rumor? Maria is getting a divorce.* Ou pa tande zen ki fenk tonbe a? Mariya ap divòse. *I also heard that story, it's just a rumor, don't believe it.* M tande pawòl sa tou, sa se lodyans, pa pran sa oserye. •**rumor monger** ayizan malpalan, zenyè •**spread rumors** voye zen monte •**there is a rumor or gossip** yon bri kouri *There's gossip that they are no longer together.* Yon bri kouri yo pa ansanm ankò. •**wild rumor** pawòl (nan) bouch *A wild rumor says I'm dead.* Pawòl nan bouch bay mwen mouri.

rump *n.* 1[*of a person*] bastengal, dèyè kay 2[*of a horse*] kwoup 3[*of fowl*] zo solèy

rumple *v.tr.* chifonnen, dechifonnen *Be careful not to rumple your dress.* Atansyon pou ou pa chifonnen wòb ou. •**be rumpled** dechifonnen *Look how your trousers are rumpled!* Gad kijan pantalon an dechifonnen!

rumpled *adj.* [*clothes*] chifonnen, depifre *You can't go out with this rumpled clothing.* Ou pa ka soti deyò ak rad depifre sa a.

run[1] *n.* **1**[*act of running*] kous, kouskouri **2**[*demand for*] mande *There's been a run on these shoes.* Yo mande soulye sa a anpil. •**run of the mill** òdinè •**in the long run** alalong, alontèm *In the long run, we will come up with more ideas.* Alalong, nou va vin ak plis ide. *What we did is a small job, we will do more in the long run.* Sa nou fè a se yon ti travay, n ap fè plis alontèm. •**make a run for it** pye sa m manje m pa ba ou

run[2] **I** *v.intr.* **1**[*move fast*] chase, {grate/ kannale/kite/ kouri/sefwe}dèyè yon moun, kannale, kouri *Let's run as far as the corner.* An n kouri rive nan kafou a. *It seems as if someone is running after him.* Sanble l gen moun k ap kouri dèyè l. *The policeman runs after the robber.* Polis la grate dèyè vòlè a. *They ran after the thief.* Yo kannale dèyè vòlè a. **2**[*cause to work/be in operation*] mache *This radio runs by battery.* Radyo sa a mache ak pil. *The car has been running badly since yesterday.* Depi yè machin lan ap mal mache. *Everything is running smoothly.* Tout bagay ap mache anfòm. **3**[*flow*] bay, fann, jete, koule, kouri *Her nose is running all the time because she has a cold.* Nen l ap koule toutan akòz rim nan. *Blood is still running from his head.* Tèt li ap bay san toujou. *It's so cold, my nose is running.* Li tèlman fè frèt, nen m kouri dlo. **4**[*spread out*] gaye *disease is running wild in the country.* Maladi a gaye nan tout peyi a. **5**[*spread and cause change*] detenn *The colored clothes run onto the white clothes.* Rad koulè yo detenn sou rad blan yo. *Don't buy that material, the colors will run.* Pa achte twal sa a, l detenn. **6**[*move around*] lage *The dog is running loose.* Chen an lage. **7**[*last*] dire *The mass ran longer today.* Mès la dire plis jodi a. **8**[*leave suddenly*] kite *He fell asleep at the wheel, and the car ran off the road.* Dòmi pran l sou volan an, enpi machin lan kite wout la. **9**[*have*] gen(yen) *He's running a fever.* Li gen lafyèv. **10**[*own and operate*] gen(yen) *She runs a cloth store downtown.* Li gen yon magazen twal lavil la. **II** *v.tr.* **1**[*do*] fè *I'm going to run an errand, but I'll be back.* M pral fè yon konmisyon, m ap vini. **2**[{*pass/continue*} *(through)*] pase *The river runs behind my house.* Rivyè a pase dèyè lakay mwen an. *She ran a red light.* Li pase

sou limyè wouj. •**run after** *a*[*chase*] {kouri/ pati}dèyè *That dog is always running after cars.* Chen sa a toujou ap kouri dèyè machin. *The cat ran after the mouse but didn't catch it.* Chat la pati dèyè sourit la, men l pa pran l. *I ran after her, but I couldn't catch up to her.* M kouri dèyè l, m pa jwenn li. *Run after him, and tell him to buy an avocado, too.* Kouri al dèyè l, di l achte yon zaboka tou. *b*[*after a woman*] pouse sou n (dèyè) yon fi *I ran after that girl for two years before she said she'd go out with me.* M fè de lane ap pouse sou fi sa anvan l reponn mwen. •**run aground** echwe, falta *They ran the boat aground at La Tortue.* Yo echwe batiman an Latòti. *The ship ran aground, scarcely ten people were saved.* Batiman an falta, apenn dis moun ki sove. •**run an intravenous tube** mete sewòm *Call the nurse to run an intravenous tube.* Rele mis la vin mete sewòm nan. •**run around** laviwonn *He's always running around with a bunch of bad characters.* Li toujou laviwonn ak yon bann vakabon. •**run at full speed** file *Despite the police stopping them, they ran at full speed.* Malgre lapolis kanpe yo, yo file. •**run away** bwaze, chankre, chape, chata kò li, depeyize, kouri, kraze{bwa/raje/rak}, mete{deyò/van nan vwal li}, pase sove ale, pran {anbasad (pou li)/lafuit}, ratibwaze, sefwe, sove, wete poul li *She was living at her aunt's house, but she ran away.* Li te kay matant li, li sove. *He always runs away from a fight.* Depi gen goumen l kouri. *When he saw the police coming, he ran away.* Lè misye wè lapolis ap vini, li bwaze. *As soon as the police arrived, he ran away.* Annik lapolis debake, misye chankre. *She ran away to hide.* Li kouri l al kache. *They were running after the thief, but he ran away.* Yo t ap kouri dèyè vòlè a, men li kraze bwa. *When the children saw their father coming, they ran away.* Lè timoun yo wè papa yo ap vini, yo met deyò. *He ran away so he wouldn't be a victim.* Li mete van nan vwèl li pou l pa viktim. *I just saw the thief run away under the bridge.* M te wè vòlè a pase sove ale anba pon an. *As soon as the thugs saw the police officers they ran away.* Zenglendo yo annik wè polis yo epi yo pran lafuit. *The dictator ran away.* Diktatè a sefwe. *The child* serving at Mrs. Robert's house ran away. Tinonm ki rete ak Madan Wobè a sove. *He runs away when he hears the police coming.* Li wete poul li lè li tande lapolis ap vini. •**run away as fast as one can** kouri de pye gaye *She ran away as fast as she could.* Li kouri de pye gaye. •**run away by boat** pran dlo •**run away from a problem well before it becomes critical** kouri sèt jou anvan djab *Try to run away from that problem before it gets worse.* Degaje ou pou kouri sèt jou anvan djab. •**run away with** [*gain control of*] pran *Don't let jealousy run away with you.* Pa kite jalouzi pran tèt ou. •**run away/off with** *a*[*thing*] ale *Watch him so he doesn't run away with anything.* Veye l pou l pa ale ak yon bagay. *b*[*person*] sove *He ran off with the woman.* Li sove ak fi a. •**run back in** kouri rantre *It's raining, let's run back in the house.* Lapli ap tonbe. Ann kouri rantre lakay. •**run back and forth** fè navèt •**run down** *a*[*gen.*] deblatere, delala, depatcha, vide *This house is really run down.* Kay sa a delala nèt. *He was run down after that illness.* Msye vide nèt apre maladi sa a. *b*[*battery*] dechaje *The battery is running down.* Batri a ap dechaje. *c*[*watch*] rete *My watch ran down.* Mont mwen rete. *d*[*s.o. with a car, etc.*] kraze *e*[*status, reputation*] denigre *f*[*flow*] koule •**run down a slope** devale *They ran down the hill.* Yo devale mòn nan. •**run for** [*contest*] patisipe •**run for your life** sovkipe *There are detonations, run for your life!* Men zam maye la, sovkipe! •**run into** *a*[*hit*] antre, bite (sou) *The driver lost control of the car that ran into a wall.* Chofè a pèdi kontwòl machin nan ki antre nan yon mi. *The car ran into a tree.* Machin lan bite yon pyebwa. *b*[*meet*] {banke/bite/pantan}sou, bòde ak, kwaze *I ran into Mèsidye on the road.* Mwen bòde ak Mèsidye sou wout la. *This morning I ran into a classmate from a long time ago.* Maten an, m al banke sou yon kondisip lekòl lontan m. *John ran into a friend this morning.* Jan bite sou yon zanmi maten an. *I ran into Jack while I was out.* M pantan sou Jak antan m ap soti. *I ran into a friend at the post office.* M kwaze ak yon zanmi m lapòs la. •**run into difficulties** monte sou resif •**run into s.o.** fè rankont ak •**run like crazy** pye, sa m

manje m pa ba ou •**run like the dickens** mete vwal nan janm li *When she heard the shot, she ran like the dickens.* Annik li tande tire a, li met vwal nan janm li. •**run like the wind** mete vwal nan janm li •**run low** bese, desann •**run off** degèpi, mete van nan vwal li •**run off at the mouth** fè djòl alèlè *Stop running off at the mouth.* Sispann fè djòl alèlè la. •**run off into** kite kouri rantre nan •**run off with** sove ak •**run on** [*continue*] kontinye *The meeting ran on until midnight.* Reyinyon an kontinye rive jis minui. •**run one's affairs** mennen bak li •**run out** kouri kite •**run out of** *a*[*come to an end*] fini *The water ran out.* Dlo a fini. *b*[*gas*] pran pàn gaz *We ran out of gas.* Nou pran pàn gaz. *c*[*money*] pa gen kòb ankò *We've run out of money.* Nou pa gen kòb ankò. *d*[*patience*] pa gen pasyans ankò *I'm beginning to run out of patience.* M koumanse pa gen pasyans ankò. •**run out of town on a rail** fè radmare dèyè •**run out on** [*leave*] abandonnen, pati kite *He ran out on his wife, leaving her with all the kids.* Li pati kite madanm li ak tout timoun yo. •**run outside** kouri sòti •**run over** *a*[*knock down (in a vehicle)*] kraze, pase sou *A car ran over our dog.* Yon machin kraze chen nou an. *I ran over a dog this morning.* M pase sou yon chen maten an. *b*[*overflow*] debòde, pase sou *The bucket is running over.* Bokit la plen ap debòde. *The seller's basket is overflowing with plantains.* Pànye machann nan debòde avèk bannann. *c*[*review*] fè yon pase sou, repase •**run short of** manke *I'm running short of money.* M manke kòb.. •**run smoothly** mache lwil *I have just fixed the car so its engine runs smoothly now.* M fèk ranje machin nan, kounye a motè l mache lwil. •**run s.o. off** {bat/lage/rele}chalbari dèyè yon moun •**run through** kouri travèse •**run s.o. through the mill** fè yon malè sou •**run to** [*place*] atenn •**run up** kouri{grenpe/monte} •**run up and down** kouri{ale/desann/monte/vini} •**run up bills** fè frè *It's you who is running up the bills, it's you who is going to pay.* Se ou ki fè frè a, se ou k ap peye. •**run up debts** mache fè kredi *He ran up debts everywhere.* Li mache fè kredi toupatou. •**run well** mache byen *This car has never run well because it's missing too *many parts.* Machin sa a pa janm mache byen paske l manke twòp pyès. •**run wild** fè dezòd, sote ponpe *She lets her children run wild.* Li kite timoun li yo fè dezòd. •**make s.o. run in circles** woule yon moun de bò *Give me the job if you can, but don't make me run in circles.* Ban m djòb la si ou kapab, men pa woule m de bò. •**person who runs away repeatedly** [*from an institution, foster home, etc.*] sovadò •**woman who runs after younger men** selina

run-around *n.* tolalito *Whenever I ask him for the money, he gives me the run-around.* Tout tan m mande l kòb la, l ap vire m tounen m. •**give s.o. the run-around** fè yon moun fè tolalito *She's giving me the run-around, she told me to come to her house, but she's never there.* L ap fè m fè tolalito, li di m vin lakay li, men li pa janm la.

runaway *n.* mawonyè •**habitual runaway** [*from an institution, foster home, etc.*] sovadò

run-down *adj.* an pant, kraze *The house is run-down.* Kay la an pant.

run-of-the-mill *adj.* konsa{konsi/kousi} konsa

runaway *n.* mawonyè •**habitual runaway** [*from an institution, foster home, etc.*] sovadò

rundown[1] *adj.* **1**[*gen.*] depatcha, malangi, mòkòy **2**[*battery*] dechaje •**be rundown** an chen

rundown[2] *n.* priz limyè, rale *Don't worry, I 'll give you a brief rundown about the events later.* Ou pa bezwen fatige kò ou m ap ba ou, yon ti priz limyè sou evènman yo pita.

rung *n.* **1**[*chair*] bawo **2**[*of a ladder*] bawo, mach *The ladder is missing a rung.* Nechèl la manke yon bawo.

run-in *n.* kont

runner *n.* **1**[*person*] boulinò, kourè **2**[*plant*] pitit

runner-up *n.* dezyèm *My team was the runner-up in the championship.* Ekip mwen an te dezyèm nan chanpyonna a.

running[1] *adj.* [*water*] dlo tiyo *Does the house have running water?* Kay la gen dlo tiyo?

running[2] *n.* boulin •**running around** monte desann, viretounen *All this running around confuses me.* Tout monte desann sa yo fè tèt mwen cho. •**running down** rabèsman •**in the running** nan batay, nan won *I'm in the*

running in the elections. M pwal nan batay pou eleksyon yo. *In this game, five children have been eliminated but three are still in the running.* Nan jwèt sa a, gen senk timoun ki elimine men gen twa ki rete nan wonn nan. •**not even be in the running** pa asiste tiray •**out of the running** pas nan batay

running[3] *v.intr.* •**come running** kouri vini *When I heard the news, I came running to them.* Lè m aprann nouvèl la, m kouri vini ba yo. •**have s.o. running back and forth** fè yon moun fè lago *He made the appointment, he didn't wait for me, he had me running back and forth.* Li bay randevou a, li pa tann mwen, l ap fè m fè lago. •**take off running** pete yon kous kouri

running-board *n.* machpye, zèl machin

runny *adj.* [*nose*] koule *This child has a runny nose.* Pitit sa gen nen koule.

run-of-the mill *adj.* mwayen, konsa konsa, pasab

run-off election *n.* eleksyon dezyèm tou

runs *n.pl.* •**have the runs** [*diarrhea*] ale likid, koule beton *Since she drank the milk, it made her have the runs.* Depi l fin bwè lèt la, li fè l ale likid.

runt *n.* choukèt, choukbwa, jeretyen, kònichon, pedevi, rèkè, retay{fanm/gason}, zege *He's a runt, he's not even three feet tall.* Li se yon jeretyen, li pa menm mezire yon mèt.

runty person *n.* ti degi moun

runway *n.* •**airplane runway** pis

rupture[1] *n.* eklatman, frakti

rupture[2] *v.tr.* eklate, pete *The tire ruptured.* Kawoutchou a pete.

ruptured *adj.* •**ruptured spleen** larat{li pete/pran}chòk

rural *adj.* riral •**rural area** andeyò, lakanpay, pwovens •**rural exodus** egzòd riral

ruse *n.* detou, fent, riz, trik *With many ruses he took the money without anyone seeing.* Ak anpil fent li rive pran kòb la san pèsonn pa wè.

rush[1] *n.* [*cattails*] jon wozo

rush[2] *n.* anpresman, chifonnay, prese *In her rush, she left without taking her umbrella.* Lan anpresman l, li soti san l pa pran parapli l. *Why the rush?* Pou ki sa tout prese sa a? •**in a rush** cho pas{bout pip/pase leve danse}, prese *You are always in a rush, why don't you* *wait for your turn?* Ou cho pase leve danse, poukisa ou pa tann tou pa ou? •**mad rush** debandad, sovkipe •**be in a rush** prese •**in no rush** san prese •**make a rush for** kouri sou yon bagay

rush[3] *v.tr.*{ale/fè}prese, bay yon moun kristè, fè {esprès/prese/vit}, fonse, kouri sou yon {moun/bagay}, met mache prese, prese *I saw him rushing.* M wè l prale byen prese. *Wait until I have money to give you, stop rushing me.* Tann lè m gen kòb la pou m ba ou li, ase ban m kristè. *She was so hungry, she rushed for the food without letting it cool.* Tank li te grangou, li kouri sou manje a san l pa kite l frèt. *I'm rushing to the store before it closes.* M ap kouri al nan magazen an anvan yo fèmen. *It isn't late, you needn't rush me.* Li pa ta, ou pa bezwen prese m. *They rushed into the house.* Yo kouri antre nan kay la. *We had to rush her to the hospital.* Nou te oblije kouri lopital avè l. *Don't rush me!* Pa vin met mache prese nan kò m! •**rush aggressively toward** vide sou •**rush at** vare sou *She rushed at him because he insulted her.* Li vare sou li poutèt li di l yon mo deplase. •**rush at s.o.** brandi *Andre rushed at me.* Andre brandi sou mwen. •**rush away** mete van nan vwal li, vide kò li •**rush back** rale bak •**rush down** gengole, kannale desann *She rushed down the stairs two at a time.* Li gengole eskalye a de pa de. *The fans rushed down onto the field.* Fanatik yo degrengole sou teren an. *She rushed down the slope without falling.* Li kannale desann pant lan san l pa tonbe. •**rush forward** kannale, pote boure *The fans rushed forward after the game ended.* Fanatik yo pote boure apre match la fini. •**rush in** vide •**rush in suddenly and unexpectedly** djayi •**rush into** antre tèt bese, plonje *Don't rush into business if you don't want to go bankrupt.* Pa antre tèt bese nan komès si ou pa vle fè fayit. •**rush into** antre tèt bese nan •**rush into violence** plonje nan fè vyolans *He rushed into violence without weighing the consequences.* Li plonje nan fè vyolans san l pa egzaminen konsekans yo. •**rush off** lanse, mete van nan vwal li, vide kò li *The policemen rush off after the thief.* Polis yo lanse dèyè vòlè a. *We need to rush off if we*

don't want to be late. Nou dwe mete van nan vwèl nou si n pa vle an reta. *As soon as the police arrived, he rushed off.* Apèn lapolis debake, li vide kò li. •**rush out of** vole sove kite *She quickly rushed out of the burning car.* Li vole sove kite machin nan k ap pran dife a. •**rush over** kouri vini •**rush s.o.** {bay/pran}yon moun presyon, chavire lòlòj yon moun, {lage/mete}dife nan dèyè yon moun, panike, prese, rele abò *Don't rush me because I'm not late.* Pa vin ban m presyon la paske m pa an reta. *Don't rush me, let me take my time to get dressed properly.* Pa vin chavire lòlòj mwen la, kite m pran san m pou m abiye m. *Let me take my time to get dressed, don't rush me.* Kite pran san m pou m abiye, pa lage dife nan kò m. *Don't rush me, the party doesn't start until later.* Pa vin panike m la, lè fèt la poko rive. *It isn't late, you needn't rush me.* Li pa ta, ou pa bezwen prese m. *Don't rush the child like that, let her take her time to complete what she's doing.* Pa rele abò pitit la konsa, kite l pran san l pou l fè sa l ap fè a. •**rush to** pike, pote boure sou *No sooner had he arrived than he rushed over to the food.* Annik li antre, li pike sou manje a. •**rush toward** fè wouch sou yon moun *People rushed toward the candidate.* Moun yo fè wouch sou kandida a. •**rush up** kannale monte *She rushed up the stairs because she was late.* Li kannale monte eskalye a paske l an reta. •**rush up and down** file moute desann •**not rush** pran san li, pran tan li

rushed *adj.* prese

russet *adj.* kannèl

russet-colored *adj.* kannèl •**russet-colored hair** cheve kannèl

Russia *prop.n.* Larisi**Russian** *adj.* ris

Russian *prop.n.* ris

rust[1] *n.* (la)wouy •**remove rust** dewouye

rust[2] *adj.* [color] kannèl

rust[3] *v.intr.* wouye *Don't leave the knife in the water. It'll rust.* Pa kite kouto a nan dlo a; l a wouye. •**be rusted** wouye *The corrugated iron is rusted.* Tòl la wouye.

rustic[1] *adj.* chanpèt, riral

rustic[2] *n.* moun{andeyò/mòn}

rustle *n.* fwoufwou

rustling *n.* fwoufwou

rusty *adj.* **1**[*covered with rust*] wouye *The pipes are rusty.* Fè tiyo a wouye. **2**[*unable to perform well from lack of practice*] pèdi pratik, wouye *I haven't played soccer for a long time; I'm rusty.* M gen lontan m pa jwe foutbòl, m wouye. *I'm rusty on the guitar. I haven't played in a long time.* M gen lontan m pa jwe gita, m pèdi pratik.

rut *n.* siyon •**in a rut** nan movèz{abitid/ woutin}

rutabaga *n.* woutabaga

ruthless *adj.* sanmanman, san pitye

ruthlessly *adv.* san pitye

rye *n.* [*grain*] sèg

S

s *n.* [*letter*] ès
Sabbath *prop.n.* jou repo, saba
sabbatical *adj.* sabatik •**a sabbatical year** yon ane sabatik
saber *n.* sab
sabicu tree *n.* tavèno
sabotage¹ *n.* sabotay
sabotage² *v.tr.* sabote *The connivers want to sabotage the election.* Magouyè yo vle sabote eleksyon an.
sack¹ *n.* **1**[*gen.*] brisak, sak **2**[*for old clothes*] bal **3**[*of flour, etc.*] balo •**burlap sack** sak kolèt
sack² *v.tr.* **1**[*lay waste, plunder*] sakaje *The men completely sacked the village before they ran off.* Nèg yo sakaje bouk la nèt anvan yo kraze rak. **2**[*fire*] dechoukaj, fè dechoukay *The new director sacked several people.* Nouvo direktè a fè plizyè dechoukaj nan biwo a.
sackcloth *n.* rad sak
sacrament *n.* Lasèn, sakreman, Sentsèn
sacred *adj.* sakre, sen, sent [*fem.*] *The Host is sacred.* Losti a sakre.
sacrifice¹ *n.* abnegasyon, sakrifis *He made a lot of sacrifices to get where he is.* Li fè anpil abnegasyon pou l rive kote li ye a. •**make a heavy sacrifice** peye grenn je nan tèt li *Your mother makes a heavy sacrifice to send you to school.* Manman w ap peye grenn je nan tèt li pou li voye ou lekòl. •**make sacrifices** mare senti li, soufri *You have to make sacrifices if you want to become a doctor.* Fòk ou mare senti ou si ou vle vin doktè. *I don't have to make sacrifices for others.* M pa gen pou soufri pou moun.
sacrifice² *v.tr.* sakrifye *I sacrificed my time today to be able to spend the day with you.* M sakrifye tout tan mwen jodi a pou m ka vin pase jounen ak ou. •**sacrifice one's own time** pann tèt li *She has to sacrifice her own time if she wants to finish the work quickly.* Li blije pann tèt li si l vle fin travay la vit. •**sacrifice o.s.** devwe li, fè abnegasyon, pete{fyèl/tèt}li, sakrifye li *Her father sacrifices himself to give her a good education.*

Papa l devwe l pou l ba li bon levasyon. *Don't sacrifice yourself for them because they are very ungrateful.* Pa pete fyèl ou pou moun yo, paske yo engra twòp. *His mother sacrificed herself so much for him.* Manman l sakrifiye l anpil pou li.
sacrificer *n.* sakrifikatè
sacrilege *n.* sakrilèj
sacrilegious *adj.* trivyal *Stealing church statues is a sacrilegious act.* Vole estati legliz se yon zak trivyal.
sacristan *n.* sakristen
sacristy *n.* sakristi
sacrum *n.* zo{mis/koupyon}
sad *adj.* **1**[*unhappy*] akable, chagren, frèt, kagou, kè yon moun grenn, tris *I see that you are sad today.* M apèsi ou akable jodiya. *She's been sad ever since she heard her mother had passed away.* Li chagren depi lè li tande manman li mouri. *Tififi is sad because her mother has gone away.* Tififi frèt akòz manman l pati. *The bad news she received made her sad.* Move nouvèl li resevwa a fè li kagou. *I'm sad when I see many poor people suffering.* Kè m grenn lè m wè anpil moun pòv ap soufri. *Since his wife died, he has been profoundly sad.* Depi madanm li mouri a, msye tris a mò. **2**[*causing sadness*] lapenn, tris *The sad expression on her face said everything.* Lapenn sou figi li di tout bagay. *The sad truth is that he never really loved her.* Tris verite a se ke li pa t janm renmen li vre. **3**[*pathetic*] mafweze [*pej.*], mizè, pòv *Get out of my sight you sad creature!* Rale kò ou la mafweze! *That is a sad little man.* Men yon nèg mizè. *That sad little child is going to die.* Pòv timoun sa a pral mouri. •**how sad** ala (de) lapenn *Jan died! How sad!* Jan mouri! Ala lapenn.
sadden *v.tr.* aflije, atriste, dekonpoze *It saddens me to hear that he lied.* Li aflije m tande li te bay manti. *The news saddened her.* Nouvèl la atriste l. *The news that his mother died saddened him greatly.* Nouvèl lanmò manman li dekonpoze li.

saddle[1] *n.* fopanno, sèl •**pack saddle** ba •**put a saddle on** [*donkey, etc.*] bate *Put a saddle on the donkey.* Bate bourik la. •**straw saddle** tòk

saddle[2] *v.tr.* 1[*horse, etc.*] sele *Saddle the mule for me.* Sele milèt pou mwen. 2[*debt, etc.*] twouve li *The president saddled the country with debt when he left office.* Peyi twouve li anba dèt lè prezidan an kite.

saddle-girth *n.* sang

saddle-pad *n.* 1[*straw, leather, cloth, etc.*] nestri 2[*straw*] ekipay, panno

saddlebag *n.* makout •**straw saddlebag** sakpay

saddlebow *n.* ason

saddlecloth *n.* chabrak

sadist *n.* chapchoutè, chimè, sadik, sanmanman

sadistic *adj.* sadik, sinik *That sadistic man is killing you just for laughs.* Nèg sinik sa ap detwi ou pou dan griyen.

sadness *n.* kè{sere/fè mal}, lafliksyon, tristès *His death plunged people into great sadness.* Lanmò msye mete moun nan lafliksyon.

safe[1] *adj.* 1[*out of danger*] alabri, an sekirite, an site, bon, sove *You're safe.* Ou alabri. *The neighborhood isn't safe.* Katye a pa an sekirite. *The children are safe here.* Timoun yo ansite la. *It's not safe to walk by yourself at night.* Li pa bon pou mache pou kont ou leswa. *You're safe because your neighborhood is very quiet.* Ou sove paske zòn kote ou rete a kal anpil. 2[*without risk*] bon, pa mechan, san danje *It's a safe choice.* Se yon bon chwa. *Is your dog safe to go near?* Chen ou pa mechan? *Is the water safe to drink?* Dlo a san danje? 3[*successful, without incident*] bon, sennesòf *Have a safe trip.* M swete ou bon vwayaj. *Let's pray for her safe return.* Ann priye pou li retounen sennesòf. •**safe and sound** san tèt fè mal, sennesòf *I brought her back safe and sound.* Mwen pote l tounen san tèt fè mal. *He walked away from the accident safe and sound.* Li soti sennesòf nan aksidan an.

safe[2] *n.* bwat sekrè, kès, kòf, kòfrefò

safe-conduct *n.* sof kondwi(t)

safeguard[1] *n.* ranpa *The Lord is my safeguard.* Letènèl se ranpa m.

safeguard[2] *v.tr.* sovgade *The minister said we need to safeguard our country's heritage.* Minis la di fòk nou sovgade patrimwàn peyi a.

safely *adv.* an byen, byen *I hope you travel safely.* M swete ou vwayaje an byen. *He made it back safely to his house.* Li byen rive lakay li.

safety *n.* an site, sekirite •**safety line** kòdwon sekirite •**safety pin** zepeng{kouchèt/kwòchèt/kwòk/nouris/ tache} •**small safety pin** zepeng lèt

saffron *n.* 1[*crocus*] safran 2[*spice*] safran

sag *v.intr.* anfale, fè bafon *The roof of the house is sagging.* Do kay la anfale. *The mattress is sagging.* Matla a fè yon bafon.

sage[1] *n.* [*plant*] lachòy, soj •**wild sage** bwa koray, ti solèy, zèb aplon

sage[2] *n.* [*person*] save

sagerose *n.* [*plant*] ten mawon, zèb simityè

Sagittarius *prop.n.* [*zodiac*] sajitè

sago *n.* [*used in cookies and puddings*] sagou

said *adj.* •**be said and done** anfennkont *When all was said and done, they agreed with each other.* Anfennkont yo tonbe dakò. •**no sooner said than done** (menm) sa ou tande a, tèl di tèl fè *No sooner said than done, he heeded his father's advice.* Tèl di tèl fè, li koute konsèy papa li.

sail[1] *n.* djip, vwal •**set sail** leve lank *The ship set sail yesterday.* Bato a leve lank ayè.

sail[2] **I** *v.tr.* vwayaje *They sailed the boat around the world.* Yo vwayaje fè letoudimonn nan bato a. **II** *v.intr.* navige, voge *Since this boat has no sail, it can't sail.* Depi batiman sa a pa gen vwal, li pa ka navige. *The ship is sailing on the sea.* Kannòt la ap voge sou lanmè a. •**sail into a**[*boat*] akwoche *The sea is stormy, the captain sailed the boat into port.* Lanmè a move, kaptenn nan ap akwoche bato a nan waf la. **b**[*port*] kwochte *The boat sailed into the port.* Bato sa a kochte nan pò a. •**sail off** [*boat*] pèdi tè *The boat sailed off.* Batiman an pèdi tè.

sailboat *n.* bato avwal, vwalye

sailing *n.* mizèn, navigasyon

sailor *n.* maren, matlo, navigatè

saint *n.* sen, sent [*fem.*] •**Christian saint** zanj •**Christian saints** lesen •**patron saint** patwon, patwòn [*fem.*]

Saint-Domingue *prop.n.* Sen Domeng, Sendonmeng (Sendomeng)

Saint John's wort *n.* senjan

saintly *adj.* sen, sent [*fem.*] *She is a saintly woman.* Se yon fanm sent li ye.

sake *n.* •**for the sake of** pa rapò{a/ak}, poutèt *I'm here for the sake of my sick child.* M la a pa rapò a pitit mwen ki malad. *I helped her for the sake of her mother.* M rann li sèvis la poutèt manman l.

salacious *adj.* sal *That's a salacious rumor.* Se yon tripotay sal sa a.

salad *n.* salad

salamander *n.* salamann

salami *n.* salami

salary *n.* apwentman, salè •**insignificant salary** tisipe

sale *n.* **1** [*act of selling*] lavant *I made a lot of sales today.* M fè yon bon lavant jodi a. **2** [*discount*] obenn, piyay, vann orabè *There's a sale at the shoe store.* Gen piyay nan boutik soulye a. *There having a sale on all their clothing.* Y ap vann tout rad yo orabè. **sales** *n.pl.* chif dafè, lavant *Our sales are up this month.* Chif dafè nou moute mwa sa a. *Sales weren't good today.* Lavant lan pa t bon jodi a. •**sale with option to buy back** lavant a remere •**sales are good** krab la pa mèg •**clearance sale** likidasyon •**for sale** {an/nan}lavant, pou vann *This car is not for sale.* Machin sa a pa pou vann. *That product isn't for sale yet.* Pwodui sa a poko an vant. •**on sale** an likidasyon *Hats are on sale today.* Chapo an likidasyon jodiya. •**put something up for sale** mete pou vann *He put his car up for sale.* Li met machin li an pou vann.

salesclerk *n.* komi

salesperson *n.* komi, lamadèl [*merchant*], vandè, vandèz [*fem.*]

salicylic *adj.* •**salicylic acid** [*against rheumatism, etc.*] salisilat

salina *n.* salin

saline *adj.* •**saline solution** [*I.V.*] sewòm

saliva *n.* bave, dlo bouch, saliv •**spray of saliva** postiyon, seren dan

salivary *adj.* •**salivary gland** glann saliv

salivate *v.intr.* kouri dlo *When she smelled the food, she began to salivate.* Lè l pran sant manje a, bouch li kouri dlo.

salivation *n.* bouch dlo

sallow *adj.* [*face*] blèm

salmon *n.* somon

salmonella *n.* •**salmonella poisoning** salmoneloz

salmonellosis *n.* salmoneloz

salon *n.* •**hair salon** estidyo, salon bote

salt[1] *n.* sèl •**coarse-grained salt** gwo sèl •**iodized salt** disèl yòde •**lacking salt** fad sèl *The food is lacking salt.* Manje a fad sèl. •**powdered salt** sèl fen •**put salt on a wound** mete abse sou klou, mete klou sou{apse/ maklouklou} *She already feels bad. You're just putting salt on the wound.* Li santi li mal deja. Ou ap mete klou sou maklouklou sèlman. •**rock salt** gwo sèl •**sea salt** sèl lanmè •**take out the salt** desale *They are taking the salt out of the water.* Y ap desale dlo a.

salt[2] *v.tr.* sale •**salt excessively** sale{twòp/ anpil} *The maid salted the food excessively.* Bòn nan sale manje a twòp.

saltcellar *n.* bwat sèl

saltpeter *n.* salpèt

saltshaker *n.* bwat sèl, salyè

saltwater *n.* dlo disèl

salty *adj.* sale, somay *Salty food isn't good for people who have high blood pressure.* Manje sale pa bon pou moun ki fè tansyon. *The sauce is very salty.* Sòs la somay anpil. •**too salty** sale{twòp/anpil} •**very salty** sale kon lanmè Jakmèl *The food is very salty.* Manje a sale kou lanmè Jakmèl.

salutation *n.* sali, salitasyon

salute[1] *n.* kout chapo, sali, salitasyon •**give a musical salute** {poze/bay}ochan *At the Carnival all the bands must give a musical salute to the president.* Nan kanaval la tout dyaz fèt pou poze ochan pou prezidan an. •**military salute** sali militè

salute[2] *v.tr.* salye, voye{men bay yon moun/ yon kout chapo pou} *He saluted the lady as she went by.* Msye voye yon kout chapo pou danm nan lè l pase. •**salute an officer** fè yon sali •**salute with music** bay yon moun ochan, {poze/bay}ochan

salvage[1] *n.* delivrans, sovtay •**salvage yard** simityè {machin/mòflè}

salvage[2] *v.tr.* sove *He managed to salvage his marriage.* Li reyisi sove maryaj li.

salvation *n.* delivrans, lesali, rechap, redanmsyon

Salvation Army *prop.n.* Lame Selès, Lamedisali

salve *n.* longan, pomad, ponmad •**lip salve** glòs *Put on some lip salve.* Pase yon ti glòs bo bouch ou.

salvia pluchea *n.* [*herb or shrub*] lachòy
salvo *n.* [*mil.*] sali
Samaritan *prop.n.* samariten •**good Samaritan** valab *You are a really good Samaritan because you usually give me some money when I ask you for it.* Ou se yon valab vre, ou pa janm p ap fè yon woulman ak mwen.
same[1] *adj.* idèm, kifkif, menm, parèy, pòtre *The political situation is the same, nothing has changed.* Sitiyasyon politik la idèm, anyen pa chanje. *The two kettles are from the same artisan, they're the same.* De chodyè yo soti kay menm bòs, yo kifkif. *Toto and René bought the same toy.* Toto ak Rene achte menm jwèt. *The situation is the same as the one we saw last year.* Sitiyasyon sa a pòtre sa n te wè ane pase a. *Do you have the same book?* Èske ou gen parèy liv sa a?
same[2] *pro.* menm(jan) *He's just the same as he was before.* Li ret menm jan l te ye a. •**same to you** piyank —*Screw your mother!* —*Same to you!* —Koulangèt manman ou! —Piyank pou ou! •**all the same** kanmenm, nanpèch *I think I'll take a taxi all the same.* M kwè m ap pran yon taksi kanmenm. *All the same, you shouldn't go out tonight.* Nanpèch, ou pa sanse sòti aswè a. •**do the same to s.o.** rann yon moun laparèy *You helped me, I'll do the same for you.* Ou te ede m, m ap rann ou laparèy. •**exactly the same** menmki menmka, menmman parèyman *These two fridges are exactly the same.* De frijidè sa yo se menmki menmka. *Those two people are exactly the same.* De moun sa yo se menmman parèyman. •**it's all the same** [*makes no difference*] bèf pou wa savann pou wa, se menm kout kat, se menm kout si *Whether you go or stay makes no difference; it's all the same to me.* Si ou ale si ou rete, pa gen diferans; bèf pou wa savann pou wa. *Whatever you do, it's all the same to me.* Kèlkeswa sa ou fè, se menm kout kat la pou mwen. •**just the same** kanmenm, parèy, parèyman *She did the job just the same as the last person.* Li fè djòb parèyman ak dènye moun nan. •**the same as** tankou *The situation is the same as last year.* Sitirasyon an se tankou ane pase. •**the same as always** menmman parèyman *Do you still*

play soccer? —*The same as always.* Ou jwe foutbòl toujou? —Menmman parèyman. •**the same to you** *a*[*gen.*] egalman, parèy, parèy li, parèyman *Crook!* —*The same to you.* Vagabon! —Parèy ou. *b*[*pej.*] nan djòl ou *Screw you!* —*Same to you!* Mèd! —Nan djòl ou!
sample[1] *n.* echantiyon •**blood sample** priz san •**give a blood sample** bay san *Today I gave a blood sample to the lab.* Jodi a m bay san nan laboratwa a. •**take a blood sample** pran san
sample[2] *v.tr.* 1[*taste*] goute *She sampled the food before serving it.* Li goute manje a anvan li sèvi li. 2[*public opinion, etc.*] sonde *They sampled public opinion before making a decision.* Yo sonde piblik la anvan yo fè yon desizyon.
sampler *n.* •**embroidery sampler** kànva
sanatorium *n.* sanatoryòm
sanctification *n.* sangtifikasyon
sanctify *v.tr.* sangtifye *Lord bless us, sanctify us.* Granmèt beni nou, sanktifye nou.
sanction *n.* penal, sanksyon
sanctity *n.* sentete
sanctuary *n.* 1[*holy place*] lye sen, sangtyè 2[*refuge*] azil, sangtyè
sand[1] *n.* sab •**sand dune** {bit/mòn/pil}sab •**pile of sand** pil sab
sand[2] *v.tr.* 1[*make smoother with sandpaper*] sable *The table has just been sanded.* Tab la fin sable. 2[*cover with*] sable *They sanded the road so the cars don't slide on the ice.* Yo sable wout la pou machin yo pa glise sou glas la.
sand diver *n.* [*fish*] mabouya lanmè
sand tilefish *n.* vivanno
sandal *n.* 1[*gen.*] pantouf, sandal, sapat 2[*woman's*] karyoka 3[*Japanese style*] sandal jezikri •**cheap and crude sandal** sapat •**penitence sandals** sandal penitans, sapat penitans •**plastic sandal** fabnak •**rubber sandal** bòt djòj, olyana •**rubber sandals** boyo •**tire-tread sandal** batalenbe
sandalwood *n.* •**false sandalwood tree** makabi, seriz lanmè •**yellow sandalwood** gege
sandbox tree *n.* sabliye
sandpaper[1] *n.* {fèy/papye}{sable/sablèz}, katapoli [*N*], sable

sandpaper[2] *v.tr.* sable *You have to sandpaper the chair before you can paint it.* Fòk ou sable chez la anvan ou pentire.

sandpiper *n.* bekasin •**semi-palmated sandpiper** ti bekasin janm nwa •**solitary sandpiper** bekasin dlo dous •**Western sandpiper** ti bekasin bèk long

sandstone *n.* wòch sab

sandwich *n.* sandwich

sandy *adj.* sab, sable *This soil is sandy.* Tè sa a se yon tè sab. *You can't build on that sandy ground.* Tè sable sa a, ou pa ka bati sou li.

sane *adj.* drèt, egal, tèt{byen/drèt} *I'm sane, I'm not crazy yet.* M drèt, m poko fou. *I don't think she's sane when she acts crazy like that.* M pa kwè tèt li byen lè l ap varye konsa. •**be completely sane** gen larezon (sou) li *He pretends to be insane, but he's completely sane.* Li pran pòz fou li, men li gen tout larezon sou li.

sanguinaria *n.* [*herb*] boyo djab

sanguine *adj.* asire, konfyan

sanitary *adj.* ijenik, sanitè *The sanitary conditions are bad.* Kondisyon sanitè yo grav. •**sanitary napkin or pad** kotèks, lenj, tanpon, twal{san/lenj}

sanitation *n.* lapwòpte *Sanitation is well organized in this town.* Lapwòpte ap mache byen nan vil sa a.

sanitize *v.tr.* esterilize *The doctor has to sanitize her instruments before she can use them.* Doktè a bezwen esterilize enstriman li yo anvan li ka sèvi ak yo.

sanity *n.* larezon

Santa Claus *prop.n.* {papa/tonton}Nwèl

Santa-Maria tree *n.* dalmari

santeria *n.* sannteriya

Santo Domingo *prop.n.* Sen Domeng

sap[1] *n.* [*plant*] ji, lèt, sèv

sap[2] *n.* [*fool*] tèt fèb

sap[3] *v.tr.* 1[*health*] travay *The illness is sapping his health.* Maladi a ap travay li. 2[*strength*] deseche *The illness sapped the strength out of the baby.* Maladi a deseche pitit la. •**sap s.o.'s morale or health** manje wawa yon moun *They sapped the guy's health at the houngan's house.* Nèg yo fin manje wawa msye kay oungan. •**sap the strength of** kale *The illness really sapped the strength of the unfortunate woman.* Maladi a ap kale malerèz la vre.

sapa *n.* [*plant*] sentespri

sapling *n.* plan

sapodilla *n.* [*plum*] sapoti, sapotiy [N]

sapphire *n.* safi

sarcasm *n.* chalè

sarcastic *adj.* iwonik *It was a sarcastic statement.* Se te yon deklarasyon iwonik.

sardine *n.* sadin •**a can of sardines** yon bwat sadin

sardius *n.* [*stone*] sadwàn

sash *n.* •**presidential sash** echap prezidansyèl •**shoulder sash** brikòl

sassafras tree *n.* lorye sasafra

sassy *adj.* frekan *Don't get sassy with me!* Pa vin fè frekan avè m!

Satan *prop.n.* bèlzebil, satan

satanic *adj.* satanik *We aren't involved in satanic things.* Nou pa nan bagay satanik.

satchel *n.* sakòch

satellite *n.* satelit

satiate *v.tr.* rasazye *The food satiated me.* Manje a rasadje m.

satiated *adj.* plen *I'm satiated now.* Mwen plen kounye a.

satiating *adj.* [*food*] rebitan *Oatmeal is a very satiating food.* Avwàn se manje ki rebitan anpil.

satin *n.* saten •**made of satin** saten *A pretty satin dress.* Yon bèl wòb saten.

satin leaf tree *n.* kayimit mawon

satire *n.* sati

satirical *adj.* mokè, takadò

satisfaction *n.* 1[*pleasure*] kè kontan, plezi, satisfaksyon *I felt great satisfaction when they acknowledged the good work I had done.* M te santi anpil plezi lè yo te rekonèt bon travay m te fè a. 2[*of a wrong, debt, etc.*] dedonmajman *He had to give satisfaction for the accident.* Li te blije bay dedonmajman pou aksidan an.

satisfactory *adj.* aseptab *The work is satisfactory.* Travay la aseptab.

satisfied *adj.* kontan, satilfè *Some people are never satisfied with what they have.* Gen moun ki pa janm satilfè avèk sa yo genyen. *I'm satisfied with this car.* M kontan ak machin sa a. •**be satisfied** kontante, satisfè *Whatever you give the child, he's satisfied.* Nenpòt sa ou bay pitit la, li kontante. *I am satisfied with what you said.* M satisfè ak pawòl ou yo. •**not**

completely satisfied pa fin twò dakò *I'm not completely satisfied with the decision.* M pa fin twò dakò ak desizyon an.

satisfy *v.tr.* fè yon moun plezi, rasazye, satisfè *The work satisfies her because it meets her needs.* Travay sa a fè l plezi anpil paske li reponn ak bezwen li yo. *Drink until you are satisfied.* Se pou ou bwè jis ou fin rasazye. *You should satisfy the child.* Ou dwè satisfè pitit la.

saturated *adj.* satire *The water is saturated with oxygen.* Dlo a satire avèk oksijèn.

Saturday *prop.n.* samdi

Saturn *prop.n.* [*planet*] Satin

sauce *n.* sòs •**hot-pepper sauce** sòs piman •**hot sauce** sòs pike •**soy sauce** lwil soja •**Tabasco® sauce** sòs piman •**thick bean sauce** sòs pwa •**with sauce** wouze *Give me a nice plate of rice with sauce please.* Ban m yon bèl plat diri awoze souple. •**without sauce** [*food*] chèch *The rice is without sauce.* Diri a chèch.

saucepan *n.* kastwòl

saucer *n.* sekoup, soukoup

sauerkraut *n.* chou nan vinèg

sausage *n.* sosis •**Andouille sausage** andwi •**blood sausage** bouden (san) •**dried spicy pork sausage** sèvla •**large sausage** sosison

sauté *v.tr.* frikase, sote *Sauté the beans for me.* Frikase pwa a pou mwen. *Just sauté the meat in some grease.* Annik sote vyann nan nan grès.

savage[1] *adj.* **1**[*wild, uncouth*] fawouch, sovaj, zannimo *That tiger is a savage animal.* Tig sa a se bèt fawouch. *What a savage people, they wreck things for nothing.* Ala yon pèp sovaj, y ap kraze brize pou anyen. *There's no one as savage as he is.* Nanpwen nèg zannimo tankou li menm. **2**[*untamed*] bosal, mawon *That dog is still a savage animal.* Chen sa la toujou bosal.

savage[2] *n.* [*person*] zannimo *Throw those savages out, they're making too much noise there!* Mete zannimo sa yo deyò, y ap fè twòp bri la a!

savagely *adv.* sovajman *This guy is beating his wife savagely.* Nèg sa a ap bat madanm ni sovajman.

savagery *n.* sovajri

savanna *n.* savann, tè savann

save[1] *n.* arè •**diving save** [*soccer*] plonjon •**make a save** pare gòl *The goalkeeper made a lot of saves during the game.* Se pa de gòl gadyen an pa pare nan match la. •**make a nice diving save** fè yon (bèl) parad *The goalkeeper made a nice diving save.* Gadyen an fè yon bèl parad.

save[2] *v.tr.* **1**[*rescue*] chape, epànye, sove *They cast a spell on him, he can't be saved.* Yo voye lanmò sou li, li pa ka chape. *A good Samaritan saved her from danger.* Se moun valab ki epànye li nan danje a. *I couldn't pay the rent, he saved me.* M te bare pou kòb kay, se li ki sove m. **2**[*preserve*] konsève *You have to save this dress so you can go to the wedding.* Se pou konsève wòb sa a pou ou al nan nòs la. **3**[*set aside*] mete la, mete yon bagay sou kote, rezève, sere *I'll save you some food.* M ap mete yon ti manje sou kote pou ou. *Save me a place.* Rezève yon plas pou mwen. *Let's save the rest of the bread.* Ann sere rès pen an. **4**[*money*] ekonomize, epànye, fè epay, fè{jeretyen/jeretyenzen}, menaje, sanble, sere *Save your money.* Ekonomize lajan ou. *Save some of your money for later.* Epànye yon ti kras nan lajan pou pita. *If you work, you need to save money for when you're sick.* Si w ap travay, fò ou fè epay pou lè ou malad. *You need to save a little money every time you get paid.* Fo ou fè jeretyenzen chak fwa ou touche. *Every month she gets paid, she saves a little money for emergencies.* Chak fwa li touche, li menaje yon ti kòb pou sizanka. *They're saving money in order to buy a house.* Y ap sanble lajan pou achte kay. *She saves her money in a piggybank.* L ap sere lajan li nan yon bwat sekrè. **5**[*comput.*] anrejistre, sovgade *You need to save your work often so you don't lose it.* Fòk ou anrejistre travay ou souvan pou ou pa pèdi li. *Save the file on a flash drive.* Sovgade dokiman an sou yon kle ISB. **6**[*rel.*] delivre, sove *I was saved when I was converted.* M te delivre lè m konvèti. •**save s.o.'s life** sove *The police saved my life.* Polis sove lavi m. •**save souls** [*rel.*] rachte *Jesus died to save our souls.* Jezi mouri pou l te ka rachte nanm nou. •**save up** mete{lajan/kòb} {dekote/nan bank}, mete yon ti lajan kouche *I'm saving up for a rainy day.* M ap mete yon ti lajan kouche pou sizoka. •**be**

saved genyen lavi sov, sove *The patient was saved thanks to the doctors.* Malad la te genyen lavi sov gras a doktè yo. *Thanks to God, I am saved.* Grasa Letènèl, m sove. •**to save one's life** [*useless at sth.*] pa vo anyen nan *He can't cook to save his life.* Msye a pa vo anyen nan fè manje.

saveloy *n.* sèvla

savings *n.pl.* ekonomi, epay, jeretyen, rezèv *If you work, you need to make savings for the day you're sick.* Si w ap travay, fò ou fè kolomi pou jou ou malad. *All my savings went to take care of illness.* Tout ti rezèv mwen fin pase nan maladi. •**paltry savings** ekonomi{bout chandèl/bout siga/bwa chandèl}

savior *n.* sovè

savoir-vivre *n.* savwaviv

savor[1] *n.* gou, savè

savor[2] *v.tr.* •**savor one's food** kraze yon manje *I savor some corn with bean sauce.* M ap kraze yon mayi ak sòs pwa la.

saw[1] *n.* (le)goyin, si •**band saw** goyin ak kouwa •**chain saw** pepeka, tepeka •**large saw** [*tool*] si

saw[2] *v.tr.* siye *They are sawing the wood.* Y ap siye bwa yo. •**saw off** twonse *He's sawing off a piece from the board to make a stool.* L ap twonse yon pati nan bwa a pou l ka fè yon tabourè.

sawdust *n.* debite, pay bwa siye, pousyè bwa, son

sawhorse *n.* chevalèt, echafo

sawmill *n.* siri

sawyer *n.* [*one who saws*] siyè, siyèdlon

saxophone *n.* saksofòn

saxophonist *n.* saksofònis

say[1] *n.* •**have a say in** gen lavwa ochapit, rantre bouch li nan *He has a say in the discussion.* Li gen lavwa ochapit nan diskisyon an. *You don't have a say in our business.* Ou pa gen dwa rantre bouch ou nan zafè nou.

say[2] *v.tr.* **1**[*speak, utter*] di *Did you say thank you?* Ou di mèsi? **2**[*claim*] di, swadizan di *She said a lot of things, but I didn't listen to her.* Li di anpil bagay men m pa t koute l. *The rich say they're helping the poor, but in fact they're crushing them.* Rich yo swadizan di y ap ede pòv, men se kraze y ap kraze yo. **3**[*indicate*] di, make *They say it's going to rain today.* Yo di li gen pou li fè lapli jodi a. *My watch says* ten o'clock exactly. Mont mwen an make dizè won. **4**[*giving instructions*] di *The doctor said for me to come back in a week.* Doktè a di pou m tounen nan yon semenn. **5**[*opinion*] di *Say what you like about him. I still like him.* Di sou ou vle sou li. M toujou renmen li. **6**[*imagine*] ann di, dizon, dizondi *Say you won the lottery. What would you do with the money?* Ann di ou te sòti nan bòlèt. Sa ou ta fè avèk kòb la? *Say he asks you out. What will you answer?* Dizondi li mande ou sòti. Sa ou ap reponn? •**say a word** fè mwèk *If you say a word, I'll make you leave.* Si ou fè mwèk la, m fè ou soti. •**say again** redi *Say again. I didn't hear you.* Redi. M pa t tande ou. •**say boo** di krik *For all they do to get him to talk, he never says boo.* Tout sa yo fè l pou fè l pale, li pa janm di krik. •**say hello to** salye *Say hello to your mother for me.* Salye manman ou pou mwen. •**say in confidence** krache nan {bò djòl/bouch}yon moun *What are you saying in confidence to that child?* Kisa w ap krache nan bouch pitit la la? •**say Mass** di{lanmès/lofis} •**say nice, sweet words** pouse bèl son *I hear Peter saying sweet words to a girl on the phone.* M tande Pyè k ap pouse bèl son ak yon fi nan telefòn nan. •**say no to** di non *He never knows when to say no.* Li pa janm konn ki lè pou l di non. •**say nothing** vale pawòl *She opened her mouth to speak, but she said nothing.* Li ouvri bouch li pou li pale, men li vale pawòl. •**say nothing at all** pa di{kwik/mwèk/tèk/zikap} *Say nothing at all to him.* Pa di li tèk. •**say sth.** desere dan li, plase yon mo nan *Now it's your turn to say something.* Manyè desere dan ou atò, non! *Say something so that they can become reconciled.* Plase yon mo nan koze a pou nèg yo manyè antann yo. •**say sth. good on behalf of s.o.** pouse pyon *I'll say something good on her behalf to the boss to help her get the job.* M pral pouse kèk pyon kote patwon an pou mwen ka ede l jwenn djòb la. •**say sth. inadvertently** bouch yon moun fè yon echapad *He said something inadvertently; he said what he wasn't supposed to say.* Bouch li fè yon echapad; li di sa pou l pa ta di. •**say something under one's breath** pale anba dan *She said something to him under her breath.* Li pale li yon bagay anba dan li. •**say**

the word depi yon moun di *Just say the word, and I'll come help.* Depi ou di m, m ap vin ede ou. •**say to someone's face** di yon moun nan figi li *I said it to his face.* Mwen di l sa nan figi l. •**as we say** kòmnoudizon *As we say, there's no sin in trying.* Kòmnoudizon, pa gen peche nan degaje. •**go around saying** twonpete •**it goes without saying** pa di je wouj •**let's say** asipoze, dizon, dizondi, mete *Let's say you don't finish in time. What then?* Asipoze ou pa fini alè. Lè sa, sa ou ap fè? *Let's say the girl slaps you, what would you do?* Mete fi a ba ou yon kalòt, ki sa w ap fè? •**needless to say** alewè, vini wè pou *He can't afford to buy food, needless to say pay the rent.* Li pa ka achte manje, vini wè pou li ta peye kay la. •**not say a word** pa di{kwik/mwèk/tèk/zikap}, pa{rache/kase}yon mo *Even though they accused her, she didn't say a word.* Malgre yo akize l, li pa di kwik. *Everybody is talking, but he isn't saying a word.* Tout moun ap pale, men li, li pa kase yon mo. •**not to even say thank you** pa di mèsi chen *He didn't even say thank you after everything I just did for him.* Li pa menm di m mèsi chen apre tout bagay mwen sot fè pou li. •**one would say** kòmkidire, ondire *One would say she looked very ill.* Ondire li sanble malad anpil. •**people say without doing** Bondye fè san di moun di san fè •**that is to say** dizon, egal, sètadi *He had more political advantages, that is to say, more power.* Li te gen plis avantaj politik, dizon plis pouvwa. •**they say** ondire *They say he wasn't even born here.* Ondire li pa menm te fèt isit. •**try to say sth.** desere dan yon moun •**what can I say** [often sarcastic] ala hen *There are always problems in this country. —What can I say!* Tout jounen se yon pwoblèm nan peyi a. —Ala hen! •**what did you say** plètil •**which is to say** asavwa, kidonk, kivedi *He is blaming us, which is to say we are wrong.* L ap repwoche nou, asavwa se nou ki antò. *I'm a Haitian, which is to say I'm from Haiti.* Mwen se Ayisyen, kidonk mwen soti Ayiti. •**who says what s/he thinks** liberal *Students like teachers who freely say what they think.* Elèv renmen pwofesè ki liberal. •**you can say that again** ou mèt di li (vre) —*This chicken is great!* —*You can say that again!* —Poul la bon! —Ou

mèt di l vre! •**you don't say** pa (me) di sa, toutbon —*They're expecting a child in May* —*You don't say!* —Yo gen yon timoun k ap fèt nan mwa me a. —Pa me di sa!

saying *n.* pawòl, povèb •**sayings of long ago** pawòl granmoun lontan •**wise or profound saying** [not a proverb] lapawoli

scab *n.* kal, kwout

scabbard *n.* fouwo, genn

scabies *n.* bouton grate, gal, lagal, lateng

scads *n.pl.* •**scads of** milyon ven, yon pil (ak yon pakèt)

scaffold *n.* echafo

scaffolding *n.* chapant, echafo, echafoday

scald *v.tr.* boule, chode, dekwennen, kankannen *The woman scalded the other one with a kettle of hot water.* Fi a boule lòt la ak yon bonm dlo cho. *The hot water scalded his hand.* Dlo cho a chode men l. *The hot water just dropped on him, it scalded his foot.* Dlo cho a sot tonbe, li dekwennen pye l. *The hot water scalded her badly.* Dlo cho a kankannen l nèt.

scalded *adj.* boukannen *His hand was scalded.* Men misye boukannen.

scale¹ *n.* **1**[*thermometer, ruler, etc.*] barèm, echèl **2**[*mus.*] gam •**gauge scale** [*graded*] echèl •**map scale** echèl, kle •**sliding scale** echèl mobil

scale² *n.* [*to measure weight*] balans, baskil, bilans, pèz **scales** *n.pl.* [*to measure weight*] balans •**hanging scales** balans ak kwòk •**two scales of justice** de pwa de mezi *Justice has two scales, if you have money, you're free, if not, you stay in prison.* Lajistis gen de pwa de mezi, ou gen kòb, ou lib, ou pa gen kòb, w ap manje prizon.

scale³ *n.* [*fish, snake, etc.*] ekay, kal

scale⁴ *v.tr.* **1**[*fish*] dekale, grate *Scale the fish with my knife.* Dekale pwason yo avèk kouto m nan. *She scaled the fish to remove its scales.* Li grate pweson an pou l wete kal li. **2**[*teeth*] grate *The dentist scaled my teeth.* Dantis la grate dan m. •**scale off** dekale

scale⁵ *v.tr.* eskalade, grenpe *He scaled the cliff with his bare hands.* Li eskalade falèz la avèk men li tousèl. *They scaled the wall to escape.* Yo grenpe mi an pou yo chape.

scale⁶ *v.tr.* •**scale down** redwi *He scaled down the photo so it would fit in his wallet.* Li redwi foto a pou li te ka mete li nan bous li. •**scale up** agrandi *She scaled up the map so everyone could see it.* Li agrandi kat la pou tout moun ka wè l.

scalene *adj.* [*math*] eskalèn *A scalene triangle.* Yon triyang eskalèn.

scaler *n.* gratwa

scallion *n.* echalòt, powo

scallop *n.* eskalòp, koki senjak

scalp *n.* kivatèt, {kui/kwenn/kwi/po} tèt *Your scalp is full of dandruff.* Tout kui tèt ou se kap.

scalpel *n.* bistouri, kouto operasyon

scaly *adj.* •**become scaly** [*skin*] fè kal *The sore is becoming scaly, it's almost healed.* Maleng lan fè kal, li prèske geri.

scam *n.* djòb

scamp *n.* lera

scamper *v.intr.* •**scamper away** vole sove kite *The child servant scampered away from the house.* Restavèk la vole sove kite kay la.

scampi *n.* eskanpi

scan *v.tr.* eskane *I haven't scanned the text yet.* M poko eskane tèks la.

scandal *n.* afè, eskandal, lòbèy, tralala *I heard the news about the stamp scandal.* M te tande nouvèl afè tenm nan. *A scandal broke out but we are not implicated.* Gen yon eskandal ki pete, men nou pa ladan. *There are many scandals in the office.* Gen anpil lòbèy nan biwo a.

scandalize *v.tr.* eskandalize *The dirty words she used scandalized everyone.* Gwo mo li di yo eskandalize tout moun. •**be scandalized** [*by s.o.'s language, actions, attitude*] choke *I was scandalized by their behavior.* Konpòtman yo te choke m.

scandalmonger *n.* lokopèt, paladò

scandalous *adj.* eskandalè, eskandalèz [*fem.*] *This scandalous guy says all sorts of dirty words in public.* Li di nenpòt ki gwo mo an piblik, nèg eskandalè sa a. •**scandalous woman** loray kale

scanner *n.* eskanè

scapegoat *n.* bouk emisè, chwal, dra, tablati *Anything that they do wrong is his fault, he's the scapegoat.* Tout sa yo fè ki mal se sou do l, se li k chwal la. *I'm tired of serving as your scapegoat.* M bouke fè dra ou. •**be the scapegoat** pote chay *For everything they do that's bad, I'm always the scapegoat.* Tout sa yo fè ki mal, se mwen ki toujou pote chay la.

scapula *n.* omoplat, zo zepòl

scapular *n.* eskapilè

scapulary *n.* eskapilè

scar[1] *n.* kouti, mak, sikatris, tach •**bear a scar** pote mak *He bears the scars of a whip.* Li pote mak fwèt la. •**leave a scar** fèmen *The sore left a scar after one month.* Maleng lan fèmen sou yon mwa. •**be scarred** grave *How is it that his face is scarred like that?* Kouman figi l fè grave konsa.

scar[2] *v.tr.* **1**[*physical*] {ba/fè}mak, fèmen, grave, make *The knife scarred his arm.* Kouto a fè mak sou ponyèt li a. *The acne scarred her face.* Vèble a grave figi l. **2**[*emotional, etc.*] make *Seeing her mother die like that scarred her for the rest of her life.* Wè manman ni mouri konsa make l pou tout rès vi li.

scarce *adj.* ra *Mangoes are scarce this year.* Mango ra ane sa a. •**become scarce** [*money*] lajan monte bwa *Money is scarce these days.* Lajan monte bwa alèkile. •**make o.s. scarce** fè lera *I'm looking for you, but you're making yourself scarce.* M ap chèche ou, men ou fè lera.

scarcity *n.* dizèt [*food*], rate, ratezon, ratman *There's a scarcity of rice.* Gen dizèt diri.

scare[1] *n.* freyè

scare[2] *v.tr.* alame, fè kè yon moun kase, fè yon moun {pantan/pè} *The noise scared everybody.* Bri a alame tout moun. *How you screamed about nothing, you scared me.* Gade gwosè yon rèl ou pouse pou granmèsi, ou fè kè m kase. *The gun you carry scares him.* Zam nan ou rale a fè li pantan. *You scared me!* Ou fè m pè! •**scare off** fawouche, kaponnen *Don't scare off the dog, he'll run off.* Pa fawouche chen an, l ap kouri ale. *He thinks he can scare me off because he has a knife.* Msye a kwè li ka kaponnen m pase li rale yon kouto. •**scare s.o.** bay yon moun laperèz *Don't let people scare you.* Pa kite moun ba ou laperèz. •**be deeply scared of s.o.** pè yon moun pase fizi de kou *I am deeply scared of those people.* M pè moun sa yo pase fizi de kou. •**be scared** entimide, gen{krent pou/krentif pou/laperèz} *You don't need to be scared to speak in public.* Ou pa bezwen entimide pale devan moun yo. *Don't be scared of the dog,* *he won't bite.* Ou pa bezwen gen krent pou chen an, li p ap mode ou. *He doesn't need to be scared.* Li pa bezwen gen laperèz. •**be scared silly** pè kou chat *The movie scared them silly.* Fim nan fè yo pè kou chat. •**be scared to death** dekonpoze, pè kou chat, pè pou li pa chape *She was scared to death when she saw the syringe.* Li dekonpoze lè l wè piki a. *She was scared to death when she heard the shot.* Li pè kou chat lè l tande tire a. *He was scared to death when he saw the man pull out his gun.* Li te pè pou l pa chape lè l wè nèg la rale zam nan. •**get scared** kaponnen *He's been scared since we threatened him.* Misye kaponnen depi n fin menase li a.

scarecrow *n.* epouvantay, estati •**person dressed like a scarecrow** lalout boure

scared *adj.* kapon, pè *The dogs made him scared.* Chen yo rann li kapon. *I'm scared to ask him for money.* M pè mande l kòb. •**be deeply scared of s.o.** pè yon moun pase fizi de kou *I am deeply scared of those people.* M pè moun sa yo pase fizi de kou.

scaredy-cat *n.* san nanm, pòtwon *She's a real scaredy-cat, when you make a noise near her, she begins to tremble.* Se yon san nanm wi, kou ou fè yon bri sou li, l pran tranble. *What a scaredy-cat! He hears a little noise, and his heart starts pounding.* Ala nèg pòtwon! Li tande yon ti bwi, epi kè li sou biskèt.

scarf *n.* foula, kapòt, madras [*headscarf*], mouchwa kou •**fancy scarf** echap

scarlatina *n.* lafyèv eskalatin

scarlet *adj.* vèmiyon

scary *adj.* efreyan *I've never seen a film as scary as this.* M pa janm wè yon fim ki efreyan konsa.

scatter I *v.tr.* [*spread around*] bande, dekonble, dispèse, gaye, grennen, simaye, simen *This drawer is filled with documents, don't go into it so as not to scatter anything.* Tiwa sa a bande ak dokiman, pa al ladan pou pa gaye anyen. *Look, the chicken is scattering the rice.* Men poul la ap gaye diri a. *She scattered the papers all over the house.* Li simaye papye yo nan tout kay la. *She scattered her clothes all over the house.* Li simen rad li nan tout kay la. **II** *v.intr.* **1**[*spread around*] epapiye *The ash scattered because of the wind.* Sann lan epapiye akòz van an. **2**[*people, crowd*]

degonfle *The crowd scattered when the police showed up.* Foul moun degonfle lè polis la parèt. •**be scattered** papiyen *Many houses are scattered all the way up to the mountaintop.* Yon dividal kay papiyen jouk anwo mòn nan.

scatterbrained *adj.* sèvo plim, toudi *That girl is so scatterbrained, she doesn't know what she is doing.* Tifi a sitèlman sèvo plim, li pa konn sa l ap fè.

scavenger *n.* bèt aloufa *That scavenger even eats dead dogs.* Bèt aloufa a, ata chen mouri l manje.

scenario *n.* se menm kout bwa a, senaryo *With each new president, it's the same scenario: stealing, stealing!* Chak prezidan ki pran pouvwa a se toujou menm kout bwa a: vòlè, vòlè!

scene *n.* **1**[*place*] andwa, kote, (le)lye *This is the scene of the accident.* Sa se andwa aksidan an. *This is the scene where it all happened.* Sa se kote tout bagay rive. *The jury visited the scene of the crime.* Jiri a fè vizit de lye. **2**[*public scandal*] bank, eskandal, esklann, espektak, sèn *If you touch me, I'll make a scene of it and the police will come!* Si ou manyen m, m a fè bank avè ou epi lapolis ap vini! *She made a scene with her boyfriend in front of everyone.* Li te fè eskandal avèk menaj li douvan tout moun. *A public scene.* Yon esklann piblik. *Those two are always making a scene insulting each other.* De moun sa yo pa janm pa p bay espektak, se toutan yo nan joure. *Don't make a scene.* Pa fè yon sèn, non. **3**[*of a play*] sèn *The actors made a good scene.* Aktè yo fè yon bèl sèn. •**at the scene** sou lèlye •**make a scene** fè{teyat/yon won ak yon moun}, {pete/fè}lòbèy *Quit making a scene in the street so people won't say bad things about you.* Ase fè teyat nan lari a pou moun pa pale ou mal. *If you don't give me back my money, I'll make a scene.* Si ou pa kale m lajan, m ap fè yon won ak ou. *If he doesn't pay me, I'll make a scene.* Si l pa peye m, m ap fè lòbèy. •**on the scene** sou lèlye *She was on the scene when the accident happened.* Li te sou lèlye lè aksidan an rive. •**the scene of the crime** lye krim nan

scenery *n.* chanjman dè, dekò, peyizaj

scent¹ *n.* fre, odè, pafen *The dog picked up the scent of the thief.* Chen pran fre vòlò a.

scent² *v.tr.* anbonmen, pran fre *The flowers scented the house.* Flè yo anbonmen kay la.

schedule¹ *n.* barèm, kalandriye, orè *Could you give me a schedule of prices?* Ou te ka ban mwen yon barèm pri yo. •**schedule of assets and liabilities** bilan •**behind schedule** an reta, pran reta *We're really behind schedule on this job.* N an reta anpil sou travay sa a. *We don't want to get behind schedule.* Nou pa vle pran reta. •**on schedule** alè *The bus is on schedule.* Bis la alè.

schedule² *v.tr.* mete{dat/lè}, mete yon bagay{pou/sou orè} *Let's schedule the meeting for Saturday.* An n mete reyinyon an pou samdi. *When have they scheduled the party?* Pou ki lè yo mete dat fèt la?

scheme¹ *n.* konbin, konbinezon, konfyolo, konplo, konplotay, magouy, plan *He built his house only through schemes.* Li rive bati kay li a nan fè magouy sèlman.

scheme² *v.tr.* bay kout sèl, bouyi yon sosis, degaje li, fè {konbinezon/konfyolo/ konkonbwèt/konplo/mannigèt/ plan}, manniganse, mare konplo sou yon moun, mijonnen, monte konbit sou, sou plan *You shouldn't scheme against me in order to make me lose the job.* Nou pa ta bay kout sèl sa sou do m pou nou fè m pèdi travay la. *I can see you're scheming to flee.* M wè w ap degaje ou pou kite peyi a. *They schemed to have her fired.* Y ap fè konfyolo pou fè revoke l. *These people spend all day scheming.* Moun sa yo tout jounen nan konkonbwèt. *The opposition schemed to delay the elections.* Opozisyon an ap fè mannigèt pou eleksyon yo pa fèt a lè. *People are scheming against me.* Nèg yo ap fè plan sou do m. *The politicians schemed against the opposition.* Politisyen yo mare konplo sou do opozisyon an.

schemer *n.* bakonyè, bakonyèz [*fem.*], entrigan, magouyè, magouyèz [*fem.*] •**be a schemer** entrigan *What a schemer he's!* Ala kot ti nonm entrigan!

scheming *n.* konkonbwèt, konperaj, konplotay, magouy •**political scheming** lakobat politik *All this is political scheming.* Tou sa se lakobat politik. •**underhanded scheming or dealings** move trafik

schnoz *n.* ponm nen

scholar *n.* moun lespri, moun save, savan, save

scholarly *adj.* save *He's a very scholarly man.* Msye a save anpil.

scholarship *n.* bous

school *n.* 1[*institution*] lekòl *Do you walk to school?* Ou al lekòl apye? 2[*body of students, teachers, etc.*] lekòl *The whole school knew she was pregnant.* Tout lekòl la te konnen l ansent. 3[*division/branch of university*] fakilte *They named him Dean of the School of Medicine.* Yo nonmen l dwayen Fakilte Medsin. •**school lunch program** kantin •**school of education** lekòl nòmal •**boarding school** entèna, pansyon •**Catholic school** lekòl{katolik/ kongreganis/kongregasyonis} *My sister goes to a Catholic school; I go to a lay school.* Ti sè m nan yon lekòl kongreganis, mwen nan yon lekòl layik. •**church-related school** lekòl kongreganis •**coed school** lekòl miks •**day school** estèna •**disorderly school** poulaye •**elementary school** (lekòl) primè *She's in elementary school.* Li nan primè. •**go to a professional school** ale nan metye *He'd like to go to a professional school.* Li ta renmen ale nan metye. •**high school** lekòl segondè, lise, segondè •**home economics school** lekòl menajè •**law school** dwa, lekòl{de dwa/ avoka} *I'm in law school this year.* M nan dwa ane sa a. •**law school for magistrates of the court** lekòl majistrati •**nursery school** jaden danfan, kindègadenn •**private elementary or middle school** kolèj •**private school** lekòl{patikilye/ peye/prive} •**rural school** fèm lekòl •**second-rate school** lekòl bòlèt •**secondary school** segondè •**Sunday School** lekòl{di dimanch/dominikal} •**vocational school** lekòl pwofesyonnèl •**vocationally-oriented middle school** brevè •**(pertaining to) schools** eskolè

schoolchildren *n.pl.* ekolye, ekolyè [*fem.*], elèv, timoun lekòl

schooling *n.* edikasyon, elvaj, lekòl

schoolmaster *n.* mèt (lekòl), metrès (lekòl) [*fem.*], pwofesè

schoolmate *n.* kondisip, zanmi lekòl

schoolroom *n.* saldeklas, salklas

schoolteacher *n.* mèt, metrès [*fem.*] •**female schoolteacher** metrès lekòl

schoolyard *n.* lakou

schooner *n.* gwelèt

sciatica *n.* tay ak janm fè mal, syatik

science *n.* lasyans •**aeronautical science** ayewonotik •**computer science** enfòmatik •**medical science** lamedsin •**veterinary science** veterinè •**social sciences** syans sosyal

sciences *n.pl.* syans imèn

scientific *adj.* syantifik

scientifically *adv.* syantifikman *Scientifically, your statement doesn't stand up.* Syantifikman, sa ou di a pa kenbe.

scientist *n.* moun{lasyans/save}, savan, syantis

scintillate *v.intr.* myoukmyouke *The diamond on her ring is scintillating.* Djaman sou bag li a ap myoukmyouke.

scissors *n.pl.* sizo

sclera *n.* blan je

scoff *v.intr.* bafwe, griyen dan li *They scoffed at her because she is poor.* Yo bafwe l pase li pòv. *Everyone in the room scoffed at him when he started forgetting his speech.* Tout moun nan sal la griyen dan yo lè msye a kòmanse bliye diskou li a. •**scoff at** fè yon moun grimas *She scoffed at him with his pretentious clothes.* Li fè msye grimas ak rad chèlbè li a.

scoffer *n.* mokè

scold *v.tr.* blame, boure pip yon moun, fè{palab/yon moun obsèvasyon,/yon moun remak}, gwonde, joure, koresponn ak, obsève, pantan sou yon moun, pran bò(t) yon moun, pati ak{bò(t)/abò}yon moun, raboure, {rale/ redi}zòrèy yon moun, rele abò, reprimande, sale *The elders scolded her for her bad behavior.* Granmoun yo blanmen manmzèl pou move konpòtman li. *I scolded them because they were fooling around.* M boure pip yo poutèt yo ranse. *She doesn't like people scolding her.* Li pa renmen moun fè li remak. *Her mother scolded her because she returned home late.* Manman l joure l poutèt li antre ta. *The director scolded the secretary because she left the office open.* Direktè a koresponn ak sekretè a poutèt li te kite biwo a ouvè. *When I scolded her, she became angry.* Lè m obsève l, li fache. *Don't scold me; I'm not the one who spread your story.* Pa vin pantan sou mwen; se pa mwen ki pale

koze ou. *Her mother is scolding her because she came in late.* Manman l pran ak bòt li poutèt li antre ta. *She scolded me because I lost the money.* Li raboure m poutèt m pèdi kòb la. *You have to scold the children when they misbehave.* Ou dwe rale zòrèy timoun yo lè yo fè dezòd. *They have to scold him; he does what he shouldn't.* Fòk yo rele abò msye; li fè sa k pa sa. *Robert scolded his daughter for misbehaving.* Wobè sale pitit fi li a pou move kondwit. •**scold a child harshly** bay yon moun yon swif *He's crying because they scolded him harshly.* L ap kriye pase yo sòt ba li yon swif.

scolding *n.* brimad, eskandal [*public*], fè palab, prigad *The child didn't do anything to deserve all that scolding.* Pitit la pa fè anyen la pou fè tout palab sa yo.

scoliosis *n.* eskòlyoz

scoop[1] *n.* **1**[*amount*] boul, kiyè *Give me a scoop of chocolate and a scoop of vanilla.* Ban m yon boul chokola, yon boul vani. **2**[*media*] twouvay jounalis boul

scoop[2] *v.intr.* •**scoop up** ranmase *Scoop up these chicken droppings.* Ranmase poulin sa yo.

scoot *v.intr.* •**scoot over** {gouye/souke/tchoule}kò li *Scoot over so that I can sit down.* Gouye kò ou, ban m yon ti plas pou m chita. *Scoot over so I can have room to sit.* Souke kò ou pou m ka jwenn plas pou m chita.

scooter *n.* •**child's scooter** twòtinèt

scope *n.* pòte

scorch *v.tr.* boule, kankannen *The iron is too hot. You'll scorch the shirt.* Fè a twò cho, ou a boule chemiz la.

score[1] *n.* **1**[*sports*] eskò *The score has gone up, the game is now two to zero.* Eskò a ogmante, match la de zewo kounye a. **2**[*grade*] nòt *She had a good score on the exam.* Li fè yon bon nòt nan egzamen an. **3**[*notch, mark*] antay, kòche *He made a score in the piece of wood.* Li fè yon kòche nan mòso bwa a. **4**[*fig.=debt*] kont *I have a score with him.* M gen kont ak li. **5**[*musical*] patisyon **6**[*twenty*] ventèn *Four score and three years ago.* Kat ventèn e twazan pase. •**have a perfect score** fè dis sou dis *That pupil had a perfect score on the math exam.* Elèv la fè dis sou dis nan egzamen matematik la. •**have a score to settle with**

s.o. gen yon kont pou regle, gwòs *I have a score to settle with her.* M gen yon kont pou regle avèk li. *Do not try to bother him, he's already got a score to settle with you.* Pa vin anmède l non, li tou gwòs ou deja. •**tie score** match nil

score² I *v.tr.* 1[*make a goal, point, etc.*] bay yon gòl, {fè/make}yon{bèk/bi/gòl/pwen} *When we scored the goal, the fans cheered.* Lè n fè gòl la, fanatik yo rele anmwe. *Since he has four kings, he can score eighty points.* Depi li genyen kat wa, li ka make katreven pwen. 2[*basketball*] {fè/make}yon {baskèt/pànye} *She scored ten baskets in the game.* Li make dis baskèt nan jwèt la. 3[*money, etc.*] mare *He scored a lot of money in the lottery.* Li mare yon bakoko lajan nan lotri a. 4[*cut, mark, notch, etc.*] fè antay, filange, kòche *She scored the meat in order to salt it well.* Li filange vyann lan pou li ka sale li byen. *He scored the wood with his knife.* Li kòche bwa a ak kouto li. 5[*arrange music*] adapte *She scored the music for the movie.* Se li ki adapte mizik la pou fim nan. II *v.intr.* 1[*make a goal, points, etc.*] siyen non li *All the players in the team scored in the contest.* Tout jwè nan ekip la siyen non yo nan chanpyona a. 2[*exam, etc.*] fè *What was the average scored on the exam?* Ki mwayenn yo fè nan egzamen an. 3[*be successful*] mare pwen, pwente *I finally scored high enough to pass the exam.* M resi mare pwen m bezwen pou m pase egzamen an. *Our team scored the win, because we're better.* Ekip nou an pwente paske se nou ki pi bon. 4[*with a woman*] siyen non li nan yon fi *I totally scored with her last night.* Mwen siyen non mwen nan fi sa a yè swa. •**score a point** fè yon bèk *Since the debate began, I've succeeded at scoring a point.* Depi deba a kòmanse, m resi fè yon bèk. •**be scored on** [*sports*] pran (yon) gòl *If the goalie had been a little quicker, he wouldn't have been scored on.* Si gadyen bi a te yon ti jan pi vit, li pa t ap pran gòl la. •**not score** pa fè yon plim •**unable to score** pa fè yon plim *That team is unable to score.* Ekip sa pa fouti fè yon plim.

scoreboard *n.* tablo (pwen)

scorecard *n.* mak

scoria *n.* eskori

scorn¹ *n.* mepri

scorn² *v.tr.* bafwe, meprize, pa pran ka yon moun *They scorn her because she is poor.* Yo bafwe l poutèt li pòv. *She scorned her, because she was jealous.* Li meprize fi a poutèt li te jalou. *You scorn me, but I'm a human being!* Ou pa pran ka m, men se yon moun mwen ye!

scornful *adj.* meprizan *He has a scornful behavior.* Li gen yon tanperaman meprizan.

Scorpio *prop.n.* [*zodiac*] eskòpyon

scorpion *n.* eskòpyon, zekribich

scorpionfish *n.* vennkatrè

Scotch® *prop.n.* •**Scotch® tape** eskotch tep, papye kole

scoundrel *n.* afedam, aksyonè, atoufè, azireya, bandi, brigan, evènman, fripouy, kannay, koken, malfwendeng, move{grenn/je}, pa itil, salopri, selera, ti koulout, vakabon *Don't hang out with those men, they're real scoundrels.* Pa frekante mesye sa yo, yo twò aksyonè. *He's a scoundrel, he's likely to get you in trouble.* Msye se yon atoufè, li san lè lage ou nan pwoblèm. *That guy is a scoundrel, there's no bandit like him.* Nèg sa a se yon evènman, pou jan l bandi. *This scoundrel wants to lead the child into everything that isn't good.* Move grenn sa a vle antrene pitit la nan tout sa ki pa bon. *There are many scoundrels in the government.* Gen anpil pa itil nan gouvènman an. •**heartless scoundrel** sanmanman

scour *v.tr.* 1[*scrub*] dekrase, dekwote, foubi *Here's some steel wool to scour the pots.* Men pay de fè pou dekrase chodyè yo. *You're really going to have to scour this pot, because the rice is burnt on.* Fòk ou fwote anpil pou dekwote chodyè sa la pase diri a kankannen nèt. *The pots need to be scoured.* Chodyè yo merite foubi. 2[*search for*] bouske, fouye *They scoured the neighborhood looking for the criminal.* Yo bouske kriminèl la nan tout vwazinay a. *She scoured the house looking for her keys.* Li fouye tout kay la ap chache kle li yo.

scourge *n.* flewo

scout *n.* 1[*milit.*] eklerè 2[*boy scout*] eskout •**boy scout** eskout *I was a boy scout.* M te nan eskout. •**cub scout** louvto •**girl scout** eskout

scouting *n.* [*organization*] eskout •**scouting movement** eskoutis

scraggly *adj.* vlengenden

scram¹! *interj.* vouzan, wete kò ou *Buddy, scram!* Monchè, wete kò ou la a!

scram² *v.intr.* bat (ti) zèl li, efase ou, file, grate, jete ou, òltègèt li, padon, rale kò li *Scram, scum bag!* File, salopri! *The scoundrel scrammed without a word.* Vakabon an rale kò li san pale.

scramble¹ *n.* chifonnay *There was a scramble for seats.* Te gen yon sèl chifonnay pou chez yo.

scramble² *v.tr.* rebrase *Scramble the dominoes.* Rebrase domino. •**scramble for a living** chache kote{lari/lavi}fè kwen *Stop being lazy, go scramble for a living.* Sispann fè parese, leve al chache kote lavi fè kwen.

scrap¹ *n.* **1**[*gen.*] bout, grapiyay, krabinay, pay, retay *I want the scraps of wood.* M vle bout bwa yo. *Give me the leftover scraps.* Ban m grapiyay yo. *After the building collapsed, they came and picked up the scraps.* Aprè kay la vide, yo te vin pran krabinay la. *Look at all those wasted scraps of food you have.* Gade pay manje a pa bò isit la. *Put the scraps in that box.* Mete retay yo nan bwat sa la. **2**[*cloth*] chifony, retay *She's going to make a bedspread with the scraps of cloth.* Li pral fè yon kouvreli avèk tout chifony yo. *When you've finished cutting the cloth, give me the scraps.* Lè ou fini koupe twal la, ban m retay yo. **3**[*metal*] sizay *They sold the scraps of metal to the scrapyard.* Yo vann sizay yo bay simityè mòflè yo. **4**[*food*] kraze, lasibab, lèz, rès, retay, tripay, zagribay *They gave the beggar the scraps of bread.* Yo bay mandjan an ti kraze pen yo. *I'll take whatever scraps of food you have.* Menm yon ti lasibab m ap pran. *She only had a thin scrap of bread to eat.* Li te gen yon sèl ti lèz pen pou li manje. *Put the food scraps in the dog's dish.* Mete rès manje a nan asyèt chen an. *The dog comes to the market to eat the scraps the meat sellers throw on the ground.* Chen an vin nan mache pou l manje retay machann vyann yo jete atè a. *Are you going to throw out those scraps of food?* Ou pral jete tout tripay manje sa yo? *They gave the dog the scraps of meat.* Yo bay chen an zagribay vyann nan.

scrap² *n.* [*fight*] baga, batay, goumen, kont

scrap³ *v.intr.* [*fight*] batay, goumen *Why are you scrapping?* Poukisa n ap batay?

scrap⁴ *v.tr.* [*throw away*] jete, voye nan raje *This computer is twenty years old, you can scrap it.* Òdinatè sa a gen ventan, ou mèt voye l nan raje.

scrape¹ *n.* **1**[*mark, scratch, etc.*] grafouyen, grat *I have a scrape on my knee.* M gen yon grafouyen sou jenou mwen an. *There's a scrape on the table.* Gen yon grat sou tab la. **2**[*of butter, etc.*] lèz *Put in a scrape of butter.* Mete yon ti lèz bè. **3**[*trouble*] katchaboumbe, traka *She's always getting into scrapes with people.* Li toujou nan katchaboumbe ak moun.

scrape² *v.tr.* **1**[*scratch, rub, etc.*] fwote, graje, grate, gratman, kale, kòche *The muffler is scraping the ground.* Mòflè a ap fwote atè. *I scraped my knee when I fell.* M graje jenou m lè m tonbe a. *Don't scrape the pot too much, it will break.* Pa grate chodyè a fò, l a kreve. *The paint on this wall is peeling; we have to scrape it.* Penti ki nan mi sa a ap fè kal, fòk nou fè yon gratman. *He scraped his knee.* Li kale jenou l. *I scraped the back of my hand on the wall.* M kòche do men mwen sou mi an. **2**[*soil*] rakle *She scraped the soil with a rake.* Li rakle tè a ak yon rato. •**barely scrape by** bat dlo pou fè bè *Life is difficult, we're barely scraping by.* Lavi a difisil, n ap bat dlo pou n fè bè.

scraper *n.* [*carpenter tool*] gratwa *The cabinetmaker's scraper is lacking sharpness.* Gratwa ebenis la manke file, planch la pa lis.

scraping *n.* **1**[*action*] grate *The scraping on my leg really hurt.* Grate sou janm mwen fè mal anpil. **2**[*wall, paint, etc.*] gratman *The paint on the wall is peeling. It needs a good scraping.* Penti sou mi an ap kale. Li bezwen yon bon gratman. **3**[*sound*] rakleman *The scraping on the chalkboard is hurting my ears.* Rakleman sou tablo a ap fè zòrèy mwen mal. **scrapings** *n.pl.* grat *Make sure the scrapings don't fall into the food.* Fèt atansyon pou grat yo pa tonbe nan manje a.

scrapper *n.* bagarè, bretè, sabrè

scraps *n.pl.* **1**[*leftover food*] lasibab **2**[*discarded waste materials*] grapyay, zagribay

scrapyard *n.* simityè mòflè

scratch[1] *n.* **1**[*injury*] grafouyen, gratiyen, kòche *He gave me some scratches.* Li te ban m kèk grafouyen. *She has a scratch on her foot.* Li gen yon ti gratiyen nan pye l. **2**[*mark on a table, etc.*] grat, mak *Who put these scratches on the table?* Sa k fè mak sa yo sou tab la? *There's a big scratch on the wall.* Gen yon sèl grat sou mi an. **3**[*noise, etc.*] gratman *There was a scratch at the door.* Te gen yon gratman sou pòt la. •**from scratch** pati{a/de} zewo *He started the business from scratch until it took hold.* Li pati a zewo ak biznis la jous li pran.

scratch[2] *v.tr.* **1**[*make a mark with sth.*] fwote, grafouyen, grate, grave, grife, grifonnen, kòche, rafle, zongle *Enough scratching your skin like that so that it doesn't peel.* Ase fwote po ou konsa pou l pa dekale. *The cat scratched the baby.* Chat la grafouyen ti bebe a. *Chickens scratch the ground all day long.* Poul yo grate tè a tout jounen. *She scratched her glasses.* Li grave linèt li. *Mark scratched his skin while picking raspberries.* Mak grave po l nan keyi franbwaz. *The cat scratched her.* Chat la grife li! *The cat scratched up the child's entire leg.* Chat la grifonnen tout janm pitit la. *The wire scratched her on the foot.* Filfè a kòche l nan pye. *My whole hand got scratched on the wall.* Tout men m kòche nan miray la. *The wire scratched her on the foot.* Filfè a kòche l nan pye. *His nail scratched my entire face.* Zong li rafle tout figi m. *You really scratched him, look how your five fingers left marks on him.* Ou zongle li vre, gade tout senk mak dwèt ou yo parèt. **2**[*relieve an itch*] grate *Stop scratching your arm!* Sispann grate ponyèt ou! **3**[*cancel*] anile *They scratched the game.* Yo anile match la. •**scratch o.s.** grate *She scratched herself so much that the pimples bled.* Li grate tout kò l jis bouton l yo senyen. •**scratch out** efase *Scratch out his name on the list.* Efase non li sou lis la. •**you scratch my back and I'll scratch yours** ou pase pran m m a pase{rele/chache}ou *You know how it is, you scratch my back, and I'll scratch yours.* Ou konnen lavi sa, se pase pran m, m a pase rele ou.

scratched *adj.* grave, mak *The record is scratched.* Plak la grave. *The table is all scratched up.* Tab la chaje mak.

scratches *n.pl.* •**chicken scratches** pat mouch *Your writing is nothing more than chicken scratches.* Ekriti ou a se renk pat mouch.

scratching *n.* [*action*] gratman

scrawl[1] *n.* grabji •**spidery scrawl** pye mouch

scrawl[2] *v.tr.* grave, grifonnen *He can only scrawl his name.* Li k ap senpman grave non l. *She can scrawl some letters, but she can't write well yet.* Li ka grifonnen kèk lèt, men li poko konn ekri byen.

scrawled cowfish *n.* bous akòn

scrawny *adj.* dezablaza, rachitik *The little guy is scrawny for his age.* Ti nèg la dezablaza pou laj li. •**scrawny child** krebete [*pej.*], zonzon •**scrawny person** fil *She became a scrawny person after suffering typhoid fever.* Li tounen yon fil apre tifoyid la. •**become scrawny** kòde *The cancer made her become scrawny.* Kansè a fè li kòde nèt.

scrawny-legged *adj.* pye{baton/bekasin/chèch/fen/fin/ zo} *Man, look at that scrawny-legged girl!* Gade yon fi pye baton, papa!

scream[1] *n.* kri, rèl

scream[2] *v.intr.* fè rèl, kriye, rele *He took heart so he wouldn't scream.* Li kenbe kè pou l pa kriye. •**scream at** fè rèl sou, rele sou *Don't scream at me!* Pa fè rèl sou mwen! *She screamed at me to stop.* Li rele sou mwen pou m rete.

screen[1] *n.* **1**[*movie, TV, etc.*] ekran **2**[*mesh, grating, etc.*] gri, trèy **3**[*insect screen*] til, twil **4**[*gate, door, etc.*] gri **5**[*for sand*] krib •**folding screen** baryè, paravan •**large wicker screen** nas

screen[2] *v.tr.* **1**[*mask, hide*] kache *The trees screened the house from view.* Se pyebwa yo ki kache kay pou moun pa wè li. **2**[*a film*] pwojte *They screened the new film last night.* Yo pwojte nouvo fim nan yè swa. **3**[*select*] pase nan peny fen, triye *She screened all the people for the interview.* Se li ki triye tout moun pou antrevi a. •**screen carefully** pase nan peny fen *He always carefully screens what he says.* Li se moun ki pase koze l nan peny fen.

screening *n.* **1**[*of a movie*] pwojeksyon *The screening of the movie started.* Pwojeksyon fim nan koumanse. **2**[*selection*] triyaj *The nurse did the screening of all the patients for* *the doctor.* Se mis la ki fè triyaj tout pasyan yo pou doktè a.

screw¹ *n.* ekwou, vis •**have a screw loose** manke yon fèy

screw² *v.tr.* **1**[*fasten with a screw*] vise *Screw the board onto the door.* Vise planch la sou pòt la. **2**[*turn, tighten*] vise *Screw in the light bulb tight.* Vise limyè a byen vise. **3**[*cheat, scam s.o.*] fè (yon) djòb *They screwed him out of the money.* Yo fè yon djòb sou li pou pran tout lajan an. **4**[*have sex with (vulg.)*] bay (yon fanm) bwa, frape, kòche, kraze kalòj yon fi, kwoke [N], plimen, tape, taye, viktim *He screwed the girl hard.* Li bay fi a bwa kont li. *I already screwed this loose girl.* M frape limena sa a deja. *I just screwed her, the whore.* M fèk sot kòche manmzèl, bouzen an. *All the guys in the neighborhood have already screwed this easy girl.* Tout nèg sou katye a kraze kalòj limena sa a. *I already screwed that woman.* M plimen fi sa deja. *I screwed that girl yesterday.* M tape fi sa a yè. *He already screwed that woman.* Li taye fi sa a deja. *He has already screwed all the girls in the neighborhood.* Msye viktim tout ti dam yo ki nan katye a. •**screw back on** revise *Did you screw all the screws back on?* Ou revise tout vis yo? •**screw brutally** fougonnen *He screwed the girl brutally.* Li fougonnen fi a. •**screw s.o.** met(e) anba bwa *The boss screws the maid.* Patwon an mete sèvant lan anba bwa. •**screw up a**[*do poorly, fail at*] betize, gate *You screwed up, man, such an easy little exam, and you don't take it!* Ou betize monchè, mòd ti egzamen sa a, ou pa fè l! *Whenever she gets involved, she screws up everything.* Depi l parèt, li gate tout bagay. **b**[*wreck, ruin*] betize, deranje, gate *She screwed up on the shirt I had her make for me.* Li betize nan chemiz m ba l fè a. *He screwed up the radio.* Li deranje radyo a! *They screwed up the meal.* Yo gate manje a.

screwdriver *n.* tounavis, tounvis •**flat-tipped screwdriver** tounvis plat •**Philip's head screwdriver** tounavis etwale •**square-headed screwdriver** tounvis kare

screw tree *n.* jekon, koton rat

scribble¹ *n.* grabji, majigridi, pat mouch

scribble² **I** *v.tr.* grifonnen *She quickly scribbled a note to her husband.* Li grifonnen yon ti

nòt bay mari li. **II** *v.intr.* fè majigridi *Who scribbled on the blackboard?* Kilès moun ki fè madigridi sou tablo a?

scribbling *n.* majigridi

scribe *n.* eskrib •**local scribe** ekriven, sekretè •**village scribe** plimitif

scrimper *n.* kourèd

script *n.* senaryo

scripture *n.* ekriti

scrofula *n.* [*med.*] zekourèl

scroll *n.* woulo

scrotum *n.* bous, {po/pòch/sak}grenn •**scrotum and testicles** kòd grenn

scrounge *v.tr.* grapiyen, reskiye *It's through scrounging that I was able to make this small amount of food.* Se grapiye mwen grapiye pou m fè ti manje sa a. *You're always scrounging leftover food.* Ou ap toujou reskiye rès manje a.

scrounger *n.* gratè, mandyannè, mandyannèz [*fem.*] *This scrounger lives off other people.* Se sou kont moun gratè sa a ap viv.

scrub¹ *n.* [*bush, woods*] raje, rak

scrub² *v.tr.* foubi, fwote *Take the steel wool, scrub all the pots.* Pran pay de fè a, foubi tout chodyè yo. *Scrub the floor to remove the splotches of paint.* Fwote atè a pou retire tach penti yo. •**scrub off** dekwote *You have to scrub off the dirt that's on you.* Fò ou dekwote kras sou ou. •**scrub up** pwòpte *Scrub up the bathroom.* Pwòpte saldeben an.

scrubby *adj.* vlengenden *Where did you pick up that scrubby guy?* Kote ou ranmase nèg vlengenden sa a?

scrumptious *adj.* {koupe/niche}dwèt, {koupe/mode} lang

scruples *n.pl.* retisans

scrupulous *adj.* dwat, korèk

scrutinize *v.tr.* detaye, fikse *You need to scrutinize the book carefully so you don't miss anything.* Fo ou detaye liv la byen pou pa manke yon bagay. *She's scrutinizing the sky seeking for stars.* L ap fikse syèl la pou l chèche zetwal. •**scrutinize s.o.** gade yon moun{anba anba/anba linèt} *The guy is so suspicious, he scrutinizes everyone.* Nèg la tèlman sispèk, l ap gade tout moun yo anba anba.

scrutiny *n.* siveyans

scuff *v.tr.* graje *The shoes got scuffed on the wall.* Soulye a graje nan mi an.

scuffle¹ *n.* chafoure, rale mennen kase, rale voye *The thing led to a scuffle.* Bagay la vin tounen yon rale mennen kase. •**turn into a scuffle** vire an kòbòy

scuffle² *v.intr.* bòde, fè lobo *Once they started to scuffle, no one could separate them.* Youn fwa de nèg sa yo sòt bòde, pa gen moun ki ka separe yo. *You shouldn't scuffle in public like that.* Ou pa fèt pou ou fè lobo douvan moun konsa.

scuffler *n.* sabrè

scull *v.intr.* [*rowing a boat*] goudiye *We're sculling until we reach the other shore.* N ap goudiye jis nou rive lòtbò rivay la.

sculpt *v.tr.* eskilte *The artist sculpted the piece of wood.* Atis la eskilte bwa a.

sculptor *n.* eskiltè

sculpture *n.* eskilti •**mahogany sculpture** mawogani *I just bought a couple of nice mahogany sculptures for the house.* M fèk sot achte de twa bèl mawogani pou kay la.

scum *n.* **1**[*i.e. sediment left in a bathtub*] kras, mous **2**[*person*] akrekre, dezevre, salonmon, sanmanman, sangwen, san sal *Don't pay attention to that scum who brags.* Pa okipe san sal la k ap pran pòz konnen li. •**scum bag** bouden gri *He's a scum bag, he spends his whole life lying and deceiving.* Misye se yon bouden gri, li pase tout lavi l nan manti ak magouy. •**pond scum** limon

scuttle¹ *v.tr.* [*sink, destroy*] koule *When they saw the coastguard coming, they scuttled the boat.* Lè yo wè gadkòt ap vini yo koule bato.

scuttle² *v.intr.* [*run away precipitously*] degèpi, file *When they heard the police, they scuttled away.* Lè yo tande bwi polis la yo degèpi. *The cockroach scuttled across the floor.* Ravèt la file atravè planche a.

scuttlebutt *n.* teledjòl

sea *n.* lanmè •**sea level** nivo lanmè •**sea urchin** chadwon, ze lanmè •**calm, smooth seas** bonnans •**far out at sea** nan fon lanmè *People don't go far out to sea if they don't know how to swim.* Moun pa ale nan fon lanmè si yo pa konn naje. •**heavy sea** gwo lanmè •**rough sea** gwo lanmè *When there are rough seas, fishermen shouldn't go out to sea.* Gen gwo lanmè, pechè yo pa dwe pran lanmè.

sea-pike *n.* jòlfi

seafood *n.* bèt lanmè, manje lanmè

seagrape *n.* rezen lanmè •**grand-leaf seagrape** ganmèl, rezen gran fèy

seagull *n.* mòv, mwèt, pijon lanmè

seahorse *n.* chwal lanmè

seal¹ *n.* [*animal*] fòk

seal² *n.* **1**[*stamp, official mark*] siyal, so, tanpon *The notary put her seal on the envelope.* Notè a mete tanpon li sou anvlòp la. **2**[*legal*] sele *The government lifted the seal on the store.* Leta a leve sele sou magazen an. •**put a seal on** mete so *If they don't put a seal on the document, it isn't official.* Si yo pa met so sou papye a, li pa bon.

seal³ *v.tr.* **1**[*put a seal on*] mete so **2**[*close envelope, box, etc.*] fèmen, kachte, kole, sele *I already sealed the package.* M fèmen koli a deja. *Seal the box.* Kachte bwat la. *Did you seal the envelope?* Ou te kole anvlòp la? *Seal the jar before you put it away.* Sele bokal la anvan ou mete li nan plas li. **3**[*door, window*] bouche, fèmen, kole *Make sure the door is well sealed.* Fè sèten pòt la byen bouche. *Seal the window, please.* Fèmen fenèt la siouplè. •**seal off** kondane *They sealed off the gate so that thieves couldn't go through.* Li kondane pòtay la pou vòlè pa pase. •**seal off officially** [*by court order*] poze sele sou *They officially sealed off the house.* Yo poze sele sou kay la. •**stamped and sealed document** [*notarized, etc.*] papye tenbre

sealer *n.* [*varnish*] vèni •**cavity varnish sealer** [*dentistry*] vèni

seam *n.* kouti

seaman *n.* maren, matlo

seamstress *n.f.* koutiryè, koutiryèz

seaplane *n.* idravyon

search¹ *n.* **1**[*for sth. lost, sought, etc.*] bouskay, rechèch *They did a search for the lost child.* Yo fè yon bouskay pou timoun nan ki te pèdi. *She did a search on the internet.* Li fè yon rechèch sou entènèt la. **2**[*drawer, box, room, etc.*] fouy *He did a search of the whole room for his keys.* Li fè yon fouy tout sal la pou kle li. **3**[*study*] etid *She completed a search of all the previous owners of the house.* Li fè yon etid tout moun ki te mèt kay la anvan. •**in search of** dèyè *They came to the city in search of a better life.* Yo vin lavil dèyè lavi miyò. •**police search** desanndelye •**thorough search** kèt zoban

search² *v.tr.* **1**[*examine*] fè fouy, fouye *They searched everyone entering the bank.* Yo fè fouy tout moun k ap antre labank lan. *The colonel instructed us to search every car.* Kolonèl la pase n lòd fouye tout machin. **2**[*look, hunt through*] chache, fouye *I searched the entire house for the key.* M chache kle a nan tout kay la. *Search the pockets of the trousers well before you have them washed.* Fouye pòch kanson an byen anvan ou bay lave l. **3**[*scan*] chache *She searched the whole book for that one paragraph.* Li chache nan tout liv la pou sèl paragraf sa a. •**search for** chache *They searched everywhere for a house to rent.* Yo chache yon kay toupatou pou fèmen. •**search meticulously** chache kou zepeng *I searched meticulously for the ring, I couldn't find it.* M chache bag la kou zepeng, m pa fouti jwenn li. •**search s.o.** mete yon moun sou tchèk *The airport agents searched everyone to see if they didn't have any drugs.* Ajan ayewopò yo mete tout moun sou tchèk pou gade si yo pa gen dwòg. •**search thoroughly** trifafouye *She ransacked the house looking for the money.* Li trifafouye nan tout kay la dèyè lajan an.

seashell *n.* koki, kokiyay

seashore *n.* bò{lanmè/lamè}, bodmè *She goes to cool off on the seashore.* L ap pran van bò lanmè a.

seasickness *n.* mal{lanmè/demè/de mè}

seaside *n.* bò{lanmè/lamè}, bodmè

season¹ *n.* lè, sezon, tan *Now isn't the season for mangoes.* Kounye a se pa lè mango. *What season is it?* Nan ki tan nou ye la? •**bad season for crops** maldòn •**dry season** lesèk •**hay fever season** epòk anrimen sezon •**in season** lè, sezon, tan *Mangoes aren't in season right now.* Se pa lè mango konnye a. •**major dry season** aryè sezon •**planting season** plantezon •**rainy season** (sezon) lapli *It's the rainy season, the dry season is over.* Nou nan lapli, lesèk la fini. •**slack season** mòtsezon

season² *v.tr.* mete epis, sizonnen *Season the fish.* Sezonnen pwason an a.

seasoning *n.* epis, materyo, sezonnman *I don't have any seasoning to put in the food.* M pa gen materyo pou m met nan manje a.

seat¹ *n.* **1**[*for sitting*] chèz, plas *Have a seat!* Pran yon chèz non! *Keep a seat for me.* Kite yon plas pou mwen. **2**[*buttocks, etc.*] dèyè *You have a stain on the seat of your pants.* Dèyè pantalon ou gen yon tach. •**seat belt** senti (sekirite) •**a reserved seat** yon plas rezève •**back seat** [*bus, van, etc.*] ban dèyè •**bicycle seat** sèlèt •**bucket seat** chèz fotèy •**car seat** kousen machin •**doesn't take a back seat to** {kale/bat/pran}devan yon moun *She doesn't take a back seat to anyone.* Li kale devan yo tout. •**outhouse seat** bouch latrin *The toilet seat is soiled with feces.* Bouch latrin la sal ak okabinen. •**take a seat** chita •**toilet seat** bouch{latrin/twalèt/watè} {ijyenik/klozèt}, okabine *The toilet seat is soiled with feces.* Bouch latrin la sal ak okabinen. •**toilet seat top** kouvèti

seat² *v.tr.* bay plas *He seated all the guests.* Li bay tout envite yo plas. •**be seated** chita non! *Be seated!* Chita non! *Everyone is seated.* Tout moun chita.

seat-back *n.* api chèz

seated *adj.* chita *From where I'm seated, everything I need is close at hand.* Kote m chita a, tou sa m bezwen bò kote m.

seating *n.* asiz

seawater *n.* dlo sale

seaweed *n.* zèb lanmè

second¹ *adj.* andoye, dezyèm, segon *She's a second godmother to me.* Se marenn andoye mwen li ye. *I haven't put on a second coat of paint yet.* M po ko bay dezyèm kouch la. *A second time.* Yon segon fwa.

second² *n.* moman, segonn •**second hand** [*of a watch*] segonn

second³ *adv.* an dezyèm •**arrive second** (an) dezyèm *She arrived second.* Li rive an dezyèm. •**come (in) second** (an) dezyèm *He came in second across the finish line.* Li janbe liy arive a dezyèm.

second⁴ *v.tr.* [*back up, support*] apiye, bay yon lòsyè, soutni *You need to second me in my efforts to buy a house.* Fo ou ban m yon lòsyè lè m vle achte kay. *I second the decision of the judge.* Mwen soutni desizyon jij la.

second-lieutenant *n.* sou lyetnan

second-rate *adj.* kokorat *We aren't used to eating in second-rate restaurants.* Nou pa abitye al manje nan restoran kokorat nou menm.

secondary *adj.* 1[*unimportant, lower priority*] segondè, sou pwal *That issue is of secondary importance.* Pwoblèm sa a segondè. *That question is secondary.* Keksyon sa a se sou pwal. 2[*job, etc.*] sou kote *I found a little secondary job.* M jwenn yon ti degaje sou kote a.

secondhand *adj.* [*used*] dezyèm men, dokazyon, ize, pèpè *He bought a secondhand car.* L achte yon machin dezyèm men. *All my books are secondhand.* Tout liv mwen se liv dokazyon. *Everything he buys is secondhand.* Tout sa li achte se ize. *She bought a bunch of secondhand clothes.* Li achte yon pakèt rad pèpè. •**secondhand things** pèpè, restan *I don't put on secondhand clothes.* M pa mete restan moun.

secondina *n.* kwaf

secondly *adv.* dezyèmman *First of all he is very compassionate, secondly he is friendly with everybody.* Premyèman, li sansib, dezyèmman, li moun tout moun.

secrecy *n.* mistè •**in secrecy** ansoudin *They had a meeting in secrecy.* Yo te gen yon reyinyon ansoudin.

secret[1] *adj.* anba dra, kache, mistè, sekrè *She's keeping her wedding date secret.* Li kenbe dat maryaj li a anba dra. *I can't tell you what he's doing, it's a secret affair.* Sa misye ap fè a m pa ka di ou li paske se bagay kache. *It's a secret recipe.* Se yon resèt mistè.

secret[2] *n.* kachotri, mistè, sekrè *Everybody discovered his secret.* Tout moun dekouvri kachotri li. *What I'm telling you now is a secret, don't let others know.* Sa m ap di ou la, se yon mistè, pa kite lòt moun konnen. *He can't keep a secret; he's always spilling the beans.* Li pa gen sekrè; bouch li ap toujou fè echapad. **secrets** *n.pl.* degenn *Never let people know all your secrets.* Pa janm kite moun konn tout degenn ou. •**in secret** an sekrè, an soudin, anba fil, anba tab *She did it in secret.* Li fè l an soudin. *She conducts all her affairs in secret.* Li fè tout afè l an sekrè. •**give away secrets** vann *You gave away my secrets.* Ou vann mwen monchè. •**personal secret** konfidans

secretariat *n.* sekretarya

secretary *n.* sekretè •**press secretary** pòtpawòl •**Undersecretary of State** [*official*] sou sekretè deta

Secretary of State *prop.n.* minis zafè etranje, sekretè deta, sekretè d Eta

secrete *v.tr.* rann *My sore is secreting pus.* Bouton mwen an ap rann pi.

secretion *n.* dlo{blan/blanch}, pij, sòs

secretiveness *n.* kachotri

secretly *adv.* an{kachèt/pismiding/sekrè/soudin}, anba {anba/chal/dra/pay/tab}, anchalkalis, andamnis, ankatimini, anmaskay, antipislin, sekrètman *She did it secretly.* Li fè l an kachèt. *The gang members met secretly.* Manm gang yo reyini an pismiding. *I notice that they are doing some work secretly.* M apèsi y ap fè travay anba anba. *They plotted against me secretly.* Yo mare konplo sou do m anba pay. *He left secretly the country so that the police could not catch him.* Li kite peyi a anchatkalis pou polis pa pran l. *They bought the house secretly.* Se an katimini yo achte kay la. *He stayed there secretly, listening to what people were saying.* Li rete la an maskay ap tande sa moun y ap di. *He entered the room secretly.* Li antre nan sal la an antipislin.

sect *n.* sèk

sectarian *n.* sektè

sectarianism *n.* sektaris

section *n.* 1[*part, piece of*] pati, seksyon, tranch, twonson 2[*of a book, movie*] pasay •**general admission section** graden •**poor section of a city** bafon

sector *n.* sektè •**in the private sector** nan prive *He found a good job in the private sector.* Li jwenn yon bon djòb nan prive a. •**informal sector** [*of farming*] grapiyay

secular *adj.* layik, monden, sekilye *The secular groups will meet the priest tomorrow.* Gwoup layik yo ap rankontre prèt la demen. *I can't live in these secular times.* Tan monden sa a, m pa ka viv ladan. *A secular priest.* Yon prèt sekilye. •**secular people** lemonn

secure[1] *adj.* 1[*certain*] alabri, anfòm, asire *People who work in government are never secure.* Moun pa janm alabri nan dyòb Leta. *She's secure in her job.* Li anfòm ak travay sa a. *Your future is secure.* Lavni ou asire. 2[*safe*] alabri, an sekirite, anfòm, ansite *Don't* worry, you're secure in this neighborhood. Pa enkyete ou, ou alabri nan zòn sa a. *The house is secure.* Kay la an sekirite. *The security guard checked to make sure the building was secure.* Gad la tcheke kay la pou fè sèten bilding lan te ansite.

secure² *v.tr.* asire, kore, mare *Secure a foothold, the descent is as slippery as ice.* Asire pye ou, desant lan glise kou kalalou. *Secure the car with a wedge so it doesn't roll away.* Kore machin nan ak yon blòk pou li pa woule sou ou. *Secure the dog so it doesn't bite someone.* Mare chen an pou li pa mòde moun. •**secure one's position** bite patat li *He puts up with the boss to secure his position.* Li tolere patwon an pou l bite patat li.

security *n.* **1**[*safety, confidence*] sekirite *She has job security.* Travay li a an sekirite. **2**[*collateral*] garanti *The bank needs security for the loan you want.* Bank lan bezwen garanti pou lajan ou vle prete.

securities *n.pl.* estòk

sedate *v.tr.* bay (yon) kalman *The doctor sedated the patient.* Doktè a ba malad la yon kalman.

sedative *n.* [*med.*] kalman, sedatif

sediment *n.* dlo vidany, kras boutèy, ma

seduce *v.tr.* andyoze, antrene, chame, deboche, mete yon moun sou sa, pran nanm yon moun, pran yon moun {nan/sou}plan, sedui *Don't let John seduce you, he doesn't like you for real.* Pa kite Jan andyoze ou, li pa renmen ou vre. *He managed to seduce the girl.* Li rive antrene fi a. *Don't try seducing me!* Pa mete m sou sa. *Don't let her seduce you with her scheme.* Pa kite danm nan pran ou nan plan. *He succeeded in seducing the girl.* Li rive sedui fi a. •**seduce by sweet-talking a woman** mete yon moun sou sa *Don't let him seduce you with his sweet-talk.* Pinga ou kite nèg la mete ou sou sa. •**be seduced** tonbe *If he had not already been married, a lot of women would have been seduced by him.* Si nèg pa t marye deja, se pa de fi ki t ap tonbe. •**try to seduce** fougonnen, fè yon moun lakou, pale{damou/ak} *He has his eyes for all the women, he never stops trying to seduce them.* Li gen je sou tout fanm yo, li pa janm sispann fougonnen yo. *He's courting me.* Misye ap fè m lakou.

seducer *n.* debochè, gwo poulen, kajolè, matcho, sediktè, zonzon, zouti [N]

seduction *n.* kalbenday, sediksyon *He's trying seduction to see if the woman will respond.* Misye nan kalbenday pou l wè si fi a va reponn li.

seductive *adj.* twoublan •**seductive woman** manman zwav

seductress *n.* manman zwav

see I *v.tr.* **1**[*gen.*] apèsevwa, apèsi, founi je gade, wè *We saw the sea.* Nou apèsevwa lanmè a. *From afar he could see me coming.* De lwen li apèsi m k ap vini. *A crowd of people stood around to see the accident.* Yon foul moun kanpe pou founi je gade sou aksidan an. *Did you see dog in the road?* Ou te wè chen nan wout la? **2**[*understand*] apèsevwa, apèsi, konprann, wè *He could see that she loved him.* Li apèsevwa tifi a renmen li. *She saw that I was angry.* Li apèsi m te fache a. *One day you'll see what I'm trying to tell you.* Yon jou ou a konprann sa m ap di ou la. *I don't see why we have to go early.* M pa wè poukisa pou n al bonè. **3**[*notice*] apèsi, wè *I see that you stepped out before lunchtime.* Mwen apèsi ou fè yon ti fòlòp anvan lè dine a. *I see that you didn't tidy up your room.* M wè ou pa t pwòpte chanm ou a. **4**[*opinion*] twouve, wè *I don't know what she sees in that guy.* M pa konn sa li twouve nan nèg sa la. *I don't see anything wrong with what he did.* M pa wè anyen nan sa li fè a. **5**[*meet with, talk to*] kontre, vwa, wè *Did you see the teacher at the school?* Ou te kontre pwofesè a nan lekòl la? *I sent her to you, did you see her?* M te voye l kot ou, ou te vwa li? *The doctor couldn't see me today.* Doktè a pa t ka wè m jodi a. **6**[*visit*] vizite, wè *I saw Port-au-Prince for the first time.* Mwen te vizite Pòtoprens pou prenmye fwa a. *My uncle came to see us last week.* Tonton mwen vin wè nou semèn pase a. **7**[*accompany*] bay woulib, mete yon moun yon kote *I'll see you to the bus station.* M pral mete ou nan estasyon bis la. *He saw me right to the door of my house.* Li ban m woulib jis nan pòt kay mwen an. **8**[*verify*] tcheke, verifye *See if the radiator has enough water, please.* Tcheke radyatè a pou dlo siouplè. *The bricklayer is seeing if the bricks are level.* Bòs mason an ap verifye si brik yo anivo. **9**[*date, have a* *relationship with*] sòti avèk, wè *I am seeing her.* M ap sòti avè l. **10**[*ensure*] fè{sèten/yon bagay kanmenm} *See that he gets to school safely.* Fè sèten li rive lekòl la anfòm. *I'll see that she gets the letter.* M ap fè l jwenn lèt la kanmenm. **11**[*imagine*] imajinen, wè *I don't see her becoming a doctor.* M pa wè l tankou doktè ditou. *You see me as a big shot, truthfully I'm not like that.* Ou imajinen mwen se gwo chabrak, an verite se pa konsa mwen ye. **II** *v.intr.* **1**[*in, out, through*] wè {nan/atravè} *I can't see in the dark.* M pa ka wè nan fènwa a. *She's too short to see out the window.* Li twò piti pou li wè atravè fenèt la. **2**[*find out*] wè si *Go and see if dinner is ready.* Al wè si manje a pare. **3**[*understand*] ou wè *See, I told you that.* Ou wè, m di ou sa. **4**[*deliberate*] wè *Let me see if I can do that for you.* Kite m wè si m kap fè sa pou ou. •**see about** [*take care of*] okipe *Who's going to see about the drinks?* Ki moun k ap okipe afè bweson an? •**see again** rewè *She was happy to see her mother again.* Li byen kontan rewè manman l. •**see double** wè{doub/de (bagay)/tout bagay an de} *She needs glasses, because she sees double.* Li bezwen vè poutèt li wè tout bagay an de. •**see eye to eye** tonbe dakò *We hardly ever see eye to eye.* Nou preske pa janm tonbe dakò. •**see red** {fin/mande} wè mò *He's so angry he's seeing red.* Li sitèlman an kolè, l ap mande wè mò. •**see s.o. in one's dreams** wè yon moun nan sonj *I saw her in my dreams.* M te wè l nan sonj. •**see s.o. off** fè wout la ak *They saw me off at the airport.* Yo t al fè wout avè m jis nan ayewopò. •**see s.o. through** [*last*] ap dire *This money won't even see me through the week.* Kòb sa a pa p menm dire semenn lan. •**see spots** blakawout *He ran into the post, and it made him see spots.* Li al frape nan yon poto ki tou blakawout li. •**see that s.o. is dead** je yon moun tounen *Didn't you see that he's dead, he's gone for sure.* Ou pa wè je li tounen, li ale nèt. •**see with one's own (two) eyes** wè ak (de grenn) je li *He says he saw the werewolf with his own eyes.* Msye di li te wè lougawou a ak de grenn je li. •**see ya** tchaw *I'm off. See ya!* M ale. Tchaw! •**see you** n a wè *I'm going. —OK, see you!* M ale. —Oke n a wè. •**see you later** apita, aplita *Bye bye, see you later!* Babay, a pita! •**see you**

tomorrow a demen •**be seen through** parèt *The house can't be seen through the trees.* Kay la pa parèt atravè pyebwa yo. •**be seldom seen** fè lera, fè ra *He is seldom seen during the day.* L ap fè lera pannan jounen an. •**do as one sees fit** fè yon bagay jan li vle •**go see s.o.** wè ak *Go see the director because I can't do anything for you.* Wè ak direktè a paske m pa ka fè anyen pou ou. •**make s.o. see stars** blakawout *The boozer went colliding into a post that made him see stars.* Tafyatè al frape nan yon poto ki tou blakawout li. •**no longer see s.o.** pa branche sou, pèdi de vi *I haven't seen her in a long time.* M pèdi li de vi yon bon bout tan. •**not to see a soul** pa wè chat *When it gets late, you don't see a single soul in the street.* Depi l yon lè, ou pa wè chat nan lari a. •**one who can't see beyond his nose** mayoyo •**rarely see** fè ra *We rarely see you these days, where are you?* Ou ap fè ra, kote ou ye konsa? •**stop to see s.o.** tcheke

see-through *adj.* **1**[*transparent*] klè, transparan *The partition is too see-through.* Paravan an klè twòp. *That paper is see-through.* Papye sa transparan. **2**[*cloth, clothing*] ajou, ansibreka, siseptib *She puts on a see-through dress.* Li mete yon wòb ajou.

seed[1] *n.* **1**[*agr.*] grenn, grenn bwa, plan, semans **2**[*pit, kernel, etc.*] grenn, noyo **3**[*for planting*] semans •**anise seed** lanni •**bad seed** [*scoundrel, black sheep, traitor*] move{ganeman/grenn/plan}

seed[2] *v.tr.* simen *The farmer seeded his field.* Peyizan an simen jaden li.

seedbed *n.* platbann, semi

seeding *n.* semay

seedling *n.* pepinyè, plan, plantil

seedy *adj.* minab *Look at that seedy person!* Gade yon moun minab.

seeing *n.* [*act of*] wè

seek *v.tr.* chache *He is seeking to talk to the boss.* L ap chache pale avèk patwon an. •**seek a better life** ale, bouske (dèyè yon) lavi miyò *She's seeking a better life in Miami.* L ap bouske lavi miyò Miyami. *They seek a better life with a part-time job in a factory.* Y al dèyè yon lavi miyò nan yon ti travay konsa konsa nan yon faktori. •**seek a means to** chache mwayen *They're seeking a means to buy a house.* Y ap chache mwayen pou achte yon kay. •**seek advice** konsilte •**seek out** fè eleksyon dèyè *Many men seek out the girlbecause of her beauty.* Anpil nèg ap fè eleksyon dèyè fi a afòs li bèl.

seem *v.intr.* genlè, parèt, sanble *The child seems to be sick, he keeps crying on and on.* Timoun nan gen lè malad, li pa sispann kriye. *This photo makes him seem younger.* Foto sa a fè li parèt jennjan. *You seem to know this place already.* Ou sanble ou te konn kote a deja. •**it seems** ondire *It seems that there is nobody.* On dire pèsòn pa la. •**it seems as if** ondire *It seems as if this day is longer than all the others.* Ondire jounen sa pi long pase tout lòt yo. •**that doesn't seem like him/her** li pa sanble sa *He's not lying to you, that doesn't seem like him.* Msye p ap ba ou manti, li pa sanble sa.

seemingly *adv.* aparaman, genlè

seep *v.intr.* swente *Water was seeping into the box.* Dlo t ap swente nan bwat la.

seer *n.* 1[*soothsayer, diviner*] divinò [*masc.*], divinèz [*fem.*], grennbanbou, makalous, vwayan 2[*prophet*] vwayan •**Vodou seer** oungan

seesaw *n.* baskil

segment *n.* segman, seksyon

segregation *n.* segregasyon

seize *v.tr.* 1[*clutch, grab*] anpare, fè dappiyanp sou, grape, gripe, manche, {poze/mete} {lapat/grapen/ grapin}sou, rale, sezi *The kid seized all the mangoes and ran.* Ti nèg la anpare tout mango yo epi li pran kouri. *The girl seized all of the merchant's mangoes.* Tifi a fè dappiyanp sou mango machann lan. *They seized the goat before it ran off.* Yo grape kabrit la anvan li pran kouri. *She seized me by the shirtsleeve.* Li gripe m nan manch chemiz mwen. *The musician seized his banjo.* Mizisyen manche bandjo li. *The hawk swooped down and seized the hen.* Malfini a pike desann mete grapen sou poul la. *She seized the broom and started to sweep.* Li rale bale a epi li tanmen bale. *The thief seized the money.* Vòlò a sezi lajan. 2[*take possession of, capture, arrest, etc.*] anpare li, arete, fè dappiyanp, kaptire, mete men nan pat{gagann/kasav}, okipe *The military forces finally seized the town after a terrible battle.* Militè yo anpare yo de vil la finalman,

apre yon batay terib. *The police seized the thief and put him in jail.* Polis la arete vòlò a, epi yo mete l an prizon. *The police seized the bandits they'd been looking for.* Lapolis fè dappiyanp sou bandi yo t ap chèche yo. *The villagers seized the escaped prisoner.* Se peyizan yo ki kaptire prizonye chape a. *The policeman seized the thief and put him in cuffs.* Chèf la mete vòlò a nan pat kasav. *The rebels seized the city.* Rebèl yo okipe vil la. 3[*illness, ache, fear*] anpare li, anpote, kenbe, pran *He was seized by fright.* Lapèrèz anpare l. *She took a little nap and sleep seized her.* Li t ap fè yon ti kabicha epi dòmi anpote li. *I have a pain that has seized me.* M gen yon doulè ki kenbe m. *A fever seized him all of a sudden.* Lafyèv pran li toudenkou. *The illness seized her.* Maladi a sezi li. 4[*confiscate, etc.*] sezi *The bank seized the house.* Labank sezi kay la.

•**seize an opportunity** sezi okazyon *Since we're meeting with her tomorrow, we'll seize the opportunity to ask her for a raise.* Kòm n ap wè l demen, n ap tou sezi okazyon an pou n mande l ogmantasyon.

seizure *n.* 1[*goods, guns, property, etc.*] dappiyanp, grapin 2[*city, ship, etc.*] kapti 3[*med.*] atak, kriz (malkadi), maladi kriz •**have a seizure** fè kriz malkadi, san yon moun monte li nan tèt li *The sick woman has a seizure.* San malad la monte li nan tèt li.

seldom *adv.* prèske{jamè/janmen/pa janm}, raman, pa konn, yon lè konsa *She seldom drinks alcohol.* Li prèske jamè bwè alkòl. *I seldom go to the movies.* Raman m al nan sinema. *I'm seldom sick.* M pa konn malad fasil. *He seldom comes here.* L ap vin isit yon lè konsa.

select *v.tr.* chwazi, seleksyone, triye *Select the tomatoes you like.* Chwazi tomat ou vle. *The coach selected twenty players.* Antrenè a seleksyone ven jwè. *She selected the ripe ones.* Li triye sa ki rèk.

selection *n.* chwa, seleksyon, triyaj

selective *adj.* polemik *Everyone wants a place on the team, but the coach is very selective.* Tout moun dèyè plas nan ekip la, men antrennè a polemik anpil.

self *pro.* 1[*myself, herself, etc.*] pronoun + menm *Myself, I'm going to school.* Mwenmenm, m pral lekòl. 2[*reflexive pronoun*] {kadav/kò/

tèt} + pronoun *I'm going to rest myself.* M pral repoze kadav mwen. *She wants to do it by herself.* Li vle fè li pou kò li. *They kept it for themselves.* Yo gade li pou tèt yo.

self-assured *adj.* •**be self-assured** fè chita li *She is self-assured now, she found a nice job.* Manmzèl fè chita l kounye a, li jwenn yon bon djòb.

self-centered *adj.* egoyis *She's self-centered, she wants everything that happens to go through her.* Li egoyis, li vle pou tout sa k ap fèt pase pa li.

self-confidence *n.* fyète, konfyans nan tèt li

self-confident *adj.* •**be self-confident** fè tèt li konfyans *She's very self-confident.* Li fè tèt li anpil konfyans.

self-conscious *adj.* renka

self-control *n.* metriz, sanfwa *He did not lose his self-control during the accident.* Li pa t pèdi sanfwa l pandan aksidan an.

self-criticism *n.* otokritik

self-defeating *adj.* •**be self-defeating** [*after lot of previous efforts*] fè lapèch nan dlo sal, graje manyòk pèdi farin, lave men siye atè *If he leaves the house, it will be a self-defeating decision.* Si misye kite kay la, se lave men siye atè.

self-defense *n.* defans tèt li

self-esteem *n.* amoupwòp, respè pou tèt li *This woman insulted you so much the other day and you are talking to her? You have no self-esteem!* Pou jan fi a joure ou lòtrejou epi w ap pale ak li? Ou pa gen respè pou tèt ou!

self-important *adj.* bòzò *She's so self-important, she thinks it's only herself who's a valuable person.* Li tèlman bòzò, li panse se sèl li ki moun. •**self-important woman** flonflon

self-indulgent *adj.* pleziyis

self-made *adj.* •**be a self-made person** pati{a/ de} zewo *He's a self-made man; just look at him now!* Li pati de zewo, epi gade li alèkile.

self-reliant *adj.* endepandan *I am a self-reliant person, I can do what I want.* M se moun ki endepandan, m ka fè sa m vle.

self-respect *n.* amoupwòp •**have self-respect** fè respè li *This woman has self-respect.* Dam sa a fè respè li.

self-righteous *adj.* rete sou chè *That woman is self-righteous; she's always telling everyone*

how good she is. Dam sa a rete sou chè twòp; l ap di tout moun jan li bon pase sa.

self-sacrifice *n.* [*for work, activity*] devouman

self-seeking *adj.* opòtinis *She is self-seeking; she only thinks of herself.* Se opòtinis li ye. Se tèt li sèl li okipe.

self-service *n.* sèvis lib

self-sufficient *adj.* chape [*child*], mèt tèt li *This child is self-sufficient.* Se yon timoun chape sa a. *She is self-sufficient; she does everything for herself.* Li se mèt tèt li; li fè tout bagay pou kò li. •**be financially self-sufficient** bay tèt li *He's financially self-sufficient; he can spend his money however he likes.* Se li k ap bay tèt li, li ka depanse lajan l jan l vle.

selfish *adj.* egoyis, endividyèl, pèsonèl, rayisab, regadan *He's selfish, all he possesses he keeps for himself alone.* Misye egoyis, tout sa li genyen se pou kont li. *He's a very selfish player, when he has the ball, he refuses to pass it to his teammates.* Li endividyèl anpil, lè boul la nan pye li, li refize fè pas ba lòt jwè li yo. *That selfish person doesn't lend his belongings to anyone.* Nèg pèsonèl sa pa prete moun afè l. *He's selfish, he never shares what he has.* Se rayisab li ye, li janm pataje sa li genyen. *As selfish as he is, he won't lend you his bicycle.* Jan l regadan sa a, li p ap prete ou bisiklèt li. •**selfish person** vye moun *That selfish person never lends his things to anyone.* Vye nèg sa a pa janm prete moun afè l.

selfishness *n.* chikriti, egoyis

sell I *v.tr.* **1**[*goods, items, etc.*] vann *I sold the car.* M vann machin nan. **2**[*idea, etc.*] vann *What crazy scheme are you selling me now?* Ki magouy ou ap vann mwen kounyeya. **3**[*betray*] vann *You sold me out when you told them where I was hiding.* Ou vann mwen lè ou di yo kote m kache a. **II** *v.intr.* [*objects, items, etc.*] vann *How much do these books sell for?* Konbyen liv sa yo vann? •**sell at a high price** vann chè *That store sells at a high price.* Magazen sa a vann chè. •**sell at discount prices** vann{bon mache/piyay} *They sell at discount prices in that store.* Yo vann bon mache nan magazen sa. •**sell at retail** detaye *We don't sell these items at retail.* Nou pa detaye machandiz sa yo. •**sell by the piece** vann pa tèt *They sell cabbage by the piece.* Yo vann chou pa tèt. •**sell cheaply** vann{bon mache/ piyay}, vann nan ti{gòdèt/gode} san mezire *This merchant is selling everything cheaply.* Machann sa a ap vann tout bagay piyay. *Remember to buy the rice from Mary, she sells cheaply.* Sonje pou ou achte diri a nan men Mari, li vann san mezire. •**sell for a cheap price** vann nan ti{gòdèt/gode} san mezire *That merchant sells rice for a cheap price.* Machann sa a vann diri a nan ti gòdèt san mezire. •**sell for a good price** pote pri *Today mangoes are selling for a good price.* Jodiya mango ap pote pri. •**sell like hotcakes** pa rete (atè), vann {cho cho/ tankou pate cho} *These shirts are selling like hotcakes.* Chemiz sa yo vann tankou pate cho. *Her book is so good, it's selling like hotcakes.* Liv li a tèlman bon, li pa rete. *The merchandise sold like hotcakes.* Machandiz yo vann kou pate cho. •**sell off** likide *The store sold off its merchandise.* Magazen an likide pwodui l yo. •**sell on credit** sede *She sold me two measures of corn on credit.* Li sede m de mamit mayi. •**sell one's soul** vann nanm li (bay dyab) •**sell oneself short** souzestime tèt li *Look at the bum she's living with. She's really selling herself short.* Gade yon vakabon l al pran! Li souzestime tèt li menm. •**sell out** *a*[*nothing left*] kaba *We've sold out of those shoes; we don't have a single shoe left.* Soulye sa yo kaba, li pa rete yon sèl. *b*[*betray*] fè jouda (trayizon), trayi, vann yon moun *It was her sister that sold her out to the police.* Se sè li ki vann li bay lapolis. •**sell separately** vann pa tèt *I'm selling this corn separately.* M ap vann mayi sa pa tèt. •**sell with regret** defèt li *She had to sell her land with regret in order to pay for the burial of her child.* Li blije defèt li tè a pou l fè lantèman pitit la. •**sold out** kaba *The stock is sold out, you won't find any more of it.* Estòk machandiz la kaba, ou p ap jwenn ladan l ankò.

sellable *adj.* vandab *This house is not sellable.* Kay sa pa vandab.

seller *n.* konmèsan, konmèsant [*fem.*], revandè, revandèz [*fem.*], vandè, vandèz [*fem.*] •**crab seller** krabye •**lottery ticket seller** biyetèl

selling *n.* lavant *The selling of the land didn't bring in much.* Lavant teren an pa rapòte gwo.

semantic *adj.* semantik *A semantic study.* Yon etid semantik.

semantics *n.* semantik

semaphore *n.* semafò

semen *n.* dechay, jèm

semester *n.* semès

semi-colon *n.* pwen vigil

semi-finals *n.pl.* [*sports*] demi final

seminar *n.* atelye, seminè

seminarian *n.* seminaris

seminary *n.* seminè

Senate *prop.n.* sena •**Haitian Senate** gran kò

senator *n.* senatè

send *v.tr.* **1**[*dispatch*] espedye, voye *Send the money, I'll deposit it at the bank.* Espedye lajan an, m a depoze l labank. *Did you send the letter I gave you?* Ou te voye lèt la m te ba ou? **2**[*person*] delege, voye *The boss sent two people to take his place at the meeting.* Patwon an delege de moun pou pran plas li nan reyinyon an. *I have a child to send to school.* M gen timoun pou mwen voye lekòl. **3**[*propel*] voye *She sent the ball out of bounds.* Li voye boul la an deyò. •**send a message** voye komisyon bay *I sent you a message not to come.* M voye yon komisyon ba ou pou ou pa vini. •**send away** {kondi/ mete}yon moun lòtbò pòtay la, mete yon moun nan lari, ranvwaye, voye yon moun{ale/jete} *They sent him away so no one knew where he was.* Yo mete msye a lòtbò pòtay la pou moun pa konn kote li ale. *She sent him away; she didn't care what happened to him.* Madanm nan mete li nan lari a; sa pa t fè li anyen kote li ale. *I sent the maid away because she's a thief.* Mwen ranvwaye bòn nan poutèt li se yon vòlè. *She dismissed the maid.* Li voye bòn nan ale. *You no longer needed me, you sent me away.* Ou pa bezwen m ankò, ou voye m jete. •**send back** pimpe yon moun tounen, voye (re)tounen *The coast guard always intercepts boat people and sends them back home.* Gad kot toujou ap pimpe bòtpipòl tounen lakay yo. *Send the shoes back to the store.* Voye soulye a tounen nan boutik la. •**send for** fè yon moun vini, voye{chache/deplase/pran} *They sent for a foreign coach for the team.* Yo voye chache yon antrenè etranje pou ekip la. *Send Peter to get the money.* Voye Pyè chache lajan an. •**send off** voye ale *I sent off the letter*

this morning. M voye lèt la ale maten an.
•**send on** refere *The receptionist sent me on to a lawyer.* Resepsyon an refere m yon avoka a. •**send out** voye *I sent two letters out through the mail.* M voye de lèt pa lapòs. •**send out a call** lanse yon apèl •**send packing** mete yon moun nan plas li *They sent him packing after humiliating him.* Yo mete l nan plas li ak yon sèl malonèt. •**send s.o. away** pimpe, voye yon moun tounen •**send s.o. packing** choute *They sent her packing.* Yo choute li deyò. •**send s.o. to get s.o.** witi *My mother sent me to get her.* Manman m voye m al witi li. •**send s.o. to s.o. else** voye yon moun kote yon lòt moun *The boss sent me to his secretary.* Patwon an voye m kot sekretè li. •**send sth. back** pimpe *Send that back to the store; I don't want it anymore.* Pimpe sa tounen boutik la; m pa vle anko. •**send to jail** mete yon moun nan prizon *They sent Garry to jail because of illegal actions.* Yo mete Gari nan prizon poutèt magouy. •**send to the corner** plake *The teacher sent him to the corner.* Mètrès la mete l plake nan mi an. •**send up** [*rope, string*] file *Here's a little wind, send up the kite so that it'll climb.* Men yon ti van, file kap la pou li monte. •**send word** voye di, voye misyon bay *He sent word to us that he was coming.* Li voye di n l ap vini. *I sent word to you when John was coming.* M te voye misyon ba ou lè Jan t ap vini an.

sending *n.* ranvwa

senile *adj.* annanfans, ebete, entatad, gaga *That elderly person is senile.* Granmoun sa a annanfans. *Her father is now senile, because he's really getting old.* Papa l fin ebete nèt atò afòs laj la fò sou li. *My grandmother has ended up senile.* Grann mwen fin entatad. *He's starting to become senile because he's getting old.* Li koumanse gaga poutèt l ap rantre nan laj.

senior *adj.* 1[*in rank*] ansyen *She is the most senior accountant we have.* Li se kontab plis ansyen nou genyen. 2[*age*] aje *He is the senior person here.* Se li ki plis aje isit. •**most senior** [*person*] dwayen, dwayèn [*fem.*]

seniority *n.* [*in years of service*] ansyènte *Due to his seniority, he has certain advantages.* Akòz ansyènte l, li gen kèk avantay.

senna tree *n.* [*med. plant*] sene, sèn

sensation *n.* sansasyon, santiman •**be a sensation** dife *This band was a sensation.* Dyaz sa a se te yon dife. •**burning sensation** pikotman •**itching sensation** manjezon •**prickly sensation** pikotman

sense[1] *n.* 1[*of touch, etc.*] sans *His sense of hearing is very acute.* Sans tande li fen anpil. 2[*reason*] konprann, sans *These people have no sense.* Moun sa yo san konprann. *Given how the world is going, life doesn't make sense anymore.* Jan monn nan prale la a, lavi a pa gen sans ankò. 3[*meaning*] siyifikasyon *Look in the dictionary if you want to know the sense of that word.* Gade nan diksyonnè a si ou vle konn siyifikasyon mo sa a. •**fine sense of smell** nen fen *He has a fine sense of smell if he can detect the smell of the food from where he is.* Misye gen nen fen si l ka pran sant manje sa jis kote l ye a. •**make no sense** pale kasteyann *What you're saying makes no sense.* Ou ap pale kasteyann mouche. •**make sense** {fè/gen}sans *What you said didn't make any sense.* Sa ou di a pa gen sans. *What she says makes sense.* Sa l di a gen sans. •**make sense of** konprann yon bagay *I couldn't make any sense of the explanation she gave me.* M pa konprann anyen nan esplikasyon l ban mwen an.

sense[2] *v.tr.* santi *I sense that he has a problem.* M santi l gen yon poblèm.

senseless *adj.* 1[*pointless*] initil *It's senseless to keep on me about it.* Li initil pou ou kole nan kò m konsa pou koze a. 2[*stupid*] ensanse, san sans, sòt *Senseless people never want to see reason.* Moun ensanse pa janm vle wè rezon. *What she said is senseless.* Sa li di a san sans. *That guy is senseless.* Nèg sa a sòt.

sensible *adj.* [*reasonable*] saj, sanse *What you're suggesting isn't sensible.* Sa ou mande a pa saj. *Sensible people don't behave that way.* Moun sanse pa aji mal konsa.

sensitive[1] *adj.* 1[*emotionally*] frajil, sansib *That woman is very sensitive, if you're unkind to her she might cry. He's a very sensitive child.* Se yon timoun ki sansib anpil. 2[*sore*] mou, sansib *His foot is sensitive, he can't take steps with it.* Pye l mou, li pa fouti mete l atè. *Where I hurt myself is sensitive.* Kote m blese a sansib. 3[*information, situation, etc.*] sansib *It's a sensitive situation.* Se yon sitirasyon sansib sa a. •**sensitive person** kè mou *Don't yell at her, she's a sensitive person.* Pa rele sou li, se yon kè sansib. •**sensitive point or spot** pwen sansib *He's really sensitive about hair.* Cheve se yon pwen sansib pou li. •**sensitive to what people think** wont je *It's because I'm sensitive to what people might think that I gave you the money.* Se pou wont je m ba ou lajan an. •**very sensitive person** kè pantalèt *Sensitive people like you can't watch people in the operating room.* Kè pantalèt kon ou pa ka al wè moun nan sal chiriji non.

sensitive² *n.* [*herb*] mouri leve, wont, wontèz, zanmòrèt, zèb manmzèl

sensitivity *n.* finès, kè nan men *She does everything with sensitivity.* Fi sa fè tout bagay ak finès. *His sensitivity causes people to take advantage of him.* Kè nan men li kòz moun ranse ak li.

sensitize *v.tr.* 1[*to a situation, etc.*] konsyantize, sansibilize *We want to sensitize everyone about the contamination of the drinking water.* Nou vle konsyantize tout moun konsènan kontaminasyon dlo potab. *She is trying to sensitize everyone to the plight of children who can't go to school.* L ap eseye sansibilize tout moun konsènan move sò timoun ki pa kapab ale lekòl. 2[*revive, make sensitive*] dezangoudi *This salve will sensitize your skin.* Ponmad sa a pral dezangoudi pa ou.

sensitizing *n.* konsyantizasyon, sansibilizasyon

sensor *n.* detektè

sensory *adj.* sansoryèl

sensual *adj.* chanèl

sensuous *adj.* •**sensuous woman** chodin, cholin

sentence¹ *n.* 1[*gram.*] fraz 2[*court*] jijman, penal, santans *As a sentence, they gave him three years in prison.* Kòm penal, yo ba l twa zan prizon.

sentence² *v.tr.* kondane, penal *The judge sentenced him to twenty years in prison.* Jij la kondane nèg la ventan prizon. •**sentence to capital punishment** kondane yon moun a mò

sentiment *n.* santiman

sentimental *adj.* santimantal *That woman is very sentimental.* Dam sa a santimantal anpil.

sentimentality *n.* santimantalite

sentinel *n.* santinèl

sentry *n.* faksyonnè, gad, planton, santinèl •**sentry box** gerit

separate¹ *adj.* apa, degrennen, endividyèl *It's a separate problem.* Se yon pwoblèm apa. *Each player had a separate room.* Chak jwè te gen chanm endividyèl. *The house has four separate rooms.* Kay la gen kat chanm degrennen. •**separate from** apa *They live in a little place outside of town, separate from everything.* Yo rete yon ti kote apa andeyò vil la.

separate² I *v.tr.* 1[*divide up, share, etc.*] depatcha, grennen, separe *The butcher separated the meat into small pieces.* Bouche depatcha vyann nan an ti moso. *The string broke, the pearls of the necklace separated.* Fil la kase, kolye a grennen. *The thieves separated the money between them.* Vòlò yo separe lajan antre yo. 2[*sort, split, etc.*] depareye, mete apa, triye *You can't separate these two chemical elements.* Ou pa ka depareye de eleman chimik sa yo. *They separated the men from the women.* Yo mete fi apa, gason apa. *She separated the good eggs from the bad eggs.* Li triye bon ze ak move ze. 3[*mark a division*] separe *A wall separates the two houses.* Se yon mi k separe de kay yo. 4[*distance*] dezini, distanse, fè espas, separe *You can't separate those two friends; they're two peas in a pod.* Ou pa ka dezini de zanmi sa yo, se ou pase pran m, m a pase chache ou. *Please separate those two chairs a little more.* Tanpri distanse de chez sa yo yon ti kras ankò. *Separate those two to stop them from fighting.* Fè espas ant de sa yo pou yo pa tonbe goumen. *Only death can separate us.* Sèl lanmò ki pou separe n. II *v.intr.* 1[*divorce, break up, etc.*] depareye, detache li, divòse, kite *If we separate, what will the children's future be?* Si nou depareye, ki lavni timoun yo? *My mom and dad separated last year. I have completely separated myself from them so I'm not the subject of rumors.* M detache m nèt sou yo pou m pa nan zen. Manman m ak papa m divòse ane pase. *They just got married and they are already separating.* Yo fenk marye epi yo gen tan kite. 2[*liquids*] kaye *The milk has separated.* Lèt la kaye.

•**separate one by one** degrennen *Separate one by one the burnt out light bulbs from the good ones.* Degrennen anpoul boule yo ak sa k bon yo. •**get separated** separe ak *My husband and I got separated two years ago.* Mwen separe ak mari m gen dezane.

separately *adv.* an patikilye, apa, detache, separeman *She spoke to each person separately.* Li pale ak chak moun an patikilye. *They serve food to each person separately.* Yo sèvi chak moun manje apa. *Don't put those two together, put them separately so they don't fight.* Pa mete de sa yo ansanm, mete yo chak detache pou yo pa goumen. *Let's treat each problem separately.* Ann trete chak pwoblèm separeman.

separation *n.* 1[*gen.*] separasyon, triyaj 2[*in common-law marriage*] kitay 3[*relationship*] separasyon

sepsis *n.* enfeksyon san

September *prop.n.* sektanm, septanm

septic *adj.* •**septic arthritis** enfeksyon nan jwenti

septicemia *n.* septisemi

sepulcher *n.* kavo, tonbo

sequel *n.* swit

sequence *n.* 1[*order*] lòd, sekans 2[*of a book, movie*] pasay

sequin *n.* payèt

seraph *n.* serafen

serenade *n.* serenad •**mock serenade** chalbari

sergeant *n.* sèjan •**quartermaster sergeant** sèjan fourye

sergeant-at-arms *n.* [*jur.*] isye odyansye, okton

sergeant major *n.* [*fish*] pilòt

serial *n.* [*on TV*] feyton

series *n.pl.* 1[*gen.*] je, seri 2[*on TV*] feyton •**series of** yon dejle *A series of crimes spread through the neighborhood.* Yon dejle krim repann nan katye a.

serious *adj.* 1[*potentially dangerous*] grav, malouk, michan, serye *The doctor said the case is very serious.* Doktè a di ka a grav. *He ran into a serious problem.* Li tonbe nan yon michan pwoblèm. *That's a serious problem.* Pwoblèm sa a malouk, wi. 2[*thoughtful*] serye *He's a serious person, we can depend on his word.* Msye se nèg serye, li gen pawòl si. •**be serious** ranmase karaktè li, sou

plan *The foreman got serious to fire all those workers.* Fòmann ranmase karaktè li pou li revoke tout travayè sa yo. *She isn't serious about her relationship with her companion.* Li sou plan ak patnè li. •**become more serious or critical** agrave *His health condition had become more serious over night.* Eta sante l agrave pannan lannuit. •**do nothing serious** boukannen dlo *What's up? —Ah! I am not doing anything serious, I'm not working.* Ki sa ou regle? —Ah! M ap boukannen dlo, nèg p ap travay. •**nothing serious** komedi *It was nothing serious.* Se te yon komedi. •**too serious** sinik *You can't always be too serious, you have to laugh sometimes.* Ou pa ka toujou sinik, fòk ou ri tou yon lè.

serious-minded *adj.* konsekan, serye, seryez [*fem.*] *She is a serious-minded person.* Se yon fi konsekan li ye.

seriously *adv.* anpil, grav, gravman, oserye, pou {toutbon/debon}, serye, seryèzman *The cold will seriously damage his whole body.* Fredi a ap manje nigrit li anpil. *Your friend is seriously ill.* Zanmi ou an malad grav. *He's seriously sick.* Li malad gravman. *Don't take him seriously because he doesn't know what he's saying.* Pa pran l oserye paske li pa konn sa l ap di. *Are you seriously kicking me out?* Ou ap mete m nan pòt la toutbon? *He was seriously injured in the accident.* Li blese serye nan aksidan an. *The accident seriously injured her leg.* Aksidan an blese li seryèzman nan janm. •**do sth. seriously** fè yon bagay ak lafwa •**not to take s.o. seriously** bay bouch li van *I heard that they plot to overthrow the government. —Don't take them seriously.* M pa tande nèg yo pral jete gouvènman an. — Bouch yo y ap bay van. •**not to take sth. seriously** fè lamayòt, pran yon bagay pou blag •**take seriously** {fè/pran}ka

serious-minded *adj.* konsekan, serye

seriousness *n.* gravte, seryezite •**in all seriousness** toutbon *I'm telling you that in all seriousness.* M ap di ou sa toutbon.

sermon *n.* prèch, predikasyon, sèmon •**church sermon** mesaj

serpent *n.* koulèv, sèpan

serum *n.* sewòm, vaksen

servant *n.* 1[*household*] domestik, estekoun, kouk, sèvitè 2[*female*] fi, bòn, sèvant 3[*pej.*]

bèf chawa, merilan, tchoul, valtay •**servant of God** sèvitè Bondye •**be s.o.'s servant** fè ladoba yon moun *I'm not your servant!* M p ap fè ladoba ou! •**be s.o.'s unpaid domestic servant** restavèk, rete ak moun *She's an unpaid domestic servant.* Se moun ki ret ak moun li ye. •**child servant** koka, restavèk •**unpaid live-in servant** [*child*] krimizou, restavèk •**young unpaid male servant** tigason
servant-girl *n.* sentaniz, tibòn
serve[1] *n.* [*volleyball, tennis, etc.*] sèvis
serve[2] **I** *v.tr.* **1**[*work for*] sèvi *She served her boss for twenty years.* Li sèvi patwon li pou ven lane. **2**[*rel.*] di, sèvi *The priest served Mass.* Monpè a di lofis. *She served a mission for her church.* Li sèvi yon misyon pou legliz li a. **3**[*food*] drese, sèvi *Go serve the food.* Al drese manje a. *That restaurant serves good food.* Restoran sa a sèvi bon manje. **4**[*attend to a customer*] sèvi *He sat down, but they didn't serve him.* Li chita, men yo pa vin sèvi l. **5**[*cover*] desèvi *This bus serves the whole downtown area.* Se bis sa a ki desèvi tout santrevil la. **6**[*a purpose*] itil, sèvi *That knife doesn't serve my purpose.* Kouto sa a pa itil pou sa m ap fè a. *This can serve as a table.* Sa ka sèvi tankou tab. **7**[*time, etc.*] fè *She served ten years in prison.* Li fè dizan prizon. **8**[*volleyball, tennis, etc.*] fè sèvis **II** *v.intr.* [*work, duty, etc.*] desèvi, sèvi *He serves as pastor for a large congregation.* Kòm pastè li desèvi yon gwo kongregasyon. *She served for eight years as president.* Li sèvi kòm prezidan pou wit lane. *He served in the military.* Li sèvi nan lame. •**serve a Vodou deity** sèvi{lwa/mistè} •**serve another term of office** double *This senator has served another term in office.* Senatè sa a double manda li. •**serve as a cover or front for** sèvi dra pou *That bank serves as a front for money laundering.* Bank sa a sèvi dra pou blanchisman lajan. •**serve as godfather or godmother** batize *Annette serves as the child's godmother.* Anèt batize pitit la. •**serve as witness** sèvi yon moun temwen *You can serve as my witness, you saw him hitting me.* Ou sèvi m temwen, ou wè se li ki frape m. •**serve drinks with bread or cassava** sèvi yon moun ak de men *The host served us drinks and bread.* Mèt kay

la sèvi n ak de men. •**serve refreshments to guests** resevwa *I stayed one hour at her house, and she didn't serve me any refreshments.* M rete inèdtan lakay madam nan, epi li pa resevwa m anyen. •**serve s.o. right** se bon pou yon moun *I wanted to help her but she insulted me; that serves me right.* Mwen te vle ede l, li joure m; se bon pou mwen.
service *n.* **1**[*act of serving*] sèvis *She offered me her services.* Li ofri m sèvis li. **2**[*ceremony*] sèvis *Which priest is doing the service?* Ki pè k ap fè sèvis la? **3**[*favor*] favè, satisfaksyon, sèvis *He rendered me a huge service.* Li rann mwen yon gwo favè. *She came to ask him for a small service.* Li vin chache yon ti satisfaksyon nan men li. *I need you to do a small service for me.* M bezwen yon ti sèvis nan men ou. **4**[*maintenance*] pase men, sèvis dantretyen *The mechanic did a quick service of my car.* Mekanisyen fè yon pase men nan machin mwen an. *Your car needs a service.* Machine ou bezwen yon sèvis dantretyen. **5**[*volleyball, tennis, etc.*] sèvis •**at the service of** osèvis *The national police is at the service of the population.* Lapolis nasyonal la osèvis pèp la. •**city sanitation services** lakomin •**communion service** konsekrasyon lakominyon •**disaster prevention service** sèvis predezas •**immigration service** [*gov.*] imigrasyon •**in the service of** osèvis *He died in the service of his country.* Li mouri osèvis patri li. •**internal revenue service** biwo{kontribisyon/pèseptè} •**mail service** lapòs •**maintenance service** sèvis dantretyen •**quick service** se lapoula *Here, we offer quick service.* Nou menm isit se lapoula. •**speeded-up service** sèvis akselere •**speedy service** se lapoula •**Vodou service** bat tanbou, sèvis *Tonight, there is a Vodou service at the house of the manbo Jane.* Aswè a gen yon bat tanbou kay manbo Jàn.
servile *adj.* sousou *Look at how servile he is, man!* Gade yon nèg sousou, papa! •**be servile** fè chen nan pye moun, fè kelele, fè merilan, se moun ki{kay moun/rete ak moun} *He played a servile role until they gave him the job of director.* Li fè chen nan pye yo jis yo ba li djòb direktè a. *Show some dignity, stop being so servile.* Ranmase karaktè ou, sispann fè kelele. *He's too servile, how can he*

make a decision? Se moun ki rete ak moun li ye, kote li ka pran desizyon?

serving *n.* razad

sesame *n.* jijiri [N], wowoli

sesquicentennial *n.* trisenkantnè

session *n.* 1[*sitting*] chita, fòmasyon, sesyon, seyans 2[*of playing cards*] kout kat •**formal session** chita tande •**in private session** a uiklo •**practice session** [*gym*] egzèsis •**in double school sessions** [*morning and afternoon*] an doub vakasyon •**training session** cheminman

set¹ *adj.* 1[*determined, unchanging*] fiks *They have firm date set for the marriage.* Yo gen yon dat fiks pou maryaj la. 2[*placed*] chita, sitiye *The house is set up on a hill.* Kay la chita sou tèt mòn lan. 3[*ready*] pare (tann) *I'm all set waiting for you.* M pare; se ou m ap tann. *They are all set to weather the storm.* Yo pare tann loray la. 4[*sure of success*] anfòm *You're all set with that job, buddy!* Ou anfòm papa ak dyòb sa a! 5[*broken bone*] atikile *The bones are set, the hand is fine now.* Zo yo atikile, men an bon atò. •**be set** pare pou *Those two kids are set to go to school.* De timoun sa yo pare pou yo al lekòl. •**be set to the right time** [*watch, clock*] sou bon lè *The clock is set to the right time.* Revèy la sou bon lè. •**get set** a[*for a fight*] dragonnen ponyèt li *He is getting set for a fight.* L ap dragonnen ponyèt li. b[*for a game of marbles*] mare pik *Those two kids are getting set to play a game of marbles.* De timoun sa yo ap mare pik. •**one who is set in his ways** manyak *How set in your ways you are!* Ala kot nèg manyak se ou!

set² *n.* 1[*objects, assortment, etc.*] ansanm, je *She gave him a set of knives when he became a chef.* Li ba li yon je kouto lè li vin chèf kwizin. *Those chairs and the table make a set.* Chez sa yo avèk tab la fè yon ansanm. 2[*tennis*] sèt 3[*group of people, etc.*] bann, foul, gwoup *A set of thieves broke into the house while they were away.* Yon bann vòlò kase kay la lè yo pa t la. 4[*radio, TV, etc.*] aparèy *He broke the television set.* Li kase aparèy TV a. •**hair set** bigoudi

set³ I *v.tr.* 1[*place, put*] mete, plase, poze *Set the books on the table.* Mete liv yo sou tab la. *Marie set the baby in the chair to eat.* Mari plase bebe a nan chez la pou li manje. *Will you set the box over there for me?* Eske ou ka poze bwat la la pou mwen? 2[*arrange, adjust, etc.*] mete, regle *Would you set the alarm before you leave?* Eske ou kapab mete alam nan anvan ou kite? *She set the time on her watch.* Li regle lè sou mont li a. 3[*date, deadline, etc.*] fikse *The boss set a time for them to finish the work.* Se patwon an ki fikse yon lè pou yo fin fè travay la. 4[*limits, etc.*] bay yon moun piga li *The boss set limits for each worker.* Mèt travay la bay chak ouvriye yo piga yo. 5[*a trap, fishnet*] tann *They set a trap for him.* Yo tann yon pyèj pou li. 6[*a bone*] manyen *She didn't go to the hospital in the city, it was the bonesetter who set her broken bone.* Madanm nan pa t ale lopital lavil, se medsen fèy la ki te manyen bwa ki kase a. 7[*on fire*] mete dife *They set the house on fire.* Yo met dife nan kay la. 8[*to go down*] pran *The sun hasn't set yet.* Solèy la po ko kouche. II *v.intr.* 1[*jelly, etc.*] pran *The ice cream hasn't set yet.* Krèm lan poko pran. 2[*sun*] kouche *The sun set late today.* Solèy la kouche ta jodi a. •**set aside** a[*an idea, plans*] klase *I set aside the idea of traveling abroad until after I get married.* Mwen klase dosye pati aletranje a pou lè m fin marye. b[*things, objects*] mete aleka, mete yon bagay sou kote, wete *I set aside the clothes I was going to wear, and now I can't find them.* Mwen mete aleka rad m t ap mete, epi kounyeya m pa jwenn yo. *Set the rest of the food aside.* Met rès manje a sou kote. *She set aside the clutter so we could pass.* Li wete pagay la pou n te ka pase. c[*save*] mete dekote, sere *We set aside a little money every month.* Nou sere yon ti kòb chak mwa. *Every time I get paid, I set aside a little something for a rainy day.* Chak fwa m touche, m mete yon ti kichòy dekote pou sizoka. •**set back on one's feet** dechwe •**set conditions** mete pinga li, pase kondisyon *We have to set the conditions before signing the contract.* Fòk nou pase kondisyon yo avan nou siyen kontra a. •**set fires** ensandye dechwe •**set foot in** mete pye *Don't set foot in my house anymore.* Pa mete pye lakay mwen ankò. •**set foot out** soti deyò *They didn't want me to set foot out of this house.* Yo pa vle kite m sot deyò. •**set foot on the ground** pile tè *I know a business man who spends his life in planes, he never sets* *foot on the ground.* M konn yon biznismann ki viv nan avyon sèlman, li pa janm pile tè. •**set free** delage, delivre, lage, libere *The judge had the prisoner set free.* Jij la fè libere prizonye a. •**set forth** [*a question*] poze *She set forth a question.* Li poze yon kesyon. •**set in** mete pye *The rain has really set in.* Lapli gentan mete pye toutbon. •**set off** *a*[*on a journey*] mete an wout *They set off yesterday for Port-au-Prince.* Yo mete an wout yè pou Pòtoprens. *b*[*explanation, etc.*] pati *She set off on a long explanation.* Li pati sou yon gwo esplikasyon. *c*[*explosion, alarm, etc.*] deklanche *The thieves set off the alarm.* Vòlò yo deklanche alam nan. •**set on** [*cause to attack, chase*] lage dèyè *She set the dogs on me.* Li lage chen dèyè m. •**set on fire** boule, met dife •**set out** *a*[*arrange, spread out*] ranje *I'm setting out the chairs for the meeting.* M ap ranje chèz yo pou reyinyon an. *b*[*leave, go after*] pati (dèyè) *I saw him set out on his bike, but I don't know where he went.* M wè l pati sou bekàn li, m pa konn kote l ale. *She set out to find her father.* Li pati dèyè papa. •**set out after s.o.** lage nan fif yon moun *He set out after the guy until he returned his money to him.* Misye lage nan fif nèg la jis li renmèt li kòb li. •**set s.o. against another** fè tèt yon moun, monte tèt yon moun *She doesn't like me, because you set her against me.* Fi a pa renmen mwen, pase ou moute tèt li. •**set s.o. against s.o.** blende *It looks like they have set you against me.* Gen lè yo blende ou pou mwen. •**set s.o. up** bay yon moun van pou l al Lagonav *You're setting me up for a fall if you can tell me to go insult the boss.* Ou ap ban m van pou mwen al Lagonav si ou ka di m al manke patwon an dega. •**set the alarm** monte revèy *Set the alarm so we'll wake up on time.* Monte revèy la pou n ka reveye alè. •**set up** *a*[*prepare for use*] monte, pare, ranje *You can set up the bookshelves over there?* Ou ka monte etajè yo lòtbò a. *When we got there, everything was set up for the party.* Lè n rive a, tout bagay te gen tan pare pou fèt la. *Set up the table in this place so that we have more room.* Ranje tab la nan bò sa a pou n ka gen plis espas. *b*[*business, project, organization, etc.*] etabli, mete sou pye, mete yon bagay kanpe, monte *The minister set up a school in*

the village. Pastè a etabli yon lekòl nan bouk la. *They set up a medical center in the area.* Yo mete yon klinik sou pye nan kominote a. *I need some money to set up a business.* M bezwen yon ti kòb pou m mete kanpe yon biznis. *Those guys are always setting up projects.* Tout jounen nèg sa yo ap monte pwojè. •**never again set foot** koupe pye (lakay) yon moun •**person who sets up two cocks to fight** karè

set-up *n.* 1[*arrangement*] montaj 2[*trap*] pèlen

setback *n.* baf, kontraryete, rechit

settee *n.* divan, kanape

setting *n.* 1[*speeds, positions, etc.*] pozisyon, vitès *This fan has two settings.* Vantilatè sa a gen de vitès. 2[*of a ring, etc.*] monti 3[*context*] kontèks, sit *The setting of the story is in France.* Sit istwa a se Lafrans. •**setting up** miz anplas •**place setting** kouvè

settle I *v.tr.* 1[*debt, obligation*] fè regleman *I'm going to settle accounts with my regular vendor.* M pral fè regleman ak pratik mwen. 2[*debt*] akite *He settled his debts.* Li akite dèt li yo. 3[*resolve, sort out*] regle, rezoud, tranche *I'll settle it with her.* M pral regle sa avè l. *We can settle this without having to go to court.* Nou ka rezoud sa san n pa bezwen al tribinal. *The judge settled the problem.* Jij la tranche pwoblèm nan. 4[*decide*] deside, detèminen *Is it settled yet which day we're leaving?* Nou deside ki jou n ap pati deja? *Have you settled the time we will meet?* Ou detèminen kilè n ap reyini? 5[*establish*] chouke, kantonnen *This business has been settled here forever.* Biznis sa a chouke pa bò isit la depi dikdantan. 6[*calm, quiet, make comfortable*] dodomeya *She settled the baby so they could talk.* Li dodomeya ti bebe a pou yo te ka pale. II *v.intr.* 1[*live in, establish o.s.*] estabilize li, kantonnen *He went to settle in Miami and his children are suffering.* L al estabilize l Miyami epi pitit li ap soufri. *This is private property, you can't settle here.* Sa se pwopriyete prive, ou pa ka kantonnen la. 2[*dust, sediment, etc.*] poze *The water contains dirt, let it settle before you use it.* Dlo a gen kras, kite l poze anvan ou sèvi avè l. 3[*make/become quiet, calm*] frèt *When things get settled, I'll return.* Lè tout bagay frèt, m a tounen. •**settle a score with s.o.** bwè yon tas kafe anmè ak yon moun *He disrespected me; now I have a score to settle with him.* Li manke m dega; kounyeya m gen pou bwè yon tas kafe ak li menm. •**settle accounts** *a[money]* fè kont, regle kont *Let's work out accounts to divide up the money.* Vin nou fè kont lan pou nou separe kòb la. *b[grudge]* regle kont *I have to settle an account with her from when we were children.* M bezwen regle kont avèk li depi nou te timoun. •**settle down** akonpli, etabli li, fè pozisyon li, fè vi li *They have settled down together now.* Mesyedam yo akonpli kounyeya. *I'm very tired, when I settle down in the chair, I won't get up again.* Mwen fatige anpil, kote m etabli m sou chèz la, m poko ap leve. *He's settled down now, he isn't into womanizing anymore.* Misye fè pozisyon l atò, li pa nan anpil fanm ankò. *It's time for him to get married and settle down.* Li lè pou l marye pou l sa fè vi li. •**settle down comfortably** kare kò li *She has settled down comfortably because she has a better life now.* Manmzèl kare kò l paske li gen yon lavi miyò kounye a. •**settle for** konsanti *She wanted the money and the house, but she had to settle for the house.* Li te vle ni kòb la ni kay la, men li te oblije konsanti pou kay la ase. •**settle in** enstale li, kazènen li *He settled in the house his mother left.* Li enstale li nan kay la manman ni kite. *We settled in this town seventeen years ago.* Nou kazènen n nan vil sa depi disèt lane. •**settle on** *[decide, choose]* deside *I haven't settled on the dress I'm going to wear yet.* M po ko deside ki rad m ap mete. •**settle the price** fè (jis) pri •**be settled down** etabli *This family has been settled down here for long time.* Sa gen lontan depi fanmi sa etabli nan zòn nan. •**get settled** enstale li *It's been three years since he got settled in this city.* Li gen twa zan depi li enstale li nan vil sa a.

settled *adj.* klase *The issue of marriage is settled, we need only fix the date.* Koze maryaj la klase, se dat sèlman nou rete pou n pran.

settlement[1] *n.* [*location*] (a)bitasyon

settlement[2] *n.* **1**[*of a quarrel, debt, obligation, account*] aranjman, regleman **2**[*money*] dedonmajman •**amicable settlement** antant kòdyal •**hasty settlement** kont mal taye •**rough-and-ready settlement** kont mal taye

settler *n.* kolon

settling *n.* •**settling of property boundaries** bònaj •**settling of scores** reglemandkont

seven *num.* sèt •**seven o'clock** sètè

seventeen *num.* disèt

seventeenth *adj.* disètyèm

seventh *adj.* setyèm

Seventh-Day Adventist *prop.n.* Advantis, Advantis setyèm jou

seventieth *adj.* swasanndizyèm

seventy *num.* swasanndis •**seventy years** swasanndizan

seventy-five *num.* swasannkenz •**seventy-five cents** twagouden

seventy-one *num.* swasantonz

seventy-seven *num.* swasanndisèt

sever *v.tr.* tranche *She severed an arm in the accident.* Li tranche yon bwa nan aksidan an. •**sever ties with s.o.** dezasosye *These two men severed their ties.* De msye sa yo dezasosye.

several[1] *adj.* divès, kèk, plizyè *There are several sorts of mangoes.* Genyen divès kalite mango. *I went to visit her several times last year.* M al wè l kèk fwa ane pase. *Several people have called for you today.* Gen plizyè moun ki rele ou jodi a.

several[2] *pro.* plizyè *Most students are working, but there are several who are chatting.* Pi fò elèv t ap travay men plizyè te pito ap pale.

severe *adj.* **1**[*serious, intense*] rèd, serye, sevè *We couldn't come because of a severe storm.* Nou pa t kapab vini pase te gen yon lapli rèd deyò. *It wasn't a severe injury.* Se pa yon gwo blese sevè. *When I got there, she was in severe pain.* Lè m rive a, li t ap soufri serye. **2**[*strict*] di, estrik, mabyal, makawon, rèd, sevè, tchak *You're too severe with her.* Ou twò di avè l. *You don't want him for a teacher; he's really severe.* Ou pa vle li menm kòm mèt ou; li estrik anpil. *This teacher is too severe.* Mèt sa a mabyal twòp. *His mother is very severe.* Manman l makawon anpil. *As a father he is really severe with his children.* Tankou papa, li rèd anpil ak timoun yo. *What a severe guy!* He doesn't allow any leeway in the rules at all. Ala kot nèg tchak! Li pa jwe ak prensip ditou.

severely *adv.* grav, gravman, sevè, sevèman *She didn't go to school, because she was* *severely ill.* Li pa t al lekòl poutèt li te malad grav. *Jean was severely injured in the accident.* Jan te blese gravman nan aksidan an. *The principal talked severely to the misbehaving students.* Dirèktè lekòl la pale sevè avè elèv dezòd yo. *You have to act severely with her.* Fò ou aji sevèman avè l.

severity *n.* severite

sew *v.tr.* koud, monte *I'll cut out the shirt, you'll sew it.* M ap taye chemiz la, ou a koud li. *Sew on the button for me.* Monte bouton chemiz la pou mwen. •**sew together** kole pyese *The seamstress is sewing together the pants you cut out.* Koutiryèz la ap kole pyese pantalon an ou te taye. •**sew up again** rekoud *I ripped my shirt on a nail. Can you sew it up again for me?* Mwen chire chemiz mwen sou yon klou. Ou ka rekoud li pou mwen?

sewer *n.* klowak, rego, tou rego •**open sewer** rigòl

sewing *n.* kouti •**sewing machine** machin a koud •**treadle sewing machine** machin a pye

sex¹ *n.* [*gender*] sèks

sex² *n.* dezòd, douspoudous, sèks •**be having sex** ann afè ak •**have sex** *a*[*with a woman; vulg.*] bay (yon fanm) bwa, chire nat yon fi, mete anba bwa, pran yon priz nan men yon fi, siyen non li nan yon fi, voye bwa monte, tchatcha yon fi *He's having sex all over the place.* L ap bay fanm bwa toupatou. *Joe had sex with her.* Djo chire nat manmzèl. *Jack had sex with that slut already.* Jak pran yon priz nan men pèlen sa a deja. *John is having sex with a girl in the room.* Jan ap voye bwa monte nan chanm nan. *b*[*euph.*] fè *No guy likes to have sex like that, he's a randy one.* Nanpwen nèg renmen fè konsa, bwa li toujou kanpe. *c*[*fam.*] byen ak, chavire, chòy, fè{dezòd/yon taye}, jete yon dlo, kouche, koupe, pase sou, plimen, prita, raze, tire pye li, viktim, viv ak *All the guys from the neighborhood have already had sex with this girl.* Tout nèg sou katye a chavire manmzèl deja. *The lovers are having sex in the room.* Zanmoure yo ap chòy nan chanm nan. *It's silly to have sex when you have your period.* Li pa fè sans pou fè dezòd lè ou gen règ. *Last night Jonas had sex without a condom.* Ayè Jonas fè yon taye san kapòt. *I need an easy lay tonight to have sex.* M bezwen yon bouzen aswè a pou m jete yon dlo. *He has sex with Jane.* Li kouche Jan. *Those lovers spend the whole day having sex.* Mesyedam sa yo se tout jounen y ap koupe. *That girl wanted me to have sex with her.* Fi sa vle m prita l. *No one has sex with women like that.* Nanpwen nèg raze fanm konsa. *I need a loose woman to have sex with her.* M bezwen yon limenna la pou mwen tire pye m. *He has already had sex with all the girls in the neighborhood.* Msye viktim tout ti dam yo ki nan katye a. *He had sex with his maid.* Li viv ak bòn ni. *d*[*vulg.*] frape, kòche, konyen, kraze (kalòj yon fi), k(w)oke [N] *I already had sex with that loose girl.* M frape limena sa deja. *I just had sex with that whore.* M fèk sòt kòche bouzen sa a. *You had sex with that girl; you got her pregnant.* Se ou ki kraze fi sa a; se pou ou li ansent. *They surprised that man and that woman having sex.* Yo bare mesyedam sa yo ap konyen. *Did you already have sex with that woman?* Ou deja koke fi sa. •**have sex with a woman with rage** pèfore *He had sex with her with rage.* Li pèfore l. •**have violent sex** manche yon moun anba bwa •**try to have sex with** chache gen koze ak *The boss is trying to have sex with his secretary.* Patwon an ap chache gen koze ak sekretè a.

sextant *n.* sekstan

sexton *n.* sakristen

sexual *adj.* seksyèl

sexually permissive person *n.* kouchadò *This sexually permissive person likes to have sex with everyone.* Kouchadò sa a kouch ak tout nèg.

sexually-transmitted *adj.* veneryèn

sexy *adj.* [*woman*] anfòm, bay lafyèv, seksi *That girl is really sexy.* Fi sa a anfòm toutbon.. *That is one sexy woman!* Fanm sa a bay lafyèv toutbon! •**sexy young woman** gengenn *What a pretty sexy young woman!* Gade yon bèl gengenn!

shabbily *adv.* minab *You see how he dresses so shabbily, he can't even put on a high-quality pair of pants.* Ou wè msye se yon moun minab, ata yon pantalon bon avalwa li pa ka mete.

shabby *adj.* anmandreng, delala, depatcha, kraze, mal fagote, malfouti, minab, vlengenden, vye *You aren't going out with those shabby clothes on, I hope.* Ou p ap soti nan lari a an mandreng konsa non. *I live in that shabby house over there.* Mwen rete nan kay delala lòtbò. *What a shabby looking guy!* Ala yon nèg depatcha! *This house is so shabby, I won't sleep in it.* Eta kay kraze sa, m p ap dòmi ladan l. *You can't go out looking so shabby.* Ou pa ka soti nan lari a malfouti kon sa. *Where did you pick up this shabby guy?* Ki kote ou ramase nèg vlengenden sa a? *A bunch of shabby houses.* Yon bann vye kay.

shack *n.* barak, kounabe, kounouk

shackle *n.* 1[*fetter*] sèp 2[*for an animal*] zanpèt

shaddock *n.* chadèk

shade¹ *n.* lonbray, lonm •**a shade** [*a little bit, hint of*] ti{jan/kal/kras} *That light is a shade too bright.* Limyè sa a yon ti jan twò klere. •**cool shade** frechè

shade² *v.tr.* bay lonbray *The trees shaded them from the sun.* Pyebwa yo te ba yo lonbray nan solèy a.

shadow *n.* lonbray, lonm, zanma *She's only a shadow of herself.* Fanm sa a se zanma li ki rete. •**be a shadow of o.s.** remèt monnen *That player used to be very good, now he's a shadow of himself.* Jwè sa a te fò anpil, kounye a l ap remèt monnen. •**ordinary shadow** [*human*] nanm kadav kò

shady *adj.* 1[*in the shade*] gen lonbray *There's a shady spot under the tree.* Gen yon ti kote k gen lonbray anba pyebwa a. 2[*person*] flou *She's never straightforward; she's a shady person.* Koze li pa janm klè; madanm nan flou. 3[*person, dealings, etc.*] pa katolik *There's something shady about what they're doing.* Gen yon bagay ki pa katolik ak sa yo fè. •**shady person** mafya

shake¹ *n.* sakad, soukous, tranbleman

shake² I *v.tr.* 1[*object, person, etc.*] ajite, balote, moleste, sakade, souke, tranble *Shake it well before using it.* Ajite l byen anvan ou sèvi avè l. *She shook me in order to wake me up.* Li balote m pou reveye m. *Why are you shaking the child like that?* Poukisa w ap moleste pitit la konsa? *Before you take the medicine, shake the bottle well.* Anvan ou bwè renmèd la, souke boutèy la byen. 2[*emotionally*] souke *The news that her parents were divorcing*

really shook her. Nouvèl paran li ap divòse souke li toutbon. II *v.intr.* 1[*object, person*] balanse {lakadans/yaya}, brannen, sakade, tranble *The earth shook for two seconds.* Tè a brannen pandan de segonn. *The way the balcony is shaking, it's going to fall.* Jan balkon an ap danse yaya la, li san lè tonbe. *What's wrong with the car that it shakes like that?* Sa machin nan gen l ap sakade konsa? *It was so cold, she was shaking.* Li te sitèlman frèt, li t ap tranble. 2[*from fear*] tranble *His hand was shaking from fear?* Men li t ap tranble poutèt li te gen krentif? •**shake a leg** leve pye ou, souke kò li *Shake a leg! We're late.* Leve pye ou! Nou an reta. *Shake a leg, we're almost late.* Souke kò nou, nou prèske an reta. •**shake convulsively** jigote *When she heard that her father had died, she started to shake convulsively.* Lè li aprann papa li mouri, li kòmanse jigote. •**shake down** [*with a pole*] gole *Shake down that bitter orange for me.* Gole zoranj si sa a pou mwen. •**shake hands** bay yon moun lanmen *He walked over and shook everyone's hand.* Li mache bay tout moun lanmen. •**shake off** a[*dust, dirt, etc.*] souke *Go shake off the sand from your shoes.* Al souke sab la nan soulye ou. b[*sport*] demake li *Shake off your opponent so your team-mate can give you a nice pass.* Demake ou non pou yo ba ou pas la. •**shake off one's marker** [*sport*] demake li *Shake off your defender so your teammate can give you a nice pass.* Demake ou non pou yo ba ou pas la. •**shake on it** tope *Given that we agree, let's shake on it.* Kòm nou dakò sou sa, ann tope. •**shake one's head yes or no** souke *She shook her head yes.* Li souke tèt li di wi. •**shake out** souke *Go shake the spread out outside.* Al souke dra a deyò. •**shake s.o.'s hand** sere yon moun lamen *He didn't shake his hand.* Li pa sere lòt la lamen. •**shake s.o. to wake him/her up** souke *She shook the child to wake it up.* Li souke pitit la pou reveye li. •**shake up** a[*emotionally*] boulvèse *The news really shook her up.* Nouvèl la boulvèse l anpil. b[*physically*] ajite, sakaje bil yon moun *Shake it up well before using it.* Ajite l byen anvan ou sèvi avè l. *The pick-up truck shook me up because the road was in such bad condition.* Kamyonèt la sakaje bil mwen tèlman wout la makawon. •**be shaken up** kè yon moun kase *I'm shaken up, I've just seen an accident.* Kè m kase, m fèk sòt wè yon aksidan la a.

shaken *adj.* souke *I was completely shaken by the news of Nicolas's death.* M fin sekwe nèt depi m pran nouvèl lanmò Nikola.

shaker *n.* •**pepper shaker** pwavriye

shaking¹ *adj.* •**nervous shaking** [*legs*] anbalan

shaking² *n.* maladi (la)tranblad, tranbleman

shaky *adj.* **1**[*unstable*] branlan, tranble *The stairs are shaky; be careful not to fall.* Eskalye a branlan twòp; veye pou ou pa pati ladan. *I notice the ladder is shaky with me on it.* M wè nechèl la ap tranble avè m. **2**[*unsteady hands, etc.*] gen latranblad *My hands are shaky.* Men m yo gen latranblad. **3**[*wobbly*] bankal *The table is shaky.* Tab la bankal. **4**[*seat*] lòkò lòkò *Don't sit down on this chair, because it is really shaky.* Pa chita sou chèz sa a paske li lòkò lòkò. •**shaky because of uneven legs** [*furniture*] bankal *The table has shaky legs.* Tab la bankal. •**be shaky** balanse yaya *The floor is shaky; we're going to fall through.* Planche a ap balanse yaya; nou pral tonbe ladan.

shallot *n.* echalòt

shallow *adj.* **1**[*not deep*] plat *That water is very shallow.* Dlo sa plat anpil. **2**[*breathing*] kout *His breathing is very shallow; he probably won't last the night.* Ti souf li kout, li gen lè li pa p fè lannuit lan. **3**[*superficial*] fay, sipèfisyèl *The lawyer lost the case, because her arguments were very shallow.* Avoka a pèdi pwosè a poutèt agiman li yo te fay anpil. *That guy is so shallow.* Nèg sa a sipèfisyèl konsa.

sham¹ *adj.* {bout/fo}mamit, malatchong *The people will no longer accept sham elections.* Pèp la pa p pran nan eleksyon fo mamit ankò. *It's a sham marriage to get a green card.* Se yon maryaj malatchong pou yo gen yon kat vèt.

sham² *n.* {bout/fo}mamit, gagòt, madigra, similak *Everything she's doing now is a sham, don't take her seriously.* Tout sa l ap fè la se gagòt, pa pran l oserye. *All that we're doing there is a sham.* Tout sa a n ap fè la se madigra. *Elections here are a sham.* Eleksyon pa bò isit se similak.

sham³ *v.tr.* pran pòz *She shammed sick.* Li pran pòz malad li. •**sham innocence** fè ti Jezi nan po krab *Don't come shamming innocence, you've been going out with boys in fact.* Pa vin fè ti Jezi nan po krab la, ou konn gason byen pwòp.

shambles *n.* tèt anba *When I returned, I found the house in a shambles.* Lè m tounen, m jwenn kay la tèt anba.

shame¹ *n.* jèn, jennman, wont, wonte •**no shame in** pa defo *There's no shame in being poor.* Malere pa defo. •**put to shame** pa ka parèt devan *Her house puts mine to shame.* Kay mwen an pa ka parèt devan pa l la. •**that's really a shame** donmaj ki fè donmaje •**what a shame** ala regretan, anye, donmaj

shame² *v.tr.* degize, fè yon moun wont *You're always shaming others.* Ou ap toujou degize moun. *You shame me when you talk that way.* Ou fè m wont lè ou pale konsa.

shame-weed *n.* [*herb*] wont

shameful *adj.* degizan *It's a shameful thing to see a young man begging.* Se degizan sa pou wè yon jèn gason ap mande lacharite.

shameless *adj.* devègonde, dewonte, mal pou wont, odasye, odasyèz [*fem.*], san figi, san jèn, san karaktè, sankoutcha, san santiman, sanwont, sangwen, sanrebò, sanvègòy, sanzògèy *What a shameless person!* Ala kot moun devègonde! *What a shameless guy, although they caught him red-handed, he's denying it!* Ala nèg odasye, kwak yo bare l, l ap plede! *You're a shameless man! Didn't they tell you not to come here?* Ala nèg san figi! Yo pa di ou pa vin la a? *The man is shameless, he walks nude in the streets.* Nèg la san jèn, li mache toutouni nan lari. *They're shameless, there isn't the least modesty in their house.* Yo san karaktè, yo gen kras pidè lakay yo. *You're shameless.* Ou sankoutcha. *She's a shameless person.* Se yon moun san santiman. *What a shameless person!* Ala kot nèg sanwont! *He disrespected you because you're too shameless.* Li manke ou dega paske ou sangwen twòp. *What shameless people, they don't know the meaning of shame.* Ala kot moun sanrebò papa, yo pa konn sa yo rele wont menm. *You are really shameless.* Ou sanvègòy vre. *That child is shameless.* Pitit sa a sanzògèy.

•**shameless person** chen, malpouwont, malpwòp, nen frèt, san pidè, sanrebò, sanvègòy, vakabon, zo bouke chen *You are a shameless person, you're never ashamed.* Se chen ou ye, ou pa konn wont. *That shameless person doesn't have a penny worth of pride.* Malpouwont lan pa gen santiman pou senn kòb. *That shameless person has no pride at all.* Nen frèt la san karaktè. •**shameless street girl** derapin •**be shameless** pa gen nen nan figi li, san nen (nan figi lì), zo bouke chen *Maryse is shameless, when you tell her no, it's as if you tell her yes.* Mariz pa gen nen nan figi l, ou te mèt di l non, tankou se wi ou di l. *If you have guts to come back to this house, you are really shameless.* Si m wè ou tounen nan kay sa, ou se zo bouke chen vre. •**be shameless** debòde *As shameless as you may be, you'd better pay up.* Debòde kou ou debòde, fò ou peye m.

shampoo[1] *n.* chanpou •**a dab of shampoo** yon ti kras chanpou

shampoo[2] *v.tr.* mete chanpou *I don't shampoo my hair.* M pa met chanpou nan tèt mwen.

shank *n.* [*lamb, goat, etc.*] jigo

shanty *n.* barak, kounabe, kounouk

shantytown *n.* bidonvil, lakou foumi, popoulo

shape[1] *n.* 1[*form, outline*] fòm *This child has his father's shape.* Pitit sa a gen fòm papa l. 2[*silhouette*] fòm, limyè *I saw the shape of someone passing by.* M wè limyè yon moun k ap pase. 3[*health, fitness*] anfòm *She's not in good shape at all.* Li pa anfòm menm. •**get in shape** mete{anfòm/an lòd/anneta} *You need to get the house in shape before you can sell it.* Ou bezwen mete kay la an lòd anvan ou ka vann li. •**give shape to** bay yon bagay{chè/fòm} *Once she gave shape to some of her ideas, everyone agreed.* Lè li bay kèk lide li yo chè, tout moun te dakò. •**give sth. an unusual shape** [*e.g. to a hat*] kastonnen *He twisted the hat to give it the shape of a cowboy hat.* Misye kastwonnen chapo a, li ba li yon fòm kòbòy. •**have a nice shape** bèl anfòm, byen kanpe *This little lady has a very nice shape on her.* Ti dam sa a gen yon bèl anfòm sou li. •**in bad shape** *a*[*gen.*] an releng, an sibemòl, delala, nan dlo, nan pa bon *Our team was in bad shape for the championship,*

we lost most of our matches. Ekip nou an an rèleng nan chanpyonna a, li pèdi pi fò match yo. *The house is in really bad shape; we can't accept visitors.* Kay la sibemòl nèt; nou pa ka resevwa lavizit. *The table is in such bad shape, it's falling apart.* Tab la delala nèt, l ap tonbe an mòso. *b*[*healthwise, physically, etc.*] an chen, an malmakak, an sibemòl, fin delala *After the accident, he's clearly in bad shape.* Apre aksidan an, msye an mal makak nèt. *Because of her fever, she woke up in bad shape.* Akòz fyèv la, li leve maten an an sibemòl. *He's in really bad shape since he started drinking.* Li fin delala nèt depi li lage kò li nan koze kleren. *c*[*economically, financially, etc.*] an degraba, nan pa bon, peri, sou dèyè, woule sou jant *This country really is in bad shape.* Peyi a tonbe an degraba nèt. *Since I lost my job, I'm in bad shape.* Depi m fin pèdi travay mwen an, mwen nan pa bon. *With the high cost of living, people are in bad shape.* Ak lavi chè sa a, moun ap peri. *Gambling left him in bad shape.* Jwèt daza lage l sou dèyè. *This morning I woke up without a gourde, I'm in bad shape financially.* Maten an mwen leve san yon goud, se sou jant m ap woule. *d*[*playing field, etc.*] teren zo *The field is in such bad shape we can't play on it.* Nou pa ka jwe sou teren zo sa a. •**in good shape** *a*[*gen.*] anfòm, anneta *Our team is in good shape for the playoffs.* Ekip nou an anfòm pou chanpyonna a. *The car is in good shape.* Machin nan ann eta. *b*[*healthwise, physically, etc.*] anfòm, anpenpan, an sante, byen {pòtan/pwòp}, sove *Since he started exercising, he has gotten in good shape.* Depi l kòmanse fè espò a, li an penpan. *She was in such good shape, nobody thought that she would die.* Jan l te byen pwòp la, pèsonn pa t panse l ta pral mouri. *The sick man is now in good shape, he eats and drinks.* Maladi a sove atò, li manje, li bwè. *c*[*economically, financially, etc.*] doubout *We're in good financial shape after the economic crisis.* Nou debout apre kriz ekonomik la. •**in great shape** *a*[*gen.*] an denmon, andjable *Whenever she has a little money, she's in great shape.* Kou l gen yon ti kòb, li an denmon. *The player has been in great shape lately.* Jwè a andjable senmenn sa yo. *b*[*physically*] fre kou kola kenz •**in no shape to** ni anpent ni anpenti •**in poor shape** ansibreka *He's in such poor shape, the doctors had to hospitalize him.* Li tèlman ansibreka, doktè blije entène l. •**in the shape of** {an/nan} fòm *He's a prince in the shape of a frog.* Se yon prens nan fòm yon krapo. •**nice shape** [*for a woman*] fòm oblong *The girl has a nice shape, everything she wears clings to her.* Fi a gen yon fòm oblong, tout sa l mete chita sou li. •**not in good shape** pa kòdjòm, pa sou brenzeng li *Things aren't in good shape.* Bagay yo pa kòdjòm. •**out of shape** pa anfòm *I'm really out of shape.* M pa anfòm menm. •**put back in shape** reyabilite *They are putting some roads back in shape.* Y ap reyabilite kèk wout. •**take shape** pran chè *Things are starting to take shape.* Bagay yo koumanse ap pran chè. •**with a strange or unusual shape** masikwèt •**with rounded shape and sticking out** [*butt, belly, chest*] bonbe

shape² *v.tr.* **1**[*clay, etc.*] bay fòm, modle *The artist took some clay and shaped it into a horse.* Atis la fin pran tè ajil la, l te ba l fòm yon cheval. **2**[*wood*] agreye *He's finished shaping the wood.* Li fin agreye bwa a. **3**[*s.o.'s ideas, etc.*] {bay/fè}levasyon, byen moulen, fòmen *She became a teacher because she wanted to shape the minds of children.* Li fin fè mètrès lekòl pou li te ka bay timoun yo bonjan levasyon. *When I've finished shaping him according to my views, I'll marry him.* Lè m fin moulen msye a byen moulen, m ap marye ak li. •**shape s.o. to one's taste** fè tèt yon moun *Now I've shaped the girl to my taste, I can marry her.* Kounye a m fin fè tèt fi a byen, m ka marye ak li. •**shape up** [*perform/behave better*] pran men li, sentre bas li *Before we admit him to the group, he needs to shape up.* Anvan nou admèt li nan gwoup la, fòk li pran men li. *She better shape up or the school will kick her out.* Se pou li sentre bas li osnon lekòl la ap mete li nan pòt la. •**make s.o. shape up** sentre bas yon moun

shaped *adj.* gen fòm *That cloud is shaped like a cow.* Nway sa a gen fòm yon bèf.

shapeless *adj.* san fòm *She's wearing a shapeless dress, it doesn't suit her at all.* Li mete yon wòb ki san fòm, li pa fè l byen ditou.

shapely *adj.* [*woman*] bèl (an)fòm *She has a shapely body.* Li gen yon bèl fòm.

shard *n.* moso boutèy, zenglen •**glass shards** brizi, zenglen

share¹ *n.* **1**[*part*] pa, pati, pòsyon, ransyon *Give everyone her share.* Bay chak moun pa yo. *They gave Julie her share of the food.* Yo bay Jili ransyon manje pa li. **2**[*contribution*] kontribisyon, kotizasyon *He bought a share in building the new church.* Li bay kotizasyon pou bati nouvo legliz la. **3**[*stock*] estòk

share² **I** *v.tr.* **1**[*portion out, divide among, etc.*] fè pa yon moun, pataje, separe *Share the money among the children.* Fè pa chak timoun yo nan kòb la. *Do you want to share the bread with me?* Ou vle pataje pen an ak mwen? **2**[*beliefs, blame, etc.*] pataje *I don't share your beliefs.* M pa pataje menm sa ou kwè a. **3**[*cost, etc.*] patisipe *Everyone has to share the cost of the building.* Se pou tout moun patisipe nan peye bilding lan. **4**[*book, etc.*] suiv ak *You can share books with Jan.* Ou ka suiv avèk Jan. **II** *v.intr.* [*take part in*] mete men nan *Everyone is to share in the work.* Se pou tout moun met men nan travay la. •**share a (male) lover** nan matlotay ak *Don't worry! I'm not sharing your lover.* Pa enkyete ou! M pa nan matlotay ak ou. •**share with others** patisipe *She shared the money with all her friends.* Li fè tout zanmi l patisipe nan lajan an. •**not wanting to share** fè rayisab (ak) *If you don't want to share with people, then when you are in need, people won't help you.* Si w ap fè rayisab ak moun, jou ou nan bezwen, moun p ap ede ou. •**s.o. who doesn't want to share** regadan

sharecrop *v.intr.* travay demwatye *We sharecrop, half for us, half for the landowner.* Nou travay demwatye, mwatye pou nou, mwatye pou mèt tè a.

sharecropper *n.* asosye, demwatye

sharecropping *n.* demwatye

shareholder *n.* sosyetè

sharing *n.* pataj, separasyon

shark *n.* reken •**blue shark** tchòtchòwè •**hammerhead shark** pantoufouye •**lemon shark** reken blan •**sand loa** reken sab •**small shark** toutou lanmè •**smooth hammerhead shark** reken mato •**thresher shark** vach

sharp¹ *adj.* **1**[*able to cut*] file, pike, pwenti, tranchan *That sharp knife, watch out that it doesn't cut your hand.* Kouto file sa a, veye pou l pa koupe men ou. *That piece of iron is sharp.* Bout fè sa a pwenti. *Watch out for the sharp edge of the knife.* Veye kote tranchan kouto a. **2**[*fashionable*] fen, {fen/fre}kou ze zwa *He always looks sharp.* Li toujou fen kou ze zwa. **3**[*senses*] fen *She has sharp ears.* Li gen zorèy fen. **4**[*well-defined*] klè, nèt *That picture is really sharp.* Foto sa a klè anpil. **5**[*smart, skilled*] adwat, fò, maton *The teacher is sharp, but he doesn't know how to get his ideas across.* Mèt la fò, men l pa konn esplike. *Ti Jak is sharp at pool.* Ti Jak maton anpil nan fè biya. **6**[*intense*] brilan, pikan *She got a sharp pain in her leg.* Li te gen yon doulè brilan nan pye li. *There was a sharp smell coming from the pantry.* Te gen yon odè pikan ki t ap degaje nan plaka a. **7**[*discerning*] je{klè/louvri} *You won't get anything past her; she's too sharp.* Ou pa ka pase anyen sou li, je li louvri twòp. **8**[*comment*] pawòl piman bouk, pike *He made a sharp comment to the girl.* Li lanse yon pawòl piman bouk bay tifi a. *She gave him a sharp answer.* Li bay msye a yon repons ki pike. **9**[*to a great degree*] an flèch, apik *There has been a sharp rise in house prices.* Pri kay moute apik. •**sharp, cunning person** razwa •**be sharp** gen bèt sou *They are very sharp.* Yo gen bèt sou yo.

sharp² *adv.* [*time*] egzak, fiks, kalanmplanm, pil, tapan, won *The party will start at 8 p.m. sharp.* Fèt la ap koumanse a uit è kalanmplanm. *The meeting starts at noon sharp.* Miting nan ap kòmanse a midi pil. *I'll wait for you at noon sharp.* M ap tann ou a midi won.

sharp³ *n.* [*mus.*] djèz

sharp-tongued *adj.* djòl file

sharpen *v.tr.* **1**[*blade, knife, etc.*] bay fil, file, pwenti *The knife needs to be sharpened.* Kouto a bezwen file. *Sharpen the tool for me.* Pwenti zouti a pou mwen. **2**[*pencil*] fè pwent, pwenti, taye *Sharpen the pencil.* Pwenti kreyon an. *He sharpened the tip of the pencil.* Li taye pwent kreyon an.

sharpened *adj.* file, pwenti *Your pencil needs to be sharpened.* Kreyon ou bezwen pwenti.

sharpener *n.* •**knife sharpener** [*stone*] mèl •**pencil sharpener** tay(kreyon)

sharpening *n.* [*a piece of wood, pencil, etc.*] pwentay

sharply *adv.* sèk *You speak too sharply to people.* Ou pale twò sèk ak moun.

sharpshooter *n.* chapchoutè, tirayè, vizè

shatter *v.tr.* **1**[*break into pieces*] devide, fè myèt moso, fè piyay, frakase, kraze *The plate fell and shattered into small pieces.* Asyèt la soti l devide, li fè miyèt moso. *The mirror shattered into shards.* Glas la kraze nèt fè zenglen. *The kite shattered.* Kap la fè piyay. *Jacques-Jean threw a stone and it shattered the car window.* Jak-Jan voye yon wòch, epi li frakase vit machin nan. **2**[*emotionally*] vapore *The news of her mother's death shattered her.* Nouvèl lanmò manman ni fin vapore li. **3**[*illusions, etc.*] detwonpe *The accident shattered his dream of becoming a doctor.* Aksidan an detwonpe rèv li pou vin yon doktè.

shave¹ *n.* [*beard*] fè bab, raze *You need a shave.* Fò ou fè bab ou. •**that was a close shave** [*narrowly escape*] manke pran

shave² *v.tr.* **1**[*remove hair from body*] grate plim, raze *She shaved her legs before she went out.* Li raze plim pye li anvan li soti. *Shave off all the little hairs on your ears.* Grate tout ti plim ki nan zorèy ou. **2**[*one's face*] fè bab (li), raze *He's shaving his face.* L ap fè labab li. **3**[*the head*] kale tèt, tonn *They shaved the prisoner's head.* Yo tonn cheve prizonye a. **4**[*pounds, price, etc.*] bay rabè *I had to shave off a few pounds.* M te bezwen bay rabè kèk liv. •**shave off** retire *I'm going to shave off my beard.* M ap retire bab la.

shaven *adj.* raze •**close shaven** byen raze, kale

shaving *n.* [*wood, metal*] filangèt •**shaving cream** krèm (pou) bab •**termite shavings** poudbwa •**wood shavings** kopo, rip

shawl *n.* chal •**small shawl** mouchwa kou, mouchwa tèt

she *pro.* dam, li, madanm, manmzèl, (ti)fi *What does she want?* Sa li vle? *She's beautiful.* Manmzèl bèl anpil.

sheaf *n.* jèb, lyas

shear *v.tr.* tonn *Let's shear our sheep.* Ann tonn mouton nou.

shears *n.pl.* gwo sizo, sizay, tondèz •**pruning shears** sekatè

sheath *n.* fouwo, genn

shebang *n.* •**the whole shebang** (tout) labaras, tout melimelo

shed[1] *n.* 1[*gen.*] abri, ranga 2[*often used for parking*] anga •**cooking shed** lakoujin •**large storage shed** bakon •**tiny shed for selling wares** gerit

shed[2] *v.tr.* 1[*leaves, etc.*] jete *That tree sheds its leaves in the fall.* Pyebwa sa a jete tout fèy li yo lè lotòn rive. 2[*tears*] kriye *I won't shed any tears when he leaves.* M pa p pran kriye lè l ale. 3[*blood*] vèse san *They shed a lot of blood.* Yo vèse yon pakèt san. •**shed bloody tears** kriye de ran dlo de ran larim, kriye{san/matyè} *She shed bloody tears when she heard of the death.* Li kriye san lè l pran nouvèl lanmò a. •**shed light on** [*enlighten*] fè limyè sou *I came to see you so you could shed some light on the situation for me.* M vin kote ou pou ou fè yon ti limyè sou sityasyon an pou mwen. •**shed one's skin** [*snake, etc.*] chanje po

sheen *n.* ekla

sheep *n.* femèl mouton, mouton

sheepdog *n.* chen bèje

sheepish *adj.* jennen, timid

sheepskin *n.* bazann

sheer *adj.* 1[*transparent*] klè *She's going to put on a petticoat because the dress is sheer.* Li pral mete yon jipon paske wòb la twò klè. 2[*fabric*] swèl *A sheer curtain.* Yon rido swèl. 3[*cliff, etc.*] apik (panno) *The right side of the road was a sheer cliff.* Sou kote dwat wout la te gen yon falèz apik panno. 4[*stupidity, luck, joy, etc.*] ase *It was sheer luck that you won.* Se chans ase ki pou fè ou genyen.

sheet *n.* 1[*bed*] dra 2[*of paper*] fèy •**impermeable sheet** pèmeyab •**tarpaulin sheet** paman

shelf *n.* etajè, reyon •**shelf above door or window** fetay •**set of shelves** etajè

shell[1] *n.* 1[*egg, nut, oyster, snail, etc.*] kal, po *Remove the shell from the egg.* Wete kal ze a. *Don't throw the peanut shells on the floor.* Pa lage po pistach atè, non. 2[*pod*] gous, po *You can eat the peas right out of the shell.* Ou ka manje pwa frans nan gous la. 3[*seashell*] koki, kokiyay *His daughter collected shells on*

the beach. Tifi li ranmase kokiyay sou plaj la. 4[*ammunition*] obi, po 5[*skeleton*] kakas, kas *There's nothing left but the shell of the house.* Renka kas kay la ki rete. •**cartridge shell** douy •**conch shell** {kòn/po} lanbi •**go into one's shell** pa ka kase ze *She goes into her shell, because she's afraid of people.* Li pa ka kase ze poutèt li pè moun. •**gun shell** po •**oyster shell** ekay •**tortoise shell** karapat tòti •**turtle shell** karapat{karèt/ tòti}

shell[2] *v.tr.* 1[*beans, peas, millet*] degouse, degrennen, depaye, kale *We're shelling the corn so that we can take it to the mill.* N ap grennen mayi a pou n al bay nan moulen. *Shell these peanuts.* Kale pistach sa yo. *She's shelling the beans to boil them.* L ap degouse pwa a pou l bouyi l. 2[*with bombs, munitions, etc.*] bonbade, grennen bonm *They shelled the village for three hours.* Yo grennen bonm sou bouk la pannan twazèdtan. •**shell out** [*money*] kale yon moun lajan

shelled *adj.* angren *This sack has shelled peanuts.* Sak sa a gen pistach angren.

shellfish *n.* kristase, pwason kòf

shelling *n.* bonbadman

shelter[1] *n.* 1[*protection from the elements, etc.*] abri, pwotèj 2[*haven, refuge, etc.*] abri, azil, fwaye, refij 3[*esp. rel.*] abri 4[*lodging*] lojman •**animal shelter** zepav •**bus stop shelter** gerit •**give shelter** abrite •**outdoor shelter** choukounèt •**take shelter** a[*from the elements, etc.*] abrite li, pare, pran refij, refijye *When you hear gunfire, take shelter.* Lè ou tande zam ap pete, se pou ou abrite ou. *They took shelter from the rain under a veranda.* Yo pare lapli a anba yon galri. b[*take refuge*] pran refij, refijye *The government was looking for dissenters so we took shelter in the church.* Gouvènman t ap chache opozan yo, poutèt sa nou pran refij nan legliz. c[*from the sea*] pran pò *The sailors had to take shelter because the sea was rough.* Kannotye yo sètoblije pran pò pou yo paske lanmè a te move. •**temporary shelter** tonnèl

shelter[2] *v.tr.* 1[*from wind, rain, sun, etc.*] abrite, pare *The tiny hut sheltered them from the rain.* Ti kounouk la abrite yo nan lapli. 2[*from blame, life, etc.*] pwoteje *Her father's money sheltered her from the hardships of life.* Lajan papa li pwoteje li kont peripesi lavi a. 3[*provide refuge*] abrite, refijye *The church sheltered the victims of the hurricane who lost their houses.* Legliz la abrite viktim siklòn nan ki te pèdi kay yo. 4[*hide*] kache *The priest sheltered the men from the police.* Monpè a kache moun yo nan men lapolis.

sheltered *adj.* alabri *She lived a sheltered life.* Li mennen yon vi alabri tout move bagay.

shelve *v.tr.* remize *We'll shelve the meeting for another time.* N ap remize reyinyon an pou yon lòt lè.

shepherd *n.* bèje, gadò, gadyen

shepherd's needle *n.* [*plant*] zegui

shepherdess *n.* bèjè

sherbet *n.* sòbè

sheriff *n.* 1[*police*] ajan polis 2[*rural deputy*] chanpèt •**chief rural deputy sheriff** marechal •**county sheriff** chèf seksyon, laseksyon •**rural deputy sheriff** [*assistant to a rural section chief*] adjidan, adjwen, choukèt lawouze, èd{polis/seksyon}, gad polis, kapitenn distri, lapolis •**rural sheriff** chèf seksyon

shh *interj.* 1[*shush s.o.*] chiiit 2[*said by mother silencing her baby*] dakoukou

shield[1] *n.* 1[*armor*] boukliye, kiras, plak fè *The Lord is our shield.* Letènèl se boukliye nou. 2[*screen*] plak pwotèj 3[*badge*] badj, ensiy

shield[2] *v.tr.* epaye, pwoteje, vwale *She shielded the truth from so we wouldn't catch him.* Li vwale verite a pou n pa kenbe msye a. •**shield from** egzante *I gave you that advice because I wanted to shield you from misfortune.* Mwen ba ou konsèy paske mwen te vle egzante ou yon malè.

shift[1] *n.* 1[*change*] chanjman, ranvèsman, varyasyon *There was a shift in the wind.* Te gen yon chanjman nan van an. *The protest caused a shift in the government.* Manifestasyon an koze yon ranvèsman nan gouvèlman. 2[*period of work*] larelèv, pye, woulman *The shift change is at four p.m.* Larelèv la se pou katr è. *Twelve-hour shifts are too long, man, I need to look for another job.* Pye douz è twòp papa, fòk mwen bouske yon lòt djòb. *This factory works in shifts.* Faktori sa a travay sou woulman. 3[*gearshift*] anbreyay, {ba/chanjman} vitès, levye *Be careful! The shift is very sensitive.* Atansyon! Ba vitès la frajil. 4[*loose-fitting*

dress] moumou *When it's hot like this, you should wear a shift.* Lè chalè konsa, se moumou pou ou mete. •**shift on a job** relè •**on one's shift** nan pye travay li

shift[2] I *v.tr.* [*move sth.*] bouje, bwote, deplase *John shifted his arm to get more comfortable.* Jan te bouje bra li pou li plis alèz. *Shift those boxes over here.* Bwote bwat sa yo isi a. *She shifted her chair closer to the window.* Li deplase chèz li pi pre fenèt la. II *v.intr.* 1[*gears*] {antre/pase}(vitès) *If you don't shift into second gear, you won't be able to get up the hill.* Si ou pa pase dezyèm, ou pa p ka pran mòn lan. *I tried to shift into reverse, but it wouldn't shift.* M pase bak la, bak la pa antre. 2[*change position*] bouje, {brase/vire}kò li *The boss refused to shift from his original position.* Patwon an te derefize bouje kote li te ye a. *I heard her shifting in the bed all night long.* M tande l ap vire kò l nan kabann lan tout lannuit lan. *Why do you keep shifting around in the chair like that?* Sa ou genyen ou ap brase kò ou sou chèz la konsa? 3[*move over*] {chikin/chipe/rale/souke}kò li, vanse *Can you shift over please, so I can sit down?* Chipe kò ou siouplè pou m ka chita. 4[*change direction*] chanje, vire *All of a sudden, the wind shifted.* Bridsoukou, van an vire. 5[*move*] bouje, deplase *The earth shifted during the earthquake.* Tè a fin deplase pannan tranblemandtè a. •**shift gears** chanje vitès *You need to shift gears on the hill.* Nan mòn nan fòk ou chanje vitès. •**shift into high gear** [*fig.*] pase yon vitès siperyè *Let's shift into high gear so we can finish this work more quickly.* Ann pase yon vitès siperyè nan travay la pou n ka fini l vit.

shifting *n.* [*of gears*] chanjman vitès

shiftless *adj.* vakabon *That guy is really shiftless.* Nèg sa a vakabon vre. •**shiftless person** maloblijan

shifty *adj.* sounwa *No one is as shifty as he, everything he does is secretive.* Nanpwen nèg sounwa konsa, tout sa l ap fè se nan kache.

shifty-eyed *adj.* je koken

shillyshally *v.intr.* fè palab *They prefer to shillyshally than solve their problems.* Yo pito fè palab pase regle pwoblèm yo.

shimmer[1] *n.* miwatman

shimmer² *v.intr.* miwate *Look at how the lake shimmers in the moonlight.* Gade jan lak la ap miwate anba lalin nan.

shimmy *v.intr.* [*vibrate, etc.*] chimi *That car shimmies because the tires are bad.* Machin sa a ap chimi paske kawoutchou yo pa bon.

shimmying *adj.* [*wheel*] mangouyan *The tires are shimmying, because you need to change them.* Kawoutchou yo mangouyan, poutèt yo mande chanje.

shin *n.* {banbou/bwa/zo}janm

shinbone *n.* {banbou/bwa/zo}janm

shindig *n.* plezi

shine¹ *n.* ekla, lis

shine² **I** *v.tr.* **1**[*light*] flache, klere *Shine the light on the ground so I can see where I'm going to put my feet.* Flache atè a pou m wè kot m ap met pye m. *Stop shining your flashlight in my eyes!* Sispann klere flach ou a nan je m! **2**[*shoes, furniture, etc.*] klere, listre, poli, sire *Shine the shoes well.* Klere soulye yo byen. *He doesn't have polish to shine his shoes.* Li pa gen plakbòl pou listre soulye li. *The maid shines the furniture every week.* Bòn lan ap poli tout mèb yo chak semenn. *The shoe-shiner shined the shoes well.* Chany lan byen sire soulye a. **II** *v.intr.* **1**[*light*] briye, klere, limen *When I got up, the sun was already shining.* Lè m leve a, solèy a t ap briye deja. *I can't drive at night with the car headlights shining in my eyes.* M pa ka kondi aswè, limyè machin yo klere twòp nan je m. *They haven't gone to bed yet. I saw a light shining in the house.* Yo po ko dòmi, m wè yon limyè limen nan kay la. **2**[*reflect light*] klere *His head was shining in the sun.* Tèt li klere nan solèy la. **3**[*succeed brilliantly*] briye, kente, manje *She shines greatly in school.* L ap briye anpil lekòl. *Paul shone on all of the exams.* Pòl kente nan tout egzamen yo. *Jeanne shone brilliantly on the final exam.* Jàn manje egzamen konpoze a. •**shine a spotlight** flache *They shined the spotlight on him when he began to sing.* Yo flache msye a lè li tanmen chante. •**shine brightly** klere kou{dan zonbi/miwa dèzanj} *His shoes shine brightly in the light.* Soulye li klere kon miwa dèzanj nan limyè a. •**shine partially** [*moon*] balize *It's a period when the moon shines partially.* Epòk sa se sezon lalin ap

balize. •**shine through** glise filtre, pase *The light shined through the curtain.* Limyè a glise filtre sou rido a.

shingle *n.* [*roofing*] chingèl, woufin

shingles *n.pl.* [*illness*] nè nan po, zona

shinglewood tree *n.* lorye gran fèy

shining *adj.* briyan, eklatan, yanyan *I see his face is shining, he must have been happy today.* M wè figi l eklatan, li dwè kontan jodi a. *Her diamond ring was shining in the sunlight.* Bag djaman li a t ap fè yanyan nan solèy a.

shining stenostomum *n.* [*bot.*] avoka mawon

shiny *adj.* poli, sire *Look how shiny the floor is.* Gad ki jan atè a byen poli. *Her hair is very shiny.* Chive l byen sire. •**make shiny** klere *What did you clean the window with to make it so shiny?* Ak ki sa ou netwaye vit la ki fè l klere konsa?

ship¹ *n.* batiman, bato, veso •**cargo ship** batiman {kago/ machandiz} •**cruise ship** (bato) kwazyè •**forward part of ship** estrav •**merchant ship** bato machandiz •**sailing ship** batiman avwal •**slave ship** negriye

ship² *v.tr.* [*a package*] espedye, voye{ale/pa bato} *The post office shipped all the packages this morning.* Lapòs espedye pake yo maten an. *They shipped the car by boat.* Yo voye machin nan ale pa bato.

shipload *n.* kagezon

shipment *n.* **1**[*gen.*] chajman, espedisyon, kagezon *We received a shipment this morning.* Nou resevwa yon espedisyon maten an. **2**[*goods*] chajman *A shipment of rice.* Yon chajman diri.

shipping *n.* espedisyon, transpò

shipwreck *n.* **1**[*event*] nofray **2**[*wreckage*] zepav

shipwrecked *adj.* fè nofray *The ship was shipwrecked.* Batiman an fè nofray.

shipyard *n.* chantye (bato)

shirk *v.tr.* mize, ranse, vale van *He always shirks his work, he never does anything.* Msye ap toujou vale van, li pa janm fè anyen. •**man who shirks his responsibilities as head of family** papa kaka salòp

shirker *n.* **1**[*gen.*] bare van, desounen, mizadò *This guy is a shirker, he lies around all day doing nothing.* Msye se yon bare van, tout lajounen li chita la san li pa fè anyen. **2**[*esp. at a 'konbit'*] majè

shirt *n.* **1**[*with collar*] chemiz **2**[*t-shirt*] mayo **3**[*t-shirt without sleeves, undershirt*] chemizèt **4**[*wifebeater*] chemizèt{maldyòk/twa paman} •**a brightly-colored shirt** yon chemiz yanyan •**African shirt** boubou •**child's shirt** blouzon •**give someone the shirt off one's back** laj *He'd give you the shirt off his back!* Msye a laj anpil, tou sa l genyen, se pou moun. •**guayabera shirt** wayabèl •**hair shirt** [*rel.*] rad{penitans/ve} •**large shirt** kazak •**long-sleeved shirt** chemiz manch long •**man's dress shirt** [*embroidered*] safari •**muscle shirt** mayo •**polo shirt** mayo, polo •**short-sleeved shirt** chemiz manch kout •**specially tailored shirt** magregò •**sport shirt** mayo
shirttail *n.* {ke/zèl}chemiz
shit[1] *interj.* [*vulg.*] chèt, lanmèd, myann *Oh shit, the pen broke!* Woy lanmèd, plim nan kase!
shit[2] *n.* [*vulg.*] [*feces*] kaka, kiki, poupou •**give s.o. shit** pase nan kaka •**have shit for brains** kaka nan tèt, {kaka/tchòk}kalbas *This little guy has shit for brains, he has no intelligence.* Ti nèg sa a se kaka kalbas sèlman ki nan tèt li tèlman, li pa gen lespri. •**have the shits** [*diarrhea, runs*] bese devan kochon, koule beton •**I'm in deep shit** se kaka m kaka •**piece of shit** [*person*] estrè{kaka/lanmèd} •**take a shit** pouse yon mèch •**tough shit** kaka rat
shit[3] *v.tr.* [*vulg.*] chye, (fè) kaka, poupou *They beat him until he shit his pants.* Yo bat li jistan l poupou sou li. •**shit around** kakade *Quit shitting around, to hell with you!* Ase kakade, lanmèd pou ou! •**shit on you** {lafyant/lanmèd/mis}pou ou, myann •**shit o.s.** ale sou li *The diarrhea made her shit herself.* Dyare a fè l ale sou li.
shithead *n.* [*vulg.*] {kaka/tchòk}kalbas
shiver[1] *n.* frison **shivers** *n.pl.* chofrèt, latranblad *She went outside with no shoes, and now she has the shivers.* Li sòti deyò san li pa gen soulye, kounyeya l ap fè chofrèt.
shiver[2] *v.intr.* **1**[*from cold*] fremi, frisonnen, tranble *I was shivering in the cold.* M t ap fremi nan fredi a. *I told you not to bathe with cold water, look at how you're shivering.* M te di ou pa benyen ak dlo frèt, gad ki jan w ap frisonnen. *He's shivering from the cold.*

Nèg ap tranble anba yon fredi. **2**[*from fear*] fremi, tranble *She's shivering with fear.* L ap tranble ak lepouvant.
shock[1] *n.* **1**[*impact*] chòk, kou, soukous *They received a big shock when the other car hit them.* Yo pran yon gwo chòk lè lòt machin nan frape yo. *Did you feel the shocks of the earthquake?* Ou te santi soukous tranblemanntè a? **2**[*emotional*] chòk, emosyon, endispozisyon, kè{sote/kase}, kou, sezisman, soukous *The child's death came as a big shock for us.* Lanmò pitit la se pi gwo chòk pou nou. *That's a big shock.* Sa a se yon gwo emosyon. *The news that I learned is a shock for me, it is so disturbing.* Nouvèl sa a mwen pran an, se yon endispozisyon tèlman li deranje mwen. *That old man had a lot of shocks in life, he lost four children one after the other.* Granmoun sa a pran anpil kè kase nan lavi l, li pèdi kat pitit youn apre lòt. **3**[*electric*] kouran *While she was screwing in the light bulb, she got an electric shock.* Pandan l ap vise anpoul la, li pran kouran. **4**[*med.*] {endispozisyon/sezisman}pran yon moun *She went into shock, because she lost too much blood.* Endispozisyon pran li pase li pèdi twòp san. •**shock absorber** [*auto*] antichòk, chòk (absòbè) •**be in shock** [*emotional state*] {fè/pran}(yon) sezisman, gen kè sote *She was in shock when she heard about the death.* Li fè yon sèl sezisman lè l pran nouvèl lanmò a. •**get an electric shock** pran kouran •**light shock** [*impact, blow, etc.*] zòk *The forward on the other team gave him a light shock.* Atakan lòt ekip la ba li yon zòk.
shock[2] **I** *v.tr.* [*take aback, disgust, scandalize, etc.*] boulvèse, bwè dlo frèt, choke, eskandalize, ofiske, sezi *The woman was shocked when she realized that the guy talked to her like that.* Madanm nan te boulvèse lè l wè se konsa nèg la pale avè l. *He was shocked when the boss fired him.* Li bwè dlo frèt lè patwon an revoke li. *I'm shocked when I see how the stronger smash the weaker.* M santi m choke lè m ap gade ki jan pi gwo ap kraze pi piti. *The dirty words she uttered shocked everybody.* Gwo mo li di yo eskandalize tout moun. *He didn't pick up the phone for the rest of the day, he didn't want to be shocked by bad news.* Li pa pran telefòn nan pou rès

jounen an, li pa vle sezi ak move nouvèl. *He's shocked because the woman called him a liar.* Li ofiske poutèt dam nan di l mantò. **II** *v.intr.* [*electric*] pran kouran *If you touch it, you could get shocked.* Si ou manyen l, ou gendwa pran kouran.

shock-resistant/-proof *adj.* antichòk *My watch is shock resistant.* Mont mwen an se antichòk li ye.

shocked *adj.* [*very surprised*] fè sezisman *His mother was shocked to see him up and around.* Manman ni fè sezisman lè li wè jan li te sou de pye li.

shocking *adj.* chokan, eskandalè, ofiskan, tèrib *The news about the journalist's death was shocking.* Nouvèl lanmò jounalis la te chokan.

shoddily *adv.* soulèzèl *This furniture is shoddily made.* Mèb sa yo se fèt soulèzèl.

shoddiness *n.* [*dilapidation*] delabreman

shoddy *adj.* bouyi vide, machòkèt, malzòrèy, mastòk, soulèzèl, vlengenden *Don't ask him to work on your car. He does shoddy work.* Pinga ou mande li travay sou machin ou. Se bouyi vide tousèl. •**shoddy person** rabòday, vlengenden

shoe[1] *n.* **1**[*gen.*] soulye **2**[*horse*] fè (chwal) •**shoe stretcher** fòm •**shoe tree** fòm •**shoe upper** anpeny •**car-tire shoe** batalenbe •**cloddish shoes** koralen •**high-heeled shoe** ti ban •**high thin-heeled shoe** [*stiletto*] (talon) kikit •**hobnailed shoes** soulye kloure •**if the shoe fits, wear it** [*said when the shoe doesn't fit*] m voye dlo, m pa mouye pèsonn •**inelegant shoes** bekanbòl •**in s.o.'s shoes** nan plas yon moun *If I was in your shoes, I would have done the same thing.* Si m te nan plas ou, m t ap fè menm bagay. •**odd shoe** [*when the other is missing*] yon {grenn/pye}soulye •**old shoe** batalenbe •**open-toe shoe** soulye louvri •**pair of shoes** yon soulye •**patent-leather shoe** soulye vèni •**plastic shoe** fabnak •**put one's shoe on the wrong foot** mete soulye li (a) lanvè •**put o.s. in s.o. else's shoes** mete li nan plas yon moun *Before criticizing someone for what he did, put yourself in his shoes.* Avan ou kritike yon moun pou sa li fè, mete ou nan plas li dabò. •**rubber shoes** boyo, soulye kawotchou •**single shoe** yon{grenn/pye}soulye •**tennis shoes** yon tenis •**toe of shoe** nen soulye •**toe shoe** choson •**used shoe** batalenbe

shoe[2] *v.tr.* [*a horse*] fere *They're shoeing the horse.* Y ap fere sabo chwal la.

shoeblack plant *n.* choublak

shoehorn *n.* kòn (soulye)

shoelace *n.* lasèt

shoemaker *n.* (bòs) kòdonye

shoeprint *n.* mak soulye

shoeshine *n.* {netwayaj/siray}soulye •**shoeshine boy** chany, sirè soulye

shoestring *n.* lasèt •**on a shoestring** abapri, abonmache, bat dlo pou fè bè, piyay *They live on a shoestring.* Y ap bat dlo pou fè bè nan lavi a. *I bought my car on a shoestring.* M achte machin mwen an piyay.

shoo[1] *interj.* [*chase away dogs*] ale, soti *Shoo, dog.* Ale, toutou.

shoo[2] *onom.* **1**[*chase away pigs*] chou **2**[*chase away chickens*] chi *Shoo! Chicken!* Chi! Poul!

shoot[1] *interj.* **1**[*wow! darn it!*] kèt *Shoot! That girl is fine!* Kèt! Ti dam sa a gen yon bèl anfòm. **2**[*command to fire a weapon*] fe

shoot[2] *n.* boujon, jèm, kreyòl, pous, rejè, rejeton, repous *Some animal is eating the corn shoots.* Kèk bèt ap manje boujon mayi yo. *A small shoot grew out of the tree stump.* Yon ti kreyòl sòti lan chouk bwa a. •**bamboo shoot** flèch (banbou) •**put forth young shoots** boujonnen *When it rains, the trees put forth young shoots.* Lè lapli tonbe, pyebwa boujonnen.

shoot[3] *n.* **1** (la)chas *Tell him I'm sending a nice guinea-fowl from the shoot.* Di li konsa: m ap voye yon bèl pentad, se chas mwen an. **2**[*photo or film session*] kout, seyans *A photo shoot.* Yon kout foto.

shoot[4] **I** *v.tr.* **1**[*an animal, a person, etc.*] bay yon moun yon bal, fizye, karabinen, tire *They shot him twice.* Yo ba l de bal. *She shot the bird, she put a bullet in its chest.* Li fizye zwazo a, li ba li yon bal nan fal. *He shot the guinea hen.* Misye karabinen pentad la. *I shot her in the foot.* M tire l nan pye. **2**[*fire a gun or weapon*] tire *She shot the gun straight at me.* Li tire zam nan drèt sou mwen. **3**[*a ball, etc.*] choute, lage *Jordan was good at shooting three pointers.* Jòdann te fò nan choute twa pwen. *He shot a powerful kick into the goal.*

Li lage yon manman dopye nan gòl la. **4**[*glance, etc.*] fè yon kout {je/flach}, voye je *He shot a look at my homework before the test.* Li bay yon kout flach sou devwa mwen anvan egzamen an. **5**[*photo, etc.*] pran, tire *The photographer shot a picture of the bride.* Fotograf la pran foto lamarye a. **II** *v.intr.* **1**[*at sth. or s.o.*] louvri{fe /zam}sou, tire sou *The soldiers shot at the demonstrators.* Militè yo louvri zam sou manifestan yo. **2**[*a weapon, etc.*] tire *That revolver can't shoot.* Revolvè sa a pa ka tire. **3**[*move quickly*] file *The car shot down the street.* Machin nan file desann lari a. **4**[*at a goal, sports*] choute, tire *He ran down the field and shot at the goalie.* Li kouri desann teren an epi li choute sou gadyennbi. **•shoot back and forth** defilonnen *Lightning shoots back and forth, thunder rumbles.* Zeklè defilonnen, loray gwonde. **•shoot down** bay yon moun yon bal *They shot him down in the street.* Yo ba li yon bal nan plen lari. **•shoot for** *a*[*a target, etc.*] vize *He took the gun and shot for the rabbit.* Li leve fizi a epi li vize lapen an. *b*[*an objective, etc.*] mete lide (li) sou, vize *She was shooting for a good job.* Li te mete lide l sou yon bon djòb. **•shoot marbles** teke mab *He knows how to shoot marbles well.* Li konn teke mab byen. **•shoot s.o. dead** mete yon moun atè *Last night they shot two people dead.* Ayè oswa yo mete de moun atè anba bal. **•shoot the breeze** kraze kèk (l)odyans *They're shooting the breeze.* Y ap kraze kèk odyans la. **•shoot to kill** tire awotè{dòm/moun} **•shoot up** *a*[*sprout, grow quickly*] boujonnen, jèmen, pouse *After the fire, looters shot up everywhere.* Aprè dife a pase, mawodè boujonnen tout kote. *The beans shot up overnight.* Pwa yo jèmen pannan lannwit la. *That boy shot up since I last saw him.* Tigason sa a pouse nètale depi dènye fwa m wè li. *b*[*illicit drugs*] chaje (tèt yon moun) ak dwòg, dwoge, pran{piki/ dwòg/estipefyan}, voye (tèt yon moun) monte wo *They shoot up almost every day.* Yo chaje tèt yo ak dwòg preske chak jou. *c*[*skyrocket*] monte anflèch *The price rice shot up.* Pri diri a moute anflèch.

shooter *n.* **1**[*gun, etc.*] tirè **2**[*marble*] bika

shooting[1] *adj.* **1**[*pain*] doulè k ap{lanse/pike}, lansman *I have a shooting pain in my leg.* M

gen yon doulè k ap lanse m nan janm mwen. **2**[*star*] file *When there's a shooting star in an area, they always say there's a person who is going to die.* Lè yon zetwal file nan yon zòn, yo toujou di gen yon moun ki pral mouri.

shooting[2] *n.* **1**[*shots fired*] fiziyad, kout{fizi/ zam}, zam *The shooting resulted in loss of life for many people.* Fiziyad la lakòz anpil moun pèdi lavi yo. *There was a long period of shooting in the neighborhood last night.* Zam fè de pou senk yè swa sou katye sa a. **2**[*killing, murder*] asasina, tire *There was a shooting at the party.* Te gen yon tire nan fèt la.

shootout *n.* **1**[*gunfight*] fiziyad, kout{zam/ fizi}, tire **2**[*sports*] tire

shop[1] *n.* **1**[*small store*] biznis, boutik, chòp, magazen **2**[*workspace*] atelye, chòp, garaj **•butcher shop** bouchri, tab bouche **•cabinetmaker's shop** ebenis **•closed shop** [*unionized*] atelye sendike **•junk shop** melimelo **•machine shop** atelye **•print shop** enprimri **•set up shop** enstale li, etabli yon biznis *You can set up shop right here.* Ou te mèt enstale ou isit la. **•shoe repair shop** kòdonnri **•small shop** boutik

shop[2] *v.intr.* achte, fè mache *Let's go shop for a house.* Ann al fè mache pou yon kay. **•shop for food** debraye, fè pwovizyon *I shop for food every week.* M fè pwovizyon chak uit jou. **•shop for sth. in particular** dèyè *I'm shopping for shoes, but I haven't been able to find anything I like yet.* Dèyè yon soulye m ye; m po ko ka jwenn sa m renmen an.

shopkeeper *n.* mèt boutik

shoplift *v.intr.* fè men ba, gen men long, pike (nan magazen) *Don't take him to the store, he shoplifts.* Pinga ou mennen li nan magazen an, li gen men long. *She shoplifts in the market every day.* Chak jou l al pike nan makèt la.

shoplifter *n.* pikè

shoplifting *n.* men ba *They lose a lot of money to shoplifting.* Yo pèdi yon pakèt lajan poutèt moun ap fè men ba sou yo.

shopper *n.* achtè, kliyan

shopping *n.* acha, pwovizyon **•do a little shopping** fè ti mache **•go shopping** magazinen *The common people go shopping in the small stores downtown.* Mas pèp la magazinen nan ti boutik ki anba lavil la. •go shopping for fè mache *Let's go shopping for a house.* Ann al fè mache pou yon kay.

shore *n.* 1[*water's edge*] kòt, rivaj, rivay 2[*seashore*] bò lanmè 3[*beach*] plaj •on the shore bò lanmè

shoreline *n.* rivaj, rivay

shore up *v.tr.* kore, tansonnen *You need to shore up the fence before it all falls down.* Fòk ou kore kloti a anvan li tout tonbe atè. *Bad weather is coming, you better shore up the wall.* Tan ap mare, se pou ou tansonnen mi an.

short[1] *adj.* 1[*gen.*] kout, ra, ra tè, raz, ti tay *You're too short.* Ou twò kout. *He cut her hair short.* Li taye cheve l ra. *He mowed the grass very short.* Msye taye gazon an ra tè. *They ran the pipe too short.* Yo koule dal la twò raz. *A short woman.* Yon fi ti tay. 2[*period, time*] bout, brèf, kout, ti *Today, we worked a short day, and then we went home.* Jodiya nou travay yon bout lajounen, epi nou tounen lakay la. *He's taking a short walk to digest the food.* Li manyè ti pwomnen pou manje a ka desann. *They had a short argument, and then she left.* Yo te gen yon kout diskisyon, epi li pati. 3[*lacking*] sou mank *Rice is short. We need to go buy some.* Diri a sou mank. Fòk n al achte a. 4[*curt*] pale{brak/sèk} *That's no reason to get short with me like that.* Sa pa rezon pou pale m brak konsa. •short and fat [*woman*] basèt, manman penba •short and fat person koutfoule, tibout •short and hefty tonken *That short and hefty boy, you can't lift him nor throw him easily to the ground.* Tonken gason sa a, ou pa ka ni pote l ni jete l atè fasil. •short for abreje, abrevyasyon, ti non *TV is short for television.* TV se ti non televizyon. •short person choukèt, ti sitwon, zougounou •short stout woman flonflon •be a little short of manke yon ti lide •time is short lè ap fè defo *Time is short, we have hurry and finish the meeting.* Lè ap fè nou defo, fòk nou fè dilijans pou klotire reyinyon an.

short[2] *adv.* •short (of money) angaje, fè chòt *We are short of money this month, could you give us a little something?* Nou angaje mwa sa a, ou te ka lonje nou yon ti kichòy? *The till is short today.* Kès la fè chòt jodi a. •everything short of tout sòf •just short of

long kon zong *You're just short of ten dollars.* Ou manke long kou zong pou rive dis dola. •nothing short of ni plis ni mwens •stop short of a[*abruptly*] frennen brip *The car stopped short in front of the house.* Machin lan frennen brip devan kay la. b[*fig.*] fè yon je wouj sou *I would stop short of murder.* M ta fe je wouj sou fann fwa yon moun.

short[3] *n.* •in short an rakousi, anfen, ansòm, brèf, egal, san palab *In short, it's up to us to get along.* San palab, se nou ki pou demele nou pou kont nou

short[4] *v.tr.* [*shortchange*] bay bouden *The merchant shorted us on the rice we bought.* Machann lan ba nou bouden sou diri nou achte a. •short s.o. (when measuring) bay kout{balans/mamit}

short-circuit *n.* chòt, kousikwi

short-circuit *v.tr.* chòt, fè mas *While tinkering with the electricity pole, they short-circuited the transformer.* Nan anmègde poto limyè a, yo chòt transfòmatè a. *Because the electric wires short-circuited, the street lamp caught fire.* Akòz fil kouran yo fè mas, poto limyè a pran dife.

short-sleeve *adj.* manch kout

short-staffed *adj.* manke bra

short story *n.* nouvèl

short-tempered *adj.* gwosye, malandouran *Will you stop annoying me, I'm a guy who is short-tempered.* Sispann anmède m, m se nèg ki malandouran wi.

short-term *adj.* akoutèm

short-winded *adj.* pèdi souf, souf koupe

short-wave *adj.* onn kout

shortage *n.* karans, mank, rate, ratezon, ratman *There's a gasoline shortage.* Gen yon karans gaz. •shortage of water rate dlo •gas shortage ratman gaz

shortchange *v.tr.* 1[*bank, salesperson*] bay bouden, chòt *The salesman shortchanged him, he didn't give him back all the change he was due.* Machann nan chòt li, li pa renmèt li ase monnen. *The vendor shortchanged me, she weighed the coffee with a rigged scale.* Machann nan ban m bouden, li peze kafe a nan yon fo balans. 2[*when measuring*] bay kout{balans/mamit}, bay kout fo mamit

shortcoming *n.* defo, mankman *The biggest shortcoming of that little boy is that he* *interrupts adults when they talk.* Pi gwo mankman ti gason an se koupe pawòl nan bouch granmoun. **shortcomings** *n.pl.* [*moral*] defo

shortcut *n.* chemen{(de)koupe/travè(s)}, {chemen/ wout}dekoupe, rakousi, travès, wout bretèl *I'll take a shortcut to arrive early.* M ap fè chemen dekoupe pou m sa rive bonè. •**take a shortcut** *a*[*shorter path*] branche, chankre, dekoupe, fè wout kwochi, koupe chemen *Traffic is congested here. Let's take a shortcut off the main road.* Gen yon blokis la. Ann branche isi a. *If we don't take a shortcut here, we're not about to arrive.* Si n pa chankre isit la, nou poko prèt ap rive. *I'm taking a shortcut.* M ap fè yon wout kwochi la. *She arrived before I did because she took a shortcut.* Li rive avan m paske li dekoupe. *b*[*cut corners*] koupe nan *I had to take a shortcut on quality, in order to meet the deadline.* M te blije koupe nan kalite a pou bajou pa kase m.

shorten *v.tr.* **1**[*skirt, sleeve, rope, etc.*] antre nan, koupe, kousi, rakousi, ratresi *Shorten this skirt for me please.* Tanpri antre nan jip sa a pou mwen. *Shorten the sleeves of the dress so that they fit me.* Koupe manch rad la pou l ka fè m byen. *Shorten up on the cow's rope a little.* Fè yon ti ratresi kòd bèf la. **2**[*book, letter, etc.*] abreje, ekri ann abreje, koupe, kousi, rakousi *You need to shorten this letter, it's way too long.* Fòk ou abreje lèt sa a, li long toutbon. **3**[*date, time, etc.*] koupe, kousi, rakousi *She shortened her trip.* Li rakousi vwayaj la. •**shorten a sleeve** koupe manch

shortening *n.* mantèg

shortfall *n.* defisi(t), ratezon, ratman

shorthand *n.* estenografi

shorthanded *adj.* manke{bra/moun} *We're shorthanded for the work.* Nou manke bra pou travay la.

shortly *adv.* byento, pwochènman, talè *We'll see each other shortly.* N a wè talè. •**shortly after/before** san palab, san pale anpil *He left shortly after he finished working.* Li soti san palab apre li fin travay.

shortness *n.* brèvte

shorts *n.pl.* bout{pantalon/kanson}, chòt, pantalon kout •**bathing shorts** [*male*] chòtdeben •**boxer shorts** [*male*] kanson

•**boxing shorts** chòt bòks •**cutoff shorts** bout chòt, tèt kanson •**jockey shorts** eslip

shortsighted *adj.* myòp, wè de prè •**be shortsighted** [*policy, measure, etc.*] byen konte mal kalkile

shorty *n.* **1**[*gen.*] boutnèg [*pej.*], (bout) choukèt, chòti, koubòt, rakè, ti{chouk/ kout/sitwon} **2**[*woman/man*] retay{fanm/ gason} **3**[*small, insignificant person*] bougon

shot[1] *adj.* **1**[*no longer usable*] fini, kaba *This old car is shot.* Machin sa a kaba. **2**[*result of shooting*] •**be shot** pran (yon){bal/kout zam} *He has been shot in the stomach.* Li pran yon bal nan vant.

shot[2] *n.* **1**[*from a weapon*] kout{fizi/kanno/ zam}, tire *I heard a cannon shot.* M tande yon kout kanno. *He fired four shots before he killed the animal.* Li fè kat tire anvan l touye bèt la. **2**[*sports*] chout *That was a nice shot.* Se te yon bèl chout. **3**[*vaccination, etc.*] piki, vaksen, vaksinasyon **4**[*of alcohol*] kou, ti pike *All the guests at the party had a shot of something.* Tout nèg nan fèt la rale yon ti pike. **5**[*photo*] foto *We got a few great shots at the party.* Nou fè kèk bèl foto nan fèt la. **6**[*marbles*] tèk *With one shot, he hit three marbles.* Li fè yon sèl tèk, li pran twa mab. **7**[*attempt*] esè, tantativ •**shot of drink** kout(kleren, etc.) •**shot taken with the inside of the foot** enteryè •**booster shot** {dòz/piki} rapèl, rapèl •**by a long shot** lontan *My house is nicer than this one by a long shot.* Kay mwen an pi bèl pase sila a lontan. •**contraceptive shot** piki planin(g) *She takes contraceptive shots.* L ap pran piki planing. •**good shot** chatchoutè, vizè *That guy is a good shot.* Nèg sa la vizè. •**have a shot at sth.** pran chans li ak yon bagay •**jump shot** [*basketball*] lese tonbe •**lead shot** plon •**like a shot** kou yon flonn, tawtaw, towtow *Jacques ran out of there like a shot.* Jak kouri sove kou yon flonn. *She was out of there like a shot.* Li sòti la a tawtaw. •**pistol shot** kou revolvè •**powerful shot** [*sports*] manman penba, misil *The goalie couldn't stop that powerful shot.* Gadyen an pa wè anyen nan misil la. •**soft and accurate shot** [*sports*] lalad *He scored with a soft and accurate shot.* Li lage yon lalad nan gòl la. •**with big shots** nan gran kouran

shotgun *n.* fizi katouch •**double-barreled shotgun** fizi de{bouch/djòl/kou}
should *v.aux.* **1**[*indicating obligation, duty, necessity, etc.*] dwe, fèt pou, sanse, se pou *You should have known not to go out.* Ou te dwe konnen pou pa t soti. *You should set a good example for the children.* Ou fèt pou ou trase yon bon egzanp pou timoun yo. *If you're not going, you should call her to tell her.* Si ou pa prale, se pou ou rele l di l sa. *You should have warned me before you came over.* Ou te sanse fè m konnen anvan ou vin lakay mwen. **2**[*expressing probability*] ta{dwè/sipoze} *We should get there by six if there's no traffic jam.* N ta dwè rive anvan sizè depi pa gen blokis. **3**[*conditional marker*] ta *I shouldn't be surprised if she walked in the door right now.* M pa ta sezi si li te antre nan pòt la la menm. •**should be** dwatèt *He should be at work about now.* Li dwatèt nan travay lè konsa. •**should not** pa dwatèt *Such a scoundrel should not be among people.* Vagabon konsa pa dwatèt chita pami moun.
shoulder[1] *n.* **1**[*anatomy*] zèpòl *My shoulder is sore.* Zèpòl mwen ap fè m mal. **2**[*cut of meat*] palèt **3**[*of road*] arebò wout *The car broke down so we pushed it to the shoulder of the road.* Machin lan pran pàn, kidonk nou pouse l mete l arebò wout la. **4**[*sports*] fizik *The defender gave the striker a shoulder so she wouldn't get the ball.* Defansè bay atakan an yon fizik pou li pa jwe boul la. •**shoulder blade** omoplat, zo zepòl •**shoulder to shoulder** kòtakòt •**general shoulder area** palèt do •**give s.o. the cold shoulder** frèt ak, kale yon bèl vag, moutre mal viv, vire do (bay) •**put one's shoulder to the wheel** gouye kò ou, mete men *You'll have to put your shoulder to the wheel in order to finish the job.* Fòk ou gouye kò ou pou ou ka fini travay nan bon tan. •**slung over the shoulder** an bandoulyè, bandoulyè *The tourists' cameras are slung over their shoulders.* Touris yo pase kodak yo an bandoulyè nan kou yo.
shoulder[2] *v.tr.* •**shoulder a load** {pran/pòte} chay (sou (do) li) •**shoulder responsibility** debouye gèt li *He's shouldering his responsibilities well.* L ap debouye gèt li byen.
shoulder-belt *n.* bandoulyè, bandwòl
shout[1] *n.* (kout) rèl, kri

shout[2] *v.intr.* blabla, braye, hipe, jape, pete rèl, rele, rele fò, wouke *If you shout, no one will be able to understand you.* Si ou rablabla, pyès moun pa kapab konprann ou. *I'm close to you, why are you shouting at me like that?* Mwen tou pre ou, pouki w ap hipe m konsa? *Don't shout at me.* Pa vin jape sou mwen. *You don't have to shout, I can hear you.* Ou pa bezwen rele fò konsa, m ka tande ou. *Stop shouting at the kid, you'll make him cry.* Sispann wouke timoun nan, ou ava fè l kriye. •**shout in s.o.'s ears** kònaye *Don't come shouting in my ears.* Pa vin kònaye nan zorèy mwen la. •**shout loudly** goziye, karyonnen *She shouted loudly to call her daughter.* Madanm nan karyonnen bouch li pou rele tifi li a. •**shout o.s. hoarse** (go) ziye *He shouted himself hoarse at the game.* Li anwe tèlman li goziye nan match la.
shouting *n.* jape
shove[1] *n.* **1**[*gen.*] bourad, pousad, pouse **2**[*sports*] fizik •**give a shove** [*sports*] bay yon jwè yon fizik •**violent shove** [*against the neck*] pat gagann
shove[2] **I** *v.tr.* **1**[*push*] bourade, bouskile, foure, pousade, pouse *She shoved him when he insulted her.* Li bouskile msye a lè li joure li. *She shoved me so she could get the chair.* Li pouse m pou l ka pran chèz la. **2**[*push (violently) in*] anbake, bourade, foure *The police shoved the mugger in the car.* Polis la anbake zenglendo a nan machin nan. *They shoved her into the car.* Yo foure l nan machin lan. **3**[*sports*] bay yon jwè yon fizik *The defender shoved the striker to prevent him from getting the ball.* Defansè a bay atakan yon fizik pou l pa jwe boul la. **II** *v.intr.* bouskile, pousade, pouse *Stop shoving!* Sispann pousade non! •**shove around** malmennen, pase yon moun lòd *Don't let people shove you around at work!* Pa kite pyès moun pase ou lòd nan travay la! •**shove back** bay yon bwa long kenbe, bourade, bouskile, pare *The police shoved them back, because they started throwing rocks.* Polis la ba yo bwa long kenbe, paske yo kòmanse voye wòch. *The police shoved back the group of people.* Lapolis bouskile kolonn moun. *The guard shoved them back because they were gate crashing.* Gad la pare yo paske yo

t ap pran daso. •**shove it!** [*interj.*] anbake *If you don't like then shove it! Si ou pa renmen sa, anbake!* •**shove off** *a*[*interj.*] demaske li sou yon moun *Shove off! Demaske ou sou mwen wi!* *b*[*boat*] kase tè *The boat shoved off to go to Gonâve island.* Bato a kase tè pou l ale Lagonav. •**shove s.o. away** bourade

shovel[1] *n.* pèl

shovel[2] *v.tr.* [*gen.*] pele *He shoveled the sand into a mound.* Li pele sab la fè yon biyon. •**shovel food in one's mouth** foule *He shoveled the rice in his mouth.* Li te foule yon diri. •**shovel shit** fè kèk kout pèl

shoveler *n.* [*duck*] kanna souche

shovelful *n.* pèl

shoving *n.* bouskilad

show[1] *n.* **1**[*performance, program*] cho, espektak, pwogram, teyat *The singer gave a show at the National Theater.* Chantè a te fè yon espektak nan Teyat nasyonal. *When he pulls out a gun, he never does anything, it's all a show.* Lè l rale revolvè li, li p ap janm fè anyen, tout sa se teyat. **2**[*evening performance*] sware *The band is having a show tonight.* Djaz la ap òganize yon sware a. **3**[*exposition, display, etc.*] demonstrasyon, espozisyon *This is her first show as an artist.* Sa se prenmye espozisyon li kòm atis. **4**[*television*] pwogram (televizyon) **5**[*movie*] fim, sine, sinema, videyo •**show business** chobiz(nis) •**show room** sal espozisyon •**get the show on the road** mete yon boulin *Let's get this show on the road!* An n mete yon boulin non! •**give a free show** se sinema gratis *The way those people are fighting in the street, they're giving a free show.* Jan moun sa yo ap goumen nan lari a, sa se sinema gratis. •**it's all a show** tout se yon teyat

show[2] **I** *v.tr.* **1**[*display, allow to see*] fè yon moun wè, montre *Why don't you show me your album?* Pouki ou pa fè m wè albòm ou an? *She showed me where the money was.* Li montre m kote lajan an te ye. **2**[*indicate*] anrejistre, endike, pwouve *The income of the state showed a large benefit.* Resèt leta anrejistre gwo benefis. *Show these people the road to take.* Endike moun yo ki wout pou yo fè. *Her blood test showed that she had hepatitis.* Priz san li a pwouve li te gen maladi gwo fwa. **3**[*demonstrate*] manifeste,

montre *He isn't someone who shows his happiness.* Li pa moun ki manifeste kè kontan li. *Anaïse showed a lot of courage when she crossed paths with the mugger.* Anayiz moutre anpil kouray lè li makonnen ak zenglendo a. **4**[*depict*] reprezante *This graph shows the number of people who need shelter.* Grafik sa a reprezante kantite moun ki bezwen abri. **5**[*reveal, expose*] mete deyò *That blouse showed her whole stomach.* Kòsay sa a mete tout vant li deyò. *He showed all his dirty laundry for everyone to see.* Li mete tout salopri li deyò pou tout moun wè. **6**[*movie, etc.*] pase *They're showing a good movie tonight.* Y ap pase yon bèl film aswè a. **II** *v.intr.* **1**[*stain, etc.*] parèt *I know you're worried, but it doesn't show.* Se vre ou ap enkyete ou, men li pa parèt. **2**[*arrive*] parèt (tèt), prezante, pwente *She was supposed to be here at eight o'clock, but she didn't show at all.* Li te sanse rive bò uitè, men li pa pwente menm. •**show affection** karese •**show anger at** mare karaktè li sou *He showed his anger with a grimace.* Li mare karaktè li pou moutre li te fache. •**show around** montre, pilote, piwete *I'll show you around the capital.* M ap pilote ou tout kote nan kapital la. *Please go show the visitor around for me.* Al piwete etranje a pou mwen. •**show contempt** [*esp. one girl to another*] detaye yon moun ak betiz *I will show contempt for her, I will heap insults on her.* M pral detaye l, m pral di l betiz pou di mil goud. •**show discontent** fè figi li frijèt, lonje figi li *The way you show discontent, you appear to have problems.* Jan ou fè figi ou frijèt la, gen lè ou gen pwoblèm. •**show fortitude** mare{ren/vant}li •**show how** aprann, montre *I'm showing her how to drive a car.* M ap aprann ni kondui yon machin. •**show how in great detail** montre nwa sou blan *The teacher showed in great detail how to solve the problem.* Pwofesè a montre m nwa sou blan kouman pou m rezoud pwoblèm mat la. •**show in** fè antre •**show off** afiche, afiche tèt li, banda, bat (ti) zèl li, bay charad, bay cho, bay jòf, bay parad, bay payèt, bay valeryann, bòzò, fè{arivis/chèlbè/ enteresan/estera/ frekan/gran chire/gran panpan/granfòma/gwo gòj/ kelele/lwanj (pou) tèt li/wè/ mache bwòdè}, gonfle, kraze bòzò, lwanje li, panpannen, paweze, taye banda, vante tèt li *They show off their wealth.* Y ap afiche richès yo. *Because he saw big shots there, he's showing off so they notice him.* Poutèt li wè gen moun enpòtan la, l ap bat zèl li pou yo remake l. *Who do you wish to impress by showing off like that?* Kilès ou dèyè enpresyone pou jan w ap bay charad la? *She's showing off.* Manmzèl ap bay cho. *Jocelyn put on a miniskirt to show off.* Joslin mete yon minijip pou l al bay jòf. *Ever since that woman arrived at the party, she has been showing off.* Depi dam sa antre nan fèt la, l ap bay parad. *Is it for you that that woman is showing off?* Pou ou menm dam sa ap bay tout valeryann sa yo? *The woman struts her stuff so much that everyone has to stand and gape.* Kòmè a tèlman fè bwòdè, tout moun oblije kanpe gade l. *She likes showing off.* Li renmen fè arivis. *As soon as she's in the street, she shows off so people look at her.* Depi l nan lari, l ap fè chèlbè pou moun ka gade l. *Don't speak with her a lot, she's someone who likes to show off.* Pa nan pale anpil avè l, se fi ki renmen fè estera. *Stop showing off, you are nothing.* Ase fè gran chire la, ou pa vo pip tabak. *Stop showing off.* Ase fè gran panpan la. *This guy knows nothing but he's always showing off at work.* Nèg la pa konn anyen e l ap fè granfòma nan travay la. *Truly knowledgeable people never show off.* Moun ki konnen tout bon pa janm nan gonfle. *It's probably because your boyfriend is coming that you're showing off.* Se poutèt menaj w ap vini w ap kraze bòzò sa a. *Braggart, don't come to show off here.* Djòlè, pa vini lwanje ou la. *She's showing off, look at the nice clothes she put on!* Nèg ap panpannen, gad bèl rad yo mete! *Enough showing off, don't think you're more savvy than you actually are.* Ase paweze la, pa kwè ou pi save pase sa. •**show off one's figure** kale kò li *She has such a good figure that she goes around showing off her body in the neighborhood so men can see her.* Manmzèl tèlman santi l gen bèl fòm, li kale kò l sou katye a pou mesye yo ka wè l. •**show o.s.** mache sou moun, parèt *Fifi is showing herself, look at how she's dressed.* Fifi ap mache sou moun, ou pa wè ki jan l abiye. •**show one's claws** sòti grif li *She showed her*

claws to scare her opponent. Li soti grif li pou fè advèsè l la pè. •**show one's good manners** fè lareverans •**show one's underwear** vann *Sit properly, don't you see you're showing your underwear?* Ranje chita ou, ou pa wè w ap vann. •**show out** [*a visitor*] rekondui *Show these people out.* Rekondui moun sa yo. •**show reluctance** fè kourèd *Don't show reluctance here, if you want to go, go ahead.* Pa vin fè kourèd la, si ou prale, ann ale. •**show respect** fè respè li *Show respect, you hear.* Fè respè ou tande. •**show signs of anxiety** an zing de kontraryete *Because he saw me talking with his girlfriend, he showed signs of anxiety.* Paske li wè m ap pale ak mennaj li, li an zing de kontraryete. •**show s.o.** [*threat*] konn ki sa yon moun peze *He can't treat me like that! I'll show him!* Li pa p ka tòchonnen m konsa! L ap konn kisa m peze! •**show s.o. excessive attention in order to gain favors** fè chen nan pye moun *When he shows excessive attention like that, it means he wants something.* Lè l ap fè chen nan pye m, sa vle di li vle yon bagay. •**show somebody what one is made of** koupe latya yon moun, montre yon moun{de fwa de konben li fè/ki bwa li chofe} *If you bother me, I'll show you what I'm made of.* Si ou anmède m, m ap koupe latya ou. •**show the money** mete lajan deyò *If you want to buy it, you better show me the money.* Si ou vle achte bagay la, fòk ou mete lajan ou deyò. •**show the road**/**way** bay wout *People will show you the road to take.* Y ap ba ou wout pou ou fè. •**show the time** bay yon moun lè *The watch stopped; it can't show the time anymore.* Mont nan rete, li pa ka bay lè ankò. •**show through** parèt *Your slip is showing through your skirt.* Jipon ap parèt nan jip ou. •**show up** *a*[*make an appearance*] fè yon (ti) parèt, mete tèt li deyò, parèt, prezante, pwente *He showed up at the party for ten minutes.* Li fè yon ti parèt nan fèt la pou di minit. *If you show up late again, you'll lose your job.* Si ou pwente an reta ankò, w ap pèdi djòb ou. *b*[*unexpectedly*] ateri, pèse sou *This man shows up at people's houses at an unexpected time.* Nèg sa a ateri kay moun sanzatann. *They showed up unexpectedly at our place.* Moun yo pèse sou nou sanzatann. •**show up again** repwente *She just left and* she shows up again. Li fèk soti, li gen tan repwente. •**show what one is capable of** vin pwenti li *Show what you are capable of while you are doing the work.* Vin pwenti ou la pou fè travay moun yo. •**not show respect** manke yon moun{dega/dèzega} *He doesn't show me respect.* Li manke m dèzega. •**not show up** bay poto, (fè) chinwa, plake *I waited for an hour, but she didn't show up.* M te tann inèdtan, men li te ban m poto. •**nothing to show for** pa rapòte anyen *He had nothing to show for all the time he worked in the factory.* Tout tan l fè ap travay nan faktori a, sa pa rapòte l anyen.

showdown *n.* fasafas, konfwontasyon •**have a showdown** bwè yon tas kafe anmè ak yon moun, fè fas kare *The president is going to have a showdown with the people from the opposition.* Prezidan an pral bwè yon tas kafe anmè ak manm opozisyon an. *The guy is going to have a showdown with his boss.* Nèg la pral fè fas kare ak bòs li a.

shower[1] *n.* **1**[*bath*] beny, douch **2**[*downpour, rain*] avès, gwo lapli, lavalas •**shower connection** bra douch •**shower curtain** rido beny •**shower head** (tèt/pwa) douch •**shower stall** basen •**cement shower stall** basen •**take a shower** benyen, fè lizay *I haven't taken a shower since this morning.* Depi maten m pa fè lizay.

shower[2] **I** *v.tr.* [*gifts, praise, etc.*] kouvri ak, kraze anba *They showered me with praise.* Yo kraze m anba konpliman. **II** *v.intr.* [*wash, bathe, etc.*] benyen, pran yon beny *I showered before I headed over to my girlfriend's house.* Mwen benyen anvan mwen kannale pou lakay menaj mwen an. •**shower with blows, etc.** *a*[*blows, etc.*] ensandye, grennen kou sou, wouze *Get out of my way before I shower you with blows from my sandal.* Soti devan mwen, anvan mwen ensandye ou ak kout pantouf la. *The police showered the people with blows.* Jandam nan wouze moun yo ak baton. *b*[*with a stick*] grennen chaplèt sou, simen baton *The soldiers showered blows on everyone.* Jandam yo grennen chaplèt sou tout moun. *The police showered the crowd with blows.* Lapolis simen baton sou foul la. •**shower with insults** detaye yon moun ak betiz, detike, gaye sou yon moun, poudre

That louse showered the girl with insults. Kokorat la detaye madmwazèl la ak betiz. *We will shower him with insults.* Nou pral detike l. •**shower with love** chouchoute *He showers his wife with love.* Li chouchoute madanm li anpil. •**shower with money** grennen lajan sou *After that great victory, the fans showered the players with money.* Apre gwo viktwa sa a, fanatik yo grennen lajan sou jwè yo.

showing off *n.* estravagans, kantamwa *Through showing off too much with his car, he almost lost his life.* Nan fè twòp estravagans ak machin nan, li manke pèdi lavi li. *All this showing off is because you're a braggart.* Tout kantamwa sa yo, se paske ou djòlè.

showoff *n.* arivis, chèlbè, dikdògòdò, djòlè, enteresant [*woman*], estravagan, estwòdè, fantezis, fè gran chire, grajè, gran djòl, granchire, grandan, grandizè, granfòma [*woman*], granjipon [*woman*], kantamwa, patekwè, payèt, pedan *What a showoff, he thinks that he knows more than anybody else.* Nanpwen nèg chèlbè konsa, li kwè li pi konnen pase tout moun. *This showoff is always showing off.* Enteresant sa a pa janm p ap fè wè. *Since they're city folk, you know that they're showoffs when they come to the countryside.* Depi se moun lavil, ou konnen se grandizè yo ye lè yo vin andeyò. *This showoff can't shut his mouth.* Patekwè sa a pa ka pe djòl li. •**be a showoff** fè granchire, {fè/kraze}bòzò *Kalin likes to be a big showoff, but she has no money.* Kalin renmen fè granchire, enpi l pa gen yon goud. *What a showoff of a guy you are.* Ala nèg fè bòzò se ou.

showpiece *n.* chedèv

showy *adj.* wololoy *The way they dress their child, it's showy.* Jan yo abiye ti pitit la, se wololoy.

shrapnel *n.* ekla obis

shred[1] *n.* [*small piece*] filang, kal, miyèt (mòso), zeng

shred[2] *v.tr.* chire ayizan, dechalbore, dechire, defiltre *He shredded all the nice clothes he had.* Li dechalbore tout bèl ti rad li te genyen. *She shredded the sensitive documents.* Li defiltre dokiman sansib yo. •**shred s.o. to pieces** fè sesin yon moun, filange *The crowd shredded the thief to pieces.* Foul la fè sesin ansasen an.

If you don't want your father to shred you to pieces, you better go home. Si ou pa vle papa ou filange ou, se pou ou antre lakay. •**shred to pieces** dechèpiye, filange *He shredded his new pants to pieces.* Li dechèpiye nouvo pantalon li a.

shreds *n.pl.* [*cloth, clothing*] filang, lòk, releng

shrew *n.* fanm ponya, manpenba, mètdam, mètpwent, metrèsdam

shrewd *adj.* entelijan, kont kò li, malen, mètdam, metrèsdam, rèd, rize *He's so shrewd, watch out that he doesn't fool you.* Jan misye kont kò li a, veye pou l pa pote ou ale. *That guy is so shrewd, you can't trust him.* Nèg sa a tèlman mètdam, se pou ou defye l. *The vendor is shrewd, man! She knows every little ruse.* Machann nan rèd, papa! Li konn tout ti trik. •**shrewd person** entelijan, mètdam, ti malis

shrewdness *n.* finès *This player has a shrewdness of her own, she can out-dribble you any which way.* Jwè sa gen yon finès sou li, li ka trible ou nenpòt jan.

shriek[1] *n.* rèl pike

shriek[2] *v.intr.* {bay/fè}yon rèl pike *She shrieked when she saw the werewolf.* Li bay yon rèl pike lè l wè lougawou a.

shrill *adj.* pike, vwa{piman/chat}

shrimp *n.* 1[*animal*] chèvrèt, krevèt, kribich [N.] 2[*person*] bougon, choukbwa, choukèt, kònichon, rèkè, tichouk, zege, zobogi *He appears very short because he's indeed a shrimp, but he's quite old.* Li parèt tou piti paske li se yon ti rèkè wi men l plen laj sou tèt li. *Next to such a giant, I look like a shrimp.* Devan yon jeyan konsa m sanble yon zobogi. •**freshwater shrimp** sotè

shrine *n.* 1[*sanctuary*] sangtyè 2[*Vodou*] badji, kay mistè

shrink *v.intr.* dechte, ratresi *It'll shrink when it's cooked.* Lè l kuit, l ap dechte. *If you wash the shirt in hot water, it'll shrink.* Si ou lave chemiz la nan dlo cho, l ap ratresi. •**shrink back/away from** renka (kò) li, twenn dèyè *When she saw the soldiers coming she shrunk back.* Lè l wè jandam yo ap vini li renka kò li. •**shrink wrap** plòtonnen an plastik

shrivel *v.intr.* fennen *The flower shriveled up in the sun.* Flè a fennen anba solèy a.

shriveled *adj.* [*fruit*] chode *The mango is shriveled, you can't eat it.* Mango sa a chode, ou pa ka manje l.

shroud[1] *n.* vwal

shroud[2] *v.tr.* vwale *The whole affair was shrouded in mystery.* Tout zafè a te vwale.

shrub *n.* ti pyebwa, touf (bwa/raje) •**colubrina shrub** bwa fèblan •**locustberry shrub** bwa kòn

shrug *v.tr.* •**shrug off** ba li vag, pa okipe, pase sou *When she told him the police were looking for him, he just shrugged it off.* Lè l fè l konnen polis la ap chache l, li ba l vag. •**shrug one's shoulders** {monte/wose}zepòl li *She shrugged to show me that it didn't concern her.* Li monte zepòl li pou l montre m sa pa gade l.

shrunken *adj.* [*face*] rale *His face was shrunken because he was sick.* Figi li rale akòz li te malad.

shuck *v.tr.* [*corn, peas, etc.*] kale *He shucked the corn.* Li kale mayi a.

shucks! *interj.* kèt!

shudder[1] *n.* fremisman, frison, latranblad, tresayman

shudder[2] *v.intr.* fremi, frisonnen, san yon moun tresayi, tranble, tresayi *Every time someone says her name, I shudder.* Chak fwa yo di non l devan m, san m tresayi. *She shuddered before this wonder of nature.* Li fremi devan gwo mèvèy lanati sa a. *She shuddered when she heard the shooting.* Kò li tranble lè l tande katouch ap tonbe. •**shudder from fright** frison, latranblad lapè, tresayi *She shuddered with fright when she saw the guy appear with a knife on him.* Li gen yon sèl latranblad lapè ki pran l lè l wè nèg la parèt ak yon kouto sou li.

shuddering *n.* fremisman, latranblad, tresayman

shuffle[1] *n.* [*act of shuffling cards*] bat, men *Whose shuffle is it?* Bat pou ki moun?

shuffle[2] *v.tr.* 1[*cards*] {bat/brase/bwouye/ demele/tape} kat *Shuffle the cards before you deal them.* Tape kat yo anvan ou file yo. 2[*dominoes, etc.*] brase, bwouye, demele *Shuffle the dominoes, please.* Bwouye domino yo, siouplè. 3[*drag one's feet*] mache rale (pye), trennen (pye) *Stop shuffling your feet when you walk!* Sispann mache rale pye ou konsa!

shun *v.tr.* bay vag, boude, kwape *The girl totally shuns me, each time I invite her out, she refuses me.* Fi a boude m serye, chak fwa m envite l soti, li derefize. *She did everything she could to shun the teacher.* Li fè tout sa l kapab pou l kwape mèt la sou wout li.

shush *interj.* chhh, chèt

shut¹ *adj.* fèmen *The door is shut, nobody can go through it.* Pòt la fèmen, pèsonn pa ka pase.

shut² *v.tr.* [*to close*] fèmen *Did you shut the door?* Ou fèmen pòt la? •**shut again** refèmen •**shut down** fèmen (nèt) *The factory shut down.* Faktori a fèmen nèt. *The store shuts down every July.* Magazen an fèmen chak jiyè. •**shut in** bare, fèmen, prizonye *She shut herself in the room and cried.* Li bare kò l anndan chanm lan, l ap kriye. *He shut the pigeon in its cage.* Li fèmen pijon an nan kalòj li. *The man shut his child in.* Nèg la prizonye pitit li. •**shut off** fèmen, tenyen, touye *Shut off the television.* Tenyen televizyon an. *Shut off the lamp before you go to bed.* Touye lanp lan anvan ou kouche. •**shut one's eyes** [*fig.*] lese grennen *Instead of righting the situation, he shut his eyes.* Olye l korije sitiyasyon an, li lese grennen. •**shut s.o. up** bay baboukèt, mete {baboukèt nan bouch/yon moun bèk atè} *The lawyer shut her up before she confessed to everything.* Avoka ba li baboukèt anvan li bat meyakoulpa li. *He was in a dispute with me, I shut him up.* Misye te nan diskisyon avè m, m mete l bèk atè. •**shut tight** kalfetre *Shut the door tight so people won't come in.* Kalfetre pòt la pou moun pa antre. •**shut up** chadap, djòl, pe, pe{bouch/dan}li, rete doukoulou, silans *Shut up! You make too much noise in here.* Chadap! *When the boss arrives, everybody shuts up.* Kou chèf la parèt, tout moun pe. •**shut your mouth** koud bouch ou, pe{dan/djòl} ou *You utter too much nonsense, shut your mouth!* Ou ranse twòp, koud bouch ou! •**shut your mug** fèmen djòl ou *Shut your mug! I'm not inviting you into my discussion.* Fèmen djòl ou! M pa envite ou nan koze m.

shutdown *n.* fèmti

shutoff *n.* [*valve*] soupap, vav

shutout *n.* blanchisman

shutter(s) *n.* batan, jalouzi

shutting *n.* fèmti

shuttle¹ *n.* navèt •**space shuttle** navèt (espasyal)

shuttle² *v.intr.* fè lanavèt *He shuttled back and forth between the hotel and the airport.* Li fè lanavèt ant otèl la ak ayewopò a.

shy¹ *adj.* fawouch, fèmen, jennen, kazwèl, kwenkwen, mou kou{krache/lyann/trip}, pentad, pèrèz, pòt, renka, sounwa, timid *The child is so shy he won't go near the others.* Timoun nan sitèlman fawouch, li pa p pwoche lòt yo. *She's shy and reserved when she doesn't know someone yet.* Li kazwèl lè l pankò konnen yon moun. *He's so shy, he is always afraid of approaching others.* Li tèlman kwenkwen, li toujou pè apwoche moun. *When his father is at home, he's very shy because he's afraid of him.* Lè papa li la, li mou kon lyann tèlman li pè li. *You're too shy with your uncle.* Ou pèrèz twòp ak monnonk ou. *That horse is shy; he'll throw you.* Cheval sa pòt; l ap ba ou yon move so. *This shy man, whenever he goes any place, he never speaks.* Nèg renka sa a, depi l rive yon kote li p ap pale. •**shy and cowardly** pentad •**be shy** fè jèn *The bride was shy in the church.* Lamarye a t ap fè jenn nan legliz la. •**be shy in public** pè lari *The child is so shy when in public, when he talks, he almost pees in his pants.* Pitit la pè lari, lè l ap pale, li prèske grennen pipi sou li. •**be socially shy** mawonnen kò li •**not be shy** pa jennen •**painfully shy person** bebe chòchòt

shy² *v.intr.* •**shy away from** mawon *She always shies away from the horses.* Li toujou mawon ak cheval yo.

shylock *n.* [*loan shark*] ponyadè

shyly *adv.* timidman

shyness *n.* maladi jennen, timidite *Every time he wants to tell the girl he likes her, shyness takes hold of him.* Chak fwa pou l di fi a li renmen l, li gen yon maladi jennen ki pran l.

sibling *n.* frè/sè

sic *v.tr.* •**sic 'em** [*incite a dog to attack*] sa sa sa, say say say, va va *Sic 'em! Sic 'em! Go bite him!* Va va toutou, pran grenn li!

sick *adj.* **1**[*ill*] kò pa bon, mal, malad, pa byen *The child is very sick.* Pitit la mal anpil. *He's sick with a fever.* Li malad ak lafyèv. **2**[*vomit*] malad, vomi, vwonmi *The cat was sick all over the floor.* Chat la vomi tout atè a.

3[*disgusted*] malad, rebite, repiyan *You make
me sick.* Ou vin rebite mwen. *That thought
makes me sick.* Panse sa a repiyan. 4[*fed up*]
about, bouke *I'm sick of him yelling all the
time.* M about avèk tout rèl sa yo. *I'm sick of
this job.* Mwen bouke ak travay sa a. 5[*with
fear, etc.*] espantan, malad *When we heard the
gunfire, we were sick with fear.* Lè nou tande
zam pete, nou vin espantan. 6[*mind, sense of
humor, etc.*] pa byen nan tèt *You have a sick
mind!* Gen lè ou pa byen nan tèt! •sick from
overeating ayik *The boy ate mangoes until he
felt sick from overeating.* Tigason an manje
mango jouk li santi li ayik. •sick person
malad •sick to death bouke *I'm sick to death
of all your complaining!* M bouke ak plenyen
ou lan! •be sick pase maladi, san yon moun
sal, soufri{maladi/chèch/fèblès} •be sick in
bed anba dra, pran kabann *He's sick in bed
with a high fever.* Li anba dra anba yon lafyèb
cho. •be sick of sth. nan wèl yon moun *Play
the music until you're sick of it.* Mete mizik
nan wèl ou. •have been sick pase maladi
*Once you've been sick, only then can you know
the cure.* Depi ou pase maladi, ou konn
remèd. •make s.o. sick bay yon moun lafyèv
frison *This child's foolish behavior makes me
sick.* Pitit sa a ban m lafyèv frison pou jan l ap
aji. •take sick pran kabann *I took sick; that's
why I didn't come.* M te pran kabann; se sa k
fè m pa t vini. •very sick {mal/malad}pou
mouri *I'm so sick I feel like I'm dying.* M santi
m mal pou mwen mouri.

sicken *v.tr.* ba yon moun degou *This child
sickens me, the more I tell her things for her
own good, the worse she behaves.* Pitit la ban
m degou, tank m ap pale l pou byen l, li fè pi
mal. •sicken by acting foolishly bay yon
moun lafyèv frison

sickening *adj.* [*food*] rebitan *This food is
sickening.* Manje sa a rebitan.

sickle *n.* boutdigo, kalabòs, manchèt digo,
sèpèt, sòkò

sickle-cell anemia *n.* anemi falsifòm

sickly *adj.* an malmakak, anbrizi, chetif,
enfim, kanyan, kata, maladif, pa gen gran
vi, pa tèm, ze fele *He had a sickly younger
brother.* Li te gen yon ti frè ki anbrizi. *The
child is sickly, he's often at the doctor's.* Pitit
la kanyan, tout lajounen li nan doktè. *That*

child is sickly. Timoun sa a pa tèm. *Don't
be too rough with her. The child is sickly.* Pa
twòp achwal avèk li. Tifi a se yon ze fele
li ye. •sickly person malswen •sickly
undersized child pedevi

sickness *n.* maladi •sickness caused by
cold weather chofrèt, fredite, fredizon,
fwadisman •sickness caused by ill-will
[*of another person or group*] maladi{lèzòm/
majik/moun/satan} •sickness cured by
Western medicine maladi doktè •car
sickness mal{machin/ kamyon} •expose
o.s. to sickness fè enpridans •morning
sickness kè plen, maladi gwosès •motion
sickness mal{kamyon/machine} •natural
sickness [*as opposed to supernatural*]
maladi{Bondye/ natirèl/peyi} •psychoso-
matic sickness maladi ki nan tèt yon
moun •sleeping sickness maladi dòmi
•supernatural sickness maladi lwa

sida *n.* [*kind of herb or shrub*] ti lalo

side[1] *n.* 1[*person*] bò, flan, kote *I have a pain
in my left side.* M gen yon doulè nan bò goch
mwen. *That dog is always at his side.* Chen sa
toujou sou flan li a. *Her right side is hurting.*
Kote dwat li a ap fè mal. 2[*animal*] bò, flan,
kote *She took a side of beef for herself.* Li pran
yon bò nan bèf la pou kont li. *Be careful
approaching the horse from its side, he might
kick you.* Fè atansyon vanse sou flan chwal
la, li gendwa tire zago. 3[*as opposed to top or
bottom*] bò, kote *Turn the box so that the side
that's marked is up.* Vire bwat la, mete kote
ki make a douvan. 4[*surface*] bò, fas, kote
The coin has two sides: heads and tails. Kòb
la gen de fas: tonton nò ak palmis. 5[*house,
building, etc.*] bò, fasad, kote *She painted one
side of the house yesterday.* Li pentire yon
fasad kay la yè. 6[*mountain, cliff, etc.*] ren
*There are no trees growing on the side of the
mountain.* Pa gen pyebwa k ap pouse sou
ren mòn nan. 7[*edge*] arebò, bò, rebò *It's
dangerous to stand on the side of the road.*
Se danjere kanpe arebò wout la. 8[*group,
team, faction, etc.*] kan *These people formed
the two sides of the conflict.* Se moun sa yo
ki fòmen de kan nan konfli a. 9[*aspect,
quality, etc.*] kote *You need to look at all sides
of the problem before coming to a decision.*
Fò ou gade tout kote pwoblèm nan anvan

ou pran desizyon. *I had never seen that side of him before.* M pa t janm wè kote sa a nan limenm. •**side by side** koudakoud, kòtakòt *They sat side by side.* Yo te chita kòtakòt. •**at one's side** bòkote li •**at the side of** arebò *It's dangerous to stand on the side of the street.* Li danjere pou kanpe arebò lari a. •**back side** lanvè *This is the back side of the fabric.* Sa a se lanvè twal la. •**correct side** [*clothing, fabric or other material*] landrèt *Put it on the correct side.* Mete l landrèt. •**flat on its side** toulongsay(d) *He was laid out flat on his side.* Li te blayi atè toulongsayd. •**from one side to the other** pakanpak *The bullet went through his foot from one side to the other.* Bal la travèse pye l pakanpak. •**from one's side** [*point of view*] onivo *From my side, it looks like you're wrong.* Onivo pa m, sanble se ou ki an tò. •**from side to side** bò isit bò lòtbò, woule de bò *The box shifted from side to side.* Bwat la gen tan vire bò isit bò lòtbò. •**get over to the side** mete yon moun a kote •**go over to the side** mete li{a kote/sou ranka} *Let's go over to the side so they can pass.* Met nou sou ranka pou ba yo pase. •**go to the other side** janbe *We went to the other side of the ravine to get water.* Nou te janbe lòt bò ravin nan al chache dlo. •**hidden side** degenn *Never let people know all your hidden sides.* Pa janm kite moun konn tout degenn ou. •**look at all sides** tout jan tout mannyè *You have to look at all sides of a problem before you make a decision.* Fo ou gade yon pwoblèm tout jan tout mannyè anvan ou fè yon desizyon. •**narrow side** [*of a board, building, etc.*] kan •**on all sides** tribòbabò *The house is surrounded on all sides by trees.* Kay la antoure tribòbabò ak pyebwa. •**on both sides** toudebò, tribòbabò *The leaf is green on both sides.* Toudebò fèy la vèt. •**take sides with** fè kan ak, fè{patipa/patipri}, mete li avèk yon moun *She took sides with the neighbor against me.* Li fè kan ak vwazen nan kont mwenmenm. *Those unfair people take sides with their friends.* Moun enjis sa yo ap fè patipa pou zanmi yo. •**on one's mother's/father's side** bò kote {manman/papa}li, nan pye{manman/papa} *On my mother's side, there are many who died from cancer.* Nan pye manman m,

gen anpil moun k ap mouri anba kansè. •**on one's side** bò kot(e) pa yon moun, sou kan *Lie down on your side so you can watch TV.* Kouche sou kan pou ou ka gade televizyon an. •**on the opposite side** anfas *The have a store on the opposite side of the street from their house.* Yo gen yon ti boutik anfas lakay yo. •**on the other side** lòt bò *He lives on the other side of town.* Li rete lòt bò lavil. •**on the right side up** alandwat *Put the box on the right side up.* Mete bwat la alandwat. •**on the side** [*job, etc.*] sou kote *He has another job on the side.* Misye gen lòt djòb sou kote. •**port side** [*of ship*] babò •**right side out** [*clothing, fabric or other material*] alandwat, landrèt •**take s.o.'s side** pran pou *Although she's wrong, her mother took her side.* Kwak li an tò, manman l ap pran pou li. •**take the side of** pran lapati *She took sides with her family.* Li pran lapati pou fanmi l. •**wrong side out** lanvè

side[2] *v.intr.* •**side with** fè kan ak, mete li avèk yon moun, mete tèt ak, pran pou *In the discussion, I am siding with that man.* Nan diskisyon sa a, m ap mete m ak msye.

sideboard *n.* [*foreign style*] saybòd •**sideboard for glasses and plates** bifèt, (l)ofis

sideburns *n.pl.* fafouten, pafouten •**long sideburns** pafouten alonje •**short sideburns** pafouten bòt

sidekick *n.* soubreka [*pej.*]

sidelines *n.pl.* •**put on the sidelines** mete sou{ban/ kote}, voye yon moun sou ban touch *They put me on the sidelines, they gave me nothing to do.* Yo mete m sou ban touch, yo pa ban anyen pou mwen fè.

sidelong *adj.* antravè, detravè, oblik

sidesaddle *adv.* •**ride sidesaddle** {monte/chita}afam *I don't like to ride sidesaddle.* M pa renmen moute bèt afam. *Many women like to ride sidesaddle.* Anpil fi renmen chita a fam sou bèt.

sideshow *n.* cho, espektak

sidestep *v.tr.* eskive, fè zwav *Politicians always like to sidestep the important issues.* Se politisyen ki toujou renmen fè zwav sou koze enpòtan yo.

sidetrack *v.tr.* detounen, devye, dewoute *She can never finish a job, because she always gets sidetracked by her children.* Li pa janm fin fè yon travay paske timoun yo ap toutan dewoute li.

sideview mirror *n.* retwovizè sou kote
sidewalk *n.* beton, dig, pewon, twotwa
sideways *adv.* an biskankwen, antravè, detravè *He sleeps crosswise in the bed.* Li kouche an biskankwen sou kabann nan.
siege *n.* [*mil.*] syèj •**state of siege** eta d(e) syèj *Don't go out after seven o'clock because they have decreed a state of siege.* Pinga ou soti apre sèt è paske yo dekrete eta de syèj.
siesta *n.* kabicha, singo, syès
sieve[1] *n.* krib, paswa, tanmi
sieve[2] *v.tr.* pase (nan krib/paswa/tanmi)
sift *v.tr.* **1**[*gen.*] koule, pase, vannen *She's sifting sugar to make cookies.* L ap pase sik pou l al fè bonbon. *When she makes a cake, she sifts the flour before she adds the eggs.* Lè l ap fè gato, li vannen farin nan anvan li mete ze yo. **2**[*fig.*] apwofondi *He's going to carefully sift the question.* L ap apwofondi keksyon an. •**sift through** pase nan peny fen *It took her three hours to sift through all of the junk.* Sa pran twazèdtan pou li pase tout batanklan nan peny fen.
sifter *n.* tanmi
sigh[1] *n.* soupi [*rare*], ti plent •**sighs of pleasure during sex** alsiyis
sigh[2] *v.intr.* pouse{soupi/ti plent}, soupire *Considering how you're sighing, you must have a problem.* Jan w ap pouse ti plent, ou dwè gen yon pwoblèm wi. *The pain makes him sigh.* L ap soupire ak doulè a.
sight *n.* **1**[*sense of*] vizyon, wè **2**[*scenery, etc.*] panorama, sèn **3**[*on a gun, etc.*] kolimatè •**sight unseen** achte chat nan makout *He bought it sight unseen.* Li achte chat nan makout. •**sight for sore eyes** se pa ti kontan m kontan wè yon moun •**be a pitiful sight** defèt *She's thin, dirty, her hair isn't combed, Maryeta is a pitiful sight.* Li mèg, sal, tèt li pa penyen, Maryeta defèt. •**get out of my sight** demaske li sou, fè m pa wè ou *Get out of my sight!* Demaske ou sou mwen! •**in plain sight** anba je, avidèy *You're looking for your keys and they're in plain sight.* Ou ap chache kle ou, epi yo anba je ou. •**in sight** anba je, rete sou moun *Even though they tried to clean up, the grime is still in sight.* Kwake yo tante netwaye, kraste a toujou rete sou moun.

•**out of sight** kache, kachte, sòti sou je *Keep out of sight until I tell you it's safe.* Sòti sou je moun jistan m di ou ou alabri. •**out of sight out of mind** jaden lwen gonbo gate •**set one's sight(s) on** dèyè yon bagay *Now that she's finished school, she's set her sights on a job.* Kounyeya li fin fè etid li yo, li dèyè yon travay. •**show the sights to** piwete •**what a sight** ala kote moun wè *He was walking around naked! What a sight!* Mesye a ap mache toutouni! Ala kote moun wè! •**within sight** anba je *We are within sight of a solution.* Bout pwoblèm lan anba je nou.
sight-read *v.tr.* [*music*] dechifre
sightseeing *n.* vizit touris
sightseer *n.* touris
sign[1] *n.* **1**[*notice, poster, etc.*] afich, ansèy, ekrito, pankat, panno *The sign fell down when the car hit it.* Ansèy la sòt tonbe lè machin lan frape l la. *She put up a sign to warn people away.* Li mete yon ekrito pou avèti moun pa pwoche. *Can you read that sign?* Ou ka li pankat sa a? **2**[*gesture, etc.*] siy, siyal, siyon *He gave me a sign to follow him.* Li fè m siy suiv li. *The girl gave me a sign by winking her eye.* Fi fè mwen siyon lè li bat je li. **3**[*symbol*] senbòl, siy *This sign means "no smoking."* Senbòl sa a vle di "pa fimen." *What sign are you born under?* Sou ki siy ou fèt? **4**[*beacon, marker*] baliz, siyon *That blinking sign marks the way for you to follow.* Baliz k ap fè yan sa a make chimen pou ou swiv. **5**[*token*] gaj *The money is a sign of our gratitude.* Lajan se yon gaj rekonnesans nou an. **6**[*indication*] endikasyon, remak, siy, siyal *When you see smoke, it's a sign of fire.* Lè ou wè lafimen, se yon remak dife. *Whenever the sky is red like this, it's a sign of rain.* Depi syèl la se wouj konsa, se siy lapli pral tonbe. *Whenever my head hurts like this, it's a sign I'm catching a cold.* Depi tèt mwen ap fè m mal konsa, se siyal m pral gripe. **7**[*omen*] siy *It's a bad sign when you see the dog vomit like that.* Se move siy lè ou wè chen ap rann konsa. •**sign of the Cross** onondipè, siydelakwa *When you enter a church, you have to make the sign of the cross.* Lè ou antre legliz, se pou fè onondipè. •**sign used by Freemasons** tanpliyekadòch •**give a sign** bay siy, fè konnen *She gave me a sign to come over.* Li ba mwen siy pou m

vin bòkote li. •**make a sign** [*gesture*] fè yon moun siyon •**make the sign of the Cross** fè sinakwa •**minus sign** (siy) mwens •**stop sign** siy estòp •**traffic sign** panno siyalizasyon •**vital signs** siy lavi •**warning sign** kout klòch

sign² **I** *v.tr.* **1**[*one's name*] mete paraf, poze siyati li, siyen *John signed the contract without reading it.* Jan poze siyati l sou kontra a san li pa li li. *Sign your name at the bottom of the form.* Siyen non ou anba fòm nan. **2**[*using an 'X' or mark*] {mete/poze} grif li *Did you sign the permission slip for your child?* Ou te poze grif ou pou bay dizon pou pitit ou? **3**[*a book*] dedikase *For whom are you signing this book?* Pou kilès w ap dedikase liv la? **II** *v.intr.* **1**[*for a key, package, etc.*] siyen *You have to sign for the room key.* Fo ou siyen pou kle chanm nan. **2**[*use sign language*] fè{jès/siy/siyon}, pale ak{jès/siy}, siyen *Do you know how to sign for the deaf?* Ou konn fè siyon pou moun bèbè? •**sign a contract** {kouche/pase/siyen}kontra *Let's sign the contract for the house.* Ann al kouche kontra kay la. *We signed a contract for the land at lawyer's office.* Nou te pase kontra a pou koze tè a lakay yon notè. *Before signing the contract, you have to read it carefully.* Anvan ou siyen kontra a, fòk ou li li byen. •**sign a legal document** pase papye •**sign in** rejistre *You have to sign in before you go to class.* Fòk ou rejistre non ou anvan ou chita nan klas la. •**sign off** [*the air*] fèmen *When does this station sign off?* Ki lè estasyon sa a fèmen? •**sign on again** kase double, redouble *Since they gave me a raise, I'll sign on again for this job.* Kòm yo ban m ogmantasyon, m ap kase double nan djòb la. •**sign over** pase sou non yon moun, renmèt *His father signed the house over to him before he died.* Papa l pase kay la sou non l anvan l mouri. •**sign up** abòne, anboche, anwole, enskri *I signed up for cable TV.* Mwen abòne pou kab la. *How many people is the boss going to sign up for the job?* Konbyen moun patwon an pral anboche pou travay la? *The army is signing up new recruits.* Lame ap anwole nouvo rekri. *I'm going to sign up so I can become a member of the group.* M pral enskri pou m ka vin manm nan gwoup la. •**sign up again** kase double, redouble *I signed up*

again in the job. M redouble pou si mwa nan travay la. •**sign up s.o.** abòne *I signed up Ginette to the internet service.* Mwen abòne Jinèt nan sèvis entènèt la.

signal¹ *n.* **1**[*gen.*] siy, siyal, siyon *I'll give you a signal to begin.* Lè pou ou koumanse, m a fè ou siy. **2**[*electronic impulse (radio, TV, etc.)*] siyal *The radio signal is very weak.* Siyal radyo a toupiti. **3**[*rallying cry*] modòd *'Forward' is the signal to advance.* 'An anvan' se modòd pou vanse. •**distress signal** anmwey, apèl osekou *He gave a distress signal because he was drowning.* Li rele anmwen poutèt li t ap neye. •**give a signal** fè yon moun siyon, siyal, siyale *The referee gave the signal to start the game.* Abit la bay siyal match la. •**train signal** siyal pou tren •**turn signal** kliyotan, (limyè) siyal

signal² **I** *v.tr.* [*with a message, etc.*] fè yon moun{siy/ siyon}, siyal, siyale *I see him signaling you to come join him.* M wè l ap fè ou siy vin kote l. *The referee whistled to signal the start of the game.* Abit la sifle pou siyale kòmansman match la. **II** *v.intr.* [*to s.o.*] fè yon moun {siy/siyon}, siyal, siyale *She signaled to me that it was safe to go home.* Li fè mwen siyon, m te ka tounen lakay la ansite. •**signal a turn using a blinker** bay kliyotan, fè siyal •**signal with one's hands** fè siy *The driver signaled with his hands he was turning right.* Chofè a fè siy l ap vire a dwat.

signatories *n.pl.* siyatè

signature *n.* grif, siyati •**official signature** paraf

signboard *n.* ansèy, pankat, panno

signer *n.* [*of a document, agreement*] siyatè

significance *n.* enpòtans, konsekans, pèz, sans, siyifikasyon *It doesn't have any significance.* Sa pa gen pèz.

significant *adj.* gen pèz, enpòtan, konsiderab, siyifikatif •**be significant** gen pèz, make *This athlete was significant in his time.* Atlèt sa make epòk li a.

signify *v.tr.* (ki) siyifi, siyifye, vle di *When she tilts her head like that she's hot; that signifies that she is angry.* Lè li pike tèt li konsa li chofe; ki siyifi li fache.

signing *n.* •**author/book signing** vant siyati

signpost *n.* ansèy, pankat, panno

silence[1] *n.* (la)pe, silans •**complete silence** pa gen yon ti bri *There was a complete silence in the room.* Pa t gen yon ti bri nan sal la. •**dead silence** {mouch/pipirit}pa vole, plim pa gouye •**minute of silence** minit rekèyman *Let's take a minute of silence.* N ap pran yon minit rekèyman.

silence![2] *interj.* pe!

silence[3] *v.tr.* 1[*person, criticism, etc.*] bay baboukèt, {kadnase/koud}bouch yon moun, koupe lalwèt yon moun, mete baboukèt nan bouch, {pe/toufe}pawòl yon moun, pe yon moun *You need to silence her before she tells on you.* Fo ou ba li baboukèt, anvan li pale pou ou. *He managed to silence him before the press got a hold of it.* Li rive toufe pawòl nèg la anvan jounalis yo pran bagay la ale. 2[*kill s.o.*] koupe lalwèt yon moun *The President had all of his critics silenced.* Prezidan an fè koupe lalwèt tout moun ki opoze li.

silencer *n.* [*for a gun*] baboukèt, silansye *She put a silencer on the gun.* Li mete baboukèt sou zam nan.

silent *adj.* 1[*free from noise*] mouch pa vole, pa fè bri, pe, san bri *When I went in the church, everything was silent.* Lè antre nan legliz la mouch pa vole. 2[*say nothing*] bèbè, bouch{makònen/mare/pe}, pedjòl *She was silent about it.* Li rete bouch mare. 3[*not out loud*] nan kè *I said a silent prayer.* M priye nan kè m. •**remain/stay silent** ret(e){bouch be/bèbè} *You can't stay silent, you have to say a word.* Ou pa ka ret bèbè, se pou ou di yon mo.

silently *adv.* an silans, san fè bri *She walked silently.* Li mache san fè bri.

silex *n.* wòchapyè

silhouette *n.* fòm, limyè, pwofil *I saw the silhouette of someone passing by.* Mwen wè limyè yon moun pase.

silica *n.* wòchapyè

silicon *n.* silisyòm

silicone *n.* silikonn

silk *n.* swa •**corn silk** bab mayi

silk-cotton tree *n.* mapou

silkworm *n.* vè aswa

silky *adj.* siwolin, swa, zwèz [*fem.*] *White people's hair is always silky.* Cheve blan toujou swa. *She has a silky voice.* Li gen vwa zwèz.

silliness *n.* betiz, chikriti, nyezri, ranstay, tenten

silliness *n.* betiz, rans, tenten

silly *adj.* bobo, nyè, nyèz [*fem.*], rizib *What you say is silly.* Pawòl ou a rizib. •**silly person (who laughs continually)** dan griyen *That silly person, she laughs about anything.* Dan griyen sa a, li ri pou nenpòt bagay.

silo *n.* silo

silver *n.* 1[*metal*] ajan 2[*money*] kòb, lajan •**silver lining** bon kote •**silver nitrate** nitrat ajan •**made of silver** ann ajan, annajan, dajan •**with a silver spoon in one's mouth** byennere

silver Jenny *n.* [*fish*] wodo ajante

silver-plated *adj.* ajante, annajan, kouvri an ajan, plake an ajan

silver-tongued *adj.* lang li rele li pa li

silverfish *n.* [*insect*] sadin

silversmith *n.* òfèv

silverware *n.* ajantri, kouvè

silvery *adj.* ajante, annajan *He's drinking from a silvery cup.* L ap bwè nan yon tas ajante.

similar *adj.* gen kichòy pou, menmki menmka, (menm) parèy, sanblab, sanblan (ak), sanble, tokay *He is similar to his father.* Li gen kichòy pou papa li. *This house is similar to ours.* Kay sa menmki menmka ak pa nou an. *This situation is similar to the one before.* Sitiyasyon sa a sanblan ak lòt anvan an. *Those two dresses are similar.* De rad sa yo sanble. *Those two people are not similar in any way.* De moun sa yo pa tokay menm. •**similar way (to)** kouwè, tankou wè *She walks in a similar way to her mother.* Li mache kouwè manman li. •**be similar** matche *Those two colors are similar.* De koulè sa yo matche.

similarity *n.* korespondans, repondong, resanblans *There is a similarity in the way they talk.* Gen repondong nan jan yo pale.

similarly *adv.* demenm, menmman (parèyman) *She speaks similarly of you.* Li pale menmman parèyman de oumenm.

simile *n.* konparezon, parabòl

simmer *v.intr.* mijote, mitonnen *Let the stew simmer for a while.* Kite bouyon mitonnen yon ti kal. •**simmer down** kalme kò li, mouri poul li, poze {san/tèt}li *You need to simmer down. You're always getting in fights.* Fo ou

mouri poul ou. Ou toujou sou goumen.
•**simmer meat in water with spices, etc.**
swe vyann *The woman simmered the meat
with spices.* Fi a swe vyann nan. •**let simmer**
[*rice, etc.*] kite toufe *Let the rice simmer while
you set the table.* Kite diri a toufe lè ou ap
mete kouvèt la.

simmering *adj.* •**simmering sound** poufpouf

simonize *v.tr.* [*wax or polish*] simonnis *The
workers simonized the car well.* Nèg yo
simonnis machin nan byen.

simper *v.intr.* fè bwòd, pale bwòdè *"Yes," she
simpered.* Li fè bwòd di "wi."

simpering *adj.* fè bwòd *He made a simpering
smile.* Li souri fè bwòd.

simple *adj.* **1**[*uncomplicated*] raz, senp,
toudinpyès *Simple people like you, where
did you get money?* Moun raz tankou ou,
kote ou pran lajan? *This problem is simple.*
Pwoblèm nan senp. *She's very simple, she
doesn't complicate her life.* Li se yon moun
toudinpyès, li pa konplike lavi l. **2**[*plain*] raz,
senp, toudinpyès *It's a simple meal, nothing
fancy.* Manje a raz, pa gen anyen ponmzenk.
*I'm going to wear a simple dress to the party
tonight.* M ap mete yon rad toudinpyès pou
fèt la aswè a.

simple-minded *adj.* bòbòy, san lespri, tèt
mare *She's simple-minded, she'll believe
anything.* Tifi a bòbòy, l ap kwè nenpòt
bagay. *A simple-minded person as you
are, can't you think?* Tèt mare kon ou, ki
refleksyon ou ka fè?

simple-mindedness *n.* bonnas

simpleton *n.* boubou, gaga, jokris, mayoyo,
nikodèm, nonsan, pa tèm, pedevi *He's a
simpleton, he will never understand.* Msye pa
tèm, li p ap janm konprann.

simplicity *n.* senplisite

simplification *n.* senplifikasyon

simplify *v.tr.* rann senp, senplifye *Let's
simplify things.* Ann senplifye bagay yo.

simply *adv.* **1**[*merely*] sèlman, senpleman,
senpman, tou bònman *I simply told him I
don't agree.* M senpleman di l m pa dakò.
He simply entered without knocking. Li antre
tou bònman san frape. *He's not sick at all;
he simply didn't want to come.* Se pa malad li
malad, senpman li pa t vle vini. **2**[*only, just*]
annik, ase, sèlman, senpleman, senpman

*She simply got up to answer to answer the
phone, and John took her seat.* Annik li leve
pou pran telefòn nan, epi Jan detwone li.
*He has put up the framework of the house,
it simply remains to put on the roof.* Li fin
moute kay la, rete pou li mete do kay la ase.
3[*absolutely*] apsoliman, nèt, senpleman,
senpman *The party was simply great!* Fèt
la te awo nèt! **4**[*straightforwardly*] toukou
To put it simply, we have a problem. Pou di
li toukou, nou gen yon pwoblèm. •**quite
simply** toubònman, toukou *Quite simply, it
was the worst time in my life.* Toubònman li
te pi move moman nan lavi m.

simulate *v.tr.* **1**[*pretend, sham*] fè kòmsi, fè
sanblan, fè similak *Whenever he sees the
boss, he simulates work.* Toutan li wè patwon
an, li fè sanblan travay. *The police simulated
the crime to see how it really happened.* Polis
la fè similak krim nan pou yo wè kòman li
te pase vre. **2**[*an injury, foul, etc.*] fè{fent/
similak} *The player simulated being fouled so
the referee would whistle a penalty.* Jwè a ap fè
fent pou abit la ka soufle penalite.

simulated *adj.* atifisyèl, fo *That's simulated
leather.* Kwi sa a atifisyèl.

simulation *n.* fo, imitasyon, krizokal *It's
simulation jewelry.* Se bijou krizokal.

simultaneously *adv.* alafwa, anmenmtan,
antan, etan *They were both hurt
simultaneously.* Yo te toude blese
anmenmtan. *He ate and watched television
simultaneously.* Li manje antan l ap gade
televizyon.

sin[1] *n.* peche •**deadly sins** peche kapito •**have
a heavy sin** gen yon pwa lou sou lestomak
li •**original sin** peche orijinèl •**the seven
deadly sins** sèt peche kapito •**venial sin**
peche venyèl

sin[2] *v.intr.* fayi, (fè) peche *You sinned when
you didn't follow the will of God.* Ou peche
lè ou pa fè volonte Granmèt la. *Let's pray so
we won't sin.* Ann priye pou n pa fayi. •**sin
against** ofanse *You have sinned against God.*
Ou ofanse Bondye.

since[1] *adv.* depi, depi lò (a) *I quit two months
ago, and I haven't smoked since.* Gen de mwa
m sispann fimen, enpi m pa fimen depi lò.

since[2] *conj.* **1**[*because*] dapre, daprezavwa,
davwa, depi, dèske, etan, jan, kòm, pandan,

piske, poutèt, pouvike *Since I crashed his car, I can't go to my father's house.* Dapre m kraze machin li a, m pa ka al lakay papa m. *Since my cow trampled his field, he made me pay.* Daprezavwa bèf mwen an kraze jaden li, li fè m peye. *She's angry since I didn't come to the party.* Li fache davwa m pa vini nan fèt la. *The boss said he will hire you since I know you.* Patwon an di l ap anboche ou, etan m konnen ou. *Since she's such a good person, I don't understand why she insulted me.* Pou jan li bon, m pa konprann poukisa li joure m. *Since you told me you were coming, I stayed and waited for you.* Kòm ou te di m w ap vini, m rete tann ou. *Since you haven't asked him for your money, he thinks that you aren't in need.* Pannan ou pa mande l kòb ou a, li panse ou pa nan nesesite. *Since you don't want to, I can't force you to.* Piske ou pa vle, m pa ka fòse ou. *She doesn't want to come, since you told her you don't like her.* Li pa vle vini, poutèt ou te di li ou pa renmen li. *Since I can't find my keys, I can't give you a lift to the party tonight.* Pouvike m pa jwenn kle m, m pa ka ba ou woulib nan fèt la aswè a. **2**[temporal] depi *He hasn't done anything since he arrived.* Li pa fè anyen depi li rive. •**ever since** pou tout tan gen tan depi *Ever since I've known him, he has never been promoted in his job.* Pou tout tan gen tan depi m konn misye, li pa janm pran pwomosyon nan travay li. •**it's been long since** (depi/pou) tann dat *It's been long since I've seen her.* Tann dat m pa wè li.

since³ *prep.* depi, depi lè a *It's been raining ever since 3 o'clock.* Lapli a ap tonbe depi twaz è. *She came in 1973 and has been here since then.* Li antre an 1973, enpi li la depi lè a. •**since God made little green apples** [a long time] depi{lè/lò}ti konkonm t ap goumen ak berejèn *This pastor has been on TV preaching since God made little green apples.* Pastè sa a ap preche nan television depi lò ti konkonm t ap goumen ak berejèn. •**since that time** depi lè sa a •**since the time of Adam** depi sou prezidan bann machwè, depi wa te kaporal •**since who knows when** depi sou prezidan bann machwè, depi{wa/djab}te kaporal *She hasn't been here since who knows when.* Li pa la depi wa te kaporal.

sincere *adj.* bònfwa, fran, onèt, sensè, serye, seryez [fem.] *I'm being sincere when I tell you this.* M onèt lè m di ou sa. *Mèsidye is sincere, you can believe him.* Mèsidye gen bònfwa, ou mèt kwè li. *Those people aren't sincere.* Moun sa yo pa serye. •**be sincere** pa koule kafe l ak ma *If you had been sincere, you would have gotten the job.* Si ou pa t koule kafe ou ak ma, ou t ap jwenn djòb la. •**not be sincere** nan koken *You aren't being sincere with me.* Ou nan koken ak mwen.

sincerely *adv.* akè, sensèman *I sincerely meant what I said.* M di sa akè.

sincerity *n.* bònfwa, senserite *Mèsidye is doing it with all sincerity.* Mèsidye fè sa ak tout bònfwa li. •**with sincerity** fidèl *She does all her dealings with sincerity.* Danm nan fè tout afè l fidèl.

sinecure *n.* chèk zonbi *He's got a sinecure from Teleco Haiti.* Li resevwa yon chèk zonbi nan men Teleko.

sinew *n.* {fil/filang}vyann, triyal, vlen

sinewy *adj.* vlen vlen *This meat is sinewy.* Vyann sa a vlen vlen.

sinful *adj.* plen{peche/vis}

sing *v.tr.* chante *They're singing a song.* Y ap chante yon chan. •**sing a critical or mocking song** [to hurt s.o.] chante pwent *Stop singing your mocking song, who do you have it in for?* Ase chante pwent la, ak ki moun ou gen kont? •**sing a mocking song** voye pwen(t) •**sing at the top of one's voice** goziye *Good singers don't sing at the top of their voice as you are doing.* Bon chantè pa goziye jan w ap fè la a. •**sing bass** [in a chorus] fè bas *I sing bass in the chorus.* Nan koral la se bas mwen fè. •**sing God's praise** chante lwanj (pou) Bondye *Let's sing God's praise.* Ann chante lwanj Bondye. •**sing one's own praises** chante kantamwa *You didn't do the job well, don't come singing your praises to me.* Ou pa fè travay la byen, pa vin chante kantamwa ban mwen. •**sing out** noble *You have to sing out the song so that everybody can hear the words.* Fò ou noble chante a pou tout moun ka tande pawòl yo. •**act of singing** chante *His singing bothers me.* Chante l la annwiye m. •**while singing** an chantan *We're walking while singing.* N ap mache an chantan.

singe v.tr. chode, flanbe *Don't use a hot iron on it; it will singe it.* Pa pase l ak fè cho, l a chode. *Pluck the chicken and then singe it to remove the roots of the feathers.* Plimen poul la enpi flanbe li pou ou wete zètòk yo.

singer n. chantè, chantèz [*fem.*] •**singer at 'konbit'** sanba, simidò •{**church/hymnal**} **singer** kantikè •**female singer** chantrèl •**lead female singer** [*Vodou*] {(la)renn/metrès}chantrèl, oungenikonn •**satirical songwriter and singer** chansonyè

singing n. 1[*gen.*] chante 2['*Ibo' rites*] lele 3[*kettle, wind, etc.*] sifle, soufle

single[1] adj. 1[*unmarried*] lib, selibatè *She's single, you can go out with her.* Fi a lib, ou ka file li. 2[*just one*] ensèl, sèl, yon grenn *Not a single person came to the meeting.* Pa ensèl moun te mete pye l nan reyinyon an. *Of all the people I invited, not a single person came to the party.* Nan tout moun m te envite yo, pa gen yon grenn ki vin nan fèt la. 3[*individual*] inik, senp *Her entire answer is contained in a single page.* Tout repons li a se yon paj inik. *I would like a single ticket please.* M vle yon biyè senp siouplè. 4[*principal*] manman, tout *The biggest single issue is feeding everyone.* Manman koze a se bay tout moun manje. *I spent every single penny I had on the car.* Tout ti kòb m te genyen nèt fin pase nan machin lan. •**single file** youn{apre/dèyè}lòt *I saw them lined up single file.* M wè yo kanpe youn dèyè lòt. •**a single** ensèl, (yon) grenn, yon sèl •**be single** nan seliba *He's no longer single.* Li pa nan seliba ankò. •**not a single person** krasmoun, {okenn/pyès}moun •**one single** yon grenn

single[2] n. 1[*gen.*] yon grenn 2[*song*] chante *Her latest single.* Dènye chante li. 3[*unmarried people*] selibatè *This is for singles only.* Se pou selibatè ase.

single[3] v.tr. •**single out** mete apa, seleksyone, separe *They were all involved in the fight. You can't just single out him to beat up.* Se yo tout ki te nan goumen an, ou pa ka mete limenm apa pou ou kale.

single-handed adv. pou{kò/kont} *He did the job single-handed.* Li fè travay la pou kò li.

single-minded adj. djanm, pare fèm, tennfas *She's single-minded in her views on marriage.* Se yon danm ki pare fèm nan sa li kwè sou koze maryaj la.

single-mindedly adv. kole di, mode fò *She worked single-mindedly until she finished the job.* Li kole di jis li fin fè travay la.

single-mindedness n. detèminasyon

singly adv. apa, grenn pa grenn *The principal spoke to each student singly.* Direktè a pale chak elèv grenn pa grenn.

singular adj. [*as opposed to plural*] sengilye, yon sèl

sinister adj. sinis *The darkness makes the house sinister.* Fè nwa a fè kay la sinis.

sink[1] n. 1[*bathroom*] kivèt, lavabo, (ti) basen 2[*kitchen*] basen kizin, evye, kivèt, lavabo, ti basen •**all but the kitchen sink** bann bagay, kanaval bagay *John brought all but the kitchen sink.* Jan pote yon kanaval bagay.

sink[2] I v.tr. 1[*ship, etc.*] koule *The submarine sank the other ship.* Soumaren koule lòt bato a. 2[*mine, well*] fè tou, fouye *I sunk a well in the backyard.* M fouye yon pi nan lakou a. 3[*money*] envesti, mete lajan deyò, plase lajan *We sank a lot of money in the house.* Nou mete anpil lajan deyò pou kay la. 4[*despair, thought*] fonse, pa nan moun isit, plonje, reve je klè *She was sunk in her thoughts.* Li te plonje nan panse li. II v.intr. 1[*ship*] anfonse, anfoudwaye, fè fon, fè nofray, koule, sonbre *The boat sank into the sea.* Batiman an anfonse nan lanmè. *Alas! The boat full of illegal immigrants sank, the people perished.* Adje! Kanntè a anfoudraye, moun yo peri. *The boat sank into the depths of the sea.* Bato a fè fon nan lanmè. *The boat sank.* Bato a koule. *The boat sank in the water.* Bato a sonbre nan mitan dlo. 2[*collapse*] anfale, defale, vide desann *The cellar sunk in after it filled with water.* Kav la defale apre dlo fin anvayi li. *Be careful that the house doesn't sink in on you during the hurricane.* Atansyon pou kay la pa vide desann sou nou pannan siklòn nan. 3[*voice, prices, temperature, etc.*] desann, tonbe *His voice sunk.* Vwa li desann. *She sank into a deep sleep.* Li tonbe dòmi, dòmi li. •**sink down** anfale kò li *She sunk down in the easy chair.* Li anfale kò li nan fotèy a. •**sink in** a[*collapse*] anfale *The house sunk in.* Kay la anfale. b[*penetrate*] antre *You have to let the ointment sink in.* Fòk ou kite ponmad la antre. c[*fully understand*] fin konprann *It still hasn't sunk in that he's lost the game.* Li po ko janm fin konprann l pèdi pati a. •**sink into despair** pike tèt li nan dezespwa •**sink into poverty** patoje *The people are sinking into poverty.* Pèp la ap patoje nan lamizè. •**sink one's claws into** poze grif li sou *Once he sinks his claws into something, he doesn't let go easily.* Depi li poze grif li sou yon bagay, li p ap retire li konsa. •**sink one's teeth into** mode fò *Marie really sunk her teeth in on that job.* Mari mòde fò nan travay sa a. •**sink or swim** naje pou sòti *Let's leave him to sink or swim.* An n kite l naje pou sòti.

sinker n. [*fishing*] plon

sinless adj. san peche

sinner n. pechè

sinus n. sinis •**sinus congestion** nen bouche •**sinus trouble or inflammation** sinizit

sinusitis n. sinizit

sip[1] n. (ti) gòje •**small sip** gòjèt

sip[2] v.tr. siwole *I'm sipping some orange juice.* M ap siwole yon ji zoranj •**sip slowly** siwolin *He's sipping a Coke slowly.* Msye ap siwolin yon koka la. *She's slowly sipping some juice.* L ap siwote yon ji la.

siphon[1] n. kawoutchou, konbèlann *If I had a siphon, I'd put a gallon of gas in your tank.* Si m te gen yon konbèlann, m ta rale yon galon gaz ba ou nan tank lan.

siphon[2] v.tr. fè konbèlann *The mechanic siphoned some gas from the tank.* Mekanisyen fè konbèlann pou rale gaz nan tank lan. •**siphon off** a[*electricity, cable TV (illegal hookup)*] fè konbèlann *The guy is siphoning off electricity from Haiti Electric.* Msye ap fè konbèlann pou pran kouran nan men Elektrisite Dayiti. b[*money, profits*] fè kout koken *She's been siphoning money off them for years now.* L ap fè kout koken ba yo depi lontan koulyeya.

sir n. mouche, msye •**yes sir!** avozòd

sire[1] n. [*zool.*] papa

sire[2] v.tr. kale *He sired thirteen children.* Li kale trèz pitit.

siren n. 1[*alarm*] sirèn 2[*mythology*] metrès dlo

sis n. [*fam. for sister*] makòmè, sese

sisal n. galta, karata, pit, sizal

sissy[1] n. 1[*effeminate man*] fanmòt, gason makòmè, makoklen 2[*coward*] kapon

sissy[2] adj. [*effeminate*] fanmòt *Stop making those sissy gestures. You're a man!* Sispann fè jès fanmòt sa yo. Se gason ou ye!

sister n. 1[*female relative*] sè 2[*in Christ; rel.*] byenneme, masè, sè 3[*nun*] chèsè, masè, mè, sè 4[*signifying close relationship*] sò m 5[*mother and godmother of a child*] makòmè •**elder sister** sese •**half-sister** sè menm{manman/papa} •**soul sister** [*through shared exp., etc.*] sè bra

sister-in-law n. bèlsè

sit v.intr. 1[*gen.*] bay plas, chita *Allow the VIPs to sit.* Bay pèsonaj yo plas yo. *Won't you sit?* Ou pa chita? 2[*lie around*] chita, kouche *The books are just sitting on the shelf, and nobody's going to read them.* Liv yo ap chita sou etajè a, pa gen moun k ap li yo. *The food has been sitting here since yesterday.* Manje a ap kouche la depi yè. 3[*perch*] jouke, poze *The bird sat on the windowsill.* Zwazo a jouke sou rebò fenèt la. *The fly sat on the wall.* Mouch la poze sou mi an. 4[*on eggs*] kouve *The hen sat on 12 eggs.* Poul la te kouve douz ze. 5[*suit, fit well*] byen chita *That dress doesn't sit on you very well.* Wòb sa a pa byen chita sou ou. 6[*legal assembly*] syeje *Parliament is sitting tomorrow.* Palman ap syeje demen. •**sit and wait** a[*gen.*] chita tann *Please sit and wait for the boss to come.* Tanpri, chita tann bòs la vini. b[*for sth. bad to happen*] {achte/pran} kat pelouz li *He sat and waited to watch the duel.* Li pran kat pelouz li pou gade dyèl la. •**sit around doing nothing** grate santi *He prefers to sit around doing nothing rather than look for work.* Li pito grate santi pase l chache travay pou l fè. •**sit back** [*take no active part*] estannbay, lage kò li, ret chita *He just sat back and watched me work.* Li t ap estannbay gade m travay. *She sat back in the chair and let me do the work.* Li lage kò li nan chèz la, epi li kite m fè travay la. *You can't just sit back and let everybody else do the work!* Ou pa ka ret chita, ou kite tout moun ap travay! •**sit by** ret chita *I can't just sit by and watch those kids starve to death under my nose.* M pa ka ret chita ap gade timoun yo k ap mouri grangou nan men m. •**sit down** chita *Won't you sit down?* Ou pa chita? •**sit down again** rechita *Don't remain standing, you may sit down again in the same place.* Pa ret kanpe, ou mèt rechita menm kote a. •**sit down at the table** atable, chita a tab, monte (sou) tab *Every evening she sits down at the table with her husband to eat.* Chak swa li atable ak mari li pou yo manje. *When you sit down at the table, there are things that you shouldn't do.* Lè ou chita a tab, gen bagay ou pa dwe fè. *You don't sit down at the table without washing your hands.* Moun pa monte tab ak men ou san lave. •**sit down for a while** fè yon (ti) chita *Here's a chair, sit down for a while.* Men chèz, fè yon ti chita non. •**sit down to eat** atable *Every day at noon the woman sits down with her husband to eat copiously.* Chak midi fi a atable ak mari l pou dekoupe kòpyèz. •**sit down with** fè yon chita (tande) ak •**sit idle** chita *Mary sits idle doing nothing.* Mari chita, li p ap fè anyen. •**sit imposingly** twone •**sit in** [*stay inside*] ret chita (lakay) *She sat in all day waiting for a phone call.* Li ret chita lakay tout lajounen ap tann yon kout telefòn. •**sit in for** kenbe pou, ranplase, segon *The professor had someone sit in for him.* Pwofesè a voye yon moun kenbe pou li. *The director is sick so I'm sitting in for him.* Direktè a malad, se mwen ki segon li. •**sit in front/back** [*of a vehicle*] pran {devan/dèyè} *You can sit in front.* Se pou ou pran devan. •**sit on the bench** chita sou ban pwatann •**sit out** [*not participate*] ret chita *I don't like that music. Let's sit this one out.* M pa renmen moso sa a, an n ret chita. •**sit straight** dekage li sou yon chèz *Sit straight on the chair.* Dekage ou sou chèz la. •**sit through** {chita/ret}tann *I don't like this movie, and I'm not going to sit through the whole thing.* M pa renmen fim lan, m pa p ret tann li fini. •**sit up** [*from lying position*] leve chita *She sat up when she heard the gunfire.* Li leve chita lè l tande kout zam nan. •**sit up straight** chita dwat, drese kò li, kadre, kare nan yon chèz, ranje kò li *Don't fidget, sit up straight in the chair.* Pa souke kò ou, chita dwat sou chèz la. *Sit up straight, stand straight!* Drese kò ou, kanpe dwat! *She sits up nice and straight.* Li byen kadre jan li chita a. *She sat up straight in a chair.* Li kare nan yon chèz. *She hurried to sit up straight when she heard the voice of the boss.* Li kouri ranje kò li lè l tande vwa chèf la. •**sit up with** [*keep vigil,*

etc.] veye *Tonight, we're going to sit up with you.* Aswè a n ap veye ansanm avèk ou. •**sit well** ale ak, byen chita, kadre ak *My decision didn't sit well with him.* Desizyon mwen pa byen chita avèk li. •**sit with dignity** kadre •**not sit with legs spread apart** sanble janm li •**s.o. who never sits down** pye poudre

site *n.* sit •**building site** anplasman, lo tè, teren •**construction site** chantye •**exam site** syèj

sit-in *n.* sitin

sit-up *n.* leve chita •**do sit-ups** fè leve chita *She did a bunch of sit-ups.* Li fè yon pakèt leve chita.

sitting *adj.* •**sitting duck** pwen edmi, sib fasil, viktim *You're a sitting duck from where you are now.* Kote ou ye kounyeya se pwen edmi ou ye. •**sitting on eggs** [*chickens, etc.*] kouvezon •**sitting pretty** alèz ki chita sou chèz san pinèz •**sitting room** salon

situate *v.tr.* •**be situated** chita, plase, sitiye *The church is situated across from the police station.* Legliz la plase anfas kazèn lapolis.

situation *n.* eta, ka, konjonkti, okazyon, sikonstans, sitiyasyon, sò *They find themselves in a desperate situation.* Yo twouve yo nan yon eta dezespere. *What would you do in a situation like that?* Sa ou ta fè nan yon ka konsa? *I can't do anything for you in your situation.* Nan konjonkti kote ou ye a m pa ka fè anyen pou ou. *We know about your situation.* Nou tande sikonstans ou. *Our situation is very serious.* Sò nou grav anpil. •**as the situation now stands** kouwè sitirasyon an ye kounyeya •**bad situation** kout kat, move{kalfou/pa}, pololop *I won't fall into that bad situation again.* M pa p tonbe nan kout kat sa ankò. *You're in a bad situation, what will you do to solve this problem?* Ou nan yon move kafou, kòman w ap fè pou soti nan pwoblèm sa a? *Given the bad situation the country is in, it will take a long time for it to recover.* Nan move pa peyi a ye la, li pòkò ap soti ladan. *The country has fallen into a bad situation.* Peyi a tonbe nan pololop nèt. •**compromising or embarrassing situation** antrav *What an embarrassing situation I got into!* Gade nan ki antrav mwen pran! •**confused situation** de pye li pran nan yon sèl grenn soulye, katchaboumbe

Her daughter's implication in the robbery is a confused situation for the mother. Pitit fi l la gen men l tranpe nan vòl la, de pye manman an pran nan yon sèl grenn soulye. After the house fire, we were in a confused situation. Aprè dife a fin pase nan kay la, nou te nan katchaboumbe nèt. •difficult financial situation nan boumba •difficult situation anbara, tèt chaje The fact that I don't have the money put me in a difficult situation. Lajan mwen pa genyen an mete m nan lanbara. Life is about getting out of one difficult situation and falling into another. Lavi sa a se soti nan yon tèt chaje tonbe nan yon lòt. •faced with this situation nan kout kat sa a Faced with this situation, what would you do? Nan kout ka sa a, ki sa w ap fè. •financial situation mwayen, posiblite My financial situation doesn't allow me to help you. Posiblite m pa penmèt mwen ede ou. •get out of a difficult situation delivre tèt li I'm happy that you got out of that situation. M byen kontan ou delivre tèt ou nan sitiyasyon an. •get out of some situation soti anba yon bagay He succeeded in getting out of misery. Misye soti anba lamizè. •impossible situation yon{siga/sigarèt}limen nan de pwent •improved economic situation alemye There is an improved economic situation in the country. Gen yon alemye nan peyi a. •in a bad situation nan yon move kout kat •in a tough situation nan twou •in an unstable situation anbalan Now he's in an unstable situation, he's got a lot of absenteeism. Kounye a msye anbalan, se penyen lage l ap fè nan djòb la. •in this situation nan kout kat sa a •ridiculous situation kalfou tenten Look at the ridiculous situation he got himself into. Gade nan ki kafou tenten misye met tèt li. •troublesome situation melimelo •turn a situation around gen may Marcel is a guy who knows how to turn a situation around. Masèl se nèg ki gen may. •unpleasant or embarrassing situation petren This matter is a real embarrassing situation. Zafè sa a se yon veritab petren. •what a bad situation s/he is in nan ki dra li ye I don't know what bad situation she is in, but she has problems. M pa konn nan ki dra li ye, men li gen pwoblèm. •what a ridiculous situation

ala de lakomedi What a ridiculous situation, people don't have electricity even now. Ala de lakomedi papa, menm kouran moun pa gen atò.

six num. sis •six o'clock sizè •six of one, half dozen of the other senkant kòb ak degouden (kole) •double six [in dice] doubsis, lèp

sixteen num. sèz •sweet sixteen sèzyèm anivèsè

sixteenth adj. sèzyèm

sixth adj. sizyèm

sixties n.pl. swasantèn

sixtieth adj. swasantyèm

sixty num. swasant •approximately sixty swasantèn There were about sixty people at the party. Yon swasantèn moun te prezan nan fèt la.

sixty-one num. swasanteyen

sixty-two num. swasannde

sizable adj. enpòtan, gran, gwo, konsekan, san manman He has a sizable majority behind him. Li gen yon kantite moun san manman dèyè li.

size[1] n. 1[person, object, etc.] dimansyon, grandè, gwosè, kalib, mezi, pòtray, tay What is the size of your land? Ki grandè teren ou an? Look at the size of that fish. Gade gwosè yon pwason. Your car is the same size as mine. Machin ou an se menm kalib ak pa m nan. He'd like to know the size of your land. Li ta renmen konnen mezi teren ou an. What's the size of the box? Ki pòtray èske bwat la genyen? 2[clothing] mezi, nimewo, tay The tailor can't sew for you if he doesn't know your size. Tayè a pa ka koud pou ou san li pa konn ki tay ou. 3[shoe] {gwosè/mezi/nimewo/ tay}pye yon moun Do you know your shoe size? Ou konn ki nimewo pye ou? •have one's shoe size chose The store doesn't have his shoe size. Magazen an pa gen nimewo li chose a. •shoe size mezi pye, pwenti •take a given shoe size chose Do you know what shoe size you take? Ou konn ki nimewo ou chose a? •the same size egal Cut all the pieces of fabric the exact same size. Koupe tout moso twal yo egal. •waist size senti My waist size is thirty-two. Senti m se trannde.

size[2] v.tr. •size sth. up jije, mezire, pran pwa Mary sized up the problem in one word:

enormous! Mari pran pwa pwoblèm lan nan yon mo: kokennchenn! •**size up each other** gade youn lòt, grann Nannan ap pare zepina e zepina ap pare grann Nannan *The two boxers sized each other up before starting the fight.* Anvan yo koumanse goumen an de boksè yo se grann Nannan ap pare zepina e zepina ap pare grann Nannan. •**size up s.o.** gade youn lòt, wè longè yon moun *She asked him some questions to size him up.* Li poze l kèk keksyon pou li ka wè longè l.

sizzle¹ *n.* **1**[*sound of frying in grease*] tchwè **2**[*pep, pizzazz, etc.*] jèvrin, nannan, vigè *She has a lot of sizzle.* Li gen anpil nannan.

sizzle² *v.intr.* [*fry*] fri (tchwè), sifle *The fish is sizzling in the pan.* Pweson an ap fri tchwè nan pwelon.

sizzling *n.* [*onom.*] tchwè

skate¹ *n.* **1**[*roller skate*] paten a woulèt **2**[*ice skate*] paten (a glas), patinèt

skate² *v.tr.* monte paten *He skated so he could go faster.* Li monte paten an pou l ka al pi vit. •**skate off** mete paten nan pye li

skateboard *n.* esketbòd, planch ak woulèt

skater *n.* patinè

skating *n.* patinaj •**go skating** moute paten, patinen

skedaddle *v.intr.* chape poul li, kraze rak, vòlò gagè *Let's skedaddle before the police come.* Ann kraze rak anvan polis la vini.

skein *n.* [*of wool, etc.*] kwennda

skeleton¹ *adj.* [*minimum*] minim, pi piti, rezèv *There is a skeleton crew working there overnight.* Gen yon ekip rezèv k ap travay la lannuit.

skeleton² *n.* [*bones*] eskèlèt, kakas, zokò, zosman •**skeleton in one's closet** chak moun gen yon grenn zanno (pa l) kay òfèv •**skinny as a skeleton** {chèch/ mèg}kou kas •**walking skeleton** lamègzo, mò vivan, zoban, zokò, zomangay, zosman *He looks like a walking skeleton!* L ap mache tankou yon mò vivan!

skeleton-like *adj.* kas, zoban, zokò *She's as skinny as a skeleton.* Li mèg kou kas. *A skeleton like him, can he handle a fight?* Nèg zoban sa a, kote l ka batay? *A skeleton like him cannot endure a major illness.* Nèg zokò sa a pa ka kenbe yon gwo maladi.

skeptic *n.* Sentoma, enkredil

skeptical *adj.* demefyan, enkredil *Ti Frank is skeptical, he needs to see it in order to believe it.* Ti Frank se nèg demefyan li ye, fò li wè pou li kwè.

skepticism *n.* (de)mefyans, doutans

sketch¹ *n.* **1**[*drawing*] desen, kout penso **2**[*theater*] eskètch, pyesèt, sèn, senèt **3**[*outline*] bouyon, chema, kas •**thumbnail sketch** desen rapid

sketch² *v.tr.* desine, trase *She sketched the man that stole her bag.* Li trase moun nan ki te vole valiz li a.

sketchy *adj.* **1**[*unclear*] dekoupe, dekonekte, pa klè, vag, wachi wacha, wachwach *The details are a little sketchy.* Detay yo yon ti jan dekoupe. **2**[*suspect*] makout, sispèk *The guy is a little sketchy.* Nèg la yon ti jan makout.

skew *v.tr.* detounen *She skewed the results in her favor.* Li detounen rezilta pou favorize limenm menm.

skewed *adj.* **1**[*slanting*] kwochi, kwòkbò, oblik, panche (yon bò) **2**[*distorted*] difòm, fose

skewer *n.* bwòch

ski¹ *n.* eski

ski² *v.intr.* eskiye, fè eski

skid¹ *n.* [*for transferring goods*] palèt

skid² *v.intr.* bwote, fè patinaj, glise, patinen *The pavement is wet, it makes the car skid.* Atè a mouye, li fè machin nan bwote. *She skidded, she fell down.* Li fè yon patinaj, li tonbe. *Paul skidded on the wet ground and he fell down.* Pòl glise atè mouye a epi li tonbe.

skidding *n.* glisad, patinaj

skier *n.* eskiyè

skiing *n.* eski •**cross-country skiing** eski sou chemen •**water skiing** {eski/glisad}sou dlo

skill *n.* **1**[*gen.*] abilte, dwate, fakilte, kabès, konnesans, ladrès, repondong, talan, teknik *She has a lot of skill in what she's doing.* Li gen anpil dwate nan sa l ap fè. *She's got enough skill to do that.* Li gen kabès ase pou l fè sa. *This work requires much skill.* Travay sa a mande anpil ladrès. **2**[*esp. sports*] teknik •**having lost his skill** dekoud, detyedi *He's a player that has lost his skill.* Se yon jwè detyedi.

skilled *adj.* fere, fò *The guy is really skilled in math.* Nèg la fere nèt nan kalkil.

skillet *n.* pwelon

skillful *adj.* abil, adwat, fò, madre, maton *This girl is skillful at cooking.* Fi sa a abil nan fè manje. *He's so skillful that he never misses his target when aiming at something.* Li tèlman adwat, li pa janm rate sa l vize. *This boy is skillful in the game of marbles.* Ti gason sa a madre nan jwèt mab. *He's skillful in everything he does.* Se yon nonm ki maton nan tout bagay. •**skillful with one's fingers/hands** dis dwèt li rele pa l, gen dis dwèt li •**be skillful** gen men, men li rele l pa li *When it comes to cooking, she's very skillful.* Nan zafè fè manje, men li rele l pa l. •**be skillful at fixing things** gen mannèv *He's a smart guy, he's very skillful at fixing things.* Misye se yon nèg tèt, li gen anpil mannèv nan ponyèt li. •**be skillful at sports** {gen/plen}teknik *That striker is skillful at dribbling.* Atakan sa a gen teknik.

skills *n.pl.* •**interpersonal skills** finès, politik, tak •**social skills** finès, politik, tak

skim *v.tr.* [*milk*] dekrenmen *Don't skim the milk.* Pa dekrenmen lèt la. •**skim across** [*the water*] raze *The lizard skimmed across the water.* Zandolit la raze dlo a pase sou lòt kote. •**skim off** dekimen *Add some water to the soapy water in order to skim it off.* Mele yon ti dlo nan dlo savon an pou l sa dekimen. •**skim through/over** [*book, letter, etc.*] fè yon{lèy/lougal}, feyte *He skimmed through the entire book.* Li feyte tout liv la nèt. *She skimmed over the letter.* Li fè yon lougal sou lèt la.

skimmer *n.* [*culin.*] kimwa, louch fritay

skimp *v.intr.* •**skimp on** chich, fè{chichadò/chikriti}, fè jeretyen, kras *No need to skimp on the sugar.* Ou pa bezwen chich ak sik la. *She has to skimp on everything she buys.* Tout sa li achte, fòk li fè jeretyen.

skimpily *adv.* an{chichadò/chikriti} *She lives ever so skimpily.* L ap viv an chikriti nèt.

skimpiness *n.* chichadò, chikriti

skimpy *adj.* 1[*stingy*] kras, peng *He's so skimpy, he won't spend a penny.* Li sitèlman peng, li pa p depanse sen kòb. 2[*clothing, etc.*] kalekò *You can't go out with such skimpy clothes on.* Ou p ap ka soti ak kalekò sa sou ou.

skin¹ *n.* 1[*human*] po 2[*animal pelt, fur, etc.*] kui, po 3[*fruit or vegetable*] kal, po •**skin and bones** mègzo, po ak zo, zo pope, zomangay,

zosman *The illness turned him into skin and bones, his whole skeleton is showing.* Maladi a fè li mègzo, tout eskèlèt li parèt. *A man that's all skin and bones.* Yon nèg po ak zo. •**skin disease** maladi po •**skin eruption** chofi, fe •**skin flick** [*movie*] fim pòno •**skin graft** grèf, grefay •**skin rash** demanjezon, gratèl, lota, pikotman •**skin ulcer** chank, java •**be all skin and bones** chèch kou (yon){kas/tako/ taso}, flengèt, manke vyann, mèg kou taso laskwendeng *He's skin and bones, he looks like he has AIDS.* Misye chèch kon yon kas, gen lè se sida li fè. *This woman is all skin and bones, she is so skinny.* Ti fi sa a se yon flengèt fanm tèlman li mèg. •**by the skin of one's teeth** long kou yon ti zèl pis *The car missed them by the skin of their teeth.* Machin nan manke frape yo long kou yon ti zèl pis. •**dry skin** po{blanch/deng} •**get under s.o.'s skin** san yon moun ap manje li *That guy really gets under my skin.* Nèg sa la ap fè san m manje m. •**have a skin rash** koupe •**have skin irritation** san yon moun grate li •**light skin** po klè •**make one's skin crawl** fè san yon moun mache *When I see a snake, it makes my skin crawl.* Depi m wè koulèv, li fè san m mache. •**no skin off my nose** ki mele m *You can do what you want. It's no skin off my nose!* Ou mèt fè sa ou vle. Ki mele m! •**person who is skin and bones** bagèt legede, lamègzo •**person with light skin** moun wouj, ti (nèg) wouj •**person with very light skin** [*pej.*] kribich chode

skin² *v.tr.* 1[*scrape, injure, etc.*] chire, dekwennen, graje, kale, kòche *Where have you skinned your knees that bad?* Kote ou chire jenou ou konsa? *He just fell down, he skinned his leg.* Li sot tonbe, li dekwennen tout janm li. *I skinned my knee when I fell.* M graje jenou m lè m tonbe a. 2[*peel, etc.*] dekale, kale *The soap skinned his hand off.* Savon an dekale tout men l. *Would you skin the potatoes?* Ou ka kale patat pou mwen? 3[*animal*] dekape, dekire, kòche *They skinned the pig right away.* Yo dekape kochon an la menm. *She's skinning the goat.* L ap dekire kabrit la. *The butcher skinned the goat.* Bouche a kòche kabrit la. •**skin s.o. alive** deplimen, kale, kòche *The woman is going to skin you alive because you tore her* *books.* Madanm nan ap kale ou poutèt ou chire liv li yo. *He skinned him alive.* Li kòche li tout vivan. •**skin s.o.'s hide** deplimen, kòche *Don't misbehave, children, your father will skin your hide.* Pa fè dezòd timoun, papa n a deplimen n.

skin-deep *adj.* bèl deyò *Her beauty is only skin-deep.* Li gen yon bèl deyò ase.

skinflint *n.* apagon, chichadò, chikriti, kokoye, kourèd

skinny *adj.* 1[*gen.*] chèch, chèsko, dezose, flègèdèk, mèg, zo *Look how skinny he is that one, there's no meat on his bones.* Gad yon chèsko, li pa gen vyann sou li menm sa a. *Anaïs has already become skinny, she refuses to eat.* Anayiz deja fin flègèdèk, li refize manje. *He keeps on losing his pants, he's so skinny.* Pantalon l pa fouti rete sou li tèlman l mèg. 2[*child*] krikèt *This child is so small and skinny, she needs to gain a little weight.* Ti pitit sa a twò krikèt, li bezwen fè yon ti gwosi. •**skinny and puny** palichon •**skinny as a beanpole** long kou yon{bwa bale/dwèt} *You eat so little that you're as skinny as a beanpole.* Ou tèlman refize manje, ou long kou yon dwèt. •**skinny dipping** benyen toutouni •**skinny person** chèsko, eskèlèt, krimizou, lamègrè, (la)mègzo, tako savann, taso, zo ak po, zo pope •**always be very skinny** gen yon maladi chèch •**as skinny as a rail** chèch kou{bwa alimèt/bwa bale/bagèt legede} •**very skinny** mèg kou (yon){bwa bale/kas/kaw/tako/taso (laskwendeng)} •**very skinny person** aransò nan sewòm, banza

skintight *adj.* kole, plake, sere *Those pants are skintight on her.* Pantalon sa yo plake sou li.

skip I *v.tr.* 1[*omit*] manke, pase sou, sote, vag *I skipped lunch today because I didn't have any money.* M manke manje jodiya pase m pa t gen senk kòb. *Don't skip that passage, it needs a clear explanation.* Pa pase sou seksyon sa a, li bezwen yon esplikasyon klè. *She skipped a line while reading.* Li sote yon liy nan lekti a. *I was tired so I skipped the meeting.* M te fatige twòp poutètsa m te vag sou reyinyon an. 2[*town, etc.*] chape poul li, kraze{bwa/raje}, {kraze/pran}rak, sove kite *He skipped town yesterday, because the police were looking for him.* Li pran rak yè pase lapolis t ap chache li. **II** *v.intr.* 1[*hop*] ponpe (sote), sote, vole

She skipped her way to school. Li ponpe sote jis lekòl. *The cow skipped over the fence.* Bèf la vole baryè a. 2[*from one topic to another*] depale, deraye, divage, lage yon pawòl pran yon lòt *I couldn't understand anything, the guy was skipping all over the place.* M pa t konprann anyen, tèlman nèg la t ap divage. •**skip classes** fè woul, mawon *Since she hadn't done her homework, she skipped class this morning.* Paske l pa fè devwa li, li mawon maten an. •**skip out** netche kò li *He cursed out the woman, and then he skipped out.* Se plimen li fin plimen danm nan epi li netche kò li. •**skip rope** sote kòd •**skip school for a day** fè{mawon/woul}

skipper *n.* chèf, kaptenn (yon batiman)

skirmish[1] *n.* chafoure, dezòd (politik)

skirmish[2] *v.intr.* {frape/kole/kontre}kòn *The two countries skirmished on the border.* De peyi yo kontre kòn sou fwontyè a.

skirt[1] *n.* jip •**pleated skirt** jip griji •**straight skirt** jip antrav

skirt[2] *v.tr.* [*an issue, etc.*] eskive, louvoye *She skirted the issue before the election.* Li louvoye koze a anvan eleksyon an.

skirt-chaser *n.* bakoulou baka, gen je bouzen, nèg fanbre

skit *n.* eskètch, pyesèt, sèn, senèt

skittish *adj.* pentad, perèz, renka *Be careful approaching the horse, it's skittish.* Fè atansyon vanse sou chwal la, li renka.

skivvies *n.* kalson, slip, souvètman

skulk *v.intr.* vadwouye, wodaye, wode *He was skulking behind the tree.* Li t ap wodaye dèyè pyebwa.

skull *n.* bwatèt, kòkòwòs, tèt mò, zo (bwa/kokolo) tèt, zo kràn

skullcap *n.* kalòt

skullduggery *n.* kokinay, magouy

skunk *n.* moufèt

sky *n.* lesyèl, syèl •**clear sky** tan ouvè •**high in the sky** bèl bras *The sun is high in the sky.* Solèy la yon bèl bras. •**in the sky** anlè *I see a falling star in the sky.* M wè yon zetwal file anlè a. •**overcast sky** tan an{bare/boude/bouche/bwouye/an emwazèl/kouvri/mare (djòl li)/sal/sonm} *With that overcast sky, if you go out, you'll get wet.* Ak tan mare sa a, si ou soti, w ap mouye. •**patch of sky** pan syèl •**up in the sky** anlè •**to the skies** wotè syèl *The boss praised the director to the skies in his speech.* Mèt la leve dirèktè a wotè syèl la nan diskou a.

sky-high *adj.* apik panno, disèt wotè, sèt otè, wotè syèl *The sack of rice is sky high.* Sak diri a apik panno. *Food prices have gone sky-high.* Pri manje moute sèt otè. *After the heavy downpour, the water rose sky-high.* Apre lavalas la, dlo nan lari a monte wotè syèl la. •**go sky-high** monte{bwa/disèt wotè/tèt nèg} *All the prices of supplies are going sky-high.* Tout pri pwodui monte bwa. *The price of oil is climbing sky high.* Pri petwòl la monte tèt nèg.

skylight *n.* likàn

skyline *n.* liy orizon

skyrocket *v.intr.* monte an flèch, monte{bwa/disèt wotè/tèt nèg}

skyscraper *n.* gratsyèl

slab *n.* **1**[*paving stone*] dal **2**[*flat piece of stone or wood*] plak **3**[*large piece of stone or wood*] blòk **4**[*meat, cake, etc.*] gwo{bout/mòso} •**concrete slab or area** [*for drying coffee beans, rice, etc.*] glasi *They put the rice on a concrete slab so that it could dry.* Yo mete diri a sou glasi pou l ka chèch. •**glass slab** [*dental*] plakèt vè •**upright stone slab** estèl

slack¹ *adj.* **1**[*loose*] delache, desentre, lach, mou *The screw is getting slack.* Vis la ape delache. *My pants are falling down because my belt is slack.* Pantalon mwen ap tonbe pase senti mwen an desentre. *The rope is too slack.* Kòd la twò lach. *The sail is slack.* Vwal la mou. **2**[*loose skin*] mou, plo, plòt *The old lady's skin is slack.* Po grann nan plòt. **3**[*not busy*] kre, lach *It's been a slack month.* Se yon mwa kre sa. **4**[*lax*] manfouben, vin woywoy *He's getting too slack. They're going to fire him.* Li vin yon jan woywoy twòp. Y ap revoke l.

slack² *n.* •**give some slack** bay yon may, lage{kòd/ may}, mete de may sou chenn *You need to give him some slack.* Fòk ou mete de may sou chenn nan pou li.

slack³ *v.intr.* •**slack off** fè bounda lou, lache *She's slacking off way too much at work.* L ap fè bounda loud nan travay la twòp.

slacken *v.tr.* moli *Don't slacken the rope!* Pa moli kòd la, non! •**slacken off** fè bounda lou, mize *The longer he refuses to pay, the more we*

slacken off at work. Otan li refize peye, otan n ap mize nan travay la. •**slacken one's pace** mize, pran dèz *I'm going to slacken my pace so she can get ahead.* M ap pran dèz mwen pou li ka pran devan.

slacker *n.* eskoubin, kòsmòtcho, lapousa, majè [*esp. at a 'konbit'*]

slacks *n.pl.* kanson, pantalon

slag *n.* eskori, kras

slam¹ *n.* frapay, frapman, krazay, krazman

slam² *v.tr.* **1**[*door, etc.*] fèmen rèd *When she saw me coming, she slammed the door in my face.* Li wè m ap vini, li fèmen pòt la rèd sou figi mwen. **2**[*place with great force*] flanke *I slammed the books on the table.* M flanke liv yo sou tab la. **3**[*win forcefully*] kraze, mache sou moun *We slammed the other team seven to nothing.* Nou kraze lòt ekip la sèt a zewo. •**slam down** [*in volleyball*] baskile *The player slammed the ball down on the other side of the court.* Jwè a baskile boul la sou lòt bò a teren an. •**slam into** kraze nan *The car slammed into the tree.* Machin nan kraze nan pyebwa a. •**slam on the brakes** frennen sèk, kole yon fren sèk *I had to slam on the brakes to miss it.* M te oblije frennen sèk pou m pa kraze l.

slam-dunk *n.* [*basketball*] boure

slander¹ *n.* chantay, kalomi, kout lang, medizans, melovivi, tripòt, tripotay

slander² *v.tr.* afiche, bave bouch li sou yon moun, {bay/ fè}kout lang sou moun, debinen, devore, di anwo yon moun, difame, fè jouda, fè{kan/pil}sou do yon moun, kalomye, kole lèt bannann sou, kout lang, lave bouch li sou, manyen, monte konbit{dèyè/sou}, pale{pa lòt/sou/ yon moun mal}, pase bav sou yon moun, vèni do yon moun *This gossip always slanders other people.* Landjèz sa a pa janm p ap bave bouch li sou moun. *They slandered the political candidate so that he would lose the election.* Yo debinen kandida politik la pou fè l pèdi eleksyon an. *He slanders people, saying things that aren't true.* Li di anwo moun pawòl ki pa verite. *He really slandered you.* Li difame ou tout bon. *They slandered the teacher a lot.* Se pa de pil yo pa fè sou do mèt la. *He slandered his neighbor.* Li kalomye vwazen li an. *That gossip knows how to slander others.*

Landjèz la konn ki jan yo kole lèt bannann sou moun. *Jane really put a spoke in your wheel, she slandered you in front of the boss.* Jàn ap manyen ou tout bon, l avili ou devan patwon an. *These dishonest people are always slandering honest citizens.* Moun malonèt sa yo toujou ap monte konbit sou moun k ap fè efò. *He slanders me because we aren't friends anymore.* L ap mache vèni do m paske nou pa zanmi ankò.

slanderer *n.* ayizan (malpalan), difamatè, fèzè, gamè, jouda, kalomyatè, medizan, paladè, paladèz [*fem.*] paladò, zonzon *Those slanderers are always badmouthing people.* Fèzè sa a yo toujou ap pale moun mal. *Don't listen to this slanderer, she's a habitual liar.* Pa koute gamè sa a, bonjou li pa laverite. *That guy is a slanderer, he's abusing us with lies.* Msye se yon zonzon, l ap ble nou anba manti.

slanderous *adj.* afiche, landjèz [*fem.*], malpalan, medizan *They posted slanderous notes about her everywhere.* Yo afiche manmzèl toupatou. *That slanderous woman is always telling lies about people.* Fi landjèz sa a ap toujou fè manti sou moun. *A man can't be as slanderous as that.* Yon gason pa ka malpalan konsa. •**slanderous person** lang long

slang *n.* jagon

slant[1] *n.* (la)desant, pant

slant[2] *v.intr.* devye, kouche, panche *If you don't prop up the post, it's going to slant.* Si ou pa bite poto a li pral devye. *The roof of the house is slanting to one side.* Tèt kay la panche yon bò.

slanted *adj.* kouche, panche *The house is slanted to one side.* Kay la kouche yon bò.

slanting *adj.* anbye, oblik *A slanting line.* Yon liy oblik.

slap[1] *n.* **1**[*gen.*] baf, blo, chaplèt, kalòt, souflèt, palavire, pataswèl, sapatonn, souflèt, tabòk, tap *He slapped her for being impertinent.* Li ba li yon kalòt poutèt li frekan. **2**[*on face*] baflay **3**[*on the face, head, or ears*] kalòt **4**[*with back of hand*] domen, sabò **5**[*on the hand*] pakala, panzou •**slap on the hand in children's game** panzou •**slap on water with flat hand** mayanba •**give s.o. a slap** yon (sèl) grenn{kou/domen/kalòt/koutpye/

souflèt/tap} *She gave me one of these slaps!* Manmzèl ban m yon sèl grenn kalòt!

slap[2] *v.tr.* **1**[*strike*] bay panzou, pase, sabote, souflete, tape *He slapped the girl, he knocked out her tooth.* Li bay manzèl yon panzou, li rache dan l. *She slapped him a couple of times for being rude.* Li pase l de twa kalòt pou frekan. *He slapped me on both cheeks.* Li sabote m nan tou de bò machwè m. *The policeman slapped the thief.* Polis la souflete vòlè a. **2**[*on the head*] bay{bòk/ zòp}, kabeste *He yelped when his father slapped him on the head.* Li rele anmwe lè papa li kabeste li. **3**[*repeatedly*] lave men li nan figi yon moun, sabote *They arrested him because he slapped the woman repeatedly.* Yo arete l poutèt li lave men l nan figi madanm nan. **4**[*the face, head, or ears*] kalote *They slapped him all over his face.* Yo kalote misye nan tout figi l. •**slap a hand** [*in order to get s.o. to drop what is in it*] bay panzou *He slapped my hand to get me to drop the money that was in it.* Li ban m yon panzou pou m lage lajan ki te ladan li. •**slap happy** *a*[*inclined to hit*] gen men leje *The guy is slap happy; he'll hit for no reason.* Nèg la gen men leje; li gendwa kale ou pou anyen. *b*[*punch-drunk*] gaga *She hit him so hard, it made him slap happy.* Li frape l sitèlman di sa rann li gaga. •**slap in the face** dedjole, kalote *Matid slapped Dyesèl in the face.* Matid dedjole Dyesèl. •**slap on** mete flòpflòp *She slapped on her make-up so she could go out.* Li mete makiyaj li flòpflòp pou li te ka chape poul li. •**slap on paint** badijonnen •**slap s.o. silly** vide yon moun anba{kalòt/kout pwen} *She slapped the child silly.* Li vide pitit la anba kalòt.

slapdash *adj.* [*work*] brikabrak, gwosomodo, wachiwacha, wachwach *None is going to accept this slapdash work from you.* Pèsonn p ap pran travay gwosomodo sa a nan men ou.

slapping *n.* sabotay, souffletay

slash[1] *n.* **1**[*cut, gash, etc.*] balaf, kout kouto **2**[*punctuation*] baton oblik

slash[2] *v.tr.* **1**[*cut with knife, etc.*] ensandye, tchake *The criminals slashed him with the bottom of a bottle.* Kriminèl yo ensandye l ak yon tchou boutèy. *He hit her so she slashed him with the knife.* Msye frape l alò li tchake l ak kouto a. **2**[*cut prices, etc.*] desann, kase

They were losing money so they slashed prices on everything. Yo t ap pèdi lajan kidonk yo kase pri sou tout bagay.

slat *n.* lat, treng •**bed slat** planch kabann •**window blind slat** lanm

slate *n.* **1**[*rock*] adwaz **2**[*electoral list*] lis kandida **3**[*color*] adwaz •**writing slate** adwaz

slaughter[1] *n.* masak

slaughter[2] *v.tr.* demoli, jete atè, kòche, kraze, masakre, salange *You may go buy the meat, the ox has been slaughtered already.* Ou mèt al achte vyann nan, bèf la kòche deja. *The butcher slaughtered the ox.* Bouche a salange bèf la. *We really slaughtered the other team.* Nou jete lòt ekip atè nèt.

slaughterhouse *n.* labatwa, palan

slave[1] *n.* [*lit. and fig.*] esklav •**slave baptized as an adult** batize debou •**slave born in or newly arrived from Africa** bosal •**slave born in Saint-Domingue** [*rather than in Africa*] nèg kreyòl •**slave driver** bouwo •**slave quarters** kaz a nèg •**escaped slave** nèg mawon •**field slave** esklav chanpèt •**house slave** esklav domestik •**Unknown Slave** Nèg mawon

slave[2] *v.intr.* bourike, trimen *I've been slaving away all day.* M fè jounen an ap bourike. *He slaved over his homework all day long.* Li trimen nan devwa l yo tout jounen an. •**slave away** bourike, pete{fyèl/fal/zizye}, pete{fyèl/tèt}li, redi, rente, trimaye *She's going to slave away to turn in the work earlier.* Li pral pete fyèl li pou renmèt travay la pi vit. *I'm slaving away to finish the job.* Se redi m ap redi anba l pou mwen fini travay la. *I'm slaving away to send my children to school.* M ap trimaye pou mwen fè levasyon timoun yo. •**make s.o. slave away** redi ke yon moun *They make their mother slave away to send them to school.* Y ap redi ke manman yo pou li voye yo lekòl.

slave-owning *n.* esklavajis

slaver[1] *n.* esklavajis, negriye

slaver[2] *v.intr.* bave, bouch yon moun ap fè dlo *He fell asleep and slavered all over the pillow.* Dòmi pran li epi li bave sou tout zoreye a.

slavery *n.* esklavajis, esklavay *The slavery system didn't recognize the rights of man.* Sistèm esklavajis la pa t rekonèt dwa moun.

slay *v.tr.* ansasinen, fann fwa yon moun, touye *The killer slayed five people before he killed himself.* Ansasen an fann fwa senk moun anvan li touye tèt li.

slayer *n.* ansasen, touyè

slaying *n.* asasina, asasinay, masak

sleaze *n.* kras, kraste

sleazebag *n.* sanmanman, sanzave

sleaziness *n.* kraste

sleazy *adj.* soulezèl *He took me to a sleazy hotel.* Li mennen m nan yon ti otèl soulèzèl.

sled *n.* treno

sledding *n.* glisad

sledgehammer *n.* mas

sleek *adj.* dous, swa

sleep[1] *n.* **1**[*rest*] dòmi, somèy **2**[*baby talk*] dodo **3**[*matter in eyes*] djandjan, kaka je, (la)si •**in a deep sleep** nan{fon/gwo}somèy *He's in a deep sleep, you can slam the door, he won't hear it.* Misye nan fon somèy, ou mèt kraze pòt la, li p ap tande. •**put into a lethargic sleep** desounen *The medicine put him into a lethargic sleep.* Grenn nan desounen li.

sleep[2] **I** *v.tr.* [*accommodate*] kenbe, kouche, pran, ranje *This bed sleeps two easily.* Kabann sa a ka kouche de moun alèz. *This room sleeps four people.* Chanm sa a ka ranje kat moun. **II** *v.intr.* **1**[*rest, close one's eyes, etc.*] dodo, dòmi, kouche, nan dòmi *He went to sleep.* L al dodo. *Mary is sleeping on the couch.* Mari ap dòmi sou kanape a. *I'm going to sleep early.* M pral kouche bòne. *She's gone to sleep already.* Li nan dòmi deja. **2**[*spend the night*] dòmi, kouche *He slept in the car.* Li kouche nan machin nan. **3**[*have sex*] byen ak, kouche *Do not sleep with this guy before you get married.* Pa byen ak nèg la toutotan ou pòkò marye. *He slept with that woman four times.* Li kouche ak fi sa kat fwa. •**sleep around** bwè kola renmèt boutèy [*man*], fè lakòt [*woman*], fè pachat, manje kòd *The guy sleeps around with everyone.* Nèg la ap bwè kola renmèt boutèy toupatou. *No woman sleeps around like her.* Nanpwen fanm manje kòd tankou li. •**sleep head-to-tail/head to toe** dòmi tèt an ke *The two brothers slept head-to-tail.* De frè yo dòmi tèt an ke. •**sleep in** chofe kabann *They slept in until eleven o'clock.* Yo chofe kabann jis onzè. •**sleep on a bed** dòmi anlè *Adults sleep above the ground in beds.*

Granmoun dòmi anlè sou kabann. •**sleep outdoors** dòmi ala bèl etwal *The weather is so nice tonight, we're going to sleep outdoors.* Pou jan l fè yon bon tan aswè a, n ap dòmi ala bèl etwal. •**sleep peacefully** dòmi swa *The baby slept peacefully all night.* Ti bebe a dòmi swa tout lannwit. •**sleep soundly** dòmi di, kraze yon dòmi *He's really sleeping soundly, he doesn't even hear it's raining cats and dogs.* Li dòmi di serye, tout gwo lapli a li pa konnen. *He's sleeping soundly.* Msye ap kraze yon dòmi la a. •**sleep well** dòmi swa •**sleep with** annafè ak, chire nat yon fi, pase sou, pran, pran yon priz nan men yon fi, viv ak *She's not sleeping with Ti Djo.* Li pa annafè ak Ti Djo. *He already slept with that girl.* Li pase sou fi sa deja. *He already slept with that slut.* Li pran yon priz nan men pèlen sa deja. *That girl, I've slept with her three times already.* Fi sa, m pran l twa fwa deja. *He slept with his maid.* Li viv ak bòn ni. •**sleep with one eye open** dòmi yon je louvri yon je fèmen *We slept with one eye open because of the thieves.* Nou dòmi yon je louvri yon je fèmen akòz volè yo. •**sleep with s.o.** byen ak, wè nan jwèt yon moun *Toto told me that he has slept with the wife of the boss.* Toto di m li wè nan jwèt madan patwon an. •**sleep without a pillow** dòmi tèt ba *She can't sleep without a pillow.* Li pa fouti dòmi tèt ba. •**sleeping around** chapchawe, kouche deyò, nan chatchawony •**did you sleep well** e lannuit la •**go back to sleep** redòmi *She just woke up and she went right back to sleep.* Li fèk reveye epi l gen tan redòmi. •**go to sleep** *a*[*baby talk*] dodo *Go to sleep.* Fè dodo. *b*[*become numb*] angoudi, mouri *I realized that my foot had gone to sleep.* M santi pye a mouri nèt. *c*[*fall asleep*] dòmi pran yon moun, tonbe dòmi *I went to bed, but I couldn't go to sleep.* M kouche, men dòmi pa fouti pran m. •**gone to sleep** [*an arm, leg, etc.*] mouri •**not sleep a wink** pa fèmen je li, pase lannuit blanch *I didn't sleep a wink all last night because of the pain.* M pa fèmen je m menm yè swa, m fè nuit lan ap soufri. •**put s.o. to sleep** *a*[*anesthesia, etc.*] andòmi *The doctor put the patient to sleep before operating on her.* Dòktè a andòmi malad la avan li opere l. *b*[*from boredom, etc.*] andòmi, dòmi pran yon moun

The speech was so boring, it put me to sleep. Diskou a sitèlman ap annouye m, dòmi pran mwen.

sleeper *n.* [*Pullman car*] {ka/wagon}kouchèt •**be a heavy sleeper** dòmi di *She's a heavy sleeper.* Li dòmi di. •**be a light sleeper** dòmi fay

sleepiness *n.* anvi dòmi, kò{kraze/mouri}, letèji

sleeping *n.* •**sleeping bag** sak{kouchaj/kouchay} •**sleeping mat** *a*[*gen.*] nat *b*[*cheap*] atèmiyò, soukekouche *c*[*made with palm leaves*] nat très •**sleeping sickness** maladi dòmi

sleepless *adj.* •**have a sleepless night** pa fèmen je li, pase lannuit{blanch/pa sa dòmi/san sonmèy} *She had a sleepless night.* Li pase yon lannwit blanch.

sleepwalk *v.intr.* mache nan dòmi *She always sleepwalks.* Li toujou ap mache nan dòmi.

sleepy *adj.* andòmi, anvi dòmi, dòmi nan je yon moun, gen dòmi (nan je li) *He looks sleepy.* Li pòtre yon moun andòmi.) *I can't stand up, I'm sleepy.* M pa ka kanpe, m gen dòmi nan je m. •**be very sleepy** dòmi ap pete je li

sleepy-bye *n.* [*baby talk*] dodo

sleepyhead *n.* kouchadò *He's always in bed, he's a real sleepyhead.* Misye toujou nan kabann, se kouchadò li ye.

sleet *n.* lagrèl

sleeve *n.* manch •**long sleeves** manch long •**raglan sleeves** [*without shoulder seams*] manch raglan •**roll up one's sleeves** kase manch •**roll up one's sleeve and get to work** kase manch, twouse ponyèt •**short sleeves** manch kout

sleeveless *adj.* san manch

sleigh *n.* treno

sleight of hand *n.* ladrès ak men li, mannigans, pa men cho

slender *adj.* 1[*gen.*] fen, mens *His legs are as slender as matches.* Pye li fen tankou bwa alimèt. 2[*for a woman*] fòm oblong

slew *n.* •**slew of** bakoko, katafal, milyon ven *There was a slew of people at the party.* Te gen yon katafal moun nan fèt la.

slew-footed *adj.* pye{kanna/kwochi}

slice[1] *n.* 1[*gen.*] filangèt, lèch, tranch *I ate two slices of bread.* M manje de tranch pen. *She*

wanted a slice of cheese. Li te vle yon filangèt fwomay la. 2[of a lemon, etc.] wondèl •very thin slice lèz •wide thin slice an galèt
slice² I v.tr. koupe an tranch, taye, tranche Slice me a piece of cake. Koupe yon tranch gato pou mwen. Slice the meat. Taye vyann nan. II v.intr. koupe, tranche This knife won't slice. Kouto sa a pa koupe. •slice thinly dole The butcher slices the meat thinly. Bouche a dole vyann nan. •slice up twonse •slice very thinly filange Slice the meat very thinly. Filange vyann nan.
slick adj. 1[slippery] glisan, glise The road is slick. Wout la glisan. The ground is slick when it rains. Tè a glise anpil lè lapli tonbe. 2[crafty] do kale, malen You're a really slick guy, you managed to get ahead of these people! Ala nèg do kale se ou, ou rive pase sou moun yo! •slick person bakoulou •be slick gen nanm Watch out! She's really slick. She can steal your socks without taking off your shoes. Veye zo ou! Li gen nanm. Li ka vòlò chosèt ou san wete soulye ou.
slide¹ n. 1[playground] glisad, glisyè •slide in [prices, temperature, etc.] chit, chite There was a slide in the temperature. Tanperati a chite. •slide rule règ kalkil •trombone slide koulis
slide² I v.tr. [object] glise, pouse, rale, sòti Slide the letter under the door. Glise lèt la anba pòt la. Slide the drawer closed for me. Pouse tiwa a, fèmen l pou mwen. She slid the gun out of the holster. Li rale zam nan lan pòch revolvè a. II v.intr. 1[person, object, etc.] glise, patinen, ranpe He slid in the mud. Li glise nan labou a. The car slid in the mud. Machin nan patinen nan labou a. I slid on the stairs, and hurt my leg. M ranpe nan eskalye a, epi m blese pye m. 2[move quietly] glise kò li She slid into bed without waking him. Li glise kò li nan kabann nan san li pa leve li. •slide by {file/glise}kò li, pase {akote/sou} She slid by the teacher. Li file kò li akote pwofesè. •slide down boulinen desann, {file/ glise}desann She quickly slid down the ravine. Li boulinen desann ravin nan. Children like to go up slopes to slide down. Timoun renmen monte pant pou yo glise desann. •slide into glise rantre The car slid into the tree. Machin nan glise rantre nan pyebwa a. •slide open glise

louvri •slide out glise sòti •slide under {file/koule} anba •let slide [ignore, neglect, etc.] delage, kite pase, lage{kòd/may}la bay, pa okipe yon moun She let her studies slide. Li delage etid li yo. The customs officer let twenty boxes slide. Dwannye kite ven bwat pase. I let it slide with my wife to avoid a divorce. M lage kòd la bay madanm mwen pou m evite divòs. I'm going to let it slide this time. M pa okipe ou fwa sa a.
slide³ n. 1[for a microscope] eslay, lanm, mòsovit, plak{an vit/laboratwa} 2[photographic] eslay, fim fiks
sliding n. glisad, glisman The sliding of the door isn't noisy. Glisman pòt la pa fè bri. •sliding of fingers over drumhead glisad
slight¹ n. afwon, avani, kout je, souflèt
slight² adj. 1[minor] lejè, piti, tou piti I feel a slight breeze. M santi yon ti van lejè. The car has a slight problem. Machin lan gen yon ti pwoblèm piti. 2[build] azobato, mens, payaya The guy has a really slight build; a little breeze could knock him over. Nèg la azobato vre; kenenpòt ti van kont ka voye l ale. 3[insignificant] po pistach, rans It's a very slight accomplishment. Se bagay rans li ye.
slight³ v.tr. meprize, pa pran ka yon moun, vag The way you answered her is enough to slight her. Jan ou reponn li an, se kont pou meprize l. He slights me, it seems I don't interest him anymore. Misye pa pran ka m, gen lè m pa enterese l ankò. I only said 'good morning' to her, and she slighted me. M annik di li 'bonjou,' epi li vag mwen.
slightest adj. renk The slightest wave can knock him over. Renk ti lanm ka voye l jete. •the slightest mwenn If she has the slightest problem, she'll quit. Depi li gen mwenn pwoblèm nan, l ape bandonnen. •at the slightest omwend At the slightest mischief, I'll smack you! Omwend ti dezòd, m ap fout ou yon kalòt!
slightly adv. annik, apenn, lejèman, tou piti The dress is slightly too big. Wòb la annik twò laj. He's slightly injured. Li blese tou piti.
slightness n. mègrè
slim¹ adj. 1[small, thin, etc.] fen, mens I like slim women, but not skinny ones. M renmen fanm ki mens, men pa fanm ki mèg. 2[chances, etc.] ti{bren/kal/kras} He has a

slim *chance of being hired for the job.* Li pa gen ti kras chans pou yo pran l nan travay la.

slim² *v.intr.* •**slim down** *a*[*gen.*] amensi, kase *She's slimming down with the diet she follows.* Li amensi ak rejim l ap fè a. *The lady is slimming down so she can fit in her wedding dress.* Danm nan ape kase pou li ka mete wòb maryaj li a. *b*[*pej.*] degrese *You really need to slim down!* Ou bezwen degrese toutbon!

slime *n.* glè, kaka dlo, limon. *The snail left behind its slime on its way.* Kalmason an kite glè li kote li sot pase a. •**trail of slime** [*of a snail or slug*] glis

slimeball *n.* [*person*] move zangi

slimy *adj.* glise *The conch is something slimy like okra.* Lanbi se bagay ki glise tankou kalalou gonbo. •**lowdown slimy individual** move zangi

sling¹ *n.* **1**[*shoulder strap, etc.*] bandoulyè, bandwòl, brikòl, lànyè (kwi) **2**[*shoulder strap for a rifle*] bretèl (fizi) **3**[*slingshot*] fistibal, flonn •**arm sling** banday, echap

sling² *v.tr.* [*throw*] jete, lanse, voye *She slung the book on the table.* Li voye liv la sou tab la. •**sling mud** [*slander*] voye toya sou yon moun *Stop slinging mud at your opponent.* Sispann voye toya sou rival ou. •**sling over one's shoulder** mete an{bandoulyè/ brikòl/bretèl} *He slung the tape recorder over his shoulder and left.* Li mete mayetofòn an bandoulyè epi li pati. *She marched with her rifle slung across her shoulder.* Li mache ak fizi an bretèl.

slingshot *n.* fistibal, flonn

slink *v.intr.* •**slink away/out** leve kite an{pismiding/ chat/chapchawon}, mache{do ba/èsès} *He slinked out in order to run away from the discussion.* Li mache do ba pou l retire kò l nan zen an.

slinky *adj.* [*provocative, formfitting outfit, etc.*] kòkale, kole, plake, sere *Where are you going in that slinky dress?* Kote ou prale nan wòb kòkale sa a?

slip¹ *n.* [*underskirt*] jipon •**half-slip** [*underskirt*] demi jipon

slip² *n.* **1**[*paper*] {bout/mòso}papye, fich **2**[*sliver, slice*] lèz •**deposit slip** fich depo •**withdrawal slip** fich tiray

slip³ *n.* **1**[*slide*] glisad **2**[*mistake, blunder*] bevi, erè, fòt **3**[*of tongue*] sotiz •**give s.o. the slip** bwaze, pèdi yon moun *When he saw the police coming he gave them the slip.* Lè msye a wè lapolis ap vini, li bwaze. •**make a slip of the tongue** bouch yon moun chape li, depale *I made a slip of the tongue.* Bouch mwen chape mwen. *He made a slip of the tongue; he addressed his wife with his mistress' name.* Li depale; li nonmen non madanm ni pou fanm deyò li a!

slip⁴ I *v.tr.* **1**[*slide*] glise, pase, renmèt *I managed to slip him the letter without it being noticed.* M reyisi glise lèt la ba li san moun pa wè m. *He slipped the book back on the shelf.* Li renmèt liv la sou etajè a. *He slipped the ring on her finger.* Li pase bag la sou dwèt li. **2**[*escape*] chape *The dog slipped its collar.* Chen an chape kolye li a. **3**[*forget, escape notice*] bliye, pa wè *It completely slipped my mind.* M bliye sa nèt. *How did that slip by me?* Kouman m fè pa wè sa? **II** *v.intr.* **1**[*slide, fall, etc.*] bite, chape (tonbe) glise, patinen, pèdi{pa/pye}, ranpe, tonbe, tribiche *If you let your foot slip there, you'll fall.* Si ou kite pye ou bite la a w ap tonbe. *Watch out! Don't slip and fall here.* Veye zo ou! Pa chape tonbe isi a. *The old person slipped in the mud.* Granmoun nan patinen nan labou a. *Watch out, you can slip easily here.* Kenbe kò ou, se fasil ou pèdi pa bò isi a. *I slipped on the stairs.* Mwen ranpe nan eskalye a. **2**[*from one's hand*] chape, pati *The pen slipped from my hand.* Plim nan chape nan men m. *Be careful that the avocado doesn't slip from your hands.* Veye pou zaboka a pa pati nan men ou. •**slip away** *a*[*leave in secret, quietly*] chape, chape {poul/kò}li, leve kite an pismiding, wete kò li *I slipped away without letting anybody see me.* M chape poul mwen san m pa kite pèsonn wè. *The guinea fowl slipped from the birdcage.* Pentad la chape nan kalòj la. *He slipped away from the meeting when the time for voting arrived.* Li wete poul li nan reyinyon an lè vòt la rive. *b*[*be dying*] lavi ap kite yon moun, trepase *Her life was slipping away from her.* Lavi li a t ap kite li. *Your mother is slipping away.* Manman ou ap trepase. •**slip away furtively** demake, leve kite an pismiding *She slipped away without anyone seeing her.* Li demake san pesonn pa wè l. *He slipped away from the meeting furtively.*

Li leve kite reyinyon an an pismiding. •**slip by** *a*[*person*] {file/tchoule}kò li *The student slipped by the teacher.* Elèv la tchoule kò li sou pwofesè a. *b*[*years, etc.*] pase anba pay *The years slipped by unnoticed.* Ane yo pase anba pay. •**slip down** glise {desann/tonbe} *The car slipped down the hill.* Machin nan glise desann pant lan. •**slip in** (file) antre, koule antre *I'll just slip in and tell her that I'll be late tonight.* M ap file antre di li m ap an reta aswè a. •**slip into** *a*[*bed, etc.*] fofile kò li *She slipped into bed without waking him.* Li fofile kò li nan kabann nan san li pa leve li. *b*[*clothing, etc.*] pase *She slipped into a gown, and went downstairs.* Li pase yon moumou sou kò li, epi li desann anba. •**slip into place** glise an plas *Give it a tap, and it should slip into place.* Ba li yon ti tap epi l ap glise an plas. •**slip off** wete *He slipped off his shoes before he came in.* Li wete soulye li anvan li antre. •**slip on** *a*[*clothing, etc.*] pase *She quickly slipped her clothes on to answer the door.* Li pase rad sou li vit pou li reponn pòt la. *b*[*fall, etc.*] glise sou *I slipped on a banana peel.* Mwen glise sou yon po bannann. •**slip one's mind** pase pa oubli *I meant to call you, but it slipped my mind.* Ou te nan tèt mwen pou m te rele ou, men sa pase pa oubli. •**slip open** glise louvri •**slip out** *a*[*say unintentionally*] bouch yon moun chape li *I didn't mean to tell her; it just slipped out.* Se pa esprè m di li sa; se bouch mwen k chape. *b*[*leave unnoticed*] chata kò li *Given the situation, I'm going to slip out to avoid becoming a victim.* Jan bagay la ye la a, m ap chata kò m pou m pa viktim. •**slip past** *a*[*person*] {file/tchoule} kò li *b*[*years*] pase anba pay •**slip s.o. the answer** [*during an exam*] {bay/lonje}poul *The proctor caught him slipping the answer to his classmate.* Siveyan an bare l ap lonje poul la ba lòt la. •**slip something over on** dòmi sou *He thinks he can slip something over on me.* Li konprann li ka dòmi sou mwen. •**slip through one's fingers** kite chans pase *I won't let such an opportunity slip through my fingers.* M pa p kite yon chans pase konsa. •**slip up** fè{erè/fòt} *If you slip up one more time, you're fired.* Si ou fè fòt ankò, ou deyò. •**let slip** [*to tell unintentionally*] bouch yon moun chape li *She let it slip that she was*

pregnant. Se bouch li ki chape li lè li fè m konnen li ansent.

slipcover *n.* [*furniture*] wous

slipknot *n.* ne koulan

slipper *n.* pantouf, sandal, sapat •**ballet slipper** choson •**bedroom slipper** pantouf

slippery *adj.* **1**[*slide*] glisan, glise *The ground is slippery. Watch out you don't fall.* Atè a glise. Veye zo ou pou ou pa tonbe. **2**[*devious, deceitful*] fèntè, mètdam, rize, sounwa *That child is slippery, she feigns being sick to get out of work.* Ala timoun fèntè, li pran pòz li malad pou li pa bezwen travay. *The guy is really slippery, he'll exploit anyone.* Nèg la mètdam anpil, l ap souse kenenpòt moun. •**slippery as ice** glise kou kalalou •**slippery person** move zangi •**slippery spot** glisad •**be slippery** [*deceitful, etc.*] do kale, voye wòch kache men *He is slippery that one! He cut the line and no one noticed.* Ala nèg do kale sila a! Li koupe liy lan pase ladan an chat.

slipshod *adj.* **1**[*person*] bawòk *That guy is slipshod! He came to the meeting in tatters.* Ala nèg bawòk! Li vin nan reyinyon an lòk. **2**[*work*] bouyi vide, wachiwacha *Don't ask him to work on your car. His work is slipshod.* Pinga ou mande li travay sou machin ou. Se bouyi vide tousèl. *Everything she does is slipshod.* Tout sa li fè se wachiwacha.

slit[1] *n.* **1**[*gen.*] fant **2**[*in the side of a dress, skirt*] sadepan [N] *She has nerve coming around here in that skirt with a slit up the side.* Li dechennen vre, vin bò isit la nan ti sadepan li. **3**[*high slit in front or back of a dress, skirt*] ban m tout afè m [N] *Wow! Look at that skirt with the high slit in the back.* Mezanmi! Gade jip ban m tout afè m sa a.

slit[2] *v.tr.* fann *She slit the sack open with her knife.* Li fann sak la ouvè ak kouti li. •**slit one's wrists** louvri venn ponyèt li •**slit s.o.'s throat** koupe lalwèt yon moun *The murderers slit the shopkeeper's throat.* Sazinè koupe lalwèt machann nan.

slither *v.intr.* file, glise èsès, ranpe *It's snakes that usually slither.* Se koulèv ki konn ranpe.

sliver *n.* eklis, kal, lèz *A sliver of wood.* Yon kal bwa. *She gave him a sliver of meat.* Li ba li yon lèz vyann. •**wood sliver** klisbwa

slob *n.* [*dirty person*] kochon

slobber¹ *n.* bav, bave, krache
slobber² *v.intr.* bave, bouch yon moun ap fè dlo *The dog is slobbering.* Chen an ap bave. *The baby is always slobbering.* Bouch ti bebe a ap fè dlo toutan.
slog *v.intr.* •**slog along** mache{ak pa lou/trennen}
slogan *n.* deviz, eslogan
slop¹ *n.* [*unappetizing food*] kokorat, tripay, woywoy •**slop bucket/pail** *a*[*gen.*] bokit *b*[*chamber pot*] podnwi
slop² I *v.tr.* [*spill carelessly*] benyen, voye *You slopped paint all over your shirt.* Ou benyen mayo ou nan lapenti a. II *v.intr.* [*spill over, etc.*] debòde *The coffee slopped over the rim of the cup.* Kafe a debòde ra gagann tas la. •**slop about** klapote *The water slopped about in the bucket.* Dlo a klapote nan so a. •**slop around** klapote, patouye, vavote *The children were having fun slopping around in the mud.* Timoun t ap pran plezi patouye nan labou a.
slope¹ *n.* monte, pan tè, pant, ranp, ti mòn *The car stalled on the slope.* Machin nan kale nan monte a. *Be careful, when you'll get close, there's a slope that's dangerous.* Atansyon lè ou pral rive, gen yon ti mòn ki danjere. •**slope of a mountain** kolèt (mòn) •**slope of the land** pan tè •**downhill slope** ladesant •**small slope** ladesant *Watch out, there's a small slope there.* Atansyon, gen yon ti ladesant la.
slope² *v.intr.* an pant, pandye *There are places in the road that slope.* Gen kote nan wout la ki an pant.
sloped *adj.* •**be sloped** pandye *That plot of land is sloped.* Teren sa pandye.
sloping *adj.* an pant, panche
sloppily *adv.* djak sou djak *They arranged the books in the library sloppily; books were stuck into others.* Yo mete liv yo nan bibliyotèk la djak sou djak, youn antre nan lòt. •**sloppily made** mal fèt, malouk *This table is sloppily made.* Tab sa mal fèt.
sloppy *adj.* 1[*messy, untidy, etc.*] an dezòd, debraye, malokipe, malpwòp *His room is always sloppy.* Chanm ni a toutan debraye. 2[*careless work, etc.*] mal fèt, malouk *She does sloppy work.* Travay li a toujou malouk. •**sloppy person** malpwòp, sangwen •**make a sloppy mess** bavòte *The children made a*

sloppy mess in the water. Timoun yo bavòte nan dlo a.
slosh¹ *n.* bavòtay
slosh² *v.intr.* •**slosh around in** benyen nan *The pig is sloshing around in the mud.* Kochon an ap benyen nan labou a.
slot *n.* [*narrow opening*] fant, koulis •**slot machine** djapòt
sloth *n.* kalbenday, parès
slothful *adj.* kanyan, parese •**slothful person** kanyank, kataplanm, loudo, parese
slouch¹ *n.* [*lazy, useless individual*] kanyank, kataplanm, loudo, moun san douvan san dèyè
slouch² *v.intr.* 1[*maintain bad posture*] lage kò li, met kò li mou *A young kid like you shouldn't be slouching when you sit down.* Jenn timoun tankou ou pa sanse met kò ou mou lè ou chita. 2[*in a chair*] anfale kò li *She slouched down in the armchair.* Li anfale kò li nan fotèy la.
slough¹ *n.* [*swamp*] dlo chomay, lagon, marekay
slough² *v.intr.* •**slough off** *a*[*molting*] chanje po *b*[*fig.*] debarase
slovenly *adj.* 1[*untidy, messy, etc.*] bawòk, debraye, mal okipe *His office is really slovenly.* Biwo li toutan bawòk. *This woman doesn't take care of her house, her clothes are always dirty, she's really slovenly.* Madanm sa a pa swen kay li, rad li toujou sal, ala mal okipe li mal okipe. 2[*slipshod*] bawòk, wachwach *Anna won't get the job, she always does slovenly work.* Anna pa p pran nan djòb la, travay li a toujou wachwach. •**slovenly person** bawòk, debraye, salòp, salòpèt [*fem.*], sankoutcha, sanrebò *What a slovenly oaf you are, you go to people's houses dressed improperly.* Ala nèg bawòk se ou, ou mache nenpòt jan al kay moun. *You're going to present yourself slovenly to people, adjust your clothes!* Ou ap mache debraye sou moun, al ranje rad ou! *That slovenly person refuses to take a bath.* Salòp sa a refize benyen. *That slovenly person goes out wearing anything.* Sankoutcha sa pran lari a nenpòt jan.
slow¹ *adj.* 1[*gen.*] lan, lant [*fem.*], long, mizadò *This computer is too slow, I can't work with it.* Òdinatè sa a twò lan, m pa ka travay avè l. *She's so slow, she made me late.* Li tèlman

lan, li fè m an reta. *They're slow when they're getting dressed.* Yo long lè y ap mete rad. *The maid is too slow; she takes too much time to get things finished.* Bòn nan mizadò twòp; li pran twòp tan pou fin fè bagay yo. **2**[*apathetic, lethargic*] kremòl, san nanm *Slow people like you can't do this tough work.* Nèg kremòl kon ou pa ka fè djòb tòf sa a. *You're slow, you could never do agricultural work.* Ou san nanm, ou p ap janm ka fè travay latè. **3**[*track, surface, etc.*] lou *The pitch is slow today, because of the rain.* Teren an lou jodiya kont lapli. **4**[*watch, clock, etc.*] an reta *My watch is slow.* Mont mwen an reta. **5**[*slack*] bese, frèt *It was a slow day today.* Aktivite a te frèt jodi a. *Business is slow this last while.* Aktivite a bese dènyèman. **6**[*boring*] frèt *This party is slow.* Fèt sa frèt. **7**[*mentally*] entatad, lan, lant [*fem.*], san nanm *Jonatan is slow, he doesn't know what's going on.* Jonatan entatad, li pa konn sa k ap rive. *This girl is slow; she can't do that homework you gave her.* Fi sa a san nanm; li pa ka fè devwa ou te ba l la a. •**slow as molasses** long kou ke pis •**slow motion** an ralanti *The cameraman is showing the goal in slow motion.* Kameramann nan pase gòl la an ralanti. •**be in slow motion** mache ralanti •**be slow** fè bounda lou •**be very slow** fè bounda lou, long kou ke pis *That child is very slow.* Pitit sa a long kou ke pis.

slow² I *v.tr.* ralanti *Her injury slowed her down.* Blesi a ralanti tifi a. II *v.intr.* ale pi dousman *The motor slowed after the mechanic tweaked it.* Motè a ale pi dousman apre mekanisyen an pase men sou li. •**slow down/up a**[*gen.*] amòse, frennen, ralanti *The driver slows the truck down at each curve.* Chofè a amòse kamyon an nan chak koub. *Slow down the car.* Frennen machin nan. *You'd better slow down on food, you're getting too fat.* Fòk ou mèyè ralanti sou manje ou, w ap vin twò gra. **b**[*a process, etc.*] mete an reta, retade *You're really slowing up the process, because you don't come to work.* Ou ap mete pwosesis la an reta toutbon, paske ou pa vin nan travay. **c**[*a horse, ox, etc.*] rennen *Slow the horse down, because it's running too fast.* Rennen chwal paske l ap kouri twò vit.

slow-moving *adj.* molyann *These slow-moving people need to move over and let me pass.*

Moun molyann sa yo bezwen bòde laye pou kite m pase.

slow-talking *adj.* •**slow-talking person** yenyen *This slow-talking boy makes me lose my time.* Tigason yenyen sa a ap fè m pèdi tan m.

slow-witted *adj.* lou *He's slow-witted, he doesn't understand easily.* Misye lou, li pa ka konprann fasil.

slowdown *n.* yon lè frèt, ralanti

slowly *adv.* atife, doudous, dousman, lant, lantman, pinankounan, pyangpyang *She does everything slowly, she never hurries.* Li fè tout zafè l doudous, li pa janm prese. *She walks slowly.* Li mache dousman. *He conducts all his business slowly.* Li fè tout afè l lant. *She's walking slowly.* L ap mache lantman. *She always works slowly.* Li fè tout travay li pinankounan. *Let's walk slowly so that we don't leave the older people behind.* Ann mache pyangpyang pou n pa kite granmoun yo dèyè. •**slowly but surely** atife, piti piti *She does everything slowly but surely.* Li fè tout bagay atife. *Slowly but surely we'll get there.* Piti piti n a rive la. •**go slowly** pran tan

slowpoke *n.* epav, long kon yon ke pis, loudo, mizadò *These people are always slowpokes.* Moun sa yo toujou long kou ke pis. *Slowpokes are never in a hurry.* Moun mizadò pa janm prese. •**become a slowpoke** {zonbi/ mò} pete sou yon moun *It looks like you've become a slowpoke, you take too much time to do that.* Sanble zonbi pete sou ou, ou pran twòp tan pou fè sa a.

sludge *n.* kras, ma, matete

slug *n.* [*mollusk*] kalmason, limas, sanpo •**sea slug** zozo lanmè

slugfest *n.* kabouya, lòbèy

sluggard *n.* epav, loudo, mizadò

sluggish *adj.* gaga, loudo, mòlòkòy, molyann *The heat makes me really sluggish.* Chalè a fè m gaga. *You're too sluggish, you need to get the lead out to do the work.* Ou twò mòlòkòy, fò ou manyè souke kò ou pou fè travay la. •**sluggish fellow** mizadò

sluggishness *n.* letèji

slum *n.* bidonvil, kòridò, lakou foumi

slumber *v.intr.* dodomeya *The baby is slumbering in her crib.* Ti bebe a ap dodomeya nan bèso li a.

slump¹ *n.* **1**[*economy, business, etc.*] maras *The economy is in a slump right now.* Ekonomi a lan maras alèkile. **2**[*fall, decline, etc.*] {an/fè} bès, degrengolad *There has been a slump in the price of coffee.* Pri kafe a an bès.

slump² *v.intr.* **1**[*decline in production, trade, popularity, etc.*] {an/fè}bès, chite *The economy has slumped, which is why there are no jobs.* Ekonomi a chite, poutètsa nanpwen travay. **2**[*collapse, slouch, etc.*] anfale, anfondre, kouleba *Her husband was slumped on the floor.* Mari li te anfale pa tè. *The house slumped down.* Kay la te kouleba.

slur¹ *n.* **1**[*insult*] afwon, bevi, malonnèt, souflèt **2**[*music*] lyezon

slur² *v.tr.* [*one's speech*] manje mo *I don't understand what he's saying because he slurs his speech.* M pa konprann sa l ap di la, li manje mo yo.

slurp *onom.* [*noise made when drinking*] floup

slut *n.* **1**[*pej.*] ansyen, awonna, bèk fè, (dayila) doupendoup, manjèdkòd, manman zwav, pòy, vakabòn **2**[*vulg.*] bouzen, manman salòp, marisalòp, piten •**slut for money** rachepwèl

sly¹ *adj.* [*crafty, underhanded*] entelijan, fen, fentè, madre, malen, mètdam, metrèsdam, rize, rizèz [*fem.*], sibtil, sounwa *Don't entrust your money to this sly guy.* Pa konfye nèg entelijan sa a lajan ou. *He's very sly.* Msye mètdam anpil. *What a sly woman!* They caught her taking some of the money but despite that, she's claiming innocence. Ala fanm rizèz! Yo bare l ap pran nan lajan an, malgre sa l ap plede. *He's someone who is really sly.* Li se yon nèg ki sibtil anpil. •**sly and cunning man** kako *This guy is a sly one, he lies with a straight face.* Nonm sa a se yon kako, li bay manti pou dan griyen. •**sly and evil person** awousa •**sly man** bakoulou, kako, mafya *This guy is a sly one, he lies with a straight face.* Nonm sa a se yon kako, li bay manti pou dan griyen. •**sly or cunning person** dekoupèt, petè, petèz [*fem.*] *That sly individual, when he needs money, he makes up a good reason.* Petè sa depi l bezwen lajan, li envante yon pwoblèm. •**sly or malicious woman** manmanpenba •**sly woman** awousa, manman chat, metrèsdam *This sly woman will deceive you anyway.* Manman

chat sa a gen pou twonpe ou kanmenm. •**be sly** anba chal, fè entelijan, gen{may/nanm}, gen twou nan manch *He's sly; you never know what he wants to do.* Msye anba chal; ou pa janm konn sa l vle fè. *She's sly, she scammed the workers out of their payroll.* Li gen twou nan manch, li fè koutay sou pewòl ouvriye yo.

sly² *n.* •**on the sly** alawonyay *Watch out for him! He's always on the sly.* Atansyon nèg sa a! Li toujou alawonyay.

slyness *n.* malis, riz, twou nan manch

smack¹ *adv.* [*in the middle of*] drèt nan mitan, nan fon *The book landed smack in the middle of the table.* Liv la tonbe drèt nan mitan tab la. *She found herself smack in the middle of the argument.* Li tonbe nan fon diskisyon an. •**smack in the middle of the day/night** an plen lannuit, nan{gran lajounen/gwo solèy}

smack² *n.* **1**[*slap, hit, etc.*] kalòt, palavire, pataswèl, sabò [*with back of hand*], tabòk **2**[*kiss*] bizou, bobo, gwo{bo/ba}

smack³ *onom.* **1**[*sound of slap*] foup, voup [*sound of a kiss*], pyout

smack⁴ *v.tr.* **1**[*hit, slap, etc.*] bay yon{do men/kalòt/kan men/palavire/pataswèl/plan men} *He was disrespecting her, so I smacked him right in the mouth.* Li t ap manke li dega, poutètsa m fout li yon kalòt nan plen bouch li. **2**[*open and close one's lips noisily*] bat bouch *Stop smacking your lips when you eat!* Sispann bat bouch ou lè ou ap manje! •**smack of** [*suggests*] bay lide, santi *The missing money smacks of the government.* Lajan ki manke a bay lide gouvènman an. *This whole situation smacks of something rotten.* Tout koze a nèt santi foundang. •**smack one's lips disdainfully or contemptuously** tchwipe *You're smacking your lips with disdain, you seem not to be pleased with the work!* Apa w ap tchwipe, ou gen lè pa kontan travay la!

small *adj.* **1**[*size, amount, etc.*] chich, piti, tchenkon, ti, ti{chich/kras}, ti piti, vyepti *That box is too small.* Bwat sa a twò piti. *What can a big eater like me do with a small bit of food like that?* Gran vant tankou mwenmenm, sa pou m fè ak tchenkon manje sa a? *It's a small car.* Se yon ti machin. *She gave me a small amount of money before I left.* Li ban mwen yon ti kras kòb anvan m kite. *That small bit* *of food can't fill his belly.* Vyepti moso manje sa a pa ka plen vant li. 2[*scant, slight, etc.*] piti, ti, vyepti *It was a small comfort to know they safe.* Se ti konsolasyon pou konnen yo sennesòf. *It's a small matter.* Se yon vyepti koze. 3[*petty*] chikriti, mesken *I can't believe how small you are!* M sezi jan ou chikriti! 4[*young*] krikèt, piti, ti koko, zougounou *This child is so small and skinny, she needs to gain a little weight.* Ti pitit sa a a twò krikèt, li bezwen fè yon ti gwosi. *Nowadays, even small children are disrespectful to their parents.* Alèkile, nenpòt ti koko timoun fè frekan ak granmoun yo. *That small boy can't reach the shelf.* Zougounou gason sa a pa ka touche etajè sa a. 5[*diminutive prefix, term of endearment*] ti *Ti Jan, what happened?* Ti Jan, sa k pase? •**small for one's age** rèkè, mal devlope *He's small for his age.* Pitit la mal devlope pou laj li •**small fry** bouboutè, ti ras •**small or insignificant thing** pedchòz •**be small** kou yon plamen •**very small** piti piti

small-minded *adj.* bòne, bouche, fèmen, mesken, òdinè, tèt mare *She is too small-minded, she'll never agree with your point of view.* Li bouche twòp, li pa p janm dakò ak pwendvi pa ou. *Those people are too small-minded for me.* Moun sa yo twò òdinè pou mwen.

smaller *adj.* pi piti •**smaller than** pi piti pase *Your car is smaller than mine.* Machin ou pi piti pase pa m nan.

smallest *adj.* pi piti

smallpox *n.* alastrim, koutpyout, tatapyout, (ti) vewòl, varyòl, vèrèt

smart[1] *adj.* 1[*intelligent*] bolid, entelijan, je{kale/ klere/ouvè}, kale, lespri, maton *That little guy is very smart, he's always first in his class.* Ti tonton sa bolid anpil, li toujou premye. *He's smart as a whip.* Li entelijan kou rat. *This girl is smart, she learns quickly.* Fi sa a se je klere, li aprann vit. *The girl is very smart at math.* Ti fi a kale anpil nan matematik. *That smart boy learns fast.* Tigason lespri sa a aprann vit. *She's someone who is smart at everything.* Se yon moun ki maton nan tout bagay. 2[*fashionable*] banda, bòzò [N], chik, djougan *You look smart in your new suit.* Se djougan ou djougan nan nouvo gwopo ou. 3[*cheeky*

(*pej.*)] frekan, radi *Don't act smart with me!* Pa fè frekan avè m. •**smart person** nèg tèt, sèvo •**be a smart aleck** [*pej.*] eklere ta •**be smart** gen{brenn/lespri/ nanm} *He's someone who is very smart.* Li se yon nonm ki gen lespri anpil. •**get smart!** mete brenn sou ou! •**street smart** mannigans, mètdam

smart[2] *v.intr.* boule, pike *My eyes smart.* Je m ap boule m. *My leg smarts ever since I fell.* Pye mwen ap pike m depi lè m tonbe.

smarten up *v.intr.* lave{figi/je}li *Smarten up, you hear!* Al lave figi ou, tande!

smarting *n.* lanse, lansman

smarts *n.pl.* tèt *He's a guy who has real smarts, don't think you'll get the better of him really easily.* Misye se nèg ki gen tèt wi, pa konprann w ap ka pase sou li fasil non.

smash[1] *n.* 1[*violent blow*] bow *We heard a loud smash outside.* Nou tande yo gwo bow deyò. 2[*accident, crash, etc.*] aksidan, kolizyon *The driver dislocated his arm in the smash.* Chofè a dejwente ponyèt li nan kolizyon an. 3[*great success, a hit*] gwo siksè, yon kou *The party was a real smash.* Fèt la te yon gwo siksè yè swa.

smash[2] *v.tr.* 1[*crash, hit, etc.*] dechalbore, defalke, frakase, fraktire, kraze kalòj, pilonnen *The driver smashed the truck.* Chofè a dechalbore kamyon an. *The stone smashed the window of the car.* Wòch la frakase vit machin nan. 2[*crush*] mandrinen *If you're not going to buy the orange, don't smash it.* Si ou pa p achte zorany lan pa mandrinen li. •**smash in** [*in order to gain access*] defonse *If you don't open the door, I'll smash it in.* Si ou pa ouvri pòt la, m ap defonse l. •**smash open** fraktire *He smashed the jar open.* Li fraktire bokal la. •**smash s.o.'s face in** sakaje •**smash s.o.'s jaw** demachwere *The policeman smashed his jaw with a slap.* Jandam lan demachwele vòlè a ak yon sabò. •**smash s.o.** kraze •**smash up** dechalbore, demantibile, krabinen *He totally smashed up the car with an iron bar.* Li krabinen machin nan nèt ak yon bout fè. •**smashing up** demantibilay

smashed *adj.* 1[*broken*] dechalbore, demantibile, krabinen, kraze *The plate was smashed to pieces.* Asyèt la te dechalbore nèt. 2[*drunk*] lave tèt li, toloke *That guy is* *smashed on rum all day long.* Nèg sa a la ap lave tèt li anba kleren tout lajounen.

smattering *n.* tikal, tikras, zwit

smear¹ *n.* **1**[*mark*] remak, tach **2**[*blood, vaginal, etc.; med.*] fwoti(s) **3**[*slander*] (move) vèni

smear² *v.tr.* **1**[*wipe*] babouye kò li, bade, badijonnen, bastinen, bouziye *The child smeared herself with mud.* Pitit la babouye kò l ak labou. *She smears the powder on her face.* Li bastinen figi l ak poud la. *The child smears his face with the hot cereal.* Pitit la bade figi l ak labouyi a. *The children smeared him with mud.* Timoun yo badijonnen msye ak labou. **2**[*a surface*] flote, rakastiye *They smeared the entire wall of the house with paint.* Yo flote tout mi kay la ak lapenti. *The children smeared the table top with cheese.* Timoun yo rakastiye tout anlè tab la ak fwomaj. **3**[*paint, ink, etc.*] gate, salòp *She smeared the lettering she had written.* Li gate lèt yo li gentan ekri. *He smeared ink all over the page.* Li salòp lank lan lan tout paj la. **4**[*slander*] kalomye, sal *He smeared his neighbor's name.* Li kalomye vwazen li a. *They smeared her reputation.* Yo sal repitasyon li. •**smear on** pase *She smeared the product on her face to change her skin color.* Li pase pwodi nan tout figi l pou l chanje koulè. •**smear or cover with tar** goudwonnen *I need to smear the bottom of the leaking bucket with tar.* M bezwen goudwonnen dèyè bokit la ki koule a. •**smear with grease or tallow** swife

smegma *n.* kalanbè

smell¹ *n.* **1**[*good odor*] pafen, sant, santi *This flower has a wonderful smell.* Flè sa a gen yon bèl pafen. **2**[*bad odor*] odè, santi *There's a smell of dog in here.* La a santi chen. **3**[*sense of*] fre, santi *There's no dog with a better sense of smell.* Nanpwen chen gen pi bon fre pase li. •**have a fine sense of smell** gen nen (fen) *He has a fine sense of smell if he can detect the smell of the food from where he is.* Misye gen nen fen si l ka pran sant manje sa jis kote l ye a. •**musty smell** santi mwezi *This room has a musty smell.* Pyès sa a, li santi mwezi. •**putrid smell** santò •**rotting smell** [*meat, fish, etc.*] foun, founda, foundang *That meat has a rotting smell, it makes me feel like*

vomiting. Vyann sa a founda, li fè m anvi vomi. •**sickeningly sweet smell** santi dou

smell² **I** *v.tr.* [*sniff at*] pran{sant/odè}, santi *I love to smell those flowers.* M renmen santi flè sa yo. *I smell a dead rat.* M pran sant yon rat mouri. *Smell this perfume and then tell me what you think of it.* Pran odè pafen sa a, epi di m sa ou panse. **II** *v.intr.* **1**[*good*] santi{bon/ byen} *The flowers smell good.* Flè yo santi byen. **2**[*bad*] santi{fò/di/ kri} *The inside of the house smells, we have to disinfect it.* Anndan kay la santi fò, fòk nou dezenfekte l. **3**[*sense of*] santi *Since the accident, she cannot smell.* Depi li fè aksidan an, li pa ka santi. **4**[*fig.*] kwochi, louch, santi (move) *This whole situation smells.* Tout sityasyon sa a louch. •**smell like a goat** santi bouk kabrit *He stinks like a goat.* Li santi bouk kabrit. •**smell bad** anpeste, santi, santi{jaden/patat/ zonyon}, santi mwezi (sou moun), santi si *The house smells bad because the toilet overflowed.* Kay la anpeste ak twalèt la ki debòde a. *He never bathes, he smells bad.* Msye pa janm benyen, li santi mwezi. •**smell fishy** pa katolik *That deal smells a little fishy to me.* Sanble zafè sa a pa trè katolik. •**smell out** pran fre, pran sant •**smell up** anbonmen, anpeste •**smell sweet** santi bon

smelling *n.* santi

smelly *adj.* santi{tchoun/koun/kri} *The corner is smelly.* Kwen an santi tchoun.

smelt *v.tr.* fonn *The blacksmith smelted the ore.* Bòs fòjon fonn minrè a.

smelter *n.* founo

smidgen *n.* chikèt

smile¹ *n.* (ti) souri •**forced smile** souri jòn *The student gave a forced smile when he saw he didn't pass.* Elèv bay yon souri jòn lè li wè li pa pase. •**have a wide smile** [*with all 32 teeth*] tout dan li deyò •**ironic smile** souri jòn

smile² *v.intr.* **1**[*gen.*] souri *I smiled at her.* M souri ba li. **2**[*in response to insults, etc.*] griyen *They insult him; instead of being sad, he's smiling at them.* Yo joure l, olye l tris l ap griyen. •**smile at** souri bay •**smile ironically** dan griyen, souri jòn *I see her coming toward me smiling ironically.* M wè l ap vin sou mwen dan griyen. •**smile widely**

[*with all 32 teeth*] souri ak tout trannde li •**smile wryly** griyen dan li *I'm telling you for your own good, you are smiling wryly at me.* M ap pale ou pou byen ou, w ap griyen dan ou ban m.

smiling *adj.* dan deyò, souriyan *Michael is always smiling.* Michèl toujou gen dan deyò.

smirch *v.tr.* sali, salòp, souye, tache

smirk¹ *n.* souri{anbachal/frekan}

smirk² *v.intr.* ba yon souri frekan

smite *v.tr.* bat, frape, leve men sou

smith *n.* (bòs) fòjon

smithy *n.* atelye fòjon

smitten *adj.* damou, de pye nan chenn, renmen *I took one look at her and I was smitten.* M voye je sou li youn fwa epi de pye m nan chenn.

smock *n.* blouz •**long loose smock reaching the ankles** pandeng

smog *n.* bwouya

smoke¹ *n.* 1[*gen.*] boukan, (la)fimen 2[*cigarette, cigar, etc.*] siga, sigarèt •**smoke and mirrors** lasanblan •**smoke billow/ cloud** nway (lafimen) •**smoke detector** alam lafimen •**smoke ring** wonn lafimen •**smoke screen** baraj lafimen, kachotri •**go up in smoke** boule, tou limen •**have/ take a smoke** fè{de/yon}nyaj, pouse{nyaj/ lafimen}, rale (yon) nyaj

smoke² I *v.tr.* 1[*cigarette, pipe, etc.*] fè{lafimen/ lizay}, fimen, rale (yon) nway *The old man is smoking a clay pipe.* Tonton an ap fimen yon kachimbo. *Don't smoke in the house if you don't want it to smell smoky.* Pa rale nyay anndan kay la pou pa fè l santi sigarèt. *I will not accept that you smoke here.* M p ap dakò ou vin fè lizay la. 2[*meat, fish, poultry, etc.*] boukannen, fimen *She smoked the meat to conserve it better.* Li boukannen vyann nan pou li kenbe pi byen. II *v.intr.* [*from fire*] fimen *When we came home the whole house was smoking.* Lè nou rive lakay, tout kay la t ap fimen dife. •**smoke a pipe** fimen yon{katchimbo/pip}*The old man is smoking a pipe.* Granmoun nan ap rale katchimbo. •**smoke like a chimney** fimen kou{ASKO/ chemine} *He smokes like a chimney.* Misye fimen kou ASKO.

smoked *adj.* boukannen, fimen

smoker *n.* fimè •**chain smoker** fimadò

smokestack *n.* chemine

smoking *n.* fimen •**no smoking** piga fimen

smoky *adj.* 1[*smoke-filled*] plen lafimen 2[*give off smoke*] {bay/degaje}lafimen

smolder *v.intr.* 1[*burn*] boukanfe, kouve *The meat smoldered on the grill.* Vyann nan boukanfe sou gri a. *The fire is smoldering, take care that it doesn't start burning.* Dife a ap kouve, piga li pa pran. 2[*seethe*] {fè/ mande}wèmò *She smoldered with rage after he insulted her.* Li t ap mande wèmò aprè msye fin plimen ni.

smooch *v.intr.* bobo, kole tèt, kwoke *They were smooching on the sofa.* Yo t ap kole tèt sou kanape a.

smooching *n.* kole tèt

smooth¹ *adj.* 1[*not rough*] dous, fen, ini, lage, lis, sable, sen, swa *The walls of the house are smooth.* Panno kay la dous. *The girl's skin is smooth.* Po fi a fen. *Rub the chair with sandpaper to make the wood smooth.* Fwote chèz la ak fèy sable pou fè bwa a ini. *Her skin is smooth.* Po li lis. *Her face is smooth.* Figi ti dam nan sen. 2[*surface*] plat, sable *Look how smooth the field is!* Gad ki jan a teren an plat non! *The ground is smooth.* Atè a byen sable. 3[*soft*] dous, vlou *A smooth fabric.* Yon twal vlou. 4[*voice, flavor, etc.*] dous, vlou *When she talks on the radio, her voice is really smooth.* Vwa li vlou anpil lè l ap pale nan radyo a. 5[*hair*] lage, lise, siwolin *Look how smooth her hair is.* Gad ki jan cheve l lage. *She has just finished putting on product, her hair has become smooth.* Lè li fin pase pwodwi yo, cheve li vin lise. *Her hair is very smooth.* Chive l siwolin anpil. 6[*flowing, not jerky*] dous, lwil *The landing was smooth.* Poze atè a te dous. *The sea was as smooth as glass.* Lanmè a te luil. 7[*suave*] dous, likè, swav *The girl is really smooth; she's a real sweetie.* Fi a likè anpil; li dous toutbon. •**smooth and sleek** [*hair*] siwo

smooth² *v.tr.* 1[*sheets, cloth, etc.*] lise *She smoothed out the pants.* Li lise pantalon an. 2[*wood, etc.*] degoche, egalize, lise *He's smoothing the planks of wood with a plane.* L ap degoche planch yo avèk rabo a. 3[*skin, etc.*] fè{dous/swa} *This lotion will smooth your skin.* Ponmad sa a ap fè po ou swa. •**smooth down** lise, wode *He's smoothing the piece* *of rubber so that it fits well on the part.* L ap wode moso kawotchou a pou l kab fè l byen chita sou pyès la. •**smooth or straighten one's hair** [*with a hot comb or iron, etc.*] pase cheve *She wants a nice hairstyle, she's going to smooth her hair with a curling iron.* Li vle fè bèl kwafi, li pral pase cheve li. •**smooth out** *a*[*wrinkles*] aplani, dechifonnen, defripe, deplise, poli *She completely smoothed out the second crease in the trousers.* Li aplani dezyèm eskanp pantalon an nèt. *Smooth out the cover.* Defripe kouvèti a. *She's smoothing out her skirt with her hands.* L ap deplise jip la ak men l. *Smooth out the clothes on the bed.* Poli rad la sou kabann nan. *b*[*rough spots*] aplani, deleze, plat, rann yon bagay ini *The apprentices smoothed the board before they worked on it.* Apranti yo deleze planch lan anvan yo travay avè l. *Smooth out the field to render it even.* Plat teren an pou l sa egal. •**smooth out or down** lise *I must smooth my hair down.* Fò m lise cheve m. •**smooth out the wrinkles** [*cloth*] dechifonnen, deplise •**smooth over** mete an lòd, regle yon koze *She smoothed over the disagreement.* Li regle koze a.

smoothly *adv.* 1[*evenly, without jerking*] an dousè, (mache){luil/swa} *The car was running smoothly right after the mechanic gave it a tune-up.* Machin lan te mache swa aprè mekanisyen an pase men sou li. 2[*efficiently, without problems*] litlit, swa *The work is going smoothly.* Travay la ap vanse litlit. •**go smoothly** byen pase *Did everything go smoothly?* Tout bagay byen pase?

smoothness *n.* ladousè

smorgasbord *n.* babako, bankè, kanbiz

smother *v.tr.* 1[*suffocate*] koupe siflèt yon moun, sivoke *There was so much smoke, it was smothering people.* Lafimen te sitèlman anpil la, li te koupe siflèt a moun yo. 2[*stifle, quell, etc.*] toufe *You need to smother the fire before you leave.* Fòk ou toufe dife a anvan ou kite. 3[*cover thickly, heavily*] benyen nan, kouvri *I smothered the meat with sauce.* M benyen vyann lan nan sòs. *She smothered me with kisses.* Li kouvri m anba bo.

smolder *v.intr.* dòmi, kouve, •mijote *The fire smoldered under the ashes.* Dife a dòmi anba sann nan.

smudge *n.* 1[*on cloth, paper, etc.*] babouyay, tach 2[*in print, text, etc.*] babouyay, pat mouch

smudge *v.tr.* 1[*smear*] babouye, babouye kò li *He smudged the ink on the paper when he wrote the letter.* Li babouye lank sou papye a lè li ekri lèt la. 2[*stain, spot, etc.*] tache *She smudged her dress.* Li tache wòb li.

smug *adj.* bòzò, pedan, pretansye *Don't give me that smug look when you talk to me.* Pa ban m rega pedan sa a lè ou ap pale m.

smuggle *v.tr.* fè kontrebann, vole ladwann *He got rich through smuggling cigarettes.* Misye fin rich nan fè kontrebann sigarèt yo.

smuggler *n.* 1[*gen.*] kontrebandye 2[*of illegal immigrants, drugs*] pasè

smuggling *n.* kontrebann, {djòb/vòl}ladwann

smut *n.* kochonnri, kochonste

smutty *adj.* 1[*rude*] sal 2[*provocative clothing*] dekòlte •**smutty person** bourik, kochon

snack[1] *n.* 1[*gen.*] goute, lòsyè, lougal, pase nan bouch, ransyon, salbab, solobab, zagribay *Strengthen yourself with that snack while waiting for the dinner.* Kenbe ou toujou ak pase nan bouch sa a. 2[*roasted peanuts, popcorn, etc.*] amizman [N], fridòdòy 3[*sold in open-air market*] chen janbe •**snack bar** ba, esnakba

snack[2] *v.intr.* goute, pase (men) nan bouch *I'm snacking on a little something.* M ap goute yon bagay la a. *I have been snacking since this morning.* Depi maten mwen pase men nan bouch. *I would like to snack on something.* M ta pase yon ti manje nan bouch mwen.

snafu *n.* bouyay, chasekwaze, konfizyon

snag *n.* 1[*small problem*] akòkò, dan, kontretan, lakòlfòt, nwizans, zo pwason *There is a snag in our plans.* Gen akòkò nan koze nou. 2[*small tear in cloth*] ti chire

snail *n.* kago, kalmason

snake[1] *n.* koulèv, sèpan •**snake in the grass** aganman, jouda, trèt, vipè •**red-eyed snake** koulèv flanbo •**young snake** koulèv vèt

snake[2] *v.intr.* •**snake through** *a*[*road, etc.*] chankre, fè èsès *The little path snaked through the trees.* Ti chimen an chankre nan pyebwa yo. *The road snakes through the mountains.* Wout la fè èsès atravè mòn yo. *b*[*line, crowd, etc.*] file kò li, fofile kò li, mache èsès *She snaked through the crowd.* Li fofile kò li nan pami foul moun yo.

snakebark tree *n.* bwalafyèv, bwapwav

snakebite *n.* koutdan koulèv

snakeskin *n.* po koulèv

snap[1] *n.* **1**[*fastener*] (bouton) presyon **2**[*sound of a sudden break*] kèp, pèk **3**[*sth. easy, simple*] bagay kach, jwèt (timoun) •**in a snap** anvan yon moun bat je li, san lè •**with the snap of one's fingers** anvan yon moun bat je li, san lè

snap[2] *interj.* kèt!

snap[3] **I** *v.tr.* **1**[*break suddenly*] kase{nèt/sèk} *The guy was so angry he snapped the pencil in half.* Nèg la te sitèlman fè wèmò li kase kreyon an nèt fè de. *She snapped her leg when she fell.* Li kase pye li sèk lè li tonbe. **2**[*one's fingers*] klake dwèt li *Whenever he wants something, he snaps his fingers.* Lè misye vle yon bagay, se dwat li li klake. **3**[*a photo*] pran yon foto *She snapped a picture of them together before they left.* Li pran foto yo de ansanm anvan yo kite. **II** *v.intr.* **1**[*break suddenly and sharply*] fè kèp, kase{nèt/sèk} *I heard something snap, and then I saw a limb fall.* M tande yon bagay fè kèp, enpi m wè yon branch bwa sot tonbe. **2**[*whip, rubber band, etc.*] fè{kèp/pèk} *The teacher snapped the whip to scare the students.* Mèt la fè pèk ak fwèt la pou fè elèv yo krentif. •**snap at a**[*verbally*] bay yon moun bòtchonn, beke, choute *He didn't even wait to hear what she was saying before he snapped at her.* Li pa menm fin tande sa l ap di a anvan li choute l. *The woman did not say anything bad to you for you to snap at her like that.* Fi a pa di ou anyen ki mal la pou ba li bòtchonn sa. *I snapped at the boss, it's either he fires me or respects me.* M beke patwon an, se swa l revoke m osnon l respekte m. **b**[*dog, etc.*] fè koutdan *When the dog snapped at me, I thought he was going to bite me.* Lè chen an t ap fè koutdan, m te kwè li ta pral mòde m. •**snap off** kase nèt •**snap out of it** rele sou kò li, souke kò li *Snap out of it, kid! You're wasting time.* Rele sou kò ou pitit! Ou dodomeya twòp. •**snap up** [*grab*] fè dappiyanp sou, mete men sou, pase men pran, titile *At the free food distribution, she snapped up all the rice.* Nan piyay manje a, li titile tout diri nèt ale.

snapper *n.* [*fish*] sad, pwofesè •**dog snapper** sad {dan chen/woulèz} •**glass-eye snapper** sad je klè •**gray snapper** sad gri •**lane snapper** sad ajante •**mutton snapper** sad klè •**red snapper** pwason wòz, sad{solèy/wòz} •**vermilion snapper** sad wouj •**yellowtail snapper** sad{jòn/kola}

snapping *n.* [*noise*] petarad

snappy *adj.* [*stylish*] bòzò, bwòdè *You look snappy tonight.* Ou bwòdè aswè a. •**make it snappy** [*hurry, do sth. quickly*] gouye kò li *Get dressed, and make it snappy!* Abiye ou, epi gouye kò ou!

snapshot *n.* foto(graf), kout kodak, pòtre

snare[1] *n.* atrap, chitatann, palan, pèlen, pyèj •**set a snare** tann yon{filè/pèlen/pyèj/zip/zòbòp}

snare[2] *v.tr.* pran nan{filè/pèlen/pyèj/zip/zòbòp} *The man snared a rabbit for supper.* Msye pran yon lapen nan filè pou manje aswè.

snarl[1] *n.* **1**[*growl*] griyay dan, gwonde, gwonnman **2**[*complication*] bouyay, konfizyon, kontretan, chasekwaze

snarl[2] *v.intr.* griyen dan (sou), gwonde *When I went inside, the dog snarled at me.* Lè m antre anndan chen an griyen dan sou mwen.

snarling *n.* gwonde, gwonnman

snatch[1] *n.* **1**[*fragment*] mòso *She ate a snatch of candy.* Li manje yon mòso sirèt. **2**[*vagina (vulg.)*] chat, koko

snatch[2] *onom.* rap

snatch[3] *v.tr.* [*grab*] rache, rape *The thief snatched the purse out of her hand and ran off.* Vòlè a rache valiz la nan men l, enpi l pran kouri. *She snatched the book from me.* Li rape liv la nan men m. •**snatch from** rache *He did snatch the money from me.* Se rache l rache lajan an nan men m. •**snatch sth. away from s.o.** rape yon bagay nan men yon moun *The thief snatched away the woman's handbag.* Vòlè a rape valiz la nan men dam nan. •**snatch up** fè dappiyanp *He snatched up all the mangoes from the merchant.* Li fè dappiyanp sou tout mango machann nan.

snazzy *adj.* bòzò, bwòdè *You look snazzy tonight.* Ou bòzò aswè a.

sneak[1] *n.* awousa, gratè, mètdam *Don't talk in front of the sneak because he informs on you.* Pa pale devan gratè a pou l pa denonse ou.

sneak² *v.tr.* •**sneak a look at** fè yon ti lougal sou *She sneaked a look at the letter before anyone saw her.* Li fè yon ti lougal sou lèt la anvan moun pa wè li. •**sneak around** fè pa chat (mimi) *He was sneaking around the house all night.* Li t ap fè pa chat nan kay la tout lannuit. •**sneak away** demake, fonn *While we thought he was in his room, he sneaked away to go to the party.* Etan nou kwè li nan chanm li, le demake al nan fèt la. *When she saw the police, she snuck away.* Lè li wè polis la, li fonn. •**sneak in** krab kò li, pase anba fil, pran daso *She snuck into the room so that the people wouldn't notice her.* Pou moun yo pa remake rantre l, li krab kò li. *They didn't want to pay to get into the stadium, they snuck in.* Yo pa t vle peye pou antre nan estad la, yo pran daso. •**sneak out** demake, sove sou •**sneak sth.** an kachèt, an katimini *He went outside to sneak a cigarette.* Li sòti deyò pou li fimen an katimini.

sneakers *n.pl.* [*pair of*] tenis

sneakily *adv.* anchatkalis, anchatpent *The thieves broke in sneakily, and stole all the merchandise.* Vòlò yo kase kay la anchatpent, epi yo vole tout machandiz la.

sneakiness *n.* kachotri, sounwazri, twou nan manch

sneaking *adj.* sispèk *I have the sneaking suspicion that she's lying.* M sispèk l ap bay manti.

sneaky *adj.* an pachat *He has a sneaky way of doing things.* Li fè tout bagay an pachat.

sneer¹ *n.* griyen dan, rikannman

sneer² *v.intr.* griyen dan, rikannen *This is serious business! Why do you sneer?* Se koze serye sa a! Pouki ou ap griyen dan ou? •**sneer at** lonje djòl li, vire{djòl/ figi}li *You sneer at everyone.* Ou ap vire figi ou sou tout moun.

sneering *adj.* meprizan

sneeze¹ *n.* estènen, etènye

sneeze² *v.intr.* estènen, etènye *He sneezed when he smelled the hot pepper.* Misye estènen lè li pran sant piman an. •**not to be sneezed at** fè ka *What she is saying is not to be sneezed at.* Se pou ou fè ka de sa l ape di a.

sneezing *n.* •**continuous sneezing** pitwit

snicker¹ *n.* rikannman

snicker² *v.intr.* rikannen, tchwipe *This is serious business. Why do you snicker?* Se bagay serye sa. Pou ki w ap rikannen?

snickering *n.* rikannman

snide *adj.* frekan *She made a snide remark to her mother.* Li fè frekan bay manman ni.

sniff¹ *n.* fre, odè, sant

sniff² **I** *v.tr.* [*smell*] pran{fre/sant}, santi *I sniffed the perfume.* M pran sant pafen an. **II** *v.intr.* [*smell*] santi *What is the dog sniffing at?* Sa chen an ap santi la? •**sniff at** [*show disdain*] fè pedka, kale yon bèl vag *He sniffed at the people as if they were below him.* Li fè pedka moun yo kousi yo te pou anba. •**sniff out** pran fre *I'm sniffing out the good rice.* M ap pran fre bon diri a. •**not to be sniffed at** fè ka *What she is saying is not to be sniffed at.* Se pou ou fè ka de sa l ape di a.

sniffle *v.intr.* rale *He has a flu, he sniffles.* Li gripe, l ap rale larim.

sniffles *n.pl.* anrimen, (la)rim

snigger *v.intr.* griyen dan, rikannen *This is serious business. Why do you snicker?* Se bagay serye sa. Pou ki ou ap griyen dan ou?

snip¹ *n.* retay, ti{kal/mòso}, ti kout sizo

snip² *v.tr.* taye *I'll snip you off a little piece of the cloth to take as a sample.* M ap taye yon ti moso nan twal la ba ou kòm modèl.

snipe *v.intr.* •**snipe at** anbiske, poze biskad, tire an biskad *The soldier sniped at us from a tree.* Solda a tire sou nou an biskad nan pyebwa.

sniper *n.* chapchoutè

snippet *n.* chikèt, lèch, ti{mòso/kal}

snippety-snap *onom.* [*to express rapid action*] floup flap *She threw the pants on snippety-snap; she's in such a hurry.* Li foure pantalon an sou li floup flap tank li prese.

snippy *adj.* brak, tchak •**snippy person** nèg{brak/tchak}

snitch¹ *n.* jouda (trayizon), rapòtè, soumaren

snitch² **I** *v.tr.* [*steal, swipe*] chipe, pike *Jacques snitched an orange off of the cart without anyone seeing him.* Jak pike yon zorany nan kabwèt la san moun pa wè li. **II** *v.intr.* [*inform on s.o.*] fè jouda (trayizon), vann yon moun *It was his brother who snitched on him to the police.* Se frè l ki vann li bay lapolis.

snivel *v.intr.* fè rechiya, rechiyen, yenyen *You shouldn't snivel at me, because I didn't* *do anything to you.* Se pa sou mwen pou vin rechiyen la, paske m pa fè ou anyen. *Stop sniveling just because you didn't get your way.* Sispann yenyen annik paske ou pa genyen sa ou vle.

sniveling *adj.* rechiya

snob *n.* fèzè, fèzèz [*fem.*], mòksis, moun ki evolye, patekwè *Ti Djo is a snob, he's always putting on his bigwig pose.* Ti Djo se fèzè, li toujou ap pran pòz gwo zotobre li. *That snob, he thinks the universe revolves around him.* Nèg mòksis sa a, li konprann se yon afè li ye.

snobbish *adj.* estòlòdò, mòksis •**be snobbish** fè Lafrans, {fè/kraze}bòzò *If you want a candy take some. Stop being snobbish.* Si se yon moso bonbon ou bezwen, pran l. Sispann fè Lafrans la.

snook *n.* [*fish*] bwochè

snoop¹ *n.* antchoutchout, fouyapòt, tantafè, tantafèz [*fem.*], tchòtchòwè

snoop² *v.intr.* dekouvri chodyè, fè jouda, foure nen li toupatou *You like snooping into other people's business.* Ou renmen fè jouda nan zafè moun. •**snoop around** anba djòl *He likes to snoop around in order to go around talking about other people's business.* Li renmen rete anba djòl pou l ka al rakonte koze moun.

snooping *adj.* tchòtchòwè

snoopy *adj.* antchoutchout, fouyapòt, many-many, tchòtchòwè *Close the door, because that snoopy woman is on her way.* Fèmen pòt la, fanm many-many la ap rive. *You're too snoopy, you're always in other people's business.* Ou tchòtchòwè twòp, ou toujou ap foure nen ou nan zafè moun. •**be snoopy** fè jouda

snooty *adj.* estòlòdò •**snooty person** mòksis, moun ki evolye, patekwè

snooze¹ *n.* asoupi, kabicha, syès

snooze² *v.intr.* (fè) kabicha, singo *She was so tired after work that she started snoozing right in her chair.* Li te sitèlman bouke aprè travay, li tou kòmanse singo nan chèz li a.

snore¹ *n.* wonf, wonfle, wonfleman

snore² *v.intr.* wonfle *The moment his head hits the pillow, he snores.* Depi l met tèt nan kabann, li wonfle. •**snore loudly** rannafle *She always snores loudly when she sleeps.* Li toujou ap rannafle nan dòmi.

snoring *n.* wonf, wonfle, wonfleman

snort¹ *n.* wonf

snort² **I** *v.tr.* [*cocaine, etc.*] pran yon ti priz, rale nan nen *He snorts tobacco every chance he gets.* L ap pran yon ti priz chak fwa li gen lè. **II** *v.intr.* **1**[*gen.*] annafle, rale, rannafle *When he sleeps, he snorts so loud you'd think he was dying.* Lè l ap dòmi, li tèlman rale, ou panse li pral mouri. *You aren't a horse and you snort like that.* Ou pa chwal epi w ap rannafle konsa. **2**[*horse, animals*] annafle, estènen, rannafle *They all turned to look when the horse snorted.* Yo tout vire kò yo gade lè cheval la estènen. *Whenever the horse snorts, it's thirsty.* Depi chwal la rannafle, konnen li swaf dlo.

snot *n.* **1**[*dried*] kaka nen, kwout nen **2**[*liquid*] lagoum, sòs **3**[*phlegm*] flèm, larim

snotty *adj.* [*rude*] frekan, radi

snout *n.* bèk, mizo

snow¹ *n.* nèj •**snow cone** fresko

snow² *v.intr.* fè nèj *It snowed a lot yesterday.* Li fè nèj anpil ayè.

snowball *n.* boul nèj

snowberry *n.* [*bush*] kwòk sourit

snowcone *n.* fresco

snowdrift *n.* pil(la)nèj

snowslide *n.* glisman nèj

snowstorm *n.* tanpèt (la)nèj

snowy *adj.* plen nèj

snub¹ *n.* avani, kout je *His wife greeted him with a snub because she saw him with another girl.* Se ak yon kout je madanm li resevwa l paske li te wè l ak yon lòt fi.

snub² *v.tr.* bay yon moun yon bèk, beke, koupe yon moun kout je, meprize *He butted into the people's conversation without being invited, so they snubbed him.* Li antre nan konvèsasyon moun yo san l pa t envite, yo beke l. *Quit snubbing me.* Ase koupe m kout je. *I said good morning to her, and she really snubbed me like a dog.* M di l bonjou, li meprize m kon chyen. •**be snubbed by somebody** pran desepsyon (nan men yon moun)

snuff *n.* tabak an poud •**pinch of snuff** priz tabak •**take a pinch of snuff** pran yon priz (tabak) •**up to snuff** ase kon sa, aseptab, pasab

snuffbox *n.* tabatyè

snuff out *v.tr.* **1**[*kill*] etenn{lavi/souf}yon moun, touye *Alcohol snuffed out his life too soon.* Tafya etenn lavi li twò bonè. **2**[*candle, lights, etc.*] etenn, tenyen, touye *Be sure to snuff out the fire before you leave.* Se pou ou touye dife a anvan ou kite.

snug *adj.* [*fitting closely*] sere *These pants are a bit snug on me.* Pantalon sa a yon ti jan sere m. •**snug as a bug in a rug** alèz kou Blèz sou yon chèz (san pinèz)

snuggle I *v.tr.* [*in one's arms*] sere (nan bra) *The mother snuggled the baby to keep him warm.* Manman an sere ti bebe a nan bra l pou kenbe l cho. **II** *v.intr.* [*cuddle up*] anfale kò li *The baby snuggled against her mother.* Bebe a anfale kò l kont manman ni. •**snuggle down** anfale kò li, kouche kò li •**snuggle together** kole ansanm, sere kò yo *They all snuggled together by the fire.* Yo te tout sere kò yo ansanm bòkote dife a. •**snuggle up** {kole/kouche/plòtonnen/rakokiye}kò li *She snuggled up in the recliner and went to sleep.* Li rakokiye kò li nan fotèy a epi li pran dòmi.

so¹ *adj.* **1**[*true*] sa *He said that you lied, but I knew it wasn't so.* Li di ou bay manti, men m konnen se pa sa. **2**[*used in place of an understood adj.*] sa *That guy is mean, but you're even more so.* Msye mechan, ou menm ou pi rèd pase sa.

so² *adv.* **1**[*to such a degree, extent*] afòs, dizèt, sitan, sitèlman, tank, tèlman *He pulled the rope so much that it broke.* Afòs li rale kòd la, li kase l. *She was so happy to see her mother.* Li te dizèt kontan wè manman ni. *Paul is so lazy, he sleeps with his clothes on.* Pòl sitan parese, li dòmi tou abiye. *She's so sick, she can't even eat.* Li sitèlman malad, li pa fouti manje. *She's so pretty, all the guys are in love with her.* Tank fi a bèl, tout nèg renmen l. *They wrote so much that their pencils got blunt.* Kreyon yo depwente tèlman yo ekri ak yo. **2**[*thusly, in this way*] enben, konsa *He didn't come, so we'll go by ourselves.* Li pa vini, enben nou prale pou kont nou. *I've known her since she was so high.* M konnen l depi l te wo konsa. *Cut the wood like so.* Koupe bwa a konsa. **3**[*likewise*] ni *She'd like to see your pictures and so would I.* Li ta renmen wè foto ou, enpi ni mwen menm tou. **4**[*as a result, hence*] a bon, alèkile, ansòm, atò, atòkonsa, òdonk *So you're the one who did that!* A bon, se ou k te fè sa! *So you realized that you were wrong.* Ansòm, ou vin wè se ou ki te gen tò. *So what will anger do for him?* Atò sa fache ap fè pou li? *So you turned around and you left?* Atòkonsa, ou vire do ou ale? *So, what came out of the meeting?* Òdonk, sa k soti nan reyinyon an? **5**[*approximately*] konsa *It will take a week or so to complete.* Li va pran youn semenn konsa pou fini. **6**[*used in place of sth. already stated*] byen, konsa, sa *It's not my fault! I didn't see her. –You did so!* Se pa fòt mwen! M pa t wè l. –Ou te wè l byen pwòp! *Is he getting married again? –So he tells me.* L ap marye ankò? –Se sa l di m. •**so as not to** pou pa *Come in quietly so as not to bother your father.* Antre andodomeya pou pa deranje papa ou. •**so as to** [*in order to*] demannyè ke, pou, poutèt pou *I locked the door so as to keep him from getting away.* M fèmen pòt la pou l pa sove. •**so that** ansòt, dekwa, demànyè, ki fè, pou, yon fason *Make more food so that everybody will have some.* Fè manje a plis ansòt pou tout moun jwenn. *She came so that she could talk to me.* Li vini dekwa li ka pale avè m. *He went out so that the other person could come in.* Li sòti pou lòt la ka antre. *I'm going to improve the situation so that the people can be happy.* M pral amelyore sitiyasyon an yon fason pou moun yo ka kontan. •**and so** sekifè *There are some that won't like the idea and so you just have accept it.* Gen kèk moun ki pa p renmen lide, sekifè fòk ou asepte sa. •**and so on** ensideswit *The first one ate one dish, the second one ate two, and so on.* Premye a manje yon plat, dezyèm nan manje de, ensideswit. •**and so on and so forth** (e)patati (e)patata, kesedjo {kesekwann/kosekwèt} •**even more so** alewè, kidire *I can't lend you money, even more so my car.* M pa ka prete ou kòb, kidire pou machin mwen an. •**even so** pou otan *She hurt me, even so I don't hate her.* Li fè m mal, men m pa rayi l pou otan. •**isn't that so?** se pa sa, se pa vre •**only so that** asèlfen *She lied only so that she could save herself.* Li bay manti asèlfen pou li chape poul li.

so³ *conj.* [*thus, therefore*] alò, donk, kidonk *I left early, so I don't know if he came after I left.*

M sòti bonè, alòs m pa konn si li vin dèyè m nan. *You're a Haitian, so you can't tell me you don't know how to speak Creole.* Se Ayisyen ou ye, donk ou pa ka di m ou pa konn pale kreyòl. *I'm very tired, so I'm going to sleep a little.* Mwen fatige anpil, kidonk m pral fè yon ti dòmi.

so⁴ *interj.* enben *So, what are you going to do?* Enben, sa ou pral fè? •**so be it!** amèn!, (amèn) ensiswatil! •**so there!** se finach!, sera seta! [*used only in neg. sentences*] *I'm not going. So there!* M pa prale. Sera seta! •**so what!** {bounda/dada}nini!, kilakyèl!, sa k te gentan gen la!, zafè! *I'm happy to say that I found a new job. –So what!* Mwen kontan di ou m te jwenn yon nouvo travay. –Sa k te gentan gen la! •**is that so!** sife! •**that can't be so!** rale kò ou!

so-and-so *n.* entèl, nèg *I'm not interested in what so-and-so did, tell me what you did.* M pa enterese nan sa entèl fè, di m sa ou fè ou menm. *That Jean-Claude so-and-so spoke harshly with me.* Nèg Jan Klod la te pale lèd avè m.

so-so¹ *adj.* ankrimozo, konsa{konsi/kousi}, {konsa/ kousi}kousa, kouyan kouyan, pasab, tan byen ke mal *Life is so-so right now.* Lavi a se kouyan kouyan alèkile.

so-so² *adv.* ankrimozo, kanhi-kanhan, konsa konsa *She's doing so-so right now.* L ap boule kanhi-kanhan kounyeya. *We're getting along so-so.* N ap boule ak lavi a ankrimozo.

soak *v.tr.* detranpe, mouye tranp, tranpe *Soak the clothes.* Detranpe rad yo. *The rain soaked me.* Lapli a mouye m tranp. *Soak the clothes in the water.* Tranpe rad yo nan dlo. •**soak in** benyen *I'm going to soak in the sun while it's warm.* M ap benyen nan solèy a pannan li fè cho. •**soak up** *a*[*absorb*] absòbe, bwè *The sponge soaked up all the water.* Eponj lan bwè tout dlo a. *b*[*wipe up*] seche, siye *Take this piece of cloth, and soak up the water on the floor.* Pran moso twal sa a, epi seche dlo a atè a.

soaked *adj.* (mouye) an tranp *She got soaked by the rain.* Li mouye an tranp anba lapli a. •**be soaked** benyen *There it is soaked with water, we have to dry it.* La a li benyen nan dlo, fò nou seche li. •**get soaked** mouye kou kanna, mouye tranp

soap *n.* savon •**soap bubble** {bil/boul} savon •**soap opera** [*on TV*] cho, fèyton, melodram, telewoman •**soap powder** fab, detèjan, poud savon, savon an poud •**soap suds** kim (savon) •**bar of soap** brik savon, savonnèt •**laundry bar soap** gwo savon, savon lave

soap up *v.tr.* savonnen *Soap up the dishes before you rinse them.* Savonnen asyèt yo anvan ou rense yo.

soapberry tree *n.* bwa savonnèt, grenn kannik, lyann savon [*Artibonite*], savonnèt peyi [*used as loofah*]

soapy *adj.* kimen, plen{kim/savon}

soar *v.intr.* 1[*bird, plane, etc.*] plannen *The hawk soared high in the sky.* Malfini a plannen wo nan syèl la. 2[*prices, cost, profits, etc.*] moute{bwa/disèt wotè/tèt nèg} *After the election, the price of rice soared.* Aprè eleksyon an, pri diri moute tèt nèg. 3[*hopes, spirits, etc.*] moute disèt wotè *When she found a job, our hopes soared.* Lè li jwenn yon travay, espwa nou moute disèt wotè.

SOB *prop.n.* malandren, salamabit, sanmanman

sob¹ *n.* dlo nan je, kriye •**sob story** istwa{krèv kè/lapenn}

sob² *v.intr.* gen dlo nan je, kriye (san), toufe anba kriye *When she heard the news, she sobbed incessantly.* Lè li tande nouvèl la, li kriye san san rete.

sobbing *n.* dlo nan je, de ran dlo

sober¹ *adj.* 1[*not a heavy drinker*] sòb 2[*serious, calm*] poze, tanperan, tenmplaw

sober² *v.tr.* •**sober up** *a*[*not drunk*] degrize, desoule, desoule li *Sober up before driving.* Desoule ou anvan ou kondui machin nan. *b*[*get serious, calm down*] detwonpe li, tenmplaw li *If you believe she's capable of killing someone, you'd better sober up.* Si ou kwè li kapab fann fwa yon moun, se pou ou detwonpe ou. *I had to sober up in order to take him seriously.* Fo m te tenmplaw mwen pou pran li oserye. •**be sobered up** degrize *She won't get to the steering wheel as long as she isn't completely sobered up.* Li p ap touche volan machin nan tou otan li pa degrize nèt.

soberness *n.* [*seriousness*] serye, tanperans

sobriety *n.* [*abstinence*] astinans, moderasyon, tanperans

sobriquet *n.* non jwèt, ti non
so-called¹ *adj.* sipoze, swadizan *He's a so-called doctor, but really he's a quack.* Li sipoze doktè, men se doktè mawon li ye.
so-called² *adv.* swadizan di *She is so-called studying, but she doesn't have her books.* Li swadizan di l ap pase devwa, men li pa gen liv li yo.
soccer *n.* foutbòl
sociable *adj.* sosyab •**be sociable** gen bonjan, gen relasyon imèn, konn viv ak moun *He's not a sociable person at all.* Li pa gen relasyon imèn ditou.
social *adj.* imèn, sosyal *As far as his social skills are concerned, he's hopeless.* Si se pou relasyon imèn, li menm zewo. *The party doesn't have any social projects.* Pati a pa gen okenn pwojè sosyal. •**social security** asirans sosyal, (sekirite) sosyal •**social studies** syans sosyal •**social welfare** byennèt social
socialism *n.* sosyalis
socialist *n.* sosyalis
socialize *v.intr.* •**socialize with** {akwe/ante/freye/mele} ak, frekante *I don't socialize with those vagrants.* M pa frekante vakabon sa yo. *Marie doesn't socialize very well with people.* Mari pa twò akwe ak moun. •**make s.o. socialize with a different social class** mete yon moun sou moun
socially *adv.* •**be socially aware/conscious** konsyan sou plan sosyal
society *n.* lasosyete •**Port-au-Prince high society** letoutpòtoprens
sociologist *n.* sosyològ
sociology *n.* sosyoloji
sociopath *n.* moun fou san konsyans
sock¹ *n.* [*clothing*] ba chosèt, chosèt •**bobby sock** sòkèt •**pull one's socks up** [*snap out of it*] souke kò ou *Pull your socks up if you don't want to get fired.* Souke kò ou si ou pa vle yo revoke ou. •**put a sock in it!** [*shut up!*] pe djòl ou! •**sport sock** ba chosèt •**thick sock** ba chosèt
sock² *n.* [*punch*] bòtsalye, koutpwen
sock³ *v.tr.* [*give s.o. a blow, hit*] bay koutpwen/bòtsalye/sabò} •**sock it to s.o.** a[*hit s.o. hard*] fout yon moun yon kalòt *He insulted me so I really socked it to him.* Li joure byen joure m, poutètsa m fout li yon kalòt. b[*fig.*]

chire nat yon moun, fè yon moun kaka, fè yon moun ponn *She believed I was going to marry her; I really socked it to her.* Manmzèl te fin kwè m t ap marye ak li; m fè l ponn.
socket *n.* 1[*electrical outlet*] plòg, priz (kouran) 2[*tooth*] alveyòl •**eye socket** pòch je •**light socket** sòkèt, twou anpoul •**wall socket** priz
socle *n.* [*plinth, pedestal*] sòk
sod¹ *n.* gazon, sòl, tè
sod² *n.* •**lazy sod** moribon
soda *n.* [*chem.*] soda •**soda pop** kola •**baking soda** bikabonat •**bicarbonate of soda** bikabonnak
sodden *adj.* detranpe
sodium *n.* sodyòm •**sodium bicarbonate** bikabonnak
sodomy *n.* sodomi
sodomize *v.tr.* {fè dezòd/viv}nan twou kaka, sodomize
sofa *n.* divan, kanape, sofa
soft *adj.* 1[*not hard*] molyann, mou *My head sinks into these pillows because they are so soft.* Tèt mwen rantre nan zòrye sa yo paske yo molyann. 2[*smooth*] molas, swa *She has soft hair.* Li gen cheve molas. 3[*flabby*] lage, molyann, mou, pouf *You've become soft because you don't exercise.* Ou vin lage pase ou pa fè mouvman. *Sitting all day will make you soft.* Chita tout lajounen ap fè ou pouf. 4[*supple*] soup *The woman's skin is soft.* Po danm nan soup. 5[*tender*] tann *The meat is soft.* Vyann nan tann. 6[*fabric*] swa *That fabric is very soft.* Tisi sa a swa anpil. 7[*fruit*] falta, mou *The mango that just fell to the ground is soft.* Mango ki fèk tonbe atè a falta. 8[*life*] dous *Ever since they hit the jackpot, life is soft for them.* Depi yo genyen gwolo, lavi a dous pou yo. 9[*gentle*] dous, tou piti *There was a soft breeze that day.* Jou sa a te gen yon ti van dous. *There is a soft rain outside.* Gen yon lapli tou piti deyò. 10[*quiet*] dous, tou piti *I heard a soft knock on the door.* M tande yon ti frape dous nan pòt la. 11[*lenient*] dous, douyèt, mou, mousa [*rare*] *That soft girl will let them do whatever they want.* Fi douyèt sa a ap kite yo fè sa yo vle. *He's too soft on the kids.* Li mousa twòp ak timoun yo. •**soft drink** kola •**soft in the head** tèt fèb •**become soft** lage *That meat*

has become too soft. Vyann sa a twò lage. •**get soft** lage •**go soft** [*erection*] debande •**have a soft spot for sth. or s.o.** fèb pou{yon bagay/moun} *He has a soft spot for his wife.* Li fèb pou madanm li.

soft-boiled *adj.* alakòk, chode, mole

soft-headed *adj.* tèt fèb

soft-hearted *adj.* kè nan men *He's a soft-hearted guy.* Se yon nèg ki gen kè nan men.

soft-spoken *adj.* (ti) vwa{dous/tou piti} *She's very soft-spoken.* Li gen yon ti vwa tou piti.

softball *n.* sòfbòl

soften *v.tr.* **1**[*butter, clay, ground, etc.*] moli, ramoli *Don't soften the dough for me.* Pa moli pat la pou mwen. *Dip the meat into salt water to soften it.* Tranpe vyann lan nan dlo sèl pou li ramoli. **2**[*sound, reaction, etc.*] adousi *The further away they were, the more the sound softened.* Pi lwen yo ale, plis bri a adousi. **3**[*skin, etc.*] adousi, vin soup *This lotion really softens your hands.* Ponmad sa a adousi po men ou toutbon. *You need to heat up the Palma Christi leaf to soften it.* Fo ou fennen fèy maskriti pou li vin soup. **4**[*a blow*] amòti *The shocks on the car softened the bumps.* Resò nan machin nan amòti chòk yo. **5**[*lights*] tamize *Would you soften the lights?* Eske ou te ka tamize limyè yo? •**soften up a**[*melt, etc.*] vin mou *The ice cream has softened up.* Krèm lan vin mou. **b**[*alleviate, persuade, etc.*] pran tèt li, radousi *You need to soften up before you start a fight.* Fo ou pran tèt ou pou ou pa pete goumen. *Say a few nice words to have her soften up because she's angry.* Ba l bon ti pawòl pou ka radousi l paske li fache.

softening *n.* ramolisman

softheaded *adj.* egare, nyè

softhearted *adj.* kè nan men

softly *adv.* **1**[*quietly*] ansoudin, avèk dousè, dousman *Walk softly so you don't wake the baby.* Mache ansoudin pou pa leve bebe a. **2**[*gently*] avèk dousè, dousman *Put the dishes away softly so you don't break them.* Mete asyèt nan kabinèt la dousman pou ou pa kraze yo.

softness *n.* ladousè, souplès *The softness in her voice can make you fall asleep.* Ladousè nan vwa l ka fè ou dòmi. *The softness of the car's*

suspension makes me want to buy it. Souplès sispansyon machin sa a fè m anvi achte l.

soft-pedal *v.tr.* fè yon bagay parèt anyen, minimize *The issue is too important for you to soft-pedal it like that.* Pwoblèm nan twò serye pou ou fè li parèt anyen konsa.

soft-soap *v.tr.* [*stroke, caress*] lolo yon moun *I soft-soaped him into saying yes.* M lolo msye a pou fè l di wi.

software *n.* lojisyèl, sòfwè

softy *n.* papa/manman bon kè

soggy *adj.* detranpe *Put all the soggy clothes in here.* Mete tout rad ki detranpe yo anndan.

soil¹ *n.* latè, tè, teren •**soil prevented from eroding** [*by a rock barrier, etc.*] tè rapò •**soil without plant cover** tè toutouni •**alluvial soil** tè{rapò/cho/gra/pi/rich/volaj} •**dark rich soil** tè nwa •**depleted soil** tè{zo/lave} •**dry, unproductive soil** tè{cho/rèd} •**fertile soil or land** tè {cho/gra/pi/rapò/rich/volaj} •**handful of soil** priz tè •**moist humid soil** tè{dlo/frèt} •**poor soil** [*produces little yield*] tè{mèg/redont/abandonnen}, vye tè •**productive soil with high moisture-retaining qualities** tè frèt •**rich and productive soil** tè{rapò/cho/gra/pi/rich/volaj} •**rocky soil** boukara, tè{wòch/wòche/wòk} •**salty soil** tè sale •**sandy soil** sab, tè sab

soil² *v.tr.* sal, sali, salope, salopete, tache, tòchonnen *Please don't soil the clothes.* Pa vin sali rad yo la pou mwen. *The children soiled the bed.* Timoun yo salope kabann nan. *He soiled the tablecloth.* Li salopete tapi a. *The way you soiled the shirt, you need to wash it right away.* Jan ou tòchonnen chemiz la, se lave l toutswit. *This mud can soil your clothes.* Labou sa a ka tache rad ou. •**soil easily** salisan *White clothes soil easily.* Rad blan se rad ki salisan.

soiled *adj.* sal, tache •**easily soiled** salisan, tachan

soirée *n.* sware

sojourn¹ *n.* ladesant, sejou

sojourn² *v.intr.* desann, fè{yon sejou/ladesant} *While I'm in Port-au-Prince, I'll sojourn with Marie for a few days.* Pannan mwen Pòtoprens, m ap desann lakay Mari pou kèk jou.

solace *n.* konsolasyon, rekonfò, soulajman •**give solace** bay kouray, chofe kè yon moun

solanum *n.* [*plant*] ponm{damou/zonbi}, tantasyon nèg sòt, tete jennfi

solar *adj.* solè

solder¹ *n.* soudi

solder² *v.tr.* soude *I need to solder the car muffler.* M bezwen soude mòflè machin nan.

soldering *n.* soudi

soldier *n.* gad, jandam, militè, sòlda •**deserting soldier** solda desounen •**U.S. soldier** marin

soldier wood *n.* bwa mabi, bwasòlda

sole¹ *adj.* ase, esklizif, inik, sèl *She is the sole owner of the house.* Se li menm ase ki mèt kay la. •**for the sole purpose of** asèlfen

sole² *n.* [*fish*] sòl

sole³ *n.* 1[*foot*] {pla/plan}pye 2[*shoe*] semèl •**infected sole** pye chik •**inner sole** [*shoe*] premye, wòs

sole⁴ *v.tr.* resemele *The shoemaker said he could sole my shoes.* Kòdonnye di li kapab resemele soulye mwen yo.

solely *adv.* sèl, sèlman

solemn *adj.* 1[*serious*] grav, serye, solanèl 2[*somber*] mòksis, sonm

solemnity *n.* solennite

solemnly *adv.* solanèlman *He solemnly announced to the people the date of his wedding.* Solanèlman li anonse moun yo dat maryaj li.

solenodon *n.* [*insect-eating mammal resembling a shrew*] nen long

solfeggio *n.* sòlfèj

solicit I *v.tr.* 1[*beg*] mandyannen *Why don't you go find a job rather than soliciting money.* Pito ou al chache travay tank ou ap mandyannen lajan. 2[*petition*] adrese li, mande *They solicited the government for better pay.* Yo adrese yo bay gouvènman an pou ogmantasyon. **II** *v.intr.* [*prostitute*] fè wete mete, lake gason *She solicits all day long.* Tout jounen an l ap fè wete mete. *They caught the prostitute on the wharf soliciting.* Yo kenbe jenès la sou waf ape lake gason. •**solicit funds** fè lakolèt

soliciting *n.* [*prostitution*] fè wete mete, vakabonday

solid¹ *adj.* 1[*not liquid or gas*] gwo, solid *The doctor said that I shouldn't eat solid food.*

Doktè a di fò m pa manje gwo manje. *The foundation of this house is solid cement.* Fondasyon kay sa a beton solib. 2[*gold, silver, etc.*] masif *Her ring is made of solid gold.* Bag li a fèt an lò masif. 3[*sturdy*] djanm, fèm, fò, potle *The table is solid, ten people stood on it and it's not broken.* Tab la djanm, dis moun kanpe sou li san l pa kraze. *The house is quite solid, hurricanes can't blow it down.* Kay la byen potle, siklòn pa ka jete l. 4[*durable*] mouri kite *He bought a solid pair of shoes.* Li achte yon soulye mouri kite. 5[*substantial, reliable*] bonjan, konsistan *This house is made with solid materials.* Kay sa a fèt ak bon jan materyo. *You have to eat food with solid nutritional value.* Ou dwe manje manje ki konsistan. 6[*continuous, without interruption*] dri, san{kanpo/rete} *It rained for a solid month.* Lapli tonbe dri pou yon mwa. *I worked for two solid days.* Mwen travay pou de jou san kanpo. 7[*trustworthy*] djanm, serye, seryèz [*fem.*], tenmplaw, tennfas *Don't worry, the guy is solid; you can trust him.* Pa okipe ou nèg la djanm; ou mèt fè l konfyans. •**be solid** [*strong*] gen manm *Do you think she is solid enough to do this job?* Ou kwè li gen manm ase pou fè travay sa a? •**frozen solid** jele nèt, tounen glas *The water has frozen solid.* Dlo a jele, tounen glas.

solid² *adv.* 1[*completely*] djanm *The car was stuck solid in the mud.* Machin nan te kole djanm nan labou a. 2[*continuously*] san{kanpo/rete} *She slept for twelve hours solid.* Li dòmi douz èdtan san rete.

solid³ *n.* [*state of matter*] solid

solidarity *n.* men kontre, solidarite, tèt{ansanm/kole}

solidify *v.intr.* jele, kaye, vin solib *The car stopped because the oil in the motor solidified.* Machin nan kanpe poutèt luil nan motè a jele.

solidity *n.* 1[*of an object*] solidite 2[*strength*] andirans, jèvrin *It takes solidity to run a marathon.* Sa mande andirans pou ou kouri yon maraton. 3[*determination, resolve*] solidite, tenmplaw *The guy lacks solidity to make a firm decision.* Nèg la manke tenmplaw pou li fè yon desizyon fèm.

solidly *adv.* fèm, tennfas *She stands solidly by her decision.* Li kanpe tennfas sou desizyon an. •**we're in there solidly** ke makak la la pi rèd

solidness *n.* [*of an object*] solidite

soliloquy *n.* monològ

soling *n.* [*shoe*] resemelaj, resemelay

solitaire *n.* [*cards*] pasyans, reyisit, solitè

solitary *adj.* apa, pou kò li, solitè *He's a solitary individual, he doesn't meddle in people's business.* Se nèg ki apa, biznis moun pa regade l.

solitude *n.* solitid

solo *n.* [*mus.*] solo

soloist *n.* solis

solstice *n.* sòlstis

soluble *adj.* ki ka fonn nan dlo *Is this soluble in water?* Li fonn nan dlo?

solution[1] *n.* [*to problem, etc.*] bout, kle, renmèd, solisyon *Did you find a solution to the problem?* Ou te jwenn bout pwoblèm nan? *We'll find the solution to the problem.* N ap jwenn kle pwoblèm nan. •**it's the solution** se kle •**temporary solution** mezi kolepyese

solution[2] *n.* [*chem., etc.*] dlo (yon bagay), posyon, solisyon, tranpe •**oral rehydration solution** [*ORS*] sewòm{oral/djare/nan bouch} •**saline solution** [*I.V.*] sewòm

solve *v.tr.* [*a problem, difficulty, etc.*] jwenn bout, okipe, regle, rezoud, solisyone *We'll have to find a way to solve this problem.* Fò n jwenn bout poblèm sa a. *I don't need your help anymore, I solved it already.* M pa bezwen èd ou ankò, m okipe sa deja. *I solved everything.* M regle tout bagay. •**solve problems in a jiffy** bay yon moun yon sa fen kon jilèt chandra *Let a lawyer handle the case, he will solve it in a jiffy.* Renmèt avoka a kòz la, l ap ba ou sa fen kon jilèt chandra.

solvent[1] *adj.* san dèt sòlvab

solvent[2] *n.* [*chem.*] disolvan

somber *adj.* grav, mòksis, sonm

some[1] *adj.* **1**[*certain number or amount*] de, detwa, dezotwa, enpe, kèk, manyè, sèten, yon seri *Let me tell you some jokes.* Ban m ba ou de blag. *Don't drink all the water, give me some.* Pa bwè tout dlo a, ban m enpe. *It's hot, draw the curtain so that some air can enter the room.* Li fè cho, rale rido a pou van manyè antre nan chanm nan. *Some people said he's wrong.* Sèten moun di se li ki an tò. *Some*

people say he isn't an honest person. Yon seri moun di li pa onèt. **2**[*indefinite*] yon, youn *I'll call him back some other time.* M a rele l yon lòt lè. **3**[*a certain*] kèlkonk, nenpòt ki kalite *There must be some reason why he didn't come.* Fò gen yon rezon kèlkonk ki fè l pa vini. **4**[*as opposed to others*] genyen ki, kèk, sèten *Some cars are cheaper than others.* Gen machin ki pi bon mache pase lòt. *Some people have left already.* Kèk moun ki ale deja. *Some days I just don't feel like getting out of bed.* Sèten jou m pa santi m ta leve nan kabann mwen. **5**[*a considerable amount*] bon {bout/ti}, manyè *Their conversation went on for some time.* Yo fè yon bon bout tan ap pale. *That must have taken some courage to go by yourself.* Fòk ou te gen manyè kouray pou ou ale pou kont ou. **6**[*a limited*] ti kras, yon ti *That should give you some idea of what we are looking for.* Sa dwè ba ou yon ti lide sa n ap chache a. **7**[*quite a*] se pa de, toutbon *The man is causing quite some disturbance in the neighborhood.* Se pa de dezafi msye pa p leve nan katye a. *That was some party.* Se te yon bèl fèt toutbon

some[2] *adv.* **1**[*about*] apeprè, e kèk, konsa *There were some twenty students in class today.* Te gen ven e kèk elèv nan klas jodiya. *There were some thirty people at the meeting.* Te gen trant moun konsa nan reyinyon an. **2**[*a little*] manyè, tikras *You'll feel better after you've eaten some.* Ou a santi miyò aprè ou manyè manje. •**that's going some!** se kichòy! *You made it to Cape Haitian in three hours? That's going some!* Ou rive Okap an twazè de wout? Se kichòy!

some[3] *pro.* **1**[*as opposed to others*] genyen, kèk nan (pami) yo *Some say he's innocent, but I don't know myself.* Genyen ki di li inosan, pou mwen menm m pa konnen. *Some went to church, others stayed home.* Kèk nan pami yo al legliz, lòt yo rete lakay la. **2**[*not all*] enpe, kèk nan (pami) yo *I sold most of the mangoes, but I've still got some.* M fin vann pifò nan mango yo, men li rete m enpe. **3**[*a certain amount or number*] kichòy *Let me know if you find some.* Kite m konnen si ou jwenn kichòy. **4**[*part of*] pati, plizyè *Give me some of the work to do.* Ban m yon pati nan travay la. •**some of** kèk nan *There are* *only some mangoes that are ripe.* Se sèlman kèk nan mango yo ki mi. •**and then some** e fraksyon, epik, etandòt *He'd have spent all of his money and then some if I didn't stop him.* Li t ap banbile tout kòb li epik si m pa t fè li sispann. *He's an elderly man, he's sixty years old and then some.* Msye granmoun, li gen swasantan e fraksyon.

somebody *pro.* entèl, yon moun •**somebody else** yon lòt moun •**really somebody** pèsonaj *She thinks she's really somebody.* Li kwè se pèsonaj li ye.

someday *adv.* yon jou (konsa) *You must come to visit us someday!* Fò ou vin wè n yon jou konsa!

somehow *adv.* kanmenm, manyè *I'll find the money somehow before then.* M ap jwenn kòb la kanmenm anvan jou a rive. *I'll manage it somehow.* Manyè m ap degaje m.

someone *pro.* entèl, yon moun •**for someone** pou li *I came for you.* Se pou ou m vini. •**have someone do sth.** fè yon moun fè

someplace *adv.* {kèk/yon}kote •**someplace else** yon lòt kote

somersault¹ *n.* **1**[*gen.*] lakilbit (zonbi), so kabrit, woulo **2**[*rollover (accident), etc.*] chaviray, lakilbit, woulo •**do a somersault** *a*[*gen.*] fè (yon){lakilbit (zonbi)/loupin/so kabrit/woulo} *By doing so many somersaults, he almost broke his neck.* Nan fè so kabrit, kou l manke antre anba vant li. *She did a somersault to avoid falling down.* Li fè yon lakilbit zonbi pou pare so a. *b*[*in a rollover accident*] fè{chaviray/lakilbit/woulo} *The truck went off the shoulder and did somersaults.* Kamyon an tonbe arebò wout la epi li fè lakilbit.

somersault² *v.intr.* fè (yon){lakilbit (zonbi)/loupin/so kabrit/woulo} *Don't somersault so that you don't break your neck.* Pa fè woulo pou kou ou pa kase.

something¹ *adv.* konsa, tankou *She won something like a hundred dollars in the lottery.* Li genyen tankou san dola nan jwe bòlèt.

something² *pro.* bagay, biznaw, dekwa, kichòy, lougal •**something else** yon lòt{bagay/chapit} *Let's talk about something else.* Ann pran yon lòt chapit. •**something for everyone!** [*a giveaway*] piyay! •**something for nothing** byen san swe *Lazy people like*

getting something for nothing. Moun ki parese renmen byen san swe. •**a little something** biznaw, kichòy *Give me a little something.* Ban m yon ti biznaw. •**do something like that** fè{mannèv/sèvis} sa *Smoking, I don't do something like that.* Afè fimen an, m pa fè sèvis sa. •**do something about something** fè yon jan ak *We can't let the fever do the child in, we have to do something about it.* Nou pa ka kite fyèv la fini ak timoun nan, fòk nou fè yon jan ak li. •**have something to do with s.o.** annafè ak, nan matlotay ak *I don't want to have anything to do with criminals.* Mwen pa vle nan matlotay ak okenn kriminèl. *I don't want to have anything to do with her.* M pa vle annafè avè l menm. •**have something to do with** koresponn, nan bagay, nan radòt *I don't know what he does exactly, but I think it has something to do with customs.* M pa konn ki travay li fè ojis, men m kwè se nan yon bagay ladwann. *What you're telling me has something to do with my job?* Sa ou di m nan koresponn avèk zafè travay mwen? *If you have something to do with this thief, you should tell me now.* Si ou nan radòt ak vòlò sa a, fòk ou ta di m kounyeya. •**or something like that** oubyen yon bagay konsa

sometime *adv.* nan zòn, yon lè *I remember I saw him sometime in January.* M chonje m te wè l nan zòn janvye.

sometimes *adv.* defwa, detan, gen dat kote, gen dèlè, kèk fwa, pafwa, tanzantan, yon lè konsa *Sometimes they stop by to see us.* Dèfwa yo pase wè nou. *Sometimes she helps me, but not always.* Detan li konn ede m, men pa tout tan. *Sometimes it's not possible to go out because it's raining so much.* Gen dat kote moun pa ka soti tèlman gen lapli. *Sometimes she works well.* Gen dèlè li fè travay li byen. *Sometimes you act very oddly.* Kèk fwa ou trè biza. •**sometimes ... sometimes** tanto ... tanto *Sometimes you want this, sometimes you want that.* Tanto ou vle sesi, tanto ou vle sela.

somewhat *adv.* lejèman, manyè, yon tikras *She's somewhat sick.* Li lejèman malad.

somewhere *adv.* **1**[*a place*] yon kote **2**[*some number, amount*] nan zòn *There were somewhere between fifty and a hundred people at the party.* Te gen nan zòn senkant al san moun nan fèt la. •**go somewhere special**

fè yon wout *You're dressed up, are you going somewhere special?* Epa ou abiye, ou pral fè yon wout?

somnolence *n.* (anvi) dòmi, dòmi nan je

somnolent *adj.* andòmi, dòmi nan je, tèt lou

son *n.* gason, pitit gason •**son of a bitch** pitit loray, salamabit, sanmanman •**damned son of a bitch** gòdenm sal(a)mabit •**he's his father's son** se pòtrè papa li

son-in-law *n.* bofi, bofis

sonata *n.* sonat

song *n.* chan, chanson, chante •**song and dance** [*nonsense*] istwa, kesedjo kesekwann, kwenskwens *Do you believe all that song and dance?* Ou kwè tout bann kesedjo kesekwann? •**critical or mocking song** chante pwen(t) •**'konbit' song** gwonde •**for a song (and a prayer)** pou ti kòk *You can buy that car for a song.* Ou te mèt achte machin sa a pou ti kòk. •**hit song** gran siksè •**love song** chante danmou, womans •**religious song** chan legliz •**romantic French song** chansonèt franse •**same old song** litani, yon sèl chanson *It's always the same old song, guys are liars.* Toutan se yon sèl litani, gason se mantè. *You keep repeating the same old song all day long.* Tout jounen ou chita ap repete yon sèl chanson nan tèt mwen. •**sexually explicit song** chante Gede •**short sentimental song** womans •**traditional children's song** balanse yaya •**Vodou song** chante

songbird *n.* zwazo chantè

songbook *n.* rekèy{chan/chante}

songster *n.* 1[*singer*] chantè 2[*songwriter*] konpozitè

songstress *n.* 1[*singer*] chantèz 2[*songwriter*] konpozitè

songwriter *n.* konpozitè •**satirical songwriter/singer** chansonnyè

sonnet *n.* [*poetry*] sonè

sonny *n.* monfi(s)

sonorous *adj.* ki fè son, sonò

soon *adv.* 1[*quickly, before long*] anvan lontan, byento, pwochènman, talè *I'll come to see you soon.* M ap vin wè ou anvan lontan. *He'll come back soon.* L ap retounen byento. 2[*early*] bonè, deja *Why did you come so soon?* Pouki ou vini bonè konsa? *Do you have to leave so soon?* Ou bezwen kite deja? •**soon after** pa lontan (aprè), ti tan aprè *You came in soon after she left.* Ou antre pa lontan aprè li kite. •**as soon as** an derapan, annik, dèke, depi, di moman, dimoman, gal, kou, latou, ositoke, sito, tank, yon fwa *As soon as it started, we made a goal.* An derapan, ekip la ban nou yon gòl. *As soon as I arrived, he gave me the news.* Mwen annik rive, li ban m nouvèl la. *As soon as the sun sets, all the chickens roost.* Depi solèy kouche tout poul jouke. *As soon as he entered the courtyard, they chased him out.* Dimoman li antre nan lakou a, yo tout leve kouri deyè l. *As soon as you receive news from her, let me know.* Dèke ou gen nouvèl li, fè m konnen. *He showed up as soon as I left.* Gal n ap soti, se lè sa li parèt. *As soon as your mother comes, let me know.* Kou manman ou vini, fè m konnen. *As soon as they asked for the money, he paid them on the spot.* Kote yo mande lajan an, latou li renmèt li. *As soon as she saw me, she ran.* Ositoke li wè m, li kouri. *As soon as I've finished, I'll call you.* Sito m fini, m ap rele ou. *As soon as she came in, she got a phone call.* Tank li antre, se konsa telefòn nan sonnen pou li. •**as soon as one leaves** vire yon moun vire *As soon as the boss left, all the employees started telling jokes.* Vire patwon an vire, tout anplwaye yo tonbe bay blag. •**as soon as possible** pa pye pa tèt *The job is behind, you need to finish as soon as possible.* Djòb la dèyè, fòk ou fini pa pye pa tèt. •**just as soon** menmman parèyman, pito *I would just as soon stay home.* M ta menmman parèyman rete lakay la. •**see you soon!** (n a wè) talè! •**so soon?** deja? •**too soon** twò bonnè •**very soon** la menm *She'll come very soon.* L ap vini la menm.

sooner *adv.* pase, pito (pase) *I would sooner die than leave you alone.* M ta mouri pase kite ou sèl pou kò ou. *He would sooner go to the party than stay home.* Li ta al nan fèt pito pase ret lakay. •**sooner or later** san jou san lè, towouta *We'll arrive sooner or later.* N ap rive san jou san lè. *Sooner or later, he'll acknowledge his mistakes.* Towouta, misye ap rekonèt erè l. •**sooner you than me** pito oumenm pase mwenmenm •**no sooner... than** annik *No sooner did she see him than she started to cry.* Li annik wè li, li pran kriye.

•**the sooner the better** pi vit pi byen •**the sooner...the sooner** pito...pito, toutotan yon moun pa...toutotan yon moun pa *The sooner you eat, the sooner we can go.* Toutotan ou pa manje, toutotan nou pa ka ale.

soonest *n.* pi bonè *The soonest I can leave is tomorrow.* Pi bonè m ka kite se demen.

soot *n.* kabòn, nwa lafimen

soothe *v.tr.* 1[*pain, etc.*] aleje, ba yon kal, soulaje, tanpere *The medicine soothed me; I don't feel the pain anymore.* Medikaman an ban m yon kal; m pa santi doulè a ankò. *Take that medicine to soothe the pain.* Bwè renmèd sa a pou tanpere doulè a. 2[*fear, anxiety, etc.*] aleje, kalma, soulaje *I was worried about the children, but you really soothed me.* M t ap enkyete m pou timoun yo, men ou vin kalma m. *Her words really soothed my fears.* Pawòl li a soulaje krentif mwen anpil. •**soothe one's nerves** pase moso kalkil *He went to the movies to soothe his nerves.* Msye al nan sinema pou li pase moso kalkil.

soothing *adj.* kalman *A soothing pill.* Yon grenn kalman.

soothingly *adv.* an dousè *He spoke to her soothingly.* Li pale l an dousè.

soothsayer *n.* chapit [*N*], divinèz [*fem.*], divinò, kaplata, makalous, manbo [*fem.*], {manman/papa} divinò

sooty *adj.* nwa lafimen *Her clothes are all sooty.* Rad li kouvè avèk nwa lafimen.

sop up *v.tr.* bwè, siye *The sponge sopped up all the water.* Eponj lan bwè tout dlo a.

sophisticated *adj.* 1[*complex*] konplike, sofistike *That woman is too sophisticated for me.* Fi sa a twò konplike pou mwen. 2[*refined*] de klas, fen, rafine *That uncouth guy doesn't deserve a sophisticated girl like her.* Nèg gwo soulye sa a pa merite yon fi rafine tankou li menm. 3[*intelligent, subtle*] ki gen lespri *She is more sophisticated than anyone I know.* Li gen plis lespri pase ki.

sophistication *n.* 1[*complexity, advanced*] sofistikasyon 2[*refinement*] rafinay

sophistry *n.* fo rezonnman, pawòl san pye ni tèt

soporific *adj.* ki bay dòmi nan je yon moun, ki fè dòmi

soppy *adj.* [*sentimental*] santimantal twòp

soprano *n./adj.* soprano

sora *n.* [*bird*] rato fran, ti rato

sorcerer *n.* bòkò, chòchye, divinò, kaplata, sòlòkòtò

sorceress *n.* chòchye, divinèz, divinò, fiyèt Lalo, manbo

sorcery *n.* donpèd, maji, malefis, malfezans, simagri, travay chòchye

sordid *adj.* degoutan, kochon, sal *You committed so many sordid acts in your life.* Ou fè twòp bagay sal nan lavi ou.

sordidness *n.* salopetay, salopri

sore[1] *adj.* 1[*painful*] fè mal, louvri, malad, sansib *The blister is really sore.* Maleng lan ouvè nèt. *My feet were completely sore after I finished playing soccer.* Tout pye m malad apre m fin jwe boul la. 2[*angry, offended*] fwase, move, vekse *She's really sore at you, because you insulted her.* Li vekse toutbon poutèt ou te joure l. *Why are you sore at me?* Sa ou genyen ou move sou mwen konsa?

sore[2] *n.* bobo, bouton, malad, maleng [*infected*], plè •**sore on tips of toes** [*from stumbling, etc.*] zandò •**sore or cut** bèlen •**sore that leaves scar** zonyon •**bad sore** maleng pachiman •**bed sores** eska, po{pete/fann} •**cold sore** chank, bouton{lafyèv/bò bouch} •**have a cold sore** lafyèv pete nan bouch li *My fever caused some cold sores.* Lafyèv la pete nan bouch mwen. •**have sores at the corner of the mouth** bòkyè, bouch yon moun chire •**covered in sores** malenge •**infected sore** baka, maleng •**large sore** java •**open sore or wound** java, maleng •**round sore** [*usu. on the sole of the foot*] je krab •**skin sore** java, maleng (pachiman) *Only an herbal therapist can relieve that skin sore.* Sèl metsen fèy ki ka ba ou repo ak maleng pachiman sa. •**small sore** bèlen

sorely *adv.* anpil anpil, gravman grav *She will be sorely missed.* N ap manke l anpil anpil. *You are sorely mistaken, sir.* Ou twonpe ou gravman grav, mouche

soreness *n.* doulè, lapenn

sorghum *n.* pitimi, sògo •**sorghum midge** vè pitimi •**sorghum webworm** cheni fil pitimi

sorrel *n.* lòzèy, wozèl

sorrow *n.* chagren, chagrinman, doulè, kè{fè mal/sere}, ladetrès, lapenn, regrè, tristès *When he heard that news, a great sorrow took* *hold of him.* Lè li tande nouvèl sa a, yon gwo chagrinman pran li. *She's dying from sorrow.* Kè sere ap touye l.

sorrowful *adj.* chagren, kagou, tris

sorry[1] *adj.* **1**[*regretful*] chagrenen, dezole, regrèt *I was sorry to hear about your mother's passing.* M te chagrenen tande koze desè manman ou. *You'll be sorry for what you did!* Ou gen pou w regrèt sa ou fè a! **2**[*pitying*] gen{konpasyon/lapenn}, gen pitye pou yon moun, kè fè mal, plenn, pran lapenn *She felt sorry for the little guy, so she gave him a little something.* Li pran lapenn pou ti tonton an, se pou sa li ba li yon ti kichòy. **3**[*woeful*] malouk, regretan *The field was in a sorry state after the hurricane.* Jaden an te malouk toutbon apre siklòn lan. *That was a sorry thing to do.* Se yon bagay regretan sa ou fè a. **4**[*polite refusal*] dezole, eskize, regrèt *I'm sorry, but I have somewhere I need to go.* Ou ap fè yon ti eskize m, gen yon kote m prale. *I'm sorry, but you're wrong.* Se regrèt mwen regrèt, men ou pa gen rezon. •**be sorry** mòtifye, regrèt *Since the girl didn't even thank Emile, he was sorry he helped her.* Depi ti fi a pa menm di Emil mèsi, li te mòtifye li te menm ede li. *I'm really sorry.* Ala regrèt mwen regrèt. •**be sorry for** kè yon moun fè li mal •**be sorry for having missed an opportunity** mòde dwèt (pous) li *You'll be sorry one day for not having taken this opportunity.* Avantaj sa ou pa pran an, ou gen yon jou pou mòde dwèt pous ou. •**very sorry** dezole •**You'll be sorry!** [*jinx*] m a wè ou *I asked you to come to work, you didn't want to, you'll be sorry!* Mwen mande ou vin travay, ou pa vle, pi devan m a wè ou!

sorry[2] *interj.* eskize, padon *Sorry, that's not my fault.* Padon, se pa fòt mwen.

sort[1] *n.* [*class, variety, kind, etc.*] espès, jan, kalite, ras *A sort of animal.* Yon kalite bèt. *Black ants are a bad sort of animal.* Fonmi nwè, se move ras bèt. •**of the same sort** [*pej.*] menm pwal *Those two are of the same sort.* De sa yo se menm pwal yo ye.

sort[2] *adv.* •**sort of** [*somewhat*] manyè *She's sort of taking a break.* Li manyè ap pran kanpo.

sort[3] *v.tr.* klase, triye *Sort these names in alphabetical order.* Klase non sa yo nan lòd alfabetik. *The coffee was sorted well.* Yo te

byen triye kafe a. •**sort out** *a*[*separate*] asòti, separe *I need to sort out my merchandise.* M bezwen asòti machandiz mwen. *Sort out the good oranges from the rotten ones.* Separe bon zoranj yo ak sa ki pouri yo. *b*[*fix, arrange*] ranje, regle *I'm glad we sorted out that problem.* Mwen kontan nou regle pwoblèm sila a.

sorter *n.* [*esp. for coffee beans*] triyè, triyèz

sorting *n.* triyaj

sorts *n.pl.* •**all sorts of** tout asòtiman, tout ras *Hawks eat all sorts of chickens.* Malfini manje tout ras poul. •**be out of sorts** pa nan nòmal li *You seem to be out of sorts today.* Sanble ou pa nan nòmal ou jodi a.

SOS *prop.n.* S-O-S

sot *n.* •**old sot** [*drunkard*] gwògè, gwògmann, kakatafya, sakatafya, tafyamann, tafyatè

sou'easter *n.* [*wind*] swèt

souee! *interj.* [*noise for calling pigs*] men!

soufflé *n.* [*cul.*] soufle

sought after *adj.* pate cho, popilè

soul *n.* **1**[*disembodied spirit, etc.*] lespri, nanm, zonbi *He died but his soul continues to live among us.* Misye mouri men nanm li ap kontinye viv nan mitan nou. *That isn't Yves, it's probably his soul (life force) detached from his body.* Sa a se pa Iv, gen lè se zonbi li. **2**[*people, inhabitants*] kretyen vivan *Twenty-five souls were lost when the boat capsized.* Vent senk kretyen vivan mouri lè ti bato a chavire. •**soul searching** chache ban kè li, sonde kè li •**soul sister** [*through shared experience, common suffering, etc.; fig.*] sè bra •**not a soul** nanpwen chat, (ni) pè ni pap, pa ... chat, pa gen chat *There wasn't a soul around, the village was deserted since the massacre.* Pa t gen ni pè ni pap, bouk la vide depi masak la. *Although I have been calling, not a soul answered.* Malgre m rele, pa menm yon chat pa reponn. •**poor soul** pòv mizerab

soulful *adj.* sansib, santimantal

soulless *adj.* kè di, san kè

souls *n.pl.* •**All Souls' Day** jou{Gede/lemò}

sound[1] *adj.* **1**[*healthy, etc.*] anfòm, djanm, gaya *Health-wise you're sound.* Pou koze sante a ou djanm. **2**[*competence, judgment, etc.*] byen fonde, djanm *Your reasons are not sound.* Rezon ou yo pa byen fonde. **3**[*thorough*] bèl, fon, pwofon *He gave her a sound thrashing.* Li fout li yon bèl kalòt. *She's a sound sleeper.* Lè li dòmi li nan fon somèy li.

sound² *n.* **1**[*gen.*] bri, son **2**[*volume*] volim *Turn down the sound! It's too loud!* Desann volim lan, li twò fò! •**sound to express air leaking out** pich •**sound to express disapproval** pich •**sound to express sudden action** blou(p), brap •**a resonant sound** bim

sound³ *n.* [*strait*] bwa lanmè, etwa •**small sound** krik

sound⁴ I *v.tr.* **1**[*bell, alarm, etc.*] sonnen *As soon as she saw the fire, she sounded the alarm.* Etan li wè dife a, li sonnen lalam nan. **2**[*examine, probe*] sonde *We're going to sound the stream to determine its depth.* Nou pral sonde dlo a pou n wè pwofondè l. **II** *v.intr.* **1**[*bell, trumpet, etc.*] sonnen *The school bell sounded just as the teacher entered the room.* Klòch lekòl la sonnen antan mèt la antre nan sal la. *The guitar sounds good.* Gita sa a sonnen byen. **2**[*suggest by a sound*] gen lè, ondire, sanble *The truck sounded a long way off.* Gen lè kamyon an byen lwen. *The calabash sounds empty.* Ondire kalbas la vid. **3**[*seem, appear*] gen lè, ondire, sanble *It sounds like a good idea.* Gen lè se yon bon lide. *It sounds like you're making excuses.* Ondire ou ap grate tèt ba nou. *From the way he's talking, he sounds like a mean guy.* Jan l pale a, l sanble yon moun ki mechan. •**sound off** fè yon moun peye bouch li *The corporal made Charles pay a heavy price for his sounding off.* Kaporal la fè Chal peye bouch li. •**sound out** bat vant yon moun, fouye yon moun, sonde, sonde teren an, teste *We'll sound her out so we can find out what she thinks.* Nou pral bat vant li pou n konn sa l panse. •**sound the alarm** sonnen{lalam/ lanbi} *He sounded the alarm to warn us the hurricane was coming.* Misye sonnen lalam nan pou avèti nou siklòn nan rive. •**sound the bugle** {jwe/sonnen}klewon •**sound the rallying cry** sonnen{lalam/lanbi} *The leader sounded the rallying cry to gather his supporters.* Lidè a sonnen lanbi pou rasanble patizan l yo.

sounding *n.* [*nautical*] sonn •**take a sounding** [*poll*] sonde

soundless *adj.* san bri

soundly *adv.* **1**[*completely*] devan dèyè, nèt(ale), toutbon *His mother beat him soundly.* Manman li bat li devan dèyè. *Our team won the match soundly.* Ekip nou an ganyen match la nètale. **2**[*deeply*] nan fon, serye *When I went in the room, he was sleeping soundly.* Lè m antre nan chanm lan, li t ap dòmi serye. **3**[*safely, sensibly, etc.*] ak je{louvri/kale} *She invested her money soundly.* Li envesti kòb li je li kale. •**soundly based** byen kalkile *The boss always makes decisions that are soundly based.* Patwon an toujou fè desizyon ki byen kalkile.

soundness *n.* byen fonde

soundproof *adj.* izole

soundproofing *n.* izolan

soup *n.* bouyon, potaj, soup •**soup made of bread, vegetables, spices, etc.** pannad •**soup made with lower leg of ox** pye bèf •**soup offered to loa** soup ginen •**bean soup** [*with beans still intact*] pwa an sòs •**bread soup** pòpòt •**fish soup** bouyon pechè •**grated plantain soup** banana •**meat and bean soup** tchaka •**pumpkin soup** soup{jòn/jiwomou/kreyòl/lendepandans} •**thick meat and bean soup** mangousa •**thin soup of soaked bread and spices** soup pen •**type of fish soup** koubouyon •**very thin bean soup** dlo pwa

sour *adj.* **1**[*taste, smell, etc.*] asid, rak, si *The water has a sour taste.* Dlo a gen gou asid. *I can't eat this sour Spanish lime.* M pa kab manje kenèp rak sa a. *The lemon is very sour.* Sitwon an si anpil. **2**[*rancid*] rans *The butter has gone sour.* Bè a vin rans. **3**[*embittered*] anmè, brak, chèch *She gave him a sour look.* Li koupe li yon rega chèch. •**go/turn sour a**[*milk, etc.*] gate, tounen, vin rans *The milk has gone sour.* Lèt la gate. **b**[*turn ugly (fig.)*] jwèt la gate *Once she gets angry, things turn sour.* Depi li fache, jwèt la gate.

source *n.* **1**[*origin*] (la)kòz, rasin, sous *The car wouldn't start, but I found the source of the problem.* Machin nan pa t ap derape, men m jwenn lakòz pwoblèm nan. **2**[*information*] sikwi *What source does your information come from?* Nan ki sikwi ou pase pou jwenn enfòmasyon sa yo? **3**[*river*] fontenn, sous (dlo), tèt dlo •**from a reliable source** nan bon (jan) ti mamit, nan bon ti gode *This is a* *piece of news I learned from a reliable source.* Se yon nouvèl mwen aprann nan bon ti gode.

sourly *adv.* sèk *He talked sourly about his trip.* Li pale sèk konsènan vwayaj li a.

sourpuss *n.* babyadò, kritikè, rechiya

soursop *n.* chapechen, kowosòl •**mountain soursop** kowosòl zonbi •**wild soursop** {kowosòl/kachiman} granbwa

souse *n.* [*drunkard*] gwògè, gwògmann, kakatafya, sakatafya, tafyamann, tafyatè

soused *adj.* an brenzeng, chaje (ak kleren), gwòg nan tèt yon moun, sou

south[1] *n.* lesid, osid, sid *The front of the house faces south.* Fasad devan kay la bay osid. •**on the south** osid •**to the south** osid

South[2] *prop.n.* •**from the South** di sid

South America *prop.n.* Lamerik di sid

southeast *n.* sidès

southeaster *n.* [*wind*] swèt

southern *adj.* disid

Southern puffer *n.* [*fish*] krapo lanmè

southpaw *n.* goche

South Pole *prop.n.* pòl sid

southwest *n.* sidwès

southwester *n.* [*wind*] sitwè, siwa, syouwa

souvenir *n.* souvni

sovereign[1] *adj.* granmoun, granmoun tèt li, mèt tèt li, souvren *A sovereign country must take care of its own affairs by itself.* Yon peyi ki mèt tèt li dwe regle zafè li pou kont li.

sovereign[2] *n.* gran chèf, renn [*fem.*], wa

sovereignty *n.* dwa{granmoun/grandèt/majè/grandèt majè}, souverènte

sow[1] *n.* [*female pig*] {femèl/manman/tiri} kochon, kochon femèl, tiri

sow[2] *v.tr.* fè{plantasyon/semans}, mete{a/nan}tè, simaye, simen *The soil isn't ready yet for you to sow the rice.* Tè a po ko fin pare pou n simaye diri a atè. *I'm going to sow tomatoes.* M pral fè yon semans tonmat. •**sow discord** bwouye *Marc is always there to sow discord.* Mak toujou la pou l bwouye bagay yo. •**sow dissension** mete zizani, pouse dife *She's coming to sow dissension in my family.* Li vin mete zizani nan fanmi mwen an. *Don't sow dissension, let people discuss among themselves.* Pa pouse dife, kite moun yo diskite kòz yo. •**sow dissent** jwe pousèd dife *You don't feel bad sowing*

dissent between those two kids? Ou pa wont jwe pousèd dife ant de timoun yo? •**sow one's wild oats** sikile *He goes with women so that he can sow his wild oats.* L al nan fanm pou l ka sikile.

sower *n.* semè, simayè, simayèz [*fem.*]

sowing *n.* plantasyon, semay, semi

soy *n.* soja, soya •**soy sauce** lwil soja

soybean *n.* pwa{soja/soya}, soja, soya

spa *n.* [*spring*] ti sous (dlo)

space[1] *n.* **1**[*astron.*] espas **2**[*room*] eka, espas, plas **3**[*opening*] ouvèti •**space bar** ba espas •**space between** [*fingers, etc.*] fant •**space between lines** (doub) entèliy •**space between teeth** chenèt •**breathing space** fasilite *He has a lot of breathing space in that job; they just gave him a month off.* Li gen anpil fasilite nan travay sa la; yo sòt ba li yon mwa konje. •**give breathing space to** bay fasilite •**give space to** bay plas *Give space to the elderly.* Bay granmoun nan plas la. •**in/within the space of** nan lespas *They built the house in the space of two months.* Yo gentan fin bati kay la nan lespas de mwa. •**off in space** nan lalin, pa nan moun isit *Even if you see her sitting here, she's off in space.* Menm si ou wè l chita la a, li pa nan moun isit. •**parking space/spot** pakin •**overnight parking space** remiz

space[2] *v.tr.* bay distans, {bay/fè}espas, distanse, espase, separe *You have to space the chairs closer to the table.* Fo ou espase chez yo pi prè tab la. •**space out** *a*[*make room*] espase, fè espas *Space out those two tables so we can have some place to pass by.* Espase de tab sa yo dekwa pou nou jwenn kote pou nou pase. *b*[*daydreaming*] lwen, nan lalin *Stay with me! You're spacing out.* Rete atè! Ou nan lalin.

spacecraft *n.* fize

spaced *adj.* vini youn aprè lòt •**spaced apart** [*teeth*] dan tchaka •**spaced out** tèt{pati/pa la}

spaceman *n.* astwonòt

spaceship *n.* fize

spacesuit *n.* rad astwonòt

spacing *n.* eka, espas

spacious *adj.* gran anpil, ki gen anpil espas, laj, pa sere

spade[1] *n.* **1**[*tool*] bèch, pèl **2**[*playing card*] pik

spade² *v.tr.* beche, rabote *Spade the soil around the tree.* Beche tè a bò pyebwa a.

spadeful *n.* pèl

spaghetti *n.* espageti

Spain *prop.n.* Espay, Lespay •**of Spain** Despay

spam *n.* [*internet*] espam

span¹ *n.* **1**[*width, breadth*] lajè **2**[*hand*] anpan **3**[*time*] nan lespas *They built the house in the span of two months.* Yo bati kay la nan lespas de mwa. •**arm span** [*measure 5 ft. 4 in.*] bras

span² *v.tr.* janbe, koupe, travèse *She spanned the road in no time.* Li janbe wout la trapde. *There are lots of paths that span this field.* Gen anpil santye ki koupe teren sa la.

spangle *n.* payèt

Spaniard *prop.n.* Panyòl

Spanish¹ *adj.* kasteyann, panyòl

Spanish² *prop.n.* kasteyann, panyòl •**where Spanish is spoken** [*usu. refers to the Dominican Republic*] nan panyòl

Spanish elm tree *n.* bwa soumi

Spanish grunt *n.* [*fish*] kako gri

Spanish moss *n.* [*kind of med. parasitic plant*] bab panyòl, lamitye, vèmisèl

spank¹ *n.* tap (nan bounda)

spank² *v.tr.* fese, flanbe, kale, netche{bounda/dèyè/ fif}yon moun, pliche, swife, tape *She never spanked me.* Li pa janm kale m. *The little boy is misbehaving, I'm going to spank him.* Tigason an dezòd, m ap fese l. *I will spank him, he's too naughty.* M ap flanbe misye, li twò dezòd. *His mother spanked him because of impoliteness.* Manman l sot swife l pou maledve.

spanking *n.* bandwòl, fese, flanbe, kal, plich, swèl, swif *The teacher gave him a spanking because he was not attentive.* Mèt la pase l yon bandwòl paske l pa t ap swiv. •**give a spanking** bay yon moun {koreksyon/yon fese}, pase men sou *The child's father gave her a spanking last night because she had disobeyed him.* Papa pitit la ba li koreksyon yè swa poutèt li te dezobeyi l.

spanner *n.* [*wrench*] espanè, kle anglèz

spar *v.intr.* **1**[*exchange blows*] twoke kòn li *He is going to spar with the other guy there.* Msye ap twoke kòn li ak lòt nèg la la. **2**[*dispute*] fè etensèl *Those two have been sparring since yesterday.* De sa yo ap fè etensèl depi yè.

spare¹ *adj.* **1**[*in reserve*] apa, derechanj, de rezèv, sou kote *Have you got a spare pen to lend me?* Ou gen yon plim de rezèv ou ka prete m? *Have you any spare cash for me?* Eske ou gen lajan sou kote pou mwen? **2**[*lean, skinny (person)*] chèch **3**[*austere*] dechèpiye, sève •**spare part** pyès derechanj •**spare room** chanm zanmi •**spare tire** kawoutchou de rechanj

spare² *v.tr.* **1**[*lend*] pase, prete *Could you spare me a couple of gourdes?* Ou te ka pase m de goud? *I can't spare anyone to help you right now.* M pa ka prete ou pyès moun pou ede ou kounyeya. **2**[*save from, etc.*] dispanse, epaye *Spare me this problem, I have my own.* Dispanse m pwoblèm sa a, m gen pou kont mwen. **3**[*show mercy*] epaye, evite *Spare me the embarrassment, please.* Tanpri, epaye m wont lan. •**spare no expense** mete lajan deyò *Spare no expense if you want a nice life.* Mete lajan deyò si ou vle yon bèl vi. •**to spare a**[*left over*] ki rete *I've got so many expenses this month that I don't have any money to spare.* M gen twòp depans mwa sa a, m pa p gen kòb ki rete. **b**[*galore*] agogo, angogay *Since she won the jackpot, she has money to spare.* Depi li jwenn gwolo a, li gen lajan agogo.

spared *adj.* egzan, epaye *No one is spared from the violence that is spreading all over the country.* Pyès moun pa egzan nan vyolans k ap blayi nan peyi a. *Not one child was spared from the massacre.* Okenn timoun pa te epaye nan masak la.

sparing *adj.* jennen, pè *I see you have not been sparing with the salt.* M wè ou pa jennen sèvi ak disèl la.

sparingly *adv.* avèk{konomi/moderasyon}, menaje *Use the water sparingly; there's only a gallon left.* Sèvi ak dlo a avèk konomi; se yon sèl galon an k rete. *He uses his strength sparingly so he doesn't tire before he finishes.* Li menaje fòs li pou li pa bouke an wout.

spark¹ *n.* etensèl, tizon (dife), zeklè •**spark plug** bouji •**spark plug wire** fil bouji

spark² **I** *v.tr.* **1**[*a fire, etc.*] deklanche, pete *The lightning sparked a fire.* Kout zeklè a ki deklanche dife a. *Whatever she said sparked a lot of complaining.* Kèlkeswa sa li di a pete kòmanse yon pakèt plent. **2**[*an interest, etc.*]

leve, limen *The speech sparked an interest in politics.* Diskou a limen yon enterè nan politik. **II** *v.intr.* fè yan(yan), jete etensèl *Every time he struck the metal, it sparked.* Chak fwa li frape metal la, li fè yan.

sparkle *v.intr.* **1**[*gen.*] briye, fè yan, klere *The silverware is sparkling, so well is it polished.* Ajantri a klere tank li byen poli. **2**[*electric light*] mouri limen *The Christmas lights are sparkling.* Limyè Nwèl ap mouri limen. **3**[*give off sparks*] jete etensèl *The candle is sparkling.* Bouji a ap jete etensèl.

sparkling *adj.* briyan, fè yan, klere

sparrow *n.* ti kit

sparse *adj.* **1**[*few*] detwa (sèlman), youn youn *Lemon trees are sparse in the area.* Se de twa pye sitwon ki genyen nan zòn lan. *Cars are sparse in this neighborhood.* Machin se youn youn nan zòn sa a. **2**[*hair, feathers*] defouni, rabonnen *He has sparse hair.* Tèt li rabonnen.

sparsely *adv.* ti{kras/bren} *This place is sparsely populated.* Kote sa a gen ti kras moun.

spartan *adj.* mabyal, sevè, tchak

spasm *n.* kriz •**have spasms** rakle *When she has spasms like that, they have to give her oxygen.* Lè li ap rakle konsa, se pou yo ba l oksijèn.

spasmodic *adj.* mòde lage, wete mete *The pain was spasmodic.* Doulè a mòde lage.

spat[1] *n.* [*argument*] kilmik, kont, pawòl •**to have a spat** gen yon kont

spat[2] *n.* [*gaiter*] gèt **spats** *n.pl.* moletyè

spate *n.* lavalas

spatial *adj.* espasyal

spatter[1] *n.* badijonnay

spatter[2] *v.tr.* bade, badijonnen *You spattered mud all over your shoes.* Ou badijonnen soulye ou yo nèt ak labou.

spatula *n.* espatil, pèl, ti tiwèl •**cement spatula** [*dental cement*] espatil

spawn[1] *n.* **1**[*fish, frog, etc.*] ze **2**[*person (pej.)*] pitit, pitit pitit

spawn[2] *v.tr.* fè pitit, kale *The turtle spawned its eggs on the beach.* Karèt la kale ze sou plaj la.

spay *v.tr.* wete grenn vant *They spayed the cat yesterday, so it won't have kittens.* Yo wete grenn vant chat la pou li pa kale pitit.

speak *v.tr.* **1**[*talk*] pale *Since he came back, he can only keep speaking English.* Depi l vini, se angle sèlman l ap plede pale. *I spoke to her, she didn't answer me.* M pale avè l, li pa reponn mwen. **2**[*manner of*] pale *The way he speaks is a sign you can fully trust him.* Pale li se kont pou fè l konfyans. **3**[*speech, etc.*] pale, pran lapawòl *She spoke in front of ten thousand people.* Li pran lapawòl devan di mil asistan. **4**[*when answering the phone*] se li menm *Hello, is Marie there? –Speaking.* Alo, èske Mari la? –Se li menm. •**speak a language fluently** pale yon lang{fen/kou rat}, yon lang rele yon moun pa l *His wife speaks English fluently.* Madanm ni pale angle fen. *My goodness! Look at that foreigner who speaks Creole like a native!* Mezanmi! Ala yon blan ka pale kreyòl kou rat! *I speak English fluently.* Lang angle rele m pa l. •**speak about sth. one knows nothing about** voye monte *Speak about what you know instead of speaking about something you know nothing about.* Pale sa ou konnen tank w ap voye monte la. •**speak affectedly** pale{pwenti/tchulutchutchu} *He speaks affectedly to show the peasants he's from the upper class.* L ap pale pwenti pou montre peyizan yo li fè gwo klas yo. •**speak arrogantly** fè{gòj gra/gwo gòj} *He's speaking arrogantly, but he's a blowhard.* L ap fè gwo gòj, men se gran van ti lapli. •**speak as much as one needs to** pale règ *They spoke as much as they needed to.* Yo pale règ pale yo. •**speak caustically or in a mordant tone** pale gwo dan *Stop speaking in a mordant tone if you want people to listen to what you are saying.* Sispann pale gwo dan la si ou vle moun tande sa w ap di a. •**speak clearly and precisely** pale egzak •**speak confidently** pale ak gran gagann *He speaks confidently because he knows he isn't telling lies.* Msye pale ak gran gagann paske l konnen li p ap bay manti. •**speak disrespectfully** betize avèk •**speak eloquently** genyen djòl dous, pale ak chalè, retire lanpa nan lang li •**speak evil about s.o.** lave lang li sou yon moun *The women are speaking evil about the girl.* Medam yo chita y ap lave lang yo sou tifi a. •**speak extremely fast** pale dri *That young lady speaks really fast, you'd think she* *swallowed her words.* Ti dam sa pale dri papa, ou ta di li manje mo yo afòs li ale vit. •**speak for a**[*in place of s.o.*] pale pou *She's not here, I can speak for her.* Li pa la, m ka pale pou li. **b**[*in support of*] kore *I can speak for what he is asking.* M ka kore sa li di a. •**speak for o.s.** pale pou{kò/kont/tèt}li *Let her speak for herself.* Kite l pale pou tèt li. •**speak frankly** pa mete dlo nan bouch li *He speaks frankly, he tells you what he believes.* Li pa mete dlo nan bouch li, li di ou sa li kwè. •**speak gently in a soft voice** pale fen *When he's in front of his parents, he speaks gently in a soft voice.* Kou msye devan paran l, li pran pale fen. •**speak hesitantly** mamòte *If you weren't wrong, you wouldn't be speaking hesitantly like that.* Si ou pa t an tò, ou pa ta mamòte kon sa. •**speak highly of** pale byen de *Everyone always speaks highly of her.* Tout moun pale byen de li menm. •**speak ill of** {bay/fè}kout lang sou moun, denigre, detenn sou, di sou yon moun, kale dèyè do yon moun, monte konbit{dèyè/sou}, pale{yon moun mal/pa lòt/sou} *Stop speaking ill of others.* Ase bay kout lang sou moun. *You speak ill of everybody, you blabbermouth.* Ou denigre tout moun ou menm, papa landjèz. *Why are you speaking ill of her?* Poukisa w ap detenn sou li konsa? *Why are you speaking ill of me like that?* Poukisa w ap kale dèyè do m konsa? *If you only knew how she speaks ill of me!* Si ou konnen sa l di sou mwen! *Although they speak ill of her, she ignores them.* Malgre yo pale l mal, li pa okipe yo. •**speak impartially** pale san pasyon, pa pran pou ni yon ni lòt *The way he conducts the discussion, you can see he speaks impartially.* Jan l eklèsi koze a, ou wè l pale san pasyon. •**speak impromptu/off the top of one's head** pale frèt *Everyone was waiting so he had to speak impromptu.* Tout moun te chita tann, li te blije pale frèt konsa. •**speak in a boring monotone** pale tou long ale •**speak in a hushed tone** pale{ba/dousman} •**speak in a jumbled or confusing manner** pale kasteyann *I don't understand anything, she speaks in a jumbled, confusing manner.* M pa konprann anyen, se pale l ap pale kasteyann. •**speak in "tongues"** [*Pentecostals*] pale an lang *She*

starts speaking in tongues when she feels the presence of God. Li tonbe pale an lang lè l wè limyè Granmèt la. •**speak in a nasal tone** pale nan nen, wannenm *She speaks in such a nasal tone, I can't understand anything.* Fi sa a tèlman wannenm, m pa fouti konprann anyen. *It's said zombies speak in a nasal manner.* Yo di zonbi pale nan nen. •**speak in an allusive manner** [*in metaphors, proverbs, etc.*] pale {andaki/an parabòl} •**speak indirectly** pale{andaki/an parabòl} •**speak in riddles or parables** voye toya *The way she's speaking in riddles, it's clear her rival is in the audience.* Jan l ap voye toya monte la, se si lennmi l lan la. •**speak like a retarded person** pale yenyen *He speaks like a retarded person, like a baby who's learning to talk.* L ap pale yenyen, tankou ti bebe k ap aprann pale. •**speak loudly** pale{fò/wo} *Speak more loudly so I can hear you.* Pale pi fò pou mwen ka tande ou. •**speak of** pale{de/konsènan/sou} •**speak of s.o. in glowing terms** fè elòj yon moun *Your boss spoke of you in glowing terms.* Patwon ou fè elòj ou. •**speak on a topic one isn't familiar with** voye monte *The teacher's presentation is rambling because he isn't prepared enough for the class.* Pwofesè a ap voye monte paske li pa t fè rechèch avan kou a. •**speak one's mind** dechaje lestomak li sou, di sa ou panse *I'm never afraid to speak my mind.* M pa janm pè dechaje lestonmak mwen sou moun. •**speak openly** (san yon moun) pa mete dlo nan bouch li •**speak out** leve vwa li, pale{fò/wo} •**speak pretentiously** djòl pwenti *The man speaks pretentiously.* Nèg la gen djòl pwenti. •**speak quietly** pale{ba/dousman} *Please speak quietly, the other students are taking an exam.* Tanpri, pale ba, lòt elèv yo ap konpoze. •**speak rudely or insolently** beke, pale fò *I spoke rudely to the boss, so I think he's going to fire me.* M beke patwon an, kidonk m kwè li gen pou revoke m. •**speak softly** pale piti *Let's speak softly so people can't hear what we're saying.* An nou pale piti pou moun kab pa tande sa n ap di. •**speak Spanish** abla *That woman can speak Spanish.* Madanm sa a konn abla. •**speak tenderly** pale fen *When he speaks to his girlfriend on the phone, he speaks tenderly.* Depi se ak mennaj li l ap pale nan telefòn, li pale fen. •**speak the truth** pale dakò *You spoke the truth; everything you said makes sense.* Ou pale dakò; tout sa ou di se korèk. •**speak to o.s.** pale ak van *Why are you speaking to yourself?* Ki sa ou gen pou ap pale ak van konsa? •**speak too much** pale{tou long say/nèt ale/san pran souf} *He spoke so much that we didn't get a chance to say a word.* Li tèlman pale tou long say, ata lapawòl li pa ban nou. •**speak unintelligibly** depale •**speak up** pale pi{fò/wo} •**speak up for** defann, pran ka yon moun, pran pou *No one spoke up for her.* Pa gen moun ki defann li. •**speak well of s.o.** pale an byen de yon moun *They spoke well of you.* Yo pale de ou an byen. •**speak with a forked tongue** gen de lang *Don't trust people who speak with a forked tongue.* Pa fye moun ki gen de lang. •**speak with a marked foreign accent** pale lou *When Americans go to Haiti, they speak Creole with an accent.* Lè blan meriken vin nan peyi Ayiti, yo pale Kreyòl la lou. •**speak with a nasal twang** pale wannen, wannenm *To make people laugh, when he imitates Papa Doc, he speaks with a nasal twang.* Pou l fè moun ri lè l ap imite Papa Dòk, li pale wannen. *That woman speaks with such a nasal twang, I can't really understand what she's saying.* Fi sa tèlman wannenm, m pa ka tande sa li ap di a aklè. •**speak with every slight detail** pale yon moun yon bagay fen •**speak with self-assurance** pale ak gran gagann •**speak with the mouth twisted** pale kwochi *She spoke with her mouth so twisted, no one could understand what she said.* Li si tèlman pale kwochi, moun pa ka tande sa l ap di a. •**be spoken ill of by others** kabrit antre nan jaden yon moun *Given that you like speaking ill of people, now if they speak ill of you, there is no reason to be angry.* Jan ou renmen pale moun mal, jodi a si kabrit antre nan jaden ou, ou pa dwe fache. •**it speaks for itself** se{sa nèt/estènye ak Dye benis (an menm tan)} *I don't have to explain my decision, it speaks for itself.* M pa bezwen bay esplikasyon, se sa nèt. *It speaks for itself you want me gone.* Se estènye ak Dye benis an menm tan ou vle m kite kay la. •**not to speak straightforwardly** degize pawòl *Speak straightforwardly, say the way it is.* Pa degize

pawòl la, di l jan l ye a. •**so to speak** kòmkidire, pou di *Out of the frying pan and into the fire, so to speak.* Kòmkidire, ou kouri pou lapli pou tonbe nan larivyè.

speaker *n.* 1[*person*] oratè, pawolè 2[*at a conference or formal function*] entèvenan, konferansye 3[*sound system*] baf, (w)opalè 4[*person who speaks a particular language*] moun ki pale... *She's a French speaker.* Se yon moun ki pale fransè. •**keynote speaker** oratè prensipal

speaking[1] *interj.* [*phone*] alaparèy, se li menm *Robert Pierre speaking.* Wobè Pyè alaparèy.

speaking[2] *n.* pale •**art of speaking** la de pale *He has the art of speaking.* Msye gen la de pale. •**generally speaking** an jeneral, li gen dwa di *She has some faults, but generally speaking, I would say she's a good person.* Li gen defo l, men m gen dwa di an jeneral se yon bon moun li ye. •**not on speaking terms** pa gen bonjou ak yon moun *Since the argument the other day, she's not on speaking terms with him.* Depi kont lan lòt jou a, madanm lan pa gen bonjou avè msye a.

spear[1] *n.* frenn, lans, va •**spear or sharpened stick** pikèt

spear[2] *v.tr.* djage, {lanse/voye}fwenn *He speared a piece of broccoli with his fork.* Li djage yon mòso bwokoli avèk fouchèt li.

spearfishing *n.* lapèch soumarin

spearhead[1] *n.* 1[*point of spear*] pwent (yon) lans 2[*leader*] chèf, lidè

spearhead[2] *v.tr.* [*lead a project*] mennen bak *She is spearheading the project for us.* Se li menm k ap mennen bak la pou nou.

spearmint *n.* granbonm, tibonm

special *adj.* 1[*exceptional*] apa, chwazi, espesyal 2[*particular*] apa, chwazi, patikilye •**special to** [*unique to*] patikilye *Vodou is special to Haiti.* Vodou a patikilye pou Ayiti. •**one's special sth.** apa sa, espesyal *That's my special chair.* Se chèz mwen apa sa.

specialist *n.* bòs, espè, espesyalis, mèt *He's a specialist in carpentry.* Se bòs chapant li ye. *This doctor is a lung specialist.* Doktè sa a se yon espesyalis poumon. •**eye specialist** doktè je

specialization *n.* espesyalizasyon

specialize *v.intr.* espesyalize li *In what field will he be specializing?* Nan ki domèn l al espesyalize l?

specially *adv.* espesyalman, esprè, sitou *These clothes are specially made for you.* Rad sa yo fèt esprè pou ou menm.

specialty *n.* espesyalite *One of the specialties of the city of Cape Haitian is roasted peanuts.* Youn nan espesyalite lavil Okap se amizman byen griye.

species *n.* espès, ras *Do chickens and turkeys belong to the same species?* Poul ak kòdenn fè pati menm espès?

specific *adj.* espesifik, patikilye •**specific to** [*limited to*] bònen a, twouve nan…ase *This disease is specific to animals.* Maladi sa a bònen a zannimo.

specifically *adv.* dizondi, notaman, sètadi *It's time for employers to stop abusing workers, specifically, treating them like dogs.* Li tan pou patwon sispann maltrete ouvriye, dizondi, pou trete yo tankou chen. *I chose you specifically to do the job for me.* M chwazi ou notaman pou fè travay la pou mwen.

specification *n.* detay, esplikasyon, kondisyon

specifics *n.pl.* detay, kondisyon •**give me the specifics** ban m detay yo

specify *v.tr.* espesifye, mete limyè sou, presize *You need to specify what you said.* Fo ou mete limyè sou sa ou di a.

specimen *n.* echantiyon

specious *adj.* twonpè

speck *n.* ti grenn (piti), ti tak

speckled *adj.* 1[*gen.*] takte 2[*bird, chicken, etc.*] pent, pentle *That pigeon is speckled.* Pijon sa pentle. *A speckled chicken…* Yon ti poul pent… 3[*usu. chicken*] zenga *A bunch of speckled chickens…* Yon pakèt poul zenga…

speckled hind *n.* [*fish*] grandyèl òfich

spectacle *n.* cho, esklann, espektak •**make a spectacle of o.s.** bay espektak, fè{esklann/ eskandal} *This woman and this man are always making a spectacle of themselves.* Madanm ak mouche sa yo pa janm p ap bay espektak.

spectacles *n.pl.* [*glasses*] linèt, vè

spectacular *adj.* efrayik *That was a spectacular movie!* Fim sa a te efrayik!

spectacularly *adv.* a lestwòdinè, san manman *The sale was spectacularly successful.* Vant lan te yon reyisit san manman.

spectator *n.* anmatè, asistan, espektatè *Many spectators are coming to see us tonight.* Anpil espektatè vin asiste nou aswè a.

specter *n.* espri, fantòm, mò, revenan, zonbi

spectrum *n.* •**broad spectrum** plon gaye *Her speech really reaches a broad spectrum of the population.* Diskou l la se yon plon gaye vre.

speculate *v.intr.* 1[*guess, conjecture*] fè espekilasyon, sipoze *If you say it was Jack who committed the act, you're speculating.* Si ou di se Jak ki fè zak la, se espekilasyon ou fè, ou te di m ou pa konn kiyès. 2[*buy coffee, cocoa, cotton, etc. from the producer*] espekile, fè espekilasyon *He speculates in coffee.* Li espekile nan kafe.

speculation *n.* 1[*conjecture, etc.*] espekilasyon, sipozisyon 2[*buying staple goods from the producer*] espekilasyon

speculator *n.* [*businessperson who buys staple goods from the producer*] espekilatè

speculum *n.* [*med.*] aparèy sonn, espekilòm

speech *n.* 1[*formal address*] diskou *The President promised security in his speech.* Chèf leta a nan pawòl li pwomèt sekirite. 2[*faculty*] pawòl *Speech is one of the things that differentiates people from animals.* Pawòl se youn nan bagay ki diferansye moun ak bèt. •**free reigning speech** djòl debride •**Frenchified speech** djòl pwenti •**hypercorrect speech** djòl si •**pretentious speech** [*used to mock French or affected speech*] tchulutchutchu •**s.o. whose speech is slurred** lang yon moun lou •**unintelligible speech** pale{kasteyann/ langay}

speechless *adj.* baba, bouch{be/fèmen/ makònen/mare} *He was speechless with admiration in front of the pretty girl.* Li rete baba devan bèl fi a. •**be speechless** chat pran lang yon moun, lang yon moun plen bouch li, pa ka kase ze *When she's around people, she's speechless.* Depi l pami moun, chat pran lang li. *Faced with this sad situation, he's speechless.* Douvan sitiyasyon tris sa a, lang li plen bouch li. *She's speechless because she's afraid of others.* Li pa ka kase ze poutèt li pè moun. •**be speechless with anger** san yon moun manje li, san nan venn yon moun tounen dlo *I'm speechless with anger when I see the powerful crushing the weak.* San m manje m lè m wè pi gwo ap kraze pi piti.

speechwriter *n.* moun ki ekri diskou

speed¹ *n.* **1**[*rate of movement*] boulin, dilijans, rapidite, vitès *Driving at too high a speed made the driver have an accident.* Twòp vitès fè chofè a fè aksidan. *You have to work at a higher speed if you're going to finish on time.* Ou ap bezwen fè plis dilijans toujou si ou ap fini atan. **2**[*gear*] vitès *This bicycle has three speeds.* Bekàn sila a gen twa vitès. •**speed bump** dodàn, polis kouche •**speed limit** limit vitès •**speed trap** kontwòl vitès •**at full speed** tout{boulin/kous/vitès} *She did the work at full speed.* Li fè travay la ak tout boulin. *She ran at full speed.* Li kouri tout kous li. •**at high speed** {ak/an} boulin, tout vole *At this high speed, the driver will get where he's going soon.* Ak boulin sa chofè a ap bay la, li san lè rive. *The driver took off at a high speed.* Chofè a derape tout vole. •**go at top speed** pye li pa touche tè •**go full speed ahead** [*boat*] chire dlo *The motorboat is going full speed ahead.* Chaloup la ap chire dlo a. •**high speed** vitès •**over the speed limit** eksè d vitès •**slow speed** ralanti *The driver's slow speed is fine for me, I don't like to go too fast.* Ralanti chofè a byen bon pou mwen, m pa renmen twòp vitès.

speed² *v.intr.* bay boulin, boulinen, fè vitès *They sped the whole way.* Yo tonbe boulinen sou tout wout. *Don't speed in order to not have an accident.* Pa fè eksèdvitès pou pa fè aksidan. *The driver sped on the road.* Chofè a fè vitès sou wout la. •**speed away** chinwa *As soon as he saw me, he sped away.* Annik li wè m, li chinwa m. •**speed by** pase san rete •**speed off** chire *Upon seeing the woman's husband, he jumped over the gate and sped off.* Lè l wè mari madanm nan, li vole baryè a epi l chire. •**speed s.o. along** chofe dèyè yon moun, mete dife nan dèyè yon moun *I had to speed her along, or she never would have finished.* M te blije mete dife nan dèyè li, osnon li pa t ap janm fini. •**speed up** **a**[*a process, etc.*] fè dilijans *I will speed up things for you.* M ap fè dilijans pou

ou. **b**[*activity, work, etc.*] akselere, bay gaz *The boss made the men speed up the work.* Patwon an fè mesye yo akselere travay la. **c**[*driving, etc.*] bay gaz, chire wout, gaz, pran lavitès, tire *Driver, speed up! I need to get there fast.* Chofè, bay gaz! M bezwen rive vit. *He sped up all the way.* Se chire l chire wout la. *Instead of slowing down, the driver speeded up.* Olye chofè a ralanti, li bay gaz. *The car isn't able to speed up.* Machin nan manke ka tire.

speeded-up *adj.* akselere

speedboat *n.* bato kous

speedily *adv.* bridsoukou, rapido presto, vitman

speeding *n.* (eksè d) vitès •**speeding ticket** kontravansyon pou eksè d vitès

speedometer *n.* espidomèt, kontè

speedster *n.* kaskadè

speedy *adj.* rapid, vit *The car is speedy.* Machin nan rapid.

spell¹ *n.* **1**[*magic, etc.*] fetich, gen yon giyon nan kò li, lenba, machacha, madichon *You should see a Vodou priest so that he can exorcise the spell put on you.* Se pou al wè yon ougan pou retire giyon sa ou gen nan kò ou a. *He cast a spell on us.* Li pran n nan yon machacha. **2**[*ensemble of spells*] batri •**magic spell** arèt, batri, cham, fetich, ranvwa, wanga •**Vodou spell** mayetis, wanga

spell² *n.* **1**[*short period of time*] kadè, peryòd *I stayed a spell at my grandmother's house.* M pase yon kadè lakay grann mwen. **2**[*turn*] kou, tou *We each took a spell cutting the sugar cane.* Nou chak pran kou pa nou nan koupe kann nan. •**dizzy spell** defalkaw, tèt vire, toudisman •**epileptic spell** kriz malkadi •**fainting spell** endispozisyon •**have a fainting spell** **a**[*gen.*] fè yon dekonpozisyon, vin endispoze *She walked too much in the sun; she had a fainting spell.* Li mache twòp nan solèy la; li fè yon sèl dekonpozisyon. **b**[*caused by illness*] tonbe kriz *He had two fainting spells.* Li tonbe kriz de fwa. •**have a little breathing spell** fè yon ti{kanpo/respire} *Since you're so tired, take a little breathing spell.* Jan ou bouke la, fè yon ti respire.

spell³ *v.tr.* eple *Spell it for me.* Eple l pou mwen. •**spell out** **a**[*problems, etc.*] degrennen *Do you want me to spell out every little thing for* *you?* M dwe degrennen tout ti bagay pou ou? **b**[*words*] eple *Spell out your name for me.* Eple non ou pou mwen.

spellbinding *adj.* efrayik

spellbound *adj.* •**hold s.o. spellbound** rete{bèbè/men lan bouch} *The movie held me spellbound.* Fim nan fè m ret bèbè.

spellchecker *n.* verifikatè òtograf

spelling *n.* òtograf

spelunker *n.* moun ki eksplore gwòt

spelunking *n.* eksplorasyon gwòt

spend *v.tr.* **1**[*money*] debouse, depanse, mete deyò *If you want to have a nice house, you will have to spend money.* Si ou vle gen yon bèl kay, fòk ou debouse. *When he's in love with a woman, he spends his money without counting.* Lè msye renmen yon fi, li mete deyò san li pa kontwole pòch li. **2**[*time*] fè, pase *I spent ten years here.* M te fè dizan isit la. *I'm coming to spend the day with you.* M ap vin pase jounen an avè ou. **3**[*consume*] epize, fini, kaba (nèt) *They had to fight with their hands, because all of their ammunition was spent.* Yo te blije goumen avèk de men yo pase tout minisyon yo kaba. •**spend a long time in prison** manje prizon *He already spent a long time in prison because he killed someone.* Li manje prizon deja poutèt li te touye yon moun. •**spend a sleepless night** fè jamèdodo *Every weekend he spends a sleepless night.* Chak wikenn, li fè jamèdodo. •**spend lavishly** banbile kòb, fè gran chire *Because she spent lavishly when she was young, she's poor now.* Nan fè granchire lè l te jenn, li pòv konnya. •**spend like it's going out of style** mete kòb deyò kou satan *The family spent money like it's going out of style in order to build this house.* Fanmi an mete kòb deyò kou satan anvan yo rive fè kay sa a. •**spend money** debouse, mete kòb deyò *If you want to have a nice house, you will have to spend money.* Si ou vle gen yon bèl kay, fòk ou debouse. *The family spent money like the dickens in order to build this house.* Fanmi an mete kòb deyò kou satan anvan yo rive fè kay sa a. •**spend money excessively** plezante ak lajan *Those people spend money excessively.* Moun sa yo plezante ak lajan. •**spend money one doesn't have** pran metsin sou kont pentad •**spend the day** {fè/pase}lajounen *She spent*

the day studying. Li pase lajounen ap etidye. •**spend the night** desele, fè ladesant, pase nuit *We spent the night at Victor's house on Sunday.* Nou desele kay Viktò dimanch swa. *She spent the whole night working.* Li pase tout nuit la ap travay. •**spend the whole night talking** {bat/kraze}yon vèy *Last night we spent the whole night talking nonsense.* Yè swa nou bat yon vèy nan pale koze kredi. •**spend time** pase tan *I'm going to spend some time with my girlfriend.* M pral pase yon ti tan ak mennaj mwen. •**spend to the last drop** souse dènye kras *Climbing the mountain spent the last drop of her energy.* Moute mòn nan souse dènye kras enèji li. •**be spent** about, bouke (nèt) *After being out all day, I'm spent.* Aprè yon jounen deyò, mwen bouke nèt. •**not spend a penny** pa depanse senk kòb

spender *n.* •**big spender** gaspiyè, yon gran depansè

spending *n.* depans

spendthrift *n.* dejwe, frivòl, gaspiyè, yon gran depansè *Peter is a spendthrift.* Pyè se yon dejwe li ye. •**be a spendthrift** fè fò, gen men{koule/pèse} *He's a spendthrift, he has been working for a long time, but he has no savings.* Msye gen men koule, se pa pou dat l ap travay, li pa gen senk kòb ekonomi.

sperm *n.* dechay, espèm, espèmatozoyid, jèm, semans gason

spermatozoa *n.* espèmatozoyid, grenn dechay

spermicide *n.* krèm

spew *v.tr.* degobye, rann, vèse, vwonmi *The food was so bad, I spewed it out.* Manje a te sitèlman move, m degobye l. •**spew out** degobye, rann, vwonmi •**spew up** degobye, rann

sphere *n.* **1**[*globe*] boul, esfè, glòb **2**[*domain*] domèn **3**[*scope, range*] kad, pòte, zòn

spherical *adj.* won

sphincter *n.* grigi, grigri •**anal sphincter** grigri twou dèyè

sphinx *n.* esfenks

sphygmomanometer *n.* aparèy tansyon, tansyomèt

spice[1] *n.* **1**[*seasoning*] epis, piman **2**[*a story*] piman, sèl *She added some spice to the story to make it more interesting.* Li mete piman

nan koze a pou fè l pi enteresan. •**spice for making tea** epis te •**hot spice** asid
spice² *v.tr.* pimante, sizonnen *Spice up my food.* Pimante manje m nan. •**spice up** [*a story, etc.*] mete{epis/sèl}, pimante *Don't spice up the story.* Pa met sèl nan koze a. *When she says something, she has to spice it up.* Depi l ap rakonte yon pawòl, fòk li mete epis ladan.
spiceberry *n.* [*small tree, shrub*] (bwa) mit
spick-and-span *adj.* total kristal
spicy *adj.* 1[*seasoning*] cho, pike, piman *The food is too spicy.* Manje a twò pike. *This food is spicy, it's loaded with chili peppers.* Manje sa a cho, li chaje ak piman. *I won't eat that spicy food.* M p ap manje piman sa. 2[*language, story, etc.*] sale *That book has some spicy language in it.* Liv sa a sale anpil. •**make spicy** pimante *Don't make the food too spicy.* Pa pimante manje a twòp.
spider *n.* anasi, ariyen, (z)arenyen
spider silk *n.* fil zarenyen
spiel *n.* koze, kozman
spiffy *adj.* bòzò, bwòdè
spigot *n.* tèt tiyo, tiyo, wobinèt
spike¹ *n.* 1[*large nail*] pik 2[*for cleats, etc.*] kranpon 3[*volleyball*] kil 4[*prices, etc.*] moute tèt nèg *There was a sudden spike in the price of gasoline.* Bridsoukou pri gaz la moute tèt nèg. •**put a spike in s.o.'s wheel** sentre bas yon moun
spike² *v.tr.* 1[*pierce*] pèse, pike *He spiked a big hole in the door.* Li pèse pòt la fè yon gwo twou. 2[*rise suddenly*] moute tèt nèg *The price of rice spiked in the summer.* Pri diri a moute tèt nèg pannan vakans yo. 3[*a drink*] mete chalè, pike *Someone spiked the punch.* Gen yon moun ki mete chalè nan ponch lan. 4[*a volleyball*] fè yon kil *She spiked the volleyball.* Li fè yon kil ak volebòl la.
spiked *adj.* •**spiked drink** pike *Her drink was spiked.* Bweson li a te pike. •**spiked hair** cheve ki{drese/bade ak pikan} •**spiked heels** talon kitkit
spikenard *n.* [*aromatic plant*] na
spill¹ *n.* 1[*drink, etc.*] bavòtay 2[*fall, accident*] chit, kaskad, so •**have a spill** pran yon so *He had a spill, but he's alright now.* Li pran yon so, men li byen kounyeya.
spill² I *v.tr.* 1[*water, sand, etc.*] ranvèse, vèse, vide *I spilled the bucket of water.* M ranvèse

bokit dlo a. *All the oil spilled onto the floor.* Tout luil la vide atè. *Spill the pan of dirty water into the gutter.* Vèse kivèt dlo sal la nan rigòl la. 2[*large*] devide *When oil tanker ran aground, the oil spilled into the ocean.* Lè batiman luil echwe, tout luil la devide nan lanmè. II *v.intr.* [*spread*] gaye *When morning came, the light spilled into the room.* Lè maten an, limyè a gaye nan chanm lan. •**spill blood** fè koule sang, vide sang atè •**spill one's guts** mete tout kaka chat deyò •**spill out** devide, jete kò li *After the meeting, people spilled out of the room.* Aprè reyinyon an, moun jete kò yo nan sal la. •**spill over** debòde, ranvèse *It rained so much that the barrel is full and spilling over.* Lapli tonbe tèlman, doum nan plen debòde. *All the gasoline spilled over on the ground.* Tout gaz la ranvèse atè a. •**spill the beans** vann{kalbas la/makout la} *They never would have caught him if his accomplice hadn't spilt the beans.* Yo pa t ap janm kenbe li si konfyolo li la pa te vann kalbas la.
spillage *n.* tiyon
spin¹ *n.* 1[*turning motion*] laviwonn, vire won 2[*ride*] vire *Let's go for a spin in the car.* An n al fè yon vire nan machin nan. 3[*new angle*] ang, limyè, pwendvi *They tried to put a positive spin on it.* Yo eseye wè l sou yon limyè pozitif. •**give sth. a spin** fè yon kou, eseye *Let me give it a spin.* Ban m fè yon kou. •**I am in such a spin** m ap fè sitèlman mayilò
spin² *v.tr.* 1[*turning motion*] fè laviwonn, tounwaye, vire (won) *The car spun before it flipped over.* Machin nan vire anvan l kapote a. 2[*cotton, web, etc.*] file *I want to learn to spin cotton.* M vle aprann file koton. 3[*in the mud*] patinen *The car's wheels were spinning in the mud.* Machin nan t ap patinen nan labou a. •**spin around** patinen an plas, tounwaye *He made the kite spin around in the sky.* Li fè sèvolan an tounwaye nan syèl la. •**spin one's wheels** *a*[*car, etc.*] patinen an plas *The car is spinning its wheels.* Machin nan ap patinen an plas. *b*[*fig.; go nowhere*] virewon *You're not going anywhere. You're just spinning your wheels.* Ou pa rive okenn kote. Ou ap virewon tou sèl. •**spin unevenly** [*spinning top*] chikata *The spinning top spins unevenly.* Topi a chikata. •**spin yarns** chante yon moun bòt *Rather than spinning yarns, pay me*

back. Olye ou vin chante m bòt, peye m lajan m. •**spinning abnormally** [*spinning top*] gadja *The top is spinning abnormally.* Topi a gadja. •**be spinning** [*head*] fè{mayilò/tèt yon moun vire (tounen)}, gen toudlin *My head is spinning.* M gen toudlin.

spinach *n.* zepina

spinal *adj.* epinyè, vètebral •**spinal column** baton koumbe, chinendo, kolòn vètebral, rèldo •**spinal cord** mwal epinyè •**spinal nerve** nè rèldo

spindle *n.* bwòch, flèch, tounikèt

spindle-shaped *adj.* fòm pwentafile, tèt flèch

spine *n.* 1[*backbone*] chinendo, kolonn vètebral, rèl do, zo (chenn/rèl) do 2[*book*] do (liv) 3[*barb, spike*] pikan, tèt flèch 4[*courage*] kanson, nannan •**cervical spine** nwakou •**have some spine** gen {kanson/nannan} *He has some spine.* Li gen nannan.

spine-chilling *adj.* espantan, san frèt *The movie was spine-chilling.* Fim ba nou san frèt.

spineless *adj.* fenyan, mòkòy, molyann *A spineless person like you can't do such hard work.* Moun mòkòy kon ou pa ka fè djòb di sa.

spine-tingling *adj.* espantan, san frèt

spinning-top *n.* topi

spinning-wheel *n.* wouyèt

spinster *n.* grann Nanna, selibatè, vyèy fi

spiny *adj.* plen pikan

spiral[1] *adj.* espiral

spiral[2] *v.intr.* moute/desann an espiral *The staircase spiraled up.* Eskalye a moute an espiral.

spire *n.* kloche

spirit *n.* 1[*soul*] lespri, nanm 2[*ardor, energy*] chalè, enèji 3[*ghost*] bonnanj, espri, fantòm, louten (bab), ranvwa, revenan, vyenvyen, zonbi 4[*attitude*] mantalite 5[*Vodou*] lwa, mistè, zonbi •**spirit of a dead person** espri, mò, zonbi •**spirit of a deceased family member** danti •**spirit of the dead** mò, zanj •**spirits and dignitaries** priyè djò •**evil spirit** denmon, louten bab, malentespri, movèzespri •**fighting spirit** konbatif *She lacks fighting spirit.* Li manke konbatif. •**full of fighting spirit** konbatif •**guardian spirit** mistè, ti bonnanj •**Holy Spirit** Lespri sen, Sentespri •**in the spirit of brotherhood** fratènèlman *In the spirit of brotherhood, we*

will build the kingdom of God. Fratènèlman n ap rive bati wayòm Bondye a. •**make a pact with an evil spirit** angaje •**take away one's spirit** wete nanm yon moun •**Vodou spirit** lwa, mistè •**Vodou spirits** lesen

spirited *adj.* cho, egzak *The party was very spirited.* Fèt la te cho anpil. *She's a very spirited child, she always taking a tumble.* Se yon timoun ki egzak anpil, l ap toujou pran so.

spiritless *adj.* kazwèl, mòkòy *He's so spiritless, he can't do anything that requires strength.* Li sitèlman kazwèl, li pa ka fè anyen ki djanm.

spirits *n.pl.* 1[*morale*] lespri, moral 2[*alcohol*] lespri •**in good spirits** gen bon jan, {nan/sou}bon san li *Don't bother her, she's in good spirits today.* Pa deranje li, li sou bon san li jodi a.

spiritual *adj.* espirityèl •**spiritual problem** pwoblèm espirityèl

spirituality *n.* espirityalite

spiritually *adv.* espirityèlman

spirituous *adj.* pike *The punch is spirituous.* Ponch lan ap pike.

spit[1] *n.* [*for roasting*] bwòch

spit[2] *n.* [*saliva*] bave, dlo nan bouch, krache

spit[3] *v.tr.* 1[*saliva*] fè lapli, krache *She's spitting all the time.* Se toutan l ap krache. *Put your hand in front of your mouth when you speak so you don't spit.* Mete men nan bouch ou lè w ap pale pou pa fè lapli. 2[*blood, flames, etc.*] krache *He was so angry, he spit blood.* Li te sitèlman awoyo, li krache san. •**spit it out!** kite kantik la pran lapriyè, kite koze pran pawòl, kite pawòl pran lapriyè •**spit up** krache, rann (manje), vwonmi *The flu made me spit up a lot of phlegm.* Grip la fè m rann anpil glè.

spitball[1] *n.* boulèt

spitball[2] *v.tr.* [*brainstorm*] brase lide *I'm just spitballing a few ideas.* Mwen sèlman ap brase lide.

spite[1] *n.* depi, gwo kè, malveyans, mechanste, rankin *I don't have any spite for him in my heart.* M pa gen ankenn mechanste nan kè m kont li. •**do sth. in spite of one's self** bouche nen li pou bwè dlo santi, mare kè ki pou fè yon bagay •**in spite of** andepi, atout, malgre *In spite of all the problems he encounters, he never gets discouraged.* Andepi de tout pwoblèm li rankontre, li pa janm dekouraje. *In spite of being sick, she came to work anyway.* Atout li te malad, li vin nan travay kanmenm. •**in spite of the fact that** swadizan *In spite of the fact that he's rich, he drives an old jalopy.* Swadizan li rich, l ap woule yon bogota.

spite² *v.tr.* vekse *Why did you spite me in front of everyone like that?* Pouki ou te vekse m douvan tout moun konsa?

spiteful *adj.* malveyan, rankinye, tizago *That spiteful guy destroys people for nothing.* Nèg tizago sa a ap detwi moun pou dan ri.

spitefully *adv.* ak{depi/rankin}

spittle *n.* krache •**dried spittle** [*at corner of mouth*] bòkyè •**glob of spittle** plòt krache

spittoon *n.* krachwa

splash¹ *n.* 1[*water, etc.*] klapòtman 2[*small amount*] tikras *Add a splash of salt to the soup.* Mete yon tikras sèl nan soup la.

splash² *onom.* [*sound of object falling into water*] tchouboum

splash³ I *v.tr.* [*water, etc.*] voye *Don't splash water on me! I don't want to get wet.* Pinga ou voye dlo sou mwen! M pa vle mouye. II *v.intr.* 1[*in water*] fè payas, vòltije *The people are splashing in the mud.* Nèg yo fè payas nan labou a. *Don't splash water so we don't get wet.* Pa vòltije dlo a pou pa mouye n. 2[*rain*] voye *Shut the windows so the rain doesn't splash inside.* Fèmen fenèt yo pou lapli a pa voye jis anndan an. •**splash about** [*in puddles, mud, etc.*] babote, patoje *Stop splashing about in the water.* Ret patoje nan dlo a. •**splash and flounder** [*in puddles, mud, etc.*] patoje •**splash around** babote, klapote *The children splashed around in the water.* Timoun yo babote nan dlo a. •**splash water noisily** {bat/tire}lobe, {fè/pike} tchouboum, lobe, tire woup *The children like to splash noisily in the river.* Timoun yo renmen lobe nan rivyè a.

splashguard *n.* palisad, randwi

splat *onom.* towblip, vrip

splatter¹ *n.* badijonnay

splatter² *v.tr.* bade, badijonnen, benyen *You splattered mud all over your shoes.* Ou badijonnen soulye ou yo nèt ak labou. *The car splattered water all over me.* Machin lan benyen m ak dlo. •**splatter with mud**

voye labou *Be careful not to splatter mud on pedestrians.* Atansyon pou pa voye labou sou pyeton yo.

splay *v.intr.* blayi *He was splayed out drunk on the floor.* Li te blayi atè sou.

spleen *n.* larat •**ruptured spleen** larat li{pete/pran} chòk

splendid *adj.* bèl anpil, mànyifik, mèveye *He did splendid work.* Li reyalize yon travay mayifik.

splendor *n.* bèlte, esplandè *The splendor of that house gave everybody the desire to build.* Bèlte kay sa bay tout moun anvi bati.

splice¹ *n.* makonnay, très

splice² *v.tr.* makonnen, trese *Splice those two pieces of rope together.* Makonnen de mòso kòd sa yo ansanm.

splint¹ *n.* atèl

splint² *v.tr.* klise, mete atèl

splinter¹ *n.* 1[*gen.*] ekla, eklis 2[*in one's finger, etc.*] klisbwa 3[*of wood*] ekay •**splinter group** yon bann apa

splinter² *v.tr.* fann fè ekla, frakase *The wood splintered.* Bwa a fann fè ekla.

split¹ *n.* 1[*tear in fabric, etc.*] chire, dechire 2[*crack, opening, etc.*] fant, jwen, jwenti, krevas 3[*schism*] divizyon 4[*share*] kinan li [*N*], pa, pa li, pòsyon pa li *Give me my split.* Ban mwen pa m. •**(four)-way split** lapataj ant kat moun

split² I *v.tr.* 1[*tear, etc.*] chire, fann, kreve, pete *I split my pants when I bent over.* M fann pantalon mwen lè mwen koube. 2[*cleave, etc.*] fann, fele, krake, kreve, pete *She split the coconut.* Li fann kokoye a. *He split the boy's head open with a rock.* Li pete tèt tigason an ak yon kout wòch. *The earthquake split the wall.* Tranblemanntè a fele mi an. 3[*divide, share*] depataje, divize, pataje, separe *The two candidates split the vote.* De kandida yo depataje vòt la. *They split the food evenly between themselves.* Yo separe manje a egalego ant yo menm. II *v.intr.* 1[*tear, etc.*] anfraje, chire, fann, kreve, pete *The crotch of his pants split when he fell.* Fouk pantalon an anfraje lè l tonbe. *The bag of rice split and spilled onto the floor.* Sak diri a chire epi li vide atè. 2[*cleave, etc.*] fann, fele, krake, kreve, pete *The wall split.* Mi an fann. *The beans are splitting open.* Pwa yo ap kreve.

3[*divide into small groups, etc.*] fè (de, twa, etc.) *There are enough people to split into two teams.* Gen ase moun pou n fè de ekip. *This same road will split into two.* Se menm wout sa ki vin fè de. **4**[*part company, break up*] kase, kite, separe *They were married for three years before they split.* Yo te marye twazan anvan yo kase. **5**[*depart, leave*] chape poul li, kraze rak *Let's split before the police come.* Ann kraze rak anvan polis la vini. •**split apart at seams** desoude *The gate is splitting apart.* Baryè a desoude. •**split hairs** chache zo nan kalalou *That teacher is always splitting hairs.* Pwofesè sa a toujou ap chache zo nan kalalou. •**split open** fann *Take the knife to see if you'll be able to split open the can of milk.* Pran kouto a pou wè si ou va fann bwat lèt la. •**split up** [*end a relationship*] depareye, kite *I heard that they split up.* M tande yo depareye.

split-skirt *n.* salòpèt

split-up *n.* divòs, separasyon

splitting *n.* dedoubleman

splotch[1] *n.* mak, tach

splotch[2] *v.tr.* bade, badijonnen *You splotched your dress with mud.* Ou bade wòb ou ak labou.

splurge *v.tr.* banbile kòb *You splurged all your money on useless junk.* Ou banbile tout kòb ou sou yon pakèt batanklan.

splutter *v.intr.* boudouye, pale kou kabrit *She spluttered an excuse and then left.* Li boudouye yon ekskiz epi li pati.

spoil I *v.tr.* **1**[*damage*] bimen, deteryore *Don't jump on the bed, you'll spoil it.* Pa vin danse sou kabann nan, ou pral bimen li. **2**[*detract from, ruin*] defigire, gache, gate, nwi *Don't come spoiling my wedding with your bad temper.* Pa vin defigire maryaj mwen avèk gwo san ou an. *If you don't break it off with this guy, your life will be spoilt.* Si ou pa depri pye ou ak nèg sa a, lavi ou va gache. *All these weeds are spoiling the garden.* Tout move zèb sa yo ap gate jaden an. **3**[*a child*] bere, chouchoute, dòlote, gate, sitire *She spoiled the child to the point that he was unable to stand on his own two feet.* Li chouchoute pitit la jouk li fè l mare nan lavi. *You spoil your child too much.* Ou dòlote pitit ou a twòp. *The child's mother spoils him, she lets him do what he wants.* Manman pitit la gate

l, li kite l fè sa li vle. *You spoil the child too much.* Ou sitire pitit la twòp. **II** *v.intr.* [*go bad, rot*] avarye, dekonpoze, devide, gate, pouri, varye *The meat is beginning to spoil.* Vyann sa a kòmanse dekonpoze. *The corpse is beginning to spoil on the ground.* Kadav la ap kòmanse devide atè. *Put the food in the refrigerator or it will spoil.* Mete manje a nan frijidè osnon l ap pouri. •**spoil one's appetite** {gate/koupe}apeti yon moun *The news spoiled my appetite.* Nouvèl la koupe apeti m. •**spoil s.o.'s game** manje wawa yon moun, wete mayi nan fal yon moun •**be spoiled** [*go bad, full of bugs*] fè bèt *The beans are spoiled already.* Pwa yo ap fè bèt deja. •**beginning to spoil** mikmik *When the food smells like that, it means it's beginning to spoil.* Lè manje a santi konsa, sa vle di li mikmik. •**be spoiling for sth.** [*eager to*] cho pou *Look at how he's spoiling for a fight.* Gade jan li cho pou li goumen.

spoiled *adj.* **1**[*gone bad, rotten*] avarye, blaze, pouri, varye *The meat is spoiled.* Vyann nan avarye. **2**[*food*] si *The food is spoiled.* Manje a si. **3**[*meat, fish*] fandanman *That fish smells like it's spoiled.* Pwason sa a santi fandanman. **4**[*overindulged*] gate, kreza, pouri, rechiya *Look at how she has spoiled that child.* Gade jan li gentan gate timoun sa a. **5**[*invalid, ruined*] gate, san valè *The ballot is spoiled since you wrote on both sides.* Bilten an gate depi ou ekri sou de kote yo. •**spoiled as a set** depaman *Those socks are spoiled as a set because one of them has a hole.* Chosèt sa yo depaman poutèt yonn nan yo gen tou. •**spoiled child** timoun yenyen

spoiling *n.* sitirans

spoils *n.pl.* biten, dechèpiyay, piyay •**spoils of war** dechèpiyay lagè •**give everyone his share of the spoils** bay tout moun pa yo nan piyay la

spoilsport *n.* gate{jwèt/metye/pati/pri/sa}

spoke *n.* [*of a wheel*] reyon •**put a spoke in s.o.'s wheel** sentre bas yon moun *She wanted to become a doctor, but her parents put a spoke in her wheel.* Li te vle fè dòktè, men granmoun li yo sentre bas li.

spoken *adj.* oral, pa bouch •**spoken for** [*claimed*] gen mèt deja *That chair is already spoken for.* Chèz sa a gen mèt deja.

spokesman *n.* pòtpawòl, pòtvwa

spokesperson *n.* èddekan, pòtpawòl *Let the child argue her case, she doesn't need a spokesperson to defend her.* Kite pitit la diskite kòz li, li pa bezwen èddekan pou defann li.

spoliation *n.* dechèpiyay, piyay

sponge[1] *n.* **1**[*object, animal, etc.*] eponj **2**[*freeloader*] reskiyè, sousetrennen, woulibè •**spermicidal sponge** eponj

sponge[2] **I** *v.tr.* [*a wound*] tanponnen *Sponge the wound so it doesn't get infected.* Tanponnen blesi a pou li pa vin si. **II** *v.intr.* [*freeload*] fè reskiyè, reskiye *She sponges from her family to get by.* Li fè reskiyè nan men fanmi li pou li viv. •**sponge off** [*freeload*] pran woulib, viv anba dan yon moun *He doesn't want to work; he sponges off of his family.* Li pa vle travay, l ap viv anba dan fanmi l.

sponger *n.* [*freeloader*] reskiyè, sousè, sousetrennen, woulibè

spongy *adj.* •**be spongy** [*sugarcane, radish, turnip, etc.*] gen van, krib(krib), rabi krib *That sugar cane is spongy.* Kann sa a gen van. *The turnips are all spongy.* Navè yo fin kribkrib.

sponsor[1] *n.* antremetè, esponnsò, konmetan, marenn [*fem.*], parenn *He's a good sponsor, he supports the team well.* Li yon bon antremetè, li soutni ekip la byen. *She's the sponsor for our band.* Se li ki marenn djaz nou an.

sponsor[2] *v.tr.* **1**[*sporting event, concert, etc.*] parennen, patwone *The upper class always sponsors the carnival.* Laboujwazi toujou patwone kanaval la. **2**[*support, approve, etc.*] kosyonnen, sipòte, soutni *I'm not about to sponsor the bad actions of the inspector.* M pa soti pou m kosyonnen move ajisman enspektè a.

sponsorship *n.* parenaj •**under the sponsorship of** anba{tonnèl/labànyè}, sou lobedyans *That workshop was held under the sponsorship of the Ministry of Culture.* Seminè fòmasyon sa a fèt anba tonnèl ministè lakilti. *The activities took place under the ministry's sponsorship.* Aktivite yo fèt sou lobedyans ministè a. *I am going to run under the sponsorship of this political party.* Mwen pral nan eleksyon anba labànyè pati politik sa a.

spontaneous *adj.* fèt pou kò li, tou cho tou bouke, voup voup *She gave them a spontaneous answer.* Li ba yo on repons tou cho tou bouke.

spontaneously *adv.* tou cho tou bouke, voup voup *He answered the man spontaneously without thinking.* Li reponn msye a voup voup san li pa reflechi.

spoof[1] *n.* badinay, blag, chalè, djòk, sati

spoof[2] *v.tr.* chare, djoke, kanile *The boy spoofed the old man.* Gason an kanile vye granmoun nan.

spook[1] *n.* espri, fantòm, revenan

spook[2] *v.tr.* **1**[*haunt*] ante, donnen kay, pran kan kay, fè tchonnèl *The ghost spooked the house.* Fantòm lan pran kan kay. **2**[*frighten*] kaponnen *The snake spooked my horse and I took a tumble.* Se koulèv la ki kaponnen chwal mwen an epi m pran yon so.

spooky *adj.* espante

spool *n.* **1**[*thread*] bobin, bwa fil, sigarèt fil, tounikèt, woulo *Buy a spool of white thread for me.* Achte yon sigarèt fil blan pou mwen. **2**[*of string, twine, etc.*] plo, plòt •**spool of sewing machine** kanèt

spoon[1] *n.* kiyè •**spoon excavator** [*dental*] eskavatè •**coffee spoon** kiyè kafe, ti kiyè •**large spoon** gwo kiyè •**soup spoon** kiyè soup •**tea spoon** kiyè a te, ti kiyè •**wooden spoon** gwo kiyè, kiyè bwa

spoon[2] *v.tr.* vide, wete (a kiyè) *She spooned the rice onto the plate.* Li vide diri a nan asyèt la. *The food smelled bad so I spooned it out of the bowl into the garbage.* Manje a te santi si, alò m wete l nan bòl la pou m jete l nan fatra. •**spoon off** wete a kiyè *After he milked the cow, he spooned off the cream for his mother.* Aprè l fin tire bèf la, li wete krèm la a kiyè pou manman ni.

spoon-feed *v.tr.* [*spoil*] bere, sitire *If you always spoon-feed the child, she will never learn to do it on her own.* Toutan ou ap sitire timoun nan, li pa p janm aprann defann tèt li.

spoonful *n.* kiyè, kiyere •**level spoonful** kiyè plen, kiyè san tiyon •**one spoonful at a time** piti piti zwazo fè nich li

sporadic *adj.* **1**[*irregular, inconsistent*] ale vini, mòde lage *The rain has been sporadic all week.* Tout semenn nan lapli ap ale vini. *He's really sporadic at school.* Msye ap toujou mòde lage nan lekòl la. 2[*not epidemic*] youn youn moun *That illness is really sporadic.* Se youn youn moun maladi sa a.

sporadically *adv.* ale vini, detanzantan, detanzawòt, mòde lage

spore *n.* mikwòb dòman

sporobolus *n.* [*grass*] zèb fen

sport[1] *n.* 1[*athletic competition*] espò 2[*fun, amusement*] divètisman 3[*person*] bon ze, pèksè •**make sport of** fè fas yon moun, mete yon moun nan fas *This joker thinks that he can make sport of everyone.* Fawouchè sa a kwè li ka mete tout moun nan fas.

sport[2] *v.tr.* bay parad, mache sou moun *She was sporting a new hairdo when I saw her.* Lè m wè l, li t ap bay parad ak nouvo kwaf li a. *He was sporting a black eye.* Li mache sou moun yon je bouche.

sporting *adj.* 1[*athletic*] espòtif 2[*fair*] egal, jis

sporty *adj.* djangan, wololoy

sports *adj.* espòtif *They just established the sports center here.* Yo fenk tabli sant espòtif la isit. •**sports complex** sant espòtif

sportscast *n.* emisyon espòtif

sportscaster *n.* {animatè/espikè}espòtif

sportsman *n.* espòtif, espòtmann

sportsmanship *n.* espri espòtif

sportswear *n.* rad espòtif

sporty *adj.* wololoy

spot[1] *n.* 1[*stain, etc.*] mak, plak, remak, tach, takte *There is a spot of paint on your clothes.* Gen yon plak penti sou rad ou. *There are some blood spots on the ground.* Gen remak san atè a. 2[*liquid, tiny drop*] tak *Here is a spot of rum to warm you up.* Men yon ti tak wonm pou chofe ou. 3[*med.*] bouton, tach *Those spots look like chicken pox to me.* Tach sa yo sanble saranpyon. 4[*small amount*] ti{kal/kras} *We had a spot of lunch before going back to work.* Nou te gen yon ti kras manje anvan nou tounen nan travay. 5[*place*] kote, landwa, pozisyon *He has built his house in a bad spot.* Li bati kay li a nan move pozisyon. *There's a spot on my back that itches me.* M gen yon kote nan do m k ap grate m. •**at this very spot** isi prezan *At this very spot we consecrated the monument.* Isi prezan nou konsakre moniman an. •**bald spots in the hair** {twou/ chemen}rat *The barber made bald spots in my hair.* Kwafè a

fè twou rat nan tèt mwen. •**be in a bad spot** pran nan panzou •**be in a tight spot** antrave, bare *He's in a tight spot after his statement.* Li antrave apre deklarasyon l fè a. •**be in a tight spot financially** antrave *We're in a tight spot, we don't have enough money.* Nou antrave, nou pa gen ase lajan. •**blood spot** plòt san •**empty spot** vid •**flat spot of ground** platon •**have a soft/weak spot for sth. or s.o.** fèb pou yon {bagay/moun} *He has a weak spot for booze.* Li fèb pou tafya. •**on the spot** koulye la a, la menm, latou, san bat, sou plas *As soon as they asked for the money, he paid them on the spot.* Kote yo mande lajan an, la tou li bay li. *He died on the spot.* Li mouri san bat. *She can solve your problem on the spot.* Li ka regle sa pou ou sou plas. •**put s.o. in a bad spot** mete yon moun an movèz posti *The bad article he published put him in a bad spot.* Vye atik li pibliye a mete l an movèz posti. •**tender spot** venn sansib *The statement touched me in a tender spot.* Pawòl la touche m nan venn sansib mwen. •**weak spot** pwen fèb •**white spot in fingernail** kado •**whitish spots** [*on skin*] lota

spot[2] **I** *v.tr.* 1[*stain, etc.*] sal, tache *Your tie is spotted with orange juice.* Kòl ou tache avèk ji zorany. 2[*recognize, pick out*] rekonnèt, twouve *He spotted her on the bus.* Li rekonnèt li sou bis la. 3[*watch out for*] gete, veye *You have to spot him when he lifts weights so he doesn't get hurt.* Fo ou veye l lè l ap leve fè pou li pa blese kò l. **II** *v.intr.* 1[*menstruation*] make san *She has been spotting since yesterday.* Li t ap make san depi ayè. 2[*for a sniper, etc.*] sible *I spot for the sharpshooter.* Se mwen ki sible lenmi a pou chapchoutè a.

spotless *adj.* san tach, total kristal

spotlessly *adv.* san tach

spotlight[1] *n.* espòtlayt, (limyè) fa •**in the spotlight** [*in the public eye*] an vedèt, kavalye an santinèl

spotlight[2] *v.tr.* 1[*shine a light*] flache, liminen 2[*fig.*] liminen, mete an vedèt, mete sou limyè

spotted *adj.* 1[*gen.*] takte 2[*usu. chicken*] zenga

spotted eagle ray *n.* [*fish*] lanj, malfini lanmè, re lanj

spotter *n.* getè

spotty *adj.* 1[*having spots*] tache, takte 2[*unreliable, inconsistent*] anbalan, mòde lage *She's in a spotty situation right now. You can't count on her.* Kounyeya danm lan anbalan. Ou pa ka konte sou li. *Don't hire those guys, they do spotty work.* Pa anboche mesye sa yo, y ap plede mòde lage nan travay la.

spouse *n.* 1[*fem.*] fanm kay, madanm 2[*masc.*] mari, nonm

spout¹ *n.* 1[*bottle*] bouch 2[*teapot, jug*] bèk, pik 3[*spigot, tap, etc.*] tèt tiyo, wobinèt 4[*stream of liquid*] jè, kouran 5[*fountain*] jèdlo, jèdo •**grinder spout** kònèt

spout² I *v.tr.* 1[*liquid*] pise, ponpe (sòti), voye an lè *The injured leg was spouting blood.* Janm blese a t ap pise san. 2[*recite, etc.*] devide *Go spout your propaganda elsewhere!* Al devide pwopagann ou yon lòt kote. II *v.intr.* 1[*liquid*] devide, gaye, pise ponpe(sòti), voye an lè *Oil was spouting from the broken pipe.* Lwil t ap devide nan tiyo kase a. 2[*go on about sth.*] fè bèk alèlè *She was spouting off about her husband cheating on her.* Li t ap fè bèk alèlè konsènan mari a ki te bay li zoklo.

sprain¹ *n.* antòch, antòs, foulay, fouli, van pye •**have a sprain or a contusion** gen venn foule *He has a sprain; look at the size of his foot.* Li gen venn foule; gad wotè pye l.

sprain² *v.tr.* foule, tòde *She took a false step, and she sprained her foot.* Li fè yon fo pa, li foule pye l. *She sprained her ankle.* Li tòde chevi li.

sprained *adj.* foule *My foot has been sprained in a soccer game.* Pye m foule nan jwèt boul. •**sprained back** {do/senti/tay}{ouvri/ ouvè/louvri}, toudren *His back is sprained from the strain of carrying water.* Do li louvri nan redi pote dlo. *She lifted too heavy a load; she has a sprained back.* Li leve chay ki twò lou; li gen tay ouvè. *She got a sprained back since she fell off the horse.* Li gen yon ren louvri depi l fin sot tonbe sou chwal la. •**sprained foot** pye{foule/tòde}

sprawl *v.intr.* kase sou do, layite kò li, pran lèz kò li *She's sprawled out in her bed, she hasn't gotten up yet.* L ap pran lèz kò li, li pòkò ap leve. •**sprawl o.s. out** pakin kò li *She sprawled herself out on the floor, writhing in pain like a small child.* Fi a pakin kò l atè a, li rale tankou yon timoun piti poutèt doulè a. •**sprawled out** blayi, tann *There's a guy sprawled out on the ground; it looks like he's dead.* Men yon nèg ki blayi atè a; sanble li mouri. *He was completely sprawled out on the ground he was so drunk.* Tout kò l tann atè a tank li sou.

sprawling *adj.* 1[*person*] blayi, kase sou do 2[*spread out (city, etc.)*] gaye, tribòbabò *The city was sprawling all over the countryside.* Vil la te gaye sou tout alantou yo.

spray¹ *n.* 1[*water*] jèdlo 2[*flower*] jèb 3[*perfume, etc.*] atomizè, flitè •**fountain spray** jèdlo •**insect spray** flit

spray² *v.tr.* 1[*for insects, etc.*] bonbade, flite *Wait until we leave before you spray the house for insects.* Tann nou soti anvan ou flite kay la pou ti bèt yo. *He just sprayed there with insecticide.* Li sot bonbade la a ak Begonn. 2[*teargas, etc.*] laye *The police sprayed the crowd with tear gas.* Lapolis laye foul manifestan an ak gaz lakrimojèn.

sprayer *n.* flitè, vaporizatè •**garden sprayer** ponp aspèsyon

spraying *n.* [*for lice, etc.*] aspèsyon *The bedroom requires a spraying to get rid of all the mosquitoes.* Chanm nan merite yon aspèsyon pou chase tout moustik yo.

spread¹ *adj.* •**spread out** *a*[*laid out*] blayi, etale, ouvè *b*[*spaced out*] gaye

spread² *n.* 1[*diffusion, etc.*] avansman, pwogresyon, simayaj 2[*extent, expanse*] lajè 3[*land*] plèn 4[*feast*] gagòt manje •**big spread** [*feast*] babako

spread³ I *v.tr.* 1[*disease, etc.*] simen *He spread AIDS before he died.* Li simen maladi sida a anvan l mouri. 2[*merchandise, etc.*] layite, mete deyò *She spread out all her products.* Li layite tout pwodwi li yo. *The merchant spread out his wares for sale.* Machann nan mete tout demelay li deyò pou li vann yo. 3[*corn, coffee beans, etc.*] gaye, grennen, layite *Lay out the tarp in the sun and spread the coffee beans on it.* Tann prela a nan solèy a epi gaye kafe a sou li. *They spread the corn all over the ground.* Yo grennen mayi a tout atè a. 4[*clothes, etc.*] lage yon bagay aladriv, tann *He has spread his clothes all over the house.* Li lage tout rad li aladriv nan kay la. *Spread the* *clothes out to let them dry.* Tann rad yo pou yo seche. **5**[*tablecloth, etc.*] etann *Spread the table cloth on the table.* Etann nap la sou tab la. **6**[*news, rumors, etc.*] gaye, kouri, layite, pibliye, pwopaje, repann *Rumors spread, the news is broadcast.* Bri kouri, nouvèl gaye. *The news spread through the village.* Nouvèl la layite nan tout bouk la. *She spread the news through the whole village.* Li pwopaje nouvèl la nan tout bouk la. *You may spread the news so that all of the people are informed.* Ou mèt repann nouvèl la, pou tout moun okouran. **7**[*feet, etc.*] ekate, louvri *Spread your feet a little.* Ekate pye ou on ti kras. **8**[*wings, etc.*] deploye, laji *The hawk spread its wings and flew off.* Malfini a laji zèl li, epi li vole ale. **9**[*butter*] bere *Spread the butter on the bread for your sister.* Bere pen an pou sè ou. **10**[*mud, etc.*] bade, badijonnen, bouziye *When they were finished playing, they spread mud all over the house.* Lè yo fin jwe, yo badijonnen labou nan tout kay la. **II** *v.intr.* **1**[*a fire, disease, etc.*] gaye, mache, pele, sikile, transmèt *Before the firemen arrived, the fire spread throughout the neighborhood.* Anvan ponpye rive, dife a mache nan tout katye a. *The disease had started with just a few people, but it had soon spread throughout the area.* Maladi a frape de twa moun, talè l ap pele nan tout zòn nan. *AIDS is spreading throughout the world.* Sida ap sikile nan lemonn antye. *This illness spreads from father to son.* Maladi sa a transmèt de papa an pitit. **2**[*multiply*] gwosi, pele *Computers are spreading everywhere.* Òdinatè ap gwosi toupatou. **3**[*expand*] papiyen *Houses are spreading all over the mountainside.* Gen kay k ap papiyen sou tout fas mòn nan. **4**[*liquid*] ponpe, repann *The pipe was punctured, look at the water spreading all over the ground.* Tiyo a pèse, men dlo a ap ponpe tout atè a. *She opened the bottle, all of the perfume spread on the floor.* Li debouche boutèy la, tout pafen an repann atè. **5**[*rumors, etc.*] distile, flite, kouri, sikile *The rumor that she was pregnant spread all over town.* Tripòt li te ansent distile nan tout bouk la. *The news spread all over town.* Pawòl la flite nan tout bouk la. *Rumor is spreading that the president will resign.* Gen bri k ap kouri prezidan an pral kite pouvwa

a. *The news spread around the neighborhood.* Nouvèl la sikile sou tout katye a. **•spread a net over an area** [*mil.*] kadriye *The soldiers spread a net over the area in order to arrest the criminals.* Sòlda yo kadriye zòn nan pou yo ka arete zenglendo yo. **•spread around** epapiye *Why did you spread all my stuff around like that?* Poukisa ou epapiye tout afè mwen konsa? **•spread gossip** fè landjèz, pote ale pote vini *He always spreads gossip.* Li toujou fè landjèz. *That woman is a specialist in spreading gossip.* Fi sa, metye l se pote ale pote vini. **•spread in disorganized fashion** katiye *Look at how the children spread out the clothes (in a disorganized fashion) in the room.* Gad ki jan timoun yo katiye rad yo nan chanm nan. *He has disorganized every last thing in the house.* Li mele dènye bagay ki nan kay la. **•spread like wildfire** fè raj *Misery is spreading like wildfire in the world.* Mizè ap fè raj nan lemonn. **•spread one's skirt** [*while turning*] laye *Don't spread your skirt like that.* Pa laye jip ou konsa. **•spread out** *a*[*gen.*] deploye, detoufe, etale, etann, gaye, katiye, laji, simaye *The general of the army spread some soldiers in the area.* Jeneral la deploye kèk sòlda nan zòn nan. *Spread out the clothes so that they air out.* Detoufe rad yo pou yo ka pran lè. *You have to spread out the dough.* Ou bezwen etale pat la. *The story spread out far and wide.* Koze a etann anpil. *Look at how the children spread out the clothes in the room.* Gad ki jan timoun yo katiye rad yo nan chanm nan. *Spread out the food in the plate to have it cool faster.* Laji manje a nan asyèt la pou l ka frèt byen vit. *She spread out the papers all over the floor.* Li simaye papye yo tout atè. *The merchant spread out the merchandise in the tray.* Machann lan etale machandiz yo nan laye a. *b*[*smells, spray*] bonbade *The smell of the perfume spread through the whole house.* Odè pafen an bonbade tout kay la. **•spread out clothes** blayi, tann rad *Spread out the white clothes so that they can dry quickly.* Blayi rad blan yo pou yo sa seche vit. **•spread rapidly** mache{gaye/pele} *A bad epidemic rapidly spread throughout the neighborhood.* Yon move pidemi mache gaye nan tout katye a. **•spread rumors** kouri bri (deyò) *People are* *spreading the rumor that the leader has died.* Moun yo ap kouri bwi chèfla mouri. •**spread the Gospel** evanjelize *The missionaries are spreading the gospel to the people.* Misyonè yo ap evanjelize pèp la. •**spread the word** bay mesaj, etale •**spread the Word of God** preche levanjil *The pastor continues to spread the Word of God.* Pastè a ap kontinye preche Levanjil.

spreader *n.* [*person*] simayè

spreading *n.* deplwaman, pwopagasyon, simayaj, simayman •**spreading out** deplwaman

spree *n.* banbòch, kaladya •**go on a spending spree** banbile, debouse, mete lajan deyò *He went on a spending spree and bought a brand new car.* Li mete tout lajan li deyò pou li achte on machin flanban nèf. *She went on a spending spree.* Li banbile tout kòb li. •**go on an eating and drinking spree** fè babako *He's going on a drinking and eating spree and spending all of his money.* L ap fè babako epi l ap depanse tout kòb li. •**s.o. who goes on a spending spree** ravajè

sprig *n.* ti branch, ti bwa lyann

sprightliness *n.* ladrès, vivasite

sprightly *adj.* enganm, tèktègèdèk, tèktèk

spring¹ *n.* [*water source*] sous, tèt{dlo/sous} •**a thermal spring** yon sous tèmal •**hot spring** {sous/tèt}dlo cho

spring² *n.* [*season, weather*] prentan

spring³ *n.* 1[*leap, bound*] bon, so, vòltij 2[*mattress, watch, etc.*] resò 3[*resilience (of bow, mattress, etc.)*] lyann, resò, souplès •**coil spring** resò an espiral •**have a spring in one's step** {sote/vole} ponpe *She was so happy she had a spring in her step.* Li te sitèlman kontan li t ap vole ponpe. •**leaf spring** lanm resò

spring⁴ I *v.tr.* 1[*leap*] bondi, fè yon bon, sote, vòltije *The cat sprung the fence in a single bound.* Chat la sote kloti a nan yon sèl bon. 2[*surprise s.o.*] fè pantan, san yon moun pa atann *He sprung the bad news on us.* Li fè nou pantan ak vye nouvèl la. 3[*from prison, etc.*] chape *The gang sprung him from prison last night.* Bann lan chape msye nan prizon ayè swa. II *v.intr.* 1[*leap over/on/at, etc.*] {bondi/plonje/sote/vòltije}sou yon bagay (yon sèl bon) *The thief sprang over the gate*

and escaped. Vòlò a bondi sou griyaj la epi li chape bèl. *The cat sprang on the mouse.* Chat la plonje sou sourit la. 2[*to attention, into action, etc.*] bondi sou pye li *The firefighters sprang into action as soon as they heard the alarm.* Etan yo tande lalam, ponpye yo bondi sou pye yo. 3[*originate from*] (vin) sòti nan *Her compassion springs from her desire to help.* Konpasyon li vin sòti nan dezi pou li ede. •**spring a leak** fè vwadlo *The boat has sprung a leak.* Batiman an fè vwadlo. •**spring back to life** rebondi •**spring forth** a[*blood*] pise (ponpe), ponpe *Blood sprang forth from the wound.* San nan t ap pise ponpe nan blesi a. b[*flowers, plants, etc.*] boujonnen, kale, ponpe *Flowers are springing forth all over.* Flè yo ponpe tout kote a. •**spring forth again** reboujonnen •**spring forward** vole *As soon as she saw me, she sprang forward to kiss me.* Kou l wè mwen, li vole sou mwen pou l bo m. •**spring up** brandi *A lot of small outdoor shelters are springing up in the lower part of town.* Anpil ti tonnèl ap brandi anba lavil la.

springboard *n.* plonjwa, tranplen

Springfield *prop.n.* [*rifle*] espwennfil

springtime *n.* prentan

springy *adj.* 1[*gen.*] elastik, soup 2[*hair*] frize •**be springy** fè resò *This mattress is springy.* Matla sa a fè resò.

sprinkle¹ *n.* 1[*light rain*] farinay (lapli), krache, seren lapli, ti yenyen, wouze 2[*small amount, splash of*] krache, tikras, wouze

sprinkle² *v.tr.* 1[*powder, sugar, etc.*] simen, soupoudre *Sprinkle some salt on the fish.* Simen yon ti sèl sou pwason an. *Sprinkle some sugar on the cake.* Soupoudre gato a ak yon ti sik blan. 2[*rain lightly, drizzle*] degoute, farinen, yenyen *The rain is sprinkling on the garden.* Lapli ap degoute sou jaden an. *It's been sprinkling since this morning.* Depi maten an lapli ap fè yenyen. 3[*water*] wouze *She took the hose, she's sprinkling the flowers.* Li pran kawotchou a, l ap wouze flè yo. *Ti Mari sprinkled the clothes before she ironed them.* Ti Mari wouze rad yo anvan l pase yo. 4[*with Holy Water*] aspèje, beni, voye dlo benit *The priest sprinkled the baby with Holy Water.* Monpè a voye dlo benit sou pitit la. •**sprinkle a little bit of salt** batize ak sèl

Sprinkle a little bit of salt on the meat. Batize vyann nan ak yon ti sèl.

sprinkler *n.* [*for lawn, etc.*] awozwa •**sprinkler head** {bouch/bèk}tiyo

sprinkling *n.* wouzay

sprint¹ *n.* kous (kouri) •**make a sprint for sth.** pete yon kous kouri *She made a sprint for the bus.* Li pete yon kous kouri pou bis la.

sprint² *v.intr.* file, galonnen desann, pete yon kous kouri *She sprints down the street.* Li galonnen desann lari a. *The athletes burst into a sprint.* Atlèt yo pete yon kous kouri.

sprinter *n.* esprentè, kourè

sprit *n.* [*naut.*] balestwon

sprite *n.* Gede, metrès dlo

sprocket *n.* piyon •**sprocket wheel** [*bicycle*] piyon vitès (yon bekàn)

sprout¹ *n.* [*horticulture*] boujon, bouton, jèm, kreyòl, pous, rejè, rejeton

sprout² *v.intr.* **1**[*start to grow*] djondjonnen, jèmen, leve, pèse, pouse *You put the rice in water, it sprouts in three days.* Ou met diri a nan dlo, l jèmen apre twa jou. *The seed has sprouted.* Grenn nan leve. *The potato buds are sprouting.* Boujon patat yo ap pèse. **2**[*banana, plantain plant*] jete *The banana tree is sprouting.* Pye bannann lan ap jete. **3**[*esp. sugarcane*] {jete/pete}kreyòl *The sugarcane is starting to sprout.* Kann a sik ap jete kreyòl. •**sprout again** reboujonnen *The cotton plants are going to sprout again.* Pye koton yo pral reboujonnen ankò. •**sprout leaves** fè fèy, feye *The tree fruits are sprouting leaves.* Pye fwi yo ap feye.

sprouting *n.* leve

spruce up *v.tr.* degriji, fifinen, mete yon ti frechè *Let's spruce up the room.* An n mete ti frechè nan chanm nan.

spruced up *adj.* abiye tankou banda belize, banda *Everyone stops to look at her when she's all spruced up.* Tout moun rete gade lè tifi a abiye tankou banda belizè.

sprucing up *n.* retouch

spry *adj.* enganm *He's seventy years old, but he's still very spry.* Li gen swasanndizan, men l enganm toujou.

spud *n.* patat, ponmdetè

spume *n.* kim, mous

spunk *n.* nannan *They really lack spunk.* Yo manke nannan twòp.

spunky *adj.* bòzò, cho

spur¹ *n.* **1**[*of a cock, etc.*] zepon **2**[*urge horse, etc.*] kranpon, zepon **3**[*pointed object*] kranpon, sapata •**spur of the moment** tou cho tou bouke, voup voup *They decided to go to Port-au-Prince on the spur of the moment.* Yo deside voup voup ale Pòtoprens.

spur² *v.tr.* **1**[*horse, etc.*] kranponnen, zeponnen *Spur the rooster so he gets involved in the fight.* Zeponnen kòk la pou l al nan batay. **2**[*goad, prod, etc.*] dige, digonnen, giyonnen, pike devan *They're spurring him to find out what happened.* Y ap dige msye pou yo konn kisa ki rive. *You have to spur her on otherwise she won't do anything.* Fo ou pike devan osnon li p ap fè anyen. •**spur on** [*urge, encourage enthusiastically*] chofe *If the fans had spurred on the team, they wouldn't have lost.* Si fanatik yo te chofe ekip la, li pa t ap pèdi.

spurious *adj.* fo, malatchong *He said some spurious things behind your back.* Li di kèk bagay fo dèyè do ou. *The witness's statement was spurious.* Deklarasyon temwen an malatchong.

spuriously *adv.* yon jan fo *She spoke spuriously about the man.* Li pale yon jan fo sou msye a.

spurn *v.tr.* kwape *I went to tell her what happened and she spurned me.* M al rakonte l sa k te pase, li kwape m.

spurs *n.pl.* [*illegal (cockfighting)*] sapatonn

spurt¹ *n.* **1**[*blood, water, etc.*] ekla, jayisman, jèdlo *There was a spurt of blood and he fainted.* Yon ti ekla san epi li pèdi konnesans. **2**[*energy, etc.*] elan, jèvrin *She began the race with a spurt.* Li tanmen kous la ak yon bèl elan. *After he finished eating, he had a spurt of energy.* Aprè li fin manje, li pran jèvrin.

spurt² **I** *v.tr.* **1**[*liquid*] pise (ponpe), ponpe (sòti), voye an lè *The injured leg was spurting blood.* Janm blese a t ap pise ponpe san. **2**[*recite, etc.*] devide *Go spurt your propaganda elsewhere!* Al devide pwopagann ou yon lòt kote. **II** *v.intr.* **1**[*liquid*] devide, gaye, pise ponpe, ponpe sòti, vòltije *Oil was spurting from the broken pipe.* Lwil t ap devide nan tiyo kase a. *Blood spurted all over.* San vòltije toupatou. **2**[*go on about sth.*] fè bèk alèlè *She was spurting out about her husband cheating on her.* Li t ap fè bèk alèlè konsènan mari a ki te bay li zoklo. •**spurt blood** pise san •**spurt out** deboulinen, jayi *Blood spurt out of the gash.* San an deboulinen balaf la.

sputter I *v.tr.* [*speak haltingly*] reponn ataton *She sputtered an answer to the teacher's question.* Li reponn keksyon pwofesè a ataton. **II** *v.intr.* **1**[*progress unevenly*] kale, mache koutoup koutap *The car sputtered to a stop going up the mountain.* Machin nan kale nan moute mòn nan. *The generator is sputtering.* Dèlko a ap mache koutoup koutap. **2**[*in speaking*] gen bouch dlo *He sputters; he bathes you in spit when he talks.* Misye gen bouch dlo; li benyen ou ak krache lè l ap pale.

sputum *n.* flèm, kracha

spy¹ *n.* alapis, espyon, rapòtè, senkyèm kolonn, siveyè rapòtè, soumaren, tchekè *Don't involve the spy in our business.* Pa mete senkyèm kolòn nan nan zafè nou. •**spy of Duvalier's regime** limyè wouj •**government spy** babilòn

spy² *v.tr.* espyonnen, siveye rapòte *He spies for the government.* Li nan siveye rapòte pou gouvènman an. •**spy on** espyonnen, fè liy yon moun, liyen, obsève, talonnen, veye *You're hiding, you're listening to him, you're spying on him.* Ou sere, w ap koute l, se espyonnen w ap espyonnen l. *It has been a long time since the police have been spying on those criminals.* Se pa jodi a, lapolis ap fè liy bandi sa yo. *They spied on him until they caught him red-handed.* Yo liyen l jis yo kenbe l nan men. *He's spying on us to denounce us.* Misye ap talonnen n pou l al vann nou. *She's spying on people who speak unfavorably about the government.* L ap veye moun k ap pale mal gouvènman an.

spying *n.* espyonnay

squabble¹ *n.* bizbiz, deblozay, hinghang, kilmik, kont

squabble² *v.intr.* fè kont, nan{bizbiz/ hinghang}, tiraye *Those two people are always squabbling because they're different from one another.* De moun sa yo toujou ap tiraye poutèt yo diferan anpil.

squabbler *n.* sabrè, tapajè

squabbling *n.* bizbiz, hinghang, zizani

squad *n.* [*mil., etc.*] eskwad, kolonn, ploton •**squad member** brigadye •**death squad** bann sentre bas, eskadwon lanmò •**firing**

squad ploton egzekisyon •**torture squad** bann sentre bas •**undercover squad** eskadwon

squadron *n.* eskadwon •**military squadron** eskwad

squalid *adj.* malpwòp, sal

squall *n.* **1**[*wind gust*] bouras **2**[*at sea*] (van) gren

squalor *n.* kras, malsite *People are living in squalor.* Moun yo ap viv nan lakras. *Most people in the south live in squalor.* Pifò moun nan zòn sid la nan malsite.

squander *v.tr.* banbile, fè piyay, gaspiye *He squandered all his money carousing.* Li banbile tout kòb li nan banbòch. *He squandered all his money on nice clothes.* Li gaspiye tout lajan l nan achte bèl rad. •**squander one's life** fè piyay, gaspiye, plezante *Since his mother passed away, he has been squandering his life.* Depi manman l fin mouri a, li fè piyay nan lavi a. *If he hadn't squandered his life, he would have been rich.* Si l pa t plezante ak lavi l, li ta rich.

squandering *n.* banbilay, dilapidasyon, gaspiyay

square¹ *adj.* **1**[*in shape*] kare *This lot is square.* Teren an kare. **2**[*at right angles with, perpendicular*] apik panno, aplonm *The door is not square with the floor.* Pòt la pa pa aplonm avèk atè a. **3**[*area*] kare *My yard is six meters square.* Lakou m kouvri sis mèt kare. **4**[*in order, etc.*] klin, pwòp *Everything is square in the house.* Tout bagay pwòp nan kay la. *His accounts are all square.* Tout kont li yo klin. **5**[*honest*] klin *She's not square; she's involved in all kinds of shady deals.* Se pa yon fi ki klin; li nan tout kalite move zafè. **6**[*even, not indebted*] kit *We are all square. I don't owe you anything.* Nou kit. M pa dwè ou anyen.

square² *adv.* **1**[*squarely*] karebare *I hit him square in the face.* M frape li karebare nan figi li. **2**[*at right angles*] dwat, kare *Be sure you cut the board square.* Se pou ou koupe planche a dwat. **3**[*stand, face directly*] kare kò li *Stand square with the net.* Kare kò ou ak filè a.

square³ *n.* **1**[*geometric shape*] kare **2**[*carpentry*] ekè, te **3**[*of a checkerboard, etc.*] kawo, kaz **4**[*center of town, etc.*] laplas **5**[*person*] nèg{kongo/Dondon} **6**[*math*] kare, okare *The square of three is nine.* Twa okare se nèf. •**town square** plas, plasdam

square[4] *v.tr.* **1**[*make right angles*] ekari, kare *Square the board when you cut it.* Se pou ou ekari planche a byen ekari lè ou koupe li. **2**[*accounts, matters, etc.*] regle *I squared all my accounts with her.* M regle tout kont mwen avèk li. **3**[*math*] okare *Four squared is sixteen.* Kat okare egal sèz. •**square off** **a**[*make right angles*] ekari, kare *You need to square off that board before you put it in place.* Fo ou ekari bwa sa a anvan ou mete li anplas. **b**[*face off to fight*] kare li *The two enemies squared off to fight.* De lennmi yo kare yo pou yo goumen. •**square off land into regular plots** kawotay •**square one's shoulders** drese kò li, kare kò li *Stand straight and square your shoulders.* Kanpe dwat, kare kò ou. •**square up** kadre, kare *Square up the painting on the wall.* Kadre tablo a nan mi an. *Once you've sawed the board, square up its angles so that it lines up well.* Lè ou fin siye bwa a, kare kwen li yo pou l sa byen aliyen. •**square with** [*sit well with, match up*] chita byen, kadre ak *That doesn't square well with me.* Sa pa chita byen avè m. *Your story doesn't square with the evidence.* Istwa ou pa kadre avèk prèv la.

square root *n.* [*math*] rasin kare

squared *adj.* **1**[*design*] akawo **2**[*graph paper*] kawote *Give me some squared graph paper so that I can draw.* Ban m yon papye kawote pou m kap desine.

squarely *adv.* **1**[*directly*] fiks *I looked him squarely in the eye.* M gade l fiks nan je. **2**[*straightforwardly*] kare, karebare *I spoke squarely with her about the theft.* M pale karebare avèk li konsènan vòl la.

squash[1] *n.* joumou •**chayote squash** konkonm [N], militon

squash[2] *n.* [*sport*] eskwach

squash[3] **I** *v.tr.* **1**[*crush, flatten*] krabose, kraze *She squashed the mosquito with her hand.* Li krabose marengwen an ak men li. *I squashed the tomato with my foot.* M kraze tomat la avèk pye m. **2**[*wreck*] anfrajele, kraze *The hurricane passed and squashed everything in its path.* Siklòn nan pase epi li anfrajele tout zòn nan. **3**[*mash*] mitonnen *He squashed the food with his fork.* Li mitonnen manje a ak

fouchèt li. **4**[*into a box, suitcase, etc.*] rantre *She managed to squash all her clothes into a box.* Li reyisi rantre tout rad li nan yon bwat. **5**[*rumors, argument, etc.*] kwape, mete ola *Squash the rumors before the whole town finds out.* Ann kwape tripotay la anvan tout bouk la fin konnen. **II** *v.intr.* [*into a car, etc.*] sere (djanm) *They all squashed into the car and went to Port-au-Prince.* Yo tout sere djanm nan machin nan epi yo ale Pòtoprens.

squashy *adj.* mòl, mou

squat[1] *adj.* choukèt, manman penba [*woman*], manpenba [*woman*], zougounou *The shelf is too high for this squat guy.* Etajè sa a twò wo pou nèg zougounou sa a.

squat[2] *n.* krapodin *She went into a squat so they wouldn't see her.* Li te mete kò l an krapodin pou yo pa wè l. •**don't know (diddly) squat** pa konn yon mèd

squat[3] *v.intr.* **1**[*crouch*] akoupi, bese, chita (a) koupi *What are you squatting on the ground for?* Sa ou akoupi atè a la a? **2**[*occupy land*] pran tè pou li *They have been squatting in the house for more than five years.* Yo gentan pran kay la pou yo pou plis pase senk ane. •**squat down** mete kò li an krapodin *She squatted so that they wouldn't see her.* Li mete kò l an krapodin pou yo pa kap wè l.

squatter *n.* [*on piece of land*] okipan

squatting *n.* akoupi *This squatting for a short time gave me a back pain.* Ti kwoupi sa m fè a fè senti m fè mal.

squawk[1] *n.* **1**[*bird*] kakaye, kwi **2**[*complaint*] rèl

squawk[2] *v.intr.* **1**[*bird, etc.*] kakaye *The bird started squawking when it saw the dog.* Zwazo a pran kakaye lè l wè chen an. **2**[*complain*] braye *She started to squawk when her mother took her toy.* Li pran braye lè manman ni wete jwèt la nan men li.

squeak[1] *n.* kwik, ti kriye

squeak[2] *v.intr.* [*hinge, door, etc.*] kriye *The door needs oiling. It squeaks too much.* Pòt sa a bezwen grese, li kriye twòp. •**squeak by/ through** lon kou ti{ke/zèl}pis *She barely squeaked by on the exam.* Li pase tès la long kou ke pis.

squeal[1] *n.* kri, kriye

squeal[2] *v.intr.* **1**[*shrill sound*] kriye *I heard brakes squealing just before the accident.* M te tande fren k ap kriye annik anvan aksidan an. **2**[*inform on*] vann{kalbas/makout} la *They never would have caught him if his accomplice hadn't squealed on him.* Yo pa t ap janm kenbe li si konfyolo li la pa te vann kalbas la.

squeamish *adj.* rebite *I'm squeamish at the sight of blood.* Depi m wè san, mwen rebite.

squeeze[1] *n.* **1**[*act of pressure*] sere *When he saw her he gave her hand a squeeze.* Lè li wè li, li sere men li. **2**[*crowded state*] nan près *There were too many people in the car, and so it was a tight squeeze.* Te gen twòp moun nan machin lan, se nan près nou te ye. **3**[*romantic partner*] boubout *For now, she's my main squeeze.* Pou kounyeya, se li menm ki boubout mwen. •**in a squeeze** nan boumba *I'm in a squeeze right now. Could you loan me some money?* M nan boumba alèkile. Ou te ka prete m yon ti kòb? •**tight squeeze** kwense nèt

squeeze[2] **I** *v.tr.* **1**[*press, etc.*] peze, sere *You have to squeeze the handle for it to open.* Fo ou peze manch lan pou sa louvri. *You can squeeze my hand if you're afraid.* Ou mèt sere men mwen si ou gen krentif. **2**[*extract water, juice, etc.*] peze, tòde *Squeeze the water out of the sponge.* Peze eponj lan pou ou retire dlo a ladan l. *Squeeze out the cloth when you're finished.* Tòde moso twal la, lè ou fini. **3**[*fruit, etc.*] metri, petri, peze, pire, prije, tripote *Don't squeeze the mango.* Pa mètri mango a. *Stop squeezing the avocadoes.* Ase petri zaboka yo. *He cut the orange, then he squeezed it.* Li koupe zorany lan, enpi li peze li. *She's squeezing the lemon.* L ap pire sitwon an. *Stop squeezing the avocado.* Ase tripote zaboka a. **4**[*fill up, etc.*] tase *She's squeezing the things in the suitcase so she can put more things in it.* L ap tase mal la pou mete plis bagay ladan. **5**[*find space, time for*] jwenn{tan/ plas} *I have too much to do today. I don't think I'll be able to squeeze it in.* M gen twòp bagay pou m fè jodiya. M pa kwè m ap jwenn tan pou m fè l. **6**[*information, money, etc.*] bat vant yon moun, rache *The police managed to squeeze the truth out of her.* Se polis la ki bat vant li jis li di tout verite a. *You won't squeeze one red cent out of me.* Ou pa p rache yon ti sou wouj nan men mwen. **II** *v.intr.* [*past, through, into, etc.*] antre, {kwense/krab}kò li, pase *We can

all get in the car, but we'll have to squeeze in.* Nou tout ap jwenn plas, men fò n krab kò n. *There was a time when he was so big that he couldn't squeeze through the door.* Gen yon lè, li te tèlman gwo, li pa t ka pase nan pòt sa a. *I couldn't squeeze into this dress a few months ago.* Mwa pase a, rad sa a pa t fouti antre sou mwen. •**squeeze blood from a stone** pa ka fè san soti nan wòch •**squeeze fruit, etc. to check ripeness** patinen *Please don't squeeze the avocadoes.* Tanpri pa patinen zaboka a. •**squeeze out** prije •**squeeze shut** peze •**squeeze up against s.o.** kwochte kò li kote *He squeezed up against his wife.* Li kochte kò l kote l kote madanm ni.

squeezed *adj.* kwense *We're so squeezed, give us some room.* Nou twò kwense, manyè bay kò nou la.

squeezer *n.* [*for limes, etc.*] pèz •**lemon squeezer** près sitwon

squelch[1] *n.* bri egi *The speaker made a squelch.* Wopalè a fè yon bri egi.

squelch[2] **I** *v.tr.* [*suppress*] kwape, mete ola *She squelched the rumor before it spread through the whole town.* Li kwape tripotay la anvan li fin pase nan tout bouk la. **II** *v.intr.* [*make a screeching sound*] kriye *As soon as he spoke the mike squelched.* Etan li pale mikwo a tanmen kriye.

squid *n.* chatwouj, chatwouy

squiggle[1] *n.* grabji, majigridi, pat mouch

squiggle[2] *v.tr.* grifonnen *She quickly squiggled a note to her husband.* Li grifonnen yon ti nòt bay mari li.

squiggly *adj.* kwochi *He made a squiggly line in the sand.* Li fè yon liy kwochi nan sab la.

squint *v.intr.* fè mimi mimi, lonyen, pipich je li *She squinted so that dust couldn't get into her eyes.* Li fè je l mimi mimi pou pousyè pa antre nan je li yo. *He squinted at the chalkboard for a long while.* Li lonyen tablo a pou yon bon ti moman. *She squinted because of the strong sun.* Li pichpich je l akòz solèy la ki fò.

squint-eyed *adj.* je{pichpich/tawèt}, tije

squirm *v.intr.* {bat/brase}kò li, graje, jigote kò li, jijinen *Why do you keep squirming in the chair like that?* Sa ou genyen ou ap brase kò ou konsa sou chèz la? *Quit squirming child, let me put the clothes on you!* Ase bat kò ou pitit, kite m mete rad la sou ou! *The child is squirming, he's tired of sitting.* Timoun lan ap jigote kò l, li bouke chita. *The pain made her squirm.* Doulè a fè l jijinen.

squirrel *n.* ekirèy

squirrel away *v.tr.* sere *She squirreled away money for years until she was rich.* Li te sere kòb li pou dèzane jis li gentan rich.

squirrelfish *n.* [*fish*] lòryàn, nèg kadinal, kadino •**reef squirrelfish** kadino bwa bwa

squirt[1] *n.* 1[*of liquid*] flit(e), jayisman 2[*person*] bouboutè, ti ras

squirt[2] **I** *v.tr.* [*liquid*] pise (ponpe), ponpe (sòti), voye an lè *The injured leg was squirting blood.* Janm blese a t ap pise san. **II** *v.intr.* 1[*liquid*] devide, gaye, pise ponpe, ponpe sòti, vòltije *Oil was squirting from the broken pipe.* Lwil t ap devide nan tiyo kase a. *Blood squirted all over.* San vòltije toupatou.

squish I *v.tr.* 1[*crush, flatten*] krabose, kraze, peze *She squished the mosquito with her hand.* Li krabose marengwen an ak men li. *I squished the tomato with my foot.* M kraze tomat la avèk pye m. 2[*into a box, suitcase, etc.*] rantre *She managed to squish all her clothes into a box.* Li reyisi rantre tout rad li nan yon bwat. **II** *v.intr.* [*into an elevator, etc.*] sere (djanm) *They all squished into the car.* Yo tout sere djanm nan machin nan.

squishy *adj.* mòl, mou

stab[1] *n.* [*knife, etc.*] kout (kouto) •**stab in the back** kou dèyè, kou jouda •**have a stab at sth.** [*attempt*] fè yon kou, eseye *I don't know if I'll be able to open it, but let me have a stab at it.* M pa konn si m ap ka ouvè l, ban m fè yon kou pou m wè.

stab[2] **I** *v.tr.* djage, frennen, pike, ponyade, vantre, vare *The robber stabbed the unfortunate one with a dagger.* Vòlè a djage malere a ak kout ponya. *They sentenced her for having stabbed the woman.* Yo kondane l poutèt li frennen madanm nan. *They stabbed the man.* Yo pike nèg la. *She stabbed the robber.* Li ponyade vòlè a. *The murderer stabbed the guy.* Ansasen an vantre nèg la. *She stabbed me in the back.* Li vare m nan do. **II** *v.intr.* [*at sth. or s.o.*] djage, frennen, pike *She stabbed at the page with her finger.* Li djage paj la ak dwèt li. •**stab in the side** anpale *He stabbed him in the side with a multi-spiked*

dagger. Li anpale li ak yon kout zore. •**stab s.o.** mete san yon moun deyò *He stabbed the man with a piece of glass.* Li mete san lòt la deyò ak yon moso boutèy. •**stab s.o. in the back** fè (yon kou) jouda, vare nan do *I never thought she would stab me in the back like that.* M pa t janm kwè l t ap fè m yon kou jouda konsa. •**stab to death** tchakade *The assassins stabbed the shopkeeper to death to get her money.* Sazinè yo tchakade machann nan pou yo pran lajan l.

stabbing[1] *adj.* •**stabbing pain** lanse, lansman *I have a stabbing pain in leg.* Se janm mwen k ap lanse m.

stabbing[2] *n.* kout kouto *There was another stabbing last night.* Yon lòt moun pran kout kouto ayè swa.

stability *n.* estabilite •**mental stability** lòlòj

stabilize *v.tr.* estabilize *As long as they don't stabilize the gourde against the dollar, there will always be problems.* Toutan yo pa estabilize goud la pa rapò ak dola a, ap toujou gen pwoblèm.

stable[1] *adj.* [*steady, solid*] djanm, estab, solid *The country is not stable.* Peyi a pa djanm. *That ladder doesn't look very stable.* Nechèl sa a pa sanble l solid. •**mentally stable** gen lòlòj *I don't believe that teacher is mentally stable right now.* M pa kwè mèt sa a gen lòlòj alèkile.

stable[2] *n.* [*for horses*] ekiri, pak chwal

stable[3] *v.tr.* mete nan pak *You need to stable your horse for the night.* Fo ou mete chwal ou nan pak pou nwit la.

stablefly *n.* mouch chwal

stachys *n.* [*mint*] zèb{bourik/djab}

stack[1] *n.* 1[*pile*] pil, ta 2[*chimney*] cheminen •**have a stack of work** gen plen travay pou fè •**have stacks of money** chita sou yon bakoko lajan

stack[2] *v.tr.* 1[*pile up*] arimen, fè pil *The dock workers are stacking the coffee sacks on the boat.* Mawoule yo ap arimen sak kafe nan bato. 2[*amass, save up*] fè{wo pik/zanma}, konpile, sanble *She's stacking up a pile of hundred dollar bills in the safe.* L ap sanble yon pakèt biyè san dola nan kòfrefò a. 3[*shelves*] bonde, plen, ranpli *All the supermarket shelves are stacked with goods.* Tout etaj mache a bonde ak pwovizyon. *She* stacked the shelves with books. Li ranpli etajè yo ak liv. **4**[jury, committee, etc.] pistonnen The guy stacked the committee with all his friends. Nèg la pistonnen konmite a ak tout zanmi li yo.

stacked adj. [well-endowed woman] anfòm nèt, fanm tete brasèt [N]

stacks n.pl. [bookshelves] etaj, etajè

stadium n. estad, estadyòm

staff¹ n. ekip, estaf, pèsonèl The head of personnel asked the entire staff to be there tomorrow. Chèf pèsonèl la mande pou tout ekip la la demen. All the journalistic staff was there at the conference. Tout estaf jounalis la te la nan konferans lan. •**administrative staff** direksyon •**editorial staff** redaksyon •**general staff** etamajò •**military staff** etamajò

staff² n. [stick, cane, etc.] baton

staff³ n. [music notation] pote

staff⁴ v.tr. ekipe, founi pèsonèl They are going to staff the entire office. Se yo k ap founi pèsonèl pou tout biwo a.

staffer n. manm{pèsonèl/ekip}

stag n. [deer] sèf

stage¹ n. **1**[theater] sèn **2**[rostrum, stand, etc.] estrad **3**[platform, landing, etc.] palye **4**[of a journey, process] degre, estad, etap, pwen When you get to the stage of putting up the door, call the carpenter. Lè ou rive nan degre pou met pòt, rele bòs chapant lan. It'll be faster to do the work in stages. L ap pi vit pou fè travay la pa etap. **5**[point, period of time] moman, pwen, tan She's going through a difficult stage right now. L ap pase yon tan difisil alèkile. •**at the stage** nan pwen At that stage life is sweet for him. Nan pwen li rive la a, lavi a dous pou li. •**in a late or developed stage** granmoun

stage² v.tr. [fake, falsify] kou pare davans That was no accident, it was staged. Sa pa te yon aksidan, se te yon kou pare davans. •**stage a play** jwe, mete an sèn, moute We have a nice play that we will stage. Nou gen yon bèl ti pyès nou pral moute.

stagger I v.tr. **1**[space out] espase, etale, fè espas Stagger those tables so we can have some place to pass by. Espase tab sa yo dekwa pou nou jwenn kote pou nou pase. **2**[amaze] estonmake, rete bèbè, sezi, toudi yon moun

The news that she was pregnant staggered me. Nouvèl li te ansent estonmake m. **II** v.intr. [wobble] balanse de bò, kilbite He's staggering, it looks like he's drunk. Misye ap kilbite, gen lè li sou.

staggering adj. **1**[number, amount, etc.] bogodo, serye The staggering amount of money he earns makes my head spin. Bogodo lajan li touche fè m toudi. **2**[powerful] rèdchèch, serye She gave him a staggering blow to the head. Li ba li yon kou rèdchèch bò tèt li.

stagnant adj. rete{chita/kanpe} Stagnant water always contains impurities. Dlo k rete kanpe toujou gen salte. •**be stagnant** dòmi The body has remained stagnant on the ground a long time. Kadav la ap dòmi atè a lontan.

stagnate v.intr. [sit idle] rete{chita/kanpe} The water that stagnates here can give us malaria. Dlo k chita la a ka ban nou palidis.

stagnation n. maras

staid adj. [appearance, etc.] serye, tenmplaw

stain¹ n. **1**[mark, spot, etc.] plak, tach There are some stains on the clothes. Gen kèk plak sou rad la. **2**[wood] tenti

stain² v.tr. **1**[mark, soil] sal, tache You're staining the clothes. Ou ap sal rad la. **2**[wood] bay koulè, tenn She's staining the wood a dark color. L ap bay bwa a yon koulè fonse.

stainless adj. san tach

stair(s) n. eskalye, machpye

staircase n. eskalye, mach eskalye

stake¹ n. **1**[picket, peg, etc.] jalon, jouk, pikèt, pye **2**[funeral pyre] biche **3**[pole] poto **4**[support for young plant, etc.] pòtgrèf **5**[bet (gambling)] miz, ploum What are the stakes in this poker game? Konben miz la nan pokè sa a. In this cockfight the stakes are winner takes all. Gagè sa a se alaploum. **6**[interest, issue, etc.] anje These elections represent a great stake for the country. Eleksyon sa yo reprezante yon gwo anje pou peyi a. •**at stake** anje Their interest is at stake. Enterè yo anje. •**small wooden stake** pikèt, ti gòl bwa

stake² v.tr. **1**[a territory, etc.] make, mete{bòn/pikèt} They staked the land so no one would take it. Yo mete bòn sou teren an pou moun pa pran li. **2**[prop up a plant, etc.] kore, mete pòtgrèf The farmer staked the banana tree so *it wouldn't fall over.* Peyizan nan kore pye bannann nan pou li pa tonbe. **3**[*gamble, bet, etc.*] mize *I wouldn't stake my reputation on that guy!* M pa t ap mize repitasyon mwen sou nèg sa a! •**stake out** piktaj, trase *They staked out the lot today.* Yo fè piktaj teren an jodi a. *The surveyor staked out the lots to avoid conflicts.* Apantè a trase limit teren yo pou evite konfli.

stakeholder *n.* aksyonnè

stakeout *n.* siveyans *The police did a stakeout at the criminal's house.* Polis la mete siveyans sou kay kriminèl la.

stalactite *n.* estalaktit

stalagmite *n.* estalagmit

stale *adj.* [*bread, etc.*] kòryas, rans, rasi, vante *The bread is stale.* Pen an kòryas. *The beer is stale.* Byè a rans. *Stale bread doesn't taste good.* Pen rasi pa goute byen. *The powdered milk is stale.* Lèt an poud la vante.

stalemate[1] *n.* anpetre kou krab *They are at a stalemate.* Yo anpetre kou krab. •**there is a hopeless stalemate** anwo pa monte anba pa desann

stalemate[2] *v.tr.* bloke, mangonmen *He stalemated the other player with a pawn.* Li bloke lòt jwè a ak yon pyon.

stalk[1] *n.* **1**[*plant*] pedonkil, pye, tij **2**[*plantains, bananas*] rejim •**top part of sugarcane stalk** zanma

stalk[2] *v.tr.* file, kole nan{bounda/dengonn/dèyè}, rapousuiv, talonnen *That guy is always stalking me.* Nèg sa la ap toujou talonnen mwen.

stall[1] *n.* **1**[*for horse, cow, etc.*] barak, estal, hat (bèf), pak (chwal) **2**[*kiosk, stand, etc.*] boutik, estann, kyòs **3**[*parking*] estasyonnman, pakin

stall[2] **I** *v.tr.* [*delay s.o.*] fè dilatwa ak yon moun *If you see her coming, stall her so she doesn't catch me inside.* Si ou wè l ap vini, fè dilatwa ak li pou l pou l pa vin bare m anndan an. **II** *v.intr.* **1**[*engine*] kale, kanpe sou wout, mouri *The car stalled on the hill.* Machin nan kale nan mòn nan. *These old cars like to stall on the road.* Machin ansyen sa yo renmen kanpe sou wout. *The car stalled in the middle of the street.* Motè machin nan mouri nan mitan lari a. **2**[*delay*] fè lè *She's stalling so that she won't finish the work quickly.* L ap fè lè pou

l pa fini travay la vit. *Toward the end of a match, the team that's ahead always stalls for time.* Depi match pral fini, ekip ki devan an toujou ap fè lè.

stallion *n.* etalon

stalwart *adj.* kinalaganach, tennfas

stamen *n.* [*plant*] etamin

stamina *n.* fòs, fyèl, kòwòn, rezistans *He has the stamina to work.* Li gen fòs pou l travay. *The soccer players run every morning so they can have enough stamina on the field.* Foutbolè yo kouri chak maten, pou yo ka gen ase fyèl sou teren an. •**have stamina** [*sports*] gen fizik *You should have stamina to not become tired in a soccer game.* Fòk ou gen fizik anpil pou pa bouke nan yon match foutbòl.

stammer[1] *n.* bèg

stammer[2] *v.intr.* bege *When he's angry, he stammers.* Depi l an kòlè, l bege.

stammerer *n.* bèg, moun ki bege

stammering *n.* begeman, yon jan pale kou kabrit

stamp[1] *n.* **1**[*postage, tax*] tenm **2**[*device for stamping*] etanp, lestanp **3**[*rubber*] tanpon **4**[*official mark*] etanp, so, tanpon *The mayor of the city put his stamp on the official document to give it legal standing.* Majistra vil la mete etanp li sou dokiman ofisyèl la pou bay li fòs lalwa. **5**[*of foot*] batman (pye)

stamp[2] *v.tr.* **1**[*put postage on a letter*] mete tenm sou, sele, tenbre mete so *I forgot to stamp the letter.* M bliye mete tenm sou lèt la. **2**[*mark with stamp*] mete so, sele, tanpe, tanponnen *They stamped the passport.* Yo mete so sou paspò a. *Go get the letter of authorization stamped.* Al bay tanponnen lèt dizon an. *If the document isn't stamped, they won't accept it.* Depi papye a pa tanpe, yo p ap aksepte l. **3**[*one's feet*] {bat/tape/frape}pye *Stop stamping your feet.* Sispann tape pye ou. •**stamp down** foule *Stamp the ground down well.* Foule tè a byen. •**stamp on** pile, pyetinen *Don't stamp on the flowers.* Pa pyetinen flè yo.

stampede[1] *n.* debandad, kavalkad, kouri, sovkipe *A real stampede broke out in the street when the thugs shot their guns.* Gen yon sèl kavalkad ki pete nan lari a lè zenglendo yo te tire zam yo.

stampede² *v.tr.* kase chavire (an debandad) *The cattle stampeded towards the water.* Bèf yo kase chavire an debandad pou dlo a.

stampers *n.pl.* [*bamboo used like a drum*] ti kanbo

stamping ground *n.* gèvò, rakwen

stance *n.* [*lit., fig.*] pozisyon •**a discreet stance** an dodomeya *He kept a discreet stance in this business.* Li kenbe kò l an dodomeya nan zafè sa.

stand¹ *n.* **1**[*rostrum, stage*] estrad, platfòm, tribin **2**[*kiosk, stall*] boutik, estann, kyòs **3**[*cart*] kabwèt **4**[*easel, display case, etc.*] chevalèt, kad *The woman put all her goods in the stand so that people could see them.* Dam nan mete tout machandiz yo nan kad la pou yo ka wè yo. **5**[*grove of trees, etc.*] rak (bwa) *There is a stream by that stand of trees.* Genyen on ti kouran dlo bòkote rak bwa sa la. **6**[*standpoint*] pozisyon *You needed to be very brave to take that stand.* Ou te bezwen anpil kouray pou priz pozisyon sa a. •**stand for storing corn** etabli •**stand or table with sacred objects** ogatwa •**burner stand** sipò •**newspaper stand** kyòs •**small stand for painting** chevalèt, twapye •**speaker's stand** tribin •**street merchant's stand** ti demele, treto •**take a strong stand or position** pran dispozisyon *He took a strong stand to break off his love affair with the woman.* Li pran dispozisyon pou l kase renmen ak fi a. •**vendor's stand** brankèt

stand² **I** *v.tr.* **1**[*place*] mete (kanpe) *Stand the dresser against the wall.* Mete bifèt la kanpe bò mi an. **2**[*tolerate*] pa vle wè yon moun (a de pa), sipòte, sitire *I can't stand Paul at all.* M pa vle wè Pòl menm. *The pain was so intense that he could hardly stand it.* Doulè a te tèlman rèd, li pa t ka sipòte l. *How do you stand these people that come every day to play cards in the yard?* Kouman ou sitire moun sa yo ki vin chak jou jwe kat nan lakou a? **3**[*withstand*] kenbe tèt, rete pran, reziste, sipòte *That passport won't stand a closer inspection.* Paspò sa a pa p reziste yon egzamen a fon. *The baby stood the trip to Port-au-Prince quite well.* Ti bebe a sipòte vwayaj a Pòtoprens byen anpil. *Those tires won't stand much more use.* Kawoutchou sila yo pa p rete pran anpil izaj anko. **II** *v.intr.*

1[*be upright, rise*] kanpe, {leve/mete li}sou pye *Anyone who agrees, stand up.* Tout moun ki dakò, kanpe. *She too weak to stand.* Li twò fèb pou li mete li sou pye. **2**[*stay still, remain in place*] kanpe, plante (kò) li, rete kanpe *That car has been standing there for months.* Machin sa a gen konbe mwa depi l kanpe la a. *Stand there, I'll be right back.* Plante kò ou la, m ap vini talè. *Few houses were left standing after the hurricane.* Se de twa kay ki te ret kanpe apre siklòn lan. **3**[*be positioned, etc.*] jan, kote yon moun kanpe *As things stand now, it looks like I still won't be able to go.* Dapre jan bagay yo ye la a, sanble m pa p ka ale ankò. *I would like to know where I stand?* M ta renmen konnen kote mwen kanpe? **4**[*risk*] gendwa, kouri ris *If he continues like that, he stands to lose his job.* Si l kontinye konsa, li gendwa pèdi travay la. •**stand a chance** fouti, pa asiste tiray *The team doesn't stand a chance of winning the match.* Ekip la pa fouti gen match la. *The athlete doesn't stand a chance.* Atlèt la pa asiste tiray. •**stand and wait endlessly** plante ap tann *Many people stood, waiting endlessly on the side of the road.* Anpil moun plante bò wout la ap tann. •**stand aside** {ekskize/laye/rale/ranje}kò li *The cars moved out of the way to let the ambulance go by.* Machin yo rale kò yo bay anbilans lan pase. •**stand at attention** kanpe rèd *All the soldiers stood at attention when the general passed by.* Tout sòlda kanpe rèd lè jeneral la pase. •**stand back** kenbe kè *The way I see you running, you'd better stand back so as not to get hurt.* Jan m wè w ap kouri la a, pito ou kenbe kè ou pou ou pa pran chòk. •**stand by** **a**[*remain inactive*] kanpe gade *I can't just stand by and watch something like that.* M pa ka kanpe ap gade konsa. **b**[*remain loyal to*] kanpe ak yon moun, pa lage *When I was in trouble, she was the only one who stood by me through it all.* Lè m te nan poblèm lan, se sèl li menm ki pa t janm lage m. **c**[*at the ready*] rete pare *Please stand by in case I need you.* Rete pare sizoka m bezwen ou. •**stand corrected** gen rezon *Okay, I stand corrected. It didn't happen on Monday.* Dakò, ou gen rezon! Se pa t lendi sa te pase. •**stand erect** drese tèt li *Stand erect, you are too stooped.*

Drese tèt ou atò, ou kwoupi twòp. •**stand
firm** ret de pye{fèm/militè}, reziste *He
stood firm about his decision.* Li ret de pye
fèm sou desizyon l. *As much as they tortured
him, he stood firm.* Tout maltrete yo maltrete
l, li reziste. •**stand for** [*represent*] vle di
What does the "S" stand for? Sa "S" la vle di?
•**stand guard** fè pòs, monte{lagad/faksyon}
*There are many soldiers who stand guard
along the border.* Gen anpil sòlda k ap fè pòs
bò fwontyè a. *Ten policemen stand guard in
front of the office.* Dis polisye monte lagad
devan biwo a. •**stand in for** kenbe pou *She'll
stand in for me when I'm sick.* Lè m malad, se
li k kenbe pou mwen. •**stand in front**
estannbay *You can't stand in front of me like
that, you're not made of glass.* Ou pa ka vin
estannbay devan m nan la, ou pa glas.
•**stand in line** fè laliy *The voters stood in line.*
Elektè yo fè laliy. •**stand on one's hands**
plake •**stand on one's own two feet** degaje
li (pou kò li) *It's time you stood on your own
two feet.* Li lè pou ou aprann degaje ou pou
kò ou. •**stand on tiptoe** ise, mete yon moun
sou pikèt, wose *You have to stand on your
tiptoes to reach it.* Fòk ou ise pou touche li. *If
you keep standing on your tiptoes, you'll touch
the ceiling.* Si ou wose toujou, w ap touche
plafon an. *Go stand on your tiptoes in the
corner.* Al mete ou sou pikèt. •**stand one's
ground** kare kò li *Despite all the blows the
rooster took, it stood its ground firmly.* Malgre
tout kou kòk la te pran, li kare kò l pi rèd.
•**stand out** briye *She really stands out at
school.* Li briye anpil nan lekòl. •**stand s.o.
up** a[*not show up*] bay bouden, bay yon
moun{albè/ payèt/poto/yon rèz}, fè yon
moun pwepwe, {plake/ plant/reze}yon
moun *She never showed up, she stood me up.*
Li pa janm vini, li ban m bouden. *She stood
me up.* Li ban m payèt. *You said that you
would be coming and you stood me up.* Ou di
w ap vini epi ou ban m albè. *The girl stood
him up.* Fi a ba l poto. *That's the second time
he stood me up.* Sa fè dezyèm fwa li plake m.
The girl stood the guy up. Fi a plante nèg la. *If
you stand her up another time, I believe she'll
break up with you.* Si ou fè l pwepwe ankò, m
kwè l ap kite ou. *I made a date with her but
she stood me up.* Mwen ba l randevou men li

rezye m. *b*[*man*] bay panzou *The woman
stood me up.* Fi a ban m panzou. •**stand sth.
up** kanpe *There is a post on the ground, stand
it up for me.* Gen yon poto atè a, kanpe l pou
mwen. •**stand still** kanpe, pa fè mouvman
•**stand together** fè yon pakèt *If the employees
hadn't stood together with the director, the
government would have fired him.* Si anplwaye
yo pa t fè yon pakèt dèyè direktè a,
gouvènman an t ap revoke l. •**stand too
close to s.o.** kole sou *You're standing too close
to me, move over.* Ou kole sou mwen twòp,
avanse. •**stand trial** pase nan tribinal *She
never stood trial because she escaped.* Li pa
janm pase nan tribinal poutèt li te sove.
•**stand up** doubout, kanpe, leve, leve
ajenou/atè a/l kanpe}, {leve/kanpe}kont
yon moun *Stand up to greet the teacher.*
Doubout pou n salye mèt la. *There were no
chairs, we had to stand up.* Pa t gen chèz, nou
blije kanpe. *He stood up straight without
getting permission.* Li leve ajenou san
pèmisyon. *Stand up and walk.* Leve epi
mache. •**stand up again** rekanpe *I had just
stood up, they told me to sit down and then to
stand up again.* Mwen te fenk kanpe, yo di m
chita epi pou mwen rekanpe ankò. •**stand
up for 1**[*to defend, support, etc.*] blanchi,
defann, leve kanpe pou, pran (fètekòz) pou
*They were bad mouthing Yves but she stood up
for him.* Yo t ap pale Iv mal men manmzèl
blanchi l devan yo. *Let's stand up and fight
for our rights!* Leve kanpe pou n defann dwa
nou! *You're always standing up for her.* Ou
toujou ap pran pou li. *He's the only one who
stood up for me.* Se sèl li menm ki te defann
mwen. •**stand with hands on hips** pandje
men li •**stand without support** [*baby*] fè bèl
The baby is standing without support. Tibebe
a ap fè bèl. •**be left standing around** kreke
*You left me standing around waiting for you for
a long time.* Se pa pou dat ou kite m kreke la
ap tann ou. •**be left standing at the gate**
{jwenn/pran}poto *Don't pursue that girl,
she'll leave you standing at the gate.* Pa dèyè fi
sa a, l ap fè ou jwenn poto jis ou about. •**be
stood up** {jwenn/ pran}poto *If you're
interested in that girl, you'll be constantly
stood up.* Si se fi sa a ou dèyè l, w ap jwenn
poto jis ou about. *He was stood up by the*

woman four times. Li pran poto kat fwa nan men fi a. •**not be able to stand** pa ka wè *I can't stand stupid people.* M pa ka wè moun sòt. •**not stand** pa nan sitirans ak moun *I can't stand people who don't behave like upstanding individuals.* M pa nan sitirans ak moun ki pa konpòte yo an moun debyen. •**not stand a chance** pa asiste tiray *The athlete doesn't stand a chance.* Atlèt la pa asiste tiray menm. •**not stand anyone** pa vle wè ni pè ni pap *He can't stand anyone around him.* Li pa vle wè ni pèp ni pap bò kote l. •**not to be able to stand s.o. or sth.** pa{ka/fouti} santi *She can't stand men around her.* Li pa fouti santi gason kote li. •**not to stand too close to s.o.** dekole (kò) li sou yon moun *Don't stand so close to me.* Dekole kò ou sou mwen.

standard¹ *adj.* **1**[*regular*] estanda *The radio plug was made based on standard measurements.* Plòg radyo a fèt sou mezi estanda. **2**[*usual*] kouran *Washing your hands after you use the toilet is standard.* Lave men ou aprè ou al nan twalèt se bagay ki kouran. **3**[*language*] kouran *She speaks Standard English.* Li pale anglè kouran.

standard² *n.* **1**[*norm*] kritè, nivo, nòm **2**[*value*] estanda, prensip **3**[*flag, banner*] drapo, etanda, labànyè **4**[*support*] sipò •**standard of life** myezèt *I'm seeking a better standard of life.* M ap chèche yon myezèt nan lavi a. •**standard of living** nivodvi, nivo lavi •**double standard** de pwa de mezi •**improved standard** myezèt •**high standards** estanda *This school has high standards, I'm going to enroll my child there.* Lekòl sa a gen estanda, m pral enskri pitit mwen an ladan. •**without standards** labouyi vide

standard-bearer *n.* pòtdrapo

standardization *n.* estandadizasyon

standardize *v.tr.* estabilize *They want to standardize the price of the rice.* Yo vle estabilize pri diri a. *There are several ways of speaking the language, one has to standardize one of them.* Gen plizyè fòm pale nan lang nan, yo dwe estabilize youn.

standby *n.* estannbay

stand-in *n.* **1**[*substitute, replacement*] ranplasan, segonn **2**[*demonstration*] kanpe

standing¹ *adj.* **1**[*upright*] doubout, drèt, kanpe **2**[*permanent*] anpèmanans, fiks, pèmanan •**standing on one's own two feet** sou de pye{fèm/militè}li

standing² *n.* **1**[*social*] lajisman, wòl **2**[*sports*] klasman •**have standing** gen figi *She has standing in the community.* Li gen figi nan vwazinay la. •**in good standing** tèt kale *He's in good standing.* Msye, se tèt kale li ye. •**of long standing** lontan, vye *It's a family of long standing in Pétionville.* Se yon vye fanmi Petyonvil.

stand-offish *adj.* pedan *She thinks she's better than us. Look at how stand-offish she is!* Li kwè li pi byen pase nou. Ala kot fanm pedan!

standpoint *n.* pozisyon, pwendvi

stands *n.pl.* [*bleachers, etc.*] graden, tribin *There are too many people dancing in the stands, they could collapse.* Gen twòp moun k ap danse sou graden yo, yo ka kraze.

standstill *n.* kanpe, imobilizasyon *The work is at a standstill.* Travay la kanpe nèt.

stanza *n.* **1**[*song*] kouplè **2**[*poetry*] estwòf

staple¹ *adj.* [*principle, basic item*] manman, nannan, prensipal *Their staple diet is rice and beans.* Nannan rejim yo se diri kole ak pwa.

staple² *n.* [*commodity, food, etc.*] danre, viv

staple³ *n.* [*for papers, etc.*] agraf, arèt, klips, zepeng •**iron staple** [*for a shoe*] fè semèl

staple⁴ *v.tr.* agrafe, klipse *Staple the notebook right away so that it doesn't come apart.* Klipse kaye a la touswit pou l pa dekole.

stapler *n.* agrafèz, klipsè

star¹ *n.* **1**[*heavenly body*] zetwal **2**[*celebrity*] vedèt, zetwal **3**[*one who excels, ace*] las •**falling star** zetwal {filant/file/koule/pati} •**north star** zetwal polè •**shooting star** zetwal{filant/file/koule/pati}

star² **I** *v.tr.* [*mark with a star*] make ak yon{asteris/ kwa/zetwal} *The teacher starred all the wrong answers.* Pwofesè a make tout move repons yo ak yon ti kwa. **II** *v.intr.* [*in a movie, etc.*] fè vedèt, genyen pou vedèt *The film starred Jackie Chan.* Fim nan te genyen Djaki Tchann pou vedèt.

star anise *n.* [*spice*] anetwale

star apple *n.* kayimit

starboard *n.* tribò

starch¹ *n.* lanmidon •**corn starch** farin mayi

starch² *v.tr.* [*clothes*] anmidonnen, anpeze *She starches the clothes before ironing them.* Li anmidonnen rad yo anvan l pase yo. *Starch the pants well.* Anpeze pantalon an byen.

starchy *adj.* 1[*food*] farin{bannann/manyòk/ malanga/ mayi} 2[*stiff, formal, etc.*] bobis, rèd

stardom *n.* fè vedèt, selebrite

stare¹ *n.* rega fiks, twazman [*contemptuous*]

stare *v.intr.* [*look steadily at*] fikse, klere je *Children stare at adults.* Timoun yo klere je yo nan je granmoun. *When you need to see if a person is telling a lie, you stare at him straight in the eyes.* Lè ou bezwen wè si yon moun ap bay manti, ou fikse l nan je. •**stare at** brake je sou, gade yon moun fiks fiks, klere je li gade *Everyone stares at the magician.* Tout moun brake je yo sou majisyen an. *Why are you staring at me like that?* Poukisa w ap klere je ou gade m konsa? •**stare at s.o. contemptuously or disdainfully** devizaje, twaze *Stop staring at me.* Ase twaze m. •**stare defiantly at** bay koutje twaze, kale je sou •**stare down** klere je li sou yon moun, twaze yon moun *The mother stared the children down because they were misbehaving.* Manman timoun yo klere je l sou yo poutèt y ap fè dezòd. •**stare fixedly at s.o.** devizaje *She looked at me fixedly before finally recognizing me.* Li devizaje m anpil anvan li rekonèt mwen anfen. •**stare menacingly** klere je li sou yon moun

starfish *n.* zetwal{demè/lanmè}

starflower *n.* [*herb*] bourach

starfruit *n.* karanbòl

stark *adj.* [*landscape, building, etc.*] ostè [*N*], sevè

starless *adj.* blanch *The sky is starless.* Syèl la tou blanch.

starlit *adj.* etwale

starry *adj.* etwale *When the sky is starry like that, you can go out without fearing that it will rain.* Depi syèl la etwale konsa, ou mèt soti san pè, lapli p ap tonbe.

start¹ *n.* 1[*beginning*] debi, kòmansman *We saw from the start that it wouldn't work.* Depi nan koumansman, nou te wè sa pa t ap mache. 2[*advantage*] amòs, derapman *Give me a start so I can see how to do it.* Ban m yon ti amòs pou m ka wè kijan m fè. 3[*startled*

reaction, jump] sezisman, sote *Don't come up behind me like that! You gave me a start.* Pa pwoche m pa dèyè konsa! Ou ba mwen yon sezisman. •**at the start** alapapòt, anpatan *At the start she was a good worker, but now she's just lazy.* Alapapòt li te travayan, men kounyeya li vin parese. *At the start of the game, the team scored a goal.* An patan ekip la bay yon gòl. •**at the start of the night** lannuit mare •**at the very start** alapapòt, depi an lagan, okòmansman •**false start** fo deplasman *They disqualified the runner after he had a false start.* Yo te diskalifye kourè a apre l te fè de fo deplasman. •**for a start** dabò, premye, primo dabò *Why am I angry? For a start, you didn't call before you came.* Pouki m fache? Primo dabò ou pa t rele m anvan ou vini. •**from start to finish** depi nan A rive nan Z •**from the start** an lagan, anpatan *From the start, there was a conflict between them.* Anpatan, te gen konfli antre yo. •**get a start** dekole, derape *She got her real start when she opened her own business.* Li derape nan lavi a vre lè l louvri ti biznis li an. •**get off to a good start** derape byen *It got off to a good start.* Sa derape byen. •**give it a start** [*car, motor, etc.*] estat *I fixed it. You can give it a start.* M ranje li. Ou te mèt estat li. •**give s.o. a head start** bay yon moun yon gabèl •**make a fresh start** fèk kare, rache manyòk li, redemare, rederape *I'm making a fresh start at sewing clothes.* M fèk kare koud rad. *He's finally made a fresh start, he hasn't drunk any alcohol for several months.* Finalman li rache manyòk li, li pa bwè gwòg depi plizyè mwa.

start² I *v.tr.* 1[*begin*] anbale, antame, atake, etabli, kòmanse, tanmen *Those who started the project have to take responsibility for it.* Moun ki te anbale pwojè a dwe pran reskonsablite l. *The workers started working on the job.* Ouvriye yo antame travay la. *She didn't start her homework until last night.* Li pa t atake devwa li jis lannuit mare ayè. *He wanted to know when we were going to start the work so he would know when to come.* Li ta vle konnen ki lè n ap etabli ak travay pou li konnen lè pou li vini. *I start my new job tomorrow.* Mwen koumanse nouvo travay mwen demen. *Let's start the class.* Ann tanmen klas la. **2**[*originate, initiate, etc.*] amòse, demare, fèk moute, mete yon bagay kanpe, pete, voye *You start the work, and I'll finish it.* Se pou ou amòse travay la, epi m ap fini l. *We started the business with two thousand gourdes.* Nou te demare biznis la ak de mil goud. *Let's start a good school in the area. I just started a small business.* M fèk moute yon ti biznis. *Annou mete yon bon lekòl kanpe nan zòn nan. You're the one who started the fight.* Se ou ki pete batay la wi. *When everyone was quiet, the old man started the story.* Lè tout moun pè bouch yo, ti granmoun nan voye istwa a. **3**[*cause to start*] derape, estat, mete an mach *I can't start the car.* M pa ka derape machin nan. *Every time I start the car, it makes a noise.* Chak fwa mwen estat machin nan, li fè yon bri. *The mechanic started the engine.* Mekanisyen an mete mòtè a an mach. **II** *v.intr.* **1**[*begin*] antame, deklanche, kase, leve, mete pye, pike, pran, tanmen, tonbe *The workers started working on the job.* Ouvriye yo antame travay la. *Suddenly it started raining, we were soaking wet.* Yon sèl lapli deklanche, nou mouye tranp. *The league championship just started.* Chanpyona a fenk kase. *She started running as soon as she heard the noise.* Li leve kouri kou l tande bri a. *The soccer match was close, the fans began to shout and the rain started.* Match foutbòl la te sere, fanatik ap rele epi lapli mete pye. *When she saw the boss coming, she started working.* Lè l wè bòs la ap pwoche, li pike travay. *Suddenly she started crying.* La menm li pran kriye. *Everyone started laughing after the joke.* Tout moun tonbe ri apre blag la. **2**[*originate, initiate, etc.*] antre nan, maye, mete men, pete *He started doing business very young.* Li antre nan komès bonè. *The men started fighting.* Goumen maye ant nèg yo. *They started working on the project this week.* Y ap mete men nan travay la semenn sa. *They started dancing.* Yo pete danse. **3**[*jump nervously*] pantan, sote, tresayi *She started in her sleep.* Fi a pantan nan dòmi. •**start a car** balanse yon mòtè •**start a career** derape yon karyè •**start a family** fè pitit *We're not starting a family yet. We're waiting until we're more financially secure.* Nou pa p fè pitit konnye a.

N ap tann afè n pi bon. •**start a fight** mare batay *The two teams started fighting on the playground.* De ekip yo mare batay sou teren an. •**start a fire or bonfire** sanble{boukan/dife} *I'll start the fire.* M pral sanble dife a. •**start again** rekòmanse, repati, reprann, retanmen *The rain is starting again; don't go out.* Lapli a rekòmanse, poko soti. *We're starting again from scratch.* N ap repati a zewo. *The classes ended; they'll start again after Easter.* Kou yo kanpe; y ap reprann apre Pak. *She started the same business again.* Li retanmen ak menm biznis la. •**start all over again** rekòmanse nèt *Once you made an error, you have to start all over again.* Depi ou fè erè, se rekòmanse nèt. •**start an argument** leve (yon) kont *Those men started a big argument in the cockfighting arena.* Nèg sa yo leve yon gwo kont nan gagè a. •**start back** pran wout tounen *We should start back soon.* Fò n pran wout tounen talè konsa. •**start from scratch** [*a business*] pati{a/d} zewo *He started his business from scratch until it bloomed.* Li pati a zewo ak biznis la jous li fin pran. •**start getting old** antre nan laj •**start making good money** kap yon moun pran van *She's starting to earn good money.* Kap li pran van konnya. •**start off a**[*business, project, work*] demare **b**[*leave, depart*] derape •**start out a**[*journey*] pati *What time did they start out?* A ki lè yo pati? **b**[*activity*] kase lezo *The child started out in the class.* Timoun fenk kase lezo nan klas la. •**start over** rekoumanse, repedale, retanmen *Let's start over.* An n rekoumanse. *We'll start over again tomorrow.* N ap repedale demen. •**start over again** double *It started raining again.* Lapli a double. •**start singing** antone *Let's start singing the song.* Ann antone chan an. •**start something** [*make trouble*] chache kont *If he tries to start something, don't pay attention to him.* Si l ap chache kont avè ou, pa okipe l. •**start sth. again** redemare *We'll start with the project again in two months.* N ap redemare avè pwojè a nan de mwa. •**start the engine** balanse yon mòtè *I can't start the engine.* M pa ka balanse mòtè a. •**start to** mete, pran, pran pou, pran tonbe *If she starts watching TV, she doesn't stand up.* Si l pran pou gade televizyon, li p ap kanpe.

Once he starts talking, he doesn't stop. Si l pran pale, li p ap rete. *Once she starts talking, she doesn't stop.* Si l pran tonbe pale, li p ap rete. •**start to live** derape •**start to run** lage yon kous kouri *She started to run when she saw her father coming.* Li lage yon sèl kous kouri lè l wè papa l ap vini. •**start up** *a*[*mach.*] fè mache *b*[*program, plan of action*] debite *We're starting up with the youngest children.* N ap debite ak pepinyè yo anvan. *c*[*business, etc.*] kanpe, louvri, mete sou pye *We're starting up a small business in our home.* N ap louvri yon ti biznis lakay nou. •**start up a fight again** rekare batay *He started a fight again against the other guy.* L al rekare batay devan lòt nèg la. •**start up again** redemare, rederape *They went bankrupt, but they decided to start up the same business again.* Yo fè fayit, men yo deside rederape ak menm komès la. •**start with** an patan •**be about to start** kase *It's about to start raining, run home as fast as possible.* Lapli a kase, kouri wè si ou a rive lakay. •**get a start in life** derape •**get started** [*business, project, work*] demare, pran asiz *She just got started at her new job.* Li fèk pran asiz nan nouvo djòb li a. •**just start** fenk kare *The police just started to beat the thief.* Lapolis fenk kare bat vòlè a.

started *adj.* •**things really got started** laparad lage *When her parents left, things really got started.* Lè granmoun li pati, laparad lage.

starter *n.* [*car, etc.*] estatè

starters *n.pl.* •**for starters** dabò, premye, primo dabò *Why am I angry? For starters, you didn't call before you came.* Pouki m fache? Primo dabò ou pa t rele m anvan ou vini.

starting *n.* deklanchman •**starting from** apati, pran *Starting from May, it rained non-stop.* Pran me, li fè lapli san rete. •**starting in** apati, pran •**starting point** pwen depa •**starting up** demaraj, lansman, ouvèti •**starting with** apati, pran •**upon starting** an derapan

startle *v.tr.* fè yon moun{espante/moun sote} *The noise startled him from his sleep.* Bri a fè l espante nan dòmi. *The firing of the cannon startled me.* Kout kanno a fè m sote. •**startle s.o.** fè yon moun sezi *She hid behind the door*

to startle me. Li sere dèyè pòt la pou fè m sezi. •**be startled** espante, pantan, sote *She was startled when she saw the snake.* Li pantan lè l wè koulèv la.

startled *adj.* espantan, pantan, sezi, vapore *As soon as he heard the sound, he was startled, his heart was beating like crazy.* Li annik tande bri a, li espantan, kè l bat fò. *The voodooists were startled when she climbed the tree.* Sèvitè yo pantan lè li grenpe pyebwa a. *When she heard the noise, she was startled.* Lè l tande bri a, li sezi. *He was startled when the robber pulled out the knife.* Li vapore lè zenglendo a rale kouto a.

starvation *n.* grangou *Some of the people are dying of starvation, and others are wasting food.* Yon pati moun ap mouri grangou, yon pati lòt ap gaspiye manje.

starve *v.intr.* [*from lack of food*] bat grangou, mouri{ak lafen/de fen/grangou} *There are a lot of poor people who starve here.* Gen anpil pòv k ap bat grangou pa bò isit la. •**be starving to death** mouri{ak lafen/de fen}, mouri grangou *Bring me the food quickly, I'm starving to death.* Pote manje a vit pou mwen, m ap mouri grangou la a.

starved *adj.* ba, vannivan *He was starved, man!* Msye te ba papa! *Since yesterday I'm starved!* Depi ayè m ap vannivan. •**starved of fuel** pàn gaz *The car is starved of fuel.* Machin nan pran pàn gaz. •**be starved for affection** manke afeksyon

starveling *n.* tisoufri

starving *adj.* devoran •**starving person** soufrisken

state[1] *n.* **1**[*condition of a person, thing*] eta, kondisyon *Look at the state of the child, he's covered in mud.* Gade eta tigason an, li sal ak labou. **2**[*political or geographic division*] eta, leta •**state of affairs** konjonkti •**state of the art** dènye kri •**unmarried state** nan seliba

State[2] *prop.n.* Eta, Leta •**of the State** eta *The State University of Haiti.* Inivèsite d Eta d Ayiti.

state[3] *v.tr.* deklare, fè konprann *The teacher states that the formula for water is H_2O.* Pwofesè chimi an fè konprann fòmil pou dlo se H_2O.

stated *adj.* •**as stated by** daprè, selon •**the stated time/date** lè fikse

statehood *n.* endepandans

stateless *adj.* [*person*] san peyi *He has become a stateless person.* Li vin san peyi.

stately *adj.* grav, poze, serye

statement *n.* deklarasyon, dizon, pawòl •**statement of charges** [*jur.*] dosye akizasyon •**financial statement** eta kont •**make a damaging statement** mete kou sou biyòt •**sworn statement** afidavi, deklarasyon sèmante •**written statement** atestasyon, deklarasyon ekri

static[1] *adj.* [*stationary*] an plas, estatik, fiks

static[2] *n.* bouyay

station[1] *n.* **1**[*broadcaster*] estasyon, pòs **2**[*bus, etc.*] estasyon **3**[*condition, position*] pozisyon, ran, wòl •**station on a procession** repozwa •**station wagon** [*used for public transportation*] kamyonèt •**stations of the cross** chemennkwa •**auxiliary police station** soukomisarya •**bus station** ga woutyè •**duty station** [*mil.*] pòs •**fire station** {estasyon/kazèn}ponpye •**gas station** {estasyon/ponp}{gaz/gazolin} •**police station** biwo polis, jandamri, kazèn, komisarya, lapolis, pòs (polis) *They took her to the police station.* Yo mennen l nan pòs polis la. •**quarantine station** lazarèt •**radio station** estasyon (d) radyo, pòs radyo, radyo •**to your station** [*mil.*] a vòt pòs •**train station** ga, laga •**voter registration and polling station** Biwo Enskripsyon Elèktè/ Votè (BIV)

station[2] *v.tr.* **1**[*a sentry, etc.*] kantonnen, poste *The police authorities didn't station anyone in the town.* Direksyon polis la pa kantonnen pèsonn nan bouk la. *The commandant stationed the police there for security reasons.* Koumandan an poste polis yo la pou sekirite. **2**[*in barracks, or place of business*] kazènen, plase *The firemen were all stationed downtown.* Ponpye yo te tout kazènen nan santrevil. *My job stationed me in Jacmel.* Travay mwen plase m nan Jakmèl.

Station of the Cross *prop.n.* estasyon

stationary *adj.* an plas, fiks *The cars remain stationary because of the traffic jam.* Machin yo rete anplas tank blokis la rèd. *She remained stationary while they sang the national anthem.* Li rete fiks lè yo te chante Ladesalinyèn.

stationery *n.* papye lèt

statistic(s) *n.* estatistik •**vital statistics** estatistik eta sivil

statistical *adj.* estatistik

statistician *n.* estatistisyen, moun ki travay ak estatistik

statue *n.* estati •**holy statue** lamadelèn •**small wooden statue (female)** ti madanm •**small wooden statue (male)** ti tonton •

statuesque *adj.* tankou yon estati

statuette *n.* ti estati, ti (+ name of statue), ti{madanm/ tonton}

stature *n.* tay, wotè *That woman is of high stature, she's tall.* Fanm sa a gen yon bèl tay, li wo. •**of great stature** danble *He's a man of a great stature.* Li se yon moun danble.

status *n.* **1**[*situation, position, etc.*] grad, ran, wòl, zandye **2**[*prestige*] enfliyans, respè •**have high social status** sou lis •**marital status** eta sivil •**of same social status** oran •**social status** mezi pye li, ran sosyal •**what is your marital status?** ki eta sivil ou?

statute *n.* estati, règ, regleman

statutory *adj.* fòs de lwa

staunch *adj.* tennfas, toutbon, venndegede *She's a staunch Catholic.* Se moun katolik toutbon. *He's a staunch supporter of his political party.* Se nèg venndegede nan pati politik li.

stave[1] *n.* [*barrel*] dwèl

stave[2] *v.tr.* •**stave off** detounen, gate, pare *I'm cooking some rice to stave off the hunger.* M ap kwit diri pou m pare grangou.

stay[1] *n.* **1**[*visit*] ladesant, rete, sejou **2**[*of execution, proceedings, etc.*] delè, repi, souf

stay[2] **I** *v.tr.* **1**[*delay*] difere, renmèt, rete, sispann, twonpe *The judge stayed his decision until the following week.* Jij la renmèt desizyon li a jis semenn suivan an. *The medicine stayed the disease.* Medikaman an rete maladi a. *The rice she gave me stayed the hunger.* Diri a li ban mwen twonpe grangou a. **2**[*outlast, endure*] kenbe *You need to stay the course, and not give up.* Fo ou kenbe, pa lage. **II** *v.intr.* **1**[*remain*] plante (kò) li, rete *Stay there, I'll be right back.* Plante kò ou la, m ap vini. *Stay on this road.* Rete sou wout sa a nèt. **2**[*on visit*] desann, fè, loje, rete *When you go to town, at whose house do you stay?* Lè ou al lavil, kay ki moun ou desann? *I'm* *coming to stay the day with you.* M vin fè lajounen avè ou. *She stayed at a hotel.* Li loje nan yon otèl. **3**[*live permanently*] rete (nèt) *She came to Port-au-Prince and stayed.* Li vin rete Pòtoprens nèt. **4**[*persevere*] kenbe, rete *Stay to the finish.* Rete jiska lafen. •**stay after s.o.** {anraje/leve} znan kò yon moun, bay yon moun chenn, chofe dèyè yon moun, kenbe kin nan kò yon moun *He won't do his homework unless I stay after him.* Tout tan m pa kenbe kin nan kò l, li pa p fè devwa l. •**stay alert** rete jeklè *They're staying alert and they wait for what's going to happen.* Yo rete je klè, y ap tann sa k pral rive. •**stay aloof** fè kako *You needn't stay aloof, be relaxed with people.* Ou p ap vin fè kako la non, mete ou alèz. •**stay at home** chinwa ou *She stays at home so that nobody will see her.* Li chinwa pou moun yo pa wè l. •**stay away from s.o.** bay yon bwa long kenbe, mawon *The woman stays away from that guy, because he's dangerous.* Fi a bay nèg sa bwa long kenbe poutèt li danjere. •**stay close** pye pou pye *Let's stay close to each other so we don't get lost.* Ann mache pye pou pye pou youn pa pèdi lòt. •**stay cool** kè kal *Stay cool! I'll take care of the problem before tomorrow.* Kè kal! m ap regle pwoblèm nan anvan demen. •**stay hidden** {ret/ kache}anba pay •**stay in a place for a long time** demere *You like to stay for a long time at people's houses.* Ou renmen demere lakay moun anpil. •**stay in bed** chofe kabann *He stayed in bed all day.* Misye chofe kabann nan tout jounen an. •**stay in office for a long time** fè pèmanans *The new ambassador will stay in office for a long time.* Nouvo anbasadè ap fè pèmanans isi. •**stay late** mize *Don't stay so late at people's houses.* Pa mize lakay moun, non. •**stay on the bench during a game** manje ban *This soccer player stayed on the bench during the whole game.* Foutbolè sa a manje ban pandan tout match la. •**stay one or two weeks at s.o.'s house** fè ladesant •**stay out of a business** rale kò li •**stay out of a matter** rale kò li *He stayed out of the matter in order not to get involved in the car theft.* Misye rale kò l pou yo pa antre l nan zafè vòlè machin nan. •**stay out of trouble in a job** dodomeya kò li *He stays out of trouble hoping that he*

will remain in the job. L ap dodomeya kò li la pou l wè si l ta rete nan djòb la. •**stay put** pa fè wonn pòt *His mother told him to stay put because it was too late.* Manman l di l pa fè wonn pòt paske li twò ta. •**stay quiet** mouri pou li, rete{an repo/doukoulou} *Stay quiet; don't tease the children.* Rete an repo; pa takinen timoun yo. *Why don't you stay quiet, instead of keeping talking?* Poukisa ou pa rete doukoulou tank pou ou plede pale konsa? •**stay silent** rete bèbè *You can't stay silent, you have to say a word.* Ou pa ka ret bèbè, se pou ou di yon mo. •**stay still** rete trankil *Stay still, you hear.* Ret trankil, tande. •**stay temporarily** fè ladesant *While I'm in Port-au-Prince, I'll stay temporarily at Mary's.* Pandan m Pòtoprens, m ap fè ladesant kay Mari. •**stay tuned** rete alekout *You have to stay tuned so as not to miss the latest news.* Fòk ou rete alekout pou ou pa rate dènye enfòmasyon yo. •**stay under the influence of s.o.** ret anba pat yon moun *I won't stay under her influence.* M p ap ret anba pat li. •**stay undercover** {ret/kache}anba pay *If we don't stay undercover, they'll kill us.* Si n pa ret anba pay, yo touye nou. •**stay up** rete jeklè, veye *She stayed up last night because she had a headache.* Li rete je klè tout yè swa akòz yon maltèt. *I didn't know at what time she would come home, I had to stay up all night.* M pa t konn ki lè li t ap rantre, m blije veye tout nuit la. •**stay up nights** [*chatting, studying*] {bat/kale/kraze} nay *Let's stay up all night and chat.* Ann bat yon nay aswè a. *We should stay up all night studying because tomorrow is the exam.* Fò n kraze yon nay aswè a paske egzamen an se pou demen. •**stay with it!** kenbe pa lage! •**place to stay** [*hosted by s.o.*] pyetatè •**be unable to stay quiet** nui{kò/nich}li •**here to stay** pa moute pa desann *Like it or not, she's here to stay.* Vle pa vle, li pa p moute li pa p desann.

stay-at-home *n./adj.* kazànye

staying power *n.* fyèl, kòwòn, rezistans

STD *prop.n.* [*sexually transmitted disease*] san sal

stead *n.* •**in good stead** itil, ki rann gran sèvis

steadfast *adj.* djanm, tennfas, venndegede *We're steadfast in what we do.* Nou venndegede sou sa n fè a.

steadfastly *adv.* djanm, fiks, kinalaganach, rèdtòk, tèktègèdèk, tennfas *The woman kept on steadfastly to get justice.* Fanm nan kenbe kinalaganach pou l sa jwenn jistis. *She stands steadfastly by her decision.* Li kanpe rèdtòk sou desizyon l. *We struggle steadfastly so our situation can change.* N ap lite tennfas pou sitiyasyon n sa chanje. *We'll defend our rights steadfastly until we triumph.* N ap defann dwa nou tèktègèdèk jous nou gen laviktwa.

steadfastness *n.* fèmte *You must speak with steadfastness.* Se pou ou pale avèk fèmte.

steadily *adv.* 1[*continuously*] (de) jou an jou, diranpandan, djanm, jouranjou, kin, nètalkole *I watch her getting steadily worse each day.* Jouranjou, m wè l ap vin pi mal. *We are working steadily.* Nèg ap travay djanm la. *We're going to work steadily tonight.* N ap travay nètalkole aswè a. 2[*firmly*] djanm, fèm, kin, tòt *The guy held steadily to the rail so he wouldn't fall.* Nèg la kenbe djanm sou balistrad pou li pa tonbe. *She stood steadily on the barrel.* Li kanpe kin sou doum lan. *The pastor stuck steadily to his convictions.* Pastè kenbe konviksyon li tòt.

steadiness *n.* 1[*regularity*] establite, regilarite *The steadiness of the economy is encouraging.* Establite ekonomi a k ap bay moun kouray. 2[*composure*] san{fwa/poze} *You can't fluster him. He has a steadiness of nerve.* Ou pa ka fristre msye. Li gen san poze. 3[*firmness*] fèmte *You can hear the steadiness in her voice.* Ou tande fèmte nan vwa li. 4[*reliability*] serye *She's an example of steadiness. You can always count on her.* Se egzanp yon moun serye. Ou kapab toujou konte sou li.

steady[1] *adj.* 1[*regular*] estab, fiks, piti piti *The economy is steady for now.* Ekonomi a estab alèkile. *He doesn't have a steady job.* Li pa gen yon djòb fiks. *They're making steady progress.* Y ap fè pwogrè piti piti. 2[*composed*] fèm, kal, san{fwa/poze} *In spite of all the misery that we've been through, we remain steady.* Malgre tout mizè nou pase, nou toujou rete fèm. *Don't worry, she's very steady.* Pa okipe ou, li kal anpil. 3[*persistent, reliable*] danble, fèm, kin, tennfas *Ana is a steady person. She manages to raise her kids by herself.* Ana se yon fi danble. Li rive leve timoun yo pou

kò l. *If you aren't a steady guy, you won't get this job.* Si ou pa yon nèg kin, ou pa p jwenn travay sa a. 4[*firm, stable*] djanm, estab, fèm, fiks, kach, solid *You can climb the ladder. It's steady in that position.* Ou mèt moute nechèl la. Li djanm kote l ye a. *You can climb the tree; it's very steady.* Ou mèt monte pye bwa; li kach anpil.

steady[2] *adv.* •**go steady with s.o.** ansanm, renmen (ak), sòti ak yon moun *They've been going steady for two years.* Moun sa yo renmen depi dezane kounye a.

steady[3] *v.tr.* [*stabilize*] estabilize, kenbe yon bagay djanm, kore *Steady the ladder for me so I don't fall.* Kenbe nechèl la djanm, pou m pa tonbe. *You have to steady the table so it doesn't fall apart.* Fo ou kore tab la pou li pa kraze. •**steady one's nerves** pran kòd tèt li, pran san li

steak *n.* estèk, griyad •**beef steak** biftèk •**sirloin steak** fofilè •**T-bone steak** tebonn •**thin steak** eskalòp

steal[1] *n.* piyay *It's a steal for twenty dollars.* Pou ven dola, se piyay.

steal[2] **I** *v.tr.* [*property, money, etc.*] chipe, dewobe, foure men li nan zafè moun, mawode, pike, pote ale, sezi, vòlè *Who stole my pencil?* Kiyès ki chipe kreyon mwen an? *If you steal, you deserve to go to prison.* Depi w ap foure men ou nan zafè moun, se prizon ou merite. *A pickpocket stole my purse!* Yon pikpòkèt pike bous mwen! *He stole a TV in the robbery.* Nan piyay la li pote yon televizyon ale. *He stole the neighbor's chicken.* Li dewobe poul vwazen an. *The thief stole his money.* Vòlè sezi lajan l. **II** *v.intr.* [*move silently*] an pachat, krab kò li *She stole into the room so as not to wake the baby.* Li antre nan chanm nan an pa chat pou li pa leve ti bebe a. •**steal a glimpse at** jofre *Let me steal a glimpse at what's in the envelope.* Ban m jofre sa k nan anvlòp la. *Why do you keep stealing a glimpse of the man, you must like him.* Pouki ou chita ap jofre msye a konsa, ou gen lè renmen li. •**steal a look at** vòlè je gade *The child hid behind the door, he was stealing a look at me.* Timoun nan kache dèyè pòt la, l ap vòlò je gade m. •**steal everything** dechèpiye •**steal from one's family** leve tapi •**steal the show** eklipse *The little girl* *stole the show.* Se tifi a ki eklipse tout lòt yo. •**steal the spotlight** eklipse

stealer *n.* vòlèz [*fem.*], vòlò

stealing *n.* vòl, volè

stealth *n.* pismiding, soudin

stealthily *adv.* alapis, an pismiding, an soudin, anchalkalis, anchatpent *She approached stealthily.* Li vini anchatpent. *He snuck up on me stealthily so he could take the money.* Misye parèt sou mwen anchalkalis pou l ka pran kòb la.

steam[1] *n.* lafimen, vapè •**steam roller** machin silenn •**full steam ahead** an avan •**pick up steam** pran {souf/ tren} *This project is picking up steam.* Pwojè sa a kòmanse pran tren. •**run out of steam** manke souf *At the end, she ran out of steam.* Alafen, li manke souf. •**under one's own steam** ak de pye (militè) li

steam[2] *v.tr.* [*rice, etc.*] toufe *You have to steam the rice.* Fòk ou toufe diri a. •**be steamed** [*angry*] fè move san *When the boss saw everyone sitting around she was steamed.* Lè bòs la wè tout moun ap chita pa fè anyen li fè move san.

steamboat *n.* estimè, vapè

steam-driven *adj.* a vapè

steamer *n.* 1[*culin.*] benmari 2[*boat*] estimè, vapè

steaming *adj.* 1[*hot*] chode 2[*mad*] awoyo

steamroller *n.* machin silenn, woulo konpresè

steamship *n.* estimè, vapè

steamy *adj.* plen vapè

steel[1] *n.* asye, fè •**steel wool** pay de fè •**stainless steel** asye san tach

steel[2] *v.tr.* •**steel o.s.** mare{ren/vant/zenba} li *We need to steel ourselves so we can bury the child.* Mare ren nou pou n ka tere pitit la.

steel-mill *n.* asyeri

steel-rimmed *adj.* fere

steel-studded *adj.* fere

steelworks *n.* asyeri

steely *adj.* mabyal, sèvè

steep[1] *adj.* 1[*hill, mountain, etc.*] an pant, apik *This mountain is steep.* Mòn sa a an pant. *Kabrit Mountain is very steep.* Mòn Kabrit apik anpil. 2[*price, etc.*] tèt nèg *The price you're asking is too steep.* Pri ou mande a chè pase tèt nèg. •**very steep** apik, apik panno

The peak of the mountain is very steep. Tèt mòn nan apik panno.

steep[2] *v.tr.* •**be steeped in** benyen, donnen *This issue is steeped in a lot of controversy.* Zafè sa a ap benyen nan yon pakèt brase mele. *She's someone who is steeped in lies.* Li se moun ki donnen nan manti.

steepen *v.intr.* vin pi rèd *The road steepens sharply.* Wout vin pi rèd atò.

steeple *n.* kloche

steeply *adv.* apik *The road rises steeply.* Wout la monte apik.

steer[1] *n.* bèf •**draft steer** bèf kabrèt •**young steer** jenn bèf

steer[2] *v.tr.* 1[*lead, drive, etc.*] dirije, kondi *He steers the car with only one hand.* Li kondi machin nan ak yon sèl men. *She steered me to the house.* Li dirije m bòkote kay la. 2[*a ship, etc.*] gouvènen •**steer clear** bay yon moun bwa long kenbe, chinwa *I'd steer clear of him if I were you.* M ta bay msye bwa long kenbe, si m te ou menm. *I'm going to steer clear of her. She's trouble.* M ap chinwa fi a. Se traka li ye.

steering *n.* •**steering column** bwa volan, sipò volan •**steering shaft** ba direksyon, sistèm volan •**steering wheel** volan

stein *n.* [*mug*] mòg, mòk

stele *n.* estèl

stellar *adj.* [*brilliant, excellent, etc.*] wololoy

stem[1] *n.* 1[*plant*] pedonkil, tij 2[*of fruit*] bòk 3[*plantains, bananas*] rejim 4[*forward part of ship*] estrav 5[*support shaft for handlebars*] kreyon •**stem of fruit** kòlèt •**from stem to stern** delatètopye

stem[2] *v.tr.* [*stop the progress of*] kwape *The doctors are working to stem the progression of the disease.* Medsen yo ap travay pou kwape maladi a.

stem[3] *v.intr.* •**stem from** sòti (nan), vini{de/ sòti} *His temper stems from his childhood.* Tanperaman ni vin sòti nan titès li.

stempost *n.* [*forward part of ship*] estrav

stench *n.* fondonmon, foundang, sant, santò, santòch •**take in or tolerate a stench** pran fre *That guy there sits as cool as a cucumber taking in the stench.* Misye menm chita kè pòpòz ap pran fre.

stencil[1] *n.* estensil

stencil[2] *v.tr.* polikopye

step¹ *n.* **1**[*walking*] pa *With every step I take, I feel like I'm going to fall.* Chak pa m fè, m santi m prèt pou m tonbe. **2**[*dancing*] devire *She has a beautiful dance step in her dancing.* Li gen yon bèl devire nan danse li. **3**[*gait*] degenn, demach *He picked up his step.* Degenn ni kòmanse pran. **4**[*of stairway*] mach, macheskalye *How many steps are there on the stairs?* Konbe mach eskalye a genyen? **5**[*of the terracing*] graden *I got caught in the rain on the steps of the terracing while I was gardening.* Lapli a pran m nan graden lè m t ap fè jaden. **6**[*of a journey, process*] degre, estad, etap, pwen *When you get to the step of putting up the door, call the carpenter.* Lè ou rive nan pwen pou met pòt la, rele bòs chapant lan. **7**[*toward sth.*] demach *No steps have been taken to find the money for the project.* Okenn demach poko fèt pou jwenn fon pou pwojè a. •**step backward** pa dèyè •**step by step** firanmezi, litlit, piti piti, ti pa ti pa *You can't learn everything about the game all at once. You have to take it step by step.* Ou pa p ka aprann tout prensip jwèt la yon sèl jou. Se litlit ou ap konnen yo. •**step forward** pa annavan •**a single step** pa kare •**a step in the right direction** gran pa *If you stop drinking, it'll be a step in the right direction.* Si ou kite bwè, se yon gran pa ou ap fè. •**dance step** devire •**dance step where feet are crossed** sizo •**false step** fo pa •**first step** premye derape •**get out of step** [*while dancing*] pèdi pa *If you don't know how to dance, you'll get out of step easily.* Si ou pa konn danse, w ap pèdi pa fasil. •**in just two steps** de kout pye •**in small steps** an chikèt *Instead of doing that project in small steps, wait until you have money to do it on a large scale.* Olye ou fè pwojè a an chikèt, tann lè ou gen lajan pou fè yon gwo bagay. •**in step** opa •**not go a step further** fè ven pa fè venteyen •**one step ahead** [*a bit in advance of*] pike devan, toujou devan *This way I could stay one step ahead of her.* Konsa m toujou pike devan. •**one step forward one step back** fè yon pa kita yon pa nago •**out of step** depaman •**slow-paced steps** [*sound of*] djong djong •**take steps** mennen mannigèt *I am taking steps to meet with the boss.* M ap mennen mannigèt la pou m rive rankontre patwon an. •**take steps on behalf of s.o.** fè piwèt *I don't promise you anything, but I'll take steps on your behalf.* M pa pwomèt ou anyen, men m pral fè kèk piwèt pou ou. •**take steps to do sth.** pran dispozisyon *She takes steps to beautify the house.* Li pran dispozisyon l pou l fè kay la bèl. •**take steps toward** fè demach

step² *v.intr.* mache *Don't step on the grass.* Pa mache sou gazon an. •**step aside** {ekskize/ layite/ranje}kò li *Step aside to let me pass.* Eskize kò ou ban m pase! *Step aside, there's a car coming.* Layite kò ou, men machin ap vini. •**step down** *a*[*resign a position*] bay tè, demisyonnen *She's an old woman, but she refuses to step down and for a younger person to take her place.* Li fin granmoun, men l refize bay tè a yon jenn moun. *b*[*lit.*] desann *She stepped down from the podium.* Li desann estrad la. •**step forward** fè yon pa annavan *Please step forward, you're blocking the road.* Fè yon pa annavan non, ou bloke wout la. •**step in** *a*[*go inside*] mete pye *Tell him to step in my office before he leaves.* Di l anvan l ale pou li mete pye nan biwo m lan. *b*[*intervene*] vini antre an gwo kòk *If I see them fighting, I won't step in to stop them.* Si m wè yo ap goumen, m pa p vini antre an gwo kòk. •**step on** pile, pilonnen *She stepped on my foot.* Li pile m. *He fell down while running, everybody stepped on him.* Li tonbe nan kouri a, moun yo pilonnen l. •**step on it!** chire wout! •**step on the brake** bay yon kout fren *The driver braked which made the car spin all the way around.* Chofè a bay yon kout fren ki fè machin nan vire tou won. •**step on the gas** {bay/peze}gaz *Step on the gas! She's about to pass us!* Bay gaz! Li plede ap double n! •**step out for a moment** [*usu. surreptitiously*] fè yon fòlòp, fè yon ti chap *She has stepped out for a short time, she'll be back in about five minutes.* Li fè yon fòlòp, l ap tounen nan senk minit konsa. *He stepped out for a moment, but he will be right back.* Li fè yon ti chap men l ap tounen talè. •**step out for a short time** fè yon vire *She has stepped out for a short time, she'll be back in about five minutes.* Li fè yon ti vire, l ap tounen nan senk minit konsa. •**step out suddenly** soti brid sou kou sou yon moun

922

She was here, but she stepped out suddenly on us. Li te la a, men li soti brid sou kou sou nou. •**step over s.o.** janbe *She didn't wait for me to move away, she stepped over me.* Li pa tann mwen rale pye m, li janbe m. •**step up** *a*[*lit.*] monte *The pastor stepped up to the pulpit to preach.* Pastè a monte chè legliz la pou li al preche. *b*[*efforts, etc.*] redouble *We had to step up the pressure on the government.* Nou te blije redouble presyon sou gouvèlman an.

stepbrother *n.* bòfrè

step-by-step *adv.* firanmezi, litlit, pazapa, piti piti, ti pa ti pa *Step by step an apprentice becomes a master in his trade.* Pazapa yon apranti vin yon bòs nèt nan metye a.

stepdaughter *n.* bèlfi

stepfather *n.* bopè

stepladder *n.* ti ban

stepmother *n.* bèlmè

stepsister *n.* bèlsè

stepson *n.* bofi(s)

stepstool *n.* ti ban, ti chèz

stereo *n.* estereyo *The radio is tuned to eighty-eight point three stereo.* Radyo a sou katreven uit pwen twa estereyo.

stereotype[1] *n.* egzanp tipik

stereotype[2] *v.tr.* klase *She stereotyped him as lazy.* Li klase l tankou parese.

sterile *adj.* 1[*all senses*] esteril 2[*infertile*] mal *This woman is sterile, she can't have children.* Se mal fanm li ye, li pa ka fè pitit. *This papaya tree is sterile.* Pye papay sa mal. •**sterile female** [*human, animal*] boukle •**sterile male** *a*[*human, animal*] wong *b*[*animal*] branrany •**sterile person** mal kenèp •**sterile woman** *a*[*infertile*] matris paswa *b*[*pej.*] milèt •**be sterile** [*woman*] gen yon matris paswa *This woman can't have children because she's sterile.* Fanm sa a, li menm li p ap fè pitit paske li gen yon matris paswa.

sterilization *n.* esterilizasyon

sterilize *v.tr.* 1[*disinfect, sanitize*] bouyi, chode, esterilize *Sterilize the baby bottles.* Chode bibwon yo. *Sterilize the baby bottle before you put milk into it.* Bouyi bibon an anvan ou mèt lèt ladan. *The doctor asked the nurse to sterilize the equipment before he uses it.* Dòktè a mande mis la esterilize materyèl yo anvan l sèvi ak yo. 2[*pasteurize*] pasterize

They sterilize the milk before they sell it. Y ap pasterize lèt la anvan yo vann li. 3[*make infertile*] esterilize 4[*woman*] boukle, wete grenn vant *After her last child, the doctor sterilized her so she couldn't get pregnant again.* Aprè dènye pitit li a, dòktè a boukle li pou li pa ka ansent ankò.

sterilizer *n.* bwat gaz, esterilizatè

sterling[1] *adj.* [*classy, exceptional, etc.*] djougan, se wete nèchèl

sterling[2] *n.* [*British currency*] estèling

stern[1] *adj.* mabyal, rèd, sevè, si *She's stern with her children.* Li sevè ak timoun li yo. •**be stern** rèd mabyal *You have to be stern with her.* Fò ou aji rèd mabyal ak li.

stern[2] *n.* [*aft part of a ship*] aryè, estanbòt •**from stem to stern** delatètopye

sternly *adv.* sevèman *You have to act sternly with those children.* Fò ou aji sevèman ak timoun sa yo.

sternpost *n.* [*part of a ship*] estanbòt

sternum *n.* estènòm, (zo) biskèt •**have a broken or displaced sternum** biskèt yon moun tonbe

steroid *n.* estewoyid

stethoscope *n.* estetoskòp, sonn

stevedore *n.* anbakadè, arimè, bèf chenn, estimidò, mawoule

stew[1] *n.* bouyon, kasoulè, ragou, sòkòy, toufe •**meat and bean stew** tchaka •**vegetable stew** frikase

stew[2] **I** *v.tr.* [*food*] mijote *You have to stew the meat with the potatoes.* Fò ou mijote vyann nan ansanm avèk patat yo. **II** *v.intr.* 1[*drunk*] an brenzeng, chaje, gwòg nan tèt li *He's so stewed, he's falling down.* Li sitèlman gen gwòg nan tèt li, l ap tonbe sou tèt li. 2[*fig.*] marinen *The robbers stewed in prison for five years.* Zenglendo t ap marinen nan prizon pou senkan.

steward *n.* jeran

stewardess *n.* otès

stewardship *n.* titèl •**under stewardship** sou titèl *The country is under the stewardship of the international community.* Peyi a sou titèl kominote entènasyonal la.

stick[1] *n.* 1[*length of wood*] bagèt, baton, bwa, digèt 2[*club*] chaplèt, kokomakak, makak, manch baton 3[*chalk, charcoal, etc.*] baton, bwa, mòso •**stick shift** anbreyay, {ba/

chanjman}vitès, levye *He can't drive a car with a stick shift.* Li pa ka kondi machin ki gen chanjman vitès. •**big knotted stick** [*wooden*] chaplèt •**big stick policy** politik gwo ponyèt •**folding measuring stick** mèt pliyan •**hoop stick** gidon *They rolled the hoop with a hoop stick.* L ap woule sèk la avèk yon gidon. •**measuring stick** mèt •**pointed stick** frenn •**sharpened stick** pikèt •**spanking stick** matinèt •**thick stick** wonden •**walking stick** baton

stick² I *v.tr.* **1**[*stab, etc.*] filange, foure, pike, senyen, vare, zigonnen *He stuck the pig with a spear.* Li filange kochon an ak yon frenn. *When the nurse stuck a needle in my arm, I yelled.* Lè mis la foure zegi a nan ponyèt m lan, m rele anmwe. *If you bother me, I'll stick you with a knife.* Si ou anmède m, m ap senyen ou ak yon kouto. *She stuck me in the back.* Li vare m nan do. *Don't stick the orange like that so the juice doesn't get all over.* Pa vin zigonnen zorany konsa non pou dlo a pa sal tout bagay. **2**[*with glue, etc.*] kole, plake *She stuck the stamp on the envelope.* Li kole tenm lan nan anvlòp la. *Who stuck that photo to the wall?* Ki moun ki plake foto sa a nan mi an? **3**[*put, place*] foure, mete, parèt tèt *Stick these two gourdes in your pocket so you can buy what you need.* Foure de goud sa a nan pòch ou pou ou achte sa ou bezwen. *Stick that hat on your head to protect you from the sun.* Mèt chapo sa a nan tèt ou pou pare solèy la. *Stick your head out of the window to see who's there.* Parèt tèt ou nan fenèt la pou ou wè ki moun sa a. II *v.intr.* **1**[*embed in*] plante *She had a knife sticking in her back.* Li te gen yon kouto plante nan do l. **2**[*adhere*] kole *Blood stuck all over his shirt.* San kole nan tout chemiz li. *Thorns tend to stick into people's legs.* Pikan renmen kole nan pye kanson moun. **3**[*get jammed*] kwoke, kole *A fish bone has stuck in her throat.* Li gen yon zo pwason k kwoke nan gòj li. *The window sticks open.* Fenèt la kole ouvè. **4**[*protrude, etc.*] debòde, sòti *The overhang sticks out past the walls.* Dal beton an debòde mi kay la. *My shirt got caught on that nail sticking out.* Chemiz mwen kwoke nan klou ki te sòti. **5**[*caught, be in a jam, etc.*] kloure, kole, kwense, mare kou krab, pran *They've been stuck here for three days because*

their car won't run. Yo kloure isit la depi twa jou, poutèt machin yo an pann. *I'm stuck on this problem that I don't understand.* Mwen kole nan pwoblèm sa a m pa konprann. *She was stuck in her car because of the rain.* Li te kwense nan machin ni kont lapli. •**stick around** ret tann *I'll stick around and wait for her.* M ap ret tann li. •**stick by** kanpe ak yon moun, pa lage yon moun *She's the only one who stuck by me.* Se sèl li menm ki pa janm lage m. •**stick it!** [*up one's ass*] anbake! •**stick one's hand in** foure men *If you want this to be done quickly, you have to stick your hand in.* Si ou vle bagay sa a fini, ou dwe foure men. •**stick one's head in the lion's mouth** pote chat bay makou •**stick one's head out** [*a doorway, etc.*] parèt tèt li *Once in a while she sticks her head out the window.* Tanzantan l parèt tèt li deyò. •**stick one's neck out** avantire li, pran (fètekòz) pou *I won't stick my neck out for anybody.* M pa p pran fètekòz pou pyès moun. *You're still young, don't stick your neck out in this business.* Ou jèn toujou, pa avantire ou nan bagay sa a. •**stick one's nose into** foure{bouch/kò/nen/pye}li nan zafè moun *Don't stick your nose into what does not concern you.* Pa foure nen ou nan sa k pa gade ou. •**stick one's tongue out** file lang *Enough sticking your tongue out at the adults, naughty child!* Ase file lang ou ba granmoun, dezòd! •**stick out** a[*butt, belly, chest*] bonbe *The pregnant woman's belly is sticking out.* Vant fanm ansent lan bonbe. b[*extend*] deyò, lonje, parèt *Your stomach is sticking out.* Vant ou deyò. *Your slip is sticking out.* Jipon ou parèt. *He stuck out his foot and tripped me.* Li lonje pye l nan wout la, li fè m tonbe. c[*be very clearly noticed*] griyen *He's so skinny that his collarbone sticks out.* Li tèlman mèg, zo salyè l griyen. •**stick out like a sore thumb** griyen *With a shirt that color on, he'll stick out like a sore thumb.* Koulè chemiz sa a ki sou li a, l ap griyen. •**stick to one's ribs** kenbe yon moun *You need to eat something that will stick to your ribs.* Fò ou manje yon bagay ki pou kenbe ou. •**stick to s.o. like a leech** kole kole, pandye *Why are you sticking to us like a leech?* Pou ki ou pandje nan kò nou konsa? •**stick together** kole zepòl, pote kole *They stuck together to get the job* *done.* Yo pote kole pou yo fè travay la. •**stick up** *a*[*a poster*] plakade *Stick this up on the wall.* Plakade sa nan mi an. *b*[*a bank*] fè yon òldòp •**stick up for** defann, pran fètekòz pou *When someone attacks you, you have to stick up for yourself.* Lè yon moun atake ou, fò ou defann tèt ou. *Why are you sticking up for them?* Poukisa w ap pran fètekòz pou yo? •**stick up one's nose** twouse (zèl) nen li sou *He stuck up his nose at us, pretending he's so superior to us.* Li touse nen li ap gade n tankou li plis pase n. •**stick with** mele ak *Since no one else wanted to do it, they decided to stick me with it.* Pa gen moun ki te vle fè l, kidonk yo deside mele m ak sa. •**stick with it** kenbe bwa drapo, kenbe pa lage *The work is hard, but stick with it.* Travay la di, men kenbe pa lage.

stick-in-the-mud *n.* gate pati

sticker *n.* **1**[*label*] etikèt **2**[*difficult question*] kòl •**sticker for ID card** viyèt kat didantite •**bumper sticker** viyèt •**car inspection sticker** viyèt enspeksyon machin •**registration sticker** [*car, etc.*] fich •**self-adhering sticker** otokolan

stickiness *n.* **1**[*adhesion*] gonm, lakòl **2**[*humidity*] imidite

sticking *adj.* •**sticking point** lakòl fòt

stickler *n.* chikanè

sticks *n.pl.* andeyò, nan bwa *He lives in the sticks without plumbing, electricity or anything.* Se nan bwa l rete: pa gen tiyo, pa gen limyè, pa gen anyen.

sticky *adj.* gonmen, kole *Okra is a sticky vegetable.* Kalalou se yon legim ki gonmen. •**make sticky** gonmen *The leaf made my hand sticky.* Fèy la gonmen men m. •**not sticky** grennen *The rice is good, it's not sticky.* Diri a bon, li grennen.

stiff *adj.* **1**[*gen.*] di *This piece of iron is too stiff for you to bend it.* Fè sa a twò di, ou pa p ka ploye. **2**[*body*] rèd *His entire body is stiff.* Tout kò l rèd.

stiffen *v.intr.* redi *My neck has stiffened up this morning.* M santi kou m na, redi maten an.

stiffness *n.* redisman, zo yon moun kraze *She has a stiffness in all her body.* Li gen redisman nan tout kò l. *I felt stiffness in all of my joints after doing the wash.* M santi tout zo m kraze apre lave a.

stifling *adj.* [*weather*] lou, sivokan

stigma *n.* bwa jouman, estigma

stiletto *n.* estilè

still[1] *adj.* **1**[*not moving*] an plas, tennfas *You have to keep still when they give you a shot.* Lè y ap ba ou piki, fò ou tennfas. *Those kids can't stay still anywhere.* Timoun sa yo pa ka rete an plas. *The wind was perfectly still.* Pa t gen yon ti rize van menm. **2**[*quiet*] trankil *She remained still.* Li rete trankil.

still[2] *adv.* **1**[*at this moment*] atò, toujou *She's still ill.* Li malad toujou. *They're still in the restaurant.* Yo nan restoran an atò. **2**[*nonetheless*] malgre sa, poutan *I showed it to him, but still he didn't believe me.* M moutre l li, malgre sa, l pa kwè m. *I thought it was an easy piece of work, still it gave me a lot of problems.* Mwen te panse se te yon travay fasil, poutan li ban m anpil pwoblèm. **3**[*however*] atoutsa *The doctors gave her various drugs, she still isn't getting any better.* Doktè a ba li divès medikaman atoutsa l pa refè. •**still not** *a*[*referring to past*] patankò, patkò *I was still not sleeping when it started to rain.* Dòmi patankò pran m lè lapli a koumanse tonbe. *b*[*referring to present*] poko *I am still not sleeping.* Dòmi poko pran m.

still[3] *n.* **1**[*gen.*] alanbik **2**[*for making rum*] gildiv

stillborn *adj.* fèt mouri, tou mouri *She gave birth to a stillborn child.* Li akouche pitit la tou mouri.

stillness *n.* silans

stilt *n.* [*bird*] kwak dlo

stilt-plover *n.* [*bird*] pèpet

stilted *adj.* renka

stilts *n.pl.* bwadjanm, janm de bwa

stimulant *n.* eksitan, remontan

stimulate *v.tr.* **1**[*intellectually*] pase plim poul nan zòrèy yon moun *Writers are stimulating the youth intellectually.* Ekriven yo ap pase plim poul nan zòrèy jenn yo. **2**[*thirst, speech, etc.*] eksite *The booze stimulated his speech, he said a lot of stupid things.* Tafya a eksite l pale, li di yon pakèt betiz. **3**[*cause to be more active*] anime, ankouraje, bay yon moun pousad, chofe *If you tell her you'll give her a raise, it should stimulate her to work more.* Si ou di l ou ap ba l ogmantasyon, sa ap ankouraje l travay plis. *You have to stimulate him to get him to work.* Fo ou bay li pousad pou fè li travay. *This news stimulated her.* Nouvèl sa a chofe l.

stimulus *n.* ankourajman, chofay

sting¹ *n.* **1**[*insect*] bobo, mode, pikan **2**[*trap*] kou moute, kout pa konprann *The police caught the embezzler in a sting.* Jandam yo kenbe bakoulou a nan yon kou moute. *The con man took all their money in a sting.* Mètdam nan pran tout kòb a yo nan kout pa konprann.

sting² **I** *v.tr.* **1**[*pain*] boule, pike *When you spread the alcohol on my back, it stung me a bit.* Lè ou pase alkòl la nan do m lan, li boule m. **2**[*insects*] bo, bobo, pike, mòde *It's a wasp that stung me.* Se yon gèp ki pike m. *Yesterday evening the mosquitoes stung me all over my face.* Ayè oswa marengwen bobo tout bò figi m. **II** *v.intr.* **1**[*physical pain*] mòde, pike *My eyes are stinging.* Je m ap pike m. *I have been stung by a bunch of mosquitoes.* Se pa de twa marengwen ki pa mòde m. **2**[*emotional pain*] blese, fè mal, pike *What I'm going to tell you may sting a little.* Sa m pral di ou la gendwa pike yon tikras. •**sting intermittently** [*pain*] lanse

sting-ray *n.* [*fish*] re pikan

stinginess *n.* ekonomi bout{chandèl/siga/bwa chandèl}, kras, kraste, lavaris *Stinginess is a vice.* Lavaris se yon defo.

stinging¹ *adj.* pike, piman bouk

stinging² *n.* lanse, lansman

stingy *adj.* ava, chich, kras, chichadò, chikriti, di, kòkòtò, kolokent, kourèd, kras, kripya, peng, tikoulou(t) *Why is she so stingy?* Sa k fè li peng konsa? *Giving little is not stingy.* Bay piti pa chich. *You are really stingy.* Ou chichadò anpil. *He's too stingy, I won't deal with him.* Li twò tikriti, m p ap fè biznis avè l. *He's stingy; he refuses to spend money.* Li di, li refize depanse. *This guy is stingy, if he has a gourde, he spends it ten pennies at a time.* Nèg sa a kòkòtò, si l gen yon goud se pou l manje l dis kòb pa dis kòb. *This stingy guy won't give you a red cent.* Nèg kolokent sa a pa p menm ba ou yon ti sou wouj, non. *He's so stingy, he doesn't even buy clothes to put on himself.* Li tèlman kripya, menm rad li pa achte pou l met sou li. •**stingy person** chichadò, sirik

•**stingy, grasping person** men{kout/sere}
•**be really stingy** chich pase do kiyè fè •**be very stingy** manje nan tiwa tab *John is a very stingy guy, he won't give you five cents of his.* Jan se moun ki manje nan tiwa tab, li p ap ba ou senk kòb li.

stink¹ *n.* sant, santò •**make a stink** {fè/pete} lòbèy *When the man didn't pay him, he made a big stink.* Lè msye a pa peye l, li pete lòbèy.

stink² *v.intr.* **1**[*gen.*] foundaye, santi *This pile of trash in front of your courtyard stinks.* Pil fatra sa douvan lakou ou a foundaye. *The dead dog has started to stink.* Chen mouri a koumanse santi. **2**[*give a strong bad smell (person)*] santi{di/fò/kri} *That guy stinks!* Msye santi fò! •**stink of sth.** santi pit yon bagay *You stink of liquor!* Ou santi pit tafya! •**stink up** abonminen, anpeste *He stank up the room with his fart.* Li abonminen sal la ak pete l la. *You stink, go put on some perfume.* Ou anpeste, al pase yon ti pafen sou ou.

stinker *n.* [*person*] lonbrik pouri

stinking *adj.* santi{di/move}

stinkweed *n.* fèy koulant, kafe{nèg/plant}, kas{fetid/ nanm}, koulant, pwa pyan(t)

stinkwood tree *n.* bwa santi, kayiman fran

stinky *adj.* gore *You are stinky.* Ou santi gore.

stipend *n.* alokasyon

stipulation *n.* dispozisyon, kondisyon *I don't agree with that stipulation.* M pa dakò ak kondisyon sa a.

stir¹ *n.* bri, deblozay, kabouyay

stir² **I** *v.tr.* **1**[*gen.*] brase, rebrase *She stirred the pudding.* Li brase labouyi a. *Stir the juice so that the sugar dissolves well in it.* Rebrase ji a pou sik la ka byen fonn ladan l. **2**[*mix sth.*] brase, mele *Stir the paint before using it.* Brase penti a anvan ou sèvi avè l. *Stir the dominoes.* Brase zo domino yo. **3**[*a fire*] fougonnen *Stir up the fire so that it doesn't go out.* Fougonnen dife a pou li pa mouri. **II** *v.intr.* [*budge, move*] brennen kò li, briding kò li *She didn't stir the whole time the police searched the house.* Li pa brennen kò li toutan jandam yo te fouye kay la. *I called and called the guy, and he didn't even stir.* Se rele m rele nèg la, li pa briding kò li menm. •**stir up** awoutcha, brase afè, sakaje bil yon moun, monte tèt moun, vire bil *The opposition prepared to stir up the country.* Opozisyon an pare pou vire bil peyi

a. *They accused me of stirring up the workers.*
Yo akize m se mwen k moute tèt travayè yo.
•**stir up a real hornet's nest** tonbe nan yon
nich foumi *He stirred up a real hornet's nest!*
Msye tonbe nan yon nich foumi konpè!
•**stir up trouble** chache kont, soufle dife,
voye chen sou chat *This guy is always stirring
up trouble.* Nèg sa a toujou ap chache kont.
*He's stirring up trouble so people will fight
with each other.* Misye la ap soufle dife pou
moun yo ka goumen. *The discussion is over,
why are you stirring up trouble by raising the
issue again?* Koze a fin pase, poukisa w ap
voye chen sou chat pou leve li ankò?

stirring *n.* brasay

stirrup *n.* 1[*of a saddle*] zetriye 2[*for a pelvic
exam*] pye kabann, zetriye

stitch¹ *n.* 1[*sewing*] kouti, pwen fil *Don't
pull out the stitch so that you don't unravel
the pants.* Pa rale pwen fil la pou pa dekoud
pantalon an. 2[*embroidery*] pwen kouti
3[*suture*] kout(zegui), kouti, pwen{fil/
zegwi}

stitch² *v.tr.* koud •**stitch up** *a*[*med.*] koud
*They'll stitch him up at the hospital because
the wound is deep.* Y al koud li lopital paske
blese a fon. *b*[*clothing*] koud, pyese, rapistole
Stitch up these trousers for me please. Tanpri,
rapistole pantalon sa a pou mwen.

stitches *n.pl.* •**in stitches** *She had us all in
stitches.* Li fè n ri pou n pa chape.

stitching *n.* kouti

stock¹ *n.* 1[*supply*] apwovizyònman, estòk,
rezèv, valè *We have a good stock of food in case
of curfews.* Nou gen yon bon valè manje la
anka kouvrefe. 2[*financial*] aksyon •**stock
exchange** bous •**stock on hand** rezèv
•**common stock** aksyon òdinè fè bilan
•**in stock** an rezèv •**soup stock** bouyon,
estòk •**take stock of** {bay/ fè}bilan *After
he finished taking stock, he saw he had spent
ten thousand dollars for the year.* Apre l fin fè
bilan, li wè li depanse di mil dola pou ane a.

stock² *v.tr.* apwovizyòne, ravitaye *He stocked
his house for a few days.* Li apwovizyòne kay
li pou kèk jou. *We have to stock the house, the
food is almost gone.* Fòk nou ravitaye kay la,
tout manje prèske fini. •**stock food** ravitaye
•**stock up on** estoke, fè estokaj *He stocked
up on the last food he found in the market.* Li

estoke dènye manje li jwenn nan mache a.
*It's important that we stock up on food before
the strike.* Li enpòtan pou nou ta fè yon
estokay manje anvan grèv la. •**stock up on
things** ravitaye li *There's nothing to buy here;
it's in town that I stock up on things.* Pa gen
anyen pou achte isit la, se lavil m ravitaye m.

stocked *adj.* chaje *The stores are always well
stocked.* Magazen yo toujou chaje.

stockholder *n.* aksyonè

stocking *n.* estokaj

stockings *n.pl.* ba *She bought some stockings.*
L achte ba. •**knee-high stockings** demi ba
•**put on long stockings** bate *The woman put
on long stockings to go to the wedding.* Kòmè
a bate pou l al nan nòs la. •**thick stockings**
ba chosèt

stock-market *n.* labous

stockpile¹ *n.* estòk, rezèv

stockpile² *v.tr.* estoke *He's stockpiling products
so he can sell them at a higher price when other
people's stocks are gone.* L ap estoke pwodui
pou l ka vann yo nan pri ki pi chè lè estòk lòt
moun yo vini.

stockpiler *n.* estokè

stockpot *n.* [*culin.*] adyanoumele

stockroom *n.* depo, kanbiz, sout

stocky *adj.* foule, gwo kò, potorik, replè, replèt
[*fem.*] *He's the stocky one.* Se ti kout foule
a. *He's very stocky, he's short but he weighs
a lot.* Misye potorik anpil, li kout men li
peze anpil. *He's stocky.* Li yon moun gwo
kò. *By exercising she has become stockier than
before.* Afòs li fè egzèsis, li vin replèt plis
pase anvan.

stogie *n.* [*cigar*] pòy, siga

stoic *adj.* gen san frèt *She doesn't have fits of
anger; she's very stoic.* Li pa fache fasil, li gen
san frèt anpil.

stoke *v.tr.* 1[*fire, etc.*] {antretni/chofe}dife
*Don't forget to stoke the fire so it doesn't go
out.* Pa bilye chofe dife a pou li pa etenn.
2[*anger, emotions, etc.*] fè tidife boule, pouse
dife *When you tell him no, it does nothing but
stoke his anger.* Lè ou di msye non, sa fè renk
pouse dife. •**stoke up** [*eat copiously*] boure
fal li, plen bendeng li *Stoke up while you can.*
Plen bendeng ou lè ou kapab.

stokehold *n.* chofri

stoking *n.* chof

stole *n.* [*eccl.*] etòl

stolid *adj.* dodomeya

stomach[1] *n.* **1**[*body organ*] fal, lestomak, vant *My stomach is growling.* Vant mwen ap bouyi. *His stomach is full of food.* Fal li plen ak manje. *The doctor said my stomach was hard as cement.* Doktè a di kè m solid kou beton. **2**[*front part of the body*] vant *She's lying on her stomach.* Li kouche sou vant. **3**[*of a human or ruminant (pej.)*] gwo sak trip **4**[*of a pig, cow*] pann •**stomach of ruminant** {gwo/manman}pans, jwa •**stomach ulcer** soufri asid *She has stomach ulcers because of the stress.* Li soufri asid poutèt tèt li chaje twòp. •**bloated stomach** balonnman *He has a bloated stomach.* Li gen yon balonnman. •**full stomach** vant deboutonnen •**have a full stomach** ayik *He ate until he had a full stomach.* Li manje jouk li ayik. •**have an upset stomach** deranje, kè yon moun fèb *I don't want to eat too late so that I don't have an upset stomach.* M pa vle manje twò ta pou m pa deranje. •**not have the stomach for sth.** manke nannan *You can't manage a factory, you don't have the stomach for it.* Ou pa ka dirije yon faktori, ou manke nannan twòp. •**on an empty stomach** ajen *I went to school on an empty stomach.* M al lekòl ajen. •**part of stomach** [*of a cow*] gradoub *A lot of people don't eat the stomach, it's a type of meat that's hard and requires preparation.* Anpil moun pa manje gradoub, se yon moso vyann ki di e ki mande preparasyon. •**too full stomach** vant bim •**upset stomach** deranjman, lafwerad, lestomak chaje •**with a full stomach** ayik

stomach[2] *v.tr.* glòt, pote, sipòte *I can't stomach all the violence.* Mwen pa kapab glòt tout vyolans lan. *I won't stomach the lying in my house.* M p ap pote manti nan kay mwen.

stomachache *n.* jennman, kolik, mal vant, vant fè mal *I have a stomachache.* M gen yon vant fè mal. •**give s.o. a stomachache** vant yon moun tranche l *The milk I drank gave me a stomach ache.* Lèt la m bwè a fè vant mwen tranche m. •**have a stomachache** vant yon moun tranche l

stomp *v.tr.* rabote *He stomped my foot with his boot.* Li rabote pye m ak bòt li. •**accidentally**

stomp on frape ak pye *He stomped on me.* Li frape ak pye m.

stomping *adj.* •**stomping grounds** kote yon moun kon ale lontan

stone[1] *adj.* •**stone broke** kanpe sou pay, razè nèt •**stone cold** frèt nèt •**stone deaf** soud menm *He's stone deaf, even a cannon goes off and he doesn't hear.* Li soud menm, pyès kanon tire, li pa tande.

stone[2] *n.* **1**[*gen.*] bòday, galèt, pyè, (ti) wòch **2**[*apricot, etc.*] nwayo **3**[*in a riverbed*] glas **4**[*solid mineral material*] wòch *We made the wall from stone.* Nou fè mi an ak wòch. •**stone mason** bòs mason •**stone used for self-defense** biswit leta •**a stone's throw away** anba pye, atè a *My house is only a stone's throw away.* Lakay mwen se atè a li ye. •**gall stone** kalkil •**grave stone** estèl, (pyè) tonm •**hail stone** (la)grèl •**heart of stone** kè{di/pyè} •**kidney stone** kalkil, (la) pyè nan{blad/ren}, sab nan ren •**kill two birds with one stone** touye de rat nan yon sèl twou *I went to get gas and washed my car at the same time; I killed two birds with one stone.* M t al fè gaz etan m lave machin mwen; m touye de rat nan yon sèl twou. •**large flat stone** glasi, pav •**leave no stone unturned** chache kou zepeng, fè kèt zoban *They left no stone unturned looking for the keys.* Yo chache kle yo kou zepeng. *The mother left no stone unturned looking for her child.* Manman an fè kèt zoban ap chache pitit li. •**paving stone** dal •**pile of stones for bleaching clothes in the sun** blayi •**precious stone** pyè koute chè •**sharpening stone** {wòch/mèl}pou file •**stepping stone** pasdlo •**written in stone** grave nan wòch *It's not written in stone that you have to go.* Se pa grave nan wòch, fòk ou ale.

stone[3] *v.tr.* kalonnen, vide wòch sou *They threw stones at the mango tree to pick mangoes.* Yo kalonnen pye mango a pou yo keyi mango. •**stone to death** kraze anba wòch, lapide, touye anba yon kalonnad wòch *They stoned the dog to death.* Yo touye chen an anba yon kalonnad wòch. *Long ago, they used to stone thieves to death.* Nan tan lontan, yo te konn lapide vòlè.

stone-cold *adj.* •**stone-cold dead** mò rèd

stoned *adj.* [*high on drugs*] chaje ak{bòz/
krak}, dwoge

stone-pit *n.* karyè

stonework *n.* masonn

stoning *n.* kalonnad wòch

stony *adj.* plen wòch, simen ak wòch

stooge *n.* pope twèl, tchoul, zo pope

stool *n.* 1[*bench, etc.*] bankèt, tabourè 2[*med.*]
kabinè, okabine, poupou, sèl, watè •**stool
pigeon** rapòtè, soumaren •**bar stool** chèz
wo •**bloody stool** poupou san •**have loose
stools** lach, lache •**have regular stools**
[*after constipation*] desere •**high stool**
chèz wo •**liquid stool** fwarad •**loose stool**
watè pwès •**loose or seedy stool** watè
ma •**mucous stool** watè glè *The child has
mucous stools because he's sick.* Timoun
nan watè glè paske l malad. •**watery stool**
{ale/poupou/watè}dlo *The child has watery
stools, we have to stop the diarrhea.* Pitit la ale
dlo nèt, fòk nou rete dyare a.

stoop¹ *n.* pewon

stoop² *v.intr.* 1[*lower one's body*] bese, kwoupi
*He's so tall that he has to stoop to go through
here.* Li tèlman wo, se kwoupi pou l kwoupi
pou l pase la a. 2[*lower one's dignity*] bese
tèt li, desann figi li, lage kò li nan *She stoops
to telling lies.* Li lage kò l nan bay manti. *I'd
never stoop to begging.* M pa p janm al bese tèt
mwen pou m al mande. •**stoop down** bese
He stooped down to greet the audience. Li bese
pou l salye piblik la.

stooped *adj.* do ba, kwochi *This old person is
stooped.* Ti granmoun nan do ba. *My back
is stooped from washing the floor.* Do m fin
kwochi nan lave atè a.

stop¹ *n.* 1[*gen.*] arè, estòp, kanpe, rete *The bus
makes several stops.* Bis la ap fè plizyè arè.
*You have to make a stop at the light before
turning right.* Fòk ou fè estòp anba limyè
a anvan ou vire adwat. *Let's make a quick
stop at my uncle's house.* Ann fè yon ti kanpe
lakay tonton mwen. *She made a stop and then
she went off.* Li fè yon rete epi l ale. 2[*plane,
ship*] eskal *The plane made a stop in Boston.*
Avyon an fè eskal Bostonn •**stop sign** estòp,
panno darè •**full stop** [*period*] pwen •**make
a quick stop** fè yon (ti) pase *If you're making
a quick stop at the post office, mail this letter
for me.* Si w ap fè yon ti pase lapòs, depoze

lèt sa pou m. •**noise of a sudden stop** brip
*By the time I noticed the car, I was forced to
make a very sudden stop.* Lè m al parèt sou
machin lan, m oblije frennen brip. •**put a
stop to** fè yon moun sispann yon bagay,
kwape, mete{fren/ola} *Let's put a stop to
AIDS.* Ann kwape SIDA. *Try to put a stop
to those two women who are cursing at each
other.* Manyè met ola ant de medam sa yo k
ap joure a. *The students are beng disorderly,
the principal has to put a stop to it.* Elèv yo ap
fè dezòd, fòk direktè a mete fren nan sa. *I'll
put a stop to your lying.* M ap fè ou sispann
bay manti.

stop² I *v.tr.* 1[*cease doing*] kite, rete, sispann
They stopped drinking raw rum. Yo kite bwè
tafya. *Please stop calling me.* Tanpri, sispann
rele m. 2[*prevent progression of*] alte, estòpe,
kwape, rete *The policeman stopped the car for
an inspection.* Ajan an alte machin nan pou
enspeksyon. *The doctor stopped the spread of
the disease.* Doktè a rive estòpe maladi a. *The
driver has time to stop the car.* Chofè a gen tan
estòpe machin nan. *Let's stop the spread of
AIDS.* Ann kwape SIDA. *He stopped the car.*
Li rete machin nan. 3[*end*] mete ola, ret(e),
sispann *Try to stop those two women who are
cursing at each other.* Manyè met ola ant de
medam sa yo k ap joure a. *They stopped the
match on account of rain.* Yo rete match la
kont lapli. 4[*turn off*] rete, tenyen, touye *He
stopped the motor.* Li touye motè a. 5[*plug
up*] bouche *The leaves stopped the drain.* Fèy
yo bouche tiyo a. 6[*block*] bloke, pare *The
goaltender stopped the goal.* Gadyen bi a pare
gòl la. 7[*hinder*] anpeche, mete fren *I couldn't
stop him from saying it.* M pa t ka mete fren
a sa li di a. *You can't stop me from leaving!*
Ou pa ka anpeche m ale! 8[*interrupt*] koupe
lapawòl yon moun, lage *Don't stop her while
she's talking.* Pa koupe lapawòl li lè l ap pale.
*I stopped the conversation so the meeting could
start.* M lage diskisyon an pou reyinyon an
kòmanse. II *v.intr.* 1[*interrupt action, event*]
arèt, kanpe, mouri, pase, rete *Stop! Where's
your driver's license?* Arèt! Kote lisans ou?
He stopped for a moment and then continued.
Li kanpe yon ti moman, enpi l kontinye. *My
watch has stopped.* Mont mwen mouri. *The
fan stopped working.* Vantilatè a rete. *Stop

what you're doing and come and eat. Kanpe sou sa w ap fè a pou vin manje. *Wait for the rain to stop before you go.* Tann lapli a pase anvan ou ale. **2**[*come to rest*] estòpe, (fè yon) kanpe *Taxis can't stop here.* Laliy pa ka kanpe la a. *Let me stop a minute to catch my breath.* Kite m fè yon kanpe pou m pran souf mwen. *Stop! There's a hole in front of you.* Kanpe la! gen yon twou devan ou a. *When a policeman whistles, you have to stop.* Lè jandanm soufle, se pou ou kanpe. *The bus is going to stop.* Bis la pral estòpe. *She saw me, but she didn't stop for me.* Li wè m, li pa rete pou mwen. **3**[*cease doing sth.*] kite, rete, sispann *I stopped smoking.* M kite fimen. *The rain will stop soon.* Lapli a ap rete tale. *She went on hitting me even though I told her to stop.* Li kontinye ap ban m kou, malgre m di l rete. *He'll never stop talking.* Li pa p janm sispann pale. *Stop crying!* Sispann kriye! •**stop again** rekanpe •**stop associating with** depati li *It's time that you stop associating with these people.* Se lè pou ou depati ou ak moun sa yo. •**stop at nothing** fè nepòt bagay *She'll stop at nothing to get this job.* L ap fè nenpòt bagay pou l jwenn travay sa a. •**stop by** fè yon (ti) {pase/rive} *Let's stop by Dorelius's house.* Ann fè yon rive kay Dorelis. •**stop cold** rete pil •**stop dead in one's tracks** rete{pil/ sèk} •**stop dealing with s.o.** kanpe sou *I stopped dealing with you because you don't respect people.* M kanpe sou ou akòz ou pa respekte moun. •**stop developing or growing** kase *The child stopped growing, he isn't tall for his age.* Timoun sa a kase, li pa grandi menm pou laj li. •**stop doing sth.** rete sou fè yon bagay *If I hadn't stopped doing this business, I would be rich now.* Si m pa te rete sou koze fè konmès la, alèkile m ta fin rich. •**stop fighting** mete ba lezam *The rebels stopped fighting.* Rebèl yo mete ba lezam. •**stop for a moment** fè yon kanpe *Stop recording for a moment.* Fè yon kanpe anrejistreman an. •**stop going to visit s.o.** koupe pye lakay yon moun *Since her grandmother was rude to me, I stopped going to visit her.* Depi grann li te fin aji mal ak mwen an, m koupe pye lakay li. •**stop it!** gade, ola, otan, rata *Let me keep flipping the channels. —Stop it!* Kite m kontinye tcheke chanèl yo. —Gade! *Stop*

it! You've beaten the child enough. Ola! Ou bat pitit la twòp. *Stop it! You're preventing me from concentrating.* Otan! nou anpeche m konsantre. •**stop just short of** rete pou *She owed so much money everywhere, she stopped just short of resorting to begging.* Li tèlman dwè toupatou, li rete pou li mande. •**stop off** fè (yon) estasyon *The bus stops off at the town square.* Bis la fè estasyon nan plas lavil la. •**stop on a dime** rete{pil/sèk} •**stop over** fè eskal *The plane will stop over in New York to fuel up.* Avyon an pral fè eskal nan Nouyòk pou li mete kabiran. •**stop s.o.** alte •**stop the ball** [*sports*] fè arè, mouri •**stop thief** bare vòlè *She's yelling "stop thief"!* L rele bare vòlè"! •**stop up a**[*pipe, etc.*] angòje, bouchonnen *You have to stop up the hole.* Fòk ou angòje twou a. *My nose is stopped up.* Nen m bouche. *Stop up the hole.* Bouchonnen tou a. **b**[*with a cork, cap, etc.*] bouche, bouchonnen *Stop up the bottle of liquor so that it doesn't go bad.* Bouchonnen boutèy alkòl pou li pa varye. •**make s.o. stop** siprime *I'm going to make you stop coming home late.* M pral siprime zafè rantre ta ou a lakay la. •**show no sign of stopping** fèk kare *The guy is working hard to buy a house and shows no sign of stopping.* Msye fèk kare nan travay pou li ka achte kay. •**without stopping** san{dezanpare/dimanch} *She works without stopping, she never takes a break.* Li fè travay li san dezanpare, li pa janm fè yon kanpe.

stoppage *n.* arètman •**stoppage time** tan mò *The referee prolonged the game because there was stoppage time.* Abit la pwolonje match la paske te gen tan mò.

stopgap *n.* bouch twou

stoplight *n.* fe wouj, limyè (wouj)

stopover *n.* eskal

stopper[1] *n.* bouchon

stopper[2] *v.tr.* bouche, bouchonnen *Stopper the sink before you wash the dishes.* Bouchonnen lavabo a anvan ou lave veso.

stopple[1] *n.* bouchon

stopple[2] *v.tr.* bouche, bouchonnen *You have to stopple the barrel so it doesn't leak.* Fòk ou bouchonnen barik la pou li pa koule.

stopwatch *n.* kwonomèt, mont presizyon

storage *n.* 1[*of goods, etc.*] depo 2[*computer*] disk di, memwa •**storage area** kav •**storage tank** rezèvwa, sitèn •**cold storage** chanm fwad •**put sth. in storage** mete nan{kanbiz/depo/kav}

store[1] *n.* 1[*shop*] boutik, kòmès, magazen *She works in a shoe store.* L ap travay nan yon magazen soulye. 2[*provisions*] pwovizyon, rezèv •**ammunition store** depo minisyon •**clothing store** magazen abiman •**food store** danre, pwovizyon •**grocery store** baza, makèt •**hardware store** kenkayri, magazen materyo •**in store for s.o.** sa kap tann li pi devan *No one ever knows what life has in store for them.* Yon moun pa janm konn sa k ap tann ou pi devan. •**jewelry store** bijoutri •**lay in store** mete an rezèv •**munitions store** depo zam •**neighborhood store** magazen katye •**small variety store** boutik •**thrift store** brikabrak •**variety store** baza, kenkayri

store[2] **I** *v.tr.* estoke, fè estokaj, gade, sere *Let's store this rice in the warehouse.* Annou gade diri sa a nan depo a. *Let's store these in the storage facility.* Ann sere sa yo nan depo a. **II** *v.intr.* konsève *Corn does not store well.* Mayi a pa konsève byen.

storefront *n.* devanti, fasad

storehouse *n.* depo, kanbiz, sout

storekeeper *n.* kòmèsan, machann

storeroom *n.* depo, galta, kanbiz, sout *There aren't any more in the storeroom.* Pa gen ankò nan depo a. *A storeroom for cotton…* Yon sout koton…

stork *n.* [*bird*] lasigòy, sigòy

storm[1] *n.* boulvari, lakataw, loray, move tan, tanpèt •**gathering storm** tan an mare, tan pare •**severe storm** kout tan •**sudden storm or gust of wind** [*sound of*] tchouk •**take by storm** pran yon bagay daso *The political instigators took the military headquarters by storm.* Chimè yo pran kazèn nan daso. •**tropical storm** siklòn

storm[2] **I** *v.tr.* [*mil.*] kalonnen, pran yon bagay daso *The soldiers stormed the top of the hill.* Sòlda yo kalonnen tèt mòn nan. *The political instigators stormed the military headquarters.* Chimè yo pran kazèn militè daso. **II** *v.intr.* 1[*weather*] fè tanpèt, lakataw fè taw *Don't go out right now, it's storming outside.* Pinga ou soti kounyeya, lakataw fè taw. 2[*angry outburst*] fè kay la pran dife, {leve/pete} kabouyay, tanpete *Her boss stormed at her for losing the money.* Patwon li leve kabouyay ak fi a poutèt li pèdi lajan. •**storm down** gengole *The fans stormed down onto the field.* Fanatik yo gengole sou teren an.

stormy *adj.* 1[*weather*] mare, move, movèz [*fem.*] *The sea is stormy.* Lanmè a move. 2[*person, temperament*] an kabouya, move, movèz [*fem.*]

story[1] *n.* 1[*account of events*] istwa, katon, pawòl *They say that that story is really true.* Istwa sa a, yo di se yon bagay ki te fèt toutbon. *I also heard that story; it's just a rumor, don't believe it.* M tande pawòl sa tou; sa se lodyans, pa pran sa oserye. *Everyone gives his version of this story.* Nan koze sa a, chak moun bay katon pa yo. 2[*tale, fable, etc.*] fab, kont, istwa *They tell stories every night.* Yo bay kont chak swa. 3[*lies*] fab, manti *I'm not going to take this story, tell the truth.* M p ap pran nan fab sa a, di laverite. *When you say anything, people don't believe you; you tell too many stories.* Lè ou di yon bagay, moun pa ka kwè ou: ou bay manti twòp. 4[*radio, television, newspaper, etc.*] atik, nouvèl *I heard the story on the radio.* M tande nouvèl la sou radyo a. 5[*plot*] entrig, istwa, konbin *The story of the film is taken from a book.* Entrig fim nan tire nan yon liv. •**another story** yon lòt chapit *She's telling another story.* L ap bay yon lòt chapit. •**funny story** blag, odyans •**give s.o. a cock and bull story** {koupe/taye} yon bonèt met sou yon moun *If that man gives a cock and bull story about you, everyone will believe that it's true.* Si nonm sa koupe yon bonèt met sou ou, pa gen dlo ki ka lave ou. •**give s.o. a hard-luck story** [*to obtain money*] bay kout sèl *The guy gave me a hard luck story so I would give him some money.* Nèg la ban m kout sèl pou m ta ba l kòb. •**it's always the same story** se menm penpenp (la) *It's always the same story, the life of the poor doesn't change.* Se menm penpenp, lavi malere pa chanje. •**make up a story** monte yon pyès sou *You won't be able to make up any stories about that man.* Ou p ap vin monte okenn pyès sou do nèg la la a. •**make up**

a story or excuse fè twal *The way you're mumbling to explain the situation, I already see you're making up a story.* Jan w ap mamòte pou esplike ka a, m deja wè w ap fè twal. •**same old story** litani •**short story** nouvèl •**the real story** verite sou tanbou •**the same old story** yon sèl rangèn •**tall story** krak •**tall story to impress s.o.** mannigèt •**true story** pawòl verite

story² *n.* [*level of a building*] etaj *This house has three stories.* Kay sa a gen twa etaj.

storybook *n.* liv kont

storyteller *n.* kontè, odyansè, tirèdkont •**born storyteller** dizè •**master storyteller** mèt kont •**skillful storyteller** mèt kont *He's a skillful storyteller; every night he tells a lot of stories.* Li menm se mèt kont lan; chak swa li tire anpil kont.

storytelling *n.* rakontay •**storytelling session** odyans

stout *adj.* 1[*corpulent*] gwo, potrin{fanm/ gason}, pyès {fanm/gason} 2[*sturdy*] byen chita, djanm, solib 3[*resolute*] gen fyèl, kouraje, vanyan •**stout or plump woman** gwo zouzoun, kòdenn, mawoule

stouthearted *adj.* kouraje, vanyan

stove *n.* fou, founo •**portable stove** recho

stovepipe *n.* tiyo recho

stow *v.tr.* arimen *They stowed the sacks of coffee in the cellar.* Yo arimen sak kafe yo nan kav la. •**stow away** remize *Stow away these boxes in the storeroom.* Remize bwat sa yo nan depo a. •**stow it!** pe la!

stowage *n.* [*ship*] arimay *The stevedores are done with the stowage of the coffee sacks.* Mawoule yo fin ak arimay sak kafe yo.

stowaway *n.* pasaje{an rèleng/klandesten}

strasbismus *n.* je{lanvè/tounen/vewon}

straddle *v.tr.* a chwal, chita{a chwal/ak janm louvri} *The village straddles the border.* Bouk la a chwal sou fwontyè a. *He straddles a wall.* Li chita a chwal sou yon mi. •**straddle a chair** chita a chwal *He straddled the chair.* L ap chita a chwal sou chèz la. •**straddle a horse** monte chwal{awòm/a òm} *That girl straddled the horse.* Fi sa a monte chwal la awòm. •**straddle the fence** [*indecisive*] woule de bò *You have to call it as it is, you can't straddle the fence.* Se pou di bagay la jan l ye, ou pa ka pa nan woule de bò.

strafe *v.tr.* [*with bullets, etc.*] ensandye, gaye bal sou, zam pete *They strafed the place with bullets.* Yo ensandye kote a anba bal.

straggle *v.intr.* drive, drivaye *He's lazy; he's always straggling.* Se parese li ye, l ap toujou drive.

straggler *n.* long kon yon ke pis, loudo, mizadò

straight¹ *adj.* 1[*not bent, curved*] anivo, drèt, dwat, ekè, plan *The bricklayer is checking to see if the blocks are straight.* Bòs mason an ap verifye si blòk yo anivo. *That line isn't straight.* Trè sa a pa drèt. *Keep your arms straight.* Kite men ou dwat. *The road is really straight.* Wout la byen drèt. *This wall isn't straight.* Mi sa a pa a ekè. *A straight line...* Yon liy plan... 2[*not askew*] drèt, dwat *The picture isn't straight.* Tablo a pa dwat. 3[*consecutive*] youn dèyè lòt *The team has won five straight games.* Ekip la genyen senk match youn dèyè lòt. 4[*serious, not laughing*] pou dan griyen, ranmase karaktè li, serye *This guy is a sly one, he lies with a straight face.* Nèg sa a kako wi, li bay manti pou dan griyen. *She was laughing with her coworker, but when she saw her boss, she kept a straight face.* Li t ap griyen dan avèk kòlèg li a, men lè l wè patwon an, li ranmase karaktè li. *I really tried to keep a straight face.* Se efò m fè pou m gade serye mwen. 5[*orderly, arranged*] ranje *Set the room straight.* Ranje chanm lan byen. 6[*in good order*] konfòm, nan règ *Make sure things are straight, they're going to check receipts.* Mete ou nan règ, yo pral fè resèt. 7[*frank, straightforward*] dirèk, karebare *She's straight; she never lies.* Li dirèk; li janm bay manti. *Let's be straight about this.* Ann pran l karebare. 8[*clear, unambiguous*] klè, tande *Have you got that straight?* Se klè? *I'm not going; you need to get that straight.* M pa prale, tande? 9[*honest*] dwat, onèt *You trust her, she's straight.* Ou te mèt fè l konfyans, se moun dwat li ye. 10[*even*] kit, kit ak yon moun *If I give you five dollars, then we're straight, right?* Si m ba ou senk dola, nou kit, pa vrè? 11[*heterosexual*] pa nan {madivin/ masisi} *I'm straight; I'm not gay.* M pa nan masisi non. •**straight and narrow path** chemen dwat e etwat •**straight and silky** [*hair*] siwo •**straight as a rod** {rèd/drèt}kou jibis *She's standing straight as a rod.* Li kanpe drèt kou jibis. •**a straight arrow** [*honest person*] klin, moun{debyen/dwat} *You can trust him; he's a straight arrow.* Ou te mèt fè l konfyans; se nèg dwat li ye.

straight² *adv.* **1**[*in a straight line*] drèt, dwat *If you keep looking straight in front of you, you'll see her.* Si ou gade dwat devan ou, ou ap wè l. *Go straight in front of you.* Ale drèt devan ou. **2**[*level/upright*] debou, drèt, dwat, rèd *Stand up straight! Kanpe dwat! Is my hat on straight? Chapo a dwat nan tèt mwen? Stand up straight! Kenbe kò ou rèd!* **3**[*balanced*] fè ekilib ak *Hold your head straight so I can put the drops in your eyes.* Fè ekilib ak tèt ou dekwa pou m mete gout nan je ou. **4**[*directly and without delay*] dirèk, tou dwat *I'll go straight home after school.* Lè m sot lekòl, m pral lakay dirèk. **5**[*consecutively*] deswit, youn dèyè lòt *It rained for five days straight.* Li fè lapli pou senk jou youn dèyè lòt. **6**[*clearly*] byen kalkile, klè *My head is all muddled, and I can't think straight right now.* Tèt mwen bouye, m pa ka kalkile konnye a. *He drank so much, he couldn't see straight.* Li te sitèlman anba tafya, li pa t ka wè klè. **7**[*frankly*] kare, karebare *You can tell it to me straight.* Ou mèt pale kare avè m. **8**[*without anything added*] konsa san anyen ladan *I drink my rum straight.* M ap bwè wonm lan konsa, m pa p met anyen ladan l. •**straight ahead** toudwat, toulongsay *Follow that road straight ahead.* Swiv wout sa toulongsay. •**straight away** la menm, toutswit •**straight faced** serye •**straight from the horse's mouth** dirèk, mèt afè menm ki di sa, nan bon (jan) ti mamit *I got this information straight from the horse's mouth.* M jwenn enfòmasyon sa yo nan bon ti mamit. *I heard it straight from the horse's mouth.* Se mèt afè menm ki di m sa. •**straight on** tou dwat *Walk straight on, the station is a little ahead.* Mache tou dwat, estasyon an pi devan. •**straight out** kareman, piresenp *Tell her straight out. If it's not ok, then it's not ok.* Di l sa kareman; si l pa dakò, l pa dakò. *I told her straight out what I thought.* M di l sa m panse a piresenp. •**keep one's head on straight** kenbe tèt li sou zepòl li •**look s.o. straight in the eyes** fikse yon moun drèt

nan je, gade yon moun oblan dèzye •**put/set s.o. straight** mate yon moun, montre yon moun de fwa de konbyen li fè *He thinks he can insult me, I'll set him straight.* Li kwè li ka joure m, m ap moutre li de fwa konbyen li fè. *You have to set the child straight so she doesn't turn into a little scoundrel.* Fo ou mate pitit la pou li pa vin yon ti dezòd. •**sit straight** chita dwat, {dekage/drese}kò li nan chèz, {kare/kadre}nan chèz •**stand straight** kenbe kò li{debou/dwat/rèd}

straight³ *n.* •**get/have a straight** [*five consecutive cards*] kente *He got a straight in the card game.* Msye kente nan pati kat sa a.

straightaway *adv.* kounye a menm, touswit

straightedge *n.* règ

straighten *v.tr.* **1**[*object*] dekwochi, drese *This table needs to be straightened out, it doesn't hold up straight at all.* Tab sa a bezwen dekwochi, li pa kanpe dwat menm. *Your tie is crooked, you need to straighten it.* Kòl ou pa dwat, fo ou drese l. **2**[*hair*] lise *Her hair has been straightened.* Yo lise cheve l. •**straighten one's hair** [*with a hot iron*] pase {cheve/tèt} *Straighten your hair to make it pretty.* Pase tèt ou pou l ka bèl. •**straighten out** *a*[*make straight*] redrese *The nail is bent, let me straighten it out.* Klou a kwochi, ban m redrese l. *b*[*put right*] mete bagay nan plas, regle *When I return, I'll try to straighten out everything.* Lè m tounen, m a eseye mete tout bagay nan plas yo. *We had a misunderstanding, but we straightened it out.* Nou te gen yon ti kont, men tout bagay regle konnye a. *c*[*set s.o. straight*] ranje *Send him off to learn a trade. That'll straighten him out.* Voye l al aprann yon metye, sa va ranje l. •**straighten up** *a*[*one's body*] drese *She straightened up in the chair.* Li drese chita l sou chèz la. *b*[*make tidy*] met(e) (yon) lòd *Straighten up the house! Straighten up the desk.* Mete lòd sou biwo a. Mete lòd nan kay la! *Straighten up your room today.* Mete yon lòd nan chanm ou a jodi a.

straightforward *adj.* **1**[*simple, easy to understand*] senp *I'm asking you a straightforward question.* Se yon kesyon byen senp m poze ou la. **2**[*honest and open*] dirèk, drèt, kare, kategorik, liberal, pa nan ni be ni se *She likes people who are straightforward.*

Li renmen moun ki dirèk. *He's a straightforward guy, if he finds that something isn't right, he'll tell you that.* Se yon nèg ki kare, si l gen yon bagay li twouve ki pa bon, l ap di ou sa. *She's a straightforward person, if she does something, she'll admit it.* Li se yon moun ki kategorik, depi l fè yon bagay, l ap di wi li fè l. *This man isn't involved in shady dealings, he's straightforward.* Nèg sa a pa nan magouy ak pèsonn, li pa nan ni be ni se. •**not to be straightforward** fè tchulutchutchu *That woman is never straightforward, in fact, nobody knows what she wants.* Fi sa pa janm p ap fè tchulutchutchu, ojis pèsonn pa konn sa l vle.

straightforwardly *adv.* karebare, kareman

strain¹ *n.* 1[*tension*] presyon, tansyon *That put's a great strain on the economy.* Sa mete anpil presyon sou ekonomi a. *The strain on the rope caused it to break.* Tansyon sou kòd la fè li kase. 2[*physical effort*] jèfò, kè tòde *He suffered great physical strain.* Li soufri yon kè tòde. *The strain of climbing the stairs tired her out.* Jèfò li mande pou monte eskalye a fin bouke l.

strain² *n.* 1[*breed, lineage*] liye, ras *What strain of dog is that?* Ki ras chen sa a? 2[*tendency*] liy, tandans •**strain of** fil *There is a strain of madness in the family.* Gen yon fil moun fou nan fanmi an.

strain³ *v.tr.*[*filter*] filtre, koule, pase *When you're done grinding the peas, strain them.* Lè ou fin moulen pwa a, koule l.

strain⁴ *v.tr.* 1[*physical effort*] fè gwo jefò, fatige, fòse, {kase/touye}tèt li *It was too noisy. I had to really strain to hear anything.* Te gen twòp bri; se nan fòse pou m tande. *Don't strain yourself at work!* Pa touye tèt ou nan travay! *You're straining your eyes.* Ou ap fatige je ou. 2[*tension*] mete tansyon *Don't strain the rope too much or it will break.* Pinga ou mete twòp tansyon sou kòd la osnon ou va kase l. 3[*muscle, ankle, etc.*] foule, tòde *He fell and strained his ankle in the stairway.* Li tonbe epi li foule chevi l nan eskalye a. *She strained her arm lifting the box.* Li tòde ponyèt li nan leve bwat la. •**strain one's back** {do/ren}yon moun ouvè *The guy strained his back carrying the water.* Do msye a ouvè nan redi pote dlo.

strait *n.* detwa •**strait and narrow path** chimen dri e sere •**strait-laced** pwentiye *He won't stoop to that level, he's very strait-laced.* Li pa p desann tèt li konsa non, se nèg pwentiye anpil li ye.

straitjacket *n.* sèp

straits *n.pl.* •**be in dire straits** pa wè anwo pa wè anba, pa wè devan ni dèyè •**be in dire financial straits** benyen chen

strand¹ *n.* 1[*thread*] fib, fil 2[*of hair*] kòdonnèt, très •**strand of pearls** pèl kolye

strand² *v.tr.* lage *She took the car and stranded me.* Li pran machin nan; li lage m nèt.

stranded *adj.* lage *I got stranded in Miami.* M lage m nan Mayami.

strange *adj.* 1[*peculiar*] biza, dwòl, etranj *She's been acting strange since yesterday.* Depi yè m wè l yon jan dwòl. 2[*unfamiliar*] etranj *After spending two months outside the city, he found the city strange.* Apre de mwa li pase andeyò vil la, li twouve vil la etranj. 3[*unusual*] biza, dwòl *She never called? That's strange!* Li pa janm rele? Se yon bagay ki dwòl! 4[*unwell*] pa santi li byen *I feel a little strange since I ate this morning.* M pa santi m byen depi m manje maten an. •**strange person** *a*[*funny, unusual*] eskobit, komedyen *b*[*not known*] enkonni *There's a strange woman standing outside your door.* Gen yon enkonni k kanpe devan pòt ou a.

strangely *adv.* bètman, yon jan dwòl *Jan died strangely.* Jan mouri bètman.

strangely-shaped *adv.* masikwèt *Where are you going with that strangely shaped thing?* Kot ou prale ak bagay masikwèt sa a?

stranger *n.* enkoni, etranje, moun{deyò/vini} pasan, vanmennen *Don't talk loudly, there's a stranger among us.* Pa pale pawòl la fò, gen yon etranje pami nou la. **strangers** *n.pl.* lèzengra *That rich man doesn't have any children, his wealth will go to strangers.* Nèg rich sa a pa gen grenn pitit, se pou lèzengra l ap travay. •**not a stranger** moun{kay/lakou} *She's not a stranger, we can speak in front of her.* Li se moun kay, nou ka pale devan l.

strangle *v.tr.* peze kou, toufe, trangle *She knew I could have strangled her.* Li konnen m ka trangle l.

stranglehold *n.* gawòt *The conditions for this loan are a stranglehold for the economy of the* *country.* Kondisyon prèt sa a se yon gawòt pou ekonomi peyi a.

strangulated *adj.* [*med.*] etrangle

strangulation *n.* trangleman

strap¹ *n.* kouwa, lànyè •**shoulder strap** bandoulyè, kòd, lans •**tail strap** [*of a saddle*] kedwon

strap² *v.tr.* [*attach sth. to sth.*] mare *Strap the box to the car.* Mare bwat la sou machin nan. •**strap in** [*put on a seatbelt*] {mete/tache} senti (sekirite) •**strap on** [*seatbelt, watch, etc.*] mete, tache •**strap together** mare

strapless *adj.* san bretèl

strapped *adj.* [*penniless*] raze

strapping *adj.* manbre •**strapping guy** gason kòlòs, potorik gason

stratagem *n.* atifis, mannigèt, plan

strategic *adj.* estratejik *Let's sit there instead because it's a strategic place.* Annou chita la pito paske se yon plas estratejik. **be strategic** konn fè politik *You need to be strategic in life if you want to get somewhere.* Fò ou konn fè politik nan lavi si ou vle rive.

strategy *n.* estratèj, estrateji •**strategies for dealing with people** politik *Everyone has his own strategies for dealing with other people.* Politik tout moun fè yo byen. •**one's ultimate strategy** manman penba/manpenba *His ultimate strategy is a straight punch that knocks down any strong guy.* Manman penba l se yon kout pwen dirèk ki desounen nenpòt vanyan gason.

straw *n.* 1[*dry grass plants*] pay 2[*for drinking*] chalimo, kalimèt 3[*used as mattress stuffing*] kren •**straw hat** chapo pay •**straw man** chwal bwa •**straw mat** nat •**straw mattress** payas •**straw that breaks the camel's back** dènye kou ki touye koukou a •**panama straw hat** panama •**the last straw** dènye kou ki touye koukou a •**thin straw hat** chapo kasav

strawberry *n.* frèz

stray¹ *adj.* pèdi

stray² *n.* moun van pouse dlo

stray³ *v.intr.* kite bon chemen, pèdi wout •**be inclined to stray** [*sexually*] manje kòd kou satan

streak¹ *n.* 1[*strip*] rè 2[*tendency*] liy, tandans •**streak of** fil *There is a streak of madness in the family.* Gen yon fil moun fou nan fanmi an.

streak² *v.intr.* 1[*run away quickly*] file *They streaked away when they saw the policeman.* Yo file lè yo wè popo a. 2[*run naked*] kouri toutouni

streaked *adj.* pengle

stream¹ *n.* 1[*brook*] kouran dlo, larivyè, ti larivyè 2[*of perspiration, tears, etc.*] rigòl •**stream of** yon flo *She let out a stream of insults at him.* Li lage yon flo betiz sou li. •**deep part of stream** basen •**go against the stream** ale kont kouran dlo a •**go with the stream** swiv kouran dlo a

stream² *v.intr.* 1[*pour out*] koule, ponpe *Tears were streaming down her face.* Dlo nan je t ap koule sou figi l. *Blood was streaming from the arm.* San t ap ponpe sot nan bra a. 2[*internet broadcast*] difizyon entènèt *I can't go to the game, but I can watch streaming.* Mwen pa p kapab ale nan match la, men m kapab wè li sou difizyon entènèt.

stream-bed *n.* •**dry stream-bed** [*containing pebbles*] galèt

streamer *n.* bandwòl, gilann

street *n.* (la)ri •**street cleaner** baleyè lari •**street corner** kalfou •**street food** manje chen janbe •**street sweeper** baleyè lari •**across the street** anfas *I'm going in the store across the street.* M pral nan boutik anfas la. •**connecting street or road** wout bretèl •**dead-end street** enpas *Let's take the other road, this one is a dead-end street.* Ann pase nan lòt wout la, sila se yon enpas. •**on easy street** nan{byennèt/lwil} •**one-way street** ri senp •**paved street** lari asfalte •**raised part of street or road** dig •**small street** riyèl •**the street is empty** lari a blanch •**take to the streets** [*for a political cause*] pran lari *The people took to the streets against the high cost of living.* Pèp la pran lari akòz lavi chè a. •**unpaved street** chemen tè

streetcar *n.* tramwe

streetlamp/light *n.* poto{elektrik/limyè}

streetwalker *n.* bouzen, jennès

streetwalking *n.* vakabonday

streetwise *adj.* mètdam

strength *n.* 1[*physical*] bwa ponyèt, fòs, fèmte, kouray, mwèl, pisans *He pulled on the cord with all his strength.* Li rale kòd la ak tout fòs li. *He exerted all his strength to open the door.* Li mete tout kouray li pou l ouvè pòt la. *He*

lacks strength, when they shake him, he falls.
Misye manke fèmte, souke yo souke l, li
tonbe. *You lack the strength to do this job.* Ou
manke mwèl pou fè travay sa a. **2**[*character*]
pisans, valè, vanyans *The real strength of a
man is the control he exerts on himself.* Vre
pisans yon nonm se kontwòl li egzèse sou
li menm. **3**[*stamina*] andirans, gen fyèl,
kapasite, kòwòn *You need a lot of strength to
play to whole game.* Fo anpil kòwòn pou jwe
tout match la. **4**[*outstanding characteristic*]
pwen fò •**strength of character** santiman
*This lady has strength of character; no one
can disrespect her.* Dam sa a gen santiman;
pèsonn pa ka betize ak li. •**fighting strength**
efèktif, nonm, twoup •**give strength** bay fòs
*I was totally discouraged, but your words gave
me strength.* Mwen te dekouraje nèt, men
pawòl ou yo ban m fòs. •**have strength** gen
fyèl, gen nanm, gen ponyèt *He has enough
strength to lift that load.* Li gen ase nanm
pou l leve chay sa a. *She has enough strength
to lift the barrel.* Li gen ponyèt ase pou leve
doum nan. •**inner strength** nannan •**moral
strength** kouray •**put strength in one's
veins** blende ponyèt li *You must put strength
in your veins to do this job.* Fò ou blende
ponyèt ou pou fè travay sa a. •**with all one's
strength** ak tout fòs/atoutfòs
strengthen *v.tr.* bay{fòs/jarèt/jèvrin}, fòtifye,
mete doumbrèy nan pwa li, rafèmi, ranfòse,
remanbre *He takes proteins that strengthen
him.* Li pran pwoteyin ki bay jèvrin. *The Lord
strengthens us during our hardships.* Letènèl
fòtifye n nan pwoblèm nou. •**strengthen by
adding sth.** batize *Let's strengthen the cola
with a bit of rum.* Ann batize kola a ak yon
zing wòm. •**strengthen magically** monte
ponyèt li •**be strengthened** rafèmi *After the
reading of the text from the Gospel, we were
strengthened.* Apre mesaj Levanjil la, nou
santi n rafèmi.
strengthening *n.* remanbray
strenuous *adj.* di *The work is strenuous.* Travay
la di.
strenuously *adv.* di
streptococcus *n.* estrèptokòk
stress[1] *n.* **1**[*accent*] aksan **2**[*sense of worry*]
presyon, tansyon, tèt chaje **3**[*nervous*] estrès

stress[2] *v.tr.* mete aksan sou, souliyen *They
stressed the need to save money.* Yo mete
aksan sou bezwen sere kòb. •**stress a word**
peze sou yon mo •**stress out** kase fè sou yon
moun, oprese, prije
stressed *adj.* sou{estrès/tansyon} *He is so
stressed so that he can't speak.* Li tèlman sou
estrès la, li pa fouti pale.
stressful *adj.* ennèvan
stretch[1] *n.* **1**[*extension*] pwolongasyon **2**[*time*]
dire **3**[*expanse*] etandi **4**[*exaggeration*]
gonfleman
stretch[2] **I** *v.tr.* **1**[*body*] dezangoudi, detire
(kò) li, rale, tire, wonz kò li *He got up and
stretched and then went back to bed.* Li leve, l
detire kò l, enpi l rekouche ankò. *Why don't
you do some warm-up exercises to stretch your
limbs.* Manyè fè egzèsis pou ka dezangoudi
manm ou non. *Let's stretch our legs because
we've sat here for a long time.* Ann wonz kò
nou atò paske nou chita la lontan. **2**[*make
wider, longer, etc.*] agrandi, detire, lonje,
rale, tire *I need to stretch my shoes out.* Fò
m bay agrandi soulye sa a. *Stretch out the
rope to its complete length.* Detire kòd la tout
longè. *Stretch out the cloth so I can see how
many ells it measures.* Rale twal la pou mwen
ka wè konbyen lòn li ye. *Stretch the rubber
band to make it longer.* Tire lastik la pou fè
l pi long. *Stretch your neck out the window
so you can see better.* Lonje kou ou pa fenèt
la pou ou ka wè pi byen. **3**[*reach full length,
width, etc.*] lonje, tann *I couldn't reach it even
when I stretched out my arm to its full length.*
Tout lonje m lonje bra m, m pa ka rive ladan.
Stretch your hand out towards her. Tann men
ou ba l. **4**[*spread out in space, time, etc.*] gaye,
tann *The water stretches out over the whole
area.* Dlo a gaye, pran tout zòn lan. *Stretch
the clothes out over the rocks.* Tann rad ou
sou wòch yo. **5**[*straighten (sth.)*] tire *Come
and help me stretch out this wire.* Vin tire fil
fè sa a avè m. **6**[*cause to last longer*] fè dire
We'll try to stretch it out for the whole week. N
ap eseye fè l dire tout semenn lan. **II** *v.intr.*
ouvè *When it's washed, it'll stretch out.* Lè l
lave, l ap ouvè. •**stretch one's legs** [*to take a
walk*] delase janm li *I've been sitting too long;
I'm going to stretch my legs a bit.* M chita twò
lontan, m pral fè yon mache pou m delase

janm mwen. •**stretch o.s.** detire *As soon as he gets up, he must stretch.* Depi l leve, fò l detire. •**stretch out** detire, etale, etann, laji, lonje *Stretch out the wire.* Detire fil la. *Stretch out the sheet in order to cover the whole bed.* Laji dra a pou l ka fè longè kabann nan. •**stretch out one's hand in supplication** lonje men pran •**stretch o.s. out** pakin kò li, tire kò li *He stretched out on floor and went to sleep.* Msye pakin kò l atè a epi li tonbe dòmi. *She's stretching out because she's sleepy.* L ap tire kò l paske l gen dòmi nan je li.

stretched *adj.* tire •**stretched out on the ground** de pye long *I saw the woman who got hit with the stick stretched out on the ground.* M te wè fi ki pran kout baton an de pye long atè a.

stretcher *n.* **1**[*med.*] branka, sivyè *They carried her on a stretcher.* Yo pote l sou branka. **2**[*mold or form used to stretch sth.*] fòm *He used a shoe stretcher to stretch out his shoes.* Li sèvi avèk fòm soulye a pou li agrandi soulye li yo. •**stretcher frame** [*for artist's canvas*] kad •**wheeled stretcher** kabann woulèt

stretcher-bearer *n.* brankadye

stretchy *adj.* elastik

strew *v.tr.* gaye, simaye, simen *Don't strew your toys in the room.* Pa simen jwèt ou yo nan chanm nan.

stricken *adj.* frape, yon bagay ki pran yon moun, sezi ak *When she saw the fire, she was stricken with fear.* Lè l wè dife, se lepouvant ki frape l. *When they saw what he had done, he was stricken with shame.* Lè yo wè sa l te fè, se wont ki pran l. •**grief-stricken** aflije *She was grief-stricken when she heard of her mother's death.* Nouvèl lanmò manman li te aflije li anpil. •**poverty-stricken person** pitit sòyèt

strict *adj.* **1**[*stern*] estrik, mabyal, pwentiye, rèd, sevè, tchak *His mother is strict, he can't do what he wants.* Manman li estrik, li pa ka fè sa li vle. *This teacher is too strict.* Mèt sa a mabyal anpil. *The teacher is strict with the pupils.* Mètrès la rèd ak elèv yo. *The guy is really strict, he won't let you get away with anything.* Nèg la tchak anpil, li pa jwe ak prensip menm. **2**[*rules, regulations*] pwenn fè pa *In this office there's no fooling around, the rules are strict.* Nan biwo sa a pa gen betize, se pwenn fè pa. **3**[*absolute, precise*] estrik,

pwenn fè pa *There is a strict limit of thirty people in the room.* Gen yon limit trant moun nan sal la, pwenn fè pa.

strictly *adv.* •**strictly speaking** pou pale{verite/korèk/ egzat}

strictness *n.* severite

stricture *n.* kote tresi

stride *n.* {gran/gwo}pa, janbe *I'll catch her in two or three strides.* M a jwenn li nan do twa janbe. •**get in stride** mache opa •**make great strides** fè anpil pwogrè, fè{gran/ gwo}pa, pwogrese byen •**take in stride** pran tèt li *She took it in stride.* Li reyisi pran tèt li. •**with great stride** ak gran pa

strife *n.* derapaj, dezinyon, kwens-kwens

strike[1] *n.* frap, frape, kou, palavire •**strike on the ear with the thumb and middle finger** chiknòd, zoklo

strike[2] *n.* grèv *The strike delayed all the flights.* Grèv la mete tout avyon an reta. •**go on strike** lanse yon grèv *The workers went on strike.* Travayè yo lanse yon grèv. •**hunger strike** grèv grangou •**on strike** an grèv •**sit-down strike** grèv bra kwaze, kanpe travay

strike[3] **I** *v.tr.* **1**[*hit sharply, forcefully*] bat, bay yon moun kou, frape, koupe, leve men sou, pase, teke *I didn't strike him.* M pa frape l. *They struck him with a whip.* Yo koupe l yon kout fwèt. *Stop striking the child.* Sispann leve men sou pitit la. **2**[*bump*] frape kont *He struck his head on the table.* Li frape tèt li sou tab la. **3**[*find, discover*] jwenn, tonbe sou *They struck oil in that field.* Yo tonbe sou petwòl nan chan sa a. **4**[*impress*] frape, vin fè lide, wè *How does this color strike you?* Kouman ou wè ti koulè sa a? *It struck me that you might need a ride.* M vin fè lide ou ka pa gen woulib. *It struck me as odd that each of them didn't come in their own cars.* Li frape m dwòl, yo chak vin nan machin pa yo. **5**[*sickness*] pote ale *The disease struck the neighborhood.* Maladi sa a pote zòn nan ale. **6**[*misfortune*] vini tonbe *If misfortune strikes you, you need to be strong and not give up.* Si malè vin tonbe sou ou, se pou ou kenbe djanm epi pou ou pa bay legen. **7**[*clock*] sonnen *The clock just struck six o'clock.* Revèy la fenk sonnen sizè. **8**[*drum*] woule *Let's strike the drums.* An woule tanbou yo. **II** *v.intr.* **1**[*hit*] frape *You never know when* *lightning will strike.* Ou pa janm konn kilè pyè loray ap frape. **2**[*bite*] mòde *With the right bait for your pole, the fish will strike.* Twouve bon lak pou lake gòl ou, epi pweson pral mòde. **3**[*work stoppage, demonstration*] fè grèv *The workers are going to strike tomorrow.* Ouvriye yo pral fè grèv demen. •**strike a balance** fè balans egalego, fè ekilib •**strike a bargain** fèt antant *I struck a bargain with her.* M fè yon antant avè l. •**strike a blow with the fist** lonje yon moun yon kout pwen •**strike again** retape •**strike a match** pase yon alimèt *When I struck a match, I didn't see anything.* Lè m pase alimèt, m pa wè anyen. •**strike back** renmèt kou •**strike down** foudwaye, frape atè •**strike dumb** ret bèbè •**strike hard** anfrajele •**strike home** touche kè •**strike it lucky** fè yon bèk *I'm going to play two numbers to see if I'll strike it lucky in the lottery.* M ap jwe de boul pou m wè si m a fè yon bèk nan lotri a. •**strike lucky** fè yon bèk •**strike me dead if that isn't true** tonnè boule{chen/kraze yon moun(an sann)}, vyèj pete je m *Strike me dead if I'm lying, it wasn't me who said that!* Tonnè boule chen, se pa mwen ki di koze a! •**strike one's chest with the hand** [*in taking an oath*] bat semafot li *He struck his chest with his hand as he took an oath.* Li bat semafot li pou l sèmante. •**strike out** *a*[*lose one's chance, fail*] manke rive, pèdi chans li *He went after her, but he struck out.* Nèg al dèyè fi a, men li pèdi chans li. *b*[*cross out*] bare, bife *Strike out what you wrote there.* Bare sa ou gentan ekri la. •**strike out hard against** debòde sou *She struck out hard against her attackers.* Li debòde sou agresè li yo. •**strike out on one's own** al fè afè pa li, al jwenn kote lari fè kwen *He left his father's store to strike out on his own.* Li kite magazen papa l la, l al fè afè pa l. •**strike s.o. dead** {koupe/pete}lòbyè yon moun *The crowd struck the thief dead.* Foul la pete lòbyè vòlè a. •**strike that!** bliye sa! •**strike through** [*cross out*] bare, bife •**strike up** tanmen •**strike up a musical salute** bay yon moun ochan *The band struck up a musical salute for the president.* Fanfa a bay prezidan an ochan. •**strike wildly with clubs** voye chaplèt *The police struck wildly with clubs at the protesters.* Lapolis voye

chaplèt sou manifestan yo. •**may lightning strike me** vyèj pete je m

strike-breaker *n.* kasèdgrèv

striker *n.* **1**[*person on strike*] grevis **2**[*soccer, football*] atakan, avan, bitè **3**[*on clock, etc.*] frapè, mato

striking *adj.* frapan, kokenn, remakab *This painting is striking.* Tablo sa a frapan.

string[1] *n.* **1**[*cord*] fil, fisèl, liy *Tie it with a piece of string.* Mare l ak yon bout fisèl. **2**[*for musical instrument*] kòd *The guitar has a broken string.* Gita a gen yon kòd ki kase. **3**[*set of objects connected with a string*] trèy *How much did you pay for that string of fish?* Konbe ou achte trèy pwason sa a? •**string of pearls** pèl kolye •**G-string** kale bòbòt •**pull strings for s.o.** pistonnen yon moun, tire fisèl pou yon moun *You can apply for the job, I'll pull some strings for you.* Ou mèt al mande djòb la, m ap pistonnen ou.

string[2] *v.tr.* file *I saw her stringing the fish.* M wè l ap file pwason yo. *String all the little church beads so that it makes a necklace.* File tout ti grenn legliz yo pou sa fè kolye a. •**string out** alonje, pwolonje *People were strung out all along the road.* Moun te lonje toutolon wout la. •**string s.o. along** [*con, swindle*] pran yon moun nan fil *They strung him along and took all his money.* Yo pran msye nan fil, epi yo pran tout kòb li. •**string together** *a*[*gen.*] file, mare *b*[*tobacco leaves*] salta *He's stringing together the tobacco leaves.* L ap salta fèy tabak yo. •**string up** [*hang*] pann

stringed *adj.* [*musical instrument*] a(k) kòd

stringent *adj.* estrik, tchak *Security is stringent at the meeting.* Sekirite a tchak nan reyinyon an.

stringy *adj.* chaje ak fil *This mango is stringy.* Mango sa a chaje fil. •**become stringy** file *The cake became stringy after two days.* Gato a file apre de jou.

strip[1] *n.* **1**[*gen.*] bann, kal, kòdon, kòdwon, lèz, riban, senti **2**[*of land*] venn (tè) **3**[*of ore*] venn **4**[*cloth*] lèz •**bias strip** bye •**landing strip** teren (d)aterisaj •**narrow strip** filang, releng •**thin strip** filangèt

strip[2] I *v.tr.* **1**[*remove covering, etc.*] retire, wete *We'll have to strip the paper off the wall to put up some new one.* N ap retire papye k nan mi an pou n mete yon lòt. *Strip the bed so we can* *put on clean sheets.* Wete dra sou kabann pou n ka mete dra pwòp. **2**[*electric wire*] dekale *They stripped the electric wires.* Yo dekale fil elektrik la. **3**[*threads of screw*] fware *The mechanic tightened the screw too much, he stripped it.* Mekanisyen an tèlman sere vis la twòp, li fware li. **4**[*decorations*] degani **II** *v.intr.* [*undress*] dezabiye, retire rad sou li *He stripped and then jumped into the ocean.* Li dezabiye, enpi l plonje nan lanmè a. *She stripped down to her slip.* Li retire tout rad sou li, li kite sèl jipon an sèlman. •**strip bare** lage yon moun toutouni, razibis *The thieves stripped him bare; they didn't leave him with anything.* Vòlè yo razibis li nèt, yo pa kite anyen pou li. *The thieves stripped him bare.* Vòlè yo lage l toutouni. •**strip clean** [*over a period of time*] dechèpiye *In two days, the children stripped the candy box clean.* Nan de jou timoun yo dechèpiye bwat sirèt la. •**strip down** [*machinery*] demonte, demoute •**strip off the skin** dekwennen

stripe *n.* **1**[*band of color*] ba, rè, rèl *A blue shirt with black stripes.* Yon chemiz ble a rèl nwa. *The dress has red stripes.* Rad la gen rèl wouj. **2**[*military insignia*] galon *They awarded the soldier a stripe.* Yo ba jandam lan yon galon. •**have stripes** pengle *The team's shirts have stripes.* Mayo ekip la pengle.

striped *adj.* a rèl, pengle *He was wearing a striped shirt.* Li te gen yon chemiz a rèl sou li.

striped burrfish *n.* [*fish that yields a toxin that is presumably used for zombification*] foufou

stripped *adj.* **1**[*bare*] degani, toutouni *There's nothing in the windows of that store; they were stripped of everything.* Pa gen anyen nan vitrin magazen an, yo degani. **2**[*damaged from overuse, as a screw*] fware *This screw looks stripped.* Vis la sanble fware.

stripper *n.* [*dancer*] estriptizèz

strive *v.intr.* demele li, fè jèfò, lite, navige, redi *I really strive not to be late.* Mwen fè tout jèfò posib pou m pa t an reta. •**strive hard** rele sou kò li •**strive to get by** dangoye, degaje li *Things are not good at all, I'm really just striving to get by.* Bagay yo pa bon menm, se dangoye m ap dangoye.

stroke¹ *n.* **1**[*medical condition*] anboli, chòk nan tèt, donmaj nan sèvo, konjesyon serebral, kout san, kriz apopleksi *The other day, she had a stroke.* Lòt jou li fè yon kout san. *A stroke paralyzed King Christophe.* Yon kriz apopleksi te paralize wa Kristòf. **2**[*caress*] karès *The cat likes it when you give her a stroke.* Chat la renmen sa lè ou ba li yon karès. **3**[*knife, club, paint, etc.*] kout *He gutted the chicken with a stroke of the knife.* Li devantre poul la ak yon sèl kout kouto. **4**[*swimming movement*] batman, bras, bwas *He can't swim very far; after a couple of strokes, he gets tired.* Li pa ka naje ale lwen; apre de twa bras li fatige. *Her strokes in the water show that she knows how to swim.* Batman men l nan dlo a montre li konn naje. •**stroke of luck** kout chans •**stroke s.o. the wrong way** fè yon moun pase pay •**brush stroke** kout penso •**in the stroke of time** annik{alè/atan}

stroke² *v.tr.* karese, manyen *Stroke the baby so that she stops crying.* Karese bebe a pou l pa kriye ankò.

stroking *n.* chouchoutay, karès, miyonnay

stroll¹ *n.* bwèlta, flann, mache, pasyal, pwomnad, pwonmennen, pwòpwòm, soti *She went out to take a stroll.* L al fè yon flann. *Let's take a little stroll.* Ann al fè yon ti mache. •**go for/take a short stroll** fè{piwèt/ yon flann/yon vire/yon virewon} *She went out to take a stroll.* L al fè yon flann. *I'm going to take a stroll in town.* M pral fè yon vire lavil la. •**go for a stroll** fè yon pasyal, flannen, vire tounen, viwonnen *I'll be going for a stroll.* M pral flannen. *We just went for a stroll around the neighborhood.* Nou sòt fè yon ti pasyal ozalantou a. *Let's go for a stroll to stretch our legs.* Ann al viwonnen katye a pou n delache pye nou. •**take a short stroll** fè piwèt *I'll take a short stroll in the neighborhood.* M al fè yon ti piwèt nan katye a. •**take a stroll** fè yon vire, fè yon virewon, flann

stroll² *v.intr.* balade, paweze, ponponm, pwonmennen *They spent the whole day strolling.* Yo pase jounen an ap balade. *The people went strolling in the city.* Moun yo al paweze lavil la. *We're going to go for a stroll before dinner.* Nou pral ponponm anvan soupe a. •**stroll about aimlessly** flannen •**stroll back and forth** fè lamadèl *He strolls*

back and forth while he studies his lesson.
Misye ap fè lamadèl pandan l ap etidye
leson l. •**stroll quietly/softly** yaya *I don't
walk quickly, I prefer to stroll quietly.* M pa
mache vit, m pito yaya.
stroller *n.* 1[*person*] bwa pwomennen, pye
poudre 2[*child carriage*] bouskè, pousèt
strolling *adj.* anbilan •**strolling about**
flannay
strong¹ *adj.* 1[*powerful*] barak, enganm, fò,
gen lasimòk, kosto, madre, manbre, miskle,
pòtray *This guy is strong.* Nèg sa a barak.. *A
strong young man can become a good soldier.*
Yon gason enganm ka fè yon bon militè.
Look at the size of this strong guy's wrists. Gad
gwosè ponyèt nèg kosto a. *He's very strong.*
Misye gen anpil lasimòk. *Given how strong
he is, he's able to lift the barrel.* Jan misye
manbre la, li ka leve doum sa a. *He's such a
strong man!* Nèg pòtray sa papa! 2[*character*]
danble, solid *Ana is a strong woman, she
managed raising her kids without their father.*
Ana se yon fi danble, li rive leve timoun li
yo san papa. *The girl isn't strong enough, she
cries for no reason at all.* Fi a manke solid,
li kriye pou senèryen. 3[*with power, solid*]
fò, solid *The wind was strong.* Van an te fò.
The current is strong here. Kouran an fò la a.
These shoes are really strong. Soulye sa a fò
anpil. *The punches of this boxer are always
strong.* Kout pwen boksè sa a toujou fò. *The
team's defense is strong.* Defans ekip la solid.
4[*intense, pungent*] fò, rans *His odor is very
strong.* Sant odè ki sou li a fò. *The coffee is
strong.* Kafe a fò. *The sour milk has a strong
smell.* Lèt kaye a santi rans anpil. 5[*very
effective*] rèdmare *They have a strong power
in their hands.* Yo gen yon pouvwa rèdmare
nan dèyè yo. 6[*in numbers*] gen valè *The
army is five-hundred strong.* Lame gen valè
senk san solda. •**be strong** gen{fòs/ fyèl/
jèvrin/kouray/manm} *The guy is strong,
man, he lifted three sacks of cement together!*
Nèg gen fòs, papa, li leve twa sak siman
ansanm!. *He's strong enough to lift that
load.* Li gen ase kouray pou leve chay sa a.
•**be strong or courageous** gen fyèl *He's so
strong, he didn't even cry when his mother
passed.* Msye gen fyèl papa! Li pa menm
kriye lè manman li bay tè a. •**become strong**

or resolute ranmase karaktè li *The director
became strong enough to fire all the workers
who didn't work consistently.* Fòmann nan
ranmase karaktè l, pou l revoke tout travayè
ki pa regilye. •**very strong** [*alcoholic
beverage*] pike *The beverage is too strong for
me.* Bweson an twò pike pou mwen.
strong² *adv.* •**going strong** enganm *She's
ninety-two, but she's still going strong.* Li gen
katrevenndouz an, men l enganm toujou.
strong-arm *adj.* gwo ponyèt *Those strong-arm
tactics are destroying the country.* Politik gwo
ponyèt sa yo ap kraze peyi a.
strongbark tree *n.* kafe mawon, mapou{gri/
mawon}
strongbox *n.* kòfrefò
stronger *adj.* •**stronger and sounder** pi fò pi
djanm *She's becoming stronger and sounder
every day.* L ap vin pi fò pi djanm chak jou.
•**become stronger** devlope *He has become
much stronger since he does weightlifting.* Li
devlope anpil depi l koumanse leve fè a.
•**become stronger and stronger** rafèmi
stronghold *n.* bastyon, fòtrès
strongly *adv.* ak tout fòs, atoutfòs, de
pye{fèm/milutè}, rèdchèch, rèdmare *I'm
strongly against what she said.* Mwen kont sa
li di a rèdchèch.
strong-minded/willed *adj.* detèmine, fèm
strop *n.* •**leather razor strop** kwi
structural *adj.* estriktirèl •**structural
problem** pwoblèm estriktirèl
structure¹ *n.* 1[*building, etc.*] edifis
2[*composition, etc.*] estrikti *Every language
has its own structure.* Chak lang gen estrikti
pa li.
structure² *v.tr.* estriktire *It would be good if
they structured the public services so that they
could give the population good service.* Li ta
bon si yo ta estriktire sèvis leta yo pou yo ka
bay popilasyon an bon jan sèvis.
struggle¹ *n.* batay, goumen, grapiyay *It's a
struggle every day to get her to eat.* Chak jou se
nan goumen pou n fè l manje. •**real struggle**
se pens ak pikwa *Life is a real struggle.* Lavi a
se pens ak pikwa.
struggle² *v.intr.* 1[*make great efforts*] bat,
debat ak, feraye, goudiye, goumen, kenbe
kè, lite, navige, pèsiste, ravitaye, redi, sige,
tchitchile *This elderly person is struggling*

with life. Granmoun sa a ap bat ak lavi a. *We are struggling in life.* N ap debat ak lavi a. *I really struggle in life.* Se goumen m ap goumen ak lavi a. *I struggle a lot in order not to fall into vice.* Mwen kenbe kè anpil pou m pa tonbe nan vi lib. *I'm struggling to finish the job.* Se redi m ap redi anba l pou mwen fini travay la. *Things aren't easy, but we keep struggling.* Bagay yo pa fasil, men n ap sige kanmenm. *She struggled a lot before she saw the light at the end of the tunnel.* Li tchitchile anpil anvan li wè bout li. **2**[*just make ends meet*] bat mizè, dangoye, goudiye, navige, penpennen, ravitaye *We're really struggling to make ends meet in daily life.* Goudiye n ap goudiye ak lavi a. *I struggle to get a little money.* M ap navige pou jwenn yon ti kòb. *The poor woman is struggling to send her children to school.* Malerèz la ap ravitaye pou l voye timoun yo lekòl. *She's struggling to make ends meet.* Se penpennen l ap penpennen pou viv. **3**[*fight with s.o. or sth.*] goumen *He struggled with us and managed to get away.* Li goumen avèk nou, li degaje sove nan men nou. *The door opens very easily; you don't need to struggle with it.* Se yon pòt ki ouvè byen fasil; ou pa bezwen goumen avè l. •**struggle in life** sibziste *I'm struggling in life because things aren't easy.* Nèg ap sibziste ak lavi a paske bagay yo pa fasil. •**struggle with** {bat/manje}(yon) bagay *Since January he's struggling with cold weather.* Depi mwa janvye, l ap bat fredi. •**be struggling** grapiyen *We're struggling.* Nèg ap grapiye. •**struggling financially** nan ladebat *He struggles financially to find some food.* Se nan ladebat pou l jwenn ti moso manje.

strum *v.tr.* teke *I like to strum my guitar.* M renmen teke gita pa m nan.

strumpet *n.* bouzen, jennès

strut¹ *n.* [*brace*] tanson, sipò, travès

strut² *v.intr.* bay payèt, bonbe lestomak li, fè{bwòdè, chèlbè/gengenn}, gonfle lestomak li, kare kò li, mache{banda/bwòdè}, panpannen, ponmen li *The woman struts her stuff so much that everyone has to stand and gape.* Kòmè a tèlman fè bwòdè, tout moun oblije kanpe gade l. *Anita is like a model, she's always strutting.* Anita tankou yon mannken, li toujou ap mache banda.

Look at how he struts along. Ala kot nèg mache bwòdè. *She struts in order to capture men's attention in the street.* Fi a ponmen l pou l al bay payèt nan lari a. •**strut about/around** fè{bobis/bòzò/lafrans/ payèt}, pouse lestonmak li, taye banda *He put on new clothes, he's strutting about for that.* Li mete rad nèf, l ap fè bòzò pou sa. *Look how that guy is strutting around in the street.* Gad ki jan nèg sa a ap taye banda nan lari a. •**strut one's stuff** fè{bobis/bòzò/lafrans/ payèt}, pouse lestonmak li, taye banda

stub¹ *n.* **1**[*limb, tail, etc.*] bout, monyon **2**[*finger*] bout dwèt **3**[*tree, branch, etc.*] chouk(bwa) **4**[*short piece of sth. left*] bout, moso *She gave me a pencil stub to write with.* Li ban m yon ti bout kreyon pou m ekri. *His arm was cut right off and only a stub was left.* Ponyèt li koupe ra; on ti bout ki rete. •**check stub** chouk, souch •**cigar/cigarette stub** bout (siga/sigarèt), pòy

stub² *v.tr.* •**stub one's toe** frape, kase *I stubbed my toe on the leg of the table.* M frape zòtèy mwen nan pye tab la. *She stubbed her toe on the stone.* Li kase zòtèy li nan wòch la. •**stub out** [*cigarette, etc.*] etenn, tenyen, touye

stubble *n.* **1**[*agr.*] pay (vetivè/zanma/tèt kann) **2**[*beard*] bab

stubborn *adj.* **1**[*having a strong will*] antete, bitò, dirakwa, enkoutab, enkredil, rèd, reditil, redong, retif, tèktèk, temerè, tèt{di/ kòlòwòch}, teti, volontè, wobis, wòklo *You are a stubborn child, you never listen to adults.* Ou se yon timoun ki antete, ou pa tande granmoun. *That guy is never going to listen to you because he's too stubborn.* Nèg sa a p ap janm koute ou paske li twò bitò. *These stubborn children; they do what they want.* Timoun enkredil sa yo, se sa yo vle yo fè. *You're so stubborn, that's why people don't discuss things with you.* Ou tèlman rèd, se sa k fè moun pa pale avè ou. *You have to listen to people's advice, you mustn't be so stubborn.* Ou fèt pou koute konsèy moun, ou pa dwe temerè twòp. *This stubborn guy, as long as he doesn't find what he wants, he keeps insisting on it.* Nèg tèktèk sa a, toutotan li pa trape sa li bezwen an, li p ap bouke. *What a really stubborn guy, he never listens to what people say to him.* Ala ti bonnonm tèt di papa, li pa janm koute sa yo di l. *You can't be stubborn like that, when they speak to you, you have to listen.* Ou pa ka wobis konsa, lè yo pale ou, se pou ou koute. **2**[*difficult to change*] pongongon, rèd *It's a stubborn stain.* Se yon tach pongongon.. •**stubborn or rebellious person** towo •**stubborn person** bourik je bòy, wondonmon *When it comes to listening to people, that stubborn person doesn't ever do it.* Zafè tande a, bourik je bòy sa a pa gen sa ditou. •**stubborn streak** gen wondonmon nan li *This guy has a stubborn streak in him.* Nèg sa a gen yon sèl wondonmon nan li. •**be stubborn** fè tèt di, gen{tande/zòrèy}di, pa gen antannman, tande di *It isn't right to be stubborn when older people give you advice.* Li pa bon pou fè tèt di lè granmoun pale ou. *You will always get in trouble because you are stubborn.* Ou ap toujou nan pwoblèm paske ou gen tande di. *How can you be so stubborn like that?* Kijan ou fè gen zòrèy di konsa? *The child is really stubborn.* Pitit la pa gen antannman ditou. •**very stubborn** mòko

stubbornness *n.* enkoutab, pèsistans, tèt{di/ wòch} *I don't know where you got that stubbornness from.* M pa konn kote ou pran tèt di sa a.

stucco *n.* masonn

stuck *adj.* **1**[*fixed in position*] kofre, kole *She got stuck between the car and the wall.* Danm nan fin kofre ant machin nan ake mi an. *If you poke your finger in the bottle, it'll get stuck.* Si ou foure dwèt ou nan boutèy la, l ap kole. *She* **2**[*unable to go/do anything further*] bloke, kloure, kole, mare kou krab *I'm stuck. I just can't do it.* M kole, m pa ka fè l. *I'm stuck at home and can't leave. I'm the one looking after the kids.* M bloke lakay la, m pa ka soti; se mwen k ret ak timoun yo. *They've been stuck here for three days since their car won't run.* Yo kloure isit depi de jou poutèt machin yo pa vwayaje. •**stuck in** *a*[*place*] graje, kwense *She found herself stuck in her car because of the rain.* Li twouve l kwense nan machin ni akòz lapli a. *She wants to go out, but as her father is there, she's stuck.* Li anvi soti, kòm papa l la, li graje. *b*[*mud*] antere *His shoes are stuck in the mud.* Soulye l antere nan labou a. •**be stuck** *a*[*intellectually*] de pye yon moun mare, kole *I'm stuck on question four.* M kole nan kesyon

nimewo kat la. *I'm stuck here because the question is delicate.* De pye m mare la akòz kesyon an gen dan. *b*[*on a riddle*] bwè pwa *I don't know the answer to the riddle; I'm stuck!* M pa konn devinèt sa a; m bwè pwa! •**get stuck** *a*[*in mud*] patinen, patoje *His feet are completely stuck in the mud.* Pye nèg yo pati, yo patoje nan labou a. *b*[*on an exam, etc.*] bare, kole *I got stuck on the exam.* Mwen bare nan egzamen an. •**get stuck in sth.** [*ball*] dodomeya *The ball got stuck in the net.* Balon an vin dodomeya nan kan an. •**not stuck together** [*rice, etc.*] grennen

stuck-up *adj.* awogan, plis sou moun

stud[1] *n.* **1**[*spike for shoe, etc.*] kranpon **2**[*constr.*] de pa kat

stud[2] *n.* [*very sexually active male*] frappe, kòk lakou, konyapis

student *n.* elèv, etidyan •**student at a polytechnic institute** politeknisyen •**student at teacher training school** nòmalyen, nòmalyèn [*fem.*] •**student in 'reto'** [*next to last year in Lycée*] retorisyen, retorisyèn [*fem.*] •**students sitting in the back row** ban dèyè •**high school student** liseyen, liseyèn [*fem.*] •**private school student** kolejyen, kolejyèn [*fem.*] •**scholarship student** bousye, bousyè [*fem.*] •**star student** bolid

stud-horse *n.* garyon

studies *n.pl.* etid, klas *He did his studies abroad.* Li fè etid li lòtbò a. *His parents sent him to Port-au-Prince to complete his studies.* Paran l voye l Pòtoprens pou l fini klas li. •**advanced studies** ti lèt fen *Now my child is in advanced studies.* Kounye a pitit mwen an se nan ti lèt fen li ye. •**do advanced studies** pran gwo bèt

studio *n.* atelye •**studio or rental room** [*housing*] pyès kay •**artist's studio** estidyo •**broadcasting studio** estidyo

studious *adj.* aplike, sou lekòl *He is a studious student.* Li se yon elèv aplike. *Mary is very studious, she will pass the exam.* Mari sou lekòl anpil, l ap pase egzamen an.

study[1] *n.* **1**[*process*] etid *The scientists did a study on AIDS.* Syantifik yo te fè yon etid sou Sida. **2**[*room*] biwo •**study hall** sal etid

study[2] **I** *v.tr.* **1**[*learn*] aprann, etidye obsève, pase yon liv *The child is going backward* *because he doesn't want to study his lessons.* Tigason an tounen dèyè paske li pa vle etidye leson l. **2**[*examine carefully*] analize, obsève *We'll finish studying the situation before we make our decision.* N ap fin obsève sitiyasyon an anvan nou pran desizyon nou. **II** *v.intr.* [*gen.*] aprann, etidye, pase liv *He's studying to be a doctor.* L ap aprann doktè. *Did you finish studying?* Ou te fin etidye? *She's studying for the final exam next month.* L ap pase liv pou li konpoze mwa pwochen. •**study by reciting aloud** etidye fò *He studied so loud, his voice covered the whole house.* Li si tèlman etidye fò, vwa li kouvri tout kay la. •**study carefully** apwofondi *He is going to carefully study the question.* Li pral apwofondi kesyon an. •**study hard** {bat/ kale/kraze}bèt li, etidye fò *The way she studies hard, she can't fail.* Jan l bat bèt la, li pa ka pa pase. *To become a doctor, you have to study hard, put your nose to the grindstone.* Pou ou vin doktè, fò ou etidye fò, bat bèt ou. •**study medicine** aprann doktè *Many Haitians are studying medicine in Cuba.* Anpil Ayisyen ap aprann doktè nan Kiba. •**study to enter a religious order** [*rel.*] chemine *Most of the seminarians studied with Father Jacques.* Pi fò seminaris yo te chemine ak pè Jak.

stuff[1] *n.* **1**[*matters*] bagay *All that stuff about how he wants to help us.* Tout bagay sa yo konsènan kijan li vle ede nou. *I am not into stuff like that.* M pa nan bagay sa yo. **2**[*things*] bagay, bataklan, biten *What's all this stuff?* Ki bagay sa yo? *Pick up all your stuff off the floor.* Ranmase tout bataklan ou atè a. *Do you have the stuff?* Ou gen biten an? •**take some stuff out of** [*bag*] deboure

stuff[2] *v.tr.* **1**[*cram, put in*] boure, foure *Why are you stuffing that paper in the bottle?* Pou ki sa ou ap foure papye a nan boutèy la? *He stuffed the money into his pocket.* Li foure lajan an nan pòch li. *Why do you have to stuff that suitcase so full?* Sa ou bezwen boure valiz la konsa? **2**[*pad*] boure, kapitonnen, ranboure *She's stuffing the mattress with cotton.* L ap boure matla a ak koton. *Let's stuff the cushion.* Ann ranboure kousen an. *She stuffed the pillow.* Li kapitonnen zòrye a. **3**[*culin.*] fasi *We can stuff the meat with a bunch of herbs.* Nou mèt

fasi vyann nan ak kantite zepis. **4**[*fill up with food, etc.*] plen *She stuffed us with food.* Li plen n ak manje. •**stuff down** foule, vale *Stuff down your food, then you can play.* Vale manje a ban m, apre ou a jwe. •**stuff it!** nan fouk ou! •**stuff o.s. with food** bafre, kore lestomak li, manje vant {deboutonnen/ plen} manje kòlèt debraye, plen vant li *He stuffs himself with food.* Li kore lestonmak li. *I stuffed myself on mangoes.* M plen vant mwen ak mango. •**be stuffed** manje vant deboutonnen *Wow! The food was good, I'm stuffed.* Koumanman! manje sa a koupe dwèt, m manje vant deboutonnen. •**put away or stuff down** |(*food*)| desann

stuffed *adj.* **1**[*from eating*] boure, kore, satire *I'm stuffed.* M satire atò. *He's really stuffed now.* Li byen kore kounye a. *You're too stuffed, you're going to become sick.* Ou boure twòp, w ap vin malad. **2**[*filled with padding*] anpaye **3**[*culin.*] fasi •**stuffed up** [*clogged*] bouche *My nose is stuffed up.* Nen m bouche.

stuffing *n.* **1**[*padding*] kapitonnaj, ranbouraj **2**[*act of*] bouray **3**[*culin.*] fas •**cotton stuffing** [*furniture, etc.*] koton, wat

stuffy *adj.* mal aere, san lè

stumble[1] *n.* **1**[*fall, tumble*] bitad, bitay, fopa *She had a stumble in the stairway.* Li fè bitay nan eskalye a. **2**[*mistake*] bitad, bitay, fot *He gave the entire speech without a stumble.* Li bay diskou a tout ankè san fè bitad.

stumble[2] *v.intr.* **1**[*fall, tumble*] bite, fè bitad, kase pye li, kilbite, mache kwochi, pèdi pye, tribiche *We stumbled but we didn't fall.* Nou bite men n pa tonbe. *I stumbled in the street gutter.* M fèk kase pye m nan kanivo a. *He hit his foot on a root, he stumbled.* Li frape pye l nan yon rasin, li kilbite. *He's drunk, he's stumbling.* Li sou, l ap mache kwochi. *I stumbled while going down the stairs.* M pèdi pye nan eskalye yo. *Be careful not to stumble on the stairs.* Veye pou pa tribiche nan mach eskalye a. **2**[*make a mistake, hesitate*] boudouye *She stumbled through the speech.* Li boudouye tout diskou a. •**stumble across** tonbe sou *She stumbled across the money looking for her keys.* Li tonbe sou lajan an lè li t ap chache kle yo. •**stumble into** bite sou *She stumbled into a big problem.* Li bite sou yon gwo pwoblèm. •**stumble over** bite sou

stumbling *n.* bitad, bitay, kilbitay •**stumbling block** bitad, bitay, pyèdachopman

stump *n.* **1**[*tree*] {bout/chouk/souch}(bwa/pyebwa) *The stump of the mango tree...* Chouk pye mango a... **2**[*amputated limb*] bout, monyon *He has a stump for an arm.* Li gen yon bout bra. •**tooth stump** choukèt •**tree stump** *a*[*gen.*] chouk bwa, dèyè pyebwa *b*[*used as stool*] choukèt *You may sit down on the tree stump.* Ou mèt chita sou choukèt la.

stumped *adj.* •**be stumped** bite sou, bwè pwa, griye, seche *I don't know the answer to that riddle; I'm stumped.* M pa konn devinèt sa a; m bwè pwa. *Because he didn't study for the exam, he's stumped.* Kòm li pa te etidye, l ap griye sou fèy la. *She's stumped on the exam.* L ap seche nan egzamen an.

stun I *v.tr.* [*incapacitate*] desounen, toudi *The blow he took stunned him.* Kou li pran an desounen l. *The punch stunned him.* Kout pwen an toudi l. **II** *v.intr.* [*taken aback*] dekonpoze yon moun, fè yon moun toudi, kè yon moun kase *When I saw my boyfriend kissing another woman, I was stunned.* Lè m wè menaj mwen ap bo yon lòt fi, kè m kase nèt.

stunned *adj.* abriti, boulvèse, gaga, kè yon moun kase *She was stunned after her fall.* Li gaga apre so a.

stunning *adj.* [*striking*] fè yon moun gaga *Look at that beautiful woman; she's stunning!* Gade bèl fanm sa a; l ap fè yon moun gaga!

stunt[1] *n.* **1**[*trick, scheme*] konbin, konbinezon **2**[*in film*] kaskad •**stunt person** kaskadè •**pull a stunt on** bay kout sèl *You shouldn't pull a stunt like that on me, and make me lose my job.* Ou pa ta bay kout sèl sa sou do m, epi fè m pèdi travay mwen.

stunt[2] *v.tr.* •**stunt one's growth** siprime *Don't eat sour fruits so they don't stunt your growth.* Pa manje fwi ki si pou l pa siprime ou.

stunted *adj.* chetif, kata, mafweze, malangi, malvini, rabi, rabougri, rachitik, rente, siprime *Look at the size of that child; his growth is stunted.* Gade wotè timoun sa a, li rabi. *Malnutrition is the cause of all these stunted children in our neighborhood.* Se mal nitrisyon ki lakòz gen tout timoun chetif sa yo nan zòn nan. *This child is stunted, he's very*

short. Timoun sa a kata, li kout anpil. *This child is stunted because he doesn't have enough to eat.* Timoun sa a malangi paske li pa manje ase. *Is she stunted?* Li rabi? *The child is really stunted because she lacks care.* Pitit la rabougri nèt tank li pa nan swen. *This child is stunted, he hasn't grown at all.* Timoun sa a rente, li pa grandi ditou. •**stunted person** koubòt, rakè •**become stunted** malangi

stupefied *adj.* desounen, gaga, men nan bouch *Everyone was stupefied by this miracle.* Tout moun se men nan bouch douvan mèvèy sa a.

stupefy *v.tr.* dekonpoze yon moun, fè yon moun toudi *If you want to stupefy your mother, you should clean your room.* Si ou vle fè manman ou toudi, ou ta dwè ranmase chanm ou.

stupendous *adj.* san manman, se wete nèchèl *The food was stupendous.* Manje a se wete nèchèl.

stupid *adj.* **1**[*person*] baba, bègwè, bèt, bobas, bobo, bouki, de grenn gòch, djèdjè, ebete, egare, enbesil, estipid, kannannan, koupyon, monkonmon, sòt *That stupid guy never understands anything.* Nèg baba sa a pa janm ka konprann anyen. *You can't be stupid like this, you can't understand this simple question.* Ou pa ka bobas konsa, sa ou pa ka konprann. *Why are you acting stupid like that? You don't even understand the easiest thing.* Ki jan ou fè bobo konsa a? Menm sa k pi fasil la ou pa konprann. *This child is totally stupid, he can't tell his right hand from his left hand.* Pitit la ebete nèt, li pa konn men dwat li ak men gòch li. *He is so stupid, don't entrust him with work.* Li egare twòp, pa lage travay ou nan men l. *What a stupid individual!* Ala nèg koupyon! *This attractive and intelligent woman can't have anything to do with such a stupid man.* Bèl fanm entelijan sa a pa ka annafè ak gason monkonmon sa a. *You are such a stupid guy!* Ala kot nèg djèdjè se ou! **2**[*silly/foolish*] egare, fè sòt li *It was stupid of me. I didn't have the right to do that.* Se yon egare m fè; m pa t dwe fè l konsa. *She was stupid to tell him that she didn't need any money.* Li fè sot li, li di l pa bezwen lajan. **3**[*annoying, boring, etc.*] annouyan, ensiyifyan, raz, vye *His jokes are stupid, let's talk about something else.* Blag yo ensiyifyan, ann vire pawòl la. *School was stupid today. I almost fell asleep.* Lekòl la te raz jodi a. M manke dòmi. *Why is that stupid chair in the way? It almost made me fall.* Sa k mete vye chèy sa a nan mitan wout la, fè m manke tonbe a? •**stupid as a jackass** sòt{kou/pase} panyen pèsi *This guy is as stupid as a jackass, he can't even do the easiest thing.* Misye sòt kou panyen pèsi, sa ki pi senp lan li pa ka fè. •**stupid ass** mayoyo •**stupid person** abòdjò, ayouyou, dan kaka, ridikil, tèt kokolo, tèt zo *This stupid guy never understands anything.* Tèt kokolo sa a pa janm konprann anyen. •**stupid things** kakatri *I can't stand these people, they say too many stupid things in people's faces.* M pa ka tolere moun sa yo, yo fè twòp kakatri nan figi moun. •**do sth. stupid** fè yon kaka *She did something stupid when she let the guy leave with all the money.* Li fè yon kaka lè li kite nèg la ale ak tout kòb la. •**something stupid** betiz *My little buddy, you're doing something stupid, smoking in front of a gasoline pump!* Ti nèg mwen, ou fè yon betiz lè ou fimen sigarèt devan ponp gazolin!

stupidity *n.* betiz, egare, enbesilite, kouyadinaj, kretinay, maskarad, salonmon *It's your stupidity that caused us not to win.* Se egare ou ki fè nou pa genyen.

stupidly *adv.* bètman *I stupidly left the job, I regret it.* M kite travay la bètman, mwen regrèt.

stupor *n.* gaga •**put into a stupor** desounen, fè yon moun gaga

sturdily *adv.* djanm, fèm

sturdy *adj.* **1**[*thing*] djanm, fèm, kosto, mouri kite, solid, vanyan *This ladder isn't sturdy enough.* Nechèl sa a pa solid ase. **2**[*person*] kosto, vanyan tay *He's really sturdy.* Se pa yon ti tay gason ki pa la non. **3**[*animal*] pistonnen •**good and sturdy** bon vye *This car is a very good and sturdy car.* Machin sa se yon bon vye machin.

sturgeon *n.* [*fish*] chirijyen

stutter[1] *n.* bege, begeman

stutter[2] *v.intr.* bege, boudouye, pale kou kabrit *He stutters.* Li bege. *When he's telling lies, he stutters.* Depi l ap bay manti, li boudouye.

stutterer *n.* bèg *He can't speak well, he's a stutterer.* Li pa ka pale byen, li bèg.

sty *n.* •**pig sty** pòchri

sty(e) *n.* [*in eye*] kis, klou, sèka *I've got a stye in my eye.* M gen yon klou nan je m.

style[1] *n.* **1**[*fashion*] mòd *Styles are always changing.* Tout tan mòd ap chanje. *If you're looking for the latest style, you should go in that store.* Si ou ap chache bagay dènye mòd, fò ou al nan magazen sa a. **2**[*manner of doing sth.*] fason, jan *I don't like his style.* M pa renmen fason l. **3**[*type*] kalite *What style of car do you want to buy?* Ki kalite machin ou vle achte? **4**[*artistic*] estil *This writer writes Haitian Creole well, I like her style.* Ekritè sa a ekri kreyòl byen, mwen renmen estil li. *This painting shows a particular style.* Tablo sa a gen yon estil patikilye. **5**[*elegance*] gangans, koutcha *This young girl has a lot of style.* Ti madmwazèl sa gen bon jan koutcha. •**any style** nenpòt (ki) jan *I'm having you make a dress for me, you can make it any style you wish.* M ap ba ou fè yon rad pou mwen, ou mèt ban mwen l nenpòt jan. •**become in style** vini sou moun •**go out of style** pase mòd •**in style** alamòd, kouran *Long dresses are in style now.* Se wòb long k alamòd konnye a. *She doesn't like to wear clothes that are in style.* Li pa renmen mete rad ki kouran. •**in the latest style** laraj •**out of style** demode *Long skirts have gone out of style.* Jip long demode. •**with style** banda

style[2] *v.tr.* •**style s.o.'s hair** fè tèt yon moun, kwafe (tèt) yon moun *She styled her hair with the latest style.* Li fè tèt li ak dènye mòd la.

stylish *adj.* alamòd, an vòg, anvòg, fen

suave *adj.* fen, rafine

sub-district *n.* soudistri

sub-lessee *n.* [*of farmland*] soufèmye

subcontracting *n.* soutretans

subdivision *n.* •**subdivision of a 'commune'** katye •**administrative subdivision of district** komin •**administrative subdivision or district of a geographic department** [*larger than a 'komin'*] awondisman

subdue *v.tr.* donte, mate *You can't subdue a wild animal.* Ou pa ka donte yon bèt sovaj.

subject[1] *adj.* •**subject to** sou lòd yon moun *She is still subject to her parents.* Li toujou sou lòd granmoun li yo.

subject² *n.* **1**[*topic*] kestyon, kozman, pawòl, tèm *Please drop the subject.* Kite pawòl sa a non. **2**[*academic field*] matyè **3**[*grammar*] sijè •**subject matter** sijè •**academic subject** matyè •**favorite subject** boulpik •**on the subject of** osijè •**principal subject** gwo kozman •**recurring subject** yon sèl chante *I've been hearing the same recurring subject since this morning.* Depi maten se yon sèl chante m ap tande.

subject³ *v.tr.* •**subject to** mete alamèsi •**subject to a beating** anba baton *The teacher subjected all the students to a beating.* Mèt la mete tout elèv yo anba baton.

submachine gun *n.* mitrayèt

submarine *n.* soumaren

submerge *v.tr.* •**be submerged** anglouti *The house is completely submerged in the ground.* Kay la anglouti nan tè a nèt.

submission *n.* soumisyon

submissive *adj.* karèt, moun san dou *When there are a lot of people around him, he becomes temporarily submissive.* Depi li wè anpil moun kote l, li karèt. *If you want to succeed in the army, you have to be submissive.* Si ou vle reyisi nan lame fòk ou se moun san dou. •**submissive person** moun san dou, san dou •**be submissive** gen san dou *The boss does not respect you because you are submissive.* Patwon an pa respekte ou paske ou gen san dou. •**overly submissive or subservient person** restavèk •**temporarily submissive** karèt

submissiveness *n.* reziyasyon

submit *v.tr.* **1**[*present sth.*] prezante, renmèt, soumèt *I submitted the letter.* M prezante lèt la. *They submitted the letter.* 2[*give in*] ran{bèk/tèt} *I refused to submit to his demands.* M refize ran bèk sou demann li yo. **3**[*obey*] soumèt *Everyone has to submit to the law.* Tout moun dwe soumèt anba lwa a.

subordinate *n.* [*employee*] souzòd

subpoena¹ *n.* asiyasyon, manda damne, manda darè

subpoena² *v.tr.* asiyen, rele yon moun{lajistis/ nan leta/nan tribinal} *It's the first time I'm being subpoenaed.* Se premye fwa yo rele m nan leta.

subscribe *v.intr.* abòne, {fè/pran}abònman *We subscribe to the same newspaper.* Nou abòne nan menm jounal. *She subscribes to the official newspaper.* Li fè abònman ak jounal ofisyèl la.

subscriber *n.* [*to a publication*] abòne

subscription *n.* abònman

subsequent (to) *adj.* swivan

subservient¹ *adj.* restavèk, sousou, tchoul *This child acts in a subservient manner, he does too many favors for the neighbor.* Pitit sa a gen san restavèk, li rann vwazen an twòp sèvis. *We don't deal with subservient people.* Nou pa sèvi ak nèg ki sousou. *That subservient government refuses to take up the cause of the poor.* Gouvènman tchoul sa a refize pran ka malere yo.

subservient² *n.* restavèk *He's a subservient if he accepts to toil like that without saying anything.* Li se yon restavèk si l asepte bourike konsa san l pa di anyen.

subside *v.intr.* **1**[*weather elements*] bese, kalme, kase, tonbe *The wind subsided, you may open the doors.* Van an tonbe konnya, ou mèt louvri pòt yo. *Let's take the opportunity to go while the rain is subsiding.* Ann pwofite ale pandan lapli a kalme. *The winds subsided in four days.* Van an vin kase sou kat jou. *It was a week before the water subsided.* Dlo a fè yon semenn anvan l bese. **2**[*pain, fever, etc.*] lache yon moun *The pain has subsided, she doesn't groan anymore.* Doulè a lache l, li pa plenn ankò.

subsidize *v.tr.* sibvansyone *The state subsidizes cafeterias in public schools.* Leta sibvansyone kantin nan lekòl piblik yo.

subsidy *n.* sibvansyon, sipò

subsistence *n.* debouye, sibsistans *She draws her subsistence from the money that her children send her.* Li tire sibsistans li nan kòb timoun yo voye ba li.

subsoil *n.* anbatè

substance *n.* **1**[*type of matter*] bagay *What's this substance used for?* Sa yo fè ak bagay sa a? **2**[*basis, essence*] fon, nannan, sibstans •**hard substance** kòlòwòch *This thing is a hard substance.* Bagay sa a se yon kòlòwòch.

substantial *adj.* **1**[*solid*] konsistan, solid *I need to eat something substantial.* M bezwen manje yon bagay ki solid. **2**[*quite large, important*] bon jan, konsiderab, enpòtan *They gave her a substantial raise in salary.* Yo ba l yon bon jan ogmantasyon. *They made many substantial changes in the army.* Yo fè anpil chanjman konsiderab nan lame.

substantiate *v.tr.* fonde, sipòte *You need to bring evidence to substantiate what you said.* Ou merite bay bon jan prèv pou sipòte sa ou di a.

substation *n.* •**military substation** avanpòs

substitute¹ *n.* 1[*s.o. who takes s.o.'s place*] ranfò, ranplasan *The team doesn't have substitutes.* Ekip la pa gen ranplasan. 2[*sth. as alternative*] nan plas *If you don't have any oil, you can use butter as a substitute.* Si ou pa gen luil, ou ka met bè nan plas li. 3[*judge*] sipleyan 4[*teacher*] ranplasan, sipleyan •**always be a substitute** [*sports*] chofe (ban), {manje/pran/mouri sou}ban *He's always a substitute for that team.* Li pran ban jis l about nan ekip la.

substitute² *v.tr.* ranplase *You can't substitute milk for water in making the soup.* Ou pa ka ranplase dlo ak lèt pou fè soup. •**substitute for** kenbe pou *The professor sent another person to substitute for him.* Pwofesè a voye yon lòt moun kenbe pou li.

substitution *n.* •**make a substitution** [*sports*] fè woulman *The coach needs to make a substitution for the goalkeeper.* Antrenè a dwe fè woulman sou gadyen an.

substructure *n.* fondas

subterfuge *n.* detou, fent, kachepeche, riz *In spite of all her subterfuge, we never believed her.* Malgre tout fent li yo, nou pa janm kwè l.

subterranean *adj.* anba tè

subtitle *n.* soutit

subtle *adj.* sibtil *It's a subtle detail.* Se yon detay sibtil.

subtlety *n.* finès

subtract *v.tr.* retire, wete *What do you get if you subtract thirteen from twenty-seven?* Lè ou retire trèz nan vennsèt, konbe l ba ou? *You may subtract five-hundred gourdes from my money.* Ou mèt wete senksan goud nan lajan m.

subtracting *n.* •**in/when subtracting** anwetan *When subtracting one hundred gourdes from five-hundred gourdes, how much is left?* Anwetan san goud nan sen san goud, konben ki rete?

subtraction *n.* [*math*] soustraksyon

succeed *v.tr.* 1[*be next in line*] pran mayèt la *Jean-Claude Duvalier succeeded his father.* Jan-Klod Divalye pran mayèt papa l. 2[*do well*] abouti, bon, byen soti, chape, jwenn, mache, nan tèt jwèt li, resi *After a lot of research, his efforts succeeded.* Apre anpil rechèch, efò l yo abouti. *A lot of students succeeded in the baccalaureate exam this year.* Anpil elèv te bon nan bakaloreya ane sa a. *I succeeded in discovering the secret.* Mwen resi jwenn sekrè a. *That student succeeds because he got perfect grades in all courses.* Etidyan sa a nan tèt jwèt li paske li fè dis sou dis pou tout kou yo. *That will never succeed.* Sa pa p janm mache. •**succeed at** rive *Did you succeed in doing what you wanted?* Ou rive fè sa ou vle? •**succeed brilliantly** kente •**succeed in** reyisi, rive *The goalkeeper succeeded in clearing the ball.* Gadyen an rive degaje boul la. *Did you succeed in doing what you wanted?* Ou rive fè sa ou vle? •**succeed in school** kente, pase •**succeed in a difficult challenge** mare baka *Man, I succeeded in a difficult challenge, I went out with the beautiful woman I told you about.* Monchè, mwen resi mare baka paske m sòti ak bèl fanm mwen te pale ou a. •**succeed in all one's undertakings** gen bon men *He succeeds in all he does because there's nothing that he undertakes that he doesn't complete successfully.* Msye gen bon men paske pa gen anyen li antreprann pou l pa reyisi. •**succeed spectacularly** {bay/fè}djapòt •**not succeed** echwe *You won't succeed.* W ap echwe.

succeeding *adj.* pwochen, suivan

success *n.* reyisit, siksè •**be a success** pran *The party was a success.* Fèt la pran. •**be a great success** balewouze •**have an easy success** pran lenbe •**have financial success** rive

successful *adj.* rive *I'll never be successful at something like that.* M pa p janm rive nan yon bagay konsa. *He's a very successful person.* Se yon moun ki fin arive. •**be successful** fè yon bèk, fè yon kou, mòde, reyisi *Every day you beat him but today he managed to be successful.* Chak jou w ap bat li, jodi a li resi fè yon kou. *I was successful in the competitive exam.* M reyisi nan konkou a. •**become successful** pran pye

succession n.1[*inheritance*] eritay 2[*sequence*] siksesyon, youn dèyè lòt •**in immediate succession** kou sou kou •**in rapid succession** pil sou pil *Buyers came to him in rapid succession.* Achtè yo tonbe sou li pil sou pil. •**in succession** swivi, swivi swivi

successively adv. youn {apre/dèyè}lòt

successor n. siksesè *They have not yet selected his successor.* Yo po ko chwazi moun ki pou ranplase l.

succinct adj. brèf

succulent adj. koupe dwèt

succumb v.intr. bay legen *She succumbed to fatigue during the competition.* Li bay legen nan konkou a.

such adj. 1[*like that*] konsa *Such things never happen where I live.* Bagay konsa pa janm rive kote m rete a. *I don't associate with such people.* M pa pran pa ak moun konsa. *I don't want to listen to such stories.* M pa anvi tande de tèl istwa konsa. 2[*of a certain kind*] tèl *I don't want such work.* M pa vle tèl travay. 3[*so very*] tèlman *That guy is such a joker.* Nèg sa a tèlman odyansè. *It was such a lovely day that we went for a walk by ourselves.* Jounen an te tèlman bèl, nou flannen kont nou. *It's not such difficult work.* Se pa yon travay ki tèlman difisil. *There was such a crowd that they finally stopped letting people in.* Te tèlman gen moun, rive yon moman, yo pa kite moun antre ankò. •**such...as** kalite... konsa *I've never seen such a stupid person as I saw today.* Se premye fwa m wè kalite moun sòt konsa. •**such a person** entèl •**such and such** tèl *If she tells you to be there at such and such a time, you'd better be there.* Si l di ou pou ou la a tèl lè, fò ou la. •**such as** tankou, tèlke *She likes fruit such as oranges.* Li renmen fwi tèlke zoranj. •**such that** ansòt •**as such** toutbon, vrèman *They're not married as such, but they've been living together for a long time.* Yo pa marye vrèman, men yo gen lontan yo ret ansanm.

suck v.tr. 1[*hold sth. in*] souse, tòtòt *Stop sucking (on) your finger!* Sispann souse dwèt ou! *Don't swallow the pill, suck it instead.* Pa vale grenn nan, souse l pito. *She's sucking on a mango.* L ap tòtòt yon mango. 2[*draw sth. through the mouth*] bwè, souse, tòtòt *He sucked the Coke through a straw.* Li souse

koka a ak yon chalimo. *The calf is sucking his mother's milk.* Ti bèf la ap tòtòt manman l. •**suck a fruit** fè tòtòt *She likes to suck on mangoes through a hole she made in them.* Li renmen fè tòtòt ak mango. •**suck in phlegm** rale •**suck off** [*sap s.o.'s strength, etc.*] souse *You see how thin she is, the child in her belly is sucking off her strength.* Ou pa wè jan madanm nan mèg, se pitit ki nan vant li a k ap souse l. •**suck one's thumb all the time** souse dwèt *They say that a child who sucks her thumb all the time is in need of more affection.* Yo di timoun ki souse dwèt toutan bezwen plis afeksyon. •**suck one's tongue** tete lang *He sucks his tongue when he's sleeping.* Li tete lang lè l ap dòmi. •**suck out blood** [*sorcery*] souse san •**suck s.o. dry** souse *The woman sucked him dry; she left him impoverished.* Fi a souse misye nèt, li mete l pòv. •**suck up** aspire, rale *The vacuum cleaner sucks up the dust in the carpet.* Vakyòm nan aspire pousyè ki nan tapi a. •**act of sucking** fè sousèt *She eats mangoes by sucking on them.* Li fè sousèt ak mango a.

sucker[1] n. 1[*candy*] piwili, piwouli 2[*of a plant*] gouman bwa

sucker[2] n. [*person*] bay bwè, bèk fè, bonifas, jokris, kòkòb, po patat, ti piyay *This sucker let the woman ruin him.* Bay bwè a kite fanm nan manje tout avwa l. *He's a sucker, he believes any old lie.* Se yon bèk fè, li pran nenpòt ki manti. *The boyfriend of this woman is a sucker, that's why she can go out with other men like that.* Mennaj ti fi sa a se yon kòkòb, se sa k fè li lib pou l soti ak lòt nèg konsa. *I'm not a sucker.* M pa ti piyay mwen menm.

suckle v.tr. 1[*active*] {pran/rale}tete *The child refuses to suckle.* Pitit la refize rale tete. 2[*passive*] bay tete *The cow was suckling her calf.* Bèf la ap bay pitit li tete.

suction n. souse •**suction bulb** ponp nen

sudden adj. bris, sanzatann, sibit *A sudden visit.* Yon visit sanzatann. *A sudden rain.* Yon lapli sibit. •**all of a sudden** panmpanm, rete konsa, toudenkou, wouf wouf, yon (grenn) kou *All of a sudden, the man appeared.* Panmpanm, nèg la parèt. *And then all of a sudden, they heard a loud noise.* Epi yo rete konsa, yo tande yon gwo bri. *All of a sudden, he was seized by a fit of insanity.* Wouf wouf,

he was seized by a fit of insanity.* Wouf wouf,

li gen yon foli ki pran l. *The child became an adult all of a sudden.* Pitit la grandi yon grenn kou.

suddenly *adv.* alenpwovis, brid sou kou/bridsoukou, bris, briskeman, frèt, ra, sanzatann, se twouve, sèk, sibit, sibitman, toudenkou, towblip *She suddenly became ill.* Se yon maladi k antre sou li konsa. *I was speaking with her, suddenly her face was transformed.* Mwen t ap pale avè l, brid sou kou vizaj li transfòme. *She appears at me suddenly.* Li parèt sou mwen briskeman. *She ran off suddenly so that her mother wouldn't see her.* Li fè ra l kouri pou manman li ka pa wè l. *While he was speaking ill of me, I suddenly arrived.* Pannan l ap pale mal mwen, se twouve m ap parèt. *Suddenly he stopped greeting me.* Li rete toudenkou li pa salye m ankò.

suddenness *n.* soudènte

suds *n.pl.* kim *This soap doesn't make any suds at all.* Savon sa a pa fè kim menm. •**soap suds** kim (savon)

sue *v.tr.* asiyen, fè pwose ak, fè...pose, kouri tribinal, rele yon moun{lajistis/nan leta/nan tribinal} *He sued them for damages.* Li asiyen yo pou domaj yo koze. *I will sue you.* M ap rele ou nan leta.

suffer *v.intr.* **1**[*experience pain*] bat lokobe, kòde yaya pase{maladi/tray}, soufri *The horse suffered a lot.* Chwal la soufri anpil. *Given how he's suffering, he won't see tomorrow.* Jan m wè l ap bat lokobe la, li p ap bay demen. *I suffer a lot from diabetes.* M pase anpil tray ak maladi sik la. **2**[*experience, have to deal with*] andire, mizè wonje li, monte lakwa, pase{anpil/kalvè/mati/mizè}, pran bal li ofon, rete ap seche, sibi, soufri, trimaye *I'm suffering to make ends meet.* Se lakwa m ap monte pou m avwa lavi. *Despite her misery, she has never complained to others, she has been suffering in silence.* Kwak lamizè ap wonje l, li pa plenyen. *We're all suffering because the family has no means.* Nou tout rete ap seche la paske fanmi an pa gen mwayen. *She suffered a lot in life.* Li soufri anpil nan lavi l. *Since his birth, he has suffered.* Depi l fèt, l ap pase mizè. *The poor man suffered a lot in his life.* Malere a pase anpil nan lavi l. *This new job has made me suffer.* Nouvo

travay sa a ap fè m pase yon kalvè. •**suffer a humiliation** pran desepsyon (nan men yon moun) •**suffer courageously** sou dan *He went to school suffering courageously while his shoes were hurting him.* Se sou dan l al lekòl la, paske soulye li ap fè li mal. •**suffer damage** sibi *His mother suffers the damage because she pays for everything he does wrong.* Manman l sibi anpil paske tout sa l fè mal se manmzèl ki peye sa. •**suffer defeat** pran bòt nan lavi a •**suffer for** soufri •**suffer from a cold** anrimen, gripe *Paula is suffering from a cold.* Pola anrimen. *In the house both children and adults suffer from colds.* Ni timoun ni granmoun nan kay la gripe. •**suffer from bad treatment** pase mizè •**suffer greatly** manje mizè *She suffers greatly in life.* Li manje twòp mizè nan lavi a. •**suffer in silence** plenn nan kè, pran bal li ofon *During the dictatorship, everybody suffered in silence.* Epòk diktati a, tout moun se te plenn nan kè. *Despite her misery, she has never complained to others, she has been suffering in silence.* Kwak lamizè ap wonje l, li pa plenyen, li pran bal li ofon. •**suffer setbacks** pran bòt nan lavi a *He suffered many setbacks in life.* Se pa de bòt li pa pran nan lavi. •**suffer sorely** manje mizè •**suffer the consequences of one's action** sa li pran se pa li *If you don't stop smoking, you'll suffer the consequences.* Si ou pa sispann fimen, sa ou pran se pa ou. •**be suffering and fighting off death** bat lokobe •**make s.o. suffer** fè yon moun pase{nan yon je zegwi/pa li} •**make suffer** toufounen, toupizi *For a long time the rich have made the poor suffer.* Se pa jodi rich ap toufounen pòv. •**one who suffers in silence** zonbi dousman

suffering *n.* doulè, kalvè, lakwa, lapenn, mizè, pay, soufrans, tray *Her suffering is unbearable now.* Pay li twòp atò. •**extreme suffering** lagonni, mati *Her entire life has been one of extreme suffering.* Tout lavi l se te yon veritab mati. •**great physical suffering** kè{tòde/kòde} *Unfortunately, he endures great physical suffering.* Podjab, li gen yon kè tòde. •**put s.o. through all kinds of suffering** fè yon moun wè sèt koulè lakansyèl •**be able to go through all kinds of sufferings and**

miseries gen kè pantalèt •**have one's own sufferings** pase pa l

suffice v.tr. sifi *The money you gave me doesn't suffice.* Kobo u te ban mwen an pas sifi.

sufficient adj. kont, sifizan *The money you gave me isn't sufficient, it's 40 cents short.* Lajan ou renmèt mwen an pa kont, li manke karant kòb. *The money is insufficient for the project.* Lajan an pa sifizan pou pwojè a.

sufficiently adv. {an/nan}règ, sifizaman *Today I ate sufficiently.* Jodi a m manje an règ. *She spoke sufficiently to make us understand her.* Li pale sifizaman pou fè nou konprann li.

suffix n. sifiks, tèminezon

suffocate v.tr. sifoke, toufe *I almost suffocated in the smoke.* M te manke toufe nan lafimen an. *He suffocated to death.* Li mouri toufe. *The heat is suffocating me.* Chalè a ap toufe m. *The smoke is so thick, it almost suffocated us.* Lafimen an tèlman anpil, li manke sifoke nou.

suffocation n. etoufman, sifokasyon

sugar n. sik •**barley sugar** sik{dòj/dòy} •**brown sugar** sik{jòn/krèm/wouj/wouy} •**dark-brown sugar** sik popilè •**have sugar in one's urine** gen {foumi nan potchanm/ pipi dous} •**low-grade sugar** kann majò •**powdered sugar** sik an poud •**put a bit of sugar in** andoye *Put a little bit of sugar in the coffee.* Andoye yon ti sik nan kafe a. •**unrefined sugarcane sugar** sik kann •**white sugar** sik blan

sugar v.tr. sikre *Why didn't you sugar the sauce?* Poukisa ou pa sikre sòs la?

sugarcane n. kann •**sugarcane pulp** bagas •**sections between two sugarcane joints** ne kann •**stripped sugarcane** kann kale

sugared adj. •**be sugared** sikre *The coffee is heavily sugared.* Yo byen sikre kafe a.

sugary adj. [taste] dous

suggest v.tr. bay{konsèy/yon lide}, konseye, sijere *The teacher suggests that we study every day.* Mèt la sigjere nou etidye chak jou. *I would suggest that you leave now.* M ta konseye ou ale konnye a.

suggestion n. konsèy, lide, sigjesyon *I acted on her suggestion and went to another doctor.* M suiv konsèy li ban mwen, m al wè yon lòt doktè. *That's a good suggestion.* Se yon bon lide. •**give a suggestion** bay yon lide *Give*

me a suggestion about what to do. Ban m yon lide sou sa.

suicide n. swisid

suit[1] n. [clothing] konplè, kostim *The suit fits the man well.* Kostim nan tonbe daplon sou misye. •**suit coat** palto •**heavy expensive suit** gwopo *Your heavy suit is nice, but you'll die with it because of the heat.* Gwopo sa bèl, men w ap mouri ak li nan chalè a. •**man's suit** rechany •**sailor suit** matlo •**woman's two-piece suit** tayè

suit[2] n. [legal] pwosè

suit[3] v.tr. 1[for a position] fèt pou *He's suited for the job because he studied for that.* Misye fèt pou djòb la paske li etidye pou sa. 2[look good on, match] ale {ak/avè/ ake}, {chita/tonbe} sou, sanble *This color really suits you.* Koulè sa a al avè ou. *The shirt suits me.* Chemiz lan ale ak mwen. *The dress suits you well.* Wòb la byen chita sou ou. 3[satisfy, please] nan gou yon moun *Does this table suit you?* Tab sa a nan gou ou? *Nothing ever suits her.* Anyen pa janm bon avè l. *That doesn't suit her, give her some other clothes.* Li pa sanble sa a, ba l yon lòt rad.

suitable adj. 1[clothes] bon, pwòp •**be suitable for** [a job] siye *He's suitable for the job, we can hire him.* Misye siye pou djòb la, nou ka anplwaye l.

suitcase n. malèt, valiz •**handle of suitcase** manch malèt •**large suitcase** mal

suitcoat n. palto

suite n. [hotel] suit

suited adj. bon pou *This field would be ideally suited for soccer.* La a ta bon pou yon teren foutbòl. •**suited for each other** fèt pou ret ansanm *Those two are just not suited to living together; they fight all the time.* De moun sa yo pa fèt pou yo ret ansanm; yo toujou nan goumen.

suitor n. filè, liyè *The girl has many suitors.* Kòmè a plen filè. •**shy suitor or lover** jòkma

sulfa n. •**sulfa drug** {medikaman/poud}silfa

sulfate n. silfat

sulfide n. silfid

sulfonamide n. silfagwanidin, silfonamid

sulfur n. souf

sulfuric adj. silfirik •**sulfuric acid** asid silfirik

sulk v.intr. bouch gonfle, boude, gonfle, lonje bouch li, twouse bouch li{sou/anwo}, vire djòl li *Why are you sulking like that? I didn't hurt you.* Poukisa ou bouch gonfle konsa? M p ap fè ou mal. *When she saw me coming, she started to sulk.* Depi l wè m ap vini an, li gonfle. *She sulked because her father didn't want to let her go out.* Li twouse bouch li sou papa l poutèt li pa vle kite l soti. *The child sulked when the lady made a sharp remark to him.* Timoun nan vire djòl li lè madanm nan ap fè l obsèvasyon. *He sulked because you didn't speak to him.* Li lonje bouch li paske ou pa pale avè l.

sulking *adj.* •**sulking person** boudè

sulky *adj.* boudè

sullen *adj.* boudè, mosad, move, movèz *The child is sullen this morning.* Pitit la mosad maten an. •**be sullen toward s.o.** rechiyen *You shouldn't be sullen toward me because I didn't do anything to you.* Se pa sou mwen pou vin rechiyen la paske m pa fè ou anyen.

sully *v.tr.* [*a reputation*] fè lèd pou, sali, tèni *In every family you may find a black sheep who sullies the reputation of the other members.* Nan tout fanmi, fòk ou jwenn yon grenn senk pou tèni repitasyon lòt yo.

sultry *adj.* [*weather*] lou *The weather is sultry.* Li fè yon tan lou.

sum[1] *n.* fòs, montan, prensipal, sòm •**big sum of money** gwo lajan •**small sum of money** po patat, ti (kraze) monnen •**sum of money** yon lajan *I need a certain sum of money to start building the house.* Mwen bezwen yon lajan pou mwen mete men nan kay la. •**paltry sum of money** ti kokobe kòb •**pile or sum of money** gwo lajan

sum[2] *v.intr.* •**sum up** adisyone, globalize *Let's sum up all the things you just said.* Ann globalize tout sa nou di yo la.

summarize *v.intr.* fè yon rale, globalize *Let's summarize.* An n fè yon rale.

summarizer *n.* [*for proceedings*] rapòtè

summary *n.* apèsesi, kout flach, rale, rale mennen vini, ranmase, repase, rezime *Before we comment on the news, we'll make a summary.* Anvan nou devlope nouvèl yo, n ap fè yon rale mennen vini.

summer *n.* ete

summit *n.* tèt{flèch/mòn} *The summit of the hill.* Tèt flèch mòn nan.

summon *v.tr.* **1**[*ask to come*] fè apèl, rele, voye rele *God summoned Moses.* Bondye te fè apèl a Moyiz. *The boss summoned two employees to his office.* Patwon an voye rele twa anplwaye nan biwo l. **2**[*before a court*] asiyen, konvoke, rele yon moun{lajistis/nan leta/nan tribinal} site *The judge summoned the witness (before the court).* Jij la konvoke temwen yo. asiyen. *They don't know why they summoned the boss.* Yo pa konnen poukisa yo asiyen patwon an. **3**[*formally ask questions (politics)*] fè entèpelasyon *They summoned the prime minister.* Yo te premye minis la. 1. •**summon all one's courage** mare senti li

summoning *n.* entèpelasyon

summons *n.pl.* apèl, asiyasyon, konvokasyon, pwosèvèbal, manda *The summons demands that he appear tomorrow.* Apèl la mande l pou parèt demen. *They sent me a summons to appear in court.* Yo voye manda ban mwen pou m parèt tribinal. •**legal summons** papye tenbre, sitasyon •**summons server** [*jur.*] isye eksplwatan

sump pump *n.* ponp vidany

sun *n.* **1**[*star*] solèy *The sun hasn't risen yet.* Solèy la po ko leve. **2**[*light and heat from the sun*] limyè solèy, solèy *He's sitting in the sun.* Li chita nan solèy la. *The sun's really hot today.* Solèy la cho anpil jodi a. *The hall gets a lot of sun.* Sal la jwenn bon limyè solèy. •**rising sun** solèy levan •**do everything under the sun** se sa li bliye li pa fè *The armed thugs entered the house, they did everything under the sun.* Zenglendo antre nan kay la, se sa yo bliye yo pa fè. •**setting sun** solèy kouchan •**the sun is high in the sky** solèy la yon bèl bras •**under the sun** sou latè beni •**unrelenting sun** gwo solèy

sunbathe *v.intr.* pran solèy *They're sunbathing.* Y ap pran solèy.

sunblock *n.* ponmad solèy

sunburn *n.* {atak/kout}solèy

Sunday *prop.n.* dimanch •**Sunday following Easter** dimanch kazimodo •**next Sunday** dimanch demen •**one's Sunday best** joudlan •**pertaining to Sunday** dominikal

sundial *n.* kadran solèy

sundown *n.* solèy kouche *I won't be able to come before sundown.* M pa p gen tan vini anvan solèy kouche.

sundries *n.pl.* bagay varye

sunflower *n.* flè solèy •**sunflower seed** grenn flè solèy

sunglasses *n.pl.* linèt{nwa/solèy}

sunhat *n.* chapo solèy

sunken *adj.* 1[*face*] blèm 2[*cheeks*] rale

sunless *adj.* san solèy

sunlight *n.* limyè solèy •**direct sunlight** gwo solèy •**first rays of sunlight** tèt solèy

sunlit *adj.* ansoleye

sunny *adj.* solèy *The rain was followed by a sunny sky.* Apre lapli a, l te fè yon bèl solèy. *My country is a sunny country.* Peyi m se peyi solèy.

sunrise *n.* leve solèy *I'll come for you before sunrise.* M ap vin chache ou anvan solèy leve. •**before sunrise** bon maten

sunset *n.* kouche solèy

sunshade *n.* onbrèl, parasòl

sunshine *n.* 1[*gen.*] kout solèy, limyè solèy, solèy *The doctor said that I need to get out in the sunshine.* Doktè a di m fò m pa pran solèy. 2[*after bad weather*] atak solèy

sunstroke *n.* atak solèy

suntanned *adj.* bwonze

super *adj.* bon nèt, mayifik, sipèb *Her house is really superb.* Kay li a sipèb anpil.

superbly *adv.* pyout, wololoy *She does her work superbly.* Li fè djòb la pyout.

superficial *adj.* 1[*not deep*] pa fon *Her wound is superficial.* Blese l pa fon. 2[*shallow (person)*] sipèfisyèl *That woman is so superficial.* Fi sa a sipèfisyèl konsa. 3[*not developed*] fay *The lawyer lost the trial because her arguments were very superficial.* Avoka a pèdi pwosè a poutèt agiman l yo fay anpil..

superintendent *n.* 1[*school*] direktè, direktris [*fem.*] 2[*Protestant church*] sirentandan 3[*janitor*] gadyen, jeran

superior¹ *adj.* pa rete ak, siperyè *A ring superior to any other ring (beyond comparison).* Yon bag ki pa rete ak bag. *Mahogany wood is superior to mango tree wood.* Kajou a siperyè anpil pase bwa mango a. •**superior to others** anwo, odsi *She thinks she's superior to others because she's rich.* Li kwè li odsi depi se moun ki genyen. *He's superior to the others at work.* Msye anwo lòt moun ki nan djòb la. •**superior to** pi bon, miyò

superior² *n.* siperyè *She doesn't to take any action without consulting her superior.* Li pa vle pran okenn desizyon san l pa konsilte siperyè li.

superiority *n.* siperyorite

supermarket *n.* makèt

superphosphate *n.* [*fertilizer*] sipèfosfat

superstar *n.* gran vedèt

superstition *n.* sipètisyon, vye kwayans

superstitious *adj.* sipètisye *You're too superstitious.* Ou sipètisye twòp.

supervise *v.tr.* kontwole, sipèvize, siveye *Supervise the workers so that they don't slack off on the job.* Kontwole travayè yo pou yo pa fè parese nan travay la. *The boss supervises the work every day.* Bòs la sipèvize travay la chak jou.

supervision *n.* kontwòl, sipèvizyon

supervisor *n.* chef ekip, chèfdekip, dirijan, enspektè, kontwolè, sipèvizè *I don't like this supervisor.* M pa renmen sipèvizè sa a. *The supervisor asked us to redo the exercise.* Chèf ekip la mande nou refè ti egzèsis la.

supine *adj.* kò lage, kouche sou do

supper *n.* manje aswè, soupe •**Last Supper/Lord's Supper** Lasèn, Lasentsèn

supplant *v.tr.* pase{devan (bay)/sou}, ranvèse *She supplanted me for that position.* Li pase devan m pou plas sa a.

supple *adj.* 1[*fabric*] swa 2[*part of body, skin*] soup lyann, san zo *Her hips are supple, she can turn any way she likes.* Ren l lyann, li vire l jan l vle.

supplement *n.* degi, diplis, sipleman

supplement *v.tr.* ranfòse *They supplement the number of policemen that were in the police station.* Yo ranfose kantite polis ki nan komisarya a.

supplementary *adj.* siplemantè

suppleness *n.* 1[*life, attitude*] souplès 2[*system*] souplès

supplier *n.* founisè

supplies *n.pl.* founiti, materyo, pwovizyon •**school supplies** founiti

supply¹ *n.* apwovizyònman, estòk, kantite, lo, valè *The supply of cola will last one month.* Apwovizyònman kola a ap dire yon mwa. *He just bought a supply of shoes.* Li fèk sot achte yon estòk soulye. *A supply of medicines.* Yon lo medikaman. **supplies** *n.pl.* founiti, materyèl, materyo, pwovizyon, sibsistans *The teachers don't have enough supplies for them to be able to work.* Pwofesè yo pa gen ase founiti pou yo travay. *All the food supplies are gone.* Tout sibsistans lan fini. •**supply and demand** òf ak demann •**in big supply** an vòg, yon bann kantite *Because of the large quantity of the millet harvest, its price fell.* Akòz rekòt pitimi an ki an vòg la, pri l kase. •**fresh supply** ranfò •**short supply** rate *There is a short supply of gas.* Gen rate gaz.

supply[2] *v.tr.* apwovizyòne, bay pwovizyon, founi *Only one big truck supplies the village.* Se yon sèl gwo kamyon ki bay bouk la pwovizyon. *He supplied us all the information we needed.* Misye founi n tout enfòmasyon nou te bezwen. •**supply with shoes** chose

support[1] *n.* **1**[*assistance, help*] dèyè, konkou, sipò, solidarite, soutyen *He depends on me for support.* Se sou mwen li apiye pou l ka pran sipò. *Give her moral support.* Ba l sipò moral. *He has no support in that government.* Li san soutyen nan gouvènman sa a. *The president no longer has the army's support.* Prezidan an pa gen soutyen lame a ankò. *Children in the street need all of our support.* Timoun nan lari yo bezwen solidarite nou tout. *John has support.* Jan gen dèyè. **2**[*backing*] dèyè pistonnaj *John has support.* Jan gen dèyè. *If you were in the director's good graces, you'd have the support you need to be hired.* Si ou te byen avèk dirèk la, ou ta genyen pistonnaj ou bezwen an pou jwenn djòb la. **3**[*device that holds things up*] api, janmdefòs, tanson, sipò *This pole is leaning, it needs support.* Poto a panche li bezwen api. *He put several supports under the bottom of the yam plants.* Li mete plizyè janmdefòs nan bounda pye yanm yo. *Place a support against the wall so that it won't fall.* Bay mi an yon sipò pou l pa tonbe. •**support in one's declining years** baton vyeyès *This child is my support in my declining years, I rely on him for my future.* Pitit sa a se baton vyeyès mwen, mwen konte sou li pou lavni. •**support under woman's hips during childbirth** choukèt, tibourik •**chief support** poto (mitan) *He's the family's chief support.* Li se yon poto mitan nan fanmi an. •**financial support** sipò, soutnans, soutyen *She gets a lot of financial*

support from her family. Li gen anpil soutyen fanmi li. •**give support to** {bay/pote}jarèt *Give the country support in order to reestablish democracy.* Bay peyi a jarèt pou l sa retabli demokrasi. •**have strong support** gen (de) bra dèyè bannann li *If she didn't have strong support, she wouldn't have found the job.* Si l pa gen bwa dèyè bannann li, li pa jwenn djòb la. •**moral support** soutyen *The president no longer has the army's support.* Prezidan an pa gen soutyen lame a ankò.

support[2] *v.tr.* **1**[*provide for s.o.'s living*] antretni, avalize, bouste, okipe, sipòte, soutni *He supports his whole family well with his job.* Misye antreteni tout kòt fanmi li ak djòb la. *He can't support his wife and children on that little bit of money.* Li pa ka soutni madanm li ak pitit li ak ti kras kòb sa a. *Because he isn't working, it's the woman who supports the family.* Kòm li p ap travay, se fi a ki sipòte kay la. *With the little that he earns, he supports the whole family.* Ak ti sa l ap touche, li bouste tout kòt fanmi an. **2**[*back s.o. or sth.*] antoure, apiye, kanpe ak yon moun, kore, soutni *Everyone here supports the president.* Tout moun isit apiye prezidan an. *A lot of people supported the strike.* Anpil moun te apiye grèv la. *We'll support you (on this).* N ap kanpe avè ou. *Her family supports her (morally).* Fanmi l antoure l. *She supports evolution theory.* Li soutni teyori ki pale de evolisyon an. *If we don't support the team, it will lose.* Si n pa kore ekip la l ap pèdi. **3**[*assist physically*] soutni *She's so weak that they have to support her for to walk.* Li tèlman fèb, yo bezwen soutni l pou l ka mache. **4**[*hold up sth.*] bay pye, kenbe, soutni *Those big posts are supporting the bridge.* Se gwo poto sa yo ki kenbe pon an. *They support the banana tree with a prop to prevent it from falling.* Yo bay pye bannann nan bwa pou l pa tonbe. •**support financially** soutni, swen *When I wasn't working, she's the one who would support me financially.* Lè m pa t nan travay, se li k te konn soutni m. •**support s.o.'s case** bay priyè pou •**support with a prop** bay bwa *They support the banana tree with a prop to prevent it from falling.* Yo bay pye bannann nan bwa pou l pa tonbe. •**support with documents** {bay/fè}prèv *The lawyer* *showed documents to demonstrate that his client was the real owner.* Avoka a bay prèv kliyan li an te mèt tè a tout bon.

suppose *v.tr.* ann di, asipoze, imajinen, kwè, sipoze *Let's suppose you become rich, what would you do?* Asipoze ou ta vin rich, ki sa ou t ap fè? *I suppose that they are here.* M sipoze yo la. *I suppose everyone will come.* M kwè tout moun ap vini. *I don't suppose it would interest her.* M pa kwè sa ap enterese l. *Let's suppose that you do get the job.* An n di ou jwenn dyòb la. •**be supposed to** fèt, fò, sense, sipoze, te *You aren't supposed to wear those light clothes in cool weather.* Ou pa sipoze mete rad fen sa a ak fredi a. *You're supposed to be back before five o'clock.* Fò ou tounen anvan senk è. *This job was supposed to have been finished long ago.* Travay sa a te fèt pou l te fini depi lontan. *You're not supposed to act like that.* Ou pa sanse aji konsa. *You're supposed to obey your elders.* Ou fèt pou obeyi moun ki pi gran pase ou. •**but suppose** vini wè *Suppose you leave, who will replace you?* Vini wè ou ale, kilès k ap ranplase ou? •**just suppose that** sipozon *Just suppose that he doesn't come home.* Sipozon li pa tounen lakay la. •**let's suppose that ...** asipoze, sipozon *Let's suppose you become rich, what would you do?* A sipoze ou ta vin rich, ki sa ou t ap fè? •**supposing that** sipozon *Supposing that I were a policeman, I wouldn't tolerate people making trouble in the street.* Sipozon m ta polis, m pa t ap asepte moun fè dezòd nan lari a.

supposed *adj.* prezime

supposedly *adv.* swadizan, ta sanse *He supposedly has money.* Swadizan l gen lajan. *Supposedly he's the one who had to pay the rent.* Ta sanse se li ki pou ta peye kay la.

supposing *conj.* anka, tèleka *Supposing you don't pay me, I'll take you to court.* Tèleka ou pa ta peye m, m ap site ou.

supposition *n.* sipozisyon

suppository *n.* sipozitwa •**spermicidal suppository** tablèt vajinal

suppress *v.tr.* 1[*bring to an end by force*] kraze, siprime *They have suppressed all union activity in the country.* Yo kraze tout sendika k te gen nan peyi a. 2[*a scandal*] toufe *They suppressed knowledge of their child's*

pregnancy because she's too young. Yo toufe gwòs pitit yo a poutèt li twò jenn. 3[*one's period*] siprime *The shock from the death suppressed her period right then and there.* Sezisman lanmò an siprime règ li menm kote a.

suppression *n.* abolisyon, refoulman

suppurate *v.intr.* bay pij, {bay/fè}pi, sipire *Her wound is suppurating.* Maleng li an ap sipire.

supremacy *n.* sipremasi

supreme *adj.* siprèm *The Supreme Court postponed the trial.* Lakou siprèm ranvwaye jijman an.

sure¹ *adj.* sèten, si *When you see a sky like that, it's a sure sign it's going to rain.* Depi ou wè syèl la konsa, ou mèt si l pral fè lapli. *Are you sure she hasn't arrived?* Ou si l po ko vini? *We're sure to pass the exam.* Nou sèten n ap pase egzamen an. •**sure thing** bwa kase *Can you go with me to the city? —Sure thing! Let's go!* Èske ou ka rive avè m lavil la? —Bwa kase! Ann ale! •**sure to do sth.** san mank •**be sure** gen{garanti/sètitid} *I'm sure she will come to the party as she promised me.* M gen garanti l ap vini nan fèt la. *I'm sure she did that.* M gen sètitid se li ki fè sa. •**be sure of being physically stronger than another** wè fòs li sou yon moun *If he weren't sure that he's stronger than I, he wouldn't be challenging me to a fight.* Si l pa te wè fòs li sou mwen, li pa t ap mande m batay. •**be sure of one's self** kwè nan tèt li •**be sure to** pa bliye *Be sure to take the medicine before you go to bed.* Pa bliye bwè remèd la anvan ou al kouche. •**for sure** kanmenm, se sèten *He told me he'd come for sure.* Li di m l ap vini kanmenm. *He's coming tomorrow for sure.* Se sèten l ap vini demen. •**make sure** asire li, fè yon jan *Make sure you're in before midnight.* Fè yon jan pou ou antre anvan minui. *The driver made sure everyone was on board before starting off.* Chofè a asire l tout moun monte anvan l derape. •**that's for sure** sa se kach, se pa pale *That's for sure that he'll do the work for you.* Sa se kach misye pral fè travay la pou ou. *The food is really good. —That's for sure!* Manje a bon tout bon. —Se pa pale!

sure² *adv.* toutbon *It sure is hot today.* Fè cho toutbon jodi a.

sure³ *interj.* tchèk *You're going to vote tomorrow? —Sure, that's my duty.* Ou pral vote demen? —Tchèk! Se devwa m.

surely *adv.* dirèkteman, kach, siman *Surely she told you that she couldn't come today because she's sick.* Se kach li di ou li p ap ka vini jodi a paske li malad.

surf¹ *n.* vag lanmè

surf² *v.intr.* glise sou vag *We surfed on the waves.* Nou glise sou vag yo.

surface¹ *n.* **1**[*area*] sifas, sipèfisi **2**[*upper layer*] anlè *There's a bunch of hay on the surface of the water.* Gen yon dal pay anlè dlo a. •**hard-packed surface** tè bati •**on the surface of** anlè, sou *A leaf that's floating on the water.* Yon fèy k ap flote sou dlo a. •**underneath the surface of the water** andezo

surface² *v.tr.* **1**[*with cement*] glasiye *Paul surfaced the ground with cement.* Pòl te glasiye atè a. **2**[*rise to the surface*] monte sou dlo *The body of the drowned man surfaced.* Kò moun ki neye a monte sou dlo.

surfacing *n.* revètman

surfboard *n.* planch pou glise nan lanmè a

surge *n.* elan *He began the race with a nice surge, he's in front.* Li kòmanse kous la ak yon bèl elan, se li k devan.

surgeon *n.* chirijyen

surgery *n.* chiriji, operasyon *She's going to have surgery.* Li pral fè operasyon. •**major surgery** gwo operasyon •**oral surgery** chiriji bouch •**plastic surgery** chiriji estetik, operasyon plastik

surgical *adj.* chirijikal

surly *adj.* mabyal, move, movèz [*fem.*], tchak *No one can even speak to that guy; he's just too surly.* Nèg sa a, moun pa ka pale avè l; li twò tchak. *This woman is always surly.* Dam sa a toujou movèz.

surname¹ *n.* siyati *They call him Aurelius, but his real surname is Palanquai.* Yo rele l Orelis, men siyati l se Palankè.

surname² *v.intr.* •**be surnamed** [*family name*] siyen

surpass *v.tr.* baleye, depase, devanse, kite dèyè, pase *This excellent student really surpasses every one else in the class.* Elèv fò sa a se baleye l ap baleye klas la. *This country surpasses the others in technological matters.* Peyi sa a devanse lòt yo nan zafè teknolojik.

The Dominican Republic has surpassed Haiti. Peyi Dominikani kite Ayiti dèyè. *The student surpassed his teacher's knowledge.* Elèv la pase mèt la lontan nan bèt.

surplice *n.* [*rel.*] siplis

surplus *n.* ranje, rès *I just completed my budget, the surplus is for you.* Mwen fin fè bidjè m, tout rès ki genyen se pou ou.

surprise¹ *n.* **1**[*pleasant surprise*] sipriz *Life holds many surprises.* Lavi a chaje sipriz. **2**[*astonishment*] etònman, sezisman *I couldn't speak because of my surprise.* Sezisman te fè m pa ka pale. •**expression of surprise** kwelekwekwe •**take by surprise** fè (yon) va sou, siprann *If he hadn't taken him by surprise, he wouldn't have been able to beat him.* Si se pa t yon va li fè sou nèg la, li pa ta fouti bat li. •**taken by surprise** sezi

surprise² *v.tr.* **1**[*astonish*] etonnen, fè yon moun{yon kou/sezi} frape, mete yon moun bèk atè, sezi *You surprise me!* Ou fè m sezi! *It didn't surprise me. I knew he was coming.* M pa t sezi, m te konnen l t ap vini. *It doesn't surprise me that such a stupidity came from your mouth.* Sa pa etonnen m se nan bouch ou sotiz sa soti. *The words you said really surprised the guy, he didn't know how to reply.* Pawòl ou di a tèlman frape nèg la, li pa konn sa pou l reponn. **2**[*catch unprepared*] bare (nan men), bay panzou, siprann *I surprised her going through me things.* M bare l ap fouye nan afè m. *I surprised her slandering me.* Mwen bare l ap pale m mal. *He surprised them; he arrived without prior warning.* Li ba moun yo panzou, li ateri sou yo san avèti yo. *He surprised us because we weren't expecting him.* Li siprann nou paske nou pa t atann vini li an. •**surprise s.o.** fè yon moun sezi *The little girl surprises me with the swear words she utters.* Tifi a tèlman di gwo mo, li fè m sezi. •**surprise s.o. with a hard punch** sezi yon moun yon kout pwen *He surprised me with a hard punch.* Li sezi m yon kout pwen. •**be surprised** etonnen, kè yon moun bat fò, mete (de) men nan tèt *When she heard my age, she was surprised.* Lè li tande laj mwen, li etonnen. *Look at how surprised he was when he saw the policemen.* Gad ki jan kè l bat fò lè l wè polisye yo. *When he saw the man take up such a big challenge, he* *was surprised, he wasn't expecting that.* Lè li wè msye leve kokenn chenn defi sa, li mete de men nan tèt, li pa te panse sa.

surprised *adj.* pantan, ret tou ebete, sezi, vapore *We were surprised to hear that they'd fired you.* Nou sezi lè n tande yo revoke ou. *He was surprised when he saw me pull out the knife.* Li vapore lè l wè m rale kouto a.

surprising *adj.* siprann

surrealist *adj.* sireyalis

surrender *v.tr.* bay (yon moun) legen, mize bat ba, {rann/soumèt}tèt li, soumèt *He's going to surrender to the police.* Li pral rann tèt li lapolis. *The rebels surrendered.* Sòlda rebèl yo soumèt tèt yo. *The soldiers have no more ammunition, they have to surrender.* Sòlda yo pa gen bal ankò, yo oblije soumèt.

surreptitiously *adv.* antipislin, sou kote *He entered the room surreptitiously.* Li antre nan sal la antipislin.

surround *v.tr.* ansèkle, antoure, kouwonnen, sènen, viwonnen *Police officers surrounded the house.* Polis ansèkle kay la. *The assassins surrounded Dessalines at Pont-Rouge.* Ansasen yo te antoure Desalin sou Ponwouj. *The guards surround the president.* Gad yo antoure prezidan an. *We had surrounded the robbers, but they still got away.* Nou sènen vòlè yo, men yo sove sou nou kanmenm. *The men surrounded the other one and they murdered him.* Nèg yo kouwonnen lòt la enpi yo fè sesin li. *The police surrounded the neighborhood to catch the criminal.* Lapolis viwonnen katye a pou met lapat sou bandi a. •**surround s.o.** fè wouch sou yon moun

surrounded *adj.* ansèkle *The house is surrounded with flowers.* Kay la sèke ak flè.

surrounding *adj.* ozalantou •**surrounding area** ozanviwon •**surrounding or nearby area** zanviwon •

surroundings *n.pl.* alantou, anviwonnan, lantouraj, milye, ozalantou, viwonnay *Except for the main area that has light, there is a blackout in the surrounding area.* Apa zòn prensipal la ki gen limyè, zòn anviwonnan yo nan fè nwa. *I spotted him in the surroundings.* Mwen apèsi l nan antouraj la.

surveillance *n.* siveyans •**put under surveillance** file *The police are putting the thief under surveillance.* Lapolis ap file vòlè a.

survey[1] *n.* 1[*study*] ankèt, apantay 2[*land measurement*] apantay •**land survey** topografi

survey[2] *v.tr.* 1[*land*] apante, chennen, kouri chenn *After I had bought the lot, they surveyed it for me.* Apre m fin achte teren an, yo chennen l pou mwen. *I had my land surveyed.* M pral fè apante tè m lan. *The surveyor surveyed the entire lot.* Apantè a kouri chenn sou tout teren an.

surveying *n.* apantay

surveyor *n.* apantè

survival *n.* chapman, sivi

survive *v.tr.* chape, sibziste, siviv, sove *She survived the sickness.* Li chape anba maladi a. *The boat sank, only five people survived.* Batiman an koule, apenn senk moun ki chape. *I gave him some money so he could survive.* Mwen ba nèg la yon ti lajan pou l ka sibziste. *Considering how seriously ill she is, I don't think she'll survive.* Jan l malad grav la, m pa kwè l ap siviv. •**barely survive** dangoye, pyange, vejete

survivor *n.* rechape, reskape *There were no survivors (of the accident).* Pa gen yon sèl rechape nan aksidan an.

susceptible *adj.* frajil

suspect[1] *n.* makout, sispèk

suspect[2] *v.tr.* apèsi, doute li, sispèk, soupsonnen *I suspected that you would not come.* M te doute m ke ou pa t ap vini. *I suspect he's the one who stole the money.* M sispèk se li ki pran lajan an. *I suspect that they are involved in selling drugs.* M apèsi yo nan vann dwòg.

suspend *v.tr.* 1[*dismiss*] ranvwaye, voye ale *They suspended the student because she didn't have the uniform.* Yo voye elèv la ale poutèt li pas te gen inifòm. 2[*stop for a period of time*] sispann *They suspended the game because of bad weather.* Yo sispann match akòz move tan. 3[*hang up*] kwoke *Hang up the lamp here.* Kwoke lanp lan isit.

suspenders *n.pl.* bretèl

suspense *n.* sispenns *Tell me! Don't keep me in suspense!* Di m pawòl la, pa fè m rete nan sispenns.

suspension[1] *n.* [*of a car*] sispansyon

suspension[2] *n.* [*school*] ranvwa, sispansyon

suspension point *n.* twa pwen

suspicion *n.* defyans, mefyans, soupson •**above suspicion** san soupson •**have suspicions** soupsonnen *I have suspicions about who took the money.* M soupsonnen kilès ki pran lajan an.

suspicious *adj.* 1[*causing suspicion*] dwòl, louch, mefyan *This is a suspicious situation.* Se yon sitiyasyon ki louch. *If you see anything suspicious, let me know.* Si ou wè nenpòt bagay dwòl, fè m konnen. 2[*not trusting*] mefyan, nen fen *He's very suspicious of these people.* Li mefyan anpil ak moun sa yo. *This suspicious guy doesn't believe my words.* Nèg nen fen sa a pa kwè nan pawòl mwen. •**suspicious-looking person** eskobit, move je •**be suspicious** gen soupson *I'm very suspicious about what she said.* M gen anpil soupson sou sa l di a. •**be suspicious of** mefye li •**become suspicious** vin sispèk

sustain *v.tr.* abreje, alimante, ankadre, antoure, kenbe, soutni *A good wife sustains her husband.* Yon bon fanm abreje mari l. *His family sustains him.* Fanmi l ankadre l. •**sustain an injury** blese

sustainable *adj.* dirab

sustenance *n.* aliman, manje

suture *n.* fil

swab¹ *n.* aplikatè •**cotton swab** kitip

swab² *v.tr.* pase mòp *Swab the deck of the ship.* Pase mòp sou pon bato a.

swagger *v.intr.* fè bòzò, gonfle lestonmak li *He put on new clothes, he's swagger.ng about for that.* Li mete rad nèf, l ap fè bòzò pou sa. *He's swaggering, yet he has no strength.* L ap gonfle lestonmak li, poutan l pa gen fòs.

swagger stick *n.* [*mil.*] estik

swaggerer *n.* bòzò

swallow¹ *n.* [*bird*] iwondèl

swallow² *n.* 1[*amount swallowed*] gòje *Take a swallow of water to make it go down.* Bwè yon gòje dlo pou ou ka fè l desann.

swallow³ *v.tr.* glòt, vale *I could barely swallow.* Se nan fòse pou m te vale yon bagay. *Swallow the pill quickly.* Vale grenn nan vit. •**swallow one's anger** manje dan *He's really mad but he's swallowing his anger.* Msye tèlman move men l ap manje dan li.

swamp¹ *n.* marekay

swamp² *v.tr.* vide sou *The mob swamped the park.* Foul la vide sou pak la.

swan *n.* siy

swap¹ *n.* boukantay, echany, twòk *I won't make a swap.* M pa p fè boukantay.

swap² *v.tr.* boukante, chanje, fè boukantay, tente, twoke *I swapped the marble (with him) for two mangoes.* M twoke mab la avè l pou de mango. *He swapped the calf for a mule.* Li boukante ti bèf la pou yon milèt. *He swapped his cow for a bull.* Misye twoke vach bèf li a pou yon towo.

swarm¹ *n.* lesen, ribanbèl •**swarm of bees** sosyete myèl •**swarm of insects** rafal ensèk •**a swarm of children** yon ribanbèl timoun

swarm² *v.intr.* 1[*gen.*] fè kenken, fè poulpoul *People swarmed into the church.* Moun fè kenken nan legliz la. *Flies like to swarm around ox dung.* Mouch renmen fè poulpoul otou kaka bèf. 2[*bees*] eseme •**swarm with** fè mikalaw, fè mòlmèk *The square is swarming with students.* Etidyan fè mòlmèk nan plas la.

swat¹ *n.* tabòk, tap

swat² *v.tr.* kraze *Swat the fly before it flies off.* Kraze mouch la anvan l vole.

swath *n.* bann, fil

sway¹ *n.* balansman •**under the sway of** anba ponyèt

sway² *v.intr.* 1[*swing*] balanse, balanse de bò, michmich *They swayed from side to side like drunks.* Yo balanse de bò tankou moun sou. 2[*influence*] enfliyanse, jwe nan lòlòj yon moun, tòtòt mwèt tèt yon moun *This morally weak person let herself be influenced by anyone.* Tèt fèb sa a kite nenpòt moun enfliyanse li. *You can't influence that mature woman.* Ou pa ka jwe nan lòlòj fanm total sa a. •**sway one's hips** [*dancing*] brase ren, deranche *As soon as the drums are beaten, people start to sway their hips.* Depi tanbou frape moun yo koumanse brase ren yo.

swaying *n.* woulawoup

swear *v.intr.* 1[*make a strong promise*] fè kwa, jire *The slaves swore to fight for their freedom.* Esklav yo te jire pou yo batay pou libète yo. *I swore that I wouldn't set foot in Paul's house ever again.* M fè kwa m p ap janm mete pye m kay Pòl ankò. fè kwa (sou bouch li)/ fè kwa epi bobo li. 2[*state firmly or under oath*] sèmante, fè...yon sèman, vèj pete je yon moun *He swore he wasn't the one who* *did it.* Li sèmante se pa li k fè l. *I swear to you that I didn't know that.* M a fè ou yon sèman ba ou m pa t konn sa. *I swear I'll never leave this girl.* Vyèj pete je m, m pa gen dwa kite fi sa. **3**[*use offensive words*] fè voksal, di betiz, joure, ponpe sou *Don't come around here swearing.* Pa vin di betiz la a. *Go ahead! You can swear at him.* Ba li!, Ou mèt joure li. *She just swore at her rival.* Li sot ponpe sou matlòt li a. *Don't come swearing here, proper people live here.* Pa vin fè voksal la non, se moun de byen ki ret la. **•swear at** detripe, joure, kalonnen, plen bòl yon moun *She swore at me because I offered her a price that was too low.* Li joure m paske m ofri l yon pri ki twò ba. *We swear at the lawyer because he's too dishonest.* Nou sot plen bòl avoka a paske l magouyè twòp. **•swear by s.o.** [*have confidence in*] fè konfyan nan yon moun **•swear off** rejete, renonse **•swear profusely at s.o.** di yon moun kout tonnè **•swear to it** fè sèman, sèmante *I won't swear to it, but I remembered that as what you had said.* M pa p fè sèman, men m chonje se sa ou te di m. **•swear undying friendship** mare janmen fache **•swearing in** [*ceremony*] prestasyon sèman

sweat[1] *n.* lasyè, swè *I'm covered with sweat.* M benyen ak swè. **•sweat glands** glann swe **•cold sweat** swè fret **•night sweat** swe nan dòmi **•no sweat!** fasil! **•soaked with sweat** an tranp *He became soaked with sweat while working in the hot sun.* Li mouye an tranp nan travay anba gwo solèy sa a.

sweat[2] *v.tr.* ran swè, swe *The sun made him sweat.* Solèy la koz li swe. **•sweat a lot** mouye tranp *She sweats a lot because of the warm temperature.* Li mouye tranp ak chalè a. **•sweat blood** ran ji *We sweated blood to get the work completed.* Nou rann ji n pou n te ka fini travay la. **•sweat blood and tears** swe san ak dlo *He sweats blood and tears to build that house.* Li swe san ak dlo pou l bati kay sa a. **•make s.o. sweat buckets** fè yon moun rann ji li *That work makes me sweat buckets.* Travay sa a fè m rann ji mwen.

sweatband *n.* bando

sweater *n.* chanday, poulovè, swètè **•knitted sweater** triko

sweatpants *n.* kanson atlèt

sweatshirt *n.* chimiz atlèt

sweaty *adj.* mwat, swe

sweep[1] *n.* kout bale **•clean sweep** bale *The clean sweep made by the school principal is the reason why there was more discipline.* Bale direktè lekòl la fè ane sa a lakòz vin gen plis disiplin. **•give a fast sweep** pase bale *Give the house a fast sweep because it's dirty.* Pase bale nan kay la paske l sal.

sweep[2] *v.tr.* bale, pote ale *Sweep the pieces of glass into the corner.* Bale moso glas yo al nan kwen an. *The wind swept the leaves away.* Van an pote fèy yo ale. **•sweep along** bwote ale {desann/pote} **•sweep away** bwote ale {desann/pote}, mennen ale *When the river floods, it sweeps away everything in its path.* Lè larivyè desann, li mennen ale tout sa li jwenn. **•sweep under the carpet/rug** kase fèy kouvri sa *Instead of denouncing him, he swept the fact under the rug.* Olye l denonse l, li kase fèy kouvri sa.

sweeping *n.* bale, baleyaj

sweet *adj.* **1**[*taste*] dous, sikre *The sugar cane is as sweet as sugar.* Kann lan dous kou siwo. **2**[*pleasing to the senses*] dous *It smells sweet.* Li santi bon. **3**[*charming, lovable*] cheri, dous, jòlòt *She has such a sweet face.* Li gen yon bèl ti figi dous. **sweets** *n.pl.* bagay dous, dous, sikri *She loves sweets.* Li renmen bagay dous. **•sweet and nice person** siwolin **•sweet on** gen damou *She acts like she's sweet on you.* Li gen lè damou pou ou. **•have a sweet tooth** renmen bagay dous *She has a real sweet tooth.* Li renmen bagay dous anpil. **•lightly sweet** somay somay *I don't want the juice to be too sweet, make it just lightly sweet.* M pa vle ji a dous non, ban mwen l somay somay. **•make sweeter** adousi

sweet cup *n.* [*plant*] kalbasi

sweet potato *n.* patat **•big sweet potato** bit **•pressed sweet potato** patat peze

sweeten *v.tr.* adousi, dous, fè dous, met sik, radousi, sikre *You don't need to sweeten it anymore.* Ou pa bezwen met sik ladan l ankò. *Please sweeten the cornmeal pudding.* Adousi akasan an souple. *Sweeten the juice for me.* Dous ji a pou mwen. *Should I sweeten the oatmeal?* Èske m ka fè labouyi a dous? *Sweeten the juice.* Radousi ji a. **•sweeten slightly** brake *Sweeten the tea only slightly,* *don't make it too sweet.* Brake te a sèlman, pa fè l twò dous.

sweetened *adj.* radousi •**barely sweetened** andoye, brak *She gave him a barely sweetened coffee because sugar is not good for him.* Li ba l kafe a andoye paske sik pa bon pou li.

sweetener *n.* dous

sweetening *n.* dous

sweetheart *n.* boubout, chou, chouboulout, choupèt, kòkòt, zanmi kè chè, ti chat *Come to your father, sweetheart.* Vin jwenn papa ou, kòkòt mwen. •**my sweetheart** mawòz

sweetie *n.* doudous, likè, siwo lòja, ti pouch likè *This girl is a sweetie, she's so tender.* Fi sa a se yon likè tank li dous.

sweet-smelling *adj.* santi bon *A sweet-smelling perfume.* Yon pafen santi bon.

sweetness *n.* ladoudous, ladousè *This fruit is a prime example of sweetness.* Fri sa a se yon ladousè. *The man's popularity rests on the sweetness of his words.* Popilarite misye chita sou ladoudous ki genyen nan pawòl li.

sweet-scented broom *n.* [plant] bale dou

sweet sop *n.* kachiman kanè, ponm kanèl

sweet-talk *v.tr.* bat do, bay{bon bouch/priyè}, pase plim poul nan zorèy yon fiy, siwolin, woule lang li *After he had lied to me, he tried to sweet-talk me into believing him.* Apre l fin ban m manti a, l ap bat do m pou fè m kwè l. *I know you, when you want something, you sweet-talk people.* M konnen ou, depi ou vle yon bagay, ou tonbe bay priyè. *He's sweet-talking the girl.* Misye ap siwolin fi a. •**sweet-talk a woman** chavire lòlòj yon fi *He sweet-talked the girl until she fell in love with him.* Li chavire lòlòj fi a jis li fè l damou l. •**sweet-talk s.o. into doing sth.** bay yon moun may *He sweet-talked me into lending him the car.* Misye ap ban m may pou l wè si m te ka prete l machin nan. •**sweet-talk s.o. to get what one wants** kase ti bwa nan zòrèy *She sweet-talked her mother so she would give her a little money.* Li kase ti bwa nan zorèy manman li pou l bay yon ti kòb. •**sweet-talk s.o. with sly intent** lalad *He sweet-talking you with the intent of fooling you.* Lalad l ap lalad ou pou l pote ou ale.

sweet-talker *n.* [female] gran jipon *The sweet-talker persisted until she got the minister to*

hire her sister. Gran jipon an bat jis li fè minis la anplwaye sè li a.

sweetwood tree *n.* lorye jòn

swell¹ *adj.* anpenpan, anplimdepan, awo, chik, debyen

swell² *v.intr.* anfle, fè louk, gonfle, gwosi *His face swelled this big.* Figi l anfle men wotè. *Her whole skin swelled up.* Tout po l fè louk. *The place on her foot where the wasp stung her is swelling.* Kote gèp pike l nan pye a ap gwosi. •**swell up** fè louk, gonfle li *Her whole skin swelled up.* Tout po l fè louk. *When a toad catches a snake, it swells up.* Lè krapo kenbe koulèv, li gonfle l tankou yon balon.

swelling *n.* anflamasyon, enflamasyon, anfle, anfleman, bikòs *From the looks of that swelling, we'd better get a doctor.* Jan m wè anfleman an, pito nou chache dòktè.

swelter *v.intr.* rann swè *It's very hot here, I'm sweltering.* Li fè cho anpil isit, m ap ranm swè.

swerve¹ *n.* 1[deviation] detou 2[sudden turn of steering wheel] kout volan

swerve² *v.intr.* eskive, fè yon kout volan *If I hadn't swerved, I would have hit the cat.* Si m pa t fè yon kout volan, m t ap kraze chat la. •**serve off a road** kite wout *The car swerved off the road and went into a field.* Machin lan kite wout la, l al antre nan yon jaden.

swerving *n.* eskiv

swift¹ *adj.* •**as swift as an arrow** kon yon flonn *The plane flew over the house as swift as an arrow.* Avyon an pase anwo tèt kay la kon yon flonn.

swift² *n.* [bird] zwazo{lapli/Latousen} •**Antillean black swift** zwazo lapli fran •**Antillean cloud swift** zwazo lapli kou blan •**Antillean palm swift** jòljòl

swiftness *n.* vitès

swig *n.* [of alcoholic drink] floupe, kage

swill¹ *n.* fatra

swill² *v.tr.* •**swill down beers** brase byè

swim¹ *n.* [in the sea] beny lanmè, bendmè

swim² *v.tr.* naje *Do you know how to swim?* Ou konn naje? •**swim a certain distance** fè X alanaj *I swam for a kilometer.* M fè yon kilomèt alanaj. •**swim like fish** konnen dlo kon pwason *They swim like fish.* Yo konn dlo kon pwason. •**by swimming** alanaj, annajan *They crossed the river by swimming.* Yo travèse larivyè a an najan.

swimmer *n.* najè •**expert swimmer** dayiva

swimming *n.* natasyon

swimming pool *n.* basen, pisin

swimsuit *n.* chòtdeben, {kostim/mayo}deben

swindle¹ *n.* doub

swindle² *v.tr.* pran yon moun nan fil *She swindled the man, she had him sell her the goat for next to nothing.* Li pran misye nan fil, li fè li vann li kabrit la pou granmèsi.

swindler *n.* kalbendè, koken, koupèdpòch •**political swindler** magouyè, magouyèz [*fem.*]

swine *n.* 1[*pig*] kochon, kochon mawon, pouso 2[*insult*] salonmon

swing¹ *n.* 1[*seat for swinging in*] balansin 2[*swinging movement*] balansman 3[*variation*] chanjman 4[*music*] kadans, konpa, rit 5[*punch*] kout pwen *He took a swing at me with his fist.* Li voye yon kout pwen dèyè m. •**get into the swing of things** antre nan won •**in full swing** atouvole *He descended the mountain in full swing.* Li desann mòn nan atouvole.

swing I *v.tr.* [*move arm, leg forward with force*] balance, voye ... monte *If you swing your foot, you'll hit someone.* Si ou balanse pye ou, w ap frape moun. *The peasants are swinging axes without stopping.* Peyizan yo ap voye kout pikwa monte. **II** *v.intr.* [*move backwards and forwards from a suspended point*] balanse, fè balansin *What's that swinging from the ceiling?* Ki bagay sa a k ap balanse nan plafon an. *Don't swing on this rotten rope.* Pa fè balansin sou kòd pouri a. •**swing one's feet** balanse *If you swing your foot, you'll hit someone.* Si ou balanse pye ou, w ap frape moun. •**swing one's hips** mabouya kò li *The way the girl is swinging her hips, is she trying to draw your attention to her?* Jan fi sa ap mabouya kò l la, se pou li chame ou?

swinging *n.* balansman

swipe¹ *n.* espant

swipe² *v.tr.* chipe, pike *Who swiped my pencil?* Kilès ki chipe kreyon mwen an?

swirl¹ *n.* toubouyon

swirl *v.intr.* •**swirl around** toubouyonnen *The wind made the sheets of paper swirl.* Van fè papye a ap toubouyonnen.

Swiss *adj.* Swis

Swiss *prop.n.* Swis

Swiss chard *n.* zepina gran fèy

switch¹ *n.* 1[*of tree*] ti branch 2[*for spanking*] wichin, wouchin

switch² *n.* 1[*change*] chanjman 2[*for stopping/ starting device*] katawout, switch *Since I'll be outside for a long time, I'll turn off the switch.* Depi m ap pati fè lontan deyò, m desann switch la. 3[*mach.*] entèrIptè •**switch plate** kouvèti switch •**dimmer switch** bouton dim •**light switch** bouton limyè, switch •**main switch** benn switch

switch³ *v.tr.* chanje *Let's switch places.* An n chanje plas. *Switch the station.* Chanje pòs la. •**switch camps** [*politics*] chanje fizi li zepòl, {chanje/vire} kazak li, vire *He switched camps now, he isn't a communist anymore.* Misye chanje fizi l zepòl kounye a, li pa kominis ankò. *They were able to switch camps before the government fell.* Yo gen tan vire anvan gouvènman an tonbe. •**switch gears** pase vitès *Switch gears to drive up the hill.* Pase vitès la pou sa monte mòn nan. •**switch off** tiye *I forgot to switch off the light.* M bliye tiye limyè a. *I switched off the TV.* M fèmen televizyon an. •**switch on** limen *I switched on the radio.* M mèt ouvè radyo a. •**switch sides** {vire/chanje}kazak li

switchboard *n.* estanda, tablo telefonik

Switzerland *prop.n.* Laswis

swivel pin *n.* pivo

swollen *adj.* 1[*gen.*] anfle, gwo, kòlbòsò, plen, pouf *My feet are swollen.* Pye m anfle. *Her knee has been swollen since she fell down the other day.* Jarèt li plen depi l degengole lòt jou a. *My leg is swollen after the kick she gave me.* Janm mwen pouf apre kout pye li ban m nan. 2[*shape of face, body*] boufi •**be/ become less swollen** dezanfle *My leg is less swollen.* Janm nan dezanfle. •**be swollen** fè douk, gonfle *Her arm is swollen.* Bra l gonfle. •**become swollen** fè{douk/yon bòs} *I hit my ankle, it became swollen.* M frape nan boulèt pye, li fè douk.

swoon *v.intr.* dekonpoze, endispoze *She swooned under the effect of the heat.* Li dekonpoze anba chalè a.

swoop¹ *onom.* [*expressing speed or sudden action*] vloup

swoop *v.intr.* •**swoop down** pike *The hawk swooped down and caught the hen.* Malfini an plonje l pran poul la.

sword *n.* epe, nepe •**put to the sword** blayi fret, masakre

sword-bean *n.* pwa maldjòk

swordfish *n.* jòfi, mè balawou

swordsman *n.* bretè

sworn *adj.* •**sworn in** [*rel.*] asèmante *This pastor is not sworn in, he can't celebrate marriages.* Pastè sa a pa asèmante, li pa ka fè maryaj. •**be sworn in** prete sèman

sycamore *n.* sikomò

sycophant *n.* japwouv, souflantchou *He's a sycophant, he agrees with anything they say.* Li se yon japwouv, li dakò ak nenpòt pawòl.

syllable *n.* silab

symbiosis *n.* senbyòz

symbol *n.* senbòl •**cabalistic symbols** siy kabalistik *The Vodou priest had drawn a cabalistic symbol on the ground n.* Oungan an trase yon siy kabalistik atè a. •**graphic symbol** karaktè

symbolic *adj.* senbolik *A symbolic act.* Yon jès senbolik.

symbolically *adv.* senbolikman *We're symbolically celebrating her birthday.* N ap fete anivèsè l senbolikman.

symbolize *v.tr.* senbolize *Our flag symbolizes our pride.* Drapo n senbolize fyète n.

symmetrical *adj.* simetrik *Those two units are symmetrical.* De ansanm sa yo simetrik.

symmetry *n.* simetri •**lacking symmetry** bwat

sympathetic *adj.* kè sansib, konpreyansif, sansib

sympathize *v.intr.* •**sympathize with** pran lapenn pou yon moun, senpatize ak *I sympathize with her after the accident.* M pran lapenn pou li apre aksidan an. an.

sympathizer *n.* senpatizan

sympathy *n.* kè sansib, senpati *The priest has sympathy for the poor in the community.* Pè a gen kè sansib pou pòv yo nan kominote a.

symphonic *adj.* senfonik

symphony *n.* senfoni, senfonik

symposium *n.* kòlòk, senpozyòm

symptom *n.* remak, sentòm, siy

synagogue *n.* sinagòg

synchronize *v.tr.* kwonometre, mete sou menm lè *Let's synchronize our watches.* An n mete mont nou sou menm lè. *The referee synchronized his watch before he gave the signal for the game to begin.* Abit la ap kwonometre mont li anvan l konmanse match la.

synod *n.* sinòd

synonym *n.* mo sans tokay, sinonim

syntax *n.* sentaks

synthesis *n.* sentèz

synthesizer *n.* [*mus.*] sentetizè

synthetic *adj.* sentetik

syphilis *n.* san gate, sifilis, vewòl •**have syphilis** san yon moun gate *Look at the pimples on her, she certainly has syphilis.* Gad bouton sou kò l, se si san li gate.

syringe *n.* sereng

syrup *n.* siwo, siwolin *I like cane syrup.* M renmen siwo kann. •**syrup made from the juice of pomegranates** siwo grenadin •**syrup that stimulates appetite** siwo fòtifyan •**cane syrup** siwo kann •**corn syrup** lèt mayi •**low-quality syrup** dlo siwo •**refined syrup** ti siwo •**thick syrup made of sugarcane** siwo melas •**unrefined cane syrup** gwo siwo

system *n.* 1[*organized group of parts*] system 2[*anat.*] aparèy 3[*body health*] sante *Smoking is not good for your system.* Fimen pa bon pou sante ou. •**circulatory system** aparèy san •**digestive system** aparèy{dijestif/dijesyon} •**emergency lighting system** liminèks •**feudal system** sistèm feyodal •**immune system** sistèm defans •**intercommunication system** entèkòm •**judicial system** lajistis *The judicial system must do its job.* Lajistis dwe fè travay li. •**metric system** sistèm metrik •**muscular system** mis, miskilè •**nervous system** sistèm nè •**public address system** wopalè •**respiratory system** aparèy{respirasyon/respiratwa/ souf}, kannal lè •**school system** sistèm eskolè •**solar system** sistèm solè •**urinary system** aparèy irinè •**writing system** grafi

systematic *adj.* [*orderly*] ak lòd *he's very systematic about the way she does things.* Li fè tout afè l ak lòd.

systematically *adv.* sistematikman *You'll have problems with the boss if the work isn't done systematically.* Ou ap nan pwoblèm ak patwon an si travay la pa fèt sistematikman.

T

t *n.* [*letter*] te

T-shirt *prop.n.* mayo

T-square *prop.n.* ekè, te

tab *n.* kont

Tabasco® *prop.n.* sòs piman •**Tabasco® sauce** sòs piman

tabernacle *n.* tabènak

table¹ *n.* tab *He put it on the table.* Li mete l sou tab la. •**table of contents** tab{dèmatyè/de matyè} •**angle-shaped end table** kwen •**at the table** atab *Don't kick when you're at the table.* Pa bay kout pye lè ou atab. •**bedside table** tab denwi(t) •**billiard table** (tab) biya •**coffee table** tab salon •**dining room table** tab a manje •**dressing table** kwafèz, poudriye, tab twalèt •**examining table** [*med.*] tab konsiltasyon •**gaming table** [*in a casino*] tab jwèt •**operating table** tab (d) operasyon •**set the table** mete tab, ranje tab *Go set the table, the food is ready.* Al mete tab la non, manje a pare. *Set the table because the food is ready.* Ranje tab la paske manje a pare. •**to the table** atab *Everybody go to the table, the food is ready.* Tout moun atab, manje a pare. •**under the table** anba tab *If you give him some money under the table, he'll take care of it for you.* Si ou ba l yon ti kòb anba tab, l ap regle sa pou ou. •**well-filled table** [*with food*] tab gani *I went to the wedding, there were three well-filled tables.* M te al nan maryaj la, te gen twa tab gani.

table² *n.* [*math*] •**arithmetic tables** tab operasyon *If you know your arithmetic tables well, you can do any multiplication problem.* Si ou konn tab operasyon ou byen, w ap fè nenpòt miltiplikasyon. •**multiplication table** tab miltiplikasyon

tablecloth *n.* nap, tapi •**plastic tablecloth** padesi

tablespoon *n.* gwo kiyè

tablespoonful *n.* •**level tablespoonful** gwo kiyè{ra/san tiyon}

tablet *n.* 1[*of medicine*] grenn, konprime, tablèt *He told me to take two tablets daily.* Li di m pou m pran de grenn chak jou.

2[*for writing*] blòk papye 3[*slab or block for bearing inscription*] plakèt

tableware *n.* asyèt, vè ak ajantri

taboo *n.* tabou

taciturn *adj.* fèmen, renka

tack¹ *n.* 1[*nail*] klou{bòkèt/gagit}, pinèz 2[*saddle, bridle, etc.*] laparèy

tack² *v.tr.* kloure *Tack the sign on the wall.* Kloure pankat la sou mi an.

tacking *n.* klouray

tackle¹ *n.* [*fishing*] ekipay

tackle² *n.* [*soccer*] tak

tackle³ *v.tr.* 1[*a question*] atake *We don't see how we are going to tackle the problem yet.* Nou poko wè fason n ap atake pwoblèm nan. 2[*soccer*] sentre, takle *The defense player tackled the forward.* Defansè a takle atakan an. *He tackled the man by the waist.* Li sentre misye nan senti. •**tackle illegally** chaje *A player from the other team illegally tackled the center forward.* Yon jwè lòt ekip la chaje avannsant lan. •**tackle in order to make s.o. fall on his hip** deranche *The defender tackled the striker down on his hip.* Defansè a deranche atakan an ak yon tak. •**tackle roughly** bay yon jwè yon mayi •**tackle seriously** antre (kò li) fò

tacks *n.pl.* **get down to brass tacks** kite kantik pran priyè, kite koze pran pawòl

tacky *adj.* 1[*gummy, sticky*] gonmen, kolan 2[*of questionable taste*] sangou

tact *n.* dwate, ladrès, souplès, tak *Give her the news with tact.* Ba li nouvèl la ak ladrès.

tactful *adj.* adwat, diplomatik *He's a tactful person when speaking.* Li adwat lè l ap pale.

tactics *n.pl.* taktik •**delaying tactics** dilatwa •**scare tactics** kaponnay

tactician *n.* taktisyen

tactless *adj.* san tak

tactlessly *adv.* ak maladrès

tactlessness *n.* maladrès *He spoke the word coarsely! That's tactlessness.* Msye di pawòl la brit konsa! sa se yon maladrès.

tad¹ *adv.* ti jan *He was a tad angry.* Li te yon ti jan fache.

tad² *n.* ti bagay *Give me a tad more.* Ban m yon ti bagay ankò.

tadpole *n.* kabo, teta

taffeta *n.* [*fabric*] tafta

tag¹ *n.* [*game*] kachkach, lago

tag² *n.* etikèt *The price is marked on the tag.* Pri a make sou etikèt la.

tag³ *v.tr.* **1**[*label*] {bay/mete}etikèt *Tag the shirts.* Mete etikèt sou chimiz yo. **2**[*for traffic violation*] bay kontravansyon *I got tagged for speeding.* Yo bay mwen kontravansyon pou eksè de vitès.

tail¹ *n.* [baton/bwa}ke, latche, tche *Pull the cat's tail!* Lage tche chat la! •**be on one's tail** fann (nan){dèyè/ siyay}yon moun *The police were on the thieves' tail until they caught them.* Lapolis fann nan siyay vòlè yo jouk yo met lapat sou yo.. •**put one's leg between one's tail** mete ke anba vant li •**turn tail** bat ba, kouri sove poul li

tail² *v.tr.* liyen *Stop tailing me!* Sispann liyen m!

tailbone *n.* arèt bounda, zo koupyon

tailcoat *n.* rad seremoni

tailor *n.* tayè

tailgate *n.* pòtchay

tailor *n.* tayè •**tailor made** fèt sou mezi •**skilled tailor** gwo bòs tayè

tailoring *n.* koup

tailpipe *n.* {ke/tiyo}mòflè

tails *n.pl.* **1**[*coin*] palmis *I call tails.* M parye sou palmis. **2**[*tuxedo*] ke lanmori

tailspin *n.* pike desann, plonje tèt kale •**in a tailspin** an bannann *The kite went into a tailspin.* Kap la an bannann.

taint *n.* tach

tainted *adj.* sali, souye

take¹ *n.***1**[*earnings*] gen, resèt **2**[*fishing, game*] priz

take² *v.tr.* **1**[*get in one's possession, seize*] kenbe, lage, pran, sezi *Let me take my bag.* Kite m pran valiz mwen. *I am taking some bread with peanut butter.* M ap pran yon ti pen ak manba la. *I know who took the money.* M konn ki moun ki pran kòb la. *If I don't give you my things, don't take them.* Si m pa ba ou afè m, pa pran l. *I took the knife out of his hand.* M sezi kouto a nan men l. **2**[*despoil*] depouye *The thieves took everything from him; nothing was left.* Vòlè yo depouye l nèt; yo pa kite anyen pou li. **3**[*get hold of sth. with the*

hands] kenbe, pran *She took a broom and swept the floor.* Li pran yon bale, li bale atè a. *When I see her crying so much, I take her in my arms and lull her to sleep.* Lè m wè l ap kriye twòp, m pran l, m fè l dòmi. *Take the knife by the handle.* Kenbe kouto a nan manch. **4**[*medicine*] pran *What are you taking for that cold?* Ki sa ou pran pou grip la? **5**[*measure, test*] pran *She took my blood pressure.* Li pran tansyon m. **6**[*be willing to accept*] pran *I went to return the shoe, but they wouldn't take it.* M pote soulye a tounen, yo pa vle pran l. **7**[*carry things away*] ale avè, pote bay, pran *Don't forget to take a hat.* Pa bliye pran yon chapo. *You can take the glass away. I'm finished with it.* M fini ak vè a, ou mèt al avè l. *Take the coffee to your father.* Pote kafe a bay papa ou. **8**[*carry, transport people*] ale{avè/mennen}, lage, mete abò *Take me home.* Lage m lakay mwen. *You can take whomever you want in your car.* Ou ka mete moun ou vle abò nan machin ou. *I need the car to take someone to the airport.* M bezwen machin lan, m gen yon moun pou m al mennen ayewopò a. *Where did they take her when they arrested her?* Ki kote yo te al avè l, lè yo te arete l la? **9**[*transport up*] monte *If we take the elevator, we'll get there faster.* Si n monte nan asansè a, n ap rive pi vit. **10**[*a course*] swiv *This semester I'm taking an English course.* Semès sa a, m ap swiv yon kou anglè. **11**[*accept as true, worthy of attention, consider*] konprann, pran *She never takes anything seriously.* Li pa janm pran anyen ak enpòtans. *You must take me for an idiot!* Ou pran m pou on egare! *Since you didn't answer, I take it that you were mad.* Kòm ou pa t reponn, m konprann se fache ou te fache. **12**[*need, require*] bezwen, mande, pran *For this house to be back like it was, it'll take a lot of work.* Pou kay la vin jan l te ye a, sa ap mande on bann travay. *That takes a lot of patience.* Sa mande anpil pasyans. *How many people will it take us to move that table?* Konbe moun n ap bezwen pou n deplase tab la? *How many batteries does this radio take?* Konbe pil radyo sa a pran? **13**[*contain, hold*] pran *How much gas does this car take?* Konbe galon gaz machin sa a pran? *This car won't take any more people.* Machin sa a pa ka pran moun ankò. **14**[*endure*] asepte, sipòte *We can't take her complaining anymore.* Nou pa ka sipòte plenyen l lan ankò. *I can't take it anymore!* M pa ka sipòte l ankò! *I won't take your talking back to me.* M pa p asepte pou ou ap rann mwen repons. **15**[*write down*] pran *She took my name and phone number.* Li pran non m ak telefòn mwen. **16**[*photography*] fè, pran *He took my photo.* Li pran foto m. *This camera takes great pictures.* Kodak sa a fè bèl foto. **17**[*need a stated amount of time*] mete, pran *It'll take us a lot of time.* Sa ap pran n on bann tan. *How long does it take you to get home?* Konben tan ou mete pou al lakay ou? **18**[*be delighted with sth.*] pèdi nan *The minute she walked in the store, she was taken with that dress.* Depi l antre nan magazen an, li pèdi nan rad sa a. •**take aback** frape, etone *I was taken aback by his lies.* M te frape pa manti li yo. •**take after** eritye, pran{bò/ kote}{manman/papa}, sanble *You take after your godfather in your liking to drink booze.* Ou menm, w ap eritye parenn ou nan bwè tafya. *The child takes after his father.* Timoun nan pran kote papa l. •**take apart** *a*[*separate into pieces*] demantibile, demonte *He took the radio apart and put it back together.* Li demoute radyo a pyès pa pyès, enpi l remoute l. *Mechanics took the engine apart.* Mekanisyen yo demantibile motè machin nan. *b*[*a woven straw object*] depaye *Take apart the chairs so that we can put in new straw.* Depaye chèz yo pou nou mete lòt pay. *c*[*each banana of a hand*] depate •**take away** wete *If you take away two from ten, how much is left?* Si ou wete de nan dis, konben ki rete? •**take back** *a*[*take into one's possession again*] pran ankò *She gave me a dress as a gift but she took it back.* Li fin fè m kado yon rad, li repran l ankò. *b*[*return*] tounen mennen *He took the book back to the library.* Li tounen mennen liv la nan bibliyotèk la. *c*[*retract*] fè bak sou sa li di, pote tounen, reprann *When she saw I wasn't pleased, she took back what she said.* Lè li wè m pa kontan, li fè bak sou sa l te di a. •**take badly** [*because of a misunderstanding*] pran yon bagay mal •**take down** [*remove*] dekwoke, retire *They took down the sign.* Yo retire ansèy la. *Go take down the kite from the tree.* Al dekwoke kap

la nan pyebwa a. •**take for** pran •**take forever** pran yon bann tan *She took forever to answer. It took her forever to answer.* Li pran yon bann tan anvan l reponn. •**take in** *a*[*skirt, sleeve, etc.*] antre nan *Take in the blouse's sleeve, it's too large.* Antre nan manch kòsaj la, li twò gran. *b*[*receive into one's home*] fè antre, resevwa *He saw me getting soaked in the rain and took me in for the night.* Li wè m ap mouye nan lapli a, li fè m antre vin pase nuit lan lakay li. *c*[*receive*] fè *How much money did you take in today?* Konbe kòb ou fè jodi a? *d*[*go and see*] al wè *We took in a movie this afternoon.* Nou t al wè on fim apremidi a. *e*[*understand*] konprann *It took me a long time before I could take in what he was saying.* M pran anpil tan anvan m konprann sa l t ap di a. •**take it** [*humiliation*] rete pran, sipòte •**take it easy** ale dousman, bat ba, fè fò, gen san sipòtan, krab kò li, mouri poul li, pa lalad, pran {dèz/lèz li/san li}, teke fren li, tekitizi *Don't bother, take it easy!* Pa bat kò ou, al dousman! *If you don't want to be a victim in this matter, you had better take it easy.* Si ou pa vle viktim nan koze sa, pito ou krab kò ou. *Take it easy if you don't want the regime to kill you.* Mouri poul ou si ou pa vle pouvwa a touye ou. *Take it easy, the little girl didn't die.* Ou pa bezwen lalad konsa, ti fi a pa mouri. *I'm taking it easy during the vacation.* M ap pran dèz nan konje a. *Take it easy so misfortune doesn't befall you.* Teke fren ou pou malè pa rive ou. •**take it from me** mèt kwè *You can take it from me. She won't come.* Ou mèt kwè sa m di ou la. Li pa p vini. •**take it out of** fatige anpil *The trip really took it out of me.* Vwajaj la fatige m anpil. •**take it out on s.o.** geri bosko sou yon moun, pase{kòlè li sou yon moun/raj li/yon moun nan lo} *I'm going to take my anger out on them.* M pral pase raj mwen sou yo. *Don't take it out on me because I had nothing to do with that.* Pa pase m nan lo paske m pa mele nan koze a. *The man's girlfriend left him, he took it out on his little brother.* Mennaj msye fin kite l, se sou ti frè l la l al geri bosko l. *Don't take out your anger on me because I'm not the one who had them fire you.* Pa vin pase kòlè ou sou mwen paske se pa mwen ki fè yo revoke ou. •**take off** *a*[*leave*] ale fè wout li, bat bounda li, bay van, chape{kò/poul}li, degèpi, dekole, demare, disparèt, flay, jete li, koule, mete deyò, wete, wete(poul li) *Take off, jerk. Bay van ou la, makak. I'm going to take off.* M pral chape poul mwen. *When they heard the police coming, they took off.* Lè yo tande polis ap vini, yo degèpi. *They took off with the last penny.* Yo disparèt ak dènye lajan. *It's time, I can't stay any longer, I'm taking off.* Lè a fin rive, m pa ka rete ankò, m flay. *As soon as the guys saw the police, they took off.* Annik nèg yo wè lapolis, yo koule. *He took off for Miami long ago.* Lontan sa, li jete l Miyami. **b**[*airplane*] dekole, derape, pran vòl *At what time does the plane take off?* A ki lè avyon an ap dekole? **c**[*business*] pran chè *His business is starting to take off.* Komès li a kòmanse pran chè. **d**[*leave, depart*] ale *I didn't see him when he took off.* M pa wè lè l ale. **e**[*have a holiday from work*] pran *How many days did you take off last year?* Konbe jou vakans ou te pran ane pase? *I'm taking off work tomorrow because I have to go to the doctor.* M pa pral nan travay demen, m gen pou m al kay doktè. **f**[*remove (from)*] retire, wete *Take off your shirt.* Retire chemiz. *I told her to take her feet off the table.* M di l retire pye l sou tab la. •**take on a**[*accept*] andose, pran andose *I'm not taking on people's responsibilities.* M p ap andose reskonsablite moun. **b**[*start a quarrel or fight with*] atake *Why don't you take on someone your own size?* Sa k fè ou pa al atake on moun ki fòs ou? •**take out a**[*remove*] defalke, retire, sòti, wete *My tooth is really hurting me. I'm going to have it taken out.* Dan an ap fè m mal twòp, m pral fè retire l. *Take out the paving stones that are on the porch.* Defalke dal yo nan galri a. **b**[*go somewhere with*] mennen, sòti *He's taking me out to a restaurant.* L ap mennen m nan restoran. *Has he ever taken you out?* Li konn soti avè ou? **c**[*obtain officially*] pran *She took out insurance on the car.* Li pran asirans pou machin lan. •**take over a**[*displace*] anvayi, danse nan tèt, okipe *Because of the lack of upkeep, the weeds have taken over the garden completely.* Akòz mank antretyen, move zèb anvayi jaden an nèt. *The Vodou spirits have temporarily taken over the 'ounsi'.* Lwa danse nan tèt ounsi yo. *The rebels took*

over the city after they defeated the army. Rebèl yo okipe vil la aprè yo fin ganyen lame a. **b**[*replace*] pran{kle/larelèv/plas/pou}, ranplase, reprann kòn, reskonsab, rive pou woulman *She's taken over the store since her father died.* Se li ki reskonsab magazen an depi papa l mouri a. *I'll begin, and when I can't do it anymore you'll take over for me.* M ap koumanse; lè m pa kapab ankò, ou a ranplase m. *Mary took over ever since her mother's illness.* Mari pran kle kay la depi maladi manman l lan. *My team is the one that took over.* Se ekip pa m nan ki pran larelèv. *I will take over for her when she leaves.* M a pran pou li lè li ale. *I took over the direction of the committee for five years.* M reprann kòn komite a pou senk lane. *The nurse who'll be on duty will arrive to take over.* Enfimyè ki ap de sèvis la pral rive pou woulman an. *The counselor is taking over for the director.* Konseyè a pran plas dirèktè a. •**take over completely** pran pou lajan kontan *The government takes over the land completely.* Gouvènman an pran tout tè a pou lajan kontan. •**take over sth.** bwè *That word exists, but the other took it over, it's more in use.* Mo sa a egziste, men lòt la bwè l, li pi kouran. •**take s.o. in** [*deceive*] bay yon moun van pou l al Lagonav, bwè *He's taking you in, he is sly.* L ap bwè ou, se mètdam li ye. •**take s.o. up on** asepte *If she offers it to me, I'll take her up on it.* Si l di m l ap ban mwen l, m ap asepte. •**take up a**[*discuss*] wè sa *I'll take this up with the principal.* M pral wè sa ak direktè a. **b**[*continue discussion*] koumanse *I'll take up where you left off.* M ap koumanse kote ou te rive a. **c**[*fill or use space*] pran plas *This stuff is taking up too much room.* Bagay sa a pran twòp plas. *The box is taking up all the space.* Bwat la pran tout plas la. **d**[*fill or use time*] pran{tan/jounen} *I don't want to take up all your time.* M pa vle pran tout tan ou. *The work took up the whole day.* Travay la pran tout jounen an nèt. **e**[*develop an interest in*] koumanse aprann *I'm going to take up guitar lessons.* M pral koumanse aprann jwe gita. **f**[*shorten clothing*] fè vin pi kout *Please take this up the sleeves for me.* Fè manch lan vin pi kout pou mwen. **g**[*tighten clothing*] fèmen *Take up the waist for me.* Fèmen nan senti a pou mwen. •**take up again** reprann *After the carousing of Carnival, people find it difficult to take up work again.* Apre banbòch kanaval, moun toujou wè sa di pou reprann travay. •**let s.o. take o.s. in** pran yon moun {nan/sou} plan *Watch out with him, don't let him take you in with his scheme.* Veye ou ak li, pa kite l pran ou sou plan.

take-off *n.* [*of airplane*] dekolay

taken *adj.* okipe, pri •**be taken** pran •**be taken for** pase pou •**be taken in** bay moun manje sou tèt li, pran nan kout fo kòl, pran yon moun nan pon *I've already been taken in by these people, I won't deal with them.* M pran koutba nan men moun sa yo deja, m p ap fè afè avè yo. •**get taken** pran koutba

takeover *n.* dappiyan(p), grapin, sezi

taker *n.* prenè

taking *n.* •**taking off** 1[*leaving*] derapman 2[*removing*] wetan •**taking up** [*espousal*] andosman, sipò

talc *n.* talk

talcum *n.* •**talcum powder** poud detal

tale *n.* istwa, kont, manti *Every evening the kids gather in the yard to tell tales to each other.* Chak swa timoun yo reyini nan lakou a pou yo rakonte manti. •**tall tale** bouden, krak •**teller of tales** odyansè

talent[1] *n.* dispozisyon, don, kapasite, talan *Her talent is drawing.* Talan li se fè desen. *She has a talent for sewing.* Li gen don pou l koud. *Mary is a woman that has talent in everything she does.* Mari se yon fi ki gen kapasite nan tout sa l ap fè. **talents** *n.pl.* kalifikatif

talent[2] *n.* [*monetary unit in Bible*] talan

talented *adj.* dwe •**talented person** lobo

talisman *n.* djoudjou, kolye pou chans, wanga *It's the talismans that the guy makes that cause the girl to love him like that.* Se wanga nèg la fè pou fi a renmen l konsa.

talk[1] *n.* 1[*conversation*] koze, kozri, langaj, pale, pawòl *We had a long talk about it.* Nou fè yon bon ti pale sou sa. *In baby talk they often use the word 'dodo' for 'sleep'.* Nan langaj timoun, yo souvan anplwaye mo 'dodo' pou 'dòmi'. 2[*empty/meaningless speech*] pale *He can't do anything to you. It's just talk.* Li pa ka fè ou anyen; pale l ap pale. •**all talk and no action** {gran/ gwo} van ti lapli *Those*

cowards always brag, they're all talk and no action! Kapon sa yo toujou ap pale fò, gwo van ti lapli! •**back talk** repons *Don't you give me any back talk!* Sispann rann repons! •**be all talk** se bouch ase yon moun genyen *He's all talk but when it comes to fighting, he usually runs away.* Se bouch ase li genyen, depi gen touse ponyèt li kouri. •**be all talk and no action** pale anpil mete la *He's all talk and no action.* Msye se moun ki pale anpil mete la. •**big talk leads to big trouble** pawòl anpil, machwa gonfle *When there is big talk, it leads to big trouble.* Depi gen pawòl anpil fòk gen machwa gonfle. •**crazy talk** pale langay, pawòl tafya •**endless talk** palab •**have a talk with s.o.** pran bouch ak *I had a talk with him about that, I think he understands.* Mwen te pran bouch ak li sou sa, m panse l konprann. •**hollow talk** lapalans •**idle talk** jazman, koze nan bouch, kozman, tripòt, tripotay *This business about building the road is idle talk.* Zafè fè wout la se koze nan bouch. •**inane talk** nyezri •**just talk** pawòl (nan) bouch{ase/sèlman} *Don't worry, it's just talk.* Pa okipe ou se pawòl nan bouch ase. •**make small talk** bay blag *We sat there making small talk.* Nou te chita la a ap bay blag. •**make talk** fè koze mache •**meaningless talk** bri sapat, voye monte •**nonsense talk** gògmagòg, pawòl tafya *Everything he's saying is nonsense.* Tout sa l di la se gògmagòg. *You never run out of nonsense talk.* Ou pa bouke di pawòl tafya. •**ridiculous talk** kwens-kwens •**small talk** ti koze •**smooth talk** {bouch/djòl}siwo, flafla, pawòl dous •**s.o. who is all talk and no action** odyansè •**the same old talk** yon sèl rangèn •**unintelligible talk** charabya

talk[2] *v.intr.* 1[*speak*] koze, pale *Stop talking so loud.* Sispann pale fò konsa. *She can't talk; she's mute.* Li pa ka pale; li bèbè. *What was he talking about?* Sa l t ap pale a? *Let's talk about something else.* An n pale yon lòt bagay. *I talked with her for a long time.* M fè lontan ap koze avè l. 2[*give information*] pale *He started talking when we began to beat him with a stick.* Depi n antre l anba baton, l ap pale. *She bribed him to keep him from talking.* Li ba l kòb pou l pa pale. 3[*express thoughts as if by speech*] pale *The deaf talk in sign* language. Bèbè pale an siyon. 4[*gossip*] pale *If I stand here speaking to you, it'll give people a reason to talk about me.* Si m kanpe la a ap pale avè ou, m ap bay moun okazyon pou yo pale sou mwen. •**talk a lot** fè palab, pale kouwè pètpèt{mayi/wosiyòl} •**talk about o.s.** pale ak van, pale de (tèt) li *This bragger is always talking about himself.* Vantadò sa pa janm p ap pale ak van. •**talk about s.o. behind his back** chita sou{kont/ do} yon moun, {monte/pale}sou do yon moun •**talk amiably** bay blag •**talk animatedly** detaye *The woman likes to talk animatedly, she speaks loudly and with gestures.* Fanm nan renmen detaye, li pale fò e li fè jès. •**talk back** fè yon ripòs, {bay/rann}yon moun repons, replike, retòke *Don't you talk back to your father like that!* Pa rann papa ou repons konsa! *Don't talk back to your elders.* Pa fè ripòs ak pi gran. *When adults speak to you, you shouldn't talk back.* Lè granmoun ap pale avè ou, ou pa dwe rann li repons. *Stop talking back to adults.* Sispann replike ak granmoun. *Listen, they are talking to you for your own good and you're talking back.* Apa y ap pale ou pou byen ou, enpi w ap retòke. •**talk badly behind s.o.'s back** deblatere *The two women really badmouthed their friend.* De medam yo deblatere sou do zanmi yo a nèt. •**talk behind s.o.'s back** bay do sou moun, chikannen, fè jouda, monte sou do yon moun, pale yon moun mal *That rat talks behind people's back.* Vèmin sa bay do sou tout moun. *When these malicious gossips begin to talk behind your back, they ruin your reputation.* Lè move lang sa yo moute sou do yon moun, yo fini ak repitasyon l. *Although they speak ill of her, she ignores them.* Malgre yo pale l mal, li pa okipe yo. •**talk big** bounda yon moun won enpi l ap pete kare, fè langè *He thinks he can buy a house, he talks big.* Li kwè l ka achte kay, bounda li won enpi l ap pete kare. •**talk dirty** di betiz *He's teaching the kids to talk dirty.* L ap aprann timoun yo di betiz. •**talk down** pale yon jan imilyan •**talk facetiously** badinen •**talk fast** pale cho •**talk foolishly** betize •**talk for the sake of talking** pale pou pale •**talk frankly** pale gran gagann •**talk gibberish** depale, jebede •**talk irrationally** derezonnen

•**talk like a zombie** wannenm •**talk loud** fè gwo gòj *Stop talking loud, people are sleeping now.* Ase fè gwo gòj la, gen moun k ap dòmi. •**talk loudly** laye bouch li, ranni *People are sleeping, you talk too loudly.* Gen moun k ap dòmi, ou laye bouch ou twòp la. •**talk nonsense** abla, akouche betiz, blabla, bouloze, chante, charabya, dekoze, deraye, di{radòt/tenten}, divage, djaze, fè radòt, jebede, jejay, palabre, rabadja, radote, ranse, rara, voye flè *Stop talking nonsense!* Sispann di radòt! *Speak clearly, stop talking nonsense.* Pale klè, sispann abla la. *Don't come talking nonsense here!* Pa vin akouche betiz la a! *He's always talking nonsense, he's a big talker.* Misye toujou ap blabla, se yon radòtè. *He's talking nonsense, he's not saying anything serious.* L ap bouloze la, se pa anyen serye l ap di. *You don't say anything relevant, you are only talking nonsense.* Ou p ap di anyen serye, se chante w ap chante. *You're always talking nonsense.* Ou toujou ap charabya. *Stop talking nonsense, say something that makes sense.* Ase dekoze la, di yon koze serye. *Don't take him seriously because he's only talking nonsense.* Pa pran l oserye paske se deraye l ap deraye. *Stop talking nonsense, talk about something serious.* Ase divage la, pale yon koze serye non. *You talk nonsense like a parrot.* Ou djaze kou wè yon jako. *Don't listen to her. She's talking nonsense.* Pa koute l. L ap fèt radòt. *She's just talking nonsense on the radio.* Se jebede l ap jebede nan radyo a. *Stop talking nonsense, say something which is reasonable.* Ase jejay la, di yon koze ki gen sans. *I'm not going to waste my time on you, I already know that you're talking nonsense.* M p ap okipe ou, m deja konnen se palabre w ap palabre. *Enough talking nonsense.* Ase vin rara la. *Don't talk nonsense, say something that makes sense.* Pa voye flè la, di yon koze ki gen sans. •**talk of love** pale damou •**talk on s.o.'s behalf** bay digèt *Quit talking on someone's behalf, speak for yourself.* Ase vin bay digèt la, pale poutèt pa ou pito. •**talk one's head off** pale kont pale li •**talk or act foolishly** betize •**talk s.o. out of s.th.** disyade *She talked me out of buying that car.* Li disyade m achte machin lan. •**talk over** pale sa *I'm going to talk it over with her before*

I buy the car. M pral pale sa avè l anvan m achte machin lan. •**talk rudely** pale fò *It's not OK to talk to me rudely like that.* M p ap dakò ou pale fò ak mwen konsa. •**talk sense** pale dakò •**talk shop** pale bagay travay *I don't want to talk shop now.* M pa sou pale bagay travay konnye a. •**talk slowly** pale dousman •**talk softly** pale{ba/ dousman} •**talk things out** eksplike ak yon moun *I'm going to talk things out with him so that I know what's going on.* M pral esplike avè l pou m konn sa ki genyen. •**talk through one's hat** pale anpil *She talks through her hat because she doesn't know anything about that stuff.* Li pale anpil paske li pa konn anyen sou bagay sa a. •**talk to no avail** vale van *The teacher talks to no avail because none of the students pay attention to him.* Pwofesè a se van l ap vale la paske youn nan elèv yo p ap suiv li. •**talk to one's self** pale ak van •**talk to s.o. about sth.** chita ak *The minister talked to the mayors about peoples' problems.* Minis la chita ak majistra vil yo sou pwoblèm moun yo. •**talk to s.o. with a certain tone of voice** kale bounda li sou yon moun *Don't talk to me with this tone of voice, I'm not your child.* Pa vin kale bounda ou sou mwen, m pa timoun ou. •**talk too much** pale kouwè pètpèt mayi nan chodyè *This woman talks too much.* Fi sa a pale kouwè pètpèt mayi nan chodyè. •**talk turkey** [talk seriously] pale serye *Let's talk turkey.* An n pale serye. •**talk with a forked tongue** gen de •**talk with s.o.** pran bouch ak *I had a talk with him about that, I think he understands.* Mwen te pran bouch ak li sou sa, m panse l konprann. •**talk with s.o. about sth.** chita ak •**by talking** an palan *We walked all the way talking.* Nou fè tout wout la an palan. •**don't even talk about it** se pa pale •**in talking** an palan •**money talks** lajan rele pe djòl •**not let s.o. talk** pa bay bouch pou pale *I want to say how it happened, but she won't let me talk.* M vle di kouman sa pase, men li pa ban m bouch pou m pale. •**now you're talking** konnye a li tande yon moun ap pale —*I'll do it before I tell her that.* —*Now you're talking!* —M ap fè l anvan m di l sa. —Konnye a m tande ou ap pale! •**only talk** bouch sèlman yon moun genyen *She can only talk, she doesn't know*

how to fight. Bouch sèlman li genyen, li pa ka goumen. •**slow talking** yenyen *This slow talking boy makes me lose my time.* Tigason yenyen sa a ap fè m pèdi tan m. •**s.o.'s way of talking** pale •**talking together** anpalan *We walked, talking together the whole way.* Nou fè tout wout la anpalan. •**the person we're talking about** lakay •**while talking** an palan, anpalan *We walked all the way while talking.* Nou fè tout wout la an palan.

talkative *adj.* blabla, paladò, palandjè, palandjèz [fem.], rablabla *You're a talkative girl.* Ala fi rablabla se ou. *This talkative person talks for no reason.* Nèg palandjè sa pale san rezon. *Why are you so talkative?* Ki jan ou fè paladò konsa?

talkativeness *n.* lokans

talked *adj.* •**be widely talked about** fè yon soti boum

talker *n.* djòlè, kozè, paladò, paladyòl, pale •**big talker** dyòl li rele li (se) pa li, gen bouch, granchire, grandan, gran van, kalbas gran bouch *She's a big talker, she never does all the big things she claims she knows how to do.* Li se yon gran van ti lapli, li pa janm fè tout bann gwo bagay li di li konn fè yo. *This big talker never stops bragging.* Granchire sa pa janm p ap pale de kantamwa. *Look, don't listen to the advice of this big talker.* Gade, pa koute konsèy, grandan an. *He's a big talker, he can't keep a secret.* Msye se yon kalbas gran bouch, li pa gen sekrè. *He's a big talker, he says whatever he wants.* Dyòl li rele li se pa li, li ka di sa li vle. *He's a big talker, don't take him seriously.* Misye se bouch li genyen, pa pran l oserye. •**smooth talker** bouch yon moun dous *The merchant is a smooth talker.* Bouch machann nan dous. •**extremely slow talker** yenyen

talking *n.* •**talking to** esplikasyon

tall *adj.* bèl wotè, gran(n) tay, wo, wodtay *He's tall.* Li wo. *She's taller than I am.* Li pi wo pase m. *What a tall building!* Ala kay wo! *She's so tall, they call her a beanstalk.* Li tèlman bèl wotè, yo rele l gòl. *A tall person.* Yon moun gran tay. *This basketball player is tall, he's six foot six inches.* Baskètè sa a wodtay, li mezire sis pye sis pous. •**tall and emaciated person** krabye •**tall and thin**

person golyon, senmafò •**tall woman** [*pej.*] chwal{alman/angle •**grow tall** pran wotè
taller *adj.* pi wo •**be much taller than s.o.** bwè soup sou tèt yon moun
tallness *n.* gran tay, wotè
tallow *n.* swif
tam-tam *n.* tanmtanm
tamarind *n.* 1[*fruit*] tamaren, tonmaren
tambourine *n.* tanbouren bas
tame *adj.* donte *The horse isn't tame.* Chwal la pa donte.
tame *v.tr.* 1[*gen.*] aprivwaze, domestike, donte *She tamed the cat.* Li aprivwaze chat la. 2[*horse*] kastonnen *Tame the horse because it's too wild.* Kastonnen chwal la paske li twò brital.
tamp down *v.intr.* foule *Tamp down the earth well before you put in the stonework.* Foule tè a byen anvan ou mete masonn nan.
tampon *n.* [*med.*] tanpon
tan[1] *adj.* 1[*exposed to sun*] bwonze 2[*color*] mawon {jòn/klè}
tan[2] *v.intr.* 1[*in sun*] bwonze *They are tanning in the sun.* Y ap bwonze nan solèy la. 2[*leather*] tannen *They're tanning leather.* Y ap tannen kwi. •**tan one's hide** fè yon moun kriye nan yon sèl grenn je, kòche yon moun *Your daddy's going to tan your hide!* Papa ou ap kòche ou! *If you annoy me, I'll tan your hide.* Si ou anmède m, m ap fè ou kriye nan yon sèl grenn je.
tanager *n.* kat je, zwazo granpè •**Gonave palm tanager** kat je sid •**Gonave palm tanager** kat je sid •**Hispaniolan palm tanager** kat je nò
tangent *n.* [*math*] tanjant
tangerine *n.* 1[*fruit*] bergamot, (zoranj) mandarin 2[*color*] oranj wouj fonse
tangible *adj.* konkre
tangle[1] *n.* kwennda, makònay •**get into a tangle** anbouye, pran nan (sòs) mera
tangle[2] *v.tr.* antremele, makònen, melanje *Don't tangle the ropes.* Pa antremele kòd yo. *Gosh! Look how tangled up the ball of string is.* Kòmanman! gade jan yon plòt fisèl makònen. •**tangle up** antòtiye, marande, marinen, mawonnen, mele *The goat has tangled up its body in the rope.* Kabrit la antòtiye kò l ak kòd la. •**tangle with** makònen

tangled *adj.* makonnen, mele, pat pou pat *The thread is tangled.* Fil la makonnen. *Go free the chickens, look how they are tangled up.* Al demare poul yo, men yo pat pou pat. •**be tangled** makònen, melanje *Gosh! Look how tangled the ball of string is.* Kòmanman! gade jan yon plòt fisèl makònen. *The threads are tangled, try disentangling them.* Fil yo melanje youn anndan lòt, eseye demele yo. •**be tangled up** antòtiye, marinen, mele *These two threads are so tangled up, it's not easy to disentwine them.* De fil sa yo twò antòtiye, se p ap fasil pou demare yo. *The animal's legs are tangled up in the rope.* Pye bèt la marinen nan kòd la. *The cord is tangled up with the metal wire.* Kòd la mele nan fil fè a. •**get tangled** mawonnen *Don't let the rope get too tangled.* Pa mawonnen kòd la twòp. •**get tangled up** marande *Make sure that the goat doesn't get tangled up in the cord.* Veye pou kabrit la pa marande nan kòd la.
tango *n.* tango
tangy *adj.* pike, pimante
tank *n.* 1[*gas, fuel*] rezèvwa, tank *Please fill up the tank for me.* Foul tank lan pou mwen. 2[*large container*] tank 3[*mil.*] cha, tank •**tank top** chemiz san manch •**gas tank** a[*vehicle*] tank gaz b[*for oven, stove*] bonbòn gaz *Take the gas tank to the store so they can refill it for me.* Pran bonbòn gaz la pote bay replen nan boutik la pou mwen. •**storage tank** [*for gas, etc.*] rezèvwa •**toilet tank** rezèvwa watè •**water tank** sitèn
tank up *v.intr.* fè gaz *Let's tank up at the service station.* Ann fè gaz nan ponp gaz la.
tankard *n.* mòk, vè byè
tanker *n.* bato sitèn •**tanker truck** kamyon sitèn •**oil tanker** bato sitèn
tanner *n.* tannè
tannery *n.* tannri
tannic acid *n.* tanen
tannin *n.* tanen
tantalize *v.tr.* •**tantalize s.o. with food** fè yon moun lasisin *He tantalizes me with his food so I'll ask him for some.* L ap fè m lasisin pou mwen ka mande l.\
tantrum *n.* (la)raj •**have a temper tantrum** pete yon sèl kòlè

tap¹ *n.* [*slight blow*] tap, ti frape •**tap dancing** dans (a)klakèt •**friendly tap on shoulder when leaving s.o.** sogo

tap² *v.tr.* [*strike lightly*] bat, frape, pike, tape, teke *I felt someone tap me on the back, and when I turned around I saw her.* M santi on moun frape m, lè m vire m wè se li menm. *Someone's tapping on the window.* Gen yon moun k ap frape nan fenèt la. *Tap her on the shoulder to make her see us.* Tape sou zepòl li pou fè l wè nou. *Tap Jan to tell him I'm calling him.* Teke Jan pou di l m ap rele l. •**tap brakes lightly** teke fren *Touch the brakes when you take a turn.* Teke fren an lè w ap fè koub la. •**tap one's fingers** bat tanbou

tap³ *n.* tap, wobinèt

tap⁴ *v.tr.* **1**[*siphon off*] tawode *They tapped the pipe to steal water.* Yo tawode tiyo a pou yo kab volè dlo. **2**[*break into telephone line*] mete yon telefòn sou ekout *The polis tapped my telephone.* Polis la mete telefòn mwen sou ekout.

tap⁵ *v.tr.* [*chose*] chwazi, nonmen *They tapped me to preside the meeting.* Yo chwazi m pou preside mitin nan.

tape¹ *n.* tep •**tape measure** *a*[*gen.*] mèt, mètakoulis, riban mezi, santimèt *b*[*metal*] dekamèt •**adhesive tape** adezif, tep, plastè •**bias tape** bye •**insulating tape** izolan •**masking tape** izolan, maskintep •**red tape** papasri •**Scotch® tape** eskotch tep

tape² *n.* kasèt, tep *I've got it on tape.* M genyen l sou tep. •**tape deck** kasetofòn •**tape recorder** mayetofonn, teprikòdè •**broadcast by tape delay** andifere •**cassette tape** kasèt

tape³ *v.tr.* [*wrap with a bandage*] bande, tepe *They taped up the knee.* Yo bande jenou an. *She taped it to the wall.* Li tepe l nan mi an. •**tape together** kole •**tape up** *a*[*box*] tepe *Tape up the box.* Tepe bwat la. *b*[*bandage*] panse, tepe *Tape up the wound.* Panse blesi a.

tape⁴ *v.tr.* •**tape record** anrejistre *He tape recorded my voice.* Li anrejistre vwa m. *We tape recorded it off the radio.* Nou anrejistre l nan radyo.

tapestry *n.* tapisri

tapeworm *n.* loulou(t), tenya, ti loulout (nan vant), vè solitè(s) •**have a tapeworm** gen ti loulout nan vant li

tapioca *n.* farin manyòk, tapyoka

taproot *n.* rasin pivotant

taps *n.pl.* ochan •**play taps** bay ochan

tar¹ *n.* goudwon •**coal tar** kòlta

tar² *v.tr.* goudwonnen *I need tar the bottom of the leaking bucket.* M bezwen goudwonnen dèyè bokit la ki koule a.

tarantula *n.* krab(banbara), zarenyen, (z)arenyen krab *When a tarantula bites you, it won't let go until a donkey brays.* Lè on zariyen krab mode ou, toutan bourik pa rann, li pa lage ou.

tardiness *n.* reta

tardy *adj.* an reta *She's been tardy for school three times this week.* L an reta lekòl twa fwa semenn sa a.

tare *n.* [*small plant of bean family*] panzou

target¹ *n.* bi, pwen edmi, sib •**right on target** se sa nèt *What you wrote is right on target.* Sa ou ekri la a, se sa nèt.

target² *v.tr.* sible, vize *We target the teachers.* N ap sible pwofèsè yo.

tariff *n.* dwann, tarif

tarlatan *n.* [*kind of cotton cloth*] tarlatan

tarmac *n.* goudwon

tarnish¹ *n.* tach

tarnish² **I** *v.tr.* **1**[*gen.*] deklere *You can tarnish the silver coin if you put it in sulfuric acid.* Ou ka deklere pyès lajan an si ou mete l nan acid silfirik. **2**[*a reputation*] sal *Please don't tarnish my reputation.* Pa sal non m tanpri. **II** *v.intr.* pali *If you don't polish the silver, it will surely tarnish.* Si ou pa poli ajan an, l ap pali wi.

tarnished *adj.* pèdi koulè *This spoon is tarnished.* Kiyè sa a pèdi koulè l.

taro *n.* chou karayib, malanga, tayo

tarpaulin *n.* pèmeyab, prela *It's going to rain. Put a tarpaulin over the truck.* Lapli pral vini; mete prela sou kamyon an.

tarpon *n.* [*fish*] saval

tarragon *n.* estragon

tarring *n.* goudwonnay

tarry *v. intr.* kalbende, mize *Don't tarry; finish this work.* Pa mize fini travay sa a.

tarsus *n.* {je/kakòn}pye, zo kakòn

tart¹ *adj.* si

tart² *n.* [*pastry*] ti tat

tart³ *n.* [*loose woman*] bouzen

tartar *n.* [*on teeth*] {kaka/kras/kwout}dan

task *n.* devwa, misyon, obligasyon, tach, travay *His task is to give the work report of the employees to his boss.* Devwa li se bay patwon an rapò travay ouvriye yo. *She'll do any task you give her.* L ap fè nenpòt travay ou ba l fè. *They gave each person their tasks at the job.* Yo ba chak moun obligasyon yo nan travay la. •**go from one task to another** [*without ever finishing one*] tchake *She goes from one task to another without finishing any of them.* Li tchake tout travay yo san l pa fini youn. •**lowly or humble task** trimay •**take to task** morijinen, {rale/redi}zorèy yon moun •**unpleasant task** 1[*gen.*] kòve 2[*school*] pensòm

taskmaster *n.* •**hard or brutal taskmaster** bouwo

tassel *n.* 1[*decoration*] kòdwon, ponpon 2[*of corn*] bab (mayi), flèch *It ate the corn including all the tassels.* Li manje mayi a ak tout bab.

taste¹ *n.* 1[*sensation produced from food/drink*] gou, savè *This has a funny taste.* Li gen yon gou dwòl. *This food has no taste.* Manje sa a pa gen savè. 2[*ability to make good/suitable judgments*] gou *I won't have her buy shoes for me. She has no taste.* M pa p ba l achte soulye pou mwen, li pa gen gou. 3[*personal liking*] gou 4[*small quantity of food/drink*] goute *Let me have a taste to see if it has any salt.* Ban m goute pou m wè si l gen sèl. •**taste bud** papiy •**acquired taste** gou yon moun achte *Okra is an acquired taste.* Gonbo se yon gou ou achte. •**have taste** gen (bon) gou *She has good taste, look at the nice dress she picked.* Li gen bon gou, ou pa wè yon bèl wòb li chwazi. *You have no taste, you like anything and everything.* Ou pa gen gou, ou renmen nenpòt bagay. •**have good taste** [*esthetics*] konn gou bouch li *He bought a fine fabric, he has good taste.* Li achte yon bon tisi, li konn gou bouch li. •**to s.o.'s taste** nan gou *This bitter coffee is not to my taste.* Kafe anmè sa a pa nan gou m ditou.

taste² I *v.tr.* 1[*sensory perception*] goute, pran gou *Taste the food to see if it's cooked.* Goute manje a pou wè si li kwit. *Taste the food for me.* Pran gou manje a pou mwen. II *v.intr.* [*have a particular taste*] gen gou *What does manioc taste like?* Ki gou manyòk genyen? *This tastes really good.* Li gen bon gou. *It*

tastes sweet. Li gen gou dous. •**taste bad** makawon *The medicine tastes very bad.* Renmèd la makawon.

tasteful *adj.* agreyab, kòdjòm

tastefulness *n.* bon gou

tasteless *adj.* 1[*food*] frèt{kou/pase}nen chen, fad, san gou, wachi wacha *The food is tasteless, he doesn't know how to cook food.* Manje a frèt kou nen chen, li pa konn kuit manje. *The porridge is tasteless, it's not well cooked.* Labouyi a fad, li pa byen fèt. 2[*lacking decorum*] san gou *You can't make that kind of tasteless jokes in front of people you don't know.* Ou pa fè mòd plezantri san gou sa yo ak moun ou pa konnen.

tasty *adj.* bon, gou, koupe dwèt, {koupe/mòde}lang *Rice and mushrooms is a tasty dish.* Diri ak djondjon, se manje ki gou. *The food is tasty.* Manje a bon. •**be tasty** gen (bon) gou, mòde dwèt, se koupe dwèt *This meat is tasty.* Vyann sa a gen bon gou. •**not tasty** pa kòdjòm *The food isn't tasty today.* Manje a pa kòdjòm jodi a.

tat *n.* •**give tit for tat** bay yon moun monnen pyès li •**tit for tat** kifkif, tèk an tèk *The opposition matched the government's power tit for tat.* Opozisyon an frape kifkif ak pouvwa a. *He was intimidating me with insults, I answered him tit for tat.* Msye t ap kraponnen m avèk bann vye pawòl li yo, m reponn li tèk an tèk.

tattered *adj.* an defalkay, delèkè, kòt *The clothes of the canecutters are tattered.* Rad koupèdkann yo an defalkay. *The back of his pants is tattered.* Dèyè pantalon l delèkè. *She put on a tattered dress.* Manmzèl mete yon rad kòt sou li.

tatters *n.pl.* lòk •**in tatters** an releng, chire

tattle *v.intr.* pale *Oh, those people like tattling!* Ala kote moun ka pale! •**tattle on** fè{grajè/kont sou}moun *It seems you got paid to tattle on the employees on that job.* Sanble yo peye ou nan travay la pou fè grajè.

tattletale *n.* fèzè kont, jouda, tripòt *He's a real tattletale.* Li jouda twòp. •**be a tattletale** gen lang *He's a tattletale, he reports everything he hears.* Li gen lang, li pale tou sa l tande.

tattoo¹ *n.* mak, tatou

tattoo² *v.tr.* make *He has tattooed his whole body.* Li make tout po l ak desen.

taunt¹ *n.* grimas, pawòl piman

taunt² *v.tr.* fè yon moun grimas *They all taunted us because we lost the game.* Yo tout ap fè nou grimas poutèt nou pèdi match la.

taunting *n.* takadò

Taurus *prop.n.* towo

taut *adj.* sere *The rope is not taut.* Ling nan pa sere.

tawdry *adj.* djandjan, soulèzèl

tawny *adj.* mawon

tawny-shouldered blackbird *n.* mèl nò

tax¹ *n.* dwa, enpo, taks •**tax exempt** detakse •**tax free** san taks •**tax return** deklarasyon enpo •**back taxes** aryere •**excise tax** dwa dasiz •**property tax** enpo lokatif •**real-estate tax** enpo lokatif

tax² *v.tr.* takse *They tax everything that is bought.* Yo takse tout sa ki achte.

taxable *adj.* enpozab

taxation *n.* fiskalite, taksasyon

taxi *n.* 1[*gen.*] taksi *I'll take a taxi.* M ap pran yon taksi. 2[*shared*] laliy •**motorcycle taxi** taksi moto •**private taxi** taksi frete

taxing *adj.* penib, rentan *A taxing job.* Yon travay penib.

taxpayer *n.* kontribiyab

TB *abbrev.* tebe

Te Deum *n.* tedeyòm

tea *n.* te. •**tea bag** sachet te •**tea leaf** fèy te •**tea set** sèvis te •**herbal tea** te fèy, zàn, tizann •**herbal tea that relieves shock** bouldemas •**iced tea** te glase •**lemon-grass tea** sitwonèl •**soothing tea** te sezisman •**strong herbal te** peptazi

teach *v.tr.* 1[*gen.*] anseye, aprann, bay enstriksyon, edike, enstwi, fè lekòl, montre *This teacher teaches Creole.* Pwofesè sa a anseye kreyòl. *I am teaching them how to read.* M ap aprann yo li. *This teacher has been teaching in this school for twenty years.* Mèt sa gen ven lane depi l ap bay enstriksyon nan lekòl la. *He's teaching the pupils.* L ap edike elèv yo. *She teaches for a living.* Li fè lekòl pou l viv. *Who teaches you guitar?* Ki moun ki moutre ou jwe gita? *It's a friend who taught me how to swim.* Se yon zanmi ki montre m naje. 2[*show s.o. the bad results of doing sth.*] aprann *I'm going to teach him to talk back to people!* M pral aprann li rann moun repons! •**teach manners** donte *These children*

need to be taught manners, they're too rude.* Timoun sa yo merite donte, yo bourik twòp. •**teach s.o. a lesson** bay (yon moun) leson, montre yon moun{de fwa de konben li fè/ ki bwa li chofe}, sentre bas yon moun *That taught me a lesson.* Sa ban m leson. *You're too fresh, I'm going to teach you a lesson.* Ou frekan twòp, m pral sentre bas ou. •**teach s.o. the manners of polite society** fè lizay yon moun *Her mother taught her the manners of polite society.* Manman l fè lizay li. •**teach s.o. to read and write** alfabetize *They can teach the people to read and write in five years.* Yo ka alfabetize pèp la nan senk an.

teacher *n.* anseyan, pwofesè •**teacher's aid** èd •**teacher of adult education program** monitè, monitris [*fem.*] •**elementary school teacher** madmwazèl [*fem.*], mèt lekòl •**female school teacher** matmwazèl, metrès lekòl •**kindergarten teacher** jadinyè danfan •**male school teacher** mèt •**Sunday school teacher** monitè, monitris [*fem.*]

teaching *n.* ansèyman, enstriksyon *I wasn't cut out for teaching.* Ansèyman pa fèt pou mwen. •**elementary school teaching** ansèyman primè •**higher education teaching** ansèyman siperyè •**secondary school teaching** ansèyman segondè

teacup *n.* tas pou te

teak *n.* [*wood*] (bwa) tèk

teakettle *n.* bouyòt, teyè

teal *n.* sasèl •**blue-winged teal** kanna sasèl

team *n.* 1[*group of people together in an activity*] ekip *We have to go support the team.* Fò n al chofe ekip la. *Which team do you play on?* Nan ki ekip ou jwe? 2[*rural work group*] eskwad, konbit 3[*of animals*] makòn •**team member** [*sports*] ekipye •**cooperative peasant work team** konbit, mazenga •**junior team** jinyò •**make up teams** [*sports*] fè yon de kan *There are enough people to make up two teams!* Gen ase nèg la a pou nou fè yon de kan! •**member of second team** [*sports*] rezèvis •**reciprocal work team** kwadi •**second team** [*sports*] ekip rezèv •**unbeatable team** ekip woulo konprèse

team up *v.intr.* fè{kò/yon tèt ansanm}, met men, mete tèt ansanm *If we all teamed up,* *this work would be done soon.* Si nou tout met men, travay la ap fini konnye a.

teammate *n.* korekipye

teapot *n.* teyè

tear[1] *n.* dlo je *His eyes were full of tears.* •**tear duct** kannal dlo je •**tear glands** glann kriye •**in tears** dlo nan je *Everybody is in tears because of John's death.* Tout moun se dlo nan je ak nouvèl lanmò Jan an. •**tears come to s.o.'s eyes** gen dlo nan je *Tears come to his eyes easily.* Li gen dlo nan je fasil. •**with tears** ankriyan

tear[2] *n.* 1[*fabric, clothes*] chire 2[*in clothing, etc.*] akwo

tear[3] **I** *v.tr.* chire, fè yon twou *How did you tear your shirt?* Kouman ou fè chire chemiz ou? *He tore off a piece of paper for me.* Li chire yon moso papye ban mwen. *The nail tore a hole in the hat.* Klou a fè yon tou nan chapo a. **II** *v.intr.* chire *This material tears easily.* Twal sa a chire fasil. •**tear apart** bale, dechèpiye, defalke *He tore apart the brand new pair of pants.* Li dechèpiye pantalon tou nèf la. *The dogs tore apart the cadaver.* Chen yo ap defalke kadav la. •**tear apart into pieces** chire *The little girl tore apart all the clothes Ti Mari was wearing.* Tifi a chire tout rad ki sou Ti Mari. •**tear clothes off s.o.'s back** dechifonnen *If you toy with me, I'll tear the clothes off your back.* Si ou ranse avè m, m ap dechifonnen rad sou ou a. •**tear down** demoli, kraze *They began to tear down the old house.* Yo kòmanse demoli vye kay la. *They're going to tear down all these buildings.* Yo pral kraze tout kay sa yo. •**tear into pieces** depatcha *The dog tore my sandals into pieces.* Chen an depatcha sandal mwen an nèt. •**tear off** rache *The wind tore off the door.* Van an rache pòt la. *Don't tear off the flowers.* Pa rache flè yo. •**tear oneself away** fouti kite *The game was so exciting that even though I was hungry I couldn't tear myself away.* Jwèt la te tèlman bon, m grangou, m pa fouti kite l pou m al manje. •**tear out** rache •**tear s.o.'s throat out** degòjèt *They took their rage out on him, they tore his throat out.* Yo pase raj yo sou li, yo degòjèt li. •**tear s.o. apart** fann fwa *The police tore him apart with slaps in the face.* Lapolis fann fwa msye ak chaplèt. •**tear s.o. from limb to limb** fann *Your*

dad's going to tear you from limb to limb. Papa ou ap fann ou. •**tear sth. from s.o.'s hand** rale yon bagay nan men yon moun *She tore the book from my hand and threw it on the ground.* Li rale liv la nan men m, epi li jete l atè. •**tear sth. up** dechalbore •**tear the crotch** defouke *The young boy is tearing the crotch of his pants.* Tigason an ap defouke pantalon an. •**tear up** *a*[*rip*] chire *She tore up the check I had given her.* Li chire chèk la m te ba li a. *They tore up the contract.* Yo chire kontra a. *b*[*go full speed*] kraze *They tore up the road so they could repair it.* Yo kraze wout la pou yo refè l.

teardrop *n.* dlo je

tearful *adj.* dlo nan je •**be tearful** gen dlo nan je

tearfully *adv.* ankriyan *He tearfully told me his problems.* Se ankriyan li rakonte m pwoblèm li.

tease[1] adj./*n.* [*one who teases/jokes*] taken *He's a real tease.* Li taken anpil.

tease[2] *v.tr.* 1[*gen.*] agase, anbete, anmède, annwiye, bay (yon moun){non/chalè/chenn/payèt}, chache yon moun kont, chawonyen, fè je yon moun senyen, giyonnen, lage de gidon nan kò yon moun, met(e) pase yon moun nan{betiz/charad}, pran plezi ak, takinen, rale fisèl yon moun, taye, tizonnen *Stop teasing me.* Sispann takinen m. *Don't tease the dog.* Pa agase chen an. *Stop teasing the child!* Sispann anbete timoun nan! *The students are teasing the teacher.* Elèv yo ap bay mèt la non. *Stop teasing me!* Pa ban m chalè! *Don't get angry, I'm just teasing you.* Ou pa bezwen fache, se chenn m ap ba ou. *He didn't say that to make you angry, he just likes teasing people.* Li pa di ou sa pou fache, li sèlman renmen chache moun kont. *The woman teases the child, she shows him the ice cream but doesn't give it to him.* Fi a ap fè je timoun nan senyen, li montre l krèm nan men li pa ba li l. *His brother teases her as much as he wants.* Frè l la pran plezi ak li jan l vle. 2[*sexually*] chavire lòlòj *Every time that lady passes by here, she teases and arouses all the guys.* Depi fi sa a pase la, li chavire lòlòj nèg yo. •**tease amicably** bay yon moun chalè *Stop teasing me!* Pa ban m chalè! •**tease s.o.** rale fisèl yon moun *This morning Ti Jak teased his sister until she hit him really hard.* Maten an Ti Jak rale fisèl sè l la jouk manmzèl frape l byen frape. •**tease s.o. by mimicking** chare •**tease s.o. by sticking one's tongue out** fè yon moun filalang *She's sticking her tongue out in order to annoy him.* L ap fè l filalang pou l enève l. •**tease s.o. while eating by showing that your food is delicious** fè yon moun lasisin

teaser *n.* takadò, taken *If you can bother him like that, you're really a teaser.* Si ou kab nwi l konsa, ou taken vre.

teasing *n.* jwèt, taken •**s.o. who likes teasing or mocking people** takadò

teaspoon *n.* ti kiyè

teaspoonful *n.* •**level teaspoonful** ti kiyè san tiyon

teat *n.* 1[*gen.*]{bouch/bouton/pwent}tete, tete 2[*of a cow, etc.*] triyon

technical *adj.* teknik *He wants to learn a technical trade.* Li vle aprann yon metye teknik.

technician *n.* espesyalis, montè, teknisyen •**electronic technician** elektwonisyen •**radio repair technician** radyomann •**TV repair technician** radyomann

technique *n.* teknik

technocrat *n.* teknokrat

technological *adj.* teknolojik

technology *n.* teknoloji

teddy bear *n.* nounous

tedious *adj.* fatigan

teem *v.tr.* fè{mikmak/mòlmèk/poulpoul} *People were teeming in front of the office.* Moun yo fè mikmak devan biwo a.

teeming *adj.* bonde, dri

teenage *adj.* grandèt *Now she's a teenage girl.* Kounye a li se grandèt tifi. •**teenage boy** ti jenn gason •**teenage girl** (ti) jenn fi

teenager *n.* adolesan, jennjan, jennmoun, tinedyè *The child has already become a teenager.* Timoun nan gentan fè gwo jennjan.

teeth *n. pl. See* **tooth**

teethe *v.intr.* fè dan *She's teething right now.* L ap fè dan.

teething *n.* dantisyon •**teething ring** jansivèt •**be teething** fè dan *The baby is teething.* Ti bebe a ap fè dan. •**start teething** mete chèz

nan salon *The baby has started teething.* Ti bebe a koumanse mete chèz nan salon.

teetotaller *n.* moun ki pa bwè ditou *I'm a teetotaller.* M pa bwè ditou.

telecast *n.* emisyon television

telecommunications *n.pl.* telekominikasyon

telefax *n.* telekopi

telegram *n.* depèch, telegram *I sent him a telegram.* M voye yon telegram ba li.

telegraph[1] *n.* telegraf

telegraph[2] *v.tr.* telegrafye *I'll telegraph this news.* M ap telegrafye nouvèl sa a.

telegraphic *adj.* telegrafik *A telegraphic message.* Yon mesaj telegrafik.

TELEKO *prop.n.* •**téléco (Télécomunications d'Haïti S.A.)** Haitian telephone company

(tele)phone[1] *n.* telefòn *Do you have a telephone?* Ou gen telefòn? *My telephone has been disconnected.* Yo koupe telefòn mwen. *She spoke to me over the telephone.* Li pale avè m nan telefòn. *What's your telephone number?* Ki nimewo telefòn ou? *Your father's asking for you on the telephone.* Papa ou ap mande pou ou nan telefòn. *He never answers the telephone?* Li pa janm reponn telefòn. *The telephone bill came today.* Bòdo telefòn lan vin jodi a. •**phone answering machine** repondè •**phone bill** bòdo telefòn •**phone book** ànyè, liv telefòn •**phone booth** kabin telefòn •**phone call** apèl, kout {fil/ telefòn} •**phone receiver** kònè telefòn •**answer/pick up the phone** dekwoche telefòn •**cell phone** (telefòn) {selilè/pòtab} •**disconnect the phone** koupe telefòn •**hang up on the phone** fèmen telefòn •**pay phone** telefòn piblik

telephone[2] *v.tr.* rele, rele...(nan telefòn), telefonnen, telefòne *She telephoned me to tell me that.* Li telefonnen m pou l di m sa.. *I've been telephoning you all morning.* M fè tout jounen an ap rele ou.

telescope *n.* lonnvi, teleskòp

televise *v.tr.* televize *They're televising the game.* Y ap televize match la.

television *n.* televizyon *He watches television every night.* Li fè tout jounen an devan televizyon an.. •**television announcer** espikè •**television channel** chenn •**television news** telejounal •**television set**

televizyon *We have a color television.* Nou gen yon televizyon koulè.

Telex® *prop.n.* telèks

tell I *v.tr.* **1**[*communicate by speech, writing*] di *Tell me where you put the toy!* Di m kot ou met jwèt la! *What did he tell you?* Ki sa l di ou? *Could you please tell me what time it is?* Ou ka di m ki lè l ye, souple? **2**[*know for certain*] di *Can you tell who that is with John?* Ou ka di m ki moun ki ak Jan an? *I can't tell you how long it will take.* M pa ka di ou konbe tan l ap pran. **3**[*order/direct*] di *I told you to be back before five.* M te di ou pou ou tounen anvan senk è. *He never does what I tell him.* Li pa janm fè sa m di l. *Don't you tell me what to do!* Pa vin di m sa pou m fè! **4**[*warn/ advise*] di *She told you not to touch the electric wire.* Li te di ou pa manyen fil kouran an. **5**[*narrate (a story)*] rakonte *Come and tell me a story.* Vin rakonte m yon istwa. **II** *v.intr.* [*inform against*] pale *He would never tell on me.* Li pa p janm al pale afè m. •**tell a big lie** {bay/fè}fo manti *That's a big lie she has told you there.* Sa se yon fo manti li ba ou la. •**tell apart** distenge, rekonèt *I can't tell the twins Sara and Susan apart.* Nan de marasa yo, m pa fouti rekonnèt kilès ki Sara, kilès ki Sizàn. *I can't tell the two apart. Which is the daughter and which is the mother?* M pa ka distenge kilès ki pitit, kilès ki manman. •**tell fortunes** bat kat •**tell funny stories** bay odyans, odyanse *Whenever he tells stories, you can't tell whether he's lying or telling the truth.* Tank li bay odyans, ou pa konn lè l bay manti ni verite. •**tell how the world works** bay yon moun moral •**tell jokes** bay{blag/ fraz}, blage *She's telling jokes.* L ap bay blag. *She likes telling jokes to make people laugh.* Li renmen bay fraz pou fè moun ri. *He was happy, he spent the whole evening telling jokes.* Kè l te kontan, li fè tout nuit la ap blage. •**tell lies** bay yon moun ti bwa kenbe, {bay/fè} manti, manti, voye monte *They're telling lies.* Y ap bay manti. *Don't come and tell me lies.* Pa vin ban m ti bwa kenbe. •**tell off** pale ak yon moun *I'm waiting for her to tell her off!* M ap tann li vini m pale avè l! •**tell on** pale, pale pou, {fè/pote}rapò *I'm going to tell on you to my dad.* M pral pale papa m pou ou a. •**tell one's fortune** {bat/tire}kat •**tell s.o.**

a bad-luck story [*obtain money*] bay kout sèl *Tell her a bad-luck story and you'll see, you'll have the money immediately.* Ba fi a yon kout sèl pou wè, w ap jwenn lajan trapde. •**tell s.o. a story with great detail** pale yon moun yon bagay fen *Jane told me the story with great detail.* Jàn pale m koze a fen. •**tell s.o. all one's secrets** vide kòf lestonmak li bay yon moun *I told Mary all my secrets.* M vide kòf lestonmak mwen ba Mari nèt. •**tell s.o. off** di yon moun de twa verite, fè tèt ak yon moun, kase mete nan men yon moun, sa li bliye li pa di yon moun *I told him off because he stuck his nose into things that didn't concern him.* M di l de twa verite poutèt li rantre nan sa k pa gade l. *The boss respects her since she told him off.* Patwon an respekte l depi l fin fè tèt ak li a. *When she starts being disrespectful to me, I tell her off.* Lè l pati pou m manke m dega, m kase mete nan men l. *I was prepared for him, I really told him off.* M te pare pou li, se sa m bliye m pa di l. •**tell s.o. what to say** bay bouch yon moun manje, bay poul *I tell him what to say so that he does not denounce me.* M bay bouch li manje pou l pa denonse m. *Let him speak for himself, don't tell him what to say.* Kite nèg la pale pou kont li, pa ba li poul. •**tell stories** *a*[*gen.*] {bay/tire}kont *Children like to tell stories at night.* Timoun renmen bay kont leswa. *The old person tells stories every night.* Granmoun nan ap tire kont chak swa. *b*[*lies*] bay chantay *Don't let her tell you stories.* Pa kite li ba ou chantay. •**tell sweet nothings** kase ti bwa nan zorèy •**tell the future** pike kat *The Vodou priest read the cards to tell her her future.* Oungan an pike kat la pou l di l lavni li. •**tell the time** bay yon moun lè *Tell me what time it is, please.* Ban m yon ti lè, silvouplè. •**tell the truth** bay verite, dizondi, onètman, pale dakò *Honest people always tell the truth.* Moun onèt toujou bay verite. *To tell you the truth, I don't agree with you.* Onètman, m pa dakò ak ou. *You told the truth, everything you said makes sense.* Ou pale dakò, tout sa ou di kòrèk. •**tell time** konn lè *He hasn't learned to tell time yet.* Li poko konn lè. •**tell what one has on his/ her mind** dechaje lestomak li sou *If she keeps bothering me, I will tell her what is on* *my mind.* Kite l kontinye anmède m, m ap dechaje lestomak mwen sou li. •**tell you the truth** byennantandi *To tell you the truth, she said that she may not come.* Byennantandi, li te di li pa ka vini. •**do tell me** ba yon moun non *Boy, did Jules ever embezzle money from the project.* —*Do tell me!* Jil vole lajan pwojè a wi —Ban m non. •**to tell the truth** dizondi, pou byen di *The boss is not a bad person, to tell the truth however, sometimes he doesn't keep his promise.* Mèt la pa move moun, dizondi kèk fwa li ka manke ou pawòl. *To tell the truth, I'm not interested in that anymore.* Pou byen di ou, m pa sou sa ankò. •**to tell you the truth** byennantandi, onètman *To tell you the truth, she said that she may not come.* Byennantandi li te di li pa ka vini. *To tell you the truth, I don't agree with you.* Onètman, m pa dakò ak ou. •**you never can tell** sa k konnen—*Do you think he'll come?* —*You never can tell.* —Ou kwè l ap vini? —Sa k konnen.

teller *n.* [*bank*] kesye, kesyè [*fem.*]

telling *n.* •**go around telling** mache di *The slanderer is going around telling everybody that my daughter is a thief.* Landjèz la ap mache di pitit mwen se volè. •**there's no telling** moun pa konnen, sa k konnen *There's no telling where she is now.* Sa k konnen kote l ye konnye a.

temper *n.* move tanperaman *He has a real bad temper.* Li gen move tanperaman. •**ill temper** move jan *I can't stand your ill temper.* M pa ka sipòte move jan ou. •**have bad temper** gen san cho •**keep one's temper** kenbe san fwa li

tempera *n.* tanmpra

temperament *n.* **1** karaktè, nati, natirèl *He and his brother are of different temperaments.* Misye ak frè l se de nati. *He doesn't like to laugh, that's his temperament.* Misye pa janm renmen ri, se natirèl li.

temperamental *adj.* bitò *You're too temperamental! I was only joking with you!* Ou bitò twòp! Se blag m t ap fè avè ou!

temperance *n.* tanperans

temperate *adj.* tanpere

temperature *n.* tanperati *Did you take his temperature?* Ou pran tanperati l?

tempest *n.* tanpèt

temple¹ *n.* [*head*] bò tanp, letanp

temple² *n.* [*rel.*] tanp •**Vodou temple** ou(n)fò

temples *n.pl.* [*of eyeglasses*] manch linèt

temporal *adj.* tanporèl •**temporal bone** zo (le)tanp

temporarily *adv.* pwovizwaman, tanporèman *We're working here temporarily.* N ap travay la pwovizwaman. *She's temporarily the head of the office.* Li alatèt biwo a tanporèman.

temporary *adj.* enterimè, kole pyese, pwovizwa, tanporè, volan *Changing presidents is only a temporary solution.* Chanje prezidan l se solisyon kole pyese. *Her job is temporary.* Djòb li a tanporè. *I found a small temporary job.* M jwenn yon ti djòb volan an.

tempt *v.tr.* andyoze, bay{atirans/tantasyon}, fè yon moun filalang, pwovoke, rele, tante *The devil is tempting you.* Satan ap tante ou. *That job tempts people because the income is huge.* Djòb sa a bay tantasyon poutèt kach la pwès. *Money tempts people.* Lajan bay moun atirans. *The smell of the food is so good, it tempts me.* Sant manje a tèlman bon, sa pwovoke m. *The way the girl is walking and shaking her posterior, she tempts you to get you to her house.* Jan fi a ap mache sekwe dèyè l la, li rele ou pou konn kay li. •**tempt fate** jwe ak zo grann li

temptation *n.* tantasyon

tempted *adj.* tante *He's tempted, they promised to give him a lot of money.* Li tante, yo pwomèt y ap bay li anpil kòb. •**be tempted by** mete lide li sou *She's tempted too much by money.* Li mete lide l sou lajan twòp.

tempter *n.* debochè, tantatè

tempting *adj.* tantan *She made me a quite tempting offer.* Li fè m yon òf ki tantan. •**be tempting** bay atirans

temptress *n.* tantatris, vanp

ten *num.* dis •**ten fingers** dis dwèt •**ten men** dizòm •**ten dollars** di dola •**ten meters** dekamèt •**ten o'clock** dizè •**ten years** dizan •**about ten** dizèn *There are about ten people here.* Gen yon dizèn moun la.

tenable *adj.* defandab

tenacious *adj.* pèsistan, tenas *If you're tenacious, he'll give you what you want.* Si ou pèsistan, l a ba ou sa ou vle a. •**tenacious person** ti nandeng

tenacity *n.* pèsistans, tenasite

tenant *n.* lokatè, pansyonnè *How many tenants are there?* Konbe lokatè k genyen?

tend I *v.tr.* [*look after*] okipe *Who's tending the cows?* Ki moun k ap okipe bèf yo. **II** *v.intr.* [*be likely, inclined toward*] gen labitid, konn fè *It tends to get really hot in July.* Li konn fè cho anpil an jiyè. *She tends to get up early these days.* Li gen yon abitid leve bonè konnye a. •**tend to beat, hit, slap for no good reason** gen men leje, men yon moun prentan *He tends to hit for no reason, he beats his wife over nothing.* Msye gen men lejè konsa, pou anyen li bat madanm ni. *He tends to slap for no good reason.* Men l prentan konsa.

tendency *n.* tandans *He has a tendency to fall asleep at the wheel.* Li gen tandans pou l dòmi sou volan.

tender *adj.* **1**[*easy to bite through*] mou, tann *This meat is tender.* Vyann lan tann. **2**[*sore and/or sensitive to the touch*] sansib *It's still tender.* Li sansib toujou. **3**[*gentle, loving*] afèktye, tann *He's a sensitive and tender child.* Se yon timoun ki sansib epi ki afèktye. •**of tender years** an bazaj

tender-hearted *adj.* sansib

tenderly *adv.* ak tandrès

tenderness *n.* lanmou, tandrès

tendon *n.* fil vyann, nè, triyal, venn, vlen

tendril *n.* [*of a plant*] boujon

tenesmus *n.* tennès

tennis *n.* tenis *Do you play tennis?* Ou jwe tenis?

tenon *n.* tennon

tenor *n.* tenò

tens *n.pl.* dizèn

tense¹ *adj.* **1**[*showing/causing nervous anxiety*] ennève, konsantre, sou tansyon *I'm always tense because my exams are coming up.* Depi m pral fè egzamen, m toujou sou tansyon. *He is tense at the test.* Li konsantre nan egzamen an. **2**[*tight, stiff*] rèd *My shoulders are tense.* Zèpòl mwen rèd. •**tense up** krispe, vin rèd

tense² *n.* [*gram.*] •**conditional tense** kondisyonèl •**past tense** pase •**present tense** prezan •**verb tense** tan

tension *n.* tansyon •**high tension** [*electric current*] wot tansyon

tent *n.* tant •**tent city** {lakou/teren/site}tant

tentacle *n.* pat, tantakil *Each tentacle on the octopus is this huge.* Chak pat chatwouy la gwosè sa.

tenth *adj.* dizyèm

tepid *adj.* tyèd

terebinth *n.* [*tree*] terebent

term¹ *n.* [*word*] tèm •

term² *n.* **1**[*period*] peryòd **2**[*deadline*] dat limit **3**[*end*] fin •**term of office** manda •**prison term** tou prizon

terminal *n.* [*bus, etc.*] estasyon •**battery terminal** bòn, terminal •**computer terminal** tèminal

terminate *v.tr.* **1**[*contract, etc.*] {fè/mete}yon fen, tèmine *They terminated the contract.* Yo mete fen sou kontra a. **2**[*session*] klotire *Let's terminate the session.* An klotire seyans lan. •**terminate abruptly** koupe sèk

termination *n.* **1**[*conclusion*] lafen **2**[*firing*] revokasyon

termite *n.* poudbwa, poulbwa, tèmit

terms *n.pl.* **1**[*conditions of an agreement/contract*] kondisyon *The terms are not good.* Kondisyon yo pa bon. **2**[*of an agreement*] pwopozisyon *Read the terms of the agreement before you sign it.* Li pwopozisyon kontra a anvan ou siyen l. •**be on friendly terms with** dekoupe kopyèz ak, gen bèl lè ak *We aren't on friendly terms with her.* Nou pa gen bèl lè avè l. •**be on good terms** byen ak, danse kole ak, dekoupe kopyèz ak, gen bon rapò ak, kole ak *We are not on good terms with the director.* Nou pa danse kole ak patwon an. *I am on good terms with John.* Mwen byen ak Jan. *I'm on good terms with the surveyor.* M ap dekoupe kòpyèz ak apantè a. *We're on good terms with her.* Nou gen bon rapò ak li. •**come to terms** tonbe dakò *We finally came to terms.* Nou resi tonbe dakò. •**in no uncertain terms** kareman *I told her in no uncertain terms that I wouldn't go.* M di l kareman m pa prale. •**in practical terms** pratikman •**not to be on speaking terms with** pa gen{bonjou/pawòl} a yon moun *Since the dispute, the woman is not on speaking terms with that guy.* Depi lè kont lan, madanm nan pa gen bonjou ak misye a. •**on equal terms** egal a egal, tèt{rèd/chèch/kale} *We have to speak on equal terms.* Se pou nou pale egal a egal. •**on good terms** byen, danse kole *We have not been on good terms since we were kids.* Nou pa byen depi nou te tou piti. •**on good terms with** tenmpla ak *We're on good terms with the boss now.* Nou tenmpla ak chèf la konnya.

tern *n.* [*bird*] fou •**common tern** fou bèk wouj •**gull-billed tern** fou bèk nwa •**roseate tern** fou blan •**royal tern** fou bèk jòn zoranj •**sooty tern** fou nwa

terrace *n.* 1[*gen.*] ranp, teras 2[*balcony*] teras •**drywall bench terrace** mi sèk

terracing *n.* ranp, terasman •**rock terracing** [*prevent erosion*] mi sèk

terrain *n.* teren •**terrain full of rocks and stones** karyann

terrestrial *adj.* terès

terrible *adj.* dechennen, efreyan, michan, sèl, tèrib *This girl is terrible if she can do that.* Fi sa dechennen anpil si l ka fè sa. *This film is really terrible, man.* Fim sa a terib papa. *There was a terrible accident in the intersection.* Gen yon sèl aksidan ki fèt nan kafou a. •**be terrible** debòde *At this time the situation is terrible, they're shooting people in broad daylight.* Alèkile sitiyasyon an debòde nèt, y ap tire moun gran lajounen. •**How terrible!** A la kote moun wè!

terribly *adv.* 1[*badly*] trè mal 2[*seriously*] grav 3[*very*] byen

terrier *n.* [*dog*] tèrye •**Bull terrier** boultèrye •**rat terrier** ratye

terrific *adj.* bèl toutbon, djòl lolo, mànyifik *That match was terrific.* Match sa a bèl toutbon!

terrified *adj.* espante, pran pè *I was terrified when the fire broke out in my room.* M te espante lè dife a pete nan chanm mwen an. *I was terrified when I heard the police sirens.* M pran pè lè m tande sirèn lapolis la. •**become terrified** panike

terrify *v.tr.* panike *The shot terrified everyone.* Tire a fè tout moun panike.

terrifying *adj.* terifyan •**it's terrifying** se laraj *It's terrifying how ugly that dog is.* Se laraj pou jan chen sa a lèd.

territorial *adj.* teritoryal •**territorial space** espas teritoryal

territory *n.* teritwa •**territory under some jurisdiction** jiridiksyon

terror *n.* espant, freyè, laterè, zago loray •**disseminator of terror** simayè laterè

terrorism *n.* teworis

terrorist *n.* teworis

terrorize *v.tr.* teworize *The criminals are terrorizing the population.* Bandi yo ap teworize popilasyon an.

test[1] *n.* 1[*in school*] egzamen, konpozisyon *How did you do on the test?* Kouman ou degaje ou nan egzamen an? *The children are preparing for the exam.* Timoun yo nan konpozisyon kounye a. 2[*trial*] eprèv, esèy, sonday, tès 3[*ordeal*] eprèv •**nuclear test** esèy nikleyè •**put s.o. to the test** mete yon moun aleprèv *Put her to the test to see if she's qualified.* Mete li aleprèv pou wè si li kalifye. •**take a test** konpoze, sibi egzamen •**take a test repeatedly** [*in order to pass it*] fè pelerinay

test[2] *v.tr.* eseye, sonde, teste *Test this electronic component.* Eseye pyès elektwonik la. *We're going to make test drills of the field.* Nou pral sonde teren an. •**test one's strength with** kwaze ponyèt li sou *Go test your strength on someone who has the same strength as you.* Al kwaze ponyèt ou sou moun ki menm fòs ak ou. •**put s.o. to the test** bat tanbou pou sonde son li •**put to the test** {mete/pase} aleprèv

testament *n.* testaman

Testament *n.* [*Bible*] Kontra, Testaman •**New Testament** Nouvo Testaman •**Old Testament** Ansyen Testaman

testicle *n.* boul grenn, grenn (gason) •**inflammation of the testicles** òkit •**scrotum and testicles** kòd grenn

testify *v.intr.* 1[*jur.*] pale, sèvi temwen pou, temwaye *I'm going to testify in court.* M pral temwaye nan tribinal. *I won't testify for anyone.* M pa pral sèvi temwen pou moun. 2[*rel.*] temwaye *The faithful testify how great the Lord is.* Fidèl yo ap temwaye jan Granmèt la gran. •**testify to** konfimen

testimony *n.* depozisyon, temwayaj

testing *n.* esèy •**nuclear testing** esèy nikleyè

testis *n.* boulgrenn, grenn

testosterone *n.* òmòn gason, testostewòn

testy *adj.* akaryat, rechiya

tetanus *n.* fòs piriji, gòj rèd, mal machwè, maladi{kò rèd/machwè sere} •**postpartum tetanus** malpas

tether[1] *n.* kòd, liy

tether[2] *v.tr.* mare anba kòd *You have to tether your goat.* Fòk ou mare kabrit ou anba kòd.

tetracycline *n.* tetrasiklin

text *n.* tèks

textbook *n.* liv lekòl, mànyèl

textile *n.* twal *It's a textile factory.* Se yon faktori twal.

than[1] *conj.* **1**[*comparison*] pase *You talk more than the radio.* Ou pale pase radyo. **2**[*introducing the less acceptable choice*] pito *I'd rather go to the movies than go for a walk.* M ta pito al sinema pase m al flannen. *She'd rather stay home than go out tonight.* Li pito ret lakay pase l soti aswè a. **3**[*introducing the second part of an unequal comparison*] pase *I'm taller than you are.* M pi wo pase ou. *She talks louder than I do.* Li pale pi fò pase m. *Nothing is better than a nice cup of coffee in the morning.* Pa gen anyen k pi bon pase yon bon tas kafe le maten.

than[2] *prep.* **1**[*in comparison with*] pase *I'd rather have a red one than a blue one.* M ta pito pran yon wouj pase yon ble. **2**[*used in comparing measures/amounts*] pase *There were more than a hundred people at the wedding.* Te gen plis pase san moun nan nòs la. *They charged him more than fifty dollars.* Yo fè l peye plis pase senkant dola.

thank *v.tr.* **1**[*express one's gratefulness*] di... mèsi *I thanked her for the gift.* M di l mèsi pou kado a. *I don't know how to thank you for what you did for me.* M pa konn kouman pou m di ou mèsi ankò pou sa ou fè pou mwen an. **2**[*blame*] di...mèsi *If I get in trouble today, I'll have you to thank for it.* Si m nan poblèm jodi a, se ou menm pou m di mèsi. •**thank God** Bondye fè, bon Bondye, gras a Dye *Thank God, she didn't die in the accident.* Bon Bondye ki fè l pa mouri nan aksidan an. *I had lost my wallet, thank God I found it.* Mwen te pèdi bous la, Bondye fè m jwenn ni. *Thank God everyone is fine.* Gras a Dye tout moun byen. •**thank{God/goodness/heaven(s)}** di Bondye mèsi *Thank God you're alive!* Di Bondye mèsi ou pa mouri! •**thank you/thanks** mèsi (anpil) *Thank you so much!* Mèsi anpil!! *No, thank you.* Non, mèsi. *Tell her thank you from the bottom of my heart.* Di l mèsi anpil anpil pou mwen. •**thank you very much** mèsi{anpil/bokou}

thankful *adj.* rekonesan *I'm very thankful for the favor you did for me.* Mwen rekonesan anpil pou sèvis ou rann mwen.

thankless *adj.* pou granmèsi

thanks *n.pl.* granmèsi, mèsi, remèsiman *Driver, thanks. stop here, we've arrived.* Chofè, mèsi, nou rive. •**thanks be to God** apre Dye *We're making it, thanks be to God!* N ap boule apre Dye! •**thanks in advance** mèsi davans •**thanks to** atravè, granmèsi, gras a/grasa, gremesi *Thanks to my grandfather, everyone in the village respects us.* Granmèsi granpapa m, tout moun respekte nou nan bouk la. *If I recover it'll be thanks to your dad.* Si m refè, se granmesi papa ou. *Thanks to him, we have the house.* Gras a li ki fè n gen kay la. •**thanks to the helping hand** pa korespondans *We eat thanks to the helping hand of our friends.* Nou manje pa korespondans. •**no thanks** tanpri *I can help you if you want —No thanks!* M ka ede ou si ou vle —Tanpri! •**without thanks** pou granmèsi

Thanksgiving *n.* jou aksyon de gras

that[1] *det.* sa a, sila (a) *That shirt is nice.* Chimiz sa a bèl. *Take that notebook for me.* Pran kaye sila pou mwen..

that[2] *adv.* [*far, big, etc.*] pase sa *He wasn't that great a player.* Li pa t yon pi gwo jwè pase sa. *I haven't seen that much of them lately.* M pa tèlman wè yo pase sa.

that[3] *conj.* [*generally, there is no overt conjunction before relative clauses*] aske, ke *I expect that you will come.* Mwen atann aske ou vini. *They said that they'd kill him anyway.* Yo di ke y ap tiye l kanmenm. *Haiti is a country that I like a lot.* Ayiti se yon peyi ke mwen renmen anpil. *He took the book that I was holding.* Li pran liv m te gen nan menm lan. *That was the first time that I couldn't go.* Se te premye fwa m pa t ka ale. •**how is it that** ki fè, ki jan

that[4] *rel.pro.* ki *That's the same person that came to see me.* Se menm moun ki te vin kote m lan. *She's the one who said that.* Se li ki di sa. *There's one that's big.* Gen youn ki gwo.

that[5] *pro.* sa (a/yo) *What's that over there?* Ki bagay sa a k laba a? *That's not mine.* Sa a se pa pa m lan. *Who was that?* Ki moun sa a? *What did she say after that?* Sa l di apre sa? *That is quite an accomplishment!* Sa se yon gwo bagay! *The best are those that he made.* Sa k pi bon yo se sa l fè yo. •**that depends** se selon •**that doesn't concern s.o.** sa pa gade li *It doesn't concern them.* Sa pa gade yo. •**that doesn't suit s.o.** li pa sanble sa *That doesn't suit her, give her some other clothes.* Li pa sanble sa a, ba l yon lòt rad. •**that is** dizondi, kòmkidire, se, sètadi *You need to go before work is over, that is before five o'clock.* Fòk ou ale anvan travay la fini; sètadi anvan senk è. *It's time for employers to stop abusing workers, that is, to treat them like dogs.* Li tan pou patwon sispann maltrete ouvriye, dizondi konsidere yo tankou chen. •**that's it** se finach *I've finished speaking, that's it!* M fin pale, se finach. •**be that as it may** jiskasetè, sa l fè l fè *I'm hungry, be that as it may, I'm not going to break into houses!* Mwen grangou, sa l fè l fè, m pa pral kase kay! •**beyond that** apa (de) sa *Beyond that, I don't have other responsibilities.* Apa sa, mwen pa gen lòt responsablite. •**for all that** pou otan •**how's that** ki sa *How's that? I didn't hear what you said.* Ki sa? M pa tande sa ou di a. •**like that** konsa *It's always like that.* Se toujou konsa. •**this and that** kesekwann kesedjo, tèl jan fè tèl mannyè *She always fills my head with a lot of talk:, a lot of this and that.* Li toujou ap plen tèt mwen ak yon bann pawòl: yon bann kesekwann kesedjo. •**why all that** sa k te gentan gen la •**why is that** dekiprevyen

thatch *n.* pay *It's a thatch house.* Se yon kay pay. •**palm thatch** tach

thaw *v.tr.* dejle, fonn *The cook thaws the meat.* Kizinyèz la dejle vyann nan.

the *det.* **1**[*sing.*] a, an, la, lan, nan. *It's on the table.* Li sou tab la. *Where's the wheel?* Kote wou a. *How's the knee doing?* Kouman jenou an ye? *Did you feed the dog?* Ou bay chen an manje? *Where's the watch?* Kote mont lan? *Give me the apple.* Ban m ponm nan. **2**[*plur.*] yo •**the dresses** wòb yo

theater *n.* (sal) teyat •**theater house** teyat •**movie theater** sal sine(ma), sinema

theatrical *adj.* teyatral

theft *n.* chatchawony, panzou, vòl •**petty theft** ti vòl

their *poss.adj.* yo *Their parents are very rich.* Fanmi yo rich. *Did everyone bring their books?* Tout moun vin ak liv yo?

theirs *pro.* pa yo, (N) kin an yo *I brought my book, but they didn't bring theirs.* M pote liv pa m, men yo pa pote pa yo. *It's not theirs.* Se pa pa yo.

them *pro.* yo *I saw them at the party.* M te wè yo nan fèt la. *Have you talked with them?* Ou pale avèk yo? *I see them.* M wè yo.

theme *n.* tèm •**introductory musical theme** ochan

themselves *pro.* yo menm

then *adv.* **1**[*next*] answit, epi, enpi *I'm going to eat first, then I'm going to sleep.* M ap manje dabò, answit m pral dòmi. *Then, what happened?* Answit, sa ki rive? *I'm going to eat first, then I'm going to sleep. First me, and then you.* Mwen menm, epi ou menm. *They'd told me that, but I didn't believe it. Then when I saw him, I realized it was true.* Yo te di m sa, m pa t vle kwè, enpi lè m wè l, se lè sa a m konprann. •**and then** epi *He washed his hands and then he wiped them.* Li lave men li epi li siye li. •**but then** mèzalò *That animal, I should sell it, but then how much money will they give me?* Zannimo sa a, m ta dwe vann li, mèzalò konben kòb yo pral ban m? •**by then** lè konsa •**every now and then** yon lè konsa *I see her every now and then.* M wè l yon lè konsa. •**first...then** tanto...tanto *The patient is first fine, then not well.* Malad la tanto byen tanto mal. •**right then** (menm) sa ou tande a *They asked the woman a question, right then she began to speak a lot.* Yo poze fi a yon kesyon, sa ou tande a, li tonbe pale. •**since then** depi lè a •**until then** [*temporal*] jiske la *Until then the project went well.* Jiske la pwojè a mache byen. •**well then** alò, bon, enben *Well then, who do you think you are?* Alò, sa ou kwè ou ye? *Well then! We resign ourselves.* Bon, nou reziyen nou! *Well then, do what you want.* Enben, fè sa ou vle fè a.

then *interj.* bon *Well then! We resign ourselves.* Bon, nou reziyen nou!

theologian *n.* teyolojyen

theology *n.* teyoloji

theorem *n.* [*math*] teyorèm

theoretical *adj.* teyorik *A theoretical setting.* Yon kad teyorik.

theoretician *n.* teyorisyen

theorist *n.* teyorisyen

theory *n.* teyori

therapist *n.* terapis •**speech therapist** òtofonis

therapy *n.* terapi •**in therapy** nan tretman *The sick woman is in therapy.* Maladi a nan tretman. •**speech therapy** òtofoni

there *adv.* [location] la (a), laba (a), lòtbò *You're in New York? What are you doing there?* Nouyòk ou ye? Sa w ap fè la? *The people there are so nice.* Moun la bon moun anpil. *I got to there in the book.* M rive la a nan liv la. *When you get over there, call me.* Lè ou rive laba a, rele m. *Move over there, don't stay her e.* Ale laba, pa ret la a. *She put one picture here, one there.* Li met yon pòtre isit, youn lòtbò. •**there and back** aleretou *It'll take you five hours there and back.* L ap pran ou senk è d tan aleretou. •**there are/is/were** gen(yen) *There is a cat in front of the door.* Gen yon chat douvan pòt la. *There are people who can't do anything.* Gen de moun ki pa k ap fè anyen. *There were a lot of people at the ceremony.* Te gen anpil moun nan sèvis la. •**there are/is no/none** nanpwen *That girl is so beautiful, there's no one like her.* Jan fi sa bèl la, nanpwen tankou l. •**around there** la yo *Look around there, you'll find it.* Chèche la yo, w ap jwenn li. •**from there** etan la *I'm going to church, from there I'll go to Dyesèl's house.* M pral legliz, etan la m ap rive kay Dyesèl. •**here and there** adwat agòch, bò isit bò{laba/lòtbò}, pasipala *She went here and there looking for the medicine.* Li mache adwat agòch dèyè remèd la. *He's never home, he's always here and there.* Li pa janm lakay li, se toutan l bò isit bò laba. *She goes here and there, she doesn't do anything serious.* L ap mache pasipala, li p ap fè anyen serye. •**over there** laba, laba a, lòtbò a, oubout *My house is over there.* Kay mwen lòtbò a. *When you get over there, call me.* Lè ou rive laba a, rele m.. Kote magazen an ye jis obout la, nou poko ap rive. •**right there** la a *Stay right there.* Rete la a. •**up there** anwo a *Let's go up there, it's cooler.* Ann monte anwo a, li fè pi fre. •**you there** menm *You there, where are you going?* Ou menm, kote ou prale la a?

thereabouts *adv.* bò isit

thereafter *adv.* annapre *They became friends again thereafter.* Yo vin byen annapre.

therefore *adv.* donk, ki fè, kidonk, pakonsekan *You didn't come to the office, therefore they fired you.* Ou pa vin nan biwo, ki fè yo revoke ou. *She didn't come, therefore I had to leave.* Li pa vini, pakonsekan m oblije ale. *Li malad, kidonk li pa p ka ale.*

thereupon *adv.* la tou/latou

thermal *adj.* tèmal, tèmik

thermometer *n.* tèmomèt

thermos *n.* [bottle] tèmòs

thermostat *n.* tèmosta

these *adj.* sa yo, sila yo *These people are waiting to see her.* Moun sa yo ap tann li.

these *pro.* sa yo *Do you prefer these or those?* Ou pito sa yo osnon sa yo? •**all of these/those** tralye *Where are all those people going?* Kot tralye moun sa yo prale?

thesis *n.* memwa, tèz •**defend one's (doctoral) thesis** soutni tèz li

they *pro.* (lè)zòt, yo *They haven't arrived yet.* Yo poko rive. *They're running.* Y ap kouri. *They can't do what we did.* Zòt pa ka fè sa nou fè.

thick *adj.* **1**[not thin] epè, gwo, pat, pwès *The wall is very thick.* Mi an epè anpil. *It's a very thick book.* Se yon gwo gwo liv. *This soup is very thick.* Soup la pwès. *The corn porridge is too thick, mix in some milk.* Akasan an two pwès, mele l ak yon ti lèt. *The corn porridge is thick.* Labouyi mayi a pat. **2**[dense] dri, founi *The grass grows thick.* Zèb la pouse dri. *Her hair is thick.* Cheve l founi. **3**[covered with] chaje *The table was thick with dust.* Tab la te chaje ak pousyè. •**be thick** gen lespri etwat *As much as you may explain things to him, he doesn't understand; he's thick.* Ou mèt esplike l li pa konprann, li gen lespri etwat. •**be as thick as thieves** lèt ak manmèl *Those two guys are thick as thieves.* De moun sa yo se lèt ak manmèl. •**get in the thick of things** antre nan won •**in the thick of** nan mitan, o milye •**lay it on thick** chante gam, grandi kanson •**through thick and thin** bon tan move tan *I'll help you through thick and thin.* M ap ede ou bon tan move tan.

thicken *v.tr.* epesi *If you want to thicken the sauce, let it boil some more.* Si ou vle epesi sòs la, kite l bouyi pi plis.

thicket *n.* raje, rak, rakbwa

thickly *adj.* dri

thickness n. epesè

thickset adj. foule

thief *n.* chat{de pye/dis dwèt}, dewobè, papa{chat/volè}, vòlè, vòlèz [*fem.*] *He's a goat thief.* Se yon vòlè kabrit. *Stop thief!* Bare vòlè! •**thief using magic power** awousa •**accomplished thief** *a*[*female*] manman chat *b*[*male*] {matou/wa}chat, gwo vòlè •**be a thief** travay {lannuit/leswa} *I'm not a thief, how am I to have more money than you who is into drugs?* M p ap travay leswa, ki jan pou mwen fè gen plis lajan pase ou ki nan dwòg? •**clever thief** razibis •**compulsive thief** pinokyo, vòlè pase chat, san vòlè li genyen *It's because you are a compulsive thief that you stole the money.* Se san vòlè ou genyen ki fè ou pran kòb la. *He's a compulsive thief, don't lend him anything.* Li vòlè pase chat, pa prete l anyen. •**consummate thief** wa chat *He's a consummate thief, he can't see something without stealing it.* Msye se wa chat, se wè pou li pa wè yon bagay pou li pa vòlè li. •**master thief** gwo chat mimi myaw •**petty thief** chat, lawon dwat, mawodè, pikè, ti visye *This girl is a petty thief, don't let her in the house.* Tifi sa a se yon chat, pa kite l vin nan kay la. •**retired thief** ansyen divis, kat make, *He's a retired thief, he doesn't have a good reputation.* Nèg sa a se yon kat make, li pa gen bon renome. •**small-time thief or crook** visye, visyèz [*fem.*] •**sneak thief** gwo chat mimi myaw •**sneaky thief** awousa *The sneaky thieves made the suitcase of the unfortunate man disappear.* Awousa yo disparèt valiz malere a. •**Stop thief!** Bare vòlè! •**very experienced thief** vòlè twa jou anvan chat •**vicious thief** mimi chat

thievery n. zenglendinaj

thieving adj. visye, visyèz [*fem.*]

thievish adj. visye, visyèz [*fem.*] *That guy is thievish, take care that he doesn't take your watch.* Nèg sa a visye, veye l pou l pa pran mont ou an. •**be thievish** gen vis *He's thievish.* Li gen vis.

thigh n. kuis, kwi •**fatty part of thigh** kwenn janm

thighbone n. zo kwis

thimble n. 1[*sewing*] de a koud, de

thin[1] adj. 1[*fine, not thick*] fen, pa gen epesè *This rope is thin.* Kòd sa a fen. *This cloth is very thin.* Twal sa a fen. *This wall is very thin.* Mi sa a pa gen epesè. 2[*not fat*] fen, mens, plat, zo *He likes women who are thin, but not skinny.* Li renmen fanm ki mens men li pa renmen fanm ki mèg. *Her legs are thin.* Ti janm li fen. *He's as thin as a rake.* Misye plat kou pinèz. *He's so thin, the shirt is too large for him.* Msye tèlman zo, chemiz la twòp pou li. *He's thin-waisted.* Ti tay li mens. 3[*watery/ weak*] klè *This sauce is too thin.* Sòs la twò klè. 4[*hair*] defouni *He has thin hair.* Li gen cheve defouni. •**thin as a leaf** mèg kou{bwa bale/kas/(yon) kaw/(yon) tako/taso (laskwendeng)} *He doesn't eat, he's as thin as a leaf.* Msye pa manje, li mèg kou yon kaw. •**thin as a rail** fil bobin •**thin person** chèsko •**as thin as a rail/rake** chèch kou{bagèt legede/bwa alimèt/bwa bale}, fil bobin *He became as thin as a rail after the sickness.* Li vin chèch kou bagèt legede apre maladi a. *That skin and bones is as thin as a rail.* Mègzo a fil bobin. •**become thin** degwosi, mensi *I see how thin you've become.* M wè jan ou degwosi. *Look how thin she has become.* Gad ki jan pitit la vin mensi. •**very thin** dezose •**very thin or emaciated person** zobogi

thin[2] I *v.tr.* deleye *You should thin this paint before using it.* Fò ou deleye penti sa a anvan ou sèvi avè l. II *v.intr.* 1[*forest*] degrennen *The forest has thinned out, there are no longer a lot of trees.* Bwa yo degrennen, pa gen tèlman pyebwa. 2[*hair*] defouni, degani *After her illness, her hair thinned out.* Apre maladi a, tèt li defouni. *Look at how his hair has thinned out.* Gad jan tèt li degani. •**thin down** amensi, megri •**thin out** dekatiye, detoufe, eklèsi *All these trees need to be thinned out.* Tout pyebwa sa yo bezwen dekatiye. *Thin out the trees so that they can grow.* Eklèsi pyebwa yo pou yo ka grandi.

thin-skinned adj. siseptib

thing n. 1[*material object*] bagay, baay sa, sa *What's that thing on your car?* Ki bagay sa a k sou machin ou an? *Pick your things up off the floor.* Ranmase bagay ou yo atè a. 2[*matter*] bagay, baay, sa *There's one last thing we must discuss.* Gen yon dènye bagay pou n pale. *A funny thing happened today.* Gen yon bagay dwòl ki rive jodi a. *I said the first thing that came to mind.* M di premye sa ki vin nan tèt mwen. *Do you think I'm doing the right thing? Ou kwè sa m fè a bon? I am not into things like that.* M pa nan baay sa yo. **3**[*situation*] bagay *How are things?* Kouman bagay yo ye? *The way things are now, we won't be able to buy it.* Jan bagay yo ye la a, nou pa p kapab achte l. *Things have to change in this country.* Fò bagay yo chanje nan peyi a. **4**[*immaterial notion viewed as material object*] bagay *Sleeping is such a good thing!* Ala bon bagay se dòmi!. **5**[*fig.*] choz *You think of me as a thing.* Ou konsidere m tankou yon choz. **6**[*with negatives*] anyen *I didn't hear a thing they were saying.* M pa t tande anyen menm nan sa yo t ap di a. *I read it, but I didn't understand a thing.* M li l, men m pa konprann anyen ladan l. *I don't have a thing to wear to the party.* M pa gen anyen pou m met sou mwen pou m al nan fèt la. •**all things considered** obout •**bad thing** [*in general*] tchanpan •**bad things** mal *Rich people do a lot of bad things to poor people.* Se pa de mal rich yo p ap fè pòv yo. •**be the right thing to do** pito (sa) *Stopping the game was the right thing to do.* Pito ou te kanpe jwèt la. •**do several things at the same time** manyen isit manyen la *I'm doing many things at the same time, how can I get things done quickly?* M ap manyen isit m ap manyen la, ki jan pou mwen fè fini rapid? •**do useless things** bay marengwen kwòk, lave{kay tè/men siye atè}, pote dlo nan moulen •**do your own thing** boule boule ou *Don't pay any attention to the people who tell you that this job doesn't pay enough, do your own thing with it.* Pa okipe moun k ap di ou travay sa pa peye ase, boule boule ou ladan. •**foolish things** maskarad *This idiot always says foolish things.* Nèg sòt sa a pa janm p ap di maskarad. •**go about things furtively or secretly** nan kachotri *He always goes about things furtively.* Li toujou nan kachotri l. •**have a good thing going** souse yon zo *She like this job too much, she's probably having a good thing going there.* Manzèl renmen travay sa a twòp, sanble l ap souse yon zo lòt bò a. •**just the thing** sa a menm *That's just the thing I needed.* Se sa a menm m te bezwen an. •**one thing and another** bò isit{bò laba/lòtbò} *He doesn't know exactly what he wants,*

he tells me one thing and another. *Li pa konn sa l vle egzakteman, l ap di m bò isit bò laba.* •**such and such a thing** tèl jan fè tèl mannyè •**what a thing** gade yon aksyon *What a thing! The guy is dressed as a woman!* Gade yon aksyon! Nèg la abiye an fanm! •**how many things could one do** ala chòy yon moun ta chòy *How many things could she do if she could find a little money!* Ala chòy li ta chòy si l ta jwenn yon ti lajan!

thingamajig *n.* bagay, choz *This thingamajig is a type of bag.* Bagay sa a se yon kalte sak.

things *n.pl.*[*possessions*] driv, zafè •**How are things** Ki jan sa ye?

think *v.intr.* **1**[*believe*] konprann, kwè, panse, twouve *I think so.* M kwè sa. *She thinks she's so smart!* Li kwè l gen lespri! *He bears me a grudge because he thinks I'm the one who kept him from being hired.* Li kenbe m nan kè, li konprann se mwen k te fè yo pa ba l dyòb la. *He thinks he's better than anyone else.* Li konprann li siperyè tout lòt moun. *What do you think I should do?* Sa ou panse m ta fè? *He thought the girl didn't see him at all.* Li panse tifi a pa t wè l ditou. *His mother thinks she doesn't measure up to him.* Manman l twouve fi a pa kadre l. *The dress that you are wearing is beautiful.* —*Do you think so?* Rad ou mete a bèl anpil. —Nou twouve sa? **2**[*engage in thought*] doye, panse, reflechi *A five year old cannot think like an adult.* Yon timoun senk an pa ka panse menm jan ak yon granmoun. *The problem makes me think a lot.* Pwoblèm nan fè m doye anpil. *What are you thinking about?* Sa w ap reflechi la a? *It's always good to think before you act.* Li toujou bon pou reflechi anvan ou aji. **3**[*move to do s.th.*] chonje *I didn't think to ask him when she was arriving.* M pa chonje mande l ki lè l ap vini. **4**[*expect*] fè lide, konprann, kwè *We thought he'd come.* Nou te konprann li t ap vini. *We didn't think it would take us so long.* Nou pa t kwè sa t ap pran n tout tan sa a. *When I saw the rain, I thought you wouldn't come.* Lè m wè lapli a, m fè lide ou pa p vin ankò. **5**[*remember*] chonje *Try to think when you saw her last.* Eseye chonje ki dènye fwa ou te wè l. **6**[*understand*] konprann *I can't think what she sees in him.* M pa fouti konprann sa l wè nan li. •**think about** *a*[*hold in mind*] dòmi reve, pase nan lide, sonje *Every day he thinks about the dirty trick that you pulled on him.* Se chak jou msye ap dòmi reve malonnèt ou fè l la. *You are telling everyone that I love this girl whereas in fact I never thought about her.* Ou ap mache di mwen renmen fanm sa a alòske li pa janm pase nan lide m. *I think about the kids a lot.* M sonje timoun yo anpil. *b*[*consider seriously*] reflechi *I'll have to think about this.* Fò m reflechi sou sa. *c*[*have an opinion*] panse *What do you think about the job?* Sa ou panse de travay la? *d*[*consider*] gen lide *I'm thinking about going to the movies tonight.* M gen lide al sinema aswè a. •**think about s.o. or sth.** lide li frape sou yon moun *I didn't think about you.* Lide m pa t frape sou ou ditou. •**think again** detwonpe li *Think again, I'm not the type of person you think I am.* Detwonpe nou, m pa moun nou panse a. •**think ahead** prevwa (alavans) *You have to think ahead about what you will need for the trip.* Fòk nou prevwa alavans kisa nou pral bezwen pou vwayaj la. •**think aloud** pale sou kont, tou wo *li He's always thinking aloud.* Li toujou ap pale sou kont li. •**think hard** kase{tèt/kòd}li *She thought hard before she made this big decision.* Manmzèl kase tèt li anvan li pran desizyon an. •**think of a**[*consider*] gen lide, wè, vin ak lide *I'm thinking of calling him tomorrow.* M gen lide rele l demen. *I thought of red shoes to go with this dress.* Se yon soulye wouj m te wè k ta ale ak wòb sa a. *Who thought of that idea?* Ki moun ki vin ak lide sa a? *b*[*remember*] chonje *I can't think of her name.* M pa ka chonje non l. *I'm trying to think of what I did with the keys.* M ap eseye chonje sa m fè ak kle a. •**think of doing sth.** gen yon bagay an tèt *I thought of going to see her.* M te gen an tèt pou mwen al wè li. •**think of s.o.** fè lide yon moun *I was barely thinking of her when she appeared.* Apenn m t ap fè lide l, li parèt. •**think on one's feet** reflechi vit *You have to think on your feet in this job.* Nan travay sa a, fò ou reflechi vit. •**think one is better** pi moun *Do you think you're better than I?* Èske ou panse ou pi moun pase m? •**think o.s. superior to others** santi yon lòt van *Now you don't say hello to people, do you think you are superior to others?* Apa ou pa

ka salye moun, ou santi yon lòt van? •**think only of yourself** sovkipe *Think only of yourself, that's how life is today, no one thinks of others.* Sovkipe, se konsa lavi a ye kounye a, moun pa gen sansiblite pou lòt ankò. •**think over** kalkile, reflechi, riminen *Have you thought it over?* Ou reflechi sou sa? *I'm thinking over the sad words they said to me.* M ap riminen pawòl tris yo te di m yo. •**think straight** bonsans yon moun fonksyonnen *I can't think straight today.* Bonsans mwen pa fonksyonnen jodi a. •**think the moon is made of green cheese** pran lalin pou fwomaj •**think through** byen reflechi *Be sure to think it through before you go and buy a car.* Fò ou byen reflechi tout bagay anvan ou al achte machin. •**think up** vini ak yon lide *Whoever thought this up was a smart person.* Moun ki vini ak lide sa a, se yon moun ki entelijan. •**never think about s.o.** pa dòmi sonje yon moun *He never thinks of his family, not to mention that he never writes to them.* Misye pa dòmi sonje fanmi li, ata pou l ta ekri yo. •**not think much of** pa pran pou anyen *They don't think much of us.* Yo pa pran n pou anyen. •**who does one think one is** Dekilakyèl yon moun *Who the hell do you think you are? You are a crook.* Dekilakyèl ou menm? Se vòlò ou ye.

thinkable *adj.* konsevab

thinker *n.* pansè

thinking *n.* panse, rezònman •**critical thinking** lojik, rezònman •**way of thinking** pwendvi •**what am I thinking about** kote dwèt mwen fè zen an

thinner *n.* terebantin, tine

thinning *n.* •**thinning down** [*act of*] amensisman •**thinning out** rebondaj

third *adj.* twazyèm

third *n.* **1**[*chord*] tyès **2**[*fraction*] tyè *He already spent a third of the seventy-five dollars.* Li depanse yon tyè deja nan swasant kenz dola a.

third-rate *adj.* soulezèl

Third World *prop.n.* Tyè Monn

thirdly *adv.* twazyèmman

thirds *n.* [*music*] tyès

thirst *n.* swaf, swèf *Thirst is killing me.* M gen yon swaf k ap touye m. *You had quite a thirst!* Ou te swaf toutbon! •**thirst for** cho pou, dezire, swete *I thirst for a good meal.* M cho pou yon bon manje,

thirsty *adj.* aswafe, gen yon swaf *I'm really thirsty for some water.* M gen yon swaf dlo k ap touye m. *She is thirsty after the race.* Li aswafe apre kous la. •**be thirsty** grenn yon moun chèch *What heat, the whole day I've been thirsty.* Ala yon chalè, tout jounen grenn mwen chèch.

thirteen *num.* trèz

thirteenth *adj.* trèzyèm

thirtieth *adj.* trantyèm •**thirtieth place** trantyèm plas

thirty *num.* trant •**about thirty** trantèn *He's thirtyish.* Msye nan trantèn.

thirty-one *num.* tranteyen

thirty-two *num.* trann de

this[1] *det.* sa (a), sila (a) *This tie is yours. That one's mine.* Men kòl ou a. Sa a se pa m lan. *Is she arriving this Friday?* L ap vini vandredi sa a? *This one is bigger than that one.* Sila a pi gwo pase sa a. *I'll call you this afternoon.* M ap rele ou apremidi a.

this[2] *adv.* konsa *I've never known anyone this nice.* M po ko janm wè yon bon moun konsa. *Why are you getting here this late?* Sa k fè ou rive ta konsa?

this[3] *pro.* sa *This won't always be here.* Sa pa la pou tout tan. •**like this** konsa •**this and that** kesekwann kesedjo, kesedjo kesekwann, kosedjo kosekwèt, tèl jan fè tèl mannyè *She always fills my head with a lot of talk, a lot of this and that.* Li toujou ap plen tèt mwen ak yon bann pawòl: yon bann kesekwann kesedjo. •**this...that** sesi...sela *You don't want this, you don't want that.* Ou pa vle sesi, ou pa vle sela.

thistle *n.* chadwon •**Jamaica yellow thistle** chadwon beni, flè chadwon jòn, pavo epine

Thomas *prop.n.* •**doubting Thomas** Sen Toma, dirakwa *He's a doubting Thomas.* Se Sen Toma l ye.

thong *n.* lànyè **thongs** *n.pl.* sandal jezikri, zèl sapat, zèltrennen

thorax *n.* kòf lestonmak, toraks

thorn *n.* pikan, wons, zepin *Watch out for the thorns.* Veye pikan. •**thorns in one's side** pinnantchou •**crown of thorns** [plant] kouzen gwo nèg, kouwòn di kris

thorn-bush *n.* pikankwenna(n)

thorn apple *n.* konkonm zonbi

thorny *adj.* makalous *The situation gets thorny.* Bagay yo ap vin makalous.

thoroughbred *n.* san pi

thoroughfare *n.* chemen, wout

thoroughly *adv.* delatètopye, devan dèyè, do pou do, doukendouk, nèt, nètalkole, pakanpak, pwòp, tout {jan/ mannyè}*I'm thoroughly exhausted.* M fatige nèt. *To succeed you need to know your duties thoroughly.* Pou reyisi ou bezwen konnen devwa ou devan dèyè. *She knows her job thoroughly.* Li konn travay li do pou do. *She did the job thoroughly.* Li fè travay li doukendouk. *We thoroughly thrashed the other team.* Nou bat lòt ekip la pwòp. *If she didn't understand the problem thoroughly, she couldn't solve it at all.* Si li pa te konnen tout jan tout mànyè pwoblèm nan, li pa ta ka fouti rezoud li. •**go into sth. thoroughly** pwofonde

thoroughwort *n.* geritou, langlichat

those[1] *det.* sa yo, sila yo *I want those.* M vle sa yo. *Those people aren't coming.* Moun sila yo p ap vini. *Those children are learning addition.* Timoun sa yo ap aprann fè adisyon.

those[2] *pro.* sa yo *Do you prefer these or those?* Ou pito sa yo osnon sa yo? *The best are those that he made.* Sa k pi bon yo se sa l fè yo.

though[1] *adv.* malgre *Though it's not new, I like it best.* Malgre l pa nèf, m pi renmen l. •**as though** kòmsi, kòmkwa, kòmkidire •**even though** atout, byenke, palpa, tou, toutfwa *He just went out even though his mother told him no.* Li fèk soti la byenke manman li te di l non. *Even though he's handicapped, he thinks he can fight.* Tou kokobe l ye a, li panse l ka batay. *Even though you can't come, let me know.* Toutfwa ou p ap ka vini, fè n siy.

though[2] *conj.* atout, malgre •**as though** kòmkwa, kòmsi •**even though** byenke *He just went out even though his mother told him no.* Li fèk soti la byenke manman li te di l non.

thought *n.* kalkil, lide, panse, refleksyon **thoughts** *n.pl.* kalkilasyon *She gave up all thought of marriage.* Li bliye tout lide maryaj. *That thought hadn't even crossed my mind.* Lide sa a pa janm vin nan tèt mwen. •**lost in thought** nan lalin •**well thought out** reflechi *Her project is well thought out.*

Pwojè l byen reflechi. •**without a second thought** san gade dèyè *The soldier hit wildly with his stick without a second thought.* Gad la simen baton san gade dèyè.

thought-provoking *adj.* pwofon *His words are thought-provoking.* Pawòl li di a pwofon.

thoughtful *adj.* pansif *He's very thoughtful.* Misye pansif anpil.

thoughtfulness *n.* prevnans

thoughtless *adj.* san konprann

thoughtlessly *adv.* san konprann

thoughtlessness *n.* enkonsekans

thousand *num.* mil •**thousands of** mil e mil *There were thousands of people there.* Te gen mil e mil moun ki te la. •**about a thousand** milye *About a thousand people attended the meeting.* Yon milye moun te patisipe nan reyinyon sa a. •**by thousands** pa pil ak pakèt, pa pil e pa pakèt *It's by the thousands that they killed Haitians in the Dominican Republic.* Se pa pil ak pakèt yo te touye ayisyen nan Panyòl. •**one thousand** mil

thousandth *adj.* milyèm

thrash *v.tr.* bay yon moun yon wouchin, benn, bimen, blanchi, ble, blende, defripe, rachonnen, taye, tòpiye, vannen, wonpi *The crowd readies and waits for the thief, and then they thrash him.* Foul la pare tann vòlè a, epi yo benn li anba kou. *Why did you thrash the child like that?* Poukisa ou bimen pitit la konsa? *They just thrashed him with a stick because he's misbehaved.* Yo sot blanchi msye anba baton poutèt li dezòd. *The police thrashed him with batons.* Lapolis ble misye anba bwa. *They thrashed him.* Yo blende l ak kou. *His mother thrashed him with a stick.* Manman l rachonnen l anba baton. *The crowd thrashed the thug.* Foul la tòpiye zenglendo a. *Our team is thrashing them!* Ekip nou an ap defripe yo! *Our team thrashed the other one.* Ekip pa n nan taye lòt la. *The Brazilian team will thrash our team.* Brezil pral wonpi ekip pa nou an.**1**[*with a club*] bay bwa •**thrash about** bat kò li

thrashing *n.* kal, pli makak, volin, dejle *They gave the team a thrashing, six goals to none.* Yo bay ekip la yon kal, sis gòl a zewo. *They gave him a good thrashing with a club.* Yo ba l yon dejle kout baton. •**get a thrashing** sou baton •**give a severe thrashing** filange

They gave him a severe thrashing with a whip. Yo filange l ak kout fwèt. •**give a thrashing** bay yon moun yon wouchin, krabinen, mete anba chaplèt, taye, wonpi anba baton, woule yon moun anba makak *If you misbehave, I'll give you a thrashing.* Si ou fè dezòd, m ap ba ou yon wouchin. *If you don't stay still, I'll give you a thrashing with a stick.* Si ou pa ret trankil, m ap krabinen ou anba bwa. *If you continue misbehaving, I'll give you a good thrashing.* Si nou kontinye fè dezòd la, m ap taye nou byen taye. *He gave them a thrashing.* Li woule yo anba makak. *He was making a mess, his dad gave him a thrashing with a stick.* Li t ap fè dezòd, papa l wonpi l anba baton. *He gave her a thrashing because of her insolence.* Li mete l anba chaplèt pou maledve.

thread[1] *n.* **1**[*for sewing*] fil *Do you have any pink thread?* Ou gen fil woz? **2**[*of a screw*] dan, fil *Give me another screw, this one has a bad thread.* Ban m yon lòt vis, li menm, li gen yon move fil. **3**[*of water pipe, bolt, etc.*] filyè •**spider thread** fil anasi

thread[2] *v.tr.* file, fofile *Thread the needle for me.* File zegui a pou mwen.

threadbare *adj.* limen, mi •**be thread-bare** [*clothes*] griyen *The collar of your undershirt is thread-bare.* Kolèt mayo ou a twò griyen.

threadfin *n.* [*fish*] babachat

threadworm *n.* oksiyi, trichin, vè zepeng

threat *n.* menas, mennas *He's always making threats against people.* Li toujou ap fè moun mennas. **threats** *n.pl.* kaponnay •**threat of slander** chantay •**make threats** pale met(e) la *He's now paying for all the threats he made.* L ap peye bouch li paske l te pale met la twòp.

threaten *v.tr.* fè mennas, kaponnen, manche odas li, mennase, pare *The police threatened him with a thrashing.* Lapolis menase l yon je baton. *He threatened us so we wouldn't denounce him for stealing.* Misye manche odas li pou nou pa denonse l nan vòl. *The sky is overcast and it's threatening to rain.* Syèl la kouvri, lapli ap mennase ou l tonbe. *It has been threatening to rain all day.* Lapli a pare tout jounen an. •**threaten s.o. with one's forefinger** pase men anba bouch yon moun *How impertinent of her to threaten me* *with her forefinger.* Ala frekan pou manmzèl pase men l anba bouch mwen. •**threaten to kick** voye pye •**threaten with kicks** tire pye *Don't threaten me with kicks, I'm not in a fighting mood.* Pa vin tire pye sou mwen, m pa sou batay.

threatening *adj.* menasan *He said a lot of threatening words to me.* Li di mwen yon pakèt pawòl menasan.

three *num.* twa •**three at a time** a twa *Three of us rode the horse.* Nou moute chwal la a twa. •**three days** twa jou •**three hours** twazèdtan •**three o'clock** twazè •**three quarters of an hour** twakadè •**three times** trip *His room is three times bigger than yours.* Lajè chanm li an trip pa ou a. •**three years** twazan •**all three** touletwa

three-fourths *n.pl.* twaka *Three-fourths of the people were there.* Twa ka moun te la. •**three-fourths of 'gourde'** twagouden

threesome *n.* toutletwa, triyo

threshold *n.* [*doorway*] devan pòt, papòt *He was standing in the threshold.* Li te kanpe nan papòt la.

thrice *adv.* (an)twa fwa

thrift *n.* ekonomi, epay

thrifty *adj.* pa gaspiyè, tikoulou(t) *She's very thrifty.* Nanpwen nèg tikoulout konsa, menm senk kòb li kontwole. Li pa gaspiyè menm. *No one is as thrifty as he, he can account for every last penny.* •**be thrifty** fè ekonomi *We must be thrifty with water.* Fò nou fè ekonomi dlo.

thrill[1] *n.* tresayman

thrill[2] *v.tr.* rejwi *This news thrills me.* Nouvèl sa a rejwi m.

thrilled *adj.* •**be thrilled** tresayi *She was thrilled when she learned she passed the exam.* Li tresayi lè l aprann li pase tès la.

thrips *n.pl.* [*plant insect*] trips

thrive *v.intr.* an sante, boule gra, byen vini, pwofite *He's thriving in his business.* Misye ap boule gra ak biznis li a. *The salt business is thriving here.* Konmès sèl la pwofite bò isi a. *The plants in this field are thriving.* Jaden an an sante.

thriving *adj.* nan{bòl/plat}li *This year your garden is producing a great yield, you're thriving.* Ane sa a jaden ou bay anpil rannman, ou nan bòl ou.

throat *n.* 1[*body passage*] banbou{gagann/gòj/kou}, gòj, tib gagann *I have a sore throat.* M gen yon mal gòj. 2[*front of the neck*] gagann, gozye *They found her with a knife in her throat.* Yo jwenn li ak yon kouto nan gagann li. *He grabbed me by the throat.* Li met men nan gozye mwen. •**always at each other's throats** lèt ak sitwon *Those two people are always at each other's throats.* De moun sa yo se lèt ak sitwon. •**at each other's throats** se dezòm pèdi, nan chire pit *If you don't return my money, we're going to be at each other's throats.* Si ou pa kale m kòb mwen, mwen ak ou se dezòm pèdi. •**back of the throat** anndan lalwèt, palèt •**have a sore throat** gen gòj{fè mal/sere}, gòj yon moun sere *The child has a sore throat.* Pitit la gen gòj fè mal. •**opening of the throat** twou gòj •**sore throat** malgòj *I have a sore throat.* M gen malgòj.

throb[1] *n.* batman

throb[2] *v.intr.* [*pain*] lanse *My head is throbbing.* Tèt mwen ap lanse.

throes *n.pl.* •**death throes** lagonni *The throes of death are taking too long, death will be a relief.* Lagoni a dire twòp, lanmò se ap yon delivrans. •**in the throes of death** bat lakanpay

thrombosis *n.* {blòb/boul}san, twonboz

throne *n.* twòn

throng *n.* ankonbreman, atwoupman, kolonn, lapopilas •**throng together** konble

throttle[1] *n.* akseleratè

throttle[2] *v.tr.* gagannen, toufe *We have to throttle the opposition parties.* Se pou n gangannen pati opozisyon yo.

through[1] *adj.* [*finished*] fini *I'll be through in a minute.* M ap fini talè. *We're through!* Nou fini!

through[2] *adv.* [*from beginning to end*] tout *I read the letter through.* M li tout lèt la. •**through and through** nèt, pak an pak/pakanpak

through[3] *prep.* 1[*across*] atravè, nan, nan mitan, pa *I can see him through the glass.* Mwen ka wè l atravè glas. *They walked through the doorway.* Yo pase nan pòt la. *We couldn't get through the crowd.* Nou pa ka pase nan mitan moun yo. 2[*by means of, through the intermediary of*] pa *You need to go* through the director to be hired for that job. Fò ou pase pa dirèktè a pou jwenn djòb la. *I'll send that to you through the mail.* M ap voye sa ba ou pa lapòs. **3**[*up to and including*] rive *She works Monday through Friday.* Li travay lendi rive vandredi.

throughout *prep.* nan, pandan tout, tout *Throughout Haiti everyone speaks Creole.* Nan peyi d Ayiti tout moun pale kreyòl. *He snored throughout the night.* Li wonfle pandan tout nuit lan. *I'll be with them throughout my vacation.* M ap fè tout vakans mwen avèk yo. •**throw**[1] *n.* lanse •**a stone's throw** de kout pye *My house and John's are a stone's throw away from each other.* Kay mwen ak Jan se de kout pye.

throw[2] *v.tr.* **1**[*make an object move from the hand into the air*] lanse, vòltije, voye *Don't throw stones.* Pa voye wòch. *He threw the ball to me.* Li lanse boul la ban mwen. *Please don't throw the plate.* Tanpri pa vòltije plat la. **2**[*cause to fall to the ground*] jete *The horse threw me.* Cheval la jete m. **3**[*move/put suddenly/forcefully into a particular position*] lage kòl li *He threw himself down on the bed.* Li lage kò l sou kabann lan. **4**[*arrange/give*] fè *She threw a party for me.* Li fè yon fèt pou mwen. •**throw a fit** fache, fè yon sèl kòlè, gonfle lestonmak li sou, leve kò li {frape/fese}atè, pike yon kriz *She threw a fit.* Li fè yon sèl kòlè. *He'll throw a fit if you tell him that!* L ap fache si ou di l sa. *He threw a fit because they didn't give him the job.* Li leve kò l frape atè poutèt yo pa ba l djòb la. *Don't bother her if you don't want to be the cause of her throwing a fit.* Pa anmède l pou pa lakòz li pike yon kriz. *Children shouldn't throw a fit in front of adults.* Timoun pa dwe gonfle lestonmak yo sou granmoun. •**throw around** epapiye *Why do you throw around my stuff like that?* Poukisa ou epapiye afè m yo konsa? •**throw at** voye dèyè *She was so angry that she took up a stone and threw it at me.* Manmzèl te tèlman fache, li pran yon wòch pou l voye dèyè m. •**throw away** *a*[*get rid of*] jete, remize, voye yon bagay jete *Throw away this junk.* Jete fatra sa a. *This bike isn't good anymore, let's throw it away.* Bekàn sa a pa bon ankò, ann remize

l. *Throw away the cheese because it's spoiled.* Voye fwomaj la jete paske li gate. *b*[*waste*] gaspiye *He threw away all his money on the woman.* Li gaspiye tout lajan l nan fi a. •**throw down** fese, jete *My horse threw me down.* Chwal mwen fese m. *The horse threw her down.* Chwal la jete l. •**throw in** [*supply additionally*] ba avèk *If you buy the table, I'll throw in the chair.* Si ou achte tab la, m ap ba ou chèz la avè l. •**throw in the towel** kraze yon kite sa **throw off** [*take off hastily*] *She threw off her clothes and jumped in the water.* Li retire rad sou li byen vit epi l plonje nan dlo a. **throw on** [*put on hastily*] foure *He threw on a shirt and went outside.* Li foure yon chemiz sou li enpi l soti. •**throw o.s.** jete kò li *She threw herself into the pool of water in the river.* Li jete kò l nan basen dlo ki nan rivyè a. •**throw o.s. into** antre, livre li *I'll throw myself into the battle.* M ap livre m nan batay la. •**throw o.s. at** pote boure sou *People threw themselves at the shopkeeper.* Moun yo pote boure sou machann nan. •**throw o.s. on** anfale sou *He was so hungry that he threw himself on the food.* Li te tèlman grangou, li anfale sou manje a. •**throw o.s. under sth.** anfale tèt li *He was so drunk that he threw himself under a truck.* Tank l anba gwòg, l al anfale tèt li anba yon kamyon. •**throw out** *a*[*discard*] jete *Why don't you throw out those old pillows?* Sa k fè ou pa jete vye zorye sa yo? *b*[*make leave*] kite *She threw her husband out.* Li kite mari a. •**throw out of gear** deklannche •**throw over** voye *Throw the ball over to me.* Voye boul la ban mwen. •**throw rocks at** vide wòch sou *The demonstrators threw rocks at the policemen.* Manifestan yo vide wòch sou polisye yo. •**throw s.o. out** fè (yon moun) bay kay *He threw him out of the house by beating him.* Li fè msye bay kay la anba baton. •**throw stones** kalonnen *They threw stones at the mango tree to pick mangoes.* Yo kalonnen pye mango a pou yo keyi mango. •**throw to see who goes first** [*marbles, jacks, dice, etc.*] piye *Let's throw the dice to see who goes first.* Ann piye pou n konn sa k premye. •**throw up** [*vomit*] {bay/fè}{djapòt/rapò}, rann, rann, rechte, vèse, vonmi *He threw up after he drank the milk.* Li bay djapòt apre li fin bwè lèt la. *He threw up all the food he had eaten.* Li rann tout manje l te manje a. *He threw up all that he ate.* Li rann tout sa li manje. *She threw up all the food he just ate.* Li rechte tout manje l sot manje a. *As soon as she drank the milk, she threw up.* Depi l fin bwè lèt la, l ap vonmi. *Every time she eats, she throws up.* Chak fwa li manje, li vèse.. •**throw up chunks** vonmi kouwè{goudwon/ma kafe} *After I finished eating the bean puree, I threw up chunks.* Apre m fin bwè sòs pwa a, m vonmi kouwè ma kafe. •**throw up one's hands** kraze yon kite sa

throwback *n.* retou

throw-in *n.* [*soccer*] touch •**make a throw-in** [*soccer*] fè touch

thrower *n.* lansè

thrust *n.* kout, pwen

thud *onom.* pòf

thug *n.* anjandre, zenglendo •**political thug** chimè

thumb[1] *n.* dwèt pous, gwo{dwèt/pous} •**all thumbs** kòkòb, loudo, men yon moun pòk *She's all thumbs. She drops everything she carries.* Men l pòk; chak bagay ki nan men l, li kite l tonbe. •**have a green thumb** gen bon men *He has a green thumb, as soon as he plants something, it grows.* Msye se nèg ki gen bon men, depi li met yon plant nan tè, pop pop li leve. •**have s.o. under one's thumb** anpare •**under the thumb of** anba ponyèt *She's under the thumb of those people.* Li anba ponyèt gwoup moun sa yo.

thumb *v.tr.* •**thumb a ride** mande woulib •**thumb through** feyte

thumbprint *n.* anprent, mak pous

thumbtack *n.* pinèz

thump *onom.* pòf

thunder[1] *n.* loray, tonnè *Do you hear the thunder?* Ou tande tonnè a? *There was a loud clap of thunder.* Li te fè yon gwo kout loray. •**thunder and lightning** lakataw *The thunder is rumbling.* Lakataw fè taw. •**thunder clap** kaw *There was a thunder clap that went "bang".* Te gen yon kout loray ki fè kaw. •**clap of thunder** zago loray

thunder[2] *v.intr.* fè loray, gwonde, rele{abò/dèyè} *It was really thundering.* Loray la t ap gonde serye. *It thunders, it's going to rain.* L ap fè loray, lapli pral tonbe. *It's thundering,*

rain is going to come. Loraj ap gwonde, lapli pral vini.

thunderbolt *n.* koutfoud

thunderclap *n.* kout loray *The thunderclap startled me.* Kout loray la fè m sote.

thunderstone *n.* pyè loray

thunderstorm *n.* loray •**violent thunderstorm** loray fè bèt

thunderstruck *adj.* foudwaye

thurible *n.* [*for burning incense*] ansanswa

Thursday *prop.n.* jedi •**Maundy Thursday** [*Thursday before Easter*] jedi sen •**third Thursday of Lent** mikarèm

thus *adv.* alèkile, atò, fòtakwa, ki fè, kidonk, konsa, òdonk, poutèt sa, sekifè *It's a long time since we haven't seen her, thus we don't know what has become of her.* Sa fè lontan nou pa wè l, konsa nou pa konn sa li devni. *They lost the court case, thus they became very poor.* Yo pèdi jijman an, poutèt sa yo vin byen pòv. *You don't want to work, thus you don't get paid.* Ou pa vle travay, alèkile ou p ap touche. •**thus far** deja, kounye a *How many have you sold thus far?* Konbe ou vann deja? *We haven't heard from him thus far.* Nou po ko pran nouvèl li jis kounye a.

thwart *v.tr.* bloke, dejwe, kontrarye, kontrekare, koyibe, pyonnen *Let's thwart the people so they don't think we're afraid of them.* Ann kontrekare nèg yo pou yo pa panse nou pè yo. *If you seize that land, we'll thwart you even more strongly.* Si ou pran tè sa a, n a pyonnen ou pi fò toujou.

thyme *n.* [*N*] diten, ten, ten vre •**wild thyme** majolèn

thyroid *n.* tiwoyid •**thyroid gland** glann nan kou

tibey *n.* [*plant*] fèy krab

tibia *n.* tibya, zo janm

tic *n.* [*involuntary twitching*] tik

tic-tac-toe *n.* mòpyon

tick *n.* [*parasite*] chik, karapat, tik *The tick held onto the dog to such its blood.* Karapat la kole kò li sou chen pou l bwè san li.

tick-tack *n.* ka tak

ticket[1] *n.* **1**[*for entrance, passage*] biyè, kat, tikè *Do you have the plane tickets?* Biyè avyon yo nan men ou? *Did you buy the movie tickets?* Ou achte tikè sinema yo? **2**[*notice of an offense*] kontravansyon *He tore up the ticket and said* *he wouldn't pay it.* Li chire kontravansyon an, li di li pa p peye l. •**admission ticket** kat, tike •**cheap ticket** [*for a sporting event*] kat pelouz •**lottery ticket** nimewo •**one-way ticket** tikè ale senp •**round-trip ticket** tikè ale retou •**single lottery ticket** biyèt •**traffic ticket** kontravansyon, tikè •**series of lottery tickets** pelas

ticket² *v.tr.* bay kontravansyon *I don't know why they ticketed my car.* M pa konn pou ki sa yo ban m kontravansyon an.

ticket-collector *n.* chekè, kontwolè

tickle *v.tr.* djigonnen, pike, satiyèt, zigonnen *Stop tickling the child.* Ase djigonnen pitit la. *Don't tickle the girl.* Pa pike fi a. *Stop tickling me.* Ase satouyèt mwen. *Don't tickle the child so he won't scream.* Pa zigonnen pitit la pou pa fè l rele.

tickling *n.* chatouyèt, satiyèt, satouyèt *Stop tickling me!* Sispann satouyèt mwen!

ticklish *adj.* sansib *The sole of his foot is ticklish.* Anba plat pye l sansib. •**be ticklish** gen san *Tickle the girl to see if she's ticklish.* Pike fi a pou wè si li gen san.

ticktock *n.* tiktak

tidal *adj.* •**tidal wave** radmare

tidbit *n.* doub

tiddlywinks *n.* jwèt pis

tide¹ *n.* kouran, mare, remolin •**tide coming in** lanmè a ap{leve/moute} •**tide going out** lanmè a {plat/rale} *The tide went out this morning.* Lanmè a plat maten an. •**tide of events** kouran evènman •**high tide** lanmè a ap {leve/moute}, marewot •**low tide** lanmè a{plat/rale}, marebas •**the tide of battle shifts** baton an chanje bout

tide² *v.tr.* •**tide over** kenbe, soutni *I have enough money to tide me over until I get paid.* M gen kòb pou m kenbe jistan yo peye. *Eat some of that broth to tide your stomach over.* Bwè ti bouyon sa a pou ka soutni lestonmak ou.

tidily *adv.* nan bon jan

tidy¹ *adj.* nèt, pwòp *The room is tidy, everything is in order.* Chanm nan pwòp, tout bagay ann òd.

tidy² *v.tr.* mèt....pwòp *Tidy the desk.* Mèt biwo a pwòp.

tie¹ *n.* kòl, kravat *He never wears a tie.* Li pa janm met kòl. •**tie clasp/clip** arèt kòl •**tie pin** zepeng kravat •**tie tack** arèt kòl •**bow tie** brezo, wozèt

tie² *n.* [*match*] nil *Our team had three wins and two ties this year.* Ekip nou an genyen twa match, li fè de match nil ane sa a. *The game ended in a tie.* Match la soti nil.

tie³ *v.tr.* **1**[*fasten*] mare, sentre *Could you tie this on for me?* Mare sa a pou mwen. *She tied a handkerchief on her head.* Li mare tèt li ak yon mouchwa. *You tied the ribbon too tightly on the child's hair.* Ou sentre tèt pitit la twòp ak riban an. **2**[*an animal*] jouke *You have to tie the cow to the tree.* Fò ou jouke bèf la nan pyebwa a. **3**[*even the score*] egalize *The one team tied the other.* Ekip la egalize. **4**[*be equal to an opponent*] fè match nil *We tied the game.* Nou fè match nil. •**tie a bow-knot** mare an wozèt *Make a bow-knot to tie the shoe lace.* Mare lasèt la an wozèt. •**tie down** *a*[*fasten*] mare, mete yon moun anba kòd *They tied down the two thugs.* Yo mete de zenglendo yo anba kòd. *b*[*limit the freedom of*] mar *Having children really ties you down.* Lè ou gen pitit, ou mare. •**tie ends together to make them longer** [*string, rope, etc.*] lonje *Tie those two ropes together to obtain the desired length.* Lonje de kòd sa yo pou fè longè a. •**tie in bunches** makònen •**tie one's waist** [*with a belt, etc.*] mare kenge li *He tied a belt around his waist so that his pants wouldn't fall down.* Li mare kenge l pou pantalon li pa sot tonbe sou li. •**tie a woman's tube** [*woman*] boukle *After the last child, the doctor tied her tubes so that she wouldn't get pregnant again.* Apre dènye pitit sa a, doktè boukle li pou li pa ansent ankò. •**tie the back feet of a goat** anpetre, mete anpèt *If you tie the back feet of the goats, they won't go far.* Si ou anpetre kabrit yo, yo pa pral lwen. *Tie the back feet of the goat so that it cannot escape.* Met anpèt nan pye kabrit la pou l pa sove. •**tie the legs** [*of animals for transportation*] makònen *Let's tie the legs of the goats to take them to market.* Ann makonnen kabrit yo pou mennen yo nan mache. •**tie together** akwe, bay yon bagay kout kòd, makònen, marande *He tied the chickens together by their feet.* Li akwe poul yo pye nan pye. *Tie the boxes together so that they don't fall.* Bay bwat yo yon bèl kout kòd pou yo pa tonbe. *Tie the* onions together. Makonnen zonyon yo. *Tie the two ropes together.* Marande de kòd sa yo. •**tie up** *a[general]* akwe, anchene, bande, fisle, kwochte, mare, mawonnen, tache *Tie the cattle up well so that they can't break the rope.* Akwe bèf la byen pou l pa kase kòd la. *Tie the box up properly so that it doesn't open.* Byen fisle bwat la pou l pa louvri. *As soon as the boat arrived, a sailor went to tie it up.* Kou bato a rive sou wafla, yon maren al kochte l. *Tie the horse to the tree.* Mawonnen chwal la nan pyebwa a. *Tie up the goat with the rope.* Tache kabrit la ak kòd la. *b[one's hair]* tache *She ties her hair up with a barrette.* Li tache cheve l avèk pens.

tie-up *n.* blokaj, blokis

tied *adj.* **1**[*fastened*] lase *Your shoelaces are not tied.* Lasèt ou pa lase. **2**[*having the same score*] sòti nil *The game was tied at the end.* Match la soti nil. •**tied down** pye li anbarase *The woman is tied down, her husband keeps her on a tight leash.* Pye fi a anbarase, tank mari l kenbe l kout. *He's tied down with that woman.* De pye l mare ak fi sa. •**tied to** makònen •**tied up** *a[not free, busy]* pri *Tell her that I'm tied up.* Al di li m pri la. *b[delayed/limited in movement]* pran nan blokis *We got tied up in traffic.* Nou te pran nan blokis. •**be tied down** de pye li mare *He's tied down with that woman.* De pye l mare ak fi sa. •**be tied up** [*with work, etc.*] jouke *The way I'm tied to my work, I can't go out at all.* Kote m jouke la a, mwen pa ka fè wonn pòt. •**be tongue tied** pa di{be pa di se/ni be ni se/be ni se} *He's so surprised that he's tongue-tied.* Msye tèlman sezi li pa di be li pa di se. •**completely tied up** angaje *He's tied up with an expensive car.* L al angaje ak yon machin ki koute chè anpil. •**not tied** [*shoes, anything with laces*] delase *Your shoes aren't tied.* Soulye ou delase.

tied-up *adj.* [*shoestring*] lase

tier *n.* graden

tierce *n.* [*about 42 gallons*] tyèson

ties *n.pl.* •**family ties** fanmitay *The little boy and the little girl have family ties.* Ti gason an ak ti fi a gen relasyon fanmitay. •**have ties with** mare ak *Do you still have ties with these people?* Ou mare ak moun sa yo toujou?

tiger *n.* tig

tight[1] *adj.* **1**[*snug*] doukoulou, etwat, jis, plake, rèd, sere, swèl *The skirt is tight.* Jip la etwat. *The skirt is too tight.* Jip la twò jis. *My clothes are too tight.* Rad yo sere m anpil.. *Tie the girl's braids real tight.* Mare tèt pitit la byen sere. *A tight dress.* Yon rad swèl. *Those pants are too tight.* Pantalon sa a twò plake sou ou. *She put on a tight dress.* Li mete yon wòb doukoulou sou li. **2**[*firmly fixed*] di *This drawer is closed too tight; I can't get it open.* Tiwa a fèmen twò di, m pa ka ouvè l. **3**[*having little space*] sere *It was a tight fit in the bus.* Nou te sere nan bis la. **4**[*not soft*] di **5**[*stingy*] ava, chich, kripya, peng, pyang *Tidjo is stingy; he doesn't like to spend money.* Tidjo se yon moun kras; li pa renmen depanse. •**tight at the waist** jis nan kò *This dress is too tight at the waist.* Wòb sa a twò jis nan kò. •**be tight** jennen, sentre *These trousers are too tight.* Pantalon sa a jennen m. *The strings of the bass aren't tight enough.* Yo pa byen sentre kòd bas la.

tight[2] *adv.* [*closely/firmly*] fò *Hold me tight.* Kenbe m fò. *The windows are all shut tight.* Tout fenèt yo byen fèmen.

tight-fitting *adj.* jistokò *She likes to put on tight-fitting clothes.* Li renmen mete rad jistokò. •**be tight-fitting** moule *The pants are tight-fitting on the girl's body.* Pantalon an byen moule sou kò fi a.

tight-lipped *adj.* fèmen, renka

tighten *v.tr.* sere *We tighten the screws on the drum.* Nou sere vis tanbou a. *Tighten the screw of the drum.* Sere vis tanbou a. •**tighten one's belt** mare{ren/senti li palaso} *Tighten your belt so your pants can't fall down.* Mare senti ou palaso pou pantalon an ka rete djanm sou ou.

tightening *n.* seray

tightfisted *adj.* ava, chich, kòkòtò, peng *That tightfisted man would never pay for anything.* Nèg ava sa a p ap depanse senk kòb pou anyen. •**tightfisted person** kòkòtò

tightly *adv.* sere

tightrope *n.* kòd rèd •**tightrope walker** ekilibris

tights *n.pl.* kolan

tightwad *n.* chichadò, gason kolon, kokoye, koulout, kourèd, kras *That guy is a tightwad.* Msye se yon ti koulout. *He's a tightwad, you* *never see the color of his money.* Misye se yon gason kolon, moun pa janm wè koulè lajan l.

tigress *n.* tigrès

tilapia *n.* tilapya

tile¹ *n.* **1**[*floor covering*] kawo, karelaj, mozayik **2**[*roof*] twil •**ceramic tile** seramik

tile² *v.tr.* kale, kawote *The mason tiled the floor.* Bòs mason an kale mozayik ap atè a. *The mason is tiling the room with tiles.* Bòs mason an ap kawote sal la ak mozayik.

till¹ *n.* kès, tiwa lajan

till² *v.tr.* vire tè *Who is tilling this field?* Ki moun ki vire tè nan jaden sa a?

till³ *conj.* **1**[*temporal*] jis, jous *I'm working till she arrives.* M ap travay jis li rive. **2**[*spatial*] jous *Walk till you reach the river.* Mache jous ou rive bò rivyè a.

till⁴ *prep.* **1**[*temporal*] jis, jous *She waited for you until yesterday.* Li tann ou jous ayè.. **2**[*spatial*] jiska *They ran till here.* Yo kouri jiska la a.

tiller *n.* ba, gouvènay

tilt *v.tr.* panche, pote sou *Tilt it to the other side.* Panche l sou lòt bò a. *The house is tilted a bit.* Kay la panche yon ti jan. *The car tilted to one side.* Machin nan pote sou yon bò.

tilted *adj.* •**be tilted** panche *The house is tilted a bit.* Kay la panche yon ti jan.

timber¹ *interj.* bwa kase

timber² *n.* bwa chapant

timberland *n.* tè bwaze

timberwork *n.* bwa chapant

time¹ *n.* **1**[*hour*] lè *What time is it?* Ki lè li ye kounye a? **2**[*instance, occasion*] fwa, tan *It was the last time I called her.* Se dènye fwa m te rele l. *She repeated the question four times.* Li repete kesyon an kat fwa. *Who paid the last time?* Ki moun ki te peye fwa pase a? *Every time I see him, he's always in a hurry.* Chak fwa m wè l, li toujou prese. *Every time I come, there isn't any food left for me.* Chak tan m vini, pa gen manje ki rete pou mwen. *They played the music twice because it was time for the news.* Yo pase mizik sa an de tan paske lè a te rive pou nouvèl yo. **3**[*duration*] tan, chans *How much time did the trip take?* Konbe tan vwayaj la te pran? *It took me a long time to build the chair.* Sa pran m anpil tan pou m fè chèy la. *We don't have much time to sit and chat.* Nou pa gen anpil tan pou

n chita pale. *I don't have time.* M pa gen tan. *We don't have much time to sit and chat.* Nou pa gen anpil tan pou n chita pale. *When you have some free time, come to see me.* Lè ou gen yon ti tan lib, vin kote m. *How much time did the trip take?* Konbe tan vwayaj la te pran? *It took me a long time to build the chair.* Sa pran m anpil tan pou m fè chèy la. *I didn't have the time to call her during the day.* M pa t jwenn yon chans menm pou m rele l nan jounen an. **4**[*moment/period*] lè *It's time to get up.* Li lè pou nou leve. *It's high time I was going. It's getting late.* Li lè pou m ale; li koumanse ta. *Drop by when you have the time.* Pase wè n lè ou gen tan. *What time does this bus leave?* A ki lè bis sa a pati? *When you have some free time, come to see me.* Lè ou gen yon ti tan lib, vin kote m. *They had already left by the time he called.* Yo te gen tan ale lè l rele a. *We finished the job ahead of time.* Nou fini travay la anvan lè a. **5**[*point in season, year, etc.*] epòk, sezon *It generally rains a lot this time of year.* Lapli toujou tonbe anpil nan epòk sa a. *It's harvest time.* Se sezon rekòt. •**time goes by** jou kouri *How time goes by!* Jou kouri vre! •**time off** konje •**a long time** depi tan, detan *It's been a long time since I saw you!* Depi tan m pa wè ou! *We haven't seen you for a long time.* Detan nou pa wè ou. •**a long time ago** ({depi/pou}) tann dat, bèl driv, kijodi, lontan, se jodi *They sent you a long time ago, where have you been?* Tann dat yo voye ou, kote ou te ye? *The Blacks from Haiti broke the chains of slavery a long time ago.* Nèg Ayiti Toma kase chenn lesklavay bèl driv. *Has she gone? —A long time ago!* Èske l ale? —Kijodi! *That happened a long time ago.* Sa gen lontan. *She left a long time ago.* Se jodi l al fè wout li. •**a very long time ago** dikdantan •**all the time** tout tan, toutan, toutlasentjounen *He says that all the time.* Tout tan l ap di sa. •**all this time** ladire *I can't stand around waiting for you for all this time.* M ap ka kanpe tann ou pandan tout ladire sa a. •**always be on time** gen lè (blan) *John is always on time.* Jan se nèg ki gen lè. •**another time** yon lè ankò, yon lòt fwa *Come another time.* Vin yon lòt fwa. *I will see you another time.* N a wè yon lè ankò. •**any time** nenpòt (ki) lè *For the appointment, any time is good for me.* Pou randevou a, nenpòt lè ap bon pou mwen. •**at one time** gen yon lè *At one time, the ocean reached this far.* Gen yon lè, lanmè a te rive jis la a. •**at that time** lè{konsa/sa a} *At that time, what decision did you make?* Lè sa a, ki desizyon ou fè? *Yesterday at that time, I was on the road.* Yè lè konsa, m te nan wout. *At that time I was eight years old.* Lè sa a m te gen uit an. •**at that very time** (menm) sa ou tande a •**at the present time** aprezan *What is she doing at the present time?* Kisa l ap fè aprezan? •**at the right time** apwen *This meal arrived at the right time, I was dying of hunger.* Manje sa a rive apwen, m t ap mouri grangou. •**at the same time** alafwa, an menm tan, tou *How can she do both at the same time?* Kouman (pou) l fè tou le de an menm tan? *We sneezed at the same time.* Nou estènen alafwa. *You're both talking at the same time. How do you expect me to understand?* Nou tou de ap pale ansanm! Kouman pou m fè konprann! *They both talk at the same time.* Yo toulede pale alafwa. *She's cooking and washing her clothes at the same time.* L ap fè manje epi l ap lave an menm tan. *At the same time ask her to bring us some sugar as she's going to the market.* Tou mande li pote sik la pou nou kòm li pral nan mache. •**at the same time as** ansanm avèk *She arrived at the same time as I did.* Li rive ansanm avèk mwen. •**at the time** alepòk, lè sa a *At the time, I thought I was doing a good thing.* Lè sa a, m te kwè se te yon bon bagay m t ap fè. *I was fifteen years old at the time.* Mwen te gen kenz an alepòk. •**at the time of** lè, lò *I met him at the time of my sister's wedding.* M te rankontre l lò maryaj sè m nan. •**at the time when** lemoman •**at this time** alèkile, alòkonsa *Where were you yesterday at this time?* Ki kote ou te ye yè alòkonsa? *At this time she must have arrived.* Alèkile, fò l deja rive. •**at those times** lè konsa •**at times** de lè, defwa, tanzantan *He acts like a child at times.* Gen de lè l aji tankou yon timoun. •**at what time** (a) ki lè (a) ki{lè/lò}, kikan [N] *You got up at what time?* (A) ki lè ou leve? *I don't know what time it is.* M pa konnen ki lè li ye. •**be on time** monte bon chwal *You're on time; we were just getting ready to eat.* Ou monte bon chwal, se kounye

a nou pral koumanse manje. •**by that time** lè konsa *By that time, they had arrested him.* Lè konsa yo te fin arete l. •**by the time** distans pou, etan pou *By the time I stopped the bus, it had already left.* Distans pou m rete kamyon an, li deja ale. *Someone was knocking on the door, by the time I got there to see who it was, he had left.* Yon moun ap frape pòt la, etan pou m al wè ki moun sa, li gen tan ale. •**colonial times** lakoloni, nan tan{benbo/ bimbo} *This building dates from colonial times.* Batisman sa a la depi lakoloni. *In colonial times whites had no pity for black slaves.* Nan tan benbo blan pa t gen pitye pou nèg. •**common time** [*mus.*] kat tan •**difficult time** pas *I'm having a difficult time in my life, I wonder if I'll ever get out of it.* M nan yon pas nan lavi m, m ap mande si m ap soti. •**do several things at the same time** manyen isit manyen la *I'm doing many things at the same time, how can I get things done quickly?* M ap manyen isit m ap manyen la, ki jan pou mwen fè fini rapid? •**each time** chak lè •**every time** chak lè *Every time there's a meeting, she doesn't show up.* Chak lè gen reyinyon, li pa janm met pye. •**exactly on time** alè pil *She arrived exactly on time for the meeting.* Li rive alè pil pou reyinyon an. •**for a long time** ({depi/pou}) tann dat, bèltan, depi{dèzan/mil an/zandèzan/dirantan}, lontan, se jodi *I've been waiting for you for a long time!* Tann dat m ap tann ou! *He stayed waiting for you for a long time.* Li rete tann ou bèltan. *I haven't seen you for a long time.* Depi dèzan, m pa wè ou. *These nations have been fighting for a long time.* Depi mil an pèp sa yo ap goumen. *I haven't seen you for a long time.* Dirantan m pa wè ou. *I've been living here for a long time.* M rete isi a lontan. *I've been standing and waiting for a long time.* Se jodi mwen kanpe ap tann. •**for all time** pou tout tan (ava) gen tan •**for quite some time** bèl driv *She was sitting and waiting for you for quite some time.* Li chita la bèl driv ap tann ou. •**for so long a time** ({depi/ pou}) tann dat, {pou/se}dat •**for the time being** genyen an toujou, pou konnye a *I can manage with what I have for the time being.* M ka degaje m ak sa m genyen an toujou. *This will do for the time being.* Sa a bon pou konnye

a. •**for the time spent on doing sth.** dirantan *For the time that you spent talking here, you could have done your homework.* Dirantan w ap pale la, ou ta gen tan fè devwa ou. •**free time** bontan, tan lib •**from time to time** detanzawot, kitikantan, litlit, pafwa, tanzantan *My mother goes to Port-au-Prince from time to time.* Manman m desann Pòtoprens detanzawot. *He stops by the house from time to time.* Kitikantan misye fè yon pase nan kay la. *She smokes from time to time.* Li fimen litlit. *She goes to visit her godmother from time to time.* L al wè marenn li tanzantan. •**give s.o. a hard time** bare, bay (anpil) poblèm, anmè(g)de, {chavire lòlòj/mate}yon moun, fè yon moun{danse san tanbou/kaka/ mache ès ès/malè sou/monte mòn pa do/pase yon trajè/pase nan yon je zegwi/pase yon flo/wè sèt koulè lakansyèl}, lage nan kò li, pran plezi ak, sèvi ak, tripote *The immigration people really gave me a hard time.* Moun nan imigrasyon yo ban m anpil poblèm. *Don't give him such a hard time! You can see he's trying!* Sispann anmègde l konsa! Ou wè l ap fè efò!. *Let's give him a hard time about it!* An n pran plezi avè l. *Because you're stubborn, I'm going to give you a hard time.* Kòm ou pa gen tande, m pral sèvi ak ou kounye a. *She annoyed me until she made me lose my cool.* Li tripote m jis li enève m. *His wife is giving him a hard time.* Madanm misye ap chavire lòlòj li. *She's giving us a hard time in the job.* L ap mate n nan travay la. *He tries to give me a hard time in everything that I am doing.* Li eseye bare m nan tout sa m ap fè. *If you keep bothering me, I'll give you a hard time.* Si w ap anbete m toujou, m ap fè yon malè sou ou. *This whimsical woman gives her husband a hard time.* Fi kaprisye a fè mari l danse san tanbou. *The teacher is giving us a hard time because he's watching over us so much.* Mèt la ap fè n kaka tank li pa kite degonn nou an repo. *The child is giving me a hard time.* Pitit la ap fè m pase nan yon je zegwi. *The boss gives his employees a hard time.* Bòs la ap fè anplwaye l yo pase yon trajè. *The teacher gave me a hard time because I'm always late.* Mèt la lage nan kò m poutèt m an reta toutan. *Her boyfriend is giving her a hard time.* Menaj li a ap fè l monte mòn pa

do. •**give s.o. a very hard time** fè yon moun monte{yon maswife/kalvè pa do} •**give s.o. the time of day** di moun boujou *She never gives anyone the time of day.* Li pa janm di moun bonjou. •**go out for a short time** deplase •**go through hard times** monte{mòn/(le) syèl/pye mabi}pa do •**half time** [*playing period*] mitan •**have a good time** amize li, bouloze, fè banbilay, pase yon bon tan, plezire, pran plezi li, yaya kò li *They had a good time at the party last night.* Yo bouloze nan fèt la yè swa. *We had a good time at the party.* Nou te pase yon bon tan nan fèt la. *Every Sunday they have a good time at the beach.* Chak dimanch y al pran plezi yo nan plaj. *We had a really good time.* Nou pase yon bon moman. *We had a really good time.* Nou byen pran plezi n. Nou pase yon bon moman. •**have a hard time** bat mizè, nan lobop, pase{kalvè/mati/mizè/nan yon je zegui/yon trajè} *I had a hard time with the kids on the bus.* Timoun yo ban m kont poblèm mwen nan bis la. *She's having a hard time in this project.* L ap bat mizè nan pwojè sa a. *He suffers a lot in life.* Li pase mati anpil nan lavi l. *I had a hard time because of that accident.* M sot pase nan yon je zegui la a avèk aksidan sa a. *He had a hard time with translating the book.* Li pase yon trajè ak tradiksyon liv la. •**have a hard time doing sth.** mal pou, pase yon pay pou *We're having a hard time doing the job the way they want it done.* Se yon pay n ap pase pou n rive fè djòb la jan yo vle. *He's been having a hard time getting in touch with his family in New York.* Msye mal pou l antre an kontak ak moun Nouyòk yo. •**have no time for** pa ka pèdi tan *I have no time for people like that.* M pa ka pèdi tan m ak moun konsa. •**have the time** gen lè *Do you have the time?* Ou gen lè la a? •**have time to do sth.** detan pou *I had time to finish before he arrives.* Detan pou l rive, m gen tan fini. •**have time to waste** gen bontan *People who have time to waste are always loafing.* Moun ki gen bontan toujou ap ranse. •**in no time** flòp flòp, san jou *She completed the exam in no time at all, it was so easy.* Li fè egzamen an flòp flòp tank li te fasil. *She said she'd come in no time.* Li di l ap vini san jou. •**in no time at all** alaploum, fay minit, flòp flòp, lop plop, (n)an de tan twa mouvman, plòp plòp{rapido presto/pwesto}, trapde *He rushed through the work in no time at all.* Misye espedye travay la nan de tan twa mouvman. *You can stand and wait for me there, I'll be back in no time at all.* Ou mèt kanpe tann mwen la, fay minit m ap tounen. *She completed the exam in no time at all, it was so easy.* Li fè egzamen an flòp flòp tank li te fasil. *She finished the job in no time at all.* Li fini ak travay la trapde. •**in the time of** ditan •**in time** a lè *I think we're in time.* M kwè n a lè. •**it's about time** li{lè/tan}, se dat *It's about time you showed up.* Li lè pou ou met tèt deyò. *He finally came, it was about time.* Li vini, li te lè. •**it's high time** li{lè/tan} *It's high time I were going. It's getting late.* Li lè pou m ale; li koumanse ta. •**it isn't the time for that** se pa lemoman •**last time** lafwa{dènye/pase} *Last time, he spent too much money.* Lafwa pase, li te depanse twòp kòb. •**leisure time** kalbenday *In the short leisure time we have, let's take a little walk.* Nan ti kalbenday nou genyen an, ann fè yon vire. •**next time** pwochènman *Next time we'll do that differently.* Pwochènman n ap fè sa yon lòt jan. •**on time** a lè, a tan *The flight arrived on time.* Avyon an rive a lè. *You have to arrive on time.* Se pou ou rive a lè. •**one more time** yon fwa ankò •**one at a time** youn apre lòt, youn pa youn *We have to go in one at a time.* Fò n antre youn pa youn. •**one time** yon lè •**short time ago** pa gen lontan •**since a long time ago** depi tan Jelefre *Since a long time ago, human beings have never been fair.* Depi tan Jelefre, lòm pa te janm jis. •**since ancient times** depi nan Ginen *Since ancient times, good people have helped others.* Depi nan Ginen, bon nèg ap ede nèg. •**since time immemorial** depi (lè){djab/wa}te kaporal, depi lè ti konkonm t ap goumen ak berejèn •**so many times** tannfwa *I told you so many times not to do that, and yet you keep on doing it.* Tannfwa mwen pale ou, ou refè menm bagay la. •**some time** vè, yon bon ti tan *Some time tomorrow, I'll have time to get the money for you.* Vè demen, m ap gen tan pare kòb la pou ou. *It took me some time to do it.* Sa pran m yon bon ti tan pou m fè l. •**spare time** lwazi, tan lib, tan pou kalewès

•**take a little time off** fè yon ti bòde *I am too tired, I am going to take a little time off.* Mwen fatige twòp, m ap fè yon ti bòde. •**take one's time** bliye kò li, mizadò, pran{dèz/lèz li/san li/tan li} *Take your time. There's no rush.* Pran tan ou. Pa gen anyen k prese. *It's the first time he'll do it so he'll have to take his time.* Se premye fwa l ap fè l, fò l pran tan l. *I sent him to buy me some bread a while ago, he hasn't returned, he takes his time.* Dat m voye msye achte yon pen pou mwen, li poko janm tounen, msye se yon mizadò. *I'm taking my time.* M ap pran zèz mwen. *Take your time eating.* Pran san ou pou manje manje a. *She's taking her time getting dressed.* Li pran tan l pou l abiye l. •**take one's time while eating** fè lasisin •**take time** pran tan *The job is taking time, when will you finish it?* Travay la pran tan, ki lè w ap fini l? •**take time off** fè yon ti bòde *I am too tired, I am going to take a little time off.* Mwen fatige twòp, m ap fè yon ti bòde. •**take too much time** pran reta *You take too much time in what you're doing.* Ou pran twòp reta nan sa w ap fè a. •**the first time** premyè fwa •**the good old times** ansyènte •**there are times when** gen{delè/defwa}, yadepafwa *There are times that when you get up, you don't feel like speaking to anyone.* Gen de fwa ou leve, ou pa anvi pale ak pèsonn. *There are times when I don't know what to do.* Yadepafwa m pa konn sa pou m fè. •**there comes a time** rive yon lè *There comes a time when we have to decide what to do.* Rive yon lè fòk nou deside sa pou n fè. •**this time** fwa sa, kou sa a •**what time is it** ki lè li{fè/ye} *I don't know what time it is.* M pa konnen ki lè li ye.

time² *v.tr.* kwonometre. *They timed the race for exactly one hour.* Yo kwonometre kous la pou inèdtan.

time-consuming *adj.* absòban *It's a time consuming job.* Se yon travay ki absòban.

time-keeper *n.* pwentè

time-keeping *n.* kwonometraj

time-out *n.* fòlòp, kanpo, midi, pòz

timeline *n.* dènye delè

timepiece *n.* mont

timer *n.* •**old timer** vyewo

times *n.pl.* **1**[*comparison*] fwa *My house is two times as large as yours.* Kay mwen an ap de fwa pi gran pase pa ou a. **2**[*multiplied by*] fwa *Three times three is nine.* Twa fwa twa nèf. **3**[*occasions*] tan *There are times you don't know what to do in life.* Gen de tan ou pa wè sa pou fè nan lavi a. •**three times** trip *His room is three times bigger than yours.* Lajè chanm li an trip pa ou a.

timetable *n.* orè

timid *adj.* fèmen, kazwèl, pèrèz, sounwa, timid *He's a timid individual.* Li fèmen. *This timid man always remains in a corner.* Nèg kazwèl sa a toujou ret nan yon kwen. *You're too timid, make yourself comfortable.* Ou sounwa twòp, manyè mete ou alèz. *He's too timid, he's never successful at courting girls.* Msye twò timid, li p ap janm bon nan fi a. •**timid person** boubou •**be very timid** pa ka kase ze *He's very timid.* Misye pa moun ki ka kase ze. •**very timid** kako *Jan is very timid.* Jan kako anpil.

timidity *n.* timidite

timidly *adv.* timidman *She approached us timidly.* Li avanse sou nou timidman.

timorous *adj.* krentif

timpani *n.* tenbal

tin *n.* eten, fèblan •**corrugated iron or tin** tòl

tincanful *n.* [*informal unit of measure*] gode, kanistè, mamit

tincture *n.* tenti •**tincture of arnica** tenti danika •**tincture of iodine** tentidyòd

tine *n.* [*fork, etc.*] dan

tinea *n.* pyas

tinfoil *n.* papye (d)ajan

tinge *n.* mak, tras

tinged *adj.* •**tinged with** kolore ak

tingle[1] *n.* pikotman

tingle[2] *v.intr.* **1**[*gen.*] pike, tingting *My whole body is tingling.* Tout kò m ap pike m. *I'm scratching because my back is tingling.* M ap grate paske do m ap tingting mwen. **2**[*ears*] kònen •**have one's ears tingle** zòrèy yon moun ap kònen

tingling *n.* pikotman, tingting

tinker *n.* chodwonnye

tinker with *v.intr.* fè mannèv, rafistole, rapistole *He's tinkering with my broken clock.* L ap

tinkerer *n.* brikolè

tinnitus *n.* zòrèy sonnen

tinplate *n.* tòl

tinsel *n.* gilann ajante

tinsmith *n.* fèblantye

tint[1] *n.* tenti, ton

tint[2] *v.tr.* fimen *They tinted the car windows.* Yo fimen vit machin yo. •**tint sth. yellow** joni *She tinted her hair yellow.* Li joni tèt li.

tinted *adj.* [*esp. car window*] fime *His car's window is well tinted.* Vit machin li byen fime.

tiny *adj.* piti piti, ti{chich/fyofyo/kras}, tou piti, vyepti, zwit *When he was born, he was tiny.* Li te fèt tou piti piti. *You're only giving me this tiny bit of food!* Ti chich manje sa a ou ban m!. *This tiny bit of food is not enough for two people.* Ti fyofyo manje sa pa ase pou de moun. *She's a tiny girl, but she has a lot of courage.* Li se yon ti kras fi, men li gen anpil kouraj. *A tiny amount of food like that can't do anything for me.* Yon tou piti manje konsa pa ka fè anyen pou mwen. *That tiny amount of food can't fill his belly.* Vyepti moso manje sa pa ka plen vant li. *Look at how tiny he is, he resembles a dwarf.* Gade jan msye tou zwit, li pòtre yon nen. •**tiny person** ti ponm malkadi •**very tiny** tizwit *She gave me a very tiny piece of cake.* Li ban m yon tizwit gato.

tiny-waisted *adj.* ren gèp *That woman is tiny-waisted, a slim waist.* Dam sa a gen yon ren gèp, tay fin.

tip[1] *n.* [*pointed end*] pwent *The tip of his finger was cut off.* Pwent dwèt li te koupe. •**tip of hat** kout chapo •**tip of shoe** nen soulye •**tip of the toe** tèt zòtèy •**be at the tip of s.o.'s tongue** [*word*] nan bouch yon moun *The word was just at the tip of my tongue.* Mo a te fèk nan bouch mwen.

tip[2] *n.* **1**[*gratuity*] poubwa, tep, ti kraze **2**[*advice*] konsèy **3**[*lottery number*] bi

tip[3] *v.tr.* bay yon poubwa, tepe *Don't forget to tip the waiter.* Pa bliye tepe gason.

tip[4] *v.tr.* panche, pike *Tip the bottle so the water will pour fast.* Panche boutèy la pou dlo a koule vit. •**tip one's hat** rale chapo li *They always tip their hat to greet people.* Yo toujou rale chapo yo pou yo salye moun. •**tip over** baskile, chavire *It can't tip over by itself.* Li pa ka chavire pou kont li. *The bike is tipping over, watch that it doesn't fall down.* Men bisiklèt la ap baskile wi, veye pou l pa tonbe.

tip off *v.intr.* [*the police*] soufle *Someone tipped off the police as to where the gang's* *headquarters are.* Yon moun soufle lapolis kote baz gang lan ye.

tipping *adj.* •**tipping of hat** kout chapo

tippler *n.* [*drinker*] bwasonyè

tipsiness *n.* soulay, soulezon

tipsy *adj.* jan sou *I'm feeling a little tipsy.* M santi m yon ti jan sou. •**make tipsy** soule *A small glass of rum makes me tipsy! Yon ti vè wòm m bwè soule m!*

tiptoe[1] *n.* alapis, pwent pye *We stood on tiptoe to see.* Se wose n wose soup went pye pou n ka wè. *He entered the house on tiptoe.* Li antre nan kay la alapis.

tiptoe[2] *v.intr.* jwe marèl, mache sou pwent pye *Tiptoe so you don't make noise.* Mache sou pwent pye pou pa fè bwi. *Because the road is very muddy, we have to tiptoe to cross it.* Jan la chaje ak labou a, nou pral blije jwe marèl pou n travèse.

tire[1] *n.* kawòtchou *We had a flat tire.* Nou te pran yon pàn kawòtchyou. *I noticed that I had a flat tire.* M wè m gen yon kawòtchou k plat. •**tire pressure** liv •**tire repairer** kawòtchoumann •**tire valve** vav kawòtchou •**flat tire** kawòtchou kreve, pàn kawòtchou *I had two flat tires.* M pran de pàn kawòtchou. •**repair a flat tire** leve pàn kawòtchou •**spare tire** {kawòtchou (de)/ wou de}rechany •**tubeless tire** kawòtchou tiblès

tire[2] *v.intr.* bouke *He never tires of telling jokes.* Li pa janm bouke bay blag. •**tire out** epize, fatige, fè yon moun kagou, kraze kò li, rente *Those kids tired me out.* Timoun yo fatige m nèt. *The heat tired me out.* Chalè a fè m kagou. *He tired himself out working.* Li kraze kò l twòp nan travay. *Hard work tired m out completely.* Travay di fin rente m.

tire-level *n.* espatil

tire-tread *n.* •**tire-tread sandal** batalenbe

tired *adj.* bouke, defrechi, fatige, gen kò kraz(e) las *I'm very tired, I'm going to lie down.* M fatige anpil, m pral lonje kò m. *You look tired.* Ou sanble bouke. *We're getting tired of waiting, we're leaving.* Nou bouke tann, nou prale. *I feel extremely tired today, I don't feel like doing anything.* M gen yon kò kraz jodi a, m pa santi m ta fè anyen. *Because she walked too much, she's tired.* Afòs li mache twòp, li defrechi. •**tired out** about, abriti,

kofre, tou mouri *I'm tired out, I danced so much at the party.* Mwen kofre tèlman mwen danse nan fèt la. *I'll be tired out after this huge piece of work.* M ap tou mouri apre gwo travay sa a. •**be tired of** onnpepli *Every day, there is mismanagement in this country, people are tired of it!* Tout lajounen se gagòt nan peyi sa, onnpepli! •**be very tired** {fè/ gen}simenaj •**dead tired** fatige toutbon *I'm dead tired.* M fatige toutbon. •**get tired of sth.** rasazye *I am getting tired of this story.* M rasazye ak koze sa a. •**make tired** soule *She talks too much; that makes me tired.* Li pale twòp, sa soule m.

tiredness *n.* fatig

tireless *adj.* enfatigab, gen kè *We have to be tireless to complete this project.* Fòk nou gen kè pou n reyalize pwojè sa a.

tiresome *adj.* 1[*gen.*] fatigan *The road is long and tiresome.* Wout la long e li fatigan. 2[*person*] kolan *This guy is tiresome, he annoys me.* Nèg sa a kolan, li enève m.

tiring *adj.* fatigan, madoulè

tissue *n.* 1[*cloth*] twal 2[*organic*] chè, vyann •**tissue paper** papye fen •**bathroom tissue** papye{ijyenik/ twalèt}

tit *n.* tete

tit for tat *adv.* kifkif, tèk an tèk *The opposition matched the government's power tit for tat.* Opozisyon an frape kifkif ak pouvwa a. *He was intimidating me with insults, I answered him tit for tat.* Msye t ap kraponnen m avèk bann vye pawòl li yo, m reponn li tèk an tèk.

titanium *n.* titan

titillating *adj.* eksitan

tithe *n.* ladim

title[1] *n.* 1[*document*] ak, papye lavant, tit *Do you have the title to this land?* Ou gen tit tè sa a? *You are claiming that you are the owner of the land, where is the land title?* Ou ap di tè a se pou ou, kote ak la. 2[*heading*] tit *That's the title of the book.* Sa se tit liv la. •**title to real estate** ak, papye tè *You are claiming that you are the owner of the land, where is the land title?* Ou ap di tè a se pou ou, kote ak la. •**title role** wòl prensipal

title[2] *n.* [*designation*] tit *His title is "Dr."* Tit li se doktè. •**title used by godfather to godmother** makomè •**title used by godmother to godfather** konpè •**title**

used by maid of honor to best man konpè •title used by parents when addressing their child's godfather, or by godfather to child's father konpè, monkonpè •title used by parents when addressing their child's godmother, or by godmother to child's mother komè, makòmè

titmouse *n.*[*bird*] mezanj

to[1] *adv.* [*into a shut position*] fèmen *Please pull that door to for me.* Rale pòt la ou l pou mwen, tanpri.

to[2] *prep.* **1**[*direction toward*] nan *We're going to the market.* Nou pral nan mache a. *They walked to the door.* Yo mache al nan pòt la. **2**[*direction toward, place name*] (*zero*), an *She went to Les Cayes.* L al Okay. *We are going to the Dominican Republic.* Nou pral an Dominikani. **3**[*before*] mwen *It's five to six.* Li siz è mwen senk. *There are only six days to Easter.* Rete sis jou pou Pak rive. **4**[*counting until a number*] sou *Can you count to a hundred?* Ou ka konte rive sou san? *He added five mangos to the three I already had.* Li mete senk mango sou twa m te genyen an. **5**[*reaching as far as*] nan *I only go up to his chest.* M rive nan lestonmak li. *He came up to my knees.* Li rive nan jenou m. **6**[*bring to a person*] bay *Bring the book to your father.* Pote liv la ba papa ou. *Give your keys to me.* Ban m kle ou la. **7**[*comparison with numbers*] a *The final score of the match was three to two.* Match la fini twa a de. **8**[*somewhere between one number and another*] al *There were one hundred to two hundred people at the party.* Te gen ant san al de san nan fèt la. *He's probably sixty-five to seventy years old.* Li dwe nan zòn swasannsenk al swasanndizan. **9**[*verb introducer*] (*zero*) *Tell him to come tomorrow.* Di l vin demen. *I have to work.* M bezwen travay. •**to and fro** alevini •**all the way to** rive *All the way to Cap Haitian.* Rive Okap. •**up to** ale *I drove up the beach.* M ale rive plaj la.

to-do *n.* •**what a to-do** ala de koze

toad *n.* krapo •**large toad** krapo{bèf/boga/bonga}

toast[1] *n.* pen griye •**French toast** pen pèdi

toast[2] *n.* [*drink*] trenkaj •**drink a toast** frape vè, trenke

toast[3] *v.tr.* griye *Toast some bread for me.* Griye pen pou mwen.

toast[4] *v.tr.* frape vè, griye, trenke *After they congratulated the professor, they all toasted him.* Apre yo felisite pwofesè a, yo tout frape vè pou li.

toaster *n.* griy pen, tostè

tobacco *n.* mannòk, tabak, zangwi *I love the smell of tobacco.* M renmen sant tabak. •**tobacco chewer** chikè •**tobacco scraps** kaka garyon •**inferior tobacco leaf** bourad tabak •**rope of tobacco** leaves tòd •**string of tobacco leaves** bras tabak

toboggan *n.* tobogan

today *adv.* jodi a **1**[*the present day*] jodi a —*When is the meeting?* —*Today.* —Ki lè reyinyon an? —Jodi a. *Today's her birthday.* Jodi a se fèt li. *Has today's paper arrived yet?* Jounal jodi a vin deja? *She's coming today.* L ap vini jodi a menm. **2**[*nowadays*] kounye a *Kids today don't have any respect for their elders anymore.* Konnye a, timoun pa respekte granmoun ankò.

toddler *n.* katkat, titit *This child isn't a toddler, she's about nine years old.* Pitit la pa yon ti katkat non, li nèvan konsa.

tody *n.* •**Hispaniolan tody** kolibri fran •**narrow-billed tody** chikorèt, kolibri mòn

toe[1] *n.* dwèt pye, (dwèt)zòtèy *I stubbed my toe.* M frape zòtèy mwen. •**big toe** {gwo/tè} zòtèy •**little toe** ti zòtèy •**pointed toes** [*of shoes*] bèk •**tip of the toe** {pwent/ tèt}zòtèy

toe[2] *v.tr.* •**toe the line** mache ès ès *You'd better toe the line.* Pito ou mache ès ès. •**be on one's toes** sou piga li, veyatif

toenail *n.* zong pye *She painted her toenails.* Li woze zong pye l.

together *adv.* a de, ansanm, nan tèt ansanm *Together, we shall overcome violence.* Nan tèt ansanm, n ap rive konbat vyolans. *We put all our money together.* Nou met tout kòb nou ansanm. *Stick those two pieces together.* Kole de moso sa yo ansanm. *They're not together anymore.* Yo pa ansanm ankò. *They did it together.* Yo fè l a de. •**all together** toutansanm *They took a plane all together.* Yo pran avyon toutansanm. •**be together** makònen *It looks like this man and this woman are together for life.* Gen lè mesyedam yo makònen ansanm pou lavi.

•**do sth. together with** fè konpany *Come with me, we'll travel together.* Vin jwenn mwen, n a fè konpany. •**go together** *a*[*have a relationship*] ansanm *How long have they been going together?* Depi konbe tan yo ansanm? *b*[*match/suit each other*] ale{avèk/menm} *That shirt doesn't go with those pants.* Chemiz lan pa ale ak pantalon an. *The color of the door doesn't go together at all with the walls.* Koulè yo bay pòt la pa ale menm ak koulè mi an. •**go well together** marye *These colors don't go well together.* Koulè sa yo pa marye. •**put together** *a* •**put o.s. together** reprann li •**put together** *a*[*assemble*] fè lo, konbine, òganize, sanble *Put together all the papers so that they don't get mixed up.* Òganize tout papye yo pou yo pa mele. *Put five sweet potatoes together in a pile.* Fè lo senk patat. *b*[*a machine*] monte *I assembled the car piece by piece.* M monte machin nan pyès pa pyès.

togetherness *n.* konpayi, tèt{ansanm/kole} *You can tell that they have togetherness because there's never any dispute between them.* Ou wè gen tèt ansanm paske yo pa janm nan kont.

toil *v.intr.* bourike, titile, trimaye, trimen, wouke *I'm toiling under the sun.* M ap wouke anba solèy la.

toilet *n.* 1[*gen.*] kabinè, komòd, konfò, latrin, olye, twalèt, twòn, watè 2[*flush*] watè{ijenik/klozèt} 3[*euph.*] kay madan Viktò 4[*restroom*] watè •**toilet paper** papye{(i)jenik/twalèt} •**toilet seat** bouch latrin, syèj twalèt •**toilet tank** rezèvwa{twalèt/watè} •**be on the toilet** sou twòn li *It's when he's on the toilet that he calls someone to bring toilet paper to him.* Se lè li sou twòn li pou l ap rele pote papye ijyenik pou li. •**flush toilet** twalèt otomatik •**go to the toilet** ale{lasèl/watè} *It has been a couple of days that I didn't go to the toilet, maybe I am constipated.* M gen kèk jou m pa ale lasèl, sanble m konstipe. •**having toilet and shower** [*house*] konfò modèn •**make s.o. go to the toilet** fè yon moun ale *The medication makes me go to the toilet with ease.* Medikaman an fè m ale byen.

toise *n.* [*unit of measure, about 6′6″*] twaz

token *n.* 1[*symbol*] gaj *Take this gift as a token of my gratitude for your help.* Pran kado sa a kòm yon gaj rekonesans mwen pou èd ou. 2[*for a telephone, etc.*] jeton •**by the same token** kifè, menmman

tolerable *adj.* pasab, tolerab *The way she spoke badly to you isn't tolerable at all.* Jan l pale mal ak ou a pa tolerab ditou.

tolerance *n.* tolerans •**excessive tolerance** sitirans

tolerant *adj.* sitirè, sitirèz [*fem.*] charitab, toleran *This boss is very tolerant, I did a poor job but he didn't say anything.* Patwon sa a se yon nèg charitab, m fè yon travay ki pa bon men li pa di m anyen. *You have to be tolerant to get along with people.* Fòk ou toleran pou viv ak moun. •**be too tolerant towards people** nan santimantalite ak moun *When you are too tolerant of others, they won't show you any respect.* Depi ou nan santimantalite ak moun, yo p ap janm pran ou oserye. •**overly tolerant or indulgent** satirè, sitiran

tolerate *v.tr.* 1[*accept*] admèt, asepte, pran kè, sipòte, sitire, tolere *In this place, we don't tolerate bad stuff.* Bò isit, nou pa admèt vye bagay. *We don't tolerate children making noise here.* Nou pa asepte timoun vin fè bri la a. *The pain is terrible, but he tolerates it.* Doulè a rèd, men li pran kè. *I won't tolerate unruly children.* M pa sipòte timoun ki dezòd. *Her mother tolerates everything she does because she loves her so much.* Manman l tolere tout sa l fè poutèt li renmen l twòp. *I won't tolerate you insulting me here.* M p ap sitire ou manke m dega la. 2[*overlook*] fèmen je li sou *I tolerated that one time, but it's the last time too!* Mwen fèmen je m sou sa yon fwa, men se dènye fwa tou! •**not tolerate** pa vle wè ni pè ni pap

toll *n.* peyaj *They charge a toll from every car that uses the road.* Yo mande yon peyaj pou tout machin yo ki itilize wout la.

tolling *n.* legla

tom-tom *n.* tanmtanm

tomato *n.* tomat, tonmat •**tomato paste** pat tomat

tomb *n.* fòs, kav, tonbo, tonm •**tomb vault** kavo

tomboy *n.* gasòn, gasonyèz

tomfoolery *n.* grimas, makakri

tombstone *n.* tonm

tomcat *n.* matou •**pussycat and tomcat** mimi ak makou

tome *n.* [*book*] tòm

Tommy gun *n.* mitrayèt

tomorrow *adv.* demen *Tomorrow is a holiday.* Demen se fèt. •**by tomorrow** disi demen *By tomorrow, I'll give you a deposit.* Disi demen, m ap ba ou yon avalwa. •*See you tomorrow!* A denmen! •**the day after tomorrow** apredemen *What are you going to do the day after tomorrow?* Ki sa w ap fè apredemen?

ton *n.* **1**[*unit of weight*] tòn **2**[*large quantity*] bann, bokit *He received a ton of letters.* Li resevwa yon bann lèt. *He said a ton of bad words to me.* Li di m yon bokit move mo.

tone¹ *n.* **1**[*sound*] ton **2**[*shade of color*] ton •**tone of voice** langaj *I don't like this tone of voice.* M pa renmen langaj sa a. •**have a nasal tone** pale nan nen

tone² *v.tr.* •**tone down** apeze, desann li *She toned down her words so that things wouldn't go too far.* Li apeze koze a pou sa pa rive lwen. *Tone it down, I'm not your maid.* Desann ou pou mwen, m pa bòn ou.

tongs *n.pl.* pens, pensèt, tenay •**coal tongs** pensèt

tongue *n.* lang •*She stuck her tongue out at me.* Li file lang li ban mwen. *I bit my tongue.* M mòde lang mwen. •**tongue depressor** ti palèt •**have a coated or furred tongue** fwa li chaje •**have a foul tongue** gen bouch sal *You really have a foul tongue.* Piti gen bouch sal se ou. •**have a sharp tongue** gen lan sèpan •**string of the tongue** filèt

tongue-in-cheek *adj.* nan{jwèt/rans}

tongue-lashing *n.* jouman

tongue-tied *adj.* bebe chòchòt, lang yon moun lou *You're not tongue-tied, you can reply.* Ou pa yon bebe chòchòt, ou ka reponn. *Since the accident, he has become tongue-tied.* Depi aksidan an, lang li vin lou.

tongue-twister *n.* {mo/fraz}difisil pou pwononse

tonic¹ *adj.* fòtifyan, tonnik

tonic² *n.* (siwo){fòtifyan/remontan}

tonight *adv.* aswè a *We're leaving tonight.* N ap pati aswè a. *They're showing that movie tonight.* Y ap pase fim lan aswè a. *What are you doing tonight?* Sa ou ap fè aswè a?

tonnage *n.* tonaj

tons *n.pl.* milyon ven, yon pil (ak yon pakèt)

tonsil *n.* amigdal, chè nan gòj *They took out my tonsils.* Yo wete chè nan gòj mwen.

tonsillitis *n.* amidal, amigdalit, chè nan gòj, lalwèt tonbe *The child has tonsillitis.* Pitit la gen chè nan gòj.

tonsured *adj.* sakre *I touched the spot where the priest was tonsured.* M touche kote tèt pè a sakre.

too *adv.* **1**[*a lot*] twò(p) *The loaf of bread is too big.* Pen an twò gwo. *I'm too tired to play right now.* M twò fatige, m pa ka jwe konnye a. *These shoes are too large for me.* Soulye sa a twò gwo pou mwen. *It's too cold outside.* Li fè twò frèt deyò a. *Don't drive too fast.* Pa kondi twò vit. **2**[*very*] twò(p) *I don't feel too good.* M pa santi m twò byen. *They would be too pleased.* Yo ta twò kontan. **3**[*also*] tou *She wants to come, too.* Li vle vini tou. *Can I play, too?* M mèt jwe tou? •**too bad** donmaj, tanpi •**too much** twò(p)

tool *n.* zouti •**set of tools** je zouti

toolbox *n.* bwat zouti *The tools are in the toolbox.* Zouti yo nan bwat zouti a.

toot *v.tr.* bay kout klaksonn, klaksonnen *Stop tooting the horn.* Sispann klaksonnen.

tooth *n.* **1**[*dentition*] dan *Did you brush your teeth?* Ou foubi dan ou? **2**[*comb, rake, saw, etc.*] dan *The comb is missing some teeth.* Peny lan manke dan. **3**[*of a dog, etc.*] kwòk **4**[*pej.*] kwòk •**a tooth for a tooth** èy pou èy, dan pou dan •**baby or milk tooth** dan{lèt/timoun}, grenn diri •**back tooth (bicuspid)** dan dèyè, pilon •**big tooth** dan miwon •**buck tooth** dean griyen •**canine tooth** *a*[*of dogs*] kwòk *b*[*of humans*] dan chen •**crooked teeth** dan{chaka/tchaka} •**dead tooth** dan mouri •**decayed tooth** dan{gate/karye/pike} •**eye tooth** dan{chen/je} •**false teeth** fo dan, (r)atelye *He has false teeth.* Li gen fo dan. •**front tooth** dan devan •**get one's adult teeth** chanje dan *Jeanette is getting her adult teeth.* Janèt ap chanje dan. •**having lost one's baby teeth** dan rachòt *My little sister has lost her baby teeth, she's getting her adult teeth.* Ti sè m nan gen dan rachòt, l ap chanje dan. •**large tooth** pèl dan •**long and gapped teeth** dan fouchèt •**long and pointed teeth** dan kingkong

•**loose tooth** [*ready to fall out*] dan souke
•**make one's teeth ache** siye dan yon moun *Don't scratch the chalkboard, it makes my teeth ache.* Pa grate tablo a, li siye dan m.
•**missing a few front teeth** bèl antre *Ti Djo is getting his adult teeth, he is missing a few front teeth.* Ti Djo ap chanje dan, li gen yon bèl antre. •**missing many teeth** djòl {flobop/fobop/fobo/ fòj/fòy} •**pejorative for teeth** grenn dan *What long ugly teeth she has!* Gade ki jan grenn dan li long! •**sore tooth** dan sirèt •**stunted tooth** dan rachòt
•**sweet tooth** bagay dous *She has a real sweet tooth.* Li renmen bagay dous anpil. •**teeth of yellowish color** [*due to lack of hygiene*] dan bonbon •**two teeth growing in the same position** dan{doukla/marasa} •**wisdom tooth** dan {sajès/zòrèy} *I have a wisdom tooth coming in.* M gen yon dan zòrèy k ap pouse.

toothache *n.* mal dan, malodan *I have a toothache.* M gen mal dan. M gen (on) dan (k ap) fè (m) mal.

toothbrush *n.* bwòs (a) dan

toothless *adj.* bouch djòl •**toothless person** mazora •**almost toothless** djòl{flobop/ fobop/fòj/fòy}

toothpaste *n.* kòlgat, pat{dan/dantifris}

toothpick *n.* bwa{bale/dan}, kidan

top¹ *adj.* **1**[*uppermost*] anlè *Look in the top drawer.* Gade nan tiwa ki jis anlè. *I'll take the top one, and you take the bottom one.* M ap pran anlè a, ou ap pran anba a. **2**[*best*] pi{bon/gwo} *She has the top salary in the company.* Se li k touche pi gwo kòb nan konpayi a. *He's the top player on the team.* Se pi bon jwè nan ekip la. •**top authority** mèt kèsyon

top² *n.* **1**[*upper part*] anwo, do, tèt *Don't climb on top of the table.* Pa moute anwo tab la. *The top of this piece of furniture needs polishing.* Anwo mèb la manke poli. **2**[*cover*] kouvèti *Have you seen the top to this pot?* Ou pa wè kouvèti chodyè sa a. **3**[*highest part*] anlè *He started at the bottom, but he's made it to the top.* Li koumanse byen ba, konnye a l jis anlè. •**top floor** dènye etaj a •**top of hill, mountain, tree** tèt *He climbed to the top of the tree.* Li monte nan tèt pyebwa a. •**top of house** {do/tèt}kay *What's he doing on top of*

the house? Sa l ap fè sou do kay la? •**top part** anwo *Let's start with the top part first.* Ann kòmanse ak pati anwo a dabò. •**from the top** anlè *I'm taking it from the top.* M ap pran l anlè a. •**from top to bottom** delatètopye, dewotanba, nèt, rapyetè *She cleaned the house from top to bottom.* Li fè pwòpte nan tout kay la nèt. •**on top of a**[*upper part*] anlè, anwo *The glasses are on top of the cupboard.* Vè yo anlè gadmanje a. **b**[*in addition to*] enpi men *He just lost his job, and, on top of that, his children have gotten sick.* Li fenk pèdi travay li, enpi men timoun yo tonbe malad. •**on top of each other** pil sou pil *Those people live on top of each other.* Moun sa yo ap viv pil sou pil. •**on top of things** sou men li •**over the top** depase lebòn •**screw-on bottle top** kapichon •**to the top** agranlijyèn *Fill the gas tank to the top.* Foul tank li agrannlijèn. •**very top** [*of a tree, plant*] tèt flèch *At the very top of the mango tree.* Sou tèt flèch pye mango a.

top³ *n.* [*toy*] topi, toupi •**top made from a calabash** [*spinning*] kalbasi •**put one's top in a vulnerable position** bay mou, mete yon toupi pòk *Your spinning-top always wobbles, I'll put mine in a vulnerable position to give you a chance.* Toupi ou a toujou krik, m a mete pa m nan pòk pou ba ou yon chans. *If you put your spinning-top in that position, it's going to break.* Si w ap bay mou konsa, y ap fann toupi a.

top⁴ *v.tr.* **1**[*do better, more than*] ofri pi plis *If no one tops your offer, it's yours.* Si pa gen moun ki ofri m pi plis pase ou, m ap ba ou l. **2**[*cooking*] glasiye *They topped the cake well.* Yo byen glasiye gato a.

topcoat *n.* manto, padesi

top-hat *n.* jibis, konma, otfòm, retape

top-heavy *adj.* debalanse

top-ranking *adj.* premye plas

top-to-tail *adv.* tèt an ke *We slept top-to-tail.* Nou dòmi tèt an ke.

topaz *n.* topaz

topic *n.* kozman, sije

topless *adj.* tete deyò

topmost *adj.* pi wo pase tout

topnotch *adj.* fopaplis, gran kalib

topple I *v.tr.* jete, ranvèse *The army toppled the government.* Lame jete gouvènman an.

•**topple over** ladoba *Don't make the pile too high, or it'll topple over.* Pa fè pil la twò wo, l a tonbe. **II** *v.intr.* ladoba *He slipped on the rock, he toppled over right away.* Pye misye glise sou wòch la, trapde li ladoba.

tops *adj.* fopaplis

topsoil *n.* tè anlè •**loose topsoil** grès tè •**rich topsoil** krèm tè

topsy-turvy *adj.* anboulatcha, anvoulvès, tèt anba *Because she has so much to think about, her brain is topsy-turvy.* Afòs li reflechi, sèvo l anboulatcha. *Everything here is topsy-turvy.* Tout bagay isit anvoulvès. *It's a real topsy-turvy mess in that house, look, you can't find even a place to put your feet.* Se yon veritab tèt anba ki gen nan kay sa a, gade, ou pa menm jwenn kote pou mete pye ou.

torch *n.* bwadife, chandèl, flanbo, tòch •**electric torch for welding** chalimo, tòch

torchwood *n.* bwa chandèl blan •**torchwood tree** bwa chandèl

toreador *n.* toreyadò

torment[1] *n.* malè, touman *That woman is in real torment at the death of her husband.* Mari li mouri, fanm lan nan touman serye.

torment[2] *v.tr.* boulvèse bil yon moun, brase bil, {chavire lòlòj/rache kè}yon moun, fougonnen, kenbe, matirize, sakaje, tenaye, toumante, vire bil *He was sitting there in peace, don't torment him with pointless chitchat.* Li te chita la an pè, pa vin boulvèse bil li ak vye koze. *Stop tormenting me with questions.* Ase brase bil mwen ak kesyon. *The spirit of the dead person tormented him because he didn't mourn for him.* Mò a kenbe li poutèt li pa t pote dèy pou li. *This problem torments me a lot.* Pwoblèm sa ap rache kè m. *The pain is tormenting me.* Doulè a ap sakaje m. *She has heavy grief that torments her.* Li gen yon sèl doulè k ap tenaye li. *Because you torment me too much, I'll be happy when you leave.* Poutèt ou vire bil mwen twòp, m ap kontan lè ou ale. *Don't let it torment you so.* Pa kite bagay sa a toumante ou konsa.

tormentor *n.* chipòtò, tatezoflando

torn *adj.* chire, défèt *Your pants are torn in the knee.* Pantalon ou chire nan jenou. **1**[*clothes*] defripe •**torn apart** vantre •**be torn off** rache *The button is about to be torn off.* Bouton an prèt pou rache. •**torn seam**

défèt *The shirt sleeve's seam is torn.* Manch chemiz lan défèt.

tornado *n.* tònad, toubouyon

torpedo[1] *n.* tòpiy

torpedo[2] *v.tr.* tòpiye *They torpedoed the ship.* Yo tòpiye bato a.

torrent *n.* gwo dlo, lavalas

torrential *adj.* an lavalas

torrid *adj.* cho anpil

torso *n.* bis, tòs

torticollis *n.* kou rèd

tortoise *n.* tòti

tortoise-shell *n.* •**made of tortoise-shell** annekay *It's a tortoise-shell comb.* Se yon peny annekay. •**tortoise-shell turtle** karèt

Tortuga Island *prop.n.* Latòti

torture[1] *n.* mati, siplis, tòti

torture[2] *v.tr.* deboundare, matirize, sakaje (bil) yon moun, tòtire *The military official tortured the gang leader until he denounced his accomplices.* Chèf la deboundare chèf gang nan jis li denonse konplis li yo. *Sometimes the police torture thieves.* Kèk fwa lapolis matirize vòlè yo. *They tortured the man without cause.* Yo tòtire nèg la san rezon.

torturer *n.* bouwo, tatezoflando, tòsyonè

toss I *v.tr.* flanke, frenk, kalabouse, pimpe, voye *Toss him in the water.* Frenk misye nan dlo a. *He took off his shirt and tossed it on the bed.* Li retire chemiz li sou li, li voye l sou kabann lan. *Toss that newspaper to me.* Voye jounal sa pou mwen. *She tossed out a lot of junk in the gutter.* Li kalabouse anpil fatra nan kanivo a. *She tossed the food into the garbage.* Li pimpe manje a nan fatra a. **II** *v.intr.* {mouvmante kò/vire}li *She tossed and turned in the bed all night.* Li fè nuit lan ap vire kò l, brase kò l nan kabann lan. *Stop tossing and turning.* Sispann mouvmante kò ou. •**toss about** bouskile •**toss and turn** {bat/brase/mouvmante}kò li, fè lakòt *Stop tossing and turning.* Sispann mouvmante kò ou. *He tossed and turned his body all night in the bed.* Li brase kò l tout lannuit sou kabann nan. *She tossed and turned in bed.* Manmzèl ap fè lakòt sou kabann ni. •**toss away** voye yon bagay jete •**toss on** [*clothes*] chavire *Toss on your clothes and then go.* Chavire rad sa yo sou ou, epi ann ale. •**toss out** {flanke/foute}yon moun deyò •**toss restlessly**

toubouyonnen kò li •**toss win or lose** jwe tonton ou palmis

toss-up *n.* chans egal

tossing *n.* [*of a boat*] tangay

tot *n.* tikatkat

total¹ *adj.* absoli, konplè, total, total kapital *There was a total silence in the room.* Te gen yon silans absoli nan sal la.

total² *n.* 1[*result of addition*] montan, sòm *What's the total when you add everything together?* Ki montan, lè ou met tout ansanm? 2[*full amount*] antou *He gave me a total of one hundred dollars.* Li ban m san dola antou. •**for a total** antou *We did purchases for a total of fifty gourdes.* Nou achte antou pou senkant goud.

total³ *v.tr.* totalize *When I total up what I spent, I spent a thousand gourdes.* Lè m totalize sa m depanse, se mil goud.

totalitarian *adj.* totalitè *A totalitarian government.* Yon rejim totalitè.

totality *n.* totalite

totally *adv.* nèt, nètalkole, ragannak, totalman *I'm totally with you.* Mwen avè ou nèt. *I'm totally in agreement with you.* M totalman dakò ak ou. *It was totally dark outside.* Deyò a te tou nwa nèt.

tote *n.* •**food tote** kantin

totter *v.intr.* kilbite *He tottered and then he fell.* Li kilbite epi li tonbe.

tottering *n.* balansman

touch¹ *n.* 1[*slight contact with finger*] kontak, touch 2[*slight amount*] ti *Add a touch more salt.* Mete yon ti sèl tou piti. 3[*slight case*] ti *He has a touch of fever.* Li gen yon ti lafyèv sou li. 4[*verbal/written contact*] gen kontak *Have you kept in touch with her?* Ou gen kontak avèk li? *I've lost touch with her since she's left.* Depi l ale a, m pa gen kontak avè l. •**a touch** aksantegi •**be in touch** tyeke *She said she'd be in touch with me soon.* Li di l ap tyeke m. •**get in touch** pran kontak avèk, kontakte *It's today that I'm going to get in touch with her.* Se jodi a m pral pran kontak avè l. *Have you tried to get in touch with him?* Ou eseye kontakte li? •**give a finishing touch** rafine *Give a finishing touch to the furniture.* Rafine mèb yo. •**lose touch** pèdi kontak •**put the finishing touches to** [*surface, piece of work*] degwosi *The rocking chair isn't well-made,*

they haven't put the finishing touch to it. Dodin nan pa byen fèt, yo manke degwosi l.

touch² **I** *v.tr.* 1[*make light contact*] manyen, touche *Don't touch the wall. It was just painted.* Pa manyen mi an, li fenk pentire. *If you touch the pot, you'll burn yourself.* Si ou manyen chodyè a, w ap boule. *He jumped up and touched the ceiling.* Li vole, l touche plafon an. 2[*make contact aggressively*] manyen, touche *She said you hit her.* —*I never touched her!* —Li di ou ba l kou. —M pa janm manyen l! *Don't touch me.* Pa touche m. 3[*be equal to*] parèt devan yon moun manyen *When it comes to cooking, no one can touch her.* Nan fè manje, pa gen moun ki ka parèt devan l. 4[*handle/consume*] manyen *I haven't touched a cigarette since then.* M pa janm manyen yon sigarèt depi lè a. *She didn't touch her food.* Li pa manyen manje a. **II** *v.intr.* [*be in contact with*] touche *Their shoulders aren't touching.* Zèpòl yo pa touche. •**touch and feel** tate •**touch and play with** [*fruit*] petri *Stop touching and playing with the avocadoes.* Ase petri zaboka yo. •**touch bottom** {fè/ pran}pye *You can't touch bottom on this side of the lake because it's deep.* Ou pa ka fè pye bò sa nan lak la paske l fon. •**touch down** [*airplane*] ateri, poze •**touch each other affectionately** [*lovers*] pase yon moun yon chaplèt *The guy and the girl were touching each other affectionately.* Tigason an ak tifi a ap pase chaplèt. •**touch land** pile tè *As soon as she touched land here, she said she felt freed.* Annik li pile tè isit, li di li delivre. •**touch lightly** flere, raze •**touch off** [*start/ cause*] leve *What she said touched off an argument.* Sa l di a leve yon sèl kont. •**touch or tap brakes lightly** teke fren *Touch the brakes when you take a turn.* Teke fren an lè w ap fè koub la. •**touch up** retouche *They touched up the photographs.* Yo fin retouche foto yo. •**touch upon** [*in discussion*] vini ak li sou *I also touched on the topic of my money.* M tou vini ak li sou pawòl lajan m. •**barely touch** flere *Fortunately the bullet they shot just barely touched my shoulder.* Chans pou mwen bal yo tire a sèlman flere zepòl mwen. •**not to touch bottom** [*swimming*] pèdi pye *Her feet couldn't touch bottom in the deep water.* Pye l pèdi nan dlo fon an.

touch-and-go *adj.* anbalan, ensèten

touch-me-not *n.* [*plant*] bèlzanmi

touch-up *n.* •**do a minor touch-up** {bay/fè} yon pase men

touching[1] *adj.* touchan *The way she told me her problems, it was very touching.* Jan l rakonte m pwoblèm ni an, sa touchan anpil.

touching[2] *n.* retouch

touchstone *n.* [*criterion*] kritè, referans

touchy *adj.* frivòl, mabyal, siseptib *Don't get involved with this touchy man, he gets angry even if one smiles.* Pa annafè ak nèg frivòl sa, pou dan ri li fache. *We aren't talking about you, you're too touchy.* Se pa sou ou n ap pale, ou siseptib twòp. •**what one is sensitive or touchy about** pwen sansib

tough[1] *adj.* **1**[*difficult to do*] di, difisil, konplike, madoulè, malouk, rèd, sere *It's a tough job.* Se yon travay ki difisil. *This tough job takes brains.* Travay madoulè sa a mande sèvo. **2**[*difficult to cope with*] boulatcha, di *Life is really tough sometimes.* Gen de lè, lavi a di toutbon. *Things are really difficult.* Bagay yo boulatcha nèt. **3**[*severe, strict : measure, decision*] di, èsès, gwonèg, korèk *The decision that they made to send back all the illegal immigrants to their country is tough.* Desizyon yo pran pou depòte san papye yo gwonèg. *The judge subjected the man to a tough interrogation.* Jij la pase misye yon entèwogatwa kòrèk. **4**[*challenging*] gason pa kanpe *We're going to play a tough brand of soccer.* Nou pral jwe yon foutbòl gason pa kanpe. **5**[*person*] kanson fè, kòryas, tòf *Don't think she will give in so easily, she's a tough woman.* Pa janm kwè li pral sede fasil konsa, se yon fanm kòryas. *He's a tough one, everyone is afraid of him.* Msye se yon kanson fè, tout moun krenn li. *That woman is tough.* Fi sa a tòf. **6**[*strong*] asye, barak *This skinny rat needs to beef himself up before he tries to fight with that tough guy.* Mègzo a bezwen mete doumbrèy nan pwa li anvan l chache goumen ak barak sila a. *His body is tough.* Kò misye se asye. **7**[*able to cope with difficult conditions*] solid *You have to be tough to live out here.* Fò yon moun solid pou ou viv isit. **8**[*crude and rough-acting*] vakabon *She's always hanging around with a bunch of tough characters.* Li toujou ak yon bann

vakabon. **9**[*difficult to cut/eat*] di, koryas, rèd *The meat is tough.* Vyann lan di. *The meat became tough.* Vyann nan vin kòryas. *The grass is too tough for the sickle.* Zèb la twò rèd pou boutdigo a. •**tough going** kòridò twa vandrès sere dan •**tough guy** albarak, barak, bewòm, kòk *This work requires some tough guys to do it.* Travay sa a mande kèk albarak pou fè l. •**tough person** moun san sipòtan •**get tough** mete kanson asye sou li *The teacher got tough with the unruly students.* Mèt la mete kanson fè l sou li pou elèv dezòd yo. •**that's really tough** donmaj ki fè donmaje *They lost all their belongings in the fire, well that's really tough!* Yo pèdi tout byen yo nan dife a, enben donmaj ki fè donmaje!

toughen up *v.intr.* manbre *You have to toughen up!* Se pou ou manbre ou!

toughness *n.* dite •**toughness of spirit** fèmte, nannan

tour *n.* tou, virewon •**electoral campaign tour** virewon •**make a tour of** [*a place*] fè yon virewon •**package tour** vwayaj òganize

tourism *n.* touris

tourist *n.* touris, touristic •**a tourist boat** bato touris •**a tourist site** yon sit touristik

tournament *n.* chanpyona, tounwa *Our team is playing in the tournament.* Ekip nou an ap jwe nan chanpyonna a.

tourniquet *n.* gawo, tounikèt

tousle *v.tr.* [*hair*] depenyen •**tousle s.o.'s hair** gaye tèt yon moun *With this beautiful hairdo she has, don't tousle her hair.* Apre bèl kwafi sa a li pran an, pa gaye tèt li non.

tousled *adj.* depenyen *Her hair is all tousled.* Tout tèt li depenyen.

tout *v.tr.* fè pwomosyon, vante *She touted her beauty salon.* Li vante estidyo li a.

tow *v.tr.* rale, remòke *Let's have the car towed.* An n fè rale machin lan. •**tow away** remòke *This car is parked in violation, the police are coming to tow it away.* Machin sa a mal kanpe, lapolis ap vin remòke l.

towage *n.* remòkay

toward(s) *prep.* **1**[*direction*] sou, vè *I'm heading toward Main Street.* M prale vè zòn Granri. *My house faces toward the ocean.* Kay mwen bay sou lanmè a. *Look, the car is coming toward us.* Men machin nan ap vini sou nou. **2**[*for the purpose of*] pou *I'm saving money towards a bike.* M ap sere kòb pou yon bisiklèt. *Everyone gave two dollars toward the gift.* Chak moun bay de dola pou kado a. **3**[*time*] bò, ozanviwon, vè *I usually get up toward eight o'clock.* M gen labitid leve bò wit è. *The plane will arrive towards six o'clock.* Avyon an ap rive ozanviwon sizè. **4**[*in relation to*] anvè, avèk *You must not be ungrateful towards your parents.* Fò ou pa engra anvè paran ou. *She acted badly towards her mother.* Li aji mal ak manman l. *You shouldn't have that bad attitude toward her.* Ou pa dwe gen move atitid sa vizavi li.

towel[1] *n.* sèvyèt •**bath towel** sèvyèt deben •**beach towel** sèvyèt plaj •**dish towel** tòchon •**hand towel** sèvyèt

towel[2] *v.tr.* •**towel off** seche kò li

tower *n.* tou •**tower of Babel** tou de Babèl •**bell tower** kloche •**control tower** tou kontwòl •**water tower** chato dlo, sitèn

tower over *v.intr.* dominen, pi wo pase *He towered over all the other people.* Li te dominen tout lòt moun.

towing *n.* remòkay

town *n.* **1**[*place*] (la)vil *They live in town.* Yo ret nan vil la. *There's another town not too far from here.* Gen yon lòt vil pa twò lwen an. *I bumped into him in town.* M al tonbe sou li lavil la. **2**[*people*] (la)vil *The whole town was there.* Tout vil la te la. *The town is very angry at their mayor.* Tout vil la fache kont majistra a. •**town dweller** moun lavil •**town square** plas{dan/piblik} •**go from town to town** mache vil an vil •**hick town** ti bouk, twou koukou •**in town** lavil *You have to go in town.* Fò ou al lavil. •**market town** bouk jaden

town hall *n.* lakomin

township *n.* minisipalite

townspeople *n.* moun lavil

towrope *n.* fil trese remòk

toxemia *n.* entoksikasyon

toxic *adj.* toksik •**toxic products** pwodui toksik

toxin *n.* pwazon

toy *n.* joujou, jwèt

toy with *v.intr.* nan radòt ak

Toyota° *prop.n.* •**Toyota**° **car** [*because of the bull head emblem*] tèt bèf

trace[1] *n.* **1**[*gen.*] mak, tras **2**[*of blood, etc.*] remak •**trace of slime** [*of a snail or slug*] glis

trace[2] *v.tr.* **1**[*copy*] dekalke, trase *She's tracing the circle.* L ap trase sèk la. **2**[*trail*] depiste, swiv tras, trake *The police are tracing the road taken by the thieves.* Polis la ap swiv tras wout volè yo te pran. •**trace 'vèvè' on ground** [*Vodou*] tire{farin/vèvè} *The houngan is going to trace a 'vèvè' now to call down the spirits.* Oungan an pral tire farin kounye a pou l rele lwa yo.

trachea *n.* kannal souf, {(ti)gòj/gòjèt}di, tib van poumon, tiyo souf

trachoma *n.* trakoma

tracing *n.* dekalkaj, leve desen

track[1] *n.* **1**[*path*] ti{chemen/wout} **2**[*set of marks left by s.o./sth.*] mak, pis *Those are animal tracks.* Sa a se mak pye bèt. **3**[*of a snail or slug*] glis •**track and field** atletis •**be on a bad course or track** file yon move{fil/koton/pant} *You're on a bad course if it's me that you're harassing.* Ou ap file yon move koton si se mwen w ap anmède. •**be on the wrong track** swiv (yon) move kouran •**get back on track** tounen sou ray •**get off track** radada •**inside track** lamenwòt •**put on the right track** mete yon moun sou konpa li *If I don't put her on the right track, she'll always continue not to show me respect.* Si m pa mete l sou konpa l, l ap toujou kontinye manke m dega. •**rail track** ray

track[2] *v.intr* •**tracktrack down.** peche, swiv tras *The police tracked down the thieves.* Lapolis swiv tras vòlè yo. *The police tracked down all the criminals in the neighborhood.* Lapolis peche dènyè bandi sou katye a.

tracking down *n.* depistaj

tracks *n.pl.* •**make tracks** kraze{bwa/raje}

tracksuit *n.* souvètman

tract[1] *n.* kannal, trak, trete •**urinary tract** {aparèy/ chemen/kannal}pipi

tract[2] *n.* [*pamphlet*] trak

tract[3] [*land*] pasèl, teren

tractor *n.* traktè •**tractor trailer** semiremòk

trade[1] *n.* **1**[*occupation*] metye, ofis *He's a jeweler by trade.* Ofis li se òfèv. **2**[*business*] konmès, trafik *This little trade allows me to provide for my children.* Ti trafik sa a pèmèt mwen avwa lavi ak timoun yo. **3**[*exchange*] boukantay, echany, trèt, twòk •**trade wind**

van{alize/kap} •**coastal trade** kabotaj •**foreign trade** konmès ak lòtbò a •**free trade** politik baryè lib •**person not skilled in his/her trade** [*pej.*] machòkèt *I can tell that this wardrobe was made by someone who didn't know what he was doing.* M wè se yon machòkèt ki fè amwa sa a. •**slave trade** trèt dè nwa •**jack of all trades** mèt Jan Jak, michèlmoren

trade² *v.tr.* 1[*exchange*] boukante, fè boukantay, twoke *I traded my bicycle for his donkey.* M twoke bisiklèt mwen an avèk li pou bourik li a. •**trade insults** joure *They're always trading insults.* Yo toujou ap joure. 2[*engage in commerce*] fè komès *She trades with foreigners.* Li fè komès ak etranje. •**trade places** chanje plas *He traded places with me.* Li chanje plas avè m. •**trade punches** bokse *In the fight that broke out, they traded punches.* Nan goumen ki pete a youn ap bokse lòt. •**trade sth. good for sth. bad** boukante kòn pou zago •**trade sth. of value for sth. worthless** twoke{kiyè pou ti bwa/kòn pou zago}

trade-winds *n.pl.* van alize

trademark *n.* anblèm, mak (fabric)

trader *n.* boukantè, lamadèl, negosyan, twokè •**slave trader** esklavajis, negriye

trading *n.* boukantay, twokay •**free trading area** zòn franch •**illicit trading** trafik •**slave trading** negriye

tradition *n.* koutim lontan, tradisyon

traditional *adj.* tradisyonèl •**traditional practices** pratik tradisyonèl

traditionally *adv.* tradisyonèlman *Traditionally we don't cook the first day of the new year.* Tradisyonèlman nou pa monte chòdyè premye jou lane a.

traffic *n.* [*movement of people/vehicles*] sikilasyon •**traffic congestion** ankonbreman sikilasyon, blokis *The traffic congestion caused many people to be late for work.* Ankonbreman sikilasyon an fè anpil moun an reta nan travay yo. •**traffic jam** anbouteyaj, ankonbreman sikilasyon, blokis, trafik *We got tied up in a traffic jam.* Nou te pran nan blokis.

tragedy *n.* trajedi •**tragedy is imminent** jwèt la make san *Tragedy is imminent, considering*

the situation in the country. Jwèt la make san, jan sitiyasyon peyi a ye la.

tragic *adj.* tèrib, trajik *The accident was tragic.* Aksidan an trajik. *That film is truly tragic.* Fim sa a terib anpil.

tragically *adv.* malerezman

tragicomedy *n.* trajikomedi

trail¹ *n.* 1[*trace*] pis, siyay, tras 2[*path*] chemen, wout *The trail will be at your right.* Chemen an ap dwat ou. •**on s.o.'s trail** nan twous yon moun *The police are on the crooks' trail.* Lapolis nan twous bandi yo.

trail² *v.tr.* nan twous yon moun, swiv{pis/tras}, trake *They're trailing me.* Yo trake m. •**trail behind** mache trennen

trailer *n.* 1[*for a vehicle, boat*] trelè *We need a trailer to pull the car.* Nou bezwen yon trelè pou rale machin nan. 2[*movie*] avangou

train¹ *n.* tren *There are no trains here.* Pa gen tren isit. •**freight train** tren machandiz

train² *n.* [*of a dress*] {ke/trenn}wòb •**a train of a wedding dress** yon ke wòb lamarye

train³ *v.tr.* 1[*people*] drese, enstwi, fòme *If you don't train the child now, she'll never have discipline.* Si ou pa fòme pitit la depi kounye a, li p ap janm gen lòd. 2[*athlete*] antrene *He didn't want to train that player.* Li pa vle antrene jwè sa a. 3[*dog*] drese *They're training the dog to watch the house.* Yo drese chen an pou siveye kay la. 4[*horse*] kabeste, kastonnen

trainable *adj.* dontab

trainee *n.* estajè *Not all trainees are apprentices, there are those who already know their trade.* Tout estajè pa apranti, gen nan yo ki konn metye a deja.

trainer *n.* antrenè, fòmatè *The trainer has led the seminar well.* Fòmatè a te byen anime seminè a. •**breeder and trainer of fighting cocks** kriyadò, woutchadò •**horse trainer** dontè, makiyon

training *n.* antrennman, edikasyon, fòmasyon *She attended a training session on agriculture.* Li suiv yon seyans fòmasyon sou agrikilti. •**training period** estaj •**on-the-job training** fòmasyon soulechan

traitor *n.* jouda, kouto de bò, krazèdpeyi, mòdantrèt, mòdesoufle, move grenn, rat soufle mòde, senkyèm kolonn, trèt *That guy is a traitor.* Msye se yon trèt. *The government* is filled with traitors. Chaje ak move grenn nan gouvènman an. *There are many traitors in the government.* Gen anpil rat soufle mòde nan pouvwa a.

tramp [*sound of marching or walking*] trap trap trap

trample *v.tr.* 1[*on things*] pile, pase sou, pyetinen *He trampled on the tomatoes in the garden.* Li pase sou tomat yo ak machin li, li kraze yo. *Don't trample the clothes, please.* Pa vin pyetinen rad yo pou mwen. 2[*on rights*] mache sou, pase{anba pye/sou} *The government of this country tramples the rights of the people.* Otorite nan peyi isit pase dwa pèp la anba pye. *The authorities in this country trample the rights of people at will.* Otorite nan peyi isit mache sou dwa moun jan yo vle. •**trample on** pilonnen •**trample on s.o.'s rights** krabinen dwa (yon) moun anba pye *It's not fair that the government tramples on citizen's rights.* Li pa bon pou leta ap krabinen dwa moun anba pye.

trampled *adj.* •**be trampled upon** pase anba pye *While trying to escape, he fell and was trampled.* Nan kouri pou sove kò l, li tonbe enpi li pase anba pye.

trampoline *n.* tranplen

tramway *n.* tramwe

trance *n.* trans *The loa possessed her, and she was in a trance for fifteen minutes.* Lwa pran li, li pase kenz minit an trans. •**go into a trance** [*esp. Vodou*] djaye *The woman is going into a trance, she's being possessed by the spirit.* Fi a ap djayi, se lwa ki monte l. •**in a trance** an trans *He's in a trance.* L an trans. •**Vodouist in trance** [*Vodou*] chwal

tranquility *n.* bonnans, kanpo, trankilite *There's tranquility since the police arrested the leader of the criminals.* Gen yon kanpo depi lapolis fin arete chèf bandi yo.

tranquilizer *n.* kalman, trankilizan

transact *v.tr.* [*legal business*] pase papye *Go file the paperwork at the tax office to legalize the business.* Al pase papye ou nan kontribisyon pou biznis la ka legal.

transaction *n.* [*bank*] tranzaksyon •**shady transaction** tranzaksyon

transcribe *v.tr.* transkri *He's transcribing the recordings.* L ap transkri anrejistreman yo.

transcript *n.* 1[*legal*] pwosèvèbal 2[*academic*] relvednòt

transfer[1] *n.* 1[*gen.*] transfè *He asked for a transfer.* Li mande transfè. 2[*drawing, design*] dekalkaj 3[*of a drawing*] leve desen 4[*power, responsibility*] pasasyon •**money transfer** transfè

transfer[2] *v.tr.* transfere *They transferred the director to another office.* Yo transfere direktè a nan yon lòt sèvis.

transform *v.tr.* transfòme *He transformed the house with the fine repairs he made.* Li transfòme kay la ak bèl reparasyon li fè a. •**be transformed into a werewolf** chanje po *The evildoers are transformed into werewolves.* Malveyan yo chanje po.

transformation *n.* transfòmasyon

transformer *n.* [*mach.*] transfòmatè

transfusion *n.* ba san *They're giving her a blood transfusion.* Y ap ba l san. •**blood transfusion** transfizyon (san) •**get a blood transfusion** pran san •**give a transfusion** bay san

transgression *n.* transgresyon

transistor *n.* [*radio*] tranzistò

transit *n.* [*surveying instrument*] tranzit •**in transit** an tranzit

transition *n.* tranzisyon

transitional *adj.* tranzitwa *A transitional phase.* Yon faz tranzitwa.

transitive *adj.* [*gram.*] tranzitif

translate *v.tr.* tradui *She translated the French text into Creole.* Li tradui tèks franse a an kreyòl. •**translate into another language** mete nan yon lang *They translated this message into many other languages.* Mesaj sa a, yo mete l nan anpil lòt lang.

translation *n.* tradiksyon •**translation from native language into foreign language** tèm •**translation into one's native language** vèsyon

translator *n.* tradiktè

transmission *n.* 1[*vehicle part*] transmisyon •**transmission fluid** lwil transmisyon •**automatic transmission** [*mach.*] dayinaflo •**manual transmission** transmisyon mànyèl

transmit *v.tr.* transmèt *She transmitted the message to me.* Li transmèt mesaj la ba mwen. •**transmit filth** fè pichon

transmitted *adj.* •**be transmitted** transmèt *This illness spreads from father to son.* Maladi sa a transmèt de papa an pitit. •**sexually transmitted** veneryèn *Sexually transmitted disease.* Maladi veneryèn.

transmitter *n.* emetè, transmetè

transom *n.* lenpòt, likàn

transparency *n.* eslay, transparans

transparent *adj.* 1[*gen.*] ajou, transparan *That transparent curtain makes us visible from the street.* Rido transparan sa a mete nou nan lari. 2[*cloth, clothing*] ansibreka, siseptib *The clothes you're wearing are transparent, one can see the contour of your underwear.* Rad ki sou ou a siseptib, men tout tras kilòt ou parèt.

transpire *v.intr.* dewoule, pase, rive *What transpired yesterday?* Ki sa li dewoule yè?

transplant[1] *n.* grefaj, transplantasyon •**a heart transplant** yon transplantasyon kadyak

transplant[2] *v.tr.* 1[*plants, trees, etc.*] grefe, replante, transplante *Transplant the papaya tree.* Grefe pye papay la. *He transplanted the avocado plant into another plot of ground.* Li transplante pye zaboka a nan lòt konpatiman tè a. 2[*seedlings*] pike *Let's transplant the rice in that field instead.* Ann pike diri a nan tè sa pito.

transplanting *n.* repikay •**result of transplanting** [*tissue*] makotay

transport[1] *n.* 1[*act of transporting*] transpò 2[*mean of transporting*] mwayen transpò

transport[2] *v.tr.* bwote, charye, pot(e), transpòte *Those trucks are transporting flour from Port-au-Prince to Les Cayes.* Kamyon sa a pote farin sot Pòtoprens al Okay. *It's with a wheelbarrow that they are going to transport the construction materials.* Se nan bourèt y ap bwote materyo yo. *They're transporting the merchandise.* Y ap transpòte machandiz yo.

transportation *n.* transpò, transpòtasyon •**means of transportation** okazyon *I will not find a means of transportation to go to Cayes because it is too late.* M p ap jwenn okazyon ankò pou al Okay paske li twò ta. •**public transportation** transpò piblik

transports *n.pl.* emosyon, pasyon, transpò

transversal[1] *adj.* transvèsal

transversal[2] *n.* [*math*] transvèsal

trap[1] *n.* 1[*apparatus for capture*] atrap, palan, panzou, pèlen, trap, zatrap *He set a trap for the rat.* Li tann pèlen pou rat la. 2[*esp. for fish*] lak, nas 3[*esp. for birds*] karabann 4[*resulted of trapping of an animal*] kapti 5[*plan devised for capture*] pyèj *He let himself be caught in a trap.* Li kite yo pran l nan pyèj. 6[*mouth, pej.*] bèk *You talk too much, shut your trap!* Ou pale twòp, fèmen bèk ou! •**trap with noose** pèlen tèt, tèt pèlen •**booby trap** min •**magical trap** espedisyon, taklata •**mouse/rat trap** ratyè

trap[2] *v.tr.* 1[*gen.*] kwense, pran, pran yon moun nan{gonm/lak} *The police is trying to trap the criminal who escaped.* Lapolis ap chache pran kriminèl ki sove a nan gonm. *They trapped him, he confessed everything.* Yo pran msye nan lak, li avwe tout bagay. 2[*ball: soccer*] amòti, rabat *The player trapped the ball with his chest.* Jwè a amòti balon an sou lestomak li. 3[*constrain with no possibility of escape*] fèmen, sènen *The cat trapped the mouse in the corner.* Chat la fèmen rat la nan kwen an. *When the crook saw that we had him trapped, he jumped over the wall to get away.* Lè vòlè a wè n sènen l toutbon, li vole tèt mi an l ale.

trapdoor *n.* kachkach, kachkou

trapeze *n.* trapèz

trapezoid *n.* trapèz

trapped *adj.* •**be trapped** de pye li mare, de pye li nan{yon grenn soulye/yon ti bòt batèm}, kwense, pran nan fil *The thief w as trapped in the wire.* Vòlè a pran nan fil la. •**be trapped by** [*time*] mele ak *She's trapped by that work, she hasn't been able to go out since this morning.* Li mele ak travay sa a, depi maten li pa ka soti. •**get trapped** pran nan lak

trapper *n.* trapè

trash[1] *n.* 1[*things*] fatra, lòbèy, vòksal *Everything in the basket is trash.* Tou sa k nan panye a se fatra. 2[*esp. from construction work*] ranblè 3[*person: insult*] malandren, san manman, salopri, vye bagay *This woman is trash, don't marry her.* Fi sa a se yon vye bagay, pa marye avè l. •**trash bin** bwat fatra •**trash can** {bokit/bwat/pànye} fatra, poubèl •**trash compactor** krazè fatra

trash² *v.tr.***1**[*vandalize*] sakaje, tòchonnen *The thieves have trashed the house.* Vòlè yo sakaje kay la. **2**[*throw out*] kraze kite, voye jete *You should trash these old books.* Pito ou kraze kite vye liv sa yo. **3**[*insult*] denigre *He's always trashing people he dislikes.* Li toujou denigre moun li pa renmen.

trashing *n.* vandalis

trashy *adj.* **1**[*dirty*] malpwòp, sal **2**[*trash-strewn*] benyen nan fatra, kouvri ak fatra **3**[*junky*] bobèch, makwali

trauma *n.* chòk

traumatic *adj.* angwasan, chokan

travel¹ *n.* deplasman, vwayaj. •**travel agency** ajans (vwayaj)

travel² *v.intr.* fè{yon deplasman/wout}, mache, vwayaje *There was a woman who traveled with me.* Te gen yon madan ki te fè wout la ak mwen. *I will be traveling next week.* Semenn pwochenn, m ap fè yon deplasman. *He travels a lot, he knows several countries.* Li mache anpil, li konn plizyè peyi. *I'm traveling tomorrow.* M ap vwayaje demen. •**travel all over** apante •**travel back and forth** fè lanavèt *The merchant travels back and forth.* Machann nan ap fè lanavèt.

traveler *n.* vwayajè, vwayajèz [*fem.*] •**travelers on this Earth** manjèdtè *We all are just travelers on this Earth.* Nou tout se manjèdtè.

traveler's check *n.* chèk vwayaj

traveler's tree *n.* labvwayajè

travesty *n.* chobiz(nis)

trawling *n.* •**trawling net** sèn, senn

tray *n.* **1**[*gen.*] kabare **2**[*for merchandise*] laye, vannen **3**[*for selling wares*] bak **4**[*metal*] plato **5**[*for holding three stoneware pitchers*] krichon •**ice tray** plato glas •**seed tray** jèmwa •**serving tray** [*usu. metal*] plato •**winnowing tray** bichèt, laye, vannen

treacherous *adj.* pèfid, trèt *We do not deal with treacherous people.* Nou pa mele ak moun trèt. •**treacherous person** pèfid

treacherously *adv.* an trèt/antrèt *He's dealing with us treacherously.* L ap boule ak nou an trèt.

treachery *n.* trayizon

tread¹ *n.* [*of tires*] desen, fant, woulman

tread² *v.tr.* •**tread on** foule, pilonnen, pyetinen *Be careful not to tread on people's* feet. Fè atansyon pou ou pa foule pye moun yo. *Don't tread on the clothes.* Pa pilonnen rad yo. •**tread water** [*not to progress*] tente sann pou lapousyè

treadle *n.* pedal

treason *n.* trayizon

treasonous *n.* kamoken

treasure¹ *n.* trezò •**buried treasure** ja lajan

treasure² *v.tr.* apresye, estime *She treasures her freedom.* Li apresye libè li a.

treasurer *n.* **1**[*gen.*] trezorye *She's the treasurer.* Se li k trezorye a. **2**[*for Parliament*] kestè •**treasurer of a Vodou temple** rèn kòbèy

treasury *n.* kès, trezò

treat¹ *n.* lòja •**little treat** gatri •**special treat** siwo lòja

treat² *v.tr.* **1**[*act/behave toward in the stated way*] aji, boule, sèvi ak moun, trete *He treats us like children.* Li sèvi avè n tankou timoun. *The boss treats him better than me.* Bòs la boule avè l pi byen pase m. *The people treat the child well.* Moun yo aji byen ak pitit la. *She treats her housemaid well.* Li sèvi ak bòn lakay li byen. *She treated the child as if she were her own.* Li trete pitit la tankou se pa li. **2**[*deal with*] trete *We still haven't treated all the questions.* Nou pankò trete tout kesyon yo. **3**[*add a substance to*] trete *They don't treat the water here.* Yo pa trete dlo isit. **4**[*med.*] swenyen, trete *It's Dr. Paul who treated me.* Se dòk Pòl ki te trete m. •**being treated** suiv tretman *He's being treated for it.* L ap suiv tretman pou sa. •**treat badly** bay gagann, boule mal ak •**treat kindly** menaje *Treat your wife kindly if you really love her.* Menaje madanm ou si ou renmen l vre. •**treat like a servant** domestike *She treated her little cousin like a servant.* Li domestike ti kouzin li an. •**treat roughly** chifonnen, malmennen, maltrete *Life treats him roughly.* Lavi a ap chifonnen msye. •**treat s.o. like a dog** pa gade yon moun tankou yon chen *She treats me like a dog.* Li pa gade m tankou yon chen. •**treat s.o. like** dirt gade yon moun tankou yon pil fatra *She treats me like dirt.* Li gade m tankou yon pil fatra. •**treat unjustly** dezavantaje, fè yon moun abi *The referee treated the team unjustly.* Abit la dezavantaje ekip la. *They treat you unjustly because you don't have connections.* Yo fè ou abi paske ou pa gen relasyon. •**treat with kid gloves** nan gan blan ak *We are not treating these people with kid gloves.* Nou pa nan gan blan ak moun sa yo. •**give a treat** fè yon frè •**not treat people equally because they belong to a lower social class** mete yon moun anba

treatise *n.* trete

treatment *n.* 1[*gen.*] swenyay, trètman 2[*med.*] swen, trètman *There's no treatment for this illness.* Pa gen tretman pou maladi sa a. *The child gets medical treatment.* Pitit la nan swen. •**evasive treatment** tolalito •**get special treatment** gen paspouki pou yon moun *They give her special treatment because of her father's connections.* Yo gen paspouki pou li akòz enfliyans papa l.

treaty *n.* pakt, trete

treble *adj.* •**treble clef** kle sòl

tree *n.* bwa, pye, pyebwa *She's sitting under the tree.* Li chita anba pyebwa a. *He planted a mango tree.* Li plante yon pye mango. •**tree of life** bwa lavi, gayak •**tree trunk** kò pyebwa, twon •**fig tree** (pye) figye •**fruit tree** ab fwitye •**on the tree** sou pye *All the avocadoes wilted completely on the tree.* Tout zaboka yo fin seche sou pye.

treetop *n.* tèt pyebwa

trek *n.* gran trajè •**trek back up (a road)** {rale/remonte}(wout la)

trellis *n.* trèy

tremble *v.intr.* gen (yon) latranblad, tranble *The policeman only pulled out his gun, the guy began trembling.* Polis la annik rale zam ni, misye gen tan tranble. *The thunder made the house tremble.* Kout loray la fè kay la tranble. *He's trembling because he's scared.* Li gen yon latranblad akòz li pè.

trembling *n.* latranblad, maladi (la)tranblad, tranble, tranbleman *A terrible trembling overcame her when she heard the guns firing.* Maladi latranblad pran li lè l tande tire a.

tremendous *adj.* fòmidab, kokennchenn

tremor *n.* 1[*gen.*] tranbleman 2[*geol.*] soukous *Last night a tremor shook the house.* Yè swa gen yon soukous ki tranble kay la. •**tremor of fear** batman kè *The thief had such a tremor of fear upon seeing the police.* Vòlè a gen yon sèl batman kè ki pran l lè l wè polis la.

trench *n.* rigòl, tranche

trend *n.* tandans

trendsetter *n.* modis

trendsetters *n.pl.* avangad

trendy *adj.* alamòd, anvòg

tresspass[1] *n.* 1[*intrusion*] vyolasyon pwopriyete 2[*sin*] peche, transgresyon

trespass[2] *v.intr.* antre sou pwopriyete yon moun *You can't just trespass on other people's property.* Ou pa ka antre nan jaden moun yo konsa.

tress *n.* [*hair*] très

trestle *n.* treto

tri-colored *adj.* trikolò •**the tri-colored flag** [*i.e. the French flag*] drapo trikolò a

trial *n.* 1[*experiment*] esèy, eseyaj 2[*ordeal*] eprèv, kalvè, tray, tribilasyon *He's having a lot of trials this week, his wife died, his child is sick.* Li nan anpil eprèv semenn sa a, madanm li mouri, pitit li malad. 3[*court proceeding*] jijman, pwosè *I went to observe the trial.* M t al gade jijman an. *When does the case go to trial?* Ki lè pwosè a ap fèt? •**trials and tribulations** flo *That woman's husband caused her many trials and tribulations.* Mari fi sa a fè l pase yon flo. •**by trial and error** nan kase kole pyese •**jury trial** jijman fèt devan jiri •**on trial** sou egzamen

trial-run *n.* amòs

trials *n.pl.* eprèv, kalvè, tribilasyon

triangle *n.* triyang •**apex of triangle** tèt triyang •**isosceles triangle** triyang izosèl •**right angled triangle** rektang

triangular *adj.* triyangilè

tribe *n.* tribi

tribulation *n.* eprèv, kalvè, penitans, tribilasyon, triminay *The tribulations of the poor will never end.* Penitans malere p ap janm fini. **tribulations** *n.pl.* pas, pasay, penitans, tablati, travès, tray *The tribulations of the poor will never end.* Penitans malere p ap janm fini.

tribunal *n.* [*jur.*] kou, lajistis, leta, tribinal

tribune *n.* tribin

tribute *n.* tribi

triceps *n.* ponyèt, trisèps

trichinosis *n.* trichin

trick[1] *n.* 1[*gen.*] fas, fent, manèj, mannigèt, move tou, riz, trik *Watch that he doesn't play a trick on you.* Veye pou msye pa jwe ou yon move tou. *Claiming that I'm sick is a trick so that I don't lose my job.* Zafè maladi a se yon mannigèt pou m pa pèdi dyòb la. *With his trick, he succeeded in convincing the people.* Ak fent li, li rive konvenk moun yo. *He's a guy who is full of tricks.* Msye se nèg ki gen fas. **2**[*special skill/knack*] jan *There's a trick to doing it. Let me show you.* Gen yon jan pou ou fè l. Ban m moutre ou. *I tried every trick in the book, but nothing worked.* Tout jan m eseye, m pa ka fè l. **tricks** *n.pl.* detou •**confidence trick** konbèlann, atrapnigo •**dirty trick** *a*[*gen.*] kwochèt, malfezan, mètdam, salopri, salte *That was a dirty trick he played on you.* Sa se yon kou mètdam li ba ou la. *I don't want to get involved with your dirty tricks.* M pa vle mele m nan salopri ou yo. *b*[*in an amorous relationship*] koutba •**do the trick** bon *This little piece of rope should do the trick!* Ti bout kòd sa a ap bon. •**have the last trick** [*cards*] fè ladennyè *When playing poker, he always has the last trick.* Nan pokè, li toujou fè ladennyè. •**last trick** [*cards*] ladennyè •**make a trick** [*cards*] koupe •**unforeseen trick** kout pa konprann **trick**[2] *v.tr.* bay{sosis/yon moun rèz}, fè{dodo pitit/yon moun filalang}, fente, mistifye, pete, pran yon moun nan{gonm/lak/lalad/ yon kout pa konprann}, reze, twonpe, voye poud nan je yon moun *To trick the people who were following her, she signaled a left turn and she turned to the right.* Pou l bay moun k ap suiv li yo rèz, li bay siyal goch epi l vire adwat. *He's pretending he'll give me the dish, he's tricking me.* Li fè kòm si l ap ban m manje a, li fè m filalang. *He tricked the girl with lies.* Li mistifye pitit la anba manti. *I won't let you trick me again.* M p ap kite ou pete m ankò. *She succeeded in tricking them with that loaded question.* Li resi pran yo nan gonm ak kesyon difisil sa a. *Although I caught him red-handed, he tried to trick me into believing otherwise.* Kwak m kenbe l nan men, l ap seye voye poud nan je m. *Although I caught him red-handed, he tried to trick me into believing otherwise.* Kwak m kenbe l nan men, l ap seye voye poud nan je m. •**trick a girl** ranse *He tricked the girl and then he married another one.* Li fin ranse ak fi a enpi l al marye ak yon lòt. •**trick (in order to defend o.s.)** voye poud nan je yon moun *Although I caught him red-handed, he tried*

to trick me into believing otherwise. Kwak m kenbe l nan men, l ap seye voye poud nan je m. •**trick s.o.** pran yon moun nan{lalad/ yon kout pa konprann} *The seller tricked the customer in order to make him pay a lot for the merchandise.* Machann nan pran kliyan an nan yon kout pa konprann pou li fè li peye machandiz la chè.

tricked *adj.* •**be tricked** pran{bouden/gòl ak men/nan gonm/nan panzou} *If you want to be tricked, that's your business.* Si ou vle pran nan gonm, se ou ki konnen.

trickery *n.* magouy, mechanste, trik *This is trickery, you weren't going to give him back his money, yet you still asked him for some.* Sa se mechanste, ou pa t ap renmèt moun nan kòb li, epi ou te mande li prete.

trickle[1] *n.* ti gout, degoute, rigòl *A trickle of water.* Yon rigòl dlo.

trickle[2] *v.intr.* degoute *Water is trickling.* Dlo ap degoute. •**trickle down** degoulinen *Water dripped on my head.* Dlo degoulinen sou tèt mwen.

trickster *n.* bakonyè, foub, trikè

tricky *adj.* **1**[*person*] aji ak riz, gen riz (nan kò li), *This person's tricky.* Ala moun gen riz nan kò li. *She's tricky.* Li aji ak riz. **2**[*situation*] ki gen pyèj

tricycle *n.* trisik

tried *adj.* •**tried and true** depandab, fyab

trifle[1] *n.* biznaw, detay, pedchòz, peta, pòpòt, pou dan{griyen/ri} *Everything you tell me is a trifle.* Tout sa w ap di m la, tout se detay. *You mustn't get angry at such a little trifle.* Ou pa dwe fache poutèt yon ti pòpòt konsa. *That's a trifle for her.* Sa se pedchòz pou li. *The police won't arrest you for such a small trifle.* Lapolis p ap arete ou pou yon ti peta konsa. *She gets mad for a trifle.* Pou dan ri l fache. •**for a trifle** pou dan{griyen/ri} *She gets mad for a trifle.* Pou dan ri l fache. •**mere trifle** po patat

trifle[2] *v.intr.* badinen, ranse •**trifle with** betize li ak *This teacher is not a man to be trifled with.* Pwofesè sa a se pa nèg ou kab betize ou ak li.

trifling *adj.* grapyay, krabè, ti pousyè

trigger[1] *n.* gachèt *He pulled the trigger.* Li peze gachèt la.

trigger[2] *v.tr.* deklannche *His speech triggered a riot.* Diskou l deklanche yon briganday.

trigger-finger *n.* •**have a trigger-finger** gen dwèt fasil (sou gachèt)
triggerfish *n.* kabrit
trigonometry *n.* trigonometri
trilingual *adj.* trileng
trill *n.* triy
trim[1] *adj.* **1**[*slim*] mens **2**[*neat*] annòd, byen ranje
trim[2] *n.* ti{koupe/taye} *My beard needs a trim.* Bab mwen bezwen yon ti taye.
trim[3] *v.tr.* **1**[*plants, trees*] bòde, debranche, pile, rabat *They trimmed all the trees there.* Yo pile dènye pyebwa sa yo ki te la a. *Trim the stems of the flowers because they're getting too high.* Rabat anlè pye flè yo paske yo kòmanse monte twò wo. *I need to trim the mango tree.* Fò m debranche pye mango a. **2**[*reduce by removing sth. unnecessary*] retire *Trim off the part that's not good.* Retire bout ki pa bon an. **3**[*make neat and/ or even by cutting: hair, beard, etc.*] fè *He had his hair trimmed.* Li fè tèt li. •**trim a board** deleze •**trim the hair around the forehead** chankre *The barber trimmed the hair around his forehead.* Kwafè a chankre devan tèt misye.
trim-line *n.* [*made with razor around hairline*] tchas
trimester *n.* trimès
trimming *n.* **1**[*clothes*] aranjman, falbala **2**[*clipping*] tay, wonyay **trimmings** *n.pl.* ganiti
trinity *n.* trinite
Trinity Sunday *prop.n.* [*Sunday after Pentecost*] fèt Trinite
trinket *n.* biblo, pedchòz
trio *n.* triyo
trip[1] *n.* deplasman, kous, travès, vwayaj, wout *He's tired of the trips.* Deplasman yo fatige l anpil. *How was the trip?* Kouman vwayaj la te ye? *They took two trips to Les Cayes.* Yo fè de vwayaj Okay. *I had to make an extra trip to the store.* M te oblije fè yon lòt vwayaj al nan magazen an ankò. *The car made the trip without any difficulty.* Machin lan fè wout la san poblèm. *I think the trip will take two days.* M kwè se yon wont de jou. •**trip around the world** letoudimonn, vwayaj tou di monn •**go on a trip** antreprann yon vwayaj *He is going on a trip next month.* L ap

antreprann yon vwayaj lòt mwa. •**make a business trip** fè vatevyen *It's been five years since he started making business trips between Haiti and Panama.* Li gen senk lane depi l ap fè vatevyen ant Ayiti ak Panama. •**make a quick trip** fè yo{chape rive/touche tounen} *She made a quick trip to Cuba.* L al fè yon touche tounen Kiba. •**quick trip** chape rive *Let me take a quick trip to the store.* Kite m fè yon chape rive nan boutik la. •**round trip** vwayaj aleretou •**small trip** tounen
trip[2] *n.* bitad, bitay, fo pa •**make s.o. fall** kwòkanjanm
trip[3] **I** *v.tr.* **1**[*gen.*] bay yon moun{sizo/yon kwòkanjanm} *She tripped the guy.* Li bay lòt la yon sizo. **2**[*sports*] bay yon jwè yon mayi, takle *The defender tripped the striker.* Defansè a bay atakan an yon sèl mayi. **II** *v.intr.* bite, fè yon{bitay/fo pa} kilbite, manke tonbe, pèdi pye, tribiche *She tripped and she sprained her ankle.* Li fè yon fo pa, li foule cheviy li. *I tripped but, fortunately, we didn't fall.* M bite men erezman m pa tonbe. *I tripped on a rock.* M fè yon bitay sou yon wòch. •**trip s.o. up** [*cause to make a mistake*] fè yon moun depale
tripartite *adj.* tripatit
tripe *n.* **1**[*intestines*] afiba, gradoub, trip, tripay **2**[*nonsense*] radòt, rans, tenten •**dried tripe** [*chitterlings*] afiba
triple[1] *adj.* trip
triple[2] **I** *v.tr.* triple *They tripled the employees' salaries.* Yo triple salè anplwaye yo. **II** *v.intr.* vin twa fwa lavalè *He tripled his money in two years.* Nan dezan, kòb li vin twa fwa lavalè.
triplet *n.* marasa twa *That woman had triplets.* Fi sa a fè marasa twa.
tripletail *n.* [*fish*] dòmèz, nandòmi
tripod *n.* twapye
tripping *n.* **1**[*gen.*]bitad, bitay, kwochèt **2**[*soccer*] tak
tripsacum *n.* [*tall grass used as fodder*] zèb Gwatemala
trite *adj.* banal, òdinè
triteness *n.* banalite
triumph[1] *n.* laviktwa, triyonf
triumph[2] *v.tr.* triyonfe, pòte laviktwa *They triumphed!* Yo pòte laviktwa.
triumphant *adj.* triyonfal *A triumphant return.* Yon rantre triyonfal.

trivial *adj.* initil, rans, trivyal *Don't shed tears over such a trivial thing.* Pa fè dlo sot nan je ou pou yon bagay trivyal konsa.

triviality *n.* kaka garyon{biznaw/rat}, rans

trolley *n.* 1[*streetcar*] tramwe 2[*cart*] charyo

trolleybus *n.* (oto)bis elektrik

trombone *n.* twonbòn •**slide trombone** twonbòn akoulis

trompe l'œil *n.* twonp

troop *n.* bann, foul, kòwòt **troops** *n.pl.* lame, solda *The general called out the troops to keep order.* Jeneral la rele solda yo pou al mete lòd.

trophy *n.* koup, twofe *That's the trophy that the team won.* Se koup sa a ekip la te pran an.

tropics *n.pl.* twopik

tropical *adj.* twopikal

tropical almond tree *n.* pye zanmann

trot[1] *n.* twòt

trot[2] *v.intr.* twote *Look how that horse is trotting!* Apa chwal la twote!

trotter *n.* [*horse*] twòtè

trouble[1] *n.* deranjman, dezagreman, ka, katchaboumbe, kwòk, pàn, polopopop, p(w)oblèm, tchòbòl, tèt chaje, traka *We have a lot of troubles right now.* Nou chaje pwoblèm. *I'm having trouble sleeping.* M gen poblèm pou m dòmi. *It won't put you to any trouble?* Sa pa p ba ou pwoblèm? *No trouble at all!* Pa gen poblèm menm *His car is having engine trouble.* Machin li an gen poblèm motè. *To avoid trouble, we don't go near there.* Pou n evite tèt chaje, nou pa pwoche kò n. *It's that woman that caused all the trouble between the two brothers.* Se fanm sa a ki mete tout sisani a ant de frè yo. *All of our money goes for sickness, we're in trouble.* Tout kòb nou pase nan maladi, nou nan ka. *What trouble did you get yourself into?* Nan ki katchaboumbe ou foure tèt ou la a? *Look at the trouble you're getting into.* Gade yon kwòk ou mete nan kò ou. *The country is clearly going through a period of trouble.* Peyi a tonbe nan pololop nèt. *I'm in big trouble right now.* M nan gwo pàn la. **troubles** *n.pl.* annwi, tèt chaje, triminay •**trouble maker** ti bat kò *He's a trouble maker, that's what makes them beat him up all the time.* Se yon ti bat kò li ye, se sa k fè y ap bat li tout tan. •**be in deep trouble** kontre ak zo grann li, pran nan twa wa *I'm in deep trouble because*

of those people's money that I lost. M pran nan twa wa ak lajan moun yo ki pèdi nan men m nan. •**be in trouble** anba{bwa/gawòt/traka}, ann afè ak, antrave, bare, jwenn ak zo grann li, kafe li koule ak ma, mele, pran, pran nan {pèlen/filè/zip/zobop}, pye yon moun{nan dlo/pran nan petren} *Since it started to rain, the people in this area are in trouble because there aren't any drain pipes.* Depi lapli tonbe, moun zòn sa a anba gawòt paske pa gen kanalizasyon. *I'm really in trouble, I don't know what to do.* M bare vre, m pa konnen sa pou m fè. *He was unwilling to do the work for the boss, he's in trouble.* Li pa t vle fè travay patwon an, li jwenn ak zo grann li. *You're really stubborn, now you're in trouble, your mother will give you a thrashing.* Ou tèt rèd konsa, kounye a ou mele, manman ou pral wonfle ou. *I'm in trouble this month since I don't yet have the rent money.* M pran nan pèlen mwa sa paske m panko wè kòb kay la. *I'm in trouble with people on account of the money I lost.* Pye m pran nan petren ak kòb moun yo ki pèdi nan men m nan. *He's gone into hiding, he's in trouble with the police.* Msye nan kache, li annafè ak lapolis. •**be in trouble with s.o.** an kontravansyon ak, mele ak *He's in trouble with them because he lost their money.* Li mele ak lajan moun yo ki pèdi nan men li a. *You're in trouble with the police.* Ou an kontravansyon ak lapolis. •**big trouble** pakèt afè •**get in deep trouble** {jwenn/kontre}ak zo grann li, {pile/tonbe sou}zo grann li *He got in deep trouble because of his carelessness.* Li tèlman fè enpridans, li kontre ak zo grann li. •**get in/into trouble** jwenn ak monnen pyè, {kontre ak/tonbe sou} zo grann li, pran nan mera *While walking at night for no particular reason, he got into trouble.* Nan mache nannwit pou gremesi, li kontre ak zo grann li. *The child got into trouble, he took some money that wasn't his.* Pitit la pran nan mera, l al manyen lajan ki pa te pou li. *If you swear an oath when it's raining, you'll get into trouble.* Si w ap fè sèman lè gen lapli, w ap jwenn ak zo grann ou. *If you take the Lord's name in vain, you'll get into trouble.* Si nou pran non Bondye an ven, n ap tonbe sou zo grann nou. •**get o.s. in trouble** mete tèt li nan dlo *He got himself in trouble, because he did not listen to the advice.* Li mete tèt li nan dlo poutèt li pa koute konsèy la. •**get s.o. in(to) trouble** mele, mete yon moun nan{tablati/won} *He told someone that I said something in order to get me in trouble.* Li rele yon moun di yon pawòl mwen pa te di pou li mele mwen. *He got me into trouble when he said I did something I didn't do.* Li mete m nan won lè l al di sa m pa t fè. *Don't hang out with him, he can get you into trouble.* Pa pran pa ak msye, se nèg ki ka mete ou nan tablati. •**get s.o. or o.s. out of trouble** leve pàn *My rent was due as of last month, I finally fixed the problem.* Lwaye a te bout sou mwen depi mwa pase, se yè m leve pàn nan. •**get s.o. out of trouble** wete yon moun nan{dlo/lanbara} *Considering how much of a tight spot I was in the other day, it's Paul who got me out of trouble.* Jan m te bare la lòtrejou, se Pòl ki wete m nan dlo. *I owed a lot of money but my father got me out of trouble.* Mwen te dwe anpil lajan, men papa m wete m nan lanbara. •**give trouble to** bay traka, boulonnen *The people in power are giving trouble to the opposition.* Pouvwa an plas la ap boulonnen opozisyon an. •**go through/to a lot of trouble** pase pa li, bay tèt li lapenn *I went to a lot of trouble to help you.* M bay tèt mwen anpil lapenn pou mwen ede ou. •**go to the trouble** bay tèt li pwoblèm *Don't go to the trouble to make anything else! I'll just eat what you have.* Ou pa bezwen bay tèt ou poblèm al fè lòt bagay! M a manje sa k genyen an. •**in deep trouble** nan dlo *I'm in deep trouble.* M nan dlo. •**in trouble** antrave, mare, nan dlo, nan{nwasè/petren/recho/pri} *I am in trouble, I don't know what to do.* Mwen antrave, m pa konn sa pou m fè. *I'm in trouble, I don't have any money.* M mare la, m pa gen kòb. *I'm in deep trouble.* M nan dlo. *This week I am really in trouble, I have all sorts of problems.* Senmenn sa a, m nan nwasè nèt, tout pwoblèm nan kò m. *I'm in trouble, my economic situation is not in good shape!* Mwen nan petren, zafè m pa kòdyòm! *He's in trouble because he fought with a policeman.* Msye pran nan recho, paske li goumen ak yon polis. •**make trouble** fè dezòd *This child always makes trouble.* Timoun sa a

toujou fè dezòd. •**once you have problems you're really in trouble** nan mal yon moun nan mal nèt •**take the trouble to do sth.** pran lapenn pou *I take the trouble to prepare food, you don't appreciate it.* M pran lapenn pou m fè manje a, ou pa apresye sa. •**have one's troubles** pase pa li

trouble² *v.tr.* **1**[*make anxious/nervous/worried*] boulvèse *There seems to be something troubling her.* Li sanble l gen yon bagay k ap boulvèse l. **2**[*disturb*] deranje *You see he's busy. You shouldn't go troubling him.* Ou wè l okipe; ou pa ka al deranje l. **3**[*cause pain/suffering*] fè li mal *My back is troubling me.* Do a ap fè m mal. •**trouble o.s.** {deranje/trakase}li *Don't trouble yourself, I can lift the chair by myself.* Pa deranje ou, m ka leve chèz la pou kont mwen. *Don't trouble yourself over that minor issue.* Pa trakase ou pou ti pwoblèm konsa. •**trouble s.o.** anbarase

troubled *adj.* anvoulvès, dezanpare, gen kè sere, twouble *I'm very troubled by the child's illness.* M twouble anpil ak maladi pitit la.

troublemaker *n.* ajitatè, aksyonè, antrav, bagarè, bouskèdkont, chachèdkont, delenkan, entrigan, fotèdetwoub, mache chache, pousèd dife, tanpetè *This child is a troublemaker.* Timoun sa a se bagarè li ye. *He's a troublemaker in the neighborhood.* Misye se yon aksyonè nan katye a. *This troublemaker is always ready to fight.* Bagarè sa a toujou sou batay. *These troublemakers are always disrupting the country.* Entrigan sa yo pa janm p ap twouble peyi a. *The troublemakers blocked the road for no reason.* Fotèdtwoub yo bloke lari a san rezon. *Troublemakers usually get what they deserve.* Mache chache pa janm dòmi san soupe.

troubleshooter *n.* mèt kesyon, maton

troublesome *adj.* anbarasan, anmèdan, annwiyan, antravan, maleze, penib *This cough is troublesome, it keeps me awake.* Vye tous sa a anmèdan, li anpeche m dòmi. *What a troublesome child!* Ala timoun annwiyan! •**troublesome person** anmèdè, antrav

troubling *adj.* twoublan *The political situation is troubling.* Sitiyasyon politik la twoublan anpil.

trough *n.* manjwa •**eaves trough** dal, goutyè

trounce *v.tr.* bimen *We trounced the other team.* Nou bimen lòt ekip la.

troupe *n.* [*theatrical*] twoup

trousers *n.pl.* kanson, pantalon •**bell-bottom trousers** (pantalon) pat elefan

trousseau *n.* twouso

trout *n.* [*fish*] twit

trowel *n.* flòt, tiwèl

truancy *n.* woul

truce *n.* trèv

truck *n.* kamyon, machin, pwa lou, tchwòk *She was driving a truck.* Li t ap kondi yon kamyon. •**truck with wooden sides** {kamyon/machin}{bwat/bwèt} •**armored truck** kamyon blende •**bed of truck** pak •**dump pickup truck** [*Canter model*] kanntè •**dump truck** (kamyon) baskil •**fire truck** kamyon ponpye •**fuel truck** kamyon sitèn •**garbage truck** kamyon fatra •**large flat-bed truck** lòbòy •**person who rides on top of a truck** [*help in unloading*] kochon kamyon •**pickup truck** kamyonnèt, pikòp •**rear of truck** [*for passengers and load*] bak •**small passenger truck** gwagwa •**small pickup truck** taptap •**tank truck** kamyon sitèn •**tow truck** kamyon remòk, remòkè

truckload *n.* kamyon *They sent two truckloads of coffee.* Yo voye de kamyon kafe.

true *adj.*1[*in accordance with facts*] toutbon, veridik, veritab *What she said is true.* Sa l di a se vre. *Is it true that you're getting married?* Se vre ou pral marye? *That's not true!* Se pa vre! *What she said is true.* Sa l di a veridik. 2[*real, genuine*] bon, vre *He's my true friend.* Li se veritab zanmi mwen. *If she was a true friend, she wouldn't have forgotten you.* Si l te yon bon zanmi toutbon, li pa t ap bliye ou. •**true to** konfòm •**true to life** toutbon vre •**be true** se sa *What she said is true.* Sa l di a se sa. •**isn't it true** pa vre •**isn't it true apa**… *Isn't it true that you came?* Apa ou vini? •**it's true** se sa, se vre, sife *It's true that when a person is sick, she can't eat.* Se vre lè yon moun malad, li pa ka manje. *They told me Jan is a nice person —It's true.* Yo di m Jan se bon moun —Sife. •**off true** [*wheel*] dezakse *The wheel of the bicycle is off true.* Wou bekàn nan dezakse.

truly *adv.* alaverite, an verite, kòrèk, reyèlman, sensèman, vre, vrèman *Truly, I don't know anything about that matter.* Alaverite mwen pa konn anyen nan koze sa a. *Truly, I have to tell you I'm wrong.* Sensèman, fòk m di ou m gen tò. •**really and truly** vrèman vre

trump[1] *n.* 1[*highest value*] atou *Money is the best trump around.* Lajan se pi gran atou ki ka genyen. 2[*card game term*] atou *You can't take the trick if you don't play a trump.* Ou pa p ka koupe, si ou pa jwe atou. *Hearts are trumps.* Se kè k atou. •**without trump** [*cards*] abò *He can't win the round, he's without the trump for the ace.* Li pa fouti gen pati a, li abò pou las.

trump[2] *v.tr.* [*cards*] koupe *The seven of spades can trump the ace of hearts.* Sèt pik gen dwa koupe las kè.

trumpet *n.* piston, twonpèt •**tin trumpet** kòne

trumpet tree *n.* bwa twonpèt

trumpeter *n.* pistonis, twonpetis

trumpetfish *n.* twonpèt

trumpetwood tree *n.* bwa twonpèt

truncated *adj.* raz

trunk *n.* 1[*for storage, transport*] bwa, mal, malèt 2[*of a car*] kòf (dèyè), pòtchay 3[*of a tree*] kò pyebwa, twon 4[*of an elephant*] twonp 5[*of human body*] bis •**trunk lid** [*of car*] kapo aryè •**trunk of banana tree** bwa bannann •**base of tree trunk** dèyè pyebwa

trunks *n.pl.* •**swimming trunks** chòtdeben

trunkfish *n.* kòf, towo

truss *n.* 1[*med.*] senti 2[*of bridge, etc.*] sipò

trust[1] *n.* konfyans, lafwa *You betrayed the trust I had in you.* Ou trayi lafwa m te gen nan. *She has a lot of trust in her husband.* Li fè mari a konfyans anpil. *Put your trust in God.* Mete konfyans ou nan Bondye. •**person that one trusts** moun pa li *He's someone I trust, he won't deceive me.* Se moun pa m, li p ap twonpe m. •**put one's trust in** konfye li, konte sous yon moun *In times of trial, I put my trust in God.* Nan eprèv yo, mwen konfye m nan Bondye. *Let's put our trust in God since it's He who can deliver us.* Ann konte sou Granmèt la paske se li ki ka delivre nou. •**with full trust** (de) je fèmen

trust[2] *v.tr.* fè yon moun konfyans, fye, konfye, mete konfyans nan yon moun, mize sou yon moun *I don't trust him because he had already attacked me.* M pa fè l konfyans paske l te pote m yon kou deja. *You can trust him.* Ou mèt mete konfyans ou nan li. *You can trust him.* Ou mèt mete konfyans ou nan li. *I don't trust you, you're a double-edged sword.* M pa fye ou, ou se kouto de bò. *Trust in God because it's He who will save you.* Konfye ou nan Bondye paske se li ki ki a sove ou. *I trusted him with a lot of secrets.* M konfye l anpil sekrè. *You can trust him, he's reliable.* Ou met mize sou li, li serye. •**trust in** kwè *We must trust in God.* Fò n kwè nan Bondye. •**trust o.s.** fè tèt li konfyans •**trust s.o.** fè yon moun{konfyans/kredi} *People trust him a lot because he's honest.* Moun yo fè msye anpil kredi paske l onèt.

trustee *n.* garan

trusteeship *n.* •**under trusteeship** sou titèl

trustful *adj.* ki konfye fasil

trustfully *adv.* ak konfyans

trustworthy *adj.* kredib, serye, seryèz [*fem.*] *She's a trustworthy individual.* Se yon moun kredib. *From the moment I met him, I saw he wasn't trustworthy.* Depi menm moman m wè l la, m wè se pa yon moun serye. *The director is trustworthy.* Direktè sa a kredib. *Let her handle the money, she's trustworthy.* Ba l kenbe lajan an, li seryèz. •**trustworthy person** tèt {kabann/sèkèy}

trusty *adj.* dekonfyans, fyab

truth *n.* bon pawòl, (la)verite *There's never any truth in what the radio says.* Pa gen anyen yo di nan radyo ki laverite. *One must always tell the truth.* Fò yon moun toujou di laverite. *What I said was the truth.* Sa m di ou la se bon pawòl. •**in truth** alaverite, desideman •**self-evident truth** verite sou tanbou •**that's the truth** se sa •**the absolute truth** verite sou tanbou •**the truth comes out into the open** verite parèt sou tanbou

truthful *adj.* veridik

try¹ *n.* esè, esèy *I can't open it.* —*Let me have a try.* —M pa ka ouvè l. —Ban m fè yon esè. •**give it a try** jete nas li, eseye, seye *Let me give it a try.* Kite m jete nas mwen. *Let's try one more time.* An n fè yon eseye ankò. •**have a first try** fè yon kouyè •**initial try** kou desè

try² *v.tr.* 1[*make an effort/attempt*] bat{kò li/pou/(ti) zèl li}, eseye, esperimante, fè yon {efò/swell}, pouse pyon, rale yon bon bout, seye, sige, tante *He's never tried to write.*

Li pa janm eseye ekri. *I tried to call you all day.* M eseye rele ou tout jounen an.. *Try this medicine.* Eseye medikaman sa a. *I tried twice, nothing worked.* Mwen eseye de fwa, anyen pa mache. —*I can't get the car to start.* —*Let's try pushing it.* —M pa ka estat machin lan. —An n eseye pouse l. *It would be good to try out the idea she gave us.* Li ta bon pou n eksperimante lide li ban nou an. *Try to see her today.* Fè yon efò pou ou wè l jodi a. *We tried our best to convince her that she was wrong, but...* Nou fè tout efò n pou n fè l wè l gen tò, men… *Try to find everything I asked you to buy.* Bat zèl ou pou jwenn tout sa m ba ou achte yo. *He really tried hard to get the job.* Li bat kò l kont li dèyè djòb la. *He tried, but he couldn't reach the required level.* Li fè yon swèl, men se poko rezilta a sa. *Try, if it doesn't work, we'll see what we can do.* Pouse pyon an, si ou pa reyisi, n a wè ki sa nou ka fè ankò. *He tried to get in through the window.* Li tante pase nan fenèt la. 2[*test sth. by use/action*] eseye *Have you tried that shampoo yet?* Ou eseye chanpou sa a deja? *I've never tried this.* M pa janm eseye sa a. *I've never tried riding a horse.* M pa janm eseye moute cheval. 3[*judicial*] jije *They tried her, and found her innocent.* Yo jije l, yo wè l inosan. •**try and come** se pou ou vini •**try hard** debat, fè jèfò, kase{kòd/tèt} li *I'm trying hard in order to get a better job.* M ap debat pou m wè si m ka jwenn yon pi bon djòb. *She tried hard to send the child to school.* Li kase kòd pou voye pitit la lekòl. •**try not to do sth.** kenbe pou pa fè move bagay *She tries not to ruin her life.* Manmzèl kenbe pou li pa fè tenten nan lavi l. •**try on** eseye, mezire, eseye *Let me try on the shoes.* Ban m eseye soulye a. *The clothing you tried on suits you.* Rad sa ou eseye a fè ou byen. *Before you buy pants, you have to try them on.* Anvan ou achte yon pantalon, fòk ou mezire l. •**try one's hand at** fè men li *It's good to try one's hand at cooking.* Li bon pou li ta fè men li nan koze fè manje. •**try one's luck** fè yon bèk, tante chans li *If I were you, I'd try my luck in the lottery.* Si m te ou, mwen ta tante chans mwen nan lotri a. •**try out** esperimante, teste *It would be good to try out the idea she gave us.* Li ta bon pou n eksperimante lide li ban nou an. •**try s.o. in absentia** jije yon moun dèyè do li •**try sth.** pran gou •**try to** chache, chache mwayen *He's trying to figure out how to get to Okap tonight.* L ap chache mwayen pou l al Okap aswè a. *He attempted to kill her, but he couldn't.* Li chache touye l, men li pa kapab. •**try to corner the market on sth.** fè koukouwouj sou yon bagay *The product just came out, these people are trying to corner the market on it.* Pwodui a annik vini, moun yo fè koukouwouj sou li. •**try to do sth.** eseye, seye *This load is heavy, but we'll try to lift it anyway.* Chay la lou, men n ap seye leve l kanmenm. •**try to find a way to do sth.** fè mannèv *He's trying to find a way to leave the country.* Misye ap fè mannèv pou l wè si l a pati kite peyi a. •**try to force s.o. to do sth.** fè yon moun rès *I tried to force the child to eat, but she wouldn't.* Mwen fè timoun nan rès pou li manje, li pa vle. •**try to get into s.o.'s good graces** {antre/kole}sou *She tried to get into the teacher's good graces.* Li antre sou mèt la. *I notice that he's trying hard to get in your good graces, is he courting you?* Mwen remake misye kole sou ou anpil, l ap file ou? •**try to get one's hands on** [*food*] fè (gwo) tanta *He's trying to get his hands on the food.* L ap eseye fè gwo tanta sou manje a. •**try to kick** voye pye *Don't try to kick me because I'm not in a fighting mood.* Pa voye pye sou mwen paske m pa sou goumen. •**try to make a living** chache lavi (nan) *He came to Port-au-Prince trying to make a living.* Li vin chache lavi Pòtoprens. •**try to pick a quarrel with s.o.** bat kò li *You can't even fight and you're trying to pick a quarrel.* Ou pa menm kab batay epi w ap bat kò ou. •**try to wheedle s.o. into doing sth.** bay yon moun Bondye san{konfese/ konfesyon} *She tried to wheedle me into giving her some money.* Li ban m Bondye san konfesyon pou m ba li yon ti kòb. •**be trying hard to get by** grapiyen •**do or try one's best** debouye li *Even though they were not prepared for the exam, they did their best on it.* Kwak li pa t prepare pou egzamen an, li debouye l kanmenm ladan. •**don't try to put s.o. on** pa fè sòt li avè yon moun •**no good trying for** pa bezwen pèdi •**not try to do sth.** pa fè mouvman *He doesn't even try to find a job.* Li

pa fè yon mouvman menm pou l jwenn yon djòb. •**you're trying to provoke me** yo voye ou *Since this morning you've been annoying me, are you trying to provoke me?* Depi maten an w ap anmède m, yo voye ou? •**you're trying to set me up** yo voye ou *There you are coming to ask me if I'm against the regime, you're trying to set me up.* Apa ou vin mande m si m kont gouvènman an, yo voye ou.

trying *n.* •**trying on** eseyaj •**trying one's luck** sou chans

try out *n.* esèy, odisyon

tsetse fly *n.* mouch{tse tse/zeze}

T-shaped pipe *n.* [*plumbing*] te

T-shirt *n.* 1[*with sleeves*] mayo 2[*without sleeves*] chemizèt

T-square *n.* te, ekè

tsunami *n.* radmare, sounami

tub *n.* basen •**laundry tub** benwa

tuba *n.* gwo bas •**small tuba** tiba

tubal *adj.* •**tubal ligation** ligati twonp

tubby *adj.* replè, patapouf

tube *n.* 1[*gen.*] tib *It had a small rubber tube inside.* Li te gen yon ti tib kawotyou ladan. 2[*tire liner*] chanm *I'm going to buy a bicycle tube.* M pral achte yon chanm bisiklèt. •**bronchial tube** bwonch •**enema tube** kawotchou (bòk) •**Eustachian tube** kannal anndan zorèy •**Fallopian tube(s)** kanal ze, twonp falòp •**intravenous tube** sewòm •**NG tube** tib nan nen •**test tube** epwouvèt

tuber *n.* tibèkil

tubercular *adj.* tebe *You cough like someone who is tubercular.* Ou touse tankou moun ki tebe.

tuberculosis *n.* gwo grip, maladi{dwèt long/ fini anwo de pye/kenhenk kenhenk/ kenkenk/ponmnik/poumon/ pwatrin/ san fanmi/pye chèch/ti kay/touse/zepòl} tebe, tibèkiloz *They say it's tuberculosis.* Yo di l tebe. •**pulmonary tuberculosis** konsonmsyon

tuberose *n.* [*herb*] tiberez

tubes *n. pl.* •**go down the tubes** bwè dlo, tonbe{alo/nèt}

tuck¹ *n.* [*sewing*] griji, pens

tuck² *v.tr.* •**tuck away** mete sou kote, sere •**tuck in** [*put to bed*] mete kouche •**tuck in(to)** foure anndan *Tuck your shirt in.* Foure chemiz ou anndan. •**tuck up** *mare* *kenge,* twouse *She tucked up her dress to walk.* Li touse wòb li pou l mache.**1**[*a dress, skirt*] mare kenge li

tucked *adj.* griji *The sleeve of her blouse is tucked.* Manch kòsaj la griji.

Tuesday *prop.n.* madi

tuff *n.* [*geol.*] (tè) tif

tuft *n.* touf *Tuft of grass* Touf zèb ki. •**tuft of feathers** panach, ponyen plim •**tuft of hair at front of head** ponpon, toupèt •**tuft of hair longer than the rest** chichin

tug[1] *n.* kout rale, ti kou, tiray, ralay, sakad

tug[2] *v.tr.* redi *I tugged and tugged, but the goat refused to budge.* M redi, m redi, men kabrit la refize deplase.

tugboat *n.* remòkè

tug-of-war *n.* match tire kòd, redi mennen kase

tuition *n.* ekolaj

tulip *n.* tilip

tumble[1] *n.* chit, kilbit, so

tumble[2] *v.intr.* kilbite, lakilbit, tonbe *The horse tumbled, then it stood back up.* Chwal la lakilbit, epi li retounen atè. •**tumble down a**[*things*] defale, gengole *The mangoes tumbled one after another.* Mango ap gengole youn apre lòt. **b**[*earth, soil*] deboulinen *The good topsoil tumbled down into the ravine.* Bon krèm tè a deboulinen desann nan ravin nan.

tumblebug *n.* [*insect*] zege

tumbler *n.* goble

tumbling *n.* •**tumbling down** deboulaj

tumescence *n.* anfleman

tumescent *adj.* anfle, boufi, gonfle

tummy *n.* sak manje, pans, ti kalbas vant

tumor *n.* boul, kansè, time

tumult *n.* boulvari, bouyay, voye pousyè

tumultuous *adj.* tibilan

tuna(fish) *n.* ton

tundra *n.* savann glase, toundra

tune[1] *n.* lè, marinay, melodi *We're going to play a tune they don't often hear.* N a pral bay yon marinay yo pa janm abitye tande. •**be in tune** [*mus.*] mikse *The jazz band isn't in tune.* Djaz la pa mikse. •**in tune with** dakò ak •**out of tune** dezakòde

tune[2] *v.tr.* akòde *She can't tune the piano.* Li pa ka akòde pyano a. •**tune in** [*a radio station*] kapte *I tuned in to Quisqueya Radio.*

M ap kapte radyo Kiskeya. •**tune together** fè akò *When you tune together, the music is better.* Lè n fè akò a, mizik la pi bon. •**tune up an instrument** pase yon akò *Tune up the instrument for me.* Pase yon akò pou mwen. •**fine tune** ajiste, ran konfòm

tuned *adj.* •**be tuned** akòde *The guitar is not tuned.* Gita a pa akòde. •**be tuned in** ann ekout/alekout •**be tuned to** [*radio station, internet, etc.*] branche sou *You are tuned to 1330 AM.* Ou branche sou 1330 AM.

tungsten *n.* tengstèn

tunic *n.* tinik

tuning *n.* [*mus.*] akò *The tuning was not perfect, the musicians played badly.* Akò a pa t fin bon, mizisyen yo mal jwe. •**tuning fork** djapazon

tunnel *n.* chemen anba tè, tinèl •**tunnel vision** chan vizyon retresi •**have tunnel vision** wè tout dwat sèlman

turban *n.* tiban

turbid *adj.* twoub

turbine *n.* tibin •**wind turbine** moulen ak motè

turbot *n.* pwason plat

turbulence *n.* boulvari, boulvès, bouyay

turbulent *adj.* tibilan

tureen *n.* [*soup*] soupyè

turf *n.* **1**[*lawn*] gazon **2**[*fig., area of influence*] domèn

turgid *adj.* anfle, boufi, gonfle

turkey *n.* kòdenn *I don't eat turkey.* M pa manje kodenn. •**turkey hen** manman kòdenn •**male turkey** koukouloukou •**talk turkey** [*talk seriously*] *Let's talk turkey.* An n pale serye.

Turkish *adj.* tik •**the Turkish people** pèp tik la

Turks and Caicos Islands *prop.n.* Ziltik (zile Tik ak Kekòs)

turmeric *n.* [*spice*] safran

turmoil *n.* bourara, bouyay, deblozay, kraze brize, tray •**in turmoil** (n)an boulvès, lanvè {landwat/landrèt}, mouvmante *The country is in turmoil, there is insecurity everywhere.* Peyi a nan boulvès, ensekirite tribò babò. •**political turmoil** mouvman *There's turmoil in the country, watch out.* Gen anpil mouvman nan peyi a, pwoteje kò ou.

turn[1] *n.* **1**[*change of direction*] vire, viray **2**[*change in order*] jwèt, kou, kout tou *Whose* *turn is it?* Tou pa ki moun? *You'll have to wait your turn.* Fò ou oblije ret tann tou pa ou. *Let me have a turn at the guitar.* Ban m fè de kout gita. •**turn of events** touni evènman •**dance turn** won •**full turn around sth.** viwonn •**it's s.o.'s turn** jwèt pou yon moun *It's your turn now.* Jwèt pou ou konnya. •**make a sharp turn** fè yon koub sèk *The driver made a sharp turn.* Chofè machin nan fè yon koub sèk. •**make a turn** devire •**our turn will come** jou va jou vyen *Our turn will come, bad things have to come to an end.* Jou va jou vyen, tout bagay gen pou fini. •**sudden turn** kout volan •**sudden turn to avoid encountering s.o.** kab *The girl made sudden turns in order not to meet the man.* Manmzèl kase yon kab pou l pa rankontre misye. •**take a bad turn** gen derapay •**take turns** se youn apre lòt *We can't all talk at once. We'll have to take turns.* Nou tout pa ka pale ansanm, se youn apre lòt. •**your turn** *a*[*gen.*] kou pa yon moun *Don't be afraid, your turn is next.* Ou pa bezwen pè, kou pa ou dèyè. *b*[*deal out cards*] bat (pou) ou *In the first round it was me that dealt, now it's your turn.* Pati anvan an se mwen ki te file, kounye a bat ou.

turn² **I** *v.tr.* **1**[*change position/direction*] vire *Turn your back to me.* Vire, ban m do. *Turn right at the first intersection.* Vire a dwat nan premye kafou a. *I turned onto the wrong street.* M vire nan move ri a. **2**[*cause to move around a central fixed point*] vire *Turn the key to the left.* Vire kle a a goch. **3**[*cause to move so that a different side faces upwards/outwards*] vire, tounen *Turn over the corn.* Vire mayi a. *Turn the picture over.* Vire foto a. *Turn the page.* Vire paj la. *They turned the table upside down.* Yo vire tab la, mete l tèt anba. *He turned his shirt inside out.* Li vire chemiz li lanvè. *They turned around and looked at us.* Yo vire, yo gade n. *He turned his head to look at the girl.* Li tounen tèt li pou l gade fi a. **4**[*a thing*] tounen *Turn the key in the lock.* Tounen kle a nan n seri a. **5**[*go around*] kase, vire *The bus just turned the corner.* Bis la fenk vire nan kafou a. Devire agòch. *When you arrive at the corner, turn left.* Lè ou rive nan kwen an, kase agòch. **6**[*hurt by twisting*] foule *I turned my ankle*

playing soccer. M foule (jwenti) pye m nan jwe foutbòl. **II** *v.intr.* **1**[*move around a central point*] vire *The wheel was turning quickly.* Wou a t ap vire vit. **2**[*move so that a different side faces upwards/outwards*] vire *He turned over on his side.* Li vire sou kote. *She was tossing and turning all night.* Li fè tout nuit lan ap brase kò l, vire kò l. **3**[*change in form/ nature*] tounen, vin, vire *If you put the beer in the freezer, it will turn to ice.* Si ou mete byè a nan frize a, l ap tounen glas. *She's turned into a beautiful woman.* Li vin tounen yon bèl fi. *After two washings, the dress turned brown.* Apre de lave, rad la vin mawon. *His hair has turned white.* Cheve l vin blan. *The shirt has turned yellow in the sun.* Chemiz lan vin jòn nan solèy la. **4**[*reach/pass*] tounen *She just turned thirty years old.* Li fenk gen trant an. *It just turned midnight.* Li fenk minui. **5**[*seeming in motion*] tounen *I feel dizzy; my head is turning.* Mwen gen vètij; tèt mwen ap tounen. •**turn a corner** [*traffic*] kase koub *You have to turn a corner under this traffic light.* Se pou ou vire kase koub anba limyè trafik sa a. •**turn against** vire kont *Everyone turned against me.* Tout moun vire kont mwen. *She turned the children against me.* Li moute tèt timoun yo kont mwen. •**turn and turn** piwete •**turn around** fè vòltefas, retounen, vire, vire{(tèt) gade/kò li/ tounen} *If he hadn't turned around, his attacker would have surprised him with a blow from behind.* Si li pa fè vòltefas sa a, nèg la sezi l kou a dèyè do. *While she was running, she turned around from time to time to see whether they were following her.* Tout pandan l ap kouri li retounen tanzantan pou wè si y ap swiv li. *Don't turn around.* Pa tounen kò ou. *He heard a noise, and zip! he turned around.* Li tande yon bri, li voup li vire tounen. *No sooner did he see the guy to whom he owed money coming that he turned around.* Annik li wè nèg li dwe a ap vini, li vire tounen. *Let me turn around to see who is calling me.* Kite m vire pou mwen wè moun k ap rele m nan. *It's so crowded in this house that you can't even turn around.* Kay la chaje moun, ou pa menm ka vire kò ou. •**turn around again** revire *She turned around another time.* Li revire tèt li bay pou yon lòt kote. •**turn around and around** vire tounen *He turns around and around all day, he doesn't take care of anything.* Tout jounen l ap vire tounen, anyen l p ap regle. •**turn aside** devire. •**turn attention to** pòte atansyon bay *Turn your attention to the board, please.* Tanpri, pòte atansyon bay tablo a. •**turn away** [*refuse to let in*] pa kite antre *A lot of people were turned away.* Gen yon bann moun yo pa kite antre. •**turn back** *a*[*one's own decision*] fè (yon) demi tou, kase tèt tounen, tounen, vire tounen *When we got to the border, they made us turn back.* Lè n rive sou fontyè a, yo fè n tounen. *She turned back in order to go back home.* Li fè yon demi tou pou l kase tèt tounen lakay li. *The demonstrators turned back because the police were waiting for them ahead.* Manifestan yo kase tèt tounen paske lapolis ap tann yo devan an. *It's about to rain, let me turn back home.* Lapli a pral vini, ban m kase tèt tounen lakay mwen. *b*[*refuse entrance, force to go back*] refoule, repimpe, repouse *The government turned back the deported aliens.* Gouvènman an repimpe depòte yo. *They turned back all illegal refugees.* Yo refoule tout refijye ki ilegal. •**turn down** *a*[*reduce the power/volume*] bese, desann *Turn down the volume of the radio.* Bese volim radio. *Too much noise, turn down the volume of the television.* Twòp bwi, bese volim televizyon an! *b*[*heat*] kase fe *Turn down the heat, the beans are cooked.* Kase fe, pwa yo kuit. *c*[*refuse*] refize, rejte *He turned down the job.* Li refize dyòb la. •**turn every which way** vire tounen •**turn in** *a*[*go to bed*] al kouche *I'm going to turn in.* M al kouche. *b*[*hand in (work that one has done)*] renmèt *She was the first to turn in her homework.* Se li k premye renmèt devwa l la. *c*[*return*] renmèt *I'm going to turn in the book today.* M pral renmèt liv la jodi a. *You must turn in your key before you leave.* Fò ou renmèt kle a anvan ou ale. •**turn inside out** vire lanvè *Your pocket has turned inside out.* Pòch ou vire lanvè. •**turn into** *a*[*change into*] tounen, vin fè *Caterpillars turn into butterflies.* Chini tounen papiyon. *Look how the girl turned into a real young woman!* Gad ki jan tifi a vin fè yon gwo demwazèl! *b*[*change to a different state*] fè

tounen *He turned that house into a dump.* Li fè kay la tounen yon depotwa. •**turn into a fight** make san •**turn jacks** bat oslè *If you try to turn the jacks and that fails, you've lost.* Si ou bat oslè a, li pa tounen, ou pèdi. •**turn off** *a*[*stop the flow of*] fèmen *Did you turn off the water?* Ou fèmen tiyo a? *b*[*shut off a device*] etenn, fenmen, tenyen *Turn off the TV.* Fèmen televizyon an. *Turn off the light.* Etenn limyè a. *Turn off the lamp.* Tenyen lanp lan. *c*[*cause to lose interest*] kite *That kind of talk really turns me off.* Mòd pawòl sa yo pa enterese m. *d*[*leave*] kite *When should we turn off this road?* Ki lè pou n kite wout sa a? •**turn on** *a*[*device*] limen, louvri, mete sou onn, ouvè *Turn on the TV.* Limen televizyon an. *Turn the heater on.* Mete chofaj la sou onn. *Turn on the radio.* Louvri radyo a. *She turned on the light.* Li limen limyè a. *Turn the fan on.* Ouvè vantilatè a. *b*[*cause to flow*] ouvè *Turn on the water.* Ouvè tiyo a. *c*[*attack suddenly*] fonse sou *The dog turned on me.* Chen an fonse sou mwen. •**turn o.s. in** [*submit to the law*] rann tèt li *He turned himself in to the police.* L al rann tèt li lapolis. •**turn out** *a*[*come out*] vin(i) *a lot of people turned out for the funeral.* yon bann moun vin nan antèman an. *b*[*force to leave*] mete yon moun deyò *She turned me out of the house.* Li mete m deyò nan kay la. *c*[*happen in the end*] pase *How did everything turn out?* Kouman tout bagay pase? *Everything turned out fine.* Tout bagay byen pase. *d*[*reveal itself to be*] vin wè *He turned out to be someone who had left a long time ago.* Yo vin wè se yon moun ki te pati depi lontan. *e*[*produce*] fè *how many tractors does this factory turn out in a year?* Konbe traktè izin sa a fè nan yon ane? *f*[*stop the operation of*] tiye, touye *who turned out the lights?* Sa k touye limyè a? •**turn out badly** tounen mal *I feel the discussion is going to turn out badly.* M santi diskisyon an pral tounen mal. •**turn out to be** vin fè •**turn out well** byen soti •**turn over** *a*[*put upside down*] chavire, ranvèse, retounen, rimen, vire *Turn over the waste basket.* Chavire bokit fatra a. *Turn over the omelet so that it's well done.* Retounen omlèt la pou l byen kuit. *Turn the meat over.* Vire vyann nan. *b*[*turn upside down: jacks*] rabat *He doesn't turn over* *the jack he needs on the right side before taking it up.* Li pa rabat bò zo l bezwen an avan l pran l. *c*[*fall on the side*] chavire, kapote, fè woulo *The boat turned over.* Bato a kapote. *The car turned over several times before it crashed.* Machin nan fè de woulo anvan l al kraze. *d*[*deliver into the possession/control of*] pase *She turned over the store to me.* Li pase magazen an ban mwen. •**turn over earth** bat tè *They turn over the earth before they plant.* Yo bat tè a anvan yo plante. •**turn over soil** louvri tè •**turn pale** blemi, pali *The illness causes her to turn pale.* Maladi a kòz li blemi. *When he heard about the accident, his face turned pale.* Apre l tande nouvèl aksidan an, figi l pali. •**turn quickly** [*in jump rope*] bay vinèg *You're spinning the rope too slowly, turn it more quickly.* Ou ap vire kòd la twò dousman, bay vinèg. •**turn rope quickly** bay gwo siwo *We can turn the rope fast now because she's really good at jumping rope.* Nou ka ba li gwo siwo atò paske li fò konnya nan sote kòd la. •**turn rope slowly** [*in a jump rope*] bay ti siwo *She's a small child, turn the rope slowly when she jumps rope so she doesn't fall.* Se timoun piti li ye, ba l ti siwo nan jwèt kòd la pou l pa tonbe. •**turn s.o. away** repouse *He likes to deceive people so much that everywhere he goes, they turn him away.* Li tèlman renmen blofe moun, tout kote l rive yo repouse l. •**turn s.o. in** [*deliver to the police*] denonse *A true friend would never have turned you in.* Yon bon zanmi pa t ap janm al denonse ou. *If you don't give me the money, I'll turn you into the police.* Si ou pa ban m kòb la, m pral denonse bay lapolis. •**turn soil** rabote *I need to turn up the soil to plant corn.* M bezwen rabote tè a pou plante mayi. •**turn s.o./sth. loose** lage *Don't turn the dogs loose yet.* Po ko lage chen yo. •**turn sth. upside down** vire yon bagay tèt anba *They turned the house upside down looking for money.* Yo vire kay la tèt anba, ap chache lajan. •**turn sour** *a*[*milk*] tounen *The milk turned sour.* Lèt la tounen. *b*[*fig.*] gate jwèt la gate *Once she gets angry, things turn sour.* Depi li fache, jwèt la gate. •**turn to** *a*[*look at the stated page*] vire ale *Please turn to page five.* Vire al nan paj senk. *b*[*go to for help/comfort*] ale kot yon moun,

al mande *Who do you turn to when you need advice?* Kot ki moun ou ale, lè ou bezwen konsèy? *When I have a money problem, I don't have anyone that I can turn to.* Lè m gen poblèm kòb, m pa gen pyès moun pou m al mande. •**turn toward** bay fas *Turn toward the wall so that I can't see your face.* Bay fas ou nan mi an pou m pa wè figi ou. •**turn up** *a*[*increase the volume*]{bay/monte}volim *Turn the volume up on the radio.* Bay radyo a volim. *b*[*sleeves*] retwouse *c*[*appear*] parèt, pwente *She turned up suddenly.* Li parèt bridsoukou. •**turn upside down** boulvèse, chavire, gagote, pachiman, vire tèt anba *The child turned the whole house upside down.* Pitit la boulvèse tout kay la. *We weren't there so you turned the place upside down.* Nou pa te la, ou gagote. *I just organized the room, don't turn it upside down.* M fèk fin ranje la, pa vin pachiman anyen la. *She turned the room upside down.* Li vire chanm nan tèt anba. •**turn upward** [*toe of shoe*] fè bèk *His shoes have been around such a long time, the toes have turned upward.* Tèlman soulye li a la lontan, li fè bèk. •**every time you turn around** chak vire tounen *Every time you turn around you eat something.* Chak vire tounen ou manje yon bagay. •**quickly turn** fè yon chiray *When they saw me, they quickly turned.* Le yo te wè m, yo fè yon chiray. •**take a turn for the worse** jwèt la make san *Let's go away because things could take a turn for the worse.* Ann wet kò nou la paske jwèt la make san.

turnabout *n.* detounasyon, vòltefas *Look at the turnabout in the man's life, as well-off as he was, now he can't pay even his rent.* Gad detounasyon misye non, jan l te alèz, ata lwaye l li pa ka peye konnya. •**turnabout is fair play** devan pòt (re)tounen dèyè kay *Turnabout is fair play, look at the young people being rude to their elders.* Devan pòt tounen dèyè kay, gade timoun pa respekte granmoun ankò.

turnaround *n.* 1[*gen.*] toudren, vòltefas 2[*in s.o.'s life*] detounasyon

turncoat *n.* kameleyon

turndown *n.* rejè

turned *adj.* •**turned up** [*nose*] kankan *He looks like a monkey with his turned up nose.* Li pòtre yon makak ak nen kankan l lan. •**be**

turned on [*sexually*] anraje *He's turned on, he constantly wants women.* Msye anraje, li anvi fanm.

turning *n.* laviwonndede •**turning back** [*of people*] refoulman •**turning point** dat chànyè •**turning upside down** kapòtay •**loosening or turning over of earth** fouchtaj

turnip *n.* nave

turnoff *n.* 1[*road*] anbranchman, kafou 2[*something disagreeable*] repiyans

turnout *n.* asistans, patisipasyon •**heavy turnout** bèl vale moun *There was a heavy turnout for the party.* Te gen yon bèl valè moun nan fèt la.

turnover *n.* 1[*of funds, people*] woulman 2[*goods*] chif dafè

turnpike *n.* otowout

turnstile *n.* tounikèt

turntable *n.* toundis

turpentine *n.* terebantin

turpitude *n.* debanday, devègonday, libètinaj •**moral turpitude** move kondit moral

turquoise *n./adj.* ble vèt

turret *n.* latou, tou

turtle *n.* tòti •**turtle shell** karèt, po tòti

turtledove *n.* toutrèl

tusk *n.* [*elephant*] defans

tutor[1] *n.* pwofesè patikilye

tutor[2] *v.tr.* bay (yon moun) leson *That teacher is tutoring my children.* Pwofesè sa a bay timoun mwen yo leson.

tutored *adj.* •**be tutored** pran leson nan men yon moun *I have been tutored in English by that lady.* M te pran leson angle nan men dam sa a.

tutoring *adj.* {kou/leson}patikilye

tuxedo *n.* esmokin, kostim •**formal tuxedo** ke lanmori

TV *prop.n.* televizyon •**a color TV** yon televizyon koulè

twaddle *n.* radòt, tenten

twang *n.* •**nasal twang** vwa nan nen

tweet *onom.* [*of a bird*] tchi

tweezers *n.pl.* pensèt, (ti)pens,

twelfth *adj.* douzyèm

Twelfth-Night *prop.n.* [*January 6*] Lèwa (Lewa)

twelve *num.* douz •**twelve o'clock** *a*[*midnight*] minwi *b*[*noon*] midi •**twelve years** douzan

twenties *n.pl.* •**in one's twenties** nan ventèn *He's in his twenties.* Li nan ventèn li kounye a.

twentieth *adj.* ventyèm

twenty *num.* ven •**twenty years** ventan •**about twenty** yon ventèn

twenty-first *adj.* venteyinyèm

twenty-five *num.* vennsenk

twenty-one *num.* venteyen

twice *adv.* de fwa *I saw her twice last week.* M wè l de fwa semenn pase a. *He called me twice today.* Li rele m de fwa jodi a. *Take this medicine twice a day.* Pran medikaman sa a de fwa pa jou. *I saw this movie twice.* M wè fim sa de fwa.

twig *n.* fachin, ti{branch/bwa} •**supple twig** ti bwa lyann

twilight *n.* labrin, lanjelis, solèy kouche •**twilight zone** peyi fantezi

twin *n.* jimo, jimèl [*fem.*] **twins** *n.pl.* jimo, marasa *They're twins.* Yo se marasa. •**conjoined/Siamese twin** marasa kole •**twin beds** kabann{jimo/marasa} •**fraternal twin** fo jimo •**conjoined twins** marasa kole •**deceased twins** [*Vodou*] marasa Ginen •**divine twins** [*Vodou*] marasa •**fraternal twin(s)** fo jimo •**identical twins** marasa tèt koupe, vre jimo •**male born after twins** dosou •**second child born following twins** dwoge •**twins not of the same sex** marasa bwa •**twins of the same sex** marasa Ginen •**twins who don't get along** marasa rayisab

twine *n.* fisèl •**make rope or twine** kòde

twinkle[1] *n.* mwikmwik

twinkle[2] *v.intr.* kliyote, limen tenyen, mouri limen, myoukmyouke *On the Christmas tree there were a lot of small lights that twinkled.* Sou abdenwèl la te genyen yon bann ti limyè ki t ap mouri limen. *The light of the lighthouse is twinkling.* Limyè fa a ki sou waf la ap kliyote.

twirl[1] *n.* moulinèt

twirl[2] *v.intr.* •**twirl around** fè{laviwonn/mayilò} *She's twirling around in the middle of the room.* L ap fè laviwonn nan mitan kay la. *Children like to twirl around when they play in the school yard.* Timoun yo renmen fè mayilò lè ap jwe nan rekreyasyon. •**twirl around while dancing** danse mayilò *The way you're twirling around while dancing,* *be careful not to get dizzy.* Jan w ap danse mayilò, veye pou pa toudi.

twirler *n.* •**baton twirler** majò jon

twist¹ *n.* **1**[*act of twisting*] tòde *He gave my arm a twist.* Li tòde bra m. **2**[*of a citrus fruit*] zès

twist² **I** *v.tr.* **1**[*turn continuously to put together*] kòde, tòde *If you had twisted the wire, it would have been nicer.* Si ou te kòde fil yo, li t ap pi bèl. *Twist the two cow skins together.* Kòde de po bèf yo ansanm. *To make a horsewhip, you twist together two strands of cow hide.* Pou ou fè yon rigwaz, ou tòde de po bèf ansanm. **2**[*bend or turn s.o.'s arm*] tòde *Don't twist the child's arm so you don't break it.* Pa tòde bra pitit la pou pa kase l. **3**[*turn to remove top, etc.*] devise *I can't get the top to twist off.* M pa ka devise bouchon an. **4**[*hurt a joint/limb by pulling/turning*] foule *I twisted my ankle when I fell.* M foule jwenti pye m lè m tonbe a. **II** *v.intr.* [*move around continuously*] tòde *He was twisting around in the chair.* Li vire kò l, li tòde kò l sou chèy la, m pa okipe l. •**twist and turn** *a*[*gen.*] jijinen *b*[*in bed*] mouvmante kò li •**twist off** devise •**twist s.o.'s arm** [*coerce*] fòse *Twisting his arm won't get him to do it.* Fòse l la p ap fè l fè l. •**twist with pain** detire *The child is twisting with pain.* Pitit la ap detire ak doulè a. •**twist words** devire

twisted *adj.* kanbya, tòde *The right fender of the car is twisted.* Zèl dwat machin nan tòde. •**be twisted** tòde

twisting *n.* kontòsyon

twit *n.* kreten, sòt

twitch¹ *n.* chikin, sakad

twitch² *v.intr.* bat *My eye is twitching.* Je m ap bat.

twitching *n.* •**involuntary twitching** tik

twitter *n.* [*of small bird*] tchi, titilitit

two *num.* de, doub *Two sixes...* Doub sis... •**two o'clock** dezè

two-bit *adj.* soulèzèl

two-colored *adj.* deton

two-edged *adj.* de bò

two-faced *adj.* de fas, mazimaza, voye wòch kache men •**two-faced person** kouto de bò •**be two-faced** gen de pawòl

two-fisted *adj.* kanson fè, pòtray

twofold *adj.* doub

two-footed *adj.* biped

two-hundredth *adj.* desantyèm

two-thirds *n.* detyè

two-time *v.tr.* twonpe *They two-timed me.* Yo twonpe m.

two-way *adj.* aledvini

twosome *n.* koup

tycoon *n.* gwo finansye

tyke *n.* tikatkat, titit

tympani *n.* tenbal

tympanist *n.* jwè tenbal

type¹ *n.* espès, jan, kalite, klas, mòd, tip *What type of car do you want to buy?* Ki kalite machin ou vle achte? *There are two types of calabashes.* Gen de jan kalbas. *It's a type of snake.* Se yon klas koulèv li ye. •**different type of** opoze *He and his brother are very different types of people.* Li menm ak frè l se de moun opoze. •**all types** tout moun tout plimay, tout plim tout plimay, tout plimaj *All types of people mixed together to form the Creole culture.* Tout plimaj moun te brase ansanm pou fòme kilti kreyòl la.1

type² *v.intr.* tape, tape alamachin *She can type quickly.* Li kap tape alamachin vit. *The secretary typed the letter well.* Sekretè a tape lèt la byen.

typeface *n.* font

typewriter *n.* machin a ekri *I don't have a typewriter.* M pa gen machin a ekri.

typewriting *n.* daktilografi

typhoid fever *n.* (lafyèv) tifoyid

typhoon *n.* siklòn

typhus *n.* tifis

typical *adj.* tipik, tou(t) bon *The way he speaks is his typical way of speaking.* Jan l pale a se fason tipik li.

typing *n.* daktilografi

typist *n.* daktilograf

typo *n.* fòtdefrap

typographer *n.* tipograf

typographical *adj.* tipografik *A typographical symbol.* Yon siy tipografik.

typography *n.* tipografi

tyrannize *v.tr.* tiranize *Tiran always tyrannize people.* Tiran toujou tiranize moun.

tyranny *n.* tirani

tyrant *n.* tiran

tyrant flycatcher *n.* [*bird*] tèt polis

U

UFO *abbrev.* soukoup volan

UN *acron.* [*United Nations*] Loni, Oni

UNESCO *acron.* [*United Nations Educational, Scientific, and Cultural Organization*] Inesko

UNICEF *acron.* [*United Nations Children's Fund*] Inisèf

U.S. *abbrev.* [*United States (of America)*] Etazini (Amerik), Lezetazini •**in the U.S.** Ozetazini •**to the U.S.** Ozetazini *He went to the U.S. for a better life.* L al chache lavi Ozetazini.

U.S.A. *acron.* [*United States of America*] Etazini (Amerik), Lezetazini

U-boat *n.* soumaren

udder *n.* manmèl, tete, triyon

ugh! *interj.* [*expression of disgust*] houn!, tchoun!, wouch!

ugliness *n.* lèdè, lèdte

ugly *adj.* **1**[*extremely unattractive*] chwèt, lèd, makawon, mangouyan, vye *This ugly man looks like an ape.* Misye chwèt sa a pòtre yon makak. *That dress is ugly.* Rad sa a lèd. *What an ugly guy!* Msye makawon papa! *I don't need this ugly thing!* M pa bezwen bagay mangouyan sa a! **2**[*very unpleasant/threatening*] lèd *You shouldn't say such ugly things.* Ou pa dwe di bagay lèd konsa.. •**ugly and misshapen person** madoulè, makanba •**ugly and skinny woman** azizwèl •**ugly and stupid person** maskarad •**ugly as a monkey** lèd tankou foskouch makak •**ugly as sin** lèd kou set peche kapito •**ugly enough to scare you** lèd a mò •**ugly girl** [*almost bald*] grizon *He married an ugly girl with almost no hair.* Li marye ak yon grizon. •**ugly object** masikwèt •**ugly old ape** [*person*] grimas •**ugly person** chanwan, lèd kon{koukou/peche}, lèdè, mazora, simagri, zonzon, zoulou *Look at the shape of his head; he's the picture of an ugly person.* Gade fòm tèt msye, pòtre yon zoulou. •**very ugly person** foskouch makak, kaka djab, wististi

ugly-looking *adj.* •**ugly-looking person** baka

uh-huh[1] *interj.* [*assent*] anhan, ohan *Uh-huh! You may leave. Beware of trouble!* Anhan! Ou mèt ale, piga kont!

uh-uh[2] *interj.* [*no*] anhan, enhen *You went to church? –Uh-uh, I didn't go.* Ou te ale legliz? –Enhen, m pa t ale.

ulcer *n.* ilsè •**bleeding ulcer** ilsè emorajik •**skin ulcer** chank, java •**have stomach ulcers** soufri asid *He has stomach ulcers.* Li soufri asid.

ulna *n.* kibitis

ultimatum *n.* iltimatòm

umbilical *adj.* •**umbilical cord** kòd{lonbrik/lonbrit}, mèt trip

umbilicus *n.* lonbrik/lonbrit, nonbrit, bouton vant

umbrage *n.* •**take umbrage** kenbe{sou/nan}kè

umbrella *n.* parapli, parasòl, voumtak

umpire *n.* abit

umpteenth *adj.* enyèm

unabashed *adj.* san wont

unable *adj.* pa ka, pa fouti *I'm unable to remember his name.* M pa ka chonje non l. *He was completely unable to give me an explanation as to why he didn't come.* Li pa fouti ban m esplikasyon sa k fè l pa t vini.

unabridged *adj.* ankè, entegral

unacclaimed *adj.* san renome

unaccompanied *adj.* pou kont li, sèl

unaccountable *adj.* ineksplikab

unaccustomed *adj.* pa abitye *I'm unaccustomed to eating so much in the morning.* M pa abitye manje anpil konsa le maten.

unachievable *adj.* pa fezab

unadorned *adj.* toudinpyès

unadulterated *adj.* nèt, pi

unadvisable *adj.* dekonseye

unaffected *adj.* pa{fè anyen/pran tèt} yon moun *We were unaffected by the heavy rains.* Gwo lapli yo pa t fè n anyen. *I'm unaffected by advertising.* Reklam pa pran tèt mwen.

unaffordable *adj.* pa chè

unafraid *adj.* san kè sote, san pè

unalterable *adj.* enchanjab, tennfas

unanimous *adj.* inanim

unappealing *adj.* demeplè

unappetizing *adj.* demeplè, wachi wacha

unapproachable *adj.* [*person*] malouk •**be very unapproachable** pa gen ni lanvè ni{landrèt/landwat} *That secretary is very unapproachable.* Sekretè sa a pa gen ni lanvè ni landrèt.

unarmed *adj.* san zam *He was unarmed.* Li san zam sou li.

unashamed *adj.* san wont

unassailable *adj.* entouchab

uassertive *adj.* efase, pasif

unassuming *adj.* senp

unattached *adj.* 1[*single*] selibatè 2[*not joined*] pa kole

unattainable *adj.* entwouvab

unattractive *adj.* •**unattractive person** zonzon •**unattractive woman** gridap

unavoidable *adj.* inevitab *The accident was unavoidable.* Aksidan an te inevitab.

unaware *adj.* nan nwa, pa okouran *He's unaware of what goes on in the house because he's never there.* Li pa janm la; li pa okouran sa k ap pase nan kay la. *The masses are still unaware of their critical situation.* Pèp la nan nwa toujou.

unawares *adv.* sanzatann

unbalanced *adj.* •**become unbalanced** dezekilibre

unbaptized *adj.* [*Vodou*] bosal

unbearable *adj.* dezagreyab, endezirab, ensipòtab, entolerab *He's really unbearable when he's drunk.* Li ensipòtab toutbon lè l sou. *Nobody wants to live with this unbearable girl.* Pèsòn pa vle viv ak fi dezagreyab sa a. *This child is beginning to be unbearable. She doesn't listen to anyone now.* Pitit sa a koumanse endezirab, li pa koute moun kounye a. *Life is hell. It's always full of unbearable problems.* Lavi se yon lanfè li ye. Li toujou plen pwoblèm ensipòtab. *The heat of the sun is unbearable.* Ladè solèy la entolerab.

unbeatable *adj.* envensib *Our team is unbeatable.* Ekip nou an envensib. •**unbeatable person** towo

unbecoming *adj.* deplase, pa kòdjòm *He didn't tell you anything unbecoming.* Li pa di ou anyen ki deplase.

unbelievable *adj.* enkwayab *I can't understand what you're saying; it is an unbelievable thing.* M pa sa konprann sa ou di a, se yon bagay ki enkwayab.

unbelieving *adj.* mekreyan

unbend *v.tr.* dekwochi *You have to unbend the wire.* Ou bezwen dekwochi fil la.

unbending *adj.* bout di •**unbending person** bout di, mabyal

unbiased *adj.* san{paspouki/patipri} *A judge must remain unbiased.* Yon jij gen dwa rete san paspouki.

unbleached *adj.* ak koulè natirèl

unblemished *adj.* san tach

unblock *v.tr.* debleye, debloke *They unblocked the road; we can go now.* Yo debloke wout la, nou ka pase atò.

unblocking *n.* deblokay

unbolt *v.tr.* deboulonnen

unborn *adj.* poko fèt •**unborn child** timoun{an/nan} vant

unbounded *adj.* san limit

unbraid *v.tr.* [*hair*] detrese *She unbraided the girl's hair.* Li detrese chive pitit la.

unbreakable *adj.* pa ka kraze *It's unbreakable.* Li pa ka kraze.

unbridle *v.tr.* debride, dechennen *Unbridle the horse before you give him the water.* Debride chwal la anvan ou ba l dlo a.

unbridled *adj.* dechennen, deregle •**unbridled person** anraje *With that unbridled person, you're sure to get into trouble every day.* Ak anraje sa a, chak jou ou gen pou nan zen.

unbuckle *v.tr.* deboukle *Unbuckle the belt if it's too tight for you.* Deboukle sentiwon an si l twò sere ou.

unburden *v.tr.* aleje, soulaje *I did part of her work to unburden her.* M fè yon pati travay li a pou soulaje l.

unbutton *v.tr.* deboutonnen *He unbuttoned his shirt.* Li deboutonnen chemiz li.

unbuttoned *adj.* deboutonnen *He's walking in front of people with his fly unbuttoned.* L ap mache sou moun ak bragèt li deboutonnen.

uncalled-for *adj.* dwategòch, wòdpòte *Your remark was quite uncalled-for.* Sa ou di a dwategòch.

uncanny *adj.* biza, pa natirèl *He arrived before I did; I find this uncanny.* Li rive anvan mwen; m jwenn sa biza.

uncap *v.tr.* {retire/wete}bouchon *Uncap the bottle.* Retire bouchon an nan boutèy la.

uncaring *adj.* kè di, endiferan *He's uncaring.* Msye se yon moun kè di.

unceasingly *adv.* diranpandan, san dezanpare, vire tounen

uncertain *adj.* anbalan, antre de, riskan *My weekend plans are still uncertain.* M anbalan pou wikenn nan. *He can't make up his mind; he is uncertain.* Li pa ka deside, li antre de.

uncertainty *n.* ensètitid, sispenns

unchain *v.tr.* dechennen *That dog has rabies; don't unchain him.* Chen sa a gen laraj, pa dechennen l.

unchallengeable *adj.* enkontestab

unchanged *adj.* entak, pa chanje *Our way of life is unchanged.* Fason n ap vivi pa chanje.

uncharitable *adj.* malonèt

uncircumcised *adj.* ensikonsi

uncivilized *adj.* bosal

unclad *adj.* toutouni

uncle *n.* monnonk, nonk, tonton •**great uncle** grantonton, tonton tonton

unclean *adj.* malpwòp, vòksal *These unclean people always smell bad.* Moun vòksal sa yo toujou santi di.

uncleanliness *n.* malpwòp *It's his uncleanliness that makes him always get sick.* Se malpwòp li ki fè l toujou malad.

unclear *adj.* [*ambiguous*] andaki, gògmagòg *An unclear speech.* Yon diskou gògmagòg.

unclog *v.tr.* debouche, deboure *She's unclogging her pipe.* Li deboure kachimbo l.

unclothed *adj.* dezabiye, toutouni

uncombed *adj.* [*hair*] kwòt *I can't go out with my hair uncombed like that.* M pa ka soti ak tèt mwen kwòt konsa.

uncomfortable *adj.* **1**[*physically*] malalèz *I'm feeling uncomfortable; it's too hot.* M pa santi m malalèz; fè twò cho! *You're uncomfortable in that chair.* Ou malalèz sou chèz sa a. **2**[*uneasy*] anpetre, jenan, jennen *He's in an uncomfortable situation.* Li nan yon sitiyasyon jenan. *What she did made me uncomfortable in the host's house.* Sa li fè a mete m malalèz lakay moun yo. *What he told me made me feel uncomfortable.* Sa l di m lan fè m santi m jennen.

uncompromising *adj.* min *The teacher is uncompromising; she won't go back on her decision.* Pwofesè a min, li p ap fè bak sou desizyon li.

unconcern *n.* lese grennen

unconcerned *adj.* vag kou chamo •**unconcerned person** [*carefree*] byennerèz, pouryen •**be totally unconcerned** [*unworried*] boule an senèryen

unconfined *adj.* lib

unconfirmed *adj.* anbalan, ensèten

unconquerable *adj.* envensib

unconscionable *adj.* enpadonnab, san eskiz

unconscious *adj.* endispoze, poko revini, san konnesans *She fell down unconscious.* Li tonbe san konnesans. *They clubbed him until he was unconscious.* Yo bat li jistan l endispoze. *Is he still unconscious?* Li poko revini?

unconsecrated *adj.* [*Vodou*] bosal

unconstitutional *adj.* antikonstitisyonèl, enkonstitisyonèl *The decision is unconstitutional; it isn't based on law.* Desizyon an enkonstitisyonèl, li pa chita sou lalwa.

uncontaminated *adj.* nèt, pi

uncontested *adj.* sèten, san kontestasyon

uncontrollable *adj.* endoutab, moun pa{fouti/ka} kontwole li *When he gets mad, he's uncontrollable.* Lè l fache, l pa fouti kontwole l.

unconventional *adj.* biza, dwòl

unconvincing *adj.* an kèskeseksa

uncooked *adj.* kri

uncooperative *adj.* dezoblijan *This uncooperative woman, she would never help.* Fi dezoblijan sa, li p ap rann ou okenn sèvis.

uncoordinated *adj.* malagòch

uncork *v.tr.* debouche *I can't uncork the bottle.* M pa ka debouche boutèy la.

uncouth *adj.* degwosi, devègonde, djòl kwochi, gwayil, gwojan, gwosomodo, mal degwosi, pwès, san{fason/pwotokòl}, sankoutcha, sanrebò, vèbal, vòksal *You're too uncouth.* Ou vòksal twòp ou. *I don't deal with uncouth people.* M pa annafè ak moun devègonde. *This uncouth person doesn't know how to talk to people.* Nèg pwès sa pa konn jan pou l pale ak moun. *Uncouth people like you, they can't accompany us in society.* Moun san fason kon ou, yo pa ka ale ak nou nan sosyete. *This man is uncouth.*

Even if you speak to him nicely, he'll answer you badly. Nèg sa a gwayil, menm si ou pale ak li byen, li reponn ou mal. •**uncouth and disrespectful person** loray kale *That uncouth person says whatever he wants about people.* Loray kale sa a di sa l vle sou moun. •**uncouth guy** bèt (seren) *This uncouth guy never says hi to others.* Bèt sere sa a pa janm salye moun. •**uncouth person** gwo{soulye/ sowe/zòtèy}, peyizan, peyizàn [*fem.*]

uncover *v.tr.* debiske, dechouke, dekouvri, demaske, deniche, devwale *Uncover the pot.* Dekouvri chodyè a.

uncross *v.tr.* [*legs*] dekwaze *Don't uncross your legs.* Pa dekwaze janm ou yo.

uncrumple *v.tr.* defripe *Uncrumple the sheet.* Defripe dra a.

unction *n.* onksyon •**extreme unction** dènye sakreman, estrèm onksyon

unctuous *adj.* siwolin, swa *Her hair is unctuous.* Cheve l swa.

uncultivated *adj.* [*land*] jachè

uncultured *adj.* bosal

uncurl *v.tr.* [*hair*] lise *She uncurled her hair.* Li lise cheve li.

uncut *adj.* antye

undamaged *adj.* entak, san tèt fè mal *I gave him back his radio undamaged.* M renmèt li radyo l san tèt fè mal.

undated *adj.* san dat

undaunted *adj.* brav, vanyan

undecided *adj.* [*in doubt*] anbalan *I'm still undecided as to whom I'm going to vote for.* M anbalan toujou; m po ko konn pou ki moun m ap vote.

undefeated *adj.* pa janm pèdi *Our team is still undefeated.* Ekip nou an poko janm pèdi.

undefended *adj.* san defans

undemanding *adj.* pa{difisil/egzijan} *This assignment is undemanding.* Devwa sa a pa egzijan.

undemonstrative *adj.* fèmen, retisan

undeniable *adj.* sèten, si *His culpability is undeniable.* Kilpabilite li sèten.

undependable *adj.* manfouben *You're undependable; we can't count on you.* Se yon manfouben ou ye, nou pa ka mete espwa nou sou ou.

under[1] *adj.* [*in titles*] sou •**under secretary** sou sekretè

under[2] *adv.* mwens ke

under[3] *prep.* **1**[*location*] anba *She carried the book under her arm.* Li pote liv la anba bra l. *He's working under the car.* L ap travay anba machin nan. **2**[*according to*] dapre *Under the terms of the agreement, each employee will get a raise.* Dapre antant la, chak anplwaye ap jwenn ogmantasyon. **3**[*controlled by*] anba, sou *All those people are under him at work.* Tout moun sa yo anba l nan travay la. *She was born under Duvalier.* Li fèt sou Divalye. **4**[*experiencing the effects of*] dapre *Under the circumstances, I think it's best that we leave.* Dapre jan bagay yo ye la a, m kwè pito n ale. **5**[*less than*] mwens pase *I spent under ten dollars.* M depanse mwens pase di dola. *The children have to be under twelve.* Fò timoun yo gen mwens pase douzan. •**from under** anba

underage *adj.* •**underage person** minè, timinè

underarm *n.* anba bra

underbelly *n.* anba vant

underbid *v.tr.* ofri mwens *That carpenter always underbids me.* Bòs chapant sa a toujou ofri mwens pase mwen.

underbrush *n.* bousay, raje *We need to clear away the underbrush first.* Fò n rache tout raje anvan.

underclothing *n.* souvètman

undercook *v.tr.* rabi *You undercooked the meat. People can't eat it.* Ou rabi vyann nan, moun pa ka manje l.

undercooked *adj.* manke kuit *The rice is undercooked.* Diri a manke kuit. •**undercooked and poorly prepared** pachiman

undercover[1] *adj.* •**undercover squad** eskadwon

undercover[2] *adv.* ret kache, anba pay *If we don't stay undercover, they'll kill us.* Si n pa ret anba pay, yo touye nou. •**go undercover** bwaze

undercurrents *n.pl.* •**hidden undercurrents** {kaka/ tata}chat

undercut *v.tr.* gate metye *That seller undercuts others.* Machann sa se yon gate metye.

undercutter *n.* gate metye

underdeveloped[1] [*country*] *adj.* soudevlope

underdeveloped[2] *adj.*[*person*] **1**[*backward, uneducated*] aryere **2**[*physically*] chetif, maldevlope, malvini, rabi, rabougri, soudevlope *The child is underdeveloped.* Timoun nan rabi. 3[*dwarfish*] rasi *Look at that dwarfish man.* Gad ki jan yon nèg rasi.

underdevelopment *n.* soudevlòpman

underdog *n.* (le)pèdan

underdone *adj.* manke kwit, pachiman

underestimate *v.tr.* souzestime *It isn't good to underestimate people.* Sa pa bon pou souzestime moun.

underexposed *adj.* [*photo*] sou espoze

underfed *adj.* mal nouri

underfoot *adv.* anba{bab/pye (moun)} *Those kids are always getting underfoot!* Timoun sa yo toujou anba pye moun!

undergarment *n.* souvètman

undergo *v.tr.* sibi, swiv •**undergo an operation** pran sizo *She has undergone two operations.* Li pran sizo de fwa. •**undergo surgery** fè operasyon, opere *She's going to undergo surgery today.* Li pral opere jodi a. •**undergo treatment** swiv trètman *She's undergoing treatment for diabetes.* L ap swiv trètman ak maladi sik.

underground¹ *adj.* souteren *The underground part of the house.* Pati souteren kay la.

underground² *adv.* anba tè *The passageway is underground.* Pasaj la anba tè •**underground passage** souteren

underground³ *n.* rezistans

undergrowth *n.* raje

underhanded *adj.* •**be underhanded** anba chal

underhandedly *adv.* anba anba, anba zong, an katimini *All his dealings, he does them underhandedly.* Tout afè l, se anba zong pou l fè sa. *Do your business underhandedly.* Fè afè ou an katimini.

underlie *v.tr.* alabaz *It's poverty that underlies our country's difficulties.* Se pòvrete ki alabaz difikilte peyi nou.

underlying *adj.* alabaz

underline *v.tr.* pase yon tras, souliye, soulinye *Underline each word you don't understand.* Pase yon tras anba chak mo ou pa konprann yo. *Underline all the adjectives in the dictation.* Souliye tout adjektif yo nan dikte a.

underling *n.* tchoul

undermanned *adj.* manke bra

undermine *v.tr.* 1[*influence, power*] minen *All that the previous boss had established was undermined by the new one.* Tou sa direktè anvan an te met nan biwo a, nouvo a minen l nèt. 2[*health*] gate san, wonje *The illness undermined him completely.* Maladi a fin wonje l.

underneath *prep.* anba *What's that underneath your chair?* Sa k anba chèy ou a la a? *Let's get underneath the covers.* An n antre anba dra.

undernourished *adj.* malmanje, malnouri *The way her bones are sticking out, you see that she's undernourished.* Jan zo eskèlèt li parèt la, ou wè l malmanje. •**undernourished person** soufrisken

underpants *n.pl.* 1[*men's*] kalson, (e)slip 2[*women's*] kilòt, pantalèt

underpass *n.* pasaj souteren

underpay *v.tr.* malpeye, manje kouray *She underpays her employees.* Li manje kouray anplwaye yo.

underprivileged *adj.* defavorize, dezavantaje *Underprivileged class of people.* Klas defavorize.

underscore *v.tr.* chita sou, souliyen

undersecretary *n.* sou sekretè

underseller *n.* gate metye

undershirt *n.* chemizèt, kamizòl, paman •**patchwork/multicolored undershirt (to ward off evil spirits)** [*Vodou*] chemizèt {maldyòk/twa paman}

undersized *adj.* malvini, rabougri

underskirt *n.* jipon

understand I *v.tr.* 1[*perceive meaning of*] defini, konprann, pije, sezi, tande *I can't understand what you are saying.* M pa fin defini sa ou di a. *I can't understand what you're saying.* M pa konprann sa ou di a. *Despite the teacher's explanation the students didn't understand what he said.* Malgre esplikasyon mèt la, elèv pa janm sezi sa l di a. *Don't you ever say that again, do you understand me?* Pa janm di sa ankò! Ou tande m? *Are you sure you understood what I told you?* Ou si ou tande sa m di ou? 2[*have knowledge of*] konprann *She doesn't understand French.* Li pa konprann franse. 3[*have reason to believe*] tande *I understood that they were to be married today.* M tande yo te gen pou yo marye jodi

a. *Did he quit yesterday? –So I understand.* Li kite yè? –Konsa m tande. **4** [*perceive feeling*] konprann *I understand how you feel.* M konprann ki jan ou santi ou. *If you really loved me, you'd understand!* Si ou te renmen m toutbon, ou t ap konprann! **II** *v.intr.* [*agree*] dakò *Do we understand each other now?* Nou dakò konnye a? •**not to understand anything** wè nwa *Although she explained that to me several times, even now I still don't understand anything.* Kwak li esplike m sa plizyè fwa, se atò m wè nwa.

understandable *adj.* konpreyansib *His ideas are not understandable.* Pawòl li pa konpreyansib.

understanding[1] *adj.* konpreyansif *He's very understanding. He won't get mad if you don't have the money to pay him today.* Li se moun ki konpreyansif; li pa p fache si ou pa gen kòb la pou ou ba li jodi a. •**not understanding** enkonpreyansif *He punishes even people who are absent because of illness; he's not understanding.* Li sanksyonnen menm moun ki absan pou koz maladi, li enkonpreyansif.

understanding[2] *n.* **1**[*agreement*] antant, dizon *They came to an understanding.* Yo fè yon antant. *There is no understanding between them.* Pa gen antant antre yo. *He has an agreement with John about the house.* Li gen dizon avè Jan pou kay la. **2**[*comprehension*] bonkonprann, konpreyansyon •**come to an understanding** {fè/jwenn/table}(yon) antant •*mutual understanding* akò

understood[1] *adj.* •**it is understood** byennantandi *It's understood that we agreed on that.* Byennantandi nou te dakò sou sa.

understood[2] *interj.* tande *Wash the car and the truck, understood?* Lave machin nan ak kamyon an, tande?

undertake *v.tr.* antreprann *They decided to undertake the job.* Yo deside antreprann travay la.

undertaker *n.* antreprenè, benyè mò, kwòkmò *I'll see an undertaker to find out how much the funeral will cost.* Mwen pral wè yon antreprenè pou m konn konbyen antèman an ap koute m.

undertaking *n.* antrepriz, mach
undertakings *n.pl.* ofis

undertow *n.* ral *There isn't an undertow here, so you can go swimming.* L al pa gen ral, ou mèt benyen.

undervalue *v.tr.* minimize *You undervalue my work.* Ou minimize travay mwen an.

underwater *adj./adv.* anba dlo *They swam underwater.* Yo naje anba dlo.

underway *adj.* ankou, sou pye *The trial is underway.* Pwosè a ankou. *The road construction is underway.* Konstriksyon woutye a sou pye.

underwear *n.* souvètman •**in one's underwear** toutouni

underweight *adj.* dedi, depatcha, dezose *The child is underweight because of the illness.* Pitit la dedi akòz maladi a.

underwrite *v.tr.* bay garanti *They underwrote the cost of the new factory we bought.* Yo bay garanti pri nouvo izin nou achte a.

underwriter *n.* asirè

undeserved *adj.* enjistifye *All the prizes she received are undeserved.* Tout pri li resevwa se enjistifye yo ye.

undeserving *adj.* enjistifye, pa merite

undesirable *adj.* endezirab •**undesirable person** vonmisman chen

undetachable *adj.* enseparab

undeveloped *adj.* **1**[*child*] chikata, rabougri *The child is undeveloped; she hasn't grown.* Timoun nan chikata, li pa grandi. **2**[*region, country*] pa evolye *This region is very undeveloped.* Zòn sa a pa evolye menm.

undignified *adj.* [*inappropriate*] depaman, deplase

undiscernible *adj.* enpèseptib

undisciplined *adj.* brigan, deregle, endisipline *What an undisciplined boy; he's always up to no good.* Ala tigason deregle, tout tan l ap fè sa k pa bon.

undisclosed *adj.* anbachal, anbapay

undisputable *adj.* san{diskisyon/kèsyon}

undivided *adj.* endivi

undo *v.tr.* **1**[*remove the effects of*] defèt *It's already done; I can't undo it now.* Li fin fèt deja, m pa ka defèt li. **2**[*unfasten*] defèt, delage, demare, ouvè *Undo the knot.* Defèt ne a. *He undid the package.* Li demare pake a. *I couldn't undo my zipper.* M pa t ka ouvè zip mwen. **3**[*hair*] depenyen **4**[*links of a chain*] demaye *Don't play with the chain so that you* *don't undo the links.* Pa jwe ak chenn nan pou n pa demaye l. **5**[*unravel (rope)*] detrese •**undo a hairdo** dekwafe *The wind undid Jane's hairdo.* Van an dekwafe Jàn. •**undo s.o.'s hair** depenyen *You can undo your hair.* Ou mèt depenyen cheve ou.

undocumented *adj.* san papye

undone *adj.* **1**[*hair, seam*] defèt **2**[*button*] deboutonnen *One of your buttons is undone.* Ou gen yon bouton k deboutonnen. **3**[*fly*] ouvè *Your fly is undone.* Bragèt ou ouvè.

undoubtedly *adv.* san dout

undress *v.intr.* desele kò li, dezabiye li, retire rad *The doctor told him to undress.* Doktè a di l dezabiye l. *I'd already undressed for bed.* M te gen tan dezabiye m pou m al kouche. *Help her undress.* Ede l retire rad la sou li. *He was so drunk that he couldn't even undress before sleeping.* Li te tèlman sou, li pa t menm desele kò l anvan l dòmi.

undressed *adj.* pa gen rad sou li *Don't come in! I'm undressed.* Pa antre! M pa gen rad sou mwen.

undressing *n.* dezabiyaj

undrinkable *adj.* [*not safe*] pa potab

undulant fever *n.* lafyèv{malta/nan san}

undulate *v.intr.* [*while dancing*] balanse lakadans •**undulate hips** gouye, voye gouyad *It's as if he doesn't have any bones in his body; he incessantly undulates his hips.* Se tankou l pa gen zo nan kò l, li voye gouyad san rete. *At Carnival everyone undulates their hips easily.* Nan Kanaval tout moun gouye alèz.

undulation *n.* [*of hips*] gouyad

unearned *adj.* pa merite

unearth *v.tr.* **1**[*remove from earth*] detere, dezantere **2**[*uncover, discover*] debiske, deniche

unease *n.* malèz

uneasiness *n.* kè sous biskèt

uneasy *adj.* ann echap, malalèz, sispèk *I'm uneasy when there are a lot of people around.* Lè gen anpil moun yon kote, m pa santi malalèz. *As soon as she heard the boss' footsteps, she became uneasy.* Depi l tande pye patwon an, li sispèk. •**make uneasy** twouble

uneatable *adj.* enmanjab

uneconomical *adj.* pa rantab

unemployed *adj.* chomè *I can't give him any credit because he's unemployed.* M pa ka fè li kredi, se chomè li ye. •**unemployed person** anyennafè, chomè, chomeko *He has been unemployed for two years.* Li gen de lane depi li chomè. *These unemployed people don't work at all.* Chomeko sa yo, yo p ap touche ni le de ni le twa. •**be unemployed** chome, chomeko, pa fè ni be ni se, sou beton an *We don't have a job; we are unemployed.* Nou pa gen travay pou n fè, n ap chome.

unemployment *n.* chomay, chomeko

unending *adj.* san fen

unendurable *adj.* ensipòtab

unenlightened *adj.* aryere *This man is very unenlightened; he is not educated enough.* Misye aryere anpil, li pa fè klas ase.

unenthusiastic *adj.* pa antouzyas

unequal *adj.* inegal, miwo miba

unequaled *adj.* san parèy

unequally *adv.* miwo miba

unequivocal *adj.* kategorik *This unequivocal man, whatever he has to say to you, he'll say it.* Misye kategorik, sa l gen pou l di ou la, l ap di ou li.

unequivocally *adv.* kategorikman *She answered us unequivocally.* Li reponn nou kategorikman.

unerring *adj.* enfayib

unescorted *adj.* pa akonpaye, pou kont li

unethical *adj.*malonèt •**unethical person** mal pou wont

uneven *adj.* ansibreka, chankre, inegal, miwo miba, pa nivo, woteba *This uneven land needs to be leveled with a road grader.* Teren ansibreka sa mande pase yon gredè. *Her haircut is uneven..* Tèt li chankre. *With the plane, the bungler made an uneven surface.* Ak rabo l, machòkèt la fè yon sifas inegal. *The legs of the table are uneven.* Pye tab la miwo miba.

unevenly *adv.* miwo miba, woteba *He walks unevenly.* Li mache woteba.

unevenness *n.* zouk

uneventful *adj.* pase blanch, sanzinsidan *Everyone is waiting for a big event, but the day is uneventful.* Tout moun ap tann yon gwo evènman men jounen an pase blanch.

unexpected *adj.* sanzatann *An unexpected wind rose.* Yon van sanzatann pran soufle.

unexpectedly *adv.* alenpwovis, awoyo, bris, pa aksidan, san dimanch, sanzatann, sibit, sibitman, towblip *The rain came unexpectedly although the weather was not threatening.* Lapli awoyo kwak tan an pa t mare. *Death always comes unexpectedly.* Lanmò toujou vin alenpwovis. *She came to us unexpectedly.* Li parèt sou nou bris. *I'll drop in on you unexpectedly.* M ap ateri sou ou san dimanch. *People arrived unexpectedly.* Moun parèt sanzatann. *She showed up at the house unexpectedly.* Li parèt sibitman sou nou nan kay la. *She died unexpectedly.* Li mouri towblip.

unexplainable *adj.* ineksplikab

unexposed *adj.* [*film*] vyèj

unfailing *adj.* san mank *Our friends' help is unfailing.* Ed zanmi nou yo san mank.

unfair *adj.* enjis. *This fine is unfair.* Kontravansyon an enjis.

unfairly *adv.* enjisteman *They fired me unfairly.* Yo revoke m enjisteman

unfairness *n.* abi *Favoritism results in the worst unfairness.* Paspouki se pi gwo abi ki genyen.

unfaithful *adj.* enfidèl, malonnèt *Unfaithful men always cheat on their wives.* Gason enfidèl toujou ap twonpe madanm yo. •**unfaithful person** twonpè, twonpèz [*fem.*] •**be unfaithful** ranse, twonpe •**be unfaithful to one's spouse** bay zoklo *She says she was never unfaithful to her husband.* Li di l pa janm bay mari l zoklo. •**have an unfaithful spouse** pran zoklo

unfaithfulness *n.* enfidelite

unfaltering *adj.* tennfas, sou de pye fèm

unfamiliar *adj.* biza, etranj

unfashionable *adj.* demode, pa{alamòd/anvòg}

unfasten *v.tr.* degrafe, dejouke, detache, dezagrafe. *Unfasten my skirt.* Dezagrafe jip la pou mwen. *Unfasten your belt.* Dejouke senti ou.

unfathomable *adj.* andaki, gògmagòg

unfavorable *adj.* defavorab, kontrè *This period is unfavorable to go to that country.* Moman sa a defavorab pou ale nan peyi sa a.

unfeeling *adj.* ensansib, san{kè/zantray}

unferrered *adj.* dechennen, deregle

unfindable *adj.* entwouvab

unfinished *adj.* poko{fini/tèmine}

unfit *adj.* 1[*not healthy*] chetif, maladif 2[*unacceptable*] enakseptab •**unfit for habitation** malouk

unflappable *adj.* kè kal •**be unflappable** gen san sipòtan

unflattering *adj.* pa atiran

unflustered *adj.* kal, poze

unfold I *v.tr.* [*open out*] dedouble, dekwaze, depliye, deploye, ouvè *Unfold your arms.* Dekwaze bra ou. *Unfold the flyer; you'll see the message.* Dedouble afich la, ou a wè mesaj la. *Unfold the tablecloth.* Depliye nap la. *Who unfolded the sheets that I just ironed?* Ki moun ki deploye dra m fèk pase yo? *Let me unfold the chair for you.* Ban m ouvè chèz la pou ou. II *v.intr.* [*develop*] devlope *A serious situation is unfolding.* Yon sitiyasyon grav ap devlope.

unfolding *n.* dewoulman

unforeseeable *adj.* enprevizib

unforeseen *adj.* enprevi *Everyone must participate in the meeting except in unforeseen cases.* Tout moun dwe patisipe nan reyinyon an sòf yon ka enprevi.

unforgettable *adj.* inoubliyab *That trip was unforgettable.* Vwayay sa a te inoubliyab.

unforgivable *adj.* san ekskiz, sanrechap *His mistake is unforgivable.* Fot li konmèt la sanrechap.

unfortunate *adj.* 1[*person*] devenn, malere, malerèz [*fem.*] *The unfortunate people lost their money at the lottery.* Moun ki devenn pèdi kòb yo nan bòlèt. 2[*situation*] pòv, regretab *That's an unfortunate situation.* Se yon sitiyasyon pòv. *It's unfortunate that he broke his arm.* Se regretab li kase bra l.

unfortunately *adv.* dizondi, malerezman, podjab, se donmaj *Unfortunately the rain spoiled the plans.* Dizondi lapli a gate pwojè a. *Unfortunately I don't have the means to buy this house.* Malerezman m pa gen mwayen pou mwen achte kay la. *Unfortunately her father died when she was young.* Podjab papa l mouri lè l te jenn. *Unfortunately he's handicapped.* Se donmaj li kokobe.

unfounded *adj.* chita sou anyen, pa gen ni pye ni tèt

unfulfilled *adj.* pa satisfè

unfurl *v.tr.* deplwaye, dewoule *They unfurled the Haitian flag.* Yo deplwaye drapo ayisyen an.

unfurnished *adj.* pa meble *We rented an unfurnished house.* Nou lwe yon kay ki pa te meble.

ungainly *adj.* gòch, malagòch *The way he walks is ungainly.* Jan l mache a malagòch.

unglue *v.tr.* dekole, detache *She unglued the photo.* Li dekole foto a.

ungluing *n.* dekolay

ungovernable *adj.* engouvènab, *This country is ungovernable.* Peyi sa a engouvènab.

ungracious *adj.* brak, tchak, wap wap

ungrateful *adj.* engra *Ungrateful people never think about what others do for them.* Moun engra pa janm sonje byen lòt moun fè yo. •**ungrateful people** lèzengra •**be ungrateful** manje manje bliye *If you don't do that little favor for me, you must be ungrateful.* Pou ou pa ta rann mwen ti sèvis sa a, fòk ou ta manje manje bliye.

ungratefulness *n.* engratitid

ungroomed *adj.* debraye, sankoutcha *An ungroomed appearance.* Yon teni debraye.

unguent *n.* longan

unhappiness *n.* chagren, kè pa kontan *There's unhappiness at the neighbor's home.* Kè pa kontan lakay vwazen.

unhappy *adj.* **1**[*not happy*] malere, malerèz [*fem.*] *You look so unhappy. What's wrong?* M wè ou gen lè malerèz; sa ou genyen? **2**[*sad*] tris *I see that you're unhappy.* M wè ou tris. **3**[*not satisfied*] pa{kontan/ satilfè} *I'm unhappy with the way the photos came out.* M pa kontan jan foto yo soti a. *Some people are always unhappy with what they have.* Gen moun ki pa janm satilfè sa yo genyen.

unharmed *adj.* san donmaj *The child came out of the accident unharmed.* Pitit la soti san donmaj nan aksidan an. •**unharmed by fire** [*of person immune to burns*] kanzo

unhealthy *adj.* malsen *The climate here is unhealthy.* Klima isit malsen.

unheard-of *adj.* enkoni, pa t konn fèt *In my day, this sort of thing was unheard-of.* Nan tan pa m, bagay konsa pa t konn fèt.

unheated *adj.* pa chofe

unhelpful *adj.* dezoblijan, mal oblijan, malonnèt *That boy is very unhelpful; he won't do anything for anyone.* Tigason sa a malonnèt anpil, li p ap fè anyen pou moun.

unhesitatingly *adv.* tou cho tou bouke *He answered them quickly and unhesitatingly without thinking about it first.* Li ba yo repons lan tou cho tou bouke san l pa reflechi.

unhook *v.tr.* **1**[*release from hook*] dekwoche, dekwoke *Don't unhook the door.* Pa dekwoche pòt la. **2**[*take down from a hook*] dekwoke *Unhook the shirt.* Dekwoke chemiz la. **3**[*unfasten*] degrafe, dezagrafe *She unhooked her bra.* Li degrafe pòtgòj li.

unicorn *n.* yon sèl kòn

uniform *n.* inifòm *She was wearing her school uniform.* Li te gen inifòm lekòl li sou li.

unimaginable *adj.* inimajinab, mistè *What he did is unimaginable.* Zak li poze a inimajinab.

unimportant *adj.* san (z)enpòtans, trivyal *What he's saying is unimportant.* Sa l ap di a san zenpòtans. *That's an unimportant question.* Se yon kesyon trivyal. •**unimportant person(s)** grapiyay

uninformed *adj.* inyoran

uninhabited *adj.* dezole *This area is uninhabited.* Zòn sa dezole.

uninitiated *adj.* [*Vodou*] bosal

unintelligent *adj.* estipid, sòt

uninteresting *adj.* raz *This book is uninteresting.* Liv sa a raz.

uninterrupted *adj.* kontinyèl, san pran souf

uninvolved *adj.* pa nan be pa nan se, pouryen •**uninvolved or aloof person** gwo pous *I'm an uninvolved person; I don't meddle in people's business.* M se gwo pous, m pa mele nan zafè moun.

uniola *n.* [*grass*] zèb flèch

union[1] *adj.* sendikal *A union movement.* Yon asosiyasyon sendikal. •**union activist** sendikalis

union[2] *n.* alyans, lakonkòd, linyon

unique *adj.* inik, patikilye, san parèy *There's nothing like it; the painting is unique.* Pa gen parèy, penti a inik. *The Haitian people have a unique identity.* Pèp ayisyen an gen yon idantite patikilye. *Our school is unique.* Lekòl nou an san parèy.

uniquely *adv.* inikman

unison *n.* •**in unison** nan tèt ansanm

unit *n.* kò, linite *With which army unit are you quartered?* Se nan ki kò ou kantone nan lame a? •**by the single unit** degrennen *The* *vendor prefers selling fruit by the single unit.* Machann nan pito vann fwi yo degrennen..

unite I *v.tr.* asosye, ini *They united the two parties.* Yo ini de pati yo. **II** *v.intr.* fè yon{men kontre/sèl/tèt ansanm}, inifye, {kole/mete}ansanm ak, mete tèt ansanm *Let's unite to put an end to class distinctions.* Annou fè yon men kontre pou nou kaba divizyon. *The two parties united for the elections.* De pati yo fè yon tèt ansanm nan eleksyon an. *Let's unite to change the face of our country.* Ann fè yon sèl pou n chanje figi peyi n. *Let's unite to stop poverty.* Ann mete tèt ansanm pou n kaba lamizè. *Rich and poor unite to make the country progress.* Rich ak pòv kole ansanm pou demare peyi a. •**unite with** fè yon sèl ak, fonn ak *He united with the other bad guys to harass me.* Li fè yon sèl ak lòt mechan yo pou yo pèsekite m.

united *adj.* ini, solidè *The nations are united.* Peyi yo ini. *Those two friends are united.* De zanmi sa yo solidè. •**be united** fè yon pakèt, kole ansanm, marye ak *Rich and poor are united to make the country progress.* Rich ak pòv kole ansanm pou demare peyi a.

United Kingdom *prop.n.* Wayòm Ini

United States (of America) *prop.n.* Etazini (Amerik), Lezetazini •**in/to the United States** Ozetazini *She's in the United States.* Li Ozetazini.

unity *n.* linite, tèt{ansanm/kole}

universal *adj.* inivèsèl

universality *n.* inivèsalite

universe *n.* lemonn, linivè

university *n.* inivèsite •**State University of Haiti** Inivèsite eta Dayiti

unjam *v.tr.* debloke *They unjammed the door that was blocked.* Yo debloke pòt ki te bloke a.

unjamming *n.* deblokay

unjust *adj.* enjis

unjustifiable *adj.* endefandab

unjustly *adv.* enjisteman *They treated me unjustly.* Yo trete m enjisteman.

unkempt *adj.* kodjo, san koutcha a, sanrebò *He's too unkempt for me; his shirt is always undone.* Li kodjo twòp pou mwen, chemiz li toujou debraye. *She never combs her hair and she always wears dirty clothes. She's so unkempt!* Li pa janm penyen tèt li epi li

toujou ap mete rad sal sou li; li sanrebò konsa! •**unkempt man** papa{kòchon/chen/ malpwòp/salòp}

unkind *adj.* malonnèt, pa janti *What you said was unkind.* Sa ou di a pa janti. •**be unkind toward s.o.** fè yon moun malonnèt *I called the girl but she was very unkind toward me.* M rele fi a men li fè m malonnèt.

unknown *adj.* enkoni, etranj. Vizaj li enkoni pou nou. *He's from unknown parts; he just arrived in the area.* Misye yon ti jan etranj, li fèk vin nan zòn nan.

unlace *v.tr.* delase *Unlace your shoes.* Delase soulye ou.

unlatch *v.tr.* detake *You have to unlatch the doors.* Fò ou detake pòt yo.

unlawful *adj.* ilisit

unleaded *adj.* san plon

unlearn *v.tr.* dezaprann *They unlearned all that they learned.* Yo dezaprann tou sa yo te aprann.

unleash *v.tr.* deklannche *The enemy unleashed a huge attack.* Enmi deklannche yon kokennchenn atak.

unless *conj.* amwenske, anmwenske, sòf si *I'm not going to the party unless I'm invited.* M pa pral nan fèt la, sòf si yo envite m. *I'll come to the house unless she's not going to be there.* M ap vin nan kay la anmwenske li pa la. *I'm coming over unless she's not there.* M ap vin nan kay la amwenske l pa la. *I'll quit the job unless they give me a raise.* M ap kite djòb la sòf si yo mete sou kòb la.

unlike[1] *adj.* [*different*] diferan *These two pieces of cloth are unlike.* De twal sa yo diferan.

unlike[2] *conj.* [*not as*] kontrèman ak *Unlike what most people think, she's not a mean person.* Kontrèman ak sa anpil moun kwè li pa mechan.

unlike[3] *prep.* [*different from*] depaman ak, pa menm jan ak *He's quite unlike his brother when it comes to money.* Li pa menm jan ak frè l la menm nan afè lajan.

unlikely *adj.* [*improbable*] pa{gen anpil chans/pwobab} *Will it rain today? –I think it very unlikely.* L ap fè lapli jodi a? –Li pa pwobab. *It's highly unlikely that they'll hire her.* Pa gen anpil chans pou yo pran l nan travay la.

unlimited *adj.* san limit

unlivable *adj.* envivab *The country is unlivable because of insecurity.* Peyi a envivab akòz ensekirite a.

unload *v.tr.* **1**[*remove load from*] debake, dechaje *Unload the merchandise from the truck as quickly as possible.* Debake machandiz yo ki nan kamyon an rapido presto.. *Let's unload the truck.* An n dechaje kamyon an. **2**[*dump truck*] baskile *The truck is unloading sand.* Kamyon an ap baskile sab. **3**[*remove bullets from*] dechaje *Did you unload the pistol?* Ou dechaje revolvè a?

unlock *v.tr.* deklete, delòk, louvri *I'm unable to unlock the door.* M pa ka deklete pòt la. *Unlock the door so as not to lock us out.* Delòk pòt la pou n pa fèmen tèt nou deyò. *Take the key to unlock the door.* Pran kle a pou louvri pòt la.

unlucky *adj.* an devenn, pa gen chans *This has been an unlucky day.* Se yon jounen an devenn. *Today he's unlucky.* Jodi a li an devenn. *I'm really unlucky.* M pa gen chans menm.

unmanageable *adj.* enkontwolab, retif, wòklò

unmannerly *adj.* dwategòch, san dekowòm

unmarried *adj.* selibatè *He died unmarried.* Li mouri selibatè. •**unmarried state** nan seliba, •**young unmarried** woman demwazèl

unmask *v.tr.* demaske *After the carnival, all the disguised people unmask themselves.* Apre kanaval, tout madigra demaske.

unmatched *adj.* san parèy

unmindful *adj.* enkonsyan •**unmindful person** pouryen

unmistakable *adj.* evidan

unmix *v.tr.* demelanje *Unmix the pea seeds and the corn seeds.* Demelanje plan pwa a ak plan mayi a.

unnamed *adj.* anonym, san non

unnecessary *adj.* initil *It's an unnecessary purchase.* Se yon depans initil.

unnoticed *adj.* anba pay, inapèsi *The crime went unnoticed.* Krim nan pase inapèsi. *He's very tall but he always manages to pass unnoticed.* Li wo anpil men li toujou ranje kò l pou l pase anba pay.

unobtainable *adj.* entwouvab

unobtrusive *adj.* kazwèl

unobtrusively *adv.* san tanbou ni twonpèt *She arrived unobtrusively.* Li rive san tanbou ni twonpèt.

unoccupied *adj.* [*facility, room*] lib *The room is unoccupied.* Chanm nan lib.

unorganized *adj.* dezòdone, {pa gen ni lanvè ni landrèt/landwat}

unpack *v.tr.* debale, debwate, dezanbale *Sweetie, unpack the suitcases.* Cheri, debale valiz yo. *Unpack the glasses.* Debwate vè yo. *Unpack the box to take out the merchandise.* Dezanbale bwat la pou mete machandiz yo deyò.

unpaid *adj.* benevòl •**unpaid work** travay benevòl

unpalatable *adj.* raya *This food is unpalatable.* Manje sa a raya.

unpatriotic *adj.* •**unpatriotic person** san peyi *Those unpatriotic people won't stop squandering state money.* San peyi sa yo pa sispann vole lajan peyi a.

unpleasant *adj.* **1**[*person*] dezagreyab, dezoblijan **2**[*remark*] dezoblijan *An unpleasant remark.* Yon remak dezoblijan.

unpleasantness *n.* dezagreman

unplug *v.tr.* dedjole, dekonnekte, deploge *Unplug the radio.* Dekonnekte radyo a. *He unplugged the electric wire.* Li deploge fil kouran an.

unpolished *adj.* **1**[*rough*] brit **2**[*without luster*] mat

unpopular *adj.* enpopilè *An unpopular person can't be a candidate.* Yon moun enpopilè pa ka kandida.

unpredictable *adj.* **1**[*event*] enprevizib **2**[*person*] manfouben

unprejudiced *adj.* san patipri

unpretentious *adj.* san pretansyon *People like her because she's unpretentious.* Moun renmen l paske li san pretansyon.

unprincipled *adj.* atoufè, enkonsyan

unprofitable *adj.* engra, pa rantab, po pou po *This land is unprofitable; you can plant until you're exhausted and nothing will grow.* Tè sa a engra, ou mèt plante jis ou about, anyen p ap leve. *Don't invest your money in an unprofitable business like that one.* Pa met kòb ou nan yon biznis po pou po konsa.

unproven *adj.* san prèv

unpublished *adj.* inedi

unravel *v.tr.* **1**[*fabric, thread, etc.*] debobinen, defiloche, defiltre, demaye, demele, deplòtonnen, tire fil *Why did you unravel* the sleeve? Poukisa ou defiloche manch la? *I spent two hours unraveling the thread that the cat had tangled up.* M pran dezèdtan pou m defiltre fil chat la makònen an. *If you unravel the thread from your sock, you'll lose it.* Si ou tire fil chosèt ou an, w ap pèdi l nèt. **2**[*rope*] demaye, detrese *She unraveled the rope.* Li detrese kòd la. •**unravel at the seam** defile

unraveling *n.* demèlman

unreasonable *adj.* pa rezonab *It's unreasonable to ask him to work on Sunday.* Li pa rezonab pou mande l vin travay dimanch.

unrefined *adj.* gwayil, gwo zòtèy *There is no woman who will fall in love with unrefined guys.* Pa gen okenn fi k ap renmen ak nèg gwo zòtèy. •**unrefined person** gwayil *This unrefined person has no style in her clothing.* Gwayil sa pa konn abiye.

unreliable *adj.* anbalan, asire pa sèten, mòde lage *Those unreliable people, you can't trust them with an assignment.* Moun mòde lage sa yo, ou pa ka konfye yo yon misyon. *Don't make any appointment with this unreliable man.* Pa pran randevou ak nèg anbalan sa a. *Those people are unreliable; you can't count on them.* Moun sa yo se asire pa sèten, ou pa ka fin konte sou yo. •**unreliable person** epav, maloblijan

unresponsive *adj.* {chita/rete}sou blòk glas li *After all their shouting at him, he remained unresponsive.* Tout rele yo rele li, li rete sou blòk glas li.

unrest *n.* dezòd *Election time is always a time of unrest.* Epòk eleksyon se toujou epòk dezòd.

unrestrained *adj.* debride, san jèn, vag *How can you be so unrestrained?* Ki jan ou fè san jèn konsa? *What an unrestrained guy! He blurts out whatever comes out of his mouth.* Ala nèg vag! Li di nenpòt sa k sot nan bouch li.

unripe *adj.* **1**[*general*] kri, moka, vèt, wòwòt *These bananas are still unripe.* Fig sa yo wòwòt toujou. *Look at how unripe the papaya is.* Gad ki jan papay la moka. *Don't eat unripe mangoes.* Pa manje mango vèt. **2**[*breadfruit*] doble *This breadfruit is unripe.* Labapen sa a doble.

unroll *v.tr.* [*spool*] deplòtonnen, deploye, dewoule *Let me unroll it.* Kite m dewoule l.

unruffled *adj.* kal, kalm, poze

unruly *adj.* bandi, brigan, deregle, dezòd, pòt, tibilan, vakabon *This child is so unruly they threw him out of school.* Timoun tèlman brigan yo mete li deyò lekòl la. *He's very unruly; he fights with everyone.* Misye bandi anpil, li goumen ak tout moun. *What an unruly child! Ala pitit dezòd se li!* *I dislike unruly children.* M rayi timoun tibilan. *The school is full of unruly students.* Chaje ak elèv vakabon nan lekòl la.

unsaddle *v.tr.* desele *Unsaddle the horse before you come inside.* Desele chwal la anvan ou antre.

unsafe *adj.* danjere *To protect his life, he isn't returning to this unsafe country.* Pou pwoteje lavi l, li p ap tounen nan peyi danjere sa a.

unsavory *adj.* **1**[*food*] raya *This rice is unsavory.* Diri sa a raya. **2**[*joke, comment*] san gou

unscathed *adj.* sennesòf

unscrew *v.tr.* **1**[*remove the screws from*] deboulonnen, desere, devise *Unscrew the car's wheels for me.* Deboulonnen wou machin yo pou mwen. *Unscrew the screw.* Desere vis la. *The mechanic unscrewed all the bolts.* Mekanisyen an devise tout boulon yo. *He unscrewed the mirror from the wall.* Li devise glas la nan mi an. **2**[*undo/loosen by twisting*] devise *I unscrewed the light bulb and replaced it.* M devise limyè a, m mete yon lòt nan plas li.

unscrupulous *adj.* anjandre, atoufè, bakoulou, malonnèt, san manman *This unscrupulous person doesn't respect anybody.* Nèg anjandre sa a, li pa respekte pèsonn. *This unscrupulous man is not afraid to climb over his mother for money.* Nèg atoufè sa p ap pè pase sou manman l pou lajan. *This young man is very unscrupulous; he deceived many girls.* Ti jennonm sa a bakoulou anpil, se pa de tifi l pa twonpe. *That unscrupulous person isn't afraid of stealing other people's money.* Nèg sanmanman sa a pa krent sove ak lajan moun yo. •**unscrupulous person** mal pou wont, mèt jwèt, mèt pwent *He's an unscrupulous person.* Msye se yon mal pou wont. *The way he tricked you shows that he's an unscrupulous person.* Kou li pote ou a, se yon mèt jwèt. *Those are unscrupulous people.* Moun sa yo se mèt pwent.

unseal *v.tr.* dekachte *You may unseal that letter for me.* Ou mèt dekachte lèt sa a pou mwen.

unsealed *adj.* dekachte

unseeded *adj.* [*fallow, uncultivated*] jachè

unselfish *adj.* dezenterese *People who help others are unselfish.* Moun ki ede lòt se moun dezenterese.

unsettle *v.tr.* [*cause to feel ill*] deranje *If I drink the milk, it will unsettle my stomach.* Si m bwè lèt la, l a deranje m.

unsettled *adj.* [*not resolved*] pa regle *It's still unsettled.* Sa pa ko regle.

unsettling *adj.* twoublan

unshakable *adj.* sou de pye fèm, tennfas

unsheathe *v.tr.* dedjennen, degennen, pliche *He's unsheathing the knife.* L ap pliche kouto a.

unsightly *adj.* makwali. *What an unsightly guy!* Ala gason makwali papa!

unsinkable *adj.* enkoulab

unskilled *adj.* •**unskilled person** mazèt

unsociability *n.* sovajri

unsociable *adj.* ensosyab, fawouch, sovaj *The child is very unsociable; he doesn't know how to play with people.* Pitit la fawouch anpil, li pa konn jwe ak moun. *You're too unsociable; socialize with people.* Ou sovaj twòp, apwoche moun yo.

unsoiled *adj.* san tach

unsoldered *adj.* desoude

unsparing *adj.* jenere

unspeakable *adj.* endizib

unspoken *adj.* tasit

unsporting *adj.* •**be unsporting** fè vòksal

unsportsmanlike *adj.* •**be unsportsmanlike** fè vòksal *We kicked him out of the game because he was being unsportsmanlike.* Nou mete l deyò nan jwèt la poutèt li fè vòksal.

unstable *adj.* 1[*situation*] andekonfiti *The political situation is unstable.* Sitiyasyon politik la andekonfiti. 2[*things*] pa{asire/solid} *That chair is unstable. Be careful when you sit on it.* Chèz la pa asire; fè atansyon lè ou chita sou li. 3[*person*] tèt yon moun pa{an plas/drèt} *She's mentally unstable.* Tèt li pa an plas.

unsteady *adj.* branlan

unstick *v.tr.* dekole *He unstuck all the photos.* Li dekole tout foto yo.

unstitch *v.tr.* defèt, dekoud *Before sewing the other garment, unstitch the one you spoiled.* Anvan ou koud lòt rad la, defèt sa ou gate a. *Unstitch these pants for me.* Dekoud pantalon sa a pou mwen.

unstop *v.tr.* debouche, dedjole *The plumber unstopped the toilet.* Plonbye a debouche twalèt la. *Did you unstop the muffler?* Èske ou dedjole mòflè a?

unstoppable *adj.* san bouchon *When he has the ball, he's unstoppable.* Lè boul la nan pye l, li san bouchon.

unstrap *v.tr.* desangle *Unstrap the donkey.* Desangle bourik la.

unsuccessful *adj.* pa mache, san siksè *Everything we tried was unsuccessful.* Tout bagay nou eseye pa mache. •**be unsuccessful** pase blanch

untamed *adj.* endont, pa{bosale/donte}, pòt *An untamed horse.* Yon ti chwal endont. *That horse is untamed.* Chwal sa a pa donte. *Don't ride an untamed horse because he'll throw you off.* Pa monte chwal pòt pou l pa ba ou move so.

untangle *v.tr.* demakònen, demele, depri *Help me untangle this rope.* Ede m demele kòd sa a. *Get a comb so that I may untangle your hair.* Pran yon peny pou m demele cheve ou. *The goat is tangled up; go untangle its feet.* Kabrit la mare, al depri pye l.

unthankful *adj.* engra

unthinkable *adj.* enkonsevab

unthread *v.tr.* defile *Unthread the needle.* Defile zegui.

untidy *adj.* an dezòd, debraye *You're too untidy; button up your jacket.* Ou twò debraye, boutonnen vès ou.

untie *v.tr.* 1[*rope, etc.*] delage, demare, depri, desere, detache, lage *Don't untie the rope.* Pa demare kòd la. *Untie the cow from the post.* Detache bèf la nan poto a. 2[*knot*] delage *Let me untie that knot.* Kite m delage ne sa a. 3[*shoes*] delase, lage *Untie your shoes.* Delase soulye a. *Untie the shoelaces.* Lage lasèt soulye a.

until¹ *conj.* annatandan, jis, jiskaske, jistan, jouk lè *Wait here until I call you.* Rete la jiskaske m rele ou. *We have to wait until she arrives before we can leave.* Fò n tann jistan l vini anvan n ale. *They insulted him until he cried.* Yo joure l jistan l kriye. *I'll work until she arrives.* M ap travay jis li rive. *Until* my parents return, stay with me. Annatandan paran m rantre, rete avè m. *I am waiting for her until she arrives.* M ap tann li jouk lè li vini.

until² *prep.* ale, jis, jiska *He works until six o'clock today.* Li travay ale siz è jodi a. *I waited for you until yesterday.* M te tann ou jis ayè. *We'll stay on the bus until we reach Port-au-Prince.* N ap ret nan bis la jis nou rive Pòtoprens. *They're open until five o'clock.* Yo ouvè jiska senk è. •**from...until** [*time*] se...pou *The colloquium is from Thursday until Sunday.* Kòlòk la se jedi pou dimanch.

untimely *adj.* [*inopportune*] move (lè)

untiring *adj.* enfatigab

untouched *adj.* 1[*without injury*] entak, san tèt fè mal *The child escaped the accident untouched.* Pitit la soti nan aksidan an entak. 2[*food, money*] tennfas *The food remained untouched. It seems the children weren't hungry.* Manje a ret la tennfas, sanble timoun yo pa t grangou.

untrue *adj.* pa vre *What she said is untrue.* Sa l di a pa vre.

untrustworthy *adj.* ensèten, flou *He's untrustworthy. Don't you see that what he told you isn't straightforward?* Misye a flou, ou pa wè koze l ap di a pa klè? •**untrustworthy person** mètke, yon pa serye *That man is an untrustworthy person. Don't leave money with him.* Nèg sa a se yon pa serye, pa lage kòb nan men l. •**untrustworthy woman** pye lejè *She's an untrustworthy woman.* Li se yon pye lejè.

untwist *v.tr.* detòde *Untwist the telephone cord.* Detòde fil telefòn nan.

unusual *adj.* difisil *She always wears clothes with an unusual style.* Li toujou ap mete rad ki difisil.

unveil *v.tr.* dekouvri, devwale *The wind unveiled the face of the bride.* Van an dekouvri figi lamarye a. *They will unveil a new sculpture.* Y ap devwale yon nouvo eskilti.

unwanted *adj.* •**unwanted items** zagribay *You have sold all the good mangoes; you left the unwanted ones for me.* Ou fin vann tout bèl mango yo, se zagribay yo ou kite pou mwen.

unwavering *adj.* tennfas

unwelcoming *adj.* repousan *This man is too unwelcoming; don't go to his house.* Nèg sa a twò repousan, pa al lakay li.

unwell *adj.* pa santi byen *I'm feeling unwell today.* M pa santi m byen jodi a.

unwholesome *adj.* malsen *What you're doing is unwholesome.* Sa ou fè a malsen.

unwillingly *adv.* ak de kè

unwillingness *n.* retisans

unwind¹ *v.tr.* debobine(n), defile, deplòtonnen, devide, dewoule *Unwind the spool.* Defile bobin nan. *The cat is unwinding the spool of thread.* Chat la ap debobine bobin fil la. *Unwind the string so that I may launch the kite.* Deplòtonnen fisèl la pou m monte kap la. *Unwind a piece of thread for me.* Dewoule yon moso fil ban mwen.

unwind² *v.intr.* defoule li, delase kò li, geri bosko li *Many people go to unwind at the carnival.* Anpil moun al defoule yo nan kanaval. *He went to unwind in Jacmel by checking out some chicks.* L al geri bosko l Jakmèl pou l tcheke grenn.

unwinding *n.* 1[*relaxing*] defoulman 2[*unfolding*] dewoulman

unworthy *adj.* endiy *Your behavior is unworthy; you deserve a beating.* Ou gen yon konpòtman endiy, ou merite yon kal.

unwrap *v.tr.* devlope, dezanbale, ouvè *Aren't you going to unwrap it?* Ou pa ap dezanbale l. *Unwrap the box.* Dezanbale bwat la. *Unwrap the gift.* Devlope kado a. *After unwrapping the gift you may throw the paper out.* Lè ou fin ouvè kado a, ou mèt jete papye a.

unyielding *adj.* rèd •**unyielding person** tirayè *That unyielding person, when you have a discussion with her, you have to give in because she won't.* Tirayè sa a, lè w ap diskite ak li, se ou ki pou bay legen paske li p ap kite pou ou.

unyoke *v.tr.* dejouke *Unyoke the oxen.* Dejouke bèf yo.

unzip *v.tr.* dezipe *Please unzip the back for me.* Dezipe do m pou mwen, tanpri. *Unzip the garment.* Dezipe rad la.

unzipped *adj.* [*shirt, coat*] debraye

up¹ *adj.* 1[*in a high(er) place/position*] anlè, monte, anwo *That plane is way up in the air.* Avyon sa a pase wo. *She's upstairs in her room studying.* Li anlè a, nan chanm li an, ap etidye. 2[*in a positive mood*] anfòm *I'm feeling really up today.* M santi m anfòm jodi a. 3[*increased*] monte *Prices are up on* *everything.* Pri tout bagay monte. •**up and about** leve, sou de pye *I've been up and about since seven.* M leve depi sètè. •**be up** [*out of bed*] leve •**be up and about** kanpe sou de pye li •**be up for** pare, vle *I don't think I'm up for it.* M pa kwè m pare pou m fè l. *Are you up for another game of cards?* Ou vle fè yon lòt pati kat? *Who's up for an ice cream?* Ki moun ki vle krèm? •**be up on** konn(en) *I'm not up on what's happening in the country nowadays.* M pa konn sa k ap pase nan peyi a konnye a. •**be up to** a[*doing*] ap fè *I haven't heard them make any noise. I don't know what they're up to in there.* M pa tande bri yo; m pa konn sa y ap fè anndan an. b[*in good shape*] anfòm *I'm not up to playing in the match.* M pa santi m anfòm pou m jwe match la. c[*capable of*] reponn *She would get up but her body is not up to it.* Li ta leve men kò l pa reponn. d[*having responsibility for*] {se pou/sou kont}yon moun *The decision is up to you.* Se ou k pou deside. *He left it up to me.* Li lage sa sou kont mwen. *If it was up to her, it would have been done already.* Si se te pou li menm, sa te fèt deja. •**something is up** gen yon bagay *I knew something was up when I saw her coming.* Depi m wè l ap vini an, m konnen gen yon bagay. •**what's up** sa k pase *What's up? You don't look very happy.* Sa k pase? Ou gen lè pa kontan. *What's up, man? I haven't seen you for a while.* Sa k pase papa? Kèk jou m pa wè ou.

up² *adv.* •**up there** anwo •**be/go up and down** monte desann *I've been up and down those stairs all day long.* M fè jounen an ap monte desann eskalye a. •**get off one's knee/from the ground** leve atè •**get up** a[*to standing position*] leve kanpe b[*awake*] leve •**get up early** leve bonè

up³ *prep.* •**up to**[*spatial*] jis *He ran up to there.* Li kouri jis lòtbò. •**up to**[*time*] jiska, jistan *We'll be working up to the time we have to leave.* N ap travay jistan lè a rive pou n ale. *Up to now I couldn't believe you.* Jiska prezan m pa ka kwè sa. •**up yours too** [*vulg.*] nan fouk ou *Shit, buddy! –Up yours too!* Lanmèd, monchè! –Nan fouk ou!

upbeat *adj.* pozitif

upbraid *v.tr. He came home too late, is father upbraided him.* Li rantre twò ta, papa l reprimande l.

upbringing *n.* edikasyon, levasyon *I'm working to give my children a good upbringing.* M ap travay pou m fè edikasyon timoun yo.

upcoming *adj.* pwochen *Upcoming Sunday.* Dimanch pwochen.

update¹ *n.* flach *In just a minute the news is going to give us an update on the event.* Talè konsa jounal la pral ban n yon flach sou evènman an.

update² *v.tr.* {bay/fè}yon pase men, mete ajou *Please update me on how the work is going.* Fè m yon pase men sou ki jan travay la ap mache.

upend *v.tr.* chavire, kapote, ranvèse *They upended the car.* Yo kapote machin nan.

upheaval *n.* deblozay, gagòt, kapòtay *Coup d'état after coup d'état. When will this upheaval finish?* Koudeta sou koudeta, kilè deblozay sa ap fini? *There is always upheaval in this country.* Tout jounen gen yon gagòt nan peyi sa. *There was an upheaval in the office. They fired a lot of key heads.* Gen yon kapòtay ki fèt nan biwo a, yo mete anpil gwo chèf atè.

uphill *adv.* moute *The ride is mostly uphill when you go to his house.* Lè ou pral lakay li, se prèske moute sèlman.

uphold *v.tr.* soutni *The army upheld that regime.* Militè yo te soutni rejim sa a.

upholster *v.tr.* ranboure *We have to upholster this armchair.* Fò n ranboure fotèy la.

upholstered *adj.* ranboure

upholsterer *n.* tapisye

upholstery *n.* tapisri

uplift *n.* [*raising*] koutjak

upon *prep.* anwo, bò, sou

upper *adj.* bout anwo

upper case *adj.* •**upper case letter** majiskil

upright¹ *adj.* [*honest, honorable*] debyen, drèt, dwat, entèg, onèt *She's a woman who is upright; she isn't involved in anything that is crooked.* Se fi ki drèt, li pa nan anyen kwochi. *Everyone knows him as an upright person because he has never done anything dishonest.* Tout moun konnen li entèg paske li pa janm fè bagay malonèt.

upright² *adv.* debou, drèt, dwat, tèt anlè, toudwat *Please, stand upright.* Manyè kanpe dwat non. *Put the bottle upright so that the syrup doesn't leak out.* Mete boutèy la tèt anlè pou siwo a pa tonbe. *He slept sitting upright in his bed.* Li kouche toudwat sou kabann nan.

upright³ *n.* [*of a ladder, etc.*] montan

uprising *n.* leve kanpe, rebelyon, revolisyon, soulèvman *There's an uprising in the office.* Gen yon leve kanpe nan biwo a.

uproar *n.* bank, bourara, deblozay, eskandal, kabal, kabale, kabouya, petodyè, tenten, vakam, vòksal, woywoy *What's all the uproar about?* Pou ki sa tout eskandal sa a? *There was an uproar at the party.* Yon deblozay pete nan fèt la. •**cause an uproar** leve yon tenten

uproot *v.tr.* debalize, dechouke, derasine, detyoule, rache *The hurricane uprooted all the trees.* Siklòn nan debalize tout pyebwa. *You have to uproot the entire tree.* Fò ou dechouke pyebwa a nèt. *The flash flood swept down. It uprooted most of the trees on its way.* Lavalas desann, li derasine pifò pyebwa sou wout li. *When a regime falls, they uproot all the bootlickers.* Lè yon rejim tonbe, yo detyoule tout souflantchou yo.

uprooting *n.* [*politics*] dechoukaj *Duvalier fell; the uprooting of the "tonton macoutes" began.* Divalye tonbe, dechoukaj makout yo kòmanse.

ups and downs *n.pl.* batri ba, kou dlo cho kou dlo frèt, viretounen *There are a lot of ups and downs in this business.* Konmès sa a se konsa: kou dlo cho kou dlo frèt. Misye se yon kout dlo cho, yon kout dlo frèt. *His mood goes up and down; at any moment his personality changes.* Li se yon kout dlo cho yon kout dlo frèt, yon moman li chanje karaktè l. *Before she got the job, she had been through a lot of ups and downs.* Anvan li jwenn travay sa, li fè anpil batri ba. •**have ups and downs** tonbe leve *The patient isn't well yet; he has ups and downs.* Maladi a poko anfòm, se tonbe leve l ap fè.

upscale *adj.* wòdpòte *This store sells upscale goods.* Se machandiz wòdpòte magazen sa vann.

upset¹ *adj.* 1[*angered/irritated*] eksite, fache, myèl, vekse *You seem upset?* Ou gen lè fache?

What's wrong that is making him so upset this morning? Sa msye gen li myèl konsa maten an? *She was upset because I didn't come to her party.* Li vekse poutèt m pa vin nan fèt li a. 2[*uneasy, disturbed*] enève, malalèz, toumante *We were so upset, we couldn't eat.* Nou tèlman enève, nou pa ka manje. *She became very upset when he entered the room.* Lè msye antre nan sal la, manmzèl vin malalèz. *She was really upset after receiving the bad news.* Li toumante anpil apre move nouvèl la. •**upset stomach** vant fè mal *The tea cleared up his upset stomach.* Te a pase vant fè mal la. •**be upset** boulvèse, emosyone, twouble *We were not upset when he began to criticize us.* Nou pa emosyone non lè l tonbe kritike. •**be quite upset** mande ponpe •**get upset** bay tèt li pwoblèm, fè gwo kè *She gets upset about everything.* Li bay tèt li pwoblèm pou tout bagay. *She got upset because they didn't pay her on time.* Li fè gwo kè poutèt yo pa peye l alè.

upset² *v.tr.* 1[*make fall*] fè...tonbe, kilbite, ranvèse *She upset the glass of water.* Li fè vè dlo a tonbe. 2[*distress*] afekte, bay yon moun gòj sere, boulvèse, dekontwole, deranje, enève, fache, {gate san/sakaje bil} yon moun, kontrarye, mouvmante, pote nan tèt yon moun, sakaje, vire{bil/lòlòj} yon moun *The news really upset us.* Nouvèl la boulvèse n toutbon. *The news of her friend's death upset her a lot.* Nouvèl lanmò zanmi li a afekte l anpil. *The result of the exam upset me.* Rezilta egzamen an dekontwole m. *They upset the girl with their cursing until she cried.* Yo deranje manmzèl anba betiz jis li kriye. *Don't upset your granny; she has heart problems.* Pa fache grann ou, li fè kè. *The accident really upset me.* Aksidan an ban m gòj sere. *You upset the lady with your bad behavior.* Ou gate san madanm nan ak move konpòtman ou a. *Don't come to upset me.* Pa vin kontrarye m la. *Her child's illness really upset her.* Maladi pitit li a mouvmante l anpil. *The news of his death upset me.* Nouvèl lanmò li a pote m nan tèt. *Quit upsetting the old woman.* Sispann sakaje bil granmoun nan. *Not having news from her daughter upset her a lot.* Nouvèl pitit li a li pa gen an sakaje l anpil. 3[*make ill, nauseous*] deranje, endispoze, fè lestomak li vire lanvè, pa ale avè li, pa fè byen li *Onions upset my stomach.* Zonyon pa ale avè m. *The sour orange that he ate upset his stomach.* Zoranj si li manje a fè lestomak li vire lanvè •**upset o.s.** [*worry*] sakaje li

upsetting *adj.* boulvèsan *The news of Aselòm's death is very upsetting.* Nouvèl lanmò Aselòm sa a boulvèsan anpil.

upside down *adv.* anwo anba, bouch (an)ba, tèt anba *Because of the painting job, the house has been turned upside down.* Ak zafè pentire a, kay la anwo anba. *When you look into the water, you see the trees upside down.* Lè ou gade nan dlo a, ou wè pyebwa yo tèt anba.

upstage *v.tr.* eklipse *This artist upstages all others with his talent.* Atis sa a eklipse tout lòt yo ak talan l.

upstairs *adv.* a letaj, anlè, anwo *Her room is upstairs.* Chanm li anlè. *I'm going to put an end to all the noise upstairs.* M pral fè bri sa a sispann anlè a. *Go upstairs.* Monte a letaj. *I hear a noise upstairs.* M tande yon bri anlè a. *Where's your father? –He's upstairs.* Kote papa ou? –Li anwo. •**go upstairs** monte anwo *Go upstairs; call the people.* Monte anwo a, rele moun yo.

upstart *n.* [*pej.*] eklere ta, patekwè, paveni, vanmennen *His attitude shows that he's an upstart.* Konpòtman l montre li eklere ta.

upstream *adv.* anwo

uptake *n.* •**be slow on the uptake** reyaji lantman •**be quick on the uptake** reyaji vit

uptight *adj.* [*anxious*] ennève, sou tansyon *Why is he so uptight?* Sa li ennève konsa?

up-to-date *adj.* alapaj, evolye, lamòd, opa, resan *He's not an up-to-date person; he doesn't even know what a computer is.* Li pa yon moun ki evolye menm, gade li pa konn sa yo rele òdinatè. *She's always up to date.* Li toujou alapaj. *They're really up to date because they work with new technologies.* Yo opa yo menm paske y ap mache ak nouvo teknoloji yo. •**bring up-to-date** mete opa •**keep up-to-date** kenbe opa

uptown *adv.* anwo lavil

upward[1] *adv.* anwo *Go upward.* Monte anwo.

upward[2] *interj.* alaso!

uranium *n.* iranyòm

Uranus *prop.n.* [*planet*] Iranis

urbanism *n.* ibanis

urbanite *n.* moun lavil

urbanization *n.* ibanizasyon

urethra *n.* irèt, kan(n)al pipi

urethral *adj.* •**urethral discharge** ekoulman gran(n) chalè

urge[1] *n.* anvi *I had a sudden urge to do dancing.* M gen yon anvi danse k pran m konsa. *He has such an urge to learn how to read.* Li gen yon sèl anvi aprann li.

urge[2] *v.tr.* ensite, pouse *It was you who urged him to fight with the other person.* Se ou k pouse l batay ak lòt la.

urgent *adj.* ijan, pa ka tann, presan, prese *Tell her to come immediately. It's urgent.* Di l vini konnye a, se yon bagay ki prese. *The letter is urgent.* Lèt la ijan. *His need is urgent.* Bezwen li genyen an pa ka tann. *It's an urgent letter.* Se yon lèt prese. *The report is urgent. What's keeping you from turning it in?* Rapò a presan, sa k fè ou poko rann ni? •**extremely urgent** prese prese *We have an extremely urgent case; we need help.* Nou gen yon ka prese prese la, nou bezwen èd.

urinal *n.* irinwa, piswa

urinalysis *n.* analiz pipi

urinary *adj.* irinè •**urinary problems** pwoblèm irinè •**urinary tract** {aparèy/chemen}pipi

urinate *v.intr.* fè pipi, irinen, {jete/lage}yon dlo, pipi, pise *He hasn't urinated in two days.* Li gen de jou l pa pipi. *Don't urinate in the street.* Pa irinen nan lari a. *Where's the bathroom? I need to urinate.* Kot twalèt la ye la? M bezwen jete yon dlo la. *Go urinate in the bushes.* Al pise nan raje. •**urinate on one's self** fè sou li •**frequent and urgent need to urinate** pipi{nèt ale/rapid •**need to urinate** gen yon pipi ki kenbe l.

urine *n.* irin, pipi, pisa, pise [*fam.*] •**urine test** tès pipi •**dark urine** pipi wouj •**dribbling urine** pipi ti tak ti tak •**have sugar in one's urine** pipi dous v

urn *n.* bokal, po, veso

urology *n.* iwolòji

urticaria *n.* bousòl, itikè

us *pro.* n(ou) *She didn't see us.* Li pa t wè n. *He talked with us.* Li pale avè n. *Carry this for us.* Pote sa pou nou.

usable *adj.* itilizab

use¹ *n.* itilite, izay, okipasyon *That thing has no use.* Bagay sa a pa gen okenn itilite. *This old knife hasn't any use anymore.* Vye kouto sa a pa gen okenn okipasyon ankò.. **•be of use** sèvi *There's no use going on about it. The glass is already broken.* Pale anpi, izay l la pa p sèvi anyen. Vè a fin kraze deja. **•have a use** sèvi pou *It has a number of uses.* Li (ka) sèvi pou (fè) yon bann bagay. **•have use for** bezwen, pou li fè *Do you have any further use for this knife?* Ou bezwen kouto sa a toujou? *I don't have any use for her anymore.* M pa bezwen l. *I have a car already. What use could I possibly have for another one?* M gen machin deja; sa pou m fè yon lòt machin? *What use do you have for the car?* Sa pou ou fè machin lan? **•in use** okipe *The phone is in use right now.* Telefòn lan okipe. **•make good use of** pwofite **•make use of** anplwaye, fè{izay/ sèvis}, sèvi ak *If each day you make use of those pants, they'll wear out quickly.* Si chak jou se izay pantalon sa a ou fè, l ap fini vit. **•of use** itil *You never know; you might find it of use.* Ou pa janm konnen; li gen dwa itil ou. **•what's the use/the point** a kwa bon *What's the use of lying about me?* A kwa bon pou fè manti sou mwen?

use² *v.tr.* **1**[*apply, employ*] anplwaye, esplwate, itilize, manyen, sèvi (ak) *They decided to use force in order to obtain their freedom.* Yo deside anplwaye lafòs pou yo ka jwenn libète yo. *I used the data to support my hypothesis.* M esplwate done yo pou m kore ipotèz mwen an. *Don't use these tools.* Pa itilize zouti sa yo. *Please don't use my sugar.* Tanpri pa manyen sik mwen an. *Don't use that tool.* Pa sèvi ak zouti sa a. *What brand of soap do you use?* Ki (kalite) savon ou sèvi? *I don't know how to use this camera.* M pa kon kouman pou m sèvi ak kodak sa a. *He used all kinds of deception to explain what he did.* Li itilize tout kalite detou pou esplike sa li fè a. **2**[*borrow*] prete *May I use your pen?* M mèt prete plim ou an? *Can you let me use your car this afternoon?* Ou ka prete m machin ou an apremidi a? **3**[*consume*] boule *This car uses too much gas.* Machin sa a boule twòp gaz. **4**[*exploit*] pran piyay, pwofite *She's just been using you!* L ap pran piyay sou ou! **•use a trick** fè mannèv *Look at those tricks the girl is using in order*

not to go to school today. Gade mannèv ti fi a ap fè pou l pa al lekòl jodi a. **•use anger to cover one's shame** pran kòlè sèvi wont *In admitting she was wrong, she used her anger to cover her shame.* Tank pou l admèt li an tò, li pran kòlè sèvi wont. **•use as an excuse** pran pretèks *She used her illness as an excuse for not working.* Li pran pretèks maladi l la pou l fè parese. **•use bad language** ponpe sou **•use charm in order to obtain a favor** bay yon moun mannigèt *I'm going to use charm on the judge so that he'll make a decision in my favor during the trial.* M pral bay jij la de twa mannigèt la pou l ka fè m kado pwosè a. **•use deceitfulness** met twou nan manch li deyò **•use dishonestly** [*funds*] fè{chemen/ wout}{detounen/ kwochi} *The guys used the wad of money dishonestly.* Nèg yo fè wout detounen ak mago a. **•use filthy words** di salte *Quit using filthy words in the street.* Ase di salte nan lari a. **•use foul language** di betiz, gen langaj devègonde *He's always using foul language.* Li toujou ap di betiz. *What makes you use such foul language?* Kijan ou fè gen langaj devègonde sa a? **•use one's influence** tire{fisèl/kòd} *The minister used his influence to have his nephew named ambassador.* Minis la ap tire fisèl pou yo ta nonmen neve li a anbasadè. **•use only for sex** tchoule *For a long time that guy used that girl only for sex.* Sa fè lontan msye ap tchoule fanm sa a. **•use sign language** pale an siy **•use slyness** met twou nan manch li deyò *He used slyness to get ahead of others.* Misye met twou nan manch li deyò pou l pase anwo lòt. **•use snuff** pran priz (tabak), pran tabak (nan nen) *This old man uses snuff.* Granmoun sa pran priz (tabak). *His grandmother uses snuff.* Grann ni pran tabak nan nen. *That old person likes to use snuff.* Granmoun sa a renmen pran tabak. **•use s.o.** pran yon moun pou piyay, sèvi ak yon moun **•use s.o. as one's doormat** {fè/ pran}yon moun sèvi bwa dan li *David uses me as his doormat.* David fè m sèvi bwa dan l. **•use s.o.'s land** [*without permission*] janbe sou tè yon moun *He uses the other people's land without having a permit.* Li janbe sou tè moun san li pa gen papye. **•use sparingly** menaje *He uses his strength sparingly not to* get too tired. Li menaje fòs li pou li pa twò fatige. •**use up** epize *He used up all the sugar.* Li fin epize tout sik. •**be used** sèvi *That pot can't be used anymore.* Chodyè sa a pa ka sèvi ankò.

used *adj.* dezyèm men, dokazyon, izaje, ize *We bought a used car.* N achte yon machin dezyèm men. •**used clothes** rad izaje •**used up** [*worn out*] pouri

used to¹ *adj.* abitye, gen{labitid/pli} *I'm used to getting up early now.* M abitye ak leve bonè a konnye a. *I'll soon get used to this car.* Talè m ap abitye ak machin lan. *I'm used to getting up every morning at five o'clock.* M gen labitid leve chak maten bò senk è. *She isn't used to getting up early.* Li pa gen pli leve bonè. •**get (s.o.) used to** abitye, bay yon moun abitid *He gets them used to the dog.* Li abitye yo avèk chen an. *He gets used to his new school very quickly.* Msye abitye byen vit ak nouvo lekòl li a. *I don't want them to get used to my helping them do their homework all the time.* M pa vle ba yo abitid ede yo fè devwa tout tan.

used to² *v.tr.* t(e) (konn) *We used to go there every Saturday.* Nou te konn al la chak samdi. *It used to be cooler during this month.* Li te konn fè pi frèt nan mwa sa a. *You didn't used to drink so much.* Ou pa t konn bwè anpil konsa. *Did she used to work here?* Li te (konn) travay isi a?

useful *adj.* bon (vye), itil *This money will be very useful to me!* Ti kòb sa ap byen itil mwen! *You gave me a useful piece of advice.* Ou te ba m yon bon konsèy. *The part is going to be useful.* Pyès nan pral itil. •**be useful to** rann sèvis *Jack is very useful to me.* Jak rann mwen anpil sèvis. •**do nothing useful** grapiyen, pile dlo nan pilon •**very useful** bon vye *This is a very useful tool.* Sa se yon bon vye zouti.

usefulness *n.* itilite, okipasyon

useless *adj.* initil, kòrèd, nil *He's useless.* Misye se yon nèg kòrèd. *If you're not working, you're useless.* Depi ou pa nan travay, ou nil. *The group is full of useless members.* Gwoup la chaje ak manm initil. •**useless person** batanklan, payas, ranblè, tchanpan •**be useless** pote kanson li pou bèl twèl *I'm not useless, I'm a solid guy.* M pa pot kanson m pou bèl twèl, m se yon nèg djanm.

uselessly *adv.* initilman

user *n.* izaje •**be a big user of** [*coffee, tobacco, alcohol, etc.*] fè lizay •**big user of rum** saka

usher *n.* plasye, [*in church*] ketè

usual *adj.* **1**[*general*] konmen, kouran, òdinè *It is not usual for this lady to be so rude.* Se pa kouran manmzèl malelve konsa. **2**[*same*] menm *We'll meet at the usual place.* N ap rankontre menm kote a. •**as usual** kòm dabitid, menmman parèyman *As usual, she's strolling around the neighborhood.* Kòm dabitid, li pwomennen sou katye a. *I'm getting along as usual.* N ap boule menmman parèyman.

usually *adv.* abityèlman, dabitid, dòdinè, òdinèman *Usually we don't work Saturdays.* Òdinèman nou pa travay jou samdi. *We usually eat late.* Abityèlman nou manje ta. *Usually we work from Monday to Friday.* Dòdinè nou travay soti lendi rive vandredi. *He usually goes to the church every Sunday.* Dabitid, l al legliz chak dimanch. •**usually (do s.th.)** konn, pran pratik *We usually go to church every Sunday.* Nou konn ale legliz chak dimanch. *We usually go to work together.* Nou pran pratik vin nan travay ansanm.

usurer *n.* baya, ponyadè

usury *n.* izi

utensils *n.pl.* •**kitchen utensils** batri kizin

uterus *n.* iteris, lanmè, manman vant, matris, sak pitit •**inverted or tipped uterus** matris deplase, mè vant tonbe, vant tonbe •**prolapsed uterus** lanmè tonbe

utility *n.* [*usefulness*] itilite, okipasyon •**public utilities** sèvis piblik

utilization *n.* konsomasyon

utilize *v.tr.* esplwate, itilize, manyen *Utilize a dictionary when you need to translate these texts.* Itilize yon diksyonnè lè ou bezwen tradui tèks sa yo.

utmost *n.* •**do one's utmost** fè tou sa yon moun kapab *I did my utmost to help her.* M fè tou sa m te kapab pou m ede l.

utter¹ *adj.* san parèy, total *She's an utter fool!* Se yon egare san parèy li ye! *It's an utter shame.* Se yon wont total!

utter² *v.tr.* pale, relache *Don't utter obscene words in people's faces.* Pa relache gwo mo sou moun. •**utter a cry** pouse yon kri *She uttered a loud cry when she saw the zombie.*

Li pouse yon gwo kri lè l wè zonbi a. •**utter a death rattle** rakle, rale *There isn't hope anymore; the patient uttered a death rattle.* Pa gen espwa ankò, malad la ap rakle. *The way he's uttering a death rattle, he's ready to pass away.* Jan l ap rale a la, li prèt pou trepase. •**utter a word** di krik *He died without uttering a word.* Li mouri san di krik. •**not to utter a word** pa{rache/kase}yon mo

utterance *n.* espresyon *There are two utterances I don't understand in this sentence.* Gen de espresyon m pa konprann nan fraz sa a.

utterly *adv.* nèt, nètale *I'm utterly broke!* M razè nèt! *It's utterly beautiful!* Li nètale bèl!

U-turn *n.* virewon •**make a U-turn** fè yon demi tou, kase tèt tounen, vire tounen

uvula *n.* lalwèt, palèt

V

v (*letter*) ve

vacancy *n.* [*unfilled job*] plas *There's a vacancy at the factory.* Gen yon plas nan faktori a. *They haven't fill the vacancy yet.* Yo po ko pran moun nan plas la.

vacant *adj.* **1**[*available (job)*] lib *I heard there's a vacant position here.* M tande gen yon plas isi a. **2**[*empty*] vid *That seat is vacant.* Plas sa a vid.

vacation *n.* konje, vakans *Where are you going for your vacation?* Ki kote ou pral pase vakans ou?. •**on vacation** an konje *I'm on vacation.* Mwen an konje. •**paid vacation** vakans •**summer vacation** vakans twa mwa, gran vakans •**take a vacation** pran (bon jan) van *I'm going to take a good vacation during the summer.* M pral pran bon jan van pandan lete a.

vacationer *n.* vakansye

vaccinate *v.tr.* vaksinen *All the children must be vaccinated.* Tout timoun yo fèt pou vaksinen. *They vaccinated the child against polio.* Yo vaksinen pitit la kont polyo.

vaccinated *adj.* •**get vaccinated** pran vaksen *If the dog bit you, you have to get vaccinated against rabies.* Si chen an mòde ou, fòk ou pran vaksen kont laraj.

vaccination *n.* vaksen, vaksinasyon *We took the child to get a vaccination.* Nou mennen timoun lan al pran vaksen. •**repeat vaccination** rapèl

vaccine *n.* vaksen *Typhoid vaccine.* Vaksen tifoyid.. •**B.C.G. vaccine** [*against tuberculosis*] Beseje

vacillate *v.intr.* balanse, balanse de bò, tange *Make a firm decision, you can't vacillate like that.* Pran yon desizyon fèm, ou pa kab ap tange konsa.

vacillating *adj.* ezitan *She's not yet sure, she's vacillating.* Li poko si, li ezitan.

vacillation *n.* **1**[*swaying*] balansman **2**[*hesitation*] ezitasyon, dout

vacuity *n.* vid

vacuum *n.* vakyòm •**vacuum cleaner** aspirate, vakyòm

vagabond *n.* avadra, chen san mèt, delakè, drivayè, malandren, vakabon, vateryen *These vagabonds won't listen to anybody.* Chen san mèt sa yo, pa gen moun ki ka pale ak yo.

vagary *n.* fantezi, kapris

vagina *n.* bòbòt, bouboun, bòl emaye, chòbòlòt, foufoun, {kannal/pati}fi, koko, nati, vajen •**vagina opening** djòl bòbòt

vaginal *adj.* vajinal •**vaginal bath** [*after birth*] dlo pò •**vaginal discharge** gran(n) chalè, pèt •**vaginal douche** douch, lave bouboun •**vaginal insert** sipozitwa

vagrancy *n.* vakabonday

vagrant *adj.* kòk savann

vagrant *n.* **1**[*masc.*] grenn chen, grennponmennen, kòk{poul/savann}, mawoule, palfwenyen, vakabon, vateryen *There are vagrants all over town.* Gen grennponmennen toupatou nan vil la. **2**[*fem.*] delakèz

vague *adj.* alagouj, flou, vag *The answer you gave me is vague.* Repons ou ban mwen an vag. *This is vague, I can't understand it.* Bagay la flou, m pa ka konprann ni. •**not vaguest idea** *I haven't the vaguest idea what's going on.* M pa konn sa k ap pase menm menm.

vaguely *adv.* vagman *He answered me vaguely.* Li reponn mwen vagman.

vagueness *n.* boubyay

vain *adj.* **1**[*without effect*] frivòl, nil *All their efforts remain vain.* Tout efò yo rete nil. **2**[*conceited*] chèlbè, pedan, pretansye *She is vain like no one.* Fi sa a chèlbè pase ki *What a vain guy!* Ala kòt nèg pedan. •**all in vain** bichi •**do sth. in vain** bwote{dlo nan paswa/wòch konble lanmè}, fè lapèch nan dlo sal, graje manyòk pèdi farin, lave men siye atè *He's working in vain because his job doesn't pay well.* L ap fè lapèch nan dlo sal paske travay li a pa peye. *He never listens to people's advice, everything you say is in vain.* Misye pa janm pran konsèy nan men moun, tout sa ou di l se lave men siye atè. *I did it as well as I could so that I wouldn't* *be doing it in vain.* Mwen fè tout efò pou m pa ta nan graje manyòk pèdi farin. •**in vain** anven, initilman, pou{bon tan/granmèsi} *Everything we did was in vain.* Tout efò n fè se bou granmèsi. *We worked in vain.* Nou travay anven. *Don't work in vain.* Pa travay initilman. *We came here in vain because the person who is supposed to meet us is not available.* Nou vin la pou bon tan paske moun ki pou wè nou an pa la.

vainglorious *adj.* djolè, granchire

vainglory *n.* etalaj, flafla

vainly *adv.* anven, initilman

valence *n.* [*chem.*] valans

Valentine's Day *prop.n.* fèt Sen Valanten

valerian *n.* [*med. plant*] valeryann

valiant *adj.* brav, vanyan

valid *adj.* bon (jan), byen fonde, valab, valid *My ticket is valid for one month.* Tikè m lan bon pou yon mwa.. *This law is not valid in this case.* Lwa sa a pa valab nan ka sa a. *You must submit valid documents for the job.* Ou dwe prezante bon jan pyès pou djòb la.

validate *v.tr.* valide *Validate the document.* Valide dokiman an.

validly *adv.* valabman

Valium® *prop.n.* valyòm

valley *n.* vale

valor *n.* vanyans, vayantiz

valorous *adj.* brav, vanyan

valuable *adj.* **1**[*having great usefulness/value*] apresyab, dizwit kara, granjan, valab *This computer you bought is a valuable thing.* Òdinatè sa a ou achte a se bagay valab. *It's a very valuable document.* Se yon dokiman valab. *That guy is a valuable member of the team.* Msye se yon pyès apresyab l ye nan ekip la. **2**[*worth a lot of money*] chè *This is a valuable watch.* Mont sa a se yon mont ki chè. •**very valuable** wòdpòte *It's a very valuable document that you have in your possession.* Se yon dokiman wòdpòte ki nan men ou la.

valuables *n.pl.* bagay ak anpil vale, byen

value[1] *n.* [*monetary/exchange worth*] avalwa, pri, valè *The color you painted your car decreases its value.* Koulè ou bay machin lan fè l pèdi valè. **values** *n.pl.* [*moral/ethical*] moralite, etik •**be of/have nutritional value** gen nanm *This food has nutritional value.* Manje sa a gen nanm. •**book value**

pri dapre liv kòmès •**face value** aparans •**good values** moral *He doesn't even have good values.* Li pa yon moun ki moral menm. •**having values** moral •**take sth. at face value** pran pou lajan kontan *Everything that people tell him, he takes at face value.* Tout sa moun di l, li pran l pou lajan kontan. •**universal values** valè inivèsèl

value[2] *v.tr.* apresye, bay vale, estime *I value her nice qualities.* M apresye bèl kalite li.

valued *adj.* apresye, estime

valve *n.* soupap, vav •**valve cap** kap •**flush valve** flòch vav •**safety valve** soupap sekirite

vamoose *v. intr.* chape poul li, dekanpe *Vamoose!* Dekanpe!

vamp[1] *n.* [*femme fatale*] vanp

vamp[2] *n.* [*upper part of shoe*] anpeny

vampire *n.* vanpi

van *n.* kamyonnèt, vann •**van used for public transportation** gwagwa, taptap •**police van** chalan

vandal *n.* vakabon

vandalism *n.* vakabonday

vandalize *v.tr.* dechouke, kraze brize *People have the right to demonstrate as long as they don't vandalize.* Moun gen dwa revandike san yo pa kraze brize.

vanguard *n.* lavangad

vanilla *n.* vani, vaniy *I'd like vanilla.* Ban m yon vani. *Did you put vanilla extract in this?* Ou met esans vaniy ladan l? •**vanilla extract** esans

vanish *v.intr.* bay peyi a, disparèt *She disappeared with my money.* Li disparèt ak kòb mwen. •**vanish in thin air** fonn (kon bè)

vanity *n.* **1**[*fault*] chèlbè, flafla, kwafèz, poudriye, pretansyon, vanite **2**[*cabinet*] bifèt lavabo

vanquish *v.tr.* venk *They defeated us.* Yo venk nou.

vantage *n.* •**vantage point** pwendvi

vapor *n.* lafimen, vapè

vaporizer *n.* vaporizatè

variable *adj.* varyab *The data are variable.* Done yo varyab.

variable *n.* varyab •**two variables** de varyab

variant *n.* varyant

variation *n.* varyasyon

varicose *adj.* •**varicose vein** varis, venn gonfle nan janm •**varicose ulcer** *n.* [*esp. on the foot*] baka

varied *adj.* varye *In this restaurant they serve varied dishes.* Nan restoran sa a, yo sèvi pla ki varye.

variegated *adj.* pentle, po chat *A dress of variegated colors.* Yon wòb pentle.

variety *n.* 1[*number/collection of different sorts*] gam, jan, kalite, varyete *There was a variety of people at the party.* Te gen tout kalite moun nan fèt la. *This material comes in a variety of colors.* Gen tout varyete koulè nan twal sa a. 2[*particular type*] kalite *What variety of corn do you grow?* Ki kalite mayi ou plante? •**variety store** baza, kenkayri

variola *n.* tatapyout, ti vewòl, verèt, varyòl

various *adj.* diferan, divès, plizyè, tout *People came from various parts of the country.. Various people have told me that.* Gen plizyè moun ki di m sa. *This material comes in various colors.* Gen tout koulè nan twal sa a. *In the streets you see various makes of cars.* Nan lari yo ou wè diferan mak machin. *I have to do various things today.* M gen pou m fè divès bagay jodi a.

varnish *n.* poli, vèni

varnish *v.tr.* poli, vèni *I just finished varnishing the table to lighten up the finish.* M fin vèni tab la pou fè li klere. *Varnish the furniture.* Poli mèb la.

varnished *adj.* vèni *The furniture is well varnished.* Mèb yo byen vèni.

vary *v.tr.* chanje, pa gen menm pye, varye *We vary our meals.* Nou varye repa nou yo.

vase *n.* po, po flè/podflè

vasectomy *n.* koupe kannal{espèm/semans} gason, vazektomi •**have a vasectomy** chatre *He has had a vasectomy, but that doesn't mean he's impotent because of that.* Misye chatre, men sa pa vle di li pa ka gason pou sa.

Vaseline *n.* vazlin

vast *adj.* vas *This plot is vast.* Teren sen a vas.

vastly *adv.* grannman, lajman, lontan *This is vastly superior.* Sa a pi siperyè lontan.

vat *n.* basin, (d)ja, kiv *When the raw rum is finished, they place it in large vats.* Lè kleren an fin fèt, yo mete l nan gwo (d)ja. •**vat for fermenting sugar cane** pyès

vault[1] *n.* [*arch structure*] vout •**vault or arch of sky** vout

vault[2] *n.* 1[*for storage*] kès, kòf 2[*safe*] kòfrefò •**bank vault** kavo •**burial vault** kavo

vault[3] *n.* [*jump*] so, voltij

vault[4] *v.intr.* fè yon so, sote, vòltije *He vaulted over the wall.* Li vòltije sou mi an. •**vault high into the air** plannen

vaulted *adj.* voute *She asked the architect to construct a vaulted roof.* Li mande enjenyè a pou fèt tèt kay li a voute.

vaulting *adj.* •**vaulting horse** chwal voltij

VCR *prop.n.* VCR

veal *n.* vyann ti bèf, vo

vegetable *n.* feyay, legim, manje{chèch/sèk} *The vegetables are not selling.* Legim yo pa vann. *You need to eat more vegetables.* Fò ou manje plis feyay. •**vegetable dish** legim •**vegetable or salad** {kouvè/ manje}chèch •**pickled vegetable** konfi •**root vegetable similar to yam** mazonbèl •**fish and vegetables** manje {djak/lezanj} •**green leafy vegetables** feyaj •**starchy vegetables or grains** [*rice, millet, cornmeal, sweet potato, manioc, yam, plantain, etc.*] viv •**vegetables or salad** manje chèch

vegetation *n.* •**very thick vegetation** letouf

vehement *adj.* rèdchèch, rèdman

vehicle *n.* machin •**armored vehicle** yon cha blende •**division of motor vehicles** [*official*] sikilasyon •**jeep-like vehicle** patwòl

veil[1] *n.* vwal

veil[2] *v.tr.* vwale *So they wouldn't recognize here, she veiled here face.* Pou yo pa rekonèt li, li vwale figi l.

veiled *adj.* vwale

vein *n.* 1[*of body*] venn, venn san fonse 2[*of ore*] venn •**dorsal vein of penis** ne pijon

velvet *n.* vlou

velvet seed *n.* [*shrub*] kal nwa

velvety *adj.* molyann, vlou, siwolin *Her hair is very velvety.* Cheve l siwolin anpil.

vending *n.* machine distribitè otomatik

vendor *n.* machann •**street vendor** machann

veneer *n.* sifas

veneered *adj.* kontreplake

venomous *adj.* ki gen pwazon

venerate *v.tr.* venere *We should venerate our ancestors.* Se pou n venere zansèt pa nou yo.

venereal *adj.* veneryèn •**venereal disease** grannchalè

Venetian blind *n.* jalouzi, pèsyèn, vole

Venezuela *prop.n.* Venezyela

Venezuelan *adj.* venezyelen, venezyelèn [*fem.*]

vengeance *n.* vanjans •**take/wreak vengeance** pran tire vanjans •**with a vengeance** andemon, rèdchèch

venial *adj.* [*rel.*] venyèl •**venial sin** peche venyèl

venom *n.* pwazon, venen

venomous *adj.* 1[*lethal*] ki gen pwazon, fatal, motèl 2[*malicious*] malveyan *A venomous plant.* Yon plant ki gen pwazon.

vent[1] *n.* twou pou van •**side vent** [*of a car window*] parabriz

vent[2] *v.tr.* •**vent one's anger** pete *Don't let her vent her anger on you.* Pa kite l pete sou ou non.

ventilate *v.tr.* ayere, vantile *The breeze aired out the house.* Briz la ayere kay la. *If there's no fan to ventilate the car's radiator, the motor will overheat.* Si pa gen vantilatè k pou vantile radyatè machin nan, motè l va chofe.

ventilated *adj.* ayere *The house is well ventilated.* Kay la byen ayere.

ventilator *n.* [*mach.*] vantilatè

ventricle *n.* vantrikil

venture[1] *n.* antrepriz •**joint venture** antrepriz miks

venture[2] *v.intr.* avantire li, azade li •**venture forth/out** deplase kite •**venture to do sth.** antre nan won *If you don't have enough money to engage in business, don't venture into it.* Si ou pa gen ase lajan pou fè biznis, pa antre nan won.

Venus *prop.n.* [*planet*] Venis

Venus hair *n.* [*fern*] kapiyè

veranda *n.* galri

verb *n.* vèb •**auxiliary verb** vèb oksilyè. •**intransitive verb** vèb entranzitif

verbal *adj.* vèbal *Underline the verbal group.* Souliye gwoup vèbal la. •**verbal insults** savonnay

verdict *n.* desizyon, jijman, santans, vèdik *They made him stand up to hear the verdict.* Yo fè l kanpe pou l tande santans li.

verdigris *adj.* [*color*] vèdegri

verdure *n.* vèdi

verge *n.* bòday, rebò •**be on the verge of** bata, {fè sa/prèt/rete}pou *When I was on the verge*

of climbing into the pick-up truck, it broke down. Kou mwen fè sa pou mwen monte kamyonèt la, li pran pàn. *I owe so much to many different people that I'm on the verge of resorting to begging.* M tèlman dwe toupatou, m rete pou mwen tonbe nan mande. *He was on the verge of crying.* Li te prèt pou kriye. *The patient is on the verge of dying.* Maladi a bata kase kòd. •**on the verge of sth.** nan san jou *The woman is on the verge of giving birth.* Dam nan san jou fè pitit la.

verification *n.* konsta, kontreprèv, kontwòl, tchèk, verifikasyon *There isn't any verification yet of the accounting books.* Poko gen okenn tchèk nan liv kontabilite yo.

verify *v.tr.* fè yon tchèk, konstate, kontwole, sonde, tcheke, verifye, wè ak (de grenn) je li *We called the school to verify what she said.* Nou rele lekòl la pou n tcheke si sa l di a se vre.

verifying *n.* sou tchèk

vermicelli *n.* vèmisèl

vermifuge *n.* vèmifij

vermilion *adj.* vèmiyon

vermin *n.* vèmin

vermin-infested *adj.* [*crops*] pike *All the avocadoes are infested by vermin.* Tout zaboka yo pike.

versatile *adj.* vèsivèsa *That artisan is versatile, he can solder, repair the bottom of the pots, etc.* Bòs sa a vèsivèsa, soudi a se li, recholye a se li, elatriye.

verse *n.* 1[*Bible section*] vèsè *Today we'll find our message in the Gospel according to Saint John, chapter two, verse four.* Jodi a n ap jwenn mesaj nou nan levanjil selon Sen Jen chapit de vèsè kat. 2[*part of a poem/song*] kouplè *Let's sing the second verse.* An n chante dezyèm kouplè a.

versed *adj.* •**be well versed** vèse nan *He's well versed in Haitian history.* Misye vèse nan istwa peyi Dayiti. •**thoroughly versed in magic** pwofonde *No one is as versed in magic as he.* Nanpwen nèg pwofonde konsa.

version *n.* katon, pa, vèsyon *You told your version. Now let me tell mine.* Ou di pa ou; kite m di pa m.

verso *n.* dèyè, do

versus *prep.* kont *It's Haiti versus Cuba in the final.* Final la, se Ayiti (kont) Kiba.

vertebra *n.* vètèb •**cervical vertebra** zo kou

vertebrae *n pl.* . rèl do

vertebral *adj.* vètebral

vertebrate *n.* vètebre *All animals that have vertebrae belong to the class of vertebrates.* Tout bèt ki gen vètèb yo nan ran vètebre.

vertex *n.* [*math*] somè

vertical *adj.* toudwat, vètikal •**almost vertical** apik panno

vertically *adv.* vètikalman *Draw the line vertically.* Trase liy ou vètikalman.

vertigo *n.* lawouli (tèt), tèt vire, toudisman, toudlin, vètij •**have a vertigo** tèt yon moun vire

vervain (verbena) *n.* vèvenn

very[1] *adj.* •**very + noun** menm *This is the very car the president was in.* Se nan machin sa a menm prezidan an te ye a.

very[2] *adv.* anpil, byen, deja, disèt, gen tan, gentan, kont kò li, menm, trè(z), twò, wòd *This dish is very good!* Manje sa a bon anpil! *They work very slowly.* Yo travay dousman anpil. *She was very sick.* Li te malad anpil. *He's very sick.* Li malad anpil. *This girl is very beautiful.* Tifi sa a byen bèl. *I'm not very hungry, I've already eaten.* M pa grangou anpil, m manje deja. *Thank you very much.* Mèsi anpil anpil. *She was very happy to see her mother.* Li santi l disèt kontan wè manman l. *He's very niggardly, he doesn't even give you a taste.* Li gen tan chich, menm goute li p ap ba ou goute. *She's very happy because she passed the exam.* Li kontan kont kò li poutèt li pase nan egzamen an. *He became very arrogant with his mother.* Li rive menm awogan ak manman li. *He's very rich.* Li trè rich. *That woman is very beautiful.* Fi sa a twò bèl. *I like the woman very much.* M renmen fi a wòd.

vesicle *n.* •**seminal vesicle** sak dechay

vespers *n.pl.* vèp

vessel[1] *n.* [*boat*] batiman •**coastal vessel** kabotaj, kabotè

vessel[2] *n.* [*recipient*] veso •**blood vessel** [*tubes in the body*] kannal san, venn •**large earthenware vessel** [*for storing water*] kannari •**large plastic water vessel** kin •**ritual vessel** [*Vodou*] govi

vest *n.* jilè, jilepsou •**bullet-proof vest** blende, jilè{pabal/pou pare bal} •**life vest** jilè sovtaj

vest-pocket *n.* bouse, bousèt, gousèt

vestibule *n.* vestibil

vetch *n.* [*small plant of bean family*] panzou

veteran *n.* ansyen, diwote, veteran

veterinarian *n.* veterinè

veterinary *adj.* veterinè *A veterinary hospital.* Yon klinik veterinè.

veto[1] *n.* veto •**line item veto** veto selèktif •**pocket veto** veto endirèk

veto[2] *v.tr.* poze veto

vex *v.tr.* fè yon moun fache, vekse *You vex him when you interfere in his private life.* Ou fè l fache lè ou antre nan vi prive l.

vexation *n.* kontraryete

via *prep.* atravè

Viagra *n.* vyagra

vial *n.* flakon, flakon, poban, fyòl, poban •**glass vial** anpoul

vibes *n.pl.* anbyans, sansasyon

vibrant *adj.* [*lively*] anime, vif

vibrate *v.intr.* chimi, vibre *The car vibrates because the tires are not well installed.* Machin nan chimi paske kawotchou yo pa byen monte. *The speakers are already vibrating a lot, please don't turn up the volume of the radio.* Jan opalè yo ap vibre la, pa monte radyo a ankò.

vibration *n.* tranbleman, vibrasyon

vicar *n.* vikè

vice *adj.* vis •**a vice-president** yon vis prezidan

vices *n.pl.* vis *He's got plenty of vices.* Se moun ki plen vis.. •**have vices** gen mès *He has vices, he's always stealing things that don't belong to him.* Msye gen mès, li toujou ap pran sa ki pa pou li.

vice versa *adv.* lennalòt, vise vèsa

vicinity *n.* alantou, anviwon, katye, ozalantou, paraj, vwazinay, zalantou, zòn *I believe I saw him in the vicinity.* Mwen kwè mwen te wè l nan anviwon an. *She lives in the vicinity.* Li rete ozalantou a la. *I live in the vicinity of the hospital.* M rete nan zòn lopital la. *There have been a number of break-ins in this vicinity.* Gen yon bann kay yo kase nan zòn sa a. •**immediate vicinity** wonyay •**in the vicinity of** bò, ozalantou

vicious *adj.* •**vicious person** loray boule *Don't deal with those vicious people.* Pa annafè ak loray boule sa yo.

victim *n.* viktim, sinistre *Her mother is the victim; she's the one who's suffering.* Se manman li ki viktim pase se li ki genyen lapenn. *They're disaster victims; they lost their house in the hurricane.* Yo se sinistre, siklòn kraze kay yo. •**accident victim** aksidante *They transported the accident victims by ambulance.* Yo transpòte aksidante yo nan anbilans. •**AIDS victim** sideyen •**be a victim** pote mak, sinistre *We're all victims of the hurricane.* Nou tout sinistre nan koze siklòn nan. •**become a victim** pote mak *Be careful not to become a victim in this affair.* Veye pou pa pote yon mak nan koze sa. •**disaster victim** sinistre •**human sacrificial victim** [*euph.*] kabrit{de pye/san kòn}, kochon gri •**kwashiorkor victim** timoun anfle •**shipwreck victim** nofraje •**tuberculosis victim** pwatrinè

victimized *adj.* sinistre

victor *n.* venkè

victorious *adj.* venkè *The pastor told us we can be victorious over the devil.* Pastè a di nou nou ka venkè sou dyab la. •**be victorious** {pote/ranpòte} {labànyè/ lamayòl/laviktwa} *Our team was victorious.* Ekip nou an pote labànyè.

victory *n.* laviktwa, viktwa •**overwhelming victory** radmare *He won an overwhelming victory over the other candidate.* Se yon veritab radmare pou jan l genyen eleksyon an sou lòt kandida a.

victuals *n.pl.* danre, pwovizyon

video *n.* •**video clip** videyo

videocassette *n.* videyo

videotape *n.* videyo *They made a videotape of the wedding.* Yo fè videyo maryaj la.

videotape *v.tr.* filme *They're videotaping the wedding.* Y ap filme maryaj la.

view[1] *n.* [*sight*] panorama, vi •**have a view of** dominen *When you are on the crest of that hill, you have a view of all of the city.* Lè ou sou tèt mòn sa a, ou dominen tout vil la. •**have a good view** wè byen *You have a good view of the mountains from here.* Lè ou la a, ou wè mòn yo byen. •**in full view** devan de grenn je *They beat him up in full view of his wife.* Yo bat li devan de grenn je madanm li. •**in one's view** nan sans pa li •**to be in view** rete sou moun •**in view of all** avidèy

view[2] *n.* [*opinion*] dapre yon moun menm, opinyon, pwendvi *In my view, she's right to leave him.* Dapre mwen menm, li byen fèt kite l.

viewer *n.* •**TV viewer** telespektatè

vigilance *n.* vijilans

vigilant *adj.* veyatif, vijilan *The teacher is vigilant.* Pwofesè a vijilan. •**be vigilant** gen je toupatou *The woman is a good supervisor, she's vigilant.* Madanm nan se yon bon sipèvizè li gen je toupatou.

vigor *n.* andirans, fe, fwego *He has a vigor that allows him to get out of any bad situation.* Li gen yon fe sou li ki penmèt li tire anba nenpòt chay.

vigorous *adj.* gaya, wòdpòte

vigorously *adv.* atouvole

vile *adj.* pla *He has a vile disposition.* Li gen tanperaman pla. •**vile and servile person** mètke *Do you think that I can be servile to you and vile to others?* Èske ou wè m ka fè mètke ou? •**vile individual** akrekre, salòp *Honest people don't keep company with vile persons.* Moun onèt pa pran pa ak akrekre. •**be vile** fè basès

vilified *adj.* •**be vilified** vilipande *After his concert he was vilified by the audience.* Apre konsè l la, piblik la vilipande l.

vilify *v.tr.* vilipande *After his concert he was vilified by the audience.* Apre konsè l la, piblik la vilipande l.

villa *n.* vila

village *n.* bouk, vilay *It isn't a city, it's just a village.* Se pa yon vil, se yon bouk. *The noise woke up the whole village.* Bri a leve tout bouk la.

villain *n.* malfektè, selera

villainous *adj.* malveyan, selera

villainy *n.* malveyanste, mechanste,

Vincent's infection *n.* jansiv anfle, piyore

vindicate *v.tr.* inosante *The judge's decision vindicated him.* Desizyon jij la inosante l.

vindication *n.* dechay

vindictive *adj.* rankinye *That woman is vindictive, she'll eventually get revenge.* Dam sa a rankinye, l ap tire revanj kanmenm.

vine *n* lyann.

vinegar *n.* vinèg •**vinegar spiced with hot peppers** pimantad •**homemade spiced vinegar** konfi

vineleaf *n.* fèy rezen

vineyard *n.* jaden rezen

vintner *n.* fèzè diven

vinyl *n.* vinil

viola *n.* alto, vyola

violate *v.tr.* fè kadejak sou, vyole *They violated the constitution.* Yo fè kadejak sou konstitisyon an. *The president violated the constitution.* Prezidan an vyole konstitisyon an.

violation *n.* akwo, vyolasyon *It's a violation of the rules.* Se yon akwo kont reglemen yo.

violence *n.* deblozay, vyolans *Violence broke out in the stadium.* Deblozay pete nan estad la. •**state violence** makoutis

violent *adj.* 1[*person*] awoyo, bosal, brital, fewòs, gwap, karabinen,, palangrenn, sèl, vyolan *This boy is too violent.* Tigason sa a twò brital. *He held the child by the throat to shake him, he's very violent.* Li kenbe pitit la nan kòlèt pou l souke l, li fewòs anpil. *You're too violent, stop beating the child.* Ou gwap twòp, ase leve men ou sou pitit la. *Don't go looking for provocation with that violent individual.* Pa chache nan kont ak nonm palangrenn sa a non. *I gave him a violent blow.* M ba li yon sèl kout pwen. *He's a very violent man.* Li se nèg ki vyolan anpil. 2[*actions*] maspinay, myèl *They still perform violent acts against the popular masses.* Atò y ap fè zak maspinay sou pèp la. *The battle was violent.* Batay la myèl. 3[*natural phenomena*] fò *The wind was very violent.* Van an te fò anpil. •**be violent during sex** manche yon moun anba bwa *He was violent during sex.* Li manche fi a anba bwa. •**get violent** anpote *That horse can get violent and unstoppable.* Chwal sa a konn anpote.

violently *adv.* •**handle violently** dechalbore

violet[1] *adj.* [*color*] vyolèt

violet[2] *n.* [*flower*] vyolèt •**gentian violet** ble metilèn, jansyàn vyolèt

violin *n.* vyolon

violinist *n.* jwè vyolon, vyolonis

violoncello *n.* vyolonsèl

VIP *n.* {gran/gwo}{bonèt/nèg/palto/popo/zotobre}, pèsonaj

viper *n.* 1[*snake*] vipè 2[*person*] sèpida

viperous *adj.* kong, malefik

virago *n.* fanm akaryat, penbèch

vireo *n.* [*bird*] •**flat-billed vireo** chit je blan •**Jamaican vireo** pyas kòlèt, tchonpwa, ti panach

virgin *n.* tifi, vyèj *The woman told him she was a virgin.* Fi a di msye li vyèj. *She's not a virgin anymore.* Li pa tifi ankò. •**Holy Virgin** Lasentvyèj •**Virgin Islands** Zile Vyèj Britanik •**Virgin Mary** Lasentvyèj, Lavyèj Mari

virginity *n.* vijinite •**lose one's virginity** goute sèl •**take away one's virginity** dekreta, devyeje, pèse

Virgo *prop.n.* [*zodiac*] vyèj

virile *adj.* gen ren pitit, pòtray

virility *n.* fwego •**man with great virility** gason pisans *He's a man with great virilityx.* Li menm se yon gason pisans.

virtue *n.* bon kondwit, vèti •**by virtue of** grasa, pa mwayen •**woman of easy virtue** fi pye lejè, limena

virtuoso *n.* las, maton

virtuous *adj.* dwat, serye *She's a virtuous girl.* Se yon fi ki serye.

virulence *n.* malveyans

virus *n.* viris

visa *n.* viza *They didn't give me a visa.* Yo pa ban m viza.

viscera *n.* trip, zantray

vise *n.* leto, près •**vise grip** pensgrip

visibility *n.* viziblite

visible *adj.* aparan, vizib *It wasn't something visible.* Se pa t yon bagay aparan. *The sign isn't visible.* Pankat la pa vizib. •**be visible** parèt, rete sou moun *The edge of his underwear is visible.* Tras kalson li parèt. *Although they cleaned here, the unsightly things are still visible.* Kwak yo netwaye la a, vye bagay sa yo rete sou moun toujou.

visibly *adv.* avidèy *The child is visibly growing.* Pitit la ap grandi avidèy.

vision[1] *n.* [*sight*] je, vizyon, wè *You should have your vision tested; you may need glasses.* Fò ou fè dòktè wè je a; ou gen dwa bezwen linèt. *Your vision is better then mine.* Wè ou pi bon pase pa m. •**have blurred vision** je yon moun twoub, wè twoub *He has blurred vision, he can't see well.* Je li twoub, li pa ka wè byen. *I've had blurred vision since I had my eye surgery.* M wè twoub depi m fin opere nan je a. •**have double vision** wè{doub/

de(bagay)/tout bagay an de}*He has double vision.* Li wè doub. •**have peripheral vision** wè sou kote •**have tunnel vision** wè tout dwat sèlman

vision² *n.* **1**[*foresight*] vizyon, wè lwen *He's a person of great vision.* Se yon moun ki wè lwen. **2**[*revelation*] revelasyon, vizyon *The woman has visions that tell her what's going to happen before it happens.* Madanm nan gen vizyon; li konnen sa ki pral fèt anvan li fèt. •**have a vision** vizyonnen *She had a vision that God talked to her while she was praying.* Li vizyonnen Bondye k ap pale ak li antan l ap medite a.

visionary *n.* divinò, divinèz [*fem.*], vwayan

visit¹ *n.* vizit *He paid us a visit last week.* Li te rann nou vizit semenn pase a. *I just had a visit from my mother-in-law.* Bèlmè m te fenk vin rann mwen vizit. •**a flying visit** chape rive •**make a quick or short visit** fè kout pye •**short visit** vizit doktè *I can't stay for a long time —this is a short visit!* M p ap rete anpil non —Se yon vizit doktè!

visit² *v.tr.* {ale/pase/vin}wè, {ran/fè}yon moun vizit, vizite *We visited him in the hospital.* Nou t al rann li vizit lopital. *My mother is visiting with us this week.* Manman m ap vin wè nou semenn sa a. *I'd like to visit that country.* M ta renmen vizite peyi sa a. *I'm coming to visit you.* M ap pase wè ou. *We're going to visit her.* Nou pral fè l yon vizit. *I have people who are coming to visit me.* M gen moun k ap vin rann mwen vizit. *My friends came to visit me.* Zanmi m yo vin vizite m. •**visit the scene** [*of a crime*] fè yon{desant/visit}de lye *They took the defendant to visit the scene of the crime.* Yo mennen akize a fè vizit delye.

visiting *n.* •**go around visiting** fè wonn

visitor *n.* vizitè, vizitèz [*fem.*] •**have a visitor** gen vizit *I have a visitor now.* M gen vizit kounye a. •**regular visitor** abitye *She's a regular visitor to the house.* Manmzèl se yon abitye nan kay la.

visor *n.* bèk, vizyè

vista *n.* panorama

visual *adj.* vizyèl •**visual arts** atizay plastic

visualize *v.tr.* imajine, reve jè klè, wè nan tèt yon moun *I visualize the car that I would like to buy.* M wè nan tèt mwen machin m ta renmen achte.

vital *adj.* kilfo, vital •**vital signs** siy lavi

vitality *n.* pisans, vigè

vitamin *n.* fòtifyan, vitamin *This food is rich in vitamins.* Manje sa a gen anpil vitamin.

vitiate *v.tr.* delala, minen. *All our efforts were vitiated by his stupid action.* Betiz li delala tout jefò nou yo.

viticulture *n.* kilti rezen

vitriol *n.* vitriyòl

vitro *n.* **in vitro** dèyò{matris/manmanvant}, nan epwouvèt

vivacious *adj.* cho, frengan *This guy is too vivacious, we like people who are calm.* Msye twò cho, n renmen moun ki poze.

vivacity *n.* vivasite

vivid *adj.* frapan, imaje

vividly-colored *adj.* limen *She's wearing a vividly colored dress.* Li mete yon wòb ki limen.

vivisection *n.* deseksyon{bèt/zannimo}vivan

vixen *n.* **1**[*female fox*] manman rena **2**[*shrewish woman*] chyèn, movezè, penbèch

vocabulary *n.* leksik, vokabilè

vocal *adj.* **1**[*spoken*] vokal **2**[*forthright*] fran, kare •**vocal chords** kòd{vokal/wa},venn chantrèl

vocation *n.* vokasyon

vocational *adj.* pwofesyonèl, vokasyonèl

vociferate *v.intr.* begle, pale fò *Stop vociferating like that!* Rete begle konsa!

vociferous *adj.* eskandalè, kabalè, woywoy

Vodou *prop.n.* mistik, vodou, vodou, sèvi lwa *In a Vodou ceremony, the priest calls upon the spirits.* Nan vodou, lè gen sèvis, ougan rele lwa. *I don't practice Vodou, man.* M pa nan mistik papa.

Vodouist *n.* sèvitè, vodouyizan

vodka *n.* vodka

vogue *n.* lamòd •**in vogue** alamòd

voice¹ *n.* vwa *She has a beautiful voice.* Li gen yon bèl vwa. *Please lower your voice! The baby is sleeping.* Bese vwa ou! Timoun lan ap dòmi. •**at top of one's voice** byen fò, ak tout fòs li •**be a voice in the wilderness** soufle nan banbou *Despite all his speeches, his enemies consider him a voice in the wilderness.* Kwak li fè tout pale sa yo, pou lènmi l yo se soufle nan banbou. •**deep voice** gwo vwa •**loud harsh voice** vwa{loray/rara} •**low and inaudible voice** vwa chat •**masculine**

voice gwo gòj •melodious voice pale
chante •nasal voice pale nan nen •raise
one's voice pale fò, rele *Don't raise your
voice to me!* Pa rele sou mwen! •sharp/shrill
voice vwa chat{pike/piman} •strong or
loud voice gwo vwa •wavering voice pale
tranble *He has a wavering voice, he eats his
words, it's hard to understand him.* Nèg sa
pale tranble, li manje mo yo, ou pa fin tande
pawòl li.

voice² *v.tr.* esprime opinion pa li *I want to voice
my concern.* M vle esprime sousi pa m nan.
•voice opposition pale kwochi

voiceless *adj.* san vwa *We remained voiceless
faced with his lies.* Nou rete san vwa devan
manti li yo.

void¹ *adj.* vid •render void annile

void² *n.* vid, neyan

void³ *v.tr.* annile *They voided the contract.* Yo
annile kontra a.

volcanic *adj.* vòlkanik *Don't live near volcanic
mountains.* Pa abite pre montay vòlkanik yo.

volcano *n.* vòlkan •erupting volcano vòlkan
an ebilisyon

volley *n.* •volley of blows je{baton/
chaplèt/makak}, volin, yon{volim/baton/
koutpwen} •volley of shots rafal

volleyball *n.* volebòl

volt *n.* vòl

voltage *n.* vòltaj

volume *n.* 1[*loudness of a sound*] volim *Turn
up the volume.* Moute volim lan. *The volume
is up too loud.* Volim lan twò fò. *Where's the
volume control?* Kote bouton volim lan?
2[*quantity*] gwosè, kapasite, volim 3[*book*]
volim, tòm

voluminous *adj.* masif

voluntarily *adv.* pou kont li, volontèman *She
came voluntarily. No one forced her to.* Li vini
pou kont li. Pa gen moun ki fòse l. *She acted
voluntarily.* Li aji volontèman.

voluntary *adj.* benevòl, volontè

volunteer¹ *n.* volontè •Peace Corps
volunteer volontè lapè

volunteer² *v.intr.* 1[*service*]{bay/ofri/
pwopoze}tèt li *He volunteered to help us.* Li
pwopoze tèt li pou ede nou. 2[*information*]
pwopoze ranseyman *She volunteered the
information to me.* Li pwopoze ranseyman
ba mwen.

voluptuous *adj.* opilan, sansyèl

vomit¹ *n.* degobyay, djapòt, vèsman, vomi,
vonmi, vonmisman *That looks
like vomit.* Sa a sanble vomi. *A lot of vomit
ended up on his clothing.* Se pa de vèsman ki
pa ret sou rad li a.

vomit² *v.intr.* {bay/fè}djapòt, degobe, rann,
rechte, vèse, vomi, vonmi *She vomited up all
she'd eaten.* Li vomi tou sa l te manje a. *He's
been vomiting all day.* Li fè tout jounen an ap
rann. *He vomited blood.* Li vonmi san. *This
meat makes me vomit.* Vyann sa a fè m degobe.
*She's pregnant, that's why she's continuously
vomiting like that.* Li ansent, se pou sa l ap
plede ranvèse konsa. •vomit at beginning
of childbirth kase lezo nan bouch *When you
see her beginning to vomit, the child is about
to be born.* Depi ou wè l koumanse kase
lezo nan bouch, pitit la pral soti. •vomit
bile rekte •vomit blood rann san *The sick
person is vomiting much blood.* Maladi a ap
rann anpil san. •vomit repeatedly rann fyèl
li, vonmi fyèl li *That food was too greasy, it
made me vomit repeatedly.* Manje sa a te gen
twòp grès, li fè m rann fyèl mwen.

vomiting *n.* djare{anwo/pa wo}, rejetman,
vèsman, vonmi, vonmisman *She keeps
vomiting.* Li gen yon rejetman avè l. *She
started vomiting.* Vonmisman an pran li.

voracious *adj.* afre, akrèk, saf, voras
•voracious person tilolit *Those voracious
people can eat for ten people without being
full.* Tilolit sa yo manje pou dis vant men fal
yo pa janm plen.

voraciousness *n.* afresite, safte, vorasite

voracity *n.* afresite, safte, vorasite

vortex *n.* toubouyon

vote¹ *n.* 1[*expression of preference*] vòt, vwa *My
vote is for the candidates who are for peace.* Vòt
mwen se pou kandida ki pou lapè. *She was
elected with sixty-five percent of the votes.* Yo
eli l ak swasant senk pousan vwa. 2[*process*]
vòt 3[*ballot*] bilten *They're still counting the
votes.* Y ap konte bilten yo toujou.

vote² *v.intr.* vote *Who are you voting for?* Pou ki
moun ou ap vote?

voter *n.* elektè, vote

voting *n.* eskriten, vòt, votasyon

vouch *v.intr.* •vouch for s.o. or sth. mete kou
li sou biyòt *I vouch for John. for I know he*

didn't do that. M ap mete kou m sou biyòt pou Jan m konnen li p ap fè sa.

vow¹ *n.* sèman, ve *This vow is difficult to keep.* Ve sa a difisil pou kenbe.

vow² *v.intr.* jire, sèmante, vwe tèt li *They vowed never to leave their country.* Yo jire yo pa janm kite peyi yo.

vows *n.* •**take one's final vows** [*nun postulant*] pran wòb

vowel *n.* vwayèl •**nasal vowel** vwayèl (bouch) nen •**oral vowel** vwayèl bouch

voyage *n.* vwayaj, vwayay *It was a sea voyage.* Se te yon vwayay nan bato.

vroom *onom.* [*express rapid action*] fyouw *The car passed by —vroom! —right next to us, it missed us by a hair's breadth.* Machin nan pase fyouw akote n, ti moso li bwote nou.

VSN *prop.n.* [*Volontè Sekirite Nasyonal*] milis •**member of the VSN** [*Volontè Sekirite Nasyonal*] milisyen

vulgar¹ *adj.* bawòk, demeplè, deprave, devègonde, gwosye, materyèl, òdinè, san dekowòm, vèbal, vilgè/-èz *These vulgar women, they raise a fuss over nothing.* Medam

òdinè sa yo, pou anyen yo fè bri. *Such a vulgar person can embarrass you in society.* Moun bawòk konsa ka fè ou wont nan lasosyete. *Peter is vulgar, he utters all sorts of curses in front of people.* Ti pyè gwosye, li di tout kalite betiz devan moun. *He's so vulgar; he's always coming out with swear words.* Msye tèlman materyèl, li di nenpòt ki gwo mo. *You are really vulgar.* Ou san dekowòm ou menm. *Such vulgar people can't mingle with others.* Moun vèbal konsa pa ka ale nan lasosyete. •**vulgar person** rapya, santi •**be vulgar** pale lèd *Her good breeding doesn't allow her to be vulgar.* Bon edikasyon l pa pèmèt li pale lèd.

vulgar² *n.* chanbrèy

vulgarity *n.* basès

vulture *n.* karanklou, malfini, votou *He's a real vulture, nothing is enough for him.* Misye se yon karanklou, anyen pa janm ase pou li. •**rapacious vulture** karanklou •**turkey vulture** malfini karanklou

vulva *n.* bouch vajen, foufoun, vilv •**vulva of small girl** toutoun

W

w *n.* [*letter*] doubleve

wacky *adj.* deranje. tèt pati

wad *n.* **1**[*of money*] mago **2**[*thick collection of things*] bourad, bout *He has a wad of money in his pocket.* Li gen yon bouras lajan nan pòch li.

wadding *n.* [*act of*] bouray

waddle *v.intr.* woule *He's so fat that he waddles when he walks.* Li tèlman gwo, se woule l ap woule.

wade *v.intr.* •**wade about.** [*in puddles, mud, etc.*] patoje, patouye *The children are wading about in the mud.* Timoun yo ap patouye nan labou a. •**wade into** [*a discussion*] antre nan *I don't want to wade into this topic.* M pa vle antre nan sijè sa a.

wafer *n.* •**communion wafer** losti

waffle *n.* wafòl

wag¹ *n.* dizè

wag² *v.tr.* souke *Whenever the dog sees me, he wags his tail.* Depi chen an wè m, li souke ke l.

wage¹ *n.* salè **wages** *n.pl.* apwentman, pèy, sale •**back wages** aryere

wage² *v.tr.* •**wage war** fè lagè *They're waging war against corruption.* Y ap fè lagè kont koripsyon. •**wage a war** livre batay

wage earner *n.* salarye

wager¹ *n.* pari, paryay

wager² *v.tr.* parye *I'll wager she quits before the end of the week.* Se parye m ap parye li bay demisyon anvan semenn nan fini.

waggle *v.intr.* souke *He waggle like that because he's drunk.* Li souke konsa poutèt li sou.

wagon *n.* charyo, kabrèt, kabwèt, kabwèt, karyòl, toli •**child wagon** kabwèt •**station wagon** [*used for public transportation*] kamyonèt

wagon-maker *n.* kabwetye

wail¹ *n.* dyann, rèl

wail² *v.intr.* jemi, kriye, pa ka kenbe rèl *There was a great accident, everyone wailed.* Gen yon gwo aksidan ki fèt, okenn moun pa ka kenbe rèl.

wailing *n.* jemisman

waist *n.* tay *She has a skinny waist.* Tay li fen.

waistband *n.* tay

waistline *n.* tay

wait *v.tr.* **1**[*for sth. to happen*] alatant, atann, espere, pann, tann *We waited for him for an hour.* Nou fè inèdtan ap tann li. *You shouldn't keep them waiting that long!* Ou pa t dwe fè y ap tann konsa! *He let me wait here, he never came back.* Li mete m pann la a, li pa janm tounen. *I'm waiting for news of you.* Mwen alatant nouvèl ou. *I am waiting for him since this morning, he never came.* M ap espere l denpi maten, li pa janm vini. **2**[*delay acting until (a stated time)*] ret tann *You'll have to wait your turn to play.* Fò ou ret tann tou pa ou pou ou jwe. **3**[*be ready*] pare *Your coffee is waiting!* Kafe ou la pare! •**wait a{minute/second}** fè yon ti tann *Wait a minute, I'm coming.* Fè yon ti tann, m ap vini. •**wait and see** chita tann, gade pou wè, rete{gade/tann} *I don't know yet if we can go. We'll just have to wait and see.* M po ko konn si n ka ale. Fò n ret tann pou n wè. *You don't believe me, wait and see if it won't rain!* Ou pa kwè m, gade pou wè si lapli a p ap tonbe! *You hit me, that won't stay like that; wait and see!* Ou ban m kou, sa p ap pase konsa; rete gade! •**wait around** [*in vain*] pann •**wait endlessly** tann {jis/jouk/jous}li tounen pwa tann *He made us wait endlessly for the money.* Li fè n tann jouk nou tounen pwa tann pou lajan an. •**wait for a long time** tounen pwa tann (nan rete tann) •**wait for a while** fè yon ti tann •**wait for s.o.** fè pòs *She told me she was coming to my house, I'm waiting for her.* Li di m l ap vin kote m, m ap fè pòs. •**wait for s.o. for a long time** fè penitans *Who makes you wait for him so long?* Ki moun ki mete ou kanpe la ap fè penitans konsa. •**wait for time to pass** fè lè *The team is waiting for the time to pass, the players aren't playing to score anymore.* Ekip la ap fè lè, li pa atake ankò. •**wait in ambush** anbiske *The assassins were waiting in ambush.* Asasen yo te anbiske. •**wait in line** fè lake *Because there were a lot of people,*

I had to wait in line. Akòz anpil moun, m blije fè lake. •**wait on** [*serve*] sèvi *Are you being waited on?* Gen moun k ap sèvi ou? •**wait patiently** pasyante *Wait patiently, the doctor is on his way.* Pasyante, doktè a ap vini. •**wait until the cows come home** tann jis{jouk/ jous}li tounen pwa tann, tounen pwa tann (nan rete tann) *I waited for the boss until the cows came home.* M tounen pwa tann nan rete tann mèt la. •**be waiting** kanpe sou de pye fèm *I'm waiting for the enemy.* M kanpe sou de pye fèm ap tann lenmi an. •**be angry and impatient waiting** an brenzeng *The woman is angry because she had to wait three hours in line.* Dam nan an brenzeng poutèt li blije tann twazè nan liy. •**be waiting for the right moment** fè lasisin *He was slowly waiting for the right moment to win.* L ap fè lasisin lontan pou l genyen. •**make s.o. wait** poste *The girl made me wait, she never came back.* Fi a poste m la, li pa janm tounen. •**not be able to wait** kè yon moun cho *She's not someone to whom you can promise something because she can't wait.* Se pa moun ou ka pwomèt anyen paske kè l cho twòp. •**while waiting** annatandan

wait-a-bit *n.* [*plant*] ti janvye

waiter *n.* gason (restoran), sèvè

waiting list *n.* lis datant *There's nothing available now, but I'll put your name on the waiting list.* Pa gen plas konnye a, m ap met non ou sou lis datant la.

waiting room *n.* sal datant, saldatant

waitress *n.* madmwazèl, sèvèz

waive *v.tr.* renonse *She waived her right to inherit the land.* Li renonse dwa li pou li erite tè a.

wake[1] *n.* [*funeral*] veye, vèy •**funeral wake** patè

wake[2] *n.* [*of a ship/person*] siyay, siyon *They left in my wake a woman who follows me everywhere.* Yo lage yon fanm nan siyay mwen k ap swiv mwen tout kote. •**be in the wake of s.o.** nan siyay

wake[3] *v.intr.* leve *Every morning I wake up early.* Chak maten m leve bonè. •**wake up** *a*[*stop sleeping*] fè yon reveye, leve (nan dòmi) *I always wake up early.* M toujou leve bonè. *Wake up! It's time for us to get going!* Leve! Li lè pou n ale! *You've been sleeping*

since noon, did you manage to wake up? Depi midi w ap dòmi, ou resi fè yon reveye? *Despite the noise, she didn't wake up.* Malgre bri a, li pa leve nan dòmi. *Hey, wake up!* Ey! Reveye ou! *b*[*cause to wake s.o. up*] leve, reveye *They woke me from a deep sleep.* Yo reveye m nan fon sonmèy. *The dogs woke me up this morning.* Chen yo leve m maten an. *She just fell asleep, I won't wake her up.* Dòmi fèk pran l, m p ap reveye l. •**wake up in a bad mood** leve sou{de pye militè li/move pye li}, mal leve

walk[1] *n.* 1[*stroll*] flann, mach, ponponm, pwomnad. vire 2[*way of walking*] demach, mach, mache *He was attracted to her by her walk.* Li pèdi nan mach fi a. 3[*distance to be walked*] rale, ti bout *It's a good walk from here to the church.* Sot isi a al legliz la, se yon bèl rale. •**go for a walk** fè yon flannbalade, flannen, mache, pwonmennen •**take a little walk** fè yon ti mache *Paul went to take a little walk along the river.* Pòl al fè yon ti mache bò larivyè a. •**take a walk** al{balade/ flannen}, fè yon{bout/flann/mache/vire}, pwonmennen, vire tounen *I am going to take a walk in this area.* M pral fè yon bout nan zòn sa a. *He's taking a walk with the kids.* L ap pwomennen ak timoun yo. *She took the kids for a walk.* L al balade ak timoun yo. •**walks of life** kalite moun *There are people from all walks of life in my church.* Gen tout kalite moun nan legliz mwen an.

walk[2] *v.tr.* 1[*move along on foot*] ale a pye, mache, pase, pwonmennen *We've been walking for over two hours.* Nou gen pase dezè depi n ap mache. *Walk on the sidewalk!* Mache sou pewon! *She uses a crutch to walk.* Li mache sou beki. *I walked the streets looking for a pharmacy.* M pase nan tout ri yo ap chache yon fanmasi. *It's not too far. You can walk it easily.* Li pa twò lwen. Ou ka al a pye alèz. 2[*a dog, etc.*] al pwomennen *Go walk the dog.* Al pwomennen chen an. 3[*into a room*] entwodui li *You don't walk into someone's room like that without knocking.* Ou pa entwodwi ou nan chanm moun konsa san ou pa frape. •**walk ahead** mache devan, pike devan *Walk ahead, I'm behind you.* Mache devan, m dèyè ou. •**walk along nonchalantly** mache bra balan

Instead of looking for a job, this guy is walking along nonchalantly. Olye nèg sa a chache yon travay, li pito chita ap mache bra balan. •**walk arm in arm** kwochte *The lovers walk arm in arm in the street.* Zanmoure yo kwochte nan lari a. *They're really in love, they always walk arm in arm.* Yo tèlman damou, youn toujou ap kwochte lòt. •**walk around** fè laviwonn, sikile, vire won, viwonnen *The children walked around the house.* Timoun yo ap fè laviwonn kay la. *Let's walk around the neighborhood.* Ann al sikile sou katye a. •**walk around a little** fè yon virewon *I'll walk around the square a little to stretch my legs.* M pral fè yon virewon sou plas la pou mwen degoudi pye m. •**walk away from an accident** pa pran chòk *She walked away from the accident.* Li pa pran chòk nan aksidan an. •**walk back and forth** fè{lanavèt/ lèsanpa} *He walks back and forth throughout the neighborhood every day.* Se chak jou l ap fè lanavèt nan katye a. *He's walking back and forth while waiting for someone.* L ap fè lèsanpa antan l ap tann yon moun. •**walk backwards** mache pa do *Children like to walk backwards.* Timoun renmen mache pa do. •**walk bent over** mache kwochi *John is walking bent over like an older person.* Jan ap mache kwochi tankou yon vye granmoun. •**walk crooked** trese pye *Why do you walk crooked like that, does your foot hurt?* Poukisa ou mache trese pye konsa, pye w ap fè ou mal? •**walk fast** nan twòt, twote *I'm so tired, I can't walk fast.* Jan m fatige la, m pa ka nan twòt. *We walked so fast, we were drenched in sweat.* Nou si tèlman twote, nou mouye tranp. •**walk gracefully** [*woman*] fè gengenn *Because of her pregnancy, she can't walk gracefully anymore.* Akòz gwosès la, li pa ka fè gengenn ankò. •**walk hurriedly** mache prese *Jonas always walks hurriedly.* Jonas pa janm p ap mache prese. •**walk inelegantly** mache gaye •**walk lamely** mache sou yon pwent •**walk like s.o. who has yaws** pyange *Why are you walking like people who have yaws?* Pou ki w ap pyange konsa? •**walk off with** pran, vòlè *Someone walked off with my wallet.* Yo pran bous mwen. •**walk on** pilonnen •**walk on thin ice** mache sou pikan *When you swear at a*

policeman like that, you're walking on thin ice. Lè w ap joure yon polisye konsa, w ap mache sou pikan. •**walk on tiptoes** beke *He is walking on tiptoes to attract the attention of the girl.* L ap beke pou l ka fè fi a remake l. •**walk out on** pati kite *He walked out on his wife and kids.* Li pati kite madanm li ak pitit li. •**walk over** pase anba pye *Don't let people walk over you like that.* Pa kite moun pase ou anba pye konsa. •**walk over to** mache rive sou *The old man is calling you, walk over to him.* Granmoun rele ou, mache rive sou li. •**walk stiffly and rapidly** mache digèt *He walks stiffly.* Msye mache digèt. •**walk very slowly** pyange •**walk with a cane** sou baton *Since the accident, he walks with a cane because his foot is broken.* Apre aksidan an, li sou baton paske pye l kase. •**walk with a limp** mache bwate *After the accident he walks with a limp.* Apre aksidan an, li mache bwete. •**walk with arm around s.o.'s shoulders or neck** kwoke *He's walking with his arm around his girlfriend's shoulder.* Li kwoke mennaj li lè y ap mache. •**walk with one's head and shoulders bent forwards** fè ladoba *He's walking with his head down and his shoulders hunched forward so that people on the other side of the road can't see him.* Misye ap fè ladoba pou moun ki kanpe lòt bò chemen an pa wè l. •**walk with one's legs apart** mache kanbral *He's walking with his legs apart.* Misye mache kanbral. •**walk with spread legs** mache gaye •**not walk elegantly** mache gaye *She doesn't walk elegantly.* Li mache gaye.

walk-on n. [*movie, theater*] figiran

walker n. •**child's walker** [*on rollers*] twòtinèt

walkie-talkie n. wòkitòki

walking n. lamach, mache •**style of walking** degenn •**way of walking** mach •**while walking** an machan •**while walking or going downhill** an desandan *I met him while I was walking down the mountain.* An desandan mòn nan, m kwaze ak li.

walking-stick n. badin

Walkman n. [*cassette player*] wòkmann

walkout n. grèv

walkway n. pasaj

wall[1] n. 1[*dividing surface*] baryè, mi, miray, palisad *There's a high wall around the school.*

Gen yon gwo mi toutotou lekòl la. **2**[*of a house*] mi, panno *This wall's ready to fall in.* Panno sa a prèt pou tonbe. •**foundation wall** sòl •**interior wall** klwazon •**temporary wall** klwazon •**the walls have ears** gen panyòl nan kay la, pawòl pa chita *The walls have ears, don't talk too loudly.* Gen panyòl nan kay la, pa pale fò non. pawòl pa chita.

wall² *v.tr.* •**wall in** [*a field, etc.*] klotire *I enclosed the house to have more security.* Mwen klotire kay la pou m ka gen plis sekirite. •**wall up** anmiraye

wallet *n.* bous, pòtfèy

walleyed *adj.* je[lanvè/vewon}

wallflower *n.* •**be a wallflower** fè tapisri *Ladies, you're being wallflowers at the dance you refuse to dance.* Medam, se tapisri nou vin fè nan bal paske nou refize danse.

wallop *n.* frap

wallow *v.intr.* benyen, patoje, woule kò li *Pigs are wallowing in the mud.* Kochon yo ap woule •**wallow in luxury** benyen nan lwil

wallpaper¹ *n.* papye panno

wallpaper² *v.tr.* tapise *They wallpapered the interior wall to make it prettier.* Yo tapise klwazon an pou leve l.

walnut tree *n.* nogal

walrus *n.* mòs

waltz¹ *n.* vals

waltz² *v.intr.* valse *Formerly, Haitians used to waltz in balls.* Lontan Ayisyen te konn valse lè y al nan bal.

wan *adj.* [*face*] blèm, sandrès *Marie's face looks wan today.* Figi Mari sanble blèm jodiya.

wand *n.* bagèt

wander *v.intr.* brenbale, ere, fè valeryann, trennen *All day long, he wanders around the street.* Tout jounen l ap brenbale nan lari a. *He wanders here and there; he doesn't know where to go.* L ap ere pasi pala, li pa konn kote l prale. *If you spend your youth wandering aimlessly, you'll be poor in your old age.* Si ou pase tout jenès w ap fè valeryann, w ap pòv nan granmoun ou. *Stop wandering around the street, you aren't a bum.* Sispann trennen nan lari konsa, ou pa epav. •**wander about** flannen, vadwouye *Stop wandering around in the street.* Ase flannen nan lari a. *Find a job to do instead of wandering about.* Chache yon travay pou fè tan pou ap vadwouye

nan lari a. •**wander aimlessly** drivaye, drive *He's wandering aimlessly in the street.* L ap drivaye nan lari a. •**wander around** bat lavil, boulinen, brenbale, fè vakabon, flannen, paweze, pwomennen mache monte desann, vakabonnen, valkande, valtourinen, vwazinen *She wanders around town every day on foot.* Li bat lavil chak jou a pye. *He is wandering around everywhere but he leaves his important work behind.* L ap boulinen tout kote epi li kite travay enpòtan l pou l fè. *All day long, he wanders around the street.* Tout jounen l ap brenbale nan lari a. *Stop wandering around in the street. Go study your lessons.* Ase flannen nan lari a, al etidye leson ou. *You'd rather wander around than stay at home.* Ou pito fè vakabon pase ou chita lakay. *Instead of wandering aimlessly around the streets, go find a job.* Tan w ap paweze nan lari a, chache yon travay pou fè. *You prefer wandering around instead of going to school.* Ou pito pwomennen mache monte desann pase ou al lekòl. *Instead of wandering around the neighborhood, go learn a trade.* Olye w ap vakabonnen nan tout katye a, al aprann yon metye. *Please take a break instead of wandering around.* Manyè poze non tan w ap valtourinen nan tout lari a. *Rather than work, he prefers to wander around.* Olye l chèche travay, li pito ap vwazinen tout lajounen.

wanderer *n.* bwa pwonmennen, fritadò, pye poudre, sanzazil, vanipye *That wanderer is always in the street.* Pye poudre sa toujou nan lari.

wandering¹ *adj.* anbilan, vakabon *He had some wandering thoughts.* Li te gen kèk panse vakabon.

wandering² *n.* vakabonday

wandering Jew *n.* [*plant*] zèl ravèt

wane *v.intr.* [*moon*] an patans *The moon is waning.* Lalin nan an patans.

waning (waxing) *n.* dekou *With the waning of the moon, it's not as bright at night.* Ak dekou lalin nan, li pa tèlman klere leswa.

want¹ *n.* bezwen, jennman •**for want of** anmankan *For want of rice, we'll eat corn.* Anmankan diri, n ap manje mayi.

want² *v.tr.* bezwen, vle, gen anvi *Give him whatever he wants.* Ba l nenpòt sa l vle. *I don't* *want you to be late again.* M pa vle ou an reta ankò. *I don't want to play cards tonight.* M pa anvi jwe kat aswè a. *We want to arrive early.* Nou bezwen rive bònè. •**want revenge on s.o.** swaf yon moun *We want to take revenge on them because they killed our ancestors.* Nou swaf yo poutèt yo te touye zansèt nou. •**want to** teni *She wants to meet me before she travels.* Li teni rankontre m anvan l vwayaje. •**want to fight** sou batay *Those rowdy people always want to fight.* Moun bagarè sa yo toujou sou batay. •**want to get into the act** bezwen nan ran •**can do whatever one wants** sou pik li *You can do whatever you want because your father is powerful in the government.* Ou sou pik ou paske papa ou chaje ak pouvwa a. •**do what one wants with one's own money** lajan li rele li (se) pa li *I can do what I want with my own money.* Lajan mwen rele m se pa m. •**do whatever one wants** kraze brize, pran yon bagay pou piyay *These people can do anything they want in the country.* Nèg yo kraze brize jan yo vle nan peyi a. *He's doing whatever he wants in life.* Li pran lavi a pou piyay. •**finally get what one wants from s.o.** wè bout yon moun *He will not leave you alone until he finally gets what he wants.* Se lè li wè bout ou, l a kite ou an repo. •**have s.o. do whatever one wants** achte yon moun lajan kontan •**not to** want ve pa *She doesn't want to come to the party.* Li ve pa vini nan fèt la. •**not want s.o. hanging out with others** pa vle yon moun pale ak ni pè ni pap *She doesn't want her husband hanging out with anyone else because she's very jealous.* Li pa vle mari l pale ak ni pè ni pap tank li jalou.

want ad *n.* ti anons

wanting *adj.* desevan

war *n.* lagè •**be at war** {fè/nan}lagè *The two countries are at war.* De peyi yo nan lagè. •**civil war** lagè sivil **go to war** fè lagè

war-horse n. chwal batay

warble *v.intr.* wouke, woukoule *My pigeons warble all day.* Pijon m yo woukoule tout lajounen.

warbler *n.* [*bird*] chadonnre, chit •**black and white warbler** ti chit nwa e blan •**black poll warbler** ti chit vant jòn •**black-throated blue warbler** ti chit ble nwa •**Cape May warbler** ti chit kou jòn •**Chapman's ground**

warbler ti chit kat je •**golden-headed warbler** ti chit figi jòn •**Hispaniolan golden warble**r chit jòn •**Hispaniolan ground warbler** ti chit lasèl •**Hispaniolan pine warbler** ti chit bwapen •**magnolia warbler** ti chit ke blanch •**myrtle warbler** ti chit mak jòn •**northern parula warbler** ti chit ble pal •**palm warbler** ti chit palmis •**prairie warbler** ti chit zèl jòn •**yellow warbler** ti zwazo mangliye •**yellow throated warbler** ti zwazo mangliye

warbling *n.* woukoulman

ward[1] *n.* •**hospital ward** sal •**maternity ward** matènite •**psychiatric ward** sant sikatri •**surgical ward** chiriji

ward[2] *n.* [*under the control of a guardian*] pwoteje

ward[3] *n.* [*political district*] distri(k) elektoral

ward[4] *v.tr.* •**ward off** pare *I warded off the evil spell he sent upon me with an amulet.* Mwen pare maldjòk li voye sou mwen avèk yon wanga. •**ward off a blow** pare kou

warden *n.* chèf prizon

wardrobe *n.* 1[*for keeping clothes*] amwa, bifèt, gadwòb, plaka 2[*one's clothing*] abiman, rad

warehouse *n.* depo, magazen, ral, ranga, sout

wares *n.pl.* demelay, estòk, machandiz •**cheap wares** [*badly cut*] pakoti •**foreign castoff wares** pwodui{blan bouke/pèpè} •**imported second-hand wares** pèpè *She wears second-hand clothes.* Rad pèpè li mete.

warfare *n.* lagè

warlike *adj.* batayè, gèrye

warm[1] *adj.*1[*gen.*] cho, tyèd *The food is warm.* Manje a cho. 2[*person*] kòdyal

warm[2] *v.tr.* chofe *A nice cup of coffee will warm you up.* Yon bon tas kafe ap chofe san ou. •**warm o.s. in the sun** pase solèy •**warm o.s. up** rechofe li *I'm cold, I need to drink a cup of coffee to warm myself up.* Mwen frèt, m bezwen yon tas kafe pou rechofe m. •**warm over/up** [*reheat for eating*] chofe *I'm warming over the leftovers for you.* M ap chofe rès manje a pou ou. •**warm slightly** [*water, etc.*] degoudi *Let the water warm slightly before you take your shower.* Kite dlo a degoudi anvan ou benyen ak li. •**warm up** a[*athlete*] chofe, twotine *The players are warming up before the game.* Jwè yo ap chofe avan match la.. b[*machine*] chofe, pran elan *Let the car warm up.* Kite machin lan chofe. *He is warming up the car.* L ap chofe motè machin nan.. *Let the car warm up before we get in.* Kite machin nan pran elan anvan nou moute l. •**warm up by a fireplace** chofe dife *They like warming up by the fireplace during the winter.* Yo renmen chofe dife lè l fè fredi. •**warm up in the sun** chofe solèy *They're cold, they're warming up in the sun.* Yo frèt, y ap chofe solèy. •**warm up s.o.** rechofe *The coffee he just drunk warmed him up.* Kafe li sot bwè a rechofe l. •**get warm** chofe *The engine is getting warm.* Motè a ap chofe.

warm-hearted *adj.* bon *They're very warm-hearted people.* Yo se bon moun.

warming *n.* rechofman •**warming up** chof

warmly *adv.* kòdyalman

warmth *n.* **1**[*weather*] chalè *I can't feel the warmth of the fire from where I am.* M pa santi chalè dife a kote m ye a. **2**[*person*] senpati *She lacks warmth.* Li manke senpati. **3**[*welcoming*] chalè, kòdyalite

warn *v.tr.* **1**[*advising*] avèti, bay yon moun{piga/ pinga/prigad}, mete yon moun{angad/sou prigad li}, pale, prevni *They warned her that if she went, something bad might happen.* Yo avèti li si li ale yon malè ka rive l. *Don't say I didn't warn you!* Pa di m pa t pale ou. *I warned him, if he doesn't listen, that's his problem.* M ba li pinga li, si l pa koute sa, se koze ki gade l. *I warned her, now she's careful.* M ba l prigad, kounye a, li veye zo l. *They have always warned them in case something might happen.* Yo toujou mete yo angad anka yon bagay ta pase. *I warned you, now I can't do anything for you.* M te pale ou, kounye a m pa ka fè anyen pou ou. *They warned us not to go out.* Yo prevni nou pou n pa pran lari. **2**[*threat*] menase *John warned her that he was leaving her.* Jan menase fi a l ap kite l.

warning *n.* avètisman, mizangad, piga, prigad •**advance warning** avètisman, preyavi

warped *adj.* bankal, kwochi *The car drove on the corrugated-iron, it has become all warped.* Machin nan pase sou tòl la, li tou vin bankal.

warplane *n.* avyon konba

warrant *n.* manda *We have a warrant for your arrest.* Nou gen manda pou n arete

ou. •**arrest warrant** manda darè. •**search warrant** kat blanch, manda pèkizisyon

warranty *n.* garanti *They gave me a five-year warranty on my new car.* Yo ban m garanti senk an sou machin nan. •**have a warranty on** gen garanti sou *We have a three-year warranty on the new fridge.* Nou gen garanti twa lane sou frijidè a.

warrior *n.* gèrye

warship *n.* bato de{gè/lagè}

wart *n.* bouton chen, siy, veri, zanpoud

wartime *n.* {epòk/tan}lagè

wary *adj.* {kenbe/kondi}kiyè li kout, mache sou{piga/ prigad}li, veyatif *One has to be wary because insecurity is rampant in the country.* Nèg oblije veyatif paske ensekirite a fò nan peyi a. *The girl is always wary with men she doesn't know.* Fi sa a toujou kenbe kiyè l kout ak gason li pa konnen. *You have to be wary when you deal with evil people.* Mache sou piga ou kout lè w ap manje ak djab.

wash¹ *n.* **1**[*gen.*] lave *The car needs a good wash.* Machin lan merite yon bon lave. **2**[*laundry*] lesiv •**give a quick wash** andoye *I'm giving the child a quick wash because I don't have tie to bathe her.* M andoye pitit la paske m pa gen tan pou benyen l.

wash² *v.tr.* **1**[*gen.*] lave, netwaye, pwòpte *That shirt can't be washed. It'll have to be dry cleaned.* Chemiz sa a pa ka lave, se nan dray pou l ale. *I'm going to wash the chicken with a lot of sour oranges and lemons.* M pral netwaye poul la ak bonjan zoranj si epi sitwon. *Did you wash the child yet?* Èske ou pwòpte pitit la deja? **2**[*a wound*] tanponnen *The nurse washed the wound, then she dressed it.* Mis la tanponnen maleng nan, enpi l panse l. **3**[*clean oneself*] fè twalèt li, lave *Wash before you go to bed.* Fè twalèt ou anvan ou al kouche. *Did you wash behind your ears?* Ou lave dèyè zòrèy ou? •**wash away** bote, lave *The flood washed away a lot of houses.* Dlo a bote yon bann kay. •**wash dishes** lave vesèl *Go wash the dishes.* Al lave vesèl yo. •**wash down** fè desann *Wash it down with a swallow of water.* Fè l desann ak yon gòje dlo. •**wash lightly** rense *This sheet is not very dirty, just wash it lightly for me.* Dra sa a pa sal anpil, annik rense li pou mwen. •**wash off one's face** debabouye *Wash off* the child's face, her face is covered with food. Debabouye figi pitit la, li sal ak manje. •**wash over** moute *The sea washed over the pier.* Lanmè a moute sou waf la. •**wash poorly** chòkò, sosola *The washerwoman washed the clothes poorly.* Lesivyè a chòkò rad yo. •**wash superficially** fwote *That clothing was washed superficially, can't you see how it's still dirty.* Rad sa a se fwote ou fwote l, ou pa wè ki jan l sal toujou. •**wash the pubic region** [*esp. women*] fè twalèt deba li *Go wash your private area so you can change your panties.* Al fè twalèt deba ou pou sa chanje kilòt ou. •**wash up** *a*[*clean o.s.*] fè twalèt *Let me wash up so I can get dressed.* Kite m fè twalèt mwen pou mwen sa abiye. *b*[*on the beach*] ateri, echwe *We found some dead fish that had washed up on the seashore.* Nou jwenn pwason mouri k ateri bò lanmè a. *A large fish washed up on the beach.* Yon gwo pwason echwe bò lanmè a. *c*[*come up onto the shore*] ateri •**wash with hot water** chode *Wash the bottle with hot water in order to remove the odor of the medicine.* Chode boutèy la pou sant medikaman an soti. •**wash with soap** savonnen *Wash your head with soap.* Savonnen tèt ou. •**badly washed** rabi *The shirt is badly washed.* Chemiz la rabi.

washable *adj.* netwayab *These clothes are washable.* Rad sa a netwayab.

washbasin *n.* kivèt, lavabo

washboard *n.* planch (a) lave

washbowl *n.* lavabo

washcloth *n.* debabouyèt, sèvyèt babouyèt

washday *n.* jou lesiv

washed *adj.* lave •**washed out** delave •**washed up** bannann, boule, fri, kata, koyibe *You're washed up! You got a zero on the exam!* Ou bannann! Ou fè zewo pou egzamen an! *You're washed up, there's no one who can do anything for you.* Ou kata, pa gen moun ki ka fè anyen pou ou. •**completely washed up** bannann ak tout fisèl

washer[1] *n.* [*for a bolt*] viwòl, wondèl •**flat washer** wondèl plat •**bolt washer** wondèl fandi

washer[2] *n.* •**washer of corpses** benyè

washerwoman *n.* lavandyè, lesivyè

washhouse *n.* lesiv

washing *n.* **1**[*work of washing clothes*] blanchisay, lavay, lesiv, netwayaj *She does the washing every Friday.* Li fè lesiv chak vandredi. **2**[*dressing, etc.*] twalèt

washing machine *n.* machin a lave

washing powder *n.* fab, detèjan

washload *n.* lesiv

washrag *n.* debabouyèt, sèvyèt twalèt

washtub *n.* benywa *They put the clothes in a washtub.* Yo mete rad yo nan yon benywa.

wasp *n.* gèp, djèp •**digger wasp** gèp sab, kannari

waste[1] *n.* **1**[*squandering*] gaspiyay, pay *You're throwing away all that food? What a waste!* Tout manje sa ou ap jete! Se yon gaspiyay! *Look at that waste of food.* Gade pay manje bò isit. **2**[*rubbish*] fatra, merilan, rejè, tripay •**waste of time** charye dlo nan panyen banbou, lave men siye atè, tan ap pèdi *This job is a waste of time because it doesn't pay anything.* Travay sa a se charye dlo nan panyen banbou paske l pa peye ditou. *It's a waste of your time!* Tan ou ou ap pèdi! *It's a waste of time to go to school if you can't find a good job.* Se pèdi tan pou grenmesi, si yon moun al lekòl, ou pa ka jwenn yon bon djòb. *All we are doing here is a waste of time.* Tout sa n ap fè la se lave men siye atè. •**bodily waste** kabinè, matyè fekal, poupou, watè •**go to waste** gaspiye *You shouldn't let food go to waste like that.* Ou pa dwe kite manje gaspiye konsa. *He finished building a beautiful house, that house is still there going to waste.* Li fin bati yon bèl kay, kay la ret la ap gaspiye. •**toxic waste** fatra pwazon •**waste matter** dechè

waste[2] *v.tr.* fè{gagòt/gaspiyay}, gaspiye *Don't waste the water!* Pa gaspiye dlo a! *Don't waste your breath talking to her! She'll never listen to reason!* Pa gaspiye kouray ou al pale avè l! Li pa p janm koute. •**waste away** dekrennen, depafini *The woman is just wasting away.* Fi a rete la ap depafini. •**waste one's efforts** soufle nan banbou •**waste one's life** fè piyay, gache *She wastes her life.* Li gache lavi l. •**waste one's time** bay marengwen kwòk, peri tan li, tounen an won *You're wasting your time because he isn't worth anything.* Ou mèt bay marengwen kwòk paske li pa vo anyen. *That girl is wasting her time with that guy.* Fi sa se tan li l ap peri ak nèg sa. *They're doing nothing in the office, they're only wasting time.* Yo p ap fè anyen nan biwo a, se tounen y ap tounen an won sèlman. •**waste one's time doing sth.** charye dlo nan panyen banbou *This job is a waste of time because it doesn't pay anything.* Travay sa a se charye dlo nan panyen banbou paske l pa peye ditou. •**waste s.o.** vide yon moun atè •**waste time** bat ba, fè{epav/reta}, grapiyen, kalbende, mize, pèdi tan, ranse, vale van, woze zong *This young man is wasting his time while at the university.* Jenn gason an ap bat ba nan inivèsite a. *He does nothing but waste time, he sits around telling jokes all day long.* Li lage nan fè epav, li chita bay blag tout jounen. *Don't waste time on the way.* Pa fè reta nan wout la. *I won't waste my time waiting for him.* M p ap pèdi tan ap tann ni. *That girl is wasting her time with that guy.* Fi sa a se tan li l ap pèdi ak nèg sa. *Instead of wasting time, why don't you go study?* Olye w ap vale van, pou ki ou pa al etidye? *She sat around wasting time.* Li chita ap woze zong. •**waste time at school** chofe ban *All these students are wasting their time at school because they will not succeed.* Tout elèv sa yo vin chofe ban paske yo p ap pase. •**not have time to waste on s.o.** pa{sou/nan} lis yon moun *I have serious matters to deal with, I don't have time to waste on him.* M gen bagay serye pou mwen fè, li pa sou lis mwen. •**not to waste time** pa fè ni de ni twa *When he heard the shots, he didn't waste time, he ran.* Lè l tande tire a, li pa fè ni de ni twa, li kouri.

wasteful *adj.* fè gagòt, gaspiyè, pwodig *You're too wasteful!* Ou gaspiyè twòp! *People tend to be wasteful when they're rich.* Moun souvan gen tandans fè gagòt lè yo rich.

wastefulness *n.* gaspiyay

wastrel *n.* dejwe *This wastrel spends money like crazy.* Dejwe sa a depanse kon moun fou.

watch[1] *n.* lè, mont, vèy *She gave me a watch for my birthday.* Li fè m kado yon mont pou fèt mwen. *My watch stopped.* Lè m nan rete. •**watch pocket** bousèt, gousèt •**watch strap** braslè (pou mont •**rewind a watch** bay mont chenn *You need to wind your watch.* Fò ou bay mont ou an chenn.

watch[2] *n.* pye travay *The accident occurred on my watch.* Aksidan an rive m nan pye travay mwen. •**neighborhood watch group** brigad vijilans

watch[3] *v.tr.* **1**[*look at*] gade, gete *Watch how I do this so you can learn to do it yourself.* Gade ki jan m fè l, pou ou ka fè l ou menm. *He's not playing. He's just standing behind and watching.* Li pa p jwe, li kanpe dèyè l ap gade. *Quit watching me, you have your eyes on everything I do.* Ase gete m, je w ap veye tout sa m fè. **2**[*keep an eye out*] gade, veye, siveye, voye je *Watch the merchandise for me.* Gade machandiz yo pou mwen. *I'll watch the children so you can go out.* M a gade timoun yo pou ou ka sòti. *Watch the kids for me.* Voye je sou timoun yo pou mwen a. *Watch the child for me so it doesn't fall down.* Siveye pitit la pou mwen pou l pa tonbe. *Watch for anyone trying to get into the house.* Veye nenpòt moun k ap antre nan kay la. **3**[*pay attention to*] obsève, siveye *Watch what you say!* Siveye bouch ou! *Please watch your step when you get out.* Gade kote ou ap met pye ou lè ou ap soti. *We've been watching him for a long time, but he doesn't know that.* Nou gen lontan n ap obsève 1, men li pa konn sa. **4**[*be careful*] mezire{bouch/langaj/pawòl} li, modere, pran men li *Watch what you say.* Mezire pawòl k ap soti nan bouch ou. *Watch your behavior with me if you don't want me to slap you.* Pran men ou ak mwen si ou pa vle m ba ou yon domen. **5**[*look at a program*] suiv *Did you watch the news last night on TV?* Ou te suiv nouvèl nan televizyon yè swa? •**watch closely** siyale *I've been watching him closely in order to catch him red-handed.* M ap siyale l lontan pou m te ka bare l nan men. •**watch one's figure** fè laliy *She's watching her figure so she doesn't become misshapen.* L ap fè laliy pou l pa difòm. •**watch s.o. for a long time** fè lasisin yon moun *This thief has been watching you for a long time.* Sa fè lontan volè a ap fè lasisin ou la. •**watch the clock** veye lè *He's always watching the clock.* Li toujou ap veye lè.

watch out *interj.* adje dan! *Watch out! Don't walk in the street.* Adje dan! Pa mache nan lari a!.

watchband *n.* braslè (mont)

watchdog *n.* chen de gad

watchful *adj.* aktif, veyatif, vijilan *This watchful manager is checking all things.* Jeran veyatif sa a ap kontwole tout bagay. *If he weren't someone who is watchful, the child would have already died while she was under his care.* Si l pa t yon moun ki te vijilan pitit la mouri nan men l deja.

watchfulness *n.* siveyans, vijilans

watchmaker *n.* òloje

watchman *n.* gadyen, santinèl, siveyan, wachmann

watchtower *n.* (la)tou

watchword *n.* deviz

water[1] *n.* dlo. M pral nan dlo pou m benyen. •**water-based** *alo.* chikdlo •**water carrier** charyè dlo •**water gate** *n.* vàn •**water heater** *n.* chof ben •**water main** *n.* kannalizasyon •**water pipe** *n.* [*plumbing*] tiyo •**water supply connection** *n.* priz tiyo •**water purification** tretman dlo •**water table** *n.* nap dlo •**water tank** *n.* sitèn •**water tower** *n.* chato dlo, sitèn •**be in hot water** nan{dlo/problem/ti gode} *If you lose the key, you'll be in hot water.* Si ou pèdi kle a, ou ap nan poblèm. *Now you're in hot water because you spent so much money.* Kounye a ou nan ti gode poutèt ou gaspiyè twòp. •**contaminated water** dlo vidany •**Culligan® water** dlo Kiligann •**flowing water** dlo kouran •**fresh water** [*fresh*] dlo dous •**ground water** dlo anba tè •**holy water** dlo{benit/benediksyon} •**ice water** dlo glase •**lukewarm water** dlo lou •**mineral water** dlo mineral •**non-potable water** dlo{lou/kouran} •**polluted waste water** dlo vidany •**purified water** dlo distile •**river water** dlo kouran *In rivers water flows, but in lakes it's stagnant.* Nan larivyè ou jwenn dlo kouran men nan lak ou jwenn dlo k ap dòmi. •**salt water** dlo disèl •**salty water** [*not seawater*] dlo{sèl/sale} *I took a glass of water to drink, I realized it was salty water.* M pran yon vè dlo pou m bwè, m wè se yon dlo sale. •**soapy water** dlo savon •**soda water** soda •**spring water** dlo sous •**stagnant water** dlo{chita/dòmi/santi}, lagon *This stagnant water has been here for long time, why don't you make it flow out?* Dlo dòmi sa, pou dat li la, fè l koule non. •**tap water** dlo tiyo •**tonic water**

tonnik •**underground water** level nap dlo •**untreated water** vye dlo

water[2] **I** *v.tr.* [*irrigate*] wouze *We need to water the garden.* Fò n wouze jaden an. **II** *v.intr.* [*produce bodily fluid*] kouri dlo *When I cut onions, my eyes have to water.* Depi m ap koupe zonyon, fò je m kouri dlo. •**make one's mouth water** fè bouch yon moun fè dlo *This food makes my mouth water.* Manje sa a fè bouch mwen fè dlo.

water bug *n.* chikdlo

watercolor *n.* akwarèl

water lettuce *n.* [*floating plant*] salad dlo

water lily *n.* nenifa

watercress *n.* kreson

waterfall *n.* chit dlo, kaskad, katarak, so, sodo

waterfront *n.* bodmè, bòdlanmè

watergate *n.* eklich

watering *n.* wouzay •**watering hole** basen

waterline *n.* liy flotasyon

waterlogged *adj.* antranp

watermain *n.* kanalizasyon, manman tiyo

watermelon *n.* melon, melon dlo

waterproof *adj.* watèpouf *A waterproof raincoat.* Yon padesi watèpouf.

waterspout *n.* twonm

waterway *n.* kannal navigab

waterwood tree *n.* kachiman mawon

watery *adj.* dlo, dlololo *That merchant's milk is watery.* Lèt machann sa a dlo. *The soup is watery.* Soup la dlo/dlololo.

watt *n.* wat

wattle[1] *n.* [*under a bird's throat or chin*] mayòl klisad

wattle[2] *n.* [*construction material*] klisay •**wattle daub** masonn

wattle[3] *v.tr.* klise *They wattled a fence together with bamboo wood.* Yo klise yon kloti ak bwa banbou.

wattling *n.* ganiti, klisay

wave[1] *n.* **1**[*in the ocean*] lanm, vag *A wave knocked me over.* Yon lanm pran m voye m jete. *The waves are very high.* Vag yo wo. **2**[*radio*] onn, zòn **3**[*hair*] bouklay, mach eskalye •**finger waves** [*hairstyle*] vag •**permanent wave** [*hair*] pèmanant vag •**tidal wave** radmare

wave[2] *v.tr.* **1**[*with hands*] ajite men, flote, voye men *Who's that waving at us?* Ki moun sa a k ap voye men ban nou an? *She's waving* her hands so that her friends can see her. L ap ajite men l pou l ka fè zanmi l yo wè l. **2**[*move sth. in air*] souke *Wave the flag to encourage our team.* Souke drapo a pou n chofe ekip la. **3**[*move one's hand/sth. in one's hand as a signal*] voye men •**wave at s.o.** fè yon moun siy, souke men *The policeman waved to the cars to go on.* Jandam lan fè machin yo siy pase. •**wave to** voye{men bay yon moun/ yon kout chapo pou yon moun}

wavelength *n.* [*radio*] bann *Tune the radio on the FM wavelength.* Met radyo a sou bann FM. •**be on the same wavelength** sou menm bit ak yon moun *She and I are not on the same wave-length.* Mwen menm ak li pa sou menm bit.

waver *v.intr.***1**[*hesitate*] rete an balan, tange *Why are you wavering like that? You have to decide!* Pouki ou ap rete an balan konsa? Fo ou deside! *Make a firm decision; you can't waver like that.* Fè yon desizyon fèm; ou pa ka tange konsa. **2**[*teeter*] balanse, rete an balan *The way he's wavering on the board, he's going to fall!* Jan l ap balanse sou planch lan, li pral tonbe! **3**[*light*] fè moukmouk *The way the flame is wavering, it looks like it's going to go out.* Jan flanm nan ap fè moukmouk, sanble li pral etenn.

waviness *n.* [*hair*] bouklay

wavy *adj.* [*hair*] boukle, fè mach eskalye *His hair is wavy when he brushes it.* Cheve l fè mach eskalye lè l bwose l.

wax¹ *n.* lasi, si •**ear wax** kaka zòrèy

wax² *v.tr.* **1**[*gen.*] poli, sire *She waxed the floor well.* Li poli atè a byen. *Wax the string.* Sire fisèl la. **2**[*a car*] simonnis

way¹ *n.* **1**[*manner of doing things*] bagay, fason, jan, jwen, mannyè, metòd, mòd, mwayen, wout *This job is better in every way.* Travay sa a pi bon tout jan. *Show me the right way to do it.* Moutre m ki jan pou m fè l. *I have to find a way to pay the rent.* Fòk mwen jwenn yon fason pou m peye fèm kay la. *I can't find a way to repair the radio.* M pa ka jwenn jwen pou repare radyo a. *What a way to talk you've adopted!* Ki mòd pale sa a ou pran la! *I don't like the way you're talking to me.* M pa renmen mànyè ou pale ak mwen an. *She's like you in a number of ways.* Li sanble avè ou nan anpil bagay. *The current is strong,*

there's no way to cross. Dlo a fò, nanpwen mwayen pase. **2**[*power to dictate manner of doing things*] pouvwa *If I had my way, he'd be in jail now.* Si m te gen pouvwa, li t ap nan prizon konnye a. •**all the way** bounda ouvè *You can't hold back anything, you have to go all the way!* Ou pa ka rete anyen, fòk ou ale bounda ouvè! •**any way** toutjan •**any which way** adwat agòch, nenpòt (ki) jan *As soon as the police appeared they scattered any which way.* Lè lapolis parèt, yo gaye adwat agòch. •**be in a bad way** file yon move{fil/ koton/pant}, tonbe{sou lagraba/nan rara} •**be in the way** jennen pye yon moun •**be on one's way** chape *John won in the lottery, he's on his way.* Jan soti nan lotri, li chape. •**be on the way up** pèse •**be well on one's way to** sou lis *She's well on her way to failing the exam because she didn't study enough.* Li sou lis rate egzamen an paske l pa etidye ase. •**by the way** anpasan *By the way, I have something to tell you.* Anpasan, m gen yon bagay pou m di ou. •**customary way** pratik •**do things the wrong way** monte chwal malentespri *You never do anything right, you seem to always do things the wrong way.* Ou pa janm fè anyen pou l sot bon, ou gen lè monte chwal malentespri. •**do sth. the same way** fè menm jan *Do it the same way for me.* Fè l menm jan an pou mwen. •**every which way** tribòbabò •**give way** kraze *The truck was too heavy, and the bridge gave way.* Kamyon an te twò lou, pon an kraze avè l. *The chair gave way under his weight.* Chèz la kraze anba l; li twò lou. •**give way to anger** koute kòlè li *Don't give way to anger so you end up doing what you shouldn't.* Pa koute kòlè ou pou fè sa pou pa dwe fè. •**in a bad way** pa bon menm *She's in a bad way.* Manmzèl pa bon menm. •**in a confused way** lanvè {landwat/landrèt} *That fool does everything in a confused way.* Idyo sa a fè tout bagay lanvè landwat. •**in a mean way** jan...sinik *The mean way he's looking at us, it seems like he wants to harm us.* Jan misye ak gade nou sinik la, sanble l vle fè n mal. •**in such a way that** demànyè, yon fason *We're helping them in such a way that they learn to help themselves.* Nou ede yo demànyè pou yo aprann ede tèt yo. •**in that**

way an jwèt konsa, atòkonsa, konsa *In that way, we aren't doing anything.* An jwèt konsa, nou p ap regle anyen. •**in the middle of the way** oubout •**in the same way** demenm, parèyman •**no way** adjewidan, bichi, se swa janmen, won bèbè *Go buy the sugar right now! —No way!* Ale achte sik la tousuit! —Adjewidan! *Kneeling in front of someone, no way!* Zafè mete ajnou douvan moun nan, se swa janmen! •**one way or another** karebare, tèl jan fè tèl mannyè, tout jan tout mannyè, yon jan yon mannyè *One way or another I'm the one who must do the work.* Karebare fòk se mwen ki pou fè travay la. *Manage to resolve the problem one way or another.* Degaje ou fè tout jan tout mànyè pou rezoud pwoblèm nan. *One way or another, you should have tried to see me before making that decision.* Tèl jan fè tèl mannyè, ou ta chache wè m anvan ou pran desizyon sa a. •**take a roundabout way** chankre, fè{chemen/wout}kwochi •**the proper way** lamannyè *The way you do it's not the proper way.* Fason ou fè li a se pa lamannyè non. •**the right way** [*clothing*] alandwa *He can't put his clothes on the right way.* Li pa ka mete rad li alandwa. •**the same way** menmman, parèy, parèyman *Do the rest of the work the same way.* Fè rès travay la menmman. *Hire her and see what happens, she'll do it exactly the same way.* Ba l djòb la pou wè, l ap fè parèy. *He acted the same way.* Li aji parèyman. •**the way one does sth.** nan sans *The way you are talking, you're attacking us.* Nan sans ou pale a, ou atake nou. •**the way one likes it** nan gou li *The seamstress made the dress just the way I like it.* Koutiryè a fè rad la nan gou m. •**there's no way out** se pa vini ou ki pou sove ou *Since you're dealing with con artists, there's no way not to be fooled.* Depi ou annafè ak bakoulou, se pa vini ou ki pou sove ou. •**this way** konsa •**this way and that** bò isit bò{laba/lòtbò} •**under way** sou pye *The work gets under way today.* Travay la sou pye jodi a. •**mysterious ways** mistè •**tricky ways used to obtain one's goal** mannigans

way² *n.* **1**[*road, path*] chemen, wout **2**[*direction*] ale, chemen, direksyon, jan, la a, pasay, vwa, wout *Do you know the way?* Ou konn wout la? *This is the shortest way*

to get to town. Se wout sa a ki pi kout pou ou al lavil. *Is this the way to the seashore?* Se wout sa a k al bò lanmè a? *She went that way.* Li fè wout sa a. *What way should I take?* Ki direksyon pou m pran? *There are a number of ways to go there.* Gen yon bann jan ou ka al la. *Who's that coming this way?* Ki moun sa a k ap vin la a? **2**[*distance to reach a place*] wout *You walked all that way?* Ou fè tout wout sa a? **3**[*on the move*] nan wout *They should be on their way back now.* Fò yo nan wout ap tounen konnye a. **4**[*space*] wout *Get out of the way.* Retire kò ou nan wout la. *What are those chairs doing in the way?* Sa chèy sa yo ap fè nan wout la? •**way back** *a*[*time*] lontan (lontan) *That happened way back.* Sa fèt lontan lontan. *We're friends from way back.* Nou gen lontan n zanmi. *b*[*space*] jis dèyè *He always sits way back in the movie theater.* Li toujou chita jis dèyè nan sinema a. •**way behind** an reta anpil *I'm running way behind.* M an reta anpil. •**way out** asòti de *There is no way out of it.* Pa gen asòti de la. •**way over there** oubout *Given where the store is way over there, we aren't about to get there soon.* Kote magazen an ye jis oubout la, nou poko ap rive. •**all the way to** [*spatial*] jis •**get in the way** jennen *You're in my way.* Ou jennen m. •**get out of the way** bay lè li la, dekanpe li, mache pòs li, rale kò li, {rete/renka}kò li *Get out of the way so people can get by.* Bay lè ou la pou moun pase. *You're blocking the road, get out of the way.* Ou bloke wout la, dekanpe ou la. *Get out of my way!* Wete kò ou devan m la! •**go all the way to** ale pou *He went all the way to Jérémie.* Li ale pou Jeremi. •**go on one's way** {ale/ pati}fè wout li *They may go their way.* Yo mèt al fè wout yo. *They took the money, and then they went on their way.* Yo pran kòb la epi y ale fè wout yo. •**go one's way** ale fè wout li *They may go their way.* Yo mèt al fè wout yo. •**long way** lwen *The town is a long way from here.* Vil la lwen isit la. •**make way** bay plas pou yon moun, debleye chemen an *Make way for the convoy.* Debleye chemen an pou konvwa a. *He retired in order to make way for me.* Li pran pansyon pou l ka ban m plas la. •**on its way to being sold** sou lavant *The house is on its way to being sold.* Kay la sou lavant. •**on the way back** an retounan (li) *I'm on my way to school, it's on the way back that I will mail the letter.* M pral lekòl la, se an retounan m a depoze lèt la. •**on the way to** an patan *On the way to Cape Haitian, he stopped for food in Gonaïves.* An patan l pou Okap, li fè yon kanpe manje Gonayiv. •**on the way up** an montan li *On your way up, give John this money for me.* An montan ou, bay Jan kòb sa a pou mwen. •**shortcut way** wout bretèl •**wrong way a**[*front to back*] devan dèyè **b**[*inside out*] lanvè landrèt

wayfarer *n.* pwonmnè, vwayajè

waylay *v.tr.* anbiske, poze biskad *The robbers waylaid me in the wood.* Volè yo anbiske m nan bwa a.

wayside *n.* bò wout la

wayward *adj.* enkoutan, manfouben

we *pro.* n(ou) *Hurry up! We're late!* Fè prese! N an reta! *We're OK.* Nou la.

weak *adj.* **1**[*without strength*] an kalalou, demanbre, fèb, febli, frèl, moli, palichon, pay, payaya, tòltòl *The child is weak, she doesn't eat well.* Pitit la fèb, li pa byen manje. *This man is weak, he can't hold himself up, so weak is he.* Misye an kalalou la, li pa fouti kenbe kò l tèlman li mèg. *He's very weak after the sickness.* Li demanbre apre maladi a. *He has lost too many nights' sleep, he's weak.* Msye pèdi nwit twòp, li febli. *That small child is very weak, she's as light as a feather.* Ti pitit sa a frèl anpil, li fay kou plim. *Now he's weak, any child can beat him up.* Kounye a li moli, nenpòt ti moun ap bat li. *A weak child.* Yon timoun palichon. *The child is weak, she doesn't seem to eat enough.* Pitit la pay, li gen lè pa manje. *The illness makes her weak.* Maladi a fè l payaya.. *The illness made her really weak.* Maladi a rann li tòltòl nèt. *That guy is weakening; he can't run anymore.* Nèg la koumanse febli; li pa ka kouri ankò. **2**[*not decisive*] kremòl, mou *You're too weak; you can't refuse anything.* Ou mou twòp; ou pa kap refize anyen. **3**[*unwell*] ba *I feel weak today.* M santi m ba jodi a. **4**[*containing a lot of water*] klè *The coffee is weak.* Kafe a klè. •**weak and indecisive person** azoumounou •**weak or flabby person** labouyi •**weak person** kò likid *Someone as weak as you can't carry the plates.* Kò likid tankou ou, ou pa ka pote asyèt yo. •**become weak** febli, tonbe feblès •**make weaker** fè l vin pi fèb *The disease has weakened him.* Maladi a fè l vin pi fèb. •**very weak** [*from hunger*] faya *Send me to get a bite to eat, I'm weak from hunger.* Voye m al pran yon ti manje, m faya.

weak-kneed *adj.* anbalan, kò likid

weak-minded *adj.* tèt gaye

weak-willed *adj.* tèt fèb

weaken *v.tr.* delala, demanbre, depatcha, deplimen, febli, minen, toufounen, toupizi *The fever weakened the child.* Lafyèv la demanbre pitit la nèt. *The illness completely weakened him.* Maladi a depatcha li nèt. *The illness weakened him.* Maladi a deplimen l nèt. *Hard work and drinking booze weakens people.* Travay di ak bwè tafya febli moun. *The fever is weakening him.* Lafyèb la ap toufounen l. *The illness weakened him completely.* Maladi a toupizi l nèt.

weakened *adj.* demèfle, moli, petri •**be weakened by misery** petri *She's so weakened by misery, she cannot fight with life any more.* Li fin petri anba mizè, li pa ka goumen ak lavi ankò.

weakening *n.* feblisman *The sickness causes his weakening.* Maladi a koze afeblisman l.

weakling *n.* fèblès, san nanm, tisoufri, zobogi *You're a weakling!* Feblès ou ye! *Look at that weakling who thinks he can fight that big guy!* Gade yon ti soufri ki konprann li ka goumen ak gwo nèg sa a! *That weakling can't lift that big load.* Moun san nanm sa a pa ka leve gwo chay sa a. •**weakling like a woman** fanmòt

weakly *adv.* san fòs

weakness *n.* **1**[*lack of strength*] fèblès, kò kraz(e) *A feeling of weakness came over them.* Te gen yon fèblès ki pran yo. **2**[*fault in character*] defo, pwen fèb *Gambling is his only weakness.* Sèl defo l se jwèt aza. *Don't take advantage of his weaknesses.* Pa touche l nan pwen fèb li.

wealth *n.* abondans, byen, fòtin, opilans, richès *These houses represent a lot of wealth.* Kay sa yo se yon pakèt richès. *He has enormous wealth.* Li gen yon bann byen. •**man of wealth or of means** grannèg

wealthy *adj.* opilan, rich *There are a lot of wealthy people in this town.* Chaje moun rich nan vil sa a. •**wealthy and respected family** gran fanmi •**wealthy person** boujwa, gwomoun *He's a wealthy man, he has a nice life.* Li se gwomoun, lavi a dous pou li. •**very wealthy** chaje (ak) byen *Those people are very wealthy.* Moun sa yo chaje byen.

wean *v.tr.* sevre *She hasn't been weaned yet.* Li po ko sevre. *She weaned the child.* Li sevre pitit la.

weaning *n.* sevraj

weapon *n.* zam *They have a lot of weapons.* Yo chaje zam. •**dangerous weapon** zam fann fwa •**homemade weapon** zam kreyòl

wear[1] *v.tr.* 1[*clothes*] gen rad sou li, met(e), pote *What are you wearing to the party?* Ki sa ou ap mete pou ou al nan tèt la? *Wear a hat.* Mete yon chapo nan tèt ou. *You're wearing a beautiful dress.* Ou pote yon bèl wòb. *He's wearing his good clothes.* Li gen bon rad sou li. 2[*glasses*] pote *She wears glasses.* Li pote vè. 3[*shoes, socks*] bate, chose *You're wearing tennis shoes?* Ou chose ak tennis? *What size shoe do you wear?* Konbyen ou chose? *Children wear shoes nowadays, they don't have to walk barefoot.* Timoun bate kounye a, yo pa nan mache pye atè. •**wear a hat** chapote li *Because of the sun, you should wear a hat.* Ak solèy cho sa, ou dwe chapote ou. •**wear a suit or jacket** kostime *You have to wear a nice suit to go to the wedding.* Fò ou byen kostime ou pou ou al nan maryaj la. •**wear a tie** kòlte *He wears a tie to teach.* Li kòlte pou l al fè kou. •**wear again** remete *She wore the same dress again to go to the party.* Li remete menm rad la pou l al nan fèt la. •**wear daily** drive *These are informal clothes that I can wear every day.* Sa se rad pou m drive. •**wear falsies** [*breast, buttocks*] boure *She wears falsies so that people will think she has big breasts.* Li boure pou moun ka panse li gen gwo tete. •**wear for the first time** frape *He's waiting for the day of his birthday to wear that new shirt for the first time.* L ap tann jou anivèsè l pou l frape chemiz nèf sa a. •**wear long stockings** bate •**wear one's hair in a bun** penyen chou *Magali wears her hair in a bun today.* Magali penyen chou jodi a. •**wear one's hair in pigtails** penyen de très *She wears her hair in pigtails.* Li penyen de très. •**wear or use for the first time** batize *Today I finally wore my new dress for the first time.* Jodi a m resi batize wòb nèf mwen an.

•**wear out** *a*[*things*] chire, fini nèt, ize, limen *You wear out shoes quickly.* Ou ize soulye vit. *Your pants are wearing out at the knees.* Pantalon ou limen nan jenou. *Kids wear out their clothes quickly.* Timoun chire rad vit. *The shoes have worn out.* Soulye a fini nèt. *b*[*sexually*] depatcha *He wore out the girl.* Li depatcha manmzèl. **wear perfume** losyonnen *I did not wear perfume yesterday.* Mwen pa t losyonnen ayè. •**worse for wear** ize

wear[2] *v.tr.* •**wear away** manje, minen *The sea is wearing away the road.* Lanmè a ap manje wout la. •**wear down** *a*[*person*] demonte biskèt, manje {gawa/nigrit}yon moun, minen *This hard job wore me down.* Travay di sa a demonte biskèt mwen. *The disease wore her down completely.* Maladi a fin manje gawa l. *The illness wore him down totally.* Maladi a fin minen msye. *Misery is wearing down the poor.* Lanmizè ap manje tout nigrit malere yo. *b*[*things*] manje, minen *The old roads have worn down my tires.* Vye wout yo fin manje kawotchou machin nan. •**wear off** efase *The paint wore off.* Penti a efase. •**wear out** depafini, delala, epize, ize, kraze kò li *He wore himself out working.* Li kraze kò l twòp nan travay. *It's hard work that wears him out like that.* Se travay di ki epize l konsa. *This sickness has worn me out completely.* Maladi a delala m nèt.

wearable *adj.* metab *You can wear this skirt.* Jip sa a metab.

weariness *n.* fatig

weary *adj.* akable, fatige *I feel weary.* M santi m akable. *Her brain is tired because she reads too much.* Sèvo li fatige paske li li twòp.

weasel[1] *n.* belèt

weasel[2] *v.intr.* •**weasel out of** [*an obligation*] krab kò li *The student weaseled out of doing his homework.* Elèv la ap krab kò li pou li pa fè devwa l yo.

weather[1] *n.* tan *How's the weather been?* Kouman tan an te ye? *We had nice weather.* Li te fè yon bèl tan. •**bad weather** move tan •**cold weather** fredite •**overcast, threatening weather** tan an bare {boude/ bouche/ bwouye/an demwazèl/kouvri/ mare (djòl li)/sal/sonm} •**rotten weather** vye tan •**severe weather** kout tan •**stormy**

weather move tan •**sunny weather** atak
solèy •**under the weather** pa santi byen *I'm feeling a bit under the weather.* M pa santi m byen.
weather² *v.intr.* tannen *His face is beginning to be weathered with advancing age.* Vizaj li koumanse tannen ak laj.
weather-proofing *n.* izolan
weathervane *n.* jiwèt, piwèt
weave¹ *n.* •**hair weave** fo cheve
weave² *v.tr.* tise, trese *She knows how to weave cloth.* Li konn tise twal. *He knows how to weave mats well.* Li konn trese nat byen.
•**weave in and out of traffic** pran yon linèt, trese *He was weaving in and out among the cars on his bicycle.* Li t ap trese sou bisiklèt la, pase nan mitan machin yo. *She hit the other car because she was weaving in and out of traffic.* Li frape lòt machin nan paske l t ap pran yon linèt.
weaver *n.* tisè
weaving *n.* tisay
web *n.* kwennda, twal •**web browser** navigatè •**spider web** {fil/twal}{arenyen/anasi}
web-footed *adj.* palmipèd
webfoot *n.* pye bate
wedding *n.* maryaj, nòs *I went to a wedding yesterday.* M t al nan yon nòs yè. *Did you see her wedding ring?* Ou te wè bag maryaj li a? •**have a church wedding** marye legliz *Rose-Laure wants to have a church wedding.* Wozlò vle marye legliz. •**have a civil wedding** pase ak sivil, plase papye •**monkey's wedding** djab ap bat madanm li
wedge¹ *n.* blòk, kal *They hold the car in place with a wedge.* Yo kore machin nan ak yon blòk. *Place a wedge under the foot of the table so that it stands straight.* Mete yon kal bò pye tab la pou l ka kanpe dwat.
wedge² *v.tr.* kore, mete yon kal *You have to wedge the door so it will stay open.* Fo ou kore pòt la pou li rete ouvè. *She wedged the table leg to hold it steady.* Li mete yon kal anba pye tab la pou kenbe li djanm.
Wednesday *prop.n.* mèkredi
wee-wee *n.* [*penis*] ti mizèrikòd
weed¹ *n.* move zèb, raje •**dill weed** lanni •**stinking weed** simenkontra
weed² *v.tr.* grate, sakle sekle *The field was just weeded.* Yo fenk sekle jaden an. *I'm*

only weeding the field. M ap senpman grate jaden an.
weeding *n.* seklaj
weeding-out *n.* fè yon balewouze *The new director did a weeding-out in the office.* Nouvo direktè a fè yon balewouze na biwo a.
weedkiller *n.* zèbisid
week *n.* (la)senmenn *He works five days a week.* Li travay senk jou pa semenn. •**a week** yon senmenn *He'll be here Sunday a week.* L ap lòt dimanch, nan yon semenn. •**last week** senmenn pase •**two weeks ago** senmenn pase anwo *It didn't happen last week, it happened two weeks ago.* Non se pa senmenn pase sa te rive, se senmenn pase anwo.
weekday *n.* (jou){lasemèn/ouvrab} *I get up at six a.m. on weekdays.* Lasemèn m leve a sizè.
weekend *n.* wikenn *Do you work weekends?* Ou travay le wikenn? •**lively weekend** wikenn bese leve *We look forward to a lively weekend.* Nou gen yon wikenn bese leve devan nou.
weekly *adv.* chak semenn *I get paid weekly.* Yo peye m chak semenn.
weenie *n.* ti koulout
weep *v.intr.* kriye, mete dlo atè, *What are you crying for?* Sa w a kriye a? *We hear the sound of weeping.* Nou tande bri dlo atè.
weeper *n.* •**chronic weeper** kriyadò
weeping willow tree *n.* sòl plerè
weeping *n.* kriye
weever *n.* [*fish*] viv
weevil *n.* charanson, podi •**banana weevil** tyogàn •**bean weevil** mit pwa •**boll weevil** bòlwivèl •**palm weevil** pwa wouj •**pepper weevil** podi piman •**sweet-potato weevil** kanson fè, ti nandeng
weigh I *v.tr.* [*scale, measure*] peze *I weighed myself this morning.* M peze maten an. *Please weigh this for me.* Peze sa a pou mwen.. **II** *v.intr.* [*have the stated weight*] peze *He weighs more than I do.* Li peze plis pase m. *I weigh one hundred thirty.* M peze san trant. *How much does it weigh?* Konbe l peze?. •**weigh a ton** pase yon pwa senkant *This table weighs a ton.* Tab sa a lou pase yon pwa senkant. •**weigh again** repeze *Weigh the coffee again.* Repeze kafe a. •**weigh anchor** derape *The boat is going to weigh anchor.* Batiman an pral derape. •**weigh out** peze *Weigh out {pounds of meat for me.* Peze senk liv vyann

pou mwen. •**weigh the pros and cons** balanse pou (li) wè *I am weighing the pros and cons to determine if I'll go to the party.* M ap balanse pou m wè si m pral nan fèt la. •**have sth. that weighs heavily on one's conscience** gen yon pwa lou sou lestomak li *He has something that weighs heavily on his conscience, he needs to confess it before he dies.* Li gen yon pwa lou sou lestomak li, li bezwen konfese anvan l mouri. •**weighed down** chaje{kou/kon}Legba

weight *n.* pwa, pèz •**weight lifting** altewofili •**heavy weight** pwa lou •**light weight** pwa leje •**middle weight** pwa mwayen •**net weight** pèz

weightlifter *n.* altewofil, ferayè

weighty *adj.* pwa senkant

weird *adj.* biza, dwòl *I feel weird.* M santi m yon jan dwòl. *What a weird guy, dude! He's talking to himself. It's a weird situation.* Sityasyon an dwòl. Ala nèg biza papa! L ap pale pou kont li. •**weird or funny person** rizib

weirdo *n.* biza, nimewo

welcome[1] *adj.* mèt *If you want it, you're welcome to it.* Si ou vle l, ou mèt pran l. *You're welcome to try if you want.* Si ou vle eseye, ou mèt eseye. •**you're welcome** deryen, ou merite sa, pa gen dekwa, pa gen pwoblèm, padkwa —*Thanks so much!* —*You're welcome!* —Mèsi anpil! —Pa (gen) dekwa! *Thank you very much!* —*You're welcome.* Mèsi anpil! —Pa gen pwoblèm.

welcome[2] *interj.* byenveni

welcome[3] *n.* akèy *They gave us a good welcome.* Yo te ban nou yon bèl akèy.

welcome[4] *v.tr.* akeyi, resevwa, swete yon moun labyenveni *She was at the airport to welcome me.* Li te vin akeyi m nan ayewopò. *We welcome you to our country.* Nou swete ou labyenveni nan peyi nou. •**welcome s.o. in one's home** bay yon moun dòmi *His house is so big, he easily can welcome people to his house.* Kay li gran, li ka ba moun yo dòmi alèz. •**welcome someone with open arms** {pran/resevwa} yon moun ak de{bra/men} *When I arrived at the village, they welcomed me with open arms.* Lè m rive nan bouk la, yo te resevwa mwen ak de bra. •**welcome sth.** anbrase

welcoming *adj.* akeyan

weld *v.tr.* soude *They welded the two pipes together.* Yo soude de fè tiyo yo ansanm. •**weld together** plonbe *He welded together the leg of the bed.* Li plonbe pye kabann nan.

welder *n.* soudè

welding *n.* soudi

welfare *n.* byen, byennèt, myezèt, wèlfè *It's for your own welfare.* Se pou byen nou.

well[1] *adv.* 1[*in a good way*] byen, danble, pwòp *Everything he does, he does it well.* Tout sa li fè, li fè l byen. *She doesn't do anything well.* Pa gen anyen l fè byen. *Beat the eggs well.* Bat ze a byen bat. *Pork should be well cooked.* Vyann kochon fèt pou byen kuit. *She's always very well-dressed.* Li toujou byen abiye. *He did the work well.* Li fè travay la danble. *The party went well.* Fèt la byen pase. 2[*quite a lot*] byen *He was well behind the others.* Li te byen lwen dèyè lòt yo. 3[*thoroughly*] byen *Wash your hands well before eating.* Lave men ou byen lave anvan ou manje. *I don't know her well.* M pa konnen l byen. *He's well aware that I don't have a job.* Li byen konnen m pa p travay. 4[*wisely/properly*] byen *You did well to tell him.* Ou byen fèt di l. •**well and clearly** nan bon ti mezi *The child told him the story well and clearly.* Timoun nan rakonte li istwa a nan bon ti mezi.. •**as well (as)** antwòt, enpi, kou, tou *The teacher wants to meet with the students as well as their parents.* Mèt la vle rankontre elèv yo, antwòt paran yo. *I brought your books and a couple of my own as well.* M pote liv ou yo, enpi kèk nan pa m yo tou. *She's smart as well as pretty.* Li pa sòt, enpi l bèl fi. *Why didn't you go as well?* Sa k fè ou pa t ale tou? *Women as well as men got right up.* Fanm kou gason leve kanpe. •**as well as can be expected** tan byen ke mal *She manages to live as well as can be expected with her meager income.* Li rive viv tan byen ke mal ak degaje a. •**do sth. quite well and fast** bay yon bagay sou de (ti) chèz *Rose-Laure is going to do the work quite well and fast for you.* Wozlò ap ba ou travay la sou de ti chèz. •**do sth. well** boule dous ak, fè{jèfò/yon bagay ak lafwa}, pote chay *He did the job well.* Misye boule dous ak travay la. •**do well and quickly** tape nan sòs, tete *She handed me in the work done well* *and quickly.* Li renmèt mwen travay la tape nan sòs. *The exam was so easy, I did it quickly and well.* Egzamen an te tèlman fasil, m tete l pop pop. •**do well for o.s.** fè jèfò, ak lavi li *He does well for himself.* L ap fè jèfò ak lavi a. •**do well with** pedale ak *He does well enough with the job, even if his income isn't great.* Misye ap pedale ak djòb la, menm si kòb la pa gwo. •**full well** byen pwòp *He knew full well that I was coming.* Li te konnen byen pwòp m t ap vini. •**get well** refè, reprann li, retabli •**just as well** parèy *He didn't make the team, but it's just as well.* Li pa fè ekip la, men se parèy. •**make well** refè *The medicine she's taking made her completely well.* Medikaman l ap pran yo refè l nèt. •**not so well** malman *We're not getting along that well.* N ap boule malman. •**perfectly well** fen e byen *She did the job perfectly well.* Li fè travay la fen e byen.

well² *interj.* avantay pa ou *Well, good for you! Your father's a minister.* Avantay pa ou! Papa ou minis.

well³ *n.* pi *We draw our water from a well.* Nou pran dlo nan pi. *They're digging a well.* Y ap fouye yon pi. •**well digger** fòselye •**artesian well** pi atezyen •**deep well** twouhing

well⁴ *v.tr.* •**well up 1**[*tears*] ponpe sòti *When she heard the story, tears welled up in her eyes.* Lè l tande koze a, dlo ponpe sot nan je l. **2**[*water*] ponpe, souse *There is water welling up under the house.* Gen dlo k ap souse anba kay la. *The way the water is welling up, it won't be long before it comes out.* Jan dlo a ap ponpe la, li pa lwen pou l vini.

well-anchored *adj.* daplon

well-appointed *adj.* byen ekipe

well-balanced *adj.* egal

well-behaved *adj.* byennelve, dosil, saj *Her children are very well-behaved.* Timoun li yo byennelve.

well-being *n.* byennèt, byennèz *It's because he wants your well-being that your father gives you advice.* Papa ou se byennèz ou li vle ki fè l ap ba ou konsèy.

well-bred *adj.* edike *He's well-bred, he knows how to behave in society.* Li edike, li konn kijan pou l konpòte l nan lasosyete.

well-built *adj.* **1**[*person*] anfòm, gen gabari gwozo, konstwi, madre *Jacques is well-built,*

he's not a small man. Jak gen gabari, se pa yon tikal gason. *This soldier is well-built.* Sòlda sa a gwozo. *All the men fell for Sandra, she's so well built.* Tout nèg tonbe pou Sandra tèlman l anfòm. **2**[*thing*] byen konstwi *This house is well-built.* Kay sa a byen konstwi.

well-cooked *adj.* konsonmen *Let the beans boil so that they are well-cooked.* Kite pwa a bouyi pou l byen konsonmen.

well-deserved *adj.* nan lye verite li

well-developed *adj.* [*person*] evolye *The girl is really well-developed for her age, look at how tall and big she is.* Tifi a evolye anpil, gad wotè l ak gwosè l.

well-done *adj.* **1**[*cooked thoroughly*] byen kuit *It should be well-done.* Fò l byen kuit. **2**[*Unspecified Sense*] byen fè(t), kuit

well-dressed *adj.* fre kou ze zwa, kòlte *I saw two well-dressed men at the party.* Mwen wè de nèg nan fèt la kòlte byen. Li fre kou ze zwa.

well-educated *adj.* fòme *It's a well-educated man that is speaking with you here.* Se yon nèg fòme k ap pale ak ou la.

well-fed *adj.* ayik *We are always well-fed at your mother's house.* Nou toujou manje jouk nou santi ayik bò lakay manman ou.

well-formed *adj.* byen elve, egal, ki gen bon elevasyon *Pierre's a well-formed guy, you don't have to worry about telling him anything.* Pyè se moun egal, ou pa bezwen pè pale nenpòt bagay avè l.

well-founded *adj.* byen fonde *Your reasons are not well-founded.* Rezon pa ou yo pa byen fonde.

well-heeled *adj.* alèz

well-hung *adj.* [*have a large penis*] byen manche

well-informed *adj.* [*person*] evolye *She's not a well-informed persons.* Li pa yon moun ki evolye menm,.

well-known *adj.* notwa, rekoni, repite, selèb *I'm not a well-known person.* Mwen pa moun ki rekoni.

well-made *adj.* byen fè(t) *This dress is well-made.* Wòb sa a byen fèt.

well-maintained *adj.* byen teni *You should keep the house well maintained.* Se pou byen teni kay la.

well-mannered *adj.* janti, onèt, sosyab *He's a well-mannered child.* Se yon timoun janti. *She's a well-mannered woman, she'll receive you properly.* Se moun onèt, l ap byen akeyi ou. *She's a well-mannered person.* Li yon moun ki sosyab anpil.

well-matched *adj.* se tonbe ak grengole *Those two friends are well-matched, they have the same faults.* De zanmi sa yo se tonbe ak grengole tank yo gen defo.

well-meaning *adj.* byen entansyone

well-off *adj.* alèz(kou blèz), an penpan, benyen nan lwil, byen(chita), chita sou chèz san pinèz, dòmi swa, eze, gen mwayen, gwo po, nan{byennèt li/bòl grès li/luil}, ou pik li *A poor guy like you can't live like kids from well-off families.* Pòv kon ou pa ka aji kou jenn jan gwo po yo. *Her family is well-off.* Fanmi l gen mwayen. *You are a well-off person.* Ou se yon moun alèz ki chita sou chèz san pinèz. *Her parents have a lot of money, she's well off.* Paran l gen anpil lajan, li alèz. *Having sold a lot of land, they are well-off.* Apre yo fin vann kont tè yo, yo byen chita. *These people are well-off.* Moun sa yo eze. *She's well-off, now she can buy what she wants.* Li sou pik li, konnye a li ka achte sa li vle. •**be very well-off** alèz, alèz ki chita sou chèz san pinèz, alèz kou blèz, an penpan, byen, chita, eze, nan byennèt li, nan luil, sou pik li, woule sou lò *They're well off.* Y ap woule sou lò. •**well-off person** byennere, byennerèz

well-read *adj.* letre

well-rounded *adj.* egal, ki gen bon elevasyon *Marie is very well-rounded, she gets along with everyone.* Mari se moun ki egal, li fè l avèk tout moun.

well-spoken *adj.* lang li rele pa l

well-suited *adj.* alawotè

well-to-do *adj.* gran fanmi *She was born in a well-to-do family, she's not used to being hungry.* Li fèt nan yon gran fanmi, li pa konn grangou. •**well-to-do person** goldenbè, gwo zouzoun, moun{debyen/ki byen}

wellspring *n.* rasin, sous

welt *n.* louk, plak •**form a welt** fè louk

were *v.intr.* •**as you were** [*mil.*] otan *As you were, soldiers!* Otan, sòlda!

werewolf *n.* lougawou, makanda, manjè timoun, move moun, movezè

Wesleyan *prop.n.* wesleyen

west *n.* alwès, kote solèy kouche a, lwès, solèy kouchan *The sun sets in the west.* Solèy la kouche a lwès. *Go west at the corner.* Fè alwès nan kafou a. *Her father lives in the west.* Papa l ap viv kote solèy kouche a.

West *prop.n.* •**the West** Oksidan

West Africa *prop.n.* Lafrik Ginen

West Indian *adj.* antiyè

West Indian *prop.n.* Antiyè

West Indian jacana *n.* zwazo lemò

West Indian killdeer *n.* [*bird*] kolye doub

West Indian senna *n.* [*plant*] danno

West Indies *prop.n.* Antiy, Zantiy

West Indies trema *n.* [*shrub or small tree*] mawo piman

western[1] *adj.* oksidantal, solèy kouchan •**western part of the country** zòn solèy kouchan

western[2] *n.* [*movie*] kòbòy *There's a western on tonight.* Gen on kòbòy aswè a.

westward *adj./adv.* bò kote lwès

wet[1] *adj.* imid, mouye *How did you get so wet?* Ki jan ou fè mouye konsa? *This floor is still wet.* Atè a imid toujou. •**wet and heavy** lou *The sand is wet and heavy, my feet are stuck.* Sab la lou, m pa fouti leve pye m. •**all wet** [*mistaken*] chire *If you're waiting for me to lose, you're all wet!* Si ou ap tann pou m pèdi, ou chire! •**get one's feet wet** mete pye li nan dlo •**soaking wet** mouye{kou kanna/tranp} *I'm soaking wet.* M mouye tranp.

wet[2] *v.tr.* mouye *Wet the cloth.* Mouye twal la. •**wet one's pants** mouye kanson li, swente *Look, you wet your pants, are you a baby?* Men ou mouye kanson ou nèt, se yon bebe ou ye? *He wet his pants.* Li swente nan slip li. •**wet the bed** pise nan kabann *She used to wet the bed.* Li te konn pise nan kabann.

wetland *n.* marekaj

whack[1] *n.* sapatonn, tap

whack[2] *v.tr.* koupe **whack**[2] *v.tr.* **1**[*hit*] fout yon kalòt, kase ren yon moun, koupe *They whacked him with a whip.* Yo koupe li yon kout fwèt. **2**[*kill, finish off*] kase ren yon moun, touye *She better watch what she says to those criminals or they'll whack her.* Se pou li veye sa li di chimè sa yo, osnon y ap kase ren li.

whack³ *onom.* [*sound of sudden blow*] boun, kaw, plaw, vap, vip, vrip, wanp vap *Whack! He punched George.* Vap! Li bay Jòj yon kou.

whale *n.* balèn, (la)balenn

whalebone *n.* balèn kòsèt

wharf *n.* abò, pò, waf

what¹ *indef.pro.* **1**[*gen.*] sa *I'll tell you what to do.* M a di ou sa pou ou fè. *I always do what the doctor tells me.* M toujou fè sa doktè a di m. *She didn't tell me what she was doing.* Li pa t di m ki sa l t ap fè. *We really appreciate what you did for us.* Nou kontan anpil sa ou fè pou nou an. *Look at what I bought!* Gade sa m achte! *What bothers me is how they're going to pay for it.* Sa m ap mande, se kouman y ap fè pou yo peye. *If we're late, what does it matter?* Si n an reta, sa sa fè? *That's what I want.* Se sa a m vle. **2**[*judgment, opinion*] ala, a, adye, anye, ki *What a life!* Ala de lavi! *What a beautiful house!* Ala yon bèl kay! *What a to-do!* Ala de koze! *What a bargain!* Ala yon bon afè! *He was walking around naked! What a sight!* Mesye a ap mache toutouni! Ala kote moun wè! *A pity! This nice child is handicapped.* Adye! Bèl pitit sa a donmaje. *I don't know what time it is.* M pa konnen ki lè li ye. **3**[*surprise*] ki *What a story! I'm shocked!* Ki bagay! M sezi. •**what with** ak *What with this traffic jam, we'll be lucky to get there before sundown.* Ak kalite blokis sa a, se gwo chans si n rive anvan solèy kouche. •**about what** osijè *You didn't tell me anything about what we had talked about.* Ou pa di m anyen osijè de sa n te pale a. •**so what** {bounda/dada}nini, ki{mèl/mele}li (ak), kilakyèl, sa k te gen tan gen la, sa sa fè, zafè *So what if he doesn't come?* Sa sa fè si l pa vini? *So what if he speaks ill of people, I don't care!* Menm si l ap pale mal, ki mele m ak sa! *You aren't pleased, so what!* Ou pa kontan, kilakyèl! *We are happy that we found a good job —So what!* Nou kontan nou jwenn yon bèl djòb — Sa k te gen tan gen la! *If you talk back to me, I'll fire you. —So what!* Si ou pale avè m, m revoke ou. —Zafè! •**that's what you are** kevouzèt *Shameless, that's what you are.* Vakabon, kevouzèt.

what² *interrog.pro.* **1**[*direct questions*] (ki) sa *What did you say?* Ki sa ou di? *You did what?* Sa ou fè? *What are you holding in your hand?* Sa k nan men ou lan? *What did you say when*

she came in? Ki sa ou di lè l antre a? *What is she bringing us?* Sa l pote pou nou? *What was she wearing?* Ki sa li pote? *Turn off the TV —What?* Fèmen televizyon an –Ki sa? **2**[*specific questions*] ki, ki jan, kilakyèl *What color are her eyes?* Ki koulè je li ye? *What's he like?* Ki jan li ye? *What type of person is her father?* Ki jan de moun papa l ye? *What shoes did you give me?* Kilakyèl de soulye ou te ban m? •**what for** pou ki sa *What's that for?* Pou ki sa sa a? —*I need to go to town. —What for?* —M bezwen al lavil. —Pou ki sa? •**what's going on** sa k{gen nan lòj/pase} *What's going on? I haven't seen you in a while.* Sa k gen nan lòj? Sa fè kèk tan depi m pa wè ou. •**what's happening** ki nyouz •**what's new with you** ban m boula ou •**what time is it** ki lè{l fè/li ye}? •**what's the (big) idea** ki dwa li, sa k genyen *What's the big idea telling my mom I didn't go to school today?* Ki dwa ou pou ou al di manman m m pa t al lekòl jodi a? *What's the big idea of calling me so late?* Sa k genyen ou rele m ta konsa? •**what's the use/the point** a kwa bon *What's the point of lying about me?* A kwa bon pou fè manti sou mwen? •**what's up** sa k pase *What's up, man? I haven't seen you for a while.* Sa k pase papa? Kèk jou m pa wè ou. •**what's wrong with s.o.** sa youn moun genyen *What's wrong with them?* Sa yo genyen? •**What's your name?** Ki jan ou rele, Ki non ou? •**at what time?** (a) kil è *You got up at what time?* A ki lè ou leve?

what³ *interj.* ala, en, ki(sa) *Huh, what are you saying? Speak up, I can't hear you.* En, sa ou di? Pale pi fò, m pa tande ou. *What! She's asking one hundred gourdes for that little dress?* Ki sa! Li mande san goud pou ti wòb sa a?

what-do-you-call-it (**whatchamacallit**) *n.* bagay

what-for *n.* konn ki sa yon moun peze *If you keep bothering me, I'll give you what-for.* Si w ap anmède m, w ap resi konn ki sa m peze.

what's-her/his-name *pro.* choz, kisasa, kisakwèt, kouman l rele a *I called what's her name.* Mwen rele kisasa.

what's-his-face *n.* choz

whatever¹ *adj.* kèlkeswa, kèlkonk *Whatever problems you have, we can take care of them.* Kèlkeswa pwoblèm ou genyen, nou kapab regle yo.

whatever² *pro.* nenpòt (sa) *He'll eat whatever you put on the table.* L ap manje nenpòt sa ou met sou tab la. *Whatever I do, he always has something to say about it.* Nenpòt sa m fè, li toujou jwenn yon bagay pou l di. —*Do you want a spoon or a fork?* —*Whatever.* —Ou vle yon kiyè osnon yon fouchèt? —Nenpòt! *Whatever you buy, I'll pay it for you.* Nenpòt sa ou achte, m ap peye l pou ou. •**whatever it takes** touye de vivan leve yon mò *Whatever it takes to save her life, there's no problem.* Si se pou n touye de vivan leve yon mò pou n sove lavi li, pa gen pwoblèm. •**whatever may be** kèlkeswa •**do whatever you can** mèt Jan Jak *Do whatever you can to get out of that situation.* Degaje ou kon mèt Jan Jak pou soti nan sitiyasyon an.

whatever³ *interj.* zafè

whatsoever *adv.* anyen, okenn *I didn't find anything whatsoever that interested me.* M pa jwenn anyen menm k enterese m. *I have no reason whatsoever to tell her about this.* M pa gen okenn rezon pou m di l sa.

wheat *n.* ble •**Bulgar wheat** boulga

wheedle *v.tr.* andyoze, anmadwe, kajole, lolo yon moun, pete *I wheedled him into saying yes.* M lolo l, m fè l di wi. *I'm going to wheedle some money out of my father.* M pral pete papa m pou l ba m yon ti kòb. •**wheedle sth. out of s.o.** bay yon moun Bondye san{konfese/konfesyon}

wheel¹ *n.* wou •**big wheel**[*fig.*] manitou •**small wheel** [*for pastry, sewing, etc.*] woulèt

wheel² *v.intr.* •**wheel about** tounwaye *He made the kite wheel about in the sky.* Li fè kap la tounwaye nan syèl la.

wheelbarrow *n.* bourèt •**wheelbarrow pusher** bouretye

wheelchair *n.* chèz woulan(t)

wheeler-dealer *n.* **1**[*gen.*]aferis, brasèdafè, chèfdòkès **2**[*often corrupt*] granmanjè *There are a lot of corrupt wheeler-dealers in the new government.* Gen anpil granmanjè nan nouvo gouvènman sa a.

wheeze¹ *n.* ral

wheeze² *v.intr.* esoufle, gen yon ral *The child wheezes, you have to check whether she has asthma.* Pitit la gen yon ral, fòk ou gade si l pa fè opresyon.

wheezing *n.* ral

whelp *v.intr.* met(e) ba/medba, miba *The cat whelped.* Chat la miba.

when¹ *adv.* (a)ki{lè/lò}, ditan, {jis/jous}ki lè, kou *When did you get up this morning?* A ki lè ou leve maten an? *Do you know when she gets back?* Ou konn ki lè l ap tounen? *When her father was alive, she was well off.* Ditan papa l, li te alèz. *When will war stop on Earth?* Jous ki lè lagè va fini sou latè? •**until when** {jis/jous}ki lè *Until when should I wait for you?* Jis ki lè pou m ret tann ou?

when² *conj.* kan, kòm, kou, lè, lò, tan *When I was going into the room, she was coming out.* Kòm m t ap antre nan chanm nan, li sòti. *When you're ready, let me know.* Kan ou pare, fè m konnen. *When you finish, call me, okay?* Kou ou fini, ou a rele m, tande? *Let me know when you finish.* Fè m konnen lè ou fini. *When I see her, I'll tell her that.* Lò m va wè li, m va di l sa.

when³ *pro.* ki lè *Since when have you been playing soccer?* Depi ki lè ou ap jwe foutbòl?

whenever *adv.* chak lè, depi, nenpòt (ki) lè *Whenever I go there, I always find her working.* Nenpòt lè m ale, m toujou jwenn li ap travay. *Whenever you have time, stop by and see me.* Nenpòt lè ou gen yon ti tan, pase kote m. *Watch him whenever he comes in the store.* Depi l antre nan magazen an, veye l. *Whenever the dog sees me, he wags his tail.* Chak lè chen an wè m, li souke ke l.

where *adv.*(ki) kote *Where do you work?* Ki kote ou ap travay? *Where does he come from?* Kote l soti? *Where are they going?* Kote yo pral la a? *She went through a lot to get where she is today.* Li pase anpil anvan l rive kote l ye a. •**where are you from** (ki) kote ou moun •**exactly where** nan ki lye *Exactly where did you buy this medicine?* Nan ki lye ou te al achte remèd sa a?

whereabouts *n.pl.* ki kote yon moun ye

whereas *conj.* alòke, tandiske *You dawdled on the way whereas I told you not to delay.* Ou mize kont ou nan wout alòke m te di ou pa fè reta.

whereby *conj.* konsa, kijan

whereupon *adv.* ki fè, la tou *She said she needed me, whereupon I went to see her.* Li di l bezwen m, la tou m al kote l.

wherever *adv.* (nenpòt) (ki) kote, tout kote *Wherever I go, I see him.* Tout kote m pase, m wè l. *I sit wherever I want.* M chita kote m vle. *Wherever you wish to go, I'll send you.* Nenpòt ki kote ou vle ale, m ap voye ou.

wherewithal *n.* dekwa, fakilte, mwayen, repondong

whet *v.tr.* •**whet one's appetite** bay bouch gou *The smell of the food is so good, it whets one's appetite.* Sant manje a tèlman bon, li bay bouch gou.

whether *conj.* keseswa, kit…kit, si *He doesn't know whether he should go out or stay home.* Li pa konn si pou l soti oswa si pou l rete lakay. *Tell me whether it's worth the money.* Di m si li vo kòb la, osnon si l pa vo li. *You must go, whether she wants you to or not.* Fò ou ale, kit li vle, kit li pa vle. •**whether it be…or…** ke…se… *Whether it's Jack or Peter, they're both guilty.* Ke se Jak ke se Pyè, yo tou de antò. •**whether…or not** ke…ke…, te mèt… te mèt… *Whether or not the road is good, I have to travel this evening.* Ke wout la bon ke l pa bon, fò m vwayaje aswè a. *Whether he comes or not, it doesn't make any difference.* Li te mèt vini, li te mèt pa vini, se menm penpenp lan. •**whether…or whether** kit… kit *Whether you want to or whether you don't want to, you have to pay taxes.* Kit ou vle, kit ou pa vle, fò ou peye taks. •**whether…or** ke…ke, kit…kit, swa…swa *Whether you leave or stay, it doesn't matter to me.* Ke ou pati ke ou rete, sa pa deranje m. *Whether you want to or whether you don't want to, you have to pay taxes.* Kit ou vle, kit ou pa vle, fò ou peye taks.

whetstone *n.* lim, mèl, pyè

whey *n.* fwomaj dlo

which¹ *adj.* ki, kilakèl, kilès *Which team is leading?* Ki ekip ki devan? *Which oil do you need?* Ki lwil ou bezwen? *I can't tell which of your two children is taller.* M pa ka distenge kilès ki pi gran nan de timoun ou yo. *Which of the shirts do you prefer?* Kilès nan chemiz yo ou pi renmen? *I don't know which person was doing the work.* M pa konnen kilès moun ki t ap fè travay kilakyèl de. *Which clothes are you talking about?* Kilakèl de rad w ap pale la a? •**which is** ki se *Haiti has a nickname, which is 'Toma'.* Ayiti genyen yon siyati kise

'Toma'. •**which you are** kevouzèt *Shameless, that's what you are.* Vakabon, kevouzèt.

which² *rel.pro.* **1**[zero] *This car, which I just bought last week, is already giving me a lot of problems.* Machin sa a, m achte l semenn pase a, li gen tan ap ban m yon pakèt poblèm. **2** sa *I ate, after which I went out.* M manje, enpi apre sa m soti.

whichever *adj.* kèlkelanswa, kèlkeswa, nenpòt *Whichever movie you want to see is fine with me.* Nenpòt fim ou vle wè, m pa gen poblèm. *It's the same distance whichever road you take.* Se menm distans lan, kèlkelanswa wout ou pran an.

whiff *n.* ti {odè/sant}

while¹ *conj.* antan, atò, dirantan, entèval tan, etan, lè, pandan, pannan, tan, tandiske, tank…tank *While you were away, I fixed the car.* Pannan ou pa t la a, m ranje machin lan. *She called while we were eating.* Li rele etan n ap manje. *While he was speaking on the phone, he was watching a game.* Dirantan l ap pale nan telefòn nan, l ap swiv yon match. *Wait for me there, while you are eating, I'll have time to come back.* Tann mwen la, nan entèval tan w ap manje a, m ap gen tan tounen. *The robber watched while the people slept.* Vòlè a veye, antan moun yo ap dòmi. *You shouldn't sing while you're eating.* Ou pa fèt pou chante pannan w ap manje. *She's making food while they're washing up.* L ap fè manje a tan y ap lave. *You keep blabbering while he's making money at your expense.* Ou chita ap pale tandiske msye ap fè lajan sou tèt ou. *While he's eating, he's telling jokes.* Tank l ap manje, tank l ap bay odyans. •**while getting out of** [a car] an desandan li *I saw her arriving when I was getting out of the car.* An desandan m nan machin nan, m wè l ap vini.

while² *n.* bon (ti) (bou) tan, bon ti moman *She was with him for quite a while.* Li fè yon bon ti bout tan avè l. *We arrived a little while ago.* Nou rive yon bon ti moman. *It's been a good while since I last saw him.* Gen yon bon bout tan depi m te wè l. *I have been waiting for her for a while.* M ap tann li yon bon tan la. •**a little while** yon ti kadè *I'm going out for a walk for a little while.* M ap fè yon vire pou yon ti kadè. •**a long while** yon bon bout tan

•**all the while** tout tan *I thought he wasn't here when all the while he was sleeping.* M konnen l pa t la, enpi tout tan sa a se dòmi l t ap dòmi. •**for a good while** yon bon bout tan *We talked for a good while.* Nou fè yon bon bout tan ap pale. •**for a while** pou kèk tan •**go out for a little while** deplase *I'm going out for a little while, see you later.* M ap deplase, pita n a wè. •**in a while** •**once in a while** yon lè konsa *We see her every once in a while.* Nou wè l yon lè konsa. *It rains here once in a while.* Lapli tonbe isit yon lè konsa. •**quite a while** yon bon ti bout tan

while[3] *v.tr.* •**while away one's time** pandye

whim *n.* fantezi, kapris, tokad *That little girl is always on a whim, she never knows what she wants.* Tifi sa a toujou nan fantezi, li pa janm konn sa li vle. •**have a whim or fancy** lide yon moun di l

whimper[1] jemisman

whimper[2] *v.intr.* fè rechiya, jemi, rechiyen *That child is always whimpering.* Ti moun sa ap toujou fè rechiya

whimpering *n.* jemisman

whimsical *adj.* chimerik, kaprisye, kaprisyèz [*fem.*] •**whimsical or capricious person** fantezis *He's a whimsical person, he does what he pleases.* Msye se yon fantezis, li fè sa lide l di l.

whimsy *n.* fantezi, kapris

whine *v.intr.* kriye, rechiyen, yenyen *Enough whining! Ase plede kriye la! You're always whining, why don't you go play?* Toutan w ap rechiyen, pou ki ou pa mèyè al jwe? *You whine at me too much.* Ou yenyen nan tèt mwen twòp la. •**constantly crying or whining** [*infant*] gate *What a whining baby, he cried all night.* Ala timoun gate, li fè tout nuit la ap kriye!

whiner *n.* kata, plenyadò, rechiya, yenyen *How can you be such a whiner?* Ki jan ou fè yenyen konsa?

whining *adj.* yenyen *This whining woman is never satisfied.* Fi yenyen sa a pa janm satisfè. •**whining person** chiya

whinny[1] *n.* ranni •**horses' whinny** ranni chwal

whinny[2] *v.intr.* ranni, vannivan *Why is the donkey whinnying like that?* Poukisa bourik la ap ranni konsa a?

whip[1] *n.* fwèt, rigwaz, wouchin •**whip cracking** [*sound of*] wench *Thwack! She struck him with a whip.* Wench! Li pase l yon kout fwèt. •**braided leather whip** rigwaz •**child's whip** matinèt •**heavy whip** zoren •**leather whip** raso

whip[2] *v.tr.* **1**[*defeat*] bimen, blanchi *They whipped our team good.* Yo bimen ekip nou an. **2**[*punish*] bay yon moun yon wouchin, fwete, kale, netwaye, pike yon moun yon baton, rachonnen, rigwaze, taye, wouse *Her mother whipped her for disobedience.* Manman l fwete l pou dezobeyisans. *If you misbehave, your father will whip you.* Si ou fè dezòd, papa w ap kale ou. *You make such a mess, I'm going to whip you.* Ou tèlman fè dezòd, mwen pral netwaye ou. *The policeman whipped him.* Chèf la pike l yon baton. •**whip s.o.'s behind** [*child's*] achte dèyè yon moun *Because he's misbehaving, his father is about ready to whip his behind.* Paske l ap fè dezòd, papa l achte dèyè l. •**get whipped** rigwaze *You're too unruly, you have to get whipped.* Ou twò dezòd, se pou yo rigwaze ou.

whipcord *n.* fil fwèt

whiplash *n.* kout fwèt

whip-stitch *v.tr.* rabat *Give the pants to my mother and she'll whip-stitch the legs for you.* Pran pantalon bay manman m epi l ap rabat pye yo pou ou.

whippersnapper *n.* frelikè, san nanm

whipping *n.* flanbe, kal, kal, vole, rakle, vole *His father gave him a whipping.* Papa a ba l yon kal/vole. •**give a whipping to s.o.** voye fwèt sou yon moun *If they are unruly, give them a whipping.* Depi yo fè dezòd, voye fwèt sou yo.

whipping cream *n.* krèm{bat/fwete}

whipworm *n.* trichin, trikosefal

whirl *v.intr.* fè laviwonn dede/fè yon viwonndede •**whirl around** piwete, toubouyonnen, tounwaye •**whirl around and around** fè piwèt *If you whirl around and around too much, you'll feel dizzy.* Si ou fè piwèt twòp, ou a santi tèt ou toudi.

whirlpool *n.* antonwa, toubouyon

whirlwind *n.* toubiyon, toubouyon

whirr *v.intr.* dòmi *The motor whirred to life and then sputtered out.* Motè a t ap dòmi byen dòmi epi li kale etenn.

whisk[1] *n.* •**wire whisk** [*for mixing, beating*] batèz

whisk[2] *v.tr.* •**whisk away** fè disparèt

whiskers *n.pl.* **1**[*man*] pafouten **2**[*animal*] bab **3**[*of a cat, etc.*] moustach

whiskey *n.* wiski

whisper *v.tr.* **1**[*gen.*] chichote, chwichwi, mimire, pale {ba/dousman/nan zorèy} *They whispered so people wouldn't hear them.* Yo pale nan zòrèy pou moun ka pa tande sa yo di. *What are you whispering there?* Ki sa n ap chichote la? *What are you whispering with her there?* Kisa w ap chwichwi ak li konsa? *What are you whispering into his ear there?* Kisa w ap mimire nan zòrèy lòt la a? *She's whispering because the child is sleeping.* Li pale ba poutèt pitit la ap dòmi. **2**[*an answer*] soufle *The audience whispered the answer to him.* Piblik la soufle l repons lan. •**whisper about** boule zen *Those two gossipers are always whispering about.* De landjèz sa yo toujou nan boule zen. •**whisper sth. into s.o.'s ear** pale nan zòrèy *They're whispering in each other's ears so people can't hear what they're saying.* Y ap pale nan zòrèy pou moun ka pa tande sa y ap di.

whispering *n.* chichotman, chwichwi

whistle[1] *n.* **1**[*instrument*] souflèt *She blew the whistle hard.* Li soufle souflèt la fò. **2**[*sound*] soufle *I heard a whistle.* M tande yon soufle. •**police whistle** [*sound of a*] plit, plout

whistle[2] *v.tr.* **1**[*gen.*] soufle *I can't whistle.* M pa konn soufle.. *He whistled to call Mary.* Li soufle pou rele Mari. **2**[*referee*] sanksyonnen *The referee whistled the penalty.* Abit la sanksyonnen penalite a.

whistleblower *n.* denonsyatè, rapòtè

whistling *n.* soufle

whit *n.* •**not a whit** pa yon tèk

white[1] *adj.* **1**[*plain color*] blan *There were white sheets on the bed.* Te gen dra blan sou kabann lan. *They painted the door white.* Yo pentire pòt la blan. *Her hair has turned white.* Cheve l vin blan. **2**[*pale in color*] blan(ch) *He's as white as a sheet; he must sick.* Li blanch tankou koton; li gen lè malad. •**white as snow** blanch kou koton •**white color** blan •**white man** ti (nèg) wouj, ti nèg wouj •**white person** blan •**white trash** blan {mannan/mizè/poban} •**white woman**

blanch •**cream white** blan krèm •**snow white** blan kou dan zonbi

white[2] *n.* **1**[(*of*) *a person or people*] blan(ch) *There are a lot of whites here.* Gen anpil blan isit. **2**[*color*] blan(ch) *White is one of my favorite colors.* Blan se youn nan koulè m pi renmen. •**all in white** toutdeblan *She was dressed all in white.* Li te biye toudeblan. •**egg white** blan ze

White American *prop.n.* blan meriken

white buttonwood tree *n.* mang

white-collar *adj.* plimeyank *A white-collar job is nice.* Djòb plimeyank lan dous.

White Erzulie *prop.n.* Èzili Freda

White House *prop.n.* [*Washington, D.C.*] Mezon Blanch

white-prickle *n.* bwa{pini/pine}

whitebait *n.* [*fish*] piskèt •**small whitebait** [*fish*] tritri

whitefly *n.* [*plant insect*] mouch blan(ch), mouch blan

whiten *v.tr.* blanchi *She whitened the clothes with bleach.* Li blanchi rad yo ak klowòs.

whitening *n.* blanchiman

whitewash[1] *n.* **1**[*liquid*] dlo lacho **2**[*cover-up*] blanchisman

whitewash[2] *v.tr.* blanchi, dlo lacho, kase fèy kouvri sa *If they hadn't whitewashed the affair, he'd be convicted to be imprisoned.* Si yo pa t kase fèy kouvri sa, li t ap pran prison.

whitlow *n.* **1**[*infection that can lead to amputation*] fouchon **2**[*inflammation of a finger or toe*] pannari

whittle *v.tr.* dole *He whittled the wood with a knife.* Li dole bwa a ak yon kouto.

whiz[1] *n.* dorilas, kanno *That guy is a whiz; he beats everybody at bezique.* Nèg sa a se kanno, li toujou genyen tout moun nan jwe bezig. *You are really a whiz if you can finally fool that guy.* Ou se vrèman yon dorilas si ou ka rive pote nèg la kou sa.

whiz[2] *onom.* floup

whiz[3] *v.intr.* pase tankou yon van *The cars were whizzing by.* Machin yo pase tankou yon van.

who (whom)[1] *interrog.pro.* kilès, ki moun, ki nèg, (ki) sa *Who is there?* Ki moun ki la a? *Who is your mother?* Ki moun ki manman ou? *Who came to your party?* Ki moun ki te vin nan fèt ou a? *Who do you know there?* Ki

moun ou konnen la?? *Who moved my plate?*
Kilès ki deplase plat mwen an? *Who's there?*
Sa ki la? •**who else** kilès ankò *Who else is
coming to the party?* Kilès ankò k ap vin nan
fèt la?

who (whom)² *rel.pro.* k(i), kilès, ki moun *Do
you know the man who is sitting over there?*
Ou konn nèg ki chita lòtbò a? *The pastor is
the one who founded the school.* Se pastè a ki
te fè lekòl la. *She's the one who said that.* Se li
ki di sa. *Who among you wants to do the work?*
Kilès nan nou ki ta vle fè travay la?

whoa *interj.* **1**[*surprise*] wo, woy *Whoa! The
news really shook me.* Woy! Nouvèl la fè m
sezi. **2**[*stop a pack animal*] la

whoever (whomever) *pro.* **1**[*anyone at all*]
kèlkeswa moun, kikeseswa, kikonk, nenpòt
(ki) moun ...ki *Whoever is coming, tell them
I'm not here.* Kèlkeswa moun ki vini, di m
pa la. *Whoever is in the room can say what
he wants.* Nenpòt moun la a ki nan sal la ka
di sa l vle. *I'll help whoever asks me.* M ap
ede nenpòt moun ki mande m. **2**[*no matter
who*] kèlkelanswa moun *Whoever it is, tell
them I'm not here.* Kèlkelanswa moun lan,
di l m pa la.

whole¹ *adj.* annantye, ankè, tou(t) *It took us
the whole afternoon.* Li pran n tout apremidi
a. *She ate the whole cake.* Li manje tout
gato a! *You understand the whole thing?* Ou
konprann tout bagay nèt? *He drank the whole
bottle of whiskey.* Li bwè tout boutèy wiski
a. Li *I ate the whole cake.* Mwen manje gato
a annantye. *They roasted a whole goat.* Yo
boukannen yon kabrit ankè.

whole² *adv.* ankè *Don't cut the cake; leave it
whole.* Pa koupe gato a, kite l ankè.

whole³ *n.* •**as a whole** an blòk, an gwo *Let's
talk about the project as a whole, afterwards
we'll get into the details.* Ann pale sou pwojè a
an gwo, apre n a rantre nan detay yo.

wholehearted *adj.* ak tout kè

wholeheartedly *adv.* tèt kale •**enter into sth.
wholeheartedly** antre tèt bese nan

wholesale *adv.* an{blòk/gwo} *He sells sugar
wholesale.* Li vann sik an gwo. *She buys
merchandise wholesale.* L achte machandiz
an gwo. *Those stores sell wholesale. We
usually buy that wholesale.* Nou konn achte
sa an blòk.

wholesaler *n.* gwosis

wholly *adv.* konplètman, nèt, toutbon

whooping cough *n.* koklich

whopping *adj.* pilbowo *He has a whopping
boat.* Li gen yon pilbowo bato.

whore *n.* bouzen, chowèt, chyèn, fanm
kafe, fwomaj, manman penbèch, piten,
rachepwèl •**be a whore** gen san bouzen •**low
class whore** azizwèl

whorehouse *n.* bòdèl, makrèl, kafe

whoring *n.* •**into whoring** nan bouzen *This
woman is always into whoring.* Fi sa a toujou
nan bouzen.

whose¹ *interr. adj.* pou ki moun *Whose car is
this?* Pou ki moun machin sa a? *Whose money
is this?* Pou ki moun kòb sa a.

whose² *rel. pro.* pou {ki/kilès}moun *Whose is
this?* Pou ki moun sa a? *I know whose it is.* M
konnen pou kilès moun li ye.

whosoever (whomsoever) *pro.* nenpòt (ki)
moun

why *adv.* pouki, poukisa, sa (k fè) *Why did
you call her?* Poukisa ou rele l? *I don't know
why he said that.* M pa konn poukisa l di sa.
Why are you talking so mean to me? Pouki w
ap pale m mal? *Why don't you want to go?*
Sa k fè ou pa vle ale? *Why don't you ask her
yourself?* Sa k fè ou pa mande l ou menm?
•**why don't you** manyè *Why don't you study
your lessons?* Manyè etidye leson ou? •**that's
why** pou sa, se pou sa, se sa ki fè *He blathers
so much, that's why I can't stand him for long.*
Li pale anpil twòp, se pou sa m pa ka sipòte
li pou lontan. *We want the work to be done
right, that's why we're looking for a qualified
person.* Nou vle travay la kòrèk, se sa ki fè
nou chèche moun ki konpetan.

wick *n.* mèch

wicked *adj.* malfezan, malveyan, mechan,
selera *The wicked go to hell.* Mechan al nan
lanfè. *Li malveyan anpil.* *Don't associate
with that wicked family.* Pa rantre nan fanmi
selera sa a. •**wicked person** movèz fwa

wickedness *n.* malveyans, mechanste,
movèzte

wicker *n.* lozye •**palm wicker** latànye •**palm
wicker used in broom-making** latànye
kochon

wickerwork *n.* •**do the wickerwork for a
structure** klise *They're making a fence with*

wickerwork made from bamboo wood. Y ap klise yon kloti ak bwa banbou. •**rattan wickerwork** woten

wide¹ *adj.* gran, laj *This is the widest street.* Se ri sa a k pi laj. *The door isn't wide enough.* Pòt la pa laj ase. *He's as wide as he is tall.* Menm jan l wo a, konsa l laj. *I'm going to open the door nice and wide so that air can come in.* M ap ouvri pòt la byen gran pou lè sa rantre. •**wide apart** byen degrennen, lwen youn ak lòt

wide² *adv.* de lajè, laj *He spread his legs wide apart.* Li ouvè janm li byen laj. *Open you mouth wide.* Ouvè bouch ou laj. *She opened her mouth wide.* Li ouvri bouch li byen laj. *Two meters wide.* De mèt de lajè. •**really wide** disèt lajè *He opened his mouth really wide to eat the spoonful of food.* Msye louvri bouch li disèt lajè pou l pran kiyè manje a.

wide-open *adj.* baye *It's not sensible to sleep with the door wide-open.* Sa pa pridan pou ou dòmi ak pòt la baye.

widely *adv.* gran ya, laj *She opened the door widely.* Li louvri pòt la gran ya.

widen *v.tr.* agrandi, laji *They widened the road.* Yo laji wout la. *Widen the road, it's too narrow.* Laji wout la, li twò fèmen.

widespread *adj.* gaye *This disease is widespread in the country.* Maladi sa a gaye toupatou nan peyi a. •**become widespread** pran lari *The scandal became widespread.* Koze a pran lari.

widow *n.* vèv *This lady is a widow.* Dam sa a vèf.

widowed *adj.* vèf, vèv *She has been widowed for ten years.* Li vèv depi dis lane.

widower *n.* vèf

width *n.* lajè *What's its width?* Ki lajè l? *The dress is too long, but the width is good.* Wòb la twò long, men lajè a bon. *Two meters of width.* De mèt de lajè.

wiener *n.* sosis

wife *n.* [legal] madanm sa a se te madanm li *He's still young, he doesn't have any wife yet.* Li jèn toujou, li poko gen fanm. •**common-law wife** fanm plase, manman pitit **principal common-law wife** fanm kay •**second wife** jwe wòl segon *Which of the two women is playing the role of second one in the relationship?* Kilès nan de medam ou yo k ap jwe wòl segon nan relasyon an? •**old wives' tale** vye koze

wig *n.* fo cheve, perik *She's wearing a wig.* Li mete perik.

wiggle *v.tr.* {fè/bay}chika, jwe, souke *Try to wiggle your toes.* Eseye jwe zòtèy yo. *Stop wiggling your hips.* Ase fè chika la. *She wiggled her finger until it passed through the ring.* Li jwe dwèt li jis li antre l nan bag la. •**wiggle one's hips and undulate the whole body** [often considered vulgar] deranche li *Everybody wiggles his hips in the carnival.* Tout moun ap deranche yo nan kanaval la.

wild *adj.* 1[animal] fawouch, mawon, raje, sovaj *The cat is wild.* Chat la mawon. *They've gone to hunt wild duck.* Y al chase kanna mawon. *The tiger is a wild animal, it lives in the woods.* Tig se yon bèt ki fawouch, li rete nan bwa. 2[enthusiastic about] an denmon, andjable, chofe, fanatik, fou *The band is wild today, it plays only hot music that excites everyone.* Djaz la an denmon jodi a, yo jwe mizik cho sèlman ki eksite tout moun. *The fans got wild.* Fanatik yo fin awoyo.. *They're wild about soccer.* Yo fanatik foutbòl anpil. *I'm not too wild about going to her place.* M pa tèlman chofe pou m al lakay li. *She's really wild about the guy.* Li fou pou msye. 3[showing strong uncontrolled feelings] anraje, bosal *They turned wild when they heard that.* Yo mande anraje lè yo tande sa. *I'm not playing soccer with him, he's too wild.* M p ap jwe boul ak misye, li bosal twòp. •**wild and reckless person** bolobolo, kasè •**get wild** pran chenn *The youths get wild playing soccer.* Ti mesye yo fin pran chenn nan jwe foutbòl. •**go wild** fou, mande anraje *He'll go wild when he sees this new bike.* L ap fou nèt, lè l wè bisiklèt nèf sa a. *They went wild, smashing car windows.* Yo mande anraje, yo kraze vit machin.

wild-goose chase *n.* kouri pwason davril

wildcat *n.* chat{bwa/mawon}

wilderness *n.* bwa sovaj

wildfire *n.* dife pay{kann/mayi} *The news is spreading like wildfire.* Nouvèl la gaye tankou dife nan pay kann.

wildly *adv.* sovajman

wildness *n.* sovajri

wilds *n.pl.* raje

will¹ *n.* volonte •**at will** jan yon moun vle •**do sth. against s.o.'s will** bouche nen li pou bwè dlo santi. *I can't do something against my will.* M pa ka bouche nen mwen pou bwè dlo santi. •**free will** volonte lib •**good will** bon volonte •**ill will** malveyans •**of one's free will** volontèman

will² testaman

will³ *v.mkr.* [*future*] ap, ape [N], pe [S], (a) va, pral *When will you be back?* Ki lè ou ap tounen? *I'll take you to the game.* M ap mennen ou nan match la. *This car will hold up to ten people.* Machin sa a ap pran dis moun. *Gasoline will burn if you throw a match in it.* Si ou lage yon alimèt nan gazolin l ap pran dife. *I'll visit you tomorrow.* M ap vin wè ou demen.. *He says that he won't do it.* Li di l pa p fè l. *My car won't start.* Machin mwen an pa pral estat. *We'll be going to town tomorrow.* Nou pral lavil demen. *I will come to see you one day.* M ava vini wè ou yon jou. *I would have gone to her house if it had not been raining.* M ta v al lakay li si lapli pa t ap tonbe. *I'll finish the work, if you don't have time.* M a fini travay la, si ou pa gen tan.

willful *adj.* antete, volontè *What a willful child! When you say no she says yes.* Ala tifi volontè, papa! Lè ou di non, li di wi.

willing *adj.* dakò, kontan *If everyone is willing, we'll begin tomorrow.* Si tout moun dakò, n ap koumanse demen. *God willing, tomorrow at this time I'll be in Port-au-Prince.* Si Pè Letènèl kontan, demen lè konsa m ap Pòtoprens. •**be willing to do sth.** dispoze, gen bon dispozisyon pou fè yon bagay, sou sa *He's willing to do the work.* Li gen bon jan dispozisyon pou l fè travay la. *He could fix the car, but he isn't willing to do that.* Li te kapab ranje machin nan, men li pa sou sa.

willingly *adv.* de bongre, volontèman *I'll do it willingly.* M ap fè l de bongre. •**willingly or not** bongre malgre

willingness *n.* bon volonte, dispozisyon

willow *n.* [*tree*] sòl •**weeping willow tree** sòl plerè

willpower *n.* kouray, volonte, voulwa *It takes willpower to stop drinking.* Fò yon moun gen volonte pou ou kite/sispann bwè. *No woman has that sort of willpower, no matter what misery she goes through, she always remains firm.* Nanpwen madanm gen kouray konsa,

malgre tout mizè l pase, li toujou rete fèm. •**s.o. without will power** zonbi

willy *n.* [*child's penis*] fwèt{kach/pit/taye}

willy-nilly *adv.* vle pa vle

wilt *v.intr.* deperi, fane, fennen *The flowers have wilted.* Flè yo fin deperi. *The flowers are wilting because they didn't give them water.* Flè yo fin deperi poutèt yo pa wouze yo. *The tree has wilted, it can't find water.* Pyebwa a fennen, li pa jwenn dlo.

wilted *adj.* defrechi, deperi, fane *The flowers wilted in the sun.* Flè yo defrechi anba solèy a.

wily *adj.* malen, mètdam *This wily guy has an answer for everything.* Nèg malen sa a gen repons pou tout bagay. *Watch out! He's very wily.* Msye gen twòp lespri. Li mètdam anpil.

wimp *n.* {gason/kè}pantalèt, sak(pay), tòchon *If the girl can beat him, it's because he's a wimp.* Si fi a ka bat li, se paske l yon gason pantalèt.

wimpy *adj.* fenyan, kremòl *He's wimpy, he's crying over a little wound.* Misye fenyan, l ap kriye poutèt yon ti blese.

win¹ *n.* laviktwa, reyisit •**double win** [*lottery number that has won twice*] fè dekabès •**make a big win** {leve/mare}yon {mayòl/ twa chif}

win² *v.tr.* 1[*be successful*] chape, gen laviktwa sou, genyen, kin, ranpòte, triyonfe *I won two hundred gourdes.* M genyen de san goud. *John won in the lottery, he's on his way.* Jan soti nan lotri, li chape. *He always loses, today he managed to win.* Tout tan l ap pèdi, jodi a li resi genyen. *It's the lawyer who made him win the lawsuit.* Se avoka a ki fè misye kin pwosè a. *She won the first prize in the contest.* Li ranpòte premye pri konkou a. *Good can win over evil.* Byen ka triyonfe sou mal. 2[*in a competition*] bat, genyen, leve plèd, pwente *It's I who won the competition.* Se mwen ki bat nan konkou a. *Let's watch to see who is winning the race.* N ap gade pou n wè ki nèg k ap leve plèd la nan kous la. *We won because our team is stronger.* Nou pwente paske ekip nou pi fò. *Our team won the match.* Ekip nou an genyen match la. 3[*at pool*] fè biya *Ti Jak is skilled: when he hits the pool ball, he always wins.* Ti Jak se maton: lè li teke, li toujou fè biya. •**win all games** mache sou moun *The team is about to win all the* *games this year.* Ekip la ap mache sou moun ane sa a. •**win at the lottery** {gen/sòti} nan bòlèt *I won at the lottery today.* Mwen gen nan bòlèt jodi a. •**win by surprise** fè yon swèl •**win everything in a game** titile, tchitchile *In the second round, boy, I won everything in the domino game.* Nan dezyèm tou a, m tchitchile, papa. *In that first round, I won all the marbles.* Nan men kannik sa a, m tchitchile papa. *He won everyone's money in the poker game.* Li titile sou tout moun nan pokè a. •**win first prize** pote{labànyè/ lamayòl} •**win four consecutive games** [*dominoes, etc.*] bay{vyèj/ donè} *The first who wins four games in a row wins the game.* Sa k bay vyèj anvan an genyen. •**win in lottery** soti nan lotri *She won the lottery, she has twenty-five thousand gourdes.* Li soti nan lotri atò, li gen vennsenk mil goud. •**win money** [*through gambling*] fè kòb *Our neighbor won money at the lottery.* Vwazin nou an fè kòb nan bòlèt. •**win on both sides** [*dominoes*] fè dekabès •**win over** aprivwaze *He won over the girl; they ended up falling in love.* Li aprivwaze manmzèl jis yo fin pa renmen. •**win renown** fè pale, leve non li •**win the lottery** boul li sòti *He finally won the lottery.* Boul li a resi soti atò. •**always win** mache sou moun •**position to win** fè chato *If you hand me out six twice, I will be in a position to win.* Si ou kite zo a ban m sis de fwa, m ap fè chato wi.

wince *v.intr.* fè grimas, flechi, tresayi *She winces before swallowing the medicine.* Li t ap fè grimas pandan li t ap vale medikaman an. *She's wincing from a bellyache.* L ap tresayi anba yon vant fè mal la.

winch *n.* wench *The cable of the winch is broken.* Waya wench lan pete.

wind[1] *n.* **1**[*air*] van *The wind is really strong.* Van an fò anpil. *There were high winds today.* Li te fè yon gwo van jodi a. **2**[*flatulence*] gaz, van •**wind sleeve/sock** manch lè •**a glacial wind** yon van glasyal •**get wind of** tonbe nan zòrèy yon moun *How did your father get wind of it?* Kouman sa fè al tonbe nan zòrèy papa ou? *Don't let anyone get wind of this!* Pa kite pyès moun konn sa! •**gust of wind** rize van *There was a sudden gust of wind that blew his hat off.* Gen yon rize van k pase k ale

ak chapo l la. •**northwest wind** nòwa, van noran •**southwest wind** siwa •**sudden sea wind accompanied by rain** lekinòs •**take the wind the wind of s.o.'s sails** degonfle, retire van •**there is strong wind** van an leve •**trade wind** van kap

wind[2] **I** *v.tr.*[*turn/twist sth. repeatedly*] liyen, mare, plotonnen *Wind the thread on the reel.* Liyen fil la nan bobin nan. *She took a handkerchief and wound it around her knee.* Li pran yon mouchwa, l mare jenou l. *She wound the string around a match.* Li plotonnen fil la nan yon bwa alimèt. **II** *v.intr.* [*make a curve twist around*] bobinen, fè èsès, plotonnen *The road is winding.* Wout la fè èsès. *There's a grass snake that winds in that liana.* Gen yon koulèv ki plotonnen nan lyann sa a. *The wire was completely wound around the stick.* Fil te bobinen toutotou baton an. •**wind a watch** bay ... chenn, monte *I need to wind my watch.* Fò m bay mont mwen an chenn *Give the watch to the watch repairer so he can wind it.* Pote mont lan bay òloje a pou l monte l pou ou. •**wind around** chankre *The road winds around at the foot of the mountain.* Wout la chankre nan pye mòn nan. •**wind down** bese, prèt pou fini *Business always winds down in the afternoon.* Aktivite a toujou bese nan apremidi. *The year is winding down.* Ane a prèt pou fini. •**wind up 1** fin(i) *How did the game wind up?* Ki jan match la te fini. •**get wound up** pran chenn

wind-blown *adj.* eyolyèn

windbag *n.* odyansè, vanta *Don't pay attention to that windbag, all he can do is talk.* Pa okipe odyansè sa, se bouch ase li gen. •**be a windbag** vanta *No one is as big a windbag as he.* Nanpwen nèg vanta pase l.

windbreak *n.* baryè van

winded *adj.* esoufle, san souf

windfall *n.* chans, djòb fri, obèn *The girl found a windfall, they even gave her a car.* Pitit la jwenn yon djòb fri, ata machin yo ba l.

winding[1] *adj.* gen devire *Don't drive too fast. It's a winding road.* Pa kondi twò vit. Wout la gen yon pakèt devire.

winding[2] *n.* [*a coil*] bobinay

windlass *n.* kabestan

windmill *n.* moulen van

window n. **1**[building] fenèt Shut the window. Fèmen fenèt la. **2**[vehicle] vit My window won't go down. Vit mwen an pa ka desann. •**cashier's window** gichè •**display window** vitrin •**dormer window** likàn •**French window** pòt fenèt •**lattice-work door or window** jalouzi •**rear window** [of a car] vit dèyè •**shop window** vitrin •**stained-glass window** vito •**teller's window** gichè •**ticket window** gichè •**tinted car window** vit fimen

window-blinds n.pl. pèsyèn

window-shop v.intr. mache gade We're just window-shopping, we won't be buying anything. Mache n ap mache gade sèlman, nou p ap achte.

windowpane n. kawo, vit

windowsill n. {arebò/rebò}fenèt I put it on the windowsill. M mete l arebò fenèt la.

windpipe n. kannal souf, ti gòj/(ti) gòjèt di, tigòj The food went down his windpipe. Manje a pase nan ti gòj li.

windshield n. glas{machin/oto}, vit devan •**windshield wiper** lav vit, winchil The windshield wipers don't work. Winchil la pa mache. •**windshield wiper blade** kawotchou winchil

windstorm n. gwo van, van gren

windsurf board n. planch a vwal

wind turbine n. moulen ak motè

Windward Islands prop.n. zile Anwo Van

Windward Passage prop.n. kannal di Van, kannal di Van/kannal

windy adj. {fè/genyen}van, vante It's windy this morning, let's go fly a kite. Fè van maten an, ann al monte kap. The wind is blowing hard. Van an vante anpil. It's really windy today. Gen anpil van jodi a.

wine n. diven I don't drink wine. M pa bwè diven.

wing n. **1**[bird, plane] zèl **2**[political group] kan

winged adj. ak zèl It's as if he were winged, he's so fast. Li yon moun ak zèl tank li rapid.

wings n.pl. [of a theater] koulis

wink¹ n. touye je •**in a wink** an sis kat de Wait for me there, I'll be back in a wink. Tann mwen la, m ap tounen an sis kat de. •**in the wink of an eye** anvan ou bat je ou, taptap It'll be ready in the wink of an eye. Anvan ou bat je ou, l ap pare. •**not get a wink of sleep**

pa fenmen je I didn't get a wink of sleep last night. M pa fèmen je m yè swa.

wink² v.intr. bat je, fè je li fè mwètmwèt, louvri je li fèmen bay yon moun, {tenyen/touye/ twenze} je li bay yon moun She winked at him to give him a signal. Li bat je l pou l fè l yon siy. He's winking at the pretty woman who's passing by. L ap fè je l fè mwètmwèt ba bèl fanm k ap pase la a. This man is a womanizer, he winked at the girl as soon as he saw her. Nèg renmen fi sa se li, yon ti moman li wè fi a, li gen tan louvri je li fèmen bay li. She winked at me so I wouldn't have them suspect her. Li touye je li ban mwen pou m pa fè yo sispèk li. The lady winked at you. Fi a twenze je l ba ou. •**wink knowingly at** fè yon moun siy I winked knowingly at the girl, she didn't concern herself with me at all. M fè fi a siy, li pa okipe m menm.

winner n. ganyan, legayan, towo, venkè •**be the winner** {pote/ranpòte} {labànyè/ lamayòl/laviktwa} I'm the one who will be the winner in the elections. Se mwen ki pou ranpòte lamayòl nan eleksyon an. •**the winner takes all** ala ploum The winner takes all at this cockfight. Gagè sila a se ala ploum li ye.

winnings n.pl. [game, gambling] gany

winnow¹ n. bichèt, laye

winnow² v.tr. laye, vannen Go get the winnow to winnow the millet. Al pran laye pou vannen pitimi an. Winnow the millet. Laye pitimi an. Go winnow the rice. Al vannen diri a.

winnower n. [person, machine] vannèz

winter n. (l)ivè There is no winter in Haiti. Pa gen livè nan peyi Ayiti.

wintertime n. livènay

wipe v.tr. retire, siye(n) Wipe the water up off of the floor. Siye dlo a atè a. Wipe the mud off your shoes before you come in. Retire labou a nan soulye ou anvan ou antre. She wiped his nose with a handkerchief. Li siyen nen l ak yon mouchwa. •**wipe off** netwaye, siye Go wipe off the table. Al siye tab la. •**wipe out** pete{fyèl/fal/zizye}, plata, touye The disease wiped out a lot of the population. Maladi a touye yon bann moun.

wire¹ n. **1**[gen.] fil fè He used a piece of wire to get the car door open. Li ouvè pòt machin lan ak yon fil fè. **2**[electric] fil (kouran) All *the electrical wires are underground.* Tout fil kouran yo anba tè. •**barbed wire** fil fè •**binding wire** fil aligati, fil acha •**brass wire** fil acha •**chicken wire** fil poulaye •**electric wire** fil kouran •**live wire** *a*[electric] fil ki gen kouran *b*)[*fig., person*] flanm, maton •**pointed wire** frenn •**tie wire** fil aligati •**tiny wire** fil acha

wire² *v.tr.* **1**[*electricity*] konekte *The house isn't wired for electricity yet.* Yo po ko konnekte kouran nan kay la. **2**[*message*] telegrafye *It would be better if you wired the message.* Pito ou telegrafye mesaj la.

wirecutters *n.pl.* sizay

wireless *n.* sanfil

wiry *adj.* soup, vlen vlen

wisdom *n.* sajès •**wisdom of the ages** pawòl granmoun lontan *Haitian proverbs carry the wisdom of the ages.* Pwovèb ayisyen yo se pawòl granmoun lontan. •**s/he's a person of wisdom** se granmoun ki non li *If she told you not to do that, you'd better listen, she's a person of wisdom.* Si li di ou pa fè sa, se pou koute, se granmoun ki non li.

wise *adj.* prevwayan, pridan, saj *It was quite wise to ask him for forgiveness in a letter.* Se te byen prevwayan mande l padon nan yon lèt. •**wise guy** [*pej.*] eklere ta •**wise man** [*Bible*] maj •**penny wise pound foolish** byen konte mal kalkile

wise up *v.intr.* lave je li *You need to wise up or she'll take advantage of you.* Fòk ou lave je ou osnon l ap pran pye sou ou.

wisecracker *n.* fawouchè *He's a wisecracker, he makes fun of everybody.* Msye se yon fawouchè, li bat plezi sou tout moun.

wisely *adv.* sajman

wish¹ *n.* **1**[*desire*] swèt, ve **2**[*longing*] anvi, dezi •**deep wish** rèv •**according to one's wishes** selon voulwa yon moun *They did the wedding in the bride's according to her family's wishes.* Yo fè maryaj nan legliz lamarye selon voulwa fanmi li. •**best wishes** meyè ve

wish² *v.tr.* **1**[*desire*] dezire, swete, teni, vle *What do you wish?* Ki sa ou dezire? **2**[*express sentiment*] swete *I wish you a speedy recovery.* M swete ou refè. •**wish a Happy New Year** swete larezonnen *On the first of the year they wish each other a Happy New Year.* Pou premye janvye, youn swete lòt larezonnen.

•**wish for** dezire •**wish illness or calamity on s.o.** maldyòke

wishy-washy *adj.* kremòl, payas *We do not deal with these wishy-washy people.* Nou pa frekante moun kremòl sa yo. •**wishy-washy person** kòkòtò *Make up your mind, you're the perfect wishy-washy person.* Manyè sekwe kò ou, ou pòtre ak yon kòkòtò.

wisp *n.* **1**[*hint*] tras **2**[*hair*] mèch, toupèt

wit *n.*[*humor*] sèl *His jokes have no wit, I won't listen to him.* Blag li yo san sèl, m p ap tande li. **wits** *n.pl.* bonnanj, dizè, fawouchè, lespri *His wits don't seem to be about him given the way he's raving over there.* Bonnanj li gen lè pa sou li pou jan l ap depale la a. •**be at wits end** onnpepli •**at one's wits' end** about *She's at her wits' end, she doesn't know on whom to call.* Li about, li pa konn ki sen pou l rele. •**have one's wits about o.s.** nan twa jou gra li *When I have my wits about me, he can't do something like that.* Lè m nan twa jou gra m, li pa ka fè bagay konsa.

witch *n.* chòche, galipòt, lagwèzè *She's a witch, at night she turns into whatever she wants.* Madanm sa a se yon galipòt, nannwit li tounen sa l vle.

witchcraft *n.* maji, sòsèlri •**practice witchcraft** fè maji

witch doctor *n.* doktè fèy

witchcraft *n.* malfezans

witch hunt *n.* lachasosòsyè

with *prep.* ak, avè(k), zero *Eat it with a spoon.* Manje l ak yon kiyè. *He killed the rat with a broom.* Li touye rat la ak yon bale. *Be careful with that mirror!* Fè atansyon ak glas sa a! *I left the kids with my mother.* M kite timoun yo ak manman m. *Mix the flour with two eggs.* Melanje farin lan ak de ze. *Your shoes are covered with mud.* Soulye ou chaje avèk labou. *With whom are you going to the party?* Ak ki moun ou pral nan fèt la? *What's the name of the woman with the red hair?* Ki non fi tèt wouj la? *His pockets were filled with money.* Pòch li te chaje kòb.

withdraw I *v.tr.* [*remove*] leve, retire, wete *She withdrew her children from the school.* Li retire pitit li yo lekòl. *How much money did he withdraw from the account?* Konbe kòb li retire sou kanè a? *I'm going to withdraw some money from the bank.* M pral wete yon ti kòb labank. *They withdrew the sanctions.* Yo leve sanksyon yo. **II** *v.intr.* [*leave*] ale, {fret/rale}kò li, kite, repliye *She withdrew from school.* Li kite lekòl. *The police car withdrew.* Machin polis la ale. *He withdrew after the brawl.* Misye frèt kò li depi apre deblozay la. *When he saw that the fight turned to the use of weapons, he withdrew slowly.* Lè nèg la wè goumen an gen zam, li rale kò li tou dousman. *The candidate withdrew from the election.* Kandida a rale kò l nan eleksyon an. *We're withdrawing to come back at full force.* N ap repliye pou n tounen an fòs. •**withdraw a bet** deparye •**withdraw support** [*financial, etc.*] dezapiye *The World Bank withdrew its support of the government policies.* Bank Mondyal dezapiye politik gouvènman an. •**withdraw quickly** rale bak

withdrawal *n.* [*of money*] tiray •**money withdrawal** retrè

withdrawn *adj* pentad *She's withdrawn when she doesn't know someone.* Li pentad lè poko konnen yon moun. •**be withdrawn into o.s.** fèmen *Ever since his father died he's withdrawn into himself.* Depi papa li mouri, li se moun fèmen.

withe *n.* ti bwa lyann

wither *v.intr.* deperi, fane, fennen, fletri *The flowers withered because they're not watered.* Flè yo fletri akòz yo pa wouze yo. •**withering away** deperisman

withers *n.pl.* [*of a horse, donkey, etc.*] gawo

withered *adj.* [*hand*] pòk

withhold *v.tr.* refize bay *He withheld their money from them.* Li refize bay moun yo lajan yo. •**withhold s.o.'s pay** pran sou *The accountant withheld five hundred gourdes from each employee to pay taxes.* Kontab la pran senk san goud sou chèk tout anplwaye pou peye taks.

withholding *n.* jeretyen

within *prep.* ladan, nan mitan, nan sen *Please stay within this area.* Rete nan limit kote s a. *Don't mingle within the crowd.* Pa antre nan mitan foul la. *He's within the government, he knows what's going on.* Li nan sen gouvènman an, li konn tout sa k ap pase. *Return within ten hours.* Tounen nan dizèdtan.

without *prep.* san *You never see one without the other.* Youn pa janm mache san lòt. *I went out without an umbrella.* M soti san parapli. *She left without saying goodbye.* L ale san l pa di orevwa. *You can't go in without paying.* Ou pa ka antre san (ou pa) peye. *He left without any money in his pocket.* Li soti san lajan nan pòch li. •**do without** debouye, degaje, pran jan li ye *We have to do without help.* Se pou nou debouye san èd.

withstand *v.tr.* sipòte *She withstood the illness even though the pain was great.* Li rive sipòte maladi a kwak soufrans lan rèd.

witness[1] *n.* temwen •**witness for the defense** temwen{a dechaj/defans •**defense for the prosecution** temwen a chaj •**compromising witness** eleman jennan •**key witness** temwen kle •**material witness** temwen kle

witness[2] *v.tr.* konstate, temwaye *I'm the only person who witnessed the birth of her child.* M sèl grenn moun ki te temwaye nan akouchman l. *I witnessed the accident.* Mwen te konstate aksidan an. •**witness a bet** koupe pari *We need a person to witness the bet.* Nou bezwen yon moun pou koupe pari a.

witty *adj.* byen sizonnen

wiz *n.* boul dife, flanm, kanno, tòp *She's a wiz, she does really well at school.* Li se yon boul dife tank li travay byen lekòl. *Manno is a wiz at soccer, as soon as he gets a ball, it's a goal.* Manno se flanm nan foutbòl, depi li pran yon balon se gòl. *This guy is a wiz, you can't play bezique with him, he always beats everybody.* Nèg sa a se kanno, ou pa ka jwe bezik ak li, li toujou genyen tout moun. *He's a wiz at fixing cars.* Nan repare machin, msye se yon tòp.

wizard *n.* espè, maton

wizened *adj.* •**wizened old person** granmoun ti tay

wobble *v.intr.* [*car, tires*] chimi *The car is wobbling.* Machin nan ap chimi.

wobbly *adj.* mangouyan *The tires are wobbly, they need to be changed.* Kawotchou yo mangouyan, yo mande chanje.

woe *n.* malè

wolf *n.* lou •**lone wolf** koyo, moun solitè

wolf down *v.tr.* bafle, boufe, glòtglòt vale{bouch doub/san kraze} *He really wolfed down the food.* Se glòtglòt li glòtglòt manje a.

The boy wolfed down all the food. Tigason an bafle tout manje a.

woman *n.* dam, fanm, femèl, fi, madanm, manmzèl, medam [*n.pl.*], nègès, sò, ti nègès *She's a beautiful woman.* Se yon bèl fi. *Women live longer than men.* Fi viv pi lontan pase gason. *Check out that woman coming this way!* Gade yon fanm k ap vin la a! *This woman is a nice person.* Manmzèl sa a se yon bèl moun. *This woman, every week she has a different guy.* Sò sa a, chak senmenn li gen yon nèg. •**woman accompanying the bride** [*used by a man accompanying groom*] makòmè marenn, marenn nòs •**woman on the side** fanm{deyò/sou kote} •**woman visited only for sex, but not a prostitute** pratik •**woman who acts as go-between for young people** tantin meyèt •**woman who brings good luck** fanm chans •**woman who runs after younger men** selina •**woman with arms akimbo** pakèt {fanm/kongo} *His mother stood there with arms akimbo waiting for an answer.* Manman ni kanpe la an pakèt fanm k ap tann yon repons. •**woman with high-placed connections** gran{bebe/fanm} *She's a woman with high-placed connections, she enters the palace whenever she wants.* Li se yon gran fanm, li antre nan palè lè li vle. •**woman with very short hair** ayida •**elderly woman** lame •**group of women and men** mesye dam *The group of men and women sat down to tell stories.* Mesye dam yo chita ap bay blag. •**fat woman** manman bèf •**short fat woman** basèt, flonflon •**shrewish woman** penbèch

womanizer *n.* akrèk pou fanm, brigan, djougan, fanbre, frapè, gen je bouzen, kourèdejip, tchoula *This womanizer, don't let him get close to your daughter.* Nèg djougan sa, pa kite l pre pitit fi ou. *He's a womanizer.* Li akrèk pou fanm. *The girl took him for a serious person and yet he was a womanizer.* Tifi a te pran misye pou moun serye e poutan se yon brigan l te ye. *That guy loves women, he's a womanizer.* Msye renmen fi, li se yon gason tchoula. •**deceitful womanizer** bakonyè •**deceitful, double-dealing womanizer** bakoulou baka

womb *n.* lanmè, manman vant, matris, sak pitit

wonder[1] *n.* mèvèy •**no wonder** pa mande Bondye

wonder[2] *v.tr.* mande, sezi *He was wondering what you were doing tonight.* Li mande sa ou ap fè aswè a. *I don't wonder that she left. They treated her very badly.* M pa sezi ale l ale a; yo te boule mal avè l anpil. •**wonder how** mande dekiprevyen *We wonder how there can be all these crimes in our country.* N ap mande dekiprevyen tout krim sa yo nan peyi nou an.

wonderful *adj.* admirab, bèl anpil, granjan, laraj, mèveye, michan, pyout *What wonderful news!* Ala on nouvèl bon anpil!. *For his wedding his father offered him a wonderful house.* Pou maryaj misye papa l fè l kado yon kay granjan. *He built a wonderful house.* Li bati yon michan kay. *The drawing is wonderful.* Desen an pyout. *That nice house, it's wonderful.* Bèl kay sa a, se laraj.

wonderfully *adv.* amèvèy

wonderstruck *adj.* rete{bèbè/bouch be/djòl louvri}

woo *v.tr.* fè liy yon moun, file, kase ti bwa nan zòrèy, pase plim poul nan zorèy yon fi *Ti Djo has been wooing the girl for six months but he hasn't succeeded yet.* Ti Djo ap file kòmè a depi si mwa men li poko ka bon. *He's wooing the woman to have her fall in love with him.* Misye ap kase ti bwa nan zòrèy fi a pou l ka renmen avè l.

wood *n.* 1[*plant substance*] bwa *She went to buy wood.* L al achte bwa. *What kind of wood is this?* Ki bwa sa a? 2[*area with trees*] bwa, raje, rakbwa **woods** *n.pl.* bwa, raje, rak, rakbwa *It's in the woods that wild animals live.* Bèt sovaj se nan raje sa viv. *They went in the woods.* Yo antre nan bwa. •**wood for making charcoal** bwa chabon •**get wood** fè bwa *I'm going into the brush to get some wood.* M pral nan raje a fè kèk bwa. •**having taken to the woods** nan mawon *The soldiers are after all people who have taken to the woods.* Lapolis ap chache tout nèg ki nan mawon. •**kindling wood** fachin bwa •**take to the woods** bwaze, pran bwa pou li

wood-carving *n.* eskilti an bwa

wood-owl *n.* chanwan

wood pile *n.* biche, pil bwa

wood-working *n.* bwazri

woodcutter *n.* siyè, siyèdlon

wooded *adj.* chaje pyebwa *It's a wooded area.* Se yon zòn ki chaje pyebwa.

wooden *adj.* bwa *It's a wooden bed.* Se yon kabann bwa. *Use a wooden spoon.* Sèvi ak yon kiyè bwa.

woodland *n.* tè bwaze

woodlouse *n.* kokorat, pou bwa, siwon

woodpecker *n.* pivè, sèpantye

woodpigeon *n.* ranmye

woodshed *n.* anga pou wa

woodworker *n.* ebenis

woof woof *onom.* [*sound of a dog barking*] hap hap, hou hou, houn houn, wap wap, wouf wouf *Small dogs go woof woof! Big dogs go wooof wooof!* Ti chen fè wap wap! gwo chen fè hou hou!

wooing *n.* fè liy

wool *n.* lenn •**Cheviot wool** chevyòt •**knitting wool** wis •**steel wool** paydefè

woolen *adj.* an lenn

wooziness *n.* mayilò, soulay

woozy *adj.* gaga

word *n.* **1**[*unit of language*] mo *What does that word mean?* Sa mo sa a vle di? **2**[*message/piece of news*] nouvèl, pawòl ap tande *I've had no word from her.* M pa gen nouvèl li menm. *Word is you're going to get married.* Pawòl ap pale ou pral marye. **3**[*promise*] mo *I give you my word on it.* M ba ou mo m, ou mèt kwè m. *He's a man of his word.* Se moun ki gen pawòl. **4**[*short remark/statement*] mo *Please don't say a word about this to anyone.* Pa di pyès moun anyen sou sa. **words** *n.pl.* pawòl •**word for word** [*translation*] motamo *I'm translating word for word.* M ap fè tradiksyon an motamo. •**word has reached that** pran son *Word reached me that Jane and Paul are going to get married.* M pran son Jàn ak Pòl pral marye. •**words that make sense** pawòl kòdjòm •**be of one's word** gen pawòl, pa gen de pawòl *He's a man of his word, you can count on him.* Li se moun ki gen pawòl, ou mèt konte sou li. *He's a man of his word.* Misye pa gen de pawòl. •**be beyond words** pa gen bouch pou pale *What I saw was beyond words.* Sa m wè, pa gen bouch pou pale. •**be of one's word** gen pawòl, pa gen de pawòl •**be short of words** pèdi{lapawòl/pawòl} •**being beyond words** bòyò •**buzz**

word deviz •**by word of mouth** de zòrèy an zòrèy *I heard the rumor by word of mouth.* M tande zen an de zòrèy an zòrèy. •**consoling words** pawòl rekonfòtan •**curse word** betiz, gwo mo •**dirty word** betiz, gwo mo, mo sal •**empty words** nan bouch sèlman •**fancy-sounding word** gwo mo wonflan •**give one's word** bay mo li *When I give my word to do something, you know that it will be done.* Depi mwen bay mo m pou m fè sa, konnen sa ap fèt. •**go back on one's word** vire{bouch/pawòl}li •**harsh words** gwo pale •**have a word with s.o.** fè yon ti pale ak •**have words with s.o.** rantre nan bouch louvri •**hollow words** koze{nan bouch/mete la •**key word** mo kle •**in other words** sa vle di —*I'm really tired.* —*In other words, you're not going?* —M fatige anpil. —Sa vle di ou pa prale? •**it's beyond words** se pa pale •**nonsense word in children's game** kouban •**nonsense word in counting rhyme** almatlala youn, almatla kouban de, seselera twa, bon beni kat •**put a word in** plase yon mo nan •**put forth words** pouse son •**put in a good word for** pistonnen *You can go apply for the job, I'll put in a good word for you.* Ou mèt al mande djòb la, m ap pistonnen ou. •**put into words** esprime •**put words in s.o.'s mouth** fè bouch yon moun *The lawyer is putting words in his client's mouth.* Avoka a ap fè bouch kliyan l. •**rallying word** modòd •**take someone's word for it** kwa sa yon moun di *I had to take his word for it.* M te oblije kwè sa l di m lan. •**take the word from s.o.'s mouth** retire{(yon) mo/pawòl}nan bouch yon moun *You took the word from my mouth.* Ou retire mo a nan bouch mwen. •**trusted word** bon pawòl •**vain words** pawòl{anlè/san sèl/van}

wordy *adj.* paladò, pale pou pale

work[1] *n.* **1**[*gen.*] metye, okipasyon, travay *Do you like your work?* Ou renmen travay ou a? *Are you looking for work now?* Ou ap chache travay konnye a? *We'll meet after work.* N a wè apre travay. *Something happened at work today.* Gen yon bagay ki pase nan travay la jodi a. *What's his line of work?* Ki travay li fè? *She's been doing good work for us.* Li fè bon travay pou nou. *This work is very tiring.* Travay sa a fatigan anpil. *I'll wash your work* *clothes tomorrow.* M ap lave rad travay ou yo demen. *What kind of work do you do?* Ki metye ou? **2**[*accomplishment*] zèv *This table is the work of Bòs Toto.* Tab sa a se zèv bòs Toto. **works** *n.pl.* zèv •**work of art** zèv da •**work of art or literature** zèv •**work party** ekip •**work team** eskwad •**agricultural collective work session** konbit, panpono [N] •**be out of work** sou beton an *He has been out of work for a long time, he has never found a job.* Misye sou beton an kèk jou, li pa janm travay. •**busy work** travay pou yon moun pa ret/e chita *The boss is always giving people busy work to do.* Bòs la toujou jwenn yon travay pou l ba ou fè pou ou pa ret chita. •**by sheer hard work** ak fòs ponyèt li *It's through sheer hard work that I achieved all that.* Se ak fòs ponyèt mwen m reyalize tout sa a. •**charitable works** bonzèv •**communal work** [*usu. followed by distribution of food*] kòve •**construction work** chantye •**day's work** lajounen •**do sloppy or imperfect work** bay mank *Since yesterday you've been doing sloppy work.* Depi ayè w ap bay mank nan travay yo. •**do volunteer work** fè benevola *The nurse does volunteer work in health care.* Mis la a fè benevola nan sant sante a. •**do work well** pote chay *She did the work well.* Li pote chay la byen. •**farm work** travay latè •**get down to work** mete men •**get to work** [*begin doing*] koumanse. *You'd better get to work now if you want to finish it today.* Pito ou koumanse konnye a, si ou vle fini jodi a. •**have one's work cut out for one** chaje travay *We have our work cut out for us today!* Nou chaje travay pou n fè jodi a! •**length of a work period or shift** pye •**not go regularly to work** bay mank *Since last week you haven't been going to work regularly.* Depi senmenn pase a w ap bay mank nan travay la. •**not go to work** chome •**overtime work** ovètaym •**out of work** chome •**place work** travay •**poorly-done work** bouye vide, rabacha •**put someone to work** foure li nan travay *He put us to work as soon as we got there.* Kon n rive, li foure n nan travay. •**s.o. who does shoddy work** kòdonnye san fil •**temporary work** demele, ti djòb •**unpaid work** travay benevòl •**who does his work in depth** pwofonde •**good works** lèv

work² **I** *v.intr.* **1**[*do an activity*] opere, travay *He was working in the hot sun.* Li t ap travay nan solèy cho a. *What are you working on there?* Ki travay ou ap fè la a *Do you work on Sundays?* Ou travay dimanch? *We worked all day.* Nou fè jounen an ap travay. *This week we aren't working because there's no electric power.* Senmenn sa a nou pa opere menm paske pa gen kouran. **2**[*work hard*] rente *I've been working all day under the sun.* Depi maten m ap rente anba yon solèy la. **3**[*function: machine*] an mach, bon, jwe, mache, pati, refonksyone, travay *How does this gadget work?* Ki jan bagay sa a mache? *The light isn't working.* Limyè a pa mache. *This radio works by battery.* Radyo sa a mache sou pil. *I'll explain how everything works here.* M a esplike kouman tout bagay mache isit la. *The refrigerator isn't working right.* Frijidè a pa travay byen. *The radio was working fine, and then it went dead.* Radyo a t ap jwe byen pwòp, enpi l rete konsa l bèbè. *The flash didn't work.* Flach la pa pati. *The horn isn't working on this car.* Klaksonn lan pa bon. *My car is working now.* Kounye a machin mwen an mach. *The generator works the way it did before.* Dèlko a refonksyonen jan l te ye anvan an. **4**[*succeed: plan, activity*] pran *Did the plan work?* Èske plan an pran? **5**[*arrange*] ranje *Let's see if we can work it.* An n wè si n a ranje. **6**[*produce a positive effect*] ale, bon, mòde *This medicine works great.* Remèd sa a bon anpil. *Do you think this hat works with this dress?* Ou kwè chapo sa a ale ak rad sa a? *It worked, I got the job.* Sa mòde, m jwenn travay la. **II** *v.tr* [*make s.o. do work*] fè travay *He works them hard.* Li fè yo travay anpil. •**work again** refonksyonen *The generator works the way it did before.* Dèlko a refonksyonen jan l te ye anvan an. •**work aimlessly** manje gonbo ak yon dwèt *He's never been able to succeed in his projects, it's as if he works aimlessly.* Li poko janm kab reyisi pwojè l yo, se tankou l ap manje gonbo ak yon sèl dwèt. •**work all day** ponnche *We're working all day to make ends meet.* N ap ponnche pa bò isit pou n avwa lavi. •**work by cronyism** paspouki *That government works by cronyism.* Sa se yon gouvènman paspouki. •**work for nothing** pou bontan •**work for**

nothing or in vain kale {bannann/ kòk/ kokoye}pou po *He worked in vain, they didn't pay him for the job.* Misye ap kale bannann pou po, yo pa peye l nan djòb la. •**work hard** feraye, manniboule, mete fè, pote boure, pete fyèl, rente, trimèse *What's new? —You know, one's working hard.* Ki nouvèl? —Ou konnen, nèg ap feraye. *I'm working hard in this country in order to succeed.* Mwen pete fyèl anpil nan peyi a pou nou ka reyisi nan lavi a. *Work hard, guys, the merchandise must be packed by five o'clock.* Mete fè mesye, machandiz la dwe fin anbale a senkè. *If everyone doesn't work hard at the job, we'll never finish.* Si tout moun pa pote boure nan travay la, nou p ap janm fini. *We're working hard to make ends meet.* N ap trimèse pou avwa lavi. •**work hard all day long** [*farming*] simen kontra *Those farmers work hard all day long.* Nèg sa yo simen kontra tout bon. •**work hard and consciously** mete li sou sa *If you want to stay in this job, you have to work hard and consciously in this company.* Si ou vle rete nan travay sa a, fòk ou mete ou sou sa. •**work hard to get by** bat dlo pou fè bè •**work in** fè yon moun pase *I'll see if I can work you in this morning.* M a wè si m a ka fè ou pase maten an. •**work in cahoots with** mare sosis li ak *The government works in cahoots with the rich at the expense of the poor.* Pouvwa a mare sosis li ak rich yo sou do malere. •**work in vain** betize, chache trip foumi *What you're doing here is working in vain because you won't get any results.* Sa w ap fè la se chache trip foumi paske ou p ap jwenn okenn rezilta. •**work jointly** kolabore *They decided to work jointly in order to get the job done quicker.* Yo deside kolabore pou fin fè travay la pi vit. •**work like a dog** travay kou bèt *He works like a dog.* Li travay kou bèt. •**work like a mule** bourike *I work like a mule to send my children to school.* M bourike pou m ka voye timoun yo lekòl. •**work magic** gen tit albè *If you hadn't worked out some magic, you wouldn't have been able to steal her purse.* Si ou pa t gen tit albè, kote ou te ka vole sakit li an. •**work off** peye *How will you work off your debts?* Ki jan ou ap fè pou ou peye dèt ou? •**work one's fingers to the bone** travay di *I work my fingers to the bone to send you all to school.* M travay di pou m voye n lekòl. •**work one's way to** mache jis li rive, rive jis devan *We'll never be able to work our way to the front.* Nou pa p janm ka rive jis devan. *He worked his way to the position of principal.* Li mache jis li rive direktè. •**work one's self into a frenzy** chofe serye *The fans worked themselves into a frenzy.* Fanatik yo te chofe serye. •**work o.s. to the bone** kraze kò li *I work myself to the bone to save and you spend without a second thought.* M ap kraze kò m ekonomize, ou menm w ap depanse san gade dèyè. •**work or do sth. in vain** pote dlo nan moulen *It's raining and my brother is wiping the car; he's working in vain.* Lapli ap tonbe epi frè m nan ap siye machin nan; l ap pote dlo nan moulen. •**work or sweat in the sun** boule solèy *Since this morning, we've been working in the sun in the field.* Depi maten, n ap boule solèy nan jaden an. •**work out** a[*find by reasoning*] jwenn, kalkile *Let's see if we can work out the answer.* An n wè si n ka jwenn repons lan. *Have you worked out how much each of us has to pay?* Ou kalkile konbe nou chak gen pou n peye? b[*have a good result*] byen pase, mache *It looks like it'll work out.* Sanble l ka mache. *Everything worked out fine.* Tout bagay byen pase. c[*do exercises*] fè egzèsis *Let's work out.* Ann fè egzèsis. •**work out accounts** fè kont *Let's work out accounts to divide up the money.* Vin nou fè kont lan pou nou separe kòb la. •**work out badly** fini mal *The discussion ended badly, people came to blows.* Diskisyon an fini mal, moun yo mete men. •**work overtime** fè ovètaym *They asked us to work overtime.* Yo mande n fè ovètaym. •**work real hard** rann fyèl li •**work sth. in vain** lave men siye atè •**work sth. out** elabore •**work to death** fè yon moun travay pou n pa chape *She worked us to death.* Li fè n travay pou n pa chape. •**work s.o. to the bone** tòtòt *They worked me to the bone, then they fired me.* Yo fin tòtòt mwen, epi yo revoke m. •**work together** bay yon moun{lebra/lamen}, kole zepòl, {mache/mete} ansanm ak, mete{men/tèt} ansanm, patisipe, pote kole *We must work together to save the country.* Fò n bay lamen pou n sove peyi a. *The opposition and the government finally worked together to set up* *the country.* Opozisyon an ak pouvwa a resi bay lebra pou demare peyi a. *Let's work together to finish the work.* Ann mete tèt ansanm pou n fini ak travay la. *Let's work together in order to build a better future.* Ann kole zepòl pou n bati yon demen miyò. *Let's work together to change the face of the country.* Ann met men ansanm pou nou chanje vizay peyi a. *If you work together with him, you'll have this work done faster.* Si ou mete ansanm ak li, w ap fini travay sa a pi vit. *Let's work together to rebuild Haiti.* Ann patisipe nan rebati Ayiti. *Let's work together with the health services.* Ann pote kole ak otorite lasante yo. •work together in harmony akòde gita yo *They worked together in harmony to resolve the problem.* Yo akòde gita yo pou rezoud kriz la. •work towards sth. fè mannèv •work underhandedly manniganse *The government is plotting underhandedly a fake project for this area.* Gouvènman ap manniganse yon plan makawon pou zòn nan. •worked up an bandisyon *The workers are worked up; they're protesting in front of the town hall.* Travayè yo an bandisyon; y ap pwoteste devan lameri a. •work very hard at touye tèt li •work wholeheartedly devwe kò e{am/nanm} *She's working wholeheartedly for education reform.* Li devwe kò e nanm nan refòm sistèm edikatif la. •work without result manje gonbo ak yon dwèt •doesn't work lèt ak sitwon *Eating okra and fish together doesn't work.* Manje gonbo ak pwason se lèt ak sitwon. •get sth. working fè mache *He managed to get the generator working.* Li rive fè dèlko a mache. •make s.o. work for nothing or to no avail manje kouray yon moun •make s.o. work like slaves redi ke yon moun *The boss made the workers work like slaves.* Patwon an ap redi ke ouvriye yo. •not work well bay ratman *My watch is not working well.* Mont mwen ap ban m ratman. •really work se kle *That medicine really works.* Remèd la se kle. •stop working a[machine] pran pàn *The generator stopped working.* Dèlko a pran pàn. b[people] fè kawousèl *They stopped working because they weren't paid.* Yo fè kawousèl poutèt yo pa peye yo.

work-out *n.* egzèsis
work-period *n.* **work-period before sunrise** notab
work-team *n.* •**profit-sharing agricultural work-team** atribisyon
work area *n.* chantye
workaholic *n.* bouwo travay
workbench *n.* etabli *The tools are on the workbench.* Zouti yo sou etabli a.
workday *n.* lajounen *Our workday begins at five a.m. and ends at six p.m.* Lajounen nou kòmanse a senk è nan maten pou siz è di swa.
worked up *adj.* anbandisyon *Don't get so worked up over it.* Pa bay tèt ou poblèm pou sa. *The workers are worked up; they're protesting in front of the town hall.* Travayè yo an bandisyon; y ap pwoteste devan lameri a.
worker *n.* ouvriye, ouvriyèz [*fem.*], travayè, travayèz [*fem.*] •**worker of the cleaning department** [*public*] baleyè lari •**be a day worker** vann jounen •**be a hard worker** antreprenè *He really is a hard worker.* Li vreman yon moun ki antreprenè. •**blue-collar worker** travayè mànyèl •**community health worker** ajan (la)sante, animatè, animatris [*fem.*] •**dock worker** debadè •**first-aid worker** sekouris •**foreign volunteer worker** kowoperan •**hard worker** dis dwèt li rele pa l, ferayè, gen dis dwèt li •**metal worker** (bòs) ferayè. Msye se yon gwo bòs ferayè, li ka fè baryè fè fòje a. •**sanitation worker** travayè vwari •**seasonal worker** sezonye •**skilled worker** travayè kalifye •**social worker** travayè(z) (byennèt) sosyal •**unskilled worker** manèv •**voluntary worker** benevòl
workhorse *n.* bèf kabrèt *I'm a workhorse, they left this job for me.* Mwen se bèf kabrèt, yo kite travay la pou m fè.
working *adj.* [*mech.*] fonksyònman •**working days** jou ouvrab •**working out** fè egzèsis •**in working** condition an mach
workman *n.* ouvriye, travayè
workshop *n.* 1[*training session*] atelye 2[*work place*] atelye, chòp
world *n.* 1[*people*] tout moun *I don't want the whole world to know about my business!* M pa bezwen tout moun konn afè m! 2[*the earth*] late, lemon, monn *It's the richest country in the world.* Se peyi k pi rich sou latè. •**world**

cup koup dimonn •everywhere in the world nan lemonn antye, tout lemonn •go around the world fè letoudimonn *The day I become rich I will go around the world by boat.* Jou m vin rich, m ap fè letoudimonn ak yon bato. •go out in the world ale{gade/wè/chache} kote lari fè kwen *I've been taken care of by my parents for a long me, it's time to go out in the world and make a living on my own.* M rete twòp sou kont paran, fò m al wè kote lari fè kwen. •in a better world nan lye verite li •nothing in the world touye li rache li *Nothing in the world could make her believe I'm not the one who divulged her secret.* Touye l rache l, se mwen ki mete koze l deyò. •the whole world lemonn antye •Third World tyèmonn •what in the world ala en World War I *prop.n.* lagè katòz

worldwide *adj.* mondyal *A worldwide sports event.* Yon evènman espòtif mondyal.

worm[1] *n.* vè, vèmin *The doctor tells me I have worms.* Doktè a di m gen vè. •body worm ti loulout (nan vant) •become infested with worms fè vè •can of worms bouyay, tchouboum •very large worm manman vè •have worms gen vè nan gòj *The child has worms because she eats a lot but never gains weight.* Timoun nan gen lè gen vè nan gòj paske li manje anpil men li pa janm gwosi. •have worms in one's stools {jete/bay/ pase/rann} vè •pickle worm cheni konkonm •wire worm vè di

worm[2] *v.tr.* •worm information out of s.o. rale plim nan twou nen yon moun *The detective is trying to worm the information out of him.* Enspektè a ap eseye rale plim nan twou nen l. •worm secrets out of s.o. bat vant yon moun *If you know how to worm secrets out of her, she'll tell you the whole truth.* Si ou bat vant li, l ap di ou tout verite.

worm-eaten *adj.* pike

worm-ridden *adj.* vere

wormseed *n.* simen kontra

wormy *adj.* pike *The corn is wormy.* Mayi a pike.

worn *adj.* limen, manje *These pants are worn at the knees.* Pantalon an limen nan jenou. *The book's cover is worn in many places.* Po liv la manje toupatou.

worn-out *adj.* 1[*thing*] degriji, fatige fini, ize, limen, mi, molas, pouri *These shoes are worn-out.* Soulye sa a fini. *This hat is worn out, you can buy another.* Chapo sa a fini, ou mèt achte yon lòt. *The drill bit is too worn out, it can't bore the wood.* Mèch la ize twòp, li pa fouti pèse bwa a. *The knees of his pants are all worn out.* Jenou pantalon an limen nèt. *You can't use this worn-out book anymore.* Liv mi sa a, ou pa ka sèvi ak li ankò. *What am I to do with these worn-out things?* Sa pou mwen fè ak bagay molas sa a? *The mop is worn out, it can't dry anymore.* Mòp la pouri, li pa ka seche ankò. *You can throw out those pants, they're completely worn out.* Ou mèt voye pantalon sa a jete, li fin degriji. 2[*person*] abriti, delala, demanbre, demrele, fatige, kraze, kreve, mayi li fini, pa ret ren ankò *The woman's worn out, she's raising three children alone.* Nègès la fatige, l ap leve twa pitit pou kont li. *After the trip, I'm completely worn out.* Apre vwayaj la, m kraze nèt.

worried *adj.* enkyè *We're worried because we have not heard any news since the accident.* N enkyè anpil paske n pa tande nouvèl li depi apre aksidan an. •be greatly worried {chita ak/mete}men nan{machwè/tèt} *The child's mother is greatly worried because she's been gone since this morning and she hasn't yet returned home.* Manman pitit la mete men nan machwè poutèt li soti depi maten li poko tounen. •sorely worried chita ak men nan machwè

worrisome *adj.* enkyetan *His health is worrisome.* Sante li enkyetan anpil.

worry[1] *n.* chajman tèt, enkyetman, kè{sou biskèt/kase/ mare}, okipasyon, preyokipasyon, pwoblèm, sousi, tèt chaje, traka *They seem like they have no worries at all.* Yo tankou moun ki pa gen poblèm menm. *That child gives me nothing but worry.* Pitit sa a ban m twòp traka. *This child's sickness gives us a lot of worry.* Maladi pitit la ba nou anpil chajman tèt. *My only worry is for the child who hasn't returned yet.* Sèl okipasyon m se pitit la ki pankò antre a. *The child causes her lots of worries.* Pitit la ba l anpil sousi.

worry[2] *v.tr.* anbete li, bat kò li, bay (tèt) li pwoblèm, boule an senèryen, chaje tèt li, enkyete (li), fatige tèt li, je yon moun fè tè pwa tè mayi, sakaje li, toumante li, trakase li *The bad weather worries me a lot because of my trip.* Move tan an enkyete m anpil pou vwayaj mwen. *Don't worry. Nothing will happen to me.* Pa bay tèt ou poblèm. Pa gen anyen k ap rive m. *That problem worries me so much that I can't get to sleep at night.* Pwoblèm sa a tèlman anbete m, m pa rive dòmi lannuit. Pwoblèm lajan sa a chaje tèt mwen. *He worries about everything.* Tout bagay ba l pwoblèm. *Don't worry, you will pass.* Pa bat kò ou, w ap pase. *Don't worry about anything.* Pa chaje tèt ou pou anyen. *Don't worry, everything will go well.* Ou fatige tèt ou twòp. *She's worried because it's getting late and her child hasn't returned yet.* Je l ap fè tè pwa tè mayi poutèt l ap ta epi pitit li pankò rantre. *Don't worry, we'll solve the problem.* Pa sakaje ou, n ap rezoud pwoblèm nan. *Don't worry like that, we'll help you solve the problem.* Ou pa bezwen toumante ou konsa, n ap ede ou rezoud pwoblèm nan. *The child's illness worries me.* Maladi pitit la trakase m. •**worry about** [*what s.o. does*] bay yon moun kenbe anyen pou li *It's you who needs to worry about what others think about you.* Se ou ki bay moun kenbe yon bagay pou ou. •**worry about sth.** chaje tèt li *Don't worry about anything.* Pa chaje tèt ou pou anyen. •**don't worry** kè kal, kenbe kè, pa okipe ou, se maladi ki gate vanyan *Don't worry so much about me.* Pa okipe ou twòp pou mwen. *Don't worry, I'll buy the medicine for you.* Kenbe kè, m pral achte medikaman an pou ou. •**not worry about money** chita sou{lorye/wozèt}li •**you have nothing to worry about** pen ou sou kouch, lanmori ou sou gri

worse[1] *adj.* pi{mal/rèd} *It could be worse.* Sa te ka pi mal. *It's getting worse and worse.* Se pi mal an pi mal. *It's worse than they thought it was.* Sa pi mal pase jan yo te kwè a. *What's worse, I'm broke, I don't even have a dime.* Sa ki pi rèd la, m razè menm pou senk kòb. •**get worse** anpire, anvlimen, degrade, dejennere *The illness is getting worse day by day.* Maladi a ap anpire de jou an jou. *Things are getting worse.* Bagay yo kòmanse anvlimen. *The situation of the country is getting worse day after day.* Sitiyasyon peyi a ap degrade chak jou. *The situation of the prisoners is getting worse and worse.* Sitiyasyon prizonye yo ap dejenere pi plis toujou. •**make worse** anpire, anvlimen, mangonmen *Don't make the situation worse.* Pa anpire sitiyasyon an. *Instead of curing the patient the doctor made him worse.* Angiz doktè a geri maladi a li anvlimen li. *You're enraged, you're making things worse.* Ou anraje monchè, w ap mangonmen bagay yo. •**what's even worse** mete sou{sa/li}, pi mal ankò *I lent him my money, he didn't return it, what is even worse is that he insulted me.* Mwen prete li kòb mwen, li pa ban m li, mete sou sa li joure m ankò. *They have fired Joseph from his work, even worse his wife left him after a week.* Yo revoke Jozèf nan travay li, pi mal ankò mennaj li kite l apre yon semèn. •**what's even worse** mete sou{sa/li}, pi mal ankò *I lent him my money, he didn't return it, what is even worse is that he insulted me.* Mwen prete li kòb mwen, li pa ban m li, mete sou sa li joure m ankò.

worse[2] *adv.* pi mal *I feel worse today.* M santi m pi mal jodi a. *We tried to fix it, but now it's running worse.* Nou eseye ranje l, men konnye l koule pi mal toujou.. •**so much the worse** tanpi

worsen *v.intr.* agrave, anpire, anvlimen, deteryore *The situation is worsening.* Sitiyasyon an anvlimen.

worship[1] *n.* adorasyon, kilt •**ancestor worship** kilt zansèt yo

worship[2] *v.tr.* adore, sèvi *They are worshipping God.* Y ap adore Bondye. *We'll worship God until we die.* N ap sèvi Bondye jis nou mouri.

worshiper *n.* adoratè

worshipful *adj.* [*Order of Masons*] venerab *He became Worshipful Master in Freemasonry.* Msye rive nan grad venerab nan koze fran mason.

worshiping *n.* adorasyon

worst[1] *adj.* pi move *He's the worst player on the field.* Se pi move jwè sou teren an.

worst[2] *adv.* sa (ki) pi rèd *This is the worst.* Sa a pi rèd! *Worst of all, she doesn't even know how to cook.* Sa k pi rèd la, li pa menm konn fè manje. •**worst of all** pi mal pase tout bagay •**the worst is yet to come** pi ta pi tris

worth¹ *adj.* •**be worth** avalwa, vo *This land is worth a lot of money.* Tè sa a vo yon bann kòb. *My trousers are worth twice his.* Pantalon m nan ap fè de avalwa pa l la. •**worth it** itil, vo lapenn *Don't do it. It's not worth it.* Pa fè l; sa pa p itil anyen. •**worth nothing** pa itil anyen •**worth one's while** itil li *I don't think it's worth my while.* M pa kwè sa ap itil mwen anyen. •**it's worth the trouble** sa vo lapenn •**not worth a cent** pa vo{senk kòb/yon penich} *This car isn't worth a cent.* Machin sa a pa vo senk kòb •**not worth a damn** pa vo yon kout pete *That sloppy work isn't worth a damn.* Travay machòkèt sa a pa vo yon kout pete.

worth² *n.* vale •**for all one's worth** ak tout dènye fòs li, tout sa li kapab

worthless *adj.* 1[*things*] payas, pa gen valè, vo anyen *This car is worthless.* Machin sa a pa vo anyen. *This worthless project will not succeed.* Pwojè payas sa a p ap reyisi. *Those words are worthless.* Pawòl sa a pa gen valè. 2[*people*] endiy, nil, pa itil, pe, vakabon, zèlvèt *He's a worthless individual.* Se yon pa itil. *These worthless people, if you ally yourself with them in life, you'll be nothing, just like them.* Moun endiy sa yo, si ou pran pa ak yo nan lavi a, ou p ap anyen tankou yo. *This worthless player can't score.* Jwè nil sa a pa ka fè gòl. *Don't think poor people are worthless.* Pa kwè pòv yo se moun ki pe. *Worthless people like that can't be my friends.* Moun vakabon konsa pa ka zanmi m. *You can't marry a worthless woman like her.* Ou pa ka marye ak yon zèlvèt kon li. •**be worthless** pa gen vale, vo anyen •**worthless jerk** abriti *Out with you, you worthless jerk!* Wete kò ou la, abriti! •**worthless or despicable person** bouden gri •**worthless or insignificant person** kaka aran *He's a worthless person, he's useless in the house.* Misye se yon kaka aran, li pa vo anyen nan kay la. •**worthless or worn-out object** dekovil •**worthless person** adjipopo,, jebede, mazora, moun deryen, payaya, ratatouy, senèryen, tèt{kanna/bòbèch}, ti pete, ti rapay, valpa, valtay *He's in the streets every day, doing nothing, he's a worthless person.* Li nan lari tout jounen san fè anyen, li se yon adjipopo. *This worthless person isn't useful for anything.* Jèbèdè sa

a pa itil anyen. *My father doesn't deal with worthless people.* Papa m p ap aksepte moun deryen lakay li. *A worthless person like you, what can you arrange for me?* Ti pete kon ou, ki sa ou ka regle pou m? *They are all worthless; they can't do anything.* Yo tout se tèt kanna, yo pa konn fè anyen. •**worthless things** djipopo, tenten *The car he bought is a worthless object.* Machin nan li achte a se yon djipopo. *Why don't you throw away those worthless things?* Poukisa ou pa voye jete tout tenten sa yo?

worthlessness *n.* endiyite

worthwhile *adj.* apresyab, enteresan, valab *The time you spent with us is worthwhile.* Moman ou pase ak nou an apresyab. *This business isn't worthwhile if he doesn't get any profit from it.* Zafè a pa enteresan si l pa gen pwofi ladan l. •**do sth. good or worthwhile** fè debon *What are you doing that's good?* Kisa ou fè debon? •**nothing worthwhile** anyen debon *They're talking gibberish on the radio, they don't say anything worthwhile.* Se jebede y ap jebede nan radyo a, yo pa di anyen debon.

worthy *adj.* debyen, diy *He is a worthy person.* Li se moun debyen.

would *cond.mkr.* ta, t ap, t ap sa *I'd like to dance with that girl.* M ta renmen danse ak fi sa a. *He'd like to become a Protestant minister.* Li ta renmen vin pastè. *If you could come early, it would be perfect.* Si ou te ka vin bonè, se t ap sa nèt. *I would be happy to lend you the money if I had it.* Si m te genyen, se ta tout plezi m pou m prete ou kòb la. *He told me he would come.* Li di m l t ap vini. *I knew she would be late.* M te konnen l t ap an reta. *You told me I wouldn't like it.* Ou te di m m pa t ap renmen l. •**would rather** pito *I'd rather you do it.* M pito se ou k fè l. *What would you rather do, go to the movies or go for a walk?* Sa ou pi pito, al sinema osnon al flannen? *Would you rather she didn't go?* Ou ta pito l pa ale?

wound¹ *n.* balaf, blesi, maleng *You have to dress the wound.* Se pou panse maleng nan. *My wound has healed.* Blesi mwen an geri. •**festering wound** mayas

wound² *v.tr.* blese *The knife wounded her in the arm.* Koute a blese l nan bra. •**wound s.o.** mete san yon moun deyò

wounded *adj.* anfrajele, blese, kòche *He was badly wounded.* Li te blese serye. *His hand was so badly wounded in the accident that they stitched it up.* Tank men l anfrajele nan aksidan an, yo koud li.

wow *interj.* 1[*admiration*] gèt mesye, kèt, mesye, komabo, kolangèt, komatiboulout, koubaba, orespe, ouch, wololoy, wòy *Wow! Look at that pretty girl!* Komabo! Gade jan yon fi bèl! *Wow! What a beautiful girl!* Kolangèt! Gad ki jan yon fi bèl! *Wow! Look at the beautiful maneuver the driver made.* Woy! Gade yon bèl mannèv chofè a fè. *Wow! That man dribbled past the other in an amazing way.* Gèt mesye! Nèg la bay lòt la yon move drib. *Wow! Is that girl beautiful!* Koubaba, fi sa a bèl! *Wow! Dig that beautiful girl!* Kèt! Gade yon bèl bèbè! *Wow! What a beautiful woman.* Wololoy! Gad ki jan yon fanm bèl. *The clothes make you look good, buddy!* Komatiboulout! Ala rad fè ou byen papa! *What a beautiful house!* Ouch! Ala yon bèl kay! 2[*surprise*] kòmanman, mezanmi, oyoyoy, wi fout *Wow! Look at the size of that cat!* Wi fout! Gade gwosè chat sa a! *Wow! Look at the huge house.* Kòmanman! Gade yon kokennchenn kay! 3[*pleasure*] anmwe *Wow! You make me happy.* Anmwe! Ou fè kè m kontan. 4[*disapproval*] hehey, kobaba *Listen to the bad word the child uttered.* Hehey! Tande gwo mo pitit la di! *Wow! You left me in a bind with this jalopy.* Kobaba! Ou lage m nan mera ak bogota sa a.

wow *v.tr.* ouvè *I wowed them with jokes.* M ouvè yo anba blag.

wrangle¹ *n.* kont

wrangle² *v.intr.* chire pit ak fè kont *I just wrangled with the smith.* M fèk chire pit ak machòkèt la,

wrap¹ *n.* manto

wrap² *v.tr.* vlope *Please it for me.* Vlope l pou mwen.. *He wrapped a blanket around his body.* Li vlope kò l nan yon dra. •**wrap up** vlope •**action of wrapping-up** anbalaj

wrapping *n.* anbalaj *The gift came in a nice wrapping.* Kado a vini nan yon bèl anbalaj. *I do wrapping.* M fè anbalaj.

wrath *n.* kòlè

wreak *v.tr.* •**wreak vengeance** {bay/fè}tèt li jistis

wreath *n.* gilann, kouwòn

wreck¹ *n.* 1[*vehicular accident*] aksidan, kolizyon *She was in a wreck yesterday.* Li fè yon aksidan yè. *If I didn't have good brakes, I would have had a wreck with his car.* Si m pa t gen bon fren, m t ap fè kolizyon avè l. 2[*person*] fini *He's been a wreck since his wife died.* Depi lanmò madanm li an, l fini. •**be a total wreck** fin delala *His life is a total wreck because of excess drinking of rum.* Li fin delala nèt nan bwè kleren.

wreck² *v.tr.* depatcha, detwi, kraze *He wrecked the car.* Li depatcha machin nan. *He wrecked the car by running into a wall.* L antre machin lan nan yon mi, l kraze l.

wreckage *n.* kakas, rès

wren *n.* watlè

wrench¹ *n.* espanè, kle, (plat), wench *This wrench is too small for the bolt.* Kle sa a twò piti pou boulon an. •**Allen wrench** kle èl •**clamping wrench** pens towo •**four-branched wrench** kle ankwa •**lug wrench** kle wou •**monkey wrench** kle{anglèz/tiyo} •**pipe wrench** kle tiyo •**socket wrench** (kle) douy, kle sòkèt

wrench² *v.tr.* rache, rale, rape *He wrenched the pencil from her hand.* Li rache kreyon an nan men l. •**put a wrench in the works** manyen, mete baton nan wou *Each time I want to finish the job, the jerk puts a wrench in the works.* Chak kou mwen vle fini travay la, mechan an mete baton nan wou m.

wrestle *v.tr.* fè lit, kò a kò *I wrestled him to the ground.* M frape l atè. *He wrestled, he brought the guy down.* Misye fè yon kò a kò, li mete do nèg la atè.

wrestler *n.* litè

wrestling *n.* kò a kò, lit

wretch *n.* adjipopo, malfouti, mekreyan *That wretch wants to mystically kill all the children in that neighborhood.* Mekreyan sa a vle manje depi se timoun sou katye a.

wretched *adj.* mizerab *They don't work, they're leading a wretched life.* Yo pa travay, y ap mennen yon vi mizerab.

wretchedness *n.* malsite

wriggle *v.intr.* {gouye/jigote/mouvmante}kò li, jijinen *What an annoying child, he refuses to stop wriggling in the chair.* Ala pitit pès, li refize plede gouye kò l sou chèz la. •wriggle about [in bed] brase kò li

wriggling n. kontòsyon

wring v.tr. tòde She wrung its neck. Li tòde kou l. I'm going to wring your neck for what you said! M ap pete fyèl ou pou sa ou di a! •wring out tòde Wring out the sheet. Tòde dra a. •wring out again retòde Wring out the clothes again so that they dry faster. Al retòde rad la pou l ka seche pi vit.

wrinkle¹ n. 1[skin] min, pli, rid Her face is covered with wrinkles. Figi l chaje ak min. His face is full of wrinkles. Figi l plen pli. 2[cloth] pli Iron the shirt to get out the wrinkles. Pase chemiz lan pou ou retire pli yo. •lined with wrinkles grizonnen Because he's getting older, he starts being lined with wrinkles. Kòm l ap rantre nan laj, li kòmanse ap grizonnen.

wrinkle² v.tr. chifonnen, plise, pliye If you sleep with the shirt on you, you'll wrinkle it. Si ou kouche ak chemiz la sou ou, w ap chifonnen l. I washed it, and it didn't wrinkle. M lave l, li pa fè pli. You can't write to someone on a piece of paper that's wrinkled like that. Ou pa ka ekri yon moun nan yon papye pliye konsa.

wrinkled adj. 1[thing] chifonnen, chode 2[skin] griji Her face is wrinkled, because she's getting old. Figi l griji anpil paske laj la fò sou li. •get wrinkled plise Don't sit on the clothes so they don't get wrinkled. Pa chita sou rad yo pou pa plise yo.

wrist n. ponyèt She broke her wrist. Li kase ponyèt li.

writ n. [jur.] esplwa •writ server [jur.] isye eksplwatan

write v.tr. 1[gen.] ekri, make I'm writing a letter. M ap ekri yon lèt. The man can write his name now. Nèg la ka ekri non l kounye a. This pen doesn't write. Plim sa a pa ekri. I'm showing the kids how to write. M ap moutre timoun yo ekri. They couldn't find his name written anywhere. Yo pa jwenn non l make okenn kote. I wrote it down on a piece of paper, but I can't find it. M make l sou yon bout papye, m pa wè l. 2[compose] fè, konpoze, redije She's going to write the letter for you. L ap fè lèt la pou ou. I'll write you out a check. M ap fè yon chèk ba ou. This singer always writes beautiful music. Chantè

sa toujou konpoze bèl mizik. I'm writing an article. M ap redije yon atik la a. •write a final draft {ekri/mete}yon bagay opwòp I'm writing the final draft of the letter. M ap mete lèt la opwòp. •write a preface prefase She writes prefaces to many books. Li prefase anpil liv. •write back fè repons I wrote him last year, but he never wrote back. M ekri l ane pase, l pa janm fè m repons. •write down ekri, kouche sou papye, make Write down the phone number for me. Ekri nimewo telefòn lan pou mwen. Write it down so you don't forget it. Make l pou ou pa bliye l. She wrote down all her thoughts. Li kouche sou papye tout sa l panse.. •write down again reyekri I lost the address, can you write it down again for me. M pèdi adrès la, ou ka reyekri l pou mwen? •write off [debt] annile, pase yon kwa sou They wrote off all of my debts. Yo annile tout dèt mwen yo. •write slanting [to the right] ekri kouche His handwriting slants. Li gen yon ekri kouche. •write up an administrative document pase ak •write up summons or statement [jur.] tire pwosèvèbal •write up the official proceedings tire pwosèvèbal The judge wrote up the official proceedings. Jij la tire pwosèvèbal la.

writer n. ekritè, ekriven, sanba

writhe v.intr. graje, kòde, tòde The girl rolled on the ground, writhing in pain. Tifi a graje tout kò l atè. Since yesterday, I have been writhing in pain with a bellyache. Depi ayè, m ap tòde ak yon vant fè mal. •writhe in agony djaye So much did the whipping hurt that he began to writhe in agony. Tank kout frèt la fè l mal, li tonbe djaye. •writhe in pain rale He writhed in pain like a small child. L ap rale tankou yon timoun piti.

writing n. ekritman •in writing pa ekri She announced the news to me in writing. Li anonse m nouvèl la pa ekri. •slanted writing [to the right] ekriti kouche

written adj. alekri She left me a written message. Li kite yon mesaj alekri pou mwen. •be written all over one's face Thief is written all over his face. Vòlè make nan figi l.

wrong¹ adj. 1[not correct] pa bon, dwòl Your addition is wrong. Adisyon ou lan pa bon. Your watch is wrong. Mont ou an pa gen bon lè. *There's something wrong with his story.* Gen yon bagay ki dwòl nan sa l di a. **2**[*not morally/socially acceptable*] pa bon, mal, move *Stealing is wrong.* Vòlè mal. *In my view, what you did was wrong.* Dapre mwen menm, sa ou fè a pa bon. •**be wrong** gen tò, twonpe li *You're wrong because you behaved badly.* Ou gen tò paske ou aji mal. *I might be wrong, but I think she said three o'clock.* M twonpe m, men m kwè l te di twazè. •**dead wrong** pa sa menm (menm) •**get s.o. wrong** malkonprann •**what's wrong** ki pwoblèm, sa k pase, sa li genyen *What's wrong? You don't look pleased.* Sa k pase? Ou gen lè pa kontan. *Did the doctor say what was wrong with her?* Doktè a di ki sa l genyen? *What's wrong with the car?* Ki poblèm machin lan genyen? •**what's wrong with s.o.** sa youn moun genyen *What's wrong with them?* Sa yo genyen?

wrong² *adv.* •**go wrong** **1**[*mistake*]fè erè *I don't see where I went wrong.* M pa wè ki kote m fè erè. **2**[*not as hoped for/planned*] move kat ki pèdi, pase mal, pèdi fil *Whatever goes wrong, my mother always puts the blame on me.* Nenpòt bagay ki pase mal, se mwen menm manman m toujou bay tò. *Something went wrong, I lost my way.* Gen move kat ki pati, m pèdi wout mwen. *Since he lost his job, everything has gone wrong in his life.* Depi li revoke a, li pèdi fil.

wrong³ *n.* ofans, sa ki pas bon, tò *As far as she's concerned, her child can do no wrong.* Pou li menm, pitit li a pa ka fè sa k pa sa. •**do a wrong** fayi *Let us pray that we do no wrong.* Ann priye pou n pa fayi. •**in the wrong** {an/gen}tò *We don't know who was in the wrong.* Nou pa konn kilès ki an/gen tò.

wrong⁴ *v.tr.* dezavantaje, donmaje, fè yon moun ditò, manke *You wronged me by failing to give me enough money.* Ou manke ban m ase lajan. •**wrong s.o.** fè yon moun abi

wrongdoer *n.* malandren, malfektè,

wrong-doing *n.* fè...mal *He was innocent of any wrong-doing.* Li pa fè anyen k mal.

wrongly *adv.* mal *I was wrongly accused.* Yo akize m mal.

wrought iron *n.* fè fòje

wry *adj.* mi fig mi rezen

wryneck *n.* maladi kou rèd

X

x *n.* *[letter]* iks •**X out** bife *X-out my name.* Bife non mwen.

Xerox®¹ *prop.n.* zewòks •**Xerox copy** fotokopi

Xerox®² *v.tr.* zewòks *I'm going to Xerox the page.* M pral zewòks paj la.

x-rated *adj.* endesan, pònografik,

x-ray *prop.n.* radyografi, reyon iks *The doctor sent me to have an X-ray taken.* Doktè a voye m al fè radyografi. •**X-ray machine** radyografi

xylophone *n.* zilofòn

Y

y *n.* [*letter*] igrèg

yacca tree *n.* kè nwa

yacht *n.* yatch

yack *v.intr.* jakase *You yack like a turkey, give your mouth a rest.* Ou jakase tankou kòdenn, bay bouch ou repo.

yacking *n.* jakasay

yam *n.* patat jòn, yanm •**yam bean** pwa kochon, pwa{kochon/manyòk}

yank[1] *n.* chikin, sakad

yank[2] *v.tr.* [*pull*] rale *I gave it a yank, and it came out.* M rale l rip enpi l soti.

Yankee *prop.n.* yanki

yap *v.intr.* jape *They spent the night yapping.* Yo fè lanwit ap jape.

yapping *n.* jape, japman

yard[1] *n.* [*location*] lakou •**yard boy** gason (lakou) •**chicken yard** baskou

yard[2] *n.* [*measure*] yad

yardarm *n.* [*of a ship*] vèg

yardman *n.* jeran lakou

yardstick *n.* yad an bwa

yarn[1] *n.* [*textile*] fil, fil triko, wis

yarn[2] *n.* [*tale*] istwa

yawn *n.* baye

yawn *v.intr.* baye *When you are yawning, put your hand in front of your mouth.* Lè w ap baye, mete men ou devan bouch ou.

yaws *n.pl.* krab, pyan •**yaws lesion** *a*[*gen.*] krab *b*[*on the foot*] pye fann, sapat tach

yeah[1] *interj.* anhan, tchèk, wey, ya

yeah[2] *interj.* [*Vodou*] agoudjalaa *Are you ready to welcome the ginen spirit? —Yeah!* Èske nou pare pou n akeyi ginen an? —Agoudjalaa!

year *n.* **1**[*measure of time*] an(e) *The year 1985 wasn't at all a good year for me.* Ane 1985 lan pa t bon pou mwen menm. *I've seen him twice this year.* M wè l de fwa ane sa a. *He will finish school next year.* L ap fin lekòl lòt ane. *I've worked hard all year long.* M fè tout ane a ap travay di. **2**[*period of 365 days*] an(e) *He's twelve years old.* Li gen douz an. *We were married ten years ago today.* Nou marye, sa gen diz an. *I've been working here for three years.* M gen twaz an depi m ap travay isi a.

That was the third year. Se te twazyèm ane a. **3**[*age*] an, rekòt kafe *This child is five years old.* Timoun sa gen senk an. *That makes me forty years old.* Sa fè m karant rekòt kafe. **years** *n.pl.* [*long time*] lontan, zan *I haven't seen him for years.* M gen zan depi m pa wè l. *That was years ago.* Sa fè lontan. •**year after year** chak ane *They come here year after year.* Yo vin isi chak ane. •**years and years ago** depi tan grannigrann, nan tan{benbo/bimbo} •**all year round** tout lanne •**each year** anyèlman •**final year of secondary school** filo •**first year in elementary school** setyèm (primè) •**first year in secondary school** setyèm (ane fondamantal) •**fiscal year** ane fiskal •**for years** depi zandèzan, gen zan *I haven't seen you for years.* Depi zandèzan m pa wè ou. *That car has been broken down for years.* Machin sa a gen zan depi l an pàn. •**for years and years** dèzane *I haven't seen you for years and years.* M gen dèzane m pa wè ou. •**get on in years** antre nan laj •**graduating year** [*school*] pwomosyon *All the students from my graduating year are living overseas.* Tout elèv pwomosyon m yo ap viv aletranje. •**hundred years** santan •**in one's teenage years** nan grandèt li *When I was in my teenage years, I was a mess.* Lè m te nan grandèt mwen, m te dezòd anpil. •**it's been years** gen zan •**junior year** segonn •**last two years of secondary school in Haiti** bakaloreya •**last year** dènye lanne •**leap year** ane bisektil •**nineteen years** diznevan •**of tender years** alabazaj, an bazaj •**on hundred years** santan •**one year** ennan •**one year ago** lanne pase •**past year** lane pase •**two years ago** lane pase anwo *It happened two years ago.* Sa te rive lane pase anwo. •**school or academic year** ane eskolè *The school year has nine months.* Ane eskolè a genyen nèf mwa. •**second year of secondary school** senkyèm •**seventy years** swasanndizan •**sixth (next to last) year of secondary school** retorik •**ten years** dizan •**third year in secondary school** [*10th*

1097

grade] segonn, twazyèm •**this year** ane isit *Last year he didn't save a drop, this year isn't going to be the same thing.* Ane pase li pa te fè yon tak ekonomi, ane isit se p ap menm bagay.

yearbook *n.* albòm klas

year-round *adj.* tout ane *There's cockfighting year-round.* Gen gagè tout ane a nèt.

yearly *adj.* anyèl, anyèlman *It's a yearly meeting.* Se yon reyinyon yo fè anyèlman.

yearning *n.* aspirasyon

yeast *n.* leven, poud (e)levasyon

yeasty *adj.* 1[*frothy*] kimen 2[*flighty*] anlè anlè

yell[1] *n.* kri, (kout)rèl *We heard a yell.* Nou tande yon rèl.

yell[2] *v.intr.* braye, hipe, jape, ranni, rele *I yelled at him, but he didn't hear me.* M rele l byen fò, men l pa tande m. *I'm close to you, why are you shouting at me like that?* Mwen tou pre ou, pouki ou ap hipe m konsa? •**yell at** {fè rèl/kriye/rele/wouke}sou, pale fò ak *Don't yell at me.* Pa vin fè rèl ou sou mwen. *Don't come yelling at me.* Pa vin kriye sou mwen la. *Don't ever yell at me like that again.* Gade pa janm pale fò ak mwen konsa ankò. *Don't yell at the child, he's not your servant.* Pa rele sou pitit la, li pa ret ak ou. *You have no right to yell at me like that.* Ou pa gen dwa pou vin wouke sou mwen konsa.

yelling *n.* rèl, rele *Did you hear all that yelling last night?* Ou te tande rèl yo yè swa?

yellow *adj.* 1[*color*] jòn *He went through the yellow light.* Li pase sou limyè jòn. *I like the yellow one.* M renmen jòn lan. 2[*cowardly*] kapon, lach •**make sth. become yellow** joni •**turn yellow** joni *The paper turned yellow.* Papye a joni.

yellow-brown *adj.* •**dark yellow-brown** tamaren *She has dark yellow-brown eyes.* Li gen zye tamaren.

yellow card [*soccer*] katon jòn

yellow elder *n.* zèb sen Nikola

yellow-faced grassquit *n.* [*bird*] zèbable

yellow jacket *n.* gèp, gèp panyòl

yellow journalism *n.* {jounalis/laprès} sansasyonalis

yellow sanders *n.* bwa grigri, bwa mago

yellowed *adj.* [*cloth*] jòn, jòni

yellowing *n.* jonisman

yellowish *adj.* yon jan jòn •**light yellowish brown** bay

yelp *v.intr.* wouke *The dog spent all night barking at a supposed evil spirit.* Chen an fè nwit la ap wouke.

yelping *n.* woukay

yes *adv.* wi *Go do your homework now.* —*Yes, mama.* Al fè devwa a konnye a! —Wi, manman! -*Thomas.* —*Yes?* —Toma. —Wi? *You didn't call me yesterday.* —*Yes, I did!* Ou pa rele m yè! —Men wi, m rele ou. •**yes... but** wi…men *Do you see my point?* —*Yes, but I don't agree.* Ou wè sa m ap di ou la? —Wi, men m pa dakò. •**yes does not necessarily mean "yes"** wi pa monte mòn •**yes indeed** karanndiseyas, men wi *Is George really a criminal?* —*Yes, indeed.* Èske Jòj se malfektè vre? —Men wi.

yes *interj.* 1[*gen.*] anhan, sife, ya, yès *Are you going to school today?* —*Yes!* Ou pral lekòl jodi a? —Yès! 2[*Vodou*] agoudjalaa *Are you ready to welcome the ginen spirit?* —*Yes!* Èske nou pare pou n akeyi ginen an? —Agoudjalaa! •**yes, here I am** [*polite answer to a call*] plètil *Roseline, Roseline!* —*Yes, mother?* Wozlin, Wozlin! —Plètil, manman?

yes-man *n.* japwouv

yesterday *n.* ayè, yè *Yesterday I came to see you.* Ayè m te vin wè ou. *I saw her yesterday.* M wè l yè. •**the day before yesterday** avanyè *I met him the day before yesterday.* Mwen te rankontre li avanyè.

yet[1] *adv.* deja, poko, toujou *Has she called yet?* Li rele deja? *Isn't he back yet?* Li poko tounen toujou? *You haven't finish this work yet?* Ou poko fini travay sa a toujou? *They haven't eaten yet.* Yo poko manje. •**just yet** poko *I can't go just yet.* M poko ka ale konnye a. •**not yet** a[*referring to past*] patankò, potko *When I came home, the kids hadn't eaten yet.* Lè m te rantre a, timoun yo patankò manje. *The house was not ready yet.* Kay la potko pare. *It was not yet midnight.* Minwit patko sonnen. *When I called him, he hadn't come home yet.* Lè m telefònen l, li pa t ankò rantre lakay li. b[*referring to present*] poko *The kids haven't eaten yet.* Timoun yo poko manje. •**the best yet** pi bon jouk kounye a

yet[2] *conj.* epoutan, malgre sa, men, poutan *He swore he didn't do it, yet Jacqueline witnessed* *it.* Li sèmante di l pa t fè sa epoutan Jaklin te temwen. *He's loaded with money, yet he's always poorly dressed.* Msye chaje ak lajan, poutan li toujou mal abiye.

yew *n.* [*tree*] bwa (d)if

yield[1] *n.* donezon, donn, randman, rannman, rapò *The yield from the mango tree is small this year.* Donn pye mango a piti ane sa a. *This year we got a good yield from the millet.* Ane sa a pitimi bay bon rannman. *A good yield.* Yon bon rapò.

yield[2] **I** *v.tr.* bay, donnen, rann, rapòte *The harvest didn't yield anything at all this year.* Rekòt la pa bay menm ane sa a. *The field yielded a lot of mangoes this year.* Jaden an donnen anpil mango ane sa a. *The harvest yielded a lot. The store really yields profit.* Boutik la rann toutbon. *All of my work in the fields hasn't yielded anything.* Tout travay m fè nan jaden an pa rapòte m anyen. **II** *v.intr.* **1**[*cede, give in*] bay (yon moun) legen, lese pase, sede *Before the people's anger, the police yielded.* Devan kolè pèp la, lapolis lese pase. *He spent three years courting that woman before she yielded to him.* Li fè twa lane ap pase plim poul nan zorèy manmzèl anvan li sede. **2**[*allow other traffic to go first*] kite, lese pase *You must yield to cars on the right at this intersection.* Nan kafou sa a, fò ou kite machin ki a dwat pase anvan. •**yield fruit** fè *That tree yielded a lot of mangoes this year.* Pye sa a fè anpil mango ane a. •**yield interest** fè pitit *The money in the bank is yielding interest.* Lajan ki nan labank lan ap fè pitit.

yielding *n.* soumisyon

yoga *n.* yoga

yogurt *n.* yogout

yoke *n.* jouk *We need a yoke so the two oxen can pull the cart.* Nou bezwen yon jouk pou de bèf yo ka rale kabwèt la.

yokel *n.* abitan, kongo

yolk *n.* •**egg yolk** jòn ze

yonder *adv.* laba

yore *adv.* •**of yore** dantan

yoo-hoo *interj.* o *Yoo-hoo, Asefi! My mother is calling you.* Asefi o! Men manman m ap rele ou.

you *pro.* **1**[*sg.*] ou *Where are you going?* Kote ou prale? *I told you to wait for me.* M te di

ou tann mwen? **2**[*pl.*] nou *You can go.* Nou mèt ale. *I'm inviting all of you to the party.* M envite nou tout nan fèt la.

you-know-who *n.* lapèsòn *And then, you-know-who walked in.* lapèsòn Epi lapèsòn vin antre.

young *adj.* alabazaj, an bazaj, jenn, ole, piti, wòwòt *She looks younger than me.* Li parèt pi jenn pase m. *She married a younger man.* Li marye ak yon nèg ki pi jenn pase l. *A young man.* Yon jenn gason. *At the kindergarten they only receive very young children.* Lekòl matènèl se timoun an bazaj yo resevwa. *You're still young, you don't yet understand about life.* Ou ole toujou, ou poko konprann lavi. *She's still young, I can't let her go to school by herself.* Li twò piti, m pa ka kite l al lekòl pou kont li. •**young boy** tinonm •**young girl** poulèt, tifi, ti{fanm/grenn} •**young innocent child** ti inosan •**young man** breng, jennjan, jennonm •**young men** ti mesye •**young person** jennmoun, ti pitit •**young unmarried woman** demwazèl •**young woman** breng, ti{makòmè/ti nègès} •**be young** nan titès li *When she was young, she was fat.* Nan titès li, li te gwo anpil. •**very young** an bazaj (alabazaj) *At the kindergarten they only receive very young children.* Lekòl matènèl se timoun an bazaj yo resevwa. •**when one was young** nan syèk pa yon moun *When I was young, there were no computers.* Nan syèk pa m nan, pa t gen òdinatè.

younger *adj.* pi jenn

youngest *adj.* ti koko *Nowadays even the youngest children don't show any respect for elders.* Nenpòt ti koko timoun konnya pa respekte granmoun.

youngish *adj.* fè jenn

youngster *n.* banben

your *adj.* **1**[*sg.*] ou **2**[*pl.*] nou *Children, where are your parents?* Timoun, kote paran nou? •**your part** pou ou *Your mother is always taking your part.* Manman ou toujou ap pran pou.

your *pro.* **1**[*sg.*] ou **2**[*pl.*] nou •**your cat** chat nou •**your dog** chen ou

yours *pro.* **1** pa{nou/ou} *Is this yours?* Sa a se pa ou? *That's not yours.* Sa a se pa pa nou. *Your car is very nice.* Machin pa ou a bèl anpil.

2[*N.*] kin a{nou/ou} *It isn't yours, it's hers.* Sa se pa kin a ou, se kin a y.

yourself *pro.* ou menm •**do sth. yourself** pou kont ou *You did this all by yourself?* Ou fè tout pou kont ou?

yourselves *pro.* nou menm

youth *n.* **1**[*stage in life*] lajenès *She was beautiful in her youth.* Li te bèl nan lajenès li. **2**[*young, generally male person*] jenn *Two youths were arrested.* Yo arete de jenn. •**regained youth** retoudaj

youthful *adj.* (fè) jenn

youthfulness *n.* (la){jenès/jennès}

yoyo *n.* yoyo

yucca *n.* pengwen

yuck *interj.* houn *Yuck! The toilet stinks.* Houn! Twalèt la santi.

yucky *adj.* vye *What yucky weather!* Ala yon vye tan! *That's a yucky color.* Se yon vye koulè.

yuk *interj.* [*cry of disgust, disdain*] chya

yum-yum *onom.* hanm

yummy *adj.* gou, {koupe/niche}dwèt

Z

z *n.* [*letter*] zèd

zany *adj.* tonmbolokoto

zap *interj.* vap

zap *onom.* 1[*expressing speed or sudden action*] vloup 2[*grabbing sth.*] dap

zeal *n.* devosyon, zèl

zealot *n.* fanatik

zealotry *n.* fanatis

zealous *adj.* chofe, zele

zealously *adv.* ak{chalè/zèl}

zebra *n.* zèb

zebu *n.* [*ox*] zebi

zen *n.* •tripod to support 'zen' [*Vodou*] poto mitan

zero *n.* zewo •zero hour lè kriz krisyal •flat zero zewo bare

zest *n.* [*of a citrus fruit*] zès

zestful *adj.* anlele

zestfully *adv.* al antren

zigzag[1] *n.* zigzag

zigzag[2] *v.intr.* chankre, fè zigzag *Rabbits always zigzag when they run.* Lapen toujou fè zigzag lè y ap kouri. •zigzag along zigzage *He always zigzags when he walks.* Msye toujou ap zigzage lè l ap mache.

zilch[1] *adj.* nad marinad

zilch[2] *interj.* mwèt *All the talking they did with the young man, it was zilch! He didn't say anything.* Tout pale yo pale ak jennonm nan, mwèt! Msye pa di anyen.

zillion *n.* milyon ven, pil ak pakèt

zinc *n.* zenk

zing[1] *onom.* floup

zing[2] *v.intr.* floup *The bullet went zinging past her.* Bal la pase a kote l floup.

zinger *n.* pwent

zinnia *n.* maryela, selya, zenya

Zionist *adj.* zyonis

zip[1] *interj.* [*lack of response*] mwèt

zip[2] *n.* kòd postal

zip[3] *onom.* 1[*sudden action*] vloup *Zip! She stood up.* Vloup! Li leve. 2[*rapid action*] vloup, vip-pip 3[*sudden fall*] vip vip

zip[4] *v.tr.* 1[*close with a zipper*] zipe *Zip up the back of my dress for me.* Zipe do m pou mwen. *Zip up your pants!* Zipe pantalon ou.

zipper *n.* zip *Your zipper's down.* Zip ou desann.

zipping *n.* [*sound of sudden action*] flap

zither *n.* sita

zodiac *n.* zodyak

zombie *n.* mò, revnan, vivi, zonbi *He said he needed a few zombies to work in his field.* Msye di li bezwen detwa zonbi pou travay nan jaden l lan. *The use of drugs almost made him into a zombie.* Dwòg prèske fè l tounen yon zonbi. •zombie of one's 'ti bonnanj' [*guardian angel*] zonbi{atral/efas} •zombie that can be used for work zonbi jaden *They said the houngan turned Mary into his zombie because she knew how to plant things.* Yo di oungan an fè Mari tounen zonbi jaden l paske manmzèl te konn plante. •former zombie who has regained normal state zonbi savann •process of creating a zombie touye leve •the zombie is beating his wife [*describe when it is raining while the sun is shining*] zonbi k ap kale madanm ni *When it's raining and the sun is shining, it's said the zombie is beating his wife.* Lè lapli ap tonbe avèk solèy, yo di se zonbi k ap kale madanm ni.

zombie-maker *n.* zonbifikatè

zombification *n.* touye leve

zone *n.* blòk, peyi, zòn

zoning *n.* zònay

zonk *v.intr.* •zonk out dòmi{pote ale/pran/twonpe}li *She just zonked out.* Dòmi pote l ale yon sèl kou.

zonked *adj.* 1[*drunk*] anba gwòg 2[*exhausted*] about, kraze

zoo *n.* zou

zoologist *n.* zowolojis

zoology *n.* zowoloji

zoom[1] *onom.* floup, voum

zoom[2] *v.intr.* •zoom by [*pass by rapidly*] boulinen, {kase/mete}boulin *He zoomed past.* Li kase boulin. •zoom in [*with camera, etc.*] agrandi, rale •**zoom out** diminye, redwi •**zoom past** pase voum, pran devan ak tout boulin,

zooming *n.* [*sound of sudden action*] flap *She went zooming after the guy, she got her hands on him.* Li pati dèyè nèg la flap, li met men sou li.

zucchini *n.* [*squash*] eskwach

zygote *n.* zigòt

ABOUT THE AUTHOR

Albert Valdman is an Emeritus Rudy Professor of French/Italian and Linguistics, director of the Indiana University Creole Institute, and a leading international specialist in French-based Creole. He has written and/or edited numerous other books and manuals that focus on language.

Marvin D. Moody is a former member of the French Linguistics faculty in the Department of French and Italian at Indiana University, where he also directed the First Year French Program.

He has also worked as a software engineer and has taught computer science courses at universities and junior colleges.

Thomas E. Davies has lived and worked in the Haitian diaspora in Florida and Montreal for more than thirty years. He was the lead translator of Haitian Creole for the Florida, Fort Myers School District from 2004 to 2011. The author of a spell checker for Haitian Creole, he is completing a Ph.D. in curriculum studies at Indiana University.